Stefan Loose Travel Handbücher

Wir möchten uns an dieser Stelle ganz herzlich bei allen bedanken, die uns bei der Arbeit an diesem Buch mit Rat und Tat zur Seite gestanden haben, Stephan Merk, Matthias Grimm und Urs Reichlin sowie den Mitarbeitern des mexikanischen Fremdenverkehrsbüro: Anne Schuhmacher, Rosemarie Wacker und José Ramirez. Außerdem bedanken wir uns bei folgenden Leserbriefeschreibern: Katy Schwabe, Lorenz Hecker, Richard Brichta, Kathrin Segebarth, Barbara Spitzenpfeil, Michaela Raab, Lutz Kunde, Mathias Frenzel, Hans-Josef Fuhrmann, Uwe Loseries, Matthias Toepfer

Schreiben Sie uns!

Wir freuen uns über Ergänzungen und Korrekturen, die uns helfen, dieses Buch zu verbessern und aktuell zu halten, am besten per E-Mail. Neue Adressen möglichst in einen Plan einzeichnen. Auch Anregungen, Lob und Kritik sind willkommen.

Besonders hilfreiche Leserbriefe belohnen wir mit einem Freiexemplar aus unserem Verlagsprogramm.

Zuschriften bitte an:

Stefan Loose Travel Handbücher
Zossener Str. 55/2, 10961 Berlin
✉ info@loose-verlag.de

Stefan Loose Travel Handbuch

Mexiko

7., vollständig überarbeitete Auflage

John Fisher, Silvia Mayer

Aktuelle Reisetipps auf 752 Seiten!

Mexiko
Stefan Loose Travel Handbücher

DuMont Reiseverlag

7., vollständig überarbeitete Auflage

Das Buch basiert auf der englischsprachigen
Orginalausgabe **Mexico** von John Fisher © 2004;
ISBN 1-84353-253-0
The Rough Guides, 80 Strand, London, WC2R 0RL.

Gesamtredaktion und -herstellung:
Bintang Buchservice GmbH
Zossener Str. 55/2, 10961Berlin

Fotos: Bildnachweis s.S. 744

Übersetzung: Silvia Mayer, Anke Munderloh, Jessika Zollickhofer

Karten: Klaus Schindler, Anja Linda Dicke

Lektorat: Silvia Mayer, Jessika Zollickhofer

Layout und Herstellung: Gritta Deutschmann, Britta Dieterle

Gestaltung Farbseiten: Gritta Deutschmann, Matthias Grimm

Umschlaggestaltung: Gritta Deutschmann, Britta Dieterle

Druck & Weiterverarbeitung:
Westermann Druck Zwickau GmbH

ISBN 3-7701-6119-X

Inhalt

Wissenswertes im Kasten

Mexikanische Kontraste

Einer der Gründe für die Faszination Mexikos ist seine unübertroffene kulturelle Vielfalt: Das Land zählt zu den am rasantesten wachsenden Industrienationen der Welt mit hypermodernen Großstädten, wirkt jedoch stellenweise wie eine spanische Kolonie, in der die Zeit stehen geblieben ist, und selbst fünfhundert Jahre nach der Konquista sind die indigenen Wurzeln nach wie vor prägend.

Wohin man auch reist in Mexiko, stehen diese drei Einflüsse zumeist in engem Miteinander. In den großen Städten finden sich prächtige Barockkirchen aus der Kolonialzeit im Schatten gewaltiger Wolkenkratzer, Zeugen des mexikanischen Wirtschaftswunders, und neben der Kirche liegt nicht selten ein typisch indianischer Markt, wie ihn schon die spanischen Konquistadoren vorgefunden haben.

Die Vermischung der Gegensätze spiegelt sich auch in der mexikanischen Bevölkerung wider: Zwar gibt es reine Indígenas-Gemeinschaften und (verschwindend wenige) Mexikaner, in deren Adern noch rein spanisches Blut fließt, doch die überwiegende Mehrheit sind *mestizos*, Mestizen, in denen sich beide stolzen Traditionen vereinen.

Trotz fortschreitender Globalisierung, befördert durch das nordamerikanische Freihandelsabkommen (NAFTA), und der engen Bande zur übrigen spanischsprachigen Welt (die Tag für Tag gebannt am Bildschirm die Telenovelas aus mexikanischer Produktion verfolgt), bewahrt Mexiko sich seine unverkennbare Individualität. Die Musik, die Szenerie, die Geräusche und Gerüche sind unverwechselbar, und während der Reise durchs Land wird man immer wieder denken: „Das gibt es wirklich nur in Mexiko" – manchmal voller Bewunderung, manchmal seufzend und kopfschüttelnd, meistens jedoch lächelnd. Dabei darf nicht vergessen werden, dass sich der Schritt vom Entwicklungsland zur Industrienation so rapide vollzogen hat, dass mancher und manches nicht mithalten konnte.

Vielfältig und gegensätzlich ist auch die mexikanische Landschaft: Palmenbestandene, weiße Sandstrände wechseln sich ab mit undurchdringlichen Dschungelgebieten, unfruchtbaren Sand- und Steinwüsten, kargen Hochebenen, alpinen Gebirgsregionen mit rauchenden Vulkanen und schneebedeckten Gipfeln, saftigen Weiden, tiefen Seen und Mangrovensümpfen.

Die berühmte *mañana*-Mentalität der Mexikaner ist zwar in erster Linie eine ausländische Erfindung, aber auch heute noch wird nicht jeder Fahrplan unbedingt eingehalten, kleine Pannen im ungünstigsten Moment sind an der Tagesordnung und mit Hektik wird man selten etwas erreichen. Besucher tun gut daran, sich der vorherrschenden Lebensphilosophie anzupassen, nach der gearbeitet wird, um zu leben, und nicht umgekehrt. Kleinere Unannehmlichkeiten sind kein Grund zur Aufregung. Bis die Sache in Ordnung gebracht ist, kann man schließlich gut etwas anderes erledigen.

Was Europäern vielleicht mehr zu schaffen macht, ist der krasse Widerspruch zwischen offen zur Schau getragenem Wohlstand auf der einen und bitterster Armut auf der anderen Seite, am deutlichsten spürbar in den Großstädten, wo die Sparmaßnahmen aufgrund des gewaltigen Auslandsschuldenberges am härtesten gegriffen haben.

In Mexiko gelten Europäer als kulturell besonders interessierte Gäste, die das Angebot an Ausgrabungsstätten, Museen und Kulturveranstaltungen zu schätzen wissen. Das Verhältnis zu Europäern ist auch nicht so stark von der Hassliebe belastet, mit der viele Mexikaner den *gringos* aus den USA begegnen.

In Mexiko, wo einige der faszinierendsten, geheimnisumwobensten Hochkulturen der Menschheit entstanden, werden noch immer „neue" Tempel und Wohnstätten freigelegt, die zum Beispiel im Rahmen der Reiseroute durch die Mayawelt, die so genannte Mundo Maya, besichtigt und eventuell mit einem Besuch in den Nachbarländern Guatemala und Belize kombiniert werden können.

Mexiko ist ein Land mit vielen Facetten, die erkundet werden möchten. Wer sich Zeit nimmt, die üblichen Sicherheitsmaßnahmen für Reisende einhält und etwaigen schwer verständlichen Sitten und Gebräuchen mit Humor und Offenheit begegnet, hat die beste Chance, etwas von der Wärme aus dem „Land mit der Sonne im Herzen" mit zurück in die heimatlichen Gefilde zu bringen. Und wird wahrscheinlich noch oft zurückkehren, in der Gewissheit, jedesmal etwas Neues zu entdecken.

Reisevorbereitung

Ein- und Ausreiseformalitäten

Visum

Deutsche, Österreicher und Schweizer benötigen einen Reisepass, der bei Einreise noch mindestens sechs Monate gültig sein muss. Kinder und Jugendliche unter 18 Jahren, die ohne Eltern reisen, brauchen zusätzlich zum Pass eine schriftliche Reiseerlaubnis der Erziehungsberechtigten. Außerdem braucht jeder Besucher eine **Touristenkarte**, erhältlich über das Reisebüro, bei den Fluggesellschaften oder gegen Vorlage des Reisepasses bei den mexikanischen Konsulaten (Adressen s.u.). Sie wird aber auch vor dem Anflug auf Mexiko im Flugzeug ausgeteilt. Bei der Einreise auf dem Landweg, z.B. aus den USA, bekommt man die Touristenkarte direkt an der Grenze. Original und Kopie müssen bei der Einreise abgestempelt werden. Das Original dient zur Einreise, die Kopie zur Ausreise.

Die Touristenkarte ist kostenlos und gilt 180 Tage zur einmaligen Einreise. Aber Vorsicht: Oft wird nur ein 30-Tage-Visum gegeben, vor allem bei der Einreise aus Guatemala und Belize. Wenn man aus diesen beiden Ländern einreist, kommt es zudem nicht selten vor, dass die Grenzposten keine Touristenkarten mehr vorrätig haben oder dass sie eine (illegale) Gebühr für deren Ausstellung verlangen.

Wer via Chiapas einreist, bekommt wahrscheinlich nur eine Aufenthaltserlaubnis für 15 Tage – Verlängerung eher unwahrscheinlich. In allen anderen Fällen sollte man aber darauf achten und – sofern gewünscht – ein dreimonatiges Visum verlangen. Eine nachträgliche Verlängerung ist bei der *Inmigración* in den Hauptstädten der Bundesstaaten möglich, aber zeitraubend. Es ist auch möglich, vor der Reise beim mexikanischen Konsulat ein Visum für maximal 180 Tage zu beantragen. Wer länger als ein halbes Jahr bleiben will, kann höchstens in die USA, nach Belize oder Guatemala ausreisen und einen Tag später mit neuer Touristenkarte wieder einreisen.

Bei den häufig stattfindenden Straßenkontrollen ist die Touristenkarte wichtiger als der Pass. Also empfiehlt es sich sie getrennt aufzubewahren. Sollte sie doch verloren gehen, kann entgegen anderslautender Informationen die Fremdenverkehrsorganisation *Sectur* auch nicht helfen; man wendet sich in diesem Fall am besten umgehend an das nächste Büro des *Departmento de Inmigración*, das Niederlassungen in den meisten Großstädten unterhält.

Wer unter 18 Jahre alt ist, braucht für die Einreise nach Mexiko die schriftliche Erlaubnis der Eltern, falls er nicht in ihrer Begleitung reist (auch in Begleitung nur eines Elternteils ist das schriftliche Einverständnis des anderen Elternteils erforderlich).

Einreisegebühr an den Grenzübergängen

Die Touristenkarte wird an den Grenzübergängen ebenfalls kostenlos vergeben, jedoch wird eine Einreisegebühr von **US$18,50** erhoben, deren Bezahlung mit einem Stempel auf der Touristenkarte quittiert wird. (Bei Einreise mit dem Flugzeug ist diese Gebühr bereits im Ticketpreis enthalten.)

Hinweis

Autofahrer müssen **außerhalb Baja Californias** eine **Fahrzeugerlaubnis fürs Festland** vorweisen können. Sie wird beim Übersetzen von La Paz nach Mazatlán oder Topolobampo verlangt. Erhältlich ist sie bei der Einreise an der Grenze; wer diese nicht hat, muss mit seinem Fahrzeug und allen notwendigen Papieren beim Zollamt erscheinen, um es nachträglich zu regeln. Näheres s.S. 21

Ein- oder Ausreise über die USA

Deutsche, Österreicher und Schweizer können von Europa und Mexiko aus ohne Visum in die USA einreisen, wenn sie im Besitz eines gültigen Reisepasses und eines Flugtickets für die Ausreise sind. Die Aufenthaltsdauer ist auf max. 90 Tage begrenzt, während derer z.B. auch Kurztrips nach Kanada möglich sind.

Für Aufenthalte, die über 90 Tage hinaus gehen, wird ein Visum benötigt. Zur Ausstellung werden Angaben über die Reiseroute verlangt und eine Erklärung, dass man in den USA weder seinen ständigen Wohnsitz einrichten noch arbeiten möchte. Schwierigkeiten kann es geben, wenn jemand angibt, HIV-positiv zu sein oder AIDS zu haben.

Gleiches gilt, wenn die Anreise nach Mexiko über die USA, z.B. über Miami, erfolgt und der Rückflug mehr als 90 Tage später stattfindet: Es wird ebenfalls ein Visum benötigt. Der Zwischenstopp in Miami gilt als Einreisedatum in die USA –

der Weiterflug nach Mexiko wird ähnlich angesehen wie ein Inlandsflug –, so dass der Rückflug über die USA als der eigentliche Ausreisetermin gesehen wird. Während der Hauptreisezeit kommt es an amerikanischen Flughäfen selbst mit einem gültigen Visum oft zu langen Wartezeiten, es sollten also bei der Planung des Anschlussfluges mindestens zwei Stunden Wartezeit einkalkuliert werden.

Bei der Ausreise aus den USA muss der in den Pass eingeheftete Abschnitt des Einreiseformulars mit Namen, Passnummer usw. entfernt werden, sonst läuft man Gefahr, dass der US-Computer der Einwanderungsbehörde einen nach Ablauf der 90 Tage als illegalen Einwanderer registriert.

Grenzkontrolle

Bei der Ankunft in Mexiko mit dem Flugzeug muss man durch die Pass- *(Inmigración)* und Zollkontrolle *(Aduana)*. Auf dem Landweg von den USA her kann man dies erstmal umgehen, da der 20 km breite Streifen entlang der Grenze zu den USA zollfreie Zone ist.

Außerhalb dieses Bereichs wird man jedoch mit ziemlicher Sicherheit von einer Straßenkontrolle angehalten und zurückgeschickt, sofern man keine gestempelte Touristenkarte und Zollbescheinigung vorweisen kann.

Zollbestimmungen

Erwachsene können 25 Zigarren, 20 Schachteln Zigaretten oder bis zu 200 g Tabak einführen und bis zu 3 l alkoholische Getränke. Erlaubt sind außerdem ein Fotoapparat und eine Videokamera mit jeweils 12 unbelichteten Filmen oder Videokassetten. Zollfrei eingeführte Geschenke dürfen einen Warenwert von US$100 nicht überschreiten.

Verboten ist die Einfuhr von Lebensmitteln (auch Konserven, Schokolade), Pflanzen und Blumen. Streng bestraft wird die illegale Ausfuhr von Antiquitäten.

Ausreise

Bei der Ausreise muss am Flughafen eine Airport Tax in Höhe von US$40 oder dem Gegenwert in Pesos gezahlt werden (US$-Reiseschecks werden nicht angenommen), sofern diese Gebühr nicht bereits im Ticketpreis inbegriffen ist – beim Ticketkauf nachfragen!

Botschaften und Konsulate

Mexikanische Botschaften

Die Adressen unten nicht aufgeführter Botschaften und Konsulate finden sich im Internet unter 🖳 www.sre.gob.mx/delegaciones/dire.htm.

Deutschland:

Mexikanische Botschaft
Klingelhöferstr. 3, 10785 Berlin
✆ 030/269323-332 oder 269323-334 📠 269323-700
✉ mail@embamexale.de, 🖳 www.embamex.de,
🕒 Mo–Fr 9–13 Uhr.

Generalkonsulat Frankfurt
Taunusanlage 21, 60325 Frankfurt am Main
✆ 069-2998750, 📠 29987575.

Mexikanische Honorarkonsulate:

Bremen, Hannover, München und Stuttgart.

Österreich:

Mexikanische Botschaft
Operngasse 21, 1040 Wien
✆ 01-3107383, 📠 3107387.

Schweiz:

Mexikanische Botschaft
Bernastr. 57, 3005 Bern
✆ 031-3574747, 📠 3574748.

Belize:

Mexikanische Botschaft (Embajada de México)
18 North Park St, Fort George Area, Belize City
✆ +501-2-230193 oder 4, 🖳 www.embamexbelize.gob.mx.

Guatemala:

Mexikanische Botschaft (Embajada de México)
Nivel 7, Edificio Centro Ejecutivo, 15 Calle 3–20, Zona 10, Guatemala City, ✆ 02/333-7254 bis 8,
🖳 www.sre.gob.mx/guatemala.

Konsulate (Consulados)
Oficinas J-2 y J-300, 3er piso, Edificio Plaza Corporativa Reforma, Torre Jardín, Avenida Reforma 6–64, Zona 9, Guatemala City, ✆ 02/339-1007 bis 9.
21 Av. 8–64, Zona 3, Quezaltenango
✆ 09/767-5542, ✉ mexicoq@xela.net.gt

Die Konsulate in Guatemala verlangen oft – unberechtigterweise – eine Gebühr für die Touristenkarte.

Botschaften in Mexiko

Die Adressen von unten nicht aufgeführten Botschaften und Konsulaten finden sich auf der Website www.sre.gob.mx/delegaciones/acreditadas. Siehe auch die jeweiligen Ortskapitel (im Abschnitt „Sonstiges").

Deutsche Botschaft:

Embajada de Alemania
Calle Lord Byron 737, Col. Polanco Chapultepec 11560 México D.F.
01/5/283 2200, 2812588,
embal@mail.internet.com.mx,
info@embajada-alemana.org.mx
www.embajada-alemana.org.mx
U-Bahn: *Auditorio,* Mo–Fr 9–12 Uhr
Dort kann man für eine Gebühr von ca. 10 € einen Briefumschlag mit dem Flugticket oder etwas Geld für den Notfall hinterlegen.

Österreichische Botschaft:

Embajada de Austria
Sierra Tarahumara 420, Colonia Lomas de Chapultepec, 11000 México D.F.
01-5-2519792 oder 5-2511606, 5-2450198
austria@mail.internet.com.mx oder
obmexico@data.net.mx,
www.embajadadeaustria.com.mx.

Botschaft der Schweiz:

Embajada de Suiza
Torre Optimo, Piso 11,
Av. Paseo de las Palmas 405
Lomas de Chapultepec, 11000 México D.F.
01-5-5208535, 5-5203003, 5-5208685.

Deutsche Honorarkonsulate:

Acapulco, Cancún, Chihuahua, Guadalajara, Mazatlán, Mérida, Puebla, Tampico, Tijuana, Villahermosa und Veracruz.

Österreichische Honorarkonsulate:

Acapulco, Guadalajara, Mérida, Monterrey und Tijuana.

Schweizerische Honorarkonsulate:

Guadalajara, Monterrey und Veracruz.

Informationen

Fremdenverkehrsämter

Mexikanisches Fremdenverkehrsbüro, Taunusanlage 21, 60329 Frankfurt/Main, 069-253509, 24-Stunden-Infoservice: 069-253413, 253755, germany@visitmexico.com, www.mexiko-reisetipps.de

In Mexiko selbst gibt es die staatlichen **Touristeninformationsbüros** von *SECTUR*, neben bundesstaatlich oder lokal betriebenen. Manchmal existieren zwei oder drei verschiedene Informationsbüros in einer Stadt. Ihre Qualität variiert sehr, so dass keine generellen Aussagen möglich sind. Wir führen sie jeweils in den entsprechenden Ortskapiteln auf.

Secretaría de Turismo Av. Presidente Mazaryk 172, 11587 México D.F., 55/52500123 oder 51.

Info-Hotline

Über eine **kostenlose Hotline**: 01-800-903-9200, erhalten Touristen in Mexiko rund um die Uhr Ratschläge und Auskünfte bzgl. touristischer Angelegenheiten, wahlweise in englischer oder spanischer Sprache.

Stadtpläne und Landkarten

Eine brauchbare Mexiko-Karte müsste man in jeder größeren Buchhandlung bekommen. Einige Landkarten, wie jene von Collins (1:3,3 Mill.), Geocenter (1:2,5 Mill.) und International Travel Maps (1:3,3 Mill.), bemühen sich, auch das Relief zu zeigen, aber dadurch sind die anderen Details meist schlechter zu erkennen. Die Collins-Karte endet unsinnigerweise genau an den Landesgrenzen, was ärgerlich ist, wenn man über die Grenze in die USA oder nach Guatemala will.

Rough Guides hat zusammen mit dem World Mapping Project eine Karte aus reißfestem, wasserundurchlässigem Material produziert, die Straßen, Höhenlinien und andere landschaftliche Charakteristika hervorhebt. Sie ist zu beziehen über *Penguin Books,* Deutschland-GmbH, Myliusstr. 9, 60323 Frankfurt/Main, ✆ 069-628081.

Von ***Nelles*** gibt es eine gute Mexiko-Übersichtskarte, außerdem ist ein Stadtplan von México D.F. im Verlag ***Berndtson&Berndtson*** erschienen.

Die besten in Mexiko veröffentlichten Karten werden von ***Patria*** herausgegeben. Patria publiziert gesonderte Karten von jedem Bundesstaat. Von ***Guia Roji*** gibt es eine Landkarte, einen Straßenatlas und Stadtplan von México D.F., erhältlich bei *Sanborns* und größeren Pemex-Tankstellen.

Der beste Atlas ist der *Atlas de Carreteras y Ciudades Turisticas,* herausgegeben von ***Pemex***. Detailliertere Landkarten, z.B. für Wanderer, sind schwer zu bekommen.

Die detailliertesten Landkarten werden von ***International Travel Map Productions*** herausgegeben. Deren Reihe *Travellers' Reference Map* im Maßstab 1:1 Mio. umfasst Karten zu den Halbinseln Baja California und Yucatán.

INEGI, der staatliche mexikanische Landkartenproduzent, veröffentlicht ebenfalls sehr gute topografische Karten in verschiedenen Maßstäben. Büros dieses Institutes befinden sich in jeder Bundesstaatshauptstadt, zudem betreibt es im Flughafen von Mexiko-Stadt eine Filiale. Leider sind die Vorräte oft schnell vergriffen, daher ist nicht gewährleistet, dass die gewünschte Karte gerade zu haben ist.

Für alle, die aus **Kalifornien** anreisen: Einen einmalig gut sortierten Landkartenladen gibt es in Santa Barbara:

Map Link, 30 S La Patera Lane, Unit 5, Santa Barbara, CA 93117, ✆ 1-800/962-1394,
🖳 www.maplink.com.
Dort sind die vielfältigsten Karten aus aller Welt vorrätig, zudem gibt es ein gutes Angebot an Reiseführern. Für diesen Fall empfehlen wir natürlich auch die Stefan Loose Travel Handbücher *Kalifornien* und *USA – Der Westen.*

Mexiko im Internet

Mexiko ist gut im Internet vertreten, allerdings gibt es überraschend wenige offizielle Online-Informationen für Touristen und kaum eine Website bietet brauchbare Adressenlisten.

Auswärtiges Amt (d)
🖳 www.auswaertiges-amt.de
🖳 www.bmaa.gv.at
🖳 www.eda.admin.ch
Die Hinweise westlicher Regierungen bzgl. Mexiko-Reisen sind manchmal etwas übertrieben vorsichtig, stammen aber aus gut informierter Quelle. Die regelmäßig aktualisierten Angaben sind stets lesenswert, bevor man mit der Reiseplanung beginnt und nochmals vor der Abfahrt von zu Hause.

Amnesty International
🖳 web.amnesty.org/library/eng-mex/index
Die neuesten Informationen von Amnesty zur Menschenrechtssituation in Chiapas und landesweit.

Exploring Colonial Mexico
🖳 www.colonial-mexico.com
Website von Espadaña Press mit Schwerpunkt auf Kunst und Architektur aus der Kolonialzeit: ausgezeichnetes Fotoarchiv und Informationen zu Sehenswürdigkeiten in ganz Mexiko.

Hintergründe zu Landestypischem
www.mexico-info.de
Die mit zahllosen Fotos und Infos versehene Website von Monika Horvat eignet sich ausgezeichnet für die Reisevorbereitung, als Einstimmung auf das Land und zum stundenlangen Herumblättern.

INEGI
🖳 www.inegi.gob.mx.
Website des staatlichen mexikanischen Instituts für Statistik, Geografie und IT, mit Statistiken und geografischen Informationen sowie Karten zum Klima, zur Vegetation u.a. Manches, aber nicht alles, ist in Englisch ausgewiesen.

Latin American Information Centre (LANIC)
🖳 www.lanic.utexas.edu/la/mexico
Hervorragende Quelle für Hintergrundinfos. Übersichtliche Anordnung und jede Menge Links zu Themen wie Geschichte, Politik, Kultur, Religion und Landesküche. Die wichtigste geisteswissenschaftliche Website zu Lateinamerika.

Mesoweb
www.mesoweb.com.
Eine riesige Sammlung an Artikeln und Quellen zum präkolumbischen Mexiko und Zentralamerika, einschließlich der neuesten archäologischen Forschungsergebnisse, Zeitachsen, Pläne, aktueller Berichte über archäologische Stätten und Beiträge zu allen Aspekten des Lebens im alten Mexiko.

Mexican Channel
www.trace-sc.com
Links zu mexikanischen Tageszeitungen, Magazinen und Wirtschaftsmeldungen.

Mexican Wave
www.mexicanwave.com.
Als „Europas Tor zu Mexiko" angepriesene Site mit Nachrichten, aktuellen Sonderberichten, Geschichten, Hotelkritiken und Reisetipps für Mexiko-Besucher.

Mexico Connect
www.mexconnect.com
Artikel zur mexikanischen Kultur, überwiegend von in Mexiko lebenden US-Amerikanern. Um die Beiträge vollständig lesen zu können, muss man sich einloggen.

Mexiko-Portal
www.omex.de
Oliver Koch bietet auf seiner Webseite jede Menge interessanter Daten, Fakten und Hintergründe zu Mexiko sowie nützliche Reisetipps.

Mexico Travel
www.mexico-travel.com
Website des mexikanischen Tourismusministeriums, früher recht umfassend, aber inzwischen auf eine kurze Vorstellung der acht beliebtesten Badeorte (Acapulco, Cabo San Lucas, Cancun, Cozumel, Ixtapa, Manzanillo, Mazatlan und Puerto Vallarta) beschränkt.

Mexico Travel Guide
www.go2mexico.com
Online-Reiseführer mit Kolumnen und Beiträgen zu Kultur, Umwelt und Leben in Mexiko sowie ein spanisch-englischer Sprachführer („Spanish Helper").

Mexikanische Botschaft in Deutschland (d)
www.embamex.de
Sehr informative und umfangreiche Website, die neben vielen Links zu Sites der Regionen des Landes auch Adresslisten, z.B. Sprachschulen in den verschiedenen Städten und deutsche Einrichtungen in Mexiko, bietet.

Ruins of Mexico
www.geocities.com/atlantis01mx/index.html
Online-Führer zu den archäologischen Stätten Mexikos mit Fotos, Plänen und Erklärungen; vorgesehen ist, irgendwann sämtliche Stätten, auch die unbedeutenderen, zu erfassen. Die Site ist noch in Arbeit, aber was bisher zu sehen ist, ist vielversprechend.

SECTUR
www.mexicotravel.com
Allgemeine Touristeninformationen in englischer Sprache zu Mexiko und Tipps für Besucher, vom mexikanischen Fremdenverkehrsamt in London, aber nicht sehr häufig aktualisiert.

The News
www.thenewsmexico.com
Die Zeitung im Netz liefert Nachrichten aus und über Mexiko in englischer Sprache.

Tiempo Libre
www.tiempolibre.com.mx
Das Wochenmagazin mit Veranstaltungskalender und Programmhinweisen für Film- und Theatervorstellungen in englischer und spanischer Sprache.

US National Weather Service
weather.noaa.gov/weather/MX_cc.html
Äußerst detaillierte Wettervorhersagen zu Orten in ganz Mexiko.

Weather Underground
www.wunderground.com/global/MX.html
Benutzerfreundliche Angaben zur Wetterlage in ganz Mexiko.

Klima und Reisezeit

Mehr als die Längen- und Breitengrade bestimmen geografische Gegebenheiten das Klima in Mexiko. Man kann einen ganzen Tag lang die Küstenstraße entlangfahren, ohne einen nennenswerten Klimawechsel festzustellen. Sobald man hingegen in die Berge im Landesinneren vordringt, wird schlagartig alles anders. Die Temperatur, Landschaft, Vegetation und sogar die Stimmungslage und das Verhalten der Menschen um einen herum ändern sich plötzlich.

Der größte Teil der Landmasse wird von den Passatwinden beeinflusst, die aus Nordosten über den Golf von Mexiko herüber wehen. Durch kalte Strömungen im Pazifik ist die Westküste im Allgemeinen kühler und trockener als die Atlantikküste, und die schroffe Sierra Madre Oriental hält den Regen von der Mesa del Norte ab und trägt so zur Dürre des Hochplateaus bei. Über dem Festland sind die Niederschläge unterschiedlich. Während es in den trockenen Wüsten am nördlichen Pazifik und in den Sierras im Landesinneren nur selten regnet, fällt in den tropischen Wolken- und Regenwäldern an den südöstlichen Hängen der Sierra Madre del Sur und in einigen Gebieten an der Golfküste jede Menge Niederschlag.

Die **Regenzeit** dauert von Ende Mai bis Oktober oder November, doch die Verteilung der Niederschläge ist sehr unterschiedlich. Im zentralen Hochland, aber auch an der Pazifik- und Golfküste, kann es jeden Nachmittag einen kurzen, heftigen Regenguss geben, nicht selten begleitet von schweren Gewittern; im Norden fällt dagegen kaum ein Tropfen. Chiapas ist der niederschlagsreichste Staat, hier werden im Herbst oft kleinere Straßen weggeschwemmt. Auch im Süden und im Tiefland an der Küste wird es im Sommer sehr schwül.

Der Winter ist die **beste Reisezeit**. Vor allem die großen Badeorte wie Acapulco und Cancún sind im Dezember ausgebucht. Saison ist allerdings das ganze Jahr über. Im Sommer halten sich die Reisenden gewöhnlich mehr im Hochland, im Winter eher an der Küste auf. Aber das Klima Mexikos ist im Allgemeinen so freundlich, dass man zu jeder Jahreszeit herkommen kann.

In punkto **Kleidung** muss man sich auf Regen im Sommer, Kälte im Winter und auf plötzliche Temperaturschwankungen einstellen.

Reiserouten

Die meisten Besucher aus Europa reisen per Flugzeug über die Landeshauptstadt ein und beginnen dort ihre Reise. Es gibt aber auch die Möglichkeit, von den USA aus die Grenze bei Tijuana oder Mexicali zu überqueren und Richtung Süden zu fahren, oder nach Cancún in Quintana Roo oder Mérida, der Hauptstadt des Bundesstaates Yucatán, zu fliegen und von dort aus auf dem Weg über die Halbinsel ins Landesinnere vorzudringen.

Eine weitere, wenig benutzte Route wäre, von San Diego kommend über Tijuana einzureisen, die Halbinsel Baja California zu durchqueren und in La Paz die Fähre zum Festland zu nehmen bzw. in umgekehrter Richtung über Tijuana oder Mexicali auszureisen.

Die Sehenswürdigkeiten jedes Landesteiles werden ausführlich in den jeweiligen Kapiteln behandelt. Dennoch hier ein kurzer Überblick für die Reiseplanung.

Der Norden ist im Großen und Ganzen steinig, wüstenhaft und menschenleer, abgesehen von einigen Industriestädten wie **Monterrey**, die stark amerikanisiert sind. Manche Leute lieben die Wildnis **Baja Californias**, andere die Grenzstädte mit ihrem etwas zweifelhaften Ruf oder die dünngesäten **Badeorte** an den Pazifikstränden im Norden. In Zentral- und Südost-Mexiko findet man ein gemäßigteres Klima und weniger raue Landschaften.

Nördlich von México D.F. sollte man die alten Kolonialstädte mit ihrem ganzjährigen Frühlingsklima besuchen. Vom zentralen Hochland kommend, passiert man die Silberminenstädte **Zacatecas** und **Guanajuato**, die geschichtsträchtigen Städte **San Miguel de Allende** und **Querétaro** und viele andere, wunderschöne kleine spanische Kolonialstädte.

Die Landeshauptstadt **México D.F.** ist ein Abenteuer für sich und in jeder Hinsicht das unbestrittene politische, kulturelle und künstlerische Zentrum des Landes. In ihrer näheren Umgebung liegen die meisten präkolumbianischen Fundstätten Zentral-Mexikos: die mächtigen Pyramiden von **Teotihuacán**, die Ruinen der Toltekenhauptstadt **Tula** und die wenigen Spuren, die die **Azteken** zurückgelassen haben.

Eingebettet in die lieblichste Landschaft Mexikos, zwischen dichtbewaldeten Hügeln, Seen und

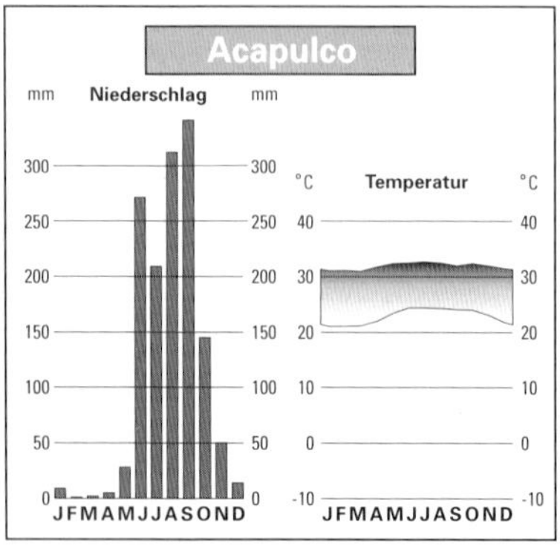
Acapulco
Niederschlag
mm
Temperatur
°C
JFMAMJJASOND

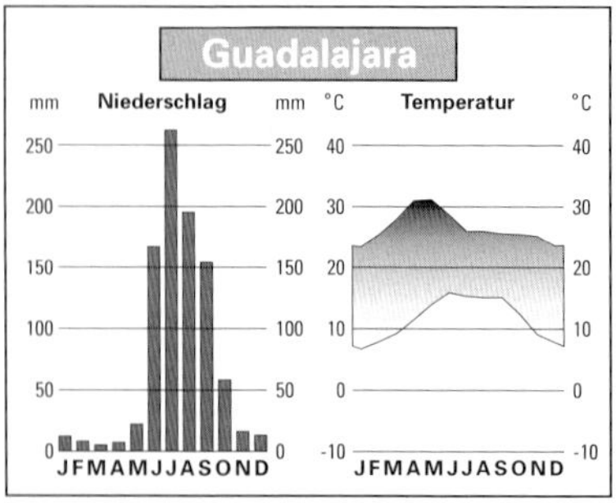
Guadalajara
Niederschlag
mm
Temperatur
°C
JFMAMJJASOND

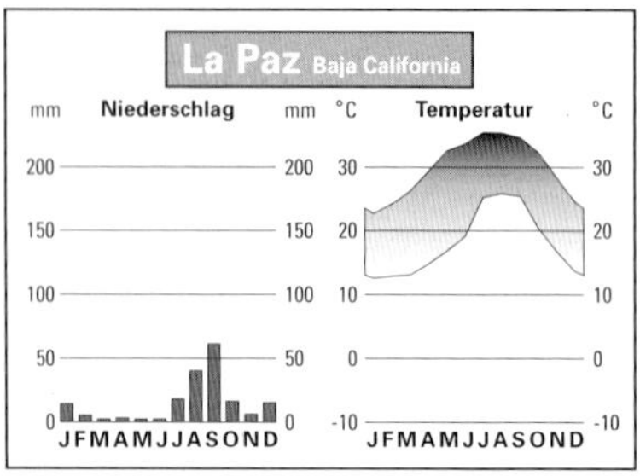
La Paz Baja California
Niederschlag
mm
Temperatur
°C
JFMAMJJASOND

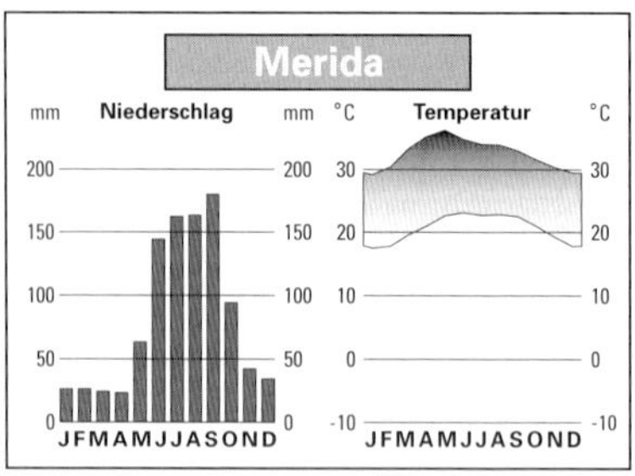
Merida
Niederschlag
mm
Temperatur
°C
JFMAMJJASOND

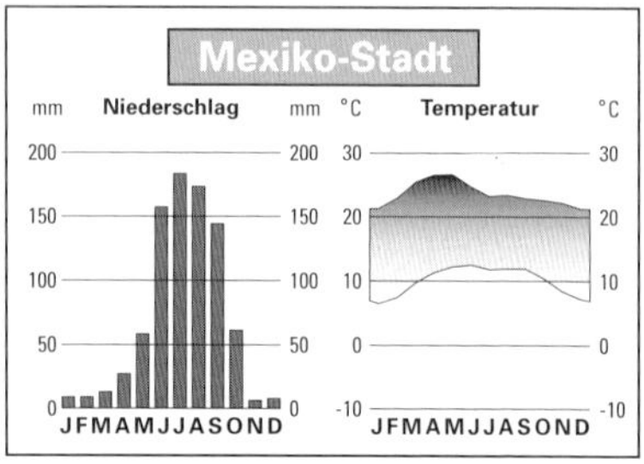
Mexiko-Stadt
Niederschlag
mm
Temperatur
°C
JFMAMJJASOND

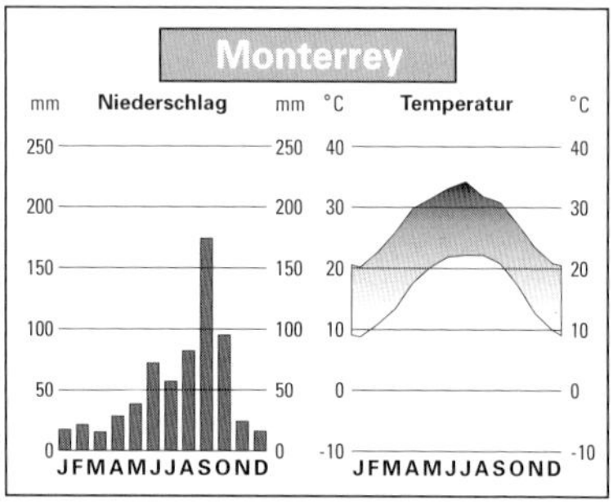
Monterrey
Niederschlag
mm
Temperatur
°C
JFMAMJJASOND

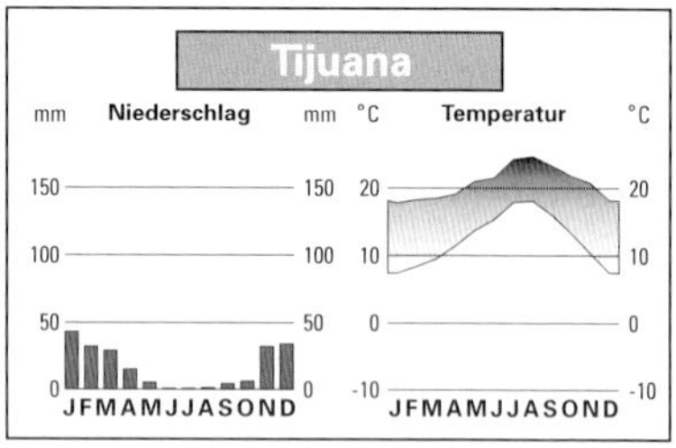
Tijuana
Niederschlag
mm
Temperatur
°C
JFMAMJJASOND

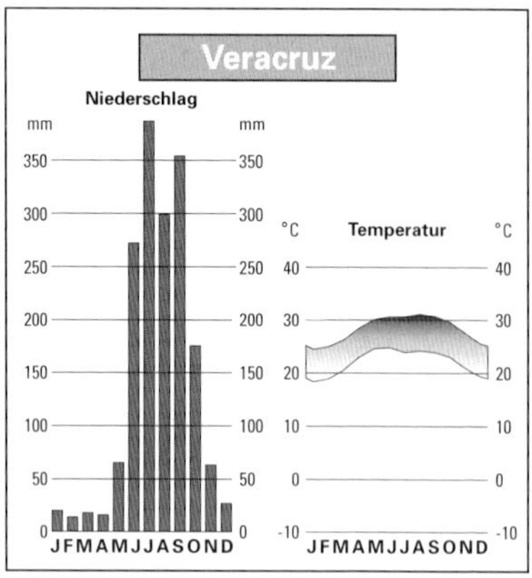
Veracruz
Niederschlag
mm
Temperatur
°C
JFMAMJJASOND

alten Dörfern, liegt **Guadalajara** im Westen. Die freundliche Stadt ist vom Bundesstaat **Michoacán** aus gut zu erreichen.

Die Staaten **Oaxaca** und **Chiapas** im Süden sind gebirgig und wildromantisch. Vor allem die Stadt **Oaxaca** mit ihrer anziehenden Mischung aus kolonialer und indigener Tradition ist überaus sehenswert. Chiapas war das Zentrum der Zapatisten-Aufstände, aber Touristen werden davon nicht berührt. Der große, traditionsreiche Markt von **San Cristobal de las Casas** und einige weniger bekannte, neueröffnete Mayastätten machen diese Gegend zu einem beliebten Touristenziel.

Auf der Halbinsel **Yucatán** im Osten findet man neben Indianerdörfern die Tourismuszentren nahe den großartigen Maya-Ausgrabungsstätten **Palenque**, **Chichen Itzá**, **Uxmal** und die aufstrebenden Karibik-Seebäder in der Umgebung von **Cancún**. Unbeeindruckt von dem ganzen Trubel führt derweil die Hauptstadt **Mérida** ihr eher beschauliches Dasein weiter.

Berühmtester Zielort an der Pazifikküste ist **Acapulco**. Nördlich davon liegen große Badeorte wie **Mazatlán** oder **Puerto Vallarta** mit kilometerlangen, oft menschenleeren Sandstränden. Die Gegend südlich von Acapulco ist bislang wenig erschlossen. In **Puerto Escondido**, **Puerto Angel** und **Bahías de Huatulco** im Staat Oaxaca gibt es ein paar ausgezeichnete Strände.

Die gegenüberliegende Golfküste zieht trotz der Sehenswürdigkeiten und Ruinen im Staat **Veracruz** weniger Touristen an, denn hier bestimmt oft die Ölindustrie das Landschaftsbild. Außerdem ist es meistens sehr schwül, und die Strände sind bis auf wenige Ausnahmen nicht so anziehend wie jene an der Pazifik- und Karibikküste.

An- und Weiterreise

Aus Europa

Der normale Weg von Europa aus ist der Flug mit einer europäischen oder amerikanischen Fluggesellschaft. Die Airlines differieren beachtlich in Reisedauer (Anzahl und Dauer der Zwischenstopps) und Preis. Der seit Jahren tobende Preiskrieg hat auf diesen Routen zu einem Preisverfall geführt, so dass Flüge von Deutschland nach México D.F. und zurück in der Nebensaison schon für unter 600 € zu haben sind.

Falls man nicht über die Nachbarländer einreist, ist der **Ausgangspunkt** bzw. Zielflughafen der Reise wahrscheinlich México D.F. Von Europa aus bieten verschiedene Airlines auch direkte Verbindungen nach Acapulco, Puerto Vallarta, Mérida und Cancún an. Aufgrund der gewaltigen Entfernungen innerhalb Mexikos sollte man die Möglichkeit eines Gabelfluges in Erwägung ziehen, denn dadurch erspart man sich eventuell eine zeit- und geldraubende Rückfahrt zum Ankunftsort. Außerdem kann man im Reisebüro nach kombinierten Angeboten fragen, zum Beispiel einem Flug nach México D.F. inkl. einer Woche Hotelaufenthalt.

Linienflüge von Europa nach Mexiko werden von einer Reihe von europäischen und amerikanischen Fluggesellschaften angeboten: *Lufthansa, American Airlines. KLM, Continental Airlines, Air France, Iberia* und *British Airways. Lauda Air* fliegt ab Wien. *LTU* und *Condor* bieten Charterflüge nach Cancún, Acapulco und Puerto Vallarta an.

Zur **Hauptsaison** darf man nicht erwarten, den günstigsten Tarif zu bekommen. Vor allem während der Schulferien ist mit einem beachtlichen Aufschlag zu rechnen. Zudem sind günstige Abflugtermine schon Monate im Voraus ausgebucht. Wer zu dieser Zeit reist, sollte sich deshalb rechtzeitig um einen Flug kümmern. Günstiger sind die Monate Februar bis Mai sowie Oktober / November.

Günstige Tickets gibt es häufig nur für bestimmte Abflugorte. Der Billigflug ab London oder Paris lohnt selten den Anreiseweg, zumal er mit zusätzlichen Kosten verbunden ist. Beim Kauf des Tickets ist zu beachten, dass die wenigsten billigen Flugtickets eine **Gültigkeitsdauer** von mehr als 90 Tagen haben. Zudem sind auch Tickets mit einer Gültigkeit von bis zu sechs Monaten häufig mit *non endorsable* und *non refundable* ausgezeichnet, d.h. dass das Ticket weder übertragbar ist, noch Geld zurückerstattet wird, wenn man den Flug nicht antritt.

Die Fluggesellschaften *Aeroméxico* und *Méxicana* bieten den **Mexi-Pass** an, der allerdings nur außerhalb Mexikos verkauft wird. Nach Mexiko kann man auch mit einer anderen Gesellschaft fliegen (manche Strecken sind allerdings mit Mexicana oder Aeroméxico preisgünstiger). Der Pass gilt 3–90 Tage und basiert auf einem Coupon-System.

Ein Coupon gilt für eine Flugnummer, also einen einfachen Flug ohne Umsteigen. Der Preis richtet sich nach der Entfernung: Für die Zone 2 (z.B. México D.F.–Acapulco) sind es derzeit US$80. Der teuerste Inlandsflug (Zone 5, z.B. Cancún–México D.F.) kostet US$150. Der **MexiPass Inter** gilt für internationale Flüge mit *Méxicana* oder *Aeroméxico* nach Südamerika, in die USA oder nach Kanada. Hinzu kommt jeweils die nationale Flughafensteuer von derzeit US$16 pro Flug. Es müssen mindestens zwei Coupons (MexiPass Inter: drei) erworben und die Strecken bereits vorher festgelegt werden.

Fluggesellschaften

Aeroméxico, Bergerstraße 102, Frankfurt/Main, ✆ 069-94413580, Fax 94413560; in Mexiko ✆ 01-800-2376639, ✆ 01-800-0214000, www.aeromexico.com
Mexicana, über Aviareps Airline Management GmbH, Hessenring 32, 64546 Mörfelden-Walldorf, ✆ 06105-206080, Fax 206088; in Mexiko ✆ 01-800-5022000; in den USA ✆ 1-800-5317921. www.mexicana.com
Aero California, in Deutschland ✆ 0631-3506297, Fax 3506298, aerocalifornia@online.de, in Mexiko ✆ 01-5-2071392 oder gebührenfrei ✆ 01-800-6855500; in den USA ✆ 1-800-2376225.

Hinweis Gebuchte Flüge müssen spätestens 3 Tage vor Abflug rückbestätigt werden, was auch telefonisch geschehen kann. Nicht selten sind die Maschinen überbucht und die letzten kommen trotz Rückbestätigung nicht mehr mit. Es empfiehlt sich daher, rechtzeitig am Flugplatz zu erscheinen.

Wer nach Mexiko und von dort aus weiter in andere mittelamerikanische oder südamerikanische Länder reisen möchte, sollte sich nach dem **Latin Air Flexi Pass** von Taca (gültig für Taca, Aviateca und Lacsa) erkundigen. Mit diesem Pass kann man von nordamerikanischen Landeflughäfen und mexikanischen Städten zu allen zentralamerikanischen Haupt- sowie einigen kleineren Städten und darüber hinaus zu einigen Zielorten in Südamerika und der Karibik fliegen. Die Strecke Mexico City–Guatemala City–Flores–Belize–San José kostet z.B. ca. US$485, das ist fast ein Drittel weniger als die regulären Flugkosten.

Flugbuchung im Internet

Um Flüge online zu buchen, muss man kein Reiseexperte sein. Am besten beschränkt man sich dabei auf einige der etablierten Reiseportale. Auch die Seiten der Fluggesellschaften lohnen einen Blick, da es hier oft besondere Online-Tarife gibt. Grundsätzlich sollte man darauf achten, dass Kreditkartendaten verschlüsselt übertragen werden.

Von der Stiftung Warentest (Heft 2/2004) geprüft und für gut befunden:

L'Tur	www.ltur.de
Expedia	www.expedia.de
AVIGO	www.avigo.de

Weitere Websites:

1A-FLY.DE	www.1a-fly.de
Billiger reisen	www.billiger-reisen.de
Billigflüge	www.billigfluege.de
Del Mundo	www.delmundo.de
Discount-Flug	www.discount-flug.de
Flug.de	www.flug.de
Flugbörse	www.flugboerse.de
Opodo	www.opodo.de
STA Travel	www.statravel.de
Travel Jungle	www.traveljungle.de
Travel Overland	www.traveloverland.de
Travel Scout 24	www.travelscout24.de

Wer noch einen **Reisepartner** sucht, kann z.B. folgende Seiten anklicken:

Globetrotter	www.globetrotter.de/de/forum
DZG	www.dzg.com/schwarzesbrett/reisepartner

Aus den USA

Entlang der Grenze USA–Mexiko gibt es mehr als vierzig **Grenzübergänge**. Viele von ihnen sind jedoch nur tagsüber geöffnet und ohne eigenes Fahrzeug praktisch unzugänglich – eine vollständige Liste und Karte findet sich im Internet unter www.ibwc.state.gov/LANDBOUN/BRIDGES/body_bridges_crossings.htm. (Siehe auch Ein- und Ausreiseformalitäten S. 12).

Die wichtigsten Grenzübergänge, die ständig geöffnet haben, sind von Westen nach Osten:

- San Diego, Kalifornien – Tijuana, Baja California Norte
- Calexico, Kalifornien – Mexicali, Baja California Norte
- Nogales, Arizona – Nogales, Sonora
- Douglas, Arizona – Agua Prieta, Sonora
- El Paso, Texas – Ciudad Juárez, Chihuahua
- Laredo, Texas – Nuevo Laredo, Tamaulipas
- Brownsville, Texas – Matamoros, Tamaulipas

Mit dem eigenen Auto

Ein Auto bringt mehr Bewegungsfreiheit, und es ist durchaus eine Überlegung wert, für eine längere Mexiko- oder Mittelamerika-Reise in den USA einen Gebrauchtwagen, am besten einen VW-Käfer oder Golf, zu kaufen.

Ein in den USA zugelassenes Auto darf in Mexiko allerdings nicht verkauft werden. Es muss – egal in welchem Zustand – wieder über die Grenze außer Landes geschafft werden.

Die Zulassung des gekauften Wagens in einem so genannten *Tack-Office* ist schnell erledigt, nur sollte man eine feste Adresse angeben können, z.B. die des Verkäufers, da nach einigen Wochen die Fahrzeugpapiere dort hingeschickt werden. Beim *Tack-Office* erhält man bereits die Registration, die zur Einreise nach Mexiko genügt. Sicherheitshalber sollte man eine Kopie des eigentlichen Fahrzeugbriefes mitführen. Bei der Einreise wird das Fahrzeug durch einen zusätzlichen Stempel auf der Touristenkarte eingetragen.

Mit einem Pkw über die Grenze zu kommen, ist allerdings mit Schwierigkeiten verbunden. In Baja und der Zona Libre (dem mexikanischen Grenzgebiet, ca. 20 km ins Landesinnere) darf man ohne besondere Formalitäten fahren. Für alle anderen Gebiete braucht man aber eine zeitweilige Einfuhrerlaubnis, die es für ca. US$25 beim Departmento de Inmigracíon an der Grenze gibt. Diese Gebühr muss mit einer der bekannteren Kreditkarten bezahlt werden, sonst ist eine Kaution – die Höhe hängt vom Typ und Alter des Fahrzeugs ab, beträgt aber mindestens US$400 für ein unter vier Jahre altes Auto und kann bei weit über US$1000 liegen – sowie eine Bearbeitungsgebühr plus Steuer fällig. Um sicherzustellen, dass der Wagen in Mexiko nicht verkauft wird, muss auch eine Kaution in Höhe des geschätzten Fahrzeugwertes hinterlegt werden, entweder in bar bei einer Filiale der Banejército (die zu diesem Zweck an den Grenzposten Schalter unterhält) oder mittels einer Kreditkarte. Letzteres ist empfehlenswerter, auch wenn dabei eine Gebühr von US$24,20 fällig wird, weil man Bargeld nur an dem Grenzübergang, an dem man es eingezahlt hat, zurück bekommt – bei Zahlung per Kreditkarte kann man hingegen für die Ausreise jeden beliebigen Grenzübergang wählen.

Es empfiehlt sich auf jeden Fall die Mitnahme eines internationalen Führerscheins, auch wenn deutsche, österreichische und schweizerische Führerscheine in Mexiko theoretisch anerkannt werden.

Wichtig ist eine in den USA und Mexiko anerkannte KFZ-Haftpflichtversicherung, die man sich schon bei einer Versicherung daheim besorgen kann, denn vor Ort ist sie für Ausländer ohne festen Wohnsitz im Land schwer erhältlich. Wenn man nicht vor Reisebeginn eine solche Kfz-Haftpflichtversicherung abgeschlossen hat, sollte man vor dem Grenzübertritt noch in den USA eine Mexiko-Versicherung abschließen, z.B. bei *Sanborn's*, 💻 www.sanbornsinsurance.com. *Sanborn's* vergibt bei Abschluss auch ein kostenloses Handbuch für Selbstfahrer mit hervorragenden Straßenbeschreibungen. Die anderen Tipps kann man getrost vergessen. Unbedingt die Komplett-Ausgabe verlangen, sonst erhält man nur eine auf die beabsichtigte Reiseroute zugeschnittene Blattsammlung. Weitere Informationen zum Autofahren in Mexiko s.S. 51.

Ein in den USA gemietetes Auto darf nicht über die Grenze nach Mexiko mitgenommen werden. Möchte man ein Auto in Mexiko mieten, muss man über eine Kreditkarte verfügen und damit rechnen, dass man ca. ein Zehntel der Summe des Autowertes für den Fall eines Diebstahls hinterlegen muss.

Trampen

Trampen ist schon in den USA mit Risiken verbunden, in Mexiko jedoch keinesfalls ratsam, vor allem nicht im Norden. Selbst wer einen durchgehenden Lift bekommt, sollte zu Fuß über die Grenze gehen, sonst gibt es Probleme bei der Ausreise.

Mit dem Bus

Von New York bis zur Grenze Texas / Mexiko (US$$99–159) sind es mindestens 45 Stunden Fahrt, von San Francisco bis zur Grenze in Tijuana (US$53–57) mindestens 11 1/2 Std. Von Los Angeles und Houston fährt *Greyhound*, von San Diego *Trailways* bis zur Grenze.

Greyhound Aktuelle Auskünfte in den USA:
✆ 1-800/229-9424, 🖳 www.greyhound.com

Seit Unterzeichnung des NAFTA-Abkommens fahren viele mexikanische Busgesellschaften auch über die Grenze in die USA hinein, manche sogar bis Houston oder L.A., so dass man eventuell schon dort in einen Bus nach Mexiko steigen kann.

Eine billige und lustigere Alternative zu *Greyhound* stellt die Überlandfahrt mit einem der Busse von *Green Tortoise* dar, Näheres unter 🖳 www.greentortoise.com.

Mit dem Flugzeug

Die häufigsten und billigsten Flugverbindungen nach Mexiko gibt es von den Städten im Westen und Nordwesten der USA – vor allem mit *Aeroméxico* von San Francisco oder Los Angeles nach México D.F. oder San Diego (von dort gelangt man mit dem Trolley-Bus bis zur Grenze und dann zu Fuß nach Tijuana).

Mit dem Zug

US-Passagierzüge halten auf der Strecke L.A.–Houston im Grenzort El Paso. Die Stadt wird von Amtraks Sunset Limited (3x wöchentlich) angefahren, der L.A. mit Tucson, Houston, New Orleans, Jacksonville und Orlando verbindet. Von San Antonio besteht Anschluss an den Texas Eagle via Dallas nach Chicago. Die Fahrt nach El Paso dauert von Houston 18 Std., von Dallas knapp 26 Std. und von L.A. weniger als 16 Std. Der Zug kommt nachmittags in El Paso an, so dass man genügend Zeit hat, über die Grenze zu gehen, in Ciudad Juárez zu Abend zu essen und anschließend einen Bus nach Mexiko-Stadt zu besteigen.

Amtrak Aktuelle Auskünfte in den USA:
✆ 1-800-USA-RAIL, 🖳 www.amtrak.com

Nach Guatemala und Belize

Guatemala

Eines der landschaftlich schönsten Länder des Doppelkontinents ist Guatemala. Es ähnelt dem mexikanischen Staat Chiapas, ist aber noch grüner, seenreicher und hügeliger. Außerdem besitzt Guatemala den höchsten Bevölkerungsanteil an Indígenas, mehr als jedes andere nord- oder südamerikanische Land. Die politischen Unruhen, die lange Jahre das Land erschütterten, haben sich einigermaßen gelegt – die derzeitige Regierung legt zwar die besten Absichten an den Tag, ist allerdings unfähig, eine effektive Kontrolle über das Militär auszuüben. Die verfahrene politische Situation ist noch nicht geklärt, und das Land gehört weiterhin einigen wenigen Mächtigen, die ihren Rückhalt in der Armee haben. Die Armut der Indianer wurde durch die ständigen Armeeinsätze gegen „subversive" Kräfte keineswegs gemildert.

Hauptstrecken nach Guatemala sind die Küstenstraße von Tapachula oder die Panamericana von San Cristóbal aus nach Süden. Letztere führt durch eine atemberaubende Landschaft. Unterwegs hat man die Möglichkeit, die Indianerstädte Huehuetenango und Quetzaltenango, den Atitlán-See und – auf dem Weg zur Landeshauptstadt – Chichicastenango und La Antigua zu besuchen. Man kann die Grenze auch auf dem Fluss überqueren oder über Belize nach Guatemala einreisen. Besucher aus EU-Staaten sowie der Schweiz können sich bis zu 90 Tage ohne Visum in Guatemala aufhalten. Bei Rückfragen wendet man sich an die **Botschaft Guatemalas** in Deutschland, Joachim-Karnatz-Allee 47, 10557 Berlin, ✆ 030-2064363, 📠 20643659, ✉ embaguate.alemania@t-online.de.

Belize

Das ehemalige British-Honduras ist 1981 von Großbritannien unabhängig geworden. Noch immer ist es ein sehr armes Land und bleibt – da Guatemala Gebietsansprüche stellt – weitgehend auf die Präsenz britischer Truppen zur Verteidigung seiner territorialen Integrität angewiesen. In Belize fühlt man sich eher in der Karibik als in Lateinamerika, denn die Bevölkerung ist überwiegend schwarz und englischsprachig. Die größte Touristenattraktion sind die wunderschönen vorgelagerten Inseln (z.B. Caye Caulker). Deutsche und Österreicher benötigen kein **Visum**, Schweizer hingegen müssten sich eines beim Konsulat von Belize in Genf besorgen.

Bei der Einreise nach Guatemala über Belize passiert man in unmittelbarer Nähe der Grenze die eindrucksvolle Maya-Stätte Tikal, die alle ähnlichen Ausgrabungsstätten von Mexiko in den Schatten stellt. Von hier nach Guatemala-Stadt sollte man fliegen, denn der Bus, nur wenig billiger, braucht erfahrungsgemäß mehrere Tage für die Strecke.

An der Grenze zwischen Mexiko und Belize bei Chetumal in Quintana Roo (Halbinsel Yucatán) wird Reisenden **von Belize** (s.S. 732) **nach Mexiko** ein 30-Tage-Visum ausgestellt. Wer länger in Mexiko bleiben möchte, sollte an diesem Grenzübergang freundlich, aber bestimmt darauf hinweisen.

Gesundheit

Impfungen

Für Mexiko sind offiziell keinerlei Impfungen vorgeschrieben. Die meisten Ärzte empfehlen jedoch eine Polio/Tetanus- und Diphterie-Auffrischungsimpfung. Wer aus einem Gelbfiebergebiet einreist – sehr unwahrscheinlich –, muss eine Gelbfieberimpfung nachweisen.

Man sollte sich rechtzeitig vor Reiseantritt von den Tropeninstituten oder Fachärzten beraten und ggf. impfen lassen. Sämtliche Impfungen sollten in den Impfpass eingetragen werden und zwar mit Ort, Datum und Unterschrift des Arztes wie auch dem offiziellen Siegel des zuständigen Gesundheitsamtes der Stadt, in der die Impfung durchgeführt wurde.

Grundlegende Regeln

Die richtige Ernährung

Am sichersten ist gut durchgekochtes Essen, allerdings nicht, wenn es länger herumstand oder aufgewärmt wurde. Wer sich auf der Reise größeren Anstrengungen aussetzt, zum Beispiel rastlos von einem Ort zum anderen hetzt, lässt womöglich Mahlzeiten aus und ernährt sich nur einseitig.

Dabei ist es äußerst wichtig, auf eine ausgewogene Ernährung zu achten. Gekochte Eier, Bohnen, Linsen und Nüsse sind sichere Proteinspender. Beste Vitaminquelle ist Obst, das man schälen kann (wie Bananen, Orangen oder Grapefruits). Ist man sich nicht sicher, ob die vorhandenen Mahlzeiten den Bedarf an Vitaminen oder Magnesium abdecken, so schaffen mitgebrachte Tabletten den nötigen Ausgleich.

Gerade wenn man schwitzt, sollte man ausreichende Mengen trinken (abgefülltes Trinkwasser ist überall erhältlich) – es genügt nicht, sich auf das Durstgefühl zu verlassen, denn dann ist der Wasserhaushalt zumeist schon zu gering. Keine oder nur geringe dunkelgelbe Urinmengen sind ein unmissverständliches Warnsignal. Es versteht sich von selbst, dass man bei längeren Fahrten oder Ausflügen eine Flasche Wasser im Gepäck haben muss. Übermäßiges Schwitzen führt zu Salzverlust und kann Muskelkrämpfe verursachen. Salztabletten sind nicht zu empfehlen – lieber das Essen etwas nachsalzen.

Wasser

Die oberste Regel lautet: *Vorsicht mit Wasser und besonders mit Eis!* Wenn man nicht hundertprozentig weiß, dass das Wasser sauber oder abgekocht ist, sollte man die Finger davon lassen. Vorsicht auch bei Fruchtsäften, die mit Wasser verdünnt werden. Die bekannten Mineralwassermarken und Soft Drinks sind in der Regel unbedenklich. Tee und Kaffee sollten ebenfalls in Ordnung sein, da das Wasser gekocht wird.

Klimatische Belastung

Oft sind es die Sonne und die sauerstoffarme Luft, die einem zu schaffen machen. Am besten gönnt man dem Körper etwas Zeit, sich daran zu gewöhnen. Besonders bei der Ankunft per Flugzeug in México D.F. kann jede Aktivität zur Anstrengung werden. Der Smog macht die ohnehin dünne Luft fast unerträglich. Das einzige Mittel dagegen ist Ruhe. Dasselbe gilt auch für die Sonne. Tagsüber sollte man sich mit einer Sonnencreme mit hohem Lichtschutzfaktor und einem Sonnenhut schützen oder im Schatten bleiben. Die Mexikaner tragen ihre Sombreros aus gutem Grund!

Gesundheitsrisiken

Der Gesundheitszustand von Touristen in Mexiko hängt natürlich davon ab, wie sie sich auf die Reise vorbereitet haben, wie sie auf sich achten und wie mit eventuell auftauchenden Gesundheitsproblemen umgegangen wird. Die nachstehende Aufstellung möglicher Risiken liest sich wahrscheinlich ziemlich erschreckend; aber nur wenige Mexikoreisende erleiden Schlimmeres als eine Magenverstimmung oder einen Sonnenbrand. Die folgenden Informationen sind für den Notfall gedacht, und die meisten Besucher werden darin nur eine unterhaltsame Lektüre für faule Stunden am Pool finden.

AIDS (SIDA)

Natürlich besteht auch in Mexiko die Gefahr, sich mit dem HIV-Virus zu infizieren. Laut offiziellen Angaben gibt es mehr als 47 000 Aidskranke in Mexiko, die meisten davon leben in der Hauptstadt. Eigentlich müsste längst bekannt sein, dass ungeschützter Geschlechtsverkehr mit Zufallsbekanntschaften ein unverantwortliches und lebensgefährliches Spiel ist. Eine weitere Ansteckungsgefahr besteht durch nicht sterile Nadeln bei Injektionen oder im Falle einer Bluttransfusion. Wer eine Injektion bekommt, kann sich normalerweise vorher vergewissern, ob die Spritze originalverpackt und ungebraucht ist. Bei einer Transfusion ist dies kaum möglich. Allerdings werden Blutkonserven in der Regel sorgfältig untersucht.

Cholera

Die Cholera ist noch nicht bezwungen und tritt vor allem in übervölkerten Gebieten immer wieder auf. Offiziell braucht man in keinem Land eine Choleraimpfung nachzuweisen. Zudem ist der Impfschutz derart umstritten, dass tropenmedizinische Institute wegen unzuverlässiger Wirksamkeit und häufiger Nebenwirkungen davon abraten. Touristen sind, solange sie auf eine saubere, hygienische Umgebung, insbesondere einwandfreies Wasser achten, keine rohen Lebensmittel (Fisch!) verzehren und selbst nicht geschwächt sind, kaum gefährdet.

Ciguatera

Diese in der ganzen Karibik verbreitete, saisonal auftretende Lebensmittelvergiftung kann durch den Verzehr von mit Gift angereichertem Fisch – besonders Barracuda – hervorgerufen werden und äußert sich bereits wenige Stunden nach dem Genuss des Fisches durch Hautausschlag und ein Taubheitsgefühl im Mund und in den Lippen. Später kommen Bauchschmerzen, Durchfall und Übelkeit hinzu. Man sollte bei Verdacht auf Ciguatera sofort einen Arzt aufsuchen: In der Regel dauern die Beschwerden nur einige Tage, schlimmstenfalls kann die Vergiftung jedoch tödlich enden.

Dengue-Fieber

Diese Viruskrankheit wird durch die *Aedes aegypti*-Mücke übertragen, die an ihren schwarz-weiß gebänderten Beinen zu erkennen ist. Sie sticht während des ganzen Tages. Nach der Inkubationszeit von bis zu einer Woche kommt es zu plötzlichen Fieberanfällen, Kopf- und Muskelschmerzen. Nach 3–5 Tagen kann sich ein Hautausschlag über den ganzen Körper verbreiten. Bei Stufe 1 klingen nach 1–2 Wochen die Krankheitssymptome ab.

Ein zweiter Anfall (Stufe 2) kann zu Komplikationen (inneren und äußeren Blutungen) führen. Wie bei der Malaria ist ein Moskitonetz und der Schutz vor Mückenstichen der beste Weg der Vorsorge. Es gibt keine Impfung oder spezielle Behandlung. Schmerztabletten, fiebersenkende Mittel und kalte Wadenwickel lindern die Symptome. Ein einfacher Test kann Dengue-Fieber verifizieren: 5 Minuten den Oberarm abbinden, öffnen und in der Armbeuge nachsehen – falls rote Flecken erscheinen, ist es zu 90% Dengue-Fieber.

Durchfallerkrankungen

Der „aztekische Twostep", „Montezumas Rache" oder schlicht „Turista" (wie ihn die Mexikaner nennen) ist kaum zu vermeiden, da es keine wirkungsvollen Vorbeugemaßnahmen gibt. Die Reisediarrhöe wird durch die Umstellung in der Ernährung, den veränderten Tagesrhythmus, Klimawechsel und die zahlreichen „fremden" Bakterien verursacht.

Die üblichen Warnungen vor Salat, ungeschälten Früchten, Wasser und Eis haben unseres Erachtens mehr negative als positive Folgen und verhindern den Durchfall doch nicht. Natürlich sollte man sich nicht gleich in den ersten Tagen auf die exotischsten Nahrungsmittel stürzen und offensichtlich schmutzige Lokale meiden (die meisten mexikanischen Restaurants sind übrigens peinlich sauber!). Viele Ratgeber fordern, man solle jeglichen Kontakt mit Wasser vermeiden, was in der Praxis unmöglich ist. Leitungswasser darf man aber auf keinen Fall trinken. In fast allen Hotels stehen große Behälter mit **Trinkwasser** *(agua potable)* bereit. Wenn nicht, kann man um abgekochtes Wasser bitten. In den Restaurants gibt es Mineralwasser in Flaschen *(agua mineral* oder *agua de Tehuacán).* Das Eis in den servierten Getränken wird immer aus Trinkwasser hergestellt. Auf Eis und Getränke von Straßenständen sollte man aber besser verzichten.

Tropenmedizinische Institute

Berlin	Spandauer Damm 130, Haus 10, 14050, ✆ 030-30 11 66, www.charite.de/tropenmedizin
Dresden	Friedrichstr. 39, 01067, ✆ 0351-480 3801
Düsseldorf	Moorenstr. 5, 40225, ✆ 0211-811 7031
Hamburg	Bernhard-Nocht-Str. 74, 20359, ✆ 040-4281 8805, rmz@gesundes-reisen.de, www.gesundes-reisen.de
Heidelberg	Im Neuenheimer Feld 324, 69120, ✆ 06221-56 29 25, Informationen vom Band über Lateinamerika ✆ 56 56 35, www.hyg.uni-heidelberg.de/ithoeg/Services/ambde.htm
Leipzig	Delitzscher Str. 141, 04129, ✆ 0341-909 26-14/-12, www.mccl.de
München	Leopoldstr. 5, 80802, ✆ 089-218 013 500, Informationen vom Band über Lateinamerika ✆ 218 013 509. www.tropinst.med.uni-muenchen.de
Rostock	Ernst-Heydemann-Str. 6, 18057, ✆ 0381-494 7583, www-kim.med.uni-rostock.de/tropenmed.htm
Tübingen	Keplerstr. 15, 72074, ✆ 07071-298 2365, reisemedizin@med.uni-tuebingen.de, www.medizin.uni-tuebingen.de/~webitm/

In mexikanischen Apotheken, zu erkennen an dem grünen Kreuz und der Aufschrift *farmacia,* ist man mit dem Durchfall-Problem bestens vertraut und verkauft rezeptfrei Medikamente. Das Wort *diarrea* genügt. Eine Elektrolyt-Lösung (**Elotrans Neu** oder für Kinder **Oralpädon**), die verlorene Flüssigkeit und Salze ergänzt, reicht bei den meist harmlosen Durchfällen völlig aus (in Mexiko *suero oral* genannt, Markennamen: Dioralyte, Electrosol, Rehidrat) – zur Not kann auf **Imodium**, das die Darmtätigkeit ruhiglegt, zurückgegriffen werden (aber nur in geringen Dosen, da die Ausscheidung von Krankheitserregern verzögert wird!). Daneben sollte man sich Ruhe gönnen; eine 24-stündige Fastenkur und viel Mineralwasser hilft ebenfalls. Auch Papayas beruhigen den aufgewühlten Magen und versorgen mit Vitaminen. Cola-Getränke sind bei Durchfällen hervorragend geeignet, enthalten Zucker, Spurenelemente, Elektrolyte und wirken dem Wasserverlust entgegen. Wenn die Symptome nach vier, fünf Tagen nicht verschwunden sind, sollte man einen Arzt aufsuchen, denn es kann sich auch um eine bakterielle oder **Amöben-Ruhr** handeln.

Häufiger als Durchfälle sind **Verstopfungen**, die durch eine große Portion geschälter Früchte (z.B. Ananas) oder einer halben Papaya zum Frühstück (mit Kernen essen) verhindert werden können.

Erkältungen

Erkältungen kommen in den Tropen häufiger vor als man denkt. Schuld sind vor allem Ventilatoren und Klimaanlagen, die krasse Temperaturwechsel und zu viel Zugluft bescheren. Nassgeschwitzt in klimatisierte Räume zu flüchten, ist nicht ratsam, wenn man nicht etwas zum Wechseln oder Überziehen dabei hat. Auch in klimatisierten Bussen und in den Bergen ist wärmere Kleidung wichtig.

Hauterkrankungen

Bereits vom Schwitzen kann man sich unangenehm juckende Hautpilze holen. Gegen zu starkes Schwitzen hilft Körperpuder, der angenehm kühlt und in Apotheken oder Supermärkten erhältlich ist. Für andere Erkrankungen sind häufig Kopf-, Kleider-, Filzläuse, Flöhe, Milben oder Wanzen verantwortlich. Die beste Vorbeugung ist eine ausreichende Hygiene. Nicht selten treten an Stellen, an denen die Kleidung eng aufliegt, Hitzepickel auf, die man mit *Prickly Heat Powder*, Zinkoxyd oder

Titanoxyd behandeln kann. Gegen Kopfläuse hilft *Organoderm*, oder, falls man wieder in Deutschland ist, *Goldgeist forte*.

Hepatitis

Die schwere Lebererkrankung **Hepatitis B** wird vor allem durch sexuellen Körperkontakt und durch Blut (ungenügend sterilisierte Injektionsnadeln, Bluttransfusionen, Tätowierung, Piercen, Akupunktur) übertragen. Eine rechtzeitige vorbeugende Impfung, z.B. mit *Gen H-B-Vax*, ist sehr zu empfehlen.

Die **Hepatitis A** wird durch infiziertes Wasser und Lebensmittel oral übertragen. Vor einer Ansteckung schützt der Impfstoff *Havrix* (auch als Kombi-Impfung *Twinrix* für Hepatitis A und B erhältlich). Während in Mexiko die meisten Menschen nach einer harmlosen Hepatitis A-Infektion im Kindesalter gegen diese Krankheit immun sind, trifft dieses nur auf ein Drittel aller Europäer zu. Ob die Impfung notwendig ist, zeigt ein Antikörpertest.

Hepatitis C und D werden auf demselben Weg übertragen wie Hepatitis B und können ebenfalls zu gefährlichen Langzeitschäden führen.

Kinderkrankheiten

Kinder müssen gegen alle Kinderkrankheiten, einschließlich Windpocken, geimpft sein. Kinderkrankheiten fordern in Mexiko immer wieder Todesopfer.

Kinderlähmung

Wer während der letzten 10 Jahre die Impfungen versäumt hat, muss sich rechtzeitig beim Gesundheitsamt nach dem Termin der nächsten **Polio-Impfung** erkundigen, am besten einige Wochen vor der Reise. Man kann sich aber auch vom Hausarzt den Impfstoff verabreichen lassen.

Malaria

Mexiko gilt laut WHO zwar als C-Land, dennoch besteht für Touristen, die sich auf eingefahrenen Routen bewegen, nur ein sehr geringes Risiko. Alle Gebiete über 1000 m sind malariafrei, ebenso Cancún, Cozumel, Isla Mujeres und die Pazifikstrände, auch die auf Baja California. Jedoch kann Malaria in den Sumpfgebieten Yucatans und in Chiapas auftreten.

Die Mücke *Anopheles*, die den Malariaerreger *Plasmodium falciparum* übertragen kann, sticht während der Nacht, also zwischen Beginn der Dämmerung und Sonnenaufgang.

Die beste Vorbeugung gegen Malaria besteht darin, möglichst nicht gestochen zu werden: Am Abend schützen helle Kleidung wie lange Hosen, langärmlige Hemden, engmaschige Socken (einige Reisende schwören dagegen nach Sonnenuntergang auf dunkle Kleidung) und ein Mücken abweisendes Mittel auf der Basis von *Deet*, das auf die Haut aufgetragen wird und die Geschmacksnerven stechender Insekten lähmt. Einige Apotheken bieten sanftere Mittel an, die auf Zitronella- und Nelkenöl basieren, z.B. *Zedan* (100 ml 3,95 €). Bewährt hat sich der Wirkstoff *Permethrin*, mit dem Kleidung und Moskitonetz eingesprüht werden. Er geht eine Verbindung mit dem Gewebe ein, ohne zu ölen, und bleibt wochenlang wirksam. In Deutschland ist er z.B. in den Handelsmarken *NO BITE* (100 ml für Kleidung, 20 €, 💻 www.nobite.com) und *TYRA-X* (500 ml für Moskitonetze, 12,73 €, 💻 www.tyrax.de) enthalten. Einige Tropenerfahrene schwören auf die Einnahme von Vitamin B in hohen Dosen, bei anderen ist es wirkungslos.

Ist der Schlafraum nicht mückensicher (lückenlose Mückengitter an Fenster und Türen), sollte man unter einem Moskitonetz schlafen. Am sichersten ist ein eigenes, mit *Permethrin* behandeltes Netz. Löcher verschließt man am besten mit Klebeband. Bei niedrigen Temperaturen in klimatisierten Räumen sind die Mücken zwar weniger aktiv, aber keineswegs ungefährlich. Notfalls verringern das Risiko auch *Coils*, grüne Räucherspiralen, die wie Räucherstäbchen abbrennen und für ca. 8 Stunden die Luft verpesten. Oft werden sie abends in offenen Restaurants unter die Tische gestellt, um die herumschwirrenden Moskitos zu vertreiben.

Häufig wird noch die Prophylaxe mit *Resochin* empfohlen: Es wird zweimal wöchentlich sieben Tage vor der Einreise ins Risikogebiet bis vier Wochen nach der Rückkehr eingenommen, zumeist in Verbindung mit *Paludrine* (Wirkstoff Proguanil). Allerdings sind immer mehr Erreger der *Malaria tropica* gegen diese Präparate resistent. Resochin allein gilt jedoch weiterhin als wirksam gegen die Erreger der anderen, nicht tödlichen Formen von Malaria. Zunehmend raten Tropeninstitute von chemischer Prophylaxe bei

Mexikoreisen ab und empfehlen mechanischen Schutz.

Mit der Zulassung von *Malarone* (Wirkstoff Atovaquon/Proguanil) steht seit Mai 2001 ein neues Mittel zur Malariaprophylaxe in den deutschen Apotheken. Der Hersteller wirbt mit der guten Verträglichkeit und dem wirksamen Schutz vor dem Erreger *Plasmodium falsiparum*. Da durch Malarone die Parasiten bereits in der Leber angegriffen werden, ist die Einnahmedauer relativ kurz: täglich eine Tablette ein bis zwei Tage vor, während und sieben Tage nach dem Aufenthalt im Malariagebiet. Mögliche Nebenwirkungen sind Übelkeit, Kopfschmerzen und Durchfall. Malarone wird vor allem bei Reisen in Gebiete mit hohem Malariarisiko empfohlen, allerdings sollte es nicht länger als vier Wochen eingenommen werden, da Langzeitstudien bislang fehlen. Risiken für Schwangere und Kinder können ebenfalls noch nicht eingeschätzt werden. Ein großer Nachteil von Malarone ist der Preis: Die Packung mit zwölf Tabletten kostet ca. 60 €.

In Deutschland gibt es den Malaria-Schnelltest *MalaQuick*, mit dem Reisende im Notfall anhand eines Blutstropfens in acht Minuten selbst feststellen können, ob ihre Symptome durch den Malariaerreger *Plasmodium falciparum* ausgelöst wurden (in Apotheken erhältlich).

Wer sich in einem Gebiet ohne ärztliche Versorgung infiziert hat, kann zur Überbrückung mit einer *Standby*-Therapie mit Mefloquin *(Lariam)*, Atovaquon/Proguanil *(Malarone)* oder seit kurzem Artmether/Lamefantrin *(Riamet)* beginnen. *Lariam* ist wegen seiner z.T. schwerwiegenden Nebenwirkungen (im Beipackzettel stehen nicht umsonst Hinweise auf Depressionen und Suizid) umstritten.

Wer nach der Rückkehr an einer nicht geklärten fieberhaften Erkrankung leidet, auch wenn es sich nur um leichtes Fieber und Kopfschmerzen handelt und erst Monate später auftritt, sollte dem Arzt unbedingt über den Tropenaufenthalt berichten und auf einem Bluttest bestehen. Die ersten Symptome einer Malaria können denen eines banalen grippalen Infektes ähneln und werden daher häufig verkannt, was schon nach wenigen Tagen das Leben bedrohen kann.

Pilzinfektionen

Frauen leiden im tropischen Klima häufiger unter Pilzinfektionen. Vor der Reise sollten sie mit einem Frauenarzt sprechen und sich entsprechende Medikamente verschreiben lassen.

Eine Creme oder Kapseln sind besser als Zäpfchen, die bei der Hitze schmelzen. Ungepflegte Swimming Pools in den Tropen sind Brutstätten für Pilze aller Art.

Schlangen-, Spinnen-, Skorpionbisse/-stiche

Eine Gefahr, der man vor allem außerhalb der großen Städte und Luxushotels begegnet. Es gibt zahlreiche giftige **Schlangen** wie die rot-schwarz-weiß gestreifte Korallenschlange, Klapperschlangen (mit und ohne Klapper), Vipern u.a. Bei Dschungeltouren, in Nationalparks, auf einsamen Inseln und in den archäologischen Fundstätten also immer feste Schuhe anziehen, gut auftreten, und darauf achten, wohin man den Fuß setzt. Wer gebissen wird, sollte sich das Aussehen des Übeltäters möglichst genau merken und sofort einen Arzt aufsuchen. Die betroffene Stelle möglichst wenig bewegen, abbinden und alle 15 Minuten mindestens 90 Sekunden lang lösen. Ausschneiden oder Aussaugen hilft nur in schlechten Filmen, in Wirklichkeit schadet das mehr als es nützt. Wichtig ist: Keine Panik – selbst an giftigen Schlangenbissen stirbt man nicht augenblicklich, höchstens aus Angst.

Der Stich des „weißen" **Skorpions** *(Centrurides sculpturatus)*, der in Wirklichkeit strohgelb ist, kann ein Kind töten und bei Erwachsenen zu Lähmungserscheinungen führen. In diesem Fall sofort einen Arzt rufen, nicht bewegen und viel Flüssigkeit zu sich nehmen. Besonders im Norden und in der Gegend um México D.F. sollte man Handtücher, Kleidung, Duschvorhänge etc. ausschütteln und in die Schuhe sehen, bevor man sie anzieht. Die schwarzen Skorpione, die man z.B. auf Yucatán findet, sind vergleichsweise harmlos. Der Stich schmerzt zwar auch, ist aber nicht lebensbedrohlich.

An der Pazifikküste lebt eine braune, behaarte, giftige **Riesenspinne**, die aber wie Skorpione und Schlangen nur dann beißt, wenn sie sich angegriffen fühlt. Gegengift gibt es beim Arzt bzw. im Krankenhaus und in der Apotheke.

In der Regel ist es ein großer Zufall, wenn man solchen seltenen Tieren begegnet. Schon aus diesem Grund sollte man sie nicht töten, sondern ihnen aus dem Weg gehen oder sie vorsichtig ins Freie befördern, falls sie sich ins Haus verirrt haben.

Vorschlag für eine Reiseapotheke

Basisausstattung
- Verbandzeug (Heftpflaster, Leukoplast, Blasenpflaster, Mullbinden, elastische Binde, sterile Kompressen, Verbandpäckchen, Dreiecktuch, Pinzette)
- sterile Einmalspritzen und -kanülen in verschiedenen Größen (mit ärztlicher Bestätigung, dass sie medizinisch notwendig sind, damit man nicht für einen Fixer gehalten wird)
- Fieberthermometer
- Kondome
- Lärmstopp (gegen Lärmbelästigung)
- Beipackzettel

Malaria-Prophylaxe
- Chloroquin (z.B. Resochin*, nur für gefährdete Gebiete)
- Paludrine* (zusätzlich zu Chloroquin, nur für gefährdete Gebiete)
- Lariam* oder Halfan* zur Standby-Therapie
- MalaQuick Standby Malaria-Test
- Mückenschutz

Schmerzen und Fieber
- keine acetylsalicylsäurehaltigen Medikamente, Benuron, Dolormin
- Buscopan (gegen krampfartige Schmerzen)
- Antibiotika* gegen bakterielle Infektionen (in Absprache mit dem Arzt)

Magen- und Darmerkrankungen
- Imodium akut (gegen Durchfall, v.a. vor längeren Fahrten)
- Elotrans (zur Rückführung von Mineralien; Kinder: Oralpädon Pulver)
- Dulcolax Dragees, Laxoberal Tropfen (gegen Verstopfung)
- Talcid, Riopan (gegen Sodbrennen)

Erkrankungen der Haut
- Desinfektionsmittel (Betaisodona Lösung, Hansamed Spray, Kodan Tinktur)
- Tyrosur Gel, Nebacetin Salbe RP (bei infizierten oder infektionsgefährdeten Wunden)
- Soventol Gel, Azaron Stift, Fenistil Tropfen (bei Juckreiz nach Insektenstichen oder allergischen Erkrankungen)
- Soventol Hydrocortison Creme, Ebenol Creme (bei starkem Juckreiz oder stärkerer Entzündung)
- Cortison- und antibiotikahaltige Salbe gegen Bläschenbildung nach Quallenkontakt
- Wund- & Heilsalbe (Bepanthen)
- Fungizid ratio, Canesten (bei Pilzinfektionen)
- Berberil, Yxin (Augentropfen bei Bindehautentzündungen)

Erkältungskrankheiten
- Olynth Nasenspray, Nasivin
- Dorithricin, Dolo Dobendan (bei Halsschmerzen)
- Silomat (Hustenstiller)
- Acc akut, Mucosolvan, Gelomyrtol (zum Schleimlösen)

Kreislauf
- Korodin, Effortil (kreislaufanregend)

Reisekrankheit
- Superpep Kaugummis, Vomex

Sonnenschutz mit UVA- und UVB-Filter
- Ladival Milch bzw. Gel, Ilrido ultra Milch
- Sonnenschutzstift für die Lippen

Bitte bei den Medikamenten Gegenanzeigen und Wechselwirkungen beachten und sich vom Arzt oder Apotheker beraten lassen. (rezeptpflichtig in Deutschland).*

Thrombose

Bei längeren Flugreisen verringert sich durch den Bewegungsmangel der Blutfluss vor allem in den Beinen, wodurch es zur Bildung von Blutgerinnseln kommen kann, die, wenn sich sich von der Gefäßwand lösen und durch den Körper wandern, eine akute Gefahr darstellen (z.B. Lungenembolie). Gefährdet sind vor allem Personen mit Venenerkrankungen oder Übergewicht, aber auch Schwangere, Raucher oder Frauen, die die Pille nehmen. Das Risiko verhindern Bewegung, viel trinken (aber keinen Alkohol) und notfalls Kompressionsstrümpfe der Klasse 1–2.

Tollwut

Wo streunende oder auch verendete Hunde zu sehen sind, ist Vorsicht geboten. Wer von einem Hund, einer Katze oder einem Affen gekratzt oder gebissen wird, muss sich sofort impfen lassen, da eine Infektion sonst tödlich endet. Eine vorbeugende Impfung ist sehr teuer und nur bei längerem Aufenthalt sinnvoll.

Typhus / Paratyphus

Typische Symptome: über 7 Tage hohes Fieber einhergehend mit einem eher langsamen Puls und Benommenheit. Für Reisende empfehlenswert ist die gut verträgliche Schluckimpfung mit *Typhoral L.* Drei Jahre lang schützt eine Injektion des neuen Typhus-Impfstoffs *Typhim VI*, ehe er wieder aufgefrischt werden muss. Die Krankheit wird durch Zecken, Milben oder Läuse übertragen, wogegen Insektenschutzmittel eine eher unzureichende Abwehr bieten.

Wundstarrkrampf

Wundstarrkrampf-Erreger findet man überall auf der Erde. Verletzungen kann man nie ausschließen, und wer noch keine Tetanusimpfung hatte, sollte sich unbedingt zwei Impfungen im 4-Wochen-Abstand geben lassen, die nach einem Jahr aufgefrischt werden müssen. Danach genügt eine Impfung alle 10 Jahre.

Am besten ist die Impfung mit dem Tetanus-Diphterie-(Td-)Impfstoff für Personen über 5 Jahre, um gleichzeitig einen Schutz vor Diphtherie zu erhalten.

Wurmerkrankungen

Winzige oder größere Exemplare, die überall lauern können, setzen sich an den verschiedensten Körperstellen bzw. -organen fest und sind oft erst Wochen nach der Rückkehr festzustellen.

Die meisten sind harmlos und durch eine einmalige Wurmkur zu vernichten, andere sind gefährlich, z.B. Hakenwürmer. Sie bahnen sich den Weg durch die Fußsohlen, deshalb sollte man auf feuchten Böden unbedingt Sandalen tragen.

Nach einer Reise in abgelegene Gebiete ist es empfehlenswert, den Stuhl auf Würmer untersuchen zu lassen. Notwendig ist das, wenn man über längere Zeiträume auch nur leichte Durchfälle hat.

Medikamente und Ärzte

Für leichtere Erkrankungen sind die *farmacias* zuständig. Die Apotheker kennen sich meist gut aus; manche sprechen auch Englisch. Aber Vorsicht: Viele mexikanische Apotheken verkaufen außer Zigaretten und Erfrischungsgetränken auch Medikamente, die in anderen Ländern als schädlich auf dem Index stehen! Viele Angestellte haben wenig Ahnung von Medikamenten. Meist geben sie das auch zu und verweisen an einen Arzt.

Ein **Arztbesuch** in der Privatpraxis, Klinik oder Gesundheitsstation (gibt es in den meisten Dörfern) muss bar bezahlt werden. Für die eigene Versicherung sollte man sich eine Quittung mit Auflistung der Leistungen geben lassen. Auf die Diagnosen ist leider nicht immer Verlass. In Zweifelsfällen sollte man vorsichtshalber noch einen zweiten Arzt, z.B. vom *seguro social*, zu Rate ziehen und sich nach der Reise auf jeden Fall durchchecken lassen, wenn man unterwegs irgendwelche Krankheiten hatte. In den mexikanischen Grenzstädten findet man Hunderte von billigen Ärzten und Zahnärzten, die Erfahrung darin haben Gringos zu behandeln. In fast jeder größeren Stadt gibt es auch ein staatliches oder vom Roten Kreuz betriebenes Gesundheitszentrum *(centro de salud)*, wo die Behandlung kostenlos ist. Diese Einrichtung ist allerdings in erster Linie für arme Einheimische gedacht.

Bei ernsteren Beschwerden kann man sich vom nächstgelegenen Konsulat eine Liste Deutsch sprechender Ärzte geben lassen; der medizinische Online-Reisedienst MedToGo bietet auf seiner Website 💻 www.medtogo.com eine Liste Englisch sprechender Ärzte und Krankenhäuser.

Versicherungen

Reiserücktrittskostenversicherung

Bei einer pauschal gebuchten Reise ist eine Rücktrittskostenversicherung meist im Preis inbegriffen (zur Sicherheit sollte man nachfragen). Wer individuell plant, muss sich um die Absicherung dieses Risikos selbst kümmern. Reisebüros bieten z.T. Versicherungen an oder vermitteln den Abschluss.

Viele Reiserücktrittskostenversicherungen müssen kurz nach der Buchung abgeschlossen werden (in der Regel bis 14 Tage danach). Bei Krankheit oder Tod eines Familienmitglieds oder Reisepartners ersetzt die Versicherung die Stornokosten der Reise. Eine Reiseunfähigkeit wegen Krankheit muss ärztlich nachgewiesen werden.

Die Kosten der Versicherung richten sich nach dem Preis der Reise und der Höhe der Stornogebühren. Sie liegen in der Regel zwischen 15 und 90 € pro Person. Zum Teil gibt es eine Selbstbeteiligung.

Reisegepäckversicherung

Viele Versicherungen bieten die Absicherung des Verlustes von Gepäck an, einige haben sich sogar darauf spezialisiert (z.B. *Elvia*). Allen Versicherungen ist gemein, dass die Bedingungen, unter denen das Gepäck abhanden kommen „darf", sehr eng gefasst sind. Deshalb ist es wichtig, die Versicherungsbedingungen genau zu studieren und sich entsprechend zu verhalten. Bei vielen Versicherungen ist z.B. das Gepäck in unbewacht abgestellten Kraftfahrzeugen zu keinem Zeitpunkt versichert. Kameras oder Fotoapparate dürfen wegen möglicher Mopedräuber nicht über die Schulter gehängt werden, sondern müssen am Körper befestigt sein, sonst zahlt die Versicherung nicht (so Gerichtsurteile). Ohnehin sind Foto- und videotechnische Geräte meist nur bis zu einer bestimmten Höhe oder bis zu einem bestimmten Prozentsatz des Neuwertes versichert, auch Schmuck unterliegt Einschränkungen, ebenso wie Bargeld.

Entscheidet man sich für eine Reisegepäckversicherung, ist darauf zu achten, dass sie Weltgeltung hat, die gesamte Dauer der Reise umfasst und in ausreichender Höhe abgeschlossen ist. Wer eine wertvolle Fotoausrüstung mitnimmt, kann eine Zusatzversicherung abschließen (s.u.).

Tritt ein Schadensfall ein, muss der Verlust sofort bei der Polizei gemeldet werden. Eine **Checkliste**, auf der alle Gegenstände und ihr Wert eingetragen sind, ist dabei hilfreich. Ansonsten sollte alles, was nicht ausreichend versichert ist, im Handgepäck transportiert werden.

Eine Reisegepäckversicherung mit einer Deckung von rund 2000 € kostet für 31 Tage ca. 40–60 €. Anbieter sind unter anderem *Elvia*, ✆ 089-62424145, ✉ service@elvia.de, 💻 www.elvia.de, und die *Europäische Reiseversicherung*, ✆ 089-41661717, 💻 www.erv.de, letztere bietet auch Jahresversicherungen (Einzelverträge und Pakete) an.

Kameraversicherung

Um hochwertige Fotoausrüstungen voll abzusichern, kann es sinnvoll sein, eine zusätzliche Fotoapparate-Versicherung abzuschließen. Diese ist zwar relativ teuer, aber die Geräte sind so gegen alle möglichen Risiken versichert. Hierbei sollte man sich vergewissern, dass auch Sandschäden, die häufigste Ursache für Kamera-Defekte in Namibia, abgedeckt sind. Die Kosten richten sich nach dem Wert der Ausrüstung bzw. der Versicherungssumme.

Reisekrankenversicherung

Es ist ratsam, auf alle Fälle eine Reisekrankenversicherung abzuschließen. Nur wenige private Krankenkassen schließen den weltweiten Schutz im Krankheitsfall ein. Die meisten Reisebüros und einige Kreditkartenorganisationen bieten aber derartige Versicherungen an. Bei Krankheit – speziell Krankenhausaufenthalten – kann sehr schnell eine erhebliche Summe zusammenkommen, die aus eigener Tasche bezahlt werden müsste. Ist man versichert, kann man die Kosten gegen Vorlage der Rechnungen zu Hause geltend machen. Einschränkungen gibt es natürlich auch hier, besonders bezüglich Zahnbehandlungen (nur Notfallbehandlung) und chronischen Krankheiten (Bedingungen durchlesen). Die später bei der Versicherung einzureichende **Rechnung** sollte folgende Angaben enthalten:

- Name, Vorname, Geburtsdatum
- Behandlungsort und -datum
- Diagnose
- erbrachte Leistungen in detaillierter Aufstellung (Beratung, Untersuchungen, Behandlungen, Medikamente, Injektionen, Laborkosten, Krankenhausaufenthalt)
- Unterschrift des behandelnden Arztes, Stempel

Wer im Ausland schwer erkrankt, wird zu Lasten der Versicherung heimgeholt, aber nur, wenn er plausibel darlegen kann, dass am Urlaubsort keine ausreichende Versorgung gewährleistet ist. Dann geht es mit Linienmaschinen oder auch mit eigens losgeschickten Ambulanzflugzeugen nach Hause. Die meisten Versicherungen haben inzwischen den Passus „wenn medizinisch notwendig" in das Kleingedruckte aufgenommen. Aber gerade die medizinische Notwendigkeit ist nicht immer leicht zu beweisen. Ist der Passus „wenn medizinisch sinnvoll und vertretbar" formuliert, kann man wesentlich besser für eine Rückholung argumentieren.

Die *Europäische Reiseversicherung* versichert Reisende bis 64 Jahre für 10–93 Tage für 10–129 €. Die *HanseMerkur* bietet Reisenden bis 64 Jahre eine Krankenversicherung für Trips zwischen 10 und 62 Tagen für 6–45 € an. Wer länger verreisen möchte, sollte nach Langzeittarifen für bis zu drei Jahren fragen. Die *Universa* versichert Reisende für ein Jahr auf allen Reisen (auch Geschäftsreisen), die nicht länger als zwei Monate dauern, zu einem Preis von 8 € p.P. bzw. 17,50 € ab Eintrittsalter 60. Der Auslandsschutzbrief des *ADAC* für Reisende bis 66 Jahre kostet für 45 Tage 12 €, Nicht-Mitglieder zahlen 13,30 €. Weitere Anbieter sind *Debeka*, *Europa* und *HUK-Coburg*.

Versicherungspakete

Von der *Europäischen Reiseversicherung*, von *Elvia*, *HanseMerkur* u.a. werden Versicherungspakete angeboten, die neben der Reisekrankenversicherung eine Gepäck-, Haftpflicht-, Unfall- und Rat & Tat-Versicherung einschließen. Mit der Rat & Tat-Versicherung erhält man über eine Notrufnummer Soforthilfe während der Reise. Krankenhauskosten werden sofort von der Versicherung beglichen, und bei ernsthaften Erkrankungen übernimmt sie den Rücktransport. Ist der Versicherte nicht transportfähig und muss länger als zehn Tage im Krankenhaus bleiben, kann eine nahe stehende Person auf Kosten der Versicherung einfliegen. Auch beim Verlust der Reisekasse erhält man über den Notruf einen Vorschuss.

Die Pakete sind jedoch, ebenso wie die günstigen Krankenversicherungs-Angebote, auf maximal 5–8 Wochen begrenzt. Da bei längeren Reisen bis zu einem Jahr nur Einzelversicherungen möglich sind, und der Versicherungsschutz teurer wird, sollte man in diesem Fall die Leistungen verschiedener Unternehmen vergleichen. Wer sich optimal absichern möchte, schließt eine separate Kranken-, Rat & Tat-, Unfall- und Gepäckversicherung ab. Bei häufigen Auslandsreisen können die Einzelversicherungen oder das Paket auch für ein ganzes Jahr abgeschlossen werden. Dann besteht auf allen Reisen Versicherungsschutz, sofern diese nicht länger als sechs Wochen dauern.

Bei *Elvia* kostet ein Versicherungspaket für eine 31-tägige Reise, die nicht teurer als 2500 € sein darf, rund 120 €. Die *Europäische Reiseversicherung* bietet ein ähnliches Paket für Reisen bis 31 Tage für 30–100 €, je nach Reisepreis, an. Die Tarife der *HanseMerkur* bewegen sich im selben Rahmen.

Falls einem irgendetwas gestohlen wird, muss man bei der Polizei Anzeige erstatten und sich für die Versicherung zu Hause eine Kopie dieser Meldung geben lassen *(copia de la declaración)*.

Geld

US-Dollar werden landesweit akzeptiert und sind problemlos einzutauschen. Da man in Mexiko mit Dollar-Reiseschecks am besten bedient ist und auch bei der Planung schon in Dollarpreisen rechnen sollte, **geben wir Preise in US$ an** – sofern nicht ausdrücklich anders vermerkt.

Landeswährung

Die Landeswährung ist der Nuevo Peso; 1 Peso entspricht 100 Centavos. Das Kürzel für den mexikanischen Peso ist fast gleich wie das für den US Dollar (Letzterer hat zwei vertikale Striche, der Peso nur einen – eine Unterscheidung, die in diesem Buch wegfällt); das Kürzel für den Centavo ist das gleiche wie für den Cent. Seit der Einführung des Neuen Pesos 1993 ist zwar die Schreibweise N$1 vorgeschrieben, doch nicht alle halten sich daran. Auch NP ist als Abkürzung geläufig.

Ist eine Kleinigkeit mit $10 ausgepreist, sind damit normalerweise Pesos gemeint. In Zweifelsfällen wird $1 M.N. (Moneda Nacional) bzw. $1 U.S. oder $1 dls geschrieben. Es gibt Münzen zu 10¢, 20¢, 50¢, N$1, N$2, N$5 und N$10 und N$20 sowie Geldscheine zu N$20, N$50, N$100, N$200 und N$500.

Geldwechseln

Bare Dollars wechseln alle Banken sowie die Wechselstuben *(Casas de Cambio)*, außerdem Hotels, Restaurants, Geschäfte etc., allerdings zu ungünstigeren Kursen. In Touristenzentren wie Acapulco und Cancún ist der Dollar als Zahlungsmittel ebenso gebräuchlich wie der Peso. Der Kurs des mexikanischen Peso in Europa ist viel schlechter als im Land, daher ist es wenig sinnvoll, schon hier Pesos zu kaufen.

Wechselkurse

1 US$	=	11, 62 N$	1 N$	=	0,08 US$
1 €	=	14, 06 N$	1 N$	=	0,07 €
1 sFr	=	9,16 N$	1 N$	=	0,11 sFr

Aktuelle Wechselkurse findet man im Internet unter www.oanda.com

Europäische / mittelamerikanische Währungen: Bardollars oder US$-Reiseschecks lassen sich in Mexiko am leichtesten umtauschen. Die Akzeptanz von Euros ist im Anstieg begriffen, doch Schweizer Franken sind nur mit Mühe und Verlust loszuwerden. Quetzales und Belize-Dollars gibt man am besten vor der Einreise aus (oder tauscht sie mit Touristen, die in umgekehrter Richtung unterwegs sind, gegen Pesos). Es ist ratsam, schon im Heimatland US-Dollars zu kaufen, um beim Umtausch nicht doppelt zur Kasse gebeten zu werden.

Die mexikanischen **Banken** sind zwar alle verstaatlicht worden, doch jede wird individuell gemanagt. Am effizientesten ist wahrscheinlich die Banco Nacional de Mexico (zu Banamex abgekürzt); Bancomer, fast genauso weit verbreitet, ist ebenfalls zuverlässig, und Gleiches gilt für die kleinere Banco del Atlántico.

Banken tauschen Reiseschecks oft nur zwischen 9.30 und 13.30 Uhr, selbst wenn sie nachmittags geöffnet haben, und nur gegen Vorlage des Reisepasses (Achtung: die Banken sind während der *Semana Santa* geschlossen). In abgelegenen Gegenden muss man warten, bis der Tageskurs von der Hauptstadt durchgegeben wurde. Die Wartezeiten sind fast immer lang. Öffnungszeiten der Banken und Wechselstuben s.S. 65.

In den **Wechselstuben** *(Casas de Cambio)*, die auch am Wochenende und nachmittags offen sind, geht es viel schneller. Vor allem wenn der Peso fällt, bieten *Casas de Cambio* einen besseren Wechselkurs als die Banken.

Bargeld

Bargeld birgt das größte Risiko, da bei Diebstahl alles weg ist. Doch mit ein paar US$-Noten kann man schnell mal ein Taxi oder die Airport Tax bezahlen. Dollarscheine sind überall bekannt, €-Scheine dagegen kaum. 100-Dollar-Noten werden wegen zahlreicher im Umlauf befindlicher Fälschungen häufig nicht akzeptiert.

Geldautomaten

(Cajero Automatico) sind praktisch, denn es sind weder Öffnungszeiten zu beachten noch Formulare auszufüllen, zudem gibt es kaum Warteschlangen. Allerdings haben sie auch ihre Tücken: Die Geldausgabeschlitze können manuell so blockiert werden, dass zwar die Karte, aber nicht das Geld herauskommt (das fummeln sich anschließend die Diebe hervor). Sofern man das Geräusch des Geldzählvorgangs vernommen und weder eine Quittung über einen abgebrochenen Vorgang noch Bargeld erhalten hat, sollte man misstrauisch werden, den Automaten nicht aus dem Auge lassen und jemanden bitten, sofort die zuständige Bank zu informieren. Gleiches gilt, wenn während des Buchungsvorgangs der Strom ausfällt und die Karte im Automat stecken bleibt. Wer auf Nummer sicher gehen will, geht während der Bank-Öffnungszeiten zu einem Automaten vor einer Bank.
Die Automaten von *Bancomer* akzeptieren *Visa* und *Mastercard*, die von *Banamex* darüber hinaus auch EC-Karten des *Maestro, Cirrus-* und *PLUS*-Systems, wodurch man direkt vom Girokonto zu Hause Geld abheben kann. Beim Geldabheben vom Automaten ist besondere Vorsicht geboten, vor allem abends; am besten unternimmt man dies in Begleitung einer Vertrauensperson.

Reiseschecks

Sicherheit bieten Reiseschecks (Travellers Cheques), die gegen eine geringe Provision bei jeder Bank erhältlich sind. US$-Reiseschecks von *AMEXCO (American Express), Visa* oder *Thomas*

Cook werden fast überall eingelöst, €- oder sFr-Reiseschecks nur in den großen Touristenzentren. Da die Gebühr beim Einlösen pro Scheck berechnet wird, sollte man lieber weniger Schecks mit einem höheren Wert mitnehmen. Bei Verlust oder Diebstahl werden sie im nächsten Vertragsbüro ersetzt. Wichtig ist, dass für den Nachweis die Kaufabrechnung an einer anderen Stelle aufbewahrt wird als die eigentlichen Schecks. Außerdem hilft eine Aufstellung aller bereits eingelösten Schecks, denn diese werden nicht ersetzt.

Geldkarten

Besitzt man eine Geldkarte oder Euroscheckkarte mit Maestro- oder Cirrus-Symbol plus Geheimzahl, kann man damit an vielen Geldautomaten mit dem entsprechenden Symbol Bargeld abheben. Umgerechnet wird zum Briefkurs, die Gebühr beträgt pro Transaktion 4,50 €. Der Maximalbetrag kann bei der Hausbank erfragt werden und beträgt meist 500 € pro Tag. Bei einigen Automaten ist der Maximalbetrag aus technischen Gründen geringer.

Kreditkarten

Eine weitere Alternative sind Kreditkarten wie *American Express, Visa, MasterCard* oder *Diner's Card.* Mit der Karte kann man nicht nur Flugtickets, Mietwagen, Einkäufe, Hotel- und Restaurantrechnungen im oberen Preisniveau bargeldlos bezahlen, sondern auch Bargeld abheben. Auszahlungs- und Akzeptanzstellen sowie Geldautomaten sind in Mexiko weit verbreitet. Für die Barauszahlung am Geldautomaten benötigt man die Kreditkarte und die Geheimzahl.

Warnung

Die Kreditkarte darf beim Bezahlen nicht aus den Augen gelassen werden, damit kein zweiter Kaufbeleg erstellt werden kann, auf dem später die Unterschrift gefälscht wird! Sie darf auch niemals in einem Safe, der auch anderen zugänglich ist, verwahrt werden. Schon viele Reisende mussten zu Hause den Kontoauszügen entnehmen, dass während ihrer Abwesenheit hemmungslos „eingekauft" worden war.

Es ist ratsam, eine bestimmte Summe als Guthaben auf dem Kreditkarten-Konto zu deponieren, denn sobald der vorgegebene Kreditrahmen überzogen ist, wird die Karte gesperrt.

Auf vielen Kreditkarten-Konten werden sogar Zinsen gezahlt, die gar nicht unattraktiv sind. Hier lohnt es auf jeden Fall, sich vorher zu informieren.

Verlust oder Diebstahl sind sofort zu melden, damit die Karte gesperrt werden kann (maximale Haftung bis zum Eingang der Verlustmeldung: 50 €).

Bei Mietwagen oder Flügen, die mit der Karte bezahlt werden, ist in der Regel automatisch eine Unfallversicherung inklusive.

Informationen und Notrufnummern:
American Express: ✆ 069/97971000 (auch bei Verlust für Ersatzkarten zuständig),
💻 www.americanexpress.com/germany.
Visa: ✆ 069/920110, Standorte der Geldautomaten: 💻 www.visa.de/service/atm_locator.htm, Karte sperren: 001/410/5813836 (international gebührenfrei).
MasterCard: ✆ 069/79330, Standorte: 💻 www.mastercard.com/atmlocator, Karte sperren:
✆ 001/314/2756690 (international gebührenfrei).
Bankkarten mit Maestro-Logo:
Infos über die Hausbank, Standorte unter
💻 www.maestrocard.com/wheretouse oder www.mastercard.com/atmlocator,
Karte sperren: 0049/1805/021021.

Überweisungen

Bei Überweisungen von Geld aus Europa schickt die Bank aus Mexiko *(Banamex* ist die zuverlässigste) ein Fax (Fax-Nummer notieren) an die Heimatbank und fordert den entsprechenden Betrag an. Eine telegrafische Anweisung kostet etwa 30–40 €. Der überwiesene Betrag wird zum Devisenkurs umgerechnet und bar oder in Travellers Cheques gegen eine Gebühr von etwa 10 € ausgezahlt.

Etwas weniger kompliziert und vor allem schneller erfolgt der Geldtransfer über **Moneygram** oder **Western Union**, da bei diesem Vorgang nicht zwei Unternehmen kooperieren müssen. Unmittelbar nach Einzahlung bei einer heimatlichen Zweigstelle kann der Begünstigte das Geld in Mexiko in Empfang nehmen. Die Gebühren richten sich nach der überwiesenen Summe: Für 1000 € fallen etwa 40 € an.

Weitere Informationen, auch über Agenturen weltweit:
Moneygram, ✆ 069/689 7010,
🖳 www.moneygram.de.
Western Union, ✆ 0180/303 0330,
🖳 www.westernunion.com.
Wird in Deutschland von allen Zweigstellen der Postbank angeboten.

Reisekosten

Die Lebenshaltungskosten sind in Mexiko zwar niedriger als in Westeuropa, aber erheblich höher als im übrigen Zentralamerika bzw. in Südamerika. In bestimmten Gegenden (exklusive Seebäder, Großstädte, Grenzstädte im Norden und „neureiche" Ölfördergebiete) und zu bestimmten Zeiten (um Weihnachten, Ostern, während der Sommerferien, um landesweite Feiertage) ziehen die Preise natürlich an.

Wenn man spart, kann eine Person mit wenigstens US$300 pro Woche auskommen, möchte man sehr gut leben, kann man auch US$600 und mehr pro Woche ausgeben.

Die billigsten **Zimmer** kosten um US$10–20 pro Person, Mittelklasse-Zimmer kosten US$25–50, luxuriösere (fünf Sterne) ab US$100 aufwärts.

Eine warme **Mahlzeit** in einem einfachen mexikanischen Restaurant bekommt man schon für weniger als US$5. Ein spärliches Frühstück kostet höchstens US$3, ein üppigeres bis zu US$5. Auf Restaurantrechnungen steht für gewöhnlich I.V.A., d.h. es wird **Mehrwertsteuer** erhoben, die nicht immer im auf der Speisekarte angegebenen Preis enthalten ist.

Erfrischungsgetränke, auch Bier, sind relativ billig. In den meisten Restaurants werden auf die Rechnung 15% Mehrwertsteuer *IVA (Impuesto de Valor – Añadido* oder VAT) aufgeschlagen.

Wegen der großen Entfernungen muss man **Inlandflüge** als höchsten Posten einplanen. **Busfahrten** sind immer noch relativ billig, wenn man die Entfernungen bedenkt: Die Fahrt von México D.F. nach Acapulco, immerhin mehr als 400 km, kostet z.B. mit einem 1.-Klasse-Bus keine US$40 und eine Reise von 24 Stunden, wie von México D.F. nach Cancún (1800 km), rund US$90.

Ziemlich tief in die Taschen greifen muss man, wenn man die Ausgrabungsstätten besuchen möchte. 1990 hat das INAH *(Instituto Nacional de Antropológia y Historia) die* **Eintrittspreise** für die meisten archäologischen Fundstätten vereinheitlicht, d.h. kräftig angehoben. Der Eintritt kostet in den größeren und bekannteren bis zu US$6 pro Person, in den weniger gut besuchten US$3; für Kinder unter 12 Jahren ist der Eintritt normalerweise frei. Ein englischsprachiger Guide für eine 2-stündige Führung kostet etwa US$20.

An Sonntagen ist für mexikanische Besucher der Eintritt zu den Ausgrabungsstätten und Museen frei, damit auch die weniger gut betuchten Einheimischen in den Genuss kultureller Angelegenheiten kommen. Entsprechend dicht ist dann natürlich die Besuchermenge.

Ein **internationaler Studentenausweis** bringt leider nur selten eine Preisermäßigung.

Gepäck

Bei einer längeren Aufenthaltsdauer, die Wanderungen mit Gepäck mit einschließt, empfiehlt sich ein Rucksack ohne Tragegestell plus Tagesrucksack. Wer das Land nur kurz besucht, kann auch mit einer leichten, kleinen Tasche reisen. Sehr praktisch sind Koffer-Rucksäcke, die sehr einfach zu packen sind.

Bei fast allen Busfahrten liegt das Gepäck oben auf dem Bus und ist Wind, Wetter und dem rauen Umgang durch das Buspersonal ausgesetzt. Empfehlenswert ist daher ein **Rucksackschutz** in Form eines Seesacks oder einer stabilen Plastiktüte. Manche dieser Schutzhüllen sind zudem abschließbar, was zusätzlich vor Diebstahl schützt. Bei der Gepäckauswahl sollte man nicht vergessen, dass man in Mexiko Kleidungsstücke (nicht in Übergrößen!) und Taschen problemlos kaufen kann. Je leichter, desto angenehmer reist es sich!

Wertsachen wie Geld, Pässe, Schecks und Flugtickets sollte man immer dicht am Körper aufbewahren. Ideal hierfür ist ein breiter Hüftgurt aus Baumwolle, den man unauffällig unter Hosen und Kleidern tragen kann. Wichtig: Wertsachen zusätzlich durch eine Plastikhülle gegen Feuchtigkeit schützen!

Gepäck-Checkliste

Kleidung:
- **Feste Schuhe** (besonders fürs Pyramidenklettern erforderlich)
- **Sandalen**
- **Gummisandalen*** (fürs Duschen und am Strand)
- **Hose** bzw. **Röcke** aus Baumwolle
- **Kurze Hosen**
- **Hemden*** oder **Blusen***
- **T-Shirts* / Polo-Shirts*** mit Kragen (fürs Schnorcheln)
- **Jacke** (für die An- und Abreise, kühle Nächte in den Bergen und Busse mit Klimaanlagen)
- **(Fleece-)Pullover** (für Bergtouren und Busse mit Klimaanlage)
- **Regenschirm** (keine Gummijacke wegen Wärmestau!)
- **Socken** (für den Abend dichte, nicht allzu kurze Socken als Moskitoschutz, robuste **Trekkingsocken** für alle, die viel wandern)
- **Sonnenschutz**: Hut/Brille* (in unzerbrechlicher Box); **Sonnencreme**
- **Unterwäsche, BH** (Baumwolle)
- **Badehose, Badeanzug** (Bikini nur in Touristenzentren)

Hygiene und Pflege:
- **Zahnbürste, Zahnpasta** (in stabiler Tube)
- **Shampoo**
- **Nagelschere und -feile**
- **Rasierzeug** (in abgelegen Gebieten ist die Nassrasur zu bevorzugen)
- **Kosmetika** und **Hautpflegemittel**
- **Tampons** (sind in den *farmacias* manchmal für viel Geld zu bekommen)
- **Plastiktüten** (als Nässeschutz)
- **Kleine Baumwolltasche** (für schmutzige Wäsche oder zum Einkaufen)
- **Nähzeug**
- **Toilettenpapier** (vor allem auf dem Land)

Sonstiges:
- **Ersatzbrille** (in unzerbrechlicher Box)
- **Adapter** (für Flachstecker, 110 V)
- **Reisewecker** (oder Armbanduhr mit eingebautem Wecker)
- **Reiseapotheke** (s.S. 28)
- **Wasserflasche**
- **Kleine Taschenlampe**
- **Taschenmesser**
- **Notizbuch** und **Stifte**
- **Reisepass** (evtl. internationaler. Studentenausweis)
- **Impfpass**
- **Geld** (Bargeld, Reiseschecks, Abrechnung über Reiseschecks, Kreditkarte)
- **Flugtickets**
- **Kopien** aller Dokumente (Kopie des Reisepasses und Kopie des Einreisestempels)
- **Reiseführer**
- **Landkarte(n)**
- **Reiselektüre**
- **Fotoapparat** und evtl. -tasche
- **Kompass, Höhenmesser** (für Wanderer)
- **Fernglas**
- **Kleine Geschenke** (Buntstifte statt Bonbons für Kinder, Postkarten, Münzen, Briefmarken und Fotos von zu Hause ... für weitere Anregungen sind wir dankbar)

Zusätzlich empfohlene Ausrüstung für einfache Unterkünfte:
- **Seife** in bruchsicherer Dose
- **Dünnes Handtuch**, das schnell trocknet
- **Waschmittel** in der Tube
- **Plastikbürste** (zum Reinigen von Wäsche und Schuhen)
- **Kordel** (als Wäscheleine)
- **Klebeband** (zum Packen, Löcherstopfen, um Pflaster zu befestigen etc.)
- **Vorhängeschloss** und kleine Schlösser fürs Gepäck
- **Moskitonetz*** (für mückenreiche Gebiete, Baumwollnetze sind schwerer, aber stabiler als Plastiknetze)
- **Schlafsack** (für heiße Regionen dünner Leinenschlafsack)
- **Hängematte*** (für Dschungeltouren unerlässlich)

Mit einem Sternchen gekennzeichnete Gegenstände sind in Mexiko billiger.*

Frauen unterwegs

Der *Machismo* ist – wenn auch durch die weniger aggressive indianische Kultur abgeschwächt – ein Bestandteil der mexikanischen Gesellschaft. Mit irgendeiner Art von „Anmache" müssen Frauen daher rechnen. Normalerweise beschränkt sie sich auf mehr oder weniger anzügliche Bemerkungen im Vorbeigehen, aber ohne genaue Kenntnis der feineren Nuancen des Spanischen können Situationen, die frau zu Hause lässig meistert, als bedrohlich empfunden werden. Am besten ist es, derlei Kommentare zu ignorieren.

Schlimm ist es in den großen Touristenzentren wie Acapulco etc., wo die Mär von den leicht zu habenden Ausländerinnen umgeht. Auch México D.F. kann ein heißes Pflaster sein. Beliebtes Operationsfeld von Gigolos sind die Badestrände. In einem Land, in dem viele einheimische Frauen noch vollständig angezogen baden gehen, erregt eine halbnackte Frau am Strand natürlich Aufsehen – oft auch Anstoß. Im Vergleich zu anderen lateinamerikanischen Staaten geht es in Mexiko dabei noch relativ locker zu, trotzdem sollte frau Zurückhaltung üben, wenn sie keine Probleme bekommen will, und einen BH tragen.

Außerhalb der Großstädte und in indianischen Gebieten behandelt man ausländische Frauen mehr als ein Objekt der Neugierde, die mitunter in große Gastfreundschaft und Hilfsbereitschaft umschlagen kann. Als Faustregel gilt, je weiter frau von der US-Grenze weg ins Landesinnere kommt, desto mehr nimmt die Anmache ab. Auf der Halbinsel Yucatán reist frau z.B. am unbeschwertesten.

Das Kokettieren ist bei Männern und Frauen ein sehr beliebtes Gesellschaftsspiel und keineswegs als Beleidigung gemeint, nur muss man wissen, wo die Grenzen liegen. Man sollte unmissverständlich durchblicken lassen, dass man sie kennt. Die Typen werden für gewöhnlich schmollen, aber den Tatbestand akzeptieren, erst recht, wenn man von einem (fiktiven) Ehemann oder festen Begleiter erzählt und dessen Foto vorzeigt. Aggressive Anmacher machen sich jedoch erst nach handfesten Drohungen aus dem Staub. Am besten einsame Strände und dunkle Gassen meiden!

Will frau etwas Alkoholisches zu sich nehmen, macht ihr der *machismo* oft einen Strich durch die Rechnung, denn Frauen sind aus den *cantinas* verbannt. Sogar in den so genannten „Damenbars" wird eine Frau ohne männlichen Begleitschutz schräg angesehen, wenn nicht sogar einfach „übersehen". Ein Aperitif vor und ein Bierchen zum Essen wird Frauen hingegen für gewöhnlich durchaus zugestanden, auch wenn man ohne männliche Begleitung ausgeht. In den Touristenorten und größeren Städten könnte frau auch allein in Restaurants oder Discos gehen und trinken, was sie will. Mexikanerinnen treten meistens in Gruppen auf und sind recht trinkfest.

Im Falle einer organisierten Dschungeltour oder Ähnliches als Frau alleine mit einem männlichen *guía,* sollte dieser bei einem offiziellen Reisebüro in einem großen Hotel oder über Sectur gebucht werden. Die Frage gleich zu Beginn des Ausfluges nach der Ehefrau und den Kindern, die normalerweise vorhanden sind, bricht einerseits das Eis und bekundet andererseits Respekt vor der Familie und damit vor der herrschenden Moral.

Reisen mit Kindern

Mexiko ist kinderfreundlich. Nicht etwa, weil es hier besonders viele Spielplätze oder Freizeitangebote für Kinder gibt, sondern weil die Einstellung der Mexikaner zu Kindern eine andere ist. Im Unterschied zu europäischen Ländern machen Kinder hier einen Großteil des Straßenbildes aus.

Die Anreise per Flugzeug und die damit verbundene Zeitverschiebung ist immer beschwerlich, muss jedoch nicht zum Stress werden. Am lästigsten sind die Wartezeiten auf den Flughäfen. Man kann sie allerdings sehr gut nutzen, um sich und die Kinder in den überall vorhandenen Wasch- bzw. Mutter und Kind-Räumen in Ruhe zu waschen, die Zähne zu putzen und die Kleidung zu wechseln, was in den beengten Flugzeugtoiletten nur mit Mühe zu bewerkstelligen ist.

Der Komfort im Flugzeug selbst variiert je nach Fluggesellschaft. Die renommierten bieten „schwebende" Kinderbettchen für Säuglinge, Kinder-Menüs, die vor denen für Erwachsene ausgegeben werden, damit man den Kindern beim Essen behilflich sein kann. Meist gibt es Spiele, Bastelmaterial oder Ähnliches. Es kann aber passieren, dass es weder Milch noch eine Möglichkeit, sie zu erwärmen, gibt, von Babynahrung ganz zu schweigen. Besonders mit einem Kind unter 2 Jahren, das noch keinen Anspruch auf einen Sitzplatz hat, sollte nur eine der großen Fluggesellschaften in Betracht gezogen werden; der Service ist ungleich besser, und man wird beim Aus- und Einsteigen bevorzugt behandelt, was bei Billiganbietern nicht der Fall ist.

Eine Rückentrage für die Kleinsten hat sich bestens bewährt, man kann sie notfalls auch im Flugzeug aufstellen und dem Kind somit ein Minimum an Bewegungsfreiheit geben. Ein Krabbelkind 10–12 Stunden auf dem Schoß zu halten, geht über die Kräfte eines einzelnen Menschen. Gerade als allein reisendes Elternteil sollte man sich nicht scheuen, Mitreisende und Flugpersonal um Hilfe zu bitten. In jedem Fall empfiehlt sich eine Ausrüstung mit Windeln, Babynahrung und Wechselwäsche wie für eine Dreitagereise, denn für einen unvorhergesehenen Aufenthalt sollte man immer gewappnet sein.

Für die ersten Nächte nach der Ankunft braucht man ein gutes, möglichst ruhiges Hotel, in dem sich niemand übermäßig durch ein weinendes oder aufgedrehtes Kind gestört fühlt. Auch die Eltern brauchen gute Nerven und eine gute Konstitution, um den Jetlag zu überwinden.

Ältere und reisegewohnte Kinder kommen mit der Umstellung eher zurecht, dennoch sollte man auf großartige Unternehmungen gleich nach der Ankunft tunlichst verzichten. Für die Nacht muss unbedingt etwas zu essen und zu trinken bereitgehalten werden.

In Mexiko braucht man keine strafenden Blicke oder Unmutsäußerungen zu befürchten, wenn die Sprösslinge ihre Tischmanieren vergessen oder einen vollbesetzten Bus zum Anhalten zwingen, weil sie mal „müssen". Wer den (Blick-) Kontakt mit einheimischen Eltern sucht, wird auf viel Verständnis stoßen, nicht nur bei Leuten, die selbst Kinder haben. Fast alle Mexikaner leben im Familienverband mit Kindern zusammen und kennen deren Bedürfnisse. Kinder sind im Übrigen ein unerschöpfliches Gesprächsthema – da findet sich immer jemand, der Lust auf ein Schwätzchen hat.

Keine übertriebene Angst vor Schmutz, Krankheiten und fremder Sprache! Kinder haben normalerweise gute Abwehrkräfte, finden leicht Anschluss und regeln viele Sachen nonverbal. Sie verstehen sehr schnell die Notwendigkeit, sich öfter als gewohnt die Hände zu waschen, kein Wasser aus der Wasserleitung zu trinken etc. Man sollte das Kind vor der Reise gründlich untersuchen lassen und darauf achten, dass es alle erforderlichen Impfungen – einschließlich gegen Kinderkrankheiten – besitzt. Mit einem Säugling in die heißen Küstengebiete oder nach México D.F. zu fahren, ist wenig ratsam, da Hitze und schlechte Luft schon Erwachsenen arg zu schaffen machen.

Natürlich bringt das Reisen mit Kind auch Nachteile. Es ist auf jeden Fall teurer, denn das Übernachten unter freiem Himmel in einer von Moskitos umschwärmten Hängematte oder die Benutzung einer glitschigen Gemeinschaftsdusche sind mit Kindern kein Vergnügen. Folglich wird man mehr auf Mittelklasse-Unterkünfte zurückgreifen, die in viel besuchten Touristengebieten nicht billig sind. Ein Erdgeschosszimmer mit Zugang zum Patio ist wegen der Bewegungsfreiheit einem im 3. Stock vorzuziehen.

Vom öffentlichen Nachtleben ist man ausgeschlossen, es sei denn, man wechselt sich mit jemandem bei der Betreuung ab und geht reihum tanzen. Einige wenige Hotels bieten zwar Babysitterdienste an, aber das ist eine Vertrauensfrage. Auf alle Vergnügungen braucht man jedoch auch mit Kindern nicht zu verzichten. Nach Einbruch der Dunkelheit, also gegen 19 Uhr, wird in den größeren Städten überall auf den Zócalos und Plazas Musik oder Tanz geboten, die Popcorn- und Hotdog-Verkäufer haben Hochkonjunktur, und es wimmelt von Kindern, denen die allabendliche Kirmesstimmung sichtlich Spaß macht.

Mit Kindern lassen sich keine Mammut-Touren unternehmen und dennoch muss mehr Geld für 1. Klasse-Busse oder Flüge ausgegeben werden. Im Überlandbus, Zug und Flugzeug reisen Kinder bis 3 Jahre kostenlos und ohne Anspruch auf einen Sitzplatz. Kinder unter 9 Jahren zahlen 50% für einen Sitzplatz, in manchen Bussen leider auch den vollen Fahrpreis, denn nicht immer lässt sich dieser durch beharrliches Feilschen auf die Hälfte reduzieren. In Pendelbussen auf kurzen Strecken reisen Kinder normalerweise kostenlos. Wer darauf achtet, ob und wie viel andere Eltern bezahlen, wird nicht so leicht übers Ohr gehauen.

Ein Problem stellen die von Gewaltszenen strotzenden Videofilme dar, die üblicherweise in Fernbussen gezeigt werden. Wer seine Kinder davon fernhalten möchte, sollte versuchen, Sitzplätze zu bekommen, die möglichst weit vom Bildschirm entfernt sind.

Bei jeder noch so kurzen Fahrt sollte man etwas Proviant und zumindest ein Kinder-T-Shirt zum wechseln im Handgepäck haben. Erwachsene können warten, bis irgendwann angehalten wird, wo es etwas zu essen/trinken gibt – Kindern verdirbt eine unfreiwillige Hungerkur oder Durststrecke nachhaltig die Lust am Reisen. Auf längeren Strecken muss man auch erhebliche Temperaturunterschiede einkalkulieren und mit entsprechenden Kleidungsstücken vorsorgen.

Zum Thema Essen: Wenn die Kinder Rührei mit Speck, Tortillas und braune Bohnen mögen, gibt es keine Probleme. Müsli-Kinder haben es da schwerer: Vollkorn- und Milchprodukte sind zwar erhältlich, aber nicht billig. Im Restaurant kosten sie ein Vielfaches des Ladenpreises. Wer weiche Eier bestellt, bekommt sie fast roh und im Glas – also besser um ein fünf Minuten lang gekochtes in der Schale *(con cáscara)* bitten. Frisches Obst, Obstsäfte, Milchmixgetränke, Joghurt und mexikanischer Honig schmecken immer. Am besten besorgt man sich Plastikteller und -besteck und bereitet Cornflakes u.Ä. im Hotelzimmer schon vor dem Erwachsenen-Frühstück zu. Nahrungsmittel in Plastikdosen aufbewahren oder mit Klebeband luftdicht verschließen, sonst kann man sich vor Ameisen und anderem Kleinvieh bald nicht mehr retten.

In den meisten Restaurants setzen die Angestellten alles daran, die Kinder irgendwie satt zu bekommen. Eine Comida Corrida reicht meistens für einen Erwachsenen plus Kind oder man sucht zusammen mit dem Kind eine Vor- und Hauptspeise aus, die beiden schmeckt. Bei dem üblichen Angebot an Suppen, Reis, Pasta, Fleisch bzw. Fisch und süßer Nachspeise müsste sich etwas finden lassen. Bei Getränken sollte man möglichst die hierzulande so beliebten süßen Limonaden vermeiden, besser sind *licuados* aus Obst und Wasser; das Wasser ist sauber. Speiseeis nur in Geschäften, nie auf der Straße kaufen!

Babynahrung und Wegwerfwindeln sind auch in Mexiko bekannt und selbst in den *farmacias* kleiner Orte zu erstehen. Die „Entsorgung" der Abfälle ist allerdings weit weniger entwickelt. Auf Reisen sind Plastikwindeln von unbestrittenem Vorteil, bleibt man länger an einem Ort, sollte man besser auf Baumwollwindeln zurückgreifen, die es hier auch preisgünstig zu kaufen gibt.

Sehr wichtig ist die Einbeziehung der Kinder in die Vorbereitung der Reise. Kinder möchten am Planen oder Kofferpacken teilnehmen und ihre Wünsche sollten im Rahmen des Möglichen berücksichtigt werden. Es ist auch hilfreich, darüber zu sprechen, was es in Mexiko zu sehen und zu erleben gibt. Welches Kind wird nicht von der Vorstellung zahlreicher Tiere, vom Buddeln und Muschelnsuchen am Strand und vor allem von den geheimnisvollen Ruinen im Dschungel begeistert sein?

Nicht vergessen!

Reisepass (Kinder jeglichen Alters brauchen für Mexiko einen eigenen)
Touristenkarte (dito)
Impfpass
SOS-Anhänger mit allen wichtigen Daten
Kleidung – möglichst strapazierfähige, leichte Sachen
Wegwerfwindeln
Babynahrung
Fläschchen für Säuglinge
Walkman und Kassetten
Spiele und **Bücher**
Fotos von wichtigen Daheimgebliebenen gegen Heimweh
Kuscheltier (muss gehütet werden wie ein Augapfel, denn ein verloren gegangener Liebling kann allen den Rest der Reise verderben – reiseerprobte Kinder beugen vor, indem sie nur das zweitliebste Kuscheltier mitnehmen)
Sonnencreme mit hohem Lichtschutzfaktor (in Mexiko sehr teuer)
Den **Sombrero** kauft man natürlich im Land.

Besonderer Hinweis

Kinder unter 18 Jahren, die ohne Elternteil unterwegs sind, benötigen ein offiziell beglaubigtes, schriftliches Einverständnis der Sorgeberechtigten.

Auch für Kinder, die mit nur einem Elternteil reisen, muss theoretisch ein solches Schriftstück vom anderen Elternteil vorgelegt werden, oder aber eine amtliche Erklärung über das Sorgerecht, auf Spanisch. Es reicht ein Papier mit folgendem Inhalt:

Name/Adresse des abwesenden Elternteils, Datum.

Declaracisse
Por la presente me declaro de acuerdo con que la señora/el señor ... Name ... viaje en cualquier momento y a cualquier lugar con nuestro hijo/ a/nuestros hijos ... Name(n).

Unterschrift des abwesenden Elternteils.

Wenn möglich Stempel und Unterschrift eines staatlich anerkannten Übersetzers.

Reisende mit Behinderungen

In Mexiko ist man auf behinderte Menschen noch nicht gut eingestellt, doch behindertengerechte Einrichtungen nehmen zu, und insbesondere in den höheren Preisklassen dürfte es nicht allzu schwierig sein, Unterkünfte und Tourveranstalter zu finden, die sich auf die jeweiligen Bedürfnisse einstellen können. Wichtig ist, dass man sich rechtzeitig vor der Reise bei den Veranstaltern, Hotels und Fluggesellschaften danach erkundigt, ob sie die notwendigen Einrichtungen besitzen. Organisationen, die Auskunft über zuverlässige, auf Behinderte eingestellte Reiseveranstalter und Fluggesellschaften geben, s.u.

Wer sich an die bekannten Urlaubsbadeorte – insbesondere Cancún und Acapulco – und die kostspieligeren Touristenhotels hält, wird sicher eine Unterkunft vorfinden, die nicht nur an Rollstuhlfahrer, sondern an behinderte Besucher allgemein gewöhnt ist. In dieser Hinsicht empfehlen sich besonders die US-Hotelketten. *Choice, Days Inn, Holiday Inn, Leading Hotels of the World, Marriott, Radisson, Ramada, Sheraton* und *Westin* werben sogar damit, dass sie in einigen ihrer Hotels Vorrichtungen für eine Reihe von Behinderungen aufweisen können. Allerdings sollte man sich unbedingt im Voraus erkundigen, ob das gewählte Hotel auch wirklich auf die persönlichen Bedürfnisse zugeschnitten ist.

Wer über kein eigenes Fahrzeug verfügt, wird feststellen, dass das beste Transportmittel für weite Strecken das Flugzeug ist, denn Bahnen und Busse sind nicht auf Behinderte ausgerichtet, schon gar nicht auf Rollstuhlfahrer.

Bei knapper Reisekasse und abseits der ausgetretenen Pfade findet man weniger behindertengerechte Einrichtungen, Rollstuhlrampen z.B. kommen dann noch seltener vor. Die Straßen und Bürgersteige sind oft in schlechtem Zustand, und so hilfsbereit die Mexikaner auch sind, darf man sich doch nicht darauf verlassen, dass immer eine helfende Hand zur Stelle ist. Wer gerne in Begleitung eines Nichtbehinderten reisen möchte und im Freundes- oder Familienkreis keinen passenden Partner findet, kann möglicherweise über eine der nachstehend genannten Organisationen jemanden finden.

Nähere **Informationen** über Behindertenreisen bekommt man über die unten stehenden Organisationen. Ebenfalls hilfreich ist die US-Datenbank im Internet, www.access-able.com.

Die Nationale Koordinationsstelle Tourismus für Alle (NatKo), Kötherhofstr. 4, 55116 Mainz, 06131-250410, 214848, home@natko.de, www.natko.de, der acht deutsche Behindertenverbände angehören, berät Anbieter bei der Verwirklichung behindertengerechter Unterkünfte, Programme usw. und nennt Behinderten hilfreiche Adressen für die Reiseplanung, die sich auch in einer von der NatKo herausgegebenen Broschüre finden.

Dem Verband gehören u.a. die folgenden drei Vereine an:

Bundesarbeitsgemeinschaft Hilfe für Behinderte (BagH)
Kirchfeld Str. 149, 40215 Düsseldorf
0211-310060, 3100648
info@bagh.de, www.bagh.de
Gibt eine Liste von Telefonnummern und Adressen spezialisierter Reiseveranstalter heraus.

Bundesarbeitsgemeinschaft der Clubs Behinderter und ihrer Freunde (BAG cbf)
Eupener Str. 5, 55131 Mainz, 06131-225514, 238834
bagcbfmainz@aol.com, www.bagcbf.de
Verschickt gegen Rückporto (1,53 €) eine Adressenliste aller bekannten Behinderten-Reiseveranstalter.

Bundesverband Selbsthilfe Körperbehinderter e.V. (BSK)
Altkrautheimer Str. 17, Postfach 20, 74236 Krautheim an der Jagst
06294-68303, 68107, www.bsk-ev.de
Hilft mit Infos und Ratschlägen für Reisen mit Behinderung weiter und gibt jährlich ein *Reise-Abc* (5 €) mit allgemeinen Reisetipps heraus.

Schwule und Lesben

Kein mexikanisches Gesetz verbietet Homosexualität, und so gesehen ist sie legal. Allerdings gibt es Gesetze zum Schutz der „öffentlichen Moral", die theoretisch auf Prostituierte beiderlei Geschlechts abzielen, in der Praxis aber oft auf Schwule angewandt werden. Während 1997 die erste „geoutete" lesbische Frau in den Kongress gewählt wurde (die der linksgerichteten PRD angehörende Patria Jiménez), führte die rechtsgerichtete PAN von Präsident Vicente Fox in den von ihr kontrollierten Städten und Bundesstaaten eine großangelegte Anti-Schwulenkampagne durch, schloss Schwulenkneipen in Monterrey und lief in Guadalajara Sturm gegen „abnormes Sexualverhalten."

In Mexiko gibt es nichtsdestotrotz eine große Anzahl von **Schwulengruppen** und **-Magazinen** – zwei Kontaktadressen s.u. Die Lesbenszene ist nicht so offensichtlich oder groß wie die der Schwulen, doch gibt es sie sehr wohl, und sie ist im Anwachsen begriffen. Schwulenkneipen und -clubs finden sich in den größeren Urlauberzentren und den Grenzstädten zu den USA, in Großstädten wie der Landeshauptstadt und außerdem in Monterrey, Guadalajara, Veracruz und Oaxaca; ansonsten spielt sich die Szene im Rahmen privater Parties ab, und um dort Anschluss zu bekommen, sind persönliche Kontakte notwendig.

Was die „öffentliche Meinung" angeht, so ist diese stark durch Religion und Machismo geprägt und alles andere als vorurteilsfrei, aber die Einstellung beginnt sich zu wandeln. Softpornomagazine für Schwule machen einen festen, unübersehbaren Teil des Angebots von Zeitungsständen aus, und solange „man" nicht gegen die eisernen Regeln der Machos verstößt und sich ein bisschen bedeckt hält, dürfte es kaum ernsthafte Probleme geben.

Viele MexikanerInnen sind bisexuell, verstehen sich jedoch nicht als Bisexuelle. In Juchitán, einer Stadt in Oaxaca, dagegen werden männliche Transvestiten, so genannte *muxes*, als eine Art drittes Geschlecht akzeptiert, und die Stadt besitzt sogar ein Basketballteam, das nur aus Transvestiten besteht.

HIV und **AIDS** (SIDA) stellen in Mexiko dieselbe Bedrohung wie überall auf der Welt dar; Safer Sex ist ein absolutes Muss.

Näheres zur aktuellen rechtlichen Lage der Schwulen in Mexiko erfährt man auf der Website der *International Gay and Lesbian Human Rights Commission,* www.iglhrc.org.

Kontaktadressen in Mexiko

für Lesben:
Grupo Lesbico Patlatonalli, Apartado Postal 1-623, CP 44100, Guadalajara, Jalisco,
/ 33/ 3632-0507;
für Schwule:
CIDHOM (Centro de Información y Documentación de las Homosexualidades en Mexico), Cerrada Cuaunochtli 11, Col. Pueblo Quieto, Tlalpan, México D.F. 14040, 55/5666-5436,
cidhom@laneta.apc.org.

Publikationen

Damron, in den USA 1-800/462-6654 oder 415/255-0404, www.damron.com. Bringt den *Men's Travel Guide* heraus, ein Jahrbuch im Taschenbuchformat, voller Listen von Hotels, Bars, Clubs und Anlaufstellen für Schwule; der *Women's Traveler* bietet ähnliche Listen für Lesben; und *Damron Accommodations* stellt ausführlich über 1000 Unterkünfte für Schwule und Lesben weltweit dar; alle drei sind zu ermäßigten Preisen über die Website zu beziehen.
International Gay and Lesbian Travel Association, USA 1-800/448-8550 oder 954/776-2626, www.iglta.org. Eine Handelsvereinigung, die eine Liste von Homos geleiteter oder homofreundlicher Reisebüros, Unterkünfte und anderer Reiseveranstalter bereitstellt.
Spartacus International Gay Guide, Hrsg. Briand Bedford, Bruno Gmünder Verlag, Berlin. Informationen zur Schwulenszene in Mexiko (Schwulenbars, -Treffpunkte und Cruising-Plätze) finden sich in dem jährlich erscheinenden *Spartacus Gay Guide,* erhältlich in europäischen Buchläden.

Praktische Tipps

Übernachtung

Hotels

Mexikanische Hotels nennen sich *posadas, paradores, casas de huéspedes* oder *hotels,* aber es gibt weder erkennbare Unterschiede zwischen all diesen Bezeichnungen noch eine offizielle Kategorisierung. Preise besagen auch nicht viel, denn eine heruntergekommene Absteige kann genauso teuer sein wie das gut geführte Haus nebenan. Bleibt nur, sich die Hotels genau anzusehen. Mit etwas Erfahrung lernt man schnell zu unterscheiden.

Obwohl die **Hotelpreise** in der Regel vom Fremdenverkehrsamt *Sectur* kontrolliert werden, passen sie sich natürlich an die nach oben hin verlaufende Preisentwicklung an. Man darf sich also nicht gleich betrogen fühlen, wenn die Preise vor Ort nicht genau mit unseren Angaben übereinstimmen. Man sollte nie mehr als den offiziellen (ausgewiesenen) Preis zahlen (gelegentlich kann es allerdings sein, dass die Angaben auf dem Schild noch der Inflation hinterher hinken).

Die billigsten **Doppelzimmer** kosten bis ca. US$30, mittelmäßige bis US$50, recht gut ausgestattete bis zu US$80 und Luxushotels ab US$100. Handeln hat manchmal Erfolg *(No tiene un cuarto más barato?).*

In den meisten Hotels gibt es große Mehrbettzimmer. Man kann viel Geld sparen, wenn man sich eines mit anderen Travellern teilt. Bezahlt wird mal pro Bett, manchmal pro Zimmer, egal, wie viele Personen dort unterkommen. Das richtet sich nach den Gepflogenheiten des jeweiligen Hauses. Ein Zimmer mit Doppelbett *(con cama matrimonial)* ist fast immer billiger als ein Zweibettzimmer *(con dos camas).*

Oft sind die Betten so breit, dass in einem DZ mit zwei Betten eine vierköpfige Familie bequem schlafen kann. Um sicherzugehen, sollte man sich die Zimmer erstmal ansehen. Kinder unter zehn Jahren brauchen nicht zu bezahlen, meistens wird sogar kostenlos eine Notliege aufgestellt. Manchmal wird allerdings bei der Preisabsprache stillschweigend davon ausgegangen, dass, wenn nur ein Erwachsener mit Kind in einem Zimmer mit zwei Riesenbetten nächtigt, ein Bett nicht benutzt wird. Benutzt man beide Betten, bekommt man bei der Abreise eine Rechnung mit unerwartetem Aufschlag – wegen der zusätzlichen, benutzten Bettwäsche. Wer sehr aufs Geld achten muss, sollte das gleich beim Einchecken klären.

Der Luxus einer **Klimaanlage** *(aire acondicionado)* schlägt sich im Preis nieder. Wenn man die Wahl hat, ist ein Zimmer mit Deckenventilator *(ventilador)* vorzuziehen, denn er macht weniger Lärm und der Luftstrom hält außerdem Insekten vom Bett fern. Wichtig sind die Schutzmaßnahmen gegen **Insekten**. Mit den *cucarachas* (Kakerlaken) muss man leben, vor *mosquitos* und schlimmeren Kleintieren schützt jedoch ein undurchlässiges Moskitonetz. Blutspuren an den Wänden deuten auf besonders blutgierige *mosquitos.*

Normalerweise findet sich schnell und problemlos ein Zimmer. In alten und nicht total vom Tourismus überlaufenen Städten konzentrieren sich die preiswerten Hotels um den Zócalo (Hauptplatz). In größeren Städten gibt es meist ein überschaubares Gebiet, wo man die Mittelklasseunterkünfte findet. Genaueres steht in den entsprechenden Städteteilen. Moderne Luxushotels liegen meist an der Peripherie der Städte.

Preiskategorien

Die angegebene Kategorie gilt jeweils für das billigste **Doppelzimmer** während der Hauptsaison.

❶	unter US$5
❷	US$5–10
❸	US$10–15
❹	US$15–25
❺	US$25–40
❻	US$40–60
❼	US$60–80
❽	US$80–100
❾	über US$100

Schwierigkeiten bei der Zimmersuche kann es während der Weihnachtszeit und der *Semana Santa* (Osterwoche), an mexikanischen Feiertagen und Fiestas sowie in den Badeorten geben. Wenn möglich, sollte man zu solchen Zeiten ein Zimmer vorbestellen oder zumindestens ein paar Tage vor dem Massenansturm da sein und sich vergewissern, dass das Zimmer zur fraglichen Zeit noch frei ist, sonst steht man plötzlich auf der Straße.

Camping, Jugendherbergen und Cabañas

Im Landesinnern, auf Baja California und an den Stränden kann man herrlich **zelten**, allerdings ohne jeglichen Komfort, denn Campingplätze als feste Anlage sind rar. Meist handelt es sich um **Wohnwagenstellplätze**, so genannte Trailer Parks. Sein Zelt zwischen lauter Wohnmobilen aufzustellen ist nicht jedermanns Sache. Mit einem Haus auf Rädern kann man sich auch an vielen anderen Orten niederlassen, am besten natürlich an der Pazifikküste und am Mar de Cortés.

Auf zahlreichen halboffiziellen Campingplätzen bekommt man zum gleichen Preis wie für einen Zeltstellplatz (ca. US$4) eine Leih-Hängematte und ein Plätzchen, um diese aufzuhängen. Noch billiger ist es, wenn man eine eigene Hängematte mitbringt – man kann sie in Mexiko insbesondere in und um Mérida in guter Qualität und preiswert erwerben.

Preiswert, d.h. für ca. US$10, kann man in über 30 offiziellen, meist etwas außerhalb gelegenen **Jugendherbergen** übernachten. Die Hausregeln sind für gewöhnlich streng: keine unverheirateten Paare, kein Alkohol und Zapfenstreich um 23 Uhr – doch manche sind rund um die Uhr geöffnet und bieten Küchenbenutzung, Waschmaschine, Reiseinformationen, Internet-Zugang u.a. Nähere Informationen beim mexikanischen Verkehrsamt und beim Internationalen Jugendherbergswerk.

Wer die Websites des internationalen Jugendherbergswerkes oder die der beiden mexikanischen Jugendherbergsverbände besucht (siehe Kasten), erhält neben einer ausführlichen Liste von Jugendherbergen in Mexiko auch die Möglichkeit, diejenigen, die über E-Mail verfügen, elektronisch zu reservieren.

Vom Deutschen Jugendherbergswerk ist das *Internationale Jugendherbergsverzeichnis* für Übersee erhältlich. Es enthält u.a. Adressen von mehr als 4200 Jugendherbergen in über 60 außereuropäischen Ländern. Man kann es für 8,70 € in allen Jugendherbergen kaufen oder im Internet unter www.jugendherberge.de bestellen. Informationen über die nächstliegende Ausgabestelle erteilt der jeweilige Landesverband. Hier kann man auch die Mitgliedschaft beantragen, die bis zum 27. Geburtstag 10,50 € und für Familien und Partner 18 € pro Jahr kostet. Eine Mitgliedschaft im Schweizer Jugendherbergsverband kostet bis zum Alter von 18 Jahren 22 sFr pro Jahr; Interessenten ab 18 Jahren zahlen 33 sFr, Familien 44 sFr. In Österreich ist die Mitgliedschaft im Jugendherbergsverband für Heranwachsende bis 18 Jahre kostenlos. Personen, die älter als 18 Jahre sind, zahlen 15 €.

Jugendherbergsverbände

Red Mexicana de Alojamiento para Jóvenes (REMAJ), República de Guatemala, Col Centro, México DF 06020, ✆ 55/5518-1726, www.hostellingmexico.com. Dies ist die offizielle mexikanische Zweigstelle des internationalen Jugendherbergswerkes Hostelling International. Ihr unterstehen landesweit sieben Jugendherbergen.

Asociación Mexicana de Albergues Juveniles, Insurgentes Sur 421, Edificio „A", despacho 1401-B, Col Hipodromo Condesa, México DF 06170, ✆ 55/5574-9729, www.hostels.com.mx. Diese Organisation ist unabhängig vom HI und unterhält weit mehr Jugendherbergen (landesweit 28).

Website des **Internationalen Jugendherbergswerkes:** www.iyhf.org.

DJH Service GmbH
Bismarckstr. 8
32756 Detmold
✆ 05231-74010, Fax 740149
service@djh.de
www.jugendherberge.de

Österreichisches Jugendherbergswerk
Helfersdorferstr. 4
1010 Wien
✆ 01-5331833
Fax 01-533183385
oejhw@oejhw.or.at
www.oejhw.or.at

Schweizer Jugendherbergen
Schaffhauser Str. 14
8042 Zürich
✆ 01-3601414, Fax 3601460
marketing@youthhostel.ch
www.youthhostel.ch

Wer wissen will, ob es in einem bestimmten Land Jugendherbergen gibt, kann es unter www.hostels.com herausfinden. Unter www.iyhf.org gibt es auch eine Übersicht über **Rabatte**, die Besitzern eines Jugendherbergsausweises in 30 Ländern gewährt werden (z.B. Ermäßigungen auf Leihwagen, Shopping-Touren, Reisemedikamente u.Ä.).

(Strand)-Hütten, so genannte **Cabañas**, lassen sich in den etwas rustikaleren, auf Rucksackreisende ausgerichteten Badeorten finden, manchmal auch im Binnenland. Normalerweise handelt es sich um eine schlichte Holzhütte, in der eine Hängematte baumelt (oder einfach nur eine Vorrichtung vorhanden ist, um die eigene anzubringen). Oft gibt es keinen Stromanschluss, doch sobald ein Ferienort in Mode kommt, verwandeln sich die Hütten in besser ausgestattete, teurere Bungalows. In abgelegenen Gegenden und an Stränden, die selbst für *cabañas,* nicht touristisch genug sind, müsste es dennoch möglich sein, irgendwo eine Hängematte aufzuspannen (vielleicht bei der einzigen Kneipe im Ort, deren Palapa Schutz vor Sonne und Regen bietet).

Essen und Trinken

Essen

Was man in Europa normalerweise als mexikanische Gerichte serviert bekommen hat, sollte man schleunigst vergessen, einschließlich des in Deutschland so beliebten Chili con Carne, das höchstens in Touristenzentren auf der Speisekarte steht.

Mexikanisches Essen ist entgegen hartnäckiger Gerüchte nicht scharf, manche Leute meinen sogar, dass es auf Dauer fade schmeckt. Wer auch die wenigen scharfen Gerichte vermeiden will, fragt vor der Bestellung: *Es picante?* Normalerweise würzt jeder nach Geschmack selbst aus der Flasche mit hausgemachter, manchmal überraschend milder Chilisoße, die auf jedem Tisch steht, oder aus dem Schälchen *salsa picada,* einer Mischung aus Zwiebeln, Tomaten und Chilischoten. Wenn keine Karte mit Preisen vorliegt, sollte man nach den Preisen fragen, um keine unangenehme Überraschung zu erleben.

Vegetarier haben es in Mexiko nicht schwer. Viele mexikanische Gerichte sind fleischlos, außerdem gibt es hervorragendes Obst und Gemüse. Bratfett ist meist tierisches Fett, darum sind die aufgebackenen Bohnen vielleicht nicht hundertprozentig vegetarisch.

Die mexikanischen Grundnahrungsmittel sind Mais, Bohnen und Chilis. In Restaurants werden Gemüsesuppen, verschiedene Eintöpfe mit und ohne Fleisch, Fisch und Seafood, Reis, Quesadillos (mit Käse gefüllte Tortillas), Eier in allen Zubereitungsarten und natürlich Tacos und Tortillas angeboten.

Wo essen?

Hauptmahlzeiten bekommt man in **Restaurants**, in **Cafés** Frühstück, kleine Gerichte und oft auch ganze Mahlzeiten. **Imbissbuden** bieten Tortas, d.h. belegte Brötchen, Tacos und internationale Spezialitäten (ungenießbar sind mexikanische Hamburguesas). Herrliche Fruchtsäfte und -salate gibt es in den **Fruchtbars**, am Hinweis *jugos* oder *licuados* zu erkennen. Man kann auch riesige Portionen gemischten **Obstsalat** bestellen und Körner oder Nüsse darauf streuen. An **Straßenständen** wird von Tacos über frisch gepressten Orangensaft und knackige Salate alles Mögliche verkauft. Warm und spottbillig isst man auf den **Märkten**. Allerdings ist die Umgebung nicht immer appetitlich. In den Großstädten und Urlauberzentren stehen natürlich auch internationale Restaurants zur Verfügung – **Pizza** und **chinesische** Küche gibt es dort überall. Wer Appetit auf ein leckeres Steak von bester Qualität hat, geht am besten in ein **argentinisches** Restaurant.

Unterwegs im Zug oder Bus (vorwiegend zweiter Klasse) gibt es selten Probleme: An jeder Haltestelle bieten Leute hausgemachtes Essen, lokale Spezialitäten, kalte Getränke oder Kaffee an. Auf diese Art kann man leckere Sachen kosten, die es in keinem Restaurant gibt. Man sollte mit etwas Vorsicht herangehen und die hygienischen Grundregeln beachten. Überlandbusse legen für gewöhnlich um die Mittagszeit und am Abend gegen 20/22 Uhr eine Essenspause bei einem Restaurant ein. Eine ganze Busladung hungriger Fahrgäste fällt dann über die meist schon vorbereitete Comida Corrida her; für Sonderwünsche bleibt kaum Zeit. Etwas Proviant – vor allem Trinkbares – für alle Fälle sollte man immer dabeihaben.

Salsa

Da die Bandbreite der mexikanischen Küche eher gering ist und sich die Speisekarte von Restaurant zu Restaurant nur unwesentlich unterscheidet, stellt die in einem Esslokal gebotene Salsa ein gutes Qualitätsbarometer dar. Ein Restaurant mit einer guten Salsa auf dem Tisch serviert höchstwahrscheinlich auch anständiges Essen, während ein Lokal, das keinen Wert auf eine gute Salsa legt, oftmals auch sein Essen nicht mit Lust und Liebe zubereitet. Bis zu einem gewissen Grade erkennt man das bereits an der Aufmachung: Ein Lokal, das schmuddelige Salsa-Schüsseln auf dem Tisch hat und diese selten austauscht, sie womöglich nur mit einer im Supermarkt gekauften Soße wieder auffüllt, wird sich auch mit dem Essen nicht so viel Mühe geben wie ein Restaurant, das seine hausgemachte Salsa stolz in einer hübschen Schale auf den Tisch stellt.

Oftmals stehen verschiedene Salsas und Soßen zur Auswahl, einschließlich Flaschen mit im Handel erhältlichen scharfen Soßen (Tapatío, Tabasco, Yucateco), daneben sollte aber mindestens noch eine hausgemachte Salsa das Bild abrunden. Zunehmend verbreitet ist eine Salsa aus **rohen Zutaten**: eine Mischung aus fein geschnittenen Tomaten, Zwiebeln, Chili und *cilantro* (frischer Koriander) mit einem Schuss Limonensaft. Üblicher jedoch sind die traditionellen **gekochten** Salsas, entweder grün oder rot, und fast immer relativ mild (dennoch erst mal probieren). Die Zubereitung erfolgt natürlich nach einem streng gehüteten Geheimrezept, doch auch hier sind die Grundzutaten Tomaten (grüne mexikanische *tomatillo),* Zwiebeln und eine oder mehrere Arten Chilis.

Was essen?

Mexikaner nehmen frühmorgens ein leichtes und am Vormittag ein zweites **Frühstück** ein, ersteres bestehend aus Kaffee oder Tee und *pan dulce* (süßen Brötchen), Letzteres meistens aus Tortillas, Omeletts bzw. Rühr- oder Spiegeleiern mit Speck, Schinken, Würstchen oder *chorizo,* immer begleitet von einem Schlag Bohnen.

Ein Frühstücksgedeck nennt sich entweder *desayuno continental* (Toast, Butter, Marmelade, Orangensaft und Kaffee), *desayuno mexicano* (wie oben plus Eiern *a la mexicana* oder *rancheros*) oder *desayuno americano* (dasselbe in Grün: andere Variation der Eierspeise) und ist billiger als ein selbst zusammengestelltes, denn im Preis sind mindestens zwei oder drei Tassen Kaffee oder Tee enthalten. Manchmal werden auch Müsli *(granola),* Haferflocken oder Cornflakes *(cereales)* oder Joghurt mit Honig angeboten.

In einer Fruchtbar kann man einen *licuado* (frisch gemixter Saft aus Früchten und Wasser) mit rohem Ei *(blanquillo)* bestellen. Am frühen Morgen wird auf den Straßen frisch gepresster Orangensaft verkauft.

Zwischen etwa 14 und 16 Uhr wird ausführlich zu Mittag gegessen, danach ist Siesta. Ein nicht ganz so umfangreiches, spätes Abendessen nach 19 Uhr rundet den Tag ab.

Man kann viel Geld sparen, wenn man das Frühstück und/oder Abendbrot in der Bäckerei oder im Laden holt und im Hotelzimmer verspeist und zur Mittagszeit eine sättigende **Comida Corrida** oder **Comida Turistica** isst. Zu einem festen, sehr günstigen Preis wird diese Hauptmahlzeit in fast jedem Restaurant angeboten. Sie besteht üblicherweise aus drei Gängen: Suppe, Fleisch- oder Fischgericht und süße Nachspeise. Manchmal ist sogar ein Getränk im Preis mit inbegriffen. Oft gibt es zwei Suppengänge. Erst die flüssige Suppe, danach die *sopa seca*, die trockene Suppe. Das kann *sopa de arroz,* Reis mit Tomaten oder Chili sein, oder ein Teller Gemüse, Spaghetti, Bohnen oder Guacamole. Gewöhnlich hat man die Auswahl aus zwei oder drei Gerichten. Wenn man sich das Essen aus den oft ganz ähnlichen Gerichten auf der Speisekarte selbst zusammenstellt, wird es viel teurer. Eine Comida Corrida ist oft billiger als ein Frühstück und hält länger an. Viele Restaurants servieren warme Mahlzeiten auch am Abend, allerdings nur à la carte, also viel teurer.

Überblick über die mexikanische Speisekarte

Burritos isst man vor allem in Norden (große Tortillas aus Weizenmehl, gefüllt mit Rindfleisch und Kartoffeln oder Bohnen).

Carne (Fleisch) schmeckt außer im Norden nicht sehr gut. Rindfleisch ist oft dünn und zäh,

Schweine-, Ziegen- und Lammfleisch ist weitaus genießbarer. Sofern die Speisekarte nicht genauere Angaben zur Art des Fleisches macht, handelt es sich normalerweise um Schweinefleisch – selbst ein Steak *(bistec)* kann vom Schwein sein, sofern nicht bistec *de res* dabeisteht. Dicke Steaks verbergen sich hinter *carne hereford* oder einer Bezeichnung wie *New York Cut,* die nur in teuren Restaurants oder im Norden des Landes zu finden sind.

Chilis gibt es mindestens hundert verschiedene Arten; frisch oder getrocknet und in allen Farben, von blassgrün bis fast schwarz. Jede Sorte schmeckt anders; längst nicht alle sind scharf. Die am meisten verwendete Art, *chiles jalapeños* klein, grün oder rot, kann einem aber schon Tränen in die Augen treiben. Auf jeden Esstisch gehört die Chilisoße *(salsa).* In Restaurants, die etwas auf sich halten, ist sie hausgemacht. Chili gehört auch zu anderen Soßen, vor allem zu **Mole**, einer eigenartigen Mixtur aus Schokolade, Chilis und ungefähr fünfzig anderen Zutaten, die traditionell zu Truthahn- oder Hühnerfleisch serviert wird. Es gibt verschiedene Arten von Mole, die beiden geläufigsten sind die ziemlich milde *mole verde* und die wesentlich mächtigere (und interessantere) *mole poblano,* eine Spezialität aus Puebla. Die Hälfte der etwa fünfzig Zutaten dieser außergewöhnlichen Mischung sind verschiedene Sorten von Chili, doch am bemerkenswertesten ist die Schokolade, und wer nicht gerade allergisch gegen Schokolade ist, sollte in Mexiko unbedingt wenigstens einmal *mole poblano* probieren.

Chilaquiles sind klein geschnittene Tortillas, die mit Fleisch und Soße serviert werden und meist scharf sind.

Chiles rellenos sind milde grüne Chilis, gefüllt mit Reis und Käse, in dünnem Eierteig gebacken.

Chorizo nennt man die gut gewürzte Wurst, die ohne Darm gebraten wird und aus Spanien stammt.

Cochinita pibil ist saftiges Schweinefleisch, das in Bananenblätter gewickelt und in einem *pib* (eigentlich ein Erdloch; eine Kochgelegenheit, über die die Restaurants in Wirklichkeit nicht verfügen) gekocht wird.

Coctél/campechana de camarón oder **pulpo** ist ein Meeresfrüchtecocktail aus Krabben bzw. Oktopus, den man in den meisten Küstenorten bekommt; das Seafood ist fast durchweg frisch und schmackhaft. Aber Vorsicht vor rohen Schalentieren, selbst vor Ceviche (auch wenn der Limonensaft, in dem es mariniert wird, die meisten Keime abtötet).

Enchiladas sind gefüllte, aufgerollte Tortillas in Chilisoße. *Enchiladas suizas* werden mit Hühnerfleisch und saurer Sahne zubereitet, mit Käse überbacken.

Entomatadas sind in Tomatensoße servierte Tortillas mit Käse und Zwiebelringen.

Frijoles (Bohnen), d.h. braune Kidneybohnen, werden meist *refritos* serviert. Das bedeutet gekocht, zerstampft und aufgebraten. Sie gehören unbedingt zu Eierspeisen und zu allem anderen eigentlich auch. Noch besser schmecken sie unzerstampft in deftigen Eintöpfen mit Speck oder Schinken, unter dem Namen *frijoles churros.*

Frutas del Mar (Meeresfrüchte) sind fast immer frisch und lecker.

Guacamole ist eine Avocadocreme mit Tomaten, Zwiebeln, Knoblauch, Chili und Limonensaft.

Gorditas sind fettige Maismehl-Tortillas, die durchgeschnitten, gefüllt und gebacken oder gebraten werden.

Huevos (Eier) gibt es immer und überall. Irgendwann sollte man unbedingt die klassischen mexikanischen **Huevos rancheros** (Spiegeleier auf einer Tortilla mit roter Salsa) oder **Huevos a la mexicana** (Rührei mit Zwiebeln, Tomaten und Chili) probieren.

Hot Cake ist ein dicker, luftiger Eierpfannkuchen.

Maiz (Mais) in allen Variationen ist Bestandteil vieler Gerichte. Geröstete oder gekochte Maiskolben *(elote),* die mit Mayonnaise bestrichen und mit geriebenem Käse und Chili bestreut werden, gibt es an vielen Straßenständen. Maiskörner gehören auch in viele Suppen und Eintöpfe wie z.B. *pozole* (mit gekochtem Rindfleisch).

Nachos sind krosse Maischips, werden oft zu *queso fundido* gereicht.

Papadzules sind mit harten Eiern gefüllte und mit einer rot-grünen Chilisoße übergossene Tacos.

Poc-chuc ist ein herrliches Gericht aus Schweinefleisch, Tomaten, Zwiebeln und frischen Kräutern.

Pollo pibil ist Huhn, das in Bananenblätter gewickelt und in einem *pib* (s.o.) gekocht wird.

Pozole ist ein Eintopf aus Maiskörnern, Rindfleisch und Gemüse.

Quesadillas sind mit Käse gefüllte gebackene Tortillas.

Queso fundido ist warmer, geschmolzener Käse mit knusprigen Tacos, besonders lecker mit *chorizo* und/oder Champignons.

Sopa de Lima ist mit Limonen und Gemüse gekochtes Huhn.

Tacos sind kleine Tortillas, die mit den unterschiedlichsten Dingen (von Rind- oder Hühnerfleisch bis zu grünem Salat) gefüllt werden. Tacos werden oft als Vorspeise, so genannt *antojitos* auf der Speisekarte angeboten. Schnellgerichte sind meist eine Variation von Tacos.

Tamales werden ebenfalls aus Maismehl gemacht, und sind vor allem in Zentral- und Süd-Mexiko beliebt. Diese Art gefüllter und gewürzter Maismehlpudding wird in Mais- oder Bananenblättern erhitzt. Manchen sind Krabben oder Maiskörner beigemischt, anderen etwas Süßes wie z.B. Kokosnussraspeln.

Tortillas sind flache Maismehlfladen. Ein Berg Tortillas begleitet fast jedes Essen; in teureren oder Touristenrestaurants gibt es stattdessen Hörnchen *(bolillos)*, französisches Weißbrot oder Toastbrot. Es gibt auch Tortillas aus Weizenmehl *(de harina)*, die dem europäischen Gaumen vielleicht vertrauter schmecken. Außer im Norden werden sie aber selten angeboten.

Tostadas sind flache, knusprig gebackene Tortillas, auf die Fleisch und frisches Gemüse gehäuft wird, darüber ein Schuss Sahne, und das Ganze mit Käse bestreut. Kleinere Ausgaben hiervon nennt man *sopes*.

Tortas sind dick belegte Brötchen mit gekochtem oder gebratenem Rind- oder Schweinefleisch, Rührei, Chorizo und/oder Käse, garniert mit Avocados, Tomatenscheiben, Salat und eingelegten Chilischoten, auf Wunsch warm und knusprig. Tortas zum Mitnehmen gibt es an unzähligen Straßenständen.

Tlacoyos sind kleine, fettige Tortillas in der Art von Gorditas, gefüllt mit Bohnenmus. Sie werden meist aus schwarzem Maismehl hergestellt, was ihnen eine recht ungewöhnliche Farbe verleiht.

Ein kleines Wörterbuch mit etwas „Spanisch für die Speisekarte" befindet sich am Ende des Buches.

Getränke

Zum Essen trinkt man entweder Wasser oder Bier. Wasser niemals aus dem Wasserhahn, sondern nur aus der Flasche trinken *(agua mineral* oder *agua de Tehuacán)*, mit *(con gas)* oder ohne Kohlensäure *(sin gas)*. *Licuados* oder *aguas* werden aus Trinkwasser zubereitet und sind in Restaurants unbedenklich genießbar. Nicht an Straßenständen kaufen!

Mexikanisches Bier, *cerveza*, ist gut. Man bekommt meistens leichtes, helles Bier, *cerveza clara* der Marken *Bohemia, Superior, Corona* und *Tecate* (Letzteres normalerweise mit Limonen und Salz). Es gibt aber auch dunkles Bier *(oscura)*; das beste ist *Negra Modelo*. *Pacifico*, ursprünglich aus dem Westen, das sich unter den einheimischen Bieren zunehmender Beliebtheit erfreut. An einem heißen Tag erfrischt eine *michelada* – eine „Bierschorle" mit Eiswürfeln, Limone, Worcester- und Tabascosoße, serviert in einem Glas, dessen Rand in Salz getaucht wurde. Das mildere *chelada* ist ein helles Bier, das mit reichlich Limonensaft und Salz vermischt wird.

Weine *(vino; tinto* für Rot-, *blanco* für Weißwein) zählen eher zu den Luxusgetränken, obwohl im Land sehr gute angebaut werden. *Hidalgo* oder *Domecq* sind bekannte Namen. Ausgezeichnet sind manche Weine aus Baja California, besonders zu empfehlen ist die Marke *Zinfandel*; je älter desto besser. *L.A. Cetto* und *Oschenauer* sowie *Calafia* sind auch nicht schlecht und kosten etwas weniger. Der *Santo Tomas* dagegen lässt Weinkenner kalt.

Softdrinks *(refrescos)* wie Coca Cola, Pepsi, Sprite und mexikanische Fabrikate kann man überall kaufen. Am billigsten sind sie in Lebensmittelgeschäften, wenn man sie gleich an Ort und Stelle aus der Flasche trinkt, die man dann wieder zurückgibt. Zum Mitnehmen *(para llevar)* wird der Inhalt einer Flasche in eine Plastiktüte mit Strohhalm gekippt. Angesichts der Müllberge sollte man darauf verzichten.

Frische Fruchtsäfte und *licuados* in den Fruchtbars sind besser. Säfte *(jugos)* werden aus allem gemacht, was sich in die Saftpresse quetschen lässt. Orangen- *(naranja)* und Karottensaft *(zanahória)* sind die bekanntesten, man sollte aber auch andere probieren. *Licuados* bestehen aus gemixten Früchten und Wasser *(licuados de agua)* oder

Milch *(de leche),* meist mit Zucker; sie schmecken ausgezeichnet. *Limonada* (frische Limonade) wird ebenso angeboten wie

Aguas frescas – leckere kalte Getränke. Die bekanntesten sind *horchata de arroz* (Reiswasser, sieht aus wie verdünnte Milch, wird eiskalt getrunken), *agua de jamaica* (mit Jamaica-Blüten), *de lemon* (Zitrone), *de mango* (Mango), *de papaya* und *de tamarindo* (mit Tamarinde). Man bekommt sie in Restaurants, Fruchtsaftbars und aus großen Glasbehältern an Straßenständen; bei letzteren gibt es allerdings keine Garantie für die Sauberkeit des Wassers.

Der mexikanische **Kaffee** *(café solo* oder *negro)* fällt für den europäischen Geschmack meist etwas enttäuschend aus, vor allem wenn man bedenkt, dass Mexiko ein Kaffeeland ist und hervorragenden Kaffee exportiert. Manchmal wird er in kleinen Tassen serviert, ist stark, schwarz und oft gesüßt (wer das nicht mag, bittet um einen *café sin azúcar*). Weniger stark bis wässrig ist der *café americano*, was auch Pulverkaffee *(Nescafé)* bedeuten kann. Kaffee mit Milch heißt *café con crema* oder *café con un poquito de leche. Café con leche* schmeckt gut, ist aber ausschließlich mit Milch zubereitet. Es gibt auch Espresso und Cappuccino. Eine Spezialität, an die man sich allerdings gewöhnen muss, ist der *café de olla*: er wird stundenlang im Topf mit Zimt und Zucker erhitzt. Das Resultat ist dickflüssig und süß.

Tequila, der berühmte mexikanische Schnaps, wird aus der kaktusähnlichen Schnapsagave gewonnen und vorwiegend im Staat Jalisco produziert. Man serviert ihn mit Salz und Limone. Zuerst wird etwas Limonensaft auf den Handrücken zwischen Daumen und Zeigefinger geträufelt, darauf eine Prise Salz. Das Salz auflecken, den Tequila austrinken und gleich darauf in die Limone beißen. Die Wirkung lässt in der Regel nicht lange auf sich warten. Alter Tequila *(añejo)* brennt weniger. Eine Kostprobe lohnt der hochprozentige *Sauza Hornitos* oder *Conmemorativo*. Mexiko erlebt aufgrund der sprunghaft gestiegenen Nachfrage im In- und Ausland derzeit eine kleine Tequilakrise. Die Pflanzen brauchen ungefähr sieben Jahre bis sie erntereif sind, und der plötzliche Tequilaboom hat die Reserven der Agavenpflanzungen geplündert und die Preise erheblich in die Höhe getrieben.

Mescal (auch **Mezcal**) ist ganz ähnlich, aber weniger verfeinert. Tatsächlich war Tequila ursprünglich nur eine Spielart des Mescal.

Pulque, milchiges Bier mit wenig Alkohol, wird ebenfalls aus *maguey* gebraut, und ist das traditionelle Getränk armer Leute – Europäer sollten es mit Vorsicht genießen.

Spirituosen tragen den Vermerk *nacional,* wenn sie aus Mexiko stammen. Importierte (einschließlich Whisky) sind sehr teuer. In Mexiko wird Rum *(ron),* Gin *(ginebra),* Wodka und sehr guter Weinbrand, vor allem der *San Marcos (brandy* oder *coñac)* hergestellt.

Cocktails, für die Mexiko im Ausland berühmt ist, wie *Margaritas, Piñas coladas* usw., gibt es nur in Touristenzentren oder Hotelbars. *Sangrita* ist eine Mischung aus Tomaten- und Fruchtsäften mit Tabasco, die gern zum Tequila getrunken wird.

Wo trinken?

In **Hotelbars**, reinen Touristengebieten oder so genannten „Damenbars" ist die Atmosphäre am freundlichsten. **Cantinas** sind die Domäne harter *machos,* aus der Frauen zu 99% verbannt sind. Ein Schild über der Tür verbietet den Zugang für „Frauen, Soldaten und Uniformierte". Hier wird unmäßig gesoffen, und es kann schnell zu gewalttätigen Auseinandersetzungen kommen. Eine Cantina erkennt man an den torkelnden Männern am Rinnstein, der lauten Musik und vor allem an der abschirmenden, halbhohen Betonwand gleich hinter der offenen Eingangstür. Allein reisende Frauen sollten vorsichtshalber einen großen Bogen darum machen.

Verkehrsmittel

Die Entfernungen sind groß und Fahrten von bis zu acht Stunden keine Seltenheit. Die Verkehrsverbindungen sind gut und einigermaßen zuverlässig. Aus Zeitgründen sollte man mindestens einen Inlandsflug einplanen, wenn man viel sehen möchte.

Überlandbusse

Das **Busnetz** ist sehr gut ausgebaut und reicht bis in die entlegensten Dörfer. Die Langstreckenbusse sind zumeist sehr bequeme und gut gewartete Fahrzeuge.

Im mexikanischen Spanisch heißt Überlandbus übrigens *camión,* fast nie *autobus.*

Auf vielbefahrenen Strecken verkehrt auch noch eine Luxusausführung der 1. Klasse, Busse mit Bezeichnungen wie *Primera Plus* oder *Turistar Plus*. Diese halten unterwegs nur selten oder gar nicht, bieten mehr Beinfreiheit und auf längeren Fahrten auch Snacks und Getränke, kosten allerdings rund 30% mehr als die gewöhnlichen 1.-Klasse-Busse. In diesen Bussen funktioniert die Klimaanlage auf jeden Fall, d.h. ein Pullover im Handgepäck ist unerlässlich. Die entsprechenden Busgesellschaften akzeptieren meistens auch Kreditkarten und reservieren Plätze per Computer; diese Praxis setzt sich jedoch auch bei anderen Gesellschaften immer mehr durch.

Bei langen Strecken kann man meistens zwischen **erster** und **zweiter Klasse** wählen *(primera* und *segunda clase)*. Die erste hält seltener an, bietet reservierte Sitzplätze, Video und ac, aber immer mehr 2. Klasse-Busse haben dies ebenfalls. **Aire conditionado** ist nicht unbedingt ein Vorteil – es gibt nichts Schlimmeres als einen Bus mit kaputter Klimaanlage und Fenstern, die sich nicht öffnen lassen. Und wenn sie funktioniert und keine wärmende Kleidung zur Hand ist, kann man sich in der eiskalten Luft leicht eine Erkältung holen. Die **Videos** (in beiden Klassen) sind oft Actionfilme aus Hollywood in englischer Sprache mit spanischen Untertiteln und nicht unbedingt das, was man gemeinhin unter harmloser Familienunterhaltung versteht – sie können Gewaltszenen enthalten, die nichts für Kinder sind. Der Hauptunterschied zwischen den beiden Klassen liegt im Preis, der in der 1. Klasse ungefähr 10% und manchmal noch sehr viel höher liegt, und in der Anzahl der Haltestellen – die 2. Klasse-Busse halten öfter und brauchen daher länger bis ans Endziel. Zwischen abgelegeneren Orten verkehren oft aufgemöbelte nordamerikanische Schulbusse.

In vielen Städten gibt es moderne **Busbahnhöfe**, Central Camionera oder Central de Autobuses genannt. Das Wort „Central" sollte einen nicht zu der Annahme verleiten, sie befänden sich im Zentrum – normalerweise liegen sie sehr weit außerhalb der Innenstadt.

Wo keine Central Camionera ist, existieren oft nach 1. und 2. Klasse, manchmal sogar nach Busgesellschaften getrennte Busbahnhöfe, dabei kann es sich auch nur um eine Haltestelle am Straßenrand handeln.

In vielen Busbahnhöfen gibt es eine gebührenpflichtige **Gepäckaufbewahrung**, die *guardería*, *consigna* oder einfach nur *equipaje* (Gepäck) heißt. Man muss unbedingt darauf achten, dass sie zu der Zeit geöffnet ist, wenn man das Gepäck wieder abholen will! Wenn es keine *guardería* gibt, kann man vielleicht die Angestellten im Busbahnhof bitten, eine Weile auf die Sachen aufzupassen. Üblicherweise kostet ein aufzubewahrendes Gepäckstück pro Stunde US$0,30.

Die **Fahrkarten** wenn möglich im Voraus besorgen, um den besten (oder überhaupt einen) Sitzplatz zu bekommen. Und dabei nicht vergessen, sich nach der Reiseroute sowie der Ankunftszeit zu erkundigen. Der Fahrpreis beträgt ungefähr US$4–6 je 100 km.

In Großstädten und von Startbahnhöfen aus sind **Sitzplätze** selten tagelang im Voraus ausgebucht. In kleineren Ortschaften muss man oft bis zur Ankunft des Busses warten (oder zumindest, bis er die vorhergehende Haltestelle verlassen hat), um herauszufinden, ob es freie Plätze gibt. Dank der Zunahme von Computern reduziert sich dieses Problem langsam. Oft gibt es zu wenig freie Plätze im Bus, und ohne stimmgewaltiges und gutes Spanisch kann man sich im Gerangel kaum durchsetzen. Allerdings fährt fast immer vor Ort auch ein *local* Bus ab (im Gegensatz zu einem *de paso,* der seinen Ausgangspunkt anderswo hat), für den sich eine Fahrkarte im Voraus reservieren lässt.

An Wochenenden, vor und während einer Fiesta sowie in Ferienzeiten sind viele Busse überfüllt. Da hilft nur, rechtzeitig die Fahrkarten zu kaufen. Man kann jedoch noch versuchen, einen Stehplatz in einem 2. Klasse-Bus zu bekommen, oder mit einem *local* Bus wenigstens bis in die nächste Stadt auf der geplanten Reiseroute zu gelangen. Ein Wort zum Fahrer, verbunden mit einer kleinen *propina* (Trinkgeld), kann eventuell Wunder wirken.

Wichtige Begriffe auf dem Fahrplan, abgesehen von *local* und *de paso*, sind z.B. *vía corta* (kürzeste Strecke) und *directo* oder *expreso* (direkt/nonstop – zumindest theoretisch). *Salida* bedeutet Abfahrt, *llegada* Ankunft. Eine ordentliche Straßenkarte ist ungemein nützlich um auszutüfteln, welche Busse das angestrebte Reiseziel passieren.

Die Tollkühnheit mexikanischer **Busfahrer** gehört längst der Vergangenheit an. Seit Jahren werden von staatlicher Seite regelmäßige Fahrzeug-

und Fahrerkontrollen durchgeführt. Viele Langstreckenbusse sind mit einer Warnlampe versehen, die aufleuchtet, wenn der Fahrer die zulässige Höchstgeschwindigkeit von 90 km/h überschreitet. Gleichzeitig ertönt ein Signalton – eine praktische Einrichtung, die allerdings zur Folge hat, dass es bei jedem Überholmanöver und auch sonst dauernd bimmelt. Bei Nachtfahrten empfiehlt sich Ohropax.

Eisenbahn

Mexikos Eisenbahn wurde 1995 privatisiert. Seither wird zwar mehr Frachtgut auf dem Schienenweg transportiert als früher, aber der Personenverkehr wurde eingestellt, abgesehen von zwei Zügen speziell für Touristen. Der eine davon ist die Kupferschluchtbahn von Los Mochis nach Chihuahua, eine beeindruckende Fahrt durch tiefe Schluchten, die als eine der Top-Touristenattraktionen des Landes gilt (s.S. 196). Der andere Zug ist der Tequila Express von Guadalajara nach Amatitan, der Touristen in die Heimat des berühmtesten Schnapses Mexikos bringt (s.S. 248).

Flüge

Das Flugzeug ist zwar teurer als der Bus, im internationalen Vergleich jedoch relativ billig und sicher das schnellste und angenehmste Transportmittel. Oft gibt es Sonderangebote, die weit unter den Studententarifen liegen.

Über 50 Flughäfen in Mexiko werden von regulären inländischen Passagiermaschinen angeflogen, hinzu kommen zahlreiche kleine Zubringerflughäfen. Die beiden größten, ehemals staatlichen Fluggesellschaften *Aeroméxico* und *Mexicana,* die mehrmals täglich die Landeshauptstadt mit fast allen anderen Flughäfen Mexikos verbinden, fliegen auch zu internationalen Destinationen. Allerdings haben sie Konkurrenz von einer wachsenden Zahl auf den Markt drängenden kleineren Fluggesellschaften bekommen: *Aviacsa* bedient Yucatán, Chiapas, Oaxaca, Guadalajara, Acapulco, Cancún, Tijuana und Monterrey, *Aerolineas Internacionales* und *Aero California* fliegen die meisten größeren Zielorte an, *Aeromar* dagegen verkehrt überwiegend im Norden.

Ungeachtet ihres Namens fliegt *Aerolineas Internacionales* von ihrem Heimathafen Cuernavaca aus nur nationale Ziele an. Informationen über die kleineren Fluggesellschaften sind meistens nur in den Städten zu bekommen, die von ihnen bedient werden. Ein gutes Reisebüro müsste in der Lage sein, entsprechende Auskünfte zu geben.

Die nationalen **Flugpreise** spiegeln die Beliebtheit einer Strecke wider: je größer die Nachfrage, desto billiger das Ticket. So kostet ein Flug von Tijuana nach México D.F. nur etwas mehr als ein Busticket 1. Klasse, die sehr viel kürzere, jedoch auch wesentlich weniger gefragte Strecke von Tijuana nach Chihuahua kostet dagegen genauso viel. Aber auch teurere Flüge lohnen sich, wenn man die Zeitersparnis bedenkt. Die kleineren Gesellschaften sind normalerweise preiswerter; Flugtickets für eine bestimmte Strecke kosten in der Regel bei jedem Reisebüro dasselbe. Ermäßigungen gibt es – zumindest für Ausländer – nicht, also auch keine Schüler- oder Studentenermäßigungen. Für ein Rückflugticket wird doppelt so viel verlangt wie für ein einfaches Ticket. Auf Inlandflüge wird eine Flughafensteuer von US$16 erhoben.

Fluggesellschaften für Inlandsflüge:

Aero California, in Deutschland ✆ 0631-3506297, Fax 3506298, ✉ aerocalifornia@online.de,
in Mexiko ✆ 55/5207-1392; in den USA
💻 abstravel.com/aerocalifornia,
✆ 1-800/2376225

Aerolineas Internacionales, in Mexiko
✆/Fax 7/3115114 oder 5, in den USA
✆ 949/752-0058, 💻 www.aerolineas.cc

Aerolitoral, in Mexiko ✆ 1-800/800 AERO,
💻 www.aerolitoral.com.mx

Aeromar, in Mexiko ✆ 1-800/AEROMAR oder 5133-1111, in den USA ✆ 1-800/950 0747,
💻 www.aeromar.com.mx

Aeroméxico, Bergerstraße 102, Frankfurt/Main, ✆ 069-94413580, Fax 94413560;
in Mexiko ✆ 1-800/021-2622, in den USA
✆ 1-800/237-6639, 💻 www.aeromexico.com

Aviacsa, in Mexiko ✆ 1-800/711-6733, in den USA ✆ 1-888/528-4227; 💻 www.aviacsa.com.mx

Mexicana, über Aviareps Airline Management GmbH, Hessenring 32, 64546 Mörfelden-Walldorf, ✆ 06105-206080, Fax 06105-206088;
in Mexiko ✆ 1-800/501-9900; in den USA
✆ 1-800/5317921, 💻 www.mexicana.com.mx

Mexicana und Aeroméxico bieten **Airpasses** für mehrere Flüge, die nur außerhalb Mexikos erhältlich sind (Näheres s.S. 20).

Fähren

Fähren verbinden die Halbinsel Baja California mit verschiedenen Pazifikhäfen am Festland: Santa Rosalía mit Guaymas und La Paz mit Mazatlán und Topolobampo (Ausgangspunkt nach Los Mochis). Nähere Informationen zu den Fahrplänen finden sich auf der Website 💻 www.mexconnected.com/mex_/mexicoferryw.html. Fahrpreise online unter 💻 www.sematur.com.mx/tarifas.asp.

Auto- und Passagierfähren, kleinere Schiffe und *Waterjets* fahren von Chetumal nach Xcalak, von Cancún nach Isla Mujeres und von Playa del Carmen sowie Puerto Morelos nach Cozumel (die Fähre von Puerto Morelos aus transportiert nur Autos, keine Einzelpassagiere). Autofahrer müssen relativ viel Geld für den Transport bezahlen, *salón*-Passagiere reisen äußerst preiswert, wenn auch nicht gerade komfortabel.

Mietwagen

Mit ordnungsgemäßen Papieren lässt sich Mexiko auch per Mietwagen bereisen. Man sollte sich jedoch vorsichtshalber mit der Möglichkeit eines Unfalles und den damit verbundenen Folgen auseinander setzen. Autofahren in Mexiko erfordert etwas mehr Konzentration und Können als in heimischen Gefilden. Man sollte außerdem auf einen Zusammenstoß mit der Bürokratie und/oder dem Gesetz vorbereitet sein, obwohl die Polizei in jüngster Zeit auf Anordnung von oben Touristen längst nicht mehr so willkürlich zur Kasse bittet wie früher.

Einen **Mietwagen** zu nehmen – insbesondere für ein oder zwei Tage und eine spezifische Route – erspart viele Probleme und stellt oft eine ausgezeichnete Möglichkeit dar, schwer zugängliche Orte zu erreichen, oder solche, deren Besuch mit öffentlichen Transportmitteln mehrere Tage erfordern würde. Eine große Anzahl konkurrierender Autovermietungen findet man in allen Touristenzentren und Großstädten. Preiswerter als die mit den bekannten Namen sind meist die einheimischen Anbieter. Um ein Auto zu mieten, muss man unbedingt eine Kreditkarte von *Visa/Mastercard* oder *Amex* vorweisen. Ohne Kreditkarte läuft gar nichts.

Da die Tarife stark schwanken und es mitunter eine Reihe von Sonderbedingungen gibt, sollte man sich unbedingt bei der jeweiligen Autovermietung über den aktuellen Stand informieren. Tagesmietpreise bei unbeschränkter Kilometerzahl beginnen bei ca. US$50; der Preis für eine Woche entspricht normalerweise dem von sechs Tagen. Auf den Preis werden 15% Mehrwertsteuer erhoben und US$11 pro Tag Haftungsausschluss für Schäden am Mietfahrzeug *(collision damage waiver = CDW)* verlangt. Bei etwaigen Schäden muss man sich aber trotzdem noch mit 10% der Schadenssumme selbst beteiligen. Das Mindestalter für Fahrzeuglenker ist 21 Jahre, es genügt der EU-Führerschein. Im Falle einer polizeilichen Überprüfung könnte der internationale Führerschein allerdings nützlich sein, da praktisch kein Ordnungshüter Deutsch kann.

Für kürzere Strecken kann man in den meisten Orten auch **Mopeds** oder **Motorräder** mieten.

Avis, ✆ 01805/217702, 💻 www.avis.de
Budget, ✆ 01805/244388,
💻 www.budgetrentacar.de
Europcar, ✆ 0180/58000,
💻 www.europcar.com
Hertz, ✆ 0180/5333535, 💻 www.hertz.de
Sixt, ✆ 0180/5232222, 💻 www.e-sixt.de

Die staatliche Gesellschaft *Pemex* hat das Monopol auf **Treibstoff** und verkauft zwei Sorten: *Premio* und *Magna Sin*, Letzterer bleifrei und ca. 30% teurer als das weniger zu empfehlende *Premio* und inzwischen immer öfter erhältlich, da etliche US-Amerikaner lautstark Entschädigung für ihre durch *Premio*, ehemals *Nova*, ruinierten Motoren gefordert haben. *Magna Sin* gibt es für rund US$2 pro Gallone.

Die mexikanischen **Bundesstraßen** und **Autobahnen** sind in erstaunlich gutem Zustand. Die Autobahnen nördlich und südlich von México D.F. sind sogar ausgezeichnet. Die Geschwindigkeitsbeschränkung in Wohngebieten liegt bei 40 km/h, auf Landstraßen bei 70 km/h und auf Schnellstraßen bei 110 km/h. Für manche Autobahnen wird allerdings eine hohe Mautgebühr *(cuota)* verlangt.

Auf Land- und Nebenstraßen kann es allerdings schon mal ein paar Schlaglöcher geben und man muss damit rechnen, dass plötzlich ein Tier über die Straße läuft. Einen Bogen sollte man um

Lastwagen- und Busfahrer machen – sie stellen nicht selten eine öffentliche Gefahr dar. (Winken mit dem linken Arm bedeutet aus der eventuell beschränkten Sicht des Fahrers vorn: die Straße ist frei zum Überholen).

Viele Orte sichern sich ihre Ruhe und das Überleben ihrer Bewohner durch **Verkehrsberuhigung**. Warnschilder unbedingt ernst nehmen: hohe Beton- oder Metallwälle, manchmal auch nur dicke, über die Straße gespannte Seile, kann man nur im Schneckentempo überwinden. Der gut gemeinte Rat, nie bei Nacht zu fahren, ist leider nicht immer praktikabel, aber möglichst zu beherzigen.

Wer die Verkehrspraxis und -dichte auf deutschen Straßen und Autobahnen kennt, wird sich über die vergleichsweise relaxte Fahrweise der Mexikaner, vor allem auf Landstraßen und in kleineren Städten, freuen. Mexikaner beharren nicht unbedingt auf der Vorfahrt, lassen auch an nicht gekennzeichneten Stellen Fußgänger die Straßen überqueren und nehmen die Stoßstange als das, was sie ist: ein Teil zum Dranstoßen. Im Zweifelsfall darf von der Hupe Gebrauch gemacht werden.

Auf jeder tauglichen Straßenkarte sollten die wichtigsten in Mexiko gebräuchlichen **Verkehrszeichen** aufgeführt und erklärt sein; bei SECTUR ist eine Broschüre bzgl. Autofahren in Mexiko erhältlich, die auch eine Übersicht über Verkehrszeichen enthält. Ein ungeschriebenes Gesetz ist, dass der Fahrzeuglenker, der an einer Kreuzung oder an Stellen, die nur von einem Fahrzeug passiert werden können, zuerst die **Lichthupe** betätigt, Vorfahrt genießt. Dieses Zeichen bedeutet also nicht etwas, dass einem anderen Verkehrsteilnehmer der Vortritt gelassen wird.

In den meisten größeren Städten wird der Verkehr durch zahlreiche **Einbahnstraßen** geleitet. In welche Richtung gefahren werden darf, ist oft nur schlecht ausgeschildert (Ausschau nach kleinen, an Laternenpfosten abgebrachten Pfeilen halten), doch das ist weniger problematisch als es klingt: Man orientiert sich einfach daran, wohin die parkenden oder fahrenden Autos zeigen.

Bei **kleineren Unfällen** sollte man sich möglichst unter Umgehung der Polizei einigen. Dies ist auch die Einstellung mexikanischer Autofahrer. Wenn man einen Verkehrsunfall sieht, empfiehlt es sich, zunächst abzuwägen, wie ernst er ist, bevor man sich hineinziehen lässt, denn Augenzeugen können mit den direkt Beteiligten im Gefängnis festgehalten werden, bis die Sache zur Verhandlung kommt – deshalb erst überlegen, ob die eigene Zeugenaussage wirklich notwendig ist, um der Gerechtigkeit Genüge zu tun. Falls man in einen **schlimmen Verkehrsunfall** verwickelt wird, muss man darauf bestehen, mit der Botschaft bzw. dem Konsulat und der Versicherungsgesellschaft in Verbindung zu treten.

Vorsicht

Wer in Mexiko mit dem Auto unterwegs ist, insbesondere in einem, das als Mietwagen erkennbar ist, sollte sich der Gefahr eines Überfalles bewusst sein, vor allem im Nordwesten und ganz besonders im Bundesstaat Sinaloa. Die Räuber geben sich manchmal als Polizisten oder als Tramper aus oder täuschen eine Fahrzeugpanne vor. Daher sollte man es sich gut überlegen, Pannenhilfe anzubieten oder jemanden am Straßenrand aufzulesen. Ein anderer Trick besteht darin, dem Fahrzeuglenker zu signalisieren, dass etwas am Auto kaputt ist. Es gibt jedoch entlang der Hauptstrecken zahlreiche offizielle Polizeiposten, an denen angehalten werden muss.

Zu den Strecken, auf denen es immer wieder zu Zwischenfällen kommt, und die man keinesfalls bei Nacht befahren sollte, zählen die Carretera 15 (Los Mochis – Mazatlán) und Carretera 1 in Sinaloa, Carretera 5 (México D.F. – Acapulco) in Guerrero, Carretera 75 (Oaxaca – Tuxtepec), Carretera 57 (San Luis Potosí – Matahuela) und die Straßen in Grenznähe, insbesondere die Carretera 2 (Mexicali – Agua Prieta) und Carretera 40 (Matamoros – Monterrey).

Am ratsamsten ist es, nach Einbruch der Dunkelheit überhaupt nicht mehr zu fahren.

Das mexikanische Fremdenverkehrsamt empfiehlt, **keine fremden Personen im Auto mitzunehmen**, selbst wenn es sich um Landsleute handelt. Erstens kann es bei einem Unfall Schwierigkeiten mit der Versicherung geben, und zweitens besteht die Gefahr, dass der freundliche Beifahrer die Taschen voller Drogen hat. Autos werden immer wieder angehalten und kontrolliert; werden Drogen gefunden, wird das Auto konfisziert.

Weitere nützliche Ratschläge zum Autofahren in Mexiko finden sich im Bericht der Association for Safe International Road Travel (ASIRT) online unter 💻 www.asirt.org/countryrtr.htm.

Gut und zahlreich sind die **Autowerkstätten**. Einen VW-Golf oder besser noch einen VW-Käfer kann praktisch jeder Dorfschmied reparieren. Aber auch Ford und Chevrolet sind weit verbreitet. Eine gute Werkstatt erkennt man meist daran, dass an mehreren Wagen gearbeitet wird.

Ersatzteile (falls man nicht einen VW, Ford oder Dodge fährt, die auch in Mexiko hergestellt werden) sind teuer und schwer zu bekommen. Besonders die Autoreifen leiden auf den heißen Straßen. Bei *vulcanizadoras* und *llanteros* an den Landstraßen werden sie repariert.

Bei **Pannen** hilft der kostenlose Hilfsdienst *Angeles Verdes*, der die Carreteras befährt, zu erreichen unter ✆ 55/5250-8221; sie sind jedoch nicht in México D.F. tätig – hier kann man den mexikanischen Automobilverein anrufen, ✆ 55/5242-0262. Die „Grünen Engel" sprechen Englisch.

Die Suche nach einem **Parkplatz** ist außer in México D.F. selten ein Problem. Dort findet man jedoch normalerweise einen Platz in einem der bewachten Parkhäuser, so genannt *estacionamientos*. Die meisten Hotels, auch billige, besitzen einen eigenen Parkplatz. In kleinen Städten kann man beruhigt auf der Straße parken. Natürlich darf man selbst auf bewachten Parkplätzen keine Wertsachen im Wagen liegenlassen. Auch eine Diebstahlsicherung wie z.B. ein versteckter Zündunterbrecher-Schalter und eine dicke Kette, gut sichtbar ums Lenkrad geschlossen, schreckt Diebe ab.

Trampen

Es ist nicht unmöglich durch Mexiko zu trampen, aber empfehlenswert ist das keineswegs – schon gar nicht im Norden. Man wird selten mitgenommen, die Entfernungen sind groß und die Bedingungen am Straßenrand sind hart. Auch die Polizei kann sehr lästig werden, je nach Ort, Lust und Laune. Außerdem erwarten die meisten Autofahrer, insbesondere Lastwagenfahrer, dass Tramper zumindest die Benzinkosten mit ihnen teilen. Das größte Problem ist jedoch die durchaus reale Gefahr, überfallen und ausgeraubt zu werden. Frauen sollten auf gar keinen Fall trampen, auch nicht zu zweit.

Nahverkehrsmittel

In allen mexikanischen Groß- und Kleinstädten gibt es zahlreiche öffentliche Verkehrsmittel, mit denen Besucher sich billig, wenn auch nicht unbedingt einfach oder bequem fortbewegen können. México D.F. verfügt über ein ausgezeichnetes, ausgedehntes **U-Bahn-Netz**, und kleinere Ausgaben davon finden sich in Guadalajara und Monterrey, ansonsten muss man sich jedoch den häufig dichte Benzinwolken ausstoßenden **Stadtbussen** anvertrauen, auf denen fast immer Einheitspreise (für die unbegrenzte Fahrt in eine Richtung) gelten. Die Preise sind allerdings von Stadt zu Stadt unterschiedlich. Soweit möglich, haben wir angegeben, welcher Bus wohin fährt und wo man einsteigen kann, doch oftmals sind die Wege so verschlungen und die Modalitäten so undurchsichtig, dass nur Einheimische sie durchschauen. Dann muss man sich durchfragen; allerdings sind die Hauptziele für gewöhnlich auf der Windschutzscheibe des Busses zu lesen.

Combis oder Colectivos bieten für etwas mehr Geld eine schnellere und manchmal weniger beengte Fortbewegungsmöglichkeit. **Combis** sind fast immer VW-Busse, die regelmäßig eine bestimmte Strecke abfahren und unterwegs an belebten Stellen Passagiere aufnehmen und absetzen. **Colectivos** sind Sammeltaxis, oft arg heruntergekommene größere Pkws, die ebenfalls festgelegte Strecken bedienen. Sie fahren, im Unterschied zu den Combis, wirklich erst dann los, wenn auch der letzte Platz besetzt oder ausgefüllt ist – dabei ist es erstaunlich, wie viele Menschen samt Gepäck und Federvieh in einen Pkw hinein passen können. Will man aussteigen, ruft man in beiden Verkehrsmitteln (das gilt auch für Stadtbusse) „baja!" oder „esquina!". Bezahlt wird nur der zurückgelegte Weg, und zwar direkt beim Fahrer. Combis werden auch *peseros* genannt.

Auch eine Fahrt im **Taxi** muss nicht teuer sein, allerdings kann man da leicht übers Ohr gehauen werden. Es empfiehlt sich immer, den Fahrpreis vorher zu erfragen (Ortsunkundige sollten sich erstmal bei Einheimischen nach dem gängigen Preis erkundigen), selbst wenn das Taxi über einen funktionierenden Taxameter verfügt, was eigentlich nur in México D.F. – und auch dort nicht immer – der Fall ist. In großen Städten findet man an Taxihaltestellen und vor teuren Hotels Schilder, auf denen die ortsüblichen Fahrpreise aufgelistet sind. Dennoch sollte man sich vor dem Einsteigen vergewissern, dass dieser Preis eingehalten wird, um spätere Unannehmlichkeiten zu vermeiden.

Auf fast allen Flughäfen und den Busbahnhöfen größerer Städte werden an bestimmten Schaltern zu Fixpreisen Taxifahrscheine ins Zentrum bzw. zu Hotels oder anderen Zielen in der Stadt verkauft. Manchmal kann man sich aussuchen, ob man sich das Fahrzeug für weniger Geld mit anderen Fahrgästen teilen möchte. Vor allem am Flughafen von México D.F. kann es aber passieren, dass Neuankömmlinge für den Preis eines Privattaxis in ein Sammeltaxi gelotst werden. Und der „Lotse" verlangt dafür noch ein Trinkgeld *(propina).*

Auf jeden Fall ist ein Taxifahrschein immer noch billiger als eine Fahrt mit einem Taxi, das man außerhalb des Flughafens/Bahnhofs anhält – und ganz bestimmt sicherer, denn sowohl das Fahrzeug als auch der Fahrer sind amtlich registriert. Es ist ratsam, schon zu wissen, zu welcher Unterkunft man möchte, sonst wird man bei dem Hotel abgesetzt, das die höchste Kommission bezahlt (wahrscheinlich wird der Fahrer das trotzdem versuchen, indem er behauptet, das angestrebte sei voll, zu teuer, unsicher o.ä.). Unter gar keinen Umständen sollte man in ein nicht offiziell angemeldetes Taxi steigen; man erkennt es daran, dass vorn rechts an der Windschutzscheibe ein amtliches Dokument mit Foto des Fahrers und Kennziffer fehlt.

Post und Kommunikation

Post

Die mexikanische Post *(Correo)* ist einigermaßen zuverlässig, wenn auch nicht gerade schnell. Bei jedem größeren Postamt, normalerweise geöffnet Mo–Fr 9–15, Sa 9–13 Uhr (Hauptpostämter in Großstädten werktags in der Regel bis 18 Uhr), werden postlagernde Briefe normalerweise zwei Wochen lang aufbewahrt. Luftpostbriefe aus Europa nach México D.F. dauern 4 Tage bis 2 Wochen. In abgelegene Orte kann die Post noch länger dauern. Zu hinterlegende Briefe müssen mit *Poste Restante* oder *Lista de Correos* gekennzeichnet an *Correo Central* (Hauptpostamt) der jeweiligen Stadt geschickt werden.

Poste Restante wird am Schalter alphabetisch sortiert aufbewahrt, allerdings nur zwei Wochen lang. Wenn der Absender deutlich auf den Umschlag schreibt „Favor de retener hasta la llegada" (bitte bis zur Abholung zurückhalten), wird die Post vielleicht länger gelagert. Die *Lista de Correos* wird täglich erneuert und im Postamt ausgehängt. Beim Sortieren unterlaufen jede Menge Fehler, deshalb sollte man unter sämtlichen **Anfangsbuchstaben** der Vor- und Nachnamen nachsehen lassen. Das Abholen ist kostenlos und erfolgt gegen Vorlage des Passes oder eines anderen Dokumentes, wenn es mit einem Foto versehen ist.

American Express hat einen eigenen Postservice und 18 Büros in Mexiko. In México D.F. ist die anzugebende Adresse: c/o American Express, Paseo de la Reforma 350, Planta Baja, Col. Juarez, 06600 México D.F. Die Büros bewahren Briefe einen Monat lang auf – und übrigens auch Faxe, ☏ 55/5208-5903. Wer weder über Amex-Travellerschecks noch Kreditkarte verfügt, muss eine Gebühr entrichten.

Postsendungen nach Europa dauern lange. Es ist ratsam, Luftpostsendungen nach Übersee mit einem blau-weißen **Luftpostaufkleber** *(por avión)* zu versehen, der kostenlos auf den Postämtern erhältlich ist. Briefe nach Europa brauchen mindestens zwei Wochen; Ansichtskarten oft noch um Einiges länger. Wirklich wichtige Sachen lieber per Einschreiben verschicken als in den nächsten Briefkasten stecken.

Das Verschicken eines **Paketes** erfordert bürokratische Aktionen, die leicht einen Tag in Anspruch nehmen können. Es gibt genaue Bestimmungen über die Dicke des Packpapiers und die Anzahl der Schnüre, mit der das Paket verschnürt werden darf. Schlimmer noch sind die Zollbestimmungen: Man braucht die Stempel von mindestens drei, vier verschiedenen Abteilungen. Da keine Pakete per Seefracht nach Deutschland gehen, bleibt nur die sehr kostspielige Luftfracht, ca. US$12 pro kg. Am besten mit dem offenen Paket zum Postamt gehen, dort erfährt man die Einzelheiten. Viele Geschäfte bieten einen eigenen, unproblematischeren Paketdienst an.

Am zuverlässigsten sind **Paketdienste**: DHL z.B. findet man in jeder größeren Stadt.

Telegrafenämter *(telégrafos)* befinden sich meist im gleichen Gebäude wie die Post. Internationale **Telegramme** werden superschnell und superteuer übermittelt. Der Nachttarif ist etwas günstiger. Kurze Mitteilungen sind per Telefon oder Fax billiger.

Telefon

Telefonzellen für Ortsgespräche sind orangefarben. Nationale **Telefongespräche** sind billig, Fern- und Auslandsgespräche führt man am besten mit einer **Telefonkarte**, erhältlich in Telefonbüros und Läden in der Nähe von Telefonzellen, insbesondere an Busbahnhöfen, Flughäfen etc. Allerdings geht der Preis bei einem Auslandsgespräch nicht unbedingt auf, so dass ein nur für Inlandsgespräche nutzbarer Rest auf der Karte bleibt.

Derzeit sind zwei verschiedene Karten in Umlauf, die nur von den Apparaten der jeweiligen Gesellschaft akzeptiert werden. Kartentelefone von *Ladatel* findet man in fast allen großen Busbahnhöfen. Von einem Kartentelefon zahlt man ca. US$2 pro Minute nach Europa.

Viele neuere öffentliche Telefonapparate funktionieren auch mit Kreditkarten – das Telefonieren ins Ausland per Kreditkarte ist einfach und nur halb so teuer wie von öffentlichen Telefonzentralen aus. Oft gibt es an 1. Klasse-Busbahnhöfen, vor allem in großen Städten, Telefonautomaten nur für Kreditkarten. Karte reinstecken, die Auslandsvorwahl wählen und danach die Rufnummer. Leider geht das nicht immer so einfach, wie es klingt, und nicht alle Automaten scheinen alle Kreditkarten zu akzeptieren.

Nationale und internationale Vorwahlen

Vorwahlen

nach Deutschland:	**0049**
nach Österreich:	**0043**
in die Schweiz:	**0041**

Die Telefonverbindungen mit dem Ausland sind im Allgemeinen gut.

Landesvorwahl Mexiko von Deutschland, Österreich und der Schweiz aus: **0052**

Bei **Ferngespächen von einem Bundesstaat zum anderen** wird die Einwahl **01** der **regionalen Vorwahl** vorangestellt.

Für **R-Gespräche** oder Gespräche **von Person zu Person** (von öffentlichen *larga distancia*-Telefonen aus) wählt man von einem Bundesstaat zum anderen zuerst die 92, ins Ausland die 99. Ein Anruf de *persona a persona* ist z.B. sinnvoll, wenn man bei einer Behörde nur eine ganz bestimmte Person sprechen möchte; ist diese nicht anwesend, wird man nicht zeit- und geldaufwändig mit anderen verbunden.

Etwas teurer als Kartentelefone sind die **casetas de teléfono**, in denen das Gespräch von Angestellten vermittelt und bei Zustandekommen der Verbindung in Telefonzellen durchgestellt wird.

Ferngespräche sind bei allen Stellen, die mit dem blau-weißen *larga distancia*-Schild gekennzeichnet sind, möglich – meist in Busbahnhöfen und Bahnhöfen; in kleineren Städten in einem Lokal, Restaurant oder Geschäft, außerdem in den meisten *Teléfonos*-Büros. Wegen der hohen Gebühren sollte man sich vor dem Gespräch den zu erwartenden Preis nennen lassen und darum bitten, dass das Gespräch nach z.B. drei Minuten unterbrochen wird.

Die Vorgehensweise und Kosten sind überall gleich: Man wird mit der Vermittlung verbunden, die hinterher den Rechnungsbetrag durchgibt. Auf einer Uhr kann man normalerweise verfolgen, wie teuer das Gespräch wird.

Wenn die *Teléfono*-Büros geschlossen sind oder es gar keine gibt, kann man von den *larga distancia*-Telefonzellen der Telmex aus direkt nach Deutschland anrufen. Telefonmünzen *(fichas)* sind in den Casas de Cambio oder bei *Telmex* erhältlich, denn die Apparate nehmen nicht mehr als fünf Münzen zu 1 Nuevo Peso an. Ein Gespräch von einer Minute nach Deutschland kostet jedoch mindestens 15 Nuevo Pesos.

Eine der billigsten Möglichkeiten, ins Ausland zu telefonieren, eröffnet das Internet, ein Service, den eine begrenzte, aber wachsende Zahl von Internet-Läden bietet. Auf diesem Wege kostet ein einminütiges Gespräch in jedes beliebige Land u.U. nur US$0,40.

Einen **Faxservice** (verschicken und empfangen) bieten die meisten Casetas de teléfono, allerdings zu gesalzenen Preisen.

Die USA und einige europäische Länder lassen sich von teuren Hotels aus direkt anwählen. Die dabei vom Hotel berechneten Kosten gehen oft ins Unermessliche. Manche mexikanische Hotels nehmen aus Angst vor R-Gesprächen keine Auslandsgespräche entgegen.

T-Card / Deutschland Direkt

Die deutsche Telekom bietet die in über 80 Ländern benutzbare **T-Card Private**, die entweder über die Kreditkarte oder eine Bankverbindung abgerechnet wird. Erhältlich ist die Karte in allen Telekom-Läden, per Online- oder Telefon-Bestellung. Die Bereitstellungsgebühr beträgt 8 €, die jedoch innerhalb von drei Monaten abtelefoniert werden können.

Gespräche werden über eine kostenfreie, länderspezifische Zugangsnummer vermittelt; die Kartennummer sowie die gewünschte Rufnummer werden von einer automatischen „deutschsprachigen" Sprachbox abgefragt. Um Missbrauch vorzubeugen, sollte man den PIN-Code unbedingt geheim halten und ihn nicht in Hörweite eines Fremden durchgeben. Man kann die Karte auch zu Hause lassen und sich nur die Code-Nummer notieren.

Zudem bietet die Zugangsnummer die Möglichkeit, mit **Deutschland Direkt** R-Gespräche zu führen, sofern sich der Angerufene bereit erklärt, die Kosten zu übernehmen – ideal für Notfälle.

In der Form einer **Guthabenkarte** oder *prepaid phone card* gibt es auch die **T-Card-Holiday** im Wert von 10 € oder 20 €. Beide Varianten der T-Card sind auch in Deutschland benutzbar.

Infos: T-Card ✆ 01805/330 0223, Deutschland Direkt ✆ 01805/330226, 💻 www.detecardservice.de
Preise für Verbindungen aus Mexiko nach Deutschland: T-Card 1,64 € pro Minute; Deutschland Direkt: 3,99 € Vermittlungsgebühr plus 1,64 € pro Minute
Zugangsnummer in Mexiko: ✆ 01800/1230249
innerhalb Deutschlands: ✆ 0800/3300222

Mobiltelefone

Wer sein Handy in Mexiko benutzen möchte, muss sich bei seinem Netzwerkbetreiber erkundigen, ob es in Mexiko einsetzbar ist und wie hoch ggf. die Gebühren sind. Ausländische Handys funktionieren jedoch im größten Teil Mexikos wahrscheinlich nicht, obwohl es zwei GSM-Provider gibt, Radiomovil (Telcel) und Pegaso Comunicaciones (Movistar). Radiomovil hat u.a. Roaming-Abkommen mit O_2, T-Mobile and Vodafone in Deutschland, aber beide Anbieter sind neu und ihr Netz beschränkt sich bislang hauptsächlich auf städtische Gebiete rund um Mexiko-Stadt. Es ist auch möglich, ein Tri-Band-Telefon zu bekommen, das lokale Frequenzen abdeckt, aber das ist kostspielig und i.A. ist es besser, bis das GSM-Netz weiter reicht, im Land ein Handy zu mieten. Das ist ganz einfach und kostet um US$4,50–6 pro Tag für ein nicht vertraglich gebundenes Handy, für das überall im Land Karten erhältlich sind.

Nähere Informationen über die Nutzung des eigenen Handys in Mexiko, einschließlich einer Übersichtskarte über das Netz und eine Liste der Mobilfunkgesellschaften mit Roaming-Abkommen für Mexiko, finden sich im Internet unter 💻 www.gsmworld.com/roaming/gsminfo/cou_mx.shtml.

Internet-Zugang

Das **Internet** boomt in Mexiko – die meisten Schulkinder können problemlos mit einem Computer umgehen, und Internet-Anbieter schießen wie Pilze aus dem Boden. In allen größeren Städten und Ferienorten lässt sich leicht ein **Internet-Café** finden, dessen Computer und Anschlüsse zumeist reibungslos funktionieren, auch wenn der Server möglicherweise öfter abstürzt als Benutzer das von zu Hause gewohnt sind. In Kleinstädten und Dörfern sind Internet-Zugänge bislang noch eher selten. Je nachdem, wo man sich befindet, kann der Internet-Zugang zwischen US$0,50 und US$2,50 pro Std. kosten. Größere Touristenorte sind oft am teuersten, weshalb man dort am besten nach von den Einheimischen frequentierten billigeren Internet-Cafés in der Innenstadt Ausschau hält und die in den teureren Hotelzonen meidet. Internet-Cafés in Großstädten haben normalerweise vom frühen Morgen bis zum späten Abend geöffnet; in kleineren Städten sind die Öffnungszeiten allerdings kürzer und am Wochenende sind sie möglicherweise geschlossen.

Eine sehr ausführliche Liste mit **Internet-Cafés** in Mexiko findet man unter 💻 www.amcc. org.mx.

Viele Provider ermöglichen inzwischen, die **eigene E-Mail-Adresse** über das Web abzurufen.

Man sollte das vor der Abreise ausprobieren und sich die erforderlichen Angaben notieren (Kennwort).

Wer diese Möglichkeit nicht hat, kann auf **Webmail** zurückgreifen: Auf zahlreichen Internet-Seiten, darunter Yahoo, www.yahoo.com, Web.de, www.web.de, oder Hotmail, www.hotmail.com, kann man sich eine kostenlose Webmail-Adresse einrichten, auf die ebenfalls unterwegs von jedem Internet-Café zugegriffen werden kann. Es empfiehlt sich, vor der Reise einmal die Homepage des Anbieters anzuklicken. Viele Grafiken und Werbebanner wirken sich erheblich auf die Übertragungszeit aus. Auch muss man sein Account bei einigen Anbietern mit einem Code aktivieren, der erst ein bis zwei Wochen nach der Anmeldung versandt wird.

Wer mit **Laptop** reist, braucht theoretisch nur einen Telefonanschluss und ein Modem, um Online zu gehen. Auf der Webseite www.kropla.com findet man nützliche Infos zu Providern (lokal, global und roaming), außerdem eine Auflistung aller Landesvorwahlen und Angaben über die jeweiligen elektrische Systeme. Wer HotSpots für Laptops mit WLAN sucht, wird sicher auf www.hotspot-locations.com oder www.wifinder.com fündig.

Feste und Feiertage

Vielleicht gerät der eine oder andere Traveller ganz zufällig in ein mexikanisches Dorffest – es könnte der Höhepunkt der Reise werden. Jeder noch so abgelegene Weiler und jedes exklusive Großstadtviertel feiert mindestens einmal im Jahr ein turbulentes Fest. Meist ist es dem bzw. der Ortsheiligen gewidmet. Aber auch jeder andere Grund bietet einen Anlass, sei es das Einbringen der Ernte oder der Beginn der Regenzeit oder was auch immer. Traditionelle Tänze und Musik gehören immer dazu, meist auch eine Prozession mit Heiligenstatue, es kann auch ein „weltlicher" Umzug mit Feuerwerk sein. Darüber hinaus gibt es viele andere Feste, insbesondere den Karneval, aber auch die Karwoche, den Unabhängigkeitstag, den Allerseelentag (1.–2. November, mit Gaben für die Seelen der Toten, oft in Form eines Picknicks und Nachtwachen an den Gräbern) und die Weihnachtszeit.

Eine Übersicht über die wichtigsten Fiestas haben wir jedem Regionalkapitel vorangestellt. Genaue Termine bei den jeweiligen Fremdenverkehrsbüros.

Komplizierte und stark symbolträchtige traditionelle **Tänze** machen oft den außergewöhnlichsten Teil mexikanischer Feste aus. Vielen der bekanntesten Tänze, z.B. dem Hirschtanz der Yaqui-Indianer oder dem „Tanz der kleinen alten Männer" *(los Viejitos)*, begegnet man in abgewandelter Form im *Ballet Folklorico* in México D.F. oder bei einer seiner Tourneen in der Provinz. In den meisten Bundesstaaten werden in regelmäßigen Abständen Folkloreveranstaltungen durchgeführt. Zumindest einmal sollte jeder Mexiko-Besucher die Tänze in ihrer Urform sehen, getanzt von enthusiastischen Amateuren bei Dorfzeremonien. Näheres in den Tourismusbüros.

Eine besondere mexikanische Fiesta ist **La Charreada.** *La Charrería* bedeutet Reitkunst und ist der mexikanische Nationalsport schlechthin. Meist führen die Reiter ihr Können im Rahmen einer Charreada vor, einem Volksfest, bei dem auch Mariachi-Musik und Folkloretanz eine wichtige Rolle spielen. Die Charrería hat ihren Ursprung in der Zeit der Großgrundbesitzer und Cowboys. Die Rancheros hatten viel Geld, aber kaum Gelegenheit, es auszugeben. So veranstalteten sie Reit-Wettkämpfe.

Heute ist die Charrería Gesellschaftssport der Reichen, aber das Zuschauen stellt ein perfektes Spektakel für alle dar. Der Wettkampf wird in mehreren Runden ausgetragen, dabei muss der Reiter sowohl sein eigenes als auch das Können seines Pferdes unter Beweis stellen.

An gesetzlichen Feiertagen hat so ziemlich alles geschlossen. Außer an den hier aufgeführten Tagen bleiben viele Büros und Geschäfte auch am 6. Januar (Dreikönigstag) geschlossen.

Gesetzliche Feiertage

	Neujahrstag
5. Februar	(Jahrestag der Verfassung)
21. März	(Geburtstag von Benito Juárez)
	Gründonnerstag und Karfreitag;
1. Mai	(Tag der Arbeit)
5. Mai	(Schlacht von Puebla)

1. September	(Präsidentenrede: Bericht zur Lage der Nation*)
16. September	(Unabhängigkeitstag)
12. Oktober	(Día de la Raza/ Tag des Kolumbus)
1. November	(Allerheiligen)
2. November	(Allerseelen)
20. November	(Jahrestag der Revolution)
12. Dezember	(Tag der Jungfrau von Guadalupe)*
24.–26. Dezember	(Weihnachten)

*nur halber Tag

Sport

Sportfans finden in Mexiko ein weites Betätigungsfeld. In den großen Touristenzentren kann man in traumhafter Umgebung und auf gepflegten Plätzen **Golf** oder **Tennis** spielen. Und da Mexiko insgesamt 9660 km Küste besitzt, gibt es natürlich auch ein großes Angebot an **Wassersportmöglichkeiten**: Segeln, Surfen, Schwimmen, Angeln und Hochseefischen, ganz besonders aber Tauchen bzw. Schnorcheln.

Tauchen

Ein Beitrag von Matthias Grimm

Vor Mexikos Küsten gibt es eine Vielzahl hervorragender Tauchmöglichkeiten, teilweise von weltweit gesuchter Attraktivität. Die bekanntesten Tauch-Spots befinden sich im Süden Baja Californias und um die nahe gelegenen Revillagigedos-Inseln sowie im Nordosten von Yucatán.

In Süd-Baja stoßen die planktonreichen Wassermassen der Cortés-See mit dem Pazifik zusammen. Walhaie, Mantas, Hammerhaie und andere Großfische, sowie Seelöwenkolonien sorgen für die Attraktivität dieser Gegend.

Schnorchelerlebnisse sind in der Nähe der Pazifikbäder, besser aber im großen Barriere-Riff vor Ost-Yucatán, in vielzähligen Angeboten enthalten. Dort wartet die flirrende Welt eines der gößten Korallenriffe der Welt auf Unterwasserabenteurer. Das Riff erstreckt sich bis zu den außerordentlichen Cayes-Riffen vor Belize an der gesamten östlichen Yucatán-Küste entlang. Die interessantesten und durchaus fordernden Spots mit Steilwänden, Strömung und Riffen liegen um Cozumel (z.B. Punta Sur). Großfischerlebnisse sind hier vorprogrammiert. Abenteuerlicher und nur von wenigen Basen angeboten wird das vorgelagerte Banco Chinchorro-Riff: ein lohnender Trip für betuchtere Einzelgänger.

Auf Yucatán ergibt sich auch die Möglichkeit, in den teilweise sehr klaren Cenote-Karsteinbrüchen zu tauchen – ein unvergessliches Erlebnis. In der Nähe dieser Tauchgründe existiert eine Unzahl von Tauchbasen und -schulen der verschiedensten Standards. Höhlentauchen ist immer ein besonderes Abenteuer und man sollte bei der Wahl des Anbieters hohe Ansprüche an Ausrüstung, Qualifikation und Management stellen. Hier ist Sparen wirklich nicht ratsam! Eine Auswahl von Basen findet sich in den jeweiligen Ortskapiteln. Buchtipps im Anhang, s.S. 737. Weitere Hinweise über das *Staatliche Mexikanische Fremdenverkehrsbüro* in Frankfurt.

Ein deutscher Veranstalter von Tauchreisen ist *Discover Mexico Diving*, ✆ 06120-90520, ☏ 44446, ✉ dmd-discover@t-online.de, 💻 www.dmd.reisen.de.

Zuschauersport

Die meisten Anhänger hat in Mexiko der **Fußball**. Man denke nur an die World Cups von 1970 und 1986. In jüngster Zeit war Mexiko auf diesem Gebiet jedoch nicht mehr besonders erfolgreich. Die besten Orte für den Besuch eines Fußballstadions sind die Hauptstadt und Guadalajara. Wenn das wichtigste Spiel in der Heimliga stattfindet, „El Clásico" zwischen *Chivas* aus Guadalajara und *América* aus Mexico D.F., sind die 150 000 Plätze im hauptstädtischen Estadio Azteca normalerweise ausverkauft.

Baseball und **American Football** sind auch sehr beliebt (vor allem die Fernsehübertragungen). **Jai-Alai** *(frontón* oder *pelota vasca)* ist ein ursprünglich baskisches Spiel, das in Städten – als Wettsport – sehr populär ist. Es ist ein rasantes Spiel, bei dem die Sportler Punkte machen, indem sie einen kleinen harten Ball mit einer an der Hand befestigten gebogenen Kelle an eine Wand am Ende der Halle schleudern, ähnlich wie beim Squash.

Die mexikanischen **Rodeos** *(charreadas)* lohnen einen Besuch, nicht zuletzt der Atmosphäre und der Kostüme wegen. **Stierkämpfe** erfreuen sich ungebrochener Beliebtheit. Mexikos Toreros werden als die waghalsigsten gehandelt und sind deshalb auch in Spanien sehr gefragt.

Ringkämpfe (*lucha libre*) zwischen maskierten Catchern stehen in Mexiko ganz hoch auf der Beliebtheitsskala. Wird einem der Batman-ähnlich kostümierten Kämpfer die Maske entrissen und somit seine Identität enthüllt, scheidet er für immer aus. Die Ähnlichkeit mit Comic-Superhelden endet jedoch nicht im Ring: Bestimmte maskierte Ringer betätigen sich als Kämpfer für soziale Gerechtigkeit, allzeit bereit, in letzter Minute zur Rettung armer Campesinos, die von habsüchtigen Großgrundbesitzern verjagt oder von korrupten Staatsdienern um Hab und Gut gebracht werden sollen, herbeizueilen. Ringkampfarenen in México D.F., s.S. 398.

Einkaufen

Mexikanisches Kunsthandwerk hat eine lange Tradition, die zum Teil noch aus der vorspanischen Periode kommt. Regionale, aber auch lokale Eigenarten und Prägungsformen haben überlebt. Viele Dörfer, vor allem in den Bundesstaaten Michoacán, Oaxaca, Chiapas und Yucatán, bewahren streng ihre traditionellen Methoden und Muster.

Antiquitäten

Der Kauf und Verkauf von **Antiquitäten** ist verboten und deren Ausfuhr eine Straftat. Viele Gegenstände, die als kostbare Antiquitäten verkauft werden, sind sowieso wertlose Fälschungen – am besten belässt man es beim Anschauen.

Artesanía

Liebhaber mexikanischer Handarbeiten brauchen sich nur in den Geschäften der Hauptstadt und der großen Seebäder umzusehen: Hier findet man alles aus allen Teilen des Landes. Es ist aber viel interessanter, die Sachen dort zu sehen, wo sie hergestellt werden, und billiger sind sie dann auch. Wirklich gute Produkte haben ihren Preis. Die Märkte sind überschwemmt von Ramsch, der für Touristen hergestellt wird.

Einen Überblick über Angebot und Preise bieten die staatlichen **FONART**-Läden, die das einheimische Kunsthandwerk fördern und schützen. Hier findet man qualitativ hervorragende Handarbeiten, die allerdings nicht billig sind.

Zu den beliebtesten Reiseandenken zählen **Silberschmuck**, am schönsten ziseliert in Taxco; **Keramik** in regional unterschiedlichen Mustern, Formen und Techniken; **Webarbeiten**, vor allem Decken und *sarapes* aus Oaxaca (werden im ganzen Land hergestellt). Es empfiehlt sich, die Fasern zu prüfen und lieber mehr Geld für Handgefärbtes auszugeben.

Lederwaren, speziell *huaraches* (Sandalen) mit Sohlen, die aus Autoreifen geschnitten werden, aber auch Stiefel, Gürtel etc. **Lackarbeiten** stammen vor allem aus Uruapán. Die besten **Hängematten** findet man in Mérida.

Überblick über die wichtigsten Kunsthandwerkszentren

Ein Beitrag von Matthias Grimm

Das mexikanische Kunsthandwerk ist bunt und vielfältig und wird aus den Quellen dreier Kulturen gespeist: Indígenas, Spanier und Afrikaner. Dabei ist die indianische Kultur in teilweise ununterbrochener Tradition die kraftvollste Komponente. Die indígenen Kulturen sind der Erde und der Sonne sehr verbunden, was man in der Wahl der Farben und Formen deutlich erkennt. Sie drücken sich in keramischen und textilen Techniken, in der Holzschnitzerei ebenso wie in Techniken der Metall- und Steinbearbeitung aus.

Mexiko ist ein Land der Keramik. Aus Erde formt man bis heute unzählige Gebrauchs- und Kunstgegenstände. Die plastischen Figuren werden sehr oft bemalt. Dabei entstehen wunderbar farbige Arbeiten von eigenartiger und skurriler Poesie. Die Farbe scheint in allen künstlerischen Äußerungen der Indígenas eine außerordentlich wichtige Rolle zu spielen. Sie dient nicht allein der Ästhetik, sondern transportiert wesentliche Teile der Weltanschauung der präspanischen Kulturen.

Eine mexikanische Eigenart sind Früchte und Figuren aus Pappmaché, die in kräftigen Farben bemalt werden. Aus bemaltem Weißblech werden außerdem in der Tradition von Votivgegenständen kleine Figuren angeboten, die man auf Stoffe applizieren kann.

In vielen Gegenden des Landes bieten ambulante Händler Schmuck aus geschliffenem Stein an.

Dabei werden die unterschiedlichsten Mineralien verarbeitet. In den größeren Städten wie Oaxaca oder Las Casas findet man Spezialgeschäfte, die über ein reichhaltiges Angebot heimischer Mineralien, auch in verarbeiteter Form, verfügen. Diese Städte sind überdies beispielhafte Zentren für Kunsthandwerk.

In den Gebieten der ehemaligen Hochkulturen wird das Kunsthandwerk in ununterbrochener Tradition fortgesetzt. Im Norden ist häufig eine Vermischung mit Elementen der nachkolumbischen Ära zu erkennen.

Sonora / Chihuahua – In den menschenleeren Weiten des Nordens ist die Rinderhaltung zu Hause. Dementsprechend findet man hier ein mannigfaltiges Angebot von Metall- und Ledererzeugnissen. Wer sich für Westernstiefel, Sporen, Messer und Gürtel interessiert, kann fantastische Arbeiten erwerben. Sicher kauft man hier noch günstiger ein als in unmittelbarer Nähe der US-Grenze.Wenn man sucht, kann man auch hier die fantastischen Kunstobjekte, meist Textilien der Huichiol (s.u.) oder Tarahumara erwerben.

Zacatecas – Kulturell stand dieses Gebiet im Einflussbereich kontinentaler Nomaden und Steppenbewohner, bevor es in der nachkolumbischen Zeit durch die Auswirkungen des Erzbergbaus geprägt wurde. Entsprechend findet man hier viele Möglichkeiten, Mineralien und Erzeugnisse daraus zu erwerben. Ebenfalls werden Artikel aus Holz, Leder und Textilien angeboten. Die Stadt Zacatecas ist vor allem für Schmuck bekannt.

Guanajuato – *Dolores Hidalgo:* Keramik, Silber- und Eisenbearbeitung, Kleidung und Accessoires; *Guanajuato-Stadt:* Keramik, Silber- und Eisenbearbeitung, Kleidung und Accessoires, Leder- und Pappmaché-Arbeiten; *Leon:* Lederarbeiten. Guanajuato ist eine alte Stadt aus der Zeit des Silberbergbaues. Die kunsthandwerklichen Produkte sind Ergebnis der daraus folgenden Mischkultur.

Puebla – *Puebla-Stadt:* Keramik, Silberschmiede.

Nayarit / Jalisco / Durango – In dieser Gegend sind die sehr abgeschieden lebenden Huichol-Indianer beheimatet, die eigenartige magische Textilwerke hervorbringen. Die Arbeiten verstehen sich im Zusammenhang praktizierter Kulte, bei denen man sich mitunter der Wirkung des Peyote aussetzt. Die Darstellungen sind fantastische, verschlüsselte Geschichten aus dem Schöpfungsmythos und dem Weltbild der Huichiol. So bildet sich ein eigenes magisches Universum von Beziehungen der belebten, unbelebten und menschlichen Welt ab. Es finden sich Beschreibungen von Naguals und Tonals, magischen Totemwesen der Huichiol. Eigentlich als ausschließlich rituelle Gegenstände anonym geschaffen, produzieren inzwischen namhafte Künstler diese Bildwerke für den Kunst- und Tourismusmarkt. Die Schöpfer dieser Gegenstände bedienen sich einer eigenartigen Technik. Mit Bienenwachs kleben sie Wollfäden von großer Farbkraft in eng aneinanderliegenden Windungen auf gehobelte Holzplatten. So können sie Linien aus mehreren Farbsträngen aufbauen, was die so umrissenen Figuren mit transzendentem Licht umgibt. Auch die Füllungen sind aus so gelegten Fäden. Oft findet man als Zeichen das Gottesauge und das Herz. Das sind im Gegensatz zu figuralen Kompositionen geometrische Zeichen von unterschiedlicher Farbzusammenstellung.

Jalisco – *San Juan de los Lagos:* Textilien; *Teocaltiche:* Lederarbeiten, Textilien; *Tlaquepaque:* Möbel, lackierte Holzfiguren, Holzskulpturen, Instrumente, Keramik, Lederarbeiten, Schmiedekunst, Pappmaché-Arbeiten, Glasbläserei.

Colima – In der Umgebung von Colima findet man seit alters her eine dickbäuchige, meist rotgebrannte und schwach glasierte Keramik mit Ritzungen. Die Figuren, meist Tiere und Menschen, sind sehr voluminös dargestellt. Die Arme und Beine greifen in weichen, gelenklosen Bewegungen in den Raum. Die Keramik findet sich in Gebrauchs- wie auch dekorativen Objekten.

México – *Chiconcuac:* Textilien, *Metepec:* Keramik, Pappmaché-Arbeiten; *Reyon:* Holzskulpturen, Palmholzschnitzerei, Knochenschnitzerei; *San Juan Teotihuacán:* Keramik, Silber- und Kupferschmiede, Steinschneiderei, Palmholzschnitzerei; *Tamascalcingo:* Keramik; *Temoaya:* Textilien; *Tetzcoco:* Glasbläserei, Keramik, Schmiedekunst.

Querétaro – *Querétaro-Stadt:* Lederarbeiten, Schmiedekunst, Palmholzschnitzerei, Korbmacherei.

Guerrero – *Olinala:* Möbel, lackierte Holzfiguren; *Tasco:* Holzskulpturen, Instrumente, Möbel, lackierte Holzfiguren. Die Heimat eigenwilliger Holzschnitzereien liegt in diesem Raum. Man findet die skurrilsten Masken, amorphe Mischformen aus spätbarocken Köpfen, übersät und durchdrungen von Tieren und Pflanzen. Daneben werden ganze Gruppen von Skeletten aus Holz gefertigt und mit wuchernder Fantasie bemalt. All diese Figuren dienen ebenfalls einer noch immer praktizierten Tanzkultur, die vor allem zum Karneval ihre Hochzeit hat. Wer seine Begeisterung für diese Masken und Figuren entdeckt hat, sollte auf keinen Fall das Maskenmuseum des mexikanischen Malers Rafael Coronel in Zacatecas versäumen.

Michoácan – *Chapula*: Keramik; *Paracho:* Holzskulpturen und Instrumente; *Pátzcuaro:* Möbel, lackierte Holzfiguren, Palmholzschnitzereien, Textilien; *Sahuayo:* Palmholzschnitzereien; *Santa Clara del Cobre:* Kupfer-, Silber- und Metallbearbeitung; *Uruapán:* lackierte Holzfiguren, Keramik, Textilien. Hier fertigt man üppige Trachten mit einer verwirrenden Ornamentik auf schwarzem Samtgrund sowie riesige bestickte Sombreros. Außerdem gibt es eine sehr ornamentale Keramik, daneben Leuchter und Geschirr mit vorwiegend floralen Motiven.

Oaxaca – *Oaxaca-Stadt:* Keramik, bemalte Holzfiguren, Textilien, Lederarbeiten, Gold- und Silberschmiede, Eisenbearbeitung, Steinschneidereien, Gemmen. Die Stadt ist ein wichtiges Kunsthandwerkszentrum, und man kann ein großes Angebot unverwechselbarer Arbeiten entdecken. In vorkolumbischer Zeit lebte hier das sehr kunstsinnige Volk der Zapoteken. Da es nach der Eroberung wenige Erzfunde gab, ließ man der einheimischen Bevölkerung einen Großteil ihrer ursprünglichen Identität. Eine Bewegung von Intellektuellen um den Maler Rivera belebte in den 40er Jahren das traditionelle Kunsthandwerk, das um Oaxaca ein bedeutendes Zentrum erhielt. Hier werden seitdem sehr eigenwillige Figuren aus Holz gefertigt. Diese Figuren sind Neuentwicklungen, leben aber vollständig in der indígenen Fantasiewelt und sind eine folgerichtige Fortentwicklung alter Techniken. Das Rohmaterial sind Äste oder Alebrije de Cartón (Pappmaché), die zu Tieren und Fabelwesen geschnitzt oder geformt und dann bemalt werden. Um sich auf den gehobenen Preissektor einzulassen, sollte man schon ein bisschen Kenntnis mitbringen und genau hinschauen, denn es sind unzählige mehr oder weniger gute Nachahmungen zu stolzen Preisen im Umlauf. Um Oaxaca findet man eine reiche textile und keramische Kultur. Die Produkte werden in ganz Mexiko angeboten, und man kann sie an ihrer leuchtend kräftigen Farben- und Formensprache recht bald erkennen. Eine besondere Eigenart sind Gegenstände aus schwarzer Keramik.

Chiapas – *Chiapa de Corzo:* Lackarbeiten, Palmholzschnitzereien; *Venustiano Carranza:* Keramik; *San Christóbal de las Casas* ist ein weiteres Zentrum einer vielfältigen kunsthandwerklichen Kultur, vor allen Dingen Textilien und Keramik in den unverkennbaren Maya-Stilen, hat einen bunten Markt und lebhaften Handel in den Seitenstraßen um den Zócalo.

Märkte

Ein Paradies für Leute mit Geschäftssinn. In jeder mexikanischen Stadt gibt es einen Markt, der einmal pro Woche, am Markttag, am aufregendsten ist, denn dann kommen viele Menschen aus nahe gelegenen Dörfern zum Ein- oder Verkaufen. Es gibt natürlich Lebensmittel und Haushaltsgegenstände, aber oft auch eine Abteilung mit *artesanía.*

Märkte sind billiger als **Geschäfte**, allerdings haben letztere den Vorteil einer gewissen Qualitätskontrolle, und viele bieten einen Paketservice, der viel Ärger erspart.

Handeln und feilschen hängen zum einen von der persönlichen Einstellung zum anderen von den Spanischkenntnissen ab. Eine gewisse Erfahrung spielt auch eine Rolle. Die alten Regeln (kein Interesse zeigen, weggehen) gelten immer noch, wenn man den Preis herunterhandeln möchte. Wichtiger aber ist, genau zu wissen, was man will, wie hoch die ortsüblichen Preise sind und wie viel man selbst auszugeben bereit ist. Man feilscht nicht einfach nur zum Spaß, das hinterlässt ungute Gefühle auf beiden Seiten. In Geschäften gibt es keine Preisnachlässe, es sei denn, man kauft in größeren Mengen. Lebensmittel und Haushaltsgegenstände haben auch auf den Märkten Festpreise, die sich aber bei Annäherung eines *gringos* durchaus verdoppeln können.

Gebrauchsgüter und alles, was man täglich benötigt, kann man in Mexiko genau wie in Europa erstehen. Nahrungsmittel und Dinge für den täglichen Bedarf sind hier z.T. billiger, manchmal auch teurer (Milch), importierte Luxusgüter, elektrische Geräte usw. sehr teuer.

Kleidung, Zigaretten, Parfüm etc. sind im zollfreien Bundesstaat Quintana Roo preiswert. Luftige

Sommerkleidung ist besonders in Chetumal so billig, dass man am besten mit leichtem Gepäck anreist und sich vor Ort einkleidet. Shorts und Oberteile aus reiner Baumwolle findet man dort im Überfluss und zu günstigen Preisen. Aber Vorsicht beim Waschen: manche Kleidungsstücke färben ab. Preiswerte Schuhe, auch tolle Cowboystiefel, werden im Bajío und im Norden des Landes angeboten.

In den Naturkostläden, die es in fast jeder größeren Stadt gibt, kann man sich mit allerlei **Naturkosmetika** und **-heilmitteln** eindecken. Diese Sachen sind zwar für mexikanische Verhältnisse teuer, aber immer noch billiger als bei uns.

Kriminalität

Trotz einer hohen Verbrechensrate und schrecklichen Statistiken kann Travellern eigentlich wenig passieren, solange sie auf den ausgetretenen Pfaden bleiben. Selbst México D.F. mit seinem schlechten Ruf ist nicht viel gefährlicher als eine durchschnittliche europäische Großstadt. Natürlich gibt es bestimmte Viertel, die man nachts nicht betreten sollte, will man das Schicksal nicht herausfordern. Die Vorsichtsmaßnahmen erfordern nicht mehr als gesunden Menschenverstand.

Vor **Raubüberfällen** und **Taschendieben** schützt man sich am besten, indem man nicht mit Geld herumwedelt, nicht zu schick und schmuckbeladen durch die Straßen spaziert, kein Geld, keine Kameras und auch keine kleineren Wertsachen wie Schmuck, teures Parfüm oder Taschenmesser in Hotelzimmern liegen lässt und auf Reisen das Gepäck im Auge behält (im Kofferraum der Busse ist es sicher und wird nur gegen Gepäckschein herausgegeben). Sofern das Hotel einen Safe besitzt, sollte man dort die Wertsachen deponieren, allerdings nur gegen eine unterschriebene Quittung, auf der alles genau angegeben ist.

Wenn man Geld vom Automaten abhebt, benutzt man am besten solche in Einkaufszentren oder anderen Gebäuden, und nur am Tage, wenn viele Menschen unterwegs sind.

Hin und wieder kommt es zu **Raubüberfällen und sexuellen Übergriffen** auf Touristen durch Taxifahrer, und das US State Department rät US-Bürgern davon ab, in der Landeshauptstadt ein Taxi einfach auf der Straße anzuhalten. Es ist auf jeden Fall sicherer, ein Taxi telefonisch zu bestellen (bzw. von den Hotelangestellten rufen zu lassen) oder aber wenigstens eines an einem offiziellen *sitio* zu nehmen und sich eventuell das Kennzeichen zu notieren. Potenzielle Gefahrenzonen sind auch die Strände von Touristengebieten bei Nacht.

Hin und wieder kommt es zu Überfällen auf Busse, und es kann gut sein, dass die Passagiere beim Einsteigen in einen Bus nach Waffen durchsucht werden, denn die Verbrecher sind meist Mitreisende.

Zu den häufigsten Diebstählen gehört das Aufschlitzen von kleinen Rucksäcken und Schultertaschen im Gedränge eines Marktes etc. Oder eine Person spricht das auserwählte Opfer an, berührt es vielleicht auch, während ein Komplize sich mit dem Gepäck aus dem Staub macht. Wer überfallen wird, sollte nicht den Helden spielen, sondern lieber das Geld herausgeben und sich später an die Versicherungsgesellschaft wenden, bei der die Reisegepäckversicherung abgeschlossen wurde.

Eine Möglichkeit, eventuelle Räuber auszutricksen besteht darin, ein billiges Portemonnaie mit Kleingeld im Wert von ungefähr US$20 und einem alten Ausweis in der Tasche zu tragen, während man das meiste Geld in einem Geldgürtel am Körper trägt. Im Falle eines Falles gibt man dann zögernd das Portemonnaie heraus und hält so den Verlust in Grenzen.

Autofahrer sollten nur dort parken, wo es zulässig ist, und nie für jeden sichtbar Dinge im Auto liegen lassen, s.S. 52.

Verstöße gegen das **Drogengesetz** sind die häufigsten Verursacher von ernsthaften Problemen zwischen Touristen und den mexikanischen Behörden. Mexiko steht unter starkem Druck der USA, den Drogenhandel einzudämmen, und schiebt den schwarzen Peter mit Vorliebe Ausländern zu. Lange Gefängnisstrafen drohen selbst für den Besitz kleinster Drogenmengen, und von der Botschaft kommt wenig Unterstützung. Trotz US-Restriktionen wird weiter eine ganze Menge **Marihuana** (bekannt als *mota)* angebaut – hauptsächlich in Guerrero („Gold von Acapulco"), Yucatán, Sinaloa, Oaxaca und Michoacán (röter und angeblich das beste). Obwohl der Cannabis-Konsum weit verbreitet ist, bleibt er illegal und der Besitz wird hart bestraft; erwischt man einen Ausländer mit einer winzigen Menge, die theoretisch verkauft werden könnte, sieht er das Tageslicht für Jahre nicht wieder.

Andere, wild wachsende Drogen spielen noch immer eine bedeutende Rolle in vielen Ritualen der Indígenas, z.B. halluzinogene Pilze, die in den Bundesstaaten Oaxaca, Chiapas und México wachsen, und *Peyote* aus den Wüsten im Norden (wird sehr selten getrocknet auf Märkten angeboten). *Peyote* macht angeblich nicht süchtig, obwohl es in geringen Mengen Meskalin enthält. Von Experimenten im Alleingang kann nur abgeraten werden. Die Behörden drücken bei traditioneller Verwendung dieser Drogen durch Indígenas ein Auge zu, aber allen anderen Mexikanern und Touristen ist der Konsum genauso streng verboten wie der jeder anderen illegalen Droge und eine Zuwiderhandlung wird hart bestraft. In Gegenden, die für Peyote bekannt sind, muss man mit Leibesvisitationen und Polizeirazzien in Hotels rechnen.

Der Handel mit **Kokain** ist ein nationales Problem, denn Mexiko ist eine wichtige Nahtstelle an der Schmuggelroute, die von Kolumbien in die Vereinigten Staaten führt, und organisierte Banden, vor allem in Guadalajara, Ciudad Juárez und Tijuana, sind oft mächtiger als die Polizei und die Kommunalverwaltung. Die Nachfrage nach Kokain ist ebenfalls groß und steigt weiter. **Crack** ist in manchen Gegenden der Hauptstadt und in bestimmten Städten des Nordens ein Übel, das beinahe so weit verbreitet ist wie einst in US-amerikanischen Städten.

Reisenden kann nur dringendst empfohlen werden, sich von Drogen jeglicher Art fern zu halten.

Mexikanisches Recht basiert auf dem Code Napoleon, d.h. es wird von der Schuld des Angeklagten ausgegangen, bis dieser seine Unschuld bewiesen hat. Wer ins Gefängnis muss, sollte das zugestandene Recht auf *einen* Telefonanruf dazu nutzen, um die Botschaft anzurufen. Wenn sie sonst nichts weiter unternimmt, vermittelt sie wenigstens einen deutschsprachigen Rechtsanwalt. Man kann bis zu 72 Stunden in Vorbeugehaft genommen werden, ohne dass Beweise vorliegen müssen. Die mexikanischen Gefängnisse sind grauenhaft. Sehr viel Geld und ebenso viele Freunde können das harte Los etwas mildern. Daher der Rat: in Konfliktsituationen schnell einen Rückzieher machen – und immer besonders höflich zu Polizisten sein!

Die **Polizei** in Mexiko ist weder besser noch schlechter als anderswo, aber sie wird lausig bezahlt. Kleinere Nebeneinnahmen gehören ganz selbstverständlich zu ihrem Job. Ausländer, die gern zur Kasse gebeten werden, wollen das nicht immer einsehen, aber Tatsache ist, dass das System klappt. Wer von einem Polizisten eines Verstoßes beschuldigt wird (vor allem Autofahrer müssen dran glauben), sollte darlegen, dass er als Fremder mit den Regeln des Landes nicht vertraut ist und wird dann vielleicht laufen gelassen. Wahrscheinlicher ist, dass die Sprache auf ein „Strafgeld" kommt. Darüber lässt sich verhandeln, aber nur, wenn man seiner Unschuld absolut sicher und des Spanischen mächtig ist. Wenn nicht – lieber bezahlen, damit ist die Sache erledigt.

Kleine **Schmiergelder** nennt man *mordidas* (Bisse). Was bei Mexikanern üblich sein mag, steht Ausländern jedoch nicht an. Wer nicht ausdrücklich dazu aufgefordert wird, kann sich in eine heikle Position bringen, weil der Ansprechpartner, für gewöhnlich eine Amtsperson, sich dadurch arg brüskiert fühlen kann. Höflichkeit und ein sehr diskreter Hinweis auf den Popularitätsverlust in touristischer Hinsicht sind viel sinnvoller. Frauen sollten bei den zumeist männlichen Beamten ruhig verhaltenen Charme spielen lassen; eine Frau mit Kind wird in aller Regel an sich schon zuvorkommend behandelt.

Gebräuchlicher und weniger anstößig sind *propinas*, **Trinkgelder**, die man aus eigener Initiative anbietet. Es ist immer wieder verwunderlich, welchen Effekt ein paar Pesos haben können. Auf wunderbare Art und Weise findet sich doch noch ein Platz im eben noch vollbesetzten Bus, werden Papiere ausgehändigt, deren Erledigung Wochen dauern sollte, öffnen sich Türen, die vorher fest verschlossen waren. Solche Transaktionen vollziehen sich in freimütiger Offenheit.

Wenn man **Opfer eines Verbrechens** geworden ist, vor allem bei Diebstahl, verhält sich die Polizei manchmal sehr zögerlich. Die Frage ist, ob die zu erwartende, endlose Prozedur, die man unweigerlich über sich ergehen lassen muss, dem Schadensausmaß entspricht. Manche Versicherungsgesellschaften bestehen auf einer polizeilichen Anzeige, dann muss man sie dem diensttuenden Beamten praktisch in die Maschine diktieren, denn von sich aus wird er wahrscheinlich nicht viel tun. Andere Gesellschaften sind kulanter. *American Express* in México D.F. z.B. zeigt Verständnis, wenn man den Diebstahl von Schecks nicht bei der Polizei angezeigt hat.

Polizeinotruf

Der Polizeinotruf ist ✆ 06.
Auf den meisten öffentlichen Telefonen steht die Nummer des örtlichen **Roten Kreuzes** *(Cruz Roja)* – allerdings kann es eine ganze Weile dauern, bis am anderen Ende jemand den Hörer abnimmt.
Notfälle: Allgemeiner Notruf ✆ 080; Polizei ✆ 060; Feuerwehr ✆ 068; Ambulanz ✆ 065; Angeles Verdes („Grüne Engel", Pannenhilfe auf den Carreteras) ✆ 55/5250-8221; gebührenfreie Hilfe für Touristen ✆ 01-800/903-9200.

Sonstiges

Auftreten und Verhaltensregeln

Wie in allen lateinamerikanischen Ländern wird in Mexiko großer Wert auf die äußere Erscheinung und gute Umgangsformen gelegt. Man muss nicht gestriegelt und gebügelt, aber sauber angezogen sein, will man ernst genommen werden. Nicht nur im Umgang mit Vertretern der Obrigkeit ist Höflichkeit und Freundlichkeit angezeigt. Wer einen kleinen Vorrat an spanischen Höflichkeitsfloskeln und ein Kleidungsstück für besondere Gelegenheiten wie private Einladungen etc. im Gepäck hat, reist unbeschwerter. Rucksackreisende sind zum Glück nicht mehr so verpönt wie früher, sofern sie sich an diese Regeln halten.

Bettler

Obwohl es keine erwähnenswerte Sozialversicherung gibt, begegnet man überraschend wenig Bettlern. Die meisten halten sich in der direkten Umgebung von Kirchen auf. Mexikaner sind sehr großzügig, wenn sie um ein Almosen gebeten werden. Man trifft jedoch überall arme Menschen, die allerlei Kram zum Verkauf anbieten oder in den Bussen singen. Auf keinen Fall sollte man aus Mitleid bettelnden Kindern Geld geben, denn damit tut man ihnen längerfristig nichts Gutes. Kinder, die Erfolg beim Betteln haben, werden vom – kostenlosen – Schulbesuch abgehalten, und ihre Zukunftschancen verschlechtern sich dadurch dramatisch. Es ist viel sinnvoller, Spenden, z.B. bei Priestern oder Organisationen, die sich um arme Familien kümmern, abzugeben.

Unter den Bettlern bzw. Verkäufern in den Bussen befinden sich viele geistig und körperlich Behinderte. Wenn kurz vor der Abfahrt im Bus Kaugummis oder Schlüsselanhänger verteilt werden, handelt es sich nicht um eine freundliche Geste der Busgesellschaft, sondern um ein Verkaufsangebot von Taubstummen, die sich auf diese Art ihren Lebensunterhalt verdienen. Wer nicht kaufen möchte, gibt die Sachen einfach zurück. Mexikaner verhalten sich Behinderten gegenüber ausgesprochen freundlich und hilfsbereit. Das geht z.T. noch darauf zurück, dass in den vorspanischen Gesellschaften der Glaube verbreitet war, dass Behinderte den Göttern näher stünden als andere Menschen.

Elektrizität

Die landesweite Stromstärke beträgt 110 Volt, die Stecker sind zweipolige Flachstecker. Besucher aus Europa sollten einen Transformator und einen Adapterstecker mitbringen, Letzterer ist auch für wenig Geld in Mexiko erhältlich.

Nicht selten kommt es zu Stromausfällen bzw. Stromschwankungen, und in billigen Hotels kann es passieren, dass sofort sämtliche Sicherungen durchbrennen, wenn man ein Gerät mit hohem Stromverbrauch anschließt.

Film und Fernsehen

In Mexiko werden Dutzende von Filmen gedreht, aber meist handelt es sich um ausländische Produktionen. Die einheimische Filmindustrie hat sich in erster Linie auf brutale Thriller und Schmachtschnulzen spezialisiert. Trotzdem sind die Kinos immer voll. Ausländische Filme werden meistens im O-Ton mit Untertiteln gezeigt.

Im Fernsehen gibt es jede Menge amerikanischer Shows in spanischer Sprache. In den besseren Hotels gehört ein Farb-TV zur Zimmerausstattung, und in den teuren kann man amerikanisches Kabelfernsehen empfangen, in manchen sogar die Deutsche Welle. Die mit Abstand beliebtesten Sendungen sind die *telenovelas* – Seifenopern, die zwischen 18 und 22 Uhr das Programm beherrschen und ein Millionenpublikum fesseln. Jede neue Folge ist um Längen melodramatischer als die vorherige, mit non-stop action, bei der sämtliche Emotionen bedient werden. Was den Protagonisten am Abend zuvor widerfuhr, ist Tagesgespräch, aufregender als tatsächliche, noch so dramatische Ereignisse! Trotz ihrer unerhört manirierten Darbietungen sind die Stars der *telenovelas* vorübergehend Objekte uneingeschränkter landesweiter Verehrung.

Kamera-Equipment

Filme werden in Mexiko hergestellt und kosten in Kaufhäusern wie *Woolworth's* oder *Sanborn's* ungefähr genauso viel wie zu Hause, in Touristengeschäften dagegen erheblich mehr. Auf jeden Fall ist auf das Verfallsdatum zu achten; falls es nicht deutlich erkennbar ist, sollte man vom Kauf absehen. Bis zu 12 Filme dürfen zollfrei eingeführt werden. Es ist nie verkehrt, eine Ersatzbatterie mitzubringen. Fotoausrüstungen und -zubehör sind sehr teuer. Diafilme werden in Mexiko eher selten angeboten.

Kinderarbeit

Bedingt durch die teilweise katastrophalen Lebensbedingungen sind auch im Schwellenland Mexiko manche Kinder gezwungen, alles, von Kaugummis in den Bussen über Souvenirs an den Stränden bis zu ihrem Körper in den düstersten Vierteln der Großstädte zu verkaufen oder in den Müllhalden nach irgendwie Verwertbarem zu wühlen. Trotzdem sollte man nichts bei Kindern kaufen oder ihnen Geld schenken, denn dadurch trägt man dazu bei, dass diese freiwillig oder unfreiwillig Analphabeten, Bettler und Straßenverkäufer bleiben. Von mexikanischen Freunden stammt der Vorschlag, Kinder, die sich außerhalb der Schulzeiten z.B. als Fremdenführer betätigen, mit einer magenfüllenden Mahlzeit statt mit Geld zu entlohnen. Dadurch ist zumindest gesichert, dass kein Geld bei Erwachsenen abgeliefert werden kann, die es womöglich in der Cantina verschwenden.

Öffnungszeiten

Geschäfte sind in der Regel Mo–Fr 9–14 und 16–20 Uhr offen, Kaufhäuser und Supermärkte sind mittags durchgehend Mo–Sa 9–20 Uhr geöffnet, doch gibt es jedoch regionale Unterschiede. Die Einhaltung der Siesta hängt in erster Linie vom Klima ab: In heißen Gegenden, wie z.B. an der Golfküste oder auf Yucatán, kann die Mittagsruhe bis zu 4 Stunden dauern. In dieser Zeit bewegt sich nichts und niemand mehr, und die Rollläden gehen vielleicht erst um 20 oder 21 Uhr wieder hoch. In Zentralmexiko, im industrialisierten Norden und in den Hochlandregionen hält man sich mehr an Öffnungszeiten zwischen 9 und 17 Uhr, dafür schließen die Geschäfte über Mittag nicht.

Lebensmittelgeschäfte sind hingegen oft bis spät in die Nacht und am Wochenende geöffnet. Die Geschäftszeiten der Banken sind normalerweise Mo–Fr von 9–17 Uhr, viele schließen schon um 13.30 Uhr. Wechselstuben haben Mo–Fr von 8.30–18 Uhr und Sa von 8.30–14 Uhr geöffnet.

Museen und Galerien haben in der Regel von 9 oder 10 bis 17 oder 18 Uhr geöffnet. Viele erheben sonntags ermäßigten oder gar keinen Eintritt, und die meisten sind montags geschlossen. Einige Museen schließen über Mittag, aber die archäologischen Stätten sind den ganzen Tag über geöffnet.

Ortsangaben

In Mexiko (wie in allen anderen spanischsprachigen Ländern) werden Adressen oft nur mit einem Namen und einer Nummer angegeben (z.B. Madero 125), was zu Verwirrung führen kann, denn manche Straßennamen bestehen nur aus einer Zahl (Calle 17). Calle, abgekürzt C/ oder C. bedeutet Straße; Avenida (Av), Bulevar (Blv), Calzada und Paseo stehen ebenfalls für Straße, normalerweise verbunden mit dem Namen einer historischen Persönlichkeit oder dem Datum eines Ereignisses.

Die Adresse Hidalgo 39 8° 120 bedeutet: Straße Hidalgo, Hausnummer 39, 8. Stock, Zimmer 120 (Erdgeschoss ist PB für *Planta Baja)*. Viele Städte besitzen ein nummeriertes Straßennetz, ausgehend vom Zentrum und oft seltsam nummerierte Straßen, die von Westen nach Osten verlaufen oder sogar von Norden nach Süden. In solchen Fällen wird manchmal der Zusatz Ote *(Oriente* = Osten), Pte *(Poniente* = Westen), Nte *(Norte* = Norden) oder Sur (Süden) nach der Straßennummer zur besseren Orientierung angegeben. Manche Gebäude besitzen keine Hausnummer, in solchen Fällen steht nach dem Straßennamen die Abkürzung s/n, das bedeutet *sin número,* also ohne Nummer.

Beim Nachschlagen von Namen oder Stichwörtern in Adressenverzeichnissen sollte man beachten, dass „CH", „LL" und „Ñ" im Spanischen als eigenständige Buchstaben betrachtet werden, weshalb Ch im Anschluss an C, Ll auf L und Ñ auf N folgt.

Ortszeit

In Mexiko gibt es drei Zeitzonen; der Zeitunterschied zur MEZ beträgt 7–9 Stunden: Die Central Time, *hora del centro,* betrifft den größten Teil Mexikos einschließlich México D.F. und die Halbinsel Yucatán und beträgt minus 7 Stunden zur MEZ.

Die Mountain Standard Time, *hora de la montaña,* gilt im Süden von Baja California, Sinaloa, Nayarit und Chihuahua und beträgt minus 8 Stunden zur MEZ. Im Norden von Baja California, *hora del pacífico,* beträgt der Zeitunterschied 9 Stunden, und Sonora liegt im Winter 8 Std., im Sommer 9 Std. hinter der MEZ zurück, da es keine Sommerzeit berücksichtigt.

In allen anderen Bundesstaaten wurde 1996 die Sommerzeit eingeführt, die jedoch eine Woche später als in Deutschland beginnt (erster Sonntag im April bis letzten Sonntag im Oktober).

Toiletten

Toilettenpapier darf **nicht** ins Toilettenbecken geworfen werden, damit die Abflüsse nicht verstopfen. In Hotels und Restaurants steht ein extra dafür vorgesehener Abfallbehälter bereit. Nach ein paar Tagen hat man sich an diese Art der Entsorgung gewöhnt; die Behälter werden täglich gereinigt.

Öffentliche Toiletten sind meist sehr schmutzig und es gibt kein Toilettenpapier (manchmal wird es vor dem Eingang verkauft).

Man fragt nach dem *baño* (wörtlich Badezimmer) oder *excusado* oder *sanitario.* Nach Geschlechtern getrennt steht für Frauen *Damas, Mujeres* oder *Señoras,* für Männer *Caballeros* oder *Señores.* Manchmal sind auch nur Symbole vorhanden: ein Mond steht für Frauen, eine Sonne für Männer.

Trinkgelder

Sind fast nie in der Rechnung enthalten. In Restaurants und Bars sind 15% üblich. Kofferträger am Flughafen oder im Hotel erwarten pro Fuhre etwa US$1. Der Service im Hotel verbessert sich erheblich, wenn man der Reinigungskraft gleich vom ersten Tag an ein paar Pesos gibt oder ein kleines Geschenk macht. Taxifahrer erhalten – und erwarten – Trinkgeld nur für Sonderfahrten.

Wasser

Leitungswasser kann durchaus Trinkwasser sein, aber wenn man nicht absolut sicher ist, sollte man es nur zum Zähneputzen benutzen und nicht trinken. Auch in Hotels kommt nicht immer gereinigtes Wasser aus den Hähnen. Dafür stehen dort fast überall große Behälter mit *agua purificada* herum, das man bedenkenlos trinken kann. In teureren Hotels gehört zum Zimmerservice automatisch jeden Tag eine Flasche stilles Mineralwasser.

Wäschewaschen

Lavanderías (Wäschereien) sind in Mexiko keine Seltenheit, denn längst nicht alle Haushalte verfügen über eine Waschmaschine. Die meisten verlangen einen bestimmten Betrag pro Kilo, und für ein paar Dollars bekommt der Kunde in weniger als 24 Stunden die Wäsche sauber, gebügelt und perfekt gefaltet zurück. Viele Hotels bieten einen Wäscheservice, der zwar praktisch, aber nicht billig ist, denn der Preis richtet sich nach Art und Anzahl der Wäschestücke. Bei einem längeren Aufenthalt lässt sich möglicherweise ein Privatabkommen mit der Zimmerreinigungskraft schließen, die sich durch Wäschewaschen ein kleines Zubrot verdienen möchte. Kostbare Kleidung sollte dann allerdings nicht abgegeben werden, da es weder eine Garantie dafür gibt, dass sie ordnungsgemäß behandelt wird, noch dass sie den Weg zum Besitzer überhaupt wieder zurückfindet.

Außer in den Großstädten gibt es kaum Münzwaschsalons *(lavanderías automáticas).* Für die kleine Handwäsche ist ein flüssiges Waschmittel am besten; in Hotels wird die große Wäsche im Handwaschbecken oft nicht gern gesehen oder sie ist sogar ausdrücklich verboten. Die chemische Reinigung heißt *tintorería.*

Zeitungen

Nur wenige einheimische Zeitungen bringen ausführliche Nachrichten aus dem Ausland, und die Mehrheit der Auslandsberichte beschränkt sich auf Lateinamerika.

Die beste spanischsprachige Tageszeitung ist wohl die *Reforma,* die sich einen ausgezeichneten Ruf für unabhängige, objektive Berichterstattung erworben hat. Lesenswert ist auch die unverhüllt links gerichtete *La Jornada,* die mit erstaunlicher Offenheit die mexikanische Regierung kritisiert.

Mexiko und seine Bewohner

Geografie

Geografisch gesehen gehört Mexiko zu Nordamerika. Nur die Urwälder von Chiapas und die Halbinsel Yucatán reichen nach Mittelamerika hinein. Das Land zwischen dem 16. und 32. nördlichen Breitengrad wirkt im Gegensatz zu seinen nordamerikanischen Nachbarn, den USA und Kanada, klein, ist jedoch mit einer Fläche von 1 953 162 km^2 mehr als fünfmal so groß wie Deutschland. An seiner breitesten Stelle, nahe der nordamerikanischen Grenze, misst es über 2000 km. Nach Süden hin wird das Land zunehmend schmaler, und am Isthmus von Tehuantepec ist es nur noch 225 km breit. Im Osten begrenzt das weit nach Norden ragende, leicht gewellte Sandstein-Plateau der unfruchtbaren Halbinsel Yucatán den Golf von Mexiko und das Karibische Meer. Eine zweite, schmale Halbinsel, die überwiegend wüstenhafte Baja California, ragt über 1300 km von der nordwestlichen Landesgrenze nach Süden und trennt den Golfo de California vom Stillen Ozean ab.

Der **Wendekreis des Krebses** (nördlicher Wendekreis) zieht sich quer durch das Land und teilt es in eine tropische Südhälfte und eine nördliche Hälfte mit gemäßigtem Klima.

Nur wenige große Flüsse durchziehen dieses Land. Im Gegensatz zu dem 2800 km langen Grenzfluss **Río Grande** wirkt der längste Fluss des Landes, der **Río Grande Santiago**, mit 935 km geradezu bescheiden.

Zwischen der tropischen Ostküste am Golf von Mexiko und der überwiegend trockenen Westküste am Stillen Ozean erstrecken sich Bergketten und Hochplateaus von großer landschaftlicher Vielfalt. Mehr als die Hälfte des Landes liegt höher als 1000 m. Zwei Gebirgszüge verlaufen parallel zur Küste, die **Sierra Madre Occidental** im Westen – die Verlängerung der Sierra Nevada – und die **Sierra Madre Oriental** im Osten – die Verlängerung der Rocky Mountains. Dazwischen erhebt sich das mexikanische Hochland mit der **Mesa del Norte**, einer trockenen, flachen Ebene nördlich vom Wendekreis des Krebses, und der **Mesa Central**, einer fruchtbaren, bergigen Landschaft, in deren Zentrum in 2200 m Höhe México D.F. liegt. Der höchste Berg des Landes ist der 5700 m hohe, schneebedeckte Orizaba, der, ebenso wie sein berühmter Nachbar, der 5452 m hohe Vulkankegel Popocatépetl, zur vulkanischen Bergkette **Sierra Volcánica Transversal** gehört, die sich von Guadalajara bis nach Jalapa im Halbkreis um die Hauptstadt erstreckt.

Die Region südlich der Vulkankette besteht aus ausgedehnten Küstenebenen (wie Yucatán) und Plateaus mit vereinzelten höheren Gebirgszügen, wie der **Sierra Madre del Sur** und dem **Hochland von Chiapas**. Da dieser Landesteil höhere Niederschläge erhält, wird die Vegetation nach Süden hin zunehmend tropischer.

Das mexikanische Hochland ist reich an Bodenschätzen. Bereits die Azteken nutzten die Edelmetalle zur Schmuckherstellung. Neben Gold, Silber, Zinn und Kupfer birgt das Land Blei, Schwefel sowie große Kohle- und Eisenvorkommen.

Fauna und Flora

Die geografische Struktur Mexikos hat zusammen mit den klimatischen Verschiedenheiten die unterschiedlichsten Lebensgemeinschaften von Tieren und Pflanzen entstehen lassen.

So zählt Mexiko zu den artenreichsten Ländern der Welt: Es beheimatet 450 Säugetierarten (nach Indonesien die zweitgrößte Anzahl), über 1000 Vogel-, mindestens 30 000 höhere Pflanzen- sowie 700 Reptilienarten (mehr als in jedem anderen Land der Welt). Viele dieser Arten sind endemisch. Diese Artenvielfalt sowie die Vielzahl unterschiedlichster Landschaften machen Mexiko zu einem idealen Reiseziel für Naturliebhaber mit und ohne Fachkenntnisse.

Zu den Highlights der Tier- und Pflanzenwelt Mexikos zählen:

- Die Grauwale (s.S. 125), die vor der Westküste von Baja California (vor allem in Februar und März) ihre Jungen zur Welt bringen.
- Die kargen Ebenen im Landesinneren von Nord-Mexiko mit den verschiedensten Arten von Kakteen.
- Die semitropischen Wälder entlang der Golfküste um Veracruz, der dichte Dschungel in Chiapas und im Süden Yucatáns, wo noch Affen und Raubkatzen sowie bunt gefiederte Sittiche und Tukane leben.

- Die Schwärme von herrlichen Zugvögeln und Flamingos auf der Halbinsel Yucatán.
- Die der Küste vorgelagerten Inseln und das Barriereriff in der Karibik, wo man beim Schnorcheln auf Schwärme farbenprächtiger Fische trifft.
- Die Kolonien von Wasservögeln, darunter auch Fregattenvögel, entlang der südlichen Pazifikküste.
- Die Delphine, die überall vor der Küste gesichtet werden können.

Wie in vielen Schwellenländern hat auch in Mexiko der Kampf gegen die wirtschaftliche Not Vorrang gegenüber dem Erhalt der natürlichen Schönheit des Landes: Abholzung, Jagd und gnadenlose Kommerzialisierung bedrohen die Natur in weiten Teilen des Landes.

Daher sollten gerade wir, die zahlenden Besucher aus der „Ersten Welt", uns verantwortungsbewusst verhalten und keine Produkte kaufen, bei deren Herstellung gefährdete Tier- oder Pflanzenarten, die unter das **Internationale Artenschutzabkommen** fallen, verwendet wurden. Dazu zählen u.a. Schildpatt, schwarze Korallen, verschiedene Arten von Schmetterlingen, Muscheln und Schnecken, ausgestopfte Krokodile, Felle von Wildkatzen und Schildkrötenpanzer. Der Handel mit lebenden Tieren wie Schildkröten, Leguanen und Papageien (oft als Nestlinge angeboten) sowie das Entwurzeln von Kakteen sind gesetzwidrig. Wer versucht, derartige Gegenstände in ein Land der EU einzuführen, muss zudem mit der Beschlagnahmung durch den Zoll rechnen. Außerdem ist eine Geldstrafe zu erwarten.

Vegetation

Aufgrund der jahrelangen Abholzung zur Gewinnung von Holzkohle und der Brandrodung für die Landwirtschaft sind die ursprünglichen Wälder, die einst weite Teile Mexikos bedeckten, beträchtlich geschrumpft. Heute überziehen großflächige **Nadel-, Zedern- und Eichenwälder** die Berge im Norden, vor allem in der Umgebung von Durango, wo sich die größten Kiefernwälder des Landes befinden. In den niederen Regionen unterbrechen vereinzelte Palmen und Zwergpalmen die grasbedeckten Savannen, und an den Ufern der Flüsse stehen Pappeln und Weiden.

Tropische Regenwälder säumen den Golf von Mexiko in einem breiten Streifen von Tampico Richtung Süden quer über die Halbinsel Yucatán und den Norden des Staates Oaxaca. In diesen Urwäldern wuchern Mahagonibäume, Zedern, Ebenholz-, Rosenholz- und Blauholzbäume, aber ihr Bestand nimmt ständig ab. Der restliche Teil der Golfküste und die Tiefebenen der Pazifikküste sind von Buschland und Gestrüpp überzogen. Ein besonders bemerkenswerter Baum ist ein einzelner *Ahuehuetl* oder Riesenzypresse, von dem es heißt, er habe einen Umfang von mehr als 50 m und sei der älteste lebende Organismus auf dem amerikanischen Kontinent.

Früher säumten ausgedehnte **Mangrovenwälder** einen Großteil der Golf- und Karibikküste, und Mangroven gediehen auch an geschützten Stellen der Pazifikküste, doch je mehr die Küsten für den Tourismus erschlossen werden, desto schneller müssen die Mangroven weichen. Die flacheren Landesteile im Norden, die nördliche Pazifikküste und Teile von Zentral-Mexiko bestehen vorwiegend aus trockenem Busch- und Grasland. In diesen Regionen ist der **Kaktus** die auffallendste Erscheinung der Vegetation (siehe Kasten). Ein Kaktus ist sogar auf dem mexikanischen Wappen zu bewundern.

Die weitläufigen, gemäßigten Graslandgebiete bedecken Grasbüschel und das borstige, ungenießbare Hilaria-Gras. Auch einige flach wachsende Sträucher kommen hier vor: zierliche *Ocotillos (Fouquieria splendens),* Kreosotsträucher und Yuccapalmen mit flach wachsenden Mesquitebäumen und Akaziensträuchern in den geschützteren und feuchteren Regionen.

Blumen sind in ganz Mexiko ein fester Bestandteil des täglichen Lebens. Die schwimmenden Gärten des Xochomilco-Parks in México D.F. sind für ihre Schönheit weltberühmt. Die Blüten des roten Jasmin und der Magnolie galten unter den Azteken als so kostbar, dass sie nur dem Adelsstand vorbehalten waren. Noch heute schmücken im Frühling und Sommer die blauen Blüten der Jacaranda-Bäume und violette und rote Bougainvilleen die Mauern der Städte. Selbst die kargen Wüstengebiete des Nordens sind während der kurzen Blütezeit, die im Frühling auf die vereinzelten Regenfälle folgt, mit einem Teppich aus Wildblumen bedeckt; besonders farbenprächtig sind die Blüten der Kakteen. Viele der Blumenarten sind in Mexiko beheimatet, darunter Schmuckkörbchen (Kosmee), Löwenmaul, Ringelblume, Dahlie und verschiedene Arten wilder Orchideen, von denen allein in den Wäldern von Chiapas über 800 Arten klassifiziert wurden.

Kakteen

Mexiko ist das Land der Kakteen: Der baumartige Saguaro-Kaktus kann über 15 m hoch werden, während die Säulenkakteen, die wie Zaunpfähle in der Landschaft aufgereiht stehen, nur eine Höhe von 8 m erreichen. Ebenfalls eine bemerkenswerte Kakteenart ist der Feigenkaktus *(nopal)*, dessen Früchte bei der Herstellung von Süßigkeiten verwendet werden; man kann sie aber auch roh essen.
Auf Plantagen unweit von Jalisco werden dickblättrige Schnapsagaven (Spanisch *maguey de tequila* oder *mezcal azul)* kultiviert, um ihren Saft zu Schnaps und Tequila zu verarbeiten. Die *henequen*-Agave (Sisal), die vor allem auf der Halbinsel Yucatán angebaut wird, findet dagegen bei der Produktion von Fasern Verwendung.

Die tropischen Wälder Mexikos liefern **Kakao** (v.a. in Chiapas) und **Vanille**, die überwiegend für den Export bestimmt ist. Zu weiteren Ernteerzeugnissen gehören **Chicle**, das aus dem Saft des Sapotillbaumes für die Herstellung von Kaugummi gewonnen wird, sowie wilder Kautschuk und die Sarsaparillawurzel. Verwendung in Medizin und pharmazeutischer Industrie finden u.a. Digitalis aus den Blättern verschiedener Fingerhutarten und Baumrinden, aus denen Abführ- und Desinfektionsmittel hergestellt werden. Aus *Dioscorea composita,* einer Pflanze, die nur in Mexiko vorkommt – nämlich in Veracruz, Oaxaca, Tabasco und Chiapas – wird ein pflanzliches Hormon gewonnen, das ein wesentlicher Bestandteil der Antibabypille ist.

Insekten

Insekten gibt es in ganz Mexiko in Hülle und Fülle, vor allem in den tropischen Regenwäldern im Süden des Landes. Lichtungen im Dickicht des Dschungels locken eine ganze Palette farbenprächtiger Schmetterlinge, Mücken und Heuschrecken an.

Während einer Wanderung durch den Regenwald ist die Menge der Insekten nicht so sehr sichtbar, sie ist vor allen Dingen spürbar, in Form von Stichen und Wunden! Am bösartigsten sind die **Mücken**, die einst Malaria und Gelbfieber über die Golfküste brachten. Die *garrapata* ist eine besonders hartnäckige Zeckenart, die überall dort vorkommt, wo Vieh gehalten wird, und die sich gern bei Menschen einnistet. Eine Reihe von **Skorpionen**, deren Stich extrem schmerzhaft bis tödlich sein kann, ist überall im Lande vorzufinden.

Innerhalb der Wälder ziehen Kolonnen von **Blattschneiderameisen** auf Nahrungssuche kreuz und quer über die Erde, und umliegende Baumstämme bieten den großen, braunen Hügeln der **Termiten** idealen Schutz.

Weiter nördlich in Zentral-Mexiko hat die **Wanderameise** direkten Einfluss auf den Zyklus in der Landwirtschaft. Die frühen Agronomen reagierten mit Zynismus auf die armen Bauern, die während bestimmter Mondphasen nur widerwillig Getreide anpflanzten; das änderte sich erst, als sich herausstellte, dass genau zu diesen Zeiten die Ameisen über das Land herfallen. Eine in Tlaxcala beheimatete Ameisenart sorgt gleich in zwei Entwicklungsphasen für Saisonarbeit: Aus den Eiern wird Kaviar hergestellt, und die Larven werden ebenfalls als Delikatesse gehandelt.

Das spektakulärste Schauspiel ist alljährlich im Winter im östlichen Michoácan zu beobachten, wenn sich Tausende von **Monarchschmetterlingen** aus dem Larvenstadium in ein Meer aus Farbe und Bewegung verwandeln.

Fische, Amphibien und Reptilien

Wie viele Lateinamerikaner hegen die Mexikaner eine Abneigung gegen Fisch auf dem Speiseplan, was dazu geführt hat, dass in den vielfältigen Binnen- und Küstengewässern des Landes zahlreiche Meeres- und Süßwasserarten praktisch unberührt geblieben sind. Unter den **Süßwasserfischen** sind die Regenbogen- und Bachforelle, der Ährenfisch und Katzenwels besonders stark vertreten, in manchen Gebieten auch der europäische Karpfen, den man hier ausgesetzt hat. Von den Mexikanern am meisten geschätzt wird eine Maränenart, die in den Seen Chapala und Pátzcuaro heimisch ist und die Grundlage für eine blühende Fischindustrie bildet.

In mexikanischen Gewässern leben über 100 nennenswerte Arten von **Meeresfischen** – darunter Vertreter tropischer und gemäßigter Klimazonen, Küsten- und Tiefseebewohner, Gattungen, die sich an der Wasseroberfläche und auf dem Meeresboden ernähren, sesshafte und nicht sesshafte Lebensformen. Zu den wichtigeren Arten gehören Riesenzackenbarsch (Judenfisch), Schwertfisch, Schnappbarsch, Königsmakrele, Barracuda, Thunfisch, Meeräsche und Sardelle. Auch Garnelen, Panzerkrebse und Langusten spielen eine wichtige wirtschaftliche Rolle.

Reptilien sind in allen Teilen Mexikos zu Hause. An den tiefer gelegenen Flussläufen durch die Wälder im Süden tummeln sich Leguane, Krokodile und ihre nahen Verwandten, die Kaimane. Die Echsenarten reichen von der winzigen Nachtechse an der Golfküste bis zu den tropischen Leguanen, die eine Länge von zwei Metern erreichen können.

Meeresschildkröten, darunter die Unechte Karettschildkröte, Lederschildkröte und Suppenschildkröte, findet man noch in vielen unerschlossenen Gewässern sowie an den Küsten des Atlantik und des Pazifik. Inzwischen sind die Jagd auf ausgewachsene Schildkröten und das Einsammeln der Eier zwar verboten, doch da sich nicht alle daran halten, ist die Zahl dieser Tiere erheblich zurückgegangen.

In den Wüsten im Norden und weiter südlich gibt es mehrere Arten von **Klapperschlangen**. Andere Schlangenarten sind in den Regenwäldern beheimatet, u.a. die Boa Constrictor, die Gewöhnliche Lanzenotter, der Buschmeister (Fam. *Lachesis muta)* und die kleine Korallenschlange.

Ebenso breit gefächert ist die Vielfalt an **Amphibien**: In Mexiko gibt es u.a. Salamander, verschiedene Froscharten (darunter Baumfrösche) und Aga-Kröten, die mit bis zu 20 cm Länge zu den größten Kröten der Welt zählen.

Vögel

In den Regen- und Nebelwäldern des südlichen Mexiko existieren über 500 bekannte Arten tropischer Vögel – darunter Aras, Papageien und Sittiche, die sich als leuchtende Farbtupfer vom Dickicht des Dschungels abheben. Durch ihre Vorliebe für Getreidekörner haben sich die Mitglieder der Papageien-Familie bei den einheimischen Bauern unbeliebt gemacht, so dass ihre Zahl in letzter Zeit bedrohlich abgenommen hat. Auch der fortdauernde Handel mit Papageien als Haustieren trägt zu ihrer Dezimierung bei.

Auf dem unteren Geäst hocken **Tukane**, und auf dem Waldboden sieht man gelegentlich größeres Federwild wie Bronzechaku, Rostbauchguan, Braunflügelguan und Pfauentruthahn durch die dichte Vegetation huschen.

Besonders selten sind die farbenprächtigen Trogons, zu denen der prachtvolle **Quetzal** zählt. Dieser Vogel lebt in den Nebelwäldern der Sierra Madre de Chiapas (im El Triunfo-Reservat, s.S. 597). Bei den alten Maya waren seine langen, smaragdgrünen Federn sehr beliebt als Kopfschmuck für Priester. Inzwischen ist dieser Vogel vom Aussterben bedroht.

Im Osten bieten die trockeneren tropischen Laubwälder im Norden Yucatáns und im Tiefland sowohl an der Pazikfikküste als auch im Landesinneren einen idealen Lebensraum für verschiedene Fleisch fressende Vögel wie Eulen und Falken. Die bekanntesten der großen Vögel Mexikos sind jedoch die Aas fressenden **Raben- und Truthahngeier** – im Land *zopilote* genannt –, die man häufig in großen Schwärmen am Himmel kreisen sieht.

Die vielen Lagunen entlang der Küste eignen sich bestens als Futter- und Brutstätten für eine breite Vielfalt von Wasservögeln, wie Enten, Reiher und Seetaucher. Besonders erwähnenswert sind die Scharen graziöser **Flamingos**, die an bestimmten Stellen entlang der West- und Nordküste Yucatáns leben. Die Halbinsel gilt außerdem als einer der letzten Zufluchtsorte für den kleinen **Mexikanischen Adler**, das Nationalsymbol des Landes.

Säugetiere

Der Isthmus von Tehuantepec stellt für größere Säugetierarten eine Barriere dar. Zoologen teilen die Tierwelt des amerikanischen Kontinents dementsprechend in zwei Gruppen: in die nearktische Region der mittleren Breiten, deren einheimische Tierwelt mit der Nordamerikas verwandt ist, und in die neotropische Region der südlichen Breiten mit südamerikanischer Fauna. Der Isthmus spielt dabei die Rolle einer partiellen geografischen Schranke und hat die Nord-Süd-Bewegung vieler Tierarten eingeschränkt.

Die nördliche, **nearktische Region** besteht überwiegend aus Steppe und Wüstengebieten sowie aus Eichen- und Kiefernwäldern in den höher gelegenen Bereichen. In diesen Hochlandwäldern leben wenige größere Säugetiere. Mehrere typisch nordamerikanische Säugetierarten, wie Dickhornschafe, Schwarz- und Braunbären (Letzterer steht allerdings kurz vor der Ausrottung), dringen nicht weiter nach Süden vor als bis in den Norden der Sierra Madre Occidental. Bären leben im **Cumbres de Monterrey-Nationalpark** (s.S. 225), wilde Hornschafe sind im **San Pedro Martír-Nationalpark** auf Baja California zu Hause. Außerdem sind verschiedene Wildarten, Luchs, Marder, Graufuchs, Skunk, Dachs, Stachelschwein, Puma, Kaninchen und Eichhörnchen anzutreffen. In den Wäldern des Hochlandes kommen auch eine Reihe kleinerer Nagetiere vor und deren natürliche Feinde, die Kojoten und Präriefüchse.

Durch die ausgedehnten Grassteppen ziehen heute noch vereinzelte Herden von Weißwedelhirschen; Jäger haben dafür gesorgt, dass die Tage der Gabelhornantilopen und Bisons längst vorbei sind. Gejagt wird noch immer das Nabelschwein, das im Gestrüpp der Wüsten zu finden ist. Nagetiere gibt es auch hier in Hülle und Fülle. Sie sind eine willkommene Beute für Luchse und Ozelots.

Die Naturschutzgebiete Baja Californias bieten zahlreichen Meeressäugetieren Zuflucht. Die **Insel Guadalupe** ist eine der wenigen verbliebenen Heimstätten des vom Aussterben bedrohten See-Elefanten. Die einzige bekannte Paarungsstätte und Kinderstube der Grauwale ist die Bucht von Magdalena.

Obwohl einige südliche Arten (vor allem Opossums und Gürteltiere) über den Isthmus von Tehuantepec hinaus bis nach Nord-Mexiko und sogar bis in den Süden der USA vorgedrungen sind, finden sich in der südmexikanischen **neotropischen Region** in der Regel ganz andere Säugetiere als im Norden: Viele leben auf Bäumen, direkt unter dem Blätterwerk des Dschungels, wie Klammeraffen, Brüllaffen, Opossums, tropische Eichhörnchen *(Spermophilus adocetus),* die Waschbären ähnelnden Nasen- und Wickelbären.

Da auf den schattigen Waldböden kaum Gras wächst, gibt es hier nur wenige Säugetiere, die am Boden leben. Das größte unter ihnen ist der Tapir, ein entfernter Verwandter des Pferdes mit einer zum Rüssel verlängerten Schnauze, der sich meistens in Wassernähe aufhält. Auch zwei Arten von Nabelschweinen streifen auf der Suche nach ihrer Lieblingsnahrung (Wurzeln, Palmnüsse und sogar Schlangen) in großen Gruppen über die Waldböden. Große Nagetiere, wie Agutis und Pakas, bevölkern die Ufer der zahlreichen Bäche und Flüsse. Sie werden von Raubkatzen gejagt, die hier ebenfalls zu finden sind – darunter Jaguar, Puma und Ozelot.

In den trockeneren tropischen und subtropischen Wäldern im Norden Yucatáns und im Tiefland sowohl an der Pazikfikküste als auch im Landesinneren gedeihen verschiedene Sträucher und Gräser, die einer Vielzahl von kleinen Nagetieren – z. B. Stachelratten –, Weißwedelhirschen und Pakas als Nahrungsgrundlage dienen. Von diesen Tieren ernähren sich wiederum Wieselkatze, Langschwanzkatze (Margay) und Kojote.

Zu anderen Säugetieren, die noch vereinzelt anzutreffen sind, gehören der große und der kleine Ameisenbär, Opossum und Gürteltier.

In den Lagunen entlang der Küste von Quintana Roo gibt es kleine Kolonien von Seekühen (Manati), die sich von Seegras ernähren.

Bevölkerung

Mexiko, die größte spanischsprachige Nation der Welt, ist ein „junges" Land: Ungefähr 50% der Einwohner sind unter 20 Jahre alt. Im Jahr 2000 lag die **Einwohnerzahl** bei 97,48 Mio. Das **Bevölkerungswachstum** ist nicht mehr so rasant wie einst und liegt derzeit bei ca. 1,7% jährlich. Dies ist der besseren Aufklärung über Familienplanung zu verdanken, doch der Einfluss der katholischen Kirche mit ihrer negativen Einstellung zur Geburtenregelung ist nach wie vor nicht zu unterschätzen, denn ungefähr 90% der Mexikaner sind **Katholiken**. Die durchschnittliche **Lebenserwartung** von 37 Jahren im Jahr 1930 ist inzwischen auf 72,3 Jahre gestiegen (Männer 68,9 und Frauen 75,2). Fast 90% der Menschen über 15 Jahren können lesen und schreiben; allerdings ist der Prozentsatz der **Analphabeten** unter der weiblichen Bevölkerung immer noch höher als unter der männlichen. Das **Prokopfeinkommen** beträgt ca. US$6200 im Jahr.

Die Bevölkerung unterteilt sich grob gesehen in drei **Ethnien**: Mit etwa 65% stellen die Mestizen, das heißt Nachkommen aus Verbindungen zwischen Indianern und Spaniern, den größten Anteil; 20% sind Indianer (Indígenas ist ein weitaus respektvolleres Wort als Indios), 5% halten sich für rein europäischstämmig, die restlichen 10% stellen die Nachfahren ehemaliger afrikanischer Sklaven, die sich mit Angehörigen anderer Völker vermischten, außerdem Europäer, Araber und Chinesen.

Ethnien und Siedlungsgebiete

Amuzgo (Guerrero, Oaxaca)
Chinanteken (Oaxaca)
Chol (Chiapas, Tabasco)
Chontal (Tabasco)
Cora (Nayarit)
Cuicateken (Oaxaca)
Huasteken (San Luís Potosí, Veracruz, Tampico)
Huave (Oaxaca)
Huichol (Jalisco, Nayarit)
Lakandonen (Chiapas)
Maya (Yucatán, Querétaro, Campeche)
Mayo (Sonora, Sinaloa)
Mazahua (Mexico, Michoacan)
Mazatec (Oaxaca, Guerrero, Puebla)
Nahua (Puebla, Veracruz, Hidalgo, Guerrero, San Luís Potosí, México D.F., Tlaxcala, Morelia, Mexico, Oaxaca, Jalisco, Michoacan)
Otomí (Hidalgo, Mexico, Guerrero, Querétaro, Veracruz, Puebla, Tlaxcala, Michoacan, Morelia)
Tarahumara (Chihuahua, Durango)
Tarasken/Purépecha (Michoacan)
Tepehuano (Durango, Chihuahua, Nayarit)
Tlapaneken (Guerrero)
Tojolabal (Chiapas)
Totonaken (Veracruz, Puebla)
Tzeltal (Chiapas)
Tzotzil (Chiapas)
Yaquí (Sonora)
Zapoteken (Oaxaca)
Zoque (Chiapas)

Die Indígenas sind in 56 verschiedene Gruppen oder Untergruppen unterteilt, die ihre eigenen Sprachen sprechen und kulturellen Bräuche pflegen. Die meisten leben im Hochland, auf der Halbinsel Yucatán und im Bundesstaat Veracruz an der Golfküste.

Die meisten Indígenas sind *campesinos*, Landarbeiter, die sich und ihre Familien mehr schlecht als recht vom Ertrag ihres Stückchens Land und dem geringen Lohn, den die reichen *hacendados* bezahlen, über Wasser halten. Viele wandern in der Hoffnung auf eine Verbesserung ihrer Lebensumstände in die großen Städte ab, wo sie dann meist in Elendssiedlungen am Stadtrand ein manchmal noch menschenunwürdigeres Dasein fristen.

Wie in fast allen lateinamerikanischen Ländern dominieren im Regierungs- und Wirtschaftssektor die Mestizen und Abkömmlinge der spanischen Vorfahren. Europäisches Aussehen gilt als besonders hübsch und als Zeichen guter Abstammung, weshalb man in allen Gesellschaftsschichten bestrebt ist, diesem Ideal nahe zu kommen. *Mejorar la raza* („die Rasse verbessern") ist ein geflügeltes Wort; es bedeutet, dass Männer und Frauen oft versuchen, einen möglichst hellhäutigen Partner zu finden.

Die präkolumbische Religion

Im Zuge der Konquista wurde mehr als nur das physische Erscheinungsbild einiger der damals fortgeschrittensten Zivilisationen der Welt zerstört. Oberstes Anliegen der Spanier war es, „heidnische" Kulturen zu unterdrücken und den Katholizismus zu verbreiten. Sämtliche Wurzeln traditioneller Religion und Kultur mussten daher ausgerissen und systematisch vernichtet werden. In diesem Prozess wurden Hunderttausende von Büchern verbrannt, Priester ermordet und Tempel abgerissen. Selbst heute noch ist laut mexikanischem Gesetz in den Schulen das Unterrichten der yukatekischen Mayasprache verboten (obwohl der Staat von dem regen Interesse an der präkolumbischen Welt profitiert und Lippenbekenntnisse zum Multikulturalismus abgibt). Doch der traditionelle Glaube hält sich so hartnäckig, dass selbst 500 Jahre lange Anstrengungen ihn nicht gänzlich ausrotten konnten. Wer eine mexikanische Dorfkirche besucht oder die Feierlichkeiten am Tag der Toten verfolgt, wird dies bestätigen.

Was wir über den alten mesoamerikanischen Glauben wissen, muss aus der Tradition heutiger indigener Gruppen, die von Generation zu Generation überliefert wurde, abgeleitet werden. Weitere Anhaltspunkte liefern die Berichte spanischer „Entdecker", in Ruinen gemeißelte Hieroglyphen und Figuren, Skulpturen, Töpferwaren und Schmuck aus Gräbern sowie die wenigen erhaltenen Schriftstücke.

Schamanismus: Die Wurzel der mesoamerikanischen Kultur

Die großen mesoamerikanischen Zivilisationen zählen zu den reinsten bekannt gewordenen **Theokratien** der Welt. Sie gründeten sich auf den Glauben an ein gewaltiges kosmisches Zusammenspiel von materieller Alltagswelt und traumartiger Geistwelt. Die Geistwelt war von zahlreichen Göttern, Geistern und den Seelen der Ahnen bevölkert. Die Priester und Könige, die absoluten Herrscher Mesoamerikas, besaßen den alleinigen Zugang zu jener Welt und kommunizierten mit deren Bewohnern durch Trance. Aus der Bewegung der Gestirne erkannten sie die Auswirkungen der spirituellen auf die materielle Welt und hielten das Gleichgewicht zwischen den Welten aufrecht, dadurch wurden Unheil und Katastrophen vermieden. Alles war heilig, und jegliche Aktion, von der Aussaat bis zur Kriegserklärung, musste zur rechten spirituellen Zeit erfolgen.

Dieses umfassende Glaubenssystem hat seine Wurzeln im Schamanismus, dessen Ursprünge auf die Zeit vor Ackerbau und Sesshaftigkeit zurückgehen. Der Schamanismus ist noch heute die Religion nomadischer Gemeinschaften Sibiriens, deren Vorfahren die ersten Besiedler Amerikas waren. Im schamanischen Universum ist alles lebendig, nicht nur in der materiellen Welt, sondern viel mehr noch in der spirituellen. Ein Stein besitzt genauso eine Seele wie ein Puma oder ein Mensch, und diese Seele kann von der physischen Erscheinung losgelöst werden, was jedoch nur besonders dafür befähigte Individuen, die Schamanen, bewerkstelligen können. Die Seele eines Schamanen kann durch die Geistwelt reisen, mit Göttern, Dämonen oder Ahnen reden oder sogar in anderer Gestalt, z. B. als Tier, in der materiellen Welt erscheinen. Die Geistwelt ist jedoch ein ambivalenter Ort, sowohl Paradies als auch dessen Gegenteil, bewohnt von Göttern und Dämonen und den Seelen von Guten wie Bösen.

Diese wohlwollenden und Unheil bringenden Kräfte gestalten die Beziehung zwischen materieller und spiritueller Welt sehr schwierig. Krankheit zum Beispiel ist nicht nur eine physische Angelegenheit, sondern auch eine spirituelle. Sie kann z.B. entstehen, wenn eine Seele von einem bösen Geist eingesperrt wurde. In Trance kann der Schamane Unstimmigkeiten beseitigen – eine Reise unternehmen, um die Seele aus ihrem Gefängnis zu befreien, und so die Person wieder gesund machen. Doch im schamanischen Universum ist kaum etwas umsonst: Wenn ein mächtiger Geist oder Gott die Hände im Spiel hat, muss ihm ein Opfer gebracht werden.

Das Erbe des Schamanismus findet sich in allen mexikanischen Religionen. Die Feiern am Tag der Toten haben ebenso wie die Hexenrituale des modernen Mexiko ihre Ursprünge in der schamanistischen Vorstellungswelt. Heute ist der Schamanismus am deutlichsten in den Glaubenssystemen der Volksstämme im Norden Mexikos, wie den **Yaqui** (deren schamanistische Traditionen durch Carlos Castaneda unsterblich gemacht wurden) und den **Huichol**, erhalten. Es lohnt sich, den Glauben und seine Ausübung bei den Huichol näher zu betrachten, da dies viele Aspekte der alten Glaubenssysteme erhellt.

Der Schamanismus bei den Huichol

In Nayarit, in der Wüste Nordmexikos, haben die **Huichol** die Aztekenherrschaft, die blutige Konquista, die Revolution und die technischen Errungenschaften des 20. Jhs. überlebt. Stärker als jedes andere Volk Mexikos sind sie dem Glauben ihrer Vorfahren treu geblieben und haben in Tausenden von Jahren ihre Lebensweise kaum verändert.

Wie in allen schamanistischen Gemeinschaften stellen die materielle und die spirituelle Welt auch für die Huichol zwei Pole eines einzigen Universums dar. Die Grenze zwischen den beiden ist verwischt: Die Lebenden sind ständig mit den Verstorbenen verbunden, die zumeist in der Unterwelt leben und oft zurück schleichen, um Maisbier zu stibitzen.

Die Schamanen, **Maracames** genannt, „übersetzen" die Botschaften der Geister für die Gemeinde. Zwei Facetten ihrer Kosmologie – die

Ausrichtung ihrer geheiligten Gebäude nach vier Kardinalpunkten und der Glaube an „erste Orte", an denen ihre Vorfahren Götter waren – sind besonders typisch für Mesoamerika. Die wichtigsten Gebäude der Huichol, **Xirikis**, sind dementsprechend genau nach den vier Kardinalpunkten ausgerichtet, von denen jeder eine bestimmte spirituelle Bedeutung besitzt. Jedes Xiriki beherbergt einen alten Schamanen, der seinen Körper verlassen hat, und dessen Seele in einem an eine Zeremonialpfeilspitze gehefteten Quarzkristall im Dach des Gebäudes lebt. Die „amtierenden" Schamanen benutzen die spirituelle Kraft dieser Kristalle, um sich in die Huichol-Geistwelt zu versetzen und sich dort mit den Ahnen oder anderen Geistern zu beraten, um deren Weisheit an die Gemeinde weiterzugeben.

Das Zentrum dieser Geistwelt heißt **Wirikuta**. In der Alltagswelt ist dies ein unscheinbarer Wüstenstrich im Nordwesten Mexikos, rund 500 km von Nayarit entfernt. In der spirituellen Welt befindet sich für die Huichol dort jener Ort, an dem alles seinen Anfang nahm – der Himmel und die Sterne und das Paradies, in dem die Menschen von den Göttern erschaffen wurden und wo sie eine Weile gleichgestellt mit diesen zusammenlebten. Die Huichol unternehmen oft in durch Peyote hervorgerufenem Trancezustand Wallfahrten nach Wirikuta. Während der Reise führt der sie begleitende Schamane wichtige Rituale durch, um die Pilger vor bösen Geistern zu schützen, und erklärt die Landschaft unterwegs: Ein Wasserloch wird zum spirituellen Durchgang, Kakteenarme zu den Knochen der Ahnen. So wie Pflanzen, Tiere, Flüsse und Berge alle ihre eigenen Geister und individuelle symbolische Bedeutung besitzen, ist jeder Aspekt im Leben der Huichol von Symbolismus durchdrungen. In ihren farbenfrohen Webarbeiten und den wunderbaren Perlenmasken drückt sich die spirituelle Realität hinter der materiellen aus; oft weisen sie die drei heiligsten Symbole auf – **Mais**, der Grundstoff des Lebens, **Rotwild**, als Nahrung gejagt, aber auch verehrt, und **Peyote**, der halluzinogene Kaktus. Den Göttern werden mit bunten Perlen bedeckte Kürbisse, die die Wünsche des Herstellers ausdrücken, als Opfergaben dargeboten.

Die Olmeken: Der Ursprung des mesoamerikanischen Schamanismus

Archäologische Untersuchungen an Olmeken-Stätten haben ergeben, dass vieles im Glauben der Huichol schon in der ersten großen Zivilisation Mesoamerikas üblich war, deren Städte und Lebensweise wegweisend für viele nachfolgende war. Die Olmeken waren die erste mesoamerikanische Zivilisation, die ihr Weltbild im wahrsten Sinne des Wortes in Stein meißelte. Wie die Huichol hatten sie ein Wirikuta, doch der olmekische Ort der Schöpfung war der mächtige Vulkan **San Martín** im Süden des heutigen Bundesstaates Veracruz. In ihrer Stadt bei **La Venta** errichteten sie eine naturgetreue Replik, einen heiligen, künstlichen Berg. Diese erste mesoamerikanische **Pyramide** taucht praktisch in jeder Folgekultur auf – auch die klassischen **Maya** verstanden ihre Städte als lebende Landschaften aus heiligen, künstlichen Bergen und Bäumen, und der Templo Mayor der **Azteken** war eine Doppelpyramide, die Darstellung der beiden heiligen Berge Coatepec und Tonacateptl.

In das Fundament ihrer Vulkanpyramide setzten die Olmeken riesige steinerne **Stelen**, eine davon zeigt einen Adligen, der sich mit Göttern und Geistern verständigt – ein Schamane, denn aufgrund ihrer überaus wichtigen Rolle, das Gleichgewicht zwischen den Welten aufrechtzuerhalten, hatten die Schamanen die Regierungsgewalt über die Olmeken-Gemeinschaft erlangt. Solche Stelen, Äquivalent der Pfeilspitzen in den Huichol-Dächern, galten als Verkörperung des Gottes oder Königs, den sie repräsentierten. Sie waren spirituelle Sprachrohre zu den Toten und Göttlichen. Diesen ersten Stelen in Mesoamerika folgten spätere Versionen, die die Plazas der Ruinenstädte in ganz Mexiko und Zentralamerika zieren.

Eine Stele in La Venta stellt einen **Weltbaum** dar, ein Symbol der *axis mundi* (Weltachse) im Zentrum des mesoamerikanischen Universums: Mit den Wurzeln in der Erde und den Zweigen im Himmel verbindet er die Unterwelt der Toten mit der Erde und dem Firmament. Dies war wahrscheinlich die erste Darstellung dieser Art, doch Weltbäume wurden überall in Mesoamerika gefunden und kommen in der Mythologie von **Teotihuacán** und im **Kodex Borgia**, einem der schönsten der wenigen geretteten Aztekenbücher, vor. Auch in der Maya-Stätte **Palenque** gibt es einige.

Gegenüber von Mexikos erster Pyramide legten die Olmeken einen **Durchgang** zur schamanistischen Geistwelt in Form eines tief gelegenen Platzes an, gepflastert mit riesigen Serpentin-Steinblöcken. Beiderseits des Einganges zum Hof errichteten sie zwei große Plattformen und füllten den Hof mit heiligem Serpentin. Die beiden Plattformen wurden mit Mosaiken und Mustern in Form von Meerespflanzen geschmückt, Symbole für den Übergang zur Geistwelt. In späteren Jahrhunderten tauchen solche Symbole überall in Mesoamerika auf, oft als Verzierungen an Ballspielplätzen oder auf Keramiken.

Andere erhaltene Gegenstände weisen deutlichere schamanistische Einflüsse in der Olmeken-Religion auf. Figuren, die halb Puma, halb Säugling sind, beschreiben möglicherweise das Erwachen latenter schamanistischer Kräfte und Verbindungen mit Tiergeistern, denn im mesoamerikanischen Pantheon hat jede Seele einen verwandten Tiergeist. **Spiegel**, die in Olmeken-Städten gefunden wurden, waren die Symbole für Pforten zur spirituellen Welt, eine Vorstellung, die von den Azteken weiterentwickelt wurde, deren Gott Tezcatlipoca („Rauchender Spiegel") die Schamanen des toltekischen und aztekischen Pantheons regiert. Im aztekischen Schöpfungsmythos hilft Tezcatlipoca Quetzalcoatl bei der Erschaffung der Welt.

Die olmekischen Schamanen-Herrscher erwiesen sich den Göttern und Geistern gegenüber für ihre Dienste erkenntlich. Vielleicht entstand aus dieser Dankbarkeit das **Menschenopfer** und rituelle Blutopfer, wie sie in Mesoamerika üblich waren. Obwohl es unterschiedliche Gewichtungen gab, veränderte sich die Grundstruktur der olmekischen Gesellschaft – eine Theokratie, regiert von Priestern und Adligen, die mit der Geistwelt in Kontakt standen und sie mittels Opfergaben gewogen hielten – in ganz Mesoamerika bis zur Ankunft von Cortés nur wenig. Allerdings wurden erhebliche Fortschritte erzielt: Die zunehmende Beschäftigung mit dem Göttlichen und die Sorge darüber, wie das Gleichgewicht zwischen materieller und spiritueller Welt aufrecht erhalten bliebe, führte zur Erfindung des Kalenders und der Schrift, während Ballspiel (s.u.) und Opfer eine größere Rolle einzunehmen begannen, insbesondere in Zentralmexiko, wo die Zahl der schrecklichen, blutrünstigen Götter mit jeder neuen Zivilisation zunahm.

Der Kalender

Die Bewohner Mesoamerikas glaubten, dass die Beziehung zwischen Geistwelt und materieller Welt in den Sternen geschrieben stehe und bestimmte astrologische Konstellationen verhängnisvoll seien. Für die Maya und Azteken verkörperten die Sterne Götter, und sie betrachteten deren Konstellationen als Wiedergaben kosmischer Ereignisse. Die Maya-Version von Wirikuta befand sich am Nachthimmel – für sie waren die drei Sterne unterhalb des Oriongürtels der Ort aller Schöpfung.

Die intensive Beschäftigung mit den Sternen führte zur Erfindung des Kalenders, wahrscheinlich bei den Zapoteken von Monte Albán um ca. 600 v.Chr. Spätere Kalenderdarstellungen finden sich überall in der mesoamerikanischen Kunst, insbesondere in der aztekischen Piedra del Sol (dem „Kalenderstein"), heute im Anthropologischen Museum von México D.F. ausgestellt und in den Zeichnungen der Maya-Kodizes.

In der **klassischen Periode** (300–900 n.Chr.) war bei den Maya der 260-Tage-Kalender, bestehend aus 13 „Monaten" à 20 Tagen, zur fundamentalen und zuverlässigsten Berechnungsgrundlage für die Beziehung zwischen spiritueller und materieller Welt geworden, abgesehen von den in Trance erhaltenen Antworten aus dem Jenseits. Jedem der 20 Tagesnamen war ein spezieller Gott und eine bestimmte Richtung zugeordnet, und zwar im Uhrzeigersinn von einem Tag zum anderen, bis der Zyklus vollendet war. Dieser Ritualkalender wurde neben einem 365-Tage-Kalender verwendet, der in etwa das Sonnenjahr beschreibt: Er wurde in 18 Gruppen von je 20 Tagen plus fünf verhängnisvolle Tage am Ende unterteilt. Jede 20-Tage-Gruppe und jedes Sonnenjahr besaß ebenfalls einen überirdischen Schutzpatron. Wurden beide Kalender gleichzeitig angewandt, wiederholte sich der Zyklus nach genau 52 Jahren.

Zusätzlich zu diesen beiden Kalendern gab es den von den präklassischen Maya entwickelten so genannten **Long Count**, der die Gesamtzahl der Tage zählt, die seit dem mythologischen Zeitpunkt, als der erste große Zyklus begann, dem Schöpfungstag, vergangen sind. Zur Bestimmung des Long Count sind komplizierte Berechnungen erforderlich. Für die mesoamerikanischen Zivilisationen bedeutete das Ende eines Zyklus und der Beginn eines neuen die Apokalypse und anschließend den Anfang eines neuen Zeitalters sowie die Wiederherstellung der Weltordnung nach einer chaotischen, unheilvollen Phase. Ein Symbol des neuen Zeitalters war die Erbauung neuer Tempel auf dem Fundament der alten, die alle 52 Jahre erfolgte. Der Long Count der Maya endet am 23. Dezember 2012; viele Menschen glauben daher, dass damit das Ende der Welt komme.

Opfergaben

Am Anfang des 365-Tage-Zyklus löschten die **Azteken** alle Feuer und zerbrachen sämtliche Töpferwaren im ganzen Reich. Priester rissen um Mitternacht, wenn die Sterne direkt über ihren Köpfen hinwegzogen, Kriegern das Herz aus dem Leib und entzündeten in deren Brustkasten ein neues Feuer – für die Azteken waren **Menschenopfer** unumgänglich, um die irdische Harmonie und das Fortbestehen des Kosmos zu gewährleisten.

Die herrschenden Schamanen/Priester waren unbedingt notwendig, um die Welt und das Leben überhaupt in Bewegung zu halten, und eines ihrer wichtigsten Werkzeuge waren Opfergaben: Die Mesoamerikaner glaubten, dass sie ihr Leben den Todesgöttern nur abgeluchst hätten. Auf Maya-Gefäßen, die zusammen mit den Verstorbenen begraben wurden, sind oft Szenen aus dem *Popul Vuh* abgebildet, dem Schöpfungsmythos der Quiché Maya, in dem die Heldenzwillinge die Herren der Unterwelt mittels einer Reihe schamanistischer Tricks und durch ihre ausgezeichnete Beherrschung des Ballspieles überlisten. Die zentralmexikanische Mythologie ging noch einen Schritt weiter: Leben wird nicht durch List dem Tod abgewonnen, sondern regelrecht gestohlen. In einer Erzählung begeben sich Quetzalcoatl und Xolotl in die Unterwelt und bringen den Gott des Todes, Mictlantechutli, dank einer List dazu, ihnen heilige Knochen zu geben, die von einer früheren Schöpfung übriggeblieben sind. Diese Knochen bringen sie in das Paradies Tamoanchán – der zentralmexikanischen Version des Wirikuta der Huichol oder des olmekischen San Martín – und mahlen sie zu Mehl. Dann lassen die Götter ihr Blut in das Mehl fallen, und die Menschen werden geboren. Nach der Erschaffung des Menschen treffen sich die Götter in der Dunkelheit in Teotihuacán und beschließen, eine neue Sonne zu erschaffen. Auch dazu ist ein Opfer notwendig, und so werfen die beiden Götter sich in ein loderndes Feuer, um Sonne und Mond zu werden.

Der blutige Schöpfungsmythos Zentral-Mexikos ist von der Anwesenheit der Herren der Unterwelt geprägt, die versuchen, sich das ihnen gestohlene Leben wieder zurückzuholen. Niemand machte sich mehr Sorgen darüber als die Azteken: Das Aztekenreich wurde von dem scheinbar unstillbaren Appetit der Herren der Unterwelt nach Menschenherzen beherrscht – dem Preis für das Fortbestehen des Lebens und der bestehenden Ordnung. Bernal Díaz berichtet entsetzt vom Opfern gemästeter Kinder, Frauen und Kriegsgefangener und schließt daraus, dass die aztekischen Priester Sklaven der Mächte des Bösen seien, eine Vorstellung, die auch in der aztekischen Mythologie angedeutet wird. Der große Toltekenprinz **Quetzalcoatl Topiltzin**, berühmt für seine Weisheit und Heiligkeit, Begründer der wunderbaren Stadt Tula, beschloss, das Menschenopfer abzuschaffen. Doch sein Versuch misslang, denn der Schamanengott Tezcatlipoca überlistete die Tolteken und zwang Quetzalcoatl Topiltzin ins Exil. Dieser baute sich ein Floß und fuhr von der Golfküste „nach Osten", versprach aber, eines Tages zurückzukehren, um die falschen Herrscher zu verbannen und eine höhere Ordnung einzusetzen, in der es keine Menschenopfer geben würde. Wie allgemein bekannt, wollte es die Ironie des Schicksals, dass Cortés gerade dort landete, wo Quetzalcoatl Topiltzin das Land verlassen haben soll und gerade zu der Zeit, als mit dessen Rückkehr gerechnet wurde.

Das Ballspiel

Das Pelotaspiel, laut Sahagún bei den Azteken *Tlaxtli* oder *Tlachtli* genannt, stammt mindestens aus der Zeit um etwa 1300 v.Chr. und wurde wie so viele Elemente der traditionellen Religion Mesoamerikas von den an der Golfküste lebenden Olmeken entwickelt, möglicherweise aus einem noch älteren Brauch. Sie entdeckten wohl als Erste, dass man den in dieser Gegend reichlich vorkommenden Kautschuk zu festen Bällen verarbeiten konnte. Mit der Ausbreitung der Olmeken wurde das Spiel in verschiedenen Ausprägungen dann auch bei anderen Völkern bekannt. Ein Spiel in unserem heutigen, sportlich-spielerischen Sinne war das Ballspiel der alten mittelamerikanischen Kulturen mit Sicherheit nicht, es hatte vielmehr den Charakter eines Rituals. Die Bewegungen des Balles symbolisierten dabei wahrscheinlich den Lauf der Sonne, der nicht unterbrochen werden darf, d.h. der Ball durfte während des Spiels nicht zu Boden fallen.

Ballspieler waren meist Adlige und hochrangige Personen, es gab jedoch auch Berufsspieler. Da der sehr harte Ball beim Ballspiel nur mit dem Knie, der Hüfte, dem Gesäß oder Ellbogen geschlagen werden durfte, musste der Körper des Spielers mit Knieschützern und durch eine mit Baumwolle gefütterte Lederweste, die bis über die Oberschenkel reichte, geschützt werden. Die Hände, mit denen sich die Spieler auf dem Boden abstützten, schützten feste Lederhandschuhe, so genannte *mayeuatl*. Die hufeisenförmigen Steinhalbringe, denen man überall in den Museen begegnet, sind wahrscheinlich Nachbildungen der Schutzkleidung der Ballspieler und wurden vielleicht den toten Spielern, zusammen mit Brustharnischen und Votiväxten bei der Bestattung mitgegeben.

Das Spielfeld war durch senkrechte oder abgeschrägte Mauern begrenzt, oft mit kunstvollen Markierungssteinen besetzt. Manchmal war es Ziel des Spieles, den Ball durch an den Längsseiten befestigte Steinringe zu treiben, was vermutlich selten gelang. Übrigens scheinen laut Sahagún auch Frauen diesen „Sport" ausgeübt zu haben. Vor dem Spiel schlossen die meist recht vermögenden Zuschauer auf die Mannschaften Wetten um wertvolle Kleidung, Schmuck, Konkubinen oder Haus und Hof ab.

Über die blutigen Rituale im Zusammenhang mit dem Ballspiel gibt es verschiedene Theorien. Glaubwürdig klingt, dass bei den Maya Kriegsgefangene mit den Siegern ein rituelles Ballspiel austragen mussten, dessen Ergebnis natürlich von vornherein feststand. Der Verlierer wurde dann den Göttern geopfert. Andere Theorien besagen, der Sieger sei geopfert worden (als ehrenvolle Auszeichnung), und führen das große Relief am Ballspielplatz von **Chichén Itzá** dafür an. Die Blutopfer sollten vermutlich die Sonne stärken und damit den Kreislauf des Lebens gewährleisten. Da das Ballspiel hohe körperliche Geschicklichkeit und Kraft erforderte, hatte es auch die vielleicht unbewusste Funktion, kriegerische Auseinandersetzungen auf eher friedlichem Wege zu umgehen, Aggressionen abzureagieren und auf diese Weise den kulturellen Austausch zwischen Völkern zu fördern.

Musik

Ein Beitrag von Mary Farquharson

Mexikanische Musik war in den 40er und 50er Jahren weit verbreitet; von Kinoleinwänden und aus Radios hörte alle Welt Klassiker wie *Besame Mucho* und *Cielito Lindo*. In den 60ern war der internationale Boom vorbei, in Mexiko selbst hat sich hingegen die Beliebtheit von Tanzorchestern bis heute ungebrochen erhalten. Das kosmopolitische und lebenslustige México D.F. zog von jeher viele Musiker aus allen Teilen Lateinamerikas an und sog deren Musikstile begierig auf. So kam auch Celia Cruz aus Kuba, um zusammen mit Benny Moré, Bienvenido Granda und Damasio Pérez Prado ihr Glück in der heutigen Hauptstadt des (ursprünglich aus Kuba stammenden) Danzón und der Cumbia (aus Kolumbien) zu versuchen.

Da die Einfuhr ausländischer Rockmusik in Mexiko bis in die späten 80er Jahre praktisch verboten war, spielte diese Musikrichtung zunächst keine Rolle. Doch als dieses Gesetz aufgehoben wurde, war der Weg frei für Rockgruppen wie Los Caifanes, die erfolgreich vor einem Mittelschicht-Publikum auftreten.

In den 90er Jahren erreichten zwei Gruppen, die auf eigenwillige Weise den mexikanischen Son interpretierten, Café Tacuba und Maldita Vecindad, ein breiteres Publikum. Mit Maná aus Guadalajara gab es schließlich auch einen Superstar in der mexikanischen Rockmusik. Rock boomt auch weiterhin mit Gruppen wie Plastelina Mosh, Control Machete und El Gran Silencio, die in der größten Stadt der Welt Starruhm genießen. Neuerdings ist außerdem die Rapband Molotov äußerst erfolgreich.

Son

Son ist ein traditioneller Musikstil, der sich im 18. Jh. aus dem Zusammentreffen von spanischer, indigener und afrikanischer Kultur entwickelte. Wichtig ist die Beteiligung des Publikums durch *zapateado* – hartes Fußstampfen – und Zurufe vom Tanzboden, auf die hin ein Son-Musiker ad hoc einen Text erfinden können muss. Am bekanntesten sind die ***sones jaliscienses***, das Originalrepertoire der Mariachi-Bands, meisterhaft gespielt z.B. von Los Reyes del Aserradero und Mariachi Tamazula.

Berühmt sind auch die ***sones jarochos*** aus Veracruz mit Musikern wie Andres Huesca, Nicolás

Sosa und Lino Chávez. Heute ist der *son jarocho* wieder im Kommen, seine bekannteste Interpretin ist Graciana Silva, „La Negra Graciana".

Am lebhaftesten ist wahrscheinlich die huastekische Form des Son, der auf der Geige gespielt wird, begleitet von einer Huapanguera-Gitarre und der kleinen Jarana-Gitarre. Gesungen wird er im Allgemeinen im Falsett. Ein ***son huasteco*** wird jedesmal wieder neu erfunden, denn das Publikum akzeptiert keine Kopien. Die bekanntesten huastekischen Son-Trios sind Los Camperos de Valles, Trio Tamazunchale und Dinastia Hidalguense.

In den Dörfern der Sierra Gorda ist der ***arribeño son*** zuhause, die poetischste Art des Son. Meistens singen zwei Troubadore, begleitet von der eigenen Huapanguera-Gitarre und zwei Violinen sowie einer kleinen Vihuela-Gitarre, um die Gunst des Publikums. Der berühmteste lebende Vertreter dieses Son ist der begnadete Guillermo Velázquez.

Im Westen Mexikos, im heißen Becken des Río Balsas, sind die ***sones calentanos*** zu Hause, die zu schwierigen Violinmelodien gesungen werden. Vor einiger Zeit hat der Violinist Juan Reynoso den hochdotierten Nationalpreis für Kunst und Wissenschaft gewonnen, der erstmalig einem Volkssänger zugesprochen wurde.

Zwar ist der Son vorwiegend Mestizo-Musik, doch begleiten auch mehrere indigene Kulturen ihre rituellen Tänze mit instrumentalen *sones*. ***Sones abajeños*** heißt die mitreißende Tanzmusik der Purépecha-Indianer von Michoacán. Zwischen den *abajeños* singen die gleichen Musiker wunderbare **Purépecha**-Liebeslieder. Besonders gute Purépecha-Son-Gruppen sind z.B. Atardecer und Erandi. Im Bundesstaat Oaxaca hat die Zapoteken-Kultur herrliche Liebeslieder hervorgebracht. Diese sowohl auf Zapotekisch als auch Spanisch gesungenen ***sones istmeños*** haben einige der besten Vokalisten Mexikos, darunter Lila Downs, dazu bewogen, die zapotekischen Texte zu lernen und auf großen Bühnen zu präsentieren.

Ranchera

Sängerinnen wie Tania Libertad und Betsy Pecanins, in den 80er Jahren berühmte Vertreterinnen des *nueva cancion*, haben sich auf traditionelle Musikstile besonnen und tragen inzwischen einem reiferen Publikum ihre Versionen von Norteñas, Mariachi, *sones istmeños* und mexikanischen Boleros vor. Besonders berühmt ist in dieser Sparte Eugenia León. All diese Sängerinnen stehen in der Tradition einer langen Reihe von mexikanischen Divas, die sich mit der Ranchera gründete.

„Ranchera" kommt von *rancho* (Farm), denn die Musik wurde in den Städten für ein Publikum komponiert, das sich seiner ländlichen Herkunft erinnern wollte. Die witzigen Originaltexte des Son wurden durch bittere Worte über Verlust und Betrug ersetzt, und musikalisch verlegte sich der Schwerpunkt von der komplizierten Melodie auf die melodramatische Vokalinterpretation.

Die erste Diva der Ranchera-Musik war Lucha Reyes, deren Lieder von der hervorragenden Kabarettsängerin Astrid Hadad wieder aufgenommen wurden. Während in den ersten Dekaden des 20. Jhs. die klassische Ranchera eine Domäne von Sängerinnen, wie Amalia Mendoza, Lola Beltrán und María de Lourdes, war, kommen heute eher jüngere männliche Sänger, wie z.B. Alejandro Fernández, zu Ruhm und Wohlstand. Zwar ist in musikalischer Hinsicht im Repertoire Alejandros nur noch wenig von der ursprünglichen Ranchera zu finden, doch die Melodramatik und die Verbundenheit mit der ländlichen Kultur sind noch da, wie die Mariachi-Hosen und der Sombrero beweisen. Allerdings repräsentiert Alejandro eine jüngere Generation, mehr im Stil der neuen Rockidole.

Norteño

Norteño – nördlich der Grenze Tex-Mex genannt – hat seine Wurzeln in den Corrido-Balladen, die vom Krieg zwischen Anglos und „Meskins" im frühen 19. Jh. erzählten. Durch diesen Krieg verlor Mexiko die Hälfte seines Territoriums, und die Mexikaner, die im heutigen Kalifornien, Arizona, New Mexiko und Texas lebten, gehörten von heute auf morgen einer anderen Nationalität an.

Der Corrido erlebte seine Blütezeit in den späten 20er Jahren, als in den Hotels von San Antonio, Texas, Lieder über die jüngste Revolution aufgenommen und zu beiden Seiten der Grenze verbreitet wurden. In den 30er Jahren führte angeblich Flaco Jimenez' Vater, Santiago, das Akkordeon ein. Es wurde zu einem wesentlichen Bestandteil der Corrido-Balladen. In den 50er Jahren vermischte sich das Akkordeon mit den traditionellen Gesangsduetten des nördlichen Mexiko, und es entstand eine Stilrichtung, die heute als Norteño bekannt ist. Wahrscheinlich brachten böhmische Einwanderer das Instrument ins Land, als sie im späten 19. Jh. nach Mexiko kamen, um dort in den Minen zu arbeiten.

Im Unterschied zu den meisten anderen regionaltypischen Stilrichtungen ist der Norteño im ganzen Land beliebt. Auf einem Fest in einem entlegenen Bergdorf in Zentral-Mexiko holt der Gastgeber sein Akkordeon hervor und spielt Norteño Corridos, bis der Morgen graut. Und die Flötenmusik, die von einem Erfrischungsstand an der Pazifikküste schallt, ist ein Norteño-Walzer.

Vielleicht sind es die Texte des Norteño, die diese Musik so beliebt machen. Die Lieder sprechen in klareren und anregenderen Worten zu den Menschen als die pseudo-kultivierten einheimischen Popsongs. Die Norteño-Texte handeln von Anti-Helden: von kleinen Drogenschmugglern, illegalen Einwanderern und von Camelia, der texanischen Blondine, die mit dem Gesetz in Konflikt geriet. Norteño spiegelt die Stimmung eines Landes wider, das seine regierenden Politiker für korrupt hält und das daher vor den kleinen Leuten, die den Mut haben, sich gegen ein verlogenes System aufzulehnen, einen gewissen Respekt hat.

Gruppen wie Los Tigres, die mit Abstand erfolgreichste Norteño-Gruppe beiderseits der Grenze, und Los Cadetes del Norte entnehmen ihre Geschichten den lokalen Zeitungen und arbeiten sie zu Balladen um, die meistens mit *Voy a cantarles un corrido* („Ich werde Ihnen ein Corrido singen") beginnen, um dann zu einer schaurigen Erzählung überzugehen, die in einem so trockenen Ton vorgetragen wird, dass man meinen könnte, es wäre absolut nichts dabei, tanzen zu gehen, um sich anschließend umzubringen.

Cumbia

Die kokette Cumbia, in Mexiko populärer als in ihrem Heimatland Kolumbien, ist die wohl beliebteste Musikrichtung in Mexiko. Diese Tanzmusik verbindet afrikanische Rhythmen mit indianischen Flöten und spanischen Melodien. Die im Bereich Soft-Cumbia bekannteste Band war Los Bukis, die, bevor sie sich Mitte der 90er Jahre auflöste, mehrere Alben produzierte, darunter *Me volví a acordar de tí,* das 1,5 Millionen Mal verkauft wurde – die schätzungsweise vier Millionen schwarz mitgeschnittenen Kassetten nicht mitgerechnet.

Auf gleicher Linie liegt eine fantasievolle Mixtur aus Cumbia, Norteño und Ranchera, manchmal **Grupera** (oder *onda grupera)* genannt, die sich Ende der 80er entwickelte und in Kleinstädten und Dörfern immer noch sehr beliebt ist. Typische Vertreter sind z. B. Gruppen wie Yonics und die Banda Machos, und ihr Publikum ist dasselbe wie das der Bandas.

Geschichte

Mexiko in seinen heutigen Grenzen besteht erst seit rund 150 Jahren. Jedoch reicht die Geschichte eines als politische Einheit Mexiko bekannten Gebildes bis in die Zeit der spanischen Konquista zurück. Informationen über die historischen Ereignisse vor dem 17. Jh. basieren überwiegend auf mündlichen Überlieferungen, die lange nach den wirklichen Ereignissen festgehalten wurden, sowie auf archäologischen Funden und den daraus gezogenen Schlüssen, denn die spanischen Eroberer gaben sich alle Mühe, die Spuren der einheimischen Kulturen zu tilgen.

Diese Kulturen waren nicht auf den heutigen mexikanischen Raum beschränkt, sondern verteilten sich über den gesamten, unter der Bezeichnung **Mesoamerika** bekannten Raum, der sich vom mittleren Norden Mexikos weit nach Süden bis nach Zentralamerika erstreckte. Die damals nördlich dieser Region lebenden Menschen gaben ihre nomadische Lebensweise als Jäger und Sammler nie auf, die im Süden jedoch lebten unter der Herrschaft verschiedener mächtiger, aufeinander folgender Reiche, darunter das der Azteken und das der Maya (das sich zeitweilig über das südöstliche Mexiko bis ins heutige Honduras erstreckte).

In Mesoamerika florierten einige der außergewöhnlichsten Kulturen der Welt. Ohne über arbeitserleichternde Metallwerkzeuge, Zugtiere oder Wagen mit Rädern zu verfügen, schufen sie gewaltige Städte, bemerkenswerte Statuen und Skulpturen – und ein mathematisches und kalendarisches System, das dem der damaligen „zivilisierten" Welt weit überlegen war.

Der folgende Abriss einer Frühgeschichte basiert auf archäologischen Erkenntnissen, die zwar im Allgemeinen akzeptiert, jedoch keineswegs unumstritten sind. Es sind noch viele grundsätzliche Fragen offen, vor allem in Bezug auf die Art der Kontakte zwischen den verschiedenen Gesellschaften und ihre wechselseitige Beeinflussung.

Frühzeit

Der genaue Zeitpunkt, an dem die ersten Menschen die Beringstraße überquerten und Amerika erreichten, ist nach wie vor umstritten, aber in weiten Kreisen wird angenommen, dass er frühestens vor 15 000 Jahren anzusetzen ist. Bis ca. 6000 v.Chr. folgten diesen ersten Einwanderern nomadisierende Jäger der Steinzeit, die ihre Vorgänger langsam nach Süden drängten.

In der so genannten **archaischen Periode** (ca. 5000–2000 v.Chr.) finden sich erste Anzeichen permanenter Niederlassungen, d.h. der Nachweis von Maisanbau und bald danach primitive Töpferwaren, Steinwerkzeuge und sogar Handelsbeziehungen zwischen einzelnen Regionen. Eine dauerhafte Zivilisation entstand erst mit dem Aufkommen der **Olmeken** in der so genannten **präklassischen oder formativen Periode** (2500 v.Chr.–250 n.Chr.). Bis heute ist von allen alten mexikanischen Kulturen über die Olmeken am wenigsten bekannt. Ihre wohlhabenden Städte blühten in den tief gelegenen Urwäldern an den Küsten von Tabasco und Veracruz und an der Pazifikküste.

Viele politische, kulturelle, künstlerische und architektonische Errungenschaften der Olmeken finden sich in späteren mesoamerikanischen Kulturen wieder. Was heute an olmekischen Artefakten in den Museen zu sehen ist, zeichnet sich durch ungeheure Kunstfertigkeit aus, die sich in Skulpturen und den berühmten Kolossalköpfen manifestiert. Diese Köpfe mit ihren eigenartig kindlichen Gesichtszügen wurden in einem Stück aus Basaltblöcken geschnitten und ohne technische Hilfsmittel wie z.B. Rad und Wagen von den Steinbrüchen aus über eine Strecke von mehr als 90 km zum Bestimmungsort transportiert. Schon allein daraus geht hervor, dass die Olmeken-Gesellschaft hierarchisch organisiert war und über eine große Zahl von Arbeitskräften verfügen konnte.

Klassische Kulturen

Gegen Ende der präklassischen Periode waren die Olmeken-Zentren im Niedergang begriffen. **La Venta**, die wichtigste Stätte, scheint um 400 v.Chr. aufgegeben worden zu sein, und die restlichen innerhalb weniger darauf folgender Jahrhunderte. Während die Macht der Olmeken schwand, wuchsen neue Zivilisationen heran und errichteten Städte in verschiedenen Teilen Zentral-Mexikos. Diese Niederlassungen jedoch, wie z.B. **Monte Albán**, in der Nähe von Oaxaca, weisen eindeutige Spuren älteren, olmekischen Einflusses auf. Im Norden, im großen Talbecken von Mexiko (das damals Anáhuac genannt wurde und wo sich jetzt México D.F. befindet) entstanden mehrere kleine Städte. In **Tlatilco**, einer der Siedlungen in Anáhuac, fand man eine beträchtliche Anzahl olmekischer Gegenstände, die den Schluss zulassen, dass intensive Kontakte mit den weiter südlich befindlichen Zivilisationen bestanden – zumindest auf dem Handelsweg.

Gleichzeitig gibt es Hinweise auf noch wichtigere Zentren, die im Entstehen waren: **Cuicuilco** (inzwischen ein Vorort der Landeshauptstadt) entwickelte sich zu einer mächtigen Stadt, bis es zu Beginn des 1. Jhs. n.Chr. durch einen Vulkanausbruch verschüttet wurde. Zur selben Zeit erbaute man die ersten mächtigen Bauwerke von **Teotihuacán**.

Während der klassischen Periode (250–900 n.Chr.) beherrschte Teotihuacán als erster wirklich ausgedehnter Stadtstaat Zentral-Mexiko. Seine architektonischen und religiösen Einflüsse machten sich bis weit nach Süden noch im Herzstück der Maya-Kultur Guatemalas bemerkbar. Bis heute legt die Stadt mit ihrer riesigen Sonnen- und Mondpyramide ein beredtes Zeugnis der überragenden Macht jener Zivilisation ab.

Die Geschichtsforschung weiß über Teotihuacán wenig zu berichten, denn mangels schriftlicher Überlieferungen ist weder über das Volk noch über die Herrscher Genaueres bekannt. Selbst ihr ursprünglicher Name (die Bezeichnung „Teotihuacán", d.h. „der Ort, wo die Menschen Götter wurden", stammt aus späteren Zeiten unter aztekischer Herrschaft) liegt im Dunkeln. Sicher ist nur, dass der Niedergang der Stadt um 650 n.Chr. begann und sie innerhalb eines Jahrhunderts völlig verlassen war. Etwa zur gleichen Zeit, so scheint es, zerbrachen unerklärlicherweise in ganz Mesoamerika viele Staaten, vor allem die der Maya, und eine große Zahl wichtiger Stätten wurde plötzlich aufgegeben.

Auch die großen **Mayazentren** erreichten in der klassischen Periode ihren künstlerischen, wissenschaftlichen und architektonischen Höhepunkt, ganz besonders die Städte im Tiefland von Guatemala und Honduras. Sie überdauerten bis 800 n.Chr. Teotihuacán.

Nur auf der Halbinsel Yucatán war den Maya ein besseres Schicksal beschieden. Ihre dortigen Städte lebten nach einem Zustrom neuer Ideen aus Zentral-Mexiko (vielleicht durch Eindringlinge) um 900 n.Chr. wieder auf. Die berühmten Bauwerke von **Chichén Itzá** datieren zumeist aus dieser späteren Phase zwischen 900–1100 n.Chr.

Die klassische Periode kennzeichnet insgesamt eine schnelle Aufwärtsentwicklung: z. B. auch an der Golfküste in **El Tajín** und in den Zapoteken-Gebieten um **Monte Albán**, und ein bald darauf einsetzender Niedergang. Für diesen Sachverhalt gibt es zahlreiche Erklärungen. Sicherlich war der Fall von Teotihuacán ein schwerer Schlag für seine Handelspartner in ganz Mexiko, wahrscheinlich hatte das einmal begonnene Desaster eine Kettenreaktion zur Folge. Vielleicht war der Auslöser auch eine Krise in der Landwirtschaft oder eine ökologische Katastrophe, die zum Vertrauensverlust gegenüber den Herrschern, eventuell sogar zum Aufstand gegen sie führte.

Tolteken und Azteken

Zu Beginn der **postklassischen Periode** (900–1520 n.Chr.) setzte der erste Zustrom von Invasoren aus dem Norden ein, der die an sich schon problematische Situation sicher noch verschärfte. Nomadisierende Stämme drangen in das fruchtbare Tal von Mexiko ein, bauten Städte nach alten Vorbildern, übernahmen viele Formen und Religionen und erlangten für kurze Zeit die Vorherrschaft, bis sie ihrerseits von einer neuen Welle von Eindringlingen verdrängt wurden.

Alle diese Stämme aus dem Norden erhielten die Bezeichnung **Chichimeken**, ein Wort, das die Bedeutung „Barbaren" mit einschließt (obwohl viele von ihnen, bevor sie ins mexikanische Hochtal kamen, zumindest als halb zivilisiert gelten können). Jeder Chichimekenstamm gab als Ausgangspunkt seiner Wanderung die sieben Höhlen von Chicomoztoc an. Im Tal wurden Städte gegründet, die eine kurze Blüte erlebten oder sogar die Unabhängigkeit errangen. Zwei Namen prägen diese neue, kriegerische Ära: die Tolteken und die Azteken.

Die **Tolteken** gehörten zu den ersten Neuankömmlingen und beherrschten die zentralen Hochtäler von 950–1150 n.Chr. Manche Forscher sind der Ansicht, dass Teotihuacán von den Tolteken überfallen und zerstört worden sei. Für die Azteken besaßen die Tolteken überragende mythische Bedeutung. Sie schrieben ihnen die Erfindung sämtlicher Künste und Wissenschaften zu und hielten sich für direkte Nachkommen der Tolteken. In Wirklichkeit, so scheint es, hatten die Tolteken einen Großteil ihrer Kultur von Teotihuacán übernommen.

Trotzdem haben die Tolteken neue Entwicklungen in Gang gesetzt, vor allem hinsichtlich des Kultes um **Quetzalcoatl**, dem jetzt eine große Bedeutung beigemessen wurde. In der Hauptstadt der Tolteken, in Tula, finden sich überall Abbildungen des Gottes (wahrscheinlich gab es hier einen König oder ein Königsgeschlecht dieses Namens), und von Tula wurde er auch vom teuflischen Gott Tezcatlipoca vertrieben. Die Vorhersage seiner Rückkehr sollte später fatale Folgen haben (s.S. 77). Die Gesellschaftsstruktur der Tolteken war mindestens ebenso militärisch wie religiös bestimmt; niemals zuvor hatte es so viele Menschenopfer gegeben.

Als die **Azteken** (oder Méxica) gegen Ende des 12. Jhs. nach Zentral-Mexiko kamen, trafen sie eine Vielzahl kleiner, mehr oder weniger mächtiger Stadtstaaten an, aber keiner von ihnen hatte die Oberherrschaft. So blieb es auch, bis die Azteken (der Legende zufolge) im Jahr 1345 – nach einigen Jahren der Wanderschaft und der Raubzüge endlich unter dem der Prophezeiung entsprechenden Zeichen (ein Adler, der auf einem Kaktus sitzend eine Schlange verspeist) eine eigene Stadt gründeten. Diese neue Stadt, **Tenochtitlán**, sollte einmal das Herzstück des berühmtesten aller mexikanischen Königreiche werden. Der Anfang war jedoch schwer. Der gewählte Ort, eine Insel in einem See (heute das Gebiet von México D.F.), war nicht gerade viel versprechend, und die neue Stadt stand anfänglich unter der Herrschaft der mächtigeren Nachbarstaaten.

Doch die Méxica wussten sich zu helfen. Um Ackerbauflächen zu schaffen, legten sie schwimmende Inseln an, die durch Baumwurzeln im Seeboden verankert waren. Dadurch konnten sie sich mit den notwendigen Lebensmitteln selbst versorgen, was einen Anstieg der Bevölkerungszahl zur Folge hatte. Schon bald bildeten sie die einflussreichste Zivilisation des Talbeckens, und gegen 1429 hatten sie sich mit den benachbarten Städten Texcoco und Tlacopán zu einer Dreierallianz zusammengeschlossen.

Damit war der Grundstein für das spätere **Aztekenreich** gelegt. Seine Errungenschaften waren bemerkenswert: In weniger als einem Jahrhundert brachten die Azteken ganz Zentral- und Süd-Mexiko unter ihre Kontrolle und forderten in der gesamten Region Steuerabgaben und Arbeitskräfte ein.

Tenochtitlán dehnte sich enorm aus – die spanischen Eindringlinge wollten ihren Augen nicht trauen angesichts der Ausmaße und des Wohlstands dieser Stadt. Aber je mehr sie wuchs, desto mehr Kriege forderten die Götter, denn aufrührerische Untertanen mussten niedergeschlagen und die Götter mit immer neuen Menschenopfern besänftigt werden.

Im übrigen Teil des Landes hatte sich an der Lebensweise der anderen Gesellschaften wenig verändert. Die Zapoteken im heutigen Oaxaca wurden ähnlich wie in Zentral-Mexiko von den aus den Bergen gekommenen **Mixteken** unterworfen. Durch Krieg und Bündnisse erreichten die Mixteken schließlich die Herrschaft über die gesamte Region,

Mexiko vor Ankunft der Spanier

Als die Spanier im Jahr 1519 das heutige Mexiko erreichten, fanden sie zu ihrem Erstaunen eine blühende, ihnen unbekannte Zivilisation vor, deren Errungenschaften sich in vielerlei Hinsicht mit denen des spanischen Königreiches messen konnten. Zu jener Zeit war das Reich der Azteken sogar noch in der Ausdehnung begriffen. Doch wo lagen die Ursprünge der Azteken, wo waren sie hergekommen? Hier ein kurzer Überblick über die bedeutendsten prähispanischen Zivilisationen, auf deren Spuren Mexiko-Reisende stoßen werden:

- **Olmeken** Die erste überlieferte Zivilisation erblühte ab 1150 v.Chr. im Tieflanddschungel des südlichen Veracruz und Tabasco. Über die Olmeken ist wenig bekannt, doch ihr Erbe zeugt von einer komplexen, äußerst gut organisierten Gesellschaft, und ihre Religion und Kunst prägten alle nachfolgenden Zivilisationen.
- **Teotihuacán** Die riesige, majestätische Stadt war die erste der mächtigen, zentralistischen Kulturen, die jene Hochebene beherrschte, die seither das Herzstück Mexikos bildet. Höhepunkt ihrer Macht ca. 250–750 n.Chr.
- **Maya** Während Teotihuacán das Landeszentrum dominierte, beherrschte eine noch eindrucksvollere Gesellschaft einen Großteil des südöstlichen Mexiko, des heutigen Guatemala und noch weiter entfernte Regionen. In ihrer Blütezeit in der klassischen Periode (250–900 n.Chr.) könnte die Bevölkerung der Maya um zwei Millionen Menschen gezählt haben, die sich auf mindestens vierzig Städte verteilten.
- **Zapoteken** In der Gegend um Oaxaca im Südwesten des heutigen Mexiko hatten sich die Zapoteken niedergelassen, die die erste in der Region bekannt gewordene Schriftsprache sowie einen Kalender entwickelten. Auch sie erreichten den Höhepunkt ihrer Macht während der klassischen Periode.
- **Tolteken** Nach dem Niedergang von Teotihuacán bemühten sich viele Volksgruppen um die Oberherrschaft in Zentral-Mexiko. Die Tolteken behielten von ihrer Hauptstadt Tula aus von ca. 900–1200 n.Chr. die Oberhand über die Region.
- **Azteken** Die Azteken (bzw. México oder Tenochca) waren die letzten und erfolgreichsten einer ganzen Reihe von Invasoren aus dem Norden. Als die Ausdehnung ihres Einflussbereichs durch die spanische Invasion gestoppt wurde, hatte ihr Reich nicht einmal hundert Jahre lang bestanden, und doch war ihr Herrschaftsgebiet schon ebenso groß wie das jedes ihrer Vorgänger.

entwickelten eine bis dahin unbekannte Kunstfertigkeit in der Herstellung von Töpfer- und Goldschmiedearbeiten und unterlagen den Azteken erst einige Jahre vor der Konquista.

Die **Maya** auf der Halbinsel Yucatán wurden nie dem Aztekenreich unterworfen. Ihre Zivilisation befand sich aber im Niedergang, und eine Zentralmacht, die die Geschicke des Volkes hätte lenken können, hat es nie gegeben. Allerdings trieben sie noch immer fleißig Handel entlang der Küsten. Die Golfküste war bei der Ankunft der Spanier völlig in aztekischer Hand, nur der Westen des Landes sträubte sich noch gegen eine Unterwerfung.

Die spanische Konquista

Am 21. April 1519, einem Karfreitag, landete **Hernán Cortés** an der Küste in der Nähe des heutigen Veracruz. Er kam mit nur 550 Männern, Pferden, Hunden und ein paar Kanonen. Dennoch hatte er in weniger als drei Jahren das Aztekenreich zerstört und beinahe ganz Mexiko unter seine Kontrolle gebracht. Diesen Siegeszug verdankten die Spanier mehreren Faktoren. Zum einen war Cortés selbst einer der skrupellosesten Führer in der Geschichte der Menschheit. Wenige Tage nach der Ankunft verbrannte er die Expeditionsschiffe, so dass es im wahrsten Sinne des Wortes keinen Weg zurück gab. Seine Männer hatten folglich nichts zu verlieren, aber viel zu gewinnen. Ihre Waffen und ihre Ausrüstung waren denen der Azteken weit überlegen. Dennoch tauschten viele Spanier ihre Rüstung gegen eine aus gekämmter Baumwolle, wie sie die Azteken trugen, die luftdurchlässiger und leichter war und fast genauso gut schützte. Das Schießpulver und die Kanonen der Spanier waren bei Angriffen auch in psychologischer Hinsicht sehr wirkungsvoll. Außerdem erlaubten die bei den Indianern völlig unbekannten Pferde und die zum Töten abgerichteten Hunde eine bessere Truppenbeweglichkeit, und allein ihr Anblick rief schon regelrechte Panik unter den Azteken hervor. Den Ausschlag jedoch gab Cortés' Fähigkeit, Verbündete unter jenen Stämmen zu gewinnen, die sich gegen die Unterdrückung durch die Azteken auflehnten. Auf diese Weise verstärkte sich seine Streitmacht auf mindestens das Zehnfache ihrer ursprünglichen Stärke.

Und doch hätte **Moctezuma**, das Oberhaupt der Azteken, die Spanier schon in ihrem ersten Lager vernichten können, denn seine Spione hatten ihn sofort von der Ankunft der Fremdlinge unterrichtet. Stattdessen schickte er ihnen eine mit Gold und Juwelen beladene Abordnung, in der Hoffnung, sie möchten sich damit zufrieden geben und sich zum Abzug entschließen. Aber die Geschenke stachelten die goldgierigen Fantasien der Spanier nur noch mehr an.

Allem Anschein nach war Moctezuma ein kränklicher, grüblerischer und unentschlossener Mann, aber sein Versäumnis, gegen Cortés vorzugehen, entsprang religiösen Wurzeln: Das Omen hatte genau für die Zeit, als Cortés landete, die Rückkehr **Quetzalcóatls** vorausgesagt. Wie Quetzalcóatl waren die Eindringlinge weißhäutig, bärtig und kamen aus dem Osten, der Richtung, in die der Gott verschwunden war. Überdies schienen sie eine Friedensbotschaft mitzubringen, denn als eine ihrer ersten Handlungen verboten sie das Menschenopfer.

Obwohl er ihnen Steine in den Weg legte, sie zu hintergehen suchte und sogar Verbündete dazu brachte, gegen sie zu kämpfen, empfing Moctezuma die Spanier im November 1519, als sie endlich Tenochtitlán erreicht hatten, als seine Gäste. Als „Dank" für diese Gastfreundschaft machten sie ihn dann zum Gefangenen in seinem eigenen Palast.

Der Pseudo-Krieg währte fast ein Jahr, in seinem Verlauf lieferten sich die Spanier viele Scharmützel mit indianischen Stämmen, andere machten sie sich zu Verbündeten, vor allem die **Tlaxcalteken**. Im April 1520 verbreitete sich die Nachricht, eine zweite spanische Expedition sei unter der Leitung von **Panfilo Narvaez** unterwegs, um Cortés gefangen zu nehmen und nach Kuba zurückzubringen. Cortés hatte auf eigene Faust gehandelt, und es gab viele Neider, die auf den Reichtum Mexikos erpicht waren. Auch hier erwies er sich als entschlossener Kommandeur. Er marschierte zurück nach Osten, überraschte Narvaez in der Nacht, ermordete ihn und überredete das Gros der Truppe, zu ihm überzulaufen.

Mittlerweile hatten aber die in Tenochtitlán zurückgelassenen Spanier die Geduld ihrer Gastgeber überstrapaziert. Nachdem sie eine Gruppe von Priestern während einer religiösen Zeremonie getötet hatten, befanden sich ihre Quartiere unter Belagerungszustand. Cortés und seine Verstärkung kämpften sich am 24. Juni den Rückweg in die Stadt frei, sahen sich aber schließlich ebenfalls in der Falle. Am 27. Juni wurde der immer noch gefangene Moctezuma getötet – nach Aussage der Spanier steinigten ihn seine eigenen Leute, weil er für einen Friedensschluss eintrat.

In der Nacht zum 30. Juni, die als die **Noche Triste** in die Geschichte einging, weil die Spanier mehr als die Hälfte ihrer Männer verloren, entschloss sich Cortés schließlich zum Ausbruch über den See. Die meisten Spanier waren so schwer mit Gold beladen, dass sie sich kaum bewegen, geschweige denn an den Stellen, an denen die Brücken von den Azteken zerstört waren, hätten durchschwimmen können. Doch wieder versäumten es die Azteken, ihren Vorteil auszunutzen. Es gelang den überlebenden Spaniern, das rettende Festland zu erreichen und so zu ihren Verbündeten nach Tlaxcala zu gelangen, wo sie sich neu formierten.

Die endgültige Eroberung die Hauptstadt begann im Januar 1521 mit verstärkten Truppen und einer Anzahl von Indianerstämmen, die bereit waren, sich zum Kampf gegen die Azteken mit den Spaniern zu verbünden. Die Spanier hatten Schiffe gebaut, die auf dem See fahren konnten. Tenochtitlán wurde aber nicht nur durch die Angreifer zerstört, sondern auch von einer Pockenepidemie heimgesucht. Zu den Opfern gehörte auch der Nachfolger von Moctezuma, Cuitlahuac. Unter der Führung von **Cuauhtémoc**, für die Mexikaner der einzige Held seiner Zeit, hielt sie noch einige Monate stand, aber am 13. August 1521 fiel die Stadt endgültig in die Hände der Spanier. Und obwohl noch weite Teile befriedet werden mussten, führte der Fall der Aztekenhauptstadt schließlich zur Unterwerfung des ganzen Landes.

Die Kolonialherrschaft

In Anerkennung seiner Erfolge wurde Cortés 1522 zum Gouverneur von **Nueva España** (Neu-Spanien) ernannt. In Wirklichkeit wurde er ständig von spanischen Spionen überwacht und war niemals freier Herr seiner Entscheidungen. Es folgten 300 Jahre spanischer Vorherrschaft; 61 Vizekönige garantierten dem spanischen König die Macht im Lande. Am Ende des 17. Jhs. waren weite Gebiete unterworfen, und die Grenzen wurden im Süden bis nach Panama, im Norden bis in die westlichen Staaten der heutigen USA ausgedehnt.

Bei der Ankunft der Spanier zählte die Bevölkerung Zentral-Mexikos mindestens 25 Millionen; zu Beginn des 19. Jhs. waren es gerade noch sechs, und von denen waren höchstens die Hälfte „reinblütige“ Indianer. Viele waren im Kampf gefallen, andere starben an den Folgen der schlechten Behandlung oder durch den Verlust ihrer Häuser und ihres Landes und damit ihrer Existenzgrundlage. Die Mehrzahl jedoch erlag den von den Europäern eingeschleppten Krankheiten, gegen die die Völker der Neuen Welt keine Abwehrkräfte besaßen. Die Auswirkungen waren schrecklich, besonders für die überlebenden Indianer. Ihnen wurden, in gleichem Maße wie die Bevölkerung abnahm, immer mehr Bürden aufgelastet. Schließlich waren die europäischen Männer nicht nach Mexiko gekommen, um sich die Hände schmutzig zu machen.

Die Spanier sahen ihre vordringlichsten Aufgaben im **Wiederaufbau**, der **Befriedung** und in der **Missionierung** der Heiden. Tenochtitlán war während des Kampfes zerstört, anschließend geplündert, verbrannt und seine Bevölkerung vertrieben worden. Keine Spur sollte mehr von der Aztekenherrschaft zurückbleiben – man benutzte die übrig gebliebenen Steine zum Aufbau der neuen Stadt Mexiko.

Anfangs gab es rasche Fortschritte zu verzeichnen. Hunderte von Städten wurden nach einem von Spanien aus vorgeschriebenen Muster angelegt: die Plaza als Zentrum, umgeben von einem gitterförmig angeordneten Straßennetz. Tausende von Kirchen wurden gebaut, oft an den zerstörten heiligen Stätten der Indianer (z. B. oben auf einer Tempelpyramide); um 1800 gab es bereits mehr als 12 000 Kirchen in Mexiko.

Seit der Ankunft der ersten Franziskanermönche im Jahr 1524 gehörten auch Massentaufen zur Tagesordnung. Selbstverständlich wurden die Indianer – wie schon bei den Azteken und deren Vorgängern – zu allen Arbeiten herangezogen, aber niemals zuvor waren sie einer solch brutalen Sklaverei unterworfen wie jetzt. Das so genannte **Encomienda-System** (*encomendar* = anvertrauen) erlaubte es den weißen Herren, sozusagen als Bezahlung durch die spanische Krone, eine bestimmte Anzahl von Indianern an einigen Tagen in der Woche für sich arbeiten zu lassen und von ihnen Steuern zu verlangen. Im Gegenzug waren sie dazu verpflichtet, die Indianer zu entlohnen, sie zu beschützen und im christlichen Glauben zu unterweisen. Dieses System wurde im Jahr 1503 eingesetzt und sollte das so genannte Repartimiento-System ersetzen, nach dem die Kolonialisten die Indianer einfach unter sich aufgeteilt (*repartir* = aufteilen) und rücksichtslos versklavt hatten. Das Encomienda-System war zwar dazu gedacht, die Indianer vor einer allzu brutalen Ausbeutung zu schützen, in Wirklichkeit jedoch änderte es an ihrer schlechten Lage wenig.

Hatte sich die **Kirche** anfänglich noch um die Rechte der Indianer gekümmert und versucht, ihre Geschichten und Legenden aufzuschreiben und ihre Söhne zu unterrichten, verlor sie nunmehr das Interesse und wandte sich dem eigenen Wohlstand zu. Am Ende der Kolonialzeit gehörte der Kirche mehr als die Hälfte allen Grundbesitzes und Vermögens des Landes. Jeder Versuch, die Indianer menschlich zu behandeln, wurde von den spanischen Landbesitzern gewaltsam erstickt. Für sie waren Indianer nichts anderes als Arbeitstiere, billiger als Maschinen und erbarmungslos ausbeutbar.

In gewisser Hinsicht blieb Mexiko nach wie vor ein reiches Land – zweifellos die reichste der spanischen Kolonien –, aber freilich nur für die Kolonialelite und die herrschende Klasse in Spanien. Die Devise der Machthaber war: „Was gut für Spanien ist, ist gut für Mexiko", und in diesem Sinne kamen **Handel**, Produktion und Profit ausschließlich dem „Mutterland" Spanien zugute. Jeder regionale Handel und alle landwirtschaftlichen Produkte, die eine Konkurrenz für Spanien hätten bedeuten können, wurden kurzerhand verboten.

Außer mit Spanien durfte mit keiner anderen Nation Handel getrieben werden. Bedenkt man, dass die „Spanische Gallion", der Schiffskonvoi, nur einmal pro Jahr von Veracruz auslief, stellte diese Bestimmung eine starke Beeinträchtigung dar. Sie verhinderte aber nicht das Emporkommen einer kleinen Clique sagenhaft reicher *hacendados* (Eigentümer riesiger Haziendas) und Minenbesitzer. Deren wachsendes Selbstbewusstsein spiegelt sich auch in der architektonischen Entwicklung wider – nach den festungsähnlichen Bollwerken aus den ersten Jahren entstanden mehr und mehr verspielte Barockbauten.

Allerdings wurden der Ausbau einer sinnvollen Infrastruktur und sogar der Bau von ordentlichen Straßen zwischen den Städten verhindert. Die einzige gute Straße im Jahr 1800 führte von Acapulco nach México D.F. und Veracruz. Auf ihr wurden die Güter aus den Philippinen auf dem Landweg zur Verschiffung nach Spanien befördert.

Selbst unter den Reichen machte sich wachsender Unmut breit. Er wurde geschürt durch den Status, den man den Mexikanern zuerkannte: Nur die **Gachupines**, die in Spanien geborenen Spanier, hatten Zugang zu den hohen Regierungs- und Kirchenämtern. 1800 betrug der Anteil der Gachupines 40 000 bei einer Gesamtbevölkerungszahl von sechs Millionen, von denen drei Millionen Indianer waren. Der Rest bestand aus **Criollos** (Kreolen, in Mexiko geborene Spanier), die durchweg gebildet, wohlhabend und aristokratisch waren, und **Mestizos** (Mischlinge), die die unteren Posten in der Kirche, Armee und Regierung innehatten oder als Ladenbesitzer, Kleinbauern etc. ihr Brot verdienten.

Die Unabhängigkeit

Zu Beginn des 19. Jhs. verlor Spanien seine Vormachtstellung als Weltmacht. 1796 hatte es sich der britischen Übermacht ergeben und seine Kolonialhäfen dem freien Handel geöffnet, 1808 marschierte Napoleon in Spanien ein und setzte seinen Bruder Josef auf den spanischen Königsthron. Neue politische Ideen veränderten jetzt, nach der Französischen Revolution und dem amerikanischen Unabhängigkeitskrieg, die Welt.

Zwar waren die Werke der politischen Philosophen wie Rousseau, Voltaire und Paine in Mexiko verboten, aber mit der Öffnung der Häfen verbreiteten sich auch ihre Schriften, vor allem durch Kaufleute aus den neu entstandenen Vereinigten Staaten, die in besonders großer Zahl von den neuen Handelsmöglichkeiten Gebrauch machten. Aus Literaturzirkeln wurden schnell Zentren politischer Unmutsbekundungen.

Der endgültige Auslöser jedoch war die französische Invasion. Die Kolonien von ganz Lateinamerika weigerten sich, das Bonaparte-Regime anzuerkennen, die Kampagnen Bolivars und anderer Freiheitskämpfer in Südamerika begannen. Die Macht habenden Gachupines von Mexiko erklärten ihre Loyalität zum abgesetzten König Ferdinand VII. und hofften ansonsten, weitermachen zu können wie bisher. Aber die Unzufriedenheit der Kreolen war nicht so leicht zu beschwichtigen.

Die literarischen Gesellschaften trafen weiter zusammen, und aus einem dieser Zirkel in der

Stadt Querétaro gingen die ersten Anführer der Unabhängigkeitsbewegung hervor: Pater **Miguel Hidalgo y Costilla**, ein kreolischer Priester, und **Ignacio Allende**, ein enttäuschter junger Armeeoffizier. Als ein geplanter Aufstand gegen die Regierung verraten wurde, mussten die Verschwörer am 16. September 1810 vorzeitig aktiv werden.

Hidalgo ließ von den Stufen seiner Gemeindekirche in Dolores den berühmten *grito* (Ruf) nach Unabhängigkeit erschallen: „Méxicanos, viva México!" Wilde Haufen von Indianern und Mestizen, die sich unter seinem Banner versammelt hatten, nahmen schnell große Städte wie San Miguel, Guanajuanato und andere im Norden der Hauptstadt ein, eigneten sich Land und Besitztümer an und ermordeten die Spanier. Das entsetzte die wohlhabenden Kreolen, die der Bewegung anfangs positiv gegenüberstanden.

Im Frühjahr 1811 marschierte Hidalgos riesige, undisziplinierte Truppe auf die Hauptstadt zu. Im entscheidenden Moment vergab Hidalgo jedoch eine klare Chance zum Sieg über die Royalistenarmee und zog sich zurück. Anschließend lösten sich seine Truppen so schnell auf wie sie zustande gekommen waren. Innerhalb weniger Monate hatte man Hidalgo, Allende und andere führende Köpfe gefangen genommen und exekutiert.

Die meisten Kreolen waren inzwischen reumütig in die Reihen der Royalisten zurückgekehrt, aber unter Indianern und Mestizen gärte der Aufruhr. Sie fanden einen neuen Führer im Mestizenpriester **José María Morelos**. Er war ein besserer Stratege als Hidalgo, leitete eine Reihe äußerst erfolgreicher Guerillaangriffe und war ein überzeugter Radikaler. Schon 1813 kontrollierte er, mit Ausnahme der Hauptstadt und der Straße nach Veracruz, praktisch das ganze Land.

Auf dem **Kongress von Chilpancingo** verkündete Morelos die Abschaffung der Sklaverei und die Rassengleichheit. Aber die Royalisten schlugen erfolgreich zurück und erlangten große Siege. 1815 wurde Morelos standrechtlich erschossen; seine Truppe unter Vicente Guerrero lieferte sich nur noch hier und da ein Scharmützel mit den royalistischen Soldaten.

Die Ironie des Schicksals wollte es, dass die **Unabhängigkeit Mexikos** ausgerechnet durch eine politische Liberalisierung in Spanien herbeigeführt wurde, wie sie die herrschende mexikanische Klasse im eigenen Land am meisten fürchtete. Aus Angst, die Reformen könnten über den Atlantik kommen, untergruben viele Kreolen eine echte Revolution, indem sie so taten, als wären sie selbst „Revolutionäre". 1820 lief der royalistische General und Mestize **Agustin de Iturbide** zu Guerrero über. 1821 präsentierte er den spanischen Autoritäten, die nicht in der Lage waren zu kämpfen, den **Iguala-Plan**, mit dem Mexiko unabhängig wurde.

Die Unabhängigkeit brachte allerdings keine der Veränderungen, für die man so lange gekämpft hatte. Die Kirche büßte ihre Machtposition nicht ein, und eine Gruppe von Mächtigen wurde schlicht durch eine andere, einheimische, ersetzt.

Ausländische Interventionen

1822 rief sich Iturbide zum Kaiser aus; ein Jahr später wurde er gezwungen abzudanken, und ein weiteres Jahr danach wurde er exekutiert. So begann ein Jahrhundert, das so chaotisch und verheerend ablief, wie dies in der Geschichte einer Nation überhaupt möglich ist. Die Unabhängigkeit hatte keine sozialen Veränderungen gebracht. Sie nahm dem Land auch die Möglichkeit, erfolgreich regiert zu werden, denn die Macht der Kirche und des Militärs war viel größer als die der angeblich Regierenden. Es gab keine Grundlage, auf der man eine funktionierende Wirtschaft hätte aufbauen können. Die durch den Unabhängigkeitskrieg ohnehin leere Staatskasse wurde durch Kriege oder interne Streitigkeiten immer wieder geplündert. In den folgenden 40 Jahren erlebte das Land nicht weniger als 56 Regierungen.

Symbolisch für die Wirren dieser Periode steht die bizarre Geschichte des Generals **Santa Ana**, der insgesamt elfmal Präsident oder Diktator wurde und auf dessen Konto der Verlust von mehr als der Hälfte des mexikanischen Territoriums geht. Sein erster Amtsantritt erfolgte gleich nach der Abdankung von Iturbide. Santa Ana erklärte Mexiko zur Republik und berief eine verfassunggebende Versammlung ein, obwohl er sich persönlich wie einen König behandeln und mit „Hochwohlverehrte Majestät" anreden ließ. Die neue Verfassung bestätigte die Republik und teilte das Land in dreizehn Staaten. Zum Präsidenten wurde **Guadalupe Victoria**, ein ehemaliger Guerillageneral, gewählt. Seine Amtszeit währte drei Jahre – eine Rekordzahl.

1829 unternahmen die Spanier einen halbherzigen Interventionsversuch, der mühelos zurückgeschlagen werden konnte. Nun akzeptierten sie die mexikanische Unabhängigkeit. 1833 wurde Santa Ana offiziell zum Präsidenten gewählt und befand sich zum fünften Mal wieder an der Spitze der Regierung.

1836 erklärte das mexikanische **Texas**, das überwiegend von Migranten aus den USA bewohnt war, seine Unabhängigkeit. Santa Ana kommandierte eine Strafexpedition, die El Alamo belagerte, wo weniger als 200 Siedler zwölf Tage erbitterten Widerstand leisteten, bevor schließlich fast alle ums Leben kamen. Wenige Wochen später wurde der General jedoch in der Schlacht von San Jacinto besiegt und gefangen genommen. Man stellte ihn vor die Wahl, hingerichtet zu werden oder ein Papier zu unterzeichnen, mit dem er die Unabhängigkeit von Texas anerkannte – er wählte Letzteres. Obwohl sich die Regierungsmitglieder in México D.F. weigerten, die Rechtmäßigkeit dieses Papiers anzuerkennen, war Texas de facto selbstständig.

1838 fiel es den Franzosen ein, in Veracruz einzumarschieren und eine Wiedergutmachung für angebliche Übergriffe gegen französische Bürger und deren Besitz in Mexiko einzufordern. Es kam zu einem Krieg, der vier Monate dauerte und Santa Ana ein Bein kostete.

1845 annektierten die USA Texas. Die Mexikaner strebten zuerst nach einer für beide Seiten befriedigenden Vereinbarung, aber eine Neudefinierung von Texas, zu dem ein Großteil von Arizona sowie Neu-Mexiko und Kalifornien gehören sollten, machte einen neuen Krieg unvermeidbar. Ein Zusammenstoß zwischen mexikanischen Truppen und US-Kavallerie im umstrittenen Gebiet im Westen gab 1846 den Ausschlag für die Erklärung des **Mexikanisch-Amerikanischen Krieges**. Die Mexikaner wurden bei Palo Alto und Resaca geschlagen, und drei kleinere US-Armeen marschierten vom Norden her nach Mexiko ein.

Gleichzeitig hatte General Winfield Scott nach einer heftigen Bombardierung Veracruz eingenommen und marschierte auf die Hauptstadt zu. Santa Ana verlor haushoch mehrere Schlachten. Im September 1847, nach heldenhaftem Einsatz der Niños Heroes (Kadetten der Militärakademie), fiel Mexiko-Stadt. 1848 wurde der **Vertrag von Guadalupe Hidalgo** unterzeichnet: Gegen die Zahlung von 15 Millionen US-Dollar erhielten die USA den größten Teil von Texas, Neu-Mexiko, Arizona und Kalifornien und Teile von Colorado und Utah. Als Santa Ana für 10 Millionen US-Dollar noch einen weiteren Teil des Landes bis hinunter zum Río Grande verkaufte (der so genannte *Gadsen Purchase)*, war die heutige Nordgrenze gezogen.

Die Reform

Im Jahr 1855 kehrte Santa Ana Mexiko endlich den Rücken und ging ins Exil nach Venezuela. Aber damit waren die Probleme des Landes nicht aus der Welt geschafft. Inzwischen war eine neue Generation von Mexikanern herangewachsen, die nichts anderes als ein zwar unabhängiges, aber in ständigem Chaos befindliches Mexiko kennen gelernt und außerdem die Erniedrigung durch die Amerikaner miterlebt hatte. Diese Generation begann, sich wieder auf die Ideen von Morelos zu besinnen.

Den größten Feind sah man in der **Kirche**, die gewaltig, eigennützig und bei weitem wohlhabender war als jede gewählte Regierung und sich sogar geweigert hatte, Geld für den amerikanischen Krieg zu geben. Die Position dieser extrem reaktionären Institution war in der Verfassung verankert und geschützt. Sie forderte vom Volk für die einfachsten Sakramente Wucherpreise. Nur wenige konnten sich z.B. eine offizielle Heirat oder ein Begräbnis leisten. Zudem kümmerte sie sich nicht um die wenigen Pflichten, die sie hatte: Jeglicher Unterricht fand in kirchlichen Schulen statt, und das bedeutete, dass 95% der Bevölkerung keine schulische Ausbildung erhielt.

Der indianische Rechtsanwalt **Benito Juárez**, ein Zapoteke, der von einem Priester adoptiert und erzogen worden war, wurde für viele Jahre der Anführer der liberalen Bewegung. In einem Bürgerkrieg verrannten sich beide Seiten in immer extremere Positionen. Die erste liberale Regierung kam an die Macht, nachdem Santa Ana ins Exil gegangen war, und machte ziemlich zaghafte Reformversuche: Weltliche Schulen wurden zugelassen, die Presse liberalisiert, die Kirche ansatzweise vom Staat getrennt und eine demokratischere Verfassung durchgesetzt.

Die Kirche widersetzte sich heftig und drohte, jeden zu exkommunizieren, der mit der neuen Regierung kollaborierte. 1858 kam es zu einem konservativen Staatsstreich. In den folgenden drei Jahren tobten brutale **interne Machtkämpfe**, wie sie das Land noch nicht erlebt hatte. Nach jeder neuen Schlacht verkündeten die Liberalen drastischere Reformen, Kirchen wurden geplündert, Priester erschossen. Die Konservativen ihrerseits exekutierten jeden, der im leisesten Verdacht stand, liberalen Ideen zu huldigen.

1861 errang Juárez einen zeitweiligen Triumph. Der Kirchenbesitz wurde konfisziert, Klöster geschlossen, Eheschließungen und Begräbnisse wurden zu einer staatlichen Zeremonie, und für die von den Priestern vorgenommenen Dienstleistungen wurden Preise festgelegt. Erst 1867 konnten die meisten dieser **Reformgesetze** durchgesetzt werden, denn die Konservativen spielten noch einige Karten aus. Fast alle Gesetze sind bis heute gültig: So ist Priestern in Mexiko das Tragen von Kirchengewändern in der Öffentlichkeit verboten.

Juárez hatte am Ende des Bürgerkrieges angesichts der leeren Staatskassen die Zahlung aller Auslandsschulden eingestellt. 1861 wurde Veracruz von einer vereinigten britisch-spanisch-französischen Truppe eingenommen, die den Forderungen Nachdruck verleihen sollte. Bald wurde aber deutlich, dass es den Franzosen um mehr als finanzielle Entschädigung ging. England und Spanien zogen ihre Streitkräfte zurück, und **Napoleon III.** ließ seine Truppen Richtung México D.F. marschieren. Mit Unterstützung der mexikanischen Konservativen sollte Maximilian, ein Habsburger Erzherzog, als Kaiser von Mexiko eingesetzt werden.

Am 5. Mai 1862 (heute ein gesetzlicher Feiertag) erlitten die Franzosen bei Puebla eine schwere Niederlage. Sie schickten nach Verstärkung und besetzten 1863 México D.F., im Jahr darauf kam der neue **Kaiser Maximilian** an die Macht, eine in vieler Hinsicht tragische Figur. Bei seiner Ankunft hatte er keine Ahnung von den internen Streitigkeiten. Die meisten seiner Informationen bezog er aus einem Buch über höfische Etikette und erwartete einen begeisterten Empfang. Als sich dann kurze Zeit später herausstellte, dass er im Grunde liberal gesinnt war und sich weigerte, eine von Juárez' Reformen zu widerrufen, verlor er auch noch die Sympathie der kleinen Gruppe, die ihn willkommen geheißen hatte. An seinen guten Absichten besteht kein Zweifel, aber er hätte sie selbst unter besseren Umständen nicht in die Tat umsetzen können. Und die Zeiten waren alles andere als gut.

Die als Sieger aus dem amerikanischen Bürgerkrieg hervorgegangene Union stellte sich hinter Juárez, versorgte ihn mit Waffen und drohte nach der Monroe-Doktrin „Amerika den Amerikanern" mit dem Einmarsch, falls die Franzosen sich nicht zurückzögen. Napoleon, der mit Sorge betrachtete, wie Preußen unter Bismarck immer mächtiger wurde, blieb nichts anderes übrig, als nachzugeben. So stand Maximilian 1866 auf verlorenem Posten. Seine Frau, Kaiserin Charlotte, segelte nach Europa in der hoffnungslosen Mission, Verbündete für das mexikanische Kaiserreich zu gewinnen. Napoleon hatte seine Entscheidung getroffen, und der Vatikan weigerte sich, einem Mann zu Hilfe zu kommen, der die kirchenfeindlichen Gesetze nicht außer Kraft gesetzt hatte. Die Enttäuschungen trieben Charlotte buchstäblich in den Wahnsinn: 1927 starb sie in einem belgischen Irrenhaus.

Maximilian hielt an der Spitze seiner gelichteten Truppen bis zum Ende aus. Am 15. Mai 1867 wurde er in Querétaro gefangen genommen und einen Monat später standrechtlich erschossen. Juárez kam wieder an die Macht. Diesmal gelang es ihm, die Folgen des Bankrotts aufzufangen. Die Eisenbahnlinie von Veracruz zur Hauptstadt war der erste Schritt zum ökonomischen Aufschwung. Außerdem wurde die Industrie angekurbelt und ein Programm für die öffentliche Erziehung in Angriff genommen. Juárez starb 1872 in Amt und Würden, nachdem er 1871 wiedergewählt worden war. Sein Nachfolger wurde der Vizepräsident **Lerdo de Tejada**, der dieselbe Linie weiter verfolgte, ohne allerdings viele neue Ideen einzubringen.

Diktatur

Tejada war weder besonders populär noch erfolgreich, aber er hielt bis zum Ende seiner Amtszeit durch. Während dieser Zeit hatte es verschiedene Indianerrevolten und mehrere Verschwörungen gegen ihn gegeben. Die ernsthafteste wurde von einem neuen, radikal-liberalen Mann namens **Porfirio Díaz** angeführt, der unter Juárez ein recht fähiger militärischer Truppenführer gewesen war. Ungeachtet der Wiederwahl Tejadas stellte Díaz 1876 seinen eigenen Präsidentschaftskandidaten auf. Ein Jahr später riss er die Präsidentschaft an sich und regierte von nun an als Diktator 34 Jahre lang das Land.

Anfänglich gründete sich seine Politik auf radikale Anschauungen, zu denen auch die volle Anwendung der Reformgesetze und das Verbot der Wiederwahl in politische Ämter gehörte, aber bald wurden sie zugunsten einer brutalen Modernisierungspolitik fallen gelassen. Díaz trat am Ende seiner Amtsperiode tatsächlich zurück, regierte aber durch einen Marionettenpräsidenten weiter. 1884 kam er wieder an die Macht und ließ sie bis 1911 nicht mehr aus den Händen.

Die Errungenschaften aus der Zeit der Diktatur sind in vieler Hinsicht bemerkenswert: Rund 16 000 km Eisenbahnlinie wurden gebaut, die Industrie blühte auf, ein Telefon- und Telegrafennetz wurde installiert, und in den größeren Städten, die endlich ein vernünftiges Straßennetz erhielten, begann das moderne Zeitalter. Fast jede mexikanische Stadt besitzt ein großartiges Theater und elegante öffentliche Gebäude aus dieser Epoche. Auf dem Land setzte Díaz seine berüchtigten *rurales* ein, eine Polizeitruppe, die fast gänzlich mit dem Banditenunwesen aufräumte.

Doch der Preis war hoch: Das schnelle Wachstum kam nur zustande, weil praktisch das ganze Land und seine Bevölkerung an **ausländische Investoren** verkauft wurde, denen fast die gesamte Ölproduktion, die Minenrechte, Bodenschätze und Eisenbahnen gehörten. Hand in Hand damit gingen Bodenraub und Enteignung einher: Land, das früher Eigentum der Gemeinden war, durfte von ausländischen Firmen ausgebeutet werden oder ging einfach in den Besitz korrupter Staatsdiener über. Die **Landwirtschaft** wurde völlig vernachlässigt. Die Großgrundbesitzer auf den riesigen Haziendas verdienten mehr als genug Geld mit der Arbeitskraft der landlosen Bauern, sie waren wenig an Effizienz oder an Produktion für den Eigengebrauch interessiert. Um 1900 gehörte ganz Mexiko einer Personengruppe, die 3–4% der Gesamtbevölkerung ausmachte. Ihres Bodens beraubt, blieb den Bauern keine andere Wahl, als auf den Haziendas oder in den Wäldern zu arbeiten. Die Löhne wurden so niedrig gehalten, dass sie ständig Schulden bei ihren Arbeitgebern machen mussten – die Reichen wurden immer reicher, während die Armen mit weniger Einkommen unter schlechteren Bedingungen lebten als ein Jahrhundert zuvor.

Nachdem die *rurales* ihre Arbeit erledigt hatten und die Landstraßen sicher waren, wurden auch sie zur Last. Sie kontrollierten die Straßen, verlangten Wegezölle und arbeiteten als private Polizei für reiche Arbeitgeber, wenn jenen ein Arbeiter weggelaufen war. Kurz gesagt, die Sklaverei war wieder eingeführt worden (nur nannte man es nicht so), und fast ein Viertel des Nationaleinkommens wurde für die innere Sicherheit ausgegeben. Die Presse wurde zensiert, die Erziehung streng überwacht – und die Korruption blühte.

Die mexikanische Revolution

Zu Beginn des 20. Jhs. war Díaz schon alt und verlor zunehmend den Bezug zur Realität. Er war entschlossen, bis zu seinem letzten Atemzug die Macht zu behalten. Inzwischen entwickelte sich jedoch langsam eine oppositionelle Mittelklasse. Sie lehnte sich vor allem gegen die rassistischen Maßnahmen der Regierung auf, die die ausländischen Investoren den einheimischen vorzog und einer jungen, gebildeten Mittelschicht keine Zukunftsperspektiven bot. In ihrer Bewegung lebte auch der Slogan *no re-elección* („keine Wiederwahl") auf. 1910 stand bei den Präsidentschaftswahlen **Francisco Madero** als Kandidat Díaz gegenüber. Der alte Diktator ließ jedoch seinen Gegner einsperren und erklärte sich selbst mit überwältigender Mehrheit zum Wahlsieger.

Madero floh nach Texas, wo er sich zum Präsidenten Mexikos ausrief und die Nation um Unterstützung bat. Zwar existierten zu jener Zeit so gut wie keine revolutionären Truppen, doch formierten sich sofort kleine bewaffnete Gruppen, die wichtigsten im Nordstaat Chihuahua, wo **Pancho Villa** und **Pascual Orozco** einige kleinere Gefechte gewannen, und im Südwesten, wo **Emiliano Zapata** eine Streitmacht aus indianischen Guerilleros aufzubauen begann.

Im Mai 1911 nahm Orozco die wichtige Grenzstadt Ciudad Juárez ein. Diesem Sieg folgten weitere. Ende des Monats flüchtete Porfirio Díaz ins Exil, hoffte jedoch, wenigstens das System retten zu können. Am 2. Oktober 1911 wurde Madero zum Präsidenten gewählt. Aber wie die Anführer der Unabhängigkeitsbewegung vor ihm hatte auch Madero keine Vorstellung von den Kräften, die er freigesetzt hatte. Er stellte die Pressefreiheit wieder her, förderte die Bildung von Gewerkschaften und führte die allgemeine Demokratie ein, kümmerte sich aber nicht um die Situation der verarmten Bauern oder die Rückgabe des gestohlenen Bodens. So bereitete sich Zapata auf einen erneuten Aufstand vor.

Emiliano Zapata war vielleicht der einzige aufrechte Revolutionär in all der langen Zeit, die noch gekämpft werden sollte, und wegen seines Kampfrufes *tierra y libertad* („Boden und Freiheit“) und seiner Überzeugung „lieber aufrecht sterben als auf den Knien leben“ wird er bis heute unter den Landarbeitern (ebenso wie unter modernen Revolutionären) verehrt. Den meisten anderen dagegen ging es in erster Linie um persönlichen Profit. Pancho Villa war zu Díaz' Zeiten Viehtreiber und Bandit. Er war ein brillanter Taktiker, skrupelloser Sieger und erfolgreicher als die orthodoxeren Generäle. Allerdings scheint seine Motivation vor allem persönlicher Ruhm gewesen zu sein. Das Kämpfen an sich machte ihm Spaß. Einmal, als ein Hollywood-Filmteam seine Truppe filmte, soll er das Gefecht so angeordnet haben, dass auf ihn das beste Licht fiel.

In erster Linie sah sich Madero einer weitaus drängenderen Gefahr ausgesetzt als der, die von seinen anfänglichen Unterstützern ausging, nämlich den **nordamerikanischen Geschäftsinteressen**. Der US-Botschafter **Henry Lane Wilson** initiierte in aller Öffentlichkeit eine Verschwörung mit **Victoriano Huerta**, einem staatlichen General, und **Félix Díaz**, einem Neffen des Diktators, der im Gefängnis saß. Als zwischen den Anhängern von Díaz und denen Maderos ein Kampf ausbrach, weigerte sich Huerta, seine Truppen zur Unterstützung der einen oder anderen Seite zu schicken. Als er sie 1913 endlich aufmarschieren ließ, geschah dies, um sich selbst zum Präsidenten auszurufen. Madero wurde unter ungeklärten Umständen erschossen (nur wenige zweifeln daran, dass es auf Geheiß von Huerta geschah), und die Opponenten von rechts, einschließlich Díaz, wurden entweder ins Gefängnis gesperrt oder ins Exil geschickt. Die neue Regierung wurde sofort von den USA und den meisten anderen ausländischen Staaten anerkannt, nicht jedoch von den wichtigen Kräften im eigenen Land.

Konstitution gegen Konvention

Villa und Zapata griffen gegen Huerta sofort zu den Waffen. Villa wurde im Norden von **Alvaro Obregón**, Gouverneur von Sonora, und **Venustiano Carranza**, Gouverneur von Coahuila, unterstützt. Carranza wurde an die Spitze der verfassungstreuen Streitkräfte gesetzt, obwohl er Villa, ungeachtet seiner Loyalitätsbekundungen, misstraute. Zu Beginn richteten die Revolutionäre wenig aus, Carranza hatte nicht einmal die Kontrolle in seinem eigenen Bundesstaat. Obregón und Villa hatten allerdings einige Erfolge bei Scharmützeln südlich von Chihuahua und Sonora. Doch dann entzog der neue US-Präsident **Woodrow Wilson** gleich nach seinem Amtsantritt Huerta die Unterstützung. Wütend über die Weigerung Huertas zurückzutreten, begann er, die Revolution massiv mit Waffen zu unterstützen.

1914 marschierten die **Konstitutionalisten** nach Süden. Im April besetzten US-Truppen als Zeichen der Unterstützung Veracruz. Allerdings war keine der beiden verfeindeten Parteien über die ausländische Präsenz erfreut. Huerta, jetzt von allen Verbindungswegen, über die Geld oder Hilfe hätten kommen können, abgeschnitten, floh im Juli aus dem Land. Im August nahm Obregón die Hauptstadt ein und erklärte Carranza zum Präsidenten. Sofort brach wieder Streit aus, diesmal zwischen Carranza und Obregón, den Konstitutionalisten auf der einen Seite und dem Rest der revolutionären Führer, den so genannten **Konventionalisten**, auf der anderen. Letztere hatten nur eines gemeinsam: Sie wollten nicht von Carranza regiert werden. Es folgten drei bittere, chaotische Jahre grausamen Bürgerkrieges. In jeder Ecke des Landes erhoben sich kleine Anführer und riefen provisorische Regierungen aus, taten sich in Fraktionen zusammen und spalteten sich wieder. Mexiko befand sich im Zustand völliger Anarchie. Jede Armee erhob ihre eigenen Steuern und rekrutierte jeden halbwegs brauchbaren Mann – notfalls mit Gewalt. 1920 schätzte man, dass ein Achtel der Gesamtbevölkerung ermordet worden war.

Langsam festigten Obregón und Carranza ihre Position. 1915 schlug Obregón mehrmals Villa, bis dieser nach Norden auswich, um durch Grenzverletzungen die USA zur Invasion zu zwingen, was ihm beinahe gelang: Die US-Truppen verfolgten ihn über die Grenze, konnten ihn aber nicht gefangen nehmen und zogen sich nach einem verlorenen Gefecht mit Carranzas Truppen zurück. Zapata dagegen konnte ein paar Aufsehen erregende Erfolge verzeichnen und hielt México D.F. fast das gesamte Jahr 1915 hindurch besetzt. Seine Männer hatten es sich allerdings zur Gewohnheit gemacht, nach jedem Sieg in ihre Dörfer zurückzukehren. 1919 wurde er von einem Offizier Carranzas in einen Hinterhalt gelockt und erschossen. Villa zog sich auf eine Hazienda seines Heimatstaates zurück und wurde 1923 ermordet.

Das Ende der Revolution

Carranza hatte sich weiterhin um die Präsidentschaft bemüht und berief 1917 eine **verfassunggebende Nationalversammlung** ein, um sein Amt ratifizieren zu lassen. Das erarbeitete Dokument, die heutige Verfassung, enthielt die meisten revolutionären Forderungen, u.a. Rechte der Arbeiter, 8-Stunden-Tag, Nationalisierung aller Bodenschätze und Aufteilung der großen Ländereien und des ehemaligen Gemeindeeigentums an die Landarbeiter. Im Mai 1917 wurde Carranza formell zum Präsidenten gewählt. Er machte aber keine Anstalten, die Verfassungsrechte in die Tat umzusetzen, besonders was die Bodenrechte anging. 1920 zwang **Obregón** Carranza zum Rücktritt. Als Letzterer versuchte, mit dem größten Teil der Staatskasse ins Ausland zu flüchten, wurde er erschossen.

Obregón hatte zwar die besten Absichten, aber seine Bemühungen, die Landreform durchzuführen, scheiterten an der Furcht vor Reaktionen der USA: Als Gegenleistung für amerikanische Unterstützung verzichtete Obregón auf die Landenteignung. Mit seinem Nachfolger **Plutarco Elias Callés**, der 1924 an die Regierung kam, wurden erste Schritte zur Realisierung der revolutionären Verfassung gemacht. Man nahm im großen Stil öffentliche Arbeiten in Angriff: Straßenbau, Bewässerungssysteme, Dorfschulen usw. Etwa 2 Millionen ha Land wurden den Dörfern als Allgemeinbesitz zurückgegeben. Gleichzeitig setzte Callés die strengen antiklerikalen Gesetze in die Tat um, ließ Kirchen und Klöster schließen und zwang die Priester zur Flucht oder in den Untergrund.

Das war der letzte Tropfen, der das Fass zum Überlaufen brachte. Die katholische **Cristero-Bewegung** griff zu den Waffen, um die Kirche zu verteidigen. Zwischen 1927 und 1935 kam es immer wieder zu kleinen Übergriffen bis hin zu gelegentlichen Kriegshandlungen in großem Ausmaß. Die Situation beruhigte sich erst, als die Stabilität der neuen Regierung offenkundig war und die harten Maßnahmen gegen die Kirche etwas gelockert wurden.

1928 wurde Obregón wiedergewählt, was gegen die *no re-elección*-Klausel der Konstitution verstieß. Nur drei Wochen später wurde er aus Protest gegen diesen Verstoß ermordet. Seine Nachfolger Portes Gil und nach ihm Ortiz Rubio folgten beide dem harten Kurs, den Callés eingeschlagen hatte.

Der Aufstieg der PRI

Um 1934 war die politische Situation in Mexiko friedlich. Ein bemerkenswerter Wandel hatte sich vollzogen. Eine neue Kultur war entstanden, deren deutlichste Vertreter, **Diego Rivera** und **José Clemente Orozco**, öffentliche Gebäude im ganzen Land mit Wandmalereien schmückten, auf denen anstelle der bisher üblichen europäischen Gedankenwelt Nationalhelden wie Hidalgo, Morelos, Juárez und Madero dargestellt wurden.

Jetzt machte man keinen Hehl mehr daraus, indianisches Blut in den Adern zu haben, obwohl die „reinen" Indígenas auf der untersten Stufe der Gesellschaft verblieben. Man betrachtete die Invasion von Cortés als widerrechtliche Einmischung in die Entwicklung der Nation, welche mit der Unabhängigkeit und Revolution wieder vorangetrieben worden war. In jenen frühen Tagen befürchtete man aber, Callés würde den Versuch machen, seine eigene Dynastie zu gründen.

Diese Bedenken zerstreute der 1934 gewählte **Lázaro Cárdenas**, der als Sprachrohr der jungen Generation Callés und dessen Anhänger des Landes verwies und gleichzeitig die aus der Revolution hervorgegangene Partei, die noch heute regierende **PRI** (Partei der Institutionalisierten Revolution), auf breiter Basis institutionalisierte. Mit Cárdenas kam ein nie dagewesenes Reformprogramm in Gang; riesige landwirtschaftliche Flächen wurden unter den Bauern verteilt und die Kontrolle über die Kirche weniger streng gehandhabt, um nationaler und internationaler Kritik auszuweichen.

1938 verstaatlichte Cárdenas die **Ölgesellschaften** und tat damit, wie sich später herausstellen sollte, den entscheidenden Schritt für die Gestaltung eines modernen Mexiko und die Entstehung des mexikanischen Wirtschaftswunders. Einige Zeit schien es, als würden militärische Interventionen des Auslands folgen, aber ein Boykott des mexikanischen Öls, zu dem sich die Hauptabnehmer entschlossen hatten, überschnitt sich mit dem Ausbruch des Zweiten Weltkrieges. Durch den Krieg floss reichlich Geld in die mexikanischen Staatskassen, und die Industrie nahm einen märchenhaften Aufschwung.

Als Cárdenas 1940 abdankte, durfte er sich rühmen, als erster Präsident der modernen mexikanischen Geschichte seine vollen sechs Jahre Amtszeit in Frieden hinter sich gebracht zu haben. Guten Gewissens konnte er die Amtsgeschäfte seinem Nachfolger übertragen. Die industrielle Entwicklung wurde während des Zweiten Weltkrieges unter Präsident **Avila Camacho** fortgeführt. 1942 trat Mexiko den Alliierten bei. Unter **Miguel Aleman** (1946–1952) vollzog sich ein noch schnelleres Wirtschaftswachstum. Eine große Zahl öffentlicher Gebäude wurde errichtet, darunter viele Prestigebauten wie die Universität von México D.F., und die Landreform in Angriff genommen.

In den folgenden 30 Jahren stimulierten die regelmäßigen, hohen Einkünfte aus dem Ölgeschäft die Industrie. Die PRI behielt meisterhaft die Kontrolle über alle Aspekte des öffentlichen Lebens, anscheinend ohne den Rückhalt in der großen Mehrheit der mexikanischen Bevölkerung zu verlieren, die genau wusste, dass jede Regierung zuerst ihre eigenen Taschen füllte. Diese Praxis erreichte ihren Höhepunkt unter **Lopez Portillo** (1976–82). Aber die sichtbaren Resultate ihrer Politik und der gelegentliche Einsatz von Polizei und Militär hielten die Partei mit erstaunlich wenig Unmutsbekundungen von Seiten der Wähler an der Macht.

Das soll jedoch nicht heißen, dass es keine Opposition gab. 1959 wurde ein nationaler **Eisenbahnerstreik** brutal unterdrückt, 10 000 Arbeiter verloren ihre Arbeit, und die Anführer kamen ins Gefängnis. Am dramatischsten aber waren die Ereignisse von **1968**, als den Olympischen Spielen von México D.F. massive **Studentendemonstrationen** für mehr Demokratie vorausgingen. Hunderte, vielleicht Tausende von Studenten wurden auf dem Platz der drei Kulturen ermordet – die genaue Zahl der Opfer dieser „Säuberung" wurde nie bekannt. Man sah in den Protesten einen Versuch, den Ruf des Landes in der Weltöffentlichkeit zu schädigen; Mexiko war das erste „Dritte-Welt-Land", in dem Olympische Spiele stattfanden. Das Massaker beendete die Studentenunruhen und die PRI kontrollierte weiterhin die Gewerkschaften, die Bauernorganisationen, förderte das Wirtschaftswachstum und hatte damit die Situation unter Kontrolle.

Die 80er Jahre

Beim Amtsantritt von **Miguel de la Madrid** (1982–88) stand die Regierung vor einer nationalen und internationalen Wirtschaftskrise. Mexikos umfangreiche Auslandsschulden (fast 100 Milliarden US$) waren in den Anfangszeiten des Ölbooms zustande gekommen. Die Schulden, an sich schon eine schwere Last für die Wirtschaft, erhöhten sich durch fallende Ölpreise und steigende Zinsen.

Die PRI schien ihren populistischen Anspruch zu verlieren, als Miguel de la Madrid, ein in den USA ausgebildeter Finanzwissenschaftler, die von der Weltbank auferlegten **Sparmaßnahmen** durchsetzte. Diese Politik erhielt den Beifall internationaler Bankiers, aber im eigenen Land bedeutete sie eine drastische Verschlechterung des Lebensstandards und eine hohe Zahl von Arbeitslosen.

Hinzu kam ein weiteres Problem: Das hohe Bevölkerungswachstum, gegen das die große Anzahl illegaler Auswanderer in die USA kaum ins Gewicht fiel. Auch die Geschäftswelt litt. Schon angeschlagen durch die **Verstaatlichung der Banken** 1982, traf sie später eine Reihe von Bankrotten und die Geldabwertung, die den Einkauf ausländischer Waren fast unerschwinglich machte. Ohne Aussicht auf eine Verbesserung der ökonomischen Situation begannen sich große Interessengemeinschaften abzuspalten, die zum Stamm der PRI gezählt hatten – von den allmächtigen Gewerkschaften bis zu den Top-Geschäftsleuten.

Die Stimmung gegen die PRI erreichte 1985 ihren vorläufigen Höhepunkt, als ein gewaltiges **Erdbeben** die Hauptstadt erschütterte. Ein ganzer Sumpf von Korruption tat sich auf; die Regierung versuchte die Bewohner daran zu hindern, eigene Hilfstruppen auf die Beine zu stellen, um die unzureichenden offiziellen Maßnahmen zu verschleiern. Darüber hinaus kam zutage, dass viele der eingestürzten Wohnhäuser Regierungseigentum und angeblich erdbebensicher, in Wirklichkeit aber aus billigem, schlechtem Material erbaut worden waren; die so „gesparten" Gelder waren in die Taschen von Bauunternehmen und befreundeten Regierungsangestellten geflossen. Auch internationale Hilfen erreichten die von den Regierungsstellen sich selbst überlassenen Erdbebenopfer aufgrund fehlender Organisation in vielen Fällen nicht. Da die Regierung offensichtlich unfähig war, wirksame Hilfe zu leisten, gründeten sich viele Selbsthilfegruppen. Die verschiedenen Interessenvertretungen forderten Wiederaufbauprogramme und prangerten gleichzeitig den Wohnungsmangel, die schlechte Infrastruktur, korrupte Polizisten und die Umweltverschmutzung an.

Unter de la Madrid errang die rechtsgerichtete **Oppositionspartei PAN** eine Reihe kleinerer Wahlsiege im Norden, während im Süden eine Allianz aus Sozialisten und Bauern in Juchitán (Oaxaca) zeitweise die Macht in Händen hatte, bevor sie mundtot gemacht wurde. Beide Ereignisse beleuchteten eine weitere Gefahr, nämlich die wachsende Polarisierung des Landes. Der Norden wurde wesentlich durch Einflüsse aus den USA und geschäftliche Interessen bestimmt. Im Süden, wo Bauern noch immer für eine gerechtere Landverteilung kämpfen, war die Opposition viel radikaler und linksgerichtet.

Die **Präsidentschaftswahlen von 1988** gehörten daher zu den dramatischsten, die Mexiko seit der Revolution erlebte. Wie vorauszusehen, gewann zwar der PRI-Kandidat **Carlos Salinas de Gortari**. Nicht vorhersehbar war jedoch die Stärke der Opposition. Neben den bekannten Parteien PRI, PAN und einigen Splitterparteien tauchte plötzlich ein außergewöhnlicher Herausforderer auf, der Sohn des legendären und allseits beliebten Lázaro Cárdenas: **Cuauhtémoc Cárdenas**. Er war ein Jahr zuvor aus der PRI ausgetreten und schaffte es, zum ersten Mal nach der Revolution die mexikanische Linke unter dem Banner der **Nationalen Demokratischen Front (FDN)** hinter sich zu vereinigen.

Das Auftauchen der FDN hätte nicht überraschender und spektakulärer sein können: Erst im Mai gegründet (die Wahlen waren im Juli), wurde sie sofort zur größten Oppositionspartei und brachte bei einer Massenversammlung eine Viertelmillion Menschen auf die Beine. Salinas de Gortari bekam bei diesen Wahlen offiziell 50,4% der Wählerstimmen – weniger als jeder andere PRI-Kandidat vor ihm –, Cárdenas lag mit 31,2% an zweiter Stelle, und der PAN-Führer Manuel Clouthier (bis 1988 der einzige ernsthafte Gegner) kam mit 17,07% auf den dritten Platz. Gleichzeitig erhielten die Oppositionsparteien zum ersten Mal seit der Machtübernahme der PRI Sitze im Senat.

Das Ende der Einparteienherrschaft

Carlos Salinas de Gortari begann, den Weg zu einem **Mehrparteiensystem** zu ebnen. Er kündigte eine Antikorruptionskampagne an, außerdem rief er eine **Menschenrechtskommission** ins Leben und beendete die staatliche Kontrolle über PIPSA, die offizielle Nachrichtenagentur. Die Anfänge waren also viel versprechend. Trotz der mysteriösen Umstände, unter denen der PAN-Anführer Manuel Clouthier 1989 ums Leben kam, und umstrittener Siege der PRI bei zahlreichen Bundeswahlen sicherte sich Salinas durch sein radikales **Wirtschaftswachstumsprogramm** und verschiedene politische Einflussnahmen eine breite Unterstützung. Dadurch und durch Kooperation mit dem IWF konnten innerhalb von drei Jahren die Auslandsschulden um die Hälfte reduziert werden.

Auf lange Sicht erwies sich Salinas' Politik als weniger erfreulich. Während seiner Amtszeit verschärften sich die sozialen Unterschiede dramatisch. Denn Salinas konnte den staatlichen Schuldenberg nur dadurch vermindern, dass er Privatinvestoren anlockte – durch drastische Kürzung der Sozialleistungen und Billiglohnarbeiter. Das erlaubte ausländischen Firmen eine Ausweitung des „Maquiladora"-Programms, eines Programms, das es ausländischen Investoren bei erheblichen Steuervorteilen ermöglichte, entlang der mexikanisch-amerikanischen Grenze eine Reihe von Fabriken aufzubauen, in denen gewerkschaftliche Aktivitäten verboten und Gesundheits-, Umweltschutz- und Sicherheitsvorschriften auf ein Minimum reduziert sind.

Eine wichtige Rolle spielte dabei das am 1. Januar 1994 unterzeichnete North American Free Trade Agreement – **NAFTA** (auf Spanisch **TLC**) – das alle Zoll- und Handelsbarrieren zwischen Kanada, den USA und Mexiko abschaffte. Um weder den Pakt noch das Reformprogramm scheitern zu lassen, senkte Salinas die Schutzzölle für die einheimische Industrie, was zur Folge hatte, dass die an sich schon niedrigen Reallöhne ebenfalls sanken. Das konnte auch durch das millionenschwere Regierungshilfeprogramm **PRONASOL** („Solidarität") zur Abschwächung der drastischen wirtschaftlichen Sanierungsfolgen nicht aufgefangen werden.

Ein weiterer Teil von Salinas Strategie waren Modifizierungen des revolutionären Erbes. Die seit Revolutionstagen abgebrochenen diplomatischen

Beziehungen zum Vatikan wurden wieder aufgenommen, und der Papst durfte zum ersten Mal in Ordenstracht mexikanischen Boden betreten. Die nationale Ölgesellschaft PEMEX wurde dezentralisiert und ausländischen Ölgesellschaften ein Einstieg signalisiert. Die einschneidendste Veränderung war jedoch die **Modifizierung des Verfassungsartikels 27**, der sich um die Bodenreform dreht.

Die Bodenreform, wie sie ursprünglich in der Verfassung festgelegt ist, geht in erster Linie auf Zapata zurück. Land wurde nur als Gemeinschaftsbesitz, als so genannte *ejidos* vergeben, die nicht verkauft werden durften. Wie in prähispanischen und Kolonialzeiten gehörte der Grund und Boden der Kommune und wurde von ihr aufgeteilt. Salinas erlaubte nun den Verkauf von *ejido*-Land. Trotz oder vielleicht gerade wegen solcher unpopulären Maßnahmen geriet Salinas zunehmend in den Ruf eines starken Präsidenten, einer Persönlichkeit, die endlich einmal etwas auf die Beine stellte. Sogar die Opposition musste zugeben, dass es einen wirtschaftlichen Aufschwung gab. Es schien daher sicher, dass die PRI auch die Wahlen 1994 gewinnen würde.

Politische Unruhen und Wirtschaftskrise

Doch dann kam der Neujahrstag 1994: Ungefähr 2000 bewaffnete Aufständische, die sich Zapatistisches Befreiungsheer – **EZLN** – nannten, tauchten plötzlich aus den Urwäldern an der Grenze zu Guatemala auf und besetzten mehrere Ortschaften im südmexikanischen Bundesstaat **Chiapas**, darunter auch die Provinzstadt Cristóbal de las Casas (Näheres s.S. 580, Kasten). Die Bewohner des ärmsten Bundesstaates, der praktisch immer noch von wenigen Großgrundbesitzern beherrscht wird, traten mit ihren Forderungen nach Wiederherstellung des Verfassungsartikels 27, freien Wahlen und der Rücknahme von NAFTA-Vereinbarungen aus dem Untergrund an die Öffentlichkeit. Die überraschte Regierung schickte zunächst Militär und ließ die besetzten Städte blutig von den Aufständischen „befreien". Die Bilder von den Massakern der Armee gingen um die Welt und drohten dem Image des „demokratischen" NAFTA-Partners Mexiko erheblichen Schaden zuzufügen – daraufhin befahl Salinas eine Kursänderung und setzte nicht allein auf weitere Armee-Einsätze, sondern auch auf Verhandlungen mit den Guerilleros.

Der Regierungsvertreter **Manuel Camacho Solís**, ehemaliger PRI-Präsidentschaftskandidat und Ex-Bürgermeister von México D.F., machte den Rebellen Zugeständnisse. Als Vermittler wurde von beiden Seiten der Bischof von San Cristóbal, **Samuel Ruiz**, anerkannt, ein Streiter für die Rechte der indigenen Bevölkerung und Vertreter der Befreiungstheologie. Star der Unterhandlungen war jedoch **Subcomandante Marcos** von der EZLN, Hauptsprecher der Zapatisten. Mit seinen humorvollen Reden und schriftlichen Verlautbarungen wurde der Pfeife rauchende Rebell, der sein Gesicht hinter einer Wollmaske verbarg, unversehens zur Kultfigur. Die Gespräche endeten vorläufig im März 1994, und die EZLN schickte das Ergebnis an die Gemeinden, die darüber abstimmen sollten. Derweil herrschte Waffenruhe.

Aber wie die Mexikaner sagen: „In Mexiko passiert nichts… bis etwas geschieht" – am 23. März wurde der PRI-Anwärter auf den im August 1994 neu zu besetzenden Präsidentschaftssessel, **Luis Donaldo Colosio**, während einer Wahlkampfrede in Tijuana ermordet. Der Mörder, ein ehemaliger Polizist, konnte ungehindert von den Leibwächtern direkt auf Colosio feuern, was wilde Verschwörungstheorien ähnlich wie bei der Ermordung von John F. Kennedy in Umlauf setzte. Die genauen Umstände und das Motiv blieben ungeklärt, Spuren führten jedoch in den Umkreis höchster PRI-Funktionäre; Colosio hatte mit seiner Ankündigung demokratischer Reformen das etablierte politische System bedroht.

Der Nachfolger Colosios als Präsidentschaftskandidat, **Ernesto Zedillo Ponce de León**, war ein eher unauffälliger Regierungsbeamter, und in dem Klima von Unsicherheit und Gewalt schienen auch die Wahlen im August 1994 keine Besserung zu verheißen. Im Juni hatte die EZLN das Abkommen mit der Regierung zurückgewiesen, und im Juli erlitt der Gouverneurskandidat der PRD von Chiapas, **Amado Avendaño Figueroa**, einen „Unfall", als sein Wagen mit einem unbekannten Lkw ohne Nummernschild zusammenstieß. Drei Autoinsassen wurden getötet, Avendaño verlor ein Auge.

Trotzdem gewann die PRI die **Wahlen** im August. Es war schließlich doch gelungen, sich als Garant politischer Stabilität und wirtschaftlichen Aufschwungs darzustellen. Fast unmittelbar nach dem Amtsantritt von Zedillo begann die Situation zu eskalieren. In Chiapas erklärte der PRD-Kandidat Amado Avendaño die Wahlen als betrügerisch und sich selbst zum „Aufständischengouverneur". Immerhin unterstützte ihn die Hälfte der Gemeinden im Bundesstaat und weigerte sich, Steuern an die offizielle Regierung zu entrichten. PRD und EZLN befürworteten diesen Schritt. Die EZLN warnte davor, den PRI-Kandidaten Eduardo Robledo zu vereidigen; Chiapas befand sich praktisch schon in einem Bürgerkrieg. Es kam zu Landnahmen, Straßenblockaden und Morden.

Am 8. Januar 1995 wohnte Zedillo der Amtseinführung des PRI-Gouverneurs von Chiapas bei. 10 Tage später besetzte die EZLN 38 Ortschaften, nachdem sie den Armeering um ihre Basis durchbrochen hatte. Ohne entdeckt zu werden und ohne dass ein Schuss fiel, kamen und gingen die Guerrilleros unter den Augen der Armee. Nun war deutlich, dass Regierung und Armee es bei einer Wiederaufnahme der Kriegshandlungen mit einem unsichtbaren Feind zu tun haben würden. Bischof Samuel Ruiz, der ein Blutbad befürchtete, trat in Hungerstreik und wurde bald von vielen Seiten unterstützt. Die EZLN zog sich zurück und beide Seiten gingen wieder in Wartestellung.

Die Aktion löste einen massiven **Währungsverfall des Nuevo Peso** aus. In kürzester Zeit kam es zu einer gewaltigen Kapitalflucht, und der Nuevo Peso fiel innerhalb von 14 Tagen im Verhältnis zum Dollar auf 5,5 : 1 und noch tiefer. Die Regierung reagierte mit Erhöhung der Einkommensteuer und riesigen Auslandsanleihen. Die US-Regierung half dem NAFTA-Partner aus der Klemme, nicht jedoch ohne die Anleihe zuvor an eine amerikanische Kontrolle des mexikanischen Ölmarktes zu binden. Die Krise weitete sich auf den gesamten lateinamerikanischen Markt aus.

Die **Steuererhöhungen** hatten die mexikanische Geschäftswelt hart getroffen; viele Firmen machten Bankrott, die Arbeitslosigkeit nahm drastisch zu, und der IWF stellte strenge Maßregeln auf, wie die von der Regierung verursachten Schulden wieder einzutreiben seien. Die Empörung der Öffentlichkeit richtete sich natürlich gegen den Staat und insbesondere gegen den Ex-Präsidenten Carlos Salinas. Daraufhin setzte dieser sich ins Ausland ab.

Im März startete Zedillo, wahrscheinlich unter dem Druck der USA, eine **Offensive gegen die EZLN**. In Veracruz wurde ein kleines Waffenlager entdeckt und mutmaßliche Mitglieder der EZLN festgenommen. In Chiapas zog sich die EZLN in den Urwald zurück, und es kam zu keinen schweren Zwischenfällen.

Zedillo riskierte mit seiner militärischen Aktion ziemlich viel. Vor der Öffentlichkeit präsentierte sich die EZLN nämlich keineswegs als bedrohliche Organisation; das Waffenlager in Veracruz bestand aus ungefähr einem halben Dutzend Handfeuerwaffen, was nicht unbedingt ein ausreichender Grund schien, eine ganze Armee loszuschicken. Und auch die Demaskierung von Subcomandante Marcos als **Rafael Guillén**, Professor der Philosophie, tat seiner Popularität keinen Abbruch. Unter dem Druck der Opposition und der Öffentlichkeit berief die Regierung die Soldaten ab und eine neue Gesprächsrunde ein. Diese erwies sich als noch zäher als die von 1994, resultierte aber schließlich im **Abkommen von San Andrés über Rechte und indigene Kulturen** (nach dem Dorf nahe San Cristóbal, wo die Unterredungen stattfanden), das im Februar 1996 unterzeichnet wurde.

Im Juni 1996 spitzten sich mit dem Auftauchen der **Revolutionären Volksarmee** (EPR) in Guerrero die politischen Unruhen zu. Mangelnde politische Kontrolle und die drastische Zunahme von Militärpräsenz in den Zapatisten-Gebieten verlieh den paramilitärischen Gruppen größere Aktionsfreiheit, und ihre Gewaltbereitschaft nahm zu. Dies kulminierte im Dezember 1997 in dem **Massaker von Acteal**: 45 umgesetzte Tzotzil-Indianer, davon 36 Frauen und Kinder, wurden in Chiapas von Paramilitärs ermordet. Aufgrund der weltweiten Empörung ließ Zedillo eine offizielle Untersuchung durchführen und befahl die mutmaßlichen Täter und Mittäter verhaften.

Politische Reformen

Trotz der Krise in Chiapas gingen die politischen Reformen weiter. Im Juli 1996 gaben die PRI und die wichtigsten Oppositionsparteien grünes Licht für neue Wahlgesetze, die u.a. die Einrichtung einer unabhängigen föderalen Wahlorganisation (IFE) beinhalten. Die neuen Gesetze kamen erstmals im Juli 1997 während der Kommunalwahlen für den Kongress zur Anwendung. Die Wahlergebnisse waren sensationell: Zum ersten Mal seit ihrem Bestehen verlor die PRI ihre Mehrheit in der Abgeordnetenkammer und die Regierungsgewalt im Lande. Zwar besetzt die PRI 239 von 500 Sitzen, doch die PRD wurde mit 125 Sitzen die zweitgrößte Partei, dicht gefolgt von der PAN mit 122 Sitzen. Die Vertreter der Opposition – darunter auch die PT (Arbeiterpartei) und die PVEM (die Grünen) – schafften es im Rahmen einer vorübergehenden Koalition, die PRI zu überstimmen. Alle Zeichen sprachen dafür, dass die PRI nach vielen Jahrzehnten ihre Machtposition verlieren würde und die Zeit für eine Wende reif war.

Das neue Jahrtausend

Am 2. Juli 2000 wurde **Vicente Fox Quesada**, der PAN-Kandidat, zum Präsidenten gewählt und trat im Dezember sein Amt an. Damit war ein Meilenstein in der Geschichte Mexikos gelegt. Es hatte nicht nur der erste Oppositionskandidat überhaupt auf demokratischem Wege die Macht erlangt, sondern diese erste Machtübergabe zwischen oppositionellen Regierungen hatte als erste seit der Unabhängigkeit friedlich stattgefunden. Darüber hinaus war das Ende von 70 Jahren PRI-Herrschaft erreicht.

Der medienwirksame Fox, ehemaliger Mitarbeiter von Coca-Cola und Ex-Gouverneur von Guanajuato, hatte die Geschäftswelt und das Volk mit seinem Wahlversprechen des *cambio* („Veränderung") für sich eingenommen und damit die Hoffnung geschürt, ein Ende der politischen Bevormundung und Korruption herbeizuführen. Doch von dem viel beschworenen *cambio* ist bis dato nicht viel zu spüren.

Fox' Bemühungen um Verfassungs- und Strukturreformen wurden bisher von der in sich zerstrittenen PAN sowie von der PRI aufgehalten, die im Kongress sowie im Verwaltungsapparat dominiert und in über der Hälfte der Bundesstaaten regiert. Ungeachtet seiner nicht gerade überwältigenden politischen Erfolge genießt der Präsident weiterhin die Sympathie der breiten Masse, die in ihm nach wie vor einen Hoffnungsträger sieht. Auf seiner innenpolitischen Agenda steht hartes Vorgehen gegen Korruption innerhalb des Polizeiapparats, eine Reform des Rechtssystems sowie eine Vereinfachung des Steuerwesens und die Zerschlagung der mächtigen Drogenkartelle.

Außenpolitisch gab es Schwierigkeiten in den Beziehungen mit den USA, die sich nach den Ereignissen des 11. September 2001 etwas abkühlten. Mexiko hat Bushs umstrittenen Irakkrieg nicht unterstützt, und seitdem die Nordamerikaner ihren Schwerpunkt auf die Bekämpfung des Terrorismus legen, haben sie die Fragen zur Einwanderungs- und Handelspolitik aufs Abstellgleis geschoben.

Dennoch bemüht sich Fox weiterhin um eine Lockerung der Einwanderungsgesetze, eine Arbeitserlaubnis für grenzüberschreitende mexikanische Arbeitskräfte, die bislang illegal in den USA einer Erwerbstätigkeit nachgehen, sowie um ausgewogenere NAFTA-Bedingungen. Insgesamt zeigt sich die mexikanische Regierung mit den Auswirkungen von NAFTA recht zufrieden, denn Mexiko hat sich zur neuntgrößten Wirtschaftsmacht der Welt aufgeschwungen und hat inzwischen ein größeres Exportvolumen als alle anderen lateinamerikanischen Länder zusammen.

Baja California

Highlights

- Die Fahrt über die gesamte **Halbinsel**: Keine andere Strecke in Mexiko ist so reizvoll und abenteuerlich.
- Die Beobachtung der Grauwale in **San Ignacio**: Eines der großartigsten Erlebnisse auf Baja überhaupt.
- Kajak fahren in den azurblauen Gewässern der **Bahia Concepción**: In Begleitung von Delphinen geht es vorbei an traumhaft weißen Sandstränden.
- Der Karneval von **La Paz**: Tagsüber ein erholsames Sonnenbad an einem der vielen Strände, um für die nächste lange Nacht ausgeruht zu sein.
- Die *Hussong's Cantina* in **Ensenada**: Auf einem Barhocker kann man den Tag bei einem typisch mexikanischen Getränk ausklingen lassen.
- Die Küste vor **Cabo San Lucas**: Unvergessliche Taucherlebnisse inmitten Schulen von Großfischen wie Hammerhaien und Walhaien.

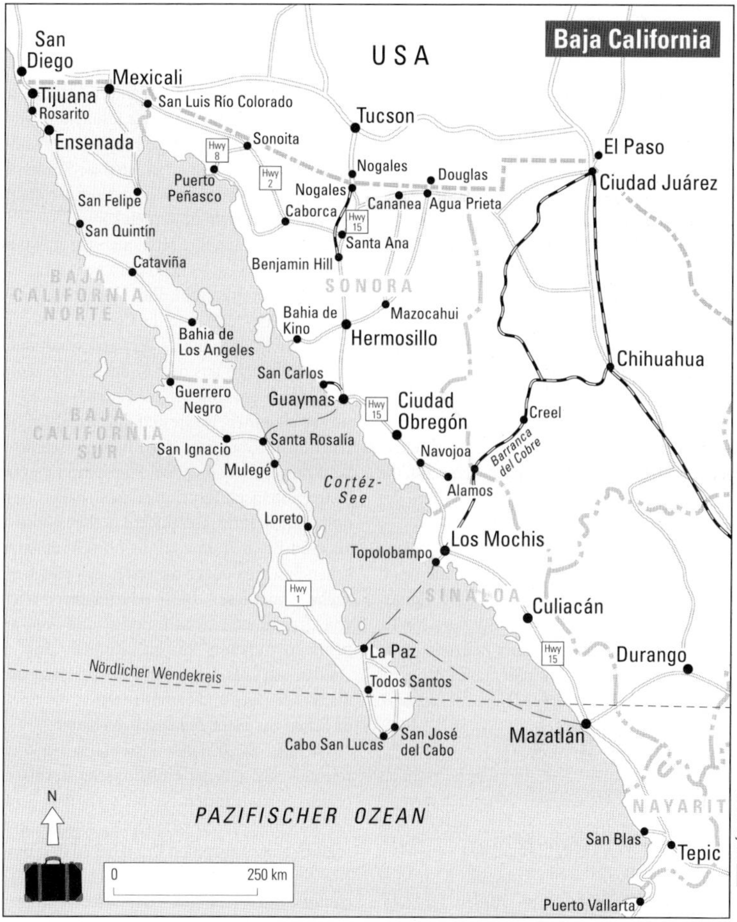

Geografie

Baja California wurde vor rund 20 Millionen Jahren im Zuge der Kontinentalverschiebung vom mexikanischen Festland abgetrennt. Zwischen der langen, schmalen Halbinsel und dem mexikanischen Festland liegt der Golf von Kalifornien, das Mar de Cortés. Die Halbinsel umfasst ein fast menschenleeres Gebiet von 140 000 km^2; sie ist rund 1300 km lang und von Tijuana nach Cabo San Lucas, dem Ort an der Südspitze, sind es fast 1700 km. Der westliche Küstenstreifen misst mehr als 1600 km. Die durchschnittliche Breite liegt zwischen 80 und 100 km.

Von Norden nach Süden erstrecken sich unweit der Ostküste die fast ununterbrochenen Gebirgszüge Sierra Juárez und Sierra de San Pedro Mártir sowie einige weniger hohe Sierras im Süden. Die höchste Erhebung bildet der im Winter meist schneebedeckte, 3095 m hohe Picacho del Diablo in der Sierra de San Pedro Mártir. Die Westküste ist weniger steil und weist lange Sandstrände auf. Der größte Teil der Halbinsel besteht aus Sand- und Geröllwüste, die jährliche Niederschlagsmenge beträgt weniger als 25 mm. Im Norden regnet es, wenn überhaupt, im Winter, im Süden hingegen im Sommer. Der äußerste Westen erhält immerhin etwas Feuchtigkeit durch die vom Pazifik heranziehenden Wolken.

Weiter südlich befinden sich die von tiefblauen Wellen umspülten schneeweißen Sandstrände bei Mulegé in der Bahia Concepción. Fast alle Küstenorte auf Baja Sur bieten hervorragende Gelegenheiten zum Tauchen, Angeln und Paddeln, insbesondere jedoch Loreto, La Paz und Los Cabos.

Vor La Paz wird das Gelände eben und fruchtbarer, und die Halbinsel verengt sich bis auf eine Breite von ca. 50 km. In Richtung Kap verbreitert sie sich wieder und erneut tauchen Berge auf, die schließlich mit schroffen Klippen an den Ufern des Pazifik enden.

Politisch wird Baja in zwei Bundesstaaten unterteilt: Baja California Norte mit der Hauptstadt Mexicali und Baja California Sur mit der Hauptstadt La Paz. Die Grenze liegt bei Guerrero Negro, hier wechselt man auch von einer Zeitzone in die andere. Im Süden (Hora de las Montañas) ist es eine Stunde später als im Norden (Hora del Pacífico).

Geschichte

Über die Ureinwohner Baja Californias herrscht bis heute Unklarheit. Als einziges Zeugnis haben sie Höhlenmalereien hinterlassen, aus denen man schließen darf, dass sie kulturell höher entwickelt waren als die indigene Bevölkerung, die die Spanier antrafen. Nach deren Angaben wurden die Malereien von ihren Vorfahren, einem „Volk von Riesen", angefertigt.

Am 1. Mai 1535 setzte Hernán Cortés auf der Suche nach dem Volk der Amazonen und deren Königin Califia – von der Kalifornien seinen Namen erhielt – zum ersten Mal seinen Fuß auf die Halbinsel, die er für die legendäre Isla de Perlas (Perleninsel) hielt, und erklärte sie in bewährter Manier augenblicklich zum Eigentum der spanischen Krone. Weder die Insel selbst noch deren Bewohner, die im Gegensatz zu den mexikanischen Hochkulturen auf einer sehr einfachen Stufe der Zivilisation standen, hatten jedoch etwas zu bieten, das in den Augen der Spanier von Wert gewesen wäre, weshalb diese sich schnell wieder zurückzogen.

Erst über 150 Jahre später machte man sich daran, die Heiden von Baja California zu bekehren. 1697 wurde in Loreto die erste Jesuitenmission gegründet. Danach kamen die Franziskaner und Dominikaner. Insgesamt errichteten sie 51 Missionsstationen, von denen inzwischen einige restauriert wurden und besichtigt werden können.

Als die Jesuiten ihre Missionierung aufnahmen, lebten auf Baja ca. 90 000 Menschen, aufgeteilt in drei z.T. recht unterschiedliche Gruppen: die Pericués, die Guaycuras und die Cochimíes. Während die beiden letztgenannten Verwandtschaft mit den Yuma-Indianern aus dem Südosten der heutigen USA aufwiesen, schienen die Pericués aus Melanesien zu stammen. Da sie und ihre Vorfahren weder schriftliche Zeugnisse noch Bauten, Gefäße oder Werkzeuge, abgesehen von Pfeilspitzen und bearbeiteten Steinsplittern, hinterlassen haben, ist man hinsichtlich ihrer Geschichte, Lebensweise und äußeren Erscheinung auf die oft sehr abenteuerlichen Beschreibungen der ersten europäischen Besucher angewiesen. Diese Beurteilungen reichten von „freundlich", „wissbegierig" und „von angenehmem Äußeren" bis zu „stumpf", „roh" und „barbarisch". Als sicher darf gelten, dass sie nomadisierende Jäger und Sammler waren, die eine große Scheu vor festen Behausungen hatten.

Weniger als 200 Jahre missionarischen Wirkens reichten aus, um die einheimische Bevölkerung praktisch auszurotten. Sie fiel nicht dem Schwert der Konquistadoren zum Opfer, sondern unwissentlich eingeschleppten Krankheiten und Hunger. Nur ein paar hundert direkte Nachfahren der Cochimíes und verwandter Ethnien leben heute noch im Norden der Halbinsel an der Grenze zu den USA. Von den Missionen und den schwer zugänglichen, aber sehenswerten Höhlenmalereien abgesehen gibt es kaum etwas von historischem Interesse. Die wirtschaftliche Entwicklung hat nach Fertigstellung der Straße Carretera Uno im Jahr 1973 rasch eingesetzt, vor allem im Süden, wo einige luxuriöse Baderesorts entstanden sind.

Flora und Fauna

Baja California war nicht immer so karg, wie es sich heute präsentiert. Vor der Kontinentaldrift war die heutige Pazifikküste ein fruchtbarer, tropischer Landstrich, die Heimat von Dinosauriern und Mammuts. Aber die durch Klimaveränderungen und Erosion unwirtlich gewordene Landschaft ist keineswegs so unbelebt, wie man glauben möchte. Die Wüste hat eine ganz besondere Vegetation hervorgebracht, die sich den harten Lebensbedingungen anpasst. Manche der Pflanzen und Tiere sind endemisch, das heißt, es gibt sie an keinem anderen Ort der Welt.

Aus der Urzeit hinübergerettet hat sich z. B. der **Cirio-Strauch** *(Idria columnaris)*, er kommt nur hier und in der Sahara vor, kann bis zu 20 m hoch werden und mit seinen Seitentrieben groteske Formen annehmen. Im Innern des Stammes speichert er Wasser, während der Trockenzeit hält er einfach sein Wachstum an.

Am auffallendsten sind natürlich die vielen verschiedenen **Kakteen**: Kugelkakteen, die bis zu 100 Jahre alt und über 3 Meter hoch werden. Der Cardón-Säulenkaktus mit seinem kurzen, dicken Stamm, aus dem säulenartige Triebe in die Höhe wachsen, ist der größte Kaktus der Welt und nur hier und im Bundesstaat Sonora anzutreffen. Ein wichtiges Nahrungsmittel sind die apfelsinenähnlichen Früchte des Pitahaya-Kaktus, der in der Nähe der Pazifikküste gedeiht; die weißen und hellroten sind süß, die scharlachroten der kürzeren, wild durcheinander wachsenden *Pitahaya* sauer. Dickblättrige Agaven liefern außer Gemüse auch Baumaterial; aus dem Stamm der Meskal-Agave wird außerdem ein hochprozentiger Schnaps gewonnen.

In der Umgebung von Todos Santos wachsen bis zu einem Meter hohe **Jojoba**-Pflanzen, aus deren mandelähnlichen Früchten ein Öl gewonnen wird, das in vielen Kosmetikartikeln Verwendung findet. Im Süden gedeihen auch wilde **Feigenbäume**, *Zalate* genannt. Sie wachsen vor allem in den Schluchten, ihre Früchte waren eines der wichtigsten Nahrungsmittel der Einheimischen. In den höhergelegenen Gebieten gibt es Kiefern, wilde Kirschbäume und die bizarren, dürren **Copalquín**- und **Torote**-Bäume. Letztere lassen sich nur schwer an den roten (Torote) bzw. gelblichen Blüten unterscheiden. Nach Regenfällen zaubert der hohe **Palo Verde**-Baum („grüner Stab") mit seinen dichten gelben Blüten etwas Farbe ins Bild.

Grauwale

Jedes Jahr im **Januar / Februar** versammeln sich in der Laguna Ojo de Liebre nahe Guerrero Negro Grauwale, um in den warmen Gewässern ihre Jungen zur Welt zu bringen – ein grandioses Schauspiel, das viele Besucher anzieht, s.S. 125, Kasten.

Vor allem **Greifvögel** und Taubenarten haben sich dem extremen Klima angepasst, am Meer gibt es auch Pelikane, Seeschwalben, Tölpel, und diverse Strandvögel. Durch die Verseuchung des Wassers (u.a. mit DDT) ist ihre Zahl jedoch stark zurückgegangen.

Seltener begegnen wird man **Säugetieren**, wie dem endemischen schwarzen Antilopenhasen (auf der Insel Espíritu Santo), Koyoten, Pumas, Wildkatzen, Beutel- und Känguruhratten. Nachts sind viele Fledermausarten unterwegs; eine davon ernährt sich sogar von Fischen. An den Stränden kann man manchmal noch **Robben** und **Seelöwen** sehen. Wilde Rinder, Pferde und Esel sind hingegen von Menschen eingeschleppt worden.

Es gibt 18 giftige Arten von **Klapperschlangen**, darunter eine ohne Rassel, außerdem die hochgiftige Korallenschlange und zahlreiche ungiftige Schlangen. Gefährlich können Hundertfüßler und Giftspinnen wie die **Schwarze Witwe** werden (zu erkennen an der roten Zeichnung auf dem schwarzen Hinterleib). **Skorpione** verstecken sich gern in Felsspalten.

Die überaus reichhaltige **Meeresfauna und -flora** sei hier nur am Rande erwähnt. Zu den Aufsehen erregendsten Fischen gehören der Hammer- und der Tigerhai sowie der Teufelsrochen.

Transport

Baja California (BC) ist vor allem etwas für Menschen, die unberührte Natur lieben und eine Zeit lang ohne Großstadtrummel und swingendes Nachtleben auskommen können. Hier gibt es zwar jungfräuliche Strände, aber oft ohne Sanitäranlagen, von anderen Annehmlichkeiten der Zivilisation ganz zu schweigen. Wer diese sucht, sollte nonstop gleich bis Cabo San Lucas oder San José del Cabo durchfahren oder besser: fliegen.

BC hat eine Menge begeisterter Anhänger. Viele von ihnen kommen in kleinen Flugzeugen oder

Campervans aus den USA oder Kanada, beladen mit Angel- und Tauchausrüstungen. Ohne eigenes Transportmittel gelangt man kaum zu den unbestrittenen Attraktionen der Halbinsel – den unberührten **Stränden**, den prähistorischen **Höhlenmalereien** in den Bergen und den zahlreichen, hervorragend zum Angeln, Tauchen, Surfen und Windsurfen geeigneten Stellen. Schöne Strände, die auch mit öffentlichen Transportmitteln erreichbar sind, befinden sich im Süden der Halbinsel und im Norden um Tijuana.

Öffentliche Verkehrsmittel

Die öffentlichen Verkehrsmittel auf der Halbinsel beschränken sich auf Überlandbusse. Sie befahren die einzige geteerte Straße, die Carretera Uno, die von Mexicali oder Tijuana aus über Ensenada nach Santa Rosalía, La Paz und Cabo San Lucas / Cabo San José führt. Von den drei letztgenannten Orten gehen **Fähren** auf das Festland. Wer ein Fahrzeug mitnehmen will, muss mit einer Verzögerung von ein bis zwei Tagen rechnen, denn es ist nicht immer leicht, auf der Fähre einen Platz für das Auto zu bekommen. Sofern möglich, sollte die Überfahrt vorher gebucht werden. Eine andere Möglichkeit besteht darin, sich per Flugzeug oder per Fähre nach Norden zu bewegen.

Mit dem eigenen Fahrzeug

Am besten lässt sich die Halbinsel mit dem eigenen Fahrzeug, also mit einem (geliehenen) Motorrad, Mietwagen oder Campervan erkunden, denn die Überlandbusse fahren an den schönsten Stränden und Stellen nur vorbei. Wer einen Geländewagen besitzt, kann auch auf der Carretera Cinco über San Felipe an der Ostküste nach Süden bis zur Laguna Chapala fahren, wo sie auf die Carretera Uno trifft, und hat die Möglichkeit, auf vielen Pisten tiefer ins Land vorzudringen. Dadurch wird die Reise allerdings teurer.

Außerhalb der wenigen größeren Orte kann man stundenlang durch die Gegend fahren, ohne einer Menschenseele zu begegnen. Selbst auf der relativ stark frequentierten Carretera Uno ist im Notfall keine rasche Hilfe zu erwarten. Wer die Pisten verlässt, läuft Gefahr, in der Wildnis verloren zu gehen. Werkzeug, Wasser- und Benzinkanister und Erste-Hilfe-Kasten sind also unerlässlich.

Grenzkontrolle und Touristenkarte

Bei der Einreise auf dem Landweg nach Mexiko passiert man die Pass- *(Inmigración)* und Zollkontrolle *(Aduana)*. Wer als Tourist auf dem Landweg nach Mexiko einreist, muss an der Grenze eine Gebühr von **US$22** entrichten. Man erhält eine Touristenkarte, auf der ein Stempel die Bezahlung bestätigt.
Für Tijuana, Ensenada und San Felipe ist die Karte nicht erforderlich, ebenso wenig für eine Aufenthaltsdauer auf der Halbinsel von weniger als 72 Stunden. Nach 20 km wird man jedoch mit ziemlicher Sicherheit von einer Straßenkontrolle angehalten und zurückgeschickt, um sich seine gestempelte Touristenkarte zu besorgen. Wer vorhat, per Fähre von hier aus aufs Festland weiterzureisen, sollte die Formalitäten unbedingt einhalten, denn in Santa Rosalía oder La Paz lässt sich das Versäumnis nur unter erheblichen Schwierigkeiten beheben. Nähreres zu den Grenzübergängen Tijuana, s.S. 110, und Mexicali, s.S. 104.

Informationen

Auskünfte und Infomaterial sind in jedem „besseren" Hotel in Tijuana und in der Touristeninformation erhältlich, z.B. die jeden Monat neu aufgelegte *Baja Times* mit aktuellen Informationen.

Zuverlässige **Landkarten** sind auf Baja leider kaum erhältlich. Die meisten Karten, die in Mexiko gedruckt werden, sind völlig veraltet und so gut wie unbrauchbar, denn auf ihnen sind weder Berge noch Tankstellen noch neuere Orte eingezeichnet. Die beste Karte ist immer noch der *Atlas de Carreteras y Ciudades Turisticas*, herausgegeben von Pemex, 2. Auflage Januar 1988. Recht handlich und übersichtlich ist daneben der Pronto Atlas *México Carreteras* von SIGSA.

Wer vor dem Aufenthalt in Baja Zwischenstation in Kalifornien macht, sollte unbedingt dort in eine Buchhandlung gehen und sich eine vernünftige Landkarte von Baja California kaufen. Einen einmalig gut sortierten Landkartenladen gibt es in Santa Barbara, nördlich von Los Angeles: *Map Link*, s.S. 15.

Fiestas

Feb: **Karneval** wird besonders hingebungsvoll in La Paz und Ensenada gefeiert.

19.3.: **Día del Señor San José**, das Heiligenfest in San José del Cabo mit Pferderennen, Hahnenkämpfen und Feuerwerk. Die **Karwoche** wird streng eingehalten.

Juli: Am ersten Sonntag im Juli wird **Romería** in Tecate, besonders lebhaft mit Cowboys, Karnevalswagen und Musik gefeiert.

16.9.: **Unabhängigkeitstag**, ein landesweiter Feiertag, der schon am Vortag und besonders intensiv entlang der Grenze gefeiert wird. In Tijuana sowie Ensenada gibt es Pferde- und Autorennen, Mariachis, Tanz und Feuerwerk. Im kleineren Agua Prieta eine traditionellere Version mit Umzügen und öffentlichen Veranstaltungen.

Ende Sep bis Anfang Okt: Die **Fiesta del Sol** wird mit Musik und anderen künstlerischen Darbietungen begangen; außerdem feiert **Calexico** in dieser Zeit seinen Gründungstag.

2.11.: **Día de los Muertos**, der Tag der Toten wird überall begangen.

12.12.: **Día de la Virgen de Guadalupe**, in Tecate werden farbenfrohe, geräuschvolle Feste gefeiert.

Der Norden

Zwischen Tijuana und Mexicali liegt **El Gran Desierto**, eine karge Tiefebene, die nur selten von den vom Pazifik heranrückenden Regenwolken erreicht wird. Die Hitze, die sich in dem Becken des ehemaligen Saltzsees staut ist nahezu unerträglich. Doch die Fahrt ist und bleibt ein unvergessliches Erlebnis, auch wenn die recht neue gebührenpflichtige Straße in das Becken hinab und durch die Wüste das Fahrvermögen nicht mehr ganz so strapaziert wie früher.

Mexicali

Mexicali (ca. 700 000 Einwohner), die Hauptstadt von Baja California Norte, ist im Sommer fast unerträglich heiß, in Winternächten hingegen kann die Temperatur unter den Gefrierpunkt sinken. Mexicali ist keine romantische Wildweststadt, jedoch im Vergleich zu anderen größeren Grenzstädten weniger touristisch und industrialisiert. Kaum jemand wird sich hier lange aufhalten, es sei denn, um Kraft für die lange Weiterfahrt nach Hermosillo oder dem weitaus einladenderen Guaymas zu tanken. In zunehmendem Maße ist Mexicali das Ziel mexikanischer Migranten, die Arbeit in den *Maquiladoras*, den Zulieferfabriken für US-amerikanische Firmen suchen. Ebenso wie Tijuana, 160 km weiter westlich, umzieht die Stadt ein Ring von Armensiedlungen. Der Name der Stadt klingt zwar exotisch, ist aber lediglich eine Zusammensetzung aus „Mexico" und „California" – ebenso wie der ihrer Zwillingsstadt jenseits der Grenze, **Calexico**.

Übernachtung

In **Calexico**, auf der US-amerikanischen Seite der Grenze, berechnen einige Motels weniger als US$40 pro Nacht. Folgende beide Unterkünfte liegen nur einen kurzen Fußmarsch von der Grenze entfernt:

Don Juan Motel, Calexico, 344 4th St East, zwischen Hefferman und Heber Ave, ✆ +1-760/357-3231. ❺

El Rancho, gegenüber dem *Don Juan Motel,* ✆ +1-760/357-2458, frisch renoviert. ❺

Die meisten günstigen Hotels von **Mexicali** konzentrieren sich in den älteren Straßen im Umkreis der Grenze. Wie in fast allen Grenzstädten sind jedoch auch hier die billigsten Unterkünfte manchmal etwas suspekt und nicht selten Stundenhotels.

16 de Setiembre, Altamirano 353, unmittelbar südlich der Mateos, ✆ 686/552-6070, vermutlich das billigste akzeptable Budget-Hotel im Zentrum – die dürftig bekleideten Damen, die am frühen Abend die Treppe bevölkern, sollte man einfach ignorieren. ❸

Hotel del Norte, Av. Madero 205, ganz in der Nähe der López Mateos, ✆ 686/552-8101, Anschluss -03, ✉ hoteldelnorte@hotmail.com, hinter dem Grenzübergang, sieht besser aus, als es ist. ❺

Imperial, Av. Madero 222, ✆ 686/553-6333. Hinter dem *Hotel del Norte*, saubere Unterkunft, einfacher und etwas billiger als das *Hotel del Norte*. ❺

Plaza, Av. Madero 366, ✆ 686/552-9757. Dem *Imperial* vergleichbar. ❺

Hotel San Juan Capistrano, Av. Reforma 646, ✆ 686/554-6831. Ein etwas langweilige Hotel für Geschäftsleute, aber preiswerter als das *del Norte*, nur unwesentlich weiter von der Grenze entfernt und eine weitaus bessere Wahl. Mit gutem Restaurant. ❺

Hotel Burbujas, Cansada, Höhe Independencia, in Pueblo Nuevo, kein Telefon. Zwar ziemlich weit vom Zentrum entfernt, ist aber eine der besseren (sichereren) Unterkünfte der Stadt. Anfahrt von der Grenze mit Taxi (US$3) oder Bus (Richtung „Calle 3" oder „Wisteria", an der Independencia aussteigen und bis zur nächsten Querstraße laufen). ❸

Motel Azteca de Oro, Calle de la Indústria 600, ✆ 686/557-1433. Schlichtes Motel am Bahnhof, Zimmer mit ac, Telefon und TV. In nur 10 Min. ist man zu Fuß am Busbahnhof. ❹

Lucerna, Blv. Juárez 2151, ✆ 686/566-4700. Eines der teureren, sehr hübschen Hotels am Stadtrand. Am Blv. Juárez befinden sich weitere Hotels dieser Preisklasse. ❼

Crowne Plaza, Blv. López Mateos, Ecke Av. de los Héroes, ✆ 686/557-3600. Feudales Luxushotel in der Nähe des Centro Cívico. ❾

Essen

Jede Menge Straßenstände und kleine Restaurants säumen die Straßen rund um den Marktplatz in der Nähe der Grenze sowie die Calles Madero und Reforma. Weitab der Touristenpfade liegen im und um das Centro Cívico an der Independencia, ein paar Straßen von der Central Camionera entfernt, zahlreiche Lokale und Cafés. Im Centro selbst befindet sich eine Filiale von ***Sanborn's***.

Café Petunias, Plaza Cholula 1091, eine Seitenstraße der Calle Calafia. Eines von vielen Cafés in dieser Gegend mit guten Sandwiches und Säften. Mittagstisch.

Das Restaurant des ***Hotel del Norte*** ist günstig gelegen und besser als das Hotel selbst.

La Parroquia, Av. Reforma, Ecke Calle D. Gutes mexikanisches Restaurant, wenn auch ein wenig touristisch.

Sonstiges

GELD – Mehrere Banken und Casas de Cambio befinden sich nahe der Grenze: ***Bancomer***, an der Madero, ist am nächsten, ***Banamex*** liegt einige Blocks weiter die Madero hoch, nahe der Post.

Etwas besser ist der Kurs allerdings in Calexico.

GRENZÜBERGANG – Der Grenzübergang in Mexicali ist rund um die Uhr geöffnet. Außer während der Rush-hour morgens und abends geht es hier relativ ruhig zu, und die Abfertigung verläuft zügig. Wer ins Landesinnere reisen möchte, muss beim Grenzübertritt durch die Pass- und Zollkontrolle gehen und die Touristenkarte holen bzw. abstempeln lassen, um später keine Schwierigkeiten zu bekommen.

In Calexico führt die von Banken, Wechselstuben und Autoversicherungsgesellschaften gesäumte Imperial Avenue direkt zur Grenze.

Die *Greyhound*-Station befindet sich einen Block von der Grenze entfernt an der 1st Street.

INFORMATIONEN – Direkt an der Grenze, gegenüber der Fahrzeugeinfahrt, steht ein **Informationsschalter** für Touristen, der theoretisch tgl. 8–19 Uhr geöffnet sein sollte.

Die eigentliche ***Touristeninformation***, ✆ 686/556-1072, befindet sich weit von der Grenze entfernt an der López Mateos, Ecke Calafia, im Centro Cívico. 🕓 Mo–Fr 9–16 Uhr.

INTERNET – Zugang bietet das ***Mexicali Café***, López Mateos 485, Höhe Morelos, 🕓 Mo–Sa 9–22 Uhr, US$1 pro Std.

Nahverkehrsmittel

Wer aus den USA kommt, landet direkt auf der Calzada López Mateos. Die Haltestelle der *Calle 6*-Busse zur Central Camionera liegt ein paar Häuserblocks von der Grenze entfernt an der Rückseite eines kleinen Marktplatzes auf der rechten Seite des Blv. López Mateos.

Die Grenze verläuft übrigens genau entlang der Hauptgeschäftszone in der Innenstadt, man kann also sehr gut zu Fuß vom Grenzübergang ins Zentrum gelangen. Taxistände befinden sich an der Kreuzung von Blv. López Mateos und Calle Madero. Zurück in die Staaten gelangt man nur vom Ende der Av. Cristobal Colón aus.

Transport

BUSSE – Wer mit *Golden State* aus L.A. kommt, braucht gar nicht erst in die Stadt hinein, denn die Fahrkarte gilt bis zum Busbahnhof **Central Camionera** (mit Gepäckaufbewahrung) in der Av. Independencia, Ecke Anahuac, ✆ 686/557-2410 (beim Centro Cívico, unweit der López Mateos), 4 km von der Grenze und nahe dem Centro Cívico. Allerdings bleibt der Bus bei der Einreise an der Grenze stehen, und die Passagiere werden in Taxis weiterbefördert (im Preis des Bustickets inbegriffen).

Über 50 Busse tgl. fahren vom Busbahnhof in Richtung Süden, davon mindestens einer nach MÉXICO D.F. (40 Std.).
CHIHUAHUA 1x tgl. (19 Std.),
HERMOSILLO alle 30 Min. (9–10 Std.) und GUAYMAS (11 Std.),
GUADALAJARA 1x tgl. (34 Std.),
LOS MOCHIS alle 30 Min. (17 Std.),
MAZATLÁN (24 Std.),
MONTERREY 1x tgl. (29 Std.),
SAN FELIPE 4x tgl. (3 Std.), weiter nach ENSENADA (4 Std.).
TIJUANA, stdl. und öfter (3 Std.).

Zum Busbahnhof fahren Stadtbusse mit der Aufschrift *Calle 6* an der Haltestelle bei der Mateos. *Golden State* unterhält eine Niederlassung am Busbahnhof. Von dort fahren 3x tgl. Busse via PALM SPRINGS nach LOS ANGELES. Wesentlich mehr und etwas günstigere Busverbindungen bietet die *Greyhound*-Station auf der anderen Seite der Grenze, in der 1st Sreet, die man auch gut zu Fuß erreichen kann.

EISENBAHN – Der Zug nach Nogales und Guadalajara befördert keine Passagiere mehr. Sollte sich ein passender Betreiber finden, wird die Strecke vielleicht eines Tages wieder aufgenommen.

FLÜGE – 20 km östlich von Mexicali liegt der Flughafen der Stadt. Es gibt täglich mehrere Flüge nach MÉXICO D.F. und ACAPULCO.
Für Fahrten in die Stadt stehen Taxis (der offizielle Festpreis liegt bei US$18, aber die Summe lässt sich um die Hälfte herunterhandeln) oder Minibusse bereit.
Am Flughafen haben auch diverse **Autoverleiher** ihren Standort.

Tijuana

Tijuana ist *die* mexikanische Grenzstadt schlechthin. Was im 19. Jh. schlicht „Tante Johannas Ranch" (Rancho Tía Juana) war, wurde 1848 ein Grenzort, und seither ging es bergauf. Den größten Aufschwung erlebte die am weitesten westlich gelegene Stadt Mexikos (zugleich eine der bevölkerungsreichsten des Landes) während der Zeit der Prohibition in den USA. Aber auch sonst war Tijuana allzeit bereit, die Bedürfnisse des reichen Nachbarn nach Sex, Glücksspielen oder billiger Arbeitskraft zu befriedigen. Als ob dem schlechten Ruf damit noch nicht genüge getan wäre, rühmt sich das Gebiet entlang Tijuanas Grenze auch der weltweit höchsten Menschenhandelsrate, darunter illegaler Immigranten- und Sexsklavenschmuggel.

Sämtliche daraus resultierenden Vor- und Nachteile findet man hier denn auch im Überfluss. Pro Jahr überschreiten mehr als 36 Millionen Menschen die Grenze – die meisten bleiben nur ein paar Stunden. Tijuana kann sich daher mit Recht rühmen, die „meistbesuchte Stadt der Welt" zu sein. Was nicht heißen soll, dass es hier sehr viel gäbe, das einen Aufenthalt lohnte. Will man einfach nur eine Rast vor der langen Fahrt über die Halbinsel einlegen, bietet sich Tijuana natürlich an, und es mangelt nicht an Hotels. Wie nicht anders zu erwarten, ist alles teurer als weiter südlich.

In erster Linie ist die Stadt auf die Massen kalifornischer Tagesbesucher eingestellt, d.h. es gibt zahlreiche Souvenirstände, billige medizinische Versorgung, Zahnärzte und Autowerkstätten und unzählige Bars und Restaurants, die für mexikanische Verhältnisse teuer, an San Diego gemessen jedoch preiswert sind. Vergebens suchen wird man inzwischen allerdings (jedenfalls im Zentrum) die Bordelle und Sexshops, für die die Grenzstädte und ganz besonders Tijuana berühmt und berüchtigt waren. Dies ist zum einen das Ergebnis einer Kampagne zur Säuberung der Stadt und zum anderen die Folge amerikanischer Bemühungen, den Sextourismus zu unterbinden.

Wer in Tijuana nur einkaufen, das Tanzbein schwingen oder trinken gehen will, der findet an der Avenida Revolución ungefähr zwischen Calle 1 und 8 alles, was er braucht. Hier stehen dicht gedrängt Bars, Tanzlokale, Einkaufszentren, Märkte und Souvenirstände, und Massen von Touristen schieben sich daran vorbei. Wer etwas anderes erwartet, ist hier fehl am Platz, wenn sich auch nicht alles in Tijuana um Kommerz und Kitsch dreht.

Für etwas Kultur sorgt das **Centro Cultural**, ✆ 664/687-9600, Anschluss 301, zwischen der breiten Via Poniente am Tijuana-Fluss und dem Paseo de Los Héroes. Der modernistische Rundbau wurde von Pedro Ramírez Vászquez entworfen, dem Architekten des Azteken-Stadions und des Anthropologischen Museums in México D.F. Das **Museum** des Kulturzentrums gibt einen Überblick über mexikanische Kunst und Kulturgeschichte. ⌚ Di–So 10–20 Uhr, US$2.

Die Filme im OMNIMAX Theater, **Cine Planetario**, ebenfalls im Inneren des Gebäudes, widmen sich in erster Linie mexikanischen Landschaften und Städten. Manchmal werden auch Filme in englischer Sprache gezeigt. Außerdem finden abends oft kulturelle Veranstaltungen wie Lesungen statt. Informationen über aktuelle Ausstellungen und Filme unter ✆ 664/684-1111, Anschluss 301. ⌚ Mo–Fr 15–21, Sa und So 11–21 Uhr. US$5. Im Centro gibt es auch ein Restaurant und ein paar Geschäfte. Die Busse, die zwischen dem Stadtzentrum und der Grenze verkehren, fahren am Centro Cultural vorbei. Im Kulturzentrum **El Lugar del Nopal**, Calle 6, Ecke Avenida G, werden ebenfalls künstlerische Veranstaltungen geboten, darunter Ausstellungen und Konzerte.

Zu den wenigen Sehenswürdigkeiten Tijuanas zählt das ziemlich mitgenommene **Mexitlán**, ein Themenpark in Miniaturausgabe mit Modellen berühmter mexikanischer Bauwerke, folkloristischen Darbietungen sowie Restaurants und Geschäften. ⌚ Mitte Mai–Mitte Sep tgl. 10–22; Mitte Sep–Mitte Mai Mi–Fr 10–17, Sa und So 9–16 Uhr. US$1,25.

In zwei Arenen werden von Mai bis September **Stierkämpfe** veranstaltet; die eine befindet sich ein paar Kilometer südöstlich des Zentrums, die andere direkt an der Pazifikküste.

Das moderne Tijuana mit mehr als einer Million Einwohnern gehört zu den reichsten Städten Mexikos. Die moderne Innenstadt aus Glas und Beton, die abseits der Touristenzentren liegt, könnte auch in Südkalifornien stehen. Der Wohlstand gründet auf dem Duty free-Status und den *Maquiladora*-Montagebetrieben für die Elektronik- und Bekleidungsindustrie. Halberzeugnisse oder Rohmaterial kommen zollfrei über die Grenze, werden von billigen mexikanischen Arbeitskräften, die für ungefähr ein Zehntel des vergleichbaren US-Lohnes unter miserablen Bedingungen arbeiten, montiert und reexportiert. Zoll muss nur für die Wertsteigerung bezahlt werden.

Von einer anderen Seite zeigt sich der anhaltende Boom allerdings in den Barackensiedlungen, die sich meilenweit an der Grenze entlangziehen. Es sind die Behausungen der Industriearbeiter – traditionell die letzte Etappe vor der Flucht nach Norden. Mittlerweile erstreckt sich die Stadt von der Küste bis zur Grenze über eine Länge von rund 19 km. Pro Tag werden bis zu 2000 illegale Grenzgänger von der US-Polizei festgenommen, man schätzt, dass 3600 Menschen jede Nacht die Flucht über den einfachen Stacheldrahtzaun, der die beiden Länder trennt, gelingt. Insgesamt versuchen pro Jahr rund zwei Millionen Armutsflüchtlinge in die USA zu gelangen. 90% von ihnen sind Mexikaner, und für viele endet der American Dream auf dem nächsten US-amerikanischen Polizeirevier.

Übernachtung

Verglichen mit den übrigen Landesteilen sind die Unterkünfte in Tijuana überteuert und bieten wenig Komfort. Dafür ist die Auswahl um so größer. Die meisten Hotels/Motels liegen in oder nahe der Haupteinkaufsstraße Av. Revolución. Die Billigunterkünfte an der Calle 1, von der Av. Revolución Richtung Westen, sind nicht empfehlenswert, schon gar nicht für allein reisende Frauen. Wer im Stadtzentrum absteigt, sollte auf eine möglichst ruhige und sichere Lage der Unterkunft achten. Die Hotels der gehobeneren Preisklassen liegen meist etwas abseits der Innenstadt, viele am Boulevard Agua Caliente, und bieten ein günstigeres Preis-Leistungs-Verhältnis.

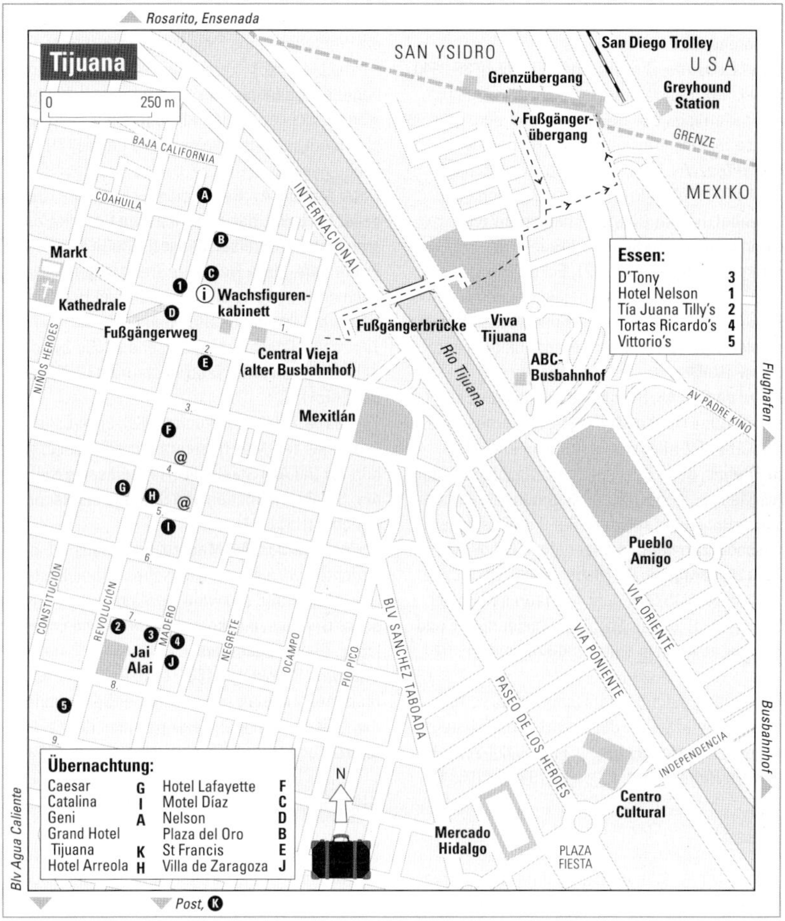

Caesar, Av. Revolución 1079, Ecke Calle 5, ✆ 664/688-0550. Vom Alter gezeichnetes Hotel, dessen Restaurant für sich beansprucht, den Caesar-Salat erfunden zu haben. Hat schon bessere Tage gesehen, aber für die Lage überraschend gutes Preis-Leistungs-Verhältnis. ❺

Catalina, Calle 5 2059, Ecke Madero, ✆ 664/685-9748. Modernisiertes Hotel in älterem Gebäude mit sauberen, geräumigen Zimmern (mit Bad). ❹

Geni, Av. Revolución 417, unterhalb der Calle 1, kein Telefon. Einfach, sieht nicht besonders einladend aus, ist aber akzeptabel und billig. Die Zimmer bieten nicht viel mehr Platz als für ein Bett, und wer größer als 1,50 m ist, kann im Bad kaum aufrecht stehen. ❸

Gran Hotel Tijuana, Agua Caliente 4500, ✆ 664/681-7000, 🖳 www.grandhoteltijuana.com. Bestes Hotel der Stadt mit zwei 23-stöckigen Türmen. Luxuriöse, mit allen Annehmlichkeiten ausgestattete Zimmer mit Tennisplatz, Pool und Disco. ❾

Hotel Arreola, Revolución 1080, ✆ 664/685-9081. Einfaches Motel, sauber und mit heißen Du-

schen ausgestattet, aber etwas teuer für das Gebotene. ❺
Hotel Lafayette, Revolución 325, ✆ 664/685-3940. Schlichtes, nettes Hotel mit Familienanschluss, kann allerdings etwas geräuschvoll sein. Gute Preise für Einzelreisende und Gruppen. ❸
Motel Diaz, Av. Revolución 650, hinter Calle 1, ✆ 664/685-7148. Akzeptable Zimmer rund um Innenhof. Ist den Übernachtungspreis wert, wenn man einen Parkplatz braucht. ❺
Nelson, Av. Revolución 721, Ecke Calle 1, ✆ 664/685-4302, www.bajavisual.com/hotelnelson. Angenehmes, altmodisches Hotel in idealer, wenn auch nicht gerade ruhiger Lage. Kabel-TV. ❻
Plaza de Oro, Av. Revolución 588, hinter Calle 1, ✆ 664/638-4112. Komfortables, modernes Hotel mit Kabel-TV, aber wenig Atmosphäre. ❺
St Francis, Calle 2 zwischen Av. Revolución und Av. Madero, ✆ 664/685-4903. Sauberes, altmodisches Hotel, das seit den 20er Jahren existiert. Passable Zimmer und angenehme Lobby. ❹
Villa de Zaragoza, Av. Madero 1480, Ecke Calle 7, ✆ 664/685-1832. Modernes, teures Motel im US-amerikanischen Stil. Alle Zimmer mit TV und Telefon, außerdem Suiten mit Kochnische. ❻

San Ysidro, auf amerikanischer Seite, verfügt über einige Motels – der Grenze am nächsten liegen das ***Gateway Inn***, ✆ +1-619/428-2251, ❻ und die ***Holiday Lodge,*** ✆ +1-619/428-1105. ❺

Essen

Wer in Anbetracht der Besuchermassen hervorragende Restaurants erwartet, wird enttäuscht. An der Hauptstraße ist jedes Lokal auf landesfremde Geschmäcker ausgerichtet: zumeist mexikanische Restaurants im US-amerikanischen Stil, oft mit lauter Musik und gekünstelter Party-Atmosphäre.
In der Fußgängerzone ***Plaza Fiesta,*** gegenüber dem Centro Cultural und in allen Einkaufszentren gibt es Esslokale und Schnellrestaurants.
In den Nachbarstraßen, vor allem in der Av. Madero und Av. Constitución, serviert man authentischere mexikanische Kost.
Antojitos Bíbi's, im Mercado Hidalgo. Sauber, preiswert, Alltagskost. Nahe dem Centro Cultural.
D'Tony, Av. Madero, Ecke Calle 7. Wer in Tijuana aus Versehen seine Flitterwochen verbringt, darf dieses Lokal nicht verpassen: romantisches, gehobenes argentinisches Restaurant mit den besten Steaks der Stadt und einer tollen Auswahl südamerikanischer Weine. Rund um die Uhr wird Tango gespielt.
Hotel Nelson, Av. Revolución, Ecke Calle 1. Sehr beliebtes Lokal, das mexikanische Gerichte zu annehmbaren Preisen serviert. Große Portionen!
Punto Café, Plaza Fiesta. Im Trend liegendes jedoch anspruchsloses Café, auch zum Draußensitzen, mit riesigem Kaffeeangebot.
Tapiro, Av. Constitución, zwischen Calle 2 und Calle 3. Preiswertes Taco-Restaurant (US$0,50 pro Stück).
Tia Juana Tilly's, Revolución 1420, Ecke Calle 7. Typisches Tex-Mex Restaurant mit Terrasse, gehört zur Jai Alai Spielhalle. Aufmerksame Kellner; Steaks, Hühnchen und Seafood als Hauptgerichte (US$7–12).
Tortas Ricardos, Av. Madero, Ecke Calle 7. Eingerichtet wie ein amerikanisches Schnellrestaurant, aber große Auswahl exzellenter mexikanischer Gerichte, u.a. köstliche Tortas und Enchiladas. Bis spät geöffnet.
Vittorio's, Revolución 1687, Ecke Calle 9. Breitgefächertes Angebot schmackhafter Spezialitäten der italienischen und mexikanischen Küche. Gute Pizza und toller Espresso.

Unterhaltung

Das Nachtleben in Tijuana konzentriert sich auf die Revolución und ihre unmittelbare Umgebung. Dort wird in zahlreichen Lokalen Soft-Rock, gängiger R&B und Hip-hop gespielt, überwiegend Englisch gesprochen und mit Dollars bezahlt. Die meisten Lokale haben mindestens bis 2 Uhr geöffnet und verlangen – aufgrund der großen Konkurrenz – eine geringe Eintrittsgebühr.
The Cave, Revolución 1137, zwischen Calle 5 und 6. Unterscheidet sich wenig von den anderen Touristenfallen, liegt aber zu ebener Erde, so dass man einen Blick auf das Geschehen werfen und sich dann für oder gegen den Besuch entscheiden kann.
Diamante Disco, Revolución, Ecke Calle 1. Dies ist die zahmste der schäbigen Latin Music Bars,

aber trotzdem nichts für Frauen ohne Begleitung.

People's Sports and Rock, Revolución 786, Ecke Calle 2. Immer noch eine der besseren Bars mit etwas härterer Musik, frequentiert von Einheimischen und Touristen gleichermaßen. Vorsicht: Die Angestellten sind mit Tequila flott bei der Hand, damit der Rubel schneller rollt.

Las Pulgas, Revolución 1127 gegenüber vom Jai Alai. Moderne Norteña-Disco mit riesiger Tanzfläche und einem jungen Publikum. ⌚ bis 6 Uhr.

Salón de Baile, Calle 6, zwischen Revolución und Madero. Von den düsteren Wandgemälden sollte man sich nicht abschrecken lassen, denn es handelt sich um einen Tanzschuppen im traditionellen Stil: In fast karibischer Atmosphäre wird Salsa, Cumbia und Norteño geboten. Zu erkennen an dem Schild mit dem großen roten Stern.

El Torito, Av. Revolución, zwischen Calle 2 und Calle 3. Scharen amerikanischer Tages- und Nachtausflügler queren die Grenze auf der Suche nach billigem Bier und ausgelassener Stimmung – und viele von ihnen versacken hier. Ähnlich ist das *Caribbean* nebenan.

Sonstiges

AUTOVERMIETUNGEN – ***Alamo,*** ✆ 664/686-4040 oder 686-2400; ***Budget,*** ✆ 664/634-3303 oder 634-3304; ***Hertz,*** ✆ 664/607-3949; ***National,*** ✆ 664/683-5500 oder 683-4745.

BÜCHER – ***Sanborn's,*** Revolución, Ecke Calle 8, verkauft Bücher und Zeitschriften, darunter auch nordamerikanische, ist jedoch in erster Linie Filiale einer Restaurantkette.

GELD – Das Geldwechseln ist in Tijuana kein Problem, denn praktisch an jeder Straßenecke stehen **Casas de Cambio**. Die meisten bieten günstige Wechselkurse (unbedingt zuvor nachfragen), die sich kaum von denen nördlich der Grenze unterscheiden, aber nur wenige lösen Reiseschecks ein, und wenn sie es tun, dann gegen eine hohe Gebühr. Schecks löst man am besten in einer Bank ein. Die meisten **Banken** befinden sich an der Av. Constitución, einen Häuserblock hinter der Av. Revolución. Im Flughafen befindet sich eine Filiale der *Banca Serfín* mit Bargeldautomat. Drei weitere Bargeldautomaten (Cajero Automatico) gibt es in der Innenstadt. In Tijuana selbst kann man jedoch fast überall mit US$ bezahlen. Auch hier sind die Kurse im allgemeinen akzeptabel, allerdings sollte man grundsätzlich nachrechnen.

Ein ***American Express***-Büro befindet sich im Viajes Carrusel weit draußen am Sanchez Taboada, Ecke Clemente Orozco, ⌚ Mo–Fr 9–18 Uhr, Sa 9–12 Uhr. Der Wechselkurs ist hier allerdings schlecht.

GEPÄCKAUFBEWAHRUNG – in der Central Camionera, ⌚ 6–22.30 Uhr; in Schließfächern jenseits der Grenze im *Greyhound*-Busbahnhof, 24 Std. geöffnet, oder eine Tür weiter bei *Pro-Pack,* ⌚ Mo–Sa 9–18 Uhr.

HONORARKONSULAT – **Deutschland:** zuständig für **Baja California** und **Sonora**: Cantera 400/304, Edificio Ole, Secc. Terrazas de Mendoza, 22209 Playas de Tijuana, ✆ 664/680-1830, 680-2512, 📠 680-1830.

INFORMATIONEN – In Tijuana gibt es drei sehr hilfreiche Touristeninformationen. Zwei befinden sich direkt an der Grenze, eine für Fußgänger und eine andere für Autofahrer, in der sich eine Autoversicherung abschließen lässt. Kostenlose Stadtpläne und verschiedene Broschüren liegen dort aus.

Die Haupt-***Touristeninformation*** befindet sich im Stadtzentrum in der Av. Revolución, Ecke Calle 1, ✆ 664/684-0537 oder 684-0538, 💻 www.seetijuana.com, ⌚ Mo–Fr 9–19 Uhr.

Das ***Tourism Protection Office*** liegt an der gegenüberliegenden Straßenecke, ✆ 664/688-0555, ⌚ Mo–Fr 8–20, So 10–15 Uhr. Dies ist die Anlaufstelle für Besucher, die in eine Notsituation geraten sind oder eine Beschwerde vorzutragen haben. Wegen der vielen Touristen ist Tijuana zwar relativ sicher, dennoch sind Bagatelldelikte keine Seltenheit, und gelegentlich kommt es zu Gewalttaten, die meist in Bezug zur Drogenszene stehen.

INTERNET – Billige Internet-Cafés findet man in der Umgebung der Av. Revolución, allen voran das ***Space***, Calle 5, Ecke Av. Madero, mit einer sehr schnellen Verbindung und 24 Std.-Service (US$1,50 pro Std.). Ebenfalls empfehlenswert ist ***Intercom Site***, Calle 4, zwischen Av. Madero und Av. Revolución, ◷ tgl. 8–24 Uhr, zumindest wenn man sich nicht daran stört, dass drumherum Scharen von Jugendlichen mit geräuschvollen Videospielen beschäftigt sind (US$1,50 pro Std.).

POST – Ein Postamt befindet sich an der Av. Negrete, Ecke Calle 11, G Mo–Fr 8–16, Sa–So 9.30–13 Uhr. Wer sicher gehen möchte, dass die

Grenzübergang

Mit gültigen Dokumenten lässt sich die Grenze (genannt *la linea*, dt. die Linie) meist problemlos und schnell überqueren, wenngleich es gelegentlich zu Wartezeiten kommt, besonders während des Pendlerverkehrs (Mo–Fr 8–10 und 16–18 Uhr). Bei der Einreise in die USA ist mit ziemlich einschüchternden Prozeduren zu rechnen. Von San Diego aus sollte man unbedingt durch die rechts vor dem eisernen Tor gelegene Pass- und Zollkontrolle gehen und sich die Touristenkarte besorgen bzw. abstempeln lassen, um später keine Schwierigkeiten zu bekommen – wer nur Tijuana, Ensenada und San Felipe besucht, braucht sich darum nicht zu kümmern. Die Grenze ist rund um die Uhr geöffnet.

In die Innenstadt von **San Diego** gelangt man mit Bussen, die alle paar Minuten fahren (US$1,50), oder mit der Straßenbahn, dem *San Diego Trolley*, für US$2,50 (tgl. 5–1 Uhr, Samstagnacht stdl.). Die Haltestelle **San Ysidro** liegt gleich gegenüber der Grenze. Tickets muss man aus dem Automaten am Eingang ziehen, deshalb einige 1-Dollarnoten und etwas Kleingeld in die Tasche stecken. San Ysidro selbst hat wenig zu bieten: Fastfoodketten, ein paar Secondhand-Läden, Wechselstuben, Büros der verschiedenen Kfz-Versicherer und eine Reihe von Parkplätzen mit Gebühren zwischen US$5–12 pro Tag. Wer weiter nach Norden will, findet in San Ysidro öffentliche Verkehrsmittel. Fast ununterbrochen fahren Kleinbusse sowie *Greyhound* und andere Busgesellschaften nach Los Angeles. Der *Greyhound*-Terminal befindet sich direkt an der Grenze. Fahrer von Kleinbussen stehen ebenfalls an der Grenze bereit.

Auf mexikanischer Seite ist es nur ein kurzer Spaziergang ins Zentrum von **Tijuana** – durch das Einkaufszentrum *Viva Tijuana*, über die Fußgängerbrücke, dann die Calle 1 entlang bis zur Av. Revolución. Neben dem Eingang zum *Viva Tijuana* befindet sich auch ein Busterminal mit Taxistand. Von hier fahren Busse mit der Aufschrift „Centro" oder „Revolución" in die Innenstadt, während die blauweißen „Buena Vista" und „Central Camionera"-Busse zum zentralen Busbahnhof fahren. Es sind auch gelbe Taxis mit Festpreisen im Einsatz, die an der Madero zwischen den Calles 2 und 3 halten und Passagiere für rund US$2 zur Central Camionera befördern.

Man kann die Grenze auch mit dem **Shuttlebus** überqueren. Das ist allerdings teurer und dauert manchmal länger, als sich zu Fuß auf den Weg zu machen und dann ein öffentliches Verkehrsmittel zu nehmen; andererseits umgeht man mit dem Shuttlebus die langen Wartezeiten während der Stoßzeiten. So unterhalten beispielsweise *Mexicoach* (Av. Revolución, Ecke Calle 7) und *Transportes Diamante* (Av. Revolución, direkt hinter Calle 1) einen Shuttle-Service nach San Ysidro für US$1,50; Shuttlebusse von *Mexicoach* verkehren außerdem zwischen der Grenze und der Av. Revolución.

Eine weitere Möglichkeit zur Vermeidung der Warteschlangen ist die Überquerung der Grenze per **Mietfahrrad**; ein paar geschäftstüchtige Mexikaner schlagen aus dem regen Grenzverkehr Kapital, indem sie Fahrräder verleihen, mit denen man die Grenze auf einer nur für Räder zugelassenen Spur passieren kann. Zu den Stoßzeiten warten auf beiden Seiten der Grenze Männer, die Drahtesel aller Formen und Größen anbieten (ca. US$5). Man sitzt einfach auf, fährt durch die Zoll- und Passkontrolle und gibt das Vehikel auf der anderen Seite beim Sozius zurück.

Ansichtskarten in Übersee auch ankommen, steckt sie besser jenseits der Grenze in den Briefkasten.

TELEFON – Fernsprechapparate gibt es im Postamt (s.o) sowie in der Central Camionera. Ferngespräche führt man jedoch am besten auf der anderen Seite der Grenze.

Nahverkehrsmittel

BUSSE – Um von der **Central Camionera** ins Zentrum zu gelangen, nimmt man einen der blau-weißen Stadtbusse mit der Aufschrift „Centro", die auf der Calle 2-A (Juárez) die Stadt durchqueren und am Grenzübergang vorbei in die Innenstadt fahren (ca. 30 Min.). Vom Zentrum in Richtung Busbahnhof tragen die Busse die Aufschrift „Buena Vista" oder „Central Camionera" und passieren ebenfalls den Grenzübergang. Einige Busse von *Elite* und *Norte de Sonora* aus Rosarito (stdl., 45 Min.) und Ensenada halten entweder direkt an der Grenze oder am Busbahnhof **Central Vieja**, Calle Madero, Ecke Calle 1, mitten in der Stadt. Nur einige Blocks entfernt liegt das Terminal von *ABC,* ein relativ kleines Busunternehmen, das Verbindungen zwischen Städten auf Baja unterhält.

SAMMELTAXIS – Mit den roten Sammeltaxis kann man für wenig Geld die wichtigsten Strecken befahren, z.B. vom *Hipodromo* in die City oder umgekehrt. Sie fahren über den Blv. Agua Caliente bis ins Zentrum fast die gesamte Av. Revolución entlang. Colectivos nach ROSARITO fahren in der Madero zw. Calle 4 und 5 ab.

TAXIS – Die braun-weißen und die gelben Taxis sind teurer als die übrigen. Unverschämt hoch sind die Taxipreise vom und zum Flughafen und der Central Camionera, denn für die kurze Strecke werden rund US$15 verlangt. Mit viel Geduld lässt sich der Preis vielleicht drücken. Taxis zu anderen Zielen in Tijuana sind billiger (vorausgesetzt das Taxameter funktioniert), aber wer die Stadtbusse benutzt, kann eine Menge Geld sparen. Zum Busbahnhof fahren auch gelbe Taxis zu Festpreisen (ca. US$2), Abfahrt zwischen Calle 2 und Calle 3 auf der Madero.

Transport

BUSSE – **In die USA:** Gleich bei der Ankunft an der **Central Camionera**, Auskünfte ✆ 664/626-1701, kann man in einen der zwischen 6 und 18 Uhr ungefähr stdl. abfahrenden *Greyhounds* steigen und sich einen Aufenthalt in Tijuana entgehen lassen. Der *Greyhound* hält noch in der Innenstadt am alten Busbahnhof, Central Vieja, fährt dann über die Grenze und nimmt in San Ysidro weitere Passagiere auf.
Die etwas teureren Busse der Gesellschaft *Transportes Intercalifornias* fahren 9x tgl. vom Flughafen, der Central Camionera, von der Stadtmitte und von beiden Seiten der Grenze nach LOS ANGELES (17 Std.).
Nach Mexiko: Von Tijuana mit dem Bus zu anderen Zielorten Mexikos zu gelangen, ist ziemlich problemlos, sieht man einmal davon ab, dass der Busbahnhof – wie in so vielen Städten – fast eine halbstündige Fahrt mit dem blau-weißen Bus – Aufschrift „Centro" – vom Zentrum entfernt liegt. Diese Nahverkehrsbusse fahren über die Calle 2A (Juárez) durch die Innenstadt und passieren auf dem Weg zum Busbahnhof die Grenze.
Nach EL ROSARIO (4x tgl., 6 Std.),
GUERRERO NEGRO 7x tgl. (10 Std.),
LA PAZ 1x tgl. (22 Std.),
LORETO 4x tgl. (17 Std.),
MULEGÉ (15 Std.),
SANTA ROSALÍA (14 Std.),
SAN IGNACIO (13 Std.)
Busse fahren stdl. nach ENSENADA (1 1/2 Std.), alle 30 Min. rund um die Uhr nach GUADALAJARA (35 Std.) über MEXICALI (3 Std.), HERMOSILLO (12–13 Std.), GUAYMAS (14 Std.), NAVOJOA (17 Std.), LOS MOCHIS (19 Std.), CULIACÁN (22 Std.), MAZATLÁN (26 Std.) und TEPIC (30 Std.).
Es fahren zahlreiche Busse zur Westküste und stdl. fährt ein Bus, der die gesamte Halbinsel durchquert. Die Fahrt von Tijuana nach CABO SAN LUCAS (24 Std.) kostet US$90, eine Fahrkarte nach México D.F. (36–48 Std.) mindestens US$100. Manche Gesellschaften bieten preisgünstige Studententarife gegen Vorlage eines internationalen Studentenausweises, allerdings häufig nur während der mexikanischen Semesterferien von Juli–Aug sowie im Dez.

FLÜGE – Der Flughafen, ✆ 664/683-2418 oder 683-2118, liegt etwas näher an der Stadt als der Busbahnhof. Busse mit der Aufschrift „Aeropuerto" fahren an der Madero, Ecke Calle 2 ab. Die Taxis, die an der Straße vor dem Flughafen warten, verlangen nach einigem Feilschen mindestens US$10 für die Fahrt ins Zentrum.
Inlandflüge können manchmal überraschend preisgünstig sein. Vor allem nach MÉXICO D.F. (6x tgl., 3 Std.) kostet ein Flugticket mitunter nur ca. US$100 – kaum mehr als ein Busfahrschein der 1. Klasse. GUADALAJARA, ACAPULCO und LA PAZ werden angefolgen und zahlreiche internationale Flüge starten und landen ebenfalls in Tijuana.
Viajes La Mesa, Madero, Ecke Calle 1, ✆ 664/688-1511, erledigt alle Buchungen. Dennoch lohnt es oft, einen Preisvergleich anzustellen.
Fluggesellschaften: ***Aeroméxico,*** Revolución 1236, ✆ 664/688-3465, am Flughafen ✆ 664/684-2100.
Aero California, Paseo de los Héroes 95, Plaza Río, Local C-20, ✆ 664/684-2100.
Mexicana, am Flughafen, ✆ 664/682-4184.
Taesa, Paseo de los Héroes 9288-B1, ✆ 664/684-8484.

Die Umgebung von Tijuana
Rosarito

Will man dem Lärm und der Hektik von Tijuana für eine Weile entfliehen, dann empfiehlt sich ein Kurzausflug nach Rosarito mit seinen etwa 40 000 Einwohnern. Die Strände von Tijuana sind alle übervölkert und schmutzig, dagegen ist Rosarito eine bessere Alternative. Obwohl kaum weniger voll und verschmutzt, bietet es einen viel längeren, feinkörnigeren Strandstrand und eine ruhigere Atmosphäre. Die Apartmenthäuser und Hotels, die den Strand säumen, sind außerdem günstiger als diejenigen im Zentrum und lohnen den Aufenthalt direkt am Wasser. Partymuffel sollten jedoch die Monate März und April meiden, wenn so viele Feierwütige die Stadt überfallen, dass es fast unmöglich ist nüchtern zu bleiben.

Bis vor kurzem gehörte Rosarito zu Tijuana, wurde jedoch in den Status einer selbst verwalteten Stadt erhoben, als die hiesigen Politiker feststellten, dass man auch alleine Touristendollars scheffeln kann. Seit 1997 zieht die Stadt jede Menge Filmfans an, die sich die **Fox Studios Baja**, am südlichen Stadtrand, KM 32,8 an der mautfreien Straße nach Ensenada, anschauen wollen. Dieses Stückchen Hollywood-in-Mexiko, ursprünglich für die Filmaufnahmen zu *Titanic* errichtet, ist inzwischen eine riesige Produktionsstätte, in der fast rund um die Uhr gearbeitet wird. In dem 17 Millionen Gallonen Wasser fassenden Aquarium am Meer entstanden Wasserfilmaufnahmen u.a. für *Pearl Harbor* und *Tomorrow Never Dies*. Sonntags werden Führungen (US$8) angeboten, manchmal auch an drehfreien Samstagen. Das Modell der *Titanic* wurde zerlegt, aber in Lagerhallen ist noch ein Großteil der Kulissen zu sehen. Man kann den Aufenthalt in den Studios auch verbinden mit einem Besuch im **Foxploration**, 💻 www.foxploration.com, ✆ 661/614-9444, einem neuen, kinobezogenen Themenpark im gleichen Komplex; ⏲ Mo–Fr 9–19, Sa und So 10–18.30 Uhr.

Wer hierbleiben will, bezahlt in den Motels entlang der Carretera etwas weniger als in Tijuana. Die Unterkünfte im Zentrum von Rosarito sind allerdings teuer, und das Meer ist bis weit nach Süden stark verschmutzt.

Übernachtung

Klassische Budgethotels findet man in Rosarito kaum noch; vermutlich die beste Wahl ist das ***Hotel California,*** ✆ 661/612-2550. ❹
Motel Sonia, Juárez, Höhe Plama, ✆ 661/612-1260, etwas teurer als das *Hotel California.* ❺
Hotel Los Pelicanos, ✆ 661/612-0445, schickeres Hotel direkt am Strand beim großen, lehmziegelfarbigen Hotelblock. ❼
Rosarito Beach Hotel, ✆ 661/612-0144, war während der Prohibition eine bevorzugte Adresse bei der Schickeria aus Hollywood. Der alte Glanz ist Umbauten zum Opfer gefallen, aber die älteren Zimmer besitzen noch immer einen gewissen Charme. ❼

Essen und Unterhaltung

Die Strandstraße säumen recht gute Restaurants, Cafés und Bars, empfehlenswert sind die Fischrestaurants und ein paar Cafés, die einen anständigen Cappuccino servieren.

Papas and Beer, ist sehr beliebt bei Leuten, die am Strand Volleyball spielen und ein *Corona*-Bier nach dem anderen zischen.

Informationen

Rosarito's ***Tourist Office***, ungünstige 20 Minuten zu Fuß Richtung Norden an der Straße nach Tijuana gelegen, ✆ 661/612-0200, lohnt eigentlich den Anweg nicht. ⌚ Mo–Fr 9–17, Sa und So 11–16 Uhr.
Empfehlenswerter ist das zentralere ***Rosarito Beach Convention and Visitors Bureau***, Ciprés 101, Ecke Juárez, ✆ 661/662-0396, ⌚ Mo–Fr 9–18 Uhr.

Transport

Von TIJUANA erreicht man Rosarito entweder mit einem der Sammeltaxis, die von der Av. Madero zwischen Calle 4 und 5 abfahren, oder mit einem Bus vom alten Busbahnhof an der Av. Madero, Ecke Calle 1. Die Busse verkehren stdl. und brauchen bis Rosarito 45 Minuten. Auf dem Rückweg hält man auf der Hauptstraße von Rosarito, der Juárez, einfach ein Sammeltaxi oder den Bus an. Nach ENSENADA und weiter Richtung Süden kann man am Zahlhäuschen der Autobahn, etwa 1 km südlich der Touristeninformation, hinter dem *Rosarito Beach Hotel*, in einen Überlandbus zusteigen.

Surfing

Als Lebensstil der nach Hedonismus strebenden Männer aus Südkalifornien hat der Surfsport zwar einen mythischen Status erlangt, blickt jedoch auf eine uralte Geschichte zurück. An der Küste Perus wurden Reliefs entdeckt, einige davon über 5000 Jahre alt, die Einheimische darstellen, wie sie auf Schilfbrettern durch die Wellen navigieren. In Hawaii zeugen 1500 Jahre alte Felszeichnungen von Surfszenen.
Die Tradition des Surfens gelangte im 4. Jh. v.Chr. im Zuge einer Migrationswelle von Polynesien nach Hawaii, wurde jedoch erst im frühen 20. Jh. durch den Hawaiianer Duke Kahanamoku, einen olympischen Schwimmer, Schauspieler und bester Surfer seiner Zeit, international bekannt gemacht. Der Boom begann in Kalifornien, und die Entwicklung schlug sich schon bald in neuen Brettformen und Fahrtechniken nieder. Auf der Suche nach den legendären Wellen von Baja California überquerten Kalifornier die Grenze nach Mexiko, wo sich der Sport schnell etablierte.
Es gibt ganz unterschiedliche Typen von Surfboards, was sich auf Fahrstil und Performance auswirkt. Das **Longboard** ist über 2,5 m lang, besitzt eine einzige Finne und gerundete Formen. Dieser traditionelle Bretttyp, auf dem man den besten Stand findet, eignet sich insbesondere zum Kreuzen, dafür fällt es schwer, die brechenden Wellen zu überwinden. Das **Shortboard** hingegen misst weniger als 2,5 m, hat drei Finnen und eine spitz zulaufende „Nase", wie das vordere Brettende genannt wird. Diese Art von Brettern ist leichter zu lenken, verlangt jedoch mehr Fahrkönnen, um eine Anfangsstabilität zu erreichen. Die mittelgroßen Hybridbretter, auch **Funboards** genannt, sind ideal zum Surfenlernen. Im Folgenden einige Grundbegriffe, die jeder Surfer beherrschen sollte:
Close-out Eine Welle, die keinen deutlichen Kamm bildet und sich langsam zur Rechten oder Linken bricht, sondern plötzlich umschlägt und auf einem Surfboard beinahe unmöglich zu reiten ist.
Goofy foot Surfstil, bei dem sich der linke Fuß am hinteren Brettende (Schwanz) befindet. Da der hintere Fuß lenkt, setzen die meisten Surfer hierfür den rechten Fuß ein.
Hang ten Man steht auf dem vorderen Ende (Nase) eines Longboards und lässt alle zehn Zehen hinunterbaumeln.
Kook Ein unerfahrener Surfer, der die „Surf-Etikette" noch nicht beherrscht.
Leash Die Leine, welche das Surfboard mit dem Band am Knöchel des Surfers verbindet.
Point break Eine Welle, die sich an der Spitze eine Landzunge bricht und dann seitlich davon über eine längere Distanz weiterrollt als dies eine normale Welle tun würde.

Ensenada

Von Tijuana kommt man nach etwa anderthalb Stunden Fahrt auf der mautpflichtigen Autobahn (die Maut ist in Pesos zu zahlen, obwohl der Preis mit US$-Zeichen angegeben wird) oder ebenfalls mit Blick aufs Meer, kostenlos entlang der alten, kurvenreichen, aber annehmbaren Küstenstraße, nach Ensenada (etwa 170 000 Einwohner). Die Stadt an der Bahía de Todos Santos füllt sich am Wochenende mit trinkfreudigen Südkaliforniern und Scharen von Kreuzfahrtpassagieren, ist jedoch wesentlich ruhiger, billiger und kleiner als Tijuana und eine gute Basis für Ausflüge zu den Ökotourismuszielen weiter südlich.

Als die ersten Entdecker vor rund 400 Jahren den Hafen Ensenadas ansteuerten, machte der Mangel an Trinkwasser eine feste Ansiedlung praktisch unmöglich, doch im Laufe der nächsten zweihundert Jahre entwickelte sich die Bahía de Todos Santos zu einem beliebten Zwischenhafen, den Walfänger, Pelzhändler, die spanische Silberflotte und die hinter ihr herjagenden Piratenschiffe gleichmaßen anliefen. Gegen 1870 war Ensenada auch zu einem Versorgungshafen für Missionare geworden, die an der nördlichen Grenze Mexikos ihrer Berufung nachgingen.

Als in jenem Jahr im nahe gelegenen Real de Castillo Goldadern gefunden wurden, strömten die Goldsucher in Scharen herbei, doch schon zu Beginn des 20. Jhs. waren die Minen ausgebeutet und die Bevölkerungszahl ging rapide zurück; von Ensenanda blieb kaum mehr als ein kleines Fischerdorf übrig. Ende der 30er Jahre, als im Mexicali Valle die Landwirtschaft in Schwung kam, ging es wieder aufwärts, denn im Hafen von Ensenada wurden die Produkte zum Export verladen. Rund vierzig Jahre später wurde die Asphaltstraße von Tijuana kommend eingeweiht, womit die amerikanischen Touristen einzogen und die Rückkehr zum Wohlstand bis auf weiteres geschafft war.

Fast das ganze Leben der Stadt konzentriert sich auf ein paar Straßen in Hafennähe: auf den Bulevar Costero (auch Lázaro Cárdenas genannt) direkt am Wasser, auf die Parallelstraße, die Avenida Mateos (oder Calle 1), und auf die Avenida Juárez (Calle 5). Hier liegt alles, was für den Touristen von Interesse sein könnte.

Wer mehr von Ensenada sehen will als ein paar Restaurants, Bars und Geschäfte, kann von den **Chapultepec-Hügeln** im Westen einen Blick auf die Stadt werfen oder an einer Führung mit Weinprobe in den *Bodegas de Santo Tomás*, ✆ 646/178-3333, teilnehmen, einer der größten Weinkellereien von Baja California. Sie befindet sich an der Miramar 666, zwischen Calle 6-A und 7-A. Führungen: Mo–Sa stdl. zwischen 10 und 15 Uhr, Teilnahme US$5–10. Die meisten Weine werden Kenner nicht unbedingt zu Begeisterungsstürmen hinreißen, aber es lohnt sich, nach einem weißen Sherry zu fragen, der hierzulande sehr beliebt ist.

Das **Museo Histórico Regional**, Gastélum, nahe Mateos, ✆ 646/178-3692, zeigt wechselnde Ausstellungen über die Menschen und Kulturen von Ensenada und der Nordhälfte von Baja California; 🕒 Mo–Fr 9–17, Sa und So 11–17 Uhr, Eintritt US$2,50. Von Dezember bis März finden von Ensenada aus täglich **Walbeobachtungstouren** in der Bahía de Todos Santos statt, bei denen man die kalifornischen Grauwale auf ihrer Reise von den arktischen Gewässern zur Pazifikküste von Baja beobachten kann. Mit dem Schauspiel, das sich weiter südlich bietet, können diese Touren jedoch nicht mithalten. Veranstalter ist das *Caracol Museo de Ciencias,* Obregon 1463, ✆ 646/178-7192; auch an einer der Hafenmolen vertreten.

In Ensenada finden zahlreiche Veranstaltungen statt – von Sportereignissen bis zu Weinfesten – werden die meisten mit Augenmerk auf die umfangreiche US-Gemeinde der Stadt ausgerichtet. Die im April abgehaltene **Newport to Ensenada Yacht Race** zählt zu den größten internationalen Regatten der Welt. Die Segelboote legen an einem Freitagnachmittag im kalifornischen Newport ab und laufen am nächsten Tag in Ensenada ein; dann geht der Festrummel los und in der Stadt ist kein freies Bett mehr zu finden. Im April finden sich auch Tausende Radfahrer zum **Rosarito–Ensenada Bike Ride** ein, die an der landschaftlich reizvollen, 80 km langen „fun ride" von Playa de Rosarito nach Ensenada teilnehmen. Bei der Baja 100 (im Juni) und Baja 2000 (im November) dagegen handelt es sich um Geländeradrennen. Kulinarische Ereignisse bietet der Monat August, dann feiern einige der besseren Winzereien und Weingüter Bajas die zehntägigen **Fiestas de la Vendimia**, mit Weinproben, Wettkämpfen zum Thema Wein und Festen in den Winzereien und in der Stadt; Informationen bezüglich Eintrittskarten für das Zehntagesfest gibt

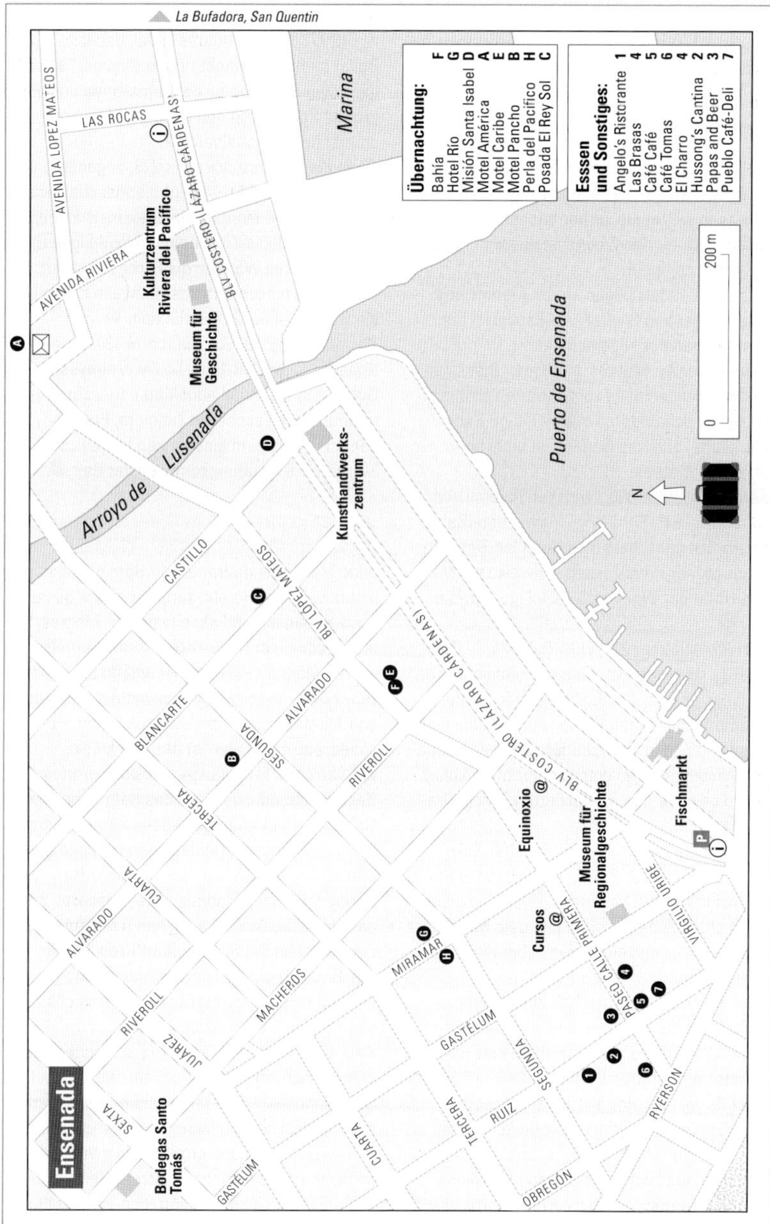
Ensenada
La Bufadora, San Quentin
Übernachtung:
Bahía F
Hotel Río G
Misión Santa Isabel D
Motel América A
Motel Caribe E
Motel Pancho B
Perla del Pacífico H
Posada El Rey Sol C
Esssen und Sonstiges:
Angelo's Ristorante 1
Las Brasas 4
Café Café 5
Café Tomas 6
El Charro 4
Hussong's Cantina 2
Papas and Beer 3
Pueblo Café-Deli 7
0
200 m
N
Marina
Puerto de Ensenada
Arroyo de Lusenada
Kulturzentrum Riviera del Pacífico
Museum für Geschichte
Kunsthandwerks-zentrum
Equinoxio
Cursos
Museum für Regionalgeschichte
Fischmarkt
Bodegas Santo Tomás
AVENIDA LOPEZ MATEOS
LAS ROCAS
AVENIDA RIVIERA
BLV COSTERO (LÁZARO CÁRDENAS)
BLV LOPEZ MATEOS
CASTILLO
ALVARADO
BLANCARTE
SEGUNDA
RIVEROLL
TERCERA
CUARTA
MACHEROS
MIRAMAR
PASEO CALLE PRIMERA
VIRGILIO URIBE
GASTÉLUM
JUAREZ
SEXTA
RUIZ
RYERSON
OBREGÓN

es in der Touristeninformation. Den Tag der mexikanischen **Unabhängigkeit** begeht die Stadt mit einer ganzen Festwoche.

Übernachtung

Hotels und jede Menge Bars befinden sich in der Av. López Mateos. Wer hier ein Wochenende verbringen will, sollte vorher buchen oder früh eintreffen. Unter der Woche ist es kein Problem, ein Zimmer zu finden.

Die meisten Hotels liegen an der Mateos und Costero zwischen Riveroll und Espinoza. Die preiswerteren der allgemein teuren Unterkünfte liegen an der Av. Mateos. Nur einen Block östlich der Touristenmeile konzentrieren sich in einem etwas schäbigeren Viertel einige Budget-Unterkünfte, aber die Gegend ist nicht so sicher wie die Av. Mateos.

Bahía, Av. Mateos 850, zwischen Riveroll und Alvarado, ✆ 646/178-2101, 💻 www.hotelBahia.com.mx. Riesiges, beliebtes Hotel mit Zimmern verschiedener Preisklassen, teilweise mit Meerblick. Unter der Woche US$20 billiger; großer Pool. ❻

Hotel Río, Miramar 231, Ecke Calle 2a, ✆ 646/178-3733. Günstige Unterkunft in Familienbesitz, allerdings abseits der Touristenmeile in einem heruntergekommenen Viertel. Fungiert auch als Stundenhotel, hat aber saubere Zimmer, freundliche Angestellte und einen sicheren Parkplatz. Nach einem der frisch renovierten Zimmer fragen. ❸

Misión Santa Isabel, Av. Castillo 1100, Ecke Costero, ✆ 646/178-3345, 💻 www.baja4fun.com/misionsantaisabel. Modernes Motel im Kolonialstil mit guten Zimmern, Pool und dem Restaurant *El Campanario,* das einen Blick über die Bucht bietet. ❻

Motel América, Mateos 1309, Ecke Espinoza, ✆ 646/176-1333. Saubere schlichte Unterkunft abseits des Trubels mit Zimmern (einige mit Kochnische) zu fairen Preisen. ❹

Motel Caribe, Mateos 628, Ecke Blancarte, ✆ 646/178-3481. Zweifellos die beste Budget-Unterkunft der Stadt: einfache, aber saubere Zimmer in zentraler Lage, es kann allerdings recht laut werden, wenn die Kreuzfahrtpassagiere in die Straße beim Hotel einfallen. ❹

Motel Pancho, Alvarado 211, Ecke Calle 2a, ✆ 646/178-2344. Sauberes Hotel, das für ein paar Dollar mehr so genannte „Luxuszimmer" bietet, die sich jedoch nur durch Stuckwände und einen großen Spiegel von den anderen Räumen zu unterscheiden scheinen. ❹

Perla del Pacífico, Miramar 229, gegenüber dem *Río,* ✆ 646/178-3051. Ähnliche Kundschaft wie im *Río,* aber lange nicht so einladend: schäbige, dunkle und kleine Zimmer in schmuddligen Gängen, von deren Wänden die Farbe abblättert. Ein paar Dollar lassen sich sparen, wenn man sich ein Bad mit anderen Gästen teilt. ❸

Posada El Rey Sol, Av. Blancarte 130, Ecke Mateos, ✆ 646/178-1601, 💻 www.elreysol.com. Gutes, wie ein Motel angelegtes Hotel in zentraler Lage mit sauberen Zimmern, Pool und Jaccuzi. Nach dem Einchecken kostenloser Margarita-Begrüßungsdrink an der Bar. ❼

Essen

Jede Menge Restaurants und Bars befinden sich in der Nähe der Hotels, darunter einige günstige Taco-Buden auf und abseits der Av. Mateos. Seafood, vor allem Fisch-Tacos, isst man preiswert an den Ständen auf dem Fischmarkt am Hafen.

Plaza Café, an der Mateos zwischen Gastélum und Miramar, gutes, preiswertes Essen. Besonders zu empfehlen ist das Frühstück.

El Charro, Av. Mateos 454, ein altbewährtes Restaurant im Kolonialstil, das Hähnchen vom Grill sowie mexikanische Küche zu vernünftigen Preisen serviert. Bis in den späten Abend geöffnet.

El Rey Sol, López Mateos, Ecke Blancarte, nicht ganz billig, aber mexikanisches Ambiente und einheimische Gäste, akzeptiert Kreditkarten.

Las Brasas, neben *El Charro,* kleiner und weniger formell als sein Nachbar, aber ähnliche Speisen zu ähnlichen Preisen.

Café Café, Mateos, Ecke Gastélum, schlichtes, künstlerisch angehauchtes Café, wo man auf Sofas lümmeln und Backgammon spielen kann; die Wände sind geschmückt mit surrealistischer und lokaler Kunst, die großteils zum Verkauf steht; der sympathische Besitzer Memo ist bestens über die hiesigen kulturellen Veranstaltungen informiert.

Pueblo Café-Deli, Mateos, Ecke Ruiz, stilvolle, gut besuchte Bar, serviert auch eine große Auswahl an Speisen, u.a. Kuchen und traditionelle mexikanische Gerichte.
Café Tomas, Mateos 335, hat sich zwar recht plump das Erscheinungsbild und die Preise der Starbuck-Kette zu Eigen gemacht, schenkt jedoch einige sehr gute internationale Kaffeesorten aus, die man im netten Hinterhof genießen kann. ⌚ ab 6 Uhr.
Angelo's Ristorante, ein paar Türen unterhalb von *Hussong's*, ✆ 646/178-1970, ist ein romantisches, aber nicht gerade billiges italienisches Esslokal.
Mariscos Playa Azul, Av. Riveroll 113. Einfaches, aber ausgezeichnetes Seafood, wie auch bei ***El Palmar,*** Mateos, Ecke Obregón.
China Land, Av. Riveroll 1149, am Busbahnhof. Eines von zahlreichen chinesischen Restaurants.

Unterhaltung

Hussongs Cantina, an der Ruiz 113, öffnete die Schwingtüren im Jahr 1892. Die Kneipe mit ihrem sägemehlbestreuten Boden gilt stadtweit als Institution und hat sich zur Freude seiner Stammkunden – bei Tag und Nacht anzutreffen – in über 100 Jahren kaum verändert. Hier gibt es auch gute Norteña-Musik zu hören.
Papas and Beer, die vermutlich bekannteste Ketten-Bar in Ensenada. Tagsüber herrscht reger Andrang im Restaurant im Erdgeschoss und abends wird in der Kneipe im Obergeschoss gefeiert.
Octopus, Riveroll 225, Ecke Segunda, eine bei Einheimischen zunehmend gefragte Disco, vielleicht nicht ganz so stark von Touristen frequentiert wie manch anderer Tanzschuppen.
Segunda oder ***VIP,*** um die Ecke von Papas and Beer, beliebt bei einheimischen Studenten.
MangoMango, Mateos 335, samstagabends spielen Salsa-Bands und manchmal werden abends kostenlose Tanzstunden geboten; desgleichen im Restaurant ***El Cid,*** Mateos 993.

Sonstiges

AUTOVERMIETUNG – ***Hertz,*** Riveroll, Ecke Calle 2a, ✆ 646/178-2982.

BÜCHER – ***The Bookseller,*** 240 Calle 4, nahe Obregón, ⌚ Di–Sa 10–18 Uhr, große Auswahl gebrauchter Bücher und Magazine.

GELD – ***Banamex*** akzeptiert nur *Visa*-Travellers Cheques,
Banco Internacional wechselt nur bis zu US$200.
Bei ***Bancomer*** gibt es diesbezüglich keine Probleme.
Alle Banken, viele mit Geldautomaten, liegen in der Av. Juárez.

INFORMATIONEN – ***COTUCO Tourist & Convention Bureau,*** Costero 540, Ecke Av. Gastélum, ✆ 646/178-2411, 🖳 www.ensenada-tourism.com, kostenlose Infos, englischsprachig. ⌚ Mi–Fr 9–19, Sa–Di 9–17 Uhr.
Sectur Tourism Protection Office, Costero 1477, Ecke Rocas, ⌚ Mi–Fr 9–19, Sa–Di 9–17 Uhr.
Infos über aktuelle Veranstaltungen findet man in den kostenlosen Magazinen *Gringo Gazette* und *Ensenada Tour,* die in den meisten Geschäften in der Mateos ausliegen.

INTERNET – ***Equinoxio,*** 267 Costero, Ecke Miramar, ⌚ Mo 9–22, Di–Sa 8–22, So 10–21 Uhr, schnelle Verbindung (US$2 pro Std.), viele Computer und gut besuchtes Café;
Compunet, neben Hertz-Autovermietung (s.o.), ⌚ Mo–Fr 9–22, Sa und So 10–21 Uhr, US$1,50 pro Std.

POST – Hauptpostamt, Club Rotario 93, Ecke Mateos, ⌚ Mo–Fr 8–19, Sa 9–13 Uhr.

SPRACHSCHULEN – Das ***Baja California Language College,*** Barcelona y Belgrado, Nr. 191, ✆ 646/174-5688, 🖳 www.bajacal.com, in der Nähe des Rote-Kreuz-Büros von Ensenada, veranstaltete hervorragende Spanischkurse, die von einem Wochenende bis zu mehreren Monaten dauern können.
International Spanish Institute of Ensenada, Blv. J.A. Rodríguez 337, Fracción Costa Azul, 22890 Ensenada, B.C. México, ✆ 646/176-0109. Vermittelt Schülern auch Unterkünfte bei mexikanischen Familien.

Transport

Der Busbahnhof mit Gepäckaufbewahrung befindet sich an der Calle 11, Ecke Av. Riveroll. Ein kleinerer Busbahnhof liegt ein paar Blocks die Riveroll entlang zwischen Calle 8 und 9, von dort fahren häufig Busse nach Tijuana.
Nach GUERRERO NEGRO 7x tgl. (8 Std.),
LA PAZ 4x tgl. (20 Std.),
LORETO 4x tgl. (15 Std.),
MEXICALI 4x tgl. (4 Std.),
SAN FELIPE 2x tgl. (3 1/2 Std.),
stdl. nach TIJUANA (1 1/2 Std.).

San Felipe

Einladende Strände und einigermaßen zuverlässige öffentliche Verkehrsverbindungen sind im nördlichen Baja eher eine Seltenheit. Der aufstrebende Badeort am **Mar de Cortés** mag in dieser Hinsicht eine rühmliche Ausnahme sein. San Felipe (16 000 Einwohner) liegt 200 km südlich von Mexicali an einer Straße, die bis jetzt im Nirgendwo endet. Die Reize von San Felipe sind allerdings bescheiden; die gesamte Bucht wird von Wohnwagenstellplätzen eingenommen, und in den Dünen dahinter wackelt die Erde unter den heulenden Motoren von Dünenbuggies und motorradähnlichen dreirädrigen Krachmachern.

Außer Sonnenbaden kann man für ca. US$20 pro Stunde Geländemotorräder und *trikes* leihen, einen Katamaran mieten (einfach fragen, wenn man am Strand einen liegen sieht; etwa US$20), oder zum Sportfischen gehen. Touren werden von einer Reihe von Veranstaltern am nördlichen Ende des Malecón angeboten.

Übernachtung

Hotels in San Felipe sind nicht billig, aber es gibt ein paar passable Mittelklasseunterkünfte.
La Hacienda, Chetumal 125, ✆ 646/577-1608, ❻ ist ein wenig besser als das
Chapala Motel, Av. Mar de Cortés 142, ✆ 646/577-1240. Die Zimmer mit Balkon sind etwas teurer; manche sind mit Küchenzeile versehen. ❻
El Capitán Motel, Mar de Cortés 298, ✆ 646/577-1303, ausgestattet mit Pool, TV und ac – dieses Motel ist den anderen vorzuziehen und liegt außerdem näher am Wasser. Unter der Woche sinken die Preise um ca. US$20. ❻
Die **Campingplätze** nördlich der Stadt sind die besseren; davon ist ***Ruben's R.V. Trailer Park 3,*** Golfo de California, ✆ 646/577-2021, US$12 p.P. besonders gut ausgestattet.
Es besteht auch die Möglichkeit am Strand zu zelten, v.a. am Ende der Chetumal, wo es Duschen und Toiletten gibt.

Essen

Hauptnahrungsmittel ist Fisch und Seafood, das an Essenständen in Form von Cocktails verkauft und in Restaurants wie ***The Bearded Clam*** am Nordende des Strands oder ***The Red Lobster*** im Hotel *La Hacienda* serviert wird.

Sonstiges

APOTHEKE, GELD – In der Av. Mar de Cortés, nördlich der Touristeninformation, befindet sich eine ***Apotheke*** *(farmacia),* in der Mo–Fr von 9–18 Uhr Geld gewechselt wird.
Ein Stück weiter liegt eine Filiale von ***Bancomer,*** allerdings ohne Geldautomat.

INFORMATIONEN – Die ***Touristeninformation*** an der parallel zum Meer verlaufenden Av. Mar de Cortés, Ecke Manzanillo, ✆ 646/577-1155, hat außer einem Stadtplan nicht viel zu bieten.
⌚ Mo–Fr 8–19, Sa 9–15, So 10–13 Uhr.

POST – An der Mar Blanco nahe Chetumal, fünf Querstraßen landeinwärts.

Transport

Die Busse nach MEXICALI 4x tgl. (3 Std.) und ENSENADA 2x tgl. (3 1/2 Std.) halten 1 km vom Meer landeinwärts.
Um zu den Hotels zu gelangen, wendet man sich am Ausgang des Busbahnhofs nach links und folgt der Av. Manzanillo.

Tauchen und Fischen in Baja California

Keine Stelle von Baja California liegt weiter als 90 km vom Pazifik oder vom Mar de Cortés entfernt, beides Gewässer mit einer überreichen Unterwasserwelt. Das Cortézmeer zählt zu den artenreichsten Meeresgebieten der Welt und beherbergt über 800 Fischarten und doppelt so viele verschiedene Schalentiere. Überall auf der Halbinsel begegnet man Campervans und Geländewagen, beladen mit Angelgeräten und Taucherzubehör auf dem Wege zu abgelegenen Fischgründen oder versteckten Buchten, wo das Schlauchboot zu Wasser gelassen wird. Die Betätigungsmöglichkeiten für weniger gut ausgerüstete Besucher sind begrenzt.

Die beliebtesten **Tauchgebiete** im Norden sind die **Islas Los Coronados** vor Tijuana, die nur per Pauschaltour vom nördlich der Grenze gelegenen San Diego aus zugänglich sind, sowie **Punta Banda** und die **Islas de Todos Santos** vor Ensenada. Die besten Tauchgebiete im Süden, wo das Wasser erheblich wärmer ist und die Fische noch farbenprächtiger scheinen, sind die Küste vor **Mulegé** und die **Bahía de Concepción** südlich von Mulegé, **Loreto**, **La Paz** und **Los Cabos**. Das gewaltige, direkt vor dem Ostkap gelegene Riff, **Cabo Pulmo** genannt, bietet die Chance zwischen Schwärmen von Hammerhaien, Walhaien, Thunfischen und Seelöwen zu tauchen; Kenner behaupten, dies sei das beste Tauchgebiet von ganz Baja. Am klarsten und doch warm ist das Wasser zwischen August und November.
Tauchen ist jedoch kein billiges Vergnügen, und wer die eigene Ausrüstung mitbringt, kann die Ausgaben um die Hälfte reduzieren. Die durchschnittlichen Preise für einen Tauchgang mit zwei Flaschenfüllungen und allem Zubehör liegen bei US$70–100, und je näher das Tauchgebiet bei Los Cabos liegt, desto teurer wird es. Viele Tauchschulen bieten einen so genannten *resort*-Kurs für US$100 an – eine Einführung und begleitete Tauchgänge in seichten Gewässern, genau das Richtige für absolute Anfänger. Der Erwerb des anspruchsvolleren *Open Water*-Zertifikats dauert vier bis fünf Tage und kostet mindestens US$350; es berechtigt fast überall in der Welt zum Tauchen.

Fischen in Baja kann ein tolles Erlebnis sein, vor allem im Süden. Die begehrtesten Orte sind seit jeher die Umgebung von **La Paz** und **Cabo San Lucas**, das kleine Fischerdorf **La Playita** unmittelbar östlich von **San José del Cabo** und die östlicheren Regionen des Kaps, wo die nahe gelegenen Gordo Banks alljährlich mehr Marline, Thunfische, Wahoo (makrelenartiger Großfisch), Seglerfische und Dorados für Angler produzieren als jede andere Gegend Mexikos.
In den meisten größeren Städten werden regelmäßig Chartertouren angeboten, in Kleinstädten wie Bahía de Los Angeles dagegen lassen sich preiswertere, rustikalere Angelausflüge organisieren. Es gibt zwei Varianten von **Angeltouren**: die weniger auf Etikette bedachten Fahrten mit einem Panga-Boot, an der bis zu drei Angler teilnehmen können, oder mit luxuriösen Booten, auf denen bis zu sechs Hobbyfischer Platz haben. Pangas kosten zwischen US$150 und 200 für sechs Stunden; die größeren Boote ab US$450, inkl. Essen und Getränken. Normalerweise wird gegen 6 Uhr in See gestochen, und der Ausflug dauert fünf bis acht Stunden.
Küstenfischen ist fast überall auf Baja erlaubt, doch ebenso wie bei den Angelausflügen wird ein **Angelschein** verlangt. Die Charteranbieter verfügen über diesen Schein, doch wer auf eigene Faust losziehen will, muss sich bei einem Touristeninformationsbüro vor Ort einen besorgen. Namen und Adressen von Touranbietern sind in den jeweiligen Städtekapiteln aufgeführt.

San Quintín

Hinter Ensenada fängt Baja California erst richtig an. Nach den zum Teil noch grünen Bergen, Viehweiden und Weinbergen wird es allmählich trocken und steinig. Über weite Strecken ist das Land vegetationsarm und menschenleer, nur ab und an stelzt eine verirrte Ziege durch die Gegend und manchmal auch auf die Straße, weshalb Vorsicht beim Autofahren geboten ist. Die Umgebung in ihren feinen, manchmal auch schroffen Farbnuancen, ist faszinierend, allerdings soll es auch Leute geben, denen sie öde und trostlos erscheint. Streckenweise führt die Straße an der Küste entlang, meist ist man jedoch von Wüstenlandschaft umgeben. Zur Linken hat man das ständig wechselnde Panorama der Berge, ansonsten viel Sand und Steine und dazwischen stachlige Kakteen.

Ca. 45 km hinter Ensenada liegt der winzige Ort **Santo Tomás**. Der Ort selbst ist für seinen Wein und eine verlassene Dominikanermission bekannt. Abseits der Hauptstraße erlebt man die Wüste und ihre außergewöhnliche Vegetation wesentlich intensiver. 65 km hinter Santo Tomás, gleich hinter Colonet, zweigt eine Straße ins Binnenland ab und führt zum **Parque Nacional San Pedro Mártír**. Die Seitenstraße ist zwar nicht asphaltiert, aber in gutem Zustand. Sie windet sich fast 100 km die Sierra hinauf, die die höchsten Gipfel Baja Californias beheimatet (über 3000 m). Im Winter liegt hier Schnee. Während der Fahrt wird das Land zunehmend grüner und bewaldeter. Am Ende der Straße befindet sich eine Sternwarte, denn die klare Luft bietet optimale Sicht.

Die erste Stadt von nennenswerter Größe südlich von Ensenada ist San Quintín. Obwohl sie einige große Hotels beherbergt, wirken auch hier die meisten Gebäude eher provisorisch. Die Busse aus Ensenada halten im Vorort **Lázaro Cárdenas**, 5 km südlich von San Quintín.

Die **Bahía San Quintín**, einige Kilometer weiter im Süden, ist sehr schön und bietet mehrere kleine Sandstrände sowie Gelegenheit zum ungestörten Angeln (nur mit offizieller Genehmigung). Doch die Strände liegen mindestens 5 km abseits der Carretera, ca. 20 km von der Stadt entfernt, und es gibt keine öffentlichen Verkehrsmittel; zudem sind die Hotels und Motels teuer. Mit entsprechender Ausrüstung kann man allerdings an vielen Stellen rund um die Bucht campen.

Übernachtung und Essen

Santo Tomás: *Motel El Palomar,* ✆ 646/153-8002, Pool (unverschämte US$7 Eintritt, selbst für Hausgäste), Wohnwagenstellplätze, gutes Restaurant, Souvenirladen, Tankstelle. Eine hübsche Anlage. ❻

San Quintín: *Romo Motel,* Carr. Tr., Col. Lázaro Cárdenas, ✆ 616/165-2396, beherbergt auch ein gutes Restaurant. ❹

Real del Cora, KM 193, ✆ 616/166-8576; neu, aber nicht besonders gut. ❺

Chavez, KM 191, ✆ 616/165-2005, ist ganz ordentlich. Die Tankstelle daneben öffnet leider erst vormittags, wer früh weiterfahren möchte, muss noch am Abend vorher tanken. ❹

Bahía San Quintín: *Hotel La Pinta,* Valle de San Quintín, ✆ 616/165-9008, direkt am Strand. 3 km abseits der Carretera und etwa 8 km südlich von Lázaro Cérdenas. ❼

Hotel / Motel El Cielito Lindo, nahe *Hotel La Pinta,* kein Telefon, etwas einfacher. ❻

Molino Viejo, ✆ 616/171-3353, mit Trailer Park, organisiert Angelausflüge in die Bucht. ❺

Sonstiges

INTERNET – ***Internet Milenio,*** San Quintín, direkt an der Carretera Trans bei KM 195 (Cuadra 4), verlangt rund US$2 pro Std.

El Rosario und Umgebung

Etwa 60 km hinter San Quintín führt die Carretera durch El Rosario, wo 1774 eine Dominikanermission gegründet wurde. Heute sind nur noch Überreste davon zu sehen. Da es an Trinkwasser mangelte, musste die Station 1802 stromabwärts ins heutige El Rosario de Abajo verlegt werden. Auch von dieser Mission sind nur noch ein paar Steine übriggeblieben. Wer die Ruinen der **Mission El Rosario de Abajo** dennoch sehen möchte, muss am Markt nach links abbiegen und durch den Fluss ins kleine Dorf auf der anderen Seite waten. Der Weg zu den Überresten der alten Adobemauern von Santismo Rosario ist mit verblassten Hinweistafeln ausgeschildert.

Das moderne El Rosario de Arriba besteht vor allem aus zwei Tankstellen, ein paar Restaurants und zwei Motels. Das *Rosario* am Ortseingang (von San Quintín herkommend), ✆ 616/165-8850, ist preiswert, aber laut, da nachts viele Lastwagen über die Straße neben dem Haus donnern ❹, während das *Sinai*, am Südrand der Stadt, ✆ 616/165-8818, ruhiger und billiger ist. ❸

Die indianische Bevölkerung vom Volk der Cochimí lebte entlang der Küste und ernährte sich von dem, was das Meer bot. Die spanischen Missionare brachten Zuchtvieh, Weizen, Oliven- und Feigenbäume sowie Dattelpalmen. 1777 betrug die Zahl der Indianer 557, im Jahr 1824 waren es nur noch 150. Die meisten waren den eingeschleppten Krankheiten erlegen. Inzwischen gibt es keinen einzigen Vollblut-Cochimí mehr in der Gegend.

Von El Rosario nach Guerrero Negro

Hinter El Rosario biegt die Straße ins Binnenland ab und führt mitten durch die Halbinsel nach Guerrero Negro. Zwischen El Rosario und Guerrero Negro jenseits der Grenze zu Baja California Sur liegen über 350 km atemberaubende, kakteenbestandene Sand- und Steinwüste. Auch die Carretera führt durch eine urwüchsige Landschaft aus Kakteen – vor allem Yucca, Cirio-Pflanzen, die nur in dieser Region vorkommen, und die bis zu 16 m hohen Weberdisteln – und bizarren Steinformationen. Teile dieser Landschaft stehen unter Naturschutz und gehören zum **Parque Natural del Desierto Central de Baja California**.

Im Herzen dieser Region liegt **Cataviña**, bestehend aus wenig mehr als einem Dutzend Häuser entlang der Carretera, dem Luxus-Kettenhotel *La Pinta*, ✆ 646/176-2601, 💻 www.lapintahotels.com ❽, einem RV-Park und einigen Restaurants. Eine preiswertere Unterkunft sowie warme Mahlzeiten bietet das wenige Kilometer weiter südlich gelegene *Rancho Santa Inés*, dessen Zimmer bei Bedarf auch als Schlafsäle genutzt werden ❹. Das Essen ist allerdings billiger im *Café La Enramada*, gegenüber dem *La Pinta*. Von Norden her kommend liegt linker Hand auch ein verwahrlostes Motel namens *Cabañas Lindas*. Wer unbedingt eine Schlafpause einlegen muss und keinerlei Ansprüche stellt, kann hier evtl. in einem der rund zwölf rustikalen Zimmer unterkommen. Zu *La Pinta* gehört auch eine *Pemex*-Tankstelle. Übrigens ist es ratsam, den Tank in Cataviña an der leicht zu übersehenden **Tankstelle** aufzufüllen, denn die nächste Gelegenheit zum Auftanken ist ziemlich weit weg.

Besonders beeindruckend ist die Gegend kurz vor **Cataviña**, das auf älteren Karten gar nicht eingezeichnet ist und ungefähr 70 km hinter El Rosario liegt. Ein Riese scheint nur wie zum Spaß gewaltige weiße Steinblöcke aufeinandergetürmt oder wild verstreut zu haben. Dadurch bildeten sich zahllose Höhlen, die schon die Fantasie der Ureinwohner anregten. Unweit der Carretera, bei KM 171, direkt vor Cataviña, befindet sich die **La Cueva Pintada** – eine winzige, mit prähistorischen Felsmalereien geschmückte Höhle unter einem gewaltigen Felsbrocken. Besser im *Hotel La Pinta* in Cataviña nach einem Ortskundigen fragen, da man sie auf eigene Faust kaum finden wird! Wer kein eigenes Fahrzeug besitzt, muss sich irgendwie eine Transportmöglichkeit mit Fahrer besorgen. Das ist möglich, wird aber nicht billig, obendrein wird man dann wahrscheinlich eine Nacht im teuren Hotel verbringen. Die Zeichnungen sind zwar einmalig, aber die Höhle ist klein und schnell besichtigt. Für die Besichtigung sollte man etwas kletterfest, hitzebeständig und schwindelfrei sein.

Bahía de los Ángeles

Die Abzweigung nach Bahía de los Ángeles, ein im Ausbau begriffener Badeort am Mar de Cortés, liegt etwa 100 km hinter Cataviña und ca. 70 km abseits der Carretera Uno. Der noch immer kleine Ort liegt in der gleichnamigen Bucht, die eine reiche Meeresfauna und -flora besitzt und von schroffen Felsen umgeben ist. Außer ein paar Hotels, Cafés und Fischerbooten hat die Siedlung wenig zu bieten, und man fühlt sich ein wenig wie in einem Außenposten der Zivilisation. 15 km von Bahía entfernt liegt die größte Insel der Cortézsee, die **Isla Ángel de la Guardia**, Ziel zahlreicher Tauch- und Angeltrips.

Übernachtung und Essen

Wie alles in Bahía sind auch die Hotels ziemlich teuer. Die besten sind das einladende ***Costa Del Sol***, ✆ 646/178-8167, ✉ costadelsolhotel@hotmail.com ❺, und das schon etwas mitgenommene ***Villa Vita***, ✆ 615/650-3208, beide mit Pool, Restaurant und allem Komfort. ❺

Casa Díaz, ✆ 617/650-3206, mit Restaurant ❹, und ***Las Hamacas,*** ✆ 665/650-3208, sind weniger gut ausgestattet, wobei Letzteres oft besser besucht ist. ❹

Campen kann man auf ***Guillermo's Trailer Park,*** ✆ 615/650-3209, mit eigenem Restaurant und ein paar Zimmern ❻, sowie auf dem oft menschenleeren ***La Playa RV Park*** am Strand. An den Stränden Richtung Süden darf kostenlos gezeltet werden.

Alle Hotels besitzen **Restaurants**, am schönsten gelegen ist das von ***Guillermo's*** direkt am Strand.

Aktivitäten

Gute **Hochseeangeltouren** bietet z.B. Joel Moreno im *Costa del Sol* an. Er fährt zu den Gewässern in der Umgebung der Isla Ángel de la Guarda hinaus, einer großen Insel, die von der Stadt aus zu sehen ist. Der 5–7 Std. dauernde Ausflug kostet für bis zu sechs Teilnehmer insgesamt US$100–140, angesichts der hohen Benzinkosten ein guter Preis.

Die Angestellten im *Costa del Sol* organisieren auch eine ortskundige Begleitperson für den einstündigen **Fußmarsch** zur Goldmine und verleihen Kajaks (US$25 pro Tag).

Transport

Es gibt keinen Busservice von oder nach Bahía. Man kann zwar am Highway auf eine Mitfahrgelegenheit warten, braucht dafür aber u.U. viel Geduld.

Ökotourismus in Baja California

Das Zusammentreffen des **Colorado River** mit den riesigen Unterwasserschluchten des **Mar de Cortés** und die starken Strömungen des **pazifischen Ozeans** fördern ein besonders reichliches Planktonwachstum in den Gewässern rund um Baja. Dieses bildet die Grundlage einer langen Nahrungskette, die ein erstaunlich vielfältiges maritimes Leben hervorbringt. Im Landesinneren bilden insgesamt fünf Gebirgszüge, insbesondere die **Sierra de Juárez** im Norden und die **Sierra de la Giganta** im Süden, das Rückgrat der Halbinsel. Schätzungsweise 1500 Jahre alte Felsmalereien der frühesten Bewohner Bajas haben hier überdauert. Am Fuß dieser Berge erstrecken sich karge Wüstenlandschaften, Mangrovensümpfe, Küstendünen und meilenlange unberührte Sandstrände.

Angesichts dieser Vielfalt verwundert es nicht, dass sich der **Ökotourismus** auf Baja zu einem blühenden Geschäftszweig entwickelt hat, besonders im weniger entwickelten südlichen Teil der Halbinsel, **Baja Sur**, das sich von Guerrero Negro über fast 1000 km gen Süden bis Cabo San Lucas erstreckt. Das wahrscheinlich unvergesslichste Erlebnis hier ist eine Bootsfahrt hinaus zu den **Grauwalen**, die sich zwischen Dezember und April in den warmen Gewässern vor Guerrero Negro, San Ignacio und Bahía Magdelena aufhalten. San Ignacio ist auch der Ausgangspunkt für Wanderungen in die Sierra de San Francisco, wo es **Höhlenmalereien** von riesigen Ausmaßen zu sehen gibt. Weiter südlich, in der Nähe von Mulegé, Loreto und La Paz, bieten die ruhigen tiefblauen Gewässer der Buchten und Inseln des kalifornischen Golfes die landesweit besten Möglichkeiten zum **Seekajak fahren**. Vor dem Südrand der Halbinsel liegt Cabo Pulmo, das einzige lebende **Korallenriff** an der nordamerikanischen Westküste. Hunderte von ozeanischen Spezies sind hier beheimatet und es steht natürlich bei Tauchern hoch im Kurs.

Da jedes Jahr mehr Touristen Baja als Reiseziel wählen, treten immer mehr neue Veranstalter auf den Plan. Nachstehend eine Liste der Möglichkeiten und besten Ausgangspunkte für die beliebtesten Aktivitäten.

Wale beobachten: Die Grauwale versammeln sich in drei „Reservaten" zur Paarung

und zum Gebären. Die meisten Wale sind in **Ojo de Liebre** (s.S. 125) zu sehen, gleich außerhalb von Guerrero Negro, wo zahlreiche **Touren** für rund US$40–45 inkl. Transport, vierstündiger Bootsfahrt und Mittagessen angeboten werden. Viele Besucher bevorzugen jedoch die 150 km weiter südlich in der Nähe von **San Ignacio** (s.S. 128) befindliche Bucht, denn nicht nur die Stadt selbst ist eine Sehenswürdigkeit, sondern auch die hiesige Vogelwelt, die Höhlen und die Missionskirche. Das am wenigsten besuchte Schutzgebiet ist **Bahía Magdalena** bei Ciudad Constitución, 140 km südlich von Loreto und 216 km nördlich von La Paz – die letzte Chance auf der Fahrt nach Süden, Wale innerhalb einer Schutzzone zu Gesicht zu bekommen.
In den meisten Städten im Süden werden ebenfalls Touren zur Walbeobachtung angeboten, doch da die lange Hin- und Rückfahrt zu einem der o.g. Reservate an der Westküste mitberücksicht werden muss, kann der Ausflug von Loreto, La Paz oder noch weiter südlich leicht 14 Std. dauern und US$130 kosten. Übrigens ziehen viele Wale die Küste entlang nach Süden an den drei Schutzgebieten vorbei; manche sogar um die Inselspitze herum in das Mar de Cortés. Somit besteht immerhin die Möglichkeit, vom Ufer aus in einer Entfernung von ca. 50 m den einen oder anderen Wal auftauchen zu sehen, insbesondere bei Todos Santos (s.S. 140) und westlich von Cabo San Lucas (s.S. 147). Empfehlenswerte Touranbieter in Guerrero Negro und San Ignacio, s.u. in den Regionalkapiteln.

Touren zu Felszeichnungen: Zwischen Bahía de Los Angeles und Loreto liegt die **Sierra de San Franciso**. Aufgrund der 500 dort gefundenen Orte mit urzeitlichen Felsenmalereien ist sie unlängst von der UNESCO zum Weltkulturerbe erklärt worden. Viele der berühmten Stellen befinden sich 45 km nördlich von San Ignacio, daher wählen die meisten Besucher **San Ignacio** (s.S. 126) als Ausgangsbasis. Gute Ausflugsmöglichkeiten bestehen auch von **Guerrero Negro** (s.S. 124) im Norden und **Mulegé** im Süden (s.S. 130) aus. Touren werden auch in weiter südlich gelegenen Städten angeboten, doch sind dabei wieder die hohen Transportkosten für die Fahrt nach Norden zu berücksichtigen. Das Gelände steht jetzt unter dem Schutz des Instituto Nacional de Antropología e Historia (INAH), das Besucher nur in Begleitung eines Guide und mit offizieller Genehmigung zulässt (Letztere besorgen die Tourveranstalter / Fremdenführer). **Touren** dauern je nach Wunsch zwischen fünf Stunden und mehreren Tagen; ein 5-stündiger Ausflug kostet ca. US$30–45 p.P:, je nach Länge der Wanderung und Transportzeit. Die Benutzung des eigenen Fahrzeugs reduziert diese Ausgaben ungefähr um die Hälfte.

Seekajak fahren: Die Gewässer rund um Baja sind so malerisch und reich an Meeresfauna und -flora, dass sich Kajak fahren wirklich anbietet. Auf diese Art kann man die Buchten erkunden, im Umkreis der zahlreichen Inseln schnorcheln und – bei entsprechender Kondition – sogar die Küste entlangpaddeln. Der erste Ort an der Straße nach Süden, wo sogar völlig Ungeübte Kajak fahren können, ist **Mulegé** (s.S. 130). Es gibt nicht allzu viele Kajakverleihs in dieser Gegend, doch die vorhandenen sind bestens ausgerüstet. Ein Kajak kostet pro Tag rund US$30, ein Taucheranzug und Flossen weitere US$6. Bei Wochenmiete kostet das Boot nur noch US$20 pro Tag, inkl. VHF Radio, auf Wunsch auch Taucheranzug und Schnorchelausrüstung. Fantastische Paddelgebiete gibt es auch um **Loreto** (s.S. 133) und **La Paz** (s.S. 134). Die Trips zur Isla del Carmen vor Loreto und Isla Espíritu Santo vor La Paz sind anspruchsvoller und daher eine Herausforderung für erfahrene Kanuten. In beiden Städten werben Dutzende Anbieter um Kundschaft, daher sind die Preise angemessen; ein Halbtagesausflug kostet ab ca. US$40, ein ganzer Tag ab US$65. Manche Veranstalter bieten einwöchige pauschale Kajak-„Safaris", deren Kosten an die US$1000 betragen können. Auch in **Los Cabos** (s.S. 142) gibt es Möglichkeiten zum Kajak fahren, aber sie sind längst nicht so spannend wie die weiter im Norden.

Der Süden

Kurz vor Guerrero Negro verläuft die Grenze zwischen Nord- und Süd-Baja California. Hier beginnt eine neue Zeitzone, d.h. in Baja Sur ist es jetzt eine Stunde später. Nur wenn Baja Norte von April bis Oktober auf Sommerzeit umgestellt hat, gehen die Uhren gleich.

Guerrero Negro

Nach ca. 180 km Fahrt auf kurviger, von vielen *vados* (Querrinnen in der Senke zwischen zwei Hügeln, die sich nach Regengüssen in lebensgefährliche Fallen verwandeln – nie bei Nacht fahren!) durchzogenen Straße ohne Randbefestigung, kommt man nach Guerrero Negro. Der Ort ist ein Zentrum für die Salzproduktion, umgeben von Salzpfannen und tristen Lagerhäusern. Die wichtigsten Gebäude konzentrieren sich mehr oder weniger um die Hauptstraße.

Den überweigenden Teil des Jahres möchte man hier eigentlich gar nichts weiter als ein Getränk am Busbahnhof zu sich nehmen und unverzüglich weiterfahren, denn Abwechslung von der Hitze und dem Staub der Landstraße hat Guerrero Negro kaum zu bieten. Im Winter kann es in der Stadt allerdings ziemlich kühl werden und die heißeste, trockenste Etappe der Reise, die Wüste von Vizcaino nämlich, steht einem noch bevor.

An der Küste südlich von Guerrero Negro kann man jedoch Zeuge eines der außergewöhnlichsten Naturereignisse Mexikos werden, wenn von Dezember bis Mai, vor allem aber im Januar und Februar, Mengen von **Grauwalen** aus der eisigen Beringsee Alaskas hierherkommen, um sich in den warmen, geschützten Buchten Baja Californias zu paaren und ihre Nachkommen zur Welt zu bringen. Das Gebiet, von dem aus man sie beobachten kann, befindet sich rund um die Laguna Ojo de Liebre, Teil des riesigen **El Vizcaíno Biosphärenreservates.**

Langschläfer haben allerdings keine Chance, die Wale von der Küste aus zu sehen, denn wenn die Sonne erst einmal im Zenit steht, werden sie träge. Außerdem ziehen sie sich mit dem Gezeitenunterschied von der Küste in die tieferen Gewässer zurück und kommen erst gegen Abend wieder in Küstennähe.

In der entsprechenden Jahreszeit finden organisierte Touren auf Hochsee statt, von wo aus man die Wale aus nächster Nähe betrachten kann. Manchmal nähern sich die Tiere den Schiffen, die mit abgeschalteten Motoren in der Lagune treiben, sogar bis auf Tuchfühlung. Die genauen Einzelheiten über organisierte Ausflüge in den Park und Bootsfahrten zu den Walen sind vor Ort zu erfragen. Wem sich Gelegenheit bietet, an einer organisierten Bootstour teilzunehmen, der sollte sie sich nicht entgehen lassen, denn es ist ein außergewöhnliches Erlebnis. Wer sich nicht anschließen möchte (Kinder sind wegen des hohen Seegangs nicht zugelassen), kommt nur mit einem eigenen, geländetüchtigen Fahrzeug bis zum Strand.

Die Bucht **La Laguna de Scammon**, benannt nach dem Walfängerkapitän Charles Scammon, der 1857 den Walreichtum in der Bucht entdeckte und dadurch beutehungrige Walfänger anlockte, ist die Kinderstube der Wale.

Sie ist auch als **Parque Laguna Ojo de Liebre** (Hasenauge) bekannt und nur über eine abenteuerliche Sandpiste zu erreichen. Kurz hinter Guerrero Negro – benannt nach dem gleichnamigen, überladenen Walfängerschiff („schwarzer Krieger"), das 1858 in der Bucht kenterte – weist ein Schild mit der Aufschrift *Parque Natural de la Ballena Gris Ojo de Liebre* nach rechts. Nach ca. 15 km erreicht man einen Schlagbaum, an dem man das Kennzeichen und die Anzahl der mitfahrenden Personen registrieren lassen muss. Dann geht es ungefähr 10 km weiter an Salzlagunen vorbei bis zu einem Wachposten, wo US$5 Eintrittsgebühr entrichtet werden.

Zwei, drei Motorboote, in denen bis zu 8 Pers. Platz haben, fahren zu den Tummelplätzen der Wale in der Bucht, nicht aufs offene Meer, hinaus. Dort wird der Motor ausgeschaltet, und man kann ca. 1 1/2 Stunden lang das Treiben aus nächster Nähe beobachten. Absolute Stille ist erforderlich, um die Tiere nicht zu erschrecken. Für ca. US$20 p.P., Kinder die Hälfte, inkl. Schwimmwesten-Verleih, ist die Tour nicht zu teuer. Walbeobachtungstrips auf hoher See organisieren vor allem *Don Miguelito's* und *Mario's*, siehe unter Touren.

Übernachtung

Entlang der Hauptstraße, dem Blv. Zapata, durch Guerrero Negro haben sich Hotels und Motels angesiedelt.

Der kalifornische Grauwal

Mit einer Vergangenheit von nur 15 000 Jahren ist der Grauwal von der Familie der zahnlosen Bartenwale der jüngste Wal; die älteste Art bringt es auf immerhin ca. 22 Millionen Jahre. Wale sind – wie jeder weiß – Säugetiere und Lungenatmer, deren Ahnen, nachdem sie an Land gegangen waren, aus uns nicht bekannten Gründen wieder ins Wasser zurückkehrten.

Den Sommer verbringen die reiselustigen Grauwale in den nahrungsreichen Gewässern der Antarktis und setzen dort ausreichend Fett an. Jedes Jahr im Spätsommer machen sie sich aus der kalten Beringsee auf den langen Weg nach Süden, um sich in den wärmeren Gewässern zu paaren oder ihren Nachwuchs zur Welt zu bringen. Die trächtigen Walfischkühe „kennen" den Weg und führen die Bullen an. Die insgesamt über 16 000 km lange Reise ist die längste Wanderung, die ein Säugetier unternimmt.

Mit Vorliebe suchen sie geschützte, seichte Buchten mit stark salzhaltigem, gut tragendem Wasser auf, um die Neugeborenen möglichst wenig zu gefährden. Wale werden mit dem Schwanz zuerst geboren, sonst würden sie ertrinken.

Der Augenblick der Geburt ist wahrscheinlich der gefährlichste im Leben eines Wals, denn er muss anschließend so schnell wie möglich aus dem Wasser gehoben werden, damit die Sauerstoffatmung in Gang kommt. Artgenossen helfen der Mutter dabei, das Baby an die Wasseroberfläche zu drücken.

Viele Legenden kreisen um diese seltsamen Meeresbewohner. Noch immer sind ihre Gewohnheiten und Eigenarten nicht vollständig erforscht. Wissenschaftler wollten z. B. lange Zeit nicht glauben, dass Wale singen, denn sie besitzen keine Stimmbänder. Trotzdem tun sie es, und zwar eine halbe Stunde oder länger.

Grauwale sind besonders gesellig und halten sich gern in Küstennähe auf, weshalb sie für Walfänger fast ein Jahrhundert lang eine leichte Beute darstellten. Bedrohlich wurde es für den Fortbestand der Grauwale erst nach der Erfindung der Granitharpune durch Charles Melvine Scammon im Jahr 1857. Durch sie wurde der Prozess der Technisierung des Walfangs eingeleitet, der sich schnell zu einem einträglichen Erwerbszweig entwickelte.

Erst um die Mitte des 20. Jhs. konnten die Tierschützer der gnadenlosen Jagd ein Ende machen, derweil waren die Grauwale im Pazifik auf einsame 250 Tiere zusammengeschrumpft. Inzwischen haben sich die Bestände wieder erholt, und die Population wird auf etwa 20 000 geschätzt. Im Zuge des „sanften Tourismus" droht ihnen nun eine neue Gefahr, und Tierschützer warnen davor, dass die Wale langsam „zu Tode geliebt werden", je mehr sich das *whale watching* zum großen Geschäft entwickelt. Von Motorbooten und kreischenden Touristen erschreckte Walmütter bleiben mit ihren Babys zu lange unter Wasser, so dass den Jungen der Erstickungstod droht. Allerdings darf man schon davon ausgehen, dass die meisten Bootsführer ihre Touren mit viel Umsicht und Tierliebe durchführen.

Motel Cabañas Don Miguelito, ✆ 615/857-0250, am Ortseingang rechts. Die beste Unterkunft vor Ort. Zimmer mit TV, auch Caravanstellplätze mit Wasseranschluss. Gutes Seafood-Restaurant. Señor Miguel organisiert Whale-watching-Touren für ca. US$40 p.P. ❺

Motel Salparaíso, an der Noyola, kein Telefon, eines von mehreren Budget-Hotels, besitzt nette Zimmer und liegt direkt am Rande des Hauptgeschehens (den Hinweisschildern folgen). ❸

Motel Brisa Salina, ebenfalls an der Hauptstraße, kein Telefon, hat rustikale Zimmer mit lokalem Flair, ac, TV und einen Gästeparkplatz. ❹

Las Ballenas, Victoria, nahe *El Morro,* ✆ 615/157-0116, ca. 12 einfache Zimmer mit TV. ❹

Motel San Ignacio, ✆ 615/857-0270, zur Auswahl stehen ältere, muffige Zimmer mit Wasch-

becken sowie modernere, komfortablere – und teurere – Zimmer mit eigenem Bad. ❹
Hotel El Morro, am nördlichen Ende des Blv. Zapata, ✆ 615/157-0414, gute, aber überteuerte und nüchterne Unterkunft, die Zimmer mit Ventilator und Kabel-TV bietet. ❺
Motel Las Dunas, Blv. Zapata, Ecke División del Norte, ✆ 615/157-0650, einfach, sauber und freundlich, wenngleich manchmal etwas laut. ❹
Das **Campen** auf den nahe gelegenen Stränden ist erlaubt (sogar innerhalb des Parque Natural) und kostenlos. Ohne Fahrzeug kommt man jedoch nicht hin.

Essen

Entlang der Hauptstraße gibt es reichlich Restaurants, im Winter sind viele geschlossen.
Restaurant Malarrimo, ✆ 615/157-0250, bei *Don Miguelito* (s.o.); ausgezeichnete Küche.
El Asadero Norteño, weiter oben an der Hauptstraße, serviert viel Fleisch und reichlich schmackhafte Zutaten.
Mario's, an der Einfahrt zum Hughway, ✆ 615/157-0788, bietet gutes Frühstück.
El Taco Feliz hat leckere Seafood-Tacos.
Don Gus, am Busbahnhof, angenehmes Lokal, in dem man für US$15 riesige Garnelenteller genießen kann.
Außerdem gibt es **Straßenstände**, an denen alles mögliche gebrutzelt wird. Selbstversorger können zur Markthalle gehen (am besten am Di, denn dann sind die Preise für Obst und Gemüse reduziert, weil am Mi frisch eingekauft wird) oder zum ***Supermercado La Ballena,*** Blv. Zapata.

Touren

WALBEOBACHTUNG – Agencia de Viajes ***Mario's,*** Blv. E. Zapata, Apd. Postal 144, ✆ 615/157-0788, 4-stündige Walbeobachtungstouren für ca. US$40, inkl. Häppchen und Getränken, gleiches Angebot wie von *Don Miguelito's,* siehe unter Übernachtung.
Laguna Whale Watching Tours, auf der Emiliano Zapata neben dem *Motel San Ignacio,* ✆ 615/157-0050, ✉ laguna@intecnet.com.mx, ein Geschäftsprofi, führt die Standardtouren (meist 2x tgl.) ungefähr zum gleichen Preis durch.
Malarrimo Eco-Tours, ✆ 615/157-0100, 💻 www.malarrimo.com, veranstaltet Walbeobachtungstouren und von Oktober bis Dezember 8-stündige Touren zu den Höhlenmalereien in die Sierra de San Francisco.

Sonstiges

GELD – Es gibt zwar eine Bank, jedoch wechselt sie keine Reiseschecks.

INTERNET – ***Café Internet,*** Blv. Zapata, 100 m entfernt vom *Motel Brisa Salina,* US$2,50 pro Std.

TELEFON – Zwei *larga distancia*-Telefone rechts und links der Hauptstraße.

Transport

Der Busbahnhof befindet sich in der Hauptstraße gegenüber den Hotels. 6 Busse (ein lokaler) Richtung Norden über SAN IGNACIO (3 Std.) und ENSENADA (8 Std.) nach TIJUANA (US$37, 10 Std.) und ein Bus nach MEXICALI fährt nachts oder frühmorgens ab; die 8 Busse nach Süden (darunter ein lokaler) über SANTA ROSALÍA (4 Std.) bis nach LA PAZ (US$40, 12 Std.) fahren überwiegend frühmorgens oder gegen Abend ab.

San Ignacio

Die Fahrt nach Süden geht weiter durch die Wüste Viscaína. Etwa 60 km hinter Guerrero Negro passiert man **El Porvenir**, wo es eine Tankstelle und zwei Restaurants gibt. Unterwegs findet man mehrere Trailer Parks.

Nach ungefähr 70 km erreicht man San Ignacio, eine Oase im wahrsten Sinne des Wortes. Im Zentrum der Halbinsel grün und schattig gelegen, wirkt der Ort mit seinen Kolonialgebäuden (eine Rarität in Baja) noch immer unberührt und abgeschieden, was durchaus ein Grund sein kann, mehr als eine Nacht hier zu verbringen.

San Ignacio wurde 1728 von Jesuiten gegründet, das Gebiet an sich war jedoch von jeher Siedlungsgebiet der Guaicura-Indianer, die sich an dem kleinen Fluss, der einzigen Frischwasserquelle im

Umkreis Hunderter von Meilen, niedergelassen hatten. Unterhalb der Teerstraße zwischen der Überlandstraße und der Stadt liegt ein kleiner Damm, den die Siedler anlegten, um das Flusswasser einzudämmen. Es dient immer zur Bewässerung der Dattel-, Feigen-, Limonen-, Orangen- und Olivenbäume sowie der Traubenstöcke, auf deren Ertrag sich die Agrarexistenz des Ortes stützt.

Die während der Gründerzeit der Stadt erbaute **Kirche** ist wahrscheinlich das gelungenste Beispiel kolonialer Architektur in ganz Baja. Sie ist von anderen, altehrwürdigen Gebäuden und einer baumbestandenen **Plaza** umgeben. Die wunderschönen Palmen, die der Stadt einen besonderen Reiz verleihen, sind frühen Missionaren zu verdanken.

In den düsteren Sierras im Norden und Süden gibt es zahlreiche **Höhlen**, von denen viele mit prähistorischen **Malereien** verziert sind. Über den Ursprung dieser Zeichnungen ist wenig bekannt, man weiß nur, dass sie zu unterschiedlichen Zeiten entstanden sind und wenig Ähnlichkeit mit anderen, in diesem Teil der Welt bekannt gewordenen künstlerischen Ausdrucksformen haben. Laut archäologischen Studien sind sie mehrere Tausend Jahre alt, doch die Meinungen gehen immer noch weit auseinander. Frühen Berichten aus der Kolonialzeit zufolge besagt eine indianische Legende, dass die Zeichnungen von Riesenmenschen aus dem Norden angefertigt wurden. Tatsächlich sind viele der gezeichneten Figuren – die meisten stellen Jäger und ihre Beute dar – über 2 m groß und oft in erheblicher Höhe angebracht.

Manche Wissenschaftler nehmen an, dass nomadisierende Jäger aus dem Norden, vielleicht sogar die Vorfahren der späteren Azteken, die Höhlen als Tierfallen benutzten. Viele Bilder sind mehrmals übermalt worden. Als im Laufe der Zeit der Tierbestand zurückging, haben die Jäger möglicherweise versucht, ihre Beute mit Hilfe der Magie, der auch die Höhlenbilder dienten, in die Höhlen zurückzulocken. Die Höhlenmalereien sind nur unter extrem schwierigen Bedingungen auf Maultierpfaden zu erreichen und ohne die Hilfe eines Führers (zwingend vorgeschrieben) kaum zu finden. Wer den Fußmarsch auf sich nehmen will, kann sich einer Führung anschließen. Sie werden von den Hotels der Stadt oder von einem der Veranstalter (s. Touren) organisiert, die im Winter auch Ausflüge in die **Laguna San Ignacio** veranstalten, um von dort die Wale zu beobachten. Die Lagune der Stadt ist Nistgebiet unzähliger Vogelarten; nach Einbruch der Dunkelheit sorgen die Vögel und Frösche für eine surreale Regenwald-Geräuschkulisse mitten in der Wüste. *Rice & Beans* (s.u.) veranstaltet auf Wunsch gegen eine geringe Gebühr **Vogelbeobachtungstouren**.

Übernachtung und Essen

In der Nähe der Carretera befinden sich zwei preiswerte Hotels:

Das ***Baja Oasis***, gleich südöstlich der Stadt, kein Telefon, ✉ bajaoasis@yahoo.com, hat saubere, angenehme Zimmer. ❹

Rice & Beans, ✆ 615/154-0283, zu erreichen, indem man von der Bushaltestelle nach Westen bis zu einer kleinen Parallelstraße zur Überlandstraße geht; das Rice and Beans liegt ein paar Querstraßen weiter. Eine gute Wahl: blitzsaubere Zimmer mit Warmwasserduschen und ein großer **Campingplatz** (US$5 pro Fahrzeug und sämtlicher Passagiere, US$10 für Strom und Dusche). Der gastfreundliche Besitzer kann alle in San Ignacio möglichen Aktivitäten organisieren. Das hauseigene Restaurant bietet von früh bis spät eine große Auswahl ausgezeichneter Seafood- sowie traditioneller mexikanischer Gerichte – Tipp: die Hausspezialität *caldo de pescado.* ❺

Es gibt **Campingplätze** an der Hauptstraße.

La Posada Motel, Carranza 22, ✆ 615/154-0313, südöstlich des Zócalo (von Guerrero Negro links hinter der Plaza), ist ebenfalls preiswert, allerdings ohne ac. ❹

La Pinta Hotel, 💻 www.lapintahotels.com, ✆ 615/154-0300, sehr viel luxuriöser. ❻

Campen kann man auch bei ***El Padrino***, ✆ 615/154-0089, gegenüber vom *La Pinta,* für US$5 p.P.

Beim Zócalo gibt es zahlreiche Restaurants, z.B. ***Restaurant Chalita*** mit mexikanischer Küche und ein paar schäbigen Zimmern zum Preis von US$15 p.P., die nur für den Notfall taugen; ***Tota's*** kocht besser, ist aber amerikanisch angehaucht und in der Nebensaison häufig geschlossen.

BAJA CALIFORNIA

Touren

WALBEOBACHTUNGSTOUREN – Die meisten Wale sind im Jan und Feb zu sehen (die letzten Zählungen ergaben 300–600 gleichzeitig), doch *whale-watching* wird von Dez bis Apr angeboten.

Ecoturismo Kuyima, ✆ 615/154-0070, 🖳 www.kuyima.com, gegenüber der Mission in der Innenstadt, wird als der beste Veranstalter von allen gehandelt. Ein weiterer Anbieter ist ***El Padrino and Antonio Aguilar Eco Tours***, ✆ 615/154-0089 oder 1540059, ✉ elpadrino@prodigy.net.mx, gegenüber dem Hotel *La Pinta*. Kuyima verlangt p.P. ca. US$40 alles inklusive, El Padrino dagegen berechnet US$120 pauschal für bis zu sechs Teilnehmern, Unterkunft nicht inbegriffen.

Die meisten Tourveranstalter stellen das notwendige Transportmittel, doch wer über ein eigenes Fahrzeug verfügt, kommt erheblich billiger weg – die unbefestigte Straße von San Ignacio zur Laguna San Ignacio (61 km) ist zwar in einem Kleinwagen ziemlich holprig und anstrengend, doch die 2-stündige Fahrt kann mit jedem Fahrzeug bewältigt werden. An der Laguna gibt es für einen rund 3-stündigen Ausflug für ca. US$30 p.P. Pangas mit Guide zu mieten. *Ecoturismo Kuyima* besitzt ein **Camp** an der Lagune, mit Zelten und sauberen Palapas und bietet Verpflegung. Es ist zwar möglich, an einem Tag hin und wieder zurückzufahren, doch empfehlenswerter ist es, dort zu übernachten, da sich die Wale häufig frühmorgens in den seichteren Gewässern tummeln und dann am besten zu beobachten sind.

TOUREN ZU DEN HÖHLENMALEREIEN – Von San Ignacio aus liegt das Gebiet der Sierra de San Francisco rund 45 km nördlich, wo sich auf einem rund 11 000 km^2 großen Gelände knapp 500 solcher Stätten befinden. Einige Tourveranstalter bieten Ausflüge zu den Höhlen an, die in San Ignacio beginnen und durch das Dorf San Francisco de la Sierra führen, bevor sie die leicht zugängliche Cueva del Ratón erreichen, oder aber die Touren laufen über zwei Tage und länger und führen zu abgelegeneren Höhlen wie die Cueva Pintada und Cueva de las Flechas im Cañón San Pablo. Letztere sind ziemlich kostspielig. Wer Geld sparen möchte, kann in San Francisco de la Sierra ein Maultier plus Guide mieten. Allerdings ist für die Anfahrt ein eigenes Fahrzeug erforderlich: Am KM 118, 45 km nördlich von San Ignacio, stößt man auf eine Straße, die Richtung Osten nach San Francisco de la Sierra führt; die erste Stätte liegt von dem Dorf nur etwas über 2 km weit entfernt. Besucher ohne Fremdenführer und ohne einer Erlaubnis von INAH sind nicht zugelassen; die **Genehmigung** gibt es in San Ignacio bei Cuco Arce, dem Repräsentanten von INAH in San Ignacio, ✆ 615/154-0215 oder 1540222, 🕓 Mo–Sa 8–15 Uhr. Einfacher ist es jedoch, bei *Ecotourismo Kuyima* an der Plaza nachzufragen. Mit der Genehmigung in der Tasche darf man in der Sierra kampieren und kann mit Hilfe eines Führers zahlreiche bemalte Höhlen besuchen. **Fotografieren mit Blitzlicht** ist ausdrücklich verboten.

Sonstiges

GELD – Die einzige Bank im Ort wechselt Mo–Fr 8.30–11 Uhr Geld.

POST UND TELÉGRAFOS – zwischen der Plaza und dem Hotel *La Posada*.

Transport

Die Bushaltestelle liegt an der Carretera, 30 Min. zu Fuß (3 km entfernt). Mit etwas Glück lässt sich ein Taxi finden.

Santa Rosalía

Die Carretera führt nach Santa Rosalía im Flusstal des Arroyo de Santa Rosalía an der Ostküste, von wo die Fähre nach Guaymas ausläuft. Unterwegs kommt man am 2000 m hohen Vulkan **Tres Vírgenes** und seinen Lavafeldern vorbei. Der Hafen von Santa Rosalía, einer Kleinstadt mit 15 000 Einwohnern, wurde Ende des 19. Jhs. zur Verschiffung von Kupfer aus den nahe gelegenen Minen der Gesellschaft El Boleo angelegt. Viele Gebäude in diesem hübschen Städtchen wurden restauriert und sind auffallend unmexikanisch, vielleicht weil sie von französischen Bergarbeitern erbaut wurden. Die Carretera Uno führt direkt an der Küste ent-

Riesenkakteen in Baja California

Felszeichnungen in Baja California

Kargheit und Fülle – Vegetation in Mexiko

Detail eines Wandgemäldes von Siqueiros
im Palacio de Bellas Artes/México D.F.

Magische Wollbilder der Huchiolen

Im Hafen von San Blas

Die Cortez-See bei Santa Rosalia

Spanischer Barock in San Ignacio

Baja California – abenteuerlich und karg

Der Norden Mexikos – wildromantisch

Guaymas

Palacio de Gobierno in Guadalajara

Typisch für Guadalajara: Pferdekutschen

lang, vorbei am Hafen von Santa Rosalía und dem Parque Morelos. Fünf Straßen verlaufen parallel zur Küste und kreuzen sich mit den mit Nummern versehenen Querstraßen.

Sehenswert ist der **Palacio Comunal** im Kolonialstil und vor allem die **Kirche** in der Calle Obregón: eine vorfabrizierte Eisenstruktur nach einem Entwurf von Eiffel, die erst in Paris ausgestellt wurde, bevor man sie per Schiff hierher verfrachtete. Die **Minen** sind so gut wie erschöpft, und an die **Schmalspurbahn**, die früher von den Minen zum Hafen führte, erinnern nur noch die Lokomotive auf einem Sockel im Ort sowie ein paar rostige Schienen.

Übernachtung

Die Hotels mit dem besten Preis-Leistungs-Verhältnis finden sich auf dem Weg vom Bus- bzw. Fährterminal ins Zentrum.

Blanco y Negro, an der Südwestecke der Plaza Juárez, ✆ 615/152-0080, vier Querstraßen stadteinwärts vom Meer, altbewährter Backpacker-Liebling, die billigsten Zimmer haben nur ein Gemeinschaftsbad. ❹

Olvera, beim Parque Morelos, ✆ 615/152-2550, stillose, aber günstige Zimmer mit TV und ac (mit Ventilator ca. US$5 billiger). ❹

Hotel del Real, ebenfalls beim Parque Morelos, ✆ 615/152-0068, etwas nüchterne Unterkunft mit ähnlichen Zimmern wie das *Olvera.*

Hotel 6 3, Calle 6, Ecke Constitución, ✆ 615/152-0595, schlichte, winzige Zimmer. ❹

Minas de Santa Rosalía, Obregón, Höhe Calle 10, ✆ 615/152-1060, modernere, größere Zimmer mit gekacheltem Bad, Heißwasser, ac und TV, teilweise mit kleinem Balkon; gutes Preis-Leistungs-Verhältnis. ❹

Hotel Francés, ✆ 615/152-2052, wunderschönes Kolonialgebäude am Hang nördlich der Stadt; die relativ luxuriösen Zimmer lohnen die geringe Mehrausgabe. ❺

Hotel El Morro, am Highway ca. 1 km südlich der Stadt, links von der Carretera Richtung Mulegé, ✆ 615/152-0414, wunderbar über dem Meer gelegen; noch komfortablere Zimmer mit Blick aufs Meer und Balkon. Pool, Restaurant, guter Strand in der Nähe, organisiert *Deep Sea Fishing*-Touren. ❺

Essen

Panaderia El Boleo produziert für diese Breitengrade ausgezeichnete Backwaren, auch wenn die Baguettes nicht so knusprig sind.

Terco's Pollito, Obregón, nahe Calle Playa, gute Küche; teuer.

Neben dem *Hotel del Real* liegt ein tolles Frühstückslokal.

Entlang der Obregón befinden sich mehrere preiswerte Esslokale; zw. Constitución und Obregón werden Fisch- und Seafood-Tacos verkauft.

Hot Dogs Exquisitos, Calle 6, nahe *Hotel 6,* hier kann man sich im Freien ein reichhaltiges Abendessen einverleiben.

Restaurant Regio, am Highway kurz vor der Stadt, so etwas wie die lokale Fernfahrerkneipe; Tacos und Quesadillas für US$1 pro Stück sowie teurere Speisen.

Sonstiges

GELD – ***Bancomer*** wechselt Reiseschecks (bis 12 Uhr), ***Banamex*** wechselt nur Dollarscheine (bis 13 Uhr), beide sind mit einem Geldautomaten ausgestattet und liegen in der Constitución. Wer weiter nach Süden fährt sollte beachten, dass es in Mulegé keine Bank gibt und sich die nächste Möglichkeit an Geld zu kommen erst wieder in Loreto bietet.

INTERNET – Internet-Zugang bieten u.a. das ***Internet Café,*** Calle 6, nahe Obregón, ◷ Mo-Sa 8–14 und 16–22 Uhr, US$2 pro Std., sowie der gleichnamige Ableger an der Ecke Obregón und Playa, ◷ Mo–Sa 9–22 Uhr, gleicher Preis.

POST – Die Post befindet sich an der Calle 2, Ecke Constitución, einen Block hinter der Plaza Richtung Hafen.

TELEFON – ***Telmex*** am nördlichen Ende der Constitución, Ecke Calle 5.

Transport

BUSSE – Der Busbahnhof liegt 2 Fußmin. südlich vom Parque Morelos, nahe der Fähranlegestelle. Nur der 17 Uhr-Bus nach Tijuana beginnt hier sei-

ne Reise, alle anderen sind auf der Durchfahrt *(de paso)* und können bei ihrer Ankunft bereits voll sein; wer jedoch früh genug am Busbahnhof eintrifft, kann sich durch das nette Personal telefonisch einen Platz reservieren lassen. Die Richtung Norden fahrenden kommen entweder frühmorgens oder abends vorbei, die nach Süden meistens am späten Vormittag oder späten Abend.
Nach GUERRERO NEGRO 7x tgl. (4 Std.),
LA PAZ 5x tgl. (8 Std.), LORETO 8x tgl. (3 Std.),
MULEGÉ 8x tgl. (1 Std.), SAN IGNACIO 7x tgl. (1 Std.), TIJUANA 4x tgl. (14 Std.).

FÄHREN – Die Fähre nach GUAYMAS (7 Std.) geht 3x pro Woche: So, Di und Fr um 22 Uhr und dauert 7 Std. Die Fahrzeiten können sich ändern, also unbedingt rechtzeitig erkundigen. Salón (verstellbarer Sitz) kostet US$51, 4-Bett-Kabine US$102, 2-Bett-Kabine US$141, Fahrräder werden kostenlos transportiert, ein Kleinwagen für US$240. Planmäßige Ankunft 8 Uhr. Kinder unter 12 Jahren zahlen die Hälfte.
Fahrkarten sind frühestens einen Tag vorher oder am Abfahrtstag ab 6 Uhr am Ableger erhältlich und sollten unter ✆ 615/152-0013 an der *Muelle Fiscal* (Hafen) gebucht werden.
Autofahrer sollten darauf achten, dass sie alle fürs Festland erforderlichen Papiere besitzen, s.S. 21. Die Anlegestelle der Fähre ist leicht zu Fuß zu erreichen: am Hafen rechts, Richtung Mulegé.

Mulegé

Etwa 60 km südlich liegt Mulegé („Mu-le-hé"), ein Obstanbauzentrum mit rund 6000 Einwohnern. Wie in San Ignacio fühlt man sich in einer tropischen Oase, denn die Ortschaft am Nordufer des Río Santa Rosalía liegt in einem fruchtbaren Tal und ist mit üppig grünen Palmen umringt. Das Städtchen ist eines der ruhigsten auf der Halbinsel, allerdings bei Kajakfahrern, Tauchern und Anglern sehr beliebt, und die Zeiten völliger Weltabgeschiedenheit sind vorbei. Mitte Oktober bis Anfang April wird es voll. Zu den schönsten Stränden (südlich von Mulegé) kommt man kaum ohne eigenes Fahrzeug, doch immerhin bestehen zumindest während der Hauptsaison gute Chancen, per Anhalter zu einem der Strände und wieder zurück zu kommen.

An Sehenswürdigkeiten hat Mulegé wenig zu bieten. Auf einer Anhöhe über Mulegé liegt die **Misión Santa Rosalía**, die im Jahr 1705 gegründet und 60 Jahre später vollendet wurde. Die Kirche hat zwar nur zu den gelegentlichen Messen geöffnet, aber der spektakuläre Ausblick über die Palmenhaine hinweg lohnt den Spaziergang hierher. Zur Mission gelangt man, wenn man auf der Zaragoza immer nach Süden, unter der Straßenbrücke hindurch geht, und dann die Schotterstraße nach oben nimmt.

Außerdem gibt es das nicht weiter bemerkenswerte **Museo Mulegé**, auf einem Hügel oberhalb der Ortschaft gelegen. Zu erreichen, indem man vom Ortskern aus ein paar Querstraßen Richtung Meer geht und dann dem Pfad folgt, der nach oben zum Museum führt. Das vor rund 100 Jahren erbaute ehemalige Gefängnisgebäude machte sich als „das Gefängnis ohne Türen" einen Namen: Die Inhaftierten „durften" am Vor- und Nachmittag in der Stadt arbeiten, und einige waren dort sogar verheiratet. Besucher können die Gefängniszellen besichtigen. ⏲ Mo–Sa 8.30–15 Uhr, empfohlene Spende von US$1.

Übernachtung

Wer in Mulegé übernachten will, hat die Wahl zwischen relativ teuren Hotel und den billigen, aber sehr einfachen Casas de Huéspedes in der Moctezuma im Zentrum (von der Carretera am Ortseingang aus links hoch). Zu Letzteren gehören u.a. das kleine und ziemlich schmuddlige
Huéspedes Nachita, Moctezuma, ✆ 615/153-0140, eine Unterkunft in Familienbesitz mit den lässigsten Angestellten, die man in ganz Baja findet ❷, sowie das wenig bessere
Manuelita, ebenfalls in der Moctezuma, ✆ 615/153-0175, ❹ und das muffige
Canett, in der Madero hinter der Kirche, ✆ 615/153-0272, mit etwas größeren Zimmern. ❸
Hacienda, Madero 3, ✆ 615/153-0021, anspruchsvolleres Hotel mit kleinem Pool, nettem Innenhof und Parkplatz. Führungen und Shuttle-Busse zum Strand. ❺
Las Casitas, Madero 50, ✆ 615/153-0019, ✉ lascasitas1962@hotmail.com. Das ehemalige Domizil des mexikanischen Dichters José Gorosave strahlt einen gewissen Charme aus. Patio (mit

Brunnen) und Restaurant sind ganz einladend, die Zimmer weniger. ❺

La Noria, an der Carretera unmittelbar nördlich der Stadt, ✆ 615/153-0195, ist ein Hotel mit einfachen Zimmern; allerdings kann sich die Nähe zur Carretera störend auf die Nachtruhe auswirken. ❸

Hotel Mulegé, Moctezuma 15, zur Linken bei der Einfahrt in die Stadt, ✆ 615/153-0090, ist ruhiger gelegen und expandiert derzeit – in Planung sind ein Pool, eine Dachterrassenbar und ein Geldautomat. ❺

Serenidad, unmittelbar südlich vom Ort an der Ostseite der Transpeninsular bei KM 139, ✆ 615/153-0530, 💻 www.serenidad.com, bietet mehr Luxus, und viele Gäste reisen per Flugzeug an und landen auf der hoteleigenen Flugpiste. Im Sommer günstige 3-Tages-Specials; im Sep geschlossen. ❼

Camping: ***Huerta Saucedo RV Park***, ✆ 615/153-0300, auch *The Orchard* genannt, 1 km von der Haltestelle nach Süden, oder auf der Schotterstraße an der Südseite des Flusses von Mulegé. Für US$8 können 2 Pers. ein Zelt aufschlagen. Kanuverleih für Flussfahrten auch an Nicht-Camper.

Essen

Mulegé bietet zwar keine große Auswahl an Restaurants, aber gute Qualität. Die Mehrzahl der amerikanischen Dauergäste und auch viele Mexikaner zieht es ins noble Restaurant und in die Bar vom ***Las Casitas***, (s. Übernachtung).

Los Equipales, Moctezuma, Ecke Zaragoza, Steak- und Seafood-Restaurant der Mittelklasse, in dem große Portionen aufgetischt werden – ein Steak inkl. Suppe, Salat und Kartoffeln kostet US$10.

El Candil, am Zócalo, weniger formell und billiger, ein Gringo-Treff wo ein hervorragendes Frühstück mit Obst, Eiern, rohem und gekochtem Schinken, Toast und Bratkartoffeln sehr preiswert zu haben ist.

La Palapa, an der Carretera nach Süden, hinter der Pemex-Tankstelle, bietet ebenfalls ein gutes, sättigendes Frühstück.

Eduardo's serviert sonntagabends sagenhaftes und preiswertes chinesisches Essen; allerdings ist mit Wartezeit zu rechnen. Wer billig essen möchte, kann bei ***Pollos del Castillo*** leckere Hühnchen-Tacos verspeisen.

Touren

HÖHLENZEICHNUNGEN – Ein Hauptgrund für den Aufenthalt in Mulegé sind neben den tollen Stränden im Süden die guten Tauchmöglichkeiten oder die Teilnahme an einer Tour zu den Höhlenzeichnungen in der Sierra de Guadalupe. Dieser Gebirgszug beherbergt die dichteste Ansammlung von Höhlenmalereien in Baja (mindestens 700 Zeichnungen) und darüber hinaus einige der am leichtesten zugänglichen; schon in 5 Std. ist eine Besichtigung einschließlich Hin- und Rückfahrt möglich. Während der Hochsaison dürfte es nicht schwierig sein, eine Gruppe von Interessierten zusammen zu bekommen, aber es ist wichtig, die Angebote genau zu studieren, denn die Touren sind sehr unterschiedlich. Darauf achten, dass der Guide eine Lizenz besitzt.

Der Fremdenführer Ciro Romero veranstaltet Touren zu den Felsmalereien, ✆ 615/153-0481, ✉ cirocuesta@yahoo.com.mx. Die Kosten belaufen sich auf ungefähr US$40 p.P. oder die Hälfte, wenn ein eigenes Transportmittel vorhanden ist. Eine weitere Anlaufstelle ist *Las Casitas*, das auch als informelle Touristeninformation zu anderen Sehenswürdigkeiten und Touren in der Umgebung dient. Eine Tour mit Übernachtung in einer 260 Jahre alten Ranch und die Besichtigung von zwei verschiedenen Höhlen ist auch möglich.

TAUCHEN – Ein Veranstalter von **Schnorchel- und Tauchausflügen** vor Ort ist *Cortez Explorers*, Moctezuma 75-A, ✆ 615/153-0500, 💻 www.cortez-explorer.com, 🕓 16–19 Uhr; die Preise beginnen bei US$60 p.P. Dort gibt es auch **Mountainbikes** (US$15 pro Tag) und Geländefahrzeuge (US$20 pro Std.) zu mieten. Ein Tauchkurs für Anfänger kostet US$90, ein Schnorcheltrip US$35 (inkl. Ausrüstung). Wer möchte, kann auch einfach Schnorchelzubehör ausleihen und auf eigene Faust losziehen, z.B. nach Punta Prieta, nördlich vom Leuchtturm, nur ein kurzes Stück zu Fuß von der Stadt entfernt. Obwohl dies das einzige Unterwasserrevier zum Schnorcheln und Tauchen ist, das man direkt vom Ufer aus erreichen kann (alle anderen Spots sind nur per Boot zugänglich), handelt es sich um ein praktisch unberührtes Gebiet. Man geht auf der Madero am Fluss entlang und kommt vor dem Leuchtturm linker Hand zu einer ungeteerten Straße, auf der man vorbei an einem alten Hotel und einer Schule bald darauf zur Punta Prieta gelangt.

Sonstiges

GELD – In Mulegé gibt es keine Bank, aber *Rosario's Patio,* Moctezuma, zwei Blocks vom Hauptplatz entfernt, dient als Casa de Cambio. ⌚ Mo–Sa 9–13 und 16–20 Uhr, mittelmäßiger Wechselkurs. Reiseschecks werden in der Stadt fast nirgendwo angenommen. Wenn das Bargeld knapp wird, kann man in *La Tienda* an der Av. Martinez, die vor allem Bücher, Filme, Tauch- und Angelzubehör verkauft, mit Kreditkarte einkaufen.

INTERNET – Ein Laden mit ein paar PCs befindet sich an der Moctezuma, drei Blocks von der Bushaltestelle. ⌚ Mo–Sa 9.30–20, So 10–14 Uhr, US$2 pro Std.

POST – Ein kleines Postamt mit Telefon vor der Tür liegt in der Av. Martinez. Beim Lebensmittelgeschäft *Padilla,* Zaragoza, Ecke Av. Martinez, gibt es ein paar Fernsprechapparate.

WÄSCHEREI – ***Lavamática Claudia,*** an der Zaragoza und Moctezuma, wäscht, trocknet und bügelt die Wäsche für rund US$4 pro Maschinenfüllung.

Transport

Vom Busbahnhof in die Stadt sind es zehn Min. zu Fuß: die Seitenstraße bis zur Gabelung, dort nach rechts zur Av. Martínez. Von Mulegé aus geht kein Bus, und die *de paso*-Busse, die an der Carretera halten, sind oft voll. Der Fahrplan hängt nahe der Bushaltestelle in dem Café mit dem ABC-Schild aus.

Die Busse nach Süden kommen am späten Morgen oder späten Nachmittag durch. Die Busse nach Norden halten in der Regel am Nachmittag.

Die Umgebung von Mulegé Bahía Concepción

Die besten Strände liegen 10–50 km südlich von Mulegé an der Bahía Concepción. Die Bucht ist zwischen 3 km und 6,5 km breit, 48 km lang und von zahlreichen Inseln übersät. Die friedlichen Buchten und weißen Sandstrände sind sehr schön und relativ unerschlossen – abgesehen von der einen oder anderen Ansammlung von Wohnmobilen. Und was **Kajak fahren** anbelangt, gibt es nur wenige bessere Stellen als die Bahía Concepción.

Zu den besten Sandstränden gehören die **Playa Punta Arena** – ca. 16 km auf der Carretera, danach 2 km auf einem Feldweg –, wo es einfache Palapas zu mieten gibt, sowie die **Playa Santispac**, 20 km hinter Mulegé direkt an der Carretera gelegen; ein Teil dieses Strandes ist von Langzeit-Campern belegt, doch es gibt noch genügend Platz zum Campen (gegen Gebühr) und immerhin ein Restaurant sowie kostenlose Palapas, unter denen man tagsüber faulenzen kann. Nur in **Posada Concepción**, südlich von Santispac, entstehen zunehmend Cabaña-Unterkünfte, und es weist deutliche Anzeichen dafür auf, dass sich hier immer mehr Gäste dauerhaft niederzulassen gedenken.

Weiter nach Süden kann man als Selbstversorger campen (US$5 p.P.), z.B. in **Playa Coyote**, wo es auch eine warme Quelle gibt, und an der **Playa El Requesón**, der letzten und besten Möglichkeit. Zwar ist kein Trinkwasser vorhanden, doch früh morgens und nachmittags kommen fliegende Händler vorbei, die alles mögliche verkaufen, von Wasser bis zu Garnelen.

Übernachtung und Sonstiges

POSADA CONCEPCIÓN – ***EcoMundo,*** bei KM 111, kein Telefon, ✉ ecomundo@aol.com; Reservierung per E-Mail bevorzugt, ist eine umweltbewusste Anlage mit Unterbringung in Palapas (US$12 bzw. US$20 für die neuen, luxuriöseren Flitterwochen-Palapas, die etwas mehr Privatsphäre garantieren) und Zelten (US$8), außerdem werden Kajaks vermietet (ab US$25 pro Tag, Reservierung unbedingt nötig). Die Einrichtungen umfassen eine Thermalquelle für Gäste, eine Grillstelle, einen ausgezeichneten kleinen Buchladen, Restaurant und Bar. Zu erreichen mit einem Taxi von Mulegé für US$12, oder per Anhalter; manche von Loreto kommenden Busse lassen Passagiere am KM 111 aussteigen. Zum Zeitvertreib in der Bucht kann man sich bei dem renommierten Unternehmen *Las Parras Tours* in Loreto Kajak-, Schnorchel- oder Tauchausrüstungen ausleihen.

Loreto

Loreto (rund 50 000 Einwohner), die nächste Küstenstadt und erste permanente Siedlung auf kalifornischem Boden, wurde 1697 als Hauptsitz der Jesuitenmission in Kalifornien gegründet, später aber von den Franziskanern übernommen und war bis zum verheerenden Hurrikan von 1829 fast 130 Jahre lang das Verwaltungszentrum der gesamten Halbinsel. Neuerdings ist sie bei Anglern und Tauchern sehr beliebt und erlebt dadurch eine Renaissance.

Die alte, barocke **Missionskirche** (Misión Nuestra Señora de Loreto) steht noch, und obwohl sie seit Jahrhunderten immer wieder bei Erdbeben beschädigt und anschließend restauriert wurde, ist ihre solide, vierschrötige und simple Grundstruktur erhalten geblieben. Die Inschrift über der Tür zeugt von der Bedeutung, die dieser Kirche einmal zukam: „Das Oberhaupt und die Mutterkirche der Missionen von Nord- und Süd-Kalifornien". Der barocke Altarmantel wurde vom mexikanischen Festland hierher gebracht. Daneben befindet sich ein kleines **Museum**, das über die frühe Christianisierung und Kolonisierung der Halbinsel informiert und ein Schriftstück bewahrt, das Loreto als die alte Hauptstadt von Baja Norte und Sur ausweist. 🕓 Mi–Mo 9–13 Uhr, Eintritt US$1,25.

Loreto selbst ist ein ausgezeichneter Ort zum Tauchen und Kajak fahren. Immerhin besitzt der Ort einen gepflegten, wenn auch nicht besonders romantischen Malecón, den Bulevar López Mateos, direkt am durchaus annehmbaren Stadtstrand. Mit einem fahrbaren Untersatz erreicht man nach wenigen Kilometern Richtung Süden gute Sandstrände und Campingplätze.

Ungefähr 10 km südlich der Stadt war in **Nopoló** eigentlich ein Luxus-Seebad nach dem Vorbild von Cancún geplant. Ein Flughafengelände wurde gebaut, Wege und Stromleitungen angelegt, aber dann kam das Ganze ins Stocken, weil die Gelder in andere Kanäle flossen. Bislang gibt es dort nur das Hotel *Stouffer Presidente*, ein Tenniszentrum, ein paar Baustellen – und unsichere Pläne, das Projekt fortzuführen. Der Hauptteffekt der ganzen Aktion ist offensichtlich der, dass in Loreto, in freudiger Erwartung traumhafter Gewinne, die Preise kräftig angehoben wurden.

Übernachtung

Die Hotels sind ziemlich teuer, da sie vor allem auf Taucher und andere eher finanzkräftige Besucher ausgerichtet sind, aber dafür bieten sie guten Service. Die besten der billigen Unterkünfte liegen zwischen dem Busbahnhof und dem Strand, darunter das

Motel Salvatierra, Salvatierra 123, nahe Allende, ✆ 613/135-0021, ❸ empfehlenswerter als die

Posada San Martín, Juárez 14, ✆ 613/135-0442, zwei Querstraßen nördlich der Plaza. ❸

Hotel Palmas Altas, ✆ 613/135-1353, Nicolas Bravo nahe Muro, bietet Platz für Wohnmobile, einen kleinen Pool und winzige, aber annehmbare Zimmer. ❹

Motel Brenda, an der Juárez zwischen Marquez de León und Ayuntamiento, ✆ 613/135-0707, ist um eine Klasse besser, sauberer und hat etwas größere Zimmer mit ac, TV und Warmwasser. ❹

Oasis, drei Querstraßen südlich der Plaza am Meer, ✆ 613/135-0112, 💻 www.hoteloasis.com, ist mit Pool und allen Annehmlichkeiten versehen. ❼

Posada de las Flores, neben der Mission an der Salvatierra und Madero, ✆ 613/135-1162, 💻 www.posadadelasflores.com, ist ein luxuriöses Hotel mit Dachgarten und italienischem Restaurant. ❽

Baja Outpost, am Malecón, ✆ 613/125-1134, 💻 www.bajaoutpost.com, ein Gästehaus, hat komfortable Palapas und Zimmer mit künstlerisch angehauchtem Dekor. Veranstaltet auch Tauch-, Schnorchel- und Kajaktrips. ❻

Campingmöglichkeiten gibt es entweder an den Stränden im Norden der Stadt (ohne Einrichtungen) oder auf dem ***Loreto Shores RV Park,*** 1 km auf der Calle Madero Richtung Süden. Unterwegs passiert man ***Villas de Loreto,*** ✆ 613/135-0586, 💻 www.villasdeloreto.com, inklusive Frühstück und Fahrradverleih. Restaurant, Pool, Tauchzentrum, Verleih von Windsurfbrettern und Kajaks. ❼

Essen

Urwüchsige mexikanische Kost bekommt man an den Taco-Ständen entlang der Hidalgo oder in den Lokalen in der Umgebung der Plaza, z.B. im beliebten ***Café Olé***, wo es auch preiswertes Frühstück, Antojitos und leckere Zimtrollen gibt.
Tiffany's Pisa Parlour in der Hidalgo, südlich vom Zócalo, hat ausgezeichnete, nicht gerade preiswerte Pizza; in der Nebensaison manchmal geschlossen.
Tío Lupe's, Salvatierra, nahe *Tiffany's*, bietet typische mexikanische Speisen, aber auch lokales Seafood und ein paar europäische Gerichte.
La Terraza, Hidalgo, nahe Malecón, ähnliche Speisekarte, aber billiger und – wie der Name vermuten lässt – mit Terrasse.

Touren

Las Parras, Madero 16, neben dem *Café Ole*, ✆ 613/135-1010, 💻 www.lasparrastours.com, ist ein bewährter, aber teilweise teurer Tourveranstalter und verleiht Tauch-, Kajak- und Schnorchelausrüstungen. Ein two-tank Tauchgang kostet US$75, ein Kajak für 8 Std. US$25. Bietet auch Ausflüge zu Höhlenmalereien und Walbeobachtungstouren an, die allerdings weitaus kostspieliger sind als von San Ignacio aus. *Baja Outpost* (s. Übernachtung) verleiht ebenfalls Tauchzubehör und veranstaltet Touren zu vergleichbaren Preisen.

Sonstiges

AUTOVERMIETUNG – ***Budget***, am Malecón, ✆ 613/135-1149.

GELD – ***Bancomer*** an der Plaza, hat einen rund um die Uhr betriebsbereiten Geldautomaten und wechselt Reiseschecks ⌚ Mo–Fr 9–14.30 Uhr.

INFORMATIONEN – Die **Touristeninformation** befindet sich im Palacio de Gobierno zwischen Madero und Salvatierra, ✆ 613/135-0411; die Angestellten sprechen Englisch. ⌚ Mo–Fr 8–15 Uhr.

INTERNET – In der Salvatierra gibt es ein paar Internet-Läden, von denen das ***Café Internet***, nahe Hidalgo, nur wenige Fußmin. vom Busbahnhof entfernt, am billigsten ist ⌚ Mo–Sa 8–21, So 9–13 Uhr, US$2 pro Std.

POLIZEI – an der Salvatierra, Ecke Madero.

POST – an der Deportiva, nahe Salvatierra, hinter dem Gebäude des Roten Kreuzes.

Transport

BUSSE – Der Busbahnhof, ✆ 613/135-0767, befindet sich an der Juárez, Ecke Ayuntamiento. 15 Min. zu Fuß die Salvatierra hoch ins Zentrum. Tgl. fahren 5 Busse nachmittags bis spät abends Richtung Norden. Von 8–24 Uhr gehen einige nach LA PAZ (US$18, 5 Std.), nach ENSENADA 6x tgl. (15 Std.).

FLÜGE – Von Loretos Flughafen, ✆ 613/135-0454, für US$6 per Taxi erreichbar, gehen täglich Flüge nach LA PAZ und zu zahlreichen Städten auf dem mexikanischen Festland sowie in regelmäßigen Abständen nach LOS ANGELES in den USA.

La Paz

Alle Wege führen nach La Paz (140 000 Einwohner), denn hier legt das Fährschiff an, mit dem die meisten Traveller Baja California verlassen bzw. betreten. Die Mehrzahl der Bevölkerung der Halbinsel scheint sich hier niedergelassen zu haben, denn die Randbezirke wachsen schneller als die Infrastruktur. Die Bucht von La Paz wurde 1535, kurz nach der Konquista, von Cortés persönlich erkundet, der wie immer auf der Suche nach unermesslichen Reichtümern war, doch er fand wenig, was ihm hätte gefallen können. Er gab dem Ort den Namen Bahía de la Santa Cruz. Immer wieder bedrohten Piraten auf der Suche nach den begehrten hiesigen Perlen das Eigentum der spanischen Krone, deshalb erhielt im Jahr 1592 der Kapitän Sebastian Viscaíno den Auftrag, strategisch wichtige Orte der Halbinsel zu besetzen. Die indianische Bevölkerung begegnete ihm bei Santa Cruz so freundlich, dass er die Stelle in La Paz (der Frieden) umbenannte. Als feste Niederlassung wurde La Paz allerdings erst gegen Ende des 18. Jhs. errichtet.

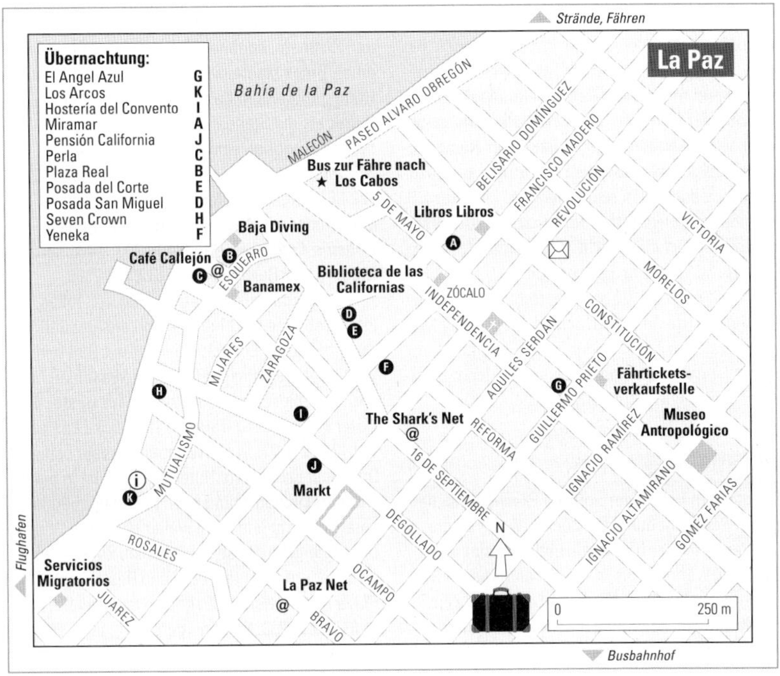

Durch Fischfang und Perlenfischerei wuchs der Ort schnell. Während des texanischen Krieges wurde er von amerikanischen Truppen besetzt und sechs Jahre später von dem selbstgekrönten König William Walker bei einem seiner Versuche, sich ein zentralamerikanisches Königreich aufzubauen, erneut okkupiert. Damals war La Paz bereits die Hauptstadt von Baja California Sur.

Das Perlengeschäft hat seitdem stark nachgelassen, denn eine mysteriöse Seuche raffte fast alle Austern dahin. Seit den 60er Jahren prosperiert La Paz wieder – dank der Touristen, die Fertigstellung der *Carretera Uno* dürfte dazu einen nicht unwesentlichen Beitrag geleistet haben.

La Paz ist eine freundliche, ruhige Stadt, aber es gibt nicht viel zu sehen, und wer länger bleiben will oder muss, fährt zu einem der Strände. Beim Warten auf die Fähre kann man einen Tag lang bummelnd durch die Innenstadt und über den **Markt** schlendern. Es gibt Dutzende Souvenirläden und Duty-free-Shops.

Im Stadtzentrum spürt man trotz Modernisierung noch ein bisschen Kolonialatmosphäre. Die **Kathedrale Nuestra Señora de la Paz** am Zócalo wurde 1720 errichtet. Sie ist zwar seit dieser Zeit mehrfach umgebaut worden, aber dennoch sehenswert.

Am **Malecón**, der Uferpromenade, flanieren Einheimische und Touristen. Manche Leute wagen sogar einen Sprung ins Wasser – ein gewagtes Unternehmen, wenn man bedenkt, dass alle Abwässer der Stadt sich hier versammeln.

Die beste Zeit für einen Besuch ist zwischen November und Mai, denn die Sommermonate können zugleich sehr heiß und regenreich sein. Während des **Karnevals**, der in der letzten Februarwoche stattfindet, steht La Paz jedes Jahr mehrere Tage lang Kopf. Der Malecón ist dann Schauplatz bunter Karnevalsumzüge und mit Buden und Essenständen vollgestellt. Vom späten Nachmittag bis zum frühen Morgen verlustiert sich die Menge, begleitet von viel Live-Musik und Konfetti.

Das anthropologische **Museum** in der 5 de Mayo, Ecke Ignacio Altamirano, lohnt einen Besuch. Es zeigt unter anderem Fotos der Höhlenmalereien und informiert über die ethnologische Geschichte der Halbinsel. Auf dem Balkon im ersten Stock ist eine Nachbildung indianischer Nomadenhütten zu sehen. Außerdem kann man im dazugehörigen Buchladen sehr preiswerte Literatur z.B. über Ausgrabungsstätten des ganzen Landes erstehen, die vor Ort meist nicht erhältlich sind. ⌚ Mo–Fr 8–18, Sa 9–14 Uhr, Eintritt frei.

Wissenswertes über Baja steht auch in der **Biblioteca de las Californias**, gegenüber der Kathedrale am Zócalo, oder in der Buchhandlung *Libros Libros* an der Constitucion 195, deren Sortiment auch englischsprachige Bücher umfasst.

Übernachtung

Die meisten Hotels der unteren Preisklassen liegen in der Umgebung des Zócalo. Auch einige der besseren älteren Hotels befinden sich im Zentrum, während die moderneren Häuser eher entlang der Küste stehen. Wer La Paz zur Zeit des Karnevals besuchen möchte, sollte unbedingt rechtzeitig reservieren, da die Stadt dann überquillt vor Besuchern.

Jugendherberge, Forjadores, ✆ 612/122-4615, hat preislich akzeptable, unpersönliche Schlafsaalbetten und liegt nicht weit vom Busbahnhof: rechts die Jalisco hoch, dann links auf die Calle Isabel La Católica, dann dem Einbahnverkehr rechts folgen und die nächste Straße rechts und noch mal rechts, insgesamt ca. 1 km. US$6 p.P. ❷

El Angel Azul, Independencia 518, Höhe Prieto, ✆ 612/125-5130, 💻 www.elangelazul.com. Ein geschmackvoll restauriertes, 150 Jahre altes Gerichtsgebäude mit Zimmern rings um einen grünen Patio, einer Kunstgalerie und einem kleinen Café, das gutes Frühstück und Kaffee serviert. Reservierung empfohlen. ❼

Hostería del Convento, Madero Sur 85, ✆ 612/122-3508. Ähnlich wie *Pensión California*, aber kleiner und ruhiger, vor allem wenn man um ein Zimmer abseits der Straße und der Lobby bittet. Ehemaliges Kloster. ❸

Los Arcos, Paseo Obregón 498, ✆ 612/122-2744, 💻 www.losarcos.com. Beliebt bei Hobbyfischern, direkt am Kai. Altes Gebäude mit modernen Zimmern, schönem Innenhof und Pool. Die einen Block stadteinwärts gelegenen, noch zum Hotel gehörenden Cabañas sind stilvoller und teurer als die Standardzimmer ohne Meerblick, beide Kategorien sind mit ac und TV. ❽

Miramar, 5 de Mayo, Ecke Domínguez, ✆ 612/122-0672. Komfortable Unterkunft mit ac und TV; die Zimmer mit Meerblick sind recht günstig. ❻

Pensión California, Degollado 209, zwischen Madero und Revolución, ✆ 612/122-2896, ✉ pensioncalifornia@prodigy.net.mx. Tolles, altes Gebäude mit Innenhof und ausgewählten Kunstobjekten. Einfache Zimmer mit Bad und Ventilator. Gemeinschaftsküche, Waschküche und kostenloser Internet-Zugang für Gäste. ❸

Hotel Perla, Paseo Obregón 1570, Ecke La Paz, ✆ 612/122-0777, 💻 www.hotelperlabaja.com. Das einst beliebteste Hotel der Stadt ist in einem wunderschönen spanischen Kolonialgebäude untergebracht und noch immer eine gute Wahl. Durchgängig gefliest; die stilvollen Zimmer mit ac sind modern gehalten; Pool und Restaurant. ❼

Plaza Real, zwischen Esquerro und Callejon, ✆ 612/122-9333. Hell und geräumig, aber etwas heruntergekommen. Für ein paar Dollar mehr bekommt man um die Ecke im vergleichbaren, aber besseren *Miramar,* ein schöneres Zimmer. ❺

Posada del Corte, 16 de Setiembre 202, ✆ 612/122-8240. Gleich um die Ecke von der *Posada San Miguel,* nicht so charmant, aber etwas sauberer und ähnliche Preise; verfügt über ein paar große, sehr preisgünstige Zimmer für Gruppen. ❹

Posada San Miguel, Belisario Domínguez 1510, unweit 16 de Setiembre, ✆ 612/125-8888. Einfache Zimmer rund um Innenhof in einer Villa im Kolonialstil. Eines der besten Budget-Hotels vor Ort, wenngleich man das Zimmer vielleicht mit ein paar *cucarachas* teilen muss. ❸

Seven Crown, Obregón 1710, nahe Degollado, ✆ 612/128-7787, ✉ sevencrown@prodigy.net.mx. Das neueste Hotel in La Paz liegt direkt am Wasser und wurde ultramodern aus Glas, Stahl, Aluminium und Ziegel erbaut. Elegante Zimmer, viele mit Meerblick, Hallenbad, Jacuzzi, Geschäftszentrum sowie alle anderen Einrichtungen eines Stadthotels dieser Kategorie. ❽–❾

Hotel Yeneka, Madero 1520, in der Nähe des Zócalo, ✆ 612/125-4688. Ausgefallene Gestaltung und nette, saubere Zimmer; mit Café. Die freundlichen Bediensteten erwarten geradezu, dass man um den Zimmerpreis verhandelt. ❹

Der am nächsten gelegene **Campingplatz** ist ***El Cardón Trailer Park,*** ✆ 612/124-0078, ✉ elcardon@latinmail.com, ca. 2 km außerhalb an der Straße nach Norden.

Essen

Seafood ist meist ausgezeichnet. Entlang der Uferpromenade gibt es jede Menge Restaurants mit z. T. gepfefferten Preisen. Preisgünstige Restaurants mit einheimischer Küche finden sich in der Serdán und 16 de Setiembre sowie der Av. Independencia am Zócalo.

Bismark II, Altamirano, Ecke Degollado, ✆ 612/122-4854. Köstliche Meeresfrüchte zu moderaten Preisen, da ohne kostspieligen Meeresblick. Betreibt in der südlichen Hälfte der Obregón auch eine Taquería, wo es einige der besten Tacos der Stadt gibt.

El Carrito, Paseo Obregón, Ecke Morelos, ✆ 612/125-6658. Einfaches, bei mexikanischen Touristen sehr beliebtes Lokal, serviert leckeres Ceviche und andere schmackhaftes Seafood zu annehmbaren Preisen.

Kiwi, Obregón, Ecke 5 de Mayo. Köstliche lokale und regionale Gerichte zu annehmbaren Preisen, die Tische stehen direkt am Strand. Tipp: gefülltes Fischfilet, eine Spezialität des Hauses.

Pizza La Fabula, u.a. in Av. Obregón 15. Beliebte, einheimische Pizza-Kette.

Super Tacos De Baja California, an der Esquerro, nahe Banco Serfin. Seafood-Tacos und Salatbar mit Selbstbedienung; ein Hummer-Taco kostet US$2,50.

Tequilas Bar and Grill, Mutualismo, Ecke Ocampo. Freundliche Bar, bei Touristen wie Einheimischen beliebt, mit Poolbillard.

La Terraza, Obregón 1570, Ecke La Paz. Café-Restaurant im *Hotel Perla*. Wer gern sitzt und Leute beobachtet, ist hier richtig, allerdings kann das Essen für das Gebotene etwas teuer und fade sein.

La Media Luna, Paseo Obregón 755. Etwas vornehmeres Restaurant und Bar, ausgezeichnetes Seafood; auch nett für ein kühles Getränk bei und nach Sonnenuntergang.

Las Brisas del Mar, Paseo Obregón, Höhe Colegio Militar, ✆ 612/123-5055. Hervorragendes Seafood; trotz der gesalzenen Preise überwiegend mexikanisches Publikum.

Seven Crown, im gleichnamigen Hotel, ✆ 612/128-7787. Schicke Dachterrassen-Bar und -Restaurant mit wundervollem Meerblick und mehreren kleinen Terrassen für romantische Stunden bei Sonnenuntergang.

Tacquería Muello Hacienda, nahe Banco Serfin, eine halbe Querstraße vom Malecón. Viel frequentierter Taco-Stand. Unbedingt mal probieren: *papas especial*.

Aktivitäten

Baja Diving and Service, 1665 Obregón, ✆ 612/122-1826, veranstaltet gute Tauch- und Schnorcheltouren sowie entsprechende Kurse.

Baja Outdoor Activities (BOA), Madero, Ecke Campeche y Tamaulipas, ✆ 612/125-5636, 🖳 www.kayactivities.com, 30 Min. zu Fuß vom Zentrum entlang der Straße Richtung Pichilingue, neben dem *Hotel El Moro*. Verleiht Kajaks und bietet Schnorcheltrips zu den nahe gelegenen vulkanischen Inseln oder zur Seelöwenkolonie auf der Inselgruppe Los Islotes. Ganztags- und Halbtagsausflüge ab US$30.

Katun, Juárez 1445, Höhe Callejón, ✆ 612/348-5609, 🖳 www.katun-tours.com, organisiert Mountainbike- und Seekajak-Touren.

Scuba Baja Joe, Obregón, Ecke Ocampo, ✆ 612/122-4006, 🖳 www.scubabajajoe.com, bietet pauschale Tauchtrips zu konkurrenzfähigen Preisen.

Funbaja, am KM 2,5 an der Straße nach Pichilingue, ✆ 612/121-5884, 🖳 www.funbaja.com, veranstaltet alle möglichen Touren auf dem Wasser.

The Cortés Club, bei KM 5 an der Straße nach Pichilingue, ✆ 612/121-6120, 🖳 www.Cortésclub.com, PADI-Tauchkurse aller Schwierigkeitsgrade.

Sonstiges

AUTOVERMIETUNGEN – Die meisten Anbieter besitzen ein Büro am Flughafen oder am Malecón, darunter:

Budget, ✆ 612/122-7655 oder 123-1919,

Thrifty, ✆ 612/125-9696,

Alamo, ✆ 612/122-6262,
Avis, ✆ 612/122-2651,
Dollar, ✆ 612/122-6060,
Hertz, ✆ 612/122-5300,
National, ✆ 612/125-6585.

BÜCHER – ***Libros Libros***, Constitución 195, verkauft auch englische Bücher und Zeitungen.

GELD – Die meisten Banken liegen zwischen dem Zócalo und dem Malecón.
Banco Serfin, 16 de Setiembre, ca. 50 m oberhalb der Obregón, wechselt Reiseschecks.
Banamex, Esquerro 1679, hinter dem *Hotel Perla*, ⌚ Mo–Fr 9–18, Sa 9–14 Uhr.
Schräg gegenüber, ebenfalls in der Esquerro, befindet sich eine **Casa de Cambio**.
American Express, Esquerro 1679, ✆ 612/122-8300, hinter dem *Hotel Perla*, ⌚ Mo–Fr 9–14 und 16–18, Sa 9–14 Uhr.

Inmigración

Wer bis hierher ohne gestempelte **Touristenkarte** gekommen ist, muss sich vor der Weiterreise unbedingt darum kümmern. Das zuständige Büro befindet sich in der Obregón 2140, zwischen Juárez und Allende.

INFORMATIONEN – Die zentrale ***Touristeninformation***, Obregón, Ecke Bravo, direkt am Wasser, ✆ 612/122-5939, ist sehr hilfreich und hat tgl. von 8–22 Uhr geöffnet. Ein weiteres befindet sich an der Carretera, 5,5 km nördlich der Stadt; gleiche Infos und Zeiten.

INTERNET – Mehrere Internet-Läden liegen am Malecón: ***Café Callejón***, nur wenige Schritte vom Wasser entfernt in der Callejón, hat ein Restaurant und ein Freiluft-Café, ⌚ tgl. 8.30–22 Uhr, US$1 pro Std. ***The Shark's Net***, 16 de Setiembre, Ecke Aquiles Serdan, ⌚ 24 Std., US$1,50 pro Std.
La Paz Net, vom Malecón die Ocampo hoch rechts, kurz nach der Revolución, So geschl., US$2 pro Std.

POST – Av. Revolución, Ecke Av. Constitución.

REISEBÜROS – z.B. ***Villa-Sol***, Serdan 14201, zwischen Independencia und Reforma, verkauft auch Fährtickets; ***Viajes Perla***, 5 de Mayo, Ecke Domingués, ✆ 612/122-8666, ⌚ Mo–Sa 8.30–19.30, So 9–14 Uhr.

SPANISCHSCHULEN – ***Se Habla La Paz***, Madero 540, ✆ 612/122-7763, 🖳 www.sehablalapaz.com

WÄSCHEREIEN – ***La Paz Lava***, Mutualismo 260, ✆ 612/122-3112, ⌚ tgl. 8–24 Uhr; eine Waschmaschinenfüllung kostet US$2.

Transport

BUSSE – Der **Fernbusbahnhof**, ✆ 612/122-6476, liegt rund 5 km außerhalb des Stadtzentrums in einem Außenbezirk an der Jalisco, Ecke Independencia. Wer mitten in der Nacht ankommt, muss unter Umständen zu Fuß in die Stadt marschieren – nicht zu empfehlen!
Tagsüber fahren **Peseros** („Centro/Camionera") an der Ignacio Altamirano, Ecke Jalisco, ins Zentrum. Zur Central Camionera (und vielen anderen Zielorten) fahren sie im Zentrum an der Ignacio Altamirano, Ecke Ocampo ab.
Taxis warten auf der Straßenseite gegenüber dem Busbahnhof. Fahrpreis in die Stadt ca. US$4. In der Stadt gibt es einen Taxistand neben der Kathedrale in der Independencia, und einen vor dem *Hotel Perla* sowie dem *Hotel Los Arcos*.
Vom Fernbusbahnhof aus fahren 10 Busse in Richtung Norden, davon drei bis Tijuana:
EL ROSARIO 2x tgl. (16 Std.),
ENSENADA 4x tgl. (20 Std.),
GUERRERO NEGRO 4x tgl. (12 Std.),
LORETO 7x tgl. (5 Std.),
MEXICALI 1x tgl. (28 Std.),
MULEGÉ 5x tgl. (7 Std.),
SAN IGNACIO 3x tgl. (9 Std.),
SANTA ROSALÍA 5x tgl. (8 Std.),
TIJUANA 3x tgl. (22 Std.).
Nach CABO SAN LUCAS fahren tgl. zwischen 7 und 18 Uhr alle 30 Min. Busse, jeder zweite die kürzere Strecke (2–3 Std.) via TODOS SANTOS (1–1/2 Std.) bzw. die längere Strecke weiter nach SAN JOSÉ DEL CABO (3–4 Std.). Einsteigen im Zentrum oder am Fernbusbahnhof; Fahrkarten werden maximal zwei Tage vorher verkauft.

Autofahrer

Autofahrer müssen außerhalb Baja Californias eine **Fahrzeugerlaubnis fürs Festland** vorweisen können. Sie wird beim Übersetzen von La Paz nach Mazatlán oder Topolobampo verlangt. Erhältlich ist sie bei der Einreise an der Grenze; wer diese nicht hat, muss mit seinem Fahrzeug und allen notwendigen Papieren beim Zollamt erscheinen, um es nachträglich zu regeln. Näheres s.S. 21

FLÜGE – Der Flughafen liegt 8 km südwestlich der Stadt. Schlechte Verbindung per Colectivo US$5, für Taxis in die Stadt gelten Festpreise (US$15). 2x tgl. Flüge nach TIJUANA, 3x tgl. nach MÉXICO D.F. für rund US$150, um 7 Uhr mit *Aeromexico,* um 14.50 Uhr mit *Aero California,* um 15.50 Uhr mit *Aeroméxico* via CULIACAN; jeweils 1x tgl. nach LOS MOCHIS, GUADALAJARA, TUCSON und LOS ANGELES via Loreto. Weitere Direktflüge: 2x tgl. nach LOS ANGELES, 1x tgl. nach SAN DIEGO, 1x tgl. nach PHOENIX.
Ticketverkaufsschalter im Flughafen. Aktuelle Informationen und Buchungen bei *Viajes Perla,* siehe Reisebüros.
Fluggesellschaften:
Aerocalifornia, ✆ 612/125-1023, 🖳 www.aerocalifornia.com.mx;
Aeromexico, ✆ 612/122-0091 oder 122-0092, 🖳 www.aeromexico.com.

FÄHREN – Die Fähren legen am Terminal Pichilingue, 14 km von La Paz entfernt, ab. Dorthin fährt ein Bus zwischen 8 und 17 Uhr zur vollen Stunde vom alten Busbahnhof am Malecón, Ecke Obregón und Independencia (US$1, Fahrtdauer 20 Min., 2 Std. vor dem Ablegen sollte man sich vor Ort einfinden). Ein Taxi von der Stadt kostet US$15. Da sich die Abfahrtszeiten der Fähren ständig ändern, ist es ratsam, sich rechtzeitig um aktuelle Informationen zu bemühen.
Sematur: Abfahrt nach MAZATLÁN (18 Std.) um 15 Uhr, tgl. außer Samstag – in den Ferien täglich. Die Fahrt im Salón kostet US$66, Turista US$170 und eine Cabina US$208, ein kleiner Pkw US$202. **Fahrräder** werden umsonst befördert. *Sematur*-**Tickets** gibt es in der Guillermo Prieto 1465 zwischen 5 de Mayo und Hidalgo, ✆ 612/125-2366, 🖳 www.ferrysematur.com.mx, ⏲ Mo–Fr 7–13 und 16–18, Sa und So 8–13 Uhr; die Karten sollten so rechtzeitig wie möglich im Voraus gekauft werden, denn die Kajüten und Autoplätze sind oft schnell ausgebucht. Die Mittwochsfähre hat nur Salón. Reiseschecks und Kreditkarten *(VISA* und *Mastercard)* werden akzeptiert. Reservierungen außerdem bei *Sematur* im Terminal Pichilingue, ✆ 612/122-5005, und einigen Reisebüros der Stadt.

TMC (eine kleinere, auf Frachtgut konzentrierte Fährlinie, die jedoch auch einzelne Passagiere mitnimmt): Abfahrt nach MAZATLÁN (18 Std.) jeden 2. Tag um 17 Uhr.
Baja Ferries: Abfahrt über das Mar de Cortés nach TOPOLOBAMPO (5 Std.; dem Zielhafen für Los Mochis) Mi–Mo um 15 Uhr, Morelos 720, ✆ 612/125-7443, 🖳 www.bajaferries.com. Der Fahrpreis nach Topolobampo kostet ab US$23 für den Salón, US$69 in der Kabine und US$180 für ein kleines Auto; die Tickets können mit Kreditkarte bezahlt werden.
Für nächtliche Überfahrten ist die Ausgabe für eine Cabina (Kajüte für zwei Personen mit Dusche/WC) oder Turista-Kajüte (mit Waschbecken und Gemeinschaftsdusche) eine Überlegung wert, denn *Salón*-Passagiere müssen die Nacht in einem Liegesessel eingepfercht zwischen vielen Leuten, Gepäckstücken und am Boden liegenden Kindern verbringen, auch die sanitären Anlagen sind dem Ansturm der Passagiere kaum gewachsen. Eine Kajüte der *Turista*-Klasse ist zwar eng, aber angenehmer und das Gepäck ist sicher untergebracht. Tagsüber reicht der Salón aber durchaus.
Erprobte Traveller ziehen zum **Übernachten das Deck** vor. Gepäck kann für NP10 sicher in einem Schließfach deponiert werden.
Auf der Fähre gibt es eine preiswerte Cafeteria, ein teures Restaurant, eine Disco und einen kleinen Laden. Toilettenpapier, Handtuch und Seife vorsichtshalber mitbringen. Laut Hinweisschild ist das Verzehren von Lebensmitteln an Bord nicht gestattet, was getrost ignoriert werden kann. Proviant bekommt man an den Docks bei den Loncheros, die Quesadillas, Burritos und Getränke verkaufen.

Wer Turista oder Cabina gebucht hat, erspart sich lange **Wartezeiten**, denn die Plätze und Kabinen sind nummeriert. Für den Salón ist die Warteschlange dagegen schon beim Ticketkauf lang. Die obligatorische **Zollkontrolle** verläuft unproblematisch. Bei der Ankunft auf dem Festland den Pass und die **Touristenkarte** bereithalten. Fußgänger dürften wenig Probleme haben, einen Platz auf der Fähre zu bekommen. Wenn man mit dem **Auto** übersetzen möchte, sollte man sich so früh wie möglich darum kümmern.

Die Umgebung von La Paz

Die Bucht rund um La Paz ist von **Stränden** gesäumt. Am einfachsten zu erreichen sind die Strände südlich der Stadt, denn sie werden von dem Bus angefahren, der über die Obregón zum Fähranleger in Pichilingue fährt.

Die nettesten der südlichen Strände sind wohl **Playa del Tesoro**, kurz vor Pichilingue, und **Playa Pichilingue**, unweit des Fährhafens. Beide Strände sind mit einfachen Einrichtungen ausgestattet, u.a. mit einem Restaurant. Der beste ist jedoch **Playa de Balandra**, eigentlich eine Reihe von Stränden rings um eine Salzwasserlagune mit acht seichten Buchten, in denen das Wasser oft nur hüfttief ist. Am Malecón fährt dreimal am Tag ein Bus ab, der an diesen Stränden vorbeikommt; der erste um 10 Uhr, der letzte zurück um 17 Uhr. Die Fahrt kostet US$3.

An den Playas kann man angeln, tauchen oder an einer Bootsfahrt teilnehmen. Letztere werden an der Malecón angeboten – beliebte Ziele sind die **Isla Espíritu Santo** und die Seelöwenkolonie von **Los Islotes**.

Todos Santos

Südlich von La Paz teilt sich die Carretera: die neue Straße führt zum Pazifik und läuft an der Westküste entlang bis Cabo San Lucas, die alte windet sich durch die Berge und streift nur kurz das Mar de Cortés, bevor sie den Weg nach San José del Cabo nimmt. Auf halber Strecke (auf dem Wendekreis des Krebses) liegt Todos Santos.

Seit seiner Gründung im Jahr 1723 als Jesuitenmission hat Todos Santos eine wechselhafte Geschichte zu verzeichnen. Die anfänglich blühende Bauerngemeinde wurde im 18. Jh. von Aufständen der Indígenas und aus Europa eingeschleppten Krankheiten heimgesucht und verfiel. Der Ort erlebte dann einen Aufstieg als wichtiges Zuckerrohranbaugebiet sowie den anschließenden Niedergang. Der Bau der Carretera Uno in den 70er Jahren brachte eine Welle von Surfern auf der Suche nach dem ultimativen Surf, in den 80ern gefolgt von Künstlern und Kunstgewerblern – und viele dieser Gäste blieben. Als schließlich auch die Carretera 19 fertig gestellt war, ließ sich die Stadt von La Paz und Los Cabos her leichter erreichen, und jetzt ist Todos Santos einer der besten **Surforte** in Baja California.

An der Küste bieten sich auch herrliche Möglichkeiten zum **Wale beobachten**: Wer sich in den Wintermonaten an einem der Strände niederlässt, bekommt mit ziemlicher Sicherheit mehrere dieser überwältigenden Kreaturen zu Gesicht.

Heute beherbergt die Stadt mit ihrer angenehm lockeren und gemächlichen Atmosphäre eine aktive Künstlergemeinde, und jedes Jahr im Februar findet ein gut besuchtes, einwöchiges **Kunstfestival** statt. Besucher können sich in zahlreichen Galerien umschauen, zudem werden **Workshops** angeboten. Das Angebot reicht von Malerei über kreatives Schreiben bis zu Improvisationstheater. Näheres ist dem Magazin *El Calendario* oder der Broschüre *El Tecolote Libros* zu entnehmen, die es in der Buchhandlung an der Juárez, Höhe Hidalgo, gibt.

Punta Lobos und **San Pedrito** sind nur zwei von mehreren Stränden zwischen Todos Santos und Cabo San Lucas. Die ersten liegen nur eine halbe Stunde zu Fuß von der Stadt entfernt. Einige Querstraßen westlich der Innenstadt beginnt eine nicht asphaltierte Straße, die zum Südrand von Punta Lobos führt; sie ist mit einem Schild, auf dem „Aviso official" steht, markiert. Von hier aus nach Süden finden sich auf einer Länge von 10 km die übrigen Strände: **San Pedro** (auch **Las Palmas** genannt) liegt hinter **Punta Lobos** und ist hervorragend zum Schwimmen geeignet, ebenso **Los Cerritos**, 12 km weiter südlich (50 m hinter dem KM 64). Nur diese beiden Strände sind für Schwimmer sicher, an den anderen herrschen gefährliche Unterströmungen und heftiger Wellengang.

Übernachtung

Cabañas Quiñones, 3 km vom Zócalo, ✆ 612/126-5113, den Wegweisern von der Juárez und

Topete folgen. Eine Hand voll kleiner Gästehütten mit winzigen Küchen, jedoch großen Schlafzimmern, Bad und Patio mit Meerblick. ❹

Hacienda Inn Todos Santos, an einer ungeteerten Straße nördlich der Stadt ausgeschildert, 💻 www.haciendainntodossantos.com, ✆ 612/145-0073, ist eine kleine, üppig begrünte Oase mit Pool und maurischen Kuppeln. Die Zimmer sind fast luxuriös ausgestattet: TV, ac, Kamin, manche mit Küche und manche mit Meerblick. Restaurant und Wäscheservice. Ohne eigenes Fahrzeug ist es ein bisschen weit von der Stadt weg. ❻

Hotel California, Morelos, drei Blocks westlich des großen Highway, ✆ 612/145-0525, ✉ hotelcaliforniareservations@hotmail.com. Selbst wenn man nicht auf den Spuren der lohnt die Ausgabe für eine Übernachtung in dieser wundervollen Unterkunft. Die neuen Besitzer haben das Gebäude liebevoll renoviert, mit „multikulturellen" Zimmern, die einen Stilmix aus mexikanischen und maurischen Elementen aufweisen. Pool, Meerblick. ❾

Hotel Miramar, Pedrajo, Ecke Verduzco, ✆ 612/825-0321, drei Querstraßen westlich der Hauptstraße. Einfache Zimmer, manche mit Meerblick, ein kurzes Stück zu Fuß vom Strand, etwas weiter vom Stadtkern entfernt. Wäscheservice und Pool. ❹

Motel Guluarte, Juárez, Höhe Morelos, ✆ 612/825-0006. Immer noch eine der billigsten Unterkünfte in der Stadt; 15 Zimmer mit Kühlschrank und Ventilator, manche mit ac und TV. Kleiner Pool und Parkplatz; neben einem netten kleinen Markt gelegen. ❸

Todos Santos Inn, an der Legaspi, zwischen Topete und Obregón, ✆ 612/145-0040, 💻 www.mexonline.com/todossantosinn.htm. Vier geschmackvoll eingerichtete Zimmer, herrlicher Patio, US-Manager; mitten in der Stadt gelegen und die beste teure Unterkunft im Zentrum. Reservierung empfohlen. ❼

Way of Nature, den Wegweisern von der Farmacia Guadalupe an der Juárez folgen, ✆ 612/126-6060, 💻 www.wayofnature.com. Ruhige Unterkunft mit Frühstück und Meditationszentrum zwischen Palmen am westlichen Stadtrand, 5 Gehminuten vom Strand. Unterbringung in Palapa-ähnlichen Hütten oder Hotel-ähnlichen Zimmern, auch Camping möglich. Tai Chi, Yoga und Massagen werden angeboten, außerdem Verleih von Surf- und Boogiebrettern. In den Zimmern ist weder Alkohol noch Nikotin erlaubt. ❹

Essen

Die Straßenstände befinden sich überwiegend an der Colegio Militar in der Umgebung des Busbahnhofs. An der Verkehrsampel einen Block weiter gibt es ein paar ordentliche Restaurants.

Caffé Todos Santos, Tapete, Ecke Centenario 33, ✆ 612/145-0340, drei Querstraßen nördlich und zwei westlich vom Busbahnhof. Das von hiesigen Künstlern gestaltete Expat-Café serviert gutes Frühstück und ausgezeichnete Mittags- und Abendgerichte, der Service kann langsam sein.

La Coronela, im *Hotel California.* Gute mexikanische Küche mit ländlichem Touch; Extra-Speisekarte nur für Tapas. Der Laden nebenan verkauft alles von lokalem Kunsthandwerk bis zu afghanischen Teppichen.

Lonchería Carla, Hidalgo, an der Straße in die Stadt. Open-air Café mit leckeren Quesadillas und Burritos für US$1 das Stück.

Mariscos Mi Costa, Colegio Militar, Höhe Ocampo, serviert hervorragendes Seafood in legerer Atmosphäre, außerdem ordentliche Tacos. Tipp: *sopa de mariscos* oder *ceviche de camarones.*

Santa Fe, auf dem Zócalo an der Centenario, eine Institution in Todos Santos, bietet hervorragende, aber kostspielige italienische Küche und ist besonders für seine hausgemachte Pasta bekannt. Untergebracht in ehemaliger Hacienda mit schönem Garten. 🕓 Mi–Mo.

Shut-up Frank's, südlich der Pemex-Tankstelle am Highway Richtung Cabo. Die einzige Sportsbar am Ort; hat natürlich leckere Hamburger und auch ein paar traditionelle mexikanische Gerichte auf der Speisekarte.

Tacos Chilakos, Juárez, Ecke Hidalgo. Gilt als eines der besten Taco-Lokale in ganz Baja.

Sonstiges

BÜCHER – ***El Tecolote,*** Hidalgo, Ecke Juárez, gute Auswahl an neuen und Secondhand-Büchern.

TOUREN – Manchmal werden aufschlussreiche Stadtführungen zur Lokalgeschichte geboten. Aktuelle Termine sind auf Plakaten überall in der Stadt zu finden. Am hartnäckigsten hält sich übrigens das Märchen, dass das hiesige *Hotel California,* das erst kürzlich wieder eröffnet wurde, die Eagles zu ihrem gleichnamigen Song inspiriert habe.

Transport

Der Bus nach CABO SAN LUCAS 8x tgl. (1 Std.) hält an der Calle Colegio Militar, Ecke Zaragoza.

Die Kapregion

Los Cabos, eine Reihe von Kaps und Stränden, 200 km von La Paz entfernt am Südzipfel der Halbinsel, ist eine der sich am schnellsten entwickelnden Touristengegenden Mexikos – sie wird vom Staat kräftig gefördert, und die großen Hotelketten und Baufirmen haben Hochkonjunktur. Die Umgebung ist bezaubernd schön und beheimatet die meisten der Luxusferienanlagen, Golfplätze und Traumstrände, die auf den Ansichtskarten abgebildet sind. Auf Reisende mit schmaler Börse ist man hier jedoch kaum eingerichtet.

Bislang sind die meisten Küstenorte zwischen La Paz und San José ohne Geländewagen kaum zugänglich, doch der Staat möchte die touristische Entwicklung bis zum **Ostkap** vorantreiben, und in den nächsten Jahren sollen zwei neue Straßen gebaut werden. Damit wird dann eine Strecke von mehr als 100 km mit unberührten Stränden und kleinen Fischerdörfern erschlossen; ob zu ihrem Schaden oder Nutzen, sei dahingestellt. Die Strecke von La Paz nach Cabo San Lucas über San José del Cabo bietet ein eindrucksvolles Panorama, tolle Aussichten und halbverlassene Bergarbeiterdörfer wie **Santiago**. Ein besonderes Erlebnis ist die Besteigung der **Sierra de la Laguna** in der Mitte der Südspitze von Baja, zu der man nur mit einem Auto gelangt: von La Paz kommend biegt man gleich hinter Todos Santos links auf eine Piste ab, der Weg hält immer auf die Berge zu und wird nach vielen Abzweigungen immer schlechter. Die Besteigung ist ein Tagesausflug, sollte aber nur in Begleitung unternommen werden (Schlangengefahr).

Cabo San Lucas

Die Bucht von **Cabo San Lucas** an der Südspitze von Baja war früher einmal ein echtes Piratennest: Hier lauerten die Freibeuter den Schiffen der spanischen Silberflotte auf. Noch vor 30, 40 Jahren wurde das damalige verschlafene Fischerdörfchen nur von gut betuchten Hobbyfischern besucht, die das notwendige Kleingeld besaßen, um per Segeljacht oder Privatflugzeug herzukommen. Doch bald hatte sich herumgesprochen, dass man hier zentnerschwere Marline fangen konnte, und heute drängen sich in der Bucht die todschicken, mit Radar und allem Luxus ausgestatteten Jachten der Hochseeangler.

Mit seinen tollen Sandstränden und dem faszinierenden maritimen Leben könnte es einer der attraktivsten Orte der ganzen Halbinsel sein. Aber gerade weil ein so schönes Fleckchen Erde ist, reiht sich am feinen weißen Sandstrand zwischen Cabo San Lucas und San Jose del Cabo ein Luxushotel an das andere. Für Normalbürger unerschwingliche Ferienwohnanlagen wurden hochgezogen, Palmen herbeigeschafft und Golfplätze angelegt, und im einst ruhigen Städtchen bieten teure Lokale Unterhaltung im pseudo-mexikanischen Stil. Und natürlich wimmelt es nur so von Souvenirgeschäften. Weiter landeinwärts, zwischen der Avenida Niños Héroes und 20 de Noviembre, gibt es aber auch einen kleinen, ruhigen **Zócalo**.

Lohnend ist ein Bootsausflug zum Felsentor **El Arco** bei **Finistierra** – „dem Ende der Welt", wo sich das Mar de Cortés und der Pazifik treffen. Die Trennlinie zwischen seichtem, türkisfarbenem Wasser auf der linken und tiefblauem auf der rechten Seite ist deutlich zu erkennen. Seelöwen leben auf den umliegenden Felsen. El Arco ist nur auf dem Wasserweg zu erreichen. Die meisten der Bootsfahrten von der Marina aus schließen auch einen Badeaufenthalt an einem der kleinen Strände ein, in der Regel an der **Playa del Amor**, deren Sandstrände an beiden Meeren liegen. Ein Ausflug zur Playa del Amor per Wassertaxi kostet (nach Preisringen) ca. US$7.

Am Bootshafen, in den nahe gelegenen Straßen und an der **Playa Médano**, dem der Stadt am nächsten gelegenen, für Schwimmer sicheren Badestrand, kann man sich vor Schleppern kaum retten, die Glasbodenbootsfahrten, Hochseefischen, Wasserskitrips, Paragliding oder Bungee Jumping an-

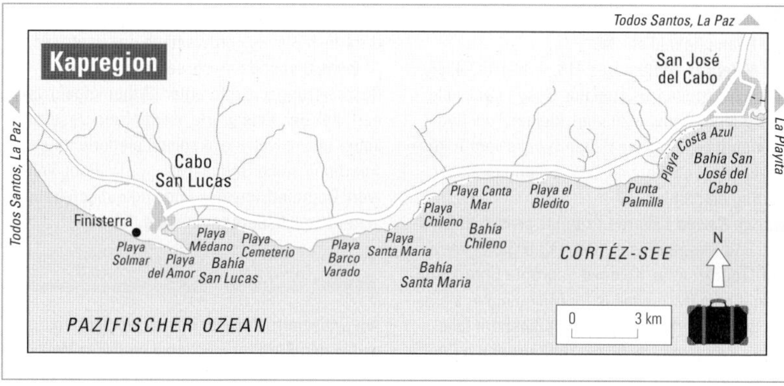

preisen und jede nur erdenkliche Sportausrüstung zu verleihen haben. Die Konkurrenz ist hart, daher sollte man sich ein bisschen Zeit nehmen und die Angebote vergleichen. Tauchen und Schnorcheln sind wahrscheinlich die lohnendsten dieser Aktivitäten, aber die besten Stellen (auf dem Meer Richtung Finisterra) lassen sich nur per Boot erreichen. Eine andere Möglichkeit besteht darin, Schnorchel und Flossen an der Marina auszuleihen (US$7), ein Wassertaxi nach Playa del Amor zu nehmen und zurück zum **Pelican Rock** zu schwimmen, in dessen Unterwasserhöhle Schwärme von Tropenfischen herumschwimmen. Erfahrene Taucher sollten sich einen Tauchgang in einer Meeresschlucht vor der Playa del Amor nicht entgehen lassen, von wo aus, bedingt durch ungewöhnliche Natureinflüsse, in einer Tiefe von 30 m „Sandfälle" stattfinden: Ganze Ströme von Sand fallen von hier aus 2000 m tief hinab zum Boden der Schlucht.

Übernachtung

Derzeit stehen über 3500 Gästezimmer zur Verfügung. Für die Zukunft wird eine Zahl von 10 000 angepeilt, wodurch Cabo San Lucas ein florierender Urlaubsort werden soll wie Mazatlán oder Acapulco.

Mit einem kleineren Budget lassen sich die Strände um Cabo San Lucas genießen, indem man in San José (s.S. 148) übernachtet und mit dem Bus einen Tagesausflug nach San Lucas macht. Außerhalb der Saison, d.h. Mai–Okt, bieten die schicken Strandhotels z.T. erhebliche Preisnachlässe. Abgesehen von den Luxushotels am Strand akzeptieren die meisten Hotels nur *Amex*-Kreditkarten.

Campingmöglichkeiten gibt es z.B. auf den RV-Plätzen: ***Vagabondos del Mar***, ✆ 624/143-0290, 3 km östlich; ***Club Cabo***, ✆ 624/143-3348, 💻 www.mexonline.com/clubcabo.htm, 4 km auf einer unbefestigten Straße nach Osten. Verfügt auch über ein Hotel ❹ sowie einen Pool; und ***Faro Viejo***, Abasolo, Ecke Mijares, im Ort. Alle verlangen US$10–12 p.P.

Cabo Inn, 20 de Noviembre, Ecke Leona Vicario, ✆ 624/143-0819, 💻 www.allaboutcabo.com/caboinn.htm. Kleine, ruhige Zimmer mit lokalem Flair, nur zwei Querstraßen von der Marina – war übrigens mal ein Bordell, gilt jedoch inzwischen als Traveller-Treff für „Eingeweihte". Alle Zimmer mit ac, kleiner Pool, Sonnendeck und kostenlos Kaffee für Hausgäste. ❻

Calinda, KM 4,5 an der Straße nach San José, ✆ 624/145-8044, 💻 www.hotelscalinda.com.mx. Wer direkt am Meer unterkommen, aber die exorbitanten Preise der meisten anderen Etablissements umgehen möchte, ist in diesem generalüberholten, etwas vom lautstarken Strandleben entfernten, altbewährten Hotel richtig. ❽

Dos Mares, nördlich der Zapata und östlich der Hidalgo, ✆ 624/143-0330, gute Lage direkt am Jachthafen und nahe am Geschehen, Zimmer mit TV, manche mit Küchenzeile. Restaurant im Patio. Winziger Pool. ❺

Las Margaritas, Plaza Aramburo 7, ✆ 624/143-6770, ✉ margaritas@real-turismo.com. Mitten in

Cabo, hat hübsche, geräumige Zimmer mit ac, TV und Kochmöglichkeit. ❼

Los Milagros, Matamoros 116, 📞 624/143-4566, 💻 www.losmilagros.com.mx. Geschmackvolle, Apartment-ähnliche Zimmer, kleiner Pool und Sonnendeck; ein paar Häuserblocks vom Touristenrummel entfernt und sehr einladend. Reservierung empfohlen. ❻

Mar de Cortés, Lázaro Cárdenas zwischen Guerrero und Matamoros, 📞 624/143-0032, 💻 www.mardecortez.com. Kolonial geprägte Unterkunft in schönem Garten mit einer Mischung aus älteren und moderneren, größeren Zimmern (alle mit ac, einige mit Terrasse) rund um einen Pool. Gutes Restaurant. ❻

María Elena, Matamoros, nahe Cárdenas y Niños Héroes, 📞 624/143-3296. Einfaches Hotel in der weniger touristischen Gegend zwischen Busbahnhof und Stadtkern. Nichts besonderes, aber recht saubere Zimmer und direkt neben einem Waschsalon gelegen. ❺

Marina, Marina, Höhe Guerrero, 📞 624/143-0030, ✉ ostmc@prodigy.net.mx. Direkt gegenüber dem Jachthafen; kleine Zimmer, Pool, manchmal etwas laut, aber ansonsten in Ordnung. ❻

Oasis de los Cabos, an der Straße nach Todos Santos, neben dem Busbahnhof, 📞 624/143-2098. Neues Haus mit Pool und sauberen Zimmern, praktisch bei später Ankunft mit dem Bus. ❺

Posada San Antonio, Morelos, Ecke Obregón, 📞 624/143-7353. Altes Budget-Hotel ein paar Blocks von der Touristenmeile entfernt mit düsteren, sehr schlichten Zimmern. ❸

Siesta Suites Hotel, Zapata, zwischen Hidalgo und Guerrero, zwei Querstraßen von der Plaza Las Glorias entfernt, 📞 624/143-2773, 💻 www.loscabosguide.com/siestasui.htm. US-Management; saubere Miniapartments mit TV, ac und kostenlosen Ortsgesprächen, ganz in der Nähe des Jachthafens. ❺

Solmar Suites, Playa Solmar, 1 km westlich Richtung Finisterra, 📞 624/143-3535, 💻 www.solmar.com. Luxuriöses Resort am Meer mit u.a. zwei beheizten Pools, Jacuzzi, Fitnesszentrum, Tennisplätzen mit Flutlicht und abendlicher *mariachi*-Unterhaltung. Einige der Zimmer haben einen traumhaften Meerblick. Außerhalb der Saison gibt es 3 Übernachtungen inkl. VP für nur US$160. ❼

The Bungalows Breakfast Inn, an der Calle Dorado, 5 Blocks nordwestlich des Zentrums, 💻 www.thebungalowsbreakfastinn.com. Reservierung und Info unter ✉ thebungalows@earthlink.net. Eine grüne, nikotinfreie Oase mit liebe- und stilvoll mexikanisch eingerichteten Apartments und Bungalows, ac, TV, Pool, Vollwert-Gourmetfrühstück und unglaublich freundlicher und hilfsbereiter Leitung. ❼

Essen

Am preiswertesten isst man in der Morelos und in den Straßen möglichst weit vom Wasser entfernt. Die Touristenlokale liegen in der Gegend der Marina und entlang der Hidalgo. Abends wetteifern sie mit Happy-hours (meist 18–20 Uhr) und ausgefallenen Cocktails um die Gunst zechfreudiger Gäste. An der Plaza Bonita (Centro Comercial), Lézaro Cérdenas, Ecke Blv Marina, stehen unweit voneinander das *Hard Rock Café, Planet Hollywood* und *Burger King.*

Billygan's Island, Playa Médano. Eines der drei vorhandenen Strandrestaurants mit Bar, in dem zu jeder Tageszeit tropische Drinks gekippt werden. Frühstück, Mittag- und Abendessen direkt auf dem Strand. 🕒 9–23 Uhr, Happy-hour.

Cabo Wabo, Guerrero zwischen Lázaro Cárdenas und Madero. Der Rockmusiker Sammy Hagar ist der Besitzer dieses lauten und lebhaften Clubs. Meist hohe Eintrittsgebühren, aber ein guter Ort für Live-Musik – vielleicht erlebt man Sammy höchstpersönlich auf der Bühne.

Francisco's Café del Mundo, an der Marina, hat den besten Kaffee der Stadt. Kuchen, amerikanische Tageszeitungen, Blick auf den Hafen.

Giggling Marlin, Matamoros, gleich hinter Blv. Marina, ist einer der Lieblingstummelplätze älterer Touristen. Ein Ort für Drinks und lateinamerikanische Tänze.

Mariscos Mocambo, Morelos, Ecke Revolución. Einfaches Seafood-Restaurant unter einer riesigen Palapa, ein Favorit der Einheimischen sowie der mexikanischen Touristen; hier essen sogar die Fischer von Cabo. Es gibt eine Reihe leckerer regionaler Spezialitäten, z.B. gegrillten Red Snapper.

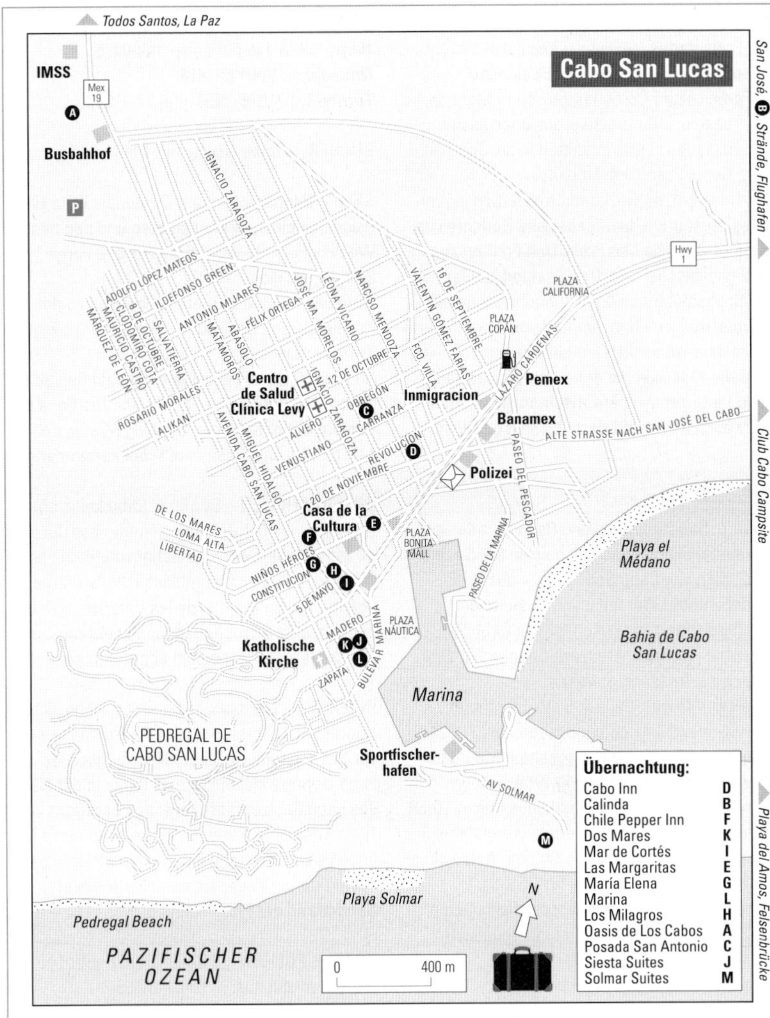

Mi Casa, Av. Cabo San Lucas, am Zócalo, vielleicht das stilvollste und authentischste mexikanische Restaurant von Cabo, serviert garantiert handgemachte Tortillas.

Oye Como Va, Guerrero, Ecke Zapata. Neues mexikanisches Esslokal an der Straße, bietet hervorragende, billige Tortas und Tacos, außerdem Frühstück und Comida corrida.

The Office, Playa Médano. Restaurant und Bar, bietet ebenso wie seine Nachbarn *Billygan's Island* und *Pirata Cavendish* Rock-Klassiker und Happy Hours und ist für seine wilden Parties bekannt. Das teure Essen ist nicht jedermanns Geschmack, aber die Auswahl an Seafood ist groß.

Restaurant Orale, Zaragoza, Ecke 16 de Setiembre. Preiswertes mexikanisches Lokal. Hervorragendes Essen, freundliche Bedienung.
La Perla, Lázaro Cárdenas zwischen Matamoros und Abasolo. Sehr preiswertes, überraschend untouristisches Esslokal mitten in der Touristenzone. Gutes Essen und Licuados.
Kaz, Guerrero, nahe Matamoros, teures japanisches Restaurant, bietet aber alle Gerichte von 16–18 Uhr zum halben Preis. Dann gehen auch die Einheimischen hin. Das Seafood ist hier natürlich absolut frisch und schmeckt traumhaft.
El Squid Roe, direkt gegenüber vom Jachthafen. In den amerikanischen Frühjahrsferien sollte dieser Cabo-Klassiker die erste Anlaufstelle sein: wilde Party-Atmosphäre; Tischtanz wird erlaubt, wenn auch nicht gefördert. Bis spät geöffnet.

Aktivitäten

Socorro, San Benedicto und Roca Partida sind drei der Revillagigedos-Felseniseln 300 Seemeilen südlich von Cabo San Lucas – *das* Großfischabenteuer. Nur mit einer 24-stündigen Tauchkreuzfahrt zu erreichen. Von Cabo San Lucas mit den Tauchkreuzern *Copper Sky, Don José, Baja Treasure, Solmar V.*
Land's End Divers, Calle A-5 am Jachthafen, 💻 www.mexonline.com/landsend.htm, ☎ 624/143-2200, bietet billige Pauschaltauchtouren.
Cabo Expeditions, ☎ 624/143-2700, 💻 www.allaboutcabo.com/caboexpeditions.htm im Hotel *Plaza Las Glorias* an der Marina, veranstaltet 3-stündige umweltfreundliche Schnorchelausflüge zu verschiedenen Stränden für US$35 p.P.
Pisces Fleet, 💻 www.piscessportfishing.com, ☎ 624/143-1288, am Bootshafen, organisiert Marlin-Angeltrips für US$60–100 p.P.
Solmar Fleet, im Hotel *Solmar Suites,* ☎ 624/143-3535, gleichermaßen etabliert, Hochseeangeltouren zu ähnlichen Preisen.
Rancho Collins, ☎ 624/143-3652, nahe Playa Médano, östlich von *Billygan's Island,* verleiht Reitpferde für ca. US$35 pro Std.

Sonstiges

AUTOVERMIETUNGEN – ***Avis,*** ☎ 624/143-4606 oder 146-0201,
Budget, ☎ 624/143-4190 oder 143-1522,
Hertz, ☎ 624/146-5088 oder 142-0375,
National, ☎ 624/143-1414,
Thrifty, ☎ 624/146-5030 oder 143-1666.

BÜCHER – ***Libros Libros,*** Blv. Marina 20.

GELD – ***Bancomer,*** Lázaro Cárdenas, Ecke Hidalgo, hat einen Geldautomaten und den besten Wechselkurs. Reiseschecks werden von 8.30–12 Uhr eingetauscht.
Banamex, Lázaro Cárdenas, Ecke Paseo del Pescado, auch Bargeld (nur Pesos) auf gängige Kreditkarten gegen Komission.
Mehrere **Casas de Cambio** wechseln Reiseschecks und Bardollars bis 23 Uhr. Die **Casa de Cambio Calientes** (beim *Giggling Marlin,* s.S. 144) gibt Nuevos Pesos auf Kreditkarten heraus.

INFORMATIONEN – Es gibt in Cabo keine offizielle Touristeninformation, sondern nur Dutzende von Ständen, die Informationsmaterial und Pläne verteilen und hauptsächlich als Werbeagentur für ein kommerzielles Unternehmen dienen. Infos für Besucher können allerdings unter 💻 www.allaboutcabo.com abgerufen werden.

INTERNET – ***Cabomix,*** Matamoros, Höhe Niños Heroes, ist der preiswerteste Internetanbieter vor Ort. Telefonieren übers Netz möglich. Es gibt auch mehrere kleine Internet-Cafés in der Nähe des alten Busbahnhofs zwischen Zaragoza und 16 de Setiembre. Entlang der Touristenmeile befinden sich zahlreiche andere, aber kostspieligere Internet-Anbieter, darunter ***Internet Services*** an der Plaza Nautica.

NOTRUF, POLIZEI – ☎ 624/143-3997 oder 142-0361; Krankenhaus, ☎ 624/143-1594.

POST – Das Postamt befindet sich in der Lázaro Cárdenas östlich vom Bootshafen, 🕒 Mo–Fr 9–18, Sa 9–13 Uhr.

Nahverkehrsmittel

Zwischen den beiden Cabos verkehren zwischen 7 und 22 Uhr ungefähr stdl. weiße **Busse**, die man bei Bedarf einfach anhalten kann. Fahrtdauer

30 Min. Die Bushaltestelle befindet sich in der 16 de Setiembre, Ecke Zaragoza. Von der Hauptstraße zum Strand und zurück gelangt, wer in der Hitze nicht weit marschieren will, mit **Fahrradrikschas** für ca. NP25. Für eine **Taxifahrt** innerhalb des Ortes zahlt man die gleiche Summe.

Transport

BUSSE – Auch die Busse von und nach LA PAZ (die ungefähr stdl. zwischen 7 und 22 Uhr verkehren) halten an der Carretera, rund 2 km außerhalb der Stadt; in die Stadt gelangt man entweder nach einem 20-minütigen Fußmarsch oder mit einem Taxi für ca. US$3.
6x tgl. nach LA PAZ via San José del Cabo (3–4 Std.), 8x tgl. via TODOS SANTOS (1 Std.).

FLÜGE – Ein internationaler Flughafen, 5 km außerhalb von San José, verbindet die Cabos mit dem Rest der Welt. Flüge zum Festland sind ab hier etwas billiger als von La Paz.
Nach HOUSTON 2x tgl., MINNEAPOLIS 1x tgl., SALT LAKE CITY 1x tgl., SAN DIEGO mehrmals tgl., LOS ANGELES mehrmals tgl., SAN FRANCISCO 2x tgl., TIJUANA 2x tgl.

Die Strände am Kap

Über die Straße zwischen Cabo San Lucas und San José del Cabo sind zahlreiche wunderbare Strände erreichbar, viele sieht man von der Carretera aus. Da immer mehr Landschaft zugebaut wird, wird es für Fußgänger zunehmend schwieriger, zu den Stränden zu gelangen. Mit einem Auto kann man einfach so lange fahren, bis sich der einladendste Strand findet. Wer auf den Bus angewiesen ist und einen bestimmten Strand sucht, sollte sich vergewissern, dass der Bus auch wirklich dort hält. Achtung: Aufgrund heftiger Unterströmungen sind nicht alle Strände zum Schwimmen geeignet.

Die **Entfernungen sind von Cabo San Lucas aus** angegeben:
Solmar, 1 km westlich, Pazifikstrand mit heftiger Unterströmung, Walbeobachtungstouren von Jan–Apr.
Del Amor, zugänglich per Boot, der Strand grenzt an beide Meere. Ausgezeichnete Schnorchelbedingungen an der dem Jachthafen zugewandten Seite.
Médano, 1 km östlich. Stadtstrand von Cabo, Sand, Restaurants, Bars und jede Menge Wassersportzubehör zum Ausleihen. Kann ziemlich voll sein.
Cementerio, 4 km, vom Médano aus zu Fuß erreichbar, herrlicher Strand zum Schwimmen.
Barco Varado, 9 km, Strand mit den Überresten eines japanischen Trawlers, der 1966 hier unterging. Hauptanziehungspunkt für Taucher. Auch Riffe. Gute Surfbedingungen, jedoch schwer erreichbar (den ausgeschilderten Weg vom Highway nehmen, unterwegs auf die spitzen Steine achten).
De las Viudas, 11 km, bestens zum Schwimmen geeignet.
Santa María, 12 km, Scuba Diving und Schnorcheln in den Felsriffen an beiden Enden, ausgezeichnete Möglichkeiten zum Schwimmen. Leicht erreichbar, nicht weit von der Straße entfernt.
Punta Chileno, 14 km, hervorragend zum Schwimmen und Schnorcheln geeignet, meist kann man direkt am Strand Wassersportgeräte ausleihen. Der am leichtesten zugängliche Strand.
Canta Mar, 16 km, auch „surfing beach" genannt. Hin und wieder Superwellen.
Punta Palmilla, 27 km, sicherer Strand, den auch Hotelgäste von San José benutzen, die der starken Strömung in der Nähe ihrer Domizile entgehen wollen.
Costa Azul, 29 km, der beste Surfstrand der Region, aber bei Ebbe steinig.
La Playita, 2,5 km östlich von San José, erreichbar über eine unbefestigte Straße. Abgeschieden und sehr gut geeignet zum Angeln; Schwimmer sollten sich vor den zahlreichen Surfern in Acht nehmen.

Wer mit dem Flugzeug ankommt, nimmt ein Taxi nach San José und dort den Bus nach Cabo San Lucas. Man kann aber auch den den direkten Shuttlebus in die Stadt nehmen; der Shuttle zum Flughafen fährt am Hotel *Plaza las Glorias* an der Marina ab.
Flughafenauskunft unter ✆ 624/142-0341. Hier die Telefonnummern einiger der vertretenen **Fluglinien**: *Mexicana,* ✆ 624/143-5352, *Alaska,* ✆ 624/149-5800, *Aeroméxico,* ✆ 624/142-0397, *United,* ✆ 624/142-2880 und *Continental,* ✆ 624/142-3890.

BAJA CALIFORNIA

San José del Cabo

Der Ort (10 000 Einwohner) 33 km östlich von Cabo San Lucas ist das ältere der beiden großen Touristenzentren am Südzipfel der Halbinsel. Die 1730 als Missionsstation gegründete Stadt, die kaum noch Spuren der Vergangenheit aufweist, entwickelte sich zu einem Landwirtschaftszentrum und einer kleinen Hafenstadt. Dann kam der Touristenstrom. Die meisten der noch erhaltenen älteren Bauten datieren aus den 80er Jahren des 19. Jhs. und danach. Obwohl zunehmend von modernen Gebäuden umgeben, sind die alte **Plaza** und der **Paseo Mijares**, der jetzt zu einem modernen Hotelkomplex führt, noch relativ intakt. In der *Casa de la Cultura* gibt es ein kleines **Museum**. Die zahlreichen Geschäfte, Restaurants und schattigen Innenhöfe sind angenehm und die Esslokale bieten ein gutes Speisenangebot, allerdings gegen saftige Preise. Doch was die meisten Besucher anzieht, sind die vielfältige Meeresflora und -fauna, und die meisten Hotels können Touren, Guides und Ausrüstung zur Verfügung stellen. Ein Preisvergleich lohnt aber immer. Der Zócalo ist an der Kreuzung von Zaragoza und Mijares. In seiner Nachbarschaft befinden sich Banken und das Postamt.

Die schönen, kilometerlangen **Strände** liegen hinter dem Hotelgürtel. Der Fußmarsch über die Calle Mijares dorthin ist allerdings beachtlich. Rund 2 km weiter östlich befindet sich das weniger bekannte **Pueblo la Playa (La Playita)**, ein über 100 Jahre altes Fischerdorf, das jede Menge Möglichkeiten zum Sportfischen bietet, z.B. der Veranstalter *Gordo Banks Pangas,* ✆ 624/142-1147, 💻 www.gordobanks.com. Die Gewässer der hier gelegenen Gordo Banks beherbergen die größten Vorkommen der bei Sportanglern beliebtesten Fische von ganz Los Cabos. Im Flussdelta unmittelbar nordöstlich der Stadt nisten Hunderte Vögel, die man zu Fuß oder per Kajak beobachten kann. In der dritten Märzwoche findet alljährlich das **Stadtfest** statt.

Nördlich des Golfplatzes liegt an der Mijares ein botanischer Garten mit Museum, **Cacti Mundo**, ✆ 624/146-9191, wo ca. 11 000 verschiedene Pflanzen aus ganz Mexiko zu sehen sind. Eintritt US$6, Studenten und Senioren erhalten 50% Nachlass.

Übernachtung

Die Hotels innerhalb des Hotelgürtels am Strand sind i.A. teuer und meist ausgebucht. Außerhalb der Hochsaison kann man jedoch auch hier ein bezahlbares Zimmer finden. Dafür hat San José eine Reihe passabler Budgethotels, die billigsten liegen in der Umgebung des Zócalo.
Casa Natalia, Mijares 4, am Nordende des Zócalo, ✆ 624/142-5100, 💻 www.casanatalia.com, auffallendes Gebäude, das europäische und mexikanische Architekturelemente miteinander verbindet und ein preisgekröntes Hotel und Restaurant beherbergt. Jedes Zimmer ist mit mexikanischen Kunstwerken und Spa ausgestattet, eine Glastür führt zum Balkon; zum Service gehören Bademäntel und Tageszeitung. ❾
Encanto Inn, Morelos, nördlich des Zócalo, ✆ 624/142-0388, 💻 www.elencantoinn.com, liebenswertes spanisches Kolonialhotel mit Zimmern unterschiedlicher Preisklassen, darunter einige Suiten, um einen schattigen Patio. In der Nebensaison bis zu 50% Ermäßigung. ❼
Hotel Ceci, Zaragoza 22, ✆ 624/142-0051, nahe dem Zentrum und nicht gerade ruhig. Sehr einfache Zimmer mit Ventilator oder ac, diejenigen im Erdgeschoss sollten vermieden werden. ❸
Hotel Colli, Hidalgo, zwischen Zaragoza und Doblado, ✆ 624/142-0725, angenehme Unterkunft unter Familienführung; einfache Zimmer mit Ventilator. ❹
Hotel Diana, Zaragoza 30, ✆ 624/142-0490, karge, aber saubere Zimmer mit ac und TV. ❹
La Playita, ✆ 624/142-4166, ✉ laplayitahotel@prodigy.net.mx, 2 km südostlich der Innenstadt von San José, ist eine hübsche Unterkunft am Wasser abseits der Massen, ein 3-stöckiges Ho-

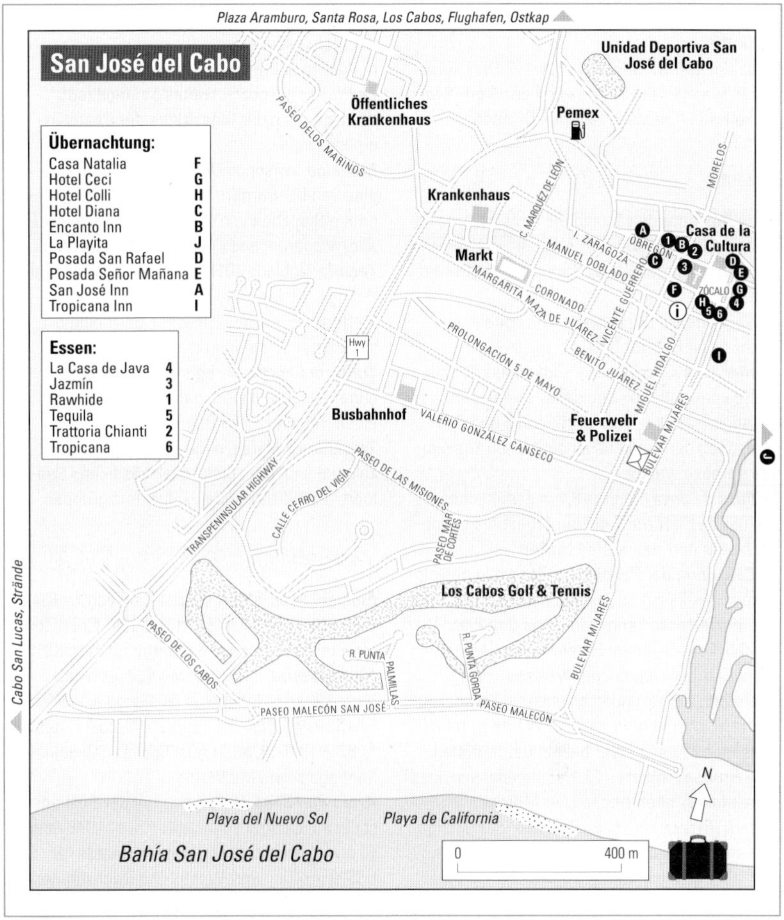

tel und Restaurant mit freundlichen, geräumigen Zimmern rings um einen kleinen Pool und Esstischen im Freien. Im Hotel werden Angelausflüge arrangiert und der Fang wird im Restaurant zubereitet. ❼

Posada San Rafael, Obregón, nördlich des Zócalo, ✆ 624/142-3878, Ist wesentlich besser als es von außen aussieht – die beste Wahl in dieser Preisklasse. Sehr saubere Zimmer und freundliches Personal. ❸

Posada Señor Mañana, an der Nordostecke des Zócalo, unmittelbar neben der Casa de la Cultura, ✆ 624/142-0462, 💻 www.srmanana.net, wird von einer freundlichen Schwedin geführt und bietet eine großzügige Umgebung mit Palmen sowie hübsche, saubere Zimmer mit/ohne ac. Pool und große Gemeinschaftsküche. ❺

San José Inn, Obregón, zw. Degollado und Guerrero, ✆ 624/142-2464, saubere, schlichte Zimmer, gutes Preis-Leistungs-Verhältnis. ❸

Tropicana, Mijales, nahe Zócalo, im Restaurant gleichen Namens, ✆ 624/142-2311, 💻 www.tropicanacabo.com, edle Unterkunft mit luxuriösen Zimmern und einem schönen Pool mit

Bar in einem großen Innenhof; Preis inkl. Frühstück. ❽

Brisa del Mar RV Resort, ✆ 624/142-3999, bei KM 29,5, am Strand südwestlich der Stadt, Möglichkeit zum – ziemlich teuren – Campen.

Essen

Teure Restaurants säumen die Calle Mijares im Zentrum; Restaurants mit „lokalen" Preisen sind am ehesten in den Calles Zaragoza und Obregón zu finden.

La Baguette, an der Ostseite des Zócalo, gute Kuchen und Brot für US$1; ⏲ tgl. 8–20 Uhr.

Cactus Jack's, drei Blocks südlich des Zócalo, große internationale Speisenauswahl, darunter günstiges mexikanisches Frühstück und Seafood, doch die meisten Einheimischen kommen des Karaoke wegen.

La Casa de Java, Mijares 8, ein gemütliches Lokal, das den ganzen Tag über Frühstück bietet; auch sehr nett zum Kaffee trinken.

La Cenaduria del Poncho, am Zócalo, gutes einheimisches Essen und angenehme Atmosphäre; von der Terrasse kann man prima den Platz überblicken. Zu jedem Essen wird ein kostenloses Bier oder eine *sopa tortilla* serviert.

La Dolce..., am Zócalo; italienische Standardküche, u.a. leckere Pizzas und Weine zu relativ günstigen Preisen. Sehr beliebt bei Touristen.

Don Emiliano, Mijares 27, traditionelle mexikanische Küche, jeden Abend Live-Musik.

French Riviera, zwischen Doblado und Hidalgo, unmittelbar hinter der Plaza, etwas unpersönlich, aber gut zum Kaffee trinken und eine Kleinigkeit essen (Crêpes für US$5).

Jazmin, Morelos, ein Block westlich des Zócalo, bietet das beste Preis-Leistungs-Verhältnis für traditionelles mexikanisches Essen in der Stadt, außerdem ausgezeichnetes Frühstück.

Mi Cocina, Mijares 4, in der *Casa Natalia*, legt mehr Wert auf Präsentation, d.h. kleine Portionen und erlesene Weine, doch das von Fackeln beleuchtete Ambiente ist fesselnd.

La Picazón, an der Gonzalez, ein kurzes Stück zu Fuß westlich der Carretera und der Bushaltestellen, serviert eine große Auswahl preisgünstiger mexikanischer Seafood-Spezialitäten und Antojitos unter freiem Himmel. Tipp: *Tacos del pulpo al mojo de ajo* – Tacos mit Tintenfisch in Knoblauchsauce.

In **Pueblo la Playa** am Strand bereitet das ***La Playita*** ausgezeichnetes Seafood (auf Wunsch auch die Tagesbeute der Gäste) in einer Palapa.

Rawhide, zwischen Obregón und Guerrero, ist eine von US-Bürgern betriebene *cantina*, in der neben Rippchen und Hamburgern auch *Buckshot Macaroni and Cheese* serviert werden.

Tequila, Doblado 1011, zwischen Mijares und Hidalgo, ist das erste Haus am Platz, mit gepfefferten Preisen, idyllischer Gartenatmosphäre, jedoch aufmerksamer Bedienung.

Trattoria Chianti, Obregón, Ecke Morelos, bietet ausgezeichnete italienische Küche in einem romantischen Patio.

Tropicana, Mijares, nahe Zócalo, beliebtes, kolonial angehauchtes Lokal; köstliches Seafood, oft Auftritte kubanischer Tanzgruppen.

Aktivitäten

Motosol Shop, Mijares, Ecke Canseco, ✆ 624/143-9310, 💻 www.atvsmotosol.com, Quad-Touren zum Strand und in die Berge für ca. US$50.

Lienzo Charro, neben *Motosol Shop*, bietet recht günstige Ausritte in die Berge an.

EcoTours de Baja, ✉ capeland@prodigy.net.mx, ✆ 624/143-0775, auch Ausflüge ins nah gelegene Santiago sowie Miraflores.

Aztec Surf Shop, 10 Fußmin. von der Bushaltestelle auf der Transpeninsular, ✆ 624/146-9898, 💻 www.aztecsurf.com, verleiht Boards für US$20 pro Tag (inkl. Wachs und Dachständer); außerdem Unterricht für US$45.

Bajawild, Obregón, Ecke Guerrero, ✆ 624/148-2222, 💻 www.bajawild.com, hat Kajaks und Schnorchelausrüstung im Verleih.

Sonstiges

AUTOVERMIETUNGEN –
Avis, ✆ 624/142-1180 oder 146-0201,
Hertz, ✆ 624/142-0375 oder 142-0375,
National, ✆ 624/142-2424,
Quick, ✆ 624/142-4600,
💻 www.quickrentacar.com,
Thrifty, ✆ 624/142-1671.

BÜCHER – ***Libros Libros,*** Mijares 41, verkauft auch englische Bücher und Zeitungen.

GELD – Geldautomaten und die besten Wechselkurse bieten ***Bancomer,*** Zaragoza und Morelos, ⌚ Mo–Fr 8.30–16, Sa 10–16 Uhr; und ***Banamex,*** Mijares und Coronado, ⌚ Mo–Fr 9–16, Sa 10–14 Uhr.

INFORMATIONEN – Die ***Touristeninformation,*** Mauricio Castro, Plaza San José, ✆ 624/142-3310, 💻 wwww.loscabos.gob.mx, liegt ziemlich weit außerhalb am Highway, bietet aber nützliche Infos über die gesamte Kapregion.

INTERNET / TELEFON – ***Espacio Internet,*** Doblado, fünf Blocks westlich der Plaza, gegenüber dem Kaufhaus *Coppola,* ⌚ tgl. 10–21 Uhr, US$3 pro Std.;
Trazzo Digial Internet, nahe Zócalo, ⌚ Mo–Fr 8–21, Sa 9–9 Uhr, teurer (US$4 pro Std.), aber wesentlich schnellere Verbindung und preislich akzeptable internationale Telefongespräche.

NOTRUF / POLIZEI – ✆ 624/143-3997 oder 142-0361; **Krankenhaus** ✆ 624/143-1594.

POST – an der Mijares in Richtung Hotelzone, ⌚ Mo–Fr 9–18 Uhr.

Transport

BUSSE – Der Busbahnhof **Águila,** ✆ 624/142-1100, liegt ungefähr 15 Gehminuten außerhalb des Stadtkerns. Will man zu Fuß ins Zentrum, geht man nach links die Gonzalez entlang, dann nach ca. 1 km links in die Mijares und weiter bis zum Zócalo – an den Kirchtürmen zu erkennen. Stdl. Busse nach LORETO (6 Std., US$33) via CABO SAN LUCAS (30 Min., US$2) und LA PAZ (3 Std., US$12). Es gibt auch eine Verbindung nach TIJUANA (24 Std., US$105).

FLÜGE – *Alaska, American, Mexicana, Aero California* und *Aeroméxico* bedienen den Flughafen von San José, 11 km nördlich der Stadt, und fliegen verschiedene mexikanische und US-amerikanische Westküstenstädte sowie einige wenige Ostküstenstädte an. Auskunft im Flughafen unter ✆ 624/142-0341. In die Stadt gelangt man entweder mit Shuttle-Vans (US$10) oder mit Taxis für US$14–16. Die dritte, am wenigsten zu empfehlende Möglichkeit besteht darin, die 2,5 km bis zur Carretera zu marschieren und einen der zahlreichen Nahverkehrsbusse in die Stadt zu nehmen.
Am Flughafen unter keinen Umständen Geld tauschen, da die dortigen Wechselkurse zu den schlechtesten in ganz Mexiko gehören; besser man zieht Geld an einem der Automaten in der Stadt.
Fluggesellschaften: ***Aeromexico,*** ✆ 624/ 142-0397; ***Alaska,*** ✆ 624/ 149-5800; ***Continental,*** ✆ 624/142-3890; ***Mexicana,*** ✆ 624/ 143-5352; ***United,*** ✆ 624/142-2880.

Das Ostkap

Das Ostkap, rund 120 km südlich von La Paz und 40 km nordöstlich von Cabo San Lucas gelegen, umfasst Punta Pescadero, Los Barriles, Buena Vista, La Rivera, Cabo Pulmo und Los Frailes. Die größte und am leichtesten erreichbare Ferienanlage ist *Los Barriles,* ein Angler- und Windsurfer-Treff. Im Winter eignet sich die steife Brise nur für fortgeschrittene Surfer! Daher finden hier auch internationale Wettkämpfe statt. Das begehrteste Tauchziel ist **Cabo Pulmo**, ein gewaltiges Korallenriff, das von San José del Cabo her am besten zu erreichen ist.

Die Hotels sind teuer und sollten während der Hochsaison im Januar und Februar im Voraus gebucht werden, aber man kann auf einem der nahe gelegen Wohnwagenplätze oder am Strand zelten. Weder Angeln noch Windsurfen vor Ort problemlos arrangieren, und fast nirgendwo ist ein preiswertes Hotelzimmer zu haben.

Hotel Palmas de Cortés, ✆ 624/141-0050, 💻 www.bajaresorts.com/palmas.htm, ist die etablierteste und größte Urlauberanlage und arrangiert Aktivitäten und Ausflüge. Im Übernachtungspreis sind drei Mahlzeiten inbegriffen; das Hotel bietet auch preiswerte Pauschalpreise für Gruppenreisende ❽. Einen Block entfernt kann man bei *Tío Pablo's,* einem von Amerikanern betriebenen Restaurant mit umfangreicher Speisekarte, zwischen köstlichen Hamburgern, Fisch und Salaten wählen.

Der Nordwesten

Highlights

- Ein Abstecher ins Pinacate Biosphärenreservat bei **Puerto Peñasco**. Das 50 km breite Vulkanfeld mit riesigen Kratern besticht durch seine Kargheit und beheimatet ein vielfältiges Tierleben.

- Sonnenuntergang in **Guaymas**. Hinter den schroffen Bergen bietet die Sonne ihr allabendliches farbenprächtiges Schauspiel.

- Die *Casa La Aduana* in **Alamos**. Hier kann man ein Essen genießen, das bei Kennern als das beste Nord-Mexikos gilt.

- Die herrlichen Strände **Mazatláns**. Ein fauler Tag am Strand lässt sich am besten bei den atemberaubenden Vorführungen der Felsenspringer von Mazatlán abrunden.

- Bootstouren in **San Blas**. Zur Wahl stehen Dschungelbootsfahrten, ein Abstecher auf die Insel Mexcaltitán oder eine Walbeobachtungstour draußen auf dem Meer.

Die Festlandroute durch den Nordwesten verläuft durch eine außergewöhnliche Wüstenlandschaft. Vor allem zwischen Tijuana und Mexicali erstreckt sich ödes Niemandsland. Weiter südlich, in den Staaten Sonora und Sinaloa, wird das Gelände felsiger, hohe Kaktuspflanzen unterstreichen den „ty-

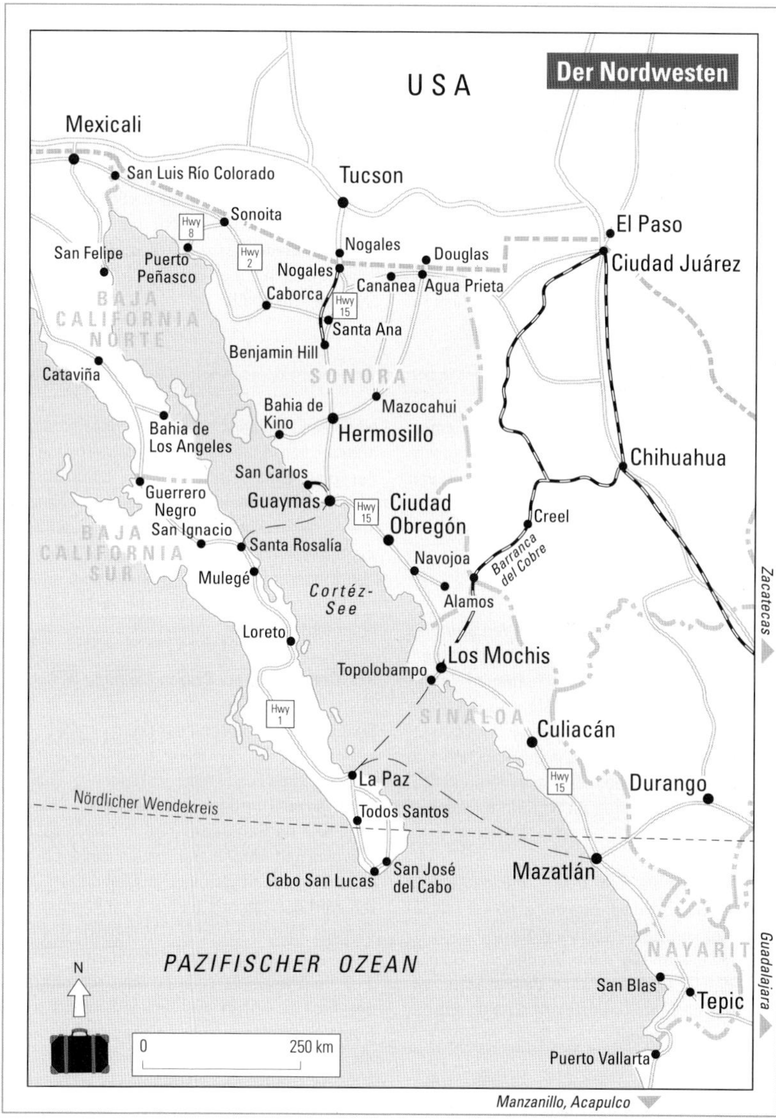

pisch" mexikanischen Charakter der Landschaft, die man aus Filmen kennt. Erst kurz vor Mazatlán lockert sich die Szenerie etwas auf, und etwas Farbe kommt ins Bild. Die ersten spanischen Eindringlinge begegneten hier heftigem Widerstand von Seiten der indianischen Bevölkerung – noch immer zählen die Pima, Seri und Yaqui zu den am wenigsten assimilierten Indianerstämmen Mexikos. Erst im späten 17. Jh. gründete der Jesuitenmissionar **Padre Kino** eine Reihe fester Siedlungen.

Unter der Diktatur von Porfirio Díaz wurden Straßen und Eisenbahnlinien gebaut, und nach der Revolution benutzte man diese Verbindungen, um die Region mittels Bewässerungs- und Entwicklungsprogrammen zu erschließen, was zu beträchtlichem landwirtschaftlichem Aufschwung führte. Heute gehören die großen Rancher aus Sonora und Sinaloa zu den reichsten Viehzüchtern Mexikos.

Der Norden Mexikos von Mexicali bis hinab nach Nord-Sonora scheint eine von Gott und der Welt verlassene Einöde zu sein. Die Fahrt von Tijuana nach Mexicali lohnt sich allein schon wegen des beeindruckenden Panoramas, das sich auftut, wenn die Berge plötzlich zurückweichen und den Blick auf die unendliche Wüste – **El Gran Desierto** – und einen riesigen Salzsee in der Tiefe freigeben. Die unerwartete Veränderung ist atemberaubend. Der westliche Landstrich von Tijuana bis Tecate (der Grenzort, wo das berühmte Bier herkommt) ist ziemlich fruchtbar und steigt gemächlich an, während die östliche Ecke, die die Pazifik-Regenwolken nicht erreichen, schroff zur trockenen Tiefebene abfällt.

Fiestas

Jan: Musikfestival **„Ortiz Tirado"** in *Alamos.* In der letzten Januarwoche strömen Tausende Menschen in die Stadt, wo zu Ehren von Dr. Alfonso Ortiz Tirado ein lebhaftes einwöchiges Fest mit Konzerten, Paraden und vielen anderen kulturellen Veranstaltungen abgehalten wird.

3.2.: **Día de San Blas** – die Feria von *San Blas* beginnt schon am 30. Januar mit Umzügen, Tanz, Feuerwerk und verschiedenen Veranstaltungen und endet ungefähr eine Woche später.
Karneval wird besonders in Culiacán und Mazatlán gefeiert, wobei die Festivitäten in Mazatlán als die besten im Norden angesehen werden.

19.3.: **Fiesta de San José** – Heiligenfest im Weiler *San José* bei *Guaymas,* wo der religiöse Eifer von einem Volksfest gekrönt wird.
Am **Palmsonntag** (eine Woche vor Ostern) werden in *Jala,* einer alten kleinen Stadt zwischen Tepic und Guadalajara, Szenen aus der Bibel nachgespielt.

Die **Karwoche** wird streng eingehalten. Höhepunkte sind Passionsspiele in *Jala,* Prozessionen und indianische Tänze in *Rosamorada,* nördlich von Tepic an der Hauptstraße, und in der Yaquí-Stadt *Cocorit* nahe Ciudad Obregón. Dort finden Umzüge und Yaquí-Tänze statt, u.a. der wiederentdeckte *Danza del Venado,* der auch in *Potam* an der nahe gelegenen Küste aufgeführt wird, außerdem altertümliche religiöse Riten und die Verbrennung einer Judasfigur.

3.5.: **Día de la Santa Cruz** in *Santiago Ixcuintla,* nördlich von Tepic – besonders viele traditionelle Tänze während der Fiesta.

1.6.: **Maritime** Festivitäten im Hafen von *Topolobampo* mit Umzügen und Volksfest.
24.6.: **Día de San Juan**, wird in *Guaymas,* in *Navojoa* und *Mochicahui,* einem kleinen Dorf nahe Los Mochis gefeiert. In allen diesen Orten wird der Tag des Heiligen mit Prozessionen und Tänzen begangen. In *Navojoa* gibt es eine Feria, die bis Anfang Juli dauert.
29.6.: In *Mexcaltitán* begeht man ein **religiöses Fest** zu Ehren des heiligen Petrus mit Bootsprozessionen auf den Kanälen der kleinen Insel.
Juli: Am ersten Sonntag **Romería** in *Tecate* mit Cowboys, Karnevalswagen, Musik.

Die Straße windet sich zwischen nackten Felsblöcken, die aussehen, als habe die Sonnenglut sie abgesengt. Die Hitze ist während der meisten Zeit des Jahres unbeschreiblich und die Fahrt nichts für schwache Nerven, denn nach jeder Haarnadelkurve fällt der Blick auf einen Schwindel erregenden Abgrund, bedeckt mit Bergen rostender Blechteile. Trotz der relativ neuen, mautpflichtigen Schnellstraße ist die Strecke immer noch atemberaubend. Während der Reise nach Süden wird man immer wieder auf Landschaften wie diese hier stoßen. Eine Welt der Gegensätze; Wüstenlandschaft neben fruchtbarem Ackerland, reich und amerikanisiert auf der einen, öde und karg auf der anderen Seite.

Reiseroute

Wer auf dem Landweg aus den USA kommt (über Mexicali und Tijuana), tut gut daran, zumindest den nördlichsten Teil schnell hinter sich zu bringen und bis Guaymas oder sogar Alamos durchzufahren. Ist erst einmal der Wendekreis des Krebses überschritten, setzt eine spürbare Veränderung ein: die Landschaft wird freundlicher und grüner und das Klima ist weniger extrem. Von nun an findet man auch Orte, die zum Bleiben nicht nur für eine Nacht einladen: der Badeort **Mazatlán** zum Beispiel oder die ruhigeren Pazifikstrände um **San Blas**.

Bezüglich der Reiseroute bieten sich mehrere Möglichkeiten: von Tijuana durch Baja California nach La Paz und mit der Fähre auf das Festland, von Tijuana nach Hermosillo und an der Pazifik

25.7.: In *Compostela,* südlich von *Tepic* begeht man den **Día de Santiago**, sehr lebendig: Männer reiten den ganzen Tag lang auf Pferden, am nächsten Tag übernehmen die Frauen. Auch Volksfest und Feuerwerk.

8.9.: **Kirchenprozessionen** in *Jala* mit schönen traditionellen Kostümen und Tänzen.
16.9.: **Unabhängigkeitstag** – landesweiter Feiertag, wird besonders intensiv entlang der Grenze gefeiert. In *Tijuana* Pferde- und Autorennen, Mariachis, Tanz, Wettspiele und Feuerwerk. Im kleineren *Agua Prieta* eine traditionellere Version mit Umzügen und öffentlichen Veranstaltungen.
28.9.: **Día de San** Miguel – die Gläubigen unternehmen eine Wallfahrt nach *Boca,* einer Gemeinde nahe *Choix* an der Bahnlinie von Los Mochis. Tanz und Umzüge in Choix, außerdem eine Prozession nach Boca.

4.10.: **Día de San Francisco** – Höhepunkt einer zweiwöchigen Fiesta in *Magdalena,* zu der viele Indígenas (u.a. Yaquí und Sioux) kommen, die den Heiligen besonders verehren. Traditionelle Tänze.

Am 1. Sonntag im Oktober findet eine **Wallfahrt** zur Virgen del Rosario in *Guasave* zwischen *Los Mochis* und *Culiacán* statt. Viele Tanzgruppen. Am letzten Sonntag im Monat Wiederholung der Feierlichkeiten in *Guasave.* In *Ixtlán del Río* treffen sich Hunderte von Pilgern, um den **Día de Cristo Rey** u.a. mit Tanz zu begehen.

2.11.: **Día de los Muertos**. Er wird überall begangen, sehr eindrucksvoll z.B. in *Navojoa.*

Dez: Am ersten Sonntag im Monat gibt es ein Fest anlässlich des **El Señor de la Misericordia** in *Compostela.*
8.12.: **Día de la Immaculada Concepción**: Wallfahrer treffen sich in *Alamos* und in *Mazatlán* bei Umzügen, Musik und Tanz. In *La Yesca,* einem praktisch unzugänglichen Ort in einer Ecke von Nayarit, östlich von Tepic, finden religiöse Zeremonien und eine Feria statt, die von vielen Huichol besucht wird. Die Feierlichkeiten dauern bis zum
12.12.: **Día de la Virgen de Guadalupe**, das Ende einer zehntägigen Fiesta in *Navajoa,* mit einer riesigen Prozession. Farbenfrohe Feste aus gleichem Anlass auch in *Acaponeta* an der Hauptstraße in Nord-Nayarit.

küste entlang nach Süden oder über das Hochland von Zentral-Mexiko und mit der Kupferschlucht-Eisenbahn von Los Mochis nach Chihuahua (s.S. 167, 192). Der schnellste Weg nach México D.F. führt über die Carretera via Mazatlán und Durango. Die Baja-Route ist jedoch weniger monoton und überraschenderweise billiger – jedenfalls wenn man die preiswerteste Reisemöglichkeit auf der Fähre wählt. Für Autofahrer ist sie auch sicherer, denn auf der anderen Strecke kommt es immer wieder zu (Raub-)Überfällen auf Fahrzeuge, insbesondere in der Umgebung von Culiacán in Sinaloa.

Wer so schnell wie möglich zu den großen Seebädern Puerto Vallarta und Acapulco will, sollte die Küstenstrecke nehmen. Auch auf ihr weichen die meisten Touristen nicht von der Carretera ab, immerhin 2000 km von Tijuana bis Tepic, wo die Hauptstraße schließlich die Küste verlässt und über die Berge nach Guadalajara führt. Ab Mazatlán wird es gemütlicher, und man begegnet zunehmend Dingen, die einen Aufenthalt interessant machen: Fiestas, tropische Strände und Bergtouren. Hinter **Tepic** hat man die Alternative, entweder mit dem Hauptstrom der Touristen ins Landesinnere Richtung zentrales Hochland zu ziehen, oder der gut ausgebauten Küstenstraße nach Acapulco zu folgen.

Transport

Am schnellsten bewegt man sich per Bus, doch wer abgelegenere Orte besuchen möchte, nimmt am besten einen Mietwagen, denn die Überlandbusse verkehren nur auf den großen Carreteras. **Busse** befahren die Küstenstraße in gesamter Länge und fahren von Nogales bis nach México D.F. Der Passagiertransport auf der **Bahn**strecke Mexicali–Nogales–Guadalajara wurde eingestellt, doch es könnte sein, dass eine private Gesellschaft ihn irgendwann wieder aufnimmt. Es gibt auch zahlreiche **Flugverbindungen** zwischen den größeren Städten entlang der Küste. Vor allem Flüge nach und von México D.F. werden oft sehr günstig angeboten. Doch selbst auf weniger begehrten und daher teureren Flugstrecken bietet ein einstündiger Flug nicht selten eine überlegenswerte Alternative zu einer Busfahrt von zehn oder noch mehr Stunden. Vom **Trampen** raten wir generell ab.

Die Grenzregion östlich von Mexicali

Hinter Mexicali folgt die Straße ins Landesinnere der Grenze in Richtung Osten, während die (für den Passagiertransport stillgelegte) Bahnlinie südlich um die Nordecke des Mar de Cortés führt; dazwischen erhebt sich die Sierra del Pinacate, eine so karge Gegend, dass amerikanische Astronauten dort die Bedingungen auf dem Mond simulieren konnten. Kurz hinter Mexicali verläuft die Grenze zwischen Baja California und dem Bundesstaat **Sonora**. Hier beginnt eine neue Zeitzone, d.h. die Uhr muss um eine Stunde vorgestellt werden.

Auf der Landstraße kommt man durch das Oasen ähnliche **San Luis Río Colorado**, dessen ausgedehntes, landwirtschaftlich genutztes Tal vom Colorado-Fluss bewässert wird, und **Sonoita** (oder Sonoyta), ein Grenzübergang am gleichnamigen Fluss. In beiden Orten ist nichts los – auch wenn sie den Durchreisenden mit einer Reihe von touristischen Einrichtungen zum Anhalten bewegen wollen.

Puerto Peñasco

In der Nähe des kleinen Puerto Peñasco, ein nicht besonders reizvoller Garnelenfischereihafen, breiten sich schöne Strände aus, die am Wochenende Massen von Touristen aus den USA anlocken. Für motorisierte Reisende lohnt sich der Umweg von Sonoita hierher, denn nach Osten ist es nicht weit nach Caborca und dort erreicht man wieder die Hauptstraße. Die Busverbindungen sind hingegen mittelmäßig und die Weiterfahrt könnte problematisch werden.

Der **alte Hafen** fungierte einst als Mittelpunkt der Stadt, aber mit Hilfe der Touristendollars wurden und werden die Gebiete in beide Richtungen entlang der Küste zusehends weiter bebaut und erschlossen, und heute verteilt sich das Geschehen auf den Malecón und die Calle 13 gegenüber vom Hafen. Vom alten Hafen verläuft die Hauptstraße, der Bulevar Juárez, fast parallel zum Wasser, bevor er in Richtung Sonoita abbiegt. Die meisten Hotels befinden sich zwischen der Altstadt und der **Bahía Cholla** im Westen. Viele der etwas günstigeren Unterkünfte liegen in der Umgebung der Calle 13, zwischen der Juárez und dem riesigen *Hotel Plaza Las Glorias* am Meer. Besuchern bieten sich hier zahlreiche Möglichkeiten zum **Fischen, Tauchen** und **Segeln**.

Eine weitere Attraktion in der Nähe ist das **El Pinacate Biosphere Reserve**, 52 km nördlich von Puerto Penasco an der Straße nach Sonoita; Busse halten hier nicht, doch wer über ein eigenes Fahrzeug verfügt, sollte die zwanzig Minuten dauernde Fahrt bis zum Parkrand nicht scheuen und dieses fantastische Gelände mit roten Schlackekegeln und Kratern besichtigen. Letztere sind so gewaltig – z.B. **El Elegante**, 1 km breit und 120 m tief – dass sie vom All aus zu erkennen sind, und das Terrain ist dermaßen karg und mondähnlich, dass die NASA es als Trainingsgelände für die Astronauten von Apollo 11 benutzte. Bis zu El Elegante sind es vom Eingang aus nur 25 km. ◷ Mo–Sa 9–17 Uhr. Nach Absprache mit dem Besucherbüro am Parkrand ist Camping möglich; die Erlaubnis wird in der Reihenfolge der Ankömmlinge vergeben. Nähere Informationen bei der Touristeninformation in der Stadt.

Übernachtung

Am Wochenende füllen sich die Hotelzimmer schnell, aber selbst unter der Woche und in der Nebensaison ist es schwer, eine günstige Unterkunft zu bekommen.

Arizona Motel, Pino Suarez y Calle 17, nahe Plaza Las Glorias, ✆ 638/383-6502. Motel in ruhiger Lage; freundliche Angestellte und saubere, wenngleich beengte Zimmer mit ac und Kabelfernsehen. ❺

Hotel Plaza Peñasco, Av. Sinaloa, nahe der Straße nach Caborca, ✆ 638/383-5910. Bestes der „Budget"-Hotels; einfache Zimmer, Pool mit Bar, Kabelfernsehen und bewachter Parkplatz. ❹

La Casa del Puerto, eine Querstraße von der Kirche am alten Hafen entfernt, ✆ 638/383-6209. Geschmackvolle Studios und Apartments; Jacuzzi, Sonnendeck, Palapa und Bar. Kajak- und Boogiebrettverleih zu annehmbaren Preisen. ❼

July, Pino Suarez, Ecke Calle 15, kein Telefon. Wesentlich größere Zimmer als im *Arizona,* aber oft ausgebucht. 3 Fußmin. vom Strand. ❹

Posada La Roca, Primero de Junio 2, im alten Hafen, ✆ 638/383-3199. Eines der ältesten Gebäude der Stadt; angenehm kühle Zimmer mit ac obendrein. ❺

Essen

Seafood wird an Ständen am Ende der Eusebio Kino verkauft.

Los Arcos, Eusebio Kino, Ecke Tamarindos, typisch mexikanische Küche.

Café Plaza Las Glorias, im *Plaza Las Glorias.* Eines von Rocky Points edleren Restaurants; kostspieliges, sehr gutes Seafood und internationale Küche. Traumhafte Ausblicke. Kreditkarte oder ein Bündel Geldscheine mitbringen.

La Casa del Capitán, der Juárez bis zu *Antonio's Liquor Store* folgen, dort sieht man den Beginn des Pfades, der auf den Hügel führt (15 Min. Aufstieg). Eines der nettesten Restaurants – wie geschaffen für ein romantisches Abendessen. Internationale Speisekarte, einige Seafood-Spezialitäten und zum Sonnenuntergang Live-Musik.

Flavio's, Malecón, Ecke 1 de Junio, im alten Hafen. Schlichtes Lokal; des leckeren Seafoods und der erschwinglichen Preise wegen beliebt.

The Friendly Dolphin, Alcantan 44, im alten Hafen. Auch dieses Lokal steht bei den Einheimischen hoch im Kurs. Große Auswahl an Seafood zu fairen Preisen, zu genießen entweder drinnen oder in einem Patio im Obergeschoss. Gelegentlich greift einer der Besitzer zur Gitarre und zieht singend von Tisch zu Tisch.

Gamma's, Calle 13, am Wasser, gegenüber Plaza las Glorias. Sehr einfach, serviert aber das beste Seafood in Puerto Peñasco, z.B. *ceviche.*

JJ's Cantina, Bahía Cholla. Beach-party-Seafoodlokal mit leckeren Fischgerichten. Toll bei Sonnenuntergang, allerdings fest in amerikanischer Hand. Monatlich werden Events, z.B. kuriose Rennen wie „Bathtub Races" veranstaltet.

Lily's, Kino y Zaragoza. Mexikanische Standardgerichte zu US-Preisen, sehr begehrt bei amerikanischen Gästen und immer voll.

La Ramada, Calle 13, Ecke Francisco Villa. Günstige Taco- und Burrito-Bude unter freiem Himmel mit einfachem, billigem und schmackhaftem Essen; Tipp: die mit Fleisch gefüllten Kartoffeln.

Sushi Sun, Calle 13, Ecke Elias Callas. Scheint sich nach außen hin nicht von anderen mexikanischen Lokalen zu unterscheiden, bietet aber köstliches Sushi. Zu den Spezialitäten gehören Tempura und Matsuri Rolls, beide mit knackfrischen *camarones* zubereitet. Auch Lieferservice.

Aktivitäten

Im ***Sun 'n Fun Dive Shop,*** ✆ 638/383-5450, 💻 www.sun-n-fun-divers.com, am Kai des alten Hafen, werden Tauch- und Angelausflüge angeboten sowie die entsprechende Ausrüstung verliehen, außerdem kann eine Bootsfahrt bei Sonnenuntergang oder ein Trip zum Garnelenfischen organisiert werden.

Pompano's Landing, ✆ 638/385-6036, ein Stück weiter die Straße hoch bietet preisgünstige Angel- und Sightseeingtouren sowie Drachenfliegen an. Die meisten Touren führen nach **San Jorge Island**, wo die Teilnehmer zwischen Seelöwen und Delphinen schwimmen und vielleicht sogar eines der seltenen, geschützten Seepferdchen zu Gesicht bekommen, die hier leben. Bei Ebbe fällt der Wasserstand extrem ab, dann tauchen in den Gezeitentümpeln Krabben, Austern und Seesterne auf.

Entlang der Calle 13 Richtung Strand werden überall auch ATVs (US$20 pro Std.) und Jet-skis (US$45 pro Std.) vermietet.

Sonstiges

INFORMATIONEN – Die hilfsbereite ***Touristeninformation*** am Stadtrand, an der Juárez, der Straße nach Sonoita, ✆ 638/383-6122, vermittelt Touren durch die Stadt sowie in die Umgebung, darunter nach El Pinacate. 🕓 Mo–Fr 9–16 Uhr. Sie vergibt u.a. die kostenlosen Zeitungen *Rocky Point Times* oder *Join Us Here in Rocky Point* (auch erhältlich in vielen Geschäften und Unterkünften), die beide einen genauen Stadtplan sowie Infos über Touren und Aktivitäten enthalten.

INTERNET – Internet-Zugang im ***Café Internet CiberChat,*** Calle 13, Höhe Encinas, 🕓 tgl. 10–22 Uhr, US$1 pro Std.

Transport

Eine gute Straße führt von Sonoita hierher und eine weitere neue Straße geht Richtung Osten nach Caborca. Von Caborca aus gelangt man auf der Carretera weiter in Richtung Osten nach Santa Ana. Wer mit dem Bus aus Nogales (1x tgl.) oder abends mit dem eigenen Fahrzeug anreist, erlebt unterwegs vielleicht einen der spektakulären Sonnenuntergänge; die Straße selbst verläuft recht eben, wird aber auf allen Seiten von den malerischen Sierras flankiert und garantiert unvergessliche Ausblicke. Mit einem **eigenen Fahrzeug** ist der Umweg nach Puerto Peñasco nicht uninteressant, da zumindest die Strecke nach Caborca relativ zügig wieder auf die Hauptstraße führt.

Vereinzelte **Busse** fahren nach HERMOSILLO, MEXICALI und NOGALES, allerdings unregelmäßig. Die Bushaltestellen liegen einige Kilometer außerhalb des Zentrums, das mit einem der allgegenwärtigen weißen Taxis (US$1,50 für Fahrten innerhalb der Stadt) erreicht werden kann.

Von Sonoita nach Nogales

Wer auf den Abstecher nach Puerto Peñasco verzichtet, fährt hinter Sonoita auf der Straße nach Süden ins Landesinnere und erreicht die ersten westlichen Ausläufer der Sierra Madre Occidental, denen die Straße, immer in Küstennähe, bis nach Tepic folgt. In **Santa Ana** trifft sie auf die Straße nach Nogales im Norden. Wer nach Norden fährt, muss wahrscheinlich in Santa Ana den Bus wechseln, aber es lohnt nicht die Mühe, den Busbahnhof zu verlassen.

Nogales

Der Nogales-Pass (Nogales bedeutet Walnussbäume, die man hier aber kaum sieht) ist seit der Ankunft der ersten Europäer eine wichtige Zwischenstation für Reisende. Schon vor Jahrtausenden gab es hier Ansiedlungen. Nach der Konquista ließen sich spanische Abenteurer und Verwaltungsbeamte nieder, später folgten Jesuitenmissionare (Padre Kino) und Franziskaner, die in Kalifornien Missionsstationen errichteten. Im Gegensatz zum Großteil des Grenzgebietes ist Nogales ein recht netter Ort. Obwohl es auch auf US-Seite ein Nogales gibt, ist die nächstgelegene amerikanische Stadt nennenswerter Größe das etwas nüchterne Tucson, was bedeutet, dass Nogales keine geschäftige Grenzmetropole wie Ciudad Juárez oder Tijuana ist.

Auf der amerikanischen Seite befindet sich an der Grenze ein hervorragendes kleines **Museum** für Heimatgeschichte unter der Leitung der Pimeria Alta Historical Society, das die jüngere Vergangenheit und das Leben der Pima-Indianer, denen das Land ursprünglich gehörte, dokumentiert. ⌚ Do–So 10–16 Uhr, Eintritt frei.

Übernachtung

Die Hotels konzentrieren sich auf die Calles Obregón (die Straße nach Süden) und Juárez. Beide führen von der Grenze durch die Stadt.
Imperial, Calle Internacional 79, ☏ 631/312-1458, am Grenzzaum westlich vom Checkpoint, ziemlich einfach. ❹
San Carlos, Calle Juárez 22, ☏ 631/312-1346, etwas komfortabler, mit TV, ac und kostenlosem Internet-Zugang für Gäste. ❺
Olivia, Calle Obregón 125, ☏ 631/312-4695, eine Klasse besser.
Die Unterkünfte auf der US-amerikanischen Seite sind komfortabler. ❹

Essen

In den Calles Obregón und Juárez gibt es nicht nur Hotels, sondern auch Cafés und Restaurants, z.B. ***Café Olga,*** Juárez, gegenüber der Grenze, eine Institution in Nogales, sowie das ***Coco Loco,*** Obregón 64, und das ***El Greco,*** Pierson, Ecke Obregón, zwei der vielen touristischen Restaurants mit Live-Mariachiklängen am Abend.

Sonstiges

GELD – Zahlreiche Banken, die meisten mit Geldautomaten (manche geben US-Dollars aus), und Casas de Cambio befinden sich an der López Mateos und Obregón.

GRENZÜBERGANG – Die Abfertigung an der rund um die Uhr geöffneten Grenze verläuft zügig. Wer nach Süden weiterreist, muss seine Touristenkarte von der Inmigración abstempeln lassen. Auch am Busbahnhof befindet sich ein Büro, in dem man das erledigen kann.

INFORMATIONEN – Die kleine ***Touristeninformation*** direkt an der Grenze, ☏ 631/312-0666, verfügt nur über eine begrenzte Menge von Infomaterial und Stadtplänen. ⌚ tgl. 9–17 Uhr.

INTERNET – Ein gutes Internet-Café ist ***Cyberflash,*** Calle Internacional, 50 Schritte vom Grenzübergang, ⌚ Do–Di 10–22 Uhr, US$1,50 pro Std.

TELEFON – Im Busbahnhof gibt es Telefone für Ferngespräche.

Transport

BUSSE – Der Hauptbusbahnhof, der von mehreren kleineren Terminals umgeben ist, liegt 5 km südlich der Stadt an der Carretera. Von der Grenze aus ist er mit einem Stadtbus mit der Aufschrift „Central Camionera" oder – für ca. US$10 – mit dem Taxi zu erreichen. Auf der amerikanischen Seite liegt die *Greyhound* Station direkt neben dem Customs Office. Von dort fährt zwischen 6.45 und 18.45 Uhr alle ein, zwei Stunden ein Bus nach TUCSON und PHOENIX.
Von der mexikanischen Central Camionera – die über alle üblichen Einrichtungen, darunter Gepäckaufbewahrung und Fernsprechapparate verfügt – fahren zahlreiche Busse nach Süden, sogar bis nach GUADALAJARA (26 Std.) und MÉXICO D.F. Derzeit unterhält nur *TBC* einen Direktbus nach PUERTO PEÑASCO (1x tgl. um 15 Uhr, 6 Std., US$16), der vom *TBC*-Terminal einige Blocks nördlich des Hauptbusbahnhofs abfährt.

Von Hermosillo nach Los Mochis

Von Mexicali aus ist Hermosillo der erste Ort auf der Strecke nach Süden, der sich für einen Zwischenstopp eignet. Wer jedoch noch die anderthalbstündige Busfahrt weiter bis zur Küste nach Guaymas zurücklegt, findet ein historische Hafenstadt vor, die zu einem etwas längeren Aufenthalt verlockt.

Hermosillo

Hermosillo, die blühende Hauptstadt des Bundesstaates Sonora, ist ein großes landwirtschaftliches Versorgungszentrum. Die Carretera führt von Nord nach Süd durch die Stadt und heißt innerhalb der Stadtgrenzen Bulevar Eusebio Kino. Im Innenstadtbereich wird sie zum Bulevar Rosales. In Richtung Osten führt der Bulevar Luis Encinas zum Busbahnhof und westwärts, am Flughafen vorbei, in Richtung Bahía de Kino.

Hermosillo ist eine weitläufige, von Autos beherrschte Stadt. Auf Besucher ist man nicht eingestellt, schon gar nicht auf unmotorisierte. Wer trotzdem bleiben will oder muss, kann über die größte Einkaufsstraße der Stadt, die am Fuß des Cerro de la Campaña verlaufende **Serdán** schlendern, sich die hübsche **Plaza** bei der Kathedrale westlich des Bulevar Rosales, an der Obregón, anschauen oder das **Centro Ecológico de Sonora** besuchen, ca. 5 km am Bulevar Rosales nach Süden, ⌚ Mi–So. Hin mit einem Bus mit der Aufschrift „Luis Orcí".

Übernachtung

Die preiswerteren Unterkünfte in Hermosillo sind alle schlecht. Dafür gibt es mehrere angenehme Hotels der mittleren Preisklasse. Eine Reihe einfacher *Casas de Huéspedes* und Hotels befinden sich unweit vom Hotel *Monte Carlo*. Von ihnen kann jedoch keines empfohlen werden, außer

Hotel Washington, Noriega 68, nahe Guerrero, ✆ 658/213-1183, das über preiswerte Zimmer mit warmen Duschen verfügt; in der Lobby kostenloser Kaffee für Gäste, hilfsbereites Personal. ❹

Hotel Niza, Plutarco Elías Calles 66, ✆ 658/217-2028. Reizlos, aber gute Lage gleich um die Ecke von der Calle Serdán in Marktnähe. ❹

Hotel San Alberto, Serdán, Ecke Rosales, ✆ 658/213-1840. Gediegener Komfort. ❺

Hotel Kino, Pino Suérez 151, ✆ 658/213-3131. Einen Katzensprung vom Blv. Rosales entfernt, nahe Domplatz. Eigentlich ein Motel im Kolonialstil. Mit allem Drum und Dran, inkl. Pool. ❻

In der Zona Hotelera, ein gutes Stück vom Zentrum entfernt am Blv. Kino, stehen Hotels der gehobenen Preisklasse sowie einige Motels.

Essen

Im Zentrum von Hermosillo gibt es erstaunlich wenig gute Restaurants. Einheimische, die auswärts essen wollen, setzen sich ins Auto und fahren zu den Restaurants an den großen Boulevards oder in der Zona Hotelera. Alle o.g. Hotels betreiben zufrieden stellende Restaurants. Weitere Restaurants an der Plaza in der Nähe des Hotels Monte Carlo: ***Napy's,*** Matamoros 109, zwischen Noriega und Morelia.

La Fabula Pizza, Morelia 34, zwischen Matamoros und Juárez. Filiale einer Pizzakette.

Jung, Niños Heroes 75, zwischen Matamoros und Guerrero. Vegetarisches Restaurant mit Laden für Vollwertkost.

Rin-Rin Pizza, gleich westlich vom *Hotel Washington,* serviert Pizza; billiger, aber nicht ganz so „gesund" wie die Speisen im Jung.

Sonstiges

GELD – Zahlreiche Banken und Wechselstuben an der Serdán, der Haupteinkaufsstraße. ***Bancomer,*** mit Geldautomat, an der Kreuzung von Matamoros und Sonora, an der Plaza in der Nähe des Hotels *Monte Carlo.*

INFORMATIONEN – ***Touristeninformation*** im Edificio Sonora Norte, Comonfort, Ecke Paseo Canal, ✆ 658/217-0060. Das Personal ist hilfsbereit, verfügt aber über wenig Infomaterial. ⌚ Mo–Fr 8–15 und 17–19, Sa 10–13 Uhr.

INTERNET – ***Contacto X,*** Niños Héroes, Ecke Guerrero, ⌚ Mo–Sa 11–23, So 13–20 Uhr, US$1,50 pro Std.; ***Biblioteca*** (hat nichts mit der Bücherei zu tun), direkt am Postamt.

POST – Serdán, Ecke Rosales.

REISEBÜRO – Flugbuchungen/-bestätigungen erledigt das Reisebüro im *Hotel San Alberto,* ✆ 658/212-2670.

UMWELTSCHUTZ – Im ***Centro Ecológico de Sonora,*** Blv. Rosales, Apdo 1497, ✆ 658/213-3537, gibt es Informationen über das Naturschutzgebiet. 5 km südlich der Stadt mit dem „Luis Orcí"-Bus zu erreichen. Mo und Di geschlossen.

Transport

BUSSE – Der Busbahnhof, ✆ 658/213-4455, liegt 3 km östlich des Zentrums am Blv. Encinas. Von dieser ziemlich isoliert gelegenen Central Camionera (mit *guardería)* fahren Kleinbusse mit der Aufschrift „Ruta 1", und Kleintransporter mit der Aufschrift „Ranchito" ins Zentrum; die „Multirutas"-Stadtbusse fahren von der gegenüberliegenden Straßenseite in die Innenstadt. Taxis sind relativ teuer (US$4), und die Fahrer lassen nicht mit sich handeln.

Fast alle Busse durch Hermosillo sind *de paso,* es ist daher mitunter schwierig, mitgenommen zu werden. Allerdings unterhält *TBC* (Busdepot außerhalb der Central Camionera links) Kurzstreckenverbindungen nach GUAYMAS alle 30 Min., (1 1/2 Std.) und NAVOJOA sowie 4x tgl. nach ALAMOS.

Außerdem Busse nach: TIJUANA alle 30 Min., (12–13 Std.), MEXICALI alle 30 Min., (9–10 Std.) NOGALES stdl., (4 Std.), BAHÍA DE KINO 9x tgl. (2 Std.).

FLÜGE – Der Flughafen an der Straße nach Bahía de Kino ist erreichbar mit Festpreis-Taxis. U.a. Flüge nach México D.F. und Guadalajara.

Bahía de Kino

Der Hermosilla am nächsten gelegene, immerhin 117 km entfernte Strand ist Bahía de Kino, beliebtes Wochenendziel der Städter. Inzwischen kommen auch immer mehr Amerikaner zum Überwintern; die meisten sind Stammgäste, und manch einer hat hier seinen zweiten Wohnsitz. In der Umgebung der Bucht gibt es zwei kleine Ortschaften, das alte Fischerdorf **Kino Viejo**, eine staubige, Ansammlung von Wellblechhütten, und das jüngere **Kino Nuevo**, bestehend aus wenig mehr als einer einzigen, von einstöckigen Häusern, Trailer Parks und einigen Hotels und Restaurants gesäumten Straße.

Zu sehen gibt es hier kaum etwas, aber der Strand ist schön – meilenweit nichts als Sand, und vor der Küste liegen winzige Inseln und bizarre Felsformationen, die den ohnehin spektakulären Sonnenuntergängen einen zusätzlichen Reiz verleihen.

Ursprünglich gehörte dieses Gebiet dem Volk der Seri, in der Umgebung existieren noch einige Indianergemeinschaften. Die auf der **Isla Tiburón** (Haifisch-Insel) lebenden Seri wurde umgesiedelt, als die Insel zum Naturschutzgebiet erklärt wurde. Man begegnet den Seri am Strand, wo sie traditionelle und weniger traditionelle Eisenholzschnitzereien verkaufen. An der „Plaza" in Kino Nuevo befindet sich das winzige **Museo de los Seris**, das einen kurzen Überblick über die Geschichte der Seri gibt, ⌚ Di–Fr 8–12 und 15–18 Uhr, Eintritt US$0,50.

Übernachtung und Essen

Keines der Hotels ist auf Reisende mit schmaler Börse zugeschnitten.

Trailer Park Bahía Kino, ✆ 662/242-0216, ist eine der letzten Übernachtungsmöglichkeiten an der Straße. Außerhalb der Saison darf man hier evtl. zelten (US$15).

Restaurant Jorges, gegenüber dem Trailer Park, hier lässt sich bei Sonnenuntergang der Fang des Tages bei einem Glas Bier genießen und einiges über Land und Leute in Erfahrung bringen.

Hotel Saro, ✆ 662/242-0007, kurz hinter dem Ortseingang von Kino Nuevo, Zimmer mit ac und TV; gutes Restaurant. ❺

Posada del Mar Hotel, ✆ 662/242-0155, ebenfalls am Südrand der Stadt, ist eine etwas bessere Alternative. ❻

Posada Las Aves, Veracruz, nahe Nautla, ✆ 662/242-0242, ist vielleicht die beste Wahl: recht sauber und nur zwei Querstraßen vom Wasser entfernt. ❻

Transport

Der kleine Busbahnhof befindet sich in der Sonora, anderthalb Häuserblocks östlich vom Hotel Monte Carlo.

Von HERMOSILLO fahren ungefähr 9x tgl. (zwischen 5.30 und 9.30 Uhr stdl., dann alle 2 Std. bis 17.30 Uhr; am Wochenende noch öfter) Busse in rund zwei Stunden nach Bahía de Kino.

Guaymas

Guaymas am Rande der Sierra Madre Occidental hat einen großartigen, fast ganz vom Land umschlossenen Naturhafen, zu dem die Felsen steil abfallen. Es war einst ein wichtiger Umschlagplatz am Golfo de California (Mar de Cortés). Der Ort eignet sich entschieden besser für einen längeren Aufenthalt als Hermosillo oder das sechs Stunden entfernte Los Mochis.

Fast jeder habgierige Abenteurer, den es nach Mexiko verschlug, hat auch ein Kriegsschiff in diese Bucht geordert. Amerikaner, Franzosen und Briten haben den Versuch unternommen, Guaymas einzunehmen, aber nur den Amerikanern gelang es, von 1847–48 die Stadt zu besetzen. Der außergewöhnlichste Eindringling war ein französischer Graf, der Comte Gaston Raousset de Bourbon. Mit stillschweigender Duldung des damaligen Präsidenten General Santa Ana beabsichtigte er, aus Sonora ein Königreich zu machen und marschierte zweimal mit einer Horde mehr oder weniger Krimineller in Guaymas ein. 1852 konnte er sich mehrere Monate halten, aber sein zweiter Versuch 1854 war weniger erfolgreich. Er endete damit, dass die meisten der Piraten und mit ihnen der Graf gefangen genommen und hingerichtet wurden. Überall in der Stadt stehen Standbilder des heldenhaften General Yañez, der damals als Sieger aus dem Kampf hervorging.

Guaymas ist ein betriebsamer Hafen und macht wenig Zugeständnisse an den Tourismus. Von der stolzen Vergangenheit zeugen noch ein paar grandiose **Porfiriano**-Bankgebäude in der Hauptstraße. Sehenswert sind auch die **Iglesia de San Fernando** aus dem 19. Jh., der Kiosk im maurischen Stil mitten auf der **Plaza San Fernando** vor der Kirche und das Rathaus an der Plaza de los Tres Presidentes (Adolfo de la Huerta, Plutarco Elías Calles und Abelardo L. Rodriguez), der **Palacio Municipal**, aus dem Jahre 1899.

Wenn man vom Busbahnhof aus in die Avenida 12 hineingeht, kommt man an einem Gebäude vorbei, das einem venezianischen Schloss ähnelt. Es ist das **Gefängnis**, dessen Türme weithin sichtbar sind. Weiter geht es an einigen Hotels und am Markt vorbei zum **Hafen**. Eine kurze Busfahrt entfernt liegen ein paar gute Strände. Von der Carretera nördlich der Stadt führt die **Serdán** ins Stadtzentrum und weiter, vorbei an Hafen und Bahnhof, stadtauswärts in Richtung Osten und Ciudad Obregón. Die Serdán ist die Hauptstraße von Guaymas.

Übernachtung

Von den Busbahnhöfen führt die Av. Rodríguez ins Stadtzentrum. In dieser Richtung sind die Nummern der Straßen ansteigend.

Casa de Huéspedes Lupita, Calle 15 No. 125, ✆ 622/224-1945. Die preiswerteste Unterkunft; Zimmer mit ac und Bad kosten ein paar Dollar mehr. Neben dem Gefängnis, eine Querstraße von den Busbahnhöfen. ❷

Ganz in der Nähe liegt ihr kleinerer Ableger, die ***Casa de Huéspedes Marta***, Calle 13 y Av. 9, ✆ 622/222-8332; ähnliche Zimmer und etwas höhere Preise. ❷

Hotel Impala, Calle 21, Ecke Av. 12, einen Block von der Serdán entfernt, ✆ 622/224-0922. Altes Hotel, kaum mehr Komfort als die Casas de Huéspedes, aber überhöhten Preisen, was mit der Renovierung begründet wird. ❹

Hotel Rubi, Serdán, Ecke Calle 29, am entfernten Ende des Hafens, ✆ 622/224-0169. Einfache, ruhige Zimmer mit TV und ac. ❹

Santa Rita Hotel, Serdán, Ecke Calle 9 (Mesa), ✆ 622/222-8100. Lohnt einen Versuch. Nicht zu verwechseln mit dem gleichnamigen, teureren Motel. ❹

Las Playitas, ✆ 622/221-5196. Die vielleicht beste Unterkunft, bestehend aus Motel und Trailer Park an der Küste außerhalb der Stadt nahe Las Playitas (s. „Ausflüge von Guaymas"). Pool und gutes Restaurant. Mit Stadtbus oder Taxi zu erreichen. ❸

Essen

Wer aus dem Süden Mexikos kommt, wird über die hohen Preise staunen. Restaurants gibt es reichlich. Sie befinden sich überwiegend in der Aquiles Serdán und sind meistens recht gut. Im oberen Bereich der Serdán sind vor allem Cafés und Schnellrestaurants zu finden.

Asadero Colibritercos, Aquiles Serdán, zwischen Calle 14 und 15, Taco-Imbiss und tolle Salatbar mit Selbstbedienung.

Mexicanismo, Calle 17, Ecke Serdan, bietet ein günstiges Büffet. ⏱ tgl. bis 24 Uhr.

Las Mil Tortas, Aquiles Serdán zwischen Calles 17 und 18 sowie in Calle 10, serviert Tortas, Tacos, Quesadillas und Comidas.

Restaurant Mandarin, im Hotel Impala. Mexikanisch-chinesische Küche mit interessanten Comidas.

SE Pizzas, gegenüber *Banamex*, bietet ein *all you can eat buffet* inkl. alkoholfreiem Getränk, US$3.

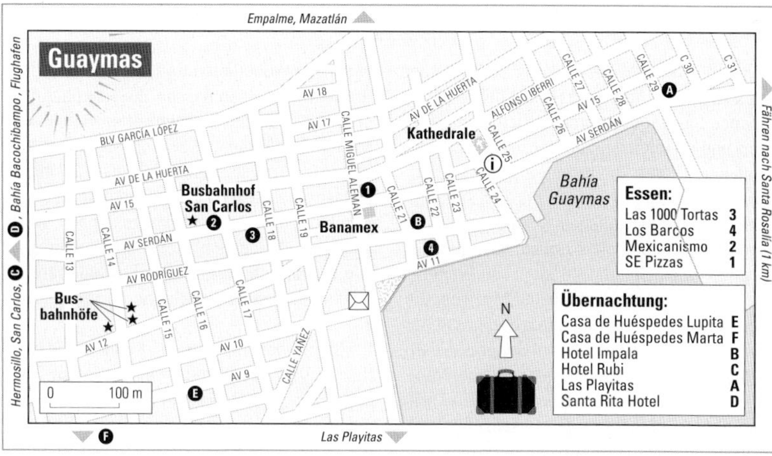

Los Barcos, am Hafen, Av. 11, Ecke Calle 20, serviert unter Palapas ausgezeichnetes Seafood.

Sonstiges

GELD – ***Bancomer,*** Aquiles Serdán, Ecke Calle 18; ***Banamex,*** Aquiles Serdán, Ecke Calle 20, ◷ Mo–Fr 8.30–10.30 Uhr. Beide verfügen über Geldautomaten.

INFORMATIONEN – Ein winziger Infoschalter befindet sich an der Ecke Serdán und Calle 25. Vergibt die Broschüre *What is There to do in San Carlos* mit einer langen Liste von Veranstaltern, die von Angeltouren über Tauchtrips und Golf spielen bis zu Kite-surfing alles anbieten.

INTERNET – Internet-Zugang bietet ein Lokal nahe Banamex an der Calle 20, unmittelbar nördlich der Serdán, oder ***Joakin's Internet Café,*** Calle 28, unweit der Serdán.

MEDIZINISCHE HILFE – Mediziner verschiedener Fachrichtungen sind im ***Centro Médico de Occidente***, Av. Alfonso Iberri No. 65-106, anzutreffen.

POST – Das Postamt befindet sich an der Av. 10, gleich hinter der Kreuzung mit der Calle 20 (Calle Miguel Alemán), die von der Serdán nach Süden und an der Bucht entlang verläuft.

TELEFON – In der *Farmacia Bell,* Serdán, Ecke Calle 22, und im Busbahnhof von *Tres Estrellas* sind Ferngespräche möglich.

Transport

BUSSE – Die Terminals von *Tres Estrellas, Norte de Sonora (TNS), Baldamero Corral (TBC),* ✆ 622/224-2949, und *Pacífico* liegen einander gegenüber an der Kreuzung Calle 14 und Avenida 12, wenige Blocks von der Serdán.
Alle 30 Min. nach HERMOSILLO (1 1/2 Std.), MEXICALI (11 Std.), LOS MOCHIS (5 Std.), NAVOJOA (3 Std.) und TIJUANA (14 Std.). Stdl. nach NOGALES (5 1/2 Std.).

FÄHREN – Die Fähre nach SANTA ROSALÍA auf Baja California fährt von den Docks, 2 km östlich vom Zentrum ab. Jeder Bus auf der Av. Aquiles Serdán in diese Richtung kommt an der Anlegestelle vorbei. Zurück ist es noch einfacher, denn die Busse wenden hier und fahren ins Zentrum zurück.
Abfahrt der Fähre 3x wöchentlich (Mo, Do und Sa) um 22 Uhr, Überfahrt 7 Std., Fahrkarten sind am Terminal, ◷ Mo–Sa 8–15 Uhr, Reservierung unter ✆ 622/222-2324, oder im TNS-Busterminal.

Die Yaquí

Zwischen Guaymas und Ciudad Obregón liegt das Tal des Río Yaqui, die Heimat der Yaquí-Indianer. Sie waren wahrscheinlich die wildesten und unabhängigsten der mexikanischen Indianerstämme. Sie bewahrten ihre Autonomie bis zum Beginn des 20. Jhs. und schreckten sogar vor dem offenem Krieg gegen die jeweilige Regierung nicht zurück. Einer der blutigsten Kriege fand 1710 statt, ein weiterer 1852, nach der Unabhängigkeit Mexikos. Die letzten großen Unruhen gab es während der kurzen Präsidentschaft von General Alvaro Obregón. Der aus Sonora stammende Präsident wurde in Mexico City ermordet, aber sein Entwicklungsprogramm führte schließlich zur Befriedung der Yaquí; nicht zuletzt, weil vorausgegangene Regierungen die Rebellen kurzerhand als billige Arbeitskräfte auf die Tabakplantagen nach Oaxaca verfrachtet und so ihren Widerstand geschwächt hatten.
Heute genießen die Yaquí eine Art autonomen Status mit einer eigenen Regierung, die von den acht Oberhäuptern der wichtigsten Siedlungen gebildet wird. Ihre kulturelle und politische Assimilation ist weit fortgeschritten.

In der Yaquí-Überlieferung schuf Viriséwa, die Große Mutter, neun Rassen, die sich über die Erde verteilten und sie bevölkerten.
Mit der Zeit lernten die Hirsch-Menschen zu zählen, und als sie sahen, dass die Zahl ihrer Brüder *juébana kóba* viele Häupter groß war, beschlossen sie, sich *yoréme* zu nennen, was auf Yaquí „Menschen" bedeutet. Obwohl sie alle Kinder von *másso,* dem Rotwild waren, nahmen die *yoréme* auch andere Totemtiere an.
Ein Stück überlieferter Yaquí-Kultur ist die berühmte *Danza del Venado,* der Hirschtanz.
Er wird bei Folklore-Festen in der ganzen Republik aufgeführt und macht eines der zentralen Themen des Ballet Folklorico von México D.F. aus. Der Haupttänzer trägt einen Hirschkopf als Symbol des Guten (der Hirsch ist das heilige Tier der Yaquí), und wird von einem oder mehreren Kojotentänzern gejagt, bis er schließlich, nach einem heldenhaften Kampf, den Kräften des Bösen unterliegt. In den Dörfern wird dieser Tanz oft bei Festen gezeigt.
Carlos Castañedas „Don Juan" soll ein Yaquí gewesen sein.

Autofahrer sollten sich so früh wie möglich einen Platz reservieren lassen. Für Salón US$41, Cabina US$115, Transport eines Kleinwagens US$200. Abfahrtszeiten und Preise können sich ändern – vorsichtshalber rechtzeitig nachfragen! Bei zu starkem Wind laufen die Fähren übrigens nicht aus.

FLÜGE – Der Flughafen liegt westlich der Stadt, unweit der Carretera. Von hier fahren allerdings nur Taxis in die Stadt. *Aeroméxico* fliegt u.a. nach LA PAZ.

Alamos

Eine Fahrt nach Alamos stellt eine nette Abwechslung zur monotonen Küstenstraße dar. Der Rundgang durch den Ort dauert höchstens ein paar Stunden. Danach bietet sich nur noch ein Fußmarsch in die Berge an (im Sommer eine äußerst schweißtreibende Angelegenheit). Hier, am Fuße der Sierra Madre Occidental, treffen die Sonora- und die Sinaloawüste aufeinander, wodurch ein fast einzigartiges Ökosystem mit einer artenreichen Flora und Fauna entstanden ist. So beherbergt dieses Gebiet allein mehrere hundert verschiedene Vogelarten.

Coronado, der erste Europäer, der sich gegen 1540 hier aufhielt, war viel zu sehr damit beschäftigt, die Mayo und Yaquis zu unterwerfen, um zu bemerken, dass unter seinen Füßen eine der reichsten Silberadern Mexikos lag. Das Silber wurde im späten 17. Jh. entdeckt, und Alamos, die nördlichste Bergbaustadt des Landes und die wohlhabendste Stadt nördlich von Guadalajara, entwickelte sich innerhalb eines Jahrhunderts zu einer Stadt beträchtlicher Größe mit eigener Münze. Nach der Unabhängigkeit ging die Mine in die Hände der Familie Aldama über. Sie versuchte vor allem, ihren Besitz aus den politischen Wirren herauszuhalten; dem rasanten Verfall der Region musste sie allerdings hilflos zusehen. 1896 wurde die Münze geschlossen, und selbst die kurzzeitige Eisenbahnverbindung diente nur dazu, die Stadt noch schneller zu entvölkern. Bis gegen 1940 der Amerikaner **William Levant Alcorn** Häuser hier auf- und an seine Landsleute verkaufte, kümmerte der Ort vor sich hin. 1958 wurden eine Bank und eine kleine Landebahn eröffnet, und zwei Jahre später war die Teerstraße von Navajoa her fertig gestellt. Die heutige Bevölkerungszahl liegt bei 10 000. Inzwischen haben sich viele „Künstler" und Rentner aus den USA hier niedergelassen. Die amerikanische Kolonie lebt fast völlig isoliert von den Einheimischen, doch hat der Handelsaustausch Alamos zumindest vor dem traurigen Schicksal anderer ehemaliger Bergbaudörfer der Region bewahrt.

Die alte Bergbaustadt, die zum mexikanischen „Nationaldenkmal" erhoben wurde, besitzt eine schöne alte, mit Arkaden bestandene **Plaza** und eine elegante **Kirche** aus dem 18. Jh. Die meisten der alten Wohnhäuser sind von Amerikanern, die sich hier niedergelassen haben, aufgemöbelt worden und lassen den Ort irgendwie steril erscheinen.

Gegenüber der Plaza de Armas liegt das recht unterhaltsame **Museo Costumbrista de Sonora**, dessen Nachbau der Silbermine die Glanzzeit der Stadt veranschaulicht. ⏲ Mo–Fr 9–13 und 15–18 Uhr, Eintritt US$1.

Einige alte Häuser im andalusischen Stil, verschlossen und abweisend zur Straße hin, aber mit schönen, blumenbewachsenen Patios im Innern, sind wirklich sehenswert. Wem es nicht ausreicht, einen Blick durch offene Tore und in die Bars und Restaurants der zu Hotels umfunktionierten Häuser zu werfen, kann an einer einstündigen **Hausbesichtigungstour** teilnehmen, die jeden Samstag um 10 Uhr am Bankgebäude in der Alameda beginnt und zu einigen der schönsten Gebäude führt, Teilnahme US$8.

Es ist auch möglich, einen der Englisch sprechenden Fremdenführer anzuheuern, die vor der Touristeninformation auf Kundschaft warten, und sich durch die Stadt und hoch zu **El Cárcel** führen zu lassen; der Aufstieg zu dem kleinen, verwitterten Gefängnisgebäude, das vom Colina Guadalupe aus über die Stadt blickt, lohnt schon allein der Aussicht wegen. Beim Gefängnis gibt es Webarbeiten zu kaufen, die von Gefängnisinsassen hergestellt werden. Manche Guides bringen Interessierte auch zu **El Mirador**, dem schönsten Aussichtspunkt der Stadt, der einen herrlichen Blick über ganz Alamos bis hin zur Sierra Madre erlaubt.

Ende Januar findet in Alamos das alljährliche einwöchige **Festival Musical Ortiz Tirado** zu Ehren des verstorbenen Dr. Alfonso Ortiz Tirado (des „mexikanischen Pavarotti") statt. Zu diesem Anlass kommen Tausende Besucher her, und Unterkünfte sind schon weit im Voraus ausgebucht, also rechtzeitig reservieren.

Übernachtung

Billige Unterkünfte sind in Alamos dünn gesät, doch kann man ein paar schöne Hotels im Hacienda-Stil zu angemessenen Preisen finden. Außerhalb der Saison (Nov–Apr) Preisnachlässe bis zu 20%.

Los Amigos, Obregón 3, ✆ 647/428-1014, ✉ jmtoevs@ hotmail.com. Einladendes Gästehaus mit einem Café, Internet-Zugang, Kunstgalerie und Büchertausch; hier wird auch der *Alamos Newsletter* produziert. Geräumige, preiswerte Zimmer. Die dazugehörige Palapa ist toll, um bei Sonnenuntergang das Treiben auf dem Platz zu beobachten. ❻

Casa Encantada, Obregón 2, ✆ 647/428-5760. Wunderbare, 300 Jahre alte Villa mit modernisierten Zimmern, manche mit ac. ❻ Dem Besitzer gehört auch das ein bisschen teurere ***Hotel La Mansión***, gegenüber, mit Pool, Frühstück inkl. Juni–Sep geschlossen. ❻

Casa de los Tesoros, Obregón 10, ✆ 647/428-0400. Von der *Casa Encantada* hinter der Kathedrale hoch. Ehemaliges Kloster aus dem 18. Jh., mit Pool und wunderbaren Zimmern mit ac für den Sommer und Kamin für den Winter. Frühstück US$4. ❼

Enríque, Calle Juárez an der Plaza de Armas, ✆ 647/428-0280, komfortable und billige Zimmer rund um bepflanzten Innenhof. Das beste Budget-Hotel der Stadt, aber nur ein Zimmer mit eigenem Bad. ❸

Hotel La Posada, ✆ 647/428-0045, von der *Casa de los Tesoros* aus immer den Wegweisern nach. Luxuriös ausgestattete Apartments mit Küche und allen modernen Annehmlichkeiten für bis zu 6 Personen (die großen Apartments sind etwas teurer). ❻

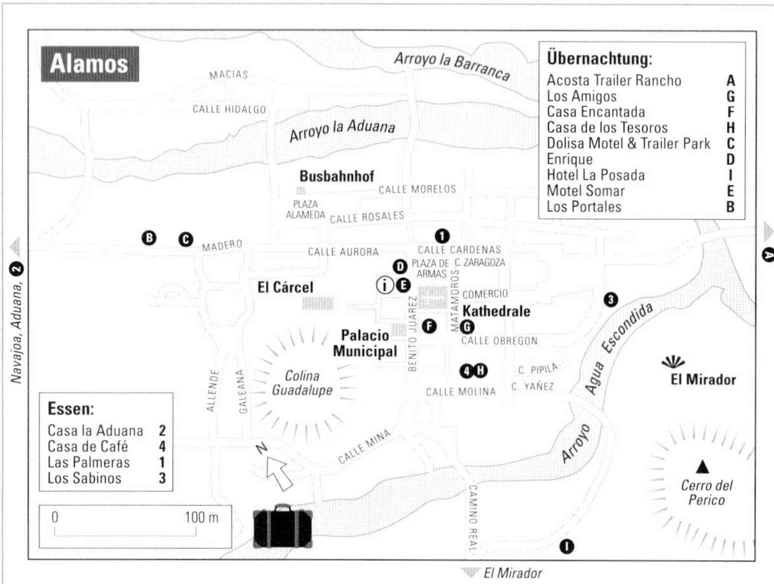

Motel Somar, ✆ 647/428-0195, am Ortseingang nahe dem *Dolisa*. Groß und kühl, dafür billig und sauber, Zimmer mit Bad und Ventilator. ❹

Los Portales, Calle Juárez an der Plaza de Armas, ✆ 647/428-0211. Liebevoll restaurierte Hacienda ehemals aus dem Besitz der Familie Aldama und heute Eigentum der Alcorns mit hübschen Zimmern rund um einen großen Patio, keine ac und kein Pool. ❺

Die Stadt hat auch zwei Trailer Parks:

Dolisa Motel and Trailer Park, ✆ 647/428-0131, günstig am Ortseingang gelegen, oft ausgebucht, ganzjährig geöffnet. Vermietet auch Zimmer. ❸–❹

Acosta Trailer Rancho, ca. 1 km östlich der Stadt, ✆ 647/428-0246, ⏲ Okt–Apr, mit Zeltplätzen und Pool. Hin gelangt man auf der Morelos nach Osten über den normalerweise trockenen Arroyo La Aduana und dann beim Friedhof nach links. ❷–❸

Essen

Die besten Restaurants in Alamos findet man in den eleganteren Hotels, insbesondere in der *Casa Encantada*, im ***La Posada*** und der ***Casa de los Tesoros***.

La Casa de Café, gegenüber dem *Hotel La Mansión,* sehr nett zum Frühstücken im Patio, mit ausgezeichnetem Kaffee und Kuchen.

Las Palmeras auf der Plaza serviert hervorragendes mexikanisches Essen zu sehr annehmbaren Preisen.

Los Sabinos ist sehr zu empfehlen für Steaks, den Schildern von der *Casa de los Tesoros* folgen.

Zahlreiche billigere Esslokale gibt es in der Umgebung des Marktes vor der Alameda, und wenn der fahrbare Taco-Stand ***Fortino's*** am Wochenende vor der Kathedrale Halt macht, lassen die Einheimischen die Restaurants links liegen.

Wer über ein eigenes Fahrzeug verfügt, kann die ***Casa La Aduana*** beehren, ein hoch gelobtes Speiselokal, in dem spanische und französische Gerichte mit einem mexikanischen Touch serviert werden. Ca. 4 km außerhalb an der Straße nach Novojoa; beim Reklameschild des Aduana auf die ungeteerte Straße in die Berge abbiegen; nach rund 2 km ist die Casa erreicht.

Sonstiges

GELD – ***Bancomer***, Rosales, hinter dem Park, mit Geldautomat.

INFORMATIONEN – Die sehr hilfreiche ***Touristeninformation*** an der Plaza de Armas, ✆ 647/ 428-0450, befindet sich im gleichen Gebäude wie das Hotel *Los Portales* direkt unter der Hotelveranda. ⏲ Mo–Fr 9–13 und 15–18, Sa und So 9–13 Uhr. Eine gute Informationsquelle ist auch Celsa im *Las Palmeras* oder *Los Amigos* (s. „Essen und Übernachtung").

INTERNET – ***Compuimagen,*** Morelos 37, ⏲ 7.30–23 Uhr, oder im *Los Amigos* (s. „Übernachtung").

POST – Am Ortseingang gegenüber dem *Dolisa Motel* und Trailer Park.

Transport

Der Busbahnhof befindet sich an der Morelos, Ecke Alameda. Busse von *TBC,* ✆ 647/428-0175, fahren 6x tgl. am Vormittag nach NAVOJOA, GUAYMAS und HERMOSILLO, und von dort am Spätnachmittag und Abend zurück.

Los Mochis und Umgebung

Von Norden kommend, erreicht man hinter der Grenze zum Bundesstaat Sinaloa **Los Mochis**, ein ödes, mit breiten Straßen versehenes, modernes Landwirtschaftszentrum. Das Zentrum der Stadt konzentriert sich um die Calle Hidalgo, zwischen Prieto und Leyva; ansonsten ist Los Mochis ein Knotenpunkt für den Auto-, Bahn- und Fährverkehr und vor allem der westliche Endpunkt der schönen **Kupferschluchtbahn** von Chihuahua herunter durch die Barranca del Cobre (s.S. 196). Wer mit der Fähre nach La Paz weiter möchte, muss zum 24 km entfernten Hafen von Topolobampo in Los Mochis aus- bzw. umsteigen. Näheres s.u., Transport.

Topolobampo, ein seltsamer Ort, der mit seiner grünen, zerfurchten Küstenlinie fast skandinavisch anmutet, ist zwar mit Wasser umgeben, doch der Ozean an sich bleibt unsichtbar. Die Fähre kommt durch einen schmalen Kanal herein und ist erst zu sehen, wenn sie schon fast angelegt hat. Badestrände gibt es hier leider nicht, aber vielleicht lässt sich ein Fischer dazu überreden, Besucher einmal um die Bucht zu schippern. Bei der Gelegenheit kann man dann auch schnell ins Wasser hüpfen. Die *Sociedad Cooperativa de Servicios Turisticos* veranstaltet Bootsfahrten zu den vorgelagerten Inseln, auf einigen leben Seelöwen.

Einheimische tummeln sich am liebsten an der **Playa Maviri**, in 10 Min. mit dem Bus zu erreichen, der in Los Mochis an der Av. Cuauhtémoc zwischen Zaragoza und Prieta abfährt. Direkt am Pazifikstrand liegt der noch ziemlich unberührte Ort **Las Glorias**. Übernachten und hervorragend essen kann man dort im *Hotel Cangrejo Moro*. Wer Las Glorias besuchen möchte, nimmt den Bus von Los Mochis Richtung Mazatlán und steigt nach etwa 1 1/2 Stunden in Guasave aus, hier muss man sich nach einem lokalen Transportmittel umsehen.

Warnung an Autofahrer

Insbesondere in der Umgebung von Culiacán ist besondere Vorsicht geboten, wo die Carretera 15 ein paar lebensgefährliche Abschnitte aufweist und es immer wieder zu Raubüberfällen auf Autofahrer kommt. Die neue, mautpflichtige Autobahn, auf der man die Bundesstraße umgehen kann, ist zwar gut zu befahren, nur leider sehr teuer und anscheinend ebenfalls bei Banditen beliebt. Davon abgesehen sollte man sich darüber im Klaren sein, dass in abgelegenen Gebieten Sinaloas Drogen angebaut werden. Natürlich ist hier jeder, der zufällig vorbei kommt, höchst unwillkommen; ein Abstecher von der Hauptstraße ist also nicht ratsam, und ans Trampen sollte man nicht einmal denken. Drogenfahndung ist der Grund für die außergewöhnlich vielen Straßenkontrollen.

Übernachtung

Da sich die Hoteliers von Los Mochis nicht um Kundschaft sorgen, sind viele Unterkünfte minderwertig.

Hotel Los Arcos, Allende 534 Sur, Ecke Castro, ✆ 668/812-3253, die billigste Unterkunft, jedoch keineswegs komfortabel zu nennen. ❸

Hotel Hidalgo, ✆ 668/818-3453, ✉ hhidalgo@imm.megared.net.mx, in der Hidalgo Pte. 260, zwischen Prieto und Zaragoza. Etwas besser in Schuss und den geringen Mehrpreis wert, v.a. für Gruppen von 2–4 Pers., die sich ein Zimmer teilen. ❹

Hotel Lorena, ✆ 668/812-0239, Obregón, Ecke Prieto. Wiederum eine Klasse besser; 50 mittelgroße Zimmer mit ac und TV. Auf Wunsch wird für die Zugreise ein Lunchpaket zusammengestellt; im Obergeschoss ein gutes, billiges mexikanisches Restaurant. ❺

Hotel Beltran, Hidalgo y Zaragoza, ✆ 668/812-0710, saubere Unterkunft, ähnlich wie das *Lorena.* ❺

Hotel Montecarlo, ✆ 668/812-1818, Flores, Ecke Independencia. Schlichte, saubere Zimmer um einen Patio; nach einem der größeren fragen, die sich preislich nicht von den kleineren unterscheiden. ❺

Hotel Fenix, ✆ 668/812-2623, ✉ hotelfenix@email.com, Hotel mit Café; gute Alternative, wenn die anderen Unterkünfte in dieser Preisklasse voll sind. ❺

Hotel Santa Anita, in der südwestlichen Ecke der Leyva und Hidalgo, ✆ 668/818-7046, 💻 www.mexicoscoppercanyon.com. Modernes, nüchternes Hotel, gehört denselben Leuten, die eine Reihe der nobleren Herbergen entlang der Kupferschlucht betreiben. Beherbergt ein recht teures Restaurant, eine Bar mit Live-Musik und ein Reisebüro. In der Nebensaison geringe Preisnachlässe, in der Hauptsaison oft mit Reisegruppen belegt. ❽

Essen

Es gibt jede Menge Restaurants in der Umgebung der Hotels und Busbahnhöfe, allerdings kein ausgesprochenes Gourmetlokal.

La Cabaña, Obregón, Ecke Allende, serviert hervorragende Tacos und Burritos. Filiale an der Zaragoza y Obregón.

Restaurante Pastelería Leon, Obregón 419, zwischen Leyva und Flores, bietet gutes Frühstück und kleine Gerichte in sauberer Umgebung.

Restaurante España, Obregón 525, ✆ 668/812-2335, spanisch-mexikanisches Restaurant für gehobene Ansprüche; entsprechende Preise.

El Taquito, Leyva, in der Nähe des Hotels *Santa Anita.* Sauberes, nicht gerade billiges Restaurant. Angeblich rund um die Uhr geöffnet.

El Farallón, Obregón, Ecke Flores, hier gibt es v.a. Meeresfrüchte, allerdings zu recht hohen Preisen.

Sonstiges

GELD – ***Banamex,*** Guillermo Prieto, Ecke Hidalgo, wechselt Travellers Cheques, ⌚ Mo–Fr bis 14 Uhr. Verfügt auch über einen Geldautomaten, ebenso wie die ***Banorte*** an der Leyva. ***Banca Serfin,*** Leyva, Ecke Independencia, ebenfalls mit Bargeldautomat.

Im Reisebüro ***Viajes Aracely,*** Obregon 471, ✆ 668/812-2084, 📠 8158787, ✉ ventasaracely@viajesaracely.com, werden ***American Express***-Angelegenheiten erledigt; außerdem helfen die Angestellten mit Rat und Tat in Sachen Bahnfahrt. ⌚ Mo–Fr 8.30–19, Sa 8.30–14 Uhr.

INFORMATIONEN – ***Touristeninformation*** im Gebäude der Unidad Administrativa, Allende, Ecke Cuauhtémoc, ✆ 668/812-6640, ⌚ Mo–Fr 9–15 Uhr.

INTERNET – ***Hugo's Internet,*** zwei Querstraßen von der Citibank auf der Leyva, gleich hinter der Obregón, sowie ***Multicom,*** am Busterminal *Pacífico,* ⌚ tgl. 8.30–21 Uhr.

POST – In der Ordoñez, zwischen Zaragoza und Prieto, ⌚ Mo–Fr 9–14 und 16–18, Sa 9–13 Uhr.

Transport

Die **Busbahnhöfe** von *Pacífico* und *Estrellas del Pacífico* liegen nebeneinander an der Morelos, zwischen Zaragoza und Leyva.

Die Busbahnhöfe von *Tres Estrellas* und *Elite* befinden sich in der Santos Degollado, zwischen Júarez und Morelos. Beide Busbahnhöfe sind von den meisten Hotels und Restaurants im Zentrum bequem zu Fuß zu erreichen.

Der **Bahnhof** liegt 3 km außerhalb der Innen-

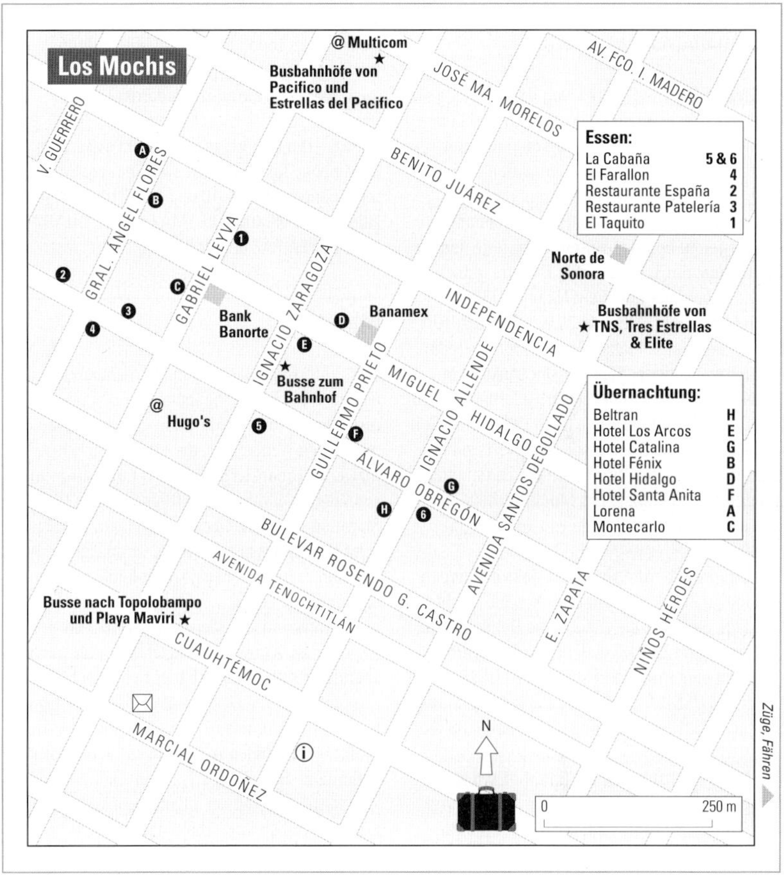

stadt, und obwohl zahlreiche Busse (Aufschrift „Colonia Ferrocarril") an der Zaragoza, zwischen Hidalgo und Obregón dorthin abfahren, ist nicht gewährleistet, dass man mit ihnen rechtzeitig für die Abfahrt des Zuges nach Chihuahua um 6 Uhr oder zur Ankunft des Zuges spät nachts den Bahnhof erreicht.

Passagierzüge befahren nur die Strecke Chihuahua–Los Mochis. Die **Fähre** legt vom 24 km entfernten Topolobampo ab, und obwohl die Chihuahua-Bahnlinie bis dorthin führt, werden ab Los Mochis keine Passagiere mehr mitgenommen.

BUSSE – Vom *Tres Estrellas*- und *Elite*-Terminal fahren mehr 1. Klasse-Busse als von den anderen Gesellschaften ab; oftmals sind es *de paso*-Busse, in denen man möglicherweise keinen Sitzplatz bekommt. Da aber ungefähr jede halbe Stunde Busse nach Norden und Süden durchkommen, dürfte die Wartezeit nicht allzu lange sein. Nach:
GUAYMAS alle 30 Min. (US$13, 5–7 Std.),
MAZATLÁN alle 30 Min. (US$23, 7 Std.),
NAVOJOA alle 30 Min. (US$7, 2–3 Std),
TIJUANA alle 30 Min. (US$70, 19 Std.),
TOPOLOBAMPO alle 15 Min. (40 Min.).

Eine Fahrkarte nach HERMOSILLO kostet US$20, nach GUADALAJARA US$50.

EISENBAHN – Die Strecke Nogales–Guadalajara wird von Passagierzügen nicht mehr bedient, doch eine Fahrt mit der **Kupferschluchtbahn** zwischen Los Mochis und Chihuahhua ist und bleibt ein Erlebnis (s.S. 196, Kupferschlucht-eisenbahn), auch wenn die Preise empfindlich angezogen haben. Tgl. fahren zwei Züge nach **Chihuahua**: der 1. Klasse-Zug *Primera* (oder Estrella, Vista oder schlicht Nummer 73) um 6 Uhr (Ankunft in CREEL 14.30 Uhr, CHIHUAHUA 20 Uhr) und der 2. Klasse-Zug *Económica* (oder Mixto bzw. Nummer 75) um 7 Uhr (Ankunft in Creel 17 Uhr, Chihuahua 24 Uhr), allerdings ist zu beachten, dass diese Züge nach **Chihuahua-Zeit** verkehren – eine Stunde später als Ortszeit in Los Mochis – daher differieren die Zeitangaben auf den gedruckten, in Los Mochis erhältlichen Fahrplänen um eine Stunde von den hier genannten.

Es ist auch zu berücksichtigen, dass der zweite Zug einige der schönsten Strecken bei Nacht zurücklegt, daher ist die zusätzliche Geldausgabe für den ersten Zug wirklich überlegenswert. Die Fahrt mit dem Primera kostet derzeit US$58 bis Creel und US$107 nach Chihuahua; der 2. Klasse-Zug US$31 bis Creel und US$57 nach Chihuahua.

Der **Fahrkartenschalter** am Bahnhof, wo am selben Tag Tickets für beide Züge verkauft werden, öffnet um 5 Uhr; Tickets für den Primera werden auch schon einen Tag vor Fahrtantritt bei *Viajes Flamingo*, ✆ 668/812-1613, 🖳 www.mexicoscoppercanyon.com, im *Hotel Santa Anita* in Los Mochis (s. „Übernachtung"), verkauft, oder im Reisebüro *Viajes Aracely* (s. „Geld").

FÄHREN – Die Fähre nach LA PAZ (9–10 Std.) auf Baja California läuft tgl. außer So um 22 Uhr am 24 km entfernten Hafen von **Topolobampo** aus. Fahrkarten sind an Bord erhältlich, aber es ist sicherer, sie im Voraus zu kaufen und sich über die aktuellen Abfahrtszeiten zu informieren. Derzeit wird diese Strecke nur von *Bajaferries* bedient. Die Tickets kosten US$23 für Salon, US$69 für Cabina und US$180 für einen kleinen Pkw. Bajaferries hat ein Büro am Hafen von Tobolobampo, ✆ 668/862-0503.

Busse nach Topolobampo (40 Min.) fahren viertelstündlich von der Haltestelle in der Cuauhtémoc, zwischen Zaragoza und Prieta ab.

FLÜGE – Der Flughafen liegt 17 km außerhalb, 20 Min. per Taxi. Keine Busverbindung. Schalteröffnungszeiten: 8–10 und 14–17 Uhr. Einige Flüge nach MÉXICO D.F., MAZATLÁN, GUADALAJARA, LA PAZ und TIJUANA.

Mazatlán

Mazatlán liegt rund 400 km südlich von Los Mochis; unterwegs passiert man fruchtbares Ackerland und die Bundeshauptstadt von Sinalo, Culiacan. Etwa 20 km vor Mazatlán überquert man den nördlichen Wendekreis, der einen plötzlichen Klimawechsel markiert: Während Culiacán in einer gemäßigten landwirtschaftlichen Zone liegt, ist Mazatlán eine Tropenstadt, wo einem die feuchte Schwüle anfangs fast den Atem verschlägt. Im Winter kann es hier allerdings recht kühle, wolkenverhangene Tage geben.

Architektonische Meisterwerke oder ein großes Angebot an Aktivitäten bietet Mazatlán nicht – aber dafür kann man sich hier richtig wohl fühlen. Die Stadt hat ihr Gesicht über die Jahre hinweg kaum verändert, was u.a. ihrem Status als Mexikos größter Pazifikhafen zu verdanken ist. Da Mazatlán außerdem auf einer schmalen Halbinsel liegt, konnte sich viel von der alten, engen, traditionellen Kolonialatmosphäre erhalten. Die neuen Straßen voller Hotels mögen den Touristen gehören, aber alles in allem ist Mazatlán weniger von Besuchern geprägt als Acapulco oder Puerto Vallarta. Die meisten Touristen bleiben in der Zona Dorada, der Goldenen Strandzone, und kommen nur zu Stippvisiten in die Stadt.

Die Stadt

Wie es sich für eine richtige mexikanische Stadt gehört, bildet auch in Mazatlán der **Zócalo** das Geschäftszentrum der Stadt. Abgesehen von der etwas stillosen, bunten Kathedrale säumen Verwaltungsgebäude, das Postamt, Niederlassungen der großen Banken und Reisebüros den Platz. An jedem Sonntag von 18–20 Uhr werden auf dem Zócalo folkloristische Tänze und Lieder dargeboten (Eintritt

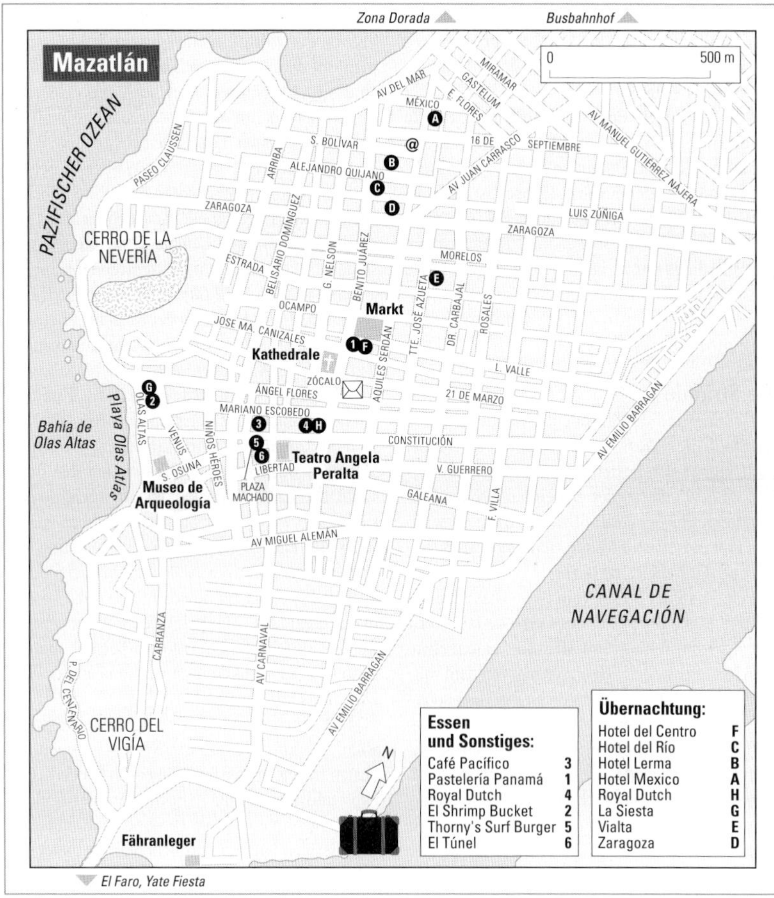

frei), aber auch sonst geht es hier lebhaft zu. Der **Markt** lohnt ebenso einen Abstecher wie die restaurierte **Plaza Machado**, die von schönen Gebäuden aus dem 19. Jh. umgeben ist – darunter das **Teatro Ángela Peralta**, in dem häufig interessante Veranstaltungen oder Ausstellungen stattfinden. In unmittelbarer Nähe des Platzes, an der Constitución, liegt die **Casa Machado**, ein interessantes Museum, welches das Leben im Mazatlán des 19. Jhs. zum Inhalt hat; 🕓 tgl. 10–18 Uhr, US$2. Ein paar Blocks entfernt in Richtung Olas Altas, in der Sixto de Osuna 76, befindet sich das kleine **Museo de Arqueología**, 🕓 Di–So 10–13 und 16–19 Uhr, US$2.

Sehr interessant ist ein Besuch im **Aquarium**, Avenida de los Deportes 111, ✆ 669/817-8151, auf halbem Wege zwischen Innenstadt und Zona Dorada, im Dreieck zwischen Avenida del Mar, Avenida de los Deportes und Carretera Internacional del Norte, 🕓 tgl. 9.30–18.30 Uhr, Eintritt US$5, Kinder die Hälfte. In Abständen von 30–90 Min. werden alle möglichen Shows geboten und außerdem Filme zu Themen rund ums Meer gezeigt. Ein Souvenirladen und kleiner Kiosk befinden sich im Garten. Am einfachsten kommt man mit dem Taxi oder Pulmonías (Pick-ups) hin, auf dem Umweg übers Zentrum auch mit dem Sábalo-Bus oder zu Fuß vom Malecón.

Von den Hügeln **Cerro del Vigia** und **Cerro la Nevería** hat man einen herrlichen Blick auf die Stadt. Wer nicht zu Fuß hinaufkraxeln will, nimmt eine Pulmonía oder ein Taxi. Hübsch ist auch die Aussicht vom jederzeit zugänglichen Leuchtturm **Faro de Crestón** am Südrand der Stadt, auf den man allerdings nur zu Fuß gelangt. Auf der **Plaza de Toros**, Rafael Buelna, werden im Winter, meistens am Sonntag um 16 Uhr, Stierkämpfe abgehalten; Eintritt ca. US$5.

Die Strände

Im Grunde sind die Strände die Hauptattraktion der Stadt. Der **Playa Olas Altas**, direkt vor der Stadt, eignet sich bestens, um den Sonnenuntergang zu bewundern oder den einheimischen Kindern beim Spielen zuzusehen, aber zum Schwimmen gibt es bessere Strände, denn hier ist es steinig, und die Wellen sind hoch.

Folgt man der Straße vom Playa Olas Altas die steinige Küste unterhalb des Cerro de la Nevería entlang, kommt man zum **Mirador**, einem etwas über 10 Meter hohen Felsvorsprung, von dem waghalsige einheimische Jugendliche ins Meer springen. Es ist bei weitem nicht so spektakulär wie das Tieftauchen in Acapulco, aber gefährlich genug. Vorführungen finden statt, sobald sich eine Zuschauergruppe versammelt hat, im Allgemeinen – vor allem im Sommer und während der Semana Santa – gegen 10 oder 11 Uhr und am späten Nachmittag gegen 17 Uhr.

Um von hier zu den nördlichen Stränden zu gelangen, muss man zurück ins Zentrum oder zu Fuß an der Küste entlangwandern (die Busse befahren eine andere Strecke). Es ist auch möglich, einen der Busse an der Playa Olas Altas zu nehmen.

Die ungeschützte **Playa Norte** ist zwar zum Sonnenbaden und für eine kurze Abkühlung durchaus geeignet, doch es lohnt sich, noch weiter nach Norden zur **Zona Dorada** zu fahren. Unterwegs passiert man ein weißes Märchenschloss, das ganz profan eine Discothek beherbergt – ein beliebtes Ansichtskartenmotiv.

In der Umgebung von **Sábalo**, ein Stückchen in die Zona hinein, sind die Strände einladender. Die Strände vor den Hotels sind sauber und durch kleine, vor der Küste liegende Inseln geschützt, die man mit dem Boot besuchen kann. Weiter abseits sind sie unberührter. Aber auch die belebteren Strände haben ihre Vorteile – sie sind nie überfüllt, denn die meisten Leute bleiben an den Pools. Trotzdem ist immer etwas los: Wasserski, Segeln, Parasailing mit Motorbooten usw. Eine hübsche, auch für Kinder geeignete Badebucht befindet sich z.B. hinter dem Hotel *Camino Real.* Von den Artesanía-Märkten und Einkaufszentren ist keines so kitschig wie *Sea Shell City*, wo Rodolfo Loaiza ein zweistöckiges Kaufhaus voller Muscheln betreibt, das sich selbst als Museum bezeichnet und auf jeden Fall einen Abstecher lohnt.

Die Busse fahren weiter gen Norden und erreichen endlich ein Gebiet, das weniger dicht bebaut ist. Unterwegs kann man sehen, wie schnell Mazatlán wächst. Vor der Endstation der Busse sollte man darauf achten, dass man irgendwo aussteigt, von wo aus der Strand erreichbar ist. Oft führt der einzige Weg durch eine Siedlung von Apartmenthäusern oder Villen mit bewachten Einfahrten. Busse mit der Aufschrift „Cerritos" können in der Avenida del Mar beim *Fiestaland* angehalten werden; sie fahren an Cerritos vorbei, und manche kehren ca. 20 Minuten nach der Zona an der Playa Escondida um.

Wer einen wunderbar ruhigen Strand sucht, sollte sich noch weiter nach Norden begeben. Am besten fragen, ob der Bus tatsächlich bis Playa Cerritos und Playa Bruja – noch einsamer und toll zum Schwimmen – fährt. Diese Strände sind unter den hiesigen Surfern sehr beliebt. Dort bietet sich auch die Möglichkeit, auf dem Rücken eines Pferdes am Strand entlangzutrotten: bei *Ginger's Bilingual Horses,* Playa Bruja, ✆ 669/922-2026, US$18 pro Std., So geschlossen. Ein paar Restaurants servieren Fisch und Meeresfrüchte, und die eine oder andere Strandkneipe lädt zu einem kalten Getränk ein. Die wenigen länger im Bus verbrachten Minuten zahlen sich aus. Busse mit der Aufschrift „Sábalo" fahren vom Markt in der Calle Juárez die Avenida del Mar hoch und durch die Zona Dorada bis zum letzten Hotel und kehren dann um.

Vom Strand neben der Fähranlegestelle von Mazatlán aus werden zwischen 5–19 Uhr alle zehn Min. kurze Bootsfahrten zur südlich gelegenen **Isla de la Piedra** angeboten. Sie ist eigentlich keine Insel, sondern eine lange Halbinsel. Hier gibt es einen kilometerlangen, palmengesäumten Strand, der sich wunderbar zum Schwimmen eignet – allerdings nach Rochen Ausschau halten. Neben der Fähranlegestelle fahren Fischerboote für 8 Pesos (Hin- und Rückfahrt) zur Halbinsel.

Übernachtung

Während der Semana Santa und der mexikanischen Schulferien empfiehlt es sich dringend, ein Hotelzimmer zu reservieren. Fast alle preiswerteren Hotels liegen im Stadtzentrum, v.a. in der Nähe des Marktes. Einige befinden sich auch in der Umgebung des Busbahnhofs – eine zwar günstige Lage für Busse und Strände, aber nicht gerade der hübscheste Teil der Stadt. Die anspruchsvolleren Hotels befinden sich ausnahmslos in der Zona Dorada, aber selbst hier kann man außerhalb der Hochsaison, v.a. in den älteren Häusern und in den Randbezirken, ein preiswertes Zimmer finden.
Bei längeren Aufenthalten wird häufig eine Ermäßigung gewährt. Für Gruppen gibt es preisgünstige Apartments.

ALTSTADT – ***Hotel del Centro,*** Canizales 705 Pte., gegenüber der Kathedrale, ✆ 669/981-2673. Große, saubere Zimmer mit Bad. ❹
Hotel del Río, Juárez, Ecke Quijano, kein Telefon. Nett und sauber, allerdings sind manche Zimmer kaum größer als ein Bett. ❸
Hotel Lerma, Bolivar, zwischen Serdán und Juárez, ✆ 669/981-2436. Preisgünstigstes Hotel in der Altstadt. Geräumige, saubere Zimmer rund um einen großen Hof mit Parkplatz; sehr hilfsbereite Angestellte. ❷ Im Café auf der gegenüberliegenden Straßenseite gibt es gutes, billiges Frühstück und Comida corrida.
Hotel México, México 201, Ecke Serdán, ✆ 669/981-3806. Freundlich, sauber und nahe am Meer. Die Zimmer könnten größer sein. Nach einem Zimmer fragen, das nicht an der lauten Straße liegt. ❸
Royal Dutch, Juárez, zwischen Escobedo und Constitución, ✆ 669/981-4396. Nahm seinen Anfang als Café und ist inzwischen ein begehrtes Gästehaus mit drei sauberen, heimeligen Zimmern. Großes Frühstück, Kaffee und Tee sowie Nachmittagstee mit Gebäck inkl. Mindestens zwei Wochen im Voraus reservieren. ❻
La Siesta, Olas Altas 11 zwischen Ángel Flores und Escobedo, ✆ 669/981-2640. Hübsches altes Hotel mit Privatbalkonen und Blick aufs Meer; die Nachteile sind kleine Zimmer und die Geräuschkulisse vom benachbarten Restaurant *El Shrimp Bucket* bis in den späten Abend. ❺
Vialta, Jose Azueta 2006, ungefähr drei Blocks nördlich des Marktes, ✆ 669/981-6027. Einfache, aber annehmbare Zimmer um einen Innenhof, einige mit ac. ❸
Zaragoza, Zaragoza 217, zwischen Serdán und Juárez, ✆ 669/912-5489. Viel darf man von der billigen Unterkunft nicht erwarten, doch die Zimmer mit Ventilator und Bad sind sauber. ❸

BEIM BUSBAHNHOF – ***Emperador,*** Río Panuco, gegenüber dem Busbahnhof, ✆ 669/982-6724. Saubere, nette Zimmer mit TV und ac. ❸
La Fiesta, Esperanza, ✆ 669/981-7888, große, saubere Zimmer, allerdings sehr einfach. ❸
Motel Acuario, Av. del Mar 1196, in der Nähe des Aquariums am Weg zur Zona Doradam ✆ 669/982-7558. Spartanische Zimmer ohne ac; Pool. ❹
Sands Hotel, Av. del Mar 1910, vom Busbahnhof die Straße hinunter zum Strand, ✆ 669/982-0000. Motel mit Pool und Meerblick; außerhalb der Saison erhebliche Preisnachlässe. ❻
Santa María, Ejército Mexicano, ✆ 669/982-2304. Vom Busbahnhof die Straße hoch. Groß und funktional, gute Zimmer mit TV. ❸

ZONA DORADA – ***Apartamentos Fiesta,*** Rio Ibis 502, ✆ 669/916-5355. Mitten in der Zona, in der Nähe der Playa Gaviotas, drei Blocks landeinwärts vom Hotel *Balboa Towers.* Einfache, sehr preisgünstige Apartments und Studios für 4–6 Pers. in einer Gartenlandschaft. In der Hauptsaison nur wochenweise zu mieten, sonst auch pro Nacht. ❸
Del Real Suites, Av. del Mar 1020, ✆ 669/983-1955. Parkplatz, ac, Kabel-TV, Pool. Apartments für bis zu 7 Pers. mit / ohne Küchenzeile, auch große DZ, z.T. mit Balkon. Günstige Wochenmieten. ❻
Los Girasoles, Gaviotas 709, neben *Café Loma,* ✆ 669/913-5288, ✉ mazatlanrental@hotmail.

com. Riesige Zimmer mit ac und Kochnische, in einer ruhigen Straße gelegen. Pool. In der NS 50% Preisnachlass. ❼

Inn at Mazatlán, Camarón Sábalo 6291, ✆ 669/913-5500. Exklusiver (zumindest nach einheimischem Standard) Komplex mit Hotel und Ferienwohnungen unterschiedlicher Größe. Sehr gutes Preis-Leistungs-Verhältnis für Familien und Gruppen. ❽

Las Jacarandas, Av. del Mar 2500, ✆ 669/984-1177, am Eingang zur Zona, kleiner Pool direkt an der vielbefahrenen Strandstraße, ziemlich mitgenommen und dunkel, manche Zimmer mit ac und Meeresblick. ❹

Motel Marley, Gaviotas 226, ✆ 669/913-5533. Gemütliche Zimmer in kleinem Motel in herrlicher Strandlage. Pool. Ziemlich teuer, aber man wird kaum eine viel billigere Unterkunft am Meer finden. ❼

Trailer Park Playa Escondida, Playa Escondida, ✆ 669/988-0077. Kurz vor der Endstation der Buslinie, daher wohl für ein paar Jahre vor der Erschließung als Bauland sicher. Ruhige Lage. Vermietet auch Bungalows mit Kochnischen. ❹

Trailer Park Rosa Mar, Camarón Sábalo 702, ✆ 669/983-6187. Näher beim Geschehen und scheinbar von Bestand.

Essen und Unterhaltung

Die authentischeren Restaurants mit den niedrigeren Preisen befinden sich in der Altstadt, aber wer sich an der englischen Speisekarte und den in Dollars angegebenen Preisen nicht stört, kann auch in der Zona preiswert essen.

Absolute Tiefstpreise bieten die lauten Restaurants im Obergeschoss des **Marktes**, Melchor Ocampo, Ecke Juárez. Die einfachen Lokale entlang der Playa Norte servieren Fisch zu fairen Preisen.

ALTSTADT – ***Altazar Ars Café***, Constitución, an der Plaza Machado. Hamburger, Tacos und andere kleine Gerichte; verwandelt sich abends in einen Rock- und Blues-Club mit Bar und Live-Musik (tgl. außer So).

Ambrosia, Belisario Domínguez, Höhe Sixto Osuna, nahe Plaza Machado. Große Auswahl vegetarischer Gerichte nach mexikanischer Art zu fairen Preisen. Am Wochenende Reservierung empfohlen.

Café Pacífico, Constitución 501, Ecke Heriberto Frías. Eine Art mexikanisch-europäische Kneipe, in der auch kleine Gerichte und Kaffee serviert werden. Hier kann man bis gegen 2 Uhr morgens gemütlich sitzen, es geht nicht so raubeinig zu wie in manchen anderen Lokalen.

Jade, Morelos, Ecke 5 de Mayo. Wahrscheinlich das einzige chinesische Restaurant im Zentrum und gar nicht schlecht.

El Jardín, das Café unter der Tribüne am Zócalo, gut zum Frühstücken und Kaffeetrinken. Auch Tische im Freien.

Machado, Sixto Osuna 34, auf der Plaza Machado. Köstliche Fisch-Tacos und hervorragend dafür geeignet, bei einem Bier das Geschehen auf der Plaza Machado zu beobachten.

Marismeña, Olas Altas, einen Block entfernt von *El Shrimp Bucket*. Serviert vermutlich das beste Seafood in dieser Ecke der Stadt, leider keine Sitzgelegenheit im Freien.

Pastelería Panamé, Juárez, Ecke Canizales, an der Ecke gegenüber der Kathedrale. Restaurant und Cafetería im Schnellrestaurant-Stil. Gutes Frühstück, aber nicht gerade billig.

Royal Dutch, Juárez 1307, zwischen Escobedo und Constitución, unschwer zu erkennen an der Windmühle, hat einen niederländischen Besitzer und bietet hervorragende Kuchen, Snacks und Mahlzeiten im gemütlichen Patio, außerdem Eier, Bratkartoffeln und Toast für Gäste, denen der Sinn nicht nach Apfelstrudel oder Zimtschnecken steht. An manchen Wochenenden Live-Musik. ◷ bis 20 Uhr, Juli–Sep geschlossen.

El Shrimp Bucket, neben dem *Hotel Siesta*, Olas Altas 11, zw. Ángel Flores und Escobedo. Eines der ältesten und bekanntesten Restaurants in Mazatlán. Wenn auch vergrößert und auf eleganter getrimmt, hat es immer noch Atmosphäre. Gute, nicht gerade billige Kost.

El Túnel, gleich gegenüber vom Teatro Angela Peralta, möglicherweise das beste mexikanische Restaurant von Mazatlán, bei Einheimischen und Touristen gleichermaßen beliebt. Ausgezeichnetes Essen und Kaffee, aber kein Bier (Gäste dürfen selbst eines mitbringen). ◷ tgl. 12–24 Uhr. Filiale in der Zona Dorada an der Sábalo, nahe dem *Holiday Inn*.

ZONA DORADA – ***Anthony's*, Gaviotas** L-39. Nettes Lokal, serviert gute mexikanische Gerichte und ebensolches Seafood zu vergleichsweise günstigen Preisen mitten im Getümmel der Zona Dorada.

Los Arcos, Camarón Sábalo, gegenüber dem *Holiday Inn*, ✆ 669/913-9577. Das überwiegend mexikanische Publikum weiß, dass hier köstliches Seafood aufgetischt wird.

Arre, LuLu de las Garzas 18. Weniger überlaufenes Fischrestaurant, das preiswerte Getränke bietet. Außerdem traditionelle mexikanische Gerichte – ein Frühstück mit Eiern, Bohnen, Tortillas, Saft und Kaffee kostet unter US$3.

Casa Loma, Gaviotas 104, ✆ 669/983-5398. Abgeschiedenes Restaurant im Kolonialstil, ideal für einen romantischen (und kostspieligen) Abend. Vorbestellungen ratsam. Ende Aug–Ende Sep geschlossen.

Coral Reef Terrace, neben dem *Coral Reef Hotel* nahe der Gaviotas, direkt am Strand. Sehr begehrtes Touristenlokal, aber ein gutes Plätzchen zum Essen oder auch nur für einen Sundowner. Die Wartezeit aufs Essen kann man mit einem Bad im Pool verkürzen.

Fiestaland, Avenida del Mar, Ecke Buelna, am äußeren Ende der Küstenstraße. Einem Märchenschloss ähnliches Gebäude im griechisch-andalusischen Stil, das mehrere gemeinsam geführte Nachtclubs, Discos und Bars beherbergt. Recht hohe Eintrittsgebühr.

No Name Café, Gaviotas, wenige Schritte vom Sea Shell-„Museum" entfernt. Sonderangebote (auch für Frühstück), jedoch am besten geeignet, um bei einem kühlen Bier die Sportereignisse im TV zu verfolgen. Party-Atmosphäre. Eines von vielen Cafés dieser Art.

Sonstiges

AUTOVERMIETUNGEN – Es gibt Dutzende Autovermietungen, u.a. ***National***, Camarón Sábalo 7000, ✆ 669/913-6000; ***Budget***, Camarón Sábalo 402, ✆ 669/913-2000; ***Hertz***, Camarón Sábalo 314, ✆ 669/913-6060.

GELD – Hauptbüro von ***Banamex*** in der Juárez, Ecke Ángel Flores, am Zócalo, ⌚ 9–14 Uhr, hat die längste Öffnungszeit und den besten Kurs. Die meisten Geschäfte, Restaurants und Hotels in der Zona nehmen Dollars, allerdings oft zu einem schlechten Kurs. Geld in einer der **Casas de Cambio** in der Touristenmeile zu wechseln, zahlt sich eher aus. Außerdem gibt es die ***Citibank***, Camarón Sábalo 1312. ***American Express***, Camarón Sábalo, Plaza Balboa, in der Zona, ✆ 669/913-0600. Schlechter Wechselkurs für Reiseschecks, aber Postannahmestelle für AE-Karteninhaber. ⌚ Mo–Fr 9–13 und 16–18, Sa 9–13 Uhr.

HONORARKONSULAT – **Deutschland**: zuständig für **Sinaloa**: Av. Playa, Gaviotas 212, Zona Dorada, 82110 Mazatlán, ✆ 669/9149-310, 📠 9143422.

INFORMATIONEN – Die ***Touristeninformation***, ✆ 669/916-5160, befindet sich im Edificio Banrural, Av. Camarón Sábalo, gegenüber vom *Hotel Quijote*. Das hilfsbereite Personal spricht Englisch und hat viele Broschüren auf Lager, darunter *Viejo Mazatlán* mit einer Liste aktueller kultureller Veranstaltungen. Hin mit dem blauen „Sábalo"- sowie „Playa Sur"-Bus oder zu Fuß. ⌚ Mo–Fr 9–14 und 16–19 Uhr.

INTERNET – Die preiswertesten Internet-Cafés gibt es in der Altstadt. Am besten ist die ***Casa Mayte***, Aquiles Serdán 2435, um die Ecke vom Hotel *Lerma*, die für eine Stunde surfen nur etwas über US$1 verlangt. Eine weitere Möglichkeit bietet ***Juan Carlos Ríos***, an der Angel Flores Nr. 810. Zahlreiche Anbieter finden sich im Zentrum der Zona Dorado, doch die meisten sind kostspielig und berechnen US$4–8 pro Std.

NOTRUF – ***Cruz Roja***, Gutiérrez Najéra, Ecke Obregón, ✆ 669/981-2225, kostenloser Transport zu lokalen Krankenhäusern.

POLIZEI – ✆ 669/983-4510 oder 066 in Notfällen.

POST – Juárez, Ecke 21 de Marzo, ✆ 669/981-2121, ⌚ Mo–Fr 8–18 und Sa 9–13 Uhr. Postlagernde Sendungen an *Lista de Correos*, Administración Postal Nr. 1, Centro, Benito Juárez y 21 de Marzo, Mazatlán, Sinaloa, CP 82001, Mexico, werden 10 Tage lang aufbewahrt.

REISEBÜROS – ***Turismo Coral,*** 5 de Mayo 1705, nordwestlich des Zócalo, ✆ 669/981-3290, ◷ Mo–Fr 8–19 und Sa 8–14 Uhr.

SPANISCHSCHULEN – ***Centro de Idiomas,*** Belisario Domínguez 1908, ✆ 669/982-2053, ✉ languagecenter@compuserv.com, veranstaltet 1–4-wöchige Sprachkurse ab US$100. Außerdem Vermittlung von Unterkünften in mexikanischen Familien.

TELEFON – Telefone für nationale und internationale Ferngespräche findet man überall in der Stadt (an einem Zeitungsstand eine Telefonkarte kaufen), im Busbahnhof an der Serdán 1512 im Zentrum (◷ 24 Std.) und in der Zona.

TOUREN UND AKTIVITÄTEN – ***Yate Fiesta,*** ✆ 669/985-2237 oder 985-2238, bietet Di–So um 11 Uhr 3-stündige Hafenrundfahrten, US$10 p.P.
Pronatours, Gaviotas, Ecke Sábalo, mit Zweigstelle im *El Cid Hotel,* ✆ 669/913-3333, Anschluss 3490, 💻 www.elcid.com, bietet diverse Natur-, Kultur- und Abenteuertouren in und um die Stadt sowie zu den vorgelagerten Inseln (jeweils ca. US$35 p.P.).
Mazatlán Surf Center, Sábalo, nahe Gaviotas, ✆ 669/913-1821, verleiht Surfbretter für US$30 pro Tag. Jetski, Katamarane und Boote können üblicherweise ohne Voranmeldung am Strand gemietet werden. Scooter und ATVs für Ausflüge innerhalb der Stadt (nicht jedoch auf den Stränden) werden an der Sábalo neben dem *Hotel Palmas* verliehen (US$60–100 pro Tag); ◷ tgl. 9–20 Uhr.

TOURISTENPOLIZEI – Av. Rodolfo Loaiza 100, im Einkaufszentrum gegenüber vom Hotel *Los Sábalos* an der Küstenstraße, ✆ 669/914-3222, hilft Touristen in Not, z.B. bei Diebstahl oder Unfall.

WÄSCHEREIEN – ***Lavafácil,*** gegenüber vom Busbahnhof neben dem *Hotel Fiesta;* außerdem im Puebla Bonita-Komplex und im Zentrum.

Nahverkehrsmittel

Innerhalb von Mazatlán gibt es sehr gute Busverbindungen. Die Innenstadt durchquert man bequem zu Fuß; zwischen dem Zentrum und dem Touristenhotelviertel, das sich 15 km nach Norden an der Küstenstraße entlang erstreckt, verkehren jede Menge Taxis, Busse und kleine, offene Pick-ups (Pulmonías). Letztere verlangen die gleichen Preise wie Taxis, der Fahrpreis muss ebenfalls vor dem Einsteigen ausgehandelt werden. Will man zur Zona Dorada, geht man vom Busbahnhof bergab und steigt in einen Bus mit der Aufschrift „Sábalo“.

Transport

BUSSE – Der Busbahnhof von Mazatlán liegt an der Carretera, die Tijuana und Mexicali im Norden mit Guadalajara und México D.F. im Süden verbindet. Im Busbahnhof gibt es eine Gepäckaufbewahrung und Telefone.
Busse aller größeren Gesellschaften unterhalten ab 6.30 Uhr etwa stdl. *de paso*-Busse nach Norden und Süden, z.B. *Transportes Norte de Sonora, Tres Estrelles de Oro, Elite,* alle ✆ 669/981-3811, und *Transportes del Pacífico,* ✆ 669/982-0577. Z.B. nach
CULIACÁN alle 30 Min. (4 Std.),
GUADALAJARA alle 30 Min. (9 Std.),
LOS MOCHIS alle 30 Min. (7 Std.),
SAN BLAS 2x tgl. (4 Std.),
TEPIC alle 30 Min. (4 Std.),
TIJUANA alle 30 Min. (26 Std.).
Nach DURANGO 13x tgl. (6 Std.) mit *Estrella Blanca,* ✆ 669/981-5381, und *Transportes Frontera.*

Zum **Busbahnhof** gelangt man mit einem der Busse mit der Aufschrift „Sábalo“ von der Juárez beim Markt an der Küste entlang und dann noch 300 m zu Fuß auf der Espinoza.
Vor dem Busbahnhof warten Taxis und Pulmonías. Um mit öffentlichen Verkehrsmitteln vom Busbahnhof in die Stadt zu gelangen, geht man nach oben zur Hauptstraße und steigt in fast jeden beliebigen Bus, der nach rechts fährt – sie fahren auf verschiedenen Strecken zum **Markt**, der mitten in der Stadt liegt und die Haltestelle der Nahverkehrsbusse bildet. Wer in die Zona Dorada möchte, läuft vom Busbahnhof hügelabwärts und steigt in einen der an der Küstenstraße nach rechts fahrenden „Sábalo“-Busse.

FLÜGE – Der größte Flughafen der Region liegt 20 km südlich der Stadt, ☏ 669/982-2399 oder 982-2177. Für Minibusse und Taxis ins Zentrum gelten Festpreise (US$22 bzw. US$20).
4x tgl. nach MÉXICO D.F., 3x tgl. nach LOS ANGELES, 2x tgl. nach TIJUANA, 1x tgl. nach LA PAZ, 3x wöchentl. nach DENVER.
Aeroméxico, ☏ 669/914-1111,
Alaska, ☏ 669/985-2730,
Delta, ☏ 669/982-1349,
Mexicana, ☏ 669/982-7222,
Noroeste, ☏ 669/914-3855,
Saro, ☏ 669/984-9768.
Tickets bucht man am besten bei einem Reisebüro in der Stadt.

FÄHREN – Abfahrt nach LA PAZ auf Baja California von September–Juni tgl. außer Sa um 15 Uhr, im Juli und August auch am Samstag. Überfahrt 18 Std. Donnerstags **nur** Salon. Zum Hafen von Playa Sur, 1 km südöstlich vom Zentrum, gelangt man mit einem Bus mit der Aufschrift „Playa Sur" von der Juárez.
Bei ***Sematur*** am Hafen erhält man Informationen und Tickets, ☏ 669/981-7020, ⌚ tgl. 8–15 Uhr.
Fahrkartenverkauf frühestens zwei Tage vor Abfahrt. Die lange Warteschlange ist die für Salon-Passagiere, die kürzere für Turista/ Cabina. Dasselbe gilt auch beim Einsteigen. (Zu den Kategorien s.S. 134, La Paz.)
Salon kostet US$66, Turista US$170 (tgl. außer Mi), Cabina US$208, Transport eines Mittelklassewagens US$202, Fahrräder werden umsonst transportiert. Das Reisebüro *Turismo Coral*, s. „Sonstiges", verkauft auch Fährtickets. Bei der Ankunft in La Paz sind der Pass und v.a. die Touristenkarte vorzuweisen.
Wer mit der Fähre ankommt, muss mit Wartezeiten rechnen, denn die Busse in die Stadt kommen nur in Abständen von ca. 30 Min. vorbei und können nicht auf einen Schlag sämtliche Fährpassagiere (samt Gepäck) fassen, selbst wenn zur Stoßzeit zwei, drei Busse mehr eingesetzt werden. Gleiches gilt für die Taxis (US$3 in die Altstadt), die nach Ankunft einer Fähre meist sehr schnell vergriffen sind. Notfalls kann man den 1 km ins Zentrum wandern oder in einem der Straßenlokale direkt gegenüber der Bushaltestelle warten.

Von Mazatlán nach Durango

Von Mazatlán aus kann man entweder noch ein Stück die Küste entlang Richtung Süden bis Tepic fahren und von dort aus auf der vielbefahrenen Hauptstraße nach Guadalajara, oder aber über Tepic die Pazifikstrände von San Blas oder Puerto Vallarta ansteuern.

Eine weitere Route führt von Mazatlán nach Durango und weiter zu den Kolonialstädten Zentral-Mexikos. Die Fahrt auf dieser Straße, der ersten, die südlich der Grenze in die Sierra Madre hineinführt, zählt mit zu den aufregendsten, die Mexiko zu bieten hat. In Haarnadelkurven geht es hoch bis zur Wasserscheide auf über 2500 m. Hinter jeder Wegbiegung eröffnen sich ungeahnte Ausblicke, denn die Vegetation geht nach und nach von tropischer in gemäßigte und schließlich in Hochgebirgsflora über. Während der ersten Stunden schwitzt man selbst in Shorts, aber weiter oben wird es empfindlich kalt. Deshalb unbedingt warme Kleidungsstücke im Handgepäck bereithalten! Obwohl Durango nur etwas über 300 km entfernt ist, dauert die Fahrt mindestens sechs Stunden.

Unterwegs bieten sich mehrere Orte für eine Fahrtunterbrechung an, z. B. **Concordia**, ein beliebtes Ausflugsziel. Die anziehende Kolonialstadt liegt 42 km landeinwärts und ist für ihre robusten Holzmöbel berühmt, die überall in der Gegend verkauft werden. Die aus dem 18. Jh. stammende Barockkirche San Sebastián besitzt in der Region Seltenheitswert, ist jedoch nicht weiter interessant.

30 Busminuten weiter liegt **Copala**, 1 km Fußweg von der Carretera entfernt. Fast 400 Jahre lang war dies die wichtigste Silberminenstadt von Sinaloa. Doch 1933 machte die Silberverarbeitungsfabrik von Charles Butter dicht, und 600 Menschen wurden arbeitslos. Bis in die 70er Jahre wurde nochein bisschen Silber gefördert, aber der Niedergang war nicht mehr aufzuhalten. Der Dschungel, der längst die Mine überwuchert hat, nagt schon an den Rändern des Dorfes, das inzwischen größtenteils vom Tourismus abhängt.

Sobald aber die Tagesausflügler den Heimweg angetreten haben, wird es hier beschaulich; ein angenehmer, kühler Ort, um ein oder zwei Tage auszuspannen. Die *Copala Butter Company,* Plaza Juárez, ☏ 741/985-4225, hat hübsche Zimmer mit Bad und einen Balkon mit Blick auf die Kirche aus dem 18. Jh. an der Plaza. ❸

Die Huichol

In mehr als 400 Gemeinschaften, verstreut über die Bundesstaaten Nayarit, Jalisco, Durango und Zacatecas, leben etwa 10 000 Huichol. Im Unterschied zu anderen Indígenas haben sie sich während der viereinhalb Jahrhunderte seit der spanischen Invasion von der „Zivilisation" wenig beeindrucken lassen und leben bis heute in abgeschiedenen Bergregionen. Zwar führen neuerdings ein paar befestigte Straßen in ihr Gebiet, doch weite Teile der Region sind nach wie vor nur auf Maultierpfaden oder über zahlreiche einfache Landepisten für leichte Flugzeuge zu erreichen. In dieser Einsamkeit konnten die Huichol ihre religiösen und sozialen Umgangsformen bewahren.

Religion und Rituale sind so sehr mit dem Leben der Huichol verflochten, dass man beides kaum auseinanderhalten kann.

Die alltäglichsten Handlungen, der gewöhnlichste Gegenstand, das scheinbar belangloseste Kleidungsstück – in einer Religion, die auf dem täglichen Leben basiert, hat alles eine rituelle Bedeutung: Mutter Erde und Vater Sonne; die Göttin des Regens und der Gott des Korns; der Hirsch und der dornenlose halluzinogene Meskal-Kaktus **Peyote**, dessen Kopf unter anderem Meskalin enthält. Letzterer spielt bei ihren Zeremonien eine wichtige Rolle; jedes Jahr macht sich eine Gruppe von Huichol auf die lange Pilgerreise nach Real de Catorce (s.S. 275), um Peyote zu sammeln.

Die **Kunst** der Huichol – gewebte „Bilder" aus Wolle in leuchtend bunten Farben – ist reich an stilisierten Symbolen, die ihre Vorbilder in der Natur haben: Tiere, Sonnen, Monde und überlieferte Darstellungen von Fruchtbarkeit und Geburt. Diese Bilder gibt es in Tepic und anderswo zu kaufen. Ebenfalls aus bunten Wollfäden gefertigt werden die „Gottesaugen": Ein Kreuz aus vier auf die Spitze gestellten Quadraten, die von einem größeren in der Mitte ausgehen. Die Zahl fünf ist heilig und repräsentiert u.a. die vier Himmelsrichtungen und den Mittelpunkt der Erde.

Männer und Frauen tragen breitkrempige Strohhüte und weiße oder rote **Baumwollkleidung**. Vor allem die Männer legen großen Wert auf bestickte Tücher und Taschen; sie wählen ihre zukünftige Frau danach aus, wie geschickt sie mit der Nadel umzugehen weiß. Vielleicht begegnet man auf dem Markt von Tepic oder in der Kirche Santa Cruz einem traditionell gekleideten Huichol. Die religiösen Feste in den umliegenden Dörfern gewähren zwar einen tieferen Einblick in das Leben der Huichol, man sollte sich jedoch gut überlegen, ob man es in Kauf nehmen will, als einer von vielen störenden Eindringlingen betrachtet zu werden.

Trotz der täglichen Flüge vom Flughafen in Tepic ist das Gebiet der Huichol nicht leicht zugänglich. Wer die Region besuchen möchte, benötigt eine behördliche Genehmigung. Natürlich warten dort keine Restaurants und Unterkünfte auf den Besucher, und in den Dörfern – Ansammlungen von Hütten ohne feste Fußböden – gibt es nicht viel zu sehen. Obendrein muss man stets damit rechnen, unwillkommen zu sein. Informationen bei *Sectur* in Tepic.

Auch Bungalows für Selbstversorger mit Platz für vier Personen stehen zur Verfügung. ❹

Das hiesige Restaurant sowie das einzige andere im Ort, *Daniel's* (mit Sitzplätzen im Freien), sind beide ausgezeichnet und servieren verhältnismäßig preiswertes mexikanisches Essen. Eine Spezialität der Gegend ist Kokosnuss-Bananen-Cremetorte.

Tepic

Unterhalb von Mazatlán verlässt die Carretera das sumpfige Flachland an der Küste und führt im leichten Bogen ins Landesinnere. Beim Ort Acaponeta überschreitet man die Grenze vom Bundesstaat Sinaloa in den relativ kleinen Bundesstaat Nayarit, der zu den abwechslungsreichsten des ganzen Landes zählt. Von unzugänglichen Bergregionen, Comunidades Indígenas über einsame Strände und von Wasserwegen durchzogenen Dschungelgebieten bis zu beschaulichen Kolonialstädtchen und modernen Baderesorts ist alles vertreten. Tepic ist seit 1917 die Hauptstadt des Bundesstaates Nayarit, die Niederlassung als solche ist allerdings sehr viel älter. Im Jahr 1525 fanden hier die ersten Spanier unter der Leitung von Francisco Cortés, dem Bruder von Hernán Cortés, das Dorf Tepique vor; die Bedeutung des Namens ist umstritten, wahrscheinlich „Ort zwischen Felsen". Die „offizielle" Stadtgründung geht auf das Jahr 1531 zurück. Nuño Bertrán de Guzmán machte den Ort zur Hauptstadt der von ihm eroberten Gebiete und nannte sie Villa del Espiritú Santu, auf Befehl der spanischen Krone bald in Santiago de Galicia de Compostela umgetauft.

Tepic ist ein Verkehrsknotenpunkt. Die Umgebung ist zwar schön, aber schwer zugänglich, und wird hauptsächlich von Anthropologen besucht. Ihr Interesse gilt den Bergen von Nayarit, dem Stammesgebiet der Huichol und Cora. Die betriebsame Stadt ist in erster Linie ein Einkaufs- und Handelszentrum für die Menschen aus der Umgebung. Allerdings gibt es in zahlreichen Geschäften „Bilder" der Huichol (s. Kasten) zu kaufen; eines der besten befindet sich im 1. Stock in der *Casa Arguet,* Amado Nervo 132, ein paar Straßen westlich vom Zócalo.

Sehenswert sind die **Kathedrale de la Purisima Concepción** aus dem 18. Jh. am Zócalo und das kleine **Museo Regional**, drei Straßen südlich davon an der Avenida México, Ecke Zapata mit einer Sammlung von Werkzeugen der Huichol und Gegenständen aus präkolumbischer Zeit. ⏲ Mo–Sa 9–19 Uhr. Eintritt frei. Wenn man auf der Avenida México ein paar Kilometer weiter Richtung Süden geht, gelangt man zum **Ex-Convento de la Cruz de Zacate**, einer Kirche aus dem 16. Jh., die gebaut wurde, um ein auf wunderbare Weise aufgetauchtes Kreuz zu beherbergen.

Einen kurzen Besuch lohnt auch das **Museum Amado Nervo**, Avenida Zacatecas 284 Norte, Ecke Zaragoza, das dem international bekannten Dichter und Sohn der Stadt gewidmet ist. Von der Kathedrale einen Block in der anderen Richtung, die México hinab, dann nach rechts abbiegen! Im **Stadttheater**, etwas außerhalb vom Zentrum an der Avenida J. Escuita, Ecke Lerdo, finden außer Theatervorstellungen manchmal interessante Wanderausstellungen statt. Es umfasst auch eine gut sortierte Bücherei.

Übernachtung

Wer nur eine Nacht bleiben will, nimmt am besten ein Zimmer am Busbahnhof, auch wenn es laut ist: ***Nayar,*** ✆ 311/213-2322, ❸ und
Tepic, República de Chile 44, ✆ 311/213-1377, ❸ sind zwei billige Hotels direkt hinter dem Busbahnhof an der Martínez.
Hotel Sarita, Bravo Pte 112, nördlich des Zócalo im Zentrum, ✆ 311/212-1333. ❸
Cibrian, Amado Nervo Pte 163, ✆ 311/212-8698. Ebenfalls in der Nähe des Zócalo. ❹
Sierra de Alicia, México Nte 180, ✆ 311/212-0322. Schlicht, aber angenehm. ❺
Fray Junípero Serra, Lerdo Pte 23, direkt am Zócalo, ✆ 311/212-2525. Zu empfehlen. ❺

Essen

Am Zócalo gibt es zahlreiche Restaurants, ebenso an der Av. México: ***Pat Pac's,*** México Norte, Ecke Morelos, im 1. Stock, gut, beliebt und preiswert. Ausgezeichnetes Frühstücksbuffet und mexikanisches Essen.
Acuarios, Morelos Pte 139, serviert einfache vegetarische Gerichte.
Anspruchsvollere Restaurants befinden sich in den Hotels sowie in der Umgebung der Kreuzung von Av. México und Insurgentes, z.B.
Roberto's, 472 Paseo La Loma, Ecke Insurgentes, wo Seafood und internationale Gerichte gereicht werden.
An kühlen Winterabenden sollte man die frischgebackenen **Churros** probieren, die an den Straßenständen verkauft werden.

Sonstiges

INFORMATIONEN – ***Haupt-Touristeninformation,*** México Nte 178, ✆ 311/214-8071, ⏲ Mo–Fr 9–14 und 16–19, Sa–So 10–13 Uhr; kleinerer Ableger im Ex-Convento de la Cruz de Zacate.

MEDIZINISCHE HILFE – Das **Hospital** ist unter ✆ 311/214-3291 erreichbar.

POLIZEI – ✆ 311/211-5851.

POST – ***Correo Central,*** Morelos, Ecke Durango.

Transport

BUSSE – Der Busbahnhof liegt einige Kilometer südlich des Zentrums an der Av. Insurgentes Richtung Guadalajara. Stadtbusse fahren vom Busterminal ins Zentrum.
Busse von *Transportes del Pacífico,* ✆ 311/213-2320, nach SAN BLAS stdl. (rund US$4, 1 1/2 Std.), PUERTO VALLARTA stdl. (3–4 Std.), GUADALAJARA alle 30 Min. (US$14, 5 Std.), MAZATLÁN alle 30 Min. (US$13, 4 Std.), LOS MOCHIS alle 30 Min. (US$34), MEXICALI alle 30 Min. (US$65), TIJUANA alle 30 Min. (US$85, 30 Std.).
Omnibus de México, ✆ 311/213-1323, ist etwas teurer und fährt ebenfalls nach GUADALAJARA sowie weniger oft nach MÉXICO D.F.

FLÜGE – Der Flughafen liegt außerhalb der Stadt. Von Hier bestehen u.a. Verbindungen nach GUADALAJARA, MÉXICO D.F. und TIJUANA. Zum Flughafen geht es an der Central Camionera und der Feuerwache vorbei, dann vor dem Denkmal nach rechts ab. Es fährt auch ein Microbus, Haltestelle z.B. in der Durango, Ecke Zapata. Flugplan-Infos unter ✆ 311/230-1707.

San Blas

Die Straße von Tepic fällt schnell zur Küstenebene ab, wo es schwül, morastig und flach wird, und führt an Lagunen, in denen es von Meerestieren wimmelt, vorbei nach San Blas, einem noch relativ bescheidenen Badeort, den mit Vorliebe mexikanische Familien besuchen. Aus dieser Gegend stammen 4000 Jahre alte Muschelfunde, die beweisen, dass die hier lebenden Menschen schon 2000 v.Chr. auf hoher See gefischt haben.

Zu Zeiten der Spanier war San Blas eine wichtige Hafenstadt für den Handel mit dem Orient, so dass ein Fort gebaut werden musste, um englische Piraten abzuwehren. Während seiner Glanzzeit zählte es immerhin 30 000 Einwohner. Von jenen glorreichen Tagen ist außer dem Naturhafen, um den die Stadt zu beneiden ist, und einer beachtlichen Fischereiflotte wenig übrig geblieben.

Das Leben geht hier sehr, sehr gemächlich voran – und die Besucher, die v.a. im Winter kommen, passen sich dieser entspannten Atmosphäre an. Im Sommer wirkt die Stadt manchmal wie ausgestorben, mit Ausnahme der Schwärme äußerst bissig veranlagter Sandfliegen, die einen v.a. während der Dämmerung bei lebendigem Leib aufzufressen scheinen – San Blas sollte man nie ohne Insektenschutzmittel im Gepäck besuchen.

Auf dem **Cerro de San Basilio**, einem Hügel über der Stadt, 1 km auf der Juárez Richtung Tepic, liegen die Ruinen des Fort **La Contadoría** mit den Überresten einer Kirche, der **Iglesia de Nuestra Señora del Rosario**. Beide stammen aus dem 18. Jh. und sind bei Nacht eindrucksvoll beleuchtet, Eintritt US$1. Von hier eröffnet sich eine schöne Aussicht über die Stadt bis zum Ozean und einer kleinen, weißen Insel am Horizont, von der die Huichol sagen, dass sie Peyote darstelle. Die Insel ist der symbolische Ausgangspunkt ihrer alljährlichen Pilgerreise ins Zentrale Hochland (s.S. 178 Kasten). Der tatsächliche Ausgangspunkt ist dagegen die durch den Kanal Estero del Pozo von San Blas getrennte Halbinsel **Isla del Rey**, wo auf dem Cerro del Vigío ein Leuchtturm steht.

Die Pilgerreise beginnt ungefähr zwei Wochen vor Ostern mit Festen und Zeremonien, deren Zentrum eine geheiligte Höhle unterhalb des Leuchtturms bildet. Reste der Höhle sind noch erhalten, das meiste wurde jedoch in den 70er Jahren aufgrund eines Regierungsbeschlusses abgetragen – um Steine für den Bau der Hafenanlage zu liefern! Während der Feierlichkeiten werden auf den Felsbrocken am normalerweise menschenleeren Strand Kerzen aufgestellt und Kultgegenstände geopfert, d.h. dem Meer übergeben. Oft spülen die Wellen die Gaben wieder zurück, und ärgerlicherweise gibt es Leute, die ganze Taschen voller „Kunsthandwerk" einsammeln, um daraus Geld zu schlagen. Diese grobe Missachtung alter religiöser Bräuche funktioniert natürlich nur, solange es Touristen gibt, die solche Sachen auch kaufen.

Man erreicht Isla del Rey per Boot vom Hafen am Ende der Calle Héroes, Ecke 21 de Abril aus – an der Bootsanlegestelle fragen! Der Fährmann holt Besucher nach Absprache pünktlich auf der anderen Seite wieder ab. Im Gestrüpp am Fußpfad und zwischen den Steinen am Berg, vielleicht auch am Strand, gibt es außer Moskitos, Leguanen und

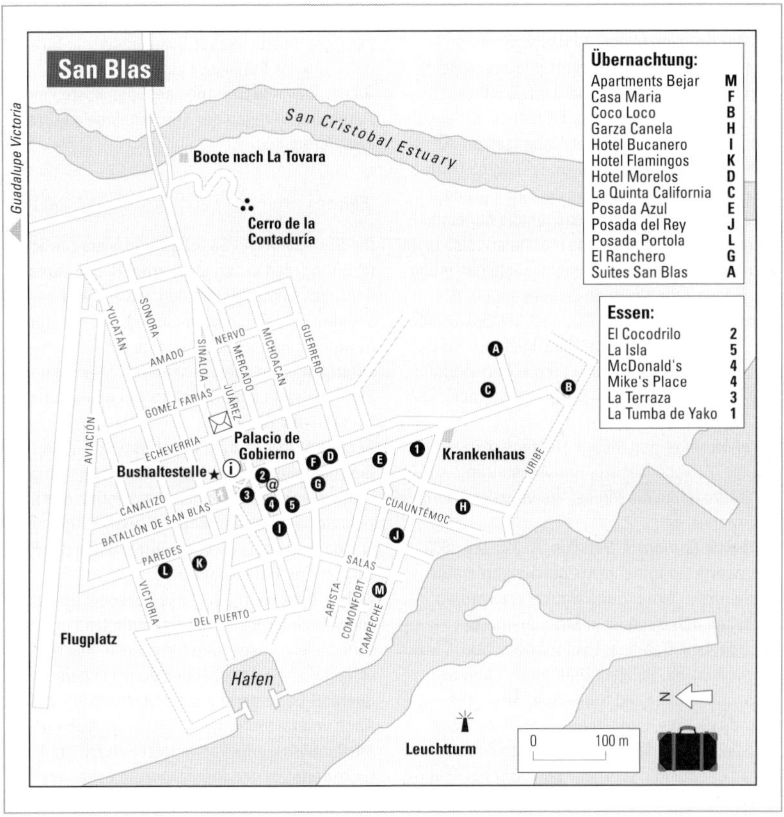

Skorpionen auch Schlangen. Sie sind sandfarben, sehen aus wie dicke Taue, und sind giftig.

San Blas ist ein ausgezeichneter Ausgangspunkt für **Hochseeangel- und Walbeobachtungstouren**, Letzteres nur in den Wintermonaten, Näheres, s.u.

Anfang Februar feiert die Stadt zu Ehren des Heiligen Blasius (San Blas) ihr größtes Fest – eine einwöchige Fiesta, die oft schon vor dem offiziellen Beginn ihre Schatten vorauswirft und auch noch Tage danach begangen wird.

Übernachtung

Die Auswahl in den unteren Preisklassen ist groß. Wo immer man auch absteigt – auf jeden Fall prüfen, ob die Fliegengitter dicht sind und die Türen gut schließen, sonst werden die Nächte zur Qual. Ein eigenes Moskitonetz ist hier durchaus von Vorteil. Die meisten Unterkünfte befinden sich in der Juárez und der Heróico Batallón, die sich am Zócalo kreuzen. Die Juárez führt zum Hafen, die Batallón zum Strand.

Besonders groß ist das Angebot für kleine, sich selbst versorgende Gruppen: „Bungalows" und „Suites" bieten Apartments mit bis zu 6 Betten, kleiner Küche und manchmal Kochgeschirr – Letzteres checken!

Apartments Bejar, 144 Salas, Richtung Flussmündung bei Comonfort, kein Tel. Günstige Tages-, Wochen- und Monatspreise für voll ausgestattete Apartments oder Bungalows. ❹

Garza Canela, Paredes 106, den Wegweisern von der Batallón folgen, 💻 www.garzacanela.com, 📞 323/285-0112. Komfortable, wenngleich nüchterne Zimmer mit ac und z.T. Kochnische; Pool und Garten; Preis inkl. Frühstück. Erhebliche Preisnachlässe in der Nebensaison. ❽
Hotel Bucanero, Calle Juárez, 📞 323/285-0101. Gute, saubere Zimmer rings um einen grünen Patio. Gut geeignet für Besucher, die nur einen Steinwurf vom Zentrum des (normalerweise nicht allzu aufregenden) Geschehens absteigen möchten. Gegen Aufpreis auch Zimmer mit ac. ❸
Hotel Flamingo, Juárez 105, 📞 323/285-0485 oder 285-0930. Die hübscheste Unterkunft der Stadt: elegante Zimmer rund um einen schönen Patio; Pool und Tischtennisplatte. Fahrradverleih US$7 pro Tag. ❼
Hotel Morelos, gegenüber *El Ranchero*, kein Telefon. Gleiche Besitzer und Ausstattung wie *El Ranchero* (ohne die Küche), genauso gemütlich und sauber. ❸
La Quinta California, Batallón, 📞 323/285-0603, Preiswerte Apartments mit gut ausgerüsteter Küchenzeile, hinter der *Cantina El Herradero* zwischen den Bäumen in Strandnähe. ❸
Posada Azul, Batallón, zwei Blocks hinter *Casa María*, kein Tel. Billigste Unterkunft, sehr einfach, aber sicher und freundlich. ❷
Posada del Rey, Campeche 10, in Strandnähe, 📞 323/285-0123. Moderne, schlichte Zimmer mit ac / Ventilator. Winziger Pool; Bar mit Meerblick. ❺
Posada Portola, Paredes 118, zwei Blocks nordöstlich vom Zócalo, 📞 323/285-0386. Sehr preisgünstige, blitzsaubere Zimmer mit guter Küchenausstattung. Auch Nicht-Gäste können Fahrräder ausleihen. ❹
El Ranchero, Batallón, Ecke Michoacán, 📞 323/285-0892. Überaus freundliches Quartier. Zimmer mit / ohne Bad; Küchenbenutzung; in Spitzenzeiten Betten in Dorms. Sehr beliebt bei Budgettravellern, im Winter oft ausgebucht und manchmal ziemlich laut. ❸
Suites San Blas, ebenfalls Strandnähe, 📞 323/285-0505. Besonders günstig für Gruppen oder Familien. Apartments mit sehr einfach ausgestatteter Küche und Wohnzimmer für bis zu 6 Pers. Ruhige Lage, Pool. Etwas abgewohnte Zimmer, billiger ohne ac. ❹–❻

Coco Loco Trailer Park, 📞 323/2850820, schattiger, grasbewachsener Campingplatz in Strandnähe, auf der Batallón, 1 km vom Zócalo.
An der Playa de Barrego kann man kostenlos zelten, doch wegen der Mückenplage ist dies kein Vergnügen.

Essen

Die Spezialität von San Blas sind Meeresfrüchte. Sie werden in den etablierten Restaurants der Stadt ebenso angeboten wie an Straßenständen oder Palapas am Strand. Die meisten Strandrestaurants schließen gegen Sonnenuntergang. Wer später essen will, muss in die Stadt wandern (eine Taschenlampe leistet dabei nützliche Dienste).
El Cocodrilo, Juárez 1, eine Institution in San Blas mit toller Lage auf der Plaza. Touristen und Einheimische gleichermaßen genießen das exzellente, wenngleich recht teure Seafood und entspannen sich bei einem Drink, wenn der Platz langsam zur Ruhe kommt.
La Isla, Calle Mercado, Ecke Paredes. So überschwänglich kitschig mit Fischernetzen und Muschelbildern ausgestattet, dass man mal reinschauen sollte. Durchschnittliche Fleisch- und Seafood-Gerichte zu annehmbaren Preisen. Auch unter dem Namen *Chief Tony's* bekannt.
McDonald's (keine Verwandtschaft mit der Fast Food-Kette), in der Juárez, um die Ecke vom Zócalo. *Der* Touri-Treffpunkt der Stadt. Tolles Frühstück – auch für Frühaufsteher – und bezahlbare Gerichte; US-Kabelfernsehen.
Mike's Place, Juárez 36, oberhalb von *McDonald's*. Unter der Woche eine ruhige Kneipe, am Fr und Sa wird getanzt (von Salsa bis Rock).
La Terraza, Calle Batallón, direkt am Zócalo. Mexikanische Gerichte und Bier zu annehmbaren Preisen. Hier kann man gemütlich das Treiben im Ort beobachten.
La Tumba de Yako, Calle Batallón, Ecke Querétaro. Kiosk, der vom hiesigen Surfteam betrieben wird, berühmt für Bananenbrot und Joghurt.

Aktivitäten

Angesichts der für **Sportfischen** üblichen Preise sind die Angebote hier günstig: für US$80–100 gibt es einen Vormittag lang ein Boot mit Platz für 5–7 Pers., geeignet zum Fangen der reichlich vorhandenen Thunfische sowie von Barracudas und anderen großen Fischen. Die Teilnehmer einer solchen Bootstour können den halben Vormittag mit Angeln und die andere Hälfte mit **Walbeobachtung** verbringen. Zwischen Dez und Apr tauchen die Grauwale praktisch überall in den Gewässern vor San Blas auf. Mehrere Guides in der Stadt bieten sich als „Meeresführer" an, doch zwei der besten sind Abraham Murillo (alias „Pipila") und Antonio Aguayo. Interessierte finden sie mit großer Wahrscheinlichkeit beim kleinen Fischerhafen am Ende der Paredes, kurz hinter dem Hotel *Garza Canela*; ansonsten die Netze flickenden Fischer fragen.

Sonstiges

GELD – ***Banamex*** in der Juárez, gleich östlich vom Zócalo, wechselt Reiseschecks und hat einen Geldautomaten, ⏲ Mo–Fr 9–14 Uhr. Im äußersten Notfall kann man im Geschäft *Pato Loco,* Mercado, Ecke Echevarría, fragen, ob Reiseschecks gewechselt werden.

INFORMATIONEN – Die sehr hilfsbereite ***Touristeninformation,*** ✆ 323/285-0221 oder 285-0005, ⏲ Mo–Fr 9–15 Uhr, befindet sich im Rathaus am Zócalo.

INTERNET – Es gibt einige Lokale mit Internet-Zugang, z.B. ***Café Net San Blas,*** Juárez, Höhe Batallon, um die Ecke vom Restaurant *McDonald's,* ⏲ tgl. 9–23 Uhr, US$1,50 pro Std., oder ***San Blas en Line,*** in *La Quinta California* (s. „Übernachtung"), ein ruhiges Plätzchen mit Kaffeehausatmosphäre und Büchertausch.

POST – In der Sonora, Ecke Echeverría, einen Block nordöstlich vom Busbahnhof.

TELEFON – *Larga distancia*-Telefone am Zócalo.

Transport

Der Busbahnhof befindet sich an der Sonora, Ecke Echeverría, an der Nordostecke des Zócalo, mitten im Ort.

Die meisten Busse kommen aus dem 65 km entfernten Tepic. Besucher, die aus einem der nahe gelegenen Badeorte anreisen, können jedoch Zeit sparen, indem sie entweder den 2x tgl. verkehrenden Direktbus von MAZATLÁN (4 Std.) oder von PUERTO VALLARTA (3–4 Std.) via Las Varas nehmen, der an der Küste entlang fährt. *Transportes Norte de Sonora* unterhält diese Verbindung sowie 1x tgl. einen Bus nach GUADALAJARA.

Stdl. fahren Busse nach TEPIC (1 1/2 Std.) und 3x tgl. nach SANTIAGO IXCUINTLA (1 Std.).

Die Umgebung von San Blas
Strände

Die größte Attraktion von San Blas sind die Strände. Am Wochenende campen viele Mexikaner am Strand von **Boca de Borrego**, einer herrlichen Bucht an einer Lagune mit Brackwasser. Auf den Felsen sonnen sich Leguane. Von San Blas führt eine Holperpiste hin. Die unberührtesten Strände befinden sich in etwa 5–25 km Entfernung von San Blas entlang der **Bahía de Matanchén**. Die riesige Bucht ist von feinstem Sandstrand umgeben.

Kurz hinter Matanchén, am westlichen Ende der Bucht, kann man in dem kleinen Ort **Las Islitas** am Strand Playa Miramar gegrillten Fisch essen und ein kühles Bier trinken. Am Strand befinden sich schön gelegene, aber teure Hütten; wer es sich leisten kann, sollte an diesem entlegenen Ort unbedingt eine Nacht verbringen. Zwischen **Aticama** und der enttäuschenden Playa de los Cocos – einst ein traumhafter Strand, dem die Erosion jedoch schwer zu schaffen macht – am anderen Ende der Bucht erstreckt sich ein einsamer Strand, an dem man campen kann (entsprechend und mit viel Insektenschutzmittel ausgerüstet).

Die Wellen, die sich draußen vor der Küste um Miramar auftürmen und an der Landspitze vorbei in die Tiefen der Bucht rollen, sind im *Guiness-Buch der Rekorde* als die längsten der Welt verzeichnet. Zwar sind sie für Surfer nur selten hoch genug, um die ganze Strecke auf ihnen zu reiten, dennoch kommen sie hier auf ihre Kosten. Surfbretter kann man sich in Las Islitas oder San Blas mieten. Man kann von San Blas zu Fuß auf der Straße an den Lagunen vorbei nach Matanchén wandern, aber in der Tageshitze ist es weitaus angenehmer, mit einem der Busse, Aufschrift „El Llano", die mehrmals tgl. am Busbahnhof von San Blas abfahren, oder einem Taxi zu fahren (handeln!).

Santiago Ixcuintla

Nördlich von San Blas liegen weitere faszinierende Ausflugsziele. Folgt man der Abzweigung von der Carretera 15 zum Marktstädtchen Santiago Ixcuintla, kann man dort die **Iglesia del Señor de la Ascensión** aus dem 19. Jh. sowie das winzige **Museum** im Rathaus besichtigen.

Die Attraktion des Städtchens ist jedoch das **Huichol-Zentrum** für kulturelles Erbe und traditionelle Kunst – eine Einrichtung, die sich zum Ziel gesetzt hat, die Huichol der Region zu unterstützen und ihre Traditionen zu erhalten. Die finanziellen Mittel werden u.a. durch den Verkauf von authentischem Kunsthandwerk aufgebracht. Das Zentrum befindet sich knapp 2 km von der Plaza entfernt Richtung Mexcaltitán in der 20 de Noviembre, Ecke Constitución. In Santiago gibt es ein paar billige Unterkünfte. Von San Blas fahren 3x tgl. Busse hierher, Fahrtdauer 1 Std.

Mexcaltitán

9 km hinter Santiago geht rechts eine Straße nach La Batanga ab, der Bootsanlegestelle für die kleine Insel Mexcaltitán (was in Nahuatl so viel wie „Haus der Mexikaner" bedeutet). Das Dorf ist speichenförmig von der Mitte der runden Insel ausgehend angelegt: So ähnlich muss auch das aztekische Tenochtitlán vor der Ankunft der Spanier ausgesehen haben, nur sehr viel größer. Es wird angenommen, dass hier das legendäre Königreich Aztlán lag, der Ausgangspunkt der Azteken vor ihrer Wanderung ins mexikanische Tiefland.

Auf der Insel gibt es eine hübsche **Plaza** mit der **Kirche San Pedro y San Pablo** aus dem 17. Jh., ein winziges **Museum**, Eintritt frei, und ein paar Restaurants, die sehr preiswertes, vorzügliches Seafood servieren. Unbedingt probieren sollte man die Spezialität der Gegend, den *Pescado Zarandeado,* der mit knackigem Gemüse serviert wird.

Auf Mexcaltitán gibt es sogar ein Hotel, das *Ruta Azteca,* ✆ 323/232-0211, Anschluss 128, das nahe der Kirche vier einfache Zimmer bietet ❹. Wer gegen Ende Juni in der Gegend ist, sollte keinesfalls das Inselfest (28./29.7.) verpassen, zu dessen Anlass auf den Lagunen und Flüssen Kanurennen veranstaltet werden; eine Reservierung ist dann unerlässlich.

Besucher können sich entweder einer organisierten Tour von Tepic oder San Blas aus anschließen oder mit dem eigenen Fahrzeug bis zur Anlegestelle der Motorboote *(lanchas)* fahren. Die Überfahrt hin und zurück kostet pro Boot (bis zu 6 Pers.) mindestens US$30.

Dschungeltrips

Die Lagunen und Buchten um San Blas sind das Reich unzähliger Vögel, besonders der allgegenwärtigen weißen Silberreiher, aber auch noch Hunderter anderer Arten. Die Einheimischen bezeichnen fast jeden langbeinigen Vogel als *Garza,* d.h. Reiher.

Kleine Boote bieten Ausflugsfahrten in den Dschungel an, sie fahren von der Bootsanlegestelle am Fluss ab, die vom Zócalo aus nach 1 km auf der Juárez zu erreichen ist. Am billigsten ist ein Gruppenausflug, denn bezahlt wird pro Boot. Da bis zu 8 Pers. auf einem Boot Platz haben, empfiehlt es sich, schon in San Blas eine Gruppe Gleichgesinnter zusammenzusuchen; abends kommen manchmal Anbieter auf der Suche nach Kunden in die Hotels und Restaurants – Preise vergleichen!

Die beste Zeit für den Ausflug ist das Morgengrauen, bevor andere Ausflügler die Tiere vertrieben haben. Dann lassen sich nicht nur Vögel, sondern auch viele Wasserschildkröten, fette Barsche und andere Fische und vielleicht sogar Kaimane beobachten. Meistens fahren die Boote nach **La Tovara**, einer Süßwasserquelle, in deren Auffangbecken auch Leute baden, allerdings für gewöhnlich nur die, die sich nicht vor Kaimanen fürchten. Das Essen im Palapa-Restaurant ist relativ teuer.

Eine Rundfahrt, die in der Kaiman-Zuchtstation **La Gaviota** und im Minizoo Halt macht, bringt den Teilnehmern die Wasserwelt des Dschungels im wahrsten Sinne des Wortes immer „näher", denn im Laufe der Tour umschließen das Gewässer und der Dschungel das Boot zusehends mehr. Eine Rundfahrt ist daher auch nur bei hohem Wasserstand möglich. 2-stündige Trips kosten ca. US$40 für 4 Pers., jede zusätzliche Person kostet ca. US$8; 4-stündige Touren kosten ca. US$50 für 4 Pers. und ebenfalls ca. US$8 für jede zusätzliche.

Der Norden

Highlights

- Die Fahrt mit der **Kupferschluchtbahn** von der Westküste in die Sierra Madre zählt zu den spektakulärsten Amerikas.
- Eine Wanderung in die Kupferschlucht bei **Creel** mit Besuch eines der zahlreichen Tarahumara-Dörfer.
- Die Besichtigung der Ruinen von **Paquimé**, fünf Autostunden von Chihuahua entfernt.
- Ein Besuch der gastfreundlichen Stadt **Durango** mit ihren mitreißenden Musikern.
- Ein Abstecher ins Barrio Antigua von **Monterrey**; die dortigen Museen bieten eine perfekte Kombination aus Kunst und Kultur.

Die Zentral- und Ostrouten von den USA nach Mexiko hinein sind erheblich kürzer als jene entlang der Westküste. Sie bieten zwar keine Strände, dafür jedoch direkten Zugang zum kolonialen Herzen des Landes, und da gibt es viel Sehenswertes. Auf der Hochebene zwischen den Flanken der Sierra Madre ist es kühl – im Winter oft ausgesprochen kalt –, aber auf den relativ modernen Carreteras ist sie schnell überquert.

Die meisten Sehenswürdigkeiten liegen an der Strecke von Ciudad Juárez nach Süden: die beeindruckende Ruinenstätte **Paquimé** bei **Casas Grandes** und die alten Städte **Chihuahua** und **Durango**. Wer im März oder April hier durchreist, erlebt vielleicht die Wüste in voller Blüte – nach einem kurzen Regenschauer ereignet sich dann eine wahre Farbexplosion.

Die Geschichte hat überall ihre Spuren hinterlassen, denn dieses Gebiet wurde während der Revolution heißer umkämpft als jedes andere. Hier war auch die Heimat von Pancho Villas División del Norte.

Die größte Attraktion ist die atemberaubende, vierzehnstündige Fahrt mit der **Kupferschluchtbahn** von Chihuahua über schwindelerregende Berggipfel und an gewaltigen Schluchten vorbei bis in die schwüle Küstenebene am Pazifik.

Im Nordosten, an der schnellsten Strecke Richtung México D.F., liegt die Industriestadt **Monterrey**, die sich trotz aller Modernisierung ihre schönsten Bauten bewahrt hat. Das nahe gelegene Saltillo bietet Gelegenheit zum Rückzug in die Ruhe der Bergwelt.

Nicht ganz so empfehlenswert ist es, der Golfküste zu folgen, denn im Sommer ist es drückend heiß, und selbst in der angenehmsten Jahreszeit gibt es wenig Interessantes zu sehen. Allerdings ist dies der schnellste Weg nach Süden, und wenn man den Gestank der Raffinerien überstanden hat, erreicht man den Bundesstaat Veracruz mit seinen schönen Stränden und zahlreichen archäologischen Fundstätten.

Transport

Die Busverbindungen auf den wichtigsten Strecke von und zur Grenze (Ciudad Juárez–Chihuahua–Torreón/Durango sowie von der Grenze nach Monterrey–Saltillo–San Luis Potosí/Zacatecas) sind hervorragend, und es verkehren Busse bei Tag und Nacht. Von fast überall aus fahren Direktbusse nach Mexico D.F. Die zuverlässigsten Gesellschaften auf der Zentralroute sind *Omnibus de Mexico* und *Transportes Chihuahuenses*, im Osten *Frontera, Transportes del Norte* und *Autobuses del Oriente* (ADO). *Estrella Blanca,* theoretisch eine Busgesellschaft 2. Klasse, übertrifft sie nicht selten alle in Bezug auf Anzahl der eingesetzten Busse und reibungslosen Ablauf.

Leider verkehren auf den beiden Haupteisenbahnstrecken zwischen der Landesgrenze und México D.F. keine Passagierzüge mehr.

Grenze

Beim Grenzübertritt von den USA nach Mexiko unbedingt durch die Pass- und Zollkontrolle gehen und die Touristenkarte besorgen bzw. abstempeln lassen! Nur wer innerhalb der ca. 30 km breiten Grenzzone bleibt, kann auf die Touristenkarte (US$22) verzichten.

Von Ciudad Juárez nach Chihuahua

Kaum ein Tourist auf dem Weg nach Süden wird sich in **Ciudad Juárez**, dem Hauptgrenzübergang für den zentralen Korridor, lange aufhalten. Wer etwas Zeit hat, sollte unbedingt die Ruinen von **Paquimé** in der Nähe von Nuevo Casas Grandes besuchen, vier Autostunden von der Grenze entfernt, doch wenn die Zeit drängt, geht die Reise am besten gleich in die gebirgige **Sierra Tarahumara** und zur **Kupferschlucht**.

Das Städtchen **Creel**, an der Bahnstrecke Los Mochis–Chihuahua, eignet sich hervorragend als Ausgangsbasis für Ausflüge in die Canyons und zu den zahlreichen dortigen Dörfern, insbesondere das ganz unten in der Schlucht gelegene **Batopilas**. Für die Kupferschlucht sollten Besucher viel Zeit veranschlagen, denn diese Region ist mit Sicherheit die interessanteste Nordmexikos. Die Hauptstadt **Chihuahua** lohnt durchaus einen Besichtigungstag, doch die meisten Touristen laufen die Stadt nur an, um dort die Bahn oder einen Bus nach Süden zu nehmen.

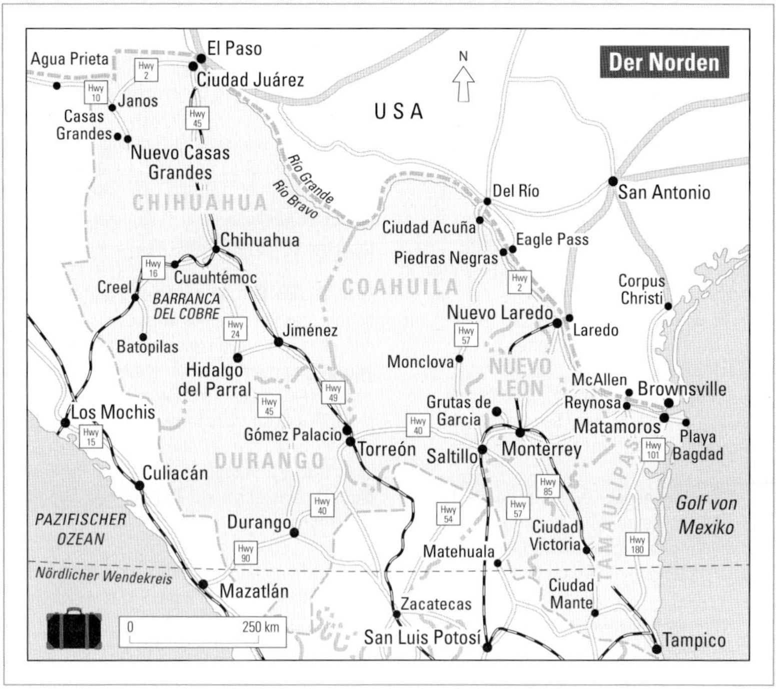

Ciudad Juárez Grenzübergang

Ciudad Juárez ist modern, unübersichtlich und die vermutlich am wenigsten attraktive Grenzstadt. Die zwei Brücken zwischen dem texanischen El Paso und Ciudad Juárez über den Grenzfluss Rio Bravo sind Einbahnstraßen – Fußgänger können die Grenze in beide Richtungen passieren. Die westliche ist die Santa Fe Street, die in Mexiko zur Avenida Juárez wird. Wer auf der mexikanischen Seite weiter ins Land reisen möchte, muss die östliche Brücke nehmen, denn nur dort befindet sich gleich hinter dem Übergang die Immigrationsbehörde. Man kann diese kurze Strecke auch mit dem regelmäßig verkehrenden **El Paso–Juárez Trolley** für US$1,50 zurücklegen. Er fährt bei den Bushaltestellen in der Innenstadt von El Paso ab und hält auf der mexikanischen Seite an der Hauptstraße Avenida Juárez. Wer eine Sightseeingtour mit Erklärungen sowohl durch Ciudad Juárez als auch durch El Paso unternehmen möchte, kann den **Borderjumper-Trolley** nehmen, der stündlich am *Convention Center* in El Paso abfährt, in den USA ✆ +1-915/544-0062, Teilnahme US$12.

Autofahrer können auf dem Weg über die Grenze die Innenstadt von Ciudad Juárez gänzlich umgehen, indem sie die ein paar Kilometer östlich vom Zentrum gelegene Cordova-Brücke oder die noch weiter östlich gelegene Zaragoza-Zollbrücke nehmen, eine Direktverbindung zwischen dem US-Highway und dem mexikanischen Carretera-Netz.

Gleich nach Überschreiten der Grenze (US$0,25 einfach) wird der Charakter der Stadt deutlich: auf der US-Seite Blutbanken und Geschäfte mit Secondhand-Kleidung, auf der mexikanischen schäbige Hotels, billige Kneipen sowie zahlreiche Ärzte und Zahnärzte, die für wenig Geld ihre Dienste anbieten.

Fiestas

Feb/März: Der **Karneval** ist am aufregendsten im tropisch warmen *Tampico,* erlebenswert aber auch in *Ciudad Victoria* und *Monterrey.*

19.3.: **Festival de San José** in *Ciudad Victoria.*
21.3.: **Gedächtnisfeier** anlässlich des Geburtstags von Benito Juárez in *Matamoros.*

12.4.: **Prozessionen** und **offizielle Feier** in *Tampico.* Der Wiederaufbau der Stadt im 19. Jh. wird in Trachten jener Zeit gefeiert; die anschließenden Feierlichkeiten dauern noch zwei Wochen.
27.4.: **Feria del Azúcar** in *Ciudad Mante,* südlich von Ciudad Victoria. Sehr lebhaft mit Musikgruppen, Tanz und Feuerwerk.

2.–5.5.: Höhepunkt der **Feria de la Raza** in *Monterrey,* die mit Musik und künstlerischen Darbietungen begangen wird, sind die Festveranstaltungen am **Cinco de Mayo** (5. Mai), die entlang der Calle Juárez stattfinden.
3.5.: **Día de la Santa Cruz**, wird in *Tula,* zwischen *Ciudad Victoria* und *San Luis Potosí* gelegen, mit traditionellen Tänzen gefeiert. In *Gómez Palacio* gibt dieser Tag den Auftakt zu einer **zweiwöchigen Landwirtschafts- und Industriemesse**.
15.5.: **Día de San Isidro** in *Guadalupe de Bravos* (Chihuahua) an der Grenze nahe *Ciudad Juárez.* Tanz und Umzüge die ganze Nacht hindurch. Ähnliche Veranstaltungen in *Arteaga* in der Nähe von Saltillo.

13.6.: **Día de San Antonio de Padua**. In *Tula* begeht man ihn mit einer Messe, danach werden religiöse Schauspiele und traditionelle Tänze aufgeführt. Auch in *Vicente Guerrero,* zwischen *Durango* und *Zacatecas,* wird getanzt, hier besonders farbenprächtige Kostüme.
25.6.: **Día de Santiago**. In *Altamira,* nahe Tampico, ist dies der erste Tag der eine Woche dauernden Fiesta.

4.7.: Mit Tanz und Wallfahrten wird der **Día de Nuestra Señora del Refugio** in *Matamoros* gefeiert.
6.7.: *Durango* begeht seinen **Gründungstag** mit der **Feria** und einem Volksfest.

Die ursprüngliche, kleine Siedlung an der Santa Fe-Strecke namens Paso del Norte erlebte eine kurze Glanzzeit, denn sie war **Benito Juárez**' Regierungssitz, nachdem er von Maximilian aus dem Süden vertrieben worden war. Das Haus, von dem aus er regierte, steht in der Avenida 16 de Setiembre und kann besucht werden. Während der Revolution wechselten die Machthaber in rascher Folge. Am Aufsehen erregendsten war der Handstreich von Pancho Villa, der 1913 mit einem gestohlenen Zug und 2000 Mann ungehindert in die Stadt dampfen konnte, weil er dem Oberkommandeur weisgemacht hatte, es handle sich um die Truppenverstärkung. Dadurch gelangte er an die Grenze, wo es Waffennachschub gab.

In den 90er Jahren litt der Ruf der Stadt unter einer Serie ungelöster Mordfälle und den engen Verbindungen zum organisierten Verbrechen – Ciudad Juárez ist Sitz des Juárez-Kartells, das einen Großteil des mexikanischen Drogenhandels kontrolliert und den grenzüberschreitenden Handel von kolumbianischem Heroin und Kokain aus den Andenstaaten überwacht. Es ist mehr als unwahrscheinlich, dass Touristen davon etwas mitbekommen, doch da die Stadt eigentlich nichts zu bieten hat, braucht man sich hier ohnehin nicht länger als unbedingt nötig aufzuhalten.

An der 16 de Setiembre, Ecke Juárez steht das kleine **Museo Histórico**, in dem die Stadtgeschichte nachgezeichnet ist. Es ist im alten Zollgebäude, der *Aduana* untergebracht, ⌚ Di–So 10–17 Uhr, Eintritt frei.

Ein paar Blocks westlich vom Museum, an der 16 de Setiembre, stehen die **Kathedrale** und die Missionsgebäude der **Misión de Guadalupe**, um die herum sich die Stadt entwickelte. Sehenswert ist das **Museo de Arqueología del Chamizal** im Parque Chamizal östlich vom Zentrum am Fluss,

23.7.: **Feria de la Uva** in *Cuatro Cienegas,* ein Kurort bei Monclova.

6.8.: **Fiesta** in *Jiménez* mit traditionellen Tänzen, kirchlichen Prozessionen und einem Volksfest. Regionale Tanzveranstaltungen auch in *Saltillo.*
9.8.: Überschwängliche **Feria de la Uva** in *Parras,* zwischen *Saltillo* und *Torreón.*
13.8.: In *Saltillo* beginnt die alljährliche, vielfältige und lebhafte **Feria**.

8.9.: **Día de la Virgen de los Remedios**. Umzüge und traditionelle Tänze in *Santa Barbara,* nahe *Hidalgo del Parral,* und *San Juan del Rio,* zwischen *Parral* und *Durango* gelegen. 10.9.: Tänze, die schon vor Sonnenaufgang beginnen und ein Umzug am Abend kennzeichnen die **Fiesta** in *Ramos Arizpe* nahe *Saltillo.*
11.9.: **Feria Major** (größte Messe) an der Grenze in *Nuevo Laredo.*
15.–16.9.: **Independencia** Unabhängigkeitsfeiern im ganzen Land, die größte in *Monterrey.*

25.10: Grenzüberschreitendes gemeinsames **Städtefest** von *Ciudad Acuña* und ihrer texanischen Nachbarin Del Río. Stierkämpfe und Umzüge.

3.11.: **Día de San Martin de Porres** schafft den Vorwand für eine Fiesta mit indianischen Tänzen in *Tampico* und dem nahe gelegenen *Altamira.*
15.–25.11.: **Feria de la Cultura Barrio Antigua** in *Monterrey,* eines der größten Stadtfeste, wird mit Musik und kulinarischen Genüssen gefeiert und zieht Besucher von fern und nah an.

4.12.: *Santa Barbara* feiert den **Tag seiner Namensheiligen**.
12.12.: **Día de Nuestra Señora de Guadalupe** wird überall würdig begangen, besonders in *Guadalupe de Bravos, El Palmito,* zwischen *Durango* und *Parral;* in *Ciudad Anahuac* im Norden des Staates und in *Abasolo,* nahe Monterrey. *Monterrey* selbst zieht ebenfalls viele Gläubige an.

und das **Museo de Arte e Historia** im *Pronaf*-Touristenzentrum, nicht weit vom Busbahnhof, in dem auch ein großer, touristischer Kunsthandwerksmarkt untergebracht ist. Beide ⏲ Di–So 10–17 Uhr, Eintritt frei. Bus Nr. 8 fährt von der Innenstadt hierher.

Übernachtung

Für mexikanische Verhältnisse sind die Hotels in Ciudad Juárez nicht gerade preiswert und auch nicht besonders sicher; allein reisende Frauen sollten bei der Hotelwahl besonders umsichtig sein. Wer gut und billig unterkommen möchte, findet auf der anderen Seite der Grenze, in **El Paso**, das einladende, preiswerte
Gardner Hotel, 311 E Franklin St, El Paso, ✆ +1-915/532-3661, 💻 www.elpasohostel.com, eine sehr nette HI-Jugendherberge mit den üblichen Selbstversorger-Einrichtungen sowie ein paar teureren Privatzimmern. Mitglieder erhalten einen Preisnachlass. ❹
Del Prado, ✆ 656/616-8800, im Centro Pronaf. Sicher, relativ luxuriös und kostspielig. ❻
Impala, Lerdo Nte 670, einen Block von der Grenze entfernt, 💻 www.hotel-impala.com, ✆ 656/615-0431. Das empfehlenswerteste der etwas teureren Hotels: Sauber und modern, mit ac und Kabel-TV. ❺
Juárez, Lerdo Nte 143, ✆ 656/615-0358. Eine der billigsten Unterkünfte der Stadt. Wer auf ac verzichten und in einem Zimmer auf dem Dach übernachten will, kann noch ein paar Dollar sparen. Die Zimmer sind sauber, das Gebäude selbst hat schon bessere Zeiten gesehen. ❷
Moran, Juárez Nte 264, ✆ 656/615-0862. Eine passable Wahl, wenngleich etwas teuer für das Gebotene: feuchte und düstere Zimmer mit

wenig Atmosphäre und teilweise etwas schmuddlig. ❺

Hotel San Carlos, Juárez Nte 131, ✆ 656/615-0419. Etwas besser als der Durchschnitt in dieser Preisklasse. Für ein paar Pesos mehr gibt es sauberere Zimmer mit Bad und durchgehend Warmwasser sowie eine angenehme TV-Lounge. ❹

Santa Fe, Lerdo Nte 673, ✆ 656/615-1522, 💻 www.hotel-santafe-juarez.com, gegenüber vom *Impala* und fast dieselben Preise, aber etwas weniger attraktiv. Praktisch bei später Ankunft. Recht nette, luftige Zimmer mit ac und Kabel-TV. Restaurant im Haus. ❺

Essen

Im Stadtzentrum und in Grenznähe gibt es zahlreiche Verpflegungsmöglichkeiten; Neuankömmlinge sollten allerdings nicht gleich an den Straßenständen essen. Die etwas besseren Lokale säumen die Juárez. Wer allerdings eine lange Mexikoreise hinter sich hat, braucht vielleicht etwas Abwechslung und findet sie jenseits der Grenze in **El Paso**, z.B. in den Burgerlokalen unweit der *Greyhound*-Station. Die hilfsbereiten Angestellten im *Camino Real* kennen eine Menge guter Restaurants in Spaziernähe des Grenzübergangs.

Camino Real, 101 South El Paso Street, El Paso. Das schicke Hotel beherbergt zwei Restaurants: das *Azulejos*, eine schlichtere und relativ preiswerte Alternative zum *Dome*, einem eleganten, nur zum Dinner geöffneten Restaurant.

El Coyote Inválido, Juárez Nte 625, Höhe Av. Colon. Helles, luftiges und billiges Taco-Lokal, bis spät abends geöffnet, serviert herzhafte *chiles rellenos*, Burritos und sättigendes Frühstück.

La Nueva Central de Ciudad Juárez, 16 de Setiembre 322 Pte. Eine hell erleuchtete Halle, in der mexikanische Standardgerichte und einfache chinesische Speisen aufgetischt werden. 🕒 24 Std.

Nuevo Restaurante Martino, Juárez Nte 643. Elegantes Restaurant mit hohen Preisen und abwechslungsreicher Speisekarte, die jedoch überwiegend traditionell mexikanische Gerichte auflistet.

Restaurant Viva Juárez, Juárez Nte 126, unmittelbar vor der 16 de Setiembre (gegenüber dem Hotel *San Carlos*). Gute, preiswerte, schlichte mexikanische Küche.

Santa Fe, Lerdo Nte. 675. Relativ hochpreisiges Hotelrestaurant, serviert Enchiladas und Sandwiches.

La Seviliana, an der Juárez hinter der Stierkampfarena; eine Institution der Stadt mit seit Jahrzehnten gleichbleibend guter mexikanischer Küche.

The Tap, Kansas, Ecke San Antonio. Eines der Lokale nahe der *Greyhound*-Bushaltestelle; einladende Atmosphäre und günstiges mexikanisches Essen; aus der Jukebox dröhnt Norteña-, Rock- und amerikanische Country-Musik.

Sonstiges

AUTOVERMIETUNGEN – Mietautos bekommt man derzeit nur am Flughafen in El Paso bei ***Dollar***, ✆ +1-915/881-1500, oder ***Hertz***, ✆ +1-915/775-6960. Wer nach Mexiko einreisen will, muss eine für das Land gültige Versicherung abschließen.

GELD – Die meisten Banken – fast alle mit Geldautomaten – befinden sich entlang der 16 de Setiembre. Auch Casas de Cambio und Souvenirgeschäfte an der Juárez und 16 de Setiembre wechseln Geld, und in vielen Restaurants und Geschäften kann man in Dollars bezahlen, sollte sich aber vorher über den gängigen Wechselkurs informieren.

INFORMATIONEN – Die ***Touristeninformation***, Francisco Villa, Ecke Malecón, ✆ 656/615-2301 oder 614-0607, 🕒 Mo–Fr 8–14.30 und 16–19, Sa und So 8–14 Uhr, existiert derzeit nur in abgespeckter Form am Grenzübergang bei der Chamizal-Brücke, aber es kann durchaus sein, dass auch das Hauptbüro im Zentrum wieder öffnet. Auch im kleineren Büro bekommt man jedoch Infos zu Rodeos, *Charreadas* (Apr–Okt) und anderen lokalen Veranstaltungen sowie Landkarten für die Umgebung.

INTERNET – Die öffentliche Bibliothek jenseits der Grenze in El Paso, Franklin, Ecke Oregon (ungefähr zwei Häuserblocks nördlich des *Camino Real*), bietet kostenlosen Internet-Zugang; 🕒 Mo–Do 8.30–20.30, Fr und Sa 8.30–17.30, So

13–17 Uhr. In Juárez gibt es ***Compu-Rent,*** 16 de Setiembre 372, Höhe Lerdo, ⏲ Mo–Sa 9–21, So 10–21 Uhr, US$1,50 pro Std.

POST – Das Postamt befindet sich ein Block südlich der 16 de Setiembre, an der Lerdo, Ecke Peña.

Transport

BUSSE – Die moderne **Central Camionera** oder Central de Autobuses befindet sich in der 4010 Oscar Flores, ✆ 656/513-2083, und verfügt über eine rund um die Uhr geöffnete Gepäckaufbewahrung *(guardería)*. Vom Busbahnhof fahren **Stadtbusse** (1A, 1B oder Camionera) ins Zentrum zur Guerrero, Ecke Villa (am Markt) und zur Grenze (ca. 30 Min., US$0,40).
Schneller geht es mit einem Taxi (US$8).
Man kann sich auch in einen der oft überfüllten **Minibusse** quetschen, die zwischen Grenze und Busbahnhof pendeln.
Wer ohne Aufenthalt in der Stadt weiterfahren möchte, nimmt gleich vom *Greyhound*-Busbahnhof in El Paso, 1007 S Santa Fe Street, den stdl. verkehrenden Bus zur Camionera Central, US$5. Von dort gibt es ausgezeichnete Verbindungen zu Zielorten in Nord- und Zentral-Mexiko. Hier nur eine Auswahl:
Stdl. nach CHIHUAHUA (5 Std.),
DURANGO (16 Std.),
JIMÉNEZ (8 Std.),
MÉXICO D.F. 10x tgl. (24 Std.),
NUEVO CASAS GRANDES (4 Std.),
PARRAL (10 Std.),
TORREÓN (12 Std.),
ZACATECAS (16 Std.)

EISENBAHN – Zum Bahnhof geht es von der Grenze aus ca. zwölf Blocks auf der Lerdo immer geradeaus; es fährt auch ein Bus. Fahrkartenschalter ⏲ tgl. 10–12 und 16.30–19 Uhr. Tgl. fährt nach CHIHUAHUA ein Zug.

FLÜGE – Vom 19 km außerhalb gelegenen Flughafen tgl. Verbindungen nach MÉXICO D.F., CHIHUAHUA, GUADALAJARA, MONTERREY und TORREON.

Casas Grandes

Die archäologische Fundstätte Casas Grandes, auch **Paquimé** genannt, ist die wichtigste und beeindruckendste Ausgrabungsstätte Nord-Mexikos. Die Siedlung war aus einfachen Adobeziegeln erbaut – ähnlich wie im Südwesten der USA, v.a. in Arizona und New Mexico – und stark von der mesoamerikanischen, wahrscheinlich toltekischen Kultur beeinflusst. Ungeklärt ist, ob dies das Resultat gewaltsamer Unterwerfung oder friedlicher Handelsbeziehungen war, wobei Letzteres eher anzunehmen ist. Zwischen 1000–1200 n.Chr. war Casas Grandes jedenfalls eine blühende Stadt. Pyramiden und mehrstöckige Gebäude wurden errichtet und das umliegende Land durch Kanäle bewässert.

Unter den Funden (inzwischen viele im Museo Nacional de Antropología in México D.F. zu sehen) waren auch Käfige mit importierten exotischen Vögeln, deren Federn zu Schmuck verarbeitet wurden, Halsketten aus Muscheln vom Mar de Cortés, Türkisen und Halbedelsteinen, und andere Gegenstände aus Kupfer, Knochen, Jade und Perlen.

Das meiste wurde bei einem Angriff um 1340 n.Chr. zerstört und niedergebrannt; vielleicht von nomadisierenden Apachen, vielleicht aber auch im Verlauf eines Aufstands in der Bevölkerung. Casas Grandes wurde nicht wieder aufgebaut, die Einwohner verließen die verwüstete Stätte und zogen sich in die Berge zurück.

Als man Ende 1950 mit den Ausgrabungsarbeiten begann, befanden sich dort, wo einst die Hauswände standen, nur überwachsene Hügel und Erhebungen. Die Archäologen haben die Fundstücke zusammengesetzt und die Adobehäuser, von denen die größten bis zu fünfzig miteinander verbundene Zimmer besaßen, teilweise rekonstruiert. Sie stehen rings um einen offenen Hof, der das **Zeremonialzentrum** bildete. Die ursprünglich zwei Stockwerke hohen Häuser wurden nur bis auf Taillenhöhe rekonstruiert, doch ein paar hohe Wände vermitteln einen Eindruck von den tatsächlichen Maßen der Häuser.

Wie hoch entwickelt diese Zivilisation wirklich war, begreift man erst nach einem Besuch im **Centro Cultural Paquimé**, einem schönen Museum, dessen Bau den Wehrtürmen nachempfunden ist, die hier einmal standen. Anhand eines Modells wird gezeigt, wie Paquimé früher ausgesehen haben muss, außerdem gibt es interaktive Medien sowie fachkundig angeordnete Artefakte. Neben Paquimé-Stücken wird auch modernes Kunsthandwerk aus der Gegend gezeigt. Besonders sehenswert sind die Töpferwaren, oft anthropomorphe Behälter, mit geometrischen Formen in Rot, Schwarz oder Braun auf weißem oder cremefarbenem Hintergrund. Die Parallelen zur Kultur von Paquimé sind nicht zu übersehen, obwohl wissenschaftlich nicht geklärt ist, ob es unter den Tarahumara oder anderen Indígenas der Gegend Nachfahren der Bewohner von Paquimé gibt. ⏲ Di–So 10–17 Uhr, US$2,50.

Wer die Ausgrabungsstätte besuchen möchte, muss zunächst von Ciudad Juárez 260 km weit nach Süden durch staubiges Weide- und Baumwollgebiet reisen, um nach **Nuevo Casas Grandes** zu gelangen. Die Anfahrt ist auch per Bus in fünf Stunden von Chihuahua her möglich. In Nuevo Casas Grandes fahren an der Straßenkreuzung der Constitución und 16 de Setiembre gelbe Busse (nicht zu übersehen) mit der Aufschrift „Casas Grandes / Col Juárez", in ca. 15 Min. zur Plaza von Casas Grandes. Ein ausgeschilderter Fußweg von 10 Min. führt von dort zur alten Siedlung. ⏲ Di–So 10–17 Uhr, US$1,30.

Übernachtung

Nuevo Casas Grandes selbst ist klein und gut zum Übernachten geeignet.
Hotel California, Constitución 209, ✆ 636/694-1110, sauber, aber ohne Zentralheizung. ❺
Juárez, direkt am *Transportes Chihuahuenses*-Terminal, Obregón 110, ✆ 636/694-0233, die billigste Unterkunft vor Ort; kleine, einfache Zimmer, Warmwasser auf Nachfrage. ❷
Motel Piñón, Juárez Nte 605, ✆ 636/694-0655, mit Abstand das beste Hotel. Zimmer mit TV und Warmwasser, manchmal Touren zu den Ruinen. Beherbergt ein winziges Museum mit Paquimé-Töpferwaren. ❻

Essen

Die Auswahl beschränkt sich auf ein paar schlichte Taquerías im Ort sowie etwas „ausgefallenere" Lokale wie ***Dinno's Pizza***, Constitución, Ecke Minerva, das kleine, leckere Pizzas für US$4 sowie ordentliche Burritos und Enchiladas serviert.

Sagenhafte Tortas und Quesadillas gibt es bei ***La Michoacana***, der Eisdiele abseits des Zócalo, unweit der Haltestelle, wo die Busse nach Nuevo Casas Grandes abfahren.

Sonstiges

INTERNET – Internet-Zugang bieten zwei Geschäfte in der Juárez in Nuevo Casas Grandes: sowohl *Versailles* als auch *La Playa* verlangen rund US$2 pro Std.

Transport

Wer Ciudad Juárez sehr früh am Morgen verlässt – rechtzeitig den Fahrplan studieren – kann die Ruinen besuchen und am gleichen Tag nach Chihuahua weiterfahren. Die Strecke über Casas Grandes ist etwas länger, aber interessanter als die Hauptstraße nach Chihuahua. Man muss jedoch damit rechnen, dass die Straße südlich von Nuevo Casas Grandes nach Regenfällen unpassierbar ist.
Die **Busse** halten vor den nebeneinander liegenden Büros von *Estrella Blanca* und *Omnibus de Mexico* an der Obregón, ein paar Schritte vom *Hotel Juárez*, an der Obregón 110, entfernt. Busse fahren stdl. nach CHIHUAHUA (4 1/2 Std.) und CIUDAD JUÁREZ (4 Std.)

Chihuahua

Die 800 000 Einwohner zählende Hauptstadt von Mexikos größtem, gleichnamigem Bundesstaat ist ein Industriezentrum und der Umschlagplatz für zahlreiche Produkte aus den Bergwerken und der Landwirtschaft. Nach dieser Stadt wurden auch die kleinen, glupschäugigen Hunde benannt. Sie stammen wirklich von hier, doch es ist unwahrscheinlich, dass man einem von ihnen begegnet, denn die zarten Kreaturen sind den Gefahren, denen ein Hundeleben heutzutage in Mexiko ausgesetzt ist, nicht gewachsen.

Der Name „Chihuahua" bedeutet aus dem Nahuatl übersetzt so viel wie „trockenes, sandiges Gebiet". Die meisten Besucher kommen nur deshalb in die 1709 gegründete Stadt, weil sie End- oder Ausgangspunkt der Fahrt mit der Kupferschluchtbahn ist. An Sehenswürdigkeiten hat sie wenig zu

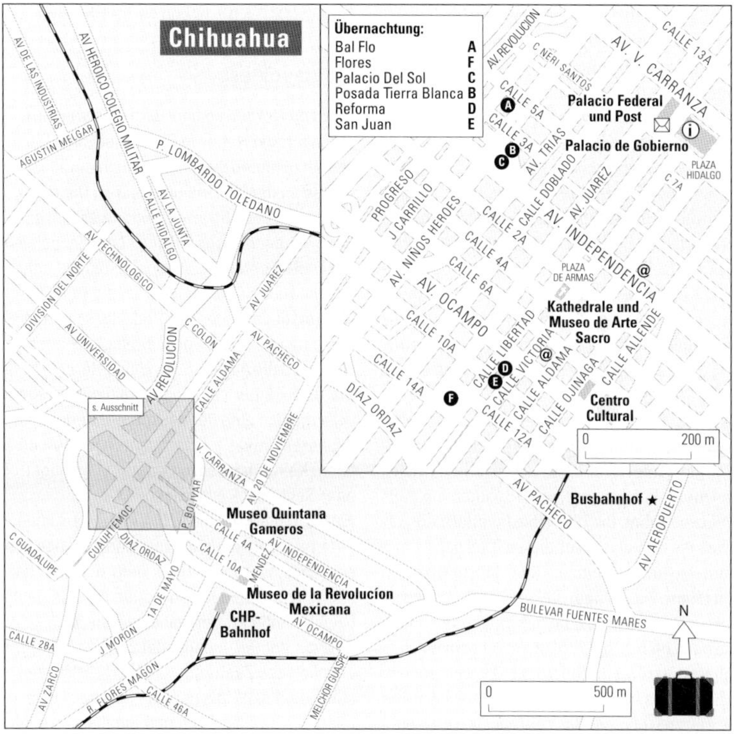

bieten, es gibt ein koloniales Zentrum und drumherum ein paar Vororte mit prächtigen Gebäuden im gotischen Stil, die im 19. Jh. erbaut wurden, als die Region durch Silber zu Reichtum kam.

Die Innenstadt ist nicht groß und lässt sich leicht zu Fuß erkunden, doch Besucher werden anfangs etwas Schwierigkeiten haben, eine bestimmte Adresse zu finden. Alle Querstraßen mit gerader Zahl liegen südlich der zentralen Plaza de Armas, jene mit ungerader Zahl nördlich davon. Die erste Zahl einer Hausnummer richtet sich nach der dazugehörigen Querstraße, d.h. die Allende 702 liegt zwischen Calle 7 und Calle 9 nördlich des Zentrums, die Allende 607 dagegen südlich des Zentrums zwischen Calle 6 und Calle 8.

Mitten im Zentrum, am Ende der Fußgängerzone, liegt an einer belebten Plaza die **Kathedrale**. Ihr gegenüber steht die Statue des Stadtgründers. Der Bau der barocken Kirche mit ihren Zwillingstürmen wurde 1717 begonnen und dauerte mehr als sieben Jahre, heute gilt sie als eine der schönsten Kirchen des Landes. Hinter der Kathedrale befindet sich in einem Höhlengewölbe ein kleines **Museo de Arte Sacro**, in dem religiöse Kunstwerke mexikanischer Herkunft ausgestellt sind sowie Gemälde aus dem 18. Jh., insbesondere eine Sammlung von Heiligen, gemalt von Francisco Martinez. ⌚ Mo–Fr 10–14 und 16–18 Uhr, Eintritt US$1,50.

Auf der Plaza de Armas steht auch das imposante, relativ moderne Rathaus, der **Palacio Municipal**. Geht man hier vorbei und die Calle Victoria hinunter, kommt man zur Plaza Hidalgo, die vom **Palacio de Gobierno** beherrscht wird. Diesen zieren Wandgemälde von Aarón Piña Mora, auf denen Szenen aus Mexikos Kolonialvergangenheit abgebildet sind. Ursprünglich beherbergte das Gebäude eine Jesuitenschule, die nach der Vertreibung der Jesuiten in ein Militärhospital umgewandelt wurde. 1811 wurden hier Pater Miguel Hidalgo y Castilla und Ignacio Allende, die Inspiratoren und frühen Anführer der mexikanischen Unabhängigkeitsbewegung, hingerichtet. Ihre vom Rumpf getrennten Köpfe wurden nach Guanajuato geschickt und zur Schau gestellt. Der „Tatort" ist ausgeschildert. Hinter dem Palacio kann man im Palacio Federal **Hidalgos Kerker** besuchen, wo die Männer gefangen gehalten wurden. Innen befinden sich zahlreiche Erinnerungsstücke an die Revolution und an Hidalgo; den Eingang ziert ein goldener Adler. ⌚ Di–So 9–18.30 Uhr, US$0,50.

Neuere Geschichte gibt es im Revolutionsmuseum, dem **Museo de la Revolución Mexicana**, in der Calle 10 3010 zu sehen. Dieses Haus, auch Quinta Luz genannt, wurde früher von Pancho Villa bewohnt. Bis 1981 lebte hier noch die „offizielle" Witwe Villas – auf diesen Titel gab es insgesamt 22 Anwärterinnen – und führte Gruppen durchs Haus. Nach ihrem Tod ging es in Armeebesitz über. Zu sehen ist eine faszinierende Sammlung von Waffen, Schlachtplänen und persönlichen Erinnerungsstücken, außerdem die von Kugeln durchlöcherte Limousine, in der Villa 1923 den Tod fand. Zu erreichen per Bus (Aufschrift „Ocampo") oder man geht die 2 km zu Fuß: die Avenida Ocampo hoch bis zwei Blocks hinter der Kathedrale. Das Museum liegt zwei Häuserblocks auf der linken Seite der Mendez. ⌚ Di–Sa 9–13 und 15–19, So 9–17 Uhr, US$1,50.

Ebenfalls im nördlichen Teil der Stadt findet man das üppig dekorierte **Museo Quinta Gameros**, an der Kreuzung der Calle 4a mit dem Paseo Bolivar. Es ist genau die Zurschaustellung von Reichtum, die Villa und seinen Mitstreitern in ihrem Kampf gegen die Grundbesitzerelite ein Dorn im Auge war: die originalgetreue Kopie einer Pariser Villa, entworfen von einem reichen Minenbesitzer. ⌚ Di–So 11–14 und 16–19 Uhr, Eintritt US$2.

Auf dem Rückweg sollte man im **Centro Cultural de Chihuahua**, Aldama 430, Ecke Ocampo, vorbeischauen, in dem manchmal Konzerte und Ausstellungen stattfinden. Zudem gibt es hier eine kleine Ausstellung, die sich um die Ruinen von Paquimé (s.S. 191) dreht und nette Töpferwaren umfasst. ⌚ Di–So 10–14 und 16–19 Uhr, Eintritt frei.

Übernachtung

Wer von Norden kommt, wird sich wundern, wie preiswert die Hotels in Chihuahua sind. Die billigsten befinden sich südwestlich der Plaza de Armas an der Victoria und Juárez. Die Unterkünfte ein, zwei Straßen weiter westlich sind noch ein paar Pesos billiger, liegen jedoch mitten im Rotlichtbezirk. Alle nachstehend aufgeführten Häuser bieten rund um die Uhr Warmwasser; in der untersten Preisklasse wird die Klimaanlage nur im Sommer eingeschaltet.

Bal Flo, Calle 5a 702, Ecke Niños Héroes, ✆ 614/416-0300. Hinter dem bunkerähnlichen Äußeren verbirgt sich eine der besseren Unterkünfte mit sauberen, etwas engen Zimmern mit TV und Telefon. Keine Heizung; im Winter unbedingt Decke oder Schlafsack mitbringen. ❺

Flores, Calle 12a 218, ✆ 614/416-0639. Kleine, aber relativ saubere Zimmer und günstige Preise sind alles, was diese Unterkunft zu bieten hat – ein Schnäppchen für Besucher, die sich an der Lage im Rotlichtbezirk nicht stören. ❷

Palacio del Sol, Independencia 116, 5 Straßen westlich des Zentrums, ✆ 614/416-6000. Vielstöckiger Luxus, die meisten der großen Zimmer mit Blick über die Stadt und Satellitenfernsehen. Fitnesszentrum, teure Cafeteria, Restaurant/Bar. Am Wochenende Preisnachlässe. ❾

Posada Tierra Blanca, Niños Héroes 100, neben dem *Palacio del Sol*, ✆ 614/415-0000. Großes Motel-Hotel mitten in der Stadt mit Pool, Fitnessraum und sauberen, geräumigen, aber nicht unbedingt geschmackvoll eingerichteten Zimmern, Restaurant und Bar. ❼

Hotel Reforma, Victoria 809, ✆ 614/410-3998. Altes, ein wenig vernachlässigtes Hotel mit einem großen, überdachten Hof, der an eine europäische Bahnhofshalle der Jahrhundertwende erinnert. Verlangt ein paar Pesos mehr als sein Nachbar, das *San Juan*. ❸

San Juan, Victoria 823, ✆ 614/410-0035, Einfaches, altmodisches Hotel, freundlich, könnte jedoch eine gründliche Renovierung vertragen. Neuere Zimmer mit Holzboden in einem Rückgebäude und – angenehmere – Zimmer rund um den Patio, manche mit TV. Internet-Zugang für Gäste (US$1 pro Std.). ❷

Essen und Unterhaltung

In Chihuahua gibt es in jeder Preisklasse etwas zu essen. Beim **Markt** (westlich der Juárez zwischen Calle 4 und Calle 6) finden sich billige Cafés und Esslokale, und auf dem Weg ins Zentrum kommt man an zahlreichen Tacoständen, Steakhäusern und Hamburgerlokalen vorbei. Einige der besten Restaurants befinden sich am südlichen Ende der Calle Victoria; meistens haben sie bis spät geöffnet, z.B.

Café Irene, gegenüber dem Mercado Chihuahua, ist das beste der Marktcafés und bietet hervorragende Comidas für rund US$3.

Café Merino, Juárez 616, Ecke Ocampo. Über 70 Jahre altes Lokal, das gute Antojitos, Tortas und Hamburger zu günstigen Preisen serviert; die Spezialität ist *menudo,* Rindfleisch mit Mais, und *pozole.*

La Calesa, 3300 Juárez, Ecke Colón, ✆ 614/416-0222. Eines der elegantesten Restaurants von Chihuahua, Spezialität des Hauses sind Steaks; *chiles rellenos de camarón* kosten US$8, und eine große Meeresfrüchteplatte US$13. Am Wochenende Reservierung empfohlen.

Casa de los Milagros, Victoria 810, gegenüber dem *Hotel Reforma.* Gemütliches Restaurant und Bar mit hübschem Patio und vielen kleinen Zimmern rundherum. Hier trinken auch die Einheimischen ihre Margaritas (US$2) und Tequilas (40 Sorten stehen zur Auswahl, US$1–5) oder essen kleine Gerichte wie *quesadilla de flor de calabaza* (aus Kürbismehl, US$4), Tortas und Salate.

Dino's Pizza, Doblado 301. Köstliche Pizzas mit leicht süßem Teig (eine für US$8 macht 2 Pers. satt) und großer Auswahl an Belägen. Auch Sandwiches und Spaghetti. Bis spät geöffnet.

Mi Café, Victoria 1000, gegenüber vom Hotel *San Juan.* Verlässlicher Diner im US-Stil, Preise und Qualität etwas über dem Durchschnitt. Das Angebot reicht von typisch herzhaft mexikanisch bis zu Hotcakes mit Sirup. Später am Tage gibt es Burger, Sandwiches, Steaks und Seafood.

El Vegetariano, Libertad 1703, die einzige Adresse in der Stadt für Vegetarier. Anspruchslose Umgebung, aber Mittagsbuffet für US$3 mit Suppe, Salat und Tofugerichten von 13–16 Uhr; Verkauf von Veggiburgern, Joghurt und Vollkornbrot. Abends und So geschlossen.

Cantinas für „harte Männer" befinden sich am Südende der Juárez. Weniger ungehobelt geht es in den **Bars** und **Clubs** an der nördlichen Juárez nahe der Kreuzung Colón zu.

Wer sich an einem untertitelten Hollywoodschinken erfreuen möchte, hat dazu für rund US$2 Gelegenheit im ***Sala 2001,*** Guerrero, Höhe Escorza, oder im ***Cinema Revolución,*** an der Kreuzung Doblado und Neri Santos.

Sonstiges

EINKAUFEN – Chihuahua ist einer der besten Orte, um **Cowboystiefel** einzukaufen. Die Auswahl ist riesig, die meisten Schuhgeschäfte liegen in der Gegend der Calle 4, Juárez, Victoria und Ocampo.

GELD – Die meisten Banken findet man im Zentrum in den Calles Victoria und Libertad in der Umgebung der Plaza de Armas; fast alle verfügen über Geldautomaten.

Das Reisebüro ***Rojo y Casavantes*** (s.u.), bietet alle ***American Express***-Services, außer Wechseln von Reiseschecks.

HONORARKONSULAT – **Deutschland:** zuständig für **Chihuahua**: Apartado 4-40, 31040 Chihuahua, ✆ 614/420-2030, 420-0357, 📠 420-0945.

INFORMATIONEN – Eine kleine, hilfreiche ***Touristeninformation*** befindet sich im Erdgeschoss des Palacio de Gobierno, ✆ 614/410-1077 oder 1-800/508-0111, 🖳 www.chihuahua.gob.mx/turismoweb, 🕒 Mi–Fr 9–19, Sa–Di 9–17 Uhr.

INTERNET – ***Int@rnet,*** Victoria, Ecke Calle 6, nahe *Mi Café,* und ***Acesso,*** Aldama 109, Höhe Independencia (beide US$1 pro Std.), beide sind gut.

POST – Das Postamt befindet sich gegenüber dem Palacio Gobierno im Palacio Federal an der Plaza Hidalgo. 🕒 Mo–Fr 8–19, Sa 9–13 Uhr.

REISEBÜRO – ***Rojo y Casavantes,*** Guerrero 1207, Ecke Allende, 🖳 www.rojoycasavantes.com,

☏ 614/439-5858, ◷ Mo–Fr 9–19, Sa 9–13 Uhr, ist ein zuverlässiges Reisebüro.

TELEFON – *Larga distancia*-Telefone findet man überall in der Stadt.
Außerdem kann man in der **Apotheke**, Independencia 808, östlich der Aldama ◷ Mo–Sa 8–20 Uhr, telefonieren.

Transport

BUSSE – Zum Leidwesen zahlloser Reisender, die nur hierher kommen, um eine Fahrt mit der Kupferschluchtbahn zu unternehmen, sind die Verkehrsverbindungen von und nach Chihuahua schlecht aufeinander abgestimmt.
Die **Central Camionera** mit Gepäckaufbewahrung ◷9–23 Uhr und Fernsprechtelefonen, ☏ 614/429-0230, liegt meilenweit vor den Toren der Stadt nahe dem Flughafen in der Avenida Aeropuerto. Auf der Hauptstraße vor dem Busbahnhof verkehren Stadtbusse zur Avenida Juárez im Zentrum (US$0,40), und es gibt jede Menge Taxis (US$5). Zum Busbahnhof gelangt man mit Stadtbussen von der Ocampo, Ecke Juárez oder der Niños Héroes, Aufschrift „Aeropuerto, Central Camionera".
In der Central Camionera befinden sich Schalter von *Estrella Blanca, Transportes Chihuahuenses, Omnibus de Mexico* sowie *Greyhound;* die *Greyhounds* fahren nach DENVER, LOS ANGELES, PHOENIX, DALLAS und ein paar anderen US-Städten.
Mindestens stdl. geht ein Bus von einer der Gesellschaften nach: CIUDAD JUÁREZ (5 Std.), JIMENÉZ fast stdl. (3 Std.), CREEL alle 2 Std. (4 Std.), NUEVO CASAS GRANDES 5x tgl. (4 1/2 Std), ZACATECAS alle 2 Std. (12 Std.)
Auch nach Süden fahren zahlreiche Busse; stdl. nach PARRAL, mindestens 10x nach DURANGO, alle 2 Std. nach MÉXICO D.F. (18 Std.) sowie GUADALAJARA.

EISENBAHN – Der Bahnhof CHP (Chihuahua al Pacífico), wo die Züge zur **Kupferschlucht**, s.u., abfahren, liegt 2 km südöstlich vom Zentrum an der Mendez y Calle 24, ☏ 614/410-0514.
Busse mit der Aufschrift „Sta Rosa" oder „Col Rosalia" fahren über die Ocampo hierher – einige Querstraßen hinter der großen Kirche (nicht zu übersehen) aussteigen und dann rechts die Mendez hoch zum Bahnhof gehen.
Vom Bahnhof ins Zentrum gibt es Busse, aber bequemer ist ein Taxi, zumal sich die Taxifahrer ohnehin am Ausgang auf die Ankommenden stürzen. Ab und zu werden Züge gestrichen, deshalb sollte man den Fahrkahrtenschalter einen Tag vorher aufsuchen; mittlerweile ist es sogar möglich, das Ticket am Morgen der Abfahrt zu kaufen – sofern man früh genug aus den Federn kommt, ◷ Mo–Sa 6–17.30, Sa und So 6–12.30 Uhr.
Keine Passagierzüge befahren die Strecke Ciudad Juárez–México D.F.

FLÜGE – Vom Flughafen zur Stadt verkehren Taxis zum Festpreis – das Ticket kauft man am Ausgang. Zum Flughafen kommt man nur per Taxi; der Bus mit der Aufschrift „Aeropuerto" hält in einem kleinen Vorort und von dort sind es noch 3–4 km bis zum Flughafen.
3x tgl. Flüge nach MÉXICO D.F., auch nach CIUDAD JUÁREZ, GUADALAJARA, MONTERREY und TIJUANA.

Die Kupferschluchtbahn

Die 14-stündige Eisenbahnfahrt, die an der heißen Pazifikküste in Los Mochis beginnt und über die Kontinentalscheide zwischen den Gipfeln der Sierra Madre hindurch zur Hochebene von Chihuahua führt (und umgekehrt), ist unbestreitbar ein Erlebnis.

Wirklich atemberaubend sind die Ausblicke, wenn die Schienen die tiefen Schluchten des **Río Urique** überqueren. Die beindruckendste von ihnen ist die **Barranca del Cobre**, über 2000 m tief und ebenso breit – im Vergleich dazu ist der Grand Canyon ein Zwerg.

Leider bleiben die ganzen Ausmaße und Schönheiten der Canyons Durchreisenden größtenteils verschlossen, denn es gibt weder gut ausgeschilderte Wanderwege noch offizielle Campingplätze, und die Eisenbahn legt nur einen kurzen Aufenthalt beim Aussichtspunkt in **Divisadero** ein. Wer diese grandiose Landschaft erleben möchte, sollte eine knappe Wanderwoche dafür einplanen.

Organisatorisches

Die Linie wird seit kurzem nicht mehr nur von der *Ferrocarril Mexicano* bedient, dem Betreiber des „El Chepe", sondern auch von einem privaten US-amerikanischen Unternehmen, das mit dem „Sierra Madre Express" einen luxuriösen Nostalgiezug mit orignal restaurierten Wagen aus den USA auf die Gleise gestellt hat. Dieser Touristenzug der oberen Klasse ist im Rahmen von Touren zu buchen und verkehrt nur zu bestimmten Terminen. Die Primera Express-Klasse des „Chihuahua al Pacifico" oder „El Chepe" bietet mit ac und reservierten Liegesitzen ausreichend Komfort, so dass hier nur die Fahrzeiten und Preise dieses Zuges genannt werden. Allerdings sind die Fahrkarten nicht billig, was nicht zuletzt dazu beigetragen hat, dass die Kupferschluchtbahn in erster Linie zu einer Touristenattraktion geworden ist.

Es bietet sich an, die Fahrt zu unterbrechen und Proviant mitzunehmen. Lohnende Haltepunkte sind beispielsweise El Fuerte und Divisadero, das unmittelbar an der steil abfallenden Kupferschlucht liegt. Fotografierpausen machen sich schon deshalb bezahlt, weil sich die Fenster des Zuges nicht öffnen lassen; man muss sich also mit anderen um die begehrten Plätze an den Fenstern zwischen den Wagen drängeln.

Der Fahrplan

Derzeit verkehrt der „El Chepe" nur 1x tgl. in beide Richtungen. Der Fahrplan wird nicht immer eingehalten. Für die Richtigkeit des Plans, der von offizieller Seite herausgegeben wird, kann nicht garantiert werden. Die Zugverbindungen können vorübergehend eingestellt sein, wenn ein Güterzug entgleist ist oder die Schienen weggeschwemmt wurden, Letzteres kommt während der Regenzeit häufig vor.

	Primera (Nr. 73)		**Economica (Nr. 75)**	
Los Mochis	6.00		7.00	21.35
Sufragio	6.45	18.45	7.45	20.35
Bahuichivo	11.10	14.15	12.35	15.45
Divisadero	12.25	12.35	13.50	13.55
Creel	14.05	11.15	15.30	12.35
Cuauhtémoc	17.05	8.15	18.50	9.35
Chihuahua	19.25	6.00	21.30	7.00

Fahrkarten kann man entweder am Bahnhof oder in jedem mexikanischen Reisebüro reservieren lassen oder bei *Ferrocarril Mexicano* direkt, ✉ chepe@ferromex.com.mx., ✆ 614/439-7212, ℻ 439-7208; für die Zeit von Mai bis September und während der Semana Santa sollte man dies so früh wie möglich tun. Wer trotz Fahrtunterbrechung einen reservierten Platz haben möchte, muss in Los Mochis bzw. Chihuahua gegen 15% Aufpreis eine *escala*-Fahrkarte kaufen, die bis zu zwei Aufenthalte zum Übernachten entlang der Strecke erlaubt.

Essen und Getränke kann man im Zug kaufen, aber billiger ist es, Proviant mitzubringen. Unterwegs kommen auch Leute an Bord, die Tacos, Obst usw. verkaufen.

Die Route

Der Fahrplan schreibt mehr oder weniger die Reiseroute vor: Es empfiehlt sich, von der Küste in die Berge zu fahren, denn sonst kann es sein, dass man den aufregendsten Streckenabschnitt erst in der Dunkelheit zurücklegt. Zuerst geht es durch die feuchtheiße Küstenebene, und während 1. Klasse-Passagiere in den klimatisierten Waggons auf Liegesitzen dösen, müssen 2. Klasse-Passagiere schwitzen. Doch wenn der Zug das kühle Gebirge erreicht, möchte mancher lieber auf die Klimaanlage verzichten. Hier beginnt der Schienenabschnitt, der die Erbauer vor fast unlösbare Probleme stellte, eine technische Meisterleistung mit **73 Tunneln** und **28 Brücken** – für Eisenbahnfans der spannendste Teil der ganzen Fahrt. Sechs Stunden lang quält sich der Zug in schwindelerregenden Spitzkehren dicht an die Felswände gepresst nach oben, stampft über große Brücken und durch in die Felsen gesprengte Tunnel, um jedesmal nur einen Steinwurf von den schon 20 Minuten zuvor passierten Schienen entfernt vorbeizuziehen.

Von Creel braucht die Bahn noch weitere 6 Std. bis Chihuahua – eine schöne, aber nicht atemberaubende Strecke. Falls einem der Zugfahrplan nicht zusagt, kann man genausogut mit dem Bus von Creel nach Chihuahua fahren, was ungefähr so viel kostet wie der 2. Klasse-Zug und dabei schneller geht. Östlich von Creel lassen sowohl Bus als auch Bahn die Sierra Tarahumara hinter sich. Die Strecke führt durch sanftes, grünes Weideland. **Cuauhtémoc**, 70 km von Creel und 130 km von Chihuahua entfernt, ist ein großes Mennonitenzentrum.

Schließlich ist **Divisadero** erreicht, wo ein Aufenthalt von ungefähr einer Viertelstunde eingelegt wird, damit die Passagiere die Aussicht genießen können. Auf den ersten Blick scheint das unverständlich, denn es gibt nichts zu sehen außer Berggipfeln und dicht gedrängten Gruppen von Tarahumara, die Kunsthandwerk und Essen anbieten.

Die Tarahumara

Selbst wenn die schroffen Berggipfel mit Schnee bedeckt sind, ist das Klima am Boden der Schluchten gemäßigt. Deshalb suchen die indigenen Tarahumara, die im Zuge der Konquista in die Unwirtlichkeit der Berge getrieben wurden, im Winter in den wärmeren Canyons Schutz.

Rund 57 000 Indígenas leben in abgeschiedenen Gemeinschaften in der **Sierra Tarahumara**, wo sie den spärlichen Flecken kultivierbaren Bodens eine karge Existenz abringen. Ihre Abgeschiedenheit wird in zunehmendem Maße von den kommerziellen Interessen ausländischer Firmen, von Farmern, aber auch einer wachsenden Zahl von Touristen bedroht. Bisher ist es ihnen jedoch gelungen, ihre Unabhängigkeit und Tradition zu wahren.

Die **Religion** der Tarahumara ist im wesentlichen animistisch und basiert auf der agrarischen Lebensweise, vom Katholizismus haben sie nur ein paar äußere Formen übernommen. Ihre Hauptgottheiten sind die Sonne, der Mond und der Regen. Der Stamm ist übrigens für seine ausdauernden Läufer bekannt: Wettläufe zwischen Dörfern gehören zu jedem richtigen Tarahumara-Fest. Ein Wettlauf dauert einen, manchmal sogar zwei volle Tage und die Läufer stoßen dabei mit dem Fuß einen hölzernen Ball vor sich her.

In jüngster Zeit verschlechtern sich die Lebensbedingungen der Tarahumara dramatisch. Im Zuge von Arbeitsbeschaffungsmaßnahmen werden Wälder zur Papierherstellung abgeholzt. So wird der Lebensraum der Tarahumara immer mehr eingeschränkt und zerstört.

Ein paar Schritte den Pfad hinunter steht man aber plötzlich scheinbar am Ende der Welt: Tief unten liegen die Abgründe der **Barranca del Cobre** und der mit ihr verbundenen Barranca de Balojaque und Barranca de Tararecua. Hier gibt es einige kostspielige sowie ein paar billigere Unterkünfte (s.S. 203, Kasten), aber die meisten Reisenden steigen notgedrungen wieder in den Zug – der Aufenthalt ist viel zu kurz. Nach einer Stunde und etwas über der Hälfte der Gesamtstrecke erreicht man auf 2300 m Höhe den Ort **Creel**, fast den höchsten Punkt der Bahnlinie. Wer die Sierra Tarahumara und die Schluchten hautnah erkunden möchte, muss hier aussteigen.

Creel

Creel ist eine staubige Kleinstadt, deren Holzhütten und Straßenszenen noch ein wenig Wildwestatmosphäre ausstrahlen. Der Ort wurde nach einem Gouverneur des Bundesstaates, **Enrique Creel**, Sohn des in den 30er Jahren amtierenden US-Botschafters in Mexiko, benannt, der die Sägewerke der Gegend ins Leben rief. Inzwischen ist nur noch ein Sägewerk in Betrieb, doch aufgrund der als Ausgangspunkt für Ausflüge in die Sierra Tarahumara idealen Lage entwickelt sich zunehmend der Tourismus zur Haupteinnahmequelle der Stadt, und an der Hauptstraße Lopez Mateos siedeln sich immer mehr Hotels an.

In Creel selbst kann man nicht viel unternehmen, außer die erfrischende Bergluft zu genießen. Fast alles von Interesse befindet sich entweder an der Francisco Villa am nördlichen Rand der Bahnschienen oder an der Lopez Mateos, die vom Zócalo nach Westen verläuft, also parallel zu den Schienen.

Eine interessante halbe Stunde lässt sich im **Museo de la Casa de las Artesanías** am Zócalo verbringen. Hier sind ein paar kunsthandwerkliche Gegenstände ausgestellt. Daneben gibt es Infos über Enrique Creel, den Bau der Eisenbahnstrecke sowie gute Schwarzweißfotos von Einheimischen. ⌚ Di–Fr 9–13 und 15–18, Sa 10–18, So 9–13 Uhr, US$1.

Nicht vergessen

Creel liegt 2300 m hoch, deshalb wird es abends das ganze Jahr über kalt, und im Winter fällt gelegentlich Schnee.

Eine **Wanderung** führt zur Felsklippe über dem Ort, wo man Vögel beobachten kann. Man überquert den Parkplatz des Motel *Parador de la Montaña,* erreicht das Feld und geht bis zum Stacheldrahtzaum beim großen Felsblock. Dann folgt man den in den Fels gehauenen Stufen und gelangt innerhalb kurzer Zeit zur Spitze. Rechts liegt der Bahnhof, links ein Ausläufer der Kupferschlucht und das Gebiet der Tarahumara, überzogen von Felsformationen, von denen die Einheimischen sagen, sie stellten u. a. Frösche, Pilze und sogar den berühmten Adler auf dem Kaktus dar, der die mexikanische Flagge ziert.

Übernachtung

Es gibt zahlreiche Unterkünfte und ständig entstehen neue; dank der Konkurrenz sind die meisten gut, bieten ein ordentliches Preis-Leistungsverhältnis und erwarten potenzielle Gäste schon am Bahnhof – oder schicken Kinder als Kundenfänger hin.

Casa Margarita, Lopez Mateos 11, ✆ 635/456-0045, am Zócalo. Eine der günstigeren Unterkünfte im Hostel-Stil, die meist aus allen Nähten platzt und v.a. Backpacker beherbergt. Die Zimmer haben einen rustikalen Touch, sind aber gut geheizt. Einfaches, aber köstliches Frühstück und Abendessen inkl. Bett im Schlafsaal ❷ (Matratze auf Boden ❶), Zimmer ❹.

Casa Valenzuela, Lopez Mateos 68, ✆ 635/456-0104. Weniger Backpacker-orientiert als die *Casa Margarita* und ausgesprochen ruhig. Billig, relativ sauber, den ganzen Tag lang Warmwasser, gemütlich, aber keine Heizung in den Zimmern – im Winter eindeutig ein Minuspunkt. Hat oft sogar in der Hochsaison noch ein Bett frei. ❸

Hotel Korachi, neben dem Busterminal, kurz vor dem Bahnhof, ✆ 635/456-0207. Spartanische und kleine Zimmer, trotzdem eine passable Alternative zur *Casa Margarita* oder *Casa Valenzuela.* ❹

The Lodge at Creel, Lopez Mateos 61, ✆ 635/456-0071, 💻 www.thelodgeatcreel.com. Creels bekannteste Luxus-Unterkunft, gemanagt von *Best Western,* bietet Zimmer im Cabin-Stil mit Spa, Sauna und Jacuzzi sowie ein Restaurant. Die mit viel Holz ausgestatteten, rustikalen Hütten sind sehr geräumig und haben alle erdenklichen Extras, z.B. Kaffeemaschine, gereinigtes Wasser und Telefon. ❽

Margarita's Plaza Mexicana, an der Elfida Batista Caro abseits der Lopez Mateos, ✆ 635/456-0245, ✉ alcalamsp@terra.com.mx. Schickere der beiden *Margarita's,* geräumige, beheizte Zimmer um einen Patio; gut besuchte Bar; Frühstück und Abendessen inkl. Je nach Belegung sind in der Nebensaison Nachlässe möglich. ❹

Motel Parador de la Montaña, Lopez Mateos 44, ✆ 635/456-0075, 💻 www.members.tripod.com/copperinn. Geschmackvoll eingerichtete Zimmer mit TV, ständig Warmwasser; beste Wahl in der mittleren Preiskategorie – allerdings zahlt man in der *Lodge at Creel* nur ein bisschen mehr und genießt wesentlich mehr Komfort sowie eine schönere Lage. ❻

Nuevo Barranacas del Cobre, Francisco Villa 121, genau gegenüber dem Bahnhof, ✆ 635/456-0022. Ausschau nach dem Wegweiser „Nuevo" halten. Sehr unterschiedliche Zimmer; die neueren Suites im Cabin-Stil mit ac und TV können 4 Pers. beherbergen. ❺

Sierra Bonita, Carretera Gran Visión, rund 1 km außerhalb, ✆ 635/456-0615. An einem Hang über der Stadt; die „modern-rustikalen" Zimmer haben einen Kamin und eine tolle Aussicht. Zum Hotel gehört auch eine der beliebtesten Discos der Stadt. ❾

Los Valles, Elfida Batista Caro s/n, neben *Margarita's Plaza Mexicana,* ✆ 635/456-0075. Neu erbautes Motel abseits der Hauptstraße mit kleinen, sauberen Zimmern zu annehmbaren Preisen; eine der besseren Mittelklasseunterkünfte in der Stadt. ❹

KOA Campingplatz, am Ortsrand (US$5 p.P.), sauber, für Wohnmobile geeignet. **Camper** begeben sich aber besser zum Lago Arareco, 7 km südlich von Creel. Camping ist auch 4 km näher im ***Complejo Ecoturístico Arareko*** (innerhalb des Tarahumara *ejido* San Ignacio de Arareko) möglich, doch um Privatsphäre ist es hier schlecht bestellt.

Essen und Unterhaltung

Fast alle **Restaurants und Bars** von Creel liegen an der López Mateos.

Mi Café, Nr. 21, kleines Lokal, serviert preiswerte Tortas, Burritos, Hamburger (US$1) sowie Hotcakes, Cornflakes und frisch gebrühten Kaffee zum Frühstück (US$3).

Restaurant Lupita und ***Restaurant Verónica,*** zwei benachbarte Lokale einen Block von *Mi*

Café entfernt, servieren gute und preiswerte mexikanische Küche. Das Restaurant im Hotel ***The Lodge at Creel,*** Nr. 61, bietet gute Qualität, US-Touch und annehmbare Preise.
Tío Molcas, seiner leckeren Antojitos wegen ebenfalls ein Favorit von Einheimischen und Touristen gleichermaßen. Mit kleiner Bar.
An der López Mateos gibt es noch zahlreiche andere Bars:
Laylo's Lounge, Nr. 54, beliebt bei ausländischen Besuchern wegen der Sportnachrichten per Satelliten-TV.
Backpacker zieht es vor allem zu den Drink Specials in der Bar von ***Margarita's Plaza Mexicana*** (s.o.).

Sonstiges

FAHRRADVERLEIH – ***Expeditiones Umárike,*** Calle Ferrocarril, 500 m westlich des Bahnhofs, verleiht Mountainbikes für ca. US$13 pro Tag und bietet Unterricht im Sportklettern; allerdings ist nur selten jemand anzutreffen.

GELD – Eine Bank (mit Geldautomat) befindet sich am Zócalo; sie wechselt Mo–Fr 9–13.30 Uhr Dollars und Reiseschecks.

INFORMATIONEN – Auf dem Zócalo befindet sich im Laden der Jesuitenmission *Artesanías Misión* eine wenig verlässliche ***Touristeninformation,*** ⌚ Mo–Sa 9.30–13 und 15–18, So 9.30–13 Uhr, wo man ein paar Infos und topografische Karten der Gegend bekommt. Außerdem werden hier Tarahumara-Handarbeiten verkauft: Decken, holzgeschnitzte Puppen und Trommeln. Wer sicher gehen will, dass sein Geld auch wirklich bei den Herstellern ankommt, sollte direkt bei den Frauen auf der Straße kaufen. Vor dem Laden informiert ein Stadtplan über die Lage der wichtigsten Einrichtungen.

INTERNET – Im Internet surft man am besten bei ***Compucenter,*** Lopez Mateos 33, ⌚ tgl. 8.30–23 Uhr, US$2 pro Std.
POST – am Zócalo.

REITEN – Das ***Casa Margarita*** vermittelt auch für „Laufkundschaft" Reitausflüge in die Umgebung. Wer möchte, kann auch einfach bei einem Reitstall, ca. 50 m von *Expeditiones Umárike* entfernt, für ungefähr US$8 pro Std. ein Pferd ausleihen.

TELEFON – Telefone für Ferngespräche finden sich überall im Ort.

TOUREN – in die Umgebung bietet fast jedes Hotel an, z.B. *Margarita's,* das *Nuevo,* das *Motel Parador* oder der Fremdenverkehrsstand auf dem Zócalo. Voraussetzung für eine Tour sind mindestens vier Teilnehmer. Die Angebote unterscheiden sich kaum; für längere Ausflüge muss man Proviant mitnehmen. Die Touren vermitteln nur einen oberflächlichen Eindruck von den Canyons; die beste ist vielleicht die nach Batopilas, die sich unschwer in der *Casa Margarita* organisieren lässt. Wer mehr Zeit hat, sollte sich unbedingt eine gute Karte und eine Campingausrüstung besorgen und auf eigene Faust losziehen. Eine gute Hilfe dabei ist ***Three Amigos Canyons Expeditions,*** Lopez Mateos 46, neben dem Touristenbüro, ✆ 635/456-0546, ⌚ tgl. 9–20 Uhr, 🖳 www.the3amigoscanyonexpeditions.com, wo man einen Pickup mit Platz für 5 Pers. inkl. Essen, Kühlbox, Karten und allen nötigen Informationen für US$100 pro Tag bekommt.
Geführte Trekkingtouren bietet Norberto von ***El Aventurero,*** ✉ elaventurero@hotmail.com.

WÄSCHEREI – In einem 2-stöckigen Haus an der Calle Villa, gegenüber vom Zócalo, ⌚ Mo–Fr 9–14 und 15–18, Sa 9–14 Uhr.

Transport

Bahnhof und Busbahnhof liegen am Zócalo mitten in der Stadt.

BUSSE – Die Anreise erfolgt natürlich per Bahn, doch der ungünstige Zugfahrplan zwingt vielleicht zur Weiterfahrt per Bus. Der Preis für eine Busfahrkarte liegt zwischen dem für die 1.- und die 2.-Klasse-Zugfahrt; mit dem Bus geht es schneller als mit beiden Zügen – auf ungefähr der gleichen Strecke. Nach:
CHIHUAHUA 9x tgl. (4–5 Std., US$16),
GUACHOCHI 2x tgl. (3 Std.),
BATOPILAS 1x tgl. (6 Std.).

Die Mennoniten

Man trifft sie überall in Nord-Mexiko, die Männer mit den Latzhosen und Stetsons, die alle aussehen wie John Boy Waltons und den köstlichen, selbstgemachten Käse verkaufen, der die Mennoniten berühmt gemacht hat. Die Frauen sind in lange, schwarze Gewänder gehüllt, denen höchstens ein buntes Kopftuch einen Farbtupfer verleiht.

Die Religionsgemeinschaft wurde im 17. Jh. von dem Holländer Menno Simonis gegründet. Ihre Mitglieder fühlen sich nur der Bibel und dem persönlichen Gewissen verpflichtet und weigern sich, Militärdienst zu leisten oder Landestreue zu schwören. Dies hat zu einer langen Geschichte von Vertreibungen geführt, die sich von Friesland über Preußen und Russland bis nach Kanada verfolgen lässt.

Zu Beginn des 20. Jhs. wurde in Kanada die allgemeine Militär- und Schulpflicht eingeführt, und die Mennoniten wanderten nach Mexiko ab. Untereinander sprechen sie ein Plattdeutsch, das selbst für Deutsche heute kaum noch verständlich ist. Neugierige Gäste – auch deutsche – werden nicht gerne gesehen. Da ihre armseligen Ländereien die wachsende Mennonitengemeinde nicht mehr ernähren können, kehren in letzter Zeit viele Mennoniten als verarmte Emigranten nach Kanada zurück – allerdings nicht ohne ein Zeugnis ihrer Anwesenheit zu hinterlassen: Die Mennoniten dürfen sich rühmen, die mexikanische Musik um das Akkordeon bereichert zu haben.

DER NORDEN

Sierra Tarahumara

Lago Arareco, Cuasárare und La Bufa

Die beliebteste der angebotenen organisierten Touren ist die 4-stündige Fahrt (ca. US$12 p.P.) auf der Straße nach Süden Richtung Guachochi mit Besuch einiger Sehenswürdigkeiten. Für gewöhnlich geht es erst zu einem alles andere als aufregenden, verwitterten Felsblock namens **Elephant Rock**, dann zum Gebirgssee **Arareco**, 7 km von Creel entfernt, und nach **Cusárare**, runde 10 km weiter, wo sich ein hübscher, 35 m hoher Wasserfall und eine fast vollständig erhaltene **Missionskirche** der Jesuiten befinden. Letztere ist mit von Tarahumara-Indianern gemalten Ornamenten verziert. Die Öffnungszeiten ändern sich häufig, daher ist es ratsam, sich vor dem Aufbruch nach Cusárare im Hotel in Creel danach zu erkundigen, um nicht vor verschlossenen Kirchentüren zu stehen. Den Eintrittspreis ebenfalls erfragen.

Ein Ganztagsausflug (US$25) in die gleiche Richtung führt zu den orgelpfeifenartigen Formationen von **La Bufa** und zum Canyon des **Río Batopilas** an der Straße Richtung Batopilas. Die Tour verspricht zwar den Besuch von vier Schluchten, besteht aber nur aus einer langen Fahrt durch eine zweifellos eindrucksvolle Landschaft mit Gesteinsformationen ähnlich denen in Arizona. Kurz vor Batopilas dreht der Tourbus um.

Wer auf eigene Faust unterwegs ist und eine Nacht in der Gegend verbringen möchte, sollte zu *Juanita's* in La Bufa gehen, wo für US$15 ein Bett zu bekommen ist; außerdem sei die köstliche Hausmannskost von Juanita ans Herz gelegt.

Parque Nacional de Basaséachic

Die bekannteste Sehenswürdigkeit der Gegend ist der **Basaséachic-Wasserfall**, der höchste Wasserfall Nordamerikas (245 m). Es ist ein etwas anstrengender Ausflug: vier Stunden Fahrt auf unbefestigten Wegen und ca. zwei Stunden Fußmarsch (US$25). Man kann diesen Wasserfall nur in einer organisierten Gruppe besuchen, es müssen sich also genügend Leute zusammenfinden. Beim Betreten des Parks muss man eine Eintrittskarte (US$1) kaufen und sie eventuell am Ausgang noch einmal vorzeigen. Für US$18 werden auch 7-stündige Touren zu den heißen Quellen von **Recohuata** angeboten, wo man in dampfenden Mineralquellen baden kann.

Batopilas

Der bekannteste Ausgangspunkt für Wanderungen in der Kupferschlucht-Region ist Creel, doch es gibt ein paar andere Aufenthaltsmöglichkeiten in der Sierra, die vielleicht sogar noch besser für die Erkundung der tiefen Schluchten geeignet sind.

Eine der besten ist die ehemalige Bergbaustadt **Batopilas**, rund 150 km südwestlich von Creel. 1632 fanden die Spanier hier Silber, das noch bis nach der Revolution abgebaut wurde. Der Ort liegt ganz am Fuß der Schlucht und erstreckt sich auf einer Länge von rund 1,5 km am gleichnamigen Fluss entlang. Batopilas ist mit dem Rest der Welt nur über eine einspurige, ungeteerte Straße erreichbar, die erst Ende der 70er Jahre angelegt wurde und nichts für schwache Nerven ist (wer mit einem Mietwagen reist, sollte zum einen früh aufbrechen, um vor Sonnenuntergang am Ziel zu sein, und zum anderen vor der Abfahrt einen Blick auf die Bremsen werfen, die für die rund 3-stündige Abfahrt in die Schlucht in Top-Form sein müssen).

Batopilas ist ein friedliches, subtropisches Plätzchen mit Palmen und verschwenderisch blühenden Bougainvillea- und Zitrusbäumen. Die lohnendste Wanderung ist die zu **La Catedral Perdida**, einer großen, halbverfallenen Missionskirche, die einsam auf dem Grund einer Schlucht steht, ca. 7 km südlich von Batopilas bei Satevo. Die Tarahumara-Kirchengemeinde bewahrt sie vor dem endgültigen Verfall, und durch das trockene Klima sind die Wandgemälde aus dem 18. Jh. überraschend gut erhalten.

Die Lodges

Eine Möglichkeit, das Schluchtensystem zu erkunden, ohne sich in das abgelegene Batopilas oder das wenig einladende Guachochi zu begeben, bieten die teuren Lodges an den Bahnschienen mit Blick auf die Schluchten. Alle veranstalten Touren. Da sich die Region immer mehr dem Tourismus öffnet, gibt es inzwischen auch eine Reihe kleinerer und günstigerer Unterkünfte.

In **Divisadero**, Station Posada Barrancas, befinden sich die ***Cabañas Divisadero Barrancas,*** ✆ 614/415-1199, direkt an der Schlucht ❾, und ***Posada Barranca del Cobre*** ❾, Reservierung in Los Mochis ✆ 668/818-1630, aus den USA ✆ 1-800/896-8196, inkl. aller Mahlzeiten; beide Unterkünfte zählen zur Luxusklasse und bieten ausschließlich Zimmer mit Terrasse und atemberaubenden Ausblicken. Das beste Hotel in der Region jedoch (auch wenn die Zimmer keine Sicht auf die Schlucht bieten) liegt kurz vor der Bahnhaltestelle Divisadero in der **Barranca Divisadero**, wo angemeldete Gäste mit dem Hotelbus in das einem mittelalterlichen Schloss ähnelnde ***Hotel Mansión Tarahumara*** gebracht werden, das mitten in der Schlucht steht. Luxusklasse, VP, Pool, Reservierung in Chihuahua ✆ 614/415-4721, ℻ 416-5444. ❾ Vom hoteleigenen Hubschrauberlandeplatz unternimmt ein einheimischer Pilot Rundflüge über die Schluchten (ab US$75 p.P. für einen 15-minütigen Flug, Minimum 3 Pers.). Eine wesentlich günstigere Übernachtungsalternative findet sich ein paar Kilometer weiter die Straße hinauf in **Posada Barrancas**, wo ***Cabañas Diaz,*** ✆ 635/578-3008, kleine rustikale Zimmer (US$10–25) und Mahlzeiten für US$5 bieten.

In Bahuichivo, 50 km westlich von Divisadero werden Hotelgäste per Bus abgeholt und zum äußerst einladenden ***Hotel Misión*** im Bergdorf **Cerocahui** gebracht, das auch zur Luxusklasse gehört; Reservierung in Los Mochis ✆ 668/818-1630, ℻ 812-0046, aus den USA ✆ 1-800/896-8196, alle Mahlzeiten inkl. ❽

Eine weitere Alternative, um die man sich am besten schon vor der Reise kümmert, sind die ***Copper Canyon Lodges,*** in den USA ✆ 001-248/340-7230 oder 1-800/776-3942, 🖳 www.coppercanyonlodges.com, ℻ 001-248/340-7212, die ein hübsches kleines Hotel in **Cusárare** und eines in **Batopilas** (s.o.) unterhalten. Sie haben normalerweise mehrtägige Pauschalangebote mit Unterkunft in beiden Häusern, ausgehend von Chihuahua. Im Sommer kostet 1 Woche für 2 Pers. etwa US$1400, doch wenn man früh genug bucht und bestimmte Bedingungen akzeptiert, kann sich der Preis fast um die Hälfte reduzieren.

Ein weiterer Wanderweg folgt drei bis vier Stunden lang dem Camino Real zum Dorf **Cerro Colorado**. Die Einheimischen kennen auch noch andere Wanderpfade, auf die man sich am besten in Begleitung eines Ortskundigen begibt.

Übernachtung und Essen

Selbst bei Kurzbesuch muss mind. eine Übernachtung eingeplant werden.
Hotel Palmera, ca. 1 km außerhalb am Fluss, ✆ 649/456-0633, sehr preiswert. ❸
Hotel Batopilas, zwei Blocks nördlich der Plaza kurz vor der Flussmündung, (kein Tel), keinerlei Komfort. ❷
Hacienda Río Batopilas, an der Straße entlang dem Fluss Richtung Stadt, ✆ 635/456-0245 (Reservierungen über *Margarita's Plaza Mexicana*, Creel), elegante Zimmer in der ehemaligen Hacienda eines Bergbaumagnaten des 19. Jhs. ❾
Copper Canyon Riverside Lodge, ebenfalls in elegant restaurierter Hacienda aus dem 19. Jh., wunderbares Luxushotel (s.S. 203, Kasten).
Doña Mica's, nahe der Plaza, hervorragendes Abendessen für ca. US$5.
Hotel Mary, gegenüber der Kirche. Im dazugehörigen Restaurant gibt es gutes, günstiges Essen.

Transport

6x wöchentl. fahren Busse (Di, Do und Sa um 7.30 Uhr) und Kombis (Mo, Mi und Fr um 9.30 Uhr) von CREEL nach BATOPILAS. Zurück geht es Mo–Sa jeweils um 5 Uhr vom Zócalo. Für die rund 150 km braucht der Bus fast 6 Std.; die halsbrecherische Fahrt dicht am Rande des Abgrundes ist nichts für schwache Nerven. Tickets (jeweils US$15) gibt es in Creel im *Hotel Los Pinos*, López Mateos Nr. 39, ✆ 635/456-0044, wo die Reise beginnt.

Der zentrale Korridor

Südlich von Chihuahua breitet sich eine große, meist landwirtschaftlich genutzte, eintönige Ebene aus, dann und wann von einem Ausläufer der Sierra Madre unterbrochen. Die Güterzüge brausen hier bei Nacht durch, die Busse rasen erbarmungslos und ohne anzuhalten vorbei – und man selbst ist gut beraten, ihrem Beispiel zu folgen.

Hidalgo del Parral

Der Bus von Chihuahua nach Durango braucht mindestens zehn Stunden, deshalb macht es durchaus Sinn, in Hidalgo del Parral die Fahrt zu unterbrechen. Parral ist der Ort, wo General Francisco „Pancho" Villa ermordet wurde. Es haben sich zwar auch andere Dinge hier ereignet, aber nur wenig erinnert daran. Was die Spanier besonders anzog, waren die abgeflachten Hügel der Umgegend: sie sind reich an Metallen wie Blei, Kupfer und vor allem Silber, hier und da wurde auch Gold gefunden. Die kleine Minenstadt Santa Barbara (25 km von Parral, die Mine ist noch in Betrieb) war damals Hauptstadt der Provinz Nueva Viscaya, ein Gebiet, das bis nach Texas und Südkalifornien reichte. Parral wurde 1638 gegründet und bald darauf zur neuen Hauptstadt erkoren.

Die Stadt lebt heute noch von den Minen, worauf die schmuddligen Industrieviertel hinweisen, aber in der Innenstadt herrscht eine beschauliche Ruhe. Sobald man die vom Flusslauf vorgegebene Anordnung der Straßen durchschaut hat, erschließt sich einem ein bezauberndes, vom Tourismus weitgehend unberührtes Städtchen. Es spricht Einiges dafür, in Parral zu übernachten, einen Nachmittag lang durch die Straßen zu schlendern und die zahlreichen Kirchen zu besichtigen, darunter die **Catedral de San José**, in der die sterblichen Überreste des Stadtgründers Don Juan Rangel de Viesma ruhen. Auf der Plaza gibt es sehenswerte Gebäude, die reiche Mineros haben bauen lassen.

Besonders ins Auge fallen der **Palacio Pedro Alvarado**, die mit Verzierungen überladene Villa eines Silberminenbesitzers, und die **Iglesia Virgen del Rayo**, wenige Minuten zu Fuß entfernt auf der anderen Seite des Flusses. Man sagt, ein Indianer habe sie mit den Gewinnen aus einer Goldmine gebaut, die er entdeckt hatte und heimlich ausbeutete. Er wurde von den spanischen Machthabern zu Tode gefoltert, gab aber den Fundort nicht preis.

Übernachtung

Hotel Acosta, nahe der Plaza, Calle Agustin Barbachano 3, ✆ 1/522-0221, angenehmes altes

Haus mit 50er-Jahre-Atmosphäre, hervorragenden Zimmer mit Blick auf den Stadtkern und einer Dachterrasse, etwas teurer als das *Fuentes.* ❹

Hotel Fuentes, Maclovio Herrera 79, ✆ 1/522-0016, sauber und einfach, gute Alternative zum *Hotel Zaragoza.* ❸

Hotel Los Arcos, Doctor Pedro de Lille ✆ 1/523-0597, ℻ 523-0537, gleich beim Busbahnhof, fast schon luxuriös, Zimmer mit TV, Videorekorder mit Videos in englischer Sprache und Restaurant. ❺

Hotel Zaragoza, 115 Zaragoza, ✆ 12/522-6590, noch das annehmbarste der Billighotels (preisgünstig für Gruppen); etwas schmuddlig. ❷

Essen

Chagos, nahe Coronado, gut zum Abendessen; sättigende, leicht überteuerte Filetsteaks.

Restaurant Morelos, Coronado 22, im Zentrum nahe der Plaza, hell, freundlich, rund um die Uhr geöffnet, serviert u.a. ausgezeichnete Enchiladas Suizas und *pozole de puerco* für US$4.

OK Parral, Independencia 47, leckere Tortas und Burgers, am Weg zwischen Busbahnhof und Zentrum.

Sonstiges

INTERNET – ***Ciber World,*** Bartolomé de las Casas Nr. 15, nahe Juárez, verlangt US$1,50 pro Std.

Pancho Villa

Pancho Villa alias Doroteo Arango, Sohn einer armen Bauernfamilie aus Canatlán im Bundesstaat Durango, ist die berühmteste und umstrittenste Figur in der Geschichte der mexikanischen Revolution überhaupt. Zahllose Geschichten und Legenden kursieren über ihn. Ganz sicher war er einer der fähigsten und gleichzeitig grausamsten Anführer, die während der langen Wirren der mexikanischen Revolution das Geschehen bestimmten. Auf sein Konto gehen Aufsehen erregende Siege, aber auch unnötiges Blutvergießen, wie die Exekution von Kriegsgefangenen oder politischen Gegnern überhaupt.

Seine „militärische Laufbahn" begann er mit 16 Jahren, als er den Großgrundbesitzer Agustín López Negrete, der angeblich seine Schwester entführen wollte, mit Pistolenschüssen verwundete. Doroteo Arango floh in die Berge und schloss sich einer Gruppe von Banditen an. Bei einem Gefecht starb der reelle Francisco Villa, und Arango nahm dessen Namen an.

Nach dem Ausbruch der Revolution in Puebla gegen das Regime von Porfirio Díaz reihte sich Pancho Villa sofort bei den Aufständischen in Chihuahua ein. Bald hatte er eine Schar getreuer Mitkämpfer um sich gesammelt, die so genannte *División del Norte,* die ihm bedingungslos ergeben war. Obwohl er Analphabet war und nie eine Militärakademie besucht hatte, gestand Carranza, der Staatspräsident und bald ein Todfeind Villas, ihm den Titel eines Generals zu.

Einer der größten Triumphe der *División del Norte,* aber gleichzeitig ein erbarmungsloses Gemetzel, war die Einnahme der Stadt Zacatecas. Ende 1914 / Anfang 1915 kontrollierte Villa praktisch den gesamten Norden des Landes. Am 6. und 7. April erlebte er beim Gefecht in Celaya gegen die Truppen der Konstitutionalisten eine erste schlimme Niederlage, gefolgt von einer vernichtenden im November beim Angriff auf Hermosillo. Gefolgt vom Rest seiner Truppe zog er sich nach Ocampo bei Durango auf seine Hacienda zurück, wo er mit einigen seiner Ex-Soldaten Ackerbau und Viehzucht betrieb.

Pancho Villa wusste, dass viele Leute ihm nach dem Leben trachteten, denn er hatte zahlreiche Menschenleben auf dem Gewissen, aber trotz aller Vorsichtsmaßnahmen und einer Eskorte von Leibwächtern gelang es seinen Feinden, ihn am 20. Juli 1923 in Hidalgo del Parral tödlich zu verwunden, als sie seinen Wagen mit Pistolenschüssen durchlöcherten.

Transport

Der Busbahnhof mit 12 Std.-Gepäckaufbewahrung liegt rund 20 Fußminuten vom kolonialen Stadtzentrum entfernt.
Außerhalb des Terminals nach links und wiederum nach links in die Independencia abbiegen oder den Stadtbus bzw. ein Taxi (US$2) nehmen. Fast stdl. fahren Überlandbusse von Parral nach CHIHUAHUA (4 Std.), 9x tgl. nach DURANGO (6 Std.) und 6x tgl. nach GUACHOCHI (3 1/2 Std.), außerdem gibt es zahlreiche Busse nach CIUDAD JUÁREZ und TORREÓN.

Durango

Durango ist die erste der spanischen Kolonialstädte, für die Zentral-Mexiko berühmt ist, und sicher die schönste Stadt, die man, von Norden kommend, bis dahin zu Gesicht bekommen hat. Am westlichen Horizont ist noch undeutlich die Sierra Madre auszumachen, aber die Gegend um Durango ist flach. Die Stadt selbst erhebt sich auf zwei sanften Hügeln über der Ebene. Im Norden liegt der schwarze Cerro del Mercado, ein riesiger Klumpen Eisenerz, der den Mineralienreichtum bezeugt. Im Westen läuft der Cerro de los Remédios in einen ruhigen Stadtpark aus. Die Altstadt der offiziell Victoria de Durango benannten Stadt mit fast 600 000 Einwohnern liegt auf einer Höhe von beinahe 2000 m, eingebettet im Valle del Guadiana; die neueren Stadtteile erstrecken sich nach Osten und Süden hin. Da sich die Carreteras 45 und 40 bei Durango kreuzen, ist die Stadt ein wichtiger Verkehrsknotenpunkt zwischen der Küste und den Städten Torréon, Saltillo und Monterrey im Landesinneren, doch die Stadt an sich hat noch viel mehr zu bieten: Sie steht unter Denkmalschutz, und die Besichtigung ihrer kolonialen Architektur ist allein schon ein, zwei Tage Wert. Außerdem stellt die Gastfreundlichkeit der fröhlichen Bewohner einen erfrischenden Gegensatz zur Reserviertheit der Leute im Norden des Landes dar.

In der Innenstadt drängen sich fast alle Gebäude um die **Plaza de Armas** und die nahe gelegene, riesige Markthalle. An der Plaza steht die **Kathedrale**, deren schlanker Rumpf unter den beiden robusten gewölbten Türmen fast verschwindet. Es handelt sich um eine typisch mexikanische Kirche: ehrfurchtgebietend, gewaltig und barock thront sie über der Plaza, das Innere ist allerdings eher enttäuschend. Gegenüber, in der Mitte der Plaza, steht eine kleine, zweistöckige Tribüne, auf der sonntags die Stadtkapelle musiziert, während im „Untergeschoss" in einem winzigen Laden Souvenirs verkauft werden.

Folgt man der Avenida 20 de Noviembre von der Kathedrale aus nach Westen, kommt man zum grandiosen **Teatro Ricardo Castro**. Mehrere Querstraßen weiter liegt das **Museo de Cine**, neben der Touristeninformation an der Florida 1106, das einen recht interessanten Überblick über die Filme bietet, die in und um Durango gedreht wurden, darunter mehr als 100 Western. ⌚ Mo–Fr 9–18, Sa und So 10–18 Uhr, US$0,50.

Wer auf der Avenida 20 de Noviembre Richtung Osten zurückgeht, dann nach Süden in die Bruno Martínez einbiegt und am Teatro Victoria vorbeigeht, steht schließlich vor einer anderen Plaza, deren Nordseite von der säulengeschmückten Fassade des **Palacio de Gobierno** beherrscht wird. Ursprünglich war dies das Wohnhaus eines spanischen Minenbarons. Die Treppenaufgänge und Mauern des zweigeteilten, von Arkaden umgebenen Patios sind mit *murales* mexikanischer Künstler geschmückt, auf denen die Geschichte des Bundesstaates dargestellt wird.

An der Ostseite des Platzes befindet sich ein altes **Jesuitenkloster**, in dem jetzt die Büros der Freien Universität von Durango untergebracht sind. Von hier führt die Avenida 5 de Febrero zurück zur **Casa de los Condes**, dem schönsten, meisterhaft ausgeführten Gebäude im spanischen Stil.

Es wurde im 18. Jh. für den Conde de Suchil, der eine Zeitlang spanischer Gouverneur von Durango war, errichtet. Die üppig geschwungenen Säulen und außergewöhnlich feinen Verzierungen haben die Zeit unbeschadet überdauert. Dabei hat das Haus im Laufe der Geschichte einiges erlebt, u.a. war es Sitz der Inquisition. Heute ist hier eine Bank untergebracht. Geht man auf der 5 de Febrero ein Stückchen weiter, erreicht man die Rückseite des **Marktes**.

Zurück an der Plaza de Armas kann man die Constitución nach Norden entlangflanieren, eine lebhafte Einkaufsstraße mit kleinen Restaurants, bis zur unscheinbaren Kirche und dem Garten von Santa Ana. Am Ostrand liegt das **Museo de la Cultura**, ein weiteres Kolonialgebäude, in dem jeder

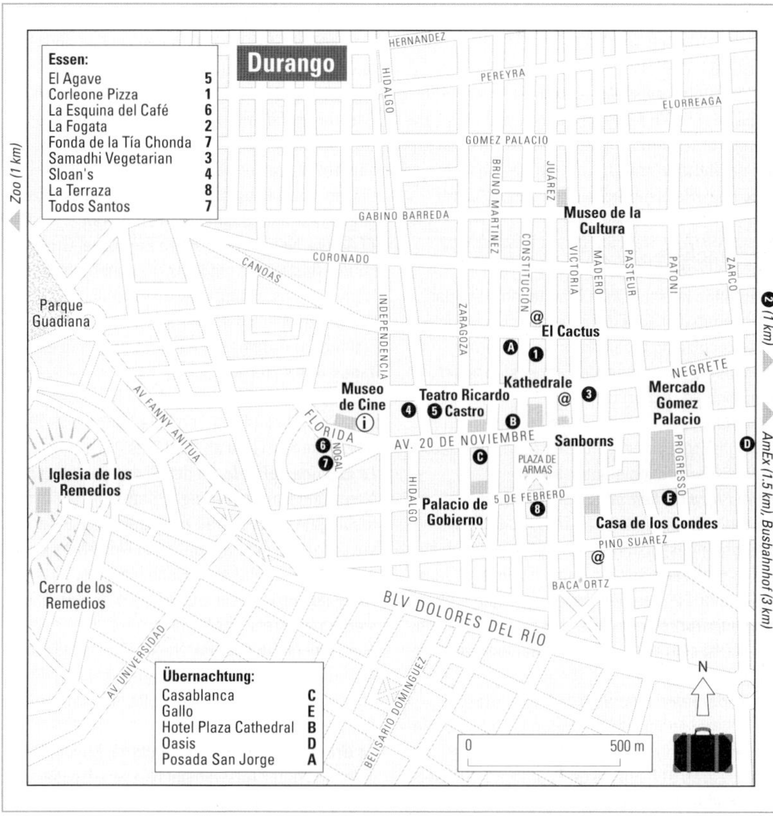

Raum einem bestimmten lokalen Kunsthandwerk wie Weben, Töpfern, Korbflechterei oder Maskenherstellung gewidmet ist. Die Führer erklären alles mit viel Hingabe. Oft werden auch interessante zeitgenössische Ausstellungen gezeigt. ⏲ Di–Fr 9–18, Sa und So 12–18 Uhr, US$1.

Wer mit Kindern unterwegs ist oder einfach mal frische Luft schöpfen möchte, begibt sich in den **Parque Guadiana** am Nordhang des Cerro de los Remedios, 2 km westlich vom Stadtzentrum. Hin kommt man mit einem Bus mit der Aufschrift „Remedios / Parque Guadiana", der vor der Kathedrale abfährt. In dem riesigen Park mit Eukalyptusbäumen und schattigen Grünflächen gibt es Brunnen, Kinderspielplätze und eine Mini-Eisenbahn, ⏲ Fr 15–19, Sa–So 11–18 Uhr, US$0,40.

Am Westrand des Parks, an der Anillo de Circunvalación, liegt der **Zoológico Sahuatoba**, in dem Löwen, Tiger, Flusspferde, Affen usw. erstaunlich gut untergebracht sind, wenn man bedenkt, dass der Eintritt kostenlos ist. ⏲ Di–Sa 11–18, So 10–19 Uhr. Hin mit Bussen mit der Aufschrift „Tierra y Libertad", die an der Serdán, Ecke Victoria abfahren.

Auf dem **Cerro de los Remedios**, der sich über dem Park und Zoo erhebt, wohnen die oberen Zehntausend von Durango in Villen, die sich bis zur **Iglesia de los Remedios** oben auf dem Gipfel erstrecken. Von hier hat man einen herrlichen Blick über die Stadt. Der direkteste Weg zur Kirche führt über die Treppen vom westlichen Ende der Juan García her.

Am 8. Juli begeht Durango seinen Gründungstag im Jahr 1563. Die Feierlichkeiten beginnen mehrere Tage vorher und dauern bis zur **Fiesta de la Virgen del Refugio** am 22. Juli – ein Besuch lohnt sich unbedingt. Hotelzimmer sind in dieser Zeit rar.

Übernachtung

In Durango herrscht kein Mangel an Hotelzimmern, doch wer zur Fiesta herkommen möchte, sollte rechtzeitig reservieren. Traveller mit schmaler Börse sehen sich am besten in der Umgebung des Marktes um.

Casablanca, 20 de Noviembre 811, ✆ 618/811-3599, gleich neben der *Posada Duran,* großes, altmodisches Kolonialhotel. ❺

Hotel Plaza Cathedral, Constitucion 216, neben der Kathedrale, ✆ 618/813-2480, 📠 813-2660. Bezauberndes, historisches und zentral gelegenes Hotel; Warmwasser, Kabel-TV und geräumige Zimmer. Für das Gebotene ungemein preiswert und trotz seiner Lage (nur einen Block von der Plaza) sehr ruhig – das empfehlenswerteste Hotel der Stadt. ❹

María del Pilar, Pino Suarez 410, ✆ 618/811-5471. Sehr sauber, alle Zimmer mit Bad und Telefon. ❸

Oasis, Zarco 317, Ecke 5 de Febrero, ✆ 618/811-4561. Kleine, leicht angegraute, aber ihren Preis werte Zimmer mit Du/WC, beim Markt. ❷

Posada San Jorge, Constitución 102 Sur, Ecke Serdán, ✆ 618/813-3257, 📠 811-6040. Mit Abstand das beste der Mittelklassehotels, ein restauriertes Kolonialgebäude mit Patio und brasilianischem Restaurant. Alle Zimmer mit Kabel-TV, geschmackvoll rustikal möbliert. In der Nebensaison fallen die Preise um ca. US$20. ❻

Essen und Unterhaltung

Billig und gut sind die **Essenstände** in der Markthalle. Auch in den Straßen rund um den Markt sowie die Plaza gibt es Esslokale, doch die dichteste Konzentration befindet sich im ersten halben Dutzend Häuserblocks von der Plaza aus nach Norden die Constitución hoch.

Außer am Sonntagabend, wenn die Straßen um die Plaza für den Verkehr gesperrt sind und kostenlose Unterhaltung geboten wird – meistens Norteña- und Ranchera-Live-Musik – stehen die Restaurants im Mittelpunkt des Nachtlebens, z.B. *Sloan's, Café Opera* und v.a. *Todos Santos,* alle s.u. Wer einen **Film** sehen möchte, kann die Plakate des Multiplex-Kinos im Einkaufszentrum gegenüber dem Busbahnhof studieren.

El Agave, Negrete 905, Höhe Zaragoza. Großes, neues, Restaurant mit leckerer mexikanischer Nouvelle Cuisine und über 30 verschiedenen Sorten Tequila. Bis 18 Uhr gibt's zu jedem bestellten Drink eine kostenlose *botana* aus der Tapas-Speisekarte.

Corleone Pizza, Constitución 110 Nte, Ecke Serdán. Schlicht und spärlich beleuchtet, gute Pizza und Riesenauswahl an Cocktails.

La Esquina del Café, an der Südwestecke von Nogal und Florida. Winziges Kaffeegeschäft, das frisch gebrühten Kaffee (und nichts anderes) ausschenkt – eine Seltenheit in Nord-Mexiko.

La Fogata, Cuauhtémoc, Höhe Negrete. Überwiegend mexikanische Gerichte sowie Steaks zu moderaten Preisen. Mit Bar.

Fonda de la Tía Chonda, Nogal 110. Das elegante Restaurant geniest einen ausgezeichneten Ruf und bietet köstliche traditionelle mexikanische Speisen zu hohen Preisen.

La Granola, Negrete, Ecke Victoria. Kleiner Ökoladen mit guter Auswahl an Nüssen, Trockenobst und anderen Snacks.

Pampas, im *Hotel San Jorge.* All-you-can-eat-Menü (US$10) mit riesigen Stücken brasilianischen Grillfleisches in rustikaler Umgebung.

Samadhi Vegetarian, Negrete 403 Pte, zwischen Madero und Victoria. Kleines Lokal mit preiswerten vegetarischen Gerichten (US$2), Joghurt, Salaten und mit Gemüse gefüllten Enchiladas.

Sloan's Restaurant Bar, Negrete 1003, ein Favorit der oberen Zehntausend von Durango; internationale Küche, darunter leckere Steaks. Gegen 23 Uhr geht es am Wochenende in der Bar bei Live-Musik so richtig zur Sache.

La Terraza, 5 de Febrero 603, gegenüber der Kathedrale. Lohnt den Preis für Getränke oder Pizza nur, wenn man einen Fensterplatz bekommt. Abends ohrenbetäubend laute Norteña- und Mariachi-Musik.

Todos Santos, Nogal 108, unmittelbar westlich der Florida. Treffpunkt der jungen Elite und Musikbegeisterten von Durango; eine Bar auf zwei Etagen mit Blick auf die Bühne. Die Besitzer sind Musiker, und Besucher dürfen damit rechnen, ganz hervorragenden Blues geboten zu bekommen. Von Do bis Sa ist der Andrang am größten.

Sonstiges

BÜCHER – ***Sanborn's,*** neben der Kathedrale, verkauft Bücher und Zeitschriften und besitzt auch ein Café im Obergeschoss, das guten Kaffee und zahlreiche Gerichte serviert, u.a. ein Frühstück mit Eiern und Pfannkuchen für US$4.

GELD – ***Bancomer,*** an der Plaza, 20 de Noviembre, Ecke Constitución, wechselt Geld, wie auch viele andere Banken in der Nähe. ***American Express,*** 20 de Noviembre 810 Ote, ✆ 618/817-0083, ◷ Mo–Fr 9–19, Sa 10–17 Uhr.

INFORMATIONEN – Die ***Touristeninformation*** befindet sich im Obergeschoss der 1106 Florida, kurz nach der Independencia, ✆ 618/811-2139, 💻 www.turismodurango.com, ◷ Mo–Fr 9–18, Sa und So 10–18 Uhr. Ausführliche Infos über alles, was es in der Stadt zu sehen oder zu unternehmen gibt, erteilt die charmante Beatriz.

INTERNET – In Durango gibt es mehrere gute und preiswerte Internet-Cafés, z.B. das neue ***El Cactus,*** Constitutión, Ecke Negrete, ◷ Mo–Sa 8–21 Uhr, US$1 pro Std.

POST – ***Postamt,*** 20 de Noviembre 500b Ote, zwölf Straßen östlich der Kathedrale.

TELEFON – Der am günstigsten gelegene Apparat für Ferngespräche befindet sich an der Bruno Martinez 206 Sur, Ecke Negrete, ◷ Mo–Sa 8–21.30, So 8–15 Uhr.

WÄSCHEREI – ***Lavandería,*** Zarco, Höhe Negrete, für 3 kg Wäsche (waschen und trocknen) zahlt man US$3.

Transport

Seit in Durango keine Personenzüge mehr anhalten, kommen alle Reisenden am **Central de Autobuses** an, der 4 km außerhalb vom Zentrum der Stadt liegt und eine Gepäckaufbewahrung hat: ◷ 7–23 Uhr. In die Innenstadt fahren weiße Busse mit der Aufschrift „Centro" oder „Camionera". Sie halten direkt an der Plaza de Armas unweit der Kathedrale.

BUSSE – Entweder fahren die Busse nach Westen zum Pazifik bei Mazatlán über die Straße durch die Sierra Madre oder Richtung Süden nach Zacatecas (s.S. 288) und zu den schönsten Kolonialstädten Mexikos. Hier eine Auswahl:
AGUASCALIENTES 20x tgl. (6 Std.),
CIUDAD JUÁREZ mindestens stdl. (12–14 Std.),
FRESNILLO 11x tgl. (3 Std.),
MAZATLÁN 9x tgl. (7 Std.),
MÉXICO D.F. 14x tgl. (12–13 Std.),
MONTERREY 20x tgl. (9 Std.),
PARRAL 9x tgl. (6 Std.),
TORREÓN 6x tgl. (4 1/2 Std.),
ZACATECAS fast stdl. 4 1/2 Std.).

FLÜGE – Tgl. Verbindung vom 17 km südöstlich liegenden Flughafen La Plata über MAZATLÁN nach TIJUANA sowie nach MÉXICO D.F.

Unteres Río Grande-Tal

Der Rio Grande, den die Mexikaner Río Bravo del Norte nennen, bildet die über 1500 km Grenze lange zwischen Texas und Mexiko. Er fließt durch einen fast wüstenartigen Landstrich und ist dank der ihn säumenden Industrieorte und den (nicht erst in Mexiko) zugeführten Abwässern hoffnungslos verschmutzt. Dies hier ist die Maquiladora-Zone, in der Fabriken mit ausländischen Eigentümern Konsumgüter produzieren, die größtenteils für den Export in die USA bestimmt sind.

Sehenswürdigkeiten gibt es kaum; die meisten Besucher kommen der günstigen Einkaufsmöglichkeiten wegen oder sind auf der Durchreise nach Süden.

Grenzübergänge im Osten

Die Grenzübergänge im Osten, von Ciudad Acuña bis Matamoros, sind einer so uninteressant wie der andere und beschränken sich darauf, Personen und Waren von einem Land ins andere zu befördern. Darin sind sie jedoch professionell, und die Beamten beiderseits der Grenze sind es gewohnt, Massen von Grenzgängern abzufertigen. Bei Grenzüberschreitung werden die für Mexiko erforderlichen grünen Touristenkarten routinemäßig ausgestellt, und die mexikanischen Konsulate in den texanischen Städten auf der anderen Seite des Río Grande stehen Touristen hilfreich zur Seite. Wer zu Fuß über die Grenzbrücken geht, muss eine eher symbolische Gebühr entrichten.
In allen Grenzstädten gibt es jede Menge Hotels sämtlicher Preisklassen, aber wer Lust verspürt, gleich (und am besten nach Süden) weiterzufahren, kann in **Nuevo Laredo**, **Reynosa** oder **Matamoros** einen regelmäßig verkehrenden Stadtbus zum Busbahnhof (Central de Autobuses) nehmen, muss allerdings ein paar Blocks bis zur Haltestelle laufen. Die Busbahnhöfe von Ciudad Acuña und Piedras Negras liegen in der Stadt und sind von der Grenze aus zu Fuß erreichbar.

Ciudad Acuña

Ciudad Acuña ist die kleinste Grenzstadt – ein ruhiger und erbarmungslos heißer Ort. An einer Seite der Plaza steht ein kleines **Museum**, das eine winzige Sammlung von Fossilien und anderen Fundstücken ausstellt, doch das Hauptanliegen scheint die Präsentation von Fotos lokaler Persönlichkeiten zu sein.

Auf dem **Presa Amistad**, einem großen künstlichen See beiderseits der Grenze, kommen Wassersportler voll auf ihre Kosten; Kletterexperten dagegen finden ein Betätigungsfeld im Westen, wo sich die atemberaubenden Berge, Schluchten und die Wüste von Coahuila für gut vorbereitete Expeditionen anbieten. Der riesige, wenig besuchte **Parque Internacional del Río Bravo**, gegenüber vom Big Bend National Park in Texas, lockt mit unberührter Wildnis, aber wer sich dorthin wagt, braucht ein zuverlässiges, gut ausgerüstetes Fahrzeug, denn es gibt weder öffentliche Transportmittel noch eine touristische Infrastruktur. Vielleicht kann man einem der Angestellten des Big Bend diesbezügliche Informationen entlocken, ✆ +1-432/477-2251, 💻 www.nps.gov/bibe. Die Strecke nach Piedras Negras führt durch **Jiménez**.

Übernachtung

Entlang der Hidalgo, die gleich hinter der Grenze beginnt, befinden sich zahlreiche Unterkünfte.
San Jorge, Hidalgo 165, ✆ 8/772-5070, hübsche Zimmer mit blitzsauberen Bädern. ❺
San Antonio, Hidalgo, Ecke Lerdo, ✆ 8/772-5108, geräumig und luftig, akzeptiert auch Kreditkarten. ❺
Coahuila, Lerdo 160, einen Block abseits der Hidalgo, ✆ 8/772-1040. Wer sehr müde ist, kann durchaus eine Nacht dort verbringen. ❹
Alfaro, Madero 240, zwischen Juárez und Lerdo, kein Telefon, annehmbar, falls jemand sehr abgebrannt ist. ❷
Hotel Río San Diego, in Jiménez, ✆ 8/786-0045, wunderbar mit Blick auf den Fluss gelegen; sollte im Hotel niemand anzutreffen sein, begibt man sich zum Gemischtwarenladen, der einen Block entfernt am Hwy 2 liegt. ❹
In der Umgebung von Jiménez gibt es zahlreiche ruhige Campingplätze.

Essen

Die größeren Bars und Restaurants, konzipiert für Grenzgänger mit reichlich Dollars in der Tasche, liegen im Umkreis der Hidalgo und Madero. Einen Versuch wert ist das riesige ***Crosby's***, Matamoros, Ecke Hidalgo, ein Restaurant mit Bar aus dem frühen 20. Jh., das laut Türschild vorsichtshalber „nur Mitgliedern und Nicht-Mitgliedern" Zutritt gewährt.
Preiswerte Cafés und *loncherías* reihen sich an der Matamoros aneinander:
Das ***Café Garcia*** ist ein Nichtraucher-Lokal, eine Seltenheit in Mexiko, und bei ***Pappa's Pizza***, Madero, Ecke Matamoros, gibt es Pizzas im amerikanischen Stil zu amerikanischen Preisen.

Sonstiges

GELD – In den meisten Geschäften und Restaurants werden gern Dollars getauscht, bei kleinen Beträgen zu einem annehmbaren Kurs. Größere Summen wechselt man besser in den Casas de Cambio oder bei ***Bancomer,*** Madero 360, abseits der Juárez. Bancomer verfügt über einen 24 Std. zugänglichen Geldautomaten, ebenso ***Scotiabank,*** Guerrero, Ecke Madero.

INFORMATIONEN – In dem modernen Zollgebäude am Grenzübergang gibt es einen Stadtplan und ein paar Infos für Besucher. Die eigentliche ***Touristeninformation*** befindet sich am Ende der Lerdo, Höhe Hidalgo, ✆ 8/772-4692, ✉ turismo_acuna@terra.com.mx.

POST – An der Hidalgo 320, hinter der Juárez.

Transport

Wer per Bus von Del Rio, Texas, über die Brücke einreist, wird am Grenzposten abgesetzt. Im dort befindlichen Zollgebäude gibt es einen Stadtplan.

Der Busbahnhof liegt nur 5 Blocks von der Grenze und eine Querstraße von der Plaza entfernt an der Matamoros, Ecke Ocampo. Nach:
MONTERREY 4x tgl. (8 Std.) via MONCLOVA,
MÉXICO D.F. und TORREÓN 2x tgl.,
SALTILLO 8x tgl. (7 Std.).

Mit Bussen von *El Aguila* geht es 1x tgl. nach GUADALAJARA, 2x tgl. nach ZACATECAS und 1x tgl. nach CHIHUAHUA.

Mit der Luxuslinie *Expresso Futura* 1x tgl. nach MÉXICO D.F., QUERÉTARO und SAN LUIS POTOSÍ. Manchmal ist es einfacher, den nächsten Bus nach PIEDRAS NEGRAS stdl. (1 1/2 Std.) zu nehmen und dort umzusteigen, da es dort zahlreichere Verbindungen gibt.

Piedras Negras

Piedras Negras ist zumindest bisher noch ein idealer Grenzübergang: malerisch, freundlich und absolut stressfrei, mit den wahrscheinlich gemütlichsten Grenzbeamten von ganz Mexiko. Unmittelbar gegenüber der internationalen Grenzbrücke liegt die stille Plaza, und nicht weit davon entfernt gibt es Hotels und Restaurants. Dennoch spricht nichts dafür, länger zu bleiben als man braucht, um den ersten Bus zu erwischen, der über Flachland und dann zwischen Bergwänden hindurch am uninteressanten Monclova vorbei Richtung Süden fährt.

Übernachtung und Essen

Hinter dem Grenzposten führt die Allende direkt zum Busbahnhof, die Hidalgo dagegen nach links und an einigen der preiswerteren Hotels vorbei.

Hotel Santos, Hidalgo 314, Ecke Matamoros, ✆ 878/782-4775, wie fast alle Unterkünfte hier ziemlich vernachlässigt und etwas zu teuer. ❹

Hotel del Centro, Allende 510, ✆ 8/782-8395, ❸ und das ***Muzquiz,*** gleich daneben, ❸ sollte man besser zugunsten des neueren und weniger muffigen ***Torréon,*** Zaragoza y Doctor Coss, ✆ 8/782-5043, links liegenlassen, aber toll ist es auch nicht. ❹

Hotel Santa Rosa, Guerrero 410 Ote, Ecke Morelos, ✆ 8/782-0400, helle Zimmer rund um bepflanzten Innenhof. ❹

Autel Río, Padre de las Casas 121, Ecke Teran, ✆ 8/782-7064, 📠 782-7304, luxuriöseres Hotel der Best Western-Kette, mit TV ausgestattete Zimmer, Pool und Parkplatz, kostenloser Internet-Zugang für Gäste. ❻

Cerna, eine preiswerte Taquería unmittelbar hinter dem Grenzübergang am Marktplatz, hat köstliche Bohnen, Fleisch sowie vegetarische Tacos für unter US$1 das Stück.

Sam's Bar and Grill, gegenüber vom *Autel Río,* serviert billige Sandwiches und mexikanische Gerichte.

Sonstiges

GELD – Einen sehr guten Wechselkurs bieten die zahlreichen Stände rund um den Busbahnhof oder im Markt an der Zaragoza 107.

Bancomer, ein Block von der Plaza in der Morelos, Ecke Abasolo, 🕓 Mo–Sa 9–17 Uhr, hat einen rund um die Uhr zugänglichen Geldautomaten.

INFORMATIONEN – Sehr hilfreiche ***Touristeninformation*** an der Plaza gegenüber der Grenze, ✆ 878/782-8424, vergibt kostenlose Stadtpläne von Piedras Negras und Eagle Pass sowie anderen Städten in Coahuila. ⏲ Mo–Fr 9–17 Uhr.

INTERNET – ***Café Internet,*** Padre de las Casas, Ecke Allende, ⏲ Mo–Fr 9.30–21.30, Sa 10–20, So 13–17 Uhr, US$1,50 pro Std.

Transport

Von der Grenze zum Busbahnhof, ✆ 8/782-7484, braucht man auf der Allende 15 Min. zu Fuß und durchquert dabei die ganze „Innenstadt".
Die wichtigsten Gesellschaften hier sind *Blancos* und *Aguila,* beide unterhalten einen guten 2.-Klasse-Service und fahren in kurzen Abständen alle größeren Ziele weiter südlich an.
Busse von *Expresso Futura* fahren nach México D.F., AGUASCALIENTES und MONTERREY.
Luxusbusse von *Turistar Ejecutivo* laufen MÉXICO D.F. , MONCLOVA und QUERÉTARO an.
2. Klasse-Busse von *Frontera* fahren oft nach NUEVO LAREDO (3 Std.) und die Fahrt mit *Coahuilense* nach SALTILLO dauert rund 7 Std.
Wer in die USA unterwegs ist, überquert die Grenze zum Eagle Pass, Texas, und geht zu Fuß die 200 m nach Norden zum *Greyhound*-Busbahnhof, an dem 4x tgl. Busse nach SAN ANTONIO und 1x tgl. nach DALLAS abfahren.
Nach: CIUDAD ACUÑA stdl. (1 1/2 Std.),
MÉXICO D.F. 3x tgl. (18 Std.),
MONTERREY 7x tgl. (5–7 Std.),
NUEVO LAREDO 5x tgl. (3 Std.),
SALTILLO 12x tgl. (7 Std.).

Nuevo Laredo

Nuevo Laredo ist die größte der östlichen Grenzstädte und platzt wegen des Grenzbetriebs fast aus den Nähten; sie ist der wichtigste Verkehrsknotenpunkt weit und breit. Dutzende von Bussen fahren von hier aus nach México D.F. und zu allen wichtigen Städten im Norden. Der legale und illegale Grenzhandel blüht, und rund um die Uhr sind die beiden Grenzbrücken mit Fußgängern und Fahrzeugen verstopft. Auf mexikanischer Seite empfangen den Besucher Versicherungsbüros und üble Kneipen, während erschöpfte Kutschpferde schicksalsergeben auf die nächste Ladung schwergewichtiger Touristen warten.

Touristen betreten bzw. verlassen Mexiko über die **Puente Internacional Nr 1:** Die geringe Zollgebühr (US$0,35) kann bei der Einreise in die USA in Dollars oder Pesos entrichtet werden, bei der Einreise nach Mexiko nur in Dollars. Trotz des Andrangs verläuft die Abfertigung ziemlich reibungslos; vormittags und So abends ist jedoch in Richtung USA mit langen Warteschlangen zu rechnen.

Wer von Texas her kommend die Avenida Guerrero entlanggeht, findet im Umkreis von sieben, acht Häuserblocks alles Notwendige. Vorbei an der ersten Grünanlage, der **Plaza Juárez**, wo sich die **Kathedrale** und der sehr gute **Kunsthandwerksmarkt Los Arcos** befinden, geht es weiter zur palmenbestandenen **Plaza Hidalgo**, dem freundlichsten Plätzchen von Nuevo Laredo. Leider gibt es dort kein Straßencafé, aber die Plaza ist ein guter Ausgangspunkt für die Hotelsuche.

Übernachtung und Essen

In der Innenstadt gibt es jede Menge billiger Absteigen, aber viele sind erbärmliche Stundenhotels. Hier ein paar annehmbare Unterkünfte:
Don Antonio, Gonzalez 2435, Höhe Camargo, ✆ 867/712-1876, sauber und ordentlich, aber nicht ganz so gut wie *La Finca.* ❹
Hotel Los Dos Laredos, Matamoros 108, ✆ 867/712-2419. Einfache Zimmer mit Bad und Warmwasser. Nur einen Block hinter der Grenze, nach rechts abbiegen und die Calle 15 de Julio entlanggehen. ❸
Fiesta, Ocampo 559, ✆ 867/712-4737, macht von außen ein wenig mehr her als von innen, hat jedoch angenehme Zimmer mit ac, Telefon und teilweise TV. ❺
La Finca, Reynosa 811, ✆ 867/712-8883. Motelähnlich, saubere Zimmer mit ac und TV, ausgezeichnetes Preis-Leistungs-Verhältnis, großer Parkplatz. ❺
Motel Romanos, Doctor Mier 2420, einen Block östlich der Plaza Hidalgo, ✆ 867/712-2391. Ebenfalls ein sehr gutes Preis-Leistungs-Verhältnis; geräumige Zimmer mit großen Betten und TV. ❺
Regis, Pino Suárez 3013, ✆ 867/712-9845. Gute, etwas kostspieligere Alternative, falls die anderen Hotels ausgebucht sind. Vom Uringeruch in der Lobby sollte man sich nicht abschrecken lassen, denn die Zimmer sind in Ordnung und

lassen dieses spezielle Aroma glücklicherweise vermissen. ❺

Café Almanza, Gonzalez 272, an der Südseite der Plaza Hidalgo, freundliches Restaurant mit angemessenen Preisen und ac.

Hotel Reforma, gleich um die Ecke an der Guerrero 806, ist ein etwas eleganteres Esslokal.

The El Dorado Bar & Grill, Belden, Ecke Ocampo, serviert relativ teures Seafood und Fleischgerichte und zieht viele texanische Tagesausflügler an.

Sonstiges

GELD – ***Banamex,*** Av. Reforma, Ecke 16 de Setiembre, und an der Guerrero, Ecke Canales. ***Bancomer,*** Av. Reforma, Ecke Paseo Colon. ***Serfin,*** Guerrero, Ecke Canales, einen Block von der Plaza Hidalgo. Alle wechseln Geld und besitzen einen Geldautomaten.

INFORMATIONEN – Die hilfreiche ***Touristeninformation,*** 🖳 www.nuevolaredo.gob.mx, ✆ 867/712-7397, befindet sich rund 20 Querstraßen von der Grenze im Palacio Federal an der Plaza Hidalgo. ⏲ Mo–Fr 8–20, Sa 10–13 Uhr. Broschüren und Stadtpläne gibt es auch in den Eingangshallen der großen Hotels – aber eigentlich nur für Gäste.

INTERNET – Der billigste Internet-Zugang (US$1,50 pro Std.) befindet sich in der Central Camionera, allerdings ist nur ein Computer vorhanden. In der Stadt gibt es mehrere Cybercafés, aber keines direkt an der Grenze:
Talamas, in einem Musikgeschäft etwa 10 Min. zu Fuß von der Grenze entfernt in der Guerrero 1729, Ecke Washington, ⏲ Mo–Sa 9–23, So 11–22 Uhr, US$2,50 pro Std.
ISIC, 2807 González, über dem Schallplattenladen *Sandy Disco* an der Plaza Hidalgo, ⏲ Mo–Fr 8–21 Uhr, US$2 pro Std.

POST – An der Plaza Hidalgo, an der Rückseite des Palacio Municipal.

Transport

BUSSE – Die große **Central Camionera** liegt ein ganzes Stück südlich von Nuevo Laredo an der Ecke Romo und Melgar, aber zahlreiche Busse mit der Aufschrift „Puente/Centro" fahren vom Grenzübergang und von der Plaza Hidalgo aus in ca. ca. 25 Min. hin. **Gepäckaufbewahrung** 24 Std. Von Nuevo Laredo aus bestehen bei Tag und Nacht Busverbindungen nach Monterrey und México D.F.
Busse fahren u.a. nach:
ACAPULCO 2x tgl. (20 Std.),
CHICAGO (36 Std.),
CIUDAD VICTORIA (12 Std.),
GUADALAJARA (14 Std.),
MÉXICO D.F. 5x tgl. (15 Std.),
MONTERREY alle 30 Min. (3 Std.),
PIEDRAS NEGRAS 5x tgl. (3 Std.),
REYNOSA 8x tgl. (4 Std.),
SALTILLO 8x tgl. (4–5 Std.),
SAN LUIS POTOSÍ 8x tgl. (12 Std.),
TAMPICO 2x tgl. (10 Std.),
ZACATECAS 5x tgl. (8 Std.),
Vier Busgesellschaften – *Greyhound, Turismos Rapidos, El Expresso* und *Azabache* – fahren in die USA. Die Direktbusse fahren an der Central Camionera ab, die Fahrpreise sind bei allen gleich:
AUSTIN 14x tgl. (US$25, 20 Std.),
CHICAGO 2x tgl. (36 Std.),
DALLAS 14x tgl. (US$30, 9 Std.),
HOUSTON 9x tgl. (US$25, 7 Std.),
SAN ANTONIO stdl. (US$15, 4 Std.),

FLÜGE – Der Nuevo Laredo International Airport liegt eine lange Taxifahrt (ca. US$12) außerhalb der Stadt. „International" ist geprahlt, denn es gibt nur zwei teure Flugverbindungen mit *Mexicana* nach GUADALAJARA und MÉXICO D.F.

Reynosa

Dank seines problemlosen Grenzüberganges und hervorragender Verkehrsverbindungen ist Reynosa ein besonders beliebter Grenzort für Mexiko-Besucher. Die ausgedehnte Industriestadt an sich, mit ihren zahlreichen Autowerkstätten und der *Pemex*-Fabrik, hat wenig, was einen Reisenden zum Bleiben verlocken könnte.

Geht man nach der Brücke an der Inmigración vorbei immer geradeaus auf der Lerdo de Tejada, die bald in die Zaragoza übergeht, gelangt man zur

Plaza Principal. An der Hidalgo zwischen dem Bahnhof, s.u., und der Plaza liegt der **Markt**.

Zahlreiche Busse verkehren bis 23.30 Uhr für US$2 bzw. das Äquivalent in Pesos die 9 km zwischen Reynosa und McAllen in Texas. Die Fahrt dauert 40 Min., Grenzformalitäten inkl.

Übernachtung

Hotel Avenida, Zaragoza 885 Ote, ☏ 8/722-0592, ausreichend, ❺ und ***Hotel Internacional,*** Zaragoza 1050, ☏ 899/922-2318, ✉ exportadores@aol.com, ein kleines bisschen besser ❺; beide liegen rund fünf Fußmin. von der Grenze entfernt Richtung Zentrum.

Hotel Comfort, Hidalgo 325, etwa sechs Querstraßen südlich der Plaza, ☏ 899/922-8910, annehmbare, etwas mitgenommene ältere sowie teurere neue Zimmer. ❹

Hotel Estación, Hidalgo 305 Sur, gegenüber vom *Hotel Comfort,* ☏ 8/922-7302, sehr schäbig, aber billig. ❸

Grand Premier Hotel, Colón 1304, ☏ 8/922-4850, 📠 922-1150, gegenüber vom Busbahnhof, sehr luxuriös. ❼

Essen

Am Busbahnhof findet man ein paar billige Essenstände und einen *Gigante*-Supermarket, außerdem gibt es einen großen Markt an der Hidalgo, auf halbem Wege zwischen Bahnhof und Plaza.

Café Paris, Hidalgo 873 Nte, sehr gutes Frühstück (US$3) und Comidas (US$5) in angenehmer Atmosphäre.

Sonstiges

GELD – An der Plaza Principal, fünf Querstraßen von der Grenze entfernt, gibt es mehrere Banken mit Geldautomaten.

INFORMATIONEN – Hinter der internationalen Brücke über den Río Bravo von McAllen, Texas, her (Fußgänger zahlen US$0,25) und nach einem Abstecher zur *Inmigración* zwecks Touristenkarte (falls die Reise weiter nach Süden gehen soll), gelangt man zu der kleinen, nicht besonders reichlich ausgestatteten ***Touristeninformation,*** ☏ 8/922-5184, 🖳 www.tamaulipas.gob.mx, ⏲ Mo–Fr 9–15 Uhr.

INTERNET – Am empfehlenswertesten ist ***Cybertel,*** Zaragoza, Ecke Hidalgo, nahe der Plaza, ⏲ tgl. 10–22 Uhr, US$1,50 pro Std. Der Laden verfügt über ca. 12 Computer und schnelle Verbindungen.

Transport

BUSSE – Der Busbahnhof lässt sich mit Stadtbussen erreichen, die von der Grenze aus erst ins Zentrum und von dort zur Central Camionera hinaus fahren, aber es ist wahrscheinlich einfacher, die 20 Min. zu Fuß zurückzulegen (nach der Brücke nach rechts und gleich wieder nach links die Rubio nach Süden hinuntergehen).
Überlandbusse nach:
CIUDAD VICTORIA 9x tgl. (4–5 Std.),
MATAMOROS alle 45 Min. (2 Std.),
MÉXICO D.F. 6x tgl. (14–16 Std.),
MONTERREY alle 30 Min. (3 Std.),
NUEVO LAREDO 8x tgl. (4 Std.),
SAN LUIS POTOSÍ 9x tgl. (9–10 Std.),
TAMPICO stdl. (7 Std.),
ZACATECAS 10x tgl. (9 Std.).
Valley Transit Co. unterhält Busverbindungen zwischen Reynosa und Mc ALLEN, Texas; Abfahrt ca. jede Viertelstunde bis 23.30 Uhr (US$2). Die 9 km lange Fahrt dauert rund 40 Min., inkl. Grenzformalitäten. *Autobuses Americana,* ☏ 8/922-0705, fährt 2x tgl. nach HOUSTON (US$26) und SAN ANTONIO (US$26).

Matamoros

Matamoros, am südlichsten Punkt von Texas bei Brownsville auf der anderen Seite des Río Grande gelegen, besitzt mehr Atmosphäre und Geschichtsträchtigkeit als ihre weiter westlich gelegenen Schwestern. Die Stadt nahm Mitte des 18. Jhs. ihren Anfang als eine Viehzüchterstation und erhielt schließlich – als der Hafen Bagdad fertig gestellt war – den Beinamen „La Puerta México". Im 19. Jh. war Matamoros (gemeinsam mit Veracruz) der Haupthafen für die nach Mexiko strömenden Einwanderer. Um die Jahrhundertwende liefen die

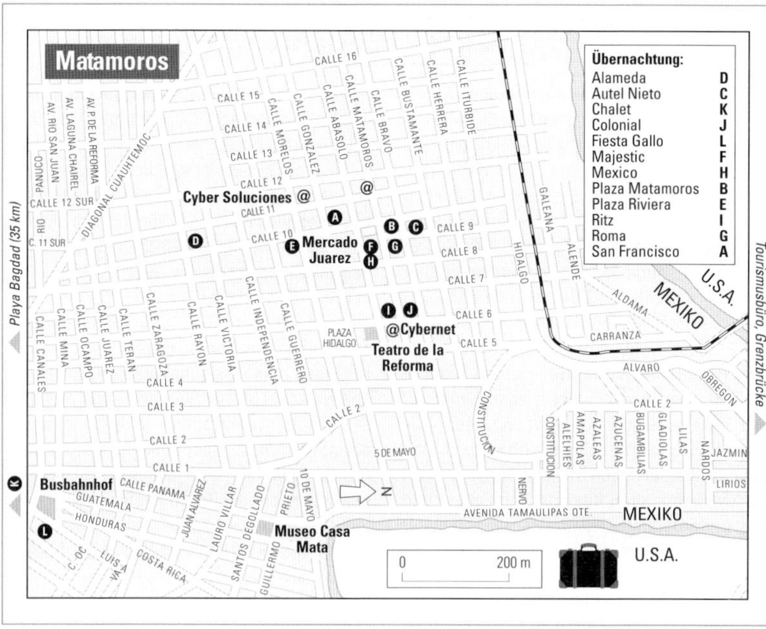

Bahnschienen von beiderseits der Grenze durch Matamoros, was die Stadt zu einem wichtigen Verkehrs- und Handelsknotenpunkt machte. Noch größere Bedeutung als Handelsplatz erlangte Matamoros 1992, als das **NAFTA-Abkommen** unterzeichnet wurde.

Matamoros kann sogar mit einem hübschen, 35 km entfernten Strand östlich der Stadt aufwarten. Die Orientierung wird selbst Besuchern ohne Erfahrung mit der typisch mexikanischen Straßenanordnung nicht schwer fallen; die Straßen rund um die Innenstadt, die rund 1,5 km vom Grenzübergang entfernt liegt, sind nach einem einfachen System geordnet: Die mit Zahlen versehenen verlaufen von Norden nach Süden, die mit Namen gekennzeichneten von Ost nach West.

Das belebte, kompakte Zentrum, das sich um die Plaza Hidalgo, Plaza Allende und den Mercado Juárez konzentriert, stellt eine gute Einstimmung auf die mexikanischen Städte weiter südlich dar.

Wer eine Stunde Zeit hat, kann das **Museo Casa Mata**, Santos Degollado, Ecke Guatemala besichtigen, das neben einer Sammlung von Keramiken der Huasteken Revolutions-Memorabilia beherbergt. Es ist in einer Festung untergebracht, mit deren Bau 1845 begonnen wurde, um Eindringlinge von nördlich der Grenze abzuwehren. Als ein Jahr darauf Zachary Taylor einfiel, war das Gebäude jedoch noch nicht fertig. 🕓 Di–Fr 8–16, Sa und So 9–14 Uhr, Eintritt frei.

Übernachtung

Im Zentrum findet sich eine Unterkunft in jeder Preisklasse, darunter auch gute Budget-Hotels. Die meisten liegen an der teilweise zur Fußgängerzone umfunktionierten Abasolo, zwischen Calle 6 und Calle 11, einen Häuserblock nördlich der Plaza Hidalgo. In der gleichen Ecke befinden sich auch ein paar etwas kostspieligere Unterkünfte.

Alameda, Victoria 91, Ecke Calle 10, ✆ 868/816-7108. Freundliche, saubere Zimmer mit TV, entweder im Hauptgebäude (US$21) oder auf der anderen Straßenseite, wo die Zimmer größer, moderner, etwas teurer und mit ac versehen sind (US$32). ❹

NAFTA, Mexiko und die Maquiladora-Debatte

Am 1. Januar 1994 trat das Nordamerikanische Freihandelsabkommen NAFTA, in Mexiko *El Tratado de Libre Comercio* (TLC) genannt, in Kraft und schuf damit die größte Freihandelszone der Welt. Durch das Abkommen sollten praktisch alle Aspekte des Handels zwischen den drei Partnern Mexiko, den USA und Kanada verbessert werden; zahlreiche Zollschranken wurden mit sofortiger Wirkung abgeschafft, und die übrigen sollen bis 2009 fallen. Doch seither sind die Vor- bzw. Nachteile von NAFTA Gegenstand heftiger Debatten unter den drei beteiligten Ländern.

Im Mittelpunkt der Kontroversen steht das mexikanische Maquiladora-Programm mit seinem dramatischen Menschenzustrom, den schwerwiegenden humanitären Folgen und Umweltproblemen. *Maquiladora,* abgeleitet vom spanischen Verb *maquilar* (etwas im fremden Auftrag erledigen), bezeichnet heute einen mexikanischen Betrieb, der ganz oder überwiegend im Besitz eines ausländischen Unternehmens ist und in dem Produkte für den Export in die USA oder andere Länder hergestellt werden. Dieses Verfahren, manchmal auch als „production sharing" oder „the global assembly line" bezeichnet, wurde als ein System angepriesen, das allen Beteiligten nur Vorteile verschafft: Ausländische Firmen können mit weniger Kostenaufwand höhere Gewinne erzielen, während in Mexiko Arbeitsplätze geschaffen, die Zahl der illegalen Auswanderer verringert und sich darüber hinaus die Möglichkeit an harte Währung zu kommen ergibt.

Als NAFTA unter Dach und Fach war, strömten amerikanische Unternehmen in die mexikanischen Grenzstädte, um sich Produktionsstätten zu sichern, die unter weniger harten Umweltauflagen kostengünstiger wirtschaften können, wobei nur Zoll auf eingeführte Rohstoffe erhoben wird, die nicht aus den USA stammen. Die *maquiladora*-Fabriken beschäftigen heute Millionen von Arbeitern in Mexiko; rund 70% davon befinden sich im Grenzgebiet. Neben Erdöl und Tourismus stellen die *maquiladoras* die drittgrößte Deviseneinnahmequelle dar.

Doch ganz so rosig ist Wirklichkeit nicht. Angesichts des lockenden Geldregens aus den USA (der höchstens noch von den Einnahmen aus dem Drogengeschäft übertroffen wird) überfluten mexikanische Arbeitswillige seither die Grenzstädte, die diesem Ansturm nicht gewachsen sind. Aus zahlreichen Umweltstudien ging hervor, dass die *maquiladoras* (auch *maquilas* genannt) alles Mögliche und Unmögliche – von ungeklärten Abwässern bis Schwermetallen – in die Landschaft gekippt haben. Darüber hinaus äußerten sich Fabrikangestellte über unmenschliche Arbeitsbedingungen. Daraufhin formierten sich Interessengruppen, die für eine Verbesserung der Arbeits- und Lebensbedingungen der Arbeiter in den *maquiladoras* eintraten.

Während die mexikanischen Machthaber diesen Geschäftszweig ursprünglich als vorübergehendes Übel zur Stützung der damals desolaten Wirtschaftslage des Landes proklamierten, scheint sie heute das Rückgrat einer auf lange Sicht angelegten ökonomischen Strategie zu bilden. Und obwohl Mexiko die vielleicht stärkste anti-NAFTA-Fraktion der drei beteiligten Länder aufzuweisen hat, sind die Befürworter von NAFTA zahlreich, vor allem im Norden, wo Reichtum Einzug gehalten hat.

Allerdings hat inzwischen auch diese neue und wohlhabende Schicht damit zu kämpfen, dass Mexiko alarmierend viele Aufträge an andere Teile der Welt abtreten muss, wo die Lohnkosten noch niedriger sind, allen voran China und Südostasien. Die zur Debatte stehende FTAA *(Free Trade Area of the Americas)* würde Mexiko auf dem nordamerikanischen Markt darüber hinaus zusätzliche Konkurrenz aus den kleineren, verarmten Ländern Lateinamerikas verschaffen. NAFTA und der regionale Freihandel werden also auch in Zukunft heiß diskutierte Themen bleiben.

Autel Nieto, Calle 10 1508, zwischen Bravo und Bustamante, ✆ 868/813-0857, ✉ autelnieto@hotmail.com. Gute Zimmer mit Teppichboden, Kabelfernsehen und Telefon. Auch eine Suite für bis zu 9 Pers. Parkplatz und kitschige Lounge/Lobby. ❺

Chalet, Aguilar 7, ✆ 868/812-5975, ebenfalls in Busbahnhofsnähe, neuere und sauberere Zimmer als das *Los Lirios* nebenan, dabei fast dieselben Preise. Die beste Unterkunft am Busbahnhof. ❹

Colonial, Calle 6, Ecke Matamoros, ✆ 868/816-6606, 💻 www.hcolonial.com. Empfehlenswerteste Unterkunft der Mittelklasse. Farbenfrohe, saubere Zimmer mit kleinen Balkonen. ❻

Fiesta Gallo, Aguilar 10, nahe Busbahnhof, ✆ 868/813-4406. Wer nur ein weiches Bett für die Nacht braucht, ist hier richtig. Ordentliches Restaurant. ❹

Majestic, Abasolo 131, zwischen Calle 8 und Calle 9, ✆ 868/813-3680, bestes der Budgethotels; freundliche Angestellte, saubere und geräumige Zimmer; zuverlässige Warmwasserversorgung. ❸

México, Abasolo zwischen Calle 8 und Calle 9, ✆ 868/812-0856. Einfach, gemütlich und preiswert. ❸

Plaza Matamoros, Calle 9, Ecke Bravo, ✆ 868/816-1696, 💻 www.bestwestern.com/mx/hotelplazamatamoros. Gehört zur *Best Western*-Kette und bietet saubere, sichere Zimmer mit ac und Kabel-TV, Restaurant und Parkplatz. ❼

Plaza Riviera, Plaza Allende, Ecke Morelos und Calle 10, ✆ 868/816-3998, 📠 816-4299. Sehr hübsch eingerichtetes, in zwei Gebäuden untergebrachtes Hotel; in einem kosten die Zimmer aus unerklärlichen Gründen aber US$5 mehr. Alle Zimmer sind hell und geräumig, und Gäste können kostenlos im Internet surfen. ❻

Ritz, Matamoros 612, Ecke Calle 7, ✆ 868/812-1190. Angenehme Zimmer mit ac, Frühstücksbuffet im Preis inbegriffen. Bewachte Parkplätze und eine Suite für bis zu 6 Pers. Am Wochenende US$10 billiger. ❼

Roma, Calle 9, Ecke Bravo, ✆ 868/813-6176, fast genauso einladend wie das *Best Western* gegenüber, dabei nur halb so teuer (gleiche Betreiber). Günstige Preise für Gruppen bis zu 5 Pers. ❺

San Francisco, Calle 10, zwischen Abasolo und Gonzalez, ✆ 868/813-7110. Gehört zu den besseren, zentral gelegenen Budget-Unterkünften, fungiert allerdings auch als Stundenhotel; einfache, saubere Zimmer mit Gemeinschaftsdusche. ❸

Essen

Viele Restaurants sind teuer (die meisten spekulieren auf Grenztouristen), aber es gibt auch ein paar billigere, z.B. entlang der Calle 10, gleich bei der Plaza Allende, und in der Calle 9 zwischen Matamoros und Bravo. In der Fußgängerzone *(peotonál)* Abasolo befinden sich mehrere Tacquería-Buden.

Caféteria Natalia's, Calle 5, zwischen Abasolo und González. Tolles Lokal im Diner-Stil mit günstigen mexikanischen Speisen. Bis spät geöffnet und daher gut geeignet zur Einkehr vor einem Besuch im Theater, das nur einen Block entfernt liegt.

El Chinchonal, Calle 9, Ecke Matamoros, gut zum Mittagessen mit einer großen Auswahl günstiger Gerichte. Ab ca. 16 Uhr geschlossen.

Las Dos Repúblicas, Calle 9, nahe Abasolo. Nettes Restaurant im Kolonialstil, das bis etwa 19 Uhr riesige Portionen Tortillas, Tacos, Quesadillas usw. serviert. Fast alle Gerichte kosten um US$4.

Los Feroles, Matamoros, gegenüber vom *Ritz Hotel.* Günstige internationale Gerichte, z.B. Käsesandwiches (US$3) und Filetspitzen (US$6), sowie Norteña-Küche in schlichter Umgebung.

Los Panchos, Plaza Allende, an der Guerrero. Ein gutes Frühstückscafé, in dem sich auch viele Einheimische treffen. Man setzt sich einfach hin und wartet auf den Kellner, der unaufgefordert leckeren Kaffee und *pan dulce* bringt; abgerechnet wird später an der Kasse nach Stückzahl.

Sonstiges

GELD – ***Banorte,*** an der Morelos zw. Calle 6 und 7. ***Bancomer,*** Matamoros, Ecke Calle 5. ***Serfin,*** an der Plaza, alle 🕒 Mo–Fr 9–15 Uhr.

INFORMATIONEN – In den USA vergibt die ***Brownsville Chamber of Commerce,*** 1600 E Eli-

zabeth Street, zwei Querstraßen von der Grenze, ✆ +1-956/542-4341, ✆ 504-3348, Infobroschüren zum Tal des Río Grande und verkauft für US$1 einen Stadtplan, der sowohl Brownsville als auch Matamoros umfasst. ⌚ Mo–Fr 8–17 Uhr.
Die ***Touristeninformation,*** ✆ 8/812-3630, ein paar Straßen hinter der Grenzbrücke in der Tamaulipas, Ecke Obregón, erteilt Infos über die Stadt sowie Regionen weiter südlich; ⌚ Mo–Fr 9–19 Uhr.

INTERNET – Mehrere Internet-Cafés konzentrieren sich am unteren Ende der Abasolo.
Cybernet, Abasolo, zwischen Calle 5 und Calle 6, ⌚ Mo–Sa 10–22, So 14–18 Uhr, US$1,50 pro Std.
Cyber Soluciones, Calle 11, Ecke Morelos, ⌚ Mo–Sa 9–21, So 10–21 Uhr, US$1 pro Std.

POST – Ein **Postamt** befindet sich in der Central Camionera.

Transport

Hat man den Brückenzoll bezahlt, sich die Touristenkarte (US$22) besorgt und in der Casa de Cambio Geld gewechselt, kann man zu Festpreisen ein „Maxi Taxi" nehmen, d.h. Sammeltaxis, die in kurzen Abständen auf der Obregón ins Zentrum und zum Busbahnhof fahren. Der Weg ist weit, also Ausschau nach der Aufschrift „Centro" (zur Plaza Allende), „Puente Internacional" (zur Grenze) oder „Central" (zum Busbahnhof) halten.

BUSSE – In der **Central Camionera,** ✆ 8/812-2777, gibt es eine Post, ein Restaurant und eine Gepäckaufbewahrung, ⌚tgl. 6.30–22.30 Uhr, außerdem einen großen Supermarkt gleich gegenüber.
Greyhound ist sowohl in Matamoros als auch Brownsville, in den USA ✆ +1-956/546-7171, vertreten; die Busse, die für US$4 über die Grenze nach Brownsville fahren, verkehren die ganze Nacht über.
Zahlreiche *Greyhound*-Busse steuern auch andere US-Städte an:
DALLAS 2x tgl. (US$40, 12 Std.),
HOUSTON 3x tgl. (US$25, 5 Std),
NEW YORK (US$99, 48 Std.),
SAN ANTONIO 3x tgl. (US$25, 6 Std.).
El Expresso, ist teurer und bedient MIAMI (US$119).
Mehrere Busse tgl. fahren nach REYNOSA, MONTERREY, CIUDAD VICTORIA und MÉXICO D.F., außerdem gibt es eine Verbindung nach PUEBLA.
Richtung Westen mit *Transportes Estrella de Oro* nach MEXICALI, GUADALAJARA und MAZATLÁN.
Zur Küste mit *Autotransportes de Oriente* nach:
TAMPICO stdl. (7 Std.),
TUXPAN (11 Std.),
VERACRUZ (16 Std.)
VILLAHERMOSA (24 Std.).

Der Nordosten

Selbst wenn man die Grenze bei Matamoros überquert, ist es ratsam, der Grenzstraße westlich nach Reynosa zu folgen und dann nach Monterrey abzubiegen. Die Ostküste hat nicht viel zu bieten, es sei denn, man möchte auf dem schnellsten Weg über Veracruz nach Yucatán und dabei México D.F. links liegen lassen. Auf der Karte scheint die Küstenstraße kürzer, sie ist aber in einem etwas schlechterem Zustand als die Strecken weiter landeinwärts.

Zwar ist die Gegend um Tampico reich an archäologischen Fundstätten, und in der Umgebung von Veracruz gibt es ganz schöne Strände, aber beide sind von der Hauptstadt aus einfacher zu erreichen. Im Nordosten ist die sandige Küste schwer zugänglich, Flugsand treibt über die mit Gestrüpp bewachsenen Strände. Außerdem steht hier eine Raffinerie neben der anderen und Öltanker ziehen dicht an der Küste vorbei. Obendrein ist es sehr, sehr heiß.

Zur Zeit der Konquista lebten in dieser Gegend der Golfküste die Huasteken, nach denen die Region um Tampico und die Ostflanken der Sierra Madre Oriental benannt ist. Huastekische Niederlassungen sind archäologisch bis auf eine 3000 Jahre zurückliegende Zeit nachweisbar. Ihre Sprache unterscheidet sich von denen der umliegenden indianischen Völker, ist aber mit der der Yucatán-Maya verwandt. Quetzalcoatl, die gefiederte Schlange und mexikanische Gottheit, geht möglicherweise auf die Huasteken zurück.

Monterrey

Monterrey – drittgrößte Stadt Mexikos, Hauptstadt des Bundesstaates Nuevo Leon und Industriezentrum der Nation – ist ein Ort voller Widersprüche. Fabriken, Verkehrschaos, schnelles Wachstum, Smog und protziger Reichtum charakterisieren die jüngsten Viertel, koloniale Pracht und Eleganz prägen die älteren Stadtteile. Monterrey ist von Bergen eingeschlossen, was dazu führt, dass die verbrauchte Luft nicht abzieht. Der höchste Berg ist der Cerro de la Silla („Sattelberg").

Was Monterrey interessant macht, sind seine moderne Architektur und die stolzen Statuen, die überall aufragen und von mexikanischem Selbstbewusstsein künden. Monterrey besitzt drei sehenswerte Gebäude: den alten Obispado auf einer Anhöhe, die riesige Cuauhtémoc-Brauerei im Norden und das hervorragende Museo de Arte Contemporáneo. Man kann aber durchaus einen angenehmen Tag damit zubringen, einfach nur durch die Stadt zu schlendern.

Macroplaza

Die Macroplaza (offiziell Plaza Zaragoza, manchmal auch Gran Plaza genannt) ist das Herzstück – nicht die Mitte – der Stadt. Sechs Häuserblocks wurden abgerissen, um die ehemalige Plaza Cinco de Mayo so zu vergrößern, dass sie vom modernen Rathaus bis zum **Palacio de Gobierno**, einem schönen Gebäude aus rotem Stein, reicht. Denkmalschützerische oder soziale Einwände wurden dabei kurzerhand vom Tisch gewischt. Das Resultat mit seinen Springbrunnen, stillen Parks und von Museen und Verwaltungsgebäuden umgebenen, schattigen Patios ist in diesem Fall tatsächlich überwältigend. Abends trifft man sich hier, um zu sehen und gesehen zu werden. Es finden Konzerte, Tanz- und andere Veranstaltungen statt. Nachts wirft der **Faro del Comercio** vom Laser Beam Tower aus Laserstrahlen in den Himmel.

Die **Kathedrale** mit ihrem altersschwachen Turm ist ein bescheidenes Bauwerk, das vom wuchtigen **Rathaus** in den Schatten gestellt wird. Im Rathaus kann man eine kleine archäologische Ausstellung betrachten, und im **Palacio de Gobierno**, am anderen Ende der Plaza, einen Raum, der der Lokalgeschichte gewidmet ist.

Das neueste Gebäude an der Plaza, an der Zuazua, Ecke Ocampo bei der Kathedrale, ist das **Museo de Arte Contemporáneo** (MARCO), 🖳 www. marco.org.mx, in dessen Marmorhallen v.a. lateinamerikanische Sammlungen zu sehen sind. 🕓 Do–Di 10–18, Mi bis 20 Uhr, US$3,20. Juan Sorianos *La Paloma*, eine riesige schwarze Taube begrüßt den Besucher. Das Museum wurde 1991 nach einem Entwurf des führenden mexikanischen Architekten **Ricardo Legorreta** erbaut. So unterschiedlich seine Bauwerke auch sind, weisen sie doch bestimmte Gemeinsamkeiten auf; die Böden und Wände im Inneren scheinen sich nirgendwo im gleichen Winkel zu treffen, und im Zentrum der großen offenen Fläche befindet sich ein Atrium mit einem Teich. Abgesehen von ein paar monumentalen, in den Höfen versteckten Skulpturen gibt es keine feste Sammlung, doch der Standard der Wanderausstellungen ist kaum zu übertreffen. Einen Besuch lohnen auch der Buchladen und das Café, aber ein Muss ist die tolle Bar am Teich in der Mitte.

Mehrere Querstraßen nordöstlich des MARCO liegt eines der besten Museen der Stadt, das **Museo de Historia Mexicana**, Doctor Coss 445 Sur, von ausgefallener Architektur. Die Ausstellung umfasst Stücke aus frühen, kolonialen und neuzeitlichen Zivilisationen, eine umfangreiche Sammlung traditioneller Kleidungsstücke und eine Abteilung zur Revolution. Wer der mexikanischen Geschichte irgendwann überdrüssig ist, kann sich unterhalb des Museumsplatzes für US$3,50 pro Std. eines der überdachten Paddelboote ausleihen und damit auf dem Teich herumpaddeln. 🕓 Di–So 11–20 Uhr, Eintritt US$1.

Etwas Ausgefalleneres liegt ein paar Querstraßen weiter südöstlich; die **La Casa de los Títeres**, Jardón 968, 🖳 www.baulteatro.com, im Barrio Antiguo. In dem kleinen Museum gibt es eine eigenartige Sammlung von Puppen hinter Glas zu sehen. Jeden Sonntag um 16 Uhr veranstalten die Besitzer Puppentheater (US$5), von Rotkäppchen bis García Lorca. 🕓 Mo–Fr 9–12 und 14–18, So 14–18 Uhr, US$1,50.

Monterrey besitzt zwei große **Märkte**, den Mercado Juárez und den Mercado Colón. Letzterer befindet sich an der Avenida de la Constitución, südlich der Macroplaza, und ist mehr auf Touristen ausgerichtet; hier wird lokales Kunsthandwerk angeboten.

Der Obispado

Der alte Bischofspalast schaut im Westen vom *Chepe Vera* auf die Stadt herab. Er wurde im 18. Jh. erbaut und diente abwechselnd als Kaserne, Militärhospital und Festung. Seine strategisch günstige Lage haben sich die zahlreichen Invasoren zunutze gemacht. Als 1846 die Stadt selbst schon in die Hände des texanischen Generals Zachary Taylor gefallen war, hielt der Obispado noch zwei Tage lang den Angreifern stand. Der Palast beherbergt ein gutes Museum mit einer großen Bandbreite an Ausstellungsstücken. ⌚ Di– So 10–17 Uhr, US$2.

Die Calle Padre Mier zum Obispado führt an der monumentalen, modernen **Kirche La Purísima** vorbei. Hin kommt man mit dem Bus R4, der oben auf dem Hang von der Padre Mier abbiegt, zu Fuß sind es aber nur 10 Min. Zurück auf der Hidalgo mit nach Osten fahrenden Bussen.

Cervecería Cuauhtémoc

Wer mexikanisches Bier mag, sollte die gewaltige Brauerei besuchen, wo das köstliche *Bohemia* und *Tecate* gebraut wird, das man in ganz Mexiko bekommt. Zum Komplex gehört ein Brauereimuseum, ein Kunstmuseum und der **Salon De La Fama**, der den Helden des mexikanischen Baseballs gewidmet ist. Kostenlose Führungen durch die Brauerei beginnen gegenüber dem Hauptgebäude in der Alfonso Reyes 2202 Nte, 1 km nördlich des Busbahnhofs, in regelmäßigen Abständen Mo–Fr 10–17, Sa 10–15 Uhr; vereinzelt finden auch Touren auf Englisch statt. Hinterher gibt es Freibier im Biergarten. Mit der Linie 2 zur nördlichen Endhaltestelle (Station General Anaya) fahren, dann 300 m zu Fuß nach Süden.

Parque Niños Héroes

Rund 3 km nördlich der Brauerei befindet sich der ausgedehnte Parque Niños Héroes, ein beliebtes Wochenendausflugsziel. Neben Blumenrabatten und einem See mit Booten gibt es ein paar Sehenswürdigkeiten (einige mit geringen Eintrittsgebühren), wie eine Voliere, ein Verkehrsmuseum sowie die **Pinacoteca**, eine kleine Kunstgalerie. ⌚ Di–So 9–18 Uhr, US$0,70. Architektonisch von größerem Interesse ist die **Biblioteca Magna Universitaria**, Alfonso Reyes 4000, im Nordteil des Parks, aber nur von der Alfonso Reyes her zugänglich. Das Gebäude wurde von Ricardo Legorreta entworfen, und obwohl das Design ein völlig anderes ist, sind die Parallelen zum MARCO-Bau unübersehbar. ⌚ Mo–Fr 8–20, Sa 9–20 Uhr, Eintritt frei.

Den Park und die Eingänge zur Bibliothek erreicht man mit den Bussen Nr. 17 und 18, die an der Padre Mier abfahren. Man kann aber auch auf der Cuauhtémoc, von der U-Bahnstation Cuauhtémoc, zusteigen. Zurück fahren die gleichen Busse an der Barragan am Westrand des Parks ab, doch die Ausgänge hier sind ab und zu verschlossen, deshalb muss man u. U. den ganzen Weg durch den Park zurückgehen.

Übernachtung

Die meisten billigen Hotels befinden sich in der Umgebung der Central Camionera, v.a. auf der gegenüberliegenden Seite der Av. Colón, die man nur auf der Fußgängerbrücke überqueren sollte. Es ist nicht die freundlichste Ecke der Stadt, immer laut und voll, ein ganzes Stück vom Zentrum entfernt, aber verkehrsgünstig und relativ sicher. Gleich beim Verlassen des Busbahnhofs sieht man ein paar Hotels, aber wer dem schlimmsten Lärm entfliehen möchte, geht besser ein Stück weiter. Fast alle Hotels im Zentrum sind modern, verfügen über ac, oft einen Pool und rechnen mit Geschäftsreisenden, daher sinken am Wochenende die Preise ein wenig.

Capri, Victoria 1402 Pte, ✆ 81/375-0052, 📠 372-9164. Bestes der Mittelklassehäuser in der Gegend, wenngleich zur Mittagszeit offenbar auch nach Stunden abgerechnet wird. Modern und gut geführt, kleines Restaurant und Bar, Parkplatz abseits der Straße, helle, geräumige Zimmer mit TV und ac. ❺

Casino, Arteaga 816, ✆ 81/372-0219. Ein weiteres Stundenhotel, aber relativ neu und sauber, Zimmer mit TV und ac; empfehlenswertestes Hotel in Busbahnhofsnähe. ❺

Colonial, Hidalgo Ote 475, ✆ 81/343-6791, 💻 www.hotelcolonialmty.com. Viel billiger als andere Hotels der Gegend, aber die winzigen Zimmer (TV und ac) sind das Geld nicht wirklich wert. Preis inkl. Frühstück. ❻

Estación, Victoria 1450 Pte. 33750755, ✆ 81/375-0755. Eines der besten Hotels in der Bahnhofsgegend, mit einfachen, aber sauberen und netten Zimmern. Vom Bahnhof aus nach rechts und

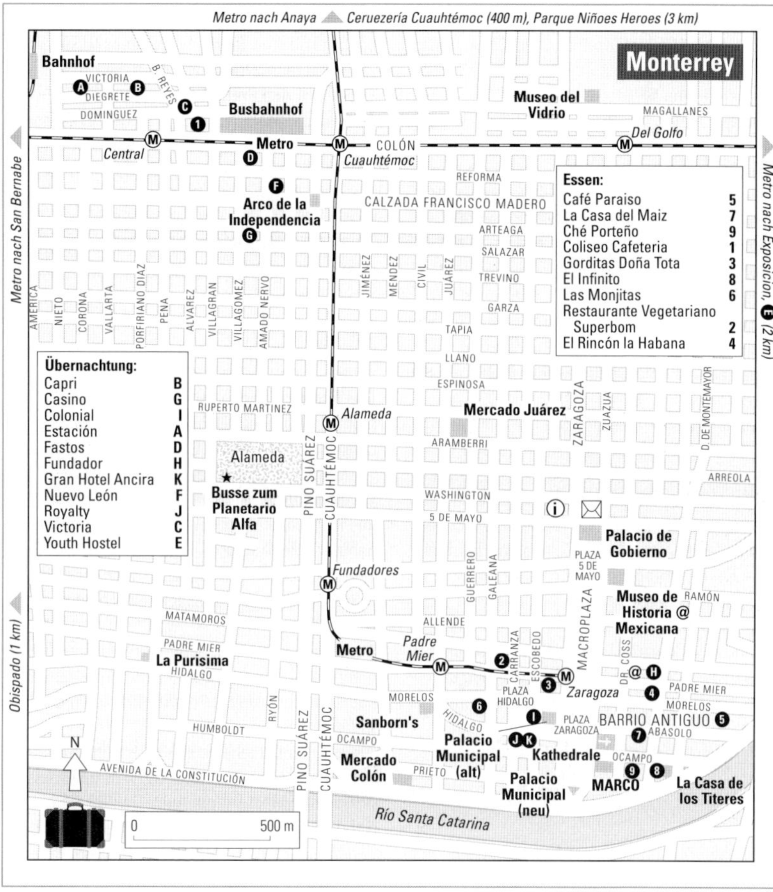

beim *Restaurant Hernandez* nach links. Vom Busbahnhof nach rechts, dann wieder nach rechts auf die Bernardo Reyes und nach 2 Querstraßen links in die Victoria abbiegen! ❺

Fastos, Colón 956 Pte, unmittelbar gegenüber dem Busbahnhof, ✆ 81/372-3250, in den USA ✆ 1-800/839-2400, ✆ 372-6100. Angenehmes, modernes Hotel, große Zimmer mit ac und Satelliten-TV. Für hiesige Verhältnisse preisgünstig, nur etwas weit vom Zentrum entfernt. ❻

Fundador, Montemayor 802, Ecke Matamoros, ✆ 81/342-0121, 🖳 www.travelbymexico.com.mx. Bietet das vermutlich beste Preis-Leistungs-Verhältnis aller Hotels und ist derzeit die einzige Unterkunft im Barrio Antiguo; schmucklose, saubere Zimmer mit ac und TV. Im gleichen Gebäude befindet sich ein schickes Restaurant. ❻

Gran Hotel Ancira, Hidalgo y Escobedo an der Plaza Hidalgo, ✆ 81/150-7000, aus den USA ✆ 1-800/333-3333, 🖳 www.hotel-ancira.com. Ein vor der Revolution erbautes, elegant eingerichtetes Grandhotel, das der *Radisson*-Kette gehört. Stilvolle, aber kostspielige Option: die Zimmerpreise *beginnen* bei US$150. ❾

Nuevo León, Amado Nervo 1007 Nte, 33741900, ✆ 81/374-1900. Wahrscheinlich das preiswerteste von mehreren Hotels in dieser Straße, besonders günstig für Einzelreisende. Zimmer mit Ventilator und TV, günstige Parkmöglichkeit in der Tiefgarage. ❺

Royalty, Hidalgo Ote 402, ✆ 81/340-9800, in den USA ✆ 1-800/830-9300, 💻 www.royaltyhotel.com. Für Geschäftsreisende konzipiertes Hotel der oberen Preisklasse. Ac-Zimmer, Kabel-TV, Fitnessraum, Jacuzzi und winziger Pool. ❼

Victoria, Bernardo Reyes 1205 Nte, ✆ 81/375-4833. Etwas mitgenommen, aber günstig (jedoch nicht das billigste). Freundlich, sicher und nur eine Straße vom Busbahnhof entfernt; die Zimmer nach innen sind ruhiger. Vom Busbahnhof nach rechts auf die Colón, dann wieder rechts auf die Bernardo Reyes. ❹

Jugendherberge, Madero 3500 Ote, am Parque Fundidora, 💻 www.parquefundidora.org/hospedaje.htm, ✆ 81/355-7380. Großes, effizient geführtes Haus mit Schlafsälen unterschiedlicher Größe; im Garten kostenlose Möglichkeit zum Zelten (zuvor Erlaubnis einholen). Telefonische Reservierung empfohlen. Um 23.30 Uhr ist Zapfenstreich. Zu erreichen mit der Linie 1 Richtung Osten bis zum U-Bahnhof Y Griega, dann 300 m zu Fuß nach Westen auf der Colón und links in die Prisciliano Elizondo abbiegen. Die *Villa Deportiva Juventil* ist das weiße Gebäude direkt geradeaus. Wer mit dem Taxi kommt, nennt dem Fahrer als Ziel „Parque Acero". ❷

Essen

Die Restaurantküchen von Monterrey zielen auf den herzhaften Appetit der an umfangreiche Fleischmahlzeiten gewöhnten Norteños ab und bereiten *Cabrito al Pastor* oder *Cabrito asado* (ein ganzes geröstetes Ziegenlamm) zu, die Spezialität der Region.

Kleine Bars und mehr oder weniger schmuddlige Restaurants findet man am **Busbahnhof**, vor allem in der Umgebung des kleinen Marktes oberhalb der Av. Colón. Besser sind die Fastfood-Restaurants am Busterminal. Im **Zentrum** ist das Essen in den Lokalen in der Umgebung der Gran Plaza besser und teurer.

Café Paraíso, Morelos 958 Ote, Barrio Antiguo. Aus mehreren Räumen bestehendes, bis spät geöffnetes Café und Bar, Kunstgemälde an den Wänden, großes Angebot an Kaffees und gewaltigen, köstlichen Tortas mit Pommes (US$4) sowie recht teure Drinks. Rund um die Uhr gibt's zwei Biere zum Preis von einem für US$3.

La Casa del Maiz, Abasolo 870b Ote, Ecke Doctor Coss, Barrio Antiguo. Modernes Lokal mit architektonischer Anlehnung an das in der gleichen Straße gelegene MARCO. Mexikanische Küche, mit oder ohne Fleisch. Lecker sind *memelas la maica*, handfeste Tortillas mit gut gewürztem Spinat und Käsesoße. 🕒 Sonntag- und Montagabend geschlossen, sonst ab 18 Uhr.

Im Obergeschoss befindet sich die einen Blick werte *Akbal* (ein Wort aus der Mayasprache, bedeutet „Nacht") -Lounge.

Che Porteño, Jardón 814 Ote, Barrio Antiguo. Authentische argentinische Küche; Empanadas für US$4, *asado de tira* für US$12 sowie eine Auswahl südamerikanischer Weine.

Coliseo Cafeteria, Colón 235. Freundlich, sauber und rund um die Uhr geöffnet, nahe dem Busbahnhof. Mexikanische Küche zu niedrigen Preisen, z.B. Quesadillas (US$2,50) oder Tacos mit Bohnen (US$2), und passabler Milchkaffee (US$0,70).

Doña Tota, Escobedo, nahe Morelos. Einer von mehreren Ablegern dieser Fastfood-Kette; verkauft köstliche kleine *Gorditas* für wenig Geld.

El Infinito, Raymondo Jardón 904 Ote, Barrio Antiguo. Gemütliches kleines Lokal mit Sofas und einer kleinen Bücherei, serviert tollen Espresso und Milchkaffee. Auch Gebäck und Sandwiches, am Wochenende oft Live-Musik.

Lannilli, Jardón 814 Ote, Barrio Antiguo. Gutes italienisches Restaurant, unter gleicher Führung, aber mit anderem Küchenchef wie das *Che Porteño*.

Las Monjitas, Morelos 240 Ote, Ecke Galeana. Als Nonnen verkleidete Kellnerinnen tischen mexikanische Steaks und „katholische" Gerichte auf, darunter Spezialitäten wie *platillo Juan Pablo II*, ein garantiert cholesterinreiches Gericht aus Salami, Schweinefleisch, Speck, Chilis, gebackenem Käse und Guacamole. Schon die wunderbaren Wandkacheln entschädigen für die etwas hohen Preise. Filiale in der Escobedo 913 Sur. 🕒 tgl. 8–23 Uhr.

Restaurante Vegetariano Superbom, Padre Mier 300, Ecke Galeana, im 1. Stock. Zur Mittagszeit

bekommt man hier hervorragende vegetarische Comidas für US$4,50 und von 12 bis 17 Uhr gibt's ein *all you can eat*-Buffet für US$6,50. Morgens nur à la carte. ⌚ Sa geschlossen.
El Rincón La Habana, Morelos 887, nahe Montemayor, Barrio Antiguo. Die Kombination aus kubanischen Gerichten und abendlicher Live-Musik (ab 22 Uhr) ist unwiderstehlich. ⌚ nur Do–Sa.
Sanborn's, Av. Morelos nahe Plaza Hidalgo, bietet leckere Sandwiches und Snacks nach europäischem Vorbild – eine tolle Sache, wenn der Magen an Heimweh leidet.

Unterhaltung

Das Nachtleben spielt sich v.a. im Barrio Antiguo ab, in den fünf gepflasterten Straßen zwischen der Doctor Coss, Matamoros und Constitución. Am Do, Fr und Sa sperrt die Polizei von 21–2 Uhr die Zugänge für den Verkehr ab, und dann gehören die Gassen, insbesondere die Padre Mier und die Madero, den Massen fröhlicher Nachtschwärmer. Im Viertel werden auch jede Menge Veranstaltungen geboten, z.B. im ***Centro Cultural Santa Lucía,*** Montemayor 510, wo regelmäßig Fotoausstellungen sowie Theater- und Tanzaufführungen stattfinden. Infos über aktuelle Events finden sich u.a. an den Schwarzen Brettern der hiesigen Cafés und Bars.
El Rincón La Habana, Morelos 887, nahe Montemayor, jeden Abend kubanische Musik (s. „Essen") und ***Reloj,*** Padre Mier 860 Ote, sind besonders beliebt; sie verlangen US$2–5 Eintritt; am Mi und Do weniger oder gar keinen.
Antropolis, Montemayor, Ecke Padre Mier, schummrige Kneipe, besonders beliebt bei der linken Studentenszene.
Río Latino, am östlichen Ende der Padre Mier, hier trifft sich derzeit der zweisprachige Jet-set.
Cadaquës, Morelos 905, minimalistische, mit weißen Ledermöbeln eingerichtete Lounge, in der gelegentlich europäische DJs auflegen (dann geringe Eintrittsgebühr).
La Tumba, Padre Mier 827 Ote. Große Bar mit vielen Sitzplätzen im Freien, Do–Sa abends Live-Musik (Acoustic) gegen US$2–5 Eintritt. ⌚ 17–2 Uhr. Im Barrio gibt es auch ein paar bis spät geöffnete Cafés (s. „Essen"), in denen man einen etwas ruhigeren Abend verbringen kann.

KINO – ***Cuauhtémoc 4,*** Cuauhtémoc, Ecke Washington, unweit der Alameda, zeigt Mainstream-Filme.

Sonstiges

AUTOVERMIETUNGEN – Zahlreiche Verleihfirmen haben Büros an der Plaza Hidalgo.
Advantage Rent-A-Car, Ocampo, eine Querstraße westlich der Zaragoza, ✆ 8/345-7374, ist mit US$60 p.T. eine der preiswertesten; wer ein Auto für 1 Woche mietet, zahlt nur für 6 Tage.
Alamo, Ocampo y Carranza, ✆ 8/340-4600, verlangt ca. US$65 p.T. bei unbegrenzter Kilometerzahl. Weitere Anbieter sind ***Budget,*** ✆ 8/369-0819, und ***Alal,*** ✆ 8/340-7611, beide in der Hidalgo, nahe Plaza Hidalgo.

BÜCHER – ***Sanborn's,*** Morelos nahe der Macroplaza, eher spärliche Auswahl an englischen Romanen, dafür viele Zeitschriften und Reiseführer in englischer Sprache, ⌚ tgl. 9–22 Uhr. Größer ist das Angebot bei ***Cristal,*** Padre Mier, Ecke Paras, oder im ***American Bookstore,*** Garza Sada 2404a, ⌚ Mo–Fr 9–19, Sa 10–19, So 10–15 Uhr.

FESTE – Neben den nationalen und religiösen Festtagen begeht Monterrey im Herbst noch einige lokale Feste. Anfang Oktober ist ein ganzes Wochenende der von den Brauereien gesponsorten **Fiesta de la Cerveza** gewidmet. In der letzten Oktoberwoche und der ersten Novemberwoche findet das **Festival Alfonso Reyes** mit zahlreichen Musik- und Theaterveranstaltungen statt. Das **Festival Cultural Barrio Antigua** (15.–25. Nov) ist noch relativ neu auf dem Festkalender, aber mit Abstand das beliebteste Stadtfest – Cafés, Galerien und Restaurants öffnen dann ihre Türen weit für die ausgelassene Menge, die durch die Straßen zieht, und überall kann man Konzerte, Filmvorführungen, Kunstausstellungen etc. besuchen.

GELD – Bardollars und Reiseschecks wechseln mehrere **Casas de Cambio** entlang der Ocampo, zwischen Zaragoza und Juárez, ⌚ Mo–Fr 9–13 und 15–18, Sa 9–12.30 Uhr, sowie die **Banken** (fast alle mit Geldautomaten), von denen die meisten an oder in der Umgebung der Padre

Mier mitten im Zentrum liegen, z.B. ***Banamex,*** Pino Suárez 933 Nte, ⌚ Mo–Fr 9–13 Uhr. ***American Express Travel Service,*** San Pedro 215 Nte, Colonia del Valle, ✆ 8/318-3382 oder 318-3369, Briefannahmestelle für Kartenbesitzer, Wechsel von Reiseschecks und Ersatz verlorener/gestohlener. ⌚ Mo–Fr 9–18, Sa 9–12 Uhr.

INFORMATIONEN – Die ***Touristeninformation*** von *Infotour,* 5 de Mayo Nr. 525 (3. Stock), Höhe Escobedo, ✆ 83/344-4343, ist sehr freundlich und gibt wertvolle Auskünfte auch über Hotelpreise und ansässige Reisebüros, oft ist ein Angestellter da, der Englisch spricht. Zahlreiche Pläne, Karten und Informationsbroschüren – darunter die nützliche, vierteljährlich erscheinende Broschüre *What's On Monterrey.* Hier erfährt man auch Einzelheiten über Ausflüge in die nähere Umgebung. ⌚ Mo–Fr 9–18 Uhr.
Telefonische Touristeninformation für Anrufer außerhalb von Nuevo León unter ✆ 1-800/832-2200, aus den USA ✆ 1-800/235-2438, oder 💻 www.monterrey-mexico.com (nur auf Spanisch).

INTERNET – Die besten Internet-Anschlüsse hat ***Ships 2000,*** Escobedo 819 Sur, 💻 www.ships2000.com.mx, für rund US$3 pro Std., ⌚ tgl. 10–22 Uhr. Einen Versuch lohnt auch ***K'Fé,*** Montemayor 713, nahe Allende, Barrio Antiguo, zugleich ein kleines Kulturzentrum mit Kunstausstellungen und gelegentlichen Dichterlesungen, ⌚ Mo–Sa 11–23 Uhr, US$1 pro Std. In unmittelbarer Nachbarschaft liegt das ***Ciber Café,*** im Obergeschoss der Dr Coss 843F, Höhe Padre Mier. Am praktischsten ist vielleicht das Centro de Comunicación im Busbahnhof – dort gibt es einen PC und Online-Dienste für US$1,50 pro Std., ⌚ 6–22 Uhr.

MEDIZINISCHE HILFE – ***Hospital Muguerza,*** Hidalgo 2525, ✆ 8/399-3400.

NOTRUF, ROTES KREUZ – ***Angeles Verdes*** (Pannenhilfe), ✆ 8/340-2113; ***Cruz Roja,*** ✆ 8/342-1212; ***Cruz Verde,*** ✆ 8/371-5050; ***Polizei,*** ✆ 066 oder 8/151-6001.

POST – Hauptpostamt: Palacio Federal an der Macroplaza, ⌚ Mo–Fr 8–19, Sa 9–13 Uhr.

REISEBÜRO – Mehrere Veranstalter bieten Stadtrundfahrten und Touren in die Umgebung an, z.B. ***Cantera Travel,*** ✆ 4/922-9065, im Einkaufszentrum Mercado Gonzales Ortega.

WÄSCHEREI – ***Lavandería Automática***, Padre Mier 1102 Ote, Ecke Antillón, ⌚ Mo–Sa 8–19 Uhr.

Nahverkehrsmittel

STADTBUSSE – In den Straßen von Monterrey drängen sich die Busse, deren Streckennetz auf den ersten Blick völlig rätselhaft erscheint. Die Stadtverwaltung hat versucht, auch Uneingeweihten die Orientierung zu erleichtern, daher befindet sich in jedem Bus ein leicht verständlicher Streckenplan, auf dem jede Haltestelle (Parada) eingetragen ist. Dennoch ist es ein kleines Abenteuer, mit den Stadtbussen zu fahren. Die alten Umweltverschmutzer werden nach und nach durch modernere Busse namens *panorámicos* ersetzt, die auf so praktischen Strecken wie in Nord-Süd-Richtung durch die Innenstadt und zu den Sehenswürdigkeiten nördlich des Zentrums verkehren, z.B. die Buslinien Nr. 1, 17 und 18.

METRO – Das U-Bahnnetz ist zwar beschränkt, bietet aber die beste Transportmöglichkeit innerhalb von Monterrey – zumindest zwischen der Innenstadt und dem Bahnhof sowie Busbahnhof. Die U-Bahn ist sauber und zuverlässig und hat nur zwei Linien: Linie 1 verkehrt oberirdisch über der Colón in Ost-West-Richtung (wer aus dem Busbahnhof kommt, sieht sie sofort); Linie 2 führt unterirdisch vom Nordrand der Stadt zur Macroplaza (an der Haltestelle General I. Zaragoza) und kreuzt sich mit der Linie 1 am U-Bahnhof Cuauhtémoc, der am Busbahnhof liegt. Die Benutzung ist einfach; Fahrkarten gibt es für rund US$0,40 pro Fahrt an den Münzautomaten. Die U-Bahn verkehrt von 5–24 Uhr.

Transport

BUSSE – Die riesige **Central Camionera** liegt nordwestlich der Innenstadt an der Avenida Colón und beherbergt ein Postamt, eine Gepäckaufbewahrung, ⌚ außer Fr 21 Uhr bis Sa

6.30 Uhr rund um die Uhr, sowie ein Einkaufszentrum. Vom Busbahnhof gelangt man zur zentralen Macroplaza, indem man nach links in Richtung U-Bahnhof Cuauhtémoc geht und die Linie 2 nimmt, oder aber mit einem Bus Nr. 1, 7, 17 oder 18 auf der Pino Suárez; günstige Stellen zum Aussteigen sind z.B. die Kreuzungen Ocampo, Zaragoza oder Juárez. Für US$2 oder weniger (feilschen ist an der Tagesordnung) fahren auch Taxis zu beliebigen Zielen innerhalb des Zentrums.

Die Camionera ist in 6 „Salas", d.h. Terminals aufgeteilt, von denen aus Busse in bestimmte Himmelsrichtungen abfahren. Am besten steuert man einfach die erste beste Sala an und fragt sich durch.

Fast zu jeder Tages- und Nachtzeit fahren Busse in alle Himmelsrichtungen, z.B. nach:
CIUDAD VICTORIA stdl. (4 Std.),
GUADALAJARA 12x tgl. (12 Std.),
MATAMOROS stdl. (4 Std.),
MATEHUALA 12x tgl. (4–5 Std.),
MÉXICO D.F. stdl. (12 Std.),
NUEVO LAREDO alle 30 Min. (3 Std.),
PIEDRAS NEGRAS 7x tgl. (5–7 Std.),
REYNOSA alle 30 Min. (3 1/2 Std.),
SALTILLO ständig, (1 Std),
SAN LUIS POTOSÍ 12x tgl. (7 Std.),
TAMPICO 12x tgl. (7–8 Std.).
ZACATECAS stdl. (6 Std.),

Von Monterrey aus kommt man auch gut nach **Texas**: *Transportes del Norte* besitzt einen Direktanschluss an *Greyhound* mit Umsteigen in Nuevo Laredo; *Americanos* fährt direkt durch bis SAN ANTONIO (7 Std., US$28), HOUSTON (10 Std., US$32), DALLAS (12 Std., US$40) und CHICAGO (28 Std., US$120).

Es verkehren aber auch viel billigere Camionetas zwischen Monterrey und Houston. Die Fahrer oder Schlepper sprechen potenzielle Fahrgäste vor dem Busbahnhof an – der Fahrpreis beträgt ungefähr ein Drittel eines *Greyhound*-Tickets, allerdings verfügt mit ziemlicher Sicherheit keines dieser Fahrzeuge über eine Insassenversicherung.

FLÜGE – Der internationale **Aeropuerto Mariano Escobedo,** ✆ 81/345-4432, liegt ca. 6 km nördlich der Stadt und wird von zahlreichen Flügen aus Mexiko und den USA (mit *Continental, Delta* und *Northwest*) bedient. Ins Zentrum gelangt man nur per Taxi; Taxi-Fahrscheine für ca. US$14–17 werden an einem Schalter beim Ausgang verkauft. Es gibt eine ziemlich teure Gepäckaufbewahrung und eine Möglichkeit zum Geldwechseln. Von Monterrey werden mehrmals tgl. MÉXICO D.F., GUADALAJARA und ACAPULCO angeflogen.

Internationale Flüge nach DALLAS, HOUSTON, SAN ANTONIO und CHICAGO.

Fluggesellschaften: *Aeroméxico,* ✆ 8/343-5560, *Aero California,* ✆ 8/345-9700, *American Airlines,* ✆ 8/340-3031, und *Continental Airlines,* ✆ 8/369-0838.

Die Umgebung von Monterrey

Grutas de Garcia

Die *grutas* (Höhlen) liegen abseits der Straße nach Saltillo. Touristisch zu stark ausgebeutet, haben sie etwas von ihrem früheren Reiz verloren. Die Höhlen mit beeindruckenden Stalaktiten und Stalagmiten sind insbesondere am Wochenende ein beliebtes Ausflugsziel. Dann stürmen die Massen die Seilbahn, die für US$5 vom Dorf **Villa Garcia** zu den Höhlen fährt; von der Endstation sind es noch rund 30 Min. zu Fuß. Busse nach Villa Garcia fahren mehrmals tgl. außerhalb der Central Camionera an einer Haltestelle ab, die ungefähr 1 1/2 Häuserblocks in Richtung Bahnhof liegt. Fahrkarten gibt es am Schalter von *Transportes Monterrey-Saltillo* oder im Bus.

Cañon de la Huasteca

Unwirtlicher ist die Gegend weiter südlich im **Parque Nacional Cumbres de Monterrey** um den Cañon de la Huasteca herum, rund 20 km südwestlich von Monterrey. Die halsbrecherisch steil abfallenden Wände der ca. 300 m tiefen Schlucht sind ein beliebtes Terrain für erfahrene Bergsteiger. Mitten in der Schlucht befindet sich der „Öko-Park" **La Huasteca** mit Grillplätzen, Picknickstellen und Badestelle für Kinder. ⏲ tgl. 9–18 Uhr; pro Fahrzeug US$1, Fußgänger US$0,15.

Cascada Cola de Caballo

Viel besucht ist auch der Cascada Cola de Caballo (Pferdeschwanz-Wasserfall), 35 km südlich von

Monterrey. Dieser Ausflug lohnt sich aber nur nach Regengüssen. Man kann Pferde und Esel für einen Ausritt in die Berge des Parque Nacional Cumbres de Monterrey mieten. Dort bieten sich oberhalb des Wasserfalles wunderbare Ausblicke und zahlreiche Wander- und Campingmöglichkeiten. Hin geht es mit einem Bus von *Lineas Amarillas* nach **El Cercado**, dort warten Colectivos auf Fahrgäste zum Wasserfall. An der Cascada werden Kutschfahrten angeboten; außerdem gibt es nette Plätzchen zum Schwimmen. Mit einer entsprechenden Erlaubnis der Parkverwaltung darf man kostenlos ein Zelt aufschlagen.

Wer sich gern einer organisierten Tour zu den Höhlen oder zum Wasserfall anschließen möchte, wendet sich am besten an *Jema*, ✆ 8/373-6350, einen Veranstalter, der preiswerte Tagesausflüge anbietet. Abfahrt an der Ocampo, hinter dem *Gran Hotel Ancira* in Monterrey.

Saltillo

Saltillo, die Hauptstadt der Provinz Coahuila, liegt nur 85 km von Monterrey entfernt, zu erreichen auf der durch die Sierra Madre Oriental führenden Schnellstraße. Die Stadt bietet sich denjenigen an, die dem Großstadtrummel entfliehen möchten. Auf einer Höhe von 1600 m ist es kühl, luftig und ruhig.

Zwei ganz unterschiedliche Plätze zieren die Innenstadt: die **Plaza Acuña**, der Mittelpunkt des Geschehens mit Einkaufsstraßen, dem Markt an der Ecke, vielen kleinen Bars und Cafés rund um den Platz, wo das unruhige Herz der modernen Stadt schlägt, und die alte **Plaza de Armas** – ruhig und beschaulich. Dort steht die majestätische **Kathedrale** aus dem 18. Jh. gegenüber dem **Palacio de Gobierno**, dazwischen der flaggengeschmückte Hof mit dem Springbrunnen in der Mitte. Mit ihrer kunstvoll geschnitzten churrigueresken Fassade, den Torbögen und den beiden hohen Türmen zählt die Kathedrale zu den schönsten Nord-Mexikos.

Im **Instituto Coahuilense de Cultura**, an der Südseite des Platzes, werden oft Wanderausstellungen von Künstlern aus Coahuila gezeigt. 🕓 Di–So 9–19 Uhr, Eintritt frei.

Eines der zahlreichen sehenswerten historischen Gebäude im alten Zentrum ist das sorgfältig restaurierte alte **Ayuntamiento** (Rathaus) an der Aldama, Ecke Hidalgo, nördlich der Plaza de Armas. Die Wände des Innenhofs und das Treppenhaus schmücken Wandgemälde, auf denen die Geschichte der Stadt von prähistorischen Zeiten bis in die 60er Jahre dargestellt ist.

Von der Plaza führt die Calle Victoria ein paar hundert Meter nach Westen, an den größeren Geschäften und Kinos vorbei zur **Alameda**, einem schattigen, von Bäumen gesäumten Park. Dessen Mittelpunkt bildet der **Estanque de la Republica**, ein Teich in den Umrissen der mexikanischen Republik. Der Rasen ist meist von Studenten bevölkert, die ein ruhiges Plätzchen zum Arbeiten suchen. Saltillo besitzt mehrere Sprachenschulen, eine Universität und eine Hochschule für Technik.

Übernachtung

Die meisten der billigen Hotels befinden sich in den Seitenstraßen rund um die Plaza Acuña und sind abends meist voll belegt. Man geht in Richtung Calle Victoria und Kathedrale und kommt an einigen von ihnen vorbei:

Hotel Jardín (oder *de Avila)*, Padre Flores 211, ✆ 844/412-5916, an der Plaza Acuña, unübersehbar, lohnt einen Versuch. ❸

Hotel Bristol, Aldama 405 Pte, ✆ 844/410-4337, mit Kabel-TV. ❸

Urdiñola, Victoria Pte 207, ✆ 844/414-0940. Kolonialatmosphäre: Die breite Treppe, die von der mit Kacheln ausgekleideten offenen Lobby nach oben führt, flankieren Ritterrüstungen, und im tropisch grünen Patio plätschern Springbrunnen. ❺

Saade, Aldama 397, ✆ 844/412-9120, eine weniger ausgefallene Alternative, falls die anderen Hotels ausgebucht sind. ❺

Essen

Die meisten Restaurants in Saltillo schließen ziemlich früh. Es gibt jede Menge billiger Esslokale in der Umgebung des **Mercado Juárez**, der übrigens ein sehr angenehmer Markt ist.

Café Victoria, an der Padre Flores unmittelbar südlich der Plaza Acuña, gutes Frühstück und Comida corrida.

Terazza Romana, am Westende der Victoria, Ecke Alameda, serviert Pastagerichte für rund US$6 und für ein, zwei Dollar mehr leckere Pizzas.

Trigo Limpio, Victoria 670, verkauft Vollkornbrot, tollen Karottenkuchen usw., bestens geeignet als Reiseproviant.
Natura Es, gegenüber, hat guten *frozen yoghurt* ab US$1,50.

Sonstiges

GELD – Banken mit Geldautomaten findet man überall im Stadtzentrum.

EINKAUFEN – Saltillo ist berühmt für seine *sarapes* (Wolldecken). In vielen kleinen Läden kann man (zumindest an Werktagen) den gesamten Herstellungsprozess verfolgen. Der beste ist ***El Sarape de Saltillo,*** Hidalgo 305 Sur, ⌚ Mo–Sa 9–13 und 15–19 Uhr.
Auch wer nur einen billigen Sarape kaufen will, sollte sich hier über Angebot und Preise informieren, denn die herkömmlichen Verfahren werden vielerorts aufgegeben, und viele der auf dem Markt angebotenen knallbunten Sarapes stammen aus der Massenproduktion und sind aus chemischen Fasern hergestellt.

INFORMATIONEN – Die kleine ***Touristeninformation,*** Franciso Coss, Ecke Acuña, ✆ 844/412-5122, ✉ protursa@coah1.telmex.net.mx, befindet sich nur ein paar Querstraßen nördlich des Hauptgeschehens in einem roten Backsteingebäude, ⌚ Mo–Sa 9–18 Uhr. Am Busbahnhof und Bahnhof sowie auf beiden Plazas aufgestellte **Stadtpläne** helfen bei der Orientierung.

INTERNET – ***Cyberbase,*** Padre Flores 159, ⌚ Mo–Sa 8–22.30, So 12–20 Uhr, US$1 pro Std.
Jack Designs, 1. Stock, Victoria 573, in der Innenstadt, ⌚ Mo–Sa 9–22, So 11–22 Uhr, US$1,50/Std.

POST, TELEFON – Im **Postamt** in der Victoria 453 gibt es auch Fernsprechautomaten.

Transport

BUSSE – Der Busbahnhof (**Camionera**) liegt 2 km südwestlich der Stadt im Niemandsland. Es gibt keinen Grund, sich dort länger aufzuhalten. Im Busbahnhof befinden sich ein **Postamt** und viele **Telefonzellen**, aber keine Gepäckaufbewahrung.
In die Innenstadt gelangt man am besten mit einem der Stadtbusse „Centro/Camionera", die vor dem Busbahnhof warten. Wer ins Zentrum möchte, steigt bei der Kathedrale an der Plaza de Armas aus, oder aber ein paar Haltestellen weiter an der Plaza Acuña.
Die direkte Route nach MÉXICO D.F. führt über San Luis und durch Matehuala (hier Abzweig in die Geisterstadt Real de Catorce in den Bergen) und Querétaro. Die Strecke über Zacatecas dauert länger, dafür sieht man mehr von den Kolonialstädten nördlich der Hauptstadt.
Überlandbusse fahren ständig nach:
MONTERREY (ca. 1 1/2 Std.) und
CIUDAD ACUÑA (7 Std.),
GUADALAJARA 13x tgl. (10 Std.),
MATEHUALA 8x tgl. (2 1/2 Std.),
MAZATLÁN 4x tgl. (12 Std.),
MÉXICO D.F. mind. 8x tgl. (12 Std.),
NUEVO LAREDO (4–5 Std.),
PIEDRAS NEGRAS 12x tgl. (7 Std.).

Ciudad Victoria

Die Hauptstadt des Bundesstaates Tamaulipas eignet sich für einen Zwischenstopp. Sie ist nicht hässlich, aber auch nicht besonders interessant, obwohl die nähere Umgebung, darunter auch der künstliche See **Presa Vicente Guerrero**, ein Paradies für Angler darstellt. Wie immer und überall findet sich am Zócalo, der **Plaza Hidalgo**, alles, was die Stadt für Reisende zu bieten hat.

Übernachtung, Essen und Sonstiges

Hotel Colonial, außerhalb vom Busbahnhof nach links, dann die erste Straße rechts, ✆ 834/316-7707, vermutlich das billigste Hotel und bei später Ankunft praktisch, man sollte sich ein ruhiges Zimmer nach hinten geben lassen. ❸
Direkt an der Plaza stehen mehrere Hotels.
Los Monteros, Hidalgo 962, ✆ 834/312-0300, in einem herrlichen Kolonialgebäude untergebracht, die großen Zimmer sind günstiger als man denkt; wahrscheinlich die angenehmste Unterkunft der Stadt. ❹
Hostal de Escandón, Juárez 143, Höhe Hidalgo, ✆ 834/312-9004, bietet saubere Zimmer und Verpflegung (um US$2 pro Mahlzeit). ❹

Hotel Posada Don Diego, Juárez 814 Nte, ✆ 834/312-1279, ganz in der Nähe, ähnlicher Standard und Preise, manche Zimmer sind schöner und geräumiger als andere, aber alle mit TV und ac. ❹

Am Zócalo findet man diverse Lokale, die typisch mexikanisches Essen zu günstigen Preisen servieren – eine große Portion Hühnchen mit Gemüse und Reis kostet um US$4.
Santa Elena, einen Block entfernt an der Juárez, bietet mittags eine Comida für US$2,50.

INTERNET – ***El Portal***, Hidalgo 990, ⌚ tgl. 8–23 Uhr, US$1 pro Std.

Transport

Der **Busbahnhof** mit Gepäckaufbewahrung, ⌚ tgl. 7–22.30 Uhr, liegt ein paar km außerhalb. Ins Zentrum fahren in regelmäßigen Abständen Stadtbusse. Busse nach:
TAMPICO stdl. (3 Std.),
MATAMOROS stdl. (4 Std.),
MONTERREY stdl. (4 Std.),
REYNOSA 9x tgl.(4–5 Std.).

Tampico

Auf der rund 200 km langen Reise gen Südosten von Ciudad Victoria nach Tampico wird die Vegetation zusehends üppiger und tropischer – unmittelbar südlich von Ciudad Victoria verläuft der Wendekreis des Krebses – und der Río Panuco bildet die Grenzlinie zum feuchtheißen Bundesstaat Veracruz. Tampico hat viel von einer tropischen Hafenstadt. Als Mexiko unter der Herrschaft der spanischen Krone stand, war Tampico ein Schatzhafen und somit zahlreichen Piratenüberfällen ausgesetzt. 1684 wurde die Stadt völlig zerstört. 1823 begann man schließlich mit dem Wiederaufbau. 1828 landeten während des kurzlebigen, erfolglosen Versuchs der Spanier, ihr Königreich in der Neuen Welt wiederzugewinnen, spanische Truppen in Tampico. Als hier 1901 Erdöl gefunden wurde, gelangte Tampico als damals größter Ölhafen zu Berühmtheit.

Den Mittelpunkt der gitterförmig angelegten Innenstadt bildet die **Plaza de Armas**, umgeben von Regierungsgebäuden, der Kathedrale (in den 30er Jahren mit einem Geldgeschenk des nordamerikanischen Ölmagnaten Edward Doheny erbaut) und teuren Hotels. Knapp 100 m südöstlich befindet sich die geräuschvolle **Plaza de la Libertad**, auf deren Musiktribüne fast jeden Abend eine Band spielt.

Einen Besuch lohnt die **Casa de la Cultura**, untergebracht im ehemaligen Schlachthof der Stadt. Das Gebäude beherbergt eine archäologische Ausstellung und eine Gemäldegalerie; im Obergeschoss ist ein Großteil des Stadtarchivs untergebracht. Die Casa liegt etwas weiter ab, an der Stelle, wo die Altamira in die Hidalgo übergeht. Am besten nimmt man den Bus mit der Aufschrift „Águila", der an der Plaza abfährt (US$0,40). Zurück ins Zentrum geht man einfach eine Querstraße nach Osten bis zur Hidalgo und nimmt dort einen der zahlreichen Busse, die Richtung Innenstadt fahren.

Der immer noch größte Hafen Mexikos sorgt für eine turbulente, manchmal auch bedrohliche Atmosphäre. Gleichzeitig ist Tampico eine wohlhabende, auf den Erdölwellen schwimmende Boomtown mit Hochhäusern. Die Gelder flossen mit dem Bau der Raffinerie an der Mündung des Río Panuco. Auffallend sind die Kontraste zwischen den säuberlich angelegten Vororten mit ihren Supermärkten auf der einen Seite (v.a. in Ciudad Madero, Tampicos aufstrebender Zwillingsstadt, 7 km weiter nördlich) und den heruntergekommenen Hafenvierteln auf der anderen.

Wer die Huasteken-Fundstücke im ausgezeichneten **Museo de la Cultura Huasteca**, untergebracht im Tecnológico Madero in Cd. Madero, sehen möchte, ⌚ Mo–Fr 10–17, Sa 10–15 Uhr, Eintritt frei, kann an der Lopez de Lara, 3 Blocks östlich der Plaza de Armas in Tampico, einen Bus nehmen.

Übernachtung

An Hotels herrscht kein Mangel, aber die meisten sind entweder ziemlich teuer oder arg heruntergekommen.
Hotel La Central, Rosalio Bustamante 224, ✆ 833/217-0388, gegenüber vom Busbahnhof, empfiehlt sich für Neuankömmlinge, die keine Lust haben, sich mit Sack und Pack auf Hotelsuche ins Zentrum zu begeben. Ausgezeichnetes Preis-Leistungs-Verhältnis. ❸
Hotel Santa Helena, Rosalio Bustamante 303, ✆/📠 833/213-3507, gegenüber dem Busbahnhof,

eine (wenn auch nicht ganz den Preis werte) Alternative; Zimmer mit ac und TV; gutes, teures Restaurant. ❹

Viele der Billighotels im Zentrum beim Hafen, Bahnhof und Markt sind Stundenhotels.

Capri, Juárez Nte 202, ✆/℻ 833/212-2680, 4 Querstraßen nördlich der Plaza, eines der günstigeren akzeptablen Hotels mit kleinen, aber hellen Zimmern; gutes Preis-Leistungs-Verhältnis. ❸

Posada del Rey, Madero Ote 218, ✆ 833/214-1024, ℻ 212-1077, an der Plaza de la Libertad, komfortable Unterkunft, ein wenig teurer, aber besser als das *Capri*. ❺

Impala, Diaz Mirón, ✆ 833/212-0990, ein älteres Hotel, das sich seit seiner Renovierung makellos sauber und elegant präsentiert. ❺

Regis, Madero 605 Ote, ✆ 833/212-0290, 5 Gehminuten vom Zócalo, schlichte, saubere Zimmer mit hohen Decken und Teppichboden, sollte aber nicht die erste Wahl sein. ❹

Best Western Inglaterra, Diaz Miron 116, ✆ 833/219-2857, 🖳 www.bestwestern.com, ist die luxuriöseste Unterkunft am Ort, unweit des Zócalo; Restaurant und kleiner Pool. ❼

Gran Hotel Sevilla, in der südwestlichen Ecke der Plaza de Armas, ✆ 833/214-3833, ✉ recepcion@granhotelsevilla.com.mx, fast ebenso schick, aber günstiger; einige der Zimmer mit Holzboden bieten einen tollen Blick auf die Plaza. ❻

Essen

Comedor Silvina y Lorena, gegenüber dem Busbahnhof, ein schlichtes, hervorragendes Esslokal, serviert 24 Std. unschlagbare Comidas.

Zum Stadtmarkt, eine Straße südlich der Plaza de la Libertad, gehören zahlreiche ausgezeichnete Essenstände, z.B.

Cafe y Neveria Elite, Diaz Miron 211 Ote, eine stille Oase inmitten der lauten Stadt; gute mexikanisch Küche.

Super Cream „La Parroquía", Olmos 301, ist ein weiteres Imbisslokal und eine Institution in Tampico mit ausgezeichneten Gerichten.

Naturaleza, Altamira 412 Ote, Frühstücksbuffett und Tagesmenü, ⏲ 8–20.30 Uhr; der große Naturkostladen nebenan gehört dazu.

La Troya, im *Hotel Posada de Rey*, aufgrund seiner Lage der schönste Ort zum Speisen: tolle Veranda mit Blick über die Plaza de la Libertad, überwiegend spanische Küche und Fisch, Happy Hour 18–20 Uhr.

Sonstiges

GELD – Banken befinden sich an der Plaza de Armas sowie im Zentrum.

HONORARKONSULAT – **Deutschland:** zuständig für **Tamaulipas**: c/o Agencia Naviera de México, S.A. de C.V., 2 de Enero 102-A Sur, 89000 Tampico, ✆ 833/212-9817, 212-9784, ℻ 214-1147

INFORMATIONEN – Die ***Touristeninformation***, Díaz Miron 203, gegenüber vom *Hotel Impala*, ✆ 833/212-2668, 🖳 www.tamaulipas.gob.mx, bietet wenig mehr als einen Stadtplan und eine Broschüre über Tampico. ⏲ Mo–Sa 8–19 Uhr.

INTERNET – Zahlreiche Cybercafés säumen die 20 de Noviembre in der Nähe der Plaza, besonders im Umkreis der Kreuzung mit der Carranza. Z.B. ***SCACT***, 20 de Noviembre 108, ⏲ tgl. 7–23 Uhr und ***Club Mita Net***, Carranza 106, ⏲ tgl. 8–21 Uhr; beide verlangen US$1 pro Std.

POST – Im Obergeschoss des *Correos*-Gebäudes am Nordrand der Plaza de la Libertad.

Transport

Der Busbahnhof mit Gepäckaufbewahrung (⏲ 6–24 Uhr) liegt in einer unfreundlichen Gegend ca. 10 km nördlich der Stadt. Die Zeit bis zur Abfahrt lässt sich auf den Sofas in der Wartehalle überbrücken.

Busse, Colectivos oder Sammeltaxis (alle US$0,40) fahren ins Zentrum. Zum Busbahnhof fahren Busse ab der Plaza de la Libertad, Olmos, Ecke Carranza. Busse nach:

CIUDAD VICTORIA stdl. (3 Std.),
MATAMOROS stdl. (7–8 Std.),
MÉXICO D.F. alle 1–2 Std. (8 Std.),
MONTERREY 12x tgl. (7–8 Std.),
NUEVO LAREDO 2x tgl. (10 Std.),
SAN LUIS POTOSI 11x tgl. (7 Std.),
VERACRUZ 8x tgl. (9 Std.).

Jalisco und Michoacán

Highlights

- In **Guadalajara**, der mexikanischsten aller mexikanischen Städte und Hauptstadt des Bundesstaates Jalisco die beste Mariachi-Musik der Welt hören.
- Ein Besuch in einer Schnapsbrennerei in **Tequila** und darüber hinaus natürlich eine Verkostung des berühmten Getränkes in einem der Cafés an der städtischen Plaza.
- Die Besteigung des noch immer aktiven Vulkans **Paricutín** ist ein unvergessliches Erlebnis.
- In kaum einer anderen Stadt Mexikos wird der Tag der Toten (Allerseelen) so hingebungsvoll begangen wie in **Pátzcuaro**.
- In den Cafés an der Plaza von **Morelia** kann man sich bei *dulces* und Wein von klassischer Musik bezaubern lassen.
- Dichte Wolken farbenprächtiger Monarchschmetterlinge bevölkern das Naturschutzgebiet **El Rosario**.

Durch die schroffen Gipfel der Sierra Madre vom kolonialen Herzstück des Landes getrennt, führen die semitropischen Bundesstaaten Jalisco und Michoacán ein beschauliches Eigenleben. Die Landschaft ist mit fruchtbarem Boden gesegnet und vielfältig wie kaum eine andere Gegend Mexikos. Von kühlen Kiefernwäldern über grüne Weiden bis zu tropischen Wäldern ist alles vorhanden. Beide Staaten reichen bis an die Küste; die Badeorte werden im Kapitel „Die Pazifikstrände um Acapulco", s.S. 452, behandelt.

Bis weit ins 18. Jh. hinein blieb die Region sich mehr oder weniger selbst überlassen. In den Hochtälern von Michoacán und Jalisco entwickelten sich daher eigene Traditionen und eine solide, auf Landwirtschaft und Handwerk basierende Ökonomie. In der Gegend wird sehr viel produziert: von Avocados bis zu Tequila, von Glaswaren bis zu Gitarren. Die relative Abgeschiedenheit begünstigte auch den Konservatismus: In den Jahren nach der Revolution fand die konterrevolutionäre katholische Guerillabewegung der Cristeros hier ihren größten Rückhalt.

Man findet sehenswerte Relikte der Kolonialzeit, insbesondere in den Städten **Morelia** und **Pátzcuaro**. In Pátzcuaro fällt zuerst die majestätische Landschaft und die reiche indianische Tradition auf. Die lebendige indigene Kultur entschädigt dabei für die spärlichen Überreste aus vorspanischer Zeit, wenn auch die Ruinen von **Tzintzuntzán** am Lago de Pátzcuaro sehr beeindruckend sind. Die zahlreichen hier gefeierten Fiestas zählen zu den schönsten Mexikos.

Jalisco und Michoacán sind leicht zu bereisen und frei von Großstadtstress. Hier, im Ursprungsland der Mariachis und des Tequila, kann man Wochen bleiben, ohne annähernd alles gesehen zu haben.

Transport

Dieses relativ dicht besiedelte Gebiet bedienen Tausende von Regional- und Überlandbussen; Letztere laufen alle größeren Städte an, sind aber manchmal *de paso*-Busse, in denen nicht immer ein Platz erhältlich ist.

Den schnellsten und zuverlässigsten Service bieten i.A. *Omnibus de Mexico* und *Tres Estrellas de Oro,* doch die 1. Klasse-Gesellschaften unterscheiden sich kaum voneinander. *Flecha Amarilla* verkehrt auf zahlreichen Lokalstrecken und ist recht ordentlich; *Estrella Blanca* ist zwar besser, unterhält jedoch weniger Busse. Zwischen den Großstädten gibt es gute Flugverbindungen.

Guadalajara

Guadalajara ist nicht nur die Hauptstadt, sondern auch die Hauptattraktion von Jalisco. Wer diese Gegend besucht, verbringt unweigerlich viel Zeit in der Stadt, denn hier kreuzen sich alle Transportwege – die Straßen vom Nordwesten her mit den nach México D.F. und zum zentralen Hochland führenden Verkehrswegen. Das Klima ist meist angenehm warm, auch wenn die Beschreibung von Guadalajara als „Stadt des ewigen Frühlings" etwas weit hergeholt ist und die extremste Phase der Trockenzeit im Mai glühendheiße Temperaturen mit sich bringt. Guadalajara liegt ungefähr auf dem gleichen Breitengrad wie Mumbai, jedoch deutlich höher, auf rund 1600 m.

Es heißt, Guadalajara sei die „mexikanischste" aller mexikanischen Großstädte – ein relativ ruhiges, konservatives Handelszentrum ohne die industriellen Auswüchse von Monterrey oder das Chaos von México D.F. Die Stadt ist gleichwohl groß, laut, pulsierend und wächst und wächst. Verglichen mit anderen mexikanischen Großstädten ist Guadalajara jedoch sauberer, grüner und freundlicher.

Geschichte

Die Gründung Guadalajaras unmittelbar nach der Konquista geht auf den blutigen Eroberungsfeldzug von Nuño de Guzmán zurück. Dessen legendäre Grausamkeit und Korruptheit wurde später sogar den spanischen Autoritäten zu viel – er starb im Gefängnis von Madrid. Die nach seinem spanischen Geburtsort benannte Stadt Guadalajara erhielt 1542 von Karl V. die Stadtrechte und entwickelte sich schnell zu einer der „spanischsten" Städte Mexikos – teilweise deshalb, weil während der Eroberung ein Großteil der indianischen Bevölkerung ermordet wurde und die wenigen Überlebenden die Flucht ergriffen.

Da Guadalajara abseits der großen Bergbauindustrie des Bajío lag, entwickelte sich der Ort zum Handels- und Landwirtschaftszentrum der Region. Die strengen Kolonialgesetze verhinderten eine

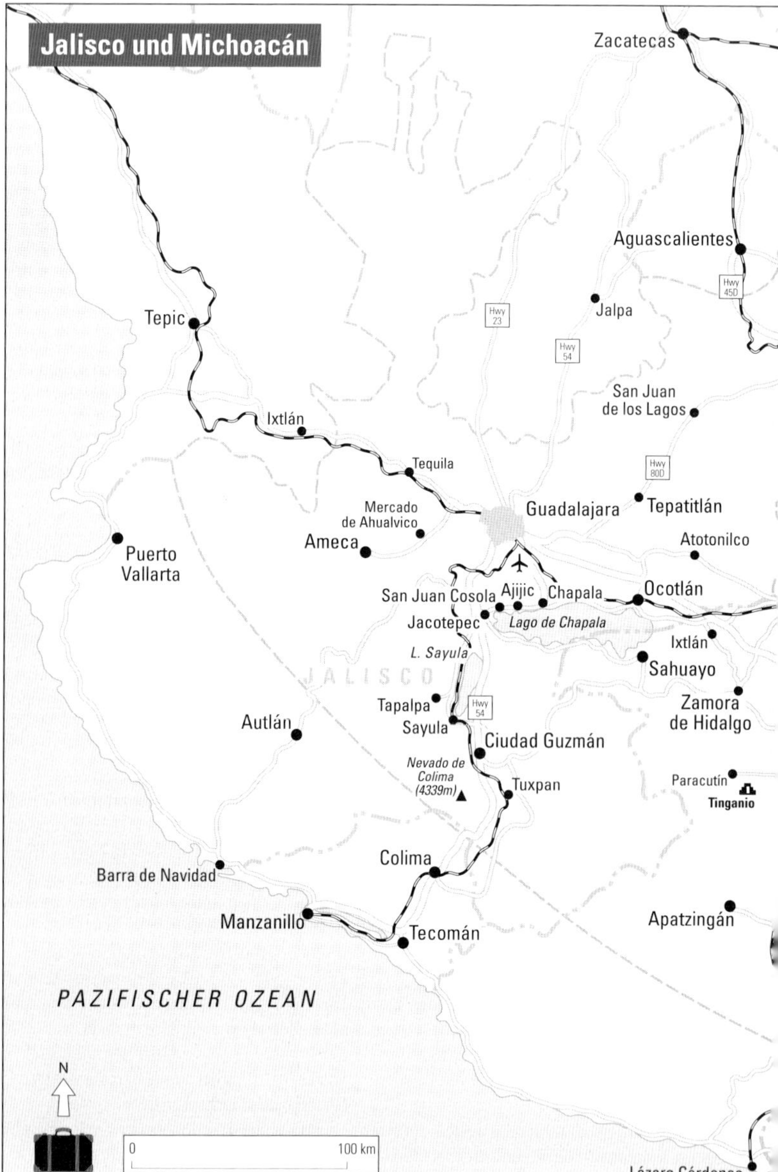

Jalisco und Michoacán
Zacatecas
Aguascalientes
Hwy 45D
Jalpa
Hwy 23
Hwy 54
Tepic
San Juan de los Lagos
Ixtlán
Tequila
Hwy 80D
Mercado de Ahualvico
Guadalajara
Tepatitlán
Puerto Vallarta
Ameca
Atotonilco
San Juan Cosola
Ajijic
Chapala
Ocotlán
Jacotepec
Lago de Chapala
Ixtlán
L. Sayula
JALISCO
Sahuayo
Tapalpa
Hwy 54
Zamora de Hidalgo
Autlán
Sayula
Ciudad Guzmán
Nevado de Colima (4339m)
Tuxpan
Paracutín
Tinganio
Colima
Barra de Navidad
Manzanillo
Tecomán
Apatzingán
PAZIFISCHER OZEAN
N
0
100 km
Lázaro Cárdenas

Ciudad Mante
San Luis Potosí
Cárdenas
Ciudad Valles
Lagos de Moreno
León
Guanajuato
San Francisco del Rincón
Silao
San Miguel de Allende
Hwy 57
Irapuato
Salamanca
Querétaro
Hwy 37
Tequisquiapan
Celaya
San Juan del Río
La Piedad
Hwy 43
Moroleón
Salvatierra
Pachuca
Tula
Acámbaro
L. Cuitzeo
Hwy 15D
Zinapécuaro
Inuatzio
Paracho
Morelia
Ciudad Hidalgo
Lago de Pátzcuaro
Quiroga
Angangueo
MÉXICO D.F.
Tzintzuntzán
Uruapan
Pátzcuaro
Zitácuaro
Toluca
Santa Clara del Cobre
Tacámbaro
Hwy 37
Valle de Bravo
Nevado de Toluca (4577m)
MICHOACÁN
Hwy 120
Cuernavaca
Presa del Infiernillo
Taxco
Iguala

Die lebendige indigene Tradition in Jalisco und Michoacán zeigt sich besonders während der Fiestas. Die nachstehende Auflistung ist nicht vollständig; nähere Informationen erteilen die örtlichen Touristeninformationsbüros.

1.1.: **Año Nuevo** (Neujahrstag). In *Uruapan* und *Pátzcuaro* wird das neue Jahr mit dem Tanz der *Viejitos* gefeiert.
2.1.: **Año Nuevo Purépecho** (Neujahrstag der Purépecha). Indianische Feierlichkeiten in verschiedenen Gemeinden der *Purépecha* (Mich.).
6.1.: **Día de los Santos Reyes** (Dreikönigstag). Viele kleine Feierlichkeiten. In *Los Reyes* (Michoacán), südlich von Zamora und westlich von Uruapán, Tanz und eine Prozession der Magi-Indianer. Traditionelle Tänze in *Cajititlán* an einem kleinen See nahe Guadalajara.
8.1.: In *San Juan de las Colchas* (Mich.) wird der Jahrestag des **Ausbruchs des Paricutín** begangen: Tanzvorführungen in alten Kostümen. Viele der damals heimatlos gewordenen Dorfbewohner sind nach San Juan in der Nähe von Uruapán ausgewichen.
15.1.: *La Piedad* (Mich.) feiert mit Tanz und einer großen Prozession den **Tag der Namensheiligen.**
20.1.: **Día de San Sebastian**. Alte Tänze, v.a. der einzigartige *Danza de los Chayacates* im hübschen Ort *Tuxpán* zwischen *Ciudad Guzmán* und *Colima.* Beginn der **Massenwallfahrten** nach *San Juan de los Lagos;* wichtigster Tag ist der 2. Februar. Im Rahmen des Monarch-Schmetterlings-Festival finden in der Region *Zitácuaro* den ganzen Monat über diverse Veranstaltungen statt.

1.2.: *Tzintzuntzán* ist der Auftakt zu einer wochenlangen **Fiesta**, die zum ersten Mal im 16. Jahrhundert unter Vasco de Quiroga gefeiert wurde.
2.2.: **Día de la Candelaria** (Lichtmess). Umzüge in *Lagos de Moreno* und noch schönere und längere im nahe gelegenen *San Juan de los Lagos.* **Karneval** ist besonders bunt in *Zinapecuaro* nahe Morelia: Männer in Stierkostümen jagen Leute in den Straßen. Ähnliche Stierkämpfe in *Copandaro,* ebenfalls in der Nähe von Morelia am Lago de Cuitzeo; außerdem Rodeos und Marathon-Tänze. In *Charapán* bei Uruapán werden die Tänze der *Los Viejitos* aufgeführt. Am Sonntag finden in *Yuriria,* zwischen *Celaya* und *Morelia* Stierkämpfe, Umzüge und Tänze statt. Höhepunkt des Treibens ist überall Karnevalsdienstag.

17.–21.3.: **Festival Internacional de Guitarra** (Internationales Gitarrenfestival). In *Morelia* treffen sich Musiker aus aller Welt.

März/April: Am **Palmsonntag** (Sonntag vor Ostern) Höhepunkt der einwöchigen Feierlichkeiten in *Uruapán.* Die Indianer stellen aus Palmblätter Verzierungen her, die hier auf einem großen Tianguis verkauft werden. In der **Karwoche** finden Feierlichkeiten im ganzen Land statt. In *Copandaro* findet am **Gründonnerstag** die zeremonielle Fußwaschung der Apostel statt, und am Karfreitag werden Szenen aus der Leidensgeschichte Christi dargestellt. In *Ciudad Hidalgo* gibt es eine Prozession, Passionsspiele gibt es in *Tzintzuntzán* und in dem Weiler Maya bei *Lagos de Moreno.*

3.5.: **Día de la Santa Cruz** wird mit Mariachis und Tequila in *Tequila* und mit indianischen Tänzen in *Ciudad Hidalgo* (Mich.) sowie *Anguangueo* (Mich.) gefeiert. **Fronleichnam** (Donnerstag nach Trinitatis) wird feierlich begangen in den umliegenden Dörfern *Cheran* und *Paracho* in Michoacán.
Letzter Sonntag im Mai: **Día del Señor de la Misericordia**, hochverehrt in *Tuxpan,* indianische Tänze. Jährlich im Mai feiert *Morelia* mit der **Expo Feria Michoacán** die Künste und das Kunsthandwerk der Region.

24.6.: **Día de San Juan**. In *Purepero* zwischen Uruapán und La Piedad beginnt eine einwöchige Fiesta.
29.6.: **Día de San Pedro**. In *Tlaquepaque* ein lustiges Fest mit Mariachis, Tanz und Umzügen.
Juli: Am ersten Sonntag finden **Fackelumzüge** in *Quiroga* statt.

22.7.: **Día de Maria Magdalena**; Fiesta in *Uruapán* mit Tierprozessionen.
26.7.: Höhepunkt der einwöchigen **Feria** von *Acatlán de Juárez,* südlich von Guadalajara, mit Kostümen, Tanz und Feuerwerk.
28.7.: **Fiestas del Señor del Calvario** in *Lagos de Moreno,* die bis zum 6. August andauern.

4.–7.8.: **Feria del Mueble Rústico y Textil Bordado**. Verkaufsschau rustikaler Möbel und bestickter Textilien in *Pichataro* nahe Uruapán.
8.8.: **Fiesta** mit präkolumbianischer Tradition in *Paracho* (Mich.); gleichzeitig findet die nationale **Gitarrenmesse** statt (2.–10.).
9.–17.8.: Die **Feria Nacional del Cobre** (Nationale Kupfermesse) in *Santa Clara del Cobre* (Mich.) bei Pátzcuaro überschneidet sich mit dem **Día de la Asunción** (Mariä Himmelfahrt) am 15. August.

8.–22.9.: **Fest** in *San Juan de las Colchas,* Höhepunkt ist der 14. September.
30.9.: **Gedenkfeiern** anlässlich des Geburtstages von Morelos in *Morelia.*

Okt: Die **Fiesta de Octubre von Guadalajara** erstreckt sich über den ganzen Monat.
3.10.: **Día de San Francisco de Asis** wird in *Jiquilpa,* zwischen Zamora und Lago de Chapala, begangen. Große Pilgerzüge in *Uruapán;* hier ist es eines der wichtigsten des Jahres.
4.10.: **Día de San Francisco**. Höhepunkt einer Wallfahrtswoche nach *Talpa* bei Guadalajara. Die Gläubigen bringen Blumen und Kerzen. In *Nochistlán,* zwischen Aguascalientes und Guadalajara, beginnt eine **Feria**, die bis zum Monatsende dauert.
12.10.: **Día de la Raza**, an diesem Tag „entdeckte" Kolumbus Amerika – Feria in *Guadalajara,* wo die Fiesta mit einem großen Pilgerzug zur *Virgen de Zapopan* endet und Feria in *Uruapán.*
16.10.: Indianische Tänze und nächtliche Prozessionen für eine besonders hoch verehrte Christusfigur gibt's in *Cuitzeo* am Lago de Cuitzeo nördlich von Morelia.
17.–18.10.: **Festival de la Raza Purépecha** in *Zacán* auf der Purépecha-Hochebene.
21.10.: Der **Día de San José** in *Ciudad Guzmán* ist der Höhepunkt einer Fería, Dauer: 12.–23.
22.10.: **Fiesta** mit Tanzwettbewerben und Rodeos anlässlich der Verabschiedung der Verfassung von 1814 in *Apatzingan,* in der Gebirgslandschaft südlich von Uruapán gelegen.
24.–26.10.: **El Festival de Coros y Danzas** in *Uruapán.* Ein Wettstreit zwischen Sängern und Tänzern der Tarasken. Am letzten Sonntag im Oktober werden alte Tänze anlässlich des **Día de Cristo Rey** in *Contepec,* östlich von Morelia, vorgeführt. Auch Prozessionen und Kostüme.

2.11.: **Día de los Muertos** (Allerseelen) wird überall begangen. Im ganzen Land berühmt sind die Feierlichkeiten von *Pátzcuaro* und auf der Insel *Janitzio,* wie auch sehr malerisch in *Zitacuaro.*
15.–30.11.: **Ankunft der Monarch-Schmetterlinge** im Osten von *Michoacán.*
17.–24.11.: **Internationales Musikfestival** in *Morelia* mit Konzerten, Opern, Vorträgen und Diskussionen.

8.12.: **Día de la Inmaculada Concepción**, Höhepunkt einer Fería in *San Juan de los Lagos,* die Tausende von Besuchern anlockt und zu der ein riesiger Kunstgewerbemarkt stattfindet. In *Sayula,* zwischen Guadalajara und Ciudad Guzmán, finden äußerst sehenswerte Auftritte indianischer Tänzer statt. Natürlich sind die Festveranstaltungen in *Tequila* weltlicherer Natur – Rodeos, Hahnenkämpfe und Feuerwerke. *Tapalpa* zieht Pilger aus der weiteren und näheren Umgebung an. Vor der Kirche werden typische Tänze aus der Gegend vorgeführt. Am selben Tag feiert *Pátzcuaro* (Mich.) den Tag der *Señora de la Salud,* zu dem sich taraskenische Pilger einfinden und wo ihre Tänze, einschließlich *Los Viejitos,* vorgeführt werden.
12.12.: **Día de la Virgen de Guadalupe** wird mit einer großen Fiesta in *Jiquilpán* (Mich.), Feuerwerk und einer Fackelprozession in den mexikanischen Farben begangen.
25.12.:In *Aranza,* einem Dorf bei Paracho, führt man am **Weihnachtstag** Krippenspiele auf. In *Tuxpan* wird mit Tänzen und Prozession gefeiert.

Weiterentwicklung der Stadt, und erst als gegen Ende des 18. Jhs. die kolonialen Monopolbestimmungen ins Wanken gerieten, änderten sich die Dinge. Zwischen 1760 und 1803 verdreifachte sich die Einwohnerzahl bis auf ca. 35 000. Die Stadt wurde ein wichtiger Exporteur von Weizen, Leder, Baumwolle und Holz und bekam eine Universität.

Beim Zerfall des spanischen Weltreiches wurde Hidalgos Unabhängigkeitsbewegung von Guadalajara unterstützt. Nach dem endgültigen Bruch Mexikos mit Spanien fungierte die Stadt kurzzeitig als Kapitale der Nation.

Schon zu Beginn des 20. Jhs. war sie die zweitgrößte Stadt der Republik, und als in den 20er Jahren die Eisenbahnverbindung mit Kalifornien fertig gestellt war, stand dem Fortschritt nichts mehr im Wege. Einer der bekanntesten revolutionären Künstler Mexikos, der Maler José Clemente Orozco, lebte hier, seine weltberühmten Wandgemälde schmücken viele öffentlichen Gebäude der Stadt. Ein Stadtrundgang beginnt unweigerlich an der Kathedrale, die zusammen mit dem Sagrario (der Sakristei) einen ganzen Häuserblock mitten im Herzen des kolonialen Zentrums einnimmt und von vier Plazas in der Form eines Kreuzes begrenzt wird. Nach Osten hin strömen die Menschen zur Plaza Tapatía, den modernen Kaufhäusern und weiter zum alten Markt. Nicht weniger Zulauf herrscht in den alten Einkaufsstraßen im Westen.

Rund um die Kathedrale

Mittelpunkt der Stadt ist die **Kathedrale** mit ihren beiden Türmen, eine bizarre Mischung verschiedenster Baustile. Mit den Bauarbeiten wurde 1561 begonnen, bis zur Fertigstellung verging jedoch mehr als ein Jahrhundert. Seither wurden immer wieder Veränderungen vorgenommen: eine neoklassizistische Fassade kam hinzu, die Türme fielen 1818 einem Erdbeben zum Opfer und wurden erneuert, und heute ist von der ursprünglichen Architektur kaum etwas übrig. ⏲ tgl. 8–20 Uhr, Eintritt frei. Das Innere der Kathedrale kommt abends, im Schein der hohen Leuchter, am besten zur Geltung. Das Bildnis der Jungfrau Maria in der Sakristei wird übrigens dem spanischen Renaissancekünstler **Murillo** zugeschrieben.

Gegenüber dem westlichen Haupteingang öffnet sich die **Plaza de los Laureles** mit Lorbeerbäumen und einem Springbrunnen auf die Calle Pedro Loza. Nördlich der Kathedrale liegt die **Presidencia Municipal**. Daneben, im Zentrum einer anderen Plaza, befindet sich die **Rotunda de los Jaliscienses Ilustres**. Die neoklassizistische Anlage mit ihren siebzehn dorischen Säulen wurde zum Gedenken an die Märtyrer und Nationalhelden von Jalisco errichtet. Um die Kathedrale sieht man eine Menge eleganter **Pferdekutschen** *(calandrias)*, die regelmäßig vor dem Museo Regional, dem Mercado de San Juan de Dios und dem Jardín de San Francisco abfahren. Die meisten Kutscher sind kenntnisreiche (und unterhaltsame) Stadtführer und verlangen ca. US$12 für eine 30-minütige bzw. US$20 für eine 90-minütige Rundfahrt.

Museo Regional

Auf der anderen Seite dieser Plaza liegt das **Museo Regional / Museo del Estado**. Es ist in einem Kolonialgebäude des 18. Jhs. untergebracht, das anfänglich als Priesterseminar, später als Kaserne und dann als Schule diente. Zu sehen ist eine umfassende Sammlung verschiedenster Ausstellungsstücke. ⏲ Di–Sa 9–18, So 9–15 Uhr, Eintritt US$3,60.

Im **Erdgeschoss** sind die archäologischen Funde der Umgebung ausgestellt; von Steinwerkzeugen und dem Skelett eines Mammuts bis hin zu erlesenen westmexikanischen Kostbarkeiten aus Ton und Edelmetall. Die Völker West-Mexikos entwickelten sich ganz unabhängig von denen in Süd- und Zentral-Mexiko. Alles spricht dafür, dass sie mehr Kontakt mit Süd- und Zentralamerika als mit der Bevölkerung jenes Landes hatten, das wir heute als Mexiko bezeichnen. Man hat hier z.B. tiefe Schachtgräber gefunden (und im Museum ausgestellt), wie sie entlang der Pazifikküste über Ecuador bis hinunter nach Peru üblich waren. Das spätere Königreich der Tarasken um Pátzcuaro, s.S. 260, erreichte beinahe die Größe des Aztekenreiches. Aufgrund ihrer Fertigkeiten auf dem Gebiet der Metallverarbeitung waren die Tarasken den Azteken sogar voraus. Sicher ist, dass die Azteken bei dem Versuch scheiterten, ihre Macht über das Gebiet der Tarasken auszudehnen. Nach der Zerstörung Tenochtitláns durch Cortés und seine Männer unterwarfen sich die Tarasken den Konquistadoren.

Im **Obergeschoss** gibt es neben Ausstellungen über die jüngste Geschichte des Landes und das heutige Leben der indianischen Ureinwohner eine umfangreiche Galerie kolonialer und moderner Malerei. Besondere Beachtung verdient die Porträtsammlung aus dem 19. Jh. Der landesweiten Tradition folgend wurden Bürger in hinreißend naiven Posen festgehalten – heutzutage wären dies Schnappschüsse aus dem Familienalbum.

José Clemente Orozco

José C. Orozco (1883–1949) war zusammen mit Diego Rivera und David Siqueiros einer der drei brillanten Kunstmaler, die aus der Revolution hervorgingen und der Malerei des Landes eine machtvolle, volksnahe politische Aussagekraft verliehen: Sie schufen die *murales*, die riesigen Wandgemälde. Das Leitmotiv war Staat und Gesellschaft – daher die weite Verbreitung in öffentlichen Gebäuden. Ihr Ziel war es, eine nationale Malerei basierend auf einheimischen Traditionen hervorzubringen.
Fast alle Gemälde sind bewusst pädagogischer Natur und Wiederentdeckungen der mexikanischen Geschichte im Licht der Revolution – eine Entlarvung der Imperialisten als gemeine Schurken und mit starkem Gewicht auf vorspanischer Historie.
Orozco, ein gebürtiger Jaliscoer (sein Geburtsort ist Zapotlan, heute Ciudad Guzmán), war vielleicht unter den drei berühmten Muralisten derjenige, der am wenigsten politisch eindeutig malte. Seine letzten Werke, von denen das beste in Guadalajara zu sehen ist, drücken eine gewisse Ambiguität aus. Als Kind zog er nach Guadalajara und später nach México D.F., wo er den berühmten Grafiker **José Guadalupe Posada**, s.S. 301, kennen lernte, der seinen Stil beeinflusste. Den Großteil seiner frühen Arbeiten findet man in der Landeshauptstadt, wo er von 1922–27 Wandgemälde erstellte. Es folgten sieben Jahre Aufenthalt in den USA, doch erst nach seiner Rückkehr, Ende der 30er und in den 40er Jahren, entfaltete er seine ganzen künstlerischen Fähigkeiten, insbesondere in seinen Arbeiten im Hospicio Cabañas und in der Universität von Guadalajara.

Palacio de Gobierno

Südlich der Kathedrale liegt die **Plaza de Armas**. Donnerstag- und Sonntagabend präsentiert sich in einem Pavillon die Staatskapelle. Die Ostseite des Platzes wird von der barocken Fassade des **Palacio de Gobierno** beherrscht. Hier hat Padre Miguel Hidalgo y Costilla (der „Vater der mexikanischen Unabhängigkeitsbewegung") 1810 das Ende der Sklaverei verkündet. Und hier rettete sich 1858 Benito Juárez mit dem Ausruf: „Los valientes no asesinan" („die Mutigen morden nicht") vor der Exekution. Ein wichtigerer Grund jedoch, den arkadenbestandenen Innenhof zu besuchen, sind die großen **Wandgemälde** im Aufgang und in der Sala del Congreso, beide von Orozco.

Das Wandgemälde im Aufgang ist typisch in seiner Art: Ein triumphierender Hidalgo schwingt sein Schwert vor einem Hintergrund aus roten Fahnen und Kanonenfeuern, umrahmt von Darstellungen des mexikanischen Volkes im Kampf gegen Unterdrückung und für die Freiheit, von einem präkolumbianischen Garten Eden bis zur nachrevolutionären Emanzipation. Ein weiteres, kleineres Wandgemälde von Orozco, das die Abschaffung der Sklaverei zum Thema hat, ist im Kongressraum zu besichtigen, natürlich nur, wenn der Kongress nicht tagt. ◷ tgl. 9–17 Uhr, Eintritt frei.

Plaza de la Liberación

Der vierte und größte Platz, die Plaza de la Liberación, erstreckt sich zwischen dem **Teatro Degollado** und der Rückseite der Kathedrale. Das neoklassizistische Theater mit seiner hohen Kuppel wurde Mitte des 19. Jhs. erbaut und während der kurzen Regierungszeit von Maximilian eingeweiht. Die korinthische Eingangshalle schmückt ein Fresko, auf dem die Musen dargestellt sind. Im Theater werden Schauspiele, Konzerte (meistens im Oktober während der Fiesta) und jeden Sonntagmorgen Ballettaufführungen gezeigt. Das jeweilige Programm ist am Eingang nachzulesen. Im liebevoll restaurierten Inneren zeigt ein Deckengemälde Szenen aus Dantes *Göttliche Komödie*. ◷ tgl. 13–15 Uhr, Besichtigung kostenlos, die Karten für Vorstellungen variieren im Preis.

Die Kirchen **Santa María** und **San Agustín** zu beiden Seiten des Theaters sind alles, was vom ehemaligen Kloster übriggeblieben ist. San Agustín besitzt eine schöne Barockfassade, während die relativ schlichte Santa María aus dem 17. Jh. eine der ältesten Kirchen der Stadt ist und an der Stelle von Guadalajaras erster Kathedrale steht. Ebenfalls in der Nähe des Teatro Degollado befindet sich das **Wachsfigurenkabinett**, Morelos 217. Hier sind die lebensgetreuen Nachbildungen mexikanischer Präsidenten, Künstler und Sporthelden, aber auch internationaler Berühmtheiten wie Bill Clinton zu sehen. ⏲ tgl. 11–20 Uhr, US$3.

Um die Plaza Tapatía

Geht man von hier aus zur Rückseite des Theaters, erreicht man die Plaza Tapatía mit freiem Blick bis hinunter zum Hospicio Cabañas. Die Plaza wird eingerahmt von Kaufhäusern und Bürogebäuden, was ihrem Charme jedoch keinen Abbruch tut. Der kreuzförmig angelegte Platz erhielt seinen Namen vom Adjektiv *tapatío,* d.h. typisch für Guadalajara. Das Wort wurde wahrscheinlich von der Bezeichnung für die Umhänge der spanischen Adligen abgeleitet. Die Einwohner Guadalajaras werden auch Tapatíos genannt.

Das **Instituto Cultural-Hospicio Cabañas** am anderen Ende der Plaza wurde 1805 von Bischof Juan Cabañas y Crespo als Waisenhaus begonnen, aber seine Fertigstellung dauerte fast 50 Jahre. In der Zwischenzeit diente es häufig als Kaserne. Als Orozco 1939 die Wände der Kapelle bemalte, war es wieder ein Waisenhaus.

Das Hospicio, ein großes, sehr schönes und stilles Gebäude mit nicht weniger als 23 separaten Patios, beherbergt heute Kunst-, Musik- und Tanzschulen, ein Künstlerkino/Theater, verschiedene Regierungsbüros und eine kleine Cafetería. ⏲ Di–Sa 10–18 Uhr, So 10.15–14.45 Uhr, Eintritt US$1 plus US$1,25 Fotografiererlaubnis.

Die Kapelle, Capilla Tolsa, ist ein schlichtes, altertümlich aussehendes Bauwerk in Form eines Kreuzes. Sie steht im innersten Patio am zentralen Punkt des Hospicio. Der Natur des Hauses entsprechend sind die Motive der *murales* weniger weltlich als die im Regierungspalast, aber nicht unbedingt christlich: die Konquistadoren werden als die Reiter der Apokalypse dargestellt, deren Hufe die indianische Bevölkerung zertrampeln. Der *Mann aus Feuer* besitzt die gleiche Funktion wie Hidalgo, nämlich die des Befreiers, der das Volk aus der Unterdrückung führt. Der *Mann aus Feuer* ist übrigens eine eigenartige Mischung aus christlichen und altmexikanischen Gottheiten, eine Christus-Quetzalcoatl-Figur.

Im **Museo José Clemente Orozco** neben der Kapelle erfährt man Weiteres über den Künstler und kann Skizzen und Zeichnungen betrachten. Gleiche Öffnungszeiten wie das Hauptgebäude, ⏲ tgl. außer sonntagnachmittags und Mo von 10–18, So 10.15–15 Uhr, Eintritt US$5.

Vom **Mercado Libertad** wird behauptet, er sei der größte überdachte Markt der Welt. Hier kann man Stunden verbringen und sogar um die Preise feilschen, was ansonsten in der Stadt nicht funktioniert. Das Gebäude ist modern, der Markt selbst ist traditionell geblieben. Hier gibt es noch *curanderas,* die Kräutermedizin und getrocknete Leguane (wichtige Zutat in Heiltränken) anbieten, kleine Lebensmittelstände, Türme aus Obst und Gemüse und riesige Abteilungen mit Lederwaren. Mehr auf Touristen ausgerichtet sind die *artesanías*, doch bevor man etwas kauft, sollte man sich im *Institiuto de las Artesanías* im Parque Agua Azul oder in den Geschäften in Tlaquepaque über Qualität und Preise informieren.

Südlich der Plaza de Armas

Am Südende der Plaza de Armas liegen sich die beiden Kirchen **San Francisco** und **Nuestra Señora de Aranzazú** gegenüber. Dazwischen verläuft die Avenida 16 de Setiembre. San Francisco wurde an der Stelle errichtet, auf der früher ein Franziskanerkloster stand, das kurz nach der Konquista erbaut worden war. Die jetzige Kirche mit ihrer schönen Barockfassade stammt aus dem Jahr 1684. Aranzazú wirkt dagegen von außen eher schlicht, ist aber im Innern sehr schön. Vor allem die drei reichverzierten, churrigueresken Barockaltäre sind sehenswert. Der **Jardín de San Francisco** liegt genau gegenüber der beiden Kirchen. Wenn hier nicht die vielen Busse an- und abfahren würden, wäre es ein friedlicher Ort.

Parque Agua Azul

Viele Busse fahren von der Plaza de Armas zum größten Naherholungsgebiet der Stadt, dem **Parque Agua Azul**, für hiesige Verhältnisse ein stille Oase. Ruhe findet man dort allerdings auch keine, denn es läuft ständig irgendeine Kunst- oder Sportveranstaltung. Es gibt einen Zoo, ein Vogelgehege mit wunderschönen Tucans, ein Schmet-

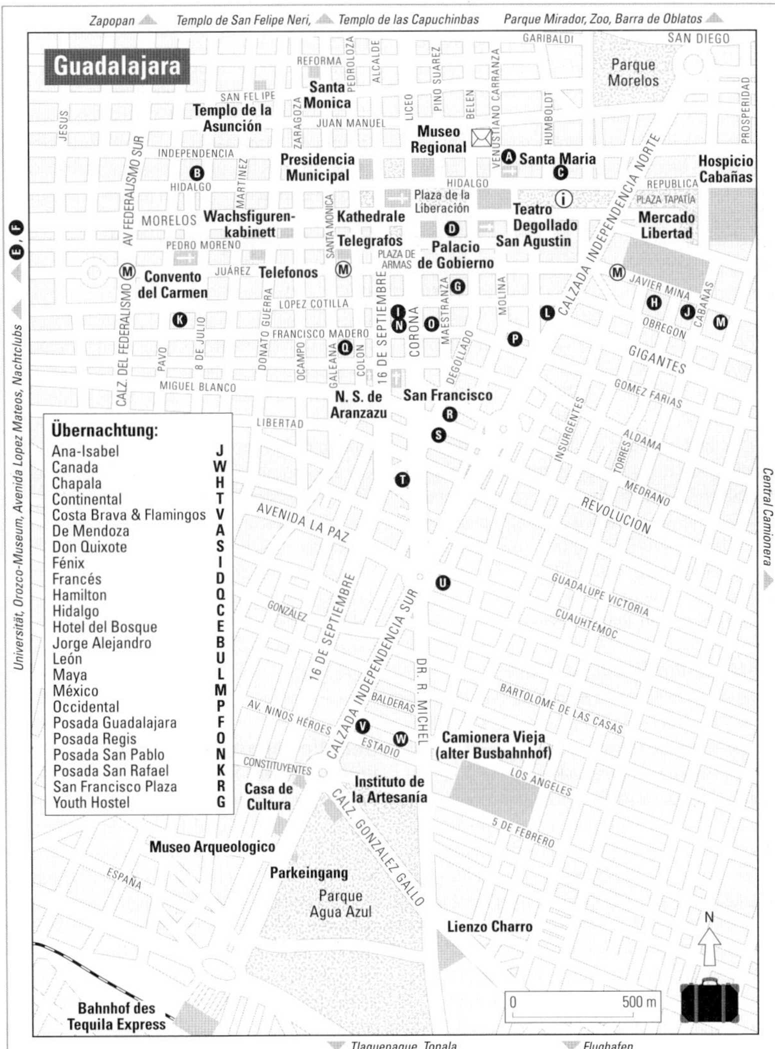

terlings-, ein Orchideen- und ein Palmenhaus, eine Minieisenbahn, Spielplätze und ein Freilichttheater *(concha)*, wo sonntags kostenlose Veranstaltungen stattfinden. ⌚ Di–So 10–18 Uhr, Eintritt US$0,40.

Die größte Attraktion des Parks ist das **Instituto de Artesanías Jalisciense**, ein Zwischending zwischen Museum und Kunsthandwerksladen, mit einer riesigen, wenngleich verstaubten Auswahl an hiesigem Kunsthandwerk bester Qualität – Möbel,

Keramiken, Spielsachen, Glaswaren, Kleidung. Die Waren sind nicht billig, aber gemessen an der Qualität sind die Preise angemessen. ⌚ Mo–Fr 10–18, Sa 10–17, So 10–15 Uhr, Eintritt frei; der Eingang liegt an der Calzado González Gallo 20.

Die **Casa de la Cultura** auf der Straßenseite gegenüber dem Parkeingang ist eher enttäuschend. In dem mit ultramodernen Wandmalereien und Fresken geschmückten Gebäude befindet sich eine Ausstellung moderner Kunst, die Staatsbibliothek und ein Informationsdienst, der über Veranstaltungen in der Stadt informiert. Trotz aller Bemühungen macht die Ausstellung einen ziemlich langweiligen Eindruck, und der Informationsdienst ist nicht immer auf dem neuesten Stand oder besonders hilfreich. ⌚ Mo–Fr 9–21 Uhr, US$0,50.

Eine Enttäuschung stellt auch das **Museo Arqueológico** dar, ein niedriges, modernes Gebäude gegenüber dem Parkeingang. Es scheint nicht einmal während der offiziellen Öffnungszeiten Di–So 10–14 und 17–19 Uhr geöffnet zu sein, und die winzige Sammlung von Relikten westmexikanischer Kulturen wird wahrscheinlich nur wenige Leute interessieren. Eintritt US$0,30.

Westlich der Plaza de Armas

Im Stadtteil westlich der Kathedrale wurde bisher nur wenig modernisiert, und in den belebten Einkaufsstraßen, die teilweise Fußgängerzonen sind, lässt sich noch traditionelles mexikanisches Ambiente schnuppern. An der Ecke Santa Monica und Hidalgo gibt es einen kleinen Lebensmittelmarkt. Weiter draußen, in der Umgebung der Universität, wird es ruhiger. Dahinter liegen teure Wohnviertel, ein starker Kontrast zum Gewimmel der Innenstadt.

Das alte **Telégrafos**-Gebäude, auch Ex-Templo de la Compañía oder Biblioteca Pública del Estado genannt, in dem jetzt eine Universitätsbibliothek untergebracht ist, liegt unmittelbar westlich der Plaza de Armas an der Straßenkreuzung Pedro Moreno und Colón. Die ursprüngliche Kirche wurde zu einem Lesesaal der Universität umfunktioniert. Aus jener Zeit stammt die neoklassizistische Fassade; die *murales* stammen von David Siqueiros und Amado de la Cueva. Später zogen die Telegrafenbüros ein, welche dem Gebäude seinen Namen gaben. Derzeit ist hier eine Bibliothek untergebracht. ⌚ Mo–Fr 9–21, Sa 9–17 Uhr, Eintritt frei.

Unmittelbar nördlich hiervon befinden sich ein paar schöne, kaum bekannte Barockkirchen, die für Guadalajara typisch sind. Am nächsten liegt der **Templo de Santa Monica**, an der Santa Monica zwischen San Felípe und Reforma, mit seinen wunderbar verzierten Eingängen und dem eleganten, schlichten Inneren. Ganz in der Nähe steht der **Templo de San Felípe Neri**, San Felípe, Ecke Contreras Medellin, der ein paar Jahre jünger ist – erbaut in der zweiten Hälfte des 18. Jhs. – und noch überschwenglicher verziert ist. Beide Kirchen besitzen extravagante Regenspeier, beim Templo de San Felipe in Drachenform.

Einen Block weiter auf der Contreras Medellin, an der Ecke mit der Juan Manuel, stößt man auf den **Templo de las Capuchinas**, zur Abwechslung ein schmuckloses, festungsähnliches Bauwerk, in dessen Kirchenschiff sich jedoch interessante Gemälde und eine schöne geschwungene Ziegeldecke befinden.

Wieder zurück auf der Hauptstrecke Richtung Westen, erhebt sich an der Juárez, Ecke 8 de Julio das **Ex-Convento del Carmen**, früher eines der wohlhabendsten Klöster der Stadt. Es wurde längst seiner Reichtümer beraubt, und in dem eleganten weißen Gebäude finden jetzt Kunstausstellungen, Tanzvorführungen und Konzerte statt.

Gen Westen zur Universität und Plaza del Sol

Noch weiter nach Westen gelangt man mit Bussen und Taxis, die zur Plaza del Sol fahren, im Zweifelsfall an der Aufschrift „Par Vial" zu erkennen, aber bis zur Universität ist es vom Zentrum aus nur etwa eine Viertelstunde zu Fuß. Hier sind im **Museo de las Artes**, Juárez 975, gegenüber dem modernen Hauptgebäude der Universität an der Juárez, Ecke Díaz de León (oder Avenida Tolsa), weitere große Wandgemälde von Orozco zu sehen; sie zählen zu den ersten, die er in Guadalajara erstellte. ⌚ Di–So 10–18 Uhr, Eintritt frei.

Auch die Aula des Hauptgebäudes (Paraninfo) zieren *murales* von Orozco, deren Themen mit dem Zweck der Umgebung übereinstimmen: Das Deckengemälde ist ein Hohelied auf die Bildung für alle, während die Wandgemälde die von fetten Kapitalisten und dem Militär unterdrückten Massen zeigen, die um Bücher und Bildung flehen.

Hinter der Universität geht die Juárez in die Avenida Vallarta über. Nach ungefähr zehn Blocks, an der großen Kreuzung von Avenida Vallarta und Avenida Chapultepec, hat die Stadt ein völlig neues Gesicht angenommen, und teure Geschäfte und Restaurants säumen jetzt breite, ruhige Straßen. En Stück weiter kreuzt sich die Vallarta mit der Hauptverkehrsstraße López Mateos beim Minerva-Kreisverkehr, den ein „Triumphbogen" ziert. Die meisten Busse fahren am **Minerva-Brunnen** links die López Mateos hinunter zur **Plaza del Sol** mit einem riesigen Einkaufszentrum, Verwaltungsgebäuden, Cafés und mehreren Discos und Nachtclubs. Auf der López Mateos befinden sich auch große Hotels und schicke Restaurants.

San Pedro Tlaquepaque und Tonalá

Guadalajara hat viele ehemals eigenständige Dörfer der Umgebung eingemeindet. Das berühmteste ist San Pedro Tlaquepaque, etwa 5 km südwestlich vom Zentrum; bekannt für seine *artesanía* und beliebt wegen seiner Mariachis. Hier ist fast alles fest in den Händen der Touristen: die Straßen werden gesäumt von „Volkskunst"-Shops, in denen zu Wucherpreisen oft billiger Ramsch verkauft wird. Trotzdem ist Tlaquepaque einen Besuch wert, mit viel Glück findet man vielleicht sogar ein gutes Stück unter all dem wertlosen Zeug.

Tlaquepaque konzentriert sich um eine hübsche Hauptplaza, in deren Mitte natürlich eine Musiktribüne steht. Am Nordrand erhebt sich die Kirche **San Pedro** mit ihrem orangefarbenen Kuppeldach und im Westen das dreitürmige **Sanctuario de la Virgen de la Soledad**. An der Südseite verläuft die Independéncia, Tlaquepaques Hauptstraße. Die Busse Nr. 275 oder TUR, die im Zentrum von Guadalaja abfahren, halten drei Querstraßen weiter südlich an der Porvenir. Zurück geht es mit den gleichen Bussen auf der Constitución, zwei Querstraßen nördlich der Independencia. Man kann auch an der General Marelino García Barragán, am westlichen Ende der Independencia und Constitución an der Fußgängerbrücke beim Kreisverkehr, aus- bzw. einsteigen. Das hiesige **Touristenbüro** befindet sich in der Juárez 238, ✆ 333/635-1220, und organisiert viele kostenlose Touren. 🕓 Mo–Fr 9–21 Uhr.

Im **Museo Regional de la Cerámica**, Avenida Independencia 237, lässt sich ein Überblick über die Entwicklung des Keramikhandwerks in der Region gewinnen. Hier werden Gegenstände aus dem gesamten Bundesstaat gezeigt und teilweise auch verkauft. 🕓 Mo–Sa 10–18, So 10–15 Uhr, Eintritt frei.

An der Independencia befinden sich fast alle interessanten Geschäfte, viele sind in Kolonialgebäuden untergebracht, die an sich schon einen Blick wert sind. Bei **Sergio Bustamante**, Nr. 236 gegenüber dem Museum, tummeln sich Flamingos und Pfauen neben fantastischen Pappmachéfiguren im Patio. In zwei einander gegenüberliegenden Häusern, eine Straße westlich des Museums, sind **La Casa Canela**, Nr. 258, 🕓 Mo–Fr 10–14 und 16–19, Sa 10–18, So 11–15 Uhr, und **Antigua de México**, Nr. 255, 🕓 Mo–Fr 10–14 und 15–19, Sa 10–16 Uhr, untergebracht, in denen überwiegend mexikanische Kunden elegante Stoffe, Möbel und Antiquitäten einkaufen.

Die halbstündige Busfahrt lohnt sich vor allem wegen **El Parian**, einer Plaza, die eigentlich eine einzige große Kneipe ist. Der ganze Platz besteht aus einem Dutzend verschiedener Lokale. Da aber alle Leute draußen sitzen, stoßen die Tische aneinander und bilden eine große Einheit. Dazwischen bewegen sich Straßenmusikanten. Die Preise sind überall gleich (Achtung: auf die ausgeschriebenen Preise wird oft noch eine Bedienungsgebühr aufgeschlagen), ebenso das Angebot an örtlichen Spezialitäten: *birria, quesadillas, queso fundido*. An Wochenenden, wenn die Einheimischen stimmgewaltig mitmischen, kann man die Mariachis in Höchstform erleben.

El Parian liegt an der Independencia, unmittelbar östlich der Hauptplaza. In der Nähe befinden sich auch ein paar schöne Kolonialkirchen und Banken. Wer den Heimweg nicht mehr findet, kann in der *Posada en el Parian*, Independencia 74, ✆ 333/659-2511, ❹ nächtigen. Die schönste Unterkunft jedoch ist das *Hotel Casa Campos* in der Francisco de Miranda 30-A, nahe Independencia, ✆ 333/838-5296, 💻 www.casa-campos.com. Im Preis inbegriffen ist ein Frühstück im angrenzenden Restaurant *Fonda Margarita*. ❽

Außerdem gibt es einen kleinen **Mercado Municipal**, abseits der Independencia gegenüber von El Parian (Eingang bei der Posada) und an der Independencia mehrere schicke Restaurants, darunter das *Adobe* in der Independencia 195, ✆ 333/

657-2792, 🖳 adobe-fonda@yahoo.com. In einer stilvollen Umgebung mit außergewöhnlichem handgearbeiteten Mobiliar wird eine Auswahl kreativer Gerichte geboten, die für Mexikos *nueva cocina* stehen. Das Lokal ist sehr beliebt und wird von einem gefeierten Küchenchef-Paar geführt, sodass man rechtzeitig eine Reservierung vornehmen sollte.

In **Tonalá**, noch etwa 8 km hinter Tlaquepaque, sind die Keramik-Preise etwas niedriger, aber die Fahrt lohnt sich nur für Leute, die wirklich etwas einkaufen möchten. Im **Museo Nacional de la Cerámica**, Constitución 104, gibt es zeitgenössische sowie antike Töpferwaren aus sämtlichen mexikanischen Staaten zu sehen, 🕒 Di–Fr 10–17, Sa 10–15 Uhr, Eintritt frei.

Markttage sind Do und So, dann ist der Ort ziemlich belebt. Vorsicht: Viele der angebotenen Stücke sind Produkte, die von Läden zurückgewiesen wurden. Die **Touristeninformation** von Tonalá, an der Tonaltecas Sur 140 in der Casa de Artesanos, ✆ 333/284-3000 App. 09 oder 683-0047, vergibt nützliche Stadtpläne, auf denen die verschiedenen Werkstätten eingezeichnet sind, und organisiert kostenlose Kunsthandwerks- und historische Touren. 🕒 Mo–Fr 9–15, Sa 9–13 Uhr.

Busse fahren in der Nähe des alten Busbahnhofs in südlicher Richtung die Calzada Independencia hinab (Aufschrift „San Pedro Tonalá" oder „Tlaquepaque"). Man kommt auch mit einem der Trolley-Busse hin, die auf der Federalismo nach Süden fahren. Sowohl Tlaquepaque als auch Tonalá liegen an der Strecke vieler zwischen Busbahnhof und Zentrum verkehrender Busse.

Zapopan

Die barocke **Basílica de la Virgen de Zapopan** wird besonders von Huicholen-Indianern besucht. In der Kirche findet man eine wundertätige Marienfigur, die der Franziskanermissionar Antonio de Segovia den örtlichen Indianern schenkte, nachdem er in den Kampf zwischen ihnen und den Konquistadoren eingegriffen hatte. Seitdem wird sie hoch in Ehren gehalten und ist Ziel vieler Pilgerfahrten, vor allem am 12. Oktober, wenn die Jungfrau im Rahmen einer gewaltigen Prozession mit gut 200 000 Gläubigen in die Basilika heimkehrt, nachdem sie zuvor in allen Kirchen von Guadalajara ausgestellt worden ist. Die Prozession beginnt an der Kathedrale, dem letzten Stopp der Jungfrau auf ihrer Tour, und zählt zu den Höhepunkten der *Fiestas de Octubre*.

Im **Museo Huichol** neben der Kirche sind Kleidungsstücke und Gebrauchsgegenstände der Huichol sowie Fotos aus ihrem heutigen Alltag zu sehen, in erster Linie handelt es sich jedoch um eine Verkaufsausstellung von Handarbeiten der Huichol. 🕒 Mo–Sa 10–13.30 und 15–18 Uhr, US$0,10.

Zapopan besitzt eine eigene **Touristeninformation**, Av. Vallarta 6503, zwei Querstraßen hinter der Kirche in der Casa de Cultura, ✆ 333/110-0754 oder -0759, 🖳 www.zapopan.gob.mx, 🕒 Mo–Fr 9–15 Uhr. Zapopan, etwa 6 km nordwestlich der Innenstadt, wird von den Buslinien Nr. 275 und TUR, auf dem Rückweg von Tlaquepaque, bedient.

Barranca de Oblatos

Die Barranca de Oblatos, eine 600 m tiefe Schlucht, liegt ebenfalls im Norden der Stadt, am äußeren Ende der Calzada Independencia. Am Rande der Schlucht hat man von einer ganzen Reihe Parks aus eine herrliche Aussicht und kann zur Abwechslung frische Luft schnappen.

Der **Parque Mirador** ist ein beliebtes Familienausflugsziel mit Picknicktischen, zu erreichen mit einem Bus mit der Aufschrift „Parque Mirador", der auf der Independencia Richtung Norden fährt.

Der **Park Barranca de Oblatos** ist dagegen eher ein Studententreffpunkt. Hier findet man Swimming Pools, Picknickstellen und jede Menge Liebespärchen. Zu erreichen mit Bus Nr. 603 von der Vicente Guerro an der Südwestecke vom Hospicio Cabañas.

Am Rand der Schlucht liegt auch der **Zoo**, wo in relativ tierfreundlicher Umgebung in- und ausländische Tiere gehalten werden. Die 1988 eröffnete Anlage beinhaltet auch ein Ökologiezentrum, das mit entsprechenden Programmen zur Erhaltung einer Reihe gefährdeter Spezies beiträgt. Der kannte Künstler Sergio Bustamante schuf die Affenskulpturen, welche die Besucher am Eingang begrüßen. 🕒 tgl. 10–18 Uhr, US$2,50, zu erreichen mit Bus Nr. 60 oder dem Trolleybus auf der Independencia Richtung Norden.

Übernachtung

Die meisten billigen Hotels liegen beim alten Busbahnhof bzw. in den Straßen südlich vom Mercado Libertad; Gegenden, die nicht gerade einladend sind. Etliche teure Unterkünfte finden sich weit westlich außerhalb der Stadt. Es gibt aber Hotels aller Preisklassen in Spaziernähe des historischen Stadtkerns. An der Av. López Mateos, 2 km westlich der Innenstadt, finden sich mehrere Motels.

Guadalajaras **Jugendherberge**, das ***Hostel Guadalajara Centro***, Maestranza 147, Ecke Lopez Cotilla, 💻 www.hostelguadalajara.com, ✆ 333/562-7520, bietet Internet-Zugang, Wasch- und Kochmöglichkeiten, Privatspinde und Ermäßigungen für ISIC-Mitglieder. Die freundlichen Angestellten, die gute Lage und der Preis von US$10 p.P. machen das Haus zur exzellenten Wahl für Budget-Reisende. ❷

Für Spätankömmlinge an der **Camionera Nueva** gibt es direkt am Ausgang das ***Hotel Serena***, ✆ 333/600-0910, 📠 600-1774, das über zwei Pools und relativ ruhige Zimmer mit TV verfügt. ❹

ZENTRUM – ***Continental***, Corona 450, ✆ 333/614-1117. Modernisiertes Hotel aus den 60er Jahren, südlich der Iglesia San Francisco. ❺

De Mendoza, Carranza 16, Höhe Hidalgo, ✆ 333/613-4646, 📠 613-7310, 💻 www.demendoza.com.mx. Luxuriöses Hotel (inkl. Pool) in einem umgebauten Kolonialkloster. Seiner zentralen Lage wegen eine gute Basis für Sightseeingtouren. ❽

Don Quixote, Héroes 91, Ecke Degollado, ✆ 333/658-1299, 📠 614-2845. Freundliches kleines Hotel mit Zimmern rund um einen Patio. ❻

Fénix, Corona 160, ✆ 333/614-5714, 📠 613-4005, ✉ reservaciones@fenixhl.com.mx. Groß, modern, zentral gelegen und *Best Western*-Kette, manchmal Sonderangebote. Blitzsaubere Zimmer und fantastisches Frühstücksbuffet. ❼

Francés, Maestranza 35, ✆ 333/613-1190, 📠 658-2831, ✉ reserva@hotelfrances.com, nahe der Plaza, hinter der Kathedrale. Das wunderbare Kolonialgebäude aus dem Jahr 1610 beherbergt das vielleicht attraktivste Hotel mittlerer Preisklasse von Guadalajara – Reservierung dringend empfohlen. In der Bar gibt's exzellente Margaritas und Happy Hour tgl. 13–20 Uhr. ❻

Hamilton, Madero 381, zwischen Galeana und Ocampo, ✆ 333/614-6726. Kleine Zimmer, aber sauber und freundlich, mit Du/WC und TV, beliebt bei Rucksackreisenden und jungen mexikanischen Paaren. ❷

Hidalgo, Hidalgo 14, ✆ 333/613-5067, zwei Querstraßen vom Teatro Degollado, gutes Budget-Hotel; billig, sauber, zentral gelegen. ❷

Jorge Alejandro, Hidalgo 656, ✆ 333/658-1051. Makellos saubere Zimmer in einem ehemaligen Kloster; auch 4-Bettzimmer. ❺

Posada Regis, Av. Corona 171, ✆/📠 333/614-8633, ✉ posadaregis@usa.net. Altes Gebäude hinter einem Eisentor, zentral, aber ruhig (zumindest die Zimmer nach innen). Hohe Räume um einen Patio herum, die billigsten auf dem Dach. ❺

Posada San Pablo, Madero 429, ✆/📠 333/614-2811. Saubere Zimmer rings um einen Hof mit Blumen. Schwer zu finden, da kein Schild – Türglocke am Haupteingang betätigen. ❷

Posada San Rafael, López Cotilla 619, ✆ 333/614-9146, 💻 sanrafael1.tripod.com. Freundliches kleines Hotel in einem geschmackvoll renovierten alten Haus. Einige Zimmer sind heller als andere – vorher zeigen lassen! Bei Aufenthalt von drei und mehr Tagen Preisnachlässe um 20%. ❺

San Francisco Plaza, Degollado 267, Ecke Héroes, ✆ 333/613-8954, 📠 613-3257. Hübsches altes Haus mit Patios. ❻

UM DEN MERCADO LIBERTAD – ***Ana-Isabel***, Javier Mina 164, ✆/📠 333/617-7920. Einfache, saubere Zimmer, TV, Parkplatz. Wenn es nicht ausgebucht ist, kann man handeln. Beträchtliche Geräuschkulisse. ❹

Chapala, José María Mercado 84, ✆ 333/617-7159, 📠 617-3410. Um die Ecke vom *Ana-Isabel*, einfach und sauber, aber etwas düster. ❷

Maya, López Cotilla 39, Ecke Huerto, ✆ 333/614-5454, 📠 658-4641. Schmucklose, aber annehmbare Zimmer mit TV in lauter Umgebung, aber besser als die Unterkünfte an der Javier Mina. Parkmöglichkeiten. ❹

México, Javier Mina 230, ✆ 333/617-9978. In der Nähe des *Ana-Isabel* an derselben lauten Hauptstraße; saubere Zimmer mit TV und Du/WC. ❺

Occidental, Villa Gómez 17, Ecke Huerto, unweit der Independencia, ✆ 333/613-8406. Einfache, preiswerte Zimmer mit Dusche. ❸

IM SÜDEN (Calzada Independencia und rund um den alten Busbahnhof) – ***Canada,*** Estadio 77, ✆ 333/619-4014, 📠 619-3110, eines von Dutzenden Hotels nahe der Camionera Vieja. Groß, preiswert und mit dem ausgezeichneten *Restaurante Ottawa.* ❺

Costa Brava, Independencia Sur 739, Nähe Los Angeles, ✆ 333/619-2324 oder 619-2327. Freundlich; die etwas teureren Zimmer mit TV. ❸

Flamingos, Independencia Sur 725, ✆ 333/619-8764, neben dem *Costa Brava,* größer, weniger einladend, dafür billiger. ❸

León, Independencia Sur 557, ✆ 333/619-6141. Einfach und trostlos, aber das billigste hier. ❷

IM WESTEN (Avenida López Mateos Sur) – ***Hotel del Bosque,*** Av. López Mateos Sur 265, ✆ 333/121-4700, 💻 www.hoteldelbosquegdl.com.mx. Modernes Motel mit ebensolchen Einrichtungen – EZ und DZ mit TV, schöner Pool sowie Restaurant mit internationaler Speisekarte. ❻

Posada Guadalaraja, Av. López Mateos Sur 1280, ✆ 333/121-2022, ✉ posadaguadalajara.com.mx. 7-stöckiges Hotel rings um einen Patio mit Pool. Die Zimmer im oberen Stockwerk haben Bäder mit Jacuzzis. ❽

AUSSERHALB – Die Touristeninformation in Guadalajara (s. „Sonstiges") informiert gerne über Aufenthalte auf gepflegten Haciendas, Landgütern und anderen entspannenden Unterkünften, alle innerhalb einer Autostunde von der Stadtgrenze zu erreichen. Diese Orte sind ideal, um sich vom hektischen Stadtleben zu erholen, z.B. ***Hacienda El Carmen,*** 35 km westlich der Stadt, KM 58 Carretera Gdl-Tala-Etzatlán, ✆ 333/633-1771, 📠 656-9436, 💻 www.hdaelcarmen.com. Das heute hier beheimatete Luxushotel – es wurde 1722 in ein Kloster umgewandelt – lässt noch viel vom alten Charme spüren. Zimmer rund um einen grünen Patio, Spa und Sauna, Ausritte und Mountainbike-Touren. Ganz in der Nähe kann die archäologische Stätte von Guachimontones (Teuchitlan, 300–900 v.Chr.) besucht werden. ❾

Essen

In Jalisco wird kaum etwas so ernst genommen wie das Essen, dafür sprechen Hunderte von Esslokalen, vom eleganten Restaurant bis zum schlichten Café und von der *lonchería* (Imbissstube) bis zur *nevería* (verkauft Eis und frisch gepresste Obstsäfte). Die lokalen Spezialitäten *birria* (Rind- oder Hammelfleisch in würziger Soße mit Tortillas oder in Tacos) und *pozole* (Eintopf mit Schweinefleisch und Maiskörnern), wird man auf den Menüs der Restaurants wahrscheinlich vergebens suchen, sie werden v.a. an Straßenständen, in Kneipen und Märkten serviert. An **Straßenständen** gibt es auch leckere Tacos und in Plastiktüten verpacktes frisches Obst, geschält und mundgerecht geschnitten, auf Wunsch mit Chili und Limonensaft verfeinert. Die größte Auswahl an Lokalen im Zentrum bietet sich westlich der Kathedrale, entlang der **Juárez**, die von traditionellen Cafés und Restaurants gesäumt wird. Auch in der Umgebung der **Universität** kann man gut essen. Im ersten Stock des **Mercado Libertad** locken viele Stände mit hauseigenen Spezialitäten. Die Einheimischen findet man abends eher in den Vororten oder in den zahlreichen Restaurants an der **López Mateos Sur**, für US$4 per Taxi vom Zentrum aus zu erreichen. An der Kreuzung Galleana und Calle Colón, in der Calle 2, rund um einen hübschen Platz mit Springbrunnen, liegen verschiedene Restaurants, darunter **birrias** wie die ***Birria de Chivo,*** Colón 384. Guadalajara besitzt auch ein paar ausgezeichnete Bäckereien, z.B. ***Danes,*** Madero, Ecke Donato Guerra, ***Pan Estilo México,*** Santa Monica 96, Ecke Independencia, und ***Pasteleria Luvier,*** Colón 183, Ecke Madero.

CAFÉS UND LICUADOS IM ZENTRUM – ***Café D'Val,*** Pedro Moreno 690, zwischen Pavo und 8 de Julio. Serviert starken Kaffee in relaxtem Ambiente.

Café Madoka, Gonzalez Martínez 78, zwischen Pedro Moreno und Juárez. Großes Café im traditionellen Stil, serviert gutes Frühstück, Suppen und Antojitos.

Café Madrid, Juárez 264, nahe Corona. Eine kleine Cafébar und Diner im Stil der 50er Jahre, die guten Kaffee, Frühstück, Sandwiches und Comidas zu moderaten Preisen serviert. ⏲ 8–22 Uhr.

Café Oasis, Morelos 435, zwischen Colón und Galeana. Gutbesuchtes Lokal im Zentrum, Tacos, Sandwiches und Eierspeisen.

Cafetería Restaurant Málaga, 16 de Setiembre 210–214, zwischen Madero und Prisciliano. Großes Café-Restaurant, Comida corrida, Frühstück, Snacks und Kaffee zu annehmbaren Preisen, sogar Kartenlegen (Tarot).
Jarro Café, López Cotilla 1885. Die selbst ernannte *casa del mejor café* bietet heiße und kalte Kaffeespezialitäten.
Nectar, Hidalgo 426. Eisdiele in der Nähe der Kathedrale; Säfte, Eis, Joghurt, auch Tortas, Tacos und Obstsalate.
La Terraza, Juárez 442, Ecke Ocampo, im 1. Stock. Auf dem Balkon mit Blick auf die Straße gibt es u.a. Bier und Tacos.
Villa Madrid, López Cotilla 533, Ecke Enrique Gonzalez Martínez. Tolle Licuados, Obstsalate und Joghurt, auch magenfüllendere Gerichte.

RESTAURANTS IM ZENTRUM – ***Alta Fibra,*** Sanchez 370, zwischen Ocampo und Galeana. Vegetarisches Restaurant mit angemessenen Preisen, gleich daneben eine Vollkornbäckerei.
La Chata, Corona 126 zwischen López Cotilla und Juárez. Ausgezeichnete mexikanische Küche, mittlere Preisklasse. Sehr beliebt bei einheimischen Familien.
Chong Wah, Juárez 558, Ecke Enrique Gonzalez Martínez. Kantonesische Gerichte, auch zum Mitnehmen, nicht teuer.
Devechan, López Cotilla 570. Vegetarisches Restaurant, preiswertes Buffet am Samstag und ordentliches Frühstück.
Egipto al Natural, Sanchez 416, zwischen Ocampo und Donato Guerra. Nettes vegetarisches Restaurant mit leckeren und billigen Comidas, Gemüse- und Obstsäften, Gerichten auf Soja-Basis und einem angeschlossenen Naturkostladen.
El Faro, Moreno 466, zwischen Galeana und Ocampo, 1. Stock. Nettes altes Restaurant mit annehmbaren Preisen. Leckere Tamales und Tacos. Wenn möglich, sollte man einen Tisch am Fenster nehmen.
La Gran China, Juárez 590, zwischen 8 de Julio und Gonzalez Martínez, nahe dem *Chong Wah.* Chop-suey-Lokal, günstiges Mittagsmenü.
Guisitos Grill, Degollado 230. Spanisch-mexikanische Küche in einem gemütlichen, überdachten Vorgarten. Preiswerte, leckere Comidas corridas und selbstgebackener Schokoladenkuchen.
Lido, Colón 294, Ecke San Miguel Blanco. Bar und Restaurant im spanischen Stil, gute mexikanische *moles* zu angemessenen Preisen, Sandwiches, Snacks und preiswerte Comida corrida. 🕓 24 Std.
Mariscos Galeana, Galeana 154, Höhe López Cotilla. Ausgezeichnetes Seafood-Lokal mit annehmbaren Preisen; Mittags Live-Musik.
Nuevo Faro, López Cotilla 24, einfaches Restaurant; billige Comida.
La Rinconada, Morelos 86, Höhe Callejón del Diablo, Plaza Tapatía, ✆ 333/613-9914. Teueres Lokal in einem Kolonialgebäude, serviert Seafood, Steaks und eine Reihe mexikanischer Spezialitäten wie *birria* und Ochsenzunge in würziger Soße aus der Küche von Veracruz.
Sanborn's, 16 de Setiembre 127, Ecke Juárez. Elegantes Restaurant mit großer Auswahl an internationalen und mexikanischen Gerichten. An der gegenüberliegenden Ecke liegt eine Filiale von *Sanborn's.*
Sandy's, Colón 39, Ecke Moreno. Tische im Obergeschoss mit Blick auf die Einkaufsstraße, einfaches mexikanisches Essen. Preiswertes Frühstücksbufett (US$3) und Comidas.
Tacos El Pastor, Juárez 424 zw. Galeana und Ocampo. Begehrt und billig, köstliche Tacos, außerdem *oreja* (Schweineohr) oder *cabeza* (Schweinekopf) – für europäischen Geschmack etwas ausgefallen.
Taquería Los Faroles, Corona 250, Ecke Sanchez. Beliebtes Taco- und Torta-Lokal, große Auswahl, tgl. bis gegen Mitternacht geöffnet.

UNIVERSITÄT UND VORORTE – ***La China Poblana,*** Juárez 887, bei der Uni zwischen Camarena und Escorza. Traditionelle Puebla-Spezialitäten wie *mole* und *chiles en nogada* zu annehmbaren Preisen.
La Choza Grill, Calzada Federalismo 176, Ecke López Cotilla. Ähnlich wie die großen Restaurants an der López Mateos, aber zentraler gelegen. Kostspielige Fleisch- und Seafoodgerichte.
Corporales, Pablo Neruda 2759, Höhe Rubén Darío, ✆ 333/585-7301. Etwas fantasieloses Lokal, aber riesige *arranchera*-Steaks, leckere Margaritas und gute Mariachi-Musik. Reservierung empfohlen.

La Destilería, Av. Mexico 2916, ✆ 333/640-3440. Erstklassige Tequilas, exzellente mexikanische Speisen und charmante Besitzer. Unbedingt reservieren.
Guadalajara Grill, López Mateos Sur 3771, ✆ 333/ 631-5622. Ableger der Kette *Carlos 'n' Charlie*: Tex-Mex Essen, laute Musik, Feststimmung und Tanz. Besser vorher reservieren.
Los Itacates, Chapultepec Nte. 110, Nähe Sierra, vier Blocks nördlich der Vallarta, ✆ 333/825-1106. Traditionelle mexikanische Küche, abends Live-Musik. Reservierung empfohlen.
Mesón de Sancho Panza, Castellanos 112, am Westrand des Parque de la Revolución, zwischen Juárez und López Cotilla. Stilvolles, nicht zu kostspieliges spanisches Speiselokal, preiswertes Sonntagsmenü (US$6).

Unterhaltung

CLUBS UND BARS – Als ausgesprochen „heiß" darf man das Nachtleben von Guadalajara nicht bezeichnen. In der Umgebung der Kathedrale gibt es einige Clubs – eine Ecke, die nach Einbruch der Dunkelheit mit Vorsicht zu genießen ist. Die meisten moderneren Clubs befinden sich allerdings in den Vororten, im **Plaza del Sol**-Komplex z.B., oder in den größeren Hotels. Auf jeden Fall hinterlässt ein Discobesuch ein Loch in der Reisekasse. Weitere Nachtclubs befinden sich am Übergang der Av. Juárez in die **Av. Vallarta** (die meisten weisen Gäste in Jeans oder Turnschuhen ab). Entlang der **Av. López Mateos** gibt es eine Reihe angesagter Kneipen mit Live-Musik; der Eintritt kostet für Männer rund US$5, Frauen zahlen ca. US$2,50.
Wenig kostet das Vergnügen auf der **Plaza de Mariachis**. Die Mariachi-Ensembles drängen sich auf dem kleinen Platz zwischen Mercado Libertad und der Kirche San Juan de Dios sowie in den Bars und bringen jedem ein Ständchen, der dafür etwas springen lässt (Preis vorher aushandeln). Mariachis spielen auch in Tlaquepaque und bei Theater- und Tanzaufführungen, s. „kulturelle Veranstaltungen".
Lebhafte **Bars** in der Innenstadt sind beispielsweise: ***Baron,*** Edificio Mulbar, Corona 181, im 1. Stock. Bar-Restaurant mit Latin Music, auch live. ◷ tgl. 19–5 Uhr. Eintritt frei.
Casa Bariachi, Vallarta 2221. Lautes Bar-Restaurant mit Mariachis. ◷ tgl. 13–3 Uhr. Eintritt frei.
Coco & Coco, Corona 160. Gut besuchter Nachtclub im Zentrum, gemischte Musik, aber überwiegend Latin. ◷ Mo–Sa 22–3, So 17–24 Uhr; US$3.
Duran, Duran, Madero 273. Dunkle Discobar, nur am Wochenende voll. preiswerte Tagesgerichte. ◷ tgl. 21–3 Uhr. Eintritt frei.
Feria, Corona 219. Beliebtes, zentral gelegenes Restaurant, bunt gemischtes Publikum; ab ca. 21 Uhr treten SängerInnen und Mariachis auf. ◷ tgl. 13.30–2 Uhr. Eintritt frei.
Maestranza, Maestranza 179. Moderne Bar mit billigem Bier, angesagter Musik und einem überwiegend jungen Publikum. ◷ tgl. 20–2 Uhr; US$2.
Maskara, Maestranza 238. Schwulenbar; mehrmals in der Woche Getränke-Sonderangebote. ◷ tgl. 21–3 Uhr. Eintritt frei.
Moresca, López Cotilla 1835. Nett für eine Flasche Wein und eine Bruschetta. ◷ Mo–Fr 18–1.30 Uhr. Eintritt frei.
Musa, Maestranza 86, Höhe Av. Juárez. Eine der stilvolleren Bars. ◷ Do–Sa 21–4 Uhr; US$3.

KULTURELLE VERANSTALTUNGEN – Die Stadt bietet ein beachtliches Programm an traditioneller mexikanischer Musik, klassischen Konzerten und zeitgenössischen Bühnen- und Opernaufführungen sowie Filmen, Theaterstücken und Kunstausstellungen. So gut wie jeden Abend findet irgendeine Veranstaltung statt. Internationale **Filme** zeigen das ***Cine Charles Chaplin,*** López Mateos Norte 873, oder ***Cine Cinematógrafo,*** Vallarta 1102 Höhe Mexico 2222.
Im Teatro Degollado finden regelmäßig Theater- und Tanzvorstellungen statt, außerdem organisiert das staatliche Kunstamt zahlreiche Veranstaltungen im ehemaligen Convento del Carmen und anderen Orten der Stadt. Aktuelle Hinweise bei der Touristeninformation.
Das **Ballet Folklórico** von Guadalajara, die Tanzgruppe der Universität, bietet sonntags um 10 Uhr im ***Teatro Degollado*** 2 Std. eindrucksvolle traditionelle Tänze, sofern es nicht gerade auf Tournee ist. Eintrittskarten werden am Schalter im Theater verkauft, ✆ 333/613-1115, ◷ tgl. 10–13 und 16–19 Uhr.

Die **staatliche Tanztruppe** präsentiert sich jeden Mi um 20.30 und So um 10 Uhr mit einem ähnlichen Programm im ***Cine-Teatro Cabañas*** des Hospicio Cabañas. Eintrittskarten für ca. US$3 im Hospicio, nähere Auskünfte ✆ 333/668-1640.
Der Monat Oktober steht ganz im Zeichen der **Fiestas de Octubre**. Es finden tgl. Veranstaltungen statt, darunter *charreadas* (Rodeos) und Umzüge (der größte am 12.). Tgl. 12–22 Uhr wird moderne mexikanische Musik auf dem Gelände des ***Auditoriums Benito Juárez*** geboten, außerdem wird jeden Abend ein Feuerwerk abgebrannt. Im ***Instituto Cultural Mexicano-Norteamericano de Jalisco,*** Enrique Díaz de León 300, ✆ 333/825-5838, finden regelmäßig klassische Konzerte statt.
Tlaquepaque feiert seine größte Fiesta, die **Fiesta de San Pedro**, am 29. Juni mit Mariachi-Klängen, Tänzen und einer riesigen Prozession.

SPORTLICHE VERANSTALTUNGEN – Im Sommer regelmäßig **Charreadas** im ***Lienzo Charro,*** Dr Michel 577, nahe dem Parque Agua Azul. Informationen ✆ 333/619-3232. **Stierkämpfe** werden auf der Plaza de Toros, Nuevo Progreso (die Calzada Independencia ein gutes Stück nach Norden hoch), ✆ 333/637-9982, oder auf der Plaza de Toros, Pirineos 1930, ✆ 333/667-9982, ausgetragen. Größere Zuschauermengen ziehen jedoch **Fußball-** und **Baseballspiele** an, sie werden im riesigen ***Estadio Jalisco,*** Colinas 1772, ✆ 333/637-9808 oder 637-0563, abgehalten, in dem auch der FC Guadalajara seine Heimspiele austrägt (üblicherweise samstagabends und sonntagnachmittags). Die Busse Nr. 52C, 60, 62 und der Independencia-Trolley fahren die Calzada Independencia hoch und an der Arena sowie dem Stadion vorbei.

Sonstiges

APOTHEKE – ***Farmácia Guadalajara,*** Corona 22, im Zentrum, ✆ 333/656-2931, ⌚ tgl. 24 Std.

AUTOVERMIETUNGEN – Die meisten Anbieter gibt es am Flughafen und in der Av. Niños Héroes nahe am *Sheraton* (nicht weit vom Parque Agua Azul), z.B.: ***Alaniz,*** Niños Héroes 961-B, ✆ 333/614-6393. ***Budget,*** Niños Héroes 934, ✆ 333/613-0027 oder im Flughafen, ✆ 333/688-5216. ***Hertz,*** im Flughafen, ✆ 333/688-5633. ***National,*** Niños Héroes 961-C, ✆ 333/614-4595 oder im Flughafen, ✆ 333/688-5216. ***Quick Rent-a-Car,*** Niños Héroes 954, ✆ 333/614-6052.

GELD – ***American Express*** – Av. Vallarta 2440, ✆ 333/818-2300, ⌚ Mo–Fr 9–19, Sa 9–13 Uhr. ***Thomas Cook,*** Circumvalación Agustín Yañez 2343-D, ✆ 333/669-5507. ***Banamex*** an der Juárez, Ecke Corona wechselt auch Euro-Reiseschecks. Zentralstellen aller größeren Banken in der Av. Corona nahe Jardín San Francisco. Die meisten Banken besitzen Geldautomaten. **Casas de Cambio** säumen die López Cotilla, eine Parallelstraße der Juárez, östlich der 16 de Setiembre.

HONORARKONSULATE – **Deutschland:** Av. Madero 215, Col. Centro, 44100 Guadalajara, Postanschrift: Apdo. Postal 1-107, 44100 Guadalajara, ✆ 333/613-9623, 📠 586-5691; zuständig für die Bundesstaaten Aguascalientes, Guanajuato, Jalisco, Michoacán, Nayarit, San Luis Potosí und Zacatecas.
Schweiz: Consul Honorario de Suiza, Av. No. 5 s/n, Col. Seattle, 45150 Zapopan, Jal., ✆ 333/8334122, 📠 8334021, ✉ agengdl@mail.vinet.com.mx
Österreich: Consulado Honorario de Austria, Montevideo No. 2695, Col. Providencia, 44630 Guadalajara, ✆ 333/642-8490, 642-8390, 📠 641-0026.

INFORMATIONEN – Die hilfreiche staatliche ***Touristeninformation*** befindet sich in der Morelos 102, nahe Plaza Tapatía, ✆ 333/668-1600 oder 668-1601, 📠 668-1606, 💻 www.visita.jalisco.gob.mx, ⌚ Mo–Fr 9–20, Sa und So 9–13 Uhr. Auf der Plaza gibt es einen auskunftsfreudigen städtischen **Infostand**, weitere Infoschalter auch am Busbahnhof und Flughafen. Darüber hinaus ist ein kostenloses **Infotelefon**, ✆ 01-800/363-2200, geschaltet, das man von überall in Mexiko aus anrufen kann. Gratis-Infoblätter in Englisch, u.a. die *Guadalajara Weekly,* liegen in den Touristeninformationsbüros und Hotelhallen aus. Veranstaltungshinweise sind der englischsprachigen Tageszeitung *Guadalajara Colony Reporter* oder der Freitagsausgabe der spanischen *Público* zu entnehmen.

INTERNET – In der Innenstadt gibt es mehrere **Internet-Cafés**, die meisten davon in Spaziernähe der Kathedrale, z.B. an der Moreno 413 (US$2 pro Std.) und an der Morelos 1245 (US$2,50 pro Std.).

POLIZEI – ✆ 333/617-0920. Die Polizeihauptwache liegt weit außerhalb im Osten der Stadt, daher ist es einfacher, eine Diebstahl- oder Unfallanzeige bei der ***Procuraduria de Justicia,*** Av. la Paz 2873, ✆ 333/688-5588, aufzugeben.

POST – ***Correo Central*** (Hauptpostamt), in der Venustiano Carranza 16, 🕒 Mo–Fr 8–19, Sa 9–13 Uhr.

REISEBÜROS – Überall im Zentrum, auch in den Lobbys der großen Hotels.

SPANISCHSCHULEN – Abgesehen von der ***Universidad de Guadalajara,*** ✆ 333/616-4399, 💻 www.cepe.udg.mx, bieten zahlreiche Schulen Sprachkurse an. Die Preise liegen um US$322–965 für 5 Wochen; Näheres bei der Touristeninformation.

TELEFON – Apparate für Ferngespräche z.B. bei ***Computel,*** im Edificio Mulbar, Corona 181, Ecke Madero, außerdem in der Camionera Vieja (Sala B und davor), in der Camionera Nueva (Edificio 2), bei ***Telefónica Digital,*** Sanchez 375 zwischen Ocampo and Galeana. Es gibt viele öffentliche Telefonzellen in der Umgebung der Plaza Tapatía.

TOUREN – Die Tour mit dem ***Tequila Express*** führt vom Bahnhof in Guadalajara durch Agavenfelder zum Bahnhof von Tequila, dort gibt es einen Willkommenstrunk und eine Erntevorführung, begleitet von einer kleinen Fiesta. Recht kommerziell, aber für Besucher mit wenig Zeit eine gute Möglichkeit, einen Einblick in die Tequila-Herstellung zu bekommen und auf sicherem Weg von Guadalajara nach Tequila zu gelangen. Der Zug fährt tgl. um 10 Uhr ab und um 19 Uhr zurück. Das Ticket kostet für Erwachsene US$55, für Kinder unter 12 Jahren US$40; Kinder unter 6 Jahren fahren kostenlos. Kartenverkauf am Schalter der *Chamber of Commerce,* Av. Vallarta 4095, Ecke Av. Nino Obrero, ✆ 333/880-9090 oder 122-9020, 💻 www.tequilaexpress.com.mx.

Panoramex, Federalismo 948, ✆ 333/810-5109, führt von Mo–Sa **Stadtrundfahrten** durch (US$13 für 5 Std.).

WÄSCHEREIEN – Aldama 125, unweit der Independencia, ein paar Blocks südlich vom Mercado Libertad, 🕒 Mo–Sa 9–20 Uhr, und in der Juárez 323, 🕒 Mo–Fr 10–14 und 16–20 Uhr.

Nahverkehrsmittel

BUSSE – Die meisten Sehenswürdigkeiten im Zentrum lassen sich zu Fuß erreichen. Die **Stadtbusse** verkehren fast alle auf den wenigen Hauptverkehrsstraßen; die Zielrichtung steht auf der Windschutzscheibe. Allerdings fahren sie so schnell, dass es zu Stoßzeiten schwierig ist, den richtigen zu erwischen bzw. hinein- oder herauszukommen. Dann bittet man am besten Einheimische um Hilfe.

Nützliche Busstrecken:

Nr. **60**	Calzada Independencia–Fußballstadion und Stierkampfarena–Camionera Vieja
Nr. **142**	Zentrum–FFCC (Bahnhof)
Nr. **190**	Zentrum–Zapopan–Tuzania
Nr. **275**	Nueva Camionera–Tonalá–Tlaquepaque–Zentrum–Zapopan
Nr. 603-A	Cabañas–Barranca de Huentitan
Nr. **616**	Nueva Camionera–Camionera Vieja–Zentrum
Nr. **621**	Zentrum–FFCC (Bahnhof)
Nr. **629**	Zentrum–(nach Westen) Morelos / (nach Osten) Pedro Moreno–Minerva
Nr. **639**	Zentrum–Colonia Jalisco
Nr. **707 TUR** (türkis)	Nueva Camionera–Tonalá–Tlaquepaque–Zentrum–Zapopan

Trolleybus Independencia
Zentrum–Fußballstadion und Stierkampfarena–Zoo. Die Busse fahren natürlich auch in umgekehrter Richtung; die 600er sind Minibusse.

TAXIS – Wer es eilig hat, nimmt ein Taxi (Preis vorher aushandeln). Eine Taxifahrt vom Zentrum zur Plaza del Sol, Nueva Camionera oder nach Zapopan kostet ca. US$4,50, nach Tlaquepaque etwas weniger und zum Flughafen ca. US$10.

U-BAHN – Der **Tren Eléctrico Urbano**, dessen eine Linie von Norden nach Süden und die andere von Osten nach Westen verläuft, ist v.a. für Pendler gedacht.

Transport

BUSSE – Der riesige Busbahnhof **Nueva Central Camionera** besteht aus sieben nach Busgesellschaften angeordneten Terminals (Salas) und liegt in einem Vorort südöstlich der Stadt. Hier gibt es auch ein Einkaufszentrum (Nueva Central Plaza) und ein Hotel. Zwar ist jedes Gebäude grob gesehen für eine bestimmte Region zuständig, doch da die Ausrichtung nach Busgesellschaften und nicht nach Destination erfolgt, ist die Orientierung nicht ganz so einfach – so fahren z.B. fast von jedem Terminal Busse nach México D.F. Jedes Gebäude verfügt allerdings über einen sehr hilfreichen Informationsschalter, wo auch Hotelbuchungen vorgenommen werden können.
Vor jedem Terminal halten **Stadtbusse** der Linien 102, 616 und 644 („Centro") sowie die etwas teureren türkisfarbenen **TUR**-Busse (s.o.). Bus Nr. 275 ins Zentrum fährt bis gegen 22.30 Uhr hinter dem Terminal 1 ab.
Vom Zentrum aus fahren die Busse Nr. 275, 275A oder 644 von der 16 de Setiembre zum Busbahnhof und die mit der Aufschrift „Nueva Central" in südlicher Richtung entlang der Independencia oder der 16 de Setiembre. Der letzte Bus zum Busbahnhof fährt gegen 22 Uhr ab.

Sala 1 und 2: Zielorte in Jalisco, Colima und Michoacán, außerdem viele Busse nach México D.F. via Morelia und zu zahlreichen Städten im Bajío.
Sala 3 und 4: Zielorte im Norden und Nordwesten mit Bussen zur US-Grenze und nördlichen Pazifikküste sowie Zielorten dazwischen.
Sala 5: Von hier aus fahren Busse nach Osten Richtung San Luis Potosí und Tampico, außerdem einige zu Nahzielen.
Sala 6: Zielorte im Bajío, Nordosten und 2. Klasse-Busse in die Umgebung.
Sala 7: Zielorte ebenfalls im Norden und Nordosten sowie México D.F.

Busse nach:
AGUASCALIENTES Salas 2, 3, 6 und 7; 2–3x stdl. (4 Std.),
COLIMA Sala 2; 2–3x stdl. (3 Std.),
GUANAJUATO Salas 1, 2 und 6; 11x tgl. (4 Std),
LAGOS DE MORENO Sala 5; alle 30 Min.,
MANZANILLO Sala 2; 2x stdl. (6 Std.),
MAZATLÁN Salas 3 und 4; 2x stdl. (8 Std),
MÉXICO D.F. Salas 1, 2 und 3; 4x stdl. (7–9 Std.),
MORELIA Sala 2; 2–3x stdl. (3–5 Std.),
PÁTZCUARO Sala 2; 2x tgl. (6 Std.),
PUERTO VALLARTA Salas 2, 3 und 4; ständig (6 Std.),
QUERÉTARO Sala 5; alle 30 Min. (5 Std.),
SAN LUIS POTOSÍ Sala 5; alle 30 Min. (5 Std.),
TEPIC Salas 1, 2, 3, 4 und 6; ständig (4 Std.),
TIJUANA Sala 4; 11x tgl. (32 Std.),
URUAPÁN Sala 2; 18x tgl. (5 Std.).

Zielorte, die nur ungefähr 1 Std. entfernt sind – darunter Tequila, Tapalpa, Chapala, Ciudad Guzmán und die Dörfer am Ufer des Lago de Chapala – können am einfachsten mit einem 2. Klasse-Bus von der **Camionera Vieja** in der Innenstadt aus erreicht werden. Vom Zentrum aus gelangt man u.a. mit der Nr. 174 dorthin. Zwischen den beiden Camioneras verkehrt Bus Nr. 616. Tickets sind in einem Büro an der Calzada Independencia nahe dem Mercado Libertad erhältlich.
Von hier stdl. nach AJIJIC (1 Std.) und TAPALPA (3 1/4 Std.), alle 30 Min. nach CHAPALA (50 Min.) und JOCOTEPEC (1 Std.), alle 20 Min. nach TEQUILA (1 3/4 Std.).

EISENBAHN – Der Bahnhof, wenige Kilometer südlich vom Zentrum am Ende der Calzada Independencia, wird seit Jahren nur noch vom Touristenzug *Tequila Express,* s.o. „Touren", genutzt.

FLÜGE – Der Flughafen von Guadalajara liegt 17 km südöstlich der Stadt an der Straße nach Chapala. Es gibt einen Geldwechselschalter und Mietwagenverleih. Für die Taxi- oder Minibusfahrt in die Stadt (ca. 45 Min.) gelten Festpreise. Vouchers (US$15 für ein Auto mit 3–4 Pers. bzw.

US$25 für einen Van mit 5–9 Pers.) werden im Flughafen verkauft. Ein sehr viel billigerer Stadtbus verkehrt von 6–21 Uhr alle 15 Min. für US$1 zwischen dem Flughafen und der Camionera Vieja im Zentrum.

Angeflogen werden:
ACAPULCO 5x tgl. (3 Std.),
CANCÚN 6x tgl. (5 Std.),
CUIDAD JUÁREZ 6x tgl. (2 Std.),
DALLAS 3x tgl. (4 1/2 Std.),
DURANGO 3x tgl. (11 Std.),
EL PASO 1x tgl. (6 1/2 Std.),
HERMOSILLO 7x tgl. (2 1/2 Std.),
HOUSTON 3x tgl. (2 1/2 Std.),
IXTAPA 6x tgl. (1 Std.),
KANSAS CITY 3x tgl. (5 Std.),
LA PAZ 1x tgl. (1 1/2 Std.),
LOS ANGELES 3x tgl. (7 Std.),
MANZANILLO 1x tgl. (1/2 Std.),
MAZATLÁN 2x tgl. (1 1/2 Std.),
MIAMI 3x tgl. (6 Std.),
MEXICALI 2x tgl. (2 1/2 Std.),
MÉXICO D.F. stdl. (1 Std.),
MONCOLOVA 1x tgl. (5–6 Std.),
MONTERRERY 9x tgl. (4 Std.),
NEW YORK 1x tgl. (8 1/2 Std.),
OAKLAND 2x tgl. (7 1/2 Std.),
OAXACA 4x tgl. (4 Std.),
PHOENIX 3x tgl. (7 Std.),
PIEDRAS NEGRAS 2x tgl. (4 Std.),
PUEBLA 2x tgl. (2 Std.),
PUERTO VALLARTA 1x tgl. (1/2 Std.),
SALTILLO 2x tgl. (4 Std.),
SAN DIEGO 3x tgl. (8 Std.),
SAN FRANCISCO 3x tgl. (8 Std.),
SAN JOSÉ 1x tgl. (9 Std.),
SAN JOSÉ DEL CABO 1x tgl. (1 1/2 Std.),
TIJUANA 4x tgl. (2 1/2 Std.).
Außerdem gibt es Flüge nach Chihuahua, Ciudad Juárez, Ciudad Obregón, Cuernavaca, Culiacán, León/Guanajuato, Los Mochis, Nuevo Laredo, Querétaro, San Luis Potosí, Tepic, Torreón, Uruapán, Zacatecas sowie in zahlreiche andere Städte der USA, Kanadas und Mittelamerikas.

FLUGGESELLSCHAFTEN – ***Aerocalifornia,*** Av. Vallarta 2440, Plaza los Arcos, Local 4-A, ✆ 333/616-8527.
Aeroméxico, Corona 196, ✆ 333/613-6990.
American, Av. Vallarta 2440, Plaza los Arcos, Local 15-D, ✆ 333/616-4402.
Continental, *Hotel Presidente Intercontinental,* Moctezuma 3515, Local 8 und 9, 1. Stock, ✆ 333/647-4251.
Delta, López Cotilla 1701, ✆ 333/630-3130.
Mexicana, Mariano Otero 2353, ✆ 333/112-0011.
United, Av. Mexico 3370, Plaza Bonita, Local U-6, ✆ 333/616-4002.

Lago de Chapala

Der Chapala-See, ca. 50 km südlich von Guadalajara, ist mit einer Breite von rund 34 km und einer Länge von 119 km der größte See Mexikos. Inzwischen ist das Wasser leider schlammig und nur noch ca. 8 m tief: Der Wasserspiegel sank in den letzten Jahren ganz erheblich, denn das Lebenselixier des Chapala floss in die Wasserleitungen größerer mexikanischer Städte und zurück blieben nur noch rund 20% seiner eigentlichen Kapazität. Dies ist nicht nur unter Umweltschutzaspekten höchst bedenklich, sondern hat auch noch den Nebeneffekt, dass Hotels, die damit werben, am See zu liegen, das Ufer immer weiter zurückweichen sehen. So hat der See inzwischen einiges an Schönheit eingebüßt, bietet aber immer noch schöne, wenngleich begrenzte Ausblicke.

In und um Guadalajara leben angeblich 30 000 (zumeist pensionierte) Nordamerikaner, die meisten davon aus Kanada. Viele haben sich in der Nähe des Sees in Chapala und Ajijic niedergelassen, was sich stark auf die Gegend ausgewirkt hat. In dieser Ecke des Landes wird viel Englisch gesprochen und sie ist vergleichsweise teuer und nicht mehr ganz unverfälscht.

Den wunderschönen purpurroten Sonnenuntergänge über der Wasseroberfläche können die Verhältnisse jedoch wenig anhaben – ob die intensive Rottönung auf die Umweltverschmutzung zurückzuführen ist, bleibt unter den Einheimischen ein heiß diskutiertes Thema. An Wochenenden und zu Ferienzeiten, wenn die Ausflügler aus der Stadt hinzukommen, herrscht geradezu Party-Stimmung.

Panoramex, s.S. 248, führt von Guadalajara aus für ca. US$15 p.P. Tagesausflüge nach Chapala und Ajijic durch.

Chapala

Chapala ist ein ruhiges Plätzchen, dessen gelassener Charme manche Besucher länger fesselt als geplant. Eigentlich erwacht es nur am Wochenende zum Leben, wenn die Leute zum Baden, Essen und Erholen hierher reisen. Man kann eine Bootsrundfahrt mit Abstecher zu einer der Inseln machen und es gibt kleine Segelboote zu mieten.

An Straßenständen wird gebratener Fisch aus dem See verkauft. Wenn man die Promenade links hochgeht, vorbei an schattigen Gärten und Villen, kommt man zu einem kleinen Souvenirmarkt. Am Seeufer zwischen Chapala und Ajijic verläuft ein ebener Radweg *(ciclopista)*, der sich gut zum Radfahren und Wandern eignet und hübsche Ausblicke auf den See bietet.

Hinter dem *Hotel Candilejas*, auf halbem Wege die López Cotilla hoch, zwischen den Hausnummern 316 und 318 auf der gegenüberliegenden Straßenseite, zweigt ein Pfad zu dem Kreuz oben auf dem Hügel ab, wo sich bei gutem Wetter eine herrliche Aussicht über den See eröffnet.

Übernachtung und Essen

Die besseren Unterkünfte hat Ajijic, aber auch Chapala besitzt einige passable Hotels.
Hotel Candilejas, López Cotilla 363, ✆ 376/765-2279, familiäres, preiswertes Hotel nahe der Plaza auf einem Hügel. ❹
Casa de Huéspedes Las Palmitas, Juárez 531, ✆ 376/765-3070, ein paar Pesos billiger, hat saubere, nette Zimmer mit Bad. ❹
Villa Montecarlo, Hidalgo 296, ✆ 376/765-2120, schickes Motel außerhalb der Stadt mit Tennisplatz, Pool, Seeblick, luftigen Zimmern und gelegentlichen Sonderangeboten (v.a. zur Ferienzeit und an Wochenenden). ❼

Café París und ***Restaurant Superior*** an der Madero servieren preisgünstige Comidas. Schon seit 1956 gibt es das ***Casadores Casa Braniff***, Ramon Corona 18, das in der verblassenden Eleganz eines Herrenhauses herzhafte Abendgerichte bietet. Weitere Esslokale säumen die Madero, darunter auch *licuadoras*, die für nur US$0,50 pro Becher vitaminreiche Fruchtsäfte verkaufen. Am Zócalo findet man hervorragende Taco- und Torta-Stände, und zum Abendessen bieten sich die zahlreichen **Fischrestaurants** am Ufer an, das inzwischen leider mehr Schlamm und Sand als Wasser aufweist. Die meisten der aufgetischten Fische stammen aus anderen Gegenden Mexikos, das Fischvorkommen im See ist – nicht zuletzt aufgrund der Verschmutzung – drastisch zurückgegangen.

Sonstiges

GELD – Eine Casa de Cambio, ***Lloyd's***, an der Madero, Ecke Hidalgo.

INTERNET – Ein Blick in die Mailbox ist hier etwas billiger als in Ajijic: ***Computer Center***, unmittelbar abseits des Zócalo nahe Juárez, verlangt US$1,50 pro Std.

POST – Ein paar Querstraßen hinter der Plaza an der Hidalgo.

TELEFON – *Caseta telefónica* an der Madero, Ecke Hidalgo.

WÄSCHEREI – An der Zaragoza, Ecke López Cotilla.

Transport

Busse nach Chapala fahren tagsüber (6–20.30 Uhr) im 30-Minuten-Takt vom alten Busbahnhof in GUADALAJARA, Sala A. Von Chapala fahren regelmäßig Busse weiter nach AJIJIC und von dort auf einer schnelleren Strecke wieder zurück nach Guadalajara – einfach auf der Straße durch Winken anhalten.

Ajijic

Liegt nur 6 km weiter, aber die Atmosphäre ist ganz anders. Während Chapala Unterhaltung bietet, bleibt Ajijic ruhig und zugeknöpft. Der Ort an sich ist malerisch, aber man hat das Gefühl, dass die meisten der hier heimisch gewordenen Ausländer sich als Schriftsteller oder Künstler empfinden, in Abgeschiedenheit inspirieren lassen wollen und Eindringlinge verabscheuen.

Für den Besucher, der einmal am See entlanggewandert ist, sich die kleinen Galerien angesehen und die Anschläge an den Schwarzen Brettern durchgelesen hat, sind die Reize des Ortes schnell erschöpft, vor allem angesichts der happigen Preise.

Wer Mitte November durch Ajijic kommt, kann vielleicht das **Filmfestival** (jährlich wechselndes Datum) miterleben, in dessen Rahmen eine Auswahl internationaler und mexikanischer Filme zu sehen sind. In der *Casa de Cultura,* am Nordrand der Plaza, finden regelmäßig Veranstaltungen sowie Geschichts-, Kunst- und Fotoausstellungen statt.

Übernachtung und Essen

Es gibt eine beträchtliche Anzahl teurer Luxushotels sowie Ferienapartments und -häuser für einen längeren Aufenthalt mieten. Entsprechende Angebote findet man an den Notizbrettern in Geschäften, Galerien und auf der Post, die sich an der Colón 4 befindet.

Hotel Italo, Guadalupe Victoria 10, nahe Zócalo, ✆ 376/766-2221, ✉ marianabrandi@hotmail.com. Gute Wahl unter den günstigeren Hotels, allerdings läuten stdl. die Glocken der Kirche nebenan. ❹

Mis Amores, Hidalgo 22, ✆ 376/766-4640. Boutique-Hotel mit geschmackvoller Ausstattung, Privatterrassen im Schatten von Bananenstauden und freundlichem Besitzer. ❼

Nueva Posada, Donato Guerra 9, ✆ 376/766-1444, ✉ nuevaposada@laguna.com.mx, am See, drei Querstraßen östlich der Colón, kreativ ausgestaltet, hübscher Garten, kleiner Pool und Seeblick. ❼

Salamandra, Donato Guerra 10, ✆ 376/766-0689, 💻 www.hotelmex.com. Romantisches, etwas heruntergekommenes Hotel, strahlt einen ganz eigenen Charme aus und verfügt über Sauna und Jacuzzi. Einige Zimmer mit Küchenzeile. Ermäßigte Wochen- und Monatspreise. ❺

Das Restaurant im Hotel ***Nueva Posada*** bietet teure, köstliche internationale Gerichte und üppige Salate in bester Seelage. Relativ günstige italienische Kost kann man im Restaurant des ***Hotel Italo*** genießen. Das beste Lokal für ein Abendessen befindet sich jedoch im ***Mis Amores,*** dessen kreative Gerichte – unter reichhaltiger Verwendung von Chili und lokalen Produkten – auch verwöhnten Gaumen gerecht werden; Happy Hour 12–19 Uhr. Im Dorf bieten zahlreiche Lokale, insbesondere im Umkreis des Zócalo, „gesunde" Sandwiches, frischen Fisch und Obstsäfte. Außerdem sollte man nach den *sopes*-Ständen Ausschau halten, wo man für US$2 herzhaft essen kann.

Transport

Stdl. fahren Busse nach GUADALAJARA (1 Std.). Die Bushaltestelle für ankommende Busse befindet sich an der Kreuzung der Carretera Chapala und Calle Colón; ein Übersichtsplan für die Orientierung im Dorf ist drei Querstraßen weiter, an der Plaza, aufgestellt.

Tapalpa

An der Straße nach Süden, Richtung Colima, türmen sich faszinierende Gebirgslandschaften mit schneebedeckten Gipfeln. Kurz vor Tapalpa macht sich ein drastischer Klimawechsel bemerkbar, und wenn das Städtchen mit seinen alten, mit hölzernen Balkonen versehenen Häusern inmitten baumbestandener, nebelverhangener Berge erreicht ist, drängt sich ein Vergleich mit Österreich oder der Schweiz auf. Seine Reize sind natürlich nicht unbemerkt geblieben: Es ist ein begehrtes Wochenendausflugsziel der Städter und kann ungeachtet der teilweise hohen Hotelpreise ganz schön voll werden.

Die Umgebung der Plaza, mit den hölzernen Portalen aus dem 18. Jh. und den beiden beeindruckenden Kirchen, mutet dörflich an, aber die Stadt an sich ist weitläufig, und ihr Wachstum wird an den im Schnellverfahren hochgezogenen Vorortsiedlungen sichtbar. Wer spazieren gehen möchte, nimmt am besten die am Ortseingang ausgeschilderte Straße nach Chiquilistlán, auf der man bald einen duftenden Kiefernwald erreicht. Der Weg führt an den Ruinen einer ehemaligen betriebenen Papierfabrik vorbei in ein mit gewaltigen Felsbrocken – *Las Piedrotas* – übersätes Hochtal.

Auch in andere Richtungen führen von Tapalpa aus schöne Wanderwege, und man kann viele Tiere, vor allem Vögel, sehen. Es werden Ausritte angeboten (nach Schildern Ausschau halten), wobei der zum ortsnahen Wasserfall am beliebtesten ist. Im Winter wird es sehr kalt, und selbst Sommernächte können empfindlich kühl sein. Die Dorfbewohner brauen ihren eigenen Mescal, der die Kälte vertreiben hilft. Er wird in einigen der älteren Geschäfte vom Fass verkauft, ist sehr billig und unheimlich stark. Ansonsten kredenzt aber auch jede der Bars rund um den Zócalo ein Gläschen Tequila, das langsam und genüsslich zusammen mit einem unweigerlich dazugehörigen Glas süßer Sangrita genossen werden sollte, um den bitteren Nachgeschmack zu vertreiben.

Übernachtung

Fast alles von Interesse findet sich in der Nähe des Zócalo.

Hotel Tapalpa, über dem *Restaurante Tapalpa,* kein Tel., billigste Unterkunft. Einfache, muffig riechende Zimmer, warme Duschen. ❹

Posada la Hacienda, Matamoros 7, ✆ 343/432-0193, bietet für den doppelten Preis kaum mehr, nur besser durchlüftete Zimmer. ❺

Casa de Maty, ein paar Häuser in die entgegengesetzte Richtung, Matamoros 69, ✆/📠 343/432-0189; freundlich, gemütlich-rustikale Zimmer. ❻

Villa de San José, Ignacio López 91, zwei Blocks von der Plaza entfernt, ✆ 343/432-0451, luxuriöses, modernes Hotel. Am Wochenende oft ausgebucht, sonst ziemlich leer. ❻

Essen

Zahlreiche Restaurants rund um den Zócalo bieten einfache, ländliche Kost, Steaks und Milchprodukte. Viele sind nur am Wochenende geöffnet.

Paulinos ist ein Lokal in bester Lage. Auf dem Balkon mit Blick auf die Plaza werden einfache, sehr leckere Gerichte serviert.

Billigeres Essen servieren die einfachen Restaurants unterhalb der roten Kirche an der Plaza, gegenüber vom dem Büro, wo Busfahrkarten verkauft werden. In einigen Lokalen wird *poche* angeboten: Wein, bestehend aus der abenteuerlichen Mischung von Granatäpfeln, Erdnüssen, Kaffee und Guaven.

Sonstiges

GELD – ***Bancomer,*** ⏲ Mo–Fr 9–13.30 Uhr, und ***Ban Crecer,*** ⏲ Mo–Fr 9–13 Uhr, an der Plaza, wechseln schnell und zuverlässig.

INFORMATIONEN – Die städtische ***Touristeninformation*** am Nordrand der Plaza scheint keine bestimmten Öffnungszeiten zu kennen.

Transport

Vom alten Busbahnhof in GUADALAJARA fahren zw. 6.30–17.30 Uhr stdl. 2. Klasse-Busse (Sala B) in 3 1/4 Std. nach Tapalpa und zurück. Es empfiehlt sich, gleich nach der Ankunft einen Platz für die Rückfahrt zu reservieren, denn die Nachmittagsbusse sind häufig ausgebucht. Die Busse halten in Tapalpa beim Fahrkartenverkaufsbüro, Matamoros 135, südwestlich des Jardín Principal vor der roten Kirche.

Nach CIUDAD GUZMÁN (2 Std.) verkehren 4x tgl. Busse direkt; von dort gibt es Anschlüsse nach MANZANILLO. Allerdings kommen jede Menge Busse in Richtung Ciudad Guzmán an der Hauptstraßenkreuzung (El Crucero) vorbei, rund 20 km von Tapalpo entfernt; bis dorthin kommt man mit einem der zahlreichen Busse.

Weiter Richtung Colima

Über der Strecke bis nach Colima, s.S. 474, thront der im Winter schneebedeckte **Nevado de Colima**, mit 4335 m der höchste Gipfel West-Mexikos. Eine neue Carretera führt durch die Berge, an tiefen Einschnitten vorbei und über wuchtige Betonbrücken. Die alte Straße dagegen sucht sich in Spitzkehren einen Weg durchs Gebirge. Von beiden Straßen aus hat man wunderbare Ausblicke auf den Nevado, sofern er sich nicht gerade hinter Wolken versteckt. Wer auf der alten Straße unterwegs ist, sollte in der Gegend von **Atenquique**, einem hübschen, versteckt gelegenen Tal ca. 25 km hinter Ciudad Guzmán, die Wagenfenster hochkurbeln, denn hier schickt eine große Chemiefabrik üble Düfte in die Luft.

Nicht weit von hier liegt auf dem Weg zur Küste die schöne, kleine Stadt **Tuxpan**, berühmt für ihre farbenfrohen Fiestas; nicht mit Tuxpán in Veracruz (s.S. 521) zu verwechseln.

Der Norden Jaliscos

Von Guadalajara aus in westlicher Richtung erreicht man das Agavenanbaugebiet rund um Tequila. In Richtung Osten gelangt man über die Carretera 80D nach San Juan de los Lagos und Lagos de Moreno.

Tequila

Ungefähr 50 km nordwestlich von Guadalajara liegt der Ort, an dem seit dem 17. Jh. (wahrscheinlich sogar früher) das mexikanische Nationalgetränk hergestellt wird. Der Weg dorthin führt durch ausgedehnte Maguey-Felder. Aus der stachligen, blaugrauen, kaktusartigen Pflanze werden Tequila, Pulque und Mezcal gewonnen. Jährlich werden über 100 Mio. Liter Tequila produziert. Dieses Erzeugnis macht ca. 3% des mexikanischen Exportgeschäftes aus.

Die älteste Fabrikationsstätte ist **La Perseverancia**, 1873 von der *Sauza*-Gesellschaft gegründet. Hier werden alle 90 Min. Führungen in englischer oder spanischer Sprache angeboten; zu erreichen auf der Calle Ramón Corona von der Plaza an der *Banco Promex* her. ⌚ Mo–Fr 9.30–14, Sa 9.30–11 Uhr, US$4.

Wer noch mehr über den Tequila erfahren möchte, kann die Agaven-Versuchsfarm am Stadtrand bei **Rancho El Indio** besuchen (gleiches Eintrittsticket wie für die Destillerie), die *Sauza* unterhält. Hier werden etwa 197 unterschiedliche Maguey-Arten angepflanzt und wissenschaftlich ausgewertet. Auch die andere namhafte Destillerie, die Brennerei **José Cuervo**, steht Interessierten offen, Führungen werden am zwei Blocks entfernten Touristeninformationsschalter vor dem Rathaus auf der Hauptplaza arrangiert und finden stdl. statt (auf Spanisch Mo–Sa 10–14 Uhr, auf Englisch um 10 und 12 Uhr); Teilnahme US$3.

Gegenüber dem Haupteingang zur Cuervo-Destillerie befindet sich das kleine, aber feine **Museo de la Tequila**, in dem man sich über die Geschichte des Getränks und dessen immense Bedeutung für die Stadtentwicklung informieren kann. ⌚ Di–So, Eintritt US$1,50.

Einen Besuch lohnt auch die Destillerie **Herradura** (Hacienda San José del Refugio) in der Kleinstadt **Amatitán**, nur wenige Kilometer außerhalb von Tequila an der Hauptstraße nach Guadalajara gelegen. Das hiesige Restaurant verspricht einen einzigartigen Abend: Gourmet-Gerichte und exzellenter Service in einer Hacienda aus der Jahrhundertwende.

Essen

In der Umgebung des Zócalo gibt es viele Cafés, in denen die lokalen Erzeugnisse, aber auch weniger harte Getränke serviert werden.
La Posta an der Hauptstraße, Av. Sixto Gorjon 111, hat gutes Essen und vernünftige Preise.

Transport

Vom alten Busbahnhof in GUADALAJARA (Sala B) fahren alle 20 Min. Busse in 1 3/4 Std. nach Tequila. Die Busse sind ziemlich langsam, sodass die Rückfahrt nach ein paar Gläsern Tequila zu viel recht unangenehm werden kann. Besser man schließt sich einer organisierten Tour an oder nimmt den Zug. Zahlreiche Agenturen in Guadalajara bieten Ausflüge hierher an, darunter *Panoramex* (s.S. 248) für US$25. Am einfachsten gelangt man nach Tequila mit dem *Tequila Express* (s.S. 248).

Lagos de Moreno

Lagos war von jeher ein wichtiger Verkehrsknotenpunkt. Es liegt an der Kreuzung der Straßen von México D.F. nach Ciudad Juárez und von Guadalajara nach San Luis Potosí. Der Ort ist trotz des starken Verkehrs, der an seinen Außenbezirken entlangdonnert, angenehm ruhig und freundlich. Davon kann man sich überzeugen, sobald man die Brücke am Busbahnhof überquert hat und links am Fluss entlanggeht.

In der Umgebung des **Zócalo** gibt es drei, vier kleine, etwas mitgenommene Hotels, ein paar Bars und Restaurants und eine mächtige barocke **Kirche**. Außerdem befinden sich hier ein paar koloniale Wohnhäuser und Verwaltungsgebäude sowie ein gruselig aussehendes **Gefängnis**, das immer noch genutzt wird. Das **Teatro José Rosas Moreno** am Nordrand der Plaza, das seine Pforten im Jahr 1906 für Opernvorstellungen öffnete, lohnt wegen des wunderbaren Deckengemäldes, auf dem die Revolution sowie die Befreiung von der spanischen

Herrschaft dargestellt sind und in deren Mittelpunkt eine Abbildung des Lokalhelden und Schriftstellers José Rosas Moreno steht, einen Besuch. Oben auf dem Hügel steht eine halbverfallene **Kirche**. Das dazugehörige **Kloster** fungiert noch als solches und kann nicht besichtigt werden. Der Aufstieg und die Aussicht lohnt sich vor allem bei Sonnenuntergang.

Übernachtung und Essen

Hotel París, ✆ 474/742-0200, am Zócalo, fürs Gebotene zu teuer. ❹
Hotel Colónial, ✆ 474/742-0142, Hidalgo 279, mit Restaurant und hilfsbereitem Manager. ❺
Hotel La Troje, ✆ 474/742-6677, moderne, preiswerte Zimmer. ❺
Hotel Victoria, ✆ 474/742-0620, ein bisschen billiger, hat einfache, aber saubere Zimmer. ❹
Eine Hand voll guter Esslokale befindet sich am Zócalo.

Transport

Busse verkehren alle 30 Min. zwischen Lagos de Moreno und GUADALAJARA, LEÓN, ZACATECAS, AGUASCALIENTES und MÉXICO D.F.

Michoacán

Südöstlich von Jalisco liegt der Bundesstaat Michoacán, der sich von einer schmalen Küstenebene mit kleinen Badeorten bis hinauf zu den bewaldeten Ausläufern der Sierra Madre Occidental erstreckt. Dass in Michoacán die indianische Tradition so lebendig blieb, ist vor allem dem ersten Bischof von Michoacán, Vasco de Quiroga, zu verdanken, s.S. 256, Kasten.

Der direkte Weg von Guadalajara nach México D.F. führt nach Osten über die große Kreuzung von La Piedad zur Autobahn, auf die man bei Irapuato gelangt. Wer etwas Zeit hat, sollte lieber die langsamere Strecke in südlicher Richtung über Zamora und Morelia wählen, sich an der Schönheit der Landschaft erfreuen und ein paar Tage für den Besuch von Uruapán und Pátzcuaro einplanen. Von Uruapán schlängelt sich eine gute Straße durch die Berge bis hinab zur Pazifikküste bei Lázaro Cárdenas, s.S. 479.

Die meisten Besucher durchqueren Michoacán auf dem Weg in andere Regionen und halten sich hier nicht lange auf, ungeachtet der Tatsache, dass einige Städte zwischen Guadalajara und México D.F., zum Beispiel Morelia, Pátzcuaro und Uruapán, durchaus einen Aufenthalt von jeweils mehreren Tagen (unter Einbeziehung des Umlandes) lohnen.

Wer zwischen Mitte November und Ende März in die Gegend kommt, dem fliegt wahrscheinlich hin und wieder einer der orange, schwarz und weiß gefärbten **Monarchschmetterlinge** über den Weg. Die im Norden der USA beheimateten Schmetterlinge versammeln sich hier jedes Jahr zur Fortpflanzung und legen zu diesem Zweck die ansehnliche Strecke von 4000 km zurück. Mittlerweile gelten sie als ein Symbol der wirtschaftlichen Zusammenarbeit zwischen den USA und Mexiko; ihr Logo ziert die Taxis in Pátzcuaro.

Uruapán

Man sagt, der Name Uruapán bedeute in der Sprache der Tarasken „der Ort, wo die Blumen blühen". Im *Appleton's Guide* von 1884 steht zu lesen: „das Wort Uruapán stammt von *urani*", was in der Sprache der Tarasken so viel wie „eine Tasse Schokolade" bedeutet, denn die Indianer dieser Gegend beschäftigen sich mit der Herstellung und Bemalung solcher Gefäße.

Die erste Version der Übersetzung hat heute eher ihre Berechtigung, denn in dem mit rund 1600 m tiefer als seine Nachbarn gelegenen Uruapán herrscht ein subtropisches Klima mit entsprechender Vegetation vor.

Die Stadt ist wohlhabend und im Wachstum begriffen. Der Handel mit landwirtschaftlichen Produkten der Umgebung, v.a. der Export von Avocados und Macadamia-Nüssen sowie die neue Leichtindustrie, machen sie zu einem sehr betriebsamen Ort. Die Anziehungskraft des alten Uruapán hat unter dieser Entwicklung allerdings gelitten: Es entstanden hässliche Vororte, das traditionelle Handwerk wurde zurückgedrängt. Aber der Markt ist sehenswert geblieben, und man kann Ausflüge in die wunderschöne Umgebung unternehmen.

Die Tarasken und Vasco de Quiroga

Das Königreich der Purépecha – von den Spaniern Tarasken genannt – mit der Hauptstadt Tzintzuntzán lag an den Ufern des Lago de Pátzcuaro. Es war hochzivilisiert und rivalisierte vor der Konquista sogar mit dem Aztekenreich. Die Tarasken genossen einen guten Ruf als Handwerker, was sich in ihren Kunstgegenständen, den Metallarbeiten und in ihrem Federschmuck dokumentierte. Obwohl sie sich 1522 fast widerstandslos den spanischen Konquistadoren unterwarfen und sich ihr Herrscher zum Christentum bekehren ließ, entgingen sie nicht den blutigen Massakern, die Nuño de Guzmán in seinem Blutrausch anordnete.

Mit dem Auftrag, den Frieden wiederherzustellen – Guzmáns brutale Methoden waren selbst der spanischen Krone nicht geheuer – wurde Vasco de Quiroga zum Bischof der Region ernannt. Er ermutigte die in die Berge geflohenen Indianer, zurückzukehren, errichtete autonome, landwirtschaftliche Dorfgemeinschaften und Missionsstationen, in denen neben Religion praktische Dinge unterrichtet und handwerkliche Fähigkeiten vermittelt wurden. Wider alle Erwartungen hatte er Erfolg. Für die Indianer wurde er zu einer Art Hohepriester, sein Name wird bis heute in Ehren gehalten und die Resultate wirken bis heute nach: noch immer stellt jedes Dorf seine eigene und besondere Handarbeit her. In Pátzcuaro und Uruapán sind das z.B. Lackarbeiten, in Tzintzuntzán Töpferwaren, in Quiroga Holzschnitzereien und in Paracho Gitarren.

Zum Erbe Quirogas gehört wohl auch eine nach wie vor tief verwurzelte Religiosität. Michoacán war die Bastion der reaktionären Cristero-Bewegung, die nach der Revolution einen leidenschaftlichen (und blutigen) Kampf für die Kirche führte. Wahrscheinlich fanden die Ideale von Zapata und Villa hier wenig Widerhall, weil durch die Maßnahmen Quirogas das Hacienda-System nicht die schrecklichen Ausmaße angenommen hatte wie in anderen Teilen des Landes.

Im Zentrum

Der langgezogene **Jardín Morelos** ist das Herz der Stadt. Hier befinden sich alle wichtigen Einrichtungen und Gebäude, z.B. auch **La Huatapera**, eines der ältesten Bauwerke der Stadt, das liebevoll restauriert wurde, und in dem das faszinierende **Museo Regional de Arte Popular** untergebracht ist. Es beherbergt eine umfangreiche Sammlung von Kunsthandwerk aus der Gegend, v.a. Lackarbeiten. Der kleine Hof mit der angrenzenden Kapelle wurde 1533 vom Stadtgründer Juan de San Miguel, einem Franziskanerpater, erbaut. Die Schnitzereien um die Fenster weisen eindeutig arabischen Einfluss auf, denn sie wurden von christianisierten maurischen Künstlern *(Mudéjares)* aus Spanien angefertigt. Die in dem Gebäude ausgestellten Handarbeiten sind von ausgezeichneter Qualität – man sollte sie sich ansehen, bevor man anderswo etwas kauft. 🕓 Di–So 9.30–13.30 und 15.30–18 Uhr, Eintritt frei.

In der **Casa de la Cultura**, links vom Museum am Nordrand der Plaza, finden kulturelle Veranstaltungen, Ausstellungen, Konzerte und Tanzdarbietungen statt. Infos über aktuelle Termine sind dem Anschlagbrett in der Eingangshalle zu entnehmen. 🕓 tgl. 8–21 Uhr, Eintritt frei. Gleich hinter dem Museum beginnt der **Markt**. Zuerst kommt man zum *Mercado de Antojitos,* wo die Marktfrauen an Tischen ihre gerade zubereiteten Speisen servieren. Hier isst man am besten und billigsten, und die Lebensmittel sind oft frischer als in den Restaurants. Außerdem ist dies ein guter Ort, um den salzigen *adobada,* den typischen Käse der Region, zu probieren.

Der übrige Markt erstreckt sich entlang der Calle Corregidora und die Constitución hoch. Kunsthandwerk wie Tonwaren oder Holzmöbel kauft man aber besser in den Geschäften an der Independencia, die vom Zócalo zum Parque Nacional hoch führt. Oben befinden sich ein paar kleine Werkstätten, wo man Künstlern bei der Arbeit zusehen kann.

Parque Nacional Eduardo Ruíz

Der Río Cupatitzio fließt in einer engen Schlucht durch einen tropischen Park mit künstlichen Wasserfällen und Springbrunnen, den Parque Nacional Eduardo Ruíz. Der Fluss entspringt an einem Felsen, der *Rodilla del Diablo* (Teufelsknie) genannt wird. Angeblich begann die Quelle zu sprudeln, als der Teufel hier vor dem unbeirrbaren christlichen Glauben der Bevölkerung, die unter einer Dürre zu leiden hatte, demütig niederkniete. Andere Überlieferungen besagen, der Teufel sei hier bei einem Spaziergang im Park der Heiligen Jungfrau Maria begegnet und respektvoll in die Knie gesunken. *Cupatitzio*, der Name des Flusses, bedeutet „wo sich die Wasser treffen", wird aber hartnäckig mit „der Fluss, der singt" übersetzt, was in gewisser Weise auch zutrifft. Alexander von Humboldt beschrieb ihn nach seinem Besuch seinerzeit sogar als den „schönsten Fluss der Welt". ⌚ tgl. 8–18 Uhr, Eintritt US$,60.

La Tzaráracua

Etwa 12 km außerhalb von Uruapán, inmitten eines schönen Waldgebietes, donnert der Río Cupatitzio 25 m in die Tiefe. Der Wasserfall, der Wald, in dem er liegt, und die Ausflugslokale bilden La Tzaráracua, ein beliebtes Ausflugsziel vor allem an Wochenenden. Falls es zu voll wird, kann man einen Kilometer stromabwärts gehen, denn da gibt es noch einen kleineren Wasserfall. Es fahren zahlreiche Busse (Aufschrift „Tzaráracua") von der Madero, Ecke Cupatitzio. Man kann sich auch mit mehreren Leuten ein Taxi teilen.

Übernachtung

Uruapán erfreut sich erstaunlich vieler Hotels, von denen die meisten gleich am oder zumindest in Spaziernähe vom Jardín Morelos liegen.
Eine wunderbare Übernachtungsmöglichkeit bietet auch der ***Campamento Regional,*** ✆ 452/524-0197, 🖳 www.parquenacional.org, der sich über nahezu 5 km^2 geschützten Kiefern- und semitropischen Wald erstreckt. Für nur US$3,60 p.P. kann man hier ein Zelt aufschlagen oder in einer der einfachen, mit Bad und Küche ausgestatteten Hütten (einige beherbergen bis zu 24 Pers.) unterkommen.

Capri, 10 Portal Degollado 10, am östlichen Ende der Plaza, kein Telefon. Einfach und belebt, mitten drin im Geschehen; um einiges besser als andere Hotels im gleichen Häuserblock. ❹

Concordia, Portal Carillo 8, ✆/📠 452/523-0400, ✉ info@hotelconcordia.com.mx, 🖳 www.hotel-concordia.com.mx. Auf der Plaza, modern, sauber und gut geführt, alle Zimmer mit TV und Telefon. Restaurant / Bar und Wäscherei. Parkmöglichkeiten. ❹

Continental, Nicolas Bravo 33, ✆ 452/523-9793, 🖳 www.hotelessucasa.com.mx. Freundliches Hotel; moderne, saubere Zimmer mit TV und Telefon; Parkplatz und Restaurant. ❻

Gran Hotel Acosta, Filomena Mata 325, ✆ 452/523-4564. Am Busbahnhof, bietet Durchreisenden einfache, preiswerte Zimmer. ❹

Hotel del Parque, Independencia 124, nahe dem Parque Nacional, ✆ 452/524-3845. Bestes der Billighotels, sauber und freundlich, große Zimmer mit Bad (die schönsten, aber lautesten, sind die nach vorn hinaus), Parkplatz. ❹

Mansión del Cupatitzio, am Nordende des Parque Nacional Eduardo Ruíz, ✆ 452/523-2100, 🖳 www.mansioncupatitzio.com, das schickste Hotel hier. Hervorragender Service, Pool, Terrassenrestaurant und Garten. ❼

Plaza Uruapán, Ocampo 64, ✆ 452/523-3599, 📠 523-3980. Großes, modernes Hotel am Westende des Zócalo, Zimmer und Restaurant (2. Etage) mit Aussicht. ❽

Posada Morelos, Morelos 30, ✆ 452/523-2302. Gut bewachtes, von einer Familie geführtes Hotel, rings um einen liebevoll angelegten Patio. Saubere, preiswerte Einzel- und Mehrbettzimmer. ❸

Real Uruapán, Nicolas Bravo 110, ✆ 452/527-5900. Eine Querstraße südlich der Plaza und somit etwas ruhiger; schöne Aussicht vom Dachrestaurant. ❼

Regis, Portal Carillo 12, ✆ 452/523-5844. Zentral, freundlich, manche Zimmer mit TV und Plaza-Blick. Parkplätze vorhanden. ❻

Victoria, Cupatitzio 11, ✆ 452/523-6700, 🖳 www.hotelvictoriaupn.com.mx, modernes Hotel mit Garage und gutem Restaurant. ❻

Villa de Flores, Carranza 15, ✆ 452/524-2800. Saubere, schlichte, Zimmer um einen begrünten Hof. ❻

Essen

Typische Michoacán-Küche gibt es an den Essenständen des *Mercado de Antojitos Típicos,* einen Block nördlich vom Zócalo. An der Independencia, nahe der Plaza, befinden sich mehrere gute, preiswerte Cafés, die u.a. ausgezeichnete Licuados verkaufen.

Antojitos Yucatecos, Emilio Carranza 37. Mexikanisches Frühstück und preiswerte Comidas.

Café Sol Y Luna, Independencia 15. „Künstlercafé", bietet Antojitos, Getränke und an manchen Abenden auch Jazz.

Café Tradicional de Uruapán, Emiliano Carranza 5. Tolles Frühstück, guter Kaffee, Eis, Kuchen und Antojitos. Sitzplätze im Freien.

La Casa, Revolución 3. Charmantes Innenhof-Café mit Cocktail-Lounge, gut für einen Kaffee und Tequila-Drinks.

Colibri, Independencia 19. Gourmetcafé, das leckere Backwaren und starken Kaffee verkauft. Sonntags geschlossen.

Comedor Vegetariano, Morelos, Höhe Aldama. Preiswerte, abwechslungsreiche vegetarische Gerichte, auch außer Haus.

Comida Económica Mary, Independencia 59, Hausmannskost zu Niedrigpreisen, gut zum Frühstück und Mittagessen.

Hotel Real de Uruapán, Nicolas Bravo 110. Restaurant im Obergeschoss mit herrlicher Aussicht, wo abends zu gerade noch erschwinglichen Preisen bei Live-Musik Essen serviert wird.

Jugos California, Independencia 7. Riesenauswahl an Säften und Eis, auch ein paar Snacks.

La Lucha, Portal Matamoros 15, am Südrand der Plaza. Richtig nettes Café, gut zum Probieren der starken einheimischen Gebräue.

La Pergola, Portal Carrillo 4, an der Südseite des Zócalo, ein beliebtes, nicht ganz billiges Speiselokal, serviert Comida corrida, ausgewählte nationale und internationale Gerichte.

El Portal, Madero 12. Serviert preislich akzeptable Abendgerichte und regionale Spezialitäten wie *cabrito* (Ziege) und Kaninchen. Tanzfläche.

Restaurant Urani, am Eingang zum Parque Nacional Eduardo Ruíz, neben dem *Mansión Cupatitzio.* Hier genießt man Avocado-Cocktails (US$2), gegrillte Forellen (US$6) und himmlische Aguas frescas mit Blick auf die Wasserfälle des Parks und Bananenstauden. ⏲ tgl. 9–19 Uhr.

Sonstiges

GELD – In den Straßen rings um die Plaza gibt es zahlreiche Banken mit Geldautomaten, auch Casas de Cambio, z.B. am Portal Matamoros 18 an der Südseite der Plaza, am Portal Degollado 15 an der Nordostecke, an der Carranza 14D gleich westlich der Plaza, und an der Obregón 1D östlich der Plaza.

POST – Calle Cupatitizio, Reforma 11, 3 Querstraßen südlich der Plaza, ⏲ Mo–Fr 8–19, Sa 9–13 Uhr.

TELEFON – Ferngespräche bei ***Computel,*** Ocampo 3, am Westrand der Plaza, außerdem am Busbahnhof und bei ***Telmex*** an der 5 de Febrero 12A, unmittelbar südlich der Plaza.

INFORMATIONEN – ***Touristeninformation*** (Casa Regional del Turista), Emilio Carranza 20, ☏ 452/ 524-0667, in der Arkade unter dem *Hotel Plaza* am Westrand des Jardín Morelos, vergibt ebenso wie die Hotels einen guten Stadtplan und verkauft einheimisches Kunsthandwerk sowie essbare Produkte der Region. ⏲ tgl. 9–19 Uhr.

INTERNET – Ein Internet-Café gibt es an der Independencia 33 (US$1,50 pro Std.).

TAXIS – ☏ 452/519-0480, nicht nur für Kurzstrecken, sondern auch für längere Ausflüge in die Umgebung.

Transport

BUSSE – Man kommt auf einem modernen Busbahnhof an, 3 km vom Zentrum; ein Stadtbus (Aufschrift „Centro") fährt zum Jardin Morelos. Nach:
PÁTZCUARO alle 15 Min. (1 Std.),
MORELIA alle 15 Min. (2 Std.),
PARACHO alle 30 Min. (40 Min.),
LOS REYES stdl. (1 Std.),
GUADALAJARA 18x tgl. (5 Std.),
MÉXICO D.F. alle 30 Min. (6 Std.),
LÁZARO CÁRDENAS alle 30 Min. (6 Std.).

FLÜGE – Regelmäßig nach CULIACÁN, GUADALAJARA, MÉXICO D.F. 1x tgl., (2 Std.), MORELIA 1x tgl. (1/2 Std.) und TIJUANA 1x tgl. (7 1/2 Std.).

Paricutín

Am 20. Februar 1943 bebte die Erde bei Paricutín, rund 20 km nordwestlich von Uruapán. Rauch stieg hoch, der Boden tat sich auf, glühende Lava floss heraus und begrub schließlich den Ort und mehrere umliegende Dörfer unter sich. Tausende von Bauern mussten vor dem Lavastrom fliehen – die Entstehung des **Vulcans von Paricutín** ist nachzulesen in dem Augenzeugenbericht von Egon Erwin Kisch, s.S. 736.

Acht Jahre lang war der Vulkan aktiv und verwüstete die Umgebung im Umkreis von 20 km^2. Sein Kegel erreichte derweil eine Höhe von ungefähr 300 m. Inzwischen ist die Lava erkaltet und der Vulkan erloschen. Eine Kirchturmspitze ist das einzige, was von dem Dörfchen San Juan Parangaricutiro heute noch zu sehen ist. Der Ausbruch des Vulkans zog seinerzeit Schaulustige aus der ganzen Welt an und trug in gewisser Weise auch zum wirtschaftlichen Aufschwung der Gegend bei. Im Laufe der Jahre ist es wieder ruhiger geworden.

Wer einen Ausflug zum Vulkan machen möchte, sollte früh aufstehen. Selbstfahrer nehmen einfach die Hauptstraße nach Los Reyes und halten nach Schildern mit der Aufschrift „Angahuan" Ausschau. Von der Central Camionera in Uruapán fährt zwischen 5–19 Uhr alle halbe Stunde ein Bus von *Autotransportes Galeana* mit der Aufschrift „Ruta Paraíso" Richtung Los Reyes oder Zicuicho und hält unterwegs im Dorf **Angahuan** (Fahrtdauer ca. 40 Min., US$1,30). Um den Weg zum Busbahnhof zu sparen, kann man auch am Kreisverkehr Calzada de San Miguel einen Bus mit der Aufschrift „Los Reyes" heranwinken. Die Busse halten an der Carretera außerhalb des Dorfs, von wo aus die **Kirche auf der Hauptplaza** zu Fuß zu erreichen ist. Sie wurde im 17. Jh. erbaut, und ihr Portal wurde im überwiegend arabischen *Mudéjar*-Stil von Künstlern aus Andalusien geschnitzt. Das Kreuz im Hof, mit Schlangen, einem Totenkopf und anderen präspanischen Motiven verziert, ist dagegen absolut mexikanisch. An der Straße rechts der Kirche (wenn man auf die Kirche blickt), gegenüber der Seitenpforte zum Hof, befindet sich eine neuere, geschnitzte Haustür, auf der die Geschichte des Vulkanausbruchs festgehalten ist.

Von der Plaza biegt man nach rechts und geht dann ungefähr 200 m die Juárez lang, bis man linker Hand an einem mit wunderbaren Holzschnitzereien verzierten Gebäude vorbeikommt. Hier biegt man nach links ab und geht einen Kilometer weit immer geradeaus. So gelangt man zum *Centro Turístico de Angahuan*, ✆ 452/523-3934, dessen Aussichtspunkt einen wunderbaren Blick auf den Vulkan freigibt; Schaubilder des Vulkans und der lokalen Plattentektonik vermitteln ein wenig Hintergrundwissen – leider nur auf Spanisch. Das *Centro* verfügt auch über Ferienhütten mit jeweils 6 Betten und Kamin (US$50), oder man kann auf dem Gelände sein Zelt aufschlagen (US$10 für 2 Pers.).

Für den Besuch des *Centro Turístico* und der halb verschütteten Kirche genügt ein Vormittag, der Ausflug zum Krater erfordert dagegen mehr Zeit. In Angahuan findet sich mühelos ein Guide. Wer nur ein Stück weit auf den Berg steigen und sich ein bisschen umsehen möchte, braucht eigentlich keinen, aber die Einheimischen können ein paar Extrapesos gut gebrauchen. Für den längeren Ausflug zum Katerinneren ist auf jeden Fall ein Führer erforderlich, vielleicht auch ein Pferd. Das kostet nicht die Welt. Der kurze Ritt zur verschütteten Kirche dauert nur eine halbe Stunde; der gesamte Aufstieg zum Vulkan dagegen einen ganzen Tag, also Proviant mitnehmen!

Tinganio

Etwa auf halbem Weg zwischen Uruapán und Pátzcuaro, im Ort **Tingambato**, liegen die Überreste der präspanischen Stätte Tinganio. Ihre früheste Besiedlung datiert ungefähr aus der Zeit um 450–600 n.Chr. Zwischen 650 und 900 n.Chr. stand sie unter dem Einfluss der Tarasken, in dieser Zeit wurden die meisten wichtigen Bauten im Ort angelegt.

Die Stätte ist nicht groß, wurde aber liebevoll restauriert und weist mehrere Einflüsse auf: vorherrschend ist der von Teotihuacán, deutlich zu erkennen an der **Pyramide**, die das religiöse Zentrum dominiert. Sie überragt einen Platz mit einem kreuzförmigen Altar; dahinter liegt ein **Ballspielplatz**, der auf toltekischen Einfluss hinweist. Am Rande des Ballspielplatzes befindet sich unter einem Hain von Avocadobäumen eine nicht ausgegrabene Pyramide. Das unmittelbar nördlich des Religionszentrums gelegene **Wohnviertel**, eine abgesunkene Plaza mit zwei Altären und fünf Treppenaufgängen, die zu fünf verschiedenen Wohnhäusern führen, erinnert stark an den Baustil von

Teotihuacán. Das **Grabgewölbe** unter dem größten Wohnhaus (wird Besuchern auf Wunsch geöffnet) besitzt dagegen eine unechte Kuppel, die Maya-Einfluss vermuten lässt. Den besten Blick über die Ausgrabungsstätte und die herrliche Umgebung hat man von der Pyramide aus. An Wochentagen verirrt sich selten ein Tourist hierher. ⌚ tgl. 10–17 Uhr, Eintritt US$2,70.

Selbstfahrer nehmen den *Cuota*-Highway von Uruapán Richtung Pátzcuaro, dann die Ausfahrt Zirahuén und folgen der *libre*-Straße vorbei an Ajuno nach Tingambato, das rund 30 km westlich von Pátzcuaro liegt.

Pátzcuaro

Pátzcuaro liegt auf halber Strecke zwischen Uruapán und Morelia, etwa 60 km von beiden Städten entfernt und weder mit der einen noch der anderen zu vergleichen. Pátzcuaro ist viel kleiner, eigentlich mehr ein durch den Tourismus angeschwollenes Dorf, und trotzdem kolonialer als Uruapán und viel indianischer als Morelia. Hier findet man sowohl schöne Beispiele für Kolonialarchitektur als auch eine reiche indianische Kultur.

Hinzu kommt, dass die Stadt an einem der schönsten, auf jeden Fall aber am fotogensten See Mexikos liegt, der in- und ausländische Touristen magnetisch anzieht. Bisher hat das dem Reiz Pátzcuaros keinen Abbruch getan, sondern im Gegenteil sogar dazu geführt, dass Gebäude und Sehenswürdigkeiten restauriert wurden.

Mehr als irgendein anderer Ort im Bundesstaat ist Pátzcuaro dem Bischof **Vasco de Quiroga** zu Dank verpflichtet. Aufgrund seiner Sympathie für die Indígenas ließ er sich im Kernland der Purépecha am Ufer des Lago de Pátzcuaro nieder. Trotz heftiger Widerstände von Seiten der Spanier in Morelia (damals Valladolid) setzte er es durch, dass hier die Kathedrale gebaut wurde – in zentraler Lage nahe der großen Wasserquelle der Region und für viele gut erreichbar. Obwohl folgende Bischöfe das Machtzentrum wieder nach Morelia verlegten, war eine Basis geschaffen. Im 16. Jh. erlebte Pátzcuaro einen regelrechten Bauboom. Dass es danach immer ein bisschen „hinterwäldlerisch“ blieb, macht nicht zuletzt seinen heutigen Charme aus. Pátzcuaro ist inzwischen eine gepflegte, künstlerisch orientierte Stadt, und man kann Stunden damit verbringen, von einem der schönen – und kostspieligen – Kunst-, Kunsthandwerks- und Antiquitätengeschäfte zum anderen zu bummeln.

Die Plazas

Das Zentrum lässt sich in wenigen Minuten von einer Plaza zur anderen durchqueren. Die beiden Plätze sind die **Plaza Vasco de Quiroga** (oder Plaza Grande) mit der Statue des Bischofs Quiroga und die **Plaza Gertrudis Bocanegra** (Plaza Chica), benannt nach einer hiesigen Heldin aus den Zeiten des Unabhängigkeitskampfes.

Die alten Wohnhäuser im Zentrum mit ihren Balkonen und Wappenschildern haben sich kaum verändert. Die schönsten stehen an der ehemaligen Plaza Grande. Besonders sehenswert ist die **Casa del Gigante** aus dem 17.Jh. mit ihren kräftigen Pfeilern und rohgeschnitzten Figuren. Im Haus daneben, so wird behauptet, hat der Prinz Huitzimengari, der Sohn des letzten Taraskenkönigs, gewohnt. Beide Gebäude können nicht besichtigt werden.

Weitere Bauwerke dieser Art findet man auf der Plaza Bocanegra, aber das augenfälligste ist die **Biblioteca** in der Calle Obregón, nur wenige Schritte von der Plaza entfernt, mit ihrer gewölbten Holzdecke. Im 16. Jh. war dies die Kirche San Agustín, die später zur Bibliothek umgebaut wurde. **Juan O'-Gorman** (1905–1982) verzierte sie mit *murales*, auf denen die Geschichte des Staates Michoacán, insbesondere der Tarasken, dargestellt wird. O'Gorman war ein außergewöhnliches künstlerisches Talent und gilt als Nachfolger von Rivera und Orozco. Sein berühmtestes Werk ist die Innendekoration des Chapultepec-Schlosses in México D.F. Die antiimperialistische Thematik des Wandgemäldes von Pátzcuaro ist deutlich, gleichzeitig ist es ein Lob auf das Wirken Quirogas. ⌚ Mo–Fr 9–19.30 Uhr.

Die Basilika

Die unter Quiroga erbaute Kathedrale, die **Basilica de Nuestra Señora de la Salud** oder Colegiata, östlich der Plaza Bocanegra, ein immenses Bauwerk für eine so kleine Stadt, sollte nach Quirogas Vorstellungen das Schmuckstück von Pátzcuaro werden und 30 000 Gläubigen Platz spenden. Allerdings wurde es nie vollendet, und die heutige, im 19. Jh. fertiggestellte Basilika besteht nur aus dem Schiff der ursprünglich geplanten Kirche. Dennoch ist sie oft voll besetzt, denn die indigene Bevölke-

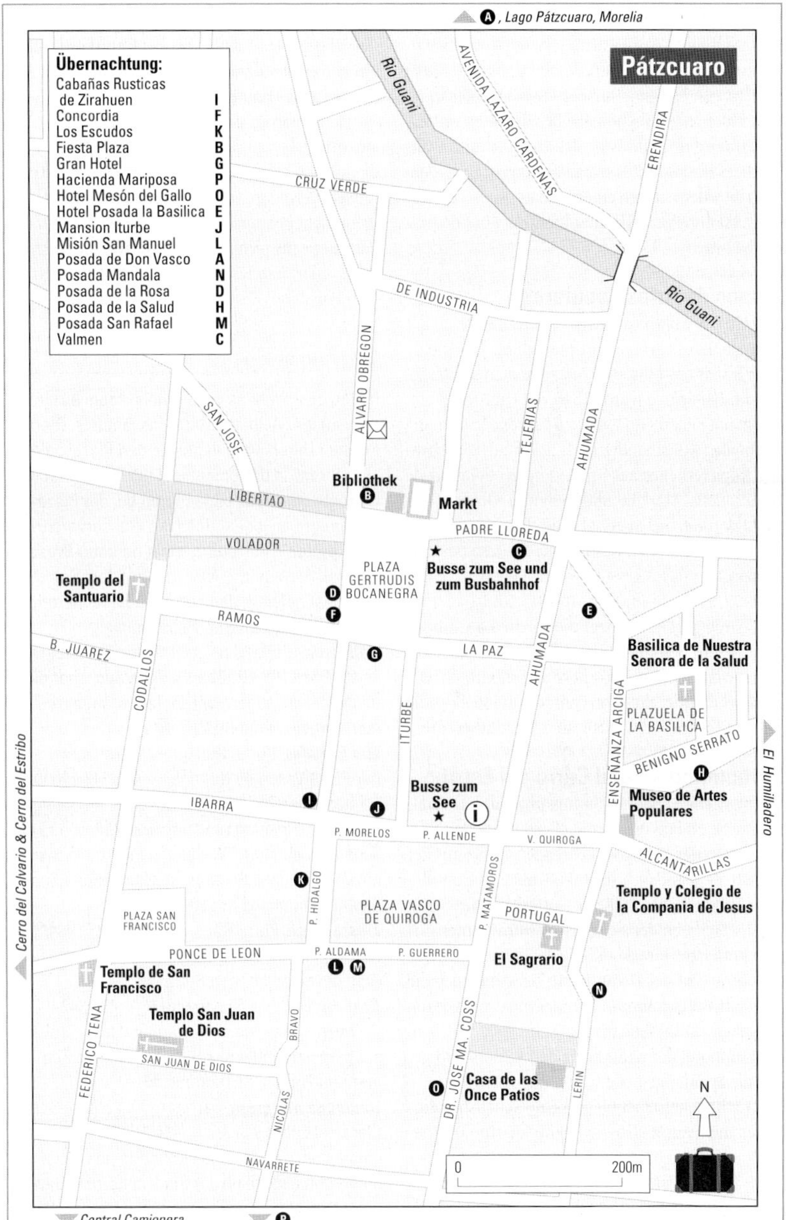
A, Lago Pátzcuaro, Morelia
Pátzcuaro
Übernachtung:
Cabañas Rusticas de Zirahuen I
Concordia F
Los Escudos K
Fiesta Plaza B
Gran Hotel G
Hacienda Mariposa P
Hotel Mesón del Gallo O
Hotel Posada la Basilica E
Mansion Iturbe J
Misión San Manuel L
Posada de Don Vasco A
Posada Mandala N
Posada de la Rosa D
Posada de la Salud H
Posada San Rafael M
Valmen C
Rio Guani
AVENIDA LAZARO CARDENAS
ERENDIRA
CRUZ VERDE
DE INDUSTRIA
Rio Guani
ALVARO OBREGON
SAN JOSE
TEJERIAS
AHUMADA
Bibliothek
Markt
LIBERTAD
VOLADOR
PADRE LLOREDA
PLAZA GERTRUDIS BOCANEGRA
Busse zum See und zum Busbahnhof
Templo del Santuario
RAMOS
LA PAZ
B. JUAREZ
CODALLOS
AHUMADA
Basilica de Nuestra Senora de la Salud
ITURBE
ENSEÑANZA ARCIGA
PLAZUELA DE LA BASILICA
BENIGNO SERRATO
El Humilladero
Cerro del Calvario & Cerro del Estribo
Busse zum See
IBARRA
Museo de Artes Populares
P. MORELOS
P. ALLENDE
V. QUIROGA
ALCANTARILLAS
P. HIDALGO
P. MATAMOROS
Templo y Colegio de la Compania de Jesus
PLAZA VASCO DE QUIROGA
PORTUGAL
PLAZA SAN FRANCISCO
PONCE DE LEON
P. ALDAMA
P. GUERRERO
El Sagrario
Templo de San Francisco
Templo San Juan de Dios
BRAVO
DR. JOSE MA. COSS
FEDERICO TENA
SAN JUAN DE DIOS
Casa de las Once Patios
LERIN
NICOLAS
N
NAVARRETE
0
200m
Central Camionera
P

rung verehrt in dieser Kirche ihren Don Vasco. Außerdem gibt es eine wunderwirkende Marienfigur, die nach Taraskentradition aus *pasta de caña* besteht, einer gummiähnlichen Substanz, die in erster Linie aus Mais hergestellt wird. Der Gottesdienst wird am Jahrestag des Heiligen und während der Fiestas mit Hingabe begangen, außerdem auch an jedem Achten eines Monats, wenn sich Pilger versammeln, um bei der Jungfrau um Fürsprache zu bitten.

Museo de Artes Populares

Zwischen der Basílica und der Plaza Grande, an der Quiroga, Ecke Lerín, ist im ehemaligen Colegio de San Nicolas das Museo de Artes Populares untergebracht. Die Schule wurde 1540 von Quiroga eingeweiht und beherbergt heute eine schöne Sammlung regionalen Kunsthandwerks: Lack- und Töpferwaren, Kupferarbeiten aus Santa Clara del Cobre sowie traditionelle Masken und religiöse Objekte aus *pasta de caña*. Das Material ist leicht zu verarbeiten und wiegt nicht viel, weshalb die Figuren bei Prozessionen mühelos getragen werden können. ⌚ Di–Sa 9–19, So 9–15 Uhr, Eintritt US$3,20.

Schräg gegenüber liegt die Kirche **La Compañia**, ebenfalls unter Quiroga (1546) erbaut und später von den Franziskanern übernommen. Die sterblichen Überreste von Quiroga und Relikte, die ihm zugeschrieben werden, sind hier aufbewahrt.

El Humilladero und Cerro del Estribo

In entgegengesetzter Richtung, ungefähr eine halbe Stunde zu Fuß die Avenida Serrato entlang oder mit einem der häufig verkehrenden Busse mit der Aufschrift „Panteón", liegt die Kirche El Humilladero, vermutlich das älteste Gotteshaus der Stadt. An der Stelle, an der sie errichtet wurde, unterwarf sich der letzte Taraskenkönig Tanganxoan II. den Spaniern. „Ort der Demütigung" ist denn auch die treffende Bezeichnung. Allerdings muss man davon ausgehen, dass Tanganxoan sein Volk vor dem Massenmord, der andernorts den Widerstand gegen die Spanier begleitete, zu retten versuchte.

Die Kapelle selbst bietet keine Sehenswürdigkeiten, man kann also die Kräfte für eine Wanderung auf den Cerro del Calvario im Westen der Stadt sparen. Der Weg führt von der Plaza Grande die Calle Ponce de León hoch, vorbei am alten Zollhaus und einer kleinen Plaza vor der Kirche San Francisco, immer weiter geradeaus, bis zum Fuß des Hügels. Der Aufstieg bis zur **Capilla El Calvario** ganz oben dauert vom Stadtzentrum zu Fuß nur ein paar Minuten.

Wenn man an der Kapelle den Weg nach rechts einschlägt, kommt man nach ungefähr einer Stunde auf den sehr viel höheren **Cerro del Estribo** (Steigbügel-Berg), von wo aus man eine wunderbare Aussicht über die Stadt und den See hat, der von Pátzcuaro aus nicht zu sehen ist. Wer die Anstrengung einer Wanderung scheut, kann ein Taxi bis zum Fuß der 417 Stufen zum Gipfel nehmen.

Übernachtung

In Pátzcuaro gibt es viele Hotels; kaum billige, aber ausgezeichnete Mittelklassehotels. Die meisten Unterkünfte liegen an den Plazas: die „besseren" in der Umgebung der Plaza Vasco de Quiroga, die etwas einfacheren bei der Plaza Bocanegra. In jedem Hotel die Wasserversorgung prüfen – Pátzcuaro leidet oft unter Wassermangel. Am 1. und 2. Nov wird auf dem See das Totenfest gefeiert, dann ist ohne Reservierung weit und breit kein Bett zu bekommen.

Concordia, Portal Juaréz 31, Plaza Bocanegra, ✆ 434/342-0003. Großes, kahles Haus, aber eine passable, günstige Wahl. Einfache, saubere Zimmer, manche ohne Du/WC. ❺

Los Escudos, Portal Hidalgo 73, Westseite der Plaza Vasco de Quiroga, ✆ 434/342-1290, ✉ hescudos@ml.com.mx. Schönes Kolonialgebäude mit Zimmern rund um zwei Patios; alle mit Teppichboden und TV, manche mit Kamin. Auch ein verlässliches Restaurant. Nach einem Zimmer im Haupthaus fragen. ❺

Fiesta Plaza, Plaza Bocanegra 24, ✆/℻ 434/342-2515. Einfaches, 3-stöckiges Hotel mit Zimmern rund um einen offenen Patio. ❼

Gran Hotel, Plaza Bocanegra 6, ✆ 434/342-0443, 💻 www.mexonline.com/granhotel.htm. Großes, sauberes, freundliches Hotel mit kleinen Zimmern und gutem Restaurant. ❺

Hacienda Mariposa, Carretera Patzcuaro–Santa Clara del Cobre KM 3,5, ✆ 434/342-4728, 💻 www.haciendamariposas.com. Komfortable Luxusunterkunft außerhalb der Stadt in herrlich bewaldeter Umgebung, bietet Ausritte mit Ponys, Öko-Touren und veganische Küche. ❾

Hotel Mesón del Gallo, Dr. Coss 20, ✆ 434/342-1474, 💻 www.mexonline.com/mesondelgallo.htm. Eines der ältesten Hotels am Ort. Attraktive, rustikale Aufenthaltsräume, ordentliche Zimmer und ausgezeichnetes Restaurant (s. „Essen"). ❼

Hotel Posada la Basílica, Arciga 6, ✆ 434/342-1108, ✉ hotelpb@hotmail.com. Auf dem Hügel gegenüber der Basilika. Hübsche Zimmer, einige mit Kamin, in einem Gebäude aus dem 18. Jh. Mit herrlichem Blick über die Dächer der Stadt. ❽

Mansión Iturbe, Portal Morelos 59, Nordseite der Plaza Vasco de Quiroga, ✆ 434/342-0368, 💻 www.mexonline.com/iturbe.htm. Im 17. Jh. ein Maultiertreiberhaus und heute ein architektonisches Juwel in Familienbesitz. Die kleine, luxuriöse Unterkunft ist mit Werken einheimischer Künstler ausgestaltet und bietet eine Bibliothek, exzellente Mahlzeiten sowie gemütliche Zimmer mit Daunendecken. Außerhalb der Saison niedrigere Preise, jede 4. Übernachtung kostenlos. ❽

Misión San Manuel, Portal Aldama 12, ✆ 434/342-1313. Hinter der kolonialen Fassade verbirgt sich ein modernes Inneres. Die gemütlichen Zimmer im ehemaligen Kloster besitzen Kamine. ❻

Posada de Don Vasco, Av. Lazaro Cardenas 450, ✆ 434/342-0227. Geschmackvoll ausgestattetes *Best Western* im Kolonialstil am Stadtrand; Pool, Tennisplatz und Garten mit Obstbäumen. ❾

Posada Mandala, Lerin 14, ✆ 434/342-4176, ✉ matiasag@hotmail.com. B&B nahe der Casa de los Once Patios. Toller Besitzer und einladende Zimmer mit handgewobenen Grasmatten; schöne Aussicht vom Dach. ❺

Posada de la Rosa, Portal Juaréz 29, Plaza Bocanegra, neben dem *Concordia,* ✆ 434/342-1276. Eine der preiswertesten Unterkünfte in der Stadt. Die sachlichen, dunklen Zimmer gruppieren sich rund um einen Lichtschacht. ❹

Posada de la Salud, Serrato 9, ✆ 434/342-0058, ✉ posadadelasalud@hotmail.com. Hinter der Basilica, kurzer Fußweg ins Zentrum. Hübsches kleines Budget-Hotel, ruhig und sehr sauber, manche Zimmer mit Kamin. Bietet das vermutlich beste Preis-Leistungs-Verhältnis in der Stadt. ❹

Posada San Rafael, Plaza Vasco de Quiroga, ✆ 434/342-0770. Eines der größten Hotels mit modernem Anbau im Kolonialstil hinter der echten Kolonialfassade. Eher dunkle, aber gemütliche Zimmer. ❹

Valmen, Lloreda 34, ✆/📠 434/342-1161, 💻 www.mexonline.com/valmen.htm. Geräumige, saubere Zimmer mit Du/WC, preiswert, aber um 23.30 Uhr ist Zapfenstreich. ❹

Essen

In fast jedem Hotel gibt es auch ein Restaurant, das preiswerte Comida corrida anbietet. Der *pescado blanco* darf auf der Speisekarte nicht fehlen, genauso wenig wie die leckere *sopa tarasca,* Tomatensuppe mit Chili und Tortillastückchen. Billige Speiselokale sind dünn gesät, doch gibt es ein paar einfache Essenstände auf dem **Markt**. Dieser fand früher nur einmal wöchentlich in den Straßen, die von der Plaza Chica nach oben führen, statt. Neuerdings ist häufiger Markttag, montags und mittwochs ist wenig los. Freitags, wenn die Indígenas kommen, ist er am buntesten. Abends sind auf der **Plaza Chica** oft Essenstände mit einfachen Gerichten aufgebaut. Den besten Fisch kann man unten am See in einem der Restaurants am Landungssteg probieren. Stände vor dem *Hotel los Escudos* auf der Plaza Quiroga verkaufen leckeres Eis, z.B. mit Tamarinde-, Tequila- und Maisgeschmack.

Cafetería Betafumerio, Portal Aldamo 10, serviert frisch gebackene Kuchen und guten Kaffee.

Cafetería La Compañía, Hidalgo 70. Empfehlenswert für Kaffee und kreative Desserts.

Cafetería La Escelera Chueca, Plaza Quiroga 26, an der Plaza, serviert lokale Spezialitäten und Fischgerichte.

Campana, Portal Rayon 26. Regionale Speisen, darunter Fisch, zu moderaten Preisen.

Casa de las 11 Pizzas, Plaza Vasco de Quiroga 33. Schmackhafte Pizza in einem kleinen Patio abseits der Plaza Quiroga. Gelegentlich finden hier auch Veranstaltungen statt.

Casona, Plaza Quiroga 65. Ein nettes Lokal an der Plaza, gut zum Kaffee trinken, Frühstücken und Leute beobachten.

Don Rafa, Mendoza 30. Preiswerte Comidas in angenehmer Umgebung; freundliche Angestellte.

Dona Paca, Portal Morelos 59, gehört zum *Hotel Mansión Iturbe.* Regionale Gerichte in elegantem Ambiente, z.B. kreative Salate mit lokalen Produkten, Purépecha-Tamales *(corundas),*

herzhafte Suppen, *churipo de carne* (Rindfleischeintopf) oder Fisch in Koriandersoße.
Misión del Arriero, im *Hotel Mesón del Gallo* an der Lerin nahe der Basilika, recht kostspielig, aber mit schöner Kolonialatmosphäre und einfallsreicher mexikanischer Küche.
Mistongo, Dr. Coss 4. Einladendes Restaurant mit traditionellem mexikanischem Dekor, zu essen gibt's Tajitas und komplette Menüs nach Art der Tarasken für unter US$10.
El Monge, Portal Aldama 14, Plaza Quiroga. Gutes Restaurant, Frühstücks- und Mittagsgedecke zu moderaten Preisen.
El Patio, Plaza Quiroga19. Schickes kleines Restaurant, guter Kaffee, leckeres Frühstück, Antojitos, Steaks und Fisch, relativ preiswert.
Premier Piso, Plaza Quiroga 29. Gourmetrestaurant, das eine schmackhafte Mischung aus taraskischer, französischer und italienischer Küche auftischt, die ihren Preis wirklich Wert ist. Der romantische Balkon bietet eine schöne Aussicht.
Restaurante los Escudos, Portal Hidlago 73, Plaza Quiroga. Lebhaftes Lokal mit Live-Musik und Comidas corridas für US$4.
Tekare, Arciga 6, in der *Posada La Basílica*. Restaurant mit schöner Aussicht und regionaler Küche – Tipp: die Hausspezialität *kurucha urapiti* oder Weißbarsch mit Chilis.

Sonstiges

GELD – Geld wechseln Banken mit Geldautomaten an beiden Plazas sowie Casas de Cambio an der Plaza Quiroga 67 am Nordrand der Plaza, an der Ibarra 2, unweit der Plaza, und an der Padre Lloreda, Ecke Ahumada nahe dem *Hotel Valmen*.

INFORMATIONEN – ***Touristeninformation,*** Plaza Quiroga 50A, auf der nördlichen Seite der Plaza, ✆ 434/342-1214. ⏲ Mo–Sa 9–14 und 16–20, So 9–14 Uhr.

INTERNET – Internet-Cafés befinden sich an der Plaza Quiroga 33 (US$2 pro Std.) und in der Benito Mendoza 8 (US$2,50 pro Std.).

POST – In der Obregón 13, ⏲ Mo–Fr 8–16, Sa 9–13 Uhr. **Kurierdienst:** Wer ein Packet versenden möchte, wendet sich an *DHL,* Plaza Vasco de Quiroga 29-2, im Laden *Artesanías La Mojiganga* in der Casa del Naranjo.

SPANISCHSCHULEN – ***Centro de Lenguas y Ecoturismo de Pátzcuaro,*** Navarette 47A, ✆ 434/342-4764, ✉ celep@rds2000.crefal.edu.mx, veranstaltet Kurse für US$250 pro Woche.

TELEFON – ***Computel,*** am Nordrand der Plaza Bocanegra, bietet Telefon und Fax-Möglichkeit. Ebenso bei den Fillialen von ***Casetas*** am Portal Hidalgo 67 am Westrand der Plaza Quiroga; an der Dr Mendoza 21 zwischen den Plazas; und am Eingang zur *Posada de la Rosa* an der Plaza Bocanegra. Kartentelefone sind praktisch inexistent.

TOUREN – Verschiedene Reiseveranstalter bieten Halb- oder Ganztagstouren um den Lago de Pátzcuaro und zu Dörfern in der Umgebung an, z.B. das ***Instituto de Planificación Ecológica,*** in Erongaricuaro am westlichen Seeufer, ✆ 434/344-0167, ✉ francis_eronga@hotmail.com. Die Teilnahme an einem Tagesausflug mit Schwerpunkt auf Ökologie inkl. traditionellem indigenen Mittagessen kostet US$35. Näheres zu dieser und anderen Touren ist bei der Touristeninformation zu erfahren.

WÄSCHEREI – ***Lavanderia San Francisco,*** Teran 16, vor dem Templo San Francisco, ⏲ Mo–Sa 9–20 Uhr.

Transport

BUSSE – Der Busbahnhof liegt ca. 15 Min. zu Fuß von der Plaza Chica entfernt; ansonsten fahren „Centro" oder „Col. Popular"-Busse ins Zentrum. Busse zum Busbahnhof fahren an der Plaza Bocanegra ab. Nach:
MORELIA alle 15 Min.(1 Std.),
URUAPÁN alle 15 Min.(1 Std.),
QUIROGA alle 15 Min. (1 Std.),
MÉXICO D.F. stdl. (5 Std.),
GUADALAJARA 2x tgl. (6 Std.) 2x tgl.
Nach JANITZIO kommt man mit einem der Busse, die vom Markt aus zum Hafen fahren, dort weiter per Boot.

Lago de Pátzcuaro

Ein Grund, Pátzcuaro zu besuchen, ist natürlich der See. Zu erreichen per Bus oder Minibus von der Plaza Bocanegra in Pátzcuaro: Jene mit Aufschrift „Lago" halten direkt bei den Booten, Busse mit der Aufschrift „Santa Ana" ganz in der Nähe. Zu Fuß braucht man eine Stunde – immer den *Embarcadero-* (Landungssteg) Schildern nach – durch die Auspuffgase der vorbeifahrenden Busse ist es jedoch kein besonders angenehmer Spaziergang.

Früher waren Boote das wichtigste Transportmittel im Seengebiet. Seit dem Bau mehrerer neuer Straßen nehmen die Leute allerdings lieber den Bus als das Kanu. Auf dem See herrscht aber immer noch ein lebhafter Ausflugsbetrieb. In regelmäßigen Abständen fahren Boote zur nächstgelegenen Insel Janitzio. Man kauft den Fahrschein an der Anlegestelle, und nicht auf dem Schiff zu einem festen Preis, aber es kommen fast immer irgendwelche „Extras" hinzu.

Als Hauptattraktion bietet man den Touristen Schnappschüsse mit den berühmten Schmetterlingsnetzen an, die von indianischen Fischern in ihren kleinen Kanus geschwungen werden. Die Netze werden heutzutage allerdings kaum noch benutzt.

Ausgedehntere **Rundfahrten auf dem See** und der Besuch anderer Inseln können am Landungssteg gebucht werden. Auf Wunsch werden auch ein Mietboot und eine erfahrene Begleitperson besorgt, oder aber man verhandelt direkt mit den Bootsführern. Die Preise beginnen bei ca. US$3, aber für Gruppen lassen sie sich mit etwas Verhandlungsgeschick auf ein annehmbares Maß senken. Boote fahren zwischen 9 und 19 Uhr jede halbe Stunde ab. Die Touristeninformation bietet auch organisierte Touren an.

El Día de los Muertos (Allerseelen, 1. Nov) wird in ganz Mexiko im großen Stil begangen, aber nirgendwo mit solcher Intensität wie am Lago de Pátzcuaro. Zwar drängen sich viele schaulustige Touristen zwischen die Gläubigen, aber es handelt sich um eine streng private Angelegenheit der jeweiligen Familien. Auf dem Friedhof werden den Seelen der Verstorbenen Früchte und Blumen dargebracht, und die ganze Nacht über wird bei Kerzenlicht an den Gräbern Wache gehalten. Am Abend kommen die Indígenas in Kanus über den See. Im Bug jedes Bootes brennt dann eine einsame Kerze. Ohne Reservierung ist es praktisch unmöglich, in dieser Zeit in oder um Pátzcuaro ein Zimmer zu bekommen.

Tzintzuntzán

Die Überreste der ehemaligen Hauptstadt der Tarasken, Tzintzuntzán, befinden sich 15 km nördlich von Pátzcuaro am Ufer des Sees; zu erreichen mit einem der Busse, die von der Central Camionera in Pátzcuaro nach Quiroga fahren. Tzintzuntzán wurde gegen Ende des 14. Jhs. gegründet, als die Hauptstadt von Pátzcuaro hierher verlegt wurde. Spanischen Überlieferungen zufolge zählte die Stadt zur Zeit der Konquista ungefähr 40 000 Einwohner. Die Tarasken beherrschten das Gebiet des heutigen Michoacán und Teile der neueren Staaten Jalisco und Colima.

Wohnhäuser, Märkte und Herrscherpaläste waren um das erhöhte **religiöse Zentrum** der Stadt angeordnet. Zu sehen ist davon leider nur noch die künstliche Plattform, auf der sich damals die runden Tempel erhoben, die jetzt in Trümmern liegen. Einige davon wurden restauriert.

Selbst wenn man nur einen Blick im Vorbeifahren von der Straße aus über die Anlage wirft, fallen die pyramidenähnlichen Formen ins Auge, denn sie stehen im Gegensatz zu den rigiden, rechteckigen Bauten, wie sie für die präspanischen Kulturen Mexikos typisch sind. Die *yacatas* (Tempel) waren ca. 15 m hoch. Auf Steinstufen konnte man auf die Spitze steigen, die einen Durchmesser von 2 m hat. Sie weisen keine Verzierungen auf und wurden aus angehäuften, flachen Felssteinen errichtet, die von Stützmauern gehalten und außen mit weichem Vulkanstein verkleidet wurden. Von der Plattform aus, die man früher über eine breite Rampe betrat, hat man einen herrlichen Blick auf den See und das heutige Dorf Tzintzuntzán.

Tzintzuntzán bedeutet „Ort der Kolibris". Es ist aber nicht anzunehmen, dass man in dieser Region heute noch einen Kolibri zu Gesicht bekommt. Es wird behauptet, dass die Tarasken, die aus den Federn Schmuck herstellten, sie praktisch ausgerottet hätten.

Unten im Dorf – übrigens bekannt für die besten Keramikarbeiten der Gegend, die in ein paar Geschäften verkauft werden – stehen die Überreste eines gewaltigen **Franziskanerklosters**. Es wurde 1530 gebaut, um die Tarasken zu christianisieren.

Vieles wurde im Laufe der Jahrhunderte zerstört, nur ein paar Gebäude sind wieder aufgebaut worden, aber die schöne **Barockkirche** und eine Gebetshalle, in der die Indianer früher den Predigten lauschten, sind stehen geblieben.

Vasco de Quiroga hatte ursprünglich geplant, seine Diözese hier zu errichten, beschloss dann aber, dass Pátzcuaro der bessere Ort sei, unter anderem weil dort die Wasserversorgung eher gesichert war. Er hinterließ ein ungewöhnliches Andenken: die Olivenbäume, die im und um das Kloster wachsen. Sie sind wahrscheinlich die ältesten im ganzen Land, denn es war den mexikanischen Siedlern nicht erlaubt, Olivenbäume zu pflanzen, um das Monopol der spanischen Bauern nicht zu gefährden. ⏲ tgl. 10–17 Uhr, Eintritt US$2,80.

Ihutzio

Wer an Tzintzuntzán Gefallen gefunden hat, sollte vielleicht auch die älteren, prätaraskischen Überreste von Ihuatzio besuchen, die an einer abgelegenen Landstraße mitten im Weideland liegen. Diese häufig als „Ort des Coyoten" bezeichnete Stätte befindet sich in strategisch günstiger Lage nahe dem Lago de Pátzcuaro und diente früher als Wasserschutz- und Beobachtungsposten. Da bislang nur zwei Gebäude freigelegt sind, kann nur ein Teil der Anlage besichtigt werden, die sich grob in zwei Bereiche teilt: ein älterer (900–1200 n.Chr.), der vermutlich von den Náhuatl errichtet wurde, sowie ein jüngerer aus der Zeit der taraskenischen Besetzung von 1200–1530 n.Chr. Zu sehen sind die beiden **Pyramiden**, welche einst vermutlich eine Art Plaza de Armas begrenzten. ⏲ tgl. 10–17 Uhr, Eintritt US$2,70.

Von der Plaza Bocanegra in Pátzcuaro fahren regelmäßig Busse an der Stätte vorbei (US$0,50). Nach ca. 20 Min. wird man am Ende einer Kopfsteinpflasterstraße abgesetzt, von wo es noch rund 2 km zu Fuß zum Eingang sind.

Morelia

Die Hauptstadt des Bundesstaates ist wenig typisch für Michoacán, dafür ist sie – trotz der hohen Zahl indianischer Einwohner – viel zu spanisch. Die breiten Straßen sind von Kolonialgebäuden gesäumt, man sitzt in Straßencafés auf arkadenbestandenen Plazas und könnte sich genausogut in Salamanca oder Valladolid befinden. Bis 1828 hieß die Stadt auch Valladolid. Dann wurde sie zu Ehren des Freiheitskämpfers **José María Morelos**, der hier geboren wurde, umbenannt.

Morelia wurde nach der Konquista von zwei Mönchen gegründet, Juan de San Miguel und Antonio de Lisboa, die sich hier 1530 unter den Indianern niederließen. Zehn Jahre später kam der erste Vizekönig von Neuspanien, Antonio de Mendóza, zu Besuch und war von dem Ort so begeistert, dass er den Bau einer Stadt anordnete und fünfzig spanische Familien ansiedelte.

Von Anfang an bestand eine starke Rivalität zwischen der hiesigen Kolonialaristokratie und der indianischen Stadt Pátzcuaro. Zu Lebenszeiten Vasco de Quirogas ging der Streit zugunsten von Pátzcuaro aus, aber später wurde der Bischofssitz nach Valladolid verlegt und eine Universität gegründet. Ende des 17. Jhs. bestand kein Zweifel mehr an der Vorherrschaft von Valladolid.

Die Stadt selbst wurde wegen ihrer einzigartigen Sehenswürdigkeiten zum Nationaldenkmal erklärt, was bedeutet, dass kein neues Gebäude gebaut wird, das nicht mit der alten Kolonialarchitektur harmoniert. Folglich gibt es keinen Stilbruch im Stadtbild. Vorherrschend ist ein leicht rötlich-grauer Stein (Trachyt), der sehr weich und einfach zu bearbeiten ist und außerdem schnell verwittert, so dass sich die neuen Häuser schnell den alten angleichen.

Die Avendia Francisco Madero, die nördlich der Kathedrale verläuft, ist mehr oder weniger die Hauptstraße von Morelia. An ihr befinden sich die wichtigsten öffentlichen Gebäude und die großen Geschäfte. Alle Sehenswürdigkeiten liegen in Spaziernähe der Plaza de Armas.

Rund um die Kathedrale

Im Herzen der Stadt steht die massive **Kathedrale**, deren Türme angeblich die höchsten in ganz Mexiko sind. 1640 wurde mit dem Bau im nüchternen, herrerianischen Stil (nach dem Architekten Juan de Herrera, 1530–1597, der die Kathedrale im spanischen Valladolid baute) begonnen, die Fertigstellung der Türme und der Kuppel zog sich jedoch über zweihundert Jahre hin. Mittlerweile war der Barock in Mode gekommen. Trotzdem ist es ein harmonisches Bauwerk und seine ausgewogenen Proportionen lassen es nicht überladen erscheinen. Das Innere wurde um die Jahrhundertwende erneuert, nachdem man einen Großteil des Silbergeräts versetzen musste, um die Kriegskosten zu finanzieren. Im Chor und in der Sakristei sind noch religiöse Gemälde aus der frühen Kolonialzeit erhalten.

Der **Zócalo** (Plaza de Armas oder de los Mártires) mit seinen einladenden Straßencafés bildet eindeutig den Mittelpunkt der Stadt. Am Südwestende des Platzes, Ecke Allende und Abasolo, befindet sich in einem Kolonialpalast aus dem 18. Jh. das **Museo Michoacáno**. Hier residierte Kaiser Maximilian, wenn er sich in Morelia aufhielt. Die Ausstellung umfasst archäologische Funde vor allem der Purépecha-Kultur, einschließlich Töpferwaren und kleine Skulpturen aus Tzintzantzun, aber auch sehr viel ältere Gegenstände, insbesondere Obsidianfiguren. Im Patio stehen zwei schöne alte Kutschen. Das erste Stockwerk ist der Kolonialzeit gewidmet: Gemälde, Statuen, alte Bücher und Manuskripte. Die Sammlung wird allerdings inzwischen von der im neuen Museo del Estado übertroffen. 🕒 Di–Sa 9–19, So 9–14 Uhr, Eintritt US$3.

Die meisten öffentlichen Gebäude und Geschäfte befinden sich an der Avenida Francisco Madero nördlich vom Zócalo. Da ist zunächst der **Palacio de Gobierno** an der Plaza Melchor Ocampo auf der anderen Seite der Kathedrale. Früher war hier ein Seminar untergebracht, zu dessen berühmtesten Schülern der Unabhängigkeitsheld Morelos, Nemesis Agustín Iturbide sowie Ocampo, ein Liberaler des 19. Jhs. und Verbündeter von Benito Juárez, zählten. Im Innern ist auf *murales* praktisch die ganze mexikanische Geschichte mit allen ihren Helden dargestellt. Geht man weiter die Madero entlang, kommt man an verschiedenen **Bankgebäuden** vorbei, die einige der landesweit bemerkenswertesten Beispiele für aktiven Denkmalschutz darstellen: Entsprechend den strengen Bauvorschriften in Morelia finden die Bankgeschäfte in kolonialer Umgebung unter den Dächern ehrwürdiger Herrensitze statt.

Westlich und nördlich der Plaza

Das **Colegio de San Nicolas**, einen Block westlich der Plaza gelegen, ist heute Teil der Universität. Es wurde ursprünglich 1540 in Pátzcuaro von Vasco de Quiroga gegründet, 40 Jahre später hierher umgesetzt und ist die älteste in Mexiko, ja sogar in ganz Amerika.

Auf der anderen Seite der Calle Nigromante liegt die öffentliche Bibliothek, die in der ehemaligen Jesuitenkirche **La Compañía** untergebracht ist. Nebenan der **Palacio Clavijero**, heute Sitz staatlicher Verwaltungsbüros, hier auch das *SECTUR*-Büro. Am Anfang der Nigromante, am freundlichen Jardín de las Rosas, befindet sich die Kirche Santa Rosa und daneben das **Conservatorio de las Rosas**, das im 18. Jh. gegründet wurde. Manchmal finden hier klassische Konzerte statt (Näheres bei der Touristeninformation).

Ganz in der Nähe, Santiago Tapia, Ecke Guillermo Preto, befindet sich das neue **Museo del Estado**. Zu den Ausstellungsgegenständen zählen eine komplett erhaltene Apothekeneinrichtung aus dem 19. Jh. sowie archäologische und ethnologische Fundstücke. Im Untergeschoss sind Gegenstände aus präspanischer Zeit ausgestellt, die Ausstellung im Obergeschoss befasst sich mit den Bräuchen, der Lebensweise, Kleidung und den traditionellen Zeremonien der Mexikaner. 🕒 Mo–Fr 9–14 und 16–20, Sa und So 9–14 und 16–19 Uhr, Eintritt frei.

Östlich des Museo del Estado bzw. nördlich der Plaza de Armas liegt an der Plaza del Carmen das **Museo de Arte Colonial**. Die Sammlung umfasst eigentlich nur Bilder aus Morelia und Umgebung – man muss sie nicht unbedingt gesehen haben. 🕒 Di–Fr 10–14 und 17–20, Sa und So 10–14 und 16.30–19 Uhr, Eintritt frei.

Das schöne alte Kloster Convento del Carmen an der Nordseite der Plaza beherbergt jetzt die **Casa de la Cultura**, in der oft interessante Kulturveranstaltungen und Ausstellungen stattfinden. 🕒 Mo–Fr 9–18, Sa und So 10–18 Uhr, Eintritt frei. Das Gebäude an sich ist schon sehenswert: Der gewaltige Komplex umfasst auch ein Theater, Café und das faszinierende kleine **Museo de la Máscara** (Maskenmuseum). Im vorderen Hof des Museo de la Mascara findet am Sonntag um 18 Uhr meistens eine Musik-, Tanz- oder Theatervorstellung statt. 🕒 Mo–Fr 10–14 und 16–20, Sa und So 10–18 Uhr, Eintritt frei.

Südlich und östlich der Plaza

Gleich südlich der Casa de la Cultura und südlich der Plaza Melchor Ocampo, an der Avenida Morelos, liegt die **Casa Morelos**. In dem relativ einfachen Haus aus dem 18. Jh. lebte José María

Morelos y Pavón (s. Kasten) ab 1801. ⏲ tgl. 9–19 Uhr, Eintritt US$3.

Ganz in der Nähe, an der Avenida Corregidora (Verlängerung der Avenida Alzate), Ecke García Obeso, steht das Geburtshaus des Nationalhelden, die **Casa Natal de Morelos**, ⏲ tgl. 9–19 Uhr, Eintritt frei. Direkt daneben befindet sich die **Kirche San Agustín**, von der eine Fußgängerzone zum Zócalo hochführt. Gegenüber der schönen Kirche gibt es einen Marktplatz, den **Mercado Hidalgo**.

Ein paar Querstraßen weiter in der anderen Richtung, auf der Valladolid von der Plaza Ocampo direkt zu erreichen, ist im ehemaligen Kloster San Francisco die **Casa de las Artesanías** untergebracht. Sie besitzt die einzige, wirklich gute Auswahl von Kunsthandwerk aus dem Staat Michoacán. Fast alle Gegenstände werden zum Verkauf angeboten. Im Erdgeschoss sind die schönsten Sachen ausgestellt. Das obere Stockwerk ist Handarbeiten aus einzelnen Dörfern unter der Aufsicht der jeweiligen Dorfbewohner (nicht der Angestellten des Palacio, deshalb nicht immer geöffnet) und unverkäuflichen Antiquitäten vorbehalten. Die alte Klosterkirche kann ebenfalls besichtigt werden. ⏲ Mo–Sa 10–20, So 10–15.30 Uhr, Eintritt frei.

Ein Spaziergang von fünfzehn Minuten führt von der Plaza de Armas die Madero nach Osten an der Hauptpost und der Barockfassade des Templo de las Monjas vorbei zu einer baumbestandenen Grünanlage mit kleinen Parks am Rande der Stadt, durch deren Mitte auch das alte **Aquädukt** verläuft. Es wurde zwischen 1785 und 1789 erbaut und versorgte die Stadt mit Wasser aus den Quellen der umliegenden Hügel.

Rechts davon liegt der Park **Bosque Cuauhtémoc**, eingebettet in großzügig angelegte Blumenrabatten, und 300 m weiter auf der Avenida Acueducto das **Museum für moderne Kunst**. ⏲ Di–So 10–14 und 16–20 Uhr, Eintritt frei. Linker Hand führt die Calle Fray Antonio de San Miguel (benannt nach dem Bischof, der das Aquädukt bauen ließ) zur überreich verzierten Kirche **Sanctuario de Guadalupe**.

Am Wochenende und bei Fiestas werden hier an Marktständen die leckeren *dulces* von Morelia verkauft.

José María Morelos y Pavón – ein kämpferischer Priester

Der erste Ruf nach Unabhängigkeit ging von Seiten der mexikanischen Bourgeoisie – die meisten von ihnen *Criollos*, Nachkommen der spanischen Einwanderer – aus. Sie wollten sich nicht mehr länger den drückenden Handelsbeschränkungen beugen, die ihnen die Spanier auferlegt hatten. Bald wurde daraus eine Massenbewegung. Als ein Schüler von Hidalgo, s.S. 237, übernahm der Pater José Maria Morelos y Pavon nach dessen Ermordung die Führung der Revolution.

Im Unterschied zu früheren Anführern war Pfarrer Morelos (ein Mestize von bescheidener Herkunft) ein Populist und überzeugter Reformer.

Aber er besaß, im Gegensatz zu seinen Vorgängern, auch politisches und militärisches Geschick und berief sich auf den Geist der Französischen Revolution. Seine Forderungen waren allgemeines Stimmrecht, Abschaffung der Rassentrennung und das Ende des Hacienda-Systems. Nach langen Jahren des Guerillakampfes war Morelos kurz davor, México D.F. einzunehmen und damit das ganze Land unter seine Kontrolle zu bringen, als 1815 die Royalisten-Truppen von Agustín de Iturbide die Oberhand gewannen. Morelos und viele andere wurden hingerichtet.

Schließlich kam die Unabhängigkeit – übrigens unter Iturbide, der inzwischen die Seiten gewechselt hatte und später für kurze Zeit Kaiser werden sollte. Aber sie entstammte weniger dem Willen zur Veränderung als vielmehr der Tatsache, dass Spanien selbst im Jahr 1820 im Zuge der revolutionären Entwicklungen in Europa von liberalen Reformen in seinen Grundfesten erschüttert wurde.

Die Ideen, die José Maria Morelos verfochten hatte, wurden jedoch bis zu einem gewissen Grad von Benito Juárez und später, fast hundert Jahre nach seinem Tod, von der Revolution wieder aufgegriffen.

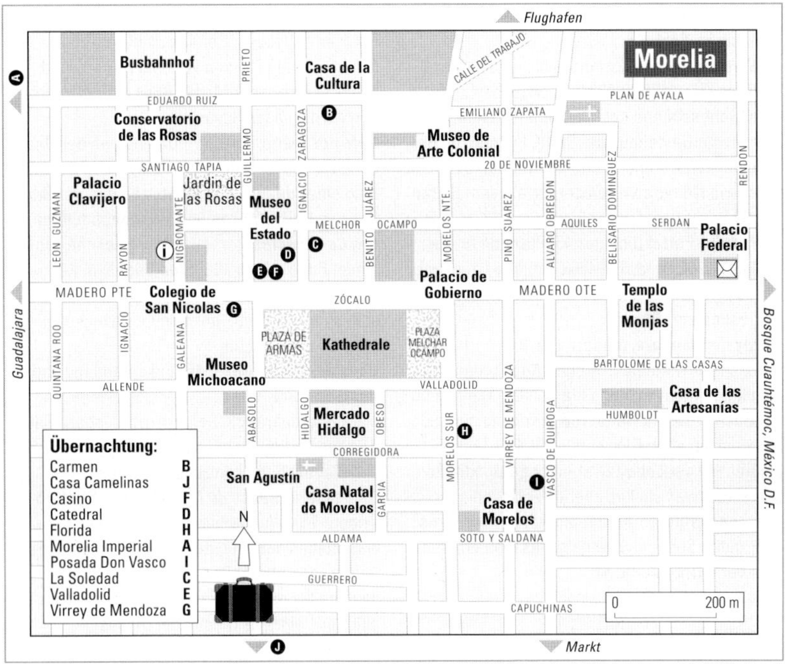

Übernachtung

Zwar gibt es viele billige Hotels in der Umgebung des Busbahnhofs, doch lohnt es sich, ein bisschen mehr Geld auszugeben und dafür näher im Zentrum zu wohnen, wo sich ein paar hübsche, leicht mitgenommene Kolonialhotels befinden.

Carmen, Eduardo Ruiz 63, ✆ 443/312-1725, ℡ 314-1797, freundliches Budget-Hotel an einer hübschen Plaza; saubere Zimmer mit TV, manche mit Gemeinschafts-Du/WC. ❹

Casa Camelinas, Jacarandas 172, ✆ 443/324-5194, 🖳 www.cimarron.net/mexico/camelinas.html. Freundliches Gästehaus rund 1,5 km von der Innenstadt (kurze Taxi- oder Busfahrt – zu erreichen mit dem orangefarbenen Kleinbus Nr. 3, der vor der Kathedrale abfährt), hat helle, mit Werken hiesiger Künstler geschmückte, geräumige Zimmer mit Du/WC. Da etwas abgelegen, sollte man sein Kommen zur Sicherheit vorher ankündigen. ❻

Casino, Portal Hidalgo 229, an der Plaza de Armas, ✆ 443/313-1328, 🖳 www.hotelcasino.com.mx. Alle Zimmer mit Teppichboden, TV und Warmwasser, rings um einen kleinen Patio. ❼

Catedral, Ignacio Zaragoza 37, ✆ 443/313-0783, ✉ hotel_catedral@infoset.net.mx. Zimmer um ein Restaurant im kolonialen Patio, hier bezahlt man vor allem fürs Ambiente. Frühstück inkl. ❻

Florida, Av. Morelos Sur 161, südöstlich der Plaza de Armas, ✆ 443/312-1819, ℡ 312-1038. Angenehm und sauber, sämtliche Zimmer mit TV und Telefon, einige frisch renoviert. ❻

Morelia Imperial, Guadalupe Victoria 245, ✆ 443/313-2300, ℡ 317-0171. Hinter der breiten Kolonialfassade verbirgt sich ein modernisiertes Hotel, alle Zimmer mit TV und Telefon. Beliebt bei mexikanischen Geschäftsleuten. ❺

Posada Don Vasco, Vasco de Quiroga 232, ✆ 443/312-1484, ✉ posada_don_vasco@hotmail. com. Recht günstiges Hotel im Kolonialstil; einige Zimmer sind hübscher als andere – man sollte sich mehrere zeigen lassen, bevor man sich entscheidet. ❹

La Soledad, Ignacio Zaragoza 90, unweit Plaza de Armas, ☎ 443/312-1888, 💻 www.hsoledad.com. Sehr schönes Kolonialgebäude, beherbergt das älteste Gästehaus der Stadt. Luftige Zimmer rund um einen wunderschönen offenen Innenhof ❽ sowie billigere in weniger attraktivem Hinterhof ❻.

Valladolid, Portal Hidalgo 245, Plaza de Armas, ☎ 443/312-0027, 📠 312-4663. Schöne Lage unter Arkaden, aber die Zimmer sind etwas düster und mitgenommen. ❻

Virrey de Mendoza, Madero Pte. 310, ☎ 443/312-0633, 💻 www.hotelvirrey.com. Auch wenn man sich keine Übernachtung hier leisten kann, lohnt ein Blick in dieses wunderbare Kolonialgebäude, das noch im alten Glanz erstrahlt. Die Zimmer können mit der Lobby zwar nicht ganz mithalten und sind etwas stickig, aber ihrer Geschichte, ihrer wunderbaren Aufenthaltsräume und ihres sehr guten Service wegen ist dies eine empfehlenswerte Unterkunft. ❾

Essen

Die preiswertesten Restaurants sind in der Umgebung des Busbahnhofs anzutreffen. Die meisten Hotels verfügen über ein Restaurant mit Comida corrida. In den Cafés an der Plaza de Armas muss man für ein Menü ziemlich tief in die Taschen greifen. Kleine Gerichte und ein Frühstück mit Kaffee und *pan dulce* sind allerdings annehmbar im Preis.

Abends werden an der Calle Hidalgo (zwischen Zócalo und San Agustín) und um den Mercado Hidalgo herum **Essenstände** aufgebaut. Die Spezialität von Morelia sind *dulces*, Süßigkeiten aus kandierten Früchten oder Kondensmilch. Die größte Auswahl hat der ***Mercado de Dulces y Artesanías***, s. „Einkaufen". In Morelia und Umgebung wird besonders gerne *rompope* getrunken. Dieses sehr süße Getränk besteht aus Rum, Milch und Ei und wird mit Vanille, Zimt und Mandeln gewürzt.

Acuarius, Hidalgo 75, in einem Hof abseits gelegen. Vegetarisches Restaurant, hübsche Lage, durchschnittliches Essen.

Café del Conservatorio, Santiago Tapia 363. Ruhiges Plätzchen, Gebäck und Wein zu erschwinglichen Preisen vor dem Hintergrund sanfter klassischer Musik; Blick auf den schönen Jardín de las Rosas.

Café del Teatro, im Teatro Ocampo an der Ocampo, Ecke Prieto. Dank seiner eleganten Einrichtung eines der meistbesuchten Lokale der Stadt. Gut zum Kaffeetrinken und Leutebeobachten.

Los Comensales, Zaragoza 148. Hübsche Lage in einem Patio samt trällernden Vögeln in Käfigen. Preiswerte Comida corrida (US$5); wer ein bisschen mehr ausgibt, bekommt gute mexikanische Spezialgerichte.

Copa de Oro, Juárez 194B, Ecke Santiago Tapia. Obstsäfte und Tortas.

Del Olmo, Juárez 95. Schicke, aber legere Café-Bar rings um einen hübschen Patio; guter Kaffee und Eier mit Schinken zum Frühstück.

Dulces Morelianas de la Calle Real, Madero Oriente 440. Wunderbarer altmodischer Süßwarenladen mit Café, das Kaffees mit einer Spur *cajeta* serviert. Die Bedienungen tragen Kleidung im Stil der Kolonialzeit, und im hinteren Teil gibt's ein winziges Museo del Dulces.

Las Mercedes, Leon Guzmán 47. Köstliche taraskenische und mexikanische Gerichte in schickem Ambiente. Überraschend preiswert.

Los Mirasoles, Madero Poniente 549, ☎ 443/317-5777, 💻 www.losmirasoles.com. Modernes Lokal mit nettem Innenhof und kreativer mexikanischer und internationaler Küche. Beeindruckende Weinkarte. Reservierung empfohlen.

Panadería & Charcutería Trico, Valladolid 8. Delikatessengeschäft mit Café im Obergeschoss und ausgezeichnetem Frühstück. Die köstlichen Brathähnchen lassen die Leute rund um den Block Schlange stehen.

El Rey Tacamba, Madero Pte 157, Portal Galeana, gegenüber der Kathedrale. Kleines, seiner guten Küche wegen besonders beliebt.

San Miguelito, Avenida Camelinas, gegenüber dem Centro Convenciones Fracc. La Loma, ☎ 443/324-2300, 💻 www.sanmiguelito.com.mx. Exzellente, schnörkellose mexikanische Küche. Die Bar wurde einer Stierkampfarena nachempfunden. Am schönsten zum Sitzen ist der mit 300 Bildnissen des heiligen Antonius geschmückte Raum.

Super Cucina La Rosa, Tapia, Höhe Prieto, serviert sättigende Comidas zu günstigen Preisen.
El Tragadero, Hidalgo 63, gut zum Frühstück oder für ein billiges Mittagessen aus Tacos und Tagesgericht.
Vegetariano Hindú, Madero Ote 549. Gute, preiswerte, allerdings nicht unbedingt indische vegetarische Salate, Suppen, Veggiburger und Frühstück ab ca. 9.30 Uhr.
Woolworth, Mendoza 60. Großauswahl an himmlischen Hamburgern – untergebracht in einer ehemaligen Kirche.

Sonstiges

EINKAUFEN – Der ***Mercado de Dulces y Artesanías*** liegt hinter dem Palacio Clavijero: vom Busbahnhof die Gómez Fárias hoch und dann links. Die hier angebotenen Handarbeiten sind allerdings meist minderwertige Ware.

GELD – Zahlreiche Banken mit Geldautomaten entlang der Madero Ote wechseln Mo–Fr vormittags Geld. ***Casas de Cambio*** befinden sich z.B. an der Nigromante 132, Valladolid 22, 137-A und 150, Morelos Nte 50-B und 328-A, Aquiles Serdán 30 und 20 de Noviembre 110.

INFORMATIONEN – Die freundliche ***Touristeninformation*** im Palacio Clavijero an der Nigromante 79 unweit der Madero Pte, zwischen Busbahnhof und Stadtzentrum, verteilt Broschüren und Karten, ⏲ Mo–Fr 9–19, Sa 9–18, So 9–15 Uhr, ✆ 443/312-8081 oder gebührenfrei von außerhalb des Staates ✆ 01-800/450-2300.

INTERNET – Internet-Zugang bieten ***Chat Room,*** Nigromante 132, mit Kaffeebar, ⏲ tgl. bis 22 Uhr (US$1,80 pro Std.); ***El Jardín Internet Café,*** Guillermo Prieto 157, US$1,50 pro Std.

POST, TELEFON – Postamt in der Madero Ote. 369, ⏲ Mo–Fr 9–17 Uhr. ***Telmex*** im Postamt hat Telefone und Faxgeräte, ⏲ Mo–Fr 9–20 Uhr. ***Computel*** bietet ebenfalls Telefon- und Fax-Möglichkeiten in seinen Büros in der Madero Ote 157, ⏲ tgl. 7–22 Uhr, Madero Ote 398 gegenüber dem Postamt, Zaragoza 101, Ecke Ocampo, und Juárez 39.

UNTERHALTUNG – Internationale Filme gibt es mehrmals in der Woche im *Museo Regional Michoacáno,* in der *Casa Natal de Morelos* und der *Casa de la Cultura.* In der Kathedrale finden regelmäßig Orgelkonzerte statt (Termine bei der Touristeninformation erfragen) und sonntags spielen auf dem Zócalo Musikkapellen auf.

Transport

BUSSE – Die **Central Camionera** von Morelia ist eine der wenigen, die noch von der Innenstadt zu Fuß erreichbar sind. Die Plaza de Armas liegt nur fünf Blocks südöstlich.
Busse fahren zu praktisch allen Zielorten des Bundesstaates und größeren Städten im ganzen Land; sehr oft nach Guadalajara, Pátzcuaro, Uruapan und México D.F. sowie regelmäßig Richtung Norden nach Salamanca, dem Umsteigebahnhof für Guanajuato und Querétaro. Die kürzeste Strecke nach México D.F. über Zitacuaro und Toluca über Mil Cumbres (Tausend Gipfel) ist die landschaftlich schönste, jedoch gebirgig und zeitraubend. Manche Busse umgehen diese Route auf den schnelleren Straßen im Norden.
Busse nach:
AGUASCALIENTES 4x tgl. (7 Std.),
GUADALAJARA stdl. (3–5 Std.),
GUANAJUATO stdl. (3 1/2 Std.) und
LEÓN alle 20 Min. (4 Std).
MÉXICO D.F. mindestens alle 30 Min. (mind. 4 Std.);
PÁTZCUARO alle 10 Min. (1 Std.),
QUERÉTARO alle 40 Min. (4 Std.).
Toluca stdl. (4 Std.);
Zitácuaro 20x tgl. (3 Std.).

FLÜGE – Von Morelia gibt es Flüge nach
CHICAGO 4x tgl. (5 1/4 Std.),
GUADALAJARA 1x tgl. (45 Min.),
LOS ANGELES 4x tgl. (11 Std.),
MÉXICO D.F. 5x tgl. (1 Std.),
OAKLAND 3x tgl. (13 Std.),
SAN FRANCISCO 1x tgl. (6 1/4 Std.),
SAN JOSÉ 4x tgl. (9 1/2 Std.),
TIJUANA 5x tgl. (4 3/4 Std.),
URUAPÁN 1x tgl. (1/2 Std.),
ZACATECAS 6x tgl. (1 Std.).

Naturschutzgebiet der Monarch-Schmetterlinge

Ein ungewöhnliches Naturschauspiel kann man in den Wintermonaten November bis März in dem über 3000 m hohen Passgebiet **Mil Cumbres** beobachten. Alljährlich überwintern dort Scharen von Monarch-Schmetterlingen nach ihrer weiten Reise aus Kanada, während der sie bis zu 140 km pro Tag zurücklegen. Nach Ansicht von Wissenschaftlern hat dieses rätselhafte Phänomen seinen Ursprung vor über 40 000 Jahren. Zu Millionen lassen sich die Falter auf Kiefern und auf dem Boden nieder.

Obwohl die Schmetterlinge manchmal bis zur Carretera herunterkommen, kann man sie am besten im Naturschutzgebiet in den Bergen oberhalb des Dörfchens **El Rosario**, ca. 120 km östlich von Morelia sehen. Es empfiehlt sich, früh morgens hinzugehen, wenn die Schmetterlinge gerade erwachen und noch nicht in die Wälder abgeschwirrt sind. Möglichst einen Wochentag wählen, denn am Wochenende fallen Busladungen von Besuchern ein. Nachdem eine Studie ergab, dass 44% des ursprünglichen Habitats seit 1971 durch Holzfällerei zerstört worden sind (was bei gleichbleibender Abholzung bedeutet hätte, dass von dem Wald nach fünfzig Jahren nichts mehr übrig wäre), vergrößerte die mexikanische Regierung im Jahr 2000 das Schutzgebiet um mehr als das Dreifache. Im Eintrittspreis enthalten ist eine **Führung** durch das Gebiet mit einer kurzen Erklärung (auch ein paar Sätze auf Englisch) zum Lebenszyklus und der Fortpflanzung der Schmetterlinge. Andere Fremdenführer warten im nahe gelegenen Angangueo (s.u., Übernachtung), doch sie verlangen ab US$5 nur dafür, dass sie Besucher zum Reservat begleiten – ein kurzer Aufstieg, der mühelos im Alleingang zu schaffen ist.

Die Abfahrt liegt unmittelbar vor Zitácuaro, von wo aus öffentliche Verkehrsmittel zum Naturschutzgebiet fahren. 🕓 Mitte Nov–Mitte März tgl. 9–17 Uhr, Eintritt US$2, Parken US$3, ✆ 01-800/450-2300, 💻 www.turismomichoacan.gob.mx.

Nähere Informationen bei der **Touristeninformation** in Morelia oder am Infoschalter an der Carretera außerhalb von Zitacuaro, Richtung Toluca.

Übernachtung

Die Übernachtungsmöglichkeiten in El Rosario sind ziemlich beschränkt, der bei weitem bessere Aufenthaltsort ist das Bergarbeiterstädtchen **Angangueo** (ein Wort aus der Tarasken-Sprache, das „Eingang zur Höhle“ bedeutet) im schmalen Tal gleich unterhalb von El Rosario, 10 km hinter Ocampo (die Busse von Zitácuaro fahren weiter bis Angangueo). Hier gibt es das angenehme ***Hotel Don Bruno,*** Morelos 92, am Weg ins Dorf, ✆/℻ 715/156-0026, mit Restaurant. ❼
In **Zitácuaro**, an der Straße nach Huetamo bei KM 2,3, bietet das ***Hotel Rancho Cayetano,*** ✆ 715/153-1926, 💻 www.ranchosancayetano.com, einen Pool und ein gutes Restaurant. Die Unterkunft liegt mitten in einem privaten Waldgebiet einen kurzen Fußmarsch vom Schutzgebiet und den Schmetterlingen entfernt. ❾

Transport

Von Angangueo aus fahren keine Busse zum Schutzgebiet, dafür aber mehrere **Minibusse**. Man kann auch gut zu Fuß gehen: Es ist eine nette Wanderung von ein, zwei Stunden durch schöne Landschaft, allerdings immer bergauf, also vielleicht lieber den Rückweg zu Fuß gehen. Zum Schutzgebiet geht man die Verlängerung der Calle Matamoros entlang.
Von Ocampo aus (wo es auch Unterkünfte gibt) fahren 4x tgl. Busse nach El Rosario (US$2,50), außerdem **Colectivos** bis ca. 17 Uhr. Wer mit einem eigenen Fahrzeug kommt, fährt die neue Straße hoch, die direkt zum Parkplatz des Naturschutzgebietes führt.
Nach Zitácuaro fahren 20x tgl. Busse von MORELIA (2 1/2 Std.), 5–6x pro Std. von TOLUCA (1 Std. 40 Min.) oder 5–6x pro Std. von MÉXICO D.F. (3 Std.); dort steigt man nach OCAMPO alle 1/4 Std. (1/2 Std.) um. In Zitácuaro werden aber auch **Touren** angeboten. Außerdem verkehren von hier während der Saison täglich **Direktbusse** *(Autobuses de Occidente, Zinacantepec* und *Via 2000)* zum Schutzgebiet.
Aus Morelia kommend, kann man auch in San Felípe de los Alzati in einen Bus nach Ocampo umsteigen.

Der Bajío

Highlights

- Angenehme Hotels, hervorragende italienische Küche und eine wildromantische Wüstenlandschaft laden zu einem Aufenthalt in der Geisterstadt **Real de Catorce** ein.
- Neben den einzigartigen Museen und Bauwerken besticht die ehemalige Silberstadt **Zacatecas** durch ihre Lage inmitten kahler Berge.
- Die faszinierende Universitätsstadt **Guanajuato** ist eine Weltkulturerbestätte mit interessanten Museen, darunter eines mit Mumien zum Thema Totenkult.
- Die herrliche Kolonialstadt **San Miguel de Allende** bietet schöne Hotels, ausgezeichnete Restaurants und hat Thermalquellen ganz in der Nähe.
- **Las Pozas** bei Xilitla ist ein von dem exzentrischen Engländer Edward James angelegter surrealer Skulpturendschungel.

Der fruchtbare Bajío, dessen Berge und Täler sich fast von Küste zu Küste und nach Süden bis zur Landeshauptstadt erstrecken, war lange Zeit die am dichtesten besiedelte Region des Landes und produzierte den Großteil des Silbers und Getreides, von dem Mexiko während der spanischen Herrschaft lebte. In diesem kolonialen Herzstück Mexikos ist das spanische Erbe in der Architektur der Städte am besten erhalten.

Zum Valle de México hin wird das breite mexikanische Hochplateau schmaler und hügeliger. Hier, in den Bundesstaaten Guanajuato und Querétaro, liegen die schönsten Kolonialstädte. Sie wurden inmitten einer unwirtlichen Landschaft errichtet und durch einen einzigen Bodenschatz unermesslich reich: durch Silber. Vor der Ankunft der Spanier war dies eine relativ unterentwickelte Gegend, eine Pufferzone zwischen den „zivilisierteren" Völkern des Herzlandes und den „barbarischen" Stämmen der Chichimeken im Norden. Wahrscheinlich haben schon die Azteken hier Silber gefördert, doch nie in dem Ausmaß und mit der gleichen Rücksichtslosigkeit wie die neuen Kolonisten.

Nach der Konquista wurden die Bergbaustädte reich, mit der Zeit aber auch widerspenstig, und lehnten sich gegen die unerbittliche Kontrolle des spanischen Reiches auf. Die wohlhabenden Kreolen (in Mexiko geborene Spanier) durften zwar das Land und dessen ursprüngliche Bewohner nach Herzenslust ausbeuten, nicht aber über sich selbst bestimmen, und mussten zudem gewaltige Steuern entrichten. Die lukrativen Regierungs- und hohen Kirchenposten blieben den Gachupines vorbehalten, den in Spanien geborenen Spaniern, während die Indigenos und die armen Mestizen sich entweder als Bauernknechte verdingen oder mörderische Arbeiten verrichten mussten. So nimmt es nicht wunder, dass der Bajío ein fruchtbarer Boden für revolutionäre Ideen war. Hier liegt **La Cuna de la Independencia** (die Wiege der Unabhängigkeit) – nahezu jede Stadt hat eine Rolle in dem Bruch mit Spanien gespielt: In **Querétaro** hielten die Verschwörer zahlreiche ihrer ersten Treffen ab, und von hier aus erging auch die Warnung, dass ihre Pläne aufgedeckt worden waren. In **Dolores Hidalgo** wurde zum ersten Mal der berühmte **grito** von Pfarrer Hidalgo vernommen, der ein unabhängiges Mexiko verkündete. Von hier aus marschierte er auf **San Miguel de Allende** und sammelte weitere Freiwillige für seinen bewaffneten Aufstand. In **Guanajuato** kam es schließlich zum blutigen Zusammenstoß mit den Spaniern.

Wer sich dem Bajío von Norden her nähert, durchquert einige hundert Kilometer Halbwüste mit nur hier und da einer Ranch oder einer verlassenen Minenstadt, wie der bezaubernden Beinahe-Geisterstadt **Real de Catorce**. Erst dann erreicht man die Kolonialstädte **Zacatecas** und **San Luis Potosí**, beides stolze Hauptstädte eines Bundesstaates. Obwohl nicht eigentlich im Bajío gelegen, sind sie hervorragende Beispiele für das architektonische und geschichtliche Erbe der Region. San Luis, eine moderne Großstadt, weist zahlreiche Baudenkmäler auf, doch Zacatecas ist als Reiseziel weitaus interessanter: Eine Oase der Kultur, die in der Abgeschiedenheit der Berge mit dem aus dem Silber gewonnenen Reichtum erbaut wurde.

Rund 300 km weiter südlich, nach der modernen Stadt **Aguascalientes**, beginnt der Grüngürtel des eigentlichen Bajío. Diese bergige, fruchtbare Region Zentral-Mexikos ist trotz der Aufgabe ihrer Silberbergwerke immer noch ein Zentrum von Wissenschaft, Kultur und Tourismus.

Wer von hier direkt nach México D.F. durchfährt, kommt durch die Industriestädte **León** – berühmt für Lederwaren – und **Irapuato**, bevor die Carretera hinter Celaya und Querétaro auf die Autobahn trifft, verpasst aber einige interessante Orte: das geschichtsträchtige **Guanajuato**, eine der reichsten und landschaftlich schönsten Kolonialstädte mit regem Studentenleben, einer der prächtigsten Barockkirchen des Landes sowie einem schauerlichen Mumienmuseum; **San Miguel de Allende**, wunderschön zwischen Hügeln gebettet, und **Dolores Hidalgo**, ein Muss für Reisende, die sich für den mexikanischen Unabhängigkeitskampf interessieren. Selbst **Querétaro** hat sich, obwohl groß und industrialisiert, ein sehenswertes koloniales Zentrum bewahrt und stellt auch eine gute Ausgangsbasis für Abstecher in die Sierra Gorda dar, insbesondere zu den ausgefallenen Skulpturen von **Las Pozas**.

Transport

Im Bajío kann man sehr gut reisen. Die interessantesten Städte liegen relativ dicht beieinander, und die Busverbindungen sind hervorragend.

Matehuala

Matehuala ist die einzige größere Ortschaft an der Carretera 57 zwischen Saltillo (rund 260 km nördlich) und San Luis Potosí (rund 200 km südlich). Man muss hier nicht zwangsläufig die Reise unterbrechen, denn der gute Zustand der Carretera erlaubt eine zügige Fahrt nach Süden, aber die Stadt bietet eine schöne Kirche an einer schattigen Plaza, mehrere kleine Hotels und nette Restaurants. Was sie für Touristen jedoch besonders attraktiv macht, ist ihre Nähe zur alten Minenstadt **Real de Catorce**.

Vom Busbahnhof kann man einen Bus mit der Aufschrift „Centro" oder ein Taxi ins Zentrum nehmen, aber wer wenig Gepäck hat, kann auch in ungefähr 15 Min. immer auf der 5 de Mayo geradeaus gehen und dann nach links auf die Insurgentes abbiegen. Die Ortsmitte ist nicht zu verfehlen und an der wuchtigen grauen Kirche zu erkennen, die ein paar Blocks von der Hauptplaza entfernt thront.

Übernachtung und Essen

Drei nützliche Hotels im Umkreis eines Häuserblocks von der Plaza:
Hotel Alamo, Guerrero 116, ✆ 488/882-0017, das billigste und ganz annehmbar. ❹
Hotel Matehuala, Bustamante, Ecke Hidalgo, ✆ 488/882-0680, kostet rund US$2 p.P. mehr, aber die sind gut angelegt. Zimmer rings um einen Patio. ❺
Hotel de Valle, Morelos 621, ✆ 488/882-3770, zwischen den beiden o.g., saubere erstaunlich geschmacklos eingerichtete Zimmer. ❺
Essengehen kann man z.B. im ***Fontella,*** Morelos 618, nahe dem *Hotel Matehuala,* das für weniger als US$5 ausgezeichnete Comida corrida serviert, sowie im ***Santa Fe,*** Morelos 709, an der Plaza, das leckeren Fisch serviert. Auch das Essen im Hauptbusbahnhof ist von guter Qualität. Keinesfalls auslassen sollte man das Süßwarengeschäft ***Sevillanas*** neben dem Hauptbusbahnhof, wo es eine riesige Auswahl von Süßigkeiten gibt, z.B. *Glorias* oder Sahnebonbons aus Ziegenmilch.

Sonstiges

GELD – Neben dem Hauptbusbahnhof gibt es einen Geldautomaten; hier sollte man sich mit Bargeld für Real de Catorce versorgen, wo viele Einrichtungen keine Kreditkarten akzeptieren.

Transport

Der **Hauptbusbahnhof** liegt unweit der Hauptverkehrsstraße an der 5 de Mayo, 2 km südlich des Zentrums. Nach:
REAL DE CATORCE 6x tgl. (2 Std.),
SALTILLO mind. stdl. (2 Std.),
SAN LUIS POTOSÍ alle 30 Min. (2 Std.),
Die Tamaulipas-Busse nach Catorce fahren um 5.45, 7.45, 9.45 (nur Fr–Mo), 11.45, 13.45 und 17.45 Uhr ab (einfach US$3,90, hin und zurück US$7,80). Bevor sie die Fahrt ins Gebirge antreten, halten sie 15 Min. später am Ortsbusbahnhof in Matehuala an der Guerrero, Ecke Mendez.

Real de Catorce

Anfang des 20. Jhs., auf dem Höhepunkt der Silbergewinnung, lebten in der rund 2700 m hoch gelegenen Minenstadt Real de Catorce (mit vollem Namen Villa Real de Nuestra Señora de la Concepción de Guadalupe de los Alamos de los Catorce) 40 000 Menschen, denn die Berge der Umgebung beherbergten – nach Guanajuato – das zweitreichste Edelmetallvorkommen Mexikos. 1905 wurden auch die letzten Bergwerke geschlossen, und gegen Mitte des 20. Jhs. war die Einwohnerzahl praktisch auf Null gesunken. Heute halten mehrere hundert Leute im verfallenden Ortszentrum die Stellung.

Wahrscheinlich wurden schon lange bevor die Silberminen ihren Betrieb aufnahmen, auf den Bergen der Umgebung in verschwenderischer Fülle wachsende Peyote-Kakteen gefunden. Bis heute wandern die indigenen Huichol jedes Jahr in etwa vier Wochen zu Fuß aus dem im Nordosten gelegenen Bundesstaat Nayarit bis hierher, um den wertvollen, halluzinogenen Kaktus zu sammeln, den sie als unerlässliche Nahrung für die Seele betrachten. Peyote zieht mittlerweile auch die New Age-Touristen an, von denen einige bereits in Catorce ihren zweiten Wohnsitz aufgeschlagen haben.

Real de Catorce wurde in einer hochgelegenen Schlucht erbaut, die man auf dem Straßenweg durch den 2,3 km langen Ogarrio-Tunnel (benannt nach der spanischen Heimatstadt des Erbauers) erreicht. Dieser ist so schmal, dass der Verkehr im-

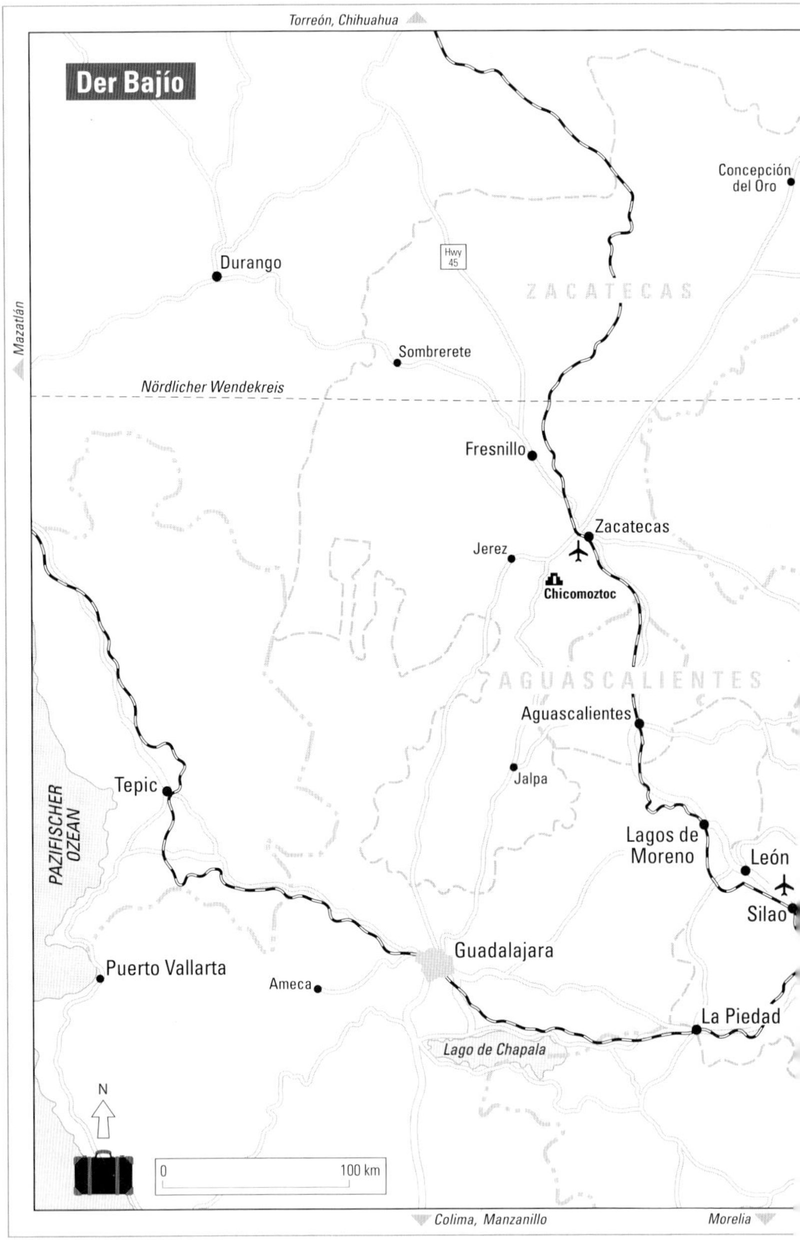
Torreón, Chihuahua
Der Bajío
Concepción del Oro
Durango
Hwy 45
ZACATECAS
Mazatlán
Sombrerete
Nördlicher Wendekreis
Fresnillo
Zacatecas
Jerez
Chicomoztoc
AGUASCALIENTES
Aguascalientes
Jalpa
Tepic
PAZIFISCHER OZEAN
Lagos de Moreno
León
Silao
Guadalajara
Puerto Vallarta
Ameca
La Piedad
Lago de Chapala
N
0
100 km
Colima, Manzanillo
Morelia

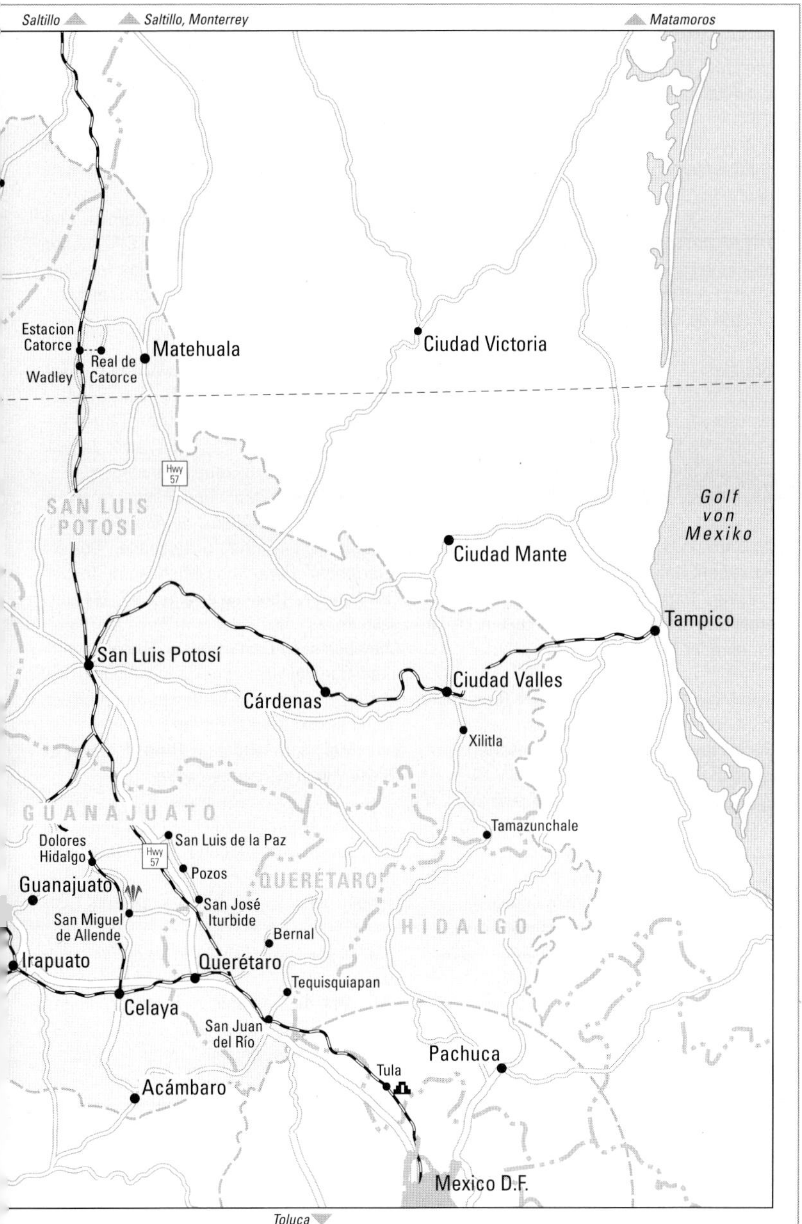
Saltillo
Saltillo, Monterrey
Matamoros
Estacion Catorce
Real de Catorce
Wadley
Matehuala
Ciudad Victoria
Hwy 57
SAN LUIS POTOSÍ
Golf von Mexiko
Ciudad Mante
Tampico
San Luis Potosí
Ciudad Valles
Cárdenas
Xilitla
GUANAJUATO
Tamazunchale
Dolores Hidalgo
San Luis de la Paz
Hwy 57
Pozos
Guanajuato
QUERÉTARO
San José Iturbide
San Miguel de Allende
HIDALGO
Bernal
Irapuato
Querétaro
Tequisquiapan
Celaya
San Juan del Río
Pachuca
Tula
Acámbaro
Mexico D.F.
Toluca

Fiestas

Besonders im Bundesstaat Guanajuato, wo die indianische Tradition noch sehr lebendig ist, gibt es unzählige Fiestas, die hier gar nicht alle aufgeführt werden können. Ausführlichere Informationen bei den örtlichen Fremdenverkehrsbüros.

1.1: **Neujahrstag**: überall Festveranstaltungen sowie eine Feria in *Dolores Hidalgo.*
6.–15.1.: Feria in *Matehuala* (San Luis Potosí).
20.1.: **Día de San Sebastian** in ganz *San Luis Potosí,* Höhepunkt einer zehntägigen Wallfahrt; *León* (Guanajuato), religiöses Fest zeitgleich mit einer Landwirtschafts- und Industriemesse.
21.1.: **Día de San Miguel de Allende**, Umzug, Tänze und Stierkämpfe zum Gedenken an Ignacio Allende in *San Miguel de Allende.*

1.2.: *Cadereyta,* nordöstlich von *Querétaro,* **Festival** mit Hahnenkämpfen, religiösen Prozessionen, Tanz und Mariachis.
Karneval, in der Woche vor der Fastenzeit, im Februar oder März.

März: Mitte des Monats **Feria del Toro de Lidia**; Stierkämpfe in *Tequisquiapan.*
5.3.: **Día de la Santa Cruz**, indianische Tänze in **Ciudad Hidalgo**.
17.3.: Der **St Patrick's Day** wird jetzt auch in Mexiko gefeiert: Musik und Umzug in *San Miguel de Allende.*
Am ersten Freitag im März in *San Miguel de Allende* **Fiesta del Señor de la Conquista**.
Sonntag vor Ostern ist **Palmsonntag**: Feierlichkeiten in *San Miguel de Allende,* außerdem Wallfahrt nach *Atotonilco.*

April: Anfang des Monats findet in *Irapuato* die **Feria de la Fresa** (Erdbeerfest) statt.
Semana Santa (Karwoche): Feierlichkeiten im ganzen Land, besonders eindrucksvoll in *San Luis Potosí,* insbesondere die stumme Karfreitagsprozession, bei der eine Statue des toten Christus durch die Straßen getragen wird. Große Prozession in *Ciudad Hidalgo;* in *San Miguel de Allende* bauen Familien wunderschöne Altäre auf, der stolz im Haus ausgestellt wird. Am Freitag vor Karfreitag werden in *Guanajuato* Altäre zu Ehren der **Virgen de los Dolores**, Schutzpatronin der Bergbaukumpel, aufgebaut.
Um den 25.4.: **Feria de San Marcos**, eine Woche lang in *Aguascalientes,* zählt zu den größten und berühmtesten Ferías Mexikos: Tanz, Stierkämpfe, Musik, Charrerias und hervorragende Weine.

24.5.: **Fiesta** in *Empalme Escobada* bei *San Miguel de Allende,* dauert bis zum Sonntag darauf. Zu den hier aufgeführten Tänzen gehört auch der von Los Apaches, einer der wenigen, an dem auch Frauen teilnehmen.
Zweiter Donnerstag nach Pfingsten (**Fronleichnam**): in *San Miguel de Allende* und besonders schön in den umliegenden Dörfern *Cheran* und *Paracho* in Michoacán. In *San Luis Potosí* werden die *gigantes,* s.S. 284, ausgestellt.
Mittwoch nach Fronleichnam: **Fiesta** mit sehr alter Tradition in *Juchipila* mit Blumen und Tänzen, darunter der berühmte *Jarabe Tapató,* der mexikanische Huttanz.
Ende Mai bis Anfang Juni: **Feria Nacional de Queso y Vino** in *Tequisquiapan.*

13.6.: *San Miguel de Allende* feiert einen seiner Schutzpatronen, den Heiligen **San Antonio de Padua**, mit einer Prozession und in Lumpen gekleideten Büßern, genannt „Los Locos".
23.6.: Festival de la Presa de Olla in *Guanajuato.*
29.6.: **Día de San Pedro**. In *Chalchihuites,* zwischen *Zacatecas* und *Durango,* wird ein „Kampf der Blumen" unter Mitwirkung hiesiger Schulkinder und mit Blumen geschmückter Festwagen aufgeführt.
Letzte Junihälfte: Kunst- und Kulturveranstaltungen begleiten die **Fiesta de San Juan** in *Guanajuato.*

4.7.: **Fiesta** in *Acambaro,* einer sehr alten Stadt zwischen Celaya und Morelia, mit religiösen Prozessionen, Musik und traditionellem Tanz.
16.7.: **Día de la Virgen del Carmen** in *Celaya,* traditionelle Speisen und festliche Veranstaltungen zu Ehren der Jungfrau.
25.7.: **Día de Santiago**, wird fast überall gefeiert. Wallfahrten nach *San Luis Potosí;* **inszenierte Kämpfe** zwischen Mauren und Christen in *Jesús María* bei *Aguascalientes.*

15.8.: **Mariä Himmelfahrt** überschneidet sich mit der **Féria de la Cajeta** in *Celaya* und der **Féria de la Uva** in *Aguascalientes.*
25.8.: **Día de San Luis**, endlose Umzüge und Feuerwerk in *San Luis Potosí.*
27.8.: *Zacatecas,* fingierte **Kämpfe** zwischen Mauren und Christen auf dem *Cerro de la Bufa.*

1.9.: **Día de la Virgen de Remedios**, Fiesta in *Comonfort* bei San Miguel de Allende, mit traditionellen Tänzen.
8.9.: In *Jerez* beginnt ein bis zum 15. dauerndes **Fest**; Höhepunkt ist der 14.
14.9.: *Zacatecas,* Beginn der zehntägigen **Wallfahrtszeit** zur *Señora del Patrocinio,* gleichzeitig **Fería Nacional** und alle möglichen „weltlichen" Vergnügungen wie Stierkämpfe. **Unabhängigkeitsfeiern** im ganzen Land, v.a. in *Dolores Hidalgo* und *Querétaro,* wo sie schon ein paar Tage früher anfangen.
14./15.9.: In der Nacht ertönt in *San Miguel de Allende* der **„Grito"**, gefolgt von **Feuerwerk** und Umzügen.
Am 3. Samstag findet in den Straßen von *San Miguel de Allende* die **Sanmiguelada** oder **Pamplonada** (Stiertreiben) statt.
28.9.: Beginn der dreitägigen **Fiesta de San Miguel** in *San Felipe,* nördlich von *Dolores Hidalgo,* mit Otomí-Tänzen und Gefechten zwischen Mauren und Christen.
Wechselndes Datum, ein Freitag Ende September: **Día de San Miguel** die größte der vielen Fiestas von *San Miguel de Allende.* Zwei Tage lang Prozessionen, Konzerte, Tanzveranstaltungen, Stierkämpfe und Zeremonien.
4.10.: **Día de San Francisco de Asis**, bildet den Höhepunkt zweiwöchiger Pilgerzüge nach *Real de Catorce* und Festveranstaltungen in der Stadt.
4.10.: **Día de San Francisco**. Féria in *Nochistlán,* zwischen *Aguascalientes* und *Guadalajara,* bis zum Monatsende. Morgens um 4 Uhr großes Feuerwerk zum Gedenken an den Kampf des Erzengels Michael mit dem Teufel in *San Miguel de Allende;* dieser Kampf wird hier „Alborada" genannt.
In der 2. und 3. Woche: Das **Festival Internacional Cervantino** in *Guanajuato* (Gto) wird mit zahlreichen Kulturveranstaltungen begangen.
23.10.: Beginn einer dreitägigen **Fería** in *Coroneo,* südlich von *Querétaro.*

2.11.: **Día de los Muertos** (Allerseelen), wird landesweit begangen.
7.–14.11.: Fiesta de las Iluminaciones in *Guanajuato.*
Letzter Sonntag im Monat: **Fiesta** und Kunsthandwerksmarkt in *Comonfort* (Gto.).
1.–17.11.: Die **Feria Internacional Querétaro** ist ein großes Volksfest mit Fahrattraktionen und allen möglichen Veranstaltungen, vor allem um den 12., den **Día de Guadalupe**.
8.11.: **Día de la Inmaculada Concepción**. In *Dolores Hidalgo* verbindet sich ein kirchlicher Feiertag mit einer Fería und indianischen Tänzen.
12.11.: **Fiesta Patronal en Honor de Santa María**, wird im Rahmen zahlreicher Festlichkeiten in *Tequisquiapan* begangen, gleichzeitig mit dem **Día de Guadalupe.**

16.–25.12.: Überall werden die traditionellen **weihnachtlichen** *Posadas* gezeigt. Besonders sehenswert in *Celaya.* In *Aranza,* einem kleinen Dorf bei Paracho, führt man am Weihnachtstag Krippenspiele auf.
23.12.: Riesiger **Umzug mit Musik und Karnevalswagen** in *Querétaro.*

mer nur in einer Richtung durchlaufen kann. Größere Busse passen überhaupt nicht durch, daher müssen Besucher möglicherweise am Eingang zum Tunnel in einen Kleinbus umsteigen. Während der Durchfahrt sieht man hier und da beiderseits des Tunnels Minenschächte abgehen, und an einer Öffnung befindet sich ein kleiner Altar zum Gedenken an die bei ihrer Arbeit umgekommenen Bergleute, auf dem ständig eine einsame Kerze brennt.

In der Stadt ducken sich die schmucklosen Steinhäuser zwischen nackten Felsen, und über allem hängt ein Gefühl trostloser Verlassenheit. Sehenswürdigkeiten gibt es nicht, aber es lohnt sich, einfach nur herumzuspazieren, die Atmosphäre auf sich wirken zu lassen und ein Stück die Berge hochzuwandern. Wer die Umgebung ansehen möchte, hat das hügelige Gelände wahrscheinlich ganz für sich allein, als Wanderziel bietet sich der Abstieg durch verwaistes Minengebiet zum Bahnhofsort Estación Catorce und dessen Nachbardorf Wadley an.

Die einzige Hauptstraße, die **Lanzagorta**, führt an der barocken **Iglesia San Francisco** an der schattigen Plaza vorbei zum Jardín Hidalgo (auch Plaza de Armas genannt) hinab. Vor allem Mexikaner zieht es in diese Kirche, denn sie beherbergt die legendäre Figur des heiligen Franz von Assisi (genannt *Panchito:* die Koseform von *Pancho* für Francisco). Sein Altar ist leicht an den zahlreichen davor knieenden Gläubigen zu erkennen. Links davon befindet sich eine Tür mit der Aufschrift „Salida"; dahinter liegt ein Raum, dessen Wände mit Hunderten von handgearbeiteten *retablos* bedeckt sind. Hier drückt sich einfache Volkskunst in ihrer ursprünglichsten Form aus. Die *retablos* erzählen von allen möglichen wunderbaren Heilungen oder anderen Wundern, die der Heilige bewirkt hat, und danken *Panchito* für sein Eingreifen. Alljährlich am 4. Oktober, dem Namenstag des Heiligen, strömen Tausende von Pilgern herbei – um diese Zeit ist hier mit Sicherheit kein Zimmer zu bekommen.

Im kircheneigenen **Museo Parroqial** ist eine kleine Sammlung alter Münzen, vor sich hin rostender Prägemaschinen und staubiger Dokumente zu sehen, die in den Ruinen gefunden wurden. ⌚ Sa und So 10–16 Uhr, Eintritt US$0,20. Auf der anderen Seite des Platzes befindet sich die **Casa de la Moneda**, eine wunderbare alte Villa, die vorne zwei, hinten drei Stockwerke besitzt. Hier wurde das Silber von Catorce zu Münzen geschmolzen. Im Inneren befindet sich eine kleine Silberschmiedewerkstatt.

Wer auf der Libertad, die in die Zaragoza übergeht, Richtung Norden zum Ortsausgang wandert, sollte ein paar Meter auf der Calle Xicotencatl zum ehemaligen Hahnenkampfplatz **Palenque de Gallos** hoch marschieren, ⌚ tgl. 9 Uhr bis Sonnenuntergang, Eintritt frei. Geht man weiter auf der Zaragoza entlang, kommt man zu den Überresten der **Plaza de Toros**. Sie liegt gegenüber dem **Panteón**, wo unter Schutt und Asche rings um eine zerfallene Kirche die Toten von Catorce ruhen. ⌚ normalerweise tgl. außer Di 9–17 Uhr, Eintritt frei.

Übernachtung

Besucher werden meist von einer Horde Jungen empfangen, die sie gegen ein kleines Trinkgeld in „ihre" Casa de Huéspedes lotsen möchten. Man kann sich ihnen ruhig anvertrauen und sollte ein paar Pesos Trinkgeld bereithalten. Gefällt das Haus nicht, besteht keinerlei Verpflichtung, aber meistens bekommt man ein schlichtes, sauberes Zimmer mit 24 Std. Warmwasser für US$8–12 geboten. Wichtig ist, dass genügend Decken vorhanden sind, denn nachts kann es sehr kalt werden. Die Jungs fungieren auch gern als Führer zu einem gewünschten Hotel; wer mit dem Auto anreist, darf nicht überrascht sein, wenn sie auf der Motorhaube mitfahren. Am Wochenende ist die Nachfrage nach Zimmern groß, und für den 4. 10., Weihnachten, Neujahr, Ostern und im Juli / Aug empfiehlt sich eine Reservierung. Zu den besten Budget-Hotels gehören

Hospedaje Familiar, Constitución 21, am oberen Ende des Kirchplatzes, kein Telefon, winzige, annehmbare Zimmer mit und ohne Bad. ❸–❹

Casa de Huéspedes San Francisco, Calle Terán 3, abseits der Constitución, oberhalb der Plaza, ✆ 488/887-5009, Zimmer mit/ohne Bad; für US$2 mehr bekommt man etwas komfortablere – am schönsten sind Nr. 8 und 9, denn sie haben ein Bad und eine sonnige Terrasse. Für US$0,30 können auch Nicht-Gäste die Toilette bzw. für US$1,80 die Duschen benutzen. ❷–❸

El Portón Azul, Lanzagorta 25, ✆ 488/877-5013, komfortable Zimmer im Haus von Sr. Jorge Quijano, ein guter einheimischer Führer. ❹

Catorce besitzt ein paar schöne, kostspieligere Hotels. Das beste ist das ***Mesón de la Abundancia,*** Lanzagorta 11, gleich hinter der Kirche, ✆ 488/887-5045; große, liebevoll eingerichtete Zimmer. ❻–❽

Hotel Corral del Conde, Constitución 17, nahe Morelos, ✆ 488/887-5048, ebenfalls toll, geschmackvoll möblierte Apartments. Keine Reservierung möglich. Internet-Zugang für US$1,20 pro 30 Min. ❻

Hotel El Real, Morelos 20, hinter der Casa de Moneda, ✆ 488/887-5058, ✉ hotelelreal@yahoo.com.mx, wunderschönes, renoviertes altes Haus (in dem es spuken soll), saubere und luftige Zimmer mit indianischem Dekor, TV, Kamin und traumhaftem Ausblick. ❻

Quinta la Puesta del Sol, Calle del Cementerio 16, Richtung Plaza de Toros, ✆ 488/882-3733, modern und nicht ganz so stilvoll, dafür mit Satellitenfernsehen und herrlicher Aussicht. ❺

Essen

Alle teureren Hotels besitzen ein Restaurant. Das beste ist das im ***Mesón de la Abundancia*** mit hervorragenden mexikanischen und italienischen Speisen, die jeden Peso wert sind: Eine vollständige Mahlzeit inkl. einem Stück Torte und Espresso kostet ca. US$10–12.

Malambo, Constitución 6, ein toller Neuzugang, der Pizzas mit *cabuches* (eingelegte Kaktusblütenknospen), hausgemachte Pastas und himmlisches Backwerk mit gedünsteten Früchten serviert. ◷ Mi–So.

El Real, Morelos 20, nicht ganz billig, leckere Pizza und herzhaftes Frühstück.

El Cactus, an der Plaza, ausgezeichnete Cannelloni, Tortas und Tees.

Billigeres Essen gibt es an den einfachen Straßenständen.

Sonstiges

GELD – Weder Bank noch Geldautomat, und nur ganz wenige Hotels akzeptieren Kreditkarten, also genügend Bargeld mitbringen.

INFORMATIONEN – Aktuelle Infos bietet die exzellente Webseite 💻 www.realdecatorce.net.

INTERNET – ***El Sótano del Real,*** Constitución 6-A.

KINO – ***Cine Club Ogarrio,*** Constitución, Ecke Morelos, nahe *Hotel Corral del Conde,* gemeinnützige Organisation, die ausländische Filme (viele auf Englisch) zeigt; Eintritt US$0,50.

Transport

Es ist immer ratsam, sich einen Tag vor der Abreise nach dem aktuellen **Busfahrplan** zu erkundigen. Zur Zeit der Recherche fuhr der Bus nach MATEHUALA um 8, 12, 14, 16 und 17.45 Uhr ab. Man kann auch nach Estación Catorce (s.S. 282) hinunter marschieren oder trampen und dort einen Bus nehmen.

Die Umgebung von Real de Catorce

Die Sehenswürdigkeiten im Städtchen sind schnell erschöpft, doch Naturfreunde können Tage mit Ausflügen in die umliegenden Berge verbringen, Ruinen aufstöbern oder zum wüstenartigen Altiplano hinab steigen. Am bequemsten geht es auf dem Rücken eines **Pferdes**: Reitpferde werden meistens an der Plaza de Armas sowie vor dem *Mesón de la Abundancia* angeboten, und von dort aus führen Guides die Reiter in die Berge, vielleicht zu einer Zeremonialstätte der Huichol; sollten sich jedoch dort gerade Huichol versammeln, wäre eine Besichtigung äußerst taktlos. Der Begleiter wird nach Stunden bezahlt, daher ist es günstig, in einer Gruppe von Gleichgesinnten loszuziehen. Unter der Woche müsste eine dreistündige Führung nach Feilschen für rund US$12 zu haben sein, doch am Wochenende steigen sowohl die Nachfrage als auch die Preise. Wer eine mehrtägige geführte Reittour in die Berge und Dörfer unternehmen möchte, kontaktiert am besten Ted Douglas bei *Buenos Paseos,* 💻 http://home.att.net/~buenos_paseos (5 Tage, US$79–100).

Eine **kurze Wanderung** lässt sich auch ohne Begleitung gut bewerkstelligen: Einfach viel Wasser, etwas Proviant und Sonnenschutzmittel einpacken, gute Schuhe anziehen, und es kann losgehen. Eines der schönsten nahe gelegenen Ziele ist die „Geisterstadt“ **Pueblo Fantasma**, ein weitläufiges Gelände mit Bergwerksruinen, das nach einer guten Stunde auf dem gewundenen Pfad zu erreichen ist, der links vom Tunneleingang nach oben führt.

Nach Estación Catorce

Die lohnendste **längere Wanderung** geht von der Plaza de Armas (mit den Pferdeställen linker Hand) bergab, an der Weggabelung nach 50 m nach rechts und auf einem Geländewagenpfad in Richtung des staubigen Dörfchens Estación Catorce, rund 3 Std. (10 km) entfernt. Nach ungefähr einer Stunde ist der Weiler **Los Catorces** erreicht und hinter dessen Friedhof eine weitere Siedlung namens **Santa Cruz de Carretas** (ca. 2 Std. von Real).

Bis **Estación Catorce** ist es noch eine Stunde. Wer umkehren möchte, aber nicht mehr laufen will, kann ein vorbeikommendes Fahrzeug anhalten, muss aber damit rechnen, für die Mitfahrt zu bezahlen. Mehrmals täglich verkehrt auch ein Geländefahrzeug, das Passagiere für knapp US$3 befördert, jedoch ohne bestimmten Fahrplan und abhängig von der Zahl der Interessenten. Wo das Fahrzeug aufzufinden ist, wissen die Einheimischen. Estación Catorce selbst ist kein Ort zum Bleiben, doch für den Notfall gibt es zwei verwanzte Hotels und ein paar Esslokale, sogar ein annehmbares Restaurant an der Abfahrtsstelle der **Busse** nach Saltillo (um 8, 14 und 18 Uhr) und San Luis Potosí (Abfahrt 6 und 7.45 Uhr). Nach Estación Catorce fahren Busse von San Luis Potosí 3x tgl. (4 Std.) und von Saltillo 2x tgl. (4 Std.).

San Luis Potosí

San Luis Potosí, rund 1850 m hoch gelegen, wurde 1592 als Franziskanermission gegründet. Kurz darauf entdeckten die Spanier Gold- und Silbervorkommen und begannen, die Gegend zu erschließen. Sie fügten der Stadt den Namen Potosí (nach der märchenhaft reichen bolivianischen Mine) hinzu, in der Hoffnung, ihre Reichtümer möchten das Original übertreffen. Die Rechnung ging nicht vollständig auf, aber San Luis Potosí war während der Kolonialzeit ein wohlhabendes Städtchen, und im Gegensatz zu seiner Namensschwester ist es das heute noch.

Das Silber ist mittlerweile erschöpft, aber in den Minen wird reichlich Zink und Blei gefördert. Inzwischen haben sich auch Industriebetriebe angesiedelt. So wuchs San Luis zu einer großen, modernen Stadt mit ca. 1 200 000 Einwohnern, die sich jedoch ihren kolonialen Kern in seiner ursprünglichen Form erhalten konnte. Als Zwischenstopp auf der Reise von Monterrey durch den Bajío bietet sich die Stadt durchaus an. Von hier aus fahren die meisten Busse auf der Carretera 57, einer richtigen Autobahn, in Richtung México D.F.; wer es nicht so eilig hat, sollte unbedingt dem Bajío mit seinen faszinierenden Städten wie Guanajuato, San Miguel oder Dolores Hidalgo einen Besuch abstatten. Die Carretera 70, die in östlicher Richtung nach Tampico und zur Golfküste führt, ist bei weitem nicht so interessant.

Orientierung

Die Industrievororte sind wenig einladend, aber das Zentrum von San Luis Potosí ist ruhig und hübsch. Es besteht aus sauberen, überwiegend verkehrsberuhigten Straßen und einer Reihe kleiner kolonialer Plazas, deren wichtigste der **Jardín Hidalgo** ist, die frühere Plaza de Armas. Hier stehen die regionalen und städtischen Regierungsgebäude und die Kathedrale. Nördlich der Plaza liegt die Fußgängerzone **Calle Hidalgo**, die zusammen mit den sie umgebenden Straßen das Hauptgeschäftszentrum der Stadt ausmacht. Je weiter man sich von der Plaza entfernt und sich dem **Mercado Hidalgo** – gute Souvenirs und frische Lebensmittel – nähert, desto kleiner und einfacher werden die Läden. Ein Stück auf der Alhóndiga weiter erreicht man jenseits der Hauptstraße, die das Stadtzentrum begrenzt, einen noch größeren Lebensmittel- und Textilienmarkt. Die südliche Verlängerung der Hidalgo, die **Zaragoza**, ist ebenfalls autofrei.

Im Westteil der Stadt erstreckt sich die schicke **Avenida Carranza**, die fünf Querstraßen hinter dem Jardín Hidalgo eine richtige *Zona Rosa* mit angesagten Restaurants und Designerboutiquen wird und rund einen Kilometer weit zum schattigen **Jardín Tequis** führt.

Jardín Hidalgo

Die **Kathedrale**, sicher nicht die eleganteste der städtischen Kirchen, dominiert den Ostrand des Jardín Hidalgo. Sie wurde im frühen 18. Jh. erbaut, seither aber so häufig verändert, dass vom ursprünglichen Baustil kaum noch etwas zu erkennen ist. Ihr gegenüber steht der langgestreckte **Palacio del Gobierno** mit seinem balustradenverzierten Dach. Auch er wurde im Laufe der Jahre immer wieder gründlich restauriert, aber die strenge, neoklassizistische Harmonie ist erhalten geblieben. Innen kann man die Suite bewundern, in der Benito Juárez im Jahr 1863 logierte, als sich sein vorübergehendes Hauptquartier in San Luis befand. Juárez wurde bald von den französischen Hilfstruppen Kaiser Maximilians vertrieben, kam aber 1866 zurück und unterschrieb in diesem Gebäude das Todesurteil für Maximilian. Ein Wachsmodell zeigt Juárez mit der Prinzessin Salm Salm, einer Tochter Maximilians. Sie liegt vor Juárez auf den Knien und bittet um Gnade für den Kaiser. Er blieb jedoch ungerührt und „beendete so das kurzlebige Kaiserreich und festigte vor allen Völkern und der ganzen Welt das Ansehen Mexikos als einer freiheitsliebenden Nation" (so jedenfalls steht es in einem Begleitblatt). 🕓 Mo–Fr 8–15 Uhr, Eintritt frei.

Plaza de San Francisco und Plaza de los Fundadores

Gleich hinter dem Palacio liegt die **Casa de la Moneda**, die alte Münze mit ihrer barocken Fassade, einer der schönsten Kolonialpaläste von San Luis. Er gehört seit kurzem der Universität, die hier Ausstellungen unterbringen will. Bis dahin kann man tagsüber hineingehen und sich das Gebäude ansehen.

Geht man von hier aus links auf der Calle Aldama weiter, kommt man zur ruhigen Plaza San Francisco. Die Plaza erhielt ihren Namen von einem Franziskanerkloster, dessen Kirche, der **Templo de San Francisco**, die Westseite überragt und mit einem wunderbaren Kronleuchter ausgestattet ist. Das Kloster selbst beherbergt das sehenswerte **Museo Regional**. Es enthält unter anderem eine Sammlung präkolumbischer Skulpturen und anderer archäologischer Fundstücke, eine Ausstellung über regionale indigene Kultur und Tradition sowie über die Geschichte des Bundesstaates, außerdem gibt es einen schönen Kreuzgang. Eine Treppe führt zur überreich verzierten **Capilla de Aranzazú**, einer Barockkapelle im verschwenderischen churrigueresken Stil. An den Wänden der Eingangshalle und Nebenräume finden sich religiöse Malereien, 🕓 Di–Sa 10–19, So 10–17 Uhr, Eintritt US$2,70.

Zwei weitere sehenswerte kleine Kirchen stehen am südlichen Ende der Plaza de San Francisco, die Sagrada Corazón und der **Templo del Tercero Orden** mit einer kleinen, schmucklosen Presbyterianerkapelle, die nicht zwischen all den barocken Pomp passen will.

Das **Instituto de Cultura** rechts neben dem Templo de San Francisco lohnt einen kurzen Abstecher, denn es ist architektonisch interessant und beherbergt darüber hinaus erstklassige Kunstgewerbeläden und Galerien. 🕓 Mo–Sa 10–14 und 16–19 Uhr, Eintritt frei.

In der Nähe befindet sich auch das kleine **Museo de las Revoluciones**, 5 de Mayo 610. In dem Haus, in dem der Unabhängigkeitsheld Jose Mariano Jiménez geboren wurde, werden jetzt Ausstellungen gezeigt. 🕓 Di–Fr 10–14 und 16–18, Sa 9–15, So 10–14 Uhr, Eintritt frei.

Geht man von der Plaza de San Francisco auf der Aldama vier Querstraßen nach Norden, gelangt man zu der gepflasterten **Plaza de los Fundadores**. Der Platz ist viel größer als der Jardín Hidalgo, aber hier ist weniger los. Er wird von dem enormen, neoklassizistischen Gebäude der staatlichen **Universität** dominiert, flankiert von zwei kleinen Kirchen: die **Capilla de Loreto** und **La Compañia**. Von Arkaden gesäumte Eingänge führen um die Ecke zur Avenida Venustiano Carranza.

In der Alvaro Obregon 80 an der Plaza San Juan de Dios öffnet bald eine weitere Sehenswürdigkeit ihre Pforten, das **Museo Federico Silva Escultura Contemporanea**, ✆ 444/812-3848, untergebracht in einem Kloster aus dem 15. Jh. und das einzige Museum Lateinamerikas, das der zeitgenössischen Bildhauerei gewidmet ist.

Plaza del Carmen, San Agustín und die Alameda

Der **Templo del Carmen**, die schönste und harmonischste Kirche von San Luis, steht auf der kleinen Plaza del Carmen, westlich der Alameda. Sie weist eine farbenfroh gekachelte Kuppel, eine kunstvolle Barockfassade und eine reiche Innenausstattung auf. Besonders sehenswert ist der Altaraufsatz, der dem Künstler Francisco Eduardo Tresguerras, s.S. 328, zugeschrieben wird.

Neben dem verlassenen Teatro Alameda, an der Stelle, an der früher das Kloster stand, steht das wuchtige **Teatro de la Paz**, erbaut im typischen, grandiosen Stil des 19. Jahrhunderts unter Porfiriano Diaz. Das moderne Innere hält allerdings nicht, was das Äußere verspricht. ⏲ Di–Fr 10–14 und 17–20, Sa 10–14 Uhr, Eintritt zur Besichtigung frei.

Gegenüber befindet sich das **Museo Nacional de la Máscara**, Villerias 2, wo Masken und traditionelle Tanzkostüme aus dem ganzen Land, von der präkolumbischen Zeit bis heute, ausgestellt sind. Dazu zählen auch die so genannte „Riesen *(gigantes)* von San Luis", acht riesige Puppen, die vier königliche Paare (aus Afrika, Europa, Asien und Amerika) darstellen und am Fronleichnamstag im Mai durch die Straßen getragen werden. Sehenswert ist auch die Begräbnismaske, ein Totenschädel, der mit einem Mosaik aus Türkisen und schwarzem Stein verziert ist. ⏲ Di–Fr 10–14 und 17–19, Sa und So 10–14 Uhr, Eintritt US$ 0,50.

Südlich des Museums steht der **Templo de San Agustín** an der kleinen Plaza gleichen Namens. Auch diese Kirche besitzt eine prächtige Barockfassade und ein schmuckloses Inneres. Geht man von hier aus auf der Universidad nach Osten, gelangt man zur Südseite der Alameda. Dort ist in einem Betonbau das **Centro de Difusión Cultural** untergebracht. Hier werden alle möglichen Ausstellungen gezeigt, von zeitgenössischen Werken bis zu Briefmarkensammlungen. ⏲ Di–So 10–14 und 17–20 Uhr, Eintritt frei.

Hinter dem Centro Cultural liegt die Plaza de Toros. Wer sich für „La Corrida" interessiert, aber den Stierkampf nicht hautnah erleben möchte, kann das angrenzende **Museo Taurino**, an der Universidad, Ecke Triana besuchen. Sofern es gelingt, den Museumswärter ausfindig zu machen (an die zweite Tür links klopfen), sieht man eine Sammlung von Werbeplakaten aus glorreichen Zeiten, blutverkrustete Kostüme und Stierköpfe, denen mindestens ein Ohr fehlt (das erhielt der erfolgreiche Torero). ⏲ Mo–Sa 12–14.30 und 17.30–20 Uhr, Eintritt frei.

Parques Tangamanga

Wer genug Stadtluft eingeatmet hat, kann sich in den Parques Tangamanga I und II südlich der Stadt erholen, wobei der Parque Tangamanga I wesentlich mehr Möglichkeiten bietet: Die gesamte Grünfläche ist mit Musik beschallt und verfügt über Picknickstellen, Fitnesspfade und ein paar Teiche. Am Kiosk im Park werden Fahrräder für US$4 pro Std. verliehen (tgl. außer Mo). Die Parks besitzen ausgedehnte natürliche Flächen und eignen sich gut für einen Wochenendausflug mit Besuch der Kunstgewerbe-Verkaufsausstellung des **Museo de Arte Popular**, das sich im Parque Tangamanga I unterhalb der Avenida Tatanacho gegenüber vom Haupteingang befindet. ⏲ Di–Fr 10–14 und 16–18, Sa 10–14 Uhr, Eintritt frei.

Die Parks erreicht man entweder nach einem ca. 90-minütigen Spaziergang durch den Einkaufsdistrikt gen Süden oder von der Alameda aus mit einem Bus mit der Aufschrift „Ruta 32" oder „Parques del Sur". ⏲ tgl. 6–18 Uhr.

Übernachtung

Alameda, La Perla 3, ✆ 444/814-8901. Hinter der *Pemex*-Tankstelle an der Nordseite der Alameda. Sehr einfach und manchmal laut, aber sauber und billig. Bestes einer Anzahl ähnlicher Hotels in dieser Ecke. ❸

Anahuac, Xochitl 140, Ecke Los Bravo, ✆ 444/812-6505, ℻ 814-4904. Hell, sauber und freundlich, wahrscheinlich das netteste Hotel im Bahnhofsviertel. Teurere Zimmer mit TV; sicherer Parkplatz. ❺

De Gante, 5 de Mayo 140, Ecke Jardín Hidalgo, ✆ 444/812-1492, ✉ hoteldegante@prodigy.net.mx. Zentral und ordentlich, am besten sind die Zimmer mit Blick auf den Jardín Hidalgo. ❺

Maria Cristina, Juan Sarabia 110 zwischen Othón und Los Bravo, ✆ 444/812-9408, 💻 www.mariacristina.com.mx. Großes, modernes Hotel, Zimmer mit Teppichboden und schweren Holzmöbeln, beliebt bei mexikanischen Geschäftsleuten; man sollte sich nicht mit einem festerlosen Zimmer abspeisen lassen. Restaurant und Bar. ❻

Maria Dolores, Hwy-57 (Carretera Central) KM 1, gegenüber der Central de Autobuses ✆/℻ 444/822-1882. Eines der einladendsten Hotels; Zimmer mit Kabel-TV und direktem Zugang zur Gartenanlage mit Palmen, Pools, Restaurants, Bars und Nachtclubs. Günstige Sonderangebote. ❽

Napoles, Juan Sarabiá 120, ✆ 444/812-8418, ✉ hnapoles@prodigy.net.mx. Modernes, gut geführtes Hotel mit Parkplatz, Kabel-TV und Telefon in allen Zimmern. Eines der empfehlenswertesten in dieser Preisklasse. ❻

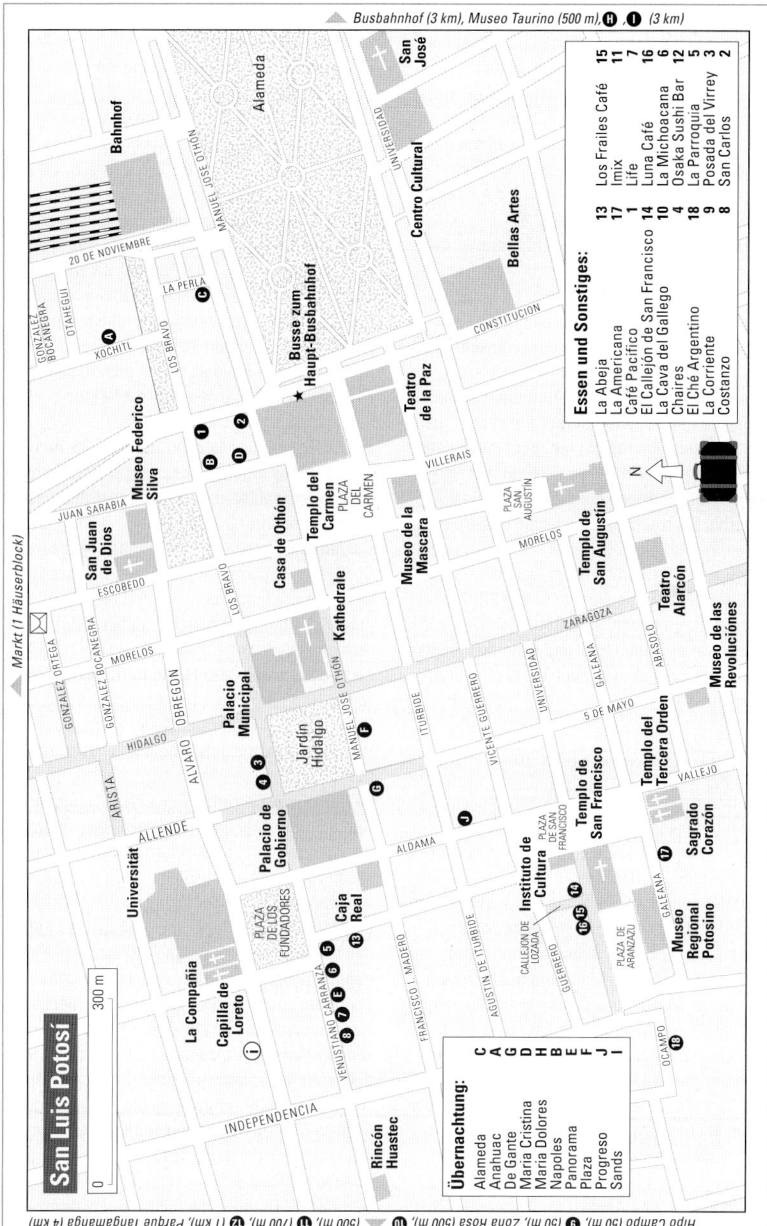
San Luis Potosí
0 300 m
Busbahnhof (3 km), Museo Taurino (500 m), H, I (3 km)
Markt (1 Häuserblock)
Hipo Campo (50 m), 9 (50 m), Zona Rosa (500 m), 10 (500 m), 11 (700 m), 12 (1 km), Parque Tangamanga (4 km)
Bahnhof
Alameda
San José
Centro Cultural
Bellas Artes
Busse zum Haupt-Busbahnhof
Teatro de la Paz
Museo Federico Silva
San Juan de Dios
Casa de Othón
Templo del Carmen
PLAZA DEL CARMEN
Museo de la Mascara
PLAZA SAN AUGUSTIN
Templo de San Augustín
Kathedrale
Teatro Alarcón
Museo de las Revoluciónes
Palacio Municipal
Jardín Hidalgo
Palacio de Gobierno
Templo del Tercera Orden
Templo de San Francisco
PLAZA DE SAN FRANCISCO
Instituto de Cultura
Sagrado Corazón
Universität
Caja Real
PLAZA DE LOS FUNDADORES
La Compañia
Capilla de Loreto
CALLEJON DE LOZADA
PLAZA DE ARANZAZU
Museo Regional Potosino
Rincón Huastec
20 DE NOVIEMBRE
MANUEL JOSE OTHÓN
UNIVERSIDAD
GONZALEZ BOCANEGRA
OTAHEGUI
XOCHITL
LA PERLA
LOS BRAVO
CONSTITUCION
VILLERAIS
JUAN SARABIA
ESCOBEDO
MORELOS
ZARAGOZA
GONZALEZ ORTEGA
OBREGON
HIDALGO
ARISTA
ALVARO
ALLENDE
ITURBIDE
VICENTE GUERRERO
GALEANA
ABASOLO
5 DE MAYO
VALLEJO
ALDAMA
VENUSTIANO CARRANZA
FRANCISCO I. MADERO
AGUSTIN DE ITURBIDE
GUERRERO
OCAMPO
INDEPENDENCIA
N
Übernachtung:
Alameda C
Anahuac A
De Gante G
Maria Cristina D
Maria Dolores H
Napoles B
Panorama E
Plaza F
Progreso J
Sands I
Essen und Sonstiges:
La Abeja 13
La Americana 17
Café Pacifico 1
El Callejón de San Francisco 14
La Cava del Gallego 10
Chaires 4
El Ché Argentino 18
La Corriente 9
Costanzo 8
Los Frailes Café 15
Imix 11
Life 7
Luna Café 16
La Michoacana 6
Osaka Sushi Bar 12
La Parroquia 5
Posada del Virrey 3
San Carlos 2

Panorama, Venustiano Carranza 315, westlich der Plaza Fundadores, ✆ 444/812-1777 oder 800/480-0100, ✉ hpanorama@avantel.net.mx. Das eleganteste Hotel der Innenstadt; luftige Zimmer, moderne Ausstattung, komfortable Gemeinschaftsbereiche, Pool, Restaurant und Piano-Bar. Auf dem Dach entsteht ein weiteres Restaurant. Nachteil: der Lärm von der nahen Disco. Preise inkl. Abendessen. ❼

Plaza, Jardín Hidalgo 22, Ecke Madero, ✆ 444/812-4631. Etwas mitgenommenes, aber freundliches Hotel in einem schönen alten Gebäude mitten in der Stadt, einfache, gemütliche Zimmer, die teureren mit TV. Für die Lage sehr preiswert. ❺

Progreso, Aldama 415, Ecke Iturbide, ✆ 444/812-0366. Eine der billigsten Herbergen in der Innenstadt und ziemlich ramponiert, aber mit einigen ungewöhnlichen Details wie seltene Keramikkacheln. Die spartanischen Zimmer haben immerhin TV. Nach einem Zimmer zur Straße hin fragen. Frühstück möglich. ❹

Sands, Hwy-57 KM 423, 100 m östlich (rechts) der Central de Autobuses ✆/℻ 444/818-2436. Motel im Haciendastil, fürs Gebotene sehr günstig, Zimmer um einen Pool und schattige Grünanlagen. Alle Zimmer mit Kabel-TV und Ventilator, Parkplatz. ❻

Essen

Im Zentrum gibt es viele Cafés und schlichte Restaurants, in denen man gute, preiswerte *menús del día* bekommt, jedoch kaum ein herausragendes Speiselokal. Zu den hiesigen Spezialitäten gehören Enchiladas und Tacos Potosinas (oder Huastecas) mit viel Salsa und Käse sowie *cecinas,* dünne Scheiben marinierten und getrockneten Steaks. Man kann auch an den Ständen im **Mercado Hidalgo** essen, aber es ist hier zu voll und zu laut, um mehr als einen hastigen Bissen zu sich zu nehmen. Wer etwas Anspruchsvolleres sucht, geht auf der Carranza („La Avenida") entlang zur *Zona Rosa,* die 500 m westlich der Plaza Fundadores beginnt. Hier spielt sich auch das Nachtleben ab, s.u.

INNENSTADT – ***La Abeja,*** Diaz de Leon 104, um die Ecke von *La Parroquia.* Verkauft Naturjoghurt und Früchteshakes sowie Naturkostprodukte und Vitamintabletten.

La Americana, Galeana 433. Eine der besten Panaderías der Stadt.

Café Pacífico, Los Bravo, Höhe Constitución, Zweigstelle um die Ecke. Sehr gut besuchtes Café-Restaurant, rund um die Uhr geöffnet, mit annehmbaren Preisen und Nichtraucher-Abteilung.

El Callejón de San Francisco, Callejón de Lozada 1, unmittelbar westlich der Plaza de San Francisco, ✆ 444/812-4508. Eines der bezauberndsten Restaurants, tolle Dachterrasse und moderate Preise. Abendreservierung empfohlen, besonders am Wochenende. Mo geschlossen.

Chaires, Jardín Hidlago, neben dem *Restaurante Posada del Virrey.* Immer voll mit Gästen bei Kaffee und köstlichen Kuchen.

El Ché Argentino, Melchor Ocampo 135. Ausgezeichnetes argentinisches Steakrestaurant, dessen Spezialitäten *(bife de chorizo* und *bife de lomo)* beide unter US$10 kosten.

Costanzo, Carranza 325, Höhe Plaza Fundadores. Confiserie-Kette mit einem Riesenangebot an köstlichen Schokoladen und Pralinés. Keine Sitzgelegenheiten, aber gleich daneben befindet sich ein Café.

La Michoacana, Plaza Fundadores, Höhe Carranza. Hier gibt's Erfrischungsgetränke und köstliches Eis, darunter traditionelle Sorten wie Horchata oder ausgefallene Kombinationen wie Mango-Chili.

La Parroquia, Carranza, Ecke Plaza Fundadores. Gemütliches Café mittlerer Preisklasse, ersetzt die üblichen Tortillas durch knusprige Brötchen. Ausgezeichnetes Frühstück und Comida corrida.

Restaurant Posada del Virrey, Jardín Hidalgo 3, am Nordrand der Plaza. Hier wohnte die Ehefrau des spanischen Vizekönigs. Leckere Gerichte in gehobenem Ambiente, mexikanisch angehauchte Küche, auch leckeres Seafood. Die meisten Hauptspeisen kosten US$6–8.

Rincón Huastec, Carranza 447. Traditionelle indianische Gerichte in attraktiver, aber ein wenig zu kommerzieller Umgebung. Die *cecina* und die scharfe Chorizo-Wurst (die auch per Kilo zum Mitnehmen verkauft wird) sind jedoch sehr gut, ebenso die Preise.

San Carlos, Othón, Ecke Constitución, direkt an der Alameda. Das preiswerteste Frühstück der

Stadt: großzügiges *all you can eat buffet.* Auch die übrigen mexikanischen Gerichte sind vergleichsweise günstig.

LA AVENIDA – ***La Corriente,*** Carranza 700, gleich am Beginn der Avenida. Hübsches Restaurant rings um einen schattigen Patio, spezialisiert auf mexikanische Steaks (US$8–10), bietet aber auch Enchiladas, Chilaquiles und eine leckere Comida corrida (US$5) zu Preisen, die in diesem Teil der Stadt als günstig gelten.
Hipo Campo, Carranza 725. Nettes Lokal mit frischen Tortas und Tischen auf dem Gehweg. Außerordentlich sauber.
Osaka Sushi Bar, Carranza 1405, hinter dem Jardín Tequis. Preiswertes Sushi, *teppanyaki* und *botanas* (Appetithäppchen), auch Sashimi, wird in zahlreichen Nischen rings um einen grünen Patio serviert.

Unterhaltung

Das Nachtleben spielt sich v.a. am Wochenende und insbesondere in der *Zona Rosa* ab, wo viele Lokale bis morgens geöffnet haben. In den meisten Nachtclubs ist der Eintritt wochentags frei oder gering, übersteigt am Wochenende kaum US$5 und ist für Frauen immer günstiger.
Imix, Carranza 1137, kleine und schummrige, aber angenehme Bar mit trendigem Publikum und großem Bildschirm, auf dem MTV läuft. Wer vor Mitternacht auftaucht, kann oft bei freiem Eintritt in den Genuss von Getränkesonderangeboten kommen.
La Cava del Gallego, Carranza 1040, kein Hinweisschild, ist eine Bar im spanischen Stil, gut für einen Drink und/oder eine Unterhaltung über die Fußball- oder Stierkampfübertragungen im Fernsehen.
Im Zentrum befinden sich ***Los Frailes Café,*** Universidad 165, bei der Plaza de San Francisco, ein Abendcafé mit jungem Publikum und am Wochenende manchmal Live-Musik.
Luna Café, Universidad 155, neben dem *Frailes Café.* Etwas schicker als sein Nachbar, bietet Gourmet-Kaffees und Cocktails.
Life Carranza 333, neben dem *Hotel Panorama.* Die heißeste Bar und Bühne der Stadt – die „Fleischbeschau" beginnt nach Mitternacht.

In den letzten Jahren haben sich mehrere Bars in der Umgebung der Plaza Arazazú niedergelassen und viele Nachtschwärmer wärmen sich hier erstmal auf, bevor es auf La Avenida geht.

Sonstiges

APOTHEKEN – ***Farmacia Perla,*** Escobedo, Ecke Los Bravo, ✆ 444/812-5922, und ***Farmacia Guadalajara,*** 100 Carranza, beide ⏲ 24 Std. ***Farmacia Avenida,*** Carranza 783, ✆ 444/812-3228, bis spät geöffnet.

AUTOVERMIETUNGEN – ***Budget,*** ✆ 121411, besitzt einen Schalter im *Hotel Maria Dolores,* gegenüber der Central Camionera.

GELD – Am Zócalo gibt es zahlreiche Banken (mit Geldautomaten), darunter ***Banamex*** an der Allende, Ecke Obregón, sowie mehrere **Casas de Cambio** in der gleichen Gegend.

INFORMATIONEN – Die hilfreiche ***Touristeninformation,*** Alvaro Obregón 520, ✆ 444/812-9906, 📠 812-6769, eine Querstraße westlich der Plaza Fundadores, vergibt einen ausführlichen Stadtplan sowie den recht interessanten Stadtführer *San Luis Sensational,* ⏲ Mo–Fr 8–20, Sa 9–13 Uhr.

INTERNET – ***Café Plaza,*** 5 de Mayo 103-A, im Obergeschoss, verlangt US$1,50 pro Std., bietet einen Coffeeshop sowie eine tolle Aussicht.

KINOS – ***Cinema Alfa,*** Carranza 307, unweit der Plaza de Fundadores, besitzt nur eine Leinwand, ***Avenida Cinemas,*** Carranza 780, 10 Gehminuten westlich der Innenstadt, dagegen 8 und ***Multicinemas,*** draußen im Einkaufszentrum Plaza Tangamanga, ✆ 444/817-5556, hat 3.

NOTFÄLLE – **Krankenhaus**: Beneficencia Española, Carranza, ✆ 444/811-5694; **Rotes Kreuz,** Cruz Roja: ✆ 444/815-3635; **Polizei**: ✆ 444/814-8493; **Verkehrspolizei**: ✆ 444/824-08891.

POST – Das Postamt liegt etwas nördlich vom Zentrum an der Morelos 235 nahe der Kreuzung mit der Gonzales Ortega.

TELEFON – *Larga distancia*-Telefone werden mit zunehmender Verwendung von Telefonkarten immer seltener, aber es gibt noch eines in der Carranza 360 gegenüber dem *Hotel Panorama*, ⌚ Mo–Sa 7.30–21 Uhr.

Transport

BUSSE – Langstreckenbusse kommen am vorstädtischen Busbahnhof an, ***Terminal Terrestre Potosina*** genannt (mit 24 Std. Gepäckaufbewahrung), ca. 3 km östlich des Zentrums an der Carretera 57.

Bei der Ankunft geht man aus dem Busbahnhofsgebäude hinaus und steigt in einen Bus der Ruta 6. Dieser scheint aus der Stadt hinaus zu fahren, macht aber bald eine Kehrtwendung. Wenn man am stillgelegten Bahnhof aussteigt, befindet man sich in Spaziernähe des Stadtkerns.

Zum Busbahnhof fährt ebenfalls der Bus der Ruta 6, Abfahrt an der Nordwestecke der Alameda an der Constitución.

Vom Busbahnhof fahren zahlreiche Busse auf der Carretera 57 Richtung Süden nach México D.F., auf der Carretera 70 Richtung Osten nach Tampico und zum Golf von Mexiko. *Flecha Amarilla* unterhält ausgezeichnete 2. Klasse-Busse in den Bajío. Busse nach:

AGUASCALIENTES stdl. (2 1/2 Std.),
DOLORES HIDALGO 14x tgl. (2 1/2 Std.),
GUADALAJARA 13x tgl. (5 Std.),
GUANAJUATO 10x tgl. (3 Std.),
MATEHUALA alle 30 Min. (2 1/2 Std.),
MÉXICO D.F. ständig (5 Std.),
MONTERREY ständig (7 Std.),
NUEVO LAREDO mindestens stdl. (10 Std.),
QUERÉTARO stdl. (10 Std.),
SAN MIGUEL DE ALLENDE 8x tgl. (3 Std.),
TAMPICO stdl. (7 Std.),
ZACATECAS 10x tgl. (3 Std.).

FLÜGE – Der Flughafen liegt ca. 20 Min. nördlich der Stadt, zu erreichen per Bus, Colectivo oder Taxi. Flüge von und nach MÉXICO D.F., MONTERREY, GUADALAJARA, TAMPICO, PUERTO VALLARTA und CHICAGO.

Zacatecas

Auf rund 2500 m Höhe von zwei Anhöhen begrenzt, vereint Zacatecas mehr Sehenswürdigkeiten auf kleinstem Raum als die meisten anderen Städte Mexikos und gehört neben Guanajuato zu einer der schönsten Kolonialstädte des Bajío. Die raue Halbwüste ringsum erhöht noch die Attraktivität der Stadt, durch deren enge, steile, roh gepflasterte Gassen im Winter allerdings ein eisiger Wind weht.

Etwa 150 m über der Stadt thront der **Cerro de la Bufa** (Schweinsblasen-Hügel) mit seinem eigenartig aus dem Felsen geschnittenen Kamm, den nachts ein gigantisches, illuminiertes Kreuz erleuchtet. Eine moderne Seilbahn Schweizer Fabrikats verbindet ihn mit dem **Cerro del Bosque** (oder Cerro del Grillo) – eine wunderbare Fahrt über das Zentrum der Altstadt hinweg. Vom Cerro de la Bufa hat man eine hervorragende Aussicht über die ganze Stadt mit ihren gleichförmigen, neuen Randbezirken und den von alten Minenförderanlagen wie von Pockennarben überzogenen, nackten Hügeln.

Gegründet wurde die Stadt 1546 von den spanischen Invasoren, die schon nach kürzester Zeit die enormen Silbervorkommen in den Bergen entdeckt hatten. Anfänglich gab es noch kriegerische Auseinandersetzungen mit den Zacateco-Indianern, aber während der folgenden drei Jahrhunderte produzierten die Minen zum Wohle der spanischen Krone und der Stadt geradezu märchenhafte Reichtümer. Noch im Jahr 1728 förderte man hier ein Fünftel des Silbers von ganz Mexiko.

Obwohl indigene Gruppen und Banditen die Stadt immer wieder überfielen, ließen sich die von dem erhofften Reichtum angezogenen Glücksritter aus der ganzen Welt – spanische Adlige, deutsche Ingenieure und englische Bankiers – nicht abschrecken. Das Ende des Booms wurde eher von den politischen Wirren des 19. Jahrhunderts als durch die Erschöpfung der Minen herbeigeführt – einige sind noch heute in Betrieb. Über einen Zeitraum von fast hundert Jahren wurde Zacatecas immer wieder in kriegerische Handlungen verstrickt: So schlug Benito Juárez 1871 in wüsten Schlachten die örtlichen Rebellen, und 1914 wurde hier eine 12 000 Mann starke Truppe mit ihrer gesamten Ausrüstung von Pancho Villas División del Norte vernichtet.

Heute boomt Zacatecas wieder, Handel und Industrie haben dank der zunehmenden Wirtschaftsbeziehungen zwischen Mexiko und den USA einen Aufschwung genommen. Viele der alten Kolonialgebäude sind fachmännisch restauriert worden, was dem Zentrum ein äußerst ansprechendes Gesicht verleiht.

Die Kathedrale bildet zwar das Herzstück der Stadt, und auf der **Plaza Hidalgo**, vor dem Palacio de Gobierno, gleich daneben, finden die wichtigsten Ereignisse statt, doch die Bewohner der Stadt zieht es viel mehr zum **Jardín Independencia**. Wenige Schritte vom Markt und der großen Kreuzung von Juárez und Hidalgo entfernt, ist sie zu vorgerückter Stunde der Treffpunkt von Jung und Alt, auch wenn der allabendliche *paseo* (Spaziergang) auf der **Alameda** absolviert wird, einem schmalen Grünstreifen mit Steinbänken, Springbrunnen und Musiktribüne.

Angrenzend liegt die hübsche Oase **Jardín de las Madres**, erkennbar an ihren gepflegten Grünflächen und dem Brunnen, der eine Mutterfigur darstellt. Wer einen Eindruck vom einheimischen Leben bekommen möchte, sollte einen kurzen Blick in die Billardhalle *El Montecarlo* am Jardín Independencia werfen.

Rund um die Kathedrale

Die Kathedrale ist ein außergewöhnliches Denkmal kolonialen Wohlstands. Sie wurde aus dem für Zacatecas typischen roten Stein erbaut, 1752 fertig gestellt und repräsentiert eines der letzten und schönsten Bauwerke mexikanischen Barocks. Nirgendwo sonst im Land findet man eine so überreich mit Stuck verzierte Fassade. Das Kircheninnere war einst ebenso reich ausgestattet: pures Gold und Silber, an den Wänden kostbare Statuen und eine stattliche Gemäldesammlung. Wie überall in Mexiko wurde die Innenausstattung aber später vernichtet oder „in Sicherheit gebracht", zuerst während der reformerischen Regierungszeit von Juárez, später von den Revolutionären. So lässt sich heute nur noch der nackte Baukörper mit seinen dorischen Säulen und dem graziösen Bogengewölbe bewundern. 🕒 7–21 Uhr. Beiderseits der Kathedrale liegt eine kleine Plaza: im Norden die von Kolonialbauten eingerahmte **Plaza Hidalgo**, im Süden die winzige, gepflasterte **Plaza Goytia**, auf der häufig improvisierte Konzerte und Straßentheater stattfinden.

Östlich der Plaza Hidalgo liegt der **Palacio de Gobierno**, den sich der Conde Santiago de la Laguna im 18. Jh. bauen ließ und der später vom Staat aufgekauft wurde. Der örtlichen Mode entsprechend wurde der Innenhof mit Wandgemälden verziert, auf denen die Geschichte der Stadt festgehalten ist. Gleich dahinter befindet sich die alte Markthalle.

Gegenüber, unter einem Dach mit dem heutigen *Hotel Continental Plaza*, liegt der Palacio de Justicia, hier bekannt als **Casa de la Mala Noche**. Der Erbauer, Manuel de Rétegui, dessen Silbermine erschöpft war und der am Rand des finanziellen Ruins stand, soll seinen letzten Peso einer hungernden Witwe gegeben haben. Er verbrachte dann in dem Haus eine schlimme Nacht (mala noche) mit Selbstmordgedanken, bis ihn im Morgengrauen die Nachricht erreichte, dass wunderbarerweise eine neue Silberader in der Mine entdeckt worden sei.

Der außergewöhnlich schöne **Mercado Gonzales Ortega** auf der anderen Seite der Kathedrale wurde Ende des 19. Jhs. erbaut. Er steht an der Avenida Juárez auf abschüssigem Gelände und hat zwei Eingänge: Der obere befindet sich in der Hidalgo, der untere in der Tacuba. Allerdings ist der Markt inzwischen ein schickes Einkaufszentrum geworden mit Touristenläden und Boutiquen sowie einer exzellenten Weinhandlung und ein paar ausgezeichneten Cafés.

An der Hidalgo gegenüber vom Mercado liegt das **Teatro Calderón**, ein grandioses Schauspielhaus aus dem 19. Jh.. Geht man vom Mercado rechts die Tacuba hinab, an der hübschen kleinen **Plazuela Goyita** vorbei, kommt man zum eigentlichen Markt, der hinter dem Palacio Municipal liegt.

Santo Domingo und das Museo Pedro Coronel

Die Straßen von der Westseite der Plaza Hidalgo zum Cerro del Bosque hoch säumen noch mehr Villen, manche sind restauriert, andere hätten es dringend nötig.

Die Kirche **Santo Domingo** erhebt sich über der gleichnamigen Plaza oberhalb der Hidalgo. Mit ihren wuchtigen Strebepfeilern bildet sie einen Kontrast zu der eleganten Kathedrale, obwohl beide zur gleichen Zeit erbaut wurden. Im Innern sind die vergoldeten, churrigueresken Altaraufsätze *(retablos)* gut zu erkennen.

Nebenan, im ursprünglich zur Kirche gehörigen Kloster, liegt das **Museo Pedro Coronel**. Beide wurden von Jesuiten gegründet und sind unter dem Namen *La Compania* bekannt. Fast alle Stücke der Sammlung im Museum wurden von Pedro Coronel, einem ortsansässigen Künstler, zusammengetragen. Pedro Coronel, der Bruder von Rafael Coronel (s.S. 291), schaffte es, in Zacatecas eine Kunstsammlung zusammenzustellen, die aus dem Who's Who der modernen Kunst stammen könnte: hier gibt es u.a. Werke von Picasso, Kandinsky, Chagall, Braque, Dalí, Chillida und Miró, außerdem Skizzen von Goya, architektonische Zeichnungen von Piranesi, Gravuren von Hogarth und Sammlungen westafrikanischer und orientalischer Künstler, einige präkolumbische Antiquitäten sowie Werke von Pedro Coronel Rivera selbst. Die Sammlung ist erstaunlich, aber nicht ganz so gut, wie die Liste der Künstlernamen vermuten ließe. Die Werke sind auch nicht besonders gut beleuchtet oder angeordnet; manches interessante Stück findet sich eher in den Nebenräumen, z.B. in den Sammlungen westafrikanischer und orientalischer Kunst oder bei den präkolumbischen Antiquitäten.

Bevor das Gebäude restauriert wurde, diente es als Hospital, Kaserne und Gefängnis. Eine der finstersten Kerkerzellen gehört ebenfalls zur Ausstellung. Für die Besichtigung sollte man sich mindestens drei Stunden Zeit nehmen. ⏲ tgl. außer Do 10–17 Uhr, US$2.

In derselben Straße befindet sich auch das Hauptgebäude der **Universidad Autónoma de Zacatecas**. Am schwarzen Brett im Dekanat der Universität gibt es Hinweise auf alle Veranstaltungen, die in und um Zacatecas stattfinden. Dahinter, in der Calle de Hierro, liegt die **Casa de la Moneda**, einst die Münze von Zacatecas, als jede silberproduzierende Stadt Mexikos ihre eigenen Münzen prägte. Im Inneren gibt es eine kleine Ausstellung alter Münzen und Exponate zur Geschichte der Silberproduktion.

Etwas weiter befindet sich in der Calle Dr Hierro 301 das **Museo Zacatecano**, in dem einige völlig ungekünstelte Fotos von Huicholen aus den 40er Jahren in einen Raum mit rund 200 Huicholen-Stickereien führen. Mais-, Rotwild- und Schmetterlingsdarstellungen in Schwarz, Rot und Grün stehen dabei symbolisch für Tod, Leben und Wohlstand. Es gibt keinerlei Erklärungen zu den Ausstellungsstücken. Das restliche Museum widmet sich überwiegend religiösen Darstellungen, u.a. finden sich ein paar hundert naive, handgemalte *retablos*, z.T. aus dem 16. Jh. ⏲ tgl. außer Di 10–17 Uhr, US$1,20.

Ein Stück weiter, in der Calle Miguel Auza, liegt die **Kirche San Agustin** aus dem frühen 18. Jh., die nach dem Erlass der Reformgesetze, s.S. 89, zeitweilig zum Kasino umfunktioniert wurde. Das dazugehörige Kloster wurde in ein Hotel umgewandelt, später aber wieder zum Bischofssitz. In ihrer ganz unmexikanischen Schlichtheit muss die Kirche früher sehr schön gewesen sein. Ein prächtiges Relief erzählt die Lebensgeschichte des hl. Augustin. Im Kirchenschiff dokumentieren alte und neue Fotos den Werdegang der Restaurierungsarbeiten, und in einem hinteren Raum werden (Kunst-)Ausstellungen gezeigt. ⏲ Di–So 9–21 Uhr, Eintritt frei.

Museo de Arte Abstract Manuel Felguérez

Wer auf der Genaro Codina y Juan do Tolosa nach Norden geht, gelangt zum **Museo de Arte Abstract Manuel Felguérez**, einer weitläufigen Gemäldegalerie, untergebracht in einem kunstvoll umgebauten ehemaligen Gefängnis und der dazugehörigen Kirche. Einige Zellen wurden in Minigalerien verwandelt, in denen die Arbeiten besonders gut zur Geltung kommen. Im restlichen Gebäude entstanden durch den Abriss mehrerer Stockwerke riesige Räume, die vom Boden bis zur Decke mit Gemälden bedeckt sind; besichtigt werden diese von ansteigenden Stahlwegen aus. Die Hälfte der Werke stammen von **Manuel Felguérez**, einem im Staat Zacatecas geborenen Künstler und ungefähren Zeitgenossen der Brüder Coronel. Er genießt auf dem Gebiet der abstrakten Kunst fast genauso viel Anerkennung, auch wenn seine Arbeiten etwas gewöhnungsbedürftig sind, insbesondere die der frühen 80er Jahre, als er sich fast obsessiv mit dem Thema Penis beschäftigte. Am meisten beeindrucken seine Skulpturen, vor allem die 1995 entstandene mit dem Titel *Arco del Dia*, eine gewaltige dreibeinige Bronzestatue. Auch das große Gemälde *Tecnología Dehumanizada* ganz in der Nähe lohnt einen genaueren Bilck. Die restlichen Ausstellungsstücke gehen auf die **Brüder Coronel** und verschiedene andere mexikanische Künstler zurück. Das Museum beherbergt auch einen ausgezeichneten Kunstbuchladen. ⌚ tgl. außer Di 10–17 Uhr, US$2.

Auf dem Weg nach Norden, entlang der Calle de los Bolos Richtung Museo Rafael Coronel, sollten Besucher auch auf der Plazuela de García Halt machen, die um eine mit Szenen aus der mexikanischen Geschichte verzierten Steinsäule herum angelegt ist.

Museo Rafael Coronel

Rafael Coronel, der Bruder von Pedro und Schwiegersohn von Diego Rivera, hat in der Calle Abasolo ein sehr sehenswertes Museum eingerichtet, in dessen Mittelpunkt eine riesige Sammlung traditioneller Masken steht – wahrscheinlich die beste Ausstellung dieser Art in ganz Mexiko. Das Museo Rafael Coronel ist im Ex-Convento de San Francisco im Norden der Stadt untergebracht. Das Kloster wurde 1593 als Franziskanermission gegründet – die Fassade soll die älteste noch erhaltene der Stadt sein. Nachdem die Franziskaner 1857 vertrieben worden waren, war das Gebäude dem Verfall preisgegeben und wurde während des Angriffs von Villa von Bomben weitgehend zerstört. Inzwischen sind das Gebäude und der Garten teilweise wiederhergestellt worden; das Museum wurde in die Ruinen integriert. Zur Schau stehen über 5000 Masken, fast mehr als das Auge fassen kann. Sie zeigen die Entwicklung und Tradition der mexikanischen Masken von der präkolumbischen bis in die jüngste Zeit. Ein Raum ist den maurischen und christlichen Masken der Danza de los Moros y Cristianos vorbehalten. Außer den Masken werden auch Coronels Sammlung von Keramiken und Marionetten sowie Skizzen und Zeichnungen seiner Frau Ruth Rivera, Architektin und Tochter von Diego Rivera, gezeigt. Das Museum beherbergt auch einen Buchladen und ein schickes Café. ⌚ tgl. außer Mi 10–17 Uhr, US$2.

In der Nähe fahren verschiedene Busse vorbei, darunter Nr. 5, 8 und 9. Man kann aber auch zu Fuß vom Zentrum aus Richtung Norden auf der Hidalgo an der Kathedrale vorbeigehen, bis die Hidalgo in die Juan Tolosa übergeht. Dann immer geradeaus, an der Straßengabelung rechts die Matamoros hoch, bis das Museum linker Hand auftaucht.

Der Aquädukt und das Museo Francisco Goitia

In der entgegengesetzten Richtung, also im Süden der Stadt, überblickt man den Verlauf des Aquäduktes, der den Süden der Stadt mit Wasser versorgte. Die wenigen Überreste sind aus der Nähe vom kleinen **Parque Enrique Estrada** an der Gonzales Ortega aus zu betrachten, der Verlängerung der Hidalgo, vom Zentrum nach Süden.

An der Rückseite des Parks befindet sich ein weiteres Museum eines hiesigen Künstlers, das ausgezeichnete **Museo Francisco Goitia**, untergebracht im ehemaligen Regierungspalast. Im Museum werden die Werke Goitias, des führenden Malers in Mexiko zu Beginn des 20. Jahrhunderts, und modernerer lokaler Künstler (inkl. Pedro Coronel) gezeigt. Außerdem finden Ausstellungen zeitgenössischer Kunst statt. ⌚ Di–So 10–17 Uhr, US$2.

Ebenfalls auf der Rückseite des Parks, noch ein Stückchen weiter entfernt, erhebt sich die terrakottafarbene **Basílica Fátima**, die aus der Ferne jedoch weitaus beeindruckender aussieht als von nahem. Dem nur einige Jahrzehnte alten Gotteshaus mangelt es an historischer Bedeutung, doch der Spaziergang dorthin lohnt, um die herrliche Sicht über die Stadt zu genießen.

Mina El Edén

Die vielleicht größte Sehenswürdigkeit von Zacatecas ist die Mina El Edén. Der Eingang zu diesem alten Bergwerk liegt im Westen der Stadt, hinter dem modernen Krankenhaus. Eine kleine Bahn fährt (nur an regenfreien Tagen!) zu den im 17. Jh. gegrabenen Schächten, die bis zu 300 m tief in das Innere des Cerro del Bosque getrieben wurden (wer an Klaustrophobie leidet, sei vorgewarnt: An manchen Stellen sind die Tunnels extrem schmal). Die 40-minütige Führung, bei der nur ein winziger Teil der Anlage gezeigt wird und die nur in Spanisch absolviert wird, werden Besucher in zwei unterirdische Souvernirläden geleitet, in denen Steine aus der Mine verkauft werden, dürfen einen künstlichen Wasserfall bewundern und bekommen eine Menge erstaunlicher Statistiken zu hören.

Wenn man den Worten des Fremdenführers glauben darf, gab es zu den Spitzenzeiten der Produktion täglich acht tödliche Unfälle unter den Minenarbeitern. Für sie muss El Edén („das Paradies") die Hölle gewesen sein. Auf wackligen Holzleitern mussten sie mit ihren Gerätschaften zu den Stollen hinab- und beladen mit Erz wieder hinaufklettern. Die Stollen selbst sind mittlerweile unzugänglich, denn nach der Stillegung des Bergwerkes 1966 haben sie sich mit Wasser gefüllt. Holzbrücken führen über gähnende Abgründe. Da es unter der Erde kühl ist, sollte man eine warme Jacke mitbringen.

Der Berg ist wie eine Bienenwabe von sieben Tunneln durchlöchert. Ein Lift bringt Besucher durch einen dieser Tunnel zu den Hängen des Cerro del Bosque, etwa 200 m von der Talstation entfernt, wo man ebenfalls in das Bergwerk kommt. Allerdings muss man hier vielleicht etwas länger auf einen Führer warten. ⌚ tgl. 11–18 Uhr, US$2,50.

Zum Eingang von El Edén fährt ein Bus mit der Aufschrift „IMSS" vom Jardin Independencia die Juárez hoch zum Krankenhaus. Zu Fuß ist es ein gemütlicher Spaziergang durch die Alameda, gefolgt von einer kurzen Klettertour.

Die Seilbahn (Teleférico) und der Cerro de la Bufa

Die Talstation der Teleférico-Seilbahn, Estación de Grillo, erreicht man, wenn man gegenüber von der Kathedrale eine der Treppen hochsteigt und dann der Asphaltstraße folgt. Ein Rückfahrtsticket zum Gipfel des Cerro de la Bufa ist nicht nötig, denn den Rückweg kann man sehr gut zu Fuß zurücklegen. Gleich beim Ticketkauf (US$2 einfach) Bescheid sagen! Die Seilbahn ist tgl. von 10–18 Uhr in Betrieb, wird bei starkem Wind jedoch eingestellt.

Die Fahrt nach oben, wenn die Gondel gleich nach Verlassen der Station dicht über den Dächern der Stadt schwebt, ist schlichtweg atemberaubend. Auf dem Gipfel des Cerro de la Bufa angekommen kann man nach Bewunderung der Aussicht die **Capilla del Patrocinio** besuchen, eine Kapelle aus dem 18. Jahrhundert mit einem Standbild der Jungfrau Maria, dem wunderbare Heilkräfte zugeschrieben werden. Danach zum **Mirador** hart am Rande der Felsenklippen und vielleicht noch in das **Museo de la Toma de Zacatecas**. In dieser Gedenkstätte für den aufsehenerregenden Sieg Pancho Villas sind Waffen aus der Revolutionszeit und andere Erinnerungsstücke ausgestellt. ⌚ tgl. 10–17 Uhr, US$1,20.

Auf dem Fußweg am Felsen entlang, vorbei an den in Eisen gegossenen Helden der Revolution, gelangt man zum **Mausoleo de los Hombres Ilustres**, wo ehrenwerte Bürger der Stadt begraben liegen oder zumindest einen Gedenkstein erhalten haben.

Übernachtung:

Casa Santa Lucía	A
Condesa	H
Hostal Calle de Abajo	I
Hostal del Río	G
Hostal Reyna Soledad	E
Hostel Villa Colonial	D
Hotel Posada de la Moneda	C
Hotel Posada Tolosa	B
Méson de Jóbito	F
Quinta Real	K
Zamora	J

Bars & Clubs

Bar Botarel	28
Cactus Bar	24
El Elefante	2
El Malacate	15
Mama Inés	11
El Mito	25
La Nueva Galicia	10
Rincón de los Trovadores	3

Restaurants & Cafés

Acrópolis	7
Birrierias Jaramillo	5
Café Anis	14
Café la Colonial	8
Los Dorados de Villa	1
Garufa	23
Gorditas Doña Julia	9,18 & 20
Hong Kong	19
Il San Particio Café	12
Mi Viejo	16
La Plaza	28
El Raspanieve	4
El Recoveco	21
Restaurante la Bodeguilla	13
Restaurante el Tragadero	22
Rosticería el Pastor	27
Sanborn's	17
La Única Cabaña	26
Viva Pizza	6

Übernachtung

Im Zentrum gibt es viele Hotels, darunter aber nur wenige preisgünstige. Einige sehr billige sind rund um den alten Busbahnhof angesiedelt und wenig zu empfehlen. Da die Nächte in Zacatecas kalt werden können, sollte man darauf achten, dass ausreichend Decken im Zimmer sind. In der Woche vor Ostern sowie während der großen

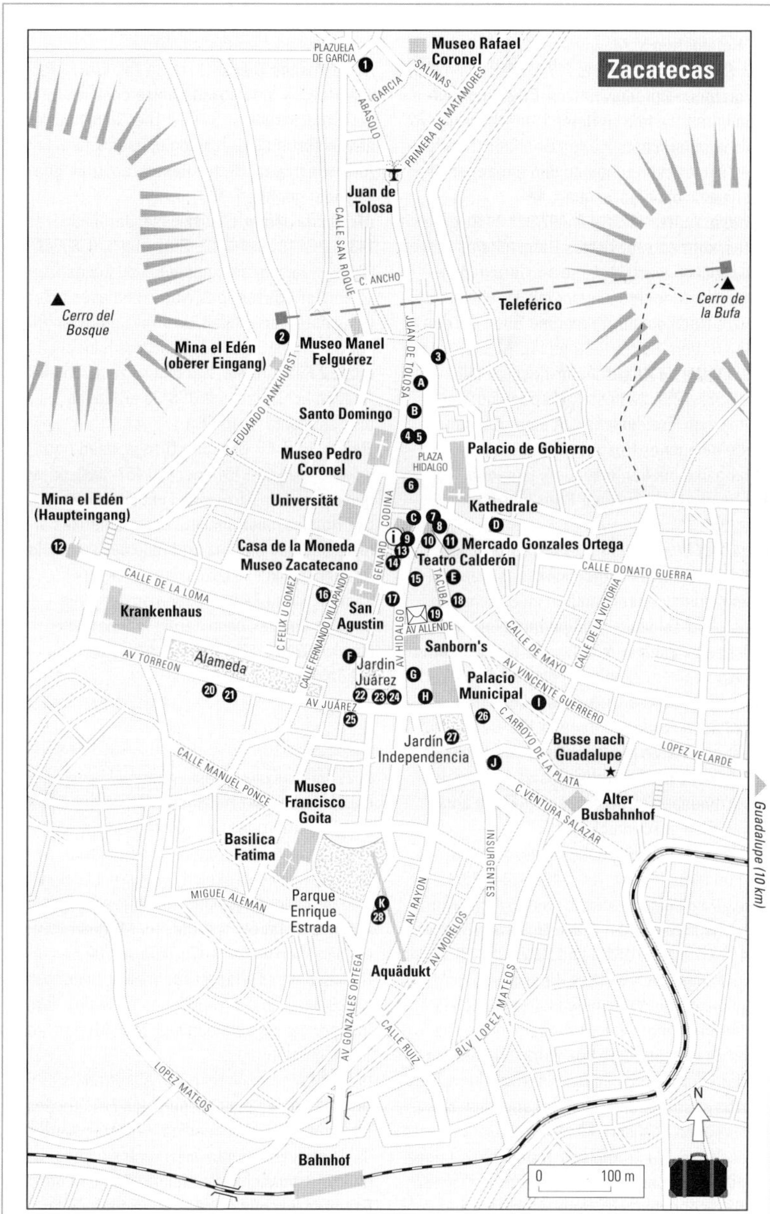

Zacatecas
Museo Rafael Coronel
Plazuela de Garcia
Garcia
Salinas
Abasolo
Primera de Matamores
Juan de Tolosa
Calle San Roque
C. Ancho
Teleférico
Cerro de la Bufa
Cerro del Bosque
Mina el Edén (oberer Eingang)
Museo Manel Felguérez
Juan de Tolosa
C. Eduardo Pankhurst
Santo Domingo
Museo Pedro Coronel
Plaza Hidalgo
Palacio de Gobierno
Universität
Mina el Edén (Haupteingang)
Kathedrale
Genaro Codina
Casa de la Moneda
Mercado Gonzales Ortega
Museo Zacatecano
Teatro Calderón
Calle Donato Guerra
Calle de la Loma
Tacuba
Calle de la Victoria
Krankenhaus
C Felix U Gomez
Calle Fernando Villapando
San Agustin
Av Hidalgo
Av Allende
Sanborn's
Calle de Mayo
Av Torreon
Alameda
Jardin Juárez
Palacio Municipal
Av Vincente Guerrero
Av Juárez
C Arroyo de la Plata
Jardín Independencia
Busse nach Guadalupe
Lopez Velarde
Calle Manuel Ponce
Museo Francisco Goita
C Ventura Salazar
Alter Busbahnhof
Guadalupe (10 km)
Insurgentes
Basilica Fatima
Miguel Aleman
Parque Enrique Estrada
Av Rayon
Av Morelos
Aquädukt
Av Gonzales Ortega
Blv Lopez Mateos
Calle Ruiz
Lopez Mateos
N
Bahnhof
0
100 m
Busbahnhof (3 km)
DER BAJÍO

Fiesta Ende Aug und in der 1. Septemberhälfte sind Hotelbetten Mangelware.
Casa Santa Lucía, Hidalgo 717, ✆ 492/924-4900, ✉ mazzocco@prodigy.net.mx. Eines der besseren unter den teuren Hotels, untergebracht in einem wunderschönen alten Gebäude. Komfortable Zimmer mit Kachelbad und einfacher, aber geschmackvoller Einrichtung. ❼
Condesa, Juárez 102, ✆/📠 492/922-1160, preiswertes, kürzlich renoviertes Hotel mit riesiger Lobby in sehr zentraler Lage am Jardín Independencia. Moderne Zimmer mit TV, einige mit Jacuzzi. Nach einem Zimmer mit Blick auf den Garten fragen. Café und Hotelbar. ❺
Hostal Calle de Abajo, Victor Rosales 160, ✆ 492/925-1255, ✉ hostalcalledeabajo@hotmail.com. Freundliches, in einer ruhigen Straße gelegenes Hostel mit imposantem Eingang und antiker Rezeption. Einfache, aber komfortable Zimmer; Preis inkl. Frühstück. ❻
Hostal del Río, Hidalgo 116, ✆ 492/924-0035, 📠 922-7833. Etwas mitgenommenes, aber stilvolles Kolonialgebäude mitten im Geschehen. Alle Zimmer schlicht, weißgetüncht und mit TV, auch riesige Zimmer mit Platz für bis zu 5 Personen. Nach einem Zimmer im oberen Stockwerk fragen. Gereinigtes Trinkwasser kostenlos. ❺
Hostal Reyna Soledad, Tacuba 170, Centro Historico, 💻 WWW.hostalreynasoledad.com.mx, ✆ 492/922-0790. Sauberes Hostel mit Dachterrasse, Innenhof, farbenfrohen Zimmern und überall Blumenschmuck. ❼
Hostal Villa Colonial, Ecke Primero de Mayo y Callejón Mono Prieto, ✆/📠 492/922-1980, 💻 www.hostels-zacatecas.com. Traumhafte Herberge mitten in der Stadt. Umfasst angenehme 4-Bettzimmer (US$8) und 3 DZ (US$18) sowie eine sonnige Dachterrasse, Internet-Zugang, Möglichkeit zum Wäschewaschen, Kabel-TV, Bücherbörse und eine große Gemeinschaftsküche, in der spontane Kochkurse angeboten werden. Auch Organisation von Ausflügen. Die äußerst gastfreundlichen mexikanischen Besitzer sprechen Englisch. ❷–❹
Hotel Posada de la Moneda, Hidalgo 413, gegenüber dem Mercado Gonzales Ortega, ✆/📠 492/922-0881. Angenehmes Hotel in bester Lage, beliebt bei mexikanischen Geschäftsleuten. Unbedingt nach einem Zimmer mit Balkon fragen, die anderen sind sehr dunkel. ❻
Hotel Posada Tolosa, Juan de Tolosa 811, ✆ 492/922-5105, 💻 hotelposadatolosa.com.mx. Kitschiges Hotel in ruhiger Straße. Die Zimmer können etwas düster sein, deswegen nach einem mit Ausblick fragen. Nettes Restaurant (den ganzen Tag über geöffnet). ❻
Mesón de Jóbito, Luxusklasse, Jardín Juárez 143, ✆/📠 492/924-1722, Buchung ✆ 1-800/021-0040, ✉ hmjobito@.logicnet.com. Ein ganzer kolonialer Häuserblock wurde in dieses tolle Luxushotel verwandelt, das am schönsten Platz der Stadt liegt. Zimmer mit ac, manche mit Jacuzzi. 2 Restaurants, Bar und so ziemlich alle Annehmlichkeiten; mit US$130 erheblich billiger als das *Quinta Real.* ❾
Quinta Real, Av. Gonzalez Ortega, beim Aquädukt, ✆ 492/922-9104 oder 800/457-4000, 💻 www.quintareal.com. Luxushotel mit allem Komfort. Der Hotelkomplex schließt Lateinamerikas älteste Stierkampfarena und Teile des kolonialen Aquädukts mit ein. Luxusklasse. ❾
Zamora, Plaza Zamora, oben an der Calle Ventura Salázar, beim Jardín Independencia, ✆ 492/922-1200, zentral, billig, sehr schäbig. ❹

Essen

In Zacatecas gibt es eine richtige kleine Kaffeehauskultur an der Hidalgo in der Umgebung des Mercado Gonzáles Ortega, und außerdem herrscht in der Innenstadt von Zacatecas an Restaurants kein Mangel. Billigere Esslokale sind dort allerdings nicht so weit verbreitet; preiswerte Tacos, Tostadas und Tortas gibt es ein bisschen weiter außerhalb, am besten in der Umgebung des alten Busbahnhofs: In der Ventura Salazar und am südlichen Ende des Jardín Independencia befinden sich jede Menge kleiner Schnellrestaurants.
In Zacatecas sollte man unbedingt *tunas* probieren, die grünen oder purpurroten Früchte des Pfirsichkaktus. Während der Erntezeit werden sie überall angeboten, man kann sie auch selbst pflücken. Vorsicht: Wer seinen Durst an den Früchten löschen möchte, muss über dicke Handschuhe oder ein scharfes Messer verfü-

gen, man braucht Stunden, um die haarfeinen Stacheln aus den Händen zu entfernen.
In der Umgebung wachsen gute **Weine**, die z.B. unter dem Namen *Cabernet* oder *Los Pioniros* verkauft werden. Billiger und auch nicht schlecht ist die Marke *Falerno*.

CAFÉS – ***Acrópolis,*** neben der Kathedrale, Ecke Mercado Gonzales Ortega. Sehr beliebt, ausgezeichnetes, aber nicht billiges Frühstück ab 8.30 Uhr, Eis, Obstsäfte und Hauptgerichte. Die meisten Einheimischen kommen der Hamburger wegen. ⌚ tgl. 8.30–22 Uhr.
Birrierias Jaramillo, Hidalgo 729. Lockere, freundliche Atmosphäre – ein gutes Lokal, um die Spezialität *birria* (US$3–5) zu probieren.
Café Anis, Hidalgo 306. Gutes Frühstück; Kaffee und Kuchen.
Café la Colonial, Mercado Gonzales Ortega. Blick auf die Tacuba bei einem kühlen Bier, Milchshake, Sandwich, Eiscreme oder Licuado. Nicht besonders teuer, aber das Essen ist auch nicht besonders gut.
Il San Patricio Café, Hidalgo 403. Hat den besten Kaffee vor Ort, aber auch die höchsten Preise, dafür gibt es echten italienischen Espresso, der im stillen Patio genossen werden kann.
Mi Viejo, Fernando Villapando 319. Gemütliches kleines Café abseits der geschäftigen Innenstadt; serviert guten Kaffee, Gebäck und leckere Crêpes. Nicht ganz billig, Mo geschlossen.
El Raspanieve, Hidalgo 805. Seit 1940 existierende Eisdiele, der man ihr Alter ansieht. Hier gibt's typisches *raspanieve* (hat seinen Ursprung in der Nachbarstadt Jerez), eine Art Eiscreme bestehend aus zerstoßenem Eis mit Früchtesirup, Schokolade oder Karamellüberzug.

RESTAURANTS – ***Los Dorados de Villa,*** Plazuela de Garcia 1314, ✆ 492/922-5722. Ausgezeichnetes kleines Restaurant, einen kurzen Spaziergang vom Zentrum entfernt. Sehr gemütlich; farbenfrohe Ausgestaltung zum Thema Pancho Villa („Los Dorados“ waren seine Anhänger). Hervorragendes, traditionell mexikanisches Essen (v.a. *moles*). Hauptgerichte kosten ca. US$4–5. Das Lokal ist so begehrt, dass ohne Reservierung so gut wie nie ein Tisch zu haben ist.
Garufa, Jardín Juárez 135. Argentinisches Restaurant, riesige, kostspielige Steaks direkt aus den Pampas (US$14–20); sehr viel billigere Salate und Pasta in rustikaler Umgebung.
Gorditas Doña Julia, Hidalgo 409. Preiswerte Gorditas (je US$0,80) zum Mitnehmen oder Verzehr im freundlichen, offenen Restaurant. Filialen in der Tacuba 110 und Torreón 601.
Hong Kong, Allende 117. Einladendes kantonesisches Restaurant mit Bar im Obergeschoss, untergebracht in der ehemaligen Bischofsresidenz aus Kolonialzeiten. Serviert *foo yung, chow mein* und gebratenen Reis (US$3–4), außerdem eine Auswahl an umfangreichen Tagesmenüs (US$7).
La Plaza, im Hotel *Quinta Real,* das beste Lokal der Stadt, bietet kostspielige Mahlzeiten in förmlicher Atmosphäre und eine hübsche Aussicht auf die ehemalige Stierkampfarena.
El Recoveco, Torreón 513, eines der preiswerteren: *all you can eat*-Buffet mit über 30 verschiedenen Speisen für weniger als US$4. ⌚ tgl. 8–19 Uhr.
Restaurante La Bodeguilla, Callejón de San Agustín 103. Kleine, elegante Tapasbar, jeden Nachmittag frisch gebackene Empanadas und überraschend moderate Preise. Auch ein beliebter Abendtreffpunkt.
Restaurante El Tragadero, Juárez 232, bei der Alameda. Preiswertes, traditionelles mexikanisches Essen; köstliche, pikante Enchiladas Zacatecas für weniger als US$4.
Rosticería el Pastor, Calle Independencia 14. Billiges, familienfreundliches Lokal, aus dem der Duft von Brathähnchen strömt. Für US$5 kann man sich hier gut satt essen.
Sanborn's, Hidalgo 212. *All you can eat*-Buffet für US$7,50, inkl. hausgemachte Backwaren.
La Única Cabaña, Jardín Independencia. Eines der billigsten, besten und beliebtesten Taco-Restaurants. Immer gut besucht und sauber; leckeres, schlichtes Essen mit großer Auswahl an Salsas, außerdem billiges Bier und köstliche, durstlöschende Aguas zum Mitnehmen. Tacos kosten US$0,50 und eine komplette Mahlzeit mit Huhn US$2,80. Nachmittags Live-Gitarrenmusik.
Viva Pizza, Callejón de Venya 105, gegenüber der Kathedrale. Pizza im US-Stil zu moderaten Preisen (ab US$3) in mehreren kleinen Räumen. Lieferservice unter ✆ 492/922-7965.

Unterhaltung

Das Nachtleben ist sehr lebhaft, insbesondere während des Semesters, und spielt sich vor Mitternacht mehr auf den Straßen als in den Kneipen ab, v.a. rund um den Mercado Gonzales Ortega. Am Freitag- und Samstagabend (manchmal auch am Do und So) findet oft eine *callejóneada* statt, d.h. Musikanten – meistens mit Pauken und Trompeten – ziehen durch die Gassen. Nicht selten ist ein mit Karaffen voll Tequila beladener Esel mit von der Partie. Wer die unverkennbaren Klänge hört, kann sich anschließen oder am frühen Abend zur Alameda begeben, dem Ausgangspunkt des Umzugs; ein guter Start ins Nachtleben.

BARS UND CLUBS – ***Bar Botarel,*** im Hotel *Quinta Real,* tolle Bar in einer ehemaligen Stierkampfarena. Wer kurz nach 18 Uhr kommt, ergattert vielleicht noch eine der Nischen mit Blick auf die Plaza und das Hotel. Die Preise sind fast doppelt so hoch wie anderswo, doch die Atmosphäre ist einmalig. Fr und Sa Live-Musik bis Mitternacht.

Cactus Bar, Hidalgo 111. Lebhafter, gut besuchter Nachtclub mit Billard und Tischfußball im Obergeschoss; am Mi und Do zwei Spezialgetränke zum Preis von einem. Am Fr geringe Eintrittsgebühr für Männer, am Sa für alle Besucher. So geschlossen.

El Elefante, Diaz Ordaz 717, an der unteren Seilbahnstation, ✆ 492/922-7194. Die Hauptkonkurrenz der *Discoteca El Malacate* bietet eine tolle Aussicht. Wenn der Laden gegen 23.30 Uhr in Schwung kommt, kann man sich prima amüsieren. ⌚ bis 2 Uhr, Eintritt US$6.

El Malacate, Haupteingang zu Mina El Edén, ✆ 492/922-3002. Der größte Club von Zacatecas, mitten im Berg und erreichbar mit der Sightseeingbahn. Nach 23 Uhr geht es erst richtig los, bei viel Latin, US- und europäischer Disco-, v.a. jedoch Techno-Musik. Der Club erfährt mehr Anerkennung als er verdient und ist nichts für Menschen mit Platzangst. ⌚ Do–Sa 22–2.30 Uhr. Fr und Sa Reservierung erforderlich, Eintritt US$6.

Mama Inés, im Mercado Gonzales Ortega. Kubanisches Flair, Live-Musik und große Auswahl an Cocktails (US$4). Spät hingehen.

El Mito, Juárez 108, gegenüber dem *Restaurante el Tragadero.* Zeichnet sich aus durch schummrige Beleuchtung, gute Tanzmusik und herausgeputzte Stammgäste. Eintritt US$4. ⌚ 22–2 Uhr.

La Nueva Galicia, Plaza Goitia. Restaurant und schicke Bar, gut, um sich bei einem Drink in Ruhe auf eine heiße Nacht einzustimmen.

Rincón de los Trovadores, Hidalgo 802. Sehr nette, lockere Musikkneipe, in der sich hiesige Musiker treffen und etwas zum Besten geben, am Wochenende auch solche, die sich schon einen Namen gemacht haben. Wer immer ein Instrument beherrscht, findet hier ein Publikum. ⌚ tgl. außer Mo 19–2.30 Uhr, Eintritt frei.

FESTE – Wenn möglich, sollte man Zacatecas während einem der beiden wichtigsten Feste besuchten. Die größte Fiesta, die von Ende Aug bis Mitte Sep stattfindet, ist die **Féria de Zacatecas**. Den Höhepunkt stellt ein stilisiertes Gefecht zwischen Christen und Mauren, ein Relikt spanischer Tradition, dar, das auf dem Cerro de la Bufa ausgetragen wird. Die Festlichkeiten erstrecken sich über mehrere Tage, wichtigster Tag ist der 27. 10. Es gibt u.a. auch Stierkämpfe – die wildesten Stiere des Landes werden in und um Zacatecas gezüchtet.

Zacatecas en la Cultura ist ein riesiges, die ganze Stadt umspannendes Kulturfest, ähnlich Guanajuatos Cervantino-Festival. Es findet um die Semana Santa herum statt und dauert zwei Wochen; die Veranstaltungen reichen von Auftritten renommierter mexikanischer Rockbands und sogar einigen ausländischen Gruppen bis zu Folkloretanz, Oper und Ballet. Angesichts der Qualität des Gebotenen und der Tatsache, dass die meisten Events kostenlos sind, ist es nicht verwunderlich, dass das Fest von Jahr zu Jahr noch größer wird. Einige besonders hochrangige Vorstellungen kosten eine kleine Eintrittsgebühr; Karten gibt es an einem Schalter im Teatro Calderón und bei der Touristeninformation.

KINOS – ***Salas 2000,*** López Mateos 430, ✆ 492/922-6011, am Hang hinter dem alten Busbahnhof, und ***Nova Cinemas,*** Constituyentes 300, oberhalb der Alameda, ✆ 492/922-5404, zeigen meistens Hollywoodfilme, Eintritt rund US$3.

Cine Club Universitário, Alameda 414, bringt derzeit jeden 2. Donnerstag Arthouse Movies für einen Spottpreis; das aktuelle Programm ist der Monatsbroschüre *Agenda Cultural* zu entnehmen, die es bei der Touristeninformation gibt.

Sonstiges

GELD – Entlang der Hidalgo gibt es zahlreiche Banken, darunter ***Banamex, Bancomer, Bital*** und *Banorte,* alle zwischen Juárez und Allende, ⏲ Mo–Fr 9–13 Uhr, und alle mit rund um die Uhr geöffneten Geldautomaten.
Außerdem Casas de Cambio, z.B. ***Divisa San Luis,*** Arroyo de la Plata 203, ⏲ Mo–Fr 9–18, Sa 9–15 Uhr.
American Express, im *Viajes Mazzocco,* Calle Fátima 115, gegenüber der Basílica Fátima, hinter dem Parque Enrique Estrada, ✆ 492/922-0854, ✉ mazzocco@prodigy.net.mx, sowie eine kleinere und zentralere Zweigstelle im *Hotel Casa Santa Lucía,* Hidalgo 717; Amex-Dienststelle mit Postannahme, Geldwechsel und Ersatz von abhanden gekommenen Travellers Cheques, organisiert auch Stadtrundfahrten (s.u.). ⏲ Mo–Fr 9–19, Sa und So 9–14 Uhr.

INFORMATIONEN – Die schlecht ausgeschilderte ***Touristeninformation*** versteckt sich in der Hidalgo 403, neben dem Teatro Calderón, erreichbar über eine vom Patio abgehende Treppe, ✆ 492/922-4047 oder 01-800/712-4078, 💻 www.turismozacatecas.gob.mx. Die freundlichen Angestellten vergeben Infoblätter, einen nicht besonders übersichtlichen Stadtplan und helfen mit Tipps. ⏲ tgl. 8–20 Uhr.

INTERNET – Die zahlreichen Anbieter verlangen fast alle ungefähr US$1,50 pro Std., z.B. ***Optimus Prime,*** Tacuba 118, ⏲ tgl. 10–22 Uhr, oder ***Cyber Central,*** Hidalgo 304, ⏲ tgl. 10–21 Uhr.

NOTFALL – ***Touristenpolizei,*** ✆ 492/922-3426 (24 Std. und 365 Tage im Jahr besetzt); ***Especialidades Médicas,*** Vincente Guerrero 143, ✆ 492/924-2928, hat eine medizinische und zahnmedizinische Notambulanz.

POST – In der Allende 111, vom Jardín Independencia durch den Callejón del Trafico nach rechts. ⏲ Mo–Fr 9–17 Uhr, Sa 9–13 Uhr.

TOUREN – Mehrere Reisebüros bieten Stadtrundfahrten und Touren zu den Sehenswürdigkeiten der Umgebung an, z.B. ***Viajes Mazzacco*** (s.o. unter „Geld") und ***Operadora Zacatecas,*** Hidalgo 630, gegenüber dem Hotel Casa Santa Lucía, ✆ 492/924-0050 oder 1-800/714-4150 oder 492/924-4900, ✉ op-zacatecas@wspanmex.com.mx, ⏲ Mo–Sa 9–20, So 9–16 Uhr. In allen größeren Hotels liegen Broschüren mit Infos zu Touren nach Guadelupe (US$15), Chicomoztoc (US$22) und anderen Zielen aus.

WÄSCHEREI – ***Fast Clean,*** Fernando Villapando 203; waschen und trocknen kostet US$1,20 pro Kilo. ⏲ Mo–Sa 9–19 Uhr.

Nahverkehrsmittel

Das Einbahnstraßensystem von Zacatecas zwingt die meisten Stadtbusse zu einer Rundfahrt durchs Zentrum, und fast alle kommen irgendwann am Jardín Independencia vorbei. Wer an der Central Camionera ankommt, nimmt am besten einen Stadtbus zum Jardín, denn die meisten Unterkünfte lassen sich von der Plaza aus zu Fuß erreichen.

Transport

BUSSE – Zacatecas' moderner Busbahnhof liegt rund 4 km außerhalb des Zentrums, südlich des nicht mehr genutzten Bahnhofs, und verfügt über eine kleine, rund um die Uhr geöffnete Gepäckaufbewahrung.
Ins Zentrum gelangt man mühelos mit Bussen (z.B. Nr. 8), die zwischen 7 und 22 Uhr in kurzen Abständen über die Fernando Villapando und am Jardín Independencia vorbeifahren, oder per Taxi für knapp US$5.
Zum Busbahnhof gelangt man mit einem Bus Aufschrift „Camionera" (meistens Linie 7 und 8), die regelmäßig am Jardín Independencia abfahren.
Es gibt gute Busverbindungen zu allen Teilen Nord-Mexikos, darunter nach Durango und Chi-

huahua, von denen einige bis zur Grenze bei Ciudad Juárez weiterfahren. Es gibt auch Direktbusse nach Torreón und Monterrey sowie zwei pro Tag nach Mazatlán; man kann auch den frühesten Bus nach Durango nehmen und dort in einen Bus nach Mazatlán umsteigen. Auf dem Weg nach Süden teilt sich die Schnellstraße nach México D.F. Auf beiden Strecken verkehren zahlreiche Busse – die schnellere Weststrecke verläuft über Aguascalientes und Léon, die Oststrecke über San Luis Potosí – bei Querétaro laufen die beiden Straßen wieder zusammen.
Busse nach:
AGUASCALIENTES alle 30 Min. (2 Std.),
CHIHUAHUA stdl. (12 Std.),
CIUDAD JUÁREZ stdl. (18 Std.),
DURANGO stdl., (5 Std.),
GUADALAJARA stdl. (6 Std.),
LEÓN stdl. (4–5 Std.),
MAZATLÁN 2x tgl. (12 Std.),
MÉXICO D.F. ungefähr stdl. (8 Std.),
MONTERREY stdl. (6 Std.),
NUEVO LAREDO 5x tgl. (8 Std.)
PUERTO VALLARTA 3x tgl. (12 Std.),
QUERÉTARO stdl. (6 Std.),
SAN LUIS POTOSÍ 10x tgl. (3 Std.),
TIJUANA 4x tgl. (36 Std.),
TORREÓN stdl. (6 Std.).
Wer nach REAL DE CATORCE möchte, muss sowohl in San Luis Potosí als auch Matehuala umsteigen: Die Reise schafft an einem Tag nur, wer früh weg kommt.

FLÜGE – Vom Aeropuerto La Calera, der 24 km nördlich der Innenstadt liegt und nur per Taxi erreichbar ist, gehen tgl. Flüge nach MÉXICO D.F. und regelmäßig nach TIJUANA und MORELIA. Auch nach CHICAGO, DALLAS, LOS ANGELES und OAKLAND. In die Stadt gibt es einen offiziellen Combi-Service zu Festpreisen, ca. US$15.

Die Umgebung von Zacatecas

Von Zacatecas aus lassen sich lohnende Abstecher in die Umgebung unternehmen, nicht zuletzt nach **Guadalupe**, zum Convento de Guadalupe, einem üppig verzierten Kloster und insofern eine Rarität, als dass es die Jahrhunderte mehr oder weniger unbeschadet überstand. Es ist daher eines der wichtigsten Bauwerke seiner Art in ganz Mexiko. Ein gutes Stück weiter außerhalb (ein Tagesausflug) liegen die Ruinen von **Chicomoztoc**, einer befestigten Stadt in der Wüste. Beide Orte lassen sich auf eigene Faust oder im Rahmen einer Tour erreichen, zu buchen bei Reiseveranstaltern in Zacatecas.

Guadalupe

Das Convento de Guadalupe, eines der bedeutendsten Baudenkmäler Mexikos, hat erstaunlicherweise die Jahrhunderte mehr oder weniger unversehrt überstanden. Es liegt 10 km südöstlich vom Zentrum in einem Randbezirk von Zacatecas. In die Anlage gelangt man über einen Hof, auf dessen rechter Seite sich das **Museum** und das **Kloster** befinden. Die Kirche betritt man durch die kunstvolle Barockfassade. Die 1704 gegründete Klosteranlage ist verwirrend: endlose Reihen von Zellen, Innenhöfen und Treppen, die nirgendwohin zu führen scheinen, dazwischen lange, mit Gemälden geschmückte Korridore. Besser als im Rahmen einer organisierten Führung in spanischer Sprache, erkundet man die Anlage auf eigene Faust. So kann man in Ruhe die vielen **Gemälde** betrachten, und die Wächter sind gern bereit, Besuchern die Schätze der Bibliothek und der verschiedenen Kapellen zu erklären.

Wer die beiden größten Sehenswürdigkeiten des Klosters betrachten möchte, muss an einem Sonntag nach 14 Uhr herkommen: den **Coro Alto**, den erhobenen Chor im hinteren Kirchenschiff mit seinem bemalten, holzgeschnitzten Gestühl, und die **Capilla de Napoles**, deren neoklassizistisch gewölbte Decke mit kunstvollen, filigranen Goldblättern bedeckt ist.

Vor 150 Jahren war solch ein Dekor in mexikanischen Kirchen durchaus üblich, heute ist die Kapelle die kostbarste im ganzen Land. Vom Coro Alto kann man in die Kapelle hinabschauen und jederzeit vom Eingang aus an der Seite des Hauptschiffes einen Blick hineinwerfen, doch die Türen werden nur zu besonderen Anlässen geöffnet. ⏲ tgl. 10–16.30 Uhr, Eintritt US$3.

Zum Kloster 10 km südöstlich der Innenstadt von Zacatecas fahren alle paar Minuten Stadtbusse von einer kleinen Bushaltestelle am Callejón de Barra, unmittelbar östlich des alten Busbahnhofs.

Das neben dem Kloster liegende **Museo de Historia Regional** beherbergt eine Sammlung indigener Kunstgegenstände und eine Abteilung mit interessanten Stücken aus der Frühzeit der Eisenbahn. 🕒 Di–So 10–16.30 Uhr, Eintritt frei.

Die Ruinenstadt Chicomoztoc

Bis heute streiten sich die Archäologen über Funktion und Bewohner von Chicomoztoc. Manche zweifeln sogar daran, dass es eine Festung war, obwohl die strategisch hervorragende geografische Lage für Verteidigungszwecke wie geschaffen ist und auch die bollwerkartigen Mauern ringsum dafür sprechen.

Höchstwahrscheinlich war die gegen 500 n.Chr. erbaute Anlage der vorgelagerte Grenzposten einer präaztekischen Kultur (möglicherweise der Tolteken), der die nach Süden vordringenden Chichimeken abwehren sollte. Man vermutet außerdem, dass eine regierende Oberschicht genügend Tribute erpresste, um solche Paläste bauen zu lassen, und sich mit der Festung möglicherweise auch vor den eigenen Untertanen schützte. Diese Annahme wird durch eine Sage gestützt, die noch heute unter den Huichol lebendig ist. Danach lebte einmal ein teuflischer Priester auf einem Felsen, auf dem viele von Mauern umgebene Gebäude standen. Er befehligte ein Heer von Adlern und Jaguaren, die die Menschen in Angst und Schrecken versetzten. Schließlich flehten die Menschen die Götter um Beistand an, und der Priester und sein Gefolge kamen in „großer Hitze" um. Den Menschen aber wurde verboten, jemals wieder in die Nähe des Felsens zu kommen.

In der Tat wurde Chicomoztoc gegen 1200 n.Chr. durch einen Brand zerstört und nie wieder aufgebaut. Bis heute machen die Huichol (s.S. 74 und 178), wenn sie alljährlich von der Sierra Madre im Westen in die Gegend von Real Catorce im Osten reisen, um Peyote zu sammeln, einen großen Bogen um das Gebiet von Chicomoztoc.

Chicomoztoc

Die Ruinenstadt Chicomoztoc, eine befestigte, alte Stadtanlage mitten in der Wüste, auch als La Quemada bekannt, befindet sich ca. 40 km von Zacatecas entfernt an der Landstraße nach Villanueva und Guadalajara. Die tatsächlichen Ausmaße der Ruinenstadt lassen sich von außen schwer ermessen. Die Anlage selbst und sogar die hohen, restaurierten Pyramiden schmiegen sich so eng an den Berg, dass sie von der Straße aus praktisch unsichtbar sind.

Außer dem rekonstruierten **Tempel** sind die Reste einer großen **Halle**, von der noch elf Pfeiler stehen, erhalten, außerdem ein **Ballspielplatz**, ein ausgedehntes (vom Boden aus jedoch kaum sichtbares) Netz von Straßen, die in das Tal führen, und zahlreiche kleinere Trümmerhügel, die alle noch auf ihre Ausgrabung warten. Ein Großteil der Restaurationsarbeiten orientiert sich an Zeichnungen, die der Bergbauingenieur Carlos de Burghes ab 1825 über einen Zeitraum von zehn Jahren angefertigt hat.

Kopien davon sind in dem hervorragenden **Museum** auf der Anlage zu sehen, 🕒 tgl. 10–16 Uhr, US$0,70. Anhand erlesener Ausstellungsstücke, eines Modells und mehrerer Videos (nur auf Spanisch) wird hier auf meisterhafte Art die Stadt wieder zum Leben erweckt. 🕒 tgl.10–16.30 Uhr, US$3,20. Für einen Besuch muss man fast einen ganzen Tag einplanen. Mehrere Reiseveranstalter in Zacatecas bieten auch kombinierte Touren an, die zum Kloster Guadalupe und nach Chicomoztoc führen, s.S. 297, Touren.

Die meisten Besucher kommen per Auto (30 Min. auf der Ruta 54), Taxi (US$50) oder im Rahmen einer Tour nach Chicomoztoc, aber die Stätte ist auch gut mit einem der nach Villanueva fahrenden Perzona-Busse zu erreichen, die ungefähr jede halbe Stunde am alten Busbahnhof in Zacatecas abfahren. Normalerweise lassen die Fahrer Passagiere auf Wunsch nach ungefähr einer Stunde am Beginn der 2 km langen Zugangsstraße aussteigen (nach „las ruinas" fragen). Von dort sind es noch 25 Min. Fußweg bis zum Eingang.

Für den Rückweg kann man nach der Wanderung zur Hauptstraße den ersten besten Bus anhalten.

Aguascalientes

Die offizielle (d.h. spanische) Geschichtsschreibung datiert die Gründung von Aguascalientes auf das Jahr 1575, als der Ort den Namen Nuestra Señora de la Asunción de Aguascalientes erhielt. *Aguas calientes* bedeutet so viel wie „warme Wasser" – ein Hinweis auf die heißen Quellen in der Gegend – und war ein Handelsposten, über den das Silber aus den Minen von Zacatecas, Guanajuato und Guadalajara nach Mexiko-Stadt verfrachtet wurde.

Heute ist das rund 1900 m hoch gelegene Aguascalientes, 100 km südlich von Zacatecas, eine moderne Industrie- und Provinzhauptstadt. Das Zentrum beherbergt ein paar koloniale Denkmäler und ausgezeichnete Museen, die zwar die Stadt nicht gerade in den Rang einer Touristenattraktion erheben, aber dennoch einen angenehmen Aufenthalt von ein, zwei Tagen möglich machen. Außerdem steht Aguascalientes im Ruf, die besten Fiestas von ganz Mexiko zu veranstalten.

Die gesamte Innenstadt von Aguascalientes ruht auf einem Netz unterirdischer Tunnel und Katakomben, die von einem unbekannten Volk angelegt wurden. Sie dürfen jedoch nicht besichtigt werden, daher sind die ältesten Bauwerke, die Besucher zu Gesicht bekommen, die Kolonialgebäude rings um die zentrale Plaza de la Patria. Hier konzentrieren sich alle wichtigen Gebäude: die Kathedrale, der Palacio de Gobierno, die besseren Hotels, die Touristeninformation und ein paar gute Restaurants. In der Nähe befinden sich verschiedene sehenswerte Museen und auch die preiswerteren Hotels liegen in Gehweite.

Rund um die Plaza de la Patría

Eine Stadtbesichtigung beginnt am besten an der Plaza de la Patría, in deren Zentrum die **Exedra** steht, eine Tribüne in Form eines Amphitheaters, überragt von einer mit dem mexikanischen Adler gekrönten Säule. Der **Palacio de Gobierno** ist ein bemerkenswert schönes, im 17. Jh. erbautes neoklassizistisches Bauwerk aus rötlichem Vulkanstein. Von dem von Bogengängen umgebenen Patio führt eine breite Treppe nach oben. Besonders sehenswert sind die vier Wandgemälde des chilenischen Malers **Oswaldo Barra Cunnningham**, einem Schüler Diego Riveras.

Der moderne Palacio Municipal gleich daneben ist vergleichsweise uninteressant. An der anderen Seite der Plaza steht die **Kathedrale** aus dem 18. Jh., die restauriert wurde und nun wieder in ihrem alten Glanz aus Gold und poliertem Marmor erstrahlt.

Sehenswert ist die Sammlung religiöser Malerei des 18. Jahrhunderts in der angrenzenden **Pinacoteca Religiosa**. Überquert man von der Pinacoteca aus die Avenida Venustiano Carranza, kommt man zu der **Casa de la Cultura**, einem Gebäude aus dem 17. Jh. Hier finden Musik- und Tanzunterricht, manchmal auch Ausstellungen statt, im Patio gibt es ein kleines Café und ein Schwarzes Brett. ⌚ tgl. 7–21 Uhr, Eintritt frei.

Auf der gegenüberliegenden Straßenseite, ein Stück weiter die Carranza entlang, steht das **Museo Regional de Historia**, das über die Lokalgeschichte informiert. Außerdem beherbergt es Material zu Manuel Ponce, einem aus Aguascalientes stammenden Komponisten und Pianisten, der in der ersten Hälfte des 20. Jhs. in einem Atemzug mit den drei namhaftesten Muralisten genannt wurde. ⌚ Di–So 10–19 Uhr, Eintritt US$2,80.

An der Ecke Morelos und Primo Verdad befindet sich das etwas über zehn Jahre alte **Museo de Arte Contemporáneo**, das einige der interessantesten und provokativsten Kunstwerke der Region ausstellt – alle Arbeiten stammen von Künstlern, die jünger als 35 Jahre alt sind. ⌚ Di–So 11–18 Uhr, Eintritt US$1.

Wer auf der Carranza ein Stückchen nach Westen geht, gelangt zum schattigen **Jardín San Marcos**, einem langgestreckten, gepflegten Park, auf der einen Seite vom Templo de San Marcos und, etwas zurückversetzt, dem modernen Casino de la Feria mit seinem riesigen *Palenque* (Hahnenkampfplatz) flankiert. Hier wird die berühmteste Fiesta der Stadt abgehalten. Von hier führt der **Paseo de la Feria** zur López Mateos. Es lohnt sich, hier herumzuschlendern, um sich eine Vorstellung vom modernen Mexiko zu verschaffen: Es gibt u.a. zahlreiche teure Restaurants und Clubs, das *Hotel Fiesta Americana*, die TV-Sendeanstalt von Canal 6 und die Expo Plaza an der Stierkampfarena mit vielen Pflanzen und postmoderner Architektur. Zwischen der **Plaza de la Patria** und dem **Paseo de la Feria** erstreckt sich über mehrere Blocks die **Calle Nieto**, wo in zahlreichen Boutiquen das bekannteste Kunsthandwerksprodukt der Stadt verkauft wird: Klöppelspitze.

Museo José Guadalupe Posada und Museo Aguascalientes

Zwar umfasst das **Museum Posada** nur ein paar Räume in einem kleinen, rund 1 km südlich der Innenstadt gelegenen Gebäude, dennoch stellt es einen der Hauptgründe für einen Besuch von Aguascalientes dar. Das Museum fungiert schon beinahe als Pilgerziel für Anhänger dieses herausragenden Grafikers, der mit seinen düsteren, aber humorvollen Darstellungen von kostümierten Skeletten Kritik an der katholischen Kirche übte und sich in der politischen Satire einen Namen machte. In zwei Sälen sind Lithografien samt ihrer Originaldruckplatten, Fotos und Informationen über Posadas Leben untergebracht. Zwei weitere Räume sind zeitgenössischen Ausstellungen vorbehalten. Viele der Drucke kann man kaufen.

Das Museum ist im ehemaligen Pfarrhaus des Templo del Señor del Encino untergebracht, einer eleganten Kolonialkirche mit einem gekachelten Turm, in deren Inneren sich der „schwarze Christus" von Encino befindet. ◷ Di–So 11–18 Uhr, US$1. Man geht von der Plaza nach Osten und biegt in die erste Straße nach rechts, die Díaz de León, ein und folgt ihr einige Blocks nach Süden.

Das **Museo Aguascalientes** liegt in entgegengesetzter Richtung, von der Plaza nach Osten und dann auf der Zaragoza nach Norden. Seine Gemäldesammlung von vorwiegend modernen Werken ist nicht besonders aufregend, aber es zeigt auch viele Arbeiten von Saturnino Herrán, einem hier geborenen Künstler, Freund und Zeitgenossen von Diego Rivera, der jedoch in jungen Jahren starb und wenig Anerkennung erfuhr. Sehenswert ist sein großes Glasmosaik. Außerdem beherbergt das Museum mehrere Räume voller Kohlezeichnungen, Drucke und Gemälde von Gabriel Fernández Ledesma, einem weiteren recht bekannten Sohn der Stadt. ◷ Di–So 11–18 Uhr, Eintritt US$1.

Thermalbäder

Um eine der heißen Quellen zu besuchen, von denen die Stadt ihren Namen bekam, fährt man nach **Balneario Ojo Caliente** („heißes Auge"). Der Badeort liegt kurz vor Aguascalientes an der Straße nach San Luis Potosí und ist ein richtiger Kurort mit angenehm warmen Badequellen. Zu erreichen mit einem Bus der Ruta 12, der die López Mateos entlangfährt.

José Guadalupe Posada

Posadas oft recht makabren Werke sind wahrscheinlich bekannter als sein Name. Nicht ohne Grund sagte Diego Rivera über Posadas Arbeiten: „Sie sind so hervorragend, dass man eines Tages sogar seinen Namen vergessen wird". Posada wurde 1852 als Sohn eines Bäckers in Aguascalientes geboren und absolvierte eine Ausbildung als Drucker.

1888 zog er in die Hauptstadt (nachdem er eine Weile in León gelebt hatte) und begann mit der Herstellung Tausender von Drucken, für die er bald berühmt werden sollte.

Er arbeitete in erster Linie für den Herausgeber Vanegas Arroyo, und seine Arbeiten erschienen auf Plakaten und vor allem in den satirischen Blättern, die trotz – oder gerade wegen – der strengen Zensur der Ära Porfiriano florierten. Manches war politisch; Attacken gegen korrupte Politiker, liebedienerische Staatsbeamte, ausländische Einmischung, aber vieles waren auch einfach Kommentare zum Zeitgeschehen, insbesondere zu Katastrophen (bis heute ein Lieblingsthema der mexikanischen Presse) oder Personen im Rampenlicht, stets mit einem unfehlbaren Blick aufs Makabre.

Später dominierten die Geschehnisse und Figuren der Revolution, ins Groteske verzerrt, sein Werk. Am bekanntesten sind jedoch seine *calaveras,* die oft elegant gekleideten Skelette.

Im Museum kann man die ganze Bandbreite seines Schaffens bewundern. Aus allem spricht eine ganz eigenartige Mischung aus Katholizismus, präkolumbischer Tradition, der Beschäftigung mit dem Tod und ein schwarzer Humor, wie sie so nur in Mexiko vorkommen kann und die alle späteren mexikanischen Künstler beeinflusste.

Rivera und Orozco sind nur zwei der ganz Großen, die öffentlich bekannten, wie viel sie dem Vorbild Posadas verdankten.

Übernachtung

Die preiswertesten Unterkünfte befinden sich in der Umgebung des Marktes; die nachstehend angegebenen liegen ein paar Querstraßen nördlich des Marktes, fünf Blocks vom Zentrum entfernt. Während der Feria sind Zimmer ohne Voranmeldung absolute Mangelware und kosten oft mehr als das Doppelte des üblichen Preises.

Colonial, 5 de Mayo 552 ✆/℡ 449/915-3577. Angenehmes Hotel mit Parkplatz und Restaurant. Alle Zimmer mit TV, Telefon und großen Fenstern. ❺

Don Jesús, Juárez 429, ✆ 449/915-5598. Groß und schmucklos, sehr nahe am Markt, trotzdem relativ ruhig und für den Preis ok, neuere Zimmer mit Teppichboden kosten US$5 mehr. ❸

Gomez, Av. Circunvalación, ✆ 449/978-2120. Neben dem Busbahnhof. Nicht schlecht bei später Ankunft oder früher Abfahrt. ❹

Holiday Inn, Nieto 102, Ecke José María Chavez, Plaza Principal, ✆ 449/916-1666. Modern und luxuriös; wer Ausblick auf die Plaza haben möchte, muss eine Suite ❾ nehmen. ❼

Hotel Posada San Rafael, Hidalgo 205, ✆ 449/915-7761. Einfache, preiswerte Zimmer mit Ventilator und TV, viele Parkplätze. ❹

Imperial, 5 de Mayo 105, ✆/℡ 449/915-1650. Sehr mitgenommene Kolonialeleganz, aber preiswerteste Unterkunft an der Plaza, v.a., wenn man ein Zimmer mit Balkon bekommt. ❺

Maser, Juan de Montoro 303, ✆ 449/915-9662. Freundliches, sauberes Budget-Hotel mit luftigen Zimmern rund um einen Patio; die mit TV kosten etwas mehr. Parkplatz vorhanden. ❹

Roble, 5 de Mayo 540, ✆/℡ 449/915-3994. Bietet mit das beste Preis-Leistungs-Verhältnis der Stadt – groß, sauber und gemütlich, Zimmer mit Kabel-TV, freundliches Management, großer Parkplatz. ❻

Rosales, Guadalupe Victória 104, ✆ 449/915-2165. Ein Schnäppchen angesichts der Lage direkt am Nordrand der Plaza. Nett möblierte Zimmer rings um einen Patio, Warmwasser nur vormittags. ❸

Señorial, Colón 104, ✆ 449/915-1630, am Südrand der Plaza Principal. Einfache Zimmer mit Teppichboden, für die Lage sehr preiswert, besonders die Eckzimmer mit Blick auf die Plaza. ❺

Crea Jugendherberge, in einem Sportkomplex an der Av. de la Convención, Ecke Jaime Nuño, im Vorort Colonia Héroes, ✆ 449/918-0863; nach Geschlechtern getrennte Dorms (weniger als US$4 p.P.), Zapfenstreich um 23 Uhr. Hin mit Bus Nr. 20 vom Busbahnhof. ❺

Essen und Unterhaltung

Alle großen Hotels an der Plaza besitzen ein eigenes Restaurant. Entlang der Juárez servieren einfache Lokale knusprige Hühnchen; Taco- und Seafood-Stände findet man am Markt zwischen der Juárez und der 5 de Mayo an der Alvaro Obregón.

Am kleinen Mercado de Artesanías, an der Obregón nahe Juárez, gibt es ein paar ruhigere Esslokale. Schickere Lokale gibt es an der Av. López Mateos, vor allem westlich vom Zentrum Richtung Paseo de la Féria.

Der örtliche **Wein** verdient eine Kostprobe (nur in teureren Restaurants erhältlich), ebenso der Weinbrand, der berühmteste im ganzen Land. Am verbreitetsten ist der *San Marcos*.

Los Antojos de Carranza, Carranza 301. Großangebot an liebevoll zubereiteten mexikanischen Gerichten mittlerer Preislage (meist unter US$4), auch beliebt zum Biertrinken und Vertilgen von *botanas*.

Los Arquitos Café, in der Casa de la Cultura an der Carranza. Hervorragende Quiche, Salate und starker Espresso; nicht billig.

Café La Parroquia, Correa 128. Cooles Studentencafé, bietet v.a. Sandwiches und Hamburger, dazu Cappuccino.

El Infierno, Paseo de la Feria 114, nahe Nieto. Videobar, in der bis spät in der Nacht Drinks serviert werden.

Jugos Acapulco, Allende 106, zwischen 5 de Mayo und Juárez. Makellos saubere Fruchtsaftbar, auch Hamburguesas und ganze Mahlzeiten, gut zum frühstücken (US$2,50).

Kiko's Merendero, Paseo de la Feria 132 (auch Arturo Pani genannt), Höhe Jardín San Marcos. Mehr Bar als Restaurant, serviert aber auch ein paar kleine Gerichte.

Mitla Restaurante, Madero 222. Sehr gut besuchtes, altmodisches mexikanisches Restaurant, das seit 1938 existiert. Nationale und inter-

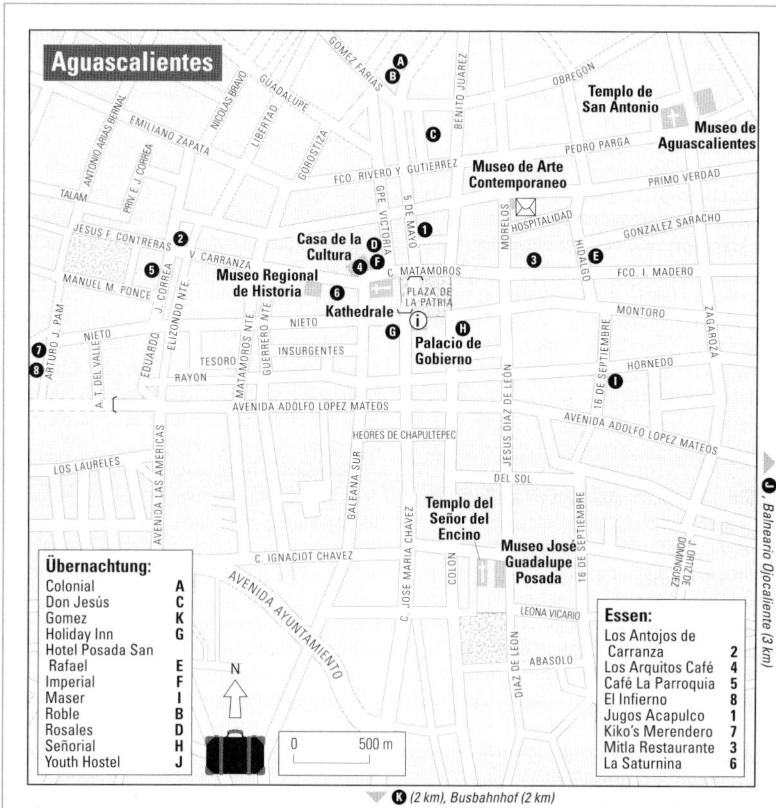

nationale Gerichte, darunter Seafood und relativ preiswerte Comidas corridas. Auch umfangreiches Sonntagsbuffet (US$6).

La Saturnina, Venustiano Carranza 12. Hübsches Hofcafé, nett für ein schlichtes Frühstück aus Kaffee und süßem Gebäck bis ca. 15 Uhr.

Sonstiges

FESTE – Von Anfang April bis Ende der ersten Maiwoche wird die im ganzen Land berühmte, 200 Jahre alte **Feria de San Marcos** gefeiert.

GELD – ***Banamex*** und ***Bancomer*** (beide mit rund um die Uhr geöffnetem Geldautomaten) befinden sich auf der 5 de Mayo an der Nordseite des Zócalo. Außerdem **Casas de Cambio**, überwiegend in der Umgebung der Post an der Hospitalidad.

INFORMATIONEN – Die ***Touristeninformation*** befindet sich im Erdgeschoss des Palacio de Gobierno, Plaza de la Patria 141, ✆ 449/910-2088, 💻 www.turismoags.com.mx oder 💻 www.aguascalientes.gob.mx, 🕓 Mo–Fr 9–20, Sa und So 10–18 Uhr. Wenn dort die Stadtpläne ausgegangen sind, kann man bei ***Turisste***, Nieto, Ecke Plaza, einen sehr guten kaufen.

INTERNET – ***Ciber Café La Web***, Nieto 528 (US$1 pro Std.).

POST – Hauptpost an der Hospitalidad, eine Querstraße nördlich der Plaza, zu erreichen über die Morelos und dann nach rechts abbiegen.

Nahverkehrsmittel

Die **Central Camionera** liegt an der Ringstraße, der Av. Circunvalación Norte bzw. Sur außerhalb der Stadt. Es fahren verschiedene Busse auf der 5 de Mayo dort hin, doch wer es eilig hat, sollte besser ein Taxi nehmen. In umgekehrter Richtung ist es einfacher, denn jeder Bus, der vorbeikommt, fährt ins Zentrum. Da man in die **Stadtbusse** nur durch ein Drehkreuz einsteigen kann, kommt man mit viel Gepäck schlecht hinein. Kinder fahren umsonst.

Transport

BUSSE – Aguascalientes liegt an der Carretera 45 genau zwischen Léon und Zacatecas. Der Busbahnhof liegt rund 4 km außerhalb der Innenstadt am Stadtring (Avenida de la Convención). Ins Stadtzentrum gelangt man mit den in kurzen Abständen verkehrenden Bussen (Aufschrift „Centro"), die zur Plaza de Armas fahren. Vom Busbahnhof fahren viele Busse in beide Richtungen, zahlreiche davon bis nach Chihuahua im Norden und nach México D.F. im Süden (via Irapuato und Querétaro). Außerdem bestehen langsamere Verbindungen nach Guadalajara und San Luis Potosí. Auch nach Guanajuato fahren Busse, doch es geht wahrscheinlich schneller, wenn man erst nach León fährt und dort umsteigt. Vom Zentrum zum Busbahnhof fahren neben der Kathedrale an der Calle Matamoros Stadtbusse mit der Aufschrift „Central" ab. Busse nach: GUADALAJARA 9x tgl. (6 Std.),
GUANAJUATO 5x tgl. (4 Std.),
LÉON stdl. (2 Std.),
MATEHUALA mind. stdl., (2 Std.),
MÉXICO D.F. stdl. (7 Std.),
QUERÉTARO stdl. (6 Std.),
SAN LUIS POTOSÍ stdl. (2 1/2 Std.),
SAN MIGUEL DE ALLENDE 4x tgl. (4 1/2 Std.),
ZACATECAS alle 30 Min.(2 Std.).

FLÜGE – Der Flughafen Jesús Terán, ✆ 449/917-2404, liegt 26 km außerhalb. In die Stadt fahren Colectivos, hin gelangt man nur per Taxi. Linienflüge nach MÉXICO D.F., GUADALAJARA, PUERTO VALLARTA, TIJUANA und LOS ANGELES.

Guanajuato

Guanajuato war jahrhundertelang die reichste Stadt Mexikos, ihre Minen lieferten Gold und Silber im Überfluss. Unvermutet taucht sie, in ein enges Tal eingebettet, auf: an steilen Hängen drängen sich im Schatten der wuchtigen Universität die Kolonialgebäude, so dass es aussieht, als ob ein Haus direkt auf dem anderen ruht. 1988 wurde Guanajuato in die UNESCO-Liste der Weltkulturdenkmäler aufgenommen, und die Stadt schützt ihr Erbe nach Kräften: Es gibt weder Ampeln noch Neonreklamen, und es dürfen auch keine Neubauten errichtet werden.

Guanajuato lohnt unbedingt einen Besuch, denn hier kommt bestimmt keine Langeweile auf. Die Stadt macht einen altertümlichen, „konservativen" Eindruck, der noch verstärkt wird von Studenten in weiten Umhängen, die Ständchen vortragen, und von den Trompetenorchestern auf den Plazas. Ungeachtet des Gewirrs von Straßen und Gässchen fällt die Orientierung nicht schwer, und ein Stadtplan ist eigentlich nicht notwendig. Das sinnvollste Fortbewegungsmittel sind die eigenen Beine.

Es macht viel Spaß, durch die steilen Gassen zu schlendern – viele sind mit kuriosen Namen versehen: *Salto del Mono* (Affensprung) oder *Calle de las Cantaranas* (Straße der singenden Frösche). Übrigens tauchen überall in der Stadt Frosch-Souvenirs auf – eine Anspielung auf den indigenen Ursprung des Stadtnamens Qua-nax-huato: „Ort der Frösche".

Fast genau unter der Avenida Juárez, der Hauptstraße der Stadt, verläuft eine unterirdische Straße, die Subterráneo Miguel Hidalgo. Ursprünglich war die Funktion des Tunnels, den Fluss, der immer wieder Überschwemmungen verursachte, unter der Stadt zu halten und gleichzeitig als Abwasserkanal zu nutzen. Inzwischen verläuft der Fluss noch tiefer und es wurden weitere Straßentunnel gebaut, die verhindern, dass der Verkehr die gesamte Innenstadt verstopft.

Die Avenida Juárez, an der die meisten Sehenswürdigkeiten liegen, verläuft auf der Talsohle mitten durch die Stadt. Wer sich verlaufen hat, braucht also nur bergab zu gehen und kommt so zwangsläufig auf die Juárez zurück.

Die Stadt besitzt zwei unterschiedliche Zentren; das Westviertel ist ein bisschen rauer und konzentriert sich um die Plaza vor dem Mercado Hidalgo, in deren Bars und billigen Cafés es immer hoch hergeht. Im Osten, wo die Juárez in die Avenida Sopeña übergeht, konzentriert sich das Geschehen um den Jardín de la Unión, mit seinen schattigen Restaurants und fein säuberlich beschnittenen Bäumen.

Vom Mercado Hidalgo zur Plaza de la Paz

Das erste Gebäude, das einem ins Auge fällt, wenn man vom Busbahnhof auf der Juárez nach Osten geht, ist der **Mercado Hidalgo**, eine gewaltige schmiedeeiserne Konstruktion, in der alle erdenklichen Waren verkauft werden.

Die **Plaza San Roque** oberhalb des Marktes erreicht man über den **Jardín de la Reforma**. Die altertümliche Atmosphäre dieses kleinen, fahnenbestandenen Platzes wird noch durch die hohe Fassade der Kirche San Roque verstärkt. Er bildet jedes Jahr Ende April / Anfang Mai und nach der Regenzeit im September die Kulisse für das Internationale Cervantes-Festival, s.u.

Der Callejon de los Olleros führt zurück zur Stadt und zur Juárez, man kann aber auch die Abkürzung durch die belebte **Plazuela San Fernando** nehmen, an der es Marktstände und Restaurants gibt. Auf dem Weg zur Juárez kommt man mehr oder weniger gegenüber der **Plazuela de los Angeles** heraus. Sie ist eigentlich nur eine Verbreiterung der Straße. Rechts führen Treppen hoch in eine steile und enge Gasse, den **Callejón del Beso** (20 m den Callejón del Patrimonia hoch und dann nach links abbiegen). Der Name rührt von der Tatsache her, dass man sich hier nur über den Balkon zu lehnen braucht, um den Nachbarn von gegenüber küssen zu können.

Unzählige Geschichten berichten von gehörnten Ehemännern und dramatischen Liebeshändeln, die sich in diesem Viertel abgespielt haben sollen. Genaueres erfährt man im Rahmen einer *callejóneada*, s.u. „Unterhaltung", die hier vorbeiführt, oder gegen Bezahlung von einem der Kinder, die sich hier herumtreiben und gern eine Geschichte loswerden möchten. Wer sich persönlich von der Enge überzeugen möchte, kann abends durch den strategisch günstig platzierten Souvenirladen auf einen Balkon gelangen.

Von mehreren Banken gesäumt, nähert sich die Juárez langsam dem Zentrum und gabelt sich an der **Plaza de la Paz**. Auf der Plaza stehen einige bemerkenswerte Kolonialgebäude, unter anderem linker Hand, neben dem Palacio del Gobierno, die **Casa Rul y Valencia**, der im 18. Jh. erbaute Palast des Conde de Rul y Valencia, des reichsten Minenbesitzers im Lande. Der Entwurf stammt von dem genialen mexikanischen Architekten / Künstler Francisco Eduardo Tresguerras. Eine Gedenktafel weist darauf hin, dass Alexander von Humboldt hier ein paar Tage zu Gast war.

An der entlegeneren Seite der Plaza erhebt sich die honigfarbene, barocke **Basílica de Nuestra Señora de Guanajuato**. Sie beherbergt die Schutzpatronin, eine sehr alte Marienfigur, aus Holz geschnitzt und von Silber und Juwelen bekränzt. Die Statue war ein Geschenk Philips II. aus dem Jahr 1557, ein Zeichen der Dankbarkeit für den unermesslichen Reichtum, der von Guanajuato aus in die königlichen Staatskassen floss. Schon damals war sie sehr alt und geheimnisvoll, da sie über 800 Jahre lang (während der Zeit der Maurenherrschaft) in einem Grab nahe bei Granada versteckt gewesen war.

Rund um den Jardín de la Union

Von der Plaza de La Paz ist es nur ein kleines Stück östlich auf der Juárez zum Jardín de la Union, dem Zócalo Guanajuatos – ein hübscher, kleiner Platz mit schattigen Bäumen, Straßencafés und einer Tribüne, auf der am frühen Abend die Stadtkapelle spielt. Das ist die beste Tageszeit, um sich bei einem kühlen Getränk das Schauspiel des allabendlichen Paseo anzusehen.

Gegenüber vom Jardín, oberhalb der Juárez, befinden sich die Barockkirche **San Diego**, deren Inneres alte Gemälde und interessante Altäre beherbergt (einer ist dem Jesuskind geweiht und mit geopferten Spielsachen und Kinderschuhen bedeckt), und das **Teatro Juárez** mit seiner pompösen, neoklassizistischen Fassade, dorischen Säulen und allegorischen Statuen. Das Innere des Theaters ist ein Märchen aus rotem Samt, Kerzenlüstern und goldenen Verzierungen, ganz im Stil des ausgehen-

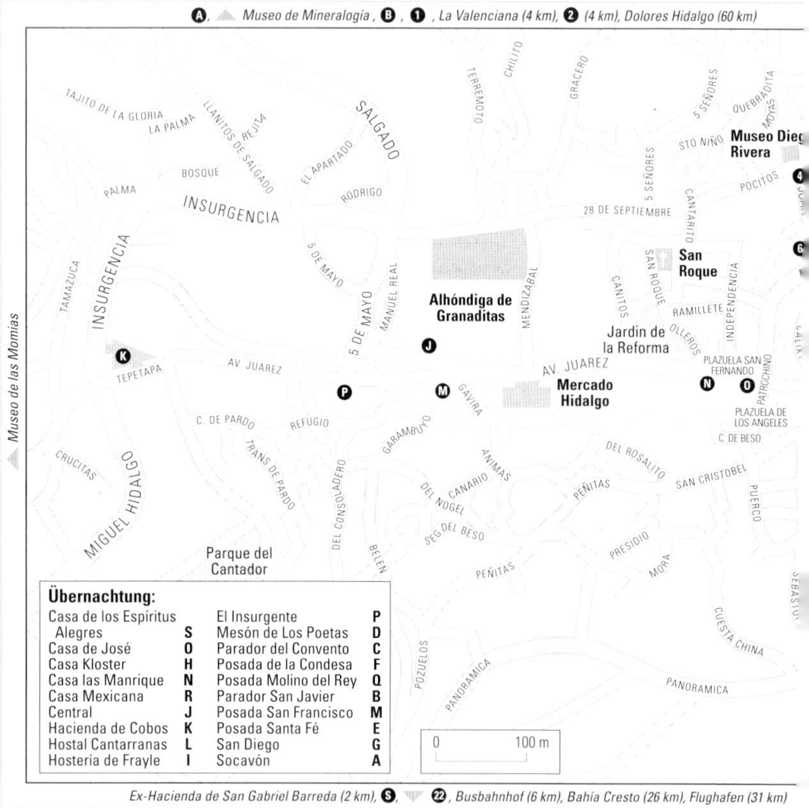

den 19. Jhs. Das Theater wurde 1903 vom Diktator Porfirio Diaz eingeweiht. Hier treten oft auch internationale Theatergruppen auf. ⌚ Di–So 9.15–13.45 und 17–19.45 Uhr, US$1.

Hinter dem Jardín wird aus der Juárez die Sopeña, gesäumt von schicken Boutiquen, Restaurants und Bars, bis sie auf die schöne, pinkfarbene Iglesia de San Francisco an der **Plazuela San Francisco** trifft. Hier befindet sich in der Manuel Doblano 1 das **Museo Iconográfico del Quijote**, eine amüsante Alternative zu den anderen Museen der Stadt. Wie aus dem Namen ersichtlich, dreht sich hier alles um die Figur des Don Quijote de la Mancha. Die Ausstellungsgegenstände reichen von Gemälden, darunter einige von Pedro und Rafael Coronel, aber auch ein paar Dalí-Drucke, die Kopie einer Zeichnung von Picasso, einer Gravur von Posada, Wandmalereien, Teppichen und Skulpturen über bis zu Briefmarken und Spielkarten. Die eigenartige Verbundenheit der Stadt mit der Figur von Don Quijote unterstreicht auch die unkonventionelle Statue von Quijote und Sancho Panza, die die Plazuela de Cervantes schmückt. ⌚ Di–Sa 10–18, So 10–15 Uhr, Eintritt frei.

Östlich des Stadtzentrums verläuft die Sangre de Cristo (wird zu Paseo de la Presa) ein paar Kilometer weit stetig bergan durch einen der eleganteren Wohnbezirke, bis sie bei den beiden Wasserreservoirs **Presa de la Olla** und **Presa San Renovato** endet. In der Nähe wurden mehrere **Parks** ange-

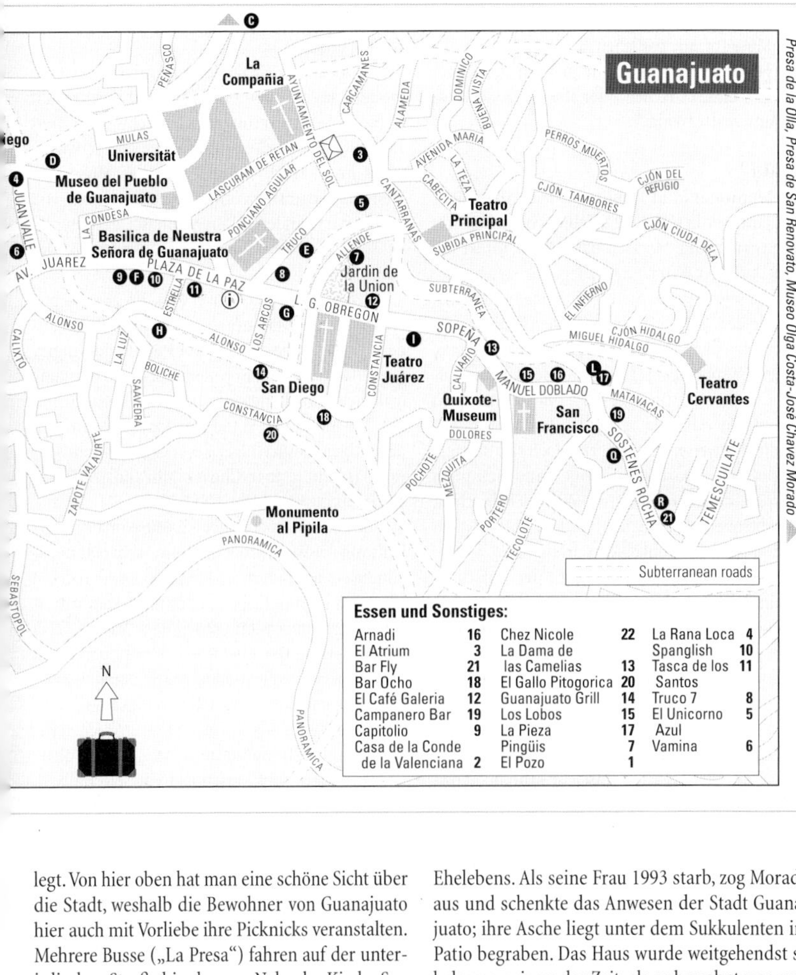

legt. Von hier oben hat man eine schöne Sicht über die Stadt, weshalb die Bewohner von Guanajuato hier auch mit Vorliebe ihre Picknicks veranstalten. Mehrere Busse („La Presa") fahren auf der unterirdischen Straße hier heraus. Nahe der Kirche San Diego gehen Treppen zur unterirdischen Bushaltestelle hinunter.

Die von der Sangre de Cristo abzweigende Calle Pastita verläuft Richtung Nordosten durch den Vorort Pastita, vorbei an dem zerfallenen Teilabschnitt eines alten Aquäduktes und führt zum **Museo Olga Costa-José Chavez Morado**. In dieser ehemaligen Hacienda de Guadalupe verbrachten der mexikanische Muralist Chavez Morado und seine deutsche Frau, eine Malerin, einen großen Teil ihres Ehelebens. Als seine Frau 1993 starb, zog Morado aus und schenkte das Anwesen der Stadt Guanajuato; ihre Asche liegt unter dem Sukkulenten im Patio begraben. Das Haus wurde weitgehendst so belassen, wie zu der Zeit, als es bewohnt war, und weist eine erlesene Mischung verschiedener Stilarten auf, die während einer Führung (auf Spanisch) erklärt werden: Majolika-Keramik aus dem 18. Jh., französische Stühle aus dem 17. Jh., holländisches Porzellan, persische Wandbehänge und eine interessante Votivsammlung. Von ihren eigenen Arbeiten ist nur wenig ausgestellt, doch auf dem Weg zum Studio – in dem Ausstellungen gezeigt werden – kommt man an Morados blau-weißer Lampe und den von ihm angefertigten Mosaikfenstern vorbei. 🕒 Do–So 9.30–16 Uhr, US$1,50. Das Museum am östlichen Stadtrand lässt sich vom Jardín de la Unión zu Fuß in weniger als einer halben Stunde erreichen, oder aber mit jedem Bus der Aufschrift „Pastita".

Pípila

Das **Monumento al Pípila** auf dem Hügel über dem Jardín de la Union bietet eine schöne Aussicht über Guanajuato. Man hat das Gefühl, direkt auf dem Dach der Kirche San Diego zu stehen. Besonders schön ist die Stelle bei Sonnenuntergang, wenn in der Stadt die Lichter angehen. Der Aufstieg dauert eine knappe Viertelstunde (auch wenn man nicht sehr sportlich ist), der Rückweg zehn Minuten. Es gibt verschiedene Wege, am einfachsten folgt man den Pfeilen „al Pípila". Irgendwann hören die Wegweiser plötzlich auf, doch wer schnurstracks weiter nach oben steigt, kann sich nicht verirren. Die untere Hälfte des Wegs ist beleuchtet, aber die obere nicht, daher mit dem Abstieg nicht bis Einbruch der Dunkelheit warten.

Es verkehrt auch ein Bus mit der Aufschrift „Pípila", der über die landschaftlich interessante Carretera Panorámica fährt. Irgendwann wird vielleicht auch die Bergbahn gebaut, die an dem Steilhang hinter der Kirche San Diego angelegt werden soll. Pípila war *der* Unabhängigkeitsheld von Guanajuato: Für ein paar Pesos kann man im Inneren der Statue bis direkt hinter seine Schulter hochsteigen – allerdings ist die Aussicht sehr begrenzt. 🕒 tgl. 7.30–20 Uhr, US$0,10.

Rund um die Universität

Wer lieber in der Stadt bleibt, kann von der rückwärtigen Seite des Jardín de la Unión nach links zur **Plaza del Baratillo** bummeln, einem kleinen, stillen Platz mit Cafés und zahlreichen Souvenirläden. Rechts liegt das **Teatro Principal**, links um die Ecke befindet sich das Postamt. Weiter geht es zur Kirche **La Compañía**, einziger Überrest des 1732 gegründeten Jesuitenseminars, aus dem sich nach und nach die staatliche Universität entwickelte, die heute zu den angesehensten des Landes gehört. Dank der Glasfenster in der Kuppel ist das Innere lichtdurchflutet. Hinter der Sakristei liegt ein kleines Museum, in dem ein paar Ölgemälde des 17.–19. Jhs. ausgestellt sind, darunter vier Heiligendarstellungen von Miguel Cabrera. 🕒 tgl. 10–14 Uhr, US$0,50.

Die heutigen Gebäude der **Universität** sind modern, und für den Durchschnittsbesucher gibt es nichts Sehenswertes, aber am Schwarzen Brett sind alle aktuellen Veranstaltungen angeschlagen. Oben im 4. Stock befindet sich das **Museo de Historia Natural**, das eine kleine Sammlung von Insekten und anderen Tieren umfasst, darunter eine Ziege mit zwei Köpfen. 🕒 Mo–Fr 10–18 Uhr, US$0,70.

Gleich neben der Universität, im ehemaligen Wohnhaus des Marqués de San Juan de Rayas aus dem 17. Jh., ist das **Museo del Pueblo de Guanajuato** untergebracht. Es beherbergt eine Sammlung örtlichen Kunsthandwerks und diverse Kuriositäten. Die modernen Wandgemälde stammen vom derzeitigen Bannerträger der mexikanischen Murales-Tradition: **José Chavez Morado**. 🕒 Di–Sa 10–18.30, So 10–14 Uhr, US$1,50.

Die Calle Pocitos, an der o.g. Museum liegt, verläuft von der Vorderfront der Universität bis zur Alhóndiga (s.u.). Unterwegs kommt man auf halbem Wege am Geburtshaus des berühmtesten Absolventen der Universität vorbei, dem **Museo Casa Diego Rivera**. Der überzeugte Revolutionär und Marxist wurde zu Lebzeiten von seiner konservativen Heimatstadt mehr oder weniger ignoriert, erst die weltweite Anerkennung seiner Arbeiten bewirkte einen Stimmungsumschwung und führte zur Einrichtung des Museums in diesem Haus, in dem er bis zu seinem sechsten Lebensjahr lebte. Bis 1904 bewohnte die Familie Rivera nur das untere Stockwerk, das jetzt im Stil des 19. Jhs. möbliert ist; allerdings gehörten den Riveras nur die Betten und eine Wiege.

Im Obergeschoss sind Werke Riveras ausgestellt, insbesondere frühe Stücke in unterschiedlichen Stilen – kubistische, pointillistische und impressionistische – die zeigen, welche Einflüsse er während seiner Aufenthalte in Frankreich und Spanien absorbierte. Meisterwerke wird man hier vergeblich suchen, doch zahlreiche Skizzen und kleine Gemälde lohnen durchaus eine Betrachtung. Außerdem gibt es einen großen Raum, in dem oft Ausstellungen von internationalem Renommé gezeigt werden. 🕒 Di–Sa 10–18.30, So 10–14.30 Uhr, US$1,50.

Die Festung Alhóndiga

Die Festung erlangte zu Beginn des Unabhängigkeitskrieges traurige Berühmtheit. Hier fanden die ersten ernsthaften Gefechte und später, während des langen Unabhängigkeitskampfes, die blutigsten Schlächtereien statt.

13 Tage nachdem in Dolores Hidalgo der Ruf nach Unabhängigkeit erschollen war, näherte sich Pater Hidalgo an der Spitze seiner streitbaren Anhänger Guanajuato. Die meisten waren arme Landarbeiter und mit nichts anderem als Stöcken und Sicheln bewaffnet. Die zahlenmäßig unterlegenen, aber gut bewaffneten Spanier verschanzten sich in der doppelt gesicherten Alhóndiga.

Die – wahrscheinlich frei erfundene – Legende besagt, dass Hidalgos Truppen nichts ausrichten konnten, bis sich ein junger Minenarbeiter mit dem Spitznamen **El Pípila** („der Truthahnkamm") freiwillig bereit erklärte, die hölzernen Türen in Brand zu setzen. Mit einem auf den Rücken gebundenen Stein als Schutzschild gelang ihm die Mission tatsächlich, doch kam er dabei um. Nun, da der Weg frei war, drangen die Aufständischen in die Festung und schlachteten die Widersacher ab. Der Sieg war aber nur ein kurzer, und Hidalgo sah sich bald gezwungen, Guanajuato aufzugeben.

Später wurde er von den Royalisten gestellt und erschossen. Sein Haupt und die Häupter seiner drei engsten Verbündeten, Allende, Aldama und Jiménez, wurden vom Rumpf getrennt und an den vier Ecken der Alhóndiga aufgehängt – eine Warnung für jeden, der mit revolutionären Ideen sympathisierte. Dort blieben sie zehn Jahre lang, bis Mexiko schließlich unabhängig wurde. Die Eisenkäfige, in denen die Köpfe ausgestellt waren, sind heute im Museum zu besichtigen, die Haken stecken noch in den Wänden. Im Inneren ist ein Raum den Märtyrern des Unabhängigkeitskrieges gewidmet.

Die Alhóndiga und das Museo de Mineralogía

Die Alhóndiga de Granaditas, wichtigstes Denkmal von Guanajuato, liegt westlich vom Museo Diego Rivera mehr oder weniger oberhalb des Marktes und ist ein sehr gutes Regionalmuseum. Es zeigt archäologische Fundstücke aus der Umgebung und informiert über Geschichte, Kunsthandwerk, Ethnographisches und die Entwicklung der Minenarbeit. Außerdem gibt es eine Kunstgalerie und die eindrucksvollen *murales* des hiesigen Malers José Chavez Morado, auf denen Szenen aus dem Unabhängigkeitskrieg und der Revolution, aber auch einheimische Folklore und Tradition dargestellt sind. Am interessantesten ist die Unabhängigkeitsabteilung. ⏲ Di–Sa 10–13.30 und 16–17.30, So 10–14.30 Uhr, Eintritt US$3, letzter Einlass 30 Min. vor Schließung.

Museo de las Momias

Wenn man das Stadtzentrum auf der Juárez Richtung Westen verlässt, befindet sich auf halber Höhe des Hügels das *Panteón* oder **Museo de las Momias**. In Glaskästen sind über hundert aus dem Stadtfriedhof exhumierte, mumifizierte Leichen ausgestellt. Früher durften die Toten nur fünf Jahre in ihren Gräbern ruhen. Wenn die Angehörigen danach die Kosten nicht mehr tragen wollten oder konnten, wurden die Überreste exhumiert.

Viele Körper haben sich gut gehalten; die „interessantesten" sind hier zu besichtigen. Die weniger gut erhaltenen oder uninteressanten werden verbrannt oder in ein Massengrab geworfen. Manche der ledernen Leichname sind mehr als hundert Jahre alt (darunter eine schick angezogene Mumie, die zu Lebzeiten ein französischer Ingenieur gewesen sein soll), andere sind noch ganz „frisch". Die Ausstellung ist in den Augen der meisten europäischen Besucher außerordentlich grotesk, übt jedoch eine makabre Anziehungskraft auf viele Leute aus. Wieder dokumentiert sich hier das für uns nur schwer nachvollziehbare Verhältnis der Mexikaner zum Tod (s. S. 310). ⏲ tgl. 9–18 Uhr, US$2.

Für einen Dollar mehr kann man auch den jüngsten Anbau besuchen, den **Salon del Culto a la Muerte** (gleiche Öffnungszeiten wie das Museum), in dem alle möglichen Stücke zum Totenkult und weitere Mumien ausgestellt sind. Vor dem

Totenkult in Mexiko

Der Höhepunkt des mexikanischen Totenkultes ist der „Tag der Toten", der *Día de los Muertos* am 2. November, einer der höchsten Feiertage in Mexiko. Auch Todos Muertos genannt, entspricht er dem katholischen Allerseelen bei uns; im Gegensatz dazu ist er aber keineswegs nur ein Tag des stillen Gedenkens, sondern gleicht in manchen Regionen Mexikos einer Fiesta. Grund zur Freude: Die Wiederbegegnung mit den verstorbenen Verwandten und Liebsten.

Die Toten kehren – so der Glaube – für einen Tag an den Ort zurück, an dem sie einmal gelebt haben, und besuchen ihre Verwandten, von denen sie in allen Ehren empfangen und bewirtet werden. Für die Lebenden bedeutet dieser Tag das Wiedersehen mit den Verstorbenen, für die Toten Teilhabe am verlorenen Leben, wenigsten für einen Tag.

Im Mittelpunkt steht die *ofrenda* (Opfergabe), meist ein kleiner Altar, mit Blumen geschmückt und mit den Lieblingsspeisen der Verstorbenen gedeckt. Die aus dem Jenseits zurückgekehrten Seelen werden ins Haus, zur *ofrenda* geleitet, wo man sie bittet, sich zu bedienen und mit den Lebenden gemeinsam zu feiern.

Anfänglich noch andächtig und ruhig, wird die Begegnung vielfach zum ausgelassenen Fest; es wird gelacht, getrunken und getanzt bis in den späten Abend hinein. Dann, wenn es stiller wird, geleitet man die Seelen auf die Gräber zurück, wo man gemeinsam betet und wacht, um dann, Schlag Mitternacht, Abschied zu nehmen bis zum nächsten Jahr.

Es ist ein Tag, an dem Diesseits und Jenseits zu einer einzigen Welt verschmelzen. Ganz im Sinne der früheren aztekischen Auffassung, dass Leben und Tod nicht verschiedenen Welten angehören, sondern nur verschiedene Aspekte der gleichen Wirklichkeit sind. So ist der Totentag auch ein Tag, der die Angst vor dem Tod relativiert und als unbegründet erscheinen lässt:

Die Verstorbenen sind mit ihrer Präsenz ja der „lebendige" Beweis dafür, dass mit dem Tod nicht alles vorbei ist. Überdies zeigt ihr Verhalten, dass das jenseitige Leben so anders nicht sein kann, haben die Verstorbenen doch offensichtlich die gleichen Gelüste wie die Lebenden: Sie wollen essen, trinken, lachen und lieben. Und drittens lehrt der Totentag, dass man, ist man einmal gestorben, nicht für immer von seinen Liebsten getrennt bleibt. Man wird, wenigstens einmal im Jahr, wiederkehren und mit ihnen zusammen sein.

Der Tod – eine Figur des mexikanischen Alltags

Der Tod ist ein fester Bestandteil des Lebens. Anstatt privatisiert zu werden wie bei uns, ist er in Mexiko eine öffentliche Gestalt, allgegenwärtig und vertraut. Besonders gerne reißt man Witze über ihn, nennt ihn „La Pelona" („Die Kahlhäuptige") und zieht ihn solange durch das Säurebad von Spott und Witz, bis nichts Furchterregendes mehr an ihm bleibt. Oder man fordert ihn heraus – in jenen Männlichkeitsritualen (Autorasereien, Trinkgelagen u.a.), bei denen es gilt, größtmögliche Gelassenheit gegenüber dem Tod zu zeigen, ihm gleichsam ins Gesicht zu lachen. Dieses „Spiel mit dem Tod" ist ein Grundelement der mexikanischen Kultur. Denn der Tod ist nicht nur beständiges Thema, sondern auch ein „Spielzeug", mit dem sich auf vielerlei Weise spielen lässt.

Ganz anders als bei uns in Europa, wo wir ihn meiden, ihn behandeln, als wäre er etwas Unanständiges.

„Für einen Pariser, New Yorker oder Londoner ist der Tod ein Wort, das man vermeidet, weil es die Lippen verbrennt. Der Mexikaner dagegen sucht, streichelt, foppt, feiert ihn, schläft mit ihm; er ist sein Lieblingsspielzeug und seine getreueste Geliebte." (Octavio Paz).

Ein Beitrag von Dr. phil. Urs Reichlin

Pantheon verkaufen Händler kleine kitschige Figuren und Steine in der Form von Mumien.

Zum Museum gelangt man nach einem rund 500 m langen Fußmarsch auf der westlich vom Mercado Hidalgo wegführenden Juárez und biegt dann links in die Calzada del Panteón ein oder mit dem Bus („Panteón" oder „Momias"), der die Alonso oder Juárez hochfährt.

Übernachtung

An Feiertagen, Weihnachten, Ostern, innerhalb der 2–3 Wochen während des Internationalen Cervantes Festivals im Okt (s.u.) sowie während der Fiestas Anfang Sep sollte man mehrere Wochen, wenn nicht Monate im Voraus ein Zimmer buchen. Zu diesen Zeiten zahlt man bis zu 50% mehr als sonst, wobei die Preise für Mexiko generell schon recht hoch sind.
Die mit Abstand schönsten Unterkünfte der Innenstadt liegen am Jardín de la Unión, Zimmer mit Blick auf die Plaza sind allerdings empfindlich teurer, und am Wochenende spielen bis weit nach Mitternacht die Mariachis auf. In dieser Ecke gibt es auch mehrere Budget-Unterkünfte, von denen die meisten den billigen Hotels in der Umgebung des Mercado Hidalgo vorzuziehen sind. Über die ganze Stadt verteilt finden sich ganz ordentliche Mittelklassehotels.

NAHE MERCADO HIDALGO – ***Casa de José,*** Callejón del Patrochino 1, (kein Telefon), die billigste Unterkunft der Stadt (unter US$10 p.P.): Acht Betten in einem Zimmer eines kleinen Hauses mit hübscher Dachterrasse. Von der Plaza de Los Angeles herkommend die erste Tür rechts. ❸
Casa las Manrique, Juárez 116, ☏ 473/732-7678, ℻ 732-8306. Acht große, freundliche Apartments mit TV und Minibar; einige mit Ausblick über die Stadt, aber alle sehr begehrt. Rechtzeitig reservieren. ❽
Central, Juárez 111, ☏ 473/732-0080. Bestes der Billighotels rings um den Jardín Reforma, schlichte Zimmer, aber alle mit TV. ❺
Hacienda de Cobos, Padre Hidalgo 3, ☏/℻ 473/732-0143. Gutes Hotel mit Pool und einladenden Zimmern im Motelstil rund um einen großen Hof. Restaurant, Parkplatz und ein Hintereingang, der nur 5 Minuten vom Mercado Hidalgo entfernt ist. Erheblicher Preisanstieg in der Hochsaison und an Festtagen. ❻
El Insurgente, Juárez 226, ☏ 473/732-3192, ℻ 732-6793. Zentral gelegenes, großes Hotel; hübsche Zimmer mit Teppichboden, allerdings bis auf die im obersten Stock mit toller Aussicht überteuert. ❻
Parador San Javier, Luxusklasse, Plaza Aldama 92, 1 km von der Innenstadt an der Straße nach Valenciana, ☏ 473/732-0626, ℻ 732-3114, ✉ hpsjgto@redos.int.com.mx. Wunderschönes Hotel auf dem Gelände einer ehemaligen Hacienda, mit Pool, eleganter Bar und Restaurant. Alles vom Feinsten. ❾
Posada San Francisco, Juárez 178, Ecke Gavira, ☏ 473/732-2467, neben dem Markt. Zentral gelegen, einfache, saubere Zimmer mit Du/WC. ❺
Socavón, Alhóndiga 41-A, ☏/℻ 473/732-4885, ✉ hotelsocavon@hotmail.com. Kleines, freundliches Hotel an der Straße nach Valenciana, einen kurzen Fußweg vom Zentrum entfernt, zu erreichen durch einen dunklen Tunnel. Sonniger Patio, hübsche Zimmer mit TV. Restaurant. ❻

UM DEN JARDÍN DE LA UNIÓN – ***Casa Kloster,*** Calle de Alonso 32, ☏/℻ 473/732-0088. Von der Juárez aus den Callejon de la Estrella hinab, am Eingang zur Plaza de la Paz, Sehr preisgünstig, in einem tropischen Garten fast im Zentrum gelegen, aber oft ausgebucht, denn diese Adresse fehlt in keinem Reiseführer. Saubere, einfache, zumeist schlafsaalähnliche Zimmer rings um einen grünen Patio, gute Gemeinschaftsduschen mit Warmwasser. Günstig für Alleinreisende, da p.P. (US$10) gezahlt wird. Die zur Straße hin gelegenen Zimmer sind laut. Unverheiratete Paare werden nicht so gern gesehen, aber es wird selten nach dem Trauschein gefragt. Nichtraucher-Hostel. ❹
Hostal Cantarranas, Cantarranas 50, einen halben Block vom Teatro Principal entfernt, ☏ 473/732-5241, ℻ 732-1708. Sauberes kleines Hotel, etwas versteckt in einer Gasse, sieht von außen nach nichts aus, bietet aber eine Dachterrasse mit herrlicher Aussicht auf den Pípila. Zimmer mit Riesenbetten, Apartments mit voll ausgestatteter Küche. Auch ein 3-Zimmer-Apartment mit Platz für bis zu 6 Pers. ❺

Hostería de Frayle, Sopeña 3, ✆/℻ 473/732-1179, die hübscheste Unterkunft in der Nähe des Jardín, ein Gebäude im Kolonialstil mit Patios, Gemeinschaftsanlagen und Zimmern mit schön gefliesten Bädern. Die Zimmer sind recht unterschiedlich, daher ist es ratsam, sich mehrere zeigen zu lassen. ❽

Mesón de los Poetas, Positos 35, ✆/℻ 473/732-0705, 💻 www.mexonline.com/poetas.htm. Sehr schöne Zimmer und Suiten mit Kabel-TV und Schmuckkacheln; schattige Patios. Zwischen Jan und Mitte März erheblicher Preisanstieg. ❽

Parador del Convento, Calzada Guadalupe 17, ✆/℻ 473/732-2524, ✉ hconv@prodigy.net.mx. Attraktives Hotel am Hang oberhalb der Universität mit netten Zimmern. Wer tiefer in die Tasche greifen kann, sollte eines der geräumigeren *cuartos rústicos* mit Balkon nehmen. ❻

Posada de la Condesa, Plaza de la Paz 60, ✆ 473/732-1462. Billig und zentral gelegen, alle Zimmer mit Du/WC, aber klein und schäbig. Gleich nebenan befindet sich ein lautstarker Nachtclub. ❹

Posada Santa Fé, Jardín de la Unión 12, 💻 www.posadasantafe.com, ✆ 473/ 732-0084 oder 01-800/112-4773. Sehr nettes altes Hotel mitten in der Stadt mit Zimmern nach innen und (teureren) nach außen; Parkplatz und hübsche Dachterrasse. ❼

San Diego, Jardín de la Unión 1, ✆ 473/732-1300, ℻ 732-5626. Verwinkeltes Kolonialhaus im Zentrum, große Zimmer mit Satelliten-TV, herrliche Aussicht von den nach vorn gelegenen Zimmern. ❼–❽

PLAZA DE ROCHA UND UMGEBUNG – ***Casa Mexicana,*** Sóstenes Rocha 28, ✆ 473/732-7393, 💻 www.escuelamexicana.int.com.mx. Sehr gutes Budget-Hotel mit schlichten, geschmackvoll eingerichteten modernen Zimmern, manche mit Gemeinschafts-Du/WC. Die im Hotel logierenden Schüler der angegliederten Sprachenschule dürfen auch die Küche benutzen. ❸

Posada Molino del Rey, Padre Belaunzavan y Campanero, ✉ mach1@avantel.net, ✆ 473/732-2223. Am östlichen Stadtrand gelegen; kleine, ruhige Zimmer um einen Patio, gutes Preis-Leistungs-Verhältnis. ❻

AUSSERHALB DES ZENTRUMS – ***Casa de los Espíritus Alegres,*** La Ex-Hacienda La Trinidad 1, Marfil, am Stadtrand, ✆ 473/733-1013, 💻 www.casaspirit.com. Stilvoll eingerichtetes Gästehaus mit gemütlichen Zimmern und Gemeinschaftsräumen; Patio-Bar mit Selbstbedienung. ❾

Essen

Am östlichen Ende der Juárez gibt es das übliche mexikanische Essen und preiswerte Comida corrida. Auch im Universitätsviertel ist die Auswahl groß. Noch billiger isst man an den Ständen auf zwei Etagen im Neubau des **Mercado Hidalgo** – manche Stände sind eindeutig appetitlicher und sauberer als andere. Die kostspieligeren Restaurants in der Umgebung des **Jardín de la Unión** lohnen unbedingt einen Versuch. Zahlreiche ausgezeichnete Speiselokale liegen kaum fünf Minuten zu Fuß voneinander entfernt an der Sopeña und den sie umgebenden Straßen.

Brot und Kuchen gibt es bei der ***Panadería la Purísima,*** Juárez 138.

Arnadi, Plazuela de San Francisco 12. Bäckerei mit Fenstertischen.

El Atrium, Plaza del Baratillo, eines der „cooleren" Cafés Guanajuatos, braut wahrscheinlich den besten Kaffee.

El Café Galeria, Sopeña 10, direkt beim Teatro Juárez. Angesagter Treff mit Speisesaal und einer sehr begehrten Freiluftterrasse auf der gegenüberliegenden Straßenseite (hohe Preise, langsame Bedienung).

Casa de la Conde de la Valenciana, in La Valenciana, 4 km außerhalb der Stadt. Im herrlichen, von Weinranken eingerahmten Patio einer alten Hacienda gelegenes Restaurant, tischt sorgfältig zubereitete mexikanische Gerichte auf, doch sollte noch Platz für eine der Eisspezialitäten gelassen werden, die in den Schalen der Früchte entsprechend der Geschmacksrichtung serviert werden. Für eine komplette Mahlzeit muss man mit US$15–20 rechnen. So geschlossen.

Chez Nicole, Arcos de Guadalupe 3, ✆ 473/733-1148, ✉ hdamarf@int.com.mx. Eines der besten Restaurants; Sitzgelegenheiten im Garten, hervorragender Service und exzellente mexikanisch-französische Speisen. Allein die köst-

lichen *setas* oder Pilze für US$7 sind ein Grund, Guanajuato zu besuchen. Reservierung empfohlen.
El Gallo Pitogórica, Constancia 10, ✆ 473/732-9489. Eines der besten Speiselokale von Guanajuato; vorwiegend italienische Küche, stilvolle Einrichtung und herrliche Lage am Hang hinter der Kirche San Diego. Gäste können sich z.B. Prosciutto und Honigmelone, gefolgt von Pasta arrabiata schmecken lassen.
La Pieza, Cantarranas 52, neben dem *Hostal Cantarranas*. Lässige Tapas-Bar mit schattigen Tischen im Freien und Happy Hours.
Pingüis, an der Nordostecke des Jardín de la Unión. Preiswertestes Lokal am Jardín, schon ein bisschen mitgenommen, aber freundlich und beliebt; gutes Frühstück, Comidas corridas und ansehnliches Angebot an mexikanischen und internationalen Hauptgerichten.
Pizza Piazza, hat Filialen überall in der Stadt, z.B. an der Plazuela San Fernando, Juárez 69, Calle de Cantaranas 14 und Hidalgo 11. Spaghetti, Hamburger und Pizza, alles zu angemessenen Preisen.
La Rana Loca, Positos 7; das etwas sterile Ambiente lädt nicht zum Verweilen ein, doch das Essen ist preiswert, v.a. die Comida corrida für unter US$3, zu der eine Karaffe *agua de fruta* gereicht wird.
Tasca de los Santos, Plaza de la Paz. Schickes spanisches Restaurant mit Tischen im Freien, serviert Paella, Huhn in Weißweinsoße und Jamon Serrano. Mittlere bis gehobene Preisklasse.
Truco 7, Truco 7. Gemütliches Café mit lockerem Ambiente, bequemen Stühlen und Kunsthandwerk an den Wänden. Gutes, preiswertes Frühstück, Comidas, Salate und Steaks sowie köstliche Knoblauchsuppe mit Ei.
El Unicorno Azul, Plaza de la Baratilla 2; winziges vegetarisches Restaurant, verkauft Vollkornbrot zum Mitnehmen und Sojaburger sowie Obstsaft zum Verzehr im Lokal.
Vamina, Juan Valle 4, um die Ecke vom Museo Diego Rivera. Indianisch beeinflusste vegetarische Gerichte, darunter Comidas corridas für US$4 und Soyaburger für US$1,50. Angeschlossen ist ein Internet-Café.

Unterhaltung

Eine ausgezeichnete Möglichkeit, ein interessantes Stündchen zu verbringen, bietet die Teilnahme an einer organisierten **Callejóneada**, einer Stadtwanderung durch die Seitenstraßen und Hintergassen im Gefolge einer studentischen Straßenmusikgruppe, den *Estudiantinas*. Ohne Spanisch- und etwas Ortskenntnisse versäumt man die besten Witze, aber Spaß macht es trotzdem. Näheres dazu bei jedem Informationskiosk sowie in der Juárez 210, wo Tickets verkauft werden, die zu einem Glas Wein während des Spazierganges berechtigen.
In der Hochsaison findet fast jeden Abend irgendwo eine Veranstaltung statt, und das ganze Jahr über ist am Freitag- und Samstagabend garantiert etwas los. Am besten steckt man eine Flasche mit Getränk nach Wahl ein, begibt sich gegen 21 Uhr zum Jardín de la Union und folgt den Massen.
Während der zweieinhalbwöchigen **Internationalen Cervantes-Festspiele** (kurz *Cervantino* genannt), ✆ 473/731-1150 oder 800/714-1086, 💻 www.festivalcervantino.gob.mx, die Mitte Okt stattfinden, sind neben Opern- und Tanzaufführungen, Literaturlesungen und Musikveranstaltungen auch die berühmten *Entremeses* zu sehen, höfische Einakter des klassischen spanischen Theaters, die ursprünglich zwischen zwei größeren Akten vorgeführt wurden (daher der Name „Zwischengericht"). Sie werden plakativ und witzig vorgetragen, und man braucht keinen Spanischkurs absolviert zu haben, um der Handlung folgen zu können. Sitzplätze auf den Tribünen der Plaza San Roque müssen gebucht werden, ein Hotelzimmer ebenfalls.

BARS UND CLUBS – Die Cantinas an der Juárez beim Mercado Hidalgo sind Männern und Prostituierten vorbehalten.
Bar Fly, Sóstenes Rocha 30. Winzige, gut besuchte Bar, präsentiert meist ab 21 Uhr Folk, Jazz oder Acoustic, normalerweise kostenfrei.
Bar Ocho, Constancia 8. Sofas und Pool-Billard im oberen Stockwerk. Gut zum Absacken nach einem Nachtclub-Besuch.
Campanero Bar, Companero 4, zu erreichen über eine kleine Brücke, welche die Fußgängerzone

quert. Ruhige Bar, beliebt bei Intelektuellen, ⌚ 16–24 Uhr.

Capitolio, Plaza de la Paz 62. Einer der begehrtesten Clubs der Stadt, in dem es Do–Sa nachts hoch hergeht. Die Musik ist durchwachsen, aber das muss das Vergnügen nicht schmälern. Eintritt US$3.

La Dama de las Camelias, Sopeña 34, gegenüber vom Museo Iconografico. Tolle Bar mit guter Atmosphäre, bis zum Morgengrauen geöffnet. Fast jeden Abend wird getanzt, freitags zu Salsaklängen. So geschlossen.

Guanajuato Grill, Alonso 4. Größter Club der Stadt, billiger Schick, meistens voll mit Teenies.

Los Lobos, Manuel Doblado 2. Schummrige, oft sehr volle Bar, die ganze Nacht lang klassischer Rock und zwei Biere zum Preis von einem.

El Pozo, im *Parador San Javier*. Elegante Bar am Hoteleingang; ruhig und ziemlich kostspielig.

Spanglish, Plaza de la Paz 56, 3. Stock. Eigentümliche Mischung aus Buchladen, schummrigem Café und cooler Bar, von der Straße aus nicht zu sehen. Am frühen Abend Happy Hour.

KINOS – ***Cine Años,*** in einer Seitenstraße hinter der Universität mit mehreren Vorstellungen am Tag für rund US$3.

KONZERTE – Am Freitagabend um 20.30 Uhr schmeißen sich die Stadtbewohner in Schale, um im Teatro Principal dem **Orquesta Sinfónica de la Universidad de Guanajuato** zu lauschen, von dem ganz Mexiko schwärmt. Der Eintritt beträgt nur rund US$6.

Sonstiges

APOTHEKE – ***El Fénix,*** Juárez 106.

GELD – Banken gibt es entlang der Juárez: ***Bancomer,*** Nr. 9, ***Bital*** an der Plaza de la Paz und eine praktische Filiale von ***Banorte*** zwischen Plaza de la Paz und Jardín Unión. Außerhalb der Bankstunden kann man auch bei ***Divisas,*** Juárez 33, Geld wechseln, ⌚ tgl. 9–15 und 16–19 Uhr.

American Express, im *Viajes Georama,* Plaza de la Paz 34, ✆ 473/732-5101, ✉ georama@redes.int.com.mx, gutes Reisebüro. ⌚ Mo–Fr 9–14.30 und 17–18.30, Sa 10–13 Uhr.

INFORMATIONEN – ***Touristeninformation,*** Plaza de la Paz 14, ✉ informacion@guanajuato-travel.com, ✆ 473/732-0397 App. 107 oder 01-800/714-1086. Hier erhält man zumindest einen kostenlosen Stadtplan, ⌚ Mo–Fr 9–19, Sa 10–17 und So 10–14 Uhr.

Es gibt auch eine Menge privater Informationskioske, darunter einen am Busbahnhof, die Touren und Hotelreservierungen anbieten.

INTERNET – Die ca. 30 Internet-Lokale in der Stadt verlangen alle rund US$1,50 pro Std., darunter eines gegenüber von *El Atrium* an der Plaza Baratillo. Weitere finden sich in der Nähe der Touristeninformation und der Universität.

NOTFÄLLE – **Polizei** ✆ 473/732-0266;
Rotes Kreuz, Cruz Roja: ✆ 473/732-0487.
Medizinischer Notdienst: Centro de Salud Urbano de Guanajuato, Pardo 5, ✆ 473/732-1467.

POST – Das Postamt liegt am Ostende der Positos, hinter dem Jardín de la Unión, ⌚ Mo–Fr 9–17, Sa 9–13 Uhr.

SPANISCHSCHULEN – Die größte ist das ***Centro de Idiomas*** an der Universität von Guanajuato, ✆ 473/732-0006, 💻 www.ugto.mx, führt Austauschprogramme mit Unis aus der ganzen Welt durch und nimmt andere Schüler während der Sommerkurse im Juni an. Eher für Fortgeschrittene. 4-wöchiger Intensivkurs US$600. Vermittelt Unterkunft bei mexikanischen Familien für ca. US$20 pro Tag mit VP.

Die Kurse anderer Sprachschulen in Guanajuato sind viel lockerer; die meisten bieten Sprachunterricht in Zusammenhang mit Koch-, Töpfer- oder Tanzkursen usw. an. Näheres ist den Websites zu entnehmen. Die meisten bieten auch Unterbringung in Privatfamilien für rund US$20 pro Tag, z.B.:

Academia Falcon, Paseo de la Presa 80, ✆/📠 473/431-0745, 💻 www.institutofalcon.com. Sprachkurse zu fairen Preisen.

Escuela Mexicana, Sóstenes Rocha 28, ✆ 473/732-5005, 💻 www.escuelamexicana.int.com.mx, veranstaltet Wochenkurse mit vier Unterrichtsstunden pro Tag plus Unterkunft für US$250.

TAXI – ***Radio Taxis,*** ✆ 473/732-6534 oder 01-800/667-0682.

TELEFON – ***Computel,*** am östlichen Ende der Positos, hinter dem Jardín de la Union, bietet Telefon- und Faxservice, ⌚ Mo–Fr 9–20, Sa 8–13 Uhr. Außerdem gibt es **Larga Distancia**-Büros, z.B. in der Juárez 110.

TOUREN – Kioske, vor allem in der Umgebung des Mercado Hidalgo, bieten mehrmals täglich sehr ähnliche Bustouren zu etwa gleichen Preisen. Ob die City Tour (3 Std.; US$7), die Fahrten nach Dolores Hidalgo und San Miguel de Allende (8 Std.; US$15), oder nach León und Umgebung (8 Std.; US$15), das Geld wert sind, sei dahingestellt; interessanter ist vielleicht der organisierte Ausflug zur Estatua Cristo del Rey (3 Std.; US$8).

WÄSCHEREI – ***Lavandería del Centro,*** Sopeña 26, ✆ 473/732-0436; bis zu 7 kg schrankfertige Wäsche kostet US$4,70. ⌚ Mo–Sa 9–20 Uhr.

Transport

BUSSE – Der Busbahnhof **Central de Autobuses** mit Touristeninfoschalter, Gepäckaufbewahrung und Telefonkabinen liegt 6 km westlich der Stadt. Es gibt einen Shuttle-Bus mit der Aufschrift „Centro-Central" zwischen Busbahnhof und City, Fahrtdauer ca. 15 Min. Er hält meistens vor dem Mercado Hidalgo; wer in der Nähe des Jardín de la Unión unterkommen möchte, muss noch zehn Minuten Fußweg einplanen. Eine andere Möglichkeit besteht darin, einen der *Panteón-Presa*-Busse zu nehmen, die Guanajuato in ganzer Länge durchqueren (teilweise durch die Tunnel) und den Fahrer zu bitten, am Jardín anzuhalten.
Nach Dolores Hidalgo fahren jede halbe Stunde an der Calle Alhóndiga, mitten in er Stadt, direkt unterhalb der Alhóndiga, Busse ab. Busse zu allen anderen Destinationen fahren an der Central de Autobuses ab. Busse nach:
AGUASCALIENTES 4x tgl. (4 Std.),
DOLORES HIDALGO alle 20 Min. (1 Std.)
GUADALAJARA 5x tgl. (6 Std.),
LÉON ständig (3/4 Std.),
MÉXICO D.F. 7x tgl. (4 Std.),
QUERÉTARO 8x tgl. (3 Std.).
SAN LUIS DE LA PAZ 5x tgl. (2 1/2 Std.),
SAN LUIS POTOSÍ 10x tgl. (3 Std.),
SAN MIGUEL DE ALLENDE 10x tgl. (1 1/2 Std.),
Wer keinen Bus zum gewünschten Zielort findet, fährt am besten erst einmal nach León, das an der Nordsüdautobahn liegt und ausgezeichnete Busverbindungen hat.
Viajes Frausto, Juárez 10, nahe Jardín de la Unión, ✆ 473/732-3580, informiert über die Fahrpläne und Preise aller 1. Klasse-Gesellschaften und reserviert Fahrkarten.

FLÜGE – Der für Guanajuato zuständige Flughafen liegt ca. 30 km westlich von Guanajuato, zwischen Silao und León, näher bei León als bei Guanajuato; ein Taxi nach Guanajuato kostet US$25–30. Wer bereit ist, das Gepäck ein paar hundert Meter vom Flughafen bis zur Hauptstraße zu schleppen, kann auch einen 2. Klasse-Bus Richtung Norden nach León oder Süden nach Silao und Guanajuato anhalten. Zum Flughafen nimmt man von Guanajuato einen 2. Klasse-Bus Richtung León und steigt am Flughafen aus. Es gibt tgl. Flüge zu mexikanischen Großstädten und in die USA.

Dolores Hidalgo

Zwischen Guanajuato und San Miguel de Allende liegt Dolores Hidalgo, die einstige Gemeinde des Pater Hidalgo, ebenso alt und geschichtsträchtig wie ihre südlichen Nachbarstädte, aber kein so großer Touristenmagnet. Es ist ein ausgezeichneter Ort zum Übernachten, erst recht, wenn man in Guanajuato oder San Miguel keine Unterkunft finden konnte: Hier bekommt man eine bessere zum halben Preis. Zu sehen gibt es zwar nicht viel, aber es ist eine elegante, durch und durch mexikanische Kleinstadt.

Wenn man vom Busbahnhof ein, zwei Blocks Richtung Zócalo geht, kommt man zur **Casa Hidalgo**. Das ehemalige Wohnhaus Hidalgos wurde in ein Museum umgewandelt. Die Kopien alter Briefe und Geschenke an den „Vater der Revolution" sind durchaus sehenswert. ⌚ Di–So 10–17.45, Eintritt US$3,30.

In der gleichen Richtung weiter gelangt man zu einer wunderschön angelegten Plaza, überragt von der reich geschmückten Fassade der berühmten **Kirche**, von der der Ruf nach Unabhängigkeit ausging. Biegt man dort nach links ab, erreicht man das **Museo de la Independencia Nacional**, Zacatecas 6, dessen Inneres lebendige Wandgemälde schmücken. Hier finden sich auch Erinnerungsstücke an den größten Ranchera-Sänger aller Zeiten: José Alfredo Jimenez, ein berühmter Sohn der Stadt. ⌚ tgl. 8–17 Uhr, Eintritt US$1.

El Grito de la Independencia

In der Nacht des 15. September 1810 erhielten Padre Miguel Hidalgo y Costilla und einige seiner engsten Vertrauten von Querétaro aus die Nachricht, dass der geplante Aufstand verraten worden war (s.S. 326). Man beschloss, sofort zu handeln. Im Morgengrauen des 16. September riefen die Kirchenglocken die Gläubigen zusammen, und Hidalgo hielt von der Kanzel der Kirche eine bewegende Predigt, die mit dem berühmten Grito de la Independencia – *„¡Mexicanos, viva México!"* endete.
An jedem 15. September um 24 Uhr wird dieser Ruf wiederholt – in México D.F. vom Präsidenten und im ganzen Land von Politikern. Dieses Ritual bildet den Auftakt zu den Feiern des Unabhängigkeitstages. Bis heute wird in Dolores Hidalgo nur einmal im Jahr, am 16. September, die Kirchenglocke geläutet. Die Glocke ist allerdings nur eine Kopie der echten Originalglocke von damals, die entweder für Munition eingeschmolzen wurde oder im Palacio Nacional von México D.F. hängt – je nachdem, welcher Version man Glauben schenken will.

Übernachtung und Essen

Hotel Posada Hidalgo, Hidalgo 15, ✆ 418/182-2683, 📠 182-0477, in Busbahnhofsnähe, wurde vor generalüberholt. ❺
Hotel Caudillo, Querétaro 8, neben der Kirche, ✆/📠 418/182-0198. ❺
Posada Cocomacan, Plaza Principal 4, ✆ 418/182-6149, 💻 www.posadacocomacan.com, die beste Wahl in der Stadt – kühle Innenräume, wunderbare Holzböden, neue Bäder, Kabel-TV und ein Restaurant, in dem man für US$4 Hühnchen in *mole*-Soße essen kann. ❺
Posada Dolores, Yucatán 8, ✆ 418/182-0642, einfach, am Unabhängigkeitsmuseum vorbei, dann nach links, hinter einem Hauseingang verborgen. Sehr preiswert für Alleinreisende. ❹
Um gut zu essen, braucht man sich nicht weit von der Plaza zu entfernen: Das ***Hotel Caudillo*** besitzt ein empfehlenswertes Restaurant, doch wer einen echten, wenn auch teuren Espresso trinken möchte, muss ins ***El Cafécito*** gehen, zwei Querstraßen östlich der Casa Hidalgo an der Puebla, Ecke Nuevo León.
Das winzige **Restaurant** neben der *Posada Dolores* serviert hervorragende Tacos mit frischen Maistortillas sowie Comidas corridas für nur US$2,20. Einige der ungewöhnlichsten Eiscremesorten de Landes, z.B. Bier, Garnelen oder Avocado, gibt's auf und an der Plaza Principal – glücklicherweise darf man probieren, bevor man eine ganze Portion bestellt. Naschkatzen sollten auch die ***Dulcería el Cubilete*** neben der *Posada Cocomacan* besuchen.

Sonstiges

EINKAUFEN – Überall in der Stadt werden die **Keramiken**, für die Dolores Hidalgo bekannt ist, angeboten. Die größeren Keramikgeschäfte befinden sich in der Nähe der Casa Hidalgo, aber die besten Schnäppchen macht man in den Außenbezirken der Stadt.

INFORMATIONEN – Am Zócalo bei der Kirche befindet sich eine ***Touristeninformation,*** ✆/📠 418/182-1164, die nicht viel Material zu bieten hat, deren Angestellte aber wissen, wo die besten Keramiksachen zu haben sind. ⌚ Mo–Fr 9–15 und 17.30–20, Sa und So 9–15 Uhr.

Transport

Vom Busbahnhof fahren Busse nach:
GUANAJUATO alle 20 Min. (1 Std.),
MÉXICO D.F. alle 40 Min. (5 Std.),
QUERÉTARO alle 40 Min. (2 Std.),
SAN LUIS POTOSÍ 10x tgl. (2 1/2 Std.),
SAN LUIS DE LA PAZ alle 20 Min. (1 Std.),
SAN MIGUEL DE ALLENDE alle 15 Min. (50 Min.).

San Miguel de Allende

Die an einen Hügel geschmiegte Stadt wurde 1542 von einem Franziskanerpater namens Juan de San Miguel gegründet und als San Miguel El Grande zu einem wichtigen Handelszentrum für die umliegenden Minendörfer. Zu Ehren von Ignacio Allende, einem Sohn der Stadt und Hidalgos Oberbefehlshaber, wurde der Name später geändert.

Das besondere an San Miguel ist, dass es stark nordamerikanisch geprägt ist. Das geht so weit, dass die Einheimischen die Stadt nur Saint Mike nennen. Hier wohnen zahlreiche „Künstler und Schriftsteller", Rentner aus den USA und Studenten, die die örtlichen Sprachschulen füllen. Die Nordamerikaner haben sich aus gutem Grund hier niedergelassen: Die Stadt ist sehr malerisch und das Klima und die Lichtverhältnisse machen sie reizvoll und angenehm. Angefangen hat alles mit der Gründung des Instituto Allende, einer Kunstakademie, im Jahr 1938. Vor allem die aus dem Zweiten Weltkrieg zurückgekehrten amerikanischen GIs stellten fest, dass ihnen die Stipendien, die sie erhielten, um ihre unterbrochene Ausbildung fortzusetzen, in Mexiko ein angenehmeres Leben ermöglichten als zu Hause.

Trotz seiner Popularität ist San Miguel nach wie vor einer der angenehmsten Orte im Landesinnern, um sich von den Reisestrapazen zu erholen. Komfortable Hotels, hervorragende Restaurants und ein bewegtes Nachtleben erwarten die Besucher, die nicht selten mit Schrecken feststellen, dass ihnen hier das Geld doppelt so schnell wie anderswo durch die Finger rinnt.

Es gibt nur wenige ausgesprochene Sehenswürdigkeiten, doch da die Stadt seit 1926 unter Denkmalschutz steht, gibt es keine störenden Neubauten, Neonreklamen und Verkehrsampeln. Wohin man die Schritte auch wendet – jedes Gebäude, das weder ein Café noch Restaurant ist, scheint eine Kunstgalerie oder einen Artesanía-Laden zu beherbergen.

El Jardín

Am besten begibt man sich zunächst in die Stadtmitte zum El Jardín, wie der Zócalo von San Miguel meistens genannt wird, in dessen Reichweite fast alles von Interesse liegt. An ihrer Südseite steht die Gemeindekirche **La Parroquia de San Miguel Archángel**. Sie wurde Ende des 19. Jhs. von dem indianischen Steinmetz und Autodidakten Zeferino Gutierrez wiederaufgebaut. Wahrscheinlich hat er anhand von Ansichtskarten die Architektur großer französischer Kathedralen studiert. So ließe sich die pseudogotische Fassade, die mit Türmchen und Spitzen überladen ist, erklären. Die Fußboden- und Wandkacheln im Inneren, die *azulejos*, sowie der exakte Halbkreis des Kirchenschiffes verraten deutlich maurischen Einfluss.

Der Kirche gegenüber steht ein Häuserblock, der den **Palacio Municipal** und die **Galeria San Miguel** beherbergt, eine der interessantesten Galerien mit Werken einheimischer Künstler. Hier befindet sich auch das *Hotel Posada de San Francisco,* dem man einen kurzen Besuch abstatten sollte, um darum zu bitten, **El Loco** sehen zu dürfen. Das kostet nichts und bringt v.a. den Besuchern etwas, die etwas Spanisch verstehen. Mehr wollen wir aber nicht verraten.

Die beiden anderen Seiten des Platzes säumen Arkaden, die *portales*, unter denen Straßenverkäufer Getränke und allerlei Schnickschnack anbieten, dahinter befinden sich Geschäfte. Am Zócalo liegen auch einige der vollendetsten Villen im spanischen Stil, die San Miguel aufzuweisen hat. In der **Casa de Don Ignacio de Allende** an der Allende, Ecke Umaran, wurde der Unabhängigkeitsheld geboren. Auf der Gedenktafel steht *„Hic natus ubique notus"* (hier wurde er geboren, der überall berühmt ist). Inzwischen ist hier das **Museo Histórico de San Miguel de Allende** untergebracht, mit Fossilien, Töpferwaren und Dioramen zur präspanischen und Kolonialgeschichte in und um San Miguel. Die Ausstellung ist übersichtlich angeordnet, aber ziemlich klein und in erster Linie etwas für Geschichtsinteressierte. ⌚ Di–So 10–16 Uhr, US$3,20, So Eintritt frei.

An der nächsten Ecke, Hidalgo und Canal, befindet sich die **Casa de los Condes de Canal** mit ihrem geschnitzten Treppenaufgang und den eleganten, schmiedeeisernen Fenstergittern.

Ganz in der Nähe, einen halben Block die Umaran hinunter, steht die **Casa de los Perros**, deren zentraler Balkon von kleinen steinernen Hunden getragen wird. Wie die Mehrzahl der Gebäude in San Miguel ist auch sie ganz im spanischen Stil erbaut: von außen oft abweisend, fast düster, im Innern jedoch mit blumenbestandenen Patios, in deren Mitte häufig ein Springbrunnen plätschert.

Östlich und nördlich von El Jardín

Verlässt man den Zócalo in östlicher Richtung auf der San Francisco hügelaufwärts, kommt man in die Umgebung des Marktes. Zwar herrscht auch hier die Kolonialarchitektur vor, aber das Treiben zwischen den Gebäuden scheint einer viel älteren Zeit zu entstammen. Eine Querstraße auf der San Francisco weiter erhebt sich die churriguereske Fassade der **Iglesia de San Francisco**, deren neoklassizistische Türme und gewölbter Dom in heftigem Widerspruch zu dem schmucklosen Innern stehen. Die bescheidene, einfache Nachbarkirche **Tercer Orden** verschwindet daneben fast.

Dahinter, Richtung Norden, liegt das alte Marktgelände von San Miguel, das in eine Plaza samt Reiterstatue von Allende verwandelt wurde. Hier befindet sich ein Grüppchen von Kirchen und Kapellen, darunter der **Templo de Nuesta Señora de la Salud** mit seiner ungewöhnlichen konkaven Fassade und einem Verputz aus Muschelkalk. Linker Hand thront das **Oratorio de San Felipe Neri**, dessen Barockfassade indigene Einflüsse aufweist. Seine Hauptsehenswürdigkeit besteht in einer Reihe von Gemälden, u.a. Darstellungen des Lebensweges von San Felipe, die Miguel Cabrera zugeschrieben werden. Eine der Kapellen, die **Santa Casa de Loreto** (Eingang eine Tür weiter), ist eine Kopie des Heiligen Hauses der italienischen Stadt Loreto und wurde vom Conde Manuel de la Canal erbaut. Das Innere ist achteckig und mit Gold verziert. Der Conde und seine Frau sind hier begraben und über den Grabstätten als Statuen verewigt.

Auf dem **Markt**, der nördlich von hier, abseits der Calle Colegio, angesiedelt ist, stehen Obst, Gemüse, Heilpflanzen, Töpfe und Pfannen zum Verkauf. Hinter dem Markt, am **Andador Lucas Balderas**, liegt ein **Mercado de Artesanías**, der aber nicht besonders preisgünstig ist. Interessantere Sachen aus ganz Mexiko findet man in den zahlreichen Kunsthandwerksgeschäften der Stadt, jedoch sind auch hier die Preise hoch, wenn nicht unverschämt. Ein guter Ausgangspunkt für einen Einkaufsbummel sind die Straßen unmittelbar südlich und westlich des Jardín. Wer vom Oratorio die Calle Insurgentes hinuntergeht, kommt zur umfangreichen **Biblioteca Pública**, Insurgentes 25. Man kann hier auch gebrauchte Bücher kaufen. 🕔 Mo–Sa 10–14 und 16–19 Uhr. Das *Café Santa Ana* in der Bücherei ist ein ruhiges Plätzchen zum Lesen.

Bellas Artes

An der Hernández Macías, nur einen Block bergabwärts vom Jardín, liegt das Centro Cultural „El Nigromante" – auch Bellas Artes genannt. Es ist im Hof des von schönen Kreuzgängen umgebenen ehemaligen **Convento de la Concepción** untergebracht und wird von der staatlichen Gesellschaft für Kunst unterhalten. Die Unterrichtsschwerpunkte liegen auf Musik und Tanz, es werden aber auch Mal- und Zeichenkurse angeboten. Zu ebener Erde finden verschiedene Ausstellungen statt, und es gibt mehrere Murales, darunter einen von David Siqueiros komplett ausgemalten Raum, der dem Leben und Werk Allendes gewidmet ist. Im Centro befindet sich auch das freundliche Café *Las Musas*. Auch die **Kirche La Concepción**, die zur Anlage gehört, ist sehenswert. Sie fällt vor allem durch ihr hohes, halbrundes Gewölbe auf, angeblich ebenfalls ein Werk von Zeferino Gutiérres.

Instituto Allende und Umgebung

Das Instituto Allende liegt am Fuß des Hügels, wenn man von La Concepción nach Süden der Hernandez Macías folgt. Auf dem Weg, an der Hernández Macias, Ecke Cuadrante, steht die **Casa del Inquisidor**, an der Cuadrate 36, ein Kolonialgebäude aus dem 18. Jh. mit besonders stilvoller Fassade. Das alte Gebäude gegenüber diente während der Inquisition als Gefängnis.

Das Institut liegt in einer parkähnlichen Umgebung auf einer ehemaligen Hacienda des Conde de la Canal am Rande der Altstadt. 1951, nachdem die Regierung seine Erfolge erkannt und es der Universität von Guanajuato angegliedert hatte, zog es hier ein. Im Instituto wird eine breite Palette von Kunstkursen angeboten, von Malerei über Bildhauerei und Fotografie bis zu Handwerkstechniken wie Weben und Silberverarbeitung. Außerdem gibt es Spanischunterricht aller Stufen (s. Kasten). Auf Anschlagtafeln findet man jede Menge langfristige Unterkunftsmöglichkeiten, Mitfahrgelegenheiten und -gesuche innerhalb Mexikos und in die USA sowie aktuelle Informationen über Veranstaltungen in San Miguel, außerdem unterhält das Institut ein Café.

Hinter dem Institut, von der Stadt aus zu Fuß in zehn Minuten erreichbar, beginnt der **Parque Benito Juárez**, ein erfrischend schattiger Park auf dem Gelände der ehemaligen Obstgärten alteingesesse-

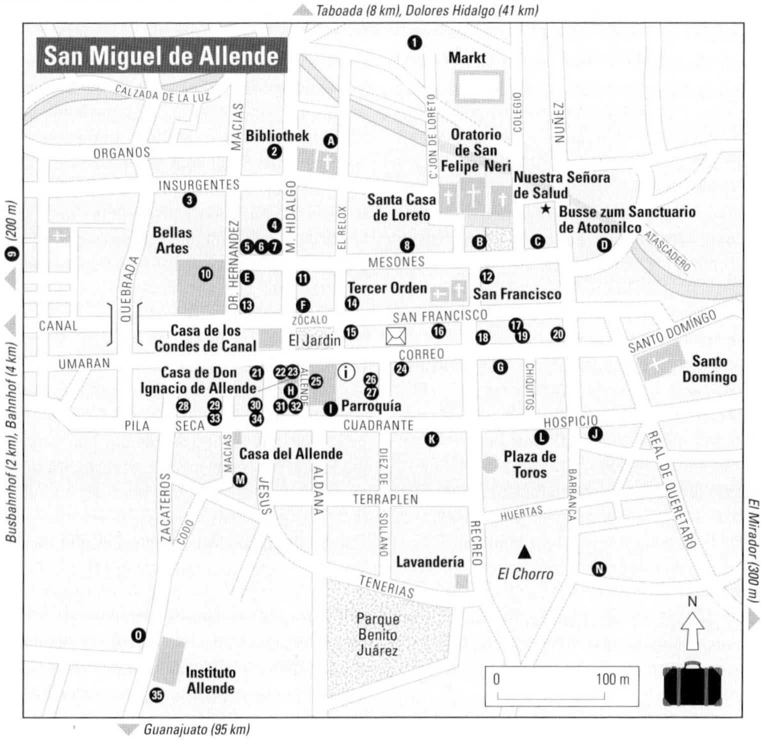

Übernachtung:

Casa Carmen	G
Casa de Huéspedes	B
Casa de Liza	N
Casa de Sierra Nevada Quinta Real	K
Casa Quetzal	L
Casa Schuck	J
Hostal Alcatraz	A
Hotel Posada Carmina	H
Hotel Posada de San Francisco	F
Mesón de San Antonio	E
Parador San Sebastian de Aparicio	C
Posada Cholita	M
Posada de la Aldea	O
Vianey	D
Villa Rivera	I

Essen und Sonstiges:

Apolo XI	8
Aqui es México	4
Azafrán	33
Los Burritos	7
Bugambilia	2
Café de la Parroquia	30
La Capilla	25
El Catrín	9
Char Rock	24
La Coronela	14
La Cucaracha	28
En Agua Pulquería	34
La Finestra Caffé	13
La Fragua	23
El Gato Negro	17
La Grotta	31
El Harem	20
L'Invito	19
Mama Mia	22
Mesón de San José	12
Las Musas	10
Olé Olé	1
El Pegaso	18
Petit Bar	29
El Petit Four	6
La Piñata	21
Rincón de don Tomás	15
San Augustín	16
Taquería los Faroles	3 & 35
El Ten Ten Pie	32
Tío Lucas	5
El Tomato	11
La Ventana	26
Chamonix	27

ner Familien. Die Wohnhäuser der Umgebung zählen noch immer zu den schönsten der ganzen Stadt. Von hier aus kann man zum **El Chorro** hinaufspazieren. Die Quellen auf dem niedrigen Hügel versorgen San Miguel mit Trinkwasser. Hier oben hatte Juan de San Miguel ursprünglich die Stadt erbaut und hier befindet sich auch **La Lavandería**: zwanzig altmodische Waschtröge, in denen einige Anwohner immer noch ihre Wäsche waschen. Auf dem Chorro bietet sich eine gute Aussicht über San Miguel, beeindruckender ist sie aber vom **El Mirador**, der Aussichtsplattform mit kleinem Café, weiter oben an der Landstraße nach Querétaro: Unterhalb breitet sich die Stadt aus, und in der Ferne liegt die weite Tiefebene und der Gebirgskamm vor Guanajuato.

Sprachschulen in der Stadt

Viele Ausländer kommen nach San Miguel, um Spanisch zu lernen. Überall in der Stadt werden auf Zetteln und Schwarzen Brettern Privatstunden angeboten, doch die meisten Lernwilligen entscheiden sich für einen Kurs in einer der größeren Sprachschulen. Der Unterricht wird von ausgebildeten mexikanischen Lehrern fast gänzlich auf Spanisch durchgeführt, mit Schwerpunkt auf Sprachpraxis. Die Schüler wohnen zumeist bei einer mexikanischen Familie (für ca. US$18–22 pro Tag mit VP).

Die prestigeträchtigste Schule ist das **Instituto Allende**, Ancha de San Antonio 20, ✆ 415/152-0226, 💻 www.instituto-allende.edu.mx, die das ganze Jahr über, von Universitäten anerkannte vierwöchige Kurse aller Stufen (US$125 mit einer Unterrichtsstunde pro Tag, US$470 für 6 Stunden täglich oder US$890 für fünf Privatstunden pro Tag) anbietet. Daneben werden auch Einzelunterricht für rund US$13 pro Std. sowie weniger leistungsintensive Monatskurse, Intensivprogramme und Sprachkurse zur mexikanischen Geschichte, Kunstgeschichte, Töpferei, Fotografie usw. geboten.

Da das Institut seit vielen Jahren einen hervorragenden Ruf genießt, müssen sich die anderen Schulen preislich und qualitativ besonders anstrengen, und das tun sie auch: Die **Academia Hispano Americana**, Mesones 4, 💻 www.ahaspeakspanish.com, ✆ 415/152-0349, bietet ebenfalls vierwöchige Kurse für US$450 an; wer sich für mehr als einen Kurs einschreibt, erhält Rabatt. Außerdem Intensivkurse und darüber hinaus Sonderkurse, z.B. über mexikanische Folklore.

Ein weiterer Konkurrent ist das **Centro Mexicano de Lengua y Cultura**, Orizaba 15, 💻 www.infosma.com/centromexicano, ✆/📠 415/152-0763, das u.a. die Möglichkeit bietet, nur eine einzige Stunde pro Tag zu nehmen (zum Preis von US$30 pro Woche) und auch Sprachaustausch zum Üben der Sprachfertigkeit organisiert.

Das **Instituto Habla Hispana**, Calzada de la Luz 25, 💻 www.mexicospanish.com, ✆ 415/152-0713, veranstaltet 4-Wochen-Kurse für US$380 bei 20 Konversationsstunden pro Woche, oder einwöchige für US$100. Das Instituto vermittelt auch Privatunterbringung für ca. US$17 pro Tag im DZ bzw. US$20 in einem EZ.

DER BAJÍO

Übernachtung

Die meisten Hotels liegen in der Nähe des Jardín. Abgesehen von ein paar Hostels sind Budget-Unterkünfte dünn gesät, doch wer ein bisschen mehr Geld auszugeben bereit ist, hat die Wahl unter Dutzenden hübscher Hotels. Während der Hauptsaison von Dez bis März heben die besseren Hotels die Preise an, die billigeren kosten dagegen in der Semana Santa und während der Festwochen im Sep mehr.

Es werden auch preisgünstige Apartments für längere Aufenthalte vermietet; Näheres in der Touristeninformation oder an Anschlagtafeln.

Casa del Carmen, Correo 31, ✆/📠 415/152-0844, 💻 www.infosma.com/casacarmen. Hübsches kleines Hotel, geführt von einem amerikanisch-mexikanischen Paar. Angenehm und sehr sicher. Frühstück und Abendessen inkl. Geräumige, individuell gestaltete Zimmer. ❼

Casa de Huéspedes, Mesones 27, Ecke Reloj, ✆ 415/152-1378. Nettes kleines Hotel im 2. Stock, ruhig und sauber, manche Zimmer mit Balkon. Besonders preisgünstig für Alleinreisende. ❹

Casa de Liza, Bajada de Chorro 7, ✆ 415/152-0352, 💻 www.casaliza.com. Eine Art B&B am Park Benito Juárez. Luxuriöse, individuell mit Kunstwerken eingerichtete Zimmer, Pool, ausgedehnte Patios, Massagen und zweisprachige Angestellte. Die freundlichen Besitzerinnen (Mutter und Tochter) erzählen gern von ihrem berühmtesten Gast: Antonio Banderas. ❾

Casa de Sierra Nevada, Quinta Real Hospicio 35, ✆ 415/152-7040, aus den USA ✆ 1-888/341-5995, 💻 www.quintareal.com. Traumhaftes Luxushotel (Baujahr 1580) mit geräumigen Zimmern rings um einen Kolonialpatio, Pool und Restaurant.

Hat auch ein halbes Dutzend Häuser in der Nachbarschaft übernommen und besitzt einen eleganten Ableger in der Santa Elena 2, am Nordrand des Parque Benito Juárez. ❾

Casa Quetzal, Hospicio 34, ☏ 415/152-0501, 💻 www.casaquetzalhotel.com. Ruhiges, attraktives Hotel mit 6 Suiten (US$150–265), jede lässig-elegant, einige mit Küchenzeile, Kamin und Privatterrasse sowie Aussicht über die Innenstadt. ❾

Casa Schuck, Bajada de Garita 3, ☏/℻ 415/152-0657, 💻 www.casaschuck.com. Wunderschön eingerichtetes Hotel mit großen Zimmern, Pool, grünen Ecken und viel Charme. Die freundlichen Besitzer machen diese Unterkunft zu einer der besten in San Miguel. ❾

Hostal Alcatraz, Relox 54, ☏ 415/152-8543, ✉ alcatrazhostel@yahoo.com. Das einzige wirkliche Hostel der Stadt in ziemlich zentraler Lage mit guter Küche, Patio und Grillstelle, macht jedoch keinen besonders einladenden Eindruck. Schlafsaalbetten für unter US$10, JH-Mitglieder zahlen einen Dollar weniger. ❹

Hotel Casa Linda, Mesones 101, ☏ 415/154-4007, 💻 www.hotelcasalinda.com. Hübsche Unterkunft mit attraktiven Zimmern, Fitnessraum, Jacuzzi und Videobibliothek. Preis inkl. Frühstück. ❾

Hotel Posada Carmina, Cuna de Allende 7, einige Meter südlich des Jardín, ☏ 415/152-0458, 💻 www.posadacarmina.com. Große, einfach möblierte Zimmer mit hohen Decken und weißen Wänden, wunderbarer Patio, auch billigere, trotzdem hübsche Zimmer im Nebengebäude. Sehr freundliche Angestellte. Etwas teuer für das Gebotene, aber die Lage ist kaum zu übertreffen – eine Querstraße vom Jardín entfernt und nur einen halben Block vom besten Restaurant der Stadt, *La Capilla.* ❽

Hotel Posada de San Francisco, Plaza Principal 2, ☏/℻ 415/152-0072, 💻 www.naftaconnect.com/hsanfrancisco. Ältere, aber angenehme Zimmer in schönem, ruhigem Kolonialgebäude, überraschend preiswert angesichts der Lage am Zócalo. ❼

Mesón de San Antonio, Mesones 80, ☏ 415/152-0580, ✉ msanantonio@cybertmatsa.com.mx. Moderne und einigermaßen geräumige Zimmer rund um einen kleinen Garten mit Pool. Für US$15 mehr gibt es auch sehr nette zweistöckige Apartments. ❼

Parador San Sebastian de Aparicio, Mesones 7, ☏ 415/152-7084. Kühl und ruhig, schlichte Zimmer rings um einen kolonialen Innenhof. Allerdings parken die Autos auf dem Hof direkt vor den Zimmern. ❹

Posada Cholita, Hernández Macías 114, ☏/℻ 415/152-2898. Geräumige, bunt gestrichene Zimmer in kleinem Hotel. Angesichts der Lage preiswert. ❺

Posada de la Aldea, Ancha de San Antonio 15, ☏/℻ 415/152-1022, 💻 www.naftaconnect.com/hotellaaldea. Großes Hotel gegenüber vom Instituto. Saubere, gemütliche Zimmer mit allen Annehmlichkeiten, Pool, Tennis- und Parkplatz. Beliebt bei mexikanischen Touristen. ❼

Vianey, Aparicio 18, ☏ 415/152-4559. Moderne, makellos saubere Allerweltszimmer, gute Alternative für den Fall des Falles. ❸

Villa del Rivera, Cuadrante 3, ☏ 415/152-2289, 💻 www.villarivera.com. Schönes Kolonialhotel mit Pool und Garten hinter der Parróquia mit sehr gut ausgestatteten, modernen Zimmern. ❾

Essen

San Miguel hat nur wenige preiswerte Restaurants aufzuweisen. Zwar bekommt man eine Comida oder einen Teller Tacos für nur etwas mehr Geld als anderswo, doch der Verlockung des Angebots, das von Sushi bis Fondue reicht, lässt sich nur schwer widerstehen. Es gibt auch eine überraschende Anzahl vegetarischer Lokale sowie viele Cafés, meistens voller Studenten und Ausländern, die sich für längere Zeit in der Stadt niedergelassen haben.

Apolo XI, Mesones 43. Im 1. Stock gibt es billige *carnitas* (Verkauf pro Kilo) und dazu höllisch scharfe hausgemachte Pickles, die auf einer Terrasse serviert werden.

Aqui es México, 1. Stock, Hidalgo 28. Freundliches Lokal mit einer großen Bandbreite typisch mexikanischer Speisen und günstigen Comidas corridas (US$4–5).

Azafrán, Hernandez Macias 97. Trendiges neues Restaurant im Look der 80er, das gesundheitsbewusste Gourmet-Gerichte auftischt.

Bugambilia, Hidalgo 42, ✆ 415/152-0127. Alteingesessenes, charmantes Patio-Restaurant, dessen exzellent zubereiteten mexikanischen Gerichte – z.B. gebackener Ziegenkäse mit gerösteten Mandeln (US$7), in Butter gebratenes Filetsteak (US$15) oder Hühnchen-Gemüse-Eintopf (US$10) – üblicherweise bei Live-Gitarrenmusik genossen werden können. Wer bar zahlt, bekommt einen Preisnachlass.

Los Burritos, Mesones 86. Sehr beliebt wegen seiner superbilligen Burritos, hergestellt aus Weizenmehltortillas und gefüllt mit schmackhaften Soßen (Tipp: *tinga-* oder *mole-*Geschmack); gleich nach einem Schwung Servietten fragen. ⌚ nur zum Mittagessen.

Café de la Parroquia, Jesús 11, Ecke Cuadrante. Wunderbares kleines Lokal mit Sitzplätzen drinnen und im Patio, zu Recht beliebt bei Expats zum Frühstück mit Hotcakes oder Joghurt und Obst. Auch leckere mexikanische Gerichte. Mo geschlossen.

La Capilla, Cuna de Allende 10, nur wenige Schritte vom Jardín entfernt, ✆ 415/152-0698, ✉ capilla@unisono.net.mx. San Miguels spektakulärstes Restaurant, untergebracht in einer liebevoll restaurierten ehemaligen Kapelle; Speisekarte mit ausgewählten internationalen und lokalen Spezialitäten, deren Zutaten je nach Saison variieren. Mehrmals wöchentl. *estudiantinas.* Angeschlossen ist ein Laden, in dem hausgemachte Schokolade in außergewöhnlichen Geschmacksrichtungen (z.B. Erdnuss-Curry) verkauft wird. Nicht billig, aber jeden Peso wert. Reservierung empfohlen. Di geschlossen.

El Catrín, Canal 154. Reichhaltiges Barbecue mit organischem Gemüse, serviert in einem restaurierten Eisenbahnwaggon von 1926. Kostspielig, aber köstlich.

La Finestra Caffé, Plaza Colonial, gegenüber Belles Artes. Ebenfalls beliebtes, sonniges Frühstückscafé, leckere *Huevos a la Cazuela* (in einem Topf mit scharfer Soße und Käse gebacken) und den ganzen Tag erstklassiger Kaffee und Gebäck. Di geschlossen.

La Grotta, Cuadrante 5, Ecke Allende. Tolles Pasta- und Pizzalokal in gemütlichem, rot getünchtem Raum. Die hausgemachten Pastagerichte (US$7–9) sind ausgezeichnet, aber noch besser sind die knusprigen Pizzas und Calzone. Auch knackige Salate und ein paar Hauptgerichte. Keine Kreditkarten.

El Harem, Murillo 7, arabisches Restaurant, serviert Hummus mit Pittabrot (US$2). Lammkebab (US$5) und gefüllte Weinblätter für wenig Geld. Di geschlossen.

L'Invito, Umarán 19, ✆ 415/152-7333. Das wahrscheinlich beste italienische Lokal der Stadt bietet köstliche Pasta (US$6–7) wie *fusilli al funghi* sowie kleinere und größere Tagesmenüs für US$10–14.

Mesón de San José, Mesones 38, Ecke Juárez. Hübsches Patio-Restaurant, hervorragende mexikanische Gerichte für US$6–7 und mehrere billigere vegetarische.

Las Musas, im Gebäude von Bellas Artes, wunderbar ruhiges Café abseits des Straßenlärms, serviert Kaffee, Sandwiches, Eis und Croissants. Studentisches Publikum.

Olé Olé, Loreto 66-A. Festliches Lokal mit alten Stierkampf-Plakaten an den Wänden, serviert *fajitas* (Rindfleisch, Huhn oder Garnelen) für US$10. ⌚ nur bis 21 Uhr.

El Pegaso, Corregiadora 6, hier lassen sich *Norteamericanos* und die besser betuchte Jugend von San Miguel Gazpacho, Chickenburger, Pastramisandwiches und leckeres Seafood schmecken. So geschlossen.

El Petit Four, Mesones 99; nette kleine französische Patisserie mit ein paar Tischen, an denen Gäste *pain au chocolat* oder ein Stück Apfelkuchen sowie Espresso verzehren können. So geschlossen.

La Piñata, Umarán 10. Schlichtes, preiswertes Café, hat die billigsten Tacos, Tostadas und Tortas im Umkreis des Jardín; nur eine Querstraße vom Zócalo entfernt. Di geschlossen.

Rincón de Don Tomás, Portal de Guadalupe, Ecke San Francisco, am Jardín. Fantastisches Frühstückslokal sowie authentische mexikanische Gerichte zu günstigen Preisen.

San Augustín, San Francisco 21. Angenehmes Restaurant, geführt von einem pensionierten mexikanischen TV-Serienstar und v.a. bekannt für seine knusprigen *churros.*

Taquería Los Faroles, Insurgentes 178, Höhe Ancha San Antonio. Für ein paar Pesos bekommt man hier köstliche Tacos – Tipp: *tacos al pastor* sowie die hausgemachten *salsitas.* Sehr

beliebt bei Einheimischen. ⌚ Mo–Sa 19.30–24 Uhr.
El Ten Ten Pie, Cuna de Allende 21; kleines Café dessen Wände Werke hiesiger Künstler zieren; gute mexikanische Küche und sättigende Comida (US$6).
Tío Lucas, Mesones 103. Tischt in einem tropischen Patio bei Live-Jazz die saftigsten, größten und fantasievollsten Steaks der ganzen Stadt auf. Auch die Hühnchen- und Fischspezialitäten sind alles andere als zu verachten, ganz zu schweigen von den Margaritas.
El Tomato, Mesones 62, östlich der Hidalgo. Ernährungsbewusstes, überwiegend vegetarisches Restaurant, serviert Mittag- und Abendessen, Burger auf der Basis von Soja und Spinat, exotische Salate und ein Tagesgericht mit 3 Gängen für US$6.
La Ventana, Sollano 11. Coffeeshop mit Fensterservice, bietet Mischungen aus Chiapas sowie alle Arten von Java-Kaffee – der beste Ort in der Stadt für eine schnelle Dosis Koffein.

Unterhaltung

Das nächtliche Vergnügen ist nicht unbedingt billig, doch das Angebot breit gefächert. Besucher begeben sich bei Einbruch der Dunkelheit am besten in Gruppen zum Jardín, wo sich auch die Mehrzahl der Einwohner einfindet – um Luft zu schnappen, herumzuspazieren und zu sehen, was der Abend noch so bringt. Es lohnt sich auch, das Programm des ***Teatro Angela Peralta,*** Mesones 82, ✆ 415/152-2200, zu studieren, wo meistens **Ballett-** und **Theatervorstellungen** geboten werden, manchmal auch **klassische Konzerte**.
Seit 25 Jahren gibt es das zweiwöchige **Kammermusik-Festival** *(Festival de Música de Cámara),* 🖳 www.chambermusicmexico.org, ✆ 415/152-154-5141, das üblicherweise Anfang August stattfindet und Auftritte international anerkannter Musiker umfasst.
Zur gleichen Zeit wie das Erntedankfest (Ende November), findet alljährlich das **International Jazz Festival** statt; Näheres unter 🖳 www.unisono.net.mx/jazz.
San Miguel de Allende und Guanajuato sind jeden Juli fast zwei Wochen lang der Austragungsort für das **Kurzfilm-Festival** *(Expresión en Corto),* 🖳 www.expresionencorto.com, auf dem Streifen aus aller Welt gezeigt werden und das zunehmend internationale Anerkennung erfährt.

BARS UND CLUBS – ***Chamonix,*** Sollano 17-A. Lebhafte, schicke Cocktail-Lounge mit Live-Musik. Besser nur auf einen Drink als zum Essen hingehen. Mo geschlossen.
Char Rock, Correo 7. Die Bands sind nicht unbedingt der Renner, kann aber ganz lustig werden, wenn die Happy Hour von 19–21 Uhr genügend Leute anzieht. Di geschlossen.
La Coronela, San Francisco 2. Verlässliche Cocktail-Lounge, dekoriert mit nostalgischen mexikanischen Kinoplakaten; Mo und Di gibt es zwei Biere zum Preis von einem.
La Cucaracha, an der Zacateros zwischen Umarán und Pila Seca. Schummrige und ziemlich mitgenommene Bar, in der sich schon Jack Kerouac und William Burroughs in den 50er Jahren volllaufen ließen. Anscheinend sind die Räumlichkeiten nicht mehr dieselben, doch der Geist jener Zeit ist noch lebendig: Tolle Musikbox, billige, hochprozentige Margaritas und ein ziemlich ausgefallenes Publikum.
El Gato Negro, Mesones 10, Ecke Nuñez, winzige, angesagte Schwingtüren-Cantina. Jeden Abend Live-Musik von Funk bis Flamenco. Getränke für hiesige Verhältnisse billig, Eintritt frei.
En Agua Pulquería, Jesús 19. Ultra-hippe und winzige Kneipe mit hochprozentigen Margaritas, himmelblauen Lederstühlen und Tischen, die aus Grillrosten gefertigt wurden.
La Fragua, Cuna de Allende 3, nahe Jardín. Einladendes Lokal mit großer Auswahl an Tapas, Cocktail-Lounge sowie Fr und Sa Live-Musik.
Mama Mia, Urumán 8. Hier ist am meisten los – unter einem Dach gibt's: ein Restaurant, eine tolle Barterrasse mit Blick über die Dächer der Stadt und *Mama's Bar,* die bis in die frühen Morgenstunden geöffnet hat. Gute DJs, Live-Bands, Happy Hour 19–21 Uhr, Mi kostenlose Salsa-Tanzkurse. Eintritt ca. US$3.
Petit Bar, im *El Market Bistro,* Hernández Macías 95, besteht nur aus zwei kleinen Räumen (einer davon mit Sofas und ausgefallenem Dekor), die an ein französisches Restaurant angeschlossen sind. Preiswerte Getränke, manchmal

Dichterlesungen am frühen Abend. Di geschlossen.

KINOS – Auf der Leinwand im ***Hotel Villa Jacaranda***, Aldama 53, Höhe Terraplen, ✆ 415/152-1015, werden jeden Abend um 19.30 Uhr Filme in englischer Sprache gezeigt. Im Eintrittspreis von US$6 ist ein Getränk und eine Tüte Popcorn enthalten; das Programm wechselt jeden Dienstag. Hin und wieder gibt es auch in der ***Cinemateca*** Filme zu sehen; das aktuelle Programm hängt in der Eingangshalle der *Biblioteca Pública,* s.u., aus. Ein paar Kilometer Richtung Südosten, beim Supermarkt *Gigante,* befindet sich das ***Cine Gemelos***, das auf zwei Leinwänden aktuelle Filme zeigt; Eintritt US$3,20.

Touren und Aktivitäten

Die US-amerikanische Gemeinde veranstaltet zwei Stadtbesichtigungstouren, darunter die **Historic Walking Tour**, Mo, Mi und Fr um 9.30, Teilnahme US$10 (alle Einnahmen gehen zugunsten der medizinischen Behandlung minderbemittelter Kinder), mit Treffpunkt auf dem Jardín gegenüber der Parroquia um 9.15 Uhr.

Wer nicht davor zurückschreckt, kann sich auch der **House and Garden Tour**, Beginn 12 Uhr, Teilnahme US$15 (die Einnahmen werden der Stadtbibliothek gespendet), anschließen, die jeden Sonntag von der *Biblioteca Pública,* s.u., losgeht und normalerweise zu drei Wohnhäusern führt, deren Besitzer in der Regel Amerikaner sind.

Zahlreiche Veranstalter in der Stadt bieten **Tages-** und **längere Touren** zu interessanten Städten und Stätten der Umgebung. Entsprechende Plakate hängen überall aus; zu den abenteuerlichsten und besten zählen die mit Schwerpunkt auf „Outdoor" von ***Aventuras San Miguel,*** Recreo 10, ✆ 415/152-6406, ✉ adventurassma@yahoo.com, ein Reiseveranstalter, der neben Touren nach individuellem Zuschnitt auch **geführte Radtouren** zu archäologischen Ausgrabungsstellen organisiert (Halbtagsausflug US$25, Ganztagstour US$50), **Ausritte** (US$40 für einen halben Tag) und hervorragende **Wander- und Campingtouren**, meistens mit Lasteseln.

Coyote Canyon Horseback Adventures, ✆ 415/154-4193, 💻 www.coyotecanyonadventures.com, bietet Ausritte in kleineren und größeren Gruppen, Reitstunden und sogar Ausritte bei Mondschein für Anfänger und Fortgeschrittene auf ihrer Ranch 16 km südwestlich der Stadt. Sämtliche dieser Ausflüge stellen eine ausgezeichnete Möglichkeit dar, das Leben der **Charro** näher kennen zu lernen; eine Halbtagstour kostet US$60, eine Ganztagstour US$100 und ein Ausflug mit Übernachtung US$150. Außerdem Ganztagestouren mit Wanderungen, Camping, Flüge im Fesselballon oder im Ultralite-Flugzeug (US$150).

Instituto Allende Tours, ✆ 415/152-0226, 💻 www.instituto-allende.edu.mx. Bietet gut organisierte und informative Ausflüge in die Region zu ganz unterschiedlichen Themen (von Ökotourismus bis zum historischen Mexiko) und unterschiedlichen Preisen.

Sonstiges

APOTHEKEN – ***Farmacia Agundis,*** Canal 26, 🕓 tgl. 10–24 Uhr, die Angestellten sprechen Englisch.

BÜCHER – In der ***Biblioteca Pública,*** Insurgentes 25, können auch ausländische Leser nach Erwerb eines Leseausweises, erhältlich gegen eine Gebühr von ca. US$3, Vorlage zweier Passfotos und einer Kaution in Höhe von ca. US$10 Bücher ausleihen. Internationale Wochenzeitschriften findet man an den Ständen rund um den Jardín.

El Colibrí, Diez de Sollano 30, eine Querstraße südlich des Jardín, 🕓 Mo–Sa 10–15 und 16–19 Uhr, führt englischsprachige Romane, Magazine und Künstlerbedarf.

Lagundi, Urumán 17, 🕓 Mo–Sa 10–14 und 16–20, So 11–15 Uhr, u.a. große Auswahl an Zeitschriften.

FAHRRÄDER – ***Bici-Burro,*** Hospicio 1, ✆ 415/152-1526, 💻 www.bici-burro.com, verleiht gute Fahrräder für rund US$25 pro Tag, gibt Ratschläge bezüglich Radstrecken und veranstaltet außerdem Radtouren mit Transportfahrzeugen zum Santuario de Atotonilco (5–6 Std.; US$55), oder nach Pozos (5–6 Std.; US$120).

GELD – Geldwechsel bei ***Banamex,*** an der Nordwestecke des Jardín, Höhe Canal, ***Banorte,*** einen halben Block weiter östlich an der San Francisco, oder in einer **Casa de Cambio**, z.B. ***Deal,*** Calle San Francisco 1, ⌚ Mo–Fr 9–18, Sa 9–14 Uhr.
American Express im *Viajes Vertiz,* Hidalgo 1, direkt nördlich von El Jardín, ✆ 415/152-1856, ✆ 152-0499, Postannahme und Ersatz von abhandengekommenen Schecks, sofern genügend Bargeld in der Kasse ist. ⌚ Mo–Fr 9–14 und 16–18.30, Sa 10–14 Uhr.

NOTFÄLLE – **Notruf**: 415/152-0911; **Polizei**, ✆ 415/152-0022; **Rotes Kreuz**, Cruz Roja: ✆ 415/152-4121.

INFORMATIONEN – Die ***Touristeninformation*** liegt an der Südostecke des Jardín de Allende (auch Plaza Principal oder Zócalo genannt), fast neben der Presidencia Municipal, ✆/✆ 415/152-0900, ✉ info@sanmigueldeallende.gob.mx. Abgesehen von den üblichen Stadtplänen und Broschüren informieren die Angestellten auch über Kunst- und Sprachkurse vor Ort. ⌚ Mo–Mi 8.30–17, Do und Fr 8.30–19, Sa und So 10–17 Uhr. Weitere Informationen sind den überall in der Stadt erhältlichen kostenlosen Anzeigenblättchen zu entnehmen oder dem für Gringos produzierten Tagesblatt *Atención San Miguel* (US$0,70). Eine Flut an Infos bietet *The Insider's Guide to San Miguel* (US$18) von Archie Dean, erhältlich in der Bibliothek oder bei *Lagundi.* Sehr hilfreich ist auch die Webseite 🖳 www.portalsanmiguel.com.

INTERNET – ***Unisono,*** Hernández Macías 72b Altos, ✉ unisono@unisono.net.mx, ⌚ Mo–Fr 9–14 und 16–18 Uhr.
Cyber Café, Mesones 57, ⌚ tgl. 10–22 Uhr, US$1,50 pro Std.

POST – Östlich des Zócalo an der Correo 16. ⌚ Mo–Fr 9–17 Uhr. **Kurierservice:** z.B. bei ***DHL,*** Correo 19, oder gegenüber dem Postamt (Eingang durch das *Bagel Café).* Außerdem bei ***UPS,*** dessen Büro nur eine Tür weiter liegt.

TELEFON – R-Gespräche rund um den Globus vom Kartentelefon in *Helados Bing* an der Nordostecke des Zócalo (für einen Peso), außerdem Lada-Telefone überall in der Stadt und ein *Larga distancia* -Apparat am Busbahnhof, ⌚ Mo–Sa 8–20, So 7–22 Uhr.

WÄSCHEREIEN – ***Lavamagico,*** Pila Seca 5, bietet schrankfertig gewaschene Wäsche (bis 12 Uhr abgeben, abends abholen) zu günstigen Preisen. ⌚ Mo–Sa 8–20 Uhr.

Transport

BUSSE – Der Busbahnhof (keine Gepäckaufbewahrung) liegt etwa 2 km südwestlich vom Zócalo. Regelmäßige Stadtbusse (Aufschrift „Central") und Taxis fahren vom Zócalo auf der Calle Canal zum Busbahnhof.
Die Verbindungen von und nach San Miguel sind überraschend spärlich; wer von weiter her kommt, ist evtl. gut beraten, zuerst nach Guanajuato oder Querétaro zu fahren und dort umzusteigen. Busse nach:
AGUASCALIENTES 2x tgl. (4 Std.),
DOLORES HIDALGO alle 15 Min. (50 Min.),
GUANAJUATO 10x tgl. (1/2 Std.)
MÉXICO D.F. alle 40 Min. (4 Std.),
QUERÉTARO alle 40 Min. (1 Std.),
SAN LUIS POTOSÍ 8x tgl. (3 Std.),

FLÜGE – Der am nächsten gelegene Flughafen befindet sich in der Nähe von León. Die meisten ankommenden Flugzeuge erwartet ein Shuttle von ***Viajes San Miguel,*** Sollano 4, ✆ 415/ 152-2537, ✉ travelsm@prodigy.net.mx; Reservierung erforderlich, einfache Fahrt US$27. Dieser Veranstalter bietet auch einen Shuttle zum Flughafen von México D.F. für US$50.

Die Umgebung von San Miguel de Allende

Thermalquellen und Santuario de Atotonilco

Einer der schönsten und dazu noch leicht zu organisierenden Ausflüge von San Miguel aus besteht darin, sich über mehrere Stunden in einer der nahe gelegenen Thermalquellen zu suhlen, um die müden Knochen zu erwärmen. In der Umgebung gibt es zahlreiche Hotels und Mini-Kurorte, doch die am leichtesten zugänglichen befinden sich rund 9 km nordwestlich an der Straße nach Dolores Hidalgo. Am begehrtesten – jedenfalls bei den in San Miguel überwinternden Amerikanern – ist **La Gruta** direkt an der Carretera. Sie besteht aus einer Reihe von im Freien gelegenen Pools mit unterschiedlichen Temperaturen, umgeben von Rasen und Bananenpflanzen. Außerdem befindet sich dort eine kleine, mit einem künstlichen Wasserfall versehene Grotte, in die man hineinschwimmen kann, und ein nicht besonders teures Esslokal, das Snacks und Fajitas für US$4 anbietet.

Am besten beraten ist jedoch, wer sich in der Stadt mit Proviant für den Tag eindeckt. ⌚ tgl. 8–17 Uhr, Eintritt US$5. Gruppen können die ganze Anlage für einen Abend mieten, das kostet für bis zu zehn Personen US$105, jede weitere zahlt US$5. *Aventuras San Miguel*, s.o. „Touren und Aktivitäten", organisiert jeden Mittwoch- und Freitagabend private Gruppenausflüge nach La Gruta für US$35 p.P. bzw. US$15 p.P. unter Tag.

Rund 500 m vor La Gruta führt eine knapp über einen Kilometer lange Nebenstraße nach **Escondido**, einem ebenfalls sehr einladenden Badeziel mit kleinen Seerosenteichen, kühlen Pools im Freien und ein paar kleineren in einem Gebäude, verbunden durch schmale Tunnel und Wasserfälle. Unter der Woche kann es hier ziemlich ruhig zugehen, doch am Wochenende herrscht Betrieb. ⌚ tgl. 8–17.30 Uhr, Eintritt US$5. Die Busse der 2. Klasse, die am Busbahnhof in San Miguel nach Dolores Hidalgo abfahren, halten alle an der Carretera in der Nähe der beiden Anlagen; für den Rückweg braucht man nur einen der in Richtung San Miguel fahrenden Busse anzuhalten.

Lohnend ist auch ein Ausflug nach **Santuario de Atotonilco** (nicht zu verwechseln mit dem größeren Atotonilco el Grande im Bundesstaat Jalisco), 5 km weiter in der gleichen Richtung wie Taboada, dann 3 km eine Nebenstraße entlang, auf der keine öffentlichen Verkehrsmittel fahren. Die Kirche der bäuerliche Indígenas-Siedlung ist aus zwei Gründen ein vielbesuchtes Wallfahrtszentrum: erstens wurde sie von Pater Felipe Neri gegründet, und zweitens übernahm hier Pater Hidalgo auf seinem Marsch von Dolores nach San Miguel das Banner der Jungfrau von Guadalupe, das zur Fahne der Mexikaner im Unabhängigkeitskrieg wurde. Die sechs Kapellen der Kirche sind mit Wandgemälden bemalt. Manche ganz naiv und von ungeübten Händen, andere sehr professionell. Dazwischen Gedichte, Bibelsprüche und bemalte Statuen.

Direktbusse zum „Santuario" fahren stdl. neben dem Markt in San Miguel ab und halten zehn bis fünfzehn Minuten in Atotonilco, gerade genügend Zeit für einen kurzen Blick in die Kirche, bevor man die Rückfahrt antritt und vielleicht bei den Thermalquellen aussteigt.

Querétaro

Querétaro ist ein wichtiges Industriezentrum. Es liegt nur zwei Autostunden von México D.F. entfernt und ist außerdem Verkehrsknotenpunkt aller größeren Straßen. Derzeit ist Querétaro die Endhaltestelle der Bahnlinie von und nach México D.F., ein kleiner Teil des früheren nordsüdlichen Streckennetzes, das hinter Querétaro in drei Linien bis zu den Grenzorten Mexicali, Ciudad Juárez und Nuevo Laredo verlief.

Die meisten Reisenden sehen Querétaro nur von der Carretera aus. Dabei birgt die Stadt einige Überraschungen. So lassen die Außenbezirke nicht vermuten, dass der Kern der Stadt ganz im Kolonialstil erhalten geblieben ist, mit wunderbaren Herrenhäusern und ebensolcher Kirchenarchitektur. Dazu kommt noch eine Reihe hübscher, durch schmale Gässchen verbunde Plazas, gesäumt von Restaurants, Cafés und Bars, in denen abends oft Live-Musik geboten wird – also ein Ort, an dem Reisende gut und gern mehrere Tage verbringen können.

Interessante Ausflugsziele finden sich auch in der umliegenden Sierra Gorda, insbesondere die Städtchen **Bernal** und **Tequisquiapan** sowie der eigenartige „Skulpturengarten" von Edward James bei **Xilitla** lohnen einen Besuch.

Die Geschichte der Stadt reicht lange zurück. Vor der Konquista war Querétaro („steiniger Ort") ein Indianerdorf der Otomí, die von den Azteken regiert wurden. Noch heute leben in der Umgebung viele Otomí. Als 1531 die Spanier kamen, verlief die Machtübernahme ohne größere Kämpfe. Die Stadt wuchs und gedieh, bis sie im 19. Jh. zum Schauplatz dramatischer Ereignisse der mexikanischen Geschichte wurde.

Als Literaturzirkel getarnt, arbeiteten die Verschwörer in Querétaro erste Pläne für die Unabhängigkeit des Landes aus. Zu ihnen gehörte auch **María Josefa Ortiz de Dominguez**, die Frau des örtlichen Stadtrichters, des Corregidor. 1810 waren die Vorbereitungen für den Aufstand praktisch abgeschlossen, als der Stadtrichter die wahren Absichten des Zirkels erfuhr. Obwohl er die Corregidora, Josefa Ortiz, in ihrem Zimmer eingeschlossen hatte, konnte diese die Revolutionäre warnen, wodurch der Aufstand vorzeitig zum Ausbruch kam.

Die späteren Ereignisse des 19. Jhs. waren freilich weniger ruhmreich. 1848 wurde in Querétaro der Vertrag von Guadalupe Hidalgo unterzeichnet, der den Mexikanisch-Amerikanischen Krieg beendete und mit dem fast die Hälfte des mexikanischen Territoriums – u.a. Texas, Neu-Mexiko und Kalifornien – den USA übergeben wurde.

1867 wurde der geschlagene Kaiser Maximilian im hiesigen Theater von einem Standgericht zum Tode verurteilt und auf dem Hügel im Norden der Stadt, dem Cerro de las Campañas, exekutiert. Im selben Theatergebäude fand 1916 auch die wichtige Nationalversammlung revolutionärer Politiker statt, bei der die 1917 unterzeichnete, noch heute gültige Verfassung ausgearbeitet wurde.

Am Jardín Zenéa

Der Jardín Zenéa, Querétaros Hauptplaza, wird von der schönen Fassade der **Kirche San Francisco** beherrscht, eine der ersten, die in der Stadt gebaut wurden. Sie ist mit *azulejos*, bunten, um 1540 aus Spanien eingeführten Kacheln bedeckt. Das Kirchenschiff wurde im 17. und 18. Jahrhundert neu gebaut.

Daneben liegt das frühere, dazugehörige Kloster, in dem das **Museo Regional de Querétaro** untergebracht ist. Das Gebäude an sich ist schon sehenswert. Es ist um ein großes Kirchenschiff herumgebaut, das nach hinten in eine schöne Kapelle übergeht. Die Themen sind breit gefächert: das Schlüsselloch, durch das die Corregidora ihre Nachricht weitergab, alte Kopien der Verfassung, der Tisch, auf dem der Vertrag von Guadalupe Hidalgo unterzeichnet wurde, und viele Erinnerungen an Kaiser Maximilian, der in Querétaro eine Zeitlang sein Hauptquartier aufgeschlagen hatte. Außerdem die übliche Ausstellung archäologischer Fundstücke und eine beachtliche Galerie mit Kolonialgemälden. Alles in allem lohnt es einen Besuch. ⌚ Di–So 10–19 Uhr, US$3,20.

Südlich des Museums liegt die **Plaza de la Constitución**, ein ehemaliger Marktplatz, der zu einer modernen Plaza mit Springbrunnen umgebaut wurde. Zwei Querstraßen weiter nördlich befindet sich das **Teatro de la República**, an der Kreuzung von Juárez und Peralta, ein großartiges Bauwerk aus dem 19. Jh., das in der mexikanischen Geschichte eine wichtige Rolle gespielt hat: hier saßen die Machthaber über Kaiser Maximilian zu Gericht, und hier wurde die Verfassung von 1917 unterzeichnet. Eine kleine Ausstellung erzählt von diesen Ereignissen. ⌚ Di–So 10–14 und 17–20 Uhr, Eintritt frei.

Die Umgebung der Plaza Independencia

Die schmalen, autofreien Gassen, die zur Ostseite des Jardín führen, zählen zu den interessantesten der Stadt: hier drängen sich alte Häuser, kleine Restaurants, Kunstgalerien und Läden, die „antiken" Plunder, aber auch Opale und andere Halbedelsteine aus der Gegend anbieten (die Steine unbedingt auf ihre Echtheit überprüfen). Nordöstlich des Jardín Zenéa liegt der **Jardín Corregidora**, ein schöner Platz mit einer imposanten Statue von La Corregidora und verschiedenen Restaurants und Bars mit Tischen im Freien.

Südöstlich des Jardín verläuft der verkehrsberuhigte Andador Libertad an Galerien und Boutiquen vorbei von der Plaza de la Constitución zur **Plaza de la Independencia**, oder Plaza de Armas, einem sehr schönen, von Arkaden gesäumten Platz. In seiner Mitte erhebt sich eine Statue von Don Juan Antonio Urrutia y Arana, Marques de la Villa del Villar del Aguila, dem Erbauer des eleganten Aquäduktes von Querétaro. Am Rande der Plaza liegt die **Casa de la Corregidora**, der heutige Palacio Estatal. Hier wurde die Corregidora am 14. September 1810 eingeschlossen, konnte aber Ignacio Perez die besagte Botschaft zukommen lassen. Dieser wiederum warnte die Führer Allende und Hidalgo in den Städten San Miguel und Dolores. Es ist ein elegantes Gebäude, doch innen gibt es nicht viel zu sehen. ⌚ Mo–Fr 9–21, Sa 9–15 Uhr, Eintritt frei.

Das Geschäftsviertel

Die interessanteren Restaurants und Bars findet man in der Umgebung der östlichen Plazas, doch das neue kommerzielle Zentrum der Stadt mit Läden, Souvenirshops, und Bars ist westlich des Zócalo an der **Avenida Morelos** angesiedelt.

An der Madero, Ecke Allende liegt der kleine Jardín de Santa Clara mit dem berühmten **Neptunbrunnen**, den **Francisco Eduardo Tresguerras** 1797 entworfen hat. Tresguerras (1765–1833) wird als einer der fähigsten Architekten Mexikos angesehen. Darüber hinaus war er auch noch Bildhauer, Maler und Poet. Im Alleingang entwickelte er einen ganz eigenen, mexikanischen Architekturstil, der sich, wenn auch nicht gänzlich, von den spanischen Vorgaben abwandte. In Querétaro und in der Nachbarstadt Celaya, seiner Geburtsstadt, begegnet man seinen Arbeiten überall. Sie sind aber im ganzen Land berühmt und verbreitet.

Am Brunnen erhebt sich die **Kirche Santa Clara**, die früher zu einem der reichsten Klöster Mexikos gehörte. Im Inneren wimmelt es von goldüberzogenen Engeln und Cherubinen in barocker Überfülle. Geht man von hier aus auf der Madero weiter nach Westen, gelangt man zum **Palacio de Gobierno** und zur **Kathedrale**, beide eher uninteressant.

Wer jedoch auf der Guerrero nach Norden marschiert, gelangt zum **Museo de la Ciudad de Querétaro**, Guerrero 27 Nte, das ein riesiges Kolonialgebäude einnimmt vorwiegend zeitgenössische Gemälde, Skulpturen und Fotografien zeigt. 🕒 Di–So 11–19 Uhr, US$0,50.

Convento de la Cruz

Weiter draußen, aber noch gut zu Fuß erreichbar, wenn man die Calle Independencia bis zum Ende geht, liegt das Convento de la Cruz. Das Kloster wurde an der Stelle erbaut, wo der entscheidende Kampf zwischen den Otomí und den Spaniern stattfand. Die Legende besagt, dass die Otomí kapitulierten und sich christianisieren ließen, als der heilige Jakob (sp. *Santiago* – der volle Name der Stadt ist Santiago de Querétaro) mit einem Strahlenkreuz am Himmel erschien. 🕒 tgl. 9–14 und 16–18 Uhr, Spende erwünscht.

In der **Capilla del Calvarito**, gegenüber dem Klostereingang, wurde die erste Messe nach der Schlacht zelebriert. Das Kloster selbst entstand 1683 als franziskanische Missionsschule (Colegio Apostólico de Propaganda Fide) und entwickelte sich im Laufe der Jahre zu einem wichtigen Ausbildungszentrum für Missionare. Es verfügt über eine reichhaltige Bibliothek und eine ebenso reichhaltige Sammlung christlicher Relikte. Wegen seiner strategisch günstigen Lage und der stabilen Bauweise diente das Kloster immer wieder als Festung. Im Unabhängigkeitskrieg fanden die Spanier hier einen ihrer letzten Zufluchtsorte. Maximilian verbrachte in diesen Mauern das Ende seiner Regierungszeit und wurde hier auch bis zu seiner Exekution gefangen gehalten.

Es gibt Führungen (evtl. auch auf Englisch – nachfragen) durchs Kloster, bei denen mit Vorliebe auf den **Árbol de la Cruz** hingewiesen wird: ein Baum, dessen Dornen die Form eines Kreuzes aufweisen. Man sagt, ein geheimnisvoller Heiliger, der hier eine Nacht verbrachte, habe seinen Wanderstab zurückgelassen, und daraus sei der Baum gewachsen. Die Dornen sind tatsächlich kreuzförmig angeordnet – ob dies jedoch wirklich eine botanische Rarität ist, vermögen wir nicht zu beurteilen.

Am besten wandert man am Spätnachmittag zum Kloster hoch und dann noch 200 m auf der Avenida Ejército Republicano weiter bis zum **Mausoleo de la Corregidora**, wo die sterblichen Überreste der Josefa Ortiz de Dominguez, zusammen mit denen ihres Gatten ruhen, umgeben von Statuen illustrer Querétanos, 🕒 tgl. 9–17 Uhr, Eintritt frei. Auf der gegenüberliegenden Straßenseite bietet ein *mirador* einen wunderbaren Sonnenuntergangsblick auf den im frühen 18. Jh. erbauten Aquädukt, dessen schöne, 1,3 km lange und bis zu 23 m hohen Bögen die Stadt früher mit Wasser versorgten. Nachts wird er angestrahlt. Nach einem kurzen Fußmarsch hügelabwärts erreicht man sowohl das *Café Tulipe* als auch das *Café Amadeus.*

Museo de Arte de Querétaro und Umgebung

Zwei Querstraßen südlich des Museo de la Ciudad liegt das **Museo de Arte de Querétaro**, Allende 14 Sur, in einem ehemaligen Augustinerkloster untergebracht, zu dem auch die angrenzende Iglesia de San Agustín gehörte. Das ehemalige Kloster ist das architektonische Schmuckstück der an herrlichen Kolonialgebäuden überreichen Stadt. Die Fronten der beiden übereinanderliegenden Galerien sind mit grotesken Menschenfiguren, Monstern und abstrakten Gebilden bedeckt. Die Skulpturen werden oft Tresguerras zugeschrieben, doch das ist mit ziemlicher Sicherheit auszuschließen. Hinter den

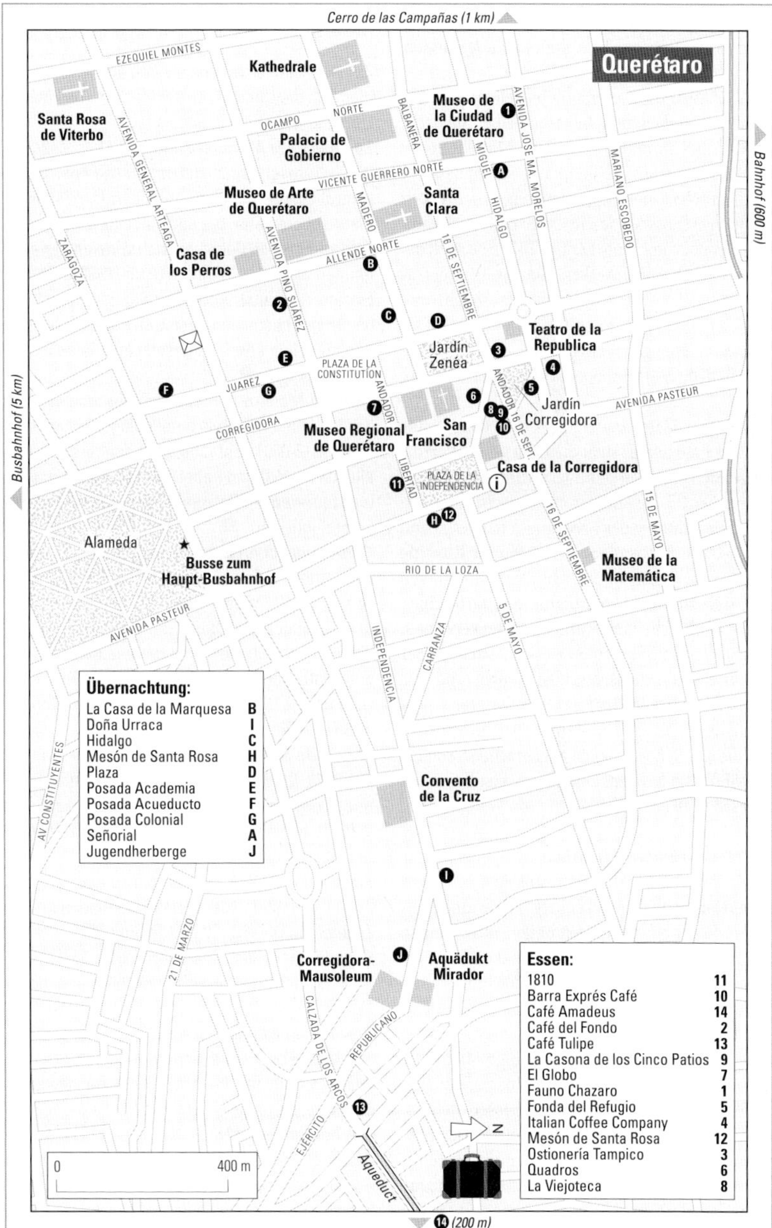
Cerro de las Campañas (1 km)
Querétaro
Bahnhof (600 m)
Busbahnhof (5 km)
Kathedrale
Santa Rosa de Viterbo
Museo de la Ciudad de Querétaro
Palacio de Gobierno
Museo de Arte de Querétaro
Santa Clara
Casa de los Perros
Teatro de la Republica
Jardín Zenéa
Plaza de la Constitución
Jardín Corregidora
Museo Regional de Querétaro
San Francisco
Casa de la Corregidora
Plaza de la Independencia
Museo de la Matemática
Alameda
Busse zum Haupt-Busbahnhof
Convento de la Cruz
Corregidora-Mausoleum
Aquädukt Mirador
Aqueduct
Ezequiel Montes
Ocampo
Norte
Balbanera
Avenida José Ma. Morelos
Miguel Hidalgo
Avenida General Arteaga
Vicente Guerrero Norte
Madero
Mariano Escobedo
Zaragoza
Avenida Pino Suárez
Allende Norte
16 de Septiembre
Juarez
Andador
Corregidora
Andador 16 de Sept.
Avenida Pasteur
Libertad
15 de Mayo
Rio de la Loza
5 de Mayo
Independencia
Carranza
Av Constituyentes
21 de Marzo
Calzada de los Arcos
Republicano
Ejército
N
0
400 m
14 (200 m)
Übernachtung:
La Casa de la Marquesa B
Doña Urraca I
Hidalgo C
Mesón de Santa Rosa H
Plaza D
Posada Academia E
Posada Acueducto F
Posada Colonial G
Señorial A
Jugendherberge J
Essen:
1810 11
Barra Exprés Café 10
Café Amadeus 14
Café del Fondo 2
Café Tulipe 13
La Casona de los Cinco Patios 9
El Globo 7
Fauno Chazaro 1
Fonda del Refugio 5
Italian Coffee Company 4
Mesón de Santa Rosa 12
Ostionería Tampico 3
Quadros 6
La Viejoteca 8

Darstellungen verbergen sich unzählige religiöse Symbole, mit etwas Glück findet man jemanden, der sie erklären kann.

Aber auch die Sammlung ist sehenswert. Die Räume im Erdgeschoss beherbergen europäische Gemälde des 16. und 17. Jhs. sowie Räumlichkeiten für Ausstellungen, die namhafte zeitgenössische mexikanische Künstler präsentieren. In der Galerie im Obergeschoss werden in erster Linie mexikanische Gemälde aus dem 17. und 18. Jh. gezeigt, darunter ein Saal mit Werken, die auf Tresguerras und Manuel Cabrera zurückgehen sollen, und außerdem neun (von ursprünglich 14 oder 15) sehenswerte Heiligendarstellungen des Künstlers Cristóbal de Villalpando. ⌚ Di–So 11–19 Uhr, US$2.

Ein paar Meter weiter südlich, in der Allende 16, Ecke Pino Suárez steht die **Casa de los Perros**. Ihr Name rührt von den merkwürdigen Wasserspeiern her, die die Außenfront zieren. In derselben Richtung weiter, an der Kreuzung von Arteaga und Montes, kommt man zur Kirche **Santa Rosa de Viterbo**. Das überschwängliche Dekor im Inneren rivalisiert mit der Santa Clara, und auch außen wurde auf bescheidene Zurückhaltung verzichtet. Tresguerras hat die beiden riesigen Strebepfeiler restauriert, die die achteckige Kuppel und das weiß-blaue Gewölbe tragen. Der spitze Turm geht ebenfalls auf Tresguerras zurück. Die Kirchturmuhr, die an allen vier Seiten angebracht ist, soll die erste ihrer Art auf dem amerikanischen Kontinent gewesen sein.

Cerro de las Campañas

Im Nordwesten des Stadtzentrums liegt der **Cerro de las Campañas** („Glockenberg"), eine sanfte Anhöhe, von der aus man einen weiten, nicht ganz so romantischen Ausblick über die Stadt und ihre Industrieviertel hat. Auf ihm wurden Maximilian und seine beiden Generäle, Miguel Miramón und Tomás Mejía, standrechtlich erschossen.

Den Hügel überragt die wuchtige Statue des Siegers aus jenem Kampf, Benito Juárez. Um zum Gipfel zu kommen, meidet man besser die Ausläufer des neuen Universitätscampus, die sich über einen Teil des Hanges erstrecken, und geht stattdessen zum Eingang des wohlgepflegten **Parque Municipal del Cerro de las Campañas**, ⌚ tgl. von Sonnenauf- bis untergang, Eintritt US$0,50.

Übernachtung

Zur Hotelsuche begibt man sich am besten gleich in die Gegend um den Zócalo. Die Zimmer zur Straße hin sind meistens laut.

La Casa de la Marquesa, Madero 41, ✆ 442/212-0092, ✉ reserv@casadelamarquesa.com. Sehr zentral gelegen, in einer traumhaften Villa mit maurischem Patio. Die antik möblierten Zimmer sind wunderbar, doch wer sich wirklich etwas gönnen will, nimmt eine Suite für US$280–460. Einzige Wermutstropfen: Der Service ist nicht immer der beste, und Restaurant und Lobby mögen manchen etwas zu gesetzt erscheinen. Frühstück inkl. ❾

Hidalgo, Madero 11 Pte, gleich abseits des Jardín Zenéa, 💻 www.hotelhidlago.com.mx, ✆ 442/212-0081. Einfache, aber saubere Zimmer, alle mit Du/WC und Kabel-TV, die größeren, etwas teureren mit Balkon, rings um einen Patio. Empfehlenswert. ❺

CREA Jugendherberge, Av. Ejercito Republicano, hinter dem Ex-Convento de la Cruz, ca. 15 Min. zu Fuß vom Zentrum, ✆ 442/223-4350. Diese *Villa Juvenil* zählt zu den besseren des Landes – hilfsbereite Angestellte; nach Geschlechtern getrennte, saubere, allerdings enge Dorms, rund um die Uhr Warmwasser, Zapfenstreich um 22.30 Uhr. ❷

Mesón de Santa Rosa, Pasteur 17 Sur, ✆ 442/224-2623, 💻 mesondesantaroasa.com.mx. Luxuriöses Hotel am Jardín Independencia, ruhig und elegant, in einer Kolonialvilla mit ausgezeichnetem Restaurant. ❾

Plaza, Juárez Nte 23, am Jardín Zenéa ✆/📠 442/212-1138. sauber, aber etwas mitgenommen. Alle Zimmer mit Du/WC, TV und Telefon. ❺

Posada Academia, Pino Suárez 3, ✆ 442/224-2739. Einfache, saubere Zimmer, billig und mit TV. ❹

Posada Acueducto, Juárez 64 Sur, Ecke Arteaga, ✆ 442/224-1289. Einladendes, gut geführtes Hotel im Zentrum mit modernen Zimmern, alle mit Kabel-TV. Besonders hübsch sind die geräumigen Apartments. ❺

Señorial, Guerrero 10a Nte, ✆ 442/214-3700, ✉ hotelsenorial@prodigy.net.mx. Wahrscheinlich das einzige annehmbare Mittelklassehotel in der Innenstadt; nette Zimmer mit Teppichboden und Kabel-TV, ein paar größere mit ac; Parkplatz. ❺–❻

Essen

Zwischen den Gässchen und Plazas östlich des **Jardín Zenéa** gibt es ein paar einladende Lokale mit Tischen im Freien. Am Zócalo selbst befinden sich zahlreiche billigere Restaurants. In Querétaro sollte man auch die hiesigen Spezialitäten probieren, insbesondere die herzhafte Linsensuppe mit Trockenobst (nicht vegetarisch). Sehr lecker sind auch die *Enchiladas Queretanas*, in Chilisoße gebratene Tortillas, gefüllt mit Zwiebeln und Käse. In manchen Lokalen werden sie noch mit Kartoffeln und Karotten gekrönt.

1810, Jardín Independencia. Ausgezeichnetes Restaurant, das die beiden o.g. Spezialitäten in köstlicher Art und ohne das Übermaß an Käse serviert, das bei anderen Lokalen am Jardín die Regel ist. Mexikanische Standardgerichte kosten ca. US$4, Fleisch- und Fischgerichte rund das Doppelte.

Barra Exprés Café, Andador 16 de Setiembre 40. Gemütliches Café, braut den besten Kaffee der Stadt. Di geschlossen.

Café Amadeus, Calzada de los Arcos, Ecke Puente de Alvarado, auf halbem Weg zum Aquädukt. Gut für Kaffee und Kuchen, aber auch leckeres Frühstück und Antojitos, begleitet von Mozartklängen.

Café del Fondo, Pino Suárez 9. Luftiges Café mit mehreren Räumen, preiswertes Frühstück ab 7.30 Uhr, bestehend aus frisch gepresstem Saft, Espresso und Eiern, Enchiladas oder Hotcakes für weniger als US$2. Auch gute warme Mahlzeiten, leckere Kuchen und Kaffee bis gegen 22.30 Uhr. Brettspiele.

Café Tulipe, Calzada de los Arcos 3, in der Nähe des westlichen Endes des Aqäduktes. Ungemein beliebt für seine französisch angehauchte Küche, Kaffee und Kuchen zu überraschend moderaten Preisen. Besonders zu empfehlen ist das Fondue und der *caldo conde*, eine Suppe aus schwarzen Bohnen, Sahne und Kräutern.

La Casona de los Cinco Patios, Andador 5 de Mayo 39. Unter gleichem Management wie *La Viejoteca* und eines der besten Lokale der Stadt. Etwas teuer, aber beachtliche Auswahl an köstlichen regionalen, nationalen und internationalen Gerichten in einzigartiger Umgebung.

El Globo, Corregiadora 41. So ziemlich die beste Pastelería der Stadt: großes Angebot an französischen Backwaren wie Croissants, *pain au chocolat* usw., gewaltige Kalorienbomben in Form von Kuchen und sogar *Häagen Dazs*, alles zum Mitnehmen.

Fauno Chazaro, Morelos 49-B. Recht teures mediterranes Restaurant, in dessem ruhigen Patio von *taromosalata* bis zu einer kleinen, aber feinen Weinauswahl fast alles aufgetischt wird. Allerdings etwas weit ab vom Schuss.

Fonda del Refugio, Jardín Corregidora, hinter der Statue. Nicht zu teures, aber recht elegantes Etablissement mit Tischen im Freien.

Italian Coffee Company, Plaza de la Independencia, serviert köstlichen Espresso drinnen oder draußen auf einer schattigen Plaza.

Mesón de Santa Rosa, Pasteur 17 Sur, Plaza de la Independencia. Ausgezeichnetes Restaurant, mexikanische und spanische Küche in hübscher Umgebung zu entsprechend hohen Preisen.

Ostionería Tampico, Jardín Corregidora. Hervorragendes Seafood zu angemessen Preisen – am besten nimmt man eines der drei Tagesessen zu US$5–8. Die Meeresfrüchte-Cocktails sollten auf mexikanische Art genossen werden: mit einem Klecks Ketchup.

Quadros, Andador 5 de Mayo 16. In erster Linie Café und Bar mit mehreren intimen Räumen, serviert aber auch kleine Gerichte. Die Wände zieren Werke einheimischer Künstler. Abends meistens Live-Musik (gewöhnlich Folk oder Jazz), besonders Do–Sa, dann ein paar Dollar Eintritt. Mo geschlossen.

La Viejoteca, Andador 5 de Mayo 39. Kostspielige Pianobar in einem großzügigen Raum mit hoher Decke und erlesenem Dekor – von mehreren Musikboxes bis zu einer mit alten Apothekenschränken bedeckten Wand. Bestens besucht, abends oft Live-Musik.

Unterhaltung

Die Bars und Clubs sind über die Vororte verteilt und lassen sich am besten per Taxi erreichen. Die meisten bieten am Do, Fr und Sa abends irgendwelche Live-Musik bei Eintrittspreisen von

US$2–5. Der beste Ausgangspunkt ist wahrscheinlich die **Bernardo Quintana** (man begibt sich zum östlichen Ende des Aquäduktes und dann nach Süden). Hier befinden sich u.a. die Bar ***J.B.J. O'Briens,*** Nr. 109, sowie ein Ableger von ***Carlos 'n' Charlie's,*** Nr. 160, sehr beliebt bei der betuchteren Stadtjugend. ***Los Infiernos,*** Nr. 177, direkt gegenüber, bringt vorwiegend heiße Salsa von Mi–So. In anderen Ecken der Stadt konzentriert sich die Clubszene auf das ***Qui,*** Monte Sinai 103, und ***La Iguana,*** im *Hotel Santa María* auf der Universidad.

Sonstiges

APOTHEKEN – In der Innenstadt gibt es Dutzende Apotheken, darunter die große ***Farmacia Guadalajara*** an der Madero 32, gleich westlich des Jardín Zenéa.

EINKAUFEN – Der **Markt** befindet sich in einem großen, neuen Gebäude an der Zaragoza, nicht weit von der Alameda.

GELD – Es gibt mehrere Banken rings um den Jardín Zenéa, ⏲ Mo–Fr 9–15 Uhr, und unweit davon ein paar **Casas de Cambio** an der Juárez Richtung Süden, z.B. ***Casa Acueducto,*** Juárez 58. ***American Express*** im *Turismo Beverly Querétaro,* Tecnológico 118, ✆ 442/216-1049, ca. 2 km südwestlich der Innenstadt, zu erreichen mit Bussen auf der Zaragoza nach Westen zum Tecnológico, von dort 200 m nach Süden gehen. ⏲ Mo–Fr 9–14 und 16–18, Sa 9–12 Uhr.

INFORMATIONEN – ***Touristeninformation,*** Pasteur 4 Nte, ✆ 442/238-5067 App. 5069, 💻 www.turismo.queretaro.com.mx, bietet kostenlose Karten und eine Ausgabe des Monatsblattes *tesoro turístico* mit aktuellen Veranstaltungshinweisen. ⏲ tgl. 9–20 Uhr. Außerdem beginnen hier die einstündigen Stadtrundfahrten zu den Hauptsehenswürdigkeiten: Di–So um 9, 10, 11, 16, 17 und 18 Uhr für US$3.

INTERNET – In der Innenstadt gibt es mehrere ziemlich preiswerte Möglichkeiten, z.B. bei ***Inteligencia Informática,*** 2. Stock, 5 de Mayo 8, oder ***Naftis,*** 16 de Septiembre 8, nahe Juárez.

NOTFÄLLE – ✆ 066; **Rotes Kreuz** (Cruz Roja): ✆ 442/229-0505.

POST – Hauptpostamt in der Arteaga 5, drei Blocks südlich des Zócalo.

TELEFON – Abgesehen von öffentlichen Telefonen überall im Zentrum gibt es auch *Larga Distancia*-Telefone am Busbahnhof und im Geschäft ***Libros y Revistas,*** Madero, Ecke Juárez.

WÄSCHEREIEN – ***Lavandería Verónica,*** Hidalgo 153, Ecke Ignacio Pérez, knapp 1 km westlich der Innenstadt, ⏲ Mo–Fr 9–14.30 und 16.30–20, Sa 9–15 Uhr.

Nahverkehrsmittel

Es ist leicht, sich in Querétaro zurechtzufinden. Am einfachsten bewegt man sich zu Fuß, aber auch das örtliche **Busnetz** ist sehr gut. **Taxis** sind darüber hinaus außergewöhnlich billig.

Transport

BUSSE – Querétaros betriebsame **Central de Autobuses** befindet sich ca. 6 km südlich der Stadt und umfasst zwei getrennte, aber nebeneinander liegende Gebäude: Sala A ist für Langstreckenbusse und die 1. Klasse-Gesellschaften, Sala B für kürzere Strecken und die 2. Klasse-Gesellschaften zuständig. Vor beiden Salas fahren Taxis zu Festpreisen (Ticketverkauf am Kiosk) in die Stadt, außerdem zahlreiche Shuttle-Stadtbusse, Abfahrt vor Sala B („Ruta 8" ist am praktischsten). Da die Busse für gewöhnlich nicht in das historische Zentrum hineinfahren, steigen Besucher am besten an der Zaragoza bei der Alameda aus und gehen von dort aus zu Fuß. Zum Busbahnhof gelangt man von derselben Stelle aus mit zahlreichen Bussen, z.B. der Linie Nr. 36. Busse nach:
AGUASCALIENTES stdl. (6 Std.),
BERNAL stdl. (1 Std.),
DOLORES HIDALGO alle 40 Min. (2 Std.),
GUADALAJARA stdl. (6 Std.),
GUANAJUATO 8x tgl. (3 Std.),
LEON stdl. (2 Std.),
MÉXICO D.F. alle 10 Min. (3 Std.),

SAN JUAN DEL RÍO alle 15 Min. (3/4 Std.),
SAN LUIS POTOSÍ stdl. (2 Std.),
SAN MIGUEL DE ALLENDE alle 40 Min. (1 1/4 Std.),
ZACATECAS stdl. (5 Std.).

Die Umgebung von Querétaro

Von Querétaro aus kann man auf der Carretera 57, einer der schnellsten Straßen des Landes, nach Süden geradewegs bis zur Landeshauptstadt rasen, doch vorher bieten sich noch zwei lohnenswerte Reiseziele in der östlich von Querétaro gelegenen **Sierra Gorda** an: Die an den Bergausläufern gelegenen Orte **Bernal**, **San Juan del Río** und **Tequisquiapan**, wo sich unschwer ein paar Tage verbringen lassen, um einen oder alle dieser Orte zu erkunden. Abenteuerlustigere Besucher sollten sich noch etwas weiter in die Berge vorwagen und die bizarren Fantasiegebilde aus Stein und Zement in **Las Pozas** bei Xilitla besichtigen.

Wer nicht auf öffentliche Transportmittel angewiesen ist, kann unterwegs außerdem die alte Toltekenhauptstadt Tula sowie Tepotzotlán, berühmt für sehenswerte Barockarchitektur, besichtigen; beide Orte werden im Kapitel „México D.F. und Umgebung", s.S. 413, behandelt.

San Juan del Río

San Juan del Río, 50 km südlich von Querétaro, sieht von der Carretera aus nach nichts aus, ist jedoch eine wichtige Handelsstadt und ein beliebtes Wochenendausflugsziel der Einwohner von Querétaro und México D.F. Zu den hier verkauften Waren zählen Edel- und Halbedelsteine – überwiegend Opale aus der Region, aber auch importierte, die vor Ort geschliffen und eingefasst werden; außerdem werden Körbe, Wein und Käse angeboten.

Beim Kauf von Edelsteinen ist auch hier wieder äußerste Vorsicht geboten, denn Kunden ohne fachmännischen Blick werden leicht über den Tisch gezogen. Beim Kauf von anderen Dingen ist diese Gefahr wesentlich geringer, doch ausgesprochen billig sind sie in der Regel nicht. Die namhafteste, einigermaßen genießbare hier produzierte Weinmarke ist *Hidalgo*.

Eine kleine **Touristeninformation** befindet sich an der Juárez 30 Ote, ✆ 427/272-4179, ⌚ Mo–Fr 10–20 Uhr.

Der **Mercado Reforma** und die beiden zentralen Plazas, der Jardín Independencia und die Plaza de los Fundadores, befinden sich zwei lange Häuserzeilen nördlich der Touristeninformation an der Avenida Juárez, Höhe Hidalgo; aber interessanter ist das zwei Querstraßen südlich der Touristeninformation gelegene **Museo de la Muerte**, 2 de Abril 42. Es liegt beim ehemaligen Friedhof hinter der Kirche Santa Veracruz auf einem Hügel und veranschaulicht die typisch mexikanische Art des Umganges mit dem Tod und den Toten. ⌚ Di–So 10–14 und 16–19 Uhr, Eintritt frei.

Übernachtung und Essen

Wer ein Weilchen die geruhsame Atmosphäre von San Juan genießen will, hat die Wahl unter mehreren guten Hotels an oder unweit der Juárez:

San Juan, Hidalgo 4 Sur, kein Telefon, schlicht und billig. ❸

Portal Royalty, Juárez 20 Ote, ✆/📠 427/672-0038, freundlich und sauber. ❺

Layseca, Juárez 9 Ote, ✆/📠 427/272-0110, direkt gegenüber dem *Portal Royalty*, in einem Kolonialgebäude, ist die schönste Unterkunft im Ort: Die Zimmer liegen rings um einen hübschen Patio. ❺

Hotel Colonial, Juárez 30 Poniente, ✆/📠 427/272-4022, besitzt unterschiedliche Zimmer; am einladendsten sind die älteren, auch wenn sie ein bisschen dunkler sind. Pool. ❺

Für das leibliche Wohl sorgen mehrere Restaurants entlang der Juárez, oft auch an Tischen im Freien. Ein weiteres Esslokal befindet sich einige Meter auf der Hidalgo entlang:

El Encanto, Hidalgo 8 Sur; nettes Restaurant mit Holztischen, Springbrunnen und preiswerter Comida corrida für US$4.

Transport

BUSSE – Die meisten Busse aus México D.F. halten hier nicht, doch mit einem Direktbus von Querétaro (z.B. mit *Flecha Azul*, Abfahrt von Sala B) dauert die Fahrt bis zum Busbahnhof von San Juan del Río – runde zwei Kilometer südlich der Stadt – keine Dreiviertelstunde. Von dort geht es mit einem Regionalbus die Hidalgo entlang bis zu

einem breiten Abschnitt der Av. Juárez; in der Straßenmitte steht ein Brunnen, umgeben von Zierbäumen, und eine Seite wird von Arkaden eingenommen.
Nach MÉXICO D.F. alle 1/4 Std. (2 Std.), QUERÉTARO alle 1/4 Std. (3/4 Std.) und TEQUISQUIAPAN alle 20 Min. (30 Min.).

Tequisquiapan

Das ehemalige Otomí-Dorf liegt 18 km von San Juan entfernt und ist dank seiner Thermalquellen inzwischen mit Hotels und Ferienhäusern zugebaut, ist aber dennoch ein recht malerischer Ort geblieben. Schicke Villen mit makellos gepflegten Gärten hinter Mauern versteckt umgeben die zentrale Plaza Santa María, die ihrerseits an drei Seiten von Kolonnaden und an einer Längsseite von der Kirche gesäumt wird. Viele wohlhabende Mexikaner kommen hierher, *extranjeros* jedoch seltener, was daran liegen mag, dass sich das Freizeitangebot überwiegend darauf beschränkt, im Hotelpool zu schwimmen, in einem der zahlreichen Restaurants an der Plaza zu speisen und durch die Boutiquen – manche billig, manche teuer, aber fast alle hervorragend – zu streifen.

Ebenso wie in San Juan del Río gibt es in Tequisquiapan einen großen **Kunstgewerbemarkt**, der vor allem sonntags sehr belebt ist.

Ende Mai bis Anfang Juni findet ein Wein- und Käsefest statt, die **Feria Internacional del Queso y del Vino**, die man nicht versäumen sollte. Bei dieser Gelegenheit gibt es kostenlose Häppchen und Weinproben sowie viele verschiedene Musik- und Tanzveranstaltungen. Wein- bzw. Sektproben sowie kostenlose Touren durch seinen Weinkeller bietet auch der bekannte spanische Hersteller ***Freixenet***, Carretera San Juan del Río KM 40,5, ✆ 414/277-0147, ⌚ Sa und So 11.30–13 und 14–15 Uhr.

Übernachtung und Essen

Wer bereit ist, für ein Hotelzimmer einigermaßen tief in die Tasche zu greifen, kann in diesem winzigen Ort unter ungefähr 30 Unterkünften wählen, die meisten mit Patio und oft mit einem Pool, der von den Quellen gespeist wird.
Hotel Posada San Francisco, Moctezuma 2, ✆ 414/273-0231, einfache, aber ausreichende Zimmer und faire Preise für Einzelreisende; Garten und Pool. ❻
Posada Los Arcos, Moctezuma 12, ✆ 414/273-0566, ist für Paare besser geeignet. Kein Pool, aber dafür besser ausgestattete Zimmer. ❺
La Plaza, Juárez 10, ✆ 414/273-0005, 💻 www.tequisquiapan.com.mx/la_plaza, einladendes, luxuriöses Hotel direkt an der Plaza, mit Pool und einigen sehr hübschen Suiten. ❼
Hotel El Relox, Morelos 8, ✆/📠 414/273-0006, 💻 www.relox.com.mx, ist die schönste Unterkunft von allen; ein weitläufiger Komplex mit Pool im Freien, Schwimmbad, gepflegten Grünanlagen, Gymnastikraum, Sauna, Massagen (ca. US$25), wunderbaren Zimmern ❽ und noch attraktiveren Suiten ❾.
An **Restaurants** herrscht kein Mangel, doch viele erwachen erst am Wochenende so richtig zum Leben. Das Städtchen ist so klein, dass sich sämtliche Speisekarten während eines 10-minütigen Spaziergangs studieren lassen, aber es lohnt sich, auf der Morelos zum *La Capilla* zu schlendern, einem italienischen Speiselokal, das hervorragende *arrabbiata*, Meeresfrüchterisotto und Tiramisú produziert, alles zu niedrigen bis moderaten Preisen. Im Mai geschlossen.

Sonstiges

INFORMATIONEN – Die ***Touristeninformation*** am Zócalo, ✆ 414/273-0295, hat kostenlose Stadtpläne, ⌚ Di–Do 9–14 und 16–19, Fr–So 9–19 Uhr.

Transport

Von Querétaro (Sala B) fahren stdl. Busse von Flecha Azul direkt nach Tequisquiapan, und alle 30 Min. kommt ein Bus aus San Juan del Río an. Ankömmlinge gehen aus dem Busbahnhof nach rechts und dann ungefähr 10 Min. zu Fuß bis zur Plaza, vorbei an einer ziemlich hässlichen Tripode, die angeblich den geografischen Mittelpunkt Mexikos markiert.
Nach MÉXICO D.F. alle 40 Min. (2 Std.), QUERÉTARO alle 1/2 Std., (1 Std.) und SAN JUAN DEL RÍO alle 20 Min. (1/2 Std.).

Xilitla und Las Pozas

Wer das Bilderbuchstädtchen **Xilitla**, rund 320 km nordöstlich von Querétaro, besuchen und wirklich würdigen möchte, muss eine lange Anreise in Kauf nehmen und sich ein paar Tage dafür reservieren. Xilitla ist eigentlich nur ein größeres Dorf, das sich an einen Berghang schmiegt, aber eine sagenhafte Aussicht über den gemäßigten Regenwald ringsum genießt, in dem es von Wasserfällen, Vögeln und Blumen, insbesondere wilden Orchideen, nur so wimmelt. Es ist in erster Linie ein Ort, um die Seele baumeln zu lassen, doch ein paar Minuten könnten dem wunderbar erhaltenen Inneren des im 16. Jh. erbauten **Templo de San Agustín** gewidmet werden, der über den Zócalo, den Jardín Hidalgo, wacht.

Der eigentliche Grund für die lange Fahrt nach Xilitla heißt **Las Pozas**, rund 2 km östlich des Städtchens an einer Schotterstraße gelegen. Die Einheimischen kennen den Weg, der sich auch mit einem Taxi für ca. US$6 zurücklegen lässt.

Hier verbrachte der exzentrische Engländer **Edward James** (s. Kasten) die 1960er und 70er Jahre damit, einen surrealen Fantasiedschungel voller absolut zweckfreier Zementgebilde, der reinen Einbildungskraft entsprungen, zu errichten. Neben den neun Teichen („pozas"), die von den Wasserfällen des herabstürzenden Baches gebildet werden, wächst eine Wendeltreppe aus dem Boden, deren Spirale ins Nichts führt, daneben gibt es fast 2 m hohe Steinhände, dicke Säulen ohne jeden Sinn und Zweck, eine Mosaikschlange und Gebäude wie das „Haus mit drei Stockwerken, die fünf sein könnten" und das „Haus, das ein Kino werden sollte". Nur eines davon ist mit Einschränkungen bewohnbar und enthält eine versteckte Wohnung im 4. Stock, in der James meistens lebte.

Inzwischen bedeckt eine Moderschicht den Zement, der stellenweise abbröckelt und den Blick auf die darunterliegenden Stahlverstrebungen freigibt, doch das lässt den Ort nur noch verwunschener erscheinen. Die Besichtigung an sich dauert höchstens eine Stunde, aber am besten ist es, sich den ganzen Tag hier aufzuhalten, in den Teichen zu baden und die Atmosphäre auf sich wirken zu lassen; Proviant nicht vergessen. 🕒 ca. 9–18 Uhr. US$2.

Edward James

Der 1907 geborene Sohn eines britischen Adelsmanns und gleichzeitiger Hoffnungsträger einer wohlhabenden amerikanischen Minenbesitzerfamilie genoss seine Erziehung in Eton und Oxford und entschied sich – finanziell gut abgesichert – für ein Leben als Künstler und Dichter. Nach mäßigen Erfolgen betätigte er sich als Kunstmäzen, nicht zuletzt im Bemühen, seine in Auflösung begriffene Ehe mit der ungarischen Tänzerin Tilly Losch zu retten. Seine großzügigen Spenden, mit denen er Balletttruppen (insbesondere die erste von George Balanchine gegründete) bedachte, um seiner Frau Bühnenauftritte zu sichern, konnten das Schicksal jedoch nicht aufhalten. Tilly Losch trennte sich von ihm, und er zog sich daraufhin aus der Londoner Gesellschaft zurück. Er ging nach Spanien, freundete sich mit Salvador Dalí an und erklärte sich bereit, ein ganzes Jahr lang dessen Ausgaben zu bestreiten. Auch Picasso und Magritte profitierten von seiner Gönnerschaft, als James Gefallen an den Surrealisten fand. Picasso soll James als „verrückter als alle Surrealisten zusammen" beschrieben haben, denn „Sie tun nur so, aber er IST es." Im 2. Weltkrieg zog James in die USA, wo er einen Teil des Watts Tower von L.A. finanzierte und seine ersten Abstecher nach Mexiko unternahm. Er verliebte sich in den Ort Xilitla und schlug dort Anfang der 50er Jahre sein Domizil auf, experimentierte mit der Züchtung von Orchideen und unterhielt einen kleinen Zoo. In späteren Jahren wurde er oft mit einem oder zwei Papageien im Schlepptau gesehen, während er zwischen seinen Fantasiegebäuden herumirrte. Mit Hilfe seines mexikanischen Mitstreiters und langjährigen Freundes Plutarco Gastelum Esquer sowie bis zu 150 Arbeitskräften erschuf sich James seine Welt, die er immer wieder ummodelte, ohne jemals eine Sache wirklich fertig zu stellen. Er verstarb 1984 und hinterließ seinen Besitz Esquer und dessen Familie, hatte jedoch keinerlei Maßnahmen zum Erhalt des Ganzen getroffen.

Xilitla liegt abseits, an keiner Strecke zu irgendeinem Touristenziel. Von Querétaro aus sind es über sechs Stunden Fahrt auf einer kurvenreichen Straße durch die Sierra Gorda; einfacher ist die Anreise vielleicht von der nicht weiter bemerkenswerten Kleinstadt **Ciudad Valles**, an der Carretera zwischen San Luis Potosí und Tampico, aus. Möglicherweise müssen Busreisende in Ciudad Valles in einen der Busse umsteigen, die die 60 km nach Xilitla zurücklegen, aber es verkehren auch Direktbusse von und nach Querétaro, Tampico und San Luis Potosí. Alle Busse laufen den Busbahnhof in der Nähe des Jardín Hidalgo an. Eine Touristeninformation wird man vergeblich suchen, doch andere wichtige Einrichtungen (darunter mehrere **Banken** mit Geldautomaten und die **Post**) befinden sich in den Straßen beim Zócalo.

Übernachtung und Essen

Es ist äußerst ratsam, vor der beschwerlichen Anreise nach Xilitla ein Zimmer zu reservieren, besonders im begehrten *El Castillo* (s.u.), wo die Kontaktaufnahme ein gewisses Durchhaltevermögen erfordern kann.

Hotel Ziyaquetzas, Jardín Hidalgo, ✆ 489/365-0081, einfach und sauber. ❹

Hotel María, ✆ 489/365-0049, in der Nähe, ebenfalls ordentlich. ❹

Posada El Castillo, Ocampo 105, ✆ 489/365-0038, 💻 www.junglegossip.com/castillo.html, einen halben Block von der Plaza entfernt, ist die angesagteste Herberge. Hier logierte James, wenn er nicht gerade in Las Pozas hauste, und sein Geist ist immer noch in den 8 individuell eingerichteten Zimmern lebendig. Sie wurden von Esquer entworfen und stellen eine gelungene Mischung mexikanischer, englischer und maurischer Stilelemente dar. Pool und Verpflegung; die Gastgeber sprechen nicht nur Englisch, sondern haben auch einen Dokumentarfilm über James' Leben und Wirken gedreht, den sie auf Wunsch vorführen. Keine Kreditkarten. ❼

Am Jardín Hidalgo befinden sich mehrere einfache **Restaurants**.

Transport

Busse von Xilitla nach:
CIUDAD VALLES stdl. (1 1/2 Std.),
QUERÉTARO 8x tgl. (6–7 Std.),
SAN LUIS POTOSI 3x tgl. (6–7 Std.),
TAMPICO 7x tgl. (4–5 Std.).

México D.F. und Umgebung

Highlights

- Der **Zócalo** im Herzen der Stadt vor der beeindruckenden Kulisse der Kathedrale, echten Aztekenruinen und dem Palacio Nacional.
- Ein Bummel durch **La Merced**, den größten und lebendigsten Markt der Stadt.
- Die **Plaza Garibaldi**: Treffpunkt Hunderter ausgelassener Mariachi-Gruppen.
- Ein Besuch im landesweit besten Museum, dem **Museo Nacional de Antropología**, das äußerst beeindruckende Kunstwerke aus den großen präkolumbischen Kulturen Mexikos beherbergt.
- Die herrliche Villa **Museo Dolores Olmedo Patiño**: Sie umfasst die Privatsammlung Diego Riveras mit eigenen Arbeiten und der umfangreichsten Sammlung von Werken Frida Kahlos.
- Eine Fahrt in einem mit Blumen geschmückten Boot in **Xochimilco**, wo man von Mariachiklängen begleitet durch uralte Kanäle schippert.
- Die **große Pyramide von Cholula**: Von den engen Tunnels im Innern der gewaltigsten mexikanischen Pyramidenruine lassen sich die vielen Schichten, aus der sie besteht, ersehen.
- Die Besichtigung der größten prähispanischen Ausgrabungsstätte Mexikos in **Teotihuacán** – die Anlage um die mächtige Pirámide del Sol ist schlichtweg atemberaubend.
- Die für ihre Silberschmiede und Künstlerkolonie berühmte Stadt **Taxco** mit ihren weiß getünchten und mit Terracottaziegeln verzierten Häusern – ein idealer Zwischenstopp auf der Fahrt nach Acapulco.

Fiestas in México D.F. und Umgebung

6.1.: **Día de los Santos Reyes** (Dreikönigstag). Die Magi-Indígenas beschenken traditionellerweise an diesem Tag die Kinder. Viele kleine Fiestas, u.a. in *Nativas,* einem Vorort in der Nähe Xochimilcos, und in *Malinalco.*
16.1.: **Día de Santa Catarina**. Große Fiesta in *Tepoztlán.*
17.1.: **Bendición de los Animales**, Kinderspielzeug und Haustiere werden in der Kirche gesegnet. Besonders eigentümlich in der Kathedrale von *México D.F.* und in *Taxco,* wo das Fest sich mit den Fiestas zu Ehren von Santa Prisca (18.1.) und San Sebastián (20.1.) überschneidet.

2.2.: **Día de la Candelaria**, wird in vielen Gegenden gefeiert, v.a. in *Cuernavaca.*
Karneval *(Carnaval),* besonders lebhaft in Cuernavaca und im nahe gelegenen Tepoztlán. Außerdem in Chiconcuac an der Strecke Tepoztlán–Teotihuacán. Aus unerfindlichen Gründen wird der Karneval in Xochimilco erst zwei Wochen später als in anderen Teilen Mexikos gefeiert.

März: Am Sonntag nach dem 9. März große **Féria** mit traditionellen Tänzen in *San Gregorio Atlapulco* bei Xochimilco.
Palmsonntag: Palmenprozession in *Taxco.*
Karwoche, wird im ganzen Land begangen. Berühmte Passionsspiele in *Itzapalapa;* Höhepunkt am Freitag mit einer „Kreuzigung" auf dem Cerro de Estrella. Ähnliches in *Chalma* und dem Nachbarort *Malinalco.* In *Cholula* führt die Prozession über einen Blumenteppich.
25.3.: **Fiesta** in *Acatlán* mit traditionellen Tanzvorführungen.

Anfang April findet die **Féria de la Flor**, das Blumenfest von *Cuernavaca,* statt.

1.5.: **Maifeiertag**, große Demonstrationszüge in *México D.F.* In *Cuautla* wird gleichzeitig der Jahrestag einer Schlacht aus dem Unabhängigkeitskrieg begangen.
3.5.: **Día de la Santa Cruz**, Fiesta und traditionelle Tänze in *Xochimilco, Tepotzotlán* und *Valle de Bravo.*
5.5.: Jahrestag der **Schlacht von Puebla**, öffentlicher Feiertag, großer Umzug und schauspielerische Darstellung des Kampfes in *Puebla.*
15.5.: **Día de San Isidro**. Kirchenprozessionen und Feuerwerk in *Tanancingo.* In *Cuernavaca* zieht eine Prozession von Farmtieren zur Kirche, wo sie gesegnet werden.
3. Montag im Mai: **Kirchenfest** in *Tlaxcala.* Hunderte von Pilgern begleiten eine Statue der Jungfrau durch die Straßen.
Zweiter Donnerstag nach Pfingsten (**Fronleichnam**): Auf dem Zócalo von *México D.F.* werden Tausende von Kindern im Sonntagsstaat gesegnet.
25.5.: **Día de Santiago**, wird überall feierlich begangen. Besonders erlebenswert in *Izúcar de Matamoros.*

29.6.: **Día de San Pedro**, Umzüge und Tanz in *Tepotzotlán* und traditionelle Tänze in *San Pedro Actopan* am Südrand von México D.F.

16.7.: **Día de la Virgen del Carmen**, Prozession mit Tänzern und Blumen zieht zum Convento del Carmen in *San Angel.*
25.7.: **Día de Santiago**, besonders schön in *Chalco* nahe Amecameca. Am darauffolgenden Sonntag Jahrmarkt und Tänze aus der

Das Tal von Mexiko im Zentrum des Bundesstaates México ist 100 km lang, 60 km breit und 2240 m hoch. Seit Urzeiten ist dieses von Bergen umringte Becken der Mittelpunkt des Landes, lange bevor von einer mexikanischen Nation die Rede sein konnte. In dieser von den schneebedeckten Vulkangipfeln des Popocatépetl und Ixtaccíhuatl beherrschten und mit großen Salz- und Süßwasserseen übersäten Region waren einige der mächtigsten Zivilisationen des Landes beheimatet. Die Seen sind inzwischen ausgetrocknet und die Berge vom Smog verhüllt, aber das Herz Mexikos schlägt noch immer hier.

Gegend auf der Plaza de las Tres Culturas, ebenfalls Tanzdarbietungen in *Xochimilco*.
29.7.: **Día de Santa Marta** wird in *Milpa Alta* bei Xochimilco mit aztekischen Tänzen und Schaukämpfen zwischen Mauren und Christen gefeiert.

13.8.: Zeremonien in *México D.F.* anlässlich der **Verteidigung von Tenochtitlán**; Veranstaltungen auf der Plaza de las Tres Culturas, an der Statue von Cuauhtémoc in der Avenida Reforma und auf dem Zócalo.
15.8.: **Día de la Asunción** (Mariä-Himmelfahrt), Pilgerzüge von *Cholula* zu einem nahe gelegenen Dorf; tradtionelle Tänze in *Milpa Alta*.

1.9.: Riesige Prozessionen, begleitet von Feuerwerk und Tanz, zu Ehren der **Virgen de los Remedios** in *Cholula*.
8.9.: **Fiesta Tepozteca**. Fiesta mit sehr langer Tradition in *Tepoztlán,* eine christianisierte Version kultischer Verehrung der Pyramide von Tepozteco. „Modernere" Kerzenprozession in *Cuernavaca*.
15.–16.9.: **Unabhängigkeitsfeiern** im ganzen Land, v.a. auf dem Zócalo von *México D.F.,* wo der Präsident am 15. um 23 Uhr den berühmten *Grito* ausstößt, gefolgt vom Läuten der Campana de Dolores und einem großen Feuerwerk.
21.9.: **Día de San Mateo**, Fest in *Milpa Alta*.
24.9.: **Fiesta de San Miguel** in *Tepoztlán*.
29.9.: **Día de San Miguel**, Pilgerzüge nach *Taxco* und *Chalma*.

4.10.: **Día de San Francisco**, Féria in *Tenancingo* mit viel traditioneller Musik; Festivitäten auch in *San Francisco Tecoxpa,* einem Dorf an den südlichen Ausläufern der Hauptstadt. 12.10.: **Fiesta del Santuario de la Defensa**, Straßenfest rund um eine alte Kirche etwas außerhalb von *Tlaxcala* (Tlax).
24.10.: **Fiesta** in *Acatlán* mit Prozessionen und traditionellen Tänzen.

1.–2.11.: **Día de los Muertos** (Allerseelen), wird überall begangen. Die Läden sind voll mit Totenköpfen aus Schokolade und anderen gespenstischen Nahrungsmitteln. Besonders starke Tradition in *San Gabriel* (Pue.) bei Tehuacán und in *San Lucas Xochimanca* und *Nativas,* beide im Süden der Hauptstadt. Am ersten Montag nach dem Día de los Muertos: **El Día de Jumil** in *Taxco* – an diesem Tag steigen die Stadtbewohner auf den Cerro de Huixteco, um *jumiles* zu sammeln und das Ergebnis anschließend zu feiern.
22.11.: **Día de Santa Cecilia**. Santa Cecilia ist die Schutzpatronin der Musiker, deshalb zieht ihr Fest Musikgruppen und Mariachis aus dem ganzen Land nach *Santa Cecilia Tepetlapa,* unweit von Xochimilco.

1.–10.12.: **Féria de la Plata**, große Silbermesse von Taxco.
12.12.: **Día de Nuestra Señora de Guadalupe**, ein mächtiger Pilgerstrom zieht während mehrerer Tage rund um die Uhr zur Basílica de Guadalupe, begleitet von ununterbrochenen religiösen Musik- und Tanzdarbietungen.
Weihnachten: In der Woche vor Weihnachten werden an vielen Orten *posadas* (Laienspiele) aufgeführt. Zu den berühmtesten zählen die von *Taxco* und die während der **Fiesta del Brinco** in *Tepotzotlán* aufgeführten.

Mexiko-Stadt oder México D.F., außerhalb Mexikos meist als Mexico-City bekannt, ist eine vibrierende, elegante, schockierende wie faszinierende, ausufernde Riesenstadt. Neben Wohnhäusern im Kolonialstil liegen ausgegrabene Pyramiden, neben von Menschen und Waren überquellenden Märkten und betriebsamen Geschäftsvierteln erstrecken sich endlose Elendsviertel und neben barocken Kirchen ragen supermoderne Glas- und Betonbauten in den Himmel.

Die meisten Touristen kommen wegen der hervorragenden Museen und Galerien in die Stadt.

Interessante Rückzugsmöglichkeiten finden sich in allen Himmelsrichtungen rund um die Megastadt: Im Norden, gut geeignet für einen Tagesausflug, die Ausgrabungsstätten **Teotihuacán** und **Tula** sowie das an der Straße nach Tula gelegene **Tepotzotlán** mit seinen Barockschätzen; im Osten das Städtchen **Pachuca**, Ausgangspunkt für Abstecher in die Berge, insbesondere zum hübschen Gebirgsdorf **Real del Monte**. Ebenfalls östlich der Landeshauptstadt liegt das durch und durch koloniale **Puebla**, eine gute Ausgangsbasis für Ausflüge in das ruhigere **Tlaxcala** und nach **Cholula**, von deren Ruinenstätten aus die beiden Vulkane **Popocatépetl** und **Ixtaccíhuatl** zu sehen sind.

Unmittelbar südlich von México D.F. liegt **Cuernavaca** mit seinen alten Palästen, ein geeignetes Sprungbrett zu den Ausgrabungsstätten **Tepoztlán** und **Xochicalco**. Eine Autostunde weiter befindet sich **Taxco**, eines der sehenswertesten Ziele der Region. Die Gegend westlich der Hauptstadt sieht seltener Besucher: **Toluca** dient als Ausgangsort zu dem an einem See gelegenen Badeort **Valle de Bravo** und einigen Kleinstädten weiter südlich, die interessanteste ist **Malinalco**, wo es noch mehr alte Pyramiden zu sehen gibt. Alle diese Ruinen gehen auf eine lange Reihe präkolumbischer Zivilisationen zurück, vor allem auf den Aztekenstaat, bevor er von Cortés' Armee zerschlagen wurde. In Wirklichkeit aber waren auch die Azteken Neuankömmlinge, die ihr Reich mit Waffengewalt in weniger als zwei Jahrhunderten aufgebaut hatten und Kultur, Wissenschaft, Kunst und sogar die Sprache von den Völkern übernommen hatten, die vor ihnen das Tal bewohnten.

Teotihuacán, die Ruinenstadt mit den mächtigen Pyramiden, etwa 50 km nordöstlich von México D.F., war die beherrschende Kultur der so genannten „klassischen" Periode und der eigentliche Vorgänger des Aztekenreichs. Hier wohnten ca. 300 000 Menschen, deren Einfluss sich über das ganze Land und weit nach Süden bis in das Gebiet der Maya auf der Halbinsel Yucatán, ja sogar bis nach Guatemala und Mittelamerika erstreckte. Man vermutet, dass Teotihuacán eher religiös und weniger militärisch organisiert und orientiert war als die späteren Kulturen, denn Quetzalcóatl, die gefiederte Schlange, und Tlaloc, der Regengott, sind Gottheiten aus Teotihuacán. Ungeachtet ihrer Berühmtheit war es aber weder die früheste noch die einzige Ansiedlung im Tal. Die Pyramiden von Cuicuilco im Süden von México D.F. sind wahrscheinlich die ältesten Steinbauten Mexikos. Außerdem gab es kleinere Siedlungen rund um den einstigen See.

Die Azteken, die erst 500 Jahre nach der Zerstörung von Teotihuacán hierher kamen, hielten sich für Nachkommen der Tolteken, deren Hauptstadt Tula im Norden war. Aber auch die Tolteken waren nur Nachfolger der Teotihuacán-Kultur. Die Azteken übernahmen von den Tolteken eine auf militärischer Stärke basierende Herrschafts- und Gesellschaftsstruktur. Sie übernahmen auch viele deren Götter, v.a. Quetzalcóatl, der einen starken Gegenpol zu ihrer eigenen Gottheit Huitzilopochtli, dem Kriegsgott, bildete. Letzterer hatte ihnen zur Macht verholfen und forderte Menschenopfer, um sie auch weiterhin zu beschützen. Darin folgten sie einer alten Tradition, denn auch die Tolteken waren, genau wie die Azteken, einst als marodierender Chichimekenstamm („Hundesöhne") vom Norden her in Zentral-Mexiko eingefallen und hatten die vorgefundenen Kulturen absorbiert.

México D.F.

Die auf 2240 m in einem Hochtal gelegene Stadt México D.F. mit über 20 Mio. Menschen (1960 waren es unter 5 Mio.) will gemächlich erkundet werden. Die Hauptsehenswürdigkeiten lassen sich innerhalb weniger Tage besichtigen, und trotz einiger schäbigerer Ecken ist die Hauptstadt längst nicht so beängstigend, wie viele Erstbesucher vielleicht befürchten. Sie lässt sich am besten in kleineren Dosen erforschen; zwischendurch tut ein Ausflug in eine der Kolonialstädte der Umgebung zur Erholung ganz gut. Wer sich vorher in anderen Gegenden Mexikos aufgehalten und mit dem Land vertrauter ist, wird die Metropole erträglicher finden als absolute Neuankömmlinge.

Bei der Ankunft mit dem Flugzeug oder Bus sind der Popocatépetl und Ixtaccíhuatl zu sehen, die schon frühere Reisende zu rühmenden Worten inspirierten. Heutzutage wird der „Popo" manchmal eher als eine Bedrohung angesehen und von der internationalen Presse aufgrund seiner jüngsten vulkanischen Tätigkeit zu einer ernsten Gefahr

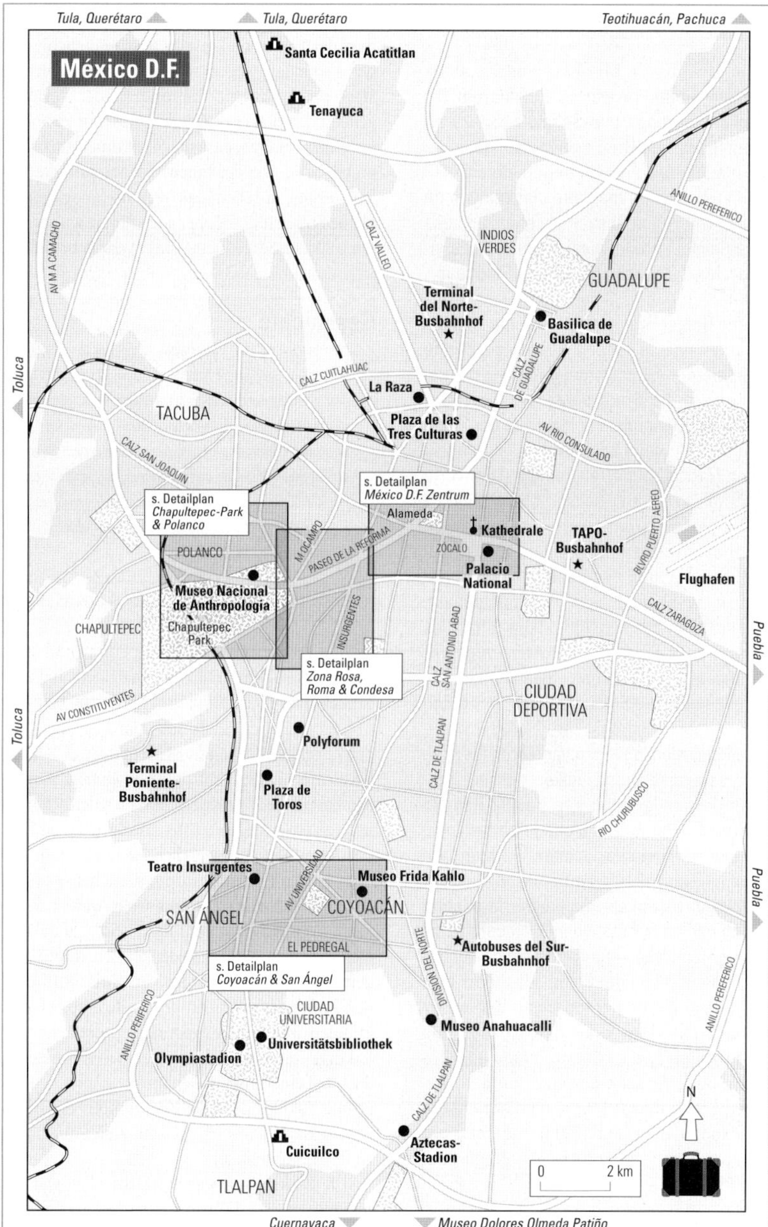
México D.F.
Tula, Querétaro
Tula, Querétaro
Teotihuacán, Pachuca
Santa Cecilia Acatitlan
Tenayuca
ANILLO PEREFERICO
AV M A CAMACHO
CALZ VALLEJO
INDIOS VERDES
GUADALUPE
Terminal del Norte-Busbahnhof
Basilica de Guadalupe
Toluca
CALZ CUITLAHUAC
CALZ DE GUADALUPE
La Raza
TACUBA
Plaza de las Tres Culturas
AV RIO CONSULADO
CALZ SAN JOAQUIN
s. Detailplan México D.F. Zentrum
s. Detailplan Chapultepec-Park & Polanco
Alameda
Kathedrale
TAPO-Busbahnhof
M OCAMPO
PASEO DE LA REFORMA
ZÓCALO
BLVRD PUERTO AEREO
POLANCO
Palacio National
Flughafen
Museo Nacional de Anthropologia
INSURGENTES
CALZ ZARAGOZA
CHAPULTEPEC
Chapultepec Park
CALZ SAN ANTONIO ABAD
Puebla
s. Detailplan Zona Rosa, Roma & Condesa
CIUDAD DEPORTIVA
AV CONSTITUYENTES
Toluca
Polyforum
CALZ DE TLALPAN
Terminal Poniente-Busbahnhof
Plaza de Toros
RIO CHURUBUSCO
Teatro Insurgentes
Museo Frida Kahlo
Puebla
AV UNIVERSIDAD
SAN ÁNGEL
COYOACÁN
EL PEDREGAL
DIVISION DEL NORTE
Autobuses del Sur-Busbahnhof
s. Detailplan Coyoacán & San Ángel
ANILLO PERIFERICO
ANILLO PEREFERICO
CIUDAD UNIVERSITARIA
Museo Anahuacalli
Universitätsbibliothek
Olympiastadion
CALZ DE TLALPAN
N
Aztecas-Stadion
Cuicuilco
0
2 km
TLALPAN
Cuernavaca
Museo Dolores Olmeda Patiño

Sauberkeit in México D.F.

Die Hauptstadt Mexikos genießt einen wenig beneidenswerten Ruf als ein Ort voller Gedränge und Schmutz. Bis zu einem gewissen Grad stimmt das, doch die Situation bessert sich unaufhaltsam. Auf jeden Fall sollte man aus diesem Grunde nicht von einem Besuch absehen, und das Getümmel und Gewusel macht gerade einen Teil der Faszination dieser Stadt aus. Natürlich gibt es **Smog**. Das gesamte urbane Gebiet liegt in einer Talsohle, und die Berge ringsum halten meistens die Winde ab, die den Dunstschleier, der sich tagsüber auf die Stadt senkt, wegbewegen könnten. Besonders schlimm ist der Smog im Winter, wenn kein Regen fällt; am frühen Nachmittag erreichen die Ozonwerte (die tgl. in der englischsprachigen Zeitung *The News* veröffentlicht werden) ihren Höhepunkt. Dennoch ist der Himmel fast immer blau und der Dunst nur auszumachen, wenn man zum Horizont schaut. Zusammen mit der Höhenlage führt dies dazu, dass Besucher mit **Atemwegsproblemen** bei der Ankunft vielleicht Schwierigkeiten bekommen, jedoch sicherlich keine lebensbedrohlichen. Dank der strengen Emissionsauflagen verkehren hier keine schwarze Dieselwolken ausspuckenden Fahrzeuge, und das Gesetz **Hoy No Circula** („Heute wird nicht gefahren") verbietet an einem bestimmten Werktag zwischen 5 und 22 Uhr die Benutzung von vor 1994 gebauten Fahrzeugen; der Tag richtet sich nach der Autonummer. Neuere Fahrzeuge und Mietwagen sind davon ausgenommen. Wenn der Smog besonders dick ist, kann die Regierung einen Doble Hoy No Circula-Tag verkünden, an dem die Fahrzeuge zweier Kennzeichennummern aus dem Verkehr gezogen werden. Für den Erfolg dieser Maßnahme spricht die Tatsache, dass seit 1999 nur ein einziger Doble Hoy No Circula-Tag angeordnet worden ist.

für die Haupstadt hochstilisiert. In Wirklichkeit liegt der Vulkan 65 km weit weg, und auch wenn der Flughafen wegen schlechter Sicht während stärkerer Ausbrüche hin und wieder vorübergehend den Betrieb einstellen muss, ist es höchst unwahrscheinlich, dass die Stadt unter Asche begraben wird. Von der Innenstadt aus sind die Vulkane selten zu sehen; das liegt am Smog, der als kleine Entschädigung aber auch für die wunderbaren goldenen Sonnenuntergänge verantwortlich ist.

Geschichte

Und als wir all die Städte und Dörfer auf dem Wasser und andere große Städte auf dem Festland und den geraden und befestigten Damm nach Mexiko sahen, wunderten wir uns sehr. Diese großen Städte und Cués (Tempel) und Gebäude, die aus dem Wasser ragten, waren alle aus Steinen erbaut und sahen wie die Wirklichkeit gewordene Amadis-Legende aus. Und in der Tat fragten einige unserer Soldaten, ob dies nicht etwa ein Traum sei.

Bernal Díaz del Castillo:
Die Eroberung von Mexiko

Es ist nicht verwunderlich, dass Cortés und seine Begleiter von dem Anblick der Aztekenhauptstadt Tenochtitlán überwältigt waren. Die 300 000 Einwohner zählende Stadt auf dem See mit ihren prächtigen Bauten konnte es leicht mit jeder damaligen europäischen Großstadt aufnehmen. Dämme regulierten die Wasserwege zwischen den schönen, nach einem strengen Muster angelegten Steinhäusern. Die **Azteken** (eigentlich *Méxica)* hatten sich nach langen Jahren des Umherziehens, während derer sie sich von dem ernährten, was in festen Siedlungen freiwillig oder unfreiwillig zu bekommen war, um 1345 hier niedergelassen. Ihrer Überlieferung zufolge hatten sie von **Huitzilopochtli** den Auftrag erhalten, an der Stelle eine Stadt zu gründen, wo sie einen Adler fänden, der auf einem Kaktus sitzend eine Schlange verspeiste. Sie fanden ihn – auf einer Insel mitten im See. (Adler, Schlange und Kaktus bilden das Zentralmotiv der heutigen mexikanischen Flagge und zieren unzählige andere Gegenstände.).

Die Wirklichkeit war wahrscheinlich weniger romantisch. Für die von Ort zu Ort getriebenen *Méxica* bedeuteten die kleinen Inseln inmitten des flachen Sees sicher in erster Linie einen guten strategischen Rückzugspunkt. Auf jeden Fall war die Stelle gut gewählt, denn der See versorgte sie mit Fisch, und der Boden der *chinampas,* der schwimmenden Gärten, die sie angelegt hatten, war überaus fruchtbar. Das wenige vorhandene Land hätte nicht ausgereicht, um die große Stadt zu ernähren, also wurden große Flöße gebaut und mit Erde beladen. Auf diesen im See treibenden Nutzflächen züchtete man Blumen und Gemüse. Zwischen den Inseln und dem Festland wurden Dämme errichtet, die den Wasserstand des Sees regelten und so gebaut waren, dass die durch Brücken und Kanäle miteinander verbundenen Inseln im Notfall überflutet werden konnten. Zugbrücken schützten vor Angriffen (und verhinderten die Flucht, wie die Spanier zu ihrem Nachteil in der *Noche Triste* erfahren sollten; s.S. 85).

Die Stadt auf der Insel erstreckte sich bald über mehr als 13 km². Die Azteken gingen daran, ihren Einflussbereich auszudehnen. Zuerst unterwarfen sie mit Waffengewalt, Intrigen und mit Hilfe wechselnder Verbündeter das Hochtal. Hundert Jahre vor der Konquista geboten die Azteken bereits über ein riesiges Reich, in dem ein reger Warenaustausch herrschte und dem selbst einige der entlegensten Gebiete des Landes tributpflichtig waren.

Die Konquista

1519 landete **Hernán Cortés** mit einer kleinen, nur aus ein paar hundert Männern bestehenden Armee an der Ostküste und machte sich zu seinem langen Marsch nach Tenochtitlán auf. Mehrere Umstände kamen ihm zugute: der Besitz von Feuerwaffen und der Schockeffekt, den die Reitpferde auslösten (da sie nie zuvor Pferde gesehen hatten, hielten die Indianer Tier und Reiter für *ein* Wesen), die Unterstützung durch Stämme, die mit den Azteken im Krieg lagen oder von diesen unterdrückt wurden, und das Zögern ihres Herrschers **Moctezuma II**, offenen Widerstand zu leisten.

Der Aztekenherrscher, der schwere Niederlagen im Kampf gegen die Tarasken im Westen erlitten hatte, war nämlich ein grüblerischer, tiefreligiöser Mann, der in Cortés den weißhäutigen, bärtigen Gott Quetzalcóatl zu erkennen glaubte, der zurückgekehrt war, um eine alte Prophezeiung zu erfüllen. Also ließ er die Spanier in die Stadt kommen; furchtsam zwar, aber mit großartigen Willkommenszeremonien. Zum „Dank" für die erwiesene Gastfreundschaft nahmen die Spanier Moctezuma gefangen, plünderten die Tempel und töteten viele Priester. Da wuchs in der Stadt die Unzufriedenheit über das passive Verhalten des Herrschers und seine grausamen Gäste und Moctezuma wurde ermordet. Wenn man den spanischen Berichten glauben will, hat sein Volk ihn zu Tode gesteinigt, als er einen Aufstand wegen der ungebetenen Gäste zu verhindern suchte. Die Spanier wurden unter großen Verlusten aus der Stadt vertrieben. Cortés und einige seiner Männer entkamen und fanden Schutz in Tlaxcala bei ihren engsten Verbündeten unter den Einheimischen. Heimlich bauten sie neue Schiffe und konnten ihre Truppe neu formieren. Mit Unterstützung ihrer indianischen Partner hielten sie Tenochtitlán drei Monate lang belagert, bis sie schließlich im August 1521 den verzweifelten, selbstmörderischen Widerstand der Azteken brechen und die Stadt einnehmen konnten.

Die Erinnerung an diese Niederlage schmerzt im mexikanischen Geschichtsbewusstsein bis auf den heutigen Tag. Für Cortés hat man wenig übrig, aber die Indígenas, die ihn damals unterstützten, besonders Moctezuma und **Malinche**, die Dolmetscherin von Cortés, gelten als absolute Unpersonen. Im ganzen Land ist nicht ein Moctezuma-Denkmal zu finden, wohingegen das Andenken an seinen Nachfolger **Cuauhtémoc**, den Anführer des Widerstandes, hoch in Ehren gehalten wird.

Wie erbittert der Kampf um Tenochtitlán gewesen sein muss, zeigt sich daran, dass von der blühenden Aztekenmetropole kaum etwas übriggeblieben ist: „Alles was ich damals sah", schreibt Bernal Díaz, „wurde zertreten und vernichtet; kein Stein ist auf dem anderen geblieben."

Die spanische und postkoloniale Stadt

Die siegreichen Spanier zerstörten systematisch jede sichtbare Erinnerung an die alte Kultur und erbauten dort, wo die großen Tempel standen, ihre Kirchen. Auf den Fundamenten des Herrscherpalastes wurde ein Palast für Cortés errichtet, zum Neubau wurden die Steine der Aztekenstadt verwendet. Erst im letzten Quartal des 20. Jhs. kamen – v.a. beim U-Bahnbau – einige Überreste des alten Tenochtitlán, insbesondere des Templo Mayor unter dem kolonialen Zócalo, ans Licht.

Um 1875 umfasste die Stadt kaum mehr als das Gelände um den Zócalo und die Alameda. Das Schloss Chapultepec, Coyoacán, San Ángel und die Basílica de Guadalupe – inzwischen weit im Inneren der Stadt gelegen – waren damals von Feldern und den letzten noch verbliebenen Seen umgeben. Doch die Stadt zeigte schon die ersten Züge ihrer heutigen Form: der Paseo de la Reforma verband bereits Chapultepec mit der Innenstadt, und die zunehmende Einwohnerschaft quoll über den kolonialen Stadtkern hinaus. Von Ende 1870 bis 1911 ließ sich der Diktator Porfirio Díaz mittels eines zuvor nie dagewesenen Bauprogrammes selbst ein Denkmal setzen. Straßenbahnlinien wurden errichtet sowie die letzten Reste des Lago de Texcoco am Stadtrand trocken gelegt. Diese Maßnahmen brachten ein weiteres Anwachsen der Bevölkerung mit sich und bei Ausbruch der Revolution im Jahr 1910 besaß La Ciudad de México mehr als 400 000 Einwohner.

Über das Gebiet des trockengelegten Sees hinaus dehnte sie sich die Stadt allmählich aus. Für eine moderne Stadt war die Lage in vieler Hinsicht ungünstig. In den unzureichend trockengelegten Sümpfen wohnte das Fieber, und die indianische Bevölkerung wurde immer wieder von aus Europa eingeschleppten Seuchen dahingerafft. Viele Gebäude sackten über die Jahrzehnte wegen des weichen, sumpfigen Untergrunds ab, und die regelmäßig auftretenden Erdbeben helfen bei der Zerstörung noch kräftig nach. Im Zentrum stößt man auf alte, in den Boden versunkene Kirchen und Wohnhäuser.

Die neuzeitliche Stadt

Während der Revolution verloren fast zwei Millionen Mexikaner ihr Leben und eine noch viel größere Zahl ihr Eigentum und ihre Existenzgrundlage. Tausende Verzweifelter flüchteten in die sich schnell industrialisierende Hauptstadt auf der Suche nach Arbeit und besseren Lebensbedingungen.

Zwischen 1910 und Mitte 1940 vervierfachte sich die Einwohnerzahl und in der Infrastruktur klafften riesige Löcher. Der Bau von Häusern konnte gar nicht so schnell vollzogen werden, dass er mit dem jährlichen Bevölkerungszuwachs von 7% hätte mithalten können, und viele Menschen konnten sich keine Häuser leisten, was die Entwicklung riesiger Slums mit selbst gezimmerten Elendshütten zur Folge hatte. Die meisten hatten weder Wasser noch Sanitäranlagen, die diesen Namen verdienten. Die Versuche der Behörden, das Los der Slum-Bewohner durch Verbesserung der Infrastruktur zu erleichtern, wurden, kaum dass eine Siedlung an die Strom- und Wasserversorgung angeschlossen war, mit einer neuen Ansiedlung von Hütten dahinter belohnt. Des Weiteren konnte das öffentliche Verkehrsnetz mit der wuchernden Stadt nicht Schritt halten, und schließlich wurde Ende der 60er Jahre eine U-Bahn gebaut. Im Jahr 2000 wurde der 175. U-Bahnhof eingeweiht, und angeblich sind weitere U-Bahn-Stationen geplant.

Das Wachstum hält an: Laut Schätzungen kommen jeden Tag tausend Zuzügler in die Stadt, deren Grenzen inzwischen die des Distrito Federal gesprengt haben und in den Bundesstaat México hineinreichen. Als eine der am dichtesten besiedelten Städte der Welt wird sie unweigerlich von zahlreichen sozialen und strukturellen Problemen geplagt, deren Lösung in naher Zukunft wohl nicht bevorsteht.

Warum México D.F. ?

Man sollte sich gleich nach Ankunft klar machen, dass man sich nicht in „Mexico City" befindet. Jeder Mexikaner würde nämlich sagen, dass man sich in *México* oder in *El D.F. („El De Effe")* aufhält. Diese Tatsache hat schon unzählige Touristen verwirrt: Wenn also von *México* die Rede ist, ist normalerweise die Stadt gemeint – geschrieben als **México D.F.** – *Distrito Federal* ist der Bundesdistrikt innerhalb des Bundesstaates México, der den überwiegenden Teil der Stadt ausmacht. Weniger häufig und meist nur in einem offiziellen Zusammenhang ist von *La Ciudad de México* die Rede.

Das Land Mexiko erhielt wiederum seinen Namen von der jetzigen Hauptstadt, wird aber von seinen Bewohnern nur ganz selten *México* genannt, meist ist von *La República* oder in Ansprachen von *La Patria* die Rede.

Orientierung

Das Zentrum bildet natürlich der **Zócalo**, das Herzstück des alten Tenochtitlán und der Stadt von Cortés. Ringsum liegen die ältesten Straßen mit vielen Kolonialgebäuden. Nach Osten verwischen sich die alten Strukturen und gehen in die ärmlicheren Gebiete über, die sich vor allem um den Flughafen ausgebreitet haben. Nach Westen führen die Avenidas Madero und Juárez zur **Alameda**, dem Park, der die Grenze der alten Innenstadt bildet. Hier stehen der **Palacio de las Bellas Artes**, das Hauptgebäude der Post und der weithin sichtbare **Torre Latino Americano**. Weiter geradeaus kommt man in die Gegend zwischen dem **Monumento a la Revolución** und dem **Hauptbahnhof**, wo sich viele billige Hotels befinden.

Etwas weiter südlich zweigt der **Paseo de la Reforma** zum großen **Chapultepec Park** ab, der grünen Lunge der Stadt und Freizeitgebiet für Millionen. Dort stehen das Museo Nacional de Antropología und andere sehenswerte Museen.

Biegt man unterwegs vom Paseo de la Reforma wiederum nach links ab, gelangt man in die **Zona Rosa**, die vor allem aus schicken Einkaufsstraßen, teueren Hotels, berühmten Restaurants und vielerlei Touristenattraktionen besteht. Rechter Hand liegt ein ruhigeres Wohnviertel und Sitz der wichtigsten Botschaften. Nach Süden hin geht die Zona in die **Condesa** über, ein Stadtteil, der sich in den letzten Jahren zur angesagtesten Restaurant-, Kneipen- und Vergnügungsgegend entwickelt hat. Den Nordrand des westlich von hier gelegenen Chapultepec-Parkes säumen die luxuriösen Hoteltürme der **Colonia Polanco**, ein sehr elegantestes Stadtviertel mit sündhaft teuren Geschäften und Restaurants.

Ungefähr auf halber Strecke zwischen Alameda und dem Chapultepec-Park wird die Reforma von der **Avenida de los Insurgentes** gekreuzt, angeblich der längsten Stadtstraße der Welt. Sie bildet so etwas wie die Hauptader der Stadt, denn sie teilt México D.F. mit ihrem senkrechten Verlauf in zwei Hälften und wird auf ganzer Länge von modernen Geschäften gesäumt. Im Süden streift sie den Vorort San Angel und bei Coyacán die **Universitätsstadt**. An den Pyramiden von **Cuicuilco** lässt sie México D.F. hinter sich.

Die Kanäle von Xochimilco, die letzten Erinnerungen an den einstigen See, liegen ebenfalls am Südende der Stadt. Jenseits von Tlalpán trifft die Insurgentes auf eine andere wichtige Verkehrsader in nordsüdlicher Richtung, die Calzada de Tlalpán, die vom Zócalo aus nach Süden führt, östlich vorbei an Coyoacán und an zwei ausgezeichneten Museen vorbei: dem Anahuacalli von Diego Rivera und dem Museo Dolores Olmedo Patiño.

In nördlicher Richtung verlässt die Insurgentes hinter dem Hauptbahnhof und in der Nähe des Nord-Busbahnhofs das Zentrum. An Guadalupe und Indios Verdes vorbei führt sie schließlich aus der Stadt heraus. Der **Paseo de la Reforma** endet ebenfalls am großen Denkmal von **Guadalupe** und die Verlängerung der Calzada de Tlalpán endet in der Nähe des Zócalo.

Die von Menschen wimmelnden Straßen der **Altstadt** erkundet man am besten zu Fuß. Nach Chapultepec oder zur Zona Rosa gelangt man schneller mit dem Bus oder mit der U-Bahn. Ein Spaziergang entlang der Reforma ist zwar interessant, dauert jedoch sehr lange.

Was entlegenere Bezirke angeht, so bleibt gar keine andere Wahl, als ein Taxi oder die öffentlichen Verkehrsmittel zu benutzen. Die Bus- und U-Bahnverbindungen sind im Text möglichst genau angegeben. Wichtig ist, dass sich Straßennamen in vielen Stadtteilen wiederholen. Es muss Dutzende von Straßen geben, die Morelos, Juárez oder Hidalgo heißen und eine ganze Reihe 5 de Mayos. Man sollte sich also lieber zweimal versichern, wie der Zielort heißt und wo er liegt, bevor man ein Taxi nimmt oder auf dem Stadtplan sucht. Dadurch erspart man sich unnötige Wege und Kosten. Besonders wichtig ist der genaue Name des *barrio* (Viertels), das man besuchen will.

Das Zentrum

Am eindringlichsten pulsiert das Stadtleben in der Umgebung des Zócalo, den die Konquistadoren auf den Trümmern des Zeremonienzentrums der Aztekenstadt Tenochtitlán errichteten. Abgesehen von freigelegten Ruinen – insbesondere des Templo Mayor auf dem Zócalo – hat die Innenstadt viele Kolonialbauten zu bieten, darunter die Kathedrale und der Nationalpalast. Allein mit der Besichtigung der Museen und Kunstgalerien in den Häuserzeilen

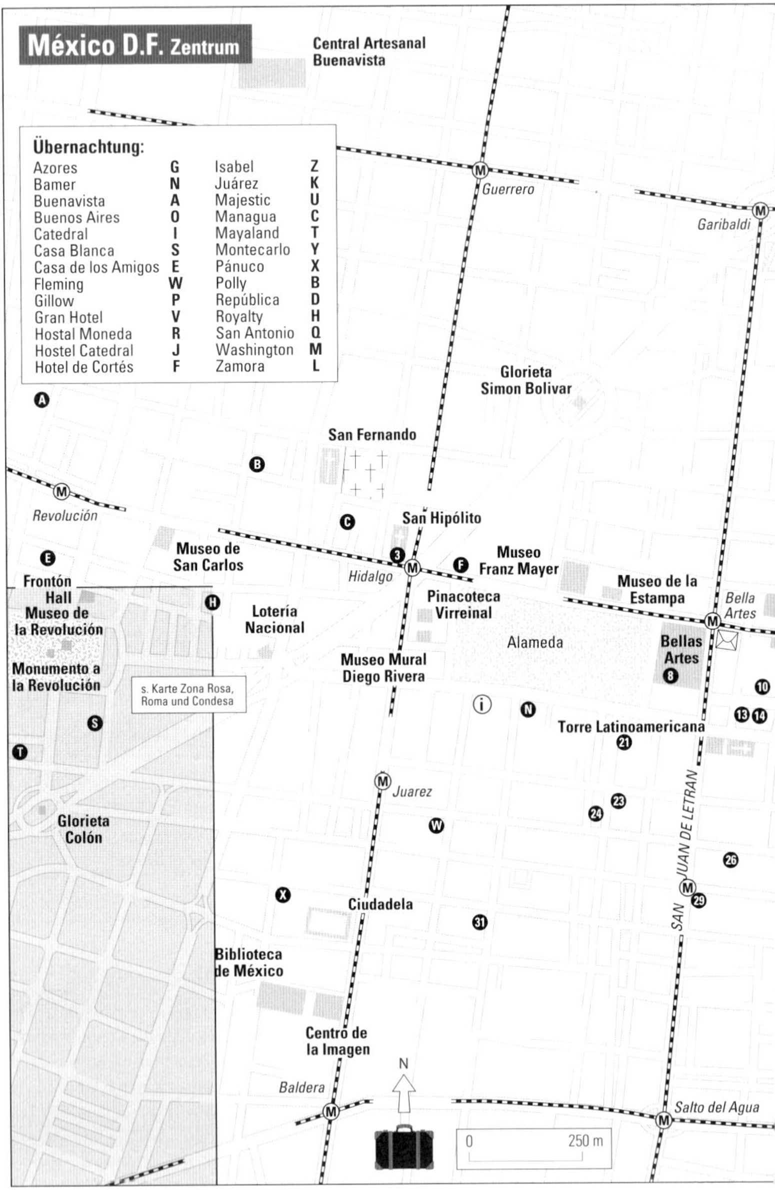
México D.F. Zentrum
Übernachtung:
Azores G
Bamer N
Buenavista A
Buenos Aires O
Catedral I
Casa Blanca S
Casa de los Amigos E
Fleming W
Gillow P
Gran Hotel V
Hostal Moneda R
Hostel Catedral J
Hotel de Cortés F
Isabel Z
Juárez K
Majestic U
Managua C
Mayaland T
Montecarlo Y
Pánuco X
Polly B
República D
Royalty H
San Antonio Q
Washington M
Zamora L
Central Artesanal Buenavista
Guerrero
Garibaldi
Glorieta Simon Bolivar
San Fernando
Revolución
San Hipólito
Museo de San Carlos
Hidalgo
Museo Franz Mayer
Frontón Hall
Museo de la Revolución
Lotería Nacional
Pinacoteca Virreinal
Museo de la Estampa
Bella Artes
Alameda
Bellas Artes
Monumento a la Revolución
Museo Mural Diego Rivera
s. Karte Zona Rosa, Roma und Condesa
Torre Latinoamericana
Juarez
Glorieta Colón
SAN JUAN DE LETRAN
Ciudadela
Biblioteca de México
Centro de la Imagen
N
Baldera
Salto del Agua
0 250 m

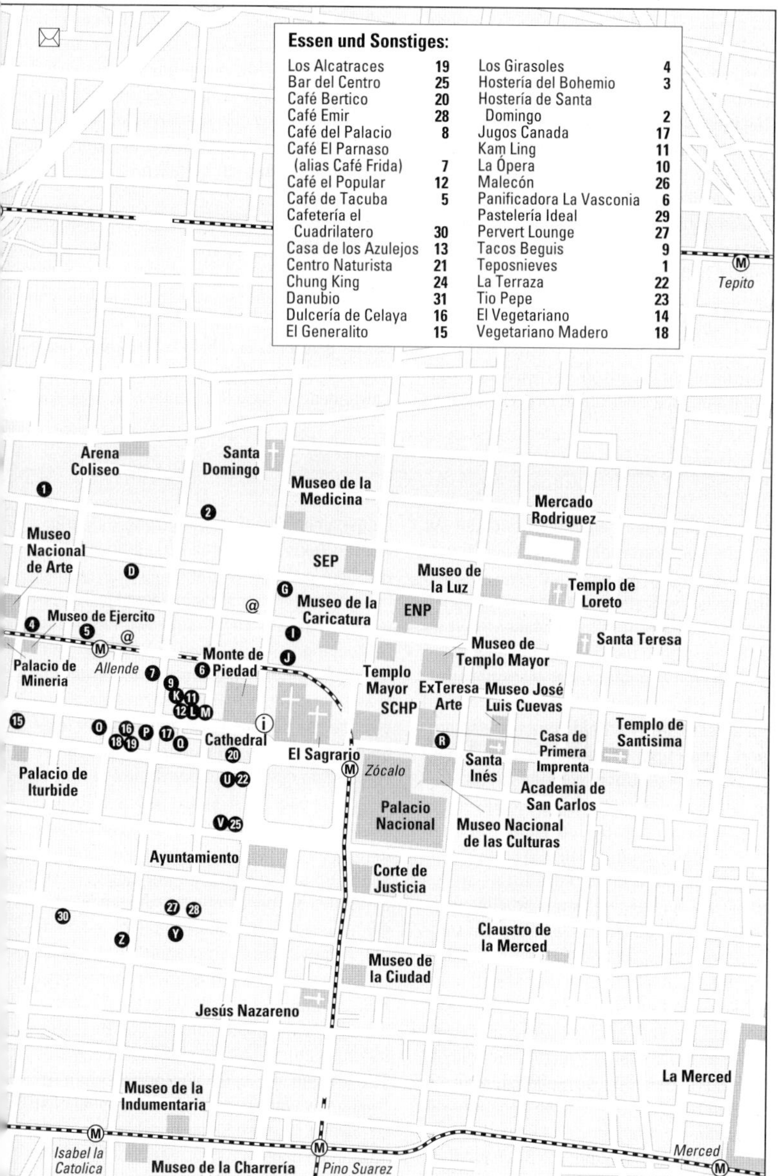
Essen und Sonstiges:
Los Alcatraces 19
Bar del Centro 25
Café Bertico 20
Café Emir 28
Café del Palacio 8
Café El Parnaso (alias Café Frida) 7
Café el Popular 12
Café de Tacuba 5
Cafetería el Cuadrilatero 30
Casa de los Azulejos 13
Centro Naturista 21
Chung King 24
Danubio 31
Dulcería de Celaya 16
El Generalito 15
Los Girasoles 4
Hostería del Bohemio 3
Hostería de Santa Domingo 2
Jugos Canada 17
Kam Ling 11
La Ópera 10
Malecón 26
Panificadora La Vasconia 6
Pastelería Ideal 29
Pervert Lounge 27
Tacos Beguis 9
Teposnieves 1
La Terraza 22
Tio Pepe 23
El Vegetariano 14
Vegetariano Madero 18
Tepito
Arena Coliseo
Santa Domingo
Museo de la Medicina
Mercado Rodriguez
Museo Nacional de Arte
SEP
Museo de la Luz
Templo de Loreto
Museo de la Caricatura
ENP
Museo de Ejercito
Santa Teresa
Museo de Templo Mayor
Palacio de Mineria
Allende
Monte de Piedad
Templo Mayor
SCHP
ExTeresa Arte
Museo José Luis Cuevas
Templo de Santisima
Cathedral
Casa de Primera Imprenta
El Sagrario
Santa Inés
Zócalo
Palacio de Iturbide
Academia de San Carlos
Palacio Nacional
Museo Nacional de las Culturas
Ayuntamiento
Corte de Justicia
Claustro de la Merced
Museo de la Ciudad
Jesús Nazareno
La Merced
Museo de la Indumentaria
Merced
Isabel la Catolica
Museo de la Charrería
Pino Suarez

ringsum lassen sich gut zwei Tage verbringen, nicht zuletzt mit der Betrachtung der Werke von Diego Rivera, David Siqueiros und José Clemente Orozco.

Westlich des Zócalo erstreckt sich das Centro Histórico über das Hauptgeschäftsviertel, das **Museo Nacional de Arte**, bis hin zum Wolkenkratzer **Torre Latinoamericana** und dem **Palacio de las Bellas Artes**. Beide überblicken das gepflegte Parkgelände der **Alameda**, die ebenfalls eine Reihe Museen zu bieten hat, insbesondere das **Museo Franz Mayer** und das **Museo Mural Rivera**. Weiter westlich bildet das **Monumento a la Revolución** das Tor zu den etwas aufgeputzteren Innenstadtvierteln, der **Zona Rosa**, **Polanco** und **Condesa**.

Aber nicht nur die ausgewiesenen Sehenswürdigkeiten sind es, die einen Besuch dieser Stadt zu einem unvergesslichen Erlebnis machen, sondern auch das unglaublich dynamische **Straßentreiben** – und obendrein gibt es Kunst, wohin man auch geht. **Wandgemälde** zieren öffentliche Gebäude und verwaiste Kirchen, und sogar in den Gängen der U-Bahnhöfe (vor allem am Zócalo) gibt es hervorragende Kunstwerke zu sehen, die ohne weiteres Ausstellungsstandards erfüllen.

El Zócalo

El Zócalo („der Sockel") verdankt seinen Namen dem Fundament eines Unabhängigkeitsdenkmals, das General Santa Ana in den 40er Jahren des 19. Jhs. auf dem Platz errichten lassen wollte, das jedoch nie weiter als bis zum (mittlerweile verschwundenen) Sockel gebaut wurde. Der Name

Sicherheit in México D.F.

Die mexikanischen Zeitungen berichten mit Vorliebe über **Verbrechen**, die in der Hauptstadt begangen werden, und zwar in allen abscheulichen Details. Viele davon ereignen sich im Banden- und Drogenmilieu, weit ab der Gegenden, in die sich Reisende begeben oder verirren könnten. In der Metropole treffen die Unterschiede zwischen Arm und Reich besonders hart aufeinander, was notgedrungen **Eigentumsdelikte** an die Tagesordnung bringt. Doch wer dieselben Vorsichtsmaßnahmen trifft, die er für jede andere Großstadt auch treffen würde, braucht nicht überängstlich zu sein: Wertsachen – insbesondere EC- und Kreditkarten – gegen detaillierte Quittung im Hotelsafe aufbewahren (selbst billige Hotels verfügen meistens über einen Safe), nicht mit größeren Geldbeträgen offen hantieren und auf Märkten und im Gedränge besonders gut auf den Fotoapparat etc. achten. Nachts sollte man den als Doctores bekannten *barrio* (um den gleichnamigen U-Bahnhof, so genannt, weil die dortigen Straßen nach Ärzten benannt sind) sowie die Gegend um den Lagunilla-Markt meiden, da in beiden der Straßenhandel mit Drogen blüht und folglich auch die Beschaffungskriminalität. Die Benutzung der grünweißen **Taxis**, die überall verkehren, gilt, obwohl die meisten Taxifahrer hilfsbereit und höflich sind, als gefährlich, da einige Touristen von Fahrern ausgeraubt wurden (oft in gestohlenen Taxis). Mexiko-Neulinge sind besser beraten, sich ein (etwas teureres) Taxi an der Hotelrezeption rufen zu lassen oder selbst eines der auf S. 406 aufgeführten Taxiunternehmen anzurufen. Lässt es sich nicht vermeiden, ein Taxi auf der Straße heranzuwinken, sollte man immer eines nehmen, dessen amtliche Registrierung (sowohl auf dem Kennzeichen als auch auf der Wagenseite) mit einem L beginnt (für „libre" – d.h. eines, das auf der Straße angehalten werden kann) und das im Innern deutlich sichtbar den Ausweis des Fahrers zeigt. Noch besser ist es, einen Taxistand *(sitio)* zu suchen (das Kennzeichen der *sitio*-Taxis beginnt mit R, S oder T). Am Flughafen und an den Busbahnhöfen sollte man nur in ein vorausbezahltes Taxi steigen. Taxis, die vor touristischen Attraktionen warten, sind ebenfalls möglichst zu meiden. Weitere Sicherheitshinweise zum Taxifahren unter www.mexicocity.gob.mx/taxis2.html.

setzte sich schließlich im ganzen Land als allgemeiner Begriff für den Hauptplatz einer Stadt durch. Offiziell heißt der angeblich nach dem Roten Platz in Moskau zweitgrößte Platz der Welt **Plaza de la Constitución**. Die Plaza stellt mit den hier versammelten repräsentativen Kolonialgebäuden – der gewaltigen Kathedrale, dem Nationalpalast mit den Büros des Präsidenten und den Verwaltungszentren – das politische wie auch religiöse Zentrum der Stadt dar. Zudem war die Plaza einst das Herzstück des aztekischen Tenochtitlán.

Der Zócalo ist immer belebt. An Nationalfeiertagen werden hier die Tribünen aufgebaut, und wenn für oder gegen etwas demonstriert werden soll, erzielt dies natürlich auf dem Zócalo die größte Wirkung. Bei einer der überwältigendsten Solidaritätsbekundungen in jüngerer Vergangenheit versammelten sich im März 2001 auf dem Platz mehr als 100 000 Menschen, um die Zapatistas aus Chiapas nach ihrem Marsch für die Rechte der Indígenas willkommen zu heißen.

Zu den abendlichen Attraktionen zählt das zeremonielle **Einholen der Nationalflagge**, das gegen 18 Uhr pünktlich zum Sonnenuntergang stattfindet. Dann marschiert die Leibgarde des Präsidenten auf, holt das riesige Banner ein und führt eine Parade vor. Zum Schluss wird die ordentlich zusammengefaltete Fahne einem der Soldaten aus der Reihe übergeben. Mit weitaus weniger Pomp wird die Flagge eine halbe Stunde später wieder gehisst. Die beste Aussicht auf das Geschehen auf dem Zócalo hat man von der Dachbar *Terraza* des *Hotel Majestic*, Ecke Madero.

Die Kathedrale

Die Catedral Metropolitana an der Nordseite erhebt den Anspruch, die größte Kirche Lateinamerikas zu sein. Neben ihr befindet sich die Gemeindekirche El Sagrario, die durch ihre wuchtige, graue Barockfassade und die untersetzten Glockentürme in der Regel zuerst ins Auge fällt. Wie viele andere Gebäude ist auch die Kathedrale im Laufe der Jahre abgesunken und steht ganz offensichtlich schief. Die Kathedrale war ein Zeichen des Wohlstands und der herausragenden Bedeutung der Stadt als kostbarstes Schmuckstück des spanischen Kolonialreiches. Die erste Kirche an dieser Stelle war nach der Konquista aus den Steinen des Huitzilopochtli-Tempels auf dessen Fundament errichtet worden. Mit dem jetzigen Bau begann man 1573, die Türme wurden jedoch erst 1813 fertig gestellt. Folglich vereinigen sich auch hier die verschiedensten Baustile. Dies wird schon an der Vorderfront deutlich: Im unteren Teil noch ziemlich einfach gehalten, erblüht sie nach oben hin im Barock, während das Dach und die Türme schon neoklassizistisch sind.

Die Kathedrale ist zwar von beachtlicher Größe, macht aber einen ziemlich düsteren Eindruck und die vom Kirchenschiff abgehenden Kapellen sind so schummrig, dass darin nicht viel zu erkennen ist. Einen Farbakzent setzt der **Altar de los Reyes**, ein großes, vergoldetes Retabel aus Holz hinter dem Hauptaltar, das in der Zeit zwischen 1718 und 1737 entstand und Bildnisse europäischer Königinnen und Könige aufweist sowie zwei Ölgemälde: *Mariä Verkündigung* und *Die Anbetung der Könige*. ⌚ 7.30–19.30 Uhr (während der Gottesdienste Mo–Fr um 9.30, 10.30, 12, 17, 18 und 19 Uhr, Sa zusätzlich um 13, So zusätzlich um 8, 13.30 und 16 Uhr, sollte man besondere Zurückhaltung üben); Eintritt frei, U-Bahnhof Zócalo.

El Sagrario Metropolitano, gleich daneben, wirkt sowohl eleganter als auch reicher, aber der Eindruck täuscht und ist nur dem reichlich verwendeten Blattgold im Innern und der churrigueresken Fassade zu verdanken. Das ursprünglich als Pfarrkirche erbaute Gotteshaus führt die meisten alltäglichen Aufgaben einer Ortskirche, wie Taufen und Trauungen, aus. ⌚tgl. 7.30–19.30 Uhr; Eintritt frei.

Templo Mayor

Direkt am Zócalo, in der Ecke zwischen dem Palast und der Kathedrale, liegt der ausgegrabene **Templo Mayor**. Nur die nackten Ruinen der Grundmauern des großen Tempels sowie von ein, zwei Bauten daneben sind zu sehen. Ohne Vorkenntnisse ist alles recht verwirrend, da öfters ein neues Gebäude auf der Stätte eines alten erbaut wurde. Die Modelle und Pläne im Museum helfen dabei, im Vorfeld einen Überblick zu bekommen.

Obwohl man seit Beginn des 20. Jhs. weiß, dass das religiöse Zentrum von Tenochtitlán unter diesem Teil der Stadt lag, wurde allgemein angenommen, dass sich der Haupttempel **Teocalli** genau unter der Kathedrale befunden habe. Erst nachdem bei Ausschachtungsarbeiten im Jahr 1978 eine gewaltige, etwa acht Tonnen schwere Steinscheibe mit der Abbildung von **Coyolxauhqui**, der Mondgöttin, zum Vorschein gekommen war, leitete man an dieser Stelle ernsthafte archäologische Ausgrabungen ein. Nach allem, was von der Aztekenkultur bekannt war, musste diese Scheibe den Boden des Huitzilopochtli-Tempels bilden. Die alten Gebäude wurden abgerissen, und man begann mit den Ausgrabungen.

Inzwischen weiß man, dass der Große Tempel neben der Mondgöttin auch dem Regengott Tlaloc gewidmet war. Alle 52 Jahre wurde ein neuer Tempel über den alten gebaut, hier möglicherweise sogar noch öfter. Nach dem Muster russischer Puppen steckte dabei immer ein Tempel im anderen. Von den insgesamt sieben Tempelanlagen wurden alle bis hinunter zur zweiten freigelegt, von der man nur den oberen Teil sehen kann – der Boden liegt unterhalb des Grundwasserspiegels. Die mit Skulpturen übersäte Ausgrabungsstätte stellt eine faszinierende Anlage dar, v.a. wenn man sich hier, mitten in der modernen Großstadt, vergegenwärtigt, dass an Ort und Stelle unglaubliche Zeremonien und Menschenopfer ausgeführt wurden. Nachts werden die Ruinen mit Flutlicht angestrahlt und bieten von den Straßen ringsum einen wunderbaren Anblick.

Das **Museo del Templo Mayor** verfügt über ein paar gute Rekonstruktionen und Modelle des alten Tenochtitlán. Zu den Höhepunkten der Sammlung gehören: die Replik einer **Tzompantli** (Schädelwand), gleich beim Eingang; der Adler in Raum 1 mit der Vertiefung im Rücken, wo die Herzen der Opfer aufgenommen wurden, die besonders ausdrucksvolle Statue eines Pulque-Gottes und natürlich der gewaltige **Coyolxauhqui-Stein**. Das Museum ist der Tempelanlage nachgeahmt, man steigt zu den Räumen hoch, die Huitzilopochtli und Tlaloc geweiht waren. Ganz oben befinden sich zwei Terracotta-Adlerkrieger in voller Lebensgröße und zahlreiche große Steinplatten aus der Ausgrabungsstätte.

Auf dem Weg nach unten kommt man an Stücken vorbei, die den Alltag zur Zeit der Azteken dokumentieren – darunter ein paar traurige, ausgestopfte Tiere, welche die Fauna zur Zeit der Méxica demonstrieren sollen – und beachtenswerten Fundstücken, die während der Ausgrabungsarbeiten zutage gefördert wurden: z.B. das kaum mehr als eine Handspanne große **Türkismosaik**, dessen winzige Teilchen sieben Götter-ähnliche Figuren bilden, und die zwei großen Keramikskulpturen von Mictlantecihtli, dem Gott des Todes, die erst 1994 unter der nahe gelegenen Casa de las Águilas gefunden wurden. ⌚Di–So 9–17 Uhr, US$3,70, Videokamera US$3, gilt sowohl für das Museum als auch die Ausgrabungsstätte.

Coyolxauhqui

Coyolxauhqui war die Tochter von Coatlicue, der über Leben und Tod gebietenden Muttergöttin. Als Coyolxauhqui feststellte, dass ihre Mutter auf mysteriöse Art schwanger geworden war, wollte sie diese Schmach tilgen und die Mutter ermorden. Da sprang **Huitzilopochtli** in voller Rüstung aus dem Mutterleib (wie Athene in der griechischen Mythologie), enthauptete die Schwester und trennte ihre Gliedmaßen vom Rumpf, den er anschließend in eine Schlucht warf. Dann wandte er sich gegen die 400 Brüder, die ihr zu Hilfe geeilt waren, und vertrieb sie in alle Himmelsrichtungen des Firmaments, wo sie zu Sternen wurden. Deshalb wird Coyolxauhqui immer mit abgeschnittenem Kopf und ohne Arme und Beine dargestellt. Sie muss am Fuße des Huitzilopochtli-Tempels liegen, weil sie vom Berg hinuntergestoßen wurde. Die im Tempel vollzogenen Opferhandlungen stellten einerseits die symbolische Wiederholung dieser Handlung dar: Die Leichen der Geopferten wurden später die Stufen der Pyramiden hinuntergeworfen. Zum anderen musste der Sonnengott mit Blut genährt werden, damit er in seinem allnächtlichen Kampf gegen die Mächte der Finsternis nicht unterlag.

Palacio Nacional und Rivera-Wandgemälde

Der mächtige **Palacio Nacional** nimmt mit einer Länge von etwa 200 m die ganze Ostseite des Zócalo ein. Hier stand der so genannte „neue Palast" Moctezumas und später die Residenz von Cortés. Auch wenn man es ihm heute nicht mehr ansieht – das Gebäude wurde im Laufe der Jahrhunderte immer wieder umgebaut, der dritte Stock datiert erst von 1927. Seit 1562 war es der Hauptsitz des spanischen Vizekönigs und seit der Unabhängigkeit der des Präsidenten der Republik. Er hat sein Büro nach wie vor im Nationalpalast und hält von dessen Balkon aus alle wichtigen Ansprachen. Jeden 15. September erklingt von hier die Rede an die Nation, bevor mit dem *Grito de Dolores* die Unabhängigkeitsfeierlichkeiten im ganzen Land beginnen. In diesen Mauern lebte auch Benito Juárez bis zu seinem Tod 1872. ⌚9–17 Uhr, Eintritt frei, aber Pass mitbringen!

Hauptattraktion sind die **Wandgemälde** von Diego Rivera, die die Treppenaufgänge und das Obergeschoss des Haupthofs schmücken. Die Wandgemälde im Nationalpalast, begonnen 1929, zählen zu den Klassikern Riveras. Das riesige Panorama mexikanischer Geschichte, *México a Través de los Siglos,* um die Haupttreppe herum verbindet Detailfülle mit reicher Symbolik und meisterhafter Raumgestaltung.

An der rechten Wand sieht man Quetzalcóatl im goldenen Zeitalter, wie er majestätisch über dem Tal von Mexiko thront, umgeben von fantastischen Visionen der Städte Teotihuacán, Tula und Tenochtitlán. Der Hauptteil zeigt Konquista, Unterdrückung, Krieg, Inquisition, Invasion, Unabhängigkeit und schließlich die Revolution. Fast alle wichtigen Persönlichkeiten und Ereignisse der mexikanischen Geschichte sind dargestellt, von den grotesk verzerrten Visagen der Konquistadoren bis zu den Nationalhelden: der dunkelhäutige Benito Juárez mit seiner Verfassung und den Kirchenreformgesetzen, Zapata mit einem Plakat, auf dem sein berühmter Ruf *Tierra y Libertad* steht, Pancho Villa, elegant mit Schnauzbart.

Der linke Teil ist dem postrevolutionären Mexiko und der Zukunft gewidmet. Hier weist Karl Marx den Arbeitern den Weg, während vor protzigen Bürohochhäusern und tristen Industrievierteln Geschäftsleute sich über ihre Schreibmaschinen beugen. Riveras Frau, die Künstlerin Frida Kahlo, ist ebenfalls abgebildet – hinter ihrer Schwester Cristina (mit roter Bluse und aufgeschlagenem Exemplar des Kommunistischen Manifestes).

Ursprünglich sollten auch sämtliche Wände des oberen (jetzt mittleren) Stockwerks mit kleineren Gemälden bedeckt sein, jedoch wurde das Werk nicht vollendet. Das erste, nicht farbig ausgemalte Bild zeigt jene Produkte, die der Rest der Welt Mexiko verdankt, darunter Mais, Bohnen, Kakao, Tabak, Baumwolle, Tomaten, Erdnüsse, Feigen und *chicle* (Grundstoff für Kaugummi). Die übrigen, vollendeten Malereien reichen halb um das Stockwerk herum. Es handelt sich um überwiegend idyllische Darstellungen aus der Zeit vor der Konquista: Markttage, Jagdszenen usw. Auf dem letzten, 1951 vollendeten Bild, ist die Ankunft der Spanier dargestellt; auch Malinche mit ihrem blauäugigen Baby von Cortés – dem ersten mexikanischen Mestizen – ist darauf zu sehen.

Ebenfalls auf halber Höhe des Gebäudes befindet sich der Sitzungssaal der mexikanischen Regierung von 1845 bis 1872, zuletzt als solcher genutzt unter Benito Juárez, der selbst bis zu seinem Tod im Palast wohnte. Im Saal befindet sich die Originalabschrift der Verfassung von 1857, die hier ausgearbeitet wurde.

Nördlich des Zócalo

Nur zwei Querstraßen nördlich geht der gewaltige Zócalo in ein viel kleinstädtischeres Viertel mit vergleichsweise winzigen Kolonialplazas und überwiegend aus dem 18. Jh. stammenden Gebäuden über. Es ist dennoch eine betriebsame Einkaufsgegend, zwischen deren Läden schmucke Kirchen und kleine Museen liegen und außerdem einige sehr sehenswerte Wandgemälde von Rivera und Siqueiros auszumachen sind; die gesamte Ecke lässt sich innerhalb weniger Stunden besichtigen.

Santo Domingo und Museo de la Medicina

Die neben der Kathedrale verlaufende 5 de Febrero führt nach drei Querstraßen Richtung Norden zur kleinen kolonialen **Plaza Santo Domingo** (U-Bahnhof Allende). In der Mitte plätschert ein Springbrunnen zu Ehren von La Correqiadora, die eine entscheidende Rolle im mexikanischen Unabhängigkeitskampf spielte, und ringsum stehen Herrenhäuser aus dem 18. Jh. Dazwischen die schöne **Barockkirche Santo Domingo**, die an der Stelle erbaut wurde, wo das erste Dominikanerkloster des Landes stand.

Am östlichen Ende der Plaza, an der Brasil, liegt das **Museo de la Medicina**, in dem ehemals das

Diego Rivera

Diego Rivera (1886–1957) gilt neben José Clemente Orozco und David Siqueiros als der talentierteste der drei großen mexikanischen Maler, *Los Tres Grandes,* die die Revolution und die mexikanische Geschichte auf riesigen *murales* darstellten und in der ersten Hälfte des 20. Jhs. der mexikanischen Malerei zu internationalem Ruhm verhalfen.

Rivera begann sein Studium im Alter von zehn Jahren an der San Carlos-Akademie in der Hauptstadt und ging später nach Paris, wo er mit vielen neuen Trends Bekanntschaft machte, besonders der Kubismus hatte es ihm angetan. Hier im Exil entwarf er mit **David Siqueiros** das Konzept einer naiven, volksnahen bildnerischen Darstellung, in welcher die neue Gesellschaft Mexikos ihren künstlerischen Ausdruck finden sollte. 1921, gleich nach der Revolution, kehrte Rivera aus Europa zurück und begann im Autrag des sozialistischen Bildungsministers und Dichters **José Vasconcelos** unverzüglich mit der Arbeit im Erziehungsministerium. Unter dem Eindruck seiner kommunistischen Überzeugung und den linksgerichteten Sympathien jener Zeit, schuf Rivera seine ersten großen, bewusst erzieherisch angelegten *murales.* Die Themen, nicht die Techniken, sollten im Vordergrund stehen: Landesgeschichte, Unterdrückung der Indianer und Gesellschaftsveränderung nach der Revolution.

Viele seiner frühen Wandgemälde wirken heute simpel und sogar naiv, aber sie folgten einer Strömung seiner Zeit. Rivera unterzog später seine Arbeit unter der Anleitung von Siqueiros einer gewissenhaften wissenschaftlichen Analyse, und setzte sich intensiv mit der industriellen Entwicklung auseinander. Dies führte auch zur Verwendung neuer Techniken und besserer Materialien. Die Fortschrittsgläubigkeit, wie sie v.a. in den frühen Werken von Rivera und Siqueiros zum Ausdruck kommt, erscheint uns heute etwas naiv, aber die Maltechnik, das Experimentieren mit neuartigen Methoden und ganz eigenen Darstellungsweisen führte zu erstaunlichen Effekten.

Rivera war langjähriges Mitglied der kommunistischen Partei Mexikos. Als ideologische Differenzen die sowjetische Politik spalteten, unterstützte Rivera Trotzkis „revolutionären Internationalismus“, und benutzte 1936, nachdem Trotzki sieben Jahre auf der Flucht vor Stalins Schergen im Exil verbracht hatte und kaum noch ein Land finden konnte, das ihn aufnehmen wollte, seinen Einfluss auf den mexikanischen Präsidenten Lázaro Cárdenas, um Trotzki und dessen Frau Natalia die Einreise zu erlauben. Sie verbrachten einige Zeit als Gäste von Diego und Frida in deren Haus in Coyoacán und zogen dann in ein Haus an der gleichen Straße, das heutige **Museo Casa de León Trotsky**.

Die leidenschaftlichen Auseinandersetzungen zwischen orthodoxen Stalinisten und Trotzkisten machten auch vor der Künstlerwelt nicht Halt und führten zu einem Zerwürfnis zwischen Rivera und dem überzeugten

Hauptquartier der Inquisition Neu-Spaniens untergebracht war. Hier kann man Zellen, Folterkammern und -werkzeuge besichtigen, und auch wenn die Grausamkeit der Inquisition manchmal übertrieben dargestellt wird, so haben sich hier zweifellos grässliche Szenen abgespielt. Das Museum selbst beherbergt Ausstellungsstücke zur indigenen Medizin, Religion und Kräuterheilkunde. Oft werden Krankheiten in figürlichen Darstellungen verdeutlicht, und es ist überraschend, wie oft Hautkrankheiten, Wirbelsäulenverkrümmungen und Missbildungen in präkolumbischen „Kunstwerken“ auftauchen. Die Entwicklung der westlichen Medizin von der Kolonialzeit bis heute ist ebenfalls gut dokumentiert. 🕓 tgl. 9–18 Uhr, Eintritt frei.

SEP und Colegio de San Ildefonso

Von der Plaza de Santo Domingo führt die República de Cuba eine Querstraße weiter östlich zum

Stalinisten Siqueiros, der schließlich wegen seiner Beteiligung bei einem Anschlag auf Trotzki (s.S. 379, Kasten) ins Gefängnis kam.

Auf den Spuren Riveras

Dieser Künstler hat ein unglaublich umfangreiches Werk geschaffen, und vieles davon ist in der Hauptstadt zu sehen. Eine Übersicht über die wichtigsten Rivera-Stätten:

Nahe Zócalo, auf der Alameda und in Chapultepec:

- **Palacio Nacional**, s.S. 350. Eindrucksvolle Murales im Herzen der Stadt.
- **SEP**, s.S. 352. Riesige frühe Wandgemälde rings um die Patios des Erziehungsministeriums.
- **Palacio de las Bellas Artes**, s.S. 356. Zwischen Werken anderer Muralisten auch Riveras monumentales *Mann, der das Universum kontrolliert* (auch *Mann am Kreuzweg).*
- **Museo Mural Rivera**, s.S. 358. Beherbergt eines der berühmtesten Werke: *Sonntagnachmittagsträumerei in der Alameda.*
- **Antiguo Colegio de San Idelfonso**, s.S. 354. Besitzt ein etwas weniger eindrucksvolles Wandgemälde von Rivera.
- **Museo de Arte Moderno**, s.S. 369. Hat mehrere ausgezeichnete gerahmte Gemälde von Rivera und seiner berühmteren Zeitgenossen.
- **Museo Nacional de Arte**, s.S. 356. Zeigt eine Hand voll weniger bedeutsamer Bilder.

In den südlichen Vororten

- **Museo Dolores Olmedo Patiño**, s.S. 382. Umfasst eine sehr große Sammlung von Werken Riveras aus fast jeder seiner Schaffensperioden.
- **Museo Frida Kahlo**, s.S. 378. In dem Haus, in dem er zusammen mit Frida Kahlo einige Zeit lebte, sind nur ein paar Arbeiten von Rivera ausgestellt.
- **Museo Casa Estudio Diego Rivera y Frido Kahlo**, s.S. 373. Diese beiden Häuser von Diego und Frida wurden von Juan O'Gorman entworfen.
- **Museo Anahuacalli**, s.S. 382. Großes, von Rivera nach Maya-Vorbild erbautes Haus, beherbergt seine Sammlung präkolumbischer Skulpturen.
- **Museo de Carrillo-Gil**, s.S. 373. Einige Malereien aus Riveras kubistischer Schaffensperiode.
- **Teatro de los Insurgentes**, s.S. 372. Auf einer Mural von Rivera ist die Geschichte des mexikanischen Theaters festgehalten.

Außerhalb der Stadt

- **Palacio de Cortés**, Cuernavaca, s.S. 435. Beherbergt gewaltige, frühe Wandgemäl-de.
- **Museo Robert Brady**, Cuernavaca, s.S. 435. Zeigt einige wenige Malereien von Frida und Diego.
- **Museo Casa Diego Rivera**, Guanajuato, s.S. 308. Im Geburtshaus von Rivera sind einige von seinen nicht ganz so herausragenden Arbeiten und Skizzen ausgestellt.

Secretaria de Educación Pública – SEP (Kultusministerium) – der Eingang befindet sich um die Ecke in der Argentina 28. Hier malte Rivera in den Jahren 1923 und 1924, nach seiner Rückkehr aus Paris, seine ersten Wandgemälde. Die Anregungen dazu gingen auf den Erziehungsminister José Vasconcelos zurück, der in der Kunst ein Mittel sah, einer großen, wenig gebildeten Bevölkerungsschicht den Zugang zu Geschichte und kulturellen Werten zu erleichtern. Seiner Förderung sind die meisten der *murales* in den öffentlichen Gebäuden Mexikos zu verdanken. Die oberen Stockwerke sind nur von Montag bis Freitag zugänglich. ⌚ Mo–Fr 9–17, Sa und So 9.30–16 Uhr, Eintritt frei; U-Bahnhof Zócalo.

Die drei Stockwerke des gewaltigen, aus zwei Teilen bestehenden Patios, viele Treppenhäuser und fast alle Wände des Ministeriums sind mit Rivera-Fresken bedeckt. Im Vergleich zu seinen späteren Arbeiten sind sie ziemlich einfach gehalten, seine Handschrift ist jedoch unverkennbar: Figuren und Themen aus der Landwirtschaft oder aus Wissenschaft und Technik. Versteckt in einer dunklen Ecke, findet man im hinteren Teil des Erdgeschosses das berühmteste **Wandgemälde**: *Día de los Muertos.* Wer im Uhrzeigersinn weitergeht, gelangt zu anderen, faszinierenden Gemälden, z.B. *Quemada de Judas*, *La Asamblea Primero de Mayo* und *El Canal de Santa Ana.*

Die Arbeiten im ersten Stock sind eher schlicht und vorwiegend in Grautönen gehalten. Hier befinden sich die Wappen der mexikanischen Staaten und Bilder mit eindeutig pädagogischem Ansatz wie *Chemie* oder *Physik*, die meist von Riveras Assistenten gemalt wurden. Das zweite Stockwerk ist den Helden und Heldentaten der Revolution gewidmet. Geht man im Uhrzeigersinn nach rechts, kann man den glorreichen Prozess der Revolution verfolgen. Seinen Höhepunkt findet er in den Freudenfesten eines von Bauern und Arbeitern regierten Mexiko.

Wandgemälde, die ebenfalls auf Anregung Vasconcelos zustande kamen, sind im **Antiguo Colegio de San Idelfonso**, auch Escuela Nacional Preparatoria oder ENP genannt, zu betrachten. Sie liegt ganz in der Nähe, im alten Jesuitenseminar San Idelfonso aus dem 18. Jh., vom SEP links die San Idelfonso entlang. In dem Bauwerk, das fast einen ganzen Häuserblock einnimmt, haben sich viele Künstler verewigt, einschließlich Rivera und Siqueiros.

Die berühmtesten Werke stammen von José Clemente Orozco, sie sind im Hauptaufgang und im ersten Stock des Hauptpatios zu sehen. Orozco zeigt sich trotz seiner Begeisterung für die Revolution weniger blutrünstig als viele seiner Zeitgenossen und zeichnet ein eher ironisches Bild des modernen und vorrevolutionären Mexiko. *Der Schützengraben* stellt drei Revolutionssoldaten auf dem Schlachtfeld dar, während *Die Zerstörung der alten Ordnung* eher eine Rückkehr zu einem autoritären Staat als den Beginn einer freien und gerechten Gesellschaft nach der Revolution anzudeuten scheint. ⌚ Di–So 10–18 Uhr, US$3,50, U-Bahnhof Zócalo.

Museo de la Caricatúra

Eine halbe Querstraße westlich des ENP geht die Justo Serra in die Donceles über, wo sich das **Museo de la Caricatúra**, Donceles 99, befindet, untergebracht in einer besonders schönen Privatvilla des 18. Jhs. Hier sind einige Arbeiten der berühmtesten mexikanischen Karikaturisten ausgestellt, die jedoch ohne gute Kenntnisse der mexikanischen Geschichte und des Spanischen schwer verständlich sind. Am sehenswertesten sind die Drucke von José Guadelupe Posada – der großen Einfluss auf die spätere **Muralistenbewegung** hatte – aus dem 19. Jh., auf denen Mariachi-Skelett-Gruppen dargestellt sind. Das Museum verfügt auch über ein nettes Café im zentralen Patio. Die jüngsten Karikaturen, von denen viele eher das Weltgeschehen als nur Mexiko zum Thema haben, sind ebenfalls äußerst scharfsinnig. ⌚ Mo–Fr 10– 18, Sa und So 10–17 Uhr, US$1,50, U-Bahnhof Zócalo.

Östlich des Zócalo: Calle Moneda

Wenn man die Calle Moneda, eine der ältesten Straßen der Stadt, vom Zócalo aus weitergeht, vollzieht sich ein Wandel im Stadtbild. Bald erreicht man ein armseliges Wohngebiet, von dem aus sich die Straßenstände des riesigen Marktes, La Merced, nach Süden hinziehen. In dieser Gegend unbedingt besuchenswert sind das Museo de la SHCP und das Museo Nacional de las Culturas.

Museo de la SHCP

Ein paar Schritte vom Zócalo entfernt liegt das **Museo de la SHCP**, Moneda 4, das im ehemaligen Erzbischofspalast untergebracht ist und in Sälen rund um zwei herrliche Patios mexikanische Kunst der letzten drei Jahrhunderte zeigt. Das Bauwerk ruht auf einem Teil des Zeremonienzentrums von Tenochtitlán, dem *teocalli.* Bei Ausgrabungen wurden Teile der Grundmauern des **Templo de Tezcatlipoca** gefunden, einer Pyramide, die vor langer Zeit hier stand. Zu ihr gehörten die kleine Treppe, ein Wandrelief, auf dem ein Jaguar zu sehen ist, und eine Reihe anthropomorpher Skulpturen. In den Ausstellungsräumen bilden die gravitätischen Gemälde, die Juan Correa im 18. Jh. schuf, einen gelungenen Kontrast zu der kleinen, exzellenten Sammlung russischer Ikonen aus der gleichen Epoche. Weitere Höhepunkte sind Arbeiten von Diego Rivera und das Wandgemälde im Treppenhaus von José Gordillo, der in die Fußstapfen von Siqueiros und Rivera trat, wie unschwer zu erkennen ist. ⌚ Di–So 10–17 Uhr, US$0,80.

Museo Nacional de las Culturas und Umgebung

Über die Archäologie und Menschheitsgeschichte anderer Völker kann man sich im **Museo de las Culturas** in der Calle Moneda 13, gleich hinter dem Palacio Nacionales de las Culturas, informieren. Es ist in der fachmännisch restaurierten ehemaligen Casa de la Moneda aus dem 16. Jh. untergebracht, bis 1848 die Münzprägeanstalt und danach das Nationalmuseum, wo bis zum Bau des Museo Nacional de Antropología, s.S. 364, die besten aztekischen Fundstücke ausgestellt waren. Das rings um einen stillen Patio angelegte Museum ist interessanter als mancher erwartet, auch wenn es angesichts der zahlreichen Weltklassemuseen der Stadt notgedrungen etwas zurückstehen muss. Besonders fesselnd ist die Darstellung der historischen Rolle, die Mexiko für die Handelswege zwischen Europa und Asien spielte. Jeder Kontinent ist mit Ausstellungsstücken vertreten, die von koreanischem Porzellan bis zu einer liegenden Schönen von Henry Moore reichen. ⌚ Di–So 10–18 Uhr, Eintritt frei.

Einen Block vom Museum entfernt ragt die orangefarbene Kuppel der **Kirche Santa Ines** auf, die nur wegen ihrer feingeschnitzten Türen von Interesse ist. Die beiden Maler Miguel Cabrera und José Ibarra sind irgendwo im Kircheninneren begraben, werden aber in keiner Weise erwähnt. Die dazugehörigen Klostergebäude um die Ecke wurden in das **Museo José Luis Cuevas**, Academia 13, verwandelt. Den Mittelpunkt der Räumlichkeiten bildet die 8 m hohe Bronzestatue *La Giganta* (die Riesin), ein Werk von Cuevas. Die einzige Dauerausstellung besteht aus einem Saal voller Erotica, von prä-hispanischen Skulpturen bis zu Federzeichnungen, einige von Cuevas. ⌚ Di–So 10–17.30 Uhr, US$1.

Südlich des Zócalo

Nicht ganz so sehenswert ist das Gebiet direkt südlich des Zócalo, lohnt aber doch einen Abstecher, v.a. zum farbenfrohen Markt **La Merced**. Geht man vom Zócalo an der Ecke zwischen dem Palacio Nacional und dem Ayuntamiento die Pino Suárez Richtung Süden, gelangt man zum Museo de la Ciudad de Mexiko. Zuerst kommt man jedoch am obersten Gerichtshof **Suprema Corte de Justicia** vorbei, einem modernen Gebäude im Kolonialstil gleich an der Ecke der Plaza. Sein Inneres schmücken drei hervorragende Wandgemälde von **Orozco**: *Proletarische Kämpfe*, *Nationale Wohlfahrt* und *Gerechtigkeit*. Letzteres zeigt die Göttin der Gerechtigkeit schlafend auf ihrem Sockel, während Banditen das Volk seiner Rechte berauben. Dieses Werk hatte bei den Richtern und Machthabern wenig Zustimmung gefunden, und Orozco brach die Arbeit ab. ⌚ Mo–Fr 9–14 Uhr, Eintritt frei, Pass mitbringen.

Museo de la Ciudad de México und Umgebung

Ein paar Querstraßen südlich des Zócalo liegt das **Museo de la Ciudad de México**, Pino Suárez 30, im ehemaligen Kolonialpalast des Conde de Santiago de Calimaya. Der Adelssitz mit den Kanonen am Gesims und schweren Holztüren weist an der hinteren Seite eine große gefiederte Schlange auf, die offensichtlich aus den Ruinen eines Aztekentempels stammt und als Grundstein diente. Die meisten Säle sind Ausstellungen zu unterschiedlichsten Themen vorbehalten; im obersten Stock befindet sich das ehemalige Studio des Landschaftsmalers Joaquín Clausell. Die Wände sind mit Porträts und Skizzen bedeckt, die er zwischen seinen eigentlichen Arbeiten entwarf. ⌚ Di–So 10–17.45 Uhr, Eintritt US$1,40, Pass mitbringen.

Schräg gegenüber des Museums, auf der anderen Straßenseite, liegt die Stelle, an der sich laut Überliefung Cortés und Moctezuma zum ersten Mal gegenüberstanden. Hier befinden sich die Kirche und das **Hospital Jesús Nazareno**. Das Krankenhaus, von Cortés 1528 gegründet, dient immer noch als solches und ist eines der ältesten Gebäude der Stadt; ein exemplarisches Beispiel für die schmucklose, festungsähnliche Bauweise in der Zeit unmittelbar nach der Konquista. Die **Kirche**, die die sterblichen Überreste von **Cortés** und links vom Altar eine Bronzetafel mit der schlichten Inschrift „H.C. (1485–1547)" beherbergt, wurde im Laufe der Jahre gründlich umgebaut. Das Gewölbe schmückt ein Fresko von Orozco, *Die Apokalypse*.

Wendet man sich von der Kirche nach Osten, kommt man auf der Salvador oder Uruguay zum Markt La Merced. Der Weg über die Uruguay führt an den Resten des Klosters **Convento de la Merced** aus dem 17. Jh. vorbei.

In westlicher Richtung kommt man durch alte Straßen nach etlichen Kilometern zur Zona Rosa. Nur ein halbes Dutzend Querstraßen vom Zócalo nach Süden ist man schon ein gutes Stück außerhalb der Touristenmeile.

Zwischen Zócalo und Alameda

Die elegantesten Boulevards liegen zwischen Zócalo und Alameda: die Tacuba, die 5 de Mayo, die Madero, die 16 de Setiembre und deren Querstraßen. Hier hat sich der moderne Baustil noch am wenigsten durchgesetzt; alte Gebäude, Cafés, Geschäfte und Herrenhäuser, in denen Banken, Büros und Restaurants untergebracht sind, säumen die Straßen. Es gibt zwar keine tollen Sehenswürdigkeiten, aber auch keine bessere Gegend für einen Spaziergang. Das Ende der Madero bildet die äußerste Grenze des kolonialen Stadtkerns, und hier stehen zwei der eindrucksvollsten modernen Bauten der Hauptstadt: der **Torre Latinoamericana** und der **Palacio de las Bellas Artes**.

Die Madero entlang

Erster Anlaufpunkt ist das **Museo Serfin**, Madero 33, in dessen einzigem Saal fast immer gute Ausstellungen zu sehen sind. ⌚ Mo–Sa 9–18 Uhr, Eintritt frei. Weiter unten an der Madero liegt der **Palacio de Iturbide**, Madero 19, jetzt Sitz der *Banamex*. Im 18. Jh. als Wohnhaus des Conde de Valparaiso gebaut, war er von 1821–1823 Residenz des glücklosen „Kaisers" Agustín de Iturbide. Inzwischen hat man ihn liebevoll wiederhergestellt. *Banamex* zeigt hier manchmal kostenlose Kunstausstellungen. Einen Block weiter (der letzte vor Bellas Artes und der Alameda) steht an der Stelle, wo sich die erste Franziskanermission Mexikos befand, die churrigueresk**e Kirche San Francisco**, U-Bahnhof Bellas Artes. Hinter der Kirche sind noch die Überreste der alten Mission zu sehen.

Direkt gegenüber steht die berühmte **Casa de los Azulejos** aus dem 16. Jh., in der eine Zweigstelle von *Sanborn's* untergebracht ist. Am bemerkenswertesten ist das Äußere, das ganz und gar mit blau-weißen Kacheln *(azulejos)* aus Puebla, die während der Renovierung im Jahr 1737 angebracht wurden, bedeckt ist. Im Treppenhaus befindet sich ein gewaltiges Orozco-Wandbild und im glasüberdachten Patio ein Restaurant.

Der Torre Latinoamericana

Der Torre Latinoamericana, Lázaro Cárdenas 2, aus Stahl und Glas, wurde 1956 nach zweijähriger Bauzeit fertig gestellt und war lange Zeit das höchste Bauwerk Mexikos. Inzwischen wird er vom bis heute nicht fertig gestellten *Hotel de la Ciudad de México* in der Insurgentes Sur, dem künftigen *World Trade Center,* überragt, bleibt aber dennoch ein weithin sichtbarer Orientierungspunkt. Vor allem in der Abenddämmerung lohnt sich eine Fahrt zur vergitterten Aussichtsplattform in 139 m Höhe. Der Blick über die Stadt ist grandios. Der Lift fährt bis in den 36. Stock, wo eine Treppe zu einem kleinen **Aquarium** (US$2,80) und ein anderer Aufzug zu „El Mirador" im 42. Stock führen. Hier befindet sich ein verglastes **Aussichtsdeck**, darüber ein kleines **Café**, und noch weiter oben gibt es auf einer äußeren Plattform Münzferngläser. Die extrem starken Fundamente des erdbebensicheren Bauwerks schwimmen im sumpfigen Untergrund der Hauptstadt und halten das Gebäude in erster Line durch ihr Gewicht aufrecht – ein Wunderwerk der Technik. ⌚ tgl. 9–22 Uhr, US$4.

Palacio de las Bellas Artes

Schräg gegenüber steht der Palacio de las Bellas Artes, der 1901, während der Glanzzeit der Díaz-Diktatur, von dem italienischen Architekten Adamo Boari entworfen und im grandiosen Stil des italienischen Jugendstil mit eigens aus Italien importiertem Marmor erbaut wurde. Der Bau wurde erst 1934 vollendet. Inzwischen hatte es die Revolution gegeben, und Baumeister waren gekommen und gegangen. Die Innengestaltung ist einzigartig: extravagantes Dekor mit spektakulärer Beleuchtung und (u.a.) stilisierten Masken des Regengottes Tlaloc.

Ein Großteil lässt sich kostenlos von der Eingangshalle und dem ersten Stock aus besichtigen, wo sich eine Kunstbuchhandlung und das Restaurant *El Café del Palacio,* s.S. 393, befinden. Der Palast beherbergt auch ein Kunstmuseum, das **Museo del Palacio de Bellas Artes**, Av. Juárez y Lázaro Cárdenas, ausgestaltet mit großen **Wandgemälden.** Im 1. Stock befinden sich die *Geburt unserer Nation* und *Mexiko heute* – träumerische, fast abstrakte Arbeiten von **Rufino Tamayo**, eine Etage höher sind sogar alle drei Spitzenkünstler dieser Gattung zu bewundern: **Riveras** *Mann, der das*

Universum kontrolliert (auch *Mann am Kreuzweg),* eine Hymne auf die befreiende Wirkung der Technologie, war ursprünglich für das Rockefeller Center in New York angefertigt worden, wurde jedoch vor Ort als zu „links“ verworfen und vernichtet. Nelson Rockefeller monierte die Abbildung von Karl Marx, obwohl er bei der Erteilung des Auftrages genau wusste, welche Weltanschauung Rivera vertrat. Diese Kopie malte Rivera selbst im Jahr 1934, nur ein Jahr nach der Schaffung des Originals. Die Ausstellung umfasst noch mehrere kleinere Werke von Rivera, außerdem die gewaltige, boshafte *Katharsis* von **Orozco** und ein paar sehr sehenswerte Arbeiten von **Siqueiros**. ⏲ Di–So 10–18 Uhr, Eintritt US$3.

Im obersten Stock befindet sich das **Museo de la Architectura** (gleiche Öffnungszeiten; gleiche Eintrittskarte), das keine feste Sammlung, wohl aber oft interessante Ausstellungen zu bieten hat.

Einige der schönsten Teile des Dekors liegen die meiste Zeit dem Publikum nicht ohne weiteres zugänglich im großen Theatersaal verborgen. Schon um einen Blick auf den Vorhang aus Tiffanyglas, auf dem u.a. das Tal von Mexiko und die Vulkane dargestellt zu werfen, lohnt es sich, eine Aufführung zu besuchen. Bellas Artes ist der Hauptsitz des Instituto Nacional de las Bellas Artes und Veranstaltungsort aller maßgeblichen klassischen Konzerte, Opern und Tanzvorstellungen, insbesondere des sehenswerten **Ballet Folklórico**, s.S. 395, „Unterhaltung“.

Correo Central und Palacio de Minería

An der Rückseite des Bellas Artes, an der Ecke Tacuba und Lázaro Cárdenas, befindet sich das Hauptpostamt **Correo Central**. Das Gebäude, das 1908 fertig gestellt wurde, geht wie das Bellas Artes auf den Architekten Adamo Boari zurück. Bei näherem Hinsehen erkennt man eine Vielzahl komplizierter Details an den Außenwänden. Viel schön geschnitztes Holzwerk schmückt das Innere. Im 1. Stock befindet sich das kleine **Museo Postal** mit seiner nicht besonders aufregenden Sammlung, ⏲ Mo–Fr 10–17.30, Sa und So 10–15.30 Uhr; Eintritt frei (Pass mitnehmen).

Gleich hinter der Post steht in der Calle Tacuba der neoklassizistische **Palacio de Minería**. Die Bergbauschule beherbergt das nur für echte Fans interessante Museo Manuel Tolsá, das dem Architekten des Palastes gewidmet ist, und das **Folter-Museum**, ⏲ tgl. 10–19 Uhr, US$3,50, das Folterwerkzeug und Exekutionsinstrumente von der Inquisition bis heute zeigt.

Museo Nacional de Arte

Das Museo Nacional de Arte (Nationale Kunstmuseum), Tacuba 8, liegt etwas von der Straße zurückgesetzt an einer kleinen Plaza, dort, wo auch das bekannteste **Standbild** der Stadt aufgestellt ist: *El Caballito,* die Darstellung Karls IV. von Spanien, das Werk von Manuel Tolsá. Ursprünglich (die Figur entstand 1803) zierte die wuchtige Bronzestatue den Zócalo, danach wechselte sie mehrmals den Standort.

Das Ergeschoss des Museums ist (zusammen mit einem Buchladen und einem Café) Ausstellungen vorbehalten, der erste und zweite Stock der permanenten Sammlung. Wer chronologisch vorgehen möchte, beginnt im 2. Stockwerk mit der Besichtigung der Werke, die bis Ende des 18. Jhs. datieren. Gewaltige Leinwände mit religiösen Themen nehmen ganze Wände ein. Mit einem halben Dutzend Bildern vertreten ist Miguel Cabrera; besonders beachtenswert ist sein Gemälde *La Virgen del Apocalipsis*. Im gleichen Saal sind auch einige schöne polychrome Skulpturen ausgestellt, v.a. die winzige indianische Szene in einem Glaskasten. Das Meisterwerk des Malers Francisco Antonio Vallejos (18. Jh.) ist kaum zu übersehen: das vierteilige Gemälde *Glorificación de la Immaculada,* auf dem die Mutter Gottes in Wolken über dem Hofe von König Karl III. schwebt.

Im ersten Stock gibt es neben Ölgemälden auch Lithografien, Skulpturen und Fotos zu sehen, z.B. von *pulqueros,* die Maguey-Kakteen anzapfen, und Weidevieh im Park von Chapultepec. Außerdem zwei Fotoarbeiten von Henri-Cartier-Bresson und verschiedene aus dem Atelier der aus Ungarn stammenden Fotografin Katy Horna, die von 1939 bis zu ihrem Tod im Jahr 2000 in Mexiko lebte und arbeitete. Die wenigen Werke von Diego Rivera sind eher zweitrangig, doch seine frühen Arbeiten, z.B. *El Grade de España* von 1914, als er von Braque begeistert war, sind insofern aufschlussreich, als sie zeigen, wie Riveras Technik viele andere Maler jener Zeit beeinflusste, insbesondere Saturnino Herrán und Olga Costa. Einen Blick lohnen auch die

Landschaften von José María Velasco (einer der Lehrer Riveras). ⌚ Di–So 10.30–17.30 Uhr, US$3.

La Alameda

An der Rückseite von Bellas Artes verläuft die Lázaro Cárdenas Richtung Norden zur **Plaza Garibaldi** (s.S. 395, „Unterhaltung") durch ein Viertel mit schäbigen Cantinas und ebensolchen Esslokalen, Theatern und Varietés. Vom Palacio de Bellas Artes nach Westen führt die Av. Hidalgo zur Alameda. 1592 wurde sie als Park angelegt und erhielt ihren Namen von den *álamos* (Pappeln), die damals gepflanzt wurden. Ursprünglich war die Alameda ein aztekischer Marktplatz, später wurden hier die Opfer der Inquisition auf dem Scheiterhaufen verbrannt.

Was man heute sieht – Wege und Blumenbeete, Statuen und Springbrunnen – datiert aus dem 19. Jh., als die Alameda ein Ort war, wo die gute Gesellschaft lustwandelte. Der Park ist beliebt und belebt und wird nachts beleuchtet.

Museo de la Estampa und Museo Franz Mayer

An der Nordseite der Alameda erstreckt sich die Avenida Hidalgo mit einer Reihe alter Gebäude, angefangen mit dem Teatro Hidalgo, gegenüber vom Palacio Bellas Artes. Ein Stück weiter westlich befindet sich das **Museo de la Estampa** bei der Kirche Santa Veracruz. Die Gravurkunst steht im Mittelpunkt dieses Museums. Hier sind Gravurarbeiten und Druckplatten aus präkolumbischer Zeit bis in die Moderne untergebracht, darunter Arbeiten von José Guadalupe Posada, s.S. 301. ⌚ Di–So 10–17.45 Uhr, US$1.

Gleich daneben liegt das **Museo Franz Mayer**, Hidalgo 45, in einem Hospital aus dem 16. Jh. untergebracht, das zur Kirche San Juán gehört. Es beherbergt eine Sammlung von Kunst und Kunsthandwerk, die der Deutsche Franz Mayer zusammengetragen und dem mexikanischen Volk geschenkt hat. Besondere Beachtung verdienen die alten Silbersachen, Talavera-Keramiken und Skulpturen aus Mexiko und Guatemala. Daneben gibt es eine stattliche Anzahl von Möbeln und Töpferwaren aus Asien, in denen sich auch die Bedeutung Mexikos als ehemalige Handelsmacht dokumentiert, sowie eine Bibliothek mit seltenen, alten Werken spanischer und mexikanischer Autoren. Das Gebäude ist wirklich sehenswert und stellt eine friedliche Oase inmitten des städtischen Trubels dar.

⌚ Di–So 10–17 Uhr, US$2. Im Innenhof befindet sich ein Café, in dem man in Ruhe Kaffee trinken oder eine Kleinigkeit essen kann, der Zutritt kostet US$0,50.

Laboratorio Arte Almeda und Museo Mural Diego Rivera

Kurz vor dem westlichen Ende der Alameda sind im Laboratorio Arte Almeda, Calle Doctor Mora 7, im Kloster San Diego aus dem 17. Jh. Sonderausstellungen zeitgenössischer Kunst zu bewundern. Die Kunstwerke sind mit Feingefühl über Kirche, Kapelle und Hauptgebäude des alten Klosters verteilt. In dieser stilvollen Atmosphäre finden manchmal Abendkonzerte statt (meist Kammermusik oder Klavier). ⌚ Di–So 9–17 Uhr, US$1,50.

Zu den am schlimmsten vom Erdbeben 1985 betroffenen Gebäuden gehörte das *Hotel del Prado*, das Riveras Wandgemälde *Sonntagnachmittagsträumerei in der Alameda* beherbergte. Das Gemälde konnte fast unversehrt geborgen werden und bekam eine neue Heimat im **Museo Mural Diego Rivera**, Balderas, Ecke Colón. Auf dem Bild kommen fast alle namhaften mexikanischen Persönlichkeiten vor: angefangen von Cortés mit von Blut besudelten Händen bis zu Rivera selbst, als 9-Jähriger dargestellt, und gleich hinter ihm Frida Kahlo beim Spaziergang im Park. Auch der Karikaturist Posada ist zusammen mit seinem berühmten Skelett *La Calavera Catrina* zu sehen. Ursprünglich beinhaltete das Wandgemälde auch noch ein Schild mit der Aufschrift: „Gott existiert nicht". Bevor das Werk dem Publikum freigegeben werden konnte, musste Rivera diesen Spruch übermalen. Eine kleine Museumsbroschüre (US$0,50) erläutert die auf dem Gemälde dargestellten Personen. An den Wänden finden sich Erläuterungen zur Geschichte der Alameda. ⌚ Di–So 10–18 Uhr, US$1; wenig erhellende *Luz y Sonido*-Vorführungen auf Spanisch: Do–Fr 11 und 16, Sa und So 11, 13, 16 und 17 Uhr.

Rund um das Revolutionsdenkmal

Von der Alameda führen die Avenidas Juárez und Hidalgo zum Paseo de la Reforma. Nachdem sie die Reforma überquert hat, wird aus der Hidalgo die Puente de Alvarado. Sie verläuft dort, wo früher eine der großen Dammstraßen nach Tenochtitlán führte.

Puente de Alvarado: San Fernando und Museo San Carlos

Nach ihrem Sieg erbauten die Spanier zum Dank und gleichzeitig als Erinnerung an die *Noche Triste* (s. Kasten „Puente de Alvarado") die **Kirche San Hipólito** an der Reforma, Ecke Puente de Alvarado. Das Bauwerk, so wie es heute steht, stammt aus dem Jahr 1602, wurde aber im Laufe der Zeit mehrmals durch Erdbeben beschädigt und wieder neu aufgebaut und hat sich stark verändert.

Westlich davon, an der Puente de Alvarado, liegt die barocke **Kirche San Fernando** aus dem 18. Jh. an der gleichnamigen Plaza. Früher war sie eine der reichsten Kirchen der Stadt, wurde jedoch nach und nach geplündert. Heute bleibt nur noch die Fassade zu bewundern.

In derselben Straße befindet sich im Haus Nummer 50 das **Museo Nacional de San Carlos**, Puente de Alvarado 50, das die älteste Kunstsammlung des Landes beherbergt. Sie wurde 1783 von Karl III. von Spanien angelegt und umfasst eine Vielzahl europäischer Werke des 17. und 18. Jhs. sowie einige interessante frühere und spätere Gemälde. Von den großen mexikanischen Malern sind nicht allzu viele vertreten, doch nähere Betrachtung lohnen das Gemälde *San Pedro, San Andrés y San Mateo* des spanischen Malers Maestro de Palaquinos (15. Jh.), die von Reynolds, Reubens und Hals gemalten Portraits und das lichtdurchflutete Gemälde *Mujeres Bretones a la Orilla del Mar* des Spaniers Manuel Benedito y Vives.

Es finden auch oft Ausstellungen statt. Das schöne, von Manuel Tolsa entworfene Gebäude hat eine wechselvolle Geschichte hinter sich. Einer seiner Bewohner war der französische Marschall Bazaine, den Napoleon III. als Berater Maximilians nach Mexiko gesandt hatte. Das Haus erhielt er von Maximilian als Hochzeitsgeschenk. Auch der glücklose mexikanische General und zeitweilige Diktator Santa Ana wohnte hier. Später diente das Gebäude eine Weile als Zigarettenfabrik. 🕓 tgl. außer Di 10–18 Uhr, US$2,50.

Puente de Alvarado

Nach dem Tod von Moctezuma fanden sich Cortés und seine Männer praktisch in ihren Unterkünften in Tenochtitlán eingeschlossen, und Cortés beschloss, im Schutz der Dunkelheit über die Puente de Alvarado zu flüchten. Der Fluchtplan endete in einer Katastrophe. Die Azteken versenkten in dieser Noche Triste („traurige Nacht") am 10. Juli 1520 die Zugbrücken und griffen die durch die Sümpfe watenden Spanier von ihren Kanus aus an. Von den 1300 spanischen Soldaten überlebten nur 440 Soldaten; die Hälfte ihrer indianischen Verbündeten wurde getötet. Die meisten Spanier fielen ihrer eigenen Habgier zum Opfer, denn sie wollten sich um keinen Preis von ihrem erbeuteten Gold trennen und waren nach den Worten von **Bernal Díaz** „so schwer beladen, dass sie nach unten gezogen wurden, und sie weder laufen noch schwimmen konnten".
Die Straße erhielt ihren Namen nach Pedro de Alvarado, einem der letzten Konquistadoren, die über die zerbrochene Brücke entkamen, „unter großen Gefahren und nachdem ihre Pferde getötet worden waren, und sie traten auf tote Männer, Pferde und Kisten".
Vor einiger Zeit wurde hier ein großer Goldbarren – wie jene, die Cortés aus den geschmolzenen Aztekenschätzen herstellen ließ – ausgegraben.

Die Juárez entlang zum Monumento

Wer von der Alameda in die Juárez einbiegt, dem fällt das wuchtige Revolutionsdenkmal ins Auge. Die ersten Blocks sind Geschäftsstraßen mit Banken und Büros. An der Kreuzung Juárez und Reforma treffen sich mehrere Straßen. Rings herum ragen Hochhäuser auf, von denen eines besonders sehenswert ist: das Gebäude der **Loteria Nacional** im Art-déco-Stil. Jede Woche kann man zusehen, wie die Lose gezogen werden.

Hinter der Reforma führt die Juárez an einem langen Häuserblock entlang zur **Plaza de la República** mit dem **Monumento a la Revolución**. Ursprünglich sollte hier ein neues Gebäude für den

Corte (das Parlament) entstehen, dann kam jedoch die Revolution dazwischen, der Bau wurde unterbrochen und nicht mehr aufgenommen. Schließlich begrub man einige Revolutionshelden (darunter Pancho Villa sowie die Präsidenten Madero, Carranza und Cárdenas) unter den mächtigen Säulen und machte aus dem Ganzen eine Gedenkstätte. Unter der angrenzenden Fahnenrampe liegt das **Museo Nacional de la Revolución**, in dem eine gelungene Dokumentation der Revolutionszeit – ohne die sonst übliche Glorifizierung – einen Besuch lohnt. ⌚ Di–So 9–17, US$1,20, So Eintritt frei.

Westlich und südwestlich des Centro Histórico

Westlich der Alameda und des Revolutionsdenkmals nimmt das Stadtbild ein anderes Aussehen an, insbesondere entlang der Prachtstraße **Paseo de la Reforma**, die von hohen Bauten gesäumt wird, unter ihnen die mexikanische Börse. Südlich davon befindet sich das Straßengewirr, das die **Zona Rosa** ausmacht, eines der Stadtviertel mit der höchsten Dichte an Hotels, Restaurants und Geschäften. Die Wohnbezirke **Condesa** und **Roma** sind ihrer zahlreichen Galerien und vor allem der Restaurantmeile in Condesa wegen von Interesse. Der Paseo de la Reforma führt direkt zum Parque Chapultepec, an dessen Nordrand **Polanco** liegt, das Viertel der Reichen und Schönen.

Paseo de la Reforma

Der schönste Boulevard von México D.F. ist der Paseo de la Reforma. Kaiser Maximilian ließ ihn anlegen, um es europäischen Hauptstädten gleichzutun und eine standesgemäße Kulisse für seine Fahrten von Chapultepec in die Innenstadt zu haben. Der Paseo bestimmte auch die weitere Gestaltung und Ausdehnung der Metropole. Anfänglich reichte die breite Straße nur vom Park bis zur Kreuzung mit der Juárez, und obwohl sie in beide Richtungen verlängert wurde, beziehen sich die Einwohner der Stadt in erster Linie auf dieses Stück, wenn sie von der *Reforma* sprechen.

Die „**Reforma Norte**", wie der Straßenausläufer in Richtung Guadalupe genannt wird, ist zwar genauso breit (und dichtbefahren), aber etwas deprimierend. Die 10-spurige Hauptverkehrsstraße **Real Reforma** dagegen ist immer noch imposant: Ein Spaziergang vom Zócalo bis nach Chapultepec ist ca. 5 km lang und beschwerlich, nicht zuletzt wegen des Verkehrslärms und der Abgase. Mit dem Bus fährt es sich billig, und man kann an jeder beliebigen Ecke aussteigen. Die Orientierung an den Kreisverkehren *(glorietas)* und ihren jeweils unterschiedlichen Statuen an jeder größeren Kreuzung ist einfach.

Zuerst kommt die **Glorieta Colón**, natürlich mit einem Denkmal für Christoph Kolumbus (*Cristóbal Colón).* Rund um die Sockelplatte sind die Figuren verschiedener Missionare und Mönche dargestellt, die Kolumbus auf seinen Entdeckungsreisen begleiteten. Nördlich von hier liegt die Plaza de la República.

Dann kommt die Kreuzung mit der Insurgentes, Hauptknotenpunkt des gesamten Stadtverkehrs. **Cuauhtémoc**, der letzte Aztekenherrscher und Anführer der Widerstandsbewegung, steht hoch aufgerichtet in federngeschmückter Kleidung, den Speer umklammernd, im Kreise seiner Krieger. Gemeißelte Reliefs am Sockel zeichnen das Bild seiner Folterung und Ermordung durch die goldgierigen Spanier, denen er das Versteck des großen Aztekenschatzes nicht verriet.

Dritter Anhaltspunkt ist **El Ángel**, ein goldgeflügelter Siegesengel auf einer 40 m hohen Säule. Wer in die Zona Rosa möchte, muss hier von einem Bus in einen anderen umsteigen. Das **Monumento a la Independencia** wurde 1910 fertig gestellt und ruht auf einer Kammer, in der die Totenschädel der Freiheitshelden Hidalgo, Aldama, Allende und Jiménez aufbewahrt werden. ⌚ tgl. 9–18 Uhr, Eintritt frei.

Zona Rosa

Südlich der Reforma liegt die Zona Rosa (U-Bahnhof Insurgentes) begrenzt durch die Reforma, die Avenida Chapultepec und den Park im Westen. Die Zona ist leicht an den Straßennamen zu erkennen: Hamburgo, Londrés, Genova, Liverpool usw. Auf engem Gebiet konzentrieren sich hier Hunderte von Bars, Restaurants, Hotels und vor allem Geschäfte, in denen der Wohlstand der Stadt zur Schau getragen wird und wo es von Touristen und nicht ganz unbetuchten Stadtbewohnern nur so wimmelt.

Bis vor einiger Zeit war dies das angesagteste Einkaufsviertel der Metropole, doch plötzlich gab

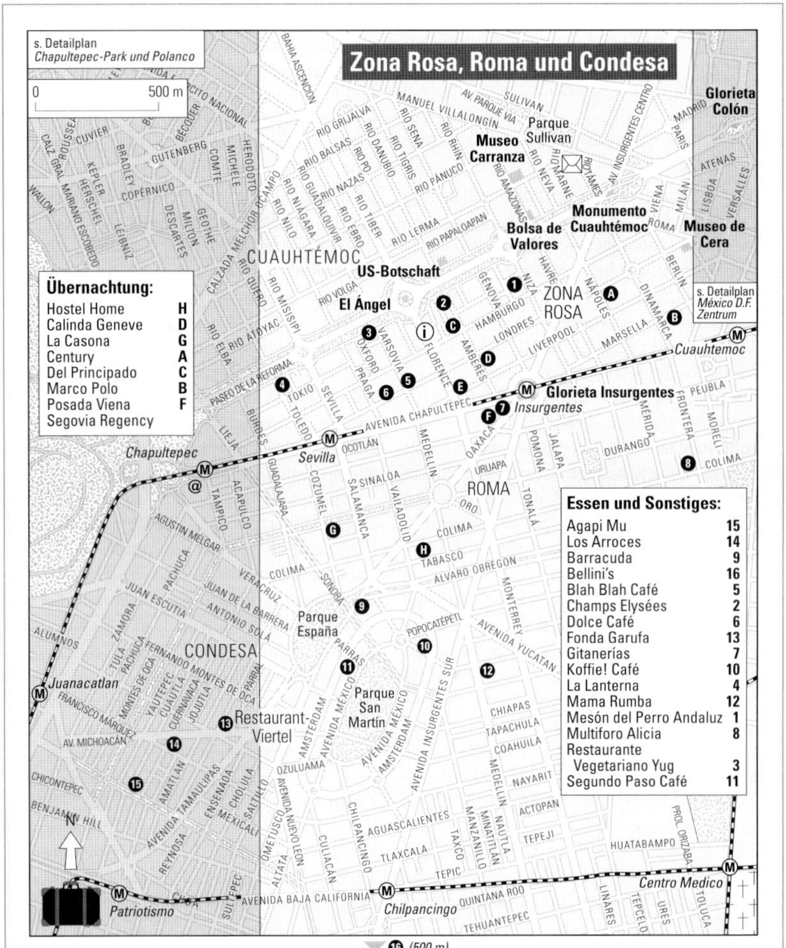

es eine Trendwende; die schicksten Läden zogen nach Polanco (s. weiter unten) und viele der renommierten internationalen Geschäftsketten belegten neue Räumlichkeiten in den viel weiter außerhalb gelegenen Einkaufszentren, die rechts und links der Periférico (Umgehungsstraße) aus dem Boden geschossen sind. Für die Zona Rosa bedeutete diese Entwicklung einen herben Schlag. Es gibt hier zwar immer noch eine beachtliche Anzahl guter Einkaufsmöglichkeiten, Restaurants, Cafés, Clubs und Kneipen, aber die Exklusivität ist dahin. Immerhin bewirkt die große Anzahl der Hotels zusammen mit dem nicht so schnell totzukriegenden Renommee des Viertels, dass es immer noch viele Touristen hierher zieht.

Tagsüber kann man hier gut essen, abends einen Kneipenbummel machen, oder in einem der Hotels absteigen, aber der Sehenswürdigkeiten wegen machen sich wahrscheinlich höchstens Eltern mit Kindern auf den Weg in die Zona: zur Besichtigung des **Museo de Cera** an den Ausläufern der Zona Rosa, in der Londrés 6; ein Wachsfigurenkabinett im Allerweltsstil. Die Hauptattraktion besteht in einem Gruselkabinett mit aztekischen Menschenopfern. ⌚ tgl. 11–19, US$4, U-Bahnhof Cuauhtémoc. Hier befindet sich auch das **Museo de lo Increíble** (Museum des Unglaublichen; gleiche Öffnungszeiten wie Wachsfigurenkabinett, Eintritt für beide Museen US$6,50), in dem man so Unglaubliches wie Flohkostüme und Skulpturen aus Haaren betrachten kann.

Ruhiger wird es auf der nördlichen Seite der Reforma, wo die Straßen nach Flüssen benannt sind (Tiber, Danubio etc.). In diesem teuren Wohnviertel, das auf dem Stadtplan **Colonia Cuauhtémoc** heißt, im Alltagsgebrauch allerdings einfach der Zona Rosa zugeordnet wird, befinden sich einige ausländische Botschaften, insbesondere die der USA. Das Botschaftsgelände ist mit Stacheldrahtzäunen und Überwachungskameras gesichert und so gut wie hermetisch abgeriegelt. In der Nähe der weniger einem Hochsicherheitsgefängnis ähnelnden britischen Botschaft, in der Rio Lerma 35, befindet sich das **Museo Venustiano de Carranza**, das ehemalige Wohnhaus des mexikanischen Revolutionsführers und zeitweiligen Präsidenten Mexikos, der 1920 erschossen wurde. Die Ausstellung zeigt persönliche Dinge Carranzas und Exponate aus den Zeiten der Revolution. ⌚ Di–Sa 9–18, So 10–16 Uhr, US$2,80, U-Bahnhof Insurgentes.

Nicht weit entfernt, an der Reforma, Ecke Insurgentes, kann man im **Parque Sullivan** kostenlose Ausstellungen unter freiem Himmel besuchen und sonntags auch Gemälde, Keramiken und anderes Kunsthandwerk kaufen, ⌚ So 10–16 Uhr. Einige Ausstellungsstücke sind wirklich gut und die Besucher in Freizeitlaune machen die entspannte Atmosphäre aus.

Condesa und Roma

Südlich der Zona Rosa liegen die Wohnbezirke Roma und Condesa; zwei Viertel mit ruhigen, schattigen Straßen, sobald man den hindurchführenden Hauptverkehrsstraßen den Rücken gekehrt hat. Beide Vororte wurden in den 30er und 40er Jahren des 20. Jhs. gebaut, doch als sich die Stadt ausdehnte, verloren sie ihre Anziehungskraft und verkamen. Später wendete sich das Blatt; Künstler und Lebenskünstler entdeckten die billigen Mieten und ansprechenden Wohnungen in Innenstadtnähe. Sie eröffneten kleine Kunstgewerbeläden, Kneipen und Cafés. Vor allem in **Condesa** gibt es inzwischen die vielleicht größte Ansammlung ausgezeichneter Lokale, und wer ein tolles Straßencafé oder ein gemütliches Bistro sucht, findet es hier.

Die meisten Etablissements konzentrieren sich an der Kreuzung der Michoacán, Atlixco und Vicente Suárez, aber auch in den Nebenstraßen gibt es jede Menge Lokale mit Straßentischen. Wer durch die Straßen bummelt und die Augen offen hält, kommt sicherl an mehr als einer interessanten Galerie vorbei. Ein guter Ausgangspunkt ist der **Parque México** (im offiziellen Sprachgebrauch der Parque San Martín), ein großer grüner Park, ungefähr im Zentrum von Condesa.

Die U-Bahn macht einen Bogen um Condesa; die Linie 1 führt am Nord- und Westrand vorbei, die Linie 9 am Südrand. Von der Zona Rosa – U-Bahnstationen Insurgentes, Sevilla oder Chapultepec – aus kann man in Richtung Süden nach Condesa leicht zu Fuß gehen. Mit der Linie 1 bis Juanacatlán aus sind die Restaurants in Condesa eher zu erreichen, nach dem Überqueren des *Circuito Interior* auf der nahe gelegenen Fußgängerbrücke führt die Francisco Marquez zu den Esslokalen – vom U-Bahnhof aus ein zehnminütiger Spaziergang.

Polanco

Den Nordrand des Chapultepec-Parks säumen luxuriöse Hoteltürme, die ihre Schatten über das gepflegte Viertel Colonia **Polanco** werfen. Wer auf der Jagd nach Designerklamotten ist oder in einer der hier angesiedelten Botschaften vorsprechen will, kann dies mit einem Bummel entlang der Hauptverkehrsstraße **Presidente Mazarik** verbinden und die Reichen der Stadt beobachten, die im Porsche bei Fendi oder Ferragamo vorfahren. In Polanco gibt es auch hervorragende Speiselokale, eine kleine Auswahl s.S. 394.

Die einzige namhafte Sehenswürdigkeit ist die **Sala de Arte Público David Siqueiros**, Tres Picos 29, eine kleine, aber interessante Sammlung späterer Arbeiten des berühmten Muralisten, darunter Skizzen der Wandgemälde im Polifório, s.S. 372. Die Ausstellung nimmt sein ehemaliges Wohnhaus und Atelier ein, die er zusammen mit allem darin Befindlichen dem mexikanischen Volk nur 25 Tage vor seinem Tode 1973 vermachte. Falls das kurz vor seinem Ableben gedrehte, einstündige Video über sein Leben und Werk (auf Englisch) nicht gerade gezeigt wird, können Besucher danach fragen und es auf einer der wenigen nicht bemalten Wandflächen betrachten. ⌚ Di–So 10–18 Uhr, US$1, U-Bahnhof Polanco.

Bosque de Chapultepec

Der Chapultepec-Park oder Bosque de Chapultepec umfasst eine Grünfläche von 4 km^2 und ist *das* Rückzugsgebiet für Millionen stressgeplagter Großstädter. Daher sieht die „grüne Lunge" der Stadt auf den ersten Blick etwas angegriffen aus, was ihrer seit Jahrhunderten unbestrittenen Favoritenrolle unter den Einheimischen jedoch keinen Abbruch tut. Mit rotierenden Absperrungen wird versucht, die strapazierten Stellen wieder aufzuforsten und zu schonen. Als auswärtiger Besucher sollte man sich dem überaus großen Andrang am Wochenende wenn möglich nicht aussetzen.

Der Park besteht aus drei Abschnitten: Im größten und am weitesten östlich gelegenen befinden sich die interessantesten Einrichtungen, darunter das **Museo Nacional de Antropología**, das **Museo de Arte Moderno**, das **Museo Rufino Tamayo** und der **Zoo**. Der zweitgrößte Abschnitt ist vor allem auf Kinder ausgerichtet und wartet mit einem **Rummelplatz**, dem **Museo Tecnológico** und dem **Museo de Historia Natural** auf. Im dritten liegen zwei **Wasserparks**, die allerdings nur am Wochenende und an Feiertagen geöffnet haben. Der Park an sich sowie die meisten Museen sind montags geschlossen.

Die hügeligen Ausläufer von Chapultepec („Berg der Heuschrecke" auf Nahuatl), von dem das gesamte Gebiet seinen Namen bezog, wurde schon in der toltekischen Mythologie erwähnt, als er nichts weiter als eine von mehreren Inseln auf den Seen und zwischen den Salzsümpfen der Gegend war. Hier ließ sich im 13. Jh. der nomadisierende Stamm der Méxica zum erstenmal nieder. Allerdings nur kurze Zeit, denn dann wurde er von den Völkern der benachbarten Städte vertrieben. Die Méxica kamen jedoch zurück, nachdem Tenochtitlán errichtet war, leiteten Wasser aus den Quellen in die Stadt und verwandelten Chapultepec in eine Sommerfrische des Aztekenherrschers mit reichen Jagd- und Fischgründen außerhalb der befestigten Residenz. Die Porträts mehrerer Aztekenherrscher waren in den Berg gehauen. Die Spanier vernichteten die meisten kurz nach der Konquista.

Orientierung

Der Chapultepec ist riesengroß, und man kann zwei, drei Tage hier verbringen, ohne alles gesehen zu haben. Am Sonntag, wenn die meisten Museen keinen Eintritt verlangen, herrscht das bunteste Treiben, dann kann es v.a. im Museo Nacional de Antropología und im Zoo ein ziemliches Gedränge geben.

Welchen Parkeingang man wählt, hängt davon ab, was man als erstes besichtigen möchte, doch der einfachste Zugang ist der vom U-Bahnhof Chapultepec her: immer der Menschenmenge folgen, die sich auf einer breiten Brücke über den *Circuito Interior* bewegt. Der Blick fällt direkt auf das Monumento Niños Héroes und das Castillo, in dem sich das Museo Nacional de Historia befindet. Die Eingänge zum Museo Nacional de Antropología und dessen Nebengebäuden liegen direkt am Paseo de la Reforma, weniger als eine Viertelstunde zu Fuß vom U-Bahnhof, doch wer dieses Museum zuerst besuchen möchte, gelangt schneller mit einem der Peseros (Aufschrift „Auditorio", „Reforma KM 13" u.a.) hin, die ständig den Reforma befahren. Eltern mit Kindern steuern vielleicht lieber den zweiten Parkabschnitt an, erreichbar mit einem Pesero auf der Av. Constituyentes (Buslinien 2, 24 u.a.) vom U-Bahnhof Chapultepec, oder fahren direkt zum U-Bahnhof Constituyentes und gehen von dort aus zu Fuß.

Überall im Park gibt es **Essen- und Getränkestände** und im Museo Nacional de Antropología ein gutes, wenn auch nicht billiges **Restaurant**. Doch ist gut beraten, wer Proviant und vor allem eine große Flasche Wasser mitbringt, denn Museumsbesuche machen durstig.

Rund um den Hügel von Chapultepec

Wer am U-Bahnhof Chapultepec aussteigt, erblickt den Hügel von Chapultepec, gekrönt von dem friedlich aussehenden „Schloss" Maximilians. Davor steht das aus sechs Säulen bestehende Denkmal für die **Niños Héroes**, ein Ehrenmal für die Kadetten, die das Schloss (damals noch Militärakademie) im Jahr 1847 gegen amerikanische Eindringlinge zu verteidigen suchten. Angeblich haben sich die letzten sechs Überlebenden in die Nationalflagge gehüllt von den Klippen zu Tode gestürzt, um nicht den Amerikanern in die Hände zu fallen.

Das **Castillo** selbst wurde erst 1785 als Sommerresidenz des spanischen Vizekönigs erbaut. Bis dahin war es eine Einsiedelei, die nach dem Verschwinden der Aztekenherrscher errichtet worden war. Als Militärakademie wurde es bis zur Unabhängigkeit genutzt, die heutige Gestalt erhielt das Schloss auf Wunsch von Kaiser Maximilian, der es nach dem Muster seiner italienischen Villa umbauen ließ. Jetzt beherbergt es auf zwei Stockwerken das Museo Nacional de Historia.

Auf dem Weg hinauf (Gehbehinderte können für US$1 mit einer Minibahn auf Rädern hinauf und wieder zurück) kommt man zuerst an der modernen Geschichtsgalerie **Museo del Caracol**, mit vollem Namen *Museo Galería de la Lucha del Pueblo Mexicano por su Libertad* vorbei, die dem „Kampf des mexikanischen Volkes für die Freiheit" gewidmet ist. *Caracol* (Schnecke) nennt man es wegen seiner spiralförmig angelegten Ausstellung. Anhand von Modellen, Landkarten und Schaubildern wird die Geschichte der vielen Kriege gezeigt, die das Land erschütterten, vom Unabhängigkeitskrieg über die amerikanische und französische Intervention bis zur Revolution. 🕓 tgl. 9–16.15 Uhr, US$3,20.

Die Ausstellung im **Museo Nacional de Historia** ist im traditionellen Stil gehalten und erstreckt sich über zwei Stockwerke. Ein Großteil ihrer Wirkung macht die Atmosphäre der mit den Möbeln der früheren Einwohner dekorierten Räume aus. Nicht nur Maximilian und Charlotte besaßen einen erlesenen Geschmack, sondern auch ihre Nachfolger, darunter Porfirio Díaz. Passend zum Dekor gibt es ein paar Kutschen zu sehen, darunter die märchenhafte Lieblingskutsche von Maximilian. Vorbei an Möbelstücken, Glasgeschirr und Medaillen gelangt der Besucher ins Erdgeschoss: eine Reihe wunderbar ausgeschmückter Räume, darunter Maximillians Arbeits- und Wohnzimmer, in dunklem Holz und Blattgold gehalten; dahinter das Schlafzimmer von Charlotte und ein mit erlesenen Kacheln gefliestes Badezimmer. Das Obergeschoss ist um einen formvollendeten Dachgarten angelegt und beherbergt weitere üppig ausgestaltete Räumlichkeiten sowie eine Glasmosaikwand, die Díaz aus Paris kommen ließ. Wandgemälde, u.a. von Orozco und Siqueiros, zieren die Räume. Am interessantesten sind die von Juan O'Gorman mit ihrer unverblümten politischen Aussage. 🕓 Di–So 9–17 Uhr, US$3,70.

Museo Nacional de Antropología

Viele Touristen kommen nur des Museo Nacional de Antropología im Chapultepec-Park, Paseo de la Reforma, Ecke Gandhi, wegen. Es ist eines der gelungensten Museen der Welt. Nicht nur die Reichhaltigkeit der Sammlung, sondern auch die durchdachte Konstruktion des 1964 eingeweihten Gebäudes tragen dazu bei. Die Ausstellungshallen sind rings um einen Innenhof angelegt, der zur Hälfte von einem gewaltigen, rechteckigen „Regenschirm" aus Leichtmetall überdacht wird. Eine einzige Betonsäule inmitten eines künstlichen Wasserfalls bildet die Stütze des Daches. Die Hallen sind von Gärten umgeben, die als Ausstellungsfläche unter freiem Himmel ins Museumsgeschehen einbezogen sind.

Die Busse auf dem Paseo de Reforma fahren praktisch bis vor die Tür, man kann aber auch bequem zu Fuß vom U-Bahnhof Chapultepec bis zum Museum gehen. 🕓 Di–Sa 9–19, So 10–18 Uhr, US$3,70.

Orientierung

Das Museum lohnt mehr als nur einen Besuch, doch wer nicht viel Zeit hat, kann der vorgegebenen Route von Raum zu Raum folgen. Die Reihenfolge ist jedoch nicht zwingend, denn jede Halle ist einer bestimmten Periode oder Kultur gewidmet und jede öffnet sich zum Patio hin.

Vor dem Eingang an der Reforma thront eine kolossale Statue des **Regengottes Tlaloc**. Es wird behauptet, dass sein Umzug von der ursprünglichen Heimstatt im Osten der Stadt während der Trockenzeit stattfand und dennoch von gewaltigen Regengüssen begleitet wurde. Gegenüber vom Haupteingang im Park finden mehrmals tgl. kostenlose *voladores*-Vorstellungen wie in Papantla, s.S. 516, statt. Aufgrund der Vermarktung verliert diese totonaki-

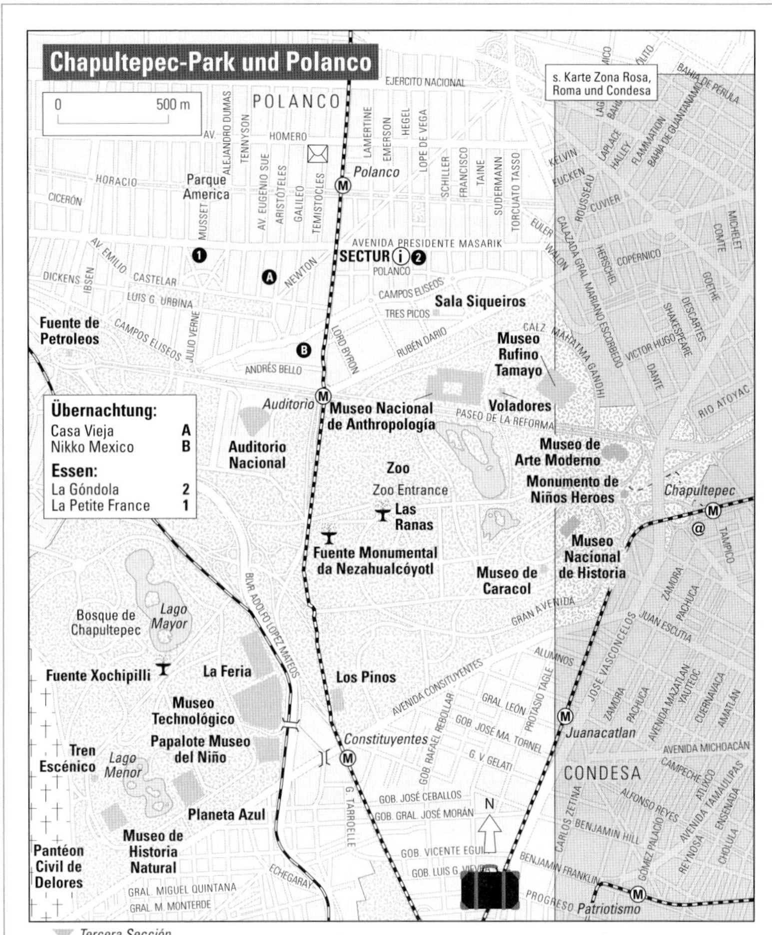

sche Zeremonie viel von ihrer Authentizität – während der Darbietung durchkämmt ein Spendensammler die Zuschauermenge –, doch wer so etwas noch nie gesehen hat, sollte schon ein paar Pesos ausgeben.

In der **Eingangshalle** sind in einem kleinen Rondell die jeweils neuesten Fundstücke zu sehen. Ebenfalls in der Lobby befindet sich die Sala de Orientación, in der eine **Tonbildschau** über die alten Kulturen vorgeführt wird. Linker Hand liegt die Bibliothek und der Museumsshop, in dem auch ein deutschsprachiger Museumsführer mit eingehender Beschreibung der wichtigsten Ausstellungsstücke für ca. US$5,50 erhältlich ist.

Vom Eingang aus rechts von der *sala* werden die Eintrittskarten verkauft. Dort gibt es auch Headsets für eine Führung auf eigene Faust; die spanischen kosten US$5, die englischen US$6 Leihgebühr. Die Erklärungen auf der Kassette sind kurz gehalten, aber besser als nichts; die Beschriftung der Exponate ist überwiegend in Spanisch, auf den Einführungstafeln zu jedem Saal steht der Text allerdings auch in der englischen Übersetzung.

Erst hinter den hohen Glastüren rechts befindet sich der eigentliche Eingang zum Museum. Man beginnt die Besichtigung des Museums mit den drei **Einführungsräumen** auf der rechten Seite. Hier wird erklärt, was Anthropologie überhaupt bedeutet, welcher Art die Beziehungen zwischen den verschiedenen mesoamerikanischen Kulturen war und was es mit der Frühgeschichte der Region auf sich hat. Besucher sollten hier kurz verweilen, und sei es auch nur, um das klare Bekenntnis zu der Tatsache, dass die mexikanischen Indígenas nach wie vor Diskriminierung erfahren, nachzulesen.

Danach gelangt man – wieder nach rechts – in den präklassischen Saal und zu den Kulturen von Teotihuacán und den Tolteken. Ganz am Ende, gegenüber der Eingangshalle, liegt der riesige Méxica-(Azteken-)Saal, von dem aus es nach links weiter zu den Kulturen von Oaxaca (Mixteken und Zapoteken), dem Golf von Mexiko (Olmeken), den Maya und den nördlichen und westlichen Völkern geht. Im Obergeschoss kann man sich einen Überblick über die heutige Lebensweise und Kultur verschiedener indianischer Völker verschaffen. Von der ersten und letzten Halle des Untergeschosses führt jeweils eine Treppe hoch. Unten gibt es hinter dem Saal über die Kulturen des Nordens und Westens eine Cafeteria – freundlich, aber teuer. Wer nur wenig Zeit hat, sollte sich zumindest die Méxica- und Maya-Ausstellungen ansehen, alles andere hängt davon ab, in welche Teile des Landes man zu reisen gedenkt. In jeder Halle gibt es jedoch mindestens eine besondere Sehenswürdigkeit.

Präklassische Kulturen

Der Saal der präklassischen Kulturen ist der Entwicklung der Frühkulturen im Hochtal von Mexiko und des umgebenden Hochlands gewidmet. Es werden vor allem Töpferwaren und Tonfiguren gezeigt. Besondere Beachtung verdient die kleine weibliche Figur aus **Tlatilco** (jetzt ein Vorort von México D.F.), datiert 1700–1300 v.Chr., die wahrscheinlich im Zusammenhang mit Fruchtbarkeits- oderErnteritualen steht.

Später machte sich der wachsende Einfluss der **Olmeken** in der Kunst bemerkbar – vertreten durch das Exponat eines Akrobaten, das ebenfalls aus Tlatilco stammt. Im Laufe einer sich herausbildenden Religion tauchen mehr und mehr Darstellungen von Göttern auf, die als solche erkennbar sind. Aus Cuicuilco, im Süden von México D.F., stammen mehrere dieser Figuren, die den „Alten Gott" oder Feuergott Huehueteotl als alten Mann darstellen.

Teotihuacán

Der nächste Saal ist Teotihuacán, der ersten großen Stadt im Hochtal von Mexiko gewidmet. Anhand der technisch komplizierteren Gefäße und der Verwendung neuer Materialien wie Muscheln, Steine und Edelsteine ist erkennbar, dass es sich hier um eine weiter fortgeschrittene Kultur handelte. Es gibt eine Teilrekonstruktion des Quetzalcóatl-Tempels von Teotihuacán in den vielen schönen Farben, die er ursprünglich aufwies. Er beherbergt die Skelette von neun Sakralopfern in Kriegerkleidung samt den damals üblichen Beerdigungshalsbändern; ein vor relativ kurzer Zeit erfolgtes Zugeständnis an die „Tatsache", dass es in Teotihuacán Menschenopfer und Militarismus gegeben hat. In der Nähe befindet sich die Nachbildung des Innenhofes und Zentraltempels, die beide einem Wohngebäude angegliedert, mit farbenfrohen Wandgemälden, auf denen Aspekte des rituellen Lebens der damaligen Zeit zu sehen sind, darunter das „Paradies von Tlaloc", sozusagen der „Himmel" für die in Ausübung ihres Berufes ums Leben gekommenen Krieger und (rituellen) Ballspieler.

Viele neue Götter tauchen auf. Neben komplizierteren Ausgaben von Huehueteotl erscheinen Tlaloc; seine Gefährtin Chalchiutlicue, Göttin der Flüsse und Seen; Mictlantecuhtli, Gott des Todes (ein Steinschädel, in den ursprünglich Edelsteine eingelegt waren) und Xipe Totec, ein Frühjahrsgott, mit der Haut eines Mannes bekleidet, die jenem bei lebendigem Leib abgezogen worden war: ein Symbol der Regeneration.

Tolteken

Der Saal der Tolteken beginnt mit Gegenständen aus Xochicalco, einer Stadt in der Nähe des heutigen Cuernavaca, die zwischen den Glanzzeiten von Teotihuacán und Tula eine blühende Stadt war. Auf den großen Steinskulpturen und Gefäßen zeigt sich deutlich der Einfluss der Mayas. Hübsch ist der

Steinkopf eines Papageien – ähnliche wurden auch in Maya-Ruinen in Honduras gefunden.

Die „Highlights" der Tula-Abteilung sind schwere Steinskulpturen, unter ihnen eine Atlantensäule aus dem Haupttempel von Tula, die einen Krieger darstellt. Ebenfalls sehr bemerkenswert ist der **Chac-mool**, eine liegende Figur mit einem Behälter auf dem Bauch, in dem Opfergaben gesammelt wurden (sie symbolisiert den Götterboten, der den Göttern diese Gaben überbrachte), und die kleine menschliche Figur des **Fahnenträgers** (die Fahnen wurden in die Öffnung ihrer zusammengeballten Hände gesteckt).

Beachtenswert ist auch das Steinrelief eines tanzenden Jaguars und die herrliche Skulptur, die den Kopf eines Kojoten darstellt, aus dessen Mund ein bärtiger Mann steigt – wahrscheinlich ein Krieger mit Haarschmuck – mit Perlmutt ausgelegt und mit Zähnen aus Knochen. Außerdem befinden sich hier (neben zahlreichen steinernen Pelota-Ringen) Reproduktionen von Fresken des 7. Jhs., die einen Vogelmenschen und einen Jaguar zeigen; ein Bauer aus Cacaxtla, s.S. 425, fand sie beim Umgraben seines Feldes.

México

Anschließend kommt man zur größten und am besten ausgestatteten Halle, dem **México-Saal**. Charakteristisch für die México-Kultur sind massive, reich verzierte Steinskulpturen, aber auch Töpferei, kleinere Steinfiguren und sogar Musikinstrumente aus Holz.

Die beiden bislang schönsten Stücke zieren den Eingang zur Halle: **Ocelotl-Cuauhxicalli**, ein Jaguar mit einer Höhlung auf dem Rücken, in die die Herzen der geopferten Menschen gelegt wurden, und der **Teocalli de la Guerra Sagrada** (Tempel des Heiligen Krieges), das Modell einer **Aztekenpyramide**, die mit vielen wichtigen Göttern und Kalendersymbolen dekoriert ist. In vielen hundert Gegenständen präsentiert sich fast die gesamte aztekische Götterwelt. Vorherrschende Motive sind Schlangen, Adler, Menschenherzen und -häute.

Auffallend ist die Statue von **Coatlicue**, der Göttin des Lebens und des Todes, die Mutter der Götter. Sie wird enthauptet dargestellt, zwei Schlangen um ihre Schultern stehen für das ausströmende Blut. Die Halskette aus Händen und Herzen und die abgezogene Menschenhaut symbolisieren das Leben bzw. den Tod. Ihr Kleid besteht aus Schlangen, an den Füßen hat sie Adlerklauen. Angesichts dieser Darstellung sollte der **Xochipilli** nicht übersehen werden, der Gott der Liebe und der Blumen, des Tanzes und der Poesie (sein Bildnis ziert den 100-Peso-Schein). Er trägt eine Maske und sitzt mit gekreuzten Beinen auf einem mit Blumen und Schmetterlingen bestreuten Thron kurz vor dem Ausgang.

Der Kalenderstein

Die Hauptsehenswürdigkeit ist zweifellos der enorme (24 Tonnen schwere) Sonnen- oder Kalenderstein, **Piedra del Sol**. Die Bezeichnung „Kalenderstein" ist zwar die populäre, jedoch nicht ganz korrekt, denn es handelt sich eher um eine Darstellung des **Kosmos** aus aztekischer Sicht. Der Stein wurde unter der Herrschaft Moctezumas, wenige Jahre vor der Ankunft der Spanier, fertig gestellt. Frühe spanische Kolonisten hatten diesen Stein gefunden und beschlossen, ihn wieder zu vergraben, aus Furcht, er könne Unruhe in der Bevölkerung hervorrufen. 1790 tauchte er unter dem Zócalo wieder auf und lehnte jahrelang an den Wänden der Kathedrale. Es lohnt sich zu warten, bis eine Museumsführung vorbeikommt und die Einzelheiten erklärt werden.

Im Zentrum des Steines befindet sich der Sonnengott und die Personifizierung der fünften Sonne, Tonatiuh, der eine Zunge in Form eines Ritualmessers aufweist und in seinen Klauen zu jeder Seite des Körpers menschliche Herzen hält. Das bedeutet, dass die Sonne sich von Menschenopfern ernährt. Um ihn herum sind die Symbole der vier vorherigen Inkarnationen der Sonne dargestellt: Jaguar, Wind, Wasser und heftiger Regen. Diese zentrale Konstellation ergibt das Datum, an dem die fünfte Welt untergehen würde (wie es dann mit ziemlicher Genauigkeit auch geschah – durch die Spanier). Den äußeren Kreis bilden Hieroglyphen, die die zwanzig Tage eines aztekischen Monats repräsentieren, und andere, kosmische Symbole. Das Ganze wird von zwei Schlangen eingerahmt.

Oaxaca

Im dritten Flügel des Museums kommt man zu den Sälen, die sich mit den Kulturen befassen, die weiter entfernt vom zentralen Hochland entstanden sind; die Zapoteken- und Mixtekenvölker von Oaxaca. Die beiden Zivilisationen entstanden nebeneinander, die wichtigste Fundstätte ist Monte Albán, s.S. 549.

Die **Zapoteken** entwickelten ihre Hochkultur etwa um 900 v.Chr.–800 n.Chr. Sie waren überaus kunstfertige Architekten und verfügten über ein enormes technisches Wissen. Außerdem stellten sie hervorragende Gefäße her, die einen starken olmekischen Einfluss verraten. Was die zapotekische Sammlung angeht, so verdienen die Darstellungen menschlicher Figuren besondere Beachtung: Sie sind mit sehr feinem Gespür für Bewegungen gearbeitet, wie die Reproduktion eines Teils der geschnitzten Fassade des „Tempels der Tänzer" von Monte Albán zeigt. Es handelt sich um das Modell eines Tempels, in dem ein Papagei sitzt. Die Ausstellung umfasst auch Vasen und Urnen in den Formen verschiedener Gottheiten und eine kunstvolle Jademaske, die den Fledermausgott repräsentiert.

Nach ca. 800 n.Chr. wurden viele Zapotekenstädte von den **Mixteken** eingenommen, deren hervorragendste Talente auf dem Gebiet des Handwerks und der Kunst lagen. Sie stellten Gegenstände aus Metall, kostbaren Steinen und Ton her. Von den Mixteken stammen die Tongefäße mit den bunten Farben, darunter eine Tasse, auf deren Henkel ein Kolibri sitzt, und Skulpturen aus Jade und Quartzkristall. Es gibt auch Modelle von Zapoteken- und Mixtekengräbern – in solchen Grabstätten wurden die meisten der kleineren Ausstellungsstücke gefunden.

Der Golf von Mexiko

Anschließend erreicht man den Saal des Golfs von Mexiko, in dem einige Kunstschätze der Olmeken und andere, während der klassischen Periode in dieser Region entstandene Gegenstände ausgestellt sind. Man nimmt an, dass die olmekische Zivilisation die Mutterkultur Mexikos ist, denn sie war schon um 1500 v.Chr. weit fortgeschritten und bereitete den Boden für die späteren Kulturen von Teotihuacán und der Mayas. Die Olmekenfiguren weisen viele überraschende Gesichtszüge auf, zum Beispiel ausgesprochen afrikanische. Man kann die berühmten Kolossalköpfe, datierend aus der Zeit von 1200–200 v.Chr., lang bevor es nachweisliche Beziehungen zwischen Afrika und Amerika gab, s.S. 81, nirgendwo besser studieren als hier in der Halle und draußen im Garten. Bei den kleineren Köpfen fallen die häufigen künstlichen Verformungen des Schädels und der Zähne auf. Besonders sehenswert sind eine große Anzahl winziger Gegenstände aus Jade und anderen glänzenden Steinen sowie eine Statue, die man den „Ringer" nennt, wohl weil sie die Arme wie zum Angriff in die Hüften gestemmt hat.

Die späteren Kulturen sind vor allem mit schönen Figuren und sehr erlesenen Gefäßen vertreten. Zu den sehenswertesten Stücken zählt eine Statue von Huehueteotl, der ein recht verdrießliches Gesicht macht, und der so genannte *adolescente huasteca,* ein junger Huasteken-Priester von Quetzalcóatl (möglicherweise der Gott selbst) mit kunstvoll bemaltem Körper. Auf dem Rücken trägt er ein Kind.

Die Maya

Im Saal der Maya befindet sich die umfangreichste Sammlung von Ausstellungsgegenständen, denn die Kultur der Maya ist von allen mesoamerikanischen Kulturen die, die am längsten überdauerte und am weitesten verbreitet war. Bekannt wurde ihre Architektur und die Verzierung ihrer Tempel, Dinge, die in einem Museum schwerlich gezeigt werden können. Im Gegensatz zu den Aztekentempeln stehen viele der Mayatempel noch. Es gibt immerhin Modelle verschiedener Bauwerke oder Teile davon, Friese und Säulen; außerdem eine umfassende Sammlung von Schmuckstücken, Gefäßen und kleineren Statuen. Ein paar Stufen führen in die Räume hinab, in der die Bestattungsbräuche nachgestellt sind. Dazu gehört auch ein Nachbau des **königlichen Grabes von Palenque** mit vielen Grabbeigaben. Unter ihnen die aus Jade gefertigte Totenmaske des beigesetzten Prinzen.

Draußen im Freien stehen die Reproduktionen mehrerer kleiner **Tempel**, darunter der Templo de las Pinturas aus Bonampak. Die drei Räume des Tempels sind mit Fresken bedeckt, auf denen die Krönung eines neuen Prinzen, eine große Schlacht sowie die Strafexpeditionen und Feierlichkeiten dargestellt sind. Ein Besuch hier ist einfacher zu bewerkstelligen als der des Originalschauplatzes.

Kulturen im Norden und Westen

Das Finale der archäologischen Sammlung im Erdgeschoss bildet der große Saal des Nordens und Westens. Im Norden existierten nur wenige höher entwickelte Zentren. Die Völker lebten in isolierten Nomadengruppen oder Dörfern. Was an Gefäßen, Wappen und Schmuck erhalten geblieben ist, hat starke Ähnlichkeit mit denen der indianischen Stämme aus dem Südwesten der USA. Der Westen war sehr viel weiter entwickelt. Allerdings haben diese Zivilisationen nur spärliche Zeugnisse hinterlassen. Die schönsten Exemplare taraskenischer Kultur, s.S. 256, befinden sich nach wie vor in Guadalajara, und auch das Museo Anahuacalli, s.S. 382, in México D.F. besitzt eine taraskenische Sammlung, die mindestens ebenso gut ist wie die hier gezeigte.

Zu den Sehenswürdigkeiten dieser Abteilung gehören ein paar fröhliche Menschen- und Tierfiguren aus Stein, ein taraskenischer Chac-Mool, die mit Türkisen und roten Muscheln eingelegte Jademaske von of Malinaltepec sowie die Nachbildung der zweistöckigen Behausungen von Paquimé in der Wüste von Chihuahua.

Ethnologische Abteilung

Zum Museo Nacional de Etnología im Obergeschoss gelangt man am besten über den Hof, zurück zum Saal 1 und von hier die Treppen hoch. Fotos, Dioramen, Landkarten und Kunsthandwerk geben einen Überblick über die Lebensweise der heute noch existierenden Indianergruppen in den verschiedenen Gebieten. Einen Großteil machen regional unterschiedliche Kostüme und Bauweisen von Hütten und Häusern aus, die anhand von Modellen dargestellt sind. Außerdem werden Kultgegenstände gezeigt, die bei wichtigen Zeremonien und Ritualen Verwendung finden. Um nicht der Romantisierung zu verfallen, sollte man sich vergegenwärtigen, dass hier die Lebensbedingungen der ärmsten (und am stärksten unterdrückten) Bevölkerungsschicht von Mexiko vorgestellt werden.

Weitere Sehenswürdigkeiten im Chapultepec Park

Der riesige Erfolg, den das Museum für Anthropologie zu verzeichnen hat, führte zu einer wahren Schwemme weiterer, allerdings moderner Museen, die sich ebenfalls im Park ansiedelten. Zwei davon befinden sich ganz in der Nähe.

Museo de Arte Moderno

Rund 300 m östlich des Museo Nacional de Antropología, am Paseo de la Reforma, liegt das Museo de Arte Moderno, unweit vom Eingang zum Park zwischen der Reforma und dem Denkmal der *Niños Héroes*. Die Ausstellung mexikanischer und lateinamerikanischer Kunst des 20. Jhs. ist in zwei kreisförmigen, durch einen Korridor verbundenen Gebäuden untergebracht.

Die meisten Gemäldegalerien und Nebenausstellungsräume, durch den **Skulpturengarten** erreichbar, zeigen zeitweilige Ausstellungen, die in der Regel eine Besichtigung lohnen, doch insbesondere sollten sich Besucher Zeit für die herausragende permanente Ausstellung im Erdgeschoss nehmen, die in der Sala Xavier Villaurrutia, rechts vom Eingang, untergebracht ist. Hier sind alle namhaften mexikanischen Künstler des 20. Jhs. vertreten, darunter Siqueiros mit seinem vielleicht beeindruckendsten Werk überhaupt: *Madre Campesina,* das eine barfüßige Bäuerin zeigt, die ihr Kind durch eine erbarmungslose Kakteenwüste trägt. Eine ganze Ecke gehört Orozco, und außerdem gibt es Ölgemälde von Diego Rivera zu sehen, insbesondere das Portrait seiner zweiten Ehefrau Lupe Marín, das er 1938, lange nach ihrer Scheidung, malte. Unbedingt betrachtenswert ist auch Olga Costas *Vendedora de Frutas* – so farbenfroh und „mexikanisch", wie nur irgend geht.

Die Hauptattraktion ist Frida Kahlos *Las Dos Fridas,* das selbst aus der Reihe von herzzerreißenden Selbstportraits der Künstlerin noch hervorsticht. Es handelt sich um eines ihrer frühesten großen Gemälde und eines, dessen Thematik sie immer wieder aufgreifen sollte: Es zeigt links Frida in einem weißen traditionellen Kleid mit gebrochenem, blutendem Herzen; sie wird von einer stärkeren Frida auf der rechten Seite, die moderne Kleidung und ein Medaillon mit einem Kinderfoto ihres Ehemannes Diego Rivera trägt, an der Hand geführt. Von diesen überwältigenden Werken abgesehen, findet man aber auch sehenswerte Arbeiten weniger bekannter mexikanischer *luminaries;* z.B. José Chavez Morados schönes „Plantas y Serpientes" und ein großartiges Selbstportrait von Juan O'Gorman. 🕓 Di–So 10–18 Uhr, US$1,50.

Museo Rufino Tamayo

Auf der gegenüberliegenden Seite des Museo de Arte Moderno liegt hinter Bäumen verborgen das modernistische Gebäude Museo Rufino Tamayo. Es ist ebenfalls der modernen Kunst gewidmet, allerdings mehr der internationalen. Der Maler Rufino Tamayo zählt mehr oder weniger zu den Zeitgenossen der „Großen Drei" und genießt einen internationalen Ruf. Seine Wandgemälde und andere Arbeiten sind sehr viel abstrakter und die politische Aussage nicht so aufdringlich.

Eine beträchtliche Anzahl seiner Arbeiten sowie Erläuterungen zu den verwendeten Techniken und den dahintersteckenden Theorien sind hier neben einer umfangreichen Sammlung europäischer und nordamerikanischer Künstler des 20. Jhs. ausgestellt. Unter anderem sind Picasso, Miró, Magritte, Henry Moore und Francis Bacon vertreten, vieles stammt aus Tamayos Privatsammlung, aber nicht alles davon ist ständig zu sehen. Hier finden in regelmäßigen Abständen Ausstellungen von internationalem Rang statt. 🕓 Di–So 10–16 Uhr, US$1,50, 💻 www.museotamayo.org.

Lago Chapultepec und Parque Zoológico de Chapultepec

An der Südseite der Reforma, gegenüber dem Museo de Antropología, liegt der Lago Chapultepec, wo man Ruderboote ausleihen und einen gemächlichen Nachmittag verbringen kann. Am westlichen Seeufer befindet sich der Haupteingang zum Parque Zoológico de Chapultepec, der einen Großteil des Parkinneren einnimmt und in verschiedene Klimazonen aufgeteilt ist: Wüste, Tropen, gemäßigte Mischwaldzone, etc. Die meisten Käfige sind einigermaßen annehmbar und relativ geräumig, doch wie in jedem Zoo befällt sensiblere Besucher Traurigkeit angesichts der eingesperrten Tiere, insbesondere an einem Sonntagnachmittag, wenn Horden von Kindern und Jugendlichen sich es zum Ziel gesetzt haben, die Tiere zu ärgern.

Die lohnendsten Zooabteilungen sind die, in denen die in Mexiko heimischen Tiere untergebracht sind, und das Gelände, das den **Xoloitzcuintle**, den unbehaarten und einzigen Nachkommen der vier präkolumbischen Hundearten, vorbehalten ist. Davon abgesehen sind natürlich Tierarten aus aller Welt vertreten: Tiger, Bären, Löwen, Elefanten – und **Pandabären**. Der Zoo von México D.F. darf sich rühmen, der weltweit erste zu sein, in dem Große Pandas in Gefangenschaft Nachwuchs produzierten. 🕓 Di–So 9–16.30 Uhr, Eintritt frei, 💻 www.cnf.org.mx.

Auditorio Nacional und Los Pinos

Vom Zoo führt die Reforma nach Westen über die Calzada Chivatito zum U-Bahnhof Auditorio, in dessen Nähe sich das Auditorio Nacional befindet, ein ausgedehntes Zentrum für Musik-, Theater- und Tanzvorstellungen, das mehrere kleine Theater und das riesige Auditorium umfasst. Ein Stück weiter verlässt die Reforma den Park via Fuente de Petróleos, ein moderner Hochhauskomplex. Danach erreicht sie das betuchte Las Lomas, wo sich Luxusvillen hinter Mauern und Eisentoren verschanzen.

Vom U-Bahnhof Auditorio nach Süden hin wird aus der Calzada Chivatito die Molino del Rey, nach einer großen Schlacht benannt, die während des mexikanisch-amerikanischen Krieges hier stattfand. In dieser Gegend stehen immer noch Kasernen und außerdem **Los Pinos**, die Präsidentenresidenz – weiträumig abgesperrt. Zwei Fußgängerbrücken führen außerhalb des Kasernengeländes über die Periférico (Bulevar López Mateos) zum zweiten Parkabschnitt.

Nuevo Bosque de Chapultepec

Im Laufe der Jahre kamen am Westrand des ursprünglichen Bosque de Chapultepec neue Parkabschnitte hinzu. Diese werden manchmal noch als Nuevo Bosques de Chapultepec bezeichnet, üblicherweise jedoch meistens als die Segunda Sección, d.h. 2. Abschnitt (auf Wegweisern und Stadtplänen steht „2a Sección") und Tercera Sección, d.h. 3. Abschnitt (3a Sección). Da es vom älteren zu den neueren Teilen nur sehr wenige Übergänge über die Periférico gibt, besucht man die beiden am besten in einem gesonderten Ausflug, vor allem, wenn man mit Kindern unterwegs ist.

Segunda Sección

Der zweite Abschnitt ist vom U-Bahnhof Constituyentes her, ein paar Meter auf der Avenida Constituyentes Richtung Westen und dann über eine Fußgängerbrücke, erreichbar. Wer die kurze Straße bis zur Periférico entlanggeht, über die ebenfalls eine Fußgängerbrücke führt, gelangt zum **Museo Tec-**

nológico. Der Eingang befindet sich an der Westseite; rings um das Hauptgebäude stehen Ausstellungsstücke im Freien. Die Ausstellung „zum Anfassen" mit Flugsimulatoren usw. ist ansprechend, und Kinder werden ihren Spaß haben, aber lehrreich ist sie nur für Besucher mit ziemlich guten Spanischkenntnissen. ◷ tgl. 9–17 Uhr, Eintritt frei.

Gleich daneben liegt **La Feria**, der größte Vergnügungspark der Stadt mit diversen Attraktionen, mit Abstand die beste ist die altmodische Achterbahn aus Holz *(montaña rusa)*. Eine Sammelkarte für US$6 berechtigt zum Eintritt sowie zur Benutzung der meisten Fahrgeschäfte, jedoch nicht der Achterbahn (US$1). ◷ Semana Santa, Juli, Aug und Dez tgl. 10–21, sonst Mo–Fr 10–18, Sa und So 10–21 Uhr, US$1.

Auf der anderen Seite des Museo Tecnológico steht das **Papalote Museo del Niño**, Constituentes 268, ein Zwischending zwischen Abenteuerspielplatz und wissenschaftlichem Experimentierfeld mit Geräten zum Ausprobieren und einem IMAX-Kino (US$7 extra, Kombiticket US$11). Manchmal geht es dort zu wie in einem Affenhaus, aber Kinder amüsieren sich prächtig. ◷ Mo–Fr 9–13 und 14–18, Sa und So 10–14 und 15–19 Uhr, US$6.

Geht man vom Papalote nach Westen, kommt man am ziemlich verwahrlosten Vergnügungspark **Planeta Azul** vorbei, ◷ tgl. 9–18 Uhr, US$2, 4 oder 5 (je nachdem, welche Attraktionen das Ticket umfassen soll), und dann zum **Museo de Historia Natural de la Ciudad de México** (Museum für Naturgeschichte). In zehn miteinander verbundenen Hallen werden Exponate aus den Bereichen der Biologie und Geologie, Flora und Fauna Mexikos gezeigt. Es ist ansprechend gemacht und beherbergt auch die obligatorischen Dinosaurier – ebenfalls in erster Linie für Kinder geeignet. ◷ Di–So 10–17 Uhr, US$1,75.

Hier fährt der **Tren Escénico** ab, eine Mini-Eisenbahn, die eine kurze Runde durch den Park dreht, vorbei an einigen Chiclebäumen und der Zeremonialstätte Fuente Xochipilli. ◷ Di–So 10–16.30 Uhr, US$0,50.

Tercera Sección

Der neueste Parkabschnitt, Tercera Sección, liegt noch weiter westlich, hinter dem Friedhof **Panteón Civil de Dolores**, auf dem Diego Rivera, José Clemente Orozco und andere illustre Mexikaner ruhen. ◷ tgl. 6–18 Uhr. Zu erreichen mit einem Pesero (Linie Nr. 24 Richtung „Panteón Dolores", „Rollo" oder „Atlantis") am U-Bahnhof Chapultepec oder auf der Avenida Constituyentes. Die Hauptanziehungspunkte des dritten Abschnittes – die nur am Wochenende und an Feiertagen 10–18 Uhr geöffnet sind – sind **El Rollo** (US$8,50, 💻 www.elrollo.com.mx), ein Wasserpark mit Rutschen, Wellenbad usw., und **Atlantis** (US$4,50), eine Art Zoo-Zirkus mit Meeressäugetieren und Seevögeln, von denen manche Dressurakte vorführen; einige dieser Vorstellungen kosten extra.

Südlich des Zentrums

Am weitesten hat sich México D.F. nach Süden ausgedehnt. Hier, wo viele alte Dörfer von der Stadt geschluckt wurden, gibt es interessante Ausflugsziele. In den kolonialen Vorstädten **Coyoacán** und **San Ángel**, die einen starken Kontrast zur modernen Architektur der **Universitätsstadt**, der Universidad Nacional Autónoma de México (UNAM), und dem Wohnviertel Pedregal bilden, kann man sich vom Lärm des Zentrums erholen. Ein Hauch des alten Mexiko ist bei den archäologischen Fundstätten **Copilco** und **Cuicuilco** und in den Kanälen von **Xochimilco**, an den Überresten der großen Seen im Hochtal, zu verspüren. Eine bemerkenswerte Antiquitätensammlung hat Diego Rivera im **Museo Anahuacalli** zusammengetragen. Eine ebenfalls sehr schöne Gemäldesammlung von ihm selbst und Frida Kahlo ist im **Museo Dolores Olmeda Patiño** zu bewundern.

Im Süden der Stadt befindet sich auch das Wohnviertel **El Pedregal**, das seinen Namen von einem gewaltigen Lavafeld bezieht, das sich von hier durch die Universitätsstadt und bis in den Süden von Coyoacán erstreckt. Früher betrachtete man es als wertloses Ödland, das Banditen und Landstreichern als Schlupfwinkel diente. In den frühen 50er Jahren fing ein findiger Architekt namens Luis Barragán an, unter Ausnutzung des Lavagesteins fantasievolle Häuser hierher zu bauen.

Transport

Alle diese Orte sind unschwer mit öffentlichen Transportmitteln zu erreichen, will man jedoch über die großen Nordsüdstrecken vom einen zum anderen gelangen, wird es schwieriger. Tatsächlich gibt es hier aber so viel zu sehen, dass leicht zwei oder mehr Ausflüge in den Süden der Stadt gerechtfertigt sind. So lässt sich auch die etwas komplizierte Navigation durch die südlichen Vorstädte vermeiden. Doch sollte man ein paar kleinere Taxitouren einplanen; z.B. von San Ángel nach Coyoacán oder von Coyoacán zum Rivera-Museum. Für diejenigen, die an einem einzigen Tag so viel wie möglich sehen wollen, lohnt sich vielleicht ein Touristentaxi für eine längere Rundfahrt. Wenn man hartnäckig feilscht, kann der Fahrpreis durchaus erschwinglich werden. Mehrere große Reisebüros in der Zona Rosa bieten auch organisierte Sightseeing-Touren an.

Nach San Ángel und zur Universitätsstadt gelangt man am besten über die Insurgentes Sur, auf der ein ununterbrochener Strom von **Bussen** und **Peseros** verkehrt. Ihre wichtigsten Haltestellen sind normalerweise mit Kreide auf die Windschutzschreibe geschrieben oder stehen auf einem Schild dahinter – Ausschau nach „San Ángel" bzw. für die Universitätsstadt nach „Ciudad Universitaria", „CU" oder „UNAM" halten. Weitere Busse nach Süden fahren an den Haltestellen beim U-Bahnhof Chapultepec oder U-Bahnhof Tasqueña auf der Calzada de Tlalpan und in den Südwesten der Stadt, insbesondere nach Xochimilco. Wer die **U-Bahn** bevorzugt, nimmt die Linie 3 bis zur Station Miguel Angel de Quevedo.

Die Insurgentes

Die Insurgentes ist die schnellste und gleichzeitig interessanteste Strecke nach Süden. Nach der *Glorieta de Insurgentes* (der Kreisverkehr, der den U-Bahnhof Insurgentes umgibt) verläuft sie fast schnurgerade hinab bis zur Universitätsstadt, auf der ganzen Strecke gesäumt von großen Kaufhäusern und Supermärkten, Kinos, Restaurants und Bürogebäuden.

Auf etwas mehr als halbem Wege nach San Ángel sieht man zur Rechten den gigantischen Wolkenkratzer **World Trade Center**, das höchste Gebäude der Stadt. Im obersten Stockwerk rotiert das teure Restaurant *Bellini's* (s.S. 394, „Essen")

Gleich südlich des World Trade Center liegt auf der rechten Seite (wenn man nach Süden geht) das **Poliforo Siqueiros**, ✆ 55/5536-4520 bis 23, 💻 www.polyforum.com.mx. Der von David Siqueiros entworfene und gestaltete Komplex sprengt jeden Rahmen: Die Außenwände sind mit Gemälden nach einer Idee von Siqueiros bedeckt, die ungefähr dreißig junge Künstler ausgeführt haben. Das größte Wandgemälde im Inneren (ca. 4500 m^2) wurde von Siqueiros allein erstellt. Sein voller Titel lautet: *Der Weg der Menschheit auf Erden und zum Kosmos*. Es finden *Luz y Sonido*-Vorstellungen statt, in der die vielfältigen, wechselnden Perspektiven und bildnerischen Techniken erklärt werden, 🕒 Sa und So 10, 12, 13.30 Uhr, US$3. Ansonsten gibt es in dem Gebäude zahlreiche Kunstausstellungen und eine umfangreiche Verkaufsausstellung von kostspieligem Kunstgewerbe. 🕒 tgl. 9–18 Uhr, US$1,50.

Wenig später kommt man ganz nah an der **Plaza México** vorbei, mit einem Fassungsvermögen von 50 000 Zuschauern die größte Stierkampfarena der Welt. Sie ist von der Insurgentes aus nicht zu sehen, liegt aber nur zehn Gehminuten entfernt an der Av. San Antonio, in unmittelbarer Nähe des **Estadio Azul**, einer 65 000 Zuschauer fassenden Fußballarena und Heimstadion der Mannschaft von Cruz Azul.

Kurz vor San Ángel kommt man am **Teatro de los Insurgentes** vorbei, dessen Fassade auf ganzer Breite ein von Diego Rivera entworfenes Mosaik schmückt, auf welchem die Geschichte des mexikanischen Theaters und damit verbundene Persönlichkeiten dargestellt sind, ganz oben *Los Insurgentes* (die Aufständischen aus dem mexikanischen Unabhängigkeitskrieg): Hidalgo, Morelos und Benito Juárez auf der linken und Emiliano Zapata auf der rechten Seite.

San Ángel

Das beliebte wie teure Wohngebiet **San Ángel** liegt 12 km südwestlich vom Stadtzentrum und konzentriert sich um den Punkt, wo Insurgentes Sur und Revolución sich beinahe treffen und durch die 200 m lange Av. La Paz miteinander verbunden sind. Wegen der Märkte, alten Herrenhäuser mit blumenbestandenen Patios, kleinen Restaurants, Straßencafés und zahlreichen Nobelgeschäften (Cartier, italienische Designer-Möbel etc.) kommen hier sehr viele Leute her, vor allem an Samstagen, wenn die entzückende **Plaza San Jacinto** vom **Bazar Sábado** eingenommen wird, einem lebendigen Kunstmarkt unter freiem Himmel.

Ursprünglich war der Samstagsmarkt in einem der Häuser am Platz untergebracht, inzwischen hat er sich jedoch bis in die umliegenden Straßen ausgedehnt. Hinter der Kathedrale gibt es eine gute Bar, *La Puerta del Sol.* Die Plaza ist von den ältesten Villen San Ángels umgeben, darunter auch die **Casa del Risco**, Plaza San Jacinto 15, ein Kolonialgebäude aus dem 18. Jh., in dem sich die so genannte Fabela-Sammlung antiker Möbelstücke und Gemälde befindet. Im Patio kann man einen aus alten, zerbrochenen und ganzen Porzellantellern und -tassen gemachten Springbrunnen bewundern. ⌚ Di–So 10–17 Uhr, Eintritt frei.

Museo del Carmen und Museo de Arte Carrillo Gil

San Ángel hat seinen Namen von dem ehemaligen Karmeliterkloster San Angelo Mártir in der Av. Revolución unmittelbar südlich der Kreuzung mit der Av. La Paz, in dem heute das **Museo del Carmen** untergebracht ist. Die drei ziegelgedeckten, in hellen Farben – vorwiegend Gelb – erstrahlenden Kuppeln beherrschen auch heute noch das Bild dieses Viertels und verleihen dem ohnehin schon bezaubernden Beispiel der Architektur des frühen 17. Jhs. noch mehr Anmut. Die Kirche wird auch heute noch genutzt, während die übrigen Abschnitte des Klosters inzwischen zu einem Museum umgestaltet wurden.

Schon ein Spaziergang durch das Labyrinth aus Mönchszellen, Zimmern und Innenhöfen ist ein Vergnügen, und nebenbei gibt es eine umfangreiche Sammlung religiöser Gemälde und Möbel aus der Kolonialzeit zu bewundern. Hauptziel fast aller Besucher ist das unterirdische Gewölbe mit einem Dutzend hinter Glas ausgestellten **Mumien**, die hier während der Revolution von Soldaten gefunden wurden und aller Wahrscheinlichkeit nach die sterblichen Überreste von Nonnen und Mönchen sind. Ansonsten gibt es zahlreiche Exponate zum Alltag in Neuspanien und eine Sammlung von Ölgemälden des Künstlers Cristóbal de Vallalpando aus dem 18. Jh. zu besichtigen. ⌚ Di–So 10–16.45 Uhr, US$3,20.

Weiter auf der Av. Revolución, vorbei an einem kleinen Blumenmarkt, gelangt man zum **Museo de Arte Carrillo Gil**, Av. Revolución 1608, Col. San Ángel. Das Museum enthält eine gute Sammlung moderner Kunstwerke mexikanischer Maler wie Rivera, Orozco und Siqueiros und internationaler Künstler, von denen allerdings viele ausgeliehen sind oder anderswo gelagert werden, um temporären Ausstellungen und zeitgenössischen Installationen Platz zu machen. Das Museum wurde 1974 zur Aufnahme der Sammlung von Dr. Álvaro Carrillo erbaut, einem Maler, Kunstkritiker und Freund von Siqueiros, der als langjähriger Förderer der avantgardistischen Kunst bereits in den 30er Jahren mit dem Sammeln von Kunstwerken begonnen hatte. ⌚ Di–So 10–18 Uhr, US$1,50.

Museo Casa Estudio Diego Rivera y Frida Kahlo und Restaurant San Ángel

Vom Museo de Arte Carrillo Gil ist es nur einen halben Kilometer entlang der Av. Altavista bis zum **Museo Casa Estudio Diego Rivera y Frida Kahlo** in der Calle Diego Rivera Nr. 2. Es handelt sich um zwei modernistische Häuser, die 1931/32 von Juan O'Gorman, dem führenden Architekten seiner Zeit, für Diego Rivera und Frida Kahlo gebaut wurden. An einer ehemals ruhigen Ecke steht hinter einem organischen Kakteenzaun auf einem kleinen Gelände Diegos großes, kastanienbraunes Haus, das durch einen Übergang in Höhe des Daches mit dem wesentlich kleineren, blauen Wohnsitz Fridas verbunden ist.

Von 1933–1941 lebten und arbeiteten sie beide hier, zwar voneinander getrennt, doch nah genug beieinander, so dass sie sich jederzeit sehen konnten und Frida ihrem Diego die Mahlzeiten bringen konnte. In beiden Gebäuden sind die Wände aus Beton und die Fußböden aus Holz. Viele der Fenster, besonders die in Diegos Atelier, reichen vom Boden bis zur Decke. Sehr fortschrittliche Merkmale für die frühen 30er Jahre – und erst recht für Mexiko. Vergleicht man sie mit dem Blauen Haus in Coyoacán, stellen die Gebäude einen so starken Kontrast dar, dass man sich kaum vorstellen kann, dass beide Anwesen von denselben Menschen bewohnt wurden.

Diegos Atelier enthält einen Teil seiner Materialien, persönliche Gegenstände, Reproduktionen seiner Arbeiten und einige große Skelette aus Pappmaché. Fridas Haus zieren hauptsächlich wechselnde Ausstellungsstücke und ein paar schö-

Seit den 70er Jahren ist das künstlerische Werk von **Frida Kahlo** (1907–1954) immer wieder neuen Bewertungen unterzogen worden – mit dem Ergebnis, dass sie heute international als die berühmteste Künstlerin Mexikos gilt. Ihr Ruf geht inzwischen sogar über den ihres Ehemannes, des Muralisten Diego Rivera, s.S. 352, hinaus, der sie als „die erste Frau in der Geschichte der Kunst" sah, „die mit den allgemeinen und besonderen Themen, die ausschließlich Frauen betreffen, absolut kompromisslos ehrlich, man könnte gar sagen, mit teilnahmsloser Grausamkeit, umgeht."
Julie Taymors biografischer Film *Frida*, mit Salma Hayek in der Hauptrolle, hat ihren Ruf als feministische Ikone des 20. Jahrhunderts noch gefestigt – einen Ruf, den sie gleichermaßen ihrem Leben wie ihrer Kunst verdankt. Ihr Werk ist zutiefst persönlich, es dreht sich um sie selbst, ihre Unsicherheit und die Beziehungen zu ihrer Familie, ihrem Land und ihrer Politik. „Ich male mich selbst," sagte sie einmal, „weil ich so oft allein bin und weil ich selbst das Thema bin, das mir am besten vertraut ist."
1907 wird Frida als Tochter einer mexikanischen Mestizin und eines ungarischen Juden im „Blauen Haus" (heute das **Museo Frida Kahlo**, s.S. 378) geboren. Sie selbst wird zeitlebens behaupten, sie sei 1910 geboren und verbindet ihre Geburt damit symbolisch mit dem Beginn der mexikanischen Revolution und dem Aufbruch in ein modernes Mexiko. Wer eine Vorstellung von Fridas Leben erhalten möchte, sollte das Museo Frida Kahlo und die beiden Häuser von Frida und Diego in **San Ángel** (s.S. 373) besuchen, doch nur wer auch ihre Bilder gesehen hat erhält den Schlüssel zum Verständnis ihres Lebens. In ihrer relativ kurzen Schaffenszeit war die Malerin nie übermäßig produktiv, daher ist der Gesamtumfang ihres Werkes eher klein. Die mit Abstand größte Kahlo-Sammlung – etwa ein Drittel ihres Gesamtwerkes – befindet sich im **Museo Dolores Olmedo Patiño** (s.S. 382).
Mit sechs Jahren erkrankt Frida an Kinderlähmung, als Folge bleibt ihr rechtes Bein in der Entwicklung zurück, eine Tatsache, die sie für den Rest ihres Lebens zu verbergen sucht. Sie erholt sich und lernt als frühreife 14-Jährige auf der Eliteschule von Mexiko-Stadt den 20 Jahre älteren **Diego Rivera** kennen, der dort an einem Wandgemälde arbeitet. Sie schockiert ihre Freundinnen, indem sie bekundet, dass sie ein Kind von ihm haben wolle, „sobald ich ihn davon überzeugen kann zu kooperieren." Eine derartige Gelegenheit ergab sich jedoch nicht, und sie verloren sich für viele Jahre aus den Augen.
Frida ist bereits früh dabei, sich aus der konservativen Frauenrolle zu befreien, die im Mexiko des frühen 20. Jhs. vorherrscht und hat gerade das Studium der Medizin aufgenommen, als sie im Alter von 18 Jahren einen grauenvollen **Unfall** erleidet. Sie ist als Fahrgast in einem Bus unterwegs, als dieser plötzlich mit einer Straßenbahn zusammenstößt. Monatelang ist sie ans Krankenbett gefesselt, nachdem sie mehrfache Knochenbrüche davongetragen hat und ihr Becken von einer Eisenstange durchbohrt worden war. In dieser Phase der Rekonvaleszenz nimmt Frida zum ersten Mal ernsthaft einen Pinsel in die Hand. Später sinniert sie: „Es gab zwei Unfälle in meinem Leben: den Bus und Diego." Nach ihrer Genesung findet sie Anschluss an eine linksgerichtete Gruppe von Künstlern, Freigeistern und Kommunisten, wo sie erneut mit Rivera zusammentrifft. Binnen eines Jahres sind sie verheiratet: sie eine schmächtige Frau von 21 Jahren, er ein massiv übergewichtiger Mann, doppelt so alt wie sie, mit einem froschähnlichen Gesicht und dem Ruf eines Weiberhelden. Diego verfolgt seine Affären weiterhin praktisch in aller Öffentlichkeit (darunter auch ein kurzes Intermezzo mit Fridas Schwester Cristina), reagiert aber mit der rasenden Eifersucht eines typischen Macho, wenn Frida sich mit anderen Männern einlässt. Um fremde Männer abzuwehren, fuchtelt er dabei auch schon mal mit seiner Pistole herum. Ihre Affären mit Frauen scheinen ihn dagegen köstlich zu amüsieren. Trotz alledem ist Frida voll der Hingabe für Diego

und außerdem emotional und oft auch finanziell von ihm abhängig. Er ist allerdings ebenso abhängig von ihr, auch wenn er es sich selbst und vor der Öffentlichkeit nicht eingesteht. Erst nach ihrem Tod schreibt er: „Zu spät habe ich erkannt, dass meine Liebe zu Frida das Wunderbarste in meinem Leben war."

Ermutigt durch Diego, treibt Frida ihre Karriere als Künstlerin voran. Aus anfänglich eher sporadischer Porträtmalerei entwickelt sie allmählich ihren unverwechselbaren Stil, insbesondere in den frühen 30er Jahren, als sie sich vier Jahre mit Diego in den Vereinigten Staaten aufhält, wo ihr Ehemann gefeiert wird und mit Wandmalereiprojekten gut verdient. Mehr als die Hälfte von Frida Kahlos Gemälden sind Selbstporträts: ein ernstes Gesicht mit durchgehender dunkler Augenbraue und einem Oberlippenbart, den sie nie zu verbergen sucht, darunter nicht selten ein aufgeschlitzter und verstümmelter Körper. Ihre Selbstporträts sind zunehmend von persönlichem Symbolismus durchdrungen: Themen wie Fehlgeburt, Knochenfrakturen und verratene Liebe, auf seltsame Weise durch den Körper erforscht. Schon bald wird Frida von den Surrealisten – in Europa die vorherrschende künstlerische Strömung jener Zeit – mit offenen Armen aufgenommen. Frida weiß die Aufmerksamkeit zu schätzen, die ihr Werk durch gewisse Parallelen erhält, doch im Grunde hasst sie den Vergleich. Sie empfindet ihre Arbeit ganz anders und sieht sie nicht im Zusammenhang mit dem überbordenden Freud'schen Unterbewusstsein. Frida ist stets mit ihren eigenen, bewussten Gefühlen in ihren Bildern präsent.

1932 erleidet sie in Detroit eine Fehlgeburt und wird ins Krankenhaus eingeliefert, wo sie *Henry Ford Hospital* malt, die Darstellung einer Frau, die in einer Industriewüste unbekleidet auf einem Bett liegt, umgeben von einem Fötus, Beckenknochen und chirurgischen Instrumenten, die alle wie über eine Nabelschnur mit der blutenden Frida verbunden sind. Nach ihrer Rückkehr nach Mexiko erweitert sich ihr Freundeskreis um Leo Trotzki (mit dem sie eine kurze Affäre hat), den kubanischen Kommunisten Julio Antonio Mella und den Muralisten David Siqueiros, der später in ein Mordkomplott gegen Trotzki verwickelt wird, s.S. 379. Mittlerweile wohnen Frida und Diego in benachbarten Häusern in San Ángel, eine Situation, die es ihnen erlaubt, relativ unabhängig voneinander zu leben. Während dieser Zeit geht sie eine Beziehung zu dem Fotografen **Nicholas Muray** ein, die aber scheitert. 1939 lassen sich Frida und Diego scheiden, eine vernichtende Erfahrung, die Frida in ihrem *Selbstbildnis mit abgeschnittenem Haar* festhält, wo sie die für sie typischen langen Locken und das indianische Tehuana-Kleid (die Diego beide so sehr liebt) durch seinen überdimensionierten Anzug und gestutzte Haare ersetzt. Ein Jahr später heiraten sie erneut, doch diesmal besteht Frida auf finanzieller Unabhängigkeit und einer platonischen Beziehung. In optimistischerer Stimmung entsteht zu jener Zeit *Selbstbildnis mit Zopf,* in dem die gestutzten Locken zusammengeflochten in prekärer Lage auf ihrem Kopf liegen.

Die von ihrem Unfall herrührenden Verletzungen bereiten Frida zeitlebens Qualen, und während die Verzweiflung über ihren körperlichen Zustand immer mehr größer wird, findet sie zunehmend Trost in ihrer Arbeit (sowie im Alkohol und in Schmerztabletten). 1944 malt sie *Die gebrochene Säule,* wo sie ihr zerquetschtes Rückgrat als ionische Säule abbildet. Trotz wachsenden Erfolges, sowohl in finanzieller Hinsicht als auch bei den Kritikern, kommt es zu Lebzeiten nur zu einer einzigen Solo-Ausstellung ihrer Arbeit: in Mexiko-Stadt nur ein Jahr vor ihrem Tod. Obwohl sie in späteren Jahren an den Rollstuhl gefesselt ist, bleibt sie – wie während ihres ganzen Lebens – politisch aktiv. Im Juli 1954 stirbt sie schließlich an den Folgen einer Lungenentzündung, nachdem sie an einer Demonstration gegen die US-amerikanische Intervention in Guatemala teilgenommen hatte. Zu jenem Zeitpunkt weiß sie bereits, dass sie sterben wird, während ihre Kontrolle über den Pinsel zunehmend schwindet. Auf ihrem letzten Gemälde, einer zerteilten Wassermelone, kritzelt sie ihren letzten Gruß: „Viva la Vida" – „Es lebe das Leben" – eine versöhnlichere und optimistischere Schlussnote.

ne Porträtaufnahmen, von Nicholas Muray aufgenommen, der Fotograf mit dem Frida Ende der 30er Jahre eine Affäre hatte. Außerdem sind einige von Fridas eigenen *ex-votos* (Votivgaben) ihres verheerenden Unfalls zu besichtigen. ⌚ Di–So 10–18 Uhr, US$1.

Anschließend sollte man dem berühmten und vornehmen Restaurant *San Ángel Inn* einen Besuch abstatten, das seit 1915 in einem ehemaligen Karmeliterkloster aus dem späten 17. Jahrhundert untergebracht ist. Dieses Restaurant ist zwar meist von Teilnehmern organisierter Sightseeing-Touren bevölkert und das Essen ist teuer – aber sehr gut. Die wunderschönen Gärten und Patios lohnen einen Abstecher, auch wenn man hier nicht essen kann oder will.

Ein Spaziergang von San Ángel nach Coyoacán

Die angenehmste Art, San Ángel und Coyoacán an einem einzigen Tag zu erkunden, ist ein Spaziergang, für den man sich eine gute Stunde Zeit nehmen sollte, um durch die ruhigen Straßen zu schlendern, die beide Viertel miteinander verbinden. Dabei kommt man an einigen der prächtigsten Anwesen der Stadt und mehreren Sehenswürdigkeiten vorbei. Die angenehmste Strecke ist auf der Karte S. 377 eingezeichnet. Sie beginnt im Zentrum von San Ángel, an der Av. Revolución in Höhe des Museo del Carmen. Von hier aus folgt man der Av. La Paz Richtung Nordosten und gelangt nach Überquerung der Insurgentes zum **Jardín de la Bombilla**. Im Zentrum des kleinen Parks steht ein Denkmal für General Alvaro Obregón, der hier 1928 einem Attentat zum Opfer fiel, nachdem er kurz zuvor als Präsident wiedergewählt worden war.

Das Monument wird von revolutionären Arbeitern (Maiskolben in einer Hand, Hammer und Sichel in der anderen) flankiert, im Innern ist eine Bronzestatue von Obregón zu sehen. An der Ostseite des Parks überquert man die Calle Chimalistac und die winzige Plaza Federico Gamboa. Von der Ostseite dieser Plaza biegt man links ab und überquert die Miguel Ángel de Quevedo, geht weiter geradeaus am **Parque Tagle** (linker Hand) vorbei und biegt dann rechts in die Arenal ein. Diese führt hinter der Kreuzung mit der Avenida Universidad zur **Capilla de San Antonio Panzacola**, eine hübsche rote Kapelle, die sehr schön an einer kleinen Steinbrücke gelegen ist.

Weiter geht der Spaziergang Richtung Osten über die friedliche Kopfsteinpflasterstraße Av. Francisco Sosa, eine der schönsten und ältesten Straßen der Stadt. Jenseits der hohen Mauern lässt sich bisweilen ein Blick auf die prächtigen Villen erhaschen, doch das einzige für die Öffentlichkeit zugängliche Anwesen ist das **Museo Nacional de la Acuarela** in der Calle Salvador Nova 88. Wie der Name schon sagt, ist das kleine Museum vor allem Aquarellen gewidmet, enthält daneben aber auch einige Kunstwerke aus den Bereichen Architektur und Grafik. Besonders sehenswert sind die Arbeiten von Saturnino Herrán. Durch einen kleinen Skulpturengarten kommt man zu einer zweiten Galerie mit Ausstellungen zu demselben Thema, die man sich nicht entgehen lassen sollte. ⌚ Di–So 11–18 Uhr, Eintritt frei.

Zehn Gehminuten weiter entlang der Av. Francisco Sosa liegt schließlich die **Plaza Santa Caterina**, ein ruhiger Platz mit einer senfgelben Kirche und einigen Restaurants. Von hier aus ist es nur noch ein kurzer Fußweg zur Plaza Central von Coyoacán, die man durch einen Doppeltorbogen betritt.

Coyoacán

Am anderen Ende der Insurgentes, etwa 3 km östlich von San Ángel, liegt Coyoacán. Auch diese Kolonialstadt wurde im Laufe der Jahre von México D.F. einverleibt. Schon vor der Konquista lag hier ein Ort von beträchtlicher Größe am Ufer des Sees, ursprünglich die Hauptstadt eines kleinen Königreiches, das von den Azteken Mitte des 15. Jhs. unterworfen worden war. Während der Belagerung von Tenochtitlán ließ sich Cortés in Coyoacán nieder und residierte hier so lange, bis die Hauptstadt von „Nueva España" aufgebaut war.

Der Stadtteil mit seinen freundlichen und vor allem am Wochenende lebhaften Plazas ist bislang weniger überlaufen als San Ángel und eignet sich für einen ruhigen Nachmittag abseits vom Großstadtgetümmel.

Das Hauptgeschehen konzentriert sich um die große **Plaza Central**, die eigentlich aus zwei miteinander verbundenen Plazas besteht – der Plaza Hidalgo und dem Jardín del Centenario.

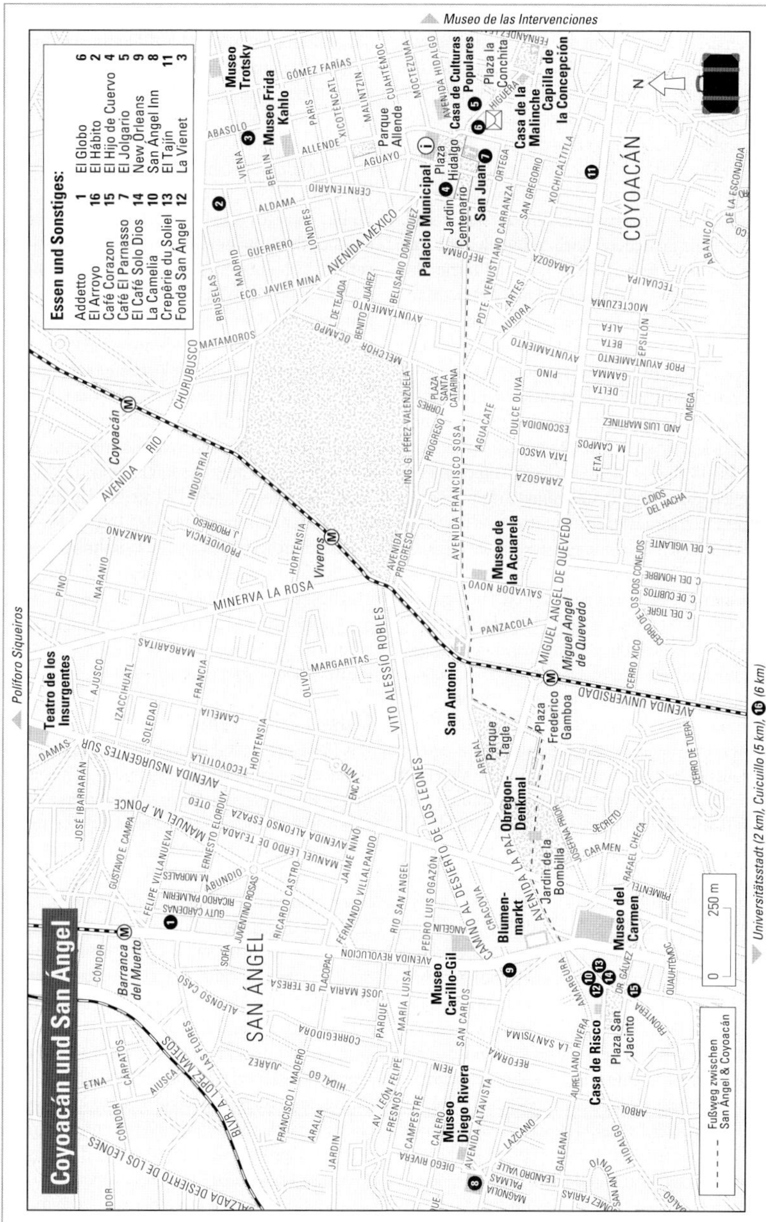

Coyoacán und San Ángel
Essen und Sonstiges:
Addetto 1
El Arroyo 16
Café Corazon 15
Café El Parnasso 7
El Café Solo Dios 14
La Camelia 10
Crepêrie du Soliel 13
Fonda San Ángel 12
El Globo 6
El Hábito 2
El Hijo de Cuervo 4
El Jolgario 5
New Orleans 9
San Ángel Inn 8
El Tajín 11
La Vienet 3
Museo de las Intervenciones
Polifóro Siqueiros
Universitätsstadt (2 km), Cuicuillo (5 km), 16 (6 km)
Fußweg zwischen San Ángel & Coyoacán
0 250 m
N
COYOACÁN
SAN ÁNGEL
Museo Trotsky
Museo Frida Kahlo
Parque Allende
Palacio Municipal
Plaza Hidalgo
Jardín Centenario
San Juan
Casa de Culturas Populares
Plaza la Conchita
Casa de la Malinche
Capilla de la Concepción
Coyoacán
Viveros
Museo de la Acuarela
San Antonio
Miguel Angel de Quevedo
Parque Tagle
Plaza Frederico Gamboa
Obregon-Denkmal
Jardín de la Bombilla
Blumen-markt
Museo del Carmen
Museo Carillo-Gil
Casa de Risco
Plaza San Jacinto
Museo Diego Rivera
Barranca del Muerto
Teatro de los Insurgentes
AVENIDA INSURGENTES SUR
AVENIDA REVOLUCION
MIGUEL ANGEL DE QUEVEDO
AVENIDA UNIVERSIDAD
AVENIDA FRANCISCO SOSA
AVENIDA MEXICO
CAMINO AL DESIERTO DE LOS LEONES
AVENIDA LA PAZ
VITO ALESSIO ROBLES
MINERVA LA ROSA
AVENIDA RIO CHURUBUSCO
BLVR. A. LOPEZ MATEOS
CALZADA DESIERTO DE LOS LEONES

Künstler, Kunstliebhaber und Musiker treffen sich an der Plaza rund um das Café *El Parnaso*, unter einem Dach mit einem Buchladen, und der Bar *Hijo del Cuervo* an der gegenüberliegenden Seite. Hier kann man gemütlich sitzen und das Geschehen beobachten. Sonntags findet auf der Plaza Central ein **Markt** statt, begleitet von Live-Musik. Es ist der angenehmste Ort zum Souvenirkauf, obwohl die meisten Sachen anderswo billiger zu erstehen sind.

Der Platz beherbergt auch die alte **Kirche San Juan** aus dem 16. Jh. und den kleinen Palacio Municipal, besser bekannt als **Casa de Cortés**, da angeblich Cortés das Haus errichten ließ. In den Innenräumen sind zwei Wandgemälde von Diego Rivera zu besichtigen, die die Konquista und die Folterung Cuauhtémocs thematisieren. Letzteres ist hier besonders passend, da das letzte Oberhaupt der Azteken in Coyoacán ermordet wurde. Die Wandgemälde sind nicht für die Öffentlichkeit zugänglich, doch wer sie unbedingt sehen möchte, kann in der **Touristeninformation**, ✆ 55/5659-6009, im selben Gebäude nachfragen. ⏲ tgl. 9–20 Uhr.

Nahe der Plaza Hidalgo, in der Av. Hidalgo 289, steht das **Museo de Culturas Populares**, ✆ 55/5554-8282, in dem die gesamte Bandbreite ausgelassener kultureller Aktivitäten gezeigt wird, u.a. in Form farbenprächtiger Puppen, Masken und Kostüme. ⏲ Di–So 10–20 Uhr, Eintritt frei. Über die Avenida Hidalgo gelangt man auch zum Museo Nacional de las Intervenciones (s.S. 381): Man läuft etwa 300 m die Avenida Hiadalgo hinunter und biegt dann links in die General Anaya ein, die direkt zum Museum führt (noch hinter der Kreuzung mit der Avenida División del Norte). Der Spaziergang dauert 15–20 Min.

Nahe der Plaza Central befindet sich die winzige, schattige Plaza de la Conchita, die die schöne Barockkapelle **Capilla de la Concepción** mit ihrer wunderbar verzierten Fassade umgibt. Das auffallend rote Haus am Platze ist die **Casa de la Malinche**, das Haus, in dem Cortés seine indianische Geliebte unterbrachte und – so wird behauptet – seine Ehefrau ermordete, kurz nachdem diese aus Spanien angereist war. Ein Besuch in Coyoacán ist erst vollständig, wenn man die beiden großen Sehenswürdigkeiten am nördlichen Rand des Viertels gesehen hat: das **Frida Kahlo Museum** und das **Leo Trotzki Museum**.

Nach Coyoacán fahren von San Ángel aus Busse die Altavista beim *San Ángel Inn* hinab; von der Innenstadt fahren **Busse** an den U-Bahnhöfen Chapultepec, Insurgentes oder Cuauhtémoc ab. In jedem Fall Ausschau nach der Aufschrift „Coyoacán" oder „Colonia del Valle/Coyoacán" Ausschau halten. Außerdem fährt auf der Lázaro Cárdenas von einer Haltestelle unweit von Bellas Artes ein **Trolley** entgegen dem Verkehrsfluss nach Coyoacán ab. Auch die U-Bahnlinie 3 führt ganz in der Nähe vorbei, doch muss man wissen, dass der Bahnhof Viveros sehr viel näher im Zentrum des Geschehens liegt als der namens Coyoacán. Vom Viveros geht man auf der Avenida Universidad Richtung Süden, biegt dann nach links (Osten) ab, und gelangt so ins Zentrum des Viertels. Wer auf der Avenida Cuauhtémoc oder Avenida Lázaro Cárdenas geradewegs aus der Innenstadt herkommt, sollte sinnvollerweise zuerst das Kahlo- und Trotzki-Museum besuchen; in dem Fall steigt man aus dem Bus, gleich nachdem er unter der Avenida Río Churubusco durchgefahren ist. Die **U-Bahn**haltestellen liegen ein bisschen weiter weg, doch eine gute Möglichkeit besteht mit der Linie 2 bis General Anaya, von wo aus man nach Westen marschiert, vorbei am Museo de las Intervenciones und den Häusern von Trotzki und Frida Kahlo.

Museo Frida Kahlo

Das Museo Frida Kahlo in der Calle Londres 127, Höhe Allende, erreicht man zu Fuß in wenigen Minuten vom Zentrum Coyoacáns aus und in ca. zwanzig Minuten vom U-Bahnhof Anaya aus. Das zu Recht so bezeichnete Blaue Haus ist Fridas Elternhaus, hier wurde sie geboren und hier verbrachte sie die meiste Zeit ihres Lebens, sporadisch auch mit ihrem Ehemann, Diego Rivera, der das Haus kurz nach ihrem Tod dem mexikanischen Staat stiftete. Frida und Diego lebten hier Ende der 30er Jahre und hatten in jener Zeit **Leo Trotzki** und seine Frau nach deren Ankunft in Mexiko zu Gast. Trotzki, der in ständiger Furcht vor einem Attentat lebte, äußerte sich besorgt über den leichten Zugang zum Haus vom Nachbargrundstück aus. In seiner typisch gönnerhaften Art kaufte Diego das Nachbarhaus kurzerhand und verband die beiden Gebäude miteinander.

Diego und Frida waren über lange Zeit hinweg der Mittelpunkt des liberalen geistigen Lebens der

Hauptstadt. Zu dem Kreis von Künstlern und Intellektuellen, die das Paar häufig besuchten, gehörte auch D. H. Lawrence, obwohl er politisch und künstlerisch nur wenig Gemeinsamkeiten mit Kahlo – von Trotzki ganz zu schweigen – hatte.

Mehrere Zimmer wurden zu Galerien umgestaltet, von denen das erste etwa zwanzig der weniger qualvollen Gemälde Fridas präsentiert. Neben einigen frühen Porträts ist hier auch ihr letztes Werk zu sehen, *Viva la Vida* aus dem Jahre 1954, ein Stillleben mit einer zerteilten Wassermelone, das entstand, als sie ihre künstlerische Arbeit infolge der Schmerzen und ihrer traumatischen Beinamputation kaum noch kontrollieren konnte. Außerdem hängt hier ein schönes Selbstporträt aus dem Jahre 1932 und das politisch motivierte Werk *El marxismo dará salud a los enfermos* (Der Marxismus wird die Kranken heilen) von 1954.

Durch ein Zimmer mit den für Frida typischen **Tehuana-Kleidern** gelangt man in einen Raum mit weiteren Gemälden, darunter auch ein Dutzend von Rivera, z.B. *Paisaje de la Quebrada*, das eine Felswand in Acapulco zeigt, in die Diego sein Gesicht malte. Daneben finden sich mehrere Arbeiten von Velasco und Orozco, ein Klee und ein Tanguy.

Die anderen Bereiche des Hauses zeigen den von Frida bevorzugten Artesanía-Stil: Man beachte die blaugelbe Küche mit den winzigen Keramikbechern an der Wand, auf denen „Diego" und „Frida" steht. Die Dekoration setzt sich mit seltsamen Tieren und Figuren aus Pappmaché sowie einer beeindruckenden Sammlung von *retablos* im Treppenbereich fort. Die Stufen führen in Fridas luftiges Atelier, wo ihr Rollstuhl kunstvoll neben einer Staffelei und dem unvermeidlichen Spiegel in Szene gesetzt wurde.

In einem der Schlafzimmer geben Diegos übergroßer Arbeitskittel und der für ihn typische Schlapphut Hinweise auf den Besitzer, doch noch deutlicher manifestiert sich seine Anwesenheit durch die zahlreichen Gegenstände aus prähispanischen Zeiten (deren Riveras besonderes Interesse galt) überall im Haus; im Patio befindet sich sogar eine kleine zweistufige Pyramide, die er dort errichtete. 🕓 Di–So 10–18 Uhr, US$3, U-Bahnhof Coyoacán.

Die Ermordung Leo Trotzkis

Der geistige Vater der russischen Revolution und Organisator der Roten Armee lebte und arbeitete in Mexiko im Exil, bis Stalins mächtiger Arm ihn schließlich doch erreichte und seinen letzten Gegner zum Schweigen brachte. Das Haus gleicht auf den ersten Blick eher einer Festung als einem Wohnhaus, denn es liegt hinter Stahltoren, Eisengittern und Wachtürmen versteckt. Die Wohnung ist fast genauso geblieben, wie Trotzki sie hinterlassen hat. Die Bücher im Regal, die Brille achtlos auf den Tisch geworfen, alle Dinge eines normalen Alltagslebens sind noch da. Nur die Einschusslöcher passen nicht dazu – und die Stahlgitter und kugelsicheren Türen.

Am 24. Mai 1940, morgens um 4 Uhr, wurde der erste Anschlag auf Trotzki unternommen. Davon zeugen mehr als 70 Löcher in den Schlafzimmerwänden. Eine Gruppe schwerbewaffneter Männer (angeblich unter Führung des Malers David Siqueiros, der als Kommandeur am spanischen Bürgerkrieg teilnahm) überwältigte die Wachen und gab mehr als 200 Schüsse auf das Haus ab. Trotzki, seine Frau und sein Sohn überlebten – sie hatten Schutz unter den Betten gesucht.

Danach wurden die Festungsanlagen weiter verstärkt. Doch der eigentliche Mörder zählte längst zu den ständigen Besuchern der Familie. Zwei Jahre lang hatte er sorgfältig den Kontakt über eine befreundete Trotzkistin aufgebaut, als deren Verlobter er sich ausgab. Er brachte Geschenke für Frau und Kinder, und obwohl man ihm nie traute, wurde er wie immer auch am Nachmittag des 20. August 1940 eingelassen, um Trotzki einen Artikel zur Durchsicht zu bringen. Er wurde in Trotzkis Büro gebeten, und wenig später schlug der berüchtigte Eispickel, der unter dem Mantel des Mörders versteckt war, auf Trotzkis Kopf ein. 24 Stunden später starb Trotzki im Krankenhaus. Der Mörder, der sich Frank Jackson nannte und behauptete, Belgier zu sein, enthüllte nie die Motive seiner Tat und bekannte sich auch nicht zu seiner wahren Identität. Sein Name war Juan Ramón Mercader del Río.

Museo Casa León Trotsky

Ungefähr vier Blocks vom Museo Frida Kahlo entfernt steht in der Río Churabasco 410 das Haus von Leo Trotzki – wahrscheinlich die einzige Gedenkstätte auf der Welt, die dem führenden Kopf der russischen Oktoberrevolution zuteil wurde. Im Garten liegt sein Grab.

Nach Lenins Tod wurde Trotzki zum Tode verurteilt und ins Exil gezwungen. Nachdem ihm verschiedene Länder politisches Asyl verweigert hatten, suchte er 1937 Zuflucht in Mexiko und fand Unterstützung durch Diego Rivera, der zu jener Zeit ein Verehrer Trotzkis war und sich persönlich bei Präsident Lázaro Cárdenas für ihn einsetzte. Doch Stalins langer Arm holte Trotzki letztlich ein (s. Kasten), obwohl er sein Haus mit allen möglichen Sicherheitsvorkehrungen versehen hatte. Von außen scheint das festungsähnliche Haus etwas fehl am Platze inmitten der bürgerlichen Wohnhäuser, doch im Innern ist es das Heim eines Durchschnittsbürgers, einmal abgesehen von den Einschusslöchern in der Wand.

Von der Metrostation Coyoacán aus geht man die Av. Universidad nach Süden und dann links die Av. Río Churubusco bis zur No. 410 hinunter (ca. 20 Minuten zu Fuß), dort ist der Eingang zum Museum. 🕒 Di–So 10–17 Uhr, US$3; Fotoerlaubnis US$1, U-Bahnhof Coyoacán.

Die Universitätsstadt und Cuicuilco

Die Universität

Etwa 2 km südlich von San Ángel überquert die Insurgentes das ausgedehnte Lavafeld Pedregal. In dem von vornehmen Villen geprägten Viertel befinden sich u.a. die **Universität**, das **Olympiastadion** und **Cuicuilco**, die älteste Pyramide Zentralmexikos.

Von hier führt die Insurgentes weiter zur Universitätsstadt *(Ciudad Universitaria)*, die von der 12-stöckigen **Bibliothek** überragt wird. Alle vier Seiten dieses quaderförmigen Blocks sind mit **Mosaiken** von **Juan O'Gorman** versehen, meist aus Natursteinen mit ein paar Kacheln oder etwas Glas. Gezeigt wird die Entwicklungsgeschichte des Landes aus der Sicht des Künstlers. Die weiträumigeren Nord- und Südseiten handeln von der vorspanischen Zeit und dem kolonialen Mexiko; die Westseite von der Gegenwart und den Dingen, mit denen man sich in der Universität beschäftigt, und die Ostseite von der Zukunft, wo sich alles um ein riesiges Atom dreht. Die Besonderheit des Gebäudes besteht u.a. darin, dass es den Anschein erweckt, total fensterlos zu sein; schaut man aber genauer hin, sieht man, dass die Fenster in das Gemälde integriert sind, u.a. als Augen und Mundöffnungen.

Daneben liegt das langgestreckte **Verwaltungsgebäude** *(Rectoria)* mit einem bemalten Relief in Form eines Wandgemäldes von Siqueiros, das sich zu bewegen scheint, wenn man auf der Insurgentes entlanggeht oder -fährt. Hier befinden sich auch das Universitätstheater und das **Museo Universitario de Ciencias y Artes**, das über eine ansehnliche Auswahl interaktiver wissenschaftlicher Exponate verfügt sowie Ausstellungen zur zeitgenössischen Kunst und Kultur organisiert. 🕒 Mo–Fr 9–18, Sa und So 10–18 Uhr, Eintritt frei.

Dahinter erstreckt sich der enorme Campus. Den Eingang bildet eine große Esplanade, Plaza Mayor genannt, auf der sich Statuen um einen flachen, künstlichen Brunnen gruppieren. Zur Rückseite hin findet man noch mehr **Wandgemälde** an den Fakultäten der Wissenschaft und der Medizin. Von hier aus kommt man zum **Botanischen Garten**.

Die Universität gehört zu den größten der Welt. Der überwiegende Teil der Universitätsstadt wurde unter dem Präsidenten Miguel Aleman innerhalb von fünf Jahren (1950–1955) erbaut. Vorbei sind die Zeiten, als die Anlage eine avantgardistische Sensation war; die Architektur ist aber immer noch bemerkenswert. Mexiko darf sich im übrigen der ältesten Universität auf dem Kontinent rühmen. Sie erhielt 1551 von Philip II. die Gründungsurkunde und wechselte des öfteren ihren Standort, u.a. war sie im Hospital de Jesus Nazareno, in der heutigen Escuela Nacional, untergebracht. Im 19. Jh. wurde sie mehrmals geschlossen. 1929 schließlich wurde ihr jetziger Status als *Universidad Nacional Autónoma de México* garantiert.

Auf der anderen Seite der Insurgentes, direkt gegenüber der Universität, befindet sich das 100 000 Besucher fassende **Estadio Olímpico**. Seine Hauptfassade schmückt ein dreidimensionaler Fries, wiederum von Diego Rivera. Es zeigt die Entwicklung des Sports und dessen positive Folgen für die Menschheit. Die meisten Taxifahrer erzählen die Geschichte, die kuriose Form des **Olympiastadions** wäre mit Absicht nach dem Vorbild eines gigantischen Sombrero gewählt, was aber leider nicht stimmt. Die Arena sieht in der Tat merkwürdig aus, wie sie so halb versunken daliegt, als wäre sie aus großer Höhe abgeworfen und dabei etwas demoliert worden. In Wirklichkeit ist die Form des Stadions einem Vulkan nachempfunden.

Cuicuilco

Die **Pirámide de Cuicuilco** wird von einem kreisförmigen Tempel dominiert, der von der Insurgentes aus deutlich zu erkennen ist. Die Anlage liegt ca. 3 km südlich des Estadio Olímpico gegenüber dem ehemaligen Olympischen Dorf, das heute einen Wohnkomplex beherbergt. Die um 600–200 v.Chr. erbaute Rundpyramide ist eine der ältesten Steinpyramiden Mexikos. Die Stätte wurde aufgegeben, als der Xitle, der kleine Vulkan, aus dem auch der Pedregal hervorquoll, entstand, also um 100–300 n.Chr. Zu jener Zeit begann auch der Aufstieg Teotihuacáns. Über den Ort ist nur wenig bekannt. Vieles verschwand unter neu errichteten Häusern, der Lavastrom tat ein Übriges.

Die Pyramide, über eine Rampe und eine breite Treppe zu erreichen, ist etwa 25 m hoch und hat einen Durchmesser von mindestens 100 m. Sie besteht aus vier geneigten Terrassen (vielleicht waren es früher fünf), von denen die unterste erst sichtbar wurde, nachdem man eine 4 m dicke Lavaschicht abgetragen hatte. In einem kleinen Museum sind die hier ausgegrabenen Gegenstände und solche aus anderen, zeitgleichen Fundstätten zu besichtigen. 🕓 tgl. 9–16.45 Uhr, Eintritt frei.

Das Viertel ist mit öffentlichen Verkehrsmitteln leicht zu erreichen, von San Ángel aus praktisch mit allen Bussen oder Peseros, die in südlicher Richtung die Insurgentes befahren. Alle halten vor dem **Olympiastadion** (Estadio Olímpico), direkt gegenüber der **Universitätsbibliothek**, und viele (z.B. „Villa Olímpica", „Cuicuilco" und „Tlalpán") fahren weiter bis zur **Pyramide von Cuicuilco**, die zur Linken ins Blickfeld rückt, nachdem man den Tunnel unter der Periférico passiert hat. Die Universität ist auch mit der U-Bahn-Linie 3 zu erreichen. Der Bahnhof Copilco ist dabei der nächste, denn wer an der Station Universidad aussteigt, kommt von hinten auf den Campus und muss ihn erst komplett zu Fuß überqueren, um zur Bibliothek zu gelangen.

Auf der Calzada de Tlalpán nach Süden

Ein anderer Weg nach Süden führt über die vom Zócalo aus in südlicher Richtung mehr oder weniger parallel zur U-Bahn-Linie 2 verlaufende Calzada de Tlalpán. Die Metro verläuft zunächst unterirdisch und später durch die Straßenmitte. Anschließend nimmt man den Tren Ligero, der fast ganz bis nach Xochimilco fährt.

Die beiden Schienenverbindungen sorgen für den bequemsten Anschluss an einige schöne Museen, darunter Diegos Riveras **Anahuacalli** und das wunderbare **Museo Dolores Olmedo Patiño**. Auf dem Weg zu den Kanälen von Xochimilco kommt man an der größten Fußballarena Mexikos, dem Aztekenstadion, vorbei. Die Linie ist auch eine Alternativstrecke zum östlichen Teil Coyoacáns.

Museo Nacional de las Intervenciones

Der erste lohnenswerte Zwischenstopp auf der U-Bahn-Linie 2 Richtung Süden ist die Station General Anaya. Von hier erreicht man nach fünf Gehminuten entlang der 20 de Agosto das **Museo Nacional de las Intervenciones** im alten Franziskanerkloster Convento de Churubusco. Es verdankt seine heutige Rolle der Schlacht von 1847, als die amerikanischen Truppen unter General Winfield Scott ein mexikanisches Bataillon, geführt von General Anaya, vernichteten – eine von vielen Niederlagen der unterlegenen Mexikaner, die bis zur letzten Kugel kämpften.

Das eigentliche Museum liegt im Obergeschoss und beschäftigt sich mit den amerikanisch-mexikanischen Kriegen. Zu sehen sind jedoch überwiegend Porträts von Generälen sowie Flaggen, und wer nicht gerade ein ausgesprochener Geschichtsfan ist, sollte sich besser im schönen Garten des Museums die Zeit vertreiben. 🕓 Di–So 9–18 Uhr, US$3,20.

Zu den Museen über Trotzki und Frida Kahlo und zum Zentrum von Coyoacán läuft man von hier etwa eine Viertelstunde: Gegenüber vom Museumseingang geht die Calle General Anaya ab, die man hinunterspaziert, über die Kreuzung mit der División del Norte hinaus und 500 m geradeaus, bis die General Anaya in die Calle Hidalgo mündet. Um ins Zentrum von Coyoacán und zum Museo Frida Kahlo zu gelangen, geht man weiter geradeaus (siehe Plan S. 377). Wer das Trotzki-Museum zum Ziel hat, biegt gegenüber der Hidalgo 62 rechts in die Madero ein (ausgeschildert, aber leicht zu übersehen).

Das Museum ist in der General Anaya, zwischen der Calzada de Tlalpán und der Av. Division del Nte, nahe der U-Bahnstation General Anaya (Linie 2). Vom Rivera-Museum aus nimmt man den **Tren Ligero** und fährt noch eine Station mit der U-Bahn, oder man steigt in einen Pesero, der die Division del Nte hochfährt, und steigt an der *Pemex*-Tankstelle vor der Unterführung Av. Río Churubusco aus.

Außer mit der **U-Bahn** ist das Museum auch per **Pesero** („Gral Anaya") von Coyoacán aus zu erreichen, Einstieg am Markt an der Kreuzung Allende und Xicohténcatl. Von Coyoacán kann man **zu Fuß** herkommen (von der Plaza in östlicher Richtung auf der Hidalgo, links in die General Anaya einbiegen) oder einen Pesero (Ruta Nr. 1) nehmen.

Museo Anahuacalli

Die U-Bahn-Linie 2 endet am Bahnhof Tasqueña mit Anschluss an den Tren Ligero. Dann sind es noch vier Stationen bis Xotepingo, von wo aus ein zehnminütiger Spaziergang zu dem eigenartigen **Museo Anahuacalli** in der Calle del Museo 150 führt. Es wurde von Diego Rivera entworfen und erbaut, um seiner umfangreichen Sammlung vorspanischer Gegenstände einen passenden Rahmen zu geben. Der kubische Bau wurde 1933 begonnen und sporadisch bis zu Riveras Tod fortgesetzt, bevor er schließlich von Juan O'Gorman vollendet und 1963 eröffnet wurde. In das von der Architektur der Maya und Azteken inspirierte Gebäude aus schwarzem Vulkangestein gelangt man über einen Hof, der an einen Maya-Ballspielplatz erinnert. Wer hierher kommt, interessiert sich in erster Linie für das Gebäude. Trotzdem sollte man sich das Museum ansehen. Es bietet ein paar sehr schöne Einzelstücke und ist sorgfältig angelegt.

Das Erdgeschoss ist den Hauptkulturen des Hochtals von Mexiko gewidmet – Teotihuacán, Tolteken und Azteken, die für Rivera einen Schatz an Inspiration darstellten. Im ersten Stock umgeben die Säle, in denen Stücke der westlichen Kulturen Mexikos ausgestellt sind (angeblich die beste Sammlung dieser Art im ganzen Lande) einen riesigen, luftigen Raum, den Rivera, wäre er noch am Leben, sicher zu seinem Studio gemacht hätte. Man hat ihn auch so ausgestattet; ein halbfertiges Gemälde steht noch auf der Staffelei und überall sind Zeichnungen und persönliche Dinge des Künstlers verstreut. Das Studio ist der einzige helle Platz, hier findet man auch eine sehr „lebendige" Gruppe von Ballspielern und eine Reihe schöner Tierfiguren. Alle Stücke sind klein und erlesen.

Im Obergeschoss gibt es weitere aztekische Fundstücke neben Gefäßen und Figuren aus Oaxaca und der Golfregion. Von hier aus gelangt man aufs Dach, von dessen Terrasse aus sich eine herrliche Aussicht auf die Gipfel Popocatépetl und Ixtaccíhuatl eröffnet, die von hier aus ganz nah erscheinen. An Tagen mit wenig Smog glänzen ihre schneebedeckten Kuppen in der Sonne.

Bei einem Gang durch die dunklen Winkel des Museums lohnt ein Blick auf die individuellen Mosaiken an den Decken. Selbst der Boden der Dachterrasse ist mit Schlangen-, Hunde- und Froschmotiven verziert, die erst auffallen, wenn man gezielt darauf achtet. Beim Verlassen des Hauptmuseums fällt schräg links gegenüber ein niedrigeres Gebäude ins Auge, in dem vorübergehende Ausstellungen untergebracht sind und das allein schon wegen des darunter liegenden Vulkangesteins einen Blick wert ist. Die erstarrte Lava gehört zu El Pedregal (s.S. 371) und wurde teilweise für den Bau des Museums verwendet. 🕓 Di–So 10–18 Uhr, US$3.

Das Museum liegt in der Calle del Museo, von der Av. Division del Nte ab; zu erreichen mit Peseros, die an der Kreuzung halten, z.B. Ruta Nr. 90 oder Ruta Nr. 79 (Aufschrift „Estadio Azteca") von der U-Bahnstation Salto del Agua oder Ruta Nr. 2 („Alberca Olimpica") vom U-Bahnhof Chapultepec. Am einfachsten kommt man jedoch mit dem Tren Ligero vom U-Bahnhof Tasqueña aus hin. Von der Station Xotepingo folgt man den Schildern zum Ausgang Calle Museo, dreht am Fuß der Treppen um und nimmt dann die erste Straße links (Calle Museo). Nach 100 m überquert man die División del Norte und geht noch ca. einen halben Kilometer weiter geradeaus bis zum Museum rechter Hand. Unterwegs bietet sich das nette *Antojito Berenice* in der Museo 71 für eine Comida corrida an.

Museo Dolores Olmedo Patiño

Wer die größte Privatsammlung von Arbeiten des Künstlers **Diego Rivera** in einem der schönsten Museen der Stadt erleben möchte, fährt noch zehn

Haltestellen weiter mit dem Tren Ligero bis zum **Museo Dolores Olmeda Patiño**. Das Museum liegt auf einem friedlichen und wunderschön gepflegten Gelände, auf dem die stolzierenden Pfauen sich nicht um den regen Verkehr in den umliegenden Straßen scheren. Die Villa aus dem 17. Jh. wurde 1994 von Dolores Olmedo gestiftet, einer wohlhabenden Sammlerin sowie langjährigen Freundin und Gönnerin Diegos. Über die Jahre hat sie über 130 seiner Werke angehäuft, die hier allesamt zu sehen sind und seine gesamte künstlerische Laufbahn umspannen, darunter Werke aus der Phase des experimentellen Kubismus in den Jahren vor 1920, Selbstporträts (einige davon überaus schmeichelhaft) und 25 Sonnenuntergänge, die er auf dem Balkon des Hauses seiner Mäzenin in Acapulco malte. Diegos Arbeiten sind extrem abwechslungsreich, und dieses Museum ist wohl der beste Ort, um einen wahren Eindruck von der Vielseitigkeit des Meisters zu bekommen. Besonders beeindruckend sind drei große, auffällige Nackte aus den 40er Jahren sowie die Skizzen zu seinen berühmten Calla-Gemälden.

Schon Riveras Arbeiten sind Anlass genug für einen Besuch des Museums, doch es beherbergt darüber hinaus auch noch zwei Dutzend Gemälde von **Frida Kahlo**. Sie sind mehr oder weniger chronologisch angeordnet und vermitteln einen guten Einblick in ihre künstlerische Entwicklung. Die Palette reicht von frühen, von Rivera beeinflussten Arbeiten (z.B. *Der Bus* aus dem Jahre 1929) bis zu ihren wesentlich kraftvolleren Selbstporträts. Viele ihre besten Gemälde sind hier zu sehen, darunter *Henry Ford Hospital, Ein paar kleine Dolchstiche, Die gebrochene Säule* und *Selbstbildnis mit Affe,* auf dem ein Xoloitzcuintle zu sehen ist, ein präkolumbischer grauer, unbehaarter Hund. Wer sie in Fleisch und Blut sehen möchte, sollte sich in den Garten begeben, wo ein paar dieser Hunde gehalten werden.

In einem anderen Raum des Museums ist übrigens auch ein Kahlo-Porträt von Rivera zu sehen, in dem er ihren Stil imitiert. Auch wenn sie von den Werken Diegos und Fridas klar überschattet werden, lohnt ein Blick auf die Holzschnitte von **Angelina Beloff**, Diegos erster Frau, mit Szenen aus Mexiko und ihrer russischen Heimat.

Um zum Museum zu gelangen, geht man vom Ausgang des Tren-Ligero-Bahnhofs La Noria geradeaus und biegt dann in die erste Straße links ein. Nach ein paar Gehminuten taucht das Museum zur Linken auf. 🕓 Di–So 10–18 Uhr, US$3.

Xochimilco

Die so genannten „schwimmenden Gärten„ von Xochimilco (auf Nahuatl „Ort, wo die Blumen wachsen“) verbreiten jedes Wochenende eine berauschende Karnevals-Atmosphäre und sind für viele Besucher das unvergesslichste Erlebnis, das Mexiko-Stadt zu bieten hat. In den letzten Jahren wurden erhebliche Anstrengungen zur Reinigung der Kanäle und zur Aufrechterhaltung des sinkenden Wasserspiegels unternommen. Inzwischen sieht es so aus, als sollte Xochimilco auch in Zukunft ein beliebtes sonntgl. es Ausflugsziel für Tausende Hauptstädter bleiben.

Kein anderes Stadtviertel erinnert so stark an die alte Stadt (wenn auch in idealisierter Form) wie Xochimilco mit seinen schwimmenden Kaufläden, von Menschen wimmelnden Märkten und betörenden Farben. Blumengeschmückte Boote mit fröhlichen Ausflüglern fahren durch die Kanäle. Frauen verkaufen von winzigen Kanus aus Blumen, Obst und warme Speisen, und ab und zu kommen auch größere Boote mit Marimba-Musikern und ganzen Mariachi-Gruppen in voller Kostümierung vorbei, um gegen einen kleinen Obolus längsseits festzumachen und ein kleines Ständchen zu bringen.

Die schwimmenden Gärten schwimmen jedoch keinesfalls richtig: Nach aztekischem Vorbild wurden zur Landgewinnung *chinampas* angelegt; die Spanier machten dann daraus irrtümlicherweise *Jardines Flotantes*. Man füllte Flöße und Rohrgeflechte mit Erde und Pflanzen, verankerte sie im seichten Seewasser, und bald wuchsen die Pflanzenwurzeln bis auf den Grund des Sees, wo sie Halt fanden. Im Laufe der Zeit entstanden so sehr fruchtbare Inseln. Die Szenerie bietet im Grunde nichts anderes als ein paar Kanäle, die ein ansonsten trockenes Land durchziehen, doch zur Freude der Besucher findet hier samstags noch immer ein bedeutender **Obst- und Blumenmarkt** statt. Es bleibt dahingestellt, ob der Verzehr von Früchten, die in dem verunreinigten Wasser gezogen wurden, wirklich gesund ist.

Wer eine **Bootsfahrt** unternehmen möchte, geht vom Ausgang der Tren Ligero-Station geradeaus und folgt den „Embarcadero"-Schildern (10 Min.). Der Preis richtet sich nach der Größe des *trajinera*-Kahns und der Fahrtdauer, vor allem jedoch nach dem Geschick beim Handeln. Gruppen (ein kleiner Kahn fasst 12 Personen, aber es gibt auch Boote mit 20 Sitzplätzen) müssten einen guten Preis aushandeln können, doch das Übervorteilen von Touristen hat hier eine derart lange Tradition, dass man auf jeden Fall genau hinschauen sollte, was man wo bezahlt. Außerdem ist nicht zu vergessen, dass jedes Extra, inklusive Getränke, die der Bootsmann bereithält, seinen Preis kostet, ebenso wie die Blumen, das Essen und die Serenaden, die unterwegs angeboten werden.

Je nach Größe der eigenen Gruppe ist mit US$8–10 p.P. und Stunde zu rechnen. Meist werden zwei Stunden Fahrtzeit vereinbart, aber wer im Voraus zahlt, wird mit größter Wahrscheinlichkeit schon nach 90 Min. wieder abgesetzt, inkl. eines Besuchs bei einem beliebigen Gartenzentrum. Auch wenn es dem Bootsmann nicht gefallen sollte – der Fahrgast hat immer noch die Wahl, welchen Kahn er bevorzugt. Man sollte ein gutes Boot aussuchen und sich nicht mit einem minderwertigen, unattraktiven Modell begnügen. Unter der Woche ist der Boostsverleih nicht so überlaufen, der Sonntag ist mit Abstand der beliebteste und betriebsamste Tag. Auch samstags ist wegen des Marktes eine Menge los.

An der zentralen Plaza steht die wunderschöne, aus dem 16. Jh. stammende **Kirche San Bernardino**. Auf der Plaza präsentieren sich normalerweise Mariachis und Straßenkünstler.

Am einfachsten fährt man mit der U-Bahn zum Bahnhof Tasqueña (Linie 2) und von dort mit dem Tren Ligero bis Xochimilco (Endbahnhof). Xochimilco ist vom U-Bahnhof Tasqueña aus aber auch mit Bussen und Peseros zu erreichen. Es gibt außerdem Busse direkt vom Zentrum, die auf der Insurgentes und um die Periférico herum oder geradeaus die Calzada de Tlalpán entlangfahren. Sonntags verkehren zusätzliche Busse.

Nördlich des Zentrums

Im Norden der Stadt gibt es wenig Sehenswertes. Zwei Orte lohnen jedoch durchaus einen Besuch: die herrliche **Plaza de las Tres Culturas** und die große **Basílica de Guadalupe**. Beide lassen sich im Laufe eines Nachmittags besichtigen. Weiter draußen und daher ungünstiger zu erreichen, sind die Pyramiden von **Tenayuca** und **Santa Cecilia**, die besten Zeugen aztekischer Bauweise in México D.F.

Plaza de las Tres Culturas

Die Plaza de las Tres Culturas ist der ehemalige Standort der alten Stadt Tlatelolco. Heute erhebt sich inmitten der ausgegrabenen Ruinen eine wunderbare Kolonialkirche, und die Ruinen werden wiederum von modernen, ziemlich hässlichen Hochhäusern aus den 60er Jahren umgeben. Hier liegen also drei mexikanische Kulturen *(tres culturas)* direkt nebeneinander. Der einfachste Weg zur Plaza de las Tres Culturas führt nicht etwa über den U-Bahnhof Tlatelolco der Linie 3, sondern mit den U-Bahn-Linien 8 oder B nach Garibaldi und von dort aus zehn Minuten zu Fuß nach Norden entlang der Lázaro Cárdenas.

Als Alternative kommt auch einer der Busse in Frage, die in der Umgebung von Bellas Artes über die Lázaro Cárdenas nach Norden fahren. Auf der Reforma nimmt man einen *La Villa*-Bus, der auf dem Weg nach Guadalupe im Abstand von drei Blocks an Tlatelolco vorbeifährt.

Die Ruinen

Die Ausgrabungsstätte der uralten Ruinen von **Tlatelolco** ist nur das Kernstück einer Stadt, die weitaus älter war als das auf einer benachbarten Insel im See erbaute Tenochtitlán. Die Einwohner besaßen ihre eigene, unabhängige Regierung, standen jedoch in Kontakt mit den Méxica von Tenochtitlán. Die Stadt war das größte Handelszentrum des mexikanischen Hochtals. Selbst nach ihrer Unterwerfung durch die Azteken im Jahr 1473 behielt Tlatelolco diese Stellung inne.

Als die Spanier kamen, waren große Teile des sumpfigen Sees zwischen den beiden Städten aufgefüllt und bebaut. Der Markt, den Cortés und seine Truppen so bewunderten, war der Markt von Tlatelolco. Cortés schätzte, dass jeden Tag 60 000 Käufer und Verkäufer den Markt besuchten. Bernal Díaz schrieb in seinen seitenlangen, detaillierten Beschreibungen:

Wir waren überrascht von der großen Anzahl der Menschen und Waren und der ganzen Ordnung und guten Anlage… alle Güter waren getrennt von einander und hatten ihren eigen Platz… Einige unserer Soldaten, die in vielen Teilen der Welt gewesen waren, in Konstantinopel, in Rom und in ganz Italien, sagten, sie hätten noch nie einen so gut angelegten Markt gesehen, der so groß, wohlgeordnet und voller Menschen war.

1521 fochten die belagerten Azteken hier ihren letzten Kampf. Daran erinnert eine Gedenktafel auf der Plaza:

Am 13. August 1521 fiel Tlatelolco, verteidigt vom heldenhaften Cuauhtémoc, unter die Macht von Hernán Cortés. Es war weder ein Sieg noch eine Niederlage, sondern die schmerzhafte Geburt der gemischten Rasse, die das heutige México ausmacht.

Die Ruinen bieten nur ein blasses Abbild von der Pracht der alten Stadt, deren Tempel es einst sogar mit denen von Tenochtitlán aufnehmen konnten. Anhand der Ausmaße der Fundamente kann man sich eine vage Vorstellung von ihrer Größe machen. Der **Haupttempel** z.B. hatte zur Zeit der Konquista bereits seinen elften Wiederaufbau erlebt. Was man heute sieht, stammt aus dem zweiten Aufbau. Zählt man noch neun weitere hinzu, erreichte er eine Höhe, die sicher die der aus seinen Steinen erbauten Kirche übertrifft. Ganz oben befand sich wahrscheinlich ein doppeltes Heiligtum, ähnlich wie in Tenochtitlán.

Zu den kleineren freigelegten Grundrissen gehört eine **Tzompantli** oder „Schädelmauer", an der man fast 200 Menschenschädel fand. Jeder Schädel weist ein Loch in der Schläfe auf; möglicherweise wurden sie nebeneinander aufgereiht an langen Stangen um das Gebäude herum ausgestellt. 🕓 tgl. 9–19 Uhr, Eintritt US$3,50; U-Bahnhof Garibaldi – vom Ausgang die Reforma überqueren und die Lázaro Cárdenas nach Norden hoch gehen, bis nach 400 m rechts die Ruinen auftauchen.

Umgebung der Plaza

Die **Kirche Santiago Tlatelolco** (in der immer noch Gottesdienste abgehalten werden) wurde 1609 an der Stelle eines ehemaligen Franziskanerklosters auf dem Platz errichtet. In den ersten Jahren nach der Konquista hatten hier die Mönche eine Schule eingerichtet, in der die Söhne aztekischer Adliger in der spanischen und lateinischen Sprache und im Christentum unterrichtet wurden. Einer der Lehrer war Bernardino de Sahagún, der vieles über die Sitten und Bräuche der Indianer zusammentrug und aufschrieb. Seine Aufzeichnungen stellen die wichtigste Beschreibung des Alltagslebens der Azteken dar und sind von unschätzbarem historischem Wert.

2. Oktober 1968

An der Plaza de las Tres Culturas zeigte sich am 2. Oktober 1968 der mexikanische Staat von seiner grausamsten Seite. Truppen und Panzer gingen gegen fast 250 000 demonstrierende Studenten vor. Es war der Höhepunkt monatelanger **Studentenproteste** gegen die schlechten sozialen Verhältnisse und die miserablen Unterrichtsbedingungen. Da nur noch zehn Tage bis zur Eröffnung der Olympischen Spiele von México D.F. fehlten, wurde der Aufruhr mit brutaler Gewalt unterdrückt.

Die Zahl der Todesopfer belief sich nach offiziellen Verlautbarungen auf 30, nach Aussagen der Studenten auf über 500, eine Schätzung, die kaum übertrieben sein dürfte. Der mexikanische Philosoph Octavio Paz sah das Ganze als Teil des historischen Zirkels: ein rituelles Abschlachten in Erinnerung an die Menschenopfer der Azteken. In der Tat: Die Geringschätzung von Menschenleben und die Grausamkeit der Machthaber sind Elemente, die sich wie ein roter Faden durch die mexikanische Geschichte – oder sollte man besser sagen: durch die Geschichte der Menschheit? – ziehen.

Basílica de Nuestra Señora de Guadalupe

Von allen Heiligen ist die **Jungfrau von Guadalupe**, Mexikos erste indianische Heilige, immer noch die beliebteste. Unter ihrem Banner marschierten die verfeindeten Seiten in fast jedem Konflikt der Nation, ihr Bildnis ziert Kirchen im ganzen Land, sie war das Wahrzeichen Hidalgos im Unabhängigkeitskrieg.

Es geht die Sage, ein christianisierter Indianer, Juan Diego, sei eines Morgens im Dezember 1531 über den Hügel (der früher der aztekischen Erdgöttin Tonantzin geweiht war) zum Kloster in Tlatelolco gegangen. Plötzlich erschien ihm in einem Glorienschein die Jungfrau und befahl ihm, zum Bischof zu gehen und ihm zu sagen, er solle auf dem Berg eine Kirche bauen lassen. Bischof Juan de Zumarraga ließ sich nicht beeindrucken, bis die Jungfrau am 12. Dezember wiederkam und Diego befahl, oben auf dem Hügel Rosen zu pflücken (im Dezember!) und sie dem Bischof zu bringen. Er gehorchte und wickelte die Rosen in seinen Poncho. Als er diesen beim Bischof öffnete, war auf dem Stoff das Abbild der dunkelhäutigen Jungfrau zu sehen. Das Stück hängt heute über dem Altar der gigantischen, modernen Basilika, die ihren Namen nach der berühmten (ebenfalls dunklen) Jungfrau vom Kloster Guadalupe in Spanien trägt.

Rund um den Hügel, auf dem sich das Wunder ereignete, das den Anstoß zum Bau der Basilika gab, drängt sich eine ganze Anzahl von Kirchen, Kapellen und Heiligenschreinen. Sie säumen eine riesige, gepflasterte Plaza.

Die erste Kirche wurde 1533 gebaut. Die große Barockbasilika, die heute hier steht, etwa 5 km nördlich von Tlatelaco, wurde im 18. Jh. komplett renoviert und im 19. und 20. Jh. mehrfach umgebaut. Sie beeindruckt vor allem durch ihre Größe. An der Rückseite gibt es das **Museo de la Basílica de Guadalupe**, in dem einige der religiösen Schätze der Jungfrau und eine Sammlung von *ex-votos* (Votivgaben) untergebracht sind, darunter eine Reihe etwas fader Leinwandgemälde von José de Ibarra aus dem frühen 18. Jahrhundert und einige kraftvollere Ölgemälde von Miguel Cabrera und Cristóbal de Villalpando. 🕒 Di–So 10–18 Uhr, US$0,50.

Die riesige, 1976 erbaute Kirche, die 10 000 Gläubige fasst, ist immer voll, und es finden den ganzen Tag über Messen statt. Über dem Hauptaltar hängt das berühmte **Gewand** der **Señora de Guadalupe**, in Gold und Silber eingefasst. Um die Messen möglichst wenig zu stören, verläuft ein Gang hinter dem Altar entlang. Man hat sogar Laufbänder eingerichtet, um jeden möglichst nahe heranführen und „Pilgerstaus“ vor dem Heiligtum verhindern zu können.

Von der Plaza kann man an kleinen Kapellen vorbei, die nach den Erscheinungen der Jungfrau gebaut wurden, den Hang hochgehen. Die hübscheste ist die **Capilla del Pocito**, in der es eine Quelle gibt, die angeblich während einer der Erscheinungen entsprungen ist. Sie besteht eigentlich aus zwei verbundenen ellipsenförmigen Teilen verschiendener Größe. Die Dächer sind mit bunten Kacheln bedeckt. Ganz oben auf dem Hügel steht die **Capilla de las Rosas**.

Auf dem gesamten Gelände wimmelt es ständig von Besuchern und Händlern mit Kerzen, Souvenirs, kleinen Snacks und allen möglichen anderen Dingen. Am 12. Dezember, dem Jahrestag der zweiten **Erscheinung**, gehen die Besucherzahlen in die Hunderttausende (einigen Zeitungsberichten zufolge sind es Millionen). Schon Tage vorher sind die Pilger von außerhalb zu Fuß auf den Straßen in die Hauptstadt unterwegs. Viele legen in tiefer Ehrfurcht oder zum Zeichen der Buße die letzten Kilometer auf den Knien zurück. Für andere ist es ein fröhlicher Tag mit Tanz, Gesang und viel Alkohol.

Zu erreichen ist die Basilica mit der U-Bahnlinie 6 (La Villa Basílica), mit Bussen und Peseros auf der Reforma nach Norden („Metro La Villa“), oder mit dem Trolleybus vom U-Bahnhof Hidalgo („Indios Verdes“).

Tenayuca und Santa Cecilia

Direkt außerhalb der Grenzen des Distrito Federal liegen die beiden am besten erhaltenenen Beispiele aztekischer Architektur. Mit öffentlichen Verkehrsmitteln sind sie nicht leicht zu erreichen, aber die Anstrengung lohnt sich, zumindest für Besucher, die an der Geschichte der Azteken interessiert sind.

Tenayuca liegt unweit der Avenida de los Cién Metros, rund 6 km nördlich vom Terminal del Norte. Man nimmt die U-Bahn bis 18 de Marzo (5 Querstraßen westlich der Basílica de Nuestra Señora de Guadalupe) oder La Raza, dann weiter mit dem Pesero („Ruta 88“ – doch Vorsicht: Nicht alle mit dieser Bezeichnung fahren nach Tenayuca). Weitere Peseros („Tenayuca“) fahren nördlich von Bellas Artes die Lázaro Cárdenas entlang nach Tenayuca; als Zielort gibt ma dem Fahrer die *pirámide* an. Vom Stadtzentrum aus benötigt ein Pesero für die Strecke etwa 30–40 Minuten.

Der Pesero Ruta 88 fährt weiter nach **Santa Cecilia**; es gibt auch Peseros dorthin vom U-Bahnhof Rosario, und von Tenayuca ist es ein 20-minütiger Spaziergang bzw. eine kurze Taxifahrt. Some bus tours take both in on their way to Tula and Tepotzotlán. Manche Tourbusse nach Tula und Tepotzotlán haben auch Tenayuca und Santa Cecilia auf dem Programm. Zurück in die Stadt kommt man von hier z.B. per Pesero zum U-Bahnhof Rosario (mit Anschluss an die Linien 6 und 7) oder 18 de Marzo (Linien 3 und 6).

Tenayuca

Die 20 m hohe **Pirámide de Tenayuca** auf dem Hauptplatz des gleichnamigen Viertels zählt zu den Orten, die lange Zeit vor Tenochtitlán entstanden sind. Manche Wissenschaftler behaupten, dass hier die Hauptstadt des Stammes war, der Tula zerstörte.

Zumindest hat sich so oder ähnlich die Geschichte fast aller anderen Niederlassungen im Tal abgespielt: Ein barbarischer Stamm aus dem Norden erobert alles, was vor ihm da war, lässt sich in einer Stadt nieder und übernimmt einen Großteil der vorgefundenen Kultur, bis er seinerseits von einer neuen Welle von Eindringlingen überrollt wird. Es spricht wenig dafür, dass Tenayuca jemals ein bedeutendes Reich darstellte. Sicher ist, dass es eine mächtige Stadt und ein Verbindungsglied zwischen den Tolteken und Azteken war.

Die erhaltene Pyramide ist aus der Periode der Aztekenherrschaft und eine Miniaturausgabe der Tempel von Tlatelolco und Tenochtitlán.

Der intakte Bau in seiner heutigen Form ist die sechste Ausgabe – die fünf früheren Pyramiden (die erste aus dem 13. Jh.) sind darin eingeschlossen. An manchen Stellen wurden bei Ausgrabungen in den 1920er Jahren Überreste von ihnen freigelegt. Das Schönste der Pyramide von Tenayuca sind ein Fries aus verschlungenen Steinschlangen, das ursprünglich wohl das gesamte Bauwerk umgeben hat, und die spiralförmig angeordneten Steinschlangen zu Füßen der Pyramide. Mehr als hundert solcher Schlangen sind noch vorhanden. Interessant sind die beiden geringelten Schlangen am Nord- und Südende, die Türkisschlangen: Ihre Häupter sind mit Sternen gekrönt und richten sich nach dem Stand der Sonne auf der Sonnenuhr. ⏲ Di–So 10–16.45 Uhr, Eintritt US$2,80.

Santa Cecilia Acatitlán

Eine Straße führt von Tenayuca nach Santa Cecilia Acatitlán, 2,5 km weiter, wo man eine zweite **Pyramide** bewundern kann. Sie ist viel kleiner und einfacher, mit schlichten, klaren Linien, aber sehr gut restauriert. Eigentlich stand hier ein Tempel wie viele andere auch. Bei Ausgrabungsarbeiten kam jedoch eine frühere Konstruktion zum Vorschein, die noch fast intakt war. Die Außenschichten wurden abgetragen und gaben ein Heiligtum frei, welches in seiner restaurierten Form das einzige Beispiel für einen Tempel in dem Zustand ist, wie Cortés sie vorgefunden hatte. Das Bauwerk ist einfach gehalten. Über vier Abteilungen gelangt man über eine Treppe zu einem überdachten Tempel. Steinerne Verzierungen am oberen Ende zeigen Schädel, vielleicht auch Sterne. Zur Pyramide geht es an einem kleinen **Museum** vorbei, das in einem Kolonialgebäude untergebracht ist. Die Ausstellung ist sehr sehenswert. ⏲ Di–So 10–17 Uhr, Eintritt US$2,80.

Übernachtung

In den weniger modernen Stadtvierteln steht an fast jeder Ecke ein Hotel: Das Angebot reicht von billigen Herbergen bis zu Luxushotels. Die preiswertesten Unterkünfte sind schnell ausgebucht, und daher besser im Voraus zu buchen. Wie Besucher die Stadt erleben, hängt entscheidend davon ab, wo sie absteigen, und wer mehrere Tage hier verbringt oder öfter herkommt, sollte ruhig mehrere Ecken ausprobieren: ein, zwei Tage im Umkreis des Zócalo, um den historischen Stadtkern zu besichtigen, und vielleicht ein paar Nächte in der Zona Rosa, um z.B. nach einem Kneipenbummel in der Zona oder in Condesa einfacher und schneller ins Hotelbett zu kommen.

In den **Straßen um den Zócalo** gibt es jede Menge Übernachtungsmöglichkeiten, z.B. an der Av. 5 de Mayo. Die Hotels in dieser Gegend sind überwiegend älteren Datums, mit hohen Decken, Innenhof und ziemlich dunklen Zimmern. Die meisten sind durchaus angenehm, angesichts der Lage preiswert und auch nicht allzu sehr vom Nachtleben und den besseren Esslokalen abgeschnitten. Westlich davon, bei der **Alameda** und dem Revolutionsdenkmal, gibt es überwiegend durchschnittliche, oft sehr billige Hotels, aber auch ein paar luxuriöse zu günstigeren Preisen als in anderen Stadtteilen. Ihr Standort liegt genau zwischen den Sehenswürdigkeiten und dem besten Nachtleben, doch keins von beiden befindet sich unmittelbar vor der Tür. Die Hotels **nördlich der Alameda** sind wenig einladend, besonders für Frauen, da die Gegend eine Art Rotlichtbezirk ist.

In der **Zona Rosa** muss man schon eine Weile suchen, um ein preisgünstiges Hotel zu finden, dafür gibt es viele Cafés, Restaurants und Clubs, und bis nach Condesa hinein sind es nur 20 Minuten zu Fuß. Noch elegantere Unterkünfte befinden sich nördlich des Chapultepec-Parks in **Polanco**: überwiegend Hoteltürme.

Fast alle Hotels haben rund um die Uhr geöffnet und sind auf Spätankömmlinge und Frühabreisende eingestellt. Angesichts der erschwinglichen Taxipreise zum Zócalo oder in die Zona Rosa macht es in finanzieller Hinsicht wenig Sinn, in Flughafen- oder Busbahnhofsnähe abzusteigen, obwohl im und beim Flughafen sowie im Umkreis des Terminal del Norte diese Möglichkeit besteht.

Zur Erinnerung: unsere Kategorien stehen für das **preisgünstigste Doppelzimmer** innerhalb der **Hochsaison**:

❶ bis US$5
❷ bis US$10
❸ bis US$15
❹ bis US$25
❺ bis US$40
❻ bis US$60
❼ bis US$80
❽ bis US$100
❾ über US$100

JUGENDHERBERGEN – ***Casa de Los Amigos***, Ignacio Mariscal 132, ✆ 55/5705-0521, 📠 5705-0771, 💻 www.avantel.net/~friends. Von Quäkern geführte Unterkunft in einer ruhigen Straße, bietet Schlafsäle mit 8 und 4 Betten (US$8) sowie ein paar EZ (US$10) und DZ (US$18). Sauber, gemütlich, gute Küchenausstattung, Frühstück auf Wunsch; beliebt bei Langzeitbesuchern. Alkohol- und Rauchverbot. Mindestaufenthalt von 2 Übernachtungen. U-Bahnhof Revolución. ❹

Hostal Moneda, Moneda 8, ✆ 55/552-25803, 💻 www.hostalmoneda.com.mx. Freundliches, etwas mitgenommenes Hostel mit fast 100 Betten (US$10–11) in Schlafsälen mit eigenem Bad. Zwei Aufenthaltsräume, einer davon mit TV, ordentlich ausgestattete Küche und Dachterrasse, auf der das im Preis enthaltene Frühstücksbuffet aufgebaut wird. Auch ein paar DZ. Bei Ankunft nach 23 Uhr reservieren. U-Bahnhof Zócalo. ❹

Hostel Catedral, Guatemala 4, ✆ 55/5518-1726, 💻 www.hostelcatedral.com. Groß, sicher und modern, gleich hinter der Kathedrale, 24 Std. geöffnet; saubere 4- oder 6-Bett-Zimmer, überwiegend mit Bad, JH-Mitglieder US$12, andere US$10, Frühstücksbuffet inkl., auch ein paar DZ und EZ. Reisebüro, Internet-Zugang, Café und Bar sowie Dachterrasse. Allerdings kleine Küche, limitierte Gemeinschaftsräumlichkeiten und laut, da mitten im Zentrum; Ohrstöpsel und Vorhängeschloss mitbringen. U-Bahnhof Zócalo. ❹

Hostel Home, Tabasco 303, Roma, ✆ 55/5511-1683, 💻 www.hostelhome.com.mx. Das perfekte Gegenstück zu den großen Herbergen der Innenstadt. 20 Etagenbetten (Erweiterung geplant) etwas weiter von den Sehenswürdigkeiten entfernt, aber 24 Std. geöffnet. Zwei Zimmer mit 6 und eines mit 8 Betten (US$9, JH-Mitglieder US$8), sonnige Lounge mit kleiner Bibliothek, CDs und TV, preiswerter Internet-Zugang und kleine, gut ausgestattete Küche. U-Bahnhof Sevilla. ❹

HOTELS – **Umgebung des Zócalo:** ***Azores***, Brasil 25, ✆ 55/5521-5220, 💻 www.hotelazores.com. Einigermaßen modernes Hotel; kleine, saubere Zimmer mit TV und Du/WC. U-Bahnhof Allende oder Zócalo. ❹

Buenos Aires, Motolinia 21, ✆ 55/5518-2104 oder 37. Eines der billigsten Häuser im Zentrum; Zimmer rings um einen Patio; ziemlich einfach, aber mit TV und Bad; die Zimmer im Erdgeschoss besser meiden. U-Bahnhof Allende. ❸

Catedral, Donceles 95, ✆ 55/5518-5232, 💻 www. hotelcatedral.com. Sehr hübsches Mittelklassehotel, alle Zimmer mit TV und Telefon, manche Suiten mit Jacuzzi. Internet-Zugang, ein gutes Restaurant mit Terrasse und Blick auf die Kathedrale. ❻

Gillow, Isabel la Católica 17, ✆ 55/5518-1441 bis 6, ✉ hgillow@prodigy.net.mx. Empfehlenswertes Hotel mittlerer Preisklasse mit großen Zimmern, Reisebüro, Aufenthaltsräumen und Kabel-TV. U-Bahnhof Allende. ❺

Gran Hotel Ciudad de México, 16 de Setiembre 82, ✆/℻ 55/1083-7700, ✉ granhotelmexico_ventas@yahoo.com.mx. Großes Hotel direkt am Zócalo; elegante Aufenthaltsbereiche, doch einige der älteren Zimmer können nicht mit der luxuriösen Lobby mithalten. Die neueren Suiten sind hübsch, kosten aber US$150. U-Bahnhof Zócalo. ❽

Isabel, Isabel la Católica 63, ✆ 55/5518-1213, 💻 www.hotel-isabel.com.mx. Preisgünstiges Hotel mit einer Ausstattung (Taxiservice, Wäscherei usw.) wie sie normalerweise nur viel teurere Hotels bieten. Die Zimmer, manche mit Gemeinschafts-Du/WC, sind etwas düster, aber recht geräumig und verfügen über TV und Safe; Restaurant und Bar. U-Bahnhof Isabel la Católica. ❸–❹

Juárez, 1o Callejón de 5 de Mayo 17, ✆ 55/5512-6929. Nicht das billigste, aber eines der preiswertesten Budget-Hotels nahe Zócalo. Makellos sauber, und da nur Hotelgäste eingelassen werden, sicher. Alle Zimmer mit Du/WC, Telefon, TV und Trinkwasser; die Zimmer ohne Fenster sind ruhiger. Checkout erst um 14 Uhr, kostenlose Gepäckaufbewahrung für Gäste. Nicht zu empfehlen ist Zimmer Nr. 4 neben der lauten Wasserpumpe. U-Bahnhof Allende oder Zócalo. ❸

Majestic, Madero 73, ✆ 01-800/528-1234 (gebührenfrei in Mexiko außerhalb des D.F.) oder ✆ 55/5521-8600, 💻 www.majestic.com.mx. *Best Western*-Luxushotel am Zócalo. Sehr stilvoll und erheblich preiswerter als viele ähnlich ausgestattete Hotels in der Zona Rosa. Manche Zimmer mit Blick auf den Zócalo. U-Bahnhof Zócalo. ❾

Montecarlo, Uruguay 69, ✆ 55/5521-2559, ℻ 5510-0081. Ursprünglich ein Augustinerkloster. Ruhig, angenehm, hübscher Patio, allerdings ziemlich kleine, etwas mitgenommene, düstere Zimmer, manche mit Gemeinschafts-Du/WC. Garage. U-Bahnhof Zócalo. ❹

República, Cuba 57, ✆ 55/5512-9517. Altes, ziemlich gruftiges Hotel in ruhiger Lage; Zimmer mit Du/WC und TV. Teilen 2 Pers. ein Bett, ist der Preis ok., die 2-Bettzimmer sind das Geld nicht wert. ❷

San Antonio, 2o Callejón de 5 de Mayo, ✆ 55/5512-1625 oder 6, ℻ 5512-9906. Ruhiges, freundliches Hotel in einer Nebenstraße. Helle, luftige Zimmer mit guten Betten, sauberen Laken und kostenlosem Trinkwasser. U-Bahnhof Allende oder Zócalo. ❹

Washington, 5 de Mayo 54, ✆/℻ 5512-3502. Annehmbares, nicht ausgesprochen freundliches Hotel. Saubere Zimmer mit Kachel-Du/WC, Kabel-TV, Telefon und Trinkwasser. U-Bahnhof Allende oder Zócalo. ❹

Zamora, 5 de Mayo 50, ✆ 55/5512-8245. Eines der einfachsten Hotels in der Innenstadt; nur die niedrigen Preise machen die zerschlissenen Handtücher, den Krach und die marginale Sauberkeit erträglich. Manche Zimmer mit Du/WC. U-Bahnhof Allende oder Zócalo. ❷–❸

Nördlich der Alameda, Richtung Bahnhof:

Buenavista, Bernal Díaz 34, ✆ 55/5535-5704. Ein Haus unterster Kategorie in einem Rotlichtviertel, wo man auf sein Gepäck achten muss und bezüglich Hygiene nicht pingelig sein darf. Wer völlig abgebrannt ist, nimmt ein Zimmer ohne TV mit Gemeinschafts-Du/WC. U-Bahnhof Revolución. ❷

Hotel de Cortés, Av. Hidalgo 85, ✆ 55/5518-2184 oder ✆ 01-800-90475, 💻 www.albec.net.mx/hoteldecortes. *Best Western*-Hotel in wunderbarem Gebäude; Patio mit Restaurant und Café, weit ab vom Trubel. Alle Annehmlichkeiten. Die Zimmer 105 und 106 sind laut. Außerhalb der Saison z.T. Preisnachlass. U-Bahnhof Hidalgo. ❾

Managua, Plaza de San Fernando 11, ✆ 55/5512-1312, ℻ 5521-3062. Sauber, ruhig, unmittelbar nördlich der Alameda, mit einer Cafeteria, die Zimmerservice bietet. Zimmer mit TV, Bad und kostenlosem Trinkwasser. Gutes Preis-Leistungs-Verhältnis. U-Bahnhof Hidalgo. ❹

Polly, Orozco y Berra 25, ✆ 55/5535-8881. Ordentliches Hotel; saubere, einigermaßen geräumige Zimmer mit Teppichboden, Du/WC, TV und Schreibtisch. U-Bahnhof Hidalgo. ❸

Südlich der Alameda: ***Bamer***, Av. Juárez 52, 55/5521-9060 bis 70, hbamer@prodigy.net.mx. Dank der Antiquitäten und Kunstwerke stilvoll und nicht bloß alt. Große DZ mit TV und Telefon, z.T. mit Blick auf die Alameda; eines der besten Mittelklassehotels dieser Gegend. Auch ein paar Suiten. U-Bahnhof Juárez. ❻

Casa Blanca, Lafragua 7, 55/5705-1300 oder 01-800/702-9800, www.hotel-casablanca.com.mx. Modernes Hochhaus mit einwandfreien Zimmern, preisgünstiger als viele andere Hotels in der Zona Rosa. Pool auf dem Dach, Fitnessraum und Restaurant. U-Bahnhof Revolución. ❾

Fleming, Revillagigedo 35, 55/5510-4530 oder 35, hotelfleming@prodigy.net.mx. Modernes Hotel; Zimmer mit Teppichboden, Kabel-TV etc. zu sehr moderaten Preisen. U-Bahnhof Juárez. ❺

Mayaland, Antonio Caso 23, 55/5566-6066, 5535-1273, hotelmayaland@hotmail.com. Mittelklassehotel; außen hässlich, innen geschmackvoll. Die preiswerten Zimmer mit Kabel-TV und Trinkwasserleitung; für US$7 mehr gibt es die geräumigere Ausführung und für weitere US$4 eines mit Jacuzzi. U-Bahnhof Revolución. ❺

Pánuco, Ayuntamiento 148, 55/5521-2916. Preiswert, makellos sauber; Zimmer mit Schreibtisch und TV, in einem ruhigen Stadtteil einigermaßen nahe der Zona Rosa. Parkplatz und Restaurant. Fr und Sa oft ausgebucht. U-Bahnhof Juárez. ❸

Royalty, Jesús Terán 21, 55/5566-9255. Die Zimmer mit Du/WC, TV und Telefon sind teilweise ziemlich dunkel, aber sehr preisgünstig. U-Bahnhof Revolución. ❷

Zona Rosa und Roma: ***Calinda Geneve***, ab US$230, Londres 130, 55/5080-0870 oder 01-800/900 0000, www.hotelescalinda.com.mx. Großes, 100 Jahre altes, aber modernisiertes, elegantes Hotel mitten in der Zona. Die Zimmer sind nicht spektakulär, jedoch angenehm und mit Kabel-TV, Minibars usw. Den eigentlichen Reiz machen die Extras aus, z.B. der herrliche Salon Jardín. U-Bahnhof Insurgentes. ❽

Century, Liverpool 152, 55/5726-9911 oder 01-800-7011100, 5525-7475, www.century.com.mx. Luxushotel mit allem Drum und Dran, darunter ein Pool im 22. Stock. U-Bahnhof Insurgentes. ❽

Del Principado, Londrés 42, / 5533-2944 bis 8, www.hoteldeprincipado.com.mx. Nettes Hotel mit Dekor, das nicht jedermanns Geschmack ist, aber gut in Schuss; alle Zimmer mit TV und Telefon. Wäscherei und Parkplatz. U-Bahnhof Insurgentes. ❻

La Casona, ab US$175, Durango 280, Höhe Cozumel, Roma 55/5286-3001, 5211-0871, www.yellow.com.mx/casona. Am Rande der Zona Rosa in einem denkmalgeschützten Haus vom Beginn des 20. Jhs.; schlichte Eleganz, keines der liebevoll gestalteten Zimmer gleicht dem anderen. Restaurant; Frühstück inkl. U-Bahnhof Sevilla. ❾

Marco Polo, Luxus, Amberes 27, 55/5511-1839, 5533-3727, www.marcopolo.com.mx. Stilvolles kleines Luxushotel. Mit allen Annehmlichkeiten versehene Zimmer, inkl. eigenem Fitnessgerät. U-Bahnhof Insurgentes. ❾

Posada Viena, Marsella 28, Ecke Dinamarca, 55/5566-0700 oder 01-800/849-8402, www.posadavienahotel.com.mx. Komfortables, eher schlichtes Hotel mit hübschen Zimmern im rustikal-mexikanischen Stil, Deckenventilatoren, aber keine ac. U-Bahnhof Insurgentes. ❻

Segovia Regency, Av. Chapultepec 328, 55/5208-8634, www.naftaconnect.com/segovia. Altbewährtes Haus mit vielen Stammgästen; vorbuchen. Parkmöglichkeit. U-Bahnhof Insurgentes. ❻

Colonia Polanco: ***Casa Vieja***, Eugenio Sué 45, 55/5282-0067, www.casavieja.com. Super-Luxus-Hotel mit zehn Suiten (ab US$456), jede traumhaft ausgestattet: hervorragende Betten, Jacuzzi, komplette Küche, superschneller Internet-Zugang, Videos, CDs, Bücher und Zeitschriften, antike Möbel, Kunstgemälde usw. Ausgezeichnetes Restaurant und Bar; wer noch mehr Platz braucht, nimmt eine Mastersuite (US$702). U-Bahnhof Polanco. ❾

Nikko Mexico, Campos Elisos 204, 55/5280-1111, www.nikkohotels.com. Reservierungen über jedes Japan Airlines-Büro. Nicht das teuerste Businesshotel der Stadt, aber mit jedem erdenklichen Luxus versehen. Die Zimmer (manche mit Blick auf den Chapultepec-Park) kosten unter der Woche US$328, am Fr und Sa nur US$155. Astronomische Preise für Suiten. U-Bahnhof Polanco. ❾

Im Flughafen und Umgebung: ***Aeropuerto,*** Boulevard Puerto Aérea 380, ✆ 55/5785-5888 oder 51, ✆ 5784-1329. Das billigste der Hotels in Flughafennähe hat makellose Zimmer mit Teppichboden, TV, Telefon und Zimmerservice, einige (schallisolierte) mit Blick auf die Landebahn. Es liegt 5 Min. zu Fuß vom Terminal: Von Sala A immer den Metro-Wegweisern folgend gleich an der verkehrsreichen Straße jenseits der Fußgängerbrücke. U-Bahnhof Terminal Aérea. ❺
Hilton, im Flughafengebäude, ✆ 55/5133-0505 oder 01-800/003-1400, 💻 www. hilton.com. Aus Sala G geht ein Aufzug hoch zu diesem luxuriösen Hotel mit Restaurants, Bars, Fitnesscenter und gut geschnittenen Zimmern ab US$205; am Wochenende und bei geringer Nachfrage vielleicht nur US$181. U-Bahnhof Terminal Aérea. ❾
JR Plaza, Bulevar Puerto Aérea 390, ✆ 55/5785-5200, oder 01-800/702-4200, 💻 www.hoteljrplaza.com.mx. Einladendes Businesshotel mit niedrigeren Preisen als die großen Airporthotels, bietet aber dennoch ähnliche Facilitäten. Gleich neben dem *Hotel Aeropuerto* (s.o.), daher lohnt sich der kostenlose Airport-Shuttleservice eigentlich nur für sehr müde oder schwer beladene Gäste. U-Bahnhof Terminal Aérea. ❽
Marriott, gegenüber dem Flughafenterminal, zu erreichen über einen Fußgängertunnel von Sala A2, ✆ 55/3003-0033 oder 01-800/888-0888, 💻 www.marriott.com. Groß, elegant und mit allem versehen, was bei Zimmerpreisen von annähernd US$200 unter der Woche und US$138 am Wochenende erwartet werden darf. U-Bahnhof Terminal Aérea. ❾

Terminal del Norte: ***Acuario,*** Poniente 112 #100, ✆ 55/5587-2677. Längst nicht so gut wie das *Brasilia,* aber noch billiger und trotz des schäbigen Äußeren akzeptabel. Aus dem Busbahnhof kommend geht man nach links und dann an der großen Kreuzung (nach 100 m) nach rechts: Das Hotel liegt direkt geradeaus. U-Bahnhof La Raza. ❸
Hotel Brasilia, Av. de los Cien Metros 4823, 💻 www.come.to/mexhotels, ✆ 55/5587-8577, ✆ 5368-2714. Besonders günstiges Hotel, nur 150 m östlich des Busbahnhofs; ruhige, angenehme Zimmer mit Teppichboden, Kabel-TV und Telefon. Gutes Restaurant, das auch aufs Zimmer liefert. Parkplätze. Ca. 100 m südlich des Busbahnhofes gelegen (am Ausgang nach links). U-Bahnhof La Raza. ❺

Essen

Außer Haus zu essen scheint das Hauptvergnügen der Einwohner der Stadt zu sein: Preiswerte Restaurants, Cafés, Taquerias und Stände, an denen Getränke verkauft werden, gibt es fast an jeder Straßenecke. Sogar im Herzen der Zona Rosa oder an der Reforma, kurz hinter dem Zócalo, kann man gut und billig essen.
Wie überall im Land, sollten Reisende, die preiswert satt werden möchten, eine **Comida corrida** um die späte Mittagsstunde einnehmen. Eine anständige Comida corrida bekommt man praktisch überall in der Stadt, selbst in den vornehmeren Vierteln (allerdings nicht in Polanco oder Condesa) für US$2–3 einschließlich Suppe, Reis, Hauptspeise und gewöhnlich einem kleinen Dessert.
In besseren **Mittelklasserestaurants** fällt die Rechnung für ein Gericht von der Speisekarte allerdings kaum billiger aus als in Deutschland, und wer schlemmen möchte, muss tief in die Tasche greifen, v.a. wenn das Essen von einem guten Tropfen begleitet wird.
Preiswert isst man an Essenständen auf den **Märkten**. Der größte ist *La Merced,* nicht jedoch der angenehmste. An der Rückseite der Plaza Garibaldi steht eine Markthalle, in der ausschließlich Mahlzeiten angeboten werden. In der Stadt wimmelt es von ***rosticerías,*** d.h. Hähnchengrillbuden, die leckere Tagesgerichte und knusprige Hähnchen und Bier servieren.
Leichtere, süßere Sachen bekommt man in einer ***jugería,*** einer Saftbar, oder einer ***pastelería,*** einer Konditorei. Beides sind auch gute Anlaufstellen für ein preiswertes Frühstück.
In der Hauptstadt haben sich zahllose Restaurantketten etabliert. Amerikanische Franchise-Unternehmen sind im Zentrum und den wohlhabenderen Vororten zahlreich vertreten. Mexikanische Ketten finden sich meist in denselben

Gegenden. Die bekannteste ist ***Sanborn's;*** nicht gerade billig, aber gut für ein leichtes Frühstück oder einigermaßen authentisches mexikanisches Essen, das auf ausländische Gaumen zugeschnitten ist. Ebenfalls weit verbreitet ist ***VIP's,*** wo sättigende mexikanische Gerichte serviert werden. Im Allgemeinen ist man aber mit einer Comida corrida besser bedient.

Schicke Restaurants finden sich in der **Zona Rosa**, doch die mit Abstand besten Cafés und Restaurants mittlerer Preislage liegen in **Condesa**, rund 20 Gehmin. südlich der Zona. Einige davon sind unten aufgelistet, aber das eigentliche Vergnügen besteht darin, herumzuschlendern und sich überraschen zu lassen. Die Luxusrestaurants liegen vorwiegend in **Polanco**. Eine gute Auswahl an Speiselokalen findet man auch in den südlichen Vororten **San Ángel** und **Coyoacán**. In teureren Restaurants erscheint auf der Rechnung oft ein Bedienungszuschlag von US$1–3 p.P.

UMGEBUNG DES ZÓCALO – Cafés und Restaurants: ***Café Bertico,*** Madero 66. Großes, freundliches Café, spezialisiert auf Pasta, *gelati* und sogar Sushi, aber auch gutes Frühstück und klasse Kaffee. U-Bahnhof Zócalo.

Café el Popular, 5 de Mayo 52. Preiswertes Lokal, serviert rund um die Uhr einfache Mahlzeiten und ist fast immer brechend voll. Gutes Frühstück, Kaffee und Snacks. Filiale namens *Café la Pagoda* in der 5 de Mayo 10. U-Bahnhof Allende.

Café Emir, Uruguay 45. Seit 1936 in Betrieb, hat guten Espresso, Empanadas und eine mexikanische Version von *baclava*. U-Bahnhof Zócalo.

Casa de Azulejos, Madero 4. Das Vorzeigerestaurant von *Sanborn's* ist in einem wunderbaren Kolonialgebäude untergebracht und hat Tische rings um einen Brunnen im Patio. Gutes Frühstück, mittags Hühnchen-Fajitas (US$7,50) und Comida corrida (US$12), aber für das Gebotene etwas überteuert. U-Bahnhof Bellas Artes.

Danubio, Uruguay 3, ✆ 55/5512-0912, 🖳 www.danubio.com. Altbewährtes Fischrestaurant, nicht ganz billig. Am preiswertesten sind die Tagesgerichte: ein Menü mit 6 Gängen für US$14; Gerichte von der Speisekarte kosten US$8–15. U-Bahnhof San Juan de Letran.

El Generalito, Filomena Mata 18. Kleiner Diner, nett eingerichtet, mit Frühstück und Comidas corridas (US$3,50). U-Bahnhof Allende.

El Vegetariano, Filomeno Mata 13. Sehr gutes vegetarisches Nichtraucherlokal im Zentrum. Am günstigsten ist normalerweise das 4-gängige *menú del día* (US$4,50). U-Bahnhof Zócalo.

Hosteria de Santa Domingo, Belissario Dominguez 72, ✆ 55/5510-1434. Stimmungsvolles Restaurant mittlerer Preisklasse in einem ehemaligen Kloster. Das Essen hält aber nicht ganz, was es verspricht. Selbst die berühmten *chiles en nogada* (US$13,50), mit Rind- und Schweinefleisch, Mandeln, Sahne und Kürbiskernen gefüllte Paprikaschoten, schmecken in manch anderem Lokal besser. Trinkgeld wird automatisch auf die Rechnung aufgeschlagen. U-Bahnhof Allende.

Kam Ling, 1a Cerrada de 5 de Mayo 14, ✆ 55/5521-5661. Chinesische Küche in Riesenportionen, auch zum Mitnehmen. Menüs ca. US$4–8,80; Hauptgerichte, z.B. Tintenfisch mit grünen Chilis in Austernsoße, für US$4–6,40, große Kanne Jasmintee rund US$1,50. U-Bahnhof Allende.

La Terraza, im 7. St. des *Hotel Majestic,* Restaurant mit herrlicher Terrasse und Blick auf den Zócalo. Frühstücksbuffet 7–11 Uhr (US$15), gutes *menú comercial* (US$10) Mo–Fr 13–17 Uhr. Abends mexikanische Standardgerichte à la carte (US$20–30), Sa und So mittags *buffet ranchero* mit Gegrilltem (13–17 Uhr; US$20). U-Bahnhof Zócalo.

Los Alcatraces, Madero 42. Nur tagsüber geöffnete Caféteria und Restaurant mit Tischen in einem grünen, aber lauten Schlupfwinkel abseits der Madero. Mittags scheint die Sonne hinein, weshalb es sich anbietet, hier eines der 3-gängigen Mittagsmenüs zu verzehren (US$3,50–5, Steak US$7,50–8). U-Bahnhof Zócalo.

Los Girasoles, Xocoténcatl 1, ✆ 55/5510-3281. Eines der einladendsten Restaurants im Zentrum; mediterranes Dekor, nette Atmosphäre und ausgezeichnetes Essen zu moderaten Preisen. Als Vorspeise empfehlen sich z.B. Quesadillas, vielleicht gefolgt von Forelle und zum Nachtisch Rosenblätterpastete und Espresso. Schließt sonntags um 20, sonst um 1 Uhr. U-Bahnhof Allende.

Tacos Beguis, Isabel la Católica 10. Gut besuchtes Restaurant; preiswerte Tacos, Tortas, Tostadas und Frühstück. U-Bahnhof Allende.
Vegetariano Madero, Madero 56, im Obergeschoss. Sonniges, geräumiges vegetarische Restaurant am Ende einer wenig einladenden Treppe; ausgezeichnetes Essen, um die Mittagszeit Pianomusik. Hervorragendes Frühstück und preisgünstiges 4-gängiges *menú del día* (US$4,20). ⏲ ab 8 Uhr. U-Bahnhof Zócalo.

Süßes und Säfte: ***Dulcería de Celaya,*** 5 de Mayo 39. Wer Süßes liebt, sollte die kandierten *comates* und *dulce de membrillo* kosten. U-Bahnhof Allende.
Jugos Canada, 5 de Mayo 49. Sehr gute Tortas und Obstsäfte zu erschwinglichen Preisen (trotz der zentralen Lage). U-Bahnhof Allende.
Teposnieves, Donceles 4. Verkauft leckeres Eis in verschiedenen fruchtigen und einigen ausgefallenen Geschmacksrichtungen (z.B. Erdnuss, Reis und Mezcal). U-Bahnhof Bellas Artes.

UMGEBUNG DER ALAMEDA – ***Cafetería El Cuadrilatero,*** Luis Moya 73. Gehört ebenso wie das artverwandte *El Cuadrilatero* einem ehemaligen Ringkämpfer, dessen alte Masken zusammen mit Fotos die Wände zieren. Sehr gute mexikanische Standardgerichte, Burger und Tortas, die einen Ringer oder zwei Normalsterbliche sattmachen. U-Bahnhof Balderas.
Centro Naturista, Dolores 10, südlich der Alameda. Sehr preiswerte Tagesgerichte und eine Auswahl an makrobiotischen Mahlzeiten. Bietet auch Tarotkartenlesen, ganzheitliche Massagen und Einführungen in die Meditation. U-Bahnhof Bellas Artes.
Chung King, Dolores 27. Kantonesische und Szechuan-Küche zu annehmbaren Preisen (Menüs US$6,50–13,50); eines von vielen derartigen Restaurants in dieser Mini-Chinatown. U-Bahnhof Bellas Artes.
El Café del Palacio, im Bellas Artes. Elegantes Restaurant im Jugendstil, wird gern von Geschäftsleuten und Theaterbesuchern frequentiert, ist aber erschwinglich, v.a. das 2-gängige *Menú del Palacio* von 14–17.30 Uhr (US$13–18,50 je nach Hauptgericht). Auf der Speisekarte stehen z.B. Waldorfsalat, Sandwich mit geräucherter Truthahnbrust und Mandeltorte, außerdem gibt es eine ordentliche Weinkarte. Schließt um 18 Uhr. U-Bahnhof Bellas Artes.

ZONA ROSA – Restaurants in der Zona Rosa sind auf der Karte S. 361 eingezeichnet. Obwohl es in dieser Gegend von teuren Touristenfallen wimmelt, gibt es auch ein paar preiswerte Adressen, insbesondere in der Londres westlich der Florencia und in der Avenida Chapultepéc.
Blah Blah Café, Londres 171, Ecke Florencia. Café, Bar und argentinisches Grillhaus, mittags erstklassiges Steaks für ca. US$10. U-Bahnhof Insurgentes.
Champs Elysées, Reforma 316, ✆ 55/5514 0450. Bestes französisches Restaurant der Stadt. Ausgezeichnetes Essen, gute Weine, köstliche Käseplatte. Reservierung erforderlich. Eine Hauptmahlzeit ist kaum für weniger als US$40 zu haben. So geschlossen. U-Bahnhof Insurgentes.
Dolce Café, Londres 211. Kleines, ruhiges Café etwas abseits vom Trubel der Zona, serviert guten Kaffee, Baguettes, Croissants usw. Angesichts der Lage sind die Preise moderat. U-Bahnhof Insurgentes.
La Lanterna, Reforma 458, Höhe Toledo, ✆ 55/5207-9969. Seit langem bewährte, nette Trattoria, serviert hausgemachte Pasta mit wunderbaren Soßen (US$9) sowie Pizza. U-Bahnhof Insurgentes.
Mesón del Perro Andaluz, Copenhague 26, ✆ 55/5514-7480. Sehr beliebtes spanisches Restaurant. Auf der Speisekarte stehen u.a. Gazpacho (US$3), Tintenfisch (US$7,50), Kutteln à la Madrid (US$7) und Paella (US$11). Gute Mittagsmenüs (US$7,50). U-Bahnhof Insurgentes.
Restaurante Vegetariano Yug, Varsovia 3, 💻 www.yug.com.mx. Gut sortierter Buchladen und Anlaufstelle für Vegetarier und Sympathisanten – Frühstück, Salate, Antojitos und preiswertes Buffet tgl. von 13–17 Uhr (US$7) sowie ausgezeichnete Comida corrida. ⏲ Mo–Fr 7–21, Sa 8.30–20, So 13–20 Uhr. U-Bahnhof Insurgentes.

CONDESA UND ROMA – Restaurants in Condesa und Roma sind auf der Karte S. 361 eingezeichnet.

Agapi Mu, Alfonso Reyes 96, ✆ 55/5286-1384. Vielleicht das beste griechische Lokal der Stadt, sehr gemütlich und erschwinglich. Besonders fröhlich geht es Do–Sa bei griechischer Live-Musik und Tanz zu. So geschlossen. U-Bahnhof Juanacatlán oder Patriotismo.
Bellini's, Av. de las Naciones, Ecke Insurgentes Sur, ✆ 55/5628-8304 oder 5. Rotierendes Restaurant im 45. Stock des World Trade Center, dem höchsten Gebäude der Stadt. Die internationale Küche ist hervorragend und der Service makellos. Natürlich nicht billig, aber auch nicht unverschämt teuer: Räucherlachs mit Kaviar und Avocado gibt es z.B. für US$15,70, Roter Schnapper in Hummer- und Brandy-Soße für US$13,60. U-Bahnhof Chilpancingo.
Fonda Garufa, Michoacán 93, ✆ 55/5286-8295. Beliebtes argentinisch-italienisches Restaurant mit zahlreichen Tischen im Freien, an denen ausgezeichnete Steaks oder fantasievolle Pasta gereicht werden, alles zu annehmbaren Preisen. U-Bahnhof Juanacatlán.
Koffie! Café, Amsterdam 308, Höhe Celaya. Straßencafé in einer stillen Straße, serviert Frühstück mit richtig starkem Kaffee. Später am Tag gibt es italienische Salate, Pasta, gefüllte Baguettes und internationale Hauptgerichte; moderate Preise. U-Bahnhof Sevilla.
Los Arroces, Michoacán 126, ✆ 55/52864287. Der Name sagt es schon: Hier gibt es Reis in allen erdenklichen Varianten. Die vielseitigen Gerichte kosten zumeist US$5–10. U-Bahnhof Juanacatlán.
Segundo Paso Café, Amsterdam 76, Höhe Parras. Schummriges Restaurant und Café mit Straßentischen zu beiden Seiten. Die Salate, Nudelgerichte und Hauptgerichte sind liebevoll zubereitet und annehmbar im Preis; außerdem gibt es iberische Leckereien wie spanische Tortilla oder Serranoschinken mit schwarzen Oliven und Käse. U-Bahnhof Juanacatlán.

POLANCO – Die unten aufgeführten Restaurants in Polanco finden sich auf der Karte S. 365.
La Góndola, Hegel 406, Höhe Presidente Masarik, ✆ 55/5255-0612 oder 0912. Gutes, modernes italienisches Restaurant mit moderaten Preisen. Sehr probierenswert sind z.B. *pollo diablo,* in Olivenöl, Knoblauch und Kräutern mariniertes Hähnchen, sowie Ossobuco auf Fettuccine oder Ravioli mit Roquefort und Spinat. U-Bahnhof Polanco.
La Petite France, Presidente Masarik 360, ✆ 55/5281-0327. Schickes französisches Restaurant; die Vorspeisen umfassen allein vier verschiedene Schneckengerichte (US$9,50–10,50), Hauptgerichte sind z.B. Coq au vin (US$8,80), Fondue (US$13,80) und gebratene Ente in Hibiskussoße (US$12,80), keine Froschschenkel. U-Bahnhof Polanco.

SAN ÁNGEL UND SÜDLICH – San Ángel lässt sich am einfachsten per Bus oder Colectivo entlang der Insurgentes erreichen, s.S. 372, Beschreibung von San Ángel. Der am nächsten gelegene U-Bahnhof ist Miguel Ángel de Quevedo. Die unten genannten Restaurants in San Ángel sind auf der Karte S. 377 eingezeichnet.
Addetto, Revolución 1382, ✆ 55/5662-3363. Schickes italienisches Lokal mit Imbisstischen und Speisesaal. Ein bisschen ungünstig gelegen, produziert aber ausgezeichnetes Risotto, Pasta und zahlreiche Hauptgerichte mittlerer Preislage. US$1,60 Bedienungszuschlag pro Gedeck. U-Bahnhof Barranca del Muerto.
Crêperie du Soleil, Madero 4c. Kleines, friedliches Café, hat guten Espresso, Kuchen und natürlich Crêpes.
El Arroyo, Insurgentes Sur 4003, Tlalpan, 6 km südlich von San Ángel, ✆ 55/5573-4344. Weitab der Trampelpfade, aber den Abstecher wert: Restaurant mit eigener kleiner Stierkampfarena (wo angehende Matadores von Apr bis Okt unblutige Corridas austragen), einem runden Dutzend Speiseräumen und Platz für mehr als 2500 Gäste. Mariachis heizen die an sich schon ausgelassene Stimmung an; das mexikanische Essen ist gut und meist stehen mindestens 4 verschiedene Sorten *pulque* zur Auswahl.
El Café Solo Dios, Plaza San Jacinto 2. Serviert und verkauft guten, preiswerten Espresso aus Chiapas-Bohnen.
Fonda San Ángel, Plaza San Jacinto 3, ✆ 55/5550-1641, 🖳 www.fondasanangel.com.mx. Auf neue mexikanische Küche spezialisiertes, nicht überteuertes Restaurant.
San Ángel Inn, Diego Rivera 50, Höhe Altavista, ✆ 55/5616-2222. Sehr gut besuchtes, elegantes Speiselokal, umgeben von den Blumenrabatten

einer Hacienda; Tafelleinen, schwere Holzmöbel und Jackenzwang für Männer. Die Speisekarte weist europäische Einschläge auf, ist aber überwiegend mexikanisch, darunter ausgefallenere Sachen wie *huitlacoche,* eine Art Pilz, der auf Mais wächst und hier in Crêpes serviert wird. Mit mindestens US$25 pro Kopf plus Wein (US$5 das Glas) rechnen. Reservierung erforderlich.

COYOACÁN – Die u.g. Restaurants finden sich auf der Karte S. 377.
Café El Parnaso (auch unter dem Namen *Café Frida* bekannt), Carillo Puerto 2. In erster Linie ein Straßencafé mit angegliederter Buchhandlung; ideal für einen Imbiss oder eine Tasse Kaffee.
El Globo, Hidalgo, Ecke Caballocalco. Ableger der hervorragenden, französisch inspirierten Bäckereikette. Teuer, aber sehr gut.
El Jolgario, Higuera 22. Ausgezeichnete Küche, fast die Hälfte fleischlos. Die fantasievollen Zusammenstellungen sind nicht immer ganz gelungen, aber die preiswerten Salate und Hauptgerichte (US$5–8) sind lecker, darunter auch einige kuriose Variationen der indischen Küche, wie z.B. „tandoori rice" (Reis mit Apfelsoße und Cashewnüssen, die als indisch gelten, weil sie im Spanischen *nueces de la India* heißen) oder Hühnerbrust mit Apfel-Chutney, Karotten und Apfel-Rosinen-Soße. Dazu schmeckt ein alkoholfreier Cocktail.
El Tajín, Centro Veracruzano, Miguel Ángel de Quevedo 687, ✆ 55/5659-4447. Überwiegend Spezialitäten aus Veracruz; die Fischgerichte wie *Huachinango a la Veracruz* und *Mojarra al Mojo del Ajo* sind köstlich. Mit ca. US$20 p.P. plus Wein rechnen.
La Vienet, Viena 112, Höhe Abasolo. Gut geeignet für eine Pause zwischen dem Besuch des Kahlo- und Trotzkihauses. Das kleine, nur tagsüber geöffnete Café serviert hervorragenden Kaffee und Kuchen sowie Antojitos, und sonntags Paella. Von 12–13.30 Uhr sowie am Wochenende geschlossen.

Unterhaltung

Natürlich ist nachts in der Hauptstadt einiges los, v.a. in der **Live-Musikszene**. Viele der besten Veranstaltungsorte liegen im Süden, Richtung Coyoacán und San Ángel, aber auch die Zona Rosa und Condesa haben musikalisch etwas zu bieten. Wer sich unter die Schönen und Reichen mischen möchte, kann dies in Polanco tun. Manchmal finden die wirklich spannenden Konzerte an abgelegeneren Orten in der Metropole statt, doch nach eingehendem Studium der Veranstaltungsmagazine (s. weiter unten) läuft so schnell niemand Gefahr sich zu langweilen. Rock und Latin sowie die neuesten Hits aus den USA sind bestens vertreten, Europop macht sich natürlich breit, und doch stehen die Chancen nicht schlecht, kubanische Klänge und sogar Live-Jazz zu hören.
Zwei musikalische Darbietungen stellen etwas ganz Besonderes dar: die **Mariachis** auf der Plaza Garibaldi, eine absolut „mexikanische Erfahrung" und das **Ballet Folklórico**, das keinen Hehl daraus macht, dass es sich an ein Touristenpublikum wendet, jedoch auch seit vielen Jahren Beifallsstürme von Mexikanern erntet.
Veranstaltungs- und Programmhinweise für Film- und Theaterevents sowie andere kulturelle Ereignisse finden sich im Wochenmagazin *Tiempo Libre,* 💻 www.tiempolibre.com.mx, an Zeitungsständen erhältlich.

MARIACHIS – Ein Besuch der **Plaza Garibaldi** (U-Bahnhof Bellas Artes und Garibaldi) bildet traditionell den Abschluss eines nächtlichen Kneipenzugs. Je später es ist und je mehr gebechert wurde, desto raubeiniger kann es hier zugehen. Die Plaza liegt an der Lázaro Cárdenas, fünf Blocks nördlich von Bellas Artes in einer sehr zwielichtigen Gegend. Trotz starker Polizeipräsenz treiben hier **Taschendiebe** ihr Unwesen, daher nicht mit teurer Fotoausrüstung oder dicker Brieftasche herkommen.
Hunderte von um die Wette musizierenden **Mariachi-Gruppen** versammeln sich am Abend. Der Geräuschpegel, den sie hervorbringen, ist nichts für empfindsame Gehörgänge. Eine Kapelle besteht in der Regel aus 4 Geigern, 3 sich etwas abseits haltenden Trompetern, 3–4 Gitarristen und einem Sänger. Ein echter Caballero mietet jedoch nur die Musiker und singt selbst. Ihren Namen haben die Mariachis angeblich aus der Zeit der französischen Invasion im 19. Jh., als es

üblich wurde, für Hochzeiten – *mariage* – eine Musikgruppe zu engagieren. Auf der Plaza hört man auch Norteño-Gruppen, die eine Tex-Mex-Country-Mischung zum Besten geben, oder die weicheren Marimbaklänge aus dem Süden Mexikos. Die letzte Metro fährt um Mitternacht.

TRADITIONELLER TANZ – Weltweiten Ruhm erlangt hat das **Ballet Folklórico**, ✆ 55/5529-9320, 💻 www.balletamalia.com.mx/eng. Es besteht aus Tänzern aus allen Landesteilen, und seine hervorragende Choreografie ist durchsetzt mit mexikanischen Tänzen, Musik und Gesang. Zum Programm gehören einige der bekanntesten traditionellen Tänze, die jedoch mehr oder weniger verjazzt sind und in einem Rahmen vorgeführt werden, der auch am Broadway nicht fehl am Platze wäre.

Am schönsten sind die Vorstellungen im **Palacio de Bellas Artes**, der an sich schon eine Sehenswürdigkeit darstellt; wenn dort etwas anderes läuft, muss das Ballett allerdings manchmal ins **Auditorio Nacional** im Chapultepec Park ausweichen (s.S. 370). Vorstellungen finden normalerweise So um 9.30 Uhr und 20.30 Uhr und Mi um 20.30 Uhr statt. Möglichst schon mehrere Tage vorher die Eintrittskarten (US$24 für die billigen, US$40 für Spitzenplätze) reservieren: entweder im Büro von ***Bellas Artes***, ✆ 55/5325-9320, ⏲ Mo–Sa 11–19, So 9–19 Uhr, oder bei ***Ticketmaster***, ✆ 55/5525-9000, oder man schließt sich einer organisierten Gruppe an, was allerdings teurer ausfällt.

BARS, CLUBS UND LIVE-MUSIK – **Kneipen**, in denen man sich einfach beim Bier zum Gedankenaustausch trifft, sind relativ selten; diese Funktion erfüllen eher die Restaurants. Es gibt allerdings Musikkneipen oder so genannte **Antros**, ein Zwischending zwischen Bar und Club, wo man zu Latin pop tanzen oder sitzen und sich unterhalten kann – vorausgesetzt die Geräuschkulisse lässt es zu. **Cantinas** und **Pulquerías** sind eigentlich der Männerwelt vorbehalten, aber trotz der Schilder über der Tür, wonach *mujeres* der Zutritt verwehrt ist, traut sich manchmal eine Frau in diese übelriechenden Kneipen. Ausländische Frauen ohne Begleitung werden kaum in die Versuchung geraten.

Lokale mit **Live-Musik** gibt es überall in der Stadt. Das Angebot reicht von Combos, die romantische Balladen vortragen bis zu Alternative-Rockbands. Kubanische Musik ist recht angesagt und allerorts wird *trova* geboten, oft von einem Gitarristen, der eigene Kompositionen spielt, nebst einem umfassenden Repertoire an Liedern, bei denen alle – ausgenommen die Touristen –, mitsingen können. Eine Kuriosität der hiesigen Underground-Rockszene sind die einheimischen Punk- und Ska-Rockbands, wie sie in Europa in den 70er Jahren angesagt waren.

Das **Nachtclub-Leben** beginnt spät; Live-Auftritte finden oft erst nach 23 Uhr statt, und vor Mitternacht sind die meisten Clubs ziemlich ausgestorben. Der Eintritt kann bis zu US$20 betragen, allerdings nur für Männer; Frauen zahlen meist weniger oder gar nichts. Inkl. ist in der Regel *bar libre,* d.h. die Getränke sind den ganzen Abend oder ein paar Stunden lang frei. Wer sich nicht in unmittelbarer Hotelnähe befindet und den Heimweg antreten möchte, wenn die U-Bahn ihren Betrieb eingestellt hat, sollte sich unbedingt in der Bar oder im Club ein **Sitio Taxi** rufen lassen; mitten in der Nacht auf der Straße ein Taxi anzuhalten ist gefährlich, v.a. wenn man etwas angesäuselt ist.

Umgebung des Zócalo und der Alameda: ***Bar del Centro,*** im *Gran Hotel* beim Zócalo. Entspannte Atmosphäre, dennoch muss eine Frau ohne Begleitung mit schrägen Blicken rechnen. U-Bahnhof Zócalo.

La Hostería del Bohemio, Hidalgo 107. Alkoholfreies Café rings um den offenen Patio des ehemaligen Klosters San Hipolito. An den mit Kerzen beleuchteten Tischen sitzen zumeist Liebespärchen und hören mit einem Ohr den romantischen Balladen zu, die von einer Live-Band inbrünstig vorgetragen werden. U-Bahnhof Hidalgo.

La Ópera, 5 de Mayo 10, nahe Bellas Artes. Die beste Kneipe der Innenstadt, in der Tradition gehobener Cantinas mit Mahagoniewand-Verkleidung und goldgerahmten Spiegeln ausgestattet – und mit einem Schussloch in der Decke, das angeblich auf Pancho Villas Konto geht. Auch warme Küche, aber die meisten Gäste begnügen sich mit einem recht teuren Bier oder Cocktail in den Nischen oder an der Bar. U-Bahnhof Bellas Artes.

Pervert Lounge, Uraguay 70, ✆ 55/5518-0976. Einer der angesagtesten Nachtclubs im Zentrum und keineswegs das, was der Name vermuten lässt. Von Mi–Sa treffen sich hier schicke Menschen, um *funky beats* und Latin grooves zu genießen, und zahlen dafür rund US$7 Eintritt. Der ***Club 69,*** gleich daneben, ist ähnlich und ebenfalls gut. U-Bahnhof Allende.
Tío Pepe, Independencía 26, Höhe Dolores. Freundliche Cantina, in der oft Straßenmusikanten ein Ständchen bringen. Obwohl auf dem Türschild etwas anderes steht, sind Frauen zugelassen. U-Bahnhof Bellas Artes.

Zona Rosa und Polanco: ***Afrika,*** Genova 40, Zona Rosa ✆ 55/5208-9551. Trotz des Namens spielt diese ganz normale Disco kommerzielle House- und Dance-Musik; angeblich wird hier niemand aufgrund seiner Rasse, Religion, Kleidung, Frisur, Haarfarbe, gesellschaftlichen Stellung, politischen Anschauung, sexuellen Orientierung oder filmischen Vorlieben abgewiesen. ◷ Mi–Sa 21–4 Uhr. U-Bahnhof Insurgentes.
Fiera Café, Presidente Masaryk 107, Polanco, ✆ 55/5282-635. Ein Favorit bei trendbewussten jungen Leuten; Lounge-Musik und Elektronik-Pop, angeschlossenes Restaurant, bis spät geöffnet. U-Bahnhof Polanco.
Fonda, Av. Chapultepec 311, Zona Rosa. Schlichtes, traditionelles mexikanisches Restaurant und Bar (nur eines von mehreren ähnlichen Lokalen im Umkreis) mit billigen Getränken. U-Bahnhof Insurgentes.
Salon 21, Andromaco 115, Polanco. Beliebte Bühne für Gastauftritte aller möglichen Bands, ausländischer wie einheimischer, die Rock, Reggae, Hip-hop oder anderes spielen. U-Bahnhof Polanco.

Condesa und Roma: ***Barracuda,*** Nueva León 4A, Höhe Sonora, Condesa, ✆ 55/52119346. Begehrtes Etablissement, jeden Abend Musik unterschiedlicher Stilrichtungen, von Blues bis Live-Latin-Jazz. ◷ Di–Sa; bei einem Bandauftritt kommt der Laden gegen 23 Uhr richtig in Schwung. U-Bahnhof Sevilla.
Gitanerías, Oaxaca 15, Roma, ✆ 55/5514-2027. Flamenco-Club. ◷ Di–Sa ab 21 Uhr. Eintritt US$10. U-Bahnhof Insurgentes.

Mama Rumba, Querétaro 230, Höhe Medellin, Roma, ✆ 55/5564-6920 oder 7823. Tanzbar mit mitreißender kubanischer Hausband. Kaum legt diese los, ist die kleine Tanzfläche voll. Reservierung empfohlen. ◷ Do–Sa ab 21 Uhr, Bands spielen ab 23 Uhr. Für Rollstuhlfahrer geeignet. U-Bahnhof Insurgentes.
Multiforo Alicia, Cuauhtémoc 91, zwischen Colima und Durango, Roma, ✆ 55/5511-2100. „Wer nicht im Alicia war, weiß nicht, was Rock ist," behaupten sie, was übertrieben sein mag, aber es ist *der* Ort, um die neuesten *ondas* der mexikanischen Rockmusik mitzubekommen. Am belebtesten Fr und Sa ab 20.45 Uhr, manchmal treten aber schon um 18.30 Uhr Bands auf. Eintritt US$5–6. U-Bahnhof Cuauhtémoc.

Coyoacán und San Ángel: ***El Hábito,*** Madrid 13, Coyoacán, ✆ 55/5659-6305. Kleines, gut besuchtes Theater und Music-Club. Überwiegend Jazz.
El Hijo del Cuervo, Jardín Centario 17, ✆ 55/5659-5196. Schummrige, coole Bar mit Aussicht auf den Platz und einem Musikangebot von Latin Rap bis Rock. Eintritt frei, daher ist immer viel los – am Wochenende bis 2.30 Uhr.
La Camelia, Plaza San Jacinto, San Ángel. Gut für ein Bier am frühen Abend bei lautstarker US- und Latin-Popmusik, entweder drinnen oder an Tischen im Freien.
New Orleans, Revolución 1655, San Ángel, ✆ 55/5550-1908. Hervorragende Jazzkneipe plus Restaurant mit ausgezeichneter Küche zu moderaten Preisen und einer kubanischen Hausband; ◷ Di–So ab 20 Uhr (Live-Musik ab 21 Uhr), am lebhaftesten geht es am Wochenende zu. Eintritt US$5 (So US$3,50) – die Ausgabe lohnt sich.

KINOS – Mainstream-Produktionen aus Hollywood sind schon wenige Wochen nach der US-Premiere in Mexiko zu sehen. Mit Ausnahme von Kinderfilmen sind sie fast immer in der Originalsprache mit Untertiteln. Der Eintritt kostet ca. US$3–4 (Mi oft nur die Hälfte). Das **Kinoprogramm** steht jede Woche in der *Tiempo Libre,* außerdem in den meisten spanischsprachigen Tageszeitungen.
Kinos gibt es überall in der Stadt, nur nicht in der Nähe des Zócalo. Zahlreiche Lichtspielhäuser

säumen die Insurgentes Sur auf gesamter Länge. Allerdings sind sie nicht per U-Bahn erreichbar, daher zieht es Besucher wahrscheinlich eher in die günstiger gelegenen Kinos in der **Zona Rosa**, z.B. das ***Ramírez Diana,*** Reforma 423, ✆ 55/5511-3236, das ***Lumiére Reforma,*** Río Guadalquivir 104, Höhe Reforma, ✆ 55/5514-0000, oder nach Polanco ins ***Cinemex Casa de Arte,*** Anatole France 120, ✆ 55/5 280-9156, und ***Sala Maria Félix,*** Socrates 156, Ecke Homero, ✆ 55/5557-4101.

SONSTIGES – Mexikanisches **Theater** ist meist ziemlich schwülstig, aber es gibt hervorragende **klassische Konzerte**, **Ballett**- und **Opernaufführungen** in- und ausländischer Ensembles, in erster Linie im Bellas Artes und Auditorio Nacional, aber auch in anderen Theatern in der Innenstadt sowie im Poliforo und im Teatro de los Insurgentes.
Sonntags findet meist ein **Konzert** bei freiem Eintritt im Chapultepec-Park am See statt.

Sportveranstaltungen

Sportveranstaltungen gehören unabdingbar zu den Freizeitangeboten von México D.F.; am begehrtesten sind Fußball, Ringen und Stierkampf.

FUSSBALL – Fußball *(fútbol)* ist die beliebteste mexikanische Sportart. Die wichtigsten Spiele werden im **Estadio Azteca** mit 114 000 Plätzen ausgetragen, dem Heimatstadion des erfolgreichsten mexikanischen Teams *América* („Las Águilas"). Zu erreichen mit dem *tren ligero* oder einem Colectivo der Ruta Nr. 26 („Xochimilco"), beide fahren an der U-Bahnstation Tasqueña ab. Auch der Universitätsclub *UNAM* („Las Pumas") kann mit zahlreichen Zuschauern rechnen, wenn er im **Estadio Olímpico** gegenüber der Universität, s.S. 380, spielt; Busse mit der Aufschrift „Tlalpán" vom U-Bahnhof Chilpancingo aus nehmen. *Cruz Azul* (seit vielen Jahren von einer Zementfabrik gesponsort, daher „Los Cementeros" genannt) spielt im **Estadio Azul** gleich bei der größten Stierkampfarena, s.S. 372. Das Estadio Azul ist zu Fuß vom U-Bahnhof San Antonio oder mit jedem der Busse auf der Insurgentes Sur zu erreichen.

Zwei weitere wichtige Mannschaften, *Necaxa* („Los Rayos" – die Blitze) und *Atlante* („Los Potros", die Colts) teilen sich das Estadio Azteca mit *América*. Normalerweise werden von August bis Mai jeden Sonntagnachmittag mindestens zwei Spiele ausgetragen; Näheres in den Tageszeitungen. Eintrittskarten für US$2–10 sind fast immer am Eingang erhältlich, allerdings mit Ausnahme der ganz großen Spiele, wenn *América* hier gegen den Club *Chivas* aus Guadalajara, der zweitgrößten Stadt des Landes, spielt, s.S. 58.

RINGEN – *Lucha libre,* d.h. Freistilringen, zählt immer noch zu den begehrtesten Zuschauersportarten. An mehreren Abenden in der Woche finden allein in der Hauptstadt in über einem Dutzend Arenen vor einem fanatischen Publikum Ringkämpfe statt. Wer einen Wettkampf besuchen möchte, hat dazu inbesondere freitags und sonntags Gelegenheit in der **Arena Coliseo**, Peru 73, U-Bahnhof Allende, und in der **Arena México**, Dr Río de la Loza 94, Colonia Doctores (einen Block südl. und einen östl. des U-Bahnhofs Balderas, aber nachts ist die Gegend besser zu meiden).

STIERKÄMPFE – Keine Sportart kann sich mexikanischer nennen als der Stierkampf. Er hat seine Wurzeln im spanischen Machismo, folgt komplizierten Regeln und steckt voller Symbole. Es geht dabei um mehr als nur den Kampf von Mann gegen Tier. Wer sich eingehender mit dem Thema beschäftigen möchte, sollte unbedingt den Roman *Mexiko* von J.A. Michener lesen. Viele Mexiko-Besucher empört die Vorstellung, dass ein Tier herzlos „abgeschlachtet" wird, und Elemente von Tierquälerei sind in dem Geschehen zweifellos beabsichtigt. Aber der Stierkampf ist integraler Bestandteil des mexikanischen Lebens, und keine andere Veranstaltung schafft es, die Barrieren innerhalb der mexikanischen Gesellschaft so aufzuheben wie eine *corrida de toros.*
Während der **Stierkampfsaison** (Ende Okt bis Anfang Apr) finden jeden Sonntag um 16 Uhr in der riesigen **Plaza México**, mit 48 000 Plätzen die größte Stierkampfarena der Welt, Corridas statt. Unübersehbare Poster künden an jeder Ecke der

Stadt die bevorstehenden Kämpfe an, ebenso die großen Tageszeitungen. **Eintrittskarten** sind am Eingang erhältlich; ein Platz auf einer Zementstufe ohne Schatten weitab des Geschehens ist schon für US$4 zu haben. Für ein paar Pesos mehr gibt es ein wenig Schatten, für bessere Plätze steigen die Preise rapide: Ein Platz in der 1. Reihe kann bis zu US$40 kosten. Wer erstmalig einen Stierkampf erlebt, ist mit einem Platz in der Preisklasse *primera tenido* (US$20–30) dicht genug am Geschehen dran.
Vom U-Bahnhof San Antonio gelangt man mit jedem Bus, der auf der Insurgentes nach Süden fährt, zur Plaza México. Danach 10 Min. zu Fuß in östlicher Richtung einfach den Massen folgen.

Einkaufen

In der Hauptstadt findet man fast alles, was im Land feilgeboten wird, allerdings sind Kunsthandwerk und traditionelle Gegenstände auf den Märkten und in den Artesanía-Läden der Hauptstadt normalerweise teurer als am Herstellungsort. Eine Eigenart der Stadt sind „Zunftgassen": ganze Häuserblocks, die einem bestimmten Gewerbe vorbehalten sind. In dieser Anordnung zeigt sich vielleicht das aztekische Erbe noch am deutlichsten – ihre Märkte waren nach Waren sortiert, und die Kolonialherren folgten diesem Beispiel.
Straßenstände gehören zum Stadtbild. Es kann sich dabei um eine Decke auf dem Bürgersteig handeln, auf der junge Leute billigen Schmuck zum Verkauf anbieten, aber auch um ausladende Stände, an denen es alles Mögliche gibt, von Uhren über Computerhardware bis zu Pseudo-Designerkleidung.
Wer wirklich etwas braucht, z.B. **Kleidung**, kommt in einem der großen Kaufhäuser am günstigsten weg, z.B. im ***El Palacio de Hierro*** in der 20 de Noviembre 3, unmittelbar südlich des Zócalo; oder im ***Liverpool*** gegenüber.
Bei ***Sanborn's*** lassen sich Bücher, Landkarten und Reiseandenken erstehen, alle Zweigstellen verfügen zudem über eine gutsortierte Drogerie.
Die beste Adresse für **Designerklamotten**, wertvollen **Schmuck** oder echte **Antiquitäten** war die Zona Rosa. Dort befinden sich noch einige schicke Läden, doch in den letzten Jahren sind viele nach Polanco umgezogen.
T-Shirts bekommt man an den *tianguis* (Straßenständen) in der San Juan Letrán zwischen Bellas Artes und Salto del Agua oder in den Straßen nördlich und östlich des Zócalo. Auf dem Zócalo selbst verkaufen EZLN-Anhänger normalerweise an einem Stand vor der Kathedrale T-Shirts mit dem Porträt von Zapata, Marcos oder auch Maria Sabina (die *Curandera,* d.h. Heilkundige, die den Westen mit Magic Mushrooms bekannt machte).
Postkarten sind überall zu bekommen, aber eine besonders gute Auswahl an Fotos aus der Revolutionsära sowie Kunstpostkarten findet man in der Donceles 87, Höhe Avenida República de Brasil.
Den **Kaufpreis** herunterzuhandeln kommt in der Hauptstadt aus der Mode. Das Land ist nicht mehr so arm und passt sich westlichen Gepflogenheiten an, dazu gehören auch feste Preise. Manchmal wird noch der Versuch gemacht, Touristen (v.a. solche ohne Spanischkenntnisse) etwas mehr abzuverlangen. Im Allgemeinen wird jedoch gezahlt, was auf dem Preisschild steht. Bei mangelnder Auslastung gibt es in manchen Hotels (insbesondere Businesshotels) auf Nachfrage eine Ermäßigung, in Jugendherbergen und Budget-Hotels dagegen so gut wie nie. Die beste Aussicht auf einen Preisnachlass besteht bei Kunsthandwerk und Artesanía, doch auch hier gelten zunehmend feste Preise.
Öffnungszeiten: Die meisten Geschäfte in México D.F. haben von 10–19 Uhr geöffnet. Nur ganz wenige halten noch die Siesta von 14–16 Uhr ab.

KUNSTHANDWERK – ***Ciudadela,*** an der Balderas, Höhe Emilio Donde, ist die beste und preiswerteste Adresse für Kunstgewerbe und Souvenirs aus dem ganzen Land. ◷ Mo–Sa 11–19, So 11–17 Uhr. U-Bahnhof Balderas.
Artesanías Del Centro, Palma Norte 506-F, Höhe Cuba. Kleines Geschäft in der Nähe des Zócalo mit einer begrenzten, aber hochwertigen Auswahl an Metallgegenständen, Repliken alter Figuren, Duftkerzen usw. U-Bahnhof Allende.
Central Artesanal Buenavista, Aldama 187, unmittelbar östlich des Bahnhofs, verkauft Kunsthandwerk aus dem ganzen Land. Verglichen mit

Ciudadela jedoch ziemlich teuer, und hat weniger Flair. ⏲ tgl. 9–18 Uhr. U-Bahnhof Buenavista.

Centro Artesanal de San Juan ist ein moderner, auf Touristen ausgerichteter Komplex und wahrscheinlich der am wenigsten einladende der großen Artesanía-Märkte. Allerdings einer der angewiesenen Orte, um sich umzuschauen (v.a. nach Silbergegenständen) und zu feilschen. Das Centro befindet sich auf der Dolores, etwa 5 Querstraßen südlich der Alameda. U-Bahnstation Salto de Agua, von dort nach Westen in die Arcos de Belén, dann die zweite Straße rechts. ⏲ Mo–Sa 9–19, So 9–16 Uhr. U-Bahnhof San Juan de Letrán.

FONART, Av. Patriotismo, abseits der Av. Revolución, 💻 www.fonart.gob.mx. Ein Laden von FONART, der staatlichen Einrichtung zur Förderung qualitätsbewusster Kunst- und Kunsthandwerkserzeugnisse, die die Künstler beim Verkauf und bei der Materialbeschaffung unterstützt. Die Festpreise sind für gewöhnlich höher als anderswo, doch ein Besuch lohnt sich, und sei es nur, um vor dem Marktbummel eine Vorstellung von Preisen und Qualität zu bekommen. U-Bahnhof Mixcoac.Eine weitere FONART-Filiale befindet sich in der Reforma 116.

MÄRKTE – Jedes Stadtgebiet besitzt seinen eigenen Markt, auf dem Essen und allerhand Lebensnotwendiges angeboten wird. Manche Märkte finden nur an einem Tag in der Woche statt. Hier die interessantesten.

Bazar Sábado, Plaza San Jacinto, San Ángel. Sehr gut besuchter Kunst- und Skulpturenmarkt unter freiem Himmel, der fast den ganzen Samstag hindurch abgehalten wird. Am Sonntag zieht er in den Parque Sullivan, unmittelbar nördlich der Zona Rosa (s.S. 362).

Coyoacán-Märkte, von den beiden Märkten findet einer– v.a. mit Lebensmitteln – tgl. drei Querstraßen oberhalb der Plaza Hidalgo statt; der andere ist ein **Kunsthandwerksmarkt** und wird sonntags direkt auf der Plaza aufgebaut, u.a. werden typisch mexikanische Kleidungsstücke angeboten. U-Bahnhof Viveros.

La Lagunilla, kommt dem Merced in Ausdehnung und Angebot am nächsten. Sonntags ist er am besten besucht, wenn der *tianguis* sich bis in die umliegenden Straßen ausdehnt.

La Merced, Izazaga San Pablo, Ecke Eje 1 Ote, der größte Markt der Stadt, besteht aus verschiedenen modernen Gebäuden, die trotz ihrer Größe dem Ansturm der Händler nicht gewachsen sind, die einen Stand aufstellen möchten. Den meisten Raum nehmen Lebensmittel ein, aber wer lange genug sucht, findet alles, was ein mexikanischer Markt hergibt. U-Bahnhof Merced. ⏲ tgl. 6–18 Uhr.

Mercado de Sonora, drei Querstraßen vom La Merced an der Av. Fray Servando Teresa de Mier. Dieser Markt ist bekannt für pflanzliche, magische Heil- und Wundermittel und die *Curanderos* (Schamanen), die hierher kommen und ihre Dienste anbieten. U-Bahnhof La Merced.

Palacio de La Flores, an der Luis Moya, Ecke Ernesto Pugibet, ein kleiner Markt, auf dem nur **Blumen** in allen Variationen – auch aus Papier und Plastik – angeboten werden. Ähnliche Märkte auch in San Angel und Xochimilco. U-Bahnhof Salto de Agua oder Balderas.

BÜCHER UND ZEITUNGEN – **Deutschsprachige Bücher** verkaufen die ***Librería Internacional,*** Av. Sonora 206, Colonia Hipódromo, ✆ 55/5265-1165, 📠 5265-1164, ✉ libinter@compuserve.com.mx, und die ***Congregación Evangelica Luterana de Habla Alemana en México,*** Av. Patriotismo 594. Internationale Wochenmagazine gibt es an **Zeitungsständen** in der Innenstadt (v.a. entlang der 5 de Mayo). Wer aber Bücher sucht, muss sich in die Zona Rosa oder Colonia Polanco begeben. Kleine Geschäfte im **Flughafen** verkaufen Magazine und Unterhaltungsromane in englischer Sprache und auch ein paar ausländische Tageszeitungen. Am besten sind der Laden *Cenca* in Sala E2, und *Libros y Arte* zwischen den Salas C und D.

American Book Store, Bolivar 23, Centro Histórico, ✆ 55/5512-0306. Hält nicht unbedingt, was der Name verspricht, denn das Angebot an englischsprachigen Büchern beschränkt sich v.a. auf Wirtschafts- und Computerthemen. Daneben finden sich einige wenige Taschenbücher, Zeitschriften und Zeitungen. ⏲ Mo–Sa 10–19 Uhr.

Casa de la Prensa, Hamburgo 141, Höhe Amberes, Zona Rosa, ✆ 55/5208-1419. Englische, französische und deutsche Zeitschriften und Zeitungen. ⏲ Mo–Fr 8.30–22, Sa 8.30–21, So 8.30–20 Uhr.

Cenca, Temistocles 73, nahe der Kreuzung Mazarik und Arquimedes in Polanco, ✆ 55/5280-1666. Zeitschriften, Romane und sogar ein paar Reiseführer, es eine Tür weiter liegt ein nettes Café. ⌚ Mo–Fr 8–22, Sa und So 9–21 Uhr. U-Bahnhof Polanco.
La Torre del Papel, Callejón de Betlemitas 6a, neben dem Museo del Ejército y Fuerza, nahe Bellas Artes, verkauft Tageszeitungen aus ganz Lateinamerika, auch amerikanische und europäische, sowie Magazine wie *National Geographic.* ⌚ Mo–Fr 8–19.30, Sa 8.30–14.30 Uhr.

Sonstiges

APOTHEKEN – ***Sanborn's***-Filialen besitzen auch eine Medikamentenabteilung. Eine Alternative ist die Apotheke ***El Fénix,*** Madero 41, Höhe Motolinia. **Homöopatische** Apotheken befinden sich in der Mesones 111-B, Ecke 20 Noviembre, und der Republica Guatemala 16 hinter der Kathedrale.

AUTOVERMIETUNGEN – Es gibt Tausende von Anbietern; die kleineren sind oft preiswerter als die internationalen Firmen. Wie man es auch anstellt: Billig ist ein Mietwagen nicht, und in der Metropole stellt ein Auto eher eine Be- als Entlastung dar. Wer dennoch einen Mietwagen nehmen will, muss mit Kosten von US$50–75 pro Tag für das billigste Auto mit Steuer, Versicherung und unbegrenzter Kilometerzahl rechnen, im Juli und August mit mehr; im Falle einer Wochenmiete zahlt man normalerweise sechs Tage und bekommt den 7. Tag umsonst.
Alle namhaften und auch einige der kleineren Verleihfirmen haben Schalter am Flughafen und in der Zona Rosa; das erspart langes Herumirren in der Stadt auf der Suche nach dem besten Angebot.
Der günstigste Verleiher am Flughafen ist ***Kim Kar,*** ✆ 55/25990267, dessen Preise aber nur geringfügig niedriger als diejenigen von ***Gold Car Rental,*** ✆ 55/25990090 oder 1, 💻 www.gold.com.mx, und ***EconoMovil,*** ✆ 55/2599-0147, und etwas unter denen von ***Royal Rent A Car,*** ✆ 55/2599-0147, 💻 www.royalrent.com, liegen. Unter den internationalen Mietwagenfirmen bieten derzeit ***Hertz,*** ✆ 55/5783-7400 oder 01-800/709-5000, 💻 www.hertz.com.mx, und ***National,*** ✆ 55/5786-8228, 💻 www.nationalcar.com.mx, die besten Preise. Ebenfalls vertreten sind (in preislich ansteigender Reihenfolge):
Thrifty, ✆ 01-800/800-2382, 💻 www.thrifty.com.mx,
Alamo, ✆ 55/1101-1100 oder 01-800/849-8001, 💻 www. alamo-mexico.com.mx,
Budget, ✆ 55/5271-4322 oder 01-800/700-1700, 💻 www.budget.com.mx,
Avis, ✆ 55/5588-8888 oder 01-800/288-8888, 💻 www.avis.com.mx.

BOTSCHAFTEN – von Deutschland, Österreich und der Schweiz s.S. 13.
Zur Weiterreise in bestimmte zentralamerikanische Länder ist ein **Visum** erforderlich, vorsichtshalber beim entsprechenden Konsulat nachfragen:
Belize, Bernardo de Gálves 215, Lomas de Chapultepec, ✆ 55/5520-1274, ✉ embelize@prodigy.net.mx; ⌚ Mo–Fr 9–13.30 Uhr;
Costa Rica, Río Po 113, Höhe Río Lerma, Zona Rosa, ✉ consulg@podernet.com.mx; ✆ 55/5255-7764 bis 6, ⌚ Mo–Fr 9–17 Uhr. U-Bahnhof Insurgentes.
El Salvador, Temístocles 88, Polanco, ✆ 55/5281-5723 oder 5, ✉ embesmex@webtelmex.net.mx. ⌚ Mo–Fr 9–16 Uhr; U-Bahnhof Polanco.
Guatemala, Konsulat, Explanada 1025 in Lomas de Chapultepec, ✆ 55/55407520, ✉ embaguate@mexis.com. ⌚ Mo–Fr 9–14 und 15–17 Uhr.
Honduras, Alfonso Reyes 220, Höhe Ometusco, ✆ 55/5211-5250, ✉ emhonmex@mail.internet.com.mx, ⌚ Mo–Fr 9–13.30 Uhr; U-Bahnhof Patriotismo.
Panama, Horacio 1501, Polanco, ✆ 55/5557-6159, 💻 www.embpanamamexico.com; ⌚ Mo–Fr 8.30–15.30 Uhr; U-Bahnhof Polanco.

FOTO – Filme gibt es zu angemessenen Preisen praktisch überall zu kaufen, in Apotheken, Touristeninformationsbüros usw., doch wer Sonderwünsche hat, begibt sich am besten zu einem der großen Spezialgeschäfte an der Av. Juárez, südlich der Alameda, z.B. zu ***Foto Imagen,*** Alameda 56 , ✆ 55/5510-0240

GELD – **Geldautomaten** gehören zum Stadtbild, und bei Eingabe der richtigen Geheimzahl kommen Besitzer einer Kreditkarte während des gesamten Aufenthalts in der Stadt über die Runden, ohne jemals an einem Bankschalter Schlange stehen zu müssen. Dabei ist jedoch besondere **Vorsicht** vor Überfällen angezeigt! Die meisten Banken wechseln nur vormittags Geld. Bargeld anderer Währungen als US-Dollar tauschen die Zweigstellen von ***Banamex***. Reiseschecks und bare Dollars wechseln die meisten großen Hotels und Geschäfte. Der Kurs ist jedoch in den **Casas de Cambio** am günstigsten, z.B. in der Zona Rosa (v.a. in der Amberes, Londres und Liverpool), an der Reforma, unmittelbar südlich des Monumento a la Revolución und im Centro Histórico z.B. bei

Casa de cambio Puebla, Madero 27, Höhe Bolivar, ⌚ Mo–Fr 9–17, Sa 10–14.30 Uhr, oder

Cambios Exchange, an der Madero 113 nahe Filomena Mata, ⌚ tgl. 9.30–19 Uhr.

Ein Postservice von ***American Express*** in der Reforma 350, Höhe El Ángel, ☎ 55/5207-7049. ⌚ Mo–Fr 9–18, Sa 9–13 Uhr; weitere Büros in anderen Teilen der Stadt.

GEPÄCKAUFBEWAHRUNG – In den meisten Hotels können Gäste nach dem Auschecken ihr Gepäck noch für den Rest des Tages unterstellen; manche bewahren es sogar mehrere Tage lang auf, dann jedoch möglicherweise gegen ein geringes Entgelt. Am Flughafen gibt es zwei Schließfachbereiche (in Sala A und Sala E3) für US$5–7,50 pro Tag. Alle vier Hauptbusbahnhöfe verfügen über eine Gepäckaufbewahrung, aber nur die im Terminal del Norte ist durchgehend geöffnet. US$1–2 pro Tag, je nach Umfang des Gepäcks.

GOETHE-INSTITUT – Das ***Instituto Cultural Alemán*** liegt in der Tonalá 43, Colonia Roma, ☎ 55/5207-0487, 📠 5533-1057, 💻 www.goethe.de/mexiko.

INFORMATIONEN – Infoschalter mit einer begrenzten Auswahl an Broschüren gibt es am Flughafen und an den Busbahnhöfen. Die zentralste ***Touristeninformation*** befindet sich am Zócalo, zwischen der Kathedrale und dem Monte de Piedad, ☎ 55/5 518-1869, ⌚ tgl. 10–18 Uhr; U-Bahnhof Zócalo.

Die Hauptfiliale von ***Sectur*** in der Presidente Mazaryk 172, Colonia Polanco, ☎ 55/5250-0123 oder 51, oder von außerhalb der Hauptstadt gebührenfrei ☎ 01-800/903-9200, ist sehr hilfsbereit und hat viele Broschüren über México D.F. und das ganze Land, liegt aber weit außerhalb (U-Bahnhof Polanco). ⌚ Mo–Fr 8–18 und Sa 10–15 Uhr.

Abgesehen davon ist die größte und nützlichste ***Touristeninformation*** jene in der Zona Rosa, Amberes 54, Ecke Londres, ⌚ tgl. 9–19 Uhr, ☎ 55/5525-9380; U-Bahnhof Insurgentes. Die Regierung des D.F. unterhält auch eine Website für Touristen, 💻 www.mexicocity.gob.mx/mexcity.html, mit ausgezeichneten Hintergrundinformationen, Tipps und bunt zusammengewürfelten Adressenlisten.

Hilfe für Touristen (auch auf Englisch) bietet die rund um die Uhr besetzte **Hotline**: auch von außerhalb der Stadt ☎ 01-800-903928.

INTERNET – Die zahlreichen Cybercafés überall in der Stadt verlangen rund US$1,50–2 pro Std., doch wer sich ein bisschen umsieht, findet nicht selten ein Sonderangebot. Das beste Angebot im Zentrum (2 Std. für US$1,50) hatte zuletzt ***Internet***, #110, 1. Stock, Tacuba 40, ⌚ Mo–Fr 10–21, Sa 10–15 Uhr; U-Bahnhof Allende. Alternativen sind u.a.:

Hostel Catedral, s. „Übernachtung"; U-Bahnhof Zócalo,

Lafoel Internet Service, 1. Stock, Doncelos 80, Höhe Rep. de Brasil, ☎ 55/5512-3584, ⌚ Mo–Fr 9–20, Sa 10–20 Uhr; U-Bahnhof Allende.

In der **Zona Rosa** gibt es einige Internet-Lokale im Kreisverkehr um die Glorieta Insurgentes, oder man versucht es mit ***Java Chat***, Génova 44, ⌚ Mo–Fr 8–23.30, Sa und So 10–23.30 Uhr; U-Bahnhof Insurgentes.

MEDIZINISCHE HILFE – ***Hospital Inglés*** *(American British Cowdray Hospital;* ***ABC****)*, Av Constituyentes 500, Col Lomas Altas, ☎ 55/52308000. Dort versteht man auf jeden Fall Englisch. Ärztliche Hilfe bieten u.a. auch:

Hospital de México, Agrarismo 208, ☎ 55/5516-9900.

Hospital Español, Ejército Nacional 613, ☎ 55/5545-6580.

Hospital Metropolitano, Tlacotlalpan 51, ✆ 55/5574-6233.
Clinica Londrés, Durango 50, ✆ 55/5533-0020. Die Botschaften verfügen über Adressen mehrsprachiger Ärzte.

NOTFÄLLE – ***Notruf*** **(Polizei, Feuerwehr, Ambulanz),** ✆ 080.
Feuerwehr, ✆ 068.
Krankenwagen: ***Cruz Roja,*** ✆ 065.
Tollwutimpfung: ✆ 55/5796-3790.
Waldbrände: ✆ 55/5554-0612.
Polizei: ✆ 060
In Notsituationen ist es günstig, über ein rudimentäres Spanischvokabular zu verfügen. Daher kann es nicht schaden, sich den wichtigsten Satz einzuprägen: „Necesito ayuda, urgentemente" (ich brauche dringend Hilfe!)
Locatel hilft bei der Suche nach verschwundenen Personen und Fahrzeugen, in medizinischen Notfällen sowie bei emotionalen Krisen und vermittelt an die zuständigen Stellen, ✆ 55/5658-1111.
Wer eine Autopanne hat, kann den ***AMA*** (ähnlich dem ADAC) anrufen, ✆ 55/242-0262.

POST – ***Correo Central*** an der Lázaro Cárdenas, Ecke Tacuba, gegenüber von Bellas Artes.
◷ Mo–Fr 8–20, Sa und So 8–16 Uhr.
Filialen, ◷ Mo–Fr 9–15, Sa 9–13 Uhr, finden sich u.a. in der Ponciano Arriaga 11 nahe dem Revolutionsdenkmal und in der Rio Lerma, Ecke Rio Marne, gleich nördlich der Zona Rosa.
Kurierdienste: ***DHL,*** Madero 70, Centro Histórico, und andere Stellen, ✆ 55/5345-7000, ◷ Mo–Fr 9–18 Uhr, und Niza 5, Zona Rosa, ◷ Mo–Fr 9–18.30 Uhr.
FedEx, z.B. in der Reforma 308, Zona Rosa, ✆ 55/5228-9904, ◷ Mo–Fr 9–19, Sa 9–14 Uhr.

REISEBÜROS – Eine gute Adresse mit besonders günstigen Tarifen für Jugendliche und Studenten ist ***Mundo Joven,*** 🖳 www.mundojoven.com, mit Büros in der Guatemala 4 hinter der Kathedrale, ✆ 55/5518-1754 bis 5, der Homero 342 in Polanco, ✆ 55/5250-7191, und in der Sala E3 im Flughafen, ✆ 55/2599-0155.

SPANISCHSCHULEN – Zahlreiche Sprachschulen bieten Kurse an, doch die meisten Lernwilligen zieht es in kleinere Städte wie Cuernavaca, San Miguel de Allende und Guanajuato. Wer die Hauptstadt bevorzugt, kann eine der beiden größten Sprachschulen ausprobieren: ***Alliant International University,*** Álvaro Obregón 110, Roma, ✆ 55/5264-2187, 🖳 www.usiumexico.edu, bzw. das ***Centro de Enseñanza para Extranjeros*** der Universität, Avenida Universidad 3002, Ciudad Universitaria, ✆ 55/5622-2470, 🖳 www.cepe.unam.mx.
Auf der Website 🖳 www.embamex.de/esc_espanol.html der
mexikanischen Botschaft in Deutschland sind Sprachschulen in Mexiko aufgelistet. Außerdem lohnt ein Blick auf die Website 🖳 www.planeta.com/mexico.html, die gute Links zu mexikanischen Sprachschulen hat.

STADTPLÄNE – taugen in der Regel wenig. Die besten werden von ***Guía Roji*** herausgegeben, erhältlich bei *Sanborn's*, an Zeitungsständen, auf dem Flughafen und in den großen Hotels. Gut ist auch ***Pronto Map,*** erhältlich in Buchhandlungen.

TELEFON – Orts-, Fern- und internationale Gespräche sind mit Telefonkarte von jedem öffentlichen Kartentelefon aus möglich (Telefonkarten gibt es an jedem Zeitungskiosk) oder ein Kreditkartentelefon suchen. Billigere internationale Gespräche sind über das Internet möglich, allerdings bieten diesen Service bisher nur wenige Internet-Lokale – z.B. ***Java Chat*** in der Génova 44.
Ansonsten internationale Gespräche bei allen mit dem blauen *Larga Distancia*-Schild gekennzeichneten Stellen oder direkt – und sehr kostspielig – von großen Hotels aus. Aufgrund der weit verbreiteten Kartentelefone schließen immer mehr ***Casetas de Larga Distancia*** (wo man in Zellen handvermittelte Gespräche führen kann), aber man findet sie noch an allen Busbahnhöfen außer TAPO, am Flughafen, Sala E2 (24/7), und in der Amberes 62 in der Zona Rosa.

TOUREN – Stadtrundfahrten und Touren in die Umgebung werden in den meisten teureren Hotels angeboten, außerdem z.B. von ***Grey Line,*** Londrés 166, ✆ 55/52081163, und ***American Express*** an mehreren Stellen, ✆ 55/5207-7049.

Eine der besten Stadtrundfahrten bietet ***Turibus,*** deren Doppeldeckerbusse mit offenem Verdeck ungefähr alle 30–40 Min. abfahren (9–21 Uhr) und in die man am Zócalo, beim Benito Juárez-Denkmal auf der Südseite der Alameda, beim El Ángel in der Reforma und an anderen Haltestellen entlang ihrer Route zusteigen kann. Die Tour dauert 2 3/4 Std. und kostet werktags US$10, am Wochenende US$11,50; gezahlt wird im Bus.

TOURISTENKARTE – Wer die Touristenkarte verloren hat oder verlängern lassen möchte, wendet sich (kurz vor Ablauf der Karte) an das ***InstitutoNacional de Migración,*** Ejercito National 862 am Westrand von Polanco, ✆ 55/2581-0164 oder 5 (Peseros von Chapultepec nach Toreo fahren über die Ejercito Nacional). Eine Verlängerung zu bekommen, ist relativ unproblematisch, solange man nicht mehr als zwei Wochen anhängen will, und dauert etwa eine halbe Stunde; zuständig ist Schalter D23 – „Ampliación de Estancia". Wer mehr als zwei Wochen verlängern möchte, muss ein paar Papiere kopieren, Formulare ausfüllen und möglicherweise ein Rückflugticket oder ausreichende finanzielle Mittel nachweisen. 🕓 Mo–Fr 9–13 Uhr.
Für sonstige Visaangelegenheiten (z.B. Studentenvisa) muss man u.U. zur Haupteinwanderungsbehörde in der Homero 1832, am äußersten Westrand von Polanco, ✆ 55/5387-2400, gehen, wo mit einer ziemlich langen Warteschlange zu rechnen ist. 🕓 Mo–Fr 9–13 Uhr.

WÄSCHEREIEN – mit Selbstbedienung gibt es nur wenige, z.B.: ***Automática Lavajet,*** Danubio 123b, Höhe Lerma, unweit der Zona Rosa, 🕓 Mo–Fr 8.15–18, Sa 8.15–17 Uhr, und ***Lavandería Automática Edison,*** Edison 91, Höhe Arriaga, nahe Plaza de la República, 🕓 Mo–Fr 9.30–19, Sa 10–18 Uhr; U-Bahnhof Revolución.

Nahverkehrsmittel

Hat man sich erst einmal eingewöhnt, findet man sich trotz der riesigen Ausdehnung und des chaotischen Verkehrs gut zurecht. Die öffentlichen Verkehrsmittel sind zwar oft überfüllt, aber effizient und billig und die Taxipreise durchaus annehmbar. Das Zentrum lässt sich gut zu Fuß erkunden (dabei aber nicht vergessen, dass die Höhenlage manchen Besuchern am ersten, zweiten Tag zu schaffen machen kann), doch wer vom Zócalo aus in die Zona Rosa oder nach Chapultepec möchte, sollte den Bus oder die Metro benutzen.
Es ist nicht schwierig, von den Busbahnhöfen oder vom Flughafen aus ins Zentrum zu gelangen. Das größte Problem besteht darin, mit umfangreichem Gepäck durch die Menschenmengen zu kommen. In diesem Fall ist es ratsam, ein Taxi zu nehmen.

STADTBUSSE – Im Stadtgebiet verkehren jede Menge große, einigermaßen saubere Busse. Die einfache Fahrkarte kostet ca. US$0,20.
So weit möglich, sind die Verkehrsverbindungen im Text angegeben. Die nützlichsten Busse sind jene entlang der Reforma und entlang der Insurgentes: von Indios Verdes im Norden am Terminal del Norte, dem Hauptbahnhof, der Metro Insurgentes vorbei bis nach San Ángel und zur Universität im Süden der Stadt.
Auf der Lázaro Cárdenas (der „Eje Central", d.h. Zentralachse) zwischen dem Terminal del Norte und dem Central del Sur (Tasqueña) verkehren auch in beiden Richtungen **Trolleybusse**.
Die Fahrziele der Busse stehen gewöhnlich auf der Windschutzscheibe angeschrieben; man sollte daher das Ziel kennen, denn die Liniennummer ist nicht angebracht und kaum geläufig. Einige Busse fahren nicht bis zur Endhaltestelle der Linie.
Ein großer städtischer Busbahnhof befindet sich zwischen dem U-Bahnhof Chapultepec und dem Eingang zum Park. Von hier aus fahren Busse in alle Teile der Stadt. Das Fahrgeld muss passend bereitgehalten und in eine Art gläserne Kasse im Bus eingeworfen werden. **Kein Wechselgeld**.
Während der Rush Hour sind die Busse überfüllt. Sind sie voll, halten sie einfach nicht an. Das betrifft vor allem die Zeit zwischen 7 und 9 und 17–19 Uhr.

COLECTIVOS / PESEROS – In den Ankunftshallen sämtlicher Bahn- und Busbahnhöfe sowie am Flughafen werden an Schaltern Fahrkarten für Colectivos (Sammeltaxis) – auch Peseros genannt – verkauft. An Hand eines in Zonen mit

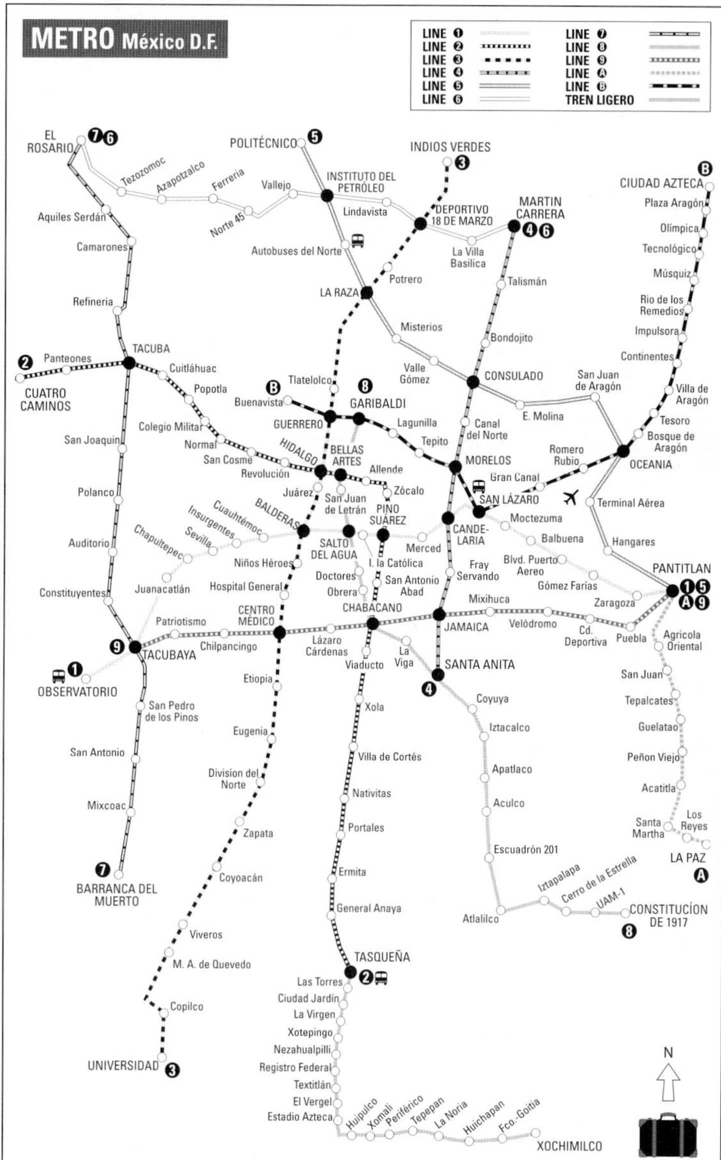

METRO México D.F.
LINE 1
LINE 2
LINE 3
LINE 4
LINE 5
LINE 6
LINE 7
LINE 8
LINE 9
LINE A
LINE B
TREN LIGERO
EL ROSARIO
POLITÉCNICO
INDIOS VERDES
INSTITUTO DEL PETRÓLEO
Tezozomoc
Azapotzalco
Ferreria
Vallejo
Norte 45
Lindavista
DEPORTIVO 18 DE MARZO
MARTIN CARRERA
La Villa Basilica
CIUDAD AZTECA
Plaza Aragón
Olímpica
Tecnológico
Músquiz
Rio de los Remedios
Impulsora
Continentes
Villa de Aragón
Tesoro
Bosque de Aragón
OCEANIA
Aquiles Serdán
Camarones
Refineria
Autobuses del Norte
Potrero
LA RAZA
Talismán
Misterios
Bondojito
Valle Gómez
CONSULADO
San Juan de Aragón
E. Molina
TACUBA
Panteones
CUATRO CAMINOS
Cuitláhuac
Popotla
Colegio Militar
Normal
San Cosme
Revolución
San Joaquin
Tlatelolco
Buenavista
GUERRERO
GARIBALDI
Lagunilla
Tepito
MORELOS
Canal del Norte
Romero Rubio
Gran Canal
SAN LÁZARO
Terminal Aérea
HIDALGO
BELLAS ARTES
Allende
Zócalo
Juárez
San Juan de Letrán
PINO SUÁREZ
BALDERAS
Cuauhtémoc
Insurgentes
Sevilla
Chapultepec
Polanco
Auditorio
SALTO DEL AGUA
Merced
CANDELARIA
Moctezuma
Balbuena
Blvd. Puerto Aereo
Hangares
PANTITLAN
Niños Héroes
I. la Católica
Doctores
Obrera
San Antonio Abad
Fray Servando
Gómez Farías
Zaragoza
Juanacatlán
Hospital General
Constituyentes
Mixihuca
CHABACANO
JAMAICA
Velódromo
Cd. Deportiva
Puebla
Agricola Oriental
Patriotismo
CENTRO MÉDICO
Chilpancingo
TACUBAYA
Lázaro Cárdenas
La Viga
Viaducto
SANTA ANITA
OBSERVATORIO
Etiopia
San Juan
Tepalcates
San Pedro de los Pinos
Xola
Coyuya
Iztacalco
Guelatao
Eugenia
San Antonio
Villa de Cortés
Apatlaco
Peñon Viejo
División del Norte
Nativitas
Aculco
Acatitla
Mixcoac
Portales
Zapata
Santa Martha
Los Reyes
Escuadrón 201
LA PAZ
Ermita
BARRANCA DEL MUERTO
Coyoacán
Iztapalapa
Cerro de la Estrella
UAM-1
CONSTITUCÍON DE 1917
General Anaya
Atlalilco
Viveros
M. A. de Quevedo
TASQUEÑA
Las Torres
Ciudad Jardín
La Virgen
Copilco
Xotepingo
Nezahualpilli
UNIVERSIDAD
Registro Federal
Textitlán
El Vergel
Estadio Azteca
Huipulco
Xomali
Periférico
Tepepan
La Noria
Huichapan
Fco.-Goitia
XOCHIMILCO
N

festgelegten Fahrpreisen eingeteilten Stadtplans sucht man sich seinen Bestimmungsort aus, normalerweise Centro, nennt ihn am Schalter und bekommt das entsprechende Ticket. Die Busse mit 30 Sitzplätzen oder VW-Busse mit Platz für ca. 8–10 Passagiere sind oft hellgrün mit einem weißen Dach, und die Fahrziele stehen auf der Windschutzschreibe. Sie besitzen zwar auch Liniennummern, doch nicht jedes Pesero befährt die gesamte Route, sondern kehrt vielleicht auf halbem Weg wieder um, daher sind die Aufschriften die besten Orientierungspunkte.
Peseros sind schneller und etwas teurer als Busse, aber viel billiger als Taxis, und lassen Passagiere an jedem Punkt ihrer festen Route ein- und aussteigen. Sie verkehren auf den Hauptstraßen, besonders auf der Reforma und Insurgentes. Eine der **nützlichsten Linien** fährt vom Chapultepec-Park via Avenida Chapultepec zum Zócalo (und zurück).

METRO (U-BAHN) und **TREN LIGERO** – Infos unter ✆ 55/5709-1133, Online-Informationen unter 💻 www.metro.df.gob.mx.
Außerhalb der Stoßzeiten stellt die Metro das zuverlässigste, schnellste und billigste Verkehrsmittel dar. Ein **Fahrschein** kostet derzeit US$0,20. Es gibt auch Heftchen mit 25 Fahrkarten, die ein wenig billiger kommen und mit denen man sich langes Warten und Taschen voller Kleingeld erspart. Frühmorgens sind die Fahrkartenschalter geschlossen. Der letzte Zug fährt vom jeweiligen Endbahnhof um 24 Uhr ab, der erste Mo–Fr um 4.50 Uhr, Sa um 5.50 Uhr, So um 6.50 Uhr.
Das **U-Bahnsystem** ist hervorragend und modern; schnell, leise und wird ständig weiter ausgebaut. Dennoch: der Massenansturm zu **Stoßzeiten** übertrifft so manchen Alptraum. Im Zentrum ist man dazu übergegangen, zu solchen Zeiten von bewaffneten Polizisten gesicherte Extra-Eingänge nur für Frauen und Kinder freizuhalten. Zudem wird es unerträglich heiß, und enge Berührungen mit den anderen Fahrgästen lassen sich nicht vermeiden. Mehr Gepäck als eine Brieftasche sollte man dann nicht mitführen und diese möglichst in Brusthöhe am Körper tragen.
Ansonsten kann man durchaus auch größere Gepäckstücke mit sich führen. Auf den Bahnsteigen der U-Bahn finden sich im Allgemeinen keine Übersichtspläne und in der Bahn selbst schon gar nicht; es gibt nur einen Plan der Linie, auf der man sich gerade befindet. Der Plan auf S. 405 bietet einen Überblick, ansonsten ist es ratsam, sich vorher eine genaue Route zurechtzulegen und sich die Umsteigebahnhöfe und Endhaltestellen gut einzuprägen. Da nicht alle Mexikaner eine Schule besucht haben, sind die Linien auch mit Piktogrammen versehen, an denen man sich orientieren kann.
Die Linien werden durch die jeweiligen **Endbahnhöfe** gekennzeichnet (z.B. die Linie zwei: entweder „Dirección Cuatro Caminos" oder „Dirección Tasqueña"), **Umsteigebahnhöfe** durch „Correspondencia" plus Name der neuen Linie. Jede Linie besitzt ihre eigene Farbe, um die Orientierung zu erleichtern. Mit etwas Glück erhält man am Fahrkartenschalter einen kompletten **U-Bahnplan**, der genauer als der in diesem Buch abgebildete ist.
Man sollte unbedingt einmal am U-Bahnhof La Raza an der Kreuzung der Linien 3 und 5 umsteigen, um durch den *tunel scientífico* zu gehen. Gemäß der Erziehungspolitik „Bildung durch Bilder" können Passanten innerhalb von 5 Min. einen Kurs in Biochemie und Astrophysik unter einem Mini-Planetarium mit Jean-Michel-Jarre-Soundtrack machen.
Wer in die Zona Rosa möchte, muss an der Haltestelle Insurgentes der Linie 9 aussteigen.
Ein noch relativ neues öffentliches Transportmittel ist der **Tren Ligero** („leichter Zug"), der vom U-Bahnhof Tasqueña (der südlichsten Endhaltestelle der Linie 2) durchweg über der Erde Richtung Süden bis Xochimilco fährt. Er wird von einer anderen Gesellschaft als die Metro betrieben und darf nicht mit einem U-Bahnfahrschein benutzt werden. Beim Umsteigen am U-Bahnhof Tasqueña müssen Fahrgäste am Schalter oder an einem der Automaten in der Halle ein Ticket für den Tren Ligero (rund US$0,20) ziehen, das für eine einfache Fahrt gilt.

TAXIS – Taxis sind berüchtigt für Überfälle seitens der Fahrer (s.S. 348). Man sollte es sich daher gut überlegen, ob man in eines einsteigt, vor allem, wenn man allein unterwegs ist. Es gibt verschiedene Arten von Taxis: Die billigsten sind die weiß-grünen (mit bleifreiem Benzin fahrenden) und immer selteneren weiß-gelben **Käfertaxis**, die man einfach auf der Straße heranwinkt. Lizenzierte Taxis besitzen einen Taxameter (darauf achten, dass er eingeschaltet wird). Die **orangefarbenen Taxis** an den Taxiständen *(sitios)* und die rot- weißen Funktaxis, die man telefonisch bestellt, verlangen etwas mehr. Vorsicht ist bei den ***Turismo*-Taxen** mit den durchweg verdeckten Taxametern geboten. Sie lauern vor den großen Hotels und fühlen sich berechtigt, den dreifachen Preis des üblichen zu kassieren. Sie können jedoch von Nutzen sein, weil man sie überall schnell findet und viele der Fahrer etwas Englisch sprechen. Falls man kein anderes Taxi zum Flughafen findet (der offizielle Taxi-Service zum Flughafen ist genauso teuer) oder eine Sightseeingtour von mehreren Stunden unternehmen möchte, kann man sie anheuern. Letzteres erfordert zähes „Preisringen". Telefonisch kann man ein Taxi bei ***Servitaxis,*** ✆ 55/5516-6020, oder ***Taximex,*** ✆ 55/9171-8880, oder (zum Flughafen) bei ***ProTaxi,*** ✆ 55/2599-0333, rufen. Während der Stoßzeiten kann es schwierig sein, ein Funktaxi zu bekommen.

Warnung

Es sei nochmals vor **Überfällen** in Taxis gewarnt! Lässt es sich nicht vermeiden, ein Taxi heranzuwinken, so sollte man sich zur Sicherheit die Nummer des Taxis notieren, das Aussehen des Fahrers merken und Fenster und Türen verschlossen halten. Nachts alleine in ein Taxi zu steigen, sollte unbedingt vermieden werden.

Transport

México D.F. ist so groß und es gibt so viele Verkehrsverbindungen, dass man unmöglich auch nur einen Teil der Fahrpläne von Bussen und Zügen angeben kann. Gleiches gilt für Abflugzeiten. Unsere Angaben beschränken sich daher auf einige Hauptlinien und Hauptverkehrsmittel. Daneben gibt es noch zahllose andere Ziele und Transportmöglichkeiten. – Auf dem Flughafen und in den Busbahnhöfen gibt es einen organisierten Wachdienst, der vor Überfällen schützt.

BUSSE – México D.F. besitzt vier große Überlandbusbahnhöfe, einen für jede Himmelsrichtung. Zahllose konkurrierende Busgesellschaften fahren die Busbahnhöfe an, wir haben zu jedem Busbahnhof die entsprechenden Gesellschaften aufgelistet. Um einen Überblick über die Fahrzeiten zu bekommen, bleibt nichts anderes übrig, als selbst nachzuchecken. Die Buslinien verkehren nicht alle auf denselben Strecken, und eine falsche Wahl kann einen stundenlangen Umweg bedeuten. Normalerweise bekommt man problemlos innerhalb kurzer Zeit einen Bus, manchmal ist jedoch eine Reservierung empfehlenswert, v.a. wenn es sich um ein beliebtes oder weit entferntes Reiseziel handelt. Damit sichert man sich einen Sitzplatz und die direkteste Route.
In allen Busbahnhöfen gibt es etwas zu essen und Verpflegung für unterwegs, außerdem Schalter für Hotelreservierungen, sowohl innerhalb von México D.F. als auch für alle anderen größeren Städte. Dieser Service wird von privaten Organisationen angeboten und kostet eine Vermittlungsgebühr. Wer dem Stress der Hotelsuche entgehen möchte, kann sich hier informieren. Meist will man teure Hotels vermitteln, aber wer hart bleibt, kann auch billigere reservieren. Alle Busbahnhöfe haben eine U-Bahnstation in unmittelbarer Nähe sowie eine Touristeninformation im Busbahnhof selbst oder direkt davor. Die angegebenen Busfahrzeiten gelten für die schnellsten Busse.

Der größte Busbahnhof ist der **Terminal del Norte**, Av. de los Cién Metros 4907, im Norden der Stadt, der die US-Grenze und alles, was nur ungefähr in nördlicher Richtung liegt, einschließlich Guadalajara und Morelia, bedient. Erreichbar mit der U-Bahnlinie 5, Station Terminal de Autobuses del Norte, oder mit einem Bus auf der Insurgentes. Vom Busbahnhof bringt jedes Transportmittel mit der Aufschrift „Metro Insurgentes" Passagiere die Insurgentes hinab in die Nähe der Zona Rosa, vorbei am Hauptbahnhof und der Reforma.
In der großen Haupthalle gibt es Cafés, Geschäfte, ein Postamt, eine Apotheke, Telefon- und Internetbüros, einen Touristeninformationsschalter, eine 24 Std. geöffnete Gepäckaufbewahrung

(US$1–2 pro Tag) sowie Schalter, an denen Tickets für lizenzierte Taxis verkauft werden. Die Fahrpreise liegen derzeit bei umgerechnet US$5,50 zum Zócalo und zur Alameda und US$7 in die Zona Rosa; die Fahrt nach Polanco kostet US$6,50 (zwischen 22.30–6.30 Uhr jeweils US$1,30 mehr).

Vom **Terminal de Autobuses de Pasajeros de Oriente**, kurz **TAPO**, im Osten, fährt man nach Puebla, an die Golfküste im Staat Veracruz, aber auch nach Oaxaca, Chiapas und zur Halbinsel Yucatán; sogar nach Guatemala gelangt man von hier.
Es ist der zentralste Busbahnhof der Stadt; er liegt Richtung Flughafen auf der Av. Ignacio Zaragoza. Im modernen Komplex befindet sich die U-Bahnstation San Lázaro (Linie 1 und B), zu erreichen über einen Verbindungstunnel, der auch zu den Haltestellen der Stadtbusse und Collectivos von der Zaragoza Richtung Zócalo und Alameda führt. Im selben Tunnel befindet sich gegenüber dem Eingang zum U-Bahnhof der Verkaufsschalter für lizenzierte **Taxis**, die zum Zócalo und zur Alameda US$4,50 kosten (in die Zona Rosa US$5,50; zwischen 22.30 und 6.30 Uhr werden jeweils rund US$1,50 mehr berechnet).
Im Busbahnhof gibt es eine Touristeninformation und eine Gepäckaufbewahrung (🕒 7.30–22.30 Uhr) und jede Menge Kartentelefone.

Der Busbahnhof **Central de Autobuses del Sur** befindet sich im Süden in der Av. Taxqueña 1320. Hier fahren die Überlandbusse Richtung Pazifikküste – insbesondere nach Cuernavaca, Taxco, Acapulco und Ixtapa – ab. Der Busbahnhof verfügt über die übliche Auswahl an Läden und Snackbars, ein Telefonbüro und eine teure *guardería*. Gleich vor dem Eingang befindet sich eine Touristeninformation, und nicht weit davon liegen eine Haltestelle für Stadtbusse und Peseros ins Zentrum und zu Orten im Süden der Stadt sowie ein U-Bahnhof (Metro Tasqueña; Linie 2).
Wer in die U-Bahn umsteigen möchte, geht vom Ausgang des Busbahnhofs geradeaus, bis das U-Bahn-Schild auftaucht; bei Ankunft mit der U-Bahn nimmt man den Ausgang „Autobuses del Sur" und findet den Busbahnhof gegenüber auf der linken Seite. Lizenzierte Taxis kosten rund US$7 zum Zócalo (nachts US$8,30), US$8 (US$9,30) zur Alameda und in die Zona Rosa; nach Polanco rund US$10 (nachts US$11,30).
Der westliche Busbahnhof, der **Terminal Central Poniente**, befindet sich an der Kreuzung Calles Sur und Tacubaya. Er ist der kleinste von allen und verbindet México D.F. in erster Linie mit Toluca. Hier kann man auch die langsameren Busse nehmen, die alle 20 Min. über die schönere Strecke via Toluca nach Morelia, Guadalajara und zu anderen Zielen in Jalisco und Michoacán fahren. Auch nach Pátzcuaro, Uruapán, Valle De Bravo und Querétaro. Hin mit der U-Bahn Linie 1, Station Observatorio, oder mit einem der Busse, die auf der Reforma nach Süden fahren (Aufschrift „Observatorio") bzw. bei den Ständen am Eingang zum Chapultepec-Park. Stdl. fährt ein Bus nach Ixtapan De La Sal und 3x tgl. nach Malinalco (2 1/2 Std.).
Die Fahrt mit einem lizenzierten Taxi kostet umgerechnet rund US$4,50 nach Polanco, US$6,50 in die Zona Rosa, und US$8,50 zur Alameda und zum Zócalo: zwischen 21 und 6 Uhr sind die Fahrten rund US$1,30 teurer.

EISENBAHN – Infolge der Privatisierung haben alle Passagierzüge von México D.F. ihren Dienst eingestellt. Den einzigen Hinweis darauf, dass sie jemals verkehrten, gibt eine alte Dampflokomotive vor dem ehemaligen Bahnhof in der Buenavista.

FLÜGE – „Mexico City" ist mit Abstand der größte Flughafen des Landes. Hier landen Flugzeuge aus aller Welt, und hier starten auch die Maschinen aller wichtigen mexikanischen Fluggesellschaften – *Aeroméxico* und *Mexicana* – sowie kleinerer Gesellschaften, wie z.B. *Aerocalifornia, Aerocozumel, Aeromar, Aerocaribe, Aviacsa* u.a. – zu Destinationen in fast jedem Teil Mexikos. Wir haben nachstehend nur einige Nonstop-Flüge angegeben, doch es werden noch zahlreiche andere Orte angeflogen, oft ohne Umsteigen.
Der Flughafen liegt 5 km östlich des Zócalo und weit innerhalb der Stadtgrenzen – die Aussicht beim Landeanflug ist überwältigend.

Zielort (Fahrtdauer)	Busbahnhof	Abfahrt
Acapulco (5 Std.)	Sur, Terminal del Norte	6–23.30 Uhr alle 30 Min. vom Sur; 6–1 Uhr stdl. vom Norte
Aguascalientes (6 Std.)	Terminal del Norte	17x tgl.
Amecameca (1 1/4 Std.)	TAPO	5–23 Uhr alle 20 Min.
Campeche (17 Std.)	TAPO	3x tgl.
Cancún (24 Std.)	TAPO	3x tgl.
Chetumal (18 Std.)	TAPO	3x tgl.
Chihuahua (18 Std.)	Terminal del Norte	7–23 Uhr stdl.
Chilpancingo (3 1/2 Std.)	Sur	6.30–23.30 Uhr stdl.
Ciudad Juárez (24 Std.)	Terminal del Norte	6.30–23.30 Uhr stdl.
Ciudad Obregón (26 Std.)	Terminal del Norte	6–20 Uhr stdl.
Colima (11 Std.)	Terminal del Norte	13x tgl.
Córdoba (4 Std.)	TAPO	6.45–0.45 stdl.
Cuautla (1 3/4 Std.)	Sur, TAPO	5.45–23 Uhr alle 15 Min. vom Sur; 14x tgl. vom TAPO
Cuernavaca (1 1/2 Std.)	Sur	5.30–24 Uhr alle 15 Min.
Dolores Hidalgo (4 Std.)	Terminal del Norte	6.30–20.30 Uhr alle 40 Min.
Durango (12 Std)	Terminal del Norte	9x tgl.
Fortín de las Flores (4 Std.)	TAPO	2x tgl.
Guadalajara (7 Std.)	Poniente, Terminal del Norte	5x tgl. vom Poniente; 5.30–23.30 Uhr stdl. vom Norte
Guanajuato (5 Std.)	Terminal del Norte	20x tgl.
Guaymas (27 Std.)	Terminal del Norte	10x tgl.
Hermosillo (32 Std.)	Terminal del Norte	7–22 Uhr stdl.
Iguala (3 Std.)	Sur	6.30–22.30 Uhr alle 30 Min.
Ixtapa (10 Std.)	Sur	7x tgl.
Ixtapan de la Sal	Poniente	7–19 Uhr stdl.
Jalapa (5 Std.)	TAPO	21x tgl.
León (5 Std.)	Terminal del Norte	6.30–22 Uhr alle 30 Min.
Los Mochis (21 Std.)	Terminal del Norte	7–22 Uhr stdl.
Malinalco	Poniente	3x tgl.
Manzanillo (12 Std.)	Terminal del Norte	3x tgl.
Matamoros (14 Std.)	Terminal del Norte	7x tgl.

Zielort (Fahrtdauer)	Busbahnhof	Abfahrt
Matehuala (12 Std.)	Terminal del Norte	10x tgl.
Mazatlán (15 Std.)	Terminal del Norte	7–22 Uhr stdl.
Mérida (28 Std.)	TAPO	3x tgl.
Mexicali (30 Std.)	Terminal del Norte	6–23 Uhr stdl.
Monterrey (12 Std.)	Terminal del Norte	6–22 Uhr stdl.
Morelia (4 Std.)	Poniente, Terminal del Norte	42x tgl. vom Poniente; 6.20–19 Uhr alle 40 Min. vom Norte
Nuevo Laredo (15 Std.)	Terminal del Norte	6–22 Uhr stdl.
Oaxaca 6 Std.)	TAPO	38x tgl.
Oaxtepec (1 1/2 Std.)	Sur	5.45–23 Uhr alle 15 Min.
Orizaba (4 Std.)	TAPO	24x tgl.
Pachuca (1 1/4 Std.)	Terminal del Norte	5.30–22.30 Uhr alle 10 Min.
Palenque (16 Std.)	TAPO	2x tgl.
Pátzcuaro (7 Std.)	Poniente, Terminal del Norte	10x tgl. vom Poniente; 5x tgl. vom Norte
Playa del Carmen (22 Std.)	TAPO	3x tgl.
Puebla (2 Std.)	Sur, TAPO	6.30–21.30 Uhr stdl. vom Sur; 6–2 Uhr alle 12 Min. vom TAPO
Puerto Escondido (15 Std.)	Sur, TAPO	5x tgl. vom Sur; 1x tgl. vom TAPO
Puerto Vallarta (12 Std.)	Terminal del Norte	4x tgl.
Querétaro (2 1/2 Std.)	Terminal del Norte	4.50–23.40 Uhr alle 20 Min.
Saltillo (10 Std.)	Terminal del Norte	17x tgl.
San Cristóbal de las Casas (17 Std.)	TAPO	6x tgl.
San Luis Potosí (5 Std.)	Terminal del Norte	40x tgl.
San Miguel de Allende (4 Std.)	Terminal del Norte	5.20–18 Uhr alle 40 Min. (letzte Abfahrt um 0..45 Uhr)
Taxco (2 1/2 Std.)	Sur	7–20 Uhr stdl.
Tehuacan (4 Std.)	TAPO	7–23 Uhr stdl.
Tehuantepec (10 Std.)	TAPO	3x tgl.
Teotihuacán (1 Std.)	Terminal del Norte	7–15 Uhr alle 15 Min.
Tepic (12 Std.)	Terminal del Norte	18x tgl.
Tepoztlán (1 Std.)	Sur	6–22 Uhr alle 15 Min.
Tijuana (42 Std.)	Terminal del Norte	6–23 Uhr stdl.
Tlaxcala (1 3/4 Std.)	TAPO	6–22 Uhr alle 20 Min.
Toluca	Poniente	5.30–22.30 Uhr alle 5 Min. (letzte Abfahrt um 23.30 Uhr)

Zielort (Fahrtdauer)	Busbahnhof	Abfahrt
Torreon (14 Std.)	Terminal del Norte	9x tgl.
Tula (1 1/4 Std.)	Terminal del Norte	7–21.30 Uhr alle 30–60 Min.
Tuxpan (15 Std.)	Terminal del Norte	24x tgl.
Tuxtla Gutiérrez (14 Std.)	TAPO	14x tgl.
Uruapán (5 1/2 Std.)	Poniente, Terminal del Norte	9x tgl. vom Poniente; 5x tgl. vom Norte
Valle de Bravo	Poniente	15x tgl.
Veracruz (7 Std.)	TAPO	35x tgl.
Villahermosa (11 Std.)	TAPO	24x tgl.
Zacatecas (8 Std.).	Terminal del Norte	24x tgl.
Zempoala (6 1/2 Std.)	TAPO	2x tgl.
Zihuatanejo (9 Std.)	Sur	7x tgl.

Um zum Flughafen zu gelangen, nimmt man entweder die **U-Bahn** (Metro Terminal Aérea, Linie 5) oder ruft einen Tag vorher ein **Taxi** von *Pro Taxi,* ✆ 55/2559-0333, oder einem der auf S. 407 aufgeführten Unternehmen, das einen dann vom Hotel abholt.

Fluginformationen gibt es unter ✆ 55/5571-3600 – zunächst wählt man eine Sprache und dann die gewünschte Durchwahl: ✆ 2208 für Auskünfte zu internationalen Flügen, ✆ 2259 für Inlandflüge.
Beim ersten Besuch wirkt der Flughafen ziemlich verwirrend. Die meisten internationalen Flüge landen zu ebener Erde vor der Sala E1 oder Sala E3. Hier befinden sich zahlreiche **Geldautomaten** und mehrere rund um die Uhr geöffnete **Casas de cambio**, die zu annehmbaren Kursen US-Dollar wechseln (nicht gleich die erstbeste ansteuern: Die Wechselkurse sind nicht bei allen gleich), die Kurse für andere Währungen und Reiseschecks fallen dagegen meist schlechter aus. Es gibt auch zahlreiche teure Restaurants und Snackbars, Mietwagenschalter (s.S. 401), eine Post (in Sala A), ein Telefonbüro (in Sala E2), Internet-Läden, ein paar Buchhandlungen und Schließfächer (in Sala A und Sala E3; US$5–7,50 pro Tag). Außerdem finden sich hier mehrere Flughafeninfoschalter und eine kleine Touristeninformation in Sala A, ✆ 55/57869002, ⏲ 7–21 Uhr.
Kaum hat man die Zollkontrolle hinter sich, wird man von Horden von Gepäckträgern und illegalen Taxifahrern bedrängt, die einen in die Stadt bringen wollen. Darauf sollte man sich auf keinen Fall einlassen (es ist schon vorgekommen, dass Touristen, die mit all ihrem Gepäck und ihren Wertsachen ankamen, von illegalen Taxifahrern ausgeraubt wurden), sondern noch vor der letzten Zollkontrolle an den Schaltern für lizenzierte Taxis beim Hauptausgang von Sala A ein Taxiticket kaufen.
Die festgesetzten Fahrpreise betragen rund US$11 zum Zócalo und zur Alameda, US$13 in die Zona Rosa und US$14,70 nach Polanco. Reisende mit leichtem Gepäck können auch die U-Bahn nehmen (durch die Türen am Ende der Sala A gehen und 200 m durch den Fußgängertunnel) oder am U-Bahnhof vorbei zum Blv. Puerto Aéreo marschieren und in einen Bus Richtung Innenstadt steigen.
Mexiko-Neulinge, die sich nicht unmittelbar nach der Landung in den Großstadttrubel begeben möchten, können sofort in nahe gelegene Städte ausweichen. Direkt außerhalb Sala D befindet sich eine Bushaltestelle, an der 1. Klasse-Busse nach CUERNAVACA, PACHUCA, PUEBLA, TOLUCA und QUERÉTARO abfahren.

Davon abgesehen steht auch ein luxuriöser Personen- oder Kleinbusservice zur Verfügung, der allerdings fast 10x teurer ist als die Beförderung per 1. Klasse-Bus.

Innerhalb Mexikos zu fliegen lohnt sich vor allem, wenn man wenig Zeit hat und trotzdem weit herumkommen möchte. Die beiden wichtigsten mexikanischen Gesellschaften fliegen allein über 50 Orte an.

Hier nur ein paar Ziele:
ACAPULCO 8x tgl. (45 Min.),
AGUASCALIENTES 5x tgl. (1 Std.),
CAMPECHE 2x tgl. (1 1/4 Std.),
CANCÚN 19x tgl. (2 Std.),
CHETUMAL 2x tgl. außer Sa (1 3/4 Std.),
CHIHUAHUA 6x tgl. (2 Std.);
CIUDAD CARMEN 3x tgl. (1 1/2 Std.),
CIUDAD JUÁREZ 6x tgl. (2 1/2Std.),
CIUDAD OBREGÓN 2–3x tgl. (2 1/4 Std.),
CIUDAD VICTORIA 3x tgl. (1 1/4 Std.),
COZUMEL 1x tgl. (2 Std.),
CULIACÁN 7x tgl. (1 3/4 Std.),
DURANGO 3x tgl. (2 Std.),
GUADALAJARA stdl. (1 Std.),
HUATULCO 1–3x tgl. (1 1/4 Std.),
JULAPA 1x tgl. (1 Std.),
LA PAZ, Baja California Sur 3x tgl. (2 Std.),
LAREDO 6x wöchentl. (2 1/4),
LÁZARO CÁRDENAS 2x tgl. nur werktags (1 1/4 Std.),
LEÓN/BAJÍO 6x tgl. (50 Min.),
LOS CABOS 4–5x tgl. (2 Std.),
LOS MOCHIS 2–3x tgl. (2 Std.),
MANZANILLO 4x tgl. (1 3/4 Std.),
MATAMOROS 3x tgl. (1 1/4 Std.),
MÉRIDA 8x tgl. (1 3/4 Std.),
MONTERREY stdl. (1 1/4 Std.);
MORELIA 4x tgl. (1 Std.),
NUEVO LAREDO 1–2x tgl. (1 1/2 Std.),
OAXACA 8x tgl. (1 Std.),
PUEBLA 6x wöchentl. (35 Min.),
PUERTO ESCONDIDO 5x wöchentl. (1 1/4 Std.),
PUERTO VALLARTA 6–7x tgl. (1 1/4 Std.),
QUERETARO 2x tgl. (3/4 Std.),
REYNOSA 4x tgl. (1 1/2 Std.),
SALTILLO 2x tgl. (1 1/2 Std.),
SAN CRISTÓBAL 1x tgl. (2 Std.),
SAN LUÍS POTOSÍ 8x tgl. werktags, 4–5x tgl. am Wochenende (1 1/4 Std.),
TAMPICO 4x tgl. (1 Std.),
TAPACHULA 4x tgl. (1 1/2 Std.),
TEPIC 3x tgl. werktags, 2x tgl. am Wochenende (2 Std.),
TIJUANA 22x tgl. (3 1/4 Std.),
TORREÓN 6x tgl. (1 1/2 Std.),
TUXTLA GUTIÉRREZ 11x tgl. (1 1/4 Std.),
URUAPAN 1x tgl. (1 1/2 Std.),
VERACRUZ 8x tgl. (50 Min.),
VILLAHERMOSA 10x tgl. (1 1/4 Std.).
ZACATECAS 4x tgl. (1 1/4 Std.).

Viele **Fluggesellschaften** haben Büros am Paseo de la Reforma.
Aerocalifornia, Reforma 332, Höhe El Ángel, ✆ 55/5207-1392,
Aerocaribe, Xola 535, 28. Stock, Colonia del Valle, ✆ 55/5448-3000,
Aerolineas Argentinas, Xola 535, 4. Stock, Col del Valle, ✆ 55/5523-7097;
Aerolitoral, Reforma 445, 10. Stock, ✆ 55/5513-4026;
Aeromar, im Flughafen, Sala B, ✆ 55/5784-1139 oder 01-800/704-2900,
Aeroméxico, Reforma 445, ✆ 55/5514-9736 oder 01-800/021-2622,
Air Canada, Reforma 389, 14. Stock, ✆ 55/5208-1883 oder 01-800/719-2827;
Air France, Edgar Allen Poe 90, Polanco, ✆ 55/5627-6000 oder 01-800/006-7700;
American, Reforma 314, Höhe Amberes, ✆ 55/5209-1400 oder 01-800/904-6000,
America West, Río Tiber 103, 6. Stock, Zona Rosa, ✆ 55/5511-9779 oder 01-800/533-6862,
Aviacsa, Reforma 107, local (Büro) B, ✆ 55/5705-2825,
British Airways, Polanco Plaza, Calle Jaime Balmes 8, ✆ 55/5387-0300,
Canadian, Reforma 389, 14. Stock, ✆ 55/5208-1691,
Continental (oder *Air Canada)*, Andrés Bello 45, 18. Stock, Polanco, ✆ 55/5283-5500 oder 01-800/706-6800,
Delta, Reforma 381 nahe El Ángel, Zona Rosa, ✆ 55/5279-0909 oder 01-800/902-2100,
Iberia, Reforma 24, ✆ 55/5130-3030,
LACSA, Reforma 509, ✆ 55/5211-6604,
Lufthansa, Paseo de las Palmas 391, Lomas de Chapultepec, ✆ 55/5230-0000;

Mexicana, zentralstes Büro: Juárez 82, Ecke Balderas, und Reforma 312, Höhe Amberes, ✆ 55/5448-0990,
Northwest **/KLM**, Paseo de las Palmas 735, 7. Stock, Lomas de Chapultepec, ✆ 55/5279-5390,
United, Hamburgo 213, ✆ 55/5627-0222.

Flughafensteuer

Ist die **Flughafensteuer** (bei internationalen Flügen US$18,50) nicht bereits im Flugpreis enthalten, wird sie beim Abflug fällig.

Die Umgebung von México D.F.

Im Norden

Nur wenige Autostunden von México D.F. entfernt liegen viele interessante Ziele. Das bekannteste Reiseziel ist **Teotihuacán** mit seinen riesigen Pyramiden, etwa 50 km im Nordosten von México D.F. Die Anlage ist zwar nicht ganz so atemberaubend schön wie manche Stätten im Süden des Landes, aber Teotihuacán ist mit Abstand die größte Mexikos, so dass sich hier ohne weiteres ein ganzer Tag verbringen lässt.

Im Norden, an der Straße nach Querétaro, liegt **Tula**, das Zentrum einer Kultur, die nach Teotihuacán das Hochtal beherrschte und mit seinen Riesenstatuen auf der Hauptpyramide beeindruckt. Unterwegs kann man die Stadt **Tepotzotlán** mit ihren herrlichen Barock- und Kolonialgebäuden besuchen.

Teotihuacán

Früher oder später fährt jeder México D.F.-Besucher zu den **Pyramiden von Teotihuacán** – der Verkehrsstrom reißt nicht ab, und der Ort fasst die Massen kaum, die ihn vor allem in der zweiten Hälfte des Tages und erst recht am Sonntag bevölkern.

Zunächst sollte man sich vergegenwärtigen, dass die Stadt einst eine Bevölkerung von schätzungsweise 80 000 bis 200 000 Menschen zählte und mit etwa 75 Tempeln und 600 Werkstätten zu ihrer Glanzzeit die gewaltigste präkolumbische Ansiedlung von ganz Amerika gewesen sein muss. Die Ausdehnung des Stadtstaates umfasst 23 km², wovon allein das Zeremonialzentrum 4 km² einnimmt. Die Pyramiden sind so gigantisch, dass man sie vor ihrer Freilegung für Berge hielt.

Der Besuch kann einen ganzen Tag in Anspruch nehmen, wenn man alles sehen möchte. Man sollte sich auf eine längere Wander- und Kletterpartie einrichten und nicht vergessen, dass die Höhenlage doppelte Anstrengung erfordert. Es ist ratsam, den Großteil der Erkundungen morgens zu absolvieren, wenn es noch kühl ist und nicht so viele Besucher die Stätte bevölkern. Da es zwischen 11 und 15 Uhr sehr voll werden kann und es nur begrenzt Schatten gibt, verbringt man die Mittagshitze besser in einem Restaurant oder im **Museum** und setzt die Besichtigung am späten Nachmittag fort, wenn die Lichtverhältnisse zum Fotografieren geradezu einladen. Die meisten Beschriftungen wurden auch ins Englische übersetzt.

Ruinen ⌚ tgl. 7–18.30 Uhr, Einlass bis 18 Uhr; US$3,70, Camcorder US$3.

Die Straße der Toten

Der Haupteingang liegt an einem Ende der 2 km langen **Calzada de los Muertos** (Straße der Toten). Sie bildet die zentrale Achse, um die die ganze Stadt erbaut ist. Sie verbindet fast alle wichtigen Bauwerke miteinander, und die flachen Gebäude, die sie säumen, verstärken noch den imposanten Eindruck der beiden gewaltigen Tempel an ihrem nördlichen Ende. Andere Straßen kreuzten sie ursprünglich im rechten Winkel. Auch der Fluss San Juan, den man gleich an der Zitadelle überquert, wurde so kanalisiert, dass er die Symmetrie nicht störte. Die Brücke über den Fluss erstreckte sich damals über die ganze Breite der Straße.

Die Calzada de los Muertos hat nichts mit Toten zu tun. Der Name ist irreführend, denn es handelt sich auch nicht um eine Straße, sondern um eine Reihe durch Treppen miteinander verbundener, offener Terrassen zwischen Zitadelle und Mondpyramide, die auf unterschiedlichen Höhen liegen und eine so genannte Kultachse bilden.

Die Azteken hielten die Gebäude am Rande der Straße, die damals wie Erdhügel aussahen, für die Grabstätten von Königen. Zwar liegt die wirkliche Bestimmung der meisten Bauwerke im Dunkeln,

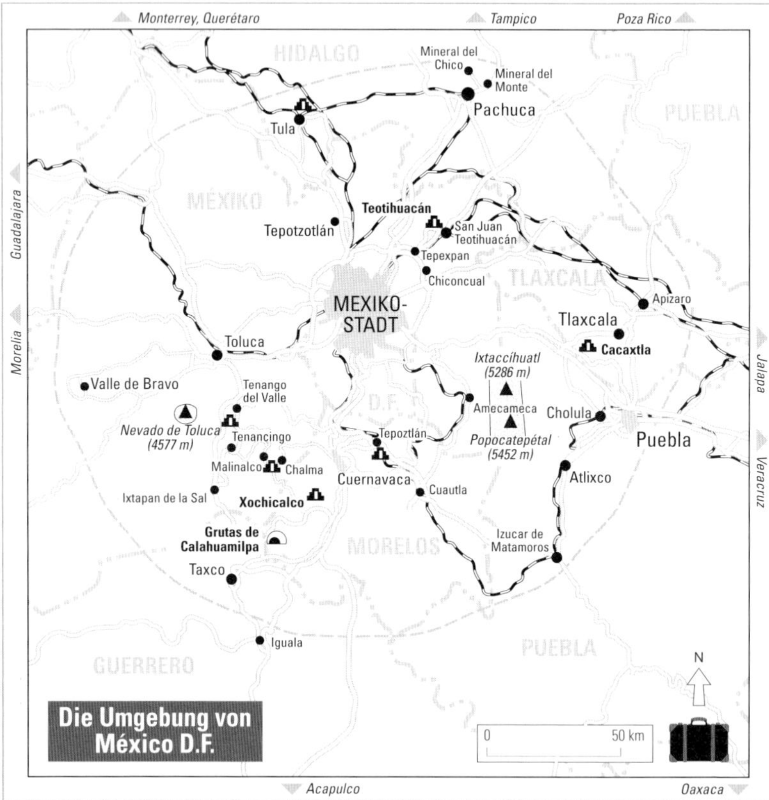

aber man weiß heute, dass sie keine Gräber waren, sondern zeremoniellen Zwecken dienten. Ihre Bauweise ist ziemlich gleichförmig: niedrige, drei- oder vierstufige Plattformen, aus vertikalen Platten *(tableros)* bestehend, die an schrägen Wänden befestigt sind. Oft wurde ein Gebäude über das andere gebaut, am besten zu sehen am Beispiel der *edificios superpuestos* (verschachtelten Gebäude) links hinter dem Fluss. Wer die Eisentreppe hinuntergeht, kann unter dem Bauwerk die freigelegten Konstruktionen sehen; wahrscheinlich ehemalige Wohnungen der Priester.

La Ciudadela

Gegenüber vom Haupteingang liegt die Zitadelle, **La Ciudadela**. Der riesige, tiefgelegene und von vier Plattformen umgebene Platz mit dem viereckigen Altar in der Mitte war das Verwaltungszentrum. Um den ausgedehnten Versammlungsplatz standen die Häuser der Hohepriester und Adligen. Auf der gegenüberliegenden Seite erhebt sich eine hohe Pyramide, in deren Inneren man bei den Ausgrabungsarbeiten den **Tempel von Quetzalcóatl** gefunden hat. Die Rückseite der Pyramide wurde abgetragen, so dass man den Tempel aus der Miccaotli-Periode betrachten kann.

Abgesehen von den Pyramiden, ist dies der beeindruckendste Abschnitt der gesamten Ausgrabungsstätte. Von seinen ursprünglich sechs Stufen sind vier erhalten geblieben, von denen jede mit Reliefs verziert und in Abständen mit dem Kopf der gefiederten Schlange Quetzalcóatl und dem des

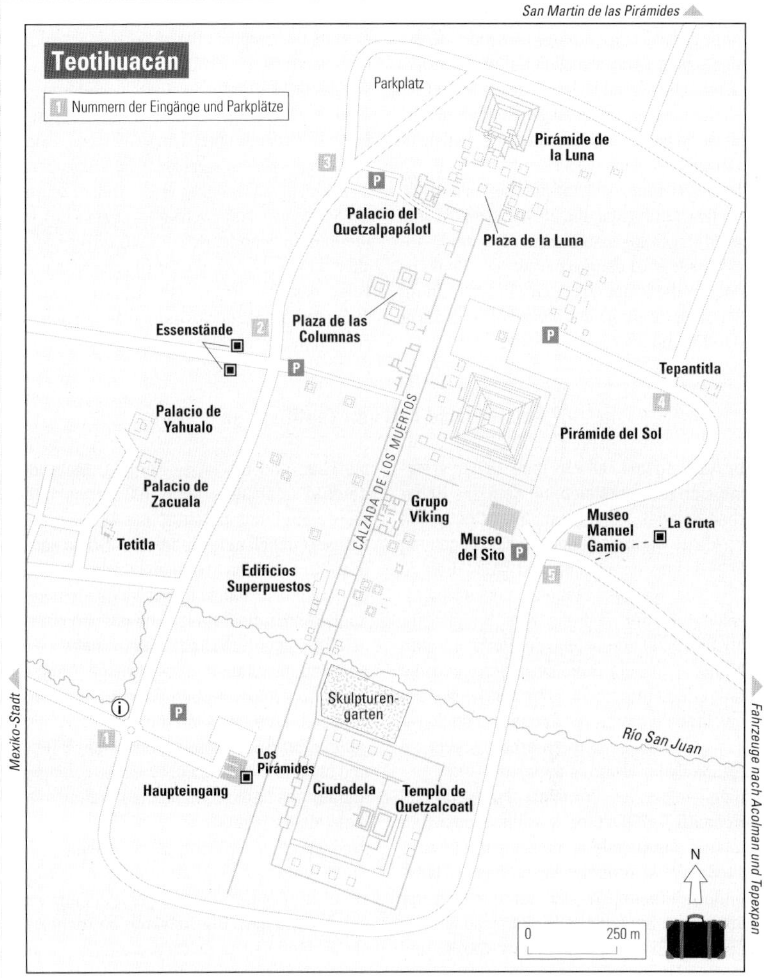

Regengottes Tlaloc geschmückt ist. An manchen Stellen zeigen sich noch Reste der ursprünglichen Bemalung. Das Motiv des glotzäugigen, beinahe abstrakten Tlaloc und der Schlange mit dem Halsschmuck aus Federn wiederholt sich an allen archäologischen Fundstätten des Landes. Einmalig ist jedoch, dass sich zwei Götter einen Tempel teilten.

Pirámide del Sol und Pirámide de la Luna

Die wuchtige **Pirámide del Sol** ist das alles überragende Wahrzeichen von Teotihuacán. Ihre Höhe von 70 m wurde, was die antiken Bauwerke Mexikos angeht, nur noch von der von Cholula übertroffen – und Cholula liegt in Trümmern. Zweieinhalb Mio. Tonnen Steine und Erde wurden für ihre Errichtung bewegt, ohne Radwagen oder Lasttiere und ohne dass Metallwerkzeuge verwendet werden konnten – beides war den alten Kulturen Mexikos unbekannt. Ihre Grundfläche reicht an die der Cheops-Pyramide heran, aber wegen ihrer terrassenförmigen Bauweise und der flacheren Seitenparteien ist sie bei weitem nicht so hoch.

Ihre Ausrichtung ist ganz präzise: An zwei Tagen im Jahr, am 19. Mai und 25. Juli, steht die Sonne zur Mittagszeit genau über der Pyramide: Die Hauptfassade zeigt dann genau auf den Punkt im Westen, wo die Sonne untergeht. Die Anordnung der Pyramide bestimmt den Verlauf der Calzada de los Muertos und der gesamten Stadt.

Die Pyramide in ihrem heutigen Zustand wurde 1908 von Leopoldo Batres auf ziemlich sorglose Art rekonstruiert: mit Dynamit sprengte er einen Teil des Bauwerkes an der Südseite und trug große Teile der Oberfläche ab, um nach einem besser erhaltenen Gebäude unter dem sichtbaren zu suchen. Allerdings wurde ausgerechnet die Sonnenpyramide in einem Stück und zu einem frühen Zeitpunkt der Stadtentwicklung gebaut (ca. 100 v.Chr.), in ihrem Innern befindet sich nur ein einziger, kleiner alter Tempel. Der Abriss der Oberfläche hatte zur Folge, dass der Tempel sehr schnell verwitterte. Außerdem wurde den ursprünglich vier Terrassen eine fünfte hinzugefügt.

Aufstieg und Fall von Teotihuacán

Der Aufstieg und Fall von Teotihuacán ereignete sich fast zeitgleich mit dem des Römischen Reiches. Ab ungefähr 600 v.Chr. lassen sich kleine Agrarsiedlungen in der Umgebung nachweisen, und gegen 200 v.Chr. befand sich an der heutigen Stätte eine feste Niederlassung. In der Zeit bis zum Beginn der christlichen Zeitrechnung, der Periode **Patlachique**, nahm die Bevölkerung zu, und die Stadt erhielt ihre wichtigsten Merkmale: Die gewaltige Pyramide der Sonne und die Pyramide des Mondes wurden erbaut sowie die Calzada de los Muertos angelegt.

In den folgenden Perioden, **Tzacualli** und **Miccaotli**, 1–250 n.Chr., wurden in einer Blütephase des künstlerischen Ausdrucks weitere Bauwerke errichtet. Während der **Tlamimilolpa**-Periode (250–450 n.Chr.) reichte der Einfluss der Stadt bis zu Niederlassungen im gesamten Gebiet des heutigen Mexiko und bis nach Guatemala und Honduras, was Parallelen in Architektur, Bildhauerei und Töpferei belegen.

Etwa zwischen 450 und 650 n.Chr., der Periode **Xolalpan**, erreichte das Reich seine höchste Bevölkerungszahl und einen Höhepunkt an Macht. Es wurden zahlreiche neue Gebäude errichtet und frühere aufgestockt. Doch schon gegen Ende dieser Periode machten sich Zeichen des Niedergangs bemerkbar, und die letzte Periode, **Metepec**, dauerte höchstens noch 100 Jahre, dann wurde die Stadt in Schutt und Asche gelegt und schließlich aufgegeben. Der Grund könnte ein Überfall von Stämmen aus dem Norden gewesen sein, möglicherweise der Tolteken, doch könnte die Katastrophe ebenso gut eine ökologische Ursache gehabt haben. Für den Bau der Stadt mussten riesige Waldgebiete abgeholzt werden, was zu Erosionsschäden führen musste. Und wahrscheinlich konnte der Boden (ohne künstlichen Dünger und ohne den damals unbekannten Wechselanbau) die vielen Menschen irgendwann nicht mehr ernähren.

Aus welchen Gründen auch immer – die Stadt wurde schließlich verlassen und bestand zur Zeit der Azteken nur noch aus verfallenen Ruinen. Die Aztekten betrachteten sie als eine heilige Stätte aus einem vergangenen Zeitalter und verliehen ihr ihren heutigen Namen Teotihuacán – „Ort, an dem die Menschen Götter wurden". Zwar erscheint Teotihuacán oft in der aztekischen Mythologie, doch gibt es keine schriftlichen Zeugnisse, selbst der ursprüngliche Name der Stadt liegt im dunkeln – was wir heute über Teotihuacán wissen, stammt einzig und allein von archäologischen und künstlerischen Funden.

Eine Erklärung dafür, weshalb dieses riesige Bauwerk gerade hier errichtet wurde, fand man erst 1971, als Archäologen auf einen Schacht stießen, der zu einer kleeblattförmigen **Höhle** direkt unter dem Mittelpunkt der Pyramide führt. Hier befand sich eine Art zentrales inneres Heiligtum, ein Allerheiligstes, das womöglich Anlass für den Bau von Teotihuacán war. Hinsichtlich ihrer wahren Bestimmung gibt es unzählige Theorien, von denen manche mit den von den Azteken überlieferten Legenden übereinstimmen. Am wahrscheinlichsten klingt die Annahme, dass die Höhle eine unterirdische Quelle ist, die man als eine Art „Quelle des Lebens" in Verbindung mit dem Regengott Tlaloc brachte. Es könnte sich aber auch um eine Opferstätte gehandelt haben – zu Zeiten der Azteken pflegte man die abgezogenen Häute der Menschen, die dem Gott Xipe Totec geopfert worden waren, in Höhlen unter den Pyramiden aufzubewahren.

Man erreicht die Pyramide über eine kurze Treppe, die von der Calzada de los Muertos nach rechts auf eine breite Rampe führt, wo die Überreste einiger kleiner Tempel und Priestergemächer stehen. Der Hauptbau besteht aus fünf Stockwerken mit schrägen Mauern, die durch Terrassen unterteilt sind. Auf der großen Plattform oben stand ursprünglich wohl ein Tempel, der längst zerfallen ist. Von oben hat man eine wunderbare Aussicht.

Am Ende der Straße der Toten erhebt sich die **Pirámide de la Luna**. Sie ist kleiner und wurde etwas später, jedoch noch während der Periode von Teotihuacán I., erbaut und ist damit eine der ältesten des Landes. Da sie auf einer Anhöhe steht, liegt ihre Spitze fast auf gleicher Höhe mit der der Sonnenpyramide. Die Bauweise ist ähnlich: vier schräge Stockwerke, die man über eine gewaltige Rampe betritt. Von der Mondpyramide aus hat man den schönsten Blick über Teotihuacán und kann den schnurgeraden Verlauf der Hauptachse bis zu ihrem Ausgangspunkt zurückverfolgen.

Kleinere Bauwerke

Links von der Plaza de la Luna, hinter den kleinen Tempeln, die sie umgeben, liegt der **Palacio de Quetzalpapálotl** (Palast des Quetzal-Schmetterlings). Er wurde völlig restauriert und ist das einzige erhaltene Beispiel eines überdachten Gebäudes in Zentral-Mexiko. Darüber hinaus zeigt es in eindrucksvoller Weise, wie die Elite von Teotihuacán wohnte. Um einen Patio, dessen wunderbar geschnitzte Pfeiler mit stilisierten Darstellungen von Vögeln (die leuchtend bunten sind *Quetzals*, die anderen könnten Eulen sein) und Schmetterlingen dem Palast seinen Namen verliehen, sind Wohnräume angeordnet. In den Galerien rund um den Patio kann man weitere, sehr symbolisch gehaltene Fresken bewundern. Die Motive sind weitgehend auf geometrische Figuren reduziert.

Wandmalereien waren in Teotihuacán offenbar sehr beliebt, denn fast an jedem Gebäude finden sich Reste von Bemalung, wenn auch vieles zwecks Konservierung entfernt wurde. Von zwei älteren, halb unter dem Palacio begrabenen Gebäuden, sind noch Überreste zu sehen. Auf einem Wandgemälde im **Palacio de los Jaguares** blasen Jaguare auf Muschelschalen, aus denen Wellen von Musik kommen. Vielleicht symbolisiert die Darstellung aber auch ein Gespräch oder Gebet zu Tlaloc, der oben auf dem Gemälde dargestellt ist.

Im **Templo de los Caracoles Emplumados** (Tempel der gefiederten Muscheln) kann man ein Gemälde mit Federn, Meeresmuscheln und hellgrünen Papageien sehen. Auch in den Tempeln entlang der Calzada de los Muertos zwischen den beiden Pyramiden wurden Spuren von Wandgemälden freigelegt. Der Wandschmuck war übrigens nicht auf die Häuser der Priesterschaft beschränkt.

Einige der schönsten Gemälde befanden sich in den so genannten *apartamentos* außerhalb vom Zentrum. In **Tepantitla**, dem Viertel der alten Stadt auf der gegenüberliegenden Straßenseite hinter dem Sonnentempel, hat man das berühmte Wandgemälde Paradies von Tlaloc gefunden. Nur ein Teil des Gemäldes ist hier noch zu sehen, eine Reproduktion hängt im Museo Nacional de Antropología, s.S. 364. Auf anderen ist eine Prozession von Priestern und ein Ballspiel dargestellt. Sie zeichnen sich durch große Lebendigkeit aus und haben etwas von Comicstrips: „Sprechblasen" quellen aus den Mündern der Figuren. Weitere Malereien gibt es in **Tetitla**, westlich der zentralen Anlage, und in **Atetelco**, noch weiter im Westen.

Museo del Sitio

Bei einem Aufenthalt in Teotihuacán sollte man auf jeden Fall Zeit für das ausgezeichnete **Museo del Sitio** einplanen, das hinter der Pirámide del Sol in einem reizenden Skulptur- und botanischen Garten liegt. In den kühlen Räumen werden Gegenstände von der Ausgrabungsstätte passend in Szene gesetzt und entsprechend beleuchtet, um die wesentlichen Merkmale der einzelnen Objekte herauszustellen. Hier ist praktisch alles zu sehen, was man von einem rituellen Ort und einer betriebsamen Stadt erwartet – von scharfkantigen Obsidianwerkzeugen und Gebrauchsgegenständen aus Keramik bis hin zu schönen, mit bunten Tier- und Pflanzenmotiven verzierten Schiffen und fünf zeremoniellen Kohlenbecken oder Rauchgefäßen, die mit Blumen, Schmetterlingen und Schilden geschmückt sind.

In einem Raum bietet eine riesige Fensterfront Ausblick auf die Sonnenpyramide. Unter dem Glasfußboden ist eine Reliefkarte der Stadt ausgelegt, die eine Vorstellung davon gibt, wie sie einmal ausgesehen haben könnte. Ein anderer Bereich beherbergt größere Skulpturen mehrerer Götter, die teilweise von unten angestrahlt werden, um ihr grauenvolles Aussehen noch stärker zum Ausdruck zu bringen. Außerdem gibt es in dem Museum einige hervorragende Masken zu sehen sowie einige Modelle von Beisetzungsstätten, die denjenigen nachempfunden wurden, die man unter dem Templo de Quetzalcóatl fand.

Das **Museo Manuel Gamio** gleich beim Eingang zur Ruinenstätte zeigt interessante Sonderausstellungen und lohnt einen kurzen Besuch, wenn man schon mal hier ist. ⏲ tgl. 7–19 Uhr, Eintritt frei.

Essen

Wer auf sein Geld achten muss, sollte Verpflegung mitbringen, denn alles, was auf dem Gelände verkauft wird, ist teuer.
Las Pirámides, das größte Restaurant (mit Bar), befindet sich am Haupteingang Puerta 1 und bietet ein Buffet für US$9,20. Die Preise sind angesichts des Gebotenen hoch, aber der großartige Blick vom obersten Stockwerk auf das Gelände entschädigt für einiges. Günstigeres Essen (einschließlich Comida corrida für US$3) bieten einige kleine Restaurants an der Ringstraße in Höhe der Puerta 2, deren Schlepper sich einem an die Fersen heften, sobald man das Ruinengelände verlassen hat. Davon abgesehen gibt es ein interessantes, wenn auch nicht ganz billiges Lokal namens ***La Gruta***, in einer Höhle 200 m westlich von Puerta Nr. 5, ✆ 595/956-0104. In dem Restaurant mit weiß gekleideten Kellnern und einer Live-Show am Sa und So um 15.30 Uhr kostet ein Hauptgericht nur geringfügig mehr als im *Las Pirámides*, aber dafür wird wesentlich mehr geboten.

Transport

Von México D.F. fahren ungefähr jede Viertelstunde **Busse** (tgl. 6–15 Uhr; 1 Std.) vom **Terminal del Norte** direkt nach Teotihuacán. Am besten sucht man im 2. Kl.-Bereich des Busbahnhofs in der Sala 8 nach Bussen mit der Aufschrift „Autobuses Teotihuacán". Vorsicht: In diesen Bussen kam es zu Raubüberfällen, daher wenig Geld und Wertsachen mitnehmen. Der Fahrkartenschalter befindet sich in der linken Ecke der Halle, vor Ausgang 6. Möglichst früh losfahren, um vor dem Ansturm der Massen in der Stätte zu sein. Etwas einfacher ist es, mit der Metro zur **U-Bahnstation Indios Verdes** (Linie 3) zu fahren und dort den Ausgang J zu nehmen, wo tagsüber alle 20 Min. ein Bus nach Teotihuacán abfährt. Rund um das Gelände führt die Carretera de Circunvalación, mit Parkplätzen und insgesamt sechs Eingängen zur Ausgrabungsstätte. Die Busse dürfen zwar alle Tore anfahren, doch werden Puerta 1 und 4 am häufigsten angesteuert. Diese beiden Eingänge sind die besten, um auf einen der häufig verkehrenden Busse zurück nach México D.F. zu warten. Später am Tag halten die meisten Busse vor der Abfahrt in Richtung Stadt aber auch an den anderen Toren an.

Tepotzotlán

Tepotzotlán liegt etwa 35 km nördlich von México D.F. auf der Strecke nach Tula. Es ist durchaus möglich, an einem einzigen langen Tag Tula und Tepotzotlán von der Hauptstadt aus zu besuchen, wenngleich man auf gute Busanbindungen angewiesen ist. Tepotzotlán allein lässt sich auch innerhalb eines Vormittags von der Hauptstadt aus besichtigen, doch es kann passieren, dass man von dem Ort so angetan ist, dass man länger bleibt.

Die kleine Kolonialstadt bietet einen angenehmen Kontrast zum Großstadtgetriebe. Hier oben gibt es frische Luft, Bäume, Berge und weite Aussichten. Der Ort hat seine Atmosphäre bewahrt und sich nicht völlig den Touristen verschrieben, von denen die meisten übrigens Mexikaner sind. Der Kunsthandwerksmarkt am Sonntag zieht Besucherscharen an, und in der Woche vor Weihnachten finden **Pastorales** (Hirtenspiele) statt, die lange im Voraus ausverkauft sind.

Museo Nacional de Arte Virreinal

Von der besonderen Atmosphäre des Ortes einmal abgesehen, kommen Besucher v.a. wegen des barocken **Colegio de San Francisco Javier**, das heute als Museo Nacional de Arte Virreinal zu besichtigen ist. 🕒 Di–So, 9–18 Uhr, US$3,70.

1580 kamen die Jesuiten hierher, um die Otomí-Indianer zu bekehren. Sie bauten eine Kirche, die während des folgenden Jahrhunderts zu ihrer heutigen Form und Größe heranwuchs. Bis zur Vertreibung der Jesuiten im Jahr 1767 wurde sie ständig weiter aus- und umgebaut und verschönert. Etwa fünf Jahre zuvor war die Kirchenfassade – eines der hervorragendsten Beispiele churrigueresker Architektur im ganzen Land – fertig gestellt worden. Der Reichtum und die Ausmaße der Anlage vermitteln einen Eindruck von der Macht, die die Jesuiten damals besessen haben müssen. Nach ihrer Ausweisung wurde hier ein reguläres Priesterseminar eingerichtet, das als solches bis ins 19. Jh. fungierte, als die Jesuiten für kurze Zeit (bis 1914), wieder zugelassen wurden. Mit Ausbruch der Revolution war die Ära der Jesuiten endgültig vorbei.

Der Haupteingang des Colegio de San Francisco Javier führt zum **Claustro de los Aljibes** mit einem Ziehbrunnen in der Mitte und Gemälden an den Wänden, auf denen Szenen aus dem Leben des Ignacio Loyola (dem Gründer des Jesuitenordens) geschildert werden. Direkt am Kloster liegt die **Orfebrería** (Aufbewahrungsort der wertvollen Metalle), die mit einem Schatz aus Reliquien, Kruzifixen, Krügen, Handleuchtern, Weihrauchfässern und anderen Kirchengeräten angefüllt ist, alles aus reinstem Silber gefertigt. Sogar ein Paar silberne Sandalen finden sich hier. In der **Botica**, der Apotheke, gibt es alles, was ein Heilkundiger des 18. Jhs. brauchte.

Auch die **Capilla Domestica** öffnet sich zum Kloster hin. Ihr Inneres ist ein tanzender Reigen aus bemaltem und vergoldetem Rokoko, gekrönt von einem vergoldeten *retablo,* der mit Spiegeln und kleinen Figuren bedeckt ist. Eine Etage tiefer liegt das **Claustro de los Naranjos**, das mit Orangen- und Zitronenbäumen bepflanzt ist und in dessen Mitte ein Springbrunnen steht. Rundherum sind Heiligenstatuen aus Holz aufgestellt. Kaspar und Balthasar, zwei der Heiligen Drei Könige, sind besonders gut gelungen. Andere Räume beherbergen Gegenstände kolonialen Kunstschaffens: Lackarbeiten, Möbel (insbesondere ein Schreibtisch mit Einlegearbeiten) und Kleidungsstücke.

Der Garten, **Huerta**, wird von einer Mauer umgeben und umfasst ungefähr drei Hektar gepflegten Landes mit Alleen, schattigen Bäumen und Blumenbeeten. Außerdem werden hier Gemüse und Kräuter gezogen, so wie es früher bei den Mönchen üblich war. Nach ein paar Tagen in México D.F. spürt man hier, wie sich die Lungen wieder weiten.

Zwischen verschiedenen anderen Gebäuden und großen Skulpturen begegnet man dem aus dem 18. Jh. stammenden **Denkmal Salto del Agua**. Es stand vorher am Ende des Aquädukts, das Wasser aus Chapultepec nach México D.F. brachte. (Eine Replik steht in D.F. bei der Metrostation Salto del Agua.)

Setzt man den Rundgang im Kloster fort, kommt man zu einem Waffenraum, in dem sich eine umfangreiche Waffensammlung befindet, u.a. ein riesiges Federmesser, das in ein Schwert ausläuft. Das Obergeschoss des Klosterhauptgebäudes ist dem spanisch-asiatischen Handel gewidmet, in den auch Mexiko eingebunden war. Hier gibt es chinesisches Porzellan, Statuen und wunderschöne Intarsien *(taracea)* aus verschiedenen Materialien, v.a. aus Perlen.

Auf dem Weg nach unten – Richtung Ausgang – passiert man die **Kirche**. Schon ihre Fassade ist beeindruckend, vermittelt jedoch nur einen Vorgeschmack auf das, was den Besucher im Inneren erwartet. Der Reichtum an Gold und verschwenderischem Schnitzwerk ist atemberaubend. Der Zentralteil der Kirche und ihre Kapellen beherbergen fünf große, vergoldete *retablos,* die vom Boden bis zur Decke reichen, und von denen einer reichhaltiger verziert und geschnitzt ist als der andere. Verstärkt wird der Goldglanz noch durch das weiche, gelbliche Licht, das durch die Fenster fällt.

Doch damit nicht genug – an einer Seite befindet sich ziemlich versteckt das wahrscheinlich erlesenste Beispiel mexikanischen Barocks: der oktagonale **Camarín de la Virgen**. Der Raum ist nicht groß, aber jeder Zentimeter wurde von indianischen Malern kunstvoll ausgeschmückt. Der indianische Einfluss zeigt sich deutlich in den schwelgerischen Schnitzereien: Früchte, Muscheln und abstrakte Figuren, zwischen denen sich Engel tummeln. Mit Hilfe von Spiegeln kann man die Deckengemälde betrachten, ohne sich den Hals zu verrenken.

Zum *Camarín* kommt man durch die **Capilla de la Virgen de Loreto**, in der sich ein mit *azulejos* bedecktes Häuschen befindet, das angeblich eine Wiedergabe des Hauses von Maria ist, in dem Jesus aufwuchs.

Übernachtung

Posada San José, das einzige zentrale Hotel des Ortes, liegt an der Plaza Virreinal 13, ✆ 55/5876-0835. Recht angenehme Zimmer mit Blick auf die Plaza nach vorn hin und einige beengte „Zellen" im hinteren Bereich. ❸

Essen und Unterhaltung

Eine Auswahl an billigen Imbisslokalen und Restaurants gibt es in der Umgebung des Mercado Municipal gleich westlich der Plaza sowie um die Plaza selbst. Die meisten Lokale haben Tische im Freien, und am Wochenende spielen mit ziemlicher Sicherheit Mariachis auf. Fast alle Restaurants sind gut, so dass der Blick auf die Speisekarte vielleicht die beste Entscheidungshilfe ist. Empfehlenswert sind u.a.

Hostería del Convento, etwas versteckt und nicht ganz billig, aber wunderschön auf dem Klostergelände gelegen; ausgezeichnete mexikanische Küche, u.a. Forelle.

Los Miralos, nicht weit entfernt an der winzigen Plaza Tepotzotlán, im Hof des Einkaufszentrums an der Pensador Mexicano, Ecke Calle Zaragoza. Reizendes Lokal, in dem sich eine schöne halbe Stunde bei Kaffee und Kuchen verbringen lässt.

Pepe's, im Untergeschoss des Hotels.

Restaurant Virreyes, an der Nordseite des Hauptplatzes, serviert eine breite Palette an Speisen, Sa/So gibts Barbecue und am Sonntag Paella.

Transport

Von MÉXICO D.F. fahren von den U-Bahnhöfen Cuatro Caminos (alias Toreo) oder Rosario Busse in einer gute Stunde nach Tepotzotlán.

Alternativ kann man einen indirekten („via Refinario" fahrenden) Bus nach Tula oder einen 2. Klasse-Bus nach Querétaro nehmen, die ebenfalls am Terminal del Norte abfahren, und an einer Straßenkreuzung ca. 200 m vor der ersten Mautstation, der *Caseta de Tepotzotlán,* aussteigen. Von dort sind es zu Fuß Richtung Westen 20 Min. auf einer Nebenstraße bis zum Zócalo von Tepotzotlán. Man hat gute Chancen, unterwegs von einem Auto mitgenommen zu werden oder einen der vielen Nahverkehrsbusse anzuhalten. Auch wer in Tepotzotlán auf dem Rückweg von Tula Halt machen möchte, kann an der besagten Straßenkreuzung bei der Mautstelle aussteigen.

Nach México D.F. zurück fahren Direktbusse ab Tepotzotlán oder man versucht an der o.g. Straßenkreuzung einen Bus aus Tula anzuhalten; nicht alle lassen Passagiere zusteigen.

Tula

Die moderne Stadt Tula de Allende liegt 85 km nördlich der Hauptstadt am Rande des México-Hochtals. In der recht angenehmen mittelgroßen Stadt lohnt das um 1550 erbaute, festungsähnliche **Franziskanerkloster mit Kirche** einen Besuch, wenngleich die meisten Touristen in Tula lediglich etwas essen und gleich, zu den wundervollen prähispanischen Pyramiden von **Tula** weiterfahren. Die Ausgrabungsstätte liegt 2 km nördlich des Zentrums auf einem kleinen Hügel.

Der Sage nach fiel das Erbe von Teotihuacán auf Tollan (Tula), das dessen Nachfolgeherrschaft in Mexiko antreten sollte. Es ist schwierig, zwischen Legende und gesicherten Fakten zu unterscheiden, denn die Geschichten um Tula widersprechen sich. Die Azteken hielten ihr Tenochtitlán für die Nachfolgerin von Tula und übertrieben daher bei der Schilderung der Stadt. Man sagt, die Straßen seien mit Gold gepflastert gewesen und die Gebäude aus kostbaren Metallen und Steinen erbaut worden – die Tolteken galten nämlich als Erfinder der Wissenschaften und Künste. Die heutige Stätte lässt kaum ahnen, dass die Stadt jemals so groß und mächtig wie Tenochtitlán war und dass sie eine – wenn auch kurze – Zeit der Vorherrschaft (ca. 950–1150 n.Chr.) erlebte.

Die Vermutungen über die Ausbreitung der Tolteken gehen auseinander. In Chichén Itzá in Yucatán scheint ein Großteil der Architektur auf die Tolteken (s.S. 82) zurückzugehen. Nur wenige Sachverständige glauben jedoch, dass sich das Toltekenreich über ein so großes Gebiet erstreckt oder ihr Einflussbereich so groß gewesen sein könnte. Kunstgegenstände werden so gedeutet, dass in Tula eine kriegerische, militärische Kaste an der Macht war, für die Menschenopfer nicht ungewöhnlich waren. Dennoch wäre der Stadtstaat eigentlich nicht in der Lage gewesen, die erforderlichen Truppen für einen solchen Machtapparat aufzubieten. Dass die Tolteken trotzdem in Chichén Itzá waren, ist nur eine von vielen Ungereimtheiten der mittelamerikanischen Frühgeschichte.

Eine Antwort gibt vielleicht die Sage von Quetzalcóatl. Die geflügelte Schlange aus Teotihuacán erlangte erst hier in Tula ihre große Berühmtheit, ihr Bildnis zierte sämtliche Gebäude. Auch hier sind Tatsachen und Legende kaum zu trennen, aber man weiß, dass irgendwann in Tula ein Herrscher namens Quetzalcóatl regierte, der durch die Machenschaften des bösen Gottes Texcatlipoca aus der Stadt vertrieben wurde. Der Sage nach floh Quetzalcóatl zur Ostküste, wo er sich entweder verbrannte, worauf seine Seele sich in den Morgenstern verwandelte, oder aber auf einem Floß aus Schlangen über den Ozean segelte. Jedenfalls versprach er, eines Tages zurückzukehren – eine Prophezeiung, die Cortés später zu seinem Vorteil zu nutzen wusste. Eine Theorie geht davon aus, dass der Herrscher in Wirklichkeit durch politische Streitigkeiten mit seinen Anhängern zur Flucht gezwungen wurde und schließlich das Gebiet der Maya erreichte, wo sie wahrscheinlich einen neuen Toltekenstaat in Chichén Itzá errichteten – jüngste Funde dort scheinen diese Theorie allerdings zu widerlegen (s.S. 684).

Orientierung

Der Eingang zur archäologischen Zone liegt am anderen Ende der Stadt, was einen 30-minütigen Fußmarsch erforderlich macht: vom Ausgang des Busbahnhofs rechts auf die Hauptstraße Ocampo, dann erneut rechts ab über den Fluss und vor den Bahnschienen (beim *Hotel Sharon)* links der Beschilderung „Zona Arqueológica" folgen. Wer nicht zu Fuß gehen möchte, nimmt ein Taxi vom Zócalo.

Um vom Busbahnhof ins Stadtzentrum zu gelangen, biegt man vom Ausgang rechts ab, nimmt dann die erste Straße links (Calle Rojo del Rio) und läuft bis zu deren Ende, wo man rechts in die Calle Hidalgo einbiegt, die bis zur **Kathedrale** und dem Hauptplatz (Plaza de la Constitución) führt. An der Ecke des Platzes, wo die Calle Zaragoza abzweigt, zeigt ein kleines Museum, **Sala Historica Quetzalcoatl**, eine bescheidene Ausstellung archäologischer Funde, darunter die Stoßzähne eines Mammuts und einige Artefakte der Tolteken. ⏲ tgl. 9–17 Uhr, Eintritt frei.

Die Ausgrabungen

Die Ausgrabungsstätte an sich zeigt nur einen kleinen, aber sehenswerten Teil des alten Tula. Die Stadt erstreckte sich über ein ausgedehntes Gebiet, jedoch wurde bisher nur wenig freigelegt. Offene Löcher im Boden zeugen von der Arbeit der Archäologen. ⏲ tgl. 10–17 Uhr, US$3,20, Camcorder US$3.

Das Zeremonialzentrum wurde teilweise wiederaufgebaut. Kernstück ist die Pyramide des **Templo de Tlahuizcalpantecuhtli** (Morgenstern-Tempel oder Pyramide B), auf deren Plattform die berühmten so genannten **Atlanten** stehen. Ursprünglich stützten diese riesigen, fünf Meter hohen Basaltfiguren das Dach des Tempels. Sie stellen Quetzalcóatl in Gestalt des Morgensterns dar und sind wie Toltekenkrieger gekleidet, mit „bestickten" Lendenschurzen, Sandalen, Federhelmen und Schmuck am Hals und an den Beinen. Jede Figur hält einen *Atlatl,* eine Speerschleuder in der einen und einen Bund Pfeile oder Wurfspeere in der anderen Hand. Andere Pfeiler sind ebenfalls mit Flachreliefs von Kriegern und Göttern verziert. Solchen Reliefs begegnet man in ganz Tula. Der Tempel war ursprünglich voller Steinskulpturen, die längst gestohlen wurden. Man kann aber noch Reste eines früheren Tempels sehen, auf denen Jaguare und Adler – wahrscheinlich Symbole der beiden großen Kriegergruppen – dargestellt sind, die Menschenherzen verschlingen.

Vor dem Tempel befindet sich eine große, L-förmige Kolonnade. Die teilweise rekonstruierten Pfeiler trugen ursprünglich ein gewaltiges Dach, unter dem sich vielleicht die Priester und Adligen aufhielten, wenn ihre Truppen aufmarschierten oder Zeremonien stattfanden. Ein Stück von einer langen Bank ist erhalten geblieben, dessen Relief eine Prozession von Kriegern und Priestern zeigt. Solche Bänke sind auch im **Palacio Quemado** („verbrannter Palast", denn er fiel einem Brand zum Opfer) neben dem Tempel auf der Westseite zu sehen. Die am besten erhaltenen findet man in der Mitte der drei Palasträume. In den überdachten Hallen, von denen jede einen kleinen, zentralen Patio aufweist, durch den das Licht einfiel, kann man außerdem gut erhaltene Reste der ursprünglichen Bemalung und zwei Chac-mools sehen.

Vor dem Tempel und dem Palast lag früher der Hauptplatz der Stadt, in seinem Zentrum befindet sich ein kleiner Altar. Östlich davon wird die Plaza von dem stark beschädigten **Templo Mayor** begrenzt, im Westen vom größeren der beiden **Ballspielplätze**. Letzterer zeugt vom engen Zusammenhang zwischen Tula und Chichén Itzá, denn Form und Bauweise sind identisch. Im Norden des Tempels verläuft eine **Coatepantli** (Schlangenmauer), so benannt nach Reliefs, auf denen Menschenskelette abgebildet sind, die von riesigen Klapperschlangen verzehrt werden. Von hier aus kommt man zum zweiten, kleineren Ballspielplatz. Er ist nicht ganz so überwuchert wie der andere.

Die Bedeutung der Stätte wird im **Museum** am Eingang der Stätte anhand vieler Exponate – die allerdings nur auf Spanisch dokumentiert sind – erläutert. Zu sehen sind Fragmente von Atlanten, Chac-mools, Basaltköpfe sowie ausgesuchte Skulpturteile und Friese. ⏲ tgl. 10–17 Uhr, Eintritt frei.

Übernachtung und Essen

In der Nähe der Stätte gibt es mehrere preisgünstige Hotels: ***Catedral***, Zaragoza 106, ✆ 773/732-0813, 📠 773/732-3632. Stilvolle alte Zimmer mit Bad und ständig Warmwasser, aber überwiegend ohne Außenfenster. ❹

Auto Hotel Cuellar, 5 de Mayo 23, hinter der Kathedrale, ✆ 773/732-0442, 📠 773/732-0170, ✉ hotcuellar@prodigy.net.mx. Gute Alternative mit einfachen Zimmern und Parkplatz. ❹

Casa Blanca, Pasaje Hidalgo 11, abseits Calle Hidalgo, bei der Nr. 129, ✆ 773/732-1186, ✉ casablancatul@yahoo.com.mx. Kleine, gemütliche Zimmer und Parkplatz, TV gegen Aufpreis. ❹

Es gibt mehrere gute **Cafés** und **Restaurants** in der Umgebung der Plaza:

Cafetería Nevería Campanario, neben dem *Catedral*, gute Burger, Kaffee und Quesadillas.

Casa Blanca, Hidalgo 114, ein paar Schritte die Calle Hidalgo hinauf. Buffet und Salatbar US$7, Frühstück US$4–6.

La Pergola, Nr. 10 an der Nordseite der Plaza, besonders zu empfehlen ist die preiswerte Comida corrida.

Transport

Mit *Autobuses del Valle de Mezquital* gelangt man vom Terminal del Norte in MÉXICO D.F. alle 40 Min. (morgens und abends alle 30 Min.; spät abends stdl.) in etwa 1 1/2 Std. nach Tula oder alle 15 Min. mit einem langsameren Bus auf dem Umweg über eine Raffinerie („Vía Refinería").

Außerdem Busse von und nach:
PACHUCA alle 15 Min. (1 1/2 Std.),
CASETA DE TEPOZOTLÁN alle 15 Min. (1 Std.),
QUERÉTARO 18x tgl. (2 1/2 Std.).

Bei der Anfahrt sollte man sich schon vor dem Ortseingang an den Eisenbahnschienen beim *Hotel Sharon* absetzen lassen. Von dort aus fahren Regionalbusse direkt bis zur Ausgrabungsstätte (1 km; ein Taxi kostet weniger als US$2). Die Busse fahren weiter zum Busbahnhof in der Calle Xicohténcatl in der Nähe des Stadtzentrums. Wegbeschreibung von dort s.o. „Orientierung".

Im Osten

Im Uhrzeigersinn in östlicher Richtung weiter um die Hauptstadt folgen zunächst **Tlaxcala** und **Cholula**, die zu der Zeit, als Cortés landete, enge Verbündete der Azteken waren. Tlaxcala ist heute eine ruhige Kolonialstadt und in Cholula zeugt nur noch ein riesiger Erdhügel von der ehemals größten Pyramide Mexikos. Hier errichteten die spanischen Eroberer eigenen Angaben zufolge an jedem Standort eines heidnischen Tempels eine Kirche. Zwischen den beiden Orten liegt **Puebla**, ein überfülltes Industriezentrum mit Spuren kolonialen Charmes. Von Puebla und Cholula bietet sich der beste Blick auf die vulkanischen Zwillinge **Popocatépetl** und **Ixtaccíhuatl**, die allerdings nach Popos sporadischen Ausbrüchen derzeit Sperrgebiet sind.

Tlaxcala

Die Hauptstadt (30 000 Einwohner) des gleichnamigen Bundesstaates war engste Verbündete von Cortés im Kampf gegen die Azteken und erlitt folglich ein ganz anderes Schicksal als Cholula. Im Laufe der Jahrhunderte führte dieser Umstand auch indirekt dazu, dass von der alten Kultur noch viel weniger erhalten blieb als in Cholula.

Zwar erbauten die Spanier hier eine Stadt, die inzwischen in restauriertem kolonialem Glanz erstrahlt, aber für die Mexikaner blieb Tlaxcala ein Symbol für Verrat. Und dass man im Unabhängigkeitskrieg obendrein die Seite Spaniens wählte, hat die Situation nicht verbessert. Sei es darum oder wegen seiner Abgeschiedenheit – die allgemeine Entwicklung hat in vielerlei Hinsicht einen Bogen um den Ort gemacht.

Tlaxcala, 100 km westlich von México D.F. und nur 30 km von Puebla entfernt, liegt 2300–2500 m hoch auf einer fruchtbaren Hochebene, umgeben von kahlen Bergen. Das Zentrum besteht aus außerordentlich hübschen und sehr schön restaurierten Gebäuden im Kolonialstil, doch unterm Strich bietet die Stadt nur wenige Sehenswürdigkeiten. In der Nähe des **Zócalo** stehen einige der in Terracotta- und Ockertönen gefärbten Gebäude, denen Tlaxcala seinen Beinamen *Ciudad Roja* (Rote Stadt) verdankt. Nicht zuletzt wegen ihres schönen Erscheinungsbildes, des gemächlichen Tempos und der Nähe zur Hauptstadt hat sich hier eine kleine Gemeinschaft von Ausländern angesiedelt, die aber im täglichen Leben nicht weiter auffällt.

Die Umgebung des Zócalo

Die gesamte Nordseite des Zócalo nimmt der **Palacio de Gobierno** mit seiner gemusterten Steinfassade und den verzierten Fenstern und Türen ein. Kurz nach der Konquista errichtet, schmücken seine Innenräume Wandgemälde von **Desiderio Hernandez Xochitiotzín** (ein Zeitgenosse Riveras) aus den frühen 60er Jahren. Sie zeigen die Geschichte des Volkes von Tlaxcala; von seiner Wanderschaft nach Süden bis zur Allianz mit Cortés. ⏲ 8–20 Uhr, Eintritt frei (Zugang über die westlichste Tür).

Westlich des Palacio de Gobierno wird ein kleiner Platz etwas abseits des Zócalo von der gekachelten Fassade der **Parroquia de San José** beherrscht. Das Innere der Kirche ist eher enttäuschend, wenn man einmal von zwei Taufsteinen neben der Tür absieht, auf denen Camaxtli, der Jagd- und Kriegsgott von Tlaxcala, abgebildet ist. Außerdem hängt neben dem Altar ein Gemälde aus dem 17. Jh. mit der Taufe eines Tlaxcala-Häuptlings, die vor den Augen von Cortés und seiner Geliebten, La Malinche, stattfindet.

An der gegenüberliegenden Ecke des Zócalo befindet sich auf der kleinen Plaza Xicohténcatl das **Museo de la Memoria**, ein modernes und großes Museum, das der Kulturgeschichte der Region gewidmet ist. Indianische Gebrauchsgegenstände finden sich hier nicht sehr viele, doch dieser Mangel wird durch fantasievolle moderne Exponate (einige davon interaktiv) wieder wettgemacht. Zentrale Themen sind die prähispanischen *tianguis* (Märkte), das Leben der Franziskaner unter den Spaniern und ein Vergleich der Herrschaftsstrukturen in Tlaxcala vor und nach Cortés. ⏲ Di–So 10–17 Uhr, US$1.

An der südöstlichen Ecke der Plaza Xicohténcatl führt ein breiter, von Bäumen gesäumter Weg durch einen dreifachen Torbogen auf ein offenes Gelände, von dem man einen schönen Blick auf die Stierkampfarena der Stadt aus dem 19. Jh. hat. An einer Seite schließt sich das **Convento de San Francisco**, mit dessen Bau 1537 begonnen wurde, an. Das Kloster, das zu den ältesten Mexikos zählt, wird von dem **Museo Regional de Tlaxcala** umgeben. Die Ausstellung beschreibt das Leben in der Gegend von prähistorischen Zeiten bis heute. Keine außergewöhnliche Sammlung, aber in weißgetünchten Räumen schön präsentiert. ⏲ Di–So 10–17 Uhr, US$3,20. Die daneben liegende **Catedral de Nuestra Señora de la Asunción** ist ebenfalls ziemlich kahl, besitzt jedoch eine sehr schön verzierte Holzdecke im *Mudéjar*-Stil, der zur damaligen Zeit in Südspanien vorherrschende maurische Stil. Die Mauren wurden 1492 aus Spanien vertrieben, doch ihr Einfluss hielt sich noch einige Jahrzehnte hindurch an. In Mexiko spiegelt sich dieser Stil nur noch in einigen wenigen, unmittelbar nach der Eroberung errichteten Kirchen wider. In einer großen Kapelle, die besonders reich verziert ist, befindet sich das Taufbecken, in dem Xicontehatl und drei andere Häuptlinge von Tlaxcala in Anwesenheit von Cortés 1520 getauft wurden. Spuren alter Fresken finden sich auch noch in einer weiteren Kapelle gegenüber.

Das dritte Museum von Tlaxcala ist das **Museo de Artes y Tradiciones Populares**, Boulevar Mariano, Ecke 1 de Mayo, das eine hübsche kleine Sammlung traditionellen Kunsthandwerks umfasst und sich insbesondere mit der Herstellung und dem Konsum von *Pulque* befasst. ⌚ Di–So 10–18 Uhr, US$0,60.

Santuario de Ocotlán

Bei der Anfahrt auf Tlaxcala sind die an Hochzeitstorten erinnernden Doppeltürme des **Santuario de Ocotitlán** auf einer Anhöhe östlich der Stadt kaum zu übersehen. Von oben bietet sich ein hervorragender Ausblick auf die Landschaft der Umgebung. Die mit Verzierungen überladene **Barockfassade** der Kirche kann sich durchaus mit denen von Tepotzotlán und Taxco messen. Das Innere ist nicht minder üppig: Der riesige barocke Altaraufsatz scheint sich mit seinen mit Blattgold überzogenen Schnitzarbeiten schier endlos Richtung Kuppel und am Querschiff entlang zu strecken.

Gerechtfertigt wird diese Überschwänglichkeit durch die Legende derzufolge die Jungfrau Maria 1541 einem armen Indianer erschien und ihn anwies, eine Epidemie mit dem Wasser eines Baches zu heilen, der in jenem Moment aus dem Nichts auftauchte. Alle wurden geheilt, woraufhin die Jungfrau dem Indianer auftrug, die Franziskanermönche des Ortes in einen Wald zu führen. Dort angekommen, brach plötzlich ein Feuer aus, das aber wundersamerweise sämtliche Bäume verschonte. Die Mönche kehrten am nächsten Tag zurück und entdeckten eine Kiefer *(ocotlán)* mit einem hölzernen Bildnis der Jungfrau. Das beeindruckende Abbild schmückt heute den Altar und ist ein typisches Beispiel für die Schnitz- und Maltechnik jener Zeit. Der Statue werden alle Arten von Glück bringenden Eigenschaften zugeschrieben, und das Leben der Jungfrau von Ocotlán ist auf den acht Wänden des reich verzierten **Camarín de la Virgen** (Ankleidezimmer der Jungfrau) hinter dem Altar abgebildet. Im Mai ist die Kirche mit den umliegenden Straßen Schauplatz der Prozession der Jungfrau, an der Tausende Pilger teilnehmen.

Die Kirche liegt etwa 1 km vom Zócalo entfernt am Berg und ist in 30 Min. zu Fuß zu erreichen. Der recht steile Weg führt zunächst in nördliche Richtung die Juárez entlang und dann weiter über die Av. Guridi y Alcocer, vorbei am **Pocito**, einem kleinen achteckigen Schrein.

Übernachtung

Hotel Alifer, Morelos 11, an der Kreuzung mit der Xicohténcatl, ✆/📠 246/465-0620 bis 21, 💻 www.hotelalifer.com. Östlich des Zócalo, nette Zimmer mit Teppich und TV. ❺

Posada Mary, Xicohténcatl 19, ✆ 246/462-9655. Sauber, aber einfach, mit ziemlich dürftigen Bettdecken. Die Xicohténcatl verläuft einen Block östlich parallel zur Juárez. ❸

Hotel Posada San Fransisco, 17 Plaza de la Constitución, an der Südseite des Zócalo, ✆ 246/4626-022, 💻 www.posadasanfrancisco.com. Das beste Haus am Ort, in einer schönen alten Villa am Zócalo; im Kolonialstil ausgestattete Zimmer, Pool und Tennisplätze. ❽

Essen

Für eine Kleinstadt herrscht in Tlaxcala eine große Dichte an **Restaurants** und **Bars**, v.a. in der Umgebung des Zócalo und in der Juárez. Einige der einladendsten befinden sich unter den Portales an der Ost- und Südseite des Zócalo, wo man draußen sitzen kann.

Los Portales, Plaza de la Constitución 8, ✆ 246/462-5419, Großauswahl an Speisen, u.a. *antojitos*, Burger, Salate, Pasta und leckere *sopa tlaxcalteca*.

Italian Coffee Company, in der Nr. 4, hat den besten Kaffee.

Mandukare, Xicohténcatl 9, kleines Café-Restaurant, das Salate, Pasta und Crêpes (sowohl süße als auch pikante) sowie ein paar vegetarische Gerichte serviert. So geschlossen.

El Cantino de Marina, Av. Guridi y Alcocer 50. In dieser **Bar** im Cowboy-Stil steht der Alkoholgenuss im Vordergrund.

Sonstiges

GELD – Gegenüber dem Zócalo, an der Lardizábal, befindet sich eine zuverlässige **Casa de Cambio**.

INFORMATIONEN – An der Rückseite des Palacio de Gobierno gibt es eine ***Touristeninformation***, ✆ 246/465-0968, 🖳 www.tlaxcala.gob.mx/turismo.com, mit kostenlosen Infobroschüren und verschiedenen Tourangeboten, s.o. 🕒 Mo–Fr 9–18, Sa und So 10–18 Uhr.

POST – am Zócalo.

Nahverkehrsmittel

In Tlaxcala verkehren Colectivos und Stadtbusse. Die meisten Colectivos, die am Busbahnhof warten, fahren direkt ins Zentrum. Vorsichtshalber nachfragen!

Transport

Die **Central Camionera** liegt 10 Min. zu Fuß vom Zócalo: um ins Zentrum zu gelangen, geht man außerhalb des Busbahnhofes nach rechts und hügelabwärts bis zur nächsten Hauptkreuzung und dann an der nächsten großen Kreuzung nach rechts auf die Av. Guerrero, folgt dieser 5 Querstraßen hinunter und biegt nach links in die Independéncia ein.
Zwischen Tlaxcala und Puebla oder México D.F. verkehren ständig Busse. Außerdem fahren viele Nahverkehrsbusse und Camionetas in die Dörfer der Umgebung. Busse nach:
MÉXICO D.F., alle 20 Min. (1 3/4 Std.),
PACHUCA, 22x tgl. (3 Std.),
PUEBLA, alle 8 Min. (40 Min.; außerdem häufige Colectivos dorthin).

Die Umgebung von Tlaxcala Cacaxtla und Xochitécatl

Etwa 17 km südwestlich von Tlaxcala liegt die Ausgrabungsstätte **Cacaxtla**, wo 1974 eine besonders schöne Reihe von Wandgemälden mit Kampfszenen entdeckt wurde. Die Malereien, deren Stil eindeutig den Maya zugeordnet wird, geben den Archäologen weiterhin Rätsel auf. 🕒 tgl. 9–17 Uhr, US$3,70.

Zwei Kilometer westlich von Cacaxtla liegen die Ruinen von **Xochitécatl** (Öffnungszeiten und Preise wie oben) mit drei beeindruckenden Pyramiden und einigen Monolithen. Die Stätten werden häufig von Colectivos („San Miguel del Milagro“) angefahren, die am Blv. Mariano und in der Lardizábal abfahren. Eine Busverbindung zum nahe gelegenen Dorf Natavitas gibt es von Tlaxcala oder Puebla aus. Jeden Sonntag veranstaltet die Touristeninformation von Tlaxcala eine geführte Tour zu beiden Stätten für US$5,70. Man wird um 10 Uhr vor dem Hotel *Posada San Francisco* in Tlaxcala abgeholt und dort um 13 Uhr wieder abgesetzt.

Die Touristeninformation veranstaltet sonntags eine Stadtrundfahrt (US$2) mit Besuch der weniger spannenden Ausgrabungsstätte **Tizatlán**, 4 km nördlich der Stadt. Sie ist auch auf eigene Faust mit einem Colectivo von der 1 de Mayo, Ecke 20 de Noviembre aus erreichbar. 🕒 Di–So 10–17 Uhr, US$3,20.

Puebla

Von der Hauptstadt führt eine stark ansteigende Schnellstraße mit herrlichen Ausblicken auf die schneebedeckten Vulkane Popocatépetl und Ixtacíhuatl nach Puebla. Die Stadt ist in weniger als einer Stunde mit dem Bus von México D.F. aus zu erreichen und nach der Hauptstadt, Guadalajara, Monterrey und Tijuana die fünftgrößte des Landes. Es fällt schwer, Puebla zu beschreiben. Der erste Eindruck einer modernen Industriestadt wird beim Anblick der riesigen Volkswagenwerken am Stadtrand erweckt und erhärtet sich, wenn man in den verstopften Straßen im Zentrum festsitzt. Andererseits braucht sich Puebla in punkto Geschichte vor keiner anderen mexikanischen Stadt zu verstecken. In der Innenstadt stehen zahlreiche interessante Gebäude, darunter eine herrliche **Kathedrale**, ein „verstecktes“ **Kloster** sowie zahlreiche Museen und alte **Villen** im Kolonialstill. Dennoch werden sich Besucher nicht allzu lange in Puebla aufhalten. In zwei geruhsamen Tagen (oder einem einzigen Tag mit vollem Programm) lassen sich die größten Sehenswürdigkeiten Pueblas und die benachbarte Stadt **Cholula** besichtigen.

Puebla liegt 2162 m hoch und hat rund 1 Mio. Einwohner. Es wurde 1531 von den Spaniern auf „neutralem Boden" gegründet, und nicht, wie sonst in dieser Gegend üblich, auf den Trümmern einer alten Siedlung. Die Stadt entwickelte sich rasch zu einem wichtigen Umschlagplatz im Warenaustausch zwischen Spanien und seinen fernöstlichen Kolonien. Wohlstand brachte auch die Keramikfliesen-Herstellung, für die Puebla bis heute berühmt ist. Viele Spanier aus Talavera, einer Stadt, in der dieses Handwerk Tradition hat, hatten sich hier niedergelassen, denn der Lehmboden um Puebla eignet sich hervorragend für die Verarbeitung. Man hatte wenig Gründe, sich über die Kolonialherrschaft zu beklagen, und es verwundert daher nicht, dass Puebla im Unabhängigkeitskampf die spanische Seite unterstützte. Bis heute steht sie im Ruf, konservativ zu sein. Daran änderte auch die Tatsache nichts, dass die Ermordung von Aquiles Serdán in seiner Wohnung in Puebla den Auftakt zur Revolution gab.

Mehr als anderswo in Mexiko weiß die Geschichte Pueblas von militärischen Wechselfällen zu berichten: 1847 fiel die Stadt in die Hände der Amerikaner und 1863 in die der Franzosen. Hier fand aber auch der größte Sieg der mexikanischen Geschichte statt, der am 5. Mai 1872 zu verzeichnen war, als rund 2000 Mexikaner eine dreimal so starke französische Truppe vernichtend schlugen. Bis heute wird der 5. Mai in Puebla mit einer rauschenden Fiesta begangen, in ganz Mexiko ist er ein öffentlicher Feiertag.

Die Altstadt mit ihren schönen gekachelten Häusern ist noch komplett erhalten, steht auf der UNESCO-Liste des Weltkulturerbes und inzwischen wurde eine Bauordnung erlassen, die das Stadtbild bewahren soll. Die Gebirgslandschaft um Puebla weist sehr schöne Ecken auf. Wer nicht über Nacht bleiben möchte, sollte sich einen ganzen Tag Zeit nehmen und sowohl Puebla als auch Cholula besuchen und danach entweder nach México D.F. zurück oder per Nachtbus weiter nach Westen reisen.

Die Innenstadt

Die Erkundung der Stadt beginnt natürlich am **Zócalo** (Plaza de la Constitución), der den Mittelpunkt des Netzes von nummerierten Straßen bildet (die kleinsten Zahlen sind dem Zentrum am nächsten). Hier steht die riesige **Kathedrale**, die zweitgrößte des Landes (nach der von México D.F.). Ihr Bau dauerte von 1562 bis zur Mitte des folgenden Jahrhunderts an. Von außen eher grau und hässlich, verblüfft sie im Innern mit außergewöhnlichen Verzierungen aus Onyx, Marmor und Blattgold sowie einem wundervollen Altar, der 1797 von Manuel Tolsá entworfen wurde. Die Kathedrale wurde zum Teil von Bischof Juan de Palafox y Mendoza finanziert, dem unehelichen Sohn eines spanischen Adligen, der bei seiner armen Mutter aufwuchs, bevor er die Reichtümer seines Vaters erbte. 🕓 tgl. 7–12.30 und 16.15–19.30 Uhr, Eintritt frei.

Gleich hinter der Kathedrale in der Av. 5 Ote, in der Nähe der Touristeninformation, befindet sich der alte **Erzbischofspalast**. Er wurde im 17. Jh. in eine Bibliothek *(Biblioteca Palafoxiana)* umgewandelt – angeblich die älteste Bibliothek Amerikas – und beherbergt im Obergeschoss eine Sammlung von Originalen (Bücher und Manuskripte). Die im Untergeschoss untergebrachte **Casa de la Cultura** stellt sehenswertes örtliches Kunsthandwerk und Kunstgegenstände aus. 🕓 10–20 Uhr Uhr, Eintritt frei.

Das zweifellos beste Museum von Puebla ist das **Museo Amparo** in der Calle 2 Sur Nr. 708, Ecke Calle 9 Ote, das eine Kunstsammlung mit Stücken aus prähispanischen, kolonialen und modernen Werken Mexikos beherbergt. Es ist in zwei modernisierten Kolonialgebäuden mit lichten Innenhöfen untergebracht, die häufig mit klassischer Hintergrundmusik berieselt werden. Die Sammlung ist ein Vermächtnis des Philanthropen Manuel Espinoza Iglesias, der die Amparo-Stiftung zum Gedenken an seine Frau ins Leben rief.

Die historische Bedeutung der Stücke kommt zwar auch zum Tragen, doch der Schwerpunkt des Museums liegt eindeutig auf der Ästhetik – die ausgestellten Objekte sind eindrucksvoll in Szene gesetzt. Zur Einstimmung befindet sich schon am Eingang eine beeindruckende Glasreplik einer **Tzompantli-Schädelwand**, in deren Glaskästen sich Olmeken- und Totonakenköpfe abwechseln. Ein Raum enthält Nachbildungen der **Höhlenmalereien** von Altamira (Spanien), Arnhemland (Australien), Utah (USA), Norwegen und Baja California, anhand derer sich die kulturelle Entwicklung Mexikos gut in einen Gesamtkontext rücken lässt,

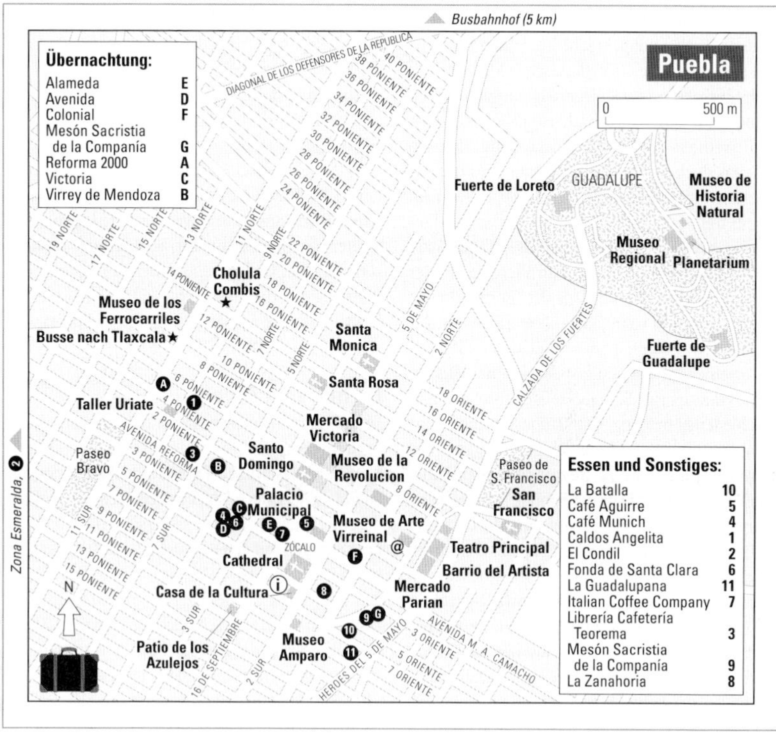

bevor die eigentliche Ausstellung beginnt. Diese ist wesentlich kleiner als die im großen Anthropologischen Museum von México D.F., doch die Auswahl ist gut getroffen und viel leichter zu bewältigen. Die Betonung liegt auf den Olmeken, einem Volk, das in und um Puebla lebte und einige außergewöhnlich schöne Stücke hinterließ, darunter einen 50 cm breiten Steinkopf. Besonders bemerkenswert sind außerdem: der exquisite Colima-Jaguar, die schön geschnitzte Muschel von der Golfküste und die kniende Frau von Nayarit mit ihrer auffälligen Körper- und Gesichtsbemalung. Die letzte Abteilung des Museums nehmen **Gemälde** aus der Kolonialzeit und Räume mit Möbeln aus dem 17. und 18. Jh. ein.

Alle Einzelheiten des Museums sind gründlich dokumentiert und an Computern, die im Gebäude verteilt stehen, abrufbar. Auf den für US$2 ausleihbaren Kopfhörer mit dem ohnehin spärlichen Kommentar (erhältlich in Spanisch, Englisch, Französisch, Deutsch und Japanisch) kann man daher getrost verzichten. Gratisführungen in englischer und spanischer Sprache finden sonntagmittags statt. 🖳 www.museoamparo.com, 🕓 tgl. außer Di 10–18 Uhr, US$2,50, Camcorder US$5.

Nördlich vom Zócalo

Geht man vom Zócalo auf der Av. 5 de Mayo nach Norden, gelangt man zur Kirche **Templo de Santo Domingo** an der Ecke mit der 4 Pte. Zu ihr gehört die **Capilla del Rosario**, eine wahre Orgie aus goldenem Zierrat und barocken Ausschweifungen, die in dieser Beziehung sogar die überreich ausgestattete Kathedrale in den Schatten stellt. Vor dem Standbild der Jungfrau defilieren Gläubige, die Kerzen stiften und um wundertätige Hilfe bitten.

Drei Häuser weiter, in der 5 de Mayo 409, befindet sich das **Museo José Luis Bello y Zetina**. Hier sind Möbel und Gemälde der reichen Familie Bello aus dem 19. Jh. untergebracht. Die Sammlung umfasst alles Mögliche – von flämischen Meistern des 17. Jhs. bis zu einem napoleonischen Schlafzimmer. Irgendwie wirkt das Gebäude zu ungemütlich für ein Privathaus und nicht formal genug für ein Museum, doch die Besichtigungstour wird mit viel Begeisterung durchgeführt. 🕓 Di–So 10–16 Uhr, Eintritt frei.

Unweit von hier führt eine Passage zum Glas- und Eisenwarenmarkt **Mercado Victoria**, an der 5 de Mayo, Ecke 6 Ote, ehemals der Großmarkt von Puebla, heute eher ein Einkaufszentrum. Östlich des Marktes verkaufen Süßwarenläden in der Calle 6 Oriente eine regionale Spezialität namens *camotes,* eine klebrige Süßigkeit aus Süßkartoffeln in verschiedenen fruchtigen Geschmacksrichtungen.

Weiter die Straße hinunter befindet sich das **Museo Regional de la Revolución Mexicana**, 6 Ote 206, das Wohnhaus der Familie Serdán, deren Kampf gegen die Diktatur von Porfirio Díaz hier gewürdigt wird. Der Mord an Aquiles Serdán in diesem Haus brachte die Wende im Schicksal von Díaz. Der Todestag von Serdán am 18. November 1910 wird als das auslösende Moment für die Revolution betrachtet. Die Einschusslöcher im Gebäude wurden konserviert, auch ein zertrümmerter Spiegel, der neben Fotos vom Attentat noch an der Wand hängt. Freunde der Revolution werden sich außerdem an den Biografien einiger Schlüsselfiguren des Kampfes erfreuen, an den Fotos der breitkrempigen Revolutionäre mit ihren Schulterpatronengurten und an der Falltür im Boden, hinter der Serdán bei dem Versuch seinem Schicksal zu entfliehen zahlreiche Stunden verbrachte. 🕓 Di–So 10–17 Uhr, US$1.

Neun Blocks nördlich des Zócalo liegt in der 18 Pte 103 das „geheime" Kloster, das heute das **Museo Religioso Santa Mónica** beherbergt. Von 1857, als die strengen Klosterorden verboten wurden, bis 1934 lebten hier mehrere Generationen von Nonnen, versteckt hinter geheimen Türen und verschlossenen Gängen. Ob dies wirklich völlig unbemerkt blieb, sei dahingestellt – manche Leute behaupten, die Regierenden hätten einfach ein Auge zugedrückt. Jedenfalls wurde das Kloster von vielen reichen Familien unterstützt. Das Gebäude ist inzwischen ein Museum. Die Geheimgänge, Gegenstände des Klosteralltags und die Klosterräume aus dem 17. Jh. sind erhalten geblieben. Mehrere einfache Zellen sind ebenfalls zu besichtigen, und von der versteckten Kapelle aus eröffnet sich durch eine Trennwand ein Blick auf die Kirche nebenan, die auch heute noch genutzt wird. 🕓 Di–So 9–17.30 Uhr, US$2,30.

Weiter in derselben Richtung befindet sich in der 14 Pte 305, Ecke 3 Nte, das ehemalige **Kloster Santa Rosa**, aus dessen wundervollen, gelb gekachelten Küchen der hervorragende *mole poblano* stammt. Die Küchen stellen den Höhepunkt der Führung dar, die außerdem auch die Räume mit Kunsthandwerk aus dem Bundesstaat Puebla vorstellt. 🕓 Di–So 10–17 Uhr, US$1.

Östlich vom Zócalo

Die übrigen Sehenswürdigkeiten liegen überwiegend im Osten und Nordosten des Zócalo. Die erste Station ist das **Museo Poblano de Arte Virreinal** an der 4 Ote, Ecke 6 Nte, untergebracht in der Casa del Alfeñique, einem alten herrschaftlichen Haus, das sorgfältig mit den für Puebla typischen Kacheln geschmückt wurde. 🕓 Di–So 10–17 Uhr, US$1,50. Am Ende der 4 Ote befindet sich der **Mercado Parian** (zum Großteil geschmacklose Souvenirstände) und das **Barrio del Artista**, das alte Künstlerviertel, das inzwischen mit billigen Reiseandenken auf Massentourismus ausgerichtet ist. Ganz in der Nähe, im **Teatro Principal** aus dem 18. Jh., dem angeblich ältesten Theatergebäude auf dem Kontinent, finden ab und zu Vorstellungen statt.

Westlich vom Zócalo

Westlich des Zócalo liegt die Töpferei **Taller Uriarte** in der 4 Pte 911, ✆ 222/232-1598. Es handelt sich um eine der bekanntesten Talavera-Töpfereien des Landes, eine Minifabrik, die in ein scheinbar ganz normales Stadthaus gezwängt wurde. Besucher können sämtliche Stadien des Herstellungsprozesses verfolgen, vom Formen der Teller und Schüsseln bis zur Bemalung mit komplizierten Motiven, deren Farben sich erst beim Brennen in die für Puebla typischen Blau- und Gelbtöne verwandeln. 🕓 Mo– Fr 9–18, Sa 10–17, So 11–16 Uhr, halbstündige Gratisführungen Mo–Fr 11, 12 und 13 Uhr.

Cerro de Guadalupe

Pueblas Vorstädte sind nicht so attraktiv wie das Zentrum, und Ähnliches gilt auch für das **Centro**

Cívico 5 de Mayo, eine Ansammlung von Museen auf dem Berg **Cerro de Guadalupe** im Nordwesten. Der Berg war im 19. Jh. Schauplatz zahlreicher Schlachten und Belagerungen, wovon heute noch zwei Festungen zeugen. Die Aussicht von oben wird zwar teilweise von ausgewachsenen Gummibäumen versperrt, trotzdem eignet sich dieser Ort ganz gut, um ein paar Stunden den Abgasen und der Hektik der Innenstadt zu entfliehen. Man erreicht den Komplex per Colectivo („Centro Cívico") über die Ruta 72 vom Blv. de los Héroes del 5 de Mayo aus, drei Blocks östlich des Zócalo.

Zuerst gelangt man zu der Festung **Fuerte de Loreto**: Ein großer, leerer Paradeplatz und eine kleine Kirche mit dem Museo de la No Intervención sind von Gräben und hohen Mauern umgeben. Das Museum thematisiert die Ereignisse der Schlacht von Puebla im Jahre 1862, deren Jahrestag am Cinco de Mayo (5. Mai) begangen wird, und feiert 150 Jahre Verteidigung der Republik. Der Blick auf Popo und Ixta von den Zinnen zählt zu den besten in Puebla. ⌚ Di–So 10–16.30 Uhr, US$3,50.

Erwähnenswert ist noch das moderne **Museo Regional de Puebla**, das sich größtenteils der Archäologie und Ethnologie des Bundesstaates verschrieben hat. Hier stehen ein paar ausgezeichnete Skulpturen, darunter eine olmekische aus Jade und eine 4 m hohe Statue des Heiligen San Cristóbal aus dem 17. Jh. Ein anderer Abschnitt des Museums befasst sich mit den Einzelheiten der Völkerwanderung der amerikanischen Ureinwohner von Ostasien über Alaska. ⌚ Di–So 10–16.30 Uhr, US$3,50.

Wer mit Kindern reist, wird bestimmt vom gegenüberliegenden **Museo Interactivo Imagina** angezogen, einer Sammlung interaktiver Wissensspiele, ⌚ Mo–Fr 9–13 und 14–18, Sa und So 10–14 und 15–19 Uhr, Eintritt US$3,50, einige Ausstellungsbereiche kosten extra, und dem **Planetarium** nebenan mit IMAX-Kino, in dem am Wochenende den ganzen Tag über Filme gezeigt werden. ⌚ Di– So 10–12 und 16–18 Uhr, US$3.

Der höchste Punkt des Berges wird von der **Fuerte de Guadalupe** eingenommen; leider sind inzwischen nur noch die spärlichen Überresten dieser mächtigen Festung aus dem Jahre 1862 zu sehen. Erhalten sind lediglich ein paar Bögen und Räume ohne Dach. ⌚ Di–So 9–18 Uhr, US$3.

Übernachtung

Ausgesprochen preiswerte Unterkünfte sind in Puebla dünn gesät, doch wenigstens lassen sich die Hotels an dem deutlich sichtbaren Schild „H" leicht ausmachen. Die meisten liegen direkt westlich und nördlich des Zócalo. Je näher an der Plaza, desto teurer.

Alameda, Reforma 141, ✆ 222/242-0882. Gutes Hotel, bemerkenswert wegen der prächtig gefliesten und bemalten Treppe; ordentliche Zimmer mit modernem Bad und TV. Die teureren zur Straße sind bedeutend geräumiger und luftiger. ❹

Avenida, 5 Pte. 336, ✆ 222/232-2104. Einfach, aber freundlich und einigermaßen ruhig. ❸

Colonial, 4 Sur 105, ✆ 222/246-4612, 💻 www.colonial.com.mx, einen Block östlich vom Zócalo, in einem alten Kloster. Die Zimmer sind modern, mit TV, manche mit gefliesten Bädern. Zwecks Reservierung vormittags anrufen. Auch gutes Restaurant. ❻

Mesón Sacristia de la Compañía, 6 Sur 304, ✆ 01-800-7124028 oder 222/242-3554, 💻 www.g-networks/sacristia/. Hotel der Luxusklasse in einem 200 Jahre alten Haus mit nur 9 großen Zimmer und Suiten. Die Räume sind verschieden, aber allen gemeinsam sind schwere Holzbalken, antike Möbel und elegantes Dekor. Zimmer mit Frühstück US$150, Suiten US$175. ❾

Reforma 2000, 4 Pte 916, Ecke 11 Nte, ✆ 222/242-3363, 📠 2463-073. Geräumige Zimmer mit Teppichboden, TV und Telefon. Nette Bar, Parkmöglichkeiten. ❺

Victoria, 3 Pte 306, ✆ 222/232-8992 oder 1-800/8492-793. Einfache, aber saubere und ruhige Zimmer mit Du/WC und ständig Warmwasser. ❸

Virrey de Mendoza, Reforma 538, ✆ 222/242-3903. Kleines Hotel mit großen Zimmern um einen zentralen Innenhof, viel Grün und separates Treppenhaus. Gutes Preis-Leistungs-Verhältnis, eines der besten Mittelklassehotels. ❺

Essen und Unterhaltung

Puebla hat eine riesige Auswahl an Restaurants, von den billigeren Lokalen am Mercado Victoria bis zu den besseren im Zentrum. Viele empfehlenswerte Restaurants sind in kleinen Nebenstraßen versteckt. Besucher sollten unbedingt einige **regionale Spezialitäten** probieren, besonders *mole poblano,* eine geschmacksintensive Soße aus Schokolade, vielen verschiedenen Chili-Sorten und einer Reihe von Kräutern und Gewürzen. Sie wird normalerweise zu Huhn, Pute oder Enchiladas serviert und ist in ganz Mexiko zu bekommen, schmeckt aber nirgends besser als hier, wo sie angeblich zu Kolonialzeiten anlässlich eines Besuchs des Vizekönigs erfunden wurde.

Wer Mole-Paste für zu Hause kaufen möchte, um selbst eine *mole* zuzubereiten (die Paste hält sich jahrelang und muss nicht im Kühlschrank aufbewahrt werden), findet gute bei ***Abarrotes Lulu*** in der Calle 16 Pte 304–A, beim Mercado 5 Mayo.

Eine weitere geschmackliche Offenbarung sind *chiles en nogada,* ein Gericht, das 1821 zur Feier der mexikanischen Unabhängigkeit in den Farben der Landesflagge kreiert worden sein soll.

Im Zentrum Pueblas geht es abends überwiegend ruhig zu. Wer etwas erleben möchte, findet in der Nähe der Plazuela de los Sapos auf der Höhe 6 Sur und 5 Pte, mehrere Bars. Viele Vergnügungssüchtige fahren aber lieber nach **Cholula**, wo eine lebendigere Atmosphäre herrscht; die Rückfahrt per Taxi kann allerdings teuer werden. Die Busse stellen ihren Dienst um 23 Uhr ein, gerade wenn es in den Clubs von Cholula interessant wird.

La Batalla, 6 Sur 506. Eine von mehreren Bars an der Plazuela de los Sapos, aus deren Lautsprechern meist Latin und US-Pop-Hits dröhnen. Weitere Bars an der 6 Sur sind ***La Boveda*** (Nr. 503), ***El Reguardo de los Angeles*** (Nr. 504) oder ***D'Pasadita*** (Nr. 501).

Café Aquirre, 5 de Mayo 4. Verlässlich gutes Restaurant, das schon lange zu den Favoriten der Einheimischen zählt. Große Auswahl an Frühstücksgerichten, Comidas, *antojitos* und Tortas.

Café Munich, 3 Pte, Ecke 5 Sur. Einfaches, gutes Restaurant, spezialisiert auf Suppen und deftige Gerichte. Bayrische Landschaftsfotos und Porträts von Beethoven, Goethe und Wagner zieren die Wände. Billige (US$2,80) und teurere (US$7) Comidas.

Caldos Angelita, Calle 6 Pte, Ecke Calle 9 Norte. Beliebtes, schlichtes Lokal, das herzhafte Hühnerbrühe (US$1,70) und *mole poblano* (US$2,30) serviert, allerdings nur bis 18.30 Uhr.

El Condil, Juárez 1305. Gut besuchte Bar 2 km westl. des Zentrums in der Zona Esmeralda (die Juárez ist die Verlängerung der Calle 7 Pte westl. des Paseo Bravo), ab ca. 21 Uhr oft Live-Musik.

Fonda de Santa Clara, Calle 3 Pte 307, ✆ 222/242-2659, ein paar Blocks westlich des Zócalo, ist das bekannteste und touristischste Restaurant der Stadt. Regionale Speisen der etwas gehobenen Sorte in mit mexikanischen Kunstgegenständen dekorierten Räumen. Empfehlenswertes Frühstücksbuffet am Wochenende. Filiale in der Calle 3 Pte 920, ✆ 222/246-1952.

Italian Coffee Company, Reforma 107. Espresso in verschiedenen Geschmacksrichtungen, Tees und Kuchen in geselliger Atmosphäre. Weitere Ableger u.a. in der Calle 4 Ote 202 und der Calle 2 Sur zwischen Zócalo und Calle 5 Ote.

La Guadalupana, 5 Ote 605, Plazuela de los Sapos, ✆ 222/242-4886. Eines der renommiertesten Restaurants, serviert regionale Gerichte in einem schönen Gebäude im Kolonialstil.

La Zanahoria, 5 Ote 206, ✆ 222/232-4813. Gut besuchtes vegetarisches Restaurant, in dem sich auch einige Fleischgerichte unter die ansonsten vollwertige Kost gemogelt haben. Außerdem Burger, Salate, Frühstück und preiswertes Tagesmenü (sonntags ersetzt durch ein Buffet für US$5,90).

Librería Cafetería Teorema, Reforma 540. Höhe Calle 7 Nte. Buchladen und Café; Live-Musik in unkonventioneller Atmosphäre bei Essen, Bier und Espresso. Auftritte normalerweise ab 21.30 Uhr, So–Do akustisch, Fr und Sa Rock, Eintritt US$1–2,50.

Mesón Sacristía de la Compañía, 6 Sur 304, ✆ 222/242-3554. Feines Restaurant im schönen Patio dieses prächtigen Hotels. Effiziente und freundliche Bedienung, hervorragende Weinkarte.

Sonstiges

GELD – ***Banamex*** in der Reforma 135 (zwischen Calle 3 Nte und 5 Mayo) ist eine der Banken, die Reiseschecks wechseln.

Eine **Casa de Cambio** befindet sich unter den Arkaden zwischen der Nordseite des Zócalo und der Calle 2 Ote, eine weitere bei CAPU.

HONORARKONSULAT – **Deutschland:** zuständig für **Puebla** und **Tlaxcala**:
Ave. Hermanos Serdan No. 231, Col. Aquiles Serdan, 72140 Puebla, ✆ 222/248-1633, 248-1889, 📠 230-3458.

INFORMATIONEN – Die ***Touristeninformation*** in der 5 Ote 3, Ecke 16 de Septiembre, ✆ 222/246-2044, 💻 www.turismopuebla.com.mx, hat kostenlose Stadtpläne und Infos über Stadtrundfahrten. 🕓 Mo–Sa 9–20.30, So 9–14 Uhr. Die gleichen Stadtpläne liegen auch in vielen Hotels und Sehenswürdigkeiten in der Stadt aus.

INTERNET – Ein paar Internet-Lokale liegen um die Calle 2 Sur gleich südlich des Zócalo, aber auch der Laden in der Calle 4 Ote 404–B, 🕓 Mo–Sa 9–21 Uhr, bietet Internet-Zugang zu vernünftigen Tarifen und billige internationale Telefongespräche.

POST – Hauptpostamt, 16 Setiembre, Ecke 5 Ote, besitzt eine zuverlässige Lista de Correos. Filiale in der Calle 2 Ote 411.

Transport

BUSSE – Die ***Central de Autobuses de Puebla*** *(CAPU)* liegt 5 km außerhalb der Stadt im Nordwesten am Blv. Nte, Ecke Blv. Serdán und hat eine preiswerte Gepäckaufbewahrung. Ein offizielles Taxi ins Zentrum kostet ca. US$3,50. Alternativ dazu geht man am Ausgang rechts und nimmt nach ca. 200 m einen der häufig zwischen Bahnhof und Zentrum verkehrenden Busse oder ein Colectivo.
Vom Zentrum steigt man am besten entlang der 9 Nte oder 9 Sur in einen Bus zum CAPU.
Zum CAPU muss man sich auch wieder für die Weiterfahrt begeben, es sei denn, man will in die nähere Umgebung, z.B. nach CHOLULA, das auch per Combi von der 14 Pte, Ecke Calle 11 Nte, zu erreichen ist, oder nach TLAXCALA, das neben den Bussen vom CAPU auch von Colectivos angefahren wird, die von einer Haltestelle in der Calle 10 Pte zwischen Calle 11 Nte und Calle 13 Nte, beim Eisenbahnmuseum, abfahren. Busse nach:
CHOLULA, alle 10–15 Min. (20 Min.),
CUERNAVACA, stdl. (3 1/2 Std.),
MÉXICO D.F., alle 12 Min. (2 Std.),
MÉXICO D.F. FLUGHAFEN, stdl. (2 1/4 Std.),
OAXACA, 11x tgl. (4 1/2 Std.),
PACHUCA, 22x tgl. (4 Std.),
TLAXCALA, alle 8 Min. (40 Min.),
VERACRUZ, stdl. (4 1/2 Std.).

FLÜGE – Vom Flughafen Hermanos Serdán, 22 km westlich der Stadt gibt es Flüge nach:
GUADALAJARA 2x tgl. (1 3/4 Std.),
MÉXICO D.F. 4x tgl. (35 Min.), 4x tgl.
MONTERREY 4x tgl. (2 Std.).
Außerdem nach TIJUANA, CHICAGO und DALLAS / FORT WORTH.

Cholula und Umgebung

Infolge der starken Ausdehnung Pueblas in den letzten Jahren wurde das 15 km südwestlich gelegene Cholula fast schon zu einem Teil des Vorstadtrings. Die Kleinstadt hat jedoch ihren individuellen Charme bewahrt und kann seit jeher mit einer Sehenswürdigkeit der ganz besonderen Art auftrumpfen: den Ruinen von Cholula mit der größten Pyramide Mexikos. Zu ihrer Blütezeit rivalisierte die Stadt mit Teotihuacán und war nach dem Fall von Teotihuacán und vor dem Aufstieg Tulas die mächtigste Ansiedlung des Landes. Zur Zeit der Konquista umfasste die gewaltige Anlage ungefähr vierhundert Tempel und war berühmt für ihr Quetzalcóatl-Heiligtum. Der Handel mit den hervorragenden Tonwaren lag in den Händen eingewanderter Mixteken (s.S. 549).

Cholula bezahlte teuer dafür, dass es den verbündeten Azteken zu Hilfe kommen und Cortés auf seinem Marsch nach Tenochtitlán in einen Hinterhalt locken wollte. Die Spanier ermordeten alle Häuptlinge, zerstörten die Tempel und bauten an ihrer Stelle Kirchen. Angeblich sollen es 365 Gotteshäuser gewesen sein, eines für jeden Tag des Jahres, aber diese Zahl ist mit Sicherheit zu hoch gegriffen. Dennoch: Im Verhältnis zu der Bevölkerungsanzahl gibt es unendlich viele Kirchen, und insgesamt mögen sie annähernd 365 Kapellen beherbergen.

Eine Seite des großen Zócalo von Cholula, die Plaza de la Concordia, wird von den Sakralbauten des Klosters **Convento de San Gabriel** eingenommen, das hier 1529 an der Stelle des Quetzalcóatl-

Tempels errichtet wurde. Die gotische Hauptkirche ist von geringem Interesse, doch dahinter (Zugang über die Calle 4 Nte 401) steht die großartige, senfgelbe **Capilla Real** mit ihren 49 Kuppeln. Das maurisch anmutende Innere mit seinem Säulenwald und den halbkreisförmigen Bögen weckt unverzüglich Erinnerungen an die Mezquita im spanischen Córdoba, 🕒 tgl. 10–16.30 Uhr.

Die Ausgrabungen

Bei der Ankunft in Cholula fällt sofort die **Kirche** ins Auge, malerisch auf einem Berg gelegen mit dem Popocatépetl im Hintergrund. Was jedoch nicht gleich offensichtlich wird, ist die Tatsache, dass sie auf der großen Pyramide von Cholula, der **Pirámide Tepanapa**, steht. Von der größten jemals erbauten Pyramide ist äußerlich nicht mehr als ein großer überwucherter Erdhügel übrig geblieben. Mit 66 m erreicht sie nicht die Höhe der größten ägyptischen Pyramide, doch misst jede Seite 350 m, wodurch sie ein größeres Volumen und eine größere Grundfläche als die Cheops Pyramide aufweist. Typischerweise wurde die äußere Hülle über eine Reihe weiter innen liegender Pyramiden gebaut, die allesamt zwischen 200 v.Chr. und 800 n.Chr. erbaut wurden. Derlei Einzelheiten sind in im **Museum** der Stätte veranschaulicht.

Auf der gegenüberliegenden Straßenseite geht es durch mehrere, insgesamt 400 m lange, von Archäologen gegrabene Tunnel zur **Ausgrabungsstätte**. Sie bilden nur einen Bruchteil des insgesamt 8 km langen unterirdischen Tunnelsystems, das die Pyramide durchzieht. Die Gänge sind hoch genug, dass ein normalgroßer Mensch darin aufrecht gehen kann. Die Hauptgänge sind gut ausgeleuchtet; eine Erkundung der schmäleren Seitentunnel ist abenteuerlicher. Man begegnet Überresten früherer Tempel und kann über steile zeremonielle Treppen in die Finsternis vordringen. Einer der Durchgangstunnel führt zu einem Ausgrabungsbereich unter freiem Himmel, wo ein Teil der großen Pyramide freigelegt wurde. Daneben sind mehrere nicht so bedeutende Tempel mit Erläuterungen in englischer Sprache zu besichtigen.

Die Ruinen sind weniger beeindruckend als die berühmteren Stätten im México-Hochtal, doch der Ring aus sich überlagernden Bauwerken rund um den **Patio de los Altares** ist auf jeden Fall einen Besuch wert. Die **Wandgemälde** lassen sich allerdings besser im Museum der Stätte betrachten, wo Nachbildungen zu sehen sind. 🕒 tgl. 9–18 Uhr, US$3,20, Camcorder US$3; Ticket gilt für Museum und Ausgrabungsstätte.

Hinter dem Ausgang windet sich zur Rechten eine Straße die Pyramide bzw. den Berg hinauf zur Kirche **Nuestra Señora de los Remedios**, 🕒 tgl. 8–18 Uhr, Eintritt frei. Von oben oder von einem Aussichtspunkt auf halber Strecke genießt man einen schönen Blick auf die Landschaft mit dem Popocatépetl und kann versuchen, die Kirchen zu zählen.

In dem Buchladen neben dem Museum sind gedruckte Führer erhältlich, während die aus Fleisch und Blut am Tunneleingang auf Kundenfang gehen. Keine der beiden Ausführungen ist unbedingt erforderlich, beide können aber für Besucher mit einem tiefer gehenden Interesse an den uralten Bauwerken durchaus hilfreich sein.

Übernachtung

Cholula ist gut innerhalb eines Tagesausflugs von Puebla aus erreichbar, doch wer bleiben möchte, findet ein paar Unterkünfte.

Reforma, Morelos, Ecke 4 Sur, ✆ 222/247-0149, die billigste Übernachtungsmöglichkeit, passable Zimmer, z.T. mit Bad. ❹

Hostal Cholollan, Privada de Choyollan 2003, zwischen 20 und 22 Ote, ✆ 222/247-7038, ✉ hostalchololl an@hotmail.com, hat erschwingliche Dorm-Betten. ❷

Suites San Juan, 5 Sur 103, ✆ 222/247-0278, 📠 247-4544. Zentral gelegen, große, moderne Zimmer, gefliest und mit TV. ❺

Villas Arqueológicas, 2 Pte 601, etwas weiter entfernt, unmittelbar südlich der Pyramide, ✆ 222/247-1966, 📠 2 22/247-1508. Betreiber ist *Club Med;* komfortable Zimmer, Pool und Tennisplätze. ❼

Trailer Park Las Américas, 2 km außerhalb an der 6 Nte, Ecke 30 Ote, ✆ 222/247-0134, Zelt oder Wohnwagen US$4 p.P. ❶

Essen und Unterhaltung

Als Standort der Universidad de las Américas tummeln sich in Cholula zahlreiche mexikanische und ausländische Studenten, von denen viele die Cafés und **Restaurants** am Portal Guerrero des Zócalo bevölkern. Hierher geht man zum Essen, wobei das ***Café Enamorada*** (Nr. 1) als Bar und Restaurant gleichermaßen beliebt ist und gelegentlich auch mit Live-Musik aufwartet. Etwas weiter bietet ***Los Jarrones*** (Nr. 7) mehr Auswahl, gutes Essen und eine rustikalere Atmosphäre.

In Cholula konzentriert sich das **Nachtleben** der Region Puebla. Einige Bars befinden sich in der 14 Pte und der 5 de Mayo, aber inzwischen spielt die Musik hauptsächlich ca. 3 km außerhalb an der **Recta a Cholula**, der Schnellstraße von Puebla nach Cholula. Die Lage ist ungünstig und beschert den Taxifahrern ein gutes Geschäft. Außerdem liegen die einzelnen Läden weit auseinander, so dass es nicht leicht fällt, das Epizentrum des Abends zu lokalisieren. Am besten fragt man vor Ort nach der angesagtesten Disco oder Bar und konzentriert sich auf eine davon, nicht zuletzt wegen der satten Eintrittspreise von ca. US$10.

Transport

Busse nach Cholula fahren ungefähr alle 15 Min. vom *CAPU* in PUEBLA ab, außerdem ständig Colectivos an der 14 Pte, zwischen 9 und 11 Nte. Sie halten in Cholula direkt an der Ausgrabungsstätte und kommen unterwegs am Busbahnhof von *Estrella Roja* an der 12 Pte., Ecke 5 de Mayo, vorbei, von wo Verbindungen zurück nach Puebla (letzter Bus um 22.30 Uhr) und zum Busbahnhof *TAPO* in MÉXICO D.F. (letzter Bus um 19.30 Uhr) bestehen. Vom Busbahnhof führt die 5 de Mayo direkt ins Zentrum. Es gibt auch Colectivos nach Puebla.

Alle 20–30 Min. fahren 2. Klasse-Busse von *Estrella Dorada* nach MÉXICO D.F. (2 1/2 Std.). Unter Umständen klappt es mit Umsteigen in PUEBLA (alle 10–15 Min., 20 Min.; außerdem häufige Colectivos) schneller.

Popocatépetl und Ixtaccíhuatl

Man kann die Aussicht auf die beiden schneebedeckten Vulkane **Popocatépetl** (5452 m) and **Ixtaccíhuatl** (5285 m) natürlich von vielen Orten westlich der Hauptstadt aus genießen, und bis der Vulkan im September 1994 zu grollen und zu rauchen begann, stellte der Aufstieg oder zumindest ein Aufenthalt im Nationalpark an den Ausläufern, ein einmaliges Erlebnis dar. Seit 1994 herrschte in der Region immer wieder Alarmstufe Gelb, und in den Orten der Umgebung wurden Verhaltensmaßregeln für den Fall einer Evakuierung angeschlagen.

Im Dezember 2000 kam es dann zu vulkanischer Aktivität, die schließlich im größten Ausbruch seit 1802 gipfelte. Glühende Gesteinsbrocken wurden aus dem Krater geschleudert, Staubwolken senkten sich auf die Hauptstadt nieder und einige Male musste der über 60 km entfernte Flughafen von México D.F. für einige Stunden geschlossen. Lavaströme rückten glücklicherweise nicht weit vor. Die internationalen Medien spielten den Ausbruch hoch und verängstigten damit Touristen, doch in Wirklichkeit hatten nur die Bauern unter der Situation zu leiden, die für mehrere Wochen evakuiert werden mussten, während ihr Vieh sich selbst überlassen blieb.

Das Gebiet um den Popo bleibt zwar in einem Radius von 2 km für die Öffentlichkeit gesperrt, doch der **Parque Nacional de Volcanes**, der die beiden Vulkane umgibt, hat wieder geöffnet, ⌚ tgl. 7–21 Uhr; US$1 – Näheres zur aktuellen Lage beim Parkbüro in Amecameca an der Plaza de la Constitución 9, ✆ 597/978-3830. Ein Besuch in diesem Nationalpark ist ein einmaliges Erlebnis: Der zweit- und der dritthöchste Berg des Landes (nach dem 5700 m hohen Pico de Orizaba) ragen über dem in 3800 m Höhe zwischen den beiden Riesen verlaufenden Paso de Cortés in den Himmel.

Die Namen der beiden Vulkane gehen auf eine aztekische Version der Geschichte von Romeo und Julia zurück: Popocatépetl („rauchender Berg“) war ein Krieger, Ixtaccíhuatl („weiße Dame“) seine Geliebte, die Tochter des Kaisers. Als sie Popocatépetl im Kampf getötet glaubte, starb sie vor Kummer. Ihr Liebster kam aber unversehrt zurück; er legte ihren Leichnam auf einen Berg und blieb dort, um mit einer brennenden Fackel in der Hand bis in alle Ewigkeit Wache zu halten.

Aus westlicher Richtung betrachtet, ähnelt der Ixta in der Tat den Formen eines weiblichen Körpers, deshalb wurden die verschiedenen Teile des Berges entsprechend benannt – Füße, Knie, Bauch, Brust, Hals, Kopf und Haar.

Praktische Tipps

Wer so nah wie möglich an die Berge heranmöchte, sollte Amecameca (meist nur **Ameca** genannt) ansteuern, eine reizende kleine Stadt, eine Autostunde südlich von México D.F.
Vom Busbahnhof *TAPO* in México D.F. aus fahren Busse der Gesellschaft *Servicio Volcanes* alle 20 Min. zwischen 5 und 23 Uhr. Die spektakulären Ausblicke auf die Gipfel stehen in merkwürdigem Kontrast zu den Palmen auf dem Zócalo, in dessen Umgebung ein paar gute und preiswerte Hotels auf Gäste warten. Sobald Popo sich beruhigt hat, wird man sicher wieder über die gut ausgebaute Passstraße zu der mit Kiefern bewachsenen Gegend am Fuß des Vulkans, dem **Paso de Cortés**, hinauffahren können. Da es keine Busverbindung zum Pass gibt, muss man von Amecameca aus entweder selbst fahren, trampen oder ein Taxi nehmen. Ausgangspunkt für die körperlich anspruchsvolle, aber technisch machbare eintägige Besteigung (zurzeit nicht möglich) des **Popo** ist eine primitive Hütte, wo man übernachten und sich Steigeisen und Eispickel ausleihen kann. **Ixta** ist dagegen selbst für erfahrene Bergsteiger eine echte Herausforderung und erfordert ein oder zwei Übernachtungen mit voller Ausrüstung in sehr großer Höhe. Außerdem ist eine technisch sehr anspruchsvolle Felsspalte zu überwinden (meist nur mit Seilen möglich), wenn man den höchsten Punkt erreichen will.

Im Süden

Südlich von México D.F. liegt **Cuernavaca**, seit langem ein beliebter Rückzugsort für Hauptstädter, mit hübschen Kolonialhäusern und alten Parks. Die Stadt zieht aber aufgrund ihrer Nähe zu einigen bedeutenden Ausgrabungsstätten auch Reisende an. Das Touristenmekka **Taxco** an der Straße nach Acapulco ist berühmt für seinen Silberschmuck. An der alten Straße nach Morelia Richtung Westen gibt es jeden Freitag in **Toluca** einen riesigen Markt. Außerdem gibt es noch eine ganze Reihe von Erholungsorten in den Bergen, insbesondere die kleine Stadt **Malinalco** mit ihren alten Ruinen und das Wassersportmekka **Valle de Bravo**.

Cuernavaca

Cuernavaca (1 Mio. Einwohner, 1542 m) war seit jeher ein beliebter Ausflugsort: Schon die Aztekenherrscher kamen hierher, um sich bei der Jagd zu erholen. Sie nannten den Ort Cuauhnahuac („Ort bei den Wäldern"). Während der Belagerung von Tenochtitlán ließ Cortés die Stadt dem Erdboden gleichmachen, um sich hier bald darauf einen Palast erbauen zu lassen. Weil die Spanier den alten Namen der Stadt nicht aussprechen konnten, verballhornten sie ihn zu Cuernavaca („Kuhhorn").

Seither ist der Ort bei den Mächtigen in Mode geblieben. Kaiser Maximilian und der entthronte Schah von Persien hatten hier Häuser, und die zentrumsnahen Viertel werden geprägt von den hohen Mauern, hinter denen sich die Villen wohlhabender Mexikaner und Ausländer befinden, die hier jeden Winter aus den USA und Kanada einfliegen. Für den Durchschnittstouristen fällt ein Besuch der modernen Stadt eher enttäuschend aus. Die Temperaturen sind zwar immer noch das ganze Jahr über frühlingshaft, aber durch die starke Industrialisierung, die die heutige Hauptstadt des Bundesstaates Morelos erlebte, beherrschen Verkehrslärm und Abgase die Innenstadt.

Zu Fuß ist es ziemlich hoffnungslos, die chaotisch gewachsene, ausgedehnte Stadt erkunden zu wollen, doch viele Attraktionen befinden sich in der Nähe der Innenstadt und können zu Fuß besichtigt werden. Essen und Unterkunft sind relativ teuer, was zum Teil der großen Anzahl von reichen Ausländern zu verdanken ist. Hinzu kommen Touristen und Sprachstudenten der zahlreichen Sprachschulen, die ebenfalls die Preise in die Höhe treiben. Dennoch hat die Stadt einige Sehenswürdigkeiten zu bieten und stellt eine gute Ausgangsbasis für einen Ausflug nach Norden, ins schön gelegene Tepoztlán, oder nach Süden zu den Ruinen von Xochicalco dar. Und wer sich für mexikanische Geschichte interessiert, kann einen Tagesausflug nach Cuautla unternehmen, wo Emiliano Zapata im Jardín Revolución del Sur begraben liegt.

Im Zentrum

Der Zócalo – wie überall in Mexiko das Herz der Stadt – umfasst die Plaza de Armas und den kleineren Jardín Juárez mit einem Pavillon im Nordwesten. In der Umgebung des Zócalo kann man in einer Reihe von Cafés draußen sitzen und die riesige schwarze **Statue von Morelos** aus Vulkangestein bewundern, die ihrerseits über die Plaza auf den Palacio de Gobierno blickt. Sie steht vor dem **Palacio de Cortés**, in dem Wandgemälde von Rivera zu sehen sind. Nahezu alle anderen Sehenswürdigkeiten liegen im Umkreis von wenigen Gehminuten. Darunter fallen die unaufdringliche **Kathedrale** und das pompöse **Museo Robert Brady** sowie eine Hand voll weniger Aufsehen erregende Orte: der friedliche **Jardín Borda** und einige andere botanische Gärten, ein Wasserfall und ein paar unbedeutendere **Pyramiden**.

Palacio de Cortés

Am östlichen Ende der Plaza de Armas ist im Palacio de Cortés das **Museo Regional Cuauhnahuac** untergebracht. Mit dem Bau wurde schon 1522 begonnen, als viele Teile des Landes noch nicht unter spanischer Herrschaft standen. Dieser Umstand spiegelt sich in der festungsähnlichen Bauweise, die allerdings im Laufe der Zeit, zuerst von Cortés selbst, später von seinen Nachfolgern, gründlich verändert wurde. Wenn man Glück hat, kann man vom Balkon des Museums aus weit entfernt im Westen den Popocatépetl erblicken. Am Haupteingang befinden sich die ausgegrabenen Reste der Aztekenpyramide, die ursprünglich an dieser Stelle stand.

Das geräumige, gut konzipierte Museum informiert über regionale Archäologie und Geschichte und im Hauptteil befinden sich einige schöne Stelen und eine bezaubernde sitzende Figur aus Xochicalco. Das Gebäude wurde zum Teil auf den Ruinen einer kleinen Pyramide errichtet, die im Innenhof und an anderen Stellen des Komplexes zum Vorschein kommt. Darüber hinaus gibt es eine umfangreiche Gemäldesammlung, koloniale Waffen und Alltagsgegenstände zu besichtigen. Letztere Sammlung enthält ein aus der Kathedrale stammendes Uhrwerk aus dem 16. Jh. und eine nachgebaute *cuexcomate,* eine Art strohgedeckte Kornkammer, wie man sie auch heute noch im Bundesstaat Morelos findet. Am interessantesten ist jedoch die Galerie mit den Wandgemälden von **Diego Rivera** aus den Jahren 1929 und 1930. Sie stellen die mexikanische Geschichte von der Konquista bis zur Revolution dar, insbesondere die Greueltaten von Cortés und den Kampf des Revolutionshelden **Emiliano Zapata**. Zapata, der aus dem nahe gelegenen Cuautla stammt, stellte seine Truppen während der Revolution vor allem aus Bauern zusammen und wird von ihnen noch immer als eine Art Volksheld angesehen. 🕒 Di–So 9–17 Uhr, US$3,70.

Catedral de la Asunción

Biegt man von der Plaza aus in die Hidalgo ein, gelangt man zu der 1529 von Cortés gegründeten Catedral de la Asunción. Sie liegt an der Südseite eines grasbewachsenen Geländes mit schattigen Bäumen und einigen anderen kleinen Kirchen. Ihr bedrohliches Äußeres (zeitweilig waren tatsächlich Kanonen am unteren Dachrand angebracht) lässt kaum auf das schlichte in Gold und Weiß gehaltene Innere schließen: Der modernistische, unaufdringliche Ansatz ist eine wohltuende Abwechslung zu den überladenen und barocken Prunkverzierungen, die sonst allerorten anzutreffen sind und an denen man sich auch satt sehen kann. An manchen Stellen sind die während der Renovierungsarbeiten freigelegten alten **Wandgemälde** zu sehen. Der orientalische Charakter der Malereien geht wahrscheinlich auf einen christianisierten chinesischen oder philippinischen Künstler aus der Zeit, als die Kathedrale das Zentrum der Fernostmission war, zurück. Zu der Zeit führte der wichtigste spanische Handelsweg über Cuernavaca; die Waren wurden über den Pazifik nach Acapulco, dann auf dem Landweg durch Zentral-Mexiko nach Veracruz und von dort nach Spanien gebracht.

Wer auf goldenen Prunk nicht verzichten möchte, schaut in der **Capilla del Santísimo** vorbei, wo es einen kleinen, vergoldeten Altaraufsatz und verschiedene in Kohle auf Papier gemalte Stationen des Kreuzes zu besichtigen gibt. Bis zu seinem Tod im Dezember 2000 war **Luis Cervantes** Bischof von Cuernavaca, einer der liberalsten und freimütigsten Kirchenvertreter Mexikos. Ihm verdankt die Kathedrale den Neuanstrich und die Mariachi-Messen, eine Tradition, die von seinen Anhängern fortgeführt wird: Jeden Sonntag zieht der Gottesdienst mit Musikbegleitung Massen von Gläubigen an.

Museo Robert Brady

Südlich der Kathedrale, an der Kreuzung Nezahualcoyotl und 20 de Noviembre, ist in den Mauern eines ehemaligen Klosters aus dem 16. Jh. das **Mu-**

seo **Robert Brady** untergebracht. Es beherbergt die Privatsammlung des in Iowa geborenen Künstlers, der in den 60er Jahren nach Cuernavaca zog und 1986 verstarb. In dem mit Kunstobjekten aus aller Welt und im farbenfrohen Artesanía-Stil dekorierten Museum sind die Ausstellungsstücke nach rein ästhetischen Gesichtspunkten angeordnet – es erinnert daher eher an ein wunderschön gestaltetes Wohnhaus als an ein Museum. Die um Außenpatios mit Skulpturen und einen Pool angeordneten Ausstellungsräume enthalten Werke fast aller großen mexikanischen Meister des 20. Jhs., und selbst auf den Toiletten hängen Arbeiten von Diego Rivera und Rufino Tamayo. Des Weiteren finden sich Werke von Frida Kahlo, Graham Sutherland und einige besonders schöne Stücke von Rafael Coronel, darunter ein Porträt von Peggy Guggenheim. Sämtliche Exponate sind in englischer Sprache beschriftet. ⌚ Di–So10–18 Uhr, US$3.

Jardín Borda

Eine Querstraße weiter westlich, in der Morelos 103, befindet sich neben dem Anwesen von Minenkönig **José de la Borda** der Jardín Borda. Er erreicht zwar immer noch nicht die Pracht, die Borda vorschwebte, als er den Garten im 18. Jh. in Auftrag gab, doch sowohl der Park selbst als auch die Borda-Villa wurden liebevoll restauriert. Es ist ruhig und man kann sich eine Vorstellung davon machen, wie angenehm das Leben in Cuernavaca hinter den Mauern der Luxusvillen einmal war – und für manche noch immer ist. ⌚ Di–So 10–17.30 Uhr, US$3. Zum Komplex gehören neben Räumen für wechselnde Ausstellungen auch eine Buchhandlung und ein Café.

Maximilian und Charlotte machten die Hinterlassenschaft Bordas zu ihrem Wochenendsitz. Maximilian besaß allerdings noch einen anderen Rückzugsort in Cuernavaca, den er mit seiner indianischen Geliebten, *La India Bonita*, teilte. Eigentlich hieß das Haus der Mätresse La Casa del Olindo, der Volksmund machte daraus jedoch bald **La Casa del Olvido** („das Haus des Vergessens"), da der Erbauer „vergessen" hatte, die Gemächer für Charlotte mit einzuplanen.

Außerhalb des Zentrums

Etwa 20 Min. Fußweg vom Zentrum entfernt rauscht jenseits des Jardín Borda der **Salto de San Antón**, ein attraktiver, 36 m hoher Wasserfall, der von viel Grün und natürlichen Säulen aus kristallisiertem Basalt umgeben ist. Leider ist der Ort zugebaut und durch die betonierten Fußwege, Abfälle und den unterschwelligen Fäulnisgeruch des verschmutzten Wassers verunstaltet worden, doch der Wasserfall ist trotzdem schön. ⌚ Di–So 8–18 Uhr, Eintritt frei.

Zu den Sehenswürdigkeiten am Rande der Stadt gehört das einzige Bauwerk aus vorspanischer Zeit, die etwa 800 n.Chr. errichtete **Pyramide von Teopanzolco**. Sie lag so gut versteckt, dass erst Artilleriebeschuss während der Revolution sie ans Licht brachte. Nordöstlich vom Zentrum am Bahnhof (den die Schützen treffen wollten) steht ein kleiner Tempel, in dem zwei übereinander gebaute Pyramiden zu sehen sind. ⌚ tgl. 9–16 Uhr, US$2,70. Die Pyramide ist mit dem Stadtbus Nr. 6 von der Degollado, Ecke Reelección aus erreichbar.

Übernachtung

Am billigsten wohnt man in **Privatzimmern**. Viele Familien vermieten Zimmer an Sprachstudenten, aber auch an andere Gäste. In den Sprachschulen gibt es entsprechende Aushänge am Schwarzen Brett, auch die Touristeninformation erteilt Auskunft.

Zahlreiche **Hotels** befinden sich in der Nähe des Zentrums, aber in der Budget-Kategorie ist keins davon wirklich empfehlenswert. Die billigeren Hotels findet man im Norden in der Matamoros und deren Querstraßen zur Morelos. Mittel- und Spitzenklassehotels gibt es zuhauf. In der Innenstadt wurden Villen zu Hotels umgestaltet, und weitere Luxusherbergen finden sich in den Randbezirken.

América, Aragón y Leon 14, ✆ 777/318-6127. Einfache, aber gute Unterkunft. Alle Zimmer mit Du/WC, TV gegen satten Aufpreis. ❸

Casa Colonial, Netzahualcoyotl 37, ✆ 777/312-7033, 💻 www.tourbymexico.com/colonial. Prächtige historische Zimmer in einer herrlichen Villa aus dem 18. Jh. in der Nähe des Museo Robert Brady, s.o. Attraktive Gemeinschaftsbereiche, Pool, Frühstück inkl., TV auf Anfrage, kein Telefon auf dem Zimmer. Neben DZ auch Suiten (US$138–155) und Juniorsuiten (US$107–121).

Am Wochenende ziehen die Preise um etwa 15% an. ❽

Colonial, Aragón y León 104, ✆ 777/318-6414. Gegenüber dem *América;* weniger schlicht, nettestes Hotel in der Straße. ❺

Las Mañanitas, Luxusklasse, Ricardo Linares 107, ✆ 777/314-1466 oder 01-800/221-5299, 📠 318-3672, 💻 www.lasmananitas.com.mx. Das hübscheste Hotel der Stadt und nur 10 Min. Fußweg vom Zócalo. Der koloniale Eingang des noblen Hauses lässt kaum ahnen, was sich dahinter verbirgt: Pfauen, Flamingos und Kraniche stolzieren durch eine Oase mit üppigen Gärten und Pool. Geflieste Zimmer und Suiten mit schweren Holzmöbeln und sämtlichen Extras. Auch ein ausgezeichnetes Restaurant. Suiten US$270–425, DZ ab US$220. ❾

Papagayo, Motolinea 13, zwischen Calle Netzahualcoyotl und Av. Morelos, ✆ 777/314-1711 oder 1924, 💻 www.tourbymexico.com/hpapagayo. Großes, kinderfreundliches Hotel mit Pool in zentraler Lage. Die Zimmer sind in mehreren Gebäuden im ausgedehnten Gelände und um den großen Pool verteilt. Die frisch renovierten Zimmer und Suiten sind etwas schöner als die Standardzimmer; Restaurant/Bar mit Frühstück. ❻

Roma, Matamoros, ✆ 777/318-8778. Alle Zimmer einfach und sauber, mit Du/WC und TV. Parkplatz vorhanden. ❹

Royal, Matamoros 11, ✆ 777/314-4018, eines von mehreren recht abgewohnten Motels an der Matamoros; einfache Zimmer mit Du/WC rund um den Hof, der auch als Parkplatz dient. ❺

Essen und Unterhaltung

Einige besonders empfehlenswerte Restaurants befinden sich in unmittelbarer Nähe des Zócalo, und um den Musikpavillon im Jardín Juárez auf dem Zócalo werden Säfte und Kuchen angeboten. Abends konzentrieren sich die Aktivitäten ein paar Blocks südlich des Zócalo um die **Plazuela del Zacate** im Kreuzungsbereich der Straßen Galeana, Hidalgo und Fray Bartolomé de Las Casas. Abends finden sich auf dem kleinen dreieckigen Areal große Menschenmengen ein, bevölkern die schicken Kneipen oder sitzen draußen, um der Live-Musik von der provisorischen Bühne zu lauschen. Im Jardín Juárez gibt es Do um 18 Uhr ein kostenloses Konzert.

Cafeona, Morrow 6, ✆ 777/318-2757. Kleines, freundliches Café mit Schwerpunkt Kultur und Essen aus Chiapas. Gutes, preiswertes Essen, u.a. Comida; abends gelegentlich akustische Live-Musik.

El Barco, Rayon 5–F. Ein auf *pozole* (US$2,80–4) und Seafood-Salate (US$4–8) spezialisiertes Lokal, das aber auch Tacos und Tostadas serviert.

La India Bonita, Morrow 6, Höhe Morelos, ✆ 777/312-5021. Ausgezeichnetes Restaurant mit hübschem Patio, faire Preise, freundlicher Service; auch Frühstücksgedecke.

Las Mañanitas, Ricardo Linares 107, ✆ 777/314-1466. Die Sorte Restaurant, für das viele Gäste eine lange Anreise in Kauf nehmen. Renommiertes Lokal im gleichnamigen Hotel; gute internationale Küche. Nicht billig, aber jeden Peso wert.

Los Arcos, Jardín de los Héroes 4, ✆ 777/312-1510. Allseits beliebtes Restaurant mit Espresso-Bar an der Südseite des Zócalo; große Auswahl an nicht gerade billigen Gerichten. Abends kommen die meisten Gäste, um etwas zu trinken und der Live-Musik zu lauschen; Musikstil und Qualität variieren.

Pollo y Más, Galeana 4. Gegenüber vom Zócalo, serviert knusprige Hähnchen, Enchiladas und Antojitos.

Vienes, Lerdo de Tejada 302. Schickes österreichisch-ungarisches Café, Konditorei und Restaurant einen Block vom Zócalo entfernt. Ideal für Liebhaber von Kaffee und Kuchen nach europäischer Art.

Sonstiges

APOTHEKEN – ***Farmacia del Ahorro,*** Hidalgo, Ecke Galeana, unmittelbar südlich des Zócalo, 🕓 24 Std.

EINKAUFEN – Auf dem großen Kunsthandwerkmarkt gleich neben dem Palacio de Cortéz gibt es traditionellen Silber- und Tonwaren. Wer Spanisch spricht, kann u.U. gute Preise aushandeln.

GELD – **Casas de Cambio** im Zentrum sind z.B. ***Gesta,*** Galeana, Ecke Lerdo de Tejada, und weitere in der Morrow 7, 8 und 11.

INFORMATIONEN – ***Touristeninformation,*** Av. Morelos Sur 187, unweit des Busbahnhofs *Estrella de Oro,* 🖳 www.morelostravel.com, ✆ 777/314-3872. Hilfsbereites, gut informiertes Büro des Bundesstaates Morelos, vergibt einen nützlichen kostenlosen Stadtplan (die Orientierung in Cuernavaca fällt schwer). Außerdem Infos über Busverbindungen sowie Broschüren zu Sprachschulen und zu verschiedenen Ausflugszielen. ⌚ Mo–Fr 8–17, Sa 10–13 Uhr.

INTERNET – Es gibt mehrere Internet-Cafés im Zentrum; die Preise sind niedrig, die Verbindungen langsam. Die besten Tarife haben ***Cyber Gasso,*** Hidalgo 22–D und Gutenberg 206, ⌚ Mo–Fr 7.30–21.30, Sa 8.30–21.30, So 9.30–21.30 Uhr, und ***Computación Cuernavaca,*** Gutenberg 26a, ⌚ tgl. 7–20 Uhr.

POST – Die Hauptpost befindet sich an der Südwestseite der Plaza de Armas, ⌚ Mo–Fr 8–15, Sa 9–13 Uhr.

TELEFON – Ein öffentliches ***Telefon- und Faxbüro*** befindet sich neben der Post, ⌚ Mo–Fr 8–19.30, Sa 9–16.30, So 9–12.30 Uhr.

WÄSCHEREI – ***Lavandería Morelos,*** Matamoros 28, ⌚ Mo–Sa 9–20 Uhr.

Transport

BUSSE – Einige Busgesellschaften haben ihre Terminals in unterschiedlichen Teilen der Stadt: Der Terminal von ***Estrella Blanca*** befindet sich in der Morelos unmittelbar nördlich des Zentrums und ist günstig gelegen und leicht zu finden; dies ist auch der Busbahnhof von ***Flecha Roja.***

Pullman de Morelos-Busse halten ebenfalls nahe der Innenstadt in der Abasolo, Ecke Netzahualcoyotl. Letztere Straße einfach ein Stück weiter laufen, und schon ist man mitten drin im Geschehen.

Die Zentrale der 1.-Klasse-Busse von ***Estrella de Oro*** befindet sich ca. 2 km südlich des Zentrums in der Morelos.

Die Busse von ***Estrella Roja*** haben ihr Depot drei Querstraßen südlich des Zócalo in der Cuauhtémotzin, Höhe Galeana. Auf den größeren Busbahnhöfen werden in der Regel Stadtpläne und Karten verteilt, doch die Ortskenntnisse des Personals sind begrenzt. Busse nach:

ACAPULCO 23x tgl. Estrella de Oro Terminal; 9x tgl. Estrella Blanca Terminal, (5 Std.),

CUAUTLA alle 15 Min. Estrella Roja Terminal und Markt-Haltestelle, (1 1/2 Std.),

IGUALA 16x tgl. Estrella de Oro Terminal; 3x tgl. Estrella Blanca Terminal, (1 1/2 Std.),

MÉXICO D.F. alle 15 Min. Pullman de Morelos Terminal, (1 1/4 Std.),

MÉXICO D.F. FLUGHAFEN ca. stdl. Pullman de Morelos Terminal, (1 1/2 Std.),

PUEBLA stdl. Estrella Roja Terminal, (3 1/2 Std.),

TAXCO stdl. Flecha Roja im Estrella Blanca Terminal, (1 Std. 40 Min.),

TEPOZTLÁN alle 15 Min. Markt-Haltestelle, (3/4 Std.),

TOLUCA alle 30 Min. Flecha Roja im Estrella Blanca Terminal, (2 1/2 Std.).

Tepoztlán

Das Städtchen Tepoztlán (13 000 Einwohner), 21 km nordöstlich von Cuernavaca, liegt überaus spektakulär in einer Schlucht vor einer eindrucksvollen Vulkankulisse. Früher war es eine abgeschiedene Gemeinde Nahuatl sprechender Indianer, deren Lebensweise sich von der Konquista bis zum Beginn des 20. Jhs. kaum veränderte.

Auf Tepoztlán basiert auch die klassische soziologische Studie *Fünf Familien (Life in a Mexican Village)* von Oscar Lewis über das Leben in einem mexikanischen Dorf und die Auswirkungen der Revolution. Hier besaßen die Zapatistas einen wichtigen Stützpunkt. Doch durch den Bau neuer Straßen und Hotels ist vieles anders geworden. Heute ist Tepoztlán ein beliebtes Wochenendziel für Erholung suchende Hauptstädter, mit einer guten Auswahl an Restaurants und Qualitätsgeschäften für Kunst und Kunsthandwerk. Unter der Woche geht es hier dagegen wesentlich gemächlicher zu. Unverändert geblieben sind die zauberhafte Landschaft und die berühmt-berüchtigten, feucht-fröhlichen Feste (v.a. das alljährliche Trinkgelage in der Nacht vom 7. September).

Auf dem Zócalo wird jedes Wochenende und mittwochs ein Markt abgehalten. An der Ostseite des Platzes steht das wuchtige **Convento Domínico de la Natividad**, das starke Ähnlichkeit mit einer Festungsanlage hat und während der Revolution tatsächlich zeitweilig als solche diente. Im rückwärtigen Teil der Kirche ist das sehr gute **Museo de Arte Prehispánico** untergebracht. ⏲ Di–So 10–18 Uhr, Eintritt frei.

Mehrere Tempel aus vorspanischer Zeit wurden auf den Hügeln der Umgebung gefunden und ausgegraben. Einer davon ist im Norden zu sehen, auf einem Berg, der viel zu steil für ein solches Bauwerk erscheint. Es handelt sich um das **Santuario del Cerro Tepozteco**, das man nach einer äußerst anstrengenden, einstündigen Kletterpartie durch nicht viel mehr als ein ausgetrocknetes Flussbett erreicht, wenn man der Beschilderung von der Westseite des Zócalo aus folgt. Der schwierige Aufstieg lohnt sich aber allein schon wegen des herrlichen Ausblicks vom künstlich abgeflachten Gipfel.

Auch eine nähere Betrachtung des Tempel an sich ist lohnenswert: Die kleine, dreistufige, weiß getünchte Pyramide war dem Gott Tepoztecatl gewidmet, dem Gott des *pulque* und der Fruchtbarkeit, zu erkennen an den Kaninchenstatuen. Die Zahl der *pulque*-Götter war so groß, dass man sie die „vierhundert Kaninchen" nannte. Angeblich verdankt man die Entdeckung des Getränkes Kaninchen, die an Agaven knabberten und die sich danach wahrscheinlich recht merkwürdig benahmen.

Der hier beherbergte Gott erlangt besondere Berühmtheit durch die Tatsache, dass seine Statue, die von wütenden Spaniern vom Berg in die Tiefe geworfen wurde, den Sturz unbeschadet überlebte. Die große Fiesta im September findet dem Gott Tepoztecatl zu Ehren statt. ⏲ tgl. 9–17.30 Uhr, US$2,70.

Vom Markt aus fahren Colectivos zu vielen Dörfern in der Umgebung, die sich gut als Ausgangspunkte für Spaziergänge in den umliegenden Wäldern eignen. In der Nähe des kleinen Ortes **Amatlan** sind außerdem die Überreste eines **Aztekentempels** zu besichtigen.

Man biegt an der grünen Quetzalcóatl-Statue nach rechts ab und folgt etwa 1 1/2 Std. einem Fußweg. Unterwegs kann man sich in einigen kleinen Teichen abkühlen. Unterhalb des Tempels liegen ein See und ein Wasserfall.

Übernachtung und Essen

Die **Hotels** in Tepoztlán sind recht teuer.

Posada Ali, Calle Netzahualcoyotl, Richtung Ruinen, ✆ 739/395-1971. Preisgünstigstes Hotel; die billigsten Zimmer befinden sich unter dem Dach. Die größeren haben elegante Betten und Holzbalken an der Decke. Der kleine Pool ist jedermann zugänglich. ❻

Posada del Tepoxteco, Paraíso 3, ✆ 739/395-0010, 💻 www.posadadeltepozteco.com. Wenn man das nötige Kleingeld hat, ist dieses Luxushotel die erste Wahl. Wunderschöne Lage auf einer Anhöhe mit Blick auf die Stadt und die Berge. Gepflegte Gärten, zwei Pools. Gute Zimmer und perfekter Service. Die Preise beginnen bei US$112 (Fr und Sa US$135); die märchenhaften Suiten sind ab US$182 zu haben. ❾

Es gibt zahlreiche **Restaurants** in der Umgebung des Zócalo und an der Straße zu den Ruinen.

El Milenio, zwei Querstraßen nördlich des Zócalo an der Av. de Tepozteco (Verlängerung der Av. 5 Mayo); preiswerte mexikanische Gerichte, Vegetarisches, Salate, Vollkornbrot und guter Kaffee.

Etwas nobler geht es im ***Los Colorines*** zu, in derselben Straße, einen halben Häuserblock nach Süden.

Sonstiges

GELD – ***Bancomer***, nahe der Bushaltestelle, in der Avenida 5 Mayo, wechselt ausländische Währungen.

Transport

Busse zwischen CUAUTLA (s.S. 440) und CUERNAVACA oder MÉXICO D.F. *(Autobuses del Sur)* setzen Passagiere auf Wunsch an einer *caseta* der Autobahn, 1 km westl. der Stadt am Ende der Calle 22 Febrero, ab. Direktbusse 2. Klasse von Cuernavaca halten 500 m südlich der Stadt am Ende der Hauptstraße, Av. 5 Mayo. Einen Block nördlich der Kreuzung von Calle 22 Febrero und Av. 5 Mayo befindet sich der Zócalo, an dessen nördlichem Ende abgesetzt wird, wer mit einem langsameren 2. Klasse-Bus aus Cuernavaca kommt.

Cuautla

Etwa 42 km oder anderthalb Stunden mit dem Bus südöstlich von Cuernavaca liegt Cuautla, eine kleine Provinzstadt, in die sich kaum jemand verirren würde, läge hier nicht **Emiliano Zapata** begraben. Auf der Plazuela de la Revolución del Sur, einen Block südlich des Zócalo, steht eine riesige Bronzestatue des Revolutionärs in Heldenpose mit Schnurrbart, breitkrempigem Sombrero, Patronengurt um die Schulter, ein Gewehr in der einen Hand und eine Proklamation in der anderen mit der Forderung nach „Tierra y Libertad" („Land und Freiheit").

Am Zócalo selbst gibt es noch einige andere Sehenswürdigkeiten. In der **Casa de Morelos**, einer schönen kolonialen Villa mit Gärten, einst das Zuhause des aus Cuautla stammenden Unabhängigkeitskämpfers José Maria Morelos (s.S. 87), werden archäologische Fundstücke und Gegenstände zur Lokalgeschichte gezeigt, ⏲ Di–So 10–18 Uhr, US$2,70.

Drei Blocks weiter nördlich an der Los Bravo beherbergt der ehemalige Bahnhof von Cuautla heute das **Museo José María Morelos y Pavón**, das sich im Wesentlichen mit dem Leben von Morelos und der Unabhängigkeitsbewegung in dem nach ihm benannten Bundesstaat beschäftigt, ⏲ Di–So 10–18 Uhr, US$0,50. Eisenbahnfreunde geraten beim Anblick der **Dampflokomotive** und Waggons Baujahr 1904 ins Schwärmen, die einst von dem anderen großen Lokalhelden, Emiliano Zapata, genutzt wurden.

Cuautla ist außerdem bekannt für seine **Thermalbäder**. Mehrere große Komplexe befinden sich etwas abseits des Zentrums. Die Betonung liegt hier eher auf Schwimmen als auf Wellness, doch für US$3 lässt es sich gut ein oder zwei Stunden in *Agua Hedionda* aushalten. Entsprechend beschriftete, violett-weiße Busse oder gelbe Combis fahren ständig durch die Stadt und benötigen ca. 10 Min. für die Fahrt.

Übernachtung und Essen

Madero, Madero 27, ✆ 735/352-6665, drei lange Blocks südlich des Zócalo; gepflegte, moderne Zimmer mit Bad und TV. ❸

España, 2 de Mayo 22, ✆ 735/352-2186, näher am Zentrum. ❹

Defensa del Agua, Defensa del Agua 34, ✆ 735/352-1679. Pool und Parkplatz, saubere, moderne Zimmer mit TV. ❹

Im Stadtzentrum gibt es zahlreiche billige **Restaurants**, von denen sich das ***Las Golondrinas,*** Nicolás Catalán 19A, einen Block nördlich des Zócalo, ein wenig abhebt. Gemütliche Stühle, Springbrunnen, regionale Spezialitäten. Comida corrida für US$6.

Sonstiges

INFORMATIONEN – Wer sich am Busbahnhof noch keine Stadtplan besorgt hat, fragt einfach am ehemaligen Bahnhof, wo sich neben dem Museum eine kleine ***Touristeninformation*** befindet, ✆ 735/352-5221, 📠 352-8554. ⏲ Di–Sa 9–18 Uhr.

Transport

Die drei **Busbahnhöfe** von Cuautla liegen alle ein paar Querstraßen westlich des Zócalo. Busse nach:

CUERNAVACA, alle 15 Min. (1 1/4 Std.),

MÉXICO D.F. zwei Busse alle 15 Min. zum Autobuses del Sur und alle 15 Min. zum TAPO (1 3/4 Std.),

TEPOZTLÁN, alle 15 Min. (40 Min.).

Xochicalco

Von Cuernavaca sind es 38 km in südwestlicher Richtung zu den beeindruckenden, auf einem Hügel gelegenen Ruinen von Xochicalco. Über die Geschichte der Anlage und ihre Bewohner weiß man nur wenig. Bei den Archäologen gilt sie jedoch als eine der wichtigsten von Zentral-Mexiko, denn sie bildet ein direktes Verbindungsglied zwischen der antiken Teohuacán-Kultur und den nachfolgenden Tolteken.

Die Blütezeit von Xochicalco datiert ungefähr von 650–850 n.Chr. – bewohnt war der Ort schon gegen 200 v.Chr. – und überschneidet sich mit der von Teotihuacán und Tula. Gleichzeitig sind deutliche Parallelen mit den Maya und Zapoteken jener Zeit nachweisbar. Xochicalco ist ein Nahuatl-Wort und bedeutet „Haus der Blumen". Diesen Namen haben erst die Azteken dem Ort gegeben, wie er vorher hieß und wer die Gründer waren, wird ein Geheimnis bleiben.

Die Lage der Ausgrabungsstätte hoch oben auf einem kahlen Berg erinnert an Monte Albán (s.S. 549), die großen Zapotekensiedlung in der Nähe von Oaxaca. Wie Monte Albán und die großen Maya-Stätten (und im Gegensatz zu Tula und Teotihuacán) war Xochicalco keine Stadt im herkömmlichen Sinne, sondern v.a. ein religiöses Kultzentrum. Auch die Formgebung vieler Statuen erinnert an die Werke der Zapoteken und Maya.

Die Motive und die Bauweise der Tempel allerdings stellen eine Übergangsstufe zwischen Teotihuacán und Tula dar. Das wird besonders an der Figur von Quetzalcóatl deutlich, der hier zum ersten Mal in Menschengestalt auftritt. So – und nicht mehr nur als die gefiederte Schlange von Teotihuacán – wurde er in Tula und fast allen Nachfolgekulturen dargestellt. Der **Ballspielplatz** ist so gut wie identisch mit dem früherer Maya-Stätten und besitzt starke Ähnlichkeit mit denen, die später in Tula gebaut wurden. Alle diese unterschiedlichen Einflüsse machen eine genaue Bestimmung der dominierenden Kultur praktisch unmöglich. Manche Wissenschaftler behaupten, Xochicalco sei ein nördlicher Stützpunkt der Maya gewesen, andere sagen, es habe sich um eine von Teotihuacán aus regierte Anlage gehandelt, die den Fall der Stadt überlebte (oder vielleicht gar durch eine Revolte provozierte).

Nach der Ankunft auf dem Gelände sollte man zunächst das **Museum** auf dem Nachbarhügel aufsuchen, wo die **Eintrittskarten** verkauft werden und einige Objekte von der Ausgrabungsstätte ausgestellt sind. Eine verzierte Stele, die einst einen der unteren Höfe zierte und dort durch eine Betonsäule ersetzt wurde, ist der Höhepunkt des ersten Raumes. Daneben sind zahlreiche behauene Steinplatten, eine zierliche Alabasterschüssel und ein paar schöne Jademasken ausgestellt. Von hier aus sind es 10 Min. zu Fuß bis zur Ausgrabungsstätte. 🕓 tgl. 9–18 Uhr, US$3,70.

Das beeindruckendste der erhaltenen Bauwerke ist die **Pirámide de Quetzalcóatl** auf dem höchsten Punkt der Ausgrabungsstätte. Den Sockel schmücken Reliefdarstellungen gefiederter Schlangen, die sich um sitzende Figuren und astronomische Symbole winden. Der Einfluss der Maya ist deutlich. Von dem Tempel oben auf der Pyramide steht nur noch ein Teil einer Wand, in der ein großes Loch klafft. 1993 wurde das Innere der Pyramide freigelegt, um die Überreste einer früheren Pyramide sichtbar zu machen.

Der andere Hauptanziehungspunkt ist das **Sonnenobservatorium**, von der Hauptpyramide Richtung Nordwesten, ein wenig den Hügel hinunter und über den nördlichen Ballspielplatz. Dort befindet sich der Eingang zu einigen unterirdischen Gängen, natürlichen **Höhlen**, die durch von Menschenhand errichtete Tunnel und Treppen erweitert wurden. In einer der Höhlen wurde ein Spalt in die Decke getrieben, der so platziert ist, dass er in den jeweils fünf Wochen vor und nach der Sommersonnenwende – 14./15. Mai bis 28./29. Juli – am astronomischen Mittag (genau halbwegs zwischen Sonnenauf- und -untergang) das Licht so einlässt, dass sich ein Sechseck auf dem Boden der Höhle abbildet. Wenn man den Wächter bittet, den Eingang zu den Höhlen aufzuschließen, zeigt er den Besuchern die Überreste der **Fresken**. 🕓 offiziell tgl. 11–16 Uhr, in Wirklichkeit aber nur sporadisch.

Transport

Von CUERNAVACA erreicht man die Ausgrabungsstätte am schnellsten und bequemsten mit den halbstündlich verkehrenden 1. Kl.-Bussen ab Busbahnhof *Pullman de Morelos* mit Ziel Miacatlán. Man fährt bis CRUCERO DE XOCHICALCO, 4 km von der Ausgrabungsstätte, wo meistens ein Taxi wartet, das für ca. US$2 zu den Ruinen fährt. Ansonsten kommt man nur zu Fuß weiter. Daneben gibt es noch einen sehr langsamen 2. Kl.-Bus, der stdl. vom Busbahnhof am Markt von CUERNAVACA abfährt und direkt an der Ausgrabungsstätte hält.
Mit dem eigenen Fahrzeug kann man von Xochicalco noch gut 30 km weiter zu den Höhlen von CACAHUAMILPA fahren, von wo aus es nicht mehr weit bis TAXCO ist.

Taxco

In Taxco, 1755 m hoch gelegen, wurde schon lange vor dem Eindringen der Spanier nach Silber geschürft. Inzwischen sind die Minen praktisch erschöpft, aber noch immer ist Taxco als die „Silberstadt" berühmt und lebt davon, mittlerweile allerdings aufgrund unzähliger Schmuckwerkstätten und -geschäfte *(platerías)*.

Auch wenn die Stadt heute recht wohlhabend aussieht, ist ihre Entwicklung nicht gradlinig verlaufen. Mehr als einmal wurde sie praktisch aufgegeben. Die Spanier folgten natürlich dem Ruf der reichen Silbervorkommen (Cortés schickte schon 1522 eine Expedition in diese Gegend), aber der anfängliche Erfolg dauerte nur kurze Zeit, dann schienen die Silberadern erschöpft. Erst im 18. Jh. stieß der französische Einwanderer **José de la Borda** auf die San Ignacio-Ader und war mit einem Schlag ein reicher Mann. Fast alles, was man heute hier sieht, geht auf die kurze Zeit zurück, während der José de la Borda in Taxco lebte. Er steckte ein Vermögen in den Bau der Kirche **Santa Prisca** und in andere Gebäude und führte hier und in Cuernavaca ein königliches Leben. Als er 1778 starb, war die Glanzzeit schon vorbei.

Erst 1929 lebte die Stadt wieder auf. Der amerikanische Architekt und Schriftsteller **William Spratling** eröffnete eine Silberschmiede in Taxco, in der unter Verwendung prähispanischer Motive und Techniken kunstvolle Schmuckstücke angefertigt wurden. Schon bald eröffneten erfolgreiche Schüler eigene Läden und Werkstätten. Man baute auch eine neue Straße, und Taxco wurde bald zum Anziehungspunkt für Touristen. Die Stadt wusste Nutzen daraus zu ziehen und steht inzwischen unter Denkmalschutz.

Im Zentrum

Das Herz Taxcos, die winzige Plaza Borda, ist von restaurierten Kolonialgebäuden umgeben und wird von der einzigen herausragenden Sehenswürdigkeit der Stadt beherrscht: Die barocke **Iglesia de Santa Prisca** ist ein überreich verziertes Bauwerk, das die unterschiedlichsten Reaktionen hervorruft. Ihre überladene Fassade beherrscht den ganzen Zócalo und weist eine seltene Einheitlichkeit auf, die u.a. darin begründet liegt, dass sie in den Jahren zwischen 1751 und 1759 vollständig fertig gestellt wurde. Im Inneren sind vergoldete churrigueReske Altarstücke und andere Schätze zu bewundern, darunter auch Werke von **Miguel Cabrera**, ein Zapoteke, der einer der größten religiösen Maler Mexikos war. Seine Kunst ist in den Medaillons an den Altären, in den halbkreisförmigen Gemälden des Märtyrertums von Santa Prisca und San Sebastián, in der bischöflichen Sakristei hinter dem Altar in Form einer Reihe von 15 Szenen aus dem Leben der Jungfrau Maria und schließlich in einer Sammlung von Gemälden prominenter Stadtbewohner jener Epoche (einschließlich Borda) in einer Seitenkapelle zur Linken zu bewundern. Bemerkenswert ist außerdem der *manifestador*, eine vergoldete Konstruktion unmittelbar vor dem Altar, der das Heilige Sakrament darstellen soll und mit kleinen Statuen als Symbole des Glaubens, der Hoffnung und der Liebe versehen ist. Das wertvolle Stück galt als verloren, bis man es 1988 im Zuge von Renovierungsarbeiten wiederentdeckte.

In der nordöstlichen Ecke des Zócalo geht ein Tor auf einen Hof mit Silbergeschäften, über den man zum **Museo de Platería** gelangt (nach links und die Treppe hinab), das eine permanente Sammlung von wunderschönen Silberarbeiten beherbergt, darunter schönes Art-déco-Besteck, ein Kaffeebecher und eine herrlicher Teekanne, die alle aus William Spratlings Originalwerkstatt stammen. ⏲ tgl. außer Mi 10.30–17 Uhr, US$1.

Fast direkt daneben kann man im **Centro Cultural de Taxco** einen Blick auf die Arbeiten einheimischer Künstler werfen und den Ausblick über die Stadt aus einem der vielen Fenster genießen. ⏲ Mo–Sa 10–15 und 17–20, So 10–16 Uhr, Eintritt frei.

Direkt hinter der Santa Prisca und über die Calle del Arco rechter Hand erreichbar, befindet sich in der Porfirio Delgado 1 das **Museo Don Guillermo Spratling** mit einer Ausstellung präkolumbischer Objekte, zumeist aus der Privatsammlung von Spratling. Trotz mehrerer guter Stücke ist der Gesamteindruck eher enttäuschend, besonders wenn man bereits das Museo Nacional de Antropología in México D.F. gesehen hat. ⏲ Di–So 9–18 Uhr, US$3.

Das interessanteste Museum in Taxco, das **Museo de Arte Virreinal**, liegt unweit von hier, in der Juan Ruiz de Alarcón 6. Es ist in dem schönen Kolonialgebäude **Casa Humboldt** untergebracht, einer alten Herberge, in der der deutsche Forscher 1803 einmal eine Nacht verbrachte. Erläuterungen in spanischer und englischer Sprache liefern detaillierte Hintergrundinformationen zur religiösen Kunst und Geschichte der Stadt. Ein Schwerpunkt ist Taxcos Bedeutung als Station auf der Handelsstrecke zwischen Acapulco (wo die Galeonen aus

Manila einliefen) und Veracruz (wo die Beute nach Spanien verschifft wurde). Leben und Werk sowohl von José de la Borda als auch von Humboldt werden ausführlich geschildert. ⌚ Di–Sa 10–19, So 9–15 Uhr, US$1,50.

In der weiteren Umgebung gibt es wenig Interessantes zu sehen, wer jedoch einen Nachmittag Zeit hat, folgt der Benito Juárez bis zur Plazuela el Minero (einem kleinen Platz mit der Statue eines Bergarbeiters), geht dann links die Av. Kennedy hoch bis zum nördlichen Stadtrand (ca. 2 km – man kann auch vom Zócalo ein Combi zum Los Arcos nehmen) und steigt dort in die ***teleférico*** (Drahtseilbahn) zum *Hotel Monte Taxco* auf dem Berg, von dem man eine gute Aussicht hat. ⌚ tgl. 7–19 Uhr, US$3 hin und zurück.

Übernachtung

In Taxco gibt es ausgezeichnete Hotels. In der Umgebung des Zócalo sind viele preiswerte Unterkünfte angesiedelt. Am oberen Ende der Preisskala hat man die Qual der Wahl, insbesondere unter einigen liebevoll restaurierten Kolonialgebäuden, die zu komfortablen Hotels umfunktioniert wurden.

Agua Escondida, Plaza Borda 4, direkt am Zócalo, 💻 www.aguaescondida.com, ✆ 762/622-0726 oder 36. Die schmale Fassade an der Plaza Borda lässt nicht ahnen, wie groß das Hotel tatsächlich ist, u.a. mit Pool, Tischtennisplatten und einer Auswahl an billigeren Zimmern (zu erreichen über die Hintertreppe), und „umgestalteten" Zimmern mit TV und Telefon, aber nicht wirklich den fast doppelten Preis wert, zumal die nach vorn aufgrund des nächtlichen Trubels auf dem Platz ziemlich laut sein können. ❺

Casa Grande, Plazuela de San Juan 7, ✆ 762/622-0969, 📠 622-8316. Eines der billigsten Hotels mit abblätterndem Charme, aber freundlich und funktionstüchtig. Farbenfrohe Zimmer mit Bad (ohne TV), die im Obergeschoss mit Direktzugang zur Dachterrasse. ❹

Casa de Huéspedes Arellano, Pajaritos 23, ✆ 762/622-0215. Budget-Hotel beim Markt mit drei Sonnenterrassen. Je höher das Stockwerk, desto billiger das Zimmer. Gutes Preis-Leistungs-Verhältnis. ❹

Los Arcos, Juan Ruiz de Alarcón 2, ✆ 762/622-1836, ✉ losarcoshotel@hotmail.com. Zimmer mit gutem Preis-Leistungs-Verhältnis, eins mit kleiner Dachstube, ein paar Blocks östlich des Zócalo in einem ehemaligen Kloster aus dem 17. Jh. Einfache, einladende Zimmer um einen schönen Patio. Wer hier am Wochenende übernachten will, sollte reservieren. ❺

Posada de los Castillo, Juan Ruiz de Alarcón 7, ✆ 762/622-1396, hübsches Kolonialhotel in der Nähe des Zócalo, schöne mit Kacheln und Holz verkleidete Zimmer. TV gegen US$10 Aufpreis. ❺

Posada San Javier, Estacadas 32, ✆ 762/622-3177, ✉ posadasanjavier@hotmail.com. Zentrale Lage; geräumiges Hotel mit Pool und attraktiven Gärten. Große, einfache, aber freundliche Zimmer. Es lohnt sich, eine Suite mit Terracotta-Fußboden und schweren Holzmöbeln zu nehmen; keine Kreditkarten. ❺

Santa Prisca, Cena Oscuras 1, ✆ 762/622-0080 oder 0980, ✉ htl_staprisca@yahoo.com, an der Plazuela San Juan, Kolonialhotel mit gutem Restaurant, manche Zimmer mit Balkon. ❻

Essen

In Taxco herrscht kein Mangel an Esslokalen. In der Umgebung des **Zócalo** locken mehrere nette Restaurants. Sie sind allerdings recht teuer, und wer auf etwas Atmosphäre verzichten kann, ist in den vom Zentrum wegführenden Straßen besser aufgehoben. Tolle Ausblicke bieten sich von den Dachterrassen der Restaurants um die **Iglesia de Santa Prisca**. Die absoluten Preisbrecher sind die Imbissbuden am **Markt**, die allemal besser sind als ihr Aussehen.

Bar Paco, Plaza Borda 4, direkt gegenüber Santa Prisca und mit hervorragender Aussicht, besonders von den begehrten Plätzen am Fenster. Das Lokal gibt es seit 1937, und bis heute ist es *der* Ort, um ein Bierchen zu trinken oder eine nicht ganz billige, aber gut zubereitete Mahlzeit zu sich zu nehmen.

Bar Berta, Plaza Borda 2, traditioneller Treffpunkt und eines von mehreren Lokalen in Mexiko, welche die Erfindung des Margarita-Cocktails für sich beanspruchen. Hier ist es eine Mischung aus Tequila und Limonensaft mit der Bezeichnung „Berta".

Café Sasha, Juan Ruiz de Alarcón, gegenüber dem *Hotel Los Arcos*. Ausgezeichnetes gemütliches Café im Obergeschoss mit unspektakulärer Aussicht. Gute vegetarische und nicht-vegetarische Kost (z.B. Pizza, Salate, Falafel) zu moderaten Preisen, spezielle Kaffeesorten. Abends meist Live-Musik.
El Adobe, Plazuela de San Juan 13, ✆ 762/622-1683. Stilvolles Restaurant; ausgezeichnetes, preiswertes mexikanisches Essen, entweder im Innern oder auf dem Balkon mit Blick auf den Platz.
La Concha Nostra, Plazuela de San Juan 7, im oberen Stockwerk. In erster Linie Bar mit Live-Rockmusik am Samstag (Eintritt frei), aber tagsüber auch preiswerte Küche, u.a. Pizza.

Sonstiges

EINKAUFEN – **Silbergegenstände** sind in der Regel echt (auf den 925-Stempel achten), denn auf Betrug steht Gefängnisstrafe, aber die Preise liegen kaum unter denen, die man anderswo im Land für diese Dinge bezahlt, also ruhig ein bisschen handeln. Teurere Stücke sind mit einem Siegel gekennzeichnet, das einen Adler mit gespreizten Federn zeigt. Das Angebot der rund 300 Geschäfte ist überwältigend und gar nicht zu überschauen. In den kleineren Straßen weiter weg vom Zócalo sind die Preise niedriger und man kann besser handeln. Ende November findet die zweiwöchige **Silber-Messe** statt, die sehr viele Besucher anzieht.

GELD – Es gibt mehrere Banken mit Geldautomaten in den Straßen um den Zócalo sowie zahlreiche Casas de Cambio, darunter ***Argentu*** gleich abseits der Plazuela de San Juan in der Real de Cuauhtémoc 17, ◷ Mo–Fr 9–18, Sa 10–14.30 Uhr.

INFORMATIONEN – ***Touristeninformation***, Av. Kennedy, ✆ 762/622-0798, kleines ***Büro*** am nördlichen Stadtrand, wo die Straße von den Resten eines Aquädukts namens Los Arcos überquert wird (Combis verbinden Los Arcos mit dem Zócalo), ◷ tgl. 10–19 Uhr. Besucher benötigen im Prinzip aber nur einen Stadtplan, der an den Touristeninfoschaltern in den Busbahnhöfen ausliegt.

POST – Hauptpostamt im Palacio Municipal, Juárez 6, ◷ Mo–Fr 8–19, Sa 9–13 Uhr.

Transport

Taxco hat zwei **Busbahnhöfe**, die beide an der Av. Kennedy, etwa 1 km auseinander, liegen. Von beiden führt ein rund zehnminütiger Marsch bergauf bzw. eine Taxifahrt für US$2 zur Plaza Borda.
Vom Terminal *Estrella Blanca* ins Zentrum überquert man zunächst die Straße, geht dann bergauf nach rechts und anschließend nach links, wo es noch steiler hinauf an der Kirche Santa Veracruz vorbei ins Zentrum geht.
Bei Ankunft am Bahnhof *Estrella de Oro* geht man zunächst die Calle de Pilita (die steile Gasse direkt gegenüber) geradeaus, bis man zur Rechten auf die Plazuela San Juan trifft. Von dort führt die Cuauhtémoc zum Zócalo. Busse nach:
ACAPULCO, 4x tgl. (5 Std.),
CUERNAVACA, stdl. (1 1/2 Std.),
IXTAPAN, 18x tgl. (1 1/4 Std.),
MÉXICO D.F., stdl. (2 1/4 Std.),
TOLUCA, 18x tgl. (3 1/2 Std.).

Im Westen

Westlich von México D.F. schließt sich eine sehr abwechslungsreiche Landschaft an. Die Gegend um Toluca wird von einer Hochebene beherrscht, die ab und zu durch einen aufragenden Gipfel unterbrochen wird und schließlich zu allen Seiten hin steil abfällt, besonders im Süden, wo sich die Berglandschaft sehr zerklüftet präsentiert. Hauptverkehrsader durch die Region ist die Carretera 55, die zwar streckenweise von einer modernen Autobahn abgelöst wird, aber von den meisten Bussen, mit denen man in die kleineren Orte kommt, weiterhin befahren wird. Im Uhrzeigersinn ist Taxco, s.S. 441, der Ausgangsort für Besichtigungen der Kalksteinformationen in den **Grutas de Cacahuamilpa**, einer lohnenswerten Zwischenstation auf dem Weg in den Kurort **Ixtapan de la Sal**. Weiter nördlich bildet das Marktstädtchen **Tenancingo** das Tor zum Bergland Richtung Osten: v.a. nach **Malinalco** mit seinen Aztekenruinen auf einem Felsplateau und in das benachbarte Pilgerzentrum **Chalma**.

Die einzige Großstadt der Region ist **Toluca**, die hauptsächlich wegen ihres riesigen Marktes einen Kurzbesuch wert ist. Außerdem gibt es hier einige gute Kunstmuseen. In Toluca wechselt man meistens den Bus, wenn man nach **Valle de Bravo** möchte, einem kleinen Wasserkurort.

Grutas de Cacahuamilpa

Nur 20 km nördlich von Taxco passiert man auf der Straße nach Ixtapan de la Sal und Toluca dem riesigen **Höhlensystem** Grutas de Cacahuamilpa. Dieses ausgedehnte Netz von Höhlen erstreckt sich über eine Länge von rund 70 km. Die 90-minütige Gruppenführung, der man sich obligatorisch anzuschließen hat, zeigt nur einen kleinen Teil davon. ⏲ tgl. von 10–17 Uhr, US$3.

An den Wänden sind Inschriften angebracht, darunter die der Maria Charlotte, Gattin von Maximilian: „María Carlota erreichte diese Stelle". Daneben notierte Lerdo de Tejada, der 1872, fünf Jahre nach der Exekution von Maximilian, Präsident von Mexiko wurde: „Sebastian Lerdo de Tejada kam weiter". Busse und Combis zu den Höhlen fahren stündlich gegenüber dem Flecha Roja-Busbahnhof an der Av. Kennedy in Taxco ab: die Combis zur vollen, die Busse zur halben Stunde. Am Eingang der Höhlen befinden sich ein Schwimmbad, ein Restaurant und Essenstände. Die Busse nach Taxco oder Ixtapan de la Sal fahren 1 km am Eingang vorbei. Auf Anfrage wird man an der Kreuzung abgesetzt und geht dann 15 Minuten bergab. Von Taxco aus fahren gegenüber dem Busbahnhof von *Estrella Blanca* in der Av. Kennedy stündlich Colectivos zu den Höhlen ab.

Ixtapan de la Sal

Weiter nördlich an der Carretera 55 liegt Ixtapan de la Sal, eine für mexikanische Verhältnisse nicht gerade sehr attraktive Stadt, aber ein Kurort mit langer Tradition. Dem mineralhaltigen Wasser werden heilende Eigenschaften hinsichtlich einer Vielzahl von Muskel- und Kreislauferkrankungen zugeschrieben. Ein Bad im Heilwasser von Ixtapan ist der einzige Grund hierher zu kommen. Eine Möglichkeit bietet sich zwischen den Rutschen und vergnüglichen Attraktionen des **Spa Ixtapan** ganz oben am Ende der Juárez, ⏲ Wasserbecken tgl. 7–19 Uhr, Mineralbad 8–19 Uhr, Aqua-Park 10–18 Uhr, US$14. Preisgünstiger ist das Stadtbad **Balneario Municipal** in der Allende, Ecke 20 de Noviembre, im Zentrum der Altstadt, das allerdings nicht viel mehr ist als ein mit Erdwärme beheiztes Schwimmbad. ⏲ tgl. 7–18 Uhr, US$4.

Übernachtung und Essen

Am Wochenende wird es in der Stadt voll, rechtzeitig reservieren – es stehen einige sehr angenehme Hotels zur Auswahl.

Avenida, Juárez 614, in der Nähe des *Spa Ixtapan,* ✆ 721/143-0241, 📠 143-1039, nahe des Balneario Ixtapan. Alle Zimmer mit TV, Telefon, Radio; Pool. ❻

Casa de Huéspedes Francis, Obregón 6, ✆ 721/143-0403, gute Budget-Unterkunft: einfache Zimmer mit TV und Bad. ❹

Casa Sarita, Obregón 512, ✆ 721/143-0172. Hübsche Zimmer mit Teppich und TV. Am Wochenende nur VP (sehr gehaltvoll). ❹

Ansonsten findet man an der Aldama, 4 Querstraßen nördlich des Busbahnhofes, und der nahe gelegenen Juárez mehrere ***Casas de Huéspedes***. Die meisten verriegeln um 23 Uhr die Haustür. ❹

Es gibt zahlreiche **Restaurants** in der Juárez, doch wer auf dem Sprung ist, hält sich möglicherweise lieber an die Saftbar am Pavillon im Zentrum oder die Bäckereien in der Nähe.

Transport

Der **Busbahnhof** liegt weit ab, etwa 3 km südlich der Stadt, an der Carretera 55. Taxis (US$2) und Combis fahren von hier ins Zentrum. Einige 2. Klasse-Busse lassen Passagiere vielleicht schon in der Stadt am Anfang der Hauptstraße Benito Juárez aussteigen. Vom Busbahnhof fahren Nahverkehrsbusse in die Stadt. Busse nach:
ACAPULCO, 3x tgl. (6 Std.),
CUERNAVACA, 6x tgl. (3 Std.),
MÉXICO D.F. mit Zwischenstopps alle 15 Min. (3 Std.); durchgehend stdl. (2 Std.),
TAXCO, stdl. (1 Std. 20 Min.),
TENANCINGO, alle 15 Min. (45 Min.),
TOLUCA, alle 20 Min. (1 Std.).

Malinalco

Das 20 km östlich von Tenancingo auf 1800 m Höhe in ein fruchtbares alluviales Tal eingebettete Dorf Malinalco ist ein liebenswürdiger kleiner Ort mit Kolonialgebäuden, zwei sehenswerten Kirchen und mit wohlhabenden Villen an seinem Rand. Es ist von von schroffen, mit vielen Höhlen durchzogenen Felsen umgeben, in denen vermutlich schon die Erbauer der heutigen Azteken-Ruinen lebten. Da hier ein merklich milderes Klima herrscht als in anderen Städten der Gegend, wird Malinalco vor allem an den Winterwochenenden zu einem beliebten Ausflugsziel.

Die Azteken unterhielten hier ein kleines sakrales Zentrum, dessen Bau zur Zeit der Konquista noch nicht ganz vollendet war und heute von vergleichsweise wenigen Touristen besucht wird. Dabei gehört dieser Ort zum Sehenswertesten und Interessantesten, was von der aztekischen Kultur erhalten geblieben ist. Hier fanden die Initiationsriten statt, mit denen die Männer, die sich viele Jahre lang im Kampf bewährt und zahlreiche Mutproben erfolgreich überstanden hatten, offiziell in die Reihen der Krieger aufgenommen wurden. Nach dieser Weihe gehörten sie zu den Honoratioren und brauchten nicht mehr zu kämpfen.

Im Zentrum des Ortes steht die große Augustinerkirche **Santa Mónica** aus dem 16. Jh. An der Plaza gibt es ein kleines **Centro Cultural** mit einigen Fundstücken von der Ausgrabungsstätte, einer Bibliothek und Räumen für kulturelle Aktivitäten.

Die Ausgrabungen

Die westlich der Stadt gelegene Ausgrabungsstätte erreicht man in weniger als einer halben Stunde zu Fuß. Der Weg vom Zentrum ist ausgeschildert („Guerrero" vom Zócalo nach Westen folgen). Hinter dem Eisentor geht es auf einer steilen Steintreppe hoch. ⌚ tgl. 9–17.30 Uhr, US$3,20.

Da mit dem Bau der aztekischen Anlage von Malinco erst 1501 begonnen wurde, war sie zum Zeitpunkt der Eroberung noch unvollendet, es handelt sich dennoch um eine der herausragendsten ihrer Art. Das Besondere an den Ruinen ist, dass die Hauptgebäude und die zu ihnen hinaufführenden Treppen sowie die Statuen direkt aus dem Felsen gehauen sind. Der kleine **Tempel**, den man beim Aufstieg links von der Treppe sieht, war Tlaloc, dem Regengott, geweiht. Zum **Templo Principal** oder **Cuauhcalli** (Haus des Adlers) gelangt man über eine breite, von steinernen Jaguaren flankierte Treppe. Die zerbrochene Figur in der Mitte hielt wahrscheinlich eine Fahne in der Hand. Am Eingang sitzt ein zerstörter Adlerkrieger auf Quetzalcóatl, der gefiederten Schlange. Auf der anderen Seite wacht ein Jaguarkrieger (bzw. die Überreste der Figur), Repräsentant der zweiten Klasse aztekischer Krieger.

Zum runden Kultraum im Innern des Tempels gelangte man über die Zunge eines gewaltigen Schlangenmauls. Am Eingang sind noch die Reste von den dazugehörigen Zähnen zu sehen. Auf dem Boden liegt eine Adlerfigur. Dahinter, auf einer erhöhten, hufeisenförmigen Bank, zwei weitere Adler und ein Jaguar – alle in einem Stück aus dem Felsen herausgehauen. Die Initiationsfeierlichkeiten fanden alle 260 Tage, also einmal im Jahr nach dem aztekischen Religionskalender statt. Die Krieger wurden wahrscheinlich auf den Stein in der Mitte gelegt, und es wurde ihnen eine Jaguar- oder Adlerkralle durch die Nasenscheidewand gestochen. Vermutlich fanden auch Opferzeremonien statt. In die Vertiefung hinter dem ersten Adler legte man dann die Herzen der Menschenopfer. Der Tempel darf leider nicht mehr betreten werden, da achtlose Besucher nicht wieder gutzumachende Schäden angerichtet haben.

Zu den anderen Bauwerken, die zur Zeit der Konquista noch nicht fertig gestellt waren, gehören zwei aus dem Felsen geschnittene Kammern links vom Eingang, außerdem eine niedrige **Pyramide** vor dem Haupttempel. Dahinter befinden sich die Überreste von zwei größeren Tempeln. Im Inneren des ersten, **Edificio III**, befindet sich ebenfalls ein kreisförmiger Kultraum. Es wird angenommen, dass hier die im Kampf gefallenen Aztekenkrieger verbrannt wurden, damit ihre Seelen zum Himmel emporsteigen konnten, wo sie sich dann als Sterne verewigten. **Edificio IV** war ursprünglich der Sonnentempel. Große Teile davon wanderten als Baumaterial für die Kirche in den Ort hinunter. Außerhalb der Anlage, etwa auf halber Höhe der Treppen zur Stätte hoch, sieht man ein weiteres präkolumbisches Gebäude, versteckt zwischen den Bergen. Die Einheimischen pilgern hier immer noch her und verehren hier Stätte den christlichen Heiligen Michael und vielleicht auch eine weibliche Aztekengottheit, der dieser Schrein ursprünglich geweiht war.

Übernachtung

Hotel Marmil, Progreso 67, ✆ 714/147-0916, am Nordrand des Dorfes, an der Straße nach Tenancingo. Bestes Hotel im Ort. Freundliche, rustikale Zimmer und ein paar Bungalows mit Ventilator und Kabel-TV; Pool. 10 Min. Fußweg vom Zócalo bergauf (wer mit dem Bus aus Tenancingo kommt, kann sich in der Nähe des Hotels absetzen lassen). Am Wochenende meist ausgebucht. ❹
Hotel Santa Mónica, Av. Hidalgo 109, ✆ 714/147-0031, 2 Blocks von der Plaza entfernt auf dem Weg zur Ausgrabungsstätte. Das Hotel ist die beste Wahl für den kleinen Geldbeutel. ❷
Posada Familiar María Dolores, Juárez Nte 113, südlich des Zócalo, ✆ 714/147-0354. Freundliche Zimmer, ruhiger Garten; Sauberkeit und Äußeres lassen ein wenig zu wünschen übrig. ❹
In der Umgebung gibt es mehrere Trailerparks bzw. Campingplätze.

Essen

Unter der Woche sind viele **Restaurants** geschlossen, doch am Wochenende bewirten mindestens ein halbes Dutzend Lokale die Ausflügler aus der Hauptstadt und Cuernavaca. Alle liegen nah beieinander. Östlich des Hauptplatzes in der Hidalgo stehen z.B. ***Ehecatl*** für ein Essen in etwas eleganterem Rahmen und ***Cocina Económica Ameyali*** für den schmaleren Geldbeutel zur Auswahl.

Sonstiges

GELD – Banken und Geldautomaten gibt es in der Hidalgo.

INFORMATIONEN – Die ***Touristeninformation*** im Rathaus am oberen Ende des Zócalo, ✆ 714/147-0111, ist dürftig bestückt. ⏲ Mo–Fr 9–15, Sa 9–13 Uhr.

Transport

Ein möglicher Weg nach Malinalco führt mit dem **Bus** oder Sammeltaxi von TENANCINGO aus, s.o. Die meisten Busse kommen an der zentralen Plaza vor der Kirche Santa Mónica an, mit Ausnahme derjenigen nach CHALMA, s.u., die oft über die Morelos das Zentrum umfahren. Man kann sich am Ende der Hidalgo absetzen lassen und die 200 m zum Zócalo laufen.
Der einfachste Weg ist allerdings der mit einem **Sammeltaxi** über CHALMA, von wo aus blaue Sammeltaxis in kurzen Abständen über eine gute Straße nach Malinco fahren.

Chalma und Ahuehuete

Das nur 7 km östlich von Malinalco gelegene Chalma ist ein wichtiger Wallfahrtsort, der jeden Sonntag eine große Anzahl von Gläubigen anzieht und v.a. in der Karwoche, in der Weihnachtswoche und am 29. September von Besuchern regelrecht überschwemmt wird. Die ansässige Bevölkerung besteht nur aus einigen hundert Personen. Während der Saison kampieren die Pilger noch meilenweit außerhalb, um an den Zeremonien, einer faszinierenden Mischung christlicher und heidnischer Riten, teilnehmen zu können.

Vor den Spaniern verehrte man in den Höhlen der Umgebung Oztocteotl, den Gott der Höhlen. Er wurde jedoch auf „wunderbare" Weise durch eine Christusfigur ersetzt, als die ersten Missionare kamen. Im 17. Jh. brachte man diese Statue in die **Kirche Santuario de Chalma**, dem Ziel der Pilger.

Die Gläubigen sind gleichermaßen damit beschäftigt, Christus die nötige Ehrerbietung zu erweisen und in den heilenden Quellen zu baden, die der Höhle entspringen. Das von imponierenden Berggipfeln umgebene Städtchen ist ansonsten sterbenslangweilig und bietet nichts weiter als schmutzige Straßen und Souvenirstände mit viel Kitsch.

Der Parkplatz, auf dem die Reisebusse nach México D.F. bzw. Cuernavaca, die Kleinbusse von und nach Santa Marta und Lagunas de Zempoala sowie die Colectivos nach Malinalco halten, befindet sich am Ende der Hauptstraße rechts, wenn man aus Cuernavaca kommt.

Im nahe gelegenen **Ahuehuete** befindet sich ebenfalls ein Schrein, der viele Pilger anzieht. Er steht an einer Stelle, an der eine wundertätige Heilquelle den Wurzeln eines alten Baumes entsprang. Viele Gläubige halten hier auf dem Weg von México

D.F. zuerst und legen die restlichen paar Kilometer nach Chalma zu Fuß zurück.

Transport

Vom Zócalo in Malinalco fahren alle paar Minuten Colectivos nach CHALMA ab, von wo es eine Direktverbindung nach MÉXICO D.F. (Terminal Poniente) über AHUEHUETE gibt.
Vom Terminal Poniente in MÉXICO D.F. fahren Busse direkt über Santiago Tianguistenco nach Chalma, ebenso von TOLUCA und CUERNAVACA über SANTA MARTA (die Straße ist etwas schlechter). Wer Pech hat, muss in Santa Maria an der Hauptstraße aussteigen und in einen Kleinbus umsteigen.

Toluca de Lerdo

Die Hauptstadt des Bundesstaates México, mit fast 2700 m die höchstgelegene Stadt des Landes, ist ein modernes Industriezentrum mit 500 000 Einwohnern. Sie hat keine großartigen Sehenswürdigkeiten zu bieten, ist jedoch von einer herrlichen Gebirgslandschaft umgeben, die von dem schneebedeckten Gipfel **Nevado de Toluca** beherrscht wird.

Der riesige **Markt**, der jeden Freitag (in kleinerem Umfang auch an allen anderen Wochentagen) ein paar Kilometer südöstlich der Innenstadt, unmittelbar östlich des Busbahnhofes, stattfindet, zieht zahlreiche Besucher aus México D.F. an und ist tatsächlich der größte Markt Mexikos. Auf ausgedehnten Flächen werden alle nur denkbaren Alltagsgegenstände verkauft, aber auch lokales **Kunsthandwerk** – v.a. Web- und Tonarbeiten. Wer sich für die zu erwartende Qualität und die Preise interessiert, informiert sich am besten vorher in der **Casa de Artesanías**, Paseo Tollocan 700 Ote, einige Blocks östlich vom Marktgelände. Viele Reisende berichten, dass auf dem Markt unbemerkt Taschen aufgeschlitzt werden – also Vorsicht!

Wer am Donnerstag ankommt, sollte früh am Freitagmorgen auf dem Markt gehen und danach Richtung Westen weiterfahren. Da es am Donnerstagabend kaum ein freies Hotelbett in der Stadt gibt, muss die Unterkunft unbedingt gebucht werden.

Im Zentrum

Eigenartigerweise wird der Mittelpunkt der Stadt nicht von einem offenen Platz gebildet. Stattdessen steht hier ein zentraler Komplex, der an drei Seiten von Arkaden gesäumt wird. Unter den in den 1830er Jahren erbauten **Portales** reihen sich Geschäfte, Restaurants und Cafés aneinander: Portal Madero befindet sich an der Südseite in der Hidalgo, Portal 20 de Noviembre an der Ostseite in der Allende und Portal Reforma an der Westseite in der Bravo. Die vierte Seite wird von der Kathedrale aus dem 19. Jh. eingenommen, an die sich östlich die senfgelbe **Iglesia Santa Cruz** anschließt.

Die meisten Sehenswürdigkeiten im Zentrum konzentrieren sich nördlich der Portales und der Kathedrale und in der Nähe der sehr weitläufigen **Plaza de los Mártires**, die an ihrer nördlichen Seite vom Palacio del Gobierno gesäumt wird. Im Osten erstreckt sich die hübsche **Plaza Garibay** bis zum Botanischen Garten.

Tolucas **Jardín Botánico Cosmovitral** ist in einem 100 m langen Art-nouveau-Gewächshaus Baujahr 1909 untergebracht, das bis 1975 als Hauptmarkt diente. Mit vorwiegend subtropischen Pflanzen, kleinen Wasserbecken und einer gepflegten japanischen Ecke ist dies eine attraktive Anlage, doch das Highlight ist die verblüffende **Bleiverglasung** mit der Arbeit des einheimischen Künstlers Leopoldo Flores im Stil der mexikanischen Muralisten. Praktisch jeder Zentimeter der Wände und des Daches sind bunt verglast, wobei das Glutrot einer menschlichen Figur im Westteil stufenweise nach Osten hin von Blautönen überlagert wird. Frühmorgens und spätnachmittags bietet sich ein Lichtspiels, das die Pflanzen vielfarbig erscheinen lässt. ◷ Di–So 10–18 Uhr, US$1.

An der Nordwestecke der Plaza Garibay liegt das **Museo de Bellas Artes**, Calle Santos Degollado, das nach seiner Renovierung einige der schönsten Kunstwerke des Bundesstaates noch mehr Glanz verleihen wird. ◷ Di–So 10–18 Uhr, US$0,50.

Wieder zurück auf der Plaza de los Mártires nimmt das **Museo José María Velasco** zwei Stockwerke eines Kolonialgebäudes ein, in denen eine beachtliche Sammlung von Gemälden aus dem 19. Jh. gezeigt wird. Den Großteil bilden Bilder von Velasco, der 1840 im heutigen Bundesstaat México geboren wurde, später aber einen Großteil seines

Lebens in der Hauptstadt verbrachte. Außerdem befindet sich hier eine Nachbildung seines Ateliers mit Büsten, Porträts und einigen Landschaftsbildern. In mehreren Räumen sind Ausstellungen untergebracht, häufig mit Arbeiten seiner Zeitgenossen von der Akademie San Carlos in Mexiko-Stadt. ⌚ Di–Sa 10–18, So 10–16 Uhr, Eintritt frei.

Der Bundesstaat México ist bemüht, seine zu Ruhm gelangten Künstlersöhne gebührend zu ehren. Dem Velasco-Museum sind zwei weitere Museen angeschlossen (Eingang um die Ecke in der Nicolas Bravo), die einheimischen Malern gewidmet sind. Das in einer Kolonialvilla untergebrachte **Museo Felipe Santiago Gutiérrez** in der Nicolas Bravo 9 zeigt Skizzen, Ölgemälde und Porträts prominenter Mexikaner des 19. Jhs. ⌚ Di–Sa 10–18, So 10–16 Uhr, US$0,50. Interessanter ist das **Museo Taller Nishizawa** nebenan, wo abstrakte Landschaftsgemälde des mexikanisch-japanischen Malers Luis Nishizawa die Räume dominieren. Daneben werden Federzeichnungen sowie Porträts jüngeren Datums gezeigt. ⌚ Di–Sa 10–18, So 10–16 Uhr, US$0,50.

Centro Cultural Mexiquense

Ungefähr 8 km westlich von Toluca befindet sich das Centro Cultural Mexiquense, wo sich mehrere Museen über eine parkähnliche Landschaft verteilen. Zu ihnen zählen das **Museo Regional**, in dem Wissenswertes über die Baukunst und Geschichte des Staates ausgestellt ist, ein kleines **Museo de Arte Moderno** und, das vielleicht interessanteste, das **Museo de Artes Populares**, eine Sammlung hiesigen Kunsthandwerks – alt und neu –, die in einer wiederaufgebauten Hacienda untergebracht ist. Es fahren zwar Stadtbusse („Centro Cultural Las Palomas") über die Lerdo zu dem Komplex hinaus, doch wer den Park ausgiebig erkunden möchte, kommt um ein eigenes Fahrzeug nicht herum. ⌚ Di–So 10–18 Uhr, US$2.

Übernachtung

I.A. bieten die Hotels in Toluca nicht viel fürs Geld. In der Umgebung des Marktes befinden sich ein paar düstere Herbergen, in denen donnerstags kaum ein Zimmer zu bekommen ist.

Colonial, Hidalgo Ote 103, ☎ 722/215-9700, 📠 214-7066. Eine der besseren Unterkünfte im Stadtzentrum, ruhig und recht gemütlich, mit etwas altmodischem Touch. ❺

Rex, Matamoros 101, gegenüber Portal Madero, ☎ 722/215-9300 oder 02. Sauber, zweckmäßig und relativ preisgünstig; mit recht gepflegten Zimmern, alle mit Bad und TV. ❹

San Carlos, Portal Madero 210, ☎ 722/214-4336 oder 43. Bestes Preis-Leistungs-Verhältnis im Stadtzentrum: Sehr zentral, freundliches Personal und große, komfortable Zimmern. ❺

San Francisco, Rayón Sur 104, ☎ 722/213-4415. Modernes Nobelhotel mit Pool, Bar und Restaurant. ❼

Terminal, Felipe Berriázabal 101, direkt am Busbahnhof, ☎ 722/217-4588. Ganz ordentlich, trotz der unangenehmen Umgebung, alle Zimmer mit Teppich, Bad, TV und ständig Warmwasser. Ab dem 5. Stock sind die Zimmer etwas teurer. ❸

Essen

Die billigsten Lokale findet man am Markt und in dessen Umgebung; gute und teurere gibt es bei den Portales.

Caffé Espresso, Portal 20 de Noviembre 109, gute Auswahl an Gebäck und der beste Kaffee der Stadt.

Hostería de las Ramblas, Portal 20 de Noviembre 107, ein paar Türen weiter, köstliche lokale Spezialitäten für $2–5 und Frühstück für US$5,20.

Las Ramblitas, Portal Reforma 108, auf der anderen Seite des Portales-Blocks, leckeres Frühstück sowie *pozole,* Enchiladas, *mole poblano* und Comida corrida für US$3.

Sonstiges

GELD – ***Banamex*** und ***Serfin*** am Portal Madero wechseln Dollars.

INFORMATIONEN – Die ***Touristeninformation*** im Edifico Oriente, Plaza Toluca, 3. Stock, ist sehr hilfreich.

Transport

Es fahren ständig Busse vom Terminal Poniente in MÉXICO D.F. nach Toluca (1 Std.). Die moderne **Central Camionera** liegt beim Markt, von wo ein

Nahverkehrsbus die letzten 3 km ins Zentrum zurücklegt.
Busse auf der Durchfahrt von México D.F. nach ZITÁCUARO und VALLE DE BRAVO halten in der Regel an der Umgehungsstraße, 500 m südlich des Busbahnhofs.
Vom Zentrum zum Busbahnhof geht es mit dem Bus („Terminal") von der Juárez aus, unmittelbar westlich der Portales. Busse nach:
CUERNAVACA alle 30 Min. (3 1/2 Std.),
MÉXICO D.F. alle 5 Min. (1 1/2 Std.),
MORELIA stdl. (4 1/2 Std.),
IXTAPAN alle 20 Min. (1 Std.),
QUERÉTARO stdl. (3 1/2 Std.),
TAXCO 18x tgl. (3 Std.),
TENANCINGO alle 30 Min. (1 Std.),
TENANGO DEL VALLE alle 5 Min. (30 Min.),
VALLE DEL BRAVO alle 20 Min. (2 Std.).
Abends stellt der Busbahnhof seinen Betrieb fast vollständig ein.

Die Umgebung von Toluca

Calixtlahuaca

Wer in Toluca ist, sollte sich ein paar Stunden Zeit für einen Besuch der archäologischen Ausgrabungsstätte Calixtlahuaca nehmen. Die Ausgrabungsstätte war das Siedlungsgebiet der Matlazinca-Indianer vom Volk der Otomí, das hier seit prähistorischer Zeit lebte und später von den Azteken unterworfen wurde. Die Azteken errichteten im 15. Jh. eine Militärfestung, denn Calixtlahuaca war ein sehr rebellischer Untertan, und es kam immer wieder zu Aufständen.

Nach einem Aufstand im Jahr 1475 sollen die Azteken über 11 000 gefangene Matlazincas im Tempel von Quetzalcóatl geopfert haben. Der mehrmals überbaute **Rundtempel** ist das wichtigste Bauwerk der Anlage. Er war dem Gott in seiner Erscheinung als Ehecatl (Windgott) gewidmet und wurde so gebaut, dass die Brise von allen Seiten ungehindert durch das Heiligtum wehen konnte.

Weitere Bauwerke sind die Ruinen der **Tlaloc-Pyramide** und unweit davon die **Tzompantli** (Schädelstätte), beide aus rosafarbenen und schwarzen Vulkangestein erbaut. Eine Taschenlampe ist praktisch, um in den dunklen unterirdischen Gängen die Überreste früherer Strukturen besser erkennen zu können. ⌚ tgl. 10–17 Uhr, US$3,20. Um die Öffnungszeiten braucht man sich nicht zu viele Gedanken zu machen, denn die Stätte ist nicht eingezäunt. Ein kleines **Museum** auf dem Gelände hat hin und wieder geöffnet.

Transport

Die Ausgrabungsstätte liegt an einem Hang unmittelbar außerhalb der Ortschaft Calixtlahuaca und ist am einfachsten per Taxi (ca. US$5) zu erreichen. Etwas umständlicher ist die Fahrt mit dem Bus, der 30 Min. benötigt und an der Santos Degollado, Ecke Nicolas Bravo, einen Block nördlich des Hauptplatzes, abfährt.

Nevado de Toluca

Der Krater des erloschenen Vulkans Nevado de Toluca oder Xinantécatl (4690 m), der als vierthöchster Berg Mexikos aus der umliegenden Hochebene emporragt, ist nur mit dem Auto zu erreichen. Auf einer schlechten Piste, die während der Regenzeit und im Winter unbefahrbar ist, kommt man bis zu den beiden kleinen Seen **Lagos del Sol** und **Lagos de la Luna** im Zentrum des Kraters. Vom zackigen Rand aus eröffnet sich ein atemberaubendes Panorama: unten liegen die Seen, nach Osten überblickt man die Täler von Toluca und Mexiko, und im Westen türmen sich niedrige grüne Hügel bis hin zu den Gipfeln der Sierra Madre Occidental. Man braucht für diesen Ausflug gute Lungen, denn auf dieser Höhe (3000 m) sind selbst kurze Wanderungen sehr anstrengend.

Centro Ceremonial de Otomí

Nordöstlich von Toluca und von hier aus gut erreichbar liegt in etwas über 3000 m Höhe in herrlicher Berglandschaft das Centro Ceremonial de Otomí. Das nächste größere Dorf ist **Temoaya**, von dort aus gibt es Wegweiser. Im Centro informiert ein Museum über die Kultur der Otomí, v.a. über einen architektonisch sehr interessanten Platz, auf dem jedes Jahr am 14. August die Otomí-Stämme des Landes zusammenkommen, um ihre traditionellen religiösen Zeremonien zu veranstalten. Der Ort ist jedoch auch zu anderen Zeiten sehenswert.

Valle de Bravo

Die Strecke Richtung Morelia und Michoacán westlich von Toluca ist überwältigend. Das bewaldete, bergige Gebiet gehört bis nach Zitácuaro zum Naherholungsgebiet von México D.F., und viele wohlhabende Hauptstädter unterhalten hier Wochenendhäuser, insbesondere im Kolonialstädtchen Valle de Bravo, zu erreichen, indem man auf halber Strecke links abbiegt.

Der Ort liegt in einem mit Kiefernwäldern bestandenen Tal am Ufer eines künstlichen Sees, des **Lago Avandaro**. In diesen Ort mit seinen Dächern aus Terracotta-Ziegeln, schmiedeeisernen Balkonen an den alten Gebäuden und dem Wirrwarr aus eng beieinander stehenden, weiß getünchten Häusern verliebt man sich auf den ersten Blick. So erging es auch zahlreichen Künstlern, die es aus den Großstädten hierher zog. In der Regel bleiben sie unter sich und überlassen das Wasser und den Strand den Wochenendausflüglern, die sich hier auf viele kostspielige Arten erholen, z.B. beim Segeln, Schwimmen, Wasserski, Reiten, Paragliding oder Golfspielen.

Übernachtung und Essen

Die Hotels sind ungeachtet ihrer beträchtlichen Anzahl ziemlich teuer, aber dafür kann man sich hervorragend verwöhnen lassen, v.a. an Werktagen, wenn die Preise nachgeben.

Posada Casa Vieja, Juárez 101, ✆ 726/262-0318. Eines der preiswerteren Hotels; helle Zimmer, reichlich Warmwasser, sonnige Veranda und einige größere Zimmer mit TV. ❺

Posada Familiar, 16 de Septiembre 417, ✆ 726/262-1222, vom Busbahnhof 100 m bergab, einfache, einladende Zimmer mit TV. Mo–Do ❹, Fr–So ❺

Posada Los Girasoles, Plaza Independencia 1, ✆ 726/262-2967. Am Zócalo, sauber und kühl mit soliden Betten. ❺

In Valle de Bravo gibt es zahlreiche **Restaurants**. Viele schließen jedoch unter der Woche oder haben begrenzte Öffnungszeiten.

Ranchita, in der 16 de Septiembre 406 (in unmittelbarer Nähe des Busbahnhofs) hat gutes, preiswertes Essen, z.B. Comida corrida.

Nur geringfügig teurer ist ***Restaurante don Paraíso*** in der vom Zócalo abgehenden Calle Joaquín Payoza, das mexikanische Gerichte in einem kühlen Innenhof oder auf der sonnigen Terrasse serviert.

Aktivitäten

In der Mitte des von Restaurants umgebenen, etwas erhöhten Zócalo steht eine Kirche mit zwei Türmen. Von hier aus sind es etwa 10 Min. zu Fuß zum See, wo es eine kleine ***Touristeninformation*** (nur am Wochenende) gibt und ein paar Anleger, an denen man Boote für Rundfahrten mieten kann. Ein eigenes Boot kostet US$30 pro Std., ein Gemeinschaftsboot *(lancha colectiva)* ca. US$3 pro Std.

Transport

Die aus Toluca ankommenden Busse machen einen großen Schlenker um die Stadt, bevor sie am Busbahnhof in der Calle 16 de Septiembre (keine Gepäckaufbewahrung) anhalten. Bergab an ein paar billigen Restaurants vorbei geht es ins Zentrum. Es gibt einen Busservice von MÉXICO D.F. über TOLUCA.

Die Pazifikstrände um Acapulco

Highlights

- An dem nur per Boot erreichbaren Strand **Yelapa** mit rustikalen Cabañas eine Auszeit nehmen.
- In *Archie's Wok* in **Puerto Vallarta** in einem wunderbaren Zen-Garten das vielleicht beste asiatische Essen in ganz Amerika goutieren.
- In der **Bah'a de Banderas** zwischen Dezember und April in der Bucht Buckelwale beobachten.
- Auf der Plaza in **Comala** die fantastische Aussicht auf die Vulkane genießen und den Mariachis lauschen.
- Relaxen in dem am Ende einer riesigen Bucht gelegenen Strandort **Barra de Navidad**.
- Am unberührten Strand von **Barra de Potos'** frischen Fisch schlemmen und durch eine mit Mangroven bewachsene Lagune rudern.

Bei Acapulco, dort, wo die Sierra Madre an vielen Stellen fast bis zum Ozean reicht und sich eine Vielzahl von Höhlen, Buchten und Sandstränden gebildet hat, erstrecken sich die größten und – für viele Leute noch immer – besten Badeorte entlang der Küstenlinie.

Acapulco ist das klassische Zentrum der Küstenregion: eine tief eingeschnittene, schmale, gewundene Bucht, die trotz aller modernen Auswüchse schön geblieben ist. Hier tummeln sich die Reichen und Superreichen, deren Villen fernab vom Getümmel hoch über den bewaldeten Hängen der Bucht thronen. Dennoch ist Acapulco nicht völlig überteuert und hat sich eine „mexikanische" Atmosphäre und die Ungeschliffenheit einer Hafenstadt bewahrt.

Acapulco stellte so etwas wie den Vorreiter dar, den die jüngeren Konkurrenten jeder auf seine Art kopierten, von dem sie aber auch abgewichen sind. **Puerto Vallarta**, der nächstkleinere Ort (zahlenmäßig und auf der Berühmtheitsskala) im Norden, an der Grenze zum Bundesstaat Nayarit, erscheint übersichtlicher, zieht sich in Wirklichkeit jedoch meilenweit an einer Reihe schmaler Strände entlang. Ein schickes Seebad, dem zwar der ausgedehnte feinkörnige Strand von Acapulco fehlt, das dafür aber viele stille Buchten aufzuweisen hat.

Von Puerto Vallarta aus in südlicher Richtung kommt man nach **Barra de Navidad**: ein herrlicher Sandstrand an einer lang gestreckten Bucht mit einem Dorf an jedem Ende.

Manzanillo ist dagegen in erster Linie ein Seehafen und Flottenstützpunkt. **Zihuatanejo** und der Nachbarort **Ixtapa** sind seit Jahren als Touristenzentren bekannt. Ixtapa besteht eigentlich nur aus Luxushotels; Zihuatanejo ist angenehmer, eine Art Miniaturausgabe von Acapulco, aber ohne Wolkenkratzer.

Entlang der gesamten Küste befinden sich zwischen den großen Badeorten Strände: manche völlig unberührt, andere in der Nähe eines Dorfes mit ein paar Fremdenzimmern und einer roh gezimmerten Getränkebude am Strand. Es gibt auch einige wenige, an denen sich ein abgeschiedenes Hotel befindet. An vielen Stellen ist die Brandung gewaltig und kann gefährlich werden. In einsameren Gegenden ist mit Trinkwasserproblemen, fehlendem Strom und blutrünstigen Moskitos zu rechnen. Dafür findet man (oft nur eine Stunde von einem internationalen Touristenort entfernt) eine Ruhe und Weite, von der man anderswo nur träumen kann.

Die Übernachtungspreise richten sich in den Ferienorten hauptsächlich nach der Hochsaison, die sich in den größeren Städten von Anfang/Mitte Dezember bis nach Ostern/Ende April erstreckt. In dieser Zeit verlangen die nobleren Hotels bis zum Doppelten der Nebensaisonpreise und müssen im Voraus gebucht werden. Bei günstigeren Hotels schwanken die Preise nicht ganz so stark, doch auch hier kommt man in der Nebensaison immer noch 20–30% billiger weg. In den kleineren, fast ausschließlich von Mexikanern besuchten Ferienorten an der Küste umfasst die Hochsaison in der Regel nur die Weihnachtszeit und die *Semana Santa* (Osterwoche), wobei in Bezug auf die Preisschwankungen dasselbe gilt wie oben.

Reiseroute

Die meisten Reisenden nehmen den Weg von México D.F. nach Acapulco über die **Autobahn**, über die man nur vier Stunden braucht. Aber auch die **Küstenstraße** von der US-Grenze bis nach Guatemala ist problemlos befahrbar. Zwischen Puerto Vallarta und Acapulco führt eine gute Carretera durch die herrliche Landschaft nach Süden, mal entlang der schmalen Küstenebene, meist jedoch hoch über die Ausläufer der Sierra, bis sie wieder zum Ozean hinunterführt.

Die meisten von Mazatlán kommenden Busse biegen Richtung Guadalajara und Landesinnere ein, wer aber in Tepic umsteigt, kann nach Puerto Vallarta und von dort auf der Carretera 200 nach Acapulco fahren. Von Guadalajara gibt es gute Verbindungen nach Puerto Vallarta, Barra de Navidad und Manzanillo. Von Zentral-Michoacán kommt man direkt zur Küste bei Lázaro Cárdenas. Zihuatanejo ist mit einem Direktbus von México D.F. aus zu erreichen und hat stündliche Verbindungen nach Acapulco.

Zwischen den Badeorten verkehren jede Menge **Busse**, und da nur wenige der Strecken besonders lang sind, ist es oft schneller und einfacher, den Bus zu wechseln. Z.B. ist es unproblematisch, von Puerto Vallarta nach Barra de Navidad, von dort nach Manzanillo und dann weiter nach Lázaro Cárdenas zu fahren – jedoch gibt es weniger Direktbusse von Puerto Vallarta nach Lázaro Cárdenas.

Fiestas

1.1.: **Neujahr** wird überall gefeiert. In *Cruz Grande*, an der Küstenstraße etwa 120 km östlich von Acapulco, beginnt eine einwöchige **Feria**.
2. Di im Monat: **Día del Señor de la Expiración** wird in *Pueblo de Coquimatlán* bei *Colima* mit einer Massenprozession zu einer nahe gelegenen Hacienda begangen.
26.1.: Bunte **Kirchenprozession** in *Tecomán* an der Küstenstraße.

2.2.: **Día de la Candelaria** in *Colima* und *Tecomán* mit Tanz, Umzügen und Feuerwerk. Ähnlich in *Zumpango del Río*, an der Straße von Acapulco nach México D.F. Besonders schöne Tänze in *Atzacualoya* abseits dieser Straße bei Chilpancingo.
5.2.: **Fiesta Brava**, Stierkämpfe und Pferderennen in *Colima*.
Karneval: *Acapulco* und *Manzanillo* sind berühmt für heiße Tage und Nächte.

6.3.: Beginn der **Fiesta** in *Zumpango del Río*, dauert die ganze Nacht bis in den kommenden Tag, traditionelle Tänze.
10.3.: Beginn der einwöchigen **Fiesta de San Patricio** in *San Patricio-Melaque*.
19.3.: **Día de San José**, wird in *Tierra Colorada* zwischen Acapulco und Chilpancingo und in *San Jerónimo* außerhalb von Acapulco gefeiert.

Apr: **Karwoche**: Wird überall feierlich begangen. Besonders sehenswert sind die **Palmsonntag**-Feierlichkeiten in *Petatlán* im Süden der Stadt Zihuatanejo.

3.5.: **Día de la Santa Cruz**, großes Fest in *Cruz Grande*.
5.5.: Gedenkfeiern für die Schlacht des **Cinco de Mayo**, besonders in *Acapulco*.
8.5.: **Festival de las Lluvias** in *Mochitlán* bei Chilpancingo. Geht auf eine vorchristliche Tradition zurück. Pilger, Bauern und Tanzgruppen steigen nachts auf einen nahe gelegenen Vulkan, dessen Spitze sie im Morgengrauen erreichen, wo sie um Regen beten. **Fiesta** auch in *Azoyu*, südlich von *Acapulco* direkt an der Küste.
15.5.: **Día de San Isidro**, eine Woche lang Fiesta in *Acapulco*. Veranstaltungen auch in *San Luis Acatlán* (an der Küste nach Süden), wo eventuell der selten aufgeführte Schildkrötentanz *(Danza de la Tortuga)* zu sehen ist, und in *Tierra Colorada*.
31.5.: *Puerto Vallarta* feiert seinen **Gründungstag.**

1.6.: **Día de la Marina** (Tag der Marine) in allen Hafenstädten, besonders in *Puerto Vallarta, Manzanillo* und *Acapulco*.
13.6.: **Día de San Antonio**. Feria in *Tierra Colorada*.
3. So im Juni: In der Kirche Señor de la Expiración in *Lo de Villa* außerhalb von *Colima* werden **Tiere gesegnet**.

25.7.: **Fest** des Ortsheiligen in *Coyuca de Benitez* nahe Acapulco, auch lebendige Fiesta in *Mochitlán*.

6.8.: **Fiesta** in *Petatlán*, sehenswert wegen der Tänze und eines fingierten Kampfes zwischen Indígenas und Spaniern.
23.8.: **Día de San Bartolome** in *Tecpán de Galeana*, zwischen Acapulco und Zihuatanejo, in der Nacht zuvor finden Prozessionen statt, anschließend Tanz, Musik und Feuerwerk.

15.–16.9.: **Unabhängigkeitsfeiern** überall – Unterkünfte sind schnell ausgebucht.
28.9.: **Día de Santiago**, Feiern in verschiedenen Dörfern bei *Acapulco*.
29.9.: **Día de San Miguel**, große Feste in *Azoyo* und *Mochitlán*.

Ende Okt bis 8.11. findet die größte **Feria** von *Colima* statt.
2.11.: **Día de los Muertos**, wird überall begangen, besonders malerisch in *Atoyac de Alvarez*, direkt an der Straße Acapulco – Zihuatanejo.

12.12.: **Día de Nuestra Señora de Guadalupe**, Schutzpatronin von Mexiko. Kirchenprozessionen und traditionelle Tänze in *Atoyac de Alvarez* und *Ayutla;* weltlicher geht es in *Acapulco* zu. In *Manzanillo* beginnen die Festlichkeiten zu Beginn des Monats, in *Puerto Vallarta* dagegen dauern sie bis zum Monatsende.

Beide **Bahnstrecken** der Region, sowohl die von Manzanillo nach Colima und Guadalajara als auch die Nebenstrecke zwischen Lázaro Cárdenas und Morelia wurden bis auf unbestimmte Zeit stillgelegt.

Im Staat Guerrero (in dessen Zentrum Acapulco liegt) finden häufig **Militärkontrollen** auf den Straßen statt. Ausländer nehmen normalerweise an, dass nach Drogen gefahndet wird, was zum Teil auch der Wahrheit entspricht. Ein wichtigerer Grund für die Kontrollen sind jedoch die wenig erschlossenen Berge in der Umgebung, die im Ruf stehen, Schlupfwinkel für Banditen und Guerilleros zu sein. Touristen sollten Pass und Papiere im Handgepäck bereithalten und darauf achten, dass sich in ihrem Gepäck nichts befindet, was Scherereien bereiten könnte.

Puerto Vallarta und Umgebung

Puerto Vallarta (300 000 Einwohner) liegt an der 22 km breiten Bahía de Banderas, der siebtgrößten Bucht der Welt. Zu beiden Seiten der Stadt erstrecken sich Sandstrände, denen die dicht bewachsenen Hänge der Sierra Madre als Kulisse dienen. 1525 wurde hier der Spanier Francisco Cortés de Buenaventura von Fahnen schwingenden (*bandera* = Fahne) Indígenas angegriffen. Außer dem englischen Piraten Sir Francis Drake wagten sich danach für längere Zeit keine Ausländer mehr her.

Im Jahr 1851 gründete an der Stelle der heutigen Stadt am Ufer des Río Cuale ein Händler aus Chihuatlán einen Umschlagplatz für das Salz, das auf den Islas Marías vor der Küste gewonnen wurde. So entstand das Dorf Las Peñas, das 1918 zu

Ehren des damaligen Gouverneurs von Jalisco auf den Namen Puerto Vallarta umgetauft wurde. Inzwischen ist Puerto Vallarta das zweitwichtigste Pazifikseebad Mexikos. Puerto Vallarta ist kleiner und ein bisschen ruhiger als Acapulco. Auf seine Art ist es jedoch mindestens genauso stark kommerzialisiert – wahrscheinlich sogar noch mehr, denn der Tourismus ist fast die einzige Einkommensquelle des Ortes, den pro Jahr über eine Million Touristen besuchen. Der Badeort hat sich außerdem zu einem Schwulentreff entwickelt; die Stadt ist toleranter und bietet vermutlich mehr Unterhaltungsmöglichkeiten für Schwule als jede andere im Land.

Die zahlreichen Hotels liegen über viele Kilometer verstreut am Strand. Die meisten befinden sich in Nuevo Vallarta, nördlich der Stadt und sind von dort aus nicht sichtbar. Unmittelbar südlich von Nuevo Vallarta liegt der **Jachthafen**. Der historische Stadtkern mit seinen Kopfsteinpflasterstraßen und den weißen, mit Terracotta-Ziegeln gedeckten Häusern blieb von der zügellosen Bautätigkeit der letzten Jahrzehnte glücklicherweise verschont. Die Pauschaltouristen halten sich für gewöhnlich in ihren Strandhotels auf und kommen nur zum Essen oder Einkaufen in den zahllosen Souvenirgeschäften und teuren Boutiquen in die Innenstadt.

Puerto Vallarta

Die Stadt wird vom Ozean und von steilen Hängen begrenzt. Der Río Cuale, den zwei große Brücken für den Fahrzeugverkehr und mehrere kleine Fußgängerbrücken überspannen, teilt sie in zwei Teile. In der größeren Nordhälfte liegen der Zócalo, der Markt, zahlreiche Geschäfte und viele der teureren Restaurants. In der Südhälfte findet man die Busbahnhöfe, den Stadtstrand und die meisten billigeren Hotels. Die Innenstadt lässt sich gut zu Fuß erkunden. Um die Bahía de Banderas herum nach Norden fahren etliche Busse. Die Verbindungen zu den kleineren Stränden im Süden wie Mismaloya und Boca de Tomatlán sind nicht ganz so gut.

Das Zentrum

Abends und am Wochenende trifft man sich auf dem **Zócalo**, wo sich eine Tribüne befindet, auf der sich oft Musikkapellen präsentieren. Darunter, am Malecón, der alten Uferpromenade, die parallel zur Morelos im Zentrum verläuft, liegt die **Plazuela Aquiles Serdán** mit einem Amphitheater. 100 m weiter nördlich befindet sich eines der Wahrzeichen von Puerto Vallarta: die Seepferdchenstatue. Zwischen der Plaza und der Statue stehen zahlreiche moderne Skulpturen. Im **Palacio Municipal** an der Plaza, Ecke Calle Juárez, sind *murales* von Manuel Lepe zu besichtigen. Einen Block vom Zócalo entfernt steht die **Kathedrale de Nuestra Señora de Guadalupe** mit ihrem Zwiebelturm.

Auf der **Isla Río Cuale**, der kleinen Insel im gleichnamigen Fluss, umgibt ein Park einen Komplex aus Boutiquen und Restaurants. An der dem Meer zugewandten Seite steht ein **Archäologisches Museum**, 🕒 Di–Sa 12–14 und 16–18 Uhr.

Strände in und um Puerto Vallarta

Die Strände von Puerto Vallarta sind sehr unterschiedlich. Nach Norden in Richtung Nuevo Vallarta, Flughafen und darüber hinaus, sind es lange, flache Sandstrände, die oft von heftigen Wellen heimgesucht werden. Nach Süden liegen an einer Reihe von steilen Felsbuchten kleine, ruhige Strände.

Der Strand der Stadt, **Playa de los Muertos** (Strand der Toten) oder Playa del Sol, wie ihn das Fremdenverkehrsbüro lieber nennt, erhielt seinen Namen im 19. Jh., als es hier zu einem blutigen Gefecht zwischen Gold- und Silberschmugglern und Einheimischen kam. Er ist nicht lang und genau wie das Wasser ziemlich schmutzig. Trotzdem tummeln sich dort jede Menge Urlauber, denn außer Imbissbuden gibt es ein paar große Hotels mit Strandrestaurants. Dieser Strand hat am südlichen Ende, gegenüber dem *Blue Chairs Resort* (s.S. 459), einen Abschnitt, an dem sich vorwiegend Schwule treffen (nach den blauen Stühlen Ausschau halten).

Die besten Strände im **Norden** der Bucht sind die vor den großen Hotels. In einiger Entfernung von Nuevo Vallarta, wo die Landschaft trockener ist und von niedrigen Büschen beherrscht wird, liegen einige reizende, verlassene Sandstrände, an denen allerdings eine starke Brandung herrscht. Wer hier schwimmen geht, sollte auf keinen Fall die gefährliche Strömung unterschätzen.

Die schmaleren Sandstrände im **Süden** sind beliebter. Busse dorthin fahren regelmäßig an der Kreuzung Constitución und Basilio Badillo ab und folgen der Carretera 200 Richtung Süden. Alle paar

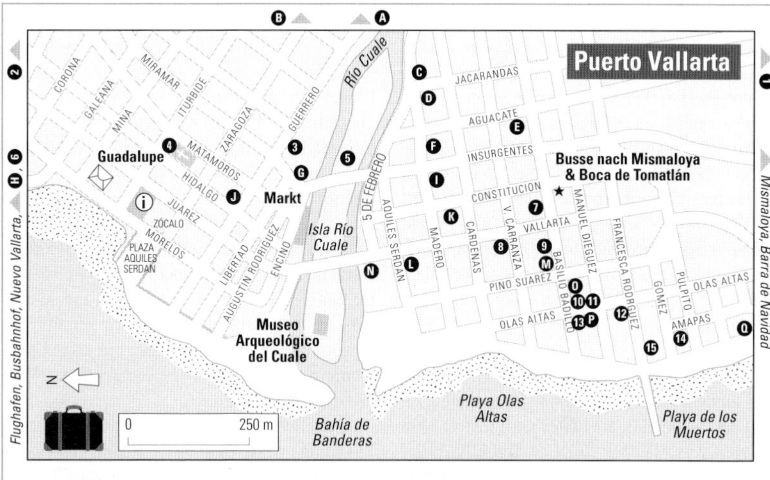

Übernachtung:				**Essen:**			
Azteca	C	Hotel Posada Río Cuale	L	Archie's Wok	15	El Palomar de los Gonzáles	1
Blue Chairs Resort	Q	Jugendherberge	E	Café des Artistes	2	A Page in the Sun	7
La Casa del Puente	G	Lina	F	Café de Olla	10	The Pancake House	11
Casa Kimberley	B	Molino de Agua	N	La Dolce Vita	6	Planeta Vegetariano	8
Escuela Cecattur	J	Playa Los Arcos	P	Fredy's Tucán	9	El Torito	12
Estancia San Carlos	K	Posada de Roger	M	Kaiser Maximilian	13	Las Tres Huastecas	3
Getaway Club	H	Vientos del Río	A	Karpathos Taverna	14	Trio	
Hortencia	I	Villa del Mar	D	Le Bistro Jazz Café	5		
		Yasmin	O				

hundert Meter gibt es einen Strand, meist mit einem Hotel in der Nähe.

Mismaloya

Der bekannteste und angenehmste Strand im Süden von Puerto Vallarta liegt im ungefähr 10 km entfernten Mismaloya. 1963 drehte John Huston hier *Die Nacht des Leguans* mit Richard Burton in der Rolle eines abtrünnigen Priesters. Dieser nach einem Theaterstück von Tennessee Williams gedrehte Film brachte Puerto Vallarta eine gewisse Berühmtheit, was laut Huston, der bis zu seinem Tod 1987 hier wohnte und dessen Bronzestatue auf der Isla Río Cuale in der Stadt zu sehen ist, „nicht unbedingt ein Segen" war. Die Unterkünfte der Filmcrew wurden zu Touristenbungalows umgebaut, die in der Nähe des exklusiven Hotels *La Jolla de Mismaloya* stehen und über eine Straße erreichbar sind. Angesichts der Massen ist Mismaloya nicht gerade ein Strand zum Ausspannen. Wer mag, kann einen Spaziergang zu den Überresten des ehemaligen Drehortes machen, wo ein paar teure Restaurants Bier und Seafood-Cocktails verkaufen.

Boote bringen Ausflügler zum Schnorcheln nach **Los Arcos**, einem Unterwasserpark und Naturschutzgebiet, das eine Gruppe von Inseln umfasst. Zwischen den Felswänden und dem mit Felsblöcken übersäten Meeresboden in 5 m Tiefe wimmelt es von bunt schillernden Fischen. Abgesehen von den 90-minütigen Bootstrips können Gruppen auch ein Boot für einen unbegrenzten Aufenthalt mieten. Erfahrene Schwimmer können in Puerto Vallarta eine Taucherausrüstung ausleihen und zu Los Arcos hinausschwimmen; die Inseln liegen weniger als 300 m vor der Küste.

Vom Ende des Strandes führt eine unbefestigte, für Fußgänger, Pferde und Fahrzeuge passierbare Straße ins Landesinnere und erreicht nach 2 km das Restaurant *Chino's Paradise*. Hier werden am

Ufer eines Flusses mittags Meeresfrüchte und Steaks serviert. Die Preise liegen über dem Durchschnitt, sind aber angesichts der besonderen Atmosphäre gerechtfertigt. Von den unter Schatten spendenden Palapas an einem Wasserfall aufgestellten Tischen hat man einen herrlichen Blick auf die Becken mit kristallklarem, eiskaltem Wasser. Zwei Kilometer weiter erreicht die Straße die Ortschaft **El Edén** – wo der Film *Predator* mit Arnold Schwarzenegger gedreht wurde. Das Restaurant *El Edén* neben einem Wasserfall mit natürlichem Becken ist wunderschön gelegen, doch das Essen ist überteuert.

Boca de Tomatlán

Wer auf der Suche nach Ruhe und Entspannung ist, folgt der Hauptstraße am besten noch weitere 4 km bis zum verschlafenen **Boca de Tomatlán**. Hier gibt es einen kleinen, schönen Strand an einer versteckten, mit Fischerbooten gespickten Bucht. Die örtliche Spezialität nennt sich *Pescado de Bara* und wird in den *enramadas* am Strand zubereitet. Es handelt sich um einen Fisch am Spieß, der langsam über einem Grill gegart wird. Jenseits des Strandes mündet der von dichtem Wald gesäumte Río Horcones ins Meer. Von Boca de Tomatlán aus führt die Hauptstraße ins Landesinnere an dem ebenso idyllisch gelegenen, wenngleich teuren Restaurant *Chico's Paradise* vorbei. Unterhalb des Restaurants stürzt der Río Horcones über Felsen oder bildet in trockeneren Perioden kühle Becken mit klarem Wasser, an denen man sich einen gemütlichen Nachmittag machen kann. Es gibt hier keine Unterkünfte, doch gut ausgerüstete Camper finden Möglichkeiten zum Zelten.

Unmittelbar flussaufwärts liegt das Dörfchen **Las Juntas y Los Veranos**. Man kann hier eine so genannte Canopy Tour („Blätterdachtour") unter-

Ausflüge von Puerto Vallarta

Von Puerto Vallarta aus fahren **Ausflugsboote** nach Mismaloya (s.o.) und zu den wundervollen Stränden weiter im Süden. Am beliebtesten sind die Bootsausflüge nach **Playa Las Animas**, **Quimixto** und **Yelapa**, die nur auf dem Wasserweg erreichbar sind. Zahllose Reisebüros in der Stadt bieten solche Touren an, die am Bootshafen nördlich der Stadt beginnen. Einen guten Ruf in haben *Miller Tours,* Paseo de Las Garzas 100, zwischen den Hotels *Krystle* und *Crown Paradise,* ✆ 322/224-0585, und *Vallarta Adventure* am Jachthafen, 🖳 www.vallarta-adventures.com, ✆ 322/221-0657. Man sollte die Angebote vergleichen; oft gibt es Sonderangebote *(en promoción).* Wenn nicht alles inkl. *(todo incluído)* ist, am besten Proviant mitbringen; die Ausflugslokale sind teuer.

Eine wesentlich kostengünstigere Art der Fortbewegung sind **Wassertaxis**. Sie fahren von der Playa de los Muertos um 11 Uhr nach Quimixto, Las Animas und Yelapa. Die Rückkehr von allen genannten Zielen erfolgt gegen 16 Uhr.

Alternativ dazu verkehrt ein **Bus** nach Boca de Tomatlán, von wo aus man ebenfalls per Wassertaxi zu den genannten drei Zielorten gelangt (tgl. ab 10.30 Uhr, ca. 5x).

Quimixto und **Las Animas** sind reine Strände, während **Yelapa** neben einem weißen Sandstrand noch ein kleines, „typisches" Dorf und einen Wasserfall etwas weiter im Dschungel zu bieten hat. Der Ort wird als „unberührtes Paradies" vermarktet, ist aber in Wirklichkeit eher ein recht luxuriös anmutender, ländlicher Erholungsort. Es gibt zwar keinen Strom, doch werden allerorten Sushi und Reiki-Massagen angeboten. Tagsüber ist Yelapa ein belebter Ort, an dem Tagesausflügler sich an den üblichen Strandaktivitäten erfreuen, darunter Parasailing, Ausritte und Bootsfahrten. Herrscht weder Zeit- noch Geldmangel, kann man hier auch übernachten. Wenn am Abend mit der Sonne auch die meisten Menschen verschwinden, verwandelt sich der Ort in eine friedliche, erholsame Oase.

Das *Hotel Lagunita,* 🖳 www.hotel-lagunita.com, ✆ 322/209-5055, bietet schöne Cabañas, Pool und Strandlokal ❼, doch kann man auch einfach am Strand zelten oder mit etwas Glück eine preiswerte Hütte mieten.

nehmen, bei der man, durch Gurte gesichert, an Drahtseilen in bis zu 60 m Höhe von Baumkrone zu Baumkrone und über eine Schlucht gleitet (nur etwas für Schwindelfreie). Die 13 Drahtseile führen u.a. an Kaffeebäumen, Lianen und Agaven vorbei. Die Touren dauern zwischen 1 1/2 und 2 Std. und kosten US$66, 💻 www.canopytours-vallarta.com, ☏ 322/223-6060.

Übernachtung

Die **Budget-Unterkünfte** konzentrieren sich in der Madero – nachts eine etwas zwielichtige Gegend.

SÜDLICH DES RÍO CUALE – ***Azteca,*** Madero 473, Höhe Jacarandas, ☏ 322/222-2750. Einfach und sauber, für den Mangel an Licht in den Zimmern entschädigen die schmiedeeisernen Balkone, die blühenden Pflanzen und die friedvolle Atmosphäre. ❹

Blue Chairs Resort, Almendro 4, an der Playa de los Muertos, ☏ 322/222-5040, 📠 222-2176, 💻 www.bluechairs.com. Schwule zieht es, auch wenn sie nicht hier wohnen, in dieses Resort am Stadtstrand mit schwulen Besitzern und Managern. Apartments mit oder ohne Küche und Meerblick, Dachbar und Pool. ❽

Estancia San Carlos, Constitucíon 210, Höhe Cárdenas, ☏ 322/222-6230. Geräumige Zimmer mit ac, TV und Holzmöbeln um einen Pool. Apartments für 6 Pers. mit voll ausgestatteter Küche ebenfalls im Angebot (US$84). Waschsalon. ❻

Hortencia, Madero 336, Ecke Insurgentes, ☏ 322/222-2484, 💻 www.hotelhortencia.com. Helle, geräumige Zimmer rechtfertigen die paar Pesos mehr im Vergleich zu den Billighotels. ❺

Río Cuale, Serdán 242, Ecke Vallarta, ☏/📠 322/222-0450, ✉ riocaule@pvnet.com.mx. Eine der schönsten Hotelanlagen im Zentrum. Grünflächen, angenehme Zimmer mit ac, gute Bar/Restaurant neben dem Pool. ❻

Lina, Madero 376, östlich der Insurgentes, ☏ 322/222-1661. Einfache, saubere, aber etwas muffige Zimmer um einen Hof. Das angeschlossene Restaurant wirkt frischer, kann aber für Hotelgäste manchmal etwas laut sein. ❹

Molino de Agua, Vallarta 130, ☏ 322/222-1907, 📠 222-6056, 💻 www.molinodeagua.com. Ganz im Einklang mit dem tropischen Erscheinungsbild von Puerto Vallarta; um einen Pool gruppierte Bungalows in Gartenanlage an der Mündung des Río Cuale. ❽

Playa Los Arcos, Av. Olas Altas 380, Ecke Diéguez, ☏ 322/226-7102, 💻 www.playalosarcos.com. Das beste Hotel am Strand. Gute Zimmer mit ac um einen großen, oft überfüllten Pool. ❽

Posada De Roger, Basilio Badillo 237, ☏ 322/222-0639, 📠 223-0482, 💻 www.posadaroger.com. Ziemlich modernes, geräumiges Hotel, dessen hübsche Zimmer auf einen schattigen Patio blicken, wo ausgezeichnetes Frühstück serviert wird. Nur ein paar Blocks vom Strand und mit kleinem Pool. ❻

Villa Del Mar, Madero 440, Ecke Jacarandas, ☏ 322/222-0785. Travellertreff. Zimmer mit Du/WC, die größeren und teureren mit kleinem Balkon. Auch Apartments für 2 Pers. (US$36). ❹

Yazmín, Basilio Badillo 168, ☏ 322/222-0087, an der Av. Olas Altas. Passable Mittelklasse-Unterkunft einen Block vom Strand; die sauberen Zimmer mit Ventilator unterscheiden sich nicht groß von denen der billigeren Hotels in der Madero. ❺

Jugendherberge, Aguacate 302-A, Ecke Badillo, ☏ 322/222-2108. Nach Geschlechtern getrennte Schlafsäle in hübscher Umgebung (US$7,50 p.P.). Sperrstunde um Mitternacht. Zur Zeit der Recherche zwecks Renovierung geschlossen. ❸

NÖRDLICH DES RÍO CUALE – ***Casa Kimberley,*** Zaragoza 445, ☏/📠 322/222-1336. Kleines, verschlissenes Hotel in dem Haus, das Richard Burton Liz Taylor 1964 zum Geburtstag kaufte. Abgesehen von den Erinnerungsstücken an Liz hat sich an der Ausstattung wenig verändert, seitdem sie es 10 Jahre später wieder verkaufte. Gemeinschaftsraum, Blick über die Stadt, Pool, Frühstück inkl. Ein Paradies für Liz-Taylor-Fans, ein netter Ort für alle anderen. Außerhalb der Saison 50% Ermäßigung. ❾

La Casa del Puente, Insurgentes, gleich nördlich vom Fluss hinter dem Restaurant *La Fuente del Puente,* ☏ 322/222-0749, 💻 www.casadelpuente.com. Geräumige, elegant möblierte Apartments mit Flussblick. Sehr freundlicher Besitzer. Nur zwei Suiten mit komplett ausgestatteter Küche und ein DZ. Rechtzeitig buchen! ❼

Escuela Cecattur, Hidalgo, Ecke Guerrero, ✆ 322/222-4910, ✉ cecati63@prodigy.net.mx. Dieses Hotel fungiert zugleich als Ausbildungsstätte für Leute, die im Tourismusbereich arbeiten möchten; die Schüler sind an der Führung des Hotels beteiligt. Große, etwas charakterlose Zimmer. Gute Alternative, falls andere Hotels ausgebucht sind. ❻

Getaway Club, Francisco Medina Ascencio, neben dem *Sheraton*, ✆ 322/226-3300, ✆ 223-3601, 💻 www.getawayvallarta.com. Eine hervorragende Wahl, wenn man in einem All-inclusive-Resort absteigen möchte: Einen halbstündigen Fußmarsch nördlich des Zócalo: große Zimmer, gutes Essen, zwei Pools, und da Kinder nicht zugelassen sind, ruhiger als andere Ferienanlagen. ❾

Vientos del Río, Cuahtémoc 460, am Ende der Guerrero, gegenüber der *Casa Kimberley*, ✆ 322/222-1758. Zwei hübsche, voll möblierte Apartments, kleiner Pool und schöner Flussblick. ❼

CAMPING – Der einzige offizielle Campingplatz ist der ***Puerto Vallarta Trailer Park***, ein paar Kilometer nördlich der Hotelzone, ✆ 322/224-2828; US$9 p.P. ❹

An den belebteren Stränden in der Mitte der Bucht ist wildes Campen verboten, aber wer gut ausgerüstet und gegen Moskitos gefeit ist, kann ins 50 km von Puerto Vallarta entfernte **Punta Mita** (am Nordende der Bucht) fahren oder nach Süden, nach **Boca de Tomatlán**, wo manchmal Leute ihr Zelt aufschlagen.

Nach **Yelapa** am Südstrand fahren Boote von der Stadt aus. Dort gibt es ein gutes Hotel und mehrere Bungalows, vielleicht auch einen Platz, um eine Hängematte aufzuhängen.

Essen

Touristenrestaurants, in denen man bei Kerzenschein Cocktails schlürfen kann, gibt es sowohl in Nuevo Vallarta als auch im Zentrum genügend; billige sind jedoch rar.

Einfaches Essen in der Umgebung des Marktes am Nordufer des Río Cuale an der oberen Brücke. Zahlreiche billige Esslokale säumen auch die Madero. Nur an Straßenständen erhältlich sind zwei typische Getränke: *tuba*, fermentierte Kokosmilch mit wenig Alkoholgehalt, kam vor Jahrhunderten mit den *Nao* aus Indonesien; der hochprozentige *tejuino* wird aus fermentiertem Mais hergestellt und mit Salz und Limonen genossen.

Mittelklasse-Restaurants findet man südlich des Río Cuale an der Av. Olas Altas und besonders an der Basilio Badillo zwischen Suarez und Insurgentes. Die Auswahl an **teuren Restaurants** ist riesig. Meist mit Musikbegleitung, sonstiger Unterhaltung oder zumindest schöner Aussicht. An der Marina gibt es mehrere Mittelklasselokale mit internationaler Küche.

SÜDLICH DES RÊO CUALE – ***A Page in the Sun***, Olas Altas 399, Ecke Diéguez, ✆ 322/222-3608. Nettes kleines Café mit Tischen im Freien, Kaffee, *licuados*, Schachspielen und Zeitschriften; zugleich Secondhandbuchladen; in einer sehr belebten Gegend.

Archie's Wok, Rodríguez 130, ✆ 322/222-0411. Modernste orientalische Küche unter der Leitung der Ehefrau von John Hustons ehemaligem persönlichen Koch. Köstliches Essen mit philippinischen, thailändischen und chinesischen Soßen, serviert in einem Zen-Garten; teuer, gilt aber als eines der besten asiatischen Restaurants auf dem Kontinent. Sonntags und im September geschlossen.

Café de Olla, Basilio Badillo 168, Höhe Olas Altas. Gute, traditionelle mexikanische Küche, aufmerksames Personal. Sehr beliebt und abends immer voll. Di geschlossen.

El Palomar de los Gonzáles, Aguacate 425, ✆ 322/222-0795. Elegantes, v.a. auf mexikanische Küche und Seafood spezialisiertes Restaurant auf dem Hügel südlich vom Zentrum; gute Weinkarte, exotische Desserts, tolle Aussicht. Das romantische Abendessen bei Kerzenlicht kann mit Kreditkarte bezahlt werden. 🕓 ab 18 Uhr, So geschlossen.

El Torito, Vallarta 291, Ecke Carranza, ✆ 322/222-3784. Bar und Restaurant für Sportfanatiker, Satellitenübertragungen aller weltbewegenden amerikanischen Sportereignisse. Spezialität des Hauses sind Rippchen. Annehmbare Preise.

Fredy's Tucán, Basilio Badillo 245, Ecke Vallarta, ✆ 322/223-0778. Beliebt für mexikanisches Frühstück, Omelettes und Pancakes bis 14.30 Uhr im

Patio der *Posada de Roger*. Abends und am Wochenende Fernsehübertragung europäischer Fußballspiele.
Kaiser Maximilian, Olas Altas 380-B, neben dem Hotel *Playa Los Arcos,* ✆ 322/223-0760. Elegantes, teures Restaurant mit österreichischer Küche (darunter Gebäck), auch andere europäische und einige mexikanische Gerichte. So geschlossen.
Karpathos Taverna, Gómez 110, Ecke Playa de los Muertos, ✆ 322/223-1562. Luftiges, mediterranes Restaurant; ausgezeichnetes griechisches Essen zu annehmbaren Preisen. Die Bedienung ist manchmal etwas langsam.
Las Tres Huastecas, Olas Altas 444, Ecke Rodriguez. Preisgünstige mexikanische Küche, z.B. Hühnchen in Mole-Soße, Spezialität: Seafood, an der Playa de los Muertos.
The Pancake House, Basilio Badillo 289. Mehr Zelt als Haus, verkauft Pfannkuchen, Waffeln und Kaffee (unbegrenztes Nachschenken) an Schlange stehende Gäste. ⌚ tgl. 8–14 Uhr.

NÖRDLICH DES RÍO CUALE – ***Café des Artistes,*** G. Sanchez 740, ✆ 322/222-3228. Gourmet-Restaurant mit ebenso guter französischer Küche wie edler Einrichtung: Man kann im Garten oder im mit Kunstwerken geschmückten Speiseraum essen. Allabendlich Live-Klavier- und Flötenmusik.
La Dolce Vita, Malecón 674, Ecke Domínguez, ✆ 322/222-3852. Erschwingliche Pizza, Pasta bzw. Gerichte wie Rindfleisch-Carpaccio oder Hühner-Cacciatore. Do–So Live-Jazz.
Le Bistro Jazz Café, Isla Río Cuale, unmittelbar östlich der Insurgentes, ✆ 322/222-0283. Elegante Räumlichkeiten, auch Tische im Freien, v.a. Seafood, untermalt von Jazz. Ziemlich teuer, aber herrlich zum Ausspannen, auch Frühstück. ⌚ ab 9 Uhr, So geschlossen.
Planeta Vegetariano, Iturbude 270, Höhe Hidalgo, ✆ 322/222-3073. Vegetarisches *all you can eat*-Buffet mit verschiedenen Hauptgerichten, Salaten, Suppen, Desserts und einem Erfrischungsgetränk. Die Wände zieren fantastische Fresken, das Essen liegt preislich im Rahmen und ist köstlich gewürzt.
Trio, Guerrero 264, ✆ 322/222-2196. Mediterrane Küche der Spitzenklasse, zubereitet von einem deutschen und einem schwedischen Koch mit *Michelin*-Auszeichnung, serviert im Speisesaal voller Originalkunstwerke und Hängepflanzen. Ein einmaliges Erlebnis für alle, die es sich leisten können.

Unterhaltung

Der Malecón ist das Zentrum des Nachtlebens, hier wird lautstarke Partyatmosphäre geboten. Die hiesigen Lokale sind normalerweise voller junger Mexikaner und, im März und April, nordamerikanischer Studenten. Das musikalische Angebot ist vielseitig – von Techno bis Salsa ist alles vertreten. Die größte Konzentration an **Bars** und **Clubs** findet sich in dem Abschnitt des Malecón, der von der Plaza Aquiles Serdán etwa 400 m nach Norden verläuft. Die meisten sind zum Malecón hin offen, so dass man nach Lust und Laune zur Happy Hour hereinspazieren und die Eintrittspreise vergleichen kann – manche erheben gar keinen Eintritt, andere zwischen US$5–15, je nach Wochentag und Saison, wobei es fast immer Ermäßigungen gibt, wenn man einen der Coupons vorlegen kann, die von Schleppern und der Touristeninformation verteilt werden.
Südlich des Flusses gibt es ebenfalls zahlreiche Abendlokale, die i.A. etwas weniger mondän, aber, was die Atmosphäre anbelangt, abwechslungsreicher sind. Hier konzentriert sich auch die **Schwulenszene**. Einen Besuch lohnen:

Südlich des Río Cuale: *Club Roxy,* Vallarta 217, Ecke Madero, gut besuchte Bar/Club mit Bands, die Blues, Reggae, Rock spielen, und toller Atmosphäre, zieht Einheimische und Touristen gleichermaßen an. Eintritt frei.
Paco Paco, Vallarta 278. Der größte und beliebteste Schwulenclub und sehr vielseitig: Im Erdgeschoss legen DJs die neuste Techno-, Hiphop- und Popmusik auf; im 1. Stock werden mexikanische Musik, eine *cantina* und Poolbillard geboten; im 2. Stock gibt es eine Dachbar und im „The Ranch", einer kleineren Räumlichkeit, die über einen Gang mit dem Hauptclub verbunden ist, treten Stripper auf.
The Jazz House, Rodríguez, Ecke Olas Altas; erstklassiger Jazz in geschmackvoller Umgebung, gutes, nicht ganz billiges Essen.

Nördlich des Río Cuale: ***Los Balcones,*** Juarez 182, Ecke Libertad. Ältester Schwulenclub der Stadt, auf 3 Stockwerke verteilt; Balkone, Tanzfläche, in der Hochsaison Stripper.
La Bodeguita del Medio, Malecón 858. Nach der berühmten Bar in Havanna benanntes Restaurant, gleichermaßen bekannt für Mojitos, Cuba Libres und Live-Salsabands wie für kubanisches und mexikanisches Essen.
Carlos O'Brian's, Malecón 786. Die beliebteste der Bar-Restaurantketten. Serviert Tag und Nacht Kneipenessen; Tanzfläche und Bar, die auf alkoholhaltige und -freie Cocktails spezialisiert ist – beide finden reißenden Absatz.
Christine's, im *Hotel NH Krystal Puerto Vallarta,* Av de las Garzas. Edle und teure Disco mit viel Glitzer; praktisch für Leute, die in der Hotelzone nördlich des Stadtzentrums wohnen.
Hilo, Malecón. Club mit hohen Decken und einer energiegeladenen Atmosphäre, in dem riesige Statuen mexikanischer Bauern im Rhythmus der dröhnenden Technomusik vibrieren.
The Zoo, Malecón 630. Stühle im Leoparden- und Zebradesign und von den Dachbalken herunterbaumelnde Plastikgorillas verleihen diesem Club, in dem DJs für eine junge, trendbewusste Klientel die neueste Tanzmusik auflegen, eine gewollt kitschige Note.

Aktivitäten

Chico,s Dive Shop, Díaz Ordaz 770-5, am Malecón, ✆ 322/222-1895, 🖳 www.chicos-diveshop.com, bietet Schnorchel- oder Tauchtouren von den südlichen Stränden an. Auch Verleih von Tauchgeräten (US$12 pro Tag für Maske, Schnorchel und Flossen; US$40 für eine Gesamtausrüstung inkl. Tank). ⏲ tgl. 8–22 Uhr.
Bike Mex, Guerrero 361, Ecke Miramar, gleich nördlich der oberen Brücke über den Fluss, ✆ 322/223-1834, verleiht Mountainbikes für US$20 pro Tag inkl. Umgebungskarten und organisiert Radtouren in die Dschungelausläufer am Rande der Stadt ab US$40. Meist ist es zu schwül für solche Aktivitäten, aber wer die Anstrengung nicht scheut, wird belohnt.
9 km südlich der Stadt Richtung Mismaloya (s.S. 457) gibt es Gelegenheit zum **Bungee Jumping**. Für US$55 darf man sich von einer kleinen Plattform über den tosenden Fluten des Pazifik 40 m in die Tiefe stürzen. Wer möchte, kann sogar mit dem Kopf eintauchen. ⏲ tgl. 10–18 Uhr.

Sonstiges

APOTHEKEN – ***Pharmacy CMQ***, Basilio Badillo 367, ✆ 322/222-2941, neben der CMQ Clinic (s.u.), rund um die Uhr geöffnet; oder ***Lux***, Insurgentes 169, ✆ 322/222-1909.

AUTOVERMIETUNGEN – ***Avis***, am Flughafen ✆ 322/221-1112,
Hertz, Medina Ascencio 1602, ✆ 322/222-0024,
Alamo, Diáz Ordaz 660A, ✆ 322/221-3030.

GELD – ***American Express***, Morelos 660, Ecke Abasolo, ✆ 322/223-2955, Postannahme und Wechselschalter, ⏲ Mo–Fr 9–18, Sa 9–13 Uhr.
Banamex am Zócalo wechselt Reiseschecks und hat einen Bargeldautomaten, ⏲ Mo–Fr 9–16, Sa 10–14 Uhr. Zahlreiche ***Casas de Cambio*** in den Straßen beim Zócalo mit großen Kursunterschieden, daher die Angebote vergleichen.

INFORMATIONEN – Die ***Touristeninformation*** befindet sich in der Av. Juárez am Zócalo im Palacio Municipal, ✆ 322/221-8080. Hier bekommt man Stadtpläne und Landkarten, außerdem verschiedene Informationsbroschüren, z.B. die englischsprachige Tageszeitung *Vallarta Today* und die wöchentl. erscheinende *Vallarta Tribune*. ⏲ Mo–Fr 8–16 Uhr.
Puerto Vallarta präsentiert sich außerdem auf mehreren **Websites**: 🖳 www.puertovallarta.net, die offizielle Seite der Tourismusbehörde, bietet neben Infos über Veranstaltungen und Übernachtungsmöglichkeiten auch Nachrichten und Wetterbericht. 🖳 www.vallartaonline.com hat Reiseinfos und praktische Tipps zu Nahverkehrsbussen, Geldwechsel, Spanischkursen u.Ä.

MEDIZINISCHE HILFE – Englisch sprechende Ärzte: ***CMQ Clinic***, Basilio Badillo 365, zw. Insurgentes und Aguacate, ✆ 322/223-1919, und ***Cruz Roja***, Río Balsas y Plata, ✆ 322/222-1533.

POST – ***Hauptpostamt***, Mina 188, zwischen Juárez und Morelos, ⏲ Mo–Fr 9–17, Sa 9–13 Uhr.

REISEBÜROS – ***SAET Travel Service***, im Centro Commercial, Morelos, Ecke Rodriguez, ✆ 322/222-1886, bietet u.a. Fluginformationen, 🕒 Mo–Fr 9–19, Sa 9–14 Uhr.

TELEFON / FAX – Ferngespräche kann man in der Central Camionera und von zahlreichen Zellen, z.B. auf der Cárdenas nahe Pino Suarez, führen.

TOURISTENPOLIZEI – Wer in Schwierigkeiten geraten ist oder eine Auskunft braucht, wendet sich an einen der weiß Uniformierten mit blauen Kappen, die überall in der Stadt anzutreffen sind.

WÄSCHEREIEN – ***Lavandería Blanquita***, Madero 407, östlich der Aguacate, 🕒 Mo–Sa 8–20 Uhr. Auch ein Waschsalon im Hotel *Estancia San Carlos*, Constitucíon 210, Ecke Cárdenas.

Zeitverschiebung

Wer von Tepic, San Blas, Mazatlán oder anderen Orten an der Küste nördlich von Puerto Vallarta herkommt, muss die Uhr eine Stunde vorstellen. Die Zeitgrenze verläuft nördlich des Flughafens von Puerto Vallarta.

Nahverkehrsmittel

Die meisten Stadtbusse fahren an der Plaza Lázaro Cárdenas an der Playa Olas Altas ab. Die nach **Norden** zu den großen Strandhotels tragen die Aufschrift „Hoteles", „Aeropuerto", „Ixtapa" oder „Pitillal". Die nach **Süden**, mit der Aufschrift „Boca de Tomatlán", kommen unterwegs an den großen Strandhotels und an Mismaloya vorbei.

Transport

BUSSE – Alle Busse fahren an der **Central Camionera** ab, etwa 4 km nördlich des Stadtzentrums, mit Gepäckaufbewahrung und Telefonen für Ferngespräche. Zwischen diesem Fernbahnhof und dem Zentrum verkehren Busse („Aeropuerto", „Ixtapa", „Juntas" oder „Mojoneras"). Bevor man vor dem Eingang zur Central Camionera in einen Stadtbus steigt, sollte man den Fahrer fragen, ob er ins Zentrum fährt, denn viele fahren genau in die entgegengesetzte Richtung. Die meisten größeren Gesellschaften unterhalten jedoch weiter ihre alten Büros in der Innenstadt, südlich des Flusses, als Reservierungsbüros.

Estrella Blanca, im Busbahnhof, mit einem Büro in der 11 Basilio Badillo, Ecke Insurgentes, ✆ 322/290-1014, So geschlossen, unterhält 1. Klasse-Busse z.B. nach ACAPULCO 2x tgl. (18 Std.), GUADALAJARA fast stdl. (5–6 Std.), LÁZARO CÁRDENAS 1x tgl. (12 Std.), MAZATLÁN 1x tgl. (8 Std.) und MÉXICO D.F. 3x tgl. (13–14 Std.).

Primera Plus, ✆ 322/290-0715, 1. Klasse-Busse nach BARRA DE NAVIDAD 2x tgl. (4 Std.), COLIMA 2x tgl. (6 Std.), GUADALAJARA 13x tgl. (5–6 Std.) und MANZANILLO 1x tgl. (5 Std.). Sie haben ein Büro in der 268-9 Lázaro Cárdenas zusammen mit ***ETN***, ✆ 322/290-0997. Letztere bietet einen Super-deluxe-Bus nach GUADALAJARA (6 Std.) und MÉXICO D.F. (14 Std.).

Pacífico, im Busbahnhof, mit einem Büro in der 160 Insurgentes, Höhe Carranza, ✆ 322/290-1008, unterhält 1. Klasse-Verbindungen auf einem umfangreichen Streckennetz.

Servicios Coordinados, ✆ 322/221-0095, für Busse 2. Klasse nach MANZANILLO (8x tgl.) und BARRA DE NAVIDAD (6x tgl.).

Außerdem alle 30 Min. 2. Klasse-Busse nach TEPIC (2 1/2 Std.).

FLÜGE – Der **Aeropuerto Gustavo Díaz Ordas**, ✆ 322/221-1298, liegt 2,5 km nördlich des Zentrums an der Küstenstraße. Vom Flughafen aus ist der Bus („Olas Altas" oder „Centro") eine einfache und weitaus billigere Alternative als die Colectivos, die zu festgelegten Preisen in die Stadt, nicht jedoch in umgekehrte Richtung, fahren. Zum Flughafen findet man jedoch unschwer einen Bus oder ein Taxi für etwa US$12. Flüge nach:

ACAPULCO (1x tgl.),
AMSTERDAM (1x wöchentl.),
GUADALAJARA 3–5x tgl.,
LEÓN (6x wöchentl.),
LONDON (1x wöchentl.),
LOS CABOS (4x wöchentl.),
MÉXICO D.F. (5–11x tgl.),

MONTERREY (3–5x tgl.),
TIJUANA (2x wöchentl.).
Verbindungen zu US-Städten: z.B. nach:
CHICAGO (5x wöchentl.),
DALLAS (1x tgl.),
DENVER (2x wöchentl.),
HOUSTON (1–3x tgl.),
LOS ANGELES (2–4x tgl.),
PHOENIX (2–3x tgl.),
SAN FRANCISCO (2–3x tgl.),
ST LOUIS (2x wöchentl.).
Die Preise richten sich nach Saison und Nachfrage, sind in der Regel aber ziemlich hoch, wenn man den Flug erst vor Ort bucht.
Näheres bei den Reisebüros.
Fluggesellschaften:
Aero California, ✆ 322/224-2777, ***Aeroméxico***, ✆ 322/224-2777, ***American***, ✆ 322/221-1799, ***Continental***, ✆ 322/221-1025, ***Mexicana***, ✆ 322/224-8900.

Nuevo Vallarta, Bucerías und Punta de Mita

Nördlich von Puerto Vallarta, jenseits der Bundesstaatsgrenze in Nayarit, wölbt sich die **Bahía de Banderas** hinaus nach Punta de Mita, ungefähr 30 km weiter. Im Sommer tummeln sich hier Feriengäste aus Guadalajara und im Winter die Wohnwagenurlauber aus dem Norden. Nur einige Stellen an den herrlichen Stränden sind ausgebaut, darunter Nuevo Vallarta und Bucerías und Punta de Mita, und es gibt viele einsame Sandstrände, an denen man kostenlos ein Zelt aufschlagen kann.

Nuevo Vallarta, 12 km nördlich vom Flughafen, ist ein ständig wachsendes Mega-Urlaubsresort mit teuren Hotels. Es gibt hier zwar hervorragende Strände, die aber allesamt von hässlichen Bauwerken verschandelt werden. Da die meisten Hotels zudem All-inclusive-Service offerieren, gibt es für Tagesausflügler so gut wie keine Angebote außer **Schwimmen mit Delphinen** (US$130) im *Dolphin Adventure*, 💻 www.dolphin-adventure.com, ✆ 322/ 297-1212 App. 25, einer Schule für Delphine am Paseo de la Palmas 39.

Ein sehr schöner Strand befindet sich bei **Bucerías**, dem letzten der Badeorte an der Carretera 200. Hier herrscht eine entspannte Atmosphäre, und von den Seafood-Restaurants am Meer aus reicht der Blick bis nach Puerto Vallarta. Das Städtchen bietet ein paar Unterkunftsmöglichkeiten.

Wer an der Küste bleiben will, verlässt hier die Hauptstraße in Richtung Punta de Mita, vorbei am Fischerdorf **Cruz De Huanacaxtle** und den Stränden **Manzanillo** und **Piedra Blanca**. Die Straße nach Punta de Mita führt weiter durch ein zunehmend felsiges, trockenes Gebiet, von dem aus Wege zu versteckten Strandflecken führen. Die einzigen beiden einigermaßen erschlossenen Strände sind die bei **Destiladeras**. Hier ist es wunderschön zum Zelten, aber man muss wirklich alles selbst mitbringen.

Punta de Mita ist besser erschlossen: Hier reihen sich am Strand Bars, Cafés und Fischrestaurants aneinander. Über die parallel zum Strand verlaufende Straße gelangt man zur *Sociedad Cooperativa de Servicios Turísticos*, ✆ 329/291-6298, wo Schnorchel- und Tauchausrüstung verliehen und zweistündige *panga*-Ausflüge zum Meeresschutzgebiet **Islas Las Marietas** angeboten werden. Die kleinen Boote bieten bis zu 8 Pers. Platz und kosten US$80. Dies ist wahrscheinlich die preisgünstigste Gelegenheit, **Buckelwale** zu beobachten, die zwischen Dezember und April in der Bucht herumschwimmen, um sich zu paaren und den Nachwuchs zur Welt zu bringen, bevor sie in die polaren Gewässer im Norden zurückkehren. Man kann auch von Puerto Vallarta aus eine organisierte Walbeobachtungstour buchen, z.B. mit *Open Air Expeditions*, Guerrero 339, ✆ 322/222-3310, 💻 www.vallartawhales.com.

Übernachtung und Essen

BUCERÍAS – Übernachten kann man in Ferienapartments im ***Motel Marlyn***, ✆ 329/298-0450, ❹, oder auf dem ***Bucerías Trailer Park***, ✆ 329/298-0265. ❹.
Adriano,s, ✆ 329/298-0088, gutes, teures Restaurant mit großer Auswahl an frischem Fisch. Eine Tasse Tee kann man in der Bäckerei ***Pie in the Sky*** gegenüber dem *Hotel de Camarón*, Héroe de Nacozari 202, zu sich nehmen. Als Beilage empfehlen sich Schokoladen-Brownies oder Käsekuchen.

PUNTA DE MITA – **Camping** am Strand ist möglich, außerdem gibt es das hübsche ***Hotel Punta***

Mita, ✆ 329/291-6269, ❻, und das superluxuriöse ***Four Seasons Punta Mita,*** ✆ 329/291-6000. ❾

Transport

Man nimmt am besten von Puerto Vallarta irgendeinen Stadtbus nach Norden bis zum Hotel *Sheraton* und hält dort einen Bus von *Autotransportes Medina* mit der Aufschrift „Punta de Mita" an.

Costa Alegre und Bahía de Navidad

Der als Costa Alegre bekannte Küstenstreifen beginnt etwa 100 km südlich von Puerto Vallarta. Für eine Unterbrechung der Reise empfiehlt sich nach 130 km **Bahía de Chamela**, eine riesige, weit geschwungene Bucht mit ausgezeichneten Stränden. Zwar schießen große Luxushotels wie Pilze aus dem Boden, doch finden sich hier immer noch lange Abschnitte unberührten Strandes und preiswerte Unterkünfte. Die **Playa Perula** am nördlichen Ende der Bucht liegt 1 km von der Carretera 200 entfernt und ist über einen staubigen Weg zu erreichen. Hier befindet sich auch ein kleines Dorf mit Übernachtungsmöglichkeit im durchschnittlichen *Hotel Punta Perula,* ✆ 315/333-9782, einen Block nördlich der Hauptstraße. ❹

Etwas weiter die Hauptstraße Richtung Süden hinunter stößt man auf eine weitere unbefestigte Straße, die zur **Playa Chamela** führt. Das *Paraíso Costa Alegre,* ✆ 315/333-9778 ❻, hat hübsche, von Palmen umgebene Cabañas mit Meerblick sowie Stellplätze für Wohnmobile. ❸

Im 40 km weiter südlich gelegenen **Tenacatita** gibt es neben einem weiteren herrlichen Strand eine Lagune mit Mangroven, in der es von Vögeln nur so wimmelt. Beim Schnorcheln in dem ruhigen, klaren Wasser zeigen sich Schwärme bunter Fische. Das Restaurant am Strand organisiert Bootsfahrten zur Vogelbeobachtung. Unterkunft bietet das *Hotel Paraíso Tenacatita,* ✆ 314/353-9623, mit einfachen Zimmern um einen Hof herum und einem Restaurant ❹. Ein Abstecher nach Tenacatita ist auch von Barra de Navidad aus möglich.

Die meisten Touristen fahren jedoch lieber durch bis zu den 30 km weiter südlich gelegenen Zwillingsorten **Barra de Navidad** und **San Patricio-Melaque**, die zu den schönsten Reisezielen entlang dieses Küstenstriches zählen (wenngleich beide Orte 1995 von einem Erdbeben beschädigt wurden). Sie sind weder völlig unerschlossen noch besonders abgeschieden, aber anders als in den kommerzialisierten Badeorten herrscht hier die typische Atmosphäre eines kleinen mexikanischen Seebades.

Barra de Navidad

Barra de Navidad, am südlichen Ende der Bahía de Navidad, wo der Strand in der Nähe einer Lagune in einer Biegung ausläuft, ist der attraktivere Badeort. Die Bucht wird von einem Ende bis zum anderen von herrlichem Sandstrand gesäumt. Wer eine Weile am Meer entlangwandert, kann schon nach kurzer Zeit die Menschenmassen hinter sich lassen. Allerdings sollte man beim Schwimmen vorsichtig sein, denn es gibt gefährliche Unterströmungen und die Wellen sind hoch. Barra selbst ist so klein, dass man in zwanzig Minuten durch den ganzen Ort spazieren kann.

Die Eröffnung des *Grand Bay Hotel* samt Golfplatz und Bootsanlegestelle auf einer kleinen Insel vor Barra de Navidad hat nur wenige Veränderungen im Dorf bewirkt. Wer Zeit und Lust hat, kann mit einem Boot hinfahren; die ganze Anlage wirkt allerdings sehr künstlich. Derzeit verkehrt zwischen 6 und 18 Uhr halbstündlich (US$0,70 p.P.) ein Boot der *cooperativo* über die Bucht. Noch preiswerter ist das Boot, das vor dem *Restaurant Manglito* in der Nähe der Jetty ablegt. Die *cooperativo* veranstaltet auch Angelausflüge, Touren durch die Lagune und Wasserskifahren.

Das beliebteste Ausflugsziel in der Gegend ist **Colimilla** (hin und zurück US$1,40), jenseits der Laguna de Navidad, vor allem wegen seiner Fischrestaurants wie *Fortinoís,* ⏲ tgl. 9–22 Uhr (nach Einbruch der Dämmerung Insektenschutzmittel mitbringen), und als Ausgangspunkt für einen 2–3 km langen Spaziergang zu dem rauen Pazifikstrand **Playa de Cocos**. Die *cooperativo* veranstaltet Angelausflüge, Touren durch die Lagune und Tagesfahrten nach Tenacatita.

Übernachtung

Barra verfügt zwar über genügend Unterkünfte für jeden Geschmack und Geldbeutel, aber wer während der Hochsaison (ungefähr Dez–Apr) hierher kommen möchte, sollte reservieren.

Barra de Navidad, Legazpi 250, ✆ 315/355-5122, 💻 www.hotelbarradenavidad.com. Das einzige Strandhotel, das die gigantischen Wellen nach einem Hurrikan im Okt 2000 überlebte. Attraktive Zimmer mit ac und Meerblick. Großer Pool. ❼

Cabo Blanco, Armada, am Jachthafen, 💻 www.hotelcaboblanco.com, ✆ 315/ 355-6495 oder 01-800/710-5690. In ruhiger Lage landeinwärts neben dem Jachthafen, Hotel mit Rundum-Service: Restaurant, Tennisplätze, „Kid's Club" und Unterbringung in ac-Zimmern oder Apartments mit 1, 2 oder 3 Schlafzimmern. All-inclusive nur in der Hochsaison. ❻

Caribe, Sonora 15, ✆ 315/335-5952. Annehmbare Unterkunft, Terrasse mit Schaukelstühlen, etwas düstere Zimmer. ❺

Delfín, Morelos 23, ✆ 315/355-5068, 💻 www.hoteldelfinmx.com. Mehrstöckiges Hotel zwei Querstraßen vom Strand; geräumige, saubere Zimmer, winziger Pool, von den oberen Stockwerken Blick aufs Meer. ❻

Grand Bay, Circuitos de los Marinos, Isla Navidad, ✆ 315/331-0500. Luxuriöse Ferienanlage mit Bergkulisse, idyllische Lage an der Bucht, erfüllt alle Wünsche von Golfern, Wassersportfans und Leuten, die ein echtes Verwöhnprogramm brauchen. ❾

Posada Pacifico, Mazatlán 136, ✆ 315/355-5359, die beste Budget-Unterkunft der Stadt, einfach und freundlich. Saubere, luftige Zimmer, teilweise mit Balkon. Schattiger Innenhof. ❹

Sand,s, Morelos 24, ✆ 315/355-5018. Passable Zimmer und großer Garten mit Blick auf die Lagune, Bar und Pool, den auch Besucher nutzen können (für US$3, 50). ❺

Essen und Unterhaltung

Die meisten der zahlreichen guten Restaurants in Barra liegen an der Legazpi, oder aber an der Kreuzung der Av. Veracruz und Jalisco, z.B. das ***Restaurant Paty***, ✆ 315/355-5907, das beste einer Reihe ähnlicher Lokale, serviert *ceviche*, frischen Fisch und mexikanische Fleischgerichte.

Ivette, eine Tür weiter, backt gute Pizza.

Café Ambar, schräg gegenüber vom *Paty*, Veracruz 10, ✆ 315/355-8169, leckere Crêpes, Salate, französische Küche. Etwas teurer als die meisten anderen. Unter derselben Leitung ein gutes italienisches Strandlokal (ebenfalls mit einigen französischen Gerichten) in der Legazpi 158.

Banana's Grill, im oberen Stockwerk des Hotels *Barra de Navidad*, köstliches Frühstück, aber keine anderen Mahlzeiten.

Ramón, direkt gegenüber, Legazpi 260, ✆ 315/355-6435, hat eine große Auswahl an mexikanischen und internationalen Gerichten, darunter recht gute Fish 'n' Chips.

Jede Menge **Seafood-Restaurants** finden sich in der Legazpi, Morelos und am südlichen Ende der Veracruz bis zur Landzunge hinunter: ***El Manglito*** ist eines der besten und hat Tische mit Blick auf die Lagune.

Das Nachtleben beschränkt sich auf Poolbillard, Trinken und Live-Musik in der jeden Abend geöffneten ***Piper Lover's Bar and Grill*** am Strand an der Legazpi und Tanzen am Wochenende in der Disco ***El Galeón*** neben dem Hotel *Sand's*.

Sonstiges

GELD – Die nächste Bank ist in San Patricio-Melaque. Wechsel von Dollars / Reiseschecks im Internet-Café ***Ciber@money***, 212 Veracruz, 🕓 Mo–Fr 9–14, 16–19.30, Sa 9–18.30 Uhr.

INFORMATIONEN – ***Touristeninformation***, Jalisco 67, ✆ 315/355-5100, zuständig für Barra de Navidad und San Patricio-Melaque, 🕓 Mo–Fr 9–17 Uhr, Sa und So in der Hochsaison. Eine noch ergiebigere Informationsquelle ist der Besitzer von ***Beer Bob's Book Exchange***, Tampico 8: zwei Räume mit englischen Taschenbüchern vollgestopft, getauscht wird eins zu eins.

POST – Einige Querstraßen weiter nördlich in der Nueva España 37, 🕓 Mo–Fr 8–15, Sa 9–12.30 Uhr.

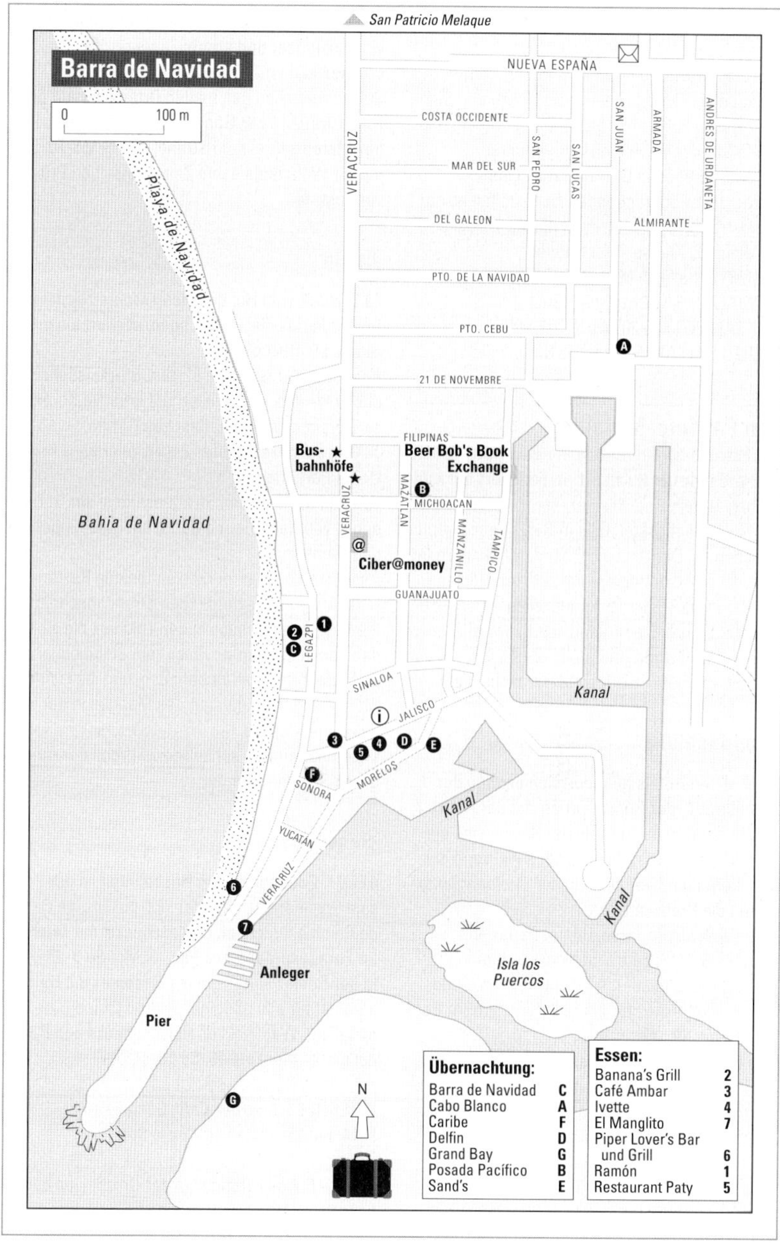
Barra de Navidad
0
100 m
San Patricio Melaque
NUEVA ESPAÑA
COSTA OCCIDENTE
MAR DEL SUR
DEL GALEON
PTO. DE LA NAVIDAD
PTO. CEBU
21 DE NOVEMBRE
FILIPINAS
MICHOACAN
GUANAJUATO
SINALOA
JALISCO
MORELOS
SONORA
YUCATÁN
VERACRUZ
SAN PEDRO
SAN LUCAS
SAN JUAN
ARMADA
ANDRES DE URDANETA
ALMIRANTE
MAZATLAN
MANZANILLO
TAMPICO
LEGAZPI
Playa de Navidad
Bahia de Navidad
Bus-
bahnhöfe
Beer Bob's Book
Exchange
Ciber@money
Kanal
Kanal
Kanal
Isla los
Puercos
Anleger
Pier
N
Übernachtung:
Barra de Navidad C
Cabo Blanco A
Caribe F
Delfin D
Grand Bay G
Posada Pacífico B
Sand's E
Essen:
Banana's Grill 2
Café Ambar 3
Ivette 4
El Manglito 7
Piper Lover's Bar
und Grill 6
Ramón 1
Restaurant Paty 5

Transport

Zwischen Barra de Navidad und San Patricio-Melaque verkehren regelmäßig Busse und Sammeltaxis. Zu Fuß am Strand entlang braucht man für die Strecke etwa eine halbe Stunde.
Die Busse halten in Barra an zwei einander schräg gegenüberliegenden Haltestellen an der Hauptstraße, Av. Veracruz. 1. Klasse-Busse sowie einige 2. Klasse-Busse nach:
CIHUATLÁN alle 15 Min. (30 Min.),
GUADALAJARA 22x tgl. (6–7 Std.),
MANZANILLO alle 30 Min. (1 1/2 Std.),
PUERTO VALLARTA 17x tgl. (5 Std.).

San Patricio-Melaque

San Patricio-Melaque, kurz vor Barra de Navidad am Nordende der Bucht, ist ein Ferienort mit zahlreichen Hotels und Restaurants. Es ist eine gute Ausweichmöglichkeit, falls in Barra kein Zimmer zu haben ist. Der Ort ist bei Nordamerikanern beliebt, die ihre Campervans auf dem umzäunten Gebiet des Playa Trailer Parks aufstellen – Durchgang verboten! Nach Barra kann man zu Fuß in zwei Stunden am Strand und an der tiefblauen Lagune entlang wandern – als Frau besser nicht allein.

Übernachtung

Die meisten Hotels befinden sich entlang der Hauptstraße, der Gómez Farías, die parallel zum Strand verläuft. Außerhalb der Saison sind die Unterkünfte sehr preiswert, doch während der Schulferien und vor allem in der *Semana Santa* ziehen die Preise an.
Posada Pablo de Tarso, Gómez Farías 408, ✆ 315/355-5117, gute Mittelklasse-Unterkunft, komfortable Zimmer mit TV und Telefon, Suites mit ac, *Bungalows* für bis zu 6 Pers., großer Pool am Strand. ❻–❼
San Patricio, Gómez Farías 84, ✆ 315/355-5244, gegenüber der Posada Pablo de Tarso, ist preiswerter. Außenküchen und Gemeinschaftsraum zum Essen, einige Apartments für bis zu 8 Pers. mit Kochnische, bewachte Parkplätze. ❺
Club Náutico El Dorado, Gómez Farías 1, am nördlichen Ende der Straße, ✆ 315/355-5239, 💻 www.eldoradoclubnautico.com, aufgrund seiner Zimmer mit ac, TV, Telefon und Zimmerservice luxuriöser und erheblich teurer. ❼
Campen kann man preiswert entweder am Strand zwischen den beiden Orten oder auf dem ***Playa Trailer Park***, Gómez Farías 250, Ecke López Mateos, direkt am Strand, ✆ 315/355-5065, der für Wohnmobile und Zelte denselben Preis verlangt. ❹

Essen

La Terraza, vom Hof des *Hotel Monterrey* in der Gómez Farías die Treppe hoch, serviert ein großzügiges Frühstück.
Koala's in der Obregón 52, fünf Blocks südlich des Zentrums, spezialisiert auf kreative Küche, serviert in einem romantischen Garten. 🕓 ab 18 Uhr, ausgezeichnetes Essen, allerdings recht kleine Portionen.
Ava, auf der anderen Straßenseite in der Obregón 8, von Kanadiern geführt, hat gute Rippchen und Hamburger.
Ansonsten bleiben nur die eintönigen Restaurants entlang des nördlichen Strandabschnitts, die billigeren Comidas in den Lokalen, die sich in den von der zentralen Plaza zum Stand hin verlaufenden Straßen befinden, und die Licuado-Stände in der Umgebung des Marktes in der Hidalgo und Corona.
Viele Restaurants schließen während der ruhigeren Sommermonate.

Sonstiges

GELD – Gegenüber vom Busbahnhof, in der Pasaje Commercial, befindet sich die einzige Casa de Cambio (wechselt Reiseschecks) mit **Telefon** für Ferngespräche und **Fax**, 🕓 Mo–Sa 9–18 Uhr. In der Gómez Farías gibt es ***Banamex*** mit Geldautomat für alle gängigen Karten (ständig zugänglich); Wechsel von Reiseschecks und Bardollars 🕓 Mo–Fr 9–16, Sa 10–14 Uhr.

INTERNET – ***Internet-Café***, Gómez Farías, 🕓 tgl. 9–14 und 16–22 Uhr, US$2 pro Std.

POST – Etwas versteckt in der Orozco, um die Ecke vom *Hotel San Patricio*.

Transport

Vom Busbahnhof an der Kreuzung von Carranza und Gómez Farías aus Verbindungen in alle Richtungen. Fast alle Busse, die durch Barra kommen, halten auch hier (s.o.).

Manzanillo und Umgebung

Von diesem Küstenabschnitt führen zwei Straßen landeinwärts nach Guadalajara. Die kürzere Strecke, die von der Bahía de Navidad ausgeht, ist die langweiligere und passiert nur einen etwas größeren Ort, das staubige, provinzielle Autlán. Sehr viel abwechslungsreicher ist die Fahrt an der Küste entlang nach Manzanillo und dann landeinwärts via Colima, nicht nur der Städte wegen, sondern aufgrund der Ausblicke auf die schneebedeckten Vulkane.

Manzanillo

Nach anderthalb Stunden Fahrt von der Bahía de Navidad erreicht man Manzanillo im Bundesstaat Colima – und ist damit in einer anderen Welt: In dieser Hafenstadt mit rund 100 000 Einwohnern steht der Tourismus, wenngleich bedeutsam und gut entwickelt, hinter dem Handel erst an zweiter Stelle. Die Stadt ist von Eisenbahntrassen durchschnitten, sehr verkehrsreich und von verwirrend vielen Binnenhäfen und seichten Gewässern durchzogen, die sie scheinbar vom Land abtrennen. In einem Mexiko-Führer aus dem Jahre 1884 steht:

> *Das Klima von Manzanillo ist ungesund für Europäer, und dem Reisenden sei empfohlen, sich nicht zu lange in der Umgebung aufzuhalten.*

Bis zum heutigen Tag bleiben denn auch kaum Touristen in der Stadt, sondern fahren gleich nach der Ankunft zu den Hotels und Ferienclubs an der langen Bucht im Norden der Stadt. Das Zentrum hat allerdings einen gewissen romantischen Reiz. Sicher ist es interessanter als die sterilen Strandresorts und außerdem zum Übernachten billiger. An der Plaza, dem **Jardín Alvaro Obregón**, direkt am Hafen gegenüber dem großen Dock, befindet sich das Geschäftszentrum mit Hotels, Restaurants, Läden, Banken und Büros; alles leicht zu Fuß zu erreichen. Die Busverbindungen zum Strand sind ausgezeichnet.

Übernachtung

In Manzanillo eine Unterkunft zu bekommen ist nicht schwer. Die einfachen Hotels und *Casas de Huéspedes* im Zentrum sind allerdings in erster Linie Matrosenabsteigen, mehr oder weniger heruntergekommen und nicht mal billig. Außerhalb der Hochsaison (Dez–Mai) und der Semana Santa sinken die Preise um ca. 25%.

Hotel Flamingos, Madero 72, ✆ 314/332-1037, bestes der billigeren Hotels, recht geräumige Zimmer, schwere Holzmöbel, das Personal ist allerdings mitunter etwas barsch. ❺

Emperador, Dávalos 69, nahe der Plaza, ✆ 314/332-2374, ein bisschen düster, aber die relativ kleinen Zimmer mit Ventilator und Warmwasserdusche sind sauber und die Angestellten freundlich. Preiswerter *comedor* (Speisesaal). ❸

Hotel Colonial, Bocanegra 28, Ecke México, ✆ 314/332-1080, sehr schönes altes Kolonialgebäude, einladende Zimmer mit TV um einen maurisch anmutenden Innenhof mit andalusischen *azulejos* (bunten Fliesen) und Springbrunnen. ❺

Wer lieber am Meer wohnt, findet z.B.

Hotel San Pedrito, Azueta 3 ✆ 314/332-0535, weitläufige Anlage mit Pool und Tennisplatz, auch geräumige Apartments ❼ mit Küche für 6 Pers. Direkt an der Playa San Pedrito, ca. 1 km östlich vom Zentrum, 20 Fußmin. vom Zócalo am Wasser entlang. ❺

Dieser Strand eignet sich wahrscheinlich am besten zum Zelten. In Manzanillo gibt es keinen Trailer Park, und alle anderen Strände sind ziemlich zugebaut.

Essen

Die meisten Restaurants findet man in der Umgebung des **Zócalo**, darunter auch ein paar gute Cafés mit Blick auf den Jardin Alvaro Obregón.

Chantilly, an der Juárez, Ecke Madero, ✆ 314/332-0194, Sa geschlossen, und ***Roca del Mar,*** ✆ 314/332-0302, direkt gegenüber, servieren

beide eine gute Auswahl ordentlicher Gerichte, sehr preiswerte Comidas corridas und ausgezeichneten Espresso sowie Cappuccino.
Café Costeño, nahe Zócalo in der México 69, ist eine weitere ausgezeichnete Adresse für einen Kaffee oder Frozen Cappuccino.
Auf der Morelos, parallel zum Meer, in östlicher Richtung, erreicht man ***La Perlita***, wo an schattigen Tischen am Ufer *antojitos* und Seafood serviert werden.
In der Umgebung der **Strände** gibt es Restaurants wie Sand am Meer. An der Av. México z.B. das kleine vegetarische Restaurant ***Yacate Cuhtli*** in der Nr. 249, ✆ 314/332-5670, mit seiner gesunden Kost, Energiedrinks, Obstsalaten und Sojaburgern, und das schicke Restaurant im ***Hotel Colonial***, in dem man für ca. US$8 ein Steak bekommt.
Billigere Lokale liegen am Ende der Juárez bei den Bahngleisen.

Sonstiges

GELD – ***Banamex*** und ***Bancomer*** (beide mit Geldautomaten), nebeneinander in der Av. México, Ecke Bocanegra.

INFORMATIONEN – Die hilfreiche **Touristeninformation** befindet sich im Palacio Municipal am Zócalo, 🕓 Mo–Fr 9–20, Sa 9–13 Uhr. Ein weiteres Büro mit eingeschränkteren Öffnungszeiten liegt am Strand, mehrere Kilometer außerhalb der Stadt in der Miguel de la Madrid 1033; 🕓 Mo–Fr 9–14 und 16–19 Uhr.

INTERNET – Eines der besten und billigsten **Internet-Cafés** (US$1 pro Std.) befindet sich im 2. Stock des Centro Commercial del Puerto in der México zwischen Quintero und Galindo.

POST – Das Postamt befindet sich von der zentralen Plaza ein kurzes Stück südlich die Av. México entlang in der Galindo 30, 🕓 Mo–Fr 9–15 Uhr.

TELEFON – *Larga distancia*-Telefonbüro am Jardín Obregón in der Dávalos 27, 🕓 Mo–Sa 8–23, So 9–14 und 17–23 Uhr.

Nahverkehrsmittel

Vom Zentrum aus gibt es gute Busverbindungen zu den **Stränden** im Norden. Die Busse halten in kurzen Abständen an der Bushaltestelle hinter der Plaza rechts (vor dem Eisladen). Auf das Fahrtziel achten!

Transport

BUSSE – Der im September 2003 eröffnete Busbahnhof **Terminal de Autobuses Manzanillo** oder TAMA liegt etwa 5 km vom Zentrum entfernt, ungefähr auf halber Strecke zwischen Manzanillo und den Stränden auf der Ostseite der Bucht. Stadtbusse zum Zócalo ("Jardin") und zu den Stränden ("Santiago") fahren vor dem Eingang zum Busbahnhof ab.
Nachstehend die 1. Klasse- sowie einige regionale 2. Klasse-Verbindungen. Auf den meisten Strecken verkehren mindestens genauso viele, wenn nicht mehr 2. Klasse-Busse, die rund 20% länger brauchen.
Ein halbes Dutzend **Busunternehmen** bedienen die Strecken entlang der Küste sowie nach COLIMA alle 15 Min. (11/2 Std.) und GUADALAJARA stdl. (5–6 Std.) im Landesinneren:
Autotransportes del Sur de Jalisco: TECOMÁN alle 20 Min., (1 Std.), GUADALAJARA alle 90 Min. (5 Std.) und LÁZARO CÁRDENAS 4x tgl. (6–7 Std.).
Autotransportes del Sur de Jalisco und die ***Sociedad Cooperativa de Transportes***: 2. Klasse-Busse nach COLIMA 6x stdl. (1 1/2 Std.).
La Línea: 1. Klasse-Busse und „Executive Class" nach COLIMA stdl. (1 1/2 Std.) und GUADALAJARA stdl. (6 Std.).
Primera Plus: BARRA DE NAVIDAD 11x tgl. (1 1/2 Std.).
Servicio Plus: PUERTO VALLARTA 12x tgl. (7 Std.).
Estrella Blanca: 1. Klasse-Busse nach ACAPULCO 3x tgl. (12 Std.), MÉXICO D.F. 2x tgl. (12 Std.) und zu allen Städten auf dem Weg nach TIJUANA 2x tgl. (38 Std.).

FLÜGE – Tgl. mindestens ein Flug vom internationalen Flughafen **Playa de Oro**, ca. 40 km nördlich vom Zentrum an der Carretera 200, nach GUA-

DALAJARA und MÉXICO D.F., am Wochenende auch nach IXTAPA.
Es gibt keinen Bus zum Flughafen. Busse nach Barra de Navidad kommen zwar an der Abzweigung vorbei, die zum Flughafen führt, aber von da sind es noch fast 4 km! Ein Taxi kostet ca. US$12.

Strände um Manzanillo

Die Einheimischen schwimmen hauptsächlich am kleinen Hafenstrand **San Pedrito** und in der **Laguna de Cuyutlán** im Südosten der Stadt. Beide Strände sind jedoch ziemlich verschmutzt. Etwas besser sind die Strände, an denen die Touristenhotels liegen. Je weiter man nach Norden kommt, desto sauberer wird das Wasser.

Der nächstgelegene Strandort, **Playa Las Brisas**, befindet sich gegenüber dem Eingang zum Binnenhafen. Die Straße zu dem schmalen Landstreifen führt jedoch erst um die gesamte Laguna de San Pedrito herum. Vom Zentrum fahren Busse mit der Aufschrift „Las Brisas“ diese einzige Küstenstraße entlang.

Das Viertel ist eine Mischung aus Vorort und Seebad. Der steil abfallende Strand und die oft raue See sind schmutzig und nicht so anziehend wie die Strände am anderen Ende der Bucht. Da sich hier der ursprüngliche Vorstadtstrand befand, gibt es einige ältere und von daher billigere Hotels und Restaurants.

Besser schwimmt es sich an der weiter entfernten, geschützteren Küste, wo die Bucht durch die felsige **Halbinsel Santiago** geteilt wird. Die schönsten Strände findet man am äußeren Ende der Halbinsel. Hier gibt es einige Restaurants im Ort und am Strand. Wer einen Fußmarsch nicht scheut, kann auf der Halbinsel die wunderbare Höhle **La Audiencia** mit ruhigem Wasser und Sandstrand besuchen.

Wer danach noch Energie hat und gut genug gekleidet ist, um von den Wächtern vorbeigelassen zu werden, kann über den Hügel zum **Las Hadas** hochklettern. In dem schicken, strahlend weißen Hotel-Villen-Komplex vertrieben sich Dudley Moore und Bo Derek in dem Film *Die Traumfrau* die Zeit. Der Besuch lohnt sich, selbst wenn man nicht das nötige Kleingeld für einen Drink an einer der zahlreichen Bars besitzt. Noch mehr reichen Leuten begegnet man in der All-inclusive-Anlage *Club Maeva,* an der Bucht in Playa Miramar, ✆ 314/331-0800 oder 01-800/523-8450, 💻 www.clubmaeva.com.mx. ❾ Die meisten Hotels liegen jedoch abseits der Straße. *Miramar*-Busse befahren die gesamte Strecke, vorbei an den Orten **Salagua** und **Santiago** und einigen Stränden, bis zum Ende der Bucht (Aussteigen in Santiago).

Übernachtung und Essen

PLAYA LAS BRISAS – ***Las Brisas,*** Lázaro Cárdenas 1243, ✆ 314/333-2716, ❺ und ***Star***, Lázaro Cárdenas 1313, ✆ 314/333-2560, etwas besser ausgestattet, auf der dem Strand zugewandten Straßenseite, mit Pool, ❺, gehören zu den billigsten Übernachtungsmöglichkeiten.
La Posada, Lázaro Cárdenas 201, ganz am Ende der Küstenstraße Richtung Manzanillo, ✆ 314/333-1899, 💻 www.hotel-la-posada.info. Mit Abstand die beste Wahl – ein reizendes Hotel mit 23 Zimmern, ein paar Meter vom Strand entfernt, ausgezeichnetes Frühstück auf Wunsch inkl. ❼

SANTIAGO – ***Hotel María Cristina,*** 28 de Agusto 36, ✆ 314/333-2470, 2 Blocks vom Zócalo landeinwärts, Pool, Garten, einige Zimmer für 4 ❻ bzw. 8 ❾ Pers. Recht gutes Preis-Leistungs-Verhältnis.
Sowohl im Dorf als auch unten am Strand gibt es verschiedene Restaurants.
Juanito's, an der Carretera, ✆ 314/333-1797, ist ein seit langem bewährtes und bei nordamerikanischen Touristen und Einheimischen gleichermaßen beliebtes Esslokal mit **Internet-Zugang**, **Telefon/Fax** für Ferngespräche und gutem **Essen** (hauptsächlich Hamburger und verschiedene mexikanische Snacks).
Las Hadas, ✆ 314/333-0101 oder 01-800/713-3233, 💻 www.brisas.com.mx, Luxushotel im Stil einer Hochzeitstorte. ❾

Von Manzanillo nach Colima

Wer zu seinem Glück nur das Meer und ein Stück Strand mit ein paar *enramadas* braucht, sollte Manzanillo gleich links liegen lassen und andere, weitaus reizvollere, kleinere Badeorte ca. 50–80 km weiter südlich ansteuern. Leicht per Bus erreichbar sind die nicht besonders gut erschlossenen Orte **Cuyutlán**, **Paraíso** und **Boca de Pascuales**, deren Strände vor allem mexikanische Urlauber anziehen.

Verlässt man Manzanillo auf der Carretera 200 Richtung Südosten, erreicht man nach etwa 60 km **Armería**, die erste größere Ortschaft. Hier gibt es eine Bank, ein Postamt und eine Haltestelle für Überlandbusse an der Hauptstraße. Wer bleiben möchte, kann im preiswerten und sauberen *La Herradura,* ✆ 313/328-8027, ❹ am Ortseingang (wenn man aus Manzanillo kommt), absteigen. Nach Armería fährt alle 15 Min. ein Bus von Manzanillo.

Cuyutlán

Der größte von drei Badeorten, ca. 12 km südwestlich von Armería, hat zugleich den anziehendsten Strand. Dahinter befindet sich ein ausgedehntes, von Kokospalmen gesäumtes Tal, das sich entlang einer schmalen Halbinsel von hier bis fast nach Manzanillo erstreckt. Die Altstadt um den Zócalo herum ist verschlafen, und die Einwohner verbringen ihre Tage auf Holzveranden unter mit Terracottaziegeln gedeckten Dächern. Auch das Leben in den Hotels an der Uferpromenade verläuft in gemächlichen Bahnen, mit Ausnahme der Weihnachts- und Osterferien. Dann erwacht der Ort kurzfristig zum Leben, und die Unterkünfte sind plötzlich ausgebucht, daher muss man reservieren.

Bei einem mehrtägigen Aufenthalt lohnt sich ein Abstecher zum **Centro Ecológico el Tortugario.** Das Zentrum ist mit einem Taxi vom Zócalo aus (US$3) oder zu Fuß am Strand entlang in

45 Min. erreichbar. Von Juli bis Dezember werden die Strände von drei verschiedenen Arten von **Schildkröten** aufgesucht, die dort ihre Eier legen. Mitarbeiter des Zentrums sammeln die Eier jede Nacht ein, damit sie nicht auf dem Speisezettel einer anderen Spezies landen. Die frisch geschlüpften Schildkröten werden noch ein paar Tage in Tanks gehalten und anschließend im Meer ausgesetzt (normalerweise um ca. 16.30 Uhr). Besucher werden gut informiert; einige Mitarbeiter sprechen Englisch. Eintritt US$1,50, Mo geschlossen. Das Schutzgebiet bietet auch einen Pool und 3-stündige Bootsausflüge (US$5) nach Paraíso (s.u.) und zurück durch die Mangroventunnel der idyllischen, dschungelartigen **Laguna Estero Palo Verde**, die als Heimat zahlreicher Vogelarten bekannt ist.

In der Stadt gibt es außerdem ein **Salzmuseum**, das zwei Blocks östlich des Zócalo in der Juárez in einer originalen Salz-Bodega untergebracht ist. Salz war in präkolumbischen Zeiten wertvoller als Gold. Die pensionierten Salzarbeiter, die das Museum betreiben, berichten gern über die lange Geschichte des Salzes. ◷ tgl. 8–18 Uhr, Spende.

Im Frühjahr tritt hier und an der weiter südlich gelegenen Küste die *Ola Verde* auf: schwere, dunkelgrüne Wellen, die bis zu 10 m hoch werden können und auf den feinen, grauen Sand schlagen.

Übernachtung und Essen

Abgesehen von der Hauptsaison sind die Hotelpreise erschwinglich (in der Nebensaison bieten viele Unterkünfte 3 Nächte zum Preis von 2). Alle Unterkünfte befinden sich im Umkreis von ein, zwei Blocks um die Straßenkreuzung der Hidalgo und Veracruz. Empfehlenswert sind:

Morelos, Hidalgo 185, ✆ 313/326-4013, gute, saubere Zimmer mit Ventilator und Warmwasser und dem besten Pool der Stadt (US$1,50 für Nicht-Gäste). ❺

Fénix, Hidalgo 201, ✉ hotelfenixcuyutlan@yahoo.com, ✆ 313/326-4082. Besitzt ein paar tolle, altmodische Zimmer, die auf eine geräumige Gemeinschaftsveranda hinausgehen. ❹

San Rafael, Veracruz 46, ✆ 313/326-4015, VP, einige bezaubernde Zimmer direkt am Strand. ❺

Die drei Hotels verfügen jeweils über ein gutes Seafood-Restaurant.

Transport

Mit dem Bus fährt man zunächst von Manzanillo bis ARMERÍA (alle 15 Min.). Von dort fahren alle 30 Min. Busse nach Cuyutlán (20 Min.) und alle 45 Min. nach PARAÍSO (15 Min.). Zum Abfahrtspunkt geht man von der Haltestelle der Fernbusse zwei Blocks nach Norden und dann zwei nach Osten zum Markt.

Paraíso und Boca de Pascuales

Paraíso lässt sich von Cuyutlán aus mit einem eigenen Fahrzeug erreichen oder im Rahmen des Laguna Estero Palo Verde-Bootsausflugs (s.o.), wenn man auf halber Strecke beim Haltepunkt Paraíso aussteigt. Wer hingegen mit dem Bus reist, muss nach Armería zurück fahren. Von dort sind es noch 8 km bis zu dem kleinen Ort, der mit seinen wenigen Gebäuden beiderseits der staubbedeckten Pflasterstraße nicht viel hermacht, doch der von Palapa-Restaurants gesäumte Strand ist sehr einladend.

Noch kleiner ist **Boca de Pascuales**, 13 km von Tecomán entfernt und kaum mehr als eine Ansammlung von Palapa-Restaurants und einem für seine hohen Wellen und anspruchsvolles Surfing bekannten Strand. Zum Schwimmen ziemlich gefährlich, ansonsten jedoch ein nettes Plätzchen für ein paar ruhige Tage. Es gibt sogar eine Bank zum Geldwechseln. Die meisten Leute campen am Strand.

Übernachtung und Essen

PARAÍSO – ***Hotel Paraíso***, direkt am Meer, ✆ 312/312-1032 in Colima, charmante ältere Zimmer und neuere, komfortablere. Pool. Abends trifft man sich an der Bar. Wer am Strand zeltet, kann vielleicht die Duschen benutzen, v.a. wenn man im Hotel etwas trinkt. ❺

BOCA DE PASCUALES – ***Estrella del Surf***, kein Telefon, farbloses Hotel in Richtung des Ortes mit einfachen und etwas überteuerten Zimmern. ❸

Las Hamacas del Mayor, ✆ 313/324-3846, das beste und teuerste Restaurant, serviert ausgezeichnetes Seafood und zieht trotz seiner Abgeschiedenheit zahlreiche Gäste an.

Transport

Zur Busverbindung nach Paraíso siehe Cuyutlán. Um mit dem Bus nach **Boca de Pascuales** (alle 45 Min. bis 18 Uhr, 25 Min.) zu kommen, fährt man von MANZANILLO nach TECOMÁN, 20 km südlich von Armería, und steigt dort um. Von hier aus fahren auch Busse nach Colima und Lázaro Cárdenas.

Colima

Gegenüber dem modernen Manzanillo bietet die etwa 100 km entfernte Hauptstadt des gleichnamigen Bundesstaates eine angenehme Überraschung: Sie hat sich ihren kolonialen Charakter erhalten, wird vom Volcán de Colima und dem Nevado de Colima überragt und ist berühmt für ihre Parks.

Aus archäologischen Ausgrabungen – vieles davon ist in den Museen der Stadt zu besichtigen – geht hervor, dass in der Umgebung von Colima eine reiche, 3000 Jahre alte Kultur existierte, die 1522 mit der Ankunft von Gonzalo de Sandoval, einem Hauptmann von Cortés und Gründer der heutigen Stadt, fast gänzlich zerstört wurde. Vier Jahre später verfügte Cortés, dass Colima, benannt nach Cilimán, einem ehemaligen Herrscher der hiesigen Nahua-Indianer, nach Veracruz und México die drittwichtigste Stadt Neuspaniens sein sollte. Doch als gegen Ende des 16. Jahrhunderts Acapulco zum größten Pazifikhafen wurde, verlor Colima jegliche strategische Bedeutung.

Nach einigen Erdbeben künden jetzt nur noch ein paar hochherrschaftliche Villen und Bauwerke vom ehemaligen Glanz. Dafür entschädigen jedoch eine Kette schattiger Plazas („jardínes“ genannt) und zahlreiche hübsche Patios, die zumeist als Restaurants und Cafés dienen, wo man wunderbar im Kühlen sitzen kann.

Wie überall dreht sich auch hier das Leben um den Zócalo, **Jardín Libertad**, an dem die Kathedrale, die Verwaltungsgebäude und ein paar Mittelklassehotels zu finden sind. Die Stadt besitzt einige gute Museen. Am zentralsten liegt das **Museo Regional de Historia**, in einem schönen alten Gebäude gegenüber vom Palacio de Gobierno. Es beherbergt auch die Kunstgalerie der Universität. Die Ausstellung hiesigen Kunsthandwerks ist, abgesehen von den interessanten Masken, nicht sehr fesselnd, aber die hinteren Räume sind übervoll mit prähispanischen Keramiken: wunderbare Figurinen mit äußerst ausdrucksvollen Gesichtern, fette Izcuintli-Hunde und Menschen bei der Arbeit im Haus und auf den Feldern. Die Stücke sind beispielhaft für die westmexikanische Kultur und typisch für Colima; viele stammen aus *tumbas de tiro*: brunnenähnlichen, bis zu 16 m tiefen Gräbern, wie man sie überwiegend in Südamerika und auf den Pazifischen Inseln antrifft. Auf diese kulturelle Parallele wird nicht besonders gut eingangen, doch die – in spanischer Sprache abgefassten – Erklärungstafeln veranschaulichen die unterschiedlichen Stile. ⏲ Di–Sa 9–18 Uhr, So 17–20, Eintritt US$2,90.

Auch im **Museo de las Culturas de Occidente**, 1 km nordöstlich vom Jardín Nœñez, befindet sich eine umfangreiche Sammlung archäologischer Stücke, ähnlich derer im Museo Regional, aber noch viel mehr Figurinen, darunter überdimensionale Frösche, schlangenköpfige Gottheiten und ein Mann mit einer Kaimanmaske, dessen Tänze angeblich Hurrikane abwenden konnten. Ausführlicher, aber auch nur auf Spanisch, wird über diese agrarische Gesellschaft berichtet, die solche dauerhaften Grabstätten errichtete. In dem Auditorium, das im gleichen Park wie das Museum liegt, werden manchmal Konzerte und Theaterstücke geboten oder Filme gezeigt. ⏲ Di–So 9–18.30 Uhr, Eintritt US$1,50.

Wer mehr Zeit hat, kann zum **Museo Universitario de Artes Populares**, acht Blocks nördlich vom Zócalo wandern, in dem viele Masken und einige historische Fotos ausgestellt sind, auf denen interessante Tanzszenen festgehalten sind. Außerdem gibt es Textilien und Kostüme, Schuhe, Keramik, Bildnisse der Jungfrau Maria und eine kleine Musikinstrumentensammlung zu bewundern. ⏲ Di–Sa 10–14 und 17–20, So 10–13 Uhr, Eintritt US$1.

Einige der ausgestellten Schätze stammen von einer ein paar Kilometer nordwestlich des Museums gelegenen **Ausgrabungsstätte** in La Campana. Die Stätte geht bis auf das Jahr 500 n.Chr. zurück und umfasst einige kleine Pyramiden, Überreste von Tempeln und eine Grabstätte. Nach La Campana fährt man auf der Gabino Barreda Richtung Ortsausgang und biegt links in die Av. Tecnológico ein. ⏲ Di–So 9–17 Uhr, US$2,20, So Eintritt frei.

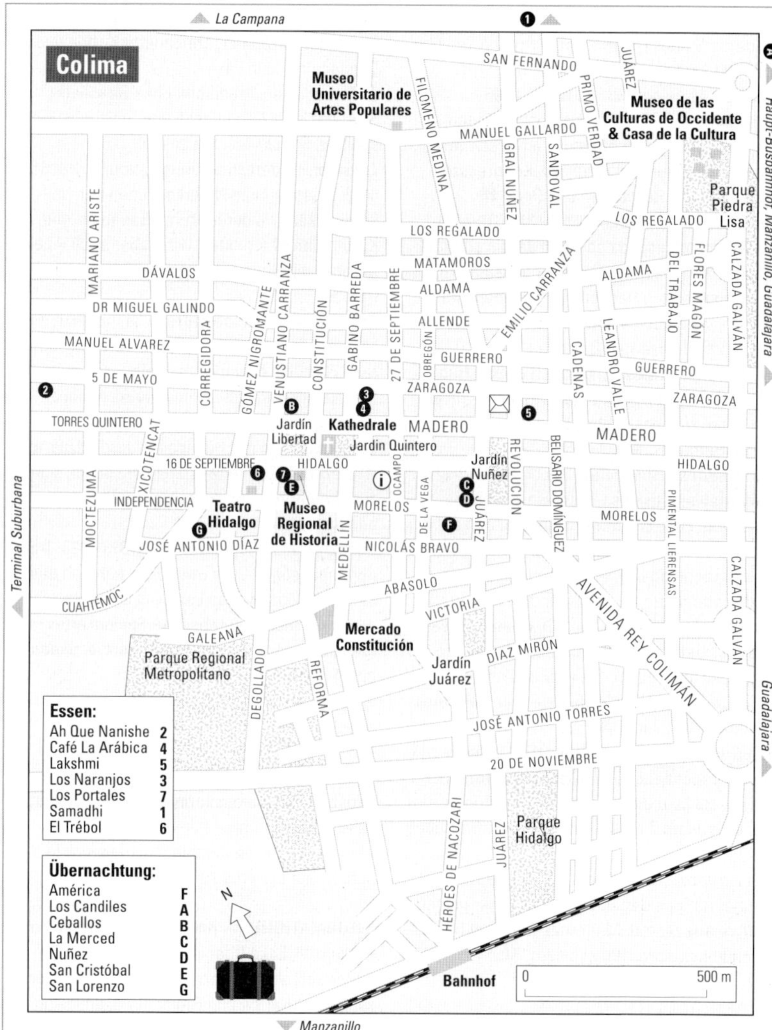

An einem heißen Tag kann man sich in einem der beiden Parks erholen. Der östlich gelegene **Parque Piedra Lisa** hat seinen Namen („Schleifstein“) von einem Stein, der angeblich jedem die Rückkeh garantiert, der dort etwas einritzt. Der **Parque Regional Metropolitano** im Südwesten der Stadt verfügt über einen kleinen, deprimierenden Zoo, See mit Bootsverleih und Pool, ⌚ Mi–So 10.30–17 Uhr.

Übernachtung

Colima besitzt jede Menge annehmbarer Unterkünfte im Umkreis von ein paar Blocks im Zentrum. Während der Fiesta de San Felipe und an Todos los Santos (Allerheiligen) Anfang Feb bzw. Ende Okt wird es allerdings sehr voll.

América, Morelos 162, ✆ 312/312-0366, ✉ hameric@prodigy.net.mx. Colimas Innenstadt-Hotel für Geschäftsleute, im Allerweltsstil, mit allen Annehmlichkeiten inkl. Kongresszentrum, schickes Restaurant und Pool. ❼

Ceballos, Portal Medellín 12, ✆ 312/312-4444, 💻 www.hotelceballos.com, am Jardín Libertad, schönes Kolonialhotel. Freundliche, saubere Zimmer mit hohen Decken und handbemalten Möbeln, viele auch mit französischen Fenstern und schmiedeeisernen Balkonen. ❼

La Merced, Juárez 282, ✆ 312/312-6969. Hübsches altes Hotel, Zimmer mit Ventilator um einen Patio, ein paar neuere, weniger attraktive mit TV. Parkplatz. ❹

Los Candiles, Camino Real 399, ✆ 312/312-3212. Komfortables Business-Hotel ein paar Kilometer vom Zentrum entfernt, liegt jedoch auf der Strecke mehrerer Buslinien (z.B. Nr. 10). Ähnliche Einrichtungen wie vergleichbare Innenstadt-Unterkünfte, aber billiger. ❻

Nuñez, Juárez 88, ✆ 312/312-7030, an der Westseite des Jardín Nuñez, sehr einfach, düster, aber billig und sauber. Die großen Zimmer mit Du/WC sind fast doppelt so teuer wie die kleineren ohne. Parkplatz. ❷

San Cristóbal, Reforma 98, ✆ 312/312-0515, Ecke Independencia, kein Telefon. Wahrscheinlich die billigste Unterkunft; zentral gelegen, einfache, saubere Zimmer, mit oder ohne Du/WC und TV. ❷

San Lorenzo, Cuauhtémoc 149, ✆ 312/312-2000. In einer ruhigen Gegend der Stadt, aber immer noch relativ zentral. Modernes Hotel mit hervorragenden, preiswerten Zimmern. ❹

Essen

Für eine Stadt ihrer Größe besitzt Colima sehr viele Restaurants, darunter die besten vegetarischen der Region.

Ah Que Nanishe, 5 de Mayo 267, westlich der Mariano Arista, ✆ 312/314-2197. Preiswertes Freiluftrestaurant, spezialisiert auf Gerichte aus Oaxaca. Lohnt den Fußmarsch vom Zentrum.

Café La Arábica, Gabino Barreda, Ecke Madero, ✆ 312/307-0025. Ausgezeichneter Kaffee und Cappuccino, kein Essen.

El Trébol, 16 de Setiembre, Ecke Degollado, ✆ 312/312-2952. Gemütlich und preiswert, Eierspeisen, Snacks etc., Sa geschl.

Lakshmi, Madero, Ecke Revolución, ✆ 312/312-6433. In erster Linie Naturkostladen und Vollkornbäckerei, in der leckeres Bananen- und Karottenbrot hergestellt wird, aber auch eine Essecke mit Gemüseburgern und nahrhaften Getränken.

Los Naranjos, Gabino Barreda 34, nördlich der Madero, ✆ 312/312-0029; eleganteres Restaurant. Für US$6 bekommt man eine umfangreiche Comida corrida, außerdem gute Auswahl an Fleischgerichten, v.a. vom Rind.

Los Portales, in der Hidalgo am Jardín Libertad, ✆ 312/312-8520. Nettes Lokal am Zócalo, schön zum Draußensitzen. *Antojitos* und Seafood zu annehmbaren Preisen.

Samadhi, Juan Rulfo 458, ✆ 312/313-2498. Trotz der ungünstigen Lage etwa 2 km nördlich des Zentrums lohnt dieses Lokal mit seiner fast ausschließlich vegetarischen Speisekarte (Veggieburgers, Crêpes und leckere *licuados)* einen Besuch.

Sonstiges

GELD – ***Banamex***, Hidalgo, ein paar Häuser neben der Touristeninformation, Geldautomat, 🕓 Mo–Fr 9–15 Uhr.
Mehrere **Casas de Cambio** befinden sich in der Juárez, auf der Westseite des Jardín Nuñez.

INFORMATIONEN – ***Touristeninformation***, Portal Hidalgo 96, Ecke Ocampo, ✆ 312/312-4360, ✉ turiscol@correo.col.gob.mx, äußerst hilfsbereit, zahlreiche Karten und Broschüren, einige jedoch nur in spanischer Sprache, 🕓 Mo–Fr 9–20, Sa 10–14 Uhr.

INTERNET – Internet-Zugang bietet ***Cl@***, nahe dem Zócalo in der Hildago 6, für US$1,50 pro Std., 🕓 Mo–Sa 9–22, So 10–16 Uhr.

POST – Das Postamt befindet sich am Jardín Nuñez, Madero 247, 🕓 Mo–Fr 8.30–17.30 Uhr.

Transport

Vom Hauptbusbahnhof **Terminal Foraña** (oder Central de Autobuses), 2 km östlich des Zentrums, fahren zahlreiche 1. und 2. Klasse-Busse u.a. nach:
GUADALAJARA stdl. (3 Std.),
LÁZARO CÁRDENAS 4x tgl. (6–7 Std.),
MANZANILLO alle 15 Min. (1 1/2 Std.),
MÉXICO D.F. 8x tgl. (11 Std.),
PUERTO VALLARTA 2x tgl. (6 Std.),
TIJUANA 1x tgl. (38 Std.).
Taxis (US$1,40) und Stadtbusse der Linien 2, 4 und 5 fahren vom Busbahnhof zur zentralen Plaza.
Richtung Süden kommt man vielleicht schneller, wenn man von Colima den nächstbesten Bus nach TECOMÁN alle 15 Min. (45 Min.) nimmt und dort nach Lázaro Cárdenas umsteigt.
Viele Busse 2. Klasse nach Manzanillo und alle regionalen Busse einschließlich desjenigen nach COMALA alle 15 Min. (20 Min.) halten am **Terminal Suburbana** alias **Central de los Rojos**, 2 km außerhalb am gegenüberliegenden, westlichen Stadtrand. Von hier fährt Bus Nr. 3, 4 oder 6 ins Zentrum, zurück zum Busbahnhof kommt man vom Zentrum mit Bus Nr. 2 von der Madero, Ecke Revolucíon.

Die Umgebung von Colima

Am schönsten ist Colima an klaren Wintertagen, wenn sich am nördlichen Horizont die Vulkane des Parque Nacional Nevado de Colima zeigen. Sie zu besteigen ist nicht allzu schwierig, erfordert jedoch sorgfältige Planung.

Comala

Einen näheren Blick auf die Vulkane hat man von Comala aus, 10 km nördlich von Colima. Auf dem Zócalo kann man nicht nur die fantastische Aussicht auf die Berge, sondern auch ein Bier oder eine Margarita genießen und dabei Mariachi-Musik hören. Am Südportal des Zócalo wetteifern gleich vier Restaurants nebeneinander mit *botanas* – Tellern mit Snacks, Dips und Tacos – um die Gunst der Gäste; wenn man ein Getränk bestellt, gibt es die *botanas* bis 18 Uhr kostenlos. Natürlich sind die Getränke entsprechend teuer. Am besten sucht man eine Stelle, von der aus nur eine Mariachi-Gruppe zu hören ist, denn drei gleichzeitig verursachen eventuell Ohrenschmerzen. Am Fr und Sa ist am meisten los. Am So und Mo findet auf dem Platz ein Kunsthandwerksmarkt statt. Busse nach Comala fahren regelmäßig am Terminal Suburbana in Colima ab (Abfahrt alle 15 Min., Fahrtdauer 20 Min.).

Parque Nacional Nevado de Colima

Zum Parque Nacional Nevado de Colima gehören zwei wunderbare, im Winter schneebedeckte Vulkane, die nördlich von Colima aufragen. Der **Volcán de Colima** (3900 m), auch als Volcán de Fuego bekannt, ist noch immer aktiv und raucht von Zeit zu Zeit, doch scheint er keine unmittelbare Bedrohung darzustellen. Er wird sehr viel seltener bestiegen als sein größerer und weniger aktiver Bruder **Nevado de Colima** (4335 m), der in den klaren, trockenen Wintermonaten vor allem einheimische Bergsteiger auf seine mit Pinien- und Eichenwäldern bewachsenen Hänge lockt. Wenn nicht gerade sehr viel Schnee liegt – im Dezember und Januar sind Steigeisen und Pickel unerlässlich – und man fit ist, handelt es sich weniger um eine Klettertour als um eine relativ einfache Wanderung zum Gipfel.

Die beliebteste Route zur Besteigung des Volcán de Colima führt zu der Hütte am **La Joya** (3500 m) oder bis zur Kurzwellenstation ein Stück weiter, von wo aus man den Gipfel auf einem strammen, aber technisch nicht übermäßig anspruchsvollen Fußmarsch erreicht. Am besten nimmt man sich drei Tage Zeit, packt einen Schlafsack, eine wasserdichte Unterlage sowie genügend zu essen und zu trinken ein und startet zu Fuß in dem Dorf **El Fresnito**. Zunächst nimmt man vom Terminal Foraña in Colima einen Bus nach Ciudad Guzmán (ca. 1 1/2 Std.) und von dort einen Anschlussbus von Plattform 21 nach El Fresnito, wo es übrigens fast nichts zu kaufen gibt.

Eine andere Möglichkeit besteht darin, nach der Straße nach La Joya zu fragen. Man folgt ihr, bis die Spurrinnen deutlich werden. Es ist eine holprige Versorgungsstraße für die Kurzwellenstation. Sie führt durch Viehweiden hoch direkt an der Hütte vorbei; ebenfalls eine 6–8-stündige Wanderung (35 km). Bei der Hütte kann man die Wasservorräte auffüllen, darf aber nicht damit rechnen, in der Hütte übernachten zu können: Sie ist oft geschlossen, und wenn nicht, meistens belegt, da nur sechs

Personen darin Platz haben. Von La Joya bis zum Gipfel braucht man einen Tag und einen weiteren zurück nach Colima.

Trampen ist so gut wie unmöglich, denn die Holzfällerwege lassen sich nur mit Geländewagen bewältigen und sind kaum befahren.

Von Colima nach Acapulco

Südlich der Bundesstaatsgrenze Colima – Michoacán kommt man in ein Gebiet, das auf der Landkarte unbewohnt erscheint und dies tatsächlich auch ist. Im Unterschied zu den meisten anderen Strecken hält der Bus so gut wie nie an, deshalb tut man gut daran, Proviant, vor allem Getränke, auf die Reise mitzunehmen. Es gibt ein paar Strände, aber meist reichen die Berge bis ans Meer. Im Frühjahr wird dieser Küstenstreifen von der *Ola Verde* heimgesucht, das bedeutet, dass sich die Wellen bis zu zehn Meter hoch auftürmen. Zu anderen Jahreszeiten ist die Strömung gewaltig, aber nicht so gefährlich.

Caleta de Campos

Etwa 70 km vor Lázaro Cárdenas befindet sich Caleta de Campos, das auf manchen Karten auch als Bahía Bufadero eingezeichnet ist, ein staubiges kleines Dorf, kaum elektrifiziert und mit schlechter Kanalisation. Es erfreut sich aber zweier Strände und einer sagenhaften Aussicht auf den Ozean. Es gibt weder Bank noch Post und in den Restaurants am Strand und den kleinen Geschäften an der Dorfstraße kein Wechselgeld. Also genügend Kleingeld einstecken!

Den Strand sollte man sich einmal nachts ansehen, denn unter den richtigen Wetterbedingungen erstrahlt der Ozean zuweilen in einem hellen, grünen Licht, auch ohne dass man von dem in den Bergen der Umgebung reichlich wachsenden *Acapulco Gold* genossen hat. Das Phänomen ist auf ein natürlich leuchtendes Plankton zurückzuführen. Wer darin schwimmt, kommt möglicherweise grün glitzernd wieder aus dem Wasser heraus.

Eine **Warnung**: Der zweite Strand, der durch einen engen Felsvorsprung vom ersten, nicht besonders sauberen, abgetrennt ist, sieht wie ein unberührtes Paradies aus, aber man kommt nur mit einem Boot oder nach einer waghalsigen Klettertour hin. Wer versucht, um den Felsen zu schwimmen, wird von einer mächtigen Strömung ins offene Meer hinausgetragen! Die Einheimischen müssen immer wieder Touristen retten, die Hunderte Meter vom Strand entfernt um ihr Leben paddeln.

Übernachtung und Essen

Es gibt ein Hotel mit eigenem Generator und Wasserversorgung, das ***Yuritzín,*** ✆ 753/536-0192, ❺ und das preisgünstigere ***Arcos de Guadalupe,*** ✆ 753/531-5038, ❹ außerdem eine Reihe roh gezimmerter Palapa-Restaurants. Die meiste Zeit ist nichts los, außer im Winter, wenn die kalifornischen Beach Boys einfallen, oder am Wochenende, wenn die Familien aus Lázaro Cárdenas kommen.
Man kann bei einem Restaurant am Strand fragen, ob man eine Hängematte unter dem Dach aufhängen darf. Solange man dort auch die Mahlzeiten einnimmt, ist das meist kein Problem. Es gibt hier allerdings viele Moskitos.

Transport

Tgl. bis 21 Uhr fahren mehrere Kurzstreckenbusse nach LÁZARO CÁRDENAS, außerdem ab und zu ein Überlandbus.

Playa Azul

Früher war Playa Azul, 20 km nordwestlich von Lazaro Cardenas, ähnlich wie Caleta de Campos gemächlich und zeitlos – bis es unversehens als Ferienparadies entdeckt wurde. Es gibt jedoch immer noch einige preiswerte Hotels und einen bescheidenen Strand, an dem sich allerdings allein reisende Frauen nach Einbruch der Dunkelheit besser nicht ohne Begleitung aufhalten sollten. An Wochentagen und außerhalb der Saison ist Playa Azul sehr ruhig. Während der Stoßzeiten, wie z.B. der *Semana Santa,* reichen die Hotelzimmer jedoch nicht aus, so dass die Gäste am Strand und auf den Gängen der kleineren Hotels kampieren.

Außer am Strand zu liegen (die Brandung ist zum Schwimmen zu gefährlich) kann man allenfalls noch einen 2 km langen Spaziergang Richtung

Norden zum rostigen Schiffsrumpf der *Betula* unternehmen, einem norwegischen Schwefelsäurefrachter, der hier 1993 auf Grund lief (die Säure hat sich inzwischen im Meer aufgelöst).

Übernachtung

In den besonders preiswerten Unterkünften läuft man nach Angaben von Travellern Gefahr, sich Wanzenstiche einzuhandeln. Also lieber etwas mehr Geld ausgeben! Während der Hochsaison ziehen die Preise an.

Hotel Playa Azul, Av. Principal, ✆ 753/536-0024, einladendes Haus direkt am Strand, nicht zu verfehlen: Der Bus fährt direkt daran vorbei. DZ mit Ventilator sind preiswerter als jene mit ac und Blick auf den Pool, in dem auch Nichtgäste für US$2 baden dürfen. *El Balneario,* ein größeres Schwimmbecken mit Wasserrutsche, kostet am Wochenende ebenfalls US$1,50. ❻

María Isabela, ✆ 753/536-0016, auf der Hauptstraße weiter, an der entlegenen Seite der Plaza, freundlich und gemütlich, ebenfalls mit Pool. ❺

Hotel María Teresa, Jericó, ✆ 753/536-0005, das beste und teuerste Hotel der Stadt, attraktive Zimmer, guter Pool, Bar/Restaurant im Garten, das nur Frühstück serviert; im Übernachtungspreis inkl. ❻

Essen

Strandrestaurants wie das ***El Pirata del Caribe*** servieren mittags und abends vorwiegend Seafood, während das Restaurant am Pool des ***Hotel Playa Azul*** eine gute Auswahl an internationalen Speisen, inkl. Pizza und Pasta, offeriert.

Transport

Die **Busse** im Fernverkehr halten nicht in Playa Azul. Man kann sich aber auf Anfrage in LA MIRA absetzen lassen, der nächstgelegenen Stadt an der Hauptstraße. Von dort aus fahren zahlreiche Regionalbusse und Combis die restlichen 7 km bis Playa Azul. Von Lázaro Cárdenas aus gelangt man mit einem Nahverkehrsbus (Aufschrift „Playa„), die auf der Avenida Lázaro Cárdenas verkehren, direkt nach Playa Azul.

Lázaro Cárdenas

Lázaro Cárdenas ist die größte Stadt an der Küste des Bundesstaates Michoacán und in erster Linie eine Industrie- und Handelsstadt mit einem großen Stahlwerk. Touristen verirren sich selten hierher, es sei denn, sie sind auf der Durchreise.

Übernachtung

Rund um die Busbahnhöfe gibt es zahlreiche Übernachtungsmöglichkeiten aller Preisklassen. Wer ein Hotel sucht, kann die Ausgabe für ein Taxi vom Busbahnhof sparen, denn im Umkreis von zwei, drei Blocks lässt sich eine annehmbare Unterkunft finden. Preiswert und gut ist z.B. das ***Hotel Verónica,*** Javier Mina 7, ✆ 753/532-3409, Zimmer mit Ventilator, TV und Warmwasser. ❹

Hotel Casablanca, eines der höchsten Gebäude in der Nicolas Bravo 475, ✆ 753/537-3480; Zimmer mit ac und Telefon. ❻

Sonstiges

INFORMATIONEN – ***Touristeninformation*** im *Hotel Casablanca,* Nicolas Bravo 475, 🕒 Mo–Sa 9–14 und 17–19, So 9–14 Uhr.

GELD – Mehrere Banken an der Av. Lázaro Cárdenas.

POST – an der großen Plaza rechts vor dem Palacio Municipal.

Transport

BUSSE – Es gibt drei **Busbahnhöfe**: Die der Gesellschaften *Sur de Jalisco* und *La Línea* sowie *Galeana, Ruta Paraíso* und *Parhikuni* liegen einander gegenüber in der Avenida Lázaro Cárdenas. Der 3. Busbahnhof, der u.a. von *Elite* und *Estrella Blanca* angefahren wird, liegt gleich um die Ecke: Vom Vorderausgang des *Galeana*-Busbahnhofs aus 2x nach rechts abbiegen. Busse nach CALETA DE CAMPOS fahren vom *Galeana*-Busbahnhof ab. Busse nach:
ACAPULCO stdl. (6–7 Std.),
COLIMA 1x tgl. (6–7 Std.),
GUADALAJARA 2x tgl. (9 Std.),

MANZANILLO 2x tgl. (6 Std.),
MÉXICO D.F.4x tgl. (11–14 Std.),
MORELIA 2x tgl. (7–8 Std.),
PÁTZCUARO 1x tgl. (7 Std.),
PUERTO VALLARTA 2x tgl. (12 Std.),
URUAPçN 2x tgl. (6 Std.),
ZIHUATANEJO, alle 30 Min. (2 Std.).
Nach PLAYA AZUL (45 Min.) verkehren den ganzen Tag über zahlreiche VW-Busse entlang der Av. Lázaro Cárdenas. Der Zielort steht auf der Windschutzscheibe angeschrieben.

Zihuatanejo und Ixtapa

Obwohl nur ungefähr 7 km voneinander entfernt, lagen bis vor ein paar Jahren noch Welten zwischen Ixtapa und Zihuatanejo. Mittlerweile haben sie sich einander etwas angeglichen; Ixtapa ist aber weiterhin ein seelenloses Badeparadies, nach Computerentwürfen zweckorientiert erbaut und sehr teuer. Individualreisende zieht es eventuell abends in einen der dortigen Clubs, aber kaum in eines der Hotels.

Zihuatanejo und seine Strände

In diesem inzwischen sehr beliebten Badeort erinnert außer den Fischerbooten am Strand nicht mehr viel an das einstige Fischerdorf. Immerhin gibt es noch einen belebten **Markt** und eine winzige **Plaza** mit einem bunten Wandgemälde, auf dem die Geschichte Mexikos dargestellt ist. Der Rest ist ausgesprochen touristisch, wenn auch nicht luxuriös. Am Wochenende wimmelt es von mexikanischen Kurzurlaubern, an Wochentagen von Travellern aus den USA. Trotzdem kann man sich hier wohler fühlen als in Ixtapa, sollte sich aber keine Illusionen machen: Dies ist ein Badeort, überall werden T-Shirts und Kinkerlitzchen angeboten, und häufig legt ein Kreuzfahrtschiff in der Bucht an. Das touristische Zentrum der Stadt besteht aus etwa zehn schmalen Häuserblocks, die vom Strand, dem Jachthafen und den Hauptstraßen eingegrenzt werden.

Am Stadtstrand liegt das **Museo Arqueológico de la Costa Grande**, ein kleines Museum, dessen Besuch wahrscheinlich kaum mehr als 20 Min. erfordert, das sich aber Mühe gibt, die Geschichte einer relativ ereignislosen Region nachzuzeichnen. ⌚ Di–So 10–18 Uhr, US$0,60.

Vier Strände umgeben die Bahía de Zihuatanejo. **Playa Principal**, der Strand vor der Stadt, ist nicht besonders. Dafür kann man morgens den Fischern zusehen, die ihren Fang an Ort und Stelle verkaufen. Ein Fußweg führt östlich vom Strandende um eine Felsspitze zur **Playa la Madera**, einem einigermaßen sauberen Strand mit ein paar Restaurants. Am Hang dahinter stehen Hotels und Ferienhäuser.

Wer zur **Playa la Ropa** wandern möchte, steigt die Stufen zwischen den Ferienhäusern zur Straße hoch und geht am Aussichtspunkt vorbei ungefähr 1 km weiter. Die etwa 1,5 km lange Playa la Ropa ist der schönste, über eine Straße erreichbare Strand von Zihuatanejo, palmenbestanden und von Restaurants und Hotels gesäumt.

Eine Viertelstunde Fußweg weiter liegt **Playa las Gatas**, der letzte Sandstrand in der Bucht. Ein Riff umgibt das kristallblaue Wasser und schafft eine Art Meeresschwimmbad. Hier können auch Kinder ungefährdet baden, nur ist der Meeresboden ziemlich steinig. Das klare Wasser eignet sich zum Schnorcheln, Ausrüstungen verleihen die Anbieter zwischen den recht teuren Palapa-Restaurants. Las Gatas liegt direkt gegenüber der Stadt und ist mit Booten von *Lanchas de Pesca* (s.S. 483) zu erreichen: tgl. 9–17 Uhr, letztes Boot zurück um 17.30 Uhr, Überfahrt 10 Min., US$3 hin und zurück. Die Tickets werden vorne am Pier verkauft.

Barra de Potosí

Wer Ruhe und Erholung sucht, findet sie in Barra de Potosí, das in einem Tagesausflug von Zihuatanejo zu erreichen ist. Die winzige Siedlung liegt am Ende eines goldfarbenen Sandstrandes. Den Hintergrund für den tintenblauen Ozean bilden die sanften Hügel einer Flickenlandschaft aus Grün- und Brauntönen. Man erreicht den Ort von Zihuatanejo aus mit dem Bus, der von der Haltestelle in der Calle Palmas nach Petatlán fährt. Man sagt dem Fahrer, dass man in dem Dorf Los Achotes abgesetzt werden möchte, und nimmt von dort einen der Pick-ups, die sich, sobald sie voll sind, auf die zwanzigminütige Fahrt an den Strand begeben. Endstation ist das eine Ende der Bucht, wo einige *enramadas* Meeresfrüchte anbieten, die hier nur halb so viel kosten wie in den Restaurants in der Stadt.

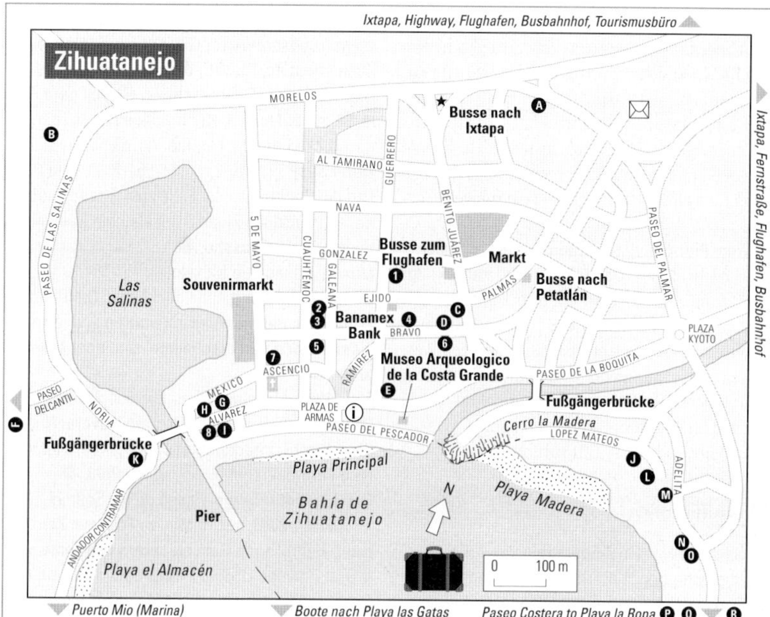

Übernachtung:

Angela's Hotel and Hostel	B	Palacios	N
Brisas del Mar	L	Posada Michel	C
Bungalows Adelmar	M	Raúl Tres Marias	G & K
Bungalows Sotelo	J	Susy	E
Las Cabañas Trailer Park	Q	Ulises	H
Casa Bravo	D	Villa del Sol	P
Casa de Huéspedes Elvira	I	Villas Miramar	O
Casa Nancy	F	Villa Vera	A
La Casa Que Canta	R		

Essen:

Bandidos	7
Las Brasas	5
Cafetería Nueva Zelanda	3
Cenaduria Antelia	6
Mariscos El Acacio	2
Pollos Locos	4
La Sirena Gorda	8
Splash Bar	1

Viel kann man hier nicht unternehmen, außer die Seele baumeln zu lassen und sich in der Hängematte zu räkeln. Wer in den *enramadas* nachfragt, kann mit Fischern einen **Bootsausflug** durch die mit Mangroven bewachsene Lagune unweit des Strandes unternehmen, in der zahllose Vögel leben. Wer in dem Örtchen bleiben möchte, kann auf Anfrage sein Zelt unter einer Palapa aufschlagen. Das einzige **Hotel** im Ort ist das *Barra de Potosí*, ✆ 755/554-8290, ❼ das seine Preise in der Nebensaison um über die Hälfte senkt. Daneben gibt es eine Hand voll **B&Bs**, darunter das auch für Rollstuhlfahrer zugängliche *Our House*, ✆ 755/556-7310, 💻 www.ourhouse-zihua.com, mit vier Zimmern. ❽

Strände bei Ixtapa

Der lange Streifen der hotelbestandenen **Playa de Palmar** ist gut zum Volleyballspielen oder für lange Spaziergänge, aber zum Schwimmen aufgrund der stürmischen See oft nicht geeignet. Außerdem tummeln sich hier die unvermeidlichen Wasserskifahrer. Lautstarker Wassersport beherrscht auch die völlig unzutreffend „ruhiger Strand" benannte **Playa Quieta**, ca. 5 km nördlich von Ixtapa. Das Wasser ist wunderbar klar und die Vegetation tropisch, doch es gibt weder etwas zu essen noch zu trinken, es sei denn, man entrichtet eine ansehnliche Eintrittsgebühr für die drei den Strand beherrschenden Luxus-Etablissements.

Der folgende Strand, **Playa Linda**, hat die Form eines Bogens aus gräulichem Sand. Der Bus hält an dem Ende, wo sich der Anleger und einige *enramadas* befinden. Weiter den Strand hinunter machen die Restaurants Kokoshainen Platz, die ihrerseits von niedrigen Klippen abgelöst werden. Sobald man den belebten Anleger hinter sich gelassen hat, findet man ohne Schwierigkeiten ein ruhiges Plätzchen.

Vom Pier der Playa Linda fahren zwischen 9 und 17 Uhr Boote (US$3,50 hin und zurück) zur **Isla Ixtapa**, einer kleinen, ein paar Kilometer entfernten Insel, auf der es ein paar Strände zum Schwimmen, ein Tauchgebiet, alle gängigen Wassersportarten und mehrere Restaurants gibt, aber keine Unterkunft. Es fährt auch einmal tgl. um 11 Uhr ein Ausflugsboot von Zihuatanejo (1 Std., US$10) her und um 17 Uhr zurück.

Übernachtung

Die Saison dauert in **Zihuatanejo** von Anfang Nov bis Ende Apr. Außerhalb dieser Zeit geben die Preise der teureren Hotels nach, in den meisten billigeren Unterkünfte jedoch nicht. Bezahlt wird normalerweise p.P., nicht pro Zimmer. Möglichst nicht am Fr oder Sa ankommen, und zu Ostern oder Weihnachten den Ort besser meiden, denn die preiswerten Unterkünfte sind dann dem Ansturm der Besucher kaum gewachsen.

ZENTRUM ZIHUATANEJO – ***Casa Bravo,*** Nicolás Bravo 11, ✆ 755/554-2548. Nettes Mittelklasse-Hotel; Zimmer mit Ventilator, TV, Du/WC, ac gegen Aufpreis. 24 Std. Warmwasser. ❺

Casa de Huéspedes Elvira, Juan Alvarez 8, ✆ 755/554-2061. Kleine Zimmer mit Du/WC; einem Seafood-Restaurant in der Paseo del Pescador angeschlossen, direkt am Strand. ❹

Casa Nancy, Paseo del Cantil 6, ✆ 755/554-2123. Sauberer, preiswerter Familienbetrieb; Hängematten auf dem Dach, ruhige Lage, 10 Fußmin. vom Wasser über die Fußgängerbrücke zum Ort. Busse (Aufschrift „Noria") fahren direkt am Haus vorbei. ❹

Posada Michel, Ejido 14, ✆ 755/554-7423. Freundliches Hotel mitten im Zentrum. Geschmackvolle Einrichtung. ❺

Racel Tres Marías, Alvarez 214, ✆ 755/554-6706, ✉ garroboscrew@prodigy.net.mx. Blitzsaubere Zimmer mit ac, Du/WC, Warmwasser, z.T. mit Meerblick vom Obergeschoss. ❻. Billigere Filiale ❺ in der Noria 4, zu erreichen per Fußgängerbrücke über die Lagune, ✆ 755/554-2191.

Hotel Susy, çlvarez 2, ✆ 755/554-2339, vom Paseo del Cocotal um die Ecke zum Strand, moderne, schmucklose Zimmer mit kleinem Balkon, Ventilator und Dusche. ❺

Ulises, Armada de México, ✆ 755/554-3751. Budget-Unterkunft nahe dem Meer. Die zellenartigen Zimmer mit Aluminiumtüren und -fensterläden mögen trist erscheinen, sind aber preiswert. ❹

Villa Vera, Morelos 165, ✆ 755/554-2920, 💻 www.ixtapa-zihuatanejo.net/villavera. Nicht die billigste Unterkunft, aber gut geführt, in warmen Farbtönen gehalten und mit Pool. ❻

Die **Jugendherberge**, Paseo de las Salinas, ✆ 755/554-2003, nur 10 Min. zu Fuß vom Zentrum; kleine, nach Geschlechtern getrennte 4-Bett-Zimmer, US$5 p.P. Alternativ kann man im Garten zelten und für US$2,50 die Einrichtungen nutzen. ❷

Angelaís Hotel and Hostel, Ascencio 10, ✆ 755/554-5084, 💻 www.zihuatanejo.com.mx/angelas, etwas teurer (US$8 p.P.), hat aber einladendere 3-Bett-Zimmer und ein paar Privatzimmer ❹.

PLAYA LA MADERA UND PLAYA LA ROPA – An beiden Stränden liegen etliche Hotels z.B.:

Brisas del Mar, López Mateos, Playa la Madera, ✆ 755/554-2142, 💻 www.brisasdelmar.net. Geräumige Apartments mit privaten Terrassen inkl. Hängematten und Meerblick. Fitnesscenter und Massagen. ❾

Bungalows Adelmar, Adelita 40, Playa la Madera, ✆ 755/554-9190, ✉ bungalows_adelamar@hotmail.com. Saubere, moderne Zimmer, alle mit gut ausgestatteter Küche – einige mit kleinem Garten –, toller Pool und ruhige Lage in Strandnähe. Zimmer für bis zu 4 Pers. ❽

Bungalows Sotelo, López Mateos, Playa la Madera, ✆ 755/554-6307. Komfortable Apartments mit ac, die luxuriösesten Zimmer mit Jacuzzi auf dem Balkon, Satelliten-TV und Meeresblick. ❻

La Casa Que Canta, Playa la Ropa, 💻 www.lacasaquecanta.com, ✆ 755/555-7030 oder

01-800/710-9345. Luxushotel auf einem Hügel am Meer, mit wunderschönen, an die Landschaft angepassten Meer- und Süßwasserschwimmbecken, luftigen Zimmern, die traditionell mexikanisch gestaltet sind, Mineralbad und Fitness Center. Billigste Zimmer in der Nebensaison ab US$360. ❾
Palacios, Calle Adelita, Playa la Madera, ✆ 755/554-2055. Gute, geräumige, saubere Zimmer, Kachelbad und Meerblick vom Balkon. Zimmer mit ac 10% teurer. ❺
Villa del Sol, Playa la Ropa, ✆ 755/555-5500 oder 1-888/389-2645, 💻 www.hotelvilladelsol.net. Geräumige Apartments zwischen Hibiskus und Bougainvillea, alle mit Terrasse, manche mit kleinem Privatpool. Auch großer Pool und ein Stück Privatstrand, Mineralbad, Fitnesscenter usw. Toll, aber selbst in der Nebensaison kostspielig: Zimmer ab US$240, ein Essen in der Hochsaison kostet mindestens US$60. ❾
Villas Miramar, Calle Adelita, Playa la Madera, ✆ 755/554-3350. Schönes Hotel mit Zimmern beiderseits der Straße; die mit Meerblick sind teurer. Auch Penthouse-Suite mit Küche für bis zu 4 Pers. (US$150). ❽
Camping: ***Las Cabañas Trailer Park,*** ✆ 755/554-4718, kleiner, sauberer Trailer Park neben dem *Villa del Sol* (s.o.), Playa la Ropa. ❸
Campen ist auch am Nordende der Playa Linda, nördlich von Ixtapa, erlaubt.
Die Hotels in **Ixtapa** sind alle teuer (Nebensaison um US$80–100, Hochsaison US$120–200).

Essen und Unterhaltung

In **Zihuatanejo** gibt es jede Menge Restaurants: Frischen Fisch isst man am Paseo de Pescador am Wasser. Am billigsten verpflegt man sich auf dem Markt an der Juárez.
Bandidos, 5 de Mayo 8, ✆ 755/553-8072. Touristisch, mit überteuertem Fisch und Steak zum Abendessen, aber eines der wenigen Lokale in Zihuatanejo, die Live-Musik bieten (v.a. Salsa). 🕒 tgl. 21–2 Uhr.
Cafetería Nueva Zelanda, Cuauhtémoc, Ecke Ejido, ✆ 755/554-2340. Etwas teurere, aber gute Licuados, Tortas, Frühstücksangebote und Cappuccinos in einem gut besuchten Café.
Cenaduría Antelia, Nicolás Bravo 14, ✆ 755/554-3091. Ausgesprochen nettes Plätzchen, um Tacos, Enchiladas und dergl. zu essen, 🕒 bis 24 Uhr. Das Café nebenan hat Tische im Freien in einer Gasse, die von der Nicolás Bravo abgeht.
La Sirena Gorda am Paseo del Pescador, ✆ 755/554-2687, recht teuer, aber schön gelegen. Saftige Thunfisch-Steaks und leckere Seafood-Cocktails. Künstlerisches Ambiente mit Gemälden fülliger Nixen, denen das Lokal seinen Namen („Die dicke Meerjungfrau") verdankt. Mi geschlossen.
Las Brasas, in der Cuauhtémoc, Ecke Bravo. Einfaches, billiges Frühstück und Comida corrida in einem höhlenartigen Restaurant, das bis auf die Galeana hinausgeht.
Mariscos El Acacio, Ejido, Ecke Galeana, ✆ 755/554-2087. Einfaches Seafood-Restaurant. Viel billiger, aber natürlich ohne das Ambiente der Lokale am Paseo del Pescador – trotzdem nette Atmosphäre: Schattige Tische in einer Fußgängerzone.
Pollos Locos, Nicolás Bravo 15, ✆ 755/554-4044. Leckere Gerichte vom Holzofengrill (Hühnchen, Rippchen, Steaks), serviert ohne viel Brimborium. Gut für einen schnellen Imbiss.
Das Nachtleben findet in **Ixtapa** statt. Eine typische Ixtapa-Nacht beginnt bei ***Señor Frog's*** im Einkaufszentrum gegenüber dem Hotel *Presidente Inter-Continental,* oder bei ***Carlos 'n' Charlie's*** neben dem Hotel *Posada Real Ixtapa,* zwei Bar-/Restaurantketten, die Essen, Alkoholika, laute Musik und Tanz bieten, und endet im teuren Nachtclub ***Christine*** im *Hotel Krystal.*
Busse nach Ixtapa fahren bis gegen 22 Uhr, danach muss man ein Taxi nehmen (nach Zihuatanejo US$4).

Sonstiges

AKTIVITÄTEN – Abgesehen von Jetskiing, Parasailing und der Möglichkeit, in einer aufgeblasenen Plastikbanane herumgezogen zu werden, kann man auch Hochseefischereiausflüge unternehmen, z.B. mit ***Lanchas De Pesca,*** ✆ 755/554-2056, Abfahrt am Pier in Zihuatanejo. 7-stündiger Ausflug US$150 für 4 Pers.
Tauchkurse bietet ***Whisky Water World,*** ✆ 755/554-0147, 💻 www.ixtapa-sportfishing.com, am

Paseo del Pescador neben dem Anleger. Ein halbtägiger Kurs mit einem Tauchgang kostet US$50, ein einmaliger Tauchgang am Riff für geprüfte Taucher US$40. Auch 5–6-tägige Tauchkurse mit PADI-Zertifikat für US$400.

GELD – ***Banamex*** in der Ejido, Ecke Guerrero, ⌚ Mo–Fr 9–18 Uhr, Geldautomat 24 Std. Der Kurs in den **Casas de Cambio** ist meistens schlechter, aber ***Central de Cambios Guiball***, in der Galeana gleich südlich der Bravo, hat tgl. bis 21 Uhr geöffnet.

INFORMATIONEN – Die einigermaßen hilfreiche ***Touristeninformation*** befindet sich in ungünstiger Lage etwa 2 km außerhalb von **Zihuatanejo** im Rathaus (Ayuntamiento), Paseo Zihuatanejo 21, in der Nähe des Springbrunnens Fuente del Sol. ✆ 755/554-27475, ⌚ Mo–Fr 8–16 Uhr.
Das **Ixtapa**-Büro, ✆ 755/553-1270, liegt am Paseo de las Gaviotas 12, hinter dem Kino, ⌚ Mo–Fr 9–14 und 16–19 Uhr.

INTERNET – Es gibt ein paar **Internet-Cafés** in der Guerrero, von denen die meisten US$1 pro Std. verlangen.

POST – Die Post liegt in der Avenida Carteros im Nordosten der Stadt, ⌚ Mo–Fr 8–17.30, Sa 9–13 Uhr.

TELEFON – Die Casa de Cambio ***Central de Cambios Guiball*** (s.o.) verfügt auch über Telefone für Ferngespräche.

Transport

BUSSE – Die **Central Camionera** liegt ungefähr 20 Fußminuten außerhalb vom Zentrum. Draußen warten jede Menge Taxis, aber wer ein paar 100 m nach links geht, kann einen der vorbeifahrenden Busse mit der Aufschrift „Zihuatanejo" nehmen, die fast alle oben an der Juárez halten, wo zwischen 6 und 22 Uhr alle 10 Min. die Minibusse nach Ixtapa abfahren. Die Busse mit der Aufschrift „Noria" fahren direkt an der Jugendherberge und der *Casa Nancy* vorbei. Zurück zum Busbahnhof kommt man mit einem der nach Ixtapa fahrenden Busse – den Fahrer bitten, am Busbahnhof anzuhalten. Fahrkarten für Fernbusse bekommt man im Innenstadt-Büro von ***Estrella Blanca***, Alvárez, Ecke Ramírez, ⌚ Mo–Sa 9–15 und 16–20 Uhr. Busse nach:
ACAPULCO stdl. (4–5 Std.),
LÁZARO CÁRDENAS alle 30 Min. (2 Std.),
MANZANILLO 2x tgl. (7–8 Std.),
MÉXICO D.F. 6x tgl. (9 Std.),
MORELIA 2x tgl. (8 Std.),
PUERTO VALLARTA 2x tgl. (12–13 Std.),
SALINA CRUZ 1x tgl. (17–18 Std.),
TIJUANA 2x tgl. (40 Std.).

FLÜGE – Vom 20 km entfernten **Aeropuerto Internacional Ixtapa/Zihuatanejo**, abseits der Autobahn nach Acapulco, gehen Flüge nach MÉXICO D.F., GUADALAJARA, PUERTO VALLARTA und MANZANILLO. Auch gute Verbindungen in die USA, z.B. nach CHICAGO, DENVER, L.A. und SAN FRANCISCO. Combis verkehren zwischen Flughafen, Busbahnhof und dem Markt, Gonzales, Ecke Juárez, in Zihuatanejo (30 Min.).

Von Zihuatanejo nach Acapulco

Die Carretera 200, eine Schnellstraße, verbindet Zihuatanejo mit Acapulco. Ca. 50 km von Zihuatanejo entfernt liegt **Papanoa** mit seinem herrlichen, fast 15 km langen Strand. Am äußersten Ende befindet sich *Hotel Club Papanoa*, ✆ 742/422-0150 ❻, das eine Art *Club Med* werden sollte, aber daraus ist nichts geworden. Es ist recht komfortabel, mit Pool und einer Treppe zum Strand hinab, allerdings vernachlässigt. Ein Zimmer bietet leicht Platz für 4 Pers. Das Hotelrestaurant ist gut, das Personal freundlich. Man kann auch draußen am Strand kampieren und sich im nahe gelegenen Dorf **El Morro de Papanoa** verpflegen.

Acapulco und Umgebung

Acapulco – den Namen hat jeder schon einmal gehört, aber nur wenige wissen, was man sich darunter vorzustellen hat. Die Stadt liegt 230 km südlich von México D.F., im Osten wird sie von der zerklüfteten Sierra Madre begrenzt, im Westen von der wunderschönen Bahía de Acapulco. Wer nicht gerade die Einsamkeit sucht, findet hier (fast) alles – von wunderbaren Stränden am Tag bis zu heißen Diskotheken bei Nacht. Manche Besucher finden jedoch die Hotelzone, die ganz und gar auf Pauschalgäste ausgerichtet ist, und die Restaurants und Clubs, in denen es so snobistisch zugeht, wie kaum sonstwo in Mexiko, ziemlich abschreckend. Die Altstadt mit ihren Verkehrsstaus ist nicht gerade anziehend, insbesondere während der Regenzeit, wenn aller Unrat von den Straßen und Gassen ins Meer gewaschen wird.

Die Bucht selbst aber ist malerisch: Vor dem Hintergrund weißer Hotelhochhäuser erstreckt sich ein sichelförmiger Streifen gelben, feinkörnigen Strandes und dahinter beginnen die grünen Urwälder am Fuß der Sierra. Hunderttausende von Sommerfrischlern bevölkern die Stadt, dennoch fühlt man sich nicht wie in einem Ameisenhaufen. Ein Stückchen Strand ist bei dieser Ausdehnung immer noch zu haben, außerdem gibt es unzählige Freizeitmöglichkeiten.

Es ist ein Paradies mit Schattenseiten. In der Strandgegend, wo sich die Pauschaltouristen aufhalten, sind die Preise in der Regel abenteuerlich, und Frauen, v.a. ohne Begleitung, sind bis hart an die Grenze des Erträglichen der Anmache von Möchtegern-Gigolos ausgesetzt. Bei Nacht werden die Seitenstraßen der Altstadt ein gefährliches Pflaster für jedermann. Acapulco ist eben auch eine 1,5 Millionen-Stadt mit einem Handelshafen und der dazugehörigen Arbeits- und Unterwelt, wo auch Elend und Armut herrschen. Selbstverständlich sollte man keine Wertsachen am Strand oder offen zugänglich im Hotelzimmer liegen lassen.

Geschichte

Acapulco war vom 17. Jh. an eine der wichtigsten Hafenstädte Mexikos, der Zielhafen der berühmten *Nao de China*, die Seide und Gewürze aus Manila brachte und beladen mit mexikanischem Silber nach Spanien zurückkehrte. Die meisten Waren wurden auf dem Landweg nach Veracruz gebracht und von dort nach Spanien verschifft. Heute erinnern daran nur noch die Festung Fuerte de San Diego.

Die Schiffsroute zwischen Acapulco und dem Fernen Osten zählte fast dreihundert Jahre lang zu den berühmt-berüchtigtsten der Welt und zog früher oder später jeden namhaften Piraten an. Bei einem Überfall erbeutete Lord Anson (der „Vater“ der British Navy) 1743 Silber im Wert von 400 000 Pfund Sterling von einer einzigen Galeone; der gesamte Fang mit Schiff, Ladung und Besatzung war über eine Million Pfund Sterling wert.

Im Laufe der mexikanischen Unabhängigkeit, des Niedergangs des spanischen Weltimperiums und der Entdeckung der Direktroute um Südafrika ließ der Handel nach. Das Ende des Seehandels leitete den Verfall Acapulcos ein, der auch durch die Fertigstellung einer Straße nach México D.F. 1928 nicht aufzuhalten war. Heutzutage ist Acapulco, verglichen mit Veracruz, Tampico und Coatzacoalcos an der Golfküste, nur ein unbedeutender Hafen und seine Wirtschaft stützt sich hauptsächlich auf den Tourismus.

1934 wurde das erste einfache Hotel gebaut, doch Touristen ließen auf sich warten. Dies änderte sich schlagartig, als den sonnenhungrigen US-Amerikanern während des 2. Weltkrieges die mondänen europäischen Badeorte plötzlich verschlossen blieben. Über Nacht war Acapulco „in“. Filmstars und -sternchen, die Größen des Showbusiness, überhaupt jeder, der auf sich hielt, jettete nach Acapulco, um eine Villa mit Meerblick zu erwerben oder wenigstens die oberen Zehntausend mal aus der Nähe zu sehen. Eine wichtige Rolle spielte dabei der schweizerische Jazzmusiker Teddy Stauffer, der in den 40er Jahren seinen Job in Deutschland aus politischen Gründen aufgeben musste und sich in dem Fischerort niederließ. Er eröffnete mehrere Nachtclubs und lockte die High Society nach Acapulco.

Auch reiche Familien aus México D.F. besaßen einen Zweitwohnsitz in Acapulco oder bevölkerten die aus dem Boden geschossenen Hotels. Als jedoch der anfängliche Ansturm nachließ, sahen die Stadtväter sich veranlasst, eine Infrastruktur aufzubauen, die mehr auf die Bedürfnisse von Pauschaltouristen zugeschnitten war.

Die Stadt

Acapulco besteht aus drei Zentren: der **Altstadt** am westlichen Ende der Bucht, überragt von der Felsenbucht La Quebrada, in der sich die am besten geschützten Ankerplätze finden, der **Hotelzone** Acapulco Dorado an der Küstenstraße, der Costera Miguel Alemán, und dem **Seebad**, dessen Hotels und Touristeneinrichtungen sich entlang der östlichen Bucht erstrecken. Die Costera Miguel Alemán verläuft vom Herzen der Altstadt um die ganze Bucht und verbindet so gut wie alles, was in Acapulco von Interesse sein könnte. Die Randbezirke der Stadt und die Seitentäler sind mit armseligen Bretter- und Wellblechbuden mexikanischer Zuwanderer bedeckt.

Felsenspringer

Nicht jede Form von Unterhaltung kostet in Acapulco viel Geld – das größte Spektakel von Acapulco ist fast gratis: die *clavadistas*. Die Felsenspringer springen 40 m tief vom Felsen La Quebrada in eine enge Felsenschlucht. Der Sprung muss genau mit der Ankunft einer Welle koordiniert werden, sonst ist das Wasser nicht tief genug, und der Taucher schlägt auf dem Meeresboden auf. Die größte Schwierigkeit besteht jedoch darin, unbeschadet (d.h. ohne an die Felswände zu prallen) wieder aus dem Wasser herauszukommen. Das Schauspiel mag mittlerweile recht abgedroschen sein, ist aber ohne Zweifel eindrucksvoll, besonders abends bei Flutlicht. Die Vorstellungen finden um 12.45, 19.30, 20.30, 21.30 und 22.30 Uhr statt. Ein typischer Durchlauf besteht aus vier Protagonisten, von denen drei von der unteren Plattform (25 m) springen (davon zwei gleichzeitig) und der vierte von ganz oben, nachdem er am Heiligtum auf der Klippenspitze die Jungfrau Maria um Beistand gebeten hat. In der letzten Vorstellung hält der letzte Springer zwei brennende Fackeln. Von der Straße aus kann man den Anblick kostenlos genießen, aber besser ist die Sicht, wenn man die Treppen hinunter zur Aussichtsplattform geht (US$2,50), schräg gegenüber der Springerplattform. Man kann sich auch in die Bar vom Hotel *El Mirador Acapulco* setzen (US$12,50 Eintritt inkl. zweier Getränke) oder vom teuren Restaurant *La Perla* die Aussicht genießen. Vom Zócalo zur Quebrada sind es ca. 15 Minuten zu Fuß die Calzada La Quebrada hoch.

Sofern die Touristen tagsüber nicht am Strand braten oder nach einer heißen Nacht das Hotelbett hüten, frequentieren sie die teuren Geschäfte und die dünn gesäten Kulturstätten. Die berühmteste Sehenswürdigkeit ist **La Quebrada**, die 42 m hohe Felsklippe, von der seit 1934 wagemutige Felsenspringer, die *clavadistas*, in die anrollenden Wellen der nur 5 m breiten, relativ seichten Bucht springen (s. Kasten).

Von der Festung **Fuerte de San Diego** aus bietet sich ein schöner Ausblick, und das dazugehörige **Museo Histórico de Acapulco** informiert über die Stadtgeschichte. ⌚ Di–So 9.30–18.30 Uhr, US$3. Die einzige andere Sehenswürdigkeit im Zentrum befindet sich auf dem Cerro de la Pinzona, nahe La Quebrada, wo ein Wandgemälde des Künstlers **Diego Rivera** die gesamte Außenwand des Hauses seiner einstigen Partnerin Dolores Olmedo bedeckt. Das aus Muscheln und bunten Kacheln gefertigte Werk zeigt verschiedene Gestalten aus der aztekischen Mythologie – Hammer und Sichel des Originals (Rivera war Kommunist) wurden allerdings auf Anordnung der Regierung wieder entfernt.

Das **Centro Acapulco** an der Costera beherbergt ein Kongresszentrum und das Centro Cultural mit Kunstgalerie, Kunstgewerbeladen und Theater. Außerdem finden hier regelmäßig Kulturveranstaltungen statt.

Übernachtung

Die meisten **billigeren Hotels** befinden sich in der Altstadt. Einige preiswerte gibt es aber auch in der Zona Hotelera. Am besten sieht man sich in den an den Zócalo grenzenden Straßen nach Westen und weiter stadteinwärts um, d.h. in den **Calles La Paz** und **Azueta**, v.a. in der **Calzada La Quebrada**, dort, wo sie ansteigt. In diesem Teil von Acapulco wird meist p.P. und nicht pro Zimmer bezahlt.

Die Hotels an der **Costera** sind teurer, aber wer nahe den Touristenstränden und Clubs wohnen möchte, findet mit etwas Glück auch dort eine einigermaßen preiswerte Bleibe.

Eine **Jugendherberge** hat an einem guten Standort in der Costera 116, gegenüber dem Hotel *Fiesta Americana*, aufgemacht:

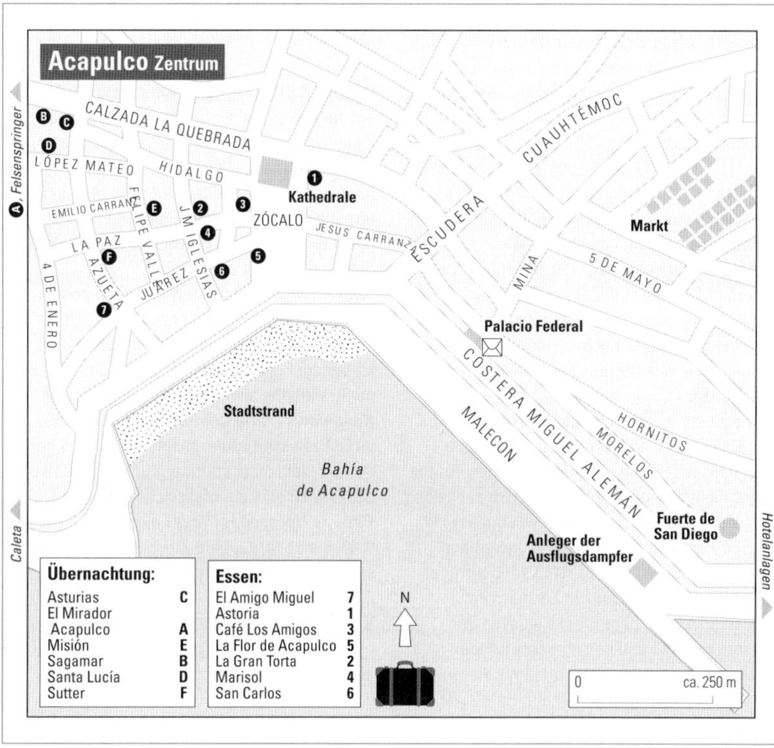

Hostal Juvenil K3, 744/481-3111, www.k3acapulco.com, eine saubere Unterkunft mit kleinen, klimatisierten 4-Bettzimmern (US$17,50 p.P.), Schließfächern, Küche und Snackbar.

Die Hotels an den kleineren Stränden **Caleta** und **Caletilla** sind älter als die entlang der Costera und sind oft ausgebucht. In Acapulco dauert die **Hochsaison** länger als in vielen anderen Orten, nämlich von Ende Nov/Anfang Dez bis Ende Apr.

ALTSTADT – ***Asturias,*** Calzada La Quebrada 45, 744/483-6548, gerardomancera@aol.com. Budget-Unterkunft, aufgrund des kleinen Pools geringfügig teurer als die Konkurrenz. ❹

El Mirador Acapulco, Plazoleta La Quebrada 74, 744/483-1155 oder 01-800/021-7557. In erster Linie bezahlt man für die Lage direkt über den Felsen mit den berühmten Felsenspringern, aber es ist ein tolles Hotel; Zimmer mit Küchenzeile, 3 Pools. ❽

Misión, Felipe Valle 12, 744/482-3643. Bestes Hotel im Zentrum. Kolonialgebäude mit hübschen Zimmern um einen Patio. Europäisches oder mexikanisches Frühstück; Büchertausch. ❻

Sagamar, Calzada La Quebrada 51, 744/483-5053. Trotz der heruntergekommenen Fassade sind die Zimmer nicht schlecht für den Preis; nach einem der 5 Zimmer mit Balkon fragen! ❹

Santa Lucía, López Mateos 33, 744/482-0441. Die erste Wahl unter den Budget-Hotels: saubere Zimmer mit Ventilator und Du/WC. Gutes Preis-Leistungs-Verhältnis. ❸

Sutter, Azueta 10, 744/482-0209. Die Zimmer sind zwar größer als in vergleichbaren Hotels, aber ziemlich einfach. Die nach hinten gelegenen sind ruhiger. ❹

AN DER COSTERA – Da die Costera ein verwirrendes Hausnummernsystem besitzt (s.S. 489), sind die nachstehenden Hotels in der Reihenfolge angegeben, wie sie vom Zócalo aus auf der Costera erscheinen.

Las Hamacas, Costera 239, 1 km östlich vom Zócalo, ✆ 744/483-7709, 🖳 www.hamacas.com.mx. Hotel von internationalem Standard. Pool, komfortable Zimmer mit Kabel-TV, allerdings nicht am schönsten Strandabschnitt. ❾

Del Valle, Manuel Gómez 150, gegenüber dem östlichen Eingang zum Parque Papagayo, ✆ 744/485-8336. Geräumige, moderne Zimmer, z.T. mit ac; Pool und private Küchen (außerhalb der Zimmer), die für US$6 pro Tag gemietet werden können. ❺

Maris, Costera, Ecke Wilfrido Massieu, ✆ 744/485-8440. Gute Wahl, wenn man nach einem Hochhaus am Strand mit allen Annehmlichkeiten sucht; nicht zu teuer, ideale Lage etwa auf halbem Weg zwischen Zentrum und Playa Condesa. ❾

Pacific Paradise, Punta Bruja 1, unweit der Playa Condesa, ✆ 744/481-1413. Mediterranes Resorthotel mit blitzblanken Zimmern auf 3 Stockwerken. Ein paar Blocks jenseits der Costera gelegen und damit nachts ruhiger. Besseres Preis-Leistungs-Verhältnis als viele der zur Strandseite hin liegenden Hotels. ❻

Embassy, Costera 50, gegenüber CICI, ✆ 744/481-0881. Die meisten Zimmer mit ac, manche haben aber schon bessere Tage gesehen. Erstmal ein paar Zimmer zeigen lassen. Kleiner Pool. In günstiger Lage zu den Nachtclubs. ❻

Suites Selene ab, Cristóbal Colón 175, neben dem CiCi, ✆ 744/484-2977. Gemütliches Hotel mit Pool und Privatparkplatz, ac-Zimmern und Apartments mit Küche für 4 Pers. ❻

CALETA UND CALETILLA – ***Boca Chica,*** am Westende der Caletilla, ✆ 744/483-6601. Herrlich gelegenes Hotel; Pool, schöne Aussicht auf Isla La Roqueta oder Strand (billiger). ❽

Nao, Ostende der Caleta, ✆ 744/483-8710. Akzeptables Hotel mit Pool, überwiegend mexikanische Gäste. Zimmer mit Ventilator und Du/WC, deren Qualität sich erheblich unterscheidet. ❺

Playa Linda, Costera 1, am Anfang von Caleta, ✆ 744/482-0814. Nette Zimmer, manche mit Balkon und Meerblick. Alle mit Platz für bis zu 4 Pers., ac, TV und voll ausgestatteter Küche. ❻

PIE DE LA CUESTA – Eine Alternative für Leute, die mehr Wert auf Natur als auf Nachtleben legen, ist eine Unterkunft in Pie de la Cuesta, 15 km außerhalb. Näheres s.S. 494. Die Reihenfolge der nachstehenden Hotels folgt ihrer Entfernung von der Carretera 200. Alle Hotels liegen direkt am Strand und reduzieren außerhalb der Saison die Preise erheblich.

Villa Nirvana, 🖳 www.lavillanirvana.com, ✆ 744/460-1631. Entzückende Unterkunft mit geräumigen Zimmern, schönem Garten und erstklassigem Pool. Zimmer mit Küche und eine kleine Strandhütte sind ebenfalls erhältlich. ❺

Bungalows María Cristina, ✆ 744/460-0262. Ihren Preis werte Apartments für bis zu 5 Pers. mit komplett ausgestatteter Küche und Balkon. Die Zimmer sind ebenfalls schön. ❺

Casa de Huéspedes Playa Leonor, ✆ 744/460-0348, Einfache, saubere Zimmer, etwas luftiger sind die im oberen Stockwerk. Nicht so gut wie die anderen Unterkünfte dieser Kategorie. ❺

Bei Pie de la Cuesta befindet sich der einzige offizielle und ganzjährig geöffnete **Campingplatz**, der ***Acapulco Trailer Park,*** ✆ 744/460-0010. ❹

Essen

In Acapulco gibt es unzählige Restaurants. Die preiswerteren beschränken sich jedoch auf die Umgebung des **Zócalo**. Die Lokale direkt am Platz sind recht teuer, aber es ist sehr angenehm, beim Frühstück im Freien zu sitzen und dem Treiben zuzusehen.

Am **Strand**, wo ein Restaurant neben dem anderen steht, ist es noch viel teurer; je weiter man nach Osten geht, desto kostspieliger, dafür ist das Essen normalerweise sehr gut.

In der **Touristenzone**, v.a. entlang der Costera, findet man ***100% Natural,*** eine Restaurantkette, die 24 Std. geöffnet hat und „gesundes" Essen verkauft, allerdings zu überhöhten Preisen, auch Lieferservice, ✆ 744/486-2033.

Fast überall wird **Pozole** angeboten, ein deftiger Eintopf aus Schweinefleisch und Gemüse.

ALTSTADT – ***Astoria,*** am landeinwärts gerichteten Ende des Zócalo, neben der Kathedrale, ✆ 744/483-2944. Ruhiges Café, etwas versteckt unweit der Plaza im Schatten eines riesigen Baumes. Guter Kaffee und kleine Gerichte.
Café Los Amigos, La Paz 10, ✆ 744/482-2390, schattiges Café unweit des Zócalo. Ausgezeichnetes Frühstück und Kuchen, auch Tagesgerichte wie Spaghetti, Schweinegeschnetzeltes usw. Straßenverkäufer werden fern gehalten.
El Amigo Miguel, Juárez 31, ✆ 744/483-6981. Besteht aus zwei Lokalen an der Kreuzung Juárez und Azueta, beide servieren gutes Seafood zu annehmbaren Preisen in sauberer, wenngleich rauer Umgebung.
La Flor de Acapulco, am Zócalo, ✆ 744/421-7649. Gut, um mexikanisch zu essen, eine Margarita oder Kaffee zu trinken. Nicht das billigste Lokal am Platz, doch sehr angenehm, um das Treiben zu beobachten.
La Gran Torta, La Paz 6, gegenüber dem *Marisol,* ✆ 744/483-8476. Erheblich weniger Auswahl als bei *Marisol* (hauptsächlich Tortas und Tacos), aber ebenfalls billig.
Marisol, einen Block vom Zócalo an der La Paz, ✆ 744/483-1475. Riesenauswahl sehr preisgünstiger, leckerer mexikanischer Gerichte, inkl. zahlreiche Frühstücksangebote – sehr beliebt.
San Carlos, Juárez 5, einen Block vom Zócalo, ✆ 744/482-6459. Zuverlässiges Budget-Restaurant im Zentrum. Tagsüber preiswerte Comida für US$3 und gutes *pozole.*

Adressen an der Costera

An der Costera eine bestimmte Adresse zu finden, kann Kopfweh bereiten, denn die Reihenfolge der Hausnummern ist völlig willkürlich. Auf Nummer 50 folgt vielleicht 2010, und das Haus daneben hat die Nummer 403. Die besten **Orientierungspunkte**, abgesehen von den großen Hotels, sind (vom Zócalo nach Osten) der Parque Papagayo, der Kreisverkehr mit der Statue Diana Glorieta und der CICI-Wasserpark.

COSTERA – ***CasaNova,*** Carretera Escénica, südlich des Hotels *Las Brisas,* ✆ 744/446-6237. Eines der angesehensten Restaurants von Acapulco; überwältigende Lage an einem Hang mit Blick auf die Bucht, ausgezeichnete norditalienische Küche.
El Ovido, gleich westlich der Diana Glorieta, ✆ 744/481-0203. Gehobene mexikanische Nouvelle Cuisine, die traditionelle mexikanische Geschmacksrichtungen mit französischen und italienischen kombiniert. Gute *crema quemada (crème brûlée* nach mexikanischer Art) und märchenhafte Ausblicke auf die Bucht von dem sich über zwei Ebenen erstreckenden Freiluftspeiseraum.
Paradise, neben dem Bungeejumping-Turm, unmittelbar westlich des Hotels *Fiesta Americana,* ✆ 744/484-5988. Eines von vielen Freiluftlokalen in dieser Gegend, das teures Seafood serviert, entweder auf der dem Strand zugewandten Terrasse oder direkt unterhalb der Bungee-Anlage. Empfehlenswert z.B. *Barbarroja, Baby Lobster, Bambu* oder *El Sombrero* (etwas billiger).
Terra Luna, westlich des CICI, gegenüber vom *Hard Rock Café,* ✆ 744/484-2464. Hervorragende Crêpes und französisch-italienische Küche, fantasievolle Salate.

Unterhaltung

Wer über das nötige Kleingeld verfügt, kann Wochen damit zubringen, die Nachtclubs, Bars, Diskotheken und *dinner-dances* von Acapulco kennen zu lernen. Es gibt Leute, die schwören, die Stadt noch nie bei Tageslicht gesehen zu haben. Wenn es Musik oder Tanz gibt, bezahlt man einen saftigen Eintrittspreis, d.h. mindestens US$30 in der Hochsaison, allerdings oft inkl. Getränken. Man kann aber einen Preisnachlass herausschlagen, v.a. an Wochentagen und außerhalb der Saison. Dies funktioniert am besten bei größeren Gruppen und indem man die Discount-Coupons einsetzt, die massenhaft am Strand und entlang der Costera verteilt werden. Frauen kommen bei „Ladies' Nights" in den Genuss eines Sonderrabatts.

CLUBS UND DISCOS – Die Discos und Nachtclubs entlang der Costera kommen so schnell in und aus der Mode, dass man nur schwer Empfehlungen geben kann. Eindeutiges Indiz dafür, welches Lokal gerade „in" ist, dürfte die Länge der Warteschlange vor der Kasse sein. Die

meisten Discos öffnen gegen 22 Uhr und verlangen zwischen US$5–10 Eintritt.
Baby-O, Costera, östlich des CiCi, einer der wenigen „Dauerbrenner"; in einer künstlichen Höhle untergebracht. Versucht allerdings, eine Schein-Exklusivität zu wahren, indem gelegentlich Leute an der Tür abgewiesen werden.
Carlos 'n Charlie's, Costera, westlich der Diana Glorieta. Sehr beliebte Bar/Restaurantkette: Hier läuten die Nachtschwärmer den Abend mit einem Imbiss (Spezialität: Rippchen), ein paar Drinks und einem Abstecher auf die kleine, stets überfüllte Tanzfläche ein, bevor sie zu einem Nachtclub weiterziehen.
Enigma, Carretera Escénica, nördlich des Hotels *Las Brisas*. Hightech-Club mit zwei Wasserfällen, 10 m hohen Statuen und riesigen Fenstern mit Blick auf die Bucht. Exklusiv und luxuriös, die Behauptung des Clubs „Sie werden Ihre Zigarette nie selbst anzünden müssen" ist allerdings etwas überzogen.
Relax, Lomas del Mar 4, gegenüber dem *Hotel El Presidente*. Acapulco ist nicht so schwulenfreundlich wie Puerto Vallarta (s.S. 456), besitzt aber einige Schwulenbars und -discos: Diese ist eine der verlässlicheren Adressen – klein und sehr beengt, aber mit Strippern und anderen Live-Shows.
Salon Q, Costera, westl. des CiCi. Live-Latinomusik, akzeptable Eintrittsgebühr (US$10, ohne Getränke); etwas ältere Klientel.
Tropicana Copacabana, Costera, Playa Hornos. Eines von einer ganzen Reihe Restaurants/Bars, in denen sowohl Cumbia, Merengue und Salsa als auch Rockmusik gespielt wird. Später am Abend geht es dann auf die Tanzfläche.

KINOS – An der Costera gibt es einige Kinos, die ausschließlich amerikanische Filme mit spanischen Untertiteln zeigen.

TRADITIONELLE UNTERHALTUNG – findet man im Centro Acapulco im Rahmen der *Fiesta Mexicana,* wo 2x wöchentl. das **Ballet Folklórico** auftritt. Der Eintrittspreis ist zwar etwas hoch und die Kellner sind etwas aufdringlich, aber die Show, vorgeführt von rund 60 Sängern/Tänzern/Musikern in tollen Kostümen und Kulissen, ist wirklich eindrucksvoll.

Aktivitäten

In der Bucht von Acapulco werden verschiedene Wassersportaktivitäten geboten. Man kann **angeln** und **tauchen** – entsprechende Touren werden von ***Fish-R-Us,*** Costera 100, ✆ 744/482-8282, 💻 www.fish-r-us.com, organisiert – oder einen **Bootsausflug** unternehmen. Besonders schön sind Fahrten bei Nacht. Nach Einbruch der Dunkelheit bieten die Ausflugsdampfer meistens ein Unterhaltungsprogramm. Die Preise richten sich danach, wie lange die Tour dauert und was geboten wird. Eine mehrstündige Nachtfahrt kostet US$10–20 inkl. Getränke, eine Fahrt am Tage etwa US$8–12 ohne Getränke. Abenteuerlustigen werden die Fahrten im superschnellen **Jetboat** durch die Mangroven-Lagunen am Puerto Marqués-Strand gefallen, die ***Shotover Jet,*** Costera 121, ✆ 744/484-1154, 💻 www.shotoverjet-acapulco.com, anbietet, oder aber **Bungeejumping** von einer Art Kran an der Playa Condesa, gleich westlich des Hotels *Fiesta Americana* (US$60 pro Sprung, inkl. T-Shirt und Urkunde) und (bei entsprechendem Geldbeutel) **Fallschirmspringen** (Tandemsprünge US$220 p.P.) mit ***Skydive Acapulco,*** Costera 130, ✆ 744/484-6672, 💻 www.skydiveacapulco.com.
Weiter östlich an der Costera, an der Playa Icacos, bietet der **CiCi Waterpark** mit seinen Schwimmbecken, Wasserrutschen und Delphinshows eine Abwechslung vom Strand. 🕒 tgl. 10–18 Uhr, Eintritt US$6 bzw. US$7 mit Delphinshow, ✆ 744/484-1970, 💻 www.cici.com.mx. Der andere Vergnügungspark an der Costera, **Parque Papagayo,** Höhe Playa Hornos (Eintritt frei), zieht mit seinen Grünflächen, einem See zum Bootfahren und Fahrgeschäften picknickende Familien an. Acapulco verfügt außerdem über etwa 50 öffentliche **Tennisplätze** und vier 18-Loch-**Golfplätze**.

Sonstiges

APOTHEKEN – Viele 24 Std. geöffnete Apotheken in der Hotelzone entlang der Costera; z.B. ***Botica de Acapulco,*** Carranza 3, in unmittelbarer Nähe des Zócalo.

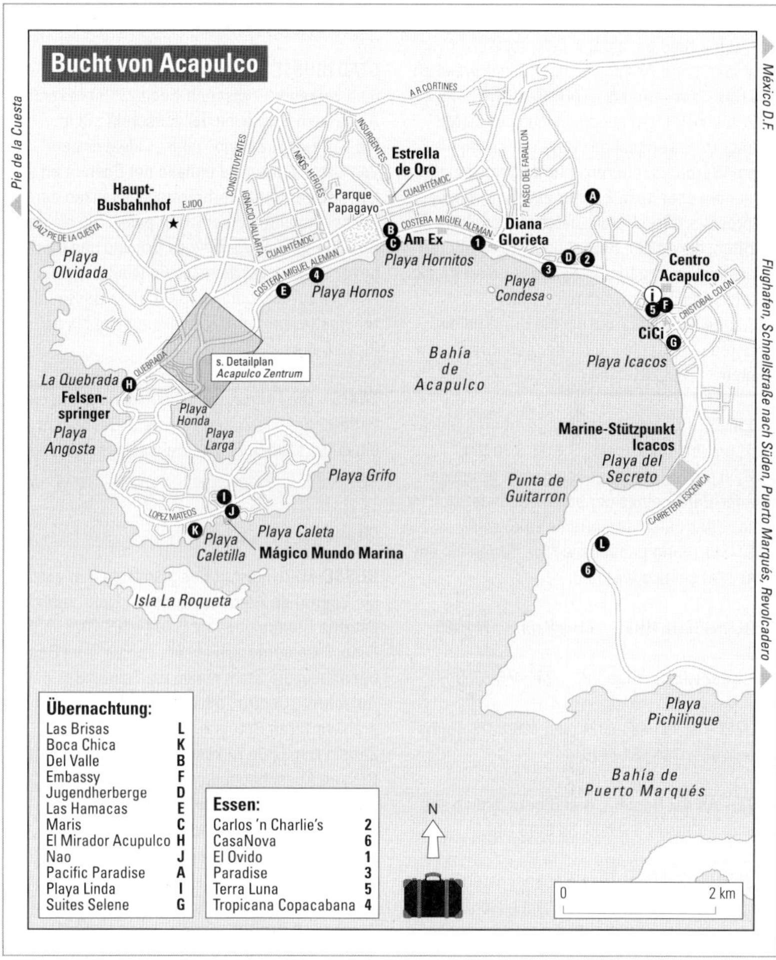

AUTOVERMIETUNGEN – Mietwagen gibt es z.B. bei: ***Alamo***, ✆ 744/484-3305, ***Avis***, ✆ 744/466-9190, ***Budget***, ✆ 744/481-2433, und ***Hertz***, ✆ 744/485-8947.

GELD – ***American Express***, Costera, unmittelbar östlich der Diana Glorieta, ✆ 744/469-1100, Postaufbewahrung und Geldwechsel, ◷ Mo–Fr 9–18, Sa 9–13 Uhr. Entlang der Costera finden sich jede Menge Banken (insbesondere ***Banamex***) und **Casas de Cambio** (mit etwas schlechteren Kursen). Im Zentrum gibt es am Zócalo eine Filiale von ***Bancomer*** und ***Santander Serfin***.

HONORARKONSULATE – **Deutschland**: Apdo. Postal C-46, 39650 Acapulco, ✆ 744/484-1860, 484-9680, 📠 484-3810; zuständig für den Bundesstaat Guerrero.
Österreich: Jr. Escudero No. 1, 39300 Acapulco, ✆ 744/483-2979, 482-2166, 📠 482-5551, 484-2543.

INFORMATIONEN – Eine ***Touristeninformation*** mit Hotline rund um die Uhr befindet sich im Komplex Centro Acapulco, einen Block westlich vom CICI-Wasserpark, ✆ 744/484-4416, ⌚ tgl. 8–22 Uhr. Wer nicht auf einen motivierten Mitarbeiter trifft, verlässt das Büro nur mit einem Stapel Werbebroschüren. Informativere Lektüre findet man eher beim Büchertausch in einigen der preiswerteren Hotels, den diversen Zeitschriften, die an den Rezeptionen der größeren Hotels ausliegen oder bei *Sanborns,* zwei Blocks westlich des Zócalo, verkauft werden.
Auskünfte und Hilfe rund um die Uhr erhalten Touristen in Acapulco unter der gebührenfreien Nummer ✆ 744/481-1100.

INTERNET – ***Ikernet,*** Carranza 14, oberes Stockwerk, unweit des Zócalo, ⌚ 8.30–0.30 Uhr, US$1,50 pro Std. An der Costera gibt es einige Internet-Cafés, eines der besten befindet sich im 1. Stock des Einkaufszentrums *La Gran Plaza* (US$1/Std., übrig gebliebene Min. dürfen ein anderes Mal genutzt werden).

MEDIZINISCHE HILFE – ***Cruz Roja***, ✆ 744/485-4100,
Emergency Imss Hospital, ✆ 744/445-5353.

POLIZEI – ✆ 744/485-0334 oder 486-8220, Touristenpolizei ✆ 744/484-4416.

POST – An der Costera, drei Blocks östlich des Zócalo, ⌚ Mo–Fr 8–17.30, Sa 9–13 Uhr.

REISEBÜROS – Dem Zócalo am nächsten liegt ***Las Hamacas,*** ✆ 744/482-4892, im gleichnamigen Hotel. Zahlreiche andere findet man zwischen den Hotels an der Costera.

TELEFON – Fern- und R-Gespräche bei ***Caseta Alameda***, in der La Paz neben dem *Café Los Amigos*, ⌚ Mo–Sa 9–20 Uhr.

WÄSCHEREI – ***Lavandería Coral,*** Juárez, Ecke Felipe Valle, verlangt US$1 pro Kilo. ⌚ Mo–Fr 9–14 und 16–19, Sa 9–17 Uhr.

Nahverkehrsmittel

STADTBUSSE – Entlang der Costera Miguel Aleman verkehren zwischen 4 und 23 Uhr in kurzen Abständen Busse mit der Aufschrift „Cine Río"/„Base", „Zócalo" oder „Caleta directo". Von Osten fahren sie entlang der Costera an allen großen Hotels vorbei und schwenken dann in die Av. Cuauhtémoc ein. Hier passieren sie den Busbahnhof von *Estrella de Oro* und den Markt, bevor sie kurz vor dem Zócalo wieder auf die Costera zurückkommen. Die *Caleta*-Busse fahren noch weiter an der Küste entlang bis zur Playa Caleta.

TAXIS – Die Fahrpreise sind festgelegt und die Entfernungen in Zonen eingeteilt. Bevor man einsteigt, sollte man die Preistafel am Taxistand studieren.

Transport

BUSSE – Die meisten Busgesellschaften nutzen die **Central de Autobuses**, meist „Ejido" oder **Estrella Blanca** genannt, ✆ 744/469-2028, in der Ejido, 3 km nordwestlich des Zócalo. Vom Busbahnhof in die Stadt nimmt man einen Bus der Aufschrift „Centro" oder „Caleta", um zu den preiswerteren Hotels zu gelangen. Um vom Zócalo zum Ejido zu kommen, sollte man nach Bussen Ausschau halten, die die Aufschrift „Mocimba" oder „Ejido" tragen.
1. Kl.-Busse von **Estrella de Oro** von/nach MÉXICO D.F. (stdl., 5 Std.) haben einen eigenen Terminal 3 km westlich des Zócalo an der Cuauhtémoc, Ecke Wilfrido Masseiu, von wo Busse ins Zentrum (Aufschrift „Caleta") und zu den Hotels an der Costera (Aufschrift „Rio/Base") fahren. Zum Busbahnhof gelangt man mit Bussen der Aufschrift „C. Río", Abfahrt gegenüber dem Zocalo. Beide Busbahnhöfe verfügen über eine Gepäckaufbewahrung.
Busse nach MÉXICO D.F. (5–7 Std.) fahren unaufhörlich in 5 verschiedenen Klassen: *futuro* und *primera* sind die beste Wahl, denn die geräumigeren Sitze und Gratisdrinks der *ejecutiva*-Klasse lohnen den deftigen Aufpreis nicht. Die Busse der 2. Klasse dagegeb sind sehr langsam, da sie nicht über die Autobahn fahren.

Weitere Reiseziele sind:
CHILPANCINGO 30 Min. (2 Std.),
CUERNAVACA 4x tgl. (4 Std.),
GUADALAJARA 3x tgl. (17 Std.),
LÁZARO CÁRDENAS 5x tgl. (6–7 Std.),
MANZANILLO 1x tgl. (12 Std.),
PUERTO ESCONDIDO 5x tgl. (7 Std.),
PUERTO VALLARTA 2x tgl. (18 Std.),
SALINA CRUZ 5x tgl. (12–13 Std.),
TAXCO 2x tgl. (5 Std.),
TIJUANA 2x tgl. (49 Std.),
ZIHUATANEJO stdl. (4–5 Std.), z.T. Weiterfahrt nach LÁZARO CÁRDENAS.

FLÜGE – Der **internationale Flughafen**, Fluginformationen ✆ 744/435-2060, liegt 23 km südöstlich von Acapulco. Taxis dorthin sind teuer (von den meisten Ausgangspunkten US$17–20). Es gibt einen regulären VW-Bus-Transport von und zum Flughafen, den ***Transportaciones Aéropuerto***, ✆ 744/462-1095, Abholung vom Hotel zur vereinbarten Uhrzeit und Transport zum Flughafen für US$7,50. Billiger ist der Stadtbus mit Ziel Puerto Marquéz, wo man zum Flughafen umsteigt.
Von Acapulco aus gibt es häufige Flüge zu zahlreichen Zielorten in Mexiko und im Ausland. Aktuelle Fluginformationen bieten die Reisebüros und die Fluglinien selbst.
Die Büros der Fluggesellschaften liegen zwischen den großen Hotels an der Costera.
American, ✆ 744/481-0161,
America West, ✆ 744/466-9257,
Aviacsa, ✆ 744/481-3240,
Continental, ✆ 744/466-9063,
Mexicana, ✆ 744/4867585 oder ✆ 744/466-9121.
Mindestens 15 Flüge tgl. nach MÉXICO D.F.; tgl. nach GUADALAJARA und OAXACA. Gute Verbindungen zu verschiedenen US-Städten, z.B. nach HOUSTON, LOS ANGELES, DALLAS und PHOENIX.

Die Strände von Acapulco

Es gibt einen winzigen Strand in der Nähe des Zócalo, aber der graue Sand ist alles andere als einladend. Um von der Altstadt zu den besseren Stränden zu gelangen, muss man einen Bus nehmen.

Playas Caleta Caletilla und La Roqueta

Die beiden schmalen, durch einen Felsausläufer getrennten Strände **Playa Caleta** und **Playa Caletilla** sind schön, aber überfüllt. Das Wasser ist fast immer ruhig und der Strand einigermaßen sauber. Es gibt Cafés, Duschen und auf dem Felsen **Mágico Mundo Marina**, einen Wasserpark mit Aquarium und einer Seelöwenshow, Wasserrutschen und Bademöglichkeiten im Pool und im Meer. ⌚ tgl. 9–18 Uhr, US$3. Vom Strand fahren Glasbodenboote (tgl. 8–18 Uhr, US$3 – Fahrkarte für die Rückfahrt aufheben) zur winzigen Insel **La Roqueta**, wo es einige saubere Strände und einen kleinen Zoo, ⌚ Mo und tgl. 10–16 Uhr, US$0,30, gibt. Eine zweifelhafte Attraktion der Insel sind Bier trinkende Esel. Boote für US$5 halten an der schweren Nickel- und Bronzestatue der Jungfrau von Guadalupe an.

Sowohl nach Caleta als auch zur Insel La Roqueta sollte man früh aufbrechen, v.a. am Wochenende, um einen Platz an der Sonne oder einen Liegestuhl zu ergattern. Den Strand säumen ein paar einigermaßen bezahlbare Restaurants und billigere *loncherías*, die Frühstück und mittags Fischgerichte zubereiten.

Die Costera entlang zum Revolcadero

Trotz der vielen Namen wie **Playa Hamacas, Hornos, Hornitos, Morro, Condesa** und **Icocos** besteht der Hauptstrand aus einem einzigen Sandstreifen.

Am besten wandert man so weit wie möglich vom Ort weg nach Osten zur **Playa Condesa** oder **Playa Icacos**, vor Hotels wie dem *Hyatt Regency* und *Casa Inn* (die gute Orientierungspunkte abgeben) oder gegenüber dem Centro Acapulco, wo der Strand nicht ganz so überlaufen und daher sauberer ist. Hier kann man sich auch mal schnell unter eine Hoteldusche stellen, den Pool und die Bar benutzen, denn in Badekleidung sieht ein Tourist wie der andere aus, und in den Tausendbettenburgen lassen sich Gäste und Zaungäste kaum unterscheiden. Auch wer sich an einem Fallschirm übers Wasser ziehen lassen, Wasserski fahren oder segeln möchte, ist hier richtig. Ausrüstung wird am Strand angeboten, und die Preise sind fast überall gleich, nur die Qualität und zeitliche Begrenzung sind unterschiedlich.

Hinter der o.g. Bucht Richtung Süden liegen noch zwei beliebte Strände: Puerto Marqués und Revolcadero. Unterwegs kommt man an einigen der schicksten Hotels von Acapulco vorbei: Zuerst erreicht man den Strand von **Puerto Marqués**, eine geschützte Bucht mit Restaurants und Liegestühlen, die von zwei ruhigen und vornehmen Luxushotels überragt wird. Das am Ostende der Bucht emporragende *Las Brisas*, ✆ 744/469-6900, 💻 www.brisas.com.mx ❾, ist das exklusivere; der Strand selbst ist aber kein bisschen besser. Nach **Revolcadero** geht es weiter auf der Landstraße (allerdings kommt nur selten ein Bus hier heraus) oder mit einem Boot auf einem engen Kanal. Der lange feinkörnige Strand ist herrlich, aber die Brandung oft so stark, dass man nicht schwimmen kann.

Pie de la Cuesta und Laguna de Coyuca

Pie de la Cuesta, etwa 15 km nördlich von Acapulco, ist kein Ort zum Schwimmen, nicht nur der gewaltigen Brecher, sondern auch der Haie wegen, die es hier geben soll. Man kann sich jedoch kaum einen schöneren Ort vorstellen, um den Sonnenuntergang am Pazifik zu genießen. Der Strand reicht noch viele Kilometer weiter.

Dahinter liegt die **Laguna de Coyuca**, ein riesiger Süßwassersee, der 3x so groß sein soll wie die Bucht von Acapulco und nur nach sehr starken Regenfällen mit dem Meer verbunden ist. Die von Palmen gesäumte Lagune ist reich an Vögeln und anderen Tieren und groß genug, um sowohl die allerorten lärmenden Jetskis als auch die ruhigeren Ausflugsboote aufzunehmen, die ständig zu den drei Inseln in der Lagune unterwegs sind. An der Hotelmeile bieten mehrere Veranstalter Bootstouren zu Preisen an, die sich um US$7,50 p.P. bewegen. Ein Vergleich ist dennoch angebracht, da die Abfahrtszeiten und die Dauer des Ausflugs durchaus variieren können. Die meisten Boote machen zum Mittagessen (nicht inkl.) und Schwimmen auf einer der Inseln fest. Von 6–20 Uhr fährt alle 10 Min. ein Bus mit der Aufschrift „Pie de la Cuesta" am Zócalo vorbei die Costera entlang.

Chilpancingo

130 km nördlich von Acapulco, in einem kleinen Tal der Sierra Madre Occidental, liegt Chilpancingo, die bescheidene Hauptstadt des Bundesstaates Guerrero. Der kühle, über 1000 m hoch gelegene Ort eignet sich für eine Reiseunterbrechung auf dem Weg zur Landeshauptstadt. Die Stadt, weitab vom Touristentrampelpfad, besitzt eine renommierte Universität.

Das moderne **Ayuntamiento** und der **Palacio de Gobierno** formen ein harmonisches Ganzes aus Neoklassizismus und Kolonialeinfluss. Das letztere Gebäude ziert die große Bronzefigur *El Hombre Hacia el Futuro.* Direkt gegenüber dem neuen liegt der alte Palacio de Gobierno, er beherbergt das **Instituto Guerrerense de Cultura**, in dem oft Wanderausstellungen gezeigt werden, und das ausgezeichnete kleine **Museo Regional de Guerrero**. Dort wird in übersichtlicher Art und Weise die Geschichte der Region erzählt; manche Erklärungen sind in Englisch. 🕓 Instituto und Museum Di–So 9–18 Uhr, Eintritt frei.

Übernachtung

Hotel Paradis, ✆ 747/471-1122, Guerrero, Höhe 21 de Marzo, direkt neben dem Busbahnhof Estrella de Oro, komfortabel; blitzsaubere, moderne Zimmer mit gefliestem Boden und Bad. ❻
In der Nähe des Zócalo gibt es ein paar billigere Hotels: ***Hotel Cardeña***, Madero 13, kein Tel, Kolonialstil, einfache, etwas muffige Apartments und billigere Zimmer ohne Du/WC um einen Patio. ❷
Laura Elena, ✆ 747/472-4880, Madero 1, recht angenehme Zimmer, wobei die helleren, luftigeren zu bevorzugen sind. ❹

Essen

El Portal, neben der Kathedrale an der Madero, serviert kleine Gerichte sowie Kuchen und Espresso.
Martita, Guerrero 6B, bietet Sättigenderes.
La Parroquía, mit schattigen Tischen im Freien, unweit der Nordseite des Zócalo, ebenso.

Casino De Los Estudiantes, in der Guerrero nahe Madero, gute und preiswerte Comida corrida. Wer sich über das spärliche **Nachtleben** informieren möchte, ist hier richtig.

Transport

Busse aus México D.F. und Acapulco kommen entweder am Busbahnhof **Estrella Blanca** oder gegenüber am **Estrella de Oro** an, 2 km östlich des Zócalo in der 21 de Marzo; zur Plaza geht man rechts und dann wieder rechts die Juárez lang. Minibusse fahren auf der Juárez ins Zentrum und zurück zum Busbahnhof auf der Parallelstraße, der Guerrero. Die Madero kreuzt diese beiden Straßen kurz vor dem Zócalo. Alle 30 Min. fahren Busse nach ACAPULCO (2 Std.) und stdl. nach MÉXICO D.F. (3 1/2 Std.).

Die Costa Chica

Auf der Carretera 200 von Acapulco nach Süden herrscht wenig Verkehr, v.a. wenig Reiseverkehr, denn bis Puerto Escondido – mindestens 7 Busstunden entfernt – gibt es kaum Unterkunfts- und Verpflegungsmöglichkeiten. Die Küstenlinie an sich ist sehr schön, und es gibt ein paar sagenhafte Strände, die man am besten mit dem eigenen Wagen besuchen kann. Die Einwohner dieser Gegend bis hin zur Grenze von Oaxaca sind größtenteils entweder Amuzgo-Indígenas oder Schwarze – Nachfahren geflohener afrikanischer Bantusklaven. In **Coajinicuilpa** finden sich Rundhütten, die allerdings nicht nur in der afrikanischen, sondern auch in der indianischen Tradition verwurzelt sind.

Von hier führt eine Straße zur etwas über 30 km entfernten Küste bei **Punta Maldonada**. Auf halbem Weg kommt man an einem *Parador Turístico* mit teuren Zimmern vorbei. In Punta Maldonada und dem benachbarten San Nicolas gibt es wunderbare Strände, aber keine Übernachtungs- und Verpflegungsmöglichkeiten: öffentliche Busse kommen höchstens 2x tgl. vorbei. Das klare Wasser hier zieht viele Taucher an, die meist mit Campingbussen anreisen.

Wer an dieser Küste bleiben und nicht an den Stränden von Punta Maldonada campen möchte, hat zwei Möglichkeiten. In **Ometepec**, einer alten Goldminenstadt wenige km vor Coajinicuilpa auf der Hauptstraße landeinwärts, gibt es einige kleine Hotels. Die zweite Möglichkeit bietet **Pinotepa Nacional**, über der Grenze im Staat Oaxaca gelegen, wo sich ebenfalls einige einfache Hotels befinden. Der Sonntagsmarkt von Pinotepa, ein Lebensmittelmarkt und Treffpunkt der Amuzgo, Mixteken und Chatino, zählt zu den schönsten der Gegend.

Veracruz und die Golfküste

Highlights

- Ein Besuch des Archäologischen Museums in **Xalapa**, das nur noch von dem in Mexiko-Stadt übertroffen wird.
- In **El Tajin** das aufregende Schauspiel der *voladores* betrachten und die bedeutendsten Ruinen an der Golfküste besichtigen.
- In den Bars der Stadt **Veracruz** afrokaribische Live-Musik hören.
- In **San Andrés Tuxtla** zuschauen, wie Zigarren gerollt werden und einen der frisch hergestellten *puros* rauchen.
- Bei einer Bootsfahrt auf dem **Lago Catemaco** die friedliche Stimmung eines der letzten Urwaldgebiete Mexikos genießen.

Die zentrale Golfküste besitzt äußerst reizvolle Ecken. Von México D.F. aus führt die Straße hinunter durch die Südausläufer der Sierra Madre Oriental an den höchsten Vulkangipfeln des Landes vorbei in die breite, feuchtheiße, mit üppigem Dschungel überwucherte Küstenebene. In dieser fruchtbaren tropischen Zone sind die frühesten mexikanischen Kulturen entstanden. Das Gebiet blieb während der gesamten vorspanischen Ära dicht bevölkert.

Von „El Puerto de la Veracruz", dem Hafen von Veracruz, aus setzte Cortés zum Marsch auf die Landeshauptstadt an. Bis zum heutigen Tage ist die Stadt, wie während der spanischen Kolonialzeit, die rührigste Hafenstadt Mexikos. Neben landwirtschaftlichen Produkten wie Kaffee, Vanille, tropischen Früchten und Blumen gibt es an der Golfküste reiche Öl- und Erdgasvorkommen.

Erstaunlich wenige Touristen kommen hierher – und dann meist nur auf der Durchreise. Zum Teil hängt es damit zusammen, dass man sich nicht besonders um sie bemüht, zum anderen liegt es am Wetter, denn es regnet hier öfter und stärker als anderswo. Aber selbst in der Regenzeit kommt es

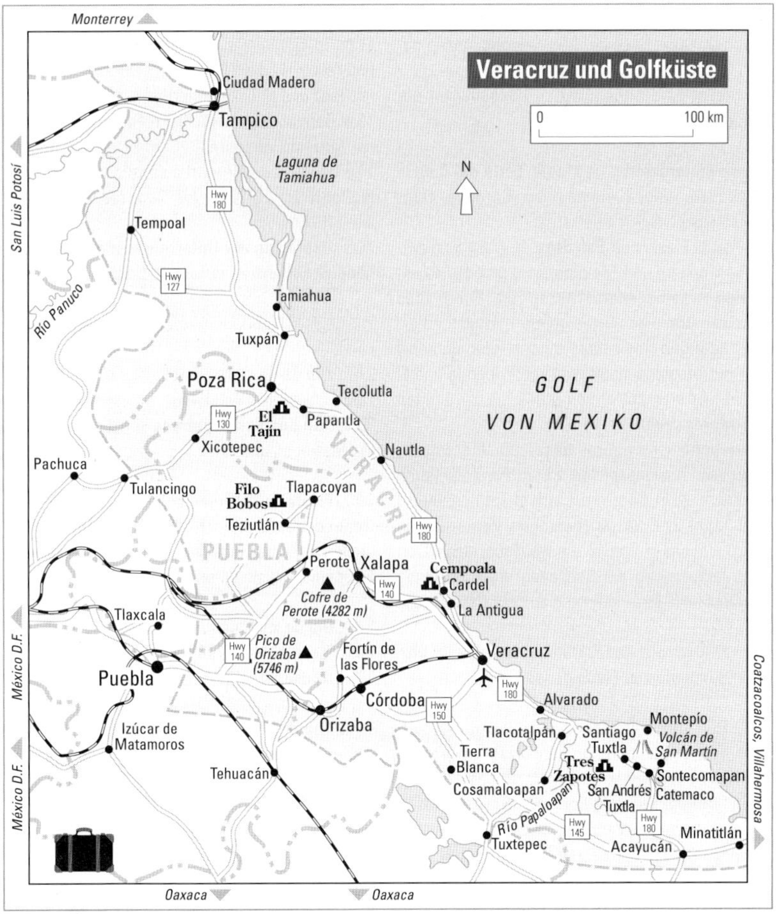

VERACRUZ UND DIE GOLFKÜSTE

Fiestas

Jan: Letzte Januarwoche: **Fiesta** in *Tlacotalpan* mit Tanz, Bootsrennen.

2.2.: **Día de la Candelaria**. Farbenfrohe indianische Fiesta in *Jaltipan* an der Hauptstraße südlich von Catemaco, mit dem Tanz von ***La Malinche*** *(Malinalli,* die indianische Dolmetscherin von Cortés, wurde angeblich hier geboren), der Szenen der Konquista wieder aufleben lässt. Auch letzter Tag der Festivitäten in *Tlacotalpan.*
4.2.: **Ländliches Fest** in *Otatitlán* an der Grenze zu Oaxaca, abseits der Straße von Alvarado nach Oaxaca; bei einer Mitternachtsmesse beten Indígenas um Erntesegen.
Karneval wird nirgendwo so ausgelassen gefeiert wie in *Veracruz.*

März: **Erster Freitag im Monat**: **Feria del Cafe** in *Ixhualtán,* einer Kleinstadt bei Córdoba, Handelsmesse wie auch Volksfest.
18.–19.3.: **Fiestas de San Jose**. In *Naranjos,* zwischen Tuxpán und Tampico, wird eine Fiesta mit vielen traditionellen Tänzen zu Ehren des Schutzpatrons des Ortes gefeiert. Ähnliche Veranstaltungen in *Espinal,* einem Totonakendorf am Río Tecolutla, nicht weit von Papantla und El Tajín, wo man mit etwas Glück die berühmten *voladores* sehen kann.
Karwoche: wird überall begangen, hier besonders mit Passionsspielen, z.B. in *Papantla* (auch *voladores),* in *Coatzintla,* einem Totonakendorf bei Tajín, in *Cotaxtla* (zwischen Veracruz und Córdoba) und in *Otatitlán.* In *Naolinco,* einem Dorf bei Jalapa, wird am Karfreitag die Kreuzigung nachgestellt. Feierlichkeiten auch in *Catemaco.*

15.–17.4. (wechselndes Datum): **Feria de las Flores**; Blumenfest in *Fortín de las Flores.*

5.5.: Hunderte von Pilgern, meist Indígenas, treffen sich in *Otatitlán,* um den ***Cristo Negro*** des Dorfes zu ehren.
27.5.: **Día del Sagrado Corazón**, Beginn eines 4-tägigen Festes in *Naranjos.* **Corpus Cristi** (wechselndes Datum, 2. Do nach Pfingsten, viertägig): erster Tag eines großen **Festes** in *Papantla* mit regelmäßigen Auftritten der **Voladores** (s.S. 517).

13.6.: **Día de San Antonio**. Fiesta in *Huatusco* zwischen Córdoba und Veracruz.
24.6.: **Día de San Juan** in *Santiago Tuxtla* mit Tanz und in *Martinez de la Torre,* an der Straße Richtung Landesinnere, mit **Voladores**-Vorstellungen.

15.7.: **Día de la Virgen del Carmen**. Massenprozession nach *Catemaco,* begleitet von einer Fiesta, die bis zum nächsten Tag dauert.
24.7.: **Día de Santiago**. Fiesta in *Santiago Tuxtla* und *Coatzintla,* jeweils mehrere Tage.

14.8.: In *Teocelo,* einem Dorf zwischen Jalapa und Fortín, wird ein **Fest** nach sehr alter Tradition mit Tanz und Musik gefeiert.
15.8: Beginn der einwöchigen **Feria** von *Tuxpán* mit Tanz und Voladores.
16.8.: In *Tlapacoyan* wird anlässlich **Mariä Himmelfahrt** der *Baile de los Negritos* vorgeführt, s.S. 516, Kasten.
24.8.: **Jahrestag der Unterzeichnung des Unabhängigkeitsvertrages**, wird in *Córdoba* gefeiert.

15.–18.9.: **Unabhängigkeitsfeiern** im ganzen Land.
21.9.: **Día de San Mateo**, religiöse und weltliche Feierlichkeiten in *Naolinco.*
30.9.: **Tag des Schutzpatrons** von *Coatepec* mit Prozessionen und Tanz.

7.10.: **Fiesta de la Virgen del Rosario**, Schutzpatronin der Fischer. In *La Antigua* **Kanu-Prozessionen** auf dem Fluss, in *Alvarado* zweiwöchige **Fiesta** mit Volksfestcharakter.

2.11.: **Día de los Muertos**, wird überall begangen, besonders interessante Riten in *Naolinco.*
30.11.: **Fiesta** *in San Andrés Tuxtla.*

7.12.: **Día del Niño Perdido** in Tuxpán. Abends treffen sich die Einheimischen auf der Straße und stellen brennende Kerzen auf.
12.12.: **Día de la Virgen de Guadalupe**, Feierlichkeiten im ganzen Land, sehr schön in *Huatusco, Cotaxtla* und *Amatlán de los Reyes* bei *Córdoba.*
24.12.: **Heiligabend**, in *Santiago Tuxtla* beginnt ein Fest, das bis zum 6. Jan dauert.

meist nur zu kurzen Schauern, und nach ein paar Stunden kann man wieder im hellen Sonnenschein auf den Straßen unterwegs sein. Entlang der Küste findet man ausgedehnte Strände, allerdings weniger hübsche als am Pazifik oder am Karibischen Meer; einige sind von den Fahrrinnen der Schiffe und durch die Ölindustrie verschmutzt. Die Küstenorte sind zumeist Handelsstädte von geringem touristischem Interesse.

An den Osthängen der Sierra Madre lohnen verschiedene Kolonialstädte einen kurzen Besuch; **Xalapa**, der Sitz der Staatsregierung, verdient einen längeren Aufenthalt wegen seines angenehm kühlen Klimas und des hervorragenden archäologischen Museums. **Veracruz** ist eine der einladendsten mexikanischen Städte und kein bisschen touristisch. Hier kann man sich von der tropischen Hafenatmosphäre mit karibischem Einschlag gefangen nehmen lassen.

Eine halbe Stunde von Veracruz entfernt liegt **La Antigua**, wo Cortés die erste spanische Regierung auf amerikanischem Boden etablierte, und ein Stück weiter **Cempoala**, die Ruinen derjenigen mexikanischen Zivilisation, die Cortés als Erste unterwarf. Zu den bedeutendsten archäologischen Fundstätten des Landes gehört **El Tajín** im Norden des Staates in der Nähe der Küste. Es liegt in einer Gegend, wo die Totonaken-Kultur noch sehr lebendig ist.

Im Süden liegt in einem erloschenen Vulkankrater und von den letzten Resten Regenwald der Golfregion umgeben **Catemaco** am gleichnamigen See. In dem kleinen Touristenort versammeln sich seit eh und je indianische *brujos* und *curanderos* (Wahrsager und Wunderheiler).

Das Essen der Region ist fantastisch! Hier gedeiht herrliches Obst und Vanille (mexikanische Touristen nehmen unweigerlich eine Flasche Vanilleessenz als Souvenir mit nach Hause), und der Mojarra al la Veracruzana (kleiner Salzwasserfisch), der auf jeder Speisekarte zu finden ist. Das Angebot schließt auch Langusten und Krabben ein, besonders *jaiba*, eine große, veracruzanische Krabbenart. Ausgezeichnet ist alles, was mit *chile capotle* zubereitet wird, einer scharfen, dunkelbraunen Chilisoße mit besonders feinem Geschmack. Chilpachole de Jaiba ist eine Art Krabbeneintopf, der beide Spezialitäten in sich vereint. Süße *tamales* stehen mit auf der Liste der kulinarischen Besonderheiten. Alle Gerichte vertragen sich ausgezeichnet mit den Bieren aus der Brauerei in **Orizaba**, die oft nicht nur billiger sind, sondern auch besser schmecken als die bekannteren, landesweit angebotenen Sorten.

Von México D.F. nach Veracruz

Der Direktbus von México D.F. nach Veracruz umfährt auf der hervorragenden Carretera 150, die für Selbstfahrer aufgrund der hohen Mautgebühren teuer wird (rund US$35 für die Strecke México D.F.–Veracruz) jede größere Stadt an der Strecke. Das ist nicht unbedingt ein Nachteil, denn Veracruz und die Küste sind ohnehin die interessantesten Reiseziele, und wer es eilig hat, wird über die schnelle Autobahnverbindung froh sein.

Reisenden mit Zeit bieten sich jedoch mindestens drei Bergstädte an, die einen Aufenthalt lohnen.

Allerdings ist dieses die regenreichste Gegend des Landes überhaupt. Etwas lästig ist der feine Nieselregen im Oktober und November, den die Einheimischen *chipichipi* nennen. Er entsteht durch das Zusammentreffen warmer Luftströme vom Golf mit kälterer Luft über den Osthängen der Sierra. Wenn es nicht regnet, ist diese Strecke hingegen eine der schönsten Reiserouten in ganz Mexiko. Während der Ixtaccíhuatl langsam zurückbleibt, erscheint der schneebedeckte Vulkankegel des Pico de Orizaba am Horizont.

Die Mais- und Maguey-Ebenen im Westen gehen an den Osthängen der Sierra in Pinien- und Zypressenwälder über, dazwischen grasen Kühe auf saftigen Weiden.

Orizaba

Orizaba, ca. 150 km von Puebla entfernt und die erste größere Stadt im Staat Veracruz, ist nicht sehr einladend, da von der Industrie bestimmt. Viele alte Gebäude sind 1973 einem Erdbeben zum Opfer gefallen. Was der Stadt an Charme fehlt, wird aber mehr als wettgemacht durch die Lage am Fuße des **Pico de Orizaba** (Citlaltépetl), eines Vulkans wie aus dem Bilderbuch und mit 5746 m der höchste Berg Mexikos.

Wer möchte, kann sich auch vom wichtigsten örtlichen Industriezweig trösten lassen, den Brauereien: Einige der besten Biere der Republik stammen z.B. aus der ortsansässigen **Cervecería Moctezuma** – Informationen über Führungen gibt es beim Fremdenverkehrsbüro. Eine Stadtbesichtigung dürfte nicht länger als ein paar Stunden in Anspruch nehmen.

Um den Pico de Orizaba zu bezwingen – ein Unterfangen, das nur für erfahrene Bergsteiger ratsam ist –, muss man in den 2. Klasse-Bus zu den Dörfern **Serdan** oder **Tlachichuca** umsteigen, wo die Hauptwanderwege zum Pico beginnen.

Übernachtung

Hotel Trueba, Oriente 6, Ecke Sur 11, nahe dem *ADO*-Busbahnhof, ✆ 272/724-2930, ✆ 724-2744, einladend und erschwinglich. ❺
Gran Hotel de France, Oriente 6 No. 189, Ecke Sur 5, ✆ 272/725-2311, ✆ 725-4444, ein Kolonialhaus mit vergleichbaren Preisen. ❺

Informationen

Die ***Touristeninformation*** in der Av. Colón, Ecke Norte 5, ✆ 272/726-5861, im 2. Stock des Palacio Municipal, hat Infos für Bergsteiger sowie Adressen von örtlichen Veranstaltern, die Trekking- und Klettertouren organisieren.
Mo–Sa 8–14 und 16–21 Uhr.

Transport

Der ***ADO*-Busbahnhof**, Ote 6 zwischen Sur 11 und Sur 13, liegt weit außerhalb. Von hier fahren die 1. Klasse-Busse ab.
Der ***AU*-Terminal** für 2. Klasse-Busse befindet sich 4 Blocks nordöstlich vom Zentrum.
Die meisten Busse sind *de paso*-Busse, aber es werden nummerierte Tickets verkauft. Nach VERACRUZ 15x tgl. (3 1/2 Std.).

Fortín de las Flores

Die „Festung der Blumen" liegt an der alten Straße nach Córdoba, 15 km nordöstlich von Orizaba, an einer Stelle, wo eine reizvolle Landstraße ins fast 150 km entfernte Xalapa führt. Die Stadt macht ihrem Namen alle Ehre, denn es blüht und grünt an allen Ecken und Enden. Das ist den gleichbleibenden Temperaturen und den Niederschlägen zu verdanken, die besonders von Mai–Dez fallen. Beim Einsetzen der Regenfälle blühen überall wilde Orchideen. Hier kann man die **Hacienda de las Animas** besuchen, ehemals die Residenz von Maximilian und Charlotte, heute ist sie Bestandteil des Hotels *Fortín De Las Flores.*

Übernachtung, Essen und Sonstiges

Hotel Posada Loma, in der Ostecke der Stadt gegenüber dem Markt, ✆ 271/713-0658, ✉ posada66@prodigy.net.mx. Angenehme Zimmer mit ac rings um einen Patio. ❼
Las Magnolias B&B, ungefähr auf halbem Weg zwischen Fortín und Córdoba, ✆ 272/716-4908, ✉ frankania@yahoo.com. Reizvoll inmitten dichter Vegetation gelegen, mit Blick auf das Tal von Córdoba. Verfügt über zwei Bungalows. Die Besitzer holen angemeldete Gäste am Busbahnhof von Fortín oder Córdoba ab. ❺
Fortín De Las Flores, Avenida 2 zwischen Calle 5 und 7, ✆ 271/713-0055 oder 713-0108. Die Zimmer sind ein bisschen angestaubt, aber es gibt einen großen Pool und einen schönen Garten. ❻
Bugambilias, nicht weit vom *Fortín de las Flores* in der Av. 1 zwischen Calle 7 und 9, ✆ 272/713-1350, ist preiswerter. ❹
In der Avenida 1 finden sich noch weitere preisgünstige Hotels und Restaurants, und am Zócalo gibt es einige billige Cafés. Das beste Frühstückslokal ist die ***Posada Loma,*** wo süße und herzhafte Tortillas sowie tolle Aussicht auf den Pico de Orizaba geboten werden. Eine Querstraße hinter dem Zócalo, in der Avenida 2, gibt es ein ***Internet-Café,*** das US$1,50 pro Std. verlangt.

Transport

2. Kl.-Busse fahren ins gut 100 km entfernte XALAPA, Nahverkehrsbusse fahren bis ins benachbarte CÓRDOBA (7 km).

Córdoba

Córdoba, das Zentrum des hiesigen Kaffeehandels, ist größtenteils eine moderne, betriebsame Industrie- und Handelsstadt. Sie wurde 1618 von dreißig spanischen Familien gegründet und wird daher auch *La Ciudad de los Treinta Caballeros* („die Stadt der 30 Caballeros") genannt. Der spanische Einfluss ist bis heute deutlich spürbar, so steht Paella auf den Speisekarten der Restaurants, und in den Supermärkten gibt es spanische Delikatessen zu kaufen, die man ansonsten vergeblich sucht. Der hübsche Stadtkern ist noch im Kolonialstil erhalten.

Einen Namen machte sich Córdoba im Jahr 1821, als der spanische Vizekönig Juan O'Donoju mit General Iturbide, der bald darauf Kaiser von Mexiko werden sollte, einen Vertrag über die Unabhängigkeit besiegelte. Das Ereignis fand in dem am Zócalo gelegenen **Palacio de los Condes de Zevallos**, vor Ort Portal de Zevallos genannt, statt.

Sehenswert sind die **Kathedrale Inmaculada Concepción** im Zentrum und das **Museum** der Stadt, Calle 3 No. 303. Man kann aber auch einfach in einem der Cafés und Restaurants unter den Arkaden des Portal an der Plaza de Armas sitzen und den ausgezeichneten Kaffee, der in der Umgebung angebaut wird, oder die hiesige Spezialität *julep*, einen Cocktail aus Wein und Minze, trinken.

Übernachtung

Es gibt zahlreiche billige Unterkünfte, insbesondere entlang der Avenida 2. Im Umkreis des Zócalo liegen die teureren Hotels, wie z.B. ***Bello***, Avenida 2, Höhe Calle 5, ✆ 271/712-8122. ❻

Virreinal, Avenida 1, Höhe Calle 5, ✆ 271/712-2377, neben der Kathedrale und mit Blick auf den Zócalo. ❺

Mansur, im selben Block an der Avenida 1, ✆ 271/712-6000, ruhiger und geringfügig teurer. ❺

Iberia, ein Stückchen weiter vom Zócalo entfernt in der Av. 2 Nr. 919, ✆ 271/712-1301, sehr einladend und das beste der Budgethotels. ❹

Essen

Die Café-Restaurants unter den Arkaden sind gut, aber ziemlich teuer.

El Cordobés, ✆ 271/712-0798, abwechslungsreiche Speisekarte und üppige Comidas.

La Casa de la Abuela, Calle 1, Höhe Av. 4, ✆ 271/712-0606, etwas preiswerter; Straßenmusikanten bringen den Gästen, die sich die Comida corrida schmecken lassen, ein Ständchen nach dem anderen.

In der Calle 15 gibt es einige gute **Fischrestaurants**, die neben frischem Fisch in verschiedenen Soßen auch ungewöhnlichere Gerichte wie Schwarzer-Pfeffer-Schmortopf anbieten.

Preisgünstigere Lokale mit mexikanischer Kost findet man in der Av. 2.

Mikasa, Av. 5 Nr. 212-A, ✆ 271/712-7613. Hübsches Lokal, das mit Sushi und anderen japanischen Gerichten etwas Abwechslung in den gewöhnlichen Speiseplan bringt.

Los 30's, Av. 9, zwischen Calle 20 und 22, ✆ 271/712-3379, serviert köstliche Crêpes.

Sonstiges

INFORMATIONEN – Die **Touristeninformation** ist im Palacio Municipal untergebracht: Av. 1, Höhe Calle 1, ✆ 271/717-1700, 💻 www.mpiocordoba.gob.mx, 🕓 Mo–Fr 9–19, Sa 9–13 Uhr.

POST – Die **Post** befindet sich ebenfalls im Palacio Municipal, an der Av. 3, eine halbe Querstraße von der Plaza entfernt. 🕓 Mo–Fr 8–14, Sa 9–13 Uhr.

Transport

Der gepflegte **Busbahnhof** liegt 3 km südlich des Zentrums in der Av. 4, zwischen Calle 39 und 41, und ist per Taxi für US$1,50 vom Zócalo aus zu erreichen. Alternativ kann man einen Bus mit der Aufschrift „Centro" nehmen. Von hier geht es mehrmals täglich nach VERACRUZ (2 Std.) und MÉXICO D.F.

Nach FORTÍN DE LAS FLORES (15 Min.) fahren ca. alle 10 Min. Busse an der Calle 1, Höhe Avenida 11, ab.

Xalapa

Obwohl es länger dauert, fahren manche Busse von México D.F. nach Veracruz über Xalapa (auch „Jalapa"). Die Hauptstadt des Bundesstaates Veracruz mit ihren ca. 300 000 Einwohnern ist ziemlich modern, was ihrer Anziehungskraft aber keinen Abbruch tut. Sie erstreckt sich über ein hügeliges Terrain am Fuße des **Cofre de Perote** (4282 m) inmitten tropischer Vegetation. Selbst im Hochsommer ist es hier abends ziemlich kühl.

Xalapa ist Sitz der Universität von Veracruz und hat sich sicher nicht zuletzt aus diesem Grund zu einem lebhaften Kulturzentrum entwickelt. Hier findet fast ständig ein Musikfestival oder ein anderes Kulturereignis statt, was dem Aufenthalt einen zusätzlichen Reiz verleiht. Man muss aber gar nichts Großartiges unternehmen – die vielen gemütlichen Cafés in der Innenstadt laden geradezu zum Ausruhen und Entspannen ein.

Das Zentrum

Die hauptsächlichen Sehenswürdigkeiten konzentrieren sich um den auf einer Terrasse mit Blick über die Stadt erbauten Zócalo **Parque Juárez**. Einen Besuch lohnen die **Kathedrale** aus dem 18. Jh. – die Turmuhr stammt aus London und stimmt immer noch auf die Minute – und der **Palacio de Gobierno** mit *murales* des chilenischen Malers José Chaves Morado.

Die Kunstszene der Stadt trifft sich in der **Agora de la Ciudad** am Parque, in der sich ein Kino, ein Theater, eine Galerie, ein Café und ein Buchladen befinden. ⌚ Di–So 8.30–21 Uhr. Was sonst noch an kulturellen Ereignissen auf dem Programm steht, erfährt man im **Teatro del Estado** in der Av. María Avila Camacho, 1 km westlich vom Parque, wo das Staatsorchester beheimatet ist. Näheres zu beiden s.S. 505.

Macuiltepec und Archäologisches Museum

Der einfach zu besteigende Macuiltepec ist mit 1590 m die höchste Erhebung der Stadt. Vom Aussichtspunkt *(mirador)* aus reicht der Blick manchmal sogar bis zum Golf von Mexiko. Zum eine halbe Stunde Fußweg von der Stadt entfernten Berg gehört auch der **Parque Ecológico Macuiltépetl** mit einem Grill- und Picknickbereich. Er ist mit einem der Stadtbusse mit der Aufschrift „Tepic", die am Markt abfahren, zu erreichen. Der Park hat zwei Eingänge, wovon einer von der Calle Tepic aus, der andere von der kleineren Calle Volcán de Colima aus zu erreichen ist. ⌚ Di–So 6–17 Uhr.

Zum Picknicken bietet sich außerdem der **Parque Los Tecajeto** an, vom Zócalo in einem zehnminütigen Spaziergang entlang der María Avila Camacho erreichbar. Diese sehr gepflegte öffentliche Grünanlage verfügt über zahlreiche schattige Sitzecken. ⌚ tgl. 6–18 Uhr.

Ein paar hundert Meter westlich des Parque Ecológico befindet sich das auch als **Museo Antropológico** bekannte und ausgeschilderte **Archäologische Museum**. Es gilt als das zweitbeste seiner Art in ganz Mexiko. Die Sammlung ist umfangreicher und kostbarer als in allen anderen Museen, abgesehen von der in México D.F., und das Museumsgebäude selbst mit seiner Flut von Marmortreppen ist vielleicht das schönste des Landes. Die Anordnung der Exponate ist äußerst gut durchdacht und man bekommt eine hervorragende Einführung in die vorspanischen Kulturen der Golfküste.

Die Besichtigung beginnt in der ersten Halle oben, die den Olmeken gewidmet ist. Hier findet man mehrere der bekannten Kolossalköpfe, viele andere Steindenkmäler und wunderbare Masken. Die späteren Kulturen sind in erster Linie durch Töpferwaren vertreten, vor allem lebensechte Menschen- und Tierfiguren und architektonische Modelle der großen Ausgrabungsstätten El Tajín, Cempoala usw. Weitere mächtige Steinskulpturen stammen aus der Huasteken-Kultur. Auch drußen in dem überdachten Garten stehen große Statuen. Das Museum beherbergt einen teuren Souvenirladen mit schönen Masken und interessanten Büchern. In der Cafeteria im 1. Stock mit Dachgarten kann man sich zu angemessenen Preisen stärken. ⌚ Di–So 9–17 Uhr, US$3,75. Zu erreichen mit Stadtbussen an der Dr Lucio, Aufschrift „Xalapa".

Das **Museo de Ciencia y Tecnología** in der Avenida Rafael Murillo Vidal in der Nähe des Archäologischen Museums ist in erster Linie ein tolles Museum für Kinder. Es beherbergt u.a. einen Raum zum Thema Weltraumforschung mit interaktiven Exponaten und beeindruckenden Modellen sowie ein großes IMAX-Kino. ⌚ Di–Fr 9–18, Sa und So 10–19 Uhr; US$5 inkl. IMAX.

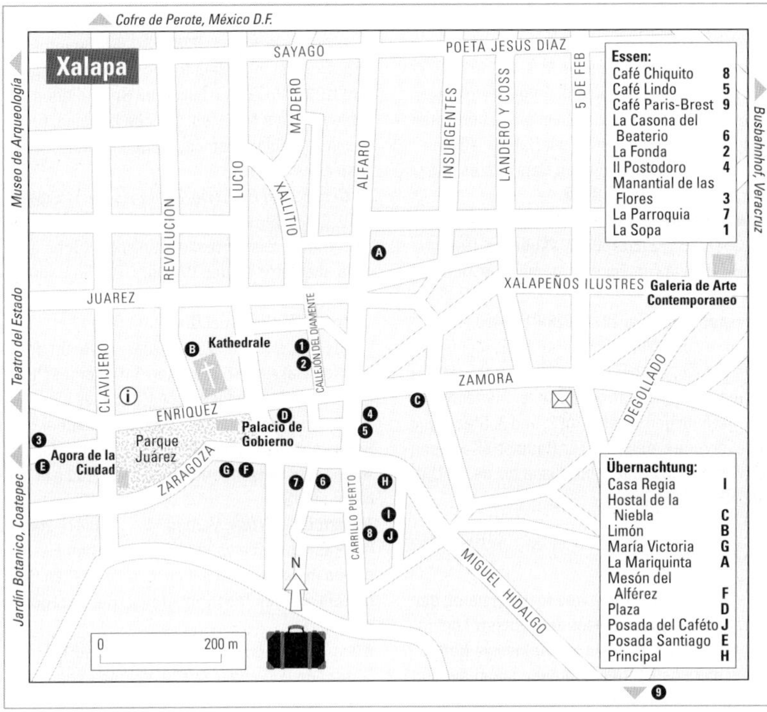

Übernachtung

In Xalapa gibt es einige sehr reizvolle Hotels. Budget-Unterkünfte sind allerdings rar.

Hostal de la Niebla, Zamora 24, ✆ 228/817-2174 oder 818-2842, 🖳 www.delaniebla.com. Relativ neue Jugendherberge: Ein Platz in einem Schlafsaal mit 6 Betten kostet US$10,50 p.P. Warmwasser und geräumige Schließfächer, in denen sich ein Rucksack verstauen lässt.

Casa Regia, Hidalgo 12, beim *Principal* um die Ecke, 🖳 www.posadacasaregia.com.mx, ✆ 228/812-0591. Zentrale Lage, hübsch eingerichtetes, freundliches Haus; ruhige, gemütliche Zimmer mit TV, ständig warmes Wasser, Frühstücksbereich in der Nähe der Lobby. ❺

Limón, Revolución 8, ✆ 228/817-2204, ℻ 817-9316. Eine der besten Budget-Unterkünfte, in Zentrumsnähe; kleine, sehr saubere Zimmer rings um einen Hof; Wäscherei. ❷

María Victoria, Zaragoza 6, ✆ 228/818-6011, ℻ 818-0521, komfortable Zimmer mit TV und Telefon. Gute, zentrale Lage einen Block östlich des Parque Juárez. ❻

La Mariquinta, Alfaro 12, ✆ 228/818-1158, 🖳 www.lamariquinta.xalapa.net. Liebevoll restauriertes Haus aus dem 18. Jh. mit hübschen, komfortablen Zimmern und Apartments für längere Aufenthalte. Gemeinschaftsraum mit vielen Büchern. Der Besitzer spricht Englisch und Französisch. ❻

Meson del Alférez Zaragoza, in der Sebastian Camacho, ✆ 228/818-6351, 🖳 www.geocities.com/mesondelalferez. Herrliches Kolonialhaus; komfortable, individuell gestaltete Zimmer, ausgezeichnetes Restaurant im Untergeschoss, auch vegetarische Gerichte, Frühstück inkl. ❻

Plaza, Enriquez 4, ✆ 228/817-3310. Sauber und einfach, mit TV und Gepäckaufbewahrung. Wer erholsamen Schlaf sucht, sollte die zur Straße liegenden Zimmer meiden. ❸

Posada del Cafeto, Canovas 8, ✆ 228/817-0023, 🖳 www.geocities.com/posadadelcafeto/index. Neben dem *Casa Regia*, DZ um einen hübschen Garten im Innenhof, einige mit Balkon, alle mit TV und Bad. Im hauseigenen Café gibt es (nur) Frühstück und Lesestoff. ❺

Posada Santiago, Úrsulo Galván 89, nahe Parque Juárez, ✆ 228/8186333, sauberes, freundliches Hotel in Familienbesitz, manche Zimmer mit TV. ❸

Principal, Zaragoza 28, ✆ 228/817-6400, ebenfalls eine gute Wahl im unteren Preissegment. Nahe Zócalo; saubere und helle Zimmer mit gefliestem Bad und warmer Dusche. Die teilweise sehr geräumigen Zimmer im 2. und 3. Stock sind zu bevorzugen, denn die zur Hauptstraße liegenden Zimmer im Erdgeschoss sind bis ca. 22 Uhr laut. ❸

Essen

In Xalapa ist der *chile jalapeño* beheimatet, der bei fast allen Hauptspeisen zum Einsatz kommt. Eine weitere Köstlichkeit ist der hiesige **Kaffee**, der im nahe gelegenen Coatepec angebaut und in rauen Mengen in den zahlreichen traditionellen Cafés getrunken wird. Besonders dicht ist ihre Konzentration in der Carillo Puerto; im Unterschied zu den dortigen Lokalen servieren die nachstehend gelisteten auch Mittag- und Abendessen.

Ansonsten finden sich mehrere einladende Restaurants sowie Jugo- und Torta-Lokale in der Umgebung der Av. Enriquez sowie in den Häuserblocks unmittelbar nördlich und südlich davon.

Café Chiquito, Nicolas Bravo 3, an der Dr Pedro Rendón (gegenüber vom Krankenhaus), ✆ 228/ 812-1122. Eines der größeren Cafés mit vielen Tischen in einem kleinen Garten und einem Kamin im rückwärtigen Teil. Die Speisekarte umfasst neben Kaffee in allen möglichen Variationen überwiegend kleine Gerichte und Sandwiches.

Café Lindo, Primo Verdad 21. Serviert nicht nur leckere Sandwiches, sondern auch jede Menge typisch mexikanische Snacks. In dem großen, schummrigen Raum herrscht eine lebhafte, beschwingte Atmosphäre.

Café Paris-Brest, Díaz Miron 29, am Südrand des Parque Los Berros, ✆ 228/818-1261. Hauptgerichte kosten in diesem französischen Restaurant US$6–10. Zu den billigeren Spezialitäten zählen Croque Monsieur, Quiche Lorraine, Crêpes in verschiedenen Zubereitungsarten sowie köstliches Gebäck.

La Casona del Beaterio, Zaragoza 20, ✆ 228/818-2119. Eines der besten Lokale der Stadt; ausgezeichnete, preiswerte mexikanische Küche und viele alte Fotos an den Wänden. Do–So traditionelle Live-Musik.

La Fonda, Callejón del Diamante (alias Antonio Ma de Rivera) 1, ✆ 228/818-7287. Zu Recht begehrtes Ziel zum Mittagessen (im Obergeschoss gibt es wahrscheinlich noch Platz, falls die Tische im Erdgeschoss besetzt sein sollten). Reichliche, sehr preiswerte Comida corrida; Hühnchen, Fleischgerichte und Seafood à la carte ab US$5.

Il Postodoro Primo, Verdad 11, ✆ 228/841-2000. Die Pasta und die verschiedenen Sorten Eiscreme in diesem freundlichen italienischen Restaurant werden frisch zubereitet. Hervorragende Weinkarte.

Manantial de las Flores, Úrsulo Galván 102 (das Gässchen neben der Kirche, schräg gegenüber der Posada Santiago, hochgehen), ✆ 228/812-4557. Öko-Laden mit Naturprodukten und Töpferwaren; das dazugehörige Restaurant bietet überwiegend biologisch-dynamisches Essen. In ruhiger Lage, rund 50 m abseits der Hauptstraße.

La Parroquia, Zaragoza 18, ✆ 228/817-4436. Altbewährte Institution, berühmt für Frühstücksangebote ab ca. US$3, serviert im schlichten, gut besuchten Speisesaal, aber auch Mittag- und Abendessen. Filiale in der María Avila Camacho 42.

La Sopa, Callejón del Diamante (alias Antonio Ma de Rivera) 3A, (T) 228/817-8069. Beliebt wegen der bodenständigen Enchiladas, Tacos und Suppen (fast alles für unter US$3) sowie der ruhigen Lage – von herumziehenden Mariachi-Gruppen abgesehen – in einer Fußgängerzone. Lebensmittel (und Wein) für ein Picknick im Park gibt's im **Supermarkt** in der Lucio; das ***Rex Centro***, bestehend aus Supermarkt und Apotheke, in der Enriquez, Höhe Carillo Puerto, 🕓 24 Std.

Unterhaltung

Xalapa ist dank seiner studentischen Bevölkerung eine lebendige Stadt, die mehrere gute Theater und ein ausgezeichnetes Orchester hat.
Teatro del Estado, María Avila Camacho, Ecke Ignacio de la Llave, Kartenschalter ✆ 228/817-3210. Hier finden in regelmäßigen Abständen Konzerte des Orquesta Sinfónica de Xalapa und auch Tanz- und Theatervorstellungen statt. Tickets für die ersten Reihen (mit der besten Sicht) kosten US$5; für die hinteren Reihen (mit der besseren Akustik) US$4.
Agora de la Ciudad, Parque Juárez. Kunstzentrum mit Kino, Theater, Galerie, Buchladen und Cafeteria sowie schöner Aussicht über die Südausläufer der Stadt. Wechselnde Öffnungszeiten.
In mehreren **Bars** werden Live-Musik, manchmal auch Dichterlesungen oder Theatervorstellungen geboten, und es gibt zahlreiche **Nachtclubs** für jeden Geschmack.
Die lautesten und angesagtesten Lokale finden sich überwiegend entlang der María Avila Camacho, z.B.:
Nyx Bar, Hausnr. 84, guter Tanzschuppen – überwiegend Techno.
La Casona, schicker Club gegenüber dem CAXA-Busbahnhof, mit Live-Musik, Eintritt US$5.
La Corte de los Milagros, ebenfalls gegenüber dem CAXA-Busbahnhof; bietet eine der seltenen Möglichkeiten, in Xalapa Salsa zu hören und zu tanzen.
Los Molinos, Úrsulo Galván 57. Restaurant/Bar mit einer Großauswahl an Alkoholika und Live-Unterhaltung; etwas älteres Publikum.
La Tasca, in der Xicoténcatl, hat sich der Acoustic verschrieben.
La Muerte Chiquita, Canovas 4, neben der Posada del Caféto, eine nette Bar mit Kerzenbeleuchtung und psychedelischer Kunst an den Wänden.

Sonstiges

EINKAUFEN – ***Mercado los Sauces*** nördlich der Zaragoza hat eine tolle Abteilung mit **Talismanen** und Pülverchen gegen alle Übel der Welt, außerdem Blumen und Obst.
Artesanía gibt es in einer kleinen Gasse oben am Callejón del Diamante rechts.

GELD – Geld wechselt ***Banco Bital,*** Zamora, Ecke Mata, ◷ Mo–Fr 8–19 Uhr, oder die ***Casa de Cambio,*** eine Querstraße weiter nördlich in der Xalapeños Ilustres, Höhe Mata, ◷ Mo–Fr 9–15 und 17–19, Sa 10–15 Uhr. In der Zamora gibt es auch einige **Geldautomaten**.

INFORMATIONEN – Die ***Touristeninformation*** befindet sich in einem Kiosk unter den Arkaden des Palacio Municipal in der Nähe des Parque Juárez, ✆ 228/842-1214. Wer Auskünfte in englischer Sprache einholen möchte, kann darum bitten, ins Verwaltungsbüro im Inneren des Palacio Municipal vorgelassen zu werden. ◷ Mo–Fr 9–15 und 17–19 Uhr.

INTERNET – Internet-Zugang bieten mehrere Lokale, darunter z.B. zwei gute in der Carillo Puerto; beide verlangen US$1,50 pro Std.

POST – Zamora, Ecke Diego Leño, ◷ Mo–Fr 8–19, Sa 9–17, So 9–12 Uhr. Hier befindet sich auch eine Filiale von Western Union.

TOUREN – Einige von Xalapa aus operierende Ökotourismus-Unternehmen bieten Rafting-, Trekking- und Dschungeltouren an:
Amigos del Río, Chilpancingo 205, ✆ 228/815-8817, 💻 www.amigosdelrio.com.mx,
Ecco Sports, 20 de Noviembre Ote 631, ✆ 228/812-3954, ✉ info@eccosports.com.mx,
Veraventuras, Santos Degollado 81, ✆ 228/818-9579, 💻 www.veraventuras.com.mx.
Eine halbtägige Tour kostet bei allen o.g. Veranstaltern um US$50.

WÄSCHEREIEN – ***Lavandería Diamante,*** Rojano 21A, eine Querstraße nördlich vom Postamt.

Transport

Der moderne **Busbahnhof CAXA** (Central de Autobuses de Xalapa) liegt ein paar Kilometer östlich des Zentrums an der 20 de Noviembre. In die Stadt fahren Taxis oder Busse: Die Fahrt mit einem autorisierten Taxi (Tickets am Schalter im Busbahnhof) kostet ca. US$2,20. Busse mit der Aufschrift „Centro" fahren über die 20 de Noviembre; zurück den mit der Aufschrift „CAXA" nehmen.

Busse fahren u.a. nach FORTÍN DE LAS FLORES, 7x tgl. (3 Std.), MÉXICO D.F., 15x tgl. (5 Std.), PAPANTLA, 7x tgl. (4 Std.) und häufig nach VERACRUZ (2 Std.).

Veracruz

Villa Rica de la Veracruz war die erste Stadt, die von den Spaniern nur wenige Tage nach der Landung von Cortés in Mexiko am Karfreitag des Jahres 1519 gegründet wurde. Diese erste Niederlassung – nicht viel mehr als eine eingezäunte Bretterseidlung – befand sich nördlich der heutigen Stadt. Später wurde sie nach La Antigua und schließlich, im Jahr 1589, an ihre heutige Stelle verlegt. Seit ihrer Gründung war sie die wichtigste Hafenstadt des Landes, inzwischen haben ihr jedoch Tampico und vor allem Coatzocoalcos den Rang abgelaufen.

In Veracruz hat jedes größere historische Ereignis seit der Konquista seine Spuren hinterlassen. Dem Schriftsteller Paul Theroux zufolge war die Vergangenheit der Stadt eine endlose Kette von „Invasionen, Strafexpeditionen und militärischen Niederlagen… eine Geschichte voller Demütigungen." Die Probleme begannen schon vor dem Ende der Konquista mit der Landung von Panfilo Narvaez in Veracruz. Seine Mission, Cortés unter die Kontrolle des Gouverneurs von Kuba zurückzuholen, war zum Scheitern verurteilt. Doch damit nicht genug: Während des 16. und 17. Jhs. wurden Veracruz und die spanischen Schiffe, die den Hafen anliefen, ständig von englischen, niederländischen und französischen Seeräubern überfallen. Als im Unabhängigkeitskrieg die Spanier aus dem ganzen Land vertrieben wurden, konnten sie sich hier noch vier Jahre in der Festung San Juan Ulúa halten. 1838 besetzte Frankreich Veracruz und verlangte eine Entschädigung für französische Besitztümer und für Bürger, die in den Jahren nach der Unabhängigkeit zu Schaden gekommen waren. 1847 nahmen US-Truppen die Stadt ein und begannen von hier aus mit der Eroberung der Hauptstadt. 1862 kamen wiederum die Franzosen, diesmal unterstützt von englischen und spanischen Streitkräften (die sich bald zurückzogen), angeblich, um Mexiko zu zwingen, seine Auslandsschulden zu bezahlen. Sie blieben fünf Jahre lang und setzten den glücklosen Maximilian als Kaiser von Mexiko ein. 1914 schließlich besetzte wiederum die US-Marine die Stadt, um für die Dauer der Revolution die amerikanischen Interessen zu wahren. Daher die Bezeichnung *Cuatro veces heróica* („viermal heldenhaft") aus dem offiziellen Titel der Stadt. All diese Ereignisse sind auch das Thema der umfangreichen Geschichtssammlung, die im Museum zu sehen ist.

Der erste und bleibende Eindruck von Veracruz, das heute rund eine halbe Million Einwohner zählt, ist jedoch keineswegs der einer schwer gebeutelten Stadt. Sie macht im Gegenteil einen recht unbeschwerten Eindruck. Mit seinem hübschen Zócalo und der belebten Hafenpromenade ist Veracruz eine der angenehmsten Städte Mexikos. Wer mag, kann sich hier einfach nur bequem zurücklehnen und das geschäftige Treiben beobachten – oder aber sich mitten hineinstürzen. Für Amüsement ist auf jeden Fall gesorgt, besonders abends, wenn sich die Tische unter den Arkaden der Plaza bis auf den letzten Platz füllen und gut gelaunte Menschen bei Marimba-Musik und Drinks die halbe Nacht durchfeiern. Marimba, der lateinamerikanisch-karibische Sound, der durch ein gewaltiges, hölzernes Xylophon bestimmt wird, erklingt überall, oft zusammen mit Mariachis und Schnulzensängern, die sich gegenseitig zu übertönen versuchen. Wenn dann noch die Stadtkapelle mitten auf der Plaza anhebt, ist das musikalische Chaos perfekt.

Auch am Malecón ist – zumindest am Wochenende – bis in die frühen Morgenstunden etwas los. An den Essenständen werden Hot Dogs etc. bis morgens um 3 Uhr – bei Bedarf auch länger – verkauft, und Einheimische oder Besucher, die sich kein Hotelzimmer leisten konnten, machen ein feuchtfröhliches Picknick auf der Hafenmauer. Veracruz ist bei den Mexikanern als vergleichsweise billiger Badeort sehr beliebt. Auch wenn es manchmal laut wird und hoch hergeht, hat die Atmosphäre nichts Bedrohliches.

Jedes Jahr vor Aschermittwoch (das genaue Datum variiert) findet in Veracruz ein neuntägiger **Karneval** statt. Es handelt sich um ein buntes und fröhliches Spektakel, das es mit den besten und bekanntesten anderen lateinamerikanischen Karnevalfeiern aufnehmen kann. Ein weiterer Höhepunkt auf dem Festkalender, das **Festival del Caribe**, fällt in die letzten beiden Augustwochen. Während dieser Zeit werden zahlreiche kostenlose Konzerte,

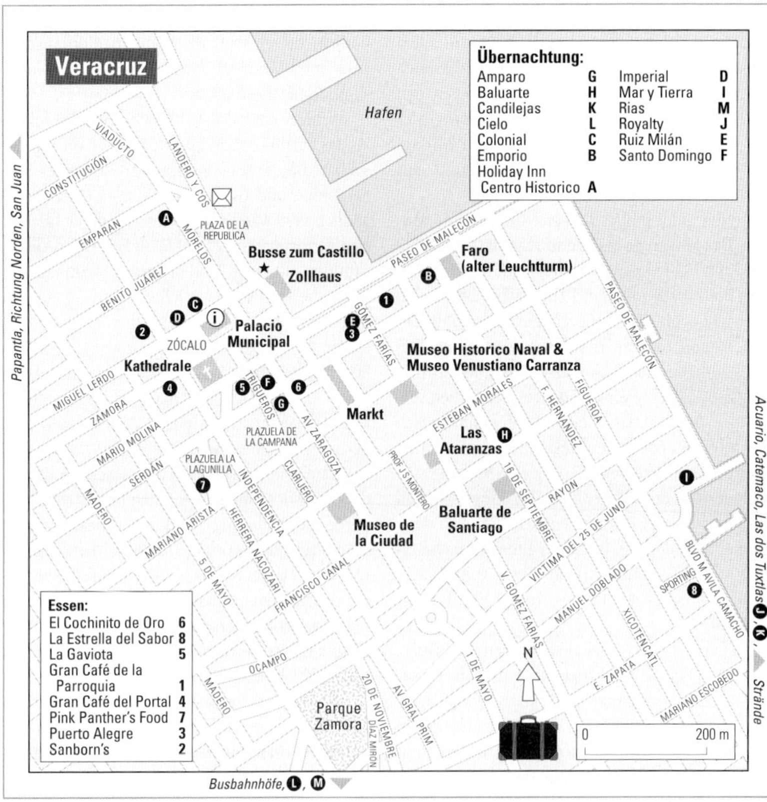

Kunstausstellungen, Tanz- und Filmvorführungen geboten.

Castillo de San Juan de Ulúa

Eine der Sehenswürdigkeiten, deren Besuch man sich nicht entgehen lassen sollte, ist das große Fort Castillo de San Juan de Ulúa, das den Hafen nicht zu schützen vermochte. In den allermeisten Fällen landeten die Angreifer irgendwo an der nahen Küste, nahmen die Stadt ein, schnitten das Fort von allen Land- und Wasserwegen ab und konnten somit auf Übergabe drängen.

Die Festung ist dennoch beeindruckend. Hier wurde übrigens die aufregende Verfolgungsszene in *Romancing the Stone,* deutscher Titel: *Auf der Jagd nach dem grünen Diamanten,* gedreht. Die Festung, an der Stelle, wo Cortés 1519 landete, wurde nach den Dreharbeiten renoviert und ist heute mit dem dazugehörigen **Museum** wieder eröffnet. Hauptattraktion der Anlage ist das Gefängnis – drei düstere, abschreckende Zellen, in denen während der Díaz-Herrschaft zahlreiche politische Gefangene ihr Leben ließen. Abgesehen vom Gefängnis ist die Festung eine leer stehende Ruine aus Zinnen und Treppen. Erreichbar ist die Stätte per Bus (Aufschrift „San Juan de Ulúa") von der zentralen Plaza de la República aus über eine verschlungene Route. 🕒 Di–So 9–16.30 Uhr, Eintritt US$3.

Das Zentrum

Der **Zócalo** von Veracruz, ein herrlicher Platz mit schattigen Bäumen, eingerahmt von der Kathedrale, dem Palacio Municipal und verschiedenen prächtigen Kolonialgebäuden, die heute vor allem Bars, Cafés und Hotels beherbergen, bildet noch mehr als in anderen mexikanischen Orten den Lebensmittelpunkt der Stadt – hier trifft sich jeder mit jedem, zum Frühstückskaffee, zum Mittagessen, zum Nachmittagsspaziergang und zur Abendunterhaltung.

In der Stadt gibt es mehrere interessante Museen. Das **Museo de la Ciudad** zeigt die Geschichte und Kultur der Gegend von den frühesten Einwohnern bis zur US-Invasion 1914. Leider fehlt vielen Exponaten eine Erklärung, aber es gibt schöne Olmeken- und Totonakenskulpturen, einschließlich eines olmekischen Kolossalkopfes, und Erinnerungsstücke an die verschiedenen „heroischen Verteidiger" der Stadt zu sehen. Außerdem finden sich hier zum Nachdenken anregende Informationen über die schwarze Bevölkerung Mexikos, die sich nach der Zeit des Sklavenhandels zum großen Teil in dieser Gegend konzentrierte. Das Museo de la Ciudad befindet sich in einem alten Herrschaftshaus an der Zaragoza, ca. fünf Blocks vom Palacio Municipal entfernt. ⌚ Di–So 10–18 Uhr, Eintritt US$2,50.

Geht man vom Museo de la Ciudad zwei Querstraßen weiter Richtung Meer kann man die Fassaden der **Las Atarazanas** bewundern. Diese Lagerhäuser aus der Kolonialzeit standen früher direkt am Meer und wurden erbaut, um Waffen und Nachschub für die Truppen unterzubringen, die die Stadt vor Piraten schützten.

Wer von hier aus einen Häuserblock nach Norden wandert, gelangt zur Mariano Arista, wo sich das zweitwichtigste Museum der Stadt, das **Museo Historico Naval**, befindet. Es beherbergt zahlreiche sehenswerte Waffen und Schiffsmodelle.

Im gleichen Gebäude ist das **Museo Venustiano Carranza** untergebracht. Carranza errichtete 1915 mit Unterstützung des amerikanischen Präsidenten Wilson, dessen Truppen die Stadt besetzten, eine konstitutionelle Regierung in Veracruz. Im Museum kann man eine Sammlung von Erinnerungsstücken aus seiner Regierungszeit, darunter sein Schlaf- und Wohnzimmer, betrachten. Carranza wohnte im Castillo de San Juan und führte seine täglichen Amtsgeschäfte – und den Krieg gegen Villa und Zapata – vom alten **Faro** (Leuchtturm) neben dem gewaltigen Pemex Tower am Malecón aus. Wie für die damalige Zeit nicht weiter verwunderlich, fiel er schließlich einem Mordanschlag zum Opfer. Vor dem Leuchtturm steht eine imposante Statue von Carranza.

Weniger eindrucksvoll, doch zentraler gelegen als das Castillo de San Juan de Ulúa, ist die unübersehbare **Baluarte de Santiago** zwischen der 16 de Setiembre und Gómez Farias, zwei Querstraßen südlich vom Museo Historico Naval. Sie blieb als einzige von den insgesamt neun Festungen, die zusammen mit einer 2650 m langen Stadtmauer im 17. Jh. die Stadt schützen sollten, noch erhalten; damals reichte das Meer bis hierher. Es wurde erst später zugeschüttet. Die Festung wurde 1635 zum Schutz gegen die ständigen Piratenangriffe erbaut. Man kann das Gemäuer betreten und durch das kleine Museum schlendern, in dem ein paar wunderbare präkolumbische Schmuckstücke aus Gold ausgestellt sind, die ein hiesiger Fischer 1976 entdeckte. Leider waren die meisten Fundstücke, noch bevor die Regierung Wind davon bekam, eingeschmolzen und zu Geld gemacht worden. Da es nur spärliche Zeugnisse aus der Kolonialzeit gibt, sind die wenigen noch erhaltenen umso wertvoller. Abgesehen von diesen raren Stücken gibt es hier allerdings kaum etwas Interessantes zu sehen. ⌚ Di–So 10–16.30 Uhr, Eintritt US$3,20.

Sehr interessant ist das von einem japanischen Architekten entworfene **Acuario de Veracruz**, untergebracht im Einkaufszentrum neben dem Hotel Villa del Mar. Das moderne, großzügige Aquarium beherbergt einige Meeresriesen, darunter Haie, Barracudas und große Tarpone *(Megalops atlanticus)* sowie kleinere Bassins mit vielen verschiedenen Salz- und Süßwassertieren. Außerdem gibt es interessante Ausstellungen, darunter eine umfangreiche Muschelsammlung, sowie Meeressäugerskelette. Zuletzt kann man sich einen Film über die mexikanische Unterwasserwelt ansehen und ein Souvenir erstehen. ⌚ Mo–Do 10–19, Fr–So 10–19.30 Uhr, US$5.

Die Strände

Die Strände lohnen nicht unbedingt eine Reise nach Veracruz, aber für die Bewohner der Hauptstadt sind sie ein relativ gut zu erreichendes, preiswertes Badeziel, und daher reiht sich am Meeresufer ein überwiegend auf einheimische Gäste eingestellter Hotelklotz an den anderen. Für einen faulen Nachmittag am Meer sind die Strände aber durchaus gut genug.

Villa del Mar ist der am nächsten gelegene, belebteste und unsauberste der Strände. Hier befindet sich eine Ansammlung von Hotels, darunter das kostspielige *Hostal de Cortés,* das über einen Pool und Zimmer mit ac, Balkon sowie Meerblick verfügt. Der Strand ist aber wenig einladend, daher sollte man besser nach **Mocambo**, dem Lieblingsstrand der Einheimischen (wo auch die meisten Hotels sind) oder noch weiter die Küste entlang ins Dorf Boca del Río fahren. Wer zu einem dieser beiden Strände möchte, hält an der Ecke Gomez-Farias und Serdán einen Kleinbus mit der Aufschrift „Boca del Río" an und steigt nach ca. 20 Minuten am *Hotel Mocambo* aus, ✆ 229/922-0200 oder 1-800/290-0100, 📠 922-0212, ✉ hmocambo@infosel.net.mx. Das elegante alte Hotel wurde aufwendig renoviert, sodass es sich mit den luxuriösen, aber gleichförmigen Konkurrenten der Gegend messen kann. ❽.

Etwas weniger kostspielig ist eine Übernachtung im *Playa de Oro,* Paseo Ejército Mexicano 23, gegenüber dem Mocambo, ✆/📠 229/921-8805, Frühstück inkl. ❻

Im riesigen Einkaufszentrum *Las Americas,* ungefähr 400 m vor dem Hotel Mocambo, finden sich jede Menge Lebensmittelläden, Geschäfte und Geldautomaten. Die Busse nach Mocambo nehmen den schnellen Weg über die Ruiz Cortínes; wer die landschaftlich reizvollere Küstenstraße (María Avila Camacho) befahren möchte, steigt in einen der offenen Tourbusse, die vor dem Hotel Emporio abfahren, sobald sich mindestens zehn Passagiere eingefunden haben. Hin und zurück US$3,50.

Vom Hotel Mocambo führt eine Straße zum breiten Sandstrand hinunter, wo das Wasser ruhig und warm, manchmal allerdings recht dreckig ist. Sollte dies der Fall sein, lohnt sich die Ausgabe von US$3, die zur Benutzung des öffentlichen Freibads in Strandnähe berechtigt.

Der kleine Ort **Boca del Río**, rund 20 Busminuten südlich von Mocambo, liegt – wie der Name schon sagt – an einer Flussmündung. Abgesehen von den hartnäckigen Schleppern, die Besucher zu einer Bootspartie überreden möchten, passiert hier nicht viel.

Tridente (s. Abschnitt Tauchen) unterhält eine Ökotourismusanlage mit Campingplatz und Restaurant bei **Antón Lizardo**, einem kleinen Dorf hinter Boca del Río. Boote fahren von dort aus zu den besten Stränden und Riffen der vorgelagerten Koralleninseln nahe Veracruz. Dort findet man weißen Sand, sauberes Wasser und nur wenige Besucher. Wer ein eigenes Zelt im Gepäck hat, kann über *Tridente* die Erlaubnis bekommen, auf einer der Inseln zu zelten.

Übernachtung

Direkt neben dem 1. Klasse-Busbahnhof liegt ein Hotel, und hinter dem 2. Klasse-Busbahnhof gibt es ein paar ebenso billige wie schäbige Unterkünfte, aber so weit draußen abzusteigen ist höchstens bei sehr später Ankunft sinnvoll. Die übrigen preiswerten Übernachtungsmöglichkeiten finden sich im Radius von einigen Blocks um den Zócalo, zumeist im Umkreis des Marktes. Sie bieten keinen besonderen Komfort, und der Lärm von der Straße kann zum Ärgernis werden. Immerhin sind die Zimmer sauber und mit Ventilator ausgestattet. Auf dem Zócalo oder unweit davon gibt es auch noch ein paar teurere Übernachtungsmöglichkeiten.

Am Malecón (María Avila Camacho), in Spaziernähe des Zócalo, befinden sich einige ordentliche, nicht allzu teure Hotels. Zahlreiche luxuriöse Resorts säumen die Strände von Villa del Mar, Mocambo und Boca del Río, wo es auch verschiedene Campingplätze gibt. Einige Blocks vom Wasser entfernt befinden sich kurz vor Boca del Río mehrere „Love-Motels", wo stundenweise abgerechnet wird – nur im äußersten Notfall zu empfehlen.

Amparo, A. Serdan 482, ✆ 229/932-2738, ✉ amparohotelver@hotmail.com, das am wenigsten heruntergekommene unter den Billigunterkünften, beliebt bei Rucksackreisenden, hinter dem Zócalo in der Nähe des Marktes. ❸

Baluarte, Canal 265, Ecke 16 de Setiembre, ✆ 229/ 932-6042, gegenüber der Baluarte de Santiago, gepflegtes Hotel, Zimmer mit TV, ac und teilweise Blick auf die Festung. Kostenloser Parkplatz für Hotelgäste. ❻

Candilejas, Juan Barragán 35, Höhe M Avila Camacho, gleich hinter dem *Royalty,* ✆ 229/932-5880. Freundliches Hotel, saubere, Zimmer mit ac und Blick auf die Bucht; Garage. ❼

Cielo, S Pérez Abascal 580, ✆ 229/937-2367. Für ein, zwei Nächte völlig ausreichend und günstig gelegen, falls man spät abends am 2. Klasse-Busbahnhof ankommt. ❹

Colonial, Lerdo 117, ✆/📠 229/932-0193, 💻 www.hcolonial.com.mx. Das Hotel am Zócalo bietet gut ausgestattete Zimmer mit ac, manche mit Balkon, einige mit Aussicht auf die Plaza; Pool und Garage. Gutes Preis-Leistungs-Verhältnis. ❻

Emporio, Paseo de Malecón 244, ✆ 229/932-0020 oder 932-2222, 📠 931-2261, 💻 www.hotelesemporio.com. Großes, luxuriöses Hotel im US-Stil mit sämtlichen Annehmlichkeiten, Pool, Fitnessraum und Sauna; etwas teurere Zimmer mit Meerblick. ❾

Holiday Inn, Centro Historico Morelos 225, ✆ 229/932-4550, 📠 932-4255, ✉ hichvera@prodigy.net.mx. Gepflegtes Hotel mit allen Schikanen, hübscher Pool im Innenhof. ❽

Imperial, Lerdo 153, ✆ 229/932-1204, 📠 229/931-4508, 💻 www.hotelimperialveracruz.com. Die besten Zimmer jeweils mit Ausblick auf die Plaza und die Kirche. Von den Suiten sind einige sehr groß und mit Möbeln im Kolonialstil eingerichtet. Untergebracht in einem eleganten Gebäude von 1794. ❼

Mar y Tierra, M. Avila Camacho, Höhe Figueroa, 💻 www.hotelmarytierra.com, ✆ 229/931-3866, 📠 932-6096. Eine der besten Mittelklasseunterkünfte am Malecón, nur zehn Gehminuten vom Zócalo. Die mit ac versehenen Zimmer im alten (vorderen) und neuen Gebäude sind sehr unterschiedlich, potenzielle Gäste sollten sich mehrere zeigen lassen; manche haben Meerblick. An einem netten, mit Straßenständen versehenen Abschnitt der Promenade. ❺

Rias, Díaz Mirón 1242, ✆ 229/932-5399. Die angenehmste Unterkunft in der Nähe des Busbahnhofs, drei Querstraßen vom 1. Klasse-ADO. Saubere, moderne Zimmer mit Ventilator oder ac. ❺

Royalty, Abasolo 34, Höhe M. Avila Camacho, ✆ 229/932-2844, 📠 932-7096. Sauberes, freundliches, ruhiges und preiswertes Hotel an der Promenade. Man braucht nicht unbedingt eines der teuren Zimmer mit ac in diesem höchsten Gebäude an der Promenade zu nehmen; eines mit Ventilator, TV und einem kleinen Balkon tut's auch. In Zentrumsnähe. Akzeptiert Kreditkarten (allerdings nicht von American Express).

Ruiz Milán, Paseo del Malecón, ✆ 229/932-3777 oder 1-800/221-4260, 💻 www.ruizmilan.com. Komfortables Hotel; alle Zimmer mit ac (besonders einladend sind die nach vorn hinaus). Kleines Schwimmbad und Jacuzzi sowie gutes Restaurant. Ungefähr auf halbem Weg zwischen Zócalo und Malecón. ❻

Santo Domingo, Serdán 481, ✆ 229/931-6326. Zentrale Lage gegenüber dem *Amparo*, unwesentlich teurer. Saubere, kleine Zimmer mit Bad. ❹

Essen

Fisch- oder Fleischgerichte „à la Veracruzana" stehen in allen Teilen Mexikos auf der Speisekarte. Das Veracruzanische daran ist eine herrliche Soße aus reichlich Zwiebeln, Knoblauch, Tomaten, Oliven, Chilischoten und Gewürzen. Natürlich gibt es jede Menge Seafood-Restaurants, allerdings kein besonders preiswertes.

Rings um den Zócalo liegen Bars und Cafés, doch geht man dort in erster Linie hin, um etwas zu trinken. Die meisten bieten zwar auch mittelmäßiges Essen, zumindest Sandwiches, aber zu überhöhten Preisen.

Sowohl Einheimische als auch Touristen beginnen den Abend gern mit einem Drink in „Los Portales", den auf den Zócalo zulaufenden Arkaden. Bars wie ***La Tasca***, ***Bar Palacio*** oder ***Regis*** servieren hier den traditionellen Mint Julep, einen Cocktail aus dunklem Rum, trockenem Sherry, Wermut, Zucker und Minze.

Abseits des Zócalo, besonders in der Mario Molina zwischen Independencia und 5 de Mayo, gibt es einige Cafés, in denen der hervorragende Kaffee der Region serviert wird.

Sättigende Mahlzeiten bieten zahlreiche kleine Fischrestaurants im Umkreis des Marktes, und im Obergeschoss des Marktgebäudes reiht sich ein Essenstand an den anderen.

Wer Seafood in weniger umtriebiger Atmosphäre genießen möchte, geht auf der Zaragoza hoch Richtung Museum, wo sich noch weitere Fischlokale befinden.

El Cochinito de Oro Zaragoza, in der Serdán, ✆ 229/932-3677. Das schlichte, freundliche Lokal serviert seit rund 50 Jahren eine recht ordentliche Auswahl an Seafood – Fisch, Garnelen,

Tintenfisch – für nicht mehr als US$7. Spanisch-englische Speisekarte.
La Estrella del Sabor, M. Avila Camacho 281, zwischen den Hotels Mar y Tierra und Royalty. Günstige Lage für Gäste der Promenadenhotels; winziges Grillrestaurant mit Bar, das ausschließlich Seafood bietet – Garnelen, Tintenfisch und verschiedene Meeresfische. Entweder als Tellergericht für US$6 oder auf einem Taco für US$1.
La Gaviota, Trigueros 21, ✆ 229/932-3950. Rund um die Uhr geöffnet, bestens geeignet für Nachtschwärmer. Serviert Herzhaftes, überwiegend Fleisch, aber auch Snacks, und verfügt über eine gut bestückte Bar.
Gran Café de la Parroquia, Gomez-Farias 34, Höhe Paseo del Malecón, ✆ 229/937-2584. Die großen weißen Speisesäle, die fast einen ganzen Häuserblock am Malecón einnehmen, werden immer von Hunderten Gästen bevölkert, die sich an den einfachen, nicht ganz billigen Eier-, Fleisch- und Fischgerichten gütlich tun. Beachtung verdienen die uralten Kaffeemaschinen.
Gran Café del Portal, Independencia 1187, gegenüber der Kathedrale, ✆ 229/931-2759. Der frisch geröstete Kaffee ist zweifellos köstlich, und bis Mitternacht gibt es Gerichte von der abwechslungsreichen Speisekarte, doch die Straßenterrasse zieht einfach zu viele Händler und Bettler an.
Pink Panther's Food, Plazuela La Lagunilla, ✆ 229/931-7982. Bar und Restaurant mit zufriedenstellendem Speisenangebot. Das Plus sind die Tische auf einem kleinen Platz, der nicht von den manchmal sehr hartnäckigen Straßenhändlern aufgesucht wird. Die Küche hat bis in die frühen Morgenstunden geöffnet.
Puerto Alegre, im Hotel Ruíz Milan, ✆ 229/932-3777. Ausgezeichnetes Frühstücks- und Abendbuffet. Knackige Meeresfrüchte- und andere Salate, Obst und köstliche Desserts begleiten die ungefähr vier Fleisch- und Fischgerichte auf dem Abendbuffet.
Sanborn's, Independencia 1069, Höhe Lerdo, ✆ 229/931-0219. Örtliche Filiale der 100-jährigen nationalen Kaufhaus- und Restaurantkette, mit umfangreicher Speisenauswahl: von mexikanischen Snacks bis Filet Mignon, zu genießen entweder im ac-gekühlten Speiselokal oder im viel gemütlicheren Café.

Unterhaltung

Der Sturz ins Nachtleben kann z.B. auf dem Zócalo beginnen, wo oft eine Marimba-Gruppe spielt. Oder aber man sucht einen freien Tisch in einem der Straßencafés rund um den Zócalo, wo man sich im Handumdrehen im Mittelpunkt des Interesses strahlender Musiker, eifriger Händler und sonstiger Dienstleistungswilliger wiederfindet.
Ansonsten bietet sich auch ein Abendspaziergang am Malecón an. Dort tummeln sich Passanten, Straßenverkäufer und Unterhaltungskünstler in der Abendbrise, und die schwankenden Lichter der im Hafen vertäuten Schiffe verleihen der romantischen Atmosphäre noch zusätzlichen Reiz.
In der Innenstadt, an der friedlichen Plazuela La Lagunilla, befinden sich zwei Bars, in denen Live-Musik zu hören ist:
El Rincón de la Trova, bietet hervorragende afro-kubanische Musik (Do–Sa) und tagsüber auch Essen.
Casona de la Condesa, gleich daneben, öffnet um 22 Uhr und bringt tgl. außer Mo Live-Musiker auf die Bühne.
Die besten Tanzschuppen liegen außerhalb des Zentrums an der Ruiz Cortínes, einer Hauptverkehrsader:
Carioca, Ruiz Cortínes 10, toller Salsaladen, ebenso ***Kachamba,*** María Avila Camacho, Höhe Médico Militar, wo Do–Sa ein kubanisches Tanzorchester aufspielt.
La Roka, Ruiz Cortínes 8, zählt zu den neuesten und angesagtesten Techno-Clubs.
Das beste **Kino** ist der Komplex im Einkaufszentrum Los Americas in Mocambo (s.S. 509).

Sonstiges

APOTHEKEN – ***Farmacia del Ahorro,*** ✆ 229/937-3525, Lieferung frei Haus, ⌚ 7–22.30 Uhr. ***Torres,*** 20 de Noviembre 486, ✆ 229/932-2885.
Hospital Español, 16 de Setiembre 955, ✆ 229/932-0021, ⌚ 24 Std.

AUTOVERMIETUNGEN – ***Alamo,*** Ruiz Cortínes 3495, ✆ 229/922-9494,
Avis, Collado 241, ✆ 229/932-6032,

Budget, M. Avila Camacho 3748, ✆ 229/937-5706, ***Fast Car***, Miguel Lerdo 245, ✆ 229/932-7100, ***Hertz***, M. Avila Camacho 3797, ✆ 229/937-4776.

GELD – Filialen aller großen Landesbanken, die Reiseschecks wechseln und über Geldautomaten verfügen, befinden sich in der Independencia, Höhe Benito Juárez. Die **Casa de Cambio** in der Morelos 43A hat längere Öffnungszeiten als die Banken: ⌚ Mo–Sa 9–23, So 10–18 Uhr.

HONORARKONSULATE – **Deutschland:** 16 de Setiembre 1383a, zwischen Troncoso und Uribe, ✆ 229/931-9495, zuständig für den Bundesstaat Veracruz.
Schweiz: Agencia consular de Suiza, c/o Sr. Mario Maraboto, Abedo Nr. 72, zwischen Pino und Granado, ✆ 229/935-3814.

INFORMATIONEN – Im Palacio Municipal am Zócalo befindet sich eine hilfreiche ***Touristeninformation***, ✆ 229/989-8817 oder 989-8800 App. 158, die eine interessante Broschüre zur Geschichte, Kunst und Kultur der Stadt herausgibt, verfasst von Bernardo Lorenzo Camacho, der meistens auch zur Stelle ist, um Fragen zu beantworten. ⌚ Mo–Sa 8–20, So 10–18 Uhr.

INTERNET – Zu den Internet-Cafés in der Nähe des Zócalo zählen zwei in der Miguel Lerdo, Höhe 5 de Mayo (US$0,80 bzw. US$1 pro Std.) sowie eines in der Mariano Arista 711, Höhe Independencia (US$1 pro Std.).

MEDIZINISCHE HILFE – Krankenhaus, ✆ 229/932-3690.

POLIZEI – ✆ 229/938-0664.

POST – An der Plaza de la República, ein paar Blocks nördlich vom Zócalo. ⌚ Mo–Fr 8–16, Sa 9–13 Uhr.

TAUCHEN / TOUREN – ***Tridente***, M. Avila Camacho 165, ✆/📠 229/931-7924, nahe dem Hotel Mar y Tierra, einer der besten Tauchshops der Stadt, bietet geführte Tauchtrips zu zahlreichen, wenig besuchten Riffen und Stränden an, darunter Touren in die Umgebung der Veracruz vorgelagerten Inseln, außerdem PADI-Kurse zu günstigeren Preisen als an der Karibikküste.
Fiesta Viajes, M. Avila Camacho, Höhe Bartolomé de las Casas, in der Lobby des Hostal de Cortés, bietet Tauch- und Angelausflüge sowie Touren zu geschichtlichen Themen.
Kayak México, ✉ info@kayakmexico.com, ✆ 229/913-0452, veranstaltet Tagesausflüge in die Mangrovensümpfe.
Die Touristeninformation hält die Adressen weiterer Veranstalter von Öko- und Raftingtouren bereit. Die Preise liegen um US$50 für einen halben und US$70 für einen ganzen Tag.

TAXIS – ***Radio Taxi***, ✆ 229/938-2233, ***Vera Taxis***, ✆ 229/932-7368.

TELEFON – Ladatel-Telefone gibt es überall in der Stadt, außerdem mehrere Fax- und Kopierläden, in denen man internationale Gespräche führen kann, z.B. eines in der Landero y Cos 41, nahe dem Zócalo.

Nahverkehrsmittel

Veracruz ist zwar ziemlich groß, aber die Innenstadt ist klein und überschaubar. In der Nähe vom Zócalo fahren **Busse** in jedes Viertel.
Eine nicht ganz billige, aber angenehme Art, die Hafenpromenade und die Strände bis hinaus nach Mocambo kennen zu lernen, stellt eine Fahrt mit den historischen **Straßenbahnwagen** „Paseo de Recuerdo" dar, die auf der Insurgentes am Hafen abfahren. Dauer ca. 45 Min., Erwachsene US$3,50, Kinder die Hälfte.

Transport

BUSSE – Beide **Busbahnhöfe**, *ADO* (1. Klasse) und *AU* (2. Klasse), liegen ca. 3 km vom Stadtzentrum entfernt an der Díaz Mirón (Eingang zum *AU* in der Calle La Fragua hinter dem Terminal). Vor dem Ausgang des 1. Klasse-Busbahnhofs, der auf die Díaz Mirón hinausgeht, bringt einen sozusagen jeder Bus, der nach rechts fährt, ins Zentrum. Die meisten haben ein Schild mit der Aufschrift „Centro" oder „Díaz Mirón" an der Windschutzscheibe und fahren bis ans Ende der Díaz Mirón, um die chaotische Kreuzung am

Palacio de Bellas Artes in México D.F.

Teotihuacan mit Sonnenpyramide

Die Atlanten von Tula

Quetzalcoatl-Pyramide in Teotiuhacán

Im Palast von Palenque

Pferdekutschen in Mérida

Pazifikstrand bei Xtapa-Ziutanejo

Bei San Andrés de Tuxtla

Café-Arkaden und Postamt in Veracruz

Maya-Ruinen in Tulum

Freimaurerhaus in Manzanillo

Chichén Itzá Viejo

Strand von Puerto Escondido

Parque Zamora herum, dann auf verschiedenen Strecken meist bis zur Independencia und am Zócalo vorbei. Für die Fahrt in umgekehrter Richtung muss man zur Straße 5 de Mayo – parallel zur Independencia – gehen und dort einen Bus mit der Aufschrift „Camionera" nehmen.

Es ist ratsam, Tickets so früh wie möglich zu kaufen; mit langen Wartezeiten am Schalter muss gerechnet werden. Busse nach:
CARDEL häufig (30 Min.),
CATEMACO 9x tgl. (3 1/2 Std.),
COATZACOALCOS 17x tgl. (5 1/2 Std.),
CÓRDOBA häufig (2 Std.),
MÉXICO D.F. 16x tgl. (6 Std.),
OAXACA 3x tgl. (7 Std.),
ORIZABA häufig (2 Std.),
PAPANTLA, 6x tgl. (4 Std.),
POZA RICA häufig (4 1/2 Std.),
SAN ANDRÉS TUXTLA 15x tgl. (3 Std.),
TUXPÁN 11x tgl. (5 1/2 Std.),
VILLAHERMOSA 14x tgl. (7 Std.),
XALAPA häufig (2 Std.).

FLÜGE – Der Flughafen liegt ca. 10 km südlich der Stadt. Ein Taxi ins Zentrum kostet etwa US$10–12. Regelmäßige Flugverbindungen u.a. tgl. nach MÉXICO D.F., mehrmals wöchentl. nach MÉRIDA, VILLAHERMOSA, POZA RICA, TAMPICO, MORELIA. Es gibt auch Flüge von Veracruz nach Oaxaca und Cancún, doch die Flugpläne ändern sich ständig. Aktuelle Informationen in der Touristeninformation oder im Reisebüro in Veracruz oder Xalapa erfragen.

Fluggesellschaften:
Aerocaribe, 500 Costa Dorada, ✆ 229/922-5205,
Aeroméxico, M. Avila Camacho, ✆ 229/931-8460,
American, Ruiz Cortínes 1111, ✆ 229/921-5929,
Continental, am Flughafen, ✆ 229/938-6066,
Mexicana, 5 de Mayo 1266, ✆ 229/932-224.

Von Veracruz nach Norden

Von Veracruz nach Norden führt ein kurzes Stück Autobahn bis **Cardel**, wo sich die Küstenautobahn mit der Straße nach Xalapa kreuzt. Von hier verkehren Minibusse zu den sehenswerten aztekischen Ruinen von **Cempoala.** Ebenfalls interessant sind die prähispanischen Siedlungen von **Filo Bobos**, die Archäologen noch viele Rätsel aufgeben Der mit Abstand wichtigste archäologische Ausgrabungsort dieser Region ist jedoch **El Tajín**. Die meisten Besucher der Ruinenstätte übernachten im 10 km westlich gelegenen **Papantla**, der reizvollsten Stadt auf der Strecke von Veracruz nach Norden. In diesen beiden Orten hat man auch Gelegenheit, die spektakulären Darbietungen der *voladores* zu sehen.

Cempoala

Cempoala (oder Zempoala) war die erste indigene Stadt, die die Konquistadoren besuchten. Dass Cortés nach seiner ersten Landung in der Nähe der heutigen Stadt Veracruz ausgerechnet hierher kam, ging auf die Einladung des Totonakenfürsten von Cempoala zurück. Die Totonaken-Stadt, die damals schon seit mindestens 800 Jahren existierte und 25 000–30 000 Einwohner zählte, war erst kurz zuvor, um 1460, unter die Herrschaft der Azteken gezwungen worden. Die Totonaken sahen daher in den Konquistadoren willkommene Verbündete gegen die Azteken. Die Einwohner waren froh, die Tributzahlungen einstellen zu können, nachdem sie sich davon hatten überzeugen lassen, dass die Spanier sie vor den Konsequenzen beschützen würden. Allerdings müssen dem „Fetten Häuptling" und seinem Volk doch Bedenken gekommen sein, als sie sahen, wie Cortés ihre Götterfiguren vernichten und an deren Stelle Kreuze und christliche Altäre errichten ließ. Im August 1519 verließ Cortés Cempoala, um gegen Tenochtitlán zu marschieren und nahm 200 totonakische Träger und 50 der besten Krieger mit. Im darauf folgenden Mai musste er zurückkehren, denn es hatte sich die Nachricht verbreitet, dass Panfilio Narvaez ihm mit einer großen Streitmacht auf den Fersen sei. Dieser hatte den Auftrag, die Konquistadoren wieder unter die Kontrolle des Gouverneurs von Kuba zu bringen. Die Schlacht zwischen beiden Armeen fand in Cempoala statt. Obwohl sich die zahlenmäßig überlegene Truppe von Narvaez am großen Tempel verschanzt hatte, errang Cortés einen glorreichen Sieg. Viele Generäle von Narvaez wurden gefangen genommen. Die Mehrzahl der Soldaten lief zu Cortés über und nahm später an erneuten Angriffen auf die Aztekenhauptstadt teil.

Die Ausgrabungsstätte

Die wenigen Überreste der archäologischen Ausgrabungsstätte nahe Cardel datieren in erster Linie aus der Zeit der Azteken. Obwohl die Gebäude ihrer dekorativen Fassaden und strohgedeckten Heiligenschreine beraubt sind, stellt Zempoala eines der am besten erhaltenen Beispiele aztekischer Zeremonialzentren dar, wenn auch in einer untypisch tropischen Landschaft. Die Pyramiden mit den doppelten Treppenaufgängen, die um eine zentrale Plaza gebaut sind, müssen denen von Tenochtitlán geglichen haben. Allerdings sind sie längst nicht so hoch, und die ziemlich kleine, aber liebevoll gepflegte Anlage lässt kaum noch vermuten, dass sich hier einst eine gewaltige Stadt befand.

Man sollte sich ein, zwei Stunden Zeit für die Besichtigung nehmen, und sei es nur, um in den verlassenen Ruinen der Stille zu lauschen und sich im Geiste um 500 Jahre zurückzuversetzen. Hier wimmelt es ausnahmsweise (noch) nicht von Souvenirverkäufern und Möchtegern-Führern, und das macht mit den Reiz der Stätte aus.

Außer dem Hauptfundort, der aus dem **Templo Mayor** (dem größten und eindrucksvollsten Bauwerk, in dem Narvaez Stellung bezogen hatte), der **Großen Pyramide** und dem **Templo de las Chimeneas** besteht, gibt es noch kleinere in der Umgebung und im Dorf selbst verstreute Ruinen. Die wichtigsten dieser Ruinen sind der **Templo de las Caritas**, ein kleiner Tempel, auf dem noch ein paar Verzierungen und Reste farbiger Wände zu sehen sind und der auf dem offenen Gelände direkt unterhalb der Hauptstätte liegt. Außerdem der **Templo de Ehecatl** an der Hauptstraße Richtung Ciudad Cardel am Ende des Dorfes. Für die Besichtigung der Stätte sollten rund zwei Stunden veranschlagt werden. ⏲ tgl. 8–17.30 Uhr; Eintritt US$3, Videoerlaubnis US$3.

Transport

Sowohl von Veracruz als auch Xalapa fahren 2. Klasse-Busse nach Cempoala, aber es ist schneller, mit einem 1. Klasse-Bus nach CARDEL zu fahren und dort umzusteigen. Wer aus La Antigua kommt, marschiert zur Carretera und nimmt dort einen Bus nach Cardel. Von Cardel fahren zahlreiche grün-weiße Taxis zur Ausgrabungsstätte. Billiger sind allerdings die Busse mit der Aufschrift „Cempoala", die am örtlichen Busbahnhof abfahren.

Cardel

In Cardel ist nicht viel los, obwohl fast alle Busse zwischen Veracruz und Zielorten entlang der Carretera 180 einen kurzen Aufenthalt in dieser Stadt einlegen. Die meisten ausländischen Besucher steigen hier in den Minibus nach Cempoala um.

Von Cardel führt eine kurze Busfahrt zu einem schönen Strand bei **Chachalacas**, einem kleinen Fischerdorf mit einem Luxushotel und ausgezeichnetem Seafood.

Übernachtung und Essen

Es gibt mehrere Restaurants, die vor allem auf leckeres Seafood spezialisiert sind, und ein paar Hotels verschiedener Preisklassen.

Hotel Plaza, Independencia 25 Pte, ✆ 296/962-0288, Mittelklassehotel direkt gegenüber der *ADO*-Haltestelle; evtl. lässt sich der Preis etwas herunterhandeln. ❻

Hotel Cardel, an der Plaza, ✆ 296/962-0014, bietet ein besseres Preis-Leistungs-Verhältnis, doch beide Hotels verfügen über ordentliche Zimmer, z.T. mit ac und TV. ❹

Transport

1. und 2. Klasse-Busse fahren mindestens jede halbe Stunde vom Busbahnhof in VERACRUZ aus nach Cardel; meist sind es *de paso*-Busse, die Veracruz auf der Carretera 180 mit XALAPA verbinden.

Tlapacoyan

Ca. 50 km südwestlich von Nautla (einer nicht weiter bemerkenswerten Stadt zwischen Cardel und Papantla), im Süden vom Río Bobos und im Norden vom Río María de la Torre begrenzt, liegt Tlapacoyan, umgeben von bewaldeten Hügeln und präkolumbischen Ruinen. Die wichtigste von ihnen ist die gewaltige, noch kaum erschlossene Anlage von Filo Bobos, die 1994 eröffnet wurde und die Gegend zu einer Touristenattraktion machen soll.

Die Stadt selbst, ein freundlicher Ort, dessen wichtigster Wirtschaftszweig der Anbau von Zitrusfrüchten ist, wird davon noch kaum berührt.

Filo Bobos

Obwohl der Öffentlichkeit seit 1994 zugänglich, dauern die archäologischen Arbeiten an dem Projekt Filo Bobos noch an. Bislang sind fünf prähispanische Siedlungen im Tal des Río Bobos ausfindig gemacht worden, von denen zwei zu besichtigen sind. Sowohl El Cuajilote als auch Vega de la Peña lohnen ihrer herrlichen Lage, der vielen Vögel, der Abgeschiedenheit und nicht zuletzt der Ruinen wegen einen Besuch.

Noch ist nicht geklärt, wer hier eigentlich gelebt hat. Anzeichen eines Fruchtbarkeitskultes lassen auf huastekischen Einfluss schließen. Andererseits wurde eine Skulptur gefunden, deren Stil eher totonakisch ist, und die frühesten Gebäude von El Cuajilote, die vielleicht von 1000 v.Chr. stammen, sind eindeutig olmekisch. Archäologen nehmen heute an, dass Filo Bobos das Zentrum einer bislang unbekannten, synkretistischen mesoamerikanischen Zivilisation war, die eine wichtige Handelsverbindung zwischen der Golfküste, deren Umgebung und den Tälern des Landesinneren darstellte.

Der Pfad zu beiden Ausgrabungsstätten führt durch Bauernland beiderseits des Río Bobos, an steilen, mit Regenwald bewachsenen Hügeln vorbei. Unterwegs kommt man immer wieder an noch unerforschten, überwucherten Erhebungen vorbei, unter denen sich präkolumbische Trümmer verbergen, trifft aber wahrscheinlich keine anderen Touristen. Zuerst gelangt man zur eindrucksvolleren der beiden Stätten, **El Cuajilote**, deren Plattformen und Pyramiden um eine rechteckige zentrale Plaza angeordnet sind, die 31 500 m^2 misst. Die sie umgebenden Bauten zeichnen die Form des Tales nach und scheinen Fruchtbarkeitstempel zu sein: Eine über 2 m hohe, nach den Sternen ausgerichtete steinerne Phallusstele steht mitten auf dem Platz, und im Heiligtum A4 wurden über 1500 Phallusfiguren gefunden, von denen hier allerdings keine mehr zu sehen ist. Es lassen sich auch ein Ballspielplatz und mehrere Skulpturen ausmachen, eine davon stellt einen riesigen Frosch dar und könnte ebenfalls ein Fruchtbarkeitssymbol sein.

Etwa 4 km entfernt liegt die Anlage **Vega de la Peña**, die ca. 8000 m^2 umfasst. Es ist offensichtlich, dass sich die Bauwerke sehr weit unter dem üppigen Grün erstrecken. Einige Archäologen vermuten, dass die Anlage bis nach Nautla reichte. Wenn sich diese Annahme als richtig erweisen sollte, müsste man die bisherigen Theorien über die präkolumbische Geschichte Mexikos und Mittelamerikas radikal in Frage stellen: Dann nämlich muss die Bedeutung der Küstenregion sehr viel größer gewesen sein als bislang angenommen. Was man heute in Vega de la Peña sieht, sind kleine Gebäude feudaleren Charakters als die in El Cuajilote und ein kleiner Ballspielplatz.

Die gesamte Wanderung dauert ungefähr sechs Stunden und beginnt in dem kleinen Dorf **Santiago**, zu erreichen per Bus vom Busbahnhof in Tlapacoyan aus (Terminal Regional de Tlapcoyan, 5 de Mayo, Ecke Valdez, zwei Querstraßen vom Zócalo). Der Bus hält nur auf Anfrage in dem Dorf an der Abzweigung, die zur ca. 8 km entfernten Stätte El Cuajilote führt. Der Marsch auf dieser Straße dauert mindestens eine Stunde, man kann aber auch eine Abkürzung auf einem steilen, überwachsenen und rutschigen Pfad durch die Felder *(aceite vueltos* genannt) nehmen. Er ist nicht immer zu erkennen, doch unterwegs kommt man an Bauernhöfen vorbei, deren Bewohner einem den Weg weisen. Mit etwas Glück bietet sich vielleicht sogar eine Mitfahrgelegenheit bis nach Rancho Nuevo, von wo aus nur noch 2 km zurückzulegen sind.

Von El Cuajilote führt ein Weg an der Rückseite der Stätte nach Vega de la Peña, und von dort geht ein anderer Pfad zu einem Flussübergang, an dem sich ein kleines Restaurant befindet. Von dort geht es immer geradeaus auf einer mit Bananenpflanzungen gesäumten Straße bis zum Dorf **Encanto**, wo man einen Lokalbus nach Tlapacoyan nehmen kann. Die Angestellten in El Cuajilote und Vega de la Peña sind sehr hilfsbereit und passen zusammen mit den Anwohnern auf, dass man sich nicht verläuft.

Übernachtung und Essen

Im Zentrum gibt es einige ruhige, preiswerte Hotels. ***Plaza,*** direkt am Zócalo, ✆ 225/315-0520, ganz nett. ❺

San Agustín, ✆ 225/315-0291, billiger; beherbergt das beste Restaurant im Ort und organisiert Bootsfahrten nach Filo Bobos. ❹

El Baile de los Negritos

Bei Festen im Bundesstaat Veracruz ist der stürmische *Baile de los Negritos* („Tanz der Negerlein") nicht wegzudenken. Der Tanz der Totonaken geht auf die Kolonialzeit zurück, als schwarze Sklaven in großer Zahl auf die Plantagen von Veracruz gebracht wurden, wo sie zusammen mit der indigenen Bevölkerung lebten und arbeiteten. Über den Ursprung des Tanzes sind viele Geschichten im Umlauf. Die gängigste Version besagt, dass eine schwarze Sklavin mit ihrem Kind von einer Plantage nahe Papantla geflohen war und sich im Dschungel bei Indianern versteckt hielt. Als ihr Kind von einer Giftschlange gebissen wurde, begann die Mutter afrikanischen Heilmethoden folgend sich in Trance zu tanzen. Die Totonaken fanden dieses Schauspiel sehr amüsant und begannen, so heißt es, die Frau aus Spott nachzumachen.

Die Tanzkostüme sind von der Kolonialtracht beeinflusst, und die Tänzer tragen ein Schlangenmotiv um die Taille. Der Tanz wird von einem *mayordomo* geleitet – so hießen die Plantagenaufseher in der Kolonialzeit. Am spektakulärsten ist das Schauspiel beim Fest des heiligen Santiago (24. Juli), dem Schutzpatron von Tlapacoyan, oder an Mariä Himmelfahrt (16. August) in Tlapacoyan; ansonsten ist der Tanz auf einer Reihe von Dorffesten in der Region zu sehen.

Transport

Regelmäßig verkehren Busse von XALAPA (14x tgl., 3 Std.), PAPANTLA (3x tgl., 3 Std.), POZA RICA (4x tgl.), VERACRUZ (häufig), PUEBLA und MÉXICO D.F. nach Tlapacoyan. Die *ADO*-Busse halten im Zentrum der Stadt. Wenn man an der 5 de Mayo nach links geht und der Héroes de Tlapacoyan folgt, gelangt man zum Zócalo.

2. Klasse-Busse nach NAUTLA fahren am Busbahnhof gegenüber der *ADO*-Haltestelle ab.

Papantla

Das blumenreiche, 800 m hoch gelegene Papantla, 227 km von Veracruz entfernt, das sich über viele grüne Hügel hinzieht, ist mit Abstand die reizvollste Stadt auf der Strecke nach Norden. Sie stellt eines der wichtigsten Zentren der mexikanischen Vanilleindustrie dar.

Hier ist die traditionelle Lebensweise der Totonaken-Indianer noch lebendig. Ihre Wandgemälde sind am Zócalo, an der Mauer unterhalb der auf einer Terrasse erbauten **Iglesia de la Asunción** und an der Decke des Musikpavillons zu sehen. Überall begegnen einem barfüßige Totonaken, besonders auf dem Markt. Außerdem sind hier in Papantla und in El Tajín regelmäßig die spektakulären Tanzdarbietungen der **Voladores de Papantla** zu bewundern. Ganz oben auf dem Hügel hinter der Kathedrale wurde ihnen zu Ehren ein Denkmal errichtet, das einen Flöte spielenden „Vogelmenschen" in Aktion zeigt.

Die beste Aussicht über die Stadt bietet sich vom Turm der schönen Kirche **Sanctuario de Cristo Rey** aus, gleich am Ortseingang, bei der Ankunft vom Bus aus zu sehen. In der **Casa de Cultura** in der Nähe des Zócalo werden regelmäßig Tänze und Musik geboten. Das Programm kann in der Touristeninformation erfragt werden.

Übernachtung

Provincia Express, Enríquez 103, ✆ 784/842-1645, ☏ 842-4214, mit Blick auf den Zócalo, hat freundliche, moderne Zimmer. ❻

Tajín, schräg gegenüber, neben der Kathedrale, ✆ 784/842-0121, ☏ 842-0121, genauso ausgestattet, ein bisschen billiger, gute Aussicht. Die Zimmer mit Blick auf den Zócalo sind meistens längerfristig an Archäologen vermietet, die in El Tajín arbeiten. Interessierte können sich im Hotel nach geführten Touren nach El Tajín erkundigen. ❺

Totonacapan, Olivo, Ecke 20 de Noviembre, ✆ 784/842-1220, bietet jeden Samstagabend Disco. Nahe dem 2. Kl.-Busbahnhof. ❺

Trujillo, 5 de Mayo, Höhe Artes, ✆ 784/842-0100, null Komfort. ❷

Los Voladores

Der „Tanz" der Voladores wird in El Tajín auf der hohen Stange vor dem Eingang zur Ausgrabungsstätte von fünf Männern vorgeführt. Der Anführer gibt auf einer Flöte und einer Trommel den Takt an, die anderen vier führen den Tanz aus. Sie symbolisieren die Kardinalpunkte – die vier Himmelsrichtungen und die (imaginäre) Achse zwischen Erde und Himmel.

Nach einigen Vorbereitungszeremonien klettern die fünf Männer auf die schmale Plattform oben auf dem Mast. Der Anführer beginnt auf den Musikinstrumenten zu spielen und Gebete für die Fruchtbarkeit des Landes in alle Richtungen zu schicken. Inzwischen binden sich die vier Tänzer mit Seilen fest, die um das obere Ende der Stange geschlungen sind, und werfen sich auf ein Signal hin kopfüber hinab. Während sie sich in immer größer werdenden Spiralen um die Stange drehen und sich das Seil abspult, musiziert und dreht sich der Anführer auf der Plattform, bis die vier Männer schließlich den Boden berühren – um auf den Beinen zu landen, müssen sie sich im letzten Moment aufrichten. Jeder vollführt dreizehn Umdrehungen als Symbol für den 52-Jahre-Zyklus des aztekischen Kalenders. Obwohl die tiefere Bedeutung des Tanzes verloren gegangen ist – ursprünglich trugen die Spieler zum Beispiel Vogelkostüme – ist er weitgehend so erhalten geblieben, wie er nach ersten Augenzeugenberichten in den Chroniken dargestellt wird, denn die Spanier sahen darin eher eine Sportveranstaltung als einen heidnischen Ritus.

Während in Papantla und vor allem in El Tajín aus den *voladores* ein Touristenspektakel wurde, geht es auf den Dorffesten der Umgebung zeremonieller zu. Dann gehören zum Ritual auch die Auswahl eines genügend hohen Baumes und das Aufstellen des Baumes an dem Platz, wo die Vorführung stattfinden soll.

Essen

Plaza Pardo, in der Enriquez, ✆ 784/842-0059, hat die beste Aussicht über den Zócalo, gute Frühstücksangebote und eine ganz annehmbare Speisekarte mit mexikanischen Standardgerichten.

La Hacienda, neben dem Palacio Municipal, ✆ 784/842-0633, bietet mexikanische Küche.

Sorrento, neben dem Plaza Pardo, ✆ 784/842-0067, ebenfalls mit Blick über den Zócalo; mexikanische Gerichte und Frühstück zu angemessenen Preisen.

Café Catedral, neben dem *Hotel Tajín*, ist ein nettes Plätzchen für den Morgenkaffee, serviert außerdem heiße Schokolade und Gebäck.

Idea Pizza, an der Obispo, der Straße hinter dem Hotel Tajin, hat auch ein paar Gerichte für Vegetarier.

Reisende mit schmaler Börse gehen am besten zu den Essenständen an der José Azueta und beim Markt, der in Richtung 2. Kl.-Busbahnhof liegt.

Sonstiges

GELD – Filialen aller größeren Landesbanken befinden sich in der Enriquez, ein oder zwei Querstraßen südlich vom Hotel Provincia Express. Sie wechseln Reiseschecks und verfügen über Geldautomaten.

INFORMATIONEN – Es gibt eine kleine ***Touristeninformation*** am Fuß einer Wendeltreppe im Inneren des Palacio Municipal. Auf Anfrage ist hier die nützliche, kostenlose Broschüre *Guía Turística Veracruz Zona Norte* erhältlich, die sowohl auf Spanisch als auch Englisch Informationen zu den wichtigsten Sehenswürdigkeiten im Nordteil des Bundesstaates enthält. ⌚ Mo–Fr 9–15, Sa 9–12 Uhr.

INTERNET – In Papantla gibt es mehrere Internet-Cafés. Jenes auf dem Zócalo neben dem Palacio Municipal verlangt US$1 pro Std. und verfügt über ac. Der Eingang befindet sich oben an der Treppe.

Transport

Der ***ADO*-Busbahnhof** befindet sich in der Juárez, nicht weit vom Zentrum. Der Weg lässt sich gut zu Fuß bewältigen: immer die Juárez entlang bis zur Höhe Enriquez, dann rechts Richtung Zócalo. Einfacher ist eine Fahrt mit dem Taxi (ca. US$1,40). Es ist allerdings nicht leicht, von Papantla wegzukommen, denn die meisten Busse sind *de paso* – deshalb buchen! Als Alternative bietet sich ein Bus 2. Kl. nach POZA RICA (häufig, 30 Min.) an, wo es weitaus mehr Verbindungen gibt.

Der chaotische **Bahnhof für Busse 2. Klasse** von *Transportes Papantla* liegt etwas zentraler in der 20 de Noviembre, zwei Querstraßen südlich des Zócalo.

1. und 2. Klasse-Verbindungen bestehen nach
MÉXICO D.F., 6x tgl. (6 Std.),
TLAPACOYAN, 4x tgl. (3 Std.),
TUXPÁN, 3x tgl. (1 1/2 Std.),
VERACRUZ, 6x tgl. (4 Std.), und
XALAPA, 7x tgl. (4 Std.).

Kleinbusse nach El Tajín und Poza Rica fahren in regelmäßigen Abständen hinter dem Hotel Tajín in der 16 de Setiembre ab.

El Tajín

Papantla mag noch so hübsch und friedlich sein – der Hauptgrund, weshalb Touristen hierher kommen, sind die Ruinen von El Tajín, dem mit Abstand wichtigsten archäologischen Ausgrabungsort der Golfküste. Seine Bauwerke sind interessanter und eindrucksvoller als die von Cempoala.

El Tajín liegt 15 km südöstlich von **Poza Rica** und 10 km westlich von Papantla, das die nächstgelegenen Unterkünfte bietet. Poza Rica selbst ist nicht sehr reizvoll – eine langweilige, vom Ölboom profitierende Stadt, der eine hohe Kriminalitätsrate nachgesagt wird. Beide Orte befinden sich an der Carretera 180. Von Abzweigung zur „Zona Arqueologica El Tajín" sind es 10 Min. zu Fuß bis zum Eingang.

Derzeit wird angenommen, dass die wichtigsten Gebäude aus der klassischen Periode (300–900 n.Chr.) stammen und der Niedergang von El Tajín in der frühen Postklassik (900–1100 n.Chr.) erfolgte. Zur Zeit der Konquista war die Stadt in Vergessenheit geraten und alles, was man heute über sie weiß, stammt aus archäologischen Untersuchungen, die nach der zufälligen Entdeckung der Stätte im Jahr 1785 durchgeführt wurden.

El Tajín ist eine der geheimnisumwobensten Städte des alten Mexiko. Niemand weiß, wer ihre Erbauer waren. Manche behaupten, es seien die Huasteken gewesen, andere glauben, dass es die Totonaken war, doch obwohl *tajín* in der Totonakensprache „Blitzschlag" bedeutet, halten Experten es für unwahrscheindlich, dass deren Vorfahren die Stadt erbauten. Die meisten Archäologen ziehen es vor, keine zu wilden Spekulationen anzustellen und nennen diese Zivilisation nach ihren archäologischen Merkmalen „Klassisch Veracruz". In El Tajín findet man viele dieser Kennzeichen, am auffälligsten sind die Nischen und die komplexen Ziermotive, „Schriftrollen" genannt; Letztere vor allem auf Gegenständen und Fresken, die mit dem Ballspiel zu tun haben, das im klassischen Veracruz eine besonders große Rolle spielte. Der Einfluss des „Klassischen Veracruz" reichte weit und ist so stark in Teotihuacán zu spüren, dass manche es für möglich halten, dass es Veracruzanos waren, die die Stadt erbauten.

1989 begannen umfangreiche Restaurationsarbeiten, an denen zeitweise bis zu 500 Arbeiter beschäftigt waren. Nach Abschluss dieser Arbeiten ist der Öffentlichkeit seit November 1992 eine Stätte zugänglich, deren Fläche um das Dreifache erweitert wurde und die insgesamt 31 Tempel und Wohnpaläste sowie 17 Ballspielplätze (mehr als jede andere Kultstätte Mittelamerikas) aufweist.

El Tajín liegt am Ende eines eng zulaufenden, leicht abschüssigen Geländes, das auf jeder Seite von einem Bach begrenzt wird. Die Ausgrabungsstätte ist grob in zwei Hälften eingeteilt: **Tajín Viejo**, das freigelegte Originalgelände mit der berühmten Nischenpyramide, und **Tajín Chico**, bestehend aus mehreren Verwaltungsgebäuden auf einer künstlichen Terrasse. Der Eingangsbereich besteht aus Souvenirgeschäften, die den Platz säumen, auf der die *voladores* fast jeden Samstag und Sonntag ihren „Tanz" vorführen.

In dem Gebäude, wo man den Eintritt entrichtet, gibt es ein Museum mit einem Modell der Anlage in Miniaturform, anhand dessen man sich orientieren kann. Außerdem sind hier ein Restaurant und eine Cafeteria untergebracht. Hinter der

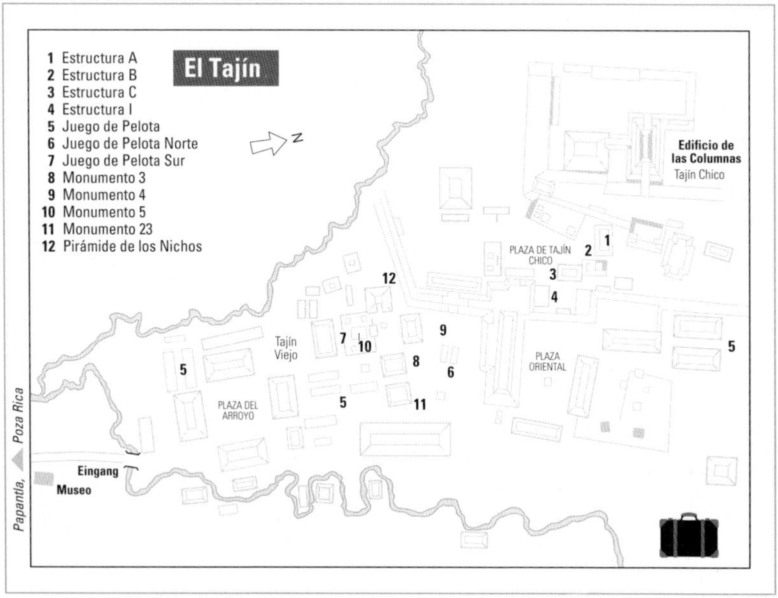

Cafeteria führt ein Pfad nach Tajín Viejo. Alle Gebäude sind mit Erklärungstafeln in fünf Sprachen, darunter auch Totonakisch, versehen. Leider beginnt die Schrift schon zu verwittern. ⌚ tgl. 8–18 Uhr, Eintritt US3,70, plus US$3 für Videokameras; kostenlose Aufbewahrung von Taschen und Rucksäcken.

Tajín Viejo

Als Erstes gelangt man an die **Plaza del Arroyo**, an der das **Monumento 16** an die Nischenpyramide (s.u.) erinnert und möglicherweise als ihr Vorbild diente. Auf dem Weg von hier zur unteren Plaza passiert man linker Hand den Südhof oder **Juego de Pelota Sur**, einen 60 m langen Ballspielplatz. Die große Anzahl von Ballspielplätzen in El Tajín lässt darauf schließen, dass Spiele hier eine viel größere Bedeutung gehabt haben als in allen anderen bekannten Stätten. Über die Spielregeln ist wenig bekannt, und die Höfe sind in ihrer Größe und Form sehr unterschiedlich; es ging wohl in erster Linie darum, den Ball mit dem Körper durch einen Ring oder in ein Loch zu stoßen, ohne dabei die Hände zu Hilfe zu nehmen (Näheres s.S. 77). Kein Zweifel besteht an der religiösen Bedeutung dieser Handlung und daran, dass sie in El Tajín eng mit Menschenopfern verbunden war.

Die **Flachreliefs** an den Mauern des Südhofs zeigen Szenen aus dem Spiel, so z.B. das Relief in der nordöstlichen Ecke der Plaza, das drei Ballspieler darstellt. Einer hält dem anderen die Arme fest, während der Dritte im Begriff ist, ihn mit einem Zeremonialmesser zu erstechen. Zwei Totengötter beobachten die Ereignisse.

Am Nordwestende der Wand ist eine Szene dargestellt, die dem Ballspiel voranging. Zwei Spieler stehen sich gegenüber, der eine mit gekreuzten Armen, der andere mit einem Dolch in der Hand. Zu ihren Seiten befinden sich der Totengott und eine Figur mit Kojotenmaske, die Opfer in die nächste Welt begleitete.

Das südwestliche Relief stellt wahrscheinlich die feierliche Einführung eines jungen Mannes in eine Gruppe von Kriegern, die mit den Adlern verbunden sind, dar. Möglicherweise gehört das südöstliche Relief, auf dem ein Mann einem anderen ein Bündel Pfeile oder Speere anbietet, mit zur selben Zeremonie.

Die zentral gelegenen Reliefs zeigen das rituelle Trinken von Pulque, Agavenwein. An der Zeremonie beteiligt sind die beiden Götter Quetzalcóatl (die gefiederte Schlange) und Tlaloc, der Gott des Wassers und des Blitzes. Da die Schnapsagave in diesem Teil Mexikos nicht heimisch ist, lassen sich daraus Einflüsse Zentral-Mexikos (möglicherweise der Tolteken) im späten Stadium El Tajíns ableiten.

Die einzigartige **Pirámide de los Nichos** ein Stück weiter ist das berühmteste Bauwerk von Tajín und eine der sehenswertesten Ruinen von ganz Mexiko. Sie erreicht eine Höhe von 20 m und ist in sechs Stufen aufgebaut, auf denen die Reste eines Tempels stehen. In jede der Stufen sind in regelmäßigen Abständen Nischen eingelassen und zwar an jeder Seite an der untersten Stufe 22 Nischen, auf der folgenden Stufe 19 Nischen an jeder Seite, dann 16, 13, 10 und 7. Es wird vermutet, dass der Tempel ursprünglich an drei Seiten je fünf Nischen besaß, so dass sich eine Gesamtzahl von 365 Nischen ergibt, die wahrscheinlich die Tage des Sonnenjahres darstellen. Vermutlich wurde das Gebäude als religiöser Kalender und die Nischen zu rituellen Zwecken genutzt. Ursprünglich waren die Nischen dunkelrot gestrichen und mit blauer Farbe umrandet, wodurch die Tiefenwirkung unterstrichen wird. Die breite, nicht mehr begehbare Treppe an der Vorderfront wurde später hinzugefügt und verdeckt einige der Nischen. Nischen prägen auch andere Bauten hier; manche tragen das Zeichen von Quetzalcoatl, der gefiederten Schlange. Diese Gottheit ist in Tajín am häufigsten dargestellt.

Rings um die Plaza vor der Pyramide gruppieren sich weitere Gebäude. Direkt gegenüber das **Monumento 3**, eine ähnliche Pyramide, jedoch ohne Nischen, und dahinter das **Monumento 23**, ein seltsamer, steiler Steinhaufen, eines der letzten Gebäude, die hier errichtet wurden. Dies ist die einzige Pyramide, die bestiegen werden darf – von oben eröffnen sich herrliche Ausblicke über Tajín Viejo. Rechts von der Pirámide de los Nichos befindet sich das **Monumento 2**, ein niedriger Tempel, der auf den Grundfesten von **Monumento 5** thront, einer verstümmelten Pyramide mit einem hohen, verzierten Giebel, der von einer breiten Treppe unterbrochen wird. Links steht das **Monumento 4**, eines der ältesten in Tajín.

Hinter Monumento 4 führt der Weg am **Juego de Pelota Norte** mit seinen zerstörten Reliefskulpturen vorbei zur erhöhten Terrasse von Tajín Chico. Ursprünglich wurde dieser Teil von einer Stützwand getragen, die teilweise wieder aufgebaut wurde. Man gelangte über eine Treppe (von der nichts mehr übrig ist) gegenüber vom Ballspielplatz hinauf.

Tajín Chico

Von den alten Bauwerken sind nur Teile erhalten, die nur ein sehr lückenhaftes Bild vom ursprünglichen Ganzen ergeben. Viele der Gebäude von Tajín Chico haben geometrische Steinmosaiken (Greco), die denen von Mitla, Oaxaca, sehr ähnlich sind. Die Hauptgebäude befinden sich an der Ost- und Nordseite der Plaza. Die **Estructura C** und die angrenzende Estructura B bilden die eindrucksvollsten Überreste: Das Bauwerk C weist auf allen drei Stockwerken Steinfresken auf, die den Eindruck von Nischen erwecken. In diesem Fall war der Sinn wahrscheinlich mehr dekorativer Natur, ein Chiaroscuro (Hell und Dunkel)-Effekt, der durch den ursprünglich leuchtend bunten Stuck noch verstärkt wurde. Es besitzt Überreste eines festen Daches – im Original bestand die Überdachung aus einer durchgehenden Zementplatte, wie sie in dieser Art an keinem anderen Ort gefunden wurde.

Estructura B besaß ebenfalls ein überdachtes Inneres. Man kann über eine schmale Treppe auf die Zentralterrasse gelangen. Den Eingang bildet ein Scheingewölbe, wie es bei den Maya üblich war. **Estructura D**, hinter dem Gebäude B, trägt ein Rautenmosaik und hat einen Durchgang von Ost nach West. An der Nordseite der Plaza besitzt **Estructura A** eine Treppe, die durch einen Bogen in der Mitte führt. Die Konstruktion des Bogens ist typisch für die Architektur der Maya. Ein Korridor führt ganz um das Gebäude herum. Die links von Estructura C gelegene **Estructura I** weist sowohl an den Innen- als auch Außenwänden Wandmalereien auf und diente wahrscheinlich einer hochstehenden Persönlichkeit des politischen oder religiösen Lebens als Wohnsitz.

Auf dem Hügel über El Tajín stehen die Reste des **Edificio de las Columnas**. Hier lebte der Herrscher von El Tajín, von dessen Taten Basreliefs an Säulen berichten; einige davon sind im Museum zu sehen. Das Bauwerk ist nur rudimentär wiederhergestellt worden, und Tonscherben präkolumbischer Töpferwaren bedecken den Boden ringsherum.

Dieser Teil der Stätte darf nicht betreten werden.

Transport

BUSSE – Sowohl von PAPANTLA als auch von POZA RICA fahren regelmäßig Busse nach El Tajín.
Von Papantla: Am einfachsten gelangt man mit einer der *camionetas,* die in regelmäßigen Abständen hinter dem Hotel Tajín abfahren und ca. 20 Min. brauchen, nach El Tajín. Alternativ kann man einen Bus vom 2. Klasse-Busbahnhof bis zum Dorf EL CHOTE nehmen, von wo viele Busse nach El Tajín fahren.
Von Poza Rica: Es verkehren Direktbusse nach El Tajín und Chote (Aufschrift „El Chote" und „San Andrés"). In Poza Rica gibt es Umsteigemöglichkeiten in einen Bus nach MÉXICO D.F. (8x tgl., 5 Std.) sowie zahlreiche Busse, die in südlicher Richtung an der Küste entlang nach VERACRUZ (4 1/2 Std.) fahren. Wer nach Norden weiterreisen möchte, sollte besser nach TUXPÁN (häufig, 1 Std.) fahren, das weiter nördlich an der Küste liegt.

FLÜGE – Sowohl von MÉXICO D.F. als auch von VERACRUZ, OAXACA und CANCÚN aus bestehen Flugverbindungen mit **Poza Rica**. Da die Flugpläne sich immer wieder ändern, empfiehlt es sich, bei einem Touristen- oder Reisebüro in Veracruz (s.S. 506) oder Xalapa (s.S. 502) den aktuellen Stand zu erfragen.

Tuxpán

Das am gleichnamigen Fluss gelegene Tuxpán (oder Tuxpam, ausgesprochen *Tuschpam*) ist ein freundlicherer Ort zum Übernachten als Poza Rica, wenn man an der Küste entlang nach Tampico (s.S. 228) unterwegs ist. Umwerfend schön ist es zwar nicht, aber immerhin gibt es 12 km östlich der Stadt einen recht netten, leicht erreichbaren Strand.

Zócalo und Markt reichen beide bis an das nördliche Flussufer heran. Der hübscheste Fleck der Stadt ist der **Parque Reforma**, ein Platz mit vielen Bäumen, rund 200 m westlich des Zócalo an der Juárez. Kleine Boote legen direkt vor dem Zócalo ab und fahren hinüber zur einzigen touristischen Sehenswürdigkeit, dem **Museo de la Amistad México–Cuba**, untergebracht in dem Haus, in dem Fidel Castro sich ein Jahr lang auf seine revolutionäre Rückkehr nach Kuba vorbereitete. Im Dezember 1956 segelten die Revolutionäre von Tuxpán aus mit der *Granma* los, erlitten unterwegs beinahe Schiffbruch und mussten feststellen, dass Batistas Soldaten sie schon erwarteten. Eine Nachbildung der *Granma* steht heute am Flussufer. Das Museum besteht aus einem kleinen Raum mit unbeschrifteten Fotos und einem zweiten, in dem ein Video gezeigt wird. Die zentralen Themen sind Castro, Ché Guevara und der spanische Imperialismus in Amerika. In der Regel ist Personal in der Nähe, das den Besuchern etwas Hintergrundwissen zu den Exponaten vermittelt. ⌚ Mo–Sa 9–20, So 9–14 Uhr, Eintritt frei. Zum Museum geht man ein paar Blocks entlang der Obregón vom Fluss weg und biegt schließlich am Ende der Straße nach rechts wieder zum Fluss hin ab.

Die langen Strände von **Barra de Tuxpán**, an der Mündung des Flusses 12 km östlich der Stadt, sind eher mittelmäßig. Busse („Playa") fahren von Tuxpán aus unter der großen Brücke beim Markt und Busbahnhof ab und am Flussufer entlang, vorbei an Tankern und Fischerbooten, und halten ca. 20 Min. später an einem ausgedehnten Strand aus grauem Sand. Hier gibt es Restaurants, Umkleideräume und einige Palapas, unter denen man eine Hängematte aufspannen kann.

Übernachtung

In der Juárez, zwischen dem Zócalo und dem Parque Reforma, finden sich verschiedene Hotels:
Reforma, Juárez 25, ☏ 783/834-0210, 📠 834-0625, in einem eleganten Gebäude gegenüber der Kathedrale; Zimmer mit ac und TV; das beste und teuerste Hotel am Platz, mit dem besten Restaurant der Stadt. ❼
Tuxpán, Juárez, Höhe Mina, ☏ 783/834-4110, billiger, aber durchaus annehmbar. ❹
Posada San Ignacio, Ocampo 26, eine Querstraße nördlich des Parque Reforma (kein Telefon), schlichte Zimmer mit Ventilator, rund um einen ruhigen Patio. ❹

Essen

Antonios, im Hotel Reforma, das gepflegteste Restaurant der Stadt; bietet nicht nur leckere Steaks, sondern Fr und Sa auch Live-Musik.
El Mejicano, Morelos 49. Terrassenlokal mit typisch mexikanischer Küche, darunter leckere Guacamole.
Nuevo 303, an der Pipila, von der Juárez Richtung Fluss, sehr beliebt bei Einheimischen. Durchgehend geöffnet.
Ansonsten ist der angewiesene Ort zum Essengehen der **Parque Reforma**. An den Tischen inmitten des Platzes werden u.a. frisch gepresste Obstsäfte ausgeschenkt.

Sonstiges

GELD – Bargeld und Reiseschecks wechseln ***Bancomer***, in der Zapata, zwei Querstraßen westlich der Kathedrale, und ***Banamex***, in der Juárez, Höhe Parque Reforma.

INFORMATIONEN – Die hilfreiche, gut bestückte ***Touristeninformation*** befindet sich im Palacio Municipal, Juárez 20, ✆ 783/834-0177. ⌚ Mo–Fr 9–20, Sa 10–18 Uhr.

INTERNET – Es gibt ein **Internet-Café** in der Juárez 52, neben Banamex.

WÄSCHEREIEN – In der Ocampo 8.

Transport

Der *ADO*-Busbahnhof (1. Klasse) liegt an der Kreuzung Reforma und Rodríguez, eine Querstraße vom Fluss entfernt, rund 300 m östlich des Zócalo – ins Zentrum gelangt man auf der Reyes Heroes am Fluss entlang. *Omnibus de México* (sowohl 1. als auch 2. Klasse) ist nicht weit davon entfernt – 300 m weiter nach Osten an der Kreuzung von Cuauhtémoc und 16 de Setiembre, neben der großen Brücke.
Nach XALAPA, 7x tgl. (6 Std.),
MÉXICO D.F. (direkt oder via Poza Rica), 9x tgl. (6 Std.),
TAMPICO, 10x tgl. (3 Std.),
VERACRUZ, 6x tgl. (5 1/2 Std.)
sowie regelmäßig nach POZA RICA (1 Std.) und mehrmals tgl. nach PAPANTLA. Busse ins nahe gelegene Dorf Tamiahua fahren ungefähr stündlich am Omnibus de México-Busbahnhof ab.
Am *ADO*-Schalter bilden sich oft lange Schlangen, daher sollte man das Ticket für die Weiterfahrt rechtzeitig kaufen.

Von Veracruz nach Süden

Verlässt man Veracruz auf der Carretera 180 Richtung Süden, fährt man auf einer Länge von fast 150 km durch eine Tiefebene mit breiten Flussdeltas und Salzseen, hinter der sich dann die Hügel der vulkanischen Sierra Tuxtla erheben. Dies ist einer der schönsten Landstriche von Veracruz, eine Ecke mit malerischen Fischerdörfern, Vulkanen, Wasserfällen und dem idyllischen **Lago de Catemaco** inmitten der letzten Überreste von Golfküsten-Regenwald. Besonders wichtig ist diese Region jedoch, weil hier die Wiege der **Olmeken**, der ersten mexikanischen Hochkultur, stand. Hier liegt der heilige Berg, an dem die ersten Mesoamerikaner lebten – der **Volcán de San Martín**. Die Olmeken glaubten, dass hier die Welt erschaffen worden sei und erbauten deshalb in ihrer Stadt La Venta, an der Grenze zu Tabasco, eine Replik des „Schöpfungsberges". Ihre zweitgrößte Stadt bei **Tres Zapotes**, nahe Santiago Tuxtla, ist zwar archäologisch sehr bedeutsam, besteht jedoch aus wenig mehr als einem überwucherten Hügel inmitten eines Maisfeldes. Hinter den Bergen von Tuxtla erstreckt sich bis Villahermosa öde Tiefebene.

Der Landstrich in der Umgebung des Lago Catemaco im Süden des Bundesstaates Veracruz trägt auch die Bezeichnung **Tierra de los Brujos** („Land der Hexenmeister"). Jedes Jahr im März findet auf dem Berg *Mono Blanco* („Weißer Affe") eine Versammlung statt. In Mexiko gibt es noch Tausende praktizierender Hexenmeister, Zauberer, Schamanen, Kräuterkenner, Heiler, Hellseher und Wahrsager, allesamt Anhänger einer Mischreligion, in der Katholizismus und uralte Riten miteinander verschmolzen sind. Die 13 Zauberer von Catemaco, die sich selbst als „Die Brüder" titulieren, gelten dabei als die Hohepriester ihrer Zunft.

Tlacotalpan

Wer einen kleinen, ruhigen Ort abseits der touristischen Trampelpfade sucht, fährt weiter nach Tlacotalpan, ca. 20 Min. hinter Alvarado (ca. 40 km südlich von Veracruz, wo der Bus den ersten Stopp einlegt), auf der Straße landeinwärts Richtung Tuxtepec. In diesem Städtchen verbrachte der Musiker und Komponist Agustín Lara, dessen Werke von Stimmgewaltigen wie Pavarotti, Carreras und Domingo interpretiert wurden, seine frühe Kindheit.

Das hübsche Dorf liegt gerade noch am Río Papaloapán nahe der Lagune. Hier wird keinerlei Unterhaltung geboten, aber man kann ein Boot mieten, angeln oder schwimmen.

In der Nähe des Zócalo befindet sich ein kleines **Museum** mit antiken Möbeln und Gebrauchsgegenständen. ⌚ Mo–Fr 9–17 Uhr, US$1,50. Die **Casa de Cultura** in der Caranza beherbergt Erinnerungsstücke an Lara, während im Obergeschoss moderne Gemälde des einheimischen Künstlers Alberto Fuster gezeigt werden. ⌚ Mo–Fr 9–17 Uhr, Eintritt frei.

Übernachtung und Essen

An der Hauptstraße, nahe der Bushaltestelle, gibt es ein paar kleine Hotels; die *posada* meiden, da sie auch als Stundenhotel dient.

Doña Lala, am Fluss, ✆ 288/884-2580, schickes Hotel mit schönen Zimmern und gepflegtem Restaurant, das gutes Seafood serviert. ❻

Als Alternative lässt sich leicht ein **Privatzimmer** für ca. US$15 finden. Anlaufstelle sind die Restaurants und Cafés am Zócalo.

Die **Cafés** vor dem *Doña Lala* in der Nähe des Flusses haben köstliche Meeresfrüchte zu kleinen Preisen im Angebot. In der Bar ***Blancanieves*** in der Nähe des Zócalo werden Erinnerungsstücke des berühmtesten Sohnes der Stadt, Lara, gezeigt.

Los dos Tuxtlas

Zusammen bilden die beiden Halbstädte Santiago Tuxtla und San Andrés Tuxtla das Zentrum eines reizvollen vulkanischen Hügelgebietes – La Suiza Veracruzana, der „Veracruzanischen Schweiz“ –, das sich hinter Alvarado erhebt. In dem kühleren Klima wird so mancher Reisende erleichtert aufatmen.

San Andrés Tuxtla

San Andrés Tuxtla ist die größere der beiden Ortschaften. Die meisten Busse halten oben am Hang, am Rande der Schnellstraße. Der 1. Klasse-Busbahnhof liegt einen kurzen Fußweg vom Zentrum entfernt oben an der Juárez, die geradewegs zum Zócalo hinabführt. Die 2. Klasse-Busse halten normalerweise am Markt. Das Zentrum ist von beiden Stellen gleichermaßen mühelos zu Fuß zu erreichen.

In dem von Tabakfeldern umgebenen San Andrés Tuxtla gibt es mehrere **Zigarrenfabriken**, in denen man den Arbeitern beim Rollen der *puros* zusehen und anschließend ein paar Glimmstängel kaufen kann. Hier wird eine der Spitzenmarken Mexikos, *Nueva Matacapan Tabacos,* produziert, die der Stadt internationalen Ruhm einbrachte. Die an der Hauptstraße angesiedelte Fabrik *Santa Clara*, einen Block vom *ADO*-Busbahnhof entfernt, empfängt Besucher Mo–Fr 8–19, Sa 8–11 Uhr bei freiem Eintritt.

Das Tabakexportunternehmen *Calidad Tabacos,* 💻 www.calidadtobaccos.com, veranstaltet Führungen über die Felder und durch die Fabrik und bietet Workshops im Zigarrenrollen an.

Laguna Encantada und Salto de Ejipantla

Der etwa 2 km von San Andrés Tuxtla entfernte Vulkansee Laguna Encantada ist ein beliebter Badeort der Einheimischen. Seltsamerweise sinkt der Wasserspiegel bei Regen, während er bei Trockenheit steigt. Zu Fuß kommt man in weniger als einer Stunde hin: die Belisario Domínguez hoch bis zur Kreuzung mit der Carretera und danach rechts Richtung Catemaco, dann dem ausgeschilderten Weg nach links folgen. Nachdem es zu Überfällen auf Touristen und Anwohner kam, warnen Einheimische allerdings in letzter Zeit vor einem Besuch. Der spektakuläre Wasserfall Salto de Eyipantla liegt etwas weiter (ca. 9 km von San Andrés) entfernt, kann aber gefahrlos mit einem der häufig verkehrenden Busse erreicht werden. Abfahrt ist in der 5 de Mayo, Ecke Markthalle. Die drei Wasserfälle, vom Parkplatz aus über 244 ausgetretene Stufen zugänglich, bieten einen gewaltigen Anblick. Schwimmen kann man hier nicht, doch ist es ein wunderschönes Fleckchen Erde inmitten üppiger Vegetation, und abgesehen von den mexikanischen Sommerferien herrscht hier wohltuende Stille.

Übernachtung

Die meisten Hotels und Versorgungseinrichtungen befinden sich unweit des Zócalo oder in der Juárez. ***The Catedral,*** in der Pino Suárez, ✆ 294/942-0237, über das Gässchen neben der Kirche zu erreichen, sauber und freundlich. ❷
Colonial, Suárez, Ecke Belisario Dominguez, ✆ 294/942-0552, eine Querstraße weiter, sehr billig und ohne jeglichen Komfort. ❷
Figueroa, Suárez, Ecke Belisario Dominguez, ✆ 294/942-0257, die beste der Budget-Unterkünfte. Hübsche Zimmer, die auf einen Balkon hinausgehen; zahlreiche Infobroschüren und Landkarten der Region. ❸
San Andrés, Madero 6, ✆ 294/942-0604, am Rande des Zócalo, Mittelklassehotel mit gutem Preis-Leistungs-Verhältnis. ❹
Hotel del Parque, Madero 5, ✆ 294/942-0198, 📠 942-3050, ebenfalls vom Platz aus zu sehen, ein bisschen eleganter und teurer. ❺

Essen

Essen und Getränke bieten u.a. die Cafés auf dem Zócalo. Das dem Hotel del Parque angegliederte ***Café San Andrés*** serviert Comida corrida für weniger als US$3 und das ***El Pequeño Archi*** neben dem Hotel Catedral, ✆ 294/942-4796, gutes Frühstück. Außerdem gibt es auf dem ausgezeichneten **Markt** zahlreiche Lebensmittelstände mit einem preisgünstigen Angebot an hervorragenden Backwaren, Obst und Gemüse aus der Umgebung und Heilkräutern.
Essen kann man ansonsten auch in zahlreichen guten Fischrestaurants, insbesondere entlang der Madero, hinter dem Hotel San Andrés.
Mariscos Chazaro, in der Nr. 12, ✆ 294/942-1379, bietet köstliche Krabbencocktails.
Montepio am Ende der Gasse, die gegenüber vom Hotel San Andrés beginnt, ✆ 294/942-1496, ist etwas für besondere Anlässe: Steaks, gute Weine und eine Bar, in der auch Frauen willkommen sind.

Sonstiges

GELD – In der näheren Umgebung des Zócalo gibt es mehrere Banken mit Geldautomaten. Zum Wechseln von Reiseschecks empfiehlt sich ***Bital*** in der 16 de Setiembre, Höhe Carranza.

INTERNET – Zugang bieten u.a. ***Café Virtual,*** einen Häuserblock westlich des Zócalo, und ***Actualis,*** zwei Querstraßen südlich des 1. Klasse-Busbahnhofs in der Juárez, jeweils für US$1 pro Std.

Santiago Tuxtla und Tres Zapotes

Bevor die 1. Klasse-Busse aus Veracruz das größere San Andrés Tuxtla anlaufen, halten sie in dem ruhigen, malerischen Städtchen Santiago Tuxtla. Es gibt hier kaum touristische Einrichtungen oder Sehenswürdigkeiten, aber ein Aufenthalt lohnt sich dennoch. Mitten auf dem Zócalo steht ein olmekischer **Kolossalkopf**, außerdem gibt es ein kleines **Museum** für Archäologie und Ethnologie (Öffnungszeiten vor Ort erfragen, da es während unserer Recherche zwecks Umbau geschlossen war); Eintritt US$2,90.

Viele Besucher kommen wegen der olmekischen Ausgrabungsstätte **Tres Zapotes** her, die mit einem Regionalbus in knapp einer Stunde zu erreichen ist. Die Busse fahren in der Nähe der Carretera ab und tragen normalerweise die Aufschrift „3 Zapotes“. Die zeitraubende Fahrt lohnt eigentlich nicht den Aufwand. Im Museum vor Ort sind fast nur Dinge ausgestellt, die man auch anderswo betrachten kann. Von Interesse sind hauptsächlich die Stelen mit olmekischen Hieroglyphen. Am Ausgrabungsort unweit des Museums gibt es so gut wie nichts zu sehen. 🕒 tgl. 9–18 Uhr, Eintritt US$2,50.

Übernachtung und Essen

In Santiago gibt es eine Hand voll kleine Hotels und Restaurants, alle in der Nähe des Zócalo.
Castellanos, in einem Rundbau direkt am Zócalo, ✆ 294/947-0300, bemerkenswert gutes Hotel mit 53 ac-Zimmern. Das empfehlenswerte hauseigene Restaurant serviert Fleisch, Seafood und Salate. ❺
Es gibt auch noch ein paar andere Lokale und Cafés am Zócalo, z.B.
Super La Joya, wo an Tischen im Freien mexikanische Standardgerichte genossen werden können.

Transport

Regionalbusse fahren nach SANTIAGO TUXTLA und CATEMACO (30 Min). Außerdem verkehren Überlandbusse nach COATZACOALCOS (9x tgl.; 2 1/2 Std.) und VERACRUZ (häufig; 3 Std.)

Catemaco

Die kleine Stadt zieht sich am westlichen Ufer eines großen, von Bergen eingerahmten Sees entlang, der nicht nur der viertgrößte Mexikos ist, sondern auch ein traditionelles Zentrum indianischer Magie. Seine herrliche Lage inmitten tropischer Vegetation macht Catemaco zu einem attraktiven Reiseziel.

Das sumpfige Land in der Umgebung des Sees und die Lagune bieten großen Kolonien von Wasservögeln eine Heimat, darunter Fischreiher, Kormorane, überwinternde Fischadler und zahlreiche weitere hier ansässige oder nur durchziehende Arten. Die umliegenden Berge sind vulkanischen Ursprungs – allerdings waren sie zuletzt 1793 aktiv – und insofern an der Golfküste einzigartig, als sie direkt ins Meer hinabfallen.

Am Wochenende und während der Feriensaison strömen mexikanische Touristen von nah und fern hierher. Dann kann es in der Hauptstraße mitunter recht geschäftig werden, doch alles in allem hat sich der Ort seine Ursprünglichkeit bewahrt, zumal die Bebauung vom Ufer des Sees aus lediglich fünf Blocks ins Landesinnere vorgedrungen ist. Die wenigen ausländischen Gäste kommen vor allem, um sich einer „echt" indianischen spirituellen Reinigungszeremonie zu unterziehen und/oder den Ort zu sehen, an dem der Streifen *Medicine Man – Die letzten Tage von Eden* mit Sean Connery in der Hauptrolle gedreht wurde: nämlich Playa Azul, einer von mehreren Stränden am Seeufer, wo sich auch ein schickes Ferienhotel befindet. Sobald ein Gringo dem Bus entsteigt, ist er unweigerlich den Versuchen der Schlepper, die ihn in ein Hotel, auf ein Boot oder zu einem Wunderheiler geleiten wollen, ausgesetzt.

Eine **Bootsfahrt** über den See oder zu einer der Inseln zählt zweifellos zu den Höhepunkten einer Reise in das südliche Veracruz. Die *Sociedad Cooperativa de Lanchas,* am See gegenüber dem Hotel Julita, eine Querstraße vom Zócalo, veranstaltet 90-minütige Ausflüge zu den größten Sehenswürdigkeiten des Sees sowie zu einigen Stränden. Der Preis für bis zu sechs Teilnehmer beträgt US$35. Auf der **Isla de los Changos** leben ursprünglich aus Thailand stammende Mandrill-Affen, die offiziell der Universität Veracruz gehören. Deren Biologen haben wiederholt darum gebeten, die Paviane in Ruhe zu lassen, doch die Bootsführer füttern sie weiterhin, damit die Touristen die Tiere fotografieren können.

Vom Zócalo aus steuern Sammeltaxis verschiedene Sehenswürdigkeiten in der Umgebung an, darunter auch die wenige Kilometer südwestlich der Stadt befindlichen Wasserfälle **Salto de Eyipantla**, s.S. 523, sowie das Dorf **Sontecomapan**, das 18 km nördlich von Catemaco liegt. Von Sontecomapan aus kann eine Bootsfahrt über den reizvollen **Sontecomapan-Kanal** unternommen werden, wo es eine artenreiche Vogelwelt zu beobachten gibt. Der Landstrich beheimatet insgesamt 586 verschiedene Vogelarten.

Vogelbeobachtungs- und Ökoabenteuertouren auf dem **Río Chuniapan** und zum Strand La Barra (am Golf von Mexiko, s.S. 528) veranstaltet *Operadora Turistica La Continga* im Playa Azul Resort, ✆ 294/943-0001. Die Ausflüge unter Leitung des renommierten Ornithologen William J. Schadlach kosten rund US$50 pro Tag, Bootsgebühr nicht inbegriffen. Ansonsten lässt es sich an den **Stränden** des Sees hervorragend ausspannen. Im See leben Krokodile.

Catemaco verdankt seine Stellung als bedeutender katholischer Wallfahrtsort der Originalstatue der Virgen del Carmen, die im Jahr 1714 angeblich einem Fischer in einer Grotte in **El Tegal** außerhalb von Catemaco am Seeufer erschien. Die Grotte lässt sich in ca. 20 Minuten zu Fuß erreichen. Die einzige weitere Sehenswürdigkeit ist die mit bunten Kacheln verzierte **Basílica de Nuestra Señora del Carmen** am Ostufer.

Ein Bus mit der Aufschrift „La Margarita" fährt von der Plaza aus fast um den ganzen See herum. Unterwegs passiert man herrliche Strände und den Río Cuetzalpán. Abfahrt nur 1x tgl. um 14 Uhr.

Nach einem erlebnisreichen Tag bietet sich ein **Temazcal** an, eine traditionelle mittelamerikanische Sauna, die Körper und Geist reinigt, zu haben im Nanciyaga (s. „Übernachtung") für US$15 oder im Ecoparque La Punta, in der Nähe des Busbahnhofs am See, ✆ 294/943-0456, ✉ ecoparque@hotmail.com, für US$30 p.P. bei mindestens 2 Pers. (gilt für vier Saunagänge).

Übernachtung

Die meisten der direkt am See gelegenen Hotels sind teuer, aber außerhalb der Saison gehen die Preise nach unten. Es gibt auch verschiedene Unterkünfte zwei Querstraßen landeinwärts von der Stelle, wo die Busse halten: Auf keinen Fall sollte man sich bei der Hotelsuche einem der Schlepper anvertrauen und auch das Gepäck nicht aus den Händen geben.

Julita, Playa 10, ✆ 294/943-0008, am Seeufer in unmittelbarer Nähe des Stadtzentrums; Zimmer mit Ventilator, einfach, sauber und hell, die billigste Übernachtungsmöglichkeit am Ort. ❸

Juros, Playa 14, ✆ 294/943-0084, ein Stückchen weiter, besitzt einen wunderschönen Pool auf dem Dach, aber die Zimmer sind von sehr unterschiedlicher Qualität. ❺

Los Arcos, gleich neben dem Juros, Madero 7, ✆ 294/943-0003, ℻ 943-0773, 💻 www.arcoshotel.com.mx. Einladende Zimmer mit ac und TV rund um einen Pool. Einige Zimmer im Obergeschoss mit Seeblick. ❻

Catemaco, ✆ 294/943-0203, ℻ 943-0045, am Zócalo, ähnlich ausgestattet und mit Restaurant. ❻

Hotel del Lago, Paseo del Malecón, ✆ 294/943-0160, ℻ 943-0431, am Seeufer am Ortseingang von Tuxtla her, kleine, saubere Zimmer mit ac und TV, von Palmen gesäumter Pool und Restaurant. Freundlich und sehr zu empfehlen. ❻

Nanciyaga, ✆/℻ 294/943-0199, Ökohotel am gegenüberliegenden Seeufer, die mit Abstand beste Unterkunft, will man die Naturschönheiten ausgiebig genießen. In den Cabañas im Dschungel (Mo–Fr US$25, Sa und So US$50) können bis zu 4 Pers. nächtigen. Die Betreiber verleihen Kanus und arrangieren geführte Waldwanderungen. Per Taxi sind es nur 7 km zum Nanciyaga; man kann auch per Boot *(lancha)* hingelangen.

Essen

Am Seeufer sowie rings um den Zócalo gibt es zahlreiche Restaurants, in denen Seafood serviert wird. Die meisten haben den kleinen Barsch aus dem See auf der Speisekarte, den *mojarra,* den man unbedingt probieren sollte – am besten *a la tachogovi,* d.h. mit einer leckeren, scharfen Soße.

Bei Einheimischen besonders beliebt sind die Restaurants ***Los Sauces,*** ✆ 294/943-0548, und ***El Pescador,*** ✆ 294/943-0705, nebeneinander am Paseo del Malecón, sowie das Restaurant im ***Hotel Julita.***

La Casona, am Zócalo, in der Aldama 4, ✆ 294/943-0813, ist wahrscheinlich das beste Lokal von Catemaco. In dem gemütlichen Speiseraum mit Blick auf den üppig grünen Garten kommen Freunde von leckeren Frühstücksmenüs, Meeresfrüchten und Fleischgerichten gleichermaßen auf ihre Kosten.

Frühstücken lässt es sich auch gut im ***La Casita,*** Ocampo 30, wo zudem leckere mexikanische Gerichte und Seafood angeboten werden.

Sonstiges

GELD –Am Zócalo, zwei Querstraßen landeinwärts vom Seeufer, neben dem Hotel Catemaco, findet sich ein Geldautomat – wer Reiseschecks oder Bargeld tauschen möchte, muss nach San Andrés Tuxtla fahren.

INTERNET – In unmittelbarer Nähe des Zócalo, in der Carranza neben der Kirche, haben sich mehrere **Internet-Cafés** angesiedelt.

INFORMATIONEN – Im Palacio Municipal am Zócalo, zwei Querstraßen landeinwärts vom Seeufer, ist eine **Touristeninformation** untergebracht; ⏲ Mo–Fr 9–15 Uhr.

POST – Um die Ecke vom Zócalo, Richtung Hotel Juros.

Transport

Catemaco liegt etwas abseits der Carretera. Es gibt zwar Direktbusse von und nach VERACRUZ, aber einfacher ist es, bis San Andrés Tuxtla zu fahren, wohin in kurzen Abständen Regionalbusse verkehren. Diese fahren in Catemaco an einer fünf Querstraßen südlich des Zócalo befindlichen Plaza ab.

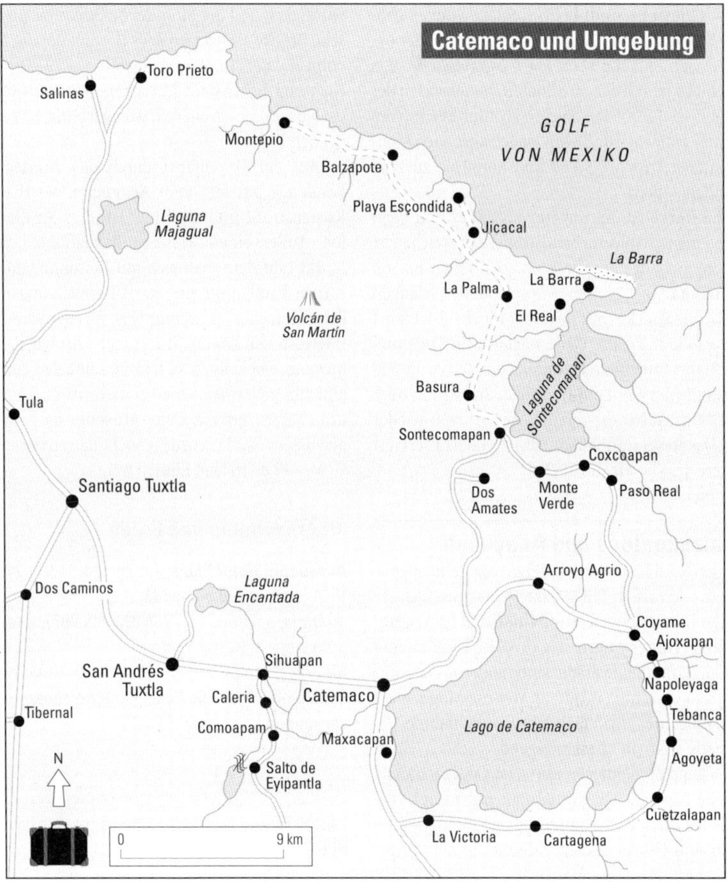

2. Klasse-Busse fahren vom *AU*-Terminal, in der Nähe der Carretera, zu allen größeren Zielen im Westen Mexikos. Es ist ratsam, die Fahrkarte einen Tag im Voraus zu kaufen, denn die Plätze sind nummeriert und oft ausverkauft. Der 1. Klasse *ADO*-Busbahnhof zählt sicherlich zu den landschaftlich am schönsten gelegenen des Landes: Mit Blick auf den See und nur ca. 5 Gehminuten vom Stadtzentrum entfernt (vom Zócalo aus geht man einfach bis zum Seeufer und biegt dann nach links ab).

Strände an der Küste nördlich von Catemaco

Von Catemaco aus führt eine Asphaltstraße mit spektakulären Ansichten des Lago Catemaco, des Regenwaldes und der Lagune durch dem Dschungel abgetrotztes Weideland zu dem kleinen Fischerdorf **Sontecomapan** (s.S. 525). Jenseits dieses Ortes führt die Straße, deren Zustand sich zusehends verschlechtert, zu einigen der schönsten und einsamsten Stränden in Veracruz: In **Montepio** warten zwei Posadas ❸ auf Gäste, wobei die bessere der beiden, die *Posada San José,* näher am Wasser an der **Playa Escondida** liegt, einem wunderschönen Strand 15 km von Montepio entfernt. Hier befindet sich auch das *Hotel Playa Escondida* ❸. Von Catemaco fahren alle 50 Minuten *camionetas* in der Calle Lerdo, Höhe Revolución ab, fünf Blocks vom Seeufer entfernt. Die 38 km lange Fahrt nach Montepio kostet um US$3,50 und kann bis zu zwei Stunden dauern.

La Barra ist ein weiterer reizender und nicht selten menschenleerer Sandstrand. Zu erreichen ist er vom Eingang zum Sontecomapan-Kanal aus mit dem Boot. Die großen Sammelboote verlangen US$2 pro Strecke (auf das Boot für die Rückfahrt muss man u.U. eine Weile warten); für Hin- und Rückfahrt mit einem Privatboot werden ca. US$40 verlangt (der Bootsführer wartet am Strand oder holt seine Gäste zur vereinbarten Uhrzeit wieder ab). Das Restaurant *Juan Cruz* in La Barra serviert leckere, frische Meeresfrüchte.

Coatzacoalcos und Acayucan

An der Nordküste der Landenge von Tehuantepec – dem schmalsten Teil Mexikos – erstreckt sich ein breiter Industriegürtel von **Minatitlán** bis Coatzacoalcos (früher Puerto México, der Endbahnhof am Atlantik). Beide Städte sind moderne Ölboom-Städte und wenig einladend. Wer die Möglichkeit hat, sollte direkt bis Villahermosa durchfahren.

Falls man in dieser Gegend dennoch einen Zwischenstopp einlegen muss, ist **Coatzacoalcos** der Betonwüste von Minatitlán unbedingt vorzuziehen. Hier gibt es immerhin ein richtiges Zentrum und Hotels und Restaurants in der Umgebung der Central Camionera. Die größte Sehenswürdigkeit und der Stolz der Stadt ist eine gigantische Brücke – Coatzacoalcos II –, auf der die Autobahn an der Stadt vorbeigeführt wird. Der Bus Richtung Innenstadt überquert den Río Coatzacoalcos auf einer älteren, weniger Aufsehen erregenden Brücke.

Auf der Durchfahrt durch den Norden der Landenge passiert man **Acayucan**, wo sich die Küstenstraße und die Trans-Isthmus-Straße treffen. Außer einem riesigen Busbahnhof, einem Markt (auf dem man sich mit Reiseproviant versorgen kann) und ein paar Übernachtungsmöglichkeiten gibt es wenig, was für Besucher von Interesse sein könnte. Wer jedoch Lust hat, das Olmekengebiet kennen zu lernen, sollte den zumeist ohnehin unvermeidlichen Zwischenstopp in Acayucan nutzen, um das kleine **Museum** zur Zona Arqueologica San Lorenzo / Tenochtitlán zu besuchen, ⌚ Mo–Fr 8–16 Uhr, Eintritt frei.

Übernachtung und Essen

Acayucan: *Hotel Plaza,* am Zócalo, ☏ 924/245-1344, sauber und sicher. ❹
Joalicia, am Zócalo, ☏/℻ 924/245-0877, dito, mit preiswertem Restaurant.
Kinaku, Ocampo Sur 7, ☏ 924/245-0410, vom Zócalo gleich um die Ecke, ist teurer, aber entsprechend luxuriöser. ❻

Transport

10x tgl. fahren Busse von Coatzacoalcos nach VERACRUZ (5 1/2 Std.).

Oaxaca

Highlights

- Die Kolonialstadt und künstlerisches Zentrum **Oaxaca** mit dem herrlichen Museo de las Culturas, farbenfrohen Märkten und viel indigener Tradition.
- In der antiken Ruinenstätte **Monte Albán** das gewaltige einstige Machtzentrum der Mixteken kennen lernen.
- Beim malerischen Dorf **Benito Juárez** auf alten Wegen durch wunderschöne Bergwelt wandern.
- Am Strand von **Puerto Escondido** schwimmen, faulenzen und surfen (oder die Surfer beobachten).
- Ein Sonnenuntergang über dem Tal bei den Kalkstein-Wasserfällen **Hierve el Agua**.
- Im ruhigen Küstenort **Mazunte** die Königinnen der Meere, die Bastardschildkröten, beobachten oder einen spannenden Ausflug in die Krokodillagune unternehmen.

Der Bundesstaat Oaxaca (Oa-há-ka gesprochen) liegt zusammen mit Chiapas und dem Golfküstenstaat Tabasco im Übergangsgebiet vom nordamerikanischen Zentral-Mexiko nach Mittelamerika. Hier vereinigen sich die beiden Höhenrücken der Sierra Madre und verlaufen als eine Bergkette über den schmalsten Landgrat Mexikos, den **Isthmus von Tehuántepec**, und weiter bis nach Südamerika, wo sie in die Anden übergehen. Die eher öde Landschaft des nördlichen Mexikos weicht nach und nach dicht bewaldeten Hügeln und dschungelbewachsenen Tiefebenen. Das Hochland von Oaxaca gehört zu den schönsten Reisezielen Mexikos. Indigene Traditionen sind in dieser Region noch lebendig und die alten Sprachen weit verbreitet; in manchen Dörfern könnte man meinen, die Konquista habe nie stattgefunden.

Oaxaca ist reich an Boden- und Kulturschätzen, seine Bewohner sind kunstfertige Handwerker, und in keinem anderen Teil Mexikos sind die Märkte so farbenprächtig und die Fiestas so faszinierend. Ein Aufenthalt in einer **Tourist Yú'ù** im zentralen Tiefland von Oaxaca als Gast einer indigenen Gemeinde kann eine der interessantesten und aufschlussreichsten Erfahrungen der ganzen Reise darstellen. Weniger erfreulich ist die Tatsache, dass es in den letzten Jahren politische Unruhen gegeben hat. Allerdings sind die Proteste noch nicht so manifest wie im Nachbarstaat Chiapas.

Das oberste Reiseziel ist die majestätische Stadt **Oaxaca**, die unter Denkmalschutz stehende Hauptstadt des Bundesstaates. Sie liegt nahe genug bei México D.F. und den Hauptreiserouten, um mit ihren wunderbaren Kunstgewerbeläden, Märkten, fast ununterbrochen stattfindenden Festen, von Galerien gesäumten Gassen, exquisiten Restaurants sowie nahe gelegenen indigenen Dörfern und antiken Ruinenstätten zahlreiche Touristen anzuziehen. Dennoch herrscht kein Massenandrang zwischen den gut erhaltenen Kolonialgebäuden. Auf dem Markt und in den Straßen bestimmen häufig indianische Trachten das Bild. In Oaxaca steht eine der schönsten **Barockkirchen** der Region, Santo Domingo, in der sich spanische und indigene Einflüsse auf einzigartige Weise vereinigen. In der Nähe der Stadt liegt **Monte Albán**, eine der wichtigsten archäologischen Fundstätten Oaxacas.

Die weitere Umgebung von Oaxaca lässt sich in zwei Gebiete aufteilen: die **Zentraltäler**, die sich von der Bundesstaatshauptstadt aus nach Süden und Osten, Richtung **Mitla**, Ocotlán und Zaachila erstrecken, und die **Mixteca**, die nach Nordwesten Richtung Puebla reicht und dann einen Bogen via Tlaxiaco und Pinotepa Nacional zur Pazifikküste hin schlägt. In den Zentraltälern liegen die berühmtesten Ausgrabungsstätten des Bundesstaates, in der Mixteca dagegen gibt es zahlreiche Dominikanerklosterruinen, alte Städte und Dörfer, die zwar weniger Besucher sehen, aber durchaus interessant sind. Reisende seien allerdings gewarnt: Es wurde von Raubüberfällen auf den Landstraßen von Oaxaca an die Küste (nach Puerto Escondido bzw. Pochutla) berichtet. Davon betroffen sind die Carretera 131 und die Carretera 175 sowie die Küstenstraße Carretera 200, allerdings nur bei Nacht. Außerdem dauert die Reise länger als erwartet, weil sich beide Straßen zur Küste in schlechtem Zustand befinden und gewaltige Schlaglöcher aufweisen.

Von Oaxaca-Stadt aus lassen sich die Pazifikbadeorte **Puerto Escondido**, **Puerto Ángel** und **Huatulco** leicht erreichen. Ihr Ruf als unverdorbene Strandparadiese ist allerdings nicht mehr gerechtfertigt: Insbesondere Escondido hat sich zu einem Resort beträchtlicher Größe mit internationalem Flughafen gemausert, und das noch im Ausbau begriffene Huatulco soll früher oder später genauso groß werden. Dennoch kann man entlang der Küste von Oaxaca einige der besten und einsamsten Pazifikstrände Mexikos, darunter das idyllische **Mazunte**, besuchen, die überdies unschwer von den Touristenzentren aus erreichbar sind.

Von México D.F. nach Oaxaca

Zwei Straßen führen von México D.F. nach Oaxaca. Die meistbefahrene ist die Carretera 135, die mautpflichtige Autobahn über Puebla und Córdoba, mit einer Fahrzeit von ca. 5 Stunden. Die langsamere Strecke, auf der man 10 Stunden unterwegs ist, stellt die Carretera 190 dar, die durch den Badekurort **Cuautla**, den Geburtsort von Emiliano Zapata, und **Huajuapan de León** führt; Letztere markiert den Beginn der Mescal produzierenden Region sowie der **Mixteca-Region**, eine der interessantesten Gegenden des Bundesstaates. Von Huajuapan de León aus geht eine Straße nach Tehuacán mitten

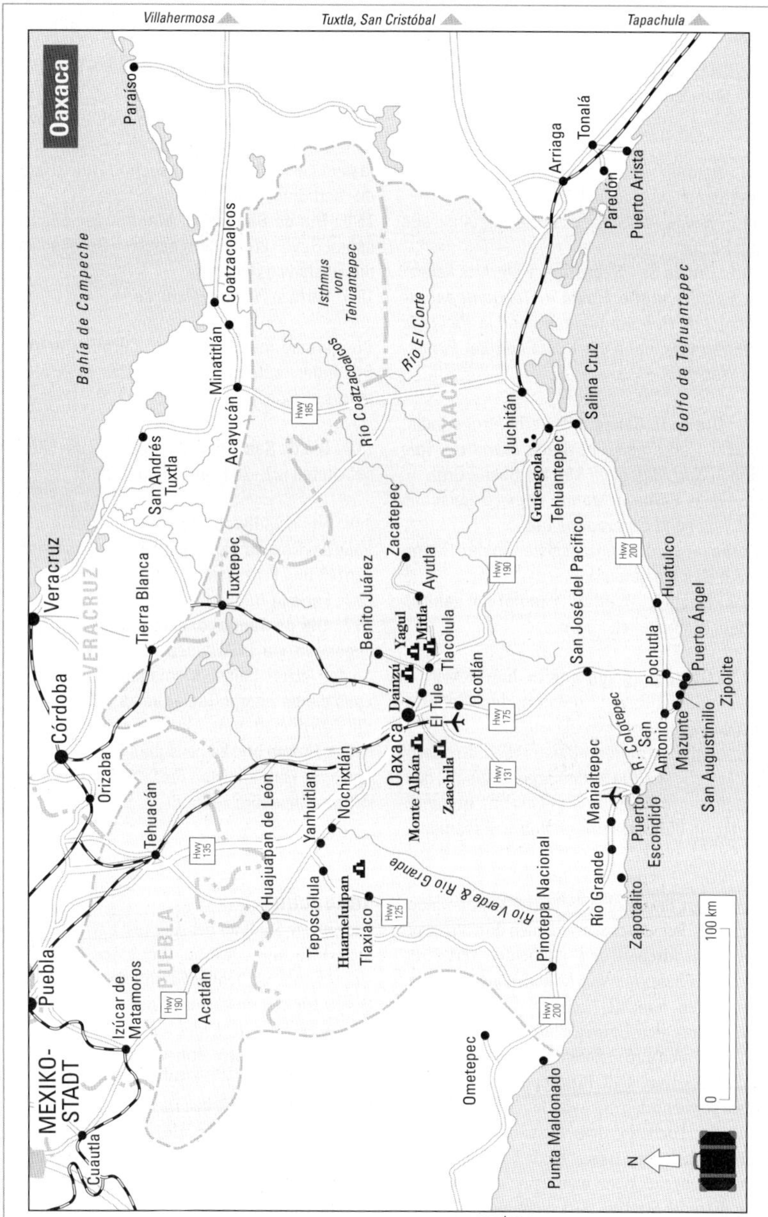

Oaxaca
Villahermosa
Tuxtla, San Cristóbal
Tapachula
Acapulco
Bahía de Campeche
Golfo de Tehuantepec
Isthmus von Tehuantepec
Río Coatzacoalcos
Río El Corte
Río Verde & Río Grande
R. Colotepec
VERACRUZ
PUEBLA
OAXACA
MEXIKO-STADT
Cuautla
Puebla
Izúcar de Matamoros
Acatlán
Córdoba
Orizaba
Tehuacán
Veracruz
Tierra Blanca
San Andrés Tuxtla
Tuxtepec
Acayucán
Minatitlán
Coatzacoalcos
Paraíso
Huajuapan de León
Teposcolula
Huamelulpan
Tlaxiaco
Yanhuitlan
Nochixtlán
Oaxaca
Monte Albán
Zaachila
Dainzú
Yagul
Mitla
El Tule
Tlacolula
Ocotlán
Benito Juárez
Ayutla
Zacatepec
Juchitán
Guiengola
Tehuantepec
Salina Cruz
Arriaga
Tonalá
Paredón
Puerto Arista
San José del Pacífico
Huatulco
Pochutla
Puerto Ángel
Zipolite
Mazunte
San Augustinillo
San Antonio
Puerto Escondido
Manialtepec
Río Grande
Zapotalito
Pinotepa Nacional
Ometepec
Punta Maldonado
Hwy 190
Hwy 135
Hwy 125
Hwy 131
Hwy 175
Hwy 185
Hwy 200
N
0
100 km

OAXACA

Fiestas

In Oaxaca wird mehr gefeiert als in den meisten anderen Bundesstaaten. Infos sind in den örtlichen Tourismusbüros erhältlich.

1.1.: **Neujahr** wird überall gefeiert, besonders intensiv in *Oaxaca* und *Mitla*.
14.1.: **Fiesta** in *Niltepec* an der Küstenstraße am Pazifik.
20.1.: **Día de San Sebastián**, vielerorts Feiern, besonders **große Fiesta** in *Tehuantepec*, in *Jalapa de Diaz* bei Tuxtepec und in *Pinotepa de Don Luís*, nahe der Küste und bei *Pinotepa Nacional*.

2.2.: **Día de la Candelaria**, farbenfrohe indianische Zeremonien in *Santa María del Tule* und in *San Mateo del Mar* bei Salina Cruz.
22.–25.2.: **Feria** in *Matias Romero* zwischen *Juchitán* und *Coatzoacoalcos*.
Karneval wird am intensivsten in der Hauptstadt *Oaxaca* gefeiert.
25.2.: Fiesta in **Acatlán** (Puebla) mit zahlreichen traditionellen Tänzen.

21.3.: **Geburtstag von Benito Juárez**, wird in *Gueletao* bei Oaxaca gefeiert, dem Geburtsort von Juárez.
Karwoche: wird überall begangen. Großartige **Feierlichkeiten** in *Pinotepa Nacional*, dem Nachbarort *Pinotepa Don Luís* und in *Jamiltepec* an der Straße nach Puerto Escondido.

3.5.: **Día de la Santa Cruz**. In *Salina Cruz* beginnt eine einwöchige **Feria**.
8.5.: **Día de San Miguel**. In *Soyaltepec* zwischen Oaxaca und Huajuapan de León umfassen die Festaktivitäten auch Pferde-, Hunde- und Bootsrennen.
15.5.: **Día de San Isidro** wird bei der bäuerlichen Bevölkerung gern gefeiert. Berühmt ist die Fiesta von *Juchitán*.
19.5.: **Feria** in *Huajuapán de León*.

Donnerstag nach Pfingsten: **Corpus Christi**. Besonders schöne **Feria** in *Izúcar de Matamoros* im Bundesstaat Puebla.

24.6.: **Día de San Juan**, fällt mitten in die Festaktivitäten (22.–26.) von *Tehuantepec*.

Juli: Am 1. Mittwoch findet in *Teotitlán del Valle* bei Oaxaca eine **Fiesta** mit traditionellen Tänzen und Prozessionen statt.
23.7.: **Feria** in *Huajuapán de León*.
25.7.: **Día de Santiago**, wird überall feierlich begangen, v. a. in *Niltepec* und *Juxtlahuaca*.
An den letzten beiden Montagen findet in *Oaxaca* die berühmte **Guelaguetza** (oder *Lunes del Cerro)* statt, eine Mischung aus traditionellen Tänzen und katholischen Riten auf dem Cerro del Fortín. Karten für Sitzplätze werden im Tourismusbüro verkauft.

durch einen der ausgedehntesten Kaktuswälder des Landes. Beide Straßen verlaufen durch reizvolle Gebirgslandschaft und auf beiden verkehren zahlreiche Busse. Wer von Acapulco aus nach Oaxaca fahren möchte, gelangt wahrscheinlich schneller auf dem Umweg über México D.F. hin, doch verkehren auch relativ viele Busse zwischen der Pazifikküstenstadt **Pinotepa Nacional** und Oaxaca sowie noch mehr zwischen **Puerto Escondido** oder Pochutla, dem Ausgangspunkt nach **Puerto Ángel**, und Oaxaca. Beide Fahrten sind jedoch anstrengend. Wenn man schon am Pazifik ist, sollte man die Strände dort nicht auslassen, nur um möglichst schnell nach Oaxaca zu gelangen.

Tehuacán

Die einzige Stadt an der Autopista zwischen México D.F. und Oaxaca, die einen Zwischenstopp lohnt, ist Tehuacán, der Ort, in dem die Quelle für das im ganzen Land verkaufte Mineralwasser *Agua de Tehuacán* sprudelt. Es ist ein Kurort, ein bisschen altmodisch und gemütlich. Das Zentrum bilden Häuser aus der Blütezeit der Stadt Anfang des 20. Jhs. Das Haus mit der gekachelten Arkade am **Zócalo**, mit seinem maurischen Einschlag trägt eine Gedenktafel zu Ehren von Don Joaquim Pita, der als Erster das Wasser in Flaschen abfüllte. An der Unterseite der Kolonnaden sind Wandgemälde zu sehen, die die fünf Re-

13.–16.8.: Tolle **Fiesta** in *Juchitán*, sowie **Fiestas** in *Nochixtlán* zwischen Oaxaca und Huajuapán de León und am 15. in *Tehuantepec*.
24.8.: **Fiesta** in *San Bartolo Coyotepec* bei Oaxaca.
31.8.: **Tiersegnung** in *Oaxaca*. Die Einheimischen bringen Tiere zur Kirche La Merced.

3.–5.9.: Farbenfrohe **Zeremonien** in *Juchitán*.
8.9.: Religiöse **Zeremonien** in *Teotitlán del Valle*, in *Putla* an der Straße von Pinotepa Nacional landeinwärts, und in *Tehuantepec*.
14.–16.9.: **Unabhängigkeitsfeiern** im ganzen Land.
25.9.–2.10.: **Fiesta de San Jerónimo** von *Ixtepec*.
29.9.: **Día de San Miguel**, wird in *Soyaltepec* feierlich begangen.

1.10.: Kleine **Fiestas** in verschiedenen Barrios von *Tehuantepec*.
1. Sonntag: **Día de la Virgen del Rosario**, wird in *San Pedro Amuzgos* begangen.
2. Sonntag: Große **Feria** in *Tlacolula* bei Oaxaca.
2. Montag: **Feria del Arbol**, in deren Zentrum der Baum in *Santa María del Tule* steht.
18.10.: **Indigene Fiesta** in *Ojitlán* bei *Tuxtepec* mit einer Kerzenprozession.
24.10: **Fiesta** in *Acatlán* (Puebla) mit Prozessionen und traditionellen Tänzen.

2.11.: **Día de Los Muertos**, wird überall begangen. Besonders traditionsreich in *Xoxocotlán* und *Atzompa*.
25.11.: *Mechoacán* an der Küste bei *Pinotepa Nacional* feiert den **Jahrestag** seines Schutzpatrons.
29.11.: **Día de San Andrés** in *San Juan Colorado* an der Küstenstraße bei *Pinotepa Nacional*.

8.12.: **Día de la Inmaculada Concepción**, wird mit traditionellen indianischen Tänzen in *Juquilla*, unweit von Puerto Escondido, und in *Zacatepec* an der Straße, die von Pinotepa Nacional landeinwärts führt, feierlich begangen.
12.12.: **Día de la Virgen de Guadalupe**, ein wichtiger Tag in ganz Mexiko.
16.–25.12.: Die Prozessionen in *Oaxaca* in der **Vorweihnachtszeit** sind besonders interessant.
18.12.: **Fiesta de la Virgen de la Soledad**, Schutzpatronin des Bundesstaates, mit Prozessionen und Musik.
23.12.: **Fiesta de los Rabanos** (Radieschen) markiert in *Oaxaca* mit einer Ausstellung von Statuen, die aus Radieschen geformt wurden, den Höhepunkt der Vorweihnachtszeit.
24.12.: Am **Heiligabend** *(noche buena)* gibt es Musik, Feuerwerk und Prozessionen. Die ganze Zeit werden *buñuelos* auf der Straße verkauft: Die Pfannkuchen müssen erst aufgegessen werden, bevor man den Teller, auf dem sie serviert werden, zerschmettert.

gionen darstellen, aus denen der Distrikt Tehuacán besteht.

Einen Besuch lohnt das **Museo del Valle de Tehuacán**, Reforma Nte 200, im eleganten Ex-Convento del Carmen, das einen leuchtend bunt gekachelten Turm besitzt, den man schon von weitem sieht. Die kleine Sammlung prähistorischer Zeugnisse gibt einen Einblick in die Geschichte des Mais in Mesoamerika und v.a. im Tal von Tehuacán. Hier wurde zum ersten Mal vor ca. 6000–7000 Jahren der Mais nicht einfach nur geerntet, sondern planmäßig angebaut. Das erklärt auch, warum das Valle de Tehuacán eines der ersten besiedelten Gebiete Mexikos war. ⌚ Di–So 10–18 Uhr, US$1,50.

Die Stadt kann man sich in wenigen Stunden anschauen. Wer sich zum Verbleib entscheidet, kann einen Ausflug zu den Quellen am Rande der Stadt unternehmen, um das köstliche Wasser zu probieren oder im **Balneario San Lorenzo** zu schwimmen, einem natürlichen Schwimmbad mit mehreren Becken, das hauptsächlich aus den örtlichen Quellen gespeist wird. ⌚ tgl. 6.30–18 Uhr, US$3. Erreichbar mit *Autobuses Unidos*, Aufschrift „San Lorenzo".

Übernachtung

Hotel México, Independencia, Ecke Reforma Norte, eine Straße westlich vom Zócalo, ✆ 2/

382-2519, luxuriös, Pool und Parkplatz. Moderne Zimmer, geräumig und sauber. ❻

Preisgünstige Hotels in der Umgebung des Zócalo, darunter ***Hotel Monroy,*** Reforma Norte 217, ✆ 2/383-0491. ❹

Hotel Aldea Bazar, Calzada Adolfo López Mateos 3351, ✆ 2/382-2550. Verlockende Temazcal-Sauna und Massage, vom Stadtzentrum aus 5 Min. mit dem Taxi. ❺

Sonstiges

GELD – Die meisten **Banken** mit Geldautomaten und dem üblichen Service finden sich in der Reforma.

Transport

Überlandbusse kommen am Busbahnhof von *ADO,* 2 Querstraßen westlich vom Zócalo an. 2. Klasse-Busse aus México D.F., Oaxaca usw. laufen den Busbahnhof von *Autobuses Unidos* nahe der Kreuzung Calle 5 Oeste und Calle 5 Sur an der dem Zentrum gegenüberliegenden Seite der Stadt an. 1. Klasse-Busse nach:
CÓRDOBA 3x tgl. (2 Std.),
MÉXICO D.F. stdl. (4 Std.),
OAXACA 5x tgl. (4 Std.),
VERACRUZ 3–5x tgl. (3 1/2 Std.).

Oaxaca

Die Hauptstadt des gleichnamigen Staates, die sich über ein breites Areal in einem tiefen Tal erstreckt, liegt 1550 m über dem Meer und 500 km südöstlich von México D.F. Wegen ihrer Folklore, ihrer zahlreichen Fiestas, ihrer indianischen Märkte und ihres kolonialen Zentrums gehört sie zu den beliebtesten und lohnenswertesten Zielen für Mexikobesucher, die oftmals zum Spanischlernen hierher kommen.

Selbst die zunehmende Zahl von Pauschaltouristen und die Verkehrsberuhigung der Macedonia Alcalá, der Hauptstraße zwischen dem Zócalo und der Kathedrale, die von Kunsthandwerks- und Juwelierläden gesäumt wird, hat die freundliche Ausstrahlung der Stadt kaum verändert. Darüber hinaus gilt Oaxaca gemeinhin als das künstlerische Zentrum Mexikos. Davon zeugen mehrere staatliche und private Galerien, die hier ansässigen Künstler, Bildungseinrichtungen für Künstler und Goldschmiede sowie die regelmäßig stattfindenden Ausstellungen. Auf dem Markt und in den Läden der Stadt begegnet man immer wieder dem Markenzeichen Oaxacas, fantasievoll gestalteten Tiermodellen in leuchtenden Farben.

Von frühester Zeit an war das Tal von den Zapoteken und Mixteken bewohnt, die noch heute den Hauptteil der Bevölkerung ausmachen. Ihre alten Stätten – Monte Albán, Yagul und Mitla – sind weniger bekannt als die ihrer zeitgenössischen „Nachbarn“ in Zentral- und Ost-Mexiko, aber mindestens genauso wichtig und eindrucksvoll. Sie alle sind von Oaxaca aus leicht zu erreichen.

Zu Beginn der spanischen Eroberung Mexikos spielte die Stadt eine weniger bedeutende Rolle. Cortés nahm, beeindruckt von der landschaftlichen Schönheit der Gegend, den Titel eines Marqués del Valle de Oaxaca an, und seine Nachfolger hatten hier bis zur Revolution ihre Landsitze. Reichtümer hat Oaxaca jedoch nicht zu bieten, weder Edelmetalle, auf die die Spanier es abgesehen hatten, noch besonders fruchtbare Böden – aufgrund des steinigen gebirgigen Geländes (obwohl hier Kaffee angebaut wurde). Dennoch war Oaxaca bereits 1796 die drittgrößte Stadt in Nueva España, was sie zunächst dem Export des roten Farbstoffs Koschenille und später der Textilfabrikation zu verdanken hatte. Die indigene Bevölkerung blieb sich selbst überlassen und hatte sich lediglich mit der christlichen Kirche zu arrangieren.

Benito Juárez (s. Kasten), der in Oaxaca aufwuchs, wird überall in Oaxaca hoch in Ehren gehalten – im Gegensatz zum zweitberühmtesten Sohn der Stadt, dem Diktator Porfirio Díaz. Oaxaca wurde in der Vergangenheit wiederholt von Erdbeben heimgesucht. Ein besonders schweres zerstörte 1854 weite Teile der Stadt. Der ohnehin nur langsam voranschreitende Wiederaufbau wurde durch ein erneutes Beben 1931 wieder zunichte gemacht.

Inzwischen entwickelt sich Oaxaca zur Industriestadt; die Einwohnerzahl hat die 350 000 bereits weit überschritten, die Straßen sind laut und verstopft. Zudem haben viele Hauptstädter aus México D.F. Oaxaca zu ihrer Wahlheimat gemacht. Doch alles in allem scheint die Stadt den Zuwachs recht gut zu verkraften. Dank strenger Bauvorschriften wurde der koloniale Charme des Zentrums kaum an-

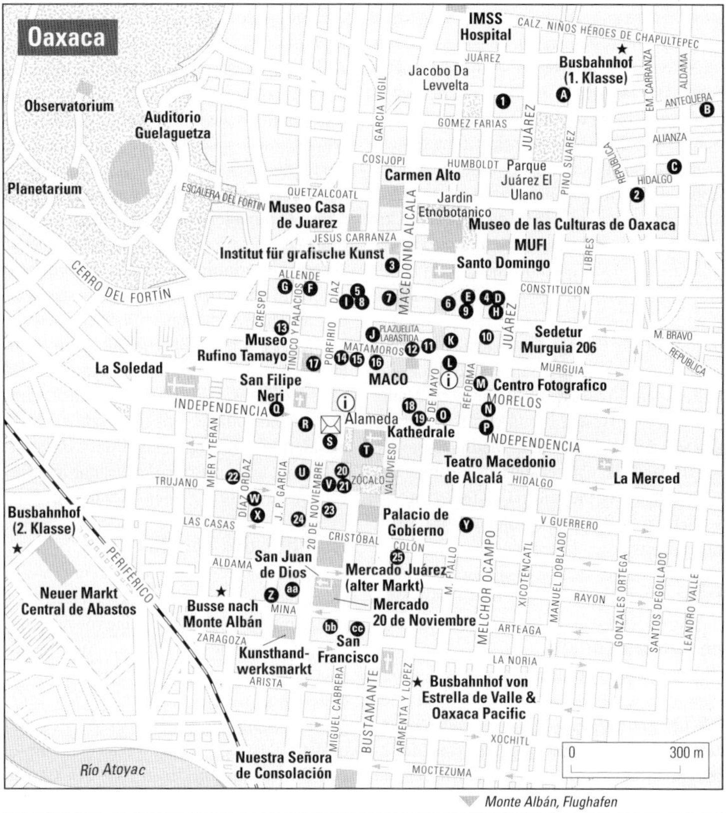

Essen:

- Alex 22
- Antigua 9
- El Biche Pobre 2
- La Brew 5
- Café Gecko 6
- Cafetería Bamby 15
- Cafetería Royalty 16
- La Casa de la Abuela 20
- Casa Oaxaca I
- Coffee Beans 5
- Los Danzantes 7
- Del Jardín 21
- Flor de Loto 17
- Gaia 11
- Los Girasoles 25
- El Manantial Vegetariano 13
- Marco Polo 19
- El Naranjo 23
- Osho Angel Gallery 1
- La Olla 4
- Panini 14
- Pizza Nostrana 3
- Quince Letras 10
- Red 24
- Restaurant Quickly 18
- El Topil 12

Übernachtung:

- Bugambilias H
- Calesa Real J
- Camino Real Oaxaca K
- Casa Arnel B
- Casa de la Tía O
- Casa Oaxaca I
- Casa del Sótano F
- Cazomalli C
- Chocolate Posada cc
- Las Golondrinas G
- Hostal Guadalupe D
- Hostal Casa Paulina W
- Hotel Francia U
- Hotel Posada del Rosario bb
- Hotel Santa Clara N
- Hotel Villa de León E
- Lupita X
- Luz de Luna P
- Magic Hostel Y
- Marques del Valle T
- Monte Albán S
- Plata Gelatina R
- Posada Catarina Z
- Posada del Centro Q
- Posada El Chapulín aa
- Posada El Cid A
- Principal L
- Reforma M
- Las Rosas V
- Yagul C

getastet. Es genießt den Status des *Patrimonio Nacional,* d.h. dass alle Gebäude im ursprünglichen Stil erhalten und restauriert werden müssen. Alle wichtigen Sehenswürdigkeiten kann man zu Fuß erreichen. Das Stadtleben ist provinziell geblieben – abends um elf Uhr versinkt Oaxaca in einen tiefen Schlaf, und die größte Ausschweifung besteht darin, im Kaffeehaus sitzend die Vorübergehenden zu beobachten, sich zum Spaziergang auf der Plaza zu verabreden oder einer Band zu lauschen. Einfach durch die Stadt zu spazieren und die vielfältigen Eindrücke in sich aufzunehmen, ist ein Erlebnis für sich, besonders, wenn gerade eine Fiesta stattfindet (was fast immer der Fall ist, s.o.).

Oaxaca ist von einer fantastischen Landschaft umgeben, die besonders bei Sonnenuntergang eine beeindruckende Kulisse darstellt. Die Sierra Madre del Sur ragt von Westen her in den Bundesstaat hinein, während sich die Sierra Madre de Oaxaca vom zentralen Vulkangürtel Mexikos Richtung Oaxaca-Stadt erstreckt. Die beiden Gebirgsketten treffen schließlich im Zentrum des Bundesstaates aufeinander. Dazwischen liegen die Valles Centrales, die drei in der Stadt Oaxaca zusammenlaufenden Zentraltäler.

Rund um den Zócalo

Der Stadtrundgang beginnt an dem für den Verkehr gesperrten, von *portales* und schattigen Cafés umgebenen Zócalo (Plaza de Armas), auf dem immer etwas los ist. Fast jeden Tag spielt eine Musikgruppe, aber hier finden auch Demonstrationen und Kundgebungen statt, und gegenüber der Kathedrale ist oft Straßentheater oder eine Ausstellung zu sehen.

An der Südseite steht der neoklassizistische **Palacio de Gobierno** im Porfiriano-Stil mit seinem historischen, für mexikanische Verhältnisse nur zweitklassigen Wandgemälde von Arturo García Bustos mit Motiven zur Geschichte Oaxacas. Im oberen Teil des Bildes sind der Revolutionär Ricardo Flores Magón (links), Benito Juárez und seine Ehefrau Margarita Maza (Mitte) sowie José María Morelos (rechts) zu sehen.

Unterhalb von Juárez ist Porfirio Díaz mit Schwert abgebildet. Unten rechts erscheint die Szene der Hinrichtung von Vicente Guerrero in Cuilapan, während auf der linken Mauer das alte Mitla zu sehen ist.

Die etwas klobige **Kathedrale** erreicht man von der Nordwestecke aus, indem man den Platz überquert. Der 1553 begonnene Bau wurde erst im 18. Jh. nach mehreren Erdbeben vollendet und seither wiederholt verändert und restauriert, mit dem Ergebnis, dass die Kathedrale trotz ihrer schönen Barockfassade nicht gerade zu den sehenswertesten Kirchen Oaxacas zählt.

Ein Spaziergang an der Kathedrale vorbei die Alameda hinunter und anschließend rechts in die Independencia führt nach ein paar Blocks zum **Teatro Macedonio de Alcalá**, das im französischen Stil unter Díaz erbaut wurde. Das noch immer als Theater und Konzerthalle fungierende Gebäude ist ein gutes Beispiel für die öffentlichen Prachtbauten, die um die Jahrhundertwende in ganz Mexiko wie Pilze aus dem Boden schossen. Im Inneren entfaltet sich ein prächtiges Interieur aus Marmor und rotem Plüsch, das man zu Gesicht bekommt, wenn man eine Vorstellung besucht oder vor einer Aufführung einen Blick hinein wirft.

Nördlich des Zócalo

Die **Calle Macedónio Alcalá** ist eine Fußgängerzone, die von kolonialen Gebäuden und Plastiken gesäumt wird. Es gibt eine Reihe von Ausstellungsräumen und viele Geschäfte mit Kunsthandwerk. Hier findet man wunderbar ziselierte Silberarbeiten, hochwertige Textilien mit fantasievollen Mustern – und die höchsten Preise. Es lohnt sich ein Qualitätsvergleich, bevor man in die umliegenden Dörfer fährt, in denen viele der Kunsthandwerksprodukte hergestellt werden und wo das Angebot meist preisgünstigere Ware unterschiedlicher Qualität umfasst.

Etwa auf halber Höhe der Alcalá befindet sich das **Museum für zeitgenössische Kunst** (MACO). Es ist in einem Kolonialgebäude aus dem 17. Jh. untergebracht, das nach Meinung vieler Cortés gehört haben soll, tatsächlich aber erst nach dessen Tod errichtet wurde. Die ständige Ausstellung des 1992 zur Bewahrung des kulturellen Erbes der Stadt gegründeten Museums zeigt Werke führender Künstler aus Oaxaca, darunter Rufino Tamayo, Francisco Toledo, Rodolfo Morales, Rodolfo Nieto und Francisco Gutiérrez. Daneben werden regelmäßig Ausstellungen von Arbeiten einheimischer und internationaler Künstler gezeigt. ⌚ Mo und Mi–So 10.30–20 Uhr, US$1.

Ein paar Blocks weiter auf der Alcalá nach Norden steht rechts die **Kirche Santo Domingo**. Das extravagante Bauwerk aus dem 16. Jh. ist innen und außen kunstvoll mit Stuck verziert. Die Außenwände sind solide, standhaft und erdbebenerprobt, das Innere ist überreich geschmückt. Manche Teile, besonders die Kapellen, wurden zeitweilig zu Ställen umfunktioniert und haben während der Reformkriege und der Revolution arg gelitten. Sie wurden jedoch größtenteils restauriert. Beachtlich ist v.a. der große, vergoldete Hauptaltar und der Stammbaum des Dominikanerordens an der Decke hinter dem Eingang. Auf den Blättern der Zweige und Ranken sind die wichtigsten Dominikanermönche abgebildet, oben die Jungfrau Maria. Das Ganze ist verschwenderisch mit Blattgold bedeckt, das am Nachmittag, wenn durch die Fenster das Sonnenlicht einfällt, wunderbar glänzt. Wer vom Altar aus zurückschaut, kann die Reliefs oben an den Wänden betrachten. Biblische Szenen zieren die gewölbten Decken, insbesondere die des Chores. Die angrenzende Capilla del Rosario ist ebenfalls reich bemalt und mit Stuck verziert.

Die Kirche ist von 13–16 Uhr geschlossen. Wenn Gottesdienste stattfinden, ist sie für Besichtigungen nicht zugänglich, deshalb kommt man am besten am späten Vormittag her. Fotografieren mit Blitzlicht ist verboten.

Das alte Dominikanerkloster hinter der Kirche wurde restauriert und beherbergt jetzt das **Museo de las Culturas de Oaxaca**, das sich auf mehrere schöne Räume über zwei Etagen verteilt. Auch dieses Gebäude wurde über 100 Jahre lang als Kaserne genutzt. Die interessantesten Dinge findet man im ersten Stock. Hier gibt es eine ethnographische Ausstellung mit einem sehenswerten Video über die 15 indigenen Völker des Bundesstaates sowie Kunsthandwerk und Trachten, eine archäologische Abteilung, und v.a. den Raum, in dem der kostbare Mixtekenschmuck aus dem Grabgewölbe 7 in Monte Albán ausgestellt ist. Der vorspanische Goldschatz ist vor allem deswegen von Bedeutung, weil alles andere, was in die Hände der Spanier fiel, geplündert und eingeschmolzen wurde. Zu den schönsten Stücken zählen kunstvoll ziselierte Goldmasken und Brustplatten, aber auch kleinere Arbeiten aus Gold und andere Gegenstände aus kostbaren Materialien wie Perlmutt, Obsidian, Türkis, Bernstein und Jade. 🕒 Di–So 10–20 Uhr, US$3,50.

Die Fenster des Museums bieten einen schönen Blick auf die Berge und auf ein künstlerisches Meisterwerk – den Kaktusgarten **Jardín Etnobotánico**. Kostenlose Führungen auf Englisch Di und Do um 11 sowie Sa um 11 und 16 Uhr – vorher anmelden!

Auf der gegenüberliegenden Straßenseite befindet sich in der Alcalá 507 das **Instituto de Artes Gráficas**, eines von vielen Kulturzentren im Bundesstaat, die von dem Maler Francisco Toledo ins Leben gerufen wurden. Hier werden Wanderausstellungen von Werken berühmter mexikanischer Künstler gezeigt. Auch das Gebäude selbst, ein elegantes Kolonialhaus mit kleinen Räumen, lohnt einen Besuch, außerdem kann man einige Zeit in der ausgezeichneten Kunstbibliothek und dem friedlichen Leseraum im Garten verbringen. Abends finden manchmal Konzerte statt. 🕒 Mo, Mi–So 9.30–20 Uhr (Spende).

In dem einen Block weiter westlich in der García Vigil 609 gelegenen **Museo Casa de Juárez** arbeitete einst der junge Benito Juárez bei dem Buchbinder Antonio Salanueva. Die Exponate und die rekonstruierten Zimmer (inkl. der ehemaligen Werkstatt) vermitteln einen Eindruck vom Leben der Mittelklasse im Oaxaca des frühen 19. Jhs. 🕒 Di–Sa 10–19 Uhr, US$3.

Westlich des Zócalo

Von der Kirche Santo Domingo aus vier Blocks südlich auf der Alcalá und dann weitere drei Blocks nach Westen liegt in der Morelos 503 das ausgezeichnete **Museo Rufino Tamayo**, eine Privatsammlung vorspanischer Antiquitäten. Der abstrakte Maler Rufino Tamayo aus Oaxaca zählt zu den größten mexikanischen Malern des 20. Jhs. Die Ausstellung wurde bewusst als Kunstmuseum, also v.a. unter ästhetischen Gesichtspunkten angelegt, und der Effekt ist manchmal atemberaubend. Zu sehen sind prächtige Stücke aus allen Teilen Mexikos, darunter Töpferwaren und Holzschnitzereien präklassischer Zivilisationen, z.B. Keramiken in Hundegestalt aus Colima, viele Stücke der Azteken, Maya und der Westkulturen, doch überraschend wenige der Mixteken oder Zapoteken. Es gibt daneben auch zeitgenössische Werke. 🕒 Mo und Mi–Sa 10–14 und 16–19, So 10–15 Uhr, US$3.

Um die Ecke, in der J. P. García, Ecke Independencia, liegt die **Iglesia de San Felipe Neri**, 1733

Benito Juárez

Obwohl er in späteren Jahren wenig Weitsicht und Entscheidungsfähigkeit bewies, ist Benito Juárez eine herausragende politische Figur im Mexiko des 19. Jhs. Seine Maxime *El respeto al derecho ajeno es la paz* – „Frieden ist der Respekt vor den Rechten anderer" – haben sich Liberale in aller Welt auf die Fahnen geschrieben. Als Zapoteke kämpfte er gegen die sozialen Vorurteile des 19. Jhs. Während vier Präsidentschaftsperioden schaffte er einige Überbleibsel des spanischen Kolonialismus ab und erwarb sich einen guten Ruf als fairer Verhandlungspartner. Juárez wurde 1806 in San Pablo Guelatao außerhalb der Stadt geboren. Seine Eltern starben, als er drei Jahre alt war. Der Junge wurde daraufhin von einem Priester adoptiert und wuchs in Oaxaca auf. Hier bereitete er sich zunächst auf das Priesteramt vor, wozu auch das Studium der spanischen Sprache gehörte. Er wurde jedoch später **Rechtsanwalt**, erhielt 1831 einen Sitz im Stadtparlament und vertrat die Belange der verarmten Dorfbewohner, die noch immer darauf warteten, dass auch ihnen die Segnungen der Revolution zuteil würden. Juárez wurde mit den Stimmen der Liberalen, die bessere Bildungschancen und die Befreiung vom ökonomischen und sozialen Würgegriff des Klerus und Adels forderten, zum **Bundesstaatsgouverneur** ernannt. 1853 wurde seine Amtszeit vorzeitig durch die Wahl einer konservativen Regierung beendet, und er sah sich gezwungen, 18 Monate im **Exil** in den USA zu verbringen.

1855 ermöglichte Juárez der Sieg der Liberalen eine Rückkehr nach Mexiko, wo er als **Justizminister** ein Gesetz unterzeichnete, das die Kirche und das Militär vieler Privilegien beraubte. Er war federführend beim Erlass des *Ley Lerdo*, eines Gesetzes, durch das die gewaltigen Besitztümer der Kirche nationalisiert, die Zivilehe legalisiert und Religionsfreiheit garantiert wurden. 1858 wurde Präsident Ignacio Comonfort von den Liberalen, die über diese Reformen erbost waren, des Amtes enthoben. Als Oberhaupt des Höchsten Gerichtes hatte Juárez nun einen gesetzmäßigen Anspruch auf die Präsidentschaft. Allerdings fehlte ihm die Unterstützung des Militärs. So zog er sich nach Veracruz zurück, um drei Jahre später als ordentlich gewählter **Präsident** wieder zurückzukehren. Doch die Kongressmitglieder waren ihm feindlich gesonnen und die Staatskassen leer. Im Juli 1861 stellte Juárez für zwei Jahre sämtliche Schuldenzahlungen ein. England, Spanien und Frankreich sandten Truppen, um ihre Besitztümer zu schützen Doch als deutlich wurde, dass Napoleon III. Mexiko unter seine Kontrolle bringen wollte, zogen sich die anderen zurück. Der Habsburger Erzherzog Maximilian wurde als Marionettenkaiser eingesetzt. Wieder flüchtete Juárez, diesmal nach Ciudad Juárez (ursprünglich Paso del Norte genannt) an der Grenze zu den USA. 1867 gab Napoleon III. angesichts des mexikanischen Widerstandes und dem Druck von Seiten der USA nach; Juárez konnte in die Landeshauptstadt zurückkehren und ließ den von allen im Stich gelassenen Kaiser Maximilian exekutieren.

Juárez gewann auch die Präsidentschaftswahlen von 1867. Er verlor jedoch viele Anhänger, als er illegale Methoden anwandte, um den Kongress dazu zu bringen, die Verfassung außer Kraft zu setzen. Dennoch schaffte er 1870 die Wiederwahl, aber seine Gegner weigerten sich, das Ergebnis anzuerkennen und griffen zu den Waffen. Bis zu seinem (natürlichen) Tod 1872 versuchte Juárez, den Frieden wieder herzustellen.

überwiegend im barocken Baustil errichtet, mit üppig verzierten Statuen auf einer plateresken Fassade und einem gleichermaßen verschwenderisch vergoldeten Altarmantel. Das Besondere aber ist das Dekor. Während der Revolution diente die Kirche als Truppenunterkunft und musste um 1920 neu bemalt werden, wobei eine merkwürdige Mischung aus Jugendstil und Art déco entstand.

Die **Basílica de Nuestra Señora de la Soledad**, unweit von hier auf der Independencia Richtung Westen, beherbergt das Bildnis der *Virgen de la Soledad,* die nicht nur die Schutzpatronin von Oaxaca, sondern auch eine der am meisten verehrten Marienfiguren im ganzen Land ist. Die überreich verzierte Kirche aus dem späten 17. Jh. (die Fassade ist allerdings aus neuerer Zeit) steht an einer kleinen Plaza zwischen anderen sakralen Gebäuden, die ebenfalls der Jungfrau geweiht sind. Das Bildnis der Jungfrau Maria tauchte 1620 wunderbarerweise in einem Korb auf dem Rücken eines Maulesels auf. Dieses Ereignis war der Anlass für den Bau der Basilika.

Die angrenzende Plaza de Danza ist ein beliebter Ort für Freiluftkonzerte, Folkloreveranstaltungen und saisonale Kunsthandwerks-Märkte. Direkt hinter der Kirche befindet sich ein kleines **Museum**, das gleichfalls dem Marienkult verschrieben ist – ein bizarres Durcheinander von Kitsch und Kunst, darunter traditionelle Kostüme, die von blondgelockten Puppen getragen werden. ◷ tgl. 8–14 und 16–19, Mi 8–14 Uhr, US$0,20.

Südlich des Zócalo

Die einzige Kirche der Stadt, die sich mit La Soledad messen kann, ist die ehrwürdige **San Juan de Dios** am alten Marktplatz. Sie wird gern von Dorfbewohnern besucht, die zum Markt nach Oaxaca kommen. Samstag ist traditioneller Markttag. Zwar findet inzwischen die ganze Woche über ein Markt statt, aber wer den *tianguis* im alten Stil erleben möchte, sollte samstags hingehen, wenn die spanische Sprache von Mixteken- und Zapotekendialekten übertönt wird. Am lebhaftesten geht es draußen auf dem **Mercado de Abastos** beim 2. Kl.-Busbahnhof zu, wo Lebensmittel, Kräuter, Haushaltswaren und Möbel verkauft werden.

Der **Mercado 20 de Noviembre** wird von *comedores* gesäumt, die billiges Essen anbieten. Die Qualität ist allerdings recht unterschiedlich, weshalb man danach gehen sollte, welches Lokal gut besucht ist. Der alte **Mercado Benito Juárez** südwestlich des Zócalo hat sich mehr auf Kunsthandwerk verlegt (s. „Einkaufen").

Cerro del Fortín

Vom Cerro del Fortín am Nordwestrand der Stadt hat man einen tollen Blick über das Tal, in das Oaxaca eingebettet ist, und auf Monte Albán. Es ist eine steile, vom Zócalo ca. 45 Minuten dauernde Wanderung, die sich lohnt. Abends kann man das **Planetario Nundehui** besuchen, wo Mo–Fr 9–21, Sa 12–20 Uhr 25-minütige Vorstellungen in spanischer Sprache zur Astronomie und zu unserem Sonnensystem gezeigt werden, Eintritt US$2. Die Straße führt am Auditorio Guelaguetza vorbei, in dem alljährlich ein Fest stattfindet, das auch unter der Bezeichnung Lunes del Cerro („Hügel-Montag") bekannt ist, da die Tänze an den ersten beiden Montagen nach dem 16. Juli stattfinden.

Markttage im Tal von Oaxaca

Zwar gibt es in Oaxaca viele Kunsthandwerksgeschäfte, doch wer sich für Qualität interessiert oder in größeren Mengen einkaufen möchte, sollte besser eines der Dörfer aufsuchen, in denen die Sachen hergestellt werden.

Jedes ist auf etwas anderes spezialisiert, **Teotitlán del Valle** z.B. auf kleine Teppiche, **San Bartolo Coyotepec** auf schwarze Töpferwaren, usw.

Es gibt natürlich keine Garantie dafür, dass man hier besser oder billiger einkaufen kann, aber immerhin besteht die Möglichkeit, den Herstellern bei der Arbeit zuzusehen und ein eigenes Design in Auftrag zu geben. Zudem ist ein Dorfmarkt an sich schon ein Erlebnis.

Mo	**Miahuatlán**: Mezcal, Brot, Leder; Ixtlan de Juárez: Blumen, Lebensmittel.
Di	**Santa Ana del Valle**: kleine Teppiche; Santa Maria Atzompa: Töpferwaren.
Mi	**Etla**: Käse, Blumen.
Do	**Zaachila**: Fleisch, Nüsse; Ejutla: Mezcal, bestickte Blusen.
Fr	**Ocotlán**: Blumen, Fleisch, Töpferwaren, Textilien.
Sa	**Oaxaca**: von allem etwas; Tlaxiaco: Lederwaren, Decken, *aguardiente*, Korbwaren.
So	**Tlacolula**: Mezcal, Keramik, Teppiche.

Übernachtung

Es gibt Hunderte von Hotels, aber gleichzeitig Tausende von Besuchern, und wer spät ankommt, kann Schwierigkeiten bei der Zimmersuche bekommen. Dann ist es am besten, zu nehmen, was man bekommt, und sich am nächsten Tag auf die Suche nach einem günstigeren Zimmer (die nicht so dicht gestreut sind) zu machen.

Das Tourismusbüro hat eine Liste von Familien, die Gäste für ca. US$15 p.P. aufnehmen, und eine Liste von Apartments, viele davon recht zentral gelegen, wo ebenfalls ca. US$15 p.P. verlangt werden.

Die meisten der billigen Hotels liegen südlich der Independencia, vorwiegend zwischen dem alten Markt und der Calle Trujano, in der Trujano selbst sowie in der Díaz Ordaz, Garcia und Aldama. Allerdings nimmt ihre Zahl ab, da in der touristischeren Gegend nahe dem Zócalo und nördlich der Independencia immer mehr teurere Hotels ihre Pforten öffnen. Näher beim Zócalo und im Nordteil der Stadt werden die Hotels nicht nur teurer, sondern auch besser, doch auch unter den Etablissements, die Kreditkarten akzeptieren, lassen sich überraschend preiswerte finden. Oftmals lohnt es, nach einem Preisnachlass *(descuento)* zu fragen.

RUND UM DEN ZÓCALO – ***Hotel Francia,*** 20 de Noviembre 212 (Eckhaus), ✆ 9/516-4811. Etwas überteuertes Kolonialhotel, Zimmer mit Ventilator und TV; war zeitweilig Domizil von D. H. Lawrence. ❺

Las Rosas, Trujano 112, ✆ 9/514-2217. Ruhige, geräumige Zimmer um einen Patio, wo Tee und Kaffee ausgeschenkt wird. ❺

Magic Hostel, Calle Fiallo 305, ✆ 9/516-7667, ✉ magichostel@backpacker.com. Belebte Herberge, beliebt bei Rucksacktouristen und Reisenden mit schmalerem Geldbeutel. Gemeinschaftsküche, Bar, Lounge, Warmwasserduschen, Internet-Zugang, Gepäckaufbewahrung, Hängematten auf dem Dach und jeden Abend Videos. Kann um Weihnachten herum sehr voll werden. Schlafsäle und private Zimmer. ❷

Monte Albán, Alameda de León 1, ✆ 9/516-2777, 📠 516-3265. Schönes Hotel im Kolonialstil gegenüber der Kathedrale. Die Zimmer mit Blick nach draußen sind angesichts der Lage ihren Preis wirklich wert, die nach innen gerichteten sind düsterer. Im Hauptsaal werden allabendlich *folklórico*-Tänze geboten. ❹

Plata Gelatina, Independencia 504, ✆ 9/514-9391. Kleines, preisgünstiges Hostel, einen Katzensprung vom Zócalo. Kunst und Fotos als Dekoration, freundliche Atmosphäre, saubere Schlafsäle und Privatzimmer, Warmwasserduschen, Internet-Zugang, Bar. ❷

Posada del Centro, Independencia 403, ✆ 9/516-1874. Nette Zimmer um einen gekachelten Patio, die meisten mit Gemeinschaftsbad. Ein echtes Schnäppchen, allerdings gehen die Vorderzimmer auf eine stark befahrene Straße hinaus. ❹

NÖRDLICH DER INDEPENDENCIA – ***Bugambilias,*** Reforma 402, ✆/📠 9/516-1165, 💻 www.mexonline.com/bugambil.htm. Ruhiges Haus im Kolonialstil neben dem Café *La Olla.* Acht sehr schöne, luftige DZ (individuell dekoriert mit Arbeiten einheimischer Künstler) mit Bad. Gesundes, traditionelles Frühstück inkl. ❼

Calesa Real, García Vigil 306, ✆ 9/516-5544. Saubere kleine Zimmer mit TV und Ventilator, viele jedoch fensterlos. Kleiner Pool und Korridore mit Wandfliesen. ❻

Camino Real Oaxaca, Luxus, 5 de Mayo 300, 💻 www. camino-real-oaxaca.com, ✆ 9/516-0611, 📠 516-0732. Oaxacas teuerstes Hotel (US$220), im wunderschönen Ex-Convento de Santa Catalina aus dem 16. Jh., mit Pool. Nicht besonders gastfreundlich, aber wer über entsprechende Mittel verfügt, sollte sich den Luxus gönnen. ❾

Casa Arnel, Aldama 404, Colonia Jalatlaco, 💻 www.oaxaca.com.mx/ arnel, ✆ 9/ 515-2856, 📠 513-6285. Zwischen Zócalo und 1. Kl.-Busbahnhof, von beiden gut zu Fuß erreichbar. Familienbetrieb, etwas versteckt in einer Kopfsteingasse. Preiswerte Zimmer mit oder ohne Bad (nicht alle sind gleich groß, deshalb lieber vergleichen) in einem Patio mit Papageien, Bar auf der Dachterrasse. Internet, Wäscherei, Bibliothek und Touren im Angebot. ❹

Casa de la Tía, 5 de Mayo 109, ✆ 9/514-1963, 💻 www.prodigyweb.net.mx/latia. Freundliche

Posada; Zimmern mit liebevollen Details, Bad, TV und Büchern zum Schmökern. ❺

Casa Oaxaca, Garcia Vigil 407, ✆ 9/514-4173, ✆ 516-4412, 🖳 www.casa-oaxaca.com. Wer prassen möchte, ist hier richtig: 7 große Zimmer um einen schneeweißen Patio; feudaler Pool und luxuriöses Restaurant. Frühstück inkl. ❾

Casa del Sótano, Tinoco y Palacios 414, ✆ 9/516-2494. Neues, elegantes Hotel mit komfortablen Zimmern in Erdfarben und mit dunklem Holz. Vom einladenden Terrassencafé hat man eine herrliche Aussicht. Geführt von einer freundlichen Person, die sich auch um die faszinierende Kunstgalerie auf dem Gelände kümmert. ❻

Cazomalli, Salto 104, nahe der Aldama, ✆ 9/513-3513. Kleine Posada mit gemütlichen Zimmern in einem Kolonialhaus; hübscher Frühstücksbereich auf dem Dach und hilfsbereiter Besitzer. ❺

Las Golondrinas, Tinoco y Palacios 411, Ecke Allende, ✆ 9/514-3298, ✆ 514-2126. Kolonialhotel mit reizenden Zimmern, alle mit separatem Empfangsbereich und Bad, toller Patio. Ruhig und authentisch. ❺

Hotel Villa de León, Reforma 405, ✆ 9/516-1977. Eine der billigsten Unterkünfte in dieser Gegend; 3 Stockwerke mit sauberen Zimmern, altmodischer Einrichtung und durchgelegenen Matratzen. In den oberen Stockwerken bessere Belüftung und mehr Licht. ❹

Luz de Luna, Juárez 101, ✆ 9/516-9576. Hostel mit freundlicher Atmosphäre, benutzbaren Bädern, Kaffee den ganzen Tag über und Küchennutzung. Nach Geschlechtern getrennte Schlafräume. Frühstück $2,50 extra. ❷

Posada El Cid, Pino Suarez 903, ✆ 9/515-1070. Wer eine Übernachtungsmöglichkeit nahe

Tourist-Yú'ù im Tal von Oaxaca

1994 eröffnete SEDETUR (Secretaría de Turismo) die ersten Tourist-Yú'ù (ausgesprochen Yu) – das zapotekische Wort für Haus –, kleine Bungalows für Selbstversorger in verschiedenen Dörfern im Tal von Oaxaca, die von genossenschaftlich organisierten Dorfbewohnern betrieben werden. Durch das Ökotourismus-Projekt soll Geld in die Dörfer fließen, doch stehen dem Aufwand bislang nur geringe Einnahmen gegenüber – bleibt zu hoffen, dass sich das ändert.

Man kann über SEDETUR auch eine Unterkunft in anderen, von Indígenas gebauten und geführten Ferienhäuschen buchen. Manche sind ebenso einladend wie die Yú'ù-Hütten und liegen sogar noch weiter abseits der Trampelpfade; dafür sind die Einrichtungen meist etwas einfacher.

Beide Arten der Unterbringung sind praktisch und billig, wenn man die Gemeinden und archäologischen Fundstätten im Bundesstaat Oaxaca besuchen möchte. Viele besitzen eine eigene Handwerkstradition, wie z.B. Teppichweberei oder Töpferei; andere verfügen über ein Gemeindemuseum, das sich um archäologische Funde der Region und das Leben der Dorfbewohner dreht. Manche liegen in äußerst reizvoller Landschaft, und die Einheimischen nehmen Besucher zum Reiten, Forellen fischen, Rad fahren oder zu Höhlenerkundungen mit.

Die Yú'ùs liegen meist am Rande eines kleinen Dorfes – derzeit in Abasolo, Papalutla, Teotitlán del Valle, Benito Juárez, Tlacolula, Quialana, Tlapazola, Santa Ana del Valle und Hierve el Agua.

Sie bieten Platz für bis zu 6 Pers. (in den Ferienhäuschen (s.o.) kommen noch mehr unter), umfassen ein Schlafzimmer, eine voll ausgestattete Küche mit Herd und Kühlschrank und Du/WC im Freien, die auch von Campern genutzt werden können. Jedes Yú'ù wird von einem Hausmeister betreut, der tagsüber den Laden führt und die Übernachtungsgebühren kassiert: US$9 p.P., US$30 für 6 Pers., US$5 für Camper. Einige vermitteln auch Führer und verleihen Campingausrüstung.

Reservierung – möglichst einige Tage im Voraus, besonders für die leichter zugänglichen Orte – über Oaxacas Touristeninformation, vorzugsweise das Büro in der Murguia 206, ✆ 9/516-0984 oder 516-4828, ✉ sedetur3@ Oaxaca.gob.

dem 1.-Kl.-Busbahnhof braucht, wird hier fündig: sauber, professionell geführt, aber an einer lauten Straßenkreuzung. ❺

Principal, 5 de Mayo 208, ✆ 9/516-2535. Haus im Kolonialstil, Patio und Zimmer mit Du/WC. Herrlicher Garten, der höhere Preise vermuten lässt, als tatsächlich verlangt werden. In Anbetracht der Atmosphäre und Lage gutes Preis-Leistungs-Verhältnis. ❺

Reforma, Av. Reforma 102, ✆ 9/516-0939. Freundlich und billig, mit Veranda auf dem Dach. Die Zimmer sind allerdings nicht besonders und warmes Wasser ist keine Selbstverständlichkeit. ❷

SÜDLICH DER INDEPENDENCIA – ***Chocolate Posada,*** Mina 21, ✆ 9/516-5760. Ordentliche Zimmer mit Gemeinschaftsbad. In einer verkehrsreichen Straße über einer Konfiserie gelegen. ❷

Hostal Casa Paulina, Trujano 321, ✆ 9/516-2005. Bestes Hostel der Stadt. Makellos sauber und luftig; Schlafsäle nach Geschlechtern getrennt, saubere Bäder, ein paar Privatzimmer. Gemeinschaftsbereich auf dem Dach. ❷

Hotel Posada del Rosario, 20 Noviembre 508, ✆ 9/516-4112, ✆ 514-4911. Motel-Zimmer mit und ohne TV und ac. Die im Erdgeschoss sind nicht so toll – die hübschesten sind die im 2. Stock nach vorn hinaus. Parkplatz; akzeptiert Kreditkarten. ❺

Lupita, Díaz Ordaz 314, ✆ 9/516-5733. Sehr billige kleine, kahle Zimmer mit und ohne Dusche. ❷

Posada Catarina, Aldama 325, ✆ 9/516-4270. Annehmbare Preise, freundliche Zimmer, in Grüppchen auf drei Gärten verteilt, nur einen Steinwurf vom Markt. ❹

Posada El Chapulín, Aldama 317, ✆ 9/516-1646. Einfache, zweckdienliche Zimmer mit Bad, in zentraler Lage beim Markt. ❹

Yagul, Mina 103, ✆ 9/516-2750. Nett; kleiner Garten, geräumige, saubere Zimmer, aber ein bisschen zu teuer. ❹

CAMPING – Der einzige Campingplatz in noch erreichbarer Nähe ist der kaum noch funktionstüchtige ***Trailer Park Oaxaca,*** etwas über 3 km nördlich vom Zentrum in der 900 Violetas, Ecke Heroica Escuela Naval Militar; vom 1. Kl.-Busbahnhof 5 Blocks auf der Niños Héroes nach Osten und dann nach links in die Ruíz einbiegen, US$10 p.P.

Zelten kann man auch auf dem Gelände von ***Tourist-Yú'ù,*** einer ruhigen, angenehmen Alternative zu den Unterkünften in der Stadt, auch günstiger gelegen, falls einige der Künstlergemeinden oder die Ruinen von Mitla oder Yagul auf dem Reiseplan stehen. Die Unterkünfte für Selbstversorger sind so billig, dass man eigentlich kein Zelt braucht. (Näheres s. Kasten).

Essen

Am billigsten ist das Essen auf den **Märkten**, z.B. am alten Markt, dem *Mercado Benito Juárez* an der Av. 20 de Noviembre und Aldama, der aus zwei Hallen besteht, mit Reihen von *comedores* und einem Stand, der Gegrilltes verkauft. Oder am *Mercado de Abastos* beim 2. Kl.-Busbahnhof, wo es hervorragende Maispasteten *(tamales)* gibt.

Etwas bessere, aber immer noch einfache Restaurants findet man in der Umgebung der billigeren Hotels, insbesondere an der Trujano. Den Zócalo umgeben Cafés und Restaurants mit Tischen im Freien, die gar nicht so teuer sind, wie die Lage vermuten ließe; in den Straßen ringsum liegen einfache Esslokale.

Einen Besuch lohnt die superbillige **Licuado-Bar** an der 20 de Noviembre, gegenüber dem Busfahrkartenbüro, und auch die köstlichen Kuchen im ***Tartamiel*** vor dem Kino an der Trujano sollte man probieren. Oaxaca hat außerdem zur Abwechslung auch Vegetariern etwas anderes als Huevos und Quesadillas zu bieten.

Zu den lokalen Spezialitäten, die man sich nicht entgehen lassen sollte, gehören u.a. **Tamales** (Maispasteten), besser auf der Straße oder am Markt als in Restaurants, und **Chapulines**, knackig geröstete, würzige Grashüpfer, die von fliegenden Händlern auf dem Markt verkauft werden. **Tlayudas**, riesige, knusprige Tortillas mit Bohnen, und milder Oaxaca-Käse, **Quesillo** genannt, gehören nach Einbruch der Dunkelheit zum gängigen Angebot der Cafés und Straßenstände.

Mezcal (oder *Mesqual)* ist das berühmteste und beliebteste Getränk von Oaxaca, das in zahlreichen Geschäften verkauft wird: in Flaschen, auf deren Boden ein toter Wurm liegt. Dieses Tierchen lebt angeblich auf der Schnapsagave (Spanisch: *maguey de tequila* oder *mezcal azul)* und soll die Echtheit des Produktes bezeugen (es ist jedoch fraglich, ob es tatsächlich jemals in dieser Pflanze gefunden wurde und heutzutage werden die meisten Würmer ohnehin auf Farmen gezüchtet und als Werbegag in die Flasche getan). Man braucht den Wurm nicht mitzutrinken, obwohl die meisten Leute, wenn die Flasche bis zum Grund geleert ist, sowieso kaum noch wissen, was sie tun. Offenbar schadet er keinem – jedenfalls ist er nicht die Ursache für die auf den Mesqual-Genuss folgenden Beschwerden ...

Mezcal und Tequila sind ähnliche Getränke; Letzterer ist einfach eine besondere Spielart des Mezcal. Echter Tequila wird nur aus der erstklassigen Schnapsagave gewonnen, während Mezcal eine Mischung aus verschiedenen Maguey-Arten sein kann. Beide Schnäpse werden aus dem süßen Kern der Pflanze gewonnen, der zerkleinert, zerkocht und anschließend in mehreren Prozessen gebrannt wird. Mezcal wird wie Tequila mit Salz und Limone getrunken. Spezialgeschäfte am Markt verkaufen ihn in allen Qualitätsstufen (auch vom Fass) und oft in Souvenirflaschen aus Ton.

An der Südseite des alten Marktes braucht man nur der Nase nach zu gehen, um in die Calle Mina zu gelangen, wo an zahlreichen Marktständen **Kakao** – allerdings v.a. zum Kochen oder als Pulver für Trinkschokolade – verkauft wird.

RUND UM DEN ZÓCALO – ***La Casa de la Abuela,*** Hidalgo 616. Touristisch, aber vom 2. Stock großartiger Ausblick über den Zócalo – den man teuer bezahlt! Serviert klassische regionale Küche.

Los Girasoles, 20 Noviembre 102. Mittlere Preislage, großzügige Portionen, darunter auch preiswerte vegetarische Gerichte, ausgezeichnetes Frühstück und hervorragender Mescal.

De Jardín, Portal de Flores 10, am Zócalo. Eines der besten Cafés zum Entspannen; gute, einfache Suppen und Snacks.

Restaurant Quickly, Alcalá 100, gleich nördlich vom Zócalo. Bietet Touristenmenüs (darunter Burger, Milchshakes und ein paar nicht besonders ausgefallene Oaxaca-Spezialitäten). Die Bedienung lässt auf sich warten, aber die Preise sind sehr erschwinglich.

NÖRDLICH DER INDEPENDENCIA – ***Antigua,*** Reforma 401. Gourmet-Café mit verschiedenen Likörkaffees, Gebäck, Sandwiches, Wein und Mesqual. Am späteren Abend geht es hier recht lebhaft zu.

El Biche Pobre, Calzada de la Republica 600, Colonia Jalatlaco, ✆ 9/513-4636. Alteingesessenes Familienrestaurant mit annehmbaren Preisen, serviert großzügige Portionen hiesiger Leibgerichte.

La Brew, Garcia Vigil 409. Café in Besitz einer Amerikanerin, die vorzüglichen Kaffee und hausgebackene Brownies, Waffeln und Smoothies (im Mixer hergestellter Brei aus Obst und Eis) serviert sowie faszinierende Touren organisiert.

Café Gecko, 5 de Mayo 412. Preiswerte Omelettes, Joghurt und Müsli, Kaffee und Snacks, entweder drinnen oder in einem begrünten Hof. ⌚ Mo–Fr bis 20, Sa und So bis 23 Uhr.

Cafetería Bamby, García Vigil 205. Cafetería und *tortería* zwei Querstraßen vom Zócalo. Comida corrida zu annehmbaren Preisen, doch die Qualität schwankt. Die *panadería* nebenan hat frische Backwaren.

Cafetería Royalty, Matamoros 100. Einfaches Lokal, nur tagsüber geöffnet, bietet ein *menú económico* aus Tacos, Enchiladas und anderen Standardgerichten für ein paar Dollar.

Casa Oaxaca, Garcia Vigil 407, ✆ 9/514-4173. Erstklassige mexikanische Küche mit internationalem Einschlag, serviert im von Kerzen beleuchteten Hof des gleichnamigen Hotels. Reservierung erforderlich. Hauptgerichte ab US$10.

Los Danzantes, Alcalá 403, ✆ 9/501-1184. Moderne Oaxaca-Küche; Designer-Ambiente; gute Cocktails und Krabben mit Kokosnuss. Preise US$6–$12.

Flor de Loto, Morelos 509, Ecke Díaz, neben dem Rufino-Tamayo-Museum. Vorwiegend vegetarisches Restaurant; Pasta, Pizza und einige Fleischgerichte. Sättigende Comida corrida.

El Manantial Vegetariano, Tinoco y Palacios 303. Erschwingliche Veggieburgers, Obstsäfte und fleischloses mexikanisches Frühstück sind die Spezialitäten des kleinen Naturkostrestaurants. Preiswertes Sonntagsbuffet.

Marco Polo, 5 de Mayo 103 und Pino Suarez 806. Tgl. frische Seafood-Angebote. Während das Lokal in der 5 de Mayo die längeren Öffnungs-

zeiten hat, bietet die Filiale in der Pino Suarez einen hübschen Patio und einen Ziegelofen und liegt gleich beim Parque Juárez (auch el Llano genannt) – schließt aber schon um 18 Uhr.
La Olla, Reforma 402. Hübsches Café und Galerie; gutes Frühstück, üppige Obst- und gemischte Salate, Fleischgerichte, warme Getränke.
Panini, Matamoros 200. Winziges Lokal, das leckeres Ciabatta, unterschiedlichbelegt.
Pizza Nostrana, Alcalá 501. Hausgemachte italienische Pasta mit pikanten Soßen, außerdem Pizza. Gegenüber von Santo Domingo gelegen. Die übereifrigen Musiker können etwas nerven.

SÜDLICH DER INDEPENDENCIA – ***Alex***, Díaz Ordaz 218, Ecke Trujano. Gute, preiswerte Mahlzeiten, ausgezeichnetes Frühstücksangebote und Comida corrida.
El Naranjo, Trujano 203, ✆ 9/514-1878. Köstliche, kreative Regionalküche, raffiniert mit internationalen Einflüssen kombiniert (z.B. mit Ziegenkäse). *Chile relleno* ist echte Gaumenfreude, ebenso die tgl. wechselnden *moles*. Der Chefkoch bietet Kochkurse an.
Red, Las Casas 101, ✆ 9/514-6853. Ausgezeichnetes Fischrestaurant, üppige Portionen von ganzen Fischen, Suppen aus verschiedenen Meeresfrüchten, Krabbencocktails und Tintenfisch.

Kultur und Unterhaltung

Das Nachtleben beschränkt sich v.a. darauf, bei Bier oder Kaffee am Zócalo zu sitzen und den Mariachis oder einer Blechkapelle zuzuhören. In den Hotels *Camino Real Oaxaca* (Fr abends) oder *Monte Albán* (allabendlich) kann man außerdem Guelaguetza-Volkstanzgruppen zusehen, aber ansonsten ist nicht viel los (abgesehen von einer Hand voll Bars, in denen es ziemlich voll und laut werden kann).

BARS, CLUBS UND LIVE-MUSIK – ***Caffe del Borgo***, Matamoros 100. Kleine italienische Bar; Bier, Aperitifs und europäischer Kaffee.
Candela, Murguia 413, ✆ 9/514-2010, tagsüber ein Restaurant; nach 23 Uhr füllt sich die Tanzfläche mit Einheimischen und Touristen, die von einer Live-Band begleitet ihre Salsa-, Rumba- und Merengue-Fertigkeiten perfektionieren. Am Wochenende treffen sich hier die älteren Semester. Eintritt US$3,50.
Casa del Mezcal, Flores Magon 209. Alteingesessene, klassische mexikanische Cantina im Marktviertel mit billigem Mezcal.
Chester's Bar, Juárez 605. Pub im englischen Stil mit Billard und Fr–So Live-Musik; Blick auf den Parque Llano.
La Divina, Gurrión 104, mit Masken und Tierfiguren dekorierte Bar bei der Kirche Santo Domingo. Die Musik bläst einem hier ausnahmsweise mal nicht die Ohren weg.
Decano, 5 de Mayo 210. Tagsüber gemütliches Café, abends angesagte, unkonventionelle Bar voller junger Oaxaqueños und Ausländer.
Freebar, Matamoros 100. Am Wochenende rappelvolles Tollhaus, dessen einheimische und ausländische Gäste sich tanzend und lautstark bis auf die Straße ausbreiten.
Hipótesis, Morelos 511. Romantische kleine Pianobar mit Tischchen in schummrigen Ecken; Live-Musik ab ca. 22 Uhr.
La Nueva Babel, Porfirio Díaz 224. Gemütliche Weinstube, serviert auch Kaffee und Snacks; manchmal Live-Folk und Gedichtrezitationen. So geschlossen.
El Sol y la Luna, Reforma 502, bei der Kathedrale, mit Restaurant, Do–Sa ab 21 Uhr Live-Jazz und gelegentlich Salsa-Musik, zu der getanzt werden darf. Eintritt US$2.
La Tentación, Matamoros 101. Live-Latin und -Rock jeden Abend von 21–0 Uhr, oft rappelvoll mit verschwitzten, herumwirbelnden Gringos und Mexikanern. An manchen Abenden US$3 Eintritt.
Minorcu, 5 de Mayo 411, Rock und Latin, ab 20 Uhr Live-Musik, Eintritt frei.
Otra Cosa, Libres 205, Rock- und Blues-Bar, Eintritt frei.
Sagrario, Valdivieso 120, lateinamerikanische Musik von 21–2 Uhr, Eintritt frei.
Tabuko, Porfirio Díaz 219. Schwach beleuchtete Bar, manchmal gute, laute Rockmusik und Sonderangebote wie drei (kleine) Biere zum Preis von einem.

FESTE – Eines der wichtigsten Ereignisse in Oaxaca ist **La Guelaguetza de los Lunes del Cerro**. Dieses farbenfrohe Tanzfest findet alljährlich an zwei Montagen nach dem 16. Juli im Auditorium auf dem Cerro del Fortín über der Stadt nach traditionellem Muster aus vorspanischer Zeit statt, veranstaltet von Indígenas u.a. zu Ehren des Gottes der Landwirtschaft, Centéotl, und der Göttin des Mais, Xilomén. Während des Festes sollen auch alte Zwistigkeiten, die sich im Laufe des Jahres zwischen den Gemeinden angesammelt haben, in der Festtagsstimmung beigelegt oder durch Wettkämpfe ausgetragen werden. Ursprünglich dauerte die Guelaguetza acht Tage.
Auch in den Dörfern der Umgebung finden Guelaguetzas statt, bei denen erwartet wird, dass jeder Teilnehmer (auch Besucher!) etwas zu essen oder zu trinken mitbringt.

Einkaufen

Auf dem ***Mercado Benito Juárez*** gibt es **Kunsthandwerk**, z.B *rebozas* (Umhängetücher), Stoffpuppen und grünes Porzellan. Auch viele frische Lebensmittel und Blumen sowie die berühmten *chapulines* (s. „Essen"). Doch Vorsicht, hier geht es arg touristisch zu; man muss hartnäckig feilschen, und die Qualität der Produkte ist oft fragwürdig. V.a. die *sarapes* (Umhänge) sind meist Maschinenware aus chemisch gefärbten Kunstfasern. Daran zu erkennen, dass der Stoff besonders glänzt, und dass, wenn man einen kleinen Faden herauszieht (was die Verkäufer natürlich nicht gern sehen), die Faser lang, dünn und leuchtend ist, während echte Wolle kurz, rau und gedreht ist. Mit Glück und Sachverstand kann man aber durchaus gute Ware erstehen.
Es gibt eine ganze Menge Läden, vor allem rund um den Zócalo und in der Alcalá und ihrer Fortsetzung, der Calle Valdivieso, wo man eine Vorstellung von der möglichen Qualität der auf dem Markt angebotenen Waren bekommt.
Weitere Informationen hält der Regionalverband der Kunsthandwerkerinnen von Oaxaca bereit, 5 de Mayo 204, ⌚ tgl. 9–20 Uhr. Ausgefallene Stücke finden sich im ***La Mano Mágica***, Alcalá 203, zu hohen Preisen.

Sonstiges

AUTOVERMIETUNGEN – Ein Fahrzeug zu mieten ist in Oaxaca genauso teuer wie überall sonst in Mexiko, kann sich aber lohnen, wenn man sich ausgiebig im Tal von Oaxaca umsehen möchte. So lässt sich in zwei Tagen so viel erkunden wie sonst in einer ganzen Woche.
Alamo, 5 de Mayo 203-A, ☏ 9/515-8534, ***Budget***, 5 de Mayo 315-A, ☏ 9/515-0330, und ***Hertz***, Labastida 115-4, ☏ 9/516-2434, sind alle teuer – die billigsten Tarife erhält man meist übers Internet: 💻 www.hertz.com, 💻 www.alamo.com, 💻 www.budget.com. VW-Käfer gibt es ab US$40 pro Tag inkl. Versicherung.

BÜCHER UND LANDKARTEN – Mehrere Buchläden und Verkaufsstellen in Museen führen spanische und englische Titel.
Amate, Alcalá 307, hat eine hervorragende Auswahl an neuen Büchern in englischer Sprache (inkl. Belletristik, Reiseführer und Kochbücher) sowie Zeitschriften.
Neue und gebrauchte Bücher in englischer Sprache über Oaxaca, Mexiko und Lateinamerika gibt es u.a. bei: ***Librería Universitaria***, Guerrero 108, unweit des Zócalo, ⌚ Mo–Sa 9–14, 16–20 Uhr.

EHRENAMTLICHE SOZIALARBEIT – Das Projekt ***Oaxaca Street Children Grassroots*** im *Centro de Esperanza Infantil* hat sich zum Ziel gesetzt, den bedürftigsten Kindern Oaxacas zu helfen. Interessierte können sich an den Lebensmittel- und Medikamentenprogrammen beteiligen oder vor Ort auf freiwilliger Basis mitarbeiten. Kontakt: Crespo 308, 💻 www.oaxacastreetchildren.org, ☏ 9/502-2069.

FAHRRÄDER – Fahrradverleih und Tagestouren von Oaxaca, u.a. nach Dainzú und Santa Cruz, bieten die folgenden Unternehmen:
Bicicletas Bravo, Garcia Vigil 409-C, ☏ 9/516-0953, 💻 www.bikeoaxaca.com,
Bicicletas Pedro Martínez, Hidalgo 100, Colonia Jalatlaco, 💻 www.bicicletaspedromartinez.com, ☏ 9/518-4452. Pedro Martínez arbeitet Routen aus für Leute, die allein losziehen wollen, und hat auch eine 5-tägige Tour zur Küste im Programm.

Turismo de Aventura, Teotitlán, Juárez 59, ✆ 9/524-4103.
Die Preise unterscheiden sich von Veranstalter zu Veranstalter.

GELD – ***Scotiabank,*** Independencia, Ecke Alcalá, hat einen 24 Std. zugänglichen Geldautomaten und gute Wechselkurse. ◷ Mo–Fr 9–17, Sa 10–14 Uhr.
Banamex, u.a. in der Valdivieso 116, hinter der Kathedrale, bietet Geldautomaten und Western Union-Service, ◷ Mo–Fr 9–16, Sa 10–14 Uhr.
American Express, bei Viajes Mexico, Valdivieso 2, ✆ 9/516-2700, ◷ Mo–Fr 9–17 Uhr.
Im Zentrum gibt es viele **Casas de Cambio** – die Kurse variieren, deshalb sollte man sich erst etwas umschauen.

GEPÄCKAUFBEWAHRUNG – ***El Viajero,*** gegenüber dem Hotel *Meson del Ángel,* wo die Busse nach Monte Albán abfahren, bietet Schließfächer für US$3, in die zwei Rucksäcke passen. Rund um die Uhr geöffnet.

INFORMATIONEN – Die ***Touristeninformation*** befindet sich im Palacio Municipal in der Independencia 607 gegenüber der Alameda, ✆ 9/516-0123, ◷ tgl. 8–20 Uhr; größere Filiale in der Murguia 206, westlich der 5 de Mayo, ✆ 9/516-0984 oder 516-4828, ◷ tgl. 8–20 Uhr. Das Personal in beiden Büros ist äußerst hilfsbereit und vermittelt auch Apartments und Zimmer in Privathäusern. Jede Menge Karten und Broschüren gratis.
Die kostenlose, jeden Monat erscheinde **Zeitung in englischer Sprache** *Oaxaca Times* und die ebenfalls monatlich erscheinende *Oaxaca* bringen aktuelle Reportagen, Hinweise zu Veranstaltungen und Kleinanzeigen, in denen Apartments und Häuser zur Vermietung angeboten werden. Auch die von Zeitungsverkäufern in der Umgebung des Zócalo angebotene **spanischsprachige Zeitung** *Noticias* bietet Kleinanzeigen zu Vermietungen.
Die Spanischschulen (s.u.) sind ebenfalls eine gute Informationsquelle bzl. Mietwohnungen und Privatunterbringungen.
Weitere Infos über Oaxaca, u.a. zu Übernachtungsmöglichkeiten und Sprachkursen auf den **Websites** 💻 www.oaxaca.com, 💻 www.oaxaca. magazine.net, 💻 www.oaxacatimes.com und 💻 www.oaxaca-travel.com.

INTERNET – Es gibt zahlreiche **Internet-Cafés**, die meisten bieten auch einen Fotokopier- und Druckservice, einige verfügen außerdem über Telefonkabinen für Ferngespräche.
Am längsten geöffnet hat ***C@fé Internet***, Valdivieso, Ecke Independencia, im oberen Stockwerk – schließt an den meisten Abenden erst um 23 Uhr.
Café Punto, Garcia Vigil 212, ist gut; in Richtung des 1. Klasse-Busbahnhofs findet sich das schnelle, billige ***Interactivando,*** Pino Suarez 804.

KINOS – Internationale und mexikanische Filme bei freiem Eintritt zeigt das ***Cine Pochote***, García Vigil 817. Das Programm ist in der *Oaxaca Times* abgedruckt.

MASSAGEN UND SAUNA – ***Bugambilias,*** Reforma 402, ✆ 9/295-1165. Traditionelle Temazcal-Sauna und Massage (je US$20) in ruhigem Garten am Stadtrand, im Rahmen einer kurzen Taxifahrt oder billiger mit dem Bus zu erreichen. Ammeldung mindestens einen Tag im Voraus.

MEDIZINISCHE HILFE – **Krankenhaus**, ✆ 9/515-3709.
Englisch sprechende Ärzte behandeln in der 24 Std. geöffneten ***Clínica Hospital Carmen***, Abasolo 215, ✆ 9/516-2612.
Adressen Englisch sprechender **Zahnärzte** findet man in der *Oaxaca Times* oder auf Nachfrage in der Touristeninformation.

NOTFÄLLE – ✆ 066, **Touristenpolizei**, Independencia 607, ✆ 9/516-0123, 514-2155 oder ✆ 1/ 800-903-9200. An sie kann sich wenden, wer sich beschweren möchte, wichtige Dokumente verloren hat oder bestohlen wurde.

POST / TELEFON – **Hauptpost** in der Alameda, Ecke Independencia am Zócalo. ◷ Mo–Fr 8–19, Sa 9–13 Uhr. Hier auch Fax-Service und Ladatel-Telefone für R-Gespräche. Fernsprechapparate finden sich überall in der Stadt.

SPRACH- UND SONSTIGE KURSE – ***Centro de Idiomas*** der Universität Benito Juárez, ✆/℻ 9/515-3922, vermittelt Sprachunterricht sowie Kurse zur lateinamerikanischen Literatur, mexikanischer Landeskunde und Kultur. Interessierte können sich auch schriftlich an das Institut wenden: Centro de Idiomas, Burgoa s/n, Oaxaca, Oaxaca 68000.

Instituto Comunicación y Cultura, Macedonio Alcalá 307, ✆ 9/516-3443, 💻 www.iccoax.com, in einem restaurierten Gebäude aus dem 16. Jh. in der Nähe des Zócalo.

Amigos del Sol, Libres 109, ✆ 9/514-3484, 💻 www.oaxacanews.com/amigosdelsol.htm.

Becari Language School, Plaza San Cristóbal, M. Bravo 210, 💻 www.becari.com.mx, ✆/℻ 9/ 514-6076.

Instituto Cultural Oaxaca, Juárez 909, ✆ 9/515-3404, 💻 www.instculruraloax.com.mx.

Academia Vinigulaza, Abasolo 503, ✆ 9/513-2763, 💻 www.vinigulaza.com.

Wer sich für Oaxacas Küche interessiert, kann bei den folgenden Adressen das Spanischlernen mit dem Kochen verbinden:

Seasons of My Heart (Kochschule), Rancho Aurora, Admon 3, 💻 www.seasonsofmyheart.com, ✆ 9/518-7726;

El Naranjo, Trujano 203, ✆ 9/514-1878, oder ***Milagros Para Ti,*** 5 de Mayo 412, ✆ 9/501-2009.

TOUREN – Tagesausflüge nach Monte Albán und in die umliegenden Dörfer (z.B. El Tule) kosten etwa US$15 und stehen u.a. bei folgenden Veranstaltern auf dem Programm:

Cantera Tours, Plaza Gonzalo Lucero, 5 de Mayo 412, ✆ 9/516-0512,

Turismo Marqués del Valle, im *Hotel Marqués del Valle* am Zócalo, ✆ 9/5146962,

El Condor Jeep (ohne Büro), ✆ 9/514-3570, Touren abseits der ausgetretenen Pfade,

Tierra Dentro, Reforma 528, ✆ 9/514-9284, 💻 www.tierradentro.com; Wandern, Bergsteigen und felsklettern auf etwas abenteuerlicheren Expeditionen.

Expediciones Sierra Norte, M. Bravo 210-I, ✆ 9/ 514-8271, 💻 www.sierranorte.org.mx, und ***Tierraventura,*** Abosolo 217, ✆ 9/501-1363, 💻 www.tierraventura.com, führen Treks in die Sierra Norte außerhalb von Oaxaca-Stadt durch. Ökotourismus-Unternehmen bieten Ausflüge mit Schwerpunkt Reiten, Vogelbeobachtung und Naturfotografie. Einzelheiten können in der Touristeninformation erfragt werden.

WÄSCHEREIEN – ***Azteca,*** Hidalgo 404B, ⌚ Mo–Sa 8–20, So 9–14 Uhr.

Superlavandería Hidalgo, Hidalgo, Höhe J.P. García, ⌚ Mo–Sa 8–20 Uhr,

Clín Lavandería, 20 de Noviembre 605, ⌚ Mo–Sa 9–20 Uhr,

Lavandería Domar, Murguia 307, ist am billigsten, ⌚ Mo–Sa 9–21, So 10–15 Uhr.

YOGA UND MEDITATION – ***La Casa del Angel,*** Jacobo Dalevuelta 200, zwischen Reforma und Juárez, ✆ 9/545-3203, veranstaltet mehrmals wöchentlich Unterricht.

Namen von Anbietern anderer alternativer Heilmethoden findet man in der *Oaxaca Times* unter der Rubrik *alternative health methods.*

Calypso Gym, Allende 211, und ***Aurobic's Fitness,*** Constitucion 300, bietet Tageskarten für Aerobic und Yoga sowie Fitnessräume.

Nahverkehrsmittel

Da der Stadtkern von Oaxaca sehr kompakt ist, bewegt man sich am besten zu Fuß. Die Busstrecken sind nicht leicht durchschaubar. Selbst wenn man den richtigen **Bus** findet, bleibt dieser oft im Stau stecken und man hätte den Weg in der halben Zeit zu Fuß geschafft. **Taxis** sind etwas schneller; ein Taxistand befindet sich an der Independencia nahe der Kathedrale.

Wer zu Orten außerhalb der Stadt möchte, ist auf öffentliche Transportmittel angewiesen. Eine Taxifahrt in die meisten der umliegenden Dörfer und zu den archäologischen Stätten kostet etwa US$10. Busse, die am 2. Kl.-Busbahnhof abfahren, verkehren häufig und sind billig.

Zahlreiche **Colectivos** fahren zu Zielorten im gesamten Bundesstaat. Abfahrt an verschiedenen Ecken der Stadt (sobald der Wagen voll ist), meistens hinter dem Abastos-Markt; sie sind kaum teurer als der Bus. Genaueres beim Tourismusbüro erfragen.

Transport

BUSSE – Beide Busbahnhöfe liegen über 20 Min. zu Fuß vom Zentrum entfernt. Der **1. Klasse-Busbahnhof** (*ADO, Cristóbal Colón* und *UNO*, ✆ 9/515-1214) ist in der Calzada Héroes de Chapultepec 1036, rund 2 km nordöstlich vom Zentrum. Am besten nimmt man von hier ein Taxi in die Innenstadt. Es fahren aber auch Busse von der Haltestelle direkt gegenüber dem Busbahnhof ins Zentrum.

Tickets für 1.-Klasse-Busse verkaufen ein Büro in der Valdivieso bei der Kathedrale, ✆ 9/516-3820, und ein weiteres in der 20 de Noviembre 103, ◷ Mo–Sa 8–22, So 9–16 Uhr, ✆ 9/514-6655, 💻 www.ticketbus.com.mx. 1. Klasse-Busse nach:

MÉXICO D.F. mindestens stdl. (6 Std.),
POCHUTLA 5x tgl. (6 Std.),
PUERTO ESCONDIDO 4x tgl. (9 1/2 Std.),
SAN CRISTÓBAL 3x tgl. (10–12 Std.),
TEHUACÁN 3x tgl. (3 Std.),
TEHUANTEPÉC stdl. (5 Std.),
VERACRUZ 5x tgl. (7 Std.),
VILLAHERMOSA 5x tgl. (12 Std.).

Der **2. Klasse-Busbahnhof** (ebenfalls mit *guardería*) befindet sich in der Nähe des Abastos-Marktes – vom Zócalo auf der Trujano oder Las Casas nach Westen gehen, oder am Markt entlang nach Norden. Hier fahren (meist nachts) langsamere, billigere (und unbequemere) Busse nach MÉXICO D.F., PUERTO ESCONDIDO, PINOTEPA NACIONAL, POCHUTLA, SALINA CRUZ, TUXTLA GUTIÉRREZ und zu anderen Orten. Viele dieser Strecken kann man auch mit **Sammeltaxis** zurücklegen – am besten bei der Touristeninformation nachfragen!

FLÜGE – Der **Flughafen** von Oaxaca liegt 10 km südlich der Stadt an der Straße nach San Bartolo Coyotepec und Ocotlán. Die zwischen Oaxaca und diesen beiden Städten verkehrenden Busse (Abfahrt am 2. Klasse-Busbahnhof) fahren in ca. 1 km Entfernung am Flughafen vorbei, doch weitaus bequemer ist eine Fahrt mit ***Transportación Terrestre Aeropuerto***, ✆ 9/514-4350, Alameda de León, schräg gegenüber der Kathedrale. Wer einen Tag vor Abflug anruft, wird vom Hotel abgeholt und für ca. US$2 per Sammeltaxi und US$5 per Taxi am Flughafen abgesetzt.

In der mexikanischen Feriensaison ziehen die Flugpreise drastisch an, doch als Faustregel gilt: ca. US$100 nach MÉXICO D.F. (10x tgl.), US$90 nach PUERTO ESCONDIDO (2x tgl.) und US$200 nach MÉRIDA (1x tgl.). Nach CANCÚN gelangt man tgl. entweder via Tuxtla, Villahermosa oder Mérida, nach HUATULCO tgl. über México D.F.

Fluggesellschaften:
Aero Caribe, Fiallo 102, Ecke Independencia, ✆ 9/516-6099,
Aeroméxico, Hidalgo 513, ✆ 9/5115044,
Aeromorelos, Macedonia Alcala 501-B, ✆ 9/516-0974,
Aerotucán, Alcalá 201, ✆ 9/501-0530,
Aviacsa, Pino Suárez 604, ✆ 9/518-4577,
Mexicana, Fiallo 102, ✆ 9/516-8414, 💻 www.mexicana.com,
Aerovega, Alameda de León, ✆ 9/516-2777.

Die Valles Centrales

In der Region um Oaxaca entstanden einige der frühesten Hochkulturen Mexikos, insbesondere die der Zapoteken und Mixteken. Ihre Kunstfertigkeit bei der Herstellung von (mixtekischen) Webarbeiten, Tongefäßen und in der Metallverarbeitung war unübertroffen, und die Bauweise und geniale Anlage ihrer Städte, insbesondere die der Zapotekenstadt **Monte Albán**, zählen zu den elaboriertesten von ganz Mesoamerika. Heute bewahren die Nachfahren der Mixteken und Zapoteken die alten Traditionen und ihre indigenen Sprachen mit besonderem Stolz.

Achtung: Viele der Ortschaften außerhalb von Oaxaca-Stadt stellen im Sommer nicht die Uhren um, so dass die eigene Uhr u.U. der Ortszeit um eine Stunde voraus ist.

Geschichte

Das Tal von Oaxaca ist die Wiege einiger der frühesten Zivilisationen Mexikos. Ihre Geschichte beginnt mit den **Zapoteken**, die irgendwann vor 1000 v.Chr. ihre erste Stadt, das heutige San José Mogoté (jetzt kaum mehr als eine Ansammlung überwucherter Hügel ein paar Kilometer nördlich der Bundeshauptstadt), erbauten. Als die Stadt durch den Handel mit Gemeinden an der Pazifikküste zu Wohlstand gelangte, richteten die Bewohner ihren Blick auf die Sterne: Gegen 500 v.Chr. hatten sie den ersten mexikanischen Kalender erfunden und benutzten eine Hieroglyphenschrift. Um diese Zeit gründete San José zusammen mit anderen kleineren Dörfern der Umgebung strategisch günstig auf einem Bergkamm mit Blick über das größte Tal von Oaxaca das Verwaltungszentrum **Monte Albán**. Potenzielle Rivalen wurden durch Kriege ausgeschaltet – die eigentümlichen *danzante*-Figuren, die heute in den Ruinen zu sehen sind, stellen mit ziemlicher Sicherheit Kriegsgefangene dar. Bald reichte die Herrschaft der neuen Stadt weit über das Haupttal hinaus. Angesichts der wachsenden Bevölkerung beschlossen die Zapoteken, den Monte Albán einzuebnen, um mehr Platz zu gewinnen, und schufen so ein riesiges Plateau – eine gewaltige technische Leistung. Ohne Hilfe des Rades oder Verwendung von Lasttieren wurden Millionen Tonnen Erde bewegt und eine riesige Flachterrasse angelegt, auf der die Zapoteken kolossale Pyramiden, Sternwarten und Paläste erbauten. Um die Zeit der Geburt Christi beherbergte die Stadt 20 000 Menschen, und Monte Albán kontrollierte nicht nur die kleineren Ortschaften unten im Tal, sondern sein Einflussgebiet reichte genauso weit wie das seines mächtigen Handelspartners Teotihuacán im Norden.

Doch ebenso wie in Teotihuacán begann ab ungefähr 700 n.Chr. aus unerfindlichen Gründen der Niedergang von Monte Albán, und sein Einfluss in den Zentraltälern schwand. Nur Yagul und Mitla, zwei kleinere Städte im Haupttal, erlebten nach dieser Zeit einen Aufschwung, erreichten jedoch nie den Glanz und die Macht von Monte Albán. Nach und nach füllten die **Mixteken**, die besten Kunsthandwerker des prähispanischen Mexiko, die von den Zapoteken hinterlassene Lücke. Sie breiteten sich von Norden her über die südlichen Täler aus und ließen sich in den herrlichen Zapotekenstädten nieder. Beeinflusst von den abstrakten Motiven zapotekischer Bildhauer an den Mauern von Mitla, verlegten sich die Mixteken auf Goldschmiedekunst und Töpferei; Beispiele dafür sind in den Museen überall im Bundesstaat zu besichtigen. Gegen 1500 waren die Mixteken die begehrtesten Künstler im mächtigsten Reich Mexikos, dem der Azteken, geworden – Bernal Diaz berichtet, dass Moctezuma nur von Tellern aß, die von mixtekischen Töpfern angefertigt worden waren.

Monte Albán

Man stelle sich einen hohen, abgelegenen Berg am Schnittpunkt dreier Täler vor; eine Insel, die sich auf fast 3000 m über dem fruchtbaren Meer an seinem Fuße erhebt. Eine erschreckende Vision. Aber die Zapoteken fürchteten sich nicht vor der artistischen Aufgabe, die vor ihnen lag. Sie begradigten den Gipfel, legten zwei riesige, rechteckige Höfe an, errichteten in der Mitte Pyramidentempel oder Altäre mit anderen, noch viel größeren Pyramiden an jedem Ende, bauten große Stufen, die sich mit glatten Teilen Mauerwerk abwechselten, um die Höfe mit Mauern zu umgeben, legten monumentale Treppenaufgänge an den Seiten der Pyramiden an und verzierten die Grundmauern mit in Stein gehauenen Fresken. Selbst heute, wo die Höfe mit Unkraut bewachsen und die Pyramiden unter Gras verborgen sind, selbst heute noch ist diese Zapotekenstadt in luftiger Höhe außergewöhnlich beeindruckend… Monte Albán ist das Werk von Menschen, die die Architekturkunst bis ins Feinste beherrschten.

Aldous Huxley, *Beyond the Mexique Bay*

Was man heute hier sieht, ist nur das Zentrum der Stadt, das religiöse und politische Herzstück. Auf dem terrassenförmig angelegten Gelände am Hang lebte eine Gemeinde von Handwerkern, Priestern, Verwaltungsbeamten und Kriegern, die sich von Tributen aus den Tälern ernährt haben muss – ein beachtlicher gesellschaftlicher „Wasserkopf", der dazu beigetragen haben könnte, dass die Sozialstruktur der Zapoteken aus dem Gleichgewicht geriet.

Während der vielen Jahre, die vergangen sind, seitdem Aldous Huxley Monte Albán besuchte, hat sich natürlich einiges verändert. Die Hauptanlagen sind in Ordnung gebracht und restauriert worden. Was den Betrachter noch immer am meisten fasziniert, sind der abgeflachte Berggipfel (750 m x 250 m), die Gesamtanlage des religiösen Zentrums und die Aussicht über die Täler.

Am Eingang gibt es einen Parkplatz, ein teures Restaurant, Sanitäranlagen, einen Souvenirladen und ein kleines **Museum**. Die Sammlung ist winzig, umfasst aber ein paar schöne alte und neue Fotos der Anlage und ihrer Umgebung. ⌚ tgl. 8–18 Uhr, US$3,70.

Man betritt zuerst die **Gran Plaza** von der nordöstlichen Ecke her. Links liegt der Ballspielplatz und rechts die gewaltige nördliche Plattform. Man muss sich vergegenwärtigen, dass die düsteren, grauen Mauern ursprünglich, als die Heiligtümer noch überdacht und intakt waren, in den buntesten Farben leuchteten. Der wahrscheinlich wichtigste Tempel der Stadt stand auf dieser **Plataforma Norte**; die umliegenden Zeremonialgebäude liegen jedoch größtenteils in Trümmern. Übrig geblieben ist eine breite Freitreppe, die zur Plattform hochführt, in deren Mitte sich ein Altar erhebt. Oben auf der Treppe stehen die Überreste einer Doppelreihe von jeweils sechs wuchtigen Säulen, die ursprünglich das Dach einer Kolonnade stützten, die diese Plaza von den anderen trennte.

Die Ostseite der Gran Plaza wurde von einer fast durchgängigen Reihe niedriger Gebäude gebildet, zu denen verschiedene Treppenaufgänge von der Plaza hinaufführen. Das erste dieser Gebäude blickt auf den **Juego de Pelota** (Ballspielplatz), ein einfacher Platz in Form einer römischen Eins, ohne sichtbare Tore oder Ringe, der offensichtlich ein frühes Beispiel dieser Art darstellt. Die Plattformen an der Ostseite wurden später gebaut, um 500 n.Chr. oder später.

In der Mitte der Plaza befindet sich ein lang gestreckter, dreiteiliger Gebäudekomplex, die **Edificios G, H und I**, der eine wichtige Rolle bei den Zeremonien gespielt haben muss. Den zentralen Bereich erreicht man über breite Treppenaufgänge von Osten oder Westen; die niedrigeren Tempel an den Enden besitzen kleinere Treppen vom Norden und Süden her. Unter der Tempelanlage führt ein Komplex von **Tunneln** zu weiteren Tempeln. Sie wurden möglicherweise gebaut, damit die Priester plötzlich und auf wunderbare Weise verschwinden und wieder auftauchen konnten. Die Überreste einiger dieser Tunnel kann man zwischen den Gebäuden an der Ostseite betrachten.

Südlich von diesem Zentralbereich erhebt sich der **Monticulo J**, auch als „Observatorium" bekannt. Es ist im Winkel von 45° zu den anderen Bauwerken angeordnet. Obwohl die Ausrichtung mit ziemlicher Sicherheit astronomische Gründe hat, sprechen keine Anzeichen dafür, dass es sich um eine Sternwarte handelt. Wahrscheinlich wurde es um 250 n.Chr. auf der Stelle eines älteren Gebäudes erbaut, um einen Sieg zu dokumentieren. Reliefs und Hieroglyphen der Rückseite zeigen offenbar eine Liste der von den Zapoteken eingenommenen Städte. In der überwölbten Passage, die mitten durch das Gebäude verläuft, kann man Reliefs sehen, auf denen viele *danzante*-Figuren dargestellt sind (s.u.). Sie stammten möglicherweise von einem früheren Bauwerk.

Die Südseite des Berges wird von der **Plataforma Sur** beherrscht. Die gewaltige Pyramide ist zwar nicht restauriert worden, bietet aber den schönsten Ausblick. Wenn man von hier aus zurück zur Westseite der Plaza geht, kommt man an drei wichtigen Bauwerken vorbei: den fast gleich aussehenden Monticulo M und Sistema IV, zwischen denen sich Los Danzantes, die große Tanzgruppe, befindet.

Monticulo M und **Sistema IV** sind die am besten erhaltenen Gebäude auf dem Gelände. Beide bestehen aus einer rechteckigen Plattform, die über eine Treppe von der Plaza aus erreichbar ist. Dahinter liegt ein kleiner, abgesenkter Platz, auf dem sich eine (ursprünglich von einem überdachten Heiligtum gekrönte) Pyramide erhebt.

Die „Galerie" und das Gebäude von Los Danzantes („die Tänzer") sind die interessantesten Bauten von Monte Albán. Eine niedrige Mauer, die sich vom Monticulo M bis zum Fundament des Danzante-Gebäudes erstreckt, bildet eine Art **Galerie**, die ursprünglich auf ganzer Länge aus Steinblöcken bestand und mit Reliefskulpturen von Olmeken- oder negroiden Tänzern geschmückt war. Nur wenige dieser *danzantes* sind an Ort und Stelle verblieben. Sie gehören zu den ältesten (um 500 v.Chr.) und beeindruckendsten Sehenswürdigkeiten der Ausgrabungsstätte. Was die nackten männlichen und weiblichen Figuren bedeuten, ist noch immer umstritten. Viele von ihnen scheinen aufgeschnitten zu sein und könnten Blutopfer oder Gefangene darstellen; manche Forscher behaupten, dass die Wand eine Art medizinisches Wörterbuch sei (dafür spricht z.B. die Darstellung einer Geburt), andere, dass die Figuren Tänzer, Ballspieler oder Akrobaten sind. Der olmekische Einfluss ist unverkennbar.

Viele der Blöcke wurden auch in späteren Gebäuden verwendet, so auch im **Los Danzantes**-Gebäude. Es besteht aus einer großen, einfachen rechteckigen Plattform, auf der drei Tempel stehen. Die Wände sind inzwischen nachgedunkelt. Tunnel, die von Archäologen gegraben wurden, legten noch mehr „tanzende" Figuren frei und zeigen, dass hier schon früher Gebäude existierten.

Verschiedene kleinere Gebäude umgeben die Hauptplaza. In ihnen wurden, wie auch in den wichtigen Gebäuden selbst, Grabstätten gefunden, die reiche Schätze enthielten. Die am besten erhaltene **Tumba 104** erreicht man über einen schmalen Pfad hinter der Plataforma Norte oder vom Parkplatz aus. In unmittelbarer Nachbarschaft befinden sich mehrere andere, aber nur in diesem Gewölbe findet man noch sehenswerte Überreste von Wandgemälden, außerdem die sehenswerte Skulptur „Indianischer Kopf".

Die **Tumba 7**, wo die berühmte Sammlung mixtekischer Schmuckstücke gefunden wurde, die sich jetzt im Museum von Oaxaca befindet, liegt vom Haupteingang aus einige hundert Meter weiter auf der Hauptstraße. Sie war gegen Ende der Vorherrschaft von Monte Albán von den Zapoteken unter einem kleinen Tempel eingerichtet worden, wurde später jedoch von den Mixteken geplündert, die dann hier einen ihrer eigenen Herrscher mit kostbaren Grabbeigaben beisetzten.

Transport

Monte Albán ist 9 km von OAXACA entfernt. Vom *Hotel Meson del Ángel* in der Mina 518, Ecke Díaz, fährt Mo–Sa um 8.30, 9.30, 11.30, dann bis 15.30 Uhr stdl. ein Minibus von *Autobuses Turisticos* für US$2,40 p.P. (hin und zurück) die kurvenreiche Straße hoch. Zurück jeweils 2 1/2 Stunden später – eigentlich zu kurz, doch wer länger bleibt und mit einem späteren Bus zurückfährt, muss noch einmal den halben Fahrpreis entrichten. Letzter Bus zurück um 17.30 Uhr. Am So nur ab 10.30 und 12 Uhr, Rückfahrt um 13 und 16 Uhr. Auch VW-Busse der Reisebüros holen Interessenten zu einer 3-stündigen, geführten Fahrt im Hotel ab. Preisvergleich lohnt sich.

Man kann auch ein Taxi nehmen. Wenn 4–5 Pers. zusammen fahren, ist das nicht viel teurer als mit dem Bus.

Zu Fuß sind es bis Oaxaca etwa zwei Stunden – fast durchweg bergab. Am besten einen der Wächter oder eines der Kinder, die am Wegesrand „echte Antiquitäten" verkaufen, nach dem Weg fragen!

Von Oaxaca nach Mitla

Die 45 km lange Fahrt von Oaxaca nach Mitla auf der Carretera 190 Richtung Guatemala dauert etwas länger als der Ausflug nach Monte Albán. Vom 2. Klasse-Busbahnhof fahren tagsüber etwa jede halbe Stunde Busse in diese Richtung ab. Im Tal liegen abseits der Straße einige leicht zugängliche

Dörfer der Indígenas und verschiedene einsame, kleine Ruinen. Wer in den Dörfern einen Zwischenhalt einlegen möchte, kann den Bus nach Mitla nehmen, der an den Kreuzungen bei Yagul und Teotitlán hält, und dort aussteigen. Mit einem Mietwagen kann man alle interessanten Orte an der Strecke an einem Tag besuchen. Wer tiefer ins Tal eindringen möchte, sollte eine Unterkunft in einem der Dörfer in Erwägung ziehen, von denen einige **Tourist Yú'ù**-Einrichtungen für Selbstversorger (s.S. 541) besitzen, die genauso „luxuriös" sind wie viele der Budgethotels in der Stadt Oaxaca.

Santa María El Tule

In Santa María El Tule, der ersten Haltestelle an der Carretera 190 von Oaxaca Richtung Osten, steht der berühmte **Árbol del Tule** auf dem Hof der Dorfkirche an der Carretera. Der mächtige Baum ist mindestens 2000 Jahre alt und besitzt einen Umfang von fast 58 Metern. Auf einem Notizbrett sind alle wesentlichen Daten angeschrieben. Interessant ist, dass es sich hier um eines der ältesten Lebewesen der Erde handelt, eine Spezies der Zypressen *(Taxodium mucrunatum)*. Leider ist der Fortbestand des Baumes inzwischen in Gefahr, da Industrie und Bauwirtschaft ihm das lebensnotwendige Wasser entziehen.

Es gibt einen Souvenirmarkt und Stände mit Essen und Getränken. Vom Bus aus (links Richtung Mitla) kann man zwar einen Blick auf den Baum erhaschen, aber es lohnt sich durchaus, anzuhalten und US$0,20 zu zahlen, um den Riesen aus der Nähe zu betrachten. Auf der anderen Seite der Carretera gibt es ein Souvenirgeschäft, wo man die vielen hier vorkommenden Halbedelsteine ansehen kann. Wer vorhat, solche Schmuckstücke zu kaufen, sollte sich hier informieren, um später nicht übers Ohr gehauen zu werden. **Busse** nach El Tule fahren alle 10 Min. vom 2. Klasse-Busbahnhof in Oaxaca ab.

Dainzú

Von der Abzweigung nach Abasolo noch 7 km weiter auf der Carretera 190 kommt man nach Dainzú, zur ersten archäologischen Fundstätte von Bedeutung, ca. 1 km südlich der Hauptstraße. Es handelt sich um ein Olmeken- und/oder Zapotekenzentrum aus der Zeit zwischen 300 v.Chr. und 1000 n.Chr., das bisher nur teilweise ausgegraben wurde. Zuerst kommt man zum **Edificio A**, einer ausgedehnten, verwirrenden Konstruktion, die, um einen Platz gruppiert, Elemente aus verschiedenen Epochen vereinigt.

Besonders sehenswert ist ein **Grabgewölbe**, dessen Eingang von einer Jaguarfigur gebildet wird. Gleich daneben liegt der Ballspielplatz, von dem eine Seite wieder aufgebaut wurde, und weiter oben auf dem Hügel das **Edificio B**, das am besten erhaltene Gebäude der Ausgrabungsstätte. An der Grundmauer kann man auf einem Wandrelief eine Reihe von „tanzenden" Figuren ausmachen, die Ähnlichkeit mit denen von Monte Albán haben. Allerdings stellen diese hier wirklich Ballspieler dar. ⌚ tgl. 8–18 Uhr, US$2,30.

Teotitlán del Valle

Vor der kleinen zapotekischen Ausgrabungsstätte Lambityeco, ⌚ tgl. 8–18 Uhr, Eintritt US$2,30, führt eine 4 km lange Straße nach Teotitlán del Valle, bekannt für seine **Webarbeiten**. Das Dorf ist mit bunten Teppichen und *sarapes* (Wolldecken) fast zugehängt, manche in einigermaßen traditionellen Mustern von Mitla, andere Imitate von Designs des 20. Jhs. Die meisten sind aus Baumwolle. Auch wer nichts kaufen möchte, kann einen Blick hinter die Kulissen werfen. Neuankömmlinge werden für gewöhnlich gleich beim Aussteigen aus dem Bus in die nach links führende Straße Richtung Mercado de Artesanías dirigiert. Die Auswahl dort ist groß, und manche Sachen stellen sich als recht preiswert heraus, sofern man ein bisschen in den hinteren Räumen und Regalen stöbert. Die Preise liegen etwas unter denen in Oaxaca.

Im Dorf gibt es ein interessantes **Gemeindemuseum** mit prähispanischen Ausstellungsstücken und Wissenswertem zur Teppichweberei und zum Leben in der Gegend. ⌚ Di–So 10–14 und 16–18 Uhr, US$0,50. In der **Dorfkirche**, deren Wände unzählige Mauerreste zapotekischer Tempel enthalten, praktizieren die Gläubigen eine Mischung aus katholischen und indigenen Ritualen.

Teotitlán hat ein paar lohnende Restaurants, z.B. das *Tlamanalli*, Av. Juárez 39, wo köstliche einheimische Klassiker serviert werden, das Angebot wechselt tgl., ⌚ Di–So 14–17 Uhr. Das weniger teure *La Cúpula*, an der in die Stadt hineinführenden Straße, bietet authentische Zapoteken-Küche, einschließlich herzhafter *pozole*-Suppe; angeschlossen ist eine schöne Weberei. Etwa 3,5 km außerhalb, am Weg zurück Richtung Carretera 190, liegt ein **Tourist Yú'ù**. Am besten erkundigt man sich bei der Touristeninformation, ob es geöffnet hat. Wenn nicht, kann man im *El Descanso,* Juárez 51, absteigen ❹. Ein Direktbus fährt fast stündlich von Oaxaca aus hierher, außerdem halten hier regelmäßig Minibusse aus dem weiter östlich an der Carretera 190 gelegenen Tlacolula.

Benito Juárez

An einem Felsvorsprung 3000 m über den Tälern von Oaxaca liegt das kleine Dorf Benito Juárez, in dem man traumhafte Sonnenuntergänge erleben kann – an klaren Tagen reicht die Sicht vom hiesigen Aussichtspunkt bis zum höchsten Berg Mexikos, dem Pico Orizaba. Der Ort ist außerdem Ausgangspunkt für Ausflüge über ausgeschilderte ländliche Wanderwege und kleine Landstraßen mit einer Gesamtlänge von über 100 km. Sie führen durch die *pueblos mancomunados* (wörtlich „Gemeinschaftsdörfer") der **Sierra Norte** Richtung Ixtlan (s.u.) und eignen sich für **Wanderer und Mountainbiker** aller Leistungsniveaus. Die Pfade sind jahrhundertelang von Einheimischen genutzt worden, die sich die Bodenerträge mit den umliegenden Gemeinden zu teilen pflegten.

Die Dörfer sind ein beeindruckendes Beispiel für die soziale Organisation der Gemeinschaft in Mexiko. Es handelt sich um acht kleine Orte auf gemeinschaftlich genutztem Land in den Bergen und Wäldern. Alle stellen erschwingliche Cabañas für länger in der Gegend verweilende Besucher bereit. Die Landschaft ist grandios: Bestimmte Abschnitte der Kiefernwälder wurden vom WWF als die arten- und abwechslungsreichsten der Erde eingestuft. Der **Pfad** zwischen den Dörfern **Latuvi** und **Amatlan** ist wahrscheinlich Teil einer bedeutenden prähispanischen Route von den Zapoteken-Städten in den Zentraltälern Oaxacas zum Golf von Mexiko. Noch heute sind entlang des Weges Überreste der alten Straße zu erkennen. Wer diese Gegend besucht, sollte bedenken, dass hier extreme Höhen- und Temperaturverhältnisse herrschen. Es ist ratsam, sich vor Aufnahme einer anstrengenden körperlichen Tätigkeit zunächst zu akklimatisieren und viel Wasser sowie Sonnenschutz mitzuführen.

Die Dorfbewohner bereiten für Gäste auf Anfrage Mahlzeiten zu oder unternehmen mit ihnen Ausritte auf Pferden oder Eseln. Außerdem gibt es einen Fluss, in dem man Forellen angeln kann. Alles in allem ist es ein erholsamer Ort, an dem man gut ein paar Tage verbringen kann, um sich an der Natur zu erfreuen und Erfahrungen aus erster Hand über das Leben der mexikanischen Landbevölkerung mit nach Hause zu nehmen.

In der kleinen, aber ausgesprochen nützlichen **Touristeninformation** in der Benito Juárez, neben dem Zócalo, ✆ 9/545-9994, gibt es ausgezeichnete Landkarten, auf denen die unterschiedlichen Schwierigkeitsgrade sämtlicher Erkundungspfade erklärt werden; außerdem kann man hier gut gewartete Mountainbikes ausleihen, allerdings nur mit Guide (US$20 für Rad plus Begleitung). ⏲ Mo–Sa 9–17 Uhr.

Die Übernachtungsmöglichkeiten beschränken sich auf das angenehme **Tourist Yú'ù** mit Etagenbetten oder Familienhütten mit Küche (man sollte den Hausmeister daran erinnern, das warme Wasser einzuschalten, bevor er sich am Abend bis zum nächsten Morgen verabschiedet). In der Touristeninformation von Oaxaca (s.S. 546) kann man im Voraus buchen, was allerdings in der Nebensaison nicht unbedingt erforderlich ist. **Camping** auf gepflegten Zeltplätzen ❶ ist ebenfalls möglich. Da die Temperaturen nachts drastisch sinken, empfiehlt es sich, warme Kleidung und einen Schlafsack mitzubringen (Wolldecken werden auf Wunsch gestellt). Im Winter kann sogar Schnee fallen.

Im Ort kann man für US$10 auch Temazcal-Bäder genießen; sie können über das Tourist Yú'ù arrangiert werden. 5x tgl. fahren Busse ins nahe gelegene Cuajimoloyas vom 2.-Klasse-Busbahnhof aus. Alternativ dazu klettern stündlich Camionetas aus Teotitlán die steile, unwegsame Straße durch die bewaldeten Berge hoch. *Sierra Norte,* María Bravo 210-I, ✆ 9/514-8271, in Oaxaca bietet außerdem Touren hierher an.

Tlacolula und Santa Ana del Valle

Im Tal unterhalb von Benito Juárez, nur ein paar Kilometer hinter Teotitlán del Valle, liegt **Tlacolula**, ein ärmliches Dorf, allerdings mit einer sehenswerten Kirche aus dem 16. Jh. rund 1 km südlich der Hauptstraße, deren Inneres zwar nicht ganz so kunstfertig, aber genauso verschwenderisch ausgestattet ist wie die Kirche Santo Domingo in Oaxaca. Der beste Tag für einen Besuch ist der Sonntag, wenn hier ein großer Markt stattfindet.

Am 2. Klasse-Busbahnhof in Oaxaca fahren alle 20 Min. Busse nach Tlacolula ab.

Von der Kreuzung bei Tlacolula führt eine Straße Richtung Norden nach **Santa Ana del Valle**. Der Ort ist kleiner als Teotitlán, aber ebenfalls für seine erstklassige Auswahl an vor Ort produzierten Webteppichen bekannt. In der Morelos 2 stellen Lucio Aquino Cruz und sein jüngerer Bruder Primo einige der erlesensten Teppiche Mexikos her – auch wer sie wahrscheinlich nicht bezahlen kann, sollte dort einmal vorbeischauen. Man kann bei Lucio auch etwas nach eigenem Geschmack in Auftrag geben und die Herstellung von Anfang bis Ende verfolgen.

An der kleinen Plaza in Santa Ana del Valle liegt das sehr sehenswerte archäologische **Museum Shan-Dany**. Der Name bedeutet in der Zapotekensprache „Fuß des Hügels". Das Museum steht an der Stelle, an der in den 50er Jahren Grabstätten entdeckt wurden. Bei den Ausgrabungen sind interessante Schriftzeichen entdeckt worden. Möglicherweise existierte diese zapotekische Anlage zeitgleich mit Dainzú und Monte Albán. Bei Grabungen unter den jetzigen Basketballplätzen außerhalb vom Museum wurden genügend Töpfe und Steine zusammengetragen, um das kleine, aber sehenswerte Museum, das von einer Kooperative geführt wird, zu füllen. Es informiert auch über die hiesige Textilweberei. ⌚ Mo–Sa 10–14 und 16–18 Uhr.

Wer bleiben möchte, kann im ruhigen, der Landschaft angepassten **Tourist Yú'ù** in Santa Ana unterkommen. Der Dorfbäcker backt köstliches Brot, und im Dorfladen kann man sich mit dem Nötigsten eindecken. Alle paar Minuten fahren Busse aus Tlacolula hierher.

Yagul

Das touristisch noch kaum erschlossene Yagul erstreckt sich weit über ein verteidigungstechnisch hervorragend gelegenes Gelände auf einem beeindruckenden, von Kakteen übersäten Plateau über dem eindrucksvollen Tlacolula-Tal. Erste Funde datieren von 500–150 v.Chr., aber die Stadt wurde wahrscheinlich schon früh von den Zapoteken erobert. Ihre Hauptgebäude stammen allerdings aus späteren Zeiten (ca. 900–1200 n.Chr., nach dem Fall von Monte Albán); der mixtekische Einfluss in der Bauweise ist erkennbar.

Die untere Ebene nimmt der **Patio de la Triple Tumba** ein, wo die Überreste von vier Tempeln einen Altar und den Eingang zur Triple Tumba umgeben, deren drei Abteilungen charakteristische Mixtekenverzierungen aufweisen. Da man sie nur aus einigem Abstand besichtigen kann, empfiehlt es sich, beim Tourismusbüro in Oaxaca vorher die kostenlose Informationsbroschüre über Yagul zu holen.

Direkt über dem Patio befindet sich ein großer **Ballspielplatz**, und darüber das Labyrinth des **Palacio de los Seis Patios**. Diese sechs Höfe, die von Räumen und schmalen Passagen umgeben sind, stellten wahrscheinlich einen Wohnkomplex dar. Den Hügel hinauf Richtung **Fort** kommt man an mehreren kleineren Ruinen und Grabmälern vorbei. Von der Festung aus hat man eine schöne Aussicht über das Tal. ⌚ Di–So 8–18 Uhr, US$2,80.

Die Ausgrabungsstätte liegt 35 km nördlich von Lambityeco, abseits der Hauptstraße. Von der Kreuzung, wo der Bus hält, sind es knapp 2 km bzw. eine halbe Stunde zu Fuß bergauf. Steil ist aber nur das letzte Viertel des Weges.

Mitla

Die Geschichte von Mitla („Ort der Toten") ist ziemlich undurchsichtig und unter Experten immer noch sehr umstritten. Die abstrakten Muster an den Gebäuden erinnern an erhaltene mixtekische Vorbilder und wurden daher lange Zeit für authentisch mixtekisch gehalten. Jüngere Forschungen lassen jedoch den Schluss zu, dass die Gebäude von Zapoteken errichtet wurden und die Stadt ein religiöses Zentrum war, in dem der oberste Hohepriester der Zapoteken residierte. Diesen *Uija-Tao* oder „Großen Seher" hat der Spanier Alonso Canesco im 15. Jh. als jemanden beschrieben, der „eher wie unser Papst" war; sollte er wirklich hier gewohnt haben, dann war Mitla demnach so etwas wie der Vatikan.

Die Busse halten in der nicht weiter bemerkenswerten Ortschaft Mitla, 4 km von der Carretera entfernt und nur 10 Min. zu Fuß von den berühmten Ruinen. Es ist ein staubiges Dorf, in dem man auf Schritt und Tritt von Möchtegern-Fremdenführern und Kunsthandwerksverkäufern verfolgt wird.

Ein paar Minuten mit dem Regionalbus von Mitla entfernt liegt der kleine Ort **Matatlan**, wo sich fast alles um den Mezcal dreht. Hier kann man die Produktionsstätten besichtigen und in den Läden der Stadt das Getränk gratis probieren. Aber Vorsicht: Ein paar Kostproben hausgemachten Mezcals können die Sinne ganz erheblich trüben!

Die Ausgrabungsstätte

Die Ausgrabungsstätte selbst scheint auf den ersten Blick eine Enttäuschung zu sein, denn sie ist ziemlich klein und um die Mittagszeit überfüllt. Bei näherer Betrachtung kommt man allerdings zu einem anderen Schluss: Der Palastkomplex ist mit kunstvollen Steinmosaiken verziert, die am besten am späten Nachmittag zur Geltung kommen, wenn die untergehende Sonne das Licht- und Schattenspiel der Muster hervorhebt und die Massen den Ort verlassen haben. ⏲ tgl. 8–18 Uhr. US$2,80.

Vom Eingang aus geht man zuerst zur **Grupo de las Columnas**, dem am besten erhaltenen und eindrucksvollsten Teil des Palastkomplexes. Die langen, niedrigen, wunderbar verzierten Bauten findet man in ähnlicher Form nur noch bei den beiden postklassischen Ruinenstätten El Tajín (s.S. 518) und Uxmal (s.S. 673). Dieser und andere Umstände lassen vermuten, dass es Kontakte zwischen diesen mächtigen Orten gab.

Der erste große Hof ist an drei Seiten von Gebäuden umgeben, deren zentrales, der **Templo de las Columnas**, schon allein seiner exakt berechneten Struktur wegen beeindruckend ist. Über die Freitreppe erreicht man die **Sala de las Columnas**, so benannt nach den sechs spitz zulaufenden Säulen aus Vulkanstein, auf denen das Dach ruhte. Von hier führt ein niedriger, schmaler Durchgang (wahrscheinlich sollte er gegen unerwünschte Eindringlinge schützen) zum Innenhof, dem **Patio de las Grecas** mit seinen schönen Mosaiken. In vier dunklen, vom Hof abgehenden Räumen setzt sich das Mosaikmuster fort. Hier hat wahrscheinlich der *Uija-Tao* gewohnt. Sollte die jüngste Theorie stimmen, so verwandelten die zapotekischen Erbauer den innersten Raum eines traditionellen mesoamerikanischen Tempels, der für gewöhnlich den Priestern vorbehalten war, in ein exquisit eingerichtetes „Papst-Apartment" rings um einen Privatpatio.

Der zweite Hof der Säulengruppe, an der Südwestecke des ersten gelegen, ist ähnlich, aber nicht ganz so kunstvoll ausgeführt. Die beiden kreuzförmigen Gräber, die hier im **Patio de las Tumbas** gefunden wurden, sind längst von Grabräubern geplündert worden. Zur Plattform des nördlichen Patios gelangt man über eine Treppe. In einer der unteren Kammern wird die Decke von einer „Todessäule", der **Columna de la Muerte**, getragen: Wer sie umarmt und den Abstand zwischen seinen beiden Händen misst, erfährt die Zahl der ihm noch verbleibenden Lebensjahre.

Aus den Steinen der Bauwerke der so genannten **Grupo de Iglesia** im Nordteil haben die Spanier eine Kirche errichtet – daher der Name. Von den ursprünglich drei Höfen sind noch zwei erhalten. Im kleineren kann man an den Überresten der ehemaligen Bemalung sehen, dass die Muster weiß von einem dunkelroten, mit Kochenille gefärbten Hintergrund abgesetzt waren.

Weniger gut haben die drei restlichen Gebäudegruppen die Jahrhunderte überstanden. Sie befinden sich mitten in der heutigen Stadt und sind von den sie umgebenden Wohnhäusern nur durch einen Zaun getrennt. Oben auf der Pyramide der **Grupo de los Adobes** steht eine Kapelle. In der Nähe liegt die **Grupo del Arroyo**. Die **Grupo del Sur** liegt direkt an der Straße zur Ausgrabungsstätte.

Übernachtung

Hotel Mitla, Independencia 12, gegenüber der *Posada La Sorpresa,* ✆ 019/568-0112, einfache Zimmer mit Dusche. ❹

Hotel La Zapoteca, 5 de Febrero 8, zwischen der Plaza und den Ruinen, ✆ 019/568-0026, ein bisschen moderner und teurer. ❹

Transport

Busse fahren vom 2. Kl.-Busbahnhof in OAXACA etwa alle 30 Min. nach Mitla.

Von Oaxaca nach Süden

An den beiden Straßen, die von Oaxaca nach Süden verlaufen, gibt es nicht so viele interessante Dörfer und Sehenswürdigkeiten wie an der Straße nach Mitla, aber man kann leicht einen Tag damit zubringen, durch Dörfer zu bummeln oder bei einer Radfahrt die Schönheit des Tals auf sich wirken zu lassen. An den Markttagen – bei weitem der günstigste Zeitpunkt – benutzt man besser den öffentlichen Nahverkehr. Wer mag, kann auch in Oaxaca ein Fahrrad ausleihen und damit herfahren; wenn man die Mittagshitze meidet, ist es gar nicht so anstrengend.

San Martín Tilcajete und Santo Tomas Jalieza

Busse nach San Bartolo Coyotepec fahren stdl. vom 2. Klasse-Busbahnhof in Oaxaca am Fahrsteig 24 ab und kommen dabei durch **San Martín Tilcajete**, einen verschlafenen Ort, dessen Hauptstraße von Familienbetrieben gesäumt ist, in denen die als *alejibres* bekannten bunten Tierfiguren aus Holz geschnitzt und bemalt werden – sie sind zwar nicht so berühmt wie jene aus Arrazola, aber es gibt dennoch schöne Exemplare. Besucher können durch die Werkstätten gehen und den Herstellungsprozess verfolgen.

Östlich der Carretera liegt **Santo Tomás Jalieza**. Die hiesigen Frauen sind auf das Weben von Baumwolle spezialisiert. Im Ortszentrum auf dem Markt einer Kooperative, der ausschließlich Frauen angehören, werden dicke Tischdecken und -sets, Rucksäcke, Kleidung und Gürtel aus Baumwolle zu festen (und im Allgemeinen angemessenen) Preisen verkauft.

Ocotlán

Die Busfahrt endet 40 Min. vor Oaxaca in Ocotlán. Auf dem Weg in die Stadt passiert man die nebeneinander liegenden Töpferwerkstätten von Guillermina, Josefina und Irene und links Constitución, Töchter von Doña Rosa, von denen jede andere Stücke herstellt; doch der unverkennbare Aguilar-Stil, den ihre Mutter kreierte, lässt sich nicht übersehen. Man findet viele dieser Sachen auch in Oaxaca, aber nur hier ist die ganze Bandbreite zu sehen. Am besten freitags, wenn nicht weit von der Parroquia de Santo Domingo de Guzmán mit ihrer restaurierten Fassade und den vielen Kuppeln der Wochenmarkt stattfindet.

Ocotlán ist der Geburtsort des berühmten Künstlers Rodolfo Morales (1925–2001), der hier die Stiftung *Fundación Cultural Rodolfo Morales,* in der Morelos 108, ins Leben rief. Sie verhalf dem Ort nicht nur zu einem ersten Krankenwagen und einem Computerzentrum, sondern initiierte auch Restaurierungsprojekte. So ist z.B. das ehemalige Gefängnis zu einem Kunstmuseum und Restaurant umgestaltet worden.

Arrazola und Culiapan

Die andere interessante Region ist die Gegend an bzw. abseits der Straße nach Zaachila, die südwestlich von Oaxaca am Fuße des Monte Albán verläuft. **Arrazola**, 5 km abseits dieser Straße, ist leicht per Fahrrad zu erreichen. Hier sind die Holzschnitzer und Maler beheimatet, deren bunt bemalte Tiere aus Kopalholz in Oaxaca und ganz Mexiko zu sehen sind. Schnitzer aus anderen Dörfern produzieren aufgrund der Popularität dieser Figuren ähnliche Sachen, die aber selten besser sind als die in Arrazola hergestellten.

Das Dorf **Culiapan**, 14 km von Oaxaca entfernt, ist nur aufgrund seines riesigen, aus dem 16. Jh. stammenden dominikanischen Ex-Convento de Santiago Apóstol erwähnenswert, das trotz arger Beschädigungen immer noch ein imposantes Bauwerk ist und ein Mittelschiff im Renaissancestil sowie ein weitgehend intaktes Gewölbe besitzt. Ein Teil ist noch überdacht. Um die Ecke im Kreuzgang befinden sind einige interessante verblichene Wandfresken. Dort hängt auch ein Schild mit einem zur hinteren Wand zeigenden Pfeil: Hier wurde Vincente Guerrero (s.S. 87, „Geschichte“) nach seiner Gefangenschaft im Kloster hingerichtet. Das Kloster wurde 1548 erbaut und bereits 1555 wieder zerstört. Der Grund dafür waren die Machtkämpfe zwischen Hernán Cortés und Kaiser Karl V., der das Kloster niederreißen ließ. 🕓 tgl. 8–18 Uhr, US$2,30.

Hin kommt man mit häufig verkehrenden Bussen vom 2. Klasse-Busbahnhof in Oaxaca Richtung Zaachila in ca. 20 Min.

Zaachila

Busse von Oaxaca nach Culiapan fahren noch 5 km weiter nach Zaachila, das einen farbenfrohen Donnerstagsmarkt hat. Für den Besuch sollte man sich möglichst diesen Tag aussuchen, denn dann besteht auch die beste Möglichkeit, in die **Zona Arqueológica** hinter der vieltürmigen Kirche zu gelangen. Viel gibt es nicht zu sehen, doch man kann in die zwei geöffneten Grabstätten hinabsteigen und – wenn sich die Augen an das Dunkel gewöhnt haben – Details der geometrischen Figuren im Basrelief auf den Türstürzen sowie Eulen, die den

Eingang bewachen, erspähen. Im Innern ist auf zwei wunderschönen Zeichensymbolen festgehalten, wer hier begraben wurde: „Herr Neun Blumen", möglicherweise ein Priester, der einen Korb voll Kopalholz für die Beweihräucherung trägt. ⏲ tgl. 8–18, Sa und So 9–16 Uhr, US$2,30.

Die Mixteca-Region

Die beiden Teile der Mixteca-Region Oaxacas – die kahlen Berghänge der **Mixteca Baja** und die gebirgige, von Nadelwald bestandene **Mixteca Alta** – bieten sich als Besuchsziele nicht so offensichtlich an wie die Zentraltäler. Zwar haben sie einige interessante Kolonialbauten zu bieten, doch die Ausgrabungsstätten sind nicht so spektakulär, und es gibt keine Kunsthandwerkszentren, die sich mit Teotitlán oder Arrazola messen könnten. Doch weniger Touristen bedeutet auch, dass man sich fast ungestört die zerfallenden Klöster und die Mixtekenruinen anschauen kann. Auf den Mixtekenmärkten werden weniger Souvenirs angeboten, dafür kann eine Szenerie betrachtet werden, die sich seit prähispanischen Zeiten nicht wesentlich verändert haben dürfte.

Die Region lässt sich relativ leicht mit öffentlichen Verkehrsmitteln bereisen. Die Carretera 135, eine der besten Straßen des Landes, führt an den abgeholzten Berghängen der Mixteca Baja vorbei bis nach México D.F. Die Carretera 125 zweigt von der 135 in Richtung Süden ab, überquert die steileren Hänge der Mixteca Alta, und endet nach einer langen, kurvenreichen Fahrt schließlich in Puerto Escondido. Zahlreiche Busse und Camionetas fahren von Oaxaca aus zu den Klöstern und allen größeren Ortschaften.

Mixteca Baja Yanhuitlán, Teposcolula und Coixtlahuaca

Zu den größten Sehenswürdigkeiten der Mixteca Baja zählen drei **Dominikanerklöster** bei Yanhuitlán, Teposcolula und Coixtlahuaca. Früher Schauplatz von Massentaufen sind sie heute einsam, verlassen und in verschiedenen Stufen des Verfalls begriffen, wenngleich Restaurierungsprojekte im Gange sind. Diese beeindruckenden Relikte der mexikanischen Kolonialvergangenheit gelten als einige der wichtigsten Zeitzeugen des Landes. Alle drei lassen sich mit einem eigenen Fahrzeug von Oaxaca aus im Rahmen eines Tagesausflugs besuchen. Mit öffentlichen Verkehrsmitteln ist es nicht so leicht, aber durchaus machbar (s.u.). Auf der Carretera 190 sind es 120 km bis zum ersten Kloster bei **Yanhuitlán**, während des 16. Jhs. ständiger Sitz des Erzbischofs der Mixteca. Die gewaltige Kirche wurde auf einer enormen prähispanischen Plattform erbaut, zweifellos, um den Mixteken die Überlegenheit der neuen Religion zu demonstrieren. Im Inneren befinden sich viele Originalgemälde und -skulpturen; der Hauptaltar aus dem Jahr 1570 ist das Werk des spanischen Künstlers Andrés de la Concha.

Teposcolula, weiter südlich an der Carretera 125 im gleichnamigen Dorf, besitzt eine der schönsten *capillae abiertae* Amerikas. Diese zierlichen Freiluftkapellen, in denen Massenpredigten und -taufen abgehalten wurden, findet man nur in der „Neuen Welt".

Das ehemalige Kloster San Juan Bautista bei **Coixtlahuaca**, ein paar Kilometer abseits der Carretera 135, datiert von 1576. Seine Fassade wiest einige ungewöhnliche Bildhauereien auf: elegante Rosetten, Johannes den Täufer, flankiert vom Hl. Petrus und Hl. Jakob. Innen steht ein kunstvoller churrigueresquer Altar.

Transport

Wer alle drei Klöster im Rahmen eines langen Tagesausflugs von OAXACA aus besuchen möchte, nimmt einen Minibus ab *Transportes Tlaxiaco*, einer kleinen Bushaltestelle an der J. P. García, zwischen Arista und Nuno del Mercado. (Will man doch einen Übernachtungsstopp einlegen, findet man an der Strecke zahlreiche einfache Hotels). Die Minibusse fahren etwa stdl. ab, bzw. sobald sie voll sind, und brauchen ca. 1 Std. bis **Yanhuitlan**. Hier kann man den nächsten Bus oder ein Taxi nach **Teposcolula** nehmen, rund 25 km entfernt. Von Teposcolula nimmt man ein Taxi oder einen 2. Kl.-Bus nach EL CRUCERO an der Kreuzung der Carreteras 125 und 190, 10 km von Teposcolula. Hier halten viele 1.und 2. Kl.-Busse nach México D.F. oder Oaxaca. Man nimmt einen in Richtung MÉXICO D.F. und steigt nach rund 20 km an der Abzweigung nach **Coixtlahuaca** aus. Das Kloster liegt ungefähr 1,5 km weiter an einer Nebenstraße.

Santiago Apoala

Etwa 98 km nördlich von Oaxaca liegt in einem wunderschönen Hochtal verborgen das Dorf Santiago Apoala, zu erreichen, indem man auf der Carretera 190 bis **Nochíxtlan** fährt und dann auf einer unbefestigten Straße nordwärts. Der noch sehr ursprüngliche Ort eignet sich hervorragend als Ausgangspunkt für Wanderungen, Radtouren und Aktivitäten auf den Flüssen, in den Lagunen und unter den Wasserfällen der Umgebung. Das gemütliche **Tourist Yú'ù** ❷ kann über die Touristeninformation in Oaxaca reserviert werden, und die örtliche Ökotourismus-Kooperative, *Comité de Turismo de Santiago Apoala,* ✆ 5/151-9154, organisiert Mahlzeiten, Touren und Führer und erteilt allgemeine Auskünfte.

Apoala ist mit verschiedenen Verkehrsmitteln erreichbar: 2.-Klasse-Busse bedienen die Strecke täglich und Colectivos fahren bis Nochíxtlan, von wo Taxis oder Colectivos (Mi, Sa und So) den restlichen Weg in die Berge hoch und ins grüne Tal des Dorfes zurücklegen.

Mixteca Alta
Tlaxiaco und Umgebung

Hinter Teposcolula klettert die Carretera 125 zur Mixteca Alta hoch und führt in der Nähe von Tlaxiaco durch herrlichen Nadelwald. An der Strecke, 50 km hinter Teposcolula, liegt 2 km von der Hauptstraße entfernt an einer Nebenstraße **Huamelulpan**. In dem winzigen Bergdorf befindet sich eine ausgedehnte, noch fast unerforschte mixtekische Ausgrabungsstätte mit zwei großen, in den Berg geschnittenen Plazas, einem Ballspielplatz und einigen Tempelkomplexen. Einige der hier gefundenen Skulpturen wurden in die Wände der Kolonialkirche eingelassen. Andere Fundstücke sind in dem kleinen **Gemeinde-Museum** ausgestellt, das auch über indigene Medizin berichtet; diese wird in der Gegend immer noch von traditionellen Heilern praktiziert. ⏲ Mo–Fr 9–18 Uhr. Der Ort liegt inmitten einer malerischen Landschaft, in der Rotwild und Kojoten leben.

Tlaxiaco, 15 Busmin. hinter Huamelulpan, ist für seinen *pulche* berühmt, ein Gebräu aus Kaktus. Der Ort bildete einst das wirtschaftliche Zentrum der Mixteca. Sein bedeutender Samstagsmarkt zieht Indígenas aus der gesamten Region an. Mit seinem hübschen Hauptplatz und seinen guten, nahe gelegenen Hotels bietet er sich als Ausgangspunkt für Ausflüge in die Umgebung und zu den nahe gelegenen Mixteken- und Triquidörfern an.

Übernachtung und Essen

HUAMELULPAN – Die Dorfbewohner betreiben eine kleine, schlichte ***Touristenunterkunft*** (über die Touristeninformation in Oaxaca reservieren oder einfach auftauchen). ❷ Eine Frau im Lebensmittelgeschäft an der Hauptstraße kocht für zahlende Gäste.

TLAXIACO – ***Hotel del Portal,*** in einem umgebauten Kolonialhaus an der Hauptplaza, ✆ 019/552-0154, sehr schön, v.a. die Zimmer im alten Gebäude. ❺ Das Restaurant im Innern serviert frische Säfte und Spezialitäten wie *molcajete:* Eintopf aus Fleisch und Gemüse.
Etwas billigere Übernachtungsmöglichkeiten in Tlaxiaco bieten das ***Hotel Colón,*** ✆ 9/552-0013, Colón 11, und das freundliche ***Hotel México,*** Hidalgo 13. ✆ 9/552-0086. Beide ❸
Rincón de Gon, neben dem *Hotel México*, Restaurant mit guter Küche, auch vegetarische Gerichte, an den meisten Abenden Live-Musik.

Transport

Camionetas nach Tlaxiaco fahren stdl. von *Transporte Tlaxiaco* in OAXACA ab (3 Std.).
Es verkehren auch tgl. zwei 2. Kl.-Busse. Von Tlaxiaco fahren Busse nach PINOTEPA NACIONAL, dem Umsteigebusbahnhof nach Puerto Escondido und zur Pazifikküste. Außerdem gibt es Busse von Tlaxiaco nach MÉXICO D.F. und PUEBLA.

La Costa Oaxaqueña

Die drei großen Badeorte **Puerto Escondido**, **Puerto Ángel** und **Huatulco** liegen jeweils ungefähr 250 km von Oaxaca entfernt. Die mindestens 6-stündige Fahrt führt durch eine aufregende Gebirgslandschaft. Es gibt zwar regelmäßige Busverbindungen nach Pochutla in der Nähe von Puerto Ángel und von dort weiter nach Puerto Escondido, doch viele Besucher ziehen das Flugzeug der Bustour über kurvenreiche Bergstraßen vor: mit *Aerotucán* von Oaxaca nach Escondido oder mit *Mexicana* direkt von México D.F. nach Escondido oder Huatulco. Von México D.F. kann man auch einen Nachtbus nonstop nach Puerto Escondido nehmen. Entlang der Küste von Acapulco im Norden oder Salina Cruz im Süden aus verkehren ebenfalls regelmäßig Busse. Abseits dieser recht touristischen Badeorte lassen sich noch viele sehr schöne, einsame Pazifikstrände entdecken.

San José del Pacífico

Auf der Strecke von Oaxaca zur Küste liegt an der Carretera 175 an einem von Kiefernwäldern gesäumten Berg das Dorf San José del Pacífico. Der Ort bietet eine gute Gelegenheit, die Fahrt nach Süden für ein, zwei Tage zu unterbrechen, um die Wanderwege in den Wäldern und die kühle Bergluft zu genießen. San José ist bekannt für seine halluzinogenen **Pilze**, die von Juli bis Oktober wachsen. Viele Urlauber machen aus dem nur zwei Stunden entfernten Zipolite (s.S. 569) einen Abstecher hierher, oft mit einer Übernachtung. Das *Puesta del Sol* in der Hauptstraße, ✆/℻ 9/572-0111, 💻 www.sanjosedelpacifico.com, verfügt über ein gutes Restaurant mit Comidas. Übernachten kann man hier in hölzernen Cabañas ❸ oder etwas besseren Bungalows ❹. Das Gelände bietet einen unbeschreiblichen Ausblick über das Tal, der sich am besten von einer weit vom Restaurant entfernt liegenden Cabaña genießen lässt. Um die Ecke, im Zentrum des Dorfes, vermietet das *Pacífico* (kein Telefon) ebenso schöne Cabañas, die ein klein wenig billiger sind. ❷. Einige Hütten bieten einen guten Ausblick, der allerdings weniger atemberaubend als der vom *Puesta del Sol* ist. Da es hier im Winter nachts recht kühl wird, empfiehlt es sich, entsprechende Kleidung und einen Schlafsack mitzunehmen.

Puerto Escondido

Die landschaftlich reizvolle Fahrt von Oaxaca nach Puerto Escondido („Versteckter Hafen") führt zunächst durch Kiefernwälder bergan und anschließend zu üppigem tropischen Tiefland hinunter. Die direkte Flugverbindung mit México D.F. und die internationale Beliebtheit haben Puerto Escondido (25 000 Einwohner), das vor rund 30 Jahren noch ein kleines Fischerdorf und friedlicher Hippie-Treffpunkt war, sichtlich verändert. Die Hauptstraße wurde asphaltiert und teilweise zur Fußgängerzone umgestaltet, Souvenirläden sind aus dem Boden geschossen und die Preise ansehnlich in die Höhe geklettert. Es gibt zwar eine beträchtliche Anzahl von Hotels, aber die meisten sind eher klein, und die Stadt hat es bisher geschafft, sich eine kleinstädtische, lockere Atmosphäre zu bewahren.

Die einschneidendsten Veränderungen hat Zicatela, der weniger als einen Kilometer vom Zentrum entfernte Surfstrand, erlebt. Wo früher nur ein paar wacklige Hütten standen, befindet sich jetzt ein Vorort mit mehreren guten Hotels – die meisten mit Pool, weil die Meeresbrandung zum Schwimmen meistens zu stark ist – und tollen Restaurants. Auch Nicht-Surfer haben Zicatela entdeckt, so dass es jetzt fast genauso viele Leute hierher zieht wie in den Ort Escondido selbst, besonders zwischen August und Januar, wenn ideale Wetterbedingungen herrschen. In dieser Zeit finden die Surfturniere (ein nationales Ende August, ein internationales Ende November) statt, dann platzt Escondido fast aus den Nähten. Unter Italienern genießt die Stadt übrigens dank dem Reise- und Kriminalfilm *Puerto Escondido* von Gabriele Salvatore (Vorstellung tgl. um 20.30 Uhr im *Spaghetti House,* auch als *Da Claudio* bekannt, s. Essen) Kultstatus. Das mag ein Grund dafür sein, dass Pasta hier in vielen Restaurants ganz oben auf der Speisekarte rangiert.

Orientierung

Puerto Escondido hat drei Ortsteile, alle belebt, aber von unterschiedlichem Charakter: Der **ältere Teil** erstreckt sich über den Hügel hinter der Bucht und wird durch die Carretera 200 von der neueren **Touristenzone** getrennt. Diese umfasst die Küstengegend bis zur Bahía Principal und konzentriert sich um die **Avenida Pérez Gasga**, die Hauptstraße der Stadt. Die Avenida ist zur Hälfte Fußgängerzone und nennt sich in diesem Teil **El Adoquín** (Spanisch für „Pflasterstein"). Die Playa Marinero trennt die Hauptbucht von dem hinter den Felsen versteckten Strand **Zicatela**, der sich südlich von hier nach Osten erstreckt.

Die Strände

Was kann man in Puerto Escondido unternehmen? Nichts außer schwimmen, surfen, am Strand liegen, abends etwas essen oder trinken, die wunderschönen Sonnenuntergänge genießen oder einkaufen, v.a. Surfmode, Strandbekleidung und Kunsthandwerk (von geschmacklos bis edel). Viel bewegen muss man sich nicht, denn ständig kommen ambulante Händler, die Eis, kalte Getränke, warme Gerichte, *sarapes* oder andere Dinge anbieten. Die Zahl der zur Auswahl stehenden Strände in unmittelbarer Nähe der Stadt ist beeindruckend, und für jeden ist etwas dabei: vom Stadtstrand mit Läden und Bars bis zur abgeschiedenen Schnorchelbucht.

Man sollte aber niemals die Pazifik-Brandung unterschätzen! So gibt es beispielsweise im Wasser an der Playa Zicatela eine tödliche **Unterströmung**. Wenn einem außerdem, wie es hier geschehen kann, der Sand unter den Füßen weggezogen wird, ist es doppelt schwer, wieder ans rettende Ufer zu kommen.

Puerto Escondido besitzt drei große Strandbereiche: den Stadtstrand in der **Bahía Principal** südöstlich des Zentrums, das Surfing-Mekka Zicatela und die drei kleinen Buchten westlich der Stadt. Den etwas überlaufenen Stadtstrand müssen sich die Sonnenhungrigen mit den einheimischen Fischern und Hafenarbeitern teilen. Etwas weiter östlich, jenseits der Stelle, wo die **Laguna Agua Dulce** gelegentlich mit dem Meer in Berührung kommt, liegt die etwas ruhigere **Playa Marinero**. Da die Wellen hier bisweilen recht sanft heranrollen, können Anfänger an diesem Strand gut Surfen üben. Die 2 km lange, südöstlich von hier hinter den Felsen liegende **Playa Zicatela** („Strand der großen Dornen") ist dagegen etwas für richtige Surfer. Sie zählt zu den besten Surfstränden der Welt: Regelmäßig schlagen hier etwa 4 m hohe, perfekte Surfwellen an den Strand. Dieser Ort ist als „mexikanische Pipeline" bekannt, da die hiesigen Brecher sich zu perfekten Zylindern rollen – was es erfahrenen Surfern erlaubt, zeitweilig in einer Pipeline-artigen Röhre zu reiten. Surf- und Boogie-Bretter verleihen zahlreiche Anbieter am Strand.

Es sollten sich aber wirklich nur erfahrene Surfer hinauswagen, denn hier sind trotz der am Strand patrouillierenden Rettungsschwimmer schon mehrere Sportler ertrunken. Aktuelle Wellenberichte können online in den Internet-Cafés abgefragt werden oder man erkundigt sich in einem der Surfläden. Zum Schwimmen ist der

Essen:

Alicia's	10
Arco Iris	P
Art and Harry's Surf Inn	20
Barfly	5
Cabo Blanco	M
El Cafecito	17
Cafetería Bananas	12
Cafetería Cappuccino	11
Los Candiles	1
Casa Babylon	15
Cipriano's Pizza	14
Da Claudio (Spaghetti House)	13
Discoteque Tequila Sunrise	4
Flor de María	J
El Jardín	19
La Nueva Cuba	21
La Patisserie	3
La Perla Flameante	6
El Punto	18
San Angel	7
Santa Fe	K
Sakura	16
El Son y La Rumba	4
Super Café	2
Los Torros	9
Wipe Out Bar	8

Übernachtung:

Accali Casas de Playa	L
A la Casa	W
Beach Hotel Inés	T
Buena Vista	O
Bungalows Zicatela	Q
Bungalows Acuario	R
Cabo Blanco	M
Castillo de Reyes	A
Flor de María	J
Hostel Maran-Atha	N
Hotel Arcoiris	P
Hotel Naxhiely	B
Hotel Virginia	D
Loren	G
Mayflower	E
Nayar	F
Paraíso Escondido	C
Puerta del Sol	U
Rincón del Pacífico	I
Rockaway Surfer Village	V
Santa Fe	K
Surf Olas Altas	S
Villa Roca Suites	H

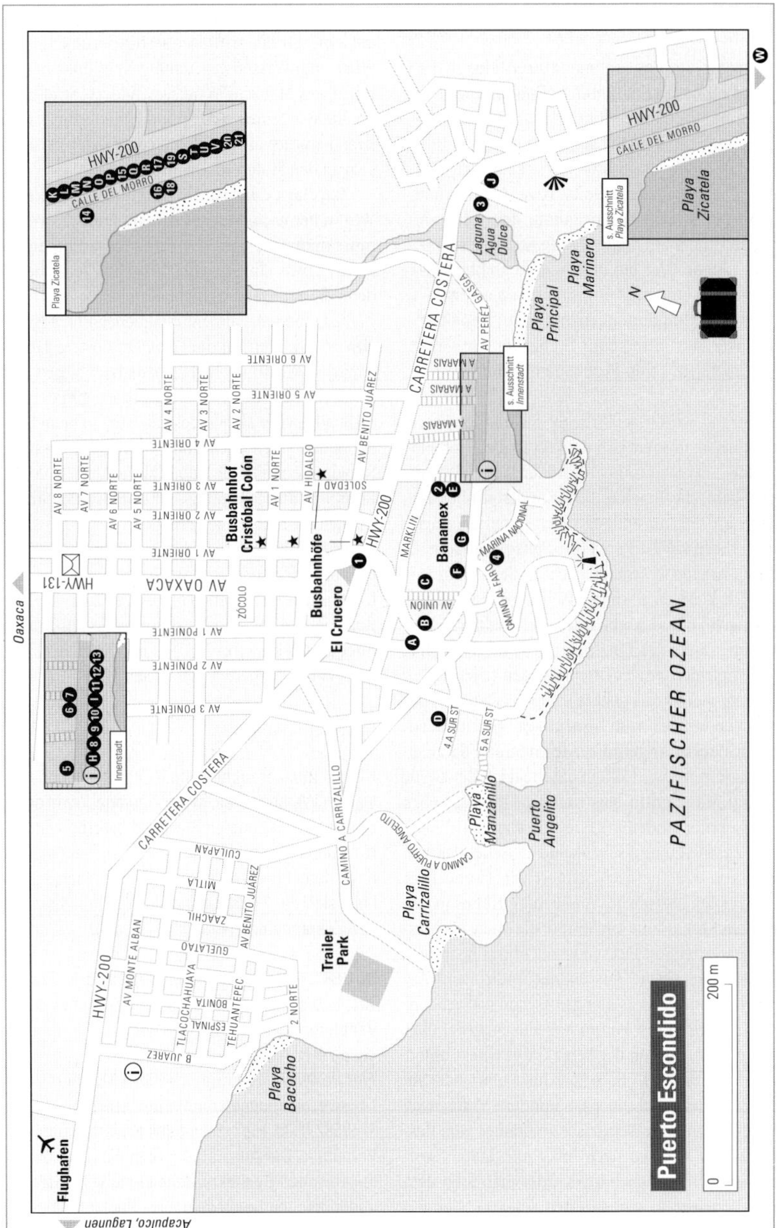
Puerto Escondido
Flughafen
Acapulco, Lagunen
Oaxaca
HWY-200
HWY-131
CARRETERA COSTERA
AV OAXACA
ZÓCALO
Busbahnhof Cristóbal Colón
Busbahnhöfe
El Crucero
Banamex
Trailer Park
Playa Bacocho
Playa Carrizalillo
Playa Manzanillo
Puerto Angelito
PAZIFISCHER OZEAN
Playa Principal
Playa Marinero
Playa Zicatela
Laguna Agua Dulce
CALLE DEL MORRO
s. Ausschnitt Innenstadt
s. Ausschnitt Playa Zicatela
Innenstadt
AV PEREZ GASGA
CAMINO A CARRIZALILLO
CAMINO A PUERTO ANGELITO
CAMINO AL FARO
MARINA NACIONAL
AV BENITO JUÁREZ
AV HIDALGO
0
200 m

Warnung

Trotz Zicatelas entspannter Atmosphäre kommt es hier mitunter zu **Raubüberfällen**; sie haben dazu geführt, dass die gesamte Gegend um Puerto Escondido etwas zu Unrecht in Verruf geraten ist – es ist zwar davon abzuraten, abends bzw. nachts am Strand spazieren zu gehen, doch die an den Hotels entlangführende Straße ist relativ sicher. Wer die üblichen Vorsichtsmaßnahmen beherzigt und sich durch die malerische Umgebung nicht dazu verleiten lässt, sich in falscher Sicherheit zu wähnen, dürfte keine Probleme bekommen.

Strand wegen gefährlicher Strömungen nicht geeignet, man sollte sich deshalb an die „Prohibido Nadar – No Swimming"-Schilder halten. Wer die mexikanische Pipeline lieber anderen überlässt, kann am Strand entlang einen guten Kilometer nach Osten zur La Punta (die Spitze) wandern. La Punta ist eine wesentlich leichtere Stelle zum Surfen: Die hiesigen, flacheren Wellen eignen sich hervorragend zum Longboarden. Bei niedrigem Wellengang ist der geschützte Sandstrand bei La Punta ein empfehlenswerter Ort, um surfen zu lernen.

Sehr viel ruhiger geht es in der ungefähr 20 Fußminuten westlich vom Zentrum gelegenen Felsenbucht **Puerto Angelito** zu, deren Strand durch einen Felsen in zwei Hälften unterteilt ist. Der zweite Strand, **Manzanillo**, liegt von Angelito aus gesehen etwas weiter landeinwärts. Man kann hier Hängematten mieten und schaukelnd zwischen Palmen träumen oder herrlich schnorcheln (wenn man den Booten ausweicht). Ausrüstung gibt es in den kleinen Restaurants am Strand; die Miete für Maske, Schorchel und Flossen ist allerdings hoch, also besser eine eigene Ausrüstung mitbringen! Am Wochenende kann es hier ganz schön voll werden.

Zu erreichen ist Puerto Angelito entweder über einen Pfad, der von der Pérez Gasga direkt unterhalb vom *Mexicana*-Büro nach links führt, oder auf der Carretera 200 ein paar hundert Meter nach Westen, dann am Wegweiser gegenüber vom Restaurant *El Padrino* nach links und beim *Pepsi*-Schild noch mal nach links. Oder man folgt dem neu angelegten zementierten Fußweg, der am Westende des Stadtstrands beginnt, sich über die Uferfelsen windet und schließlich ansteigt, bis er auf eine Straße trifft. Diese führt zunächst ein Stück vom Wasser weg, dann geht es links in eine mit „Playa Manzanillo" ausgeschilderte Straße, die am Ende in Stufen zum Strand hinunterführt. Man kann natürlich auch hinfahren oder sich von einem Taxi an den Stufen absetzen lassen.

Zur **Playa Carrizalillo** kommt, wer demselben Weg weiter nach Westen folgt. Am Ende des Weges muss man über die Felsen zum Strand hinunterklettern, was einige Leute abzuschrecken scheint, denn dieser Strand ist nicht allzu belebt.

Zur schönen, palmenbestandenen **Playa Bacocho** ist es weiter. Auf der Carretera Costera geht es zunächst Richtung Flughafen, dann abbiegen und durch die neue Zona Hotelera. Bislang gibt es noch nicht allzu viele Hotels, deshalb ist man beim Sonnenbaden noch mehr oder weniger ungestört. Schwimmen gilt hier jedoch als gefährlich, da die Brandung und Strömung sehr stark ist. Der Strand ist auch für Diebstähle berüchtigt.

Es besteht die Möglichkeit, sich mit dem **Boot** zu einem der oben genannten oder zu weiter entfernt liegenden Stränden übersetzen zu lassen. Die Boote fahren vor dem *Hotel Rincón del Pacífico* am Adoquín ab, kosten etwa US$3 und holen die Fahrgäste zur vereinbarten Zeit wieder ab.

Übernachtung

Bei der Zimmersuche kann es Probleme geben, v.a. um Weihnachten, in der *Semana Santa* oder zu den internationalen Surfwettbewerben Ende November. Die relativ hohen Preise steigen dann noch deutlich an. Außerhalb der Hochsaison lässt sich der Preis meist drücken. Unbedingt auf den Zustand der Fliegengitter achten!

IN DER STADT – ***Castillo de Reyes***, Peréz Gasga 201, ✆ 9/582-0442. Große, saubere Zimmer mit Ventilator in einem auf Burg getrimmten Hotel ein paar Blocks vom Adoquín. ❹

Flor de María, 1a Entrada a Playa Marinero, 🖳 www.mexonline.com/flordemaria.htm, ✆ 9/582-0536. Hier stimmt das Preis-Leistungs-Verhältnis. Die Ausstattung zeigt die Hand des italienischen Besitzers. Zimmer mit Ventilator und hübschen Kachelduschen, Pool und Restaurant auf dem Dach. ❺

Hotel Naxhiely, Peréz Gasga 301, ✆ 9/582-3075. Freundliche Posada mit schlichten Zimmern und einem kleinen Café. ❹

Hotel Virginia, 4a Sur 504, ✆ 9/582-0176. Drei Blocks vom Adoquín, in einer ruhigen Straße, mit liebevollen Details, starken Ventilatoren und Meerblick vom oberen Stockwerk. ❹

Loren, Pérez Gasga 507, ✆ 9/582-0057. Hotel für gehobene Ansprüche, nicht am Meer, aber mit gutem Pool; günstige Nebensaisonpreise. ❻

Mayflower, Andador Libertad, ✆ 9/582-0367. Über die am westlichen Ende des Adoquín hochführenden Treppenstufen zugänglich. Angemessene Preise und freundliche Atmosphäre, mit Schlafsälen, Bar, Gemeinschaftsküche und weitläufigen Gemeinschaftsbereichen. Einige Zimmer haben einen kleinen Balkon mit Meerblick. Der Besitzer spricht Deutsch. ❸

Nayar, Pérez Gasga 407, ✆ 9/582-0113. Unprätentiöses Hotel, beliebt bei mexikanischen Urlaubern. Pool und schönes Restaurant Einige Zimmer haben große Balkone mit Meerblick. ❺

Paraíso Escondido, Unión 10, ✆ 9/582-0444. Auf einem Hügel vor dem Adoquín über eine Treppe zu erreichen. Nobles Motel; künstlerisches Ambiente, Zimmer mit Balkonen, hübscher Pool, Bar und Restaurant. ❽

Rincón del Pacífico, Peréz Gasga 900, ✆ 9/582-0056. In der Nebensaison mitunter ein echtes Schnäppchen; erinnert etwas an ein Motel, aber saubere, ausreichend große Zimmer mit Blick auf den Strand und den hoteleigenen Hof. ❺

Villa Roca Suites, Peréz Gasga 602, ✆ 9/582-3525. Originellste Unterkunft am Adoquín, mit stuckverzierten Wänden, Palapa-Dächern und etwas überladenen Zimmern an der Playa Principal. ❽

PLAYA ZICATELA – Die nachstehenden Hotels sind gemäß ihrer Entfernung von Puerto Escondido aufgelistet. Mit Ausnahme von *A la Casa* befinden sich alle an der Calle del Morro.

Santa Fé, ✆ 9/582-0170, 💻 www.hotelsantafe.com.mx, am nächsten bei der Stadt und Puerto Escondidos Tophotel, überwiegend älteres Publikum. Hübsche Zimmer mit Balkon. Pool und Restaurant. ❽

Accali Casas de Playa, ✆ 9/582-0754. Kleine, gemütliche Holz-Cottages mit Bad und Deckenventilatoren rings um einen Pool. ❹

Cabo Blanco, ✆ 9/582-0337. Das Seafood-Restaurant mit Live-Musik vermietet rustikale Bungalows. Besonders hoch her geht es Mo abends, wenn Happy-Hour-Parties veranstaltet werden. ❸

Hostel Maran-Atha. Kleines Hostel mit lockerer Atmosphäre; ein dunkler Raum mit Dormbetten, außerdem Hängematten, ein paar kleine Privatzimmer, Bücher, Kunstgewerbe und ein belebter, etwas unordentlicher Gemeinschaftsbereich. ❷–❸

Buena Vista, ✆ 9/582-1474. Etwas abseits der Straße, hinter dem Strand den Hügel hinauf. Helle, saubere Zimmer, alle mit hübscher Terrasse und wunderschönem Blick über die Bucht. ❹

Hotel Arcoiris, ✆ 9/582-1494, 💻 www.Oaxaca-mio.com/arcoiris.htm. Eines der besten und angenehmsten Hotels am Strand. Hinter dem Gebäude mit geräumigen Zimmern, manche davon mit voll ausgestatteter Küchenzeile, verbirgt sich eine üppige Grünanlage und ein Pool. Das Restaurant hat eine gute Auswahl an vegetarischen Gerichten. ❻

Bungalows Zicatela, ✆ 9/512-0798. Um einen Pool herum angeordnete bescheidene Zimmer, z.T. mit Küche; voll mit Surfern und Surfbrettern; Restaurant mit Bar nebenan. ❺

Bungalows Acuario, ✆ 9/582-1027. Verschiedene Quartiere um einen schönen Pool und Bar, öffentlicher Fitness-Raum (US$1,50 pro Tag, sofern man kein Hotelgast ist), Internet-Café mit ac. ❹–❻

Surf Olas Altas, 💻 www.surfolasaltas.com, ✆ 9/582-2315. Großes, etwas protziges Hotel. ❽

Beach Hotel Inés, ✆ 9/582-0792. Unterschiedliche Preise je nach Art der Zimmer (Bungalows oder Hotelzimmer). Billige Gemeinschafts-Cabañas mit Zugang zum Pool, ungezwungenes Restaurant. ❸–❻

Puerta del Sol, ✆ 9/582-2922. Etwas noblere Bungalows rings um einen Pool. Wäscheservice und Kochgelegenheit auf Wunsch. ❻

Rockaway Surfer Village, ✆ 9/582-0668. Hier wohnen v.a. Surfer, manche die ganze Saison lang. Einfache, freundliche Cabañas für 4 Pers. (mit Hängematte, ohne Dusche) um den Pool. Surfshop und Volleyballplatz. Außerhalb der Saison billiger. ❹

A la Casa, Bajada Las Brisas s/n, ✉ alacasa@hotmail.com. Dormbetten mit Moskitonetzen in einem gemütlichen Hostel mit Verleih von Büchern und Surfbrettern (die billigsten am Strand), Brettspielen und gemeinsamen Mahlzeiten. ❷

CAMPING – ***Villa Relax,*** ✆ 9/582-2977, westl. des Zentrums, von der Carretera ab; Pool, Stellplätze für Zelte und Wohnwagen. ❶
Trailer Park Neptune, beim östlichen Ende der Playa Marinero, ✆ 9/582-0327, günstiger gelegen, schmuddelig, aber schattig und mit Hütten, in denen die Übernachtung genauso viel kostet wie das Aufstellen eines Zeltes. Im Dez verdoppelt sich der Preis, und es kam zu Überfällen auf Camper.

Essen

In Escondido kann man für wenig Geld ganz gut essen. Es gibt zahlreiche einfache, kleine Cafés und Restaurants, und das Seafood ist immer frisch. Die Preise in den zumeist zum Strand hin offenen Restaurants unterscheiden sich kaum. Es gibt auch vegetarische und jede Menge italienische Restaurants, außerdem knuspriges Brot und leckere Kuchen zu kaufen. Die nobleren Lokale auf dem Adoquín, z.B. *Junto al Mar,* haben Terrassen mit Blick auf die große Bucht. Weitere Restaurants und mehrere gemütliche Cafés in Zicatela und am dortigen Strand servieren günstige Pasta, Snacks und Drinks.

IN DER STADT – ***Alicia's,*** Peréz Gasga. Preiswerte, verlässliche kleine Cafeteria mit einer umfangreichen Speisekarte, inkl. Seafood und mexikanische Standardgerichte, auch Comida corrida.
Cafetería Bananas, Av. Pérez Gasga. Italienisches Lokal mit Pizza, Pasta und Crêpes. Gut für einen kleinen Imbiss zwischendurch.
Cafetería Cappuccino, Av. Pérez Gasga s/n. Gutes Frühstück mit Kaffee, leichtes Mittagessen, Pasta und Snacks.
Los Candiles, 1a Pontiente, an der Carretera. Restaurant mit handgewebten Tischdecken und *artesanía.* Der Koch ist auf köstliche Oaxaquena-Gerichte und frisches Seafood spezialisiert; mit dem tgl. wechselnden Fisch-Angebot liegt man nie falsch. Vernünftige Preise.
El Chubasco, 2a Sur 8. Vielleicht das billigste Lokal für eine Hauptmahlzeit. Einfaches, nettes Café; Tacos, Seafood und Hühnergerichte. Gebratener Fisch mit Reis und Salat kostet US$2.
Da Claudio (Spaghetti House), unweit vom östlichen Ende der Pérez Gasga, Richtung Strand. Wahrscheinlich das beste italienische Restaurant am Ort. Ausgezeichnetes, nicht zu teures Essen. Im Hintergrund läuft tgl. ab 20.30 Uhr der italienische Film *Puerto Escondido.*
Flor de María, Playa Marinero. Gehört zum gleichnamigen Hotel, nett für eine gemütliche Mahlzeit, z.B. gefüllte Paprikaschoten, Fleischgerichte oder Pasta.
La Patisserie, Calle del Morro, Playa Marinero. Croissants und Gebäck, außerdem Sandwiches, Obstsalate und Joghurt. Das alles in einer ruhigen Palmhütte; auch Büchertausch.
La Perla Flameante, Peréz Gasga. Im 2. Stock über dem Adoquín; Sushi und Seafood zu moderaten Preisen; auch Lieferservice.
San Ángel, Av. Pérez Gasga. Seafood, Hähnchen, Steak und Thai-Gerichte, gegenüber *Cafetería Bananas.* Empfehlung: Mango-Flambée!
Super Café, oberhalb der Peréz Gasga, am westlichen Ende des Adoquín die Treppen hoch. Café mit tollen Frühstücksangeboten und Verkauf von herrlich duftendem Kaffee aus Oaxaca.

PLAYA ZICATELA – Die nachstehenden Restaurants sind nach ihrer Entfernung von Puerto Escondido aufgelistet.
Santa Fe, hier kann man sich in luxuriöser Umgebung *chiles rellenos,* vegetarische oder klassische mexikanische Gerichte schmecken lassen. Mittlere bis obere Preisklasse.
Cabo Blanco, gutes Seafood, aber ansonsten ist nicht viel los.
Cipriano's Pizza, dünne, knusprige Pizza mit viel Käse, serviert an romantischen Tischen am Sandstrand.
Arco Iris, gute Küche, mexikanische und internationale Gerichte, Pasta, frischer Fisch und vegetarische Comida corrida. Happy Hour.
Sakura, angenehmes Lokal unter einer riesigen Palapa mit Blick auf die Brandung, serviert authentische japanische Küche: Sushi, Sashimi, Tempura und Sake.
El Cafecito, gegenüberliegende Straßenseite, gut für Frühstück, Backwaren (aus der angeschlossenen Bäckerei), Hamburger und Burritos,

abends Seafood. Happy Hour 17.30–19 Uhr. Freundlicher kanadischer Besitzer.
El Jardín, nettes Palapa-Café vor dem Hotel Olas Altas mit umfangreicher Speisekarte, inkl. hausgebackenes Sauerteigbrot, Joghurt, Snacks und abends Pizza.
Art and Harry's Surf Inn, beliebter Treff von Surfern, Happy Hour und Pool, preiswertes Essen.
La Nueva Cuba, gemütliche kleine Bar und Café, beliebt wegen seiner *mojitos,* Tacos, Burger und Auswahl an Snacks zu später Stunde.

PLAYA BACOCHO – ***Coco's Bar and Restaurant,*** bietet passables, wenngleich nicht ganz billiges Essen. Für US$3 kann man den hauseigenen Pool benutzen.

Unterhaltung

Das Nachtleben in Puerto Escondido ist geprägt von lautstarker (Live-)Musik bis in die frühen Morgenstunden. Es beginnt gegen 18 Uhr mit der Happy Hour. Das meiste spielt sich in der Pérez Gasga ab – wer ein Hotelzimmer zur Straße hin hat, mischt sich besser selbst unter die Nachtschwärmer. Die meisten Restaurants sind gleichzeitig auch Bars, in manchen wird Live-Musik geboten.
In den beliebten Lokalen ***Wipe Out Bar, 3 Diablos*** und ***Barfly*** dauert die Happy Hour von 17–20 Uhr.
Barfly, Peréz Gasga. Lounge-Bar am westlichen Ende des Adoquín. Gute Musik und bequeme Kissen, auf denen es sich die Gäste bei einem eisgekühlten Cocktail bequem machen.
Casa Babylon, belebte, freundliche Bar direkt neben dem *Hotel Arcoiris.* Brettspiele, sanfte Musik; Reiseliteratur und Ausgaben der *National Geographic.* Bis spät abends geöffnet.
Discoteque Tequila Sunrise, vom Son y La Rumba etwas die Straße hoch, 🕓 Fr und Sa ab 22 Uhr. Schwungvolle Musik; unterschiedlich gut besucht. Eintritt US$1,50.
El Punto, Bar und Disco direkt am Strand von Zicately. Hier geht es erst richtig los, wenn die anderen Läden dicht machen. Die Stimmung schwankt ziemlich.
El Son y La Rumba, Andador Mar y Sol, abseits der Pérez Gasga. Salsabar mit kleinem Tanzboden, auf dem Gringos meistens erfolglos die einheimischen Tänzer nachzuahmen versuchen. Live-Cumbia, -Merengue und -Reggae. 🕓 bis gegen 22 Uhr.
Los Torros, vom westlichen Ende des Adoquín ab, um die Ecke vom Touristeninfostand. Die Cowboy-Bar mit rosaroten Leuchtröhren bietet billiges Bier, eine Musikbox und relaxte Atmosphäre.
Wipe Out Bar, Av. Pérez Gasga. Der Favorit auf dem Adoquín unter den Surfern und Urlaubern, also nichts für ein gemütliches Gläschen. Kann voll und laut werden.

KINO – Filme, meist experimentelle in englischer Sprache oder mit Untertiteln, zeigt ***CineMar,*** am östl. Ende von Zicatela. Programm hängt im *El Cafecito* in Zicatela aus. Zwei Vorführungen pro Abend.

Sonstiges

GELD – Eine **Wechselstube** befindet sich auf dem Adoquín, 🕓 tgl. Mo–Sa 9–21 Uhr, So 9–17 Uhr. Bessere Kurse und einen **Geldautomaten** gibt es ein Stückchen den Hügel hinauf bei der stets gut besuchten ***Banamex*** in der Peréz Gasga nahe dem Paraíso Escondido, 🕓 Mo–Fr 9–14, Sa 10–14 Uhr. Auf dem Adoquín findet sich ebenfalls ein Geldautomat. In Zicatela kann man bei ***Bungalows Acuario*** wechseln.

INFORMATIONEN – Die ***Touristeninformation*** befindet sich westlich der Stadt an der Carretera 200, an der Abzweigung zur neuen Hotelzone, unweit der Playa Bacocho, 📞 9/582-0175. Hier ist die Gratis-Zeitung *El Sol de la Costa* erhältlich, in der das Festival- und Veranstaltungsprogramm erscheint. 🕓 Mo–Fr 9–14 und 16–19, Sa 10–14 Uhr. Nicht ganz so weit draußen, am westlichen Ende der Fußgängerzone Adoquín, gibt es einen ***Touristeninformationsstand.*** 🕓 Mo–Fr 9–14 und 16–18, Sa 10–14 Uhr.

INTERNET – Mehrere Internet-Cafés in Zicatela und an der Pérez Gasga verlangen US$2 pro Std. Verlässt man die Touristenzone um den Adoquín, findet man billigeren Internet-Zugang (US$1 pro Std.) – einfach einer der Hauptstraßen nördlich der Carretera folgen!

POST – Av. Oaxaca, 7 Norte, in der Altstadt, ◷ Mo–Fr 9–15 und 18–20, Sa 9–13 Uhr.

TAUCHEN – ***Jorge Pérez Brand*** organisiert Tauchgänge um Puerto Escondido. Kontakt über das *Hotel Mayflower.*

TELEFON – Es gibt mehrere Ladatel-Telefone für R-Gespräche und ein *larga distancia*-Büro auf dem Adoquín. In Zicatela finden sich auch Münzfernsprecher.

TOUREN – Surfunterricht bieten ***Central Surf*** und ***Mexpipe*** in Zicatela, und mehrere Läden werben mit Tauchunterricht, darunter ***Aventura Submarina,*** ✆ 9/582-2353, auf dem Adoquín. Ökotourismus wird hier groß geschrieben: Das Angebot umfasst Bootsfahrten durch die Lagunen, Radfahren, Camping, Felsenklettern, Vogelbeobachtungen, Ausflüge zu Kaffeeplantagen in Nopala und zu Thermalquellen in Atonillo, organisiert von ***Turismo Dimar,*** ✆ 9/582-1551, ***Ana's Ecotours,*** ✆ 9/582-2954, und anderen Veranstaltern auf dem Adoquín.

WÄSCHEREIEN – Direkt neben der Banamex-Bank in der Peréz Gasga nahe dem Paraíso Escondido befindet sich ***Lavamatica del Centro,*** mit Selbstbedienung, ◷ Mo–Sa 8–20 Uhr. Am östlichen Ende des Adoquín gibt es eine Wäscherei.

WELLNESS – **Massagen** werden vielerorts entlang der Playa Zicatela angeboten, u.a. im *Hotel Inés* und im Fitness Center des *Acuario* (s.o.). ***Temazcalli,*** Av. Infraganti, Höhe Temazcalli, ✆ 9/582-1023, 💻 www.temazcalli.com, 10 Min. außerhalb der Stadt, über die Carretera 200 an der Playa Zicatela vorbei und über die Brücke. Breite Palette an Anwendungen, von Shiatsu bis zum Temazcal, dem traditionellen prähispanischen Bad mit körperreinigenden Kräutern.

Transport

BUSSE – Alle vier Busbahnhöfe liegen nah beieinander auf dem Hügel oberhalb von El Crucero, der Straßenkreuzung der Carretera 200 mit der Av. Oaxaca. Von hier aus sind es 10 Fußminuten bis ins Zentrum und ca. 20 bis Zicatela; ein Taxi ins Zentrum kostet ca. US$3. Der wichtigste der vier Busbahnhöfe ist der von ***Estrella Blanca,*** an der Oaxaca, Ecke Benito Juárez, ✆ 9/582-0086, für 1. und 2. Klasse-Busse.
1. Klasse-Busse nach:
HUATULCO stdl. (2 1/2 Std.),
MÉXICO D.F. 2x tgl. (16 Std.),
POCHUTLA stdl. (1 1/2 Std.),
SALINA CRUZ 8x tgl., 5 1/2–6 Std.),
TEHUANTEPEC 3x tgl. (6 Std.).
Der zweitnützlichste Busbahnhof ist der von ***Cristóbal Colón*** an der 1 Ote, Ecke 1 Nte, ✆ 9/582-1073, hier fahren Busse nach OAXACA ab, darunter auch ein Nachtbus.
Estrella del Valle, Hidalgo, Ecke 3 Ote, ✆ 9/582-0050, unterhält ebenfalls Busse nach OAXACA: Deluxe um 22.30 Uhr (ca. 6 Std.), 1. Klasse 2x tgl. (ca. 6 Std.) und 2. Klasse 6x tgl. (ca. 8 Std.).
Transportes Oaxaca Istmo, Hidalgo, Ecke 1 Ote, unterhält 2. Klasse-Busse nach SALINA CRUZ (5x tgl.; ca. 5 Std.), davon fährt einer tgl. weiter nach TUXTLA GUTIÉRREZ (10 Std.).
Im Stadtzentrum ist ein neuer Busbahnhof im Bau, der alle Busgesellschaften unter einem Dach vereinen wird.

FLÜGE – Der Flughafen liegt 3 km nördlich der Stadt. Wer mit dem Flugzeug reist, kann mit dem Taxi für ca. US$8 oder mit den zwischen Flughafen und Zentrum verkehrenden VW-Bus-Colectivos für US$3,50 fahren. Falls man sich am Hotel abholen lassen will, muss man rechtzeitig bei ***Transportes Aeropuerto y Turístico,*** ✆ 9/582-0123, an der Pérez Gasga, Ecke Unión, reservieren.
1x tgl. nach OAXACA mit ***Aerotucán,*** ✆ 9/582-1725; der einfache Flug kostet ca. US$100; und MÉXICO D.F. mit ***Aerocaribe,*** ✆ 9/582-2023, 💻 www.mexicana.com, ebenfalls für ca. US$100.

Die Lagunen um Puerto Escondido

Laguna Manialtepec

Den meisten Besuchern fällt es schwer, sich von den Stränden zu trennen, aber es werden wirklich lohnenswerte Bootsausflüge angeboten. Die Laguna Manialtepec, ca. 15 km westlich von Puerto Escondido, ist die meiste Zeit des Jahres über vom Meer abgeschnitten und bildet so einen Süßwassersee mit unglaublichem Vogelreichtum. An einem einzigen Tag kann man ohne weiteres 50 verschiedene Vogelarten beobachten, darunter Reiher, Ibisse, Enten und Kormorane. Von El Crucero fahren Busse hierher, man kann sich aber auch einer der in den Reisebüros von Puerto Escondido angebotenen Touren anschließen.

Laguna Chacahua

Das riesige Naturschutzgebiet liegt 50 km nordwestlich von Puerto Escondido abseits der Carretera Richtung Acapulco. Die Lagune war lange Zeit vom Meer abgeschnitten, bis Hurrikan Paulina im Oktober 1997 über Nacht einen fast 6 m tiefen Zugang zum Meer schuf. Die Fahrt durch die Kanäle der Lagune zählt zu den Highlights einer Mexiko-Reise. Motorboote mit Sonnendach schippern die Besucher an vielen Inseln mit Tausenden von Vögeln vorbei. Man hält an kleinen Stränden mit Palapas und einfachen Restaurants.

Am entlegensten Ende, nur per Boot erreichbar, liegt der herrliche Sandstrand Playa Chacahua (s.u.). Reisebüros in Puerto Escondido bieten Tagestouren zur Laguna an, die auch einen Besuch in dem winzigen Dorf **Chila** miteinschließen. Leider machen sich die Bootsleute oft einen Spaß daraus, die Vögel aufzuscheuchen, damit die Touristen mit schussbereiter Kamera auf ihre Kosten kommen, es werden aber auch umweltbewusstere Touren angeboten. Es empfiehlt sich, Sonnenschutzmittel und eine gefüllte Wasserflasche mitzunehmen – es wird unter Umständen sehr heiß. Der Ausflug kostet etwa US$13 p.P. und ist seinen Preis wert.

Wer auf eigene Faust zur Laguna gelangen möchte, nimmt bei El Crucero einen alle 20 Minuten verkehrenden Bus nach **Río Grande**, 50 km westlich von Puerto Escondido an der Carretera 200, und steigt dort in einen der ständig pendelnden Minibusse zum ehemaligen Kakao- und Baumwollhafen **Zapotalito** um. Hier führt die Straße noch ein kleines Stück weiter zum Strand und den Palapa-Restaurants von Cerro Hermoso, aber besser ist es, eine Lancha zur **Playa Chacahua** zu nehmen.

Dort gibt es ein Restaurant und ein paar einfache Zimmer ❷ am Wasser, weitere am gegenüberliegenden Ufer der Laguna, außerdem Cabañas ❸ und einen breiten Streifen Sandstrand. Stellenweise ist das Wasser ruhig, an anderen kann es ordentliche Wellen geben. In jedem Fall gibt es hier starke Strömungen, so dass man sich vor dem Schwimmen immer zunächst vergewissern sollte, welche Verhältnisse vor Ort herrschen. Es gibt hier einen Campingplatz, und bei den zahlreichen Seafood-Restaurants im Freien kann man eine Hängematte aufhängen.

In **Barria de Navidad**, 10 Min. östlich von Puerto Escondido, wurde ein Ökotourismus-Projekt aus der Taufe gehoben. Die Abzweigung von der Carretera 200 nach Barria Navidad kommt gleich rechts nach der Brücke über die Lagune. Für US$6 werden die Besucher von Einheimischen über das Gelände geführt. Zu besichtigen sind die Krokodil-Lagune und ein einsamer Strand in der Nähe, an dem zahlreiche Vögel leben. Am besten gleich bei der Ankunft nach Galo fragen! Sammeltaxis fahren von der Hauptbucht in Puerto Escondido ab. Weitere Auskünfte am Touristenstand auf dem Adoquín (s.S. 565).

Puerto Ángel und Umgebung

Das Leben in dem kleinen Fischerhafen, der inzwischen bei Travellern ziemlich bekannt ist, geht noch immer seinen gewohnten Gang. Direkt an dem kleinen Hafen (wo selten ein Schiff anlegt) angeln die Einheimischen prächtige Fische. Die Strände sind nicht gerade unberührt, dennoch lassen sich hier ein paar angenehme Tage verbringen.

Der Ort liegt in einer geschützten, von Bergen umgebenen Bucht und hat zwei ein bisschen schmuddlige Strände. Einer ist Ankerplatz der Fischerboote und erstreckt sich direkt vor der Ortschaft. Der andere, **Playa del Panteón**, liegt hinter einem Felsvorsprung, zu erreichen über eine Straße oder zu Fuß über die Klippen Richtung Westen. Dies ist der sauberere und ruhigere der beiden Dorfstrände. Zwischen den nahen Felsen lässt es sich gut schnorcheln. Am Nachmittag liegt der Strand im Schatten, weshalb die meisten Leute um diese Tageszeit zum anderen Dorfstrand pilgern.

Wer nur ein wenig weiter fährt, wird mit weitaus besseren Stränden zu beiden Seiten Puerto Ángels belohnt: Im Westen liegt Zipolite (s.u.), im Osten **Estacahuite**. Letzterer besteht aus drei kleinen Sandbuchten, die durch Felsen unterteilt sind. Der Meeresboden ist mit Felsblöcken übersät, so dass man nicht schwimmen, aber wunderbar schnorcheln kann. Die Ausrüstung kann hier oder in einem der Cafés an der Playa del Panteón ausgeliehen werden. In einer angenehm kühlen Palapa mit Blick auf die Bucht gibt es im *Club Playa Estacahuite* gutes Seafood. Man erreicht den Strand nach einem Fußweg von 15 Min. über die Straße nach Pochutla und dann auf einem stark ausgefahrenen Weg rechts hinunter.

In der Umgebung von Estacahuite gibt es weitere reizvolle Strände, darunter die idyllische **Playa Boquilla** mit Übernachtungsmöglichkeit und Restaurant im *Bahía de la Luna.* Der Strand ist an der Hauptstraße nach Pochutla ausgeschildert. Von der 7 km langen Strecke ist allerdings abzuraten, denn sie befindet sich in einem erbärmlichen Zustand. Als Alternative empfiehlt es sich, im Voraus eine Bootsfahrt von Puerto Ángel zu den beiden Stränden zu arrangieren und unterwegs die Schildkröten zu beobachten.

Übernachtung

Die Unterkünfte in Puerto Ángel liegen etwas verstreut, aber der Ort ist klein, und es findet sich bestimmt jemand, der auf die Sachen aufpasst, während man auf Hotelsuche geht.

Almendro, Blv Uribe s/n, ☎ 9/584-3068. Freundliches Hotel; einfache, saubere Zimmer, alle mit Ventilator und Bad. Das Restaurant besticht durch eine großartige Küche unter Leitung des schweizerischen Chefkochs, dessen mexikanische Frau Spanischunterricht anbietet. ❹

Bahía de la Luna, Playa de Boquilla, ☎ 9/584-6186, 🖳 www.totalmedia.qc.ca/bahiadelaluna. An einem Hang gelegene Bungalows für 2–5 Pers. Das Restaurant/Café am Strand serviert frische Fischgerichte. Außerdem Ayurveda-Behandlung, Workshops zur Persönlichkeitsentwicklung und Yoga. ❻

Buena Vista, ☎ 9/584-3104. Ein kurzer Marsch über den Fußweg nördlich des Bulevar Uribe am Arroye-Fluss, an der Gabelung links. Eines der schönsten Hotels in Puerto Ángel, abseits der Hauptstraße auf 3 Stockwerken, Meerblick von der Restaurant-Terrasse im obersten Stock, Pool auf dem Dach. Ruhige Zimmer (einige mit luxuriösem Bad) mit luftigen Balkone und Hängematten. Das *Alta Mir* in Mazunte (s.S. 572) hat dieselben Besitzer. ❺

Casa Arnel, José Azueta 666, ☎ 9/584-3051. Das Partnerhotel des *Casa Arnel* in Oaxaca. Saubere Zimmer mit Ventilator und Bad; gemütlicher Hängemattenbereich. ❹

Casa de Huéspedes Gundí y Tomas, Blv Uribe, ☎ 9/584-3068, gegenüber der Marinebasis ein paar Treppen hoch. Freundlich, unterschiedliche Zimmer, manche mit Gemeinschaftsdusche. Die weiter oben befindlichen sind luftiger, besser und teurer. Gutes Essen; für ein paar Dollar kann man eine Hängematte aufhängen. ❹

Casa Penélope, Blv Uribe s/n, ☎ 9/584-3073. Freundliche Besitzerin, 4 ruhige, sichere Zimmer mit Ventilator; vernünftige Preise. Wäscherei. Leckere Margaritas nach Spezialrezept. ❹

Posada Cañon Devata, über einem von Dschungel überwucherten Hügel hinter der Playa Panteón, ☎ 9/584-3137, 🖳 www.posadapacifico.com, schlichte, schön möblierte Zimmer, die inmitten der dichten Vegetation versteckt sind und dem Gast das Gefühl vermitteln, sich ganz weit weg vom Meer zu befinden. Der ideale Ort, um Energie zu tanken. ❹–❻

Puesta del Sol, Blv Uribe, ☎/℻ 9/584-3096, ✉ golfo52@hotmail.com. Beste Wahl unter den billigeren Hotels. Kein besonders schöner Ausblick, aber große Zimmer um einen Garten, alle mit Ventilator und Moskitonetz, Internet-Zugang, Wäscherei. ❹

Rincón Sabroso, Blv Uribe, ☎ 9/584-3095. Freundliche, wenngleich etwas dunkle Zimmer mit Ventilator und Du/WC. Vor jedem Zimmer gibt es einen kleinen Patio mit Hängematte. ❸

Essen

Beto's, Blv Uribe s/n, am Ortsrand in Richtung Zipolite, sehr gutes Seafood und ein beliebter Ort für einen Drink.

Posada Cañon Devata, im gleichnamigen Hotel, von der Playa Panteón landeinwärts, bietet allabendlich vegetarische Schlemmermahlzeiten in romantischer Dschungel-Atmosphäre.

Susy's, Playa Panteón, direkt am Strand, gute Snacks und Drinks für einen Strandtag, aber das Seafood ist anderswo besser.

La Costenita, am Pier, serviert leckere *antejitos,* z.B. Tamales oder Tacos, und Bier.
Hard Times, Blv Uribe, gleich hinter dem Hotel Puesta del Sol auf dem Weg nach Zipolite, bietet verlässliches Seafood und mexikanische Gerichte. Die Bedienung ist tüchtig und freundlich.
El Rincón del Mar, in abenteuerlicher Lage auf einer Klippe zwischen den Stränden Principal und Panteón, köstliches Seafood, jeden Abend wechselnde Angebote je nach Fang des Tages; Meerblick.
La Villa Florencia, serviert herzhafte italienische Standardgerichte, Antipasti und Pasta mit Meeresfrüchten.

Sonstiges

In Puerto Ángel gibt es keine Bank, keine Polizeiwache und nur wenige Geschäfte.

INFORMATIONEN – ***Touristeninformation*** in der Av. Principal bei der Anlegestelle. ⌚ nur Mo–Fr 10–12 und 16–20, Sa und So 10–12 Uhr.

INTERNET – ***Gel@Net,*** im Reisebüro Gambusino, US$1,60 pro Std.

POST / TELEFON – In der Av. Principal. Es gibt ein paar *Larga distancia*-Telefone im Ort, eines gegenüber der Anlegestelle in der Nähe der Post, ein weiteres im Reisebüro Gambusino.

Transport

Etwa alle 20 Min. fahren Busse nach POCHUTLA (20 Min.) und ZIPOLITE (10 Min.), einige fahren auch weiter nach MAZUNTE.

Zipolite

Manche Leute stehen auf das ruhige Puerto Ángel, andere schwören auf Zipolite, den riesigen, 4 km entfernten Strand, der einen schon legendären Ruf als Hippie-Treffpunkt hat. Er trägt den Beinamen „Sexyport", denn hierher kommen die Leute vor allem, um sich entweder zuzudröhnen oder jemanden abzuschleppen. Unter Travellern kursiert hartnäckig das Gerücht von leicht zugänglichen Drogen, niedrigen Lebenskosten und der (ansonsten in Mexiko verpönten) Freikörperkultur.

Zumindest am westlichen Ende des Strandes trüben allerdings die patrouillierenden Soldaten der Kriegsmarine oft den Spaß am Nacktbaden. Auch sonst sollte man wenigstens für den Gang in eines der Palapa-Restaurants eine Bedeckung bereithalten. Was Drogen anbelangt, egal ob Marihuana, Pilze oder LSD, so sind sie hier genauso verboten wie anderswo in Mexiko, auch wenn sie offener angeboten werden. Es gibt genügend Dealer, die einen Dummen suchen, den sie über's Ohr hauen können. Auch Diebstähle kommen vor, insbesondere abends am Strand, doch das alles kann den meisten Besuchern die Freude an diesem Ort, der so weit von der Zivilisation entfernt scheint, nicht nehmen.

Der Ursprung des Namens Zipolite ist ungewiss. Eine These besagt, er stamme aus der Nahuatl-Sprache und bedeute „Strand der Toten", was auch die ständig verwendete Bezeichnung „Playa de los Muertos„ erklären würde. Der Strand selbst ist lang, breit und leicht geschwungen, aber die Brandung ist heftig und die Strömung gefährlich. **Vorsicht:** Es sind schon viele Menschen ertrunken, obwohl es hier Rettungsschwimmer und Flaggen, die jeweils die Gefahrenstufe anzeigen, gibt. Der Strand ist in drei Abschnitte untergliedert: Roca Blanca am westlichen Ende, Centro in der Mitte, und Playa del Amor am östlichsten Ende Richtung Puerto Ángel. Palapa-Hütten und -Restaurants, die Seafood und Pasta anbieten, säumen den gesamten Strand.

Der **Hurrikan Pauline** hat 1997 zahlreiche der instabileren Gebäude weggeblasen, doch danach ist Zipolite beträchtlich gewachsen. Neubauten am Westende des Strandes sorgten für Aufregung, da sie drei oder vier Stockwerke hoch gebaut wurden, und obwohl im März 2001 ein verheerender Brand praktisch sämtliche Unterkünfte, von der *Posada San Cristóbal* in der Mitte des Strands bis zur Lagune fast am westlichen Strandende zerstörte, sind inzwischen die meisten wieder aufgebaut worden.

Übernachtung

Wer hier draußen wohnen möchte, muss möglichst viel Insektenschutzmittel mitbringen. Es gibt einfache Zimmer zu mieten, aber die meisten Traveller hängen ihre Hängematte in einer der vielen Palapa-Restaurant-Unterkünfte am Strand auf: Sehr romantisch und supereinfach, die Plumpsklos stehen hinter den Palmhütten, und Duschen sind ein kaum bekannter Luxus. **Hängematten** für US$3–5 gibt es praktisch überall, ansonsten kann man auch ein **Zimmer** mieten, was vielleicht sinnvoll ist, um das Gepäck sicher zu lagern.

Lo Cósmico, am westl. Strandabschnitt, 💻 www.locosmico.com. Eine der besten Unterkünfte, idyllisch, einige sehr schöne Cabañas mit Blick auf die Küste und ein hervorragendes Crêpe-Lokal, friedliche Atmosphäre und ein abgeschiedener Strand vor der Anlage. ❸

Shambhala Posada, nebenan, durch einen Felsrücken vom Rest des Strandes getrennt auf einem Hügel. Sehr ausgefallen, mit wunderschöner Aussicht, gemeinsamer Strand mit dem *Cósmico.* Die chaotische Unterkunft ist allerdings renovierungsbedürftig; etwas schmuddelige Cabañas und Terrassen zum Aufspannen der Hängematten. Vom Meditationsplatz auf dem Hügel hinter dem *Shambhala* lässt sich der Sonnenauf- oder -untergang über der Bucht genießen. ❸

El Alquimista, unterhalb des Cósmico, direkt am Strand, eines der besten Restaurants im Ort; abends strömen die Leute hierher, um bei Seafood und Pizza den Ausblick aufs Meer zu genießen. Vermietet auch fünf Cabañas mit Bad und Ventilator ❸.

Geht man den Strand entlang nach Osten, stößt man auf folgende Unterkünfte:

Posada San Cristóbal, ✆ 9/584-3191, hübsche Cabañas und Zimmer mit Gemeinschaftsbad. ❸

Brisa Marina, ✆ 9/584-3193, freundliches, von Amerikanern geführtes, etwas stabileres mehrstöckiges Gebäude mit einer breiten Auswahl an Zimmern. ❸

Tao, saubere, zweistöckige Cabañas. ❸

La Habana, ein paar rustikale Hütten auf Pfählen mit Moskitonetzen und Gemeinschaftsbad. ❸

Palapa Katy, ❷, und ***Palapa Aris,*** ❷ etwas weiter östlich, bieten einige billige Cabañas.

Lyoban, ✆ 9/584-3177, ein Stück weiter, ein bisschen luxuriöser; Gepäckaufbewahrung, Pool und Tischtennis im Gemeinschaftsraum. ❸

Am östlichsten Strandende von Zipolite befinden sich ***Castillo Oasis,*** mit vier sauberen, wunderschön gestalteten Zimmern in einer grünen Oase, ✆ 9/584-3070, ❹ und ***Solstice Yoga Center,*** 💻 www.solstice-mexico.com, mit Bungalows und Yoga- bzw. Meditationsangeboten. ❺

Eine gute Wahl unter den Unterkünften der oberen Preiskategorie ist ***Rancho Cerro Largo,*** ✆ 9/584-3063, ✉ ranchocerrolargomx@yahoo.com, am Felsüberhang zwischen Zipolite und San Agustinillo, dem nächsten Strand am Wege. Weitaus luxuriöser, wunderbarer Meerblick. Das hauseigene Restaurant gilt als das beste der Umgebung. Frühstück und Abendessen inkl. Gäste und Angestellte essen zusammen in einem Freiluft-Bereich. Zu erreichen mit einer Camioneta Richtung Mazunte oder zu Fuß; ca. 3 km von Zipolite. ❼

Fernando's Trailer Park, an der Straße nach Puerto Ángel, Platz mit schattigen Palmen und elektrischen Anschlüssen. ❷

Essen und Unterhaltung

In Zipolite kann man hervorragend essen, wobei sich die meisten beliebten **Restaurants** am westlichen Strandabschnitt befinden, darunter ***El Eclipse*** mit leckerer Pasta und Pizza, ***Posada San Cristóbal,*** das die üblichen Traveller-Gerichte wie Eierspeisen, Pfannkuchen und Salate auftischt, sowie ***Tao*** und ***Nueva Sol,*** die beide Seafood und mexikanische Gerichte auf der Speisekarte haben. ***Chupón*** (köstliche Krabbenravioli) und ***El 3 de Diciembre*** (Pizza, vegetarische mexikanische Küche und selbst gebackener Käsekuchen, außerdem Zimmervermietung), am Anfang der Straße hinter dem Strand und den kurzen Fußmarsch zweifellos wert.

El Hongo lockt mit einer Happy Hour und hat lange geöffnet.

La Puesta del Sol, populäre, etwas affektierte Disco, 🕓 ab Mitternacht.

Sonstiges

Einige kleine Läden mit Internet-Zugang, Telefonen für Ferngespräche, Strandausrüstung und anderen nützlichen Dingen befinden sich in der Straße unmittelbar hinter dem Strand.

TOUREN – Alle Palapas am Strand bieten **Bootsausflüge** für US$15. Auf dem Programm stehen

Schnorcheln und z.T. auch die Beobachtung von Schildkröten, Delphinen und mit sehr viel Glück sogar Walen auf ihrer Reise nach Norden Richtung Baja California. **Tauchen** wird ebenfalls angeboten, doch es lohnt sich nicht wirklich, da das Riff hier nicht besonders beeindruckend ist.

WÄSCHEREI – An der Straße zum Strand.

Transport

Zipolite eignet sich gut als Ausgangspunkt für Ausflüge in nahe gelegene Orte wie Mazunte oder Escondido oder zu den Stränden der Umgebung. Auf der Straße hinter dem Strand sind ständig Taxis unterwegs, doch als besseres und billigeres Transportmittel empfehlen sich die Colectivos, die auf derselben Strecke verkehren. Sie fahren u.a. alle 20 Min. bis 20 Uhr über PUERTO ÁNGEL nach POCHUTLA (Fahrtdauer ca. 20 Min.).

San Agustinillo und Mazunte

Nördlich von Zipolite, hinter dem Felsausläufer, liegt **San Agustinillo**, ebenfalls ein schöner Strand mit guten Wellen für Surfer und einer Reihe von Restaurants, die neben frischem Seafood zu annehmbaren Preisen kleine Zimmer vermieten oder Platz zum Aufhängen einer Hängematte bieten. Ein Stück weiter folgt das winzige Dorf **Mazunte.** Der Ort ist in den letzten Jahren gewachsen, aber immer noch anziehend. Er hat einen wunderbaren Strand und ist friedlicher als Zipolite, denn dessen Hippie-Party-Trubel sucht man hier vergebens. Die Brandung ist hier weniger stark, und am westlichen Strandabschnitt liegt jenseits des Felsrückens eine kleine Bucht mit sanfteren Wellen, die sich besser zum Schwimmen eignet.

Der Name des Dorfes geht auf das Nahuatl-Wort „maxonteita" zurück und bedeutet „bitte komm und laiche", in Anspielung auf die **Bastardschildkröte**, die hier ihre Eier legt. Einst war der Ort als Schildkrötenfangplatz berüchtigt. An manchen Tagen sollen bis zu 3000 Schildkröten abgeschlachtet worden sein. 1990 machte die mexikanische Regierung auf internationalen Druck hin diesem Einkommenszweig über Nacht ein Ende, woraufhin die Dorfbevölkerung sich auf die Brandrodung verlegte. Mit Hilfe nationaler und internationaler Organisationen wurde Mazunte schließlich zum Schutzgebiet erklärt. Langfristige Projekte, z.B. im Bereich des Ökotourismus, wurden auf den Weg gebracht. Die Naturkosmetik-Kooperative, 🕓 tgl. 9–16 Uhr, die bei einem Besuch Mazuntes gleich ins Auge fällt, wurde mit Unterstützung von Firmen wie *Bodyshop* errichtet; sie verkauft Kosmetikprodukte aus hier angebauten Gewächsen.

Die Jagd auf Schildkröten und ihre Eier ist jedoch nach wie vor ein Problem, ebenso wie die Zerstörung ihres Lebensraumes und die vielen Boote. Das von der Regierung geförderte **Schildkrötenmuseum** am Ostrand des Dorfes beherbergt ein Aquarium mit einigen Prachtexemplaren der Spezies und ein Schildkrötenforschungszentrum. Ein Besuch ist sehr zu empfehlen, zumal die Einnahmen dem Erhalt dieser Tiere zugutekommen. 🕓 Di–Sa 10–16.30, So 10–14.30, US$2.

Schildkrötenweibchen legen zwar ca. 100 tischtennisballgroße Eier, die sie im Sand vergraben, doch Schätzungen zufolge überleben nur ein oder zwei Jungtiere bis zur Geschlechtsreife. Das hat vor allem drei Gründe: Zum einen werden die frisch geschlüpften Schildkröten auf ihrer ersten panischen Nachtwanderung vom Nest zum Meer bereits von Reiterkrabben, Vögeln und Säugetieren erwartet, die die Jungtiere auf dem Speisezettel haben, und diejenigen, die es bis ins Wasser schaffen, werden größtenteils zur Beute von Raubfischen. Zum anderen werden durch Spaziergänger am Strand immer wieder Eier in den Nestern zerdrückt, oder der Sand wird derart zusammengepresst, dass der Nachwuchs es nicht mehr an die Oberfläche schafft. Und drittens bewegen sich die frisch Geschlüpften instinktiv aufs Meer zu, indem sie dem vom Wasser reflektierten Licht folgen. Dabei werden sie aber immer wieder von der künstlichen Strandbeleuchtung in die Irre geführt und laufen so in die falsche Richtung. Die meisten Eier werden zwischen Mai und August gelegt.

Man sollte Mazunte nicht verlassen, ohne dem Weg neben dem *Balam Juyuc* (s.u.) gefolgt zu sein, der an den Überresten nicht näher bezeichneter **Ruinen** vorbei nach **Punto Cometa** führt, einem schönen Naturpark oberhalb der felsigen Landspitze bei Playa Mazunte, dem südlichsten Punkt im Bundesstaat Oaxaca. Bei Sonnenuntergang bietet sich von hier aus eine überwältigende Aussicht. Der

„Jacuzzi", ein Felsbecken, das sich bei Hereinströmen der Wellen mit weißem Meeresschaum füllt, ist zugänglich, wenn man am südlichen Ende des Beckens die Felsen hinunterklettert.

Ein weiteres lohnenswertes Ziel in der Nähe ist die Krokodil-Lagune in **Playa Ventanilla**, etwa 2 km weiter westlich. Hier kann man sich in einem flachen Boot in die Lagune hinausfahren lassen, um zwischen ihren geschuppten Bewohnern herumzuschippern. Zu erreichen ist die Lagune mit einem Colectivo oder Taxi (ca. US$3); Bootsausflüge werden von der Dorf-Kooperative für US$5 organisiert.

Übernachtung und Essen

SAN AGUSTINILLO – ***Palapas Olas Altas, Palapa Jazmín*** und ***Palapa Lupita*** bieten einfache Cabañas ❷ und Hängematten ❶ direkt am ruhigen, luftigen Strand.
Posada Doña Sol, auf der anderen Straßenseite, hat Zimmer mit Bad und Ventilator. ❷.
Posada San Augustinillo, auf einem ausgedehnten Gelände am Ostrand des Dorfes, hat schon bessere Tage gesehen, bietet aber günstige Zimmer mit Balkon und Blick aufs Meer. ❸

MAZUNTE – Alle Palapas am Strand vermieten **Cabañas** und Plätze zum Aufhängen einer Hängematte ❶ und betreiben außerdem **Restaurants**, die einfaches Frühstück, Seafood und Pasta servieren. Wer entsprechend ausgerüstet ist, kann direkt am Strand zelten.
Am Westende des Sandstreifens gelangt man über die Felsen zur zweiten kleinen Bucht, die sich besser zum Schwimmen eignet. Hier befinden sich: ***Posada del Arquitecto***, mit Hängematten ❶ und umweltfreundlich gestalteten Zimmern mit Bad ❹.
Alta Mira, weiter westlich, 💻 www.labuenavista.com, unauffällig auf einem Hügel gelegen, die eleganteste Unterkunft im Ort, gepflegte Bungalows für bis zu 4 Pers. mit gekacheltem Bad und schönem Ausblick von der Restaurant-Terrasse. Die Zimmer verfügen über keinen Strom, aber man kommt auch gut ohne aus, und abends werden die Bungalows von Kerzen beleuchtet. ❺
Balam Juyuc, nebenan, oben auf dem Hügel, mit Blick auf den Ozean und gemütlichen Cabañas mit Gemeinschaftsbad. Massagen, Ausflüge zur Schildkrötenbeobachtung und Surfunterricht. ❹
Palapas El Mazunte, in der Mitte des Strandes, beliebt bei Backpackern, mit billigen Zimmern, Platz für Hängematten und Zelte und einem stets vollen Café. ❸
Cabanas Ziga, am östlichen Ende des Strandes, einladend, mit einer Auswahl an passablen Zimmern und Meerblick vom Restaurant. ❹
In der Hauptstraße werden von einigen Herbergen bescheidene Zimmer angeboten, die in der Regel billiger werden, je weiter sie vom Meer entfernt sind: ***Aketzalli***, gegenüber dem Schildkrötenmuseum, vermietet einfache Hütten ❷, und ***Posada Lalo***, an einem kleinen Pfad, der ins Dorf führt, hat Cabañas und Campingplätze ❷.
Es gibt einige verlockende Essensangebote, darunter das ausgezeichnete, von Italienern geführte Restaurant ***La Dolce Vita***, in der Hauptstraße des Ortes, das Steinofenpizza, Pasta mit Meeresfrüchten und gelegentlich abendliche Filmvorführungen bietet.
La Empanada, ebenfalls in der Hauptstraße, bereitet herzhafte Sandwiches aus hausgebackenem Brot und frische Säfte zu (Tipp: der leckere Gurken-Limonensaft).
Tania, etwas weiter, serviert vertraute mexikanische Küche.
El Pescador, am Wasser, hat köstliches Seafood.

Sonstiges

GELD – In Mazunte gibt es keine Möglichkeit zum **Geldwechseln**. Die nächsten Geldautomaten befinden sich in Pochutla und Escondido.

INFORMATIONEN – Der behelfsmäßige **Touristeninfostand** an der Hauptstraße im Ort hat keine festen Öffnungszeiten, ist aber eine ausgezeichnete Infoquelle bzgl. Unterkünfte und Aktivitäten. Ein Guide namens Markus betreibt ihn; er organisiert auch Touren und Bootsausflüge zur Beobachtung von Schildkröten und anderen Tieren. Rafting-Touren können im Restaurant *La Empanada* gebucht werden; das Angebot ist hier viel besser als im nahe gelegenen Huatulco.

INTERNET – Teures **Internet-Café** in der Rinconcito, 🕒 bis 22 Uhr.

WÄSCHEREI – Eine ***lavandería*** findet sich in der Rinconcito (der Straße, die das westliche Strandende mit der Hauptstraße durch den Ort verbindet).

Transport

Wer von PUERTO ESCONDIDO nach Mazunte fahren möchte, kann Zeit und Geld sparen und schon in SAN ANTONIO aussteigen, das aus ein paar Häusern und einem Restaurant besteht. Von hier kann man entweder trampen oder für die 5 km bis Mazunte ein Taxi nehmen. Sonst schleppt einen der Bus vor der Ankunft noch durch Pochutla und Puerto Ángel. Von Mazunte fahren alle 30–40 Min. Colectivos nach ZIPOLITE, PUERTO ÁNGEL und POCHUTLA, aber bei gutem Timing ist es sinnvoll, auch auf dem Rückweg in San Antonio umzusteigen.

Bahías de Huatulco

Östlich von Puerto Ángel in Richtung Salina Cruz erstrecken sich 170 km bisher fast unberührter Strand. Die Fahrt dauert relativ lange, ist aber wunderschön. Der urwaldbewachsene Küstenstreifen wird von kleinen Flussmündungen unterbrochen und gibt den Blick auf immer neue, menschenleere Strände frei. Die meisten sind schwer zugänglich, und es gibt keine Unterkunfts- oder Verpflegungsmöglichkeiten, dafür rauen Wind und gefährliche Strömungen.

In **Huatulco**, etwa 35 km von Puerto Ángel entfernt, befindet sich eines der neuesten mexikanischen Seebäder im Aufbau. Ein Flughafen existiert schon, und auch einige große Luxushotels, darunter ein *Club Med* (jetzt *Las Brisas)* und das All-inclusive-Hotel *Gala*. Laut Bauvorschrift darf jedoch kein Gebäude mehr als sechs Stockwerke haben. In letzter Zeit hat die Bautätigkeit nachgelassen, und das ist ein Segen, denn dies gibt FONATUR – der staatlichen Tourismusorganisation – die Möglichkeit zur Realisierung ihrer ursprünglichen Absichten: die Ökozonen zwischen den Hotelanlagen zu erhalten und sicher zu stellen, dass die Infrastruktur (insbesondere Kläranlagen) mit der Nachfrage Schritt hält. Derzeit sind nur zwei der Buchten erschlossen, doch sind insgesamt acht auf neu angelegten Straßen erreichbar. Die langfristigen Folgen des Touristenandrangs bleiben abzuwarten. Bahías de Huatulco ist jedoch ein sehr weitläufiges Gebiet, und bislang sind die abgelegeneren Buchten noch unberührt. Billige Unterkünfte sind hier allerdings Mangelware.

Huatulco ist der Oberbegriff für das gesamte Urlaubsgebiet, dessen Fokus das an der Küste gelegene Dorf **Santa Cruz Huatulco** bildet. Trotz aller Bemühungen ist es bislang nicht gelungen, daraus das geplante „authentisch mexikanische Dorf" zu machen; es besteht in erster Linie aus einem Bootshafen, einer Reihe von Souvenirständen, ein paar relativ preiswerten Seafoodrestaurants und einer Hand voll Ferienwohnungen. Es gibt weder einen Grund noch erschwingliche Unterkünfte, um hier zu übernachten, doch am *embarcadero* (der Bootsanlegestelle) werden Ausritte zur **Bahía Maguey**, Angel- und Tauchtouren sowie (auf Anfrage) Motorbootfahrten zu abgelegeneren Buchten angeboten. An all diesen Buchten gibt es mindestens irgendeine Art von Strandlokal, und **San Agustín**, einer der erschlossensten Strände, wird von Seafoodrestaurants gesäumt.

Positiv ist, dass hier noch viele nahezu unberührte Strände erkundet werden können, darunter der **Cacaluta Beach**, zu erreichen, indem man von der Küstenstraße durch den Dschungel wandert.

Der Zugang zum Badestrand von **Tangolunda**, 5 km nordöstlich über die Landzunge, ist durch die o.g. Luxushotels, das schicke *Camino Real* und Privatvillen von Prominenten wie Julio Iglesias und Ex-Präsident Carlos Salinas de Gortari, fast völlig verwehrt. Den einzigen Zufahrtsweg stellt die kleine Straße nahe dem *Quinta Real* dar. Natürlich besteht die Möglichkeit, sich in das *Gala* einzuschleusen und dort ein paar Runden im Pool zu drehen, doch das ist nicht besonders aufregend, und die Restaurants verlangen exorbitante Preise. Näheres zu Touren, Raftingtrips und erschwinglichen Unterkünften bei der **Touristeninformation** unweit des *Gala* in Tangolunda, ⏲ Mo–Fr 9–17 und Sa 9–13 Uhr.

La Crucecita

La Crucecita, ein am Reißbrett entworfener Ort, liegt 2 km von Santa Cruz Huatulco landeinwärts, erreichbar von allen drei Buchten aus. Eigentlich sollte er die erwarteten 10 000 einheimischen Arbeitskräfte beherbergen, die in den umliegenden

Hotels benötigt werden würden, entwickelt sich jedoch mittlerweile zu einem eigenen kleinen Tourismuszentrum. Das Städtchen besitzt eine freundliche Plaza Principal, Geschäfte, Pizzerien und Internet-Cafés.

Übernachtung und Essen

In **La Crucecita** findet man im Vergleich zur Umgebung der Bucht noch am ehesten eine preiswerte Unterkunft. Außerhalb der Saison (Hochsaison herrscht im Dez, um Ostern sowie im Juli und Aug) geben die Preise um ca. 30 % nach.

Hospedaje Gloriluz, an der Pochote 305 nahe Dorfeingang, ✆ 9/587-0160. Sehr anspruchslos; eine der billigsten Unterkünfte. ❹

Hotel Benimar, Bugambilia 1404, ✆ 9/587-0447, viel besser. ❹

Hotel Busanvi, einen Block vom Zócalo entfernt in der Carrizal 601, ✆ 9/587-0056, überraschend preiswerte Motel-artige Zimmer mit TV für bis zu 4 Pers. ❺

Misión de los Arcos, Gardenia 902, ✆ 9/587-0165, die edelste Unterkunft, mit stuckverzierten Suiten. ❻

Posada Michelle, Gardenia 8, ✆ 9/587-0535, preiswerte Zimmer in der Nebensaison; vermittelt Touren. ❸–❺

An der Plaza Principal gibt es jede Menge Restaurants, darunter das ***Oasis***, Bugambilia, Ecke Flamboyan, das sowohl einigermaßen preiswerte Tortas als auch ausgezeichnete Sushi bietet.

Wer einfachere Kost sucht, bekommt im ***Los Portales*** am Zócalo Tacos, oder kann nach 20 Uhr den Burger-Stand in der Bugambilia, Ecke Macuitle, aufsuchen.

Das ***Mambo Café***, gleich außerhalb der Stadt unterhalb des *Hotel Edén Costa*, ✆ 9/587-2480, Calle Zapoteco 3, vom Bulevar Chahué ab, ist auf traditionelle mexikanische und europäische Gerichte, einschließlich Fondue spezialisiert.

In der Nähe des Zócalo befinden sich auch einige **Bars und Clubs** – im ***Crema*** trifft sich z.B. ein bunt gemischtes Publikum, und das ***Café Dublin***, eine einladende Kneipe, serviert riesige, saftige Hamburger; beide liegen in der Carrizal.

Sonstiges

GELD / POST – Die Post liegt etwas außerhalb von La Crucecita an der Straße nach Santa Cruz Huatulco, an der sich auch zahlreiche Banken (mit Geldautomaten) befinden.

TAUCHEN / RAFTING – ***Hurricane Divers***, ✆ 9/587-1107, am Strand von Santa Cruz, veranstaltet Tauchtrips sowie PADI- und NAUI-Kurse. Die Angestellten sprechen Englisch.

Copalita River Tours in der *Posada Michelle* (s.o.) bietet Rafting- und Paddeltouren an.

Explora Mexico, ✆ 9/587-2058, führt Grad IV – sowie leichtere Rafting-Touren durch; von Huatulco aus.

Transport

BUSSE – Die Bushaltestellen befinden sich alle entlang der Gardenia in La Crucecita. 1. Klasse-Busse nach:

PUERTO ESCONDIDO stdl. (2 1/2 Std.),
POCHUTLA stdl. (1 Std.),
OAXACA 4x tgl. (7 Std.),
SALINA CRUZ fast stdl. (3 Std.),
SAN CRISTÓBAL 2x tgl. (10 Std.).
Lokalbusse verkehren ständig zwischen La Crucecita, Santa Cruz und Tangolinda.

Der Isthmus von Tehuantepec

Am Isthmus von Tehuantepec, wo zwischen Pazifik und Atlantik nur 210 km liegen, ist der Landrücke nirgendwo höher als 250 m über dem Meeresspiegel. Jahrelang, noch bevor Panama das Rennen machte, gab es Pläne, hier einen Kanal zu graben. Die Bahnlinie von Küste zu Küste, die noch immer einen Anschluss nach Guatemala hat, war im späten 19. Jh. eine sehr wichtige Handelsroute zwischen den amerikanischen Ost- und Westküsten, denn hier wurden die Schiffsgüter von der einen auf die andere Seite umgeschlagen.

Die Region ist schwül und heiß, seit langem vernachlässigt und hat auch vom jüngsten Ölboom keineswegs profitiert. Der beste und vielleicht einzige Grund, hier anzuhalten, wäre eine Fiesta, denn die zählen zu den ausgelassensten im ganzen Land. Andernfalls fährt man besser gleich durch – von Oaxaca nach Tuxtla Gutiérrez oder San Cristobál in Chiapas geht das an einem einzigen, sehr langen Tag. Nur wenn man nach Yucatán fahren möchte, macht es Sinn, die Route von Süden nach Norden über den Isthmus zu nehmen. Um nach Chiapas zu gelangen, ist die Fahrt durch das Tiefland am Golf von Tehuantepec entlang zwar erheblich kürzer, aber die Inlandroute (die ins Hochland von Chiapas führt) ist landschaftlich reizvoller.

Die Indígenas dieser Region, v.a. die im Süden beheimateten, lebten in matriarchalisch geprägten Gesellschaften. Bis heute sind es häufig die Frauen, die den Handel dominieren, allerdings stirbt diese Tradition mehr und mehr aus. Noch immer aber strahlen die außergewöhnlich farbenfroh gekleideten Frauen Stolz und Stärke aus und fallen durch ihren prächtigen Goldschmuck auf. Bei einer Eheschließung übergibt die Mutter den Sohn oder die Tochter der neuen Familie. Auch dass die älteste Tochter den Familienbesitz erbt, ist durchaus nicht ungewöhnlich.

An einem besonderen Festtag demonstrieren die Frauen ihre Überlegenheit dadurch, dass sie auf die Dächer der Häuser klettern und Obst auf die Männer hinabwerfen *(Tirada de Frutas)*.

Salina Cruz

Salina Cruz, 130 km östlich von Huatulco an der Küste im Süden des Isthmus von Tehuantepec gelegen, war der Endbahnhof der Trans-Isthmus-Eisenbahn am Pazifik und der Hafen, über den alle Waren verschifft wurden. Heute wird hier vor allem Öl verladen.

Die Stadt ist groß und berüchtigt für Kriminalität und latente Gewalt. Für Reisende dient sie in erster Linie als Verkehrsknotenpunkt auf dem Weg von der bzw. zur Küste. Der nahe gelegene Dorfstrand von La Ventosa ist windig und stark verschmutzt.

Übernachtung

Wer hier hängen bleibt, lenkt die Schritte zum großen Zócalo, einen halben Block nördlich des Busbahnhofs, in dessen Nähe sich mehrere passable Hotels befinden.

Hotel Calendas, einen Block östlich des Zócalo, in der Puerto Ángel 408, ✆ 9/714-4574, hat Zimmer mit TV und ac. ❺

Casa Ríos, einen Block westlich in der Wilfredo Cruz 405, ✆ 9/714-0337, ist sehr einfach. ❸

Posada del Jardín, Camacho 108, ✆ 9/714-0162, saubere kleine Unterkunft mit einem Patio. ❹

Transport

Alle Busse nutzen den Busbahnhof **Central Terminal** in der 5 de Mayo 412. 1. Klasse-Busse nach:

HUATULCO, 10x tgl. (2 1/2 Std.),
OAXACA 2x tgl. (5 1/2 Std.),
POCHUTLA 5x tgl. (3 1/2 Std.),
PUERTO ESCONDIDO 5x tgl. (5 1/2 Std.),
TEHUANTEPEC alle 30 Min. (30 Min.).

Tehuantepec

In Tehuantepec (50 000 Einwohner) haben sich viele der für den Isthmus typischen Traditionen am sichtbarsten bewahrt. Abends wird es am Zócalo lebendig, dann verkaufen die in traditionelle, blumenbestickte *huipiles* und bodenlange Samtröcke der Zapotekentracht gekleideten Marktfrauen Essen an zahlreichen Ständen. Der Ort ist nicht groß, nach zehn Häuserblocks in jeder Richtung steht man schon wieder draußen auf dem flachen Land. Vielleicht aufgrund seiner Enge ist Tehuantepec in Anbetracht seiner bescheidenen Größe und abgeschiedenen Lage ziemlich laut.

Lange wird man hier nicht bleiben, sollte aber wenigstens die **Casa de Cultura** besuchen, wo in den Resten des ehemaligen Dominikanerklosters Ex-Convento Rey Cosijoní sporadisch Tanz- und Musikveranstaltungen sowie Workshops stattfinden. Das Kloster wurde 1544 im Auftrag von Cortés errichtet und nach dem bekehrten Zapotekenkönig benannt. Das Gebäude wird heute unter der Woche als Schule genutzt, doch gibt es hier im 1. Stock auch eine Ausstellung archäologischer Exponate, einheimischer Kostüme und moderner Kunst. Bei Interesse an einem Rundgang sorgen die Bediensteten für Einlass. Zu erreichen über die Hidalgo, am Nordende des Zócalo abgehend, bis sie in die Guererro mündet. ⏲ Mo–Fr 9–14, 17–20, Sa 9–14 Uhr, Eintritt frei.

Übernachtung

In der Umgebung der Plaza gibt es preiswerte Hotels: ***Donaji***, Juárez 10, ✆ 9/715-0064, zwei Blocks südlich des Zócalo; einfache Zimmer mit Ventilator, teurere mit ac. ❹

Hotel Oasis, Ocampo 8, ✆ 9/715-0008, einen Block südlich des Zócalo, hat luftige, saubere Zimmer mit ac oder Ventilator. ❹

Casa de Huéspedes Istmo, nördlich des Zócalo in der Hidalgo 31, ✆ 9/715-0019, sehr einfach, mit Gemeinschaftsbädern, in einem Hof hinter einem Bestattungsunternehmen. ❷

Essen

In der Calle Juana, südl. des Zócalo, gibt es 2 tolle Esslokale:

El Portón serviert extrem billige Sandwiches und Antojitos, ***Café Colonial***, Hausnr. 66, bietet gute lokale Küche, darunter Hähnchen in jeder Zubereitungsart. ⌚ bis gegen 22 Uhr.

Auf der Westseite des Zócalo stehen Stände, an denen Säfte und Snacks verkauft werden, während die Ostseite von Wagen mit dampfenden Tacos gesäumt wird.

Mariscos Ángel, am Ortseingang, bietet gutes Seafood.

Scaru, nördlich des Platzes neben dem *Donaji*, geschmückt mit Wandgemälden; Seafood, Pasta und Cocktails, ⌚ bis 23 Uhr.

Unbedingt probieren sollte man die großen, dunklen, flachen Maismehlbrote, die die Einheimischen an den Bussen verkaufen.

Sonstiges

GELD – Es gibt eine Bank an der Nordseite der Plaza und ***Bancomer*** in der 5 de Mayo, mit Geldautomaten und gutem Wechselkurs.

POST / TELEFON – Postamt an der Nordseite der Plaza, *Caseta de larga distancia* in der 5 de Mayo, ⌚ tgl. 6–21 Uhr.

Transport

Die 1. und 2. Klasse-Busse halten am Nordrand der Stadt an der Carretera 190. Ins Zentrum mit Taxi oder Colectivo. Tehuantepec ist zwar ein wichtiger Umsteigebusbahnhof auf der Strecke nach Oaxaca oder zur Küste von Chiapas, doch nur wenige Busse starten direkt hier; die meisten sind ***de paso*-Busse**. Daher kann es für die Weiterfahrt u.U. einfacher sein, einen der vielen nach Juchitán, 26 km weiter (s.u.) abfahrenden Busse zu nehmen und von dort aus weiterzufahren. Die wichtigsten Langstreckenbusse, betrieben von den 1. Kl.-Gesellschaften *Cristóbal Colón* und *Autobuses Unidos*, fahren Oaxaca, México D.F., Tuxtla Gutiérrez, Coatzacoalcos und Villahermosa an, außerdem verkehren Busse nach San Cristóbal und Puerto Escondido; die Fahrkarten können im Voraus erstanden werden. Zwischen den größeren Städten des Isthmus verkehren auch verschiedene 2. Klasse-Busgesellschaften, und in kurzen Abständen fahren Busse nach Salina Cruz. 1. Klasse-Busse nach:

COATZACOALCOS 10x tgl. (5 Std.),
MÉXICO D.F 12x tgl. (11 Std.),
OAXACA stdl. (4 1/2 Std.),
PUERTO ESCONDIDO 2x tgl. (6 Std.),
SALINA CRUZ alle 30 Min. (30 Min.),
TUXTLA GUTIÉRREZ 4x tgl. (5 Std.),
VERACRUZ 2x tgl. (7 1/2 Std.).

Juchitán

Juchitán (60 000 Einwohner) liegt 26 km von Tehuantepec entfernt. Hier kreuzt sich die Carretera mit der Bahnlinie nach Guatemala. In dem staubigen Handelszentrum, das kaum über touristische Einrichtungen verfügt, herrscht ein notorischer Verkehrsstau. Doch die Stadt ist kulturell faszinierend und bietet Einblicke in das matriarchalische Gesellschaftssystem, für das die Region bekannt ist. Die indigenen Traditionen werden weithin bewahrt und das ganze Jahr über finden Fiestas statt, auch ***velas*** genannt. Im Mai scheint es nahezu täglich irgendeine Feier zu geben. Frauen tragen dann ihre bunten *trajes* und Männer ihre besten Kleider, und die ganze Nacht wird Musik gemacht und getanzt.

Die Einwohner der Stadt sind auch für ihr politisches Engagement und ihre sozialistischen Tendenzen berühmt. In den 80er Jahren wurde hier eine sozialistische Stadtregierung mit reformerischen Ideen gewählt. Die PRI, wenig erfreut über solche Aktivitäten, setzte es durch, dass der Gouverneur des Bundesstaates unter fadenscheinigen Vorwänden die Regierenden von ihren Posten entfernte und mit treuen Staats- bzw. Parteidienern besetzte. Die darauf folgenden politischen Unruhen gehören zwar mittlerweile der Vergangenheit an, aber die Einwohner von Juchitán machen immer wieder Schlagzeilen: So enden die Fiestas oft in politischen Demonstrationen.

Die Gegend ist für ihre relativ tolerante Haltung gegenüber Homosexuellen bekannt, und Juchitán ist einer der wenigen Orte in Mexiko, wo Schwule offen leben können und manchmal sogar auf *velas* in Frauenkleidern auftauchen.

Die **Casa de Cultura** in der Belisario Dominguez neben der Kirche, wurde von Francisco Toledo (der in Juchitán geboren wurde) gegründet und bietet eine kleine archäologische Sammlung von prähispanischen Bildhauereien und Tonscherben, eine Kunstbibliothek und gelegentlich Ausstellungen lokaler Künstler.

Ein erfrischender Tagesausflug führt von Juchitán zur klaren Quelle (US$1) in **Santiago Laollaga**, etwa 36 km nordwestlich der Stadt. Die Schwimmbecken aus Beton in der Nähe des Parkplatzes können von Kindern mit Beschlag belegt sein, aber nach einem kurzen Spaziergang flussaufwärts gelangt man zu den natürlichen Becken bei der Quelle, die zu einem Bad und anschließenden Getränk in einem der Restaurants am Bach einladen – allerdings können gelegentlich Stereoanlagen, die einander zu übertönen versuchen, die friedliche Atmosphäre empfindlich stören. Im Ort gibt es keine Übernachtungsmöglichkeiten, es sei denn in einem mitgebrachten Zelt. Santiago Laollaga ist schnell per Auto zu erreichen, indem man nordwärts durch **Ixtepec** fährt, oder mit Bussen, die dieselbe Strecke in einer Stunde zurücklegen. Die Quelle befindet sich am Nordrand des Ortes.

Übernachtung, Essen und Sonstiges

Leider bietet Juchitán kaum gute, preiswerte Unterkünfte.

Hotel La Mansión, 16 de Setiembre 11, ✆ 9/711-2055, von der Hauptbushaltestelle einige Blocks Richtung Zentrum, baufällig. ❺

Hotel López Lena, 16 de Setiembre 70, ✆ 9/711-1388, ein ordentliches Hotel 2 km weiter auf der 16 de Setiembre. ❺

Hotel Alex, 16 de Setiembre 48, ✆ 9/711-2055, etwas besseres Preis-Leistungs-Verhältnis. Die Zimmer mit ac sind schmucklos; die Hand voll winziger Zimmer ohne ac erheblich billiger. ❺

Casa de Huéspedes Echazarreta, direkt am Zócalo, annehmbar und die billigste Unterkunft. ❸

Am Zócalo gibt es ein paar gute Restaurants, insbesondere das ***Casa Grande***, das in eleganter Umgebung erschwingliches Seafood anbietet. Am Zócalo befinden sich ein **Postamt** und ***Banamex***.

Transport

Alle Bushaltestellen liegen direkt an der Carretera, weshalb man in keiner Fahrtrichtung lange auf einen Bus zu warten braucht.

Chiapas und Tabasco

Highlights

- Ein Besuch im ZOOMAT von **Tuxtla Gutiérrez**, dem besten Zoo Mexikos, wo in Chiapas heimische Tiere in artgerechter Umgebung aus nächster Nähe zu sehen sind.
- In **San Cristóbal de las Casas** einen Ausritt durch die Hügel und Wälder nach San Juan Chamula und San Lorenzo Zinacantán unternehmen.
- Der abgeschiedene **Parque Nacional Lagos de Montebello** mit seinen je nach Einfallswinkel der Sonne ihre Farbe verändernden Bergseen.
- Die Fundstätte **Bonampak**: Bei Tagesanbruch auf dem Waldpfad hierher wandern und als Erster die schönen Wandmalereien bewundern.
- Nach dem Besuch der überwältigenden Maya-Ruinenstätte **Palenque**: in den Wasserfällen des Río Otolum baden.
- Mit dem Boot der modernen Zivilisation entfliehen und die tief im Wald verborgene Ruinenstätte **Yaxchilán** aufsuchen.
- Im Parque la Venta von **Villahermosa** die massi-ven Olmeken-Steinköpfe bestaunen.

Chiapas, der südlichste Bundesstaat Mexikos, lockt mit vielen attraktiven Reisezielen. Einsame Pazifikstrände, schroffe Berggipfel, darunter der 4000 m hohe Vulkan Tacaná, und tief im Dschungel versteckte Ruinenstädte inmitten tropischer Vegetation erwarten den Besucher.

Die Landschaftsformen von Chiapas reichen von der pazifischen Küstenebene über die Berge der Sierra Madre de Chiapas bis zur vom Río Grijalva bewässerten, vor allem landwirtschaftlich genutzten zentralen Tiefebene, und schließlich zum Hochland Los Altos de Chiapas. Hinter den Bergen schließt sich im Norden die flache Golfküstenlandschaft von Tabasco an, und im Osten liegen die großen Flüsse, unterbrochen von den grünen Flecken des Lacandón-Regenwaldes, die in den Río Usumacinta münden, der Grenze zu Guatemala. Auch die Klimaunterschiede sind gewaltig. Man kann morgens noch am Strand von Puerto Arista in der Sonne braten und sich abends in der Kolonialstadt San Cristóbal de las Casas die eiskalten Hände am Kaminfeuer wärmen. Im Tiefland ist es heiß und schwül, im Sommer fallen nachmittags gewaltige Regengüsse. Tagsüber kann es auch im Hochland sehr heiß werden, während es am Abend und in der Nacht empfindlich abkühlt.

Im Verhältnis zu seiner Fläche (so groß wie die Niederlande und Belgien zusammen) weist Chiapas Wissenschaftlern zufolge die größte biologische Vielfalt von ganz Nordamerika auf. Bei einem Besuch im Zoo von **Tuxtla Gutiérrez**, der Hauptstadt des Bundesstaates, in dem nur in Chiapas heimische Tiere gehalten werden, bekommt man einen Vorgeschmack auf die Naturwunder der Region. Im ausgedehnten Naturschutzgebiet **Montes Azules**, das von Palenque aus erreichbar ist, steht noch ein letztes verbliebenes Stück des nordamerikanischen Regenwaldes. Hier sind die Lacandón-Maya zuhause, die sich bei der Ankunft der Spanier in die Wälder zurückzogen und erst seit etwas über 15 Jahren Kontakte mit der Außenwelt unterhalten. Im Naturschutzgebiet **El Triunfo** im Süden gibt es Nebelwald, und – sehr viel einfacher zu besuchen – die herrlichen Seen und Hügel des **Lagos de Montebello-Nationalpark**.

Die Maya-Stätte **Palenque** am Nordrand des Hochlandes zählt fraglos zu den schönsten Ausgrabungsstätten Mexikos. Glasklare Flüsse durchziehen die Kalksteinfelsen der Umgebung und haben atemberaubende Wasserfälle geschaffen. Besonders schön anzusehen sind die von **Agua Azul**. Palenque stellt den geeignetsten Ausgangspunkt für einen Ausflug in das Usumacinta-Tal dar, in dem sich die abgelegenen Ruinen von **Bonampak** und **Yaxchilán** befinden. Die etwa parallel zur Grenze mit Guatemala verlaufende Hauptstraße **Carretera Fronteriza** führt an diesen Stätten vorbei und weiter Richtung Süden durch die aufstrebende Stadt **Benemérito**. Dort kann man ein Boot nach **Guatemala** nehmen oder **Ixcán** am Río Lacantún besuchen. Dank einiger neuer Touristenunterkünfte, die die wirtschaftliche Entwicklung dieser Region vorantreiben sollen, kann man von Ixcán aus den südlichen Teil des Schutzgebietes Montes Azules erkunden. Inzwischen verkehren Tag und Nacht Busse auf der Carretera, mit denen man weiter zu den **Lagos de Montebello** und zurück nach San Cristóbal gelangt. Unterwegs passiert man zahlreiche Kontrollposten der Armee.

Chiapas weist nach Oaxaca den zweitgrößten indianischen Bevölkerungsanteil auf, und die alten Traditionen sind noch lebendig. Die Touristen-Hauptstadt ist **San Cristóbal**, im geografischen Zentrum von Chiapas; die sie umgebenden Dörfer sind Hochburgen der **Tzotzil** und **Tzeltal** – die größten indigenen Gruppen der Region. In San Juan Chamula und San Lorenzo Zinacantán können Besucher sich umsehen. Hier fühlt man sich in eine andere Welt versetzt, in der alte Bräuche und religiöse Praktiken vor dem Hintergrund einer allgegenwärtigen Kommerzialisierung überleben. So idyllisch das Leben der indigenen Bevölkerung auf Touristen oberflächlich auch erscheinen mag, die Realität sieht anders aus: Die Ureinwohner sind vom politischen System lange übergangen oder ignoriert worden und ihr Land und ihr Lebensunterhalt sind ständig von Modernisierung oder direkter Inbesitznahme bedroht. Die **Rebellion der Zapatisten**, die am Neujahrstag 1994 ausbrach und in dieser Region ihren Anfang nahm, kam daher nicht von ungefähr. Weitere Informationen über die Zapatisten im Kapitel „Geschichte", s.S. 95.

Ein bleibendes Vermächtnis der Rebellion ist die starke **Militärpräsenz** in der von den mexikanischen Behörden so bezeichneten „**Konfliktzone**", ein (zumindest nominell) von den Zapatisten besetzter Landstrich im äußersten Südosten des Bundesstaates. Dieses Gebiet kann sich theoretisch bis

Das Vermächtnis der Zapatisten-Rebellion

Am **1. Januar 1994**, dem Tag des Inkrafttretens des NAFTA-Vertrages, besetzten mehrere tausend leicht bewaffnete, mit grün-schwarzen Armeejacken und schwarzen *pasamontañas* (Kapuzenmützen) bekleidete Rebellen die Stadt San Cristóbal de las Casas, die ehemalige Hauptstadt des Bundesstaates und das bedeutendste Touristenziel in Chiapas. Nachdem die mexikanische Armee den ersten Schock überwunden hatte, holte sie zu einem erbarmungslosen Gegenschlag aus. Angesichts einer noch nie da gewesenen Welle internationaler Solidarität mit den Rebellen sah die mexikanische Regierung sich jedoch schon bald zur Aufgabe ihrer rücksichtslosen Anti-Guerilla-Politik gezwungen. Dem 1995 vereinbarten Waffenstillstand, den jahrelangen Verhandlungen und der Machtenthebung der PRI zum Trotz ist bis heute noch kein dauerhafter Friedensvertrag zustande gekommen.

Mit einer Serie von gewaltsamen Vertreibungen und Angriffen auf Zapatisten-Gemeinden begannen im Juli 2002 von neuem Kampfhandlungen. Doch seither hat sich die Lage etwas beruhigt, auch wenn unter der Oberfläche Spannungen gären.

Der Zapatisten-Führer Subcomandante Marcos hat sich sein Charisma als Kämpfer für die Unterprivilegierten bewahrt, und seine Mitstreiter genießen nach wie vor die Unterstützung großer Teile der Bevölkerung und auch des Auslands.

Während der gesamten Rebellion sind **Touristen** in Chiapas unbehelligt geblieben, von Verzögerungen durch Armeekontrollen einmal abgesehen. In San Cristóbal gehen Zapatisten-Puppen und die mit dem maskierten Konterfei ihres Anführers Marcos verzierten Souvenirs weg wie warme Semmeln. Eine **Warnung** ist dennoch angebracht für diejenigen, deren Sympathie über die wirtschaftliche Unterstützung der einheimischen Souvenirhändler hinausgeht: Offizielle Vertreter der Regierung warnen vor der „Plage ausländischer Aktivisten, die indigene Gruppen gegen die verfassungsmäßige Ordnung aufhetzen und manipulieren". Sie behaupten, die Anwesenheit von Sympathisanten aus dem Ausland beeinflusse, ja beherrsche sogar die politische Opposition in Chiapas. Ausländische Beobachter, die sich in „zivilen Friedenscamps" in den Zapatisten-Gebieten aufhalten, werden von den mexikanischen Behörden mit großem Argwohn beäugt. Der Aufenthalt in (oder in der Nähe der) **Konfliktzone** nährt den Verdacht der Teilnahme an politischen Aktivitäten, die für Ausländer verboten sind und zur Ausweisung aus Mexiko führen können.

Wer sich in die Region begibt, sollte sich vorab so gut wie möglich informieren. Der Internationale Friedensdienst **SIPAZ** betreibt ein Freiwilligenprojekt in Chiapas und hält im Internet unter 💻 www.nonviolence.org/sipaz Informationen bereit. Die Website der Zapatisten 💻 www.ezln.org bietet ausgezeichnete Links und ist ebenfalls eine hervorragende Informationsquelle. Chiapaslink, 💻 www.chiapaslink.ukgateway.net/news, liefert regelmäßige Updates zu den jüngsten politischen Entwicklungen.

zu jedem möglichen Punkt östlich der Straße von San Cristóbal via Ocosingo nach Palenque erstrecken, beinhaltet jedoch in erster Linie die Lacandón-Region weiter südöstlich, die gänzlich von der Carretera Fronteriza (s.o.) erschlossen wird. Obwohl man Schilder sieht, die verkünden, dass man „Zapatisten-Territorium betritt, in dem der mexikanischen Regierung keine Gewaltbefugnis besitzt", ist es äußerst unwahrscheinlich, dass Besucher der hiesigen Hauptattraktionen wie des Parque Nacional Lagos de Montebello, Yaxchiláns oder Bonampaks in Schwierigkeiten geraten, und eindeutig als Touristen erkennbare Ausländer werden immer mit Respekt behandelt.

Tabasco hat im Vergleich zu Chiapas in der Vergangenheit weniger Reisende angezogen, denn seine Reize treten längst nicht so offen zutage; es ist größtenteils schwül und flach, und obendrein ver-

unziert eine umfangreiche Ölindustrie das Landschaftsbild. In jüngster Zeit werden jedoch Anstrengungen unternommen, Tabasco für Touristen interessant zu machen. So wirbt man mit dem Erbe der Olmeken, der frühesten Hochkultur Mexikos, die hier beheimatet war, mit den Golfstränden sowie den unzähligen Abenteuer- und Ökotourismus-Möglichkeiten. Und wer das besondere Erlebnis sucht, besteigt in Tabasco das Boot für eine Flussfahrt nach Guatemala.

Transport und Übernachtung

In Chiapas zu reisen ist kein Problem: Die größeren Städte verbindet ein gutes, wetterfestes Straßennetz, und die *Panamericana* (Carretera 190) führt von Westen nach Osten und dann nach Süden durch einige der schönsten Gebiete. Die Küstenstraße im Süden schafft eine schnelle Verbindung von Arriaga bis nach Tapachula, nicht weit von der Grenze zu Guatemala. Die abgelegeneren Orte erreicht man über Pisten, die meist gut in Schuss gehalten werden; während der Regenzeit kann es je-

Fiestas

Tabasco und Chiapas zählen zu den Bundesstaaten, in denen am meisten gefeiert wird. Bei den Tourismusbüros erhält man zusätzliche, aktuelle Informationen.

1.1.: **Neujahr**, wird überall gefeiert. In *San Andrés Chamula* und *San Juan Chamula* in der Nähe von San Cristóbal wird die Regierung für das neue Jahr eingesetzt.
19.1.: In *Tenosique* führen als Jaguare und Männer verkleidete Pochó-Tänzer einen **Tanz** auf, der den Kampf zwischen Gut und Böse symbolisiert. Die Vorstellung endet am Fastnachtsdienstag mit der Verbrennung einer Figur von El Pochó, dem Gott des Bösen.
20./21.1.: **Día de San Sebastian**, vielerorts Feiern. Fiesta in *Chiapa de Corzo* über mehrere Tage, mit traditionellen Tänzen und einem fingierten Seegefecht auf dem *Río Grijalva* am 21., an diesem Tag auch große Fiesta in *Zinacantán* bei San Cristóbal.

2.2.: **Día de la Candelaria**. Farbenfrohe indianische Zeremonien in *Ocosingo.*
11.–20.2.: **Fiesta de San Caralampio** in *Comitán.*
27.2.: **Fiesta** in *Villahermosa,* Jahrestag einer Schlacht gegen die Franzosen.
Karneval wird am intensivsten in großen Städten wie *Villahermosa* gefeiert, aber auch in Hunderten von Dörfern. Im großen Stil in *San Juan Chamula.*

1.3.: **Fiesta** anlässlich des Jahrestags der Gründung von *Chiapa de Corzo.*
Karwoche: wird überall feierlich begangen. Ein großer, einwöchiger Markt findet in *Ciudad Hidalgo,* an der Grenze zu Guatemala bei Tapachula, statt.

1.–7.4.: **Feria** in *San Cristóbal de las Casas* zum Gedenken an die Gründung der Stadt. Etwas später im Monat findet ein **Frühlingsfest** statt.
29.4.: **Día de San Pedro**, wird in mehreren Dörfern um San Cristóbal, u.a. in *Amatenango del Valle* und *Zinacatán,* gefeiert.

3.5.: **Día de la Santa Cruz**, Fiestas in *San Juan Chamula* und in *Teapa* zwischen Villahermosa und San Cristóbal.
8.5.: **Día de San Miguel**, Prozessionen und traditionelle Tänze in *Mitontic* bei San Cristóbal.
15.5.: **Día de San Isidro**, wird gerne gefeiert. Berühmt ist auch die Fiesta von *Huistán* bei San Cristóbal.
Im Mai (wechselndes Datum) findet auch ein 4-tägiger **Bootsmarathon** von Tenosique nach Villahermosa (Tab.) statt; Motorboote aus al-

doch stellenweise Schwierigkeiten geben. In Chiapas gibt es keine Luxus-Ferienanlagen, und die Hotels außerhalb der großen Zentren sind meistens gemütliche Familienbetriebe.

Auch abgeschiedenere Orte lassen sich mit öffentlichen Transportmitteln erreichen, allerdings handelt es sich dabei eher um Combis und Lastwagen, die Passagiere und Produkte zu den Märkten und zurück befördern, als um bequeme Busse, wie sie auf den Carreteras verkehren. Zu den Busverbindungen siehe die jeweiligen Ortskapitel.

Der wichtigste regionale Flughafen ist der von Villahermosa. Die meisten anderen Flughäfen bieten nur einige wenige Flüge – auf jeden Fall nach México D.F., gelegentlich aber auch zu ein oder zwei anderen Städten. Wer nicht von Villahermosa fliegt, muss, um in andere mexikanische Städte zu gelangen, mit großer Wahrscheinlichkeit in México D.F. umsteigen.

Die Pazifikküste von Chiapas

Die Carretera 200 ist die direkteste Strecke von der Grenze Oaxacas bis Tapachula, und wer so schnell wie möglich Guatemala erreichen möchte, sollte diese Straße nehmen. Sie führt in einem Abstand von 20 km parallel zum Meer durch die feuchtheiße Küstenebene von Soconusco, mit den len Landesteilen rasen dann 600 km lang den Usumacinta hinab.

13.6.: **Día de San Antonio**, wird in *Simojovel* bei San Cristóbal und in *Cárdenas,* westlich von Villahermosa, gefeiert.
14.–16.6.: **Fiestas** zu Ehren der Schutzheiligen von *Ciudad del Carmen.*
24.6.: **Día de San Juan**, der Höhepunkt einer mehrere Tage dauernden Fiesta in *San Juan Chamula.*

7.7.: Wunderbare **religiöse Zeremonie** in *Comitlán* mit Kerzenprozessionen.
20.7.: Stark indianisch geprägte **Fiesta** in *Las Margaritas* bei Comitán.
25.7.: **Día de Santiago**, wird überall feierlich begangen.

6.8.: In einer **Prozession** werden Heiligenbilder aus den benachbarten Dörfern nach *Mitontic* gebracht, um dort eine kirchliche Zeremonie zu begleiten.
10.8.: **Fiesta de San Lorenzo** in *Zinacantán* mit viel Musik und Tanz.
22.–29.8.: **Feria** in *Tapachula.*
24.8.: **Fiesta** in *Venustiano Carranza* südlich von San Cristóbal.
30.8.: **Día de Santa Rosa**, wird in *San Juan Chamula* gefeiert.

14.–16.9.: Im *Bundesstaat Chiapas* wird die Annexion durch Mexiko begangen, gefolgt von **Unabhängigkeitsfeiern** überall.
29.9.: **Día de San Miguel**, wird in *Huistán* feierlich begangen.

Aug: Erster Sonntag: **Día de la Virgen del Rosario** in *San Juan Chamula* und *Zinacantán.*
3.10.: **Día de San Francisco** in *Amatenango del Valle.*

2.11.: **Día de los Muertos**, wird überall begangen. Besonders traditionsreich in *Chiapa de Corzo.*
29.11.: **Día de San Andrés**, wird in *San Andrés Chamula* gefeiert.

8.12.: **Día de la Inmaculada Concepción**, wird überall feierlich begangen.
12.12: **Día de la Virgen de Guadalupe**, außergewöhnlich bunt sind die Fiestas in *Tuxtla Gutiérrez, San Cristóbal de las Casas* und während der darauf folgenden Tage im nahe gelegenen *Amatenango del Valle.*
17.–22.12: **Feria** und Käseausstellung in *Pijijiapan* an der Küstenstraße nach Tapachula.
16.–25.12: Während der **Vorweihnachtszeit** ist immer und überall etwas los.

2400 m hohen Gipfeln der **Sierra Madre de Chiapas** ständig in Sichtweite. In diese kaum besuchten Berge, die unter Naturschutz stehen, gelangt man nur über eine Straße am Ost- und Westausläufer. **Puerto Arista** ist der einzige Ort an der Küste von Chiapas, der entfernt an einen Urlaubsort erinnert. Die Ebene ist Landwirtschaftsgebiet, wo vor allem Kaffee und Bananen angebaut werden, aber es gibt auch viele Ranchos, auf deren Weiden gut genährte Rinder grasen; der Käse wird alljährlich auf der *Exposición de Quesos* vorgestellt, einer Käsemesse, die vor Weihnachten in Pijijiapan stattfindet. **Tapachula**, die „Hauptstadt" von Soconusco, das durch die Berge vom übrigen Chiapas getrennt wird, bietet häufige Verbindungen zu den beiden Grenzübergängen nach Guatemala im Süden.

Arriaga

Die erste Stadt an der Küstenstraße von Chiapas ist staubig und nicht gerade interessant, doch wegen ihrer Lage an der Kreuzung mit der Carretera 190 (die nach Tuxtla Gutiérrez führt) muss man hier manchmal umsteigen. Wer hier hängen bleibt, lenkt die Schritte am besten zum *Hotel Iris* (am Busbahnhof ausgeschildert). Das *Hotel Colonial,* auf der anderen Seite der Eisenbahnschienen gegenüber vom Busbahnhof, ist eine gute Alternative.

Transport

Die **Central de Autobuses** mit zahlreichen 1. und 2. Klasse-Busverbindungen befindet sich abseits der Hauptstraße, ca. sechs Blocks vom Zócalo. Alle Busse Richtung Süden halten auch in Tonalá (s.u.), das eher für eine Übernachtung empfohlen werden kann.

Tonalá

Tonalá ist etwas einladender als das nur eine halbe Stunde (per Minibus) auf der Carretera 200 entfernte Arriaga, aber noch besser ist es, bis zum Strand von Puerto Arista weiterzufahren, wo die Unterkünfte billiger und besser sind. Die Carretera bildet als Avenida Hidalgo die Hauptstraße der Stadt. Tonalá („heißer Ort" auf Nahuatl) war die einzige Stadt in Chiapas, die – mit Unterstützung von Mario Matamoros – für die Unabhängigkeit kämpfte.

Alles, was man auf der Durchreise braucht (einschließlich Banken), befindet sich entweder direkt am Zócalo, dem **Parque Esperanza**, oder im Umkreis einiger Häuserblocks. Im Mittelpunkt der Plaza steht unübersehbar die **Estela de Tlaloc**, eine große olmekische Steinstatue, die den Regengott Tlaloc darstellt und den Einfluss Teotihuacáns erkennen lässt.

Übernachtung und Essen

Der konstante Verkehrslärm macht einen Aufenthalt in Tonalá nicht zum Vergnügen und die meisten Hotels sind überteuert.

Grajandra, Hidalgo 204, ✆ 966/663-0144, nicht weit vom Busbahnhof, bietet mehr fürs Geld als die meisten anderen: große, saubere Zimmer mit Bad und Kabel-TV. ❻

Galilea, in günstiger Lage am Ostrand des Zócalo, ✆ 966/663-0239, saubere, einfache ac-Zimmer mit Du/WC und TV, Parkplatz und gutes Restaurant. ❺

Rings um den Zócalo gibt es mehrere Restaurants und Imbissstände, am besten ist vermutlich ***El Tizoncíto*** nahe der Hidalgo.

Sonstiges

INFORMATIONEN – ***Touristeninformation,*** 5 de Mayo, Ecke Hidalgo, zwei Blocks östlich des Zócalo, ✆ 966/663-2787, ist eine gute Quelle für Infos über die Strände in der Nähe. ⌚ Mo–Fr 8–19, Sa 9–15 Uhr.

INTERNET – Zahlreiche Internet-Cafés befinden sich in der Hidalgo, z.B. ***M&M*** an der Ecke 5 de Mayo. ⌚ tgl. 10–22 Uhr; US$0,80 pro Std.

Transport

Cristóbal Colón hat stdl. Busse nach TUXTLA (1.55–20.40 Uhr; 3 1/2 Std.) und TAPACHULA (1–19.35 Uhr, 3 1/2 Std.). Am Nachmittag fahren einige Busse nach MÉXICO D.F. (2x tgl.) und OAXACA (3x tgl.). Zahlreiche 2. Kl.-Busse steuern ebenfalls Tuxtla und Tapachula an.

In der Marktgegend, ein paar Blocks westlich der Touristeninformation, fahren Combis (5 de Mayo, Ecke Juárez) und Taxis mit roten Streifen (einen Block entfernt an der 5 de Mayo, Ecke Matamoros) nach PUERTO ARISTA und BOCA DEL CIELO (jeweils US$1 p.P.) ab.

Die Stadttaxis (mit grünen Streifen) verlangen für die Fahrt nach Puerto Arista US$7 pro Wagen.

Puerto Arista

Das ruhige Dorf entspricht vielleicht nicht jedermanns Vorstellung von einem angenehmen Badeort, aber Puerto Arista bietet mit seinem kilometerlangen sauberen Sandstrand, den Schwärmen von Fregattvögeln und einladenden Wellen zumindest eine gute Möglichkeit, der Hitze im Landesinnern zu entfliehen. Der Ort ist ein bisschen heruntergekommen und touristische Sehenswürdigkeiten gibt es kaum, aber man kann hier kurz ausruhen, wenn man anstrengende Busfahrten oder Besichtigungsprogramme hinter sich hat. Weiter draußen ist die Strömung tückisch – Vorsicht beim Schwimmen!

Die Straße von Tonalá her kreuzt die einzige Straße von Puerto Arista, die **Avenida Matamoros**, beim Leuchtturm. Wer hier aus dem Bus steigt, befindet sich im Mittelpunkt des Geschehens. Ein paar Kilometer nach rechts oder links geht es zur Küste und geradeaus zum Strand, wo dicht gedrängt Hotels und Restaurants stehen. Abgesehen von Weihnachten und der Woche vor Ostern ist aber kein Massenandrang zu befürchten.

Irgendein Transportmittel findet sich garantiert für die 15 km lange Strecke entlang der Küste nach **Boca del Cielo**, einer Ansammlung von Häusern und Fischerbooten an der Binnenlandseite einer Lagune, an der Lanchas darauf warten, Besucher zu einem einsamen Strand hinüber zu fahren (hin und zurück US$8).

Wer einen Ausflug nach Boca del Cielo plant, sollte auf jeden Fall vor 19 Uhr wieder aufbrechen, da es nach Einbruch der Dunkelheit fast unmöglich ist, noch vom Fleck zu kommen; einige der einfachen *palapa*-Restaurants erlauben aber gegen eine geringe Gebühr das Aufhängen einer Hängematte. Wer im Freien schläft, muss auf Mücken gefasst sein!

Alle Strände an diesem Küstenabschnitt werden von **Schildkröten** zur Eiablage aufgesucht. Der Höhepunkt der Saison ist der Oktober, wenn die Schildkröten in den frühen Morgenstunden am Strand auftauchen, um ihre Eier im Sand zu vergraben. Im Juni und Juli schlüpfen die Babyschildkröten (sofern die Eier nicht von Sammlern aufgespürt wurden) und kämpfen sich zum Wasser vor.

Übernachtung und Essen

Puerto Arista hat viele Hotels und wenig Gäste. Es empfiehlt sich, über den Preis zu verhandeln. Am Strand kann man kostenlos zelten.

Am Wasser, einige Blocks rechts vom Leuchtturm, gibt es eine ganze Menge ähnlicher Hotels zu vernünftigen Preisen, das beste darunter ist ***La Puesta del Sol,*** ✆ 994/600-9047; kühle, dunkle Zimmern mit TV. ❺

Alle sind sauber, gut geführt und haben Zimmer mit Bad.

Biegt man beim Leuchtturm (mit dem Rücken zum Strand) links ab, sind es sechs Blocks bis zum ***Arista Bugambilias,*** ✆ 994/600-9044, einer luxuriösen Unterkunft mit Zimmern und Suiten um einen Pool und Privatgarten direkt am Strand. ❻

Biegt man rechts ab, sind die Hotels dünner gesät – man muss ein ganzes Stück laufen, bevor man auf die erste passable Übernachtungsmöglichkeit trifft:

Lucero, ✆ 994/600-9042, gleich hinter dem Strand, geflieste Zimmer mit Wandmalereien und Suiten mit ac, Pool. ❼

Dahinter ist die Straße nur noch eine Piste; wer vor dem Lucero links abbiegt, stößt bald auf Hinweisschilder zu

José's Camping und Cabañas, ✆ 994/600-9048, der nettesten Übernachtungsmöglichkeit in Puerto Arista, und Reisenden mit schmalem Geldbeutel wärmstens zu empfehlen. Solide, strohgedeckte Bungalows mit Strom, einige mit Bad; die Gemeinschaftsbäder sind sehr sauber und verfügen über zuverlässige Wasserversorgung. Patio mit Hängematten, Pool und mehrere Plätze zum Zelten zwischen Kokospalmen. ❸

Am Strand stehen ein paar Dutzend Palapa-Restaurants, die einfache Seafoodgerichte anbieten; sie unterscheiden sich kaum.

Tapachula

Das wunderschön am Fuß des 4000 m hohen Vulkans Tacaná gelegene Tapachula ist ein Durchgangstor nach Guatemala und zur Küste. Das Handelszentrum und die Hauptstadt des Soconusco, der südöstlichsten Ecke des Bundesstaates, hat mit der wachsenden Nachfrage nach Kaffee und Bananen an Bedeutung gewonnen. Als Grenzstadt erfreut sich Tapachula dazu einer bunten kulturellen Mischung: Nicht nur Immigranten aus Zentralamerika leben hier, sondern auch deutsche und chinesische Minderheiten.

Das **Museo Regional de Soconusco**, im gleichen Gebäude wie die Touristeninformation, informiert über die Geschichte der Region und zeigt ein paar Fundstücke aus den erforschten Ruinen. ◷ Di–So 9–17 Uhr, Eintritt US$0,50.

Das Zentrum der Aktivitäten bildet der **Zócalo**, ein hübscher Ort, um einen Nachmittag im Schatten der Lorbeerbäume zu vertrödeln oder einen Abend den Marimba-Bands zu lauschen. Man sollte nach *cohetes* Ausschau halten, grüne Früchte, die an riesige Oliven erinnern und so ähnlich wie Zwetschgen schmecken; sie werden in Rum eingelegt von Straßenständen um den Zócalo herum verkauft.

Es ist nicht ganz leicht, sich in Tapachula zu orientieren, denn die Straßen sind zwar nummeriert, der Zócalo, **Parque Hidalgo**, liegt jedoch nicht direkt im Zentrum der Stadt. Die Avenida Central Norte trifft erst drei Häuserblocks weiter östlich und einen Block südlich des Zócalo auf die Calle Central Poniente.

Übernachtung

In der Nähe der Busbahnhöfe gibt es jeweils mindestens ein Hotel; die bei den 2. Klasse-Busbahnhöfen sind jedoch ziemlich schäbig. Am besten schaut man sich in den Straßen gleich östlich des Zócalo um, wo sich in den Avenidas 4 Nte und 1, 3 und 5 Pte mehrere preiswerte Hotels finden. Die billigsten Unterkünfte liegen westlich des Zócalo, wo der Markt sich den Hügel hinunterzieht; die meisten sind wenig einladend, doch es gibt auch ein oder zwei gute Adressen darunter.

Cabildo's, Av 2 Nte 17, ✆ 962/626-6606. Apartment-ähnliche Unterkünfte in zentraler Lage. Riesige, luftige Zimmer mit allen Annehmlichkeiten; Pool und sichere Parkplätze. Akzeptiert Visa- und MasterCard. ❻

Chelito, Av. 1 Nte, Ecke Calle 17 Ote, ✆ 962/626-2428. Günstige Lage, gleich um die Ecke vom *Cristóbal Colón*-Busbahnhof (aus dem Bahnhof kommend nach links gehen), saubere, geflieste Zimmer mit Bad, manche mit ac und Kabel-TV. Kleines Restaurant; Gästeparkplatz. ❹

Fénix, Av. 4 Nte 19, Ecke Calle 1 Pte, ✆ 962/625-0755, 💻 www.fenix.com.mx. Eine der besseren Unterkünfte der oberen Preisklasse. Zimmer mit ac und Kabel-TV, Patio und Garten. ❻

La Amistad, Calle 7 Pte 34, zwischen den Avenidas Nte 10 und 12, ✆ 962/626-2293. Bestes Budgethotel im Ort; saubere, farbenfrohe Zimmer mit Ventilator rings um einen grünen Patio. Trinkwasser gratis. ❸

Tapachula, Av. 6 Nte 18, abseits der Südwestecke des Zócalo, ✆ 962/626-4370. Einige Zimmer sind etwas verwohnt, aber alle verfügen über ein Bad; die hinteren Zimmer sind die besten. Günstige Lage gleich abseits des Zócalo. Eingang durch den kleinen Laden. ❷

Villa del Sol, Av 3a Pte 45, ✆ 962/626-6193. Saubere und freundliche Unterkunft; große, helle Zimmer mit Kabel-TV und Telefon. Die Zimmer ohne ac sind erheblich billiger. ❹–❺

Essen

Es gibt jede Menge billige Restaurants in einem Radius von ein paar Blocks um den Zócalo, und die Calle 1 Pte Nte wird von Billiglokalen gesäumt, die meisten von ihnen bieten Frühstück und Comida Corrida.

In der Nähe des Marktes findet man die üblichen billigen Esslokale und ein paar tolle Panaderías sowie eine Reihe von Saftbars an der Av. 10 Pte, einen Block westlich des Zócalo.

Elegantere Restaurants sind seltener und ausnahmslos teuer.

Unter den **Cafés** ist das ***Gramlich*** in der Calle 1 Pte Nte eine gute Wahl. Das ***Monaco*** in der Calle Pte Nte, Ecke Av. 4 Nte, beherbergt auch ein internationales Telefonbüro.

Bambú, Av. 7 Pte 23. Das beste von mehreren preisgünstigen chinesischen Restaurants in dieser Straße; auch Essen zum Mitnehmen.

La Parrilla, unweit des Zócalo. *Parillas* (Grillgerichte) sowie leckere *taquiza mixta* (5 verschiedene Sorten von Tacos).

Los Jarrones, C 1 Pte Nte. Nobles Hotelrestaurant mit einer abwechslungsreichen, aber etwas kostspieligen Auswahl an Speisen. Tipp: *tacos camarón*.

Nuevo Doña Leo, an der Südseite des Zócalo, serviert das preiswerteste Frühstück und Comida corrida, außerdem Tortas und Tacos.

Los Comales, ähnlich, aber ein bisschen teurer.

Pronto's, C 1 Pte Nte. Eines von mehreren guten Billiglokalen in dieser Straße, und durchgehend geöffnet. Probieren sollte man *menudo sinaloense*, eine typisch mexikanische *caldo* (Brühe).

Sonstiges

GELD – Die großen Banken liegen einen Block östlich vom Zócalo, aber Bargeld und Reiseschecks wechselt viel schneller die ***Casa de Cambio***, Santa Av. 2 Nte 9, zwischen Calle Central und Calle 1 Pte. 🕓 Mo–Fr 9–17, Sa 9–14 Uhr. Verkauft auch die guatemaltekische Währung Quetzal.

INFORMATIONEN – ***Touristeninformation***, im Erdgeschoss des alten Palacio Municipal,

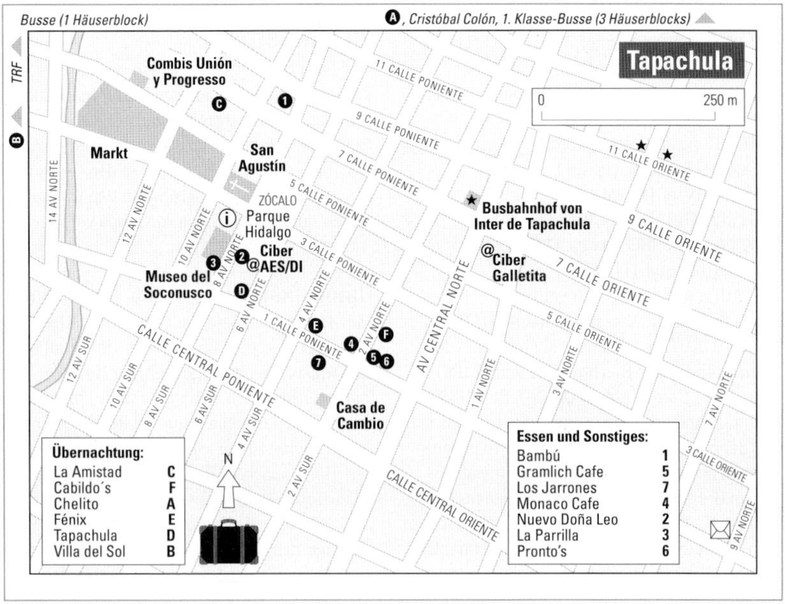

an der Westseite des Zócalo, ✆ 962/626-1485, App. 116. Sie versorgt Besucher mit Plänen der meisten touristischen Ziele in Chiapas. ⌚ Mo–Fr 8–20, Sa 8–14 Uhr.

INTERNET – Am günstigsten gelegen ist ***AES/DI*** an der Südseite des Zócalo, ⌚ tgl. 9–23 Uhr, US$1 pro Std.

KONSULATE – Das **Konsulat von Guatemala** befindet sich gegenüber der Schule in der Calle Nte, zwischen den Avenidas 5 und 7 Sur, ⌚ Mo– Fr 9–14 und 15–17 Uhr; ✆ 962/626-1252. Visa kosten US$25, sind aber für EU-Bürger und Schweizer derzeit nicht erforderlich.

POST – Das Postamt liegt weit südöstlich vom Zócalo in der Calle 1 Ote, zwischen Av. 7 und Av. 9 Nte. ⌚ Mo–Fr 9–15, Sa 9–13 Uhr.

Transport

BUSSE – Sämtliche Busbahnhöfe befinden sich nördlich des Zócalo.

Vom ***Cristóbal Colón***-Terminal weiter draußen an der Calle 17 Ote, zwischen Av. 1 und Av. 3 Nte, fahren 1. Klasse-Busse zu Zielen in ganz Mexiko sowie einige der besseren 2. Klasse-Busse ab. Zu Fuß braucht man ca. 20 Min. ins Zentrum – eine Taxifahrt ist billig (US$1,50). In umgekehrter Richtung fährt jeder Stadtbus oder Combi vom Zentrum Richtung Talismán-Brücke und Grenze am Eingang vorbei. Die meisten 1.-Klasse-Tickets kann man nicht nur am Busbahnhof, sondern auch bei *Multi Pack*, Av. 8 Nte 4, ✆ 962/626-6982, kaufen.

Die wichtigsten 2. Kl.-Busgesellschaften – näher beim Zentrum, aber schwer zu finden – sind:
TRF, Av. 16 Nte Pte, Ecke Calle 3 Pte Nte, Busse zur Küste bis nach SALINA CRUZ und Tuxtla,
Inter de Tapachula, 7 Pte zwischen 2und 3 Nte, ebenfalls Busse zur Küste und nach CIUDAD HIDALGO an der Grenze zu Guatemala.
Die Combis von ***Unión y Progreso***, 5 Calle Pte zwischen Av. 12 und Av. 14 Nte, fahren in kurzen Abständen nach UNIÓN JUÁREZ und zur TALISMÁN-BRÜCKE, dem Grenzübergang nach Guatemala (s.u.).

Alle Busse 1. Klasse und die meisten 2. Klasse nach TUXTLA (und weiter Richtung SAN CRISTÓBAL) fahren die Küste hoch über Arriaga.
1.-Klasse-Busse (2. Klasse-Verbindungen mindestens ebenso viele) nach:
ARRIAGA mind. 12x tgl. (3 Std.),
MÉXICO D.F. 12x tgl. (18 Std.),
OAXACA 1x tgl. (12 Std.),
SAN CRISTÓBAL 2x tgl. (9 Std.),
TUXTLA GUTIÉRREZ 15x tgl. (7 Std.),
VERACRUZ 1x tgl. (14 Std.),
VILLAHERMOSA 2x tgl. (13 Std.)
Nach Guatemala: Wer gleich nach GUATEMALA-STADT weiterfahren möchte, kann den luxuriösen *Galgos*-Bus (tgl. um 6 und 12 Uhr) oder *Línea Dorada* (tgl. 14 Uhr, 5–6 Std., US$20) nehmen. An der Grenze angekommen, muss man auf der mexikanischen Seite an der Talismán-Brücke aussteigen, zu Fuß zum guatemaltekischen Grenzposten laufen und dort wieder einsteigen. Tickets für die genannten Busse (sowie den „Ticabus", der die meisten zentralamerikanischen Hauptstädte miteinander verbindet) gibt es bei allen Reisebüros im Zentrum, z.B. *Viajes Tapachula* in der Av. Central Nte 42, ✆ 962/625-1345.
Tickets für 1.-Klasse-Busse sind auch bei *Multi Pack* im Busbahnhof erhältlich; zwecks Reservierung vorher anrufen, ✆ 962/625-6259.

FLÜGE – Der Flughafen von Tapachula liegt 18 km südlich an der Straße nach Puerto Madero. Ein Colectivo vom Flughafen nach Tapachula kostet etwa US$5,50 p.P. und fährt einen bis zum Hotel. Tickets gibt es an dem Schalter gleich am Ausgang der Ankunftshalle. In einer Gruppe kommt es billiger, für ca. US$8 ein Taxi zu nehmen.
Tapachula wird von
Aeroméxico, ✆ 962/626-3921,
Aviacsa, ✆ 962/626-1439 und
Aérocaribe, ✆ 962/626-9872, angeflogen.
Flüge nach: MÉXICO D.F. 4x tgl.; nach TUXTLA GUTIÉRREZ 1x tgl.
Transport zum Flughafen bietet ***Transporte Terrestre***, ✆ 962/626-1287.

Die Südwestgrenze zu Guatemala

Von Tapachula aus lässt sich ein gemütlicher Ausflug in das reizende Städtchen **Unión Juárez** unternehmen. Es ist Ausgangspunkt für Expeditionen zum Vulkan **Tacaná**, dem höchsten Berg in Chiapas. Die Strecke von Tapachula zu den Grenzübergängen nach Guatemala führt an den uralten Olmeken- und Maya-Ruinen von **Izapa** vorbei.

Unión Juárez und Santo Domingo

Die 43 km von Tapachula entfernte Kleinstadt Unión Juárez liegt in über 1100 m Höhe und bietet eine willkommene Gelegenheit, der Hitze des Tieflandes zu entfliehen. Die Straße nach Unión Juárez führt durch das üppig grüne Tal des Río Suchiate, der die Grenze zu Guatemala bildet. Mit zunehmender Höhe machen die Bananen- und Kakaopflanzungen Kaffeeplantagen Platz und man genießt herrliche Ausblicke auf zwei majestätische Vulkane: den **Tacaná** (mit 4092 m der höchste Punkt von Chiapas) und den **Tajumulco** (mit 4220 m der höchste Berg Guatemalas). Auf halber Strecke steigt man in **Cacahoatán** in ein Combi von *Transportes Tacaná* um (Näheres s. „Transport").

Einer der Hauptgründe für einen Besuch von Unión Juárez ist die Möglichkeit, in der Umgebung Tageswanderungen zu unternehmen, die zu den schönsten Wanderungen im südlichen Chiapas gehören. Es gibt unzählige Wasserfälle in der Gegend und mit einem Führer kann man den Vulkangipfel erklimmen, wo ein Denkmal die Verwandtschaft zwischen Mexiko und Guatemala symbolisiert. Fernando Valera Saá, ✉ fernandao772@hotmail.com, ein hervorragender, Spanisch sprechender Guide, führt für ca. US$50 dreitägige Ausflüge durch; einen warmen Schlafsack mitnehmen!

Die Region um Unión Juárez zählt zu den besten Kaffee-Anbaugebieten in Chiapas. Auf der Fahrt von Tapachula kommt man einige Kilometer vor Unión Juárez im Dorf **Santo Domingo** an dem restaurierten Haus einer Kaffeeplantage vorbei. Das dreistöckige Holzhaus aus den 20er Jahren mit seinem schönen Garten, einem Schwimmbecken und Balkonen ringsherum war einst das Anwesen von Enrique Braun Hansen, dessen deutsche Herkunft auch im Stil des Gebäudes, einer Verbindung aus früher nordamerikanischer Architektur und Alpenhotel, zum Ausdruck kommt. Heute ist das Gut mit seiner vorwiegend im Jugendstil gehaltenen Inneneinrichtung Teil eines erfolgreichen regionalen Tourismusprojekts. Im Erdgeschoss befindet sich ein gutes Restaurant und im Obergeschoss ein **Kaffeemuseum** (Eintritt frei).

Übernachtung und Essen

UNIÓN JUÁREZ – ***Posada Aljoad,*** einen halben Block westlich der Plaza, kein Telefon, billig, aber gemütlich, sehr ordentliche Zimmer mit Bad und ein gutes, preiswertes Restaurant. ❹
Hotel Colonial Campestre, am südlichen Ortseingang, ✆/📠 962/647-2015, geräumige und komfortable Zimmer mit robusten Holzmöbeln, Bad und TV. Gutes Preis-Leistungs-Verhältnis. Der Besitzer, José Antonio Valera Saá, hat zwei fesselnde, in der Region umstrittene Bücher geschrieben: *Aroma de Café Amargo* und das daran anknüpfende *Aroma de Café Dulce* – halb Autobiografie, halb Lokalgeschichte. Der Autor diskutiert gern bei einer Tasse Kaffee mit seinen Gästen über sein Werk, das im Hotel erhältlich ist. ❺ Zum Hotel gehört auch das empfehlenswerte Restaurant ***La Suiza Chiapaneca***.
Gut und preiswert sind die beiden Restaurants ***Carmelita*** und ***La Montaña*** an der Nordseite der Plaza, die eine Standardauswahl an Hühner- und anderen Fleischgerichten sowie Tacos bieten. Dort kann man draußen sitzen und den Blick auf den **Pico de Loro** genießen, einen steilen Felsrücken in der Form eines Papageienschnabels (daher der Name).

SANTO DOMINGO – Auf der gegenüberliegenden Straßenseite des Kaffeemuseums befindet sich das ***Hotel Santo Domingo,*** ✆ 962/629-9073, 💻 www.fonmicro.rtn.net.mx. Gutes Preis-Leistungs-Verhältnis, geräumige Zimmer mit Bad, bequeme Betten, Garten.

Transport

Es gibt keine direkte Busverbindung mit Tapachula, man muss im Ort Cacahoatán, etwa auf halber Strecke, umsteigen. Busse und Combis nach Cacahoatán fahren min. alle 20 Min. am Busbahnhof von *Unión y Progreso* in TAPACHULA ab.
In CACAHOATÁN steigt man in einen Bus von *Transportes Tacaná*, der auf der gegenüberliegenden Straßenseite vom Bahnhof *Unión y Progreso* abfährt. Die gesamte Fahrt bis zur Westseite der Plaza von Unión Juárez dauert ungefähr 1 1/2 Std. und kostet US$8.
Zurück nach Tapachula nimmt man von der Ostseite der Plaza ein Combi nach Cacahoatán (alle 15 Min. bis 20 Uhr). Letzte Abfahrt von dort nach Tapachula um 21 Uhr.

Die Ruinen von Izapa

Die Straße zur Landesgrenze führt direkt durch Izapa, eine interessante, aber wenig besuchte Sehenswürdigkeit. Die Ausgrabungsstätte ist nicht nur einfach erreichbar, sondern mit über 80 Ruinenhügeln recht groß und archäologisch bedeutsam, denn sie weist sowohl Spuren der Olmeken als auch einer frühen Maya-Zivilisation auf. Die Kultur von Izapa wird als Übergangsstadium zwischen der olmekischen und der Hochkultur der klassischen Maya-Periode angesehen. Obgleich einige der schönsten Funde inzwischen an Museen übergeben wurden, u.a. an das Anthropologische Museum in México D.F., gibt es hier immer noch frühe Darstellungen des Regengottes Chac und anderer Götter zu bewundern, viele davon allerdings in recht armseligen, von Stacheldraht umgebenen Hütten. Izapa wurde schon 800 v.Chr. gegründet und war bis gegen 300 n.Chr., die präklassische Maya-Periode hindurch, eine blühende Siedlung. Die meisten freigelegten Ruinen datieren aus einer späteren Zeit, ungefähr von 200 n.Chr. Der Ort war bis in die postklassische Periode hinein ununterbrochen bewohnt.

Die Nordseite der Ausgrabungsstätte – links der Straße Richtung Grenze – ist weitaus besser geräumt und leichter zu besichtigen als die südliche Hälfte. Hier gibt es einen **Ballspielplatz** und mehrere **Stelen**, die zwar nicht olmekischen Ursprungs, aber in olmekischem Stil gearbeitet sind, ähnlich wie die Skulpturen in anderen frühen Maya-Siedlungen. Zur Südhälfte führt ein Pfad ungefähr einen Kilometer an der Hauptstraße entlang zurück. Diesen Teil bedeckt dichte Vegetation, aber man kann ein paar **Altäre** mit Tierfiguren – Frösche, Schlangen und Jaguare – und mehrere noch nicht freigelegte Hügel, unter denen sich Gebäude verbergen, ausmachen. 🕓 tgl. 9–17 Uhr. Der Eintritt ist offiziell frei, aber der Wärter bekommt so wenige Touristen zu Gesicht, dass er möglicherweise versucht, ein kleines Entgelt zu kassieren oder einem eine überteuerte Informationsbroschüre für US$3 anzudrehen.

Jeder Bus oder Combi mit Zielrichtung Grenzort Talismán fährt hier vorbei; man braucht nur den Fahrer zu bitten, an der an der Straße ausgeschilderten Stelle anzuhalten.

Die südlichen Grenzübergänge Talismán und Ciudad Hidalgo

Von den beiden südlichen Grenzübergängen Ciudad Hidalgo und Talismán gelangt man leicht nach Guatemala, doch Letzterer liegt näher bei Tapachula und bietet bessere Transportmöglichkeiten für die Weiterreise. Abgesehen von ein paar schmuddeligen Hotels und wenig einladenden Comedores hat **Talismán** nichts zu bieten. Combis von *Unión y Progreso* legen die Strecke von Tapachula her in ca. 30 Min. zurück (US$0,80; Abfahrt, sobald sie voll sind), unterwegs kommen sie am Busbahnhof der Gesellschaft *Cristóbal Colón* vorbei.

Wer Mexiko verlässt und nicht vorhat, wieder einzureisen, muss eine Ausreisegebühr von US$21 zahlen; am besten zu entrichten bei einer Bank in Tapachula. An der Grenze warten genügend *Casas de Cambio* auf Kundschaft, aber besser ist es, noch in Tapachula Geld zu wechseln, wo man einen besseren Kurs bekommt. Am besten fragt man herum und informiert sich schon vorher über den offiziellen Wechselkurs.

Weiter südlich liegt die Grenzstadt **Ciudad Hidalgo**, ein sehr belebter Verkehrsknotenpunkt – hier befindet sich der Bahnübergang nach Guatemala –, aber für Busreisende ist dieser Grenzübergang weniger gut geeignet als Talismán. Es gibt ein paar Casas de Cambio und die ambulanten Geldwechsler geben i.A. faire Wechselkurse für guatemaltekische Quetzales. Der Busbahnhof von Cristóbal Colón befindet sich ebenfalls hier, einen Block von der Immigration entfernt. Busse dieser Gesellschaft fahren 1x tgl. um 18.45 Uhr nach México D.F. und alle 15 Min. nach Tapachula (US$1).

Über die Grenze nach Guatemala

Es gibt zwei Hauptübergänge (die Talismán-Brücke und Ciudad Hidalgo) und drei kleinere Grenzübergänge (Frontera Corozal, Ciudad Cuauhtémoc und La Palma von Chiapas nach Guatemala. Der Grenzübertritt ist bei den größeren Übergängen relativ unkompliziert, allerdings kommt es nicht selten vor, dass Grenzbeamte auf beiden Seiten versuchen, illegale Einreise- oder Ausreisegebühren einzustreichen. Oftmals reicht es schon, eine Quittung zu verlangen, um sie dazu zu bringen, auf ihre Forderung zu verzichten, aber u.U. bereitet es am wenigsten Scherereien, einfach zu zahlen. Die einzige rechtmäßige Steuer ist die mexikanische Ausreisesteuer (US$21), die zu zahlen ist, wenn man Mexiko verlässt und nicht vorhat, vor Ablauf der Touristenkarte zurückzukehren. Diese Gebühr muss offiziell vor der Ausreise in einer städtischen Bank bezahlt werden. Wer beabsichtigt, nach Mexiko zurückzukommen, darf die Touristenkarte behalten und umsonst ausreisen.

Die Formalitäten in Frontera Corozal, Ciudad Cuauhtémoc und La Palma sind weniger vorhersagbar. Diese Übergänge sind berüchtigte Eingangstore für illegale Einwanderer und die *aduanas* bestehen aus nicht viel mehr als bewaffneten Soldaten hinter Schreibtischen am Flussufer. Das Erheben von illegalen Gebühren ist hier beinahe an der Tagesordnung; am besten meidet man sie daher ganz.

Derzeit brauchen EU-Angehörige und Schweizer bei einem Aufenthalt von bis zu 30 Tagen kein Visum.

Wer ein Visum braucht, muss sich an das guatemaltekische Konsulat in Tapachula wenden (s.S. 587).

Nicht vergessen, dass Mexiko eine Sommerzeit hat, sodass es hier im Sommer eine Stunde später als in Guatemala ist.

Übernachtung

CIUDAD HIDALGO – Das beste Hotel ist das familiäre ***Hospedaje La Favorita***, Calle Central Ote, ✆ 962/628-0045, wo man mitten durch die Küche des Besitzers spaziert, um zu den Zimmern zu gelangen.

Transport

TALISMÁN – Normalerweise wartet ein Bus nach GUATEMALA-STADT (5–6 Std.) an der Grenze; wenn nicht, nimmt man einen nach MALACATÁN und fährt von dort aus weiter. Am besten nimmt man gleich einen der internationalen Busse von TAPACHULA nach Guatemala-Stadt. Man kann auch in Talismán zusteigen, doch möglicherweise ist dann kein Platz mehr frei. Wer aus der anderen Richtung kommt, also nach Mexiko unterwegs ist, bekommt bei der Einreise eine Touristenkarte ausgehändigt und muss US$18 zahlen. Anschließend warten jede Menge Combis nach Tapachula, wo zahlreiche 1. Klasse-Busse für die Weiterfahrt bereitstehen. Während der Reise auf der Carretera 200 wird wiederholt der Pass kontrolliert.

CIUDAD HIDALGO – Zahlreiche Arbeit suchende Einheimische bieten an, Reisende mit einem Fahrradtaxi über die Brücke Puente Rodolfo Robles nach **Ciudad Tecún Umán** in Guatemala zu kutschieren (US$0,50), die Strecke lässt sich aber auch ohne Probleme zu Fuß zurücklegen.

Das Hochland von Chiapas

Nirgendwo in Mexiko ist die indigene Tradition noch so lebendig wie im Binnenland von Chiapas. Die bewaldeten Höhen und Dschungelgebiete in den Tälern sind durchzogen von Flüssen und Seen, Wasserfällen und unerwarteten Schluchten und weisen eine reiche tropische Flora und Fauna auf: wilde Orchideen, bunt gefiederte Vögel und viele Affen. Die Abgeschiedenheit erlaubte es den Indígenas in der Vergangenheit, ihren traditionellen Lebensstil ohne besondere Beeinträchtigung weiterzuführen, doch wird dieser durch den Druck, den Katholizismus und Kommerzialismus ausüben, überall außer vielleicht in den isoliertesten Gemeinden allmählich untergraben.

Außerhalb der großen Städte wird Spanisch nur als Zweitsprache gesprochen. Die farbigen, überlieferten Traditionen sollten jedoch nicht darüber hinwegtäuschen, dass die wirtschaftliche und soziale Stellung der Indianer weit hinter die der Ladinos zurückfällt. Länger als in anderen Landesteilen, die von der Regierung leichter zu kontrollieren waren, herrschte hier das ausbeuterische Encomienda-System (s.S. 85), dessen Auswirkungen noch spürbar sind.

Chiapas ist der zweitärmste Bundesstaat Mexikos. Unter der Landarbeiterbevölkerung grassieren Gelbfieber, Malaria und vor allem Tbc, die Krankheit der Armen. Noch immer machen sich reiche Rancheros das Elend und die mangelhafte Bildung der Campesinos zunutze, um ihnen ihr bisschen Land und damit die Existenzgrundlage zu rauben. Sie schrecken dabei auch vor brutaler Gewalt nicht zurück. Trotz der halbherzigen bzw. gar nicht durchgeführten Landverteilung im Anschluss an die Revolution herrschen in den meisten kleinen Dörfern nach wie vor erbärmliche Lebensbedingungen. Es überrascht unter diesen Bedingungen wenig, dass der Widerstand gegen die Staatsgewalt wächst.

Man sieht nur noch selten indianische Männer in ihrer alten Tracht, Frauen tragen sie dagegen noch häufiger. Beim Fotografieren sollte man sehr zurückhaltend sein, besonders, wenn es um religiöse Anlässe oder Gegenstände geht. Auch sollte man keine indianischen Kleidungsstücke tragen, denn die Muster der Stoffe haben – oft nur für Eingeweihte erkennbar – subtile soziale und geografische Bedeutungen.

Schon die Fahrt in einem 2. Klasse-Bus öffnet die Augen für die Situation der indigenen Bevölkerung. Die westlich gekleidete Stadtbevölkerung spielt noch immer den Herren über die dörflichen Indianer. Es ist z.B. nicht ungewöhnlich, dass der Busfahrer Indígenas dazu zwingt, den Platz zu räumen und im Gang zu stehen oder zu sitzen, damit die Damen und Herren Touristen einen Sitzplatz bekommen. An dieser Stelle sei darauf hingewiesen, dass viele indigene Gemeinschaften und einige regionale Transportunternehmen sich der **Zeitumstellung** im Sommer verweigern und stattdessen *la hora vieja* – die alte Zeit – beibehalten.

Tuxtla Gutiérrez

Die 540 m hoch gelegene Hauptstadt des Bundesstaates Chiapas ist eine schnell wachsende, moderne und dicht bevölkerte Stadt. Da hier die beiden Flughäfen sind und die meisten Busse die Zielorte in Chiapas von hier aus anfahren, wird man kaum daran vorbeikommen, in Tuxtla Gutiérrez eine Nacht zu verbringen. Man kann hier den sehr interessanten Zoo besuchen oder die Landschaft der Umgebung genießen. Mit etwas Glück und gutem Timing kann man vielleicht aber auch gleich weiter ins zwei Stunden östlich gelegene San Cristóbal fahren, von wo aus sich Tagesausflüge zu den Sehenswürdigkeiten der Umgebung besser organisieren lassen.

Wer bleibt, verbringt wahrscheinlich die meiste Zeit im Zentrum an der Avenida Central (auch als Av. 14 de Setiembre bekannt). Im gitterförmig angelegten Straßennetz von Tuxtla Gutiérrez sind die Straßen oft nicht nur als Av. 3 Nte, sondern als Av. 3 Nte Ote ausgeschildert, woran man erkennt, in welchem Teil der Straße bzw. Stadtteil man sich befindet: In unserem Beispiel also in der 3. nördlichen Avenida, im westlichen Abschnitt.

Das Zentrum

Es gibt nicht allzu viele Sehenswürdigkeiten im Zentrum, es sei denn, man betrachtet den **Zócalo**, Plaza Cívica genannt, an der nordöstlichen Ecke der Kreuzung Av. Central und Calle Central, selbst als sehenswert: Er prunkt mit viel Marmor, Brunnen und einer Statue des Generals Joaquín Miguel Gutiérrez Canales (1796–1838), des einstigen Gouverneurs von Chiapas und Kämpfers für die Rechte der Indígenas. Auf der Plaza wird oft kostenlose Live-Musik geboten, v.a. am Wochenende. Auf der anderen Seite der Avenida Central befindet sich die bescheidene **Kathedrale San Marcos**. Ihr Glockenturm zählt zu den aufregendsten Vergnügungen der Stadt, denn sein Glockenspiel mit 48 Glocken spielt jede Stunde eine andere Melodie, die von einer komplizierten Prozession der zwölf Apostel begleitet wird.

Die **Plaza San Marcos** um die Kathedrale herum ist ein beliebter Ort zum Ausruhen im Schatten, an welchem es der Plaza Cívica mangelt. Westlich des Zentrums, zwischen den Calles 8 und 9, kommt man am gepflegten, sehr beliebten **Parque la Marimba** vorbei, wo abends Marimbagruppen spielen.

Parque Madero

Etwas weiter draußen, nordöstlich vom Zentrum, erreicht man, wenn man vom Zócalo nach Norden und dann rechts 1 km die 5 Nte Ote entlanggeht, den Parque Madero. Ein Taxi hierher ist preiswert, als Alternative bieten sich Combis der Linie 49 oder 51 (normalerweise mit Aufschrift „Parque Madero") von der Calle 2 Ote an.

Im Park beschäftigt sich das kleine **Museo Regional de Chiapas** mit der Geschichte des prähispanischen Chiapas und den Folgen der spanischen Eroberung. Besondere Beachtung verdienen kunstvoll gearbeitete Figuren von Fechtern, die aus den Ruinen von Chiapa de Corzo (s.S. 595) stammen. ⌚ Di–So 9–16 Uhr, Eintritt US$3,50. Außerdem beherbergt der Park einen **Botanischen Garten**.

Zoo

Wenn jemand einen ganzen Tag zur freien Verfügung hat, lohnt sich ein Besuch im Zoo, dem kürzlich renovierten Zoológico Miguel Álvarez del Toro oder ZOOMAT, der auf einem bewaldeten Hügel im Süden der Stadt liegt. Der Zoo beherbergt angeblich sämtliche in Chiapas vorkommenden Tierarten. Die Vielfalt an Tieren, darunter einige der spektakuläreren Arten von Wirbellosen, ist in der Tat beeindruckend. Der Zoo ist für mexikanische Verhältnisse hervorragend ausgestattet: mit großzügigen Käfigen, einschließlich Dschungelpflanzen und durchfließendem Quellwasser, die die Lebensbedingungen für die Tiere einigermaßen erträglich machen. Auf dem Gelände bewegen sich einige Tierarten völlig frei, darunter *guaqueques negros* – Nagetiere von der Größe einer Hauskatze – und verschiedene sehr große Vögel. Ängstliche Naturen sollten das *vivário* meiden, eine sehr umfangreiche und wirklich Furcht einflößende Sammlung der Insekten- und Spinnenarten, die man rein theoretisch auf der Reise durch Mexiko antreffen kann.

⌚ Di–So 8.30–17.30 Uhr, Eintritt frei, Spende willkommen. Es gibt einen Bus dorthin mit der Aufschrift „Cerro Hueco" oder „Zoológico", der ein gutes Stück außerhalb vom Zentrum an der Calle 1 Ote zwischen Av. 6 und 7 Sur hält, aber so langsam und umständlich ist, dass man besser ein Taxi (US$3) nimmt.

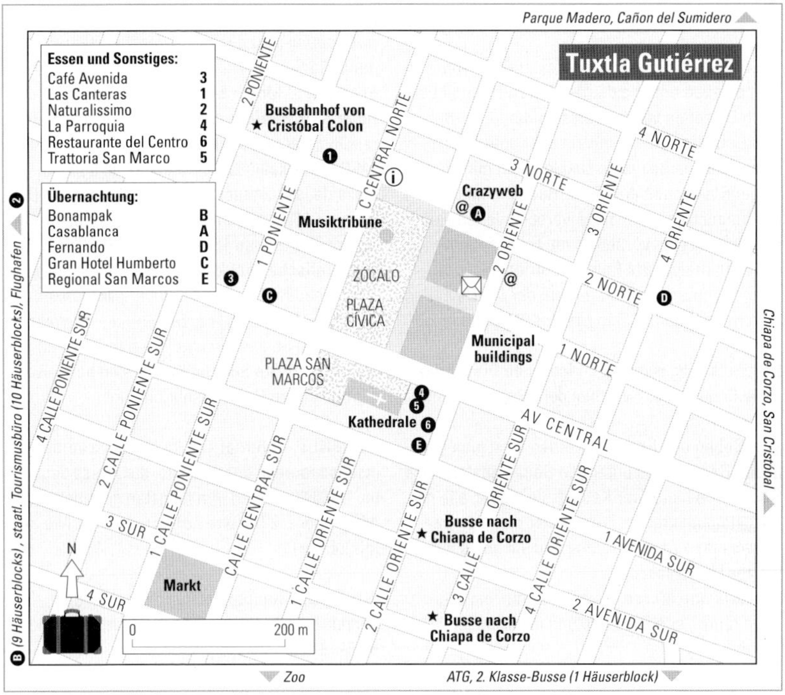

Übernachtung

In Tuxtla gibt es viele Hotels, allerdings ist es nicht einfach, ein halbwegs ordentliches zu finden. Die in der Nähe der Busbahnhöfe und an den Hauptstraßen sind laut – und zwar bei Tag und Nacht –, aber natürlich am billigsten. Wer verkehrsgünstig unterkommen und trotzdem schlafen möchte, geht besser ein paar Blocks nach Osten (aus dem 1. Kl.-Busbahnhof kommend nach links und quer über den Zócalo; dort gibt es einen Fußgängertunnel), wo sich entlang der Av. 2 Nte Ote eine Anzahl preiswerter Hotels befindet, alle in 10 Min. zu Fuß erreichbar.

Bonampak, Belisario Domínguez 180, ✆ 961/602-5925, ℻ 602-5914, ✉ hotbonam@prodigy.net.mx. 14 Blocks westlich vom Zócalo, wo die Av. Central zur Domínguez wird. Gehört zur *Best Western*-Hotelkette. Alle Zimmer mit ac. Pool, Reisebüro, Autovermietung, Restaurant. ❼

Casablanca, Av. 2 Norte Ote 251, ✆/℻ 961/611-0305, ✉ amhm@chiapas.net. Preiswerte Zimmer; die mit ac und TV sind fast doppelt so teuer wie die anderen. Schöner Palmengarten und Gepäckaufbewahrung. ❹/❺ ohne/mit TV und ac.

Fernando, Av. 2 Nte Ote 515, ✆ 961/613-1740. Das beste Hotel unter denen gleich östlich des Zócalo: große, gut ausgestattete Zimmer mit Bad, Holzmöbeln und TV, Ventilatoren. Parkplätze. ❾

Gran Hotel Humberto, Av Central, einen Block westlich des Zócalo, ✉ HotelHum@prodigy.net.mx, ✆ 961/613-6784. Alle Zimmer mit ac, Kabel-TV und Kachelbad; auch Suiten mit separatem Schlaf- und Wohnbereich. ❻, Suiten ❼

Regional San Marcos, Calle 2 Ote 176, Ecke Av. 1 Sur, ✉ sanmarcos@chiapas.net, ✆/℻ 961/613-1940. Beliebtes und gut geführtes, modernes Hotel, einen Block südlich vom Zócalo und einen Block östlich der Kathedrale. Einige ac-Zimmer, gutes Restaurant und Bar. ❹–❺

Essen

Die Mehrzahl der besseren Restaurants von Tuxtla liegen entlang der Av. Central, hier gibt es auch Dutzende von hervorragenden *Jugo*-Bars und Eisdielen, außerdem ein paar gute Bäckereien. Die allerbilligsten Lokale findet man in der Gegend zwischen dem 2. Kl.-Busbahnhof und der Innenstadt, wo man an verschiedenen kleinen Restaurants vorbeikommt, Familienbetriebe, in denen preiswerte Comida corrida gekocht wird, darunter das ***Restaurante del Centro*** neben dem Hotel Regional San Marcos in der Calle 2 Ote Sur.
Ebenfalls billig isst man im **Mercado Díaz Ordáz**, Calle Central Sur, zwischen den Avenidas 3 und 4 Sur.
Zum Sehen und Gesehenwerden lässt man sich in den Restaurants unter den Bögen an der Plaza San Marco hinter der Kathedrale nieder, alle mit Sitzgelegenheiten im Freien. Hier bietet ***La Parroquia*** mexikanische Küche und ein gutes, preiswertes Frühstücksbuffet.
Trattoria San Marco, eine Tür weiter, ein bisschen teurer, serviert Pizza und mexikanische Gerichte.
Naturalissimo, abseits der Av. Central, Ecke 6 Calle Pte Nte, westlich vom Zócalo, kocht vegetarisch. Sauber und modern, preisgünstig und tgl. wechselndes, ausgezeichnetes Spezialgericht.
Las Canteras, einen Block östlich des Busbahnhofs von Cristóbal Colón, bietet eine vornehmere Atmosphäre in einem offenen, luftigen Restaurant, das traditionelle Chiapas-Küche serviert.
Café Avenida, neben dem Hotel Avenida, Av. Central 224, ein echt mexikanisches Café, in dem betagte Herren schwarzen Kaffee schlürfen, während im Hintergrund Mariachi-Musik zu hören ist, und die Bedienung keine Hektik an den Tag legt.

Sonstiges

AUTOVERMIETUNGEN – ***Hertz*** im *Hotel Bonampak* (s.o.) bzw. am Flughafen.

GELD – Nur ein paar Blocks von der Plaza findet man ***Banamex,*** Av. 1 Sur Pte, und ***Bancomer,*** an der Av. Central Pte, beide mit Geldautomaten.

INFORMATIONEN – Die ***städtische Touristeninformation*** liegt günstig in der Unterführung an der Calle Central Nte und Av. 2 Nte Ote, ✆ 961/612-5511, ◷ Mo–Fr 8–20, Sa 8–14 Uhr. Die ***staatliche Touristeninformation,*** befindet sich mehrere Kilometer westlich vom Zócalo (zu Fuß und mit Gepäck kaum zu bewältigen), im Edificio Plaza de las Instituciones, Bulevar Belisario Domínguez 950 (gegenüber dem *Hotel Bonampak).* ◷ Mo–Fr 9–15 und 18–21 Uhr, ✆ 961/602-5127.
Topografische Landkarten des Bundesstaates gibt es bei der Hacienda und bei ***INEGI*** *(Instituto Nacional de Estadística, Geografía y Información),* im 4. St. des *Edificio Plaza,* Av. Central, Ecke Calle 2 Ote Sur. Die Karten sind bei Reisen in abgelegene Gebiete sehr hilfreich.

INTERNET – Internet-Lokale sind weit verbreitet, insbesondere in der Av 2 Nte; die Preise liegen um US$0,80 pro Std. Am längsten geöffnet hat ***MBI*** in der C 2 Ote Nte 220, von der Av 2 Nte ab, (bis 24 Uhr).

POST – Das Hauptpostamt liegt neben dem Institut *INEGI* östlich der Plaza. ◷ Mo–Fr 8–19, Sa 9–13 Uhr.

REISEBÜROS – ***Viajes Miramar,*** Av. 1 Ote Nte 310, unweit der Nordostecke des Zócalo, ✆ 961/612-3930, ist ein gutes Reisebüro.

Transport

BUSSE – ***ADO, Cristóbal Colón*** und ***Maya de Oro*** fahren am 1.-Klasse-Busbahnhof an der Av. 2 Nte Pte, Ecke Calle 2 Pte Nte ab, ✆ 961/612-5122. Um ins Zentrum zu gelangen, biegt man am Ausgang nach links in die Calle 2 Pte Nte ein und dann an der Av. Central wieder nach links.
Cristóbal Colón bietet u.a. 15 Busse tgl. nach SAN CRISTÓBAL (2 Std.), von denen einige nach COMITÁN (7x tgl.; 4 Std.) weiterfahren. Außerdem 1. Klasse-Busse nach:
CANCÚN 2x tgl. (18 Std.),
CIUDAD CUAUTHÉMOC an der Grenze zu Guatemala, 6x tgl. (6 Std.),
COMITÁN nahe Lagos de Montebello, 7x tgl., (4 Std.),
MÉRIDA 1x tgl. (14 Std.),

MÉXICO D.F. 7x tgl. (16 Std.),
OAXACA 3x tgl. (9 Std.),
PALENQUE stdl. (7 Std.),
TAPACHULA 15x tgl. (7 Std.),
TONALÁ stdl. (3 1/2 Std.),
VERACRUZ 2x tgl. (11 Std.),
VILLAHERMOSA 9x tgl. (7 Std.).
Die Abfahrtspunkte der verschiedenen **2. Klasse-Busse** sind in der ganzen Stadt verstreut. Der Hauptterminal, an der Kreuzung von Av. 3 Sur Ote und Calle 6 Ote Sur, wird von *Autotransportes Tuxtla Gutiérrez (ATG)* genutzt. Von hier fahren Busse nach San Cristóbal, Oaxaca, Villahermosa, Mérida, Palenque und Cancún. An der Straße vor dem Busbahnhof halten weitere Regionalbusse.
***Rapidos del Sur** (RdS),* eine zuverlässige 2. Kl.-Busgesellschaft, liegt gleich neben dem 1. Kl.-Busbahnhof und bedient die Küste von Chiapas.

FLÜGE – Tuxtla besitzt zwei Flughäfen. Der **Aeropuerto San Juan** liegt auf einem oft nebelverhangenen Hügel 28 km im Westen und wird fast nur im Sommer angeflogen; von hier fahren Colectivos in die Stadt. Wer vom San Juan abfliegt, kann bei der zuständigen Fluggesellschaft einen Combi bestellen:
Aerocaribe, ✆ 960/602-5651,
Aviacsa, ✆ 967/671-5246,
Mexicana, ✆ 960/602-5771.
Der wichtigste Flughafen ist der **Aeropuerto Francisco Sarabia** (auch Aeropuerto Terán). Er befindet sich nur 7 km westlich der Stadt. Um vom Zentrum dorthin zu gelangen, nimmt man einen Combi der Linie 81 von der Calle 2 Pte zwischen 8 und 9 Sur oder ein Taxi für ca. US$7. Nach MÉXICO D.F. 4x tgl., nach TAPACHULA 1x tgl., jeweils mit Aviacsa.

Chiapa de Corzo

Die hübsche Kleinstadt mit Blick über den Fluss liegt nur 20 Minuten Busfahrt von Tuxtla entfernt. In der präklassischen Maya-Periode befand sich hier ein wichtiges Zentrum der Maya. Man hat dort eine Stele gefunden, auf der das früheste bekannt gewordene Datum eingraviert ist, nämlich der 7. Dezember des Jahres 36 v.Chr. Die Überreste der Ruinen liegen auf einem Privatgelände hinter der *Nestlé*-Fabrik, am äußersten Ende der 21 de Octubre.

Auf der Plaza steht ein besonders sehenswerter **Brunnen** aus Backstein, der im 16. Jahrhundert im *mudéjar*-Stil erbaut wurde und die Form einer spanischen Königskrone besitzt. Dieser Brunnen stellt – dank der liebevollen, aufwändigen Restaurierung – eines der prächtigsten erhaltenen Kolonialdenkmäler Mexikos dar.

Es gibt ein paar kleinere Museen: Das **Museo de Laca** im zweiten Stock des Convento de Santo Domingo zeigt regionales Kunsthandwerk, vor allem bemalte oder lackierte Kürbisse, die zu den hiesigen Kunstgewerbe-Spezialitäten gehören. ⌚ Di–So 10–17 Uhr, Eintritt frei.

In der **Casa Museo Ángel Albino Corzo** an der Nordwestseite des Zócalo wohnte einst Ángel Albino Corzo, ein Reformer, nach dem die Stadt benannt wurde. Das Haus beherbergt ein interessantes Sammelsurium von Stilmöbeln und Ausstellungsstücken zur Lokalgeschichte, einschließlich zweier Kanonen, die 1838 im Französisch-Mexikanischen Krieg eingesetzt wurden. ⌚ tgl. 10–14 und 18–21 Uhr, Eintritt frei.

Die Ruinen

Die Ruinen von Chiapa de Corzo, an einer alten Handelsstrecke hoch über dem Río Grijalva gelegen, umfassen ca. 200 Bauwerke. Sie liegen verstreut auf einem großen, von der *Panamericana* durchschnittenen Privatgelände. Hier befand sich die am längsten ununterbrochen bewohnte Niederlassung von Chiapas. Sie nahm ihren Ausgang als bäuerliche Siedlung in der frühen präklassischen Periode (1400–850 v.Chr.). In der späten Präklassik (450 v.Chr.–250 n.Chr.) war dies die größte Stadt der Region mit Handelsverbindungen nach ganz Mittelamerika. Heute sind in erster Linie niedrige Pyramiden, Mauern und Höfe zu sehen.

Zur Stätte gelangt man von der Stadt aus mit einem der Richtung Osten fahrenden Minibusse, steigt an der Straßenkreuzung mit der Av. Hidalgo aus und folgt den Wegweisern. Nach ungefähr 10 Min. kommt man rechts zu einem nicht weiter gekennzeichneten Tor im Zaun, das zu einem Haus führt. Man bezahlt den Eintrittspreis von US$0,75 bei der Familie, die zwischen den Ruinen ihre Felder bestellt. Der Besuch der Ruinen ist tgl. außer Mo möglich. Zu Fuß sind es von der Plaza in Chiapa de Corzo ca. 3 km nach Nordosten, unterwegs passiert man die **Ruinen der Kirche San Sebastian** aus dem 16. Jh.

Übernachtung und Essen

Los Angeles, in zentraler Lage an der Südostecke des Zócalo, ✆ 961/616-0048, hat kleine, aber komfortable Zimmer mit Bad. ❹

Hotel La Ceiba, Av. Domingo Ruiz 300, ✆/📠 961/616-0389, 💻 www.prodyweb.net.mx/hotellaceiba, drei Blocks westlich der Plaza, neuer und teurer; komfortabel und sehr ruhig. Alle Zimmer mit ac, kleiner Pool. ❻

Mehrere Restaurants sind auf Chiapas-Küche spezialisiert, darunter ***El Campanario***, neben der Stadtverwaltung in der Avenida Coronel Urbina 5, und ***Los Corredores*** an der südwestlichen Ecke der Plaza.

Transport

Um nach Chiapa zu gelangen, besteigt man einen der Minibusse, die alle 5 Min. vom Büro von *Transportes Chiapa–Tuxtla* in der 3 Ote Sur, Ecke 3 Sur Ote, in TUXTLA abfahren.

Cañon del Sumidero

Während der Fahrt von Chiapa de Corzo ostwärts nach San Cristóbal kann man tagsüber ab und zu einen Blick auf den Cañon del Sumidero werfen. Durch diese dramatisch-schöne Schlucht, deren Felswände an manchen Stellen fast 1000 m hoch sind, fließt der Río Grijalva. Eine andere Straße, die von Chiapa de Corzo nach Norden führt, steigt rasant in einen Nationalpark hinauf, vorbei an fünf z. T. Schwindel erregenden *miradores*, den schönsten Aussichtsplätzen über den Cañon. Am besten ist die Aussicht vom Mirador **La Coyota**.

Mit öffentlichen Verkehrsmitteln ist der Nationalpark nicht zu erreichen (nur im Rahmen einer Tour). Wer wenigstens die tiefsten Ausläufer sehen möchte, kann in Tuxtla einen „KM 4"-Combi nehmen, das auf der Calle 11 Ote Nte nach Norden am Parque Madero vorbeifährt, und steigt an der Endhaltestelle aus. Von hier aus sind es 25 Minuten zu Fuß bis zum ersten Aussichtspunkt **La Ceiba**, von wo aus man einen herrlichen Blick hat.

Bootsfahrten durch den Canyon

Noch bessere Aussichten genießt man auf einer Boostfahrt durch die Schlucht. Die Boote (7–17 Uhr: US$9,50 p.P.) legen regelmäßig von **Cahuare**, wo die Autobahn den Fluss kreuzt, oder in **Chiapa de Corzo** ab. Der wirklich lohnenswerte Ausflug dauert ungefähr zwei Stunden. Man gelangt zu verschiedenen Wasserfällen (am besten während der Regenzeit), darunter der bemerkenswerte El Árbol de Navidad, wo bizarre, von Algen bedeckte Kalksteinformationen von weitem an einen Weihnachtsbaum erinnern (daher der Name). Krokodile sind hier ein vertrauter Anblick, ebenso wie Scharen von Pelikanen, Reihern und Kormoranen.

Bochil und Simojovel

Hinter Chiapa de Corzo verläuft die nach Norden abzweigende Carretera 195 durch schöne Landschaft nach Villahermosa in die Golfebene hinunter. Nur wenige Touristen befahren diese Strecke, denn die *Panamericana* führt von hier aus weiter nach San Cristóbal, einem weitaus beliebteren Reiseziel. Die Straße windet sich zuerst durch nebelverhangene Berge hoch nach **Bochil**, ca. 60 km von Tuxtla entfernt. Mit eigenem Transportmittel ist es ein lohnender Haltepunkt auf der Strecke nordwärts nach Villahermosa. Das hübsche Dorf ist ein Zentrum der Tzotzil-Maya und ein guter Ausgangspunkt für Ausflüge in die Dörfer der Umgebung.

Die meisten Einheimischen tragen noch die traditionelle Tracht: Die Frauen weiße *huipiles* mit roter Stickerei, pinkfarbene Bänder im Haar und dunkelblaue Röcke; einige Männer weiße Umhänge und bis zu den Knien aufgerollte Hosen. Fremde werden hier mit Argwohn betrachtet und sollten den Fotoapparat besser in der Tasche lassen. Von Bochil führt eine Landstraße 40 km hoch nach **Simoovel**, das am oberen Ende eines herrlichen Tales liegt, dem Herkunftsort des größten Teils des Bernsteins, der auf den lokalen Märkten verkauft wird.

Übernachtung

BOCHIL – Es gibt ein paar schlichte Unterkünfte, z.B. die ***Posada San Pedro,*** an der 1 Pte Nte, einen Block von der Plaza, kein Telefon, einfache Zimmer um einen Patio herum. Nördlich der Plaza Richtung *Banamex* gehen, dann rechts! ❷

SIMOJOVEL – ***Casa de Huéspedes Simojovel,*** einen Block südlich der Plaza an der Independencia, kein Telefon; schlichte Zimmer rings um einen grünen Patio. ❷

Transport

Von **Bochil** fahren häufig 2. Klasse-Busse von *Autotransportes Tuxtla–Bochil* nach TUXTLA. 5 km hinter Bochil bei Puerto Cate führt eine Straße nach SAN ANDRÉS LARRÁINZAR, einem 23 km entfernten Tzotzil-Dorf. Auf dieser Piste verkehren Lastwagen. Von San Andrés erreicht man SAN JUAN CHAMULA, 18 km weiter, das eine gute Verkehrsverbindung per Combis nach SAN CRISTÓBAL hat. Diese „Abkürzung" stellt eine Alternative zum normalen Weg nach San Cristóbal dar, aber man muss früh morgens los. Nach **Simojovel** verkehren regelmäßig Combis von Bochil.

Jaltenango

Wer einen Ort sucht, an den selten Touristen kommen, kann eine dreistündige Busfahrt nach Jaltenango, südlich von Tuxtla, unternehmen. Die Ortschaft an den Ausläufern der Sierra Madre de Chiapas ist auch unter dem Namen Ángel Albino Corzo bekannt. Sie liegt von Kaffeeplantagen umgeben am Zusammenfluss dreier Flüsse und bildet die Ausgangsbasis zur **Reserva de la Biosfera el Triunfo**. Die höchsten Berggipfel sind mit dichtem Regenwald bedeckt und stellen ein Rückzugsgebiet für die Tierwelt von Chiapas dar.

In die Berge führen Wanderwege, und Naturliebhaber können mit der Erkundung der landschaftlichen Schönheiten leicht einige Tage zubringen. Allerdings hat man am meisten davon, wenn man einen ortskundigen Führer anheuert und zelten geht. Die Hotelbetreiber wissen, wo man einen Führer finden kann.

Übernachtung und Essen

Von den 3 im Dorf befindlichen Hotels ist das ***Hotel Esperanza,*** einen Block östlich der Plaza, kein Telefon, weitaus das beste. Saubere, einfache Zimmer mit Ventilator. ❸ Ansonsten gibt es ein paar einfache Restaurants und eine Bäckerei.

Transport

Mehrmals tgl. fahren Busse am Busbahnhof *Cuxtepeques y Anexas,* Calle 10 Ote, Ecke Av. 3 Nte, von TUXTLA nach Jaltenango.

San Cristóbal de las Casas

Die Busfahrt über 85 km von Tuxtla Gutiérrez nach San Cristóbal führt auf einer Haarnadelkurvenstraße stetig bergauf, an schroffen Felsen vorbei, durch die Wolken hoch in Pinienwälder. Mit 2100 m ist San Cristóbal fast 1600 m höher gelegen als Tuxtla. Die kühle Provinzstadt ist von unwiderstehlichem Reiz, auch wenn der erste Eindruck von den moderneren Vierteln entlang der Hauptstraße das nicht unbedingt vermuten lässt.

Niedrige, weiß getünchte Häuschen mit roten Dächern schmiegen sich eng aneinander, als wollten sie sich vor Eindringlingen schützen. Und in der Tat ist der Ort eine Art koloniale Enklave inmitten einer oft feindlich gesinnten indigenen Umgebung: Der Angriff von Zapatisten im Januar 1994 war die letzte einer ganzen Reihe von Attacken.

Die Spanier brauchten vier Jahre, bis sie die Gegend so weit befriedet hatten, dass sie 1528 die Stadt San Cristóbal gründen konnten. Im Volksmund kam sie wegen der gnadenlosen Methoden, mit denen das Volk unterworfen wurde, als *Villaviciosa* („schlechte Stadt") zu negativem Ruhm. 1544 wurde **Bartolomé de las Casas** zum Erzbischof ernannt, der energisch für die indigene Bevölkerung eintrat und eine ähnliche Rolle spielte wie Bischof Vasco de Quiroga in Pátzcuaro (s.S. 256). Sein Name, der dem der Stadt angehängt wurde, wird von den Indianern noch immer in Ehren gehalten. Während der Kolonialzeit war San Cristóbal die Hauptstadt von Chiapas, wurde danach unter guatemaltekische Regierung gestellt und verlor diesen Rang 1890 aufgrund der Weigerung, einer Vereinigung mit Mexiko zuzustimmen.

Die Hauptanziehungspunkte für Besucher von San Cristóbal sind das Kunsthandwerk und die lebendige indigene Tradition der Maya-Nachkommen der Umgebung, die tagsüber die Straßen und den Markt von San Cristóbal bevölkern. Allerdings machen sich Touristen, die ohne Erlaubnis die bunt gekleideten Maya-Frauen fotografieren, sehr unbeliebt.

Obwohl die Stadt das Hauptziel des zapatistischen Angriffs war, wurde sie nur etwa dreißig Stunden belagert, und kein Tourist kam dabei zu Schaden – im Gegenteil: Viele ließen sich sensationshungrig zusammen mit den Rebellen fürs Familienalbum fotografieren.

San Cristóbal ist eine der ruhigsten und freundlichsten Städte Mexikos mit einer auf überwiegend jugendliche Besucher ausgerichteten Infrastruktur, und man kann hier ein paar sehr gemächliche Tage verbringen. Trotz der zahlreichen Kolonialkirchen und interessanten kleinen Museen in San Cristóbal besteht der wahre Reiz darin, einfach durch die Straßen zu spazieren und die Atmosphäre in sich aufzunehmen, Die Stadt eignet sich außerdem hervorragend als Ausgangspunkt für Abstecher in die Dörfer der Umgebung, zum Spanischlernen an einer der vielen Spanischschulen oder zum Einkaufen. Angeboten werden preiswerte Textilien, Webarbeiten und Schmuck.

Das Zentrum

Magischer Anziehungspunkt ist die **Plaza 31 de Marzo**, meistens einfach als *parque* bezeichnet, nicht so sehr wegen der ziemlich unscheinbaren Kathedrale aus dem 16. Jh. (die immerhin eine hübsche Artesanado-Decke und eine kunstvolle Kanzel besitzt), sondern vor allem wegen der alten Gebäude am Platz. Das bemerkenswerteste ist die **Casa de la Sirena**, inzwischen das *Hotel Santa Clara,* das noch vom Gründer der Stadt, dem Konquistadoren Andrés de la Tovilla Mitte des 16. Jhs. erbaut wurde. Ein schönes Portal geht auf die Av. Insurgentes hinaus. Mitten auf der Plaza stehen ein Pavillon und ein Café. Wenn keine Musikgruppe spielt, werden die Passanten mit Musik vom Band versorgt.

Die attraktivste Neuerung im Zentrum ist der **Andador Eclesiástico**, ein von Bäumen gesäumter Fußweg mit geometrisch angeordneten Fliesen, der den Templo del Carmen in der Hidalgo mit der Plaza und der Kirche Santo Domingo am nördlichen Ende der 20 de Noviembre verbindet.

Von der Plaza führt die Hidalgo in südlicher Richtung zum Templo del Carmen am maurisch beeinflussten Tor, das sich hier über die Straße spannt und früher den Zugang zur Stadt bildete. Die Architektur der Kirche bietet wenig, dafür sind die angrenzenden Gebäude, die **Casa de la Cultura** und das **Instituto de Bellas Artes**, ⌚ tgl. 9–17 Uhr, einen Besuch wert. In Anbetracht der künstlerischen Vielfalt in und um San Cristóbal ist die Ausstellung zwar eher enttäuschend, aber manchmal findet eine gute Wanderausstellung statt. Am interessantesten jedoch ist der hier aushängende Veranstaltungskalender, der über gute Konzerte und andere Kulturveranstaltungen informiert. Zu dem Komplex gehören auch ein kleiner Kunsthandwerksladen mit Ausstellungsraum und eine Cafeteria.

Santo Domingo

Die **Kirche Santo Domingo**, fünf Blocks nördlich der Plaza, ist die sehenswerteste der hiesigen Kirchen. Der Komplex wurde zwischen 1547 und 1551 errichtet; die pinkfarbene Barockfassade vereint Stile aus Oaxaca und Guatemala. Im weiträumigen Innern gibt es viel Gold und eine wunderbar geschmückte Kanzel. Am schönsten ist sie abends im Schein der Kerzen. Einen Block hinter der Kirche, in einem anderen Teil des Klosters, ist das **Museo Etnografía e Historia** (oder Centro Cultural de los Altos de Chiapas) untergebracht. Es erzählt anhand lebendiger und farbiger Darstellungen des Lebens der Indianer unter der Kolonialherrschaft die Geschichte der Stadt. ⌚ Di–So 10–17 Uhr, Eintritt US$3,20.

Die Museen

Geht man von der Plaza drei Blocks auf der Diego de Mazariegos nach Westen, gelangt man zum ehemaligen Convento de la Merced, in dem sich das kleine **Museo del Ambar** befindet. Es zeigt und verkauft Bernstein aus dem Tal von Simojovel. ⌚ Di–So 10–14 und 16–18 Uhr, Eintritt frei, 💻 www.museodelambar.com.mx. Bernstein erfreute sich in der Maya-Gesellschaft größter Beliebtheit; er wurde sowohl als Handelsgut als auch aufgrund seiner Schönheit und Seltenheit geschätzt. Auch Jade wurde von den Maya verehrt, zu sehen im kleinen **Museo del Jade**, zwei Blocks auf der 16 de Setiembre nach Norden, ⌚ Mo–Sa 12–20, So 12–18 Uhr; US$3.

Das vielleicht ungewöhnlichste der Museen ist das **Museo de Medicina Maya**, weit außerhalb vom Zentrum an der 14 de Setiembre nach Norden (Taxi US$1,80). Es bietet eine faszinierende Reise durch die Welt der Maya-Heilkunst, einschließlich

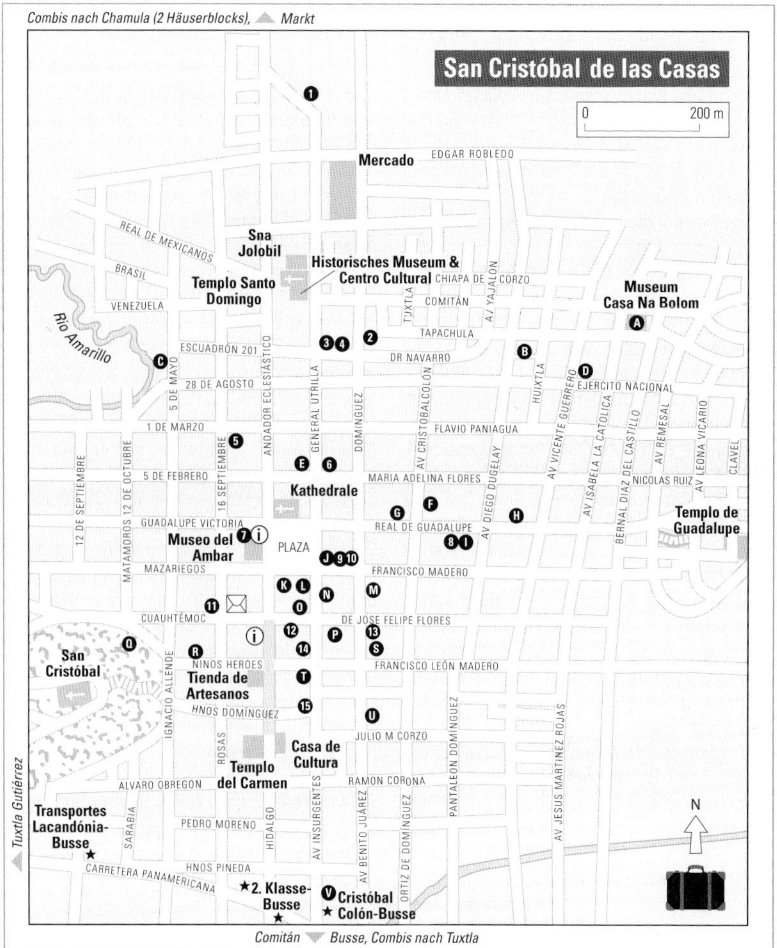

Übernachtung:

- Barón de las Casas — J
- Bungalows Posada Los Morales — Q
- Casa Margarita — G
- Casa Na Bolom — A
- Ciudad Real — K
- Don Quijote — F
- Fray Bentos de las Casas — T
- Jugendherberge/ Albergue Juvenil — M
- Parador Mexicanos — C
- Posada Casa Blanca — N
- Posada Casa Real — I
- Posada Chilam Balam — R
- Posada Diego de Mazariegos — E
- Posada de Gladys — B
- Posada Mayambé — H
- Posada La Media Luna — P
- Posada San Cristóbal — O
- Real Jovel — V
- Rincón del Arco — D
- Santa Clara — L
- Villa Real I and II — S & U

Essen und Sonstiges:

- Café El Kiosco — 7
- Café El Puente — 8
- Café Museo Café — 6
- Café San Cristóbal — 12
- Café La Terraza del Cerrillo — 1
- La Casa de Pan — 2
- Emiliano's Moustache — 11
- El Gato Gordo — 10
- Mandala Yam — 3
- Madre Tierra — 15
- El Mirador II — 9
- Normita — 13
- La Parrilla — 4
- El Teatro — 5
- Tuluc — 14

Kunsthandwerk in San Cristóbal

Was Besucher nach San Cristóbal lockt, ist das hiesige Kunsthandwerk und die Lebensart der Indígenas, doch Letztere selbst sind über den Zustrom an Touristen nicht immer erfreut. Wie dem auch sei: Die Stadt ist jedenfalls auf die Menschen aus den umliegenden Dörfern angewiesen, die ihre Straßen bevölkern und den Handel dominieren.

Viele der ambulanten Händler, die sich um den Markt postieren, sind *expulsados;* d.h. zum Protestantismus Konvertierte, die ihre Dörfer verlassen mussten und nun in Slums am Stadtrand leben, wo sie ihrem bäuerlichen Leben nicht mehr nachgehen können. In dem Bemühen, sich irgendwie durchzuschlagen, haben sie sich aufs Kunsthandwerk verlegt, wobei Touristen ihre Hauptabnehmer sind.

Auf der Plaza vor der Kirche Santo Domingo wimmelt es von **Kunsthandwerksständen** – oft die beste Möglichkeit, preiswerte Souvenirs zu erstehen. In einem Teil des ehemaligen Convento nebenan hat sich eine **Handwerks-Kooperative** niedergelassen *(Sna Jolobil)*, die Textilien und andere Produkte aus den Dörfern verkauft. Die Qualität dieser Waren ist durchweg gut, doch die Preise liegen hier höher als draußen.

Der **Mercado de Artesanías y Dulces** in der Insurgentes ist ebenfalls eine gute Adresse, um nach örtlichem Kunsthandwerk Ausschau zu halten, allerdings lässt es sich hier weniger gut handeln.

Weitere **Kunsthandwerksläden**, von denen viele auf den Handel mit Bernstein und Jade spezialisiert sind, finden sich über die Stadt verstreut, vor allem entlang der Real de Guadalupe – je weiter von der Plaza entfernt, desto besser. *Artesanías Real* in der Nr. 44 und *Artesanías Chiapanecas* in der Nr. 46C sind die besten. *La Pared,* an der zwischen den Busbahnhöfen 1. und 2. Klasse nördlich verlaufenden Hidalgo, bietet eine sehr gute Auswahl an hochwertigem Bernstein und Silberschmuck zu vernünftigen Preisen, 💻 www.laparedmexico.com.

Die Werkstatt **Taller Leñateros** in der Flavio Paniagua 54 gewährt Besuchern Einblicke in das Verfahren der manuellen Papierherstellung aus so unterschiedlichen Rohstoffen wie Bananenblättern, Maisstängeln, Kokosfasern oder Bambus, die mit Papierabfällen und Alttextilien gemischt und mit natürlichen Mitteln gefärbt werden. Das fertige Papier wird anschließend mit traditionellen indianischen oder modernen Motiven bedruckt. Das Ergebnis sind sehr schöne Karten und Notizbücher. Das spanische Wort *leñatero* bedeutet „Holzfäller", und viele der hier tätigen Arbeiter haben früher tatsächlich Feuerholz in den Pinienwäldern um San Cristóbal geschlagen. Heute produzieren sie neben kreativen Papierwaren auch *La Jícara* (Die Kürbisfrucht) – ein literarisches Magazin nach Art der Handschriften des Maya-Kodex. Die meisten historischen Exemplare wurden leider von spanischen Mönchen vernichtet.

An der Hidalgo, Ecke Niños Héroes, befindet sich die **Tienda de los Artesanos de Chiapas**, 🕓 Di–So 9–14 und 17–20 Uhr, ein staatlich betriebenes Geschäft, in dem Textilien und Kunsthandwerk aus Chiapas zu fairen Preisen verkauft werden. Die hier ausgestellten Webereien und Stickereien können sich mit denen eines Museums messen.

eines Gartens mit Heilpflanzen und einer Kräuterapotheke, die Arzneimittel herstellt. 🕓 Mo–Sa 9–18, So 9–16 Uhr; US$2.

Der Markt

Der täglich stattfindende Markt erstreckt sich hinter Santo Domingo entlang der General Utrilla und ist ein interessanter Ort, weil hier selbst Fremde indianisches Leben und Brauchtum mitbekommen können, ohne Anstoß zu erregen. Zum Verkauf stehen in erster Linie einheimische Produkte und Haushaltswaren, aber auch gute *huaraches* (Sandalen) aus Leder mit Sohlen aus Gummireifen sowie raue, aber warme Pullover, für die man angesichts der Kälte durchaus Verwendung hat. Der Markt ist größer als er auf den ersten Blick erscheint, man geht durch den überdachten Teil (inklusive Textilienstände) den Hügel dahinter hinauf und dann wieder hinab.

Casa Na-Bolom

Hinter der Kirche Santo Domingo weiter auf der Chiapa de Corzo nach Osten, gelangt man zur Casa Na-Bolom, Av. Vicente Guerrero 33, ✆ 967/678-1418. Der Komplex beherbergt neben einem Privathaus und einem der besten Hotels von San Cristóbal auch ein anthropologisches Museum mit Bibliothek, das sich auf die verschiedenen indianischen Kulturen der Region spezialisiert hat, mit Schwerpunkt auf den abgeschiedenen Lacandón-Indianern, den Hach Winik („Wahres Volk"), s.S. 624. Hier wohnte der 1963 verstorbene dänische Forscher und Anthropologe Frans Blom mit seiner aus der Schweiz stammenden Frau Gertrude (Duby), einer Anthropologin und Fotografin, die 1993 verstarb. ⌚ Bibliothek tgl. 10–14 Uhr, Eintritt frei.

Im hiesigen **Museo Moxviquil** liefern Funde von Ausgrabungen Aufschlüsse über die Geschichte und Kultur des Hochlandes von Chiapas und der Lacandón. Daneben ist eine Sammlung persönlicher Gegenstände Frans Bloms zu besichtigen, darunter auch jene detaillierten Karten, durch die er berühmt wurde. Hinter dem Hauptkomplex befinden sich schöne Höfe und der **Garten** von Na Bolom, wo zwischen turmhohen Pinien Blumen und Gemüse angepflanzt werden. ⌚ tgl. 10–17 Uhr; Eintritt für Haus, Gelände und Museum US$3,50, mit Führung US$4,50. Führungen in englischer oder spanischer Sprache um 11.30 und 16.30 Uhr. Im Anschluss an die Führung wird ein Film über das Leben der Bloms und die ökologischen, kulturellen und politischen Besonderheiten des Lebens in Chiapas gezeigt. Zu Na-Bolom gehört auch ein kleines **Café** namens *Jaguar Garden* in einem reizenden Garten auf der dem Eingang gegenüberliegenden Straßenseite. In einer Ecke befindet sich die Nachbildung eines traditionellen Hauses aus dem Hochland mit lehmverputzten Holzwänden und einem Strohdach. Außerdem gibt es hier einen **Souvenirladen**, wo die Eintrittskarten für das Hauptmuseum verkauft werden.

Der gesamte Komplex steht unter der Leitung der *Asociación Cultural Na-Bolom*, die auch kleinere kulturelle und landwirtschaftliche Freiwilligenprojekte organisiert. Dafür sind Spanischkenntnisse allerdings unerlässlich. Informationen können schriftlich oder per E-Mail angefordert werden (Adresse s.o. und Übernachtung).

Übernachtung

Die großen Besucherzahlen und der starke Wettbewerb sorgen dafür, dass San Cristóbal einige der preiswertesten Unterkünfte von ganz Mexiko bietet. Auf dem Weg entlang der Insurgentes vom Busbahnhof zur Plaza kommt man an einigen guten Übernachtungsmöglichkeiten vorbei. Die meisten der besten Budget-Unterkünfte finden sich in den Straßen östlich des Zócalo, insbesondere in der Real de Guadelupe und Umgebung. Es empfiehlt sich allerdings grundsätzlich, das Zimmer vor dem Bezahlen in Augenschein zu nehmen.

Im Sommer können die Nächte angenehm frisch werden, im Winter wird es dagegen oft kalt, daher sollte man sich vergewissern, dass genügend Decken vorhanden sind. Abgesehen von den allereinfachsten Herbergen bieten inzwischen alle warmes Wasser, jedoch nicht unbedingt zu jeder Tages- und Nachtzeit. Wer längere Zeit bleiben möchte, studiert am besten die Schwarzen Bretter in Busbahnhöfen, Sprachschulen und einschlägigen Cafés, wo Zimmer und sogar ganze Häuser angeboten werden. Die Touristeninformationen haben aktuelle Listen, die wesentlich mehr preisgünstige Hotels enthalten als hier aufgeführt werden können.

Albergue Juvenil, Av. Benito Juárez 2, Nähe Madero, ✆ 967/678-7655, ✉ youth@sancristobal.com.mx. Dormbetten (4-Bett-Zimmer US$4 p.P., 6-Bett-Zimmer US$3,50 p.P.) sowie DZ; kein Mitglied des IJH. ❷

Barón de las Casas, Belisario Domínguez 2, ✆/📠 967/678-0881. Gut geführtes, modernes Hotel, einen Block östlich der Plaza. Alle Zimmer mit TV, makellosem Kachelbad und Warmwasser. Die Besitzer sprechen Englisch. ❹

Bungalows Posada Los Morales, Ignacio Allende 17, ✆ 967/678-1472, ✉ panchito-sc@hotmail.com. Weiß getünchte Steinhäuschen mit Wohnzimmer, Kamin, Du/WC und Herd in einem Garten am Hang, 4 Blocks westlich der Plaza. Wunderbarer Blick auf die Stadt, allerdings sind einige Zimmer gepflegter als andere. Frühstück inkl. ❹

Casa Margarita, Real de Guadalupe 34, ✆ 967/678-0957. Altbewährter Budget-Traveller-Favorit. Einige Zimmer mit Bad, aber die Gemeinschaftsduschen sind sauber und völlig ausreichend. Gutes, billiges Café im Patio. Reisebüro und Gepäckaufbewahrung. Im Restaurant nebenan gibt es Mi–Sa Live-Musik. ❸–❹

Casa Na-Bolom, Vicente Guerrero 33, ✆ 967/678-1418, 💻 www.nobalom.org. Hotel auf dem Gelände des berühmten Museums und Studienzentrums (s.S. 601). Sehr komfortable, um Innenhöfe angeordnete Zimmer mit Bad und Kamin. Außerdem reizende Ferienhäuschen im schönen Garten, alle dekoriert mit Stoffen, Gebrauchsgegenständen und von Gertrude Blom aufgenommenen Originalfotos. Mahlzeiten mit Gemüse aus dem eigenen Garten. ❻

Ciudad Real, Plaza 31 de Marzo 10, ✆ 967/678-0464. Wunderbar gelegener Kolonialbau mit Blick auf den Zócalo. Die meisten Zimmer liegen oberhalb des überdachten Innenhofs, der als Speisesaal dient, aber es gibt ruhigere nach hinten hinaus. Freundliche, hilfsbereite Angestellte. Beliebt bei europäischen Reisegruppen. Alle Zimmer mit Kabel-TV, Telefon und Zimmerservice. ❼

Don Quijote, Cristóbal Colón 7, Ecke Real de Guadalupe, 💻 www.hoteldonquijote.com.mx, ✆ 967/678-0920. Hotel mit hervorragendem Preis-Leistungs-Verhältnis in einer ruhigen Straße. Angenehme Zimmer mit Teppich, Dusche mit ständig warmem Wasser. Die Lobby ist mit Originalkostümen aus Dörfern von Chiapas dekoriert, vom Englisch und Französisch sprechenden Besitzer Joaquín Hernández eigens gesammelt. Morgens kostenloser Kaffee. ❹

Fray Bentos de las Casas, Niños Héroes 2, Ecke Insurgentes, ✆ 967/678-0932. In zwei Bereiche unterteiltes Hotel: Der alte Teil hat mehr Atmosphäre, die Zimmer liegen um einen hübschen Hof mit Springbrunnen; Warmwasser jedoch nur 3 Std. am Morgen und 3 Std. am Abend. Der neuere Teil verfügt über durchgehende Warmwasserversorgung und TV, dafür mangelt es ihm aber an Charme. ❹–❺

Parador Mexicanos, 5 de Mayo 38, ✆/📠 967/678-1515, 💻 www.hparador.com.mx. Angesichts der vorhandenen Einrichtungen sehr annehmbare Preise; 24 rustikale Zimmer mit Bad, Restaurant, Tennisplatz und Internet-Zugang für Gäste, außerdem Wäsche- und Reinigungsservice. ❻

Posada Casa Blanca, Insurgentes 63 (kein Telefon). Gutes Budget-Hotel in günstiger Lage bei der Plaza. Einfache, saubere Zimmer, teils mit Bad. Gemeinschaftsduschen mit Warmwasser. ❷

Posada Casa Real, Real de Guadalupe 51, ✆ 967/678-1303. Große Zimmer mit Doppelbetten, eine *pila* (Wassertrog) zum Wäschewaschen und -trocknen auf der sonnigen Dachterrasse. Nur Gemeinschaftsduschen, aber mit Warmwasser. 50 Pesos p.P. ❸

Posada Chilam Balam, Niños Héroes 9, ✆ 967/678-4340. Sehr einfach, aber superbillig; Zimmer rings um einen Patio, eine *pila* (Wassertrog) zum Wäschewaschen in dem winzigen Garten. Nur Gemeinschaftsbad, aber Warmwasser. Geleitet von der freundlichen Familie Gutiérrez. ❷

Posada Diego de Mazariegos, 5 de Febrero 1, ✆ 967/678-0833, 💻 www.diegomazariegos.com.mx. Historisches Tophotel von San Cristobal, in zwei Kolonialgebäuden beiderseits der General Utrilla. Geräumige Zimmer mit Kamin, antiken Möbeln und hübsch gekachelten Badezimmern, um sehr schöne Höfe herum angeordnet. Oft voll mit Reisegruppen. ❼

Posada de Gladys, C Cintalapa 6-A, ✆ 967/678-5775. Weit von der Plaza entfernt und etwas schwierig zu finden, da versteckt in einem Labyrinth kleiner Gassen. Bei Langzeitreisenden zu Recht beliebte, gut geführte Unterkunft. Dormbetten in kleinen Zimmern (US$4 p.P.), auch Privatzimmer. Saubere Gemeinschaftsbäder mit Warmwasser, Sitzbereich mit TV, Gästeküche. ❸

Posada Mayambé, Real de Guadelupe 66, ✆ 967/674-6278. Einfache, aber ihren Preis werte Zimmer, Gemeinschaftsküche, Waschmöglichkeit und ein Restaurant mit thailändischen, libanesischen und indischen Gerichten. Die Besitzer sprechen hervorragend Englisch. ❸ inkl. Frühstück.

Posada la Media Luna, Calle Felipe Flores 1, ✆/📠 967/678-1658, ✉ paint49@hotmail.com. Wundervolle Unterkunft mit fünf einfachen, aber schön ausgestatteten Zimmern um einen schattigen Innenhof. Einige Zimmer mit Bad. Geleitet von der Künstlerin Luciana Tamayo Lizama, die nicht nur Kunst und Spanisch unterrichtet, sondern auch Französisch und Englisch spricht. Mit Bad und Frühstück ❸–❹

Posada San Cristóbal, Insurgentes 3, ☏/℻ 967/678-6881. Reizendes, holzvertäfeltes Hotel mit großen Zimmern, *azulejo*-Bädern, ausgezeichnetem Restaurant und begrüntem Innenhof mit Springbrunnen – gemessen am Preis die beste Unterkunft um die Plaza. ❺

Real Jovel, Insurgentes 66, ☏ 967/678-1668, ✉ real-jovel@hotmail.com. Neben dem Busbahnhof von Cristóbal Colón und für spät Ankommende bis in die frühen Morgenstunden geöffnet. Helle und luftige Zimmer mit Kachelbad. Gutes Preis-Leistungs-Verhältnis. ❹

Rincón del Arco, Ejercito Nacional 66, Ecke Vicente Guerrero, ☏ 967/678-1313, ℻ 6781568. Hübsches, preiswertes Luxushotel mit großen Zimmern und Suiten um einen Patio oder in einer herrlichen Gartenanlage. Ca. 1 km nordöstlich der Plaza, einen Block von der Casa Na-Bolom. Schöne Aussicht. Zimmer mit Kamin, Antiquitäten und Kachelbad. Restaurant und Parkplatz. ❼

Santa Clara, Insurgentes 1, an der Ecke der Plaza, ✉hotelsantaclara@hotmail.com, ☏ 967/678-1140, ℻ 6781041. Ehemaliges Kolonialhaus, unter den Einheimischen wegen der aus dem 16. Jh. stammenden Meerjungfrauenmotive an den Außenwänden als *La Casa de la Sirena* bekannt. Zimmer und Suiten mit alten Möbelstücken um einen großen Patio voller Pflanzen. Die Eingangshalle ist mit Gegenständen aus der Kolonialzeit geschmückt. Beheizter Pool und gutes Restaurant. ❻

Villa Real I und II, Av. Benito Juárez 8 und 24A, ☏ 967/678-2930 (I) und ☏ 967/678-4485 (II). Komfortable, gut ausgestattete Zimmer, alle mit Teppich, Kabel-TV und eigenem Bad. Mit Parkplätzen. Villa Real I ist das ältere und billigere der beiden. I ❹, II ❺

Essen

In den Straßen östlich der Plaza gibt es viele billige Esslokale, vor allem in der Madero. Die Stärke von San Cristóbal liegt in lebhaften Treffpunkten, denn hier gibt es eine kleine Universität, eine bekannte Sprachschule, eine kosmopolitische ausländische Gemeinde und jede Menge Traveller. Zahlreich sind die künstlerisch angehauchten Lokale mit Kaffeehausatmosphäre, Anschlagbrettern und interessanten Speisekarten – viele vegetarische Gerichte.

CAFÉS – ***Café El Kiosco,*** auf dem Zócalo. In toller Lage unterhalb des Musikpavillons; hier kann man an Tischen im Freien bei einem Kaffee die Zeit vertrödeln.

Café El Puente, Real de Guadalupe 55. In dem beliebten Café werden preiswerte Salate, Suppen, Sandwiches und Kuchen angeboten, dient gleichzeitig als Kulturzentrum mit Internet-Zugang, Live-Musik, Autorenlesungen, Filmvorführungen, Spanischunterricht und einem Schwarzen Brett. Veranstaltet auch günstige Touren mit Kleingruppen (max. 6 Pers.) in die Umgebung. So geschlossen.

Café La Terraza del Cerrillo, an der Plaza auf dem Hügel hinter dem Markt. Schön, um nach einem Bummel über den geschäftigen Markt eine Verschnaufpause einzulegen, mit gutem Kaffee und leichten Snacks.

Café Museo Café, María Adelina Flores 10. Köstlicher Kaffee, serviert in einem kleinen Museum. Die Wände zieren Illustrationen zur Geschichte des Kaffeehandels in Mexiko. Verkauft auch Kaffeebohnen von einer Kooperative örtlicher Kaffeeanbauer (eine der Plantagen kann man besuchen – nähere Infos im Museum).

Café San Cristóbal, Cuauhtémoc 2, nahe der Kreuzung mit der Insurgentes. Kleines, altmodisches Kaffeehaus, in dem sich zum Schach und Zeitunglesen trifft.

RESTAURANTS – ***La Casa de Pan,*** Dr Navarro 10. Ausgezeichnetes Angebot an etwas kostspieligen vegetarischen Gerichten und Backwaren, aus biologisch-dynamisch angebauten Getreidesorten. Die Besitzer engagieren sich in Frauenentwicklungsprojekten und biodynamischer Landwirtschaft. Jeden Abend Live-Musik. Mo geschlossen.

El Gato Gordo, Madero 28. Preiswertes und zu Recht beliebtes Lokal. Mexikanische und internationale Speisen, Tagesgerichte zu günstigen Preisen; Zeitungen, TV und Musik. Di geschlossen.

El Mirador II, Madero 16. Das beste der preiswerten mexikanischen Restaurants in der

Madero; gute Kuchen und Comida corrida für US$3.

El Teatro, 1 de Marzo 8, ✆ 967/678-3149. Exzellentes, seinen Preis wertes französisches und italienisches Essen. Das einzige Dachgartenrestaurant von San Cristóbal – der schönste Ort, um beim Essen den Sonnenuntergang zu genießen.

Emiliano's Moustache, Cresencio Rosas 7, nahe Cuauhtémoc. Riesenauswahl an authentischen Tacos – der *especiál* reicht für zwei –, darunter auch vegetarische. Abends Live-Musik.

La Paloma, Hidalgo 3, gleich südlich des Zócalo. Nobles Restaurant im Kulturzentrum La Galería, in dem in der vornehmen Atmosphäre eines mit Kunstwerken gefüllten Kolonialhauses internationale Küche serviert wird. An den meisten Abenden Live-Musik.

La Parilla, Belisario Dominguez, Ecke Dr Navarro, an einem kleinen Platz neben La Casa de Pan. Auf Gegrilltes spezialisiert, darunter *alambres al queso*, eine Art Kebab mit Schmelzkäse. Als Barstühle dienen Pferdesättel. Mo geschlossen.

Madre Tierra, Insurgentes 19, Ecke Hermanos Domínguez, gegenüber dem Mercado de Artesanías. Restaurant im europäischen Stil in einem alten Kolonialhaus. Leckeres Essen mit gesundem Touch: hausgemachte Suppen, Salate und Pasta. Eine Tür weiter gibt es eine Bäckerei/Deli, die Vollkornbrot und Karottenkuchen verkauft, ⏲ Mo–Sa bis 20 Uhr. Schöne Aussicht von der Terrassenbar.

Mandala Yam, Dr Navarro 1. Vegetarisches Restaurant mit Sitzgelegenheiten im Freien und einer Großauswahl an Tacos, Salaten, Tortas und Hauptspeisen. Das wöchentlich wechselnde Veranstaltungsprogramm umfasst Live-Musik und Filmvorführungen. Mo geschlossen.

Normita, Juárez, Ecke José Flores. Hervorragendes kleines Restaurant, serviert Spezialitäten aus der Küche von Jalisco und billiges Frühstück.

Tuluc, Insurgentes 5. Das einzige Lokal, das schon morgens um 6.30 Uhr öffnet – sehr praktisch, wenn man früh am Busbahnhof sein muss.

Unterhaltung

Viele Cafés und Bars bieten abends Live-Musik, normalerweise Salsa oder Latino, und verlangen nur selten Eintritt.

La Creación, 1 de Marzo, Höhe 5 de Mayo. Unter der Woche DJs und am Wochenende Live-Jazz.

Latinos, Madero, Ecke Juárez; große Bandbreite an Musik: von Salsa und Reggae bis zu Jazz und Rock.

Tequila Zoo Mariachi Bar, in der General Utrila, einen Block von der Plaza, bietet mehr als 100 Sorten Tequila und zeigt oft Mariachi-Musikvideos.

Palacia Olimpio Club, vom Zócalo auf der Cresencio Rios acht Blocks nach Süden, ✆ 967/678-2230. Die einzige richtige Disco im Ort. ⏲ Do–Sa.

Sonstiges

AUTOVERMIETUNGEN – ***Budget***, Diego Mazariegos 36, ✆ 967/678-1871.

Auto Renta Ricci Dieste, Av. 5 de Mayo 6, ✆ 967/678-0988.

BÜCHER – ***Librería Chilam Balam***, an der General Utrilla nahe Dr Navarro, bietet ein breit gefächertes Angebot, auch akademische Fachliteratur, außerdem topografische Landkarten von Chiapas.

Librería La Pared, Hidalgo 2, nahe der Touristeninformation, aktuelle Reiseführer und die größte Auswahl an neuen und gebrauchten englischen und anderssprachigen Büchern von Südmexiko; man kann ausleihen, tauschen und kaufen. Akzeptiert *VISA* und *MasterCard*.

Librería Soluna, Real de Guadalupe 13B, führt eine recht gute Auswahl an Büchern, einschließlich Reiseführer.

Casa Na-Bolom, Av. Vicente Guerrero 33, besitzt eine ausgezeichnete Bibliothek (⏲ 10–14 Uhr) und verkauft nebenbei auch noch einige Bücher und Landkarten über den Lacandón-Wald.

FAHRRÄDER – Mit dem Rad lassen sich die Dörfer der Umgebung sehr gut besuchen. Der beste Radverleih ist ***Los Pinguinos***, 5 de Mayo 10B, ✆ 967/678-0202. Gut gewartete Räder für US$2 pro Std., US$8 pro Tag, veranstaltet auch Ausflüge zu Sehenswürdigkeiten der Umgebung. Man spricht Englisch und Deutsch.

GELD – Die meisten **Banken** befinden sich in der Umgebung der Plaza. Pesos gegen Kreditkarte oder Dollar bekommt man normalerweise nur vormittags. Sehr viel schneller und einfacher geht es in der ***Casa de Cambio Lacantún,*** Real de Guadalupe 12, ⌚ Mo–Sa 8–14 und 16–20, So 9–13 Uhr, die fast alle harten Währungen wechselt und meistens auch guatemaltekische Quetzales hat.

INFORMATIONEN – Die hilfsbereite **Touristeninformation**, unweit der Südwestecke der Plaza an der Hidalgo 1 B, ✆ 967/678-1467, ist eine der besten des Landes und bietet gute, kostenlose Landkarten, aktuelle Hotellisten aller Preisklassen und Infos zu Busfahrplänen und Veranstaltungen. Die Angestellten kennen sich in Chiapas aus, und oft ist jemand im Büro, der Englisch spricht. Meistens gibt es kostenlose Magazine mit Infos zu Hotels, Restaurants und Exkursionen. ⌚ Mo–Fr 8–20, Sa 9–20, So 9–14 Uhr.
Infobretter findet man auch im und bei der **städtischen Touristeninformation** im Palacio Municipal an der Nordostecke der Plaza, ✆ 967/678-0665, ⌚ Mo–Fr 8–20, Sa 9–15 Uhr.
Die hervorragende ***Mapa Turístico de Chiapas*** (1 : 400 000) ist in den meisten Buchläden der Stadt und einigen Hotels, nicht jedoch in der Touristeninformation erhältlich.

INMIGRACIÓN – Einige Kilometer westlich des Zentrums an der Kreuzung Carretera Panamericana und Diagonal Centenario, ✆ 967/678-7910. ⌚ Mo–Fr 9–15 Uhr. Am besten mit dem Taxi zu erreichen.

INTERNET – Es ist fast unmöglich, im Zentrum einen Block zu laufen, ohne auf ein Internet-Lokal zu stoßen. Die meisten schließen um 22 Uhr und der Preis liegt gewöhnlich zwischen US$0,60–$0,80 pro Std.

POST – Ignacio Allende, Ecke Diego Mazariegos, drei Blocks südwestlich der Plaza, ⌚ Mo–Fr 8.30–19, Sa 9–13 Uhr.
Die meisten Hotels besitzen Mexipost-Briefkästen und viele der größeren verkaufen auch Briefmarken.

REISEBÜROS / TOUREN – In San Cristóbal gibt es Dutzende **Reise- und Tourenveranstalter**. Die meisten haben dieselben vier Standardtouren im Programm: in die Dörfer der Umgebung, in die Sumidero-Schlucht (s.S. 596), den Lagos Montebello und Palenque. Die mit Abstand besten Reitausflüge bietet der Englisch sprechende Marcos Ruiz, ✆ 967/698-273, US$10. Anrufen oder einfach um 9 Uhr im Café del Centro in der Real de Guadalupe aufkreuzen, wo man ihn mit Sicherheit antrifft.
Navarra, Real de Guadelupe 15D, ✆ 967/678-1143, 💻 www.mundomaya.com.mx/tours, ist einer der besten örtlichen Tourveranstalter.
Santa Ana Tours, Madero 9A, ✆ 967/678-0422. Die beste Adresse für nationale und internationale Flugtickets.
Für Stadtrundfahrten bietet sich ***El Coleto*** an (US$3), ein Bus-ähnliches Gefährt, das auf Anfrage zwischen 10–13 und 16–19 Uhr vor dem Mercado de Artesanías in der Insurgentes abfährt.

SPRACHKURSE – ***Centro Bilingüe,*** im Centro Cultural El Puente, Real de Guadalupe 55, ✆/📠 967/678-3723, 💻 www.sancristobalya.com/elpuente, gilt als die etablierteste Sprachschule.
Instituto Jovel, María Adelina Flores 21, ✆/📠 967/678-4069, 💻 www.institutojovel.com; ist neuer und sehr zu empfehlen. Mit persönlicher Beratung.
Beide Schulen bieten Kurse unterschiedlicher Schwierigkeitsgrade und können auch die Unterbringung bei hiesigen Familien vermitteln.

TAXIS – Kosten innerhalb der Stadt ca. US$1,50.

TELEFON – ***Librería La Pared,*** Hidalgo 2, nahe der Touristeninformation, bietet die günstigsten Tarife für Fern- und Auslandsgespräche nach Nordamerika und Europa.
Ladatel-Telefone gibt es an der Plaza, in den Arkaden des Palacio Municipal und im Busbahnhof *Cristóbal Colón,* aber man benötigt dafür eine Telefonkarte.

WÄSCHEREIEN – ***Lava Sec,*** Crescencio Rosas 12, ***Lavorama,*** Guadalupe Victoria 20A, ***Lavandería Mixtli,*** 1 de Marzo, Ecke 16 de Setiembre. Daneben gibt es noch unzählige andere, insbesondere entlang der Real de Guadalupe und Dominguez.

Transport

BUSSE – Die meisten Busse 1. oder 2. Klasse kommen über die Carretera 190 (Panamericana) von Süden her in die Stadt. Wer von Bochil anreist, kommt unmittelbar nördlich des Marktplatzes an.
Von San Cristóbal gibt es Direktverbindungen zu fast allen Orten im Bundesstaat und auf Yucatán. In der Touristeninformation sind genaue und aktuelle Fahrpläne erhältlich. Angesichts der langen Schlangen an den Ticketschaltern empfiehlt es sich, die Fahrkarten im Voraus zu kaufen. Bei *TRF* (auf der anderen Seite der Carretera), die Busverbindungen 1. und 2. Klasse zu den wichtigsten Reisezielen bietet, sind die Schlangen in der Regel kürzer.
Vom **1. Kl.-Busbahnhof** *Cristóbal Colón* und *Transportes Na Bolom* biegt man rechts ab und geht ungefähr sieben Blocks die Insurgentes hoch bis zur Plaza. Im Busbahnhof gibt es keine Gepäckaufbewahrung, doch in der *Tienda el Paso*, eine Querstraße auf der Insurgentes linker Hand, kann man ein Schließfach mieten.
2. Kl.-Busse halten an der *Panamericana* beiderseits des Terminals von Cristóbal Colón.
Fast alle Gesellschaften fahren nach TUXTLA GUTIÉRREZ (2 Std.), außerdem warten Combis vor den Busbahnhöfen an der Panamericana auf Fahrgäste.
Nach VILLAHERMOSA (7 Std.) gibt es nur wenige 1. Klasse-Busse pro Tag von *Cristóbal Colón;* es ist einfacher, mit irgendeinem Bus nach TUXTLA zu fahren und dort umzusteigen, dann dauert die Fahrt 8–9 Std.
Nach PALENQUE (9x tgl., 5 Std.) geht es mit 1. und 2. Kl.-Bussen, tagsüber oder nachts – alle Busse halten auf dem Weg in OCOSINGO (2 1/2 Std.). Außerdem gibt es zahlreiche Minibusse nach Palenque: Man braucht nur zur Carretera zu gehen, wo die Fahrer buchstäblich nach Passagieren rufen.
Nach CIUDAD CUAUHTÉMOC (via Comitán, 2 Std.) an der Grenze zu Guatemala verkehren mindestens 8x tgl. 1. Klasse-Busse (3 1/2 Std.). An der *Panamericana* findet man auch zahlreiche Combis nach COMITÁN.
Nach OAXACA (12 Std.) fahren tgl. 2 Nachtbusse, um 17 und 22 Uhr; oder in Tuxtla umsteigen!
Nach TAPACHULA fahren 4x tgl. Busse (9 Std). Alle 1. Klasse-Busgesellschaften unterhalten mehrere Nachtbusse tgl. nach MÉXICO D.F. (19 Std.).
Nach CAMPECHE (10 Std.) und MÉRIDA (13 Std.) fährt tgl. ein 1. Kl.-Bus um 17.30 Uhr.
Zur Küste von Yucatán verkehrt tgl. um 16.30 Uhr ein Luxusbus von *Maya de Oro* mit Halt in CHETUMAL (10 Std.; Grenze zu Belize), PLAYA DEL CARMEN (14 Std.) und CANCÚN (17 Std.).

FLÜGE – Der Flughafen liegt 18 km östlich der Stadt; ein Taxi ins Zentrum kostet US$10–15. Derzeit gibt es von San Cristóbal lediglich einen Flug tgl. mit *Aeromar* nach MÉXICO D.F. um 13.25 Uhr. Auskünfte erteilt *Santa Ana Tours* (s.o.).

Die Umgebung von San Cristóbal

Grutas de Rancho Nuevo

Einige organisierte Ausflüge haben die 10 km südöstlich gelegenen Grutas de Rancho Nuevo zum Ziel, ein gewaltiges Höhlensystem, das sich weit in einen Berg hinein erstreckt. Besonders ungewöhnlich ist es jedoch nicht, spärlich beleuchtet und ohne sehenswerte Tropfsteinformationen.

Die Höhlen liegen gut ausgeschildert kaum einen halben Kilometer von der Carretera entfernt und sind mit dem Fahrrad oder Bus Richtung Comitán einfach zu erreichen. Nach dem Schild mit der Aufschrift „Ranchos Nuevos" auf der rechten Straßenseite Ausschau halten. Ein ca. 1 km langer Pfad führt von der Carretera aus durch einen Park mit Wanderwegen. Die Fahrkarte nur bis zu den Grutas, nicht bis Comitán lösen! Mit dem Fahrrad braucht man von San Cristóbal ungefähr 50 Min.; es geht fast ständig bergauf. Es gibt hier ein durchschnittliches Restaurant, und man kann für US$5 pro Std. ein Pferd mieten. Das Höhlensystem ist zwar recht ausgedehnt, aber nur ein 1 km langer Gang ist öffentlich zugänglich. ⌚ tgl. 9–17.30 Uhr, Eintritt US$1.

El Arcotete

Ein ebenfalls beliebtes Ausflugsziel ist El Arcotete, ein großer, natürlicher Kalksteinbogen, der eine Brücke über einen Fluss bildet. Man folgt der Real de Guadalupe aus der Stadt hinaus, vorbei an der Kirche Guadalupe, bis die Straße in die Landstraße

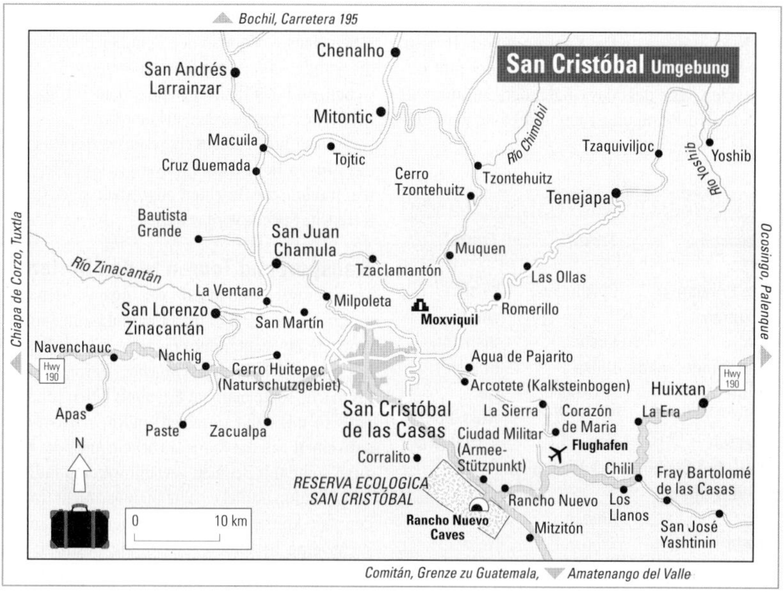

nach Tenejapa übergeht. El Arcotete liegt an einem ausgeschilderten Pfad rechter Hand, ca. 3,5 km hinter der Kirche.

Moxviquil

Die Ruinenstätte Moxviquil eignet sich gut für einen mehrstündigen Ausflug von San Cristóbal zu Fuß. Allerdings sollte man vorher die Pläne in der Casa Na-Bolom studieren, denn vor Ort sieht man nur ein paar unbehauene Steinhaufen. Der Marsch beginnt in der nicht ganz leicht zu findenden Av. Yajalon, einige Blocks östlich der Kirche Santo Domingo. Auf ihr geht man nach Norden bis ans Ende (ca. 30 Min.) am Fuß von baumbestandenen Hügeln bis zu einem kleinen Weiler namens **Ojo de Agua**. Dort sucht man die beiden höchsten Gebäude, zwei Holzhütten mit roten Dächern. Von hier führt der Weg über felsigen Untergrund und ist zeitweilig kaum zu erkennen, doch nach ca. 300 m erstreckt sich linker Hand ein hübsches Seitental (in dem man übrigens zelten kann). Der Hauptpfad biegt weiter nach rechts, wird zunehmend breiter und führt stetig bergan. Nach 3 km ist das Dorf **Pozeula** erreicht; die Ruinen liegen gegenüber auf der anderen Seite des Tales an den Hängen.

Chamula und Zinacantán

San Juan Chamula (normalerweise einfach nur Chamula genannt) ist das San Cristóbal am nächsten gelegene und meistbesuchte Dorf. Noch sind traditionelle Bräuche, insbesondere religiöse, hier lebendig, und ein Kirchbesuch kann ein Ehrfurcht gebietendes und bewegendes Erlebnis sein. Bevor man die Kirche betritt, kauft man bei der „Touristeninformation" im Palacio Municipal rechts der Plaza (wenn man vor der Kirche steht) ein Ticket (US$1). Das Innere ist überwältigend: Der Boden ist mit Tannennadeln bedeckt und der Schein von tausend Kerzen verleiht dem Raum ein unheimliches Leuchten. Die Wände säumen Heiligenstatuen, die mit Gaben von Kleidern, Essen und Spiegeln geschmückt sind, während der Schutzheilige des Dorfes, San Juan, den Ehrenplatz über dem Altar einnimmt. Die hier stattfindenden Zeremonien sind in ihrer Mischung aus christlichen und Maya-Traditionen sehr ausgefallen, und oftmals beinhalten sie tränenreichen Sprechgesang und/oder Gesang.

Während des alljährlichen Kinta Jimultik, des **Karnevals** (am letzten Wochenende im Februar von Fr–Di), marschieren die Vertreter aller Dörfer des Bezirks in traditionellen Trachten im Kreis um die Kirche herum und zu Kreuzen auf den Hügeln. Am letzten Tag, der mit dem letzten der fünf unheilvollen Tage des Maya-Kalenders zusammenfällt, finden Reinigungsriten und Läufe über glühende Kohlen statt.

Nützliche Wörter auf Tzotzil und Tzetzal

Deutsch	*Tzotzil*	*Tzetzal*
um Erlaubnis bitten	Chíkhelav	Ya shka shan
Hallo	Kúshee	Bish chee
Auf Wiedersehen	Batkun	Bónish
Bitte	Avokoluk	Há wokolook
Danke	Kalaval	Wókolawal
Entschuldigung/ Verzeihung	Tsik bunjoomul	Pasbón
Ja	Chabal	Heech
Nein	Moo yuk	Ho'o

Kirchen-Besucher erhalten mit ihrem Ticket auch Einlass in das kleine **Museo Etnográfico** hinter dem Palacio. Hier werden alltägliche Gebrauchsgegenstände, Musikinstrumente und Trachten aus Chamula und anderen Dörfern gezeigt. ⌚ tgl. 8–19 Uhr.

Nicht vergessen, dass es ausdrücklich verboten ist, zu fotografieren, und dass Ausländer nach 19 Uhr nicht in die Kirche eingelassen werden.

San Lorenzo Zinacantán, ungefähr 15 km von San Cristóbal entfernt, erreicht man gut mit öffentlichen Verkehrsmitteln. Von Chamula aus führt ein relativ einfacher, 7 km langer (etwa 90-minütiger) Fußmarsch in das von steilen, mit Pinienwald bewachsenen Hügeln umgebene Dorf. In Zinacantán herrscht eine freundlichere Atmosphäre als in Chamula. Die Bewohner sind überwiegend westlich gekleidet und haben sich der Zucht von Blumen für den Export verschrieben – die Hügel sind mit Gewächshäusern übersät. Trotzdem sind die traditionellen Bräuche hier nicht gänzlich verschwunden. Einige ältere Männer tragen noch rosafarbene, mit Troddeln und gestickten Blumen verzierte und von Silberfäden durchzogene Ponchos (*pok'ul* genannt). Die gleichen Farben und Motive tauchen auch auf den Trachten der Frauen auf.

Die Touren umfassen den Besuch eines typischen Hauses, wo man den Familienaltar, Frauen, die wunderschöne, mit Blumen verzierte Tischsets weben, und das Hausfeuer, über dem Tortillas zubereitet werden, zu sehen bekommt.

In Zinacantán gibt es ein sehenswertes Museum, das **Museo Ik'al Ojov** („Unser großer Herr"), wo u.a. indianische Trachten ausgestellt sind. ⌚ tgl. 8–18 Uhr, Spende wird erwartet.

Transport und Touren zu den Dörfern

Trotz der wachsenden Zahl von organisierten Touren in die Dörfer San Juan Chamula und San Lorenzo de Zinacantán muss man bei einem Besuch mit sehr viel Taktgefühl vorgehen. Bevor man Fotos macht, sollte man um Erlaubnis bitten (und bereit sein, u.U. dafür zu zahlen), in Kirchen darf man auf keinen Fall die Kamera zücken. Auch die Kleidung sollte mit Bedacht gewählt werden; indianische Kleidungsstücke sollte man gar nicht tragen, denn sie können für die Menschen, die man besucht, eine besondere Bedeutung besitzen. Wer nicht beabsichtigt, sich einer Tour anzuschließen (obwohl dies zu empfehlen ist), sollte die Dörfer am besten an einem Sonntag (da Markttag) oder während einer Fiesta besuchen, wenn die Dörfer voller Leben sind.

Vor allem Chamula hat nur eine sehr kleine permanente Bevölkerung; viele Familien wurden verjagt und zu einem Leben in Armut verdammt, weil sie die traditionelle Religion zugunsten des Protestantismus aufgegeben haben. Wer andere Dörfer in der Nachbarschaft besuchen möchte, sollte darauf gefasst sein, nicht von jedem im Dorf mit offenen Armen empfangen zu werden. Man sollte daher besonders höflich sein und versuchen, vor dem Besuch so viel wie möglich über die Sitten, Verhaltensweisen und Gebräuche herauszufinden. Möglicherweise ist es auch hilfreich, ein paar Worte in der Sprache der Einheimischen zu lernen. In den Dörfern westlich von San Cristóbal wird meistens Tzotzil gesprochen, im Osten hingegen Tzetzal. Aber jedes Dorf hat im Laufe der Zeit seine eigenen Besonderheiten hinsichtlich Trachten, Handarbeiten und Sprache entwickelt.

An der Utrilla, unmittelbar nördlich vom Markt in San Cristóbal fahren Combis nach Chamula und Zinacantán und seltener zu anderen Dörfern. Normalerweise ist es einfacher, informativer und vielleicht auch für die indigene Kultur weniger verderblich, sich einer **organisierten Tour** anzuschließen (US$15 p.P.). Zahlreiche Touranbieter, viele davon in der Real de Guadalupe angesiedelt, werben um Kundschaft.

Die Touren beginnen um 9.30 Uhr, besuchen beide Dörfer und enden gegen 13.30 Uhr in San Cristóbal (empfehlenswerte Anbieter s.S. 605). Zwischen den Unternehmen gibt es oft nur geringfügige Unterschiede und es gelten Standardpreise, doch nur wenige verfügen über Englisch sprechende Führer. Marcos Ruiz (s.S. 605) ist der beste der einheimischen Führer, eine echte Persönlichkeit mit einem umfangreichen Wissen über die Gegend und ausgezeichneten Englischkenntnissen.

Von San Cristóbal Richtung Guatemala

Hinter San Cristóbal führt die *Panamericana* (Carretera 190) durch eine atemberaubend schöne Landschaft durch Chiapas zur Grenze. Unterwegs passiert man **Amatenango del Valle**, ein Tzetzal-Dorf, das für seine besonders guten, unglasierten Töpferwaren bekannt und ein beliebter Haltepunkt für Busgesellschaften ist. Hier werden die Töpferwaren nach einer traditionellen prähispanischen Methode hergestellt, indem das Feuer eher um das Stück herum gelegt wird, statt dieses im Ofen zu brennen. Comitán de Domínguez (oder einfach nur Comitán) stellt die einzige nennenswerte Siedlung in dieser Gegend dar. Es ist nicht nur ein Ausgangspunkt für die guatemaltekische Grenze und den **Nationalpark Lagos de Montebello**, sondern auch für die Maya-Stätte **Tenam Puente** aus der klassischen Periode.

Comitán

Comitán ist eine der schönsten Städte in Chiapas: Sie scheint an steinigen Felswänden zu kleben und ist von einer Landschaft umgeben, in der wilde Orchideen blühen. Früher war dies ein wichtiges Mayazentrum (die Ruinen von Bonampak und Yaxchilán und selbst Palenque sind per Luftlinie nicht weit entfernt) namens Balún Canán („Neun Sterne" oder „Wächter"), die in Comitán („Ort der Töpfer" auf Nahuatl) umbenannt wurde, als sie unter Aztekenherrschaft fiel. Comitán, der letzte bemerkenswerte Ort vor der Grenze (Ciudad Cuauhtémoc ist nicht viel mehr als ein Zoll- und Einwanderungsposten mit ein paar Hütten), ist heute ein Markt- und Versorgungszentrum für das Agrarland der Umgebung und ein guter Ort zum Ausruhen, wenn man eine anstrengende Reise durch den Lacandón-Wald oder nach Guatemala vor sich hat.

Comitáns großer, sehr schmucker **Zócalo** erstreckt sich über mehrere Ebenen um einen zentralen Musikpavillon. Um ihn herum befinden sich mehrere schöne Kolonialbauten – besonders erwähnenswert der weiße **Palacio Municipal**, der die Nordseite beherrscht, und der **Templo Santo Domingo** im Mudéjar-Stil im Osten. Die *portales* auf der Südseite in freundlichen Orange- und Brauntönen beherbergen zahlreiche Souvenirshops, während im Osten mehrere Restaurants mit Tischen unter den Arkaden locken.

Auf der Südostseite der Plaza befindet sich die **Casa de Cultura** mit einem hübschen Hof, den ein Wandgemälde zur Stadtgeschichte ziert, und Ausstellungsstücken zur Regionalgeschichte. Außerdem sind hier mehrere Kunsthandwerkskooperativen angesiedelt. 🕒 tgl. 9–19 Uhr, Eintritt frei. Das großartige kleine **Museo de Arquelógico** im selben Block gleich abseits der Plaza, bietet mittels Ausstellungen von Schmuck und Töpferwaren sowie ein paar Kinderschädeln, die zu zeremoniellen Zwecken absichtlich verformt wurden, eine anschauliche Chronologie der hiesigen Maya-Stätten. 🕒 Di–So 10–17 Uhr, Eintritt frei.

Einen Block südlich des Zócalo entlang der Avenida Central Sur befindet sich das beste der städtischen Museen: **Casa Museo Belisario Domínguez**, untergebracht im ehemaligen Wohnhaus jenes Politikers, der 1913 als hartnäckiger Gegner des unrechtmäßigen Präsidenten Huerta ermordet wurde. Am interessantesten ist die Hausapotheke, deren Regale mit diversen Lotionen und Wässerchen gefüllt sind. Hier behandelte er kostenlos die Armen. 🕒 Di–Sa 10–18.45, So 9–13 Uhr, Eintritt US$0,50.

Das **Museo de Arte Hermíla Domínguez de Castellanos** einen Block weiter südlich ist nach seiner Frau benannt. Es beherbergt eine ansehnliche Sammlung überwiegend moderner Kunst mexikanischer Künstler, viele davon überraschend farbenfroh und kraftvoll. ⌚ Mo–Sa 10–18 Uhr, Eintritt US$0,20. Gleich um die Ecke steht die ungewöhnlichste Kirche der Stadt, der von einer Kuppel gekrönte **Templo de San José** in Blau und Gold.

Übernachtung

In Comitán gibt es zahlreiche Hotels in sämtlichen Preiskategorien; die unten aufgeführten befinden sich alle in Zentrumsnähe. Die billigsten Unterkünfte liegen gleich westlich des Zócalo, sind aber von unterschiedlichem Standard; die besten haben wir unten aufgeführt. Da es nachts kalt wird, sollte man darauf achten, dass mindestens eine warme Decke vorhanden ist.

Hospedaje Montebello, 1 Pte Nte 10, einen Block nordwestlich des Zócalo, ✆ 963/632-3572. Das beste Budgethotel in dieser Gegend, große, saubere Zimmer um einen Patio, manche mit Du/WC (für US$1 mehr p.P.); auch in den Gemeinschaftsduschen warmes Wasser. Möglichkeit zum Wäschewaschen. ❸

Hospedaje San Francisco, Av 1 Ote Nte 13, ✆ 963/632-0194, ✉ samuel22f@prodigy.net.mx. Budget-Unterkunft mit gutem Preis-Leistungs-Verhältnis, Zimmer mit Bad und einige mit TV. Die Zimmer zum vorderen Hof hin sind größer und heller. ❸

Hotel Internaciónal, Av Central Sur 16, ✆/℻ 963/632-0110. Attraktives modernes Hotel mit komfortablen Zimmern, Kabel-TV und gutem Restaurant *(Girasoles).* ❺

Pension Delfín, Av. Central Sur 21A, an der Plaza, ✆ 963/632-0013. Angenehm, farbenfroh und weitläufig, große Zimmer mit Bad und Kabel-TV. Sicherer Parkplatz und ruhiger Hof hinter dem Haus. ❹

Posada el Castellano, Calle 3 Nte Pte 12, ein paar Blocks nördlich der Plaza, ✆ 963/632-3347, ℻ 632-0117. Freundliches, rustikales Hotel. Zimmer mit Bad, Kabel-TV und Telefon, ruhiger Innenhof mit Springbrunnen. Sehr gutes Restaurant. ❺

Posada del Virrey, Av. Central Nte 13, ✆ 963/632-1811, ℻ 632-4483. Hübsches Kolonialhotel; helle Zimmer mit Du/WC und TV; Wäscheservice. ❺

Essen und Unterhaltung

Die besten Speiselokale (abgesehen von den Hotelrestaurants) liegen an der Plaza, z.B. ***Helen's Enrique,*** mit Tischen unter den Arkaden, oder das ***La Apujarra*** mit leckeren Pizzas und *licuados,* beide auf der Westseite. Das ***Café Quiptic*** auf der Ostseite neben der Casa de Cultura serviert herzhaftes Frühstück mit köstlichem Kaffee. Tipp: *Desayuno Chiapanesco,* ein deftiges Frühstück aus *tamales.*

Auf dem **Markt**, einen Block östlich des Zócalo, findet man viele Obststände und Comedores. Trinkfreudigen Besuchern sei der **Comiteco** empfohlen, ein wohl schmeckender einheimischer Schnaps, den man praktisch nirgendwo anders bekommt. Er wird wie der Tequila aus der Agave gewonnen, ist aber nicht ganz so stark und um einiges billiger.

Comitán bietet ein reges Nachtleben; dafür sorgen über die Stadt verstreute Discobars, von denen die meisten den Standard-Mix aus Latinopop, Salsa und Latino-Tanzmusik spielen. Zu den beliebteren Adressen zählen das ohrenbetäubende ***La Gum,*** einen Block westlich der Carretera in der Calle Central Pte, und das ebenso laute ***Oxigeno,*** einen Block südlich des Zócalo. ***Jarra,*** zwei Blocks nordwestlich der Plaza in der Calle 1 Nte Pte, verwandelt sich abends von einer ruhigen Kaffeebar in ein Rock-Lokal.

Sonstiges

GELD – ***Bancomer*** am Zócalo, Ecke Av. 1 Ote Sur, wechselt Geld, zahlt Bargeld auf Kreditkarte aus und hat einen Geldautomaten.

INFORMATIONEN – Die ***Touristeninformation*** befindet sich auf der Ostseite der Plaza in der Nr. 6, gleich beim Palacio Municipal, ✆ 963/632-4047. Die Orientierung in Comitán ist anfänglich etwas schwierig, daher sind die kostenlosen Stadtpläne sehr hilfreich. ⌚ Mo–Fr 8–19, Sa 8–16 Uhr.

INTERNET – Überall in der Stadt finden sich Internet-Lokale. ***Ciber@dicto,*** in der Fußgängerzone Pasaje Morales 13 an der Nordseite der Plaza, hat eine schnelle Verbindung für US$1 pro

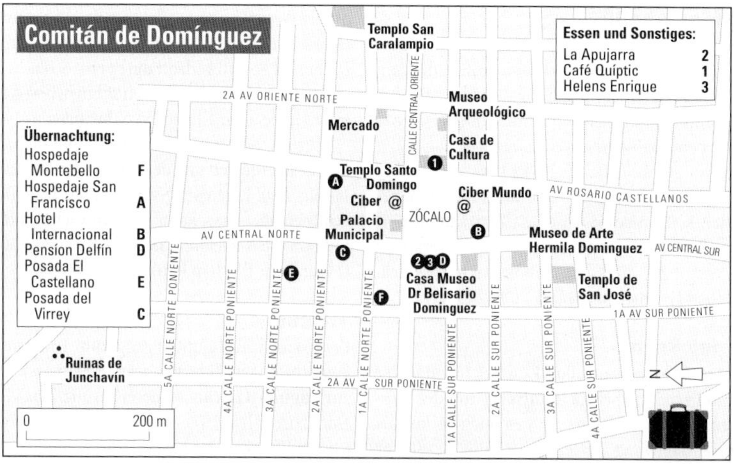

Std., tgl. 9–21 Uhr, aber es gibt an der und um die Plaza herum noch zahlreiche weitere, darunter den Kleiderladen ***Mundo*** an der Südseite, wo der Internet-Zugang nur US$0,50 pro Std. kostet.

KONSULAT VON GUATEMALA, 1 Calle Sur Pte, Ecke Av. 2 Pte Sur, ein paar Blocks südwestlich vom Zócalo, 963/632-2979, Mo–Fr 8–16.30 Uhr. Deutsche, Schweizer und Österreicher benötigen kein Visum für Guatemala; sie bekommen direkt an der Grenze eine Touristenkarte.

POST – in der Av. Central Sur, eineinhalb Blocks südlich vom Zócalo. Mo–Fr 9–15. Wer etwas später dran ist, kann zum Seiteneingang gehen, der bis 15.30 Uhr geöffnet ist.

REISEBÜROS – ***Viajes Tenam,*** Pasaje Morales 8A, 963/632-1654. Bucht nationale und internationale Flüge und organisiert Tagesausflüge zu den Sehenswürdigkeiten der Gegend.

Transport

BUSSE – Die Busse halten an der *Panamericana,* sechs oder sieben Blocks vom Zentrum. Nur *Cristóbal Colón,* vier Blocks weiter auf der *Panamericana* nach Süden, besitzt einen Busbahnhof (mit Gepäckaufbewahrung). Um von hier ins Zentrum zu gelangen, biegt man nach Verlassen des Busbahnhofs links ab, überquert die Carretera und geht nach drei Blocks rechts die 1 Calle Sur Pte hinunter. Der Zócalo liegt weitere sieben Blocks östlich. Taxis sind leicht zu finden. Jede beliebige Fahrt innerhalb der Stadtgrenzen kostet US$1,50.

Von Comitán fahren zahlreiche 1.- und 2.-Klasse-Busse und Combis ab der Carretera nach CIUDAD CUAUHTÉMOC und zur Grenze, nach SAN CRISTÓBAL mindestens stdl. (2 Std.) und nach TUXTLA GUTIÉRREZ stdl. (3 1/2 Std.).

Busse und Combis von *Transportes Lagos de Montebello* fahren vom Terminal an der Av. 2 Pte Sur, zwischen Calle 2 und 3 Sur, ca. drei Blocks südwestlich der Plaza, ab. Ungefähr viertelstündlich geht es zu den LAGOS DE MONTEBELLO und zur CARRETERA FRONTERIZA. Ansonsten kann man versuchen, einen Combi an der Carretera nach Süden anzuhalten.

FLÜGE – Auf dem einige Kilometer südlich von Comitán gelegenen Flughafen landen 2x tgl. Flüge von *Aeromar* aus MÉXICO D.F. Ein Taxi in die Stadt kostet US$7.

Der Parque Nacional Lagos de Montebello

Die Lagos de Montebello, eine Kette von mindestens 50 Seen (darunter sechzehn große), die zum Nationalpark erklärt wurde, liegt weniger als eine Autostunde südöstlich von Comitán an der Grenze zu Guatemala. Innerhalb eines Tagesausflugs kann man ein gutes Stück des Parks besichtigen, aber um die herrlichen Seen und Wälder richtig zu genießen, sollte man besser eine Übernachtung einplanen. Wer die ausgetretenen Pfade verlassen möchte, muss eine gute Landkarte mitbringen. ⌚ tgl. 9–17 Uhr; Eintritt US$1 p.P.

Zu den Seen

Die Straße zum Nationalpark zweigt 16 km hinter Comitán beim Dorf **La Trinitaria** von der *Panamericana* ab, von dort sind es noch 36 km bis zum Parkeingang. Im Park wird die Straße zur **Carretera Fronteriza** (Grenzstraße), die in etwa parallel zur guatemaltekischen Grenze bis nach Palenque verläuft und vollständig asphaltiert ist. Von Comitán aus legen die Busse von *Transportes Lagos de Montebello* die gesamte Strecke in ca. zehn Stunden zurück. Unterwegs kommt man an Yaxchilán und Bonampak (s.S. 623) vorbei. An dieser Straße gibt es häufig Straßenkontrollen; es kann also sein, dass man nach dem Pass gefragt wird. Die Touristenkarte sollte daher auf jeden Fall noch gültig sein!

Der Eingang zum Park liegt bei KM 36. Die meisten Combis halten ein paar Kilometer hinter dem Park-Eingang beim Hauptquartier. In der Region mit ihren Pinienwäldern und Seen kann man kilometerlange Wanderungen unternehmen. Weniger sportliche Besucher begnügen sich damit, von den Aussichtsstellen entlang der Straße einen Blick auf einige der Seen zu werfen, von denen jeder aufgrund natürlicher Mineralvorkommen am Boden und je nach Einfallswinkel der Sonne eine andere Farbe aufweist. Die Seen selbst sind eigentlich eine Reihe von *cenotes* (natürliche Höhlungen im Boden), die sich im Laufe von Millionen von Jahren durch Kalksteinerosion bildeten.

Vom Parkeingang führt die linke Weggabelung an mehreren kleineren Seen vorbei bis zum Ende der asphaltierten Straße bei der **Laguna Bosque Azul**. Von hier führen zwei Pisten weiter, die linke endet nach ein paar hundert Metern an einer als „Paso de soldaldo" ausgeschilderten Brücke. Rechts dieses Weges, kurz vor der Brücke, biegt ein als „Sendero de Grutas" gekennzeichneter Pfad in den Dschungel ab und verläuft durch eine Schlucht und unter einem Kalksteinbogen hindurch, bevor er in einer Höhle unter Klippen verschwindet.

Zurück auf dem Hauptweg kann man die Brücke überqueren und den Hügel zum Restaurant *Bosque Azul* hinaufsteigen. Es ist nur sporadisch geöffnet, aber man kann hier eine sehr einfache **Cabaña** (kein Telefon; US$5 p.P.) oder abgemagerte Pferde für US$10 p.P. mieten.

Tziscao

Geht man vom Haupteingang zum Park an der Weggabelung nach rechts, gelangt man nach 8 km zur **Laguna Tziscao**, an deren Ostufer das kleine Dorf Tziscao liegt.

Am Ufer des Sees bietet das *Restaurant Tziscao* einfache hölzerne Cabañas, ✆ 963/633-5244, für US$7,50 p.P., während *balsas* (Rafts) an den meisten Seen ab ca. US$4 pro Std. vermietet werden. Die Straße führt weiter zur **Laguna Internacional**, deren eines Ufer zu Mexiko und das andere zu Guatemala gehört, markiert durch je einen weißen Obelisken. Es ist allerdings nicht ratsam, zu versuchen, hier über die Grenze zu gehen. In entgegengesetzter Richtung führt die kurvenreichen Grenzstraße, auf der Busse aus Comitán verkehren, über Berge mit dramatischen Ausblicken und haarsträubenden Abhängen nach Palenque.

Übernachtung

Entlang der Straße zum Nationalpark gibt es verschiedene Übernachtungsmöglichkeiten:

Parador Museo Santa María, ca. 22 km von der La Trinitaria-Abzweigung, dann 2 km auf einer Piste, auf der rechten Seite, ✆ 967/678-0988. Die luxuriöseste Unterkunft der Gegend, eine ehemalige Hacienda, historische Atmosphäre dank der echten alten Möbel und Ölgemälde. Warmwasser und Strom, in den Zimmern stehen zusätzlich Öllampen. Auf dem Gelände steht eine kleine Kapelle aus dem 17. Jh. mit religiösen Kunstwerken. ❻

Auf der linken Seite bei KM 32 liegt eine Ansammlung von Budget-Unterkünften, an denen die Combis auf Wunsch anhalten. Bis jetzt gibt es allerdings in keinem dieser Häuser ein Telefon.

Hospedaje y Restaurante La Orquidea, in der Gegend besser unter der Bezeichnung *Doña María's* bekannt, ca. 1 km hinter der Abzweigung nach Chinkultic. Ein halbes Dutzend einfacher Hütten mit Strom und sehr spartanische Kaltwasserduschen zwischen den Pinien. Die freundliche Anlage wird von Doña María Domínguez geführt, die sich sehr um Flüchtlinge aus Guatemala kümmerte, die hier in den 80er Jahren Zuflucht vor den Massakern jenseits der Grenze suchten. ❷

Pino Feliz, nebenan und etwas komfortabler. 8 Zimmer in Holzhütten mit gemeinschaftlich genutzten Warmwasserduschen. Besitzerin Roberta Alborres bereitet gute, einfache Mahlzeiten zu, Señor César Castellano zeigt Gästen zu Fuß oder zu Pferde Seen und Höhlen, die man alleine nie finden würde. ❸

Zu den weiteren Unterkunftsmöglichkeiten im Park s.o.

Ciudad Cuauhtémoc

Ungefähr 60 km hinter der Kreuzung der *Panamericana* mit der Straße zu den Lagos de Montebello bei La Trinitaria, wo zahlreiche Busse vorbeikommen, erreicht man den mexikanischen Grenzort Ciudad Cuauhtémoc. Dieser Ort besteht seinem Namen zum Trotz *(ciudad* = Stadt) aus nicht viel mehr als ein paar Häusern, dem Grenzposten, einem Restaurant und dem Busbahnhof von *Cristóbal Colón* sowie zwei nicht empfehlenswerten Hotels.

Die guatemaltekische Grenzstation bei **La Mesilla** liegt 3 km weiter; eine Fahrt mit dem Taxi kostet ca. US$3. Die Grenze überschreitet man am besten bei Tageslicht. Nach 20 Uhr wird es schwierig, noch einen Stempel in den Pass zu bekommen. Deutsche, Schweizer und Österreicher benötigen kein Visum, doch es kann nicht schaden, sich vor Reiseantritt zu Hause noch mal bei der Botschaft von Guatemala zu vergewissern. Der Grenzposten La Mesilla ist dafür berüchtigt, dass Touristen hier wie kaum anderswo im Land illegalerweise zur Kasse gebeten werden. Überschreitet die verlangte Gebühr einen Betrag von ca. US$1, sollte man sich höflich, aber bestimmt weigern; fruchtet das nichts, eine Quittung verlangen – wer den Nerv hat, kann sich an höherer Stelle beschweren, aber möglicherweise reicht schon die implizierte Drohung aus.

Geldwechsler tauschen zu annehmbaren Kursen Reiseschecks oder Dollars, weniger gut steht der Kurs für Pesos. Der Wechselkurs der Banken ist etwas günstiger.

Transport

Jenseits der Grenze warten die Busse nach HUEHUETENANGO, QUETZALTENANGO und GUATEMALA-STADT; Abfahrt ungefähr stündlich bis 17 Uhr. Die beste Busgesellschaft ist *Transportes Velásquez,* die auch einen um Mitternacht abfahrenden, bequemen *Pullman* nach Guatemala-Stadt bietet.

Die Einreise von Guatemala nach Mexiko ist unkompliziert: Man bekommt kostenlos die Touristenkarte ausgehändigt und Sammeltaxis oder Busse stehen bereit, um Passagiere nach **Comitán** zu bringen.

Von San Cristóbal nach Palenque

Die Hauptstrecke von San Cristóbal nach Yucatán führt über die Carretera 199,eine gut asphaltierte Straße, auf der zahlreiche Busse und Colectivos verkehren, via Ocosingo nach Palenque. Die herrliche Fahrt durch grüne Täler dauert ca. 5 Stunden und ist die einfachste Möglichkeit, die Ruinen von Toniná und die Wasserfälle von Agua Azul zu besuchen. Ocosingo ist außerdem Ausgangspunkt für Abenteuertouren mit Leichtflugzeugen oder Combis zur schönen Laguna Miramar im Herzen des Biosphärenreservats Montes Azules. Von Ocosingo führt auch eine Nebenstraße südwärts nach Comitán.

Ocosingo

Ocosingo ist ein guter Ort, um den Touristenmassen von San Cristóbal und Palenque zu entkommen. Hier sind die ländlichen Wurzeln noch deutlich spürbar, „Cowboys" von den umliegenden Ranchos bevölkern die Straßen und einheimische Frauen verkaufen *maiz* aus riesigen Bottichen. Es ist auch ein guter Ausgangspunkt für einen Ausflug zur Mayastätte Toniná (s.u.). Den **Zócalo** umgeben elegante *portales*, eine wuchtige alte Kirche auf der Ostseite und das *ayuntamiento* (Rathaus) gegenüber, dessen modernes erstes Stockwerk mit seiner Buntglasfassade nicht so recht ins Gesamtbild passt.

Übernachtung

Hotel Central, ✆ 919/673-0024, nicht zu verfehlen: an der Nordseite der Plaza, alle Zimmer mit Ventilator. ❹
Hotel San José, ✆ 919/673-0039, nahe der nordöstlichen Ecke der Plaza in der Calle 1 Ote Nte, tolles Budget-Hotel mit sauberen, komfortablen Zimmern, z.T. mit Kabel-TV und ac. ❸–❹
Hospedaje Esmeralda, ✆ 919/673-0014, ✉ info@ranchoesmeralda.net, einen Block nördlich der Plaza, die beste Unterkunft von allen; Zimmer mit und ohne Bad. ❹

Essen

Um den Platz liegen mehrere preiswerte Lokale, die meisten servieren mexikanische Standardgerichte wie Tacos und Tortillas. Sie unterscheiden sich nicht groß, aber ***El Campanario*** an der Nordseite ist recht hübsch. Das knallgelbe ***El Desván,*** auf der gegenüberliegenden Seite des Zócalo, ist eine Klasse höher und serviert auch Pizza.
Der **Markt** oder *tianguis* ist in erster Linie ein Lebensmittelmarkt, auf dem indianische Frauen Obst und Gemüse und hier hergestellten Käse verkaufen, darunter der runde *queso de bola* und der köstliche sahnige *queso botanero.* Um hinzugelangen, biegt man bei der Kirche rechts ab und nach einem Block links in die Calle 2 Sur Ote, nach weiteren vier Blocks ist man am Ziel.

Sonstiges

GELD – Es gibt mehrere Geldautomaten, einen bei ***Banamex*** an der Plaza und einen weiteren bei der ***Banco Santander*** gegenüber dem *Hospedaje Esmeralda* in der Calle Central Nte.

INFORMATIONEN – Das *Esmeralda* fungiert auch als **Touristinformation**; die freundlichen Angestellten helfen bei der Buchung von Flügen über die Ruinen (US$420 für vier Pers.), Ausritten (US$20 pro Tag) oder Besuchen weiter entfernter Sehenswürdigkeiten.

INTERNET/REISEBÜROS – Es gibt ein paar Internet-Cafés in der Calle Central Nte, darunter ***Compuchat*** nahe dem Zócalo und ***Xanav,*** in der 40C, ✆ 919/673-1334, ⌚ 9–14 und 16–22 Uhr, US$0,80 pro Std., wo man auch Inlandflüge buchen kann.

Transport

BUSSE – Die ankommenden Busse halten alle in der Hauptstraße oder bei einem behelfsmäßigen Busbahnhof in der Nähe. Um zum Zócalo zu gelangen, biegt man nach Verlassen des Busbahnhofs links ab und geht ca. vier Blocks die Anhöhe hinunter zur Calle Central, biegt erneut links ab und erreicht nach zwei Blocks den Platz. Im Radius von ein, zwei Blocks findet sich hier so ziemlich alles, was Reisende brauchen.
Die Weiterfahrt mit einem Bus oder Combi ist einfach, jedenfalls bis zum frühen Abend; häufige Busse und Combis nach SAN CRISTÓBAL (12x tgl.; 2 Std.) und Busse nach PALENQUE (16x tgl.; 3 1/2 Std.). Der letzte Bus von *Autotransportes Tuxtla Gutiérrez* (ATG) fährt in beide Richtungen offiziell um 19.30 Uhr ab – allerdings handelt es sich um *de paso*-Busse, die meistens Verspätung haben.
Die Busse von *Cristóbal Colón* verkehren hingegen auch noch weit nach Mitternacht: Nach PALENQUE fährt je ein Bus um 3 und 4 Uhr ab, nach SAN CRISTÓBAL um 0.30 und 1.30 Uhr. Der Busbahnhof von Cristóbal Colón verfügt über eine durchgehend geöffnete Gepäckaufbewahrung (US$0,50).

FLÜGE – ***Servicios Aéreos San Cristóbal,*** Büro in Ocosingo, ✆ 919/673-1088, fliegt mit kleinen Maschinen z.B. von PALENQUE oder SAN CRISTÓBAL nach YAXCHILÁN oder BONAMPAK.

Toniná

Die Maya-Ausgrabungsstätte Toniná, einst eines der mächtigsten Maya-Zentren der klassischen Periode, lohnt einen Besuch. Sie liegt 14 km östlich von Ocosingo. Diese wenig besuchte Maya-Siedlung ist sehr ausgedehnt und besteht aus einer enormen, grasbewachsenen **Plaza**, die früher von Gebäuden umgeben war, und sieben künstlich erbauten **Terrassen**, die sich hügelaufwärts ziehen. Unten liegen die restaurierten Reste von zwei **Ballspielplätzen** und eine unter einem Grashügel verborgene **Pyramide**.

Schon wenn man den unteren Teil des Hügels hinter sich gelassen hat und an den bogenförmigen Eingängen zu zwei gewölbeartigen Räumen rechts vorbei ist, erhält man einen Eindruck von der Weitläufigkeit der Anlage. Die sechste und siebte Terrasse umfasst insgesamt dreizehn Tempel; von oben bietet sich eine schöne Aussicht auf die Umgebung. Auf der 5. und 6. Terrasse befinden sich auch Grabstätten, in einer von ihnen ist die riesige Maske des „Erdmonsters", einer mächtigen Gestalt innerhalb der Maya-Kosmologie, zu bestaunen.

Im Herbst 1989 machte der Archäologe Juan Yadeun nach fast zehnjährigen Forschungsarbeiten auf der siebten Terrasse einen bedeutenden Fund: Die Statue von **Tzots Choj**, wahrscheinlich der „letzte Herrscher von Toniná", eine eindrucksvolle Steinfigur mit drei Chaac-Masken auf dem Haupt und einem Jaguar am Gürtel.

Am beeindruckendsten ist wahrscheinlich das gewaltige **Wandgemälde der Vier Sonnen** auf der sechsten Plattform. Die erstaunlich gut erhaltenen Stuckbilder erzählen die Geschichte der Maya-Kosmologie und zeigen, wie die vier Sonnen (bzw. die aufeinander folgenden Welten) erschaffen und zerstört wurden. Die Welten sind als abgeschlagene Köpfe dargestellt, die von Blumen umgeben sind. Besonders plastisch ist die Darstellung eines grinsenden Skeletts, des „Herren des Todes", das nach einem Menschenschädel greift.

In alten Zeiten trug Toniná den Namen „Ort der (himmlischen) Gefangenen". Das faszinierende **Museum**, zeigt mehrere Tafeln und Skulpturen, die gefesselte Gefangene (einige ohne Kopf) darstellen. Hieroglyphen auf den Tafeln halten fest, wo diese Unglücklichen gefangen genommen wurden, während die Zeichen auf den Lendenschurzen auf die Identität des Gefangenen hindeuten könnten. ⌚ tgl. 9–16 Uhr, Museum Di–So 8–17 Uhr, Eintritt US$3,20, einschließlich Museum.

Am Eingang zum Gelände serviert das ***Restaurant Toniná*** einfaches Essen, kaltes Bier und Erfrischungsgetränke. Außerdem kann man hier gute T-Shirts und Postkarten kaufen.

Transport

Vom Markt in OCOSINGO fahren Combis (US$1) zu den Ruinen selbst oder zum großen Armeestützpunkt an der Abzweigung zur Ausgrabungsstätte ab (Aufschrift „Predio" oder „Ruinas"). Ein Taxi kostet US$7 (einfach).
Spektakuläre **Flüge** über die Ruinen (US$420 für 4 Pers.) mit *Servicios Aéreos de San Cristóbal* vermittelt *Hospedaje Esmeralda* (s.S. 614) oder das Büro des Flugunternehmens in der Straße hinter dem Combi-Stand in Ocosingo, ✆ 919/673-0188.

Agua Azul und Misol-Há

Die Hauptattraktion auf der kurvenreichen Bergstrecke von Ocosingo nach Palenque stellen einige wunderschöne Wasserfälle dar. Die Ehrfurcht einflößenden, in Kaskaden herabstürzenden Fluten des Río Shumulhá bei Agua Azul und der herrliche Wasserfall bei Misol-Há können in einem Tagesausflug von Palenque aus besucht werden.

Agua Azul, im gleichnamigen Nationalpark 4 km abseits der Hauptstraße und 64 km von Palenque entfernt, ist inzwischen zu einem bedeutenden Anlaufpunkt für Reisebusse geworden. Einheimische haben entlang der Straße zwei Eintrittsposten eingerichtet, der erste verlangt US$5 und der zweite am Eingang zum Park US$10.

Auf jeden Fall sollte man ein Stück stromaufwärts wandern, denn die Landschaft hier ist von sagenhafter Schönheit, und es gibt Dutzende kleiner Wasserfälle oberhalb des erschlossenen Gebiets. Allerdings weist nach etwa 20 Minuten Fußmarsch ein Schild auf die Gefahr von Überfällen hin, und ein Wachmann lässt Touristen daher nicht über diesen Punkt hinaus wandern.

In **Misol-Há**, 18 km von Palenque entfernt, bildet ein 25 m hoher Wasserfall den faszinierenden Hintergrund für einen Teich, in dem man gefahrlos schwimmen kann (Eintritt US$1). Ein von Farnen gesäumter Weg führt über eine Art Sims hinter den breiten Fällen entlang. Der Wasserfall liegt nur einen 1,5 km langen, einfachen Fußweg von der Straße entfernt, und es gibt hier eine preiswerte

> **Eine dringende Warnung:**
>
> Man kann hier nur an wenigen höher gelegenen Stellen schwimmen, denn es gibt lebensgefährliche Strömungen und Strudel, die man keinesfalls unterschätzen darf. Jedes Jahr ertrinken Menschen in Agua Azul. Da immer wieder von Diebstählen zu hören ist, sollte man seine Sachen nicht unbeaufsichtigt lassen. Abseits des Hauptgeländes sind Touristen auch schon des Öfteren Opfer von **Raubüberfällen** geworden.

Übernachtungsmöglichkeit in einigen der schönsten Cabañas von ganz Mexiko (s.u.).

Übernachtung und Essen

AGUA AZUL – Es gibt mehrere einfache **Restaurants** und einen **Zeltplatz** (wo man auch Hängematten mieten oder die eigene aufhängen kann) am Parkeingang, wo die Busse halten. Einfache **Cabañas**, ✆ 01555-329-0995, App. 7002, ❹, sind ebenfalls zu bekommen – beim Modulo de Información nahe dem Parkplatz nachfragen!

MISOL-HÁ – ***Cascada Misol-Ha,*** bietet einige der hübschesten Cabañas Mexikos, ✆ 01555-329-0995, App. 7006. Die Cabañas und das Restaurant sind auf Tourgruppen ausgerichtet und werden von den Bewohnern des *ejido* San Miguel unterhalten; jede Unterkunft mit Du/WC und Strom, z.T. mit Küche. ❺

Transport

Wer mit dem Bus kommt, wird an der Kreuzung abgesetzt, wo meistens Taxis warten, die zum Fuß der Wasserfälle fahren (US$1). Zu Fuß dauert der Weg ungefähr eine Dreiviertelstunde, der Rückweg eine schweißtreibende Stunde – immer bergauf.

Palenque

Das im dichten Dschungel verborgene Palenque ist eng verbunden mit den untergegangenen Städten Guatemalas, weist aber einen unverwechselbaren Stil auf. Die Maya-Stätte, die 1790 von dem Priester Antonio Solís entdeckt wurde, ist nicht besonders weitläufig – an einem Vormittag lässt sich das gesamte Gelände besichtigen –, aber dafür von betörender Schönheit.

Die Ausgrabungsstätte von Palenque liegt 9 km von der Ortschaft Palenque entfernt in einem Nationalpark, auf dem höchsten Punkt einer Anhöhe, die das Nordende des Hochlandes von Chiapas bildet. Die Kleinstadt Palenque (offiziell Santo Domingo de Palenque) mit ihrem in grellem Türkis gehaltenen Zócalo ist für Touristen nicht besonders interessant, aber die Ausgangsbasis für den Besuch der Ruinen und nahe gelegenen Wasserfälle (s.o.). Palenques drei Hauptstraßen: Av. Juárez, Hidalgo und 5 de Mayo, verlaufen parallel zueinander zum Zócalo, dem Parque Central.

Die Ruinen von Palenque

Die Maya-Stadt Palenque wurde bereits um 100 v.Chr. als Bauerndorf gegründet, doch es sollte 400 Jahre dauern, bis sie während der so genannten klassischen Periode von ungefähr 300–900 n.Chr. zu einem bedeutenden Machtzentrum aufstieg. Gegen Ende dieser Periode herrschte die Stadt über einen großen Teil des heutigen Chiapas und Tabasco, aber ihre Glanzzeit erlebte sie im 7. Jh. unter zwei Herrschern: **Hanab Pakal** und **Chan Bahlum**. Fast alles, was an Gebäuden im religiösen Zentrum freigelegt wurde – und das ist nur ein Teil des ursprünglichen Stadtzentrums – stammt aus jener Zeit. Es wird angenommen, dass die eigentliche Stadt sich von Osten nach Westen über eine Breite von 6–8 km erstreckte. Die UNESCO hat der mexikanischen Regierung Gelder für weitere Ausgrabungen zugesagt.

Welche Gründe die Maya dazu bewegten, den Ort im 9. Jh. n.Chr. aufzugeben, liegt noch im Dunkeln und wird wohl nie ganz geklärt werden. Vielleicht wurden sie von einem von der Golfküste her eingedrungenen Volk überfallen und vertrieben. Für diese Annahme spricht die Tatsache, dass Votiväxte gefunden wurden, die der Tajín-Kultur zuzuordnen sind. Auch der ursprüngliche Name der Stadt ist nicht bekannt. Den Namen Palenque gaben ihr erst die Spanier in Anspielung auf die hölzernen Einfriedungen, die die Behausungen der Indianer umgaben. Wahrscheinlich lebten die letzten Nachfahren der Maya noch so lange in den Ruinen, bis diese einstürzten, und siedelten sich dann in

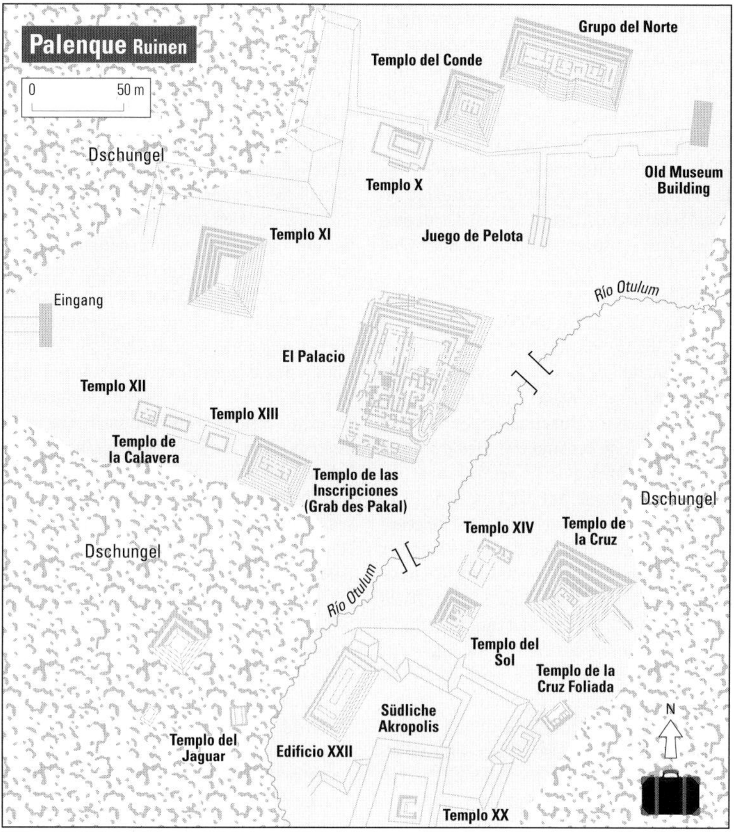

der Umgebung an. 1564 gründeten spanische Dominikanermönche an der Stelle der heutigen Stadt Palenque die Siedlung Santo Domingo de Palenque; um die Pyramiden kümmerten sie sich nicht weiter. Erst 1785 wurden erste Versuche gemacht, die Stätte zu erforschen. Mit Feuer rückte man der die Ruinen überwuchernden Vegetation zu Leibe – und zerstörte dabei u.a. viele Stuckverzierungen.

Der Baustil von Palenque ist einzigartig. Oberflächlich gesehen ähnelt er mehr den Mayastätten von Guatemala als denen in Yucatán. Der mit einem Turm bewehrte Palast und das Pyramidengrabmal finden jedoch nirgendwo ihresgleichen. Palenque liegt am Rand der Ebene von Tabasco, ist aber von Bergen und Urwald umgeben. Wenn man auf eines der Bauwerke klettert, schweift der Blick über die Hügel in endlose grüne Weiten, und man kann sich vorstellen, welchen Eindruck die Tempel vor der Kulisse des Dschungels gemacht haben müssen. Leider werden von Jahr zu Jahr mehr Absperrungen aufgestellt, so dass man immer weniger Gebäude und Räume besichtigen kann.

Der **Nationalpark**, in dem die Ruinen liegen, ist tgl. von 8–17 Uhr geöffnet; der Eintritt ist außer für Fahrzeuge frei. Die Fundstätte selbst ist von 8–16.30 Uhr geöffnet, Eintritt US$3,70; die Eintrittskarte gilt auch für das Museum. Zweistündige Führungen beginnen am Eingang und kosten um US$35 für Gruppen von bis zu sieben Personen. Es empfiehlt sich, möglichst früh, vor der größten Hitze und dem Massenandrang, hier zu sein. Am Eingang gibt es ein kleines Café und ein paar teure Schließfächer. Die Toilette befindet sich beim Schalter, an dem die Eintrittskarten verkauft werden. Die Erklärungstafeln innerhalb der Fundstätte sind auf Englisch, Spanisch und Tzetzal, obwohl die meisten heutigen Maya in diesem Teil von Chiapas Chol sprechen.

Ebenfalls am Eingang warten Lacandón-Indianer in weißen Gewändern (oder Leute in weißen Gewändern, die so tun, als wären sie Lacandón), um Pfeile und andere Sachen zu verkaufen. Hier gibt es auch eine ganze Reihe Souvenirstände. Ein vorheriger Besuch im **Museum**, 1,5 km vor dem Eingang zur Stätte an der Straße, ◷ Di–So 8–16.45 Uhr, verschafft einen guten Überblick über die Ausmaße von Palenque. Auf der Landkarte ist zu erkennen, dass nur ein Viertel der Bauten freigelegt wurde. Ein Modell zeigt, wie der Palastkomplex während der klassischen Periode ausgesehen haben muss, als die Dächer der Bauwerke mit Dachreitern verziert waren. Das Museum beherbergt auch mehrere Paneele aus der Ausgrabungsstätte und zahlreiche Räuchergefäße – wuchtige Urnen, verziert mit kunstvollen Stuckgöttern und mythologischen Figuren –, deren Bedeutung in spanischer und englischer Sprache erklärt wird. Außerdem befindet sich hier eine Nachbildung des Sarkophagdeckels von Hanab Pakal; das Original im *Templo de las Inscripciones* (Tempel der Inschriften) ist der Öffentlichkeit nicht mehr zugänglich.

Ein Rundgang

Hat man die Stätte betreten, kommt man zunächst an mehreren Tempeln vorbei, von denen der **Templo de las Inscripciones** auf einer neunstufigen Pyramide, die 21 m hoch ist und sich an einen dicht bewachsenen Hang anlehnt, der bedeutendste ist. Die Pyramide darf nicht mehr betreten werden, was sehr schade ist, da die Wände ihres Altarraumes mit Steinplatten verziert sind, auf denen in Hieroglyphen Ereignisse aus der Geschichte von Palenque verzeichnet sind. Von diesen Inschriften hat der Tempel seinen Namen erhalten. Auf einer von ihnen findet sich die (auf unsere Zeitrechnung übertragene) Jahreszahl 692, wahrscheinlich das Datum seiner Errichtung. Im Inneren dieser Pyramide befindet sich die **Grabstätte von Hanab Pakal** (615–683 n.Chr.). Die Grabkammer wurde erst 1952 entdeckt und zählt zu den wichtigsten und beeindruckendsten Funden auf dem amerikanischen Doppelkontinent. Leider haben die Massen von Besuchern dem Grab arg zugesetzt, weshalb es für die Öffentlichkeit geschlossen werden musste.

Einige der kleineren Fundstücke – das Skelett und die Totenmaske – wurden nach México D.F. ins Anthropologische Museum gebracht, wo man eine Nachbildung des Grabes aufgebaut hat. Der massive, mit reichen Reliefs verzierte **Steinsarkophag** blieb dagegen hier. Sein Deckel zählt zu den berühmtesten ikonografischen Zeugnissen aus der Welt der Maya: Er zeigt Pakal im Moment seines Todes, wie er in die Unterwelt hinabstürzt (symbolisiert durch den Schlund eines Ungeheuers). Oberhalb des toten Königs ragt der Weltbaum *Wakah Kan* als Zentrum des Universums in die Höhe, auf seiner Spitze der Vogel *Itzam-Ye* als Symbol des Himmels. Um dem hier begrabenen König die Verbindung mit der Welt der Lebenden zu gewährleisten, wurde ein hohles Tonrohr in Form einer Schlange an der Treppe entlang von der Grabkammer zum Tempel gelegt. Vorläufig muss man allerdings mit den Repliken im hiesigen Museum vorlieb nehmen.

Im Mai 1994 wurde im **Tempel XIII** neben dem Templo de las Inscripciones eine weitere bedeutende Grabstätte gefunden, die aus der gleichen Zeit stammen könnte wie jene von Pakal. Es ist derzeit das einzige öffentlich zugängliche Grab. Sein Sarkophag enthält Grabbeigaben aus Jade und Obsidian und Trinkgefäße, die der Verstorbenen auf ihrem Weg ins Xibalba, die Unterwelt der Mayas, mitgegeben wurden.

Bei Ausgrabungen im Bereich der **Südlichen Akropolis** wurden im **Edificio XX** ein bemaltes Grab, ein mit über 200 Hieroglyphen beschrifteter steinerner Thron und weitere Grabbeigaben zu Tage gefördert, aber es bestehen keine Pläne, es der Öffentlichkeit zu zugänglich zu machen.

Das Zentrum der archäologischen Ausgrabungsstätte bildet **El Palacio**, ein Komplex aus mehreren Gebäuden, die sich um vier Innenhöfe gruppieren, mit denen sie durch Säulengänge verbunden sind. Die verschiedenen Teile stammen aus

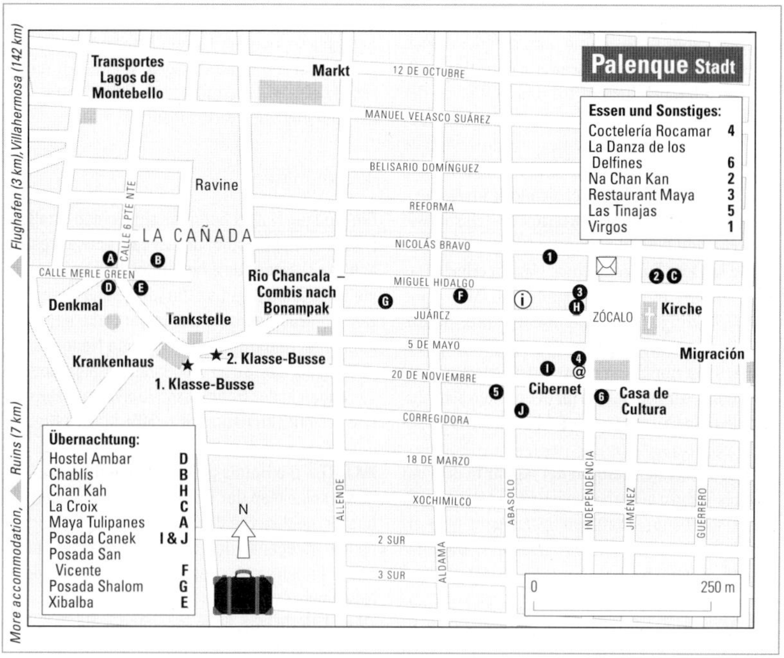

unterschiedlichen Zeitabschnitten. Der fast quadratische **Turm** (dessen oberstes Stockwerk 1930 rekonstruiert wurde) ist einmalig in seiner Art. Über seine damalige Bestimmung streiten sich die Gelehrten noch, bis zur endgültigen Klärung wird er vorerst noch als **Observatorio** bezeichnet. Die schmale Treppe, über die es von innen zugänglich ist, beginnt merkwürdigerweise erst auf der zweiten Ebene; für Besucher ist der Turm jedoch nicht zugänglich. Der gesamte Gebäudekomplex ist mit herrlichen Steinreliefs geschmückt. Besonders sehenswert sind die großen menschlichen Figuren auf den Steinplatten im Osthof; sie stellen wahrscheinlich Gefangene dar.

Von hier aus kommt man auf leicht abschüssigem Gelände über eine gesäuberte Rasenfläche zu den niedrigeren Bauwerken der **Grupo del Norte**, bestehend aus den Überresten von fünf Gebäuden, die wahrscheinlich Tempel waren. Einer davon, der **Templo del Conde**, ist noch sehr gut erhalten. Ein **Juego de Pelota** (Ballspielplatz) ist kaum noch als solcher zu identifizieren.

In entgegengesetzter Richtung gelangt man vom Palacio über den schmalen Fluss, der Palenque durchzieht, zu einer künstlich angelegten Plaza mit drei höher gelegenen und vollständig freigelegten Pyramiden. Ihre Tempel sind mit kunstvoll gearbeiteten steinernen Dachreitern (sog. *cresterías)* versehen; auf den mit Reliefs und Stuck verzierten Wänden sind religiöse Zeremonien dargestellt. Der **Templo del Sol** an der Westseite des Platzes ruht auf einer kleinen Pyramide, die aus vier Terrassen und einem Sockel besteht. Im typischen Stil von Palenque errichtet, besitzt er drei Portale mit Pfeilern und einen verzierten Altarraum im Inneren, um den sich weitere, zellenartige Räume gruppieren. Da die Maya als Überdachung nur das Kragsteingewölbe, nicht aber die Deckenabstützung mit Säulen kannten, fielen die Innenräume relativ klein aus. Den Altarraum schmückt ein Relief, auf dem die Sonne dargestellt ist.

Besonders sehenswert und relativ gut erhalten ist die Dachdekoration des am höchsten gelegenen Gebäudes, des **Templo de la Cruz**. Wie alle anderen Dachkämme ist auch dieser kunstvoll durchbrochen, wohl auch, damit das auf dem Dach lastende Gewicht nicht zu schwer wurde. Der größte Teil des Tempels liegt in Trümmern, aber an der südöstlichen Ecke der Pyramide wurden Ende des 19. Jhs. im Innern mehrere Gräber entdeckt. Eine Wandplatte mit Kreuzsymbolen, die dem Tempel seinen Namen gab, befindet sich jetzt im Anthropologischen Museum von México D.F. – ebenso wie das Relief mit dem Blattkreuz, nach dem der **Templo de la Cruz Foliada** seinen Namen erhielt. Das Kreuz besitzt in der Ikonografie der Maya eine ähnlich wichtige Bedeutung wie im Christentum. Es steht hier allerdings als Symbol für die Dreieinigkeit der himmlischen Welt, der Unterwelt und des Landes der Lebenden. Auf der rechten Seite des Templo de la Cruz ist Gott L Tabak rauchend zu sehen.

Den zerfallenen **Templo del Jaguar** in dem ein weiteres Wandrelief erhalten ist, erreicht man nach einem angenehm schattigen Spaziergang über einen schmalen Fußpfad bachaufwärts. Dahinter werden weitere Tempel mühsam dem Dschungel entrissen.

Wer das Gelände etwas näher erkunden möchte, kann dem Weg hinter dem Templo de las Inscripciones am Bach entlang folgen, aber ohne Führer wird man nicht durchgelassen. Der Pfad führt zu keiner Sehenswürdigkeit, sondern zu dem *ejido* Naranjo, einem Gehöft, das über eine Stunde Fußmarsch entfernt liegt, aber man kann sich leicht vorstellen, dass unter der Erde noch viele Pyramiden verborgen liegen. Der Boden ist sehr felsig und zahlreiche Steine sehen nicht so aus, als habe die Natur sie geformt.

Geht man zwischen der Grupo del Norte und dem Juego de Pelota hindurch, gelangt man über einen Weg hinunter zu einem Wasserfall, dem treffend benannten **El Baño de la Reina** („Bad der Königin") – wer will, kann man hier baden. Folgt man dem Fußweg weiter, kommt man zur **Grupo de los Murciélagos**, Wohnbehausungen aus der Spätphase von Palenque (770–850 n.Chr.), und zu weiteren in jüngster Zeit freigelegten Gebäuden. Überquert man die Hängebrücke, gelangt man schließlich auf die Hauptstraße beim Museum, wo man einen Bus nach Palenque anhalten kann – dies ist an sich nur ein Ausgang, herein kommt man nur mit einer Eintrittskarte, die man am Haupteingang kaufen muss.

Wer dagegen zurück zum Nucleo Central will, muss nach Überquerung der Brücke den Wegweisern zur Grupo I und II folgen. Von diesen verlassenen Gebäuderesten führt eine steile Treppe wieder zur Grupo del Norte hinauf.

Übernachtung

Die meisten Hotels befinden sich in den Straßen zwischen Busbahnhof und Zócalo sowie westlich des Ortszentrums hinter der *Pemex*-Tankstelle im Ortsteil La Cañada (dem schönsten Bezirk zum Übernachten) und in der Nähe der Busbahnhöfe. Außerdem gibt es einige Neubauten entlang der Straße zu den Ruinen. Einige Hotels verlangen in der Hochsaison (Juli/Aug, Ostern und Weihnachten) um bis zu 50% höhere Preise.

IM ORT – Die Hotels gleich bei den Busbahnhöfen sollte man der Lärmbelästigung wegen besser meiden. Die davon abgesehen am günstigsten gelegenen und billigsten Casas de Huéspedes finden sich in der Hidalgo und der 20 de Noviembre.

Chan Kah, Juárez, Ecke Independencia, ✆ 916/345-0489. Direkt an der Plaza. Das nobelste Hotel und entsprechend komfortabel. Einige Zimmer haben den zweifelhaften Vorteil, einen Balkon mit Blick auf den Zócalo zu besitzen. Gleiche Besitzer wie im *Chan Kah Resort Village* bei den Ruinen, s.u. ❻

La Croix, Hidalgo, Ecke Zócalo, ✆ 916/345-0014. Hat schon bessere Tage gesehen, aber trotzdem eine stimmungsvolle Budget-Unterkunft. Kleine Zimmer um einen Patio mit Pflanzen und Wandmalereien. ❹

Posada Canek, Av. 20 de Noviembre 43, ✆ 916/345-0150. Eine von mehreren guten Unterkünften in dieser Straße und preiswert, wenn man alleine reist. Schlafsäle (US$5 p.P.) und große DZ, z.T. mit Du/WC, Gepäckaufbewahrung und gute Aussicht vom Balkon. ❷

Posada San Vicente, Hidalgo 100A, ✆ 916/345-0856. Tolle, bemerkenswert billige Budget-Unterkunft auf halbem Weg zwischen dem Zócalo und La Cañada. Saubere und gemütliche Zimmer mit Bad. ❷

Posada Shalom, Juárez 158, ✆ 916/345-0944, und Corregidora, ✆ 916/345-2641. Zwei Hotels gleichen Namens; beide mit sauberen Zimmern, Kabel-TV und Kachelduschen. Gepäckaufbewahrung und Wäschedienst. ❹

LA CAÑADA – In der relativen Beschaulichkeit zwischen den noch verbliebenen Bäumen ist die Unterbringung teurer als im Ort, aber es gibt auch ausgezeichnete Unterkünfte für Budget-Traveller.

Chablís, Merle Green 7, ✆ 916/345-0870, 📠 345-0365. Breite Doppelbetten in großen Zimmern mit ac und Kabel-TV. ❺

Hostel Ambar, Hidalgo y C 6 Pte Nte, ✆ 916/345-1008, ✉ ambarhostel@hotmail.com. Dorms (US$6 p.P.) und einfache DZ. Beliebt bei Rucksackreisenden und die billigste Unterkunft in La Cañada. ❹

Maya Tulipanes, Hidalgo, ✆ 916/345-0201, ✉ mtulipan@tnet.net.mx. Gegenüber dem *Ambar* (s.o.). Luxuriöses Hotel, sehr komfortable Zimmer mit ac, schattige Anlage, kleiner Pool und gutes Restaurant. Hat den einzigen Internet-Zugang in La Cañada (auch für Nicht-Gäste benutzbar), aber zu Wucherpreisen (US$2,50 pro Std.). ❽

Xibalba, Merle Green 9, ✆ 916/345-0411, ✉ shivalva@tnet.net.mx. Gegenüber dem *Chablís*. Hübsche Zimmer mit Bad in einem A-frame-Haus. Kabel-TV und ac, gutes Restaurant und Reisebüro im Erdgeschoss. ❺

AN DER STRASSE ZU DEN RUINEN – Da es in der Nähe der Ruinen einige wirklich gute Camping- und Cabaña-Unterkünfte gibt, ziehen manche Besucher diese den Hotels im Ort vor.

Cabañas Safari, 1,5 km außerhalb der Stadt auf der linken Seite, ✆ 916/345-1145. Gemütliche, strohgedeckte A-frame-Cabañas und Suiten mit Veranda und Hängematten, geleitet von der freundlichen Familie Uscanga. Grüne Umgebung, gutes Preis-Leistungs-Verhältnis. ❺

Camping Chaac, 2 km vom Eingang zur Ausgrabungsstätte, ✉ vtdeviaje@starmedia.com. Rustikale Cabañas, Campingplatz und Restaurant an den Ufern zweier Flüsse. Saubere Gemeinschaftsduschen, Badestelle im Fluss und vom freundlichen Besitzer gebautes Temazcal-Schwitzbad. Cabañas mit Frühstück. ❸ Camping. ❶

Chan Kah Resort Village, 4,5 km, kurz vor dem Eingang zum Nationalpark linker Hand, ✆ 916/345-1100, 📠 345-0489. Luxuriöse Stein-Cabañas in herrlicher Waldlage am Fluss. Drei Pools, Restaurant. ❼

Mayabel Camping und Trailer Park, 2 km vom Eingang zur Ausgrabungsstätte, ✆ 916/345-0597, ✉ mayabell82@hotmail.com. Beliebt bei Rucksackreisenden und Abenteuerreisegruppen, verfügt auch über Wohnwagen mit Strom und Wasser. Außer Palapas, unter denen man die Hängematte aufhängt oder ein Zelt aufschlägt (Hängematten- und Zeltverleih), gibt es ein paar komfortable Cabañas mit Warmwasser. Trotz Beliebtheit nicht überlaufen. Schließfächer vorhanden. ❶–❹

El Panchan, am Nationalparkeingang am Ende eines 200 m langen Pfades (3 km bis zu den Ruinen). Anlage mit verstreut liegenden Hütten, hervorragend für ihren Preis, und Zeltplätze im Wald. Es lohnt sich auf jeden Fall zu schauen, was gerade frei ist. Einfach den Schildern zu den nachfolgend beschriebenen Plätzen folgen:

Chato's Cabañas, ✆ 916/348-5820, ✉ elpanchan @yahoo.com, tolle, strohgedeckte Cabañas und zweistöckige Häuschen, einige mit Bad. Pool und Aussichtsplattform zur Beobachtung der Vogelwelt. Das angegliederte Restaurant serviert italienische, mexikanische und vegetarische Gerichte zu angemessenen Preisen, ab und zu Live-Musik. ❸ ***Rakshita's***, ✉ rakshitas@yahoo.com, ganz in der Nähe, gemütliche Cabañas, z.T. mit Bad und einer Veranda mit Hängematten, in einem reizenden Garten mit Labyrinth. Hervorragendes vegetarisches Restaurant, der Besitzer bietet Massage und Meditation an. ❸

Margarita and Ed's, ✉ edcabanas@yahoo.com, einladende und preiswerte, strohgedeckte Hütten und DZ. ❸–❹ ***Beto's Cabins and Camping***, der preiswerteste Anbieter hier, Überdachung für Hängematten, Schließfächer und einfache Hütten mit Gemeinschaftsbad. Wäscherei und sehr preiswertes Café. Nähere Informationen beim Restaurant *Sol Luna*. ❷

Essen

Nach Palenque kommt man bestimmt nicht der Küche wegen! Die meisten Restaurants bieten v.a. Pasta und Pizza, aber es gibt auch preiswerte Tagesgerichte in den Restaurants der Zeltplätze und Cabaña-Vermieter. Einige der besten sind die im *El Panchan* (s.o. „Übernachtung"). Allen Hotels in La Cañada ist ein Restaurant angeschlossen; die Qualität ist i.A. gut, aber die Preise sind höher als im Zentrum. Billige Lokale findet man in der Juárez, zwischen den Busbahnhöfen und dem Zócalo.

Coctelería Rocamar, Independencia, Ecke 5 de Mayo. Spezialisiert auf Seafood. Sehr beliebt bei Einheimischen wegen seiner großzügigen Portionen und annehmbaren Preise.

La Danza de los Delfínes, 20 de Noviembre, Ecke Independencia. Billige, sättigende Speisen sowie schattige Sitzgelegenheiten im Freien und eine feurige *salsa picante.*

Na Chan Kan, gegenüber der Kirche am Zócalo, an der Ecke Jiménez, gutes Frühstück und Standardgerichte. Auch Tische im Freien.

Restaurant Maya, Hidalgo, Ecke Zócalo, beliebt bei Touristen, aber etwas überteuert. Serviert aber preisgünstige Tagesmenüs zu US$3,50.

Las Tinajas, 20 de Noviembre, Ecke Abasolo, freundliches, von einer Familie geführtes Speiselokal; erfreut sich zunehmender Beliebtheit. Bietet neben der üblichen mexikanischen Kost eine große Auswahl an Fleisch-, Fisch-, Hühner- und Nudelgerichten.

Virgo's, Hidalgo, gegenüber dem Restaurant Maya, Sitzgelegenheiten im Freien und vernünftige Preise machen dieses Lokal zu einer guten Adresse für Fleischgerichte und mexikanisches Essen.

Flor de Palenque, an der Allende neben der Haltestelle von *Colectivos Chambalu*, gute mexikanische Bäckerei.

Sonstiges

GELD – Mehrere Banken in der Juárez wechseln Reiseschecks und verfügen über Automaten.

INFORMATIONEN – ***Touristeninformation,*** Plaza de Artesanías an der Juárez, eine Querstraße vor dem Zócalo, ✆ 916/345-0356, 🕒 Mo–Sa 9–21, So 9–13 Uhr. Bietet lediglich eine Straßenkarte und ein paar Reisebroschüren. Bessere Informationen liefern die genannten Tourveranstalter (s. „Touren") oder die hervorragende Website 💻 www.palenquemx.com.

INTERNET – ***Cibernet*** in der Independencia, nahe der 20 de Noviembre, 🕒 tgl. 9–22 Uhr; US$1 pro Std., gute, zentrale Adresse mit über 20 PCs. ***Maya Tulipana,*** 🕒 tgl. 9–21 Uhr, verfügt über den einzigen Internet-Zugang in La Cañada und nutzt diesen Umstand mit einem Tarif von US$2,50 pro Std. über Gebühr aus.

POST – Das Postamt befindet sich in der Independencia, einen Block nördlich der Plaza. 🕒 Mo–Fr 9–18, Sa und So 9–13 Uhr.

WÄSCHEREIEN – Es gibt mehrere, darunter eine gute in der 5 de Mayo.

Touren

Die steigenden Besucherzahlen haben dazu geführt, dass mindestens ein Dutzend Reiseveranstalter in Palenque Touren in die Umgebung anbieten. Internationale Flugtickets sind allerdings in der ganzen Stadt ebenso wenig zu bekommen wie ein Mietwagen. Dafür haben alle Veranstalter die Wasserfälle von Agua Azul und Misol-Há (s.S. 615) und die weiter entfernten Ruinen von Bonampak und Yaxchilán im Programm. Niedrigere Preise bedeuten nicht unbedingt, dass man das bessere Geschäft gemacht hat; man sollte sich vergewissern, dass die Tour Versicherung, Essen, Englisch sprechende Führer und auch Wachleute einschließt. Die meisten Angebote beinhalten nicht die Eintrittsgebühren für Parks.

An der nach Bonampak und Yaxchilán führenden Grenzstraße liegen billige Unterkünfte und Restaurants, so dass man die Stätten in Eigenregie aufsuchen kann, s.u.

ANGEBOTE – Ein ganztägiger Ausflug nach Misol-Há und Agua Azul kostet US$14,50 p.P., ein Tagesausflug nach Yaxchilán und Bonampak US$65, ein Ausflug zu beiden Wasserfällen einschließlich Bonampak mit Übernachtung US$105 und ein Ausflug mit dem Flugzeug zu beiden Wasserfällen US$130. Ein Taxi nach Bonampak kostet ca. US$100, inkl. 2 Std. Wartezeit. Außerdem werden Reittouren, Rafting und Flüge in kleinen Maschinen angeboten.

ANBIETER – Die beste Reiseagentur in Palenque ist ***Na Chan Kan,*** ✉ rosita_palenque@yahoo.com.mx, ✆ 916/345-0263, mit einem kleinen Büro in der Juárez nicht weit vom Busbahnhof und einem Hauptbüro hinter dem gleichnamigen Restaurant an der Hidalgo, Ecke Jiménez, direkt am Zócalo. Die Geschäftsführerin Rosita spricht gut Englisch.

Nahverkehrsmittel

ZU DEN RUINEN – Zwei konkurrierende Combi-Unternehmen, *Colectivos Chambalu* und *Transportes Otolum*, mit Haltestellen an der Allende, zwischen Hidalgo und der Hauptstraße, fahren zwischen 6 und 18 Uhr alle 15 Minuten zu den Ruinen (US$0,70, einfach) und halten auf Anfrage überall an der Strecke – was praktisch für diejenigen ist, die in einem Hotel oder auf einem der Zeltplätze auf dem Weg zu den Ruinen übernachten. Nach 18 Uhr bleibt nur noch der Fußmarsch oder ein Taxi.
Die Combi-Betreiber versuchen zwar, Passagieren gleich einen Rückfahrschein zu verkaufen, aber es empfiehlt sich, nur die einfache Fahrt zu bezahlen, damit man dann nicht auf ein Fahrzeug desselben Unternehmens warten muss.

ZU DEN WASSERFÄLLEN – Beide Combi-Unternehmen (s.o.) fahren jeweils 3x tgl. nach Agua Azul (US$10).

Transport

BUSSE – Sämtliche Busbahnhöfe befinden sich an der Juárez, der Straße, in die die Carretera mündet. Wer noch am gleichen Tag weiterfahren möchte, insbesondere mit einem 1. Klasse-Bus, kauft die Fahrkarte am besten sofort nach der Ankunft. Busse nach:
CANCÚN 5x tgl., darunter drei 1. Klasse-Busse (12 Std.) über Chetumal und Playa del Carmen um 17.30, 18.15 und 19.15 Uhr,
CAMPECHE 3x tgl. (6 Std.),
MÉXICO D.F., 2 Nachtbusse (17 Std.) um 21 und 21.30 Uhr,
MÉRIDA (9 Std.) via CAMPECHE (6 Std.), 3x tgl. um 8, 21 und 23.30 Uhr, außerdem mehrere 2. Klasse-Busse,
OAXACA 1x tgl. um 17.30 Uhr mit 1. Klasse-Bus (14 Std.),
TUXTLA GUTIÉRREZ 10x tgl. (7 Std.) über OCOSINGO (3 Std.) und SAN CRISTÓBAL (5 Std.),
VILLAHERMOSA 15x tgl. (2 1/2 Std.) – oft ist es einfacher, dorthin zu fahren und in einen Bus zum eigentlichen Zielort umzusteigen.
Transportes Comitán y Lagos de Montebello, an der Velasco Suárez, gleich hinter dem Markt, fährt mehrmals tgl. durch das USUMACINTA-TAL mit den Ruinenstätten Bonampak und Yaxchilán nach FRONTERA COROZAL (für Bethél in Guatemala), einige fahren die gesamte Carretera Fronteriza durch bis nach COMITÁN.
Combis Río Chancala, an der 5 de Mayo, verkehren ebenfalls im Usumacinta-Tal bis BENEMÉRITO.
Wer das Boot von LA PALMA nach EL NARANJO in **Guatemala** nehmen möchte (1x tgl., 4 Std.), muss wissen, dass es normalerweise um 8 Uhr abfährt, was bedeuten kann, dass man die Nacht vorher in TENOSIQUE verbringen muss: Falls es keinen Direktbus gibt, nimmt man ein Colectivo von *Transportes Palenque* an der Allende, nahe der 20 Noviembre, und steigt in EMILIANO ZAPATA um.

FLÜGE – Der Flughafen liegt 5 km nördlich der Ortschaft Palenque in einem Vorort namens Pakal Ná. Man muss nur 100 m zur Hauptstraße laufen und kann dort ein Richtung Stadt fahrendes Taxi heranwinken (US$3). Die speziellen Flughafentaxis verlangen das Dreifache.
Aerocaribe fliegt von hier nach MÉRIDA, CANCÚN und VILLAHERMOSA sowie nach FLORES (Guatemala). Näheres bei den o.g. Reisebüros.

Das Usumacinta-Tal

Palenque ist der günstigste Ausgangsort für einen Ausflug zu den archäologischen Fundstätten **Bonampak und Yaxchilán.** Früher waren diese Ziele nur Reisenden vorbehalten, die es sich leisten konnten, ein Flugzeug zu chartern (diese Möglichkeit besteht immer noch). Inzwischen jedoch bieten Reiseveranstalter aus Palenque ein- oder zweitägige Trips zu den Stätten an. Es ist aber auch möglich, auf eigene Faust hinzukommen. In diesem Fall muss man auf längere Fußmärsche vorbereitet sein, eventuell auch auf Zelten, obwohl in der Gegend mehr und mehr Unterkünfte eröffnen, besonders in der Lacandón-Gemeinde **Lacanhá Chansayab** unweit der Straße nach Bonampak.

Das Tal des Río Usumacinta und der Lacandón-Wald bilden das letzte, mehr oder weniger unerschlossene Grenzgebiet Mexikos: Die Grenzstraße (Carretera Fronteriza) führt zu einigen neuen Siedlungen, deren Bewohner damit beschäftigt sind, den Wald in Ackerland zu verwandeln. Weiter im Inneren dieses abgeschiedenen Teils von Chiapas schützt das **Biosphären-Reservat Montes Azules** die Landschaft. Die Straße ist entlang der gesamten Grenze geteert, allerdings befinden sich auf der Strecke mehrere Militärposten und es besteht in dieser verlassenen Gegend die Gefahr eines bewaffneten Raubüberfalles.

Auf dieser Route kann man auch die **Grenze zu Guatemala** überqueren: Von der am Ufer gelegenen Ortschaft Frontera Corozal aus verkehren z.B. regelmäßig Boote in 30 Minuten flussaufwärts nach **Bethél** in Guatemala. Manchmal eröffnet sich auch die Möglichkeit einer längeren Fahrt mit einem Handelsschiff von der Stadt Benemérito flussaufwärts nach **Sayaxché** am Río de la Pasión in Guatemala.

Lacanhá und Bonampak

Die archäologischen Ausgrabungsstätten Lacanhá und Bonampak können im Rahmen einer Tagestour von Palenque aus besichtigt werden. Dabei ist es wie immer ratsam, sich frühzeitig auf den Weg zu machen. Die Busse der Gesellschaft *Transportes Lagos de Montebello* an der Velasco Suárez und *Combis Río Chancala* an der 5 de Mayo in Palenque, fahren mehrmals tgl. ab 4.30 Uhr zu verschiedenen Zielorten entlang der Grenzstraße.

Um nach Lacanhá und Bonampak zu gelangen, muss man nach etwa drei Stunden in **San Javier** aus dem Bus steigen. Dort steht links eine verlassene Kontrollhütte der Regierung und rechts ein Comedor. Das große, strohgedeckte Besucherzentrum ist geschlossen. Der Lacandón Chan Kin wartet

Die Lacandón

Wer die Ruinen von Palenque besucht hat, ist den Lacandón schon begegnet, denn am Eingang zur Ausgrabungsstätte verkaufen sie u.a. wunderbar geschnitzte Pfeile und Bogen. Die schlichten weißen Kittel und die langen Haare tragen sie heutzutage zwar hauptsächlich für die Touristen, aber bis vor nicht allzu langer Zeit waren die Lacandón der isolierteste aller mexikanischen Stämme. Ihre Vorfahren sind wahrscheinlich im 18. Jh. aus dem Petén in Guatemala nach Chiapas eingewandert, nachdem die Ureinwohner des Waldes von den Spaniern versklavt, getötet oder umgesiedelt worden waren.

„Lacandón" galt bei den Spaniern als Bezeichnung für alle indigenen Gruppen, die außerhalb der Kontrolle der Kolonialmacht im Usumacinta-Tal und im westlichen Petén lebten. Die Lacandón selbst bezeichnen sich als *Hach Winik* („wahres Volk").

Auch wenn man es ihnen nicht ansieht, sind manche Lacandón recht wohlhabend, seitdem sie Holzfällerrechte im Dschungel verkauft haben. Dadurch ergab sich eine Spaltung innerhalb ihrer Gemeinschaft: Die Dorfbevölkerung von Lacanhá Chansayab, nahe Bonampak, besteht in erster Linie aus evangelischen Protestanten, von denen einige einfache Einrichtungen für Touristen aufbauen; in Nahá versucht hingegen eine kleine Gruppe, die traditionelle Lebensweise fortzuführen. Die meisten Lacandón leben in einer dieser beiden größten Gemeinden.

Die beste Informationsquelle über die Lacandón in Chiapas ist die Casa Na-Bolom in San Cristóbal de las Casas, wo ein Manuskript des Werkes *Last Lords of Palenque* von Victor Perera und Robert Bruce (Little Brown & Co, 1982) zu finden ist. *Hach Winik* von Didier Boermanse (University of Albany, 1998) ist eine ausgezeichnete Abhandlung neueren Datums über das Leben und die Geschichte der Lacandón.

wahrscheinlich schon, um Gäste mit seinem Taxi für US$10 nach Bonampak zu fahren. Will man zur Gemeinde Lacanhá, braucht man nicht den ganzen Weg zu laufen, denn sie hat inzwischen einen Combi und es herrscht genügend Verkehr Richtung Dorf. Es gibt auch ein paar Unterkünfte, aber derzeit verfügt keine über einen Telefonanschluss.

Nach Lacanhá Chansayab

Bei San Javier führt eine geteerte, nach rechts abzweigende Nebenstraße nach Lacanhá Chansayab. Nach 4 km stößt man an einer Biegung des Weges auf den Campingplatz *Camping Margarito* (mit Zeltverleih), ❶, der von der freundlichen Familie Chan Kayun geleitet wird. Hier schlagen die meisten Reisegruppen ihr Nachtlager auf. Es gibt auch ein kleines Restaurant. (Die Straße nach Bonampak zweigt hier links ab.)

Vom Campingplatz sind es noch ein paar Kilometer bis Lacanhá, wobei man unterwegs den Zeltplatz *Camping Carmelo* ❶ passiert. Die Straße führt beim Landeplatz für Flugzeuge in das Dorf hinein, Schilder weisen den Weg zu mehreren Zeltplätzen, Hütten und überdachten Plätzen für Hängematten (alle ❶–❷). Zur Linken liegt *Campamento Lacanhá,* 1 km weiter im Dorfzentrum befinden sich weitere Campingplätze. Einige davon verfügen auch über einfache Schlafsäle ❷ mit Moskitonetzen über den Betten und elektrischem Licht. Der beste Zeltplatz liegt auf einem grasbewachsenen Gelände am Ufer eines klaren, reißenden Flusses und wird von Vicente Kin Paniagua geleitet. Don Vicente und seine Familie stellen einige der besten Kunsthandwerksgegenstände im Dorf her, darunter kleine Lehm- und Holzfiguren, Trommeln und sehr schön gearbeitete Pfeil-und-Bogen-Sets. Die Dorfbewohner zeigen den Besuchern gern die herrlichen Flüsse und Wasserfälle im Urwald.

Die **Ruinen von Lacanhá** sind von hier aus in weniger als zwei Stunden zu erreichen, Auskünfte hierzu erteilen Kin Bor oder Carlos Chan Bor in dem Haus an der Straße direkt am Ortseingang. Die beiden vermitteln auch ortskundige Lacandón als Führer. Ein Informationsblatt ist in der Casa Na-Bolom in San Cristóbal (s.S. 597) erhältlich.

Nach Bonampak

Wieder zurück auf der Straße nach Bonampak erreicht man schließlich ein paar hundert Meter hinter *Margarito's* den neu gestalteten Eingang zur Ruinenstätte mit dem Imitat eines Kragsteintores, einem guten **Besucherzentrum** und einem Café mit sauberen Toiletten. Zu den Ruinen führt auch ein **Wanderweg** mit erläuternden Schildern, auf dem man sich mit einem Führer auf jeden Fall sicherer fühlt. Immerhin sind es noch ungefähr 2 1/2 Stunden bis zu den Ruinen, und unterwegs geht es über schlüpfrige Brücken aus Holzstämmen. In der Trockenzeit, d.h. von Januar bis Ende April, ist es eine wunderbare Wanderung, während der Regenzeit watet man dagegen im Schlamm.

Nachdem der Ruinenwächter die Eintrittsgebühr von US$3,20 kassiert hat, folgt er dem Besucher wie ein Schatten – besonders wachsam ist er in der Nähe des Tempels der Fresken. Fotografieren mit Blitzlicht ist nicht erlaubt, und für Videoaufnahmen wird eine Extragebühr von US$3 erhoben. Zurück geht es auf dem gleichen Weg bis zur Straßenkreuzung bei San Javier, wo man einen Bus oder Combi nach Palenque anhalten kann. 🕓 tgl. 8–16 Uhr.

Die Ausgrabungsstätte Bonampak

Die Weltöffentlichkeit erfuhr erst 1946 von der Existenz Bonampaks („Bemalte Wände"), als der zivilisationsmüde Amerikaner Charles Frey, der sich in den Urwald geflüchtet hatte, von Lacandón an diesen Ort geführt wurde. Damals hielten sie offenbar in den alten Tempeln noch ihre religiösen Zeremonien ab. Die Ruinen selbst sind nicht besonders aufregend, doch die berühmten **Wandmalereien** lohnen den Besuch. Der nordamerikanische Fotograf Giles Healey war der erste Nicht-Maya, dem die Lacandón kurz nach Freys Besuch diese erstaunlichen Zeugnisse der klassischen Maya-Kunst zeigten.

Nach der Überquerung des Landeplatzes für Flugzeuge betritt man die Stätte an der Nordwestecke des Hauptplatzes, der von niedrigen Mauern umgeben wird, den Überresten einiger palastartiger Gebäude. In der Mitte des Platzes steht die **Stele 1** mit der überlebensgroßen Abbildung des letzten Königs von Bonampak, **Chan Muan**, in Kampfausrüstung – mit 20 m Höhe ist sie eine der höchsten in der Maya-Welt. Das Bildnis Chan Muans ist an dieser Stätte allgegenwärtig. Über mehrere steile Treppen geht es nach oben zur **Akropolís**. Auf den unteren Stufen ist auf den besser erhaltenen Stelen abgebildet, wie sich Chan Muan auf ein rituelles Blutopfer vorbereitet und sich scheinbar anschickt, einen Gefangenen zu opfern.

So beeindruckend diese Szenen auch sind, das Highlight dieser Stätte bildet der berühmte **Tempel der Fresken**. Drei Räume, die Wände und das Dach werden von den viel beachteten **Wandmalereien von Bonampak** geschmückt, auf denen kriegerische Maya-Herren, kleidsam in Jaguarfelle gehüllt und mit Kopfputz aus Quetzalfedern gekrönt, dargestellt sind, zusammen mit nicht weniger schön gekleideten Damen sowie gefesselten Gefangenen.

Die Wandgemälde, die um 790 n.Chr. entstanden sind, zeigen die Elite von Bonampak auf dem Höhepunkt ihrer Macht. Doch der Niedergang der klassischen Mayakultur stand kurz bevor, und so wurden einige Details auf den Wandgemälden nie fertig gestellt, denn kurz nachdem die Tempelszenen gemalt worden waren, wurde Bonampak aufgegeben. In **Raum 1** wird offenbar der Thronfolger, ein in weiße Gewänder gekleidetes Kind, unter der Aufsicht des Herrschers von Yaxchilán den versammelten Adligen vorgeführt; im Hintergrund spielen Musiker auf Trompeten. **Raum 2** vermittelt einen Eindruck davon, wie man in Bonampak mit Feinden umging: Auf Tempelstufen liegen gefolterte Gefangene, und die Adligen in Jaguarkostümen blicken ungerührt auf sie hinab. Ein abgeschlagenes Haupt ist die Stufen hinabgerollt, und Chaan Muan, der König von Bonampak, packt gerade einen Gefangenen (der um Gnade zu flehen scheint) bei den Haaren – um ihm offensichtlich dasselbe Schicksal zuteil werden zu lassen. In **Raum 3** ist zu sehen, welcher Preis für den Sieg bezahlt werden musste: Chan Muans Frau, „Dame Kaninchen", bereitet sich darauf vor, ihre Zunge zu durchstechen, um Blut auf das Papier in einer Tonschale vor ihr tropfen zu lassen. Der Rauch des verbrannten, blutdurchtränkten Papieres trägt Botschaften zu den Ahnen-Göttern. Auf den Tempelstufen tanzen andere, kostbar gekleidete Menschen, deren Sinne möglicherweise durch halluzinogene Drogen angeregt sind.

Der Zahn der Zeit und frühe Säuberungsversuche haben ihre Spuren an den Wandmalereien hinterlassen. Doch ihr Glanz konnte durch Restaurierungsarbeiten in den 90er Jahren zumindest teilweise wiederhergestellt werden. Schade ist nur, dass man die Räume nicht mehr betreten darf, sondern sich mit einem Blick vom Eingangsbereich aus bescheiden muss, und nie mehr als drei Personen gleichzeitig eingelassen werden, weshalb man auf eine Warteschlange gefasst sein muss.

Frontera Corozal und Yaxchilán

20 km hinter San Javier befindet sich die Abzweigung nach Frontera Corozal. An der Kreuzung gibt es ein Esslokal und einen Laden, der Grundnahrungsmittel verkauft. Corozal selbst liegt 19 km weiter an der geteerten Nebenstraße am Ufer des Usumacinta und wird regelmäßig von Bussen und Combis aus Palenque angefahren (letzte Rückfahrt um 15 Uhr). Hier muss man ein Boot nehmen, um nach Yaxchilán zu gelangen. An der Bootsanlegestelle gibt es einen mexikanischen Grenzposten, wo Besucher mit Zielrichtung Yaxchilán auf jeden Fall den Reisepass vorzeigen müssen, obwohl sich die Ausgrabungsstätte noch auf mexikanischem Boden befindet. Zu den Grenzformalitäten s.S. 590.

Die Ausgrabungsstätte

Yaxchilán ist sehr viel weiträumiger und aufregender als Bonampak. Während der klassischen Periode der Maya-Zeit war es ein wichtiges Zentrum. Von ca. 680–760 n.Chr. führten die berühmtesten (anhand ihrer Namensglyphen identifizierten) Herrscher der Stadt, Escudo Jaguar („Schild Jaguar") und sein Sohn Pájaro Jaguar IV („Vogel Jaguar"), einen Eroberungsfeldzug durch, der sich über die Zentren am Usumacinta erstreckte und zu Bündnissen mit Tikal und Palenque führte.

Vom Eingang steigt ein Pfad rechter Hand 50 m steil den Hügel zur **Pequeña Acropolís** hinauf, der ersten Gebäudegruppe. Ein Türsturz am **Edificio 42** stellt Escudo Jaguar mit einem seiner Krieger dar. Hinter dem Gebäude führt ein Pfad über mehrere Schutthügel durch den Dschungel, bevor er sich schließlich am Ende gabelt. Rechts geht es abermals steil in die Höhe bis zu den **Edificios 39–41**, 90 m über dem Fluss – Gebäude, die vermutlich irgendeine astronomische Bedeutung hatten und möglicherweise Sternwarten waren. Die Kletterpartie lohnt allein schon des Ausblicks wegen.

Der Hauptpfad verläuft links zum **Edificio 33**, das auf den Hauptplatz blickt und das bedeutendste Bauwerk der Ruinenstätte ist. Die Türstürze sind hervorragend erhalten und in einer der Nischen im Innern befindet sich eine kopflose Statue von Pájaro Jaguar IV. Das Gebäude diente möglicherweise einst als Herrscherhof, doch in jüngerer Zeit nutzten die Lacandón es für religiöse Zeremonien.

Steigt man 40 m die Terrasse hinunter, gelangt man zum Hauptplatz. Die hiesigen **Tempel** krönen massive, wabenförmige Dächer und weisen überall wunderbare, gut erhaltene Stuckverzierungen auf. Diese Arbeiten, auf Vorsprüngen über Eingängen und auf Stelen, zeigen Herrscher bei nicht selten blutigen Ritualen, die notwendig waren, um mit den Geistern der Ahnen in Kontakt zu kommen. Einige der schönsten Stücke wurden ins Britische Museum von London verfrachtet, dennoch befinden sich hier mehr und besser erhaltene als in jeder anderen Maya-Stätte Mexikos.

Stele II, die sich ursprünglich im Edificio 41 befand, hat mehreren Umsiedlungsversuchen nach London getrotzt und liegt nun auf der Westseite des Platzes. Sie zeigt die Machtübergabe von Escudo Jaguar an Pájaro Jaguar IV. Bei niedrigem Wasserstand kann man auf einer Felsplatte im Flussbett eine Pyramide sehen. Manche Archäologen glauben, sie sei ein Brückenpfeiler gewesen, doch das ist unwahrscheinlich, denn am gegenüberliegenden Ufer wurde kein entsprechendes Gegenstück gefunden und der Altar oben lässt vermuten, dass die Pyramide religiösen Zwecken diente. ⏲ tgl. 8–16 Uhr; Eintritt US$2,50.

Übernachtung und Essen

Rechts hinter dem Grenzposten liegen die strohgedeckten Cabañas von ***Escudo Jaguar,*** ✆ in México D.F. 0155/532-90995, App. 8057, benannt nach „Jaguar Schild“, einem Herrscher von Yaxchilán. Geräumige Zimmer mit bequemen Betten, Moskitonetz, Bädern mit Warmwasser und großen Fenstern – luxuriös und doch preiswert. ❸ / ❺ ohne/mit Bad. Es gibt hier auch ein **Restaurant** und einen **Zeltplatz** für unter US$3,50. Einfachere Unterkunft bieten die beiden Posadas in Corozal – das ***Nueva Allianza,*** ✆ 0155/532-90995, App. 8061, nahe dem Grenzposten, ist die etwas bessere (US$5 p.P.) und hat einen guten Comedor.

Transport

ZUR AUSGRABUNGSSTÄTTE – Um nach YAXCHILÁN zu gelangen, muss man auf eine Lancha zurückgreifen – ein schmales Boot mit Sitzbänken an den Seiten und einem Blechdach als Schattenspender. Mehrere konkurrierende Unternehmen werben um Kundschaft. Tickets werden vom *Escudo Jaguar* verkauft, sind aber auch beim Büro der Tikal Chilan-Bootskooperative neben dem Museo Regional erhältlich. Hier muss auch die Eintrittsgebühr für die Ausgrabungsstätte entrichtet werden, da bei den abgelegenen Ruinen selbst mittlerweile kein Bargeld mehr aufbewahrt wird. Die Bootspreise richten sich nach der Gruppengröße: 1–4 Pers. zahlen zusammen einen Festpreis von US$50 (ohne Verhandlungsspielraum). Die Fahrt stromabwärts dauert knapp 1 Std.

Der südliche Usumacinta

Nach weiteren 35 km von Frontera Corozal Richtung Süden erreicht man **Boca Lacantún**, wo eine Straßenbrücke über den Río Lacantún führt. So gut wie jeder Bus, der diese Straße befährt, wird von den Grenzbeamten kontrolliert, daher muss man den Reisepass bereithalten. Eine ungewöhnliche Reminiszenz aus der Maya-Zeit ist am Zusammenfluss des Lacantún mit dem Usumacinta zu sehen, der **Planchon de Figuras**, eine gewaltige Kalksteinscheibe unbekannten Ursprungs, die mit Maya-Zeichen, Vögeln, Tieren und Tempeln verziert ist. Gleich dahinter – flussabwärts – befinden sich die herrlichen **Chorro-Wasserfälle**, die man allerdings nur vom Wasser aus bewundern kann.

Benemérito

Der ständig wachsende Grenzort Benemérito, 2 km hinter Boca Lacantún, ist die größte Ansiedlung im zu Chiapas gehörenden Teil des Usumacinta-Tales und wichtiger Wasser- und Straßenverkehrsknotenpunkt. Bei der **Ankunft mit dem Boot** aus Guatemala werden die Pässe der Einreisenden von mexikanischen Soldaten kontrolliert. Wer den hiesigen **Grenzposten** geschlossen vorfindet, wird zur Erledigung der Formalitäten nach Frontera Corozal (s.o.) geschickt.

Per Boot nach Guatemala

Von Corozal ist es relativ einfach, auf dem Wasserweg nach Guatemala zu kommen, denn zwischen dem Ort und dem 30 Bootsminuten flussaufwärts am gegenüberliegenden Ufer gelegenen **Bethél**, wo sich ein guatemaltekischer **Grenzposten** befindet (Grenzformalitäten s.S. 590), herrscht reger Lancha-Verkehr. In der Regel muss man allerdings warten, bis das Boot voll ist. Es gelten feste Preise, die bei ca. US$35 für 1–4 Personen liegen. Busse nach Flores (Ausgangspunkt für Tikal), eine 5-stündige Fahrt über eine Holperpiste, fahren in Bethél um 12 und 17 Uhr ab. Man kann aber auch in den Cabañas der ***Posada Maya Cabañas*** ❸ am Flussufer mitten in den Ruinen von Bethél übernachten oder dort billig campen (Zelte und Hängematten vorhanden), ❶, oder aber in der einfachen *hospedaje* im Dorf absteigen ❶.
Die *lancheros* in Béthel oder Corozal vermitteln Bootsfahrten von Yaxchilán flussabwärts zu den beeindruckenden Ruinen von **Piedras Negras** am guatemaltekischen Ufer. Dazu empfiehlt sich allerdings ein Zusammenschluss mehrerer Personen, denn der Preis für die zwei bis drei Tage dauernde Tour liegt zwischen US$75 und US$150 p.P. je nach Anzahl der Teilnehmer. Wegen der Stromschnellen oberhalb der Stätte muss man möglicherweise ab und zu aussteigen und zu Fuß am Ufer entlang gehen. Die Fahrt ist allerdings sehr schön und auf jeden Fall ihr Geld wert, wenn man die Zeit dafür erübrigen kann. Der Fluss schießt in halsbrecherischen Schnellen durch die 300 m hohen Felswände des Cañon de San José und danach durch die kaum zahmere Schlucht des Cañon de las Iguanas.

Hier gibt es ein Krankenhaus, einen Markt, Geschäfte, Restaurants und ein paar äußerst spartanische Hotels; man ist besser beraten, nach Corozal (mit Ziel Yaxchilán), nach Lacanhá (mit Ziel Bonampak, s.S. 624) oder sogar bis nach Palenque weiterzufahren. Die Landstraße ist gleichzeitig die Hauptstraße der Ortschaft; im Zentrum, bei der *Farmacia Arco Iris*, zweigt sie zum weniger als 2 km entfernten Fluss ab.

Transport

BUSSE – Verbindungen **Richtung Norden** sind kein Problem: Busse von *Transportes Lagos de Montebello* fahren gegenüber der *Hospedaje Montanero* ab und Combis gegenüber der *Hospedaje El Tapanco*. **Richtung Süden** über die Carretera Fronteriza kommen alle paar Stunden Busse aus Palenque mit Ziel LAGOS DE MONTEBELLO und COMITÁN vorbei.

BOOTE NACH GUATEMALA – Wer per Boot von Benemérito in östlicher Richtung nach SAYAXCHÉ am Río Pasión reisen möchte, braucht mindestens 12 Stunden Zeit, d.h. viel Geduld. Am billigsten geht es mit einem Handelsboot, aber da diese nicht nach Fahrplan verkehren, muss herumgefragt und womöglich eine Zeit lang gewartet werden. Um Sayaxché innerhalb eines Tages zu erreichen, ist eine frühe Abfahrt Bedingung. Inzwischen fahren auch Schnellboote, die die Strecke in weniger als drei Stunden zurücklegen und unterwegs noch verschiedene Haltestellen anlaufen – ein solches zu chartern kostet aber mindestens US$250.
Der Pass wird auf guatemaltekischer Seite beim Armeeposten in PIPILES am Zusammenfluss des Río Usumacinta mit dem Río Pasión abgestempelt. Ein mexikanischer Grenzposten findet sich aber weder dort noch in Benemérito, weshalb man sich unbedingt in Frontera Corozal einen Ausreisestempel besorgen sollte.

Tabasco

Der Bundesstaat Tabasco, durch den sich zahlreiche träge Tropenflüsse ihren Weg zum Golf bahnen, unternimmt endlich Anstrengungen, Touristen in die Gegend zu locken. Da die Flüsse bereits von den alten Kulturen der Olmeken, Maya und Zoque als Handelsstraßen genutzt wurden, hat Tabasco mehrere Dutzend archäologische Stätten zu bieten. Nur einige wenige dieser präkolumbischen Städte wurden vollständig freigelegt, doch **Comalcalco**, eine

Maya-Stätte nördlich von Villahermosa, und die Olmeken-Stadt **La Venta**, nordwestlich der Hauptstadt, wurden fachgerecht restauriert und lohnen einen Besuch. Die mit Abstand attraktivste Ausgrabungsstätte in Tabasco ist jedoch die restaurierte Zoque-Stadt **Malpasito** in der entlegenen Sierra Huimanguillo, die allerdings etwas mühsam zu erreichen ist.

Villahermosa, Hauptstadt des Bundesstaates, hat sich in den letzten Jahren zu einer Stadt gemausert, die allmählich ihrem Namen („schöne Stadt") gerecht wird – ein Teil des Ölreichtums wurde dazu verwendet, weitläufige Parks und mehrere Museen einzurichten. Ein ausgezeichnetes Beispiel ist der **Parque Museo La Venta**, eine archäologische Ausstellung am Ufer einer Lagune unter freiem Himmel, die einen hervorragenden Einblick in die Zivilisation der Olmeken gewährt, während das ehrgeizige Unternehmen **Yumká**, ein fachmännisch geführter Safaripark, Besucher ins wilde Afrika entführt.

Die Küste von Tabasco, von Flussmündungen, Sandbänken, Salzmarschen und Lagunen durchzogen, liegt weitab der Reiseroute der meisten Besucher. Doch ganz in der Nähe der Küste verläuft eine Straße, auf der sich die einsamen Strände erreichen lassen. Bislang verfügen diese nur über rudimentäre Einrichtungen, und selbst der Hauptküstenort **Paraíso** ist nur ein kleines Städtchen.

Die Geschichte von Tabasco

Es ist nach wie vor rätselhaft, weshalb sich vor rund 3200 Jahren ausgerechnet in den unwirtlichen Sümpfen der Golfküste die Olmeken-Kultur herausbildete. Fest steht, dass ihre Errungenschaften wie Kalender, Hieroglyphenschrift, wahrscheinlich auch das Pelotaspiel und die „Zahl" Null sowie ihre Verehrung des Regengottes alle nachfolgenden Kulturen des alten Mexiko beeinflusste, so dass viele Archäologen von den Olmeken als der Mutterkultur Mesoamerikas sprechen.

1519 landete der Spanier **Hernan Cortés** mit seinen Männern an der Mündung des Río Grijalva. Die dort ansässigen Chontal Maya waren schnell besiegt, doch die Stadt María de la Victoria, die die Spanier gründeten, wurde von Indianern und später auch von Piraten immer wieder angegriffen, so dass sie 1596 verlegt und umgetauft werden musste – so entstand das heutige Villahermosa de San Juan Bautista. Von der Kolonialzeit blieb Tabasco ziemlich unberührt, denn die Spanier konnten an den moskitoverseuchten Sümpfen nichts Einladendes finden.

Auch die Unabhängigkeit von der spanischen Krone brachte keine wesentlichen Veränderungen, denn die hiesigen Ortsgewaltigen waren in Kämpfe untereinander verstrickt, und erst die **französische Invasion** im Jahr 1862 und der Versuch von Napoleon III., den glücklosen Maximilian zum mexikanischen Kaiser zu machen, schuf so etwas wie eine Einheit. Tabasco wehrte sich mit allen Mitteln gegen die ausländischen Eindringlinge.

Die staatlich verordnete Industrialisierung während der despotischen Regierung von Porfirio Díaz ging am bäuerlichen Tabasco vorbei, und selbst nach der Revolution war der Bundesstaat immer noch eine arme Region, die mehr schlecht als recht von der Landwirtschaft, v.a. vom Kaffee- und Bananenanbau, existierte.

Noch heute wird **Tomás Garrido Canabal**, der in den 20er und 30er Jahren Gouverneur von Tabasco war, als sozialistischer Reformer verehrt. Seine Gesetze bezüglich Arbeits- und Frauenrechten waren denen des übrigen Landes um Jahrzehnte voraus, aber seine Amtszeit kennzeichnete auch ein erbarmungsloser Antiklerikalismus. Priester wurden ermordet oder verjagt und Kirchen geschlossen oder, wie die Kathedrale von Villahermosa, völlig zerstört.

Mit den **Erdölfunden**, die in den 30er Jahren gemacht, aber erst in den 70ern voll ausgeschöpft wurden, trat Tabasco ins moderne Zeitalter ein. Das Öl brachte Geld, das den Ausbau des Agrarsektors und die Verwandlung Villahermosas in ein elegantes Kulturzentrum ermöglichte.

Der überwiegende Teil des Binnenlandes von Tabasco besteht aus dem flachen Schwemmland von ungefähr einem Dutzend Flüsse, und Flussläufe sind es auch, die einen Großteil der Grenzen Tabascos darstellen. Reiseveranstalter bieten Bootstrips auf den beiden größten Strömen, dem Grijalva und dem Usumacinta an – die bei weitem beste Möglichkeit, abgelegene Ruinen zu besichtigen und die artenreiche Vogelwelt der Region kennen zu lernen. In den Petén von Guatemala kann man auch auf dem Wasserweg von **La Palma**, nahe Tenosique, in der östlichsten Ecke Tabascos und nahe der klassischen Maya-Stätte **Pomoná**, gelangen.

Vollkommen anders ist die Landschaft im Süden des Bundesstaates, in der Umgebung von **Teapa** und **Villa Luz**, an den Ausläufern des Hochlandes von Chiapas, der Sierra Puana. In diesen Bergen mit Blick auf die Golfküstenebene kann man sich an Wasserfällen und in ein paar kleinen *balnearios* (natürlichen Badestellen) von der schwülen Hitze des Tieflandes erholen. Die Pfade zwischen den Dörfern stellen herrliche Wanderwege dar, und trotz der Nähe zu Villahermosa ist man hier weitab vom Touristenstrom.

Villahermosa

Die Hauptstadt des Bundesstaates Tabasco ist eine wichtige Handelsstadt, die sich in den letzten Jahren sehr zu ihrem Vorteil verändert hat. Je länger man bleibt, desto mehr Angenehmes entdeckt man. Freundliche Plazas und stille, alte Straßen, beeindruckende moderne Gebäude und mehrere neue Kunstgalerien und Museen. Dazu überrascht der Parque La Venta mit einer ganz und gar unerwarteten Aussicht auf den breiten Río Grijalva.

Zona Remodelada und Museen im Stadtzentrum

Die meisten Besucher steuern direkt den Parque La Venta an, doch eine nähere Erkundung des Zentrums von Villahermosa ist durchaus lohnend. Gegen Abend, wenn der Verkehrslärm und die Hitze nachlassen, wird die Stadt geradezu hübsch. Dann macht es Spaß, durch die Fußgängerzone Zona Remodelada zu schlendern. An deren nördlichem Ende liegt an der Kreuzung von Madero und Zaragoza der geschäftige Parque Juárez, wo sich die zahlreichen Flaneure abends von Straßenkünstlern unterhalten lassen. Gegenüber, an der Madero, liegt das futuristische, gläserne **Centro Cultural de Villahermosa**, in dem Sonderausstellungen von Gemälden, Fotos und Textilkunst zu sehen sind sowie Filme gezeigt und Konzerte veranstaltet werden. Es beherbergt auch ein gutes Café. Die Ausstellungsstücke stehen gewöhnlich zum Verkauf. ⌚ Di–So 10–20 Uhr, Eintritt frei.

Im Zentrum der Zona, an der Kreuzung von Sáenz und Lerdo, stechen die auffälligen Pink- und Violetttöne der **Casa Siempreviva** aus dem frühen 20. Jh. ins Auge. Es handelt sich um eines der wenigen vollständig restaurierten Häuser aus jener Zeit. Heute beherbergt es eine Galerie (Eintritt frei) und ein Café. In dem Gebäude mit den Kachelböden, Buntglasfenstern und einigen später hinzugefügten Gestaltungsmerkmalen des Art-déco wohnte in den 30er Jahren des 20. Jhs. die Journalistin und Frauenrechtlerin Isabel Rullán. In den 40er Jahren war es das erste Hotel in Villahermosa, dessen Zimmer über ein eigenes Bad verfügten.

In den Seitenstraßen gibt es mehrere kleine **Kunstgalerien**, in denen ständig neue Ausstellungen zu sehen sind. Die Treppen am anderen Ende der Lerdo führen zu dem kleinen, schattigen **Parque Los Pájaros** hinauf, wo Wellensittiche in einem großen kugelförmigen Käfig Ständchen geben und einige blau gekachelte Springbrunnen und Wasserbecken plätschern.

Wer ein bisschen Zeit hat, kann sich im kleinen **Museo de Historia** in der 27 de Febrero, Ecke Juárez, eingehend über die Geschichte von Tabasco informieren, und zwar anhand so unterschiedlicher Ausstellungsstücke wie eines antiquierten Fernsehers, der Druckerpresse für die 1863 erschienene Zeitung *El Disidente* und archäologischer Fundstücke aus dem nahe gelegenen Comalcalco. Die Hauptsehenswürdigkeit ist das Museumsgebäude selbst (gebaut 1900). Es ist unter dem Namen Casa de Azulejos bekannt *(azulejos* = Kacheln) und ganz und gar mit Wandkacheln ausgekleidet, die Muster aus Europa und dem Nahen Osten aufweisen. Schaut man nach oben, sieht man Statuen von Nymphen und klassischen Figuren an den Geländern rings um den Dachstuhl. ⌚ Di–Sa 10–20 Uhr, US$0,50.

Der Zócalo, auch **Plaza de Armas** genannt, ist ein angenehmer Ort mit Blick auf den Fluss. Hier lässt es sich schön ein Weilchen entspannen, insbesondere abends, wenn es etwas kühler wird und gelegentlich Musik erklingt. Hier steht der klassizistisch angehauchte, weiße **Palacio del Gobierno** und ihm gegenüber der hübsche kleine **Templo de La Concepción**. Die ursprüngliche Kirche stammt von 1799, wurde aber wie auch der Folgebau vollständig abgerissen – das derzeitige Gebäude wurde erst 1945 errichtet. Jenseits der Plaza wird der Río Grijalva von der Fußgängerbrücke **Puente Solidaridad** überspannt, auf der ein *mirador* (Eintritt frei) bei Sonnenuntergang grandiose Ausblicke eröffnet.

CICOM-Komplex

Unweit der Zona Remodelada am Fluss werden im CICOM *(Centro de Investigaciones de las Culturas Olmeca y Maya)* Kunstgegenstände und Kostüme ausgestellt. Der Komplex beherbergt zudem einen Konzertsaal, das Teatro del Estado, eine wissenschaftliche Bibliothek und ein schönes Restaurant. 🕓 tgl. 10–14 und 16–21 Uhr, Eintritt frei.

Besonders sehenswert ist das benachbarte **Museo Regional de Antropología Carlos Pellicer Cámara**, dessen Ausstellungsräume zwei Etagen in Anspruch nehmen. Die Stücke sind in chronologischer Reihenfolge angeordnet – von der Vorgeschichte im zweiten Stock bis zu den Olmeken im Erdgeschoss. Außer Keramik und anderen Gebrauchsgegenständen der Olmeken und Maya (darunter ein faszinierender Spielzeugjaguar auf Rädern), gibt es auch eine Nachbildung der Wandmalereien von Bonampak zu sehen. 🕓 Di–So 9–17 Uhr, US$2.

Carlos Pellicer, ein aus Villahermosa stammender Dichter und Anthropologe, machte sich besonders für die Bergung der Steinfiguren aus dem „echten" La Venta verdient. Ihm zu Ehren wurde vor dem Museum eine Bronzestatue aufgestellt. Auch sein ehemaliges Wohnhaus in der Calle Sáenz 203, in der Zona Remodelada, wurde in ein Museum verwandelt, das **Carlos Pellicer Casa Museo**, 🕓 Di–Sa 10–19, So 10–16 Uhr, Eintritt frei.

Parque La Venta und Umgebung

Die ursprüngliche Olmeken-Siedlung La Venta, ca. 120 km westlich von Villahermosa an der Grenze zum Bundesstaat Veracruz, wurde von *Pemex*-Ingenieuren entdeckt, die dort auf der Suche nach Öl einen Sumpf trockenlegten. Die wichtigsten Fundstücke der Ausgrabungsstätte wurden in den Parque La Venta gebracht, der sich im wesentlich größeren **Parque Tomás Garrido Canabal** befindet. Der Parque La Venta liegt am Ufer eines großen Sees, der **Laguna de Ilusiones**; hier kann man Boote mieten oder den **Mirador de los Águilas**, einen Turm mitten im See, besteigen.

Zwar entspricht der **Parque La Venta** kaum dem Original von La Venta (obwohl dies hier behauptet wird), aber er bietet eine gute Gelegenheit, eine ausgezeichnete Sammlung von Gegenständen der ersten mexikanischen Kultur in herrlicher Urwaldparklandschaft zu betrachten. Das **Museum** unter einem riesigen Strohdach gleich im Eingangsbereich macht mit den bekannten Fakten der Olmeken-Kultur und der Geschichte der Entdeckung von La Venta vertraut.

Die interessantesten und bekanntesten Ausstellungsstücke im Park sind die vier **Kolossalköpfe** aus Basalt mit ihren afrikanisch anmutenden Gesichtern. Im Park gibt es noch eine Vielzahl anderer Olmekenstatuen. Sie sind durch Zahlen an dem durch den Park führenden Pfad ausgewiesen. Im Bestreben, eine überzeugende Dschungelatmosphäre zu schaffen, haben die Planer Affen und Nasenbären hier angesiedelt, die frei herumstreifen, während Alligatoren, Jaguare, Affen und andere in Tabasco heimische Tiere im weitläufigen **Zoo** zu sehen sind. Ohne vorherige Planung in den Park eingezogen sind Moskitoschwärme – Mückenschutzmittel nicht vergessen! 🕓 tgl. 8–16 Uhr, Tickets werden von 8–16.30 Uhr verkauft; Eintritt US$3 inkl. Museum und Zoo (Letzterer montags geschlossen).

Ebenfalls im Park, gegenüber dem La Venta-Eingang, befindet sich das kleine **Museo de Historia Natural** mit einer Ausstellung zur Geografie, Geologie, Fauna und Flora Tabascos, mit dem Schwerpunkt auf der Beziehung zwischen Mensch und Umwelt. 🕓 Di–So 9–17 Uhr, Eintritt US$1. Den Park erreicht man mit den Combis, die auf der Madero im Stadtzentrum verkehren (Aufschrift z.B. „Tabasco 2000", „Circuito 1", „Parque Linda Vista"); Combis fahren auch vom 2. Klasse-Busbahnhof die Carretera entlang.

Yumká

Die neueste ökologische Errungenschaft von Villahermosa ist Yumká, eine anspruchsvolle Kombination aus Safaripark und Zentrum für Umweltstudien. Der richtige Name *Centro de Interpretación y Convivencia con la Naturaleza,* ist den meisten Leuten zu lang, daher die Bezeichnung Yumká, abgeleitet vom Mayagott Chontal, einem Zwerg, der für die Dschungelgebiete zuständig war. Mit mehr als 6 km^2 sind die Ausmaße des Parks gewaltig. Nach einer geführten Wandertour durch von Affen belebten Tabasco-Dschungel besteigt man einen Zug zur Weiterfahrt durch eine den Savannen von Afrika und Asien nachempfundene Landschaft, die von Elefanten, Nashörnern, Giraffen und Antilopen bewohnt wird. Nach einem Aufenthalt im Souvenirladen und Restaurant, das *pejelagarto* (Alligatorhecht) serviert, kann man eine Bootstour auf dem See unternehmen (US$2), wo außer Flusspferden auch viele Vögel zu sehen sind. ⌚ tgl. 9–16 Uhr, Eintritt US$4.

Yumká liegt 14 km außerhalb vom Zentrum Villahermosas an der Straße zum Flughafen. *Combis* (US$0,70) fahren häufig von der Amado Nervo hinter dem Markt am oberen Ende der Av Constitución ab. Ein Taxi kostet US$15.

Übernachtung

In Villahermosa sind die Zimmerpreise höher als gewöhnlich, aber wer sich bei der Suche Zeit lässt, findet im Zentrum ein paar passable Hotels. Einige der besten Unterkünfte liegen in der Madero oder der Lerdo de Tejada. Entlang der Constitución, ca. eine Querstraße vom Ufer entfernt, gibt es sehr billige Zimmer, darunter extrem schäbige. Mehrere Unterkünfte haben ac, und es lohnt sich immer zu fragen, ob es Trinkwasser umsonst gibt. Die meisten der teuersten Hotels liegen in der Umgebung des abgelegenen Einkaufs- und Bürokomplexes Tabasco 2000.

Cencali, Paseo Tabasco, Höhe Juárez, ✆ 993/315-1999, 💻 www.cencali.com.mx. Das beste Preis-Leistungs-Verhältnis unter den Nobelhotels. Inmitten üppiger Gärten am Rand einer Lagune, ruhige Lage und einladender Pool. Komfortable, gut ausgestattete ac-Zimmer und Suiten mit schönem Kachelbad. Zimmer oben mit Balkon. ❾

Howard Johnson, Aldama 404, ✆/📠 993/314-4645, 💻 www.hojo.com.mx. Erfüllt die Erwartungen an Häuser dieser Kette: komfortable, moderne ac-Zimmer und Suiten mit tollem Bad, TV und Telefon. ❼–❾

Miraflores, Reforma 304, ✆ 993/312-0034, 💻 www.miraflores.com.mx. Eines der besseren Hotels der oberen Preisklasse in der Zona, mit allen Annehmlichkeiten, die man in dieser Kategorie erwartet, sowie einer Disco und Bar mit Musikvideos. ❻

Oriente, Madero 425, ✆ 993/312-0121, 📠 312-1101. Saubere, geflieste Zimmer mit modernem Bad, manche mit ac und TV. ❹–❺

Palomino Palace, gegenüber vom *ADO*-Busbahnhof, ✆ 993/312-8431. Gute Lage, hat in der Regel Zimmer frei, allerdings etwas überteuert. Einige Zimmer mit ac, alle mit Du/WC und TV; Bar und Restaurant. ❺

Plaza Independencia, Independencia 123, ✆ 993/312-1299, ✉ villahermosa@hotelesplaza.com.mx. Komfortable, gut ausgestattete Zimmer und Suiten in ruhiger Lage unweit des Zócalo und praktisch für einen Besuch des CICOM. Die vorderen Zimmer haben Balkone mit Blick auf den Fluss, alle Zimmer mit kleinem Tresor. Fahrstuhl, Pool, gutes Restaurant, Bar mit Live-Musik, sicherer Parkplatz. ❼

Provincia Express, Lerdo de Tejada 303, ✆ 993/314-5376, 📠 314-5442, ✉ villaop@prodigy.net. Geschmackvoll eingerichtetes Hotel direkt in der Zona Luz. Alle Zimmer mit ac, Bad, TV und Telefon. ❺

San Miguel, Lerdo de Tejada 315, ✆ 993/312-1500. Mitgenommene, aber ausreichende Zimmer (einige mit ac und TV) mit sauberen Laken und Du/WC. Die billigste Unterkunft in dieser Gegend. ❸–❹

Tabasco, Lerdo de Tejada 317, ✆/📠 993/312-0077. Spartanische, aber zweckmäßige Zimmer mit TV und Bad und gute Lage in der Zona Luz. ❹

Essen

Im Zentrum von Villahermosa etwas zu essen zu finden, kann schwierig sein. Es gibt zwar zahlreiche Lokale und Saftbars um den Busbahnhof, doch die Zona Remodelada bietet fast nur billige Comedores, die nicht viel mehr als fettige Tacos und Brathähnchen verkaufen. Wer eine größere Auswahl, bessere Qualität und etwas abwechs-

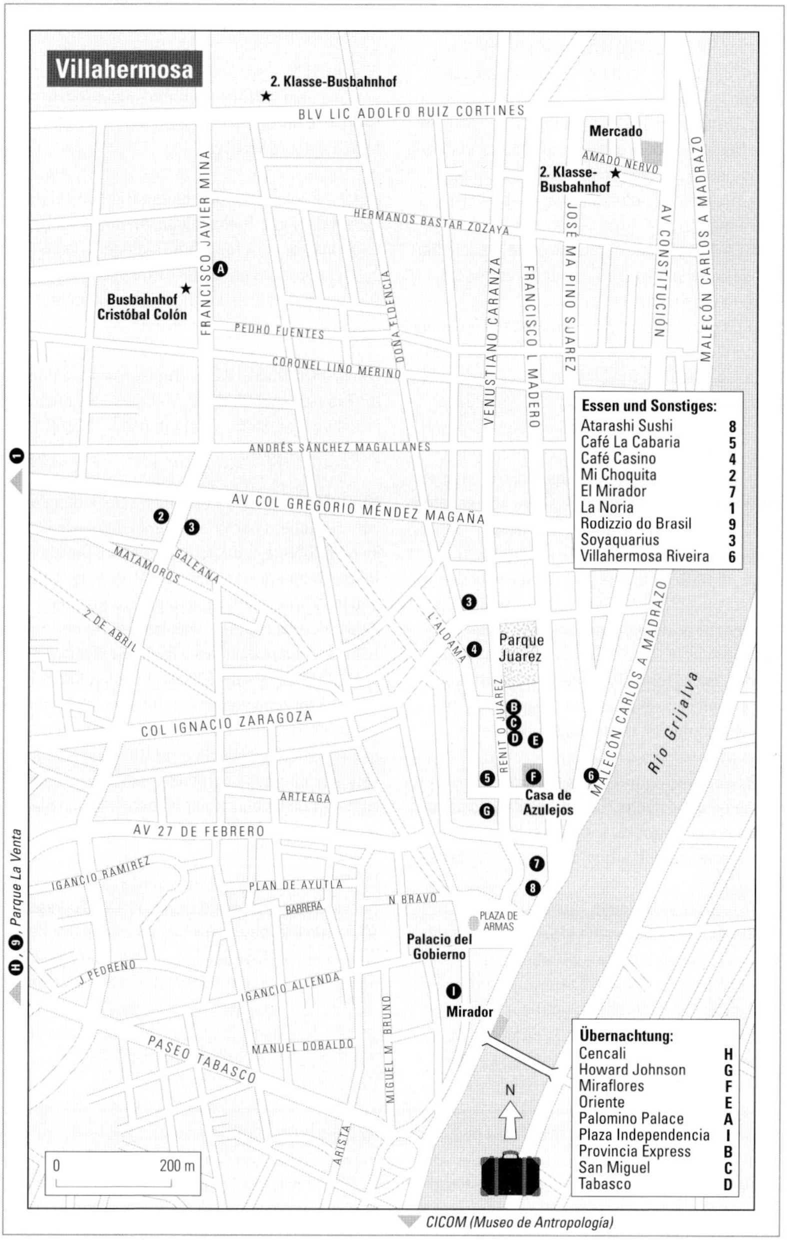
Villahermosa
2. Klasse-Busbahnhof
BLV LIC ADOLFO RUIZ CORTINES
Mercado
AMADO NERVO
2. Klasse-Busbahnhof
HERMANOS BASTAR ZOZAYA
FRANCISCO JAVIER MINA
Busbahnhof Cristóbal Colón
PEDRO FUENTES
DOÑA FIDENCIA
CORONEL LINO MERINO
VENUSTIANO CARANZA
FRANCISCO L MADERO
JOSÉ MA PINO SUAREZ
AV CONSTITUCIÓN
MALECÓN CARLOS A MADRAZO
ANDRÉS SÁNCHEZ MAGALLANES
AV COL GREGORIO MÉNDEZ MAGAÑA
MATAMOROS
GALEANA
2 DE ABRIL
L'ALDAMA
Parque Juarez
COL IGNACIO ZARAGOZA
BENITO JUAREZ
Casa de Azulejos
Río Grijalva
ARTEAGA
AV 27 DE FEBRERO
IGANCIO RAMIREZ
PLAN DE AYUTLA
BARRERA
N BRAVO
PLAZA DE ARMAS
Palacio del Gobierno
Mirador
J PEDRENO
IGANCIO ALLENDA
MIGUEL M. BRUNO
MANUEL DOBALDO
PASEO TABASCO
ARISTA
0 200 m
N
H, 9, Parque La Venta
CICOM (Museo de Antropología)
Essen und Sonstiges:
Atarashi Sushi 8
Café La Cabaria 5
Café Casino 4
Mi Choquita 2
El Mirador 7
La Noria 1
Rodizzio do Brasil 9
Soyaquarius 3
Villahermosa Riveira 6
Übernachtung:
Cencali H
Howard Johnson G
Miraflores F
Oriente E
Palomino Palace A
Plaza Independencia I
Provincia Express B
San Miguel C
Tabasco D

lungsreichere Kost sucht, begibt sich am besten zum **Tabasco 2000** hinaus, wo die Hotels einige der besten Restaurants der Stadt beherbergen.
Obst, Brot und billige Tacos gibt es natürlich auf dem **Markt**, ein paar Blocks nordöstlich der Zona Remodelada am oberen Ende der Av Constitución. An beiden Enden der Juárez liegen ein paar **Cafés**:
Café La Cabaña, am südlichen Ende, gegenüber der *Casa de los Azulejos*, braut hervorragenden, teuren Kaffee in bester Lage.
Café Casino, in der entgegengesetzten Richtung am nördlichen Ende, in Höhe der Zaragoza, fast genauso gut, aber viel billiger.
Atarashi Sushi, Vazquez Norte 203. Sushi-Restaurant mit den üblichen japanischen Speisen sowie einer Auswahl an Steaks. Recht teuer, aber die *sushi combinación especíal* erlaubt es einem, zehn verschiedene Sushi zu kosten, ohne anschließend betteln gehen zu müssen.
Mi Choquita, Javier Mina 304A. Gutes Frühstück ab US$2,50 und regionale Spezialitäten in tabascischem Stil. Ein paar Blocks südlich des Busbahnhofs und gegenüber einer Filiale von *Soyaquarius* (s.u.).
El Mirador, Madero 105. Edles Seafoodrestaurant mit Flussblick und annehmbaren Preisen. Zu empfehlen ist der köstliche *robálo* (Barsch).
La Noria, Av Gregorio Méndez 1008. Libanesische und nahöstliche Küche zu sehr günstigen Preisen; die Speisekarte umfasst Gerichte, die man vermutlich nirgends sonst in Tabasco findet.
Rodizio do Brasil, Paseo Tabasco 1102 im Tabasco 2000. Restaurant im brasilianischen Stil. Grillgerichte; aufmerksame Bedienung.
Soyaquarius, Fidencia 100 und eine weitere Filiale in der Javier Mina. Vegetarisches Essen und Naturkostladen, der merkwürdigerweise auch Hamburger und Brathähnchen verkauft. Leckere Sandwiches und täglich wechselnde Sonderangebote.
Villahermosa, Constitución 104. Nobel und teuer (Hauptgerichte ab US$11), aber das Essen ist fantastisch. Häufig Live-Musik und vom 4. Stock zauberhafte Aussicht auf den Sonnenuntergang über dem Fluss.

Sonstiges

EINKAUFEN – zwischen dem Hotel *Maya Tabasco* und dem *ADO*-Busbahnhof gibt es ein großes Einkaufszentrum mit Geschäften, Fruchtsaftbars, Restaurants usw.

GELD – Filialen aller namhaften Banken befinden sich in der Zona Remodelada, an der Madero oder Juárez, außerdem am Flughafen. Reiseschecks werden anstandslos gewechselt.
Die meisten Banken verfügen über Geldautomaten.

HONORARKONSULATE – **Deutschland:** zuständig für **Tabasco** und **Chiapas**: Mango 17, Residencial Framboyanes, 86020 Villahermosa, ✆ 993/312-5340, 📠 314-1587.

INFORMATIONEN – Trotz der wachsenden Zahl von Besuchern hat Villahermosa nach wie vor keine effiziente Touristeninformation. Die kleinen Infoschalter am Flughafen, im Museo de Historia und im *ADO* können kaum mehr als ein paar Broschüren ausgeben. Das Hauptbüro der regionalen und überregionalen Tourismusbehörden, ✆ 993/316-2889, App. 229, liegt weit außerhalb, an der Kreuzung von Paseo Tabasco und Avenida de los Ríos, und ist somit auch eher unpraktisch. ⏲ Mo–Fr 8–18, Sa 8–13 Uhr. Eine kleine Touristeninformation befindet sich am Eingang zum Parque La Venta, doch bekommt man hier nicht viel mehr als einen Übersichtsplan.

INTERNET – Internet-Cafés sind in der Zona Luz gut vertreten. Empfehlenswert ist das ***Naveghalia***, Lerdo 608, hinter der Casa Siempreviva die Treppe hoch, US$1 pro Std., ⏲ bis 3 Uhr. Einige andere liegen ganz in der Nähe in der Aldama.

POST – Hauptpost in der Zona Remodelada an der Saenz, Ecke Lerdo, ⏲ Mo–Fr 9–15, Sa 9–13 Uhr. Zweigstelle im ADO-Terminal.

REISEBÜROS – Reisebüros und -veranstalter findet man in der Zona Remodelada und in den größeren Hotels: Alle bieten Flüge und Ausflüge nach Palenque an. ***Creatur,*** Paseo Tabasco 715, ✆ 993/315-3999, 💻 www.creaturviajes.com, ist das beste Reisebüro der Region, mit mehrsprachigen Angestellten.

WÄSCHEREIEN – ***Top Klean,*** Madero, nahe 20 de Noviembre; ca. US$2,50/kg.

Nahverkehrsmittel

Da es in Villahermosa extrem schwül ist, ist man öfter als gewöhnlich versucht, ein Taxi zu nehmen, was bei einem Festpreis von US$1,40 innerhalb der Stadt sehr preiswert ist (allerdings versuchen immer mehr Taxifahrer, Touristen US$2 abzuknöpfen). Außerdem verkehren auf den Hauptstraßen zahlreiche Combis – z.B. die Madero entlang zum Zentrum, CICOM oder La Venta.

Transport

BUSSE – Villahermosa hat dicht beieinander liegende Busterminals: den 1. Kl.-Busbahnhof (*El ADO* genannt), der in einem modernen Gebäude nahe der Autobahn in der Javier Mina untergebracht ist, und zwei chaotische, supergeschäftige 2. Kl.-Busbahnhöfe, beide befinden sich nah beieinander auf gegenüberliegenden Seiten der Carretera.

1. Kl.-Busbahnhof – Vom *ADO*-Bahnhof fahren Combis mit der Aufschrift „Parque Juárez" oder „Malecon" ins Zentrum. Zu Fuß braucht man mindestens 20 Min.: Man geht die Merino oder Fuentes gegenüber vom Bahnhof sechs oder sieben Häuserblocks entlang, dann rechts in die Madero, die in den Zócalo, die Plaza de Armas, mündet. Unterwegs passiert man die meisten billigen Hotels der Stadt. Zum ADO gelangt man mit einem Combi (Fahrtziel „Chedraui"), der an dem großen Kaufhaus hinter dem Busbahnhof hält. Die hiesige *Guardaria* hat von 7–20 Uhr geöffnet (US$0,40 pro Gepäckstück).

Busse von *ADO* und *Cristóbal Colón*, ✆ 993/314-3645, nach:
CAMPECHE 15x tgl. (6 Std.),
CANCÚN 11x tgl. (12 Std.),
CHETUMAL 9x tgl. (7 Std.),
MÉRIDA 18x tgl. (9 Std.),
MÉXICO D.F. 27x tgl. (12 Std.),
OAXACA 3x tgl. (9 Std.),
PALENQUE 11x tgl. (2 1/2 Std.),
TAPACHULA 1x tgl. (13 Std.),
TENOSIQUE 12x tgl. (3 Std.),
TUXTLA GUTIÉRREZ 10x tgl. (7 Std.),
VERACRUZ 15x tgl. (7 Std.).

Außerdem fahren Busse an die Pazifikküste und sogar bis zur US-Grenze. Nach SAN CRISTÓBAL (8–9 Std.) gibt es drei Direktbusse, oder man steigt entweder in Tuxtla oder Palenque um. Vom 1. Kl. zu den 2. Kl.-Busbahnhöfen geht es auf der Mina nach links, dann drei Blocks auf der Av. Adolfo Ruiz Cortines entlang und danach über die Überführung; die Busbahnhöfe sind nicht zu übersehen. In den meisten Fällen fahren die „Chedraui"-Combis auch an den 2.-Klasse-Busbahnhöfen vorbei.

2. Klasse-Busbahnhöfe – Hier wimmelt es von Menschen, und ständig fahren Busse in alle Himmelsrichtungen ab. Um ins Zentrum zu gelangen, wendet man sich Richtung Fluss und folgt dann der Carretera bis zur Kreuzung mit der Madero. Von den 2. Kl.-Busbahnhöfen aus gelangt man regelmäßig zu allen o.g. Destinationen. Nach COMALCALCO, PARAÍSO und FRONTERA fahren Busse von einem kleinen Bahnhof in unmittelbarer Nähe der beiden anderen ab; jeder Taxifahrer kennt ihn, ansonsten durchfragen.

FLÜGE – Der **Aeropuerto Carlos A. Rovirosa**, Carretera Villahermosa–Palenque, 13 km östlich vom Zentrum, ist der wichtigste Flughafen der Region mit internationalen Verbindungen in die USA sowie Flügen zu einigen größeren Flughäfen in Mexiko, u.a. 9x tgl. mit *Mexicana, Aeromexico* und *Aviacsa* nach MÉXICO D.F., 1x tgl. mit *Aerocaribe* nach MÉRIDA, CANCÚN, TUXTLA GUTIÉRREZ und OAXACA sowie 1x tgl. mit *Aerolitoral* nach VERACRUZ und MONTERREY. Zwischen Flughafen und Zentrum verkehren keine Busse. Ein Taxi kostet rund US$15.

Teapa

Südlich von Villahermosa befindet sich eine ungewöhnlich schöne Hochlandregion. Die Ausläufer der Berge werden von Bananenplantagen eingenommen, doch die Hügel sind noch mit dem dichten Wald bewachsen, der für das gesamte Gebiet charakteristisch ist, und die Weiher und Sümpfe an der Straße – für eine Kultivierung ungeeignet –

sind noch so unberührt wie eh und je. Die Höhepunkte in dieser Region sind die zahlreichen **Höhlen und Grotten** sowie eine Reihe von **Mineralquellen**, insbesondere in der Gegend um den Hauptort Teapa. Die kleine, hübsche Stadt liegt 59 km südlich von Villahermosa.

Wer möchte, kann hier im Fluss schwimmen, aber schöner ist es im **Balneario Natural** Río Puyacatengo, ein paar Kilometer flussaufwärts, zu erreichen mit dem Bus, der nach Tacotalpa fährt oder zu Fuß. 3 km westlich, schon fast an der Grenze von Chiapas, befindet sich das Mineralbad **Hacienda Los Azufré**. Es verfügt über ein nobles Hotel, ✆ 932/322-2031, 🖳 www.haciendalosazufres.com.mx, ❻, und ein Restaurant, das lokale Spezialitäten wie *pejelagarto* (Alligatorhecht) serviert. Man kann hier nicht nur im wunderbaren und anscheinend heilsamen Mineralwasser baden, sondern auch an geführten Wanderungen teilnehmen, Fahrräder mieten oder campen; Angelruten können ebenfalls geliehen werden. Auch hierher gelangt man entweder zu Fuß oder mit einem 2.-Klasse-Bus Richtung Pichucalco.

Ein weiteres Ausflugsziel stellen die beeindruckenden **Grutas de Coconá** dar. Acht Gewölbe in den Höhlen stehen Besuchern offen, doch wer entsprechend ausgerüstet ist, kann noch zahlreiche andere erforschen. Ein Gang durch die überraschend heißen und feuchten Höhlen dauert etwa eine Dreiviertelstunde. Einheimische Kinder bieten sich als Führer (US$4) an und weisen auf interessante Felsformationen hin. Hinter der Kirche nahe der Plaza in Teapa fahren Colectivos zu den Höhlen ab, aber zu Fuß braucht man ca. 45 Min. – vom Zentrum auf der Méndez bis zur *Pemex*-Tankstelle und dann nach rechts, dem Wegweiser nach. Bei den bewaldeten Hügeln teilt sich die Straße, dann geht es nach links über die Bahnschienen. 🕓 tgl. 9–17 Uhr; US$1,50.

Übernachtung

Casa de Huéspedes Miya, Mendéz, ✆ 932/322-0420, ein sauberes Familienunternehmen gleich gegenüber vom Cristóbal Colón-Busbahnhof. Die Zimmer mit Bad und (manchmal) Warmwasser rund um einen kleinen, grünen Patio sind sehr preiswert, aber für ac zahlt man mehr als das Doppelte. ❸–❹

Transport

Die Busse von *Cristóbal Colón* halten auf dem Weg von Villahermosa nach TUXTLA alle paar Stunden in Teapa, doch am besten nimmt man den bequemen Service von *La Sultana* in Anspruch, Abfahrt alle 30 Min. von ihrem Terminal an der Carretera, gegenüber dem Delegación de Transporte- Gebäude. *La Sultana* verkehrt auch regelmäßig in entgegengesetzter Richtung nach VILLAHERMOSA, während vom Cristóbal Colón-Busbahnhof in der Méndez, direkt im Zentrum, zu jeder vollen Stunde ein Bus dorthin aufbricht. Die meisten Busse 2. Klasse fahren den Markt am Rande der Stadt an. Um von dort ins Zentrum zu gelangen, geht man ein paar Blocks den Hang hinunter und biegt bei der grünen Uhr links in die Méndez ein, die an den Hotels vorbei zur Plaza führt.

Die Sierra Puana

Südöstlich von Teapa führt eine Nebenstraße südlich von Tacotalpa durch das Tal des **Río Oxolotán** hoch in die Abgeschiedenheit. Hier befindet sich die „Bergwelt“ von Tabasco. Hier oben sind die Ortschaften sauber, und die Luft ist klar und trocken, ganz anders als im feuchtheißen Tiefland. Trotz aller landschaftlichen und kulturellen Attraktionen, die das Tal zu bieten hat, fehlt es ganz und gar an Unterkünften. Man muss entweder campen oder versuchen, in einem Privathaus unterzukommen.

Tapijulapa und Villa Luz

Wer den Tag nutzen möchte, muss früh aufstehen: Busse nach **Tacotalpa** (20 Min.), die am 2. Klasse-Busbahhof an der Méndez in Teapa abfahren, haben Anschluss an Busse nach **Tapijulapa** (45 Min.), der größten Ansiedlung. Es ist eine winzige Stadt mit schmalen, gepflasterten Straßen, leider ohne Übernachtungsmöglichkeit. Geht man am Ende der Hauptstraße, der Avenida López Portillo, nach rechts, wo Stufen zum Río Oxolotán hinunterführen, findet man Boote, die flussaufwärts zum **Parque Natural Villa Luz** fahren, wo es Badeteiche, Flüsse, Wasserfälle und Höhlen gibt. Diese Boote verkehren überwiegend in den Ferien und am Wochenende, doch man kann auch die

3 km zum Park zu Fuß zurücklegen: über die Hängebrücke am Zufluss, dann nach links auf den Zementweg, über das Fußballfeld und auf dem Pfad über den Hügel, immer in der Nähe des Hauptflusses – insgesamt ungefähr 35 Min.

Im tgl. geöffneten Park führen ausgeschilderte Pfade zu Höhlen, doch die größte Sehenswürdigkeit ist der Fluss, dessen Farbe auf die im Wasser gelösten Minerale, insbesondere Salpeter, zurückzuführen ist. Der Fluss entspringt einer Höhle und verzweigt sich ungefähr 1 km weiter in zahlreiche Nebenarme, bevor er die Felsklippen erreicht, die das Tal des Río Oxolotán ausmachen. Hier ergießt er sich in Dutzende Wasserfälle und Teiche. Am Flussufer nisten Tausende von Schmetterlingen, die sich von den aufgelösten Mineralen ernähren, und Dschungelgewächse lassen sich überall nieder, wo sie Halt finden. Die **Cuevas de las Sardinas Ciegas** sind der Allgemeinheit nicht zugänglich, aber man kann durch die Öffnungen spähen. In der Maya-Kosmologie stellen die Höhlen eine Öffnung zur Unterwelt (Xibalba) dar und sind Boten des Herrn des Todes. Hinter den Höhlen befinden sich ein paar Badeteiche, deren Wasser angeblich Heilkräfte besitzt.

La Venta

Westlich von Villahermosa sind die Hauptsehenswürdigkeiten eine Reihe abgeschiedener Ruinen, von denen die berühmtesten jene von La Venta sind. Die archäologische Ausgrabungsstätte befindet sich nahe dem kleinen Ort La Venta an der Grenze zwischen Tabasco und Veracruz.

Die antike Stätte, deren Originalname unbekannt ist, wurde zwischen 1200 und 400 v.Chr. von den Olmeken bewohnt. Die meisten der schönsten Fundstücke, einschließlich der berühmten Basaltköpfe, wurden 1957 und 1958 nach Villahermosa in den Parque La Venta verlegt. Die Köpfe sind umso ungewöhnlicher, als sie aus einem Material gehauen wurden, das in dieser Region gar nicht vorkommt – es muss aus dem heutigen Veracruz, Oaxaca oder Guatemala importiert worden sein. Das **Museum** beim Eingang zeigt ein Modell der Stätte in einem von Flüssen umgebenen Sumpf, sowie Glaskästen mit einer ziemlich unübersichtlichen Zusammenstellung unbeschrifteter Keramikscherben.

Die Ausgrabungsstätte weist noch ein paar verwitterte Stelen auf, doch die größte Sehenswürdigkeit ist ein riesiger, grasüberwucherter Hügel, ca. 30 m hoch, offensichtlich eine Pyramide. Der Aufstieg lohnt sich des Ausblicks und der kühlen Brise wegen. Unten führen Pfade durch den Dschungel, wo es faszinierende Pflanzen und Schmetterlinge, aber auch Schwärme blutrünstiger Moskitos gibt. ⏲ tgl. 10–17 Uhr, US$3,20. Nach La Venta fahren ständig Busse von Villahermosa und Coatzalcoalcos, man muss hier also nicht übernachten.

Huimanguillo und die Zoque-Ruinen von Malpasito

Mehr als 100 km südwestlich von Villahermosa, eingeklemmt zwischen den Grenzen von Veracruz und Chiapas, schiebt sich ein schmales Dreieck von Tabasco in die Bergregion hinein. Die hiesige Bergkette namens **Sierra Huimanguillo** erhebt sich südlich der gleichnamigen mittelgroßen Stadt in der Ebene und ist eigentlich nicht besonders hoch – maximal 1000 m –, aber sehr zerklüftet.

Um diese Gegend richtig würdigen zu können, muss man wandern; zu Höhlen, Schluchten, Wasserfällen und den einzigartigen Zoque-Ruinen von Malpasito mit ihren erstaunlichen Petroglyphen. Um sie ohne eigenes Transportmittel zu erreichen, braucht man allerdings ein paar Tage und sollte sich auf eine Übernachtung im Zelt bei den Ruinen einstellen. Der beste Ausgangspunkt für einen Besuch der Ruinen ist Huimanguillo, 68 km südwestlich von Villahermosa. In Malpasito kommen die Gipfel mit dem herrlichen, dschungelbedeckten Plateau des El Mono Pelón („der glatzköpfige Affe") in Sicht, die den Horizont beherrschen.

Die Ausgrabungsstätte

Von Malpasito gelangt man nach einem 1 km langen Spaziergang zu den zwischen dschungelbedeckten Bergen gelegenen postklassischen Zoque-Ruinen, die stark an Palenque erinnern. Obwohl die baulichen Überreste sich ähneln, waren die Zoque keine Maya; heute ist kaum etwas über diese Volksgruppe bekannt. Unterwegs passiert man Terrassen und gelangt schließlich zu einem einzigartigen **Ballspielplatz**. Von der Spitze der Steinterrassen führen Stufen in einen engen Raum hinab, an dessen Wänden sich Steinbänke befinden. Darunter, vom Raum getrennt, liegt eine viereckige, über 2 m tiefe Grube. Diesen Raum haben die Ballspieler, oder zumindest eine der Mannschaften, vielleicht dazu benutzt, sich einen spektakulären Auftritt zu verschaffen, indem sie plötzlich am oberen Rand des Spielfeldes erschienen. Hinter den Ballspielplätzen geht es zu zwei breiten Treppenfluchten, die von einer kleinen Plaza gekrönt sind; von dort eröffnet sich eine herrliche Aussicht.

Das Faszinierendste der Stätte sind jedoch die **Petroglyphen**, von denen bislang über 300 entdeckt wurden: in Stein gemeißelte Tiere, Häuser und Symbole religiösen Charakters. Jenseits der Ruinen führt ein Pfad zu einem klaren Teich unterhalb eines 12 m hohen Wasserfalls. ⌚ tgl. 10–17 Uhr, US$3,20.

Übernachtung

Die meisten Unterkünfte befinden sich in der Allende. Mit Abstand am besten ist das ***Hotel Guayacan***, in der Nr. 124, ✆ 917/375-0010, mit großen, sehr modernen Zimmern mit Kabel-TV, Restaurant und Bar. Hervorragendes Preis-Leistungs-Verhältnis. ❺
Das ***Hotel Maya***, etwas weiter, ✆ 917/375-1813, ist eine Budget-Unterkunft mit in die Jahre gekommenen, aber sauberen Zimmern mit Bad. Nicht zu verwechseln mit dem unfreundlichen *Maja* in derselben Straße, das seine Zimmer stundenweise vermietet! Der Besitzer des *Hotel Maya*, George Pagole del Valle, kennt die Ruinen gut und ist eine prima Informationsquelle (man trifft ihn normalerweise morgens an). ❸

Essen und Sonstiges

Die meisten Lokale im Ort sind einfache Taquerías und Comedores, aber ***BO-K2*** in der Escóbar, der Verlängerung der Hidalgo, einen Block von der Plaza, ist sauber und preiswert – kein Gericht auf der Speisekarte kostet mehr als US$3,20.
Einen Block weiter, in der Escóbar, findet sich das erste von mehreren Lokalen mit Internet-Zugang, ***S@rchs***, Hausnr. 54, US$1 pro Std.
In Malpasito hat die Familie **Pérez Rincón** manchmal Zimmer zu vermieten und beköstigt zahlende Gäste.

Transport

Von VILLAHERMOSA fahren tagsüber oft Busse nach Huimanguillo; sie laufen den Busbahnhof an der Gutiérrez, beim Markt, an. Um ins Zentrum zu gelangen, biegt man links in die Gutiérrez ein und folgt dieser sieben Blocks, dann geht es rechts in die Hidalgo, die Hauptstraße, der man sechs Blocks folgt. Einfacher ist es, vor dem Busbahnhof ein Sammeltaxi mit der Aufschrift „Parque" oder „Centro" zu nehmen.
Um nach MALPASITO zu gelangen, nimmt man den Bus nach Malpaso und steigt 70 km südlich in dem Dorf RÓMULO CALZADA aus. Von hier aus geht es 5 km Richtung Westen zum *ejido* Malpasito. Mit etwas Glück erwischt man einen Combi oder Lastwagen zum Dorf.

Comalcalco

Von Villahermosa bietet sich ein Ausflug zu der aus der klassischen Maya-Periode datierenden Ausgrabungsstätte Comalcalco, 58 km nordwestlich, an. Sie war ungefähr zur gleichen Zeit bewohnt wie Palenque (200–900 n.Chr.), weist einige Ähnlichkeiten damit auf und wurde möglicherweise vom gleichen Herrscher regiert.

Da sich in der Region kein Steinbruch fand, sahen sich die Chontal Maya gezwungen, eine ausgeklügelte, für jene Zeit und Gegend fast einmalige Bauweise zu erfinden, indem sie gebrannte Ziegel verwendeten (der Name der Stadt bedeutet in Nahuatl „Ziegelhaus"). Und obendrein taten sie noch etwas sehr Rätselhaftes: Jeder Ziegel wurde vor dem Brennen mit einem Zeichen versehen – das vermutlich von magischer Bedeutung war –, die Steine wurden beim Bau aber so angeordnet, dass die Abbildungen im fertigen Haus nicht zu sehen waren.

Die Ausgrabungsstätte

Die faszinierenden Abbildungen der Ziegel sind in dem hervorragenden **Museum** von Comalcalco zu bewundern, die Erklärungen sind allerdings ausschließlich in spanischer Sprache. Zu den abgebildeten Tieren gehören Krokodile, Schildkröten, Frösche, Echsen, Hunde und Mäuse, während die Darstellungen der Gesichter der Herrscher bereits ein fortgeschrittenes Stadium der künstlerischen Entwicklung erkennen lassen. Die erstaunlichste Figur von allen ist ein Skelett, das den Betrachter von der Oberfläche des Ziegels aus anzuspringen scheint. Der in Hülle und Fülle vorhandene Lehm stellte für die damaligen Architekten und Künstler ein äußerst vielseitiges Material dar, aus dem auch viele praktische Gebrauchsgegenstände geschaffen wurden. Comalcalco ist das Nahuatl-Wort für „Ort der *comales*" – Platten aus feuerfestem Ton zum Backen von Tortillas. Derartige Tonplatten und -gefäße wurden in großer Anzahl gefunden. Einige der größten Behälter dienten als Graburnen. Mehrere Exemplare sind hier ausgestellt, darunter auch eines mit einem erhaltenen Skelett.

Es gibt keine offiziellen Führer, aber Eugene Martinez Torres (✆ 933/327-4629, US$20 pro Gruppe) ist Mitverfasser eines Buches über die Ziegel von Comalcalco und spricht etwas Englisch. Das zugängliche Gelände ist nicht sehr groß, doch es empfiehlt sich, Wasser mitzuführen, da hier eine extrem hohe Luftfeuchtigkeit herrschen kann; ein Insektenschutzmittel ist nützlich. Von den mehreren Dutzend Bauwerken auf dem Gelände wurden bislang nur etwa zehn größere restauriert. Viele Gebäude dürfen wegen der zerbrechlichen Ziegel nicht bestiegen werden. Immerhin führt aber ein Weg zu Gebäude 3 hinauf und um den Palacio herum.

Zuerst gelangt man zum Hauptgebäude der Nördlichen Plaza-Gruppe, dem **Templo 1**, einer mehrstöckigen Pyramide, zu der eine imposante Freitreppe hochführt. Das gesamte Bauwerk – und alle anderen ringsum – war ursprünglich in leuchtenden Farben angestrichen und reich mit aus Austernschalen hergestelltem Stuck verziert: steinernen Masken und Fresken, auf denen Herrscher und Gottheiten dargestellt waren. Nur wenige sind erhalten; die den Naturgewalten ausgesetzten hat man vor weiterer Erosion abgeschirmt und andere absichtlich gar nicht erst freigelegt.

Gegenüber vom Templo 1 befindet sich die 80 m lange **Gran Acropolis**, wobei die Ausgrabungsarbeiten andauern. Hier gibt es eine wunderbare steinerne Maske von Kinich Ahau, dem Sonnengott der Maya. Am äußersten Ende der Stätte gelangt man zu **El Palacio**, den man erklettern darf und dabei einen näheren Blick auf die Ziegel und ihre Beschaffenheit werfen kann. Außerdem gibt es hier eine ganze Reihe massiver Pfeiler und Bögen aus Ziegeln, die einst einen gigantischen Kragsteinbau von 80 m Länge und über 8 m Breite bildeten – einer der größten geschlossenen Räume, die je von den Maya errichtet wurden.

Neben Tempel 5 enthält ein kleines Kragsteinhaus die Stuckreliefs von neun festlich gekleideten, fast lebensgroßen Figuren, die sich offensichtlich unterhalten oder streiten. Möglicherweise stellen sie die **Adeligen von Xibalba** dar, die Herrscher der Maya-Unterwelt. Von hier oben bietet sich ein guter Ausblick über die Anlage sowie auf viele andere Ruinenhügel in den umliegenden Wäldern und Feldern. ⌚ tgl. 10–16 Uhr; Eintritt US$3,20 inkl. Museum. Bei der Ausgrabungsstätte gibt es ein kleines Restaurant und Toiletten.

Übernachtung und Transport

Die Busfahrt von VILLAHERMOSA aus dauert 1 1/4 Stunden. Tgl. fahren zwei *ADO*-Busse hierher, und vom 2. Kl.-Busbahnhof aus fährt stdl. ein Bus der Gesellschaft *Transportes Somellera*. Häufiger verkehren die schnelleren rot-weiß-blauen Combis (US$0,70), die von einem Stand einen Block hinter dem ADO-Busbahnhof abfahren. In Comalcalco angelangt, wird man wahrscheinlich am oder in der Nähe des ADO-Busbahnhofs abgesetzt. Grüne Combis (US$0,45), die einen Block weiter zu finden sind, befahren die Strecke zu den Ruinen, aber auch jeder nach Norden fahrende Bus kommt an ihnen vorbei. Einfach den Fahrer nach den *ruinas* fragen oder nach etwa 5 Min., wenn das Schild in Sicht kommt, aussteigen. Die Ruinen liegen rechts an einer langen, geraden geteerten Straße. Manche Combis fahren bis zum Eingang, andernfalls ist es ein 15-minütiger Fußweg dorthin. Zahlreiche Busse fahren auf der Hauptstraße zurück nach Villahermosa und weiter nach Paraiso.

Die nördliche Küste

Die Fahrt auf der einsamen nördlichen Küstenstraße, die durch Feuchtgebiete mit einer reichen Tierwelt führt, bereitet besonderes Vergnügen: In den Mangroven und Lagunen wimmelt es von Wasservögeln, und wer genau hinschaut, kann vielleicht sogar ein Krokodil erspähen. Wer jedoch der Strände wegen hierher gekommen ist, wird vermutlich enttäuscht – der Sand ist grau-braun und auch wenn das Wasser im Allgemeinen sauber ist, hat man im Osten stets die Ölraffinerie im Blick. Es gibt nur wenige Hotels an diesem Küstenabschnitt, aber viele Campingmöglichkeiten – und Schwärme von Moskitos und Sandfliegen.

Paraíso

Wer an der Küste entlangfahren möchte, nimmt von Comalcalco einen der häufigen Busse nach Paraíso, eine ruhige Kleinstadt 17 km entfernt am Ufer des Río Seco. Es ist ein recht angenehmer Ort mit einigen Stränden in der Nähe und einer verschlafenen Atmosphäre (falls man etwas Ruhe braucht). Der am nächsten gelegene Strand, **Playa Limón**, an der Golfküste liegt in nördlicher Richtung und ist von Paraíso mit einem Combi in 20 Min. zu erreichen.

Übernachtung, Essen und Sonstiges

Hotel Hidalgo, Degollado 206, Ecke 2 Abril, ✆ 933/333-0007, am Flussufer, bietet gute, saubere Zimmer mit Ventilator oder ac, Du/WC mit Warmwasser, Trinkwasser. ❺

Am Zócalo und in dessen Umgebung gibt es zahlreiche Saftbars und einige ganz gute Restaurants mit moderaten Preisen: ***Real de la Costa*** auf der Ostseite ist vielleicht das beste, mit einer großen Auswahl an Fleisch-, Nudel- und Seafoodgerichten.

Der Internet-Zugang bei ***Compucentro***, auf der Westseite der Plaza, ist mit US$1,20 nicht billig, aber die Verbindung ist schnell.

Transport

Der ***ADO*-Busbahnhof** ist ungünstig gelegen, 1 km südlich des Zentrums an der Hauptstraße Benito Juárez. Nach Verlassen des Busbahnhofs biegt man rechts ab und läuft geradeaus, bis irgendwann auf der anderen Flussseite das auffälligste Gebäude der Stadt in Sicht kommt: die zweitürmige Kolonialkirche, die den modernen Platz beherrscht.

Der **2. Klasse-Busbahnhof**, von dem vor allem Busse zu Küstenorten abfahren, befindet sich 15 Gehminuten nördlich vom Zentrum und wird ständig von Combis angefahren. Wer von diesem Bahnhof zu Fuß ins Zentrum möchte, geht zunächst nach Süden (links) und dann immer auf den Kirchturm zu.

Frontera und die Reserva de la Biosfera Pantanos de Centla

Etwa 50 km hinter Paraíso hält der Bus an der Plaza von Frontera, einer freundlichen, wenn auch nicht aufregenden Fabrik- und Hafenstadt. Alles von Interesse befindet sich im Umkreis des Zócalo. Der Hauptgrund für einen Aufenthalt in Frontera ist vermutlich der Wunsch, die **Reserva de la Biosfera Pantanos de Centla** zu besuchen, ein Feuchtgebiet mit reicher Tierwelt. *Desarollo Esoturístico Punta Manglar*, ✆ 913/398-1688, 10 km südlich der Stadt, bietet Führungen, Kanu- und Bootsfahrten, weitere lehrreiche Aktivitäten sowie ein kleines Restaurant.

Übernachtung und Essen

El Conquistador, Juárez 8, altes Kolonialrestaurant, das leckere Shrimps und preiswerte Comida corrida serviert.

Marmor Plaza, ✆ 913/332-0001, ist die beste Wahl, das Preis-Leistungs-Verhältnis ist ok. ❺

In Nähe des Zócalo liegen ein paar nicht weiter erwähnenswerte Hotels. Direkt an der Bootswerft steht ein Restaurant, in dem die Hafenarbeiter ihren Kaffee aus Blechnäpfen schlürfen; Besuchern reicht man eine angeschlagene Porzellantasse und einen Löffel – der Kaffee schmeckt prima.

Transport

Wer im 2. Kl.-Bus ankommt, wendet sich am Ausgang vom Busbahnhof nach links und geht zwei Blocks auf der Madero zum Zócalo.

Vom 1. Kl.-Busbahnhof geht es nach links auf die Zaragoza, dann rechts und 3 Blocks die Madero lang.

Tagsüber fahren alle 1, 2 Std. Busse nach VILLAHERMOSA und CIUDAD DEL CARMEN, außerdem 4x tgl. nach VERACRUZ.

Von Villahermosa in den Osten Tabascos

Östlich von Villahermosa führt die gebührenpflichtige Carretera 186 (Pkw US$1,70) erst durch einen Zipfel des nördlichen Chiapas, dann nach Norden in den Bundesstaat Campeche zur Stadt Francisco Escárcega und von dort (als einzige Straße, die das untere Ende der Halbinsel Yucatán durchschneidet) nach Osten bis Chetumal.

110 km hinter Villahermosa befindet sich bei Catazajá in Chiapas die Abzweigung nach Palenque. Wer sich dort umgeschaut hat und auch Tikal im Petén von Guatemala kennen lernen möchte, nimmt am besten die Route über Tenosique und La Palma. Noch schneller und billiger gelangt man von Frontera Corozal (s.S. 626) in den Petén, aber dafür kann man bei Tenosique die Ruinen von Pomoná (s.u.) besuchen.

Der Weg von Palenque oder Villahermosa nach Tenosique führt unweigerlich durch die Ortschaft **Emiliano Zapata**, benannt nach dem mexikanischen Revolutionär, dessen Parole „*Tierra y Libertad*" noch immer am Revolutionstag (20. Nov) durch das ganze Land schallt und dessen Statue den hiesigen Hauptplatz ziert. Der Ort liegt am Ufer der **Laguna Nuevo Esperanza**, mit Badebereichen und ausgezeichneten Angelmöglichkeiten. Eine herrliche Aussicht auf den See hat man von den Busbahnhöfen, die sich unter einem Dach am Stadtrand befinden. Tagsüber fahren jede Menge 1. und 2. Klasse-Busse nach Villahermosa (16x tgl.; letztmalig um 20.10 Uhr) und Tenosique (11x tgl.; letztmalig um 20.35 Uhr). Wer hängen bleibt, nächtigt am besten dem Busbahnhof gegenüber im *Hotel Ramos*, ✆ 934/343-0600, ❺. Es ist recht komfortabel und für die Weiterreise günstig gelegen. *Viajes Montecristo*, ✆ 934/343-1530, in derselben Straße, ist das einzige vernünftige Reisebüro zwischen Emiliano Zapata und Palenque.

Tenosique und die Ruinen von Pomoná

Ein paar Kilometer vor Tenosique überqueren die Straße und die Bahnlinie bei Boca del Cerro den Río Usumacinta. Der hier schon sehr zahm gewordene Fluss verlässt bei Tenosique die eindrucksvolle Hügellandschaft.

Die Orientierung fällt zunächst etwas schwer, denn die Straßen sind nach keinem logischen System nummeriert. Die Calle 26 führt zum Zócalo, parallel zu ihr verläuft die Calle 28; so ziemlich alles, was man braucht, bekommt man in diesen beiden Straßen. Zu sehen gibt es nicht viel in Tenosique. Wer unterwegs nach Guatemala ist, sollte sich mit Reiseproviant eindecken. Die Bäckerei gegenüber dem *Hotel Roma* bietet herrliche Backwaren an, außerdem steht an jeder Ecke ein Obststand.

An der Straße von Emiliano Zapata, rund 30 km westlich von Tenosique, befinden sich am Ende eines 4 km langen, beschilderten Pfades die Ruinen von **Pomoná**. Die Ausgrabungsstätte liegt in einer hübschen Landschaft mit Blick auf die bewaldeten Hügel im Süden, doch der Ausflug lohnt sich eigentlich nur für echte Ruinenliebhaber. Die wenigen restaurierten Bauten datieren aus der spätklassischen Periode. Das größte Bauwerk der Ausgrabungsstätte ist eine 6-stöckige Pyramide. Pomoná war eine untergeordnete Niederlassung der viel größeren Stadt Piedras Negras weiter südlich in Guatemala, im Tal des Usumacinta. Das kleine **Museum** beherbergt ein paar interessante Steinfresken und Stelen, die umso rätselhafter wirken, als sie von keinerlei Erklärungen begleitet werden. 🕒 tgl. 8–16 Uhr, Eintritt frei.

Übernachtung und Essen

Hacienda Tabasqueña, C 26 Nr. 512, ✆ 934/342-2731, mit Abstand die beste Wahl: komfortable, große Zimmer mit Bad, z.T. mit ac. ❹–❺

Roma, Calle 28 Nr. 400, ✆ 934/342-0151, einen Block näher beim Zócalo. Ziemlich mitgenommen, aber billiger; alle Zimmer mit Bad. ❸

Die Calles 26 und 28 sind auch die interessantesten Adressen bzgl. Einkaufen und Essen. Die meisten Restaurants sind gleichförmig, billig und haben ein ähnliches Speisenangebot. Eine Reihe preiswerter Comedores befindet sich vor dem Markteingang, nahe der Nordwestecke der Plaza. Das ***El Paraiso***, neben der Kirche in der Calle 26, ist besser als die meisten. ***D'Manolo's***, gegenüber, hat auch Pizza.

Das ***La Palapa*** mit Flussblick ist eine gute Adresse für einen Kaffee und Snack.

Sonstiges

GELD – Die Banken in Tenosique sind am Geldwechseln nicht interessiert, doch ***Bancomer*** besitzt einen Geldautomaten. Guatemaltekische Quetzal bekommt man vielleicht in den Geschäften an der Calle 28, unter denen man in der Regel eines findet, das einen besseren Wechselkurs als die Bootsleute bietet.

INTERNET – Mehrere Internet-Lokale finden sich in der Calle 28, darunter eines in der Nr. 317, das US$1,20 pro Std. verlangt.

Transport

Der Busbahnhof liegt unweit der Carretera am Stadtrand. In die Stadt kommt man mit einem der zahlreichen billigen Colectivos (US$0,45). Sobald rechts an der Hauptstraße eine große weiße Kirche in Sicht kommt, steigt man aus. Hier beginnt die Calle 26, auch unter der Bezeichnung Pino Suárez bekannt.
Tagsüber fahren 15 Busse nach VILLAHERMOSA, um 17 Uhr ein 1. Kl.-Bus nach MÉXICO D.F. und um 18.15 und 20 Uhr Busse nach ESCARCEGA und Orte weiter östlich, nach 20 Uhr verkehren keine Busse mehr.

Von La Palma nach Guatemala

Die Straße von Tenosique führt nach Osten durch flaches Ackerland; nach einer Stunde erreicht der Bus **La Palma** am Río San Pedro und hält am Restaurant *Parador Turístico* bei der Anlegestelle, an der die Boote nach El Naranjo in Guatemala abfahren – gewöhnlich um 8 Uhr, zurück geht es um 13 Uhr von El Naranjo (4 Std., US$24), doch möglicherweise wird so lange gewartet, bis sich genügend Passagiere eingefunden haben. Der Ausflug ist jedoch fürs Gebotene zu teuer. Man ist besser beraten, wenn man von Chiapas aus nach der Besichtigung von Bonampak und Yaxchilán nach Bethél übersetzt (s.S. 628) und dann nach Flores weiterfährt. Wer nach Guatemala ausreist, muss am Grenzposten **El Pedregal**, ungefähr auf halber Reisestrecke, die mexikanische Touristenkarte abgeben.

Auf der gegenüberliegenden Hafen-Seite in El Naranjo erheben sich ein paar große, überwucherte Ruinen; auf der höchsten Pyramide thronen Maschinengewehrposten. In der Hauptstraße von El Naranjo (10 Min. Fußweg vom Hafen) befinden sich einige wenig Vertrauen erweckende Hotels und Comedores.

Transport

Busse von TENOSIQUE nach La Palma und zum Grenzübergang nach Guatemala fahren ca. alle 2 Std. zw. 4.30–16.30 Uhr (US$2) von der Calle 28 hinter der Kirche ab. In einer Gruppe, aber selbst für eine Person ist ein Taxi, das nur US$2,50 kostet und vom selben Ort abfährt, die wesentlich bessere Wahl, denn das ist erheblich angenehmer, als warten zu müssen, bis ein Bus auftaucht. Mindestens 8x tgl. fahren Busse von El Naranjo nach FLORES (4 1/2 Std., US$4) ab. Die meisten kommen am Hafen vorbei, doch zur Hauptstraße sind es nur 10 Min. zu Fuß.

Die Halbinsel Yucatán

Highlights

- Die zauberhafte ummauerte Stadt **Campeche** mit ihren engen Gassen und eleganten, pastellfarbenen Häusern.
- Auf den hübschen Plätzen **Méridas** allabendlich traditionelle Musikdarbietungen erleben und sonntags über bunte Straßenmärkte im Zentrum schlendern.
- Die Mayastätten der **Ruta Puuc** mit ihrer unverwechselbaren Bildhauerkunst auf sich wirken lassen.
- Ein Besuch der berühmten Maya-Ruinenstadt **Chitchén Itzá** mit ihrer Schwindel erregend hohen Pyramide, Chac-mool-Figuren und dem einzigartigen Observatorium.
- Die hervorragenden Schnorchel- und Tauchmöglichkeiten beim atemberaubenden Korallenriff vor **Cozumel**.
- Ein Aufenthalt in **Tulum** an einem der längsten und weißesten Sandstrände der Karibikküste und ein Abstecher zu den malerisch gelegenen Ruinen.
- Das **Sian Ka'an-Biosphärenreservat**: Tropischer Wald, Mangroven und Seen, dazu eine seltene Tierwelt und unberührte Strände.

Die drei Bundesstaaten, die die Halbinsel Yucatán ausmachen, **Campeche**, **Yucatán** und **Quintana Roo**, zählen zu den heißesten Landstrichen Mexikos. Hier wähnt man sich den Tropen am nächsten, obwohl sie weiter nördlich liegen, als man denkt: Da das südliche Mexiko eine Kurve nach oben beschreibt, liegt die Hauptstadt Yucatáns, Mérida, sogar nördlicher als México D.F. Noch bis in die 60er Jahre hinein gab es nur wenige ordentliche Straßen- und Eisenbahnverbindungen, und Yucatán hatte mit Mexiko kaum mehr zu tun als mit Europa und den USA. Erst im Zuge des wachsenden Tourismus wurde eine bessere Infrastruktur geschaffen, vor allem im Norden bei den großen Maya-Ausgrabungsstätten und an der Strecke zwischen Mérida und der Küste von Quintana Roo, wo sich der Tourismus insbesondere auf den Massen- und Luxusbadeort **Cancún** und die Inseln **Isla Mujeres** und **Cozumel** sowie auf das ehemals verschlafene Fischerdorf **Playa del Carmen** konzentriert.

Zwar hat abseits der großen Urlaubszentren vor allem im Süden die zunehmende Investitionstätigkeit inzwischen etwas stärkere Bande zwischen der Halbinsel und den restlichen Landesteilen geschaffen, aber Yucatán hat trotzdem einen ganz eigenen Charakter. Im Süden, wo sich kleine Dörfer im dichten Dschungel verlieren, kann man sich geradezu noch als Pionier fühlen.

Während der Reise über die Halbinsel fallen die landschaftlichen Veränderungen deutlich ins Auge. Im Bundesstaat Yucatán bringt die dünne, steinige Erdkrume nur kümmerliche Bäume hervor. Die einzige Wasserquelle bilden unterirdische Brunnen, so genannte *cenotes*. In Campeche dagegen befindet sich ein ausgedehntes Areal tropischen Waldes, das **Calakmul-Biosphärenreservat**, das allerdings stellenweise für die Rinderzucht und Holzwirtschaft gelichtet wird, denn ein großer Teil des Reservates ist immer noch im Besitz von *ejidos* (landwirtschaftlichen Genossenschaften).

An sämtlichen Küsten der Halbinsel kann man wunderbar Tiere beobachten, insbesondere Schildkröten im **Si'an Ka'an-Biosphärenreservat** in Quintana Roo und Scharen von Flamingos bei **Celestún** und am **Río Lagartos** in Yucatán, doch die traumhaftesten weißen **Sandstrände** säumen die Karibikküste, deren herrliche vorgelagerte **Korallenriffe** Teil des zweitgrößten Barriereriffs der Welt sind.

Geschichte

Die Spuren der Maya-Bevölkerung auf Yucatán lassen sich bis in die Zeit um 2500 v.Chr. nachweisen. Damals stellten sie bereits Töpferwaren her und lebten in Behausungen, die sich nur wenig von denen unterschieden, die man heutzutage in den Dörfern antrifft. Auch die Hochkulturen der Maya waren anders als im übrigen Mexiko. Ihre größten Städte erbauten sie jedoch nicht hier, sondern in den Tiefebenen des heutigen Guatemala, Belize und Honduras. In Yucatán entwickelten sie jedoch einen besonderen Stil. Ihre Städte blühten noch, als die „klassischen" Zivilisationen im Süden längst vom Erdboden verschwunden waren. Und dies ungeachtet der ungünstigen Existenzbedingungen, mit denen sie zu kämpfen hatten: eine nur sehr dünne fruchtbare Humusschicht, die den Ackerbau erschwerte, Hitze, hohe Luftfeuchtigkeit, Wassermangel und zahlreiche Überfälle von Stämmen aus Zentral-Mexiko.

Die Maya-Bevölkerung lebt hier sowohl in den Städten als auch auf dem Lande größtenteils bis heute nach alten Traditionen und Lebensweisen, obwohl sie in all den Jahren ein schweres Los zu tragen hatte. Erst wurde sie durch europäische Krankheiten dezimiert und zur Fronarbeit auf riesigen kolonialen *encomiendas* gezwungen. Später wurden die Indianer durch ein unerbittliches Schuldnersystem in Halbsklaverei gehalten.

Das „goldene Zeitalter" des ausgedehnten Herrschaftsbereichs der Maya fällt in die klassische Periode von ca. 300–900 n.Chr. In dieser Zeit dehnten sich die Städte aus, und die Wissenschaften und Künste erreichten ihren höchsten Stand. So entwickelten die Maya ein ausgeklügeltes mathematisches System, benutzten eine (größtenteils unentschlüsselte Hieroglyphenschrift und übten sich in der Kunst des perspektivischen Zeichnens schon rund 500 Jahre vor dem Zeitalter der Renaissance in Europa. Im frühen 9. Jh. n.Chr. wurden aufgrund wachsender militärischer Spannungen und einer langen Dürrezeit viele der Städte im südlichen Tiefland aufgegeben (darunter Tikal und Calakmul), die im nördlichen Tiefland dagegen, wie **Chichén Itzá**, **Uxmal** und die **Puuc-Stätten**, gelangten zur Blüte. Diese wiederum versanken gegen 1200 n.Chr. in die Bedeutungslosigkeit, und die Macht ging an **Mayapán** sowie eine Konföderation anderer Städte, zu denen wahrscheinlich **Tulum** und

Fiestas

Jan: Erste Januarwoche: **Fest der Magi** in *Tizimín,* eine wichtige religiöse und „weltliche" Zusammenkunft.
6.1.: **Fiesta de Polk Keken** in *Lerma* bei Campeche mit traditionellen Tänzen.
21.1.: Althergebrachtes, in Maya-Tradition verwurzeltes **Fest** in *Dzitas,* nördlich von Chichén Itzá an der Eisenbahnstrecke von Mérida nach Valladolid.
Letzter Sonntag im Monat: Eine **Fiesta** beschließt die einwöchigen religiösen Feiern in *Temex* zwischen Mérida und Tizimín.

Feb: **Karneval** wird besonders lebhaft in *Mérida* gefeiert. Außerdem in *Campeche, Chetumal,* auf der *Isla Mujeres* und *Cozumel.*

20.3.: **Feria de las Hamacas** in *Tecoh* bei Mérida, einem Dorf, in dem Hängematten hergestellt werden.
21.3.: **Tagundnachtgleiche**: In *Chichén Itzá* versammeln sich viele Menschen, um die heiligen Schlangen zu sehen.

Apr: **Semana Santa** (die „heilige Woche" beginnt am Palmsonntag, wechselnde Daten im März/Apr) wird mit besonders farbenfrohen Passionsspielen in *Mérida, Acanceh* und *Maní* (Yuc) gefeiert.
13.–17.4.: **Honig- und Maisfest** in *Hopelchén.*

3.5.: **Día de la Santa Cruz**, Fiesta in *Hopelchén, Celestún* und *Felipe Carrillo Puerto.*
12.–18.5.: **Fiesta** in *Chankán Veracruz* bei Felipe Carrillo Puerto zu Ehren des heiligen Kreuzes, das hier zu den Maya gesprochen und sie zum Krieg der Kasten veranlasst haben soll.
20.5.: **Feria del Jipi** in *Becal* (Cam.), feiert den *jipi*-Hut, auf dessen Herstellung sich die gesamte Wirtschaft des Ortes stützt.

26.–30.6.: **Fiesta de San Pedro y San Pablo** in *Panaba,* nördlich von Tizimín, sowie auf der Insel *Cozumel.*

15.–30.7.: Feierlichkeiten zu Ehren der Schutzheiligen von **Ciudad del Carmen** (Cam.).
Ohne festes Datum: In *Edzná* wird eine **Maya-Zeremonie** zu Ehren des Regengottes Chac abgehalten.

10.–16.8.: **Feria** in *Oxcutscab.*

14.9.: **Día de San Roman**, in *Dzan* bei *Ticul,* ist das Ende eines 4-tägigen Festes mit Feuerwerk, Stierkämpfen, Tänzen und Umzügen. In *Campeche* dauert die **Feria de San Roman** bis zum Monatsende.
21.9.: **Tagundnachtgleiche**: Schlangenschauspiel in *Chichén Itzá.*
29.9.: **Día de San Miguel**, wird mit einem großen Fest in *Maxcanu,* an der Straße von Mérida nach Campeche, gefeiert.

Okt: Während der ersten beiden Oktoberwochen: **Prozessionen und Feierlichkeiten** in *Mérida,* die sich um die wundertätige Statue des **Cristo de las Ampollas** drehen.
18.10: Beginn einer **Wallfahrt** in *Izamal* und einer 10-tägigen Fiesta, die in der Nacht zum 28. mit Tänzen endet.

1.–2.11.: **Día de los Muertos**, wird überall im Land begangen.
8.–13.11.: **Feria** in *Tekax,* an der Straße von Mérida nach Felipe Carrillo Puerto, mit Stierkämpfen.

3.–8.12.: Populäre **Fiesta** mit traditionellen Tänzen in *Kantunilkin.*
8.12.: **Día de la Inmaculada Concepcion** („unbefleckte Empfängnis"), wird landes- bzw. bundesstaatenweit gefeiert, besonders in *Izamal* und *Champotón.* In beiden Orten beginnt die Fiesta schon einige Tage früher.

Die Halbinsel Yucatán
0
100 km
Progreso
Sisal
CELESTÚN NATIONALPARK
Celestún
Muna
Uxmal
Becal
Santa Elena
Kabáh
Jaina
GOLF VON MEXIKO
Hecelchakán
Bolonchén de Rejon
Hwy 180
Campeche
Hopelchén
Lerma
Hwy 180
Edzná
Iturbide
Dzibalchén
Hochob
Champotón
Río Champotón
Hwy 261
CAMPECHE
Isla del Carmen
Hwy 180
Ciudad del Carmen
Fähre
Laguna de Términos
Francisco Escárcega
Balamkú
Hwy 186
Chicanná
Frontera
Candelaria
Río Usumacinta
Río Candelaria
Villahermosa
Calakmul
CALAKMUL BIOSPHÄREN-RESERVAT
Hwy 15
Río Azul
Río San Pedro
GUATEMALA
Palenque
Tenosique

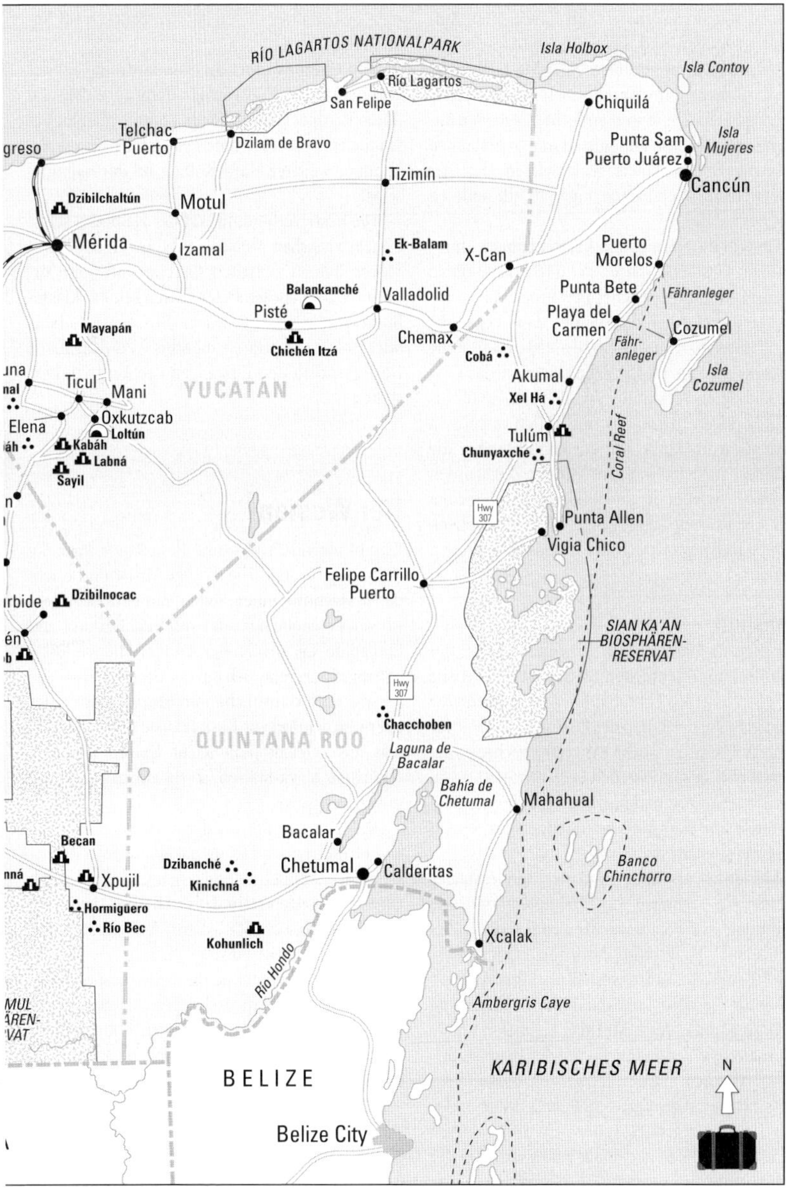

DIE HALBINSEL YUCATÁN

Cozumel zählten. Zum Zeitpunkt der Ankunft der Spanier war ihre Vorherrschaft durch einen Aufstand gebrochen und das Volk der Maya in verschiedene Stämme zerfallen. Allerdings gab es an der Karibikküste im Westen noch immer Städte, deren Handelsschiffe weit entfernte Gegenden anliefen, was selbst die Konquistadoren in Erstaunen versetzte. Diese Gebiete widersetzten sich der Unterwerfung auch hartnäckiger als alle anderen Teile des Landes.

Obwohl die Spanier alle Anstrengungen unternahmen, sämtliche Spuren der alten Tradition zu tilgen, gab es immer wieder bewaffnete Aufstände der Maya, erst gegen die Spanier, dann gegen die mexikanischen Autoritäten. Die letzten waren die Bürgerkriege des 19. Jhs. („La Guerra de las Castas"), in deren Verlauf die von Britisch-Honduras (dem heutigen Belize) aus mit Waffen versorgten Maya sogar für kurze Zeit die Kontrolle über die Halbinsel zurückgewannen. Mit der Zeit wurden sie jedoch wieder in die Wildnis des südlichen Quintana Roo zurückgedrängt, wo sich die letzten Widerstandsnester noch bis Anfang des 20. Jhs. hielten.

Transport

Von unschätzbarem Wert für einen Besuch der Halbinsel mit öffentlichen Bussen ist die Website 💻 www.ticketbus.com.mx: Hier können für die meisten Busse der 1. und der Luxusklasse sowie für einige 2. Klasse-Busse die Fahrpläne gecheckt und Fahrscheine gekauft werden (z.B. von *ADO, Autotransportes del Sur* und *Mayab*). Da sich viele Busbahnhöfe am Stadtrand befinden, erspart einem diese Website Extrafahrten dorthin.

Mérida ist als Hauptstadt des Bundesstaates Yucatán ein wichtiger Verkehrsknotenpunkt. Die Hauptroute in die Stadt von **México D.F.** führt über Puebla und Villahermosa, dann durch Campeche – eine 19-stündige Fahrt, weshalb es lohnt, sich ein Ticket für die UNO-Luxusbuslinie, betrieben von ADO, zu gönnen. Auch Méridas Flughafen unterhält zahlreiche Verbindungen mit der Hauptstadt.

Von **Oaxaca** fahren die meisten Busse nordwärts, bis sie auf die Carretera Puebla–Villahermosa treffen, dann geht es weiter zum unattraktiven Ort Escárcega. Es ist aber dank Verbesserungen der Küstenstraße in jüngerer Zeit möglich, von Villahermosa aus die landschaftlich reizvollere (und ein bisschen kürzere) Route am Meer entlang zu nehmen. Selbstfahrer sollten auf den Brücken auf Radarfallen achten.

Von **Chiapas** führt die Standardroute auf der Carretera 199 nach Escárcega, dann zur Küste und durch Campeche. Unterwegs kommt man an Palenque vorbei – eine gute Feuerprobe für die Erkundung weiterer Maya-Ruinen auf der Halbinsel selbst.

Die beste Verbindung auf der Halbinsel selbst besteht zwischen Mérida und Cancún sowie mit *Mayab*-Bussen zwischen Cancún und Playa del Carmen. Zu manchen Orten fahren keine 1. Klasse-Busse, sondern nur 2. Klasse-Busse. Mit Combis oder Colectivos gelangt man bis in die kleinsten Dörfer und zu den Eingängen der Ausgrabungsstätten.

Der Westen

Es gibt eigentlich nur eine Hauptroute über die Halbinsel Yucatán. Die einzige Variation besteht darin, irgendwo einen Seitenpfad einzuschlagen. Ob von Palenque her oder von Villahermosa und Ciudad del Carmen an der wunderschönen Küste entlang, findet man sich auf der Carretera 180 wieder, die nach **Campeche** und **Mérida** und weiter über Chichén Itzá zur Karibikküste führt. Von Mérida aus erreicht man leicht **Uxmal**, eine der schönsten Maya-Stätten, sowie ein paar kleinere Ausgrabungsorte.

Die Carretera 186, die den Süden der Halbinsel von **Francisco Escárcega** nach Chetumal durchschneidet, ist noch ziemlich neu und führt durch ein Dschungelgebiet, in dem sich viele Maya-Ruinen befinden. Diese Stätten sind erst seit Mitte der 90er Jahre öffentlich zugänglich.

Das Juwel darunter ist die riesige Stätte **Calakmul**, die tief in einem Dschungelreservat nahe der Grenze zu Guatemala liegt; von ihrer Hauptpyramide, der höchsten in der Maya-Welt, blickt man auf üppigen Tropenwald, so weit das Auge reicht.

Unterkünfte gibt es in **Xpujil**, einem Ort in der Nähe der gleichnamigen Ausgrabungsstätte an der Grenze zwischen Campeche und Quintana Roo; in Xpujil werden auch Touren zu den archäologischen Stätten angeboten.

Campeche

Die Hauptstadt des gleichnamigen Bundesstaates ist eines der weniger bekannten kolonialen Schmuckstücke Mexikos. Die eleganten, pastellfarbenen Gebäude aus dem 18. und 19. Jh., von denen Hunderte in den vergangenen Jahren restauriert wurden und nun in neuem Glanz erstrahlen, und zahlreiche Kirchen verleihen ihr ein ausgesprochen europäisches Flair. Im noch relativ intakten Zentrum liegt der koloniale Hafen, noch immer umgeben von massiven Schutzwällen und Festungen. Drumherum gruppieren sich die Bauwerke einer Stadt, die gerade wieder im Begriff ist, reich zu werden. Das Hafengelände bildet eine seltsame Mischung aus Alt und Modern: Ursprünglich fielen die Schutzmauern direkt ins Meer ab; heute blicke sie auf einen dem Meer abgewonnenen Landstreifen mit dem spektakulären Palacio de Gobierno und der Bundesstaatsverwaltung (nach Ansicht der Stadtbevölkerung ausgesprochen hässlich), eine Reihe beeindruckender Skulpturen, die verschiedene Aspekte der Stadt, wie Piratentum, Seekrieg, Fischerei, darstellen, sowie einige große Hotels.

Bislang verschlägt es nur wenige Touristen hierher, denn die meisten rauschen auf dem Weg nach Palenque oder Villahermosa an der Stadt vorbei. Doch sind allmählich immer mehr Besucher in den makellos erhaltenen und ruhigen Straßen, die den Vergleich mit Mérida nicht zu scheuen brauchen, anzutreffen. Trotzdem ist Campeche zumindest bisher vom Massentourismus verschont geblieben.

Geschichte

1517 landete eine spanische Gruppe von „Entdeckern" unter Francisco Hernández außerhalb der Maya-Stadt Ah Kin Pech, ergriff aber schnellstens wieder die Flucht angesichts der aufmarschierten Streitkräfte, die sich anschickten, sie in Empfang zu nehmen. Erst 1540 gründete der Konquistador der zweiten Generation, Francisco de Montejo der Jüngere, die heutige Stadt und machte sich von hier aus zur Eroberung von Yucatán auf. Bis ins 19. Jh. war der Hafen von Campeche der größte auf der Halbinsel. Man exportierte in erster Linie das in den nahen Wäldern geschlagene Holz, aus dem ein roter Farbstoff namens Hematein gewonnen wurde.

Gleichzeitig war die Stadt ein unwiderstehlicher Anziehungspunkt für Piraten, die mit ziemlicher Unverfrorenheit von ihren Schlupfwinkeln entlang der nahen, unzugänglichen Küste aus operierten. Daher wurden zwischen 1668 und 1704, nach einem wüsten Massaker an den Stadtbewohnern, Schutzmauern errichtet. Große Teile der Mauern sind inzwischen verschwunden, aber sieben der acht ursprünglichen Befestigungsanlagen *(baluartes)* stehen noch.

Zentrum

Die Straßen mit geraden Zahlen verlaufen parallel zum Meer und beginnen aus unerfindlichen Gründen mit der Calle 8 direkt innerhalb der Stadtmauer; die Straßen mit ungeraden Zahlen führen quer dazu landeinwärts. Den Zócalo, hier **Parque Principal** genannt, begrenzen die Calles 8, 10, 55 und 57. Alles von Interesse befindet sich innerhalb der alten Mauern zwischen den Calles 8 und 18, 49 und 67.

Zwar ist es ein angenehmer Zeitvertreib, über die alten Straßen und die Uferpromenade von Campeche zu schlendern, einen Überblick über die Stadt verschafft aber auch eine **Tour** in einem von zwei offenen Bussen (die einst als Straßenbahnen dienten). Sie fahren zwischen 9 und 19 Uhr alle zwei Stunden vom Zócalo ab. Eine Route umfasst die meisten Sehenswürdigkeiten innerhalb der ummauerten Stadt, während die andere am Ufer entlang und zur Fuerte de San Miguel (s.S. 650) führt. Die 45-minütige Tour ist mit US$7 nicht eben billig, aber eine bequeme Art der Stadtbesichtigung mit sachkundigen Kommentaren auf Spanisch und Englisch.

Ansonsten ist der Ausgangspunkt für einen Stadtbummel meist die **Kathedrale** am Zócalo, mit deren Bau schon 1540 begonnen wurde; sie ist somit eine der ältesten Kirchen auf der Halbinsel. Der größte Teil des Bauwerks entstand aber erst sehr viel später und stellt nicht unbedingt ein Meisterwerk barocker Architektur dar.

In der Calle 10 zwischen Calle 51 und 53 lohnt das Kolonialhaus im maurischen Stil **La Mansión Carvajal**, in dem früher eine der reichsten Familien der Stadt lebte, einen kurzen Besuch. Es dient inzwischen als Behörde. ⌚ Mo–Fr 8–14 Uhr.

Direkt hinter dem Zócalo, in der Calle 8, zwischen Calle 55 und 57, ist in der Baluarte de la Soledad das **Museo de las Estelas** untergebracht. Es zeigt eine kleine, aber interessante Sammlung von Säulen und Stelen aus Edzná und anderen Maya-

Stätten der Umgebung, u.a. mit Abbildungen religiöser und gesellschaftlicher Zeremonien. Leider sind die Erläuterungen nur auf Spanisch. ⌚ Di–So 8–19.30 Uhr, Eintritt US$2,40.

Man kann auch die **Baluarte de San Carlos** besichtigen. Auf dem bewehrten Dach stehen Kanonen. In der Tiefe sieht man die Anfänge eines weit verzweigten Systems unterirdischer Tunnel, die inzwischen fast alle eingefallen sind. Früher boten sie der Bevölkerung Schutz vor Piratenüberfällen, und davor wurden sie wahrscheinlich schon von den Maya genutzt. Heute beherbergt die Bastion das **Stadtmuseum** von Campeche, das wenig mehr zu bieten hat als eine verstaubte Sammlung alter Fotos und ein maßstabgetreues Modell der Stadt. ⌚ Di–So 8–19.30 Uhr, Spende.

Die Festung **Fuerte de San Miguel** auf einem Hügel im Südwesten der Stadt beherbergt das sehr eindrucksvolle **Archäologische Museum** von Campeche. Auch hier sind die Erklärungen nur auf Spanisch, aber die wunderschönen Fundstücke von der gesamten Halbinsel sprechen für sich. Das Museum zeigt vorwiegend Maya-Artefakte aus Edzná und Jaina, darunter zierliche Jaina-Figurinen, viele von ihnen schielen – bei den Maya galt dies als Schönheitsmerkmal. Außerdem gibt es einige kunstvolle Skulpturen und prähispanische Gegenstände aus Gold. Das Highlight ist jedoch der Schatz aus den Gräbern von Calakmul: Die Jade-Totenmasken sind mindestens genauso beeindruckend wie die Totenmasken von Pacal aus Palenque. ⌚ Di–So 8–19.30 Uhr, Eintritt US$2,40.

In der **Fuerte de San José**, auf einem Hügel am gegenüberliegenden Ende der Stadt, werden Rüstungen, Waffen und Erinnerungsstücke aus der Kolonialzeit ausgestellt.

Jeden Di, Mi und Fr wird in Campeche vor dem Tor Puerta de Tierra um 20 Uhr eine **Ton- und Lichtshow** veranstaltet (Eintritt frei). In der nicht überwältigenden, aber sympathischen Vorführung werden verschiedene historische Szenen nachgestellt.

Übernachtung

Da Campeche noch etwas abseits der Touristenpfade liegt, gibt es genügend einigermaßen preiswerte Hotels, aber aus demselben Grund können die billigsten oft ausgesprochen schäbig sein. Die Straßen in der Stadt sind alle eng und laut. Deshalb lieber ein Zimmer nach hinten hinaus nehmen.

Wer mit dem Auto unterwegs ist und genügend Kleingeld hat, kann die aufwändig restaurierte ***Hacienda Uayamón***, ☏ 981/829-7528, ☏ 999/923-7963, 💻 www.starwood.com/luxury, aus dem 18. Jh. aufsuchen. Sie liegt 21 km außerhalb, auf dem Weg nach Edzná und ist eine von nur zwei Unterkünften dieser Art im Bundesstaat Campeche (weitaus mehr gibt es im benachbarten Yucatán). ❾

Die inoffizielle **Jugendherberge**, *Monkey Hostel*, ☏ 981/811-6500, 💻 www.hostalcampeche.com, auf der Westseite der Plaza, ist äußerst sauber und praktisch, mit Wäscherei, Radverleih, Transport zu den nahe gelegenen archäologischen Stätten und Spanischunterricht. Neben nach Geschlechtern getrennten Schlafräumen auch 6 DZ für jeweils US$18. ❷

América, Calle 10, zwischen Calle 59 und 61, 💻 www.hotelamericacampeche.com, ☏ 981/816-4576, ☏ 811-0556. Kolonialgebäude mit leicht verwohnten Zimmern, die ruhigsten mit Blick auf den netten kleinen Hof. Frühstück inkl. Akzeptiert Kreditkarten. ❹

Baluartes, Av. 16 de Setiembre Nr. 128, zwischen Calle 59 und 61, ☏ 981/816-3911, ☏ 816-2410, 💻 www.baluartes.com.mx. Hotel mit großen, modernen Zimmern, riesigem Pool, TV, ac und preiswertem Frühstückscafé. ❼

Colonial, Calle 14 Nr. 122, zwischen Calle 55 und 57, ☏ 981/816-2630. Beste Budget-Unterkunft der Stadt; freundlich, in einem reizenden Kolonialgebäude. Auf Wunsch ac. ❹–❺

Francis Drake, Calle 12 Nr. 207, zwischen Calle 63 und 65, ☏ 981/811-5626. 2003 eröffnet, das einzige gehobene Hotel im kolonialen Stadtkern, feudale Zimmer, hilfsbereites Personal, kein Pool, aber reizvoller als die Alternativen am Ufer. ❻

Hotel del Mar, Av. Ruiz Cortines 51, gleich nördlich des Hotels Baluartes, ☏ 981/811-9191, ☏ 811-1618, ✉ delmar@camp1.telmex.net.mx. Annehmbares Hotel der oberen Preisklasse mit Pool, Restaurant und Autovermietung. Auf Reisegruppen ausgerichtet; nicht so schön wie sein Nachbar. ❼

López, Calle 12 Nr. 189, zwischen Calle 61 und 63, ☏/☏ 981/816-3344, ✉ hotlpez@prodigy.net.mx.

Einladendes, zentral gelegenes Hotel mit tollen Art-déco-Details. Saubere Zimmer mit TV und ac. Spärliches Frühstück inkl. ❺

Posada del Ángel, Calle 10 Nr. 309, zwischen Calle 53 und 55, ✆ 981/816-7718. Modernes Guesthouse nahe der Kathedrale, ziemlich dunkel und kitschige Einrichtung, aber recht saubere Zimmer. Wahlweise ac oder Ventilator. ❺

Regis, Calle 12 Nr. 148, zwischen 55 und 57, ✆ 981/816-3175. Sieben sehr geräumige Zimmer, alle mit ac, um einen kleinen Patio – eine gute Alternative zum Colonial oder América. ❺

Essen

In der Innenstadt von Campeche gibt es jede Menge Restaurants, insbesondere in der Calle 8 und 10. Das **Café** in der Mitte des Zócalo serviert ausgezeichneten Kaffee und hausgemachte Eiscreme. Der **Markt** von Campeche, unmittelbar nördlich der Stadtmauer, ist von Comedores umgeben, die billige und leckere Comida anbieten.

Casa Vieja, Calle 10, über der Kolonnade des Zócalo. Kubanischer Besitzer, Balkon mit Blick über den Platz; abwechslungsreiche internationale Küche. Die Preise entsprechen der Toplage.

La Iguana Azul, Calle 55, gegenüber dem Restaurant La Parroquia. Reich verziertes Haus im Kolonialstil mit verschiedenen Räumlichkeiten: Vorn große hölzerne Bar, hinten grüner Innenhof. Lokale und kreolische Spezialitäten zu angemessenen Preisen.

La Palapa, Av. Resurgimiento, vom Stadtzentrum 30 Min. zu Fuß über den Malecón Richtung Süden. Große Bar direkt am Wasser, zu jedem Drink werden *botanas* (mundgerechte Snacks) serviert.

La Parroquia, Calle 55 zwischen Calle 10 und 12, traditionelles, von einer Familie geführtes Restaurant, mit hohen Decken und Café-Atmosphäre; tolles, preiswertes *pan de cazón* (Art Lasagne aus Schichten von Tortillas und geschnetzeltem Haifischfleisch) und andere lokale Spezialitäten; sehr beliebt bei Einheimischen.

La Pigua, Av. Alemán Nr. 179-A. Der Calle 8 nach Norden folgen. Eines der berühmtesten Restaurants der Stadt, ein hübscher, recht eleganter Treffpunkt zum Mittagessen mit außerordentlich leckerem Seafood. ◷ tgl. 12.30–17.30 Uhr.

Miramar Calle 8, Ecke Calle 61, schmackhafte Seafood-Gerichte, in altmodischer, holzvertäfelter Umgebung; ziemlich kostspielig.

Restaurant Campeche, Calle 57. Großes, schlichtes Restaurant neben dem *Hotel Campeche*. Umfangreiche Speisekarte, u.a. lokale Spezialitäten und die üblichen mexikanischen Gerichte zu angemessenen Preisen.

Sonstiges

AUTOVERMIETUNGEN – ***Maya Car Rental,*** im *Hotel del Mar,* ✆ 981/811-1871.

FAHRRÄDER – ***Rentamar,*** Calle 59 gegenüber dem Büro von American Express, verleiht Räder (US$6/2 Std.) und Mopeds (US$15/2 Std.).

GELD – ***Bital,*** Calle 10, Ecke Calle 55, auf dem Hauptplatz und mit Geldautomaten. ***Banamex,*** Calle 10, Ecke Calle 53. ***American Express*** im Reisebüro VI-PS, Calle 59, zwischen Av. Ruiz Cortines und Av. 16 de Setiembre, ✆ 981/811-1100, ✆ 816-8333.

INFORMATIONEN – Die ***Touristeninformation,*** Plaza Moch Couoh, Av. 16 de Setiembre, gegenüber dem imposanten Palacio del Gobierno, ✆/✆ 981/981-9225, 💻 www.campechetravel.com. Obwohl dies offiziell das Fremdenverkehrsamt für den gesamten Bundesstaat ist, sind die Informationen über Aktivitäten außerhalb der Stadt recht begrenzt. Immerhin hat das Büro eine Liste freiberuflicher, mehrsprachiger Fremdenführer, die durch die Stadt und die Ausgrabungsstätten führen (zu empfehlen ist die sehr freundliche und kenntnisreiche Betty Mena Pacheco, ✆ 981/811-0733. Für den Transport innerhalb der Stadt oder zu den Sehenswürdigkeiten muss man oft selbst sorgen. ◷ tgl. 8–16 und 18–21 Uhr.

Informationsschalter am Busbahnhof, an der Baluarte de San Pedro und im Kulturzentrum Casa Seis auf dem Hauptplatz geben Karten und Tipps zu Aktivitäten, Touren und Übernachtungsmöglichkeiten.

INTERNET – Internet-Cafés gibt es in allen Straßen des Zentrums von Campeche. Die Tarife liegen bei ca. US$1 pro Std.

POST / FAX – Av. 16 de Setiembre, Ecke Calle 53, in den Oficinas del Gobierno Federal, ⌚ Mo–Fr 9–15 Uhr. Faxservice im Telefonbüro ***Ah-Kim-Tel,*** Calle 10 zwischen Calle 57 und 59.

TOUREN – ***Servicio Turístico Xtampak,*** ☎ 981/811-6473, veranstaltet Tagesausflüge nach Edzná (US$20 nur Transport bzw. US$75 mit Führer, Mittagessen und Zeit am Strand). Das Biosphärenreservat Calakmul und die Ruinen besucht man am besten mit ***Corazón Maya,*** Büro: Calle 18, Ecke Calle 51, in der Baluarte de San Pedro, ☎ 981/816-8086, 💻 www.corazonmaya.cjb.net. Außerdem im Programm: ausgezeichnete private Touren zu Zielen in der Umgebung (ab US$50 p.P.) sowie maßgeschneiderte Camping- oder Radtouren und Ausflüge zur Vogelbeobachtung.

Transport

BUSSE – Der Hauptbusbahnhof von Campeche, mit getrennten Hallen für 1. Klasse- und 2. Klasse-Busse, liegt 2 km östlich des Zentrums an der Av. Gobernadores. Nach Verlassen des Busbahnhofs überquert man diese Straße und nimmt einen Bus (Aufschrift „Gobernadores" oder „Centro") ins Zentrum.
Die Busverbindungen von und nach Campeche sind gut. *ADO* (1. Klasse) und *Autobuses del Sur,* ATP und TRP (alle 2. Klasse) fahren nach: CIUDAD DEL CARMEN fast stdl. (3 Std.), CHETUMAL via ESCÁRCEGA und XPUJIL, um 12 Uhr (5–7 Std.), MÉRIDA alle 30 Min. (2 Std.), VILLAHERMOSA 10x tgl. (6–7 Std.).
Auch Busse nach SAN CRISTÓBAL (via Palenque), PLAYA DEL CARMEN, VERACRUZ, MÉXICO D.F., COATZACOALCOS (Ausgangspunkt für das südl. Veracruz) und 2. Klasse-Direktbusse nach UXMAL (4x tgl.; 1 Std.).
Abfahrt der **Minibusse** vor dem Markt, unmittelbar am Südende der Altstadt (Calle 53, Ecke Circuito Baluartes Este), zu Dörfern in der Umgebung, z.B. zu den Kunsthandwerkszentren BECAL und CALKINI und nach EDZNÁ.

FLÜGE – Der Flughafen liegt 10 km außerhalb und ist nur per Taxi für ca. US$8 erreichbar. ***Aeroméxico,*** ☎ 981/816-6656 oder 816-5678, fliegt zahlreiche Orte an.

Zwischen Campeche und Ciudad del Carmen

Südlich der Stadt Campeche gabelt sich die Carretera 180 in eine kostenlose *(libre)* und eine gebührenpflichtige *(cuota)* Straße. Die alte Küstenstraße ist windig und landschaftlich reizvoll, mal sind sanfte, von Seegras und Schilf bewachsene Hügel, mal das grüne Wasser des mexikanischen Golfs zu sehen. Der einzige Nachteil ist, dass man wahrscheinlich hinter einem Lieferwagen herschleichen muss, der die Ortschaften auf der Strecke versorgt. Die Mautstraße ist zwar langweilig, aber bis **Champotón** – ein im Wachsen begriffener Fischerort und Ölhafen an der Mündung des Río Champotón, berühmt für seine köstlichen und billigen Krabben-Cocktails und *ceviche* – anspruchslos.

Die meisten Besucher, die in dieser Richtung unterwegs sind, biegen bei Champotón landeinwärts ab, um nach Escárcega und von dort nach Chetumal, oder aber nach Palenque zu gelangen, doch wer nach Villahermosa unterwegs ist, sollte lieber die verbesserte Schnellstraße südlich von Champotón via **Ciudad del Carmen** wählen. Die Stadt selbst ist zwar kein besonders spannendes Ziel, doch die Fahrt an der Küste entlang ist schnell und schön, unterwegs kommt man an einigen wunderbaren Stränden vorbei, v.a. um Punta Xochen, wo das Meer etwas weiter von der Straße weg liegt.

Bei **Isla Aguada** überspannt die Puente de la Unidad den Ostzipfel der Laguna de Términos und verbindet so die **Isla del Carmen** mit dem Festland. Selbstfahrer sollten keine Überschreitung der vorgeschriebenen Höchstgeschwindigkeit riskieren, denn die zu beiden Seiten der Brücke postierten Polizisten sind dafür bekannt, dass sie schmerzhafte Bußgelder verhängen und diese auch an Ort und Stelle einkassieren.

Ciudad del Carmen

Ciudad del Carmen liegt am südlichen Ende der 35 km langen, gleichnamigen Insel. Aus westlicher Richtung kommt man nur mit der Fähre oder schneller und billiger mit einem der ununterbrochen verkehrenden Colectivo-Boote hin. Die nicht unfreundliche, aber heiße und sehr belebte Stadt lohnt nicht unbedingt einen Besuch. Sie bietet weit weniger Historisches als Campeche. 1518 landeten hier die spanischen Konquistadoren, doch ab 1633 diente die Insel als Schlupfwinkel von Piraten, u.a. auch des berühmten Sir Francis Drake.

Ciudad del Carmen hat nur wenige, nicht besonders preiswerte Restaurants und Hotels. Die Stadt lebt vom Krabben- und Fischfang und der ölverarbeitenden Industrie. Durch die Ölindustrie (im Golf vor der Stadt liegen viele Bohrinseln) sind die Preise gestiegen, und die Stadt hat unter der Verschmutzung durch die Ölindustrie gelitten, doch sind die Strände weitaus sauberer als früher. Für Kulturinteressierte gibt es ein kleines **Museum** in der Calle 22 mit einer fantasievollen Ausstellung zur Geschichte der Stadt. ⌚ tgl. 8–20 Uhr, US$0,50. Vom Zócalo aus erreicht man per Minibus oder Colectivo breite, schattenlose **Strände** an nicht gerade sauberem Wasser.

Übernachtung

Die meisten Unterkünfte befinden sich in den Calles 20, 22 und 24 am Meer. Zur Fiesta zu Ehren der Namensgeberin der Stadt im Juli sind sie gut gefüllt und sollten im Voraus gebucht werden.
Hotel Victoria, Calle 24, ✆ 938/382-9301, ausreichend komfortable und saubere Zimmer. ❺
Hotel Zacarías, Calle 24, ✆ 938/382-3506, ebenso. ❺
Hotel del Parque, Calle 33, zwischen Park und Ufer, ✆ 938/382-3046. Luxuriöser, alle Zimmer mit ac, TV und Telefon. ❻

Essen

Was in Ciudad del Carmen auf den Tisch kommt, ist eine Mischung aus den Küchen von Yucatán und Tabasco, mit Schwerpunkt auf Schalentieren. Entlang der Calle 33 beim Parque General Ignacio Zaragosa gibt es billige Restaurants.
La Fuente, Calle 20, Ecke Calle 29, am Wasser, serviert rund um die Uhr einfache mexikanische Gerichte.
Los Pelícanos, Calle 24, zwischen Calle 29 und 29-A, mit einladender Terrasse, wegen seiner Tex-Mex-Küche besonders bei den US-amerikanischen Ölarbeitern beliebt.

Sonstiges

GELD – ***Banamex,*** Calle 24, Ecke Parque General Ignacio Zaragosa, und ***Bancomer,*** Calle 24, Ecke Calle 29-B, haben Geldautomaten.

INFORMATIONEN – Die ***Touristeninformation,*** am Malecón vor dem zentralen Parque General Ignacio Zaragoza, 💻 www.carmen.gob.mx, ist sehr bemüht, Besucher anzulocken und hat viele Infobroschüren (auch in englischer Sprache), aber nur wenige über Ciudad del Carmen selbst. ⌚ Mo–Sa 9–21 Uhr.

POST – **Postamt,** Calle 22, Ecke Calle 27. ⌚ Mo–Fr 9–15 Uhr.

Transport

Busse von ADO (1. Klasse) und Sur (2. Klasse) benutzen denselben Busbahnhof in der Avenida Periférica Oriente. Ins Zentrum per Taxi oder Colectivo (5–23 Uhr; ca. 20 Min.).

Edzná und die Chenes-Ausgrabungen

Edzná

Etwa 60 km südöstlich von Campeche liegen die Ruinen von Edzná, die zwar nicht die schönsten von Yucatán, aber in jedem Fall sehenswert sind. In dieser Gegend dominierte der Chenes-Architekturstil, verwandt mit dem Puuc-Stil von Uxmal (s.S. 673). Vom Baustil her ist Edzná allerdings nicht klar zuzuordnen, denn hier wurden auch Elemente von Río Bec, Puuc und klassische Mayabauweisen übernommen. „Stilechte" Ruinen findet man erst weiter im Süden.

Edzná war eine große Stadt an der Haupthandelsroute der Maya zwischen Hochland und Küste. Das wichtigste Bauwerk ist der große **Templo de los Cinco Pisos** (Tempel der fünf Stockwerke), eine Palastpyramide oben auf einer gewaltigen, erhöhten Plattform. Der treppenförmige Bau erhebt sich mehr als 20 m hoch. Ungewöhnlich ist, dass sich auf jeder der fünf Etagen Palasträume befinden. Während solide Tempelpyramiden und mehrgeschossige Wohnhäuser relativ verbreitet waren, ist die Kombination von beiden eine ausgesprochene Seltenheit. An der Vorderfront führt eine steile Freitreppe zu einem Tempel mit drei Räumen, gekrönt von einem Dachreiter. Von hier aus bietet sich einer der atemberaubendsten Ausblicke von ganz Yucatán. Man kann sich leicht vorstellen, welche Macht der Hohepriester oder König besaß, wenn man den Blick über die beiden Plazas schweifen lässt; die entlegenste muss Zehntausende von Menschen gefasst haben. Dahinter liegen die nicht ausgegrabenen Überreste anderer großer Pyramiden, und in der Ferne erstreckt sich die gewaltige Erdplatte von Yucatán. Zweimal im Jahr wurde die hier aufgestellte Stele des Maisgottes von der Sonne angestrahlt (zur Saat- und zur Erntezeit des Mais), und der gesamte Tempel ist zum Sonnenaufgang hin nach Osten ausgerichtet.

Niedrigere Gebäude umgeben den Zeremonialbereich. Die **Casa Grande**, ein Palastkomplex an der nordwestlichen Seite, und einige der kleineren Bauwerke wurden 1986 ausgegraben. Die Casa Grande ist etwa 55 m lang und beherbergt einen Raum, der als *temazcal* (Schwitzbad) genutzt wurde. Hier gibt es steinerne Badewannen und Öfen, auf denen Wasser zum Kochen gebracht wurde. Im **Templo de los Mascarones** befinden sich zwei Masken: die des Tages- und die des Nachtgottes. Am Eingang der Ausgrabungsstätte steht eine große **Stele**, die Figur eines örtlichen Herrschers, der einen gewaltigen Kopfschmuck trägt und mit Hieroglyphen versehen ist. Andere Stelen wurden ins Museum von Campeche gebracht. ⌚ tgl. 8–17 Uhr, US$2,50.

Transport

Vor dem großen Markt in Campeche, Calle 53, Ecke Circuito Baluartes Este, fahren jede halbe Std. Busse nach PICH oder BON FIL ab, mit denen man bis 1 km vor den Eingang der Stätte Edzná gelangt. Die Rückfahrt gestaltet sich problematischer: Es kommen zwar Busse vorbei, jedoch in unregelmäßigen Abständen; am besten erkundigt man sich beim Fahrer des Busses auf dem Hinweg, wann er ungefähr wieder zurückkommt. Man kann sich aber auch einer organisierten Tour von Campeche aus anschließen.

Weitere Chenes-Stätten

Die meisten Fundstätten im Chenes-Stil kann man nur mit einem eigenen Auto besuchen. *Chen* bedeutet „Brunnen" und ist die übliche Endung vieler hiesiger Ortsnamen. Die wichtigsten Chenes-Fundstätten erreicht man über eine schlechte Straße von **Hopelchén** (100 km östlich von Campeche) aus Richtung Süden. Von Xpujil kommend befinden sich die Ausgrabungen vor Hopelchén. Das Dorf Hopelchén liegt an der Straße 261, etwa 35 km südlich von Bolonchen bzw. 84 km östlich von Campeche. Es beherbergt seit den 80er Jahren eine wachsende Gemeinde von Mennoniten. Die Holzschnitzereien in der aus dem 18. Jh. stammenden Kirche San Antonio de Padua lohnen einen Besuch. Im Dorf bietet das ***Hotel Los Arcos***, Calle 23 an der Ecke der Plaza, in der Nähe der Bushaltestelle, ✆ 982/822-0037, ❸, die einzige Übernachtungsmöglichkeit. Im Ort gibt es auch eine Tankstelle.

Tohkok und El Tabasqueño

Ein Beitrag von Stephan Merk

Unter den vielen umliegenden kleineren Ruinenstätten sind Tohkok und El Tabasqueño am einfachsten zu erreichen. Von Hopelchén aus führt eine Teerstraße westlich in Richtung Campeche. Von der Ecke der Plaza in Hopelchén aus, wo der Wegweiser nach Campeche steht, sind es genau 4,5 km zu den direkt an der Straße liegenden Ruinen von **Tohkok**. Der rechts der Straße stehende Hauptpalast ist nicht zu verfehlen. Er zeigt einen verschachtelten Grundriss mit verschiedenen Ebenen. Den Palast betrat man früher durch einen von Säulen geteilten Eingang. Etwa 50 m nordwestlich gibt es im Busch ein weiteres, aber nicht restauriertes Gebäude und auf der anderen Seite der Teerstraße hundert Meter voraus auf einem Hügel die Reste einer dritten Anlage.

In Tohkok sind keine interessanten Fassaden zu sehen. Über die verfügt dafür **El Tabasqueno**, ein wahres Kleinod des in dieser Gegend vorherrschenden Chenes-Stils. Nach Tabasqueno gelangt man seit 2004 völlig problemlos. Von der von Hopelchen südöstlich nach Dzibalchen verlaufenden Teerstraße geht nahe Kilometermarkierung 36 eine Schotterstraße ab, die direkt zu den Ruinen führt. Blickpunkt in Tabasqueno ist der Maskentempel, ein ehemals zweiräumiger Bau, der eine längliche Struktur mit mehreren Räumen krönt.

Seine erhaltene Frontfassade ist auf ganzer Höhe kunstvoll bearbeitet. Der Eingang stellt einen Monsterrachen da, flankiert von Maskentürmen, die den Regengott Chac symbolisieren. Hinter dem Bau steht in geringer Entfernung ein massiv gemauerter viereckiger Turm, eine Rarität in der Maya-Architektur. Der Maskentempel wurde vor gut zehn Jahren bei einem Hurrikan zur Hälfte zerstört und 2003/2004 restauriert.

Hochob und Dzibilnocac

Die sehenswerten Ruinen sind mittlerweile über Teerstraßen erreichbar und größtenteils freigelegt. **Hochob** ist von Dzibalchén auf der Carretera Blanca nach knapp 10 km Richtung Chenko (südlich) zu erreichen. Hier gibt es einen aus drei Räumen bestehenden Tempel mit einer Fassade, die fast gänzlich mit stilisierten Schlangen- und Maskenfresken verziert ist. Den zentralen Raum krönt ein Dachkamm. Der Fassadenschmuck aus Stein und Stuck erwirkt den Eindruck einer riesigen Maske, in der die Türöffnung wie ein aufgesperrter Mund erscheint. Eine Reproduktion befindet sich im Anthropologischen Museum von México D.F., wo man eine Kopie der Fundstätte besichtigen kann. Es gibt auch noch weitere erhaltene Gebäude, darunter eine Tempelpyramide im Río-Bec-Stil.

Die Überreste von **Dzibilnocac** liegen 1 km weiter östlich von Iturbide und sind deshalb mit einem Bus von Hopelchén nach Iturbide leichter zu besuchen. Sie sind typisch für den Chenes-Stil. Besonders sehenswert ist die restaurierte westliche Tempelpyramide. Auf der Straße von Hopelchén fährt ein Bus bis nach Dzibalchén und Iturbide, doch für einen Besuch der Stätten ist er unpraktisch, denn er macht bei der Ankunft sofort wieder kehrt.

Francisco Escárcega

Von Champotón führt die Carretera 261, die sich bei Francisco Escárcega mit der Ost-West-Carretera 186 kreuzt, landeinwärts. Diese heiße, staubige Ortschaft (hierzulande nur Scárcega genannt) zieht sich ein paar Kilometer an der Straße und den Eisenbahnschienen entlang. Sie ist allgemein als hässlichste Stadt der Region verschrien, aber es sind Versuche unternommen worden, die Hauptstraße durch einen neuen Mittelstreifen und Straßenlaternen aufzupolieren. Trotzdem ist es kein idealer Übernachtungsort, auch wenn Escárcega ein guter Ausgangspunkt für eine Reihe kaum erforschter **Maya-Ruinen**, die so genannten Río-Bec-Stätten ist, die allmählich für den Tourismus erschlossen werden. Viele von ihnen liegen im Biosphärenreservat Calakmul, einem ausgedehnten Tropenwaldareal.

Das Reservat, das früher von Tiefland-Maya dicht besiedelt war, erstreckt sich bis zum Petén in Guatemala. Zwar liegen die berühmtesten Ausgrabungsstätten jenseits der Grenze bei Tikal, doch es gibt auch andere innerhalb der mexikanischen Landesgrenzen, die mindestens genauso interessant wie die im Norden Yucatáns gelegenen sind.

Übernachtung

Hotel Escárcega, ✆ 982/824-0186, an der Hauptstraße am Ortsausgang Richtung Campeche. Saubere, moderne Zimmer mit ac oder Ventilator. ❹–❺

Transport

Der 1. Kl.-Busbahnhof von *ADO* liegt am westlichen Stadtrand, an der Kreuzung von Carretera 61 und 186. Von dort sind es 1 1/2 km nach Osten zum Zentrum und zum 2. Kl.-Busbahnhof von *Sur* (der irgendwann in den ADO-Busbahnhof verlegt werden soll). Busse 1. und 2. Klasse nach:
MÉRIDA mindestens 7x tgl. (4 1/2 Std.),
CAMPECHE 8x tgl. (2 Std.),
PALENQUE 6x tgl. (alle bis auf den um 13.30 Uhr fahren mitten in der Nacht ab; 4 Std.),
SAN CRISTÓBAL 6x tgl. (7 Std.),
CHETUMAL 7x tgl. (4 Std.),
XPUJIL um 8.30, 12.30 und 16.30 Uhr sowie frühmorgens (2 Std.).

Xpujil und die Río Bec-Ausgrabungen

Das Dorf Xpujil an der Carretera 186, 150 km westlich an der Grenze zu Quintana Roo, ist eine etwas bessere Station für die Erkundung vieler noch unbekannter Maya-Stätten als Escárcega. Es besteht praktisch nur aus einer Hauptstraße und besitzt eine **Touristeninformation** (mit unzuverlässigen Öffnungszeiten) am östlichen Ende, etliche *Ladatel*-Telefone, ein Internet-Café, ein kleines Postamt, ein paar Restaurants und ein paar nichts sagende Unterkünfte.

Für Selbstfahrer ist es besser, 10 km nach Norden in das ruhige Dorf **Zoh-Laguna** zu fahren. Hier ist die beste Wahl *Cabañas and Restaurant Mercedes,* ✆ 983/871-6054, ℻ 871-6055, ❹, mit blitzblanken Cabañas, freundlichen Besitzern und schmackhaften Mahlzeiten auf Anfrage. *Hotel del Bosque* (kein Telefon, ❸) vermietet einfache Zimmer; mit dem Geld wird das Modellwald-Programm des Dorfes unterstützt, das sich für eine umweltverträgliche Nutzung der Wälder einsetzt. Zoh-Laguna ist zwar auch mit öffentlichen Transportmitteln zu erreichen, aber dann ist es schwierig, den Ort als Basis für Besichtigungen zu nutzen: Busse und Colectivos verkehren nur 2x tgl., und Fahrgäste werden normalerweise ca. 1 km vom eigentlichen Ort abgesetzt.

Die Ausgrabungsstätten dieser Region sind Beispiele eines Baustils namens Río Bec, dessen hervorstechendste Merkmale lang gestreckte Bauten mit hohen Türmen sind, die schmale Dachreiter aufweisen.

Xpujil

Xpujil, nur 1,5 km westlich des gleichnamigen Dorfes an der Carretera, ist die am leichtesten erreichbare Ausgrabungsstätte. Sie wird überragt von drei riesigen Türmen und schmalen Dachreitern, die man schon von der Straße und von zahlreichen Stätten der Region aus sieht. Die aus der klassischen Periode datierende Stätte mag die unspektakulärste von allen in dieser Gegend sein, doch ihre fast senkrechten Türme und die kunstvoll behauenen Stufen sind dennoch sehenswert. ⏲ tgl. 8–17 Uhr, US$1,50.

Becán

Etwa 6 km westlich von Xpujil in Richtung Francisco Escárcega, 500 m abseits der Carretera, liegt die Ruinenstätte Becán. Die Besonderheit dieser Maya-Stätte besteht aus einem 15 m breiten und 4 m tiefen, inzwischen ausgetrockneten „Burggraben“, der die ganze Ansiedlung umgab. Der Graben und die teilweise freigelegten Stadtmauern stellen die ältesten, bekannt gewordenen Festungsanlagen Mexikos dar und lassen manche Forscher glauben, dass sich die Hauptstadt von Itzá, Tayasal, hier – und nicht im heutigen Flores in Guatemala – befand. Die erste Besiedlung der Stätte datiert von ca. 600 v.Chr.; ihre Blütezeit erreichte sie zwischen 600 und 1000 n.Chr. Im Gegensatz zu den meisten Stätten im Norden Yucatáns scheinen viele der hiesigen Bauten Wohnhäuser gewesen zu sein, denn Treppen innerhalb der Gebäude sind ansonsten unüblich. ⏲ tgl. 8–17 Uhr, US$3,20.

Chicanná und Balamkú

3 km westlich von Becán liegt die Ruinenstätte Chicanná. Obwohl im Río-Bec-Gebiet gelegen, zeigt sie in ihren Verzierungen und zahlreichen Chac-Masken Einflüsse aus dem weiter nördlich gelegenen Chenes-Gebiet. Das eindrucksvolle **Edificio II** mit seinem riesigen, weit aufgerissenen „Maul“ als Eingang gibt der Stätte ihren Namen („Haus des Schlangenmundes“).

Der Hauptanziehungspunkt von **Balamkú**, 50 km von Chicanná entfernt, unmittelbar hinter der Abzweigung nach Calakmul gelegen, ist das kunstvolle, hervorragend erhaltene 17 m lange Fries, auf dem es von Kröten, Krokodilen und Jaguaren wimmelt. Es wird in einem Betonbau geschützt – um eingelassen zu werden, wendet man sich an den Aufseher. Daneben zieren zwei riesige, schieläugige Steinmasken den Zentraltempel. Sie sind größer als alle anderen, die man im Norden zu sehen bekommt, allerdings nicht ganz so überwältigend wie die Masken von Kohunlich im benachbarten Quintana Roo. ⏲ tgl. 8–17 Uhr, US$3,20.

Hormiguero und Río Bec

Hormiguero und Río Bec, von dem der in der Region dominierende architektonische Stil seinen Namen erhielt, lassen sich nur auf einer Schotterstraße erreichen. In **Hormiguero**, 22 km südlich der Hauptkreuzung in Xpujil, verbinden sich Chenes- und Río Bec-Stil. Hier wurden nur zwei Gebäude vollständig freigelegt; das größere besitzt einen aufgesperrten Rachen als Haupteingang, umgeben von kunstvollen Verzierungen. ⏲ tgl. 8–17 Uhr, US$3,20. Margarita Cahuich und María Dzib vermieten in Hormiguero Zimmer und vermitteln Führer, man kann aber auch allein durch die Ruinen wandern.

Die verstreuten Gebäude von **Río Bec**, 10 km östlich von Xpujil und südlich des *ejido* 20 de Noviembre, sind zwecks weiterer Ausgrabung geschlossen, werden aber möglicherweise bald wieder geöffnet. Die Touristeninformation von Xpujil kann auf Anfrage einen Reitausflug dorthin arrangieren – eine abenteuerliche Art, alle über das Gebiet verstreuten Gebäude zu besichtigen. Bei der am leichtesten zugänglichen Gebäudegruppe wird man feststellen, dass ebenso wie in Xpujil die „Stufen" auf den Zwillingstürmen nicht zum Besteigen gedacht waren: Sie sind nach außen abgeschrägt.

Calakmul

Calakmul, 60 km abseits der Carretera 186 zwischen Xpujil und Escárcega, ist nicht nur die eindrucksvollste der Río Bec-Stätten, sondern auch eine der besten Maya-Stätten, um das architektonische Erbe dieser Kultur in aller Stille zu betrachten. Sie wurde zwar nur teilweise restauriert, doch ihre Lage inmitten des Dschungels sowie ihre riesige Ausdehnung machen diese Stadt aus der klassischen Maya-Periode unwiderstehlich. Mit einer Breite von rund 70 km handelt es sich wahrscheinlich um die größte archäologische Ausgrabungsstätte Mesoamerikas. Allein der Zentralteil umfasst an die 7000 Gebäude und mehr Stelen und Pyramiden als jede andere Maya-Stadt. Die **Große Pyramide** von Calakmul ist das größte bekannt gewordene Maya-Bauwerk überhaupt, errichtet auf einer fast 2 ha umfassenden Plattform. Die sagenhafte Aussicht von der wichtigsten Pyramide über den Regenwald wird nur noch von der Tikals übertroffen, und an einem klaren Tag kann man sogar die höchste aller Maya-Pyramiden sehen: Danta, bei El Mirador in Guatemala. Um Tiere zu sichten, sollte man früh ankommen (das Tor zum Biosphärenreservat an der Carretera 186 wird um 7 Uhr geöffnet) – hier leben Wildtruthühner, Nabelschweine (Pekaris), Tukane und sogar Jaguare. Wer kein Tier zu Gesicht bekommt, vernimmt zumindest das Geschrei von Brüllaffen und das Quaken von Fröschen.

Während der klassischen Periode besaß die Stadt rund 200 000 Einwohner und war die Regionalhauptstadt des südlichen Petén. Eine vor kurzem entdeckte *sacbe* (Maya-Straße) zwischen Calakmul und El Mirador (von dort führt eine weitere nach Tikal) belegt, dass zwischen diesen Städten ein regelmäßiger Informationsaustausch stattfand, wie Archäologen schon seit langem vermutet hatten. Calakmul erreichte seine Blütezeit zwischen 500 und 850 n.Chr., wurde jedoch, wie die meisten Städte in der Region, ungefähr um 900 n.Chr. aufgegeben. Die Stätte wurde 1931 entdeckt, doch erst 1982 begann man mit den Ausgrabungsarbeiten. Bislang wurde nur ein Bruchteil der Bauten freigelegt, die restlichen liegen noch unter Erdhügeln verborgen.

Die Schätze von Calakmul sind im Archäologischen Museum in Campeche (s.S. 650) ausgestellt, darunter zwei wunderschöne Jademasken. Im Januar 1998 wurde eine weitere in einem Grab in der Hauptpyramide entdeckt. Man kann auch die erste in Mittelamerika gefundene mumifizierte Leiche sehen. Sie stammt aus **Bauwerk Nr. 15**, das 1995 freigelegt wurde. ⏲ tgl. 8–17 Uhr, Eintritt US$3,20 plus US$2 für das Biosphärenreservat.

Übernachtung und Essen

XPUJIL – ***Hotel Calakmul***, ✆ 983/871-6029, bietet hübsche Zimmer mit ac und einfache Gemeinschafts-Cabañas. Die Inhaberin Doña María Cabara Dominguez vermittelt mehrsprachige Führer. ❹–❺

Restaurant und Bungalows El Mirador Maya, ✆ 983/871-6005, ✉ mirador_maya@hotmail.com, direkt am Eingang zur Ausgrabungsstätte. Die Cabañas sind hier etwas schöner, aber die Zimmer ziemlich dunkel; Schalter für **Geldwechsel**. ❺

CHICANNÁ – ***Chicanná Ecovillage Resort***, gegenüber der Ruinenstätte auf der anderen Seite der Schnellstraße, ✆ 981/811-9191, 📠 811-1618, ✉ info@delmarhotel.com.mx, bietet rustikalen Luxus zu angemessenem Preis. ❾

Touren

Am einfachsten sind die Ausgrabungsstätten mit einer von der Touristeninformation oder einem der Hotels in Xpujil arrangierten Taxitour zu erreichen. Eine Fahrt nach Calakmul und Balamkú oder Kohunlich und Dzibanché kostet ca. US$50 p.P., ein Ausflug nach Chicanná, Becán und Xpujil US$30 inkl. Wartezeit. Alternativ dazu bieten

Corazón Maya oder *Servicios Turísticos Xtampak* von Campeche aus organisierte Touren für US$50–55 an.

Kleingruppen bietet sich die preisgünstige Alternative, in Campeche oder Chetumal ein Auto zu mieten, doch die Fahrt auf der kurvigen einspurigen Straße nach Calakmul ist anstrengend – u.U. lohnt sich die Extraausgabe für einen Chauffeur.

Transport

Leider gibt es in der weiteren Umgebung noch keine Autovermietungen, so dass man individuelle Touren von Mérida oder Cancún aus organisieren muss.

Theoretisch fährt 4x tgl. ein *ADO*-Bus von **Xpujil** nach CHETUMAL und 8x tgl. ein Bus nach ESCÁRCEGA und weiter. Vor dem Busbahnhof warten außerdem Colectivos. Mehrere 2. Klasse-Busse fahren bis nach MÉRIDA via Dzibalchén, Hopelchén und die Ruta Puuc. Diese holprige Straße führt durch die Nordhälfte des Calakmul-Biosphärenreservates, eine interessante, wenig befahrene Strecke für Traveller mit genügend Zeit. Zu den Stätten kann man auch von Xpujil ein Taxi nehmen (s.o.„Touren").

Von Campeche nach Mérida

Wer von Campeche nach Mérida fahren möchte, hat die Wahl zwischen zwei Routen. Die 1. Klasse-Busse und alle *directo*-Verbindungen verkehren auf der Carretera 180, dem kolonialen Camino Real. Die Schnellstraße umgeht die meisten Orte, aber zwei Schilder weisen auf einen lohnenswerten Umweg hin: **Hecelchakán**, rund 80 km von Campeche, bietet am Zócalo ein kleines archäologisches Museum, in dem Figurinen aus Jaina und Gegenstände aus anderen nahe gelegenen Stätten ausgestellt sind; ⏲ Di–Sa 10–20, So 9–12 Uhr, US$2; und **Becal**, 35 km weiter, eines der größten Zentren für die Herstellung von Flechtkörben und der bekannten *jipis* oder „Panama"-Hüte aus Yucatán. (Die ursprünglichen Panamahüte kamen aus Ecuador.) Sie werden überall im Ort verkauft, und es ist interessant zu sehen, wie ein ganzes Dorf sich derart einer einzigen Heimindustrie verschrieben hat – ein Springbrunnen aus Betonhüten ziert sogar den Hauptplatz. Etwas weiter, kurz hinter der Grenze des Bundesstaates Yucatán befindet sich nahe der Ortschaft **Granada** die kleine, luxuriöse *Hacienda Santa Rosa*, ✆ 999/910-4875, ℻ 923-7963, 💻 www.starwood.com/luxury, ❾.

Die längere Strecke nach Mérida über Hopelchén und Muna ist besser, sofern man Zeit hat, denn diese Straße führt mitten durch **Kabáh** hindurch und an **Uxmal** (s.S. 673) vorbei. Nach **Sayil** muss man auf einer Stichstraße 5 km nach Osten fahren. Mit dem eigenen Auto kann man alle drei besuchen und vielleicht sogar **Bolonchén de Rejon**, ein hübsches Dorf mit Steinhäusern, sanften Hügeln und Brunnen *(bolonchén* bedeutet „neun Brunnen") auf der Plaza, sowie die nahe gelegenen **Grutas de Xtacumbilxunan**, 3 km weiter südlich. Von dort kommt man am gleichen Tag bis Mérida.

Mit dem Bus muss man frühmorgens losfahren und vorher den Fahrplan studieren. Dann bleibt Zeit für einen der abgelegenen Ausgrabungsorte. Am einfachsten kommt man nach Kabáh und Uxmal, deren Ruinen an der Straße liegen.

Mérida

Selbst wenn nicht sämtliche Straßen hierher führen würden, dürfte man Mérida, „die weiße Stadt" (wegen ihrer Kalksteinhäuser und blitzsauberen Straßen), nicht auslassen. Die attraktive Hauptstadt des Bundesstaates Yucatán ist in jeder Beziehung tonangebend auf der Halbinsel und dabei für eine Stadt mit fast einer Million Einwohnern und Tausenden von Besuchern aus dem In- und Ausland angenehm ruhig. Sie stellt einen idealen Ausgangspunkt für Exkursionen zu den großen Maya-Stätten Uxmal und Chichén Itzá dar, und man kann von hier aus leicht zu einladenden, nahe gelegenen Stränden kommen. Außerdem befindet sich in fast jeder Straße der Stadt eine sehenswerte Kolonialkirche oder ein Kolonialgebäude, und jeden Tag werden auf der Plaza kostenlose Veranstaltungen geboten.

Mérida wurde 1542 von Francisco de Montejo (dem Jüngeren) gegründet und auf bzw. teilweise auch aus den Ruinen einer Maya-Stadt namens Ichcansihó oder Ichcan-Tihó erbaut. Wie die gesamte Halbinsel besaß Mérida bis zur Fertigstellung der Straßen- und Bahnanschlüsse in den 60er Jahren kaum Verbindungen mit Zentral-Mexiko, hatte es jedoch durch seine Handelskontakte mit

Europa zu erheblichem Wohlstand gebracht. Bis zur Erfindung der Chemiefaser bestand ein beträchtlicher Teil der Kleidung in aller Welt aus *henequén* (oder nach dem gleichnamigen Verschiffungshafen auch Sisal genannt) aus Yucatán. Dieses Geschäft erreichte seinen Höhepunkt während des Ersten Weltkrieges.

1849, im Krieg der Kasten, hätten die Maya-Truppen beinahe die Stadt eingenommen und die Kontrolle über die gesamte Halbinsel zurückgewonnen, doch der Legende nach verließen die indianischen Bauernkämpfer kurz vor dem Sieg das Schlachtfeld, um zum Maispflanzen auf ihre eigenen Felder zurückzukehren. Allein diesem Umstand ist es zu verdanken, dass die führende Elite einer Niederlage entging. Die yucatekischen Politiker schlossen schnell einen Handel mit der mexikanischen Zentralregierung, indem sie die Unabhängigkeit der Halbinsel aufgaben im Austausch für Unterstützung gegen die Maya-Aufstände, die sich dennoch weitere 50 Jahre hinzogen.

Um 1900 war Mérida eine außergewöhnlich wohlhabende Stadt, d.h. eine Stadt mit sehr vielen reichen *haciendados* (Großgrundbesitzern). Ein Großteil dieses Reichtums floss in den Bau grandioser Herrenhäuser, insbesondere entlang des Paseo de Montejo, und in eine europäische Ausbildung für die Kinder der Oberschicht. Überhaupt ist der europäische Einfluss hier deutlicher zu spüren als irgendwo anders im Land. Viele der älteren Häuser wurden sogar aus französischen Ziegeln gebaut, die den Schiffen, die *henequén* nach Europa brachten, als Ballast dienten. Heutzutage spielt der *henequén*-Handel keine Rolle mehr, dafür haben sich andere Industriebetriebe angesiedelt. Eine Atmosphäre von Eleganz und Betriebsamkeit ist geblieben, auf den Straßen der Stadt tummeln sich Maya, Mestizen, Libanesen (die Anfang des 20. Jhs. einwanderten) und seit einiger Zeit auch Zuwanderer aus México D.F., die von Méridas geruhsamer Weltgewandtheit angezogen werden.

Plaza Mayor

Mérida ist mit nummerierten Straßen gitterförmig angelegt: Die geraden Zahlen verlaufen von Norden nach Süden, die ungeraden von Osten nach Westen. In der Mitte liegt die Plaza Mayor bzw. Plaza de Armas, eingerahmt von den Calles 60, 61, 62 und 63. Sie bildet den Mittelpunkt des städtischen Lebens, besonders abends, wenn Pärchen sich auf den Parkbänken ein Stelldichein geben und Trios von *trovadores* in weißen *guayaberas* darauf warten, für Serenaden angeheuert zu werden. Die Plaza ist auch der Ausgangspunkt einer Stadtbesichtigung. Hier findet man einige der ältesten Gebäude Méridas. Für die Besichtigung der Plaza und ihrer Umgebung wählt man am besten einen Sonntag, denn dann ist die Innenstadt für den Verkehr gesperrt und die meisten Leute greifen auf die pedalgetriebenen Viersitzer als Transportmittel zurück.

Die alles beherrschende **Kathedrale San Idelfonso** aus der zweiten Hälfte des 16. Jhs. steht Besuchern tgl. von 6–12 und 17–20 Uhr offen. Ihre Kostbarkeiten sind fast alle der Revolution zum Opfer gefallen. Übrig geblieben ist der sehenswerte *Cristo de las Ampollas* („Christus der Brandblasen") in einer Kapelle links vom Hauptaltar. Diese Statue wurde – so will es die Legende – aus einem Baum im Dorf Ichmul geschnitzt, der eine ganze Nacht lang brannte und dabei unversehrt blieb. Später brannte die Gemeindekirche von Ichmul ab, und wieder überlebte die Christusfigur, wenn auch geschwärzt und mit Brandspuren überzogen. Heute steht sie im Mittelpunkt einer Anfang Oktober abgehaltenen Fiesta. Der alte **Bischofspalast** neben der Kathedrale, durch die Pasaje San Alvarado von ihr getrennt, wurde inzwischen in ein Geschäftshaus umgewandelt.

Neben der Kathedrale liegt auch das **Museo MACAY** (Museo de Arte Contemporáneo Ateneo de Yucatán), das beste Kunstmuseum im Bundesstaat, mit einer ständigen Sammlung von Werken der international anerkannten yucatekischen Künstler Fernando Castro Pacheco, Gabriel Ramírez Aznar und Fernando García Ponce. Sonderausstellungen reichen von Arbeiten zeitgenössischer lokaler Fotografen bis zu Werken alter europäischer Meister als Leihgaben aus Museen in México D.F. 🕓 tgl. außer Di 10–18 Uhr, US$2.

An der Südseite der Plaza erhebt sich die **Casa de Montejo**, ein im Jahr 1549 von Francisco de Montejo erbauter Palast, dem ersten Konquistadoren, der versuchte, die Halbinsel unter die Kontrolle der Spanier zu bringen. Sein erster Versuch 1527 schlug ebenso fehl wie mehrere spätere Überfälle. Dafür gelang seinem Sohn, Francisco de Montejo dem Jüngeren, was sein Vater nicht geschafft hatte: Er sicherte den Spaniern in den 40er Jahren des

16. Jhs. den Norden der Halbinsel und gründete die Städte Mérida und Campeche. Bis 1980 beherbergte das Gebäude noch die Nachfahren der Montejos. Jetzt gehört es der staatlichen Bank Banamex, die dort Büros unterhält. Besucher dürfen den restaurierten Speisesaal besichtigen, der von der hinteren rechten Ecke des Hofes abgeht. Die reich verzierte Fassade ist im plateresken Stil gehalten; über dem Torbogen sieht man eine Darstellung der Konquistadoren, wie sie die „Wilden“ niedertrampeln.

Ein weiteres eindrucksvolles Bauwerk aus dem 16. Jh. ist der **Palacio Municipal** mit seinem schönen Glockenturm – der allerdings aus dem Jahr 1928 stammt – zwischen den Calles 62, 63 und 65 am Zócalo. Der **Palacio de Gobierno** aus dem 19. Jh., der die noch verbleibende Stirnseite der Plaza einnimmt, ist allerdings interessanter. Im Inneren ist auf eindrucksvollen, eigenwilligen Gemälden, die 1971, 1974 und 1978 von Fernando Castro Pacheco erstellt wurden, die Geschichte Yucatáns dargestellt. ⌚ tgl. 8–22 Uhr.

Einen Block östlich in der Calle 61 befindet sich das kleine, aber informative **Museo de la Ciudad,** das die Stadtgeschichte von der Zeit der alten Maya bis zum *henequén*-Boom zurückverfolgt; die Erläuterungen sind auf Spanisch und Englisch. ⌚ Di–Fr 10–14 und 16–20, Sa und So 10–14 Uhr, Eintritt frei.

Nördlich und östlich der Plaza Mayor

Die meisten der noch erhaltenen Baudenkmäler Méridas befinden sich nördlich vom Zócalo, um die Calle 60 und den Paseo de Montejo herum. Die Calle 60 ist eine der Hauptgeschäftsstraßen der Stadt, an der auch verschiedene schicke Hotels und Restaurants liegen. Man kommt an einer Reihe von Kolonialgebäuden vorbei, angefangen bei der **Iglesia de Jesús**, auch Templo de la Tercera Orden genannt, eine Jesuitenkirche aus dem 17. Jh., einen Block nördlich der Plaza an der Ecke zur Calle 59 zwischen der Plaza Hidalgo und dem Parque de la Madre. Sie wurde aus Steinen der ursprünglichen Maya-Stadt Tihó gebaut, und einige dekorative Bildhauereien sind noch in der Mauer an der Calle 59 zu erkennen. Im selben Block in der Calle 59 beherbergt die **Pinacoteca del Estado Juan Gamboa Guzmán** eine Sammlung von Portraits berühmter Führer aus Yucatán und Mexiko. ⌚ Di–Sa 8–20, So 8–14 Uhr; US$2,80.

Zurück auf der Calle 60 geht es weiter nach Norden, bis man zum **Teatro Peon Contreras** kommt, einem grandiosen neoklassizistischen Gebäude, das während der Glanzzeiten von Porfirio Díaz von italienischen Architekten erbaut und unlängst restauriert wurde. Gegenüber befindet sich die **staatliche Universität**, eine sehr angesehene Institution, die unter verschiedenen Namen bereits seit 1624 besteht.

Kunsthandwerksliebhaber sollten das **Museo de Arte Popular** im ehemaligen Kloster La Mejorada in der Calle 59 zwischen Calle 50 und 48 besuchen. Die Ausstellung umfasst Trachten aus allen Landesteilen, Schmuck und Haushaltsgegenstände sowie alte Fotos, die vom dörflichen Leben berichten. Am Eingang befindet sich ein Kunsthandwerksladen. ⌚ Di–Sa 9–20, So 8–14 Uhr, Eintritt frei.

Gleich um die Ecke beschäftigt sich das **Museo de la Canción Yucateca** mit den verschiedenen musikalischen Einflüssen auf die lokalen *trovadores,* von präkolumbischen Traditionen bis zu afrokubanischen Stilen. Der angeschlossene Laden ist eine ausgezeichnete Adresse, um ein paar romantische CDs mit nach Hause zu nehmen. ⌚ tgl. 9–17 Uhr; Eintritt US$1,50.

Geht man zurück auf die Calle 60, steht einen Block nördlich des Teatro Peon Contreras, an der einladenden gleichnamigen Plaza, die **Iglesia Santa Lucia**.

Auf dem von Kolonnaden gesäumten kleinen Platz parkten früher die Kutschen, das Transportmittel der reichen Bürger, und in der Kirche gab es eine abgetrennte Abteilung für die schwarzen Sklaven der spanischen Kolonialherren. Drei Häuserblocks weiter öffnet sich die **Plaza Santa Ana**, eine moderne Freifläche. Biegt man hier nach rechts und dann an der zweiten Straße nach links ab, gelangt man auf den Paseo de Montejo.

Paseo de Montejo

Beide Seiten dieses breiten, mit Bäumen und modernen Skulpturen yucatekischer Künstler bestandenen Boulevards säumen pompöse **Herrensitze**, die Ende des 19. Jhs. in der Grandiosität ihres Baustils miteinander wetteiferten. In einem der größten, dem Palacio Cantón an der Ecke der Calle 43, ist nach sorgfältiger Restaurierung das **Museo de Antropología e Historia** von Mérida untergebracht. Das Haus wurde für General Cantón, der

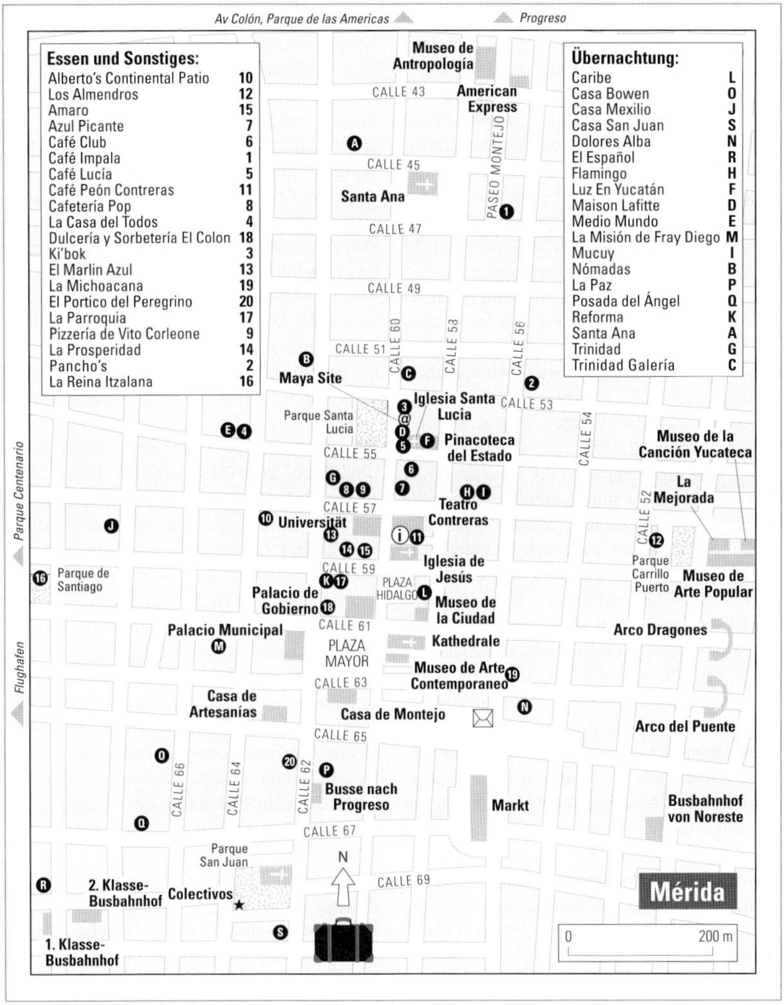

Anfang des 20. Jhs. Gouverneur des Bundesstaates war, entsprechend seiner Position mit zurückhaltender, aber gleichwohl auserlesener Eleganz ausgestattet.

Angesichts der archäologischen Reichtümer der Gegend ist die Sammlung hier vielleicht ein wenig enttäuschend, vermittelt jedoch einen guten Vorgeschmack auf die Fundstätten und umfasst Gegenstände, die von prähistorischen Steinwerkzeugen bis zu solchen, die heute bei den Maya gebräuchlich sind, reichen. Bedeutender als Skulpturen und Objekte aus wichtigen Ausgrabungsorten ist der hier unternommene Versuch, das Alltagsleben der Maya zu veranschaulichen.

Auf topographischen Karten wird die Bedeutung der *cenotes,* der unterirdischen Wasserquellen, für die damalige Bevölkerung erläutert. Anhand einer Reihe von Skeletten kann man die Techniken der Gesichts- und Zahndeformierung studieren. Es gibt eine Ausstellung von Schmuckstücken, Darstellungen von Ritualopfern und Begräbniszeremonien sowie Erläuterungen zum Maya-Kalender. Im Obergeschoss sind Sonderausstellungen zur Geschichte Méridas und zu bestimmten Ausgrabungsstätten zu sehen. Die meisten Erklärungen sind allerdings auf Spanisch. ⌚ Di–So 8–20, So 8–14 Uhr, gute Führungen. Eintritt US$3,20.

Im Museum werden auch Wanderausstellungen zu indianischen Themen gezeigt. Im dazugehörigen Buchladen kann man sich mit englischen Broschüren und Beschreibungen der Ausgrabungsstätten eindecken. Das ist ratsam, denn (englische) Informationsschriften sind an vielen archäologischen Stätten Mangelware.

Der Weg hier heraus von der Plaza dauert zu Fuß etwa eine halbe Stunde, oder man nimmt einen der „Paseo de Montejo"-Busse von der Calle 56. In den Reisebüros und Hotels rät man Besuchern, eine *calesa* zu nehmen, eine Pferdekutsche. Keine schlechte Idee, wenn man romantisch veranlagt ist – Kinder genießen es ganz besonders. In flauen Geschäftszeiten und mit Verhandlungsgeschick fällt die Fahrt nicht viel teurer aus als mit einem Taxi, nämlich ca. US$10 vom Zentrum zum Museum. In der Umgebung der Plaza findet man jederzeit eine *calesa*. Wer sich dafür entscheidet, sollte sich etwas Zeit nehmen und auf dem Paseo de Montejo ein Stück weiter zum **Monumento a la Patria** hinausfahren, einem riesigen Denkmal, auf dem die Geschichte Mexikos verewigt ist.

Wer noch Zeit und Energie hat, kann auch den **Parque de las Américas** in der Avenida Colón besuchen, in dem Maya-Stelen zu Ehren und in der Hoffnung auf eine Vereinigung aller Länder der Neuen Welt aufgestellt sind. Neben jeder Stele wurde ein für das jeweilige Land typischer Baum gepflanzt. Auf dem Gelände befinden sich außerdem eine Bibliothek, eine Galerie und ein Freilichttheater mit einer *concha acústica,* deren gute Akustik man ausprobieren kann.

Übernachtung

Die meisten billigen Unterkünfte gibt es beim Busbahnhof. Aber Vorsicht: Dieses Stadtviertel ist laut und finster. Um Mérida mit seinen vielfältigen kulturellen Angeboten wirklich kennen lernen und genießen zu können, sollte man sich besser eine Unterkunft in der Nähe der Plaza suchen. Dort gibt es jede Menge Hotels aller Preisklassen, z.T. in schönen Kolonialgebäuden. Weitere Hotels konzentrieren sich entlang des eleganten Paseo de Montejo, der vom Zentrum nach Norden führt – die meisten davon hochmodern und ohne besonderen Charme.
Eine gute Option für den knappen Geldbeutel ist die einladende ***Jugendherberge Nómadas,*** Calle 62 Nr. 433, Höhe Calle 51, ✆ 999/924-5223, 💻 www. nomadastravel.com, sauber und freundlich mit Platz zum Campen, 6 Privatzimmern, Pool, Live-Musik und vielen hilfreichen Tipps. ❷

UMGEBUNG VOM BUSBAHNHOF – ***Casa Bowen***, Calle 66 Nr. 521B, zwischen Calle 65 und 67, ✆ 999/928-6109. Seit Jahren ein Insider-Favorit. Hübsches Haus im Kolonialstil um einen hellen Innenhof. Karge, aber angenehme Zimmer (einige mit ac), jene zur Straße hin etwas laut, 2 Apartments mit Küche. Parkplatz. ❹
Casa San Juan, Calle 62 Nr. 545-A zwischen Calle 69 und 71, ✆ 999/986-2937. Unterschiedliche, preiswerte Zimmer (z.T. mit ac) in denkmalgeschütztem Kolonialhaus, gut informierter Besitzer, der individuelle Führungen mit vor Ort arbeitenden Archäologen organisieren kann. Große Gemeinschaftsküche, einfaches Frühstück inkl. Reservierung empfohlen (Mindestaufenthalt 2 Nächte), da oft mit Langzeittouristen belegt. ❺
El Español, Calle 69 Nr. 543-C, Ecke Calle 70, 💻 www.hotelelespanol.com, ✆ 999/923-2854, 📠 923-4319. Genau gegenüber der Hauptbusbahnhöfe; teurere Alternative zu den benachbarten Absteigen: Saubere, ruhige Zimmer, ac und kleiner Pool. ❻
Posada del Ángel, Calle 67 Nr. 535, zw. Calle 66 und 68, ✆ 999/923-2754. Einfache Zimmer (z.T. mit ac), Parkplatz. ❹

ZENTRUM – ***Caribe,*** Calle 59 Nr. 500, ✆ 999/924-9022, 📠 924-8733, 💻 www.hotelcaribe.com.mx. Auf der kleinen Plaza, nur einen Block vom Zócalo, mit reizendem Restaurant im Patio, Pool auf der Dachterrasse mit Blick auf Kathedrale und Plaza. Reisebüro und Parkplatz. ❻

Casa Mexilio, Calle 68 Nr. 495, zwischen Calle 59 und 57, 💻 www.mexicoholiday.com, 📞 999/928-2505. Sehr schönes B&B in restauriertem Kolonialhaus; faszinierendes Labyrinth von individuell gestalteten Zimmern, Gärten, Sonnenterrassen und Pool. Das umfangreiche Frühstück (inkl.) ist köstlich. ❻–❽

Dolores Alba, Calle 63 Nr. 464, zwischen Calle 62 und 64, 📞 999/928-5650, 📠 928-3163, 💻 www. doloresalba.com. Beliebtes Mittelklassehotel um zwei Innenhöfe mit großem Swimming Pool. Zimmer mit TV, Telefon und ac. Parkplatz und Restaurant, gutes Preis-Leistungs-Verhältnis. ❺

Flamingo, Calle 57 Nr. 485, zwischen Calle 56 und 58, 📞 999/924-7755, 📠 924-7070, 💻 www. hotelflamingo.com.mx. Die modernen Zimmer sind etwas klein, aber für das Gebotene preiswert: ac, Pool, Frühstück. ❺

Luz En Yucatán, Calle 55 Nr. 499, zwischen Calle 58 und 60, 💻 www.luzenyucatan.com, 📞 999/924-0035. Reizende Apartments in einem verwinkelten Haus mit Pool; gemütliche Aufenthalts- und Wellnessbereich, Spanischunterricht u.v.m. Bei längerem Aufenthalt Preis verhandelbar. ❺

Maison Lafitte, Calle 60 Nr. 472, zwischen Calle 53 und 55, 💻 www.maisonlafitte.com.mx, 📞 999/928-1246. Hervorragendes neues Hotel im Kolonialstil an der Hauptstraße, mit komfortablen, schicken Zimmern, grünem Hof und Pool. Kuranwendungen; Reisebüro. Großes Frühstück inkl. ❼

Medio Mundo, Calle 55 Nr. 533, zwischen Calle 64 und 66, 💻 www.hotelmediomundo.com, 📞/📠 999/924-5472. Die überdurchschnittlich gute Auswahl an Büchern, die zum Tausch im Regal stehen, gibt einen Hinweis auf die interessanten Gäste (und Besitzer) dieses einladenden kleinen Hotels. 10 Zimmer mit ac oder Ventilator, hübschen Bädern und bequemen Betten; Pool. ❻

La Misión de Fray Diego, Calle 61 Nr. 524, zwischen Calle 64 und 66, 📞 999/924-1111, 📠 923-7397, 💻 www.lamisiondefraydiego.com. Elegantes Kolonialhotel mit 20 minimalistischen Zimmern und gutem spanischen Restaurant im schönen Innenhof. ❽

Mucuy, Calle 57 Nr. 481, zwischen Calle 56 und 58, 📞 999/928-5193, 📠 928-7801. Ruhiges, gut geführtes Hotel mit sauberen Zimmern und sehr gastfreundlichem Besitzer. Englisch sprechendes Personal und Wäscherei. Ist seinen Preis wirklich wert. ❹

La Paz, Calle 62 Nr. 522, zwischen Calle 65 und 67, 📞 999/923-9446. Die beste der Billigunterkünfte in diesem Straßenblock, einfache, aber helle und relativ saubere Zimmer mit hohen Decken. Parkplatz. ❹

Reforma, Calle 59 Nr. 508, Ecke Calle 62, ✉ hreforma@yuc1.telmex.net.mx, 📞 999/924-7922, 📠 928-3278. Altbewährtes, gepflegtes Kolonialhotel. Die altmodischen Zimmer liegen rund um einen schattigen Patio; ein neuer Flügel mit Blick auf den Pool hat hellere Zimmer mit etwas weniger Kolonialcharme. ❺

Santa Ana, Calle 45 Nr. 503, zwischen Calle 60 und 62, 📞 999/923-3331, 📠 923-3332, 💻 www. hotelsantaana.com.mx. Hotel mit gutem Preis-Leistungs-Verhältnis in ruhiger Straße, aber noch günstiger Lage zur Plaza. 19 Zimmer mit allen Annehmlichkeiten – TV, sehr leise ac, Telefon – und großer Pool. ❺

Trinidad, Calle 62 Nr. 464 zwischen Calle 55 und 57, 💻 www.hoteltrinidad.com, 📞 999/924-9806, 📠 924-1122. Große Auswahl an Zimmern (auch Dormbetten), dekoriert mit modernen Gemälden und Antiquitäten um einen Innenhof mit viel Grün. Einfaches Frühstück und Benutzung des schönen, sonnigen Pools im *Hotel Colón* (das auch über Dampfbäder verfügt) inkl.; Ermäßigung für Studenten und bei Onlinebuchung. ❷–❺

Trinidad Galería, Calle 60 Nr. 456, Höhe Calle 51, 💻 www.hoteltrinidadgaleria.com, 📞 999/923-2463, 📠 924-2319. Wunderbar exzentrisches Hotel voller Kunstobjekte und Gemälde, beliebt bei durchreisenden Künstlern. Die oberen Zimmer sind heller und geräumiger, aber alle sind individuell gestaltet (z.T. mit ac). Pool, kleines Frühstücks-Café und zwei Kunstgalerien. ❹–❻

Villa Mercedes, Av. Colón Nr. 500, zwischen Calle 60 und 62, 📞 999/942-9000, 📠 942-9001, 💻 www.hotelvillamercedes.com.mx. Méridas neuestes Luxushotel, in einem umfunktionierten Jugendstil-Herrenhaus; Fotos, die bei der Renovierung gefunden wurden, schmücken die Wände der geschmackvollen Zimmer. Bietet alle Annehmlichkeiten und besitzt mehr Charme als die anderen in dieser Preiskategorie. ❾

AUSSERHALB DER STADT – Eine luxuriöse Alternative eröffnet sich außerhalb der Stadt in Form mehrerer alter Haciendas im Kolonialstil: ***Hacienda Xcanatun***, ✆/℡ 999/941-0213, 💻 www.xcanatun.com, 12 km nördlich an der Straße nach Progreso, mit einem besonders guten Restaurant, Gebäude aus dem 18. Jh. ❾ Wer bereit ist, noch weiter außerhalb der Stadt zu übernachten, findet auf der Website des staatlichen Fremdenverkehrsbüros, 💻 www.mayayucatan.com, eine vollständige Liste aller zu Hotels umgebauten Haciendas in Yucatán, die von bröckelnden Ruinen bis zu ultraluxuriösen Resorts reichen.

Essen

Im Zentrum gibt es viele gute Restaurants, wobei die besten (und einige der preiswertesten) allerdings nur zum Mittagessen öffnen – wer lokale Spezialitäten kosten möchte, sollte dies berücksichtigen. Abendlokale werden normalerweise nur von den Hotels betrieben und überwiegend von Auswärtigen besucht; die Preise sind hoch und die meisten bieten nur internationale Einheitskost. Trotzdem ist der Abend der ideale Zeitpunkt für einen Besuch der lebhaften Straßencafés an der **Plaza Hidalgo**, entlang der Calle 60 zwischen Calle 61 und 59, und am **Paseo de Montejo**, wo sich einige schickere Lokale befinden, die in der Regel länger geöffnet haben.

Billige Esslokale findet man an der Kreuzung der Calle 62 und 61 an der Nordwestecke der **Plaza Mayor**; die an der Plaza selbst sind für das Gebotene meist zu teuer. Die kleinen *loncherías* am und im großen **Markt**, der zwischen den Calles 65 und 67 sowie Calles 56 und 54 liegt, stellen die billigste Alternative dar. Eine sättigende Comida corrida bekommt man hier und in den einfachen Restaurants der umliegenden Straßen schon für US$4–5.

Sehr gute Fruchtsaftbars gibt es an der Plaza Mayor und in deren Umgebung, z.B. ***Jugos California*** in der Südwestecke, und ***La Michoacana*** in der Calle 61, Ecke Calle 56. Abgesehen von den landesweit üblichen Obstsäften und Licuados gibt es hier auch exotischere Säfte, z.B. Guanabana, *pitaya* oder hausgemachte Kräuterlimonade. Zusammen mit einer Leckerei aus der Bäckerei ***Pan Montejo*** an der Calle 62, Ecke 63, kann man so gut frühstücken.

Alberto's Continental Patio, Calle 64 Nr. 482, Höhe Calle 57. Ein Rest vom alten Mérida, mit schönem Innenhof und zuvorkommender Bedienung. Die Qualität des Essens schwankt allerdings: Am besten hält man sich an die libanesischen Spezialitäten.

Los Almendros, Calle 50, zwischen 57 und 59, auf der Plaza Mejorada. Eines der berühmtesten Restaurants der Stadt. Köstliche lokale Spezialitäten zu moderaten Preisen, besonders gut geeignet sonntags zum Mittagessen (wenn das elegantere Gran Almendros um die Ecke überfüllt ist). Ist die Filiale eines Restaurants aus Ticul, das angeblich *poc-chuc,* ein Gericht aus Schweinefleisch, Tomaten, Zwiebeln und Kräutern kreiert hat. 🕓 10–23 Uhr.

Amaro, Calle 59 Nr. 507, zwischen Calle 60 und 62. In einem hübschen Patio mit Springbrunnen, Bäumen und romantischem Gitarrenspiel von Mi–Sa. Etwas kostspielige, aber interessante vegetarische Gerichte wie *crepas de chaya* bieten Vegetariern eine willkommene Abwechslung zu den ewigen Quesadillas.

Café Club, Calle 55 zwischen Calle 58 und 60. Kleines, freundliches Restaurant, spezialisiert auf überwiegend vegetarische Speisen; Mittagsmenü nur US$4. 🕓 tgl. 7–17 Uhr.

Café Impala, Paseo de Montejo, Ecke Calle 47. Straßencafé mit Abendessen bis spät nachts: Sandwiches, Burger und yucatekische Standardgerichte. 🕓 tgl. 18–2 Uhr.

Café Lucía, Calle 60 Nr. 474-A, gegenüber dem Parque Santa Lucía im Hotel Casa Lucía. Gute italienische und internationale Küche, vernünftige Preise, frequentiert von den Honoratioren der Stadt. Lohnt einen Besuch allein wegen der ausgezeichneten Sammlung moderner lateinamerikanischer Kunst an den Wänden.

Café Peón Contreras, Calle 60, neben dem Teatro Peón Contreras. Eines der angenehmsten Lokale der Stadt unter freiem Himmel. Ordentliche mexikanische Küche und Pizza.

Cafetería Pop, Calle 57, zwischen Calle 60 und 62. Gutes Frühstückslokal mit 60er-Jahre-Dekor, serviert auch Hamburger, Spaghetti und mexikanische Snacks. ◷ 7–24 Uhr.

Dulcería y Sorbetería El Colón, Calle 62 auf der Nordseite der Plaza. Berühmt für sein exotisches Fruchteis; Tipp: *champola*, eine große Portion Fruchteis in einem hohen Glas Milch.

Kulinarisches aus Yucatán

Typische Spezialitäten sind z.B. ***sopa de lima*** (keine Zitronensuppe, sondern mit Limonen und Gemüse gekochte Hühnersuppe), ***pollo*** oder ***cochinita pibil*** (Huhn bzw. saftiges Schweinefleisch, das in Bananenblätter gewickelt ist und in einem *pib*, eigentlich ein Erdloch – eine Kochgelegenheit, über die die Restaurants in Wirklichkeit nicht verfügen – gekocht wird), außerdem ***papadzules*** (mit harten Eiern gefüllte und mit einer rot-grünen Kürbiskern-Soße übergossene Tacos). Manche Gerichte werden ***en relleno negro,*** d.h. mit einer schwarzen Chilisoße serviert.

Puchero ist ein variables Eintopfgericht, das oft Hühner-, Rind- und Schweinefleisch, Karotten, Kürbis, Kohl und Süßkartoffeln mit würziger Soße umfasst, gewürzt mit Zimt und Piment und garniert mit Rettich, Koriander und Orangenscheiben – ein sehr populäres Sonntagsessen auf Yucatán.

Salbutes, knusprige Maistortillas belegt mit geschnetzeltem Truthahnfleisch, eingelegten Zwiebeln, Avocado und Rettich, sind zum Abendessen allgegenwärtig; ***panuchos*** sind nahezu identisch abgesehen von der Zugabe schwarzer Bohnen.

Zum Frühstück sind ***huevos motuleños*** eine interessante, süßliche Variante von Rühreiern auf einer knusprigen Tortilla mit Bohnen, darüber eine milde Tomatensoße, Schinken, Käse, Erbsen und gebratene Bananenscheiben.

Richtig scharf sind nur wenige dieser Sachen, aber Vorsicht vor der ***salsa de chile habanero,*** die in den meisten Restaurants auf dem Tisch steht – reines Feuer!

Weitere Filiale am Paseo de Montejo zwischen Calle 39 und 41, gut für eine Erfrischung nach einem Besuch des Archäologischen Museums.

Ki'bok, Calle 60 Nr. 468, zwischen Calle 53 und 55. Moderne Kaffeebar und Restaurant, serviert üppiges Frühstück und abwechslungsreiches Abendessen. ◷ bis 24 Uhr, Fr/Sa bis 2 Uhr.

El Marlin Azul, Calle 62 zwischen Calle 57 und 59. Seit langem beliebt bei Einheimischen wegen des ausgezeichneten und preiswerten Seafoods, darunter leckere Fisch-Tacos. Serviert auch Frühstück. ◷ nur bis 16.30 Uhr.

La Parroquia, Calle 62 Nr. 507, zwischen Calle 65 und 67. *Lechería,* die Milchmixgetränke, Joghurt und Obstteller bietet. Toll zum Frühstück oder am späten Abend.

Pizzería de Vito Corleone, Calle 59 Nr. 508, Ecke Calle 62. Billiges Pizzalokal mit Holzofen, auch Essen zum Mitnehmen.

El Pórtico del Peregrino, Calle 57, neben der Cafetería Pop. Stilvolle Patios drinnen und draußen – Ziel für ein romantisches Dinner oder einen Drink; das Essen – hauptsächlich Speisen aus Yucatán – ist manchmal ein bisschen einfallslos.

La Reina Itzalana, Parque de Santiago, Calle 59, zwischen Calle 70 und 72. Eines der wenigen Lokale der Stadt, in denen man ein ungezwungenes, superbilliges Abendessen aus *panuchos, salbutes* und *sopa de lima* bekommt. Bis 22 oder 23 Uhr voll mit Familien; auch zum Mittagessen geöffnet.

Unterhaltung

Zu den Dingen, die Mérida so liebenswert machen, gehören die **kostenlosen Veranstaltungen**, die fast jeden Abend stattfinden und von der Stadtverwaltung organisiert werden. Aktuelle Veranstaltungshinweise sind dem kostenlosen monatlichen Veranstaltungskalender *Mérida en la cultura* zu entnehmen, der bei der Touristeninformation und in größeren Hotels erhältlich ist.

Veranstaltungsorte sind die Plazas, der Park hinter dem Palacio Municipal, das Teatro Peón Contreras (neben der Touristeninformation) und die Casa de la Cultura del Mayab, Calle 63 zwischen Calle 64 und 66.

Das Angebot wechselt, aber typische Darbietungen sind die ***vaquerias*** (schwungvolle mexikanische Volkstänze aus unterschiedlichen Regionen zu den Klängen einer Jaranera-Musikgruppe); Bigband-Konzerte; **Marimba-Musik** auf dem Parque Hidalgo; Klassikkonzerte und die beliebte **Serenata Yucateca**, eine Freiluftveranstaltung mit traditionellen Liedern und Musik.

Am **Sonntag** sind die Plaza Mayor und die sie umgebenden Straßen autofrei, dann gibt es den ganzen Tag Musik, Tanz, Markt und Volksfeststimmung. Außerdem locken Straßenmärkte entlang der Calle 60 bis zur Plaza Santa Ana und ein Flohmarkt im Parque Santa Lucía.

Natürlich finden auch kommerziellere Vergnügungen statt: von Mariachi-Nächten in Hotelbars bis zu Salsatänzen in Nachtclubs. Die auf Touristen ausgerichteten werden in den Hotels und/oder in den Informationsbroschüren angekündigt. Die mit Abstand besten Veranstaltungen dieser Art sind die Auftritte des **Ballet Folklórico** de la Universidad de Yucatán mit einer sehenswerten Interpretation traditioneller mexikanischer und Maya-Zeremonien im Centro Cultural Universitario, Calle 60, Höhe Calle 57, Fr um 21 Uhr, Eintritt US$2.

Abgesehen von den Cantinas (und davon gibt es jede Menge in der Stadt, darunter auch ein paar an der Calle 62 südlich der Plaza), in denen i.A. viel gebechert wird, dienen die meisten **Bars** auch als Restaurants und schließen entsprechend früh.

Azul Picante, Calle 60, zwischen Calle 55 und 57. Kleiner Salsa-Club, der stärker als andere hier aufgeführte Lokale auf Touristen ausgerichtet ist; mit kostenlosem Unterricht am frühen Abend, außerdem mexikanische und karibische Themenabende.

La Casa del Todos, Calle 64, Ecke Calle 55. Winzige Studentenbar mit starkem Linkshang – an den meisten Abenden treten auf der kleinen Bühne ein oder zwei mitreißende Folksänger auf.

El Cumbanchero, Paseo de Montejo, Ecke Calle 37. Günstigere Lage als das Mambo Café, kleine Salsa-Bar im Besitz des Sohnes des verstorbenen Rubén González vom Buena Vista Social Club. Getanzt wird ab dem frühen Abend, zunächst legen die Älteren los, bis um ca. 22 Uhr die Jüngeren die Tanzfläche erobern. Sonntags auch zum Brunch geöffnet.

El Establo, Calle 60 zwischen Calle 55 und 57. Im selben Straßenabschnitt wie das Azul Picante; laute Bar mit Poolbillard und Rockmusik; zu den Getränken werden Botanas serviert.

Mambo Café, im Einkaufszentrum Plaza Las Américas. Lohnt die Taxifahrt, wenn man sich im angeblich besten Nachtclub der Stadt unter die Salsa-begeisterten Einheimischen mischen möchte. Oft gastieren Bands aus der DomRep und aus Kuba; Eintritt US$5.

Pancho's, Calle 59, gegenüber dem Hotel Reforma. Steakrestaurant mit kostspieligem Tex-Mex-Essen und einer belebten, wenngleich winzigen Tanzfläche. Ein Magnet für trendbewusste junge Einheimische und Amerikaner. Hier geht es dermaßen mexikanisch zu – Riesenfotos der mexikanischen Revolutionshelden und Kellner mit breitrandigen Sombreros –, dass man sich das Lachen kaum verkneifen kann. Happy Hour von 18–21 Uhr.

La Prosperidad, Calle 53, Ecke 56. Man sollte sich nicht von dem *restaurante turístico*-Etikett abschrecken lassen – dies ist ein angenehmer Ort für ein Nachmittagsbierchen, mit überwiegend mexikanischen Gästen. Die Drinks sind keineswegs billig, dafür gibt's nicht zu verachtende Botanas und oft Live-Musik ab Mittag. Die kleine separate Bar (Eingang in der Calle 56) scheint mehr eine Cantina nur für Männer. Beide schließen um 20 Uhr.

Einkaufen

Für viele Besucher stellt der **Hauptmarkt** von Mérida, zwischen den Calles 65 und 67 sowie Calles 56 und 54, die Hauptattraktion dar. Nach einem umstrittenen Sanierungsplan könnten die Stände irgendwann in ein übersichtlicheres, nach dem Warenangebot geordnetes Areal ein paar Blocks weiter südlich umziehen; aber derzeit bilden sie immer noch ein eindrucksvolles Durcheinander. Man sollte sich den Markt ansehen, obwohl er sehr touristisch ist. Die Qualität der Waren ist in den Läden allerdings fast durchweg besser, und die Preise liegen dort auch nicht höher.

Vor dem Kauf kann man sich in der ***Casa de Artesanías*** in der Casa de la Cultura, Calle 63, westlich vom Zócalo, über Qualität und angemessene Preise informieren. Sie wird von der staatlichen FONAPAS-Gesellschaft unterstützt und bietet eine große Auswahl an Kunsthandwerk aus dem Bundesstaat, dessen Qualität durchgängig gut ist, sowie filigranen Silberschmuck; das Angebot an Kleidung ist hingegen ziemlich begrenzt. ⌚ Di–Sa 9–20, So 9–13.30 Uhr.

HÄNGEMATTEN – Das beliebteste Souvenir von Mérida sind Hängematten (kaum ein Ort im Lande stellt bessere her), doch sollte, wer tatsächlich darin schlafen möchte, Sorgfalt beim Kauf walten lassen und nie bei einem Straßenverkäufer oder an einem Marktstand kaufen, denn dort ist die Qualität ausnahmslos schlecht. Der gute Schlaf in einer Hängematte hängt von der Dichte des Gewebes (je dichter, desto besser) und der Breite der Matte ab. Man legt sich nämlich diagonal hinein, um eine möglichst flache Unterlage zu haben, weshalb die Länge weniger wichtig ist. Allerdings sollte sie mindestens so lang sein, wie man selbst groß ist (die Bänder an beiden Enden nicht mitgerechnet). Eine passende (mindestens *doble*, besser *matrimonial)* Hängematte aus Baumwolle *(hilo de algodón)*, die hautfreundlicher ist als eine aus Chemiefasern, kostet ca. US$20. (Angebliche „Sisal"-Hängematten sind in der Regel unecht, denn dieses Material wird heutzutage kaum noch verwendet.) Das empfehlenswerte Spezialgeschäft ***Tejidos y Cordeles Nacionales*** in der Calle 56 Nr. 516B, gleich nördlich der Calle 65 (in unmittelbarer Nähe des Marktes), ist eine der besten Adressen für Hängematten. An jeder Wand des eher an ein Lagerhaus erinnernden Kaufhauses stapeln sich Hunderte Hängematten. Ihr Preis richtet sich meist eher nach Gewicht als nach Größe; eine hochwertige, dicht gewebte *doble* wiegt etwa 1 kg. Wer mehrere kauft, bekommt üblicherweise einen wesentlich günstigeren Preis. Ähnliche Hängemattengeschäfte in der Nähe sind ***El Campesino*** und ***El Aguacate***, beide in der Calle 58, sowie ***La Poblana*** in der Calle 65 Nr. 492, nahe Calle 60. Letzteres verkauft auch *ahulado,* das mit Blumen gemusterte Wachstuch, das in ganz Mexiko beliebt ist.

KLEIDUNG – In Mérida kann man gut **Tropenhemden** *(guayaberas)*, **Panamahüte** *(jipis* genannt) und die bestickten weißen **Blusen** *(huipiles)*, die die Mayafrauen tragen, kaufen. Bei Letzteren gibt es himmelweite Qualitätsunterschiede: von fabrikgefertigten und maschinengestickten bis zu solchen, die nicht nur handbestickt, sondern auch aus handgesponnenem Gewebe hergestellt sind. Aber sogar die besten können sich nicht mit den alten Stoffen messen, die man manchmal findet: Der Stil ist zwar seit Hunderten von Jahren derselbe, aber die Machart der alten ist viel besser – und ihr Preis schier unerschwinglich.

Sonstiges

AUTOVERMIETUNGEN – ***Mexico Rent a Car,*** freundlicher Familienbetrieb mit Filialen in der Calle 57-A zwischen Calle 58 und 60, und Calle 62 Nr. 483-A, ✉ mexicorentacar@hotmail.com, ☏/℻ 999/927-4916. Sehr preisgünstig.
Hertz, Calle 60 zwischen Calle 55 und 57, ☏ 999/924-2834, am Flughafen, ☏ 946-1355, und im Hotel Fiesta Americana, ☏ 925-7595, wo auch eine Reihe anderer Anbieter zur Auswahl stehen.

BÜCHER – ***Librería Burrel,*** Calle 59 zwischen Calle 60 und 62, hat gute Landkarten und Pläne.
Librería Dante, auf der anderen Straßenseite (weitere Filiale an der Westseite des Zócalo), verkauft englische Reiseführer.
Arte Maya, Calle 57 zwischen Calle 60 und 62, bietet jede Menge gebrauchte Taschenbücher in vielen Sprachen.
Mérida English Library, Calle 53, zwischen Calle 66 und 68. Ausleihe von Büchern in englischer Sprache, dient auch als Treffpunkt der ausländischen Gemeinde Méridas.

GELD – ***American Express,*** Paseo de Montejo Nr. 492, zwischen Calle 41 und 43, ☏ 999/942-8200, ℻ 942-8210, ⌚ Mo–Fr 9–17, Sa 9–12 Uhr. Die meisten Banken liegen in der Umgebung der Calle 65 zwischen den Calles 60 und 64, haben Geldautomaten und sind von 9–16 Uhr geöffnet. Die am zentralsten gelegene ist ***Banamex*** in der *Casa de Montejo* am südlichen Ende des Zócalo, ebenfalls mit Geldautomat.

INFORMATIONEN – Die Haupttouristeninformation, ***Centro de Información Turística,***

🖳 www.cultur.com, befindet sich im Teatro Peón Contreras, Calle 60, Ecke 57-A. Hier gibt es die ausgezeichnete, kostenlose Broschüre *Yucatán Today,* 🖳 www.yucatantoday.com, mit Veranstaltungshinweisen auf Englisch und Spanisch zu Mérida und dem Bundesstaat. Die Angestellten sind hilfsbereit und verfügen über gute Informationen, wie man mit öffentlichen Transportmitteln auch die weniger bekannten Ausgrabungsstätten besichtigen kann. 🕒 tgl. 8–20 Uhr. **Informationsstände** befinden sich im Palacio de Gobierno an der Plaza Mayor sowie am Paseo de Montejo gleich südlich des Hotels Fiesta Americana. Nützliche **Websites** für die Vorabinformation sind z.B. 🖳 www.cityview.com.mx und 🖳 www.merida.gob.mx.

INTERNET / TELEFON – Internet-Cafés gibt es praktisch in jeder Straße im Zentrum Méridas, z.B. ***Maya Site,*** Calle 60 zwischen Calle 53 und 55, das auch Fax- und internationale Telefondienste anbietet, oder ***Chandler's,*** im Einkaufszentrum an der Nordseite des Zócalo. Eine kleine ***caseta*** in der Shoppingmall des Fiesta Americana bietet günstigere Tarife für Telefonate nach Europa und in die USA als der Durchschnitt.

KONSULATE – Die Öffnungszeiten sind zumeist sehr eingeschränkt, deshalb besser erst einmal anrufen und sich vergewissern.
Belize: Calle 53 Nr. 498, Ecke Calle 58, ✆ 999/928-6152. 928-6152, ✉ dutton@sureste.com.
Deutschland: Calle 49 Nr. 212, zwischen Calle 30 und 32, San Antonio Cucul, 97116 Mérida, ✆/📠 999/944-3252, zuständig für Yucatán und Campeche.
Österreich: Av. Colón Nr. 501-C, 97000 Mérida, ✆ 999/925-6386, 📠 925-8068. Honorarkonsulat ohne Passbefugnis.
Kuba: Calle 1D Nr. 320, Höhe Calle 42, ✆ 999/944-4216, ✉ consulcuba@yuc1.telmex.net.mx;
USA: Paseo de Montejo Nr. 453, Höhe Av. Colón, ✆ 999/925-5011.

POST – Hauptpost in der Calle 65, zwischen 56 und 56-A, 🕒 Mo–Fr 8–17, Sa 9–13 Uhr, wird aber möglicherweise in ein Museum verwandelt; die Nutzung des Lista de Correos (Poste restante)-Dienstes ist daher momentan nicht zu empfehlen. Postschalter gibt es auch am Flughafen und in der Nähe des 2. Klasse-Busbahnhofs an der Calle 70.

REISEBÜROS / TOUREN – Méridas ***Touristeninformation*** bietet tgl. um 9.30 Uhr eine kostenlose Führung durchs Zentrum; Reservierung im Büro im Palacio de Gobierno. Eine Stadtrundfahrt im offenen Bus von ***Carnaval*** ist nicht besonders spannend, kann aber ganz nett sein, da die meisten Mitfahrenden Mexikaner sind und auch der abgelegene Parque de las Américas angefahren wird (ab Parque Santa Lucía, So 10 und 13, Mo–Sa 10, 13, 16 und 19 Uhr; US$8).
Deep Rock Adventures, ✆ 999/987-8040, ✉ deeprockadventures.com.mx, organisiert Höhlentouren zu nahe gelegenen *cenotes.*
Nómadas, 🖳 www.nomadastravel.com, ✆ 999/ 948-1187, Studentenreisebüro, das preiswerte Ausflüge nach Uxmal und Chichén Itzá und sehr günstige Flüge nach México D.F. bietet.
Yucatan Trails, Calle 62 Nr. 482, zwischen Calle 57 und 59, ✆ 999/928-2582, ✉ yucatantrails@hotmail.com, die Preise für Touren beinhalten hier stets die Eintrittsgebühren für die Sehenswürdigkeiten; organisiert auch Ausflüge nach Kuba. Der kanadische Besitzer bietet zudem Gepäckaufbewahrung für US$1/Tag.

WÄSCHEREIEN – Wer die Wäsche nicht im Hotel waschen lassen kann oder will, kann z.B. die ***Lavandería Agua Azul,*** Calle 70 Nr. 505, Höhe Calle 61, in Anspruch nehmen.

Nahverkehrsmittel

Im Zentrum lassen sich fast alle Sehenswürdigkeiten zu Fuß erreichen. Es ist aber ganz nett, mit einer der **Pferdekutschen** *(calesas)* zu fahren, die den Paseo de Montejo (s.S. 660) entlangholpern. Für weiter entfernte Sehenswürdigkeiten (z.B. das Archäologische Museum) kann man **Stadtbusse** benutzen, aber das Bussystem ist sehr unübersichtlich und soll demnächst umgemodelt werden. Viele Busse und Combis fahren von der Calle 54, Ecke Calle 65, nahe dem Markt, ab; Busse Richtung Norden fahren oft die Calle 56 hoch. Die Busse halten an Straßenecken auf

Zuwinken; der Preis (normalerweise US$0,40) ist an den Türen angeschlagen.
Taxis kann man überall anhalten. Taxistände befinden sich am Parque Hidalgo, am Postamt, an der Plaza de San Juan und am Flughafen.

Transport

BUSSE – Es gibt eine verwirrende Zahl von kleinen 2. Klasse-Busbahnhöfen und Busverbindungen, doch Touristen werden wahrscheinlich nur Méridas größte Busbahnhöfe, die nah beieinander im Westen der Stadt liegen, in Anspruch nehmen: Den **1. Klasse-Bahnhof CAME**, Calle 70 Nr. 555, zwischen Calle 69 und 71, oder den **2. Klasse-Busbahnhof** an der Calle 69 zwischen Calle 68 und 70, der schöner als der 1. Klasse-Busbahnhof ist, mit ac und Gepäckaufbewahrung.
Einige 1. Klasse-Busse kommen am Hotel Fiesta Americana nördlich des Zentrums an, was praktisch ist, wenn man dort oder im Villa Mercedes übernachtet, ansonsten ist es jedoch ein etwas längerer Fußmarsch ins Zentrum.
Die meisten Busse zu größeren Zielorten fahren an den beiden genannten Busbahnhöfen ab, aber kleinere Ortschaften erreicht man besser von den zahlreichen **Haltestellen** weiterer Gesellschaften, die über die ganze Stadt verstreut sind.
Die Stadtbusse legen nicht die gesamte Strecke zwischen den Busbahnhöfen und der Plaza Mayor zurück. Zu Fuß braucht man ca. 20 Min.: Wenn man mit dem Rücken zum Haupteingang des 2. Klasse-Busbahnhofs steht, liegt gleich rechts die Kreuzung von Calle 68 und 69; zur Plaza Mayor läuft man drei Blocks geradeaus (nördlich) die Calle 68 hoch, dann nach rechts (östlich) und noch einmal vier Blocks.
Da die Stadt von so vielen Busunternehmen bedient wird, bieten oft mehrere die gleichen Strecken von unterschiedlichen Busbahnhöfen an – deshalb ist die folgende Auflistung nur ein unvollständiger Überblick über den Fahrplan.
Vom 1. Klasse-Terminal häufig nach:
MÉXICO D.F. (20 Std.) und PALENQUE mit *ADO*, nach CAMPECHE und VILLAHERMOSA mit *ADO* und *Caribe Express*.
Caribe Express fährt außerdem nach CANCÚN, ESCÁRCEGA, PLAYA DEL CARMEN und zu zahlreichen anderen Orten.
Autotransportes del Caribe fährt nach AKUMAL, VILLAHERMOSA, TULUM und PLAYA DEL CARMEN.
Autotransportes del Caribe und *Caribe Express* besitzen Schalter im Hauptgebäude des 2. Klasse-Busbahnhofs.
Vom **2. Klasse-Busbahnhof** an der Calle 69, zwischen Calle 68 und 70, nach:
CAMPECHE mit *Autotransportes de Sureste* (4 Std.),
CANCÚN mit *Expreso de Oriente* (6 Std.),
ESCÁRCEGA mit *Autotransportes de Sureste* (6 Std.),
PALENQUE mit *Autotransportes de Sureste* (10–11 Std.),
PLAYA DEL CARMEN mit *Expreso de Oriente* (8 Std.),
TUXTLA GUTIÉRREZ mit *Autotransportes de Sureste* (20 Std.), VALLADOLID mit *Expreso de Oriente* (3 Std.),
VILLAHERMOSA mit *Autotransportes de Sureste* (10 Std.).
Von den **kleineren Busbahnhöfen** von Mérida ist der an der Calle 50, Ecke Calle 67, am nützlichsten; er bietet Verbindungen (normalerweise 2. Klasse) mit *Autobuses de Occidente en Yucatán* zu Zielen westlich von Mérida, mit *Lineas Únidos del Sur de Yucatán, Autobuses del Noreste en Yucatán* und *Autotransportes de Oriente.* Busse verkehren von hier nach CELESTÚN (5–20.30 Uhr; 2 Std.), OXKUTZCAB (stdl.; 2 Std.) und SISAL (stdl.; 2 Std.) sowie RÍO LAGARTOS (6 Std.) und SAN FELIPE (6 Std.) mit Umsteigen in TIZIMÍN (4 Std.). Außerdem stdl. Busse nach CANCÚN (6 Std.), IZAMAL, PISTÉ und VALLADOLID.

COLECTIVOS – Colectivos aus/zu umliegenden Orten fahren bis zur/ab Plaza de San Juan, an der Calle 69 zwischen Calle 62 und 64. Um zur Plaza Mayor zu gelangen, verlässt man die Plaza de San Juan an der Nordostecke und geht drei Querstraßen auf der Calle 62 nach Norden. Zielorte sind u.a. PROGRESO (1 Std.), DZIBILCHALTÚN (hält direkt an der Abzweigung zu den Ruinen), DZITYA, OXKUTZCAB und TICUL.

FLÜGE – Der **Aeropuerto Manuel Crecencio Rejón** liegt 7 km südwestlich der Stadt. Es bestehen Verbindungen mit den meisten mexikanischen Städten und zu einigen internationalen Zielen. Ins Zentrum fahren Colectivos (Ticket zum Festpreis am Schalter), Taxis und Bus Nr. 79, Endhaltestelle an der Calle 67, Ecke 60. Zum Flughafen per Taxi (Festpreis ca. US$10, z.B. am Taxistand an der Plaza Hidalgo angeschrieben) oder mit Bus Nr. 79 („Aviación"). Im Flughafen gibt es eine Touristeninformation, ◷ tgl. 8–20 Uhr, einen Postschalter, Telefone für Ferngespräche und Schalter von Autovermietungen.

Fluggesellschaften: ***Aerocaribe / Aerocozumel / Mexicana Internacional,*** Paseo de Montejo Nr. 500, ✆ 999/928-6790, Flughafen ✆ 946-1678.

Aeroméxico, Plaza Americana, Hotel *Fiesta Americana,* ✆ 999/920-1260, Flughafen ✆ 946-1400.

Aviacsa, im Hotel Fiesta Americana, ✆ 999/925-6890, Flughafen ✆ 946-1850.

Aviateca, Paseo de Montejo Nr. 475C, ✆ 999/925-8059, Flughafen ✆ 946-1296.

Mexicana, Paseo de Montejo Nr. 493, ✆ 999/924-6633, Flughafen ✆ 946-1332.

Auf Méridas Flughafen kommen auch ein paar internationale Flüge an, in erster Linie aus Miami und Houston.

Dzibilchaltún

Ungefähr auf halber Strecke von Mérida Richtung Progreso liegen einige Kilometer östlich der Hauptstraße die Ruinen von Dzibilchaltún. Mitten in der Ausgrabungsstätte befindet sich ein *cenote,* in dem man baden kann – er wird aus einer kleinen Quelle ständig mit Süßwasser versorgt. Obwohl diese Stätte für Archäologen von großer Bedeutung ist – sie war von 1000 v.Chr. bis zur Konquista durchgehend besiedelt, länger als jede andere bekannte Fundstätte –, scheint man sich für den Ort wenig zu interessieren. Man kann leicht einen Ausflug von Mérida hier heraus unternehmen oder auf dem Weg zum Meer einen Abstecher machen. ◷ Di–So 8–17 Uhr, Eintritt US$5,50. Gleich neben dem Eingang gibt es eine Cafetería mit Verkaufsstand.

Dzibilchaltún war offensichtlich eine außerordentlich große Stadt, deren wichtigste Zentren durch breite Dämme miteinander verbunden waren. Leider ist von den über 8000 registrierten Bauten nur wenig erhalten geblieben, denn die behauenen Steine waren ein gutes Baumaterial, das in den umliegenden Dörfern und in der Straße von Mérida nach Progreso verarbeitet wurde. Der 44 m tiefe **Cenote Xlacah** versorgte die alte Stadt mit Wasser, war aber auch eine wichtige Ritualstätte der Maya. Man hat dort über 6000 Opfergaben, darunter auch menschliche Skelette, gefunden.

Vom Cenote führt ein Dammweg zu einer Gruppe verfallener Gebäude beim **Templo de las Siete Muñecas** (Tempel der sieben Puppen), der seinen Namen von sieben in seinen Mauern „bestatteten" Tonfiguren ableitet). Durch eine Röhre konnten die Geister dieser Figuren mit den Priestern kommunizieren. Der Tempel und die ihn umgebenden Bauten sind mit verschiedenen astronomischen Zeichen versehen, woraus man schließt, dass der Tempel eine Art Observatorium gewesen sein soll. Es handelt sich übrigens um den einzigen bekannt gewordenen Maya-Tempel, der mit Fenstern versehen ist und anstelle des üblichen Dachkammes einen Turm aufweist. Die Figuren, die weibliche Züge tragen, und viele Fundstücke aus dem *cenote* kann man im kleinen **Museum** beim Eingang betrachten. Dort wird versucht, dem Besucher einen Überblick über die Kultur und Geschichte der regionalen Maya-Gruppen bis zur Gegenwart zu liefern.

Ein 5 1/2 km^2 umfassendes Gebiet in der Umgebung von Dzibilchatún ist zum Öko-Archäologischen Park ernannt worden, nicht zuletzt um eine einzigartige Fischspezies zu schützen, die nur in *cenotes,* einschließlich des Cenote Xlacah, lebt. Auf Naturpfaden kann man durch den Wald wandern und mit etwas Geduld Vögel beobachten.

Transport

Dzibilchaltún lässt sich zusammen mit Progreso leicht an einem Tag von MÉRIDA aus besuchen: Combis mit Ziel Chablecal halten an den Ruinen; Abfahrt vom Parque San Juan (Calle 62, Ecke Calle 69) ca. alle halbe Std. Von den Ruinen wandert oder trampt man zurück zur Hauptstraße, wo man einen Bus nach PROGRESO anhalten kann.

Progreso

Die Fahrt (36 km) von Mérida nach Progreso, dem nächstgelegenen Ort an der Küste, geht durch flaches Land, wo noch *henequén* (Sisal) verarbeitet wird. Am Stadtrand von Mérida liegt die riesige Fabrik *Cordemex*. Gleich daneben werden im fabrikeigenen Geschäft Produkte aus *henequén* verkauft.

Auf den ersten Blick macht die Hafenstadt mit einem 6 km langen Betonpier nicht viel her, insbesondere nach einem Sommerwochenende, wenn die Scharen von Tagesausflüglern die Stadt verlassen haben und nur ihre Bierflaschen und Abfälle zurückbleiben, doch es gibt hier einen langen, breiten weißen Sandstrand (auch wenn das Wasser nicht sehr sauber ist), und der Ort eignet sich gut für einen netten Tagesausflug von Mérida aus. Die Küstenlinie hinter dem Strand ist bis Chicxulub Puerto, einem nicht weiter erwähnenswerten, 5 km östlich gelegenen Fischerdorf, zugebaut. Bei einem Spaziergang zwischen beiden Orten kommt man an den Herrenhäusern der alten *henequén*-Exporteure vorbei, die sich mit modernen Ferienhäusern und Eigentumswohnungen abwechseln.

Die Straßen Progresos sind in einer etwas verwirrenden Art durchnummeriert: Die Nord-Süd-Richtung wird in den 70er und 80ern, die Ost-West-Richtung in den 20ern und 30ern gezählt. Das klingt komplizierter als es ist, und man findet sich in dem kleinen Ort schnell zurecht. Die Hauptstraße ist die Calle 80.

Übernachtung

Es gibt einige preiswerte Hotels an der Av. Malecón, die am Meer verläuft, da Progreso ein beliebtes Ferienziel für mexikanische Familien ist, haben viele große Zimmer, die sich gut für Gruppen eignen. Hochsaison ist im Juli und August, ansonsten sind die Preise erheblich niedriger. Die billigeren Hotels liegen ein paar Straßen landeinwärts.

Hotel Progreso, Calle 29 Nr. 142, Ecke Calle 78, ✆ 969/935-0039, ℻ 935-2019, saubere Zimmer, wahlweise ac oder Ventilator. ❹–❺

Hotel Casa Quixote, ✆ 969/935-2909, ℻ 935-5600, 💻 www.casaquixote.com, etwas östlich des Zentrums in der Calle 23 zw. Calle 48 und 50. Neueres Hotel mit vielen Zimmern und Pool. ❻

Tropical Suites, Malecón, Ecke Calle 70, ✆ 969/935-1263, verfügt über ein paar Apartments mit Küchenzeile. ❺

Essen

Eladio's, am Malecón, Höhe Calle 80, lebhaftes Lokal, in dem man fast eine Mahlzeit in Form leckerer Botanas genießen kann, die kostenlos zum Bier gereicht werden.

Sol y Mar, gegenüber, beliebt wegen seiner Seafood-Snacks.

Le Saint Bonnet, Calle 19, Ecke Calle 78, Familienrestaurant, das aufwändigere lokale Seafoodspezialitäten auftischt und über einen Pool für Gäste verfügt.

Billige Comida corrida gibt es in mehreren guten Comedores auf dem kleinen, einladenden Markt.

Sonstiges

GELD – Es gibt zwei **Banken** mit Geldautomaten in der Calle 80.

INFORMATIONEN – ***Touristeninformation,*** Calle 80, in der Casa de la Cultura, ✆ 969/935-0114. Nicht übermäßig hilfreich. ⌚ Mo–Fr 8–14, Sa 8–13 Uhr.

INTERNET – Ein Internet-Café befindet sich in der Calle 80.

Transport

Die Busse aus MÉRIDA (Abfahrt am Progreso-Busbahnhof in der Calle 62, zwischen Calle 65 und 67) halten am kleinen Busbahnhof, einen Block vom Zócalo und fünf Blocks vom Meer entfernt. Combis für die Rückfahrt nach Mérida fahren am Nordrand des Parque Central von Progreso an der Calle 80, Ecke Calle 81, in der Nähe der Post, ab. (Achtung: Wer im Sommer am Sonntagabend abfahren will, muss wegen der vielen Wochenendausflügler mit langen Wartezeiten rechnen).

Celestún

Celestún, am Ende einer Sandbank an der Nordwestküste Yucatáns, zieht dank seiner Flamingoscharen viele Besucher an. Wer sie – und die zahlreichen Zugvögel, die im Winter wegen des fischreichen, warmen Wassers herkommen – sehen möchte, kann am offiziellen *parador turístico* (Anlaufstelle für Besucher) gleich hinter der Brücke an der Hauptstraße nach Celestún hinein ein Boot mieten. Am besten bittet man den Busfahrer, einen hier abzusetzen, denn sonst sind es von der Plaza 20 Min. zu Fuß zurück hierher. Im Ort gibt es eine Bank (aber keinen Geldautomaten) und eine Tankstelle.

Am Ticketschalter für die Boote müssen eine Gruppenkarte (US$40) sowie Einzeltickets (US$4, max. 6 Pers. pro Boot) für eine 80-minütige Tour gelöst werden.

Ein 2 Std. und 20 Min. dauernder Ausflug – der noch weiter führt und die Gelegenheit bietet, im rötlichen Wasser zwischen Mangroven zu schwimmen (Badesachen mitbringen) – kostet US$80 für das Boot plus US$4 p.P. Wer bereits im Ort ist und keine Lust hat, bis zum *parador* hinauszuwandern, kann vom Strand in Celestún einen Ausflug mit dem sympathischen Führer Filiberto Couoh Cavich (auch Ruso genannt) vereinbaren (2 1/2–3 Std.; US$150 für 8 Pers.) – im *Restaurant Celestún* fragen!

Theoretisch stehen die Flamingos unter dem Schutz des 375 km² großen **Parque Natural de Celestún**, doch in der Praxis werden sie selbst während der Brutzeit dauernd von Booten aufgescheucht, die viel zu nah heranfahren, um die Passagiere mit dem Spektakel der auffliegenden Flamingos zu „erfreuen". Man sollte versuchen, dem Bootsführer klarzumachen, dass man die Tiere nicht stören möchte und auch aus angemessener Entfernung gute Fotos machen kann.

Übernachtung und Essen

Im Ort gibt es ein halbes Dutzend einfacher Übernachtungsmöglichkeiten. Z.B.:

Hotel María Carmen, Calle 12 Nr. 111, Ecke Calle 15, ✆ 988/916-2170, Zimmer mit Balkon und ein paar mit ac. ❺

Hotel San Julio, Calle 12, Ecke Calle 9, ✆ 988/916-2170. Spartanischer. ❹

Ría Celestún, Calle 12, Ecke Calle 13, ✆ 988/916-2219, (E) hostelriacelestun@hotmail.com, Hostel mit annehmbaren Dorm-Betten. ❷

Eco Paraíso Xixim, 10 km nördlich der Stadt, ✆ 988/916-2100, 💻 www.ecoparaiso.com. Etwas abgelegenes, reizendes Ökohotel, das hauptsächlich mit Wind- und Solarenergie betrieben wird: Gut ausgestattete Cabañas, hervorragende Duschen, kilometerlanger, einsamer Strand und eine reiche Tierwelt im nahe gelegenen Busch. Frühstück und Abendessen inkl. ❾

Entlang der Hauptstraße und am Strand gibt es mehrere Fischrestaurants (leckeres *ceviche* serviert das ***Celestún)***, einen Markt und eine Bäckerei.

Transport

1. Klasse-Busse fahren in MÉRIDA vom **CAME**-Busbahnhof in der Calle 71 (zwischen Calle 66 und 64) alle 2 Std. nach Celestún. 2. Klasse-Busse von *Autotransportes del Sur,* Calle 67, Ecke Calle 50, in Mérida fahren ebenfalls nach Celestún.

Die Puuc-Route

In den Puuc-Hügeln, westlich von Ticul, 80 km südlich von Mérida, liegen viele der wichtigsten archäologischen Fundstätten von Yucatán. Die berühmteste ist **Uxmal** (ausgesprochen „uhsch-mal"), die in Größe und Bedeutung an zweiter Stelle hinter Chichén Itzá rangiert. Sie ist jedoch, was die Machtfülle – und sicher auch, was die Schönheit der Architektur anbelangt, gewaltiger als Chichén Itzá.

Zu den kleineren Stätten zählen **Kabáh**, unweit der Carretera, **Sayil**, nicht weit davon entfernt an einer ostwärts führenden Nebenstraße, und **Labná**, an derselben Piste noch ein Stück weiter. Alle diese Mayazentren werden jeweils von einem Hauptgebäude beherrscht und besitzen, trotz der engen Verbindungen untereinander, ihre ganz besonderen Eigentümlichkeiten. Von Labná kann man nach **Oxcutzcab**, an der Straße von Muna Richtung Felipe Carillo Puerto, weiterfahren und dann via **Maní** zurück über diese Straße nach Mérida, oder man wählt die neue, schnelle Straße an den Maya-Ruinen von **Mayapán** vorbei.

Wie im Falle von Chichén Itzá betrachtet man die Puuc-Stätten neuerdings als genauso authentische Maya-Siedlungen wie Tikal oder Palenque, und nicht mehr als das Produkt einmarschierter Tolteken. Zwar finden sich sowohl in den Puuc-Stätten als auch in Chichén Itzá bis dato unbekannte Stile und Gestaltungsmerkmale, doch gleichzeitig sind die Übereinstimmungen in Architektur und Handwerkstechniken, im religiösen Symbolismus, in der Hieroglyphenschreibweise und im Siedlungsmuster groß. Inzwischen nehmen Forscher an, dass die neueren Gestaltungsmerkmale von den **Chontal Maya** der Golfküstenniederung eingeführt wurden, die um die Zeit der spätklassischen Periode (800–1000 n.Chr.) die wichtigsten Handelspartner Yucatáns geworden waren. Die Chontal Maya unterhielten enge Handelsbeziehungen mit Oaxaca und Zentral-Mexiko, und es ist durchaus denkbar, dass sie ihre architektonischen Stile und ihre Vorstellungswelt nach Yucatán gebracht haben.

Transport zu den Ruinen

Die Stätten liegen so weit auseinander, dass man per Bus nur einen Bruchteil von ihnen besichtigen kann, es sei denn, man plant mehrere Tage ein und nimmt lange Wartezeiten in Kauf.

Am einfachsten und billigsten lassen sich die Ruinen mit dem **Ruta Puuc-Bus** (US$10,70) von *Autotransportes del Sur* erreichen, der am 2. Klasse-Busbahnhof von Mérida abfährt und an einem Tag Uxmal und vier weitere Puuc-Stätten besucht. Die Aufenthalte bei den Ruinen sind kurz, aber Uxmal ist die letzte Stätte an der Strecke; wer möchte, kann dort länger bleiben und einen anderen Bus zurück nehmen; die Fahrkarte kostet dann natürlich extra.

Zahlreiche Reisebüros in Mérida bieten teurere Touren zu den Puuc-Stätten an, die Mahlzeiten und einen Führer beinhalten. Mit einem Mietwagen kann man innerhalb von zwei Tagen die interessantesten Stätten besuchen und entweder abends wieder nach Mérida zurückfahren oder ein Zimmer in Santa Elena oder Ticul oder um Uxmal herum nehmen. Autovermietungen s.S. 667.

Uxmal

In Uxmal („die dreimal Erbaute") findet sich die schönste Form der Puuc-Architektur. Die Gebäude von geradezu klassischen Proportionen sind mit breiten Friesen versehen, Steinmosaiken mit geometrischen Figuren und stilisierten Formen, die sich endlos wiederholen und sehr abstrakt wirken. Daneben begegnet man, wie in allen anderen Maya-Stätten in Yucatán, überall den Masken des Regengottes Chac, dessen gebogene Nase den Kreislauf des Wassers symbolisiert. In Uxmal und den anderen Puuc-Ausgrabungsstätten findet man allerdings keine *cenotes* oder andere Wasserstellen, sondern künstliche, krugförmige, unterirdische Zisternen. In ihnen wurde Regenwasser aufgefangen. In den letzten Jahren hat man sie zugeschüttet, damit sie keine Brutstätten für Moskitos abgeben.

Über die Geschichte der Stadt ist wenig bekannt. Sicher ist nur, dass die wichtigsten Bauwerke und die Zeit, zu der Uxmal die größte Einwohnerzahl (und Macht) hatte, in die spätklassische Periode fallen, auch wenn es Hinweise auf eine sehr viel frühere Besiedlung gibt. Irgendwann nach 900 n.Chr. begann der Niedergang der Stadt, und um 1200 n.Chr. waren Uxmal und sämtliche Puuc-Stätten, gemeinsam mit Chichén Itzá, praktisch menschenleer. Die Ursachen dafür liegen im Dunkeln; innenpolitische Auseinandersetzungen, ökologische Probleme und die abgeschnittenen Handelsbeziehungen zu Tula könnten eine Rolle gespielt haben. Später ließ sich die Xiu-Dynastie in Uxmal nieder, die einer der Zentralstützpunkte der Liga von Mayapán wurde. Von hier ging 1441 der Aufstand aus, der schließlich der Macht von Mayapán ein Ende bereitete und damit auch der Zentralgewalt der Maya auf der Halbinsel. Die wichtigen noch erhaltenen Bauwerke datieren jedoch alle aus der klassischen Periode.

Die Ausgrabungen

Durch den Haupteingang der Stätte kommt man direkt auf die rückwärtige Front der großen **Pirámide del Adivino** („Pyramide des Wahrsagers/Zauberers") zu. Diese beeindruckende Maya-Pyramide erhebt sich auf einer ovalen Grundfläche zu einer Höhe von 38 m. An der Ost- und Westseite führt eine breite, sehr steile Freitreppe nach oben. Ihren Namen verdankt die Pyramide der Legende, derzufolge sie wunderbarerweise in einer einzigen Nacht von einem Zwerg errichtet worden sei. In Wirklichkeit konnte man bisher mindestens fünf verschiedene Bauzeiten innerhalb von 300 Jahren nachweisen, oder auch sechs, wenn man die nachträgliche

Restauration dazuzählt, die vielleicht nicht ganz in Übereinstimmung mit den vorherigen Konstruktionen geschah.

Besuchern ist es nicht mehr gestattet, die Pyramide zu besteigen, aber vom Fuß der hinteren (östlichen) Treppe ist ein Tunnel zu sehen, der den Tempel III freilegte. Ganz oben auf der Pyramide steht ein von einer Plattform umgebener Tempel, dessen Fassade mit ineinander greifenden geometrischen Motiven verziert ist. Auf der Westseite der Pyramide verläuft die Treppe zu beiden Seiten eines zweiten, früher gebauten Heiligtums, das deutlich vom weiter südlich beheimateten Chenes-Stil beeinflusst ist. Der Tempel trägt den Namen **Edificio Chenes** (oder Tempel IV). Die Fassade stellt die frontale Ansicht eines Ungeheuers dar. Der Eingang entspricht dem aufgerissenen Monsterrachen. Am Fuß der Westseite befindet sich eine noch ältere Tempelkonstruktion.

Der westlich der Pyramide gelegene **Quadrangulo de las Monjas** („Viereck des Nonnenklosters") ist ein Komplex aus vier Gebäuden, die eine rechteckige Plaza umgeben. Zum Hof hin öffnen sich viele unterschiedlich große Räume, die von den fantasiebegabten Spaniern für Klosterzellen zur Unterbringung von zum Opfer bestimmten Jungfrauen gehalten wurden, aber das Gebäude war sicher kein Kloster im europäischen Sinn. Der Spekulation sind wieder einmal keine Grenzen gesetzt. Die Interpretationen reichen von einer „Militärakademie" bis hin zu einem „irdischen Paradies", in dem auserwählte menschliche Opfer ihre letzten Monate in allem Überfluss verlebten.

Die vier Gebäude stammen aus verschiedenen Epochen, und obwohl sie sich für den Betrachter harmonisch zusammenfügen, unterscheiden sie sich doch wesentlich voneinander. Das höher gelegene **Nordgebäude** erreicht man über eine breite Treppe. Seine glatte Steinfassade wird nur von den Eingängen zu den Innenräumen unterbrochen. Erst in dem hohen, darüber liegenden Fries finden sich stilisierte Masken, steinerne kleine Tempel und reiche geometrische Dekorationen – typisch für den sehr späten Puuc-Stil, der in Uxmal zu einer überreichen Ausformung gelangte.

Eine sich windende, gefiederte Klapperschlange, die den Kopf eines Kriegers in den Klauen hält, umgibt die ganze reich verzierte Fassade des **Westgebäudes**. Hier zeigt sich die zunehmende Kunstfertigkeit der Maya-Architektur – die Pseudo-Gewölbe sind so breit wie es eben möglich war, ohne einzustürzen, und werden zusätzlich von kreuzförmigen Holzbalken gestützt. Die Fronten sind leicht gebogen, um eine stimmige horizontale Perspektive zu gewährleisten. Der „echte" Bogen, den die Römer erfanden und der erst die Überwölbung großer Räume möglich machte, war den Maya unbekannt. Sie errichteten Bögen aus Kragsteinen, so genannte „falsche" Bögen, bei denen immer ein Stein ein wenig über den unteren hinausragt, von ihm jedoch ganz und gar gehalten wird. Innengewölbe fielen von daher immer eng aus, Eingänge schmal – soweit sie nicht von Mittelsäulen gestützt wurden.

Ein Bogengang, der durch das Südgebäude führt, verband den Platz mit dem **Ballspielplatz**. Jetzt führt ein Pfad an den Trümmern der Seitenmauern des Platzes vorbei zu der gigantischen Terrasse, auf der der Palacio del Gobernador und die schlichte, elegante **Casa de las Tortugas** („Haus der Schildkröten") stehen. Letztere erhielt ihren Namen von den steinernen Schildkröten, die die Mauerbrüstung zieren, und weist ein weiteres Merkmal der Puuc-Architektur auf: Steinfassaden, die so bearbeitet wurden, dass sie aussehen, als wären sie mit einer Reihe schlanker Säulen besetzt. Ein Zusammenhang mit den aneinander gebundenen Bambuspfählen oder dünnen Ästen der traditionellen Maya-Hütten, wie sie auch heute noch zu sehen sind, liegt nahe.

Der **Palacio de Gobernador** war schon für John L. Stephens, der 1840 den damals praktisch unbekannten Ort besuchte, ein Bauwerk, das an Größe und Bedeutung seinesgleichen suchte. Er schrieb:

> *Wenn es heute auf seiner großen künstlichen Terrasse im Hyde Park oder in den Tuillerien stünde, würde es neue Richtungen weisen... und wäre es wert, Seite an Seite mit den Resten der ägyptischen, griechischen und römischen Kunstwerke zu stehen.*

Der Palast blickt nach Osten, wendet sich also von den anderen Gebäuden ab. Wahrscheinlich steckt hinter dieser Ausrichtung eine astronomische Bedeutung oder die weit verbreitete Gewohnheit der klassischen Maya, Tempeleingänge der aufgehenden Sonne zuzuwenden. Der Haupt-

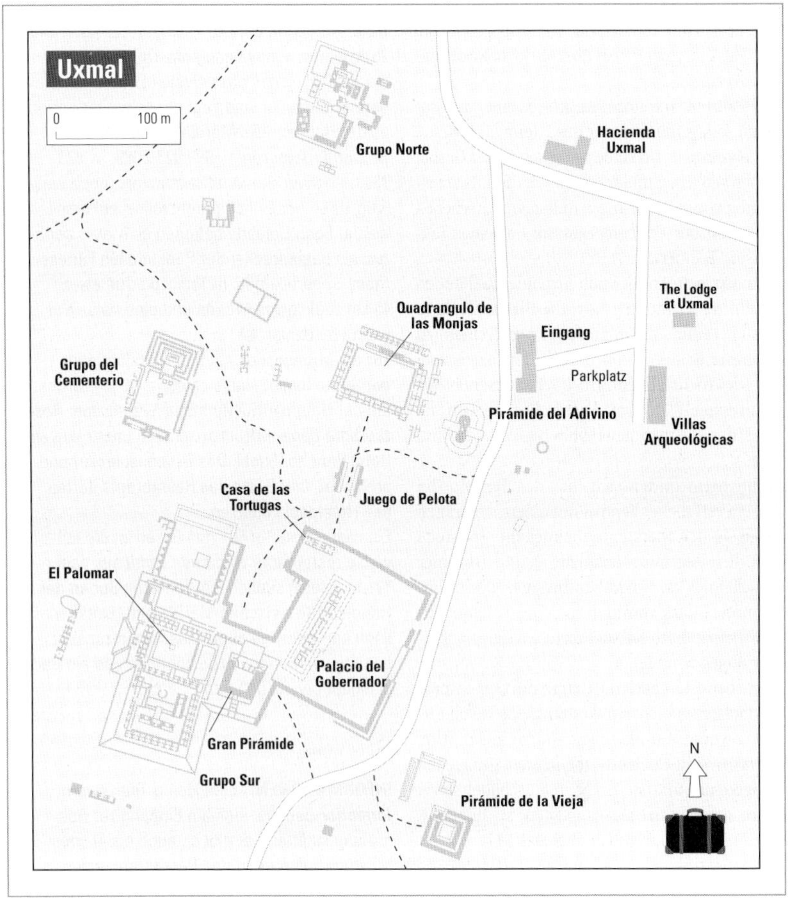

eingang liegt auf gleicher Höhe wie die Säule auf dem Altar draußen, die wiederum den Punkt markiert, an dem der Venusstern am Himmel erscheint. Der 100 m lange, 12 m breite und 8 m hohe Bau bietet durch das raffinierte Spiel von Licht und Schatten auf der Fassade mit den kräftigen Diagonalen, die durch das breite Band aus Mosaiken verlaufen, den Eindruck vollendeter Harmonie. Überwölbte Passagen trennen die beiden Seitenflügel vom Hauptbau.

Das Mosaikfries über der schmucklosen unteren Fassade zeigt abwechselnd Chac-Masken, geometrische Ornamente und stilisierte Schlangen. Die 14 Räume im Innern sind eng, düster und schmucklos. Drei Eingänge führen in einen zentralen Saal, der mit 20 m Länge größer als andere, vergleichbare Räume ist. Insgesamt besitzt das Gebäude immerhin elf Eingänge.

Westlich des Palastes liegen die schon fast wieder unter Vegetation begrabenen Trümmer der **Grupo Sur** (Südgruppe) mit der teilweise restaurierten Gran Pirámide (Große Pyramide) und dem El Palomar (Taubenschlag oder Taubenhaus). Steigt man die wiederhergestellte Treppe der **Gran Pirá-**

mide hoch zum Tempel, der mit Papageien und Chac-Masken verziert ist, überblickt man die gesamte Anlage.

El Palomar war ursprünglich Teil einer quadratischen Anlage, ähnlich der des „Nonnenklosters". Es ist als einziges Gebäude mit erkennbarer Gestalt erhalten geblieben und trägt über der Frontseite einen mit pyramidenförmigen Aufbauten versehenen Dachkamm, der – mit viel Fantasie – an einen Taubenschlag erinnert.

Zu den weiter außerhalb liegenden Gebäuden in südlicher Richtung gehört die **Pirámide de la Vieja** (Pyramide der alten Frau), wahrscheinlich das älteste Bauwerk von Uxmal und inzwischen nicht viel mehr als ein grasüberwachsener Hügel auf einer Plattform. Hier soll angeblich die Mutter des Zwerges, der Uxmal regierte, gewohnt haben.

Außerdem finden sich hier der **Templo del Falo**, ein verfallener Tempel mit einem steinernen Phallus an der obersten Gebäudekante (er sollte vermutlich Regenwasser ableiten), und Trümmer eines ehemals ca. 6 m hohen Bogens. Es wird angenommen, dass von hier aus eine Zeremonialstraße *(sacbe)* nach Kabah führte, wo sich ein ähnlicher Bogen befindet.

Sehenswert ist auch die **Grupo del Cementerio** (Friedhofsgruppe), deren Westtempel liebevoll restauriert wurde. Auf niedrigen Altären in der Mitte des Platzes sind Überreste von in Stein gehauenen Hieroglyphen und steinerne Totenschädel sowie andere Todesmotive auszumachen. ⌚ tgl. 8–18 Uhr, Eintritt US$8, So US$6, Parken US$1.

Übernachtung und Essen

Gleich bei der Ausgrabungsstätte gibt es mehrere ziemlich teure Hotels, von denen sich zwei direkt am Eingang befinden:

Villas Arqueológicas, ✆ 997/928-6020, 📠 976-2040, 💻 www.clubmed.com. Modernes *Club Med*-Hotel. Alle Zimmer mit ac; Pool und Tennisplätze. ❼

The Lodge at Uxmal, ✆ 997/923-2202, 📠 925-0087, 💻 www.mayaland.com. Luxushotel, ähnliches Angebot wie oben, dazu luftiges Restaurant mit Bar *La Palapa,* einem netten Plätzchen für ein kühles Getränk. ❼

Hotel Hacienda Uxmal, ✆ 997/976-2012, 📠 976-2011, 💻 www.mayaland.com. Das Gebäude im Kolonialstil ist das attraktivste in der unmittelbaren Umgebung und liegt etwas weiter entfernt an der Hauptstraße Mérida–Uxmal. ❾

Hacienda Temozón, ✆ 999/923-8089, 📠 923-7963, 💻 www.starwood.com/luxury; noch weiter weg, aber wesentlich prachtvoller; auf dem weitläufigen Gelände befinden sich zwei *cenotes,* ein beeindruckender Pool und ein Fitnessraum. Superluxuriös. In Temozón Sur, etwa 45 km südlich von Mérida und eine halbe Std. Fahrt von Uxmal. ❾

Für ein **Mittagessen** nach der Besichtigung der Stätte begibt man sich etwa 1,5 km zurück auf der Hauptstraße Richtung Mérida zum ***Restaurante Cana-nah***, im ansonsten unattraktiven Hotel Rancho Uxmal. Das Essen ist lecker und preiswert, und Gäste des Restaurants dürfen den Hotelpool benutzen.

Ein weiterer netter Ort zum Essen ist die teilweise restaurierte ***Hacienda Ochil*** aus dem 17. Jh., gleich südlich von Temozón Sur an der Hauptstraße zwischen Mérida und Uxmal. Man kann hier auch die alten Maschinen zur Verarbeitung von *henequén* besichtigen und ein Bad in einem *cenote* nehmen.

Sonstiges

INFORMATIONEN – Eine kleine ***Touristeninformation*** befindet sich am Eingang zur Ausgrabungsstätte. Hier gibt es auch ein kleines Museum, ein recht gutes Restaurant, einen Eisladen und ein Souvenirgeschäft mit Informationsbroschüren über Uxmal, Souvenirs, Filmen und anderem Touristenbedarf.

LUZ Y SONIDO-VORSTELLUNGEN – finden jeden Tag um 19 Uhr im Winter und 20 Uhr im Sommer statt. Zur Übersetzung des spanischen Kommentars kann man für US$2,50 die technische Ausrüstung leihen. Die Lichteffekte sind recht beeindruckend. Offiziell fährt allerdings der letzte Bus nach Mérida schon um 19.30 Uhr, so dass die Vorstellung nicht besuchen kann, wer auf öffentliche Verkehrsmittel angewiesen ist. Mit Glück kann man vielleicht gegen 20 Uhr einen der Busse an der Carretera anhalten, s.u.

Transport

BUSSE – Mehrere Busse fahren tgl. von MÉRIDA nach Uxmal direkt zur Ausgrabungsstätte. Man kann aber auch jeden Bus, der die Carretera Richtung HOPELCHÉN (oder von CAMPECHE nach Mérida auf der längeren Strecke) fährt, nehmen und kurz vor dem Eingang aussteigen (rechtzeitig bekannt geben).

TAXIS – Ein Taxi von Mérida kostet ca. US$45 hin und zurück inkl. Wartezeit.

Ticul

80 km südlich von Mérida, an der Carretera 184, befindet sich der Ort Ticul, eine weitere gute, wenn auch nicht eben schöne Ausgangsbasis für die Erforschung der Puuc-Region. Die Stadt ist ein wichtiges spirituelles Maya-Zentrum, außerdem eine Hochburg der Töpferei. Es gibt eine Menge Geschäfte, in denen Reproduktionen von antiken Gegenständen der Maya-Kultur verkauft werden. Die meisten sind leider so groß und schwer, dass sie zum Mitnehmen gar nicht in Frage kommen. In den *fábricas* lässt man gern Besucher beim Herstellungsprozess zusehen. Der Ort ist außerdem für seine Schuhproduktion bekannt: In den Straßen reiht sich ein Schuhgeschäft an das andere. Obwohl hier fleißig produziert wird, ist Ticul ein geruhsames Plätzchen, und auf den Straßen verkehren mehr Fahrräder und *triciclos* als Autos. Außerdem findet man hier ein paar gute Restaurants, z.B. die Hauptniederlassung von *Los Almendros*, s.u.

Die Straßen mit geraden Zahlen verlaufen in Nord-Süd-, die mit ungeraden Zahlen in Ost-West-Richtung. Die Hauptstraße ist die Calle 23. An deren Ostende, an der Kreuzung mit der Calle 26, liegt der Zócalo.

Übernachtung

In Ticul lässt es sich recht preiswert übernachten.
Sierra Sosa, Calle 26 Nr. 199A, ✆/℻ 997/972-0008, einen halben Block vom Zócalo, einfache Zimmer mit Du/WC und Ventilator; die im Obergeschoss sind besser, es gibt auch ein paar neue ac-Zimmer mit TV. Der Manager spricht Englisch und ist eine gute Informationsquelle. Er hat auch eine Landkarte, auf der die Ausgrabungsstätten und deren genaue Entfernung von Ticul eingezeichnet sind. Das ist besonders dann hilfreich, wenn man im Hotel ein Fahrrad mietet, um die Gegend selbst zu erkunden. ❹
Hotel Plaza, Calle 23 Nr. 202, ✆ 997/972-0484, ℻ 972-0026, 💻 www.hotelplazayucatan. Das komfortabelste Hotel am Ort in zentraler Lage mit Blick auf den Hauptplatz, alle Zimmer mit TV, Telefon und ac. ❺

Essen

Los Almendros, Calle Principal, wenn man den Ort in Richtung Oxcutzcab verlässt. Hervorragende yucatekische Spezialitäten und ein Pool, der am Wochenende von Kindern bevölkert wird.
Lonchería Carmelita, Calle 26, Ecke Calle 23, zwei Häuser neben dem Hotel Plaza, serviert preiswertes Essen.
Die billigsten Esslokale sind die Loncherías in der Umgebung des Busbahnhofs.
Wen spät abends der Hunger überkommt, der sollte unbedingt die Tortas probieren, die vor dem Markt in der Calle 23 zwischen Calle 28 und 30 angeboten werden.

Transport

Ticul, an der Hauptstraße zwischen Mérida und Felipe Carrillo Puerto in Quintana Roo, ist ein wichtiger Verkehrsknotenpunkt.

BUSSE – Es kommen tgl. zahlreiche Busse von und nach MÉRIDA durch, außerdem gibt es Busverbindungen nach CANCÚN. Haltepunkt ist die Calle 24, Ecke Calle 25-A, hinter der Kirche.
Die Busse aus Campeche fahren nicht durch Ticul, daher muss man in SANTA ELENA aussteigen, um eines der Colectivos zu erwischen, die am dortigen Zócalo zwischen 6 und 19 Uhr abfahren. Die Fahrt dauert ca. 30 Min.

LASTWAGEN – nach OXCUTZCAB und zu Dörfern in dessen Umgebung fahren an der Plaza vor der Kirche ab, sobald sie voll sind.

COMBIS – nach MÉRIDA fahren weiter draußen an derselben Straße ab wie die Lastwagen.

Kabáh

30 km südlich von Uxmal und 25 km von Ticul erstreckt sich entlang der Straße die weitläufige archäologische Zone von Kabáh. Hier haben Archäologen in den letzten Jahren viel freigelegt und teilweise restauriert. Das eigentümlichste Gebäude ist der **Codz Poop** oder Maskenpalast gleich östlich der Straße. Die Fassade dieses Gebäudes ist über und über mit glotzäugigen, rüsselnasigen Chac-Masken bedeckt. Dieser Bau ist – obwohl fast alle der langen, gebogenen Nasen abgebrochen sind – der eigenartigste und imposanteste aller Maya-Bauten. Oft hat man den Eindruck, hier sei ein Besessener am Werk gewesen. Sogar die Stufen, auf denen man zu den Eingängen gelangt, und das Innere bestehen aus Chac-Nasen.

In der Umgebung des Codz-Poop liegen noch weitere Gebäude im Palast-Stil, teilweise zweistöckig und mit Dachkämmen besetzt. Westlich der Straße gelangt man zunächst zu einem überwucherten Schutthügel mit der Bezeichnung **Großer Tempel**. Man nimmt an, dass dieses auf einer natürlichen Anhöhe errichtete Gebäude einst als „Haus der Götter" diente, in dem Priester ihre Opfer darbrachten oder göttliche Botschaften deuteten. Gleich hinter dem Hügel erhebt sich ein rekonstruierter, frei stehender **Torbogen**, durch den der über 30 km lange *sacbe* (eine aufgeschüttete Zeremonialstraße) nach Uxmal verlief. Die nahe gelegene Westgruppe Kabáhs wurde 1992 von mexikanischen Archäologen teilweise freigelegt und restauriert und ist für die Öffentlichkeit freigegeben. 🕒 tgl. 8–17 Uhr, US$2,90.

Die Weiterfahrt von Kabáh gestaltet sich bisweilen etwas schwierig – am ehesten erfährt man die Busfahrzeiten noch von den Wächtern am Eingang. Die Chance, von anderen, motorisierten Besuchern mitgenommen zu werden, ist fast größer, als einem Bus zu begegnen, und mit viel Glück bekommt man auf diese Art und Weise sogar eine Mitfahrgelegenheit zu den anderen Ausgrabungsstätten.

Sayil

Sayil liegt nicht weit hinter Kabáh an einer beschilderten und geteerten Seitenstraße, die nach gut 30 km wiederum auf die Straße von Oxcutzcab nach Xul trifft. An dieser West-Ost-Verbindung liegen auch die Stätten Labna und Xlapak. Ist man bei Kabáh von der Carretera auf die kleine Landstraße Richtung Osten abgebogen, erreicht man nach ungefähr vier oder fünf Kilometern die Ruinen von Sayil. Die Stadt zählte einst zu den am dichtesten besiedelten Gebieten der Puuc-Region: Schätzungen zufolge lebten hier zwischen 700 und 1000 n.Chr. bis zu 17 000 Menschen. Die ehemals weitläufige Stadt wird vom mächtigen, gut restaurierten **Gran Palacio** dominiert. Er ist 80 m lang und besteht aus drei sich nach oben verjüngenden Stockwerken. Die meist glatte, eher strenge Fassade bildet einen bemerkenswerten Kontrast zu den Exzessen des Codz-Poop in Kabáh. Im Dachfries der mittleren Etage finden sich ebenfalls stilisierte Masken und figürliche Darstellungen, ansonsten beschränkt sich die Dekoration auf Steinsäulen.

Das zweite Stockwerk hat breite, von dicken Säulen gestützte Eingänge, die diesen Teil des Palastes heller und luftiger erscheinen lassen. Das untere (ältere) und obere (spätere) Stockwerk ist deutlich schlichter gehalten als das mittlere, welches über seine gesamte Höhe mit Säulen verziert ist, aber nur die üblichen schmalen Eingänge aufweist. Außer dem Palacio wurden in der sehr ausgedehnten Stadt nur wenige Gebäude freigelegt. Zu ihnen zählen das südlich gelegene Gebäude mit Hieroglyphen in einem „Türstock" und der noch weiter südliche **Templo Juego de Pelota**, der wie das mittlere Stockwerk des Palastes vollständig mit halb herausgearbeiteten Steinsäulen bedeckt ist.

Ein Pfad führt vom Palast nach rechts zum großen Tempel **El Mirador** und nach links zu einer **Stele** mit einer phallischen Figur, die jetzt unter einer Überdachung steht. Es handelt sich zweifellos um eine Fruchtbarkeitsgottheit, manchmal legen die Einheimischen der Umgebung noch Opfergaben nieder. Überquert man gegenüber dem Eingang zu Sayil die Teerstraße, führt ein Pfad in nördliche Richtung. Er endet nach knapp zehn Minuten (meist bergauf) bei zwei weiteren Tempeln, von denen aus man einen schönen Blick auf den Palast hat. Einer der Tempel zeigt in seinem Fries einen menschlichen Kopf, der aus einem Rachen blickt. 🕒 tgl. 8–17 Uhr, US$2,90.

Xlapak

Die schmale Teerstraße führt weiter zur kleinen archäologischen Puuc-Stätte Xlapak (Maya-Bezeichnung für „große Mauer"). Da Xlapak im Schatten der größeren Stätten Labná und Sayil liegt, wird es von Touristen meistens übergangen, ist jedoch einen Besuch durchaus wert, denn vor Jahren wurde der Palast mit den aus Steinen zusammengefügten Chac-Masken restauriert. Hinter dem Palast liegen die Reste weiterer Gebäude. ⏲ tgl. 8–17 Uhr, US$2,90.

Labná

Ungefähr 4 km hinter Xlapak erreicht man Labná. Nahe beim Eingang zu der alten Stadt befindet sich ein **Palast**. Er zeigt figürliche Darstellungen, darunter an einer Gebäudeecke eine Schlange, aus deren Maul ein Menschenkopf hervorschaut, wahrscheinlich ein früherer Herrscher, der sich aus dem Rachen der Himmelsschlange zeigt, um damit (in der Symbolsprache der Maya) die herrschende Elite der Stadt (den König) kraft Abstammung zu legitimieren.

Vom Palast führt eine aufgeschüttete Zeremonialstraße *(sacbe)* zu einer zweiten Gebäudegruppe. Dort steht der restaurierte **Arco de Labná**. Er war ursprünglich ein großes Tor bzw. ein Durchgang auf einer der vier Seiten einer rechteckig umbauten Plaza. Heute steht er, von größeren Resten abgesehen, fast allein da, an beiden Seiten reich mit geometrischen Mustern verziert, auf der westlichen (der Innenseite) außerdem mit Nischen in Form von Maya-Hütten oder -tempeln. Ganz in der Nähe befindet sich **El Mirador**, ein Tempel mit gut erhaltenen Überresten eines meisterhaft gearbeiteten Dachfirstes. ⏲ tgl. 8–17 Uhr, US$2,90.

Für Selbstfahrer lohnt es sich, kurz hinter Labná den Schildern zur wunderschönen ehemaligen Zuckerrohrplantage **Hacienda Tabi** zu folgen. Das Grundstück wurde 1995 von der mexikanischen Regierung zum ökologischen Schutzgebiet erklärt. Eintritt US$1,50.

Der 7 km lange Abstecher führt über eine zunehmend schlechtere Straße (nach Regenfällen nahezu unpassierbar) durch Orangenhaine zu einem ausgedehnten Ruinenkomplex. Obwohl das Hauptgebäude noch restauriert wird, kann man bei vorheriger Anmeldung in einem der fünf riesigen gefliesten Schlafzimmer im Obergeschoss übernachten. Gegen Aufpreis bereitet das Personal auch drei Mahlzeiten zu. In der Regel ist man auf dem Gelände mit weitläufigen Parkanlagen, Swimming Pool und den Überresten einer Kapelle ungestört. Es gibt auch Dorm-Betten und Platz zum Campen. ❷–❹ Weitere Informationen erteilt die *Fundación Cultural Yucatán*, Calle 58 Nr. 249-D, Mérida, 🖳 www.fcy.org.mx, ✆ 999/923-9453.

Oxkutzcab

Von Labná kann man auf der neuen Schnellstraße zurück nach Mérida fahren (den Schildern gleich nördlich des Ortes folgen) oder im Dorf Oxkutzcab, 25 km von Labná entfernt, nach der Ruta-Puuc-Tour ein wenig verschnaufen. Auf dem ausgedehnten **Obstmarkt** ist morgens eine Menge los. Die Calles 51 und 50 rahmen den Zócalo und den Markt ein, an der Ecke zwischen den beiden steht eine große **Franziskanerkirche**.

Einige abgeschiedene Puuc-Ruinen befinden sich bei Kuiuc und Xkichmook, beide abseits einer kleinen Straße, die von Oxkutzcab nach Süden führt (s.S. 681).

Übernachtung und Essen

Hospedaje Trujeque, Calle 48, ✆ 997/975-0568, einfaches Hotel, zentral gelegen. ❸
Hotel Puuc, Calle 55, Ecke Calle 44, auf dem Weg aus dem Ort hinaus Richtung Labná, ✆ 997/975-0103; dem Hospedaje Trujeque unbedingt vorzuziehen: helle, saubere Zimmer mit ac und TV. ❹
Restaurants und Cafeterias säumen den Markt, doch wer gern ein bisschen spazieren geht, kann ein paar Blocks weiter das ***Restaurante Su Cabaña Suiza***, Calle 54 Nr. 101, zwischen Calle 51 und 49, ausprobieren, wo die Comidas in einem angenehmen, geräumigen Patio serviert werden.

Geld

Banamex, in der Calle 50, gegenüber dem Park, mit Geldautomat.

Transport

Stündliche Busverbindung mit MÉRIDA (2 Std.) via Ticul. Die Bushaltestelle befindet sich an der Calle 56, Ecke Calle 51; die Haltestelle der Colectivos findet man beim Markt in der Calle 51.

Grutas de Loltún

Die Straße von Sayil über Xlapak und Labná endet an der Querverbindung zwischen den Orten Oxcutzcab und Xul. Fährt man an der Kreuzung links, also nördlich, gelangt man nach wenigen hundert Metern zum beschilderten Parkplatz an den Höhlen von Loltún („Blume aus Stein"). Dieses Netz verschiedener Höhlen mit Stalagmiten und Stalaktiten war für die Maya schon lange, bevor sie sich in befestigten Siedlungen niederließen, ein wichtiges Wasserreservoir. Am Eingang befindet sich ein Steinrelief, das einen Krieger darstellt, der den Eingang zur Unterwelt bewacht, und an den Felswänden sind Spuren alter Malereien und Reliefs zu sehen. Die eingestürzte Decke der hintersten Höhle gibt den Blick in den Dschungel frei. ⌚ tgl. 9–17 Uhr, US$5.

Mehrmals täglich kann man sich einer interessanten Führung durch die beleuchteten Höhlen anschließen, offiziell um 9.30, 11, 12.30, 14, 15 und 16 Uhr – in Wirklichkeit findet eine Tour jedoch statt, wenn sich genügend Leute zur gleichen Zeit einfinden.

Übernachtung und Essen

Zwei Herbergen bieten spartanische Unterkunft, doch besser beraten ist wahrscheinlich, wer in Ticul nächtigt.
Das Restaurant ***Guerrero*** am Ausgang der Höhlen ist gut, aber teuer.

Transport

Zu den Höhlen gelangt man von OXCUTZCAB aus mit einem der zahlreichen Lastwagen und Colectivos, die von der Calle 51 neben dem Markt abfahren. Wer vor 8.30 Uhr da ist, erwischt mit etwas Glück den Lkw, der das „Höhlenpersonal" zur Arbeit fährt. Die Rückfahrt gestaltet sich etwas schwieriger, denn dann sind die Laster mit Arbeitern und Ernteerzeugnissen voll beladen, doch mit etwas Wartezeit kommt man immer weg. Die Fahrer sind meistens bereit, Passagiere gegen ein geringes Entgelt mitzunehmen.
Eine Fahrt mit einem Taxi vom Dorf kostet ca. US$5.

Kleinere Ruinenstätten

Ein Beitrag von Stephan Merk

Viele kleinere Ruinenstätten sind zwar bekannt und teilweise freigelegt worden, harren aber noch der Entdeckung durch die Touristen. Allerdings sind sie mit den wirklich großen, touristisch aufbereiteten Stätten weder in ihrer Bedeutung noch in ihrer künstlerischen Ausformung vergleichbar (Ausnahme: Santa Rosa Xtampak).

Um die nachfolgend beschriebenen Ruinenplätze aufzusuchen, ist ein eigenes Fahrzeug nötig. Es empfiehlt sich ein VW-Käfer, da er sehr robust ist und über eine größere Bodenfreiheit verfügt als andere Wagentypen. Das zahlt sich auf Feldwegen aus. Die Kilometerangaben können nur Orientierungspunkte sein, da die Genauigkeit von Tageskilometerzählern erfahrungsgemäß differiert. Es empfiehlt sich daher immer, Ortsansässige als Führer anzuheuern.

Ruinen im Raum Labná

Die großen und bekannten Ruinen von Labná an der Ruta Puuc sind weiter oben erläutert. Die nachfolgend beschriebenen Stätten Sabacche und Canacruz liegen gleich nördlich von Labná.

Ausgangspunkt ist die Abzweigung von der Ruta Puuc nach Labná. Von hier auf der asphaltierten Straße 900 m nach Osten (und dann Norden), geht in einer Links-rechts-Kurvenkombination links ein roter Feldweg ab. Hier sollte man das Fahrzeug abstellen und den Weg an einem meist verschlossenen Gatter vorbei zu Fuß fortsetzen. Bereits nach 150 m ist der gut erhaltene Palast von **Canacruz** erreicht. Das T-förmig angelegte Gebäude besitzt zwei Stockwerke, die durch eine nicht restaurierte Treppe miteinander verbunden sind. Vorsicht beim Aufstieg. Der Palast besteht aus zehn Räumen im Unter- und vier Räumen im Obergeschoss. Canacruz weist eine klassische Puuc-Stil-Fassade mit den typischen Säulen- und Kolonnadenreihen auf.

Auf der Asphaltstraße 1,4 km weiter nach Norden, findet man die Ruinen von **Sabacche**, beiderseits der Ruta Puuc. Rechts (östlich) geht ein Feldweg ab, der nach 300 m am Tempel mit der *crestería* (Dachkamm) endet. Das kleine, einräumige Gebäude hat in den letzten Jahren vor allem durch Hurrikane stark gelitten und wird inzwischen von einer hässlichen Zementkonstruktion innen vor dem völligen Zusammenbruch bewahrt. Der Tempel gehört mit seiner schmucklosen Fassade zu einer frühen Puuc-Form.

Geht man die Asphaltstraße knappe 100 m weiter, biegt ein schmaler Fußpfad nach links ab, der sich bald weitet. An einer Weggabelung links und gleich darauf ganz nach links oben geht es zum **Templo del Serpiente** (Schlangentempel). Der Gesamtweg ab der Asphaltstraße beträgt etwa 300 m. Der erhaltene und reich gestaltete Teil des ehemals mehrräumigen Gebäudes hat einen sehr schönen Fries und wird dem „klassischen Mosaik-Stil" zugeordnet. Eine Gebäudeecke weist eine Chac- oder auch Schlangenmaske auf.

Ruinen im Raum Xul

Das kleine Maya-Dorf Xul liegt an der Teerstraße, die von Oxcutzcab über Cooperativa südlich führt. Die Entfernung von Oxcutzcab nach Xul beträgt etwa 25 km. Die nächsten Übernachtungsmöglichkeiten befinden sich in Tekax und Ticul.

Von Xul aus führt eine nun geteerte Straße südlich. In ihrer Nähe liegen die Ruinen von Rancho Pérez, Xkichmook und Ichpich. Vom Beginn dieser Straße aus sind es 15 km zum Dorf Santiago Alvarado. Am Ortsausgang, kurz vor einem Schild mit der Aufschrift „Sisal", geht links ein breiter Fußweg ab, der nach etwa 200 m einen Hügel rechts umgeht. Am Hügelende (auch Wegende) konsequent links den Hügel hinauf etwa 50 m zum einzig interessanten Gebäude von **Rancho Pérez**. Von der ehemals großen Palaststruktur ist nur ein Raum erhalten. Dessen Außenfassade zeigt eine Überfülle an geometrischen Motiven, die dem Puuc- und Chenes-Stil zuzuordnen sind, aber auch Einflüsse des weiter südlich beheimateten Río-Bec-Stils erkennen lassen. Das erhaltene kleine Friesstück ist in der Vielseitigkeit der Dekoration nur noch mit Uxmal vergleichbar.

Zurück am Fahrzeug den Weg fortsetzen. 10,3 km weiter an einer Gabelung rechts in einen Feldweg einbiegen. Weitere 3 km später biegt der Feldweg zu Beginn eines *ejidos* (Ortes) rechts ab; dort aber noch 100 m geradeaus fahren, bis ein breiter Weg kreuzt. Wenn man ihm (besser zu Fuß) 500 m nach links folgt, ist man in den Ruinen von **Xkichmook**, einem kleinen Juwel der Maya-Kultur. Um die zentrale Plaza herum liegen mehrere gut erhaltene Gebäude, die teilweise mit Chac-Masken an den Ecken oder Monstermasken um die Eingänge geschmückt sind – typische Beispiele für den in dieser Region vorherrschenden Chenes-Stil. Etwa 200 m südlich der Hauptgruppe liegt ein großer Palast. Dahinter gabelt sich der Weg: links nach wenigen Metern ein skulptiertes Mauerstück, rechts ein Tempel mit Chac-Masken.

Zurück an der Teerstraße biegt nach weiteren 8 km ein Weg nach rechts ab, der sich nach 1 km gabelt. Dort die rechte Abzweigung nehmen. Nach gut 2 km stößt man auf die Ruinen von **Ichpich**. Auf dem Weg dorthin sind einige Viehgatter zu öffnen – bitte nach der Durchfahrt immer wieder schließen!

In den Ruinen teilt sich der Weg. Rechts steht gleich ein kleiner, restaurierter Palast. Der linke Weg führt nach wenigen hundert Metern zur zweiten Struktur, einem ebenfalls restaurierten Gebäude im Mischstil zwischen Puuc und Chenes. Es weist an seinen Ecken unter dem Dachsims Reste von Wandmalerei auf. In der Nähe liegen zwei *chultunes* (unterirdisch angelegte Vorratsspeicher).

Westlich von Xul liegen drei weitere sehenswerte Ruinenplätze: Kom, Chacbolai und Kiuik.

Wenn man auf der Asphaltstraße von Oxcutzcab her kommt, geht in Xul am Ende des Hauptplatzes rechts eine Allwetterstraße (westlich) ab. Von hier aus sind es 1,3 km zur Abzweigung nach **Kom**. Dort rechts in einen Feldweg abbiegen, nach 300 m an einer Straßengabelung rechts halten und nach weiteren 2 km wieder rechts. Nochmals 500 m weiter wieder rechts; von dort aus ist es ein halber Kilometer zu den Ruinen. Der Weg nach Kom ist vor allem im letzten Teil ziemlich schlecht. Er führt mitten in die **Ruinengruppe A**, die aus mehreren, leider stark zerstörten Gebäuden besteht. Wenn man den Fahrweg zu Fuß weitere 200 m fortsetzt, endet er am Fuß eines Hügels.

Oben auf dem abgeflachten Hügel (kein Weg!) liegt **Gruppe B** mit zwei recht gut erhaltenen Gebäuden im Puuc-Stil. In den Friesen finden sich Säulchen, Dreiecke und Karos.

Zurück zur Allwetterstraße und den Weg 4,1 km fortsetzen, dann rechts ab durch ein Gatter. Nach 500 m an einer Gabelung rechts halten, dann fehlen noch 250 m bis zum **Palast von Chacbolai**. An der teilweise restaurierten Struktur führt eine später angebaute Treppe zu nicht mehr erhaltenen Räumen in den „ersten Stock". Der Fries zeigt Säulchen und Kugeln. Nahe den Gebäudeecken, die mit

Säulen verziert sind, gibt es ungewöhnliche Nischen in der Außenwand.

Die Allwetterstraße führt 2,6 km hinter der Abzweigung nach Chacbolai durch das Dörfchen Xobenhaltun. Dort sucht man am besten nach einem Führer für die verstreut im Buschwald liegenden Gebäude der Stätte **Kiuik**, denn allein sind die Ruinen kaum zu finden. Weitere 1,1 km später geht rechts der Abzweig nach Kiuik durch ein Gatter ab, das meist versperrt ist. Der Weg von dort aus zum Rancho gleichen Namens (ca. 2 km), der nahe den Ruinen liegt, ist sehr schlecht befahrbar.

In Kiuik gibt es zumindest acht mehr oder weniger gut erhaltene Gebäude mit teilweise recht interessanten Friesen im Puuc-Stil. Ein Rundgang mit Führer lohnt.

Ruinen im Raum Bolonchén

Der Maya-Ort Bolonchén de Rejon liegt an der geteerten Carretera 261, die von Mérida über Uxmal, Santa Elena, Bolonchén und Hopelchén nach Campeche führt. Die nächstgelegene Übernachtungsmöglichkeit befindet sich in Hopelchén (ca 30 km südlich). Vorzuziehen ist eine Übernachtung im angenehmen „Sacbe“ Hotel und Campground am südlichen Ortsausgang von Santa Elena (ca. 35 km nördlich von Bolonchen). Von den vielen Maya-Stätten in der Umgebung lohnen vor allem Balche und Santa Rosa Xtampak.

Um nach **Balche** zu gelangen, fährt man die 261 vom Markt in Bolonchén aus 13,6 km nach Norden zu einer Wegkreuzung (von Santa Elena aus sind es 27 km nach Süden) bei Straßenkilometer 102. Dort geht eine gut befahrbare Allwetterstraße nach Osten ab. Nach 3 km öffnet sich rechts ein unscheinbarer Pfad; dort den Wagen parken und zu Fuß hinein. Nach ca. 300 m liegt wenige Meter östlich des Pfades in ebenem Gelände **Struktur 3**. Sie wurde 2004 restauriert und zeigt Säulchen im Fries. Von dort führt ein Pfad rückläufig grob nach Norden. Man passiert beim langen Aufstieg die verfallene **Struktur 2** und erreicht oben auf einem hohen Hügel **Struktur 1**, einen schmucklosen Tempel im typischen frühen Puuc-Stil.

Dem ursprünglichen Pfad nochmals ca. 200 m nach Südosten folgen. Direkt auf dem höchsten Punkt eines sehr kleinen Anstiegs (dort wo sich linkerhand eine mächtige Plattform befindet) links abbiegen. Nach einer halben Minute erreicht man **Struktur 4** mit kleinem Kolonnettenfries. Diesmal nicht zurück, sondern den Weg hinter Struktur 4 fortsetzen, dann kommt nach einer Minute **Struktur 5** (ebenfalls 2004 restauriert) in Sicht. An ihrer Rückseite setzt sich der Weg fort, etwa 300 m hügelauf, hügelab zu den Strukturen 6, 7 und 8. Die Gebäude 7 und 8 stehen auf einer Plattform, die zum Teil von **Gebäude 6** (frühklassisch mit geometrischem Fries) gebildet wird. **Gebäude 7** hat eine Hufeisenform und ist schmucklos. **Struktur 8** weist Reste von Räumen mit Säuleneingängen beiderseits einer zerstörten Treppe auf. Auch hier haben Archäologen jüngst gearbeitet.

In Balche gibt es noch weitere Gebäude, aber sie lohnen die mühsame Suche nicht. Am besten kehrt man zum Wagen zurück.

Die großen und wichtigen Ruinen von **Santa Rosa Xtampak** erreicht man wie folgt: Vom Markt in Bolonchén der Asphaltstraße in Richtung Hopelchén 9,5 km folgen, dort (am Straßenrand ein Ruinenhinweisschild) links in eine meist relativ gut befahrbare Allwetterstraße biegen. Bis zu den Ruinen sind es weitere 32 km, wobei man sich nach 2,7 km an einer Straßengabelung links halten muss. Nach 30 km erreicht man ein lang gezogenes kleines Dorf, in dem man auch den Ruinenwärter findet, falls er nicht gerade in der Stätte selbst ist. Nach 31,2 km geht es an einer Gabelung rechts ab, der Fahrweg endet 900 m weiter; dort stellt man den Wagen ab. Vom „Parkplatz“ aus führt halb links (südwestlich) ein ansteigender Pfad nach rund 400 m ins Zentrum von Santa Rosa Xtampak.

Der dortige große, dreistöckige **Palast** (2003 restauriert) ist ein eigenwillig komponiertes Gebäude: Innentreppen erinnern an den Río-Bec-Stil, und dem Haupteingang im obersten Stock war eine als Monsterrachen gearbeitete, frei stehende Wand vorgeschaltet. In einigen der Räume gibt es Reste von Wandmalereien.

50 m östlich/nordöstlich liegt der **Schlangenmaul-Tempel**. Die Überreste seines Einganges verweisen ebenso wie der Palast auf den Chenes-Stil. 100 m direkt östlich des Palastes liegt das **Quartel**, ein umbautes Viereck. Nur noch eines der ursprünglich vier Gebäude, die einstmals den Platz umschlossen, ist erhalten. Seine beiden Eingänge zieren rechts und links stark abstrahierte, in die Mauer eingelassene Paneelen mit Chac-Masken.

Südöstlich liegt ein weiteres quartel, allerdings stark zerstört. Mit Führer zu erreichen sind ein überwachsener Ballspielplatz und eine (üppig bewachsene) weitläufige **Plaza**, die an einer Seite von einer gewaltigen, hohen Treppe begrenzt wird. Diese Struktur wird **el estadio** genannt. Auf der Plaza befinden sich die Reste von zwei Stelen.

Maní

12 km nördlich von Oxcutzcab liegt der kleine Ort Maní. Gegründet von den Xiu nach der Aufgabe von Uxmal, war er zur Zeit der Konquista die größte Stadt der Halbinsel, auf die die Spanier stießen. Um eine blutige Auseinandersetzung zu vermeiden, ließ sich Manís Herrscher Ah Kukum Xiu zum Christentum bekehren und wurde ein Verbündeter der Spanier. 1548 entstand hier eines der frühesten und größten Franziskanerklöster von Yucatán. Vor der Kirche veranstaltete Bischof Diego de Landa 1562 die berühmt-berüchtigte Bücherverbrennung, bei dem die alten Chroniken der Stadt in Flammen aufgingen (denn sie „enthielten nichts, aus dem nicht teuflischer Aberglaube und teuflische Lügen hervorgingen"), und vernichtete so die gesamte Literatur der Maya.

Das **Franziskanerkloster** steht noch immer, inzwischen von Maya-Hütten umgeben, und die alten Steine, aus denen es besteht, sind die einzigen Zeugen der glanzvollen Vergangenheit von Mani. Ab und zu fährt ein Bus von Oxcutzcab nach Mani. Jeden Tag fahren mehrere Busse von Mérida die kleinere Straße über Mayapán hinunter.

Einwohner von Mérida kommen hier oft in einem Tagesausflug her, um im *El Príncipe Tutul-Xiu* zu essen, einem einladenden Restaurant mit Palapa-Dach, das seit über 30 Jahren Standardgerichte aus Yucatán serviert. ⌚ tgl. 11–19 Uhr.

Mayapán

49 km nördlich von Ticul und 58 km nördlich von Maní liegen die Ruinen von Mayapán, das vom 11. bis 15. Jh. die mächtigste Stadt Yucatáns war. Aus Maya-Chroniken geht hervor, dass sie zusammen mit Chichén Itzá und Uxmal zum Triumvirat der so genannten Liga von Mayapán gehörte, die ungefähr von 987 bis 1185 die Halbinsel kontrollierte. Allerdings stehen diese Daten aus den Maya-Chroniken im Widerspruch zu den Funden der Archäologen, die zu beweisen scheinen, dass Mayapán bis ins 13. Jh. hinein keine bedeutende Niederlassung war.

Die Liga zerbrach mit dem Überfall der Cocom-Dynastie von Mayapán auf Chichén Itzá. Die dortigen Herrscher wurden entmachtet, und die Cocom schwangen sich zu den Alleinherrschern der Halbinsel auf. Für damalige Verhältnisse entwickelte sich Mayapán zu einer regelrechten Großstadt mit 15 000 Einwohnern und einer Gesamtfläche von 5 km^2. Man hat die Überreste von mehr als 4000 Gebäuden gefunden. Die Oberhäupter unterworfener Städte wurden gezwungen, hier zu leben, um sie im Auge behalten zu können, vielleicht hat man sie auch als Geiseln benutzt. Die Cocom-Hegemonie blieb unangefochten, bis es Ah Xupan, einem Xiu-Herrscher aus Uxmal im Jahr 1441 gelang, ein Heer von Aufständischen zusammenzubringen, das die Cocom besiegte und die Stadt in Schutt und Asche legte. So wurde aber gleichzeitig der Zerfall in einzelne Stämme eingeleitet, deren fehlender Zusammenhalt den Spaniern später die Eroberung der Halbinsel erleichterte.

Was heute noch von Mayapán zu sehen ist, sind nurmehr dürftige Überreste. Die Gebäude waren schon damals – gemessen an anderen Mayazentren – eher schmucklos und unscheinbar und oft auch nur Kopien der in früheren Zeiten errichteten. Das hat der Stadt den wenig schmeichelhaften Ruf eingetragen, „dekadent" und mangelhaft organisiert gewesen zu sein. Jedenfalls hatten sich in der Gesellschaft starke Wandlungen vollzogen: Das Fehlen großartiger Zeremonialzentren weist auf einen Machtverlust der Priesterkaste hin, gleichzeitig standen militärische Stärke und intensive Handelstätigkeit mehr im Vordergrund als bei den anderen Maya-Kulturen.

Izamal und Aké

Wer nicht unter Zeitdruck steht, sollte auf dem Weg nach Chichén Itzá im malerischen Izamal anhalten, dessen Häuser alle in Ocker angestrichen sind. Die abgeschiedene Stadt, 72 km östlich von Mérida, war früher ein wichtiges religiöses Zentrum der Maya. Hier verehrten sie in einer Reihe gewaltiger **Pyramidentempel** Itzam Ná, eine der Schöpfergottheiten, den mythischen Erbauer jener alten Stadt und der gewaltigen Pyramiden. Die meisten sind heute nur grasbewachsene Hügel in der Landschaft, einige von ihnen stehen direkt in dem Städtchen selbst und bieten einen faszinierenden Anblick, wie sie so mitten in einem Wohngebiet in die Höhe ragen.

Der größte Pyramidentempel, **Kinich Kakmo**, war dem Sonnengott geweiht und wurde teilweise rekonstruiert. Er befindet sich nur ein paar Blocks nördlich der beiden aneinandergrenzenden zentralen Plazas – einen der hilfsbereiten, braun gekleideten Touristenpolizisten, die über die Plätze streifen, nach dem Weg fragen! ⏲ tgl. 8–20 Uhr, Eintritt frei.

Auf einem anderen haben die Spanier, nachdem sie die Spitze abgetragen hatten, ein großes Kloster, das **Convento Santo António de Padua**, gebaut, das die Hauptplätze beherrscht. Das mit Portikos umgebene Atrium ist am späten Nachmittag besonders fotogen. Im Innern befindet sich die *Virgen de Izamal*, die Schutzheilige von Yucatán und Ziel von Pilgern aus ganz Yucatán. ⏲ tgl., Eintritt frei.

Auf halbem Wege zwischen Izamal und Mérida liegt an der Carretera die Maya-Stadt **Aké**. Sie war vermutlich eine Verbündete von Izamal, mit dem sie durch eine der größten *sacbes* (Zeremonialstraße) der Halbinsel verbunden ist. Eines der beeindruckendsten Bauwerke ist ein großes, säulenbestandenes Gebäude auf einer Plattform, umgeben von einer 20 000 m^2 umfassenden Plaza. ⏲ tgl. außer Mo 9–17 Uhr, US$3,20.

Übernachtung und Essen

Keines der schäbigen Hotels am Zócalo von **Izamal** ist zu empfehlen; besser ein paar Blocks ostwärts zum ***Macan Ché B&B*** gehen, ✆/📠 988/954-0287, 💻 www.macanche.com; eine Reihe einladender Bungalows in der Calle 22 zw. Calle 33 und 35. ❺

Hacienda Chalante ❻, ein paar Kilometer südlich, östlich der Ortschaft Sudzal; gleiche Besitzerin wie Macan Ché, ist ein geschmackvoll eingerichtetes Hotel inmitten dichter Vegetation und lohnt bei eigenem Transportmittel unbedingt die Anfahrt.

Restaurante Portales, mit Blick auf das Kloster, serviert gute, einfache einheimische Küche und Snacks, auch Hamburger u.Ä.

Restaurante El Toro, Calle 30, gleich östlich des Klosters, bietet unverfälschtere yucatekische Küche; sehr gemütlich.

Sonstiges

Eine ***BanCrecen***-Bank mit Geldautomat und ein **Postamt** befinden sich auf dem Platz an der Nordseite des Klosters.

Ein besonders guter Kunsthandwerksladen, ***Hecho a Mano***, liegt in der Calle 31 gegenüber dem Park.

Am Zócalo warten **Pferdekutschen** auf Fahrgäste für eine gemächliche Stadtrundfahrt (US$4) und zu den Maya-Stätten.

Transport

Busse nach Izamal fahren alle 30 Min. vom Busbahnhof in der Calle 50, Ecke Calle 67, in MÉRIDA ab. Sie brauchen etwas über eine Stunde und kehren alle 30 Min. nach Mérida zurück, der letzte Bus fährt um 19.30 Uhr ab.

4x tgl. fährt ein Bus ostwärts nach VALLADOLID und CANCÚN und 3x tgl. nach TIZIMÍN.

Der Norden

Chichén Itzá

Für viele steht Chichén Itzá synonym für die Kultur der Maya. Dabei ist es gerade die Abweichung von der Maya-Tradition, die es zu einer so faszinierenden Stätte und für Archäologen so bedeutsam macht, denn Chichén Itzá trägt deutlich sichtbar in vielen seiner berühmtesten Bauwerke den Stempel einer anderen, und zwar der toltekischen Kultur.

In jüngerer Zeit ist die Geschichte Chichén Itzás wieder Gegenstand hitziger Diskussionen unter Fachleuten geworden. Die meisten Archäologen sind sich ziemlich sicher, dass die Stadt während der spätklassischen Periode (zwischen 800 und 1000 n.Chr.) zu Macht gelangte und wahrscheinlich rund 500 Jahre zuvor gegründet wurde, doch herrscht Uneinigkeit darüber, wer die Stadt erbaut hat. Vieles – der Schwerpunkt auf Menschenopfern, ein riesiger Ballspielplatz und die Verherrlichung kriegerischer Aktionen – deutet auf einen starken Einfluss der zentralmexikanischen Kultur hin. Angesichts des Zeitraumes, in dem Chichén seinen Aufstieg erlebte, gingen Forscher davon aus, dass dies das Resultat einer gewaltsamen Übernahme der Stadt durch die Tolteken gewesen sei. Diese Theorie wird dadurch gestützt, dass der Tempel der Krieger der L-förmigen Kolonnade von Tula gleicht und zahlreiche Darstellungen des toltekischen Gott-Königs, der gefiederten Schlange **Quetzalcóatl** (Kukulcán bei den Maya) in Chichén Itzá zu finden sind.

Neueste Arbeiten in Chichén Itzá haben jedoch einige Übereinstimmungen zwischen Chichén Itzá und frühen Maya-Niederlassungen im südlichen Tiefland ergeben. Daher neigen die Fachleute nun eher zu der Auffassung, dass Chichén Itzá niemals von den Tolteken eingenommen wurde, sondern während der gesamten Zeit seines Bestehens von Maya bewohnt war, und nur über ihre Haupthandelspartner, die Chontal Maya oder Putun der Golfküstenniederung, in den Besitz toltekischer und anderer Artefakte aus Zentralmexiko gelangte. Die Chontal standen nämlich ihrerseits durch ein blühendes Handelsnetz und politische Bande unter dem Einfluss Zentralmexikos und Oaxacas. Doch auch diese Theorie wirft Fragen auf: Warum z.B. bezeichneten die zeitgenössischen Maya die **Itzá-Herrscher**, die Chichén Itzá regierten, als „Fremde"? Vielleicht waren die „Fremden" in Wirklichkeit Maya, die nach Norden gezogen waren, nachdem Dürreperioden sie zum Verlassen der Waldstädte gezwungen hatten – das würde die Ähnlichkeiten mit den Bau- und Lebensweisen der Maya-Stätten des südlichen Tieflandes erklären.

Praktische Informationen

Chichén Itzá ist die am besten restaurierte Maya-Stätte mit den weitaus meisten Besuchern. Der Ort verdient einen längeren Aufenthalt. Will man die Ruinen zu einer Zeit, wenn sie nicht von Touristen wimmeln, betrachten, muss man eine Übernachtung einplanen; entweder an der archäologischen Stätte selbst oder im nahe gelegenen Dorf Pisté oder in Valladolid.

Die Carretera, die früher mitten durch Chichén Itzá führte, ist inzwischen um die Ruinen herum verlegt worden. Manche Busse lassen Passagiere an der Kreuzung der alten mit der Umgehungsstraße aussteigen, von wo aus man noch zehn Minuten zu Fuß gehen muss. Die meisten 1. Klasse-Busse fahren aber direkt bis zum Haupteingang.

Die alte Straße, die einst mitten durch den Ort verlief, ist nun ein Pfad, der die Fundstätte noch immer in zwei Bereiche teilt: **Chichén Viejo** (das alte Chichén) im Süden und **Chichén Nuevo** (das neue, toltekische Chichén) im Norden. Obwohl diese Bezeichnungen archäologisch nicht stimmig sind, sind sie doch weit verbreitet und werden deshalb hier beibehalten. Der Haupteingang befindet sich am westlichen Ende Richtung Mérida; 🕓 tgl. 8–17 Uhr. Eintritt US$8,70, So US$3,70. Ggf. nach der Studentenermäßigung fragen! Hier gibt es Parkplätze für Busse und Autos (Parkgebühr US$1), ein Restaurant, ein Museum im großen Besucherzentrum und Geschäfte mit Souvenirs, Filmen und Broschüren über die Ausgrabungsstätte (die besten sind die der Panorama-Reihe).

Man kann auch beim kleineren östlichen Eingang (beim *Hotel Mayaland)* eine Eintrittskarte kaufen und in die Stätte gelangen. Das Ticket muss gut aufbewahrt werden, denn hin und wieder wird danach gefragt. Außerdem berechtigt es zum Wiedereintritt, falls man das Gelände zum Mittagessen verlässt. Die Eintrittszeiten zu den verschiedenen Gebäuden sollte man sich einprägen, denn die meisten sind nur ein paar Stunden geöffnet, und es empfiehlt sich, den Rundgang nach diesen Zeiten einzurichten. Schon eine Stunde vor Torschluss wird damit begonnen, die Massen hinauszukomplimentieren.

Einen Führer durch die Ruinen kann man beim **Besucherzentrum** anheuern. Eine 90-minütige Gruppenführung in vier Sprachen (Spanisch, Englisch, Deutsch oder Italienisch) für bis zu 20 Pers. kostet ca. US$30, private Führungen (1–2 Pers.) fallen etwas teurer aus. Zur allabendlichen *luz y sonido*-Vorstellung s.u., Sonstiges.

Chichén Nuevo

Wer früh genug kommt, sollte zuerst **El Castillo** (die „Pyramide von Kukulcán") besuchen, das Bauwerk, das die Stätte beherrscht. Dann kann man sie noch vor der größten Tageshitze besteigen und den herrlichen Blick über das Gelände genießen. Ihr Äußeres ist schlicht und nur mit wenigen Verzierungen versehen, monumentale Freitreppen führen an jeder Seite (nur zwei Seiten sind begehbar) über neun übereinander liegende Terrassen hinauf zum Tempel. Jede der vier Treppen hat 91 Stufen, die zusammen mit der Stufe zum Haupteingang des Tempels eine Gesamtzahl von 365 Stufen ergeben. In der Konstruktion sind weitere Zahlenspiele verborgen, die mit dem Maya-Kalender in Zusammenhang stehen. Während der **Tagundnachtgleiche** im Herbst (21./22.9.) und Frühjahr (20./21.3.) vereinen sich zum Sonnenuntergang oben auf der Pyramide die Schatten der Schwänze der großen Schlangen, deren Köpfe am Fuß der Haupttreppe liegen. Dieses Schauspiel, das nur wenige Stunden dauert, zieht Tausende von Besuchern an.

Unter der Schale des heute sichtbaren Bauwerks befindet sich eine fast intakte ältere Pyramide. Unten am El Castillo hat man einen engen, dunklen und unheimlichen Gang gegraben, der an der früheren Außenseite der inneren Pyramide entlangführt und dessen steile Treppen zu dem älteren Tempel oben auf der Pyramide führen. In einem Raum des Tempels ist ein Chac-mool zu sehen, aber im Innersten des Heiligtums, das jetzt eingezäunt ist, steht eine der schönsten und größten Figuren der Fundstätte: ein Altar oder Thron in Form eines **Jaguars**, der hellrot angemalt und mit Punkten und Augen aus Jade verziert ist. Diese Entdeckung brachte zum ersten Mal die Tolteken-Theorie ins Wanken: Zwar scheint die Skulptur dem Stil nach toltekisch, doch wurde sie im inneren Tempel, der schon vor der möglichen (ohnehin ungesicherten) Ankunft der Tolteken hergestellt wurde, verschlossen aufgefunden.

Die „toltekische" Plaza

Das Castillo steht an der Ecke eines weiten, grasbewachsenen Platzes, dem Mittelpunkt von Chichén Nuevo. Hier befinden sich alle wichtigen Bauwerke. Vom nördlichen Ende führt ein *sacbe*, ein Zeremonialweg, zum großen Cenote de los Sacrificios, s.u. Der **Templo de los Guerreros** (Tempel der Krieger) und die anschließende **Grupo de las Mil Columnas** (Gruppe der tausend Säulen) nehmen die Ostecke der Plaza ein. Diese Gebäude erinnern am deutlichsten an Tula; ganz besonders der von Säulenhallen umgebene Hof (der ursprünglich überdacht war) und die Atlantensäulen, die Krieger in voller Ausrüstung mit über dem Kopf erhobenen Armen darstellen.

Der gesamte Tempel ist reich mit Reliefs und Skulpturen (ursprünglich auch mit Gemälden) von Jaguaren und Adlern, die Menschenherzen verschlingen, gefiederten Schlangen, Toltekenkriegern und den eindeutig dem Maya-Stil zugehörigen Chac-Masken verziert. Oben auf der Tempelplattform befindet sich ein großer, gut erhaltener Chac-mool, die Bedeutung dieser zurückgelehnten Figuren ist unbekannt. Möglicherweise wurden auf ihren Bäuchen die Opfergaben deponiert, vielleicht stellen sie auch die Gottheiten selbst dar. Zum Chac-mool darf man leider nicht hinaufklettern.

Auch der Templo de los Guerreros wurde über einem früheren Tempel erbaut, in dem einige Überreste verblichener Wandgemälde zu erkennen sind (das Innere des Tempels ist jedoch oft für die Öffentlichkeit gesperrt). Die „tausend" Säulen an den Längsseiten begrenzten ursprünglich einen Platz, an dessen Ende sich ein als **Mercado** (Markt) bezeichnetes Gebäude befindet, obwohl nichts dafür spricht, dass es sich tatsächlich um einen Markt handelte. In der Nähe liegen auch die Trümmer eines kleineren Ballspielplatzes und ein **Dampfbad** *(baño de vapor)*, das u.a. zur Reinigung des Körpers vor bestimmten Zeremonien benutzt wurde.

Geht man zurück über die große Plaza am Castillo vorbei, kommt man rechts zur **Plataforma de Venus**, einem einfachen, erhöhten viereckigen Block, an dessen Seiten Treppen hinaufführen, die von gefiederten Schlangen bewacht werden. Dieser Tempel war Quetzalcóatl in seiner Gestalt als „Venus" (Morgenstern) geweiht.

Etwas kleiner, aber in der Ausführung fast identisch, ist die Plattform der **Aguilas y Jaguares**, die mit einem Steinrelief verziert ist, auf dem Adler und Jaguare mit Menschenherzen in den Klauen dargestellt sind. Es ist durchaus möglich, dass auch hier Blutopfer dargebracht wurden, denn in der Nähe befindet sich eine dritte Plattform, die **Tzompantli** oder Schädelmauer, an der möglicherweise die Köpfe der Opfer ausgestellt wurden. Die Außenwand der Tzompantli ist jedenfalls mit Totenschädeln aus Stein dekoriert.

Der Ballspielplatz

Der Juego de Pelota von Chichén Itzá, an der Westseite der Plaza gelegen, ist der größte bekannte Ballspielplatz. Er ist ungefähr 90 m lang und seine

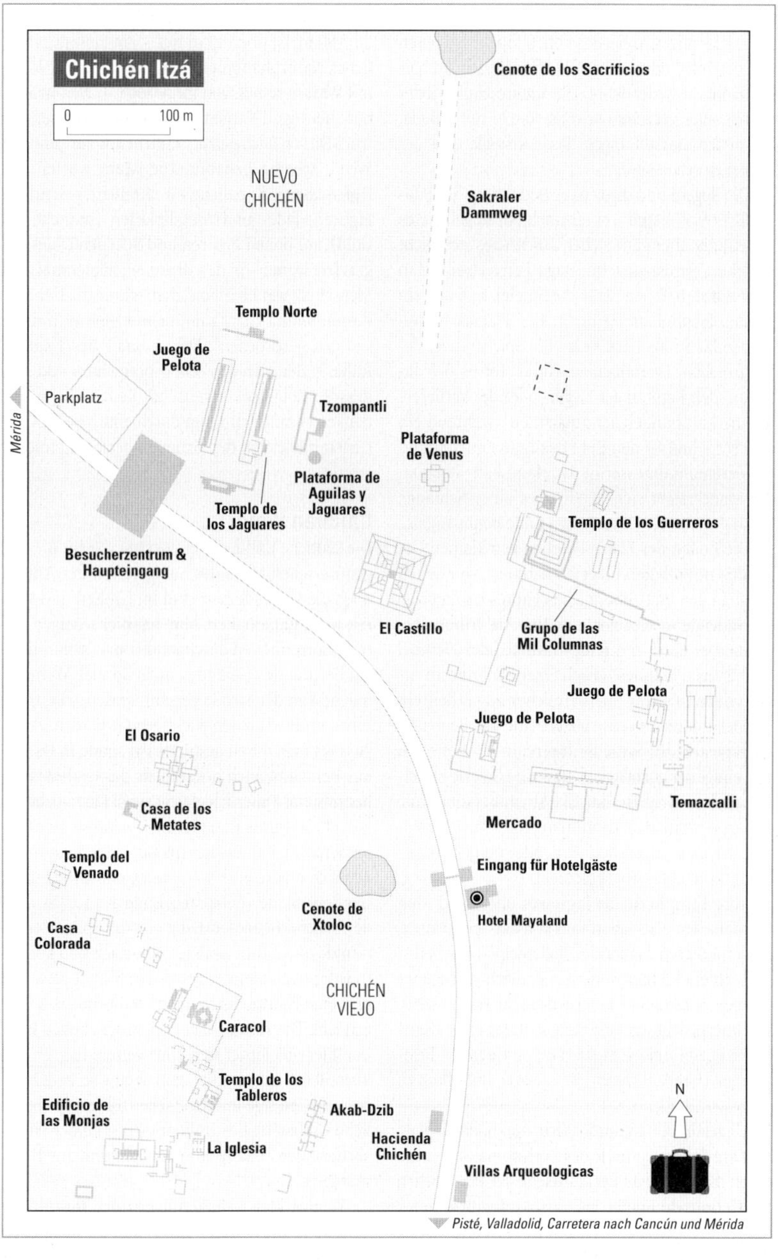

Chichén Itzá
0
100 m
Cenote de los Sacrificios
NUEVO CHICHÉN
Sakraler Dammweg
Templo Norte
Juego de Pelota
Parkplatz
Mérida
Tzompantli
Plataforma de Venus
Plataforma de Aguilas y Jaguares
Templo de los Jaguares
Besucherzentrum & Haupteingang
Templo de los Guerreros
El Castillo
Grupo de las Mil Columnas
Juego de Pelota
Juego de Pelota
El Osario
Casa de los Metates
Mercado
Temazcalli
Templo del Venado
Eingang für Hotelgäste
Hotel Mayaland
Cenote de Xtoloc
Casa Colorada
CHICHÉN VIEJO
Caracol
Templo de los Tableros
Edificio de las Monjas
Akab-Dzib
La Iglesia
Hacienda Chichén
Villas Arqueologicas
N
Pisté, Valladolid, Carretera nach Cancún und Mérida

Formgebung erinnert wiederum an Tula: ein mächtiges, I-förmiges Areal, das von Tempeln umgeben ist. Die „Tore" oder Zielringe befinden sich auf halber Höhe an jeder Seite. Die untere Hälfte jeder Grenzmauer verzieren schräge Tafeln mit Reliefs, auf denen Darstellungen des Ballspiels und der Spieler zu sehen sind.

Die Regeln und die genaue Bedeutung des Ballspiels (s.S. 77) sind immer noch ein ungelüftetes Geheimnis, aber ganz sicher handelte es sich nicht um einen Samstagnachmittags-Zeitvertreib. Man sieht auf den Tafeln, dass die Spieler sich auf ein rundes Symbol im Zentrum des Platzes hinbewegen, das Symbol des Todes. Ein Spieler – von der Mitte rechts – ist enthauptet worden (ob es sich dabei um den Kapitän der Sieger- oder der Verlierermannschaft handelt, ist umstritten), während ein anderer – links – den Kopf des Enthaupteten und ein Zeremonialmesser in der Hand hält. Oben an der Mauer zieht sich der Körper einer Schlange entlang, deren Köpfe an jedem Ende herausragen.

Die Enden des Platzes werden von kleinen Gebäuden mit offenen Galerien flankiert, von denen aus man den Platz überblicken kann. Das niedrige am Südende ist vielleicht nur eine Art Tribüne gewesen. Der nördliche **Templo Norte** oder „Tempel des bärtigen Mannes" (nach einer Skulptur im Innern benannt) war mit ziemlicher Sicherheit ein Tempel, möglicherweise gleichzeitig der Beobachtungsposten des Schiedsrichters. Innen befinden sich einige zerstörte Reliefs und eine Galerie mit einer eindrucksvollen Akustik. Am äußersten Ende des Ballspielplatzes kann man jedes Wort verstehen, das hier gesprochen wird, oder umgekehrt alles mithören, was dort geschieht.

Vom **Templo de los Jaguares** überblickt man ebenfalls den Platz, allerdings von der Seite. Unten, an der äußeren Mauer des Ballspielplatzes, befindet sich ein kleiner, von zwei Pfeilern getragener Portiko, in dem ein steinerner Jaguar Wache steht. Im Innern sieht man ein paar schöne, leider ziemlich mitgenommene Steinreliefs, auf denen Maya-Priester, Toltekenkrieger, Tiere, Vögel und Pflanzen dargestellt sind.

Ungefähr 300 m nordöstlich vom Ballspielplatz liegt am äußersten Ende des Zeremonialweges, der durch die Bäume an der Nordseite der Plaza führt, der **Cenote de los Sacrificios** (Opfer-Brunnen). Diese fast kreisrunde, natürliche Höhlung im Kalksteinboden hat einen Durchmesser von ungefähr 60 m, ist über 40 m tief – ein außergewöhnliches Naturphänomen – und etwa bis zur Hälfte mit Wasser gefüllt. Von ihr bezog Chichén Itzá seinen heutigen Namen „Mund am Brunnen der Itzá". Dieser Teich galt als Eintrittstor zur „anderen Welt", Xibalba genannt. Die Maya warfen ihre Opfergaben – Kopalharz (Weihrauch), geschnitzte Figuren, Jade- und Metallplatten (manche aus Gold), auf denen Figuren und Schriftzeichen eingraviert waren – in den Brunnen, manchmal auch Menschen; wer überlebte, dem wurde die Gabe der Prophezeiung zuerkannt, denn er hatte „mit den Göttern gesprochen". Die ehemals beschauliche Ruhe, in der man den *cenote* betrachten und über dessen religiöse, mystische Bedeutung nachdenken konnte, wird nun durch eine belebte Cafeteria mit Blick auf den Brunnen-Teich empfindlich gestört.

Chichén Viejo

Die südliche Hälfte der Fundstätte war für die zeitgenössischen Maya der heiligste Teil der Anlage, doch die Gebäude hier sind im Großen und Ganzen nicht gut erhalten. Man hat hier weniger Restaurationsarbeiten durchgeführt und sich mit der Säuberung des Geländes nicht so viel Mühe gemacht. Von der Straße gegenüber dem El Castillo führt ein Pfad zu den wichtigen Gebäuden. Zuerst passiert man die eingestürzte Pyramide **El Osario**, das Beinhaus, auch bekannt als das Grab des Hohepriesters. Äußerlich gleicht sie El Castillo, besser gesagt, sie würde ihm gleichen, wenn sie in einem besseren Zustand wäre. Im Innern jedoch befinden sich mehrere Gräber, was eigentlich nicht den Gepflogenheiten entsprach. Ende des 19. Jhs. wurde ein Schacht entdeckt, der von der Spitze der Pyramide durch fünf Grabgewölbe nach unten führt. In jeder Grabkammer wurde ein Skelett gefunden und eine Falltür, durch die man das nächste Grab erreicht. Die fünfte Krypta liegt zu ebener Erde. Von hier aus öffnet sich eine weitere Falltür, und über Steinstufen gelangt man in eine sechste Kammer, eine riesige unterirdische Höhle, die eigentliche Grabstätte des Hohepriesters. Leider ist Besuchern der Zugang zum Schacht und zur Höhle verwehrt.

Wenige Meter südlich liegen der **Templo del Venado** (Tempel des Hirsches) und die **Casa Colo-**

rada (Rotes Haus), daneben eine Ansammlung mehrerer Ruinen, die so genannte Südwestgruppe. Auf dem Weg geht es weiter zum **El Caracol** (der Form wegen „die Schnecke" oder auch „Observatorium" genannt), ein runder, überdachter Turm, der auf einer zweistöckigen, rechteckigen Plattform ruht und in seinem Grundriss genauso aussieht wie eine moderne Sternwarte. Allerdings war unter dem Dach kein Teleskop angebracht, sondern Sehschlitze für astrologische Beobachtungen aus verschiedenen Sichtwinkeln. Man betritt den Turm durch eine der vier Türen, und kommt in eine runde Kammer. Von hier aus führt eine Wendeltreppe zum Obergeschoss, die Besuchern jedoch nicht zugänglich ist.

Am Observatorium vorbei gelangt man zum Palastkomplex **Edificio de las Monjas** (Haus der Nonnen), der verschiedene Bauten, die in mehreren Etappen errichtet wurden, umfasst. Ein Teil der Fassade ist im 19. Jh. dem Forscherdrang eines sprengfreudigen „Entdeckers" zum Opfer gefallen. Die sehr schöne Fassade des dazugehörigen **El Anexo** ist im Chenes-Stil gehalten und mit Masken des Gottes Chac bedeckt, die sich zusammen wiederum zu einer riesigen Maske arrangieren – die Eingangstür stellt den Mund dar. Hingegen ist **La Iglesia** („die Kirche"), das kleine Gebäude daneben, ein Paradebeispiel für die Puuc-Architektur. Unter dem maskenbesetzten Dachkamm erstreckt sich ein extrem hoher Mosaikfries über glatten Außenwänden.

Vom Las Monjas führt ein schmaler Weg nach Süden zu mehreren versteckt liegenden Gebäudegruppen tief im Wald. Für den Abstecher muss man etwa eine Stunde einplanen. Von Interesse ist die **Datumsgruppe**, benannt nach einem auf das Jahr 879 datierbaren Türsturz. Dazu gehören zwei Atlanten-Figuren aus jüngerer Zeit und der Templo de la Fertilidad mit einem Phallus. Durch die Datumsgruppe hindurch führt ein langer Weg zur hervorragend restaurierten, schönen **Casa de los Tres Dinteles** (Haus der drei Türstürze), im klassischen Puuc-Stil erbaut und einst von Angehörigen der Oberschicht bewohnt. Vom „Haus der vier Türstürze", das man auf dem Weg dorthin passiert, sind nur noch wenige Reste erhalten.

Zum **Akab Dzib** ist es vom Edificio de las Monjas nicht so weit (nur ca. 100 m). Der ziemlich einfach gehaltene Palast erhielt seinen Namen („rätselhafte Schrift") nach den Hieroglyphen, die man in seinen Räumen gefunden hat. Manche der Innenwände sind mit roten Palmenzeichnungen versehen – ein gängiges Motiv in Mayabauten, dessen Bedeutung unklar ist. Von Akad Dzib kann man an El Caracol und dem Cenote de Xtoloc vorbei zurück zur Straße gehen.

Übernachtung und Essen

Besucher haben die Wahl, entweder in einem der Hand voll Hotels nahe den Ruinen zu übernachten (so es die Reisekasse zulässt) oder im Ort Pisté, gleich westlich davon. Erstere liegen an der Carretera Mérida–Valladolid, die im Norden und Osten an die Ruinenstätte grenzt.

Dolores Alba, Carretera 180 *libre* KM 122, ✆ Reservierungen in Mérida 999/928-5650, ℻ 928-3163, 💻 www.doloresalba.com. Etwa 2 km östlich der Ruinen, mit sehr gutem Preis-Leistungs-Verhältnis. Saubere Zimmer, gutes Restaurant und zwei Pools, einer davon in einem natürlichen Becken mit Felsboden. Das Personal ist sehr hilfsbereit und organisiert den Transport zur Stätte (aber nicht zurück). ❺

Parque Ikkil gegenüber dem *Dolores Alba*, ✆ 985/858-1525. Im Park mit Cenote werden 6 Bungalows der Luxusklasse vermietet. Viel Privatsphäre; weniger Extras als die größeren Resorts. ❾

Villas Arqueológicas, Carretera 180 *libre* KM 120, 💻 www.clubmed.com, ✆ 985/851-0034, ℻ 851-0018. Weniger attraktiv als seine Nachbarn, aber trotzdem nicht schlecht. Moderne, vom *Club Med* geführte Anlage mit Pool und Cocktailbar im Patio und einer Bücherei (archäologische und architektonische Werke), die nachts zur Disco umfunktioniert wird. ❼

Hacienda Chichén, von der Carretera 180 ab, nahe dem Osteingang zu den Ruinen, ✆ 985/924-2150, ℻ 924-5011, 💻 www.yucatanadventure.com.mx. Gediegene Kolonialatmosphäre sowie ein paar kleine Ruinen auf dem Gelände. Recht schöne Zimmer in individuell gestalteten Ferienhäusern, aber man zahlt in erster Linie für die Lage. ❾

Mayaland, von der Carretera 180 ab, nahe dem Osteingang zu den Ruinen, ✆ 985/851-0100, ℻ 851-0129, 💻 www.mayaland.com. Exklusives

Resort mit prächtigem Speisesaal im Hacienda-Stil und Suiten in luxuriösen, strohgedeckten Hütten, die verstreut in den Gärten liegen. ❾
Das **Restaurant** im Hotel Dolores Alba nahe den Ruinen ist gut und erschwinglich, und Gäste dürfen den Pool nutzen.
Auf der anderen Straßenseite befindet sich der recht vornehme ***Parque Ikkil***, 🕓 8–18 Uhr, Eintritt US$4, mit einem Buffet-Restaurant inmitten der Landschaftsgärten. Man kann auch im großen, unterirdischen *cenote* Sagrado Azul baden; Umkleideräume vorhanden.

Sonstiges

LUZ Y SONIDO – Allabendlich findet im Winter um 19 Uhr, im Sommer um 20 Uhr ein Licht- und Soundspektakel in spanischer Sprache statt; technische Ausrüstung zur Übersetzung ist im Eintrittspreis zur Ruinenstätte enthalten. Wer sich in der Nähe aufhält, sollte ruhig mal vorbeischauen. Es ist nicht gerade eine Offenbarung, aber abends kann man hier ohnehin nicht viel unternehmen. Warme Kleidung mitnehmen, da es nachts kühl wird! Nach Einbruch der Dunkelheit sollte man auf den ausgetretenen Pfaden bleiben, denn es gibt hier Klapperschlangen und andere.

REITEN – An der Rezeption des Hotels Mayaland kann man 2-stündige Ausritte um Chichén Viejo buchen (US$48 mit Führer).

Transport

Chichén Itzá liegt an der Hauptstraße zwischen MÉRIDA (120 km) und CANCÚN (etwa 200 km) an der Karibikküste. Es gibt einen guten und regelmäßigen Busservice auf dieser Strecke, so dass man auch einen Tagesausflug von Mérida hierher unternehmen oder die Stätte auf dem Weg von Mérida zur Küste besuchen kann.
Richtung Küste nimmt man am besten irgendeinen Bus bis VALLADOLID, wo man ggf. in einen 1. Klasse-Bus umsteigen kann.
Wer nicht nach Cancún möchte, kann einen 2. Klasse-Bus nach TULUM via COBÁ (3 Std.) nehmen. Man kann versuchen, vor den Ruinen einen Bus anzuhalten, oder man begibt sich nach Pisté (s.u.).
Von Cancún (viele organisierte Touren) und PLAYA DEL CARMEN aus kann man auch einen Tagesausflug hierher machen, muss dann aber früh aufstehen und kommt spät zurück.

Pisté

Pisté ist ein Dorf entlang der Hauptstraße zwischen Mérida und Valladolid, ca. 30 Gehminuten von den Ruinen nach Westen. Seine praktisch einzige Aufgabe besteht darin, Besucher mit Hotelzimmern zu versorgen, damit sie früh genug aus den Federn kommen, um noch vor dem Einfall der Tourbusse, der in Chichén Itzá gegen 10.30 Uhr erfolgt, einen Großteil der Stätte in Ruhe betrachten zu können.

Übernachtung

Fast alle hier aufgeführten Unterkünfte befinden sich an der Hauptstraße zwischen dem Ort und der Ausgrabungsstätte, daher kann man sich unterwegs leicht die geeignetste aussuchen. Die Hotels sind in ihrer Reihenfolge von Ost nach West aufgelistet, beginnend mit denen nahe den Ruinen.
Pirámide Inn, Calle 15-A Nr. 30, Ecke Calle 20, 💻 www.chichen.com, ✆ 985/851-0115, 📠 851-0114, günstige Lage bei der Haltestelle der Busse Richtung Osten, nahe dem Westeingang zur Stätte; Pool, *temazcal* und New-Age-Klientel. ❻
Stardust Inn, 200 m westlich des Pirámide Inn, ✆ 985/851-0275. Etwas mitgenommen, einigermaßen sauber, mit riesigem Pool. ❻
Posada Novelo, nebenan, gleicher Besitzer, und Gäste dürfen den Pool des Nachbarhotels mitbenutzen. ❹
Posada Chac-Mool, 200 m westlich des Stardust Inn, ✆ 985/851-0270. Ohne besondere Ausstattung, lediglich 9 kleine, blitzsaubere Zimmer, mit ac oder Ventilator. ❹–❺
Chichén Itzá, 100 m westlich des Chac-Mool, auf der anderen Straßenseite, ✆ 985/851-0022, 📠 851-0023, 💻 www.mayaland.com. Schmucke Zimmer, Pool, wenig Charme. ❻
Posada Olalde, Calle 6, südlich der Hauptstraße, ✆ 985/851-0086. Einfache, saubere Zimmer mit Ventilator und Warmwasser sowie ein paar einfache Cabañas; von der östlichen Bushaltestelle

kommend bei *El Guayacan Artesanía* links abbiegen. ❹

Posada Maya Oasis, Calle 6, nördlich der Hauptstraße (kein Tel). Guesthouse, das nur 3 Zimmer mit Ventilator besitzt, aber sauber und ruhig. abseits der Hauptstraße; gegenüber dem El Guayacan nach rechts abbiegen. ❹

Posada Carrousel, gleich östlich der Haltestelle der Busse Richtung Westen, ✆ 985/851-0078. Der große Hof und billiges Bier ziehen Budget-Traveller an; die besten Zimmer sind die nach hinten gelegenen; auch Platz zum Aufhängen einer Hängematte. ❶–❹

Essen

In Pisté sind die besten Lokale das ***El Carrousel*** und ***Las Mestizas***, das preisgünstige regionale Küche serviert. Die teureren Hotels verfügen alle über ein eigenes Restaurant.

Transport

Busse fahren stdl. von Pisté nach MÉRIDA und etwa halbstündlich nach VALLADOLID. Es gibt auch Busse nach CANCÚN und PLAYA DEL CARMEN. Busse Richtung Osten setzen Fahrgäste am Ostende der Stadt ab, nahe dem Pirámide Inn; Busse nach Westen halten westlich der Hotels, nahe dem Hauptplatz.

Valladolid

Valladolid liegt ungefähr 40 km östlich von Chichén Itzá, so dass man mit einem frühen Bus vor den Massen die Ruinen erreichen kann. Hotelzimmer sind hier preisgünstiger als in Pisté. Die Stadt ist die zweitgrößte im Staat Yucatán und besitzt einige wenige Sehenswürdigkeiten. Länger als eine Nacht wird man sich aber wahrscheinlich nicht aufhalten wollen. Auf dem Weg nach Cancún legt man hier normalerweise gewollt oder ungewollt eine Rast ein, denn die meisten Busse halten eine Weile in Valladolid an. Am besten ist es, von Chichén Itzá irgendeinen Bus Richtung Valladolid zu nehmen und hier in einen 1. Klasse-Bus umzusteigen, der zur Küste fährt.

Die Maya errichteten hier das Zeremonialzentrum **Zací** und leisteten 1543 heftigen Widerstand gegen die spanischen Konquistadoren. Während der Bürgerunruhen des 19. Jhs. hat die Stadt schwer gelitten, sich aber eine Kolonialatmosphäre bewahrt.

Der Zócalo wird von den Calles 39, 40, 41 und 42 umschlossen. Das berühmteste der erhaltenen Bauten ist das **Convento San Bernardino** aus dem 16. Jh. am Ende der Calle 49, etwas außerhalb des Stadtzentrums, noch hinter dem Restaurante San Bernadino de Siena. Das Bauwerk ist sehr eindrucksvoll, doch im Inneren ziemlich kahl, denn während des Kriegs der Kasten sind viele Kirchen auf Yucatán geplündert worden. San Bernardino wurde restauriert und beherbergt eine Ausstellung über die Kolonialzeit. Die Spanier haben das Kloster über einem der beiden großen *cenotes* der Stadt, **Sis-Ha**, errichtet. ⏲ tgl. außer Di 9–20 Uhr. Zwei Blocks westlich der Plaza die hübsche, in eine Fußgängerzone umgewandelte Calle 41-A entlang gehen! Der andere, der **Cenote Zací** in der Calle 36, wurde in eine Touristenattraktion verwandelt. Am Eingang gibt es ein Museum und ein Freiluftrestaurant. ⏲ tgl. 8–18 Uhr, US$2.

Den Mittelpunkt der Stadt bildet der Zócalo, der von den Calles 39 und 41 sowie 40 und 42 eingerahmt wird. Rundherum liegen die Hotels und Restaurants.

7 km westlich von Valladolid liegt der **Cenote Dzitnup** oder **X'Keken**, ein lohnenswertes, recht leicht zu erreichendes Ausflugsziel. Um zum *cenote* zu gelangen, muss man in eine Höhle hinabsteigen. Der beinahe kreisrunde *cenote* mit seinem kristallklaren, türkisfarbenen Wasser wird nur durch einen Spalt in der Decke beleuchtet, wodurch eine einmalig schöne Stimmung entsteht. Vom Baden im eiskalten *cenote* wird abgeraten, da das Gewässer weiter oben von Jungen als Toilette missbraucht wird. Es empfielt sich einen Pullover mitzubringen. ⏲ tgl. 7–18 Uhr, US$2. Mindestens ebenso beeindruckend ist der fast direkt gegenüberliegende **Cenote Samula**. Während Dzitnup oft überfüllt ist und kleine Jungen dort ständig um Kleingeld betteln, ist man in Samula meist für sich allein. Die Wurzeln eines riesigen *alamo*-Baums ragen in den Teich hinunter. ⏲ tgl. 8–17 Uhr, US$2.

Jeder nach Westen fahrende 2. Klasse-Bus lässt Passagiere an der Kreuzung 5 km hinter Valladolid aussteigen. Von dort führt ein 2 km langer, ausgeschilderter Fußweg zum *cenote*. Man kann aber auch in Valladolid ein Fahrrad ausleihen und auf dem gepflasterten Fahrradweg hingelangen, ein Taxi nehmen oder vor dem Hotel María Guadalupe in ein Colectivo nach Dzitnup steigen.

Übernachtung

Die Budget-Hotels in Valladolid erfüllen ihren Zweck. Wer mehr Atmosphäre sucht und es sich leisten kann, sollte sich eine Kolonial-Unterkunft am Zócalo gönnen.
In der Stadt gibt es eine hervorragende **Jugendherberge**, ***La Candelaria,*** am Rande des Parque la Candelaria, in der Calle 35 zwischen Calle 44 und 42, ✉ candelaria_hostel@hotmail.com, ✆ 985/856-2267, mit Garten, Internet-Zugang, Fahrradverleih und ein paar Privatzimmern. ❷
Der Besitzer des Sportgeschäfts *Rey de Béisbol* (siehe unter Fahrräder) vermietet ebenfalls sehr günstige Zimmer.
Hotel Lily, Calle 44 Nr. 192, zwischen Calle 37 und 39, ✆ 985/856-2163. Gemütliches Hotel mit 21 einfachen Zimmern (die im oberen Stockwerk sind etwas heller) zu günstigen Preisen. ❹
María de la Luz, Calle 42, am Zócalo, ✆ 985/856-2071, ℻ 856-1181, 🖳 www.mariadelaluzhotel.com. Das beste Angebot an der Plaza: Saubere, komfortable Zimmer mit (ziemlich lauter) ac um einen kleinen Pool herum. ❺
María Guadalupe, Calle 44 Nr 198, zwischen Calle 39 und 41, ✆ 985/856-2068. Beste der Billigunterkünfte; gepflegte Zimmer mit Bad. Vor dem Haus fahren Colectivos zum Cenote Dzitnup ab. ❸
El Mesón Del Marqués, Calle 39 Nr. 203, an der Plaza, 🖳 www.mesondelmarques.com, ✆ 985/856-2073, ℻ 856-2280. Wunderschönes Hotel in einer ehemaligen Kolonialvilla mit Blick auf den Patio mit Springbrunnen. Wunderbarer, von Palmen gesäumter Pool, ausgezeichnetes Restaurant, Frühstück inkl. ❻
San Clemente, Calle 42 Nr. 206, Ecke Calle 41, ✆ 985/856-3161, 🖳 www.hotelsanclemente.com.mx. Unweit der Plaza, ähnliche Preise und Einrichtungen wie das María de la Luz, aber die Zimmer sind etwas schmuddelig. ❹
Zací, Calle 44 Nr. 193, zwischen Calle 39 und 37, ✆ 985/856-2167. Freundliches Hotel mit ruhigem Patio und kleinem Pool. Zimmer mit Ventilator, etwas teurere mit ac und Kabel-TV. ❺

Essen

Das billigste Essen in Valladolid gibt es an der Ecke der Plaza neben dem Hotel Mesón del Marqués im ***El Bazar,*** wo um einen säulenbestandenen Innenhof herum eine unglaubliche Anzahl preiswerter Loncherías und Pizzerien liegt – so ziemlich der einzige Ort, wo man nach 21 Uhr noch etwas zu essen bekommt.
Café de Carmelita, Calle 42 Nr. 183, zwischen Calle 35 und 37. Preiswertes Lokal, das neben Müsli-Frühstück und Salaten auch herkömmliche einheimische Küche serviert; die klassischen mexikanischen Balladen vom Band verleihen dem Café eine heimelige, nostalgische Note. Schließt um 21 Uhr.
María de la Luz, Calle 42, auf dem Zócalo. Großes, beliebtes Restaurant mit Blick auf den Platz. Einfache mexikanische und yucatekische Speisekarte, darunter Spezialitäten aus Valladolid wie *longaniza*. Tgl. preiswertes Frühstücksbuffet für ca. US$4,50.
El Mesón del Marqués, Calle 39 Nr. 203, am Zócalo. Ruhiges Restaurant im Hotelpatio, serviert Spezialitäten wie *sopa de lima* und *poc chuc*. Wahrscheinlich das beste Speiselokal der Stadt.
Restaurante San Bernadino de Siena, Calle 49 Nr. 227, zwei Querstraßen hinter dem Convento San Bernadino. Bei den mexikanischen Gästen als *Don Juanito's* bekannt. Empfehlenswert, mittlere Preisklasse, vom Trubel der Innenstadt entfernt.

Sonstiges

FAHRRÄDER – Vermietung im Sportgeschäft ***Rey de Béisbol,*** Calle 44 Nr. 195 zwischen Calle 39 und 41. Der Besitzer, Antonio „Negro" Aguilar, ist nicht nur Ex-Baseball-Profi, sondern auch eine hervorragende Quelle lokaler Informationen.

GELD – ***Bancomer*** (mit Geldautomat) am Zócalo tauscht Reiseschecks.

INFORMATIONEN – Die ***Touristeninformation*** liegt an der Südostecke des Zócalo, 🖳 www.chichen.com.mx/valladolid, und ist recht gut bestückt – auch kostenlose Stadtpläne von Valladolid und Informationen des Tourveranstalters *Viajes Valladolid* im gleichen Haus, ✆ 985/856-1857, 💻 www.viajesvalladolid.com. Nachteil: Das Büro ist häufig nicht besetzt. Dafür haben die meisten Hotels und Souvenirläden am Zócalo Stadtpläne auf Lager. 🕓 Mo–Sa 9–20.30, So 9–13 Uhr.

INTERNET – Auf dem Zócalo gibt es ein Internet-Café.

POST – Das Postamt befindet sich am Zócalo, an der Calle 40, nahe Ecke Calle 39, 🕓 Mo–Fr 9–15 Uhr.

TELEFON – ***Ladatel Casetas*** für In- und Auslandsgespräche gibt es am Busbahnhof und am Zócalo, 🕓 tgl. 7–22 Uhr.

WÄSCHEREIEN – Im Einkaufszentrum Supermaz, Calle 39, zwischen Calle 48 und 50.

Transport

BUSSE – Die 1. Klasse-Busse, die mindestens stündlich zwischen MÉRIDA und CANCÚN verkehren, halten nicht in Valladolid, sondern bei **La Isleta**, einer Bushaltestelle an der Carretera, von wo Lokalbusse in 10 Min. in die Stadt fahren. Der Busbahnhof von Valladolid liegt an der Calle 39, zwischen Calle 44 und 46, nur anderthalb Blocks westlich der Plaza.
1. Klasse-Verbindungen bestehen nach CANCÚN, fast stdl. (2 Std.), MÉRIDA, 4x tgl. (3 Std.) und PLAYA DEL CARMEN, 8x tgl. (4 Std.). Vier der Busse nach Playa del Carmen fahren nicht via Cancún, sondern über COBÁ (2 Std.) und TULUM (4 Std.).
Einige 2. Klasse-Regionalbusse fahren ebenfalls zu den o.g. Zielen sowie nach CHICHÉN ITZÁ und TIZIMÍN, stdl. (1 Std.).

COLECTIVOS - Die meisten Colectivos fahren von der Calle 44 ab; nach CHICHÉN ITZÁ werden US$1,50 verlangt, ein Taxi kostet US$15.

Grutas de Balankanché

In den **Höhlen von Balankanché**, 34 km westlich von Valladolid, wurde 1959 ein verschlossener Gang entdeckt, der zu einer Reihe von unterirdischen Heiligtümern führt. In diesen Höhlen wurde Chac geopfert. Man kann sie von Valladolid her per Bus besuchen oder einen Taxi-Ausflug von Chichén Itzá aus unternehmen. In den Höhlen gibt es Stalagmiten und Stalaktiten, einen unterirdischen *cenote* und – am sehenswertesten – noch viele Opfergaben, die an Ort und Stelle belassen wurden. Vorsicht: An bestimmten Stellen ist es sehr kalt, feucht und beklemmend eng, also absolut nichts für Klaustrophobiker! 45-minütige Führungen in englischer Sprache um 11, 13 und 15 Uhr, Gebühr US$4,80.

Um den Höhleneingang ist ein botanischer Garten angelegt worden, der kostenlos besichtigt werden kann. Schön angelegte Wege führen durch eine bemerkenswerte Dschungelflora. Das letzte Kapitel von Charles Gallenkamps Buch *Maya* handelt übrigens von der Entdeckung der Höhlen und den Exorzismusriten, die ein hiesiger Priester durchführte, um die alten Götter und umherschwirrenden Geister zu bannen.

Busse zwischen Valladolid und Mérida lassen Fahrgäste bei den Höhlen aussteigen. Man kann auch ein Colectivo von der Calle 44 in Valladolid – oder ein Taxi – nehmen.

Ek-Balam

Das wenig besuchte, aber gut freigelegte Ek-Balam ist aufgrund der hohen Qualität und einzigartigen Details seiner Bildhauereien bemerkenswert. Die kleine, von mehreren Verteidigungsmauern umgebene Ruinenstätte besteht im Grunde nur aus dem Zeremonialzentrum – die gesamte Stadt, die nachweislich von der präklassischen Periode bis zur spanischen Eroberung bewohnt war, dehnt sich über ein weites Gebiet aus, das von in alle Richtungen führenden *sacbes* durchzogen wird. Der Eingang zur Stätte befindet sich an einer dieser alten Straßen und führt durch einen frei stehenden vierseitigen Bogen. Dahinter liegen ein länglicher Ballspielplatz und zwei identische Tempel, genannt **Las Gemelas** (die Zwillinge).

Das Hauptgebäude ist der große Bau namens **La Torre**; die Steine seines 200 m langen Fundaments sind mit Flachreliefs geschmückt. Strohmarkisen schützen restaurierte Stuckarbeiten: Auf der ersten Ebene weisen zwei Türen beiderseits der

Treppe einander nahezu entsprechende Verzierungen in Form von verschlungenen Schlangen und Zungen auf. Auf dem Relief rechter Hand zeigt die Zunge eine Glyphe, die vermutlich für die Stadt Ek-Balam steht. Weiter oben befindet sich die Hauptattraktion, die kunstvoll gearbeitete **Tür im Chenes-Stil**, die zum Grab von Ukit-Kan-Lek-Tok geführt haben soll, einem Herrscher der spätklassischen Periode um 800 n.Chr. Das riesige geöffnete Maul ist mit vorstehenden Zähnen übersät (der Unterkiefer bildet den Boden des Eingangs) und von stilisierten Schlangen und detailreichen menschlichen Gestalten umgeben. Zurück am Boden kann man nach einigen gut erhaltenen **Stelen** auf der Plaza Ausschau halten, die denselben König darstellen sollen.

◷ tgl. 8–17 Uhr; Eintritt US$3,20. Zur Ausgrabungsstätte fahren keine Busse, aber Colectivos aus Valladolid (ab Calle 44, gleich westlich der Plaza) halten hier.

Von Valladolid nach Río Lagartos

Alle Busse von Valladolid nach Río Lagartos halten auf halbem Weg in **Tizimín**, einer kleinen Kolonialstadt. Das beste der bescheidenen Hotels im Zentrum ist *Hotel San Carlos,* Calle 54 zwischen Calle 51 und 53, ✆ 986/863-2384, ❹. Unweit der beiden Busbahnhöfe (die um die Ecke voneinander in der Calle 47 und Calle 46 liegen) befindet sich am Zócalo ein tolles Restaurant, *Los Tres Reyes.* Es ist etwas teuer, aber dafür werden kostenlose Appetithäppchen gereicht und der Service ist sehr gut.

Das Dorf **Río Lagartos** liegt auf einer Lagune im sumpfigen Küstentiefland zwischen großen **Flamingokolonien**, 100 km nördlich von Valladolid. Sobald man aus dem Bus oder Auto steigt, wird man normalerweise mit Angeboten zum Flamingo-Watching überhäuft. Wenn nicht, begibt man sich am besten in das freundliche *Restaurante Isla Contoy* am Ufer auf der Westseite und blättert während des Wartens auf ein Boot in dem Buch mit Fotos und Kommentaren von Besuchern.

Ein Boot, das zu den am dichtesten bevölkerten Stellen fährt, kostet ungefähr US$35 und bietet Platz für bis zu 7 Personen, aber es gibt auch kleinere Flamingogruppen näher beim Ort. Man sollte sich vergewissern, ob der Guide wirklich verstanden hat, dass man die Flamingos nicht aufscheuchen möchte, denn manche fahren viel zu dicht an die Vögel heran. Zu empfehlen ist der sympathische Marcel Flores alias „Leches" (Milch), der Besucher in noch entlegenere Orte bringt als andere Führer, vielleicht sogar bis nach **Las Coloradas**. Den Kontakt vermittelt das Restaurant *Los Negritos* an der Hauptstraße am Ortseingang. Außer Flamingos bekommt man wahrscheinlich auch Fischadler, Nashornvögel und – mit etwas Glück – die Riesenechsen zu Gesicht, von denen Río Lagartos seinen Namen erhielt.

Übernachtung

RÍO LAGARTOS – ***Posada Leyli,*** Calle 14, am nördlichen Ende der Stadt, ✆ 986/862-0106. Große Zimmer. ❸

Hotel Villa de Pescadores, am nördlichen Ende des Malecón, ✆ 986/862-0020. Das feinste Haus am Platz, alle Zimmer mit Balkon und Blick aufs Wasser. ❺

Transport

Stdl. bis 18 Uhr fährt ein Bus von **Tizimín** nach VALLADOLID (1 Std.). Von Tizimín aus bestehen auch Direktverbindungen von und nach MÉRIDA (4 Std.), CANCÚN (4 Std.) sowie nach RÍO LAGARTOS(1 Std.). Von dort fahren viele Busse weiter nach SAN FELIPE. Letzter Bus von Río Lagartos nach Tizimín um 17 Uhr.

Quintana Roo

Der Küstenstaat Quintana Roo war bis in die jüngste Vergangenheit Mexikos ein vergessenes Grenzgebiet. Seine Tropenwälder lieferten Mahagoni und Chicle, den Grundstoff für Kaugummi, waren aber so gut wie unbewohnt und ein Paradies für Outlaws, Piraten und Maya-Nachkommen, die hier dem direkten Einflussbereich der Zentralregierung entzogen waren. In den 70er Jahren begannen die palmengesäumten weißen Sandstrände der Karibikküste und ihre wunderbaren vorgelagerten Korallenriffe Touristen anzuziehen; Straßen wurden gebaut, Niederlassungen gegründet und 1974 wurde schließlich ein neuer Staat ins Leben gerufen.

Nachdem die Selva Lacandona bereits zu zwei Dritteln abgeholzt ist, stellt Quintana Roo die größten zusammenhängenden Urwaldgebiete Mexikos. Da aber nach wie vor das Abholzen vom Staat prämiert wird und viele Menschen davon leben, schrumpft der Waldbestand entlang der neuen Straßen schnell. Allerdings gibt es Versuche, dies zu verhindern, indem nur schnell wachsende Bäume gefällt werden und gleichzeitig aufgeforstet wird.

Das begehrteste Reiseziel ist der Küstenabschnitt zwischen Cancún und **Tulum**, die so genannte „Riviera Maya". Folglich sind hier auch die meisten neuen Hotelanlagen hochgezogen worden. Die modernen Anlagen konzentrieren sich um die Badeorte **Cancún** und **Playa del Carmen** sowie die Inseln **Isla Mujeres** und **Cozumel**, inzwischen einige der beliebtesten Pauschalreiseziele der Welt – mit allen bekannten Folgeerscheinungen. Fotos von Maya sieht man hier überall, doch während ihre Kultur schamlos kommerzialisiert wird, fließt kaum etwas von den Gewinnen in die Taschen der Maya selbst, und wo die Einheimischen nicht von den Bauherren vertrieben wurden, fristen sie nicht selten ein ärmliches Dasein, leben vom Maisanbau, von Schnitzereien oder Webereien – billige Souvenirs für die Touristen. Nur einige wenige Maya sind zu erfolgreichen Unternehmern aufgestiegen.

Südlich von Tulum ist es beschaulicher geblieben: An den Stränden innerhalb des **Sian Ka'an-Biosphärenreservates** legen Meeresschildkröten ihre Eier ab, und dahinter erstrecken sich Mangrovensümpfe, die Heimat zahlreicher Tiere, darunter Jaguare und sogar Manatis (Seekühe). Die wunderschöne, ausgedehnte **Laguna de Bacalar** war eine wichtige Station an der präkolumbischen Maya-Handelsroute und diente später, während des Krieges der Kasten, als Außenposten für Waffen, die auf dem Wasserweg von Belize her angeliefert wurden. Dieser südliche Teil der Küste ist vor allem etwas für Naturliebhaber und Abenteuerlustige und nur über ein paar schwer befahrbare Straßen zugänglich; öffentliche Verkehrsmittel fahren nur nach **Mahahual** und **Xcalak**. Wer bis in diese Gegend vordringt, sollte einen Ausflug nach **Banco Chinchorro** machen, dem einzigen echten großen Riffsystem Mexikos und einem der wenigen in der gesamten Karibik. Das Korallenriff wurde zum Nationalpark erklärt und setzt sich über Belize bis fast nach Honduras fort.

Verhalten am Riff

Das Korallenriff ist eines der artenreichsten Ökosysteme der Welt, sehr kompakt, aber auch sehr zerbrechlich. Da eine Korallenkolonie im Jahr nur um ca. 5 cm wächst, müssen Korallen mit äußerster Vorsicht behandelt werden, wenn sie nicht unwiederbringlich zerstört werden sollen. Beim Schnorcheln, Tauchen und wenn man mit dem Boot unterwegs ist, sollte man unbedingt folgende einfache Regeln berücksichtigen:

- Niemals Korallen berühren oder sich darauf stellen, denn die lebenden Polypen auf der Oberfläche werden leicht zerstört.
- Der Sand in der Umgebung der Korallen darf nicht aufgewühlt werden. Abgesehen davon, dass man dann nichts mehr sieht, setzt sich der Sand auf den Korallen ab und erstickt sie.
- Muscheln, Schwämme oder andere Lebewesen dürfen nicht vom Riff entfernt werden; man sollte auf gar keinen Fall Souvenirs kaufen, die von einem Riff stammen.
- Beim Baden im Riff darf man kein Sonnenöl benutzen, da es Schadstoffe enthält und das Wachstum der Korallen unterdrückt; am besten kauft man zum Schnorcheln ein biologisch abbaubares Sonnenschutzmittel.
- Niemals einen Bootsanker ins Riff werfen, sondern die Bojen benutzen.
- Keinen Müll über Bord werfen.
- Man sollte sich erkundigen, ob das Fischen erlaubt ist, bevor man die Angel auswirft.
- Wer kein geübter Taucher ist, sollte die ersten Tauchgänge nicht im Riff machen.

Das Binnenland von Quintana Roo sieht selten einen Besucher. Hier gibt es einige erstaunliche Maya-Stätten, die jedoch längst nicht so leicht erreichbar oder gut restauriert sind wie die von jedem Unkraut gesäuberten Freiluftmuseen im Bundesstaat Yucatán. **Cobá**, eine Maya-Stadt an einem See, unweit der Carretera nach Valladolid, weist einige der höchsten Tempel der Welt auf, ist jedoch nur teilweise freigelegt und im Dschungel verborgen. Die Stätte aus der Frühklassik der Maya, **Kohunlich**, berühmt für ihre Riesenskulpturen der Gesichter des Maya-Sonnengottes, liegt mitten im Dschungel des Petén, der sich nach Guatemala und Belize hinein erstreckt; noch abgelegener sind die Ruinen von **Kinichná** und **Dzibanché** sowie (nördlich von Chetumal) **Chacchoben**.

Chetumal, die Bundeshauptstadt, ist eine Freihandelsgrenzstadt. Hierher kommt man in der Regel nur auf dem Weg von oder nach Belize. Zwischen den beiden Ländern gibt es ausgezeichnete Busverbindungen. Leider bietet Chetumal kaum Möglichkeiten, einen Mietwagen zu nehmen.

Isla Holbox

Die Hauptreiseroute nach Quintana Roo führt von Mérida direkt nach Cancún, aber es besteht auch die Möglichkeit, von Valladolid (mit dem Bus) oder kurz vor der kleinen Ortschaft Zaragoza (mit dem eigenen Fahrzeug) nordwärts zu fahren, um nach **Chiquilá** zu gelangen, von wo die Fähre zur Isla Holbox am östlichsten Punkt der Golfküste übersetzt. Chiquilá ist nicht unbedingt ein Ort, an dem man dauerhaft vor Anker gehen möchte. Immerhin gibt es ein paar Restaurants, eine Tankstelle und eine Einkaufsmöglichkeit. Notfalls kann man unter der Palapa beim Basketballplatz kampieren, braucht aber unbedingt ein Moskitonetz.

Die 40 km lange Isla Holbox wird unter Individualreisenden als Strandparadies gehandelt, denn noch ist sie relativ unberührt und die Atmosphäre ist ungekünstelt freundlich. Für jeden, der aus einem der touristischen Ferienorte hierher kommt, stellt die Insel eine wohltuende Abwechslung dar. Nur die Mücken, die am Sommerende ankommen und bis in den Oktober bleiben, können die Freude etwas trüben.

Von Juli bis Mitte September treffen die riesigen, seltenen **Walhaie** am Kap ein. Touren zum Beobachten und Schwimmen mit diesen freundlichen Tieren nehmen fast den ganzen Tag in Anspruch (US$90 p.P. inkl. Mittagessen und Schnorchelausrüstung). Im Hotel oder bei *La Cueva del Pirata* (s. „Essen") nachfragen. Sie alle können wahrscheinlich auch Ausflüge zum Angeln oder Kayakfahren arrangieren, und ein Laden für Tauchzubehör in der *Posada Mawimbi* bietet außerdem Schnorchelausflüge.

Übernachtung

Die Hotels am Strand gehören alle der mittleren bis oberen Preisklasse an; die wenigen passablen billigeren Unterkünfte liegen im Ort. Außerhalb der Saison können die Preise in einigen Nobelhotels um fast die Hälfte sinken.

Faro Viejo, Av. Benito Juárez am Strand, ☎ 984/875-2217, 📠 875-2186, 💻 www.faroviejoholbox.com.mx. Hübsche Zimmer direkt am Strand (der einzige Strandabschnitt im Ort, vor dem keine Fischerboote liegen) und ein paar Apartments (ideal für Gruppen) mit Kochnische und Veranda; umfangreiches Frühstück inkl. ❼

Hotel La Palapa, Av. Morelos Nr. 231, ☎ 984/875-2121. Attraktive Cabañas mit Bad und z.T. Küche. Die hilfsbereiten Besitzer halten die Zimmer spiegelblank und haben ein separates Ferienhaus für längere Aufenthalte eingerichtet. ❹–❺

Posada Los Arcos, Av. Benito Juárez an der Plaza, ☎ 984/875-2043. Saubere, einfache Zimmer um einen kleinen Hof. Mit ac oder Ventilator, einige Zimmer mit Kochnische. ❹

Posada Mawimbi, am Strand 15 Min. östlich des Zentrums, 💻 www.mawimbi.com.mx, ☎/📠 984/875-2003. Kleine Ansammlung von runden, zweistöckigen Cabañas, wunderschön gestaltet und inmitten dichter Vegetation versteckt. ❻

Posada Playa Bonita, Av. Coldwell, Ecke Av. Benito Juárez, ☎ 984/875-2102. Eine weitere preiswerte Unterkunft, mit einer Auswahl an Zimmern und Cabañas, einen Block vom Strand entfernt. Preisgünstiges Restaurant und Bar. ❺

Villas Chimay, am Strand 1 km westlich des Ortes, ☎/📠 984/875-2220, 💻 www.chimay.info. Herrlich abgeschieden: die einzige Unterkunft am Weststrand, dank Wind- und Solarenergie völlig unabhängig. Umsichtig eingerichtete Zimmer, leckeres Brot zum Frühstück; für andere Mahlzeiten steht Gästen eine Küche zur Verfügung. Vermietet Kayaks und führt Dschungeltouren durch. ❼

Villas Delfines, ein gutes Stück am Strand entlang nach Osten, 💻 www.holbox.com, ☎ 984/874-4014. Geräumige Cabañas; lockere Atmosphäre und weiter, weißer Strand. Auf Wunsch auch VP – im sehr guten Restaurant sitzt man im Kerzenschein an Tischen in einem Orchideengarten, samstags Barbecue. ❼

Villas Los Mapaches, am Strand zwei Blocks westlich der Av. Benito Juárez, ✆/📠 984/875-2090, 💻 www.losmapaches.com. Eines von mehreren Hotels mit italienischen Besitzern, vermietet komfortable Bungalows mit Kochnische, ideal für längere Aufenthalte. ❻

Xaloc, am Strand östlich des Ortes, vor den Villas Delfines, 💻 www.mexicoholiday.com, ✆/📠 984/875-2154. Kleine, gut gestaltete Anlage im Besitz eines Architekten; 18 Cabañas mit Spitzdach, Himmelbetten und besonders schönen Bädern; außerdem zwei Pools sowie kostenloser Kayak- und Schnorchelverleih. ❾

Essen

Antojitos Dafne Guadalupe, auf der Plaza. Serviert abends schmackhafte *panuchos* und *salbutes.*

Cariocas, Strandbar: am Wochenende gelegentlich Musik und Tanz.

La Cueva del Pirata, Westseite der Plaza. Ausgezeichetes italienisches Restaurant mit hausgemachter Pasta.

La Isla de Colibri, an einer Ecke der Plaza, serviert köstliche frische Obstsäfte und gesunde Kost. Auch eine Art Gemeindezentrum, um Leute zu treffen und Touren zu arrangieren.

Pizzas y Mariscos Edelyn, auf der Ostseite der Plaza. Leckere, billige Pizzas; hier landet früher oder später jeder einmal.

Villamar, am Strand in der Av. Juárez. Gutes, ungezwungenes Restaurant im Besitz eines Einheimischen, mit preiswerten Seafood- und anderen mexikanischen Gerichten.

Zarabanda, Calle Escobedo, Ecke Av. Palomino, einen Block südlich der Plaza. Die erste Wahl für Seafood.

Nahverkehrsmittel und Sonstiges

Vom Fähranleger führt die Avenida Benito Juárez geradeaus zur Plaza von Holbox, wo sich ein **Internet-Café** und eine **Wechselstube** befinden; es gibt **keinen Geldautomaten** auf der Insel.

Es gibt nur sehr wenige Autos auf Holbox. Die Einheimischen fahren mit dreirädrigen Taxis und elektrisch betriebenen **Golfwagen**, die man auch für US$12 pro Std. mieten kann.

Transport

BUSSE – Der Bus nach **Chiquilá** verlässt MÉRIDA (6 Std.) und VALLADOLID (3 Std.) mitten in der Nacht und kommt rechtzeitig zur Abfahrt der 6-Uhr-Fähre an. Mit Umsteigen in TIZIMÍN (3 Std.) ist es etwas einfacher (3x tgl. verkehren Busse). Von Osten her kommend, ist es am einfachsten, den täglichen Direktbus von CANCÚN nach Chiquilá zu nehmen (3 Std.). Abfahrt um 8 Uhr, zurück nach Cancún um 13.30 Uhr (der Bus wartet allerdings stets auf die Ankunft der 13-Uhr-Fähre aus Holbox).

FÄHREN – Die **Personenfähre** von CHIQUILÁ nach Holbox läuft 8x tgl. aus, die erste um 6, die letzte um 19 Uhr (30 Min., US$3). In umgekehrter Richtung verkehrt sie ebenfalls 8x tgl. zw. 5–18 Uhr.

Die **Autofähre** verlässt CHIQUILÁ tgl. um 8 und 13.30 Uhr (1 Std.). In umgekehrter Richtung legt sie um 11 und 15 Uhr ab. Sie fällt aber häufig aus und es ist ohnehin sinnlos, ein Auto auf die winzige Insel zu bringen. Sichere Parkplätze finden sich nahe dem Fährableger (unbedingt vorher den Preis aushandeln). Die Fähre auf keinen Fall verpassen, denn in Chiquilá hängen zu bleiben ist nicht empfehlenswert.

Cancún

Cancún verdeutlicht nicht nur den Aufstieg von Quintana Roo, sondern zeigt auch, wie rasch Ideen in die Tat umgesetzt werden können, wenn ein politischer Wille dahintersteckt. Zwischen 1970 und 1974 wurde ein verlassener Strandabschnitt in einen lebensfähigen Ferienort verwandelt, indem die mexikanische Regierung aus dem Nichts eine städtische Infrastruktur aufbaute und drei Hotels finanzierte. Internationale Hotelketten zogen nach, Arbeiter und Touristen kamen in Scharen, und heute zählt Cancún über eine halbe Mio. Einwohner und beherbergt jährlich rund zwei Millionen Besucher.

Die Regierung wählte diesen Standort aus gutem Grund: Die weißen Sandstrände sind makellos, und die Stadt liegt sogar ein bisschen näher an Miami als México D.F. Für Pauschaltouristen hat der Ort einiges zu bieten: supermoderne Hotels, ein rauschendes Nachtleben, jede Menge Freizeitangebote, die von Golf über Fallschirmsegeln bis zu Tiefseetauchen reichen, und günstige Verkehrsverbindungen zu vielen Orten Yucatáns.

Für viele Individualreisende ist Cancún hingegen einfach zu teuer und bietet – abgesehen von den tollen Sandstränden und Vergnügungen einer Touristenenklave, wo der dollarschwere Tourist König ist – wenig außer Kommerz und Konsum. Als vorsichtiger Einstieg ins Land hat es allerdings gewisse Vorteile. Man kann sich langsam mit den kulinarischen Genüssen vertraut und überall in englischer Sprache verständlich machen. Der Rummel und der Verkehrslärm werden manchem jedoch bald auf die Nerven gehen. Wahrscheinlich bleibt aber gar nichts anderes übrig, als einmal hier zu nächtigen. In diesem Fall sollte man sich den Anblick der Sonnenhungrigen am Strand nicht entgehen lassen.

Cancún ist in zwei sehr unterschiedliche Hälften aufgeteilt: die **Zona Comercial**, d.h. die Innenstadt, die Geschäftszone mit Läden und Wohnhäusern, und die **Zona Hotelera**, die aus einer ziemlich charakterlosen, ununterbrochenen Reihe von Touristenhotels auf der „Insel" besteht. Die „Insel" ist eine schmale, 25 km lange Sandbank, die an jedem Ende durch eine Brücke nebst Fußgänger- und Radweg mit dem Festland verbunden ist. Sie liegt an einer Lagune und ist an beiden Seiten von Wasser umschlossen.

Die **Avenida Tulum** ist die Hauptstraße der Innenstadt und führt nach Süden an Geschäften, Banken, Restaurants, Reisebüros und Hotels vorbei. Wer auf der Av. Tulum vom Busbahnhof aus bis zum nächsten Kreisverkehr geht, rechts in die Av. Cobá einbiegt, dann von der Av. Cobá am nächsten Kreisverkehr wieder nach rechts in die Av. Yaxchilán einbiegt und schließlich rechts auf der Av. Uxmal zurückgeht, hat fast alles gesehen.

Alle paar Minuten fährt ein Bus auf der Av. Tulum zur Zona Hotelera und zu den Stränden. In regelmäßigen Abständen führen ausgeschilderte öffentliche Fußwege zum Meer hinunter. Laut mexikanischem Gesetz sind die Strände Allgemeingut, aber manche Hotels setzen alles daran, dass man sich als Eindringling fühlt, und die Hotelangestellten verscheuchen Nicht-Gäste schnell von den hoteleigenen Liegestühlen. Wer sich nicht ständig misstrauisch beäugen lassen möchte, geht besser zu einem der ungefähr ein Dutzend öffentlichen **Strände**, die zwischen den Hotels eingeklemmt sind. Die Strände an der Nordküste der Zona Hotelera, wie die Playa Tortugas, sind oft überfüllt, aber das Wasser ist hier ruhig und seicht, während die Strände im Südosten, wie Playa Ballenas und Playa Delfines, eine stärkere Brandung (und manchmal gefährliche Strömungen) haben und oft nahezu verlassen sind. Ein paar der Strände, die auf die Bahía de Mujeres blicken – Playa Linda und Playa Langosta –, eignen sich hervorragend zum Schwimmen, da das Wasser in der Bucht ruhig ist.

Um die großen Hotels herum herrscht der übliche Touristenrummel. Zahlreiche Geschäfte verkaufen Ausrüstungen für die kostspieligen Wassersportarten, die hier betrieben werden. An den Felsen beim *Club Med* kann man gut schnorcheln. Weiter südlich, an den noch unbebauten Stellen, gibt es einsame Flecken Sandstrand und ab und zu ein Grüppchen FKK-Anhänger.

Sogar für Kultur ist gesorgt: Das **Museo de Antropología** hinter dem *Convention Center*, Zona Hotelera, Punta Cancún, verfügt über einige interessante Ausstellungsstücke der Maya und mittelamerikanischen Kultur, die in spanischer und englischer Sprache dokumentiert sind. ⌚ Mo–Sa 9–20, So 10–19 Uhr, US$2.

Die größten Maya-Ruinen von Cancún, **El Rey**, befinden sich bei KM 18, über der Laguna Nichupté. Sie sind nicht besonders eindrucksvoll, und wer keinen Fremdenführer am Eingang anheuern möchte, bekommt keine Erklärungen, aber die Stätte ist ruhig, und man kann dort gut Vögel und Leguane beobachten. ⌚ tgl. 8–17 Uhr, US$3,20.

Übernachtung

An Hotelbetten herrscht in Cancún kein Mangel; die meisten sind allerdings auf gut betuchte Besucher zugeschnitten. Die einzigen billigeren Unterkünfte befinden sich in der Innenstadt, nur 10–15 Gehminuten vom Busbahnhof entfernt. Was Cancún zum begehrten Touristenziel macht, sind jedoch die luxuriösen Strandhotels, oft mit extravagantem Interieur, edlen Restaurants und erstklassigen Pools. Eine Reihe der Hotels bietet

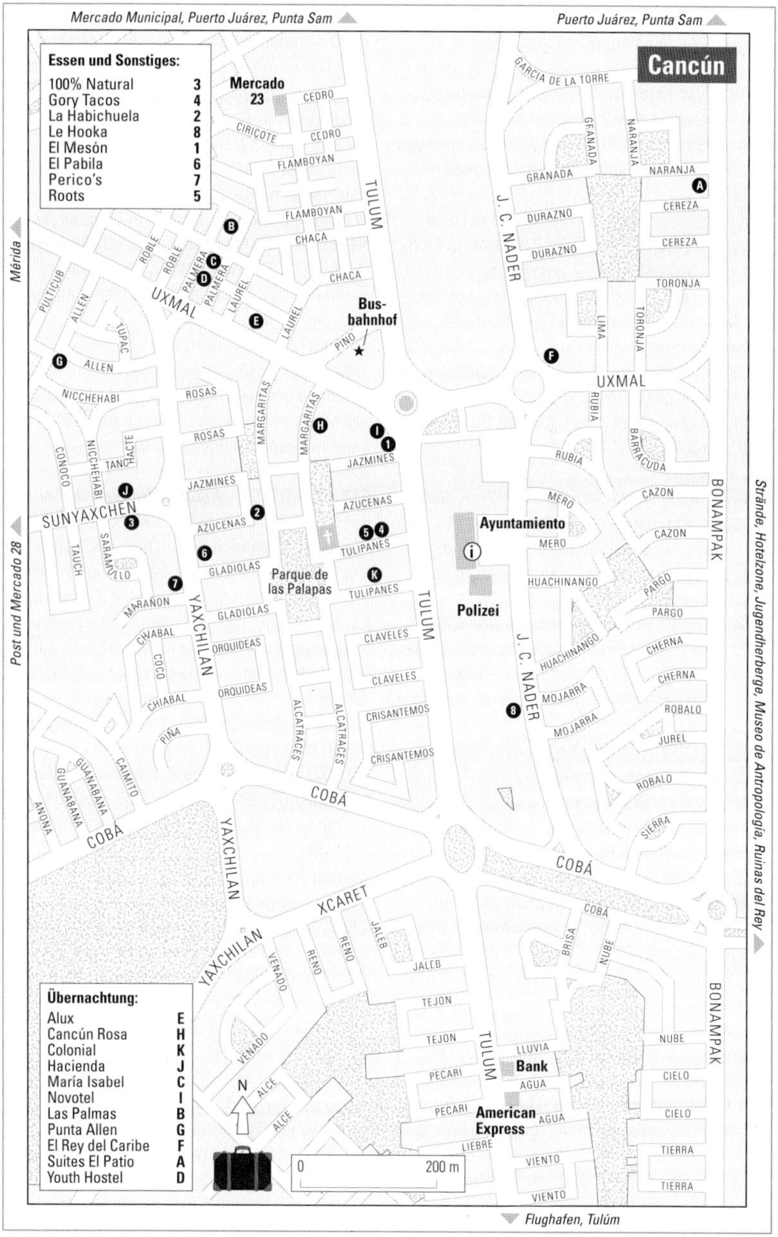
Cancún
Mercado Municipal, Puerto Juárez, Punta Sam
Puerto Juárez, Punta Sam
Mérida
Post und Mercado 28
Strände, Hotelzone, Jugendherberge, Museo de Antropología, Ruinas del Rey
Flughafen, Tulúm
Essen und Sonstiges:
100% Natural 3
Gory Tacos 4
La Habichuela 2
Le Hooka 8
El Mesón 1
El Pabila 6
Perico's 7
Roots 5
Übernachtung:
Alux E
Cancún Rosa H
Colonial K
Hacienda J
María Isabel C
Novotel I
Las Palmas B
Punta Allen G
El Rey del Caribe F
Suites El Patio A
Youth Hostel D
Mercado 23
Busbahnhof
Ayuntamiento
Polizei
Parque de las Palapas
Bank
American Express
N
0
200 m
TULUM
UXMAL
COBÁ
YAXCHILAN
BONAMPAK
J. C. NADER
SUNYAXCHEN
XCARET
GARCIA DE LA TORRE
CEDRO
CIRICOTE
FLAMBOYAN
CHACA
PINO
GRANADA
NARANJA
CEREZA
DURAZNO
TORONJA
LIMA
ROBLE
PALMERA
LAUREL
PULTICUB
ALLEN
TUPAC
NICCHEHABI
ROSAS
MARGARITAS
JAZMINES
AZUCENAS
TULIPANES
GLADIOLAS
ORQUIDEAS
CLAVELES
CRISANTEMOS
ALCATRACES
CONOCO
TANCACHE
TAUCH
SARAMULLO
MARAÑON
CHIABAL
COCO
PIÑA
CAIMITO
GUANABANA
ANONA
RUBIA
BARRACUDA
MERO
CAZON
HUACHINANGO
PARGO
CHERNA
MOJARRA
ROBALO
JUREL
SIERRA
BRISA
NUBE
VENADO
RENO
JALEB
TEJON
PECARI
LLUVIA
AGUA
LIEBRE
VIENTO
CIELO
TIERRA
ALCE

außerdem abendliche Shows oder Discos (oder beides). Wer in einem All-inclusive-Resort absteigen möchte, sollte rechtzeitig im Voraus reservieren und nicht knausern: Billigere Resorts mögen zwar auf dem Papier nach einem Schnäppchen aussehen, aber ihre Einrichtungen sind oft heruntergekommen und das Essen ist schlecht.
Für Leute mit schmaler Börse gibt es ein paar Dorms: ***Alberge Juvenil,*** Calle Palmeras, Ecke Av. Uxmal, ✆ 998/887-0191, 💻 www.mexicohostels.com. Mehrere Schlafsäle, Dachterrasse, Internet-Zugang, Radverleih und Wäscherei. ❷
Villas Juveniles, Bulevar Kukulcán, KM 3,2, in der Zona Hotelera, ✆ 998/883-1337, schmutzige und heruntergekommene Herberge in einem Betonblock, aber der einzige Ort in der Stadt, wo man **zelten** ❶ kann. ❸

INNENSTADT – ***Alux,*** Av. Uxmal Nr. 21, ✆ 998/884-6613. Angenehmes, beliebtes Hotel, etwas altmodisch; mit Straßencafé, alle Zimmer mit TV und Telefon, gutes Preis-Leistungs-Verhältnis; Reisebüro nebenan. ❺
Cancún Rosa, Calle Margaritas Nr. 2, ✆ 998/884-0623. Etwas verblichenes Hotel mit verwildertem Garten und Pool. Die Zimmer sind z.T. etwas dunkel, aber es gibt ein großes, das sich gut für Gruppen eignet. Alle mit ac. ❻
Colonial, Calle Tulipanes Nr. 22, ✆/℻ 998/884-1535. Helle, einfache Zimmer um einen Patio mit Springbrunnen. Wahlweise ac oder Ventilator. ❺
Hacienda, Av. Sunyaxchen 39, ✆ 998/884-3672, ℻ 884-1208. Ruhige Lage; alle Zimmer mit ac und TV. Großer Pool, hübscher Garten und Café. ❻
María Isabel, Calle Retorno Palmeras Nr. 59, ✆ 998/884-9015. Kleines, freundliches Hotel in ruhiger Seitenstraße (die Zimmer sind z.T. recht klein) und hilfsbereitem Personal. Auch ein paar Dorm-Betten. ❺
Novotel, Av. Tulum 27, Ecke Calle Azucenas, gegenüber dem Busbahnhof, ✆ 998/884-2999; ℻ 884-3162, 💻 www.novotelcancun.com. Zentrale Lage, sauber und sicher, das beste Hotel in dieser Preisklasse und oft ausgebucht. Gemütliche Zimmer mit Ventilator oder ac; allerdings sollte man versuchen, eines nach hinten hinaus (abseits des Straßenlärms) zu bekommen. Schattiger Patio, Restaurant.
Las Palmas, Calle Palmeras Nr. 43, ✆ 998/884-2513, ✉ hotelpalmascancun@hotmail.com. Saubere Dorms mit ac oder riesige private Zimmer; Gemeinschaftsküche im Erdgeschoss. ❷–❺
Punta Allen, Calle Punta Allen Nr. 8, ✆ 998/884-0225, ℻ 884-1001, 💻 www.puntaallen.da.ru. Kleine, aber blitzsaubere Zimmer in einem alten Haus nahe der Av. Yaxchilán. ❺
El Rey del Caribe, Av. Uxmal Nr. 24, Ecke Av. Nader, 💻 www.reycaribe.com, ✆ 998/884-2028, ℻ 884-9857. Kleines Hotel im Hacienda-Stil. Sonnengelbe Zimmer mit Kochnische, außerdem Pool und Wellnessbereich. ❼
Suites El Patio, Av. Bonampak Nr. 51, ✆ 998/884-3500, ℻ 884-3540, 💻 www.cancuninn.com. Der friedliche grüne Hof bildet den Mittelpunkt dieses sehr viel Privatsphäre lassenden Hotels in einer ruhigen Wohngegend. ❻

STRANDHOTELS – ***Aquamarina Beach,*** Blv. Kukulcán KM 3,5; ✆ 998/849-4606, ℻ 849-4600, 💻 www.aquamarina-beach.com.mx. Relativ kleines Resort mit Pool, Volleyball, Minigolf und 3x pro Woche Themenparties; einige Zimmer mit Kochnische, für Gäste, die eine Unterkunft ohne Verpflegung oder nur mit Frühstück statt alles inkl. buchen. Gutes Preis-Leistungs-Verhältnis. ❽–❾
Avalon Baccara, Blv. Kukulcán KM 11, ✆ 800/713-8170 in Mexiko, 💻 www.avalonvacations.com. Kleineres Hotel mit 27 individuell gestalteten Zimmern, das sich durch sein elegantes Dekor mit vielen Mosaiken von den anderen abhebt. ❾
Holiday Inn Express, Paseo Pok-Ta-Pok Nr. 21, 💻 www.hiexpress.com/cancunmex, ✆ 998/883-2200, ℻ 883-2532. Zimmer im Standardstil der Hotelketten, aber erschwingliche Unterkunft in der Zona Hotelera, da in einer Wohngegend auf der Lagunenseite gelegen; Golfclub in der Nähe. ❼
Le Méridien, Bulevar Kukulcán KM 14, ✆ 998/881-2200, ℻ 812-2201, 💻 www.meridiencancun.com.mx. Recht schnörkelloses Luxushotel mit allen Schikanen, 213 Zimmer, drei Pools mit unterschiedlicher Wassertemperatur, Tennisplätze auf dem Dach. Das Beauty-Spa, *Spa del Mar*, ist das beste in Cancún und bietet wassertherapeutische Anwendungen, Körperpackungen und Massage ab US$60 (auch für Nicht-Gäste). ❾

El Pueblito, Blv. Kukulcán KM 17,5, ✆ 998/881-8800, 885-2066, www.pueblitohotels.com. Insofern in Cancún selten zu finden, als diese All-inclusive-Unterkunft eher mexikanisch als amerikanisch anmutet; bunte Zimmer und Gemeinschaftsbereiche. Freundlicher Service; moderate Preise. ❾

Suites Girasol, Blv. Kukulcán KM 9, ✆ 998/883-5045. Eingang und Aufenthaltsbereiche dieses Hochhauses machen nicht viel her, doch die Zimmer sind groß, sauber und mit Kochnischen. Der Pool ist lausig, aber der Strand vor der Tür klasse. ❼

Villas Tacul, Blv. Kukulcán KM 5,5, ✆ 998/849-7060, 849-7070, www.villastacul.com.mx. Älteres, kleineres Resort, erfrischend prunklos: einzelne Ferienhäuser, jeweils mit zwei oder drei Zimmern, über ein ausgedehntes Grundstück verstreut, mit Garten, Tennisplätzen und Pool. ❾

Essen

Restaurants gibt es in Cancún wie Sand am Meer, und es sind so gut wie alle Küchen der Welt vertreten. Vor den meisten Touristenlokalen der Innenstadt stehen Schlepper, die Vorbeigehende an den Esstisch zu zerren versuchen, so dass ein Gang über die Av. Tulum zur Essenszeit einem Spießrutenlauf gleichkommt. Da die Konkurrenz groß ist, kann man in den Mittelklasserestaurants relativ preiswert essen, d.h. eine ausgiebige Mahlzeit für US$10–20; wer sich an die Tagesgerichte und Buffets hält, kann die Ausgaben noch etwas einschränken.

Wer billig satt werden möchte, geht am besten dorthin, wo auch die Einheimischen essen, nämlich auf die **Märkte**. Der größte in Cancún ist der **Mercado 28** in der Nähe der Hauptpost am westlichen Ende der Av. Sunyaxchen, mit zahlreichen Imbissständen und winzigen Esslokalen. Der andere Markt, **Mercado 23**, ist wesentlich kleiner, eignet sich aber gut für ein ordentliches mexikanisches Mittagessen in ruhiger Umgebung. Vom Busbahnhof geht man ein Stück weit die Av. Tulum entlang nach Norden und biegt dann links in die Calle Flamboyan oder Calle Cedro ein.

Der **Parque de las Palapas** bietet eine Reihe von Essenständen, die bis spät abends geöffnet sind. Besucher sollten sich vor Augen halten, dass es fast alle Restaurants in der **Zona Hotelera** vor allem auf eines abgesehen haben: Touristen um größtmögliche Geldbeträge zu erleichtern. Die wenigen hier aufgeführten sind empfehlenswerte Adressen für ein Festessen oder seltene Schnäppchen. Wer in einem Strandhotel wohnt, nimmt besser ein Taxi oder den praktischen Bus („Hoteles") ins Zentrum von Cancún, wo man gutes Essen zu angemessenen Preisen und – noch wichtiger – angenehme Gesellschaft findet.

RESTAURANTS DOWNTOWN – ***100% Natural,*** Av. Sunyaxchen 26, an der Kreuzung mit der Yaxchilán. Kein rein vegetarisches Restaurant, auch wenn man das aus dem Namen schließen könnte, serviert aber neben mexikanischen Gerichten, Meeresfrüchten und Hamburgern auch Obstsäfte, Salate, Joghurt und Cornflakes. Nett, aber überteuert. Filialen im Plaza Terramar und Kukulcán in der Zona Hotelera.

La Habichuela, Margaritas 25; gegenüber dem Parque de las Palapas. Altbewährtes, ziemlich teures Restaurant in einem umzäunten Garten. Hervorragende Küche mit „exotischem" Touch, z.B. Cocobichuela: eine halbe Kokosnuss, gefüllt mit Hummer und Garnelen in Currysoße, mit Tropenfrüchten garniert. Live-Jazz.

El Mesón, Av. Tulum 75. Straßencafé vor dem *Novotel Hotel,* mit gutem Frühstück und speziellen Angeboten zur Mittagszeit. Hervorragender Ort, um Leute zu beobachten.

El Pabila, im *Hotel Xbalamque,* Av. Yaxchilán 31. Literarisches Café („*cafébrería*") in geschmackvollem Ambiente mit sehr gutem Cappuccino, Espresso usw. Abends gedämpfte Live-Musik.

Pericos, Av. Yaxchilán 71. Zauberer, schmachtende Mariachis, Stelzenläufer und jonglierende Kellner halten die Gästeschar in dieser unechten Hacienda bei Laune; dazu gibt's leckere Steaks und Enchiladas. Die Stimmung ist dermaßen überdreht, dass selbst eingeschworene Reisegruppenhasser schwach werden können.

RESTAURANTS IN DER ZONA HOTELERA – ***La Casa de las Margaritas,*** im Einkaufszentrum La Isla. Nobles mexikanisches Restaurant mit wirklich gutem Essen und nicht ganz so überla-

denem Dekor wie einige andere. Nachts treten Mariachis auf.
Casa Rolandi, im Plaza Caracol, Blv. Kukulcán KM 8,5. Norditalienische Spezialitäten, viele werden im Holzofen gebacken. Teuer, aber gut für ein romantisches Abendessen.
Checándole, im Plaza Flamingo, Blv. Kukulcán KM 11. Zufriedenstellende und preiswerte mexikanische Fastfoodkette.
Dolcemente Pompeii, Pez Volador. Seltenes ungezwungenes Restaurant, das auf Anwohner der Hotelzone ausgerichtet ist: mit Plastikstühlen am Strand und erstklassiger (aber nicht billiger) italienischer Küche. Etwas schwer zu finden, da es nicht zu einem Hotel oder Einkaufszentrum gehört: Vor der riesigen mexikanischen Flagge nach Norden abbiegen.
Río Nizuc, vom Blv. Kukulcán nahe KM 22 ab. Versteckt zwischen den Mangroven auf der zur Lagune gewandten Seite; preiswerte Seafood-Spezialitäten, berühmt für seine *ceviches* und *tikin-xic:* in Bananenblättern gebackener Fisch mit *achiote* (Samen des Annatto-Baumes).
Captain Hook, El Embarcadero, Blv. Kukulcán KM 4,5; ✆ 998/883-3736. Dinner cruise-Schiff im Stil einer spanischen Galeone, mit Säbel schwingenden Piraten zum Hummer oder Steak. Abfahrt jeden Abend um 19 Uhr, Rückkehr 22.30 Uhr.

Unterhaltung

Cancún lebt davon, alljährlich über zwei Mio. Urlauber bei Laune zu halten, daher gibt es in der Zona Hotelera alles Erdenkliche an mehr oder weniger anspruchsvollen Unterhaltungsmöglichkeiten aller Preisklassen. Das Angebot reicht von Sport und (Glücks-) Spiel über romantische Pianobars bis zu Tanzschuppen und Nachtclubs. Die meisten **Nachtclubs** sind teuer und für Gäste in Shorts und Sandalen tabu; die Musik ist in der Regel eintönig.
In der **Innenstadt** wird am Wochenende im Parque de las Palapas oft zu traditioneller mexikanischer Musik getanzt, und der Abschnitt der Avenida Yaxchilán nördlich der Avenida Sunyaxchen ist recht belebt – ein paar Schlepper versuchen zwar, Touristen in ein bestimmtes Lokal zu lotsen, doch die Gäste der Restaurant-Bars mit offenen Terrassen sind überwiegend Mexikaner, und die Unterhaltung beschränkt sich auf Fernsehberieselung, Karaoke und von Lokal zu Lokal ziehende *trovadores.*
Ein paar **Kinos** zeigen neue Hollywoodfilme mit spanischen Untertiteln; das größte befindet sich in der Innenstadt: ***Cineapolis,*** Plaza Las Américas, in der Av. Tulum südlich der Av. Cobá. In der Zona Hotelera gibt es ein Kino im Plaza La Isla, Blv. Kukulcán KM 8,5.
Veranstaltungshinweise und -orte sind der kostenlosen Broschüre *Cancún Tips* zu entnehmen, die überall erhältlich ist. Hier nur eine Auswahl:

BARS UND CLUBS – ***La Boom,*** Blv. Kukulcán KM 3,5 vor dem Hotel Aquamarina Beach. Neben dem Ma'ax'O das einzige Lokal, das in eine Art mexikanischen „Ballermann" auszuarten droht; internationale House-Hits und Freiluftbereich zum Abkühlen. Mo Eintritt frei. Di zahlt man US$25 für beliebig viele Getränke.
Coco Bongo, im Einkaufszentrum Forum by the Sea, Blv. Kukulcán KM 9,5. Riesige, hypermoderne Rock- und Pop-Disco, sehr beliebt bei US-College-Kids, aber mit abwechslungsreicherer Musik als die Konkurrenz Dady O. Eintritt nur am Wochenende, ◷ bis 5 Uhr.
Dady O, Blv. Kukulcá, KM 9,5; gegenüber dem Konferenzzentrum. Nachtclub, dessen Hi-Tech-Stereoanlage überwiegend amerikanischen Pop spielt. Ein weiterer Treffpunkt für die im Frühjahr einfallenden amerikanischen Studenten. Weniger strenge Kleidungsvorschriften, aber keine Shorts. Im *Dady Rock* nebenan gibt es ein All-you-can-drink-Angebot für US$25.
Le Hooka, Av. Nader, gegenüber der Calle Mojarra, im Stadtzentrum. Angesagtes Café im nahöstlichen Stil, internationale DJ-Klänge, bis spät geöffnet.
Ma'ax'O, im Einkaufszentrum La Isla, Blv. Kukulcán KM 8,5. Neuestes Mitglied des Dady O-Imperiums, mit mehr europäischer Clubmusik als die meisten anderen und toller Lichtshow.
Pat O'Brien's, im Flamingo Plaza, Blv. Kukulcán KM 11, eine größere Ausgabe des Originals in New Orleans, bietet Live-Jazz, Rock und Blues bei freiem Eintritt. ◷ bis 2 Uhr.
Roots, Tulipanes 26, im Stadtzentrum, empfehlenswerter kleiner Jazz- und Blues-Club, der auch Abendessen bietet.

Señor Frogs, Blv. Kukulcán KM 5,5. Ist praktisch gleichbedeutend mit dem Namen Cancún: Die erste Station für die amerikanischen Studentenhorden auf Frühjahrsreise. Ein Besuch lohnt, um Live-Reggae oder Karaoke-Abende zu erleben oder einfach nur ethnologische Studien zu betreiben.

UNTERHALTUNGSSHOWS – ***Ballet Folklórico Nacional de México***, Konferenzzentrum Cancún, Blv. Kukulcán KM 8,8; ✆ 998/881-0400. Tgl. um 19 Uhr Abendbufett und anschließend die bunte traditionelle Tanzdarbietung der weltberühmten Truppe. Eintrittskarte inkl. Abendessen ca. US$40.

Corrida de Toros, Plaza de Toros, Av. Bonampak, Höhe Av. Sayil. Wöchentlicher Stierkampf mit Folklore-Showprogramm. Mittwochs 15.30 Uhr (US$30).

Teatro de Cancún, El Embarcadero, Blv. Kukulcán KM 4, ✆ 998/849-4848. Bühne für tourende Shows sowie reguläre lokale Produktionen; Programm telefonisch erfragen!

Aktivitäten

ÖKOTOUREN – Cancún ist ein Ausgangspunkt für Besuche im UNESCO-Biosphärenreservat Sian Ka'an. Kontakt über die private, gemeinnützige Organisation *Amigos de Sian Ka'an*, ✆/℻ 998/880-6024, 🖳 www.amigosdesiankaan.org. Ein Team aus Biologen und Naturforschern bietet neben Einblicken in seine wissenschaftliche Arbeit ausgezeichnete Exkursionen an.

SONSTIGE TOUREN – Organisierte Touren zu den archäologischen Ausgrabungsstätten der Umgebung sowie zu den nahe gelegenen mexikanischen Karibikinseln bieten zahllose Reisebüros für viel Geld an. Es werden auch Abenteuertrips zu Wasser veranstaltet, z.B. eine Piratenfahrt zu einer „Schatzinsel", oder Tagesausflüge nach Isla Mujeres und El Garrafón.

Eine gute Möglichkeit, die bunte Unterwasserwelt auf bequeme Art zu besichtigen, bietet eine Fahrt mit dem **Glasbodenboot** *Subsee Explorer*, Abfahrt stdl. vom *Aquaworld*-Zentrum am Blv. Kukulcán KM 15,2; 9–15 Uhr, US$35.

WASSERSPORT – Zu den beliebtesten Freizeitaktivitäten in Cancún zählen **Jet-Ski-Fahren** (US$50 für 30 Min.) und **Parasailing** (US$40 für 10 Min.). Entsprechend zahlreich sind die Anbieter dieser Aktivitäten vor den großen Hotels am Strand.

Am besten **schnorcheln** kann man bei Punta Nizuc, neben dem Gelände des *Club Med*, das man nicht betreten darf; wer nicht hier wohnt, muss beim *Westin Regina Resort* aus dem Bus steigen, über das Gelände zum Strand gehen, dann nach rechts und ca. 20 Min. weiter bis zur felsigen Landspitze. Man geht über die Felsen und braucht nur noch ins Wasser zu hopsen.

Aquaworld, 🖳 www.aquaworld.com.mx, ✆ 998/848-8326, bietet Schnorchel- und Tauchausflüge an. Die Preise reichen von einem Tauchgang für ca. US$60 bis zum PADI-Zertifikat für ca. US$385.

Sonstiges

AUTOVERMIETUNGEN – Anbieter finden sich in den meisten Hotels und am Flughafen. Es ist allerdings ungünstig, gleich am Flughafen ein Auto zu mieten, es sei denn, man hat es bereits über das Internet zu akzeptablen Konditionen geordert. ***Buster Rent a Car***, Blv. Kukulcán KM 3,5; 🖳 www.busterrentacar. com, ✆ 998/ 849-7221, ℻ 849-4394.

Europcar, Av. Nader 27, ✆ 998/884-4714.

GELD – Entlang der Av. Tulum zwischen Av. Uxmal und Av. Cobá sowie in den großen Einkaufszentren – Kukulcán, Plaza Caracol – der Zona Hotelera sind alle größeren Banken vertreten, viele mit rund um die Uhr geöffneten Geldautomaten. 🕓 normalerweise Mo–Fr 9–17, Sa 9–13 Uhr. ***Bital***, Av Tulum Nr. 192, hat werktags bis 19 Uhr geöffnet.

Zahlreiche **Casas de Cambio** wechseln auch andere Währungen als US-Dollar schneller als die Banken, aber zu einem schlechteren Kurs. ***American Express*** hat eine Filiale in der Av. Tulum 208, Ecke Calle Agua, ✆ 998/884-4000. 🕓 Mo–Fr 9–17 Uhr.

HONORARKONSULATE – **Deutschland:** zuständig für Quintana Roo: Apdo. Postal 100, 77500 Cancún, ✆ 998/884-1598, 884-1898, ℻ 884-5374, 887-1283.

INFORMATIONEN – Die städtische Touristeninformation befindet sich einen halben Block südlich des Busbahnhofs, im Rathaus in der Av. Tulum 26, ✆ 998/884-8073, ⌚ tgl. 9–20 Uhr. Das freundliche, auch Englisch sprechende Personal hilft selbst bei allen Anfragen und verteilt kostenlos Karten und Broschüren.
Entlang der Av. Tulum und in der Zona Hotelera gibt es mehrere **Informationskioske**, aber Vorsicht: Manche wollen eher eine Tour oder etwas anderes verkaufen als Touristen informieren.

INMIGRACIÓN – Av. Nader, Ecke Av. Uxmal. ⌚ Mo–Fr 9–13 Uhr.

INTERNET / TELEFON – Direkt gegenüber vom Busbahnhof und nordwestlich in der Av. Uxmal befinden sich mehrere Internet-Cafés; einige fungieren auch als *casetas.*

POST – Av. Sunyaxchen, an der Kreuzung mit der Xel-Ha. Zuverlässige Postlagerung (Lista de Correos, Postleitzahl 77501). ⌚ Mo–Fr 8–18, Sa 9–13 Uhr.

REISEBÜROS – Die meisten Hotels in der Zona Hotelera haben Reiseagenturen im Haus. Daneben unterhält ***Nómadas,*** das auf Studenten ausgerichtete Reisebüro mit Hauptsitz in Mérida, eine Filiale in der Avenida Cobá Nr. 5, ✆ 998/892-2320, 🖳 www.nomadastravel.com, und führt erschwingliche Touren mit Führung nach Chichén Itzá und zu anderen Sehenswürdigkeiten in der Umgebung durch.

WÄSCHEREIEN – ***Lavandería Las Palapas*** in der Calle Gladiolas, am Park vorbei. ⌚ Mo–Sa 7–20, So 8–14 Uhr;
Lavandería Martinez, gegenüber dem Hotel Las Palmas in der Zona Hotelera;
ABC Coin Laundry, Waschsalon westlich des Hotels Aquamarina Beach am Blv. Kukulcán KM 3,5.

Nahverkehrsmittel

In der Innenstadt lassen sich die meisten Attraktionen zu Fuß erreichen, doch für die Zona Hotelera braucht man ein Transportmittel. **Busse** mit der Aufschrift „Tulum Hoteles, Ruta 1" fahren alle paar Minuten die Av. Tulum entlang; der Einheitspreis beträgt US$0,60. Es gibt aber auch jede Menge **Taxis** – die Fahrt zwischen Zentrum und Zona kostet ca. US$8.

Transport

SELBSTFAHRER – Wer mit dem Auto nach Westen Richtung Valladolid, Chichén Itzá oder Mérida fährt, hat die Wahl zwischen der alten gebührenfreien Landstraße *(libre)* und der neuen gebührenpflichtigen Autobahn *(cuota),* die ein paar Kilometer nördlich größtenteils parallel zur alten Straße verläuft. Man fährt zunächst vom Busbahnhof die Av. Tulum ca. 1 km in nördlicher Richtung und biegt anschließend in die Av. López Portillo ab. Nach ein paar Kilometern folgen die Einfahrten zur Landstraße und zur Autobahn. Für Letztere werden an den Mauthäuschen an der Auffahrt im Voraus Gebühren für die gesamte Strecke fällig: Die Fahrt bis MÉRIDA kostet US$28.

BUSSE – Der **Busbahnhof** der 1. und 2. Klasse befindet sich an der großen Kreuzung der Avenidas Tulum und Uxmal. Im 1. Kl.-Busbahnhof gibt es eine relativ teure Gepäckaufbewahrung.
CAMPECHE Luxusklasse mit *ADO GL* tgl. 15 Uhr (7 Std.), 1. Kl. 6x tgl. (7 Std.);
CHETUMAL Luxusklasse ADO GL tgl. 16.30 Uhr (5 Std.), 2. Kl. stdl. zwischen 5 und 24 Uhr (6 Std.);
MÉRIDA Luxusklasse UNO 2x tgl. (3 1/2 Std.), 1. Kl. 12x tgl. (4–5 Std.), 2. Kl. stdl. (6 Std.);
MÉXICO D.F. 1. Kl. tgl. 10 und 13 Uhr (18 Std.), 2. Kl. 4x tgl. (20 Std.);
PLAYA DEL CARMEN 1. Kl. 6x tgl. (1 Std.), 2. Kl. alle 30 Min. (1 Std.);
PUERTO MORELOS alle 30 Min. (1 Std.);
TIZIMÍN 6x tgl. (4 Std.);
TULUM 1. Kl. 9x tgl. (2 Std.), 2. Kl. 3x tgl. (2 Std.);
VALLADOLID stdl. (3 Std.);
VILLAHERMOSA 14x tgl. (12 Std.).

FLÜGE – Der **internationale Flughafen** von Cancún liegt 15 km außerhalb der Stadt. Er wird regelmäßig von internationalen Fluggesellschaften angeflogen, u.a. Flüge nach MIAMI sowie zu ei-

nigen anderen Städten im Süden der USA. Zudem tgl. mehrere Flüge nach MÉXICO D.F., einzelne Flüge auf die Inseln COZUMEL und ISLA MUJERES, tgl. mindestens ein Flug nach CHETUMAL, PLAYA DEL CARMEN und TULUM.
Vor dem Flughafen lauern jede Menge Taxis. Wer nicht ganz gewitzt ist, hat keine Chance, die überteuerten Preise herunterzuhandeln. Vom Flughafen fahren aber auch Colectivos zum Festpreis von US$9 p.P. zur Hotelzone, in die Innenstadt oder zum Busbahnhof. Tickets gibts an Schaltern vor oder nach der Zollabfertigung. Ein Taxi von der Innenstadt zum Flughafen kostet ca. US$13.
Wer vom Flughafen gleich weiter nach PLAYA DEL CARMEN möchte, findet jede Menge wartende Minibusse mit ac vor (ca. US$15 p.P.).
Hinter der Zollabfertigung gibt es sowohl im Inland- als auch im internationalen Terminal Geldautomaten und Schließfächer.
Fluggesellschaften:
Aviacsa, Av. Cobá Nr. 37, ✆ 998/887-4211, im Flughafen ✆ 998/886-0093,
Aeroméxico, ✆ 998/884-1097,
Mexicana, ✆ 998/881-9090,
American, ✆ 800/904-6000,
Delta, ✆ 800/902-2100,
Northwest/KLM, ✆ 800/447-4747.

FÄHREN ZUR ISLA MUJERES – **Personenfähre**: Abfahrt der schnellen Fähre von Puerto Juárez zur Isla Mujeres (15 Min., US$3,50) offiziell alle 30 Min. zwischen 6.30 und 23.30 Uhr, das langsamere Boot (45 Min., US$1,80) legt 5x tgl. ab (5–17 Uhr). Beide Boote verkehren angeblich nach Fahrplan, legen aber ab, sobald sie voll sind. Zum Fähranleger fährt ein Bus („R-13" oder „R-1 – Pto Juárez"; US$0,60) in 15 Min. von der Haltestelle in der Av. Tulum, gegenüber dem Busbahnhof, in nördlicher Richtung. Ein Taxi von der Av. Tulum zur Fähre kostet ca. US$4.
Autofähre: Abfahrt von Punta Sam, ein paar Kilometer nördlich von Puerto Juárez, US$13 pro Auto plus US$2 p.P. Die Fähre verkehrt 5x tgl. zwischen 8 und 20.15 Uhr, Rückfahrt von Isla Mujeres zwischen 6.30 und 19.15 Uhr. Es lohnt sich allerdings kaum, ein Auto auf die kleine Insel mitzunehmen, da es dort genügend Fahrräder und Mopeds zu leihen gibt.

Isla Mujeres und Umgebung

Isla Mujeres, nur ein paar Kilometer vor Cancún im Karibischen Meer gelegen, ist leider nicht mehr die unberührte Insel, die sie früher einmal war. Mehrere große Hotels sind errichtet worden, und von Cancún aus werden täglich etliche Touren zur Insel durchgeführt. Im Zuge dieser Entwicklung sind die Preise gestiegen, jedoch nicht über die auch in anderen Touristenorten wie Acapulco oder Oaxaca übliche Grenze. Die Insel hat eine Länge von 8 km und misst an ihrer breitesten Stelle höchstens 1 km. An der zum Festland gelegenen Seite verläuft eine einsame Küstenstraße am unbewegten Meer entlang. Die nordöstliche Küste dagegen ist ungeschützt der Gewalt der Wellen ausgesetzt. An der ruhigen Westküste liegt vor der Stadt ein Strand, aber hier muss man mit gefährlichen Strömungen rechnen.

Die Passagierfähre legt in der Innenstadt (an der Nordspitze der Insel) am Haupthafen bei der Av. Rueda Medina, am Ende der Av. Morelos an. Einen Block westlich von hier beginnt die Av. Madero, die nach Norden durch den Inselort führt. Vom Dock aus gelangt man zuerst zur Av. Juárez, dann zur Hidalgo und schließlich zur Guerrero, die beiden Letzteren führen nach Westen zur Playa Norte und nach Osten zum Zócalo. Die Autofähre legt weiter östlich an der Avenida Medina, am Ende der Calle Bravo an. Der **Zócalo** wird von den Calles Morelos, Bravo, Guerrero und Hidalgo begrenzt.

Der beliebteste Strand ist **Playa Norte**, vom Zócalo nur fünf Minuten zu Fuß entfernt. Er liegt am nördlichen Zipfel der Insel, ist aber durch einen Bergrücken, auf dem ein riesiges All-inclusive-Resort thront, vor dem offenen Meer geschützt. Im Frühjahr, d.h. bis Ende Mai, kann man mit dem Wetter Pech haben, denn manchmal regnet es jeden Tag und die Straßen sind kniehoch überschwemmt.

Wenn man vom Strand genug und die anderen Freizeitmöglichkeiten wie Windsurfen und Spaziergänge durch die Stadt ausgeschöpft hat, kann man bei einem der zahlreichen Anbieter ein Fahrrad oder Moped mieten und nach Süden fahren, um den dortigen Teil der Insel zu erkunden. Das tropische Riff an der Südspitze hat durch unbeaufsichtigte Tagesausflügler erheblichen Schaden erlitten und ist inzwischen Teil eines kleinen, auf Familien ausgerichteten Naturparks, **Garrafón**, mit Kayaks, Restaurants und Snuba-Ausrüstung (Snuba ist eine Unterwasseraktivität, bei der man ohne schweres Tauchgerät unter Wasser bleiben kann, wenn auch nicht besonders tief; man atmet durch einen Luftschlauch, der an einer Art auf dem Wasser treibenden Schwimmbrett befestigt ist) ⏲ tgl. 9–18.30 Uhr, US$15.

Der Parkeingang liegt nahe der Südspitze der Insel. Von hier aus führt die Landstraße zum alten **Leuchtturm**, der von Häusern im pseudokarabischen Stil umgeben ist, die Läden und ein Restaurant beherbergen. Von dort kann man einen irgendwie entbehrlichen Skulpturenpark und den **Maya-Tempel** direkt am Südzipfel besuchen (Eintrittsgebühr im Garrafón-Ticket enthalten, sonst US$2,70). Die Ruinen machen nicht viel her, seit Gilbert darüber hinwegfegte, aber die Kulisse ist sagenhaft.

Auf dem Rückweg bietet sich eine Rast an der kleinen **Playa Lancheros** an, einem palmenbestandenen Strand, der selbst zur Mittagszeit, wenn die Cancún-Touristen einströmen, ziemlich ruhig ist, denn zum Schwimmen eignet sich das dicht mit Schlingpflanzen bewachsene Wasser nicht. Hier befindet sich ein Restaurant und ein Unterwasserkäfig, in dem ein zahnloser Hai und Schildkröten gefangen gehalten werden, damit sich Touristen fürs Reisealbum mit ihnen fotografieren lassen können.

Im Landesinnern südlich der Laguna Makak erwarten mitten im Urwald die Überreste der **Hacienda Mundaca** die Besucher. Diese luxuriöse Hacienda ließ der berüchtigte Pirat Fermín Mundaca im 19. Jh. erbauen; angeblich hatte er sein Herz an eine Frau von der Insel verloren und wollte mit ihr ein ordentliches Leben beginnen. Manche behaupten, es habe sich um ein Maya-Mädchen gehandelt, andere sagen, es sei eine Spanierin gewesen, die zu Besuch auf Isla Mujeres war. Die Hochzeit kam nicht zustande – die Braut hatte es sich anscheinend anders überlegt, und Fermín soll an gebrochenem Herzen in seiner Villa gestorben sein. Die Hacienda wurde im Zuge ihrer Restaurierung mit zu vielen Betonwegen versehen, doch das schattige Grün ist ein idealer Ort für ein Picknick. ⏲ 9–17 Uhr, US$1.

Auf der Straße, die westlich der Laguna Macax verläuft, gelangt man zur staatlich geführten **Schildkrötenfarm und -Forschungsstation**, wo bedrohte Meeresschildkröten gezüchtet und später in die Freiheit entlassen werden. Eine interaktive Ausstellung vermittelt Wissenswertes über diese Tiere, und man kann sogar mit einigen von ihnen schwimmen. Der Eintrittspreis ist hoch, kommt aber dem Schutzprojekt zugute. ⏲ 9–17 Uhr; US$20.

Übernachtung

Auf Isla Mujeres gibt es nur wenige preiswerte Hotels und keinen offiziellen Campingplatz. Die meisten einigermaßen günstigen Unterkünfte befinden sich im Norden der Insel.

Albergue Juvenil Poc Na, Calle Matamoros, Höhe Carlos Lazo, ✆ 998/877-0090, ℻ 877-0059, ✉ pocnahostel@yahoo.com.mx. Bietet die Möglichkeit, zu zelten, eine Hängematte aufzuspannen, bzw. in Dorms oder Privatzimmern mit / ohne ac zu nächtigen. ❷–❸

Belmar, Calle Hidalgo Nr. 110, zwischen Calle Madero und Abasolo, ✆ 998/877-0430, ℻ 877-0429, 💻 www.rolandi.com. Die hellen Zimmer mit vielen Extras sind ein guter Deal – trotz möglichen nächtlichen Lärms vom Lokal Pizza Rolandi darunter. ❻

Cabañas María del Mar, Calle Carlos Lazo 1, 💻 www.cabanasdelmar.com, ✆ 998/877-0179, ℻ 877-0156. In der Nähe der Playa Norte, mit luxuriösen, wenngleich etwas voll gestellten Cabañas am Strand und Hotelzimmern mit ac, Kühlschrank und eigenem Balkon. Gut besuchtes Restaurant, Touren und Autovermietung. ❼

Casa Maya Zazil-Há, Calle Zazil-Há 129, Playa Norte, 💻 www.kasamaya.com.mx, ✆/℻ 998/877-0045. Abgelegener Außenposten der Insel, wie sie ursprünglich einmal war (die Familie des Besitzers bahnte den Weg für den Tourismus auf Isla Mujeres) und die einzige Unterkunft zu akzeptablen Preisen direkt am Strand; erhebliche Preisnachlässe in der Nebensaison. ❻–❾

Casa de los Sueños, am Südende der Insel, nahe Garrafón, ✆ 998/877-0651, ℻ 877-0708, 💻 www. casadelossuenosresort.com. Mit Abstand die luxuriöseste Unterkunft auf der Insel (die Preise, die HP einschließen, beginnen bei US$400), mit 8 ruhigen Zimmern mit Bädern so groß wie die Schlafzimmer. Das so genannte Spa Zenter (Massagen usw.) steht auch Nichtgästen offen. ❾

Francis Arlene, Calle Guerrero Nr. 7, Ecke Calle Abasolo, 🖳 www.hotelfrancisarlene.com, ✆/℻ 998/877-0310. Ziemlich kleines Hotel mit tollen Patios und sauberen (wenn auch etwas grell angestrichenen) Zimmern; wahlweise ac oder Ventilator, jede Menge Komfort – gutes Preis-Leistungs-Verhältnis. ❺–❻

María Elena, am Südende, nahe Garrafón, 🖳 www.cabanasdelmar.com, ✆ 998/877-0179, ℻ 877-0156. Wer nicht in der Stadt absteigen möchte, ist hier richtig: Hotel mit Pool, ac, schönem Strand und friedvoller Stille zu annehmbarem Preis. ❺

Marcianito, Calle Abasolo Nr. 10, ✆ 998/877-0111. Blitzsaubere Zimmer, allerdings mit etwas wenig Licht, aber neue Bäder. ❹

Na Balam, Zazil-Há Nr. 118, nahe Playa Norte, 🖳 www.nabalam.com, ✆ 998/877-0279, ℻ 877-0446. Eines der nobelsten Hotels, mit Pool, tropischem Garten am Strand, eleganten, großen Zimmern und sehr gutem Restaurant.

Playa la Media Luna, an der Nordküste, ✆ 998/877-0759, ℻ 877-1124, 🖳 www.playamedialuna.com. Pastellfarbene Zimmer mit Balkon und Blick auf den Strand (etwas steinig, aber trotzdem kann man dort baden). Angenehm abgeschieden trotz Stadtnähe – einfach die Av. Mateos geradeaus zum Nordufer hoch gehen. ❻

Posada Isla Mujeres, Calle Juárez zwischen Calle Abasolo und Madero (kein Tel). Kleines Hotel; strahlend weiße Zimmern mit Ventilator. ❹

Roca Mar, Calle Bravo, Ecke Guerrero, ✆/℻ 998/877-0101, auf einer Anhöhe oberhalb des Zócalo hinter der Kirche, eines der ältesten Hotels der Insel, freundliche Zimmer, gutes Restaurant mit Meerblick. Felsstrand, aber es gibt einen Pool. ❻–❼

Suites Los Arcos, Calle Hidalgo Nr. 58, zwischen Calle Matamoros und Abasolo, ✆ 998/877-1343, ℻ 877-0236, 🖂 suiteslosarcos@hotmail.com. Moderne Zimmer mit Kochnische und ac; die ruhigeren Zimmer im hinteren Teil haben auch größere Balkone; Preisnachlass bei einem Aufenthalt von einer Woche. ❼

Vistalmar, Av. Rueda Medina, Höhe Matamoros, ✆ 998/877-0209, ℻ 877-0096. Hotel in auffälligem Rosa gegenüber dem Fähranleger, nicht weit vom Stadtzentrum. Gutes Preis-Leistungs-Verhältnis. Zimmer mit ac oder Ventilator. ❹

Essen

In der Umgebung der Hidalgo befinden sich zwischen der Morelos und Abasolo viele Restaurants und Kunsthandwerksläden. Hier spielt sich abends das Leben auf Isla Mujeres ab. Schön ist es, einfach der Nase nach durch die von Musik erfüllten Straßen zu schlendern. Preiswerte, schlichte mexikanische Gerichte und tolle Obstsalate gibt es in den Loncherías gegenüber dem Hotel Las Palmas in der Av. Guerrero. Abends werden auf der Hauptplaza Essenstände aufgebaut.

Buho's, Playa Norte. Sehr beliebte Strandbar mit lauter Rockmusik, bequemen Sitzgelegenheiten und Happy Hour.

Café Cito, Calle Juárez, Höhe Matamoros. Gesundes Frühstück mit gutem Kaffee und Frucht-Joghurt-Kombinationen.

Cocktelería Picus, Av. Rueda Medina, gleich nördlich des Fähranlegers. Kleine Strandhütte, serviert frische und preisgünstige *ceviches* und Krabbencocktails. Nur Mittagessen.

Le Bistro Français, Calle Matamoros 29. Französisch angehauchtes Café mit einfallsreicher, köstlicher Küche zu annehmbaren Preisen. Auch gutes Frühstücksangebot.

La Lomita, Calle Juárez Nr. 25-B, zwei Blocks südl. der Plaza. Einheimische stehen Schlange für eine Portion von Köchin / Besitzerin Ophelias tgl. wechselndem Mittagsgericht, das alles Mögliche sein kann: von Bohnensuppe und *chiles rellenos* bis zu gebratenem Fisch mit *salsa verde.* Fantastische Hausmannskost, die den Fußmarsch den Hügel hinauf lohnt.

Pizza Rolandi, Hidalgo, zwischen Madero und Abasolo. Teil einer kleinen Restaurantkette in Familienbesitz; tolle Holzofenpizza, Hummer, Fisch und norditalienische Speisen mit Salat.

Sonstiges

GELD – Es gibt nur wenige Banken, darunter ***Bital,*** in der Av. Rueda Medina, mit Geldautomaten. Weiterer Automat am Fähranleger.

INFORMATIONEN – ***Touristeninformation,*** Av. Rueda Medina, gleich westlich des Personenfähreanlegers, 💻 www.isla-mujeres-mexico.com. Hat Broschüren, Karten und das Gratismagazin *Islander* auf Spanisch und Englisch. 🕒 Mo–Fr 8–20, Sa und So 9–14 Uhr.

INTERNET – Internet-Café in der Calle Hidalgo, Ecke Abasolo.

MOPEDS UND FAHRRÄDER – Auf der Insel kommt man am besten per Rad (US$8 pro Tag) oder Moped (US$8 pro Std.) herum. Als Alternative bieten sich außerdem **Golfwagen** (US$14 pro Std.) an.
Mindestens ein Dutzend Verleiher haben alle drei Transportmittel im Angebot.

POST – Calle Guerrero, Ecke Mateos, 🕒 Mo–Do 9–16 Uhr. Post in der *Lista de Correos* wird 10 Tage aufbewahrt, PLZ 77400.

TOUREN – Auf der Insel gibt es mehrere **Tauchzentren**, darunter das empfehlenswerte ***Coral***, Matamoros 13A, 📞 998/877-0763, 💻 www.coralscubadivecenter.com. Es werden eine Reihe von Trips veranstaltet, darunter zur „Höhle der schlafenden Haie", in der sich Tiger-, Ammen- und andere Haie aufhalten.
Man kann auch **Schnorchelausflüge** bei der Kooperative der *lancheros*, südlich des Anlegers der Passagierfähre, buchen (US$20; 2 Std.). Der beliebteste Tagesausflug, für den unzählige Schlepper werben, ist ein **Bootsausflug** zum Vogelschutzgebiet auf der Isla Contoy, 24 km nördlich, wo Kolonien von Pelikanen, Kormoranen und gelegentlich auch anderen exotischen Seevögeln beobachtet werden können. Eine weitere Attraktion ist eine versunkene spanische Galeone. Mit einer Sondergenehmigung kann man auf Contoy auch übernachten.
Die erfahrenen Bootsführer von ***La Isleña Sea Tours***, Calle Morelos, einen Block von der Avenida Rueda Medina, führen eine entspannte Tour für US$40 durch, bei der so getan wird, als sei man auf einer einsamen Insel gestrandet, und das Mittagessen direkt aus dem Meer kommt.

TELEFON – Eine *caseta* liegt in der Calle Madero zwischen Calle Hidalgo und Calle Juárez.

WÄSCHEREIEN – Mehrere *lavanderías* gibt es in der Calle Abasolo.

Transport

FLÜGE – *Aerocaribe* u.a. fliegen ab und zu von Cancún oder Cozumel zur Isla. Landung auf der kleinen Piste im Zentrum der Insel.

FÄHREN – Von CANCÚN gibt es eine Passagierfähre nach Isla Mujeres ab Puerto Juárez und eine Autofähre ab Punta Sam, Näheres s.S. 705. Vom Anleger ist es ein etwa 20-minütiger Fußmarsch zur anderen Seite der Insel und den am weitesten entfernten Hotels.

Puerto Morelos

Am herrlich weißen Sandstrand, der sich südlich von Cancún bis zu den am Meer gelegenen Ruinen von Tulum erstreckt, ist ein Strandhotel nach dem anderen gebaut worden. Das karibische Barriereriff beginnt vor Puerto Morelos, einer ruhigen Ortschaft mit ausgezeichneten Stränden, 20 km südlich von Cancún. Früher nur als Ablegestelle der Autofähre nach Cozumel von Interesse, erfreut sich der Ort in den letzten Jahren zunehmender Beliebtheit bei Tauchern und Ausflüglern. Obwohl eifrig gebaut wird, ist der Ort eine vergleichsweise beschauliche Alternative zum Rummel von Cancún, mit ein paar schönen Stränden und einem so gut wie unberührten Riff vor der Küste. Landeinwärts, an der Piste nach Central Vallarta, liegen einige wunderschöne *cenotes*. Puerto Morelos ist praktisch das einzige Fischerdorf zwischen Cancún und Tulum, das noch einigermaßen intakt ist und nicht völlig vom Tourismus vereinnahmt wurde.

Zahlreiche Cancún-Besucher mieten sich einen Wagen, um entlang der Carretera 307 die Küste zu erkunden. Mit dem Moped bis Playa del Carmen zu fahren, ist zwar möglich, aber die Strecke ist nicht ganz ungefährlich. Einfacher und billiger reist es sich mit den ständig verkehrenden Bussen. Dank einer direkten Busverbindung vom Flughafen (9x tgl., 8.30–18.45 Uhr) ist es möglich, Cancún ganz zu umgehen und die Erkundung der „Riviera Maya" in Puerto Morelos zu beginnen.

Die Abzweigung von der Carretera 307 mündet in die kleine **Plaza** im Zentrum von Puerto Morelos. Von hier führen Straßen parallel zum Strand ein paar Blocks nach Norden und Süden. Am Wochenende findet auf der Plaza ein *tianguis* (Markt) statt. Außerdem gibt es hier noch einen Baseballplatz, einen Taxistand und das wunderbare *Alma Libre*, den wahrscheinlich größten Secondhand-Laden für Bücher in englischer Sprache von ganz Mexiko. ◷ Okt–Apr Di–Sa 9–12 und 18–21 Uhr.

An der Carretera unmittelbar südlich der Abzweigung in den Ort informiert der **Jardín Botánico Dr Alfredo Barrera Marín** mit Erklärungen in spanischer und englischer Sprache über die Flora von Quintana Roo. Über Pfade erreicht man eine kleine Maya-Ruine und eine Anlage, in der gezeigt wird, wie vom Saft des Zapotillo-Baumes *chicle* für die Verarbeitung zu Kaugummi gewonnen wird. Ein Besuch lohnt sich. Wer etwas über die medizinische Wirkung der Pflanzen wissen möchte, kann am Eingang einen Führer anheuern. ◷ tgl. 9–17 Uhr, US$7.

Übernachtung

Die meisten Hotels in Puerto Morelos liegen am Strand, allerdings sind viele davon überteuert.

Acamaya Reef Trailer Park, ✆ 998/871-0132, 💻 www.acamayareef.com, am Strand, ein paar Kilometer nördlich der Stadt: auf die ausgeschilderte Abzweigung nahe dem Eingang zu *Crococun* achten. Die einzige Möglichkeit zum Campen ❷. Auch Cabañas mit /ohne Bad ❻.

Amar Inn, nördlich der Haupt-Plaza, 500 m am Wasser entlang, ✆ 998/871-0026. Unkonventioneller Familienbetrieb; große, gut ausgestattete Zimmer und Cabañas mit Küchenzeile um einen schattigen Garten. Hervorragendes Frühstück inkl. ❻

Casa Caribe, vier Blocks nördlich der Plaza, auf der dem Strand gegenüberliegenden Seite, 💻 www.us-webmasters.com/Casa-Caribe, ✆ 998/871-0459. Großes, ruhiges Hotel mit 6 riesigen, herrlichen Zimmern, Kochgelegenheit und Sonnenterrassen. ❼

Hacienda Morelos, direkt am Meer, südlich der Plaza, ✆/📠 998/871-0015. Helle, luftige Zimmer, alle mit Kochnische, Badewanne und Terrasse. ❼

Hotel Inglaterra, Av. Niños Héroes Nr. 29, 200 m nördlich der Plaza und zwei Blocks vom Wasser entfernt, ✆/📠 998/871-0418, ✉ michael@hotelinglaterra.freeserve.co.uk. Bewährtes Hotel mit einfachen Zimmern, etwas dunkel, aber preisgünstig. ❺

Posada Amor, Av. Rojo Gómez, unmittelbar südlich der Plaza, ✆ 998/871-0033, 📠 871-0178, 💻 www.posadaamor.com. Einige der Zimmer sind die billigsten im Ort; andere sind die Extra-Ausgabe wert – am besten lässt man sich ein paar zeigen. Nicht am Strand, aber mit viel Robinson-Atmosphäre.

Posada El Moro, Av. Rojo Gómez Nr. 17, gleich nördlich der Plaza, ✉ morelos01@sbcglobal.net, ✆/📠 998/871-0159. Saubere Zimmer, z.T. mit Küche, in einem hübschen kleinen Haus; die Leistungen sind für den Preis hervorragend. ❻

Rancho Libertad, südlich des Zócalo, hinter der Autofähranlegestelle, 15 Min. zu Fuß, ✆/📠 998/ 871-0181 💻 www.rancholibertad.com. Zweistöckige Cabañas in einer Strand- und Grünanlage. Üppiges Frühstück inkl., Gästeküchen und Massage (US$45 pro Std.). Kinder nicht erwünscht. ❼

Essen und Unterhaltung

Das Nachtleben von Puerto Morelos konzentriert sich größtenteils um die Plaza, einen angenehmen Ort für ein kühles Bier oder einen gemächlichen Abendspaziergang.

Das ***Hotel Ojo de Agua***, in der Calle Rojo Gómez nördlich der Plaza, bietet gelegentlich Live-Musik und Partys.

Le Café D'Amancia, an der Südseite des Platzes. Vegetarisches Café mit Salaten, gesundem Frühstück und frischen Säften.

John Gray's Kitchen, Av. Niños Héroes, nördlich des Platzes. Sehr gutes Restaurant, mit abwechslungsreicher Speisekarte und beliebtem sonntäglichen All-you-can-eat-Barbecue mit Huhn, Rippchen, Salaten usw.

La Pepita, am Wasser, nördlich des Platzes. Das Lieblingslokal der Einheimischen, wenn es um *ceviches* und frischen Fisch geht, mit wohltuend lockerer Atmosphäre.

El Pirata, an der Nordseite des Platzes. Mexikanische Gerichte unter freiem Himmel – Enchila-

das, Tacos, Burritos usw. – zu erschwinglichen Preisen.
Posada Amor, unmittelbar südlich der Plaza. Freundliches Restaurant mit leckeren, frischen Fischgerichten, mexikanischen Speisen und Frühstücksbuffet. Gutes Preis-Leistungs-Verhältnis.
Los Titos, an der Nordseite des Platzes. Preiswerte und köstliche Fisch-Tacos und Krabbencocktails nach yucatekischer Art.

Sonstiges

GELD – Im Ort gibt es mehrere **Wechselstuben**, 7–22 Uhr, und einen **Geldautomaten**, aber keine richtige Bank.

INFORMATIONEN – An der Autobahnabzweigung, wo die Busse halten, befindet sich ein **Touristeninformationskiosk** mit hilfsbereitem, engagiertem Personal.

TAUCHEN, SCHNORCHELN UND SPORTFISCHEN – Da das weitgehend intakte Riff nur 600 m vor Puerto Morelos liegt, kann man hier wunderbar tauchen lernen.
Almost Heaven Adventures, an der Plaza, bietet Tauchkurse mit Zertifikat, Tauchgänge mit Einzel- oder Doppelflasche (US$40–55) sowie Chartertouren zum Sportfischen (ca. US$225 für max. 4 Pers., 5–6 Std.) und Schnorcheln (US$22 p.P., 2 Std.).

TELEFON – Ein Telefon für Ferngespräche befindet sich bei der Polizeiwache an einer Ecke der Plaza.

TOUREN – Besucher, die sich für die Geschichte und Geografie der Region interessieren, können sich an ***Maya Echo*** wenden, 987/871-0136, www.mayaecho.com, eine Gruppe, die sich dem Umwelt- und Naturschutz sowie der Erhaltung der Maya-Kultur und Spiritualität verschrieben hat. Organisiert maßgeschneiderte, eintägige **Touren** in den Urwald und zu Mayadörfern der Umgebung.
Goyo Martín von ***Goyo's Info Center*** in der Calle Rojo Gómez, www.mayajungle.com, 998/871-0189, einen Block nördlich der Plaza, veranstaltet halbtägige Touren in den Urwald und zu einem Cenote in der Nähe (US$40 inkl. Mittagessen).
Es besteht auch die Möglichkeit, die nahe gelegenen *cenotes* auf eigene Faust zu besuchen; Taxis kosten um US$40 für einen 2-stündigen Ausflug.

Transport

BUSSE – Busse fahren am Busbahnhof von CANCÚN alle 30–45 Min. zwischen 5–22 Uhr ab. Manche halten an der Plaza, andere an der Carretera (dort warten Taxis, die die 2 km in den Ort fahren).

FÄHREN – Die **Autofähre** von Puerto Morelos nach COZUMEL legt offiziell 2x tgl. (außer So) um 5 und 14 Uhr ab, zurück von Cozumel um 10 und 18 Uhr. Angesichts des Preises (US$75 pro Auto plus US$5 p.P.), des Zeitaufwands (mind. 1 Std. Wartezeit plus 2 Std. Überfahrt) und des unzuverlässigen Dienstes (unter 998/871-0008 anfragen, ob sie überhaupt fährt) lohnt es kaum, einen Wagen mitzunehmen.

Punta Bete

Punta Bete liegt versteckt zwischen den größeren Touristenorten Puerto Morelos und Playa del Carmen und besteht eigentlich nur aus einem Stück Strand, ein paar einfachen Restaurants und einer Hand voll kleiner Hotels. Ein einziges teures Resort ist mitten zwischen die einfachereren Unterkünfte gesetzt worden. Meist bevölkern Tagesausflügler den langen Strand, der etwas steinig ist und es in punkto Schönheit mit den Stränden von Cancún oder Playa del Carmen bei weitem nicht aufnehmen kann. Dafür ist er aber bislang nicht überlaufen.

Punta Bete liegt ca. 4 km östlich der Carretera, die Abzweigung ist gleich südlich der Cristal/Coca-Cola-Abfüllanlage ungefähr bei KM 62 ausgeschildert. Nahe dem Strand gabelt sich die Straße: Links kommt man zu *Los Piños*, 984/873-1506, ❺, einem kleinen Betonblock am Strand, und, etwas abseits des Meeres, den reizvolleren ***Coco's Cabañas***, 998/887-0785, marsilhel@hotmail.com, ❻, in Schweizer Hand, mit fünf Cabañas, einem kleinen Pool und Restaurant mit sehr guter internationaler Küche.

Die rechte Straße führt zur **Playa Xcalacoco** und *Juanito's* (Reservierung in Cozumel unter ✆ 987/872-5009, ❶–❹), das saubere, einfache Zimmer ohne Strom und die Möglichkeit zum Zelten bietet. Das Restaurant serviert einfache mexikanische Küche, auch Fisch, zu akzeptablen Preisen, ⌚ 7.30–20 Uhr.

Etwa 1 km nördlich vom eigentlichen Punta Bete, neben der *La Posada de Capitán Lafitte* (und zu erreichen über deren Eingang), liegt ein All-inclusive-Resort, das auch Individualreisende anspricht: das ungezwungene, stromlose *KaiLuum II* (Reservierungen in den USA unter ✆ 1-800/583-6802, 💻 www.mexicoholiday.com), ❾, eine Gruppe luxuriöser, Palapa-geschützter Zelte; gutes Essen und wunderbares Personal.

Playa del Carmen

Playa del Carmen (oder einfach nur Playa), einst ein verschlafenes Fischerdorf, hat sich in den letzten Jahren enorm ausgedehnt und kann nun den zweifelhaften Ruhm für sich beanspruchen, eine der am schnellsten wachsenden Städte der Welt zu sein.

Der Ort ist nicht nur teuer, sondern platzt beinahe aus allen Nähten vor lauter Urlaubern, Tagesausflüglern aus Cancún und von Kreuzfahrtschiffen auf Karibik-Rundreise. Infolgedessen quillt die Hauptstraße der Stadt, die **Avenida 5** (auch La Quinta genannt), eine lange, einen Block vom Wasser entfernte Fußgängerzone, bisweilen geradezu über mit Besuchern, die über die Straßencafés, Souvenirläden, Silberschmuckgeschäfte und Modeboutiquen der Stadt herfallen und in Windeseile ihr Geld ausgeben.

Trotzdem hat sich Playa dank der Vielzahl an Unternehmen in italienischer und französischer Hand eine recht elegante europäische Atmosphäre bewahrt, und verglichen mit dem hyperaktiven, amerikanisierten Cancún erscheint es angenehm kosmopolitisch und friedlich. Der **Strand** mit seinem unbeschreiblich weißen Sand und dem herrlich klaren Wasser ist einer der schönsten an der ganzen Küste, und das Zentrum der Stadt – einschließlich des ruhigeren, neueren Viertels North Beach (Avenida 5 nördlich der Calle 20) – ist überschaubar und gut zu Fuß zu erkunden. Außerdem hat Playa del Carmen das beste **Nachtleben** der gesamten „Riviera Maya" zu bieten und das vorgelagerte Riff ist beinahe so spektakulär wie das vor Cozumel.

Übernachtung

Es ist nicht schwierig, in Playa del Carmen ein Zimmer zu finden, denn hier wird ein Hotel nach dem anderen gebaut. In der Stadt gibt es ein Hotel mit Campingmöglichkeiten und mehrere recht vernünftige Budget-Hotels. Als Faustregel gilt: Je weiter vom Wasser weg, desto günstiger die Preise.

Baal Nah Kah, Calle 12, zwischen Strand und Av. 5, 💻 www.playabedandbreakfast.com, ✆ 984/873-0110, 📠 873-0050. Sehr beliebte, zwanglose Unterkunft in italienischem Besitz. Reizende, individuell eingerichtete Zimmer (ohne Frühstück, trotz gegenteiliger Behauptung auf ihrer Website). ❻–❾

Cabañas La Ruina, Calle 2 Nte, zwischen Av. 5 und Strand, ✆/📠 984/873-0405, ✉ laruina@dicoz.com. Die kommunikativste und preisgünstigste Übernachtungsmöglichkeit in Playa, mit eigener kleiner Ruine. Gäste haben die Wahl zwischen ein paar Haken für Hängematten, Cabañas mit oder ohne Bad und ac sowie Zeltplatz. Schließfächer vorhanden. ❷–❻

Casa de las Flores, Av. 20 Nr. 150, zwischen Calle 4 und 6, 💻 www.hotelcasadelasflores.com, ✆ 984/873-2898. Lohnt den Fußmarsch zum Strand: Herrliche Anlage mit Zimmern im Kolonialstil und Pool. ❻–❽

Deseo, Av. 5, Ecke Calle 12, ✆ 984/879-3620, 📠 879-3621, 💻 www.hoteldeseo.com. Trendiges kleines Designerhotel mit vielen Details, wie z.B. den sanften Electronica-Klängen, die in die minimalistisch gestalteten Zimmer geleitet werden. Eine entsprechend schicke Klientel entspannt sich in der Bar. ❾

Kinbe, Calle 10, zwischen Av. 5 und 1, ✆ 984/873-0441, 📠 873-2215, 💻 www.kinbe.com. Kleines, freundliches Hotel in italienischem Besitz; schöne Zimmer mit ac um einen Patio und Aussicht aufs Meer von der kleinen Dachterrasse; Gäste bekommen Rabatt im angesagten Strandclub Mamita's in North Beach. ❻

Lunata, Av. 5, zwischen Calle 6 und 8, ☏ 984/873-0884, ℻ 873-1240, 💻 www.lunata.com. Als Hacienda aufgemacht; hübsche Zimmern, darunter eine Flitterwochen-Suite. Kleines Frühstück im Garten inkl. Zimmer zur Hauptstraße hin manchmal laut. ❽

El Palomar Hostel, Av. 5, zwischen Av. Juárez und Calle 2, 💻 www.elpalomarhostel.com, ☏ 984/803-2606, das beste Hostel; hat auch ein paar private Zimmer mit Gemeinschaftsbad. ❷

Playa Maya, am Strand zwischen Calle 6 und 8, ☏/℻ 984/803-2022, 💻 www.playa-maya.com. Strandhotel mit kleinem Pool, modernen Zimmern und Fitnessraum. ❽

Posada Freud, Av. 5, zw. Calle 8 und 10, ☏/℻ 984/873-0601, 💻 www. posadafreud.com. Nette Zimmer inmitten des städtischen Trubels zu vernünftigen (verhandelbaren) Preisen. ❻

Posada Mariposa, Av. 5 zwischen Calle 24 und 26, 💻 www.posada-mariposa.com, ☏/℻ 984/873-3886. Ruhiges Hotel mit viel Grün im Viertel North Beach. ❻

La Rana Cansada, Calle 10 Nte Nr. 132, zwischen Av. 5 und 10, 💻 www.ranacansada.com, ✉ Ranacansada@hotmail.com, ☏ 984/873-0389. Freundliches Hotel mit Gemeinschaftsraum, Kochgelegenheit und lockerer Atmosphäre. Geräumige und helle DZ, Safe. ❺–❼

Essen

In Playa del Carmen gibt es unzählige Restaurants aller Art. Das Essen (besonders das italienische) ist in der Regel sehr gut, aber zumeist teuer. Die größte Dichte an Lokalen herrscht in der Fußgängerzone der **Avenida 5**. Bei schmalerem Geldbeutel empfiehlt es sich, dorthin zu gehen, wo die Einheimischen essen, z.B. zu den ausgezeichneten Taco-Ständen in der Av. Juárez nahe dem Strand oder den billigen Lokalen mit Comida corriente und Brathähnchen, die um die Av. 10 und weiter weg vom Meer liegen.

Los Almendros, Av. 10, Höhe Calle 6. Mexikanisches Restaurant mit Grill unter freiem Himmel und Buffet mit köstlichen Tacos und tgl. wechselndem Angebot. Gutes Preis-Leistungs-Verhältnis.

Babe's, Calle 10 zwischen Av. 5 und 10. Dieses Thai-Nudellokal in schwedischem Besitz ist ein typisches Beispiel für Playas internationalen Mischmasch; die *mojitos* sind auch nicht übel.

Buenos Aires, Av. 5, zwischen Calle 4 und 6. In einer Seitenstraße verstecktes argentinisches Steakhaus, die beste Adresse für gegrilltes Fleisch.

Café Sasta, Av. 5 zwischen Calle 6 und 8. Italienisches Café mit Gebäck; Tische am Straßenrand.

La Cueva del Chango, Calle 38 zwischen Av. 5 und Strand. Beliebter Treffpunkt der Einheimischen zum späten Frühstück; ideale Anlaufstelle nach einem morgendlichen Strandspaziergang. Gutes Müsli und leckere Empanadas. 🕓 Mo–Sa 8–14 Uhr.

Don Pedro's, Av. 5 zwischen Calle 22 und 24. Sehr freundliches, billiges kleines italienisches Lokal im Viertel North Beach.

Hot, Calle 10, zwischen Av. 5 und 10. Bäckerei mit kleinem Café: frische Muffins, Bagels und Brownies sowie Omelettes und Sandwiches. Filiale in der Calle 14, nördlich der Av. 5.

Media Luna, Av. 5, zwischen Calle 12 und 14. Vegetarisches und Seafood-Restaurant mit preisgünstigem Mittagsmenü und riesigem, köstlichem Frühstück.

Stone Island, Av. 5 zwischen Calle 10 und 12. Winzige *coctelería* mit annehmbaren Preisen, gut für einen schnellen Imbiss, besonders für günstige Krabben-Quesadillas.

Xtabentum, Calle 2, zwischen Av. 10 und 15. Mexikanisches Restaurant mit leckerer Comida corriente, Bohnensuppe und Burritos. Preiswerter Familienbetrieb, nur Mittagessen.

Unterhaltung

In Playa del Carmen kann man den ganzen Abend damit zubringen, alle möglichen Musikstile anzuhören, von Salsa und Reggae bis zu Oldies aus den 70ern. Die Getränke sind ziemlich teuer, aber es lohnt sich, die Bar-Szene zu erkunden, da man dort leicht Leute kennen lernt. Zahlreiche Happy Hour-Angebote sorgen dafür, dass der Spaß nicht zu teuer wird.

Bar Ranita, Calle 10 zwischen Av. 5 und 10. Kleine Bar mit hufeisenförmiger Theke, viele Stammgäste, gedämpfte Atmosphäre.

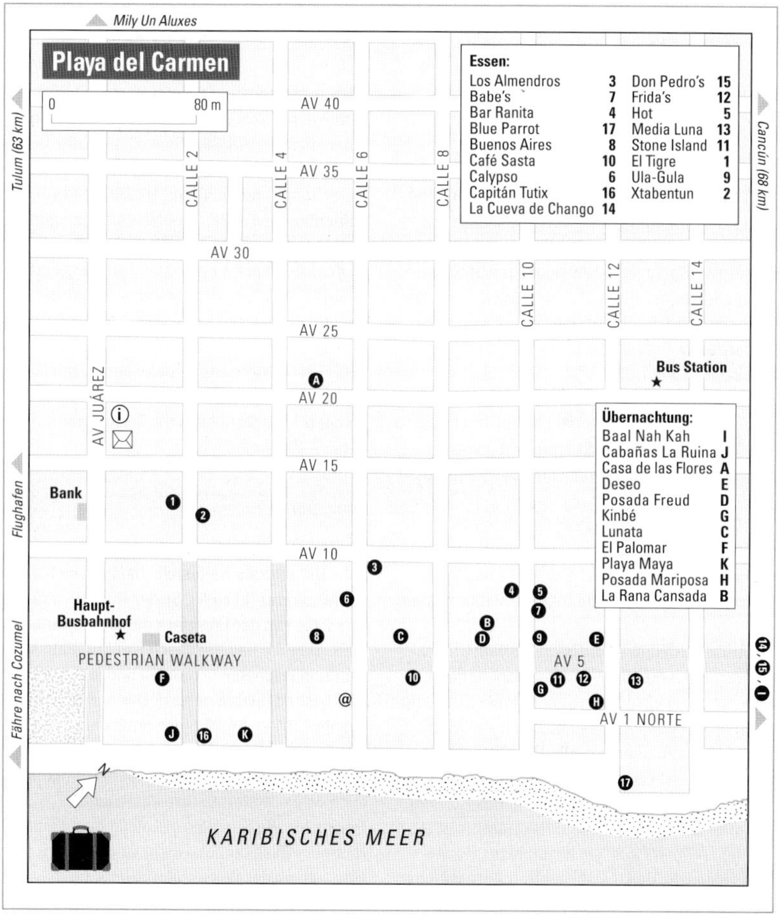

Blue Parrot, am Strand in der Calle 12. Nette Freiluftbar mit Tischen im Sand; Live-Musik am Nachmittag und Tänzer(innen) und Feuerkünstler am Abend. 🕓 bis 2 Uhr.

Calypso, Calle 6, zwischen Av. 5 und 10. Gemütliche Atmosphäre, belebte Tanzfläche. Karibische Live-Musik Fr und Sa abends.

Capitán Tutix, Calle 2 am Strand. Gerammelt volle Bar und Disco mit allabendlicher Live-Musik (22–0 Uhr) und vorwiegend jungem Publikum. *Der* Anmachladen in Playa. Wenn es schließt, geht die Party im *Kuba* nebenan weiter.

Frida's, Av. 5 Nr. 217, Ecke Calle 12. Kitschige, angenehm kühle Bar am Pool mit Clubmusik und riesigen Porträts von Ché und Subcomandante Marcos.

Mil y Un Aluxes, Av. Juárez, drei Blocks westlich der Carretera. Angesagter Club in einer echten Höhle (der Wirt führt einen auf Wunsch herum); Abendessen ab 19 Uhr, Tanz ab etwa 22 Uhr.

El Tigre, Calle 2 zwischen Av. 10 und 15. Hervorragender Ort für ein Bier und großzügige Portionen Botanas. Schließt früh.

Ula-Gula, Av. 5, Ecke Calle 10. Kleine, angesagte Bar mit DJ im Erdgeschoss; das Restaurant darüber ist so lala, aber die einfacheren Gerichte sind ganz lecker.

Sonstiges

AUTOS, MOPEDS UND FAHRRÄDER – Alle großen Autovermieter haben Niederlassungen in Playa, die meisten befinden sich an der großen Küstenstraße an der Abzweigung ins Stadtzentrum oder an der Plaza Marina unweit des Anlegers der Fähre nach Cozumel.

Localiza, Av. Juárez, zwischen Av. 5 und 10, ✆ 984/873-0580,

Playa Bike, Av. 1 Norte zwischen Calle 10 und 12, ✆ 984/806-0398, vermietet Motorräder (US$40 pro Tag), Fahrräder (US$10 pro Tag) und Badeausrüstung wie Schnorchel und Boogieboards.

GELD – ***Bital,*** Av. Juárez zw. Av. 10 und 15, ⌚ Mo–Fr 8–16 Uhr.

Bancomer, an der Juárez zw. Av. 25 und 30, ⌚ Mo–Fr 9–16 Uhr. Beide haben Geldautomaten.

INFORMATIONEN – ***Touristeninformation,*** Av. Juárez, Ecke Av. 15, ✉ turismo@solidaridad.gob.mx, ✆ 984/873-2804. Sehr hilfsbereites, englischsprachiges Personal, das sich viel Mühe gibt, Fragen zu beantworten. Die nützliche Zeitung *Playa del Carmen* enthält eine gute Karte und Verzeichnisse von Hotels und Restaurants. ⌚ tgl. 9–21 Uhr. In Bars und Restaurants liegt häufig *La Quinta* aus, ein kostenloses Hochglanzmagazin, das die schickeren Adressen der Stadt vorstellt.

INTERNET – Es gibt mehrere Geschäfte mit Internet-Zugang an oder in der Umgebung der Av. 5. ***Laundry & Internet del Carmen,*** Calle 6 zwischen Av. 5 und Strand, hat außerdem Münzwaschmaschinen sowie einen Wäscheservice.

POST – Juárez, zwischen Av. 15 und 20, mit Briefmarkenautomat, ⌚ Mo–Fr 8–14 Uhr. Postlagernde Sendungen werden 10 Tage aufbewahrt (PLZ 77710).

TAUCHEN – Von den zahlreichen Tauchunternehmen in Playa ist ***Tank-Ha,*** Av. 5, zwischen Calle 8 und 10, 💻 www.tankha.com, ✆ 984/873-0302, zu empfehlen. Es bietet Kurse mit PADI-Zertifikat (US$275), Tauchgänge mit Einzel- oder Doppelflasche (US$40–60) und komplette Tauchpakete (ab US$162) sowie 2x tgl. Schnorcheltouren (um 9 und 13.30 Uhr; US$30; 3 Std.).

Höhlentauchen in den landeinwärts gelegenen *cenotes* ist ebenfalls beliebt; darauf spezialisiert ist ***Sealife Divers,*** 💻 www.sealifedivers.com, ✆ 984/877-8727, im Club Mamita's in North Beach.

TELEFON – Zahlreiche ***Ladatel***-Fernsprechapparate in der Av. 5.

Computel Caseta neben dem Busbahnhof, ⌚ tgl. 7–22 Uhr.

Transport

BUSSE – Playa del Carmen hat zwei Busbahnhöfe: Die zentrale Haltestelle befindet sich an der Av. Juárez (Ecke Av. 5), der Hauptstraße des Ortes, die von der Carretera direkt zum Strand führt. Sie wird hauptsächlich von Shuttlebussen vom/zum Flughafen in Cancún und von der Busgesellschaft Riviera genutzt. Der andere Busbahnhof, in der Av. 20 zwischen Calle 12 und 14, dient in erster Linie ADO und deren Tochtergesellschaften, die neben Zielen in der Umgebung auch weiter entfernte Orte ansteuern.

Tickets für alle Strecken bekommt man beim zentralen Busbahnhof – nicht vergessen zu fragen, von wo der Bus abfährt! Busse nach:

CANCÚN alle 30 Min. (1 Std.),
CHETUMAL stdl. zwischen 6 und 24 Uhr (4–5 Std.),
COBÁ 2x tgl. (2 Std.),
MÉRIDA 13x tgl. (5 Std.),
PALENQUE 5x tgl. (11–16 Std.),
SAN CRISTÓBAL 5x tgl. (17 Std.),
TULUM stdl. (1–2 Std.),
TUXTLA GUTIÉRREZ 4x tgl. (18–19 Std.),
VALLADOLID 5x tgl. (3 Std.),
VILLAHERMOSA 10x tgl. (12 Std.).

Die Hotels arrangieren auf Anfrage die Fahrt zum FLUGHAFEN IN CANCÚN im Minibus (ca. US$15 p.P., 1 Std.).

FLÜGE – Am kleinen Flugplatz unmittelbar südlich der Stadt starten kleine Maschinen v.a. nach Cozumel, aber auch nach Chichén Itzá und zu anderen bedeutenden Maya-Stätten. Anbieter sind z.B. ***Aeroferinco,*** ✆ 984/873-0636, und ***Aeroméxico,*** 💻 www.aeromexico.com, ✆ 984/873-0350.

Isla Cozumel

Bevor die Spanier kamen, war *Ah-Cuzamil-Peten* („Ort der Schwalben") wahrscheinlich ein blühendes Maya Zentrum, dessen Handelskontakte von der mexikanischen Küste bis nach Honduras, möglicherweise sogar bis nach Panama reichten. 1519 landete Cortés auf Cozumel, ließ die Maya-Tempel niederreißen und eine Kirche bauen. Nach seinem Abzug fielen die meisten Einwohner einer Pockenepidemie zum Opfer. Danach blieb die Insel fast dreihundert Jahre lang so gut wie unbewohnt, bis sich im 19. Jh. Flüchtlinge aus dem „Krieg der Kasten" hier ansiedelten.

Die Zeit zwischen 1200 n.Chr. bis zur Konquista war keine Periode architektonischer Großtaten. Im Vordergrund stand die Handelstätigkeit. Es gibt sogar Anzeichen für eine Art Arbeitsteilung zwischen den verschiedenen Zentren und für die Anfänge einer Massenproduktion. Möglicherweise lebten die späteren Herrscher von Cozumel nicht mehr in ganz so verschwenderischer Pracht wie ihre Vorgänger, doch dem Rest der Bevölkerung ging es vermutlich besser als in früheren Zeiten.

Heutige Besucher haben keine Gelegenheit, sich selbst ein Bild vom damaligen Cozumel zu machen, denn die meisten Spuren der ungefähr 30 über die Insel verstreuten Mayastätten sind einer im 2. Weltkrieg gebauten US-Airbase zum Opfer gefallen. Die kleinen Ruinen sind schwer zugänglich (im Landesinnern gibt es keine Straßen) und bis auf wenige Ausnahmen nicht restauriert. Der Flughafen hat der Insel allerdings einen gewissen Wohlstand gebracht, denn seitdem er auch für die Zivilluftfahrt genutzt werden darf, kommen die meisten Touristen auf diesem Weg hierher.

Tauchfans kommen auf Cozumel voll auf ihre Kosten, denn kilometerlange Korallenriffe, umspült von kristallklarem Wasser, säumen die Küste. Aber auch wer sich für Vögel interessiert, sollte Cozumel besuchen, denn die Insel liegt an einer Migrationsroute und weist zudem einige endemische Vogelarten auf. Während der Hochsaison (Nov bis Apr) machen pro Woche bis zu zwanzig Kreuzfahrtschiffe mit jeweils mehreren Tausend (!) Passagieren an einem der fünf eigens für diesen Zweck eingerichteten Anleger der Insel fest. Auf dem Malecón wimmelt es daher oft von Tagesausflüglern und aufdringlichen Händlern. Ein wahrer Segen sind die Wochenenden, denn sonntags legen im Allgemeinen keine und am Samstag und Montag jeweils nur einige wenige Kreuzfahrtschiffe in Cozumel an.

San Miguel de Cozumel

Die Stadt gehört ganz und gar den Touristen – es gibt nur Restaurants, Souvenirläden und Reisebüros. Selbst auf Anfrage ist es kaum möglich, Preise in Landeswährung zu erfahren, denn gängiges Zahlungsmittel ist der US-Dollar. Wer Souvenirs erstehen möchte, sollte sich nicht dazu überreden lassen, **schwarze Korallen** zu kaufen, die leider überall im Ort angeboten werden. Cozumel besaß einst eine der größten Kolonien dieser seltenen und extrem langsam wachsenden wunderschönen Korallenart, aber seit der Tourismus hier in den 60er Jahren Einzug hielt, ist ihr Bestand drastisch zurückgegangen. Auf keinen Fall welche abbrechen, falls man sie an den Riffen findet.

Auf dem Malecón gibt es zwischen der Avenida 4 und 6 ein attraktives **Museum** mit Exponaten zur Flora, Fauna und Unterwasserwelt der Insel. Außerdem werden eine kleine Sammlung von Maya-Artefakten und alte Fotos gezeigt. Gelegentlich werden hier auch Live-Musik oder Theatervorstellungen geboten. Das genaue Programm kann in der Touristeninformation erfragt werden. 🕓 tgl. 9–17 Uhr, US$5.

Inselrundfahrt

Die Ostküste ist stellenweise beeindruckend ursprünglich; sie wird nicht erschlossen, weil sie zum offenen Meer hin liegt und normalerweise wegen der starken Brandung nicht zum Schwimmen geeignet ist. An der ruhigeren Westküste, die zusätzlich von einer Kette von Korallenriffen geschützt wird, sind die am einfachsten zu erreichenden **Strände** jene nördlich der Stadt, vor den älteren Hotels. Die weniger überlaufenen und viel angenehmeren Strände im Süden erreicht man nur per Mietfahrzeug.

Die Straße von San Miguel nach Süden führt zuerst an einer Ansammlung moderner Hotels gegenüber der Anlegestelle der Autofähren vorbei. Vom südlichen Ende des Paraíso-Riffs aus ist am Meeresboden ein Flugzeugwrack zu erkennen. Es handelt sich allerdings um ein Film-Set und nicht um einen echten Absturz. Schnorcheln kann man im Meer vor dem Pier beim Hotel Caribe Blu, wo man sich leicht an einem schönen Riffabschnitt entlang treiben lassen kann; Ausrüstung wird im Tauchladen des Hotels ausgeliehten. Etwas weiter südlich befindet sich der bisher noch nicht überlaufene Strandclub **Dzul-Ha** (US$5) mit einem herrlichen Riff.

Die meisten Inselbesucher werden direkt zum **Parque Ecológico Laguna Chankanaab** („kleines Meer") gelotst, einer Lagune voller Schildkröten und bunt schillernder Fische. Der Park wirkt ziemlich kommerziell, eignet sich aber gut für Familien, da es hier einen geschützten Badestrand für Kinder gibt. Ein kleines Museum informiert in spanischer und englischer Sprache über die Lebensbedingungen eines Korallenriffs und zeigt anhand faszinierender Fotos, welche Auswirkungen der Hurrikan Gilbert (1988) auf das Riff hatte. ⏲ tgl. 7–17 Uhr, US$10.

Wer ein billigeres Ausflugsziel sucht, sollte ein Stück weiter zur **Playa Corona** fahren: Der Strand ist kostenlos zugänglich und das Schnorchelerlebnis steht dem in Dzul-Ha in nichts nach (wenn Kreuzfahrtschiffe ankommen, wird es allerdings voll).

Noch weiter südlich liegt die **Playa San Francisco**, der beste gebührenfreie Strand zum Schwimmen. Wer bereit ist, fürs Strandvergnügen zu zahlen, sollte den ruhigeren, eleganten Club **Nachi-Cocom** aufsuchen (US$10), der über sehr gute Einrichtungen verfügt, darunter ein Pool; schnorcheln kann man hier jedoch nicht.

Biegt man kurz hinter der Playa San Francisco auf die landeinwärts führende Straße ab, gelangt man zum Dorf **Cedral**, wo sich eine kleine Maya-Stätte nahe einer alten Kolonialkirche und mehrere **Cenotes** befinden. Der Ort ist nur zu Pferde zu erreichen (US$25 p.P., 2 Std.).

Die Küstenstraße durchquert hinter Playa San Francisco den äußersten Süden der Insel. Hier bietet die **Laguna de Colombia** herrliche Tauch- und Schnorchelgelegenheiten. Die Südspitze der Insel ist ein Tierschutzgebiet und nennt sich **Parque Punta Sur**, ⏲ tgl. 9–17 Uhr, US$10. Das Gelände ist gut 40 ha groß und beherbergt neben einladenden Stränden den **Leuchtturm Punta Celarain** und den **Templo El Caracol**, der möglicherweise von den Maya als Leuchtturm errichtet wurde. Er lohnt allein schon einen Besuch, um den Geräuschen zu lauschen, die der Wind erzeugt, wenn er durch die in den Wänden eingemauerten Muscheln pfeift. Von der Spitze des Leuchtturms Punta Celarain bietet sich ein eindrucksvoller Blick über die Küste und das Karibische Meer. Im ehemaligen Haus des Leuchtturmwärters nebenan ist das **Navigationsmuseum** untergebracht. Es zeigt eine Reihe interessanter Exponate zur Geschichte der Seefahrt; Eintritt im Ticket für den Park enthalten. ⏲ tgl. 10–16 Uhr. Ein hölzerner Bus befördert Besucher zu den Sehenswürdigkeiten. Ansonsten gibt es auch einen Fahrradverleih. Aussichtstürme verbinden das ausgedehnte Netz von Lagunen miteinander, und am Strand serviert ein Restaurant knusprigen Bratfisch.

Hier lassen sich auch gut Vögel beobachten: Die Mangroven beherbergen zahlreiche Zugvögel sowie einheimische Arten. Gegen Extragebühr kann man an einer nächtlichen Führung in einer Kleingruppe durch das Krokodil- oder Meeresschildkrötenschutzgebiet und die wissenschaftlichen Überwachungsstationen im Park teilnehmen (US$30–35; Reservierung unter ✆ 987/872-0914 oder am Parkeingang nachfragen).

Zurück auf der Carretera geht's die windige Ostküste hoch. Dort gibt es ein paar gute, aber sehr einfache (weder fließend Wasser noch Strom) Restaurants, z.B. in **Chen Rio** und **Punta Morena**. Letzteres, ein Surfer-Treffpunkt, vermietet auch kleine Bungalows ❶. Die hiesigen Strände sind oft menschenleer, aber man sollte sich nur dort ins Wasser wagen, wo andere Leute schwimmen, da die Strömungen mitunter tückisch sind.

In Playa **Santa Cecilia** biegt die Straße Richtung San Miguel de Cozumel ab. Wer hingegen weiter Richtung Nordspitze fährt, erreicht schließlich auf einer Piste die kleine Maya-Ruine **El Castillo Real**, in der einer einheimischen Legende zufolge ein potenzieller Maya-Führer 365 Tage und Nächte allein ausharren musste, um sein Durchhaltevermögen und seine Charakterfestigkeit unter Beweis zu stellen.

Etwas einfacher ist der Besuch der archäologischen Ausgrabungsstätte **San Gervasio**, 6 km nördlich der Hauptstraße von der Ostküste nach San Miguel. Der größte Altar war der Göttin Ix-Chel geweiht und wurde anscheinend Chichén Itzá nachempfunden. Mehrere kleine Tempel sind durch *sacbe*, so genannte „weiße" (leuchtende) Wege miteinander verbunden. San Gervasio war zwischen 1200 und 1650 eines der bedeutendsten Pilgerzentren Mittelamerikas, auch wenn es heute nicht mehr sehr zu beeindrucken vermag. ⏲ tgl. 7–17 Uhr, US$5,50.

Übernachtung

Die meisten Unterkünfte der Insel erstrecken sich als All-inclusive-Resorts entlang der Küste, insbesondere nördlich der Stadt. Wer sich diese Art Aufenthalt nicht leisten kann oder nicht so isoliert untergebracht sein möchte, findet im Zentrum der Stadt Hotels zu erschwinglicheren Preisen, die aber alle ein Stück weit vom Strand entfernt sind. Fast alle Hotels auf Cozumel bieten ein wie auch immer geartetes Tauchpaket an.

Aguilar, Calle 3 Sur 98, zwischen Av. Melgar und Av. 5 Sur, ✆ 987/872-0307, 📠 872-0769, 💻 www.cozumel-hotels.net/aguilar. Ruhige, etwas kitschige Zimmer mit ac rund um einen kleinen Pool. Motorroller- und Autovermietung. ❺

Amigo's B&B, Calle, 7 Sur Nr. 571, zwischen Av. 25 und 30, 💻 www.bacalar.net, ✆/📠 987/872-3868. Drei separate Hütten in einem Garten mit Obstbäumen. Einfaches Frühstück inkl., serviert im Gemeinschaftsbereich mit TV, Video und Spielen. ❼

Las Anclas, Av. 5 Sur Nr. 325, ✆/📠 987/872-5476. Apartments für 2 Pers. auf zwei Stockwerken, mit Kochnischen und ruhigem Gemeinschaftsgarten. Die Zimmer wurden 2003 umgestaltet und bieten bis zu 4 Pers. Platz. ❼

Caribe Blu, Costera Sur KM 2,2; ✆ 987/872-0188, 📠 872-1631, 💻 www.caribeblu.net. Sehr nahe an der Stadt gelegenes Hotel mit ausgezeichnetem Tauchladen (Blue Angel) und Tauchunterricht im seichten Wasser direkt vor dem Hotelstrand. Alle Zimmer mit Meerblick und Balkon; Pool. ❼

Casa Mexicana, Av. Melgar Nr. 457, zwischen Calle 5 und 7, ✆ 987/872-9080, 📠 872-9073, 💻 www.casamexicanacozumel.com. Luxushotel mit Meerblick, Pool, Reisebüro, Business Center, Fitnessbereich. Frühstücksbuffet inkl. ❾

Flamingo, Calle 6 Norte zwischen Av. Melgar und Av. 5 Sur, 💻 www.hotelflamingo.com, ✆ 987/872-1264. Bei Tauchern beliebtes Hotel mit Dachterrasse und Bar und guten Tauchpaketen; Gäste können den Strand des Resorts Playa Azul benutzen. ❼

Palapas Amaranto, Calle 5 Sur zwischen Av. 15 und 20, ✆ 987/872-3219, 📠 872-6190, 💻 www.mexonline.com/amaranto.htm. Die drei strohgedeckten Rundhütten und zwei in einem Turm untergebrachten Apartments zeichnen sich durch originelle Architektur und geschmackvolle Einrichtung aus. Die Zimmer – alle mit Kühlschrank und Mikrowelle, die meisten mit ac – sind um einen Hof und kleinen Pool herum angeordnet. ❻

Pepita Av. 15 Sur Nr. 120, bei C 1 Sur, ✆ 987/872-0098. Mit Abstand das beste Budgethotel; saubere, einladende Zimmer, hübscher Patio und morgens Kaffee gratis. ❺

Playa Azul, Zona Hotelera Norte KM 4, ✆ 987/872-0043, 📠 872-0110, 💻 www.playa-azul.com. Fesches Resorthotel der Luxusklasse an einem bilderbuchartigen Strandabschnitt nördlich der Stadt. Elegante Zimmer und alle denkbaren Annehmlichkeiten, einschließlich eines Golfplatzes. ❾

Saolima, Av. Salas 260, zwischen Av. 10 und 15, ✆ 987/872-0886, einfache, saubere Zimmer mit Du/WC, weit genug von der Straße entfernt. Nichts Besonderes, aber eine gute Alternative, falls das Pepita voll ist. ❹

Vista del Mar, Av. Melgar Nr. 45, zwischen Calle 5 und 7, 💻 www.hotelvistadelmar.com, ✆ 987/872-0545. Schickes Hotel; die feudalen Zimmer bieten viel fürs Geld, jene nach vorn hinaus blicken aufs Meer, jene nach hinten auf einen schönen Pool und Jacuzzi. Einfaches Frühstück inkl. ❼

Essen und Unterhaltung

Essengehen ist auf Cozumel eine kostspielige Angelegenheit, aber die Auswahl an tollen Lokalen kann sich sehen lassen. Das Nachtleben der Insel konzentriert sich auf den Zócalo im Zentrum von **San Miguel** mit Imbissständen und häufig Live-Musik, z.B. von Mariachi-Gruppen. Die Restaurants dieser Gegend sind allerdings größtenteils überteuerte Touristenfallen. Gutes Essen und authentisches Flair ist erst einige Blocks vom Wasser entfernt zu finden. Entspannter geht es an der zerklüfteten **Ostküste** zu: Im Abstand von jeweils ein paar km finden sich Palapa-Restaurants, wo man in aller Ruhe abendessen kann. Sofern nicht anders angegeben, befinden sich alle folgenden Lokale in San Miguel.

Arrecife, im *El Presidente Inter-Continental*, 6,5 km südlich der Stadt. Bar auf der Veranda des nobelsten Hotels der Stadt, ideal für einen Cocktail bei Sonnenuntergang.

La Choza, Av. Salas, Ecke Av. 10. Betriebsames und beliebtes Mittelklasse-Restaurant mit mexikanischer Hausmannskost. Guter Service und lebhafte Atmosphäre; günstige Mittagsangebote.

Chilangos, Av. Coldwell Nr. 30, zwischen Calle 3 Sur und Morelos. Spezialität: *huaraches*, zusammengeklappte Quesadillas; die Kombination der Zutaten wählt man selbst aus. ◷ 18–1 Uhr.

Coffeelia, Calle 5 Sur zwischen Av. Melgar und Av. 5. Die stolze einheimische Besitzerin dieses kleinen Cafés wacht von ihrer gemütlichen Küche aus über Frühstück und Mittagessen. Geboten werden eine Auswahl frischer mexikanischer Gerichte, Smoothies (im Mixer hergestellter Brei aus Obst und Eis) und Vollkornbrot.

Conchita del Caribe, Av. 65 zwischen Calle 21 und 23. Abseits der Touristenpfade, in einer umfunktionierten Autowerkstatt, bei Einheimischen beliebtes Seafoodlokal, preiswert und köstlich, ◷ bis 18 Uhr.

Diamond Café, Calle 1 Sur, Ecke Av. 15. Ausgezeichnete Bäckerei; umfangreiche Frühstückskarte, hausgemachte Eiscreme und Gebäck.

Jeanie's Waffle House, Av. Melgar, Ecke Calle 11 Sur, im Restaurant El Acuario am Strand. Die Einheimischen lieben „La Casa del Wafle" wegen der riesigen Obstsalate.

Las Palmas, Calle 3 Sur, Ecke Av. 25. Ungezwungenes Lokal mit preisgünstiger Comida corriente.

La Pepita, am Malecón nördlich der Plaza. Der Renner bei Einheimischen, wenn es um *ceviches* und frischen Fisch geht; wunderbar relaxtes Ambiente.

Paradise Cafe, Palapa-Restaurant/Bar von der Stadt quer über die Insel – dort, wo die Teerstraße auf die Ostküste trifft. Bietet mexikanisches Essen zu annehmbaren Preisen bei Reggae-Musik. Guter Platz, um in der Hängematte zu liegen und eine Margarita zu schlürfen. ◷ tgl. 10.30–17.30 Uhr.

Prima, Av. Salas, zwischen Av. 5 und 10. Beliebtes (und lautes) italienisches Restaurant mit Dachterrasse, guter Pizza und Pasta.

Tony Rome's, Av. 5, zwischen Av. Salas und Calle 3 Sur. Ausgelassene Karaoke-Bar mit Spaßgarantie, aber eher ein Treffpunkt um etwas zu trinken als zum Abendessen.

La Veranda, Calle 4 Norte zwischen Av. 5 und 10, ✆ 987/872-4132. Schöner Garten hinter einem eleganten Haus im karibischen Stil, lohnt einen tiefen Griff in die Tasche. Das Essen ist hervorragend und sorgfältig zubereitet; wenn es sehr voll ist, lässt der Service zu wünschen übrig; Reservierung empfohlen.

Zermatt, Calle 4 Norte, Ecke Av. 5. Bäckerei in Schweizer Hand, serviert neben anderen süßen Leckereien riesige Doughnuts.

Aktivitäten

Tauchen, **Schnorcheln** und **Sportfischen** sind die Hauptaktivitäten auf Cozumel; entsprechend großes Angebot an Tourveranstaltern.

TAUCHEN UND SCHNORCHELN – Die Insel gehört zu den mexikanischen Highlights für Taucher. Die Steilwände, Riffe und eine mitunter kräftige Strömung stellen eine tolle Herausforderung dar, und die Wahrscheinlichkeit, große Fische zu sehen, ist hoch. Einige Stellen, wie Punta Sur, sind allerdings nur etwas für Fortgeschrittene. Es gibt Dutzende Tauchläden in der Stadt. Die besseren setzen erfahrenere Tauchlehrer und schnellere Boote ein.

Deep Blue, Av. Salas, Ecke Av. 10, ✆/📠 987/872-5653, 💻 www.deepbluecozumel.com. Einer der besten Tauchshops auf der Insel, bietet individuell zugeschnittene Touren in kleinen Gruppen zu den interessantesten und abgelegensten vorgelagerten Riffen (Las Palmas und Cedral Wall sind beliebte Stellen für fortgeschrittene Taucher; Palancar Shallows ist gut für Anfänger);

zwei Tauchgänge für US$65. Außerdem PADI- und IANTD-Zertifikatskurse. Hilft auch bei der Suche nach Unterkünften.
Wer schnorcheln möchte, muss sich mit einem Boot zum Riff hinausfahren lassen, was von praktisch allen Tauchshops angeboten wird (ca. US$25 bei mehreren Stunden im Wasser). Die besten Stellen sind Palancar Shallows und Colombia Shallows etwas weiter südlich – ein guter Test des Touranbieters ist, ob er sich die Mühe macht, etwas weiter hinauszufahren.

GELÄNDEFAHRTEN Auf erheiternde, wenngleich holprige Art lässt sich die einsame Seite der Insel, die unbewohnte Küste im Nordosten, im Rahmen einer Tour mit einem **Strandbuggy** erkunden.
Jungle Buggy Tours, im Rentadora Isleña, Calle 7 zwischen Av. Melgar und Av. 5, ✆ 987/872-0788, 💻 www.cozumelhomes.com, hat sich eine Flotte von Buggies angeschafft (US$90; 8 Std.); die Touren beinhalten Mittagessen und Zeit zum Schnorcheln.

Sonstiges

AUTO- UND SONSTIGE VERMIETUNGEN – Auf den befestigten Straßen kann man sich gut per **Fahrrad** fortbewegen, aber wer kein trainierter Radler ist, wird mächtig ins Schwitzen kommen. Besonders unangenehm ist es, wenn man von einem Sturm überrascht wird, was von Juli bis Okt der Fall sein kann. Mit einem **Moped** kommt man einfacher herum, sollte aber die Vertragsbedingungen durchlesen: Bei einem Unfall zahlt die Versicherung nur, wenn ein Helm getragen wurde.
Ein **Auto** kann man auf Cozumel u.a. bei den folgenden Unternehmen mieten:
Rentadora Isleña (s.o., Geländefahrten),
Aguilar, in der Lobby des *Hotel Aguilar,* Calle 3 Sur Nr. 98, ✆ 987/872-0307, zusätzlich Motorroller- und Fahrradverleih. Die Preise unterscheiden sich wenig, aber manchmal findet man ein Sonderangebot. Pro Tag kostet ein Fahrrad ca. US$9, ein Moped US$25–30 und ein Jeep ca. US$45.

GELD – Auf Cozumel gibt es viele Banken, die meisten mit Geldautomaten und 🕓 Mo–Fr 9–16 Uhr, ***Bital,*** Av. 5, Höhe Calle 1 Sur, hat Mo–Fr bis 19 Uhr geöffnet. Daneben gibt es mehrere ***Casas de Cambio*** in der Umgebung des Zócalo, 🕓 tgl. 9–22 Uhr.

INFORMATIONEN – Die ***Touristeninformation*** ist in einem Kiosk beim Fähranleger untergebracht, ✆ 987/869-0212, ✉ turismoczm@yahoo.com.mx, 🕓 Mo–Sa 8.30–17 Uhr. Das hilfsbereite Personal vergibt Pläne und Broschüren; der überall ausliegende *Free Blue Guide to Cozumel* ist vermutlich am nützlichsten.
Besucher brauchen höchstwahrscheinlich einen Plan, um sich zurechtzufinden, da Cozumels **Straßennummerierungssystem** etwas komplizierter ist als in anderen mexikanischen Orten. Die Hauptstraße am Wasser entlang ist die Avenida Rafael Melgar. Die Avenida Benito Juárez verläuft im rechten Winkel dazu, von der Plaza vor dem Fähranleger südostwärts, und teilt den Ort in zwei Hälften: Nordöstlich von ihr verlaufen Straßen mit geraden Zahlen von Nordwesten nach Südosten, während die Straßen mit ungeraden Zahlen im Südwesten liegen. Geht man von der Avenida Melgar nach Südosten, kreuzt man die Avenida 5, Avenida 10 usw.

INTERNET, TELEFON – ***The Crew Office,*** Av. 5 Nr. 201-A zwischen Av. Salas und Calle 3 Sur, ist ein Internet-, Telefon- und Faxladen.

POST – Die Post liegt an der Av. Melgar, Ecke Calle 7 Sur, ca. 15 Min. zu Fuß vom Zentrum; bei postlagernden Sendungen (*Lista de Correos)* die PLZ 77600 angeben. 🕓 Mo–Fr 9–16, Sa 9–13 Uhr.

Transport

FÄHREN – **Personenfähren** nach Cozumel verlassen PLAYA DEL CARMEN alle 2 Std. von 8–22 Uhr, US$8 einfach, US$14,60 hin und zurück; 30 Min.; zurück alle 2 Std. von 7–21 Uhr. Autos können auf einem bewachten Parkplatz hinter dem Busbahnhof abgestellt werden.
Autofähren von PUERTO MORELOS nach Cozumel verkehren 3x tgl. (2 1/2 Std.) nach einem unzuverlässigen Fahrplan, daher vorher anrufen. Es lohnt aufgrund der hohen Fährkosten kaum, ein Auto mit auf die Insel zu nehmen.

Rückfahrt der **Autofähre** von Cozumel nach PUERTO MORELOS um 8, 13.30 und 19 Uhr (2 1/2 Std.). Der Fahrplan ist nicht sehr zuverlässig, daher sollte man sich die Zeiten von der Touristeninformation bestätigen lassen. Touristenfahrzeuge genießen Priorität, doch empfiehlt es sich, mindestens 1 Std. vor Abfahrt am Anleger zu sein, um sich einen Platz zu sichern.
Nach PLAYA DEL CARMEN geht es mit dem **Water Jet** in 30 Min. Abfahrt des ersten Bootes um 4 Uhr, zwischen 6 und 10 Uhr sowie 14 und 18 Uhr stündlich, außerdem um 12, 20 und 22 Uhr.
Nach CANCÚN geht es mit dem **Schnellboot** um 6 und 16 Uhr.

FLÜGE – Vom belebten Flughafen mit internationalen Verbindungen kann man den VW-Bus-Service in Anspruch nehmen (ca. US$4). Tgl. mehrere Flüge nach MÉXICO D.F., CANCÚN, MÉRIDA und regelmäßige Flüge von und nach MIAMI und zu anderen Städten im Süden der USA.

Von Playa del Carmen nach Süden

Fast der gesamte Küstenstreifen südlich von Playa del Carmen, an dem sich einige ausgezeichnete Strände befinden, wird von All-inclusive-Resorts der Luxusklasse gesäumt. Der Rest sind Anlagen von Eigentumswohnungen mit Schranke vor der Einfahrt, zu denen Nicht-Bewohner keinen Zutritt haben. Die besten Beispiele hierfür sind die 20 bzw. 35 km südlich von Playa gelegenen Puerto Aventuras und Akumal. Um diese teuren und sterilen Privatfestungen macht man am besten einen Bogen.

6 km südlich von Playa liegt der riesige, etwas kuriose Themenpark **Xcaret**, 💻 www.xcaretcancun com, der sich als „sagenhafter öko-archäologischer Park“ anpreist. Das Gelände beherbergt ein Museum, ein tropisches Aquarium, ein Vogelhaus, ein „Maya-Dorf“, einen botanischen Garten, ein paar echte kleine Ruinen, Pools und Strände sowie ein insgesamt etwas über 1 km langes unterirdisches System von Flüssen, in denen man schwimmen, schnorcheln oder sich mit Schwimmringen einfach treiben lassen kann. 🕓 Mo–Sa 8.30–9.45, So 8.30–18 Uhr, US$49.

25 km weiter südlich liegt **Xpu-Ha**, der einzige relativ unberührte Strand an diesem Küstenabschnitt. Ein All-Inclusive-Resort, *Hotel Copacabana*, durchbricht den schönen Strand, dient aber als Orientierungspunkt für zwei kleinere, weniger teure Unterkünfte. Gleich nördlich ist ein Schild und eine schmale, als „X-5“ ausgewiesene Straße, die zu den *Villas del Caribe*, ✆ 984/873-2194, ❼, führt, einem kleinen Hotel neben dem ausgezeichneten Restaurant (mit Bar) *Café de Mar*, dem Treffpunkt der kleinen Gemeinde von Xpu-Ha. Hier gibt es gesundes Frühstück sowie leckeres und abwechslungsreiches Mittag- und Abendessen. Wer sparen muss, kann in einfachen Cabañas übernachten oder am Strand bei *Bonanza Xpu-Ha* (kein Telefon; ❶–❹) zelten – nach einem Schild und der zweiten schmalen Piste („X-7“) südlich des *Copacabana* Ausschau halten.

13 km nördlich von Tulum gibt es einen weiteren Themenpark: **Parque Xel-Ha**, 💻 www.xelha.com.mx. Das weitläufige Gelände um natürliche Lagunen, Meeresarme und Höhlen bezeichnet sich selbst als „größtes Naturaquarium der Welt“. Es ist ein schöner Ort, der allerdings ebenso wie Xcaret oft überlaufen ist. Man sollte früh kommen, denn nach 10.30 Uhr wird es eng. Vor Ort wird leihweise Schnorchelausrüstung angeboten; Umkleidekabinen und Schließfächer vorhanden. 🕓 tgl. 9–18 Uhr, US$27 bzw. US$56 inkl. aller Speisen und Getränke.

Tulum

Als 1518 die ersten Spanier nach Tulum kamen, verglichen sie die Größe und Schönheit der Stadt mit der von Sevilla. Vielleicht waren sie ein bisschen zu sehr in ihrem Traum vom Eldorado befangen und ließen sich von der herrlichen Lage und den bunt glänzenden Fassaden täuschen, denn architektonisch gesehen kann Tulum sich nicht mit den anderen großen Maya-Städten messen. Aber aufgrund seiner Lage ist es eine Ausgrabungsstätte, die in der Erinnerung haften bleibt.

In der yucatekischen Maya-Sprache bedeutet Tulum so viel wie „Umfriedung“ oder „Hecke“. In prähispanischen Zeiten hieß der Ort Zamá, d.h. „Morgendämmerung“. Von allen bekannten Mayastätten ist Tulum zweifellos die am schönsten gelegene. Sie ist nicht sehr groß, liegt aber traumhaft schön auf 15 m hohen Klippen über der Karibikküste und ist schon deswegen unbedingt einen Besuch wert. Wer sich nur mal schnell abkühlen möchte, hüpft gleich am Strand bei der Ausgrabungsstätte ins Meer. An der teilweise asphaltierten Straße Richtung Punta Allen, die an der Küste entlang nach Süden verläuft, gibt es jedoch unzählige weitere Bademöglichkeiten. Der Anfang dieser Straße bei den Ruinen, wurde gesperrt, um die Bauten vor Schäden durch Autoabgase zu schützen. Deshalb muss man weiter nach Süden fahren, um auf diese Straße zu gelangen.

Orientierung

Tulum, 130 km südlich von Cancún, setzt sich aus zwei verschiedenen Teilen zusammen, was bei der Ankunft mit Bus oder eigenem Fahrzeug u.U. für Verwirrung sorgt. Von Cancún kommend, macht die Küstenstraße hier einen leichten Bogen vom Meer weg; der eigentliche Ort erstreckt sich zu beiden Seiten dieser Hauptstraße. Die Ruinen und die meisten Unterkünfte befinden sich dagegen direkt am Meer, etwa 1 km weit weg, wobei die Hotels durch eine von großen Schlaglöchern übersäte Straße miteinander verbunden sind.

Wer von Norden auf der Carretera herkommt, passiert zunächst den Eingang für Fußgänger, dann den gut ausgeschilderten Eingang für Autos und Reisebusse. An der nächsten Kreuzung *(el crucero* genannt), die von einem San Francisco de Asis-Supermarkt beherrscht wird, geht es links, den Schildern „Boca Paila–Punta Allen" folgend, zum Meer; zur Strandstraße und den Hotels sind es 3 km.

Die Ausgrabungen

Die Ausgrabungsstätte liegt ungefähr 1 km von der Carretera 307 entfernt. Wichtig ist, dass man gleich an der Abzweigung zu den Ruinen, und nicht erst im Dorf Tulum 1,5 km weiter südlich aussteigt (s.o.). Die Busse halten auf Anfrage am Parkplatz vor den Ruinen. Von hier aus ist es ein zehnminütiger Fußweg bis zum Eingang. 🕓 tgl. 8–19 Uhr, im Sommer bis 18 Uhr, US$3,70.

Man betritt die Ausgrabungsstätte durch eine Öffnung in der **Mauer**, die die Stadt von drei Seiten umgibt, die vierte wird durch das Meer geschützt. Diese 5 m hohe, begehbare Mauer hatte nicht nur Abwehrfunktion, sondern diente dazu, den Zeremonial- und Verwaltungsbereich von den Wohngebieten abzugrenzen, die sich in beiden Richtungen entlang der Küste erstreckten. Die Häuser, in denen die Stadtbewohner lebten und die den größten Teil des alten Tulum ausmachten, waren aus Holz und anderen leicht vergänglichen Materialien gebaut, so dass keine Spuren von ihnen erhalten sind. Alle wichtigen Gebäude sind aufgrund des Massenandranges inzwischen durch Absperrungen geschützt, so dass man die hier beschriebenen Fresken nur aus der Ferne bzw. gar nicht in Augenschein nehmen kann.

Direkt gegenüber dem Eingang liegen die wichtigsten Bauten, darunter das so genannte Castillo, das sich auf einem Felsensockel über dem Meer erhebt. Zuerst kommt man aber an der in Trümmern liegenden **Casa de Chultún** vorbei, einem säulenbestandenen Gebäude, dessen Dach erst Mitte des 20. Jhs. zusammenbrach. Gleich daneben steht der **Templo de los Frescos**. Die teilweise wiederhergestellten Wandgemälde im Innern zeigen Maya-Götter und Fruchtbarkeitssymbole: Regen, Maiskolben, Fisch. Ursprünglich zierten sie ein älteres Bauwerk. Anfänglich schützte sie eine Galerie, die nachträglich um den Tempel herumgebaut wurde. Später, im 15. Jh., baute man einen zweiten Tempel, der auf den ersten gesetzt wurde. Die Ecken der Galerie sind mit steinernen Itzam Ná (Schöpfergott) -Masken verziert.

Vom Eingang aus gesehen befindet sich links des Templo die **Casa de las Columnas** und dahinter das alles beherrschende **El Castillo**, von wo aus man eine wunderbare Aussicht auf die Umgebung hat. Es könnte nicht nur als Tempel, sondern auch als Wach- oder Leuchtturm gedient haben. Selbst ohne Leuchtfeuer stellte es für die Seeleute einen wichtigen Orientierungspunkt entlang der Küste dar. Bevor man die breite Treppe nach oben betritt, muss man zu einem kleinen Platz hochklettern.

Auf dieser Plaza steht der **Templo del Dios Descendente**. Der Figur des tauchenden oder herabstürzenden Gottes, die hier über dem schmalen Eingang angebracht ist, begegnet man in Tulum überall. Seine genaue Bedeutung ist umstritten; er könnte ein Symbol der untergehenden Sonne, des Regens oder des Blitzes sein, oder aber ein Bienengott – Honig war ein wichtiger Exportartikel.

Südöstlich vom **Recinto Interior**, dem inneren Kreis, wie die zentralen Gebäude genannt werden, liegt der **Templo de la Serie Inicial** (Tempel der Anfangsserie), so benannt nach einer Stele, die man im Innern gefunden hat (und die jetzt im Britischen

Museum zu bewundern ist), mit einer Zeitangabe, die höchstwahrscheinlich vor der Gründung der Stadt liegt, woraus man schließen darf, dass sie aus einem anderen Teil des Landes hierher gebracht worden ist. Unterhalb vom Castillo an der Küste befindet sich eine kleine Bucht mit weißem Sandstrand. Hier steht auf einem Felsen der **Templo del Viento**, der aus einem einzigen kleinen Raum besteht. Auf der anderen Seite, in der Südostecke der Stätte steht sein Gegenstück, der **Templo del Mar**.

Übernachtung

Die meisten Besucher zieht es an den Strand von Tulum, aber bei später Ankunft, begrenztem Zeitplan oder einfach nur dem Wunsch nach Warmwasser rund um die Uhr ist eine Unterkunft im Ort vorzuziehen. Hotelbesitzer in der *zona hotelera* am Strand haben sich gegen eine permanente Stromversorgung ausgesprochen und verlassen sich stattdessen auf verschiedene Kombinationen von Solarmodulen, Windmühlen und Dieselgeneratoren. Die meisten verfügen nur für etwa 6 Std. am Abend über Strom. Je nach persönlicher Anschauung ist das Kerzenlicht-Ambiente entweder herrlich romantisch oder unnötig unbequem. Wie dem auch sei, dank der daraus resultierenden Ruhe – abgesehen vom Geräusch der ans Ufer schlagenden Wellen – fällt die zunehmende Bebauung nicht so sehr ins Auge. Die Hotels, die den Ruinen am nächsten liegen, zählen zu den billigsten (und zu jenen, die diese Gegend unter Hippies und Rucksackreisenden berühmt machten); sie bieten Cabañas mit Sandboden und Gemeinschaftsbad und oft wenig oder gar keine Sicherheit – was sich allerdings zu bessern scheint. Weiter die Straße entlang tauchen ein paar schickere kleine Resorts auf, mit einer Jetset-Klientel und entsprechenden Preisen.

HOSTELS UND CAMPINGPLÄTZE – ***Weary Traveler***, www.thewearytraveler.info, 984/871-2389, die beste Wahl für Budget-Traveller; fungiert gleichzeitig als Infozentrum für Individualtouristen, mit Internet-Zugang, Anschlagtafeln und kostenlosen Plänen der Gegend. ❷

Backpackers in Paradise, am Strand, kurz vor dem Papaya Playa, bietet Dorms, ist teurer. ❸

Campen kann man bei einigen der billigeren Cabaña-Unterkünfte nahe den Ruinen oder bei ***Camping Oasis Piedra del Sol***, 5 km von den Ruinen, direkt hinter dem Esmeralda K. ❷

IM ORT – ***El Crucero***, gleich östlich der Carretera, beim Fußgängereingang zu den Ruinen, 984/871-2610, www.el-crucero.com. Freundliches Hotel in günstiger Lage zu den Ruinen. Wahlweise Dorm-Betten, Standard- oder Luxuszimmer mit ac und interessanten Wandmalereien eines örtlichen Künstlers. Das Bar-Restaurant ist einladend und verfügt über einen kabellosen Internet-Zugang. ❷–❻

L'Hotelito, an der Hauptstraße, 3 Blocks nördlich des Busbahnhofs, 984/871-2061, hotelito@tulumabc.com. Kleines, rustikales Hotel unter italienischer Leitung mit einem hübschen Garten und Terrassenrestaurant. Die oberen Zimmer haben hohe Palapa-Decken mit Ventilatoren; die unteren Zimmer ac. ❺

AM STRAND – Die folgenden Hotels sind nach ihrer Entfernung von den Ruinen sortiert, beginnend mit den am nächsten gelegenen:

Cabañas El Mirador, links an der Straße nach Punta Allen, 1 km von den Ruinen entfernt. Sehr einfache Cabañas mit Sandboden und Haken für Hängematten (mitbringen oder ausleihen), Gemeinschaftsbäder mit kaltem Wasser. Das Restaurant an der Felsklippe bietet eine schöne Aussicht und kühle Brise. ❷–❹

Cabañas Don Armando's, eine Tür weiter, cabanasarmandos@yahoo.com.mx. Die beliebteste der billigen Anlagen in der Nähe der Ruinen. Stabile Hütten mit Sandboden, eine Mischung aus Restaurant und Bar auf dem Gelände, Dauerpartyszene und Tauchladen. ❹–❺

Diamante K, 1,2 km von den Ruinen, 984/871-2283, www.diamantek.com. Schön gestaltetes, mit Solarenergie betriebenes Öko-Hotel; verschiedene Cabañas von Dorms bis Apartments. Vegetarisches Restaurant, Massage, Sauna. ❹–❾

Papaya Playa, rechts an der Straße nach Punta Allen, direkt südlich der Straße zwischen Strand und Ort, 984/804-6444, www.papayaplaya.com. Eine Reihe guter Unterkünfte, vom geräumigen Zimmer mit Bad und Warmwasser über

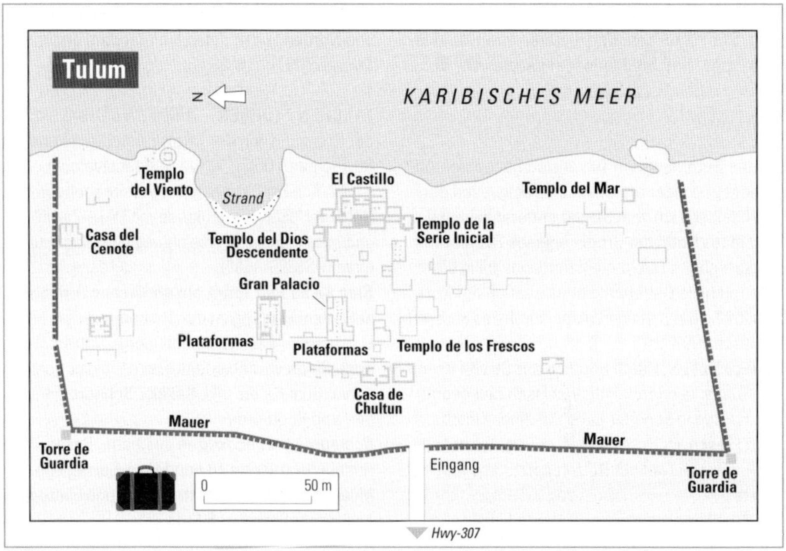

die einfache Bambus-Cabaña oberhalb des Strandes bis zu Tipis. Kleines Restaurant und Bar mit sanfter Lounge-Musik. ❷–❻

Piedra Escondida, 1,5 km von der Straßenkreuzung *(el crucero)*, ✆ 984/877-8288, 📠 871-2217, 💻 www.piedraescondida.com. Solide, gut ausgestattete zweistöckige Cabañas mit Kachelboden; jedes Zimmer mit Balkon und Blick auf den Strand in einer wunderschönen geschützten Bucht. Die italienischen Besitzer sind sehr herzlich. Großes Frühstück inkl. ❾

Cabañas Punta Piedra, 2 km von der Kreuzung, ✆ 984/876-9167. 6 Zimmer: eine luxuriöse Cabaña am Strand und 5 einfache Hütten, aber alle mit Bad; auch Radverleih und Tauchladen. ❹–❻

Zamas, 3 km von der Kreuzung, 📠 984/871-2067, 💻 www.zamas.com. Riesengroße Zimmer, einige direkt an einem der schönsten Strandabschnitte von Tulum. Sehr gutes italienisches Restaurant auf dem Gelände, trendbewusste Klientel. ❼–❾

Casa de Chio, 500 m vom *Zamas* entfernt, ✆ 984/806-1197, ✉ casadechio@yahoo.com. Verschiedene Cabañas, von einfachen mit Sandboden bis zu rustikalen Apartments mit Bad, und ausgesprochen nette Atmosphäre.

Los Arrecifes, 500 m weiter südlich an der Straße, 💻 www.losarrecifestulum.com, ✆ 984/879-7307, 📠 871-2092. Eine der ältesten Unterkünfte, mit Restaurant. Cabañas mit und ohne Du/WC in idyllischer Lage, eigenes Stück palmenbestandener Strand, aber entsetzliche Mückenplage und kein Strom. ❺–❼

Esmeralda K, 5 km von den Ruinen, ✆ 984/871-2283, 💻 www.esmeraldak.com. Dieselben Besitzer wie das Diamante K und ganz ähnlich, mit neueren, hübschen Cabañas auf Pfählen. ❽

Nueva Vida de Ramiro, 6,5 km von der Kreuzung, ✆ 984/877-8512, 📠 871-2092, 💻 www.tulumnv.com. Friedliches, rustikales Öko-Hotel mit attraktiven Holzhütten auf Stelzen, versteckt inmitten üppigen Grüns; der hiesige Strand ist herrlich, und das Restaurant (nur für Gäste) serviert leckeres Essen. ❽

Las Ranitas, 7,5 km von der Kreuzung, ✆/📠 984/877-8554, 💻 www.lasranitas.com. Das eleganteste Hotel an diesem Küstenabschnitt, französischer Besitzer; mit allem Drum und Dran (Tennisplätze, Pool usw.), reizende Zimmer und elegantes Restaurant mit Bar. ❾

Dos Ceibas, neben dem Las Ranitas, ✆ 984/871-2335, 💻 www.dosceibas.com. Schönes kleines

Hotel mit geräumigen, bunten Cabañas vor einem Strand, an dem Schildkröten ihre Eier ablegen. Yoga- und Meditationsangebote. ❻–❾

Essen

Da die Unterkünfte in Tulum sich über einen Abschnitt von mehr als 10 km erstrecken und das Dorf selbst 3 km vom Strand entfernt liegt, hat fast jedes Hotel am Ort ein eigenes Restaurant – entsprechend reicht die Palette von billig bis superschick. Daneben gibt es aber an der Küstenstraße noch einige Lokale, für die es sich aufzuraffen lohnt:

Gringo Dave's, gleich nördlich der Straße in den Ort Tulum, serviert köstlichen Fisch und gegrilltes Fleisch in schöner Lage auf einer Klippe.

Qué Fresco, im Hotel Zamas, sehr gutes italienisches Restaurant mit Holzofenpizza und frischer Pasta.

Im Ort gibt es mehrere preiswerte Lokale, wo sich vorwiegend Einheimische und Rucksacktouristen an Comida corriente und Brathähnchen erfreuen.

Charlie's, gegenüber der Bushaltestelle, gute mexikanische Küche.

Il Giardino di Tony e Simone, hinter der Post am Nordende von Tulum, konkurriert mit dem *Que Fresco* um die Auszeichnung als bestes italienisches Restaurant weit und breit. Von Norden kommend, biegt man vor dem ersten *tope* (Verkehrsberuhigung) und der Post rechts ab.

Sonstiges

AUTOVERMIETUNGEN – ***Ana y José***, auf der Westseite der Hauptstraße, gleich südlich der Post, ✆ 984/871-2030, 💻 www.anayjose.com.

GELD – Eine Bank mit Geldautomat, ***Bital***, liegt mitten in der Stadt, etwa 300 m nördlich des Busbahnhofes; in der Hauptstraße befinden sich mehrere **Wechselstuben**.

INFORMATIONEN – Das Personal im Hostel ***The Weary Traveller***, etwa gegenüber dem Busbahnhof, ✆ 984/871-2389, liefert Beiträge zu einer nützlichen Website über die Gegend, 💻 www.intulum.com.

POST – Das winzige Postamt liegt, wenn man von Norden kommt, gleich hinter dem ersten *tope* rechts.

TAUCHEN / TOUREN – ***Aktún Dive Center***, an der Kreuzung von der Straße zum Strand und der Straße nach Cobá, 💻 www.aktundive.com, ✆ 984/871-2311, organisiert Schnorcheltouren in Höhlen (US$30), Tauchkurse mit PADI-Zertifikat und bietet spezielle Ausbildung im Höhlentauchen (US$300–1100).

Sian Ka'an Info Tours, am nördlichen Ortsrand, nahe dem Eingang zu den Ruinen und dem Hotel El Crucero, 💻 www.siankaan.org, ✆ 984/871-2499. Bietet verschiedene Touren in das Schutzgebiet Sian Ka'an, inkl. Kayak-, Schnorchel-, Angel- und Radtouren.

Restaurante Cocodrilo, in der Nähe, Reservierungen für Ausritte zu den Maya-Ruinen von Muyil (US$65 inkl. Eintritt, Snacks und Führung in englischer Sprache; 5 Std.).

Am Strand gibt es mehrere Tauchzentren, von den1en das im ***Cabañas Punta Piedra*** auch Dschungelwanderungen (US$30, 6 Std.) anbietet und für US$8 pro Tag **Fahrräder** verleiht.

WÄSCHEREIEN – Eine gute Wäscherei ist ***Lavandería Burbujas***, zwei Blocks östlich der Hauptstraße in der Calle Jupiter, der Straße gleich südlich des Busbahnhofs.

Transport

Der **Busbahnhof** befindet sich am Südende des Ortes. Wer in Tulum ankommt und zu den Ruinen möchte, muss vor Erreichen des Terminals am entsprechenden Abzweig aussteigen. Von dort ist es dann noch fast 1 km zu Fuß. Um zum Strand zu gelangen, kann man beim Busbahnhof ein Taxi besteigen. Öffentliche Verkehrsmittel verkehren auf diesen Strecken nicht.

Es kann nicht schaden zu wissen, dass die Taxifahrer von Tulum als besonders harte Vertreter ihrer Zunft gelten: Sie bedrohen Einheimische, die Anhalter mitnehmen (wobei die Einschüchterung bei den meisten Wirkung zeigt), und leugnen die Existenz von Hotels, die ihnen keine Provision zahlen. Wer zu einem bestimmten Hotel möchte, sollte kompromisslos darauf bestehen,

dorthin gefahren zu werden. Busse nach:
CANCÚN häufig (2 Std.),
CHETUMAL 8x tgl. (3–4 Std.) über BACALAR,
COBÁ 4x tgl. (1 Std.),
MÉRIDA 6x tgl. (4–7 Std.),
PLAYA DEL CARMEN häufig (1 Std.),
SAN CRISTÓBAL 3x tgl. (1. Kl.: 10 Std.; 2. Kl.: 24 Std.) über PALENQUE,
VALLADOLID 5x tgl. (4 Std.).

Cobá

Die alte Ruinenstadt Cobá, 50 km nordwestlich von Tulum, ist eine faszinierende Stätte, die sich zunehmender Beliebtheit erfreut. Die Ruinen liegen in einem Regenwaldgebiet zwischen zwei Seen verstreut und sind durch ein Netz von Fußwegen miteinander verbunden. Man benötigt mindestens zwei Stunden, um alles zu sehen – auf dem Gelände gibt es einen Fahrradverleih (US$3 pro Std.), oder man nimmt ein *triciclo*-Taxi. Ein Besuch der Anlage ist die Anstrengung auf jeden Fall wert, und zwar nicht nur der Ruinen, sondern auch der wilden Tierwelt wegen. Der Dschungel in der Umgebung von Cobá bietet Tukanen, (Fisch-)Reihern, und unzähligen tropischen Schmetterlingen einen Lebensraum, darunter die riesigen, stahlblauen Morphidae. Allerdings gibt es hier auch viele bösartige Moskitos, also keinesfalls das Insektenschutzmittel vergessen!

Die zahllosen Pfade enden fast immer am Fuße einer in Trümmern liegenden Pyramide oder an einem der stillen Seen, in denen man keinesfalls baden sollte – es wimmelt von Alligatoren.

Von Anlage und Architektur her weist Cobá eher Ähnlichkeiten mit den klassischen Mayastätten im guatemaltekischen Petén (etwa Tikal) als mit den großen Ruinen Yucatáns auf. Untersuchungen an der Keramik lassen den Schluss zu, dass die Stadt von ca. 100 n.Chr. bis zur Ankunft der Spanier bewohnt war. Die Stätte wird sogar im *Chilam Balam* erwähnt, einem Buch mit Maya-Prophezeiungen aus dem 18. Jh., das sich auf frühere mündliche Überlieferungen stützt. Ihren Zenit hatte die Stadt allerdings bereits in der klassischen Ära (bis ca. 800 n.Chr.) erreicht. Die meisten größeren **Pyramiden** wurden in jener Periode erbaut, darunter auch die gigantische **Pirámide de Nohoh Mul**, mit 120 Stufen die höchste von ganz Yucatán. Einfluss und Reichtum der Stadt während dieser Periode lassen sich auf die engen Verbindungen zu den großen Städten von Petén im Süden zurückführen. Das beweisen zum einen die zahlreichen **Stelen**, die mit den Petén-Stätten in Verbindung gebracht werden, und zum anderen der Architekturstil fast aller Gebäude sowie die Beschaffenheit der Keramik. Später, als die Stadt Handelsverbindungen mit den Puuc-Städten im Westen unterhielt, hörte die Produktion der Stelen auf.

In der frühen postklassischen Periode ab ca. 1000 n.Chr. verlor Cobá vorübergehend an Bedeutung, erholte sich jedoch um 1200 mit dem Wiederaufleben neuer Bautätigkeit, darunter auch der Errichtung des **Tempels auf der Pyramide Nocoh Mul**. Von oben hat man eine atemberaubende Aussicht – weit und breit nur Dschungel und keine Spur der riesigen Stadt, in deren Herzen man sich gerade befindet. Die einzigen Zeichen der Zivilisation sind die *Villas Arqueológicas* und die Telefondrähte. Der kleine Tempel oben, der mit „tauchenden" Göttern – ähnlich denen von Tulum – verziert ist, wurde erst lange nach dem Bau der Pyramide aufgesetzt.

Der **Templo 10**, kurz vor der Pyramide gelegen, stellt ein recht typisches Beispiel für die kleineren Gebäude von Cobá dar. Vor dem Tempel steht unter einem Schutzdach eine wunderschön gearbeitete Stele, die **Stela 20**. Auf dem Weg zur Pyramide liegt auch eine kleinere Ruine, hinter der noch eine weitere liegt; zwischen den beiden sind mehrere zerbrochene Stelen auszumachen.

In der Nähe des Eingangs führt eine Abzweigung zur **Grupo de Cobá**, zuerst zum **Templo de las Iglesias**, dessen abgerundete Ecken stark an den Templo del Adivino von Uxmal erinnern. Auch von hier oben ist die Aussicht sehr schön. Unten befindet sich eine mit Stacheldraht eingezäunte Kammer (der Draht soll die Wildschweine abhalten, die hier mehr Schaden anrichten, als durch Verwitterung entsteht).

Wenn man dem Pfad weiter folgt, gelangt man an einer anderen Ruine vorbei zu einer dritten, weniger als 200 m vom Eingang entfernt und sehr schön über einem der Seen gelegen.

Wieder zurück auf dem Hauptweg führt die nächste Abzweigung zum **Conjunto de Las Pinturas**. An einem Tempel dieser Gebäudegruppe lassen sich noch die Überreste von Wandmalereien ausmachen. Man kann sich vorstellen, wie die Gebäude zu der Zeit, als die Stadt noch bevölkert war, in herrlichen Farben geleuchtet haben müssen. Auf den beiden großen, halb zerfallenen **Stelen** beim Conjunto ist sehr wahrscheinlich ein Menschenopfer dargestellt.

Auf einem Dschungelpfad kommt man an einem halben Dutzend oder mehr zerbrochener Stelen vorbei zur **Grupo Ma can xoc** am gleichnamigen See. Von den Pyramiden, Tempeln und Fresken ist so gut wie nichts mehr zu erkennen, aber die Gruppe liegt sehr malerisch halb überwachsen mitten im Dschungel. ⌚ 7–18 Uhr, US$3,70. Der Bus hält im Dorf Cobá, einer kleinen Ansammlung von Häusern und Cabañas, ein paar hundert Meter vom Eingang zur Ausgrabungsstätte entfernt.

Wer an der Weggabelung kurz vor den Ruinen rechts abbiegt (den Schildern Richtung Nuevo X-Can folgend), erreicht nach einigen Kilometern das **Affenreservat** bei Punta Laguna, wo seit 1994 eine der nördlichsten Populationen von Klammeraffen wissenschaftlich erforscht wird. Das Ganze ist recht informell: Es gibt einen kleinen Eingangskiosk und oft findet sich ein Kind aus der Nachbarschaft, das (für ein Trinkgeld) bereit ist, Besucher dorthin zu führen, wo die Affen sich normalerweise aufhalten.

Übernachtung und Essen

Villas Arqueológicas, am Ortsausgang mit Blick auf den See, 💻 www.clubmed.com, ✆/📠 985/858-1527. Bietet tropischen Luxus, Pool und eine Bibliothek mit archäologischen Werken. ❼
El Bocadito, genau in der Mitte der Hauptstraße durch das Dorf, ✆ 985/852-0052, erheblich billiger, sehr einfache Zimmer. ❸
La Pirámide, gutes Restaurant am Ortsausgang direkt am Seeufer, bietet Spezialitäten aus Yucatán und andere Landesgerichte.
Daneben gibt es noch einige einfache Lokale in der Nähe des Eingangs zur Ausgrabungsstätte.

Transport

Busse fahren von TULUM 4x tgl. nach Cobá und weiter nach VALLADOLID. Der erste fährt um 7 Uhr in Tulum ab; der nächste um 9 Uhr fährt nach einem Stopp in Valladolid direkt weiter nach CHICHÉN ITZÁ. Theoretisch lassen sich so beide Stätten mit öffentlichem Verkehrsmittel von Tulum aus besichtigen. Von Cobá zurück nach Tulum ebenfalls 4x tgl., letzte Abfahrt um 17.30 Uhr.
Ein **Taxi** von Tulum nach Cobá kostet US$21 (einfache Fahrt).

Sian Ka'an-Biosphärenreservat

Südlich von Tulum verläuft die Carretera 307 nach Chetumal und zur Grenze mit Belize. Allerdings führt sie nicht direkt an der Küste entlang. Wählt man dagegen die Küstenstraße von Tulum Richtung Punta Allen gelangt man in das Sian Ka'an-Biosphärenreservat.

Das 2400 km² umfassende Biosphärenreservat wurde 1986 eingerichtet und zählt zu den größten Naturschutzgebieten des Landes. Der Name stammt aus der Sprache der Maya und bedeutet „der Ort, an dem der Himmel geboren wurde". Wer einen Sonnenaufgang an dieser traumhaft schönen Küste erlebt hat, wird den Grund verstehen. In diesem weitläufigen Gebiet leben nur ungefähr tausend Menschen, vorwiegend Fischer, Chicleros und Bauern.

Ungefähr ein Drittel des Reservats besteht aus Tropenwald, ein Drittel aus Süß- und Salzwassermarschen und Mangroven, und ein weiteres Drittel aus Unterwasserwelt, darunter ein Stück des längsten Korallenriffs der westlichen Hemisphäre. Die Küstenwälder und Feuchtgebiete stellen besonders wichtige Nahrungs- und Überwinterungsgebiete für Zugvögel aus Nordamerika dar.

Im Sian Ka'an findet man noch Reste des ursprünglichen Ökosystems der Halbinsel Yucatán und der Karibik, eine unglaublich vielfältige, artenreiche **Tier- und Pflanzenwelt**. Hier kommen alle fünf in Mexiko beheimateten Wildkatzenarten vor: Jaguar, Puma, Ozelot, Margay (Langschwanzkatze) und Wieselkatze, außerdem Klammer- und Brüllaffen, Tapire, Rotwild und die westindische Manati (Rundschwanzseekuh). Über 300 Vogelarten wurden hier gesichtet, darunter Flamingo, Fischadler, Rostbauchguan und 15 verschiedene Reiherarten. An den Stränden legen vier vom Aussterben bedrohte Meeresschildkröten ihre Eier ab, und in den Sümpfen und Lagunen leben Alligatoren.

Das Konzept der Biosphärenreservate, das seit 1974 von der UNESCO gefördert wird, stellt einen

Versuch dar, Naturschutz, wissenschaftliche Untersuchungen und Fortschritt für die Anwohner miteinander zu verbinden. Ein Reservat besteht aus einem streng geschützten Herzstück, einer Pufferzone, in der umweltfreundliche Aktionen stattfinden, und einer in nicht geschütztes Land übergehenden Randzone, die für traditionelle Nutzung und wissenschaftliche Experimente zur Verfügung steht. Der Erfolg eines Reservats hängt zum großen Teil von der Mitarbeit und der Einbeziehung der ansässigen Bewohner ab. Der Plan für Sian Ka'an umfasst mehrere Projekte, die den hier lebenden Menschen ihr Einkommen sichern sollen, wie z.B. eine Verbesserung der Fischereitechniken, Gärtnereien und sanfter Tourismus.

Man kann das Reservat auf eigene Faust besuchen (Eintritt US$2). Übernachtungsmöglichkeiten gibt es in **Punta Allen**, der größten Ortschaft innerhalb des Reservates, und in den *Boca Paila Camps*, ✆ 984/871-2499, 🖳 www.siankaan.org, ❺, einer neuen, einfachen Lodge unter Leitung des Centro Ecológico de Sian Ka'an, einer Organisation, die von einem in dem Schutzgebiet lebenden amerikanischen Ökologen ins Leben gerufen wurde. Die Gruppe finanziert ihre Forschung und Ausbildungsprogramme durch den Erlös zweier Standard-Touren, eine beginnt um 8 Uhr und dauert bis zum Spätnachmittag, die andere startet kurz vor Sonnenuntergang.

Beide beginnen mit einem lehrreichen Spaziergang durch Mangroven und diverse Ökosysteme zu einem großen Cenote. Es folgt eine Bootsfahrt durch die Lagunen und die von den Maya erbauten Kanäle, von denen das gesamte Schutzgebiet durchzogen wird. Die Fahrt ist sehr schön und bietet ausgezeichnete Gelegenheiten zur Vogelbeobachtung, besonders die Nachmittagstour. Reservierungen für eine der beiden Touren werden von *Sian Ka'an Info Tours* in Tulum entgegengenommen, s.S. 724. Weitere **Informationen** zu diesem Biosphärenreservat bekommt man über *Amigos de Sian Ka'an*, eine gemeinnützige Organisation, deren Hauptbüro sich in Cancún befindet, ✆/📠 998/880-6024, 🖳 www.amigosdesiankaan.org.

Muyil (Chunyaxche)

Im Norden des Reservats, ca. 20 km südlich von Tulum, liegt die wenig besuchte Ausgrabungsstätte Muyil alias Chunyaxche. Ungeachtet ihrer Ausdehnung – sie ist wahrscheinlich die größte Anlage ihrer Art an der Küste von Quintana Roo – und der Nähe zur Carretera 307, ist Chunyaxche für den Tourismus kaum erschlossen. Daher kann es sein, dass man die Ruinen ganz für sich allein hat. Wer auf eigene Faust kommt, nimmt einen der zwischen Tulum und Chetumal verkehrenden 2. Klasse-Busse und bittet den Fahrer, beim Eingang zu den Ruinen anzuhalten. Ein Schild auf der Westseite der Carretera weist den Weg zum unauffälligen Eingang, an dem es einen Ticketschalter und Toiletten gibt.

Die Ausgrabungen zeigen, dass Muyil seit der präklassischen Periode bis nach der Ankunft der Spanier im 16. Jh. ununterbrochen bewohnt war. Nichts deutet darauf hin, dass die Bewohner direkten Kontakt mit den Konquistadoren hatten, aber möglicherweise fielen sie den von diesen eingeschleppten Krankheiten zum Opfer. Die meisten der heute zu sehenden Bauten datieren aus der postklassischen Periode zwischen 1200 und 1500 n.Chr.

Die Spitzen der höchsten Bauwerke, die man gerade noch von der Carretera aus sehen kann, erheben sich 17 m über dem Waldboden. Es gibt über hundert Hügel und Tempel, die noch nicht gänzlich von der Vegetation befreit sind, und man kann bei einem Spaziergang im Dschungel Dutzende verborgener Bauten ausmachen. Es ist allerdings verboten, sie zu besteigen.

Das Zentrum der Ausgrabungsstätte ist durch eine Maya-Wasserstraße mit der kleinen, 500 m entfernten **Laguna Muyil** verbunden. Diese Lagune besitzt eine Verbindung zur großen Laguna Chunyaxche und zum Meer, die die Maya-Händler benutzten. Wer heute den Fluss bereist, kommt an wenig erschlossenen Ruinen vorbei; manche scheinen durch unterirdische Höhlen mit der Lagune oder dem Fluss verbunden zu sein. 🕒 tgl. 8–17 Uhr, US$2,40.

Punta Allen

An der äußersten Spitze der Halbinsel, wo ein Leuchtturm den nördlichen Eingang zur **Bahía de la Ascensión** bewacht, liegt das abgeschiedene Maya-Dorf Punta Allen, das vom Fischfang lebt. Hier kommt man nicht zufällig durch. Die Straße südlich von Tulum ist in der Regenzeit schier unpassierbar, und selbst in den trockenen Monaten kommt man nur langsam voran. Eine alternative

Strecke ist die etwas bessere Straße durch das Reservat nach El Playón (55 km südlich von Tulum von der Carretera nach Osten abbiegen oder in Carrillo Puerto das um 10 Uhr abfahrende Colectivo nehmen), wo man ein kleines Boot nach Punta Allen besteigt. Die Fahrt ist in jedem Fall so zeitraubend, dass man einen halben Tag braucht, um hinzugelangen.

Obwohl Punta Allen nur 400 Einwohner hat, ist es das größte Dorf innerhalb des Reservates und steht im Mittelpunkt der Aktivitäten staatlicher und nichtstaatlicher Organisationen, die sich mit Umweltfragen beschäftigen. Freiwillige Naturschützer leben im Sommer im Dorf und nehmen an den Treffen von Wissenschaftlern teil.

Übernachtung und Essen

Gleich am Dorfeingang (von Norden kommend) befindet sich die erste Übernachtungsmöglichkeit:

Cuzan Guest House, 983/834-0358, 834-0292, www.flyfishmx.com, das auf Bonefishing-Touren spezialisiert ist und große Cabañas vermietet, manche mit Warmwasser. Es gibt eine kleine Bar, ein Restaurant und Infos über das Reservat; wer hier nicht übernachtet, muss sich zum Essen im Voraus ankündigen. ❻

Posada Sirena, www.casasirena.com, 984/ 877-8521, ganz im Süden des Dorfes, ist unkonventioneller und hat große Cabañas mit Küche. ❺

Im kleinen Restaurant ***Punta Allen*** gibt es Seafoodgerichte.

Ein mobiler **Lebensmittelladen** fährt donnerstags und samstags die Halbinsel entlang. Er erreicht Punta Allen gegen 14 Uhr.

Sonstiges

TELEFON – Es gibt im Dorfladen ein Telefon für Ferngespräche, 984/871-2424, das auch von den Dorfbewohnern genutzt wird. Wer jemanden in Punta Allen kontaktieren möchte, sollte diese Nummer wählen.

TOUREN – Victor Barrera, ein zuverlässiger Führer, organisiert Angelausflüge in die flachen Gewässern der Bahía de la Ascensión und Ökotouren, 984/879-8040, www.macabimarch. com. Gegen Bezahlung findet man wahrscheinlich einen Fischer, der von Punta Allen zum Reservat hinausfährt; manche fahren sogar über die Bucht nach El Playón.

WASSERSPORT – Die Hotels verfügen meist über Wassersportgeräte für Hausgäste, die sie auch an andere Kunden ausleihen.

Felipe Carrillo Puerto

Auf etwas weniger als halber Strecke nach Chetumal streift die Carretera 307 das Sian Ka'an-Biosphärenreservat und führt Richtung Binnenland nach Felipe Carrillo Puerto, dem Hauptverkehrsknotenpunkt zwischen Valladolid und Mérida. Das ehemalige **Chan Santa Cruz** ist ein wichtiges spirituelles Zentrum der Maya. Während des „Krieges der Kasten" (s.S. 659) zogen hier Maya aus dem Norden Streitkräfte zusammen und suchten Rat bei einem wundersamen sprechenden Kreuz, das sie anwies, weiter gegen ihre Unterdrücker zu kämpfen. Sprechende Kreuze und Statuen kommen in der Maya-Mythologie sehr oft vor. Sie stellen das Medium dar, durch welches die körperlosen Geister sprechen, oder die Manifestation einer Seele (gewöhnlich die eines Schamanen), nachdem sie im Trancezustand den Körper verlassen hat; die yucatekischen Maya nennen sie *way'ob.*

Vielleicht um die revolutionäre Vergangenheit zu vertuschen, wurde die Stadt nach einem ehemaligen, 1924 ermordeten Gouverneur von Yucatán in Felipe Carrillo Puerto umbenannt. Aber in der Stadt steht immer noch ein Denkmal zu Ehren der Märtyrer aus dem Krieg der Kasten.

Felipe Carrillo Puerto ist heute eine beschauliche Kleinstadt mit 20 000 Einwohnern. Gleich außerhalb der Stadt kann man sich zwischen Maisfeldern ein Bild davon machen, wie die ländliche Bevölkerung von Quintana Roo lebt: in Holzhütten, die meist aus einem einzigen Raum bestehen; drumherum ein kleiner Garten mit Kochstelle, Mais- und Bananenstauden, zwischen denen sich die Kinder und das Kleinvieh tummeln. Südlich von Felipe Carillo Puerto führt die Carretera an der herrlichen Laguna Bacalar (s.u.) vorbei nach Chetumal, dem Grenzübergang nach Belize und ein guter Ausgangspunkt für Besuche von Kohunlich und anderen Maya-Stätten. Selbstfahrer sollten hier auftanken, da sich die nächste Tankstelle erst in Chetumal findet.

Übernachtung und Essen

In der Umgebung des Zócalo gibt es mehrere preiswerte Hotels. Einen Versuch lohnt das freundliche ***Hotel Esquivel,*** am Zócalo, nur 100 m vom kleinen Busbahnhof entfernt, ✆ 983/834-0313, das auch über ein annehmbares Speiselokal verfügt. ❺

Laguna Bacalar

Weiter südlich, 35 km nördlich von Chetumal, liegt die wunderbare Laguna Bacalar, der zweitgrößte See Mexikos: 45 km lang und durchschnittlich 1 km breit, ist er mit einer Reihe anderer Seen und schließlich mit dem Río Hondo und dem Meer verbunden. Das Dorf Bacalar spielte eine Schlüsselrolle an der präkolumbischen Handelsroute, und den See umgeben bislang nicht ausgegrabene **Maya-Stätten**. Im *Chilam Balam* von Chumayel, einem der Heiligen Bücher der Maya, wird der Ort als erste Niederlassung der Itzá beschrieben, dem Maya-Stamm, der Chichén Itzá bewohnte.

Im Dorf Bacalar befindet sich direkt an der Plaza ein halb verfallenes **Fort**, das die Spanier gegen Angriffe englischer Piraten aus Belize (damals noch British Honduras) gebaut hatten. Während der Kastenkriege verschanzten sich hier die Maya, und es war der letzte Ort, der 1901 von der Regierung unterworfen wurde. Hier leben zahlreiche Vögel und Fische, die fast 2 m lang werden. In der Nähe liegt der **Cenote Azul**, ein tiefblauer „bodenloser" Teich, am Wochenende das Ziel vieler Bade- und Picknickfreunde und Musikanten. 🕓 8–20 Uhr, Eintritt frei.

Übernachtung und Essen

Im Dorf gibt es mehrere **Restaurants** direkt am See und einige wenige Übernachtungsmöglichkeiten.

Hotel Laguna, ✆ 983/834-2206, 📠 834-2205, herrlich kitschiges, gemütliches Hotel. Südlich des Ortes nahe dem Cenote Azul. ❺–❻

Hotelito El Paraíso, im Ort, ✆ 983/839-2695, ein Schnäppchen am Seeufer; große, saubere Apartments, Platz zum Campen. ❷–❺

Amigos B&B, ✆ 983/834-2093, Reservierungen in Cozumel: ✆ 987/872-3868, 📠 872-4168, 💻 www.bacalar.net. Ebenfalls eine gute Wahl: Mehrere einladende Zimmer mit Blick auf den See, Frühstück inkl. ❻

Rancho Encantado, ✆ 983/753-3869, 💻 www.encantado.com. Mehrere Kilometer nördlich der Ortschaft gelegenes kleines New-Age-Resort am Seeufer, bietet ein Dutzend hübscher Cabañas und Massagen; veranstaltet auch Ausflüge nach Kohunlich und zu anderen Maya-Stätten. ❾ Frühstück und Abendessen inkl.

Chetumal

Wer in südlicher Richtung nach Belize oder Guatemala unterwegs ist, kommt um Chetumal, die etwa 15 km von der Grenze zu Belize entfernte Hauptstadt des Bundesstaates Quintana Roo, nicht herum. Nach Jahrzehnten der Stagnation erlebt die Stadt inzwischen einen Aufschwung, aber nennenswerte Sehenswürdigkeiten gibt es noch immer nicht. Tatsächlich nimmt die Stadt von Touristen kaum Notiz – was nach dem Touristenrummel der Riviera Maya erholsam sein kann. Außerdem ist hier alles billiger, von Benzin über Essen bis zu Internet-Cafés. In der Stadt, ursprünglich eine zollfreie Zone (inzwischen werden minimale Zollgebühren erhoben), blüht ein reger Handel mit den unterschiedlichsten Waren: holländischer Käse, Hi-Fi-Anlagen aus Taiwan, Levi's-Imitaten aus Fernost, schottischer Whiskey usw.

Chetumal ist ganz eindeutig eine Grenzstadt, denn alles – von der Sprache (viele Leute sprechen Englisch) bis zu den Häusern – weist Einflüsse aus Belize auf. Die Stadt ist zwar kein Ferienziel als solches, bietet sich aber für eine ein- oder zweitägige Rast an, um in den zahlreichen Geschäften die Vorräte aufzustocken und die aufpolierte Uferpromenade entlangzuschlendern. Man kann von Chetumal aus auch Tagesausflüge zu archäologischen Stätten westlich von hier unternehmen, allerdings ist ein Mietwagen das Einzige, was in Chetumal nicht günstig zu bekommen ist. Die Landschaft um die Stadt ist sehr schön, und man kann herrliche Ausflüge unternehmen. Wer nicht nach Belize weiterfährt, hat hier die Gelegenheit, sich eine Vorstellung von der tropisch-unbeschwerten Lebensweise im Nachbarland zu machen.

Die **Avenida Niños Héroes**, die Hauptstraße der Stadt, verläuft von einem großen Elektrizitätswerk bis zum Ufer. Die Hauptsehenswürdigkeit ist das **Museo de la Cultura Maya**, Av. Niños Héroes, am Nordrand der Stadt. Die zahlreichen interaktiven Ausstellungsstücke und Modelle bieten einen spannenden Einblick in die Geschichte, Mathematik und Kosmologie der Maya-Hochkultur. 🕓 Di–So 9–19 Uhr, Eintritt US$5. Die Skulptur *Alegoría del Mestizaje* vor dem Museum ist eine der eindrucksvollsten Darstellungen des beliebten Themas der Vermischung von spanischer und indigener Kultur: Sie zeigt den aus der Verbindung zwischen einem Konquistadoren und einer Maya-Frau hervorgegangenen Mexikaner.

Das **Centro Cultural de las Bellas Artes**, in einem auffälligen Schulgebäude von 1936 im modernen Maya-Stil, beherbergt heute das **Stadtmuseum** (🕓 Di–So 9–19 Uhr, Eintritt US$2) sowie die staatlichen Schule für darstellende Künste – hier finden viele Live-Darbietungen statt.

Die Avenida Héroes führt zur Bucht hinunter und zum prächtigen neuen **Malecón**, beliebt für Abendspaziergänge und zum Angeln. Ein paar Blocks östlich, hinter dem modernen Palacio Legislativo am Malecón, befindet sich in einem kleinen karibischen Haus die faszinierende **Maqueta Payo Obispo**: ein handgeschnitztes Modell von Chetumal, wie es in den 20er Jahren aussah.

Alle Straßen in der Innenstadt sind Einbahnstraßen. Wer ein Taxi anhalten möchte, sollte darauf achten: Das erspart lange Umwege und hohe Fahrtkosten.

Übernachtung

Die meisten Hotels liegen an der Avenida Héroes.

Caribe Princess, Av. Obregon Nr. 168, ☎ 983/832-0900. Das beste Beispiel für den verblassten Kolonialcharme der Stadt: Rosatöne und Rauchglasspiegel, aber die Zimmer sind sauber und alle mit ac; kostenloser Parkplatz. ❺

Los Cocos, Av. Héroes Nr. 134, ☎ 983/832-0544, ℻ 832-0920, ✉ reservaciones@hotelloscocos.com. Besser als das Holiday Inn, mit großen, komfortablen Zimmern, Pool, Autovermietung, Terrassenbar und Restaurant. ❼–❾

Holiday Inn, Av. Héroes Nr. 171, ☎ 983/835-0400, ℻ 832-1676, ✉ hotel@holidayinnmaya.com.mx. Die schönste Luxusunterkunft im Ort, mit allen Annehmlichkeiten eines Kettenhotels, einschließlich Reisebüro, aber verglichen mit den riesigen Suiten im Los Cocos zahlt man v.a. für den Namen. ❾

María Dolores, Av. Obregón 206, ☎ 983/832-0508. Budget-Unterkunft, beliebt bei Rucksacktouristen; etwas enge Zimmer, aber dafür ein ausgezeichnetes Restaurant im Erdgeschoss. ❹

Ucum, Av. Mahatma Gandhi 167, ☎ 983/832-0711, ℻ 832-6185, eine der besseren Unterkünfte, obwohl es nicht viel versprechend aussieht. Die Zimmer im hinteren Bereich beim großen Pool sind etwas heller und haben entweder ac oder Ventilator. ❹

Villa Deportiva, im örtlichen Sportverein in der Calle Escuela Naval, ☎ 983/832-0525, App. 23. Einigermaßen sauberes Hostel mit einfachen Zimmern und sehr schmalen Betten. ❶

Essen

Die größte Ansammlung von Restaurants findet sich an der Kreuzung von Avenida Héroes und Avenida Obregón. Die **Marktstände** südlich des Museo de la Cultura Maya bieten gutes, preisgünstiges Essen.

Cafetería Los Helechos, Av. Ochoa nahe Blv Bahía. Nettes Café in einem reizenden Holzhaus in Meeresnähe.

Cafetería Los Milagros, Av. Zaragoza zwischen Av. Héroes und Av. 5 de Mayo, bietet leckeres, billiges Frühstück.

Pollo Brujo, Av. Obregón zwischen Av. Juárez und Av. Héroes. Nur Brathähnchen und sonst nichts, schnell und heiß serviert.

Posada Pantoja, Av. Gandhi, gegenüber dem Hotel Ucum. Gute Comida corrida, beliebt bei Einheimischen.

Sergio's, Av. Obregón 182. Erschwingliches Restaurant mit ein paar Angeboten für Vegetarier, z.B. Gemüsesuppen, Pizza, Salate.

Sosilmar, im Hotel María Dolores, Av. Obregón, eines der besten Billiglokale; serviert gute Fleisch- und Fischgerichte.

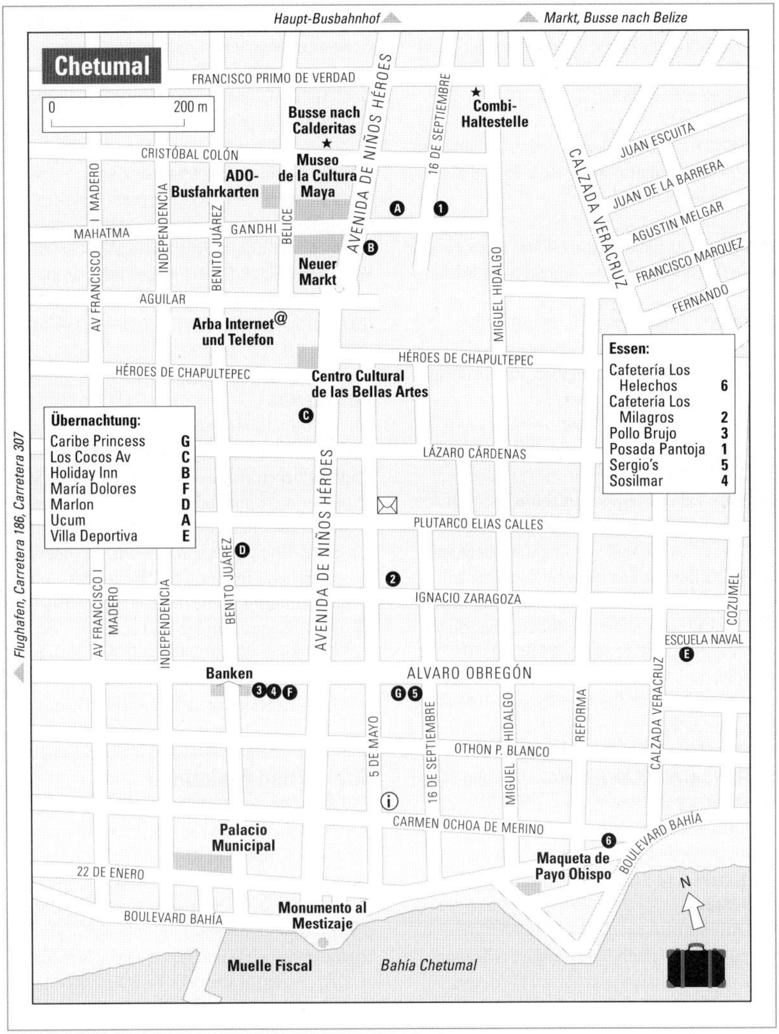

Sonstiges

AUTOVERMIETUNGEN – ***Aventura Maya*** im Hotel Los Cocos, ✉ aventuramaya@hotelloscocos.com.mx.

GELD – ***Banco Internacional***, Av. Othón P. Blanco 184, und ***Banco del Atlántico*** an der Av. Héroes wechseln im Unterschied zu vielen anderen Banken der Stadt Reiseschecks. ***Banamex*** hat einen Geldautomaten.

INFORMATIONEN – Die **Touristeninformation**, Av. 5 de Mayo, Ecke Av. Carmen Ochoa, ✆ 983/835-0500, hilft mit Infos zu Bussen, Hotels, Reisen nach Belize und Plänen. ⌚ 8.30–16 Uhr.

INTERNET – ***Arba***, im Markt gleich südlich des Museo de la Cultura Maya, ist billig und hat schnelle Verbindungen.

POST – In der Calle Plutarco Elias, Ecke Av. 5 de Mayo. ⌚ Mo–Fr 8–18, Sa und So 9–12.30 Uhr.

TOUREN – ***Sacbe Travel***, ✆ 983/832-3496, 💻 www.sacbetravel.com, Touren zu nahe gelegenen Stätten wie Chacchoben, Kohunlich und Dzibanché, auch nach Belize.

Transport

BUSSE – **Fahrkartenverkaufsbüro** in der Belice, zwischen den Avenidas Gandhi und Colón.
Der **Hauptbusbahnhof** von Chetumal liegt eine kurze Taxifahrt außerhalb vom Zentrum, am Nordrand der Stadt. Von hier aus fahren Busse 1. oder 2. Klasse in fast alle Städte des Landes:
CAMPECHE 1x tgl. (7 Std.) via ESCÁRCEGA und XPUJIL,
CANCÚN 12x tgl. (6 Std.) via TULUM und PLAYA DEL CARMEN,
FLORES (Guatemala) 2x tgl. (12 Std.),
MAHAHUAL/XCALAK tgl. um 6, 15.15 und 24 Uhr (3 1/2–4 1/2 Std.),
MÉRIDA 10x tgl. (8–9 Std.),
MÉXICO D.F. 2x tgl. (24 Std.),
PALENQUE und SAN CRISTÓBAL 3x tgl. (7–10 Std.),
VILLAHERMOSA 6x tgl. (9–11 Std.).
Ein paar Busse nach Belize fahren zwischen 10 und 12 Uhr vom Markt Lázaro Cárdenas, im Norden der Stadt in der Av. Calzado Veracruz, ab. Die meisten anderen Fernbusse, darunter weitere nach Belize (5x tgl.; 3 Std.), nutzen den Hauptbusbahnhof.
An der Grenze erhalten Deutsche und Österreicher problemlos ein 30-Tage-Visum. Man gibt einfach die mexikanische Touristenkarte ab, geht über die Brücke und ins Zollhaus auf der Belize-Seite. Das Visum ist kostenlos, bei der Ausreise aus Belize wird jedoch eine Gebühr von 20 B$ und eine „Conservation Fee" von 7,50 B$ fällig. Schweizer beschaffen sich am besten vor der Reise ein Visum beim Konsulat von Belize in Genf. Geldwechsler an der Grenze wechseln Dollars oder Reiseschecks zu fairen Kursen.

FLÜGE – Chetumal besitzt einen kleinen Flughafen, 2 km westlich vom Zentrum am Ende der Av. Revolución. Mit *Tacsa, Aviacsa* und *Aeroméxico* tgl. nach MÉRIDA, CANCÚN und MÉXICO D.F. Wer nach BELIZE-STADT fliegen möchte, muss nach COROZAL, auf der anderen Seite der Grenze (20 Min.), gehen und dort einen Flieger nehmen.

Calderitas

Von Chetumal aus kann man Ausflüge in die etwas kühlere Umgebung machen und so der Hitze der Stadt entfliehen. Am Wochenende ziehen die Stadtbewohner mit Kind und Kegel zum Strand von Calderitas, einem kleinen Badeort 6 km nördlich von Chetumal. Hier gibt es nur eine einzige Unterkunft mit einfachen Zimmern, den Trailer Park *Sunrise on the Caribbean*, ✆ 983/834-4000, 📠 834-4076, ❻, mit schönen Zimmern und einem großen Garten mit Pool direkt am Meer. Die Busse nach Calderitas fahren in Chetumal an der Avenida Cristóbal Colón, nahe der Kreuzung mit der Héroes, ab.

Xcalak und Mahahual

Xcalak ist ein winziges Fischerdorf an der Spitze des Isthmus, der wie ein Finger von der riesigen Bahía de Chetumal in Richtung Belize zeigt. 1955 wurde das Dorf von einem Hurrikan dem Erdboden gleichgemacht und macht auch heute noch einen trostlosen Eindruck. Es gibt weder Strom noch Telefon und auch keine überragenden Strände.

Der Grund für einen Besuch Xcalaks sind die hervorragenden Bedingungen zum **Schnorcheln**, **Fischen** und **Tauchen** in dem (noch) praktisch unberührten Riff vor der Küste und in der Umgebung des Atolls **Banco Chinchorro** (dieses Gebiet ist allerdings von Mahahual aus schneller zu erreichen). Die Bootsfahrt zum Riff dauert ca. 2 1/2 Std., sofern das Wetter mitspielt. Auf jeden Fall muss der Trip vorher gut organisiert werden.

Mahahual, 55 km nördlich von Xcalak, ist die Wahlheimat einer kleinen europäischen Aussteigergemeinde (die in Xcalak ansässigen Ausländer sind dagegen fast ausschließlich US-Amerikaner) und hat einen winzigen Strand und, gleich außerhalb des Ortes, eine Tankstelle. Es ist etwas einladender als Xcalak und besitzt ein paar einfache *ceviche*-Restaurants im Zentrum. Obwohl gleich nördlich von hier ein neuer Anleger für Kreuzfahrtschiffe gebaut wurde, ticken die Uhren in Mahahual immer noch langsam. Im Vergleich zu Xcalak hat man hier eine größere Auswahl an preiswerten Übernachtungsmöglichkeiten, und der Ort liegt etwas näher am Chinchorro-Atoll.

Übernachtung und Essen

XCALAK – ***Marina Mike's,*** am Nordrand des Ortes, ✆ 983/831-0063, 💻 www.hotelinxcalak.com. Der beste Ort, um es sich richtig gut gehen zu lassen; eine Hand voll herrlicher Zimmer mit komplett ausgestatteter Küche, riesigem Balkon mit Meerblick und winzigem Privatstrand. ❼–❽

Bei schmalerem Geldbeutel kann man die Palapas und **Campingplätze** im ***Mayan Village*** ausprobieren (kein Telefon, im Ort nach Alan fragen), ❶–❹, im Norden der Stadt gleich auf der anderen Seite der Brücke.

Weiter nördlich an der mit Schlaglöchern übersäten Straße Richtung Mahahual liegen einige kleine Hotels. Das beste ist:

Costa de Cocos, 💻 www.costadecocos.com, ✆ 983/831-0110, entspannte Atmosphäre, eigene Angelboote und Tauchlehrer sowie gute Schnorchelmöglichkeiten direkt vor dem Kai; Preise inkl. Frühstücksbuffet, und das **Restaurant**, die einzige Möglichkeit zum Essen in der Gegend, ist ausgezeichnet und nicht überteuert. ❼

Tierra Maya, 2 km von Xcalak, ✆ 983/831-0404, ✆ 627-0089 💻 www.tierramaya.net; etwas mehr Luxus direkt am Strand. ❼

Sin Duda Villas, 8 km weiter nördlich, ✆ 983/831-0006, 💻 www.sindudavillas.com; umweltfreundliche Unterkunft mit Bodenfliesen und Holzmöbeln; Kinder willkommen. ❼–❾

MAHAHUAL – ***KaiLuumcito,*** etwa 15 km nördl. des Ortes, ✆ 800-538-6802 in den USA, 💻 www.mexicoholiday.com; 8 Luxuszelte. ❾

Las Cabañas del Doctor, am Südrand von Mahahual, ✆ 983/832-2101. Campingplatz und einfache Zimmer. ❶–❹

La Cabaña de Tío Fil, etwas weiter, ✆ 983/835-7166, ✉ tiophilhome@hotmail.com; bietet komfortable Zimmer und organisiert Schnorchelausflüge und Bootsfahrten. ❺

Balamku, 6 km südlich von Mahahual an der holprigen alten Straße nach Xcalak, ✆ 983/838-0083, 💻 www.balamku.com, umweltfreundliche Unterkunft, hübsche Häuschen mit Strohdach. ❻

Garza Azul, ein Stück weiter (kein Tel), ❹, und ***Kabah-Na,*** 💻 www.kabahna.com.mx, ✆ 983/838-2195, ❺, bieten einladende Cabañas zu einem guten Preis-Leistungs-Verhältnis und bereiten auf Anfrage auch Mahlzeiten zu – allerdings sind die Strände hier nicht ganz so schön.

Maya Ha, 15 km von Mahahual, ✆ 983/831-0065, 💻 www.mayaharesort.com, das größte Tauchzentrum an dieser Küste.

Man hat nur die Wahl zwischen den üblichen *ceviche*-Restaurants.

Aktivitäten

XCALAK – Der ***PADI-Tauchshop,*** ✆ 983/831-0461, 💻 www.xcalak.com.mx, organisiert Schnorchelausflüge (US$25, 2 Std.) und Tauchkurse mit abschließendem Zertifikat (US$325).

Bar San Jordi im Ort ist eine gute Informationsquelle für Touren zur Vogelbeobachtung und für Bootsfahrten.

MAHAHUAL – ***La Cabaña de Tío Fil*** im Dorf organisiert Schnorchelausflüge und Bootsfahrten. Das ***Maya-Ha Resort*** verfügt über Boote, die zum Chinchorro-Atoll hinausfahren können.

Transport

Regionalbusse und Combis nach Mahahual und Xcalak fahren tgl. um 6, 15.15 und 24 Uhr vom Hauptbusbahnhof in CHETUMAL ab. Der Bus fährt nur auf den neuen Schnellstraßen im Landesinneren – um die zwischen den Orten liegenden Unterkünfte an der Küste zu erreichen, muss man ein Taxi nehmen oder trampen.

Von CANCÚN kommend, hat man in LIMONES um 7.30 bzw. 16.30 Uhr Anschluss an die Busverbindung von Chetumal.

Anhang

Bücher

Mexiko hat Schriftsteller aus aller Welt angezogen und ist selbst Thema unzähliger Romane, Gedichte, wissenschaftlicher Abhandlungen, Berichte und Fotobände. Die vorliegende Auswahl erhebt keinen Anspruch auf Vollständigkeit.

Allgemeines

Das Labyrinth der Einsamkeit, Essay, Octavio Paz, Suhrkamp, Frankfurt/M. 1998. Leicht lesbares Buch über die Mexikaner. Paz, der 1998 verstorbene Nobelpreisträger von 1990, gilt als der wichtigste zeitgenössische mexikanische Dichter und Philosoph.

Gebrauchsanweisung für Mexiko, Susanna Schwager und Michael Hagglin, Piper, München 1998. Unterhaltsam geschriebene Einführung in die verschiedensten Aspekte Mexikos, das erste Kapitel widmet sich z. B. den Geräuschen, Gerüchen und Farben in Mexiko.

Altmexiko

Die Maya. Geschichte, Kultur, Religion, Berthold Riese, C.H. Beck, 2000. Eine Einführung im Taschenbuchformat. Fasst die bisherigen Forschungsergebnisse zusammen und informiert sehr anschaulich über kulturelle Aspekte wie Architektur, Sprache, Schriften und Kulte.

Die Bücher der Maya, Mixteken und Azteken, Hg. Carmen A. Hoffmann und Peer Schmidt, Bd. 34 der Schriften der Universitätsbibliothek Eichstätt, Vervuert Verlag, Frankfurt/M. 1997. Wissenschaftler geben einen Einblick in die altmexikanische Schrift und erklären die gesellschaftliche Bedeutung der erhaltenen Dokumente.

Die unbekannte Welt der Maya. Das Geheimnis ihrer Kultur entschlüsselt. Linda Schele und David Friedel, Orbis Verlag, München 1999. Die Autoren, an vorderster Front der so genannten „neuen Archäologie", haben zahlreiche Hieroglyphen entziffert und zur Revolutionierung und Popularisierung der Maya-Forschung beigetragen.

Rückkehr der Götter. Die Aufzeichnungen der Azteken über den Untergang ihres Reiches, Miguel Léon-Portilla und Renate Heuer, Vervuert Verlag, Frankfurt/M. 1986. Texte aus alten Chroniken.

Die Maya. Geschichte, Kultur, Religion, Berthold Riese, C.H. Beck, 2000. Auch für den Laien verständliche Einführung.

Bildbände

Mexiko, Christian Heeb (Fotos), Sigrid Diechtl u.a. (Text), Bucher-Verlag, München 1997. Informative Artikel und wunderschöne Bilder.

Mexiko. Ein Porträt in Luftbildern. Michael Calderwood, Gabriel Brena, RV-Verlag, Ostfildern 1992. Ausgrabungsstätten, Städte und Landschaften Mexikos aus der Vogelperspektive.

Halbinsel Yucatan, Mexiko, Michael Friedel (Fotos), Marion Friedel (Text), Edition MM, Steingau 1998. Tolle Fotos von Menschen, Landschaften und Ruinen auf Yucatán.

Maya. Gottkönige im Regenwald, Nikolai Grube, Könemann, Köln 2000. Bildband zur Geschichte der Maya.

Geschichte und Gegenwart

Hernán Cortéz, Die Eroberung Mexikos. Drei Berichte an Kaiser Karl V. 1520–1524, Insel TB, Frankfurt/M. 1979.

Die Eroberung von Mexiko. Bernal Diaz del Castillo, Insel TB, Frankfurt M. 1988. Interessanter als die von Cortés geschriebenen Briefe.

Die mexikanische Revolution. Gesellschaftlicher Wandel und politischer Umbruch, 1876–1940, Hans W. Tobler, Suhrkamp, Frankfurt/M. 1992.

Malinche. Die andere Geschichte der Eroberung Mexikos, Anna Lanyon, Amman Verlag, Zürich 2001. Die australische Historikerin spürt in der Form eines erzählenden Berichts den Legenden um die Frau an der Seite von Cortés nach. Eine wissenschaftliche Auseinandersetzung mit diesem Thema bietet der Sammelband: **La Malinche. Übersetzung, Interkulturalität und Geschlecht**, Barbara Dröscher und Carlos Rincón (Hrsg.), edition tranvía, Verlag Walter Frey, Berlin 2001.

Mexiko in Aufruhr, John Reed. Reed verbrachte 1913–14 mehrere Monate mit einigen Generälen der Revolution in Mexiko, v.a. mit Pancho Villa. In dieser Sammlung von Reportagen beschreibt er die Männer der Revolution und die Stimmung der Zeit. Nur noch im Antiquariat erhältlich.

Maximilian und Juárez, Jasper Ridley, Phoenix Press, 2001. Umfassende, lesenswerte Schilderung einer der „großen Tragikomödien des 19. Jhs", dem Versuch Napoleon III., Erzherzog Maximilian als Kaiser von Mexiko zu etablieren.

Malerei

Frida Kahlo, Das gemalte Tagebuch, Kindler, München 1995. Mit einer Einführung von Carlos Fuentes.

Frida Kahlo, Malerin der Schmerzen, Rebellin gegen das Unabänderliche, Hayden Herrera, Fischer TB, Frankfurt/M. 1994. Einfühlsame Biografie der außergewöhnlichen Frau und Künstlerin, erstellt von einer Kunsthistorikerin, mit Farbfotos und Analyse der Gemälde.

Diego Rivera. Träumer mit offenen Augen, Patrick Marnham, Lübbe, Berg.-Gladbach 2001. Fesselnde Schilderung des ungewöhnlichen Lebens des großen mexikanischen Malers.

Reiseberichte

Entdeckungen in Mexiko, Egon Erwin Kisch, Aufbau Verlag, Berlin 1993. Obwohl – oder gerade weil – schon vor langer Zeit geschrieben, finden sich in diesem Buch wichtige Details über Mexiko.

Mexikanischer Morgen, D.H. Lawrence, Diogenes, Zürich 1995. Ein schmales Büchlein, das sich zur Hälfte um die Hopi-Indianer von New Mexico dreht. Der Rest ist jedoch ein für Lawrence ungewöhnlich fröhlicher Bericht über seinen Aufenthalt im südlichen Mexiko und wunderbar geschrieben.

Der alte Patagonien Express, Paul Theroux, dtv, München 1997. Nur drei Kapitel der „klassischen" Bahnreise von Boston nach Patagonien spielen in Mexiko, daher darf man keine großartigen Erkenntnisse über das Land erwarten. Dennoch eine tolle (Reise-) Lektüre.

Romane

Bittersüße Schokolade, Laura Esquivel, Suhrkamp, Frankfurt/M. 1994. Sentimental und dennoch witzig wird beschrieben, wie Tita, die als jüngste Tochter der Familie nicht heiraten darf, weil sie für ihre Mutter zu sorgen hat, über ihre magischen Kochkünste nicht nur ihren Liebhaber Pedro, der sozusagen als Notlösung Titas Schwester heiratet, bezaubert. Jedem Kapitel geht ein traditionelles mexikanisches Rezept voran.

Der alte Gringo, Carlos Fuentes, Suhrkamp, Frankfurt/M. 1998. Ebenfalls: **Terra Nostra** und **Der Tod des Artemio Cruz**. Fuentes ist der bei weitem berühmteste mexikanische Schriftsteller außerhalb Mexikos und einer der frühesten Vertreter des magischen Realismus.

Der fremde Tod, Carmen Boullosa, Suhrkamp, Frankfurt/M. 1998. Die Autorin wurde 1997 mit dem Anna-Seghers-Preis ausgezeichnet. Ihr Werk behandelt traditionelle mexikanische Themen, die Charaktere sind oft der mexikanischen Geschichte oder Mythologie entliehen.

Die Kraft und die Herrlichkeit, Graham Greene, dtv, München 1993. Die Geschichte eines alkoholabhängigen Priesters auf der Flucht vor den Behörden ist ausgezeichneter Lesestoff.

Unter dem Vulkan, Lowry, Malcolm, Rowohlt, Reinbek bei Hamburg 1994. Seit seinem Erscheinen ein Klassiker: Lowry berichtet von den letzten Tagen im Leben eines britischen Konsuls in Cuernavaca, die er im Mezcal-Rausch zubringt – unbedingt lesenswert.

Tinissima, Elena Poniatowska, Suhrkamp, Frankfurt/M. 1998. Biografischer Roman über das Leben der italienischen Fotografin Tina Modotti, die in Mexiko arbeitete und u.a. mit Frida Kahlo und Diego Rivera befreundet war.

Mexikanische Hochzeit, Sandra Sabanero, Fischer TB, Frankfurt/M. 2000. Packende Darstellung des Schicksals einer unterdrückten und betrogenen Frau, aber zugleich auch ein Porträt der mexikanischen Gesellschaft.

Mexikanischer Tango, Angeles Mastretta, Suhrkamp TB, Frankfurt/M. 1994. *Der* Roman, um Mexiko und die Mexikaner zu verstehen. Auch: **Emilia**, Suhrkamp, Frankfurt/M. 1998, eine Frau zwischen zwei Männern – vor dem Hintergrund der mexikanischen Revolution.

Mexiko, James A. Michener, Lübbe 1997. Im Mittelpunkt steht der Stierkampf. Ein höchst spannender Roman, der die Geschichte des Landes und vieles, was für die mexikanische Lebensweise und Mentalität von zentraler Bedeutung ist, auf 950 Seiten beschreibt.

Pedro Páramo, Juan Rulfo, Carl Hanser, München/Wien 1989. Gilt weltweit als bester mexikanischer Roman des 20. Jhs. und Vorläufer des magischen Realismus. Außerdem sind Kurzgeschichten des Autors unter dem Titel **Der Llano in Flammen** erschienen.

B. Traven: Werkausgabe, Diogenes, Zürich 1983. Traven hat zahlreiche spannende Romane geschrieben, die in Mexiko spielen. Viele drehen sich um die Ausbeutung der Indios und die aufkeimende Revolution in den letzten Jahren der Diktatur von Díaz, z.B. **Der Marsch ins Reich der Caoba** und **Die weiße Rose**.

Tauchen

Tauchreiseführer Mexiko, Udo Kefrig, Christian Mietz, Claus-Peter Stoll, Naturbuchverlag, Augsburg 1997, evtl. vergriffen.

Der Welt-Tauch-Reiseführer, 4000 Tauchbasen an den schönsten Plätzen der Erde, Wolfgang Sedelmaier (Hg.), Steiger Verlag, Innsbruck 2000.

Taucher Guide. Die 50 schönsten Tauchreviere der Welt, Udo Kefrig, Christian Mietz, Claus-Peter Stoll, Müller Rüschlikon, Cham 1996.

Kleines Wörterbuch

Spanisch ist eine der einfachsten Sprachen der Welt – wenn man erstmal drin ist. Die Mexikaner versuchen mit wahrer Engelsgeduld, auch den blutigsten Anfänger bei seinen unbeholfenen Sprechversuchen zu verstehen. In den Touristenzentren kann man sich auf Englisch verständigen, wird aber überall viel herzlicher aufgenommen, wenn man zumindest die Bereitschaft zeigt, in der Landessprache zu kommunizieren. Verglichen mit Spanien wird in Mexiko langsam und deutlich gesprochen, und man braucht sich nicht mit den schwierigen Zischlauten zu plagen.

Ausspracheregeln

Die Regeln sind einfach und leicht zu erlernen:

b	Reibelaut zwischen b und w
c	vor *e* und *i* wie stimmloses s *(ciudad*: siudad), nicht wie im klassischen Spanisch mit „englischem" th *(ciudad*: thiudad) vor *a, o, u* wie k *(casa:* kasa)
ch	tsch (*machismo:* matschismo)
g	vor e und i wie *ch (general:* cheneral)
gue, gui	ge, gi *(Guerra:* Gerra)
h	stimmlos *(Hugo:* Ugo)
j	ch *(jardín:* chardin)
ll	ji *(villa:* vijia)
ñ	nj *(mañana:* manjana)
v	Reibelaut zwischen b und w
x	meistens weiches ch (z.B. México = Méchiko oder Oaxaca = Oachaka); in Maya-Namen sch (z.B. Xel Ha = Schel-Ha).
y	j *(yo:* jo); bei *y* (d.h. „und") als ie (also gedehnt) ausgesprochen

Die **Betonung** liegt normalerweise auf der vorletzten Silbe *(camionera)*, wenn das Wort auf s, n oder mit einem Vokal endet; auf der letzten Silbe, wenn das Wort auf einen anderen Konsonanten als s oder n endet *(terminal)*. Abweichungen von diesen Regeln tragen einen Akzent *(azúcar)*.

Endungen

Männliche Substantive enden meist auf -o, das Adjektiv dann ebenso, z.B.
un libro malo – ein schlechtes Buch

Weibliche Substantive enden meist auf -a, z.B.
la rana cansada – der müde Frosch

Adjektive enden auch dann auf weiblich -a bzw. männlich -o, wenn das Substantiv eine andere Endung besitzt.
un hombre bueno – ein guter Mann
una mujer buena – eine gute Frau

Spanisch für die Reise
Einige nützliche Wörter

ja – nein	*sí – no*
mehr – weniger	*más – menos*
wo – wann	*dónde – cuándo*
was – wie viel	*qué – cuanto*
hier – dort	*aquí – allí (allá)*
dies – jenes	*esto – eso*
bitte – danke	*por favor – gracias*
geöffnet – geschlossen	*abierto/a – cerrado/a*
mit – ohne	*con – sin*
groß – klein	*gran(de) – pequeño/a, (chicola)*
gut – schlecht	*bien, bueno/a – mal, malo/a*
heute – morgen – gestern	*hoy – mañana – ayer*
jetzt – später	*ahora – más tarde (ahora* kann aber auch unbestimmt „bald" bedeuten: in 5–10 Std. ...)

ANHANG

Grußformeln und Antworten

Hallo – Tschüss	*hola – adios*
Guten Morgen (-12 Uhr)	*buenos días*
Guten Tag (-20 Uhr)	*buenas tardes*
Guten Abend, gute Nacht	*buenas noches*
Auf Wiedersehen, bis später	*hasta luego*
Entschuldigung, tut mir leid	*lo siento, discúlpeme, perdón*
Darf ich ...?	*¿Con permiso?*
eine Frage ...	*una pregunta ...*
Wie geht es Ihnen?	*¿Cómo está Usted?*
Bitte schön! (für nichts)	*de nada* (obligatorisch nach „danke")
Ich verstehe (nicht).	*(No) entiendo.*
Sprechen Sie Deutsch/ Englisch?	*¿Habla (Usted) Alemán/Inglés?*
Ich spreche (nicht) Spanisch.	*(No) hablo Español.*
Wie bitte?	*¿Mande?*
Ich heiße ...	*me llamo ...*
Ich bin Deutsche/r.	*Soy alemana/alemán.*

Zahlen und Tage

1	*un (o)/a*	20	*veinte*
2	*dos*	21	*veintiuno*
3	*tres*	30	*treinta*
4	*cuatro*	40	*cuarenta*
5	*cinco*	50	*cincuenta*
6	*seis*	60	*sesenta*
7	*siete*	70	*setenta*
8	*ocho*	80	*ochenta*
9	*nueve*	90	*noventa*
10	*diez*	100	*cién (to)*
11	*once*	101	*ciento uno*
12	*doce*	200	*doscientos*
13	*trece*	500	*quinientos*
14	*catorce*	700	*setecientos*
15	*quince*	1000	*mil*
16	*dieciséis*	2000	*dos mil*

der/die Erste	*primero/a*
der/die Zweite	*segundo/a*
der/die Dritte	*tercero/a*
der/die Fünfte	*quinto/a*
der/die Zehnte	*décimo/a*

Montag	*lunes*
Dienstag	*martes*
Mittwoch	*miércoles*
Donnerstag	*jueves*
Freitag	*viernes*
Samstag	*sábado*
Sonntag	*domingo*

Im Hotel und Fragen zur Orientierung

Ich möchte ...	*Quiero ...*
Wissen Sie ...?	*¿Sabe Usted ...?*
Ich möchte gern/würde...	*Quisiera ... por favor, puedo*
Ich weiß nicht.	*no sé*
Gibt es ...?	*¿Hay ...?*
Geben Sie mir ...	*Déme ...*
... etwas wie dieses hier	*... uno/a así*
Haben Sie ...?	*¿Tiene Usted ...?*
... die Uhrzeit	*... la hora*
... ein Zimmer	*... un cuarto*
mit zwei Betten	*con dos camas*
mit Doppelbett	*con cama matrimonial*
für eine Person	*para una persona*
für zwei Personen	*para dos personas*
für eine Nacht/ eine Woche	*para una noche/ una semana*
Toilette, wörtlich Badezimmer	*baño*
heißes Wasser	*agua caliente (c)*
kaltes Wasser	*agua frio (f)*
Deckenventilator	*ventilador*
Klimaanlage	*aire acondicionado*
Waschsalon	*lavandería automática*
Es gefällt mir.	*Está bien.*
Wie viel kostet es?	*¿Cuánto cuesta/es?*
Es ist zu teuer.	*Es demasiado caro.*
Haben Sie nichts Billigeres?	*¿No tiene algo más barato?*
Haben Sie ein billigeres Zimmer?	*¿Tiene un cuarto más barato?*
Kann man ...	*Se puede ...?*
... hier (in der Nähe) zelten?	*... acampar aquí (cerca)?*
Gibt es hier in der Nähe ein Hotel?	*¿Hay un hotel aquí cerca?*
Ich möchte bezahlen.	*Quiero pagar.*
(nach mehreren Übernachtungen:)	*Quiero cerrar la cuenta*
wie komme ich nach/zu	*Por dónde se va a ...*

links – rechts – geradeaus	*izquierda – derecha – derecho*
Wo ist … ?	*¿Dónde está … ?*
…der Busbahnhof	*la central camionera*
…der Bahnhof	*la estación de ferrocarriles*
…die nächste Bank	*el banco más cercano*
…der Bankautomat	*el cajero automático*
…die Post	*el correo/la oficina de correos*
…die Toilette	*el baño/sanitario*
Wo fährt der Bus nach … ab?	*De dónde sale/parte el camión para …*
Ist das der Zug nach Mérida?	*¿Es éste el tren para Mérida?*
Ich möchte eine (Rück-)Fahrkarte nach …	*Quisiera un boleto (de ida y vuelta) para …*
Wann fährt er ab (kommt er an in …)?	*¿A qué hora sale de (llega en …)?*
Was gibt es zu essen?	*¿Qué hay para comer?*
Was ist das?	*¿Qué es eso/esto?*
Wie heißt das auf Spanisch?	*¿Cómo se llama esto en Español?*

Im Restaurant

Die Karte, bitte!	*El menú, por favor!*
Was gibt es zu essen/trinken?	*¿Qué hay para comer/tomar?*
Ist es scharf (Gericht)?	*¿Es picante?*
Ist es hochprozentig (Getränk)?	*¿Es fuerte?*
Noch eine Tasse Kaffee/Portion Reis …	*Otro café/más café/más arroz …*
Bedienung (m/w)!	*Camarero/Señorita*
Haben Sie uns vergessen?	*¿Usted se ha olvidado de nosotros?*
Das Essen ist gut/schlecht	*La comida está buena/más o menos.*
Schmeckt toll!	*Qué rico / está muy rico!*
Die Rechnung, bitte!	*La cuenta por favor!*
Kann ich bezahlen?	*¿Puedo pagar?*
Stimmt so (Trinkgeld).	*Está bien.*
öffentliche Toiletten	*excusado, sanitario* oder *servicio*
Frauen	*Damas, Mujeres* oder *Señoras*
Männer	*Caballeros* oder *Señores*

Öffentliche Verkehrsmittel

camión	Bus (gebräuchlich)
autobus	Bus (weniger gebräuchlich)
local	lokal
de paso	auf der Durchfahrt
via corta	auf kürzestem Weg
directo	ohne Aufenthalt
salida	Abfahrt
llegada	Ankunft
asiento	Sitzplatz
primera y segunda clase	1. und 2. Klasse
boleto / pasaje	Fahrkarte
avion	Flugzeug
taxi	Taxi
colectivo	Sammeltaxi
tren	Zug
barca	Fähre
cama alta	das obere Bett
cama baja	das untere Bett
camarín	Privatabteil für 1–2 Pers. (im Zug)

Grundnahrungsmittel

azúcar/sal	Zucker/Salz
carne	Fleisch
ensalada	Salat
mantequilla	Butter
pan	Brot
pescado	Fisch
pimienta	Pfeffer
queso	Käse
salsa	Soße
verdura, legumbres	Gemüse

Frühstück

pan dulce	süße Brötchen
desayuno continental	Toast, Butter, Marmelade, Orangensaft und Kaffee
desayuno mexicano	wie oben plus Eier
granola	Müsli / Cornflakes / Cocos Pops etc.
licuado	frisch gemixter Saft (Obst/Wasser)
café solo/negro	Kaffee, schwarz
café sin azúcar	Kaffee ohne Zucker
café con un poquito de leche	Kaffee mit ein bisschen Milch

Eier

huevos	Eier
a la Méxicana	Omelette mit Tomaten, Zwiebeln und Chilisoße
con chorizo	mit weicher, stark gewürzter, geräucherter Wurst
con jamón	mit Schinken
con tocino	mit Speck
fritos	gebraten
Motuleños	Spiegeleier auf Tortilla mit Schinken, Käse und Soße
Rancheros	Spiegeleier auf Tortilla mit Schinken, Tomaten- und Chilisoße
revueltos	Rührei
tibios/duros	weich/hart

Suppen und Vorspeisen

(ausführlicher unter „Essen"), s.S. 46–48

antojitos	Vorspeisen
caldo de pollo	Hühnersuppe
ceviche	roher Fisch oder Meeresfrüchte, in Limonensaft mariniert
entremeses	Vorspeisen
guisado	Eintopf
menudo	Eintopf aus Innereien
sopa/crema	Suppe
...de arroz	...mit Reis
...de fideos	...mit Nudeln
...de lentejas	...mit Linsen
...de verduras	...mit Gemüse

Antojitos (Snacks)

burritos	zusammengerollte, gefüllte Weizenmehltortillas
chilaquiles	in Stücke geschnittene Tortillas, mit Fleisch und Soße gekocht
chiles rellenos	gefüllte Paprikaschoten
enchiladas	gebackene, zusammengeklappte Tacos, mit Chilisoße bedeckt
enchiladas suizas	wie oben, mit Sourcream
flautas	kleine, zusammengerollte und fritierte Tortillas, gefüllt mit Rind- oder Hühnerfleisch
gorditas	kleine, dicke gefüllte Maistortillas
machaca	getrocknete Fleischstücke in Rührei
molletes	getoastete Brötchenhälfte mit Bohnen und geschmolzenem Käse, oft zusätzlich mit Schinken und Avocado
quesadillas	gebackene oder gebratene Tortillas, mit Käse gefüllt
queso fundido	Käsefondue, dazu Tortillas und Salsa
sincronzadas	Weizenmehltortillas mit Schinken und Käse
sopes	kleinere Ausgabe von Tostadas
tacos	knusprige, gefüllte Tortillas
tacos al pastor	mit Schweinefleisch gefüllte Tacos, manchmal mit einer Scheibe Ananas garniert
tamales	Maismehlpudding, normalerweise in Bananenblättern gegart
tlacoyo	dicke, mit Bohnen gefüllte Tortilla
torta	belegtes Brötchen
tostadas	flache, knusprige Tortillas, belegt mit Fleisch und Salat

Fisch und Meeresfrüchte

atún	Thunfisch
anchoas	Sardellen
cabrilla	Meeresbarsch
calamares	Tintenfisch
camarones	Garnelen
cangrejo	Krebs
caracol	Schnecke
huachinango	Rotbarsch
jurel	Gelbschwanz
langosta	Hummer
lenguado	Seezunge
merluza	Kabeljau
ostión	Auster
pez espada	Schwertfisch
pulpo	Krake
róbalo	Barsch

sardinas	Sardinen
trucha	Forelle

Fleisch

alambre	Kebab
bistec	Steak
carne (de res)	Beefsteak
cerdo/puerco	Schweinefleisch
chivo	Ziegenfleisch
chorizo	pikante Räucherwurst
chuleta	Kotelett
conejo	Kaninchen
cordero	Lamm
costilla	Rippchen
milanesa	paniertes Schnitzel
pato	Ente
pavo/guajalote	Truthahn
pechuga	Hühnerbrust
pollo	Hühnchen
res	Rind
salchicha	Würstchen, Salami
ternera	Kalbfleisch

Beilagen, Spezialitäten

chile relleno	gefüllte Paprika
chipotle	dunkle Chilisoße
frijoles refritos	aufgebackener Bohnenbrei
gorditas	gefüllte Tortillas
sopa de arroz	Reis (als Beilage)

Gemüse

aguacate	Avocado
calabaza	Kürbis
cebolla	Zwiebel
col	Kohl
frijoles	Bohnen
elote	Mais
hongos	Pilze
huitlacoche	ein Pilz, der auf Maiskolben wächst
jitomate	rote Tomate
lechuga	grüner Salat
lentejas	Linsen
nopales	Kaktusfeigen
papas	Kartoffeln
pepino	Gurke
rajas	grüne Paprikastreifen
tomate	grüne Tomate
zanahoria	Karotte

Obst (frutas) und Obstsäfte (jugo de...)

chabacano	Aprikose
chirimoya	Zuckerapfel
ciruelas	Kirschen
coco	Kokosnuss
durazno	Pfirsich
frambuesas	Himbeeren
fresas	Erdbeeren
granada	gelbe Passionsfrucht
guanábana	Kaktusfrucht
guayaba	Guave
higos	Feigen
mamey	rosafarbene, süße Frucht voller Kerne
melocotón/durazno	Pfirsich
melón	Melone
naranja	Apfelsine
piña	Ananas
plátano	Banane
sandia	Wassermelone
toronja	Grapefruit
tuna	Kaktusfrucht
uvas	Trauben
zapote	Sapotillapflaume

Nachspeisen

ate	Mandelcreme
cajeta	Karamelkonfekt
crepas	Eierpfannkuchen
flan	Karamelcreme
helado	Eis
nieve	Sorbet
pastel	Kuchen

Getränke

agua mineral/ de Tehuacán	Mineralwasser
... con gas/sin gas	... mit / ohne Kohlensäure
agua de jamaica	Wasser mit Hibiskusblüten
horchata bzw. *agua de arroz*	Reiswasser mit Vanillegeschmack
atole de leche	Maismilchgetränk
cerveza clara/negra	helles/dunkles Bier
champurador	Mais-Schoko-Getränk
ginebra – ron	Gin – Rum
jugos	Säfte aus der Presse
jugo de naranja	Orangensaft
jugo de zanahória	Karottensaft

Mesqual (Mezcal)	berühmtestes Getränk von Oaxaca; Mezcal ist die härtere Version von Tequila, mit totem Wurm in der Flasche. Diese Tiere leb(t)en auf der Schnapsagave *(maguey de tequila)* und bezeugen Echtheit
refrescos	Softdrinks
rompompe	sehr süßes Getränk, bestehend aus Rum, Milch, Ei, Vanille, Zimt und Mandeln
tuba	fermentierte Kokosmilch mit wenig Alkohol
vino blanco/tinto	Weiß-/ Rotwein

Zubereitungsarten

asado/a, al horno	gegrillt, gebacken
empanado/a	im Teig gebacken
a la mantequilla	in Butter gebraten
a la parilla/barbacoa	vom Holzkohlengrill
a la tampiqueña	dünne Fleischscheiben mit Guacamole und Enchiladas
a la veracruzana	meist Fisch, mit Tomaten und Zwiebeln gekocht
al mojo de ajo	mit Knoblauch gebraten
en pibil	in Blätter gewickelt, mit Kräutern im Tongefäß gegart
con mole poblano	Soße aus Chili, Schokolade und Gewürzen; passt zu Geflügel
salsa picada	Mischung aus Zwiebeln, Tomaten, Chilischoten und Koriander

Glossar

alameda	Stadtpark oder Promenade; große Plaza
balnearios	natürliche Badestellen
cabañas	meist einfache Holzhütten für Touristen
campesino	Landarbeiter, (rechtloser) Pachtbauer, auch allgemein armer, ungebildeter Mann
carretera	Überlandstraße
cenote	natürliche Höhlung im Kalksteinboden, die als Wasserquelle dient
central de omnibuses	Busbahnhof
ceviche	marinierter Fisch oder Meeresfrüchtecocktail
Chac	Regengott der Maya
charreada	Rodeo, Darbietung von Reitkünsten
charro	mexikanischer Cowboy
comal	große runde Platte aus Ton oder Metall, auf der Tortillas gebacken werden
comedor	einfaches Speiselokal
comida, ~ corrida, ~ corriente, menú del día	preiswertes Tagesgericht
Cuauhtémoc	letzter Aztekenherrscher und Anführer des Widerstandes gegen Cortés; Nationalheld
Don/Doña	höfliche Anrede (gnädiger Herr/Frau) in Geschäftsbriefen oder für den/die Chef/in
ejido	von einer ländlichen Gemeinde gemeinschaftlich genutztes Land, das nicht bebaut, sondern z.B. zur Haltung von Vieh oder für ähnliche Zwecke verwendet wird
embarcadero	Landungssteg für Boote
encomienda	Länderei einschließlich einheimischer Arbeitskräfte, die während der frühen Kolonialzeit den Siedlern von der spanischen Krone zugeteilt wurde
enramada	Restaurant unter Palapas

estacionamiento	Parkplatz
feria	Volksfest, Handelsmesse, Jahrmarkt
FONART	staatliche Organisation zur Förderung des nationalen Kunsthandwerks
glorieta	große Kreuzung mit einem Denkmal in der Mitte
güera/o	Blonde/r; Bezeichnung für hellhaarige Ausländer
huaraches	Sandalen
huipiles	traditionelle lange Blusen
huitlacoche	ein essbarer Pilz, der auf Maiskolben wächst
Huitzilopochtli	aztekischer Kriegsgott
lancha	schmales Boot mit Sitzbänken an den Seiten und einem Strohdach als Schattenspender
licuado, licuadora	frischer Saft aus Obst und Wasser bzw. Saftpresse
lonchería	Imbissbude, oft auf Märkten anzutreffen
Malecón	Strandpromenade
Malinche	indianische Geliebte und Dolmetscherin von Cortés, steht als Symbol für Verrat
marimba	Bezeichnung für ein xylophonähnliches Instrument afrikanischer Herkunft und die damit gespielte Musik bzw. die Musikgruppe
metate	flacher Getreidemahlstein
mirador	Aussichtspunkt
Moctezuma	fälschlicherweise auch Montezuma, vorletzter Aztekenherrscher
muelle	Landungssteg oder Dock
Nahuatl	Sprache der Azteken, bis heute nach Spanisch die am meisten gesprochene Sprache
norteño	wörtl.: „nördlich" – eine bestimmte Art von Küche und Musik
palacio	Villa, aber nicht unbedingt fürstlich
Palacio de Gobierno	Regierungsgebäude
Palacio Municipal	Rathaus
palapa	Sonnenschutzdach aus Stroh
palenque	Hahnenkampfplatz
panga	langes, schmales Motorboot
Paseo	breite Straße; auch Bezeichnung für den allabendlichen Spaziergang auf der Plaza
Peyote	Kaktusart, die bei Verzehr eine halluzinogene Wirkung entfaltet. Lieferant der psychoaktiven Substanz Meskalin.
planta baja	Erdgeschoss, im Fahrstuhl als PB bezeichnet
pulque	weißlicher Branntwein aus dem Agavensaft, gilt als Getränk der armen Leute
Quetzal	Vogel der Trogonfamilie und Währungseinheit Guatemalas
Quetzalcóatl	Gefiederte Schlange; mächtigster, rätselhaftester und am weitesten verbreiteter aller altmexikanischen Götter
rebozo	wärmendes Tuch
sarape	Cape, Schal
sin número	s/n, Adressenangabe für ein Haus ohne Hausnummer
temazcal	Dampfsauna
tianguis	Nahuatl-Wort für Markt; noch heute gebräuchlich für besonders große Märkte
Tlaloc	Regengott der Tolteken und Azteken
TLC	*Tratado de Libre Comercio*, NAFTA auf Spanisch, Nordamerikanisches Freihandelsabkommen
trajinera	Stechkahn
virreinal	aus der Zeit des spanischen Vizekönigreiches stammend; Bedeutung auch „kolonial"
wetback	illegaler Mexikaner (oder anderer illegaler Einwanderer aus dem spanischen Sprachraum) in den USA

Kunst- und Architektur

alfiz	rechteckige Zierleiste über einer Türfassung
Arabeske	kunstvolle geometrische Muster islamischen Ursprungs
artesonado	Deckenschmuck, meist aus Holzintarsien
Atlant	prähispanische Säule in Form eines Kriegers, z.B. in Tula
azulejo	glasierte Schmuckkacheln
Churriguerrismus	bombastischer Barock, benannt nach einem spanischen Baumeister des 17. Jhs.
crestería	Mauerkamm, der das Dach eines Gebäudes überragt
escudo	Schmuckwappenschild
espadaña	Glockenturm
garita	verzierte Zinne oder Brustwehr, ähnlich einem Schilderhaus
Groteske	Zierstil, stellt imaginäre Vögel, Tiere und Gewächse dar
Herreradado	Bauweise aus der Zeit des spanischen Königreiches, benannt nach dem spanischen Architekten Juan de Herrera
Lünette	halbmondförmiger Raum über einem Türrahmen oder unter einem Gewölbe
Mudéjar-Stil	spanisch-maurischer Baustil, der sich während der fast 400 Jahre andauenden islamischen Herrschaft in Spanien etablierte und von den Spaniern nach Mexiko gebracht wurde. Typisch sind filigrane Holzdecken und -erker sowie verschwenderische Stuckelemente
murales	Wandgemälde, zieren zahlreiche öffentliche Gebäude Mexikos
pila	Zisterne, war auch in Wohnhäusern üblich
plateresk	überschwänglicher Renaissancestil
Porfiriano	neoklassizistische Architektur aus der Zeit des Diktators Porfiriano Díaz; v.a. grandiose Theatergebäude
portales	Arkaden
portería	Eintrittsgewölbe zu einem Kloster
predella	Altaruntersatz
retablo	holzgeschnitztes, bemaltes Retabel (Altaraufsatz)
tecali	durchsichtiger Onyx, auch mexikanischer Alabaster genannt
Tequitqui	frühkoloniale Bildhauerei unter Verwendung präkolumbischer Techniken
zapata	Dachbalken aus Holz, oft kunstvoll geschnitzt

Bildnachweis

Umschlag
vorn: **Miquel Gonzalez, laif**
innen: **Matthias Grimm**

Farbseiten
Block I:
Matthias Grimm: S. 1–2 (6);
S. 3 o., Mitte, re.u.; S.4 o., u. re.; S. 6 (3)
Silvia Mayer: S. 3 u. li; S. 4 u. li.; S. 5; S. 8
Andreas Teuffel: S. 7 (3)

Block II:
Matthias Grimm: alle (17)
außer
Silvia Mayer: S. 6 o.
Mundo Maya (Fremdenverkehrsamt): S. 8

s/w-Fotos
Matthias Grimm: S. 3, 11, 67, 197
Silvia Mayer: S. 11, 67, 734
Dr. phil. Urs Reichlin: S. 734
Andreas Teuffel: S. 41 (2)

Index

ANHANG

Die orangen *Stefan Loose Travel Handbücher* für die spannendsten Fernreiseziele

Ägypten
Muriel Brunswig und Martin Schemel, 476 Seiten
Australien
Anne Dehne, 832 Seiten
Australien – Der Osten
Anne Dehne, 608 Seiten
Bali – Lombok
Stefan Loose u.a., 304 Seiten
China
Jeremy Atiyah u.a., 1296 Seiten
China – Der Osten
Jeremy Atiyah u.a., 664 Seiten
Florida
Jeffrey Kennedy u.a., 448 Seiten
Guatemala
Frank Herrmann, 440 Seiten
Indien
David Abram u.a., 1312 Seiten
Indien – Der Nordwesten
David Abram u.a., 704 Seiten
Indien – Der Süden
David Abram u.a., 736 Seiten
Indonesien
Stefan Loose u.a., 800 Seiten
Jamaika
Peter Lukowski, 276 Seiten
Japan
Chris Rowthorn u.a., 760 Seiten
Java – Bali – Lombok
Stefan Loose u.a., 524 Seiten
Kalifornien
Jeff Dickey u.a., 736 Seiten
Kambodscha
Beverley Palmer, 328 Seiten
Kanada – Der Osten
Tim Jepson u.a., 540 Seiten
Kanada – Der Westen
Tim Jepson u.a., 616 Seiten
Kenya
Richard Trillo, 684 Seiten
Kenya – Nationalparks/Strände
Richard Trillo, 376 Seiten
Kuba
Fiona McAuslan, Matthew Norman, 544 Seiten
Laos
J. Düker, A. Monreal, 400 Seiten
Malaysia – Singapore – Brunei
Stefan Loose u.a., 704 Seiten
Marokko
Mark Ellingham u.a., 632 Seiten
Mexiko
John Fisher u.a., 752 Seiten
Myanmar (Birma)
A.& M. Markand u.a., ca. 512 Seiten
Namibia
Livia und Peter Pack, 512 Seiten
Nepal
David Reed, 560 Seiten
Neuseeland
Laura Harper u.a., 832 Seiten
New York
Martin Dunford u.a., 488 Seiten
Peru Westbolivien
Frank Herrmann, ca. 600 Seiten
Südafrika
Barbara McCrea u.a., 800 Seiten
Südostasien – Die Mekong-Region
Hrsg. Jan Düker, 800 Seiten
Thailand – Der Süden
Richard Doring u.a., 760 Seiten
Thailand
Richard Doring u.a., 848 Seiten
Trinidad – Tobago – Grenada
Christine De Vreese, 332 Seiten
USA (gesamt)
Samantha Cook u.a., 824 Seiten
USA – Der Osten
Samantha Cook u.a., 552 Seiten
USA – Der Westen
Samantha Cook u.a., 456 Seiten
Vietnam
Jan Dodd u. Mark Lewis, 600 Seiten
Zimbabwe – Botswana
Friedrich Köthe u.a., 512 Seiten

Stefan Loose Travel Handbücher – mit vielen aktuellen Reisetipps!

Kartenverzeichnis